中国消费者权益保护年鉴
2020

中国消费者协会　编著

中国法制出版社
CHINA LEGAL PUBLISHING HOUSE

前　言

2019年，是新中国成立70周年，是决胜全面建成小康社会第一个百年奋斗目标的关键之年，也是中国消费者协会机构改革取得重要成果的一年。

这一年，《中华人民共和国电子商务法》正式施行，作为我国电子商务领域的首部专门法律规范，它为电子商务的规范、有序、健康发展奠定了坚实的制度基础。

这一年，随着市场监管综合行政执法改革的深化，“五线合一”的消费者投诉举报平台建成，实现线上线下投诉举报数据一体化，消费者投诉更加方便、快捷。

这一年，《中华人民共和国食品安全法实施条例》实施，以“最严谨的标准、最严格的监管、最严厉的处罚、最严肃的问责”保障消费者“舌尖上的安全”，消费者的食品安全保障得到进一步加强。

这一年，中国人民银行与最高人民法院、银保监会联合发布了《关于全面推进金融纠纷多元化解机制建设的意见》，保障金融消费者投诉的受理与处理体系稳定运行。

“信用让消费更放心”成为这一年的消费维权年主题。随着我国消费市场规模不断扩大，消费成为经济发展最强劲的推动力，“发挥市场在资源配置中的决定性作用”。建立健全消费领域信用体系，发挥信用评价对经营者的激励约束作用，有利于对消费者权益的保障、有利于消费潜力的释放与消费者满意度的提升。

消费维权，仍需砥砺前行；营造安全、放心的消费环境，需要我们携起双手、一起面对。您今日每一份的努力，都会对消费环境的治理发挥积极作用。来吧，让我们付出点滴努力，汇成消费维权的历史洪流。

2021年9月

《中国消费者权益保护年鉴2020》编辑委员会

《中国消费者权益保护年鉴2020》
特邀编委

陈　燕　青海省消费者协会秘书长
董学武　宁夏回族自治区消费者协会副秘书长（主持工作）
买买提明·阿力甫夏　新疆维吾尔自治区消费者协会秘书长
邵立新　大连市消费者协会秘书长
于旭辉　青岛市消费者权益保护委员会秘书长
陈　超　宁波市消费者权益保护委员会副秘书长（主持工作）
冯念文　深圳市消费者委员会秘书处秘书长
马　丁　厦门市消费者权益保护委员会秘书长
金　霞　沈阳市消费者协会秘书长
钟　萍　长春市消费者协会秘书长
武建芳　哈尔滨市消费者协会秘书长
董国成　南京市消费者协会副秘书长（主持工作）
陈兆波　杭州市消费者权益保护委员会秘书长
王　强　济南市消费者协会秘书长
肖诗新　武汉市消费者协会副秘书长
张开仕　广州市消费者委员会
庄卫兵　成都市消费者协会秘书长
李安邦　西安市消费者协会秘书长
尚　黎　中国消费者协会综合部主任
皮小林　中国消费者协会政策研究部主任
陈永梅　中国消费者协会法律部主任
任　静　中国消费者协会消费指导部主任
张德志　中国消费者协会消费监督部主任
陈　剑　中国消费者协会投诉部主任
戴　崴　中国消费者协会新闻部副主任（主持工作）
孙　雨　中国消费者协会组织联络部主任
邱建国　中国消费者协会党群工作部主任
吕金波　《中国消费者》杂志社总编辑

曲　畅　《中国消费者权益保护年鉴》执行编辑

中消协发布《2018年70个城市消费者满意度测评报告》

▲ 2月26日，中消协发布《2018年70个城市消费者满意度测评报告》。结果显示，70个城市消费者满意度综合得分为73.68分，总体处于良好水平。

中消协举办2019年“信用让消费更放心”3·15国际消费者权益日主题活动

▲ 2019年3月15日，中消协举办2019年“信用让消费更放心”3·15国际消费者权益日主题活动，来自发改委、农业部、工信部、文化与旅游部、人民银行、市场监管总局、中华全国新闻工作者协会等相关部门和行业组织的领导、专家以及消费者、企业和媒体代表等近110人参加了当日的活动。

▲ 2019年3月15日，中国消费者协会副会长兼秘书长朱剑桥在“信用让消费更放心”3·15主题活动上致辞：共筑消费信用 护航放心消费。

▲ 2019年3月15日，中国消费者协会副秘书长董祝礼发布《预付式消费舆情分析报告》。

▲ 2019年3月15日，中国消费者协会副秘书长栗元广发布信用消费与消费者认知调查结果。

▲ 中国消费者协会向勇敢揭露五星级酒店卫生乱象的消费者颁发“啄木鸟奖”，并宣布启动“啄木鸟行动”。

中消协第五届理事会第五次会议在京召开

◀ 3月21日，中消协在京召开第五届理事会第五次会议。第十二届全国人大常委会副委员长、中国消费者协会会长张平同志，以及来自中央国家机关、社会组织、新闻媒体、学术机构、全国消协组织等理事出席会议，副省级市消协秘书长列席会议。会议总结2018年以来消协组织消费维权工作，并对2019年消费维权工作进行全面部署。

▶ 3月21日，第十二届全国人大常委会副委员长、中国消费者协会会长张平同志出席会议并作理事会工作报告。

◀ 市场监管总局局长、中国消费者协会常务副会长张茅同志主持会议并讲话。

▶ 市场监管总局副局长、中国消费者协会副会长秦宜智同志作会议总结。

中消协召开推进解决汽车消费维权难座谈会

▲ 4月17日，中消协针对汽车消费领域突出问题召开座谈会，邀请有关专家、律师就汽车三包规定、新车售前检查（PDI）规则、汽车销售服务费用收取、汽车消费者维权难等问题进行深入讨论。

中消协参加国际消联全球高峰大会

▲ 4月29日至5月3日，中消协副会长兼秘书长朱剑桥一行赴葡萄牙参加国际消联第21届全球高峰大会。90多个国家的460余名消费者组织、各行业、政府、学术界和社会的知名人士参加大会。

中消协举办全国消协组织投诉工作培训会

▲ 5月23日，中消协在江苏省南京市举办全国消协组织投诉工作培训会。

中消协应邀赴蒙古国参加对外交流活动

▲ 6月6日至8日，中消协副秘书长董祝礼一行赴蒙古国参加蒙古国公平竞争和消费者权益保护局成立15周年纪念交流活动，就中消协全面开展消费者权益保护工作情况作主题发言。俄罗斯、日本、韩国等国家和地区代表参加会议并做交流。

中消协官方微博获“新媒体建设飞跃奖”

▲ 6月20日，首届舆评机制和舆论引导工作交流会和第五届全国网络舆情高峰论坛在甘肃省兰州市举行。会议对网络舆情回应和新媒体建设表现突出的全国性机构自媒体进行表彰，中消协官方微博荣获“新媒体建设飞跃奖”。活动由人民日报社指导，甘肃省委宣传部、甘肃省网信办和人民网主办。

中消协举办“食品安全让生活更美好”主题活动

▲ 6月25日，中消协在京举办“食品安全让生活更美好”主题活动。活动邀请有关专家就食品安全和食品消费等内容进行专题讲座，与消费者进行互动。

中消协召开全国消协组织商品服务监督暨物业服务调查体验工作培训会

▲ 6月26日至27日，中消协在贵州省贵阳市举办全国消协组织商品服务监督暨物业服务调查体验工作培训班，来自全国消协组织的143名代表参加了培训。中消协副会长兼秘书长朱剑桥出席开班仪式并讲话。培训会期间，朱剑桥主持召开部分省市消协秘书长工作座谈会，就新形势下进一步加强各级消协组织建设和更好发挥作用听取意见和建议。

▲ 全国消协组织商品服务监督暨物业服务调查体验工作培训班中，首都经贸大学阮敬教授围绕“大数据时代与消费评价”作专题授课。

中消协组织召开公益诉讼案件情况通报会

▲ 7月22日，中消协组织召开公益诉讼案件情况通报会，向社会通报中消协诉雷沃重工股份有限公司等4被告违法生产销售正三轮摩托车公益诉讼案在法院主持下达成民事调解协议，6项诉讼请求全部实现。

农民日报

综合新闻·广告 3

新居产业两相映

诸暨巧解"老大难"

群众安心 我才放心

声 明

版面导航

上一篇 下一篇　　2019年07月19日　　<上一期 下一期>

声明

在北京市第四中级人民法院主持下，雷沃重工股份有限公司与中国消费者协会就消费民事公益诉讼案件达成和解。为切实维护消费者合法权益，认真履行调解协议内容，发布本声明。

我们诚恳接受中国消费者协会的指导和监督，并对中国消费者协会积极维护消费者权益，引导市场规范发展，推动企业乃至行业进一步合规经营的履职行为，表示诚挚感谢。

因片面迎合市场和消费者需求，我们生产销售了不符合强制性国家标准的超长正三轮摩托车，并出具与车辆实际尺寸不符的虚假车辆合格证故意隐瞒事实，侵害了众多不特定消费者的合法权益。对此，我们深表歉意。

按照民事调解书相关要求，现将调解协议书主要内容公告如下：

一、雷沃重工股份有限公司保证立即停止生产、销售已被《中华人民共和国工业和信息化部公告》撤销的所有型号产品（具体型号见附件1），和外廓尺寸不符合《机动车运行安全技术条件》（GB7258-2012）规定的强制性国家标准的产品（附件2所列型号车辆中外廓尺寸不符合上述标准的产品），不再恢复上述车辆的生产和销售，并监督经销商停止销售上述车辆。

第003版：综合新闻·广告　　上一版 下一版

▲ 雷沃重工的道歉声明和调解协议书内容公告。

中消协赴德国参加消费者保护交流研讨活动

▲ 10月28日至11月1日，中消协副秘书长栗元广一行赴德国参加有效消费者保护新探索国际研讨会。

中消协吸纳澳门消委会和香港消委会加入电商直通车平台

▲ 11月18日，中消协副会长兼秘书长朱剑桥一行应邀赴澳门地区参加新闻发布会，宣布澳门消委会加入中消协电商直通车平台并回答记者提问。

中消协举办全国消协组织法律与理论培训班

▲ 11月27日至28日，中消协在河南省洛阳市举办全国消协组织法律与理论培训班。来自全国各地消协组织的百余名代表参加培训。

目 录

上卷 总报告

第一编 领导讲话

第二编　行政执法报告

第三编　消费维权报告

第四编　行业自律报告

下卷　专题报告

第一编　投诉分析

第二编　比较试验

第三编　消费调查

第四编　其他报告

第五编 大事记

第六编　规范性文件

上　卷

总报告

第一编　领导讲话

国家部委、中消协领导讲话

牢记使命　创新作为　开启消费者权益保护事业新征程

——在中消协第五届理事会第五次会议上的工作报告

中国消费者协会会长　张　平

（2019年3月21日）

同志们：

这次会议的主要任务是，以习近平新时代中国特色社会主义思想为指导，深入贯彻落实党的十九大和十九届二中、三中全会，中央经济工作会议和全国“两会”精神，总结第五届理事会2018年的工作，研究安排新形势下工作思路和2019年工作任务。下面，我代表中消协常务理事会讲几点意见。

一、履职尽责、勇于担当，2018年消协工作取得丰硕成果

2018年是全面贯彻落实党的十九大精神的开局之年。在以习近平同志为核心的党中央坚强领导下，全党全国贯彻落实党的十九大作出的战略部署，各项事业取得了新的重大成就，保持了经济持续健康发展和社会大局稳定。党中央、国务院高度重视发挥消费在经济发展中的基础性作用，着力改善消费环境，提振消费信心，消费需求持续扩大，2018年消费对我国经济增长的贡献率达到76.2%，消费者满意度和获得感进一步增强，全国70个城市消费者满意度综合得分比2017年50个城市综合得分提高1.93分。过去的一年，在党中央、国务院的亲切关怀和有关部门、社会各界的大力支持下，中消协以及各地消协组织按照第五届理事会四次会议工作要求，始终坚持以人民为中心的发展思想，依法履职、主动作为，努力服务人民美好生活需要，努力推动高质量发展，努力营造安全放心消费环境，消费维权工作取得丰硕成果，公信力和影响力进一步提升，得到广大消费者的赞誉以及党和政府的认可。

（一）全面履行法律赋予的公益性职责，消费维权效能明显提升

2018年，全国消协组织围绕“品质消费　美好生活”年主题，创新维权手段，聚焦维权难点，消费维权能力和水平不断提升。

一是参与立法立标更富成效。法律法规是开展消费维权工作的前提和基础，积极参与、不断推进完善消费领域重要法律、标准是消协组织的重要职责。2018年，中消协参与有关部门和单位召开的立法立标座谈会、研讨会37次，参与立法立标91项，共提出意见和建议692条。其中，会同地方消协大力参与《电子商务法》制定工作，从强化商品服务质量、规制押金和预付费收取、信息披露与促销规制、个人信息保护等方面对草案提出修改意见，引起全国人大常委会的关注和重视，促进了相关法条的修改。积极参与《消费者权益保护法实施条例》制定工作，推动强化消费维权社会保护。对《政府制定价格听证办法》《互联网租赁自行车用户资金管理办法（试行）》《铁路旅客运输规程》《关于审理银行卡民事纠纷案件若干问题的规定》等部门规章和司法解释，以及《婴儿配方食品》《熟肉制品生产卫生规范》《跨境电子商务平台商家信用评价规范》等标准规范提出修改意见，所提意见受到相关制定单位的高度重视。天津消协通过国家标准委专家审评，成为全国团体标准试点单位。上海消保委推动行业企业制定实施《全屋定制木（制）

家具》团体标准，填补了个性化定制领域规范的空白。上海、江苏、安徽、福建、重庆、四川、陕西等地消协积极参与立法工作，并提出有针对性的建议。

二是辅助政府决策更加有为。消协是政府联系广大消费者的桥梁，是代表消费者立场辅助政府决策的重要力量。2018年，中消协参加政府及有关部门就疫苗事件、消费政策、民航燃油附加联动机制、整治拒收现金、工业产品质量监督、共享经济发展等问题组织的政策咨询会议9次。其中，参加国务院办公厅、国家卫健委有关长春长生疫苗事件研究，提出了有关消费者救济、设立专项基金等保障消费者健康安全的处置建议；参加国务院研究室专题座谈会，介绍消费领域存在的主要问题，提出了对规范消费市场秩序、优化消费环境的意见和建议；参加全国政协"促进快递行业绿色发展"远程磋商会，参加国家发展改革委、人民银行等部门相关政策制定咨询会，参加市场监管总局制定《"十四五"市场监管规划》研讨会，提出了加强消费者权益保护的意见建议。这些意见建议为政府决策发挥了积极作用。

三是消费教育活动逐步深入。提高消费者的维权意识和能力，宣传和引导消费者科学理性文明绿色消费，是消协的重要职责。2018年，全国消协组织联动开展"品质消费教育乡村行"暨"送法律、送知识、送服务三下乡"农村消费教育活动，继续开展老年消费、网络消费以及金融消费教育"五进"等活动，累计举办消费教育现场活动2877场，发放宣传资料1075万份，各类媒体播放宣传视频3.9万余次，惠及上亿名消费者。组织开展消费维权法律和品质消费知识竞赛活动，69万名消费者参与答题，取得较好普法传播效果。中消协适时发布《品质消费祥和过年》《国庆、中秋"赴澳旅游"消费锦囊》《谨防低价劣质、高价仿冒网购陷阱》《警惕危险玩具 保护儿童健康》等消费提示警示，河北、山西、广东、广西等地消协组织结合重要时间节点和消费特点，发布相关消费提示警示，及时提醒消费者关注。安徽、江西、四川、宁夏等地推进消费教育基地和示范点建设取得新的进展。

四是测试评价工作扎实推进。消费者的自由选择、自主消费要有科学可信的消费信息作为保障。消协通过比较试验为消费者提供了大量可供参考的消费信息。结合民生关注热点，2018年全国消协组织共开展商品比较试验200余项。其中中消协联合地方消协有针对性地开展了扫地机器人、吸油烟机、榨汁机、卫生巾、移动电源、汽车儿童安全座椅、补钙产品、智能锁、洗碗机等9项商品比较试验，为消费者的选择提供了有效参考。北京、上海、江苏、浙江、广东等地消协组织开展智能马桶、防蚊手环防蚊贴、冲锋衣、儿童学习桌椅、婴幼儿服装、纸尿裤、酱油、防晒护肤品等比较试验，介绍商品消费知识，丰富了消费者选择。

五是调查体验监督成果突出。调查体验是消协主动开展消费监督的重要手段，近几年的体验式调查对促进热点难点问题的解决发挥了很好的作用。2018年，中消协共开展了6项调查体验活动，及时将相关调查体验结果和有关建议通报给政府有关部门，有力地推动了相关领域问题的解决。其中，中消协就100款APP个人信息收集与隐私政策、重点服务领域部分企业服务热线等与消费者生活密切相关领域开展体验式调查，引发社会强烈反响，为政府有关部门开展行政约谈和专项整治工作提供了重要参考。中消协联动各地消协开展农村集贸市场调查体验活动，就调查体验发现的有关问题会同属地消协督促集贸市场整改，并推动了政府有关部门开展重点治理。在市场监管总局指导下，中消协进一步完善测评工作程序和方法，连续两年开展了城市消费者满意度测评工作，引起各城市政府及有关部门的高度重视，促进各地放心消费创建活动深入开展。黑龙江、江西等地消协组织深化农村集贸市场调查监督结果，促进农村消费环境改善。吉林、江苏、山东、湖北、陕西等地围绕当地消费热点，开展调查监督工作，促进了有关问题解决，也提升了消协组织社会影响力。

六是劝谕约谈趋于常态化。对商品或服务质量等存在的突出问题，通过约谈经营者，通报情况、听取意见、提出建议，督促经营者维护消费者合法权益，这一做法已成为消协发挥监督作用的重要方式。2018年，中消协共组织约谈会6次，约谈企业19家；结合调查监督向87家企业发出劝谕函。中消协密切关注消费舆情，就消费者集中反映的有关消费者权益问题，约谈相关经营者，妥善处置涉及滴滴、拼多多、PP体育、苹果、华帝等突发舆情；就测试评价、调查体验、投诉受理等工作中发现的问题，对大型电商平台、在线服务平台、农村集贸市场管理者、金融服务企业等发出劝谕函，持续跟进相关问题的整改落实。内蒙古、黑龙江、上海、江苏、山东、安徽、福建、广西等地开展铁路、烟草、旅行社、电信、空调维修、航空等行业企业约谈，整改效果明显。

七是消费纠纷化解更加便捷。受理并调解投诉是消协组织的基本职责，也是为消费者办实事、服务人民群众的工作“窗口”。2018年，全国消协组织共受理消费者投诉76.2万件，解决55.6万件，为消费者挽回经济损失9.8亿元。其中，中消协直接接听投诉咨询电话4400人次，处理消费者各类投诉910人次。中消协继续推进电商消费维权直通车建设，入驻大型电商企业增至24家，使用直通车平台消协组织近600个，截至去年12月，平台共处理投诉案件5044件，纠纷解决效率明显提升。定期公布投诉统计分析报告和专项投诉分析报告，引起社会各界广泛关注。在华帝用户退全款遇阻、PP体育会员权益受损事件中，中消协采用公开征集投诉+约谈调解+公示处理结果等创新举措，有效化解了群体消费纠纷。持续倡导推进线下七日无理由退货承诺活动，提高了经营者参与度和消费者的认可度。河北、黑龙江、江苏、浙江、江西等地消协组织大力推进诉调对接机制和新媒体投诉平台建设，方便了消费者投诉。

八是惩罚性赔偿公益诉讼有序推进。通过公益诉讼，让严重侵害众多消费者合法权益的经营者赔偿损失、承担责任、付出代价，是消法赋予消协组织的维权利器。中消协组织开展惩罚性赔偿公益诉讼研究，就诉讼依据、赔偿额计算、赔偿金管理、诉讼费减免以及协作机制等进行理论探索；举办全国消协组织法律与理论研究培训班，邀请专家介绍国外公益诉讼情况和经验；指导地方公益诉讼实务，通过发布观点、加强指导、开展约谈、提供专家意见、组织专题研讨等方式，支持地方消协推进惩罚性赔偿公益诉讼。2018年，全国消协提起公益诉讼2例，分别是广东消委会诉购销有毒有害海鲜案、山西消协诉不符合安全标准食品销售案。广东消委会就有毒猪肉、劣质食盐、小鸣单车等提起的公益诉讼在2018年取得胜诉，其中劣质食盐案成为全国消协组织首次获得惩罚性赔偿的消费民事公益诉讼案件。

九是消费舆情处置更加妥当。认真研究和积极引导消费舆情，促进全社会共同创造良好消费环境，消协大有可为。2018年，中消协与相关机构合作开展消费维权舆情监测，编辑《舆情日报》《季度舆情分析》《舆情专报》239期，梳理发布“2017年十大消费维权舆情热点”，增强维权决策的科学性。重启官方微博，对群体性消费纠纷加强分析研判，在华帝用户退全款遇阻、PP体育会员权益受损、五星级酒店卫生乱象等事件中，及时表态声援消费者；妥善处置重点舆情，对网约车、海购假货、机票退改签等进行有效应对，为规范市场秩序、维护消费者合法权益、稳定消费信心发挥了重要作用。

十是消费维权宣传更加有力。消协履行的是消费社会监督，其作用发挥和工作成效深化必须借助各类媒体广泛宣传。中消协积极搭建46个副省级以上消协组织与20家中央及首都主要媒体的新闻共享平台，促进了维权宣传工作的联动互通；继续联合举办央视3·15晚会；首次与人民网合作举办3·15消费者权益日主题活动，并进行网络直播；与地方消协联合开展年主题系列宣传活动，“品质消费　美好生活”年主题深入人心；联合原工商总局消保局、中消报，组织开展“2017年度寻找最美消费维权人物”活动，极大鼓舞了社会各界人士维权积极性；加强与央广“天天3·15”栏目的深度合作，提高“中消协来帮忙”节目影响力；在相关媒体的支持与配合下，制作“消协在行动”视频短片，编辑“消费维权专题”报告，展示了全国消协组织工作成绩和良好风貌。《中国消费者报》和《中国消费者》杂志有效发挥在维权宣传方面的专业优势，加大宣传力度，为消费者权益鼓与呼。各地消协结合实际开展了丰富多彩的宣传活动，京津冀三地消协共同策划3·15特别节目，逐步形成三地消协组织协同效应。

（二）充分发挥消协组织的平台作用，消费者权益保护工作取得新成绩

营造安全放心消费环境，让消费者放心消费，充分享受美好生活，需要全社会的共同努力。一年来，消协组织继续发挥社会组织平台作用，加强与各有关方面的沟通联系，消费维权社会共治呈现新面貌。

一是各理事单位认真履职。国家发展改革委坚持把推动高质量发展作为根本要求，大力推进供给侧结构性改革，加快建立健全顶层设计、制度框架和工作分工方案；推进社会信用体系建设，提高失信违法成本和惩戒力度；加快完善公共服务体系，持续推动绿色发展。工业和信息化部以创新品种、提升质量、创建品牌、改善服务为着力点，继续实施消费品工业“三品”专项行动；组织开展车企、电信运营商、电商平台等行政约谈，打击治理“黑广播”“伪基站”等，切实维护消费者合法权益。交通运输部牵头组建交通运输新业态协同监管部际联席会议制度，就网约车、顺风车、互联网租赁自行车、快递车辆等新业态出台指导意见进行规范和整治；邀请中消协参与对滴滴公司等全国性网约车平台开展进驻式全面检查，并督促落实整改要求。商务部联合18个部门开展2018年全国诚信兴商宣传月，弘扬诚信理念，优化营商环境；大力推动绿色流通，促进绿色消费，积极推

动绿色商场创建工作取得新成效；扎实推进消费升级行动计划，促进城乡消费。文化和旅游部建立健全综合监管机制，加大执法力度，依法严厉打击各类文化和旅游市场违法行为，深入推进文化和旅游领域信用和质量建设。农业农村部牵头会同有关部门部署开展农村假冒伪劣食品专项整治行动。市场监管总局强化综合执法，理顺生产、流通、消费的市场监管链条，构建全领域全流程的新型市场监管体系，持续深入推进商事制度改革和竞争执法工作，深入实施质量强国战略，全面开展放心消费创建，推动消费环境持续向好。人民银行、银保监会、证监会广泛开展金融教育宣传月活动，提醒公众防范金融风险，保障金融领域良好秩序和消费者财产安全，银保监会还就个人信息保护和隐私政策问题约谈有关银行企业，积极回应中消协建议。中央网信办、财政部、司法部、卫健委、全国妇联、中残联、全国老龄委等单位积极发挥职能作用，为中消协工作提供相关支持。中华全国律师协会、商业联合会、银行业协会、保险行业协会、互联网协会、连锁经营协会等行业组织持续加强行业自律，开展相关知识普及宣传活动。正是各理事单位和有关部门的共同努力，使我国的消费环境不断改善，消费维权水平不断提升，为增强消费对经济发展的基础性作用，更好满足人民日益增长的美好生活需要作出了积极贡献。

二是专家志愿者积极奉献。专家志愿者是各级消协组织开展维权工作的重要支撑力量。中消协律师团、专家委员会以及新闻专业委员会积极参与立法立标建议、公益诉讼研究、维权项目论证、维权意见观点、维权新闻策划以及支持消费者诉讼等活动，提供专业咨询和技术支持。在参与《电子商务法》制定、应对网约车安全问题、个人信息保护问题等工作中，中消协专家委员会发挥了重要作用。在处理“华帝用户退全款遇阻”事件中，中消协律师团参与证据收集和法律支持，提供专业意见。中消协依托“i维权”APP平台，继续推进消费维权志愿者队伍建设，开展网络化调查监督工作试点，为重要项目实施提供信息参考。浙江省消保委推动消费维权专家智库建设，组建法律、新闻、汽车、家电、金融、网络和家装七个专业委员会，建立季度例会制度，研讨消费维权热点；宁夏消协成立汽车消费维权专家委员会、律师志愿团；宁波消保委在已建立汽车、家具、装修专业办公室的基础上，2018年新建美容美发、地暖空调专业办公室；深圳消委会依托“3·15消费通”，引入18家行业协会，实现专家资源共享；南京市消协成立房地产消费维权专业委员会，在解决群体投诉方面发挥积极作用。上海、重庆、海南等地消协组织发挥专业办和专家志愿者作用，维权专业化水平进一步提升。天津市消协“3·15消费维权志愿服务队”在中宣部等15家单位组织开展的宣传推选学雷锋志愿服务“四个100”先进典型评选活动中获全国“最佳志愿者组织”荣誉。借这个机会，我代表中消协理事会向为维护消费者合法权益付出辛劳、作出贡献的志愿者队伍表示由衷的敬意和感谢。

（三）认真履行全面从严治党责任，干部队伍建设进一步加强

中消协坚定贯彻落实党的十九大精神和党中央全面从严治党战略部署，贯彻落实市场监管总局党组要求，以坚持党的全面领导、加强党的政治建设为统领，加强干部队伍建设，为依法履职提供了有力保障。

一是党的建设不断深化。深入学习贯彻习近平新时代中国特色社会主义思想，贯彻落实党的十九大和十九届二中、三中全会精神，进一步增强“四个意识”，坚定“四个自信”，自觉做到“两个维护”。大力加强党员干部队伍建设，深入开展“两学一做”学习教育和“三会一课”活动，坚持把加强政治建设摆在党组织建设和干部队伍建设的首要位置，严守党的政治纪律和政治规矩，提高政治站位和政治觉悟，确保在思想上政治上行动上同以习近平同志为核心的党中央保持高度一致。坚持以人民为中心发展思想，把全心全意为消费者服务、切实维护好消费者合法权益作为消协政治责任，履职尽责，努力营造良好消费环境。认真履行全面从严治党责任，加强党风廉政建设，严格落实中央八项规定精神，确保消协组织立场坚定正确，确保公益性和公信力。

二是基层培训得到强化。中消协加大业务能力培训力度，组织召开部分消协秘书长工作座谈会、全国消协组织投诉工作培训暨电商直通车推广会以及比较试验、商品服务监督、法律与理论研究等业务培训班，进一步提升消协人员工作能力与水平。组织召开学习上海市消保委秘书处荣获全国五一劳动奖状座谈会，进一步激发全国消协组织干事创业热情。此外，中消协密切关注地方消协组织机构改革，积极宣传地方消协先进经验，反映地方消协困难和问题。

三是国际交流继续拓展。中消协积极参与消费维权国际交流，先后派员赴瑞士、匈牙利、以色列、南非、越南等国开展相关业务交流活动，接待蒙古国竞争和消

费者保护局以及香港消委会、澳门消委会代表来访，就有关消费者权益保护工作进行交流。邀请德国有关专家为全国消协组织公益诉讼培训班讲解德国消费者集体权利保护相关情况。中消协还组织北京、河北等地消协赴台湾地区参加第三届海峡两岸暨港澳消保论坛，加强与港澳台三地消费者组织的沟通交流。

同志们，2018年，中消协贯彻落实党中央、国务院重大决策部署，按照市场监管总局党组任务要求，强化政治建设，严格依法履职，干部队伍精神状态更加饱满，出击消费领域热点难点问题更加迅速，消费维权的针对性和有效性更加突出，消协的影响力得到显著提升，同时也让广大消费者对消协工作有了更高期待。当前，我国消费维权形势总体良好，但我们也要清醒看到消费领域和消协工作存在的突出问题：假冒伪劣、虚假宣传、消费欺诈等损害消费者合法权益的行为屡见不鲜，经营者诚信不足、消费者维权难等问题还需从根本上解决；预付式消费卷款跑路、老年保健品违规营销、消费贷暗藏高利率陷阱、侵害个人信息安全等问题多发，且在互联网大背景下风险更容易被放大；新消费模式层出不穷，实体消费和网络消费相互渗透、边界模糊，消费的科技化、个性化程度不断加深，对维权专业化提出更高要求；城乡消费差别依然较大，维权资源不平衡、不充分问题显著，农村消费提质升级矛盾突出；消费者维权诉求日益丰富，维权方式更加多元，维权工作的政策性、及时性要求大幅提高；等等。这些对消协的维权工作提出了严峻考验。与此同时，各级消协机构定位、基本保障、维权能力等还不能完全适应职责履行要求，消协作用的发挥还需要我们作出更大努力。我们要增强责任感，在新的起点上开启消费者权益保护事业新征程，不辜负党和政府的新期许以及广大消费者的新期盼！

二、奋发进取、乘势而为，谱写新时代消协工作新篇章

进入新时代，我国经济已由高速增长阶段转向高质量发展阶段，消费已经成为经济增长的第一拉动力。习近平总书记在党的十九大报告中明确指出，要完善促进消费的体制机制，增强消费对经济发展的基础性作用。去年9月，中共中央、国务院印发了《关于完善促进消费体制机制　进一步激发居民消费潜力的若干意见》（以下简称《意见》）。我们要以习近平新时代中国特色社会主义思想为指导，深入学习贯彻党的十九大精神，认真贯彻落实党中央、国务院决策部署，深刻认识在新的发展阶段扩大消费的重大意义，切实增强消协工作的政治责任感和历史使命感，积极履职、不懈努力，充分发挥职责作用，积极参与消费者保护体系建设，努力当好消费者合法权益的忠实维护者、消费维权社会共治的奋力推动者和消费环境建设的积极参与者，进一步激发居民消费潜力，推动高质量发展、更好满足人民日益增长的美好生活需要。

（一）加强消费教育引导，提高消费者主体意识和依法维权能力，引导科学合理消费

《意见》指出，要通过各种平台的宣传及消费维权知识的普及，提高消费者的主体意识和依法维权能力，营造重视消费者合法权益保护的良好氛围。当前，假冒伪劣、虚假宣传、消费欺诈、信息泄露等问题屡禁不止，质量安全底线不时被不法经营者突破，尽快提高消费者主体意识和维权能力，发挥广大消费者对消费侵权行为的监督制约作用必要而紧迫。消协组织要发挥影响力大、公信力强、与消费者联系密切的优势，坚持问题导向，聚焦信息消费、预付式消费、网络购物、群体消费等领域出现的问题以及消费者关心的突出问题，充分利用各类维权资源和手段，强化安全风险警示，提高消费者事前防范的能力；要有效开展商品和服务比较试验，为消费者明明白白消费提供信息参考和咨询；要大力普及消费维权知识，采取消费维权知识进社区、进农村、进企业、进校园等有效举措，提高消费者特别是老年人和广大青少年的维权意识和能力；要开展行之有效的消费教育活动，积极培育消费者健康理性的消费观，引导消费者合理消费、绿色消费，反对奢侈消费和不合理消费，推动建设丰俭有度、雅俗兼容的消费文化；要通过消费教育培养消费者的责任意识和信用意识，引导消费者理性消费、主动监督、依法维权。

（二）发挥社会监督职能，促进重点难点问题解决

对商品和服务进行社会监督是消协组织的法定职责。《意见》指出，要打击假冒伪劣和虚假广告宣传，充分发挥消费者协会等组织维护消费者合法权益的积极作用。新形势下，消协组织要深入研究、准确把握自身角色定位，既要严格落实法律职责，依法维护消费者合法权益，也要发挥消协在打击假冒伪劣和虚假宣传等消费侵权行为方面的独特作用。要善于综合运用多项法定职责和不同维权手段，精心策划、精准施策，聚焦市场环境中严重影响消费信心的薄弱环节，着力解决消费者反映强烈的突出问题，关键时刻要敢于发声亮剑，通过大众传播媒介，对损害消费者合法权益的行为予以揭露、批评。要强化商品服务一体化监督，重点关注服务消费；强化

线上线下一体化监督，重点关注线上消费；强化城乡一体化监督，重点关注农村消费。要积极推进农村消费者、老年消费者等消费群体投诉便利化，着力解决权益保护在城乡之间、区域之间、线上线下之间、不同群体之间的不平衡、不充分的问题。要建立健全多元化投诉途径和通道，强化技术手段和协作机制，让投诉信息多跑路，让消费者更省心、更便利，促进消费纠纷有效化解。依法支持消费者起诉或发起公益诉讼，推动严重损害消费者合法权益问题有效解决。

（三）参与消费者保护体系建设，辅助政府决策和司法保护

《意见》指出，要加快建立健全高层次、广覆盖、强约束的质量标准和消费后评价体系，强化消费领域企业和个人信用体系建设。随着经济社会实践的不断发展，以及消费阶段、消费方式的不断更新，我国现有的法律体系和标准体系已不能满足消费者合法权益保护实践的需要。要围绕实物消费提挡升级、服务消费提质扩容，通过开展消费调查、比较试验等工作，遵循消费者的实际体验感知，发现存在的标准滞后或缺失问题，推动相关制定单位完善质量安全标准，制定新兴产品和服务的通用安全标准；要推动企业实施产品质量标准自我声明和监督制度，推动重点服务业企业实施服务质量自我评估和公开承诺制度。要以电子商务消费品质量和与民生密切相关的重点服务质量为重点，做好消费监督成果的综合利用，及时向经营者和相关监管部门反馈并提出意见建议；要发挥消协组织的公信力和影响力，引导经营者特别是平台型企业建立商品和服务后评价机制；要持续开展消费者满意度调查评估工作，在实践中逐步完善并提高质量，增强科学性、权威性，扩大影响力，为营造安全放心消费环境作出贡献。要加强支持诉讼特别是公益诉讼理论研究，探索建立重大典型投诉问题的工作处理机制和问题的应急响应机制；要推动完善公益诉讼司法解释，细化公益诉讼运作机制和操作规程，增强公益诉讼的可操作性；要加强惩罚性赔偿公益诉讼专题研究，形成有针对性的意见和建议。

（四）创新方式方法，增强消费维权工作成效

加强消费领域信用体系建设，发挥信用对消费的激励与约束作用，是优化消费环境的首项任务，也是推进消费领域治理体系和治理能力现代化的必然要求。消协组织要主动适应消费新业态、新模式和高科技发展的新趋势，创新维权思路，丰富方式方法，增强工作实效，在改善消费环境中更加充分发挥作用。要整合全国消协组织测试评价、调查监督、投诉数据、法规知识、诉讼案例等维权信息资源，强化大数据应用和信息化支撑，探索与相关部门、行业组织、经营者、消费者建立信息共享共用机制，并为消费者提供信用信息查询服务和消费提示警示信息。要探索通过“信用中国”网站、国家企业信用信息公示系统等信息公示平台，开展消费投诉信息和监督评价信息公示工作，督促经营者守法诚信经营；要联合行业协会商会引导企业主动发布综合信用承诺或产品和服务质量等专项承诺，促进行业诚信自律。要依托现代信息和深度学习技术，研究探索消费者自助维权系统，用技术进步破解服务瓶颈，大幅提升消费维权的便捷性。要充分运用信息化手段，创新理事会成员履职方式，促进理事单位之间、理事之间的交流联系，调动理事单位、各位理事参与消协工作的积极性和主动性。要发挥好平台优势，在消费维权社会共治中发挥消协独特作用，促进形成企业自治、行业自律、社会监督和政府监管相结合的共同治理机制，从而推动问题根本解决。

当前，消费维权问题越来越呈现出技术上的复杂性，治理难度明显加大；一些新业态、新模式的经营风险加速向消费者转移，一些消费矛盾通过互联网社交渠道迅速聚集，集中爆发的风险加大。各级消协组织要提高消费维权工作敏感性，充分发挥消协组织维护消费者合法权益的独特作用，积极协助政府有关部门疏解消费矛盾，化解消费纠纷，防止风险扩大。一方面要增强维权站位意识，始终站在消费者立场，维护消费者合法权益，有效化解消费纠纷，促进经营者守法诚信经营，让消费者安全放心消费，为社会和谐稳定加分；另一方面要增强维权补位意识，对于消费领域存在的法律法规和标准缺失或实施不力、治理技术手段不足等问题，主动开展社会监督，积极提出意见建议，推动完善促进消费的体制机制。

三、明确任务、突出重点，2019年消协工作实现新作为

2019年是新中国成立70周年，也是全面建成小康社会、实现第一个百年奋斗目标的关键之年。去年年底的中央经济工作会议和刚刚结束的全国“两会”，分析了当前国际国内经济形势，阐明了2019年经济工作的指导思想、政策取向和重点任务，强调要坚持稳中求进工作总基调，坚持新发展理念，坚持推动高质量发展，坚持以供给侧结构性改革为主线，坚持深化市场化改革、扩大高水平开放，进一步稳就业、稳金融、稳外贸、稳外资、稳投资、稳预期，保持经济持续健康发展和社会大局稳

定，以优异成绩庆祝新中国成立70周年。中消协要紧紧围绕中心、服务大局，推动新时代消费维权工作再上新台阶。2019年，中消协工作的总体思路是：以习近平新时代中国特色社会主义思想为指导，深入贯彻落实党的十九大和十九届二中、三中全会精神，认真落实中央经济工作会议和全国“两会”的决策部署，坚持以人民为中心，坚持新发展思想，认真履行《消费者权益保护法》赋予的公益性职责，强化服务消费者的宗旨意识，以改革创新激发维权潜力，以制度规范提升维权水平，以问题导向破解维权难题，以科学专业提升维权成效，更好服务供给侧结构性改革、服务高质量发展、服务人民群众美好生活需要，发挥维护消费者合法权益的积极作用，为进一步改善消费环境、提振消费信心、激发消费活力贡献力量，以优异成绩庆祝中华人民共和国成立70周年。

（一）大力推进消费教育和维权舆论引导

联动各地消协组织，联合相关重点媒体，围绕“信用让消费更放心”消费维权年主题，积极宣传策划，加强舆论引导，为消费维权营造良好舆论氛围。组织各地消协发动社会各界力量，结合重要时间节点，围绕网络、老年、农村和金融等消费领域，契合年主题，聚焦预付费跑路、保健品虚假宣传、非法收集个人信息等信用严重缺失问题，持续广泛开展“三送五进”、普法知识竞赛等系列消费教育活动，重点通过揭示经营者在消费领域的失信行为，增强消费者防范欺诈能力。用好舆论引导优势，开展“消费维权好新闻评选”“寻找最美维权人物”“消费维权啄木鸟行动”“中国消费者协会成立35周年纪念”等活动。加强日常舆情监测和分析，在春节、“十一”长假期间及重大活动期间，开展消费投诉热点及维权舆情监测专题分析和发布。依托新闻专业委员会，联合优势资讯平台，强化系统内上下合作，发挥《中国消费者报》和《中国消费者》杂志的独特优势，强化官方网站、微博、微信公众号等自媒体建设，完善新闻联动机制，打造信息发布综合平台，不断提升消协组织的社会影响力。

（二）扎实开展比较试验

服务消费升级，顺应消费趋势，针对政策关注、社会热点、消费升级的商品和重要民生领域商品开展比较试验，探索开展服务领域比较试验，为消费者选择优质商品和服务提供科学依据，利用比较试验测试结果开展消费领域的辟谣工作。今年重点组织全国消协组织联动开展影响青少年视力健康的手机、电脑、近视镜等系列产品比较试验，并结合“爱眼日”开展保护儿童青少年视力科普教育宣传活动，引导儿童青少年养成良好的用眼习惯。结合比较试验结果发布相关消费提示警示，就发现的问题及时向相关部门反映，并提出建议，推动产品和服务标准健全完善。进一步完善比较试验工作程序，强化测试结果的社会应用，完成“全国消协组织比较试验系统库”上线，充实比较试验结果基础数据，开发相关应用端口，方便消费者查询使用。

（三）加大消费调查监督力度

围绕年主题开展信用消费与消费者认知度调查和电商平台消费后评价体验式调查，反映消费者诉求，梳理涉嫌假冒伪劣和虚假宣传等后评价信息，推动《电子商务法》相关规定的落实。关注民生服务领域，联合各地消协组织开展物业服务调查体验，通过体验式调查推进发挥业主委员会对物业服务的激励约束作用。组织开展青少年近视与网游消费调查体验，提高全民对青少年近视和沉迷网游危害问题的重视程度。开展农村集贸市场调查体验工作“回头看”，加强部门协同，形成维权合力，持续推进农村市场环境改善。在前两年已经开展50个城市和70个城市消费者满意度测评的基础上，继续开展100个城市消费者满意度测评工作，汇总各地建议，征求专家意见，完善指标体系、调查方法、调查问卷，进一步打造知名品牌，扩大影响力，成为推动创建放心消费环境的重要抓手。

（四）继续提升消费纠纷解决效率

综合运用点评、约谈、劝谕、公开披露等维权手段，及时化解消费风险，提升纠纷解决效率。强化律师团的职责作用，为投诉处理工作提供支持，对重点案件、热点问题进行专项研究，出具法律文书、分析报告、支持诉讼等。开展投诉公示试点工作，研究建立投诉信息黄黑榜机制，加强与有关部门的信息互动和维权联动，与“国家企业信用信息公示系统”和“信用中国”网站建立信息对接机制，发挥消协组织在信用信息共享共用、联合惩戒中的积极作用。继续推广电商直通车等智能化、信息化应用，大幅减少投诉纠纷，大幅提升和解效率。扩充“中国消费者协会售后服务电话查验宝”，丰富服务内容，拓展服务领域。全面推进线下实体店承诺无理由退货工作，督促已承诺企业落实责任。加强与人民法院、行政部门、仲裁机构、行业协会、检测认证机构、新闻媒体的沟通联络，完善投诉纠纷解决机制，提高消费维权社会共治水平。

（五）积极参与立法立标

围绕国家立法立标工作计划，积极参与民法典各分编及《疫苗法》等民事基本法律和重要法律制定。重点关注和参与《个人信息保护法》《消费者权益保护法实施条例》制定工作，推动相关法律规定的落实实施。结合《企业信用信息公示暂行条例》等的修改完善，探寻在信用体系建设中发挥消协组织作用的方式、方法、途径。围绕预付式消费、个人信息保护、共享经济、互联网金融、人工智能等消费领域突出问题或新兴问题，加强消费者权益保护理论研究，及时提出立法建议，推动相关法律法规健全完善。强化信息消费、网络消费、农村消费、绿色消费等领域研究，为制定消费政策、加强市场监管积极建言献策。加强新时代消费维权形势与任务、消费者保护框架和体系的研究，为消协组织更加充分履职提供理论支持。

（六）深入开展公益诉讼实践

加强惩罚性赔偿的程序机理研究，探索适用原则、适格主体和适宜策略，推动诉讼费减免，降低诉讼成本，发挥惩罚性赔偿公益诉讼对不法行为的震慑作用。强化公益诉讼实务培训，促进公益诉讼国际交流，提升全国消协组织公益诉讼技能。拓宽公益诉讼案源渠道，调动广大消费者和相关组织机构参与公益诉讼的积极性。加强与司法机构及有关部门的沟通联系，为有效发起公益诉讼营造良好外部条件。在总结前期经验的基础上，大胆探索，积极实践，精选重大典型案件，推动公益诉讼实务工作，在越来越多的领域彰显公益诉讼的威力。

（七）大力强化组织建设与国际交流

大力推动地方消协组织建设，按照专业化、网络化、信息化、国际化标准，推动地方消协组织建设，打造纵向互通、横向互联的全国消协组织网络体系。深入各地开展消协组织建设调研，适时召开经验交流和推进会议。组织开展2019年全国消协组织“双先”评选，发挥典型示范作用，激发干部队伍干事创业活力。改革理事会组成和运作机制，完善中消协理事会章程，吸纳更多社会力量，充分发挥理事会和常务理事会的领导作用。加强与理事的交流和理事单位的合作，定期向理事报告消协组织工作动态，及时了解理事工作变动情况，做好线上互动、线下走动。加强国际交流合作，参加第21届国际消联全球大会，加强与德国、日本、韩国、蒙古国等交流访问，推动与“一带一路”沿线国家的沟通交流和务实合作，营造消费维权良好国际环境。继续探索与周边国家和地区的消费维权机制建设，深化海峡两岸及港澳消费纠纷解决协作机制。拓展消费维权信息国际交流渠道，积极向国际社会介绍我国消费维权立法成果和工作成就，展现中国良好消费环境和社会治理成果，树立良好国家形象。

（八）切实加强干部队伍建设

深入学习贯彻习近平新时代中国特色社会主义思想，以坚持党的全面领导、加强党的政治建设为统领，牢固树立“四个意识”，坚定“四个自信”，坚决做到“两个维护”，提升干部队伍的廉洁意识和自律能力。坚持“一岗双责”，加强支部组织建设，坚持全面从严治党，严肃党内政治生活，严明党的政治纪律和政治规矩，营造风清气正的政治生态。加强业务指导，按照新时代对消协干部队伍的新要求，组织好全国消协秘书长培训和业务工作培训，广泛开展消协干部履职能力培训，进一步提升全国消协组织业务能力和维权能力，造就和培养高素质维权队伍。加强消协组织维权文化建设，增强干部职工的归属感和职业荣誉感。积极争取各方面支持，强化履职保障，努力构建适应当前形势发展、符合党和政府要求、更好服务广大消费者的消协组织管理体制和运行机制。

同志们，新使命呼唤新担当，新时代要有新作为。让我们更加紧密团结在以习近平同志为核心的党中央周围，践行以人民为中心的发展思想，坚定信心，扎实工作，改革创新，锐意进取，奋力开启消费者权益保护事业新征程，以优异成绩庆祝中华人民共和国成立70周年！

在2019市场监管论坛暨首届消费者政策论坛上的致辞

中国消费者协会会长　张　平

（2019年8月31日）

尊敬的肖亚庆局长、张国清市长，各位嘉宾、同志们：

很高兴参加国家市场监管总局与天津市人民政府在这里举办的2019市场监管论坛暨首届消费者政策论坛。论坛聚焦“消费环境与高质量发展”，共商消费者权益保护大计，这一课题对于进入新时代的中国经济具有重要的意义，我代表中国消费者协会向论坛的举办表示热烈的祝贺！祝愿并相信本次论坛取得圆满成功。

现在，我国市场规模已位居世界前列，随着改革开放和社会主义现代化建设的深入推进，今后潜力还将进一步激发。虽然全球经济下行压力加大，但我国经济仍保持总体平稳、稳中有进的发展态势，消费持续扩大的基本面没有改变，人民日益增长的美好生活需要引领消费升级的动能依然强劲，我国经济具备实现持续稳定增长和高质量发展的坚实基础。习近平总书记指出，实现经济增长，要发挥消费的基础性作用，打造多点支撑的消费增长格局，营造便利安全放心的消费环境。2012年以来，消费已连续6年成为我国经济增长第一拉动力。在国际贸易保护主义抬头和经济增长趋缓背景下，更好发挥消费在我国经济增长中的“压舱石”和“主引擎”作用，显得尤为重要。党中央、国务院高度重视发挥消费在经济发展中的基础性作用，对完善促进消费体制机制，进一步激发居民消费潜力专门作出重大部署，要求着力改善消费环境，提振消费信心，不断改善供给结构，推动经济高质量发展。中国消费者协会开展的消费者满意度测评报告显示，2018年70个城市综合得分73.68分，比2017年提高1.93分，这一方面表明消费者满意度总体向好，另一方面也表明仍有提升空间。

当前，我国消费环境中依然存在制约进一步扩大消费和实现高质量发展的问题：假冒伪劣、虚假宣传、消费欺诈等损害消费者合法权益的行为时有发生，经营者诚信不足、消费者维权难等问题还没有从根本上得到解决；预付式消费、老年保健品营销、个人信息保护等领域问题多发，特殊消费者群体权益保护状况不容乐观；城乡消费、“线上”“线下”消费、商品和服务质量存在明显差异，消费领域发展不平衡、不充分的矛盾仍较突出。随着经济社会快速发展和深刻变化，消费者期望更高，维权诉求、维权方式更加多元，消费者合法权益保护工作的政策性、敏感性、及时性要求大幅提高。消费环境中存在的这些问题和矛盾对市场监管和消费维权工作提出了严峻考验。我们要不忘初心，牢记使命，努力开创新时代市场监管和消费者权益保护工作新局面，进一步增强人民群众在消费领域的获得感、幸福感和安全感。

建设良好的消费环境需要市场监管部门和各有关部门的科学有效监管，也需要包括生产者、经营者和消费者在内的全社会共同努力。中国消费者协会是依法设立的对商品和服务进行社会监督、保护消费者合法权益的社会组织，在消费环境建设，特别是维护消费者合法权益方面负有义不容辞的责任。全国消协组织要深入学习贯彻习近平新时代中国特色社会主义思想，紧紧围绕党中央、国务院决策部署，坚定消费者立场，反映消费者呼声，回应消费者诉求，积极依法履职，在消费者与政府、消费者与生产者和经营者之间发挥好桥梁纽带作用，扎实有效开展消费维权工作。在当前和今后一个时期，一是立足于建立健全消费者权益保护制度，积极参与立法立标和消费政策制订；二是针对消费领域痛点难点盲点问题，主动开展消费调查监督；三是适应消费转型升级的新趋势和提高消费者依法维权的意识和能力，高质量开展消费教育引导；四是抓住消费者普遍反映的突出问题，加强投诉受理调解和公益诉讼，推动化解矛盾纠纷；五是面向社会，有效开展消费维权新闻宣传，营造良好舆论氛围。要进一步加强消协组织自身建设，不断提高依法履职的能力和水平，在维护人民切身利益、促进形成强大国内市场、推动高质量发展中，担当新使命，力争新作为。

各位嘉宾、同志们，让我们以习近平新时代中国特色社会主义思想为指导，深入贯彻落实党的十九大和十九届二中、三中全会精神，集思广益、凝聚共识，齐抓共管、携手并进，共同打造宽松便捷的市场准入环境、公平有序的市场竞争环境、安全放心的市场消费环境，为实现人民美好生活向往、推动经济高质量发展做出新的更大贡献，以优异成绩庆祝中华人民共和国成立70周年！

最后，祝同志们身体健康，工作顺利！

在中国消费者协会第五届理事会第五次会议上的讲话

市场监管总局局长、中消协常务副会长　张　茅

（2019年3月21日）

尊敬的张平副委员长，各位理事、同志们：

刚才，张平会长代表理事会作的工作报告，全面总结了2018年全国消协组织的主要工作，充分肯定了一年来中消协和各地消协按照第五届理事会第四次会议工作要求，围绕“品质消费　美好生活”年主题，依法履职、主动作为，各项工作取得了可喜成绩。张平会长还从深入贯彻落实党的十九大和十九届二中、三中全会精神，坚持以人民为中心的发展思想出发，全面分析了新时代消费维权的新任务新挑战，对全国消协组织做好2019年消费维权工作作出全面部署。张平会长工作报告政治站位高，具有很强的理论性和指导性，同时也为我们进一步做好新时代消费维权工作，营造安全放心消费环境，服务广大人民群众对美好生活的需要，提出了明确的目标、任务和要求。全国市场监管部门、各级消协组织要认真学习领会张平会长讲话精神，坚持以人民为中心，坚持新发展思想，结合本地实际，落实好理事会部署的各项工作，继续完善促进消费体制机制，继续改善消费环境，继续扩大居民消费，促进形成强大国内市场，为促进经济社会持续健康发展提供持久动力。下面，我就贯彻落实张平会长工作报告精神讲几点意见：

一、强化责任担当使命情怀，自觉提升消费维权工作的政治站位

消费者权益保护涉及千家万户，是广大人民群众切身利益的具体体现。在消费领域坚持消费者优先，就是贯彻落实以人民为中心发展思想的具体行动。刚才，张平会长明确指出，《中共中央、国务院关于完善促进消费体制机制　进一步激发居民消费潜力的若干意见》是指导消协工作的纲领性文件。当前，经济下行压力有所加大，需要进一步增强消费对经济的拉动作用。然而，损害消费者合法权益行为在一些地区、一些领域仍然突出，成为影响消费信心进一步提振、消费需求进一步扩大的障碍。我们要提高对消费维权工作的认识，自觉把保护消费者合法权益与服务国家经济社会发展紧密结合起来，着力改善消费环境，进一步释放消费潜力，促进形成强大国内市场。

各理事单位和消协组织要学深悟透《若干意见》的精神实质和深刻内涵，充分发挥各自的职能优势，强化协作共治，共同把消费环境建设好，共同把消费者合法权益维护好，为进一步扩大消费提供有力保障。我们要在学思践悟中牢记初心使命，在细照笃行中不断修炼自我，在知行合一中主动担当作为。我们要在消费维权工作中，始终把消费者放在心上，着力解决消费者最关心最直接最现实的实际问题，让消费者买得放心、吃得放心、用得放心，使得消费者的满意度始终保持较好水平。

二、强化依法主动维权意识，不断推动消费维权工作取得新成效

消费维权工作涉及面广、工作量大、情况复杂。近年来，中消协依法主动维权，在消费者密切关注的一些领域，比如旅游、“双11”网络购物、农村集贸市场、APP个人信息保护等，开展了大量社会监督工作，为政府有关部门提供重要参考，促进完善相关领域消费者权益保护工作，取得了良好成效。当前，一些新消费领域、新消费模式、新消费业态发展迅猛，相关的法律规定还有所滞后，消费者权益保护面临很多挑战。各级消协组织要充分利用社会组织的优势，对相关商品和服务领域主动开展社会监督，发现和揭露问题，站在消费者立场，维护消费者权益。

各级消协组织要按照张平会长提出的任务要求，认真履行《消费者权益保护法》赋予的公益性职责，主动作为，推进完善消费者维权机制，在消费宣传教育中，引导消费者合理消费、绿色消费，提高消费者主体意识和依法维权能力；在化解消费纠纷中，强化技术手段和协作机制，提升投诉解决效率；在消费监督工作中，聚焦消费领域的维权薄弱环节，发挥在打击假冒伪劣和虚假宣传等消费侵权行为方面的积极作用；在发挥公益诉讼利剑作用中，要强化惩罚性赔偿措施，促进信用约束机制建设，切实让不法经营者付出高昂代价。同时，各级消协组织要充分发挥职责作用，在参与消费者保护体系建设方面积极有为，推动消费环境明显改善，让广大消费者有更多的获得感、

幸福感、安全感。

三、强化消协组织政治建设，全力打造高水平消费维权工作队伍

这几年，中消协公信力、影响力、凝聚力显著增强，与党中央、国务院的关怀，张平会长的领导，以及各位副会长、常务理事、理事的支持分不开，也与全国消协组织全体干部职工的共同努力分不开。这次机构改革中，总局党组十分重视中消协履职保障的加强，千方百计地争取相关部门的支持，这既是对中消协以往工作的肯定，也寄希望于今后中消协发挥更大作用。

高水平消费维权必须有高水平维权队伍做保证。中消协和各地消协组织要坚持把党的政治建设放在首要位置，坚决做到“两个维护”，按照张平会长要求，当好消费者合法权益的忠实维护者、消费维权社会共治的奋力推动者、消费环境建设的积极参与者。消费维权工作的专业性很强，各级消协组织尤其要在维权专业化上下功夫，进一步更新维权理念，进一步转变维权思路，进一步强化履职能力，切实提高干部队伍专业化水平，打造高素质、高水平、风清气正、廉洁自律、符合新时代发展要求的干部队伍，努力完成新时代赋予消协工作的新使命。

四、更加关心支持消协工作，切实为消协依法履职提供有力保障

消协是履行法定公益性职责的社会组织，支持消协工作，提供履职保障，能够发挥消协组织在全社会维权大格局中的独特作用。市场监管总局党组将一如既往地支持中消协工作，为中消协履行职责争取条件、提供保障。也请各位副会长、常务理事、理事在各自领域继续关心支持中消协工作，支持他们在消费维权中发挥更加充分的作用。

各级市场监管部门要加强对消协组织的政治领导，强化消协领导班子建设、干部队伍建设，要会同有关部门，推动各地依法解决消协履职所必要的机构编制、人员经费等问题。要按照张平会长建设“专业化、网络化、信息化、国际化”消协组织要求，进一步改革创新，提高全面履职能力，以更加显著的成效，赢得广大消费者的拥护和支持，赢得党和政府的肯定和信任，为消协组织争取更大的履职空间。

今年是新中国成立70周年，也是全面建成小康社会关键之年。各地要认真贯彻落实张平会长讲话精神，进一步加强消协组织建设，进一步做好消费维权工作，为营造安全放心的消费环境尽责尽心尽力。我们要以习近平新时代中国特色社会主义思想为指导，认真贯彻落实党的十九大和十九届二中、三中全会以及中央经济工作会议和全国“两会”精神，进一步加强消费者权益保护工作，为实现今年经济社会发展目标作出更大贡献，以优异成绩迎接新中国成立70周年！

在全国市场监管部门消费者权益保护工作会上的讲话

市场监管总局党组成员、副局长（正部长级）　秦宜智

（2019年5月16日）

同志们：

这次会议是市场监管总局组建以后的第一次全国性消费者权益保护工作会议，又恰逢新中国成立70周年和全面建成小康社会关键之年，时机特殊，意义重大。会议的主要任务是，以习近平新时代中国特色社会主义思想为指导，深入贯彻落实党的十九大和十九届二中、三中全会精神，按照中央经济工作会议和全国市场监管工作会议部署，分析消费者权益保护工作面临的形势与任务，把握做好消费者权益保护工作的基本关系，部署今年重点工作，凝心聚力，奋发创新，在新的起点上谱写消费者权益保护工作新篇章。

刚才，湖北省副省长万勇同志发表了热情洋溢的致辞，体现了湖北省委省政府对消费者权益保护工作的重视和支持。三家部际联席会议成员单位工业和信息化部鲁春丛同志、文化和旅游部戴清堂同志、中国人民银行马绍刚同志，介绍了各自所做的工作，谈了对消费者权益保护的思考以及下一步工作打算，增强了我们进一步做好消费者权益保护工作的信心。希望各地积极用好消保工作联席会议机制，发挥好各成员单位作用，共同做好消费者权益保护工作。湖北、北京、吉林、上海、浙

江、福建、云南等地市场监管局负责同志作了大会发言，交流了经验做法。其他地方因为时间关系不再发言，请大家认真学习会议材料。有道是“三人行必有我师焉”“择其善者而从之，其不善者而改之”，希望大家相互学习启发，借鉴其他地区的经验成果，加以改进自身工作。下面，我讲几点意见。

一、深刻认识新时代消费者权益保护工作的形势与任务

保护消费者权益是党和政府的神圣使命，是整个市场监管工作的出发点和落脚点。中央高度重视保护消费者权益，党的十九大报告指出“增强消费对经济发展的基础性作用”；去年8月，《中共中央国务院关于完善促进消费体制机制　进一步激发居民消费潜力的若干意见》明确“强化对消费者权益的行政保护”；今年政府工作报告进一步要求“加强消费者权益保护，让群众放心消费、便利消费”。总局党组始终把消保工作放在突出位置，提出机构改革“七个统一”，包括统一消费者权益保护；市场监管“六个着力”，包括着力树立消费者至上理念，当好消费者权益保护者；最终目标“三大环境”，包括安全放心消费环境。我们要切实增强责任感和使命感，深刻认识消保工作面临的新形势与新任务。

（一）统一思想，充分认识消费者权益保护的重大意义

保护消费者权益是践行以人民为中心发展思想、保障和改善民生的时代命题。新时代是以人民为中心的时代，每个人都是消费者，每一天的衣食住行用都离不开消费，放心消费是人民日益增长的美好生活需要的直接体现。市场监管部门就是要从人民群众关心的事情做起，从让人民群众满意的事情做起，一件事情接着一件事情办，一年接着一年干，破解群众最关心最直接最现实的消费维权痛点难点问题。有没有坚持消费者优先原则，有没有保护好消费者权益，直接关系13亿多人敢不敢消费、愿不愿消费，直接关系人民群众的获得感、幸福感和安全感，直接关系党的执政基础和民心得失。我们的宗旨就是全心全意为人民服务。

保护消费者权益是贯彻新发展理念、推动经济持续健康发展的必然要求。我国经济持续转型升级，2018年最终消费对GDP增长贡献率高达76.2%，消费已经成为经济增长第一动力。同时外部环境总体趋紧，中美经贸摩擦加剧，经济运行稳中有变、变中有忧，面临下行压力。保护消费者权益，推动消费升级扩容，有利于发挥消费的压舱石作用，更好激发市场活力，促进形成强大国内市场；有利于将需求引领和供给侧结构性改革相互促进，以消费升级带动产业升级，推动经济高质量发展。

保护消费者权益是防范化解重大风险、保持社会大局稳定的重要措施。今年是全面建成小康社会关键之年，防范化解重大风险摆在三大攻坚战之首。随着消费模式日趋复杂，区域性系统性消费风险有所加剧，消费纠纷已经成为一种不容忽视的社会矛盾。重大消费侵权案件不时发生，不仅引发严重舆情危机，波及行业和地区发展，还对党和政府的声誉造成很大损害；群体性消费侵权事件频频出现，对社会大局稳定带来了不小的压力。加强消费者权益保护可以有效把握关口前移的主动权，把更多矛盾解决在源头，把更多纠纷化解在萌芽，切实防控事态升级、风险蔓延。

（二）肯定成绩，近年来消费者权益保护工作卓有成效

一是提高站位，创新机制，消费环境建设深入推进。浙江将放心消费列入省政府民生实事，作为浙江省高质量发展的关键环节。江苏省委、省政府多次召开放心消费创建工作会，将放心消费创建纳入省“十二五”“十三五”规划。四川将“营造良好消费环境，持续推进放心舒心消费城市创建工作”纳入省政府2019年重点工作。广西壮族自治区政府印发《2018年广西开展放心消费创建活动工作方案》等，把放心消费创建作为各级政府协调推进的任务。山东制定放心消费示范单位评价规范地方性标准，用标准引领创建工作。广东构建全省消费环境评价指标体系，完成多个城市的《消费环境评价分析报告》，促进当地党委政府重视提升本地区的消费环境。深圳在全国首创用客观指标和主观指标相结合的方式搭建消费环境指数，并在今年3·15发布全市2018年消费环境指数。宁波按照城市和乡村、线上和线下、商品和服务、制造和流通“四个全覆盖”的目标，将放心消费创建行业和领域不断延伸。

二是积极畅通投诉举报渠道，消费维权效能不断提升。北京坚持“全程督办，留有痕迹”模式，努力打通消费者权益保护“最后一公里”，提升市民诉求解决率和满意率。上海在区级设立消费纠纷联合调解中心，在基层市场监管所设立“消费纠纷联合调解工作室”，推动纠纷多元化解。吉林在今年3·15完成“五条热线”初步整合，在全国“五线合一”工作中步伐

领先。福建建立完善“一口集中受理、分工协作办理、及时反馈办结、网上跟踪督办”的工作机制，快速妥善处理消费者投诉。云南与香港消保委、缅甸商务部推进跨境消费维权合作，联合举办3·15纪念活动。内蒙古与蒙古国、俄罗斯维权组织和机构建立跨国投诉异地处理机制，促进跨境消费纠纷有效解决。杭州与多家电商企业深化“红旗渠”消费维权绿色通道建设，大幅提升网购投诉处置效率。青岛推出微信端“放心消费地图”，运用现代技术拓展消费投诉受理渠道，提升消费维权效率。

三是大力查处消费侵权案件，消费环境持续净化。湖南针对社会关切，深入开展学校食品及学生用品安全“护苗”专项行动。山西针对近期维权热点，组织召开“汽车流通领域消费维权工作座谈会”，通报了全省汽车流通领域消费投诉举报情况，安排行业组织自查自纠，不断提高服务质量。黑龙江开展了打击整治向老年人欺诈销售保健产品违法行为专项行动，省人大常委会为市场监管部门以实际行动保护老年人合法消费权益“点赞”。哈尔滨在全市范围内开展有毒儿童玩具执法检查，对不合格儿童玩具依法立案查处。南京狠抓与百姓生活密切相关的消费品专项打假工作，鼓励社会公众举报制售假冒伪劣商品行为。厦门强化与公安等部门的协作，提高了应对突发性、群体性疑难投诉的处理能力。广州集中执法力量，强化线上案件查办力度，结案一宗特大网络传销案，起到了良好的震慑作用。

（三）直面问题，消费者权益保护工作面临多重考验

一是传统消费领域尚有明显短板，不少消费者反映强烈的老大难问题仍然没有解决。食品安全任重道远，假冒伪劣屡禁不止，今年央视3·15晚会曝光的违规辣条、医疗垃圾制造儿童玩具、黑心纸尿裤等问题触目惊心，有的已经形成庞大的黑色产业链，这些是新问题吗？有的问题年年曝光、年年整治、年年反弹；有的地方甚至接连几年被曝光类似的问题，老百姓能满意吗？服务领域同样存在大量薄弱环节，很多地区服务类投诉超过了商品类，虚假宣传、霸王条款、预付式消费“跑路”、价格欺诈等问题一直困扰着消费者。最近的奔驰维权事件之所以引发全国这么大的舆情，就是因为它暴露出汽车销售行业一些长期存在、普遍存在的潜规则，老百姓对此久已深恶痛绝。

二是新兴消费模式带来新型风险，对市场监管体系和监管能力提出巨大考验。我国正处于经济社会转型的关键时期，市场业态跨界融合，消费模式日新月异，消费风险也在升级扩散。共享经济、直播短视频、在线旅游、外卖订餐、新零售、社交电商、共筹拼团等新业态出现不少监管难题，成为消费投诉集中地和消费风险高发地。以信息不对称为核心的跨行业跨领域问题开始凸显，平台型垄断、数据垄断和算法垄断正在从电子商务扩散到更多领域；个人信息权受侵害、大数据杀熟、“千人千面”、诱导式消费等问题引发社会高度关注。未来技术和业态升级会不断提速，怎样处理新兴消费模式的负外部性，是不可回避的问题。

三是消费维权理念机制不够完善，工作效能有待提升。党的十八大以来，消保工作取得了辉煌成绩，但也要看到，随着形势任务不断发展，我们的认识和做法中适应的一面正在下降，不适应的一面正在上升。对“放管服”、社会共治等理念的认识不够到位；有的制度滞后于社会发展，还形成了路径依赖；12315体系尚不能充分适应互联网和大数据时代的要求；消费者“维权难、维权慢、维权贵”现象仍然普遍存在；极少数职业索赔人占据了过多的公共资源；基层消保工作越来越忙而消费者诉求越来越多、一线干部疲于奔命又应接不暇。某种程度上，消保工作已经到了改革的历史关头，进一步更新理念思维、创新制度措施、提升本领能力，比以往任何时候都更加重要、更为紧迫。

二、正确把握做好消费者权益保护工作的几个关系

（一）正确把握“放管服”之间的关系，探索协同改善营商环境与消费环境的新路子

“放管服”改革是本届政府职能转变的总抓手，市场监管部门作为改革的排头兵，各方面成效显著，管出了活力，管出了秩序，管出了安全。但是，现阶段也有少数同志存在思想认识上的误区，甚至把放、管、服相互对立，把营商环境和消费环境相互割裂，认为加大消保力度会给企业增加负担，影响经济发展，有些工作开展起来有所顾虑。这是对“放管服”的理念认识不到位，路径方法探索不深入。

必须认识到，公正监管本身就是服务，而且是我国市场经济越来越需要的公共服务。要做好简政放权的“减法”，也要做好加强监管的“加法”。当前，企业对营商环境的最大需求已不再是优惠政策，而是公正监管下的公平竞争。改善消费环境，旨在清除违法供给、劣质供给，用消费者自主选择的市场竞争机制淘汰违法失信企业，为诚信守法企业健康成长创造条件，为产业升级

和高质量发展留出空间，实现腾笼换鸟、凤凰涅槃的供给侧结构性改革。同时，良好的营商环境是改善消费环境的基础，质量是生产经营出来的，也是监管出来的，更是竞争出来的。保证国企民企、内资外资、大企业中小企业之间的公平竞争，既是对民营经济和中小企业发展的有效支持，也是对消费环境的源头治理。营商环境与消费环境之间是手心手背、唇亡齿寒，消费环境差的地方，往往营商环境也不好，只有两者相得益彰的市场化、法治化环境才最能聚人聚财，最有利于发展。各地要坚决摒弃以牺牲消费者权益为代价换取一时经济发展的短视做法，进一步落实经营者消费维权责任，引导消费者依法理性维权，推动消费升级扩容，协同改善营商环境和消费环境。

（二）正确把握政府主导和社会共治的关系，构建消费维权协同治理的新格局

市场监管的核心目标之一是处理好政府和市场的关系，使市场在资源配置中起决定性作用，更好发挥政府作用。消保工作直接面对市场最前沿，随着产业链日益复杂精细、消费需求不断增长升级，这点体现得更加充分。一方面，要摆脱全能政府、无限政府的假想，跳出大包大揽、单打独斗的治理模式，扭转计划经济思维和长官意志。政府不是万能的，市场监管不是市场保姆，什么都想管，最后什么都管不好。构建政府监管、企业自治、行业自律、社会监督、消费者参与的消费维权社会共治格局，已是迫在眉睫的现实需要。各地要充分吸收消协组织、调解组织、专业组织、行业协会等第三方参与，充分发挥新闻舆论监督和消费者参与作用，把消费侵权的外部成本内部化，倒逼企业自觉担负第一责任。

发挥好消协组织作用，是社会共治体系的关键环节。从目前情况看，共治体系最薄弱的环节恰恰是最广大消费者的参与。作为整体的消费者是共治体系中最有力的主体，而作为个体的消费者又处于弱势地位，把广大消费者的力量凝聚起来，就要支持消协组织做大做强。市场监管部门既不能把消协组织视为普通的社会团体，也不能等同于一般的内设机构，要尊重消协组织的相对独立性和灵活性，尊重社会监督的客观规律，发挥其贴近消费者、接触各行业、社会知晓度高等优势，指导其更好开展《消费者权益保护法》赋予的各项公益职能。要充分释放消协组织改革的红利，积极支持消协组织的投诉调解、消费教育引导、比较试验、体验式调查、公益诉讼、参与立法立标、参与监督检查、公开披露批评等工作，健全消费纠纷多元化解体系，推动形成行政监管和社会监督有效互补的协同格局。

另一方面，也不能走向另一个极端，从万能保姆变成甩手掌柜。深化市场化改革不是什么都交给市场自主调节，消费侵权本身就是市场失灵的产物，网络购物等充分竞争领域也存在很多问题。从国际经验看，近年来发达国家对消费者权益的行政保护也在普遍加强，联合国2016年专门建立常设性的消保会议。社会共治离不开政府主导，消保的工作力度还需要加大，这并不矛盾，关键是政府管什么、怎么管。政府要管住市场底线，对侵害消费者人身财产安全的违法行为零容忍；要注重制度设计，构建各方共赢的健康生态；要夯实市场经济基础设施，通过信用约束各方遵循法治轨道；要推动“互联网+”和机器换人的消费维权，用公开换公正、用数据换效能，为社会共治体系的成长保驾护航。

（三）正确把握综合监管和行业监管的关系，建立部门协作优势互补的新机制

市场监管是政府的基本职能之一，消费者权益保护和市场监管是一个硬币的两个面，也是各部门的共同责任。从改革开放40年历程来看，市场监管和市场经济同步发展，机构改革和职能转变同步推进，综合监管不断整合，行业监管不断优化，形成了综合监管和行业监管分工协作的格局。这一基本格局符合我国国情，还将长期维系。然而，当前部门协作机制尚不健全，也存在不少监管盲区和交叉冲突，比如对预付卡、个人信息保护一直没有形成真正的监管合力。特别是随着市场跨界融合竞争的提速，市场业态一体化和市场监管分散化之间的矛盾越来越突出，无论哪个部门都不可能包打天下，也都不可能独善其身。压力驱动改革，这正是推进消保部门协作机制的契机。

市场监管总局是消费者权益保护工作部际联席会议牵头单位，消保部际联席会议是经国务院正式批复由原工商总局牵头的第一个部际联席会议。各地首先要健全部门协作制度，在此基础上推动消保从部门工作上升为政府工作。现在不少地方消保部门联席会议召集人是政府领导同志，这是值得鼓励的。去年中央关于完善促进消费体制机制的文件，就是把这项工作放在党委政府工作的重要位置。其次要探索优势互补的协作方式，一方面按照“谁审批、谁监管，谁主管、谁监管”原则，积极配合行业监管部门规范行业；另一方面发挥好牵头作

用和综合监管优势，积极协调行业监管部门齐抓共管。要扭转计划经济思维，不能认为行业监管就是行业主管部门的“一亩三分地”。建设统一开放的大市场，需要整体型政府的大监管，消保正是市场监管领域部门协作的最佳契合点。无论哪个领域的监管，说一千道一万，消费者最有发言权。有为才有位，各地要化压力为动力，站在党委政府的角度看待消费者权益保护工作，主动谋划和作为。

（四）正确把握条线工作和全局工作的关系，激发消费维权与监管执法的新效能

消保是有多年历史和优良传统的条线，成绩有目共睹。机构改革后，20多个省（区、市）和绝大多数副省级市、计划单列市继续独立设置消保机构，条线基本延续。新形势下，要跳出消保看消保，找准消保工作的新定位。市场监管部门本身就是消费者权益保护部门，这是指“大消保”，各级消保机构从事的是“小消保”。要着眼“大消保”、立足“小消保”，围绕中心、服务大局，推动消保从条线工作上升为全局工作。消保从来都不仅仅是被动解决消费者诉求的业务部门，而是主动推进消费环境整体建设的综合部门。要发挥跨行业跨领域的优势，广泛凝聚消费者优先的共识，对外牵头部门协作，对内统筹各个条线，肩负起维护消费者权益的责任，把保护消费者作为立法、规划、监管、执法、宣传等各项政策措施的出发点和落脚点之一，通盘考虑、统一谋划，努力实现最优政策组合和最大整体效果。

12315工作也是一样。在市场监管投诉举报“五线合一”的重大改革中，新的12315行政执法体系绝不是简单的物理叠加或者被动的接诉流转渠道，而是监管执法全局工作的综合支撑，全国统一高效权威的市场监管体系的枢纽。要处理好与12345等政府服务热线的关系，发挥好综合执法作用。末端12315数据要与各业务领域中端监管信息和前端制度设计结合，形成监管闭环，打造市场环境“晴雨表”、市场监管“指南针”。作为重点监管的主要手段，要与“双随机、一公开”监管和信用监管协同，对市场主体精准画像，对市场运行动态监测，划分消费信用风险等级，研判防范市场风险，定位日常监管的盲区和短板，聚焦执法办案的方向和目标，为政府宏观政策、消费政策和产业政策提供建议，对企业开展有针对性的行政指导。只有这样的12315定位，才能整合成统一的智慧监管体系，推动机构改革的化学融合。

（五）正确把握个案处理和综合治理的关系，打造消费环境标本兼治的新体系

九层之台，起于累土。无论到什么阶段，解决个案都是消保工作的基础。群众利益无小事，群众的小事就是政府的大事，群众正是从一起起投诉举报的处理中感受公平正义、建立法治信仰、培养维权意识。我们也正是从一起起个案中捕捉客观规律。如果不愿扑下身子解决群众的具体诉求，那么口号喊得震天响、文件写得再漂亮，老百姓也不会有获得感。何况，任何一起个案处理不好都可能变成“黑天鹅”，从简单的消费纠纷演变为对行业和政府的质疑，最后花十倍百倍的精力来应对，这样的教训每年都有。遇到类似事件，各地必须有政治担当和职业敏感性，第一时间介入，第一时间发声。不能外界早已热火朝天，里头仍然推诿塞责或者畏缩不前，坐视舆情发酵，任由事态失控，这是绝不允许的。

与此同时，经济社会转型阶段的消费纠纷持续增长，机构改革后基层“人少事多”的矛盾也更加严峻，头痛医头、脚痛医脚是行不通的。当前消保工作谋一域居多，“被动地”专项整治多；谋全局不足，“主动地”综合治理少。一些消费纠纷的根源还没有化解，按下葫芦浮起瓢；一些共性问题缺乏长效监管，“灰犀牛”风险有所集聚。这就需要跳出救火队员的角色，更加注重消费维权的基础建设，更加注重消费环境的整体推进。通过健全消费者维权机制、消费领域信用体系、消费纠纷多元化解体系、消费教育引导宣传等，用事先预防的时间节约事后救济的时间，用企业自律的空间换取行政监管的空间，争取更多主动权。

（六）正确把握行政调解和行政处罚的关系，建立公共资源科学配置的新模式

这几年各级政府都在过紧日子，市场监管更要有成本意识和效能观念，推进监管供给侧结构性改革，释放最大化治理效应。现在争议比较大的问题是，政府对消费纠纷是否继续调解？还是只处罚违法行为？这需要我们处理好调解和处罚的关系，追求法律效果和社会效果的统一。

一方面，调解不能代替处罚。必须看到，法律的生命在于实施，只有执法才不会让制度成为“稻草人”“纸老虎”；我们的权威在于执法，只有用好这一拳头产品，才能“一拳打得百拳开”。社会共治也好，信用体系也好，都离不开执法的坚强后盾。多数消费纠纷背后，或多或少都有违法行为的身影。之所以重

大消费侵权事件多发频发，群众深恶痛绝的潜规则屡禁不止，和“以调代罚”现象有很大关系。消费者买到假货来投诉，商家一退了之，监管部门能满足于这种表面上的案结事了吗？尽管办案比调解的程序更复杂，工作量更大，但是往往越想图痛快，最后越不痛快。扬汤止沸不如釜底抽薪，要深挖投诉的案件线索，铲除诱发消费纠纷的土壤。只有执法到位了，投诉数量才能降下来。

另一方面，调解是我国在国际社会保护消费者权益的独特优势。12315品牌能够家喻户晓，主要是靠多年来调解为老百姓提供了一条快速便捷的维权渠道，挽回了大量经济损失。尤其在诉讼成本较高、信用体系尚不健全、社会监督不够有力的阶段，遇到消费纠纷找政府是老百姓的普遍认识，政府不可能把已经打开的大门再关上。但是，调解机制确有必要改革。要建立多元调解制度，吸纳消协组织、人民调解组织、基层群众自治组织等进行调解；建立健全第三方参与制度，特别是在金融、商品房、汽车、电子产品等专业性强的领域，引入专家库、律师团、志愿者等力量；建立诉调对接制度，与仲裁机构、法院积极合作，增强调解的法律效力。

三、抓好今年消费者权益保护的几项重点工作

今年是市场监管机构改革后消保工作的开局之年，任务很繁重，网监司已经下发了工作要点，各地要结合实际创造性贯彻落实。我在这里强调几项重点工作。

（一）完善消费者权益保护法律体系，抓好新消法及其实施条例的具体落地

市场监管机构改革后，完善法律体系是摆在第一位的任务，制度理顺了，职能才能真正融合。而消费者权益保护又是一项永无止境的系统性工程，不可能毕其功于一役，要以钉钉子精神，脚踏实地抓好制度建设、抓出工作成效，积小胜为大胜。今年是消法实施25周年和修订5周年，《电子商务法》刚刚实施，《消费者权益保护法实施条例》也即将出台。各地要根据上位法，抓紧制修订配套的地方性法规。消法是龙头，实施条例是枢纽，部门规章和地方性法规是制度落地的保障，要把上位法中原则抽象的规定细化充实，结合本地实际增强可操作性。有些省（区、市）的地方性法规已有十几年历史，甚至在《消费者权益保护法》修订后还迟迟没有修改，要尽快提上立法日程，力争在“十三五”期间，所有省（区、市）都有一部地方性法规。消法实施条例颁布出台后，全系统要高度重视，组织好业务培训，抓好宣传贯彻落实，推动各业务条线落实好条例。

（二）推进以放心消费创建为抓手的综合治理，健全消费维权共治格局和消费领域信用体系

放心消费创建是消保工作的重要抓手。总局会同20多家部门部署了2018—2020年三年行动计划，今年是攻坚年，要抓好两个关键词“共治”和“信用”。

“共治”要求我们发挥放心消费创建的提纲挈领作用，把市场监管各个条线的合力聚起来，推动上升为政府工作，像抓营商环境建设和文明城市创建一样，形成统筹协调、整体推进的格局，把消费环境打造成吸引人才投资的名片。要融入中心工作，结合地方特色，形成一批放心商圈、景区、市场、电商平台等，带动消费升级，创造新的经济增长点。要研究建立一套科学的消费环境测评标准，使工作成果可量化、可分析、可比较，长抓不懈，久久为功。要调动广大市场主体积极性，比如浙江、北京、海南等地正在试点的线下购物无理由退货，反响很好，企业纷纷自发参与。

“信用”要求我们加强消费领域信用体系建设，为消费环境提供反向约束，形成倒逼效应。要用好企业信用信息公示系统，发挥好“经营异常名录”和“严重违法失信企业名单”的约束作用，加强消费投诉信息公示工作，减少消费者和经营者之间的信息不对称，更好保障消费者的知情权、选择权，让市场在资源配置中发挥决定性作用，倒逼经营者诚信守法。

（三）加快整合建设12315行政执法体系，显著提升投诉举报工作效能

“五线合一”是中央推进市场监管综合执法体制改革的重要部署，也是消保工作的里程碑。这项工作涉及面广，制度、标准、硬件、软件、人员、场地等都要同步推进。各地要把这项工作摆在突出位置，一把手亲自抓，分管领导具体抓，按照总局部署的任务和时间节点，保质保量完成整合。要按照新定位做平台、做枢纽、做闭环，让群众有获得感，让基层好用管用。

具体工作总局已经印发指导意见，有三点强调一下：一是把12315的数据库用好。12315数据是“双随机”监管、重点监管、信用监管的重要基础，对投诉举报集中的行业相应提高“双随机”比例，开展专项执法；对投诉举报异常波动的市场主体，适当提高产品抽检、现场检查、行政约谈等频次，适时开展消费预警提示和消费投诉公示，推动实现广覆盖、强约束的动态监管。二是抓好全国12315平台的建设与落地。全国

12315平台是新时期全国市场监管系统共建共用的平台，各地要避免各自为政、重复建设，避免信息化效率低、数据共享难、业务不协同；要加强资源整合、强化数据融合，在年底前共同建成统一运行的全国12315平台。三是赋予12315“五进”新内涵。12315不是一个大厅、几部电话，而是内外贯通、四通八达的网络；“五进”同样不在于设立多少“有形”的维权站，而在于拓展多少“无形”的绿色通道，关键看经营者有没有建立消费纠纷快速解决机制。消费维权集中在哪里，12315就要延伸到哪里。

（四）聚焦重点服务领域消费维权，坚决破除群众反映强烈的潜规则和新风险

服务领域正在成为消费维权的洼地。近年来，商品质量整体提升比较明显，而服务质量却滞后于群众期待，消费侵权现象频发，与我国服务业大国的地位不相称。有些潜规则成为沉疴顽疾，消费者长期深恶痛绝又无可奈何，遇到纠纷被迫“按闹分配”。有些新型消费风险已经影响到社会稳定，政府监管的缺位导致产能过剩、无序竞争，不利于新业态自身健康成长。这些现象必须扭转。

同时，要看到服务领域的问题点多面广，不能眉毛胡子一把抓，要找准群众的痛点难点，每年抓住几个重点。当前，群众反映比较集中的问题有两个：个人信息安全和预付式消费风险。个人信息权受侵害是新型欺诈、诱导式交易、商业骚扰等侵权行为的基础，直接危及消费者人身财产安全。预付式消费存在的欺客宰客、侵占资金、违约跑路等问题，在教育培训、美容健身、家政洗车、餐饮百货等各个行业带有普遍性，容易诱发系统性风险和群体性事件。总局今年将会同有关部门部署综合治理行动，各地要聚焦这两个问题，严厉打击欺诈和侵权行为。特别是对于经营者无理拒绝、故意拖延消费者合理诉求的违法行为，要坚决依法查处。争取通过重点治理，让群众有明显的获得感。

（五）大幅强化“投诉转案件”机制，加大侵害消费者权益案件的查办力度

要正确理解中央提出的“包容审慎”监管。“包容”要求对未知大于已知的新业态，尊重市场规律，鼓励创新创业，不能动辄使用发牌发证、行政指令的计划手段；“审慎”既要求给一时看不准的新业态“观察期”，避免一管就死，也要求严守底线，对坑蒙拐骗、假冒伪劣等违法侵权行为采取严厉监管措施，坚决依法打击。无论是新业态还是传统业态，都不允许打着维护营商环境的名义侵害消费者权益，各地也不能喊着柔性执法的口号漠视消费侵权行为。特别是处理消费者投诉时，要抓住机构改革和五线合一的契机，扭转“以调代罚”的现象，把投诉作为重要的案件线索来源，进一步强化“投诉转案件”机制。消费纠纷的民事和解不是终点，单个消费者的诉求也不是终点，消除违法行为、保护全体消费者才是最终目的。各地消保机构要和综合执法队伍通力协作，勇于亮剑、敢于碰硬，狠抓一批典型案例和大案要案，严肃查处违法行为。苍蝇要拍，老虎更要打，涉嫌犯罪的坚决移送司法机关，还要公开曝光，以正视听，以儆效尤。

（六）抓好各级消保和12315队伍建设，为消费者权益保护工作提供保障

绳短不能汲深井，浅水难以负大舟。对于任何事业，队伍建设都是根本。尤其消保和12315工作最贴近老百姓，是市场监管部门的服务窗口，头绪繁多又艰难复杂，还面临较多的履职风险和外部不可控因素，更加需要一支政治过硬、本领高强、砥砺前行的干部队伍。各地要积极争取党委政府重视，从政策、资金、人才等各方面加大支持力度，切实加强消保机构队伍建设。要切实为基层减负，清理不合理、不必要的考核指标，纠正以满意率等打分排名的机械做法，不以填表报数、留痕多少来评价好坏。要注重业务培训和轮岗锻炼，提升队伍能力素质水平，掌握新知识、熟悉新领域、开拓新视野。要关心关爱基层干部，健全完善激励约束机制，为干部担当作为、干事创业营造良好氛围。

加强消保和12315队伍建设，需要在分级管理下，打破地方保护主义，避免“上下两层皮”，解决好消保工作深层次的体制性结构性矛盾。总局重点是顶层设计和制度建设，把准职能转变和改革方向，统筹应对全国共性问题。省局要沉到一线，把情况问题摸清楚，把好招实招提出来，强化综合治理、专业监管、重大复杂案件查处等职责，不能一味把责任下沉基层。市县局既要守土有责，遇到重大消费事件、区域性系统性风险、普遍性规律性问题，及时报告上级；也要守土尽责，不能等靠拖要，一遇到难题无论大小都往上请示，把矛盾和责任上交。各层级要共同努力，打造“全国一盘棋、上下一条心”的消保和12315工作队伍。

此外，各地市场监管部门要进一步加强消费教育宣传引导工作，与其他各项工作同频共振。保护消费者权益，是全社会的共同责任，我们的消保工作能不能干好，

社会共治合力能不能凝聚起来，宣传系于一半。各地要抓住重大时间节点、重要行业领域、重点消费群体，借势借力，创新形式，更好发挥媒体监督的作用，更好发挥消协组织、行业组织等社会组织的优势，不断增强消费者理性消费和依法维权的能力，不断培育市场主体诚信守法经营的意识，营造全社会关心支持消保事业的良好氛围。

同志们，消费者权益保护，事关经济发展、社会稳定、民生改善，具有特殊重要性。无论时代怎样发展，机构如何调整，消费者权益保护事业永远在路上！大家责任重大、使命光荣，要有“功成不必在我”的境界和“功成必定有我”的担当，增强底气、鼓起士气，不断加大消保工作力度，坚持不懈改善消费环境，以优异成绩迎接中华人民共和国成立70周年，为决胜全面建成小康社会做出新的贡献！

在全国消协组织法律与理论研究培训班上的讲话（节选）

中国消费者协会副会长兼秘书长　朱剑桥

（2019年11月27日）

尊敬的各位领导，各位同事，各位专家：

大家上午好！

上个月底，党的十九届四中全会刚刚闭幕，现在全国上下、全党上下正在掀起学习四中全会的高潮，四中全会是我们中国特色社会主义建设过程中，具有里程碑意义的一次非常重要的大会。这次大会通过了《中共中央关于坚持和完善中国特色社会主义制度　推进国家治理体系和治理能力现代化若干重大问题的决定》（以下简称全会《决定》），就是坚持和完善中国特色社会主义制度，推进国家治理体系和治理能力的现代化，这是一个非常伟大的命题。

全会《决定》内容非常丰富，在制度建设层面，应该说对今后相当长的一个时期，都会起到非常重要的指导作用。其中很多的内容，都对我们怎么样开展好消费维权工作，怎么样发挥好消协组织的作用，有非常强的指导意义。里面的许多表述甚至跟消协组织建设和每项工作，都是密切相关的。所以，我们这个班也要在学习四中全会精神的大前提下，来进行研究交流。首次在党的全会《决定》当中提到强化消费者权益保护。首次在这样高规格的中央文献里面出现了消费者权益保护的内容。同时，全会《决定》对进一步坚持和完善共建、共治、共享的社会治理体系做出了全面的部署。共建、共治、共享，对消协作为社会组织，作为一个平台型角色，怎么样在社会治理当中发挥作用，提出了一个引领。全会《决定》还提出，拓展公益诉讼的案件范围，实行惩罚性赔偿制度，发挥群团组织、社会组织作用，拓宽人民群众反映意见和建议的渠道等。这些都与我们核心业务工作密切相关，怎么学习领会好，在实际工作中贯彻落实好，需要大家深入思考，认真研究。我也把这样一个任务布置给这次的培训班，希望大家深入研究思考。

11月14日，张平会长在四川成都的部分省市消协组织座谈会主要就全国消协组织如何在新时代进一步发挥好消协组织的积极作用，提出了要求。

第一点，要求我们深刻认识新时代充分发挥消协组织积极作用的重要意义。特别要从坚持以人民为中心，服务高质量发展，服务人民群众对美好生活需要的角度，特别是从推进国家治理体系和治理能力现代化的角度，进一步认识在现在这样一个新时代，充分发挥消协组织作用的重要意义。当前，全国消协组织建设发展遇到了一些新的情况，遇到了很多的困难。特别是今年下半年，各地机构改革当中，消协组织的去留情况以及下一步发展的方向，面临着很多的挑战。我觉得核心在于对消协组织的角色、性质、定位、作用各方面的认识还是不够统一，不够充分，这是一个国情。更确切地说，决定我们去留存亡的决策层，主要的领导可能对我们消协这个方面不是很了解。所以，怎么样进一步深刻认识消费组织重要意义和作用，我们自己要搞清楚，同时要向领导汇报清楚，有些地方我去调研时也听到，说领导不重视，领导觉得消协没那么重要。我说你们怎么做的工作，有没有主动汇报，汇报的时候自己能不能说清楚。认识问题解决了，后面才好办，认识问题不解决，后面问题解决就很难。要机构、要编制、要经费，他没有觉得你很重要，为什么要给你这么大支持。张平会长提出的第一个要求就是充分认识在这样一个新时代，社会发展、治理体系向现代化推进过程当中，消协到底有什么样的重要作用。

第二点，提出新时代消协组织要有新作为。消协成立各地不一样，都有30多年了，做了很多工作，在社会上也形成了一定的影响力。但是面对新时代，给我们提出了很多新问题、新挑战，我们传统方式方法里面，我们的工作机制、工作成效是不是能够符合现在的要求，符合消费者期待，符合时代给我们的使命，恐怕还有不小的空间。如果还有地方不适应，我们需要做出怎样的创新。会长提出新时代要有新作为，要让社会各界有眼前一亮、刮目相看的感觉。有很多情况，可能政府面临这个问题的时候，还没有很好的办法。消协能在有些地方做得不错，这就是合理的办法，社会各界特别是广大消费者普遍认可了，消协新作为才有了成效。当然，这是现在消费维权形势给我们的一个社会责任。

第三点，提出进一步提升消协组织依法履职的能力和水平，包括加强政治建设、组织建设和专业能力建设。客观来讲，我们在能力建设方面，还需要更加努力。面对有些困难，我们好像研究得不够透彻，办法也不够多。在周一协会例会上，我们还在激烈地讨论，有一个比较难的纠纷案件到我们手里，我一了解，好像有的部门觉得推进不下去了，觉得没有办法。我总在想，只要这个矛盾在我们面前摆着，只要消费者的诉求在这儿放着，消费组织就不能说我没有办法。你可能没有办法达到最高的目标，完满的结果可能很难，但是推进解决，想一些办法，让这个事情化解，哪怕是一两年，要有一些进展，总是要做的，没有办法是不对的。怎么样提高我们的能力水平，也是摆在我们面前很重要的一个课题。我们这个培训班就是一个提升能力水平很重要的班。

此外，谈三个方面的想法跟大家交流一下。

第一，关于公益诉讼。公益诉讼制度在我们国家创设时间并不长，2012年修改的《民事诉讼法》，正式确立了公益诉讼在我们国家法律体系当中的地位。2013年修改的《消费者权益保护法》进一步明确消费领域里面的公益诉讼制度，同时赋予了省级以上消协消费民事公益诉讼主体资格。从2014年3·15，新修改的《消费者权益保护法》正式实施以来，这个制度逐渐在实践当中开始展现出它的作用和威力。全国消协组织到目前为止，一共提起了16例。从2014年到现在5年16例，要从数量上，我觉得是差强人意。过去消协组织经常说牙齿不够硬，我们手比较软，没有行政监管机构，没有执法机关、司法机关的强制力。都是靠宣传，靠发声，靠调解，总觉得手段不够。公益诉讼给了我们一个非常有力的维权武器，一个手段。但是5年时间16例，显然很难说我们用得比较好。但是比较可贵的是在实践当中做出了宝贵的探索，积累了一部分经验。这16例涉及的范围还是可圈可点的，比如像铁路运输、手机软件、食品安全、供水服务、个人信息保护、农用运输车辆、共享单车，这些领域可以说都是民生热点，紧紧围绕这个来开展的。在这些领域提起公益诉讼，有力地维护了涉及众多不特定消费者的合法权益。但是，为什么我觉得差强人意呢，其实我们这5年来，消费维权领域面对的问题，如果说我们有更充足的力量，对公益诉讼有更好的把握，需要提起公益诉讼的案由，我认为绝不止这16例。为什么很多地方没有真正地试水或者开展这方面的工作，可能对新事物，各地消协在保护尺度、操作层面、认识层面，还有很多的难题，不敢贸然出手。

关于这个问题和大家简单交流，怎么看待和着手启动公益诉讼，当然这是我个人的想法，不一定对。我想从这几个方面琢磨，特别是没有开展公益诉讼的省份以及省消协，怎么样完成第一次破冰，还是有一些方法、思路在里面。

一是案件选择上，作为一个省的首例，不要想一口吃一个大胖子，挑战一个最高限。是不是可以先从行为性质和维权路径较为清晰的，特别是在实践层面、学术层面，争议不宜过大的案件，先破冰。有了实操经验之后，再逐步提升公益诉讼的质量。

二是涉及违法行为波及面一定要大，不能是小众问题，要有社会共鸣。因为我们提起公益诉讼除了个案本身，还有一个社会宣传，对社会产生宣示和威慑作用，选择的案由如果过于狭窄，涉及面过小，很难形成社会共鸣。没有影响，也会打击积极性。所以，首例选择在关注度、涉及面、社会共鸣方面要达到一定程度。

三是被诉经营者的对象，不宜过小。去年我在地方调研，一个省在考虑一个案件，我一听经营者是在一个镇上的食品店，当然这个镇也有交通网，也有外地的游客，但是量比较小，金额和消费者感觉上的面也小。再一个在镇上的个体工商户，一个省消协拿起公益诉讼去打，这样是不是合适？被诉的主体不要太小，得有一定的影响力。

四是提起公益诉讼，不能不教而诛。我们提起公益诉讼，不能为了诉讼而去诉讼。我听了有的探讨，是说不能先去约谈督促整改，改了之后就提不了了。公益诉讼是我们终极杀伤性武器。我们提诉讼的目的是督促企业整改，如果通过我们前期监督、调查、约谈、督促整改，能够纠正，我们就没有必要再提起公益诉讼。而且大家都知道，有的已经到法院诉讼立案了，被诉方就表示我要改，你说怎么改，提起整改方案能过关，就按照要求整改了，那案子就没有必要了，所以撤诉了。立案之前一定要把前期的工作做足，该查的要查，该改的要改，实在不管用了，再拿起公益诉讼的手段。这个方面有些地方做得比较好，江苏消保委在一个供水合同格式条款的案子上，就是把公益诉讼作为一个后续的手段，来对一个供水企业进行约谈，实际上达到了效果。包括后来百度个人信息保护的调查，约谈之后，很多企业都改了，但是有的企业不服气，仍然没有整改，最后江苏消保委说要提起公益诉讼。在准备公益诉讼当中，企业就改变了态度，提高了处理层级，老总过来主动要求按要求整改，就不一定非要提起诉讼，诉讼本身就是对违法行为的制止和约束。像湖北，今年关于3D眼镜，影院关于自费购买3D眼镜的现象，中消协在微博上提出之后，各地消协做了很多工作，湖北就进行全面彻查，有些态度不太好的，就说提起公益诉讼，把它作为一把高悬的利剑，后来整个湖北影院系统进行了整改，也达到了维权目的。

五是公益诉讼要和司法机关做好沟通协调，还有相关的行政部门，特别是司法机关，要做好沟通，包括诉讼的关键环节、关键问题，事先做一些梳理，我们再提出诉讼。如果与司法机关不沟通，贸然提起，可能从立案到中间的审理都不够顺畅。

六是发现公益诉讼案件线索，要注重受理的投诉，开展的比较试验，开展的监督调查，以及各方面收集到的舆情，行政监管部门转交过来的一些案件线索，消费者各种渠道反馈的一些线索，要注意发现。发现之后，加快论证，比如，广东消保委就广州长隆海洋乐园门票对未成年人以身高为标准的现状，收集到线索之后，就提起了公益诉讼。虽然最后撤诉了，但是这个企业以整改为前提，不能说这个案子没有作用。我关注到长三角，在消协组织的努力下，对身高、年龄作为标准的问题，也制订了一个规范或者标准，这个做得很好。还有四川消委会，今年第16例里面，根据检察机关提出的建议，对假冒伪劣商品直接提起公益诉讼，也是具有示范意义。安徽、福建都有相关的线索，我们要善于从各项业务当中发现线索，进行研究，然后开展调查。对于当前的热点问题，要有思路，面对公众，要尽到我们的责任。很多消协都遇到了新问题，有些问题很复杂，线上、线下，商品、服务，各个专业、各个行业的现象，是金融，还是商品、服务，都不好分清楚，用单一的一个法律条款，或者用单一的维度分析，都不足以全面解决这样一个事情。

对这些问题，像今年4月西安的奔驰女车主，在引擎盖上一坐，引发了社会关注。说实话，那个案子到现在为止，行政上该处理、该处罚的都做了，消费者也达成和解，但这领域存在的普遍性问题仍没有从根本上解决。这当中不单是4S店本身的问题，这是整个汽车产业链，从上游到中游再到下游，一个利益分配很深层次的问题，牵一发而动全身。就像这个问题，怎么样从根本上保护消费者的整体利益，其实我们遇到的挑战很多，怎么研究，研究哪些方面，来完善我们的制度，形成规范，依然需要我们进一步关注。

今年上半年，迪士尼乐园关于入园不能带食品，同时还有翻包检查，引起了很大的社会关注，各个媒体、主流媒体，都有报道。国际惯例到底怎么样，国际惯例到中国，我们怎么看待，这个问题也值得我们深入研究。

第二，关于热点问题研究。主要讲三点。

一是面对突出问题，要加强立案研究，形成处理思路，要兴起研究之风，确实有些地方做得不错，有地方做得不够，有些领域中消协也来不及研究，缺乏一个明确的思路，重复出现的时候拿捏不好怎么处理。

二是面对热点问题，现在要单打独斗是不够的，我们一定要运用综合手段，调查、约谈、访谈、建议、披露、信用公示、公益诉讼，总有一款适合它，甚至可以打套组合拳。

三是要注重通过个案的解决，来推动制度层面的完善。个案固然重要，但不是我们工作的终点，特别是难点问题、热点问题，我们解决个案的时候，一定要推动全面的，从普遍性上推动解决，如制定相关标准。比如，上海、江苏、深圳。江苏最近智能电视开机广告，他们目前已经推进到标准制订层面。

第三，关于信用评价。从去年中央32号文件提出要加强消费领域信用体系建设，到"十三五"市场监管规划，相继提出建立健全企业信用监管机制，最近国务院正在修订企业信用信息公示制度，加强信用监管，加强社会诚信体系建设，从顶层设计上做约束。我们消费维权领域，应该把怎么样进一步构建消费领域的信用机制和信用体系作为基础工作来抓，很多问题，根上是诚信度不够。今年信用是我们的年主题，在信用方面怎么做？贯彻一年了，我们在年底之前，专门弄一个《消协组织消费维权信息公示工作导则》，发给大家，希望大家讨论。它的核心就是怎样推动信用在经营者行为约束当中的作用。消协工作里面形成了很多有用的，跟信用有关的信息，通过什么样的手段，什么样的渠道，什么样的方式，能够在诚信体系建设方面发挥作用，这需要我们去深入研究。

我们制定办法借鉴了很多现行的做法，我想提醒大家一点，我们制定办法要合理，一定要有一个问题导向。我认为，我们不是为了公示而公示，不是说把消协所有的工作成效摆一摆，也不是宣传我们自己，核心是通过公示这样一些内容，希望达到什么样的目的，要解决什么问题，这是我们要紧紧扣住的。如果对解决问题没有帮助，我们没必要一定去公示。如果对这个问题推动解决力度还不够，那么公示的方式、公示的力度，是不是还可以进一步地深化。这是我们在讨论这个导则的时候要把握的一个原则。

我在调研过程中，对解决难题方面，有一个非常深的印象。预付费跑路，这是我们维权领域里面基本上摆在第一位的。无论是行政，还是司法、消协都是第一位的。深圳在企业信用公示的规定里面，有一个消协向政府企业信用公示系统推送的机制。如果有消费者投诉，预付费消费涉嫌跑路。他们会先跟跑路的经营者设法联系，告诉他，如果一定时间内，你再不回来处理，我可能需要向企业信用信息系统方案里面的信息记录推送过去，而且不但推送企业的有关信息，还要把企业高管个人信息推送过去，这个威慑力还是会产生一定效果的。据深圳消委冯秘书长讲，有些企业老板本来是跑了，把这些钱准备挪用了，最后听说这个消息之后，说别着急，我还要回来解决。当然不是个个都起作用，但是还是发挥了一定作用。这就是我们所谓的公示，对于解决问题产生实际作用的原理。当然，其他地方也有类似的做法。洛阳、宜昌、宁波这些方面做得还不错，交流的时候，大家都关注一下。

公益诉讼工作导则，关于一些诉讼的程序、意见，中消协内部开展工作也形成了一个基本的规范。希望大家对这两个规范进行充分的讨论。

总之，我们这个培训班不是一般的上面讲一讲、下面听一听的班，除了培训，除了交流，还有一个非常重要的研讨环节，所以我们一定要利用这个机会，在短短两天之内，争取取得成效最大化。

所以，我们把法律和理论梳理出一个明确的思路，对于热点、难点问题，有一个基本的认识和判断，我们的投诉调解、消费教育、社会监督、新闻宣传等其他方面的工作，在开展中才能得到一个更好的结果。

在全国消协组织商品服务监督工作暨物业服务调查体验工作培训班上的讲话

中国消费者协会副会长兼秘书长　朱剑桥

（2019年6月26日）

尊敬的王勇巡视员，同志们，大家上午好！

今天，我们在贵州贵阳举办全国消协组织商品服务监督物业服务调查体验工作培训班，我代表中国消费者协会对各地代表的到来表示热烈的欢迎！本次培训班的顺利举办得到了贵州省市场监督管理局、贵州省消协的大力支持和有力保障，贵州市消协的同志也积极参与和支持。在此，我代表中国消费者协会对各位领导的关心支持，以及各位同志的辛勤付出一并表示衷心的感谢！

开展商品服务监督工作是《消费者权益保护法》赋予消协组织的基本职能之一，也是消协组织主动作为、保护消费者合法权益的基本抓手之一。2018年，全国消协系统围绕"品质消费　美好生活"年主题，持续聚焦民生领域消费问题，强化重点难点领域社会监督，推动有关行业领域商品服务监督工作进一步走向深化，中消协和各地消协组织实施的一系列调查工作引发社会广泛关注和热烈讨论。各级消协组织在相关调查体验活动中，一方面将调查成果及时向社会通报，就调查中暴露出的问题和消费者普遍关心的问题约谈涉事企业，就有关问题的解决形成舆论和社会压力；另一方面认真履行建言献策职责，将调查体验中发现的问题线索提交有关部门处理，推动问题的解决落实。

借此机会，我要特别感谢各地消协在联动调查体验工作中给予的支持和配合，也感谢各地在商品服务监督工作中付出的努力和心血。按照本次培训班议程，我们将组织专家讲授大数据分析与消费评价，开展物业服务调查体验工作专题培训，同时会议还将安排部分省市代表分享和讨论消费调查、体验式调查、满意度测评和消费维权志愿者队伍建设等方面的经验。希望通过本次培训，大家一起交流切磋，为各地开展商品服务监督工作凝聚共识、拓宽思路。

今年3月，中消协召开第五届理事会第五次会议，张平会长对全国消协组织2018年的工作给予高度评价，同时对2019年的工作提出新的希望和要求。中央编办批复中消协机构编制后，张平会长立即召集会议，张茅常务副会长和秦宜智副会长参会，专题研究中消协机构改革方案和具体工作，提出明确要求。结合有关情况，下面我讲几点意见，供大家参考。

一、提高站位，深刻认识当前做好消费监督工作的重要性和必要性

去年9月，中共中央、国务院印发《关于完善促进消费体制机制　进一步激发居民消费潜力的若干意见》指出，要打击假冒伪劣和虚假广告宣传，充分发挥消费者协会等组织维护消费者合法权益的积极作用。今年5月，中央决定，从今年6月开始，以县处级以上领导干部为重点，在全党开展“不忘初心　牢记使命”主题教育。新形势下，消协组织要开展“不忘初心　牢记使命”主题教育活动，就是要以习近平新时代中国特色社会主义思想为指导，贯彻以人民为中心的发展思想，落实“消费者优先”的服务理念，将消费维权各项工作不断推向更高水平。

当前，我国消费维权形势总体良好，但假冒伪劣、虚假宣传、消费欺诈等损害消费者合法权益的行为屡见不鲜，预付式消费、保健品营销、各类消费贷、个人信息保护等领域问题多发，消费者维权“按闹分配”事件频发等，凸显出维权机制运转不够通畅，进一步完善消费体制机制的任务较为艰巨。对商品和服务进行社会监督是消协组织的法定职责。消费监督工作是消协组织发现消费领域问题、提出优化改进建议、推动问题解决的重要抓手。今年，各地的消费监督工作要围绕消费者关心的热点和难点进行，一是要强化商品服务一体化监督，重点关注服务消费；二是要强化线上线下一体化监督，重点关注线上消费；三是要强化城乡一体化监督，重点关注农村消费。要注重运用多种消费监督手段，通过全国联动、区域合作、行业互动，提高消费监督工作成效。

二、把准方向，不断提升调查监督工作新成效

2018年来，中消协联动各地消协开展农村集贸市场调查体验活动，就发现的问题会同属地消协督促集贸市场整改，并推动了政府有关部门开展重点治理；黑龙江、山东、江西、安徽、广东等地深化农村集贸市场调查监督，促进农村消费环境改善。中消协就100款APP个人信息收集与隐私政策、重点服务领域部分企业服务热线等开展体验式调查，引发社会强烈反响，为政府有关部门开展行政约谈和专项整治工作提供了重要参考，上海、江苏等地也相继聚焦个人信息保护开展工作，取得很好成绩。在市场监管总局指导下，中消协连续两年开展了城市消费者满意度测评工作，引起各城市政府及有关部门的高度重视，北京、湖北、青海、宁夏、大连、南宁等省市主要领导进行批示，要求当地政府及有关部门持续抓好消费者满意度提升。2018年以来，在调查监督工作方面，上海、江苏、浙江、湖北、湖南、广东、陕西等地围绕当地消费热点，多措并举促进有关问题解决，服务放心消费创建，提升了消协组织社会影响力。

今年，中消协将继续开展“农村集贸市场回头看”，推动APP违法违规问题专项治理持续深入，开展100个城市消费者满意度测评工作等，不断提升调查监督工作新成效。各地在今年的调查监督工作中，可以围绕三个“度”做工作：**一是**工作推进要更有力度，当前消费者的期待是多方面的，消费维权工作面临的考验是多方面的，坚持问题导向和目标导向相结合，切实增强消协组织的问题研究能力、行业监督能力、舆情应对能力、风险防范能力等，筑牢消费维权的“护城河”；**二是**工作方向要更有精度，在各项工作中充分考虑消费者的关注点、行业的问题点和工作的切入点，处理好一般性和特殊性的问题，结合法定职责，突出托底效应，创新监督方式，打好监督工作“组合拳”；**三是**工作方式要更有温度，消协工作不是冷冰冰的制度和程序，在实际工作中既要关注问题点的调查解决，也要关注消费者的情绪疏导与化解，要自觉践行“消费者优先”理念，听消费者说、帮消费者想、为消费者做，提升消协工作在消费者心中的信赖感和满意度，做消费者贴心的“娘家人”。

三、突出成效，加快推进消费维权志愿者队伍建设

今年3·15活动上，中消协发布全国消协组织消费维权志愿者2019年行动计划，提出要推进消费维权志愿服务规范化、促进消费维权志愿者属地化服务、鼓励消费维权志愿者参与消协组织消费维权活动、完善消费维权志愿者服务评价机制等四项内容。这既是我们向社会做出的工作承诺，也是对各地消协组织提出的任务要求。

目前各地正在有序推进消费维权志愿者队伍建设，天津、山东、浙江、杭州、广州、深圳等地通过志愿者做了大量卓有成效的工作。消费维权志愿者是消协工作的重要助手和资源宝库，希望各地在实际工作中注重发挥志愿者的作用。一方面，要注重打造多层次的志愿者队伍，凝聚不同行业智慧和资源，发展更多致力于消费维权的**专家志愿者**；通过组织日常调查监督工作，培养和造就一批**专业志愿者**；扩大消费者加入的**普通志愿者**队伍规模，让更多消费者熟悉和了解消协工作。另一方面，志愿者工作要注重突出成效，让消费维权志愿者能够用上、用好、用活。借助消费维权志愿者，做好消协组织同其他社会力量的连接，借力造势，避免单打独斗；做好消协组织同消费者之间的连接，拓宽服务消费者的渠道，增强志愿者的归属感和价值感。中消协将会同各地消协组织不断丰富平台的内容资源，不断完善“i维权”平台的工作机制，使之成为广大消费者、各类志愿者了解消协工作、促进消协工作的重要平台。

四、协同联动，圆满完成全国物业服务调查体验工作

居住服务关乎人民福祉。无论是从传统观念上，还是从现实需要上来看，“住有所居”是广大消费者最基本的生活品质保障；无论是在北上广等大城市，还是在三四五线中小城市，居住服务和居住品质都是与老百姓最密切相关的生活重点。一方面，随着人民群众生活水平的不断提高，对社区服务和物业管理提出了更高的要求；另一方面，关于物业服务和管理、收费等问题的投诉事件逐渐多发，引发消费者的不满和担忧。

中消协联动各地消协，组织开展物业服务调查体验，正是为了解商品房小区物业管理的整体服务质量，评估不同城市消费者对于住宅小区物业服务的评价现状和满意程度，梳理物业服务中的服务短板，分析原因和症结所在，提出解决办法和政策建议。今后全国范围内的联动工作和区域协同监督调查工作将会是一个普遍趋势，有条件的省市可以通过内外联动、区域联动、上下联动进行探索和实践。希望各地消协同志在培训期间服从安排、认真学习和领会，回去之后做好组织和动员，加强协调和配合，排除疑问和困难，保质保量完成各项调查任务。有条件的地方还可以扩大调查体验范围，形成调查监督声势，推动物业服务更好满足人民美好生活需要。

五、关于消协组织建设

消协组织的机构设置和性质问题一直是大家关注讨论的焦点之一。从去年3月开始，全国消协系统高度关注市场监管和中消协机构改革的动向，同志们翘首以盼。今年5月，《中央编办关于设立中国消费者协会秘书处有关事宜的批复》正式明确，设立中国消费者协会秘书处，为公益一类事业单位，主要承担消费者权益保护日常具体事务性工作等，核定70名财政补助事业编制。目前我们正在抓紧研究和编制机构改革方案，希望能够给各地消协以参照。

随着我国消费规模持续扩大，消费水平不断提高，消费结构继续优化，消费对经济发展的基础性作用将更加凸显，消费维权工作的保障性作用显得尤为重要。在机构改革的关键时期，希望大家**一是**要继续提高站位，深刻理解新形势下消费者权益保护的政治责任和历史使命，深刻认识当前消费维权工作面临的新形势、新变化，以及对消协组织履职提出的新定位、新要求；**二是**要持续更新观念，要有“功成不必在我”的精神境界和“功成必定有我”的历史担当，充分发挥消协组织在营造安全放心消费环境、提振消费信心、挖掘消费潜力的积极作用，用全心全意的履职尽责来回应社会各界的诉求和期待；**三是**要坚定信心，消费维权工作的重要性是不言而喻的，消协组织的工作成效是有目共睹的，消协履职面临的困难和困境也是十分窘迫的，应当守住初心、抢抓历史机遇期，主动连接各方寻求理解和支持，对于组织机构建设和编制人员等部分界定不明、悬而未决的问题认真加以研究解决。

同志们，消费维权工作面临新形势，商品服务监督工作任务仍然繁重。希望大家以习近平新时代中国特色社会主义思想为指导，牢记使命、坚定信心，积极主动作为，为改善和优化消费环境、提升消费维权效能、健全消费者维权机制、激发和释放消费潜力继续努力，让消费者选得称心、买得放心、吃得安心、用得舒心，提升消费者的获得感、幸福感、安全感。

谢谢大家！

着力推进粤港澳消费维权合作　深化服务粤港澳大湾区建设国家战略

——在粤港澳大湾区“消费·维权”论坛上的讲话

中国消费者协会副会长兼秘书长　朱剑桥

（2019年5月31日）

尊敬的朋友们：

大家好！在这个繁花似锦、欣欣向荣的季节，非常高兴来到美丽开放、宜业宜居的珠海横琴新区，参加首届粤港澳大湾区消费维权论坛。作为本次论坛的指导单位，我谨代表中国消费者协会，向本次论坛的召开表示热烈祝贺，向出席论坛的各位领导、各位专家、嘉宾朋友表示热烈欢迎，向重视支持本次论坛的广东省市场监管局、珠海市政府、横琴新区管委会表示衷心感谢，向尽心尽力筹办论坛的各单位，以及所有关注和支持消费者权益保护事业的各界人士表示诚挚敬意！

粤港澳大湾区建设是以习近平同志为核心的党中央部署的重大国家战略。习近平总书记高度重视粤港澳大湾区建设，亲自谋划、亲自部署、亲自推动，作出了一系列重要指示批示和重要论述，为大湾区建设指明了方向。不久前出台的《粤港澳大湾区建设规划纲要》为大湾区当前及今后的建设提供了行动指南。在即将迎来中华人民共和国成立70周年之际，在大湾区建设全面实施、加快推进的关键时期，粤港澳三地各界人士共聚一堂，共话湾区消费融合发展之道，共商湾区维权合作大计，正当其时，很有意义。

当前，我国经济正由高速增长阶段转向高质量发展阶段，消费已经成为经济增长的第一拉动力。党中央、国务院高度重视发挥消费在经济发展中的基础性作用，着力改善消费环境，提振消费信心，消费需求持续扩大，2018年消费对我国经济增长的贡献率达到76.2%。近年以来，我国消费规模不断扩大，消费结构不断升级，新消费、新模式不断涌现，这也对做好消费维权提出了新挑战。因此，积极应对消费领域新变化，加快完善消费者权益保护制度体系、维权服务体系和消协工作体系，着力抓好体制机制创新，全力构建多样化、多元化、多层次的消费维权新格局，推动供给侧结构性改革和经济高质量发展，不断满足人民日益增长的美好生活需要，是摆在我们面前的一项重要而迫切的任务。

广东是我国改革开放先行地。多年来，广东以敢为天下先精神，勇立改革开放潮头，创造了连续29年经济总量领先全国的骄人成绩，为深入推进更高水平的改革和更高层次的开放积累了成功经验。广东是消费大省，省委省政府及珠海、横琴等各级政府、各有关部门高度重视消费者权益保护工作。广东省消委会在省委省政府的正确领导下，在省市场监管局的指导支持下，始终坚持依法履职，创新作为，先行先试，积极转变思想观念、体制机制、工作方式，维权服务、监督水平及公益诉讼、投诉调解、消费教育等各项工作都走在全国前列。特别是适应粤港澳融合发展的要求，抓住大湾区建设的机会，全力推进粤港澳消费维权合作，构建一体化维权合作机制，指导大湾区城市签订《消委维权备忘录》，探索建立跨境消费纠纷快速处理平台，畅通三地消费者投诉维权渠道。这些措施不仅有效服务粤港澳经济发展，推进大湾区消费建设，同时也为促进全国消费维权工作区域协作、联动发展提供了宝贵经验。

推进大湾区消费维权一体化建设，在合作中面对各自处于不同体制和法域的差异性，同时也意味着存在制度和资源的多样性和互补性，这就为消费维权体制机制创新提供了难得的历史机遇和丰富的可能性。我相信，在一国两制的框架下，推进大湾区消费维权一体化，将有利于摸索适应我国消费新特征的维权新手段、新举措，更好解决跨区域、跨国（境）消费等领域的突出维权问题；有利于推动我国建立与国际接轨的消费维权服务标准与体系，紧跟时代前沿，更好保障境内外消费者切身利益；有利于打造新时代消费维权区域深度合作的新标杆，发挥其示范引领、辐射全国的作用，助力我国消费维权事业呈现新特点、开创新局面。

各位领导、各位来宾、朋友们！

大湾区建设不仅是粤港澳三地发展的大机遇、大文章，更是我国消费维权工作改革发展的新机遇、新气象，我们躬逢其盛，重任在肩，一是要坚持以习近平新时代中国特色社会主义思想为指导，大胆创新路径、方法、措施，谋划推进创造型、引领型改革，为全国消费维权工作提供湾区经验。二是要稳步推进三地在消费维权领域相关规则的有效衔接，在投诉受理、调解协同、结果互认、司法衔接等方面实现深度一体化，加快大湾区统一大维权建设。三是要加强对湾区消费维权一体化建设新情况、新问题的研究，搭建好多元化研究交流平台，动员社会各界一起为消费维权事业发展贡献智慧和力量。我们深信，在党中央的坚强领导下，粤港澳社会各界必将不辱使命，给消费者、给时代交出一份满意的答卷！

最后，预祝本次论坛圆满成功。谢谢大家！

地方（消协）领导讲话

在2019年河北省纪念3·15国际消费者权益日活动现场的讲话

河北省消保委主任　王雪峰

（2019年3月15日）

各位来宾、朋友们、老师同学们：

大家上午好！

阳春三月，生机盎然。在这美好时刻，我们在这里隆重聚会，共同纪念3·15国际消费者权益日这个全球性节日。值此，我代表省消费者协会，向出席大会的中直、省直有关部门、各社会团体代表，金融机构、通信机构、企业代表，社区消费者代表、新闻媒体朋友们和外国语学院全体师生表示热烈的欢迎！向多年来关心支持消费者权益保护工作的各级领导和各界人士表示衷心的感谢！向为消费者权益保护事业做出贡献的同志们表示崇高的敬意！

在过去的一年里，省消协与各理事单位、广大消费者一道，紧紧围绕“品质消费　美好生活”这一主题，以贯彻新《消法》和新颁布的《河北省消费者权益保护条例》为重点，广泛开展消费教育，使消费者的消费能力和维权意识有了进一步提高；大力加强社会监督工作，努力营造安全放心的消费环境；认真受理消费者投诉，及时为消费者挽回大量经济损失。在取得成绩的同时，我们还清醒地看到，消费领域假冒伪劣、虚假宣传、支付风险、信息泄露、霸王条款等损害消费者权益的情况仍时有发生，经营者信用缺失的现象仍然不同程度存在，消费者的安全权、知情权、公平交易权、监督权等还得不到充分保障，在很大程度上影响着消费者满意度和消费信心，制约着消费潜力的进一步发挥。加强对消费领域监督，维护好消费者的合法权益任重而道远。

今年是新中国成立70周年，也是全面建成小康社会关键之年。为进一步改善消费环境，有针对性地做好消费者权益保护工作，中国消费者协会确定将“信用让消费更放心”作为今年的活动主题，这是对消费领域信用体系的呼吁，也是对放心消费环境的期盼。因此，2019年全省社会各界要以对人民高度负责的态度，认真做好消费维权工作。**一是加强消费教育和引导，进一步激发消费潜力。**要利用多种形式开展消费教育，强化消费引导。要通过教育和引导，提升传统消费，培育新兴消费，激发潜在消费。**二是加强消费领域信用体系建设，进一步增强行业和企业自律意识。**要运用多种方式和载体，开展消费投诉信息公示工作，督促经营者诚信经营，引导企业主动发布综合信用承诺或产品和服务质量专项性承诺，积极参与信用服务机构开展的消费领域企业信用评价，充分发挥行业协会商会的诚信自律作用。**三是强化对商品和服务社会监督，让消费维权工作更加有力。**要探索建立消费纠纷多元化解决机制，完善诉讼、仲裁与调解对接机制，强化消费者权益损害法律责任，坚持依法解决消费纠纷，扩大适用举证责任倒置服务范围。强化职能部门合作，携手打击假冒伪劣商品和虚假广告宣传，努力净化消费环境，形成政府监管、社会监督、媒体监督、消费者监督的良好氛围。

各位来宾、老师们、同学们，保护消费者合法权益是全社会共同的责任，营造安全放心的消费环境是我们的共同期盼，让我们在省委、省政府的正确领导下，坚定信心，同心协力，共同谱写我省消费者权益保护事业的新篇章，为建设经济强省、美丽河北做出新的更大的贡献。

最后，预祝今天的“3·15”纪念活动圆满成功！

谢谢大家！

在2019年上海市纪念国际消费者权益日座谈会上的讲话

上海市人大常委会副主任　肖贵玉

同志们：

当前，消费已经成为推动我国经济增长的首要内生动力。本市作为国内最大的消费型城市，保护消费者合法权益、扩大消费需求、打造消费品牌，一直是市委、市人大和市政府高度关注的重点工作。今天，我们召开纪念3·15“国际消费者权益日”座谈会，就是为了顺应新形势新任务，共谋消费维权对策，共商消费维权大计。

去年，面对错综复杂、深刻变化的外部环境，本市经济依然保持稳中有进、稳中向好的发展态势。全市生产总值增长6.6%，其中社会消费品零售总额达12668.69亿元，增长7.9%，为本市经济社会发展做出了重要贡献。下面，我谈三点体会供大家参考。

一、深刻认识消费者权益保护工作的重要意义

据统计，去年最终消费支出对我国经济增长的贡献率达76.2%，说明我国已经全面步入“消费经济时代”。在当前全球经济形势不容乐观，贸易保护主义抬头等复杂多变的外部环境下，加强消费者权益保护，提升消费能级，对推动我国经济高质量增长的意义更加凸显。

（一）维护消费者合法权益，就是为经济增长注入恒久动力

虽然我国经济社会发展长期向好的趋势没有发生根本变化，但外部环境日趋复杂，“三驾马车”中投资和对外贸易对经济增长的贡献率近几年在下降，上海尤为明显。要实现高质量发展，为经济增长注入恒久动力，就必须依靠扩大内需、拉动消费。同时，我国居民储蓄率仍保持在高位，潜在消费能力仍然非常可观，因此切实维护消费者合法权益，充分释放潜在的消费需求，有效激发内在的消费动能，促进形成强大的国内市场，是“消费经济时代”的必然要求。

（二）保障消费者合法权益，可以促进发展质量和效益不断提升

当前，我国社会主要矛盾已转化为人民日益增长的美好生活需要和不平衡不充分的发展之间的矛盾。人民群众对高品质、高质量的消费品和服务的需求日益增长，但目前国内消费品的发展质量还不够高，创新能力还不够强，供给侧结构失衡等问题依然存在。这一点，刚才上海社会科学院的刘波博士在发言中谈的一些观点很深刻，需求端要与供给端形成良性的互动。去年，在工商联召集民营企业召开的座谈会上，我就谈到，我们的消费者为什么喜欢到国外“囤货”，一定程度上反映出我们的企业生产不出消费者在家门口就能买到好的、放心的东西。我们往往对于大件商品还比较关注品牌，但对一般日用品，就抱着“买回来能用就行”的观念，这对供给端生产厂家打造品牌、提升质量的刺激就不是很强。从“能用”到“足够好”，再到“大家认为足够好”，“能用”是具备基本功能，“足够好”是代表

"品质"，"大家认为足够好"意味着"品牌"，好的企业应该在"大家认为足够好"的层面坚持有所追求，要有长久的品牌意识，这也是市委市政府提出打响"四大品牌"的意义所在。因此，必须充分保障消费者合法权益，才能促进高端生产要素的有效配置，加速产业结构升级，提高供给端对消费端变化的适应性和灵活性，更好地满足广大人民群众的需要，推动经济社会持续健康发展。

二、紧紧抓住消费者权益保护工作的重点

（一）进一步推动完善消费者权益保护的法治体系

近年来，市人大紧扣社会关注、回应民生关切，加快了消费领域的制度供给，《消保条例》《旅游条例》《信用条例》等地方性法规的陆续出台，使消费者权益保护法律体系渐趋完备。然而，共享经济、互联网金融等相关法律规制落后于商业模式创新的矛盾依然存在，经营者设置保健品营销陷阱、发卡后关门跑路、泄露消费者个人信息等侵权行为依然时有发生。这就要求我们必须进一步加大法律制度供给，把消费者权益保护工作贯彻到立法、执法、司法、守法等各个环节，推动消费维权法治体系日臻完善。

（二）更加关心民生普惠，维护公平正义

消费维权工作重点和社会维权资源要进一步向民生领域倾斜，加大食品、住房、医疗卫生等行业的市场监管，对侵害人民群众安全权和健康权的违法犯罪行为绝不姑息。要善用公益诉讼等法治手段保护消费者公共利益，扩大维权效果的辐射力。还要顺应服务消费增长提速的趋势，加快研究制定教育培训、家政服务、养老护理等行业的通行服务规范和行业标准，近期也召开了"家政服务"的立法启动会，这是今年新立的一部法规，我们正在努力填补一些规制空白领域的制度建设，积极改善服务行业准入门槛过低、人员素质参差不齐的现状，提升消费者的获得感和幸福感。

（三）更加关注消费升级，服务美好生活

随着消费心理的日趋成熟和消费认知的自我觉醒，消费者通过购买商品或接受服务来满足精神需求和彰显个人品位的特征愈加明显，社交消费、知识消费、科技消费等发展前景广阔。我们要善于捕捉新一轮消费升级的增长点，提前布局、精细谋划，鼓励公平竞争，为生产力同步升级提供便利条件。也要研究新情况，与时俱进紧跟商业模式创新的步伐，加强新模式下消费环节交易规则的设计和制定，让消费者充分享受消费升级带来的便利。预付卡消费领域的监管，我们做过很多努力，也取得了一定实效，对于其他更多对消费者有潜在威胁的消费领域，我们要提前关注和介入。

三、推动消费者权益保护工作更好服务国家战略

多年来，上海的消费者权益保护工作一直走在全国前列，上海的消费者满意度指数始终保持在较高水平，这些成就都是一代代消保维权工作者苦干、实干换来的。下一步，我们仍然需要继续努力，既要保持上海消费者权益保护工作继续走在全国前列，也要开拓创新，全面提升消费者权益保护工作的综合效能。

一是要把消费维权统一到长三角一体化发展中来谋划。当前，长三角一体化工作已经上升到国家战略层面。我们消费维权工作也要服务于国家战略，依托三省一市地域相连、经济相融、文化相通的整体优势，积极推动长三角地区消费市场建设一体化和消费者权益保护一体化，同时立法层面也要跟进保障，努力把长三角建设成为贯彻落实新发展理念的引领示范区。

二是要紧紧抓住进博会落户上海的战略机遇。举办国际进口博览会是中国坚定不移推动贸易自由化、构建新型全球价值链的明确宣誓。去年，首届进博会成功举办、成果丰硕，不仅推动了供给侧结构性改革，扩大了消费者福利，更为世界各国商品和服务树立了权威信息发布与价格制定的全球性"风向标"。我们要抓住机遇，既要进一步扩大优质商品进口，满足消费者消费升级的需求，更要对标国际最高标准、最好水平，推动上海的消费者权益保护工作再上新台阶，为打响"上海消费"品牌保驾护航。

同志们，消费者权益保护工作任重道远、永无止境，让我们以"等不起"的紧迫感、"慢不得"的危机感、"坐不住"的责任感，不忘初心，牢记使命，奋勇作为，谱写消费者权益保护事业的新篇章，为新中国成立70周年交出一份出色的答卷！

在2019年上海市纪念国际消费者权益日座谈会上的讲话

上海市副市长　许昆林

同志们：

今天，我们在这里召开座谈会，共同纪念3·15国际消费者权益日。刚才，各方面代表结合工作实际，作了很好的主题发言；定华主任对今年工作作了全面部署，提出了具体要求；待会儿贵玉主任还要作讲话，希望大家认真学习领会，抓好贯彻落实。

2018年是中国改革开放40周年。上海的消费者权益保护工作，与改革开放同生，与经济发展共兴，从1986年市消协成立到2004年改制为市消保委，再到《消费者权益保护法》《上海市消费者权益保护条例》的有力实施，都在全国起到示范引领作用。40年里，上海的消费者权益保护工作，**坚持把体制创新摆在首位**，努力建设与现代化国际大都市相适应的消费者权益保护体制；**坚持"以消费者为中心"的理念**，实现了维权思路从事后救济为主向事前事中引导，维权重心从个诉调解为主向防范群诉矛盾转变；**坚持创新自觉、实践自励**，创立了联网化、专业化、协同化的维权新机制；**坚持把"消费者优先"放在重要地位**，推动了维权方式从传统业态向网络消费、共享出行、个人信息保护等新兴领域拓展；**坚持构建以政府为主导的现代维权体系**，调动行政、司法、社会组织、行业（企业）、新闻媒体携手共治，维权效能不断提升。回顾40年的上海消费者权益保护工作，可以说成绩斐然、不负众望。特别是2018年，市消保委共处理消费者投诉20.72万件，同比上升32.8%，市消保委秘书处被中华全国总工会授予"全国五一劳动奖状"，取得的卓越成效值得肯定。上海消费者权益保护工作取得的成绩和进步，离不开一线同志们的辛勤付出，离不开社会各界的大力支持。借此机会，我代表上海市政府，向所有为本市消费者权益保护工作作出贡献的同志们，表示衷心的感谢！

下面，就做好当前消费者权益保护工作，谈几点想法，供大家参考。

一、提高站位，切实增强做好消费者权益保护工作的责任感

开创新时代上海消费者权益保护工作新局面，首要的是深入贯彻习近平总书记提出的以人民为中心的发展思想，紧密联系全国和上海城市的实际，创造性地开展工作。**一要准确把握我国经济发展的新态势。**进入新时代，我国经济正迈向高质量发展阶段。2019年，外部环境复杂多变，国内经济下行压力有所加大，我国经济逐渐从投资主导向消费拉动转型，消费成为经济增长的第一动力。面对新形势，唯有加强消费者权益保护工作，把改善消费环境、提振消费信心、释放消费潜能放到突出位置，才能充分发挥消费对经济增长的基础性作用。**二要全面落实中央交给上海的新任务。**习近平总书记考察上海时的重要讲话，为上海未来发展指明了方向，拓展了空间。加快落实三项新的重大任务和办好进博会，是党中央国务院交给上海的新任务，也是今年和今后一段时期我们做好消费者权益保护工作的出发点和着力点。上海的消费者权益保护工作，一定要立足高起点、着眼高标准、扭住高质量，为打造国际消费城市和卓越的全球城市做出积极贡献。**三要加快推进政府机构改革的新步伐。**当前，市级政府机构改革已全面完成，区级层面正在稳步推进。在机构改革中，各区及相关部门要高度重视消费者权益保护的组织建设，加快建立跨部门跨层级跨区域的联动机制，为消费者权益保护组织顺利开展工作创造必要条件。

二、聚焦重点，全力推动高质量发展、创造高品质生活

站在新时代，我们要放眼建设具有世界影响力的社会主义现代化国际大都市的总目标，自觉地把消费者权益保护工作放在改革发展稳定的大局中去谋划、去推进。**一要承接进博会溢出效应，全力打造国际一流营商环境。**营商环境是重要软实力，也是核心竞争力，今年春节后全市第一个大会的主题就是围绕优化营商环境。营商环境与消费环境相互依存，营商环境好了，消费环境自然就好。同样，好的消费环境也会推动营商环境的改善。我们要对标最高标准、最好水平，全力打造放心、安心、舒心的消费环境。去年，各部门对标最实作风、最快速度、最严要求，积极担当保护消费者合法权益的责任，圆满完成了首届进口博览会的服务保障工作。当前，我们要巩固进博会服务保障工作的成果，固化成为常态、长效工作机制，进一步提升城市消费的安全度和消费者满意度，为高质量、高水平筹办好第二届进博会打牢基础。**二要推动消费升级，全力打响上海“四大品牌”。**打响“四大品牌”，是上海率先推进高质量发展的突破口，是促进上海创新驱动发展、经济转型升级的有力抓手。我们要紧紧围绕上海经济社会的发展大局，把扩大消费、发展消费作为主攻方向，聚焦物联网、大数据、信息和人工智能等前沿消费领域，支持企业技术创新、产品创新、模式创新，鼓励企业守住质量、强化服务、做强品牌。要密切关注互联网、大数据、人工智能与实体经济高度融合所产生的消费新技术、新产业、新模式、新业态，加快立法立规，培育新的经济增长点，推动消费提质升级，提升上海城市能级和核心竞争力。**三要贯彻实施国家战略，大力推进长三角消费市场一体化。**长三角一体化发展是习近平总书记交给上海三项新的重大任务之一，旨在通过“三省一市”更高质量的发展，使长三角成为全国发展势头最强劲最活跃的增长极，更好地引领长江经济带发展，更好服务国家发展大局。我们要以更宽视野、更大格局、更广胸襟，站在长三角一体化发展的舞台上大显身手，善于集聚地域相连、经济相融、文化相通的整体优势，按照信息互通、规制共建、资源共用、权益共护、成果共享的原则，实施长三角地区消费者权益保护工作一体化，特别是对国家发展需要的、三省一市已有共识的、消费者共同关心的、具体操作能落地的事项，要统一思想、深入研究、加快落地，让长三角地区早日成为国内外消费者放心消费的首选地。

三、共管共治，大力推动消费领域信用体系建设

今年，中消协将“信用让消费更放心”作为消费宣传教育的年主题，这既是落实国务院《关于完善促进消费体制机制 进一步激发居民消费潜力的若干意见》的重要举措，更是开辟新时代消费发展新局面的新举措。建设消费领域信用体系是今年乃至今后一个时期的重要任务，需要全社会形成共识，聚成合力，真抓实干，才能生根开花结果。**一要大力倡导经营者诚实守信。**加大对经营者的教育引导，开展投诉公示制度试点工作，探索建立失信企业黄黑榜，加大优秀事例宣传和典型案例曝光，督促企业牢固树立第一责任人意识，自觉完善诚信经营行为。督促经营者虚心接受消费者评价意见，尊重和保护消费者的监督权，用诚实守信维护自身形象。要把信用作为城市的名片，努力在全社会营造崇尚信用、恪守信用、讲究信用的良好风尚。**二要加快消费领域信用体系建设。**信用体系建设需要政府主导、行业自律、社会参与。市消保委是社会保护消费者合法权益的一个大平台，政府部门、行业组织、第三方评价机构都要主动对接。市消保委要注重信用信息的收集、分析和应用。全市要加快建立公正、科学、公开的信用评价体系，方便消费者查询，有利于消费者监督。**三要充分发挥“联合惩戒”最大效应。**要整合信用信息，加快实现部门间信用信息的相互连接，深入推进多部门联合惩戒机制，并在投融资、进出口、招投标、政府采购、安全许可、生产经营许可、从业资格、资质审核等方面，把信用信息纳入必经考量，对失信者依法予以限制或者禁入，努力形成“守信处处受益、失信寸步难行”的城市信用环境。

同志们，消费维权事业责任重大、使命光荣。希望大家齐心协力、开拓创新，共同为上海营造品质消费环境、建设国际消费城市和卓越的全球城市作出新的更大贡献！

在2019年上海市纪念国际消费者权益日座谈会上的讲话

上海市消保委主任　杨定华

同志们：

今天，我们召开座谈会主要是回顾去年的消费者权益保护工作，对今年及今后的工作提出建议和设想。

过去一年，市消保委深入贯彻党的十九大精神，紧紧围绕市委市政府重点工作，以“打响‘四大品牌’促进消费增长”为主线，以首届中国国际进口博览会为契机，牢牢把握新时代消费升级的大趋势，锐意进取，创新履职，积极作为，在倡导消费理念、化解消费纠纷、强化社会监督等方面都取得了新的成绩和进步。在此，我代表市消保委向奋战在消费维权第一线的同志们致以崇高敬意和亲切慰问！向关心和支持消费者权益保护事业的各部门、各单位和社会各界表示衷心感谢！

近年来，在市委市政府的坚强领导下，在全社会的共同努力下，上海的消费者满意度始终保持在全国前列，人均消费金额高居全国榜首。与此同时，上海的消费者投诉量一直处于高位运行状态。今年，我们结合中消协"信用让消费更放心"的年主题，将"信用，托起'四大品牌'、开创城市未来"作为贯穿全年工作的主线，就是要发挥信用的激励和约束作用，把营造安全放心的消费环境和优化营商环境有机结合起来，为推动高质量发展、创造高品质生活打下坚实基础。下面我讲三点想法，供大家参考。

一、齐心协力，持续改善上海的消费环境

消费维权的社会共治，对营造安全放心的消费环境、推动经济社会高质量发展意义重大。目前，本市消费维权社会共治的格局基本形成并有了新的进步，主要体现在以下几个方面：

一是委员单位通力协作。 **市市场监管局**全面推行"双随机，一公开"制度，提升了监管的公平性、规范性和有效性。**市商务委**构建"多边协同"的新模式，单用途预付卡治理初显成效。**市金融办**在纠纷调解、宣传教育上多措并举，全力维护金融消费者利益。**市通管局**推动三大电信运营商不断优化服务、坚决执行"提速降费"的规定。**市高法院**进一步加大金融案件执行力度，推进金融纠纷多元化解决机制建设。**市经信委**等单位切实发挥职能作用，为维护消费公平、优化消费环境都作出了积极贡献。

二是政府部门与社会组织良性互动。 **政府**深化机构改革，推进部门职能整合、流程再造和力量重组，消除监管盲区，创新监管方式，为消费者守好门、把好关。**行业组织**发挥自我管理、自我规范的引领作用，健全行规行约，完善行业标准，填补标准空白，从源头上保护消费者合法权益。同时，绝大多数**企业**自律也呈现良好势头，特别是互联网电子商务平台不断增强交易的透明度，推动了信息消费的快速发展，提升了消费对经济增长的贡献率。

三是专家、学者建言献策。 **市消保委**聘请的300余名专家志愿者、专业志愿者和律师志愿者，为提高本市消费维权工作效能做了大量艰苦细致的工作。**上海社科院**建立的专家智库，专家们对消费趋势的预测、消费前景的展望以及对消费潜能的估量，使我们增强了维权的主动性。**行业组织**推荐聘请的专家志愿者，在消费调查、消费体察、消费争议调解中发挥了智囊作用。**市律协**推荐的律师志愿者，他们在公益诉讼、支持诉讼中站在前列，坚持每周一次坐镇市、区消保委，解决疑难诉求，为消费者提供及时的法律服务。在这里，我们要向他们表示由衷的感谢。

过去一年，我们在保护消费者合法权益方面做了大量的工作。但是，也应当看到，消保委作为依法成立的社会组织，《消保法》界定的"统筹协调、组织整合"的职能优势还发挥得不够充分，与各委员单位之间的沟通协调、相互配合仍有待加强。当前，在经济结构调整、产业转型升级、消费提质加快的大背景下，消费者权益保护工作又面临很多新情况新挑战。我们要巩固和发展既有的体制优势，在新的起点上，加快推进本市消费维权体制和维权能力的效能提升，持续改善上海的消费环境。

二、创新实践，全力打造高质量的维权品牌

近年来，市消保委始终牢记为消费者服务、为经济发展服务的初心和使命，在消费者权益保护工作的诸多方面，取得了一些成绩，也获得了国家和市级层面的荣誉，这凝聚着全社会对消保委工作的全力支持和高度信任。我们要忠诚使命、再接再厉、埋头实干，高质量地推进上海消费者权益保护事业的新发展。

一是要精细精准服务，大力提升消费者满意度。 当前，消费需求呈现个性化、差异化、定制化等新态势，随之产生的消费纠纷的专业性、技术性、特殊性也日益突出，对消保委依法履行职责提出了更高要求。我们要坚持"问题导向、需求导向、效果导向"，把精细化服务融入消费维权的各个环节。要密切关注消费发展的新趋势，准确研判消费维权的新情况，精准剖析侵害消费者合法权益的新问题，有序推进消费维权工作的专业化、智能化和信息化服务水平。要持续提升消费者满意度，努力为上海建设最安全、最放心、最有温度的国际消费城市作出新贡献。

二是要注重创新创造，积极应对新任务新挑战。 去年，市消保委共受理消费者投诉20.7万件，同比上升32.8%。面对消费者投诉量增多的压力，要**拓宽维权思路**，把消费者关注度高、普惠性强的新情况新问题新诉求放在争议化解的优先位置，让消费者有更多的获得感。要**创新维权机制**，通过统筹维权资源、联网先行和解、开发人工智能等方法，切实提高消费纠纷化解的质量和效率。要**聚焦消费维权的痛点难点堵点问题**，在诉求的化解上找新路，在监督的深度上下功夫，在宣传的广度上出新招，不断扩大维权工作的影响力。

三是要强化协作协同，携手共建新体系新格局。上海的消费者权益保护工作始终坚持“政府主导、部门协同、企业自治、行业自律和社会监督”的共治格局，为消保工作走在全国前列提供了强有力的支撑。事实证明，唯有社会共治，消费者的合法权益才能得到全方位保护。我们要进一步强化内部联手、部门协同和社会互动，充分调动市和区消保委、政府部门、行业组织、企业经营者、专家学者、消费者以及新闻媒体的力量，让消费的公平、维权的正义真正在经济增长中发挥基础性作用。在加快实施长三角一体化发展国家战略的进程中，我们也要加快建立一体化的消费者权益保护体系，努力形成一体化的共建共管共治共享的新格局。

三、坚定信心，不断提升服务消费者、服务经济发展的能力

进入新时代，经济高质量发展、生活高品质追求已经成为主旋律和新期盼。消保工作正面临的是消费新技术、新产业、新业态、新模式的快速崛起，面对的是不断满足消费者对美好生活的需求。为此，消保委要锲而不舍地抓好自身建设，全力打造一支富于职业理想、恪守职业道德、践行职业精神的消费维权队伍。

一是要加强政治建设。要深入贯彻习总书记以人民为中心的发展思想，秉持“消费者至上”的维权信念，始终把“一切为了消费者”作为工作的出发点和落脚点，切实解决消费者最直接最关心最现实的权益保护问题。要增强政治责任感，强化使命担当，把消费维权工作放到落实“三大任务”、打响“四大品牌”、建设“五个中心”的总体布局中去思考、谋划，为改善消费环境、优化营商环境、提升生活品质作出新贡献，在服务消费者、服务经济发展中甘当排头兵、勇当先行者。

二是要加强能力建设。要建立常态化岗位培训和学习交流机制，使工作人员的维权视野、维权知识和维权技能及时得到提升。要坚持人才为本，积极引进专业化、知识化和年轻化的复合型人才。要大力营造激励创新创造、鼓励苦干实干的浓厚氛围。要牢牢把握消费发展进步的新趋势，着力提高洞察力、判断力和作用力，最大限度地保障消费者合理诉求的实现。各区政府要加强支持区消保委工作的开展。

三是要加强作风建设。我们要持之以恒地加强作风建设，大力弘扬担当有为的职业精神，对于虚假宣传、预付陷阱、信息滥用、霸王条款等侵害消费者权益的情况和问题，要敢发声、敢碰硬、敢亮剑，为消费者当好“娘家人”和“代言人”。要始终坚持消费者满意的标准，用心倾听消费者诉求，用心为消费者排忧解难，当好消费者的贴心人。要真诚听取消费者和社会各界的意见建议，不断提高依法履行公益性职责的影响力和公信力。

同志们，消保委是法定的公益性的社会组织，要找准自己在全局工作中的位置。在习近平新时代中国特色社会主义思想的指引下，要围绕市委市政府的重要工作，以“功成不必在我，功成必定有我”的时代担当，高质量地做好消费者权益保护工作，为建设具有世界影响力的社会主义现代化国际大都市作出新贡献！

在上海市消保委三届四次全委会上的讲话

上海市消保委主任　杨定华

各位委员、同志们：

今天我们召开市消保委三届四次全委会，主要任务是回顾总结去年的工作，对今年的工作做出研究、部署。

2018年是中国改革开放40周年，上海的消费者权益保护工作，在市委、市政府的领导下，紧紧围绕“打响‘四大品牌’、优化营商环境”的战略举措，紧紧抓住上海举办进口博览会的难得机遇，各项工作有了新提高和新进展。去年市消保委秘书处被中华全国总工会授予“全国五一劳动奖状”。应该说，我们的工作赢得了党和政府及社会各界的充分肯定。

去年，市政府进行了机构改革，不少委员单位进行了机构调整和重组，各委员单位仍然为保护消费者合法权益做了大量的、卓有成效的工作：**市市场监管局**全面推行“双随机，一公开”制度，提升了监管的公平性、规范性和有效性。**市商务委**着力构建“多边协同”的新机制，单用途预付卡治理初见成效。**市地方金融监管局**在纠纷调解、宣传教育上多措并举，全力维护金融消费者利益。**市通管局**积极推动三大电信运营商优化服务，坚决落实国务院关于“提速降费”的要求。**市高法院**加大对金融违法案件的执行力度，有力维护金融市场秩序。**市经信委、市教委、市文旅局、市银保监局、市银行同业公会**等单位主动发挥职能作用，为维护消费公平正义、优化消费环境作出了积极贡献。在此，我谨代表市消保委，向致力于消费维权事业的各位委员和委员单位，表示衷心的感谢！

下面，我就进一步做好今年工作谈三点意见，供大家参考。

一、加强分析与研判，把消费者权益保护工作放到服务上海经济社会发展的大局中去思考和实践

今年是一个重要的年份，是中华人民共和国成立70周年，是决胜全面建成小康社会的关键之年，也是上海贯彻落实习近平总书记考察上海重要讲话精神的奋进之年。我们要把“推动高质量发展，创造高品质生活”作为工作的主基调，聚焦落实“三大任务”、打响“四大品牌”、建设“五个中心”的总体布局，全力推进上海消费者权益保护事业的新发展。

一是要提高站位，服务高质量发展。进入新时代，经济由高速增长转向高质量发展，2018年中国经济增长6.6%左右，延续了总体平稳的健康发展态势。但我们也要看到，当前国内外形势的错综复杂，国内经济面临速度换挡、结构调整、质量提升等诸多挑战。面对新形势，我们要保持清醒的头脑，有充分的思想准备。就消费者权益保护工作而言，既要看到消费发展的新趋势，又要看到发展中面临的新问题；既要满足消费者的现实需求，又要有利经营者的创业创造；既要关注热点消费问题，又要重视消费市场的长效持续健康发展。**二是要敢于担当，推动消费新增长。**消费已经成为拉动经济增长的第一动力。2018年，经济总体形势不容乐观，但消费市场保持了规模扩大、模式创新、贡献增强的态势，消费支出对经济增长的贡献率达到76.2%，阿里集团发布的《2018中国数字经济发展报告》中，上海交上一份亮眼的成绩单：“上海购物”成效凸显，人均数字消费实力位居全国首位；“上海服务”彰显精致，本地生活餐饮消费力全国最高。因此，我们更要坚定信心、保持定力，做大消费宣传，做强消费指导，做实权益维护，增强消费对上海经济发展的基础性作用。**三是要提升效能，满足生活新需要。**中消协连续两年开展城市消费者满意度调查，上海的测评结果分别是第2名和第3名，并连续两年位列超大型城市的第1位。这个测评结果既是压力，也是动力。随着消费者生活水平的提高，消费者对消费供给、消费品质、消费环境，以及对消费者权益保护组织的期望都有了新的要求。我们只有提升履职能力，才能更好地满足消费者对美好生活的需要，让消费者享有更多的获得感、幸福感和安全感。

二、聚焦问题与需求，着力解决消费者关注度高、涉及面广的维权新情况和新问题

当前，消费的新产业、新技术、新业态、新模式不断涌现，既推动了消费的新发展，也带来了维权的新情况。我们对消费领域的新情况新问题要始终保持高度的敏锐性和警惕性，坚持问题导向和需求导向，坚持效果导向和质量导向，增强站位意识和补位意识，着力解决消费者关注度高、涉及面广的问题。

一是要进一步增强工作的针对性。当前，大数据、云计算、人工智能等新技术推动了数字经济、平台经济、共享经济的迅猛发展，激发了多元化、个性化、定制化消费的强劲动力。我们做好消费者权益保护工作，就必须自觉应变、主动求变。要加强消费领域的信用体系建设，发挥信用对经营者的激励和约束作用；要在推进试验体察、评测评议的基础上，形成有借鉴意义的监督评价体系；要充分运用信息化手段，探索人工智能辅助维权，开拓维权工作的新路径。**二是要进一步提高服务的精细度。**要从每一件消费投诉做起、从每一个监督环节抠起、从每一个维权细节抓起。一方面，要加强对投诉大数据的采集和应用，统筹发挥市消保委公益律师团、新消费研究中心以及各领域专业顾问的作用，提升工作的专业化水平；另一方面，要大胆试水公益诉讼、支持诉讼，积极探索远程调解、智能调解，提升维权的精准化程度。**三是要进一步扩大维权的影响力。要把好时间点，**抓住上海举办第二届进口博览会、启动长三角消费维权一体化等重要契机，抓紧落实消费维权各项举措。**要把准切入点，**着重关注服务消费、线上消费、信息消费、重点人群（老人、妇女和儿童）消费，积极破解维权热点难点问题。**要把牢宣传点，**紧扣“信用让消费更放心”的年主题，强化社会监督与宣传教育的“一体化”牵引，推进消费宣传的常态化运行。

三、夯实基础与保障，凝心聚力共同开创新时代上海消费者权益保护事业的新局面

保护消费者合法权益，营造安全放心的消费环境，是我们的共同责任。今年，市消保委要充分发挥社会组织的“平台”优势，从体制、机制、制度等多个方面，调动和凝聚全社会的力量，积极推动消费者权益保护的共建共管共治共享，加快构建全社会“大维权”的新格局。

第一，要接续发挥全委会整体优势。本市机构改革已基本落实到位，这次全委会有10多位委员进行了调整。我们要凝心聚力，发挥好全委会的整体优势，按照“政府主导、部门主管、行业自律、企业约束、社会监督”的维权体系，推进全委会工作的制度化和规范化。各位委员要把消保委工作与单位的工作紧密联系起来，把全委会建设与自身的工作实践有效结合起来，更多地参与到消保委的体验、体察、调研等常态工作中来，更多地加入消费领域突发性群体性问题的化解处置中来。秘书处要做好服务保障，为委员搭建信息化的快捷通道。区消保委换届都已完成，要保持好工作的稳定性、连续性和开拓性。**第二，要积极推进维权合作。**要以落实国家战略为契机，积极推动长三角地区消费者权益保护一体化建设。上周，沪苏浙皖的消保委、市场监管局在上海举行签约仪式，正式启动一体化建设工作，明晰了四地信息共通、规制共建、资源共享、权益共护的合作原则，确定了协调通报、培训交流、联合发布、比邻合作等多项合作机制，研讨了“品味长三角”等合作项目。下一步，就是要在合作框架内，抓项目的落地，抓工作的落实。**第三，要切实加强能力建设。**由于消费领域更新迭代速度太快，做好消费维权工作必须不断掌握新知识、熟悉新领域、开拓新视野，着力提升争议纠纷的化解能力、促进增长的引导能力、满足需求的保障能力、携手共治的协同能力。要加强调查研究，强化“线上互动”“线下走动”，倾听一线声音、了解基层动态，推动调研成果在维权实践中的转化。要切实增强合作意识，提高协调能力，提升协同水平，不断扩大消保委工作的影响力与公信力。

各位委员，同志们：新时代消费维权的任务繁重而艰巨。我衷心希望大家振奋精神、不负众望、扎实履职，更加主动地服务于经济社会发展大局，更加有为地维护消费者合法权益，奋力开创上海消费者权益保护事业的新境界，为上海早日建成卓越的全球城市作出新贡献。

在全省3·15国际消费者权益日大会上的讲话

湖南省人民政府副省长　何报翔

（2019年3月15日）

同志们、朋友们：

大家上午好！

非常高兴参加3·15国际消费者权益日纪念大会。在此，我谨代表省人民政府，向广大消费者致以节日的问候！向受到表彰的“最美消费维权人物”和湖南省“十佳消费维权好新闻”获得者，表示热烈的祝贺！向支持关心消费维权工作的各界朋友和奋战在消费维权一线的同志们，表示衷心的感谢！

湖南是一个拥有7300多万人口的消费大市场，维护消费者合法权益、营造良好的消费环境，对释放消费活力、推动消费升级、促进经济社会健康发展等，具有十分重要的意义。近年来，省委、省政府深入贯彻习近平新时代中国特色社会主义思想，牢固树立以人民为中心的发展思想，一手打造多点支撑的消费增长格局，一手营造便利安全放心的消费环境，全省消费供需不断增长、消费环境不断优化。特别是在各级消保委组织的积极努力下，广大消费者的合理诉求得到及时表达、合法权益得到有效维护。今天，我们以“信用让消费更放心”为主题，隆重举行3·15国际消费者权益日纪念活动，既展示了各级各有关部门切实维护消费者合法权益的坚定决心，也顺应了广大消费者渴望诚信、维护诚信的美好期待。我相信，有大家的共同参与、悉心呵护，诚信经营、文明消费的理念将更加深入人心，安全、便利、放心的湖南消费形象将更加闪亮。

当前，人民群众的多样化、个性化消费需求不断释放，消费对经济增长的拉动作用不断增强。李克强总理在今年的《国务院政府工作报告》中强调，要加强消费者权益保护，让消费者放心消费、便利消费。跻身新时代、面对新任务，全省各级各有关部门要进一步完善消费促进机制，健全信用监管体系，大力弘扬诚信、守信、重信的良好风尚，着力营造公平、阳光、便利的消费环境，让广大消费者买得放心、用得舒心、吃得安心。各级消委组织要始终与广大消费者同心同向、同力同行，大力普及科学消费知识，大力倡导绿色消费理念，大力培育文明消费习惯，有效维护消费者的合法权益。同时，也希望广大企业进一步增强诚信意识、法治意识，努力塑造诚信经营的企业形象、精益求精的工匠品格，为消费者提供高质量的产品、高水平的服务，实现经营者与消费者互利双赢、企业利益与社会利益同生共赢。

女士们、先生们、朋友们，春天是播种希望的季节，让我们迎着消费市场日趋繁荣的春风，以消费者的美好期待为标尺，以今天受到表彰的先进典型为榜样，共创良好的消费环境，共享品质消费，共筑美好生活！

最后，祝大家事业兴旺、身体健康、生活幸福！谢谢！

在2019年纪念3·15国际消费者权益日暨“信用让消费更放心”主题座谈会上的讲话

广西消委会主任　高　雄

（2019年3月19日）

同志们：

“3·15”国际消费者权益日刚刚过去几天，今天虽然不是3月15日，但对我们、对在座的各位和广大消费者来说，我们天天都是“3·15”，维护消费者合法权益是全天候的，没有时间的限制。着力改善消费环境，释放消费潜力，发挥消费在就业、生活中的作用。今天，我们在这里围绕“信用让消费更放心”主题，举行纪念“3·15”国际消费者权益日座谈会，学习贯彻全国“两会”精神，总结交流我区的消费者权益保护工作。刚才自治区市场监管局副局长闭俊东同志通报了去年全区市场监管部门、消委会组织的工作情况和今年的工作打算，我完全赞成。全国十大最美维权人物代表、人大代表、政协委员代表、律师志愿者代表、企业代表、网络交易平台经营者代表和行业协会代表先后围绕“信用让消费更放心”主题和消费维权工作进行了座谈发言，大家都发表了很好的意见和建议。下面，我谈几点意见。

一、对去年消费维权工作怎么看？

去年，广西消委会在各成员单位和各委员的共同努力下取得了显著的成绩。市场监管局去年三局（工商、质监、食品药品）整合，发挥了主力军牵头作用，各成员单位立足各自职能职责齐抓共管，积极参与，大家形成合力，共同推动消费维权工作向好发展，改善了消费环境，调解了消费纠纷，维护了消费者合法权益，使人民群众安全消费、放心消费，消费者有了更多的获得感。消委会秘书处主动作为，协调各方力量，发挥社会组织平台作用，不断强化消费维权社会监督，处理消费投诉，化解矛盾纠纷，组织消费调查，公开点评案例，揭露消费陷阱，发布消费警示，开展消费教育，约谈行业企业和对《广西消保条例》进行全力的普法教育，积极参与全国涉及消费者权益的立法立规工作，各方面工作卓有成效，得到上级部门肯定。广西消委会获得在全国消协组织消费教育专题工作会议上作经验介绍，被中国消费者协会通报表扬为参与立法成果优秀单位，被授予“2018年全国消费维权宣传突出贡献奖”并唯一得到国家市场监管总局领导亲自颁奖肯定。消委会公信力、影响力不断提升。

刚才俊东同志全面总结肯定了大家所做的工作和成绩，讲得很好。从秘书处报来的材料看，我区消委会各成员单位消费维权工作成果可圈可点：如自治区高院完善涉消费者权益保护案件法律统一适用机制，提高和规范涉消费者权益保护案件审理水平；自治区公安厅先后侦破食药、建材、农资等打假类案件366起，抓获犯罪嫌疑人616人，严厉打击了制售假冒伪劣犯罪分子的嚣张气焰；自治区交通运输厅联合公安部门打击非法从事出租汽车经营专项整治行动，防范“黑出租”侵害消费者合法权益；自治区文化和旅游厅全面开展文化行业的放心消费创建活动，组织开展旅游市场整治“利剑行动-1”、“利剑行动-2”和“百日集中整治”暑期旅游市场专项行动等，不断优化旅游市场消费环境；人民银行南宁中心支行与广西银保监局、广西网信办先后建立了金融知识普及协作机制，协同开展消费者宣传教育活动；广西银保监局推动构建多元化的保险消费纠纷调处机制，更好地推动保险消费纠纷解决，保险协会消费者投诉处理中心副主任陈曦同志被评为2018年度全国十大最美消费维权人物；自治区卫健委开展打击非法医疗美容等专项监督检查及宣传工作，维护消费者的健康权；共青团广西区委不断“推进法治化维权进程、完善组织化维权机制、健全社会化维权体系”，强化青少年维权岗创建活动，未成年人保护工作成效显著；广西广播电视台、广西日报等区内媒体以及人民网、新华网、中国消费者报等驻桂媒体广泛开展的消费者权益保护宣传报道工作，营造良好的新闻舆论氛围。我区今年3·15活动的宣传声势比历年都高，春节一过，广西电视台就派出了近十个节目组赴各地采访，还抓拍了一些违法现场，与市场监管局联合举办了3·15特别节目，各媒体也积极报道，据统计，3月8—17日，全区各类媒体（电视、广播、网站、纸媒等）共宣传涉及广西消费者权益保护的报道达1090篇次，媒体发挥了强大的舆论攻势。其他成员单位都做了大量工作，在这就不一一列举了。特别需要指出的是，许许多多的消费维权志愿者一颗热心一股热情投入社会公益中，不为名不为利，义务帮助消费者调解、维权，为消委会建言献策，默默奉献，今年各地推荐了一批最美消费维权人物就是各行各业涌现出的先进代表，有广西日报的记者，有金融部门的职工，有保险行业的职工，广西保险行业协会的陈曦同志被评为全国的十大最美消费维权人物。广西消委会的消费维权联系点企业和部分行业协会责任意识不断提高，厚植消费者至上理念，坚持问题导向抓改进，许多企业纷纷探索建立在线消费纠纷解决机制（ODR）或消费维权服务站，主动回应消费者诉求。在企业内部化解大量的消费纠纷矛盾，做到消费纠纷和解在企业，解决在源头。去年全区消费维权工作成效显著，消费者获得感明显增强，这些成绩的取得，与各部门、各位同志的辛勤付出是分不开的。为此，我代表广西消费者权益保护委员会对大家付出的辛勤劳动和大力支持表示衷心的感谢。

二、怎样以全国“两会”精神为指导，发扬成绩再创佳绩?

2019年是新中国成立70周年，是全面建设小康社会、实现第一个百年奋斗目标的关键之年。在刚刚结束的全国两会上，医改、扶贫、生态环境保护、消费环境建设等热点话题成为两会代表、委员关注的焦点。我们注意到，今年的两会上，有关促消费、改善消费环境的话题尤为引起两会代表、委员和媒体的热议。李克强总理在政府工作报告中提出，促进形成强大国内市场，持续释放内需潜力。充分发挥消费的基础作用、投资的关键作用，稳定国内有效需求，为经济平稳运行提供有力支撑。在整顿市场经营秩序，改善消费市场环境方面，李克强总理要求“依法打击制售假冒伪劣商品等违法行为，让违法者付出付不起的代价”，更是引发代表、委员和国内外媒体的强烈关注。去年，中央和国务院出台了《关于完善和促进消费体制机制　进一步激发居民消费潜力的若干意见》，这次两会把消费环境建设提到具体的议程，是落实中央国务院决策部署的深化、具体化，我们消委会组织要有新的使命担当，必须提高政治站位。

做好消费者权益保护工作是坚持以人民为中心的发展思想的直接体现，是保障和改善民生的重要内容，是维护市场经济秩序和促进经济持续健康发展的重要手段，是促进社会和谐的重要基础，有利于促进建立扩大消费需求的长效机制。搞好消费者权益保护工作功在维权、利在发展。当前，中美贸易战形势严峻，全球贸易保护主义抬头，我国经济发展面临着严峻挑战。投资、出口、消费作为推动经济发展的三驾马车，目前不能寄希望把出口作为主要动力，必须把目光转到建立强大的国内市场上，拉动内需。我国幅员辽阔、人口众多，本身就是世界最大的市场。经济发展了，人民的消费能力提高了，现在面临的问题是拉动需求、推动消费转型升级。改善消费环境、保护消费者权益是扩大消费需求的重要抓手，是我们消委会组织义不容辞的责任。我们要把放心消费创建、消费教育、监管执法、消费维权等工作做足做实。打击假冒伪劣、消费欺诈、失信违约等违法行为一刻不能放松。上周，广西电视台和中央电视台的3·15晚会都分别曝光了一些消费侵权案例，这些案例都说明了当前我们的消费环境建设、消费维权工作还任重道远，还需要大家继续共同努力。这些违法经营、消费侵权行为成为制约消费环境改善，影响人们消费信心，阻碍消费发展和改善民生的“顽疾”。各级、各部门和社会各界，一定要从讲政治的高度，强化综合治理，强化市场监管，强化消费维权，强化社会监督，强化企业自律，强化诚信经营。对制假售假和消费欺诈实施零容忍政策，通过严管重罚，让违法者付出付不起的代价；各企业经营者要通过诚实守信，树立企业形象，获得更多消费者的口碑和点赞，促进企业健康可持续发展，助力国家和广西经济的高质量发展。

广西各级消委会组织一定要认真学习全国两会精神，正确认识我国经济发展方式模式上的变化，正确认识消委会组织在优化消费环境，推动消费提质升级中的重要作用，全面营造良好的消费环境，为消费者营造一个敢消费、愿消费、会消费、放心消费的市场环境。要从履行法定职责入手，采取有效措施，及时了解消费者对消费市场的需求，反映消费者对安全放心消费的期盼，发现和培育符合安全消费的好产品、好服务，向消费者提供更多更好更实用的消费信息；要发现、研究并推动解决阻碍消费市场发展的观念误点、制度盲点、产品缺点、服务弱点，发挥消费引领作用，为经济社会高质量发展提供新动力。

三、2019年突出抓好的重点工作

1.大力提高消费者满意度。消费者满意度是人民群众消费获得感的衡量标准，是落实以人民为中心思想的体现，也是经济社会活力的表现。我们应该清醒看到，虽然我们做了很多消费维权工作，付出了很多努力，但消费者满意度很不乐观。今年2月下旬，中国消费者协会就发布2018年70个城市消费者满意度调查测评报告，其中我区南宁、柳州两市列入被调查城市。报告显示，在70个城市由高分到低分的整体排名中，南宁排第67名，柳州排第60名，或者说，分别排在倒数第3名、倒数第10名，远低于广州、贵阳、昆明、长沙等周边的城市，说明我区的消费供给、消费环境、消费维权等方面还有较大差距。希望这个测评结果会引起各级政府、各有关部门和社会各界的高度重视，各有关部门和消费者组织，要认真研究，查找原因，有针对性提出改进措施并着力推进。广西消委会秘书处要将中消协的调查报告分转南宁、柳州两市政府，希望2019年的满意度测评提升10名以上。同时组织各地消委会学习研究，举一反三，在改善消费环境、强化维权执法和消费宣传上下大功夫，要重视消费者诉求，把提升消费者满意度作为我们工作的重点。要积极与各种破坏消费环境、侵害消费者合法权益违法行为作斗争；要结合假冒伪劣相对集中的城乡接合部和农村地区，关注涉及消费者人身、财产安全的难点问题，关注与民生问题关系密切的公共服务行业，关注问题频发的老年保健消费、预付式消费、房屋家装和网络交易等新兴领域，通过诚信教育和曝光典型案例的举措，让经营者不愿侵权、不想侵权、不敢侵权；各行业协会要强化行业自律，加强行业诚信经营教育，建立行业监督信用评价机制，进一步完善商品和服务质量，完善售后服务措施，努力构建和谐消费行业，让消费者买得放心、用得安心、维权省心、生活舒心，从而从根本上扭转消费满意度低的局面。

2.强化消费领域信用体系建设，构建更加放心消费的环境。“人无信不立，业无信不兴。”信用，对一个国家、一个民族至关重要；对一个行业、一个企业不可或缺。只有讲信用，才能树立良好的行业企业形象；只有讲信用，才能筑牢消费兴旺之基，才能打牢企业立身之本。中国消费者协会将今年的消费维权年主题确定为“信用让消费更放心”，就是希望通过这样一个年主题，让社会更多的人了解、重视消费领域信用体系建设。希望政府相关部门发挥主导作用，社会各方积极参与，行业以及企业能够自律，尽快在全社会形成公正、科学、公开的信用评价体系，发挥信用对经营者的激励和约束作用，从而推动营造安全放心的消费环境。为此，我们要做好以下几项具体工作：

一是围绕年主题大力开展宣传活动，要结合“3·15”时间节点及年主题专项活动，联合各方力量和重点行业企业，采取各种群众喜闻乐见的方式，广泛宣传主题意义和目标要求，倡导诚实守信依法经营，通过优秀消费维权典型宣传和侵权典型案例曝光，在全社会营造重视企业信用、打造企业信用、提升企业信用的良好风尚。

二是加大对商品和服务的社会监督力度。要以预付式消费、个人信息保护为重点，加强对老年保健、装修、旅游、网购、教育培训等重点领域、重点行业企业信用缺失情况的监督，对侵害消费者合法权益的行为以及危及消费者安全和健康的商品和服务，要及时发布消费警示，对拒不改正的经营者及时通过媒体曝光；要做好消费投诉的公示工作，对消费投诉集中的经营者，及时向社会公示，督促经营者落实主体责任，注重保护消费者权益；要强化消费调查、体察的工作力度，揭露消费陷阱，曝光侵权行为。通过严格法规标准和强化监管的角度，呼吁完善强化企业信用监管的制度体系。

三是继续大力抓好消费教育工作，提升消费质量。当前，商品的日益丰富与商品和服务的专业性、复杂性以及消费者的消费知识贫乏之间的矛盾，使消费者与经营者始终处于信息不对称的弱势地位，导致消费者的消费往往具有非理性、盲目性、不合理性，并由此产生各种各样的消费纠纷。我们要通过持续的消费教育活动，向消费者传播科学消费观念，培养消费技能，交流消费经验，提高消费质量。近两年，我们开展的老年人消费教育和农村品质消费教育都收到很好的社会效果，并得到上级的肯定。今年，我们要继续针对老年消费、农村消费、青少年消费、网络消费等重点领域开展消费教育系列活动，提高消费者识假辨假等自我保护能力。

四是进一步建立完善多元消费纠纷调解机制，提升投诉便利化程度，更好地化解消费矛盾和纠纷。要进一步丰富消费纠纷事后救助手段和渠道；支持消费者通过诉讼解决消费纠纷，与法院建立合作机制，做好公益诉讼工作；加大消费维权联系点的覆盖面，促使消费维权化解在源头，解决在企业；探索开展消费投诉公示制度和建立失信企业黄黑榜，加快向政府有关部门推送企业失信信息，为推动信用体系建设发挥积极作用。要进一步扩充消费维权志愿者队伍，向社会公开招募热衷消费者权益保护的消费者，构建全社会齐参与的消费维权社会网络。

五是进一步推动消费维权社会共治。要充分发挥消委会的团结力量，密切与各领域各行业成员的联系和沟通，加强与行政机关、行业协会等各方面的合作，横向拓宽维权触角，深入推进消费维权社会共治。用好舆论宣传优势。新闻媒体是消委会组织的天然盟友。全区各级消委会组织要注重加强与媒体的协作，主动邀请资深媒体人为消费维权出谋划策，以年主题、3·15活动和社会关注的重大投诉、重大事件为抓手，结合传统媒体和新媒体特点，深化维权宣传，引领社会舆论，营造良好氛围，提升工作影响力。

六是加快落实消费维权组织机构建设。经过多年的努力，消委会已经成为消费者利益的代言人、科学消费的倡导者、商品服务的监督者和消费者权益的守护者，在反映消费者声音、维护消费者权益、促进消费环境改善、推动社会协同共治方面发挥着独特作用。但是，我区的消费者组织建设还存在一些“短腿”，部分市县消委会组织还存在无机构、无编制、无经费的问题，导致消费维权社会救济渠道严重缺失。希望各市县切实提高对消委会组织建设的重视程度，及时完善组织机构建设，使其更好地依法履行法定公益性职责，为消费者服务。全区各级消委会组织也要进一步完善内部管理，完善各项工作制度，进一步提升消费维权效能和质量，消委会组织的干部职工要不断加强政治和业务学习，不断强化责任意识、廉洁意识，把我区的消委会组织建设成为业务强、素质硬、作风优的消费者权益保护队伍，成为密切党群关系的桥梁纽带，成为政府科学决策的参谋助手，成为推动经济发展的辅助力量，成为汇聚各方力量的共治平台，在保护消费者合法权益、服务经济社会发展、加强消费维权社会治理中更好地发挥中坚作用。

同志们，让我们共同肩负“建设壮美广西、共圆复兴梦想”的责任和担当！让我们在习近平新时代中国特色社会主义思想指引下，乘着全国“两会”的东风，继续扎实工作，奋发作为，以优异的成绩，迎接新中国成立70周年。

谢谢大家！

在中消协全国部分省市消协组织工作座谈会上的发言提纲

云南省人大常委会副主任　云南省消费者协会会长　王树芬

（2019年11月14日）

各位领导、同志们：

上午好！

感谢各位领导对云南省经济社会发展的关心关注，感谢对云南消协工作的重视和支持。下面，我再谈两点意见。

一、省委、省人大、省政府高度重视消费者权益保护工作

省委、省人大常委会、省政府历来高度重视消费维权工作，一直把消费维权工作作为稳增长、促改革、调结构、惠民生的重要工作进行安排和部署。

一是重视消费维权组织机构的建设。2015年，云南省消协换届时，时任省长、现任省委书记陈豪作出重要批示，希望省消协认真贯彻落实党中央、国务院和省委、省政府的决策部署，牢记全心全意服务消费者的宗旨，加强消协组织自身建设，提升消费维权工作水平，努力营造“消费满意在云南”消费环境，主动承担起云南跨越式发展的历史责任和光荣使命。陈豪同志重要批示体现了省委、省政府坚持以人民为中心的发展思想，对抓好各级消协组织自身建设的高度重视，这也是省消协历年来做好消费维权工作的基本遵循。2017年，省政府建立了28个部门参与的云南省消费者权益保护工作联席会议制度，各成员单位结合职能职责做好本部门涉及消费维权的相关工作，主动研究、解决消费维权的有关问题，认真落实联席会议确定的各项任务和议定事项，充分发挥联席会议作用，形成部门间消费维权协作共治机制。

今年1月，省委编办下发《关于省级纳入机构编制管理范围社会组织清理范围的通知》文件，将云南省消费者协会办公室列入依法设立社会组织办事机构予以保留。在中消协的指导和云南省委、省政府的重视支持下，全省消协组织着力更新维权理念，不断夯实维权基础，紧紧围绕实施“消费满意在云南”行动，依法履职，担当作为，积极探索构建消费维权共建、共治、共享的工作机制，各项工作取得明显成效。

二是出台了一系列促消费增长、护消费环境的政策措施。2016年以来，省政府办公厅先后印发《关于积极发挥新消费引领作用　加快培育形成新供给新动力的实施意见》《关于加强金融消费者权益保护工作的实施意见》《关于加快发展冷链物流保障食品安全促进消费升级的实施意见》，制定《云南省贯彻落实“十三五”市场监管规划实施方案》《云南省质量强省发展规划（2016—2020年）》。今年，为贯彻落实《中共中央国务院关于完善促进消费体制机制　进一步激发居民消费潜力的若干意见》（中发〔2018〕32号）文件精神，省政府办公厅印发《云南省关于完善促进消费体制机制　进一步激发居民消费潜力实施方案的通知》，进一步顺应居民消费提质转型升级新趋势，深化供给侧结构性改革，加快破解制约我省居民消费最直接、最突出、最迫切的体制机制障碍，释放内需潜力，推动经济转型升级，着力营造良好消费环境，更好满足人民群众日益增长的美好生活向往需要。通过制定实施上述一系列促消费增长、护消费环境的政策措施，进一步强化了消费者权益保护，提升了消费者信心，使消费推动云南经济跨越发展的作用越来越强。前三季度，全省完成社会消费品零售额5465.73亿元，同比增长10.2%，高于全国（8.2%）2.0个百分点。

三是旅游消费市场整治成效明显。前几年，“不合理低价游”带来的种种乱象，将云南旅游一次次推到舆论的风口浪尖。对此，市场监管和旅游部门在省委和省政府领导下，以强有力的举措推进旅游市场秩序整治，向旅游市场乱象“开刀”，根除“不合理低价游”，力推旅游产业转型升级。2017年4月，云南出台旅游市场秩序整治“22条措施”，重点对灰色利益链、不合理低价游、强迫消费等游客反映强烈的问题进行整顿，尤其是取消旅游定点购物等举措，得到游客欢迎。2018年10月，由云南省人民政府与腾讯公司联合打造的中国首个省级全域旅游智慧化平台“一部手机游云南”项目“游云南”APP正式上线，云南旅游市场秩序整治搭上了“互联网+”的快车。通过实施该项目更好地维护了消费者合法权益，第一，为消费者提供了智慧化的旅游体验。通过利用物联网、云计算、大数据、人工智能等技术，为用户打造智慧、健康、便利的省级全域旅游生态，平台对游客所购买的商品全面承诺质量保障。第二，真正构建了消费者30天无理由购物退货机制。在云南16个州市、15个机场、重点旅游县建设游客购物退货受理中心，“游云南”平台以在线、语音、电话的方式发起退货申请，联动全省退货中心和服务点，实行“30天无理由退货”。第三，形成了高效的旅游投诉处置体系。消费者可选择在线投诉、语音投诉和电话投诉等投诉渠道，旅客可在“游云南”APP上实时查看投诉办理进展情况。系统启用以来，我们实现了99%的投诉在24小时内办结。

二、适应新形势履行好消协维权职责的建议

十九届四中全会，将制度建设的重要性和作用提升到新的高度，强调必须坚持一切行政机关为人民服务、对人民负责、受人民监督，创新行政方式，提高行政效能，建设人民满意的服务型政府。全面贯彻落实党的十九届四中全会精神，充分发挥消协组织维护消费者权益的作用，必须加强消协组织的制度建设，以完善消费维权体制机制为着力点，不断提升消费维权的现代化水平，健全符合习近平新时代中国特色社会主义思想要求的消费维权模式。

一是将完善消费维权体制作为构建现代化消费维权体系的重点工作任务。以建立协调配合、运转高效的消费维权机制为目标，深入推进消协组织的改革，统一消协组织的机构名称和登记机关，统一方便消费者识别。

理顺消协组织受理、处理消费者纠纷的程序，统一处理流程，推动形成全国统一规范、上下联动、高效运转的消费维权体系。

二是将信用体系建设作为消费环境建设的重要内容。面对新形势下消费维权工作不断出现的新情况，消费维权信用体系建设显得更加迫切。通过加强消费维权信息化顶层设计，依托“互联网+政务”、大数据技术等手段，加强对住房装修、健康旅游、网络订餐、教育培训等重点行业企业信用缺失情况的监督，完善消费投诉信息公示制度，系统化分析消费者投诉举报的数据制度，构建消费组织上下统一的消费维权信用信息发布平台，实现“互联网+”背景下的消费维权创新，推进信用体系建设迈进大数据时代，营造让消费更加放心的信用环境。

三是将消费维权法治化建设作为消协组织开展工作的重要保障。要按照党的十九大对依法治国的新要求，运用法治思维和法治方式加强消费维权工作。在推动消费维权立法进程及出台消费政策过程中，发挥好消协组织的参谋作用，更好地反映消费者呼声。完善依法解决消费者投诉制度，依法解决消费者的矛盾纠纷，使侵害消费者权益的案件和纠纷解决都能体现法治公平正义。进一步加大《消费者权益保护法》的宣传力度，建立常态化的普法教育机制，创新宣传方式，普及消费者权益保护的法律知识，积极营造知法守法、懂法用法的社会氛围和营造良好的法治环境。

再次感谢各位领导长期以来对云南消协工作的关心和支持，诚挚欢迎各位领导到七彩云南指导工作！

第二编　行政执法报告

中国人民银行金融消费权益保护工作报告

2019年，中国人民银行金融消费权益保护局坚持以习近平新时代中国特色社会主义思想为指引，按照人民银行工作会议的统一部署，不断加强金融消费权益保护基本制度建设，持续完善金融消费权益保护工作体系；深入开展金融消费者教育与金融知识普及；持续推动违法违规金融广告和营销宣传行为治理；稳步开展金融消费权益保护监督检查及评估工作；进一步规范金融消费者投诉管理机制；全面推进普惠金融相关工作，各项工作进展顺利，取得明显成效。

一、金融消费权益保护制度建设不断完善

对《中国人民银行金融消费者权益保护实施办法》实施效果进行全面调研和评估，启动《实施办法》升格为部门规章的相关程序。会同银保监会、证监会和外汇局等部门发布《关于进一步规范金融营销宣传行为的通知》。会同银保监会消费者权益保护局、证监会投资者保护局，进一步探索和完善金融消费权益保护协调工作机制，不断加强人民银行在金融消费权益保护领域的牵头引领和统筹规划作用。

二、金融消费者教育与金融知识普及工作成效显著

组织开展“金融消费者权益日”“普及金融知识　守住‘钱袋子’”等集中性金融知识普及活动。联合银保监会、证监会、国家网信办开展“金融知识普及月　金融知识进万家　争做理性投资者　争做金融好网民”活动，实现了“一行两会”统一部署开展金融知识普及活动。组织开展2019年消费者金融素养调查工作，发布《消费者金融素养调查分析报告（2019）》。大力推进将金融知识纳入国民教育体系的工作，分支行层面全国已有10个省（区、市）联合当地教育部门共同开展将金融知识纳入国民教育体系的试点工作，地市及县以下的试点工作已覆盖全国。组织编写适合初中生的金融知识普及读本。开发互动游戏，创新金融教育方式，不断提高金融消费者教育的针对性与实效性。

三、违法违规金融广告和营销宣传行为治理取得明显成效

会同银保监会、证监会和外汇局联合发布《关于进一步规范金融营销宣传行为的通知》。持续加强与市场监管总局、银保监会、证监会等部门的沟通协调，积极构建金融广告治理协作机制。深入开展金融广告监测处置，优化金融广告监测处置机制，累计监测金融广告信息4000多万条，全年共处理疑似违法违规金融广告线索3179条，并按照职责分工依法处置。有效衔接金融广告治理与金融消费权益保护监督检查、机构评估、投诉管理和金融教育等方面的消保工作。

四、金融消费权益保护监督检查、评估工作稳步推进

通报2018年度支付服务领域的消保检查情况，部署开展2019年度的现场检查工作，对检查发现的违法行为进行严厉处罚。指导各分支机构对下辖机构开展评估并通报评估结果。汇总18家全国主要商业银行2018年度的评估情况，就评估结果与银保监会交换意见，采取约谈的方式对评估结果进行反馈。部署2019年度的评估工作，通过增加“与机构对话”、与高管会谈等内容优化评估方式方法。

五、金融消费者投诉受理与处理体系稳定运行

“12363金融消费权益保护咨询投诉电话”运行平稳。每季度编发人民银行金融消费者投诉形势和典型案例。2019年人民银行各级分支机构共接收金融消费者投诉63130笔，投诉办结率达95.70%。金融机构投诉分类标准应用实施工作扎实开展。组织设计开发金融消费者投诉数据统计监测分析系统，加快推进全国性商业银行系统对接上线工作。扎实推进非银行支付机构投诉分类标准的制定工作，持续开展标准试点试用。因地制宜推动金融消费纠纷调解组织的建设，推进金融ADR组织严格依法依规设立和运行，与最高人民法院、银保监会召开金融纠纷多元化解机制建设推进会，并联合发布《关于全面推进金融纠纷多元化解机制建设的意见》。

六、普惠金融相关工作有序开展

统筹推动《推进普惠金融发展规划（2016—2020年）》的落实，联合银保监会牵头起草《〈规划〉中期评估》，与银保监会联合发布《2019年中国普惠金融发展报告》。开展2018年普惠金融问卷调查、指标填报及分析工作，公开发布《中国普惠金融指标分析报告（2018年）》。组织开展长三角普惠金融指标体系建设，初步形成《长三角普惠金融指标体系（试行）》。深入开展数字普惠金融专题调研，形成《我国数字普惠金融发展的成效、问题及建议》报告。牵头G20普惠金融全球合作伙伴（GPFI）议题改革工作，深入推进普惠金融全球倡议（FIGI）中国项目的实施，积极参与普惠金融联盟（AFI）的相关工作。

市场监管总局反垄断局《中国反垄断执法年度报告（2019）》工作综述

——致力公平竞争　服务改革发展

2019年是新中国成立70周年，是以坚持和完善中国特色社会主义制度、推进国家治理体系和治理能力现代化为主轴，系统性、整体性、协同性全面深化改革的一年。这一年，党的十九届四中全会对反垄断工作作出全面部署，工作方向、目标和任务更加清晰；这一年，反垄断执法机构改革成效全面彰显，反垄断统一执法的制度优势正在转化为更好的治理效能，为中国第二个十年的反垄断执法奠定了良好开局；这一年，我们坚持以习近平新时代中国特色社会主义思想为指导，坚持以人民为中心的发展思想，坚持贯彻落实新的发展理念，全面推进反垄断各项工作，有力保护公平竞争，在改革发展中的作用越发突出。

一、强基固本，着力建立与统一执法相适应的制度规则体系

机构改革实现反垄断统一执法，掀开中国反垄断事业新的历史篇章。统一执法，需要建立统一的工作制度规则，塑造统一的执法理念和文化，形成统一的监管思路，锤炼统一的工作作风。2019年，反垄断工作突出制度建设主线，整合优化机构改革前不同部门的法律规定和工作制度，建立起与统一执法相适应的制度规则体系。

（一）统一反垄断配套指南和规章

国务院反垄断委员会印发《关于汽车业的反垄断指南》等4部指南，阐释反垄断执法思路，增强反垄断法律制度的可操作性和可预期性，为市场主体建立公开透明的制度规则。市场监管总局制定《禁止垄断协议行为暂行规定》《禁止滥用市场支配地位行为暂行规定》《制止滥用行政权力排除限制竞争行为暂行规定》3部规章，统一反垄断执法程序、尺度和标准。组织召开反垄断配套规章专题新闻发布会，发表规章解读文章，在全国市场监管系统反垄断工作会议、市场主体反垄断培训班等场合，对指南和规章进行全面解读，促进经营者提高守法意识，为规范执法和引导守法创造更好的制度环境。

（二）统一反垄断工作制度规则

适应机构改革实现反垄断统一执法要求，制定《国务院反垄断委员会工作规则》等6项规则，进一步完善国务院反垄断委员会工作制度。组建新一届国务院反垄断委员会专家咨询组，建立市场监管总局反垄断专家库，推动反垄断理论研究不断深入，反垄断工作智力支持更加有力。制定涉及案件调查、经营者集中审查、垄断案件处罚等各个方面，覆盖业务全流程和案件调查审查全过程的27项工作制度，印发反垄断执法文书格式范本，实现反垄断各项工作有章可循、统一规范。

（三）有序推进《反垄断法》修订

以增强反垄断法律制度的科学性、前瞻性和有效性为目标，分7个专题深入开展《反垄断法》修订理论研

究，系统梳理比较成熟市场经济国家做法，充分借鉴反垄断领域前沿理论研究成果，为实现科学立法奠定坚实的理论基础。坚持开门立法的基本原则，广泛征求国务院反垄断委员会成员单位，地方市场监管部门，国有、民营、外资等各类市场主体和专家学者意见，与欧盟、美国、德国、英国等主要司法辖区反垄断执法机构围绕修法中的重点、难点问题面对面深入交流，并于2020年1月将《反垄断法》修订草案在市场监管总局官网公开征求社会公众意见。从反馈情况看，修订草案得到国内外各方面高度肯定和广泛关注。

（四）切实提升反垄断执法能力

建立反垄断大讲堂制度，全年举办“大讲堂”40期，邀请反垄断理论研究和实务人员走上讲台，强化干部交流，拓宽干部视野，提升业务能力。组织编写全国统一的《中国反垄断立法与执法实践》培训教材、执法手册和2019年反垄断规章指南汇编，为建设高素质专业化反垄断执法队伍，提升全国反垄断执法人员的执法能力和水平奠定坚实基础。建立全国反垄断执法人员集中培训制度，2019年举办全国市场监管部门反垄断业务骨干培训班，通过培训促进全国反垄断执法队伍加快实现全面融合、深度融合，提高全系统的反垄断执法能力和水平。

二、精准出击，着力提升反垄断执法威慑力

执法是反垄断工作的重中之重。2019年，反垄断人以敢于担当的意识、敢为人先的精神和敢闯敢干的气魄，坚持以保护市场公平竞争和维护消费者利益为主线，坚持严格规范公正文明执法，突出重点、克难攻坚，扎实推进反垄断执法工作。

2019年共立案调查垄断案件103件，结案46件，罚没金额3.2亿元。其中立案调查垄断协议案件28件，作出行政处罚12件；立案调查滥用市场支配地位案件15件，作出行政处罚4件；办理滥用行政权力排除、限制竞争案件84件，其中立案调查24件，纠正12件；调查经营者集中未依法申报案件36件，作出行政处罚18件。收到经营者集中申报503件，立案462件，审结465件。反垄断执法始终利剑高悬，形成强大威慑力，有力促进全国统一开放、竞争有序市场体系建设。

（一）着力深化供给侧结构性改革

坚持深化经济分析，在深入研究集中对市场竞争影响的基础上，附条件批准半导体、船舶、医药、汽车等行业经营者集中案件5件，有针对性设置救济措施，保护了相关市场公平竞争，促进相关行业和企业持续健康发展。围绕经济发展大局，进一步提高经营者集中审查效率，降低企业制度性交易成本，推动经济转型升级。经营者集中反垄断审查工作得到企业充分肯定和高度赞赏，来自国有、民营、外资等领域的市场主体向执法机构赠送锦旗4面，对执法机构科学、精准和高效的执法工作表示感谢。

（二）着力保护消费者利益

坚决落实党中央、国务院决策部署，针对人民群众反映强烈的原料药垄断问题，重拳出击、积极作为，组织召开原料药反垄断执法专题会，部署开展原料药反垄断集中执法。市场监管总局对“葡萄糖酸钙原料药垄断案”直接立案调查，严格遵循“事实清楚、证据确凿、定性准确、处理恰当、手续完备、程序合法”的原则，扎实推进执法工作，科学制定处理方案。组成专案组开展原料药反垄断执法专项督导，督促地方反垄断执法机构抓紧开展线索核查，依法立案调查原料药垄断案件，形成对原料药垄断行为的全面打击态势，有效遏制垄断行为多发态势。积极创新执法方式，在切实加强反垄断执法的基础上，组织召开建材领域垄断行为告诫会，查处垄断案件4件，指导全行业开展自查自纠，全面规范企业生产经营行为，进一步提升反垄断执法效能。切实加强公用事业领域反垄断执法，查处垄断案件4件，及时制止侵害消费者利益的垄断行为，有力保护消费者合法权益。

（三）着力维护全国统一大市场

进一步深化滥用行政权力排除、限制竞争反垄断执法，围绕执法中发现和社会各方面反映的突出问题，聚焦重点领域，进一步加大执法力度、提升执法精度。以医药、建筑、交通、招投标与政府采购等为重点，部署开展滥用行政权力排除、限制竞争专项执法行动，坚决防止和制止政府对市场活动的不当干预，破除地方保护和市场分割，维护全国统一市场。

三、改革开拓，着力强化竞争政策基础地位

强化竞争政策基础地位是党中央作出的重大决策部署，对加快完善社会主义市场经济体制，推动经济高质量发展，具有十分重要的战略意义。反垄断执法机构肩负统筹实施竞争政策的重要职责，坚决贯彻落实党中央决策要求，从统一认识、政策研究、完善制度、探索实践多个方面，改革创新、综合施策，着力提升竞争政策的科学性、针对性和有效性，大力推动竞争政策落实落地。

（一）全面落实公平竞争审查制度

切实加强对公平竞争审查制度落实情况的督促检查，

2019年9月顺利实现国家、省、市、县四级政府全覆盖，为从源头规范政府行为提供了有力的制度保障。切实强化公平竞争审查制度威慑力，公布30起违反公平竞争审查标准的典型案例，组织开展2019年公平竞争审查督查，推动将公平竞争审查纳入市县法治政府建设示范指标体系，不断增强制度刚性约束。经国务院批准，市场监管总局等4部委印发《关于开展妨碍统一市场和公平竞争的政策措施清理工作的通知》，对县级以上地方各级人民政府及其所属部门和国务院部门在2019年12月31日前制定的规章、规范性文件和其他政策措施中，妨碍统一市场和公平竞争的各种规定和做法进行全面清理。总结制度实施经验，制定《公平竞争审查第三方评估实施指南》，鼓励和支持政策制定机关引入第三方评估，提高审查质量，确保审查效果，推动公平竞争审查制度不断完善。

（二）大力推动竞争政策在自贸区先行先试

自贸试验区的功能定位与实施竞争政策高度契合。在自贸试验区深入实施竞争政策将推进制度创新，在促进自贸试验区快速发展的同时，也可以为强化竞争政策基础地位探索有效路径。2019年4月，市场监管总局批复支持中国（海南）自贸区实施强化竞争政策试点，确定强化竞争政策实施的18项具体措施，着力探索竞争政策实施的有效路径。指导中国（海南）自贸区成立反垄断委员会，确定先行先试的重点内容和方向，为全国竞争政策实施积累可复制、可推广的经验。推动进一步扩大自贸试验区开展强化竞争政策试点范围，用自贸试验区试点的“星星之火”，推动强化竞争政策实施在中国形成“燎原之势”。

（三）着力深化竞争政策理论研究

理论是行动的先导。对强化竞争政策基础地位这一理论性、实践性和创新性都很强的工作而言，深化理论研究具有十分重要的意义。2019年，深入开展竞争政策实施总体框架、强化竞争政策基础地位思路和保障措施等重大课题研究，通过理论研究深化认识、澄清误解，化解争议、统一思想。将调查研究作为谋事之基、成事之道，围绕强化竞争政策基础地位，面向国有、民营和外资企业等各类市场主体，中央和地方政府部门、专家学者等开展深入调研，广泛听取各方面意见，了解竞争政策制定和实施中面临的主要问题，寻求问题解决路径。进一步完善中国总体市场竞争状况评估报告，开展航空制造、航空运输、保险、原料药4个行业市场竞争状况评估，为增强竞争政策的科学性、针对性和有效性提供有效支撑。

（四）切实提升全社会公平竞争意识

增强各类市场主体的公平竞争意识，是竞争政策得以有效实施的社会基础。2019年，市场监管总局以“更高水平开放与竞争政策”为主题，成功举办第八届中国竞争政策论坛，这是论坛举办以来第一次由反垄断执法机构直接主办，280余名执法机构官员、专家学者、企业和律师代表出席，各方交流了思想、凝聚了共识，广泛宣传了机构改革以来中国反垄断立法和执法成就，扩大了中国在国际反垄断领域的影响力。组织编写《公平竞争审查制度学习读本》，开辟聚焦公平竞争审查制度专栏，加强公平竞争审查制度的深度解读和实践指引。与国务院国有资产监督管理委员会等有关部门联合举办反垄断法专题培训班，切实增强市场主体自觉遵守反垄断法律制度的意识和能力，促进竞争文化广泛传播，使公平竞争理念更加深入人心。

四、开放共赢，着力参与全球竞争治理

反垄断的市场化法治化国际化程度很高。在经济全球化、企业竞争国际化的大背景下，强化反垄断领域的国际交流合作，加强全球竞争治理，保护全球市场公平竞争，对深化国际经贸合作，实现全球共同繁荣进步，具有十分重要的意义。

2019年，围绕建设更高水平开放型经济新体制的发展目标，反垄断领域国际交流合作进一步发力，在实现规则等制度型开放中展现出更大作为。

（一）切实深化常态化制度化机制建设

市场监管总局秉持开放理念，围绕开放大局，不断加强与其他国家和地区反垄断执法机构的合作机制建设。2019年，与欧盟、日本、韩国等国家和地区签署反垄断合作备忘录13件，合作范围进一步拓展，合作内容进一步深化。与欧盟竞争总司成功举办第12次中欧竞争政策对话，举行第十八届、第十九届中欧竞争政策周研讨会，就双方共同关心的话题进行深入研讨。与韩国公平交易委员会、摩洛哥竞争委员会举行年度交流，与葡萄牙竞争委员会研讨建立合作机制。积极参加第六届金砖国家竞争大会，自大会举办以来，中国代表团首次在会议所有环节发言，充分彰显中国深度参与国际竞争事务管理、主动对接引领国际竞争规则的大国风范。

（二）积极引领和参与制定国际竞争规则

将竞争政策和反垄断议题作为多双边自贸协定中的重要内容，已经是自贸谈判中的基本共识。2019年，在《中新自由贸易协定升级议定书》中增设竞争政策和反垄断执法议题，深度参与中日韩、中秘、中挪、中以等多双边自贸协定谈判，为保护投资和贸易自由化成果提供规则保障。深入研究加入国际竞争网络和竞争执法程序合作框架，积极参与反垄断国际合作规则的讨论和制定，在全球竞争治理中发出中国声音，贡献中国智慧。建立中国企业境外反垄断应对机制，强化企业反垄断意识，保护企业从“走出去”中的合法权益。

（三）不断扩大中国反垄断工作国际影响力

密切反垄断执法机构的日常交流合作，围绕反垄断执法中面临的共同问题进行深入交流研讨，对维护全球市场公平竞争具有重要意义。2019年，市场监管总局在十余起重大案件中与美国、欧盟等反垄断执法机构加强沟通交流，分享执法经验，协调反垄断执法立场和尺度。积极参加联合国、OECD、APEC等国际组织和美国、德国、俄罗斯、新加坡等举办的反垄断国际会议，深入宣传中国反垄断机构改革进展和工作成效，展示中国法治化专业化反垄断执法形象，不断提升中国在全球竞争治理舞台上的地位和作用。

2019年成绩斐然，2020年更加可期。党的十九届四中全会指出，要建设高标准市场体系，完善公平竞争制度；强化竞争政策基础地位，落实公平竞争审查制度，加强和改进反垄断执法；健全反垄断审查制度，进一步明晰了反垄断努力方向，增强了反垄断工作信心。新的一年里，我们将继续坚持以习近平新时代中国特色社会主义思想为指导，贯彻落实党的十九大和十九届二中、三中、四中全会精神，坚持新发展理念，准确把握反垄断工作面临的新形势新任务新要求，切实提高政治站位，强化使命担当，把坚持党的领导和反垄断事业统一起来；强化发展站位，把政府有为和市场有效统一起来；突出法治站位，把制度建设和依法行政统一起来；强调民生站位，把公平竞争和人民福祉统一起来；注重专业站位，把健全体系和能力建设统一起来，努力保护公平竞争，为推动经济高质量发展、满足人民对美好生活新期待作出新的更大贡献。

国家能源局行政执法和能源稽查工作情况

2019年，国家能源局以习近平新时代中国特色社会主义思想为指导，全面贯彻党的十九大和十九届四中全会精神，深入落实国务院行政执法公示制度等要求，严格履行行政执法工作职责，着力加强行政执法规范化建设，不断加大行政执法工作力度，有力保障了能源市场健康稳定发展，有效维护了市场主体和人民群众的合法权益。

一、从严打击违法违规行为，着力维护能源市场的良好秩序

依法合规办案，严肃调查处理典型性案件，保持了打击违法违规行为的高压态势，2019年共处罚违法违规案件165起，罚没金额1214万元。

依法查处供电企业的“三指定”行为。严肃调查处理供电企业指定用户受电工程设计单位、施工单位和设备材料供应单位的行为，对5家供电企业进行了行政处罚，罚款金额合计350万元，有力打击了“三指定”行为，保障了电力用户的合法权益，促进了用户受电工程市场的健康发展。

严肃处理电力企业无证并网和非法供电的行为。针对部分发电企业未按规定取得电力业务许可证、部分电网企业未严格核验把关等情况，依法对28家发电企业非法从事发电业务的行为给予行政处罚，对7家电网企业未遵守并网的规章、规则行为给予行政处罚，对2家企业非法向用户供电的行为进行了查处，有效维护了电力业务准入制度的严肃性。

严厉打击施工企业违规经营电力业务的行为。对电力施工许可领域的违法违规行为进行了重点整治，全年查处企业未取得承装（修、试）电力设施许可证非法从事电力业务的案件50起，查处企业以欺骗等手段取得许可证的案件18起，查处企业出租、出借许可证的案件4起，有力保障了电力施工市场的公平公正和竞争有序。

另外，国家能源局还对调查发现的妨碍能源监管机构履行职责的行为予以了坚决处理。比如，对某电力发展有限公司、某太阳能发电公司提供虚假文件、资料的行为，对某光伏发电有限公司未如实提供和报送有关资料、隐瞒重要事实且拒不改正的行为给予了严厉处罚。

二、深入开展争议纠纷调解和裁决，积极化解市场主体争议纠纷

高度重视能源行业争议纠纷调解机制的定分止争职能，严格按照《电力并网互联争议处理规定》《国家能源局能源争议调解规定》，进一步健全争议纠纷解决制度，积极开展争议纠纷调解和行政裁决工作，2019年国家能源局成功解决了20起争议纠纷案件，涉及金额1000多万元。

对能源行业反映突出的问题以及企业自身难以解决的问题，引导企业通过调解和协调的方式解决；对不能达成协议的，启动裁决程序或引导当事人采取其他救济途径解决。

比如，通过调解化解了某发电集团与某电力设备生产企业的招投标争议、某供电企业与当地多家分布式光伏自然人的光伏补贴争议等案件，通过协调方式解决了某供电企业与某房地产企业的报装用电出资界面争议、某供电企业和某化工企业的电费结算争议等案件，均做到了双方信服、案结事了，有效解决了市场主体之间的矛盾问题。

三、认真处理投诉举报事项，维护人民群众的合法用能权益

坚持以人民为中心的发展思想，深入做好12398热线投诉举报处理等各项工作，全年共处理有效信息100605件、解决咨询事项84919项，处理投诉举报6035件，解决了一大批人民群众关心的用能问题。同时为从深层次促进投诉举报问题的解决，国家能源局于2019年开展了12398热线投诉举报共性问题重点专项监管，组织相关能源企业针对近3年群众反映集中的频繁停电、低电压、市场秩序等10类共性问题深入进行了自查自纠，整改问题超过1万件，切实提高了人民群众的用能获得感，12398热线的"知民情、察民意、疏民怨、解民忧"作用得到了有效发挥。

重点解决群众反映集中的电能质量问题。针对12398热线投诉举报主要集中于频繁停电、低电压等电能质量问题的情况，2019年指导相关能源企业就该类问题进行了重点治理，在全国范围内解决电能质量问题8093个，有效解决了部分长期存在、一直未解决的问题，从源头上提高了相关能源企业解决投诉举报问题的能力和水平。比如，某村村民反映的该村低电压连续10年未改善的问题在检查督导中获得了快速回应和解决，当地供电企业新增了一台公用变压器，满足了该村的用电需要。某电网公司认真梳理电压不稳和低电压共性问题案例，制订有针对性的计划和措施，完成了942个低电压台区的问题治理，有效解决了这些台区长期存在的频繁停电和低电压问题，2019年，该地区的投诉举报数量下降明显。

深入解决行业内反映强烈的市场秩序问题。在投诉举报处理工作中，高度重视人民群众反映的市场秩序问题，依法深入进行处理。比如，针对某地区行业反映强烈的新建住宅小区供电配套设施建设问题开展专题调研，联合地方政府出台规范性文件，督促供电企业严格执行，依法纠正影响用户自主选择权益的行为。针对资质许可查验不规范等问题，多个地区健全完善了对相关供电企业的常态监管机制，促进了区域内用户受电工程市场的规范有序。针对分布式光伏项目并网接入、补贴结算不及时问题，协调督促相关供电企业加强跟踪服务和技术指导，完善业务办理程序规定，2019年共解决分布式光伏并网项目接入问题68个、补贴结算不及时问题208个，取得了较好成效。

积极解决特定区域影响较大的深层次问题。坚持见微知著、以小见大，努力从一个个具体问题中发现普遍性问题，并着力解决，做到"解决一个、规范一片"。2019年，党中央和国务院关心、人民群众高度关注的25件涉及脱贫攻坚、农业生产、供暖保障等的事项得到了积极推进和认真解决。比如，针对某深度贫困地区投诉集中的用能问题多次组织调研、座谈，指导相关能源企业多渠道筹措建设资金、加大投资力度，推动了该贫困地区电网发展不充分、不平衡问题的解决。针对人民群众多次反映的某地区农业生产灌溉用电费用较高的问题深入开展农业灌溉用电深层次问题调研，联合地方政府、有关能源企业等从规划衔接、设施运维、收费机制等方面研究出台意见，真正把国家的惠农政策落到实处。针对部分地区群众反映暖气不热3年未解决的问题到实地开展现场检查和专题调研，协调当地政府督促供热企业排查整改，及时解决了群众温暖过冬的问题。

第三编　消费维权报告

中国消费者协会消费维权报告

2019年在中消协历史上是极不平凡的一年，在党中央、国务院的重视和关怀下，在协会领导和总局党组的亲自协调下，中国消费者协会秘书处被批复同意成立，为公益一类事业单位，长期困扰中消协的履职长效保障问题在很大程度上得到了解决。中消协和全国各级消协组织备受鼓舞、备感振奋。

2019年，中消协以习近平新时代中国特色社会主义思想为指导，全面贯彻党的十九大精神，积极开展“不忘初心　牢记使命”主题教育，认真落实2019年全国市场监管工作会议和中消协第五届理事会第五次会议精神，坚持以人民为中心，围绕“信用让消费更放心”的主题，认真履行《消费者权益保护法》赋予的公益性职责，强化服务消费者宗旨意识，以改革创新激发维权潜力、制度规范提升维权成效、问题导向破解维权难题、队伍建设提升维权水平，更好地服务供给侧结构性改革、服务高质量发展、服务人民群众美好生活的需要，切实维护消费者的合法权益，促进消费环境改善，各项工作取得切实成效，公信力和影响力进一步提升。

一、参与立法立规扎实有力

重点参与《消费者权益保护法实施条例》《产品质量法》的制修订工作。3次参加司法部组织召开的《消费者权益保护法实施条例》工作会议，就消协组织的定位、职责等内容4次反馈正式意见。3次参加市场监管总局组织的《产品质量法》实施情况评估报告研讨会，并提出修改建议。

中消协先后就《民法典侵权责任编》《民法典合同编》《疫苗管理法》《殡葬管理条例》《化妆品监督管理条例》《网络交易监督管理办法》《药品网络销售监督管理办法》《家用汽车产品修理、更换、退货责任规定》《交通运输新业态用户资金管理办法（试行）》《公共航空运输旅客服务管理规定》等37部法律、法规、规章提出立法修改意见672条，还组织地方消协参与相关法律、法规、规章的修改，提出立法修改意见840条，提供消费维权典型案例61个，其中，四川、江苏、福建、浙江、南京等省市的消协立法参与成果突出。

就《快件航空运输信息交换规范》《快递服务与银行服务信息交换规范》《消费品安全风险控制指南》《红色教育培训服务规范》《电动自行车安全技术规范》等29项国家和行业标准的制定、实施提交反馈意见59条，派员参加有关标准会议20次。此外，中消协还就长租公寓、外卖餐品、共享厨房、智能电视开机广告等领域的团体标准制定提出建议。

二、消费教育工作富有成效

针对消费领域的热点、难点问题，结合消费高峰时节，及时发布《春节消费理性做到“八防范”》《消费者需理性选购保健品》《“五一”“端午”消费提示》《国庆节理性消费、文明出行》等消费提示警示，提醒消费者防范消费风险。国内主流媒体对此进行了广泛报道，其中国庆节有关理性消费、文明消费的消费提示得到国务院微信公众号转载。

在全国范围内开展电子商务法知识竞赛活动，共有220多万名消费者参与答题，有力促进了电子商务法相关知识的教育和传播。

组织开展了面向全国消协组织的消费教育宣传资料征集工作，结合各地报送的宣传资料和消费教育工作实际，评选出15件消费教育宣教材料优秀作品、3件消费教育宣教材料创意作品和14个消费教育宣教材料征集优秀组织单位。此外，中消协还编印了消费教育手册，并制作宣传片，供各地消协组织在消费教育活动中使用。

三、比较试验多地联合联动

2019年，全国消协组织共开展商品比较试验项目200余个，为消费者提供信息咨询和消费参考。

强化与地方消协的合作和联合发布机制，提升全国消协组织比较试验的整体工作效能。为落实总书记关于防控儿童近视的重要批示和国家相关部门的指导意见，中消协联合多地消协组织开展了配装眼镜比较试验。广东省消委会联合韶关、中山消委会开展了手机、平板电脑屏幕对眼睛的影响及防蓝光贴膜效果比较试验。此外，中消协与多地消协组织联合开展了洗碗机、智能门锁比较试验。

结合民生关注、消费热点，中消协开展了车载空气净化器、除螨仪、轮滑鞋比较试验。多地消协开展了太阳镜、儿童推车、果蔬清洗剂、抗菌内衣裤、儿童滑板车、集成灶等比较试验，受到社会密切关注。

强化比较试验工作先进典型的激励、示范和导向作用。开展“第二届优秀比较试验项目”评选活动，并将入选优秀项目公示推广。

四、消费监督调查反响强烈

开展70个城市消费者满意度测评工作。完成了《满意度测评报告》，利用结果发布后各地关注测评工作的契机，联动各地消协加强与地方政府及有关部门的沟通、联系和互动。在此基础上，深化满意度测评体系，2019年，将测评城市数增加至100个。

围绕2019年“信用让消费更放心”的主题开展了“信用消费与消费者认知”问卷调查，了解消费者的信用意识与需求。调查显示，广大消费者高度重视个人信用，但由于我国的信用约束和激励机制还不健全，对于严重失信经营者的惩戒还不够，影响了消费信心。

关注青少年视力健康，组织开展青少年近视现状与网游消费体验活动，根据体验报告结果相继约谈问题游戏平台，与人民网、央广“天天3·15”栏目合作宣传、解读体验结果，并向多个相关部门提出相关政策建议，促使网游防沉迷平台等相关政策措施加快出台。

关注城市居民生活消费，联合31个省级消协组织开展国内144个住宅小区的物业服务调查体验活动。调查显示，物业公司的管理和服务与消费者的期待存在较大差距。媒体踊跃报道，引起强烈的社会反响。

开展农村集贸市场体验调查“回头看”。坚持问题导向，对2018年调查体验中得分较低的60个农村集贸市场进行“回头看”。结果显示，一些农村集贸市场的“三无”产品有增无减，占道经营问题依然突出，消防安全隐患仍然存在，需要引起有关部门的高度重视。中消协分别向各相关部门提出相关政策建议。

开展电商平台后评价调查体验，对电商平台内经营者后评价流程和刷单平台进行监督，分析电商平台在健全信用评价体系过程中存在的问题，督促电商平台诚信经营。

五、参与政策制定积极有效

参加国务院发展研究中心、中央政策研究室、国务院研究室等单位组织的互联网平台综合监管、改善消费环境、完善竞争政策、促进消费等专题座谈会4次，并提交有关书面意见。就预付式消费问题，组织地方消协上报预付式消费案例113个，失信案例17个，并汇总形成预付式消费群体纠纷典型案例向全国人大法工委、中央政策研究室、国务院研究室等部门提交，积极推动问题的解决。

参与有关部委的立法、政策研讨37次。如国家发改委有关推动制造业和现代服务业融合、中央定价目录修订，交通部有关促进交通运输新业态高质量发展，民航局有关公共航空运输旅客服务管理，银保监会有关互联网保险销售行为可回溯管理，市场监管总局有关计量法、企业信息公示、网络交易监管、互联网广告管理、医疗器械唯一标识系统规则、产品质量监督抽查管理等的研讨并提出意见建议，部分工作还接受委托，组织地方消协和消费者代表参与。

接待国家发改委、审计署、全国总工会、北京市一中院等单位就消费政策、共享单车、共享经济等问题的来访调研，并提交书面资料。参与市场监管总局与最高人民检察院的会谈，反映公益的诉讼实践问题，提出加强协作的意见和建议。提交全国政协双周座谈会资料，介绍近年来消协组织在公益诉讼方面的主要进展，分析存在的问题，提出解决建议。

就有关推进消费民事公益诉讼、推进未成年人享受权益的公平性建设等方面的政协提案提交答复建议。

六、消费投诉化解稳妥有序

持续做好受理投诉的基础性工作。中消协全年接收消费者来电、来信、来访投诉咨询4480件，直接处理消费纠纷103件，直接指导地方消协处理投诉536件。2019年全国消协组织共受理消费者投诉821377件，同比增长7.76%，解决614246件，投诉解决率75%，为消费者挽回经济损失11.7722亿元。其中，因经营者有欺诈行为得到加倍赔偿的投诉3160件，加倍赔偿金额1607万元。全年接待消费者来访和咨询140万人次。

强化电商维权直通车建设。截至去年年底，全国使用直通车单位共计590个。

积极处理社会热点消费纠纷事件，直接受理了腾讯游戏王者荣耀皮肤纠纷、奥迪污染致白血病纠纷、玛莎拉蒂纠纷、美墙胶装修质量纠纷、欧派橱柜纠纷、手机“碎屏保”纠纷、电视机延保不兑现纠纷等。通过中消协官方微博，对消费者反映集中的热点投诉及时跟进，推动解决，及时化解了群体性事件的风险。

强化对各地投诉受理工作的培训指导力度。组织召开“全国消协组织投诉工作培训暨电商消费维权直通车推广会”，编印《中国消费者协会投诉工作手册（2019版）》，提升全国消协组织投诉工作的法制化、程序化、规范化水平。

七、公益诉讼案件多点开花

中消协诉雷沃重工违法生产销售正三轮摩托车案件圆满收官。该案在北京市第四中级人民法院的主持下达成民事调解协议，中消协提出的六项诉讼请求全部实现。该案是中消协提起的首个公益诉讼案件，开启了我国消费民事公益诉讼“确认之诉”的先河，并在诉讼请求、结案方式、公告方式、取证方式、调解书结构方式上有所创新。

地方消协积极开展公益诉讼实践。广东、四川、内蒙古消协组织分别就未成年人优惠票价标准、假冒运动品牌商品侵权、共享汽车押金不退等问题提起消费公益诉讼。中消协派员参加安徽省公益诉讼研讨会，与省内有关检察机关、司法机关深入探讨惩罚性赔偿公益诉讼等相关问题，介绍前期的实践探索及理论研究情况；就福建省消委会有关预付式消费公益诉讼案件线索中的有关法律问题提出意见。央视《焦点访谈》聚焦消协组织公益诉讼进行了专题报道，推动提升消协公益诉讼影响、完善相关配套制度。

收集消费领域侵害众多消费者权益的线索，组织召开专题论证会，邀请有关专家、律师对相关案件线索进行可行性评估，分析有关法律依据和诉讼难点，并听取对推进公益诉讼工作的意见建议。

八、新闻宣传工作效果显著

落实党的十九大精神和中央促进消费指导意见，确立“信用让消费更放心”年主题，通过开展形式多样的年主题宣传活动，呼吁加快消费领域信用体系建设。联合人民网开展“3·15消费者权益日主题活动”，强化消协组织平台纽带作用，凝聚政府部门、行业协会、企业和消费者等社会各界力量，盘点消费维权中的难点痛点，增强消费维权工作的社会影响力。

发掘社会维权典型，弘扬依法维权正能量。开展“寻找最美消费维权人物”活动，向全社会展现了一批为保护消费者权益兢兢业业努力的维权人士。设立消费维权“啄木鸟奖”，对揭露、批评经营者不法行为、自觉为净化市场而努力的消费者进行表彰、鼓励，引导和发动社会力量积极参与消费维权工作。

充分发挥中消协自媒体的作用，聆听消费者心声，传递中消协的维权观点。截至2019年年底，中消协网站发稿560篇；微信公众平台发文214篇，粉丝数量32万；微博发文136篇，粉丝数量42万。

强化与新闻媒体的合作，共建新闻栏目取得新成效。在继续与央视合作“3·15晚会”、与央广经济之声合作“天天3·15”特别节目（每月1期）的基础上，与人民网合作开办了“消费洞察”直播栏目，就消费热点问题及时跟进分析、发表观点，全年合作节目20期，扩大了维权宣传工作的社会影响。利用中消协成立35周年的契机，运用“中消协会歌再次唱响MV”“中消协35周年足迹H5”等多媒体形式广泛宣传消协的工作、形象和维权理念。

及时跟进消费维权的热点难点，针对奔驰女车主维权、真假加拿大鹅羽绒服、迪士尼禁带外食、鸿星尔克“砍单”等事件涉及的消费者权益保护问题发表中消协观点，引导消费舆情。

做好舆情监测和成果运用。全年共编辑《舆情日报》232期、《季度舆情分析》4期、《舆情专报》2期，定期推送给地方消协组织，为各地开展消费维权工作提供参考。根据2019年的消费维权舆情数据梳理分析“十大消费维权舆情热点”，与人民网联合发布后得到广泛关注。

九、国际交流合作稳步推进

参加每四年召开一次的国际消联全球大会。中消协组织湖北、重庆、深圳等地的消协组织代表赴葡萄牙参加国际消联第21届全球高峰大会，与与会国家消费者组织广泛交流。

派员赴蒙古国参加蒙古国公平竞争和消费者权益保护局成立15周年纪念交流活动，就中消协消费者权益保护开展工作情况作主题发言。

派员赴德国参加有效消费者保护新探索国际研讨会，参与大会发言和论坛讨论，与德国司法与消费者保护部、巴西司法部共同探讨公益诉讼、电商领域新挑战及在线纠纷解决对策。拜访了德国消费者保护政府部门、律师公会和黑森州消费者保护组织。

派员赴澳门特区参加澳门消委会加入中消协电商投诉直通车平台新闻发布仪式，随后香港特区消委会也加入了该平台。

北京市消费者协会消费维权报告

2019年，北京市消协在市局党组的领导下，以党建工作为统领，围绕市场监管工作重点，充分发挥消协的社会组织平台作用，着力建设、改善消费环境，进一步提升“首都消协”的公信力与影响力。截至10月，全市各级消协组织受理消费者投诉43849件，办结38421件，办结率为87.62%，接待来访咨询45007人次，为消费者挽回经济损失3129.54万元，投诉量比去年同期增加30.04%；开展社会调查5个、商品比较试验17项，其中已发布10项，正在进行7项；发新闻通稿20篇，新闻发布会2次，各类媒体报道、刊登800余次；微信公众号总用户数量18567人，推送微信588条，单条最高阅读量达5184人次，累计阅读量10万余次。

一、2019年的主要工作及亮点

（一）坚持党建统领，提升队伍素质

通过强化党建工作与业务工作“两手抓，两手硬”的合力，不断提高党建工作实效，推动业务工作提质量、上水平。按照要求结合实际制定议事制度，认真落实“三重一大”相关工作要求；积极开展“不忘初心　牢记使命”主题教育，着力于打造风清气正、纪律严明的干部队伍。

（二）注重快速反应，提高化解纠纷的能力

做好96315投诉电话的运营管理工作，推进消费纠纷快速解决的工作机制，优化投诉途径。7月起，市消协正式接手96315咨询服务热线，陆续接到多起投诉，短短数日内累计接到投诉近70件。市消协紧急约谈企业相关负责人，督促经营者切实维护消费者合法权益，避免事态进一步发展，全部投诉问题在3日内得到圆满解决。

此外，面对严重侵害消费者权益的问题，市消协依法及时采取措施，通过移转、约谈、曝光等多种方式，加大社会监督力度，如就社会反映较强烈的“OFO单车、途歌汽车退押金难”等问题与企业多次约谈，敦促企业落实解决方案。加大处理突发消费维权事件的力度，大大提升社会监督效能。

（三）加大调查力度，发挥社会监督作用

充分发挥社会监督作用，深入了解商品服务，对涉及消费者权益保护的各类问题，针对现状、方式、表现形式等开展消费问题的调查，采集数据、固化证据、统计分析，汇总报告，适时发布。内容涉及旅游、互联网（包括大数据杀熟、手机APP个人信息安全保护、捆绑销售、电商砍单、农村互联网）等，目前已经完成《大数据杀熟调查》《北京一日游消费体验调查》《捆绑销售调查》《老年人保健品认知和消费状况调查》，社会效果显著，针对有些现象，相关部门已经介入。

（四）深化比较试验，提高消费指导能力

注重强化科学比较试验的概念，加大商品比较试验向纵深推进的力度，研究开展新兴领域的比较试验工作。目前已发布和正在进行的商品比较试验共17大类，涉及空调、速干衣、儿童玩具、儿童桌椅、太阳镜、智能门锁、空气净化器、蚕丝被、羽绒被、儿童服装、冲锋衣、羊绒衫、水嘴、羽绒服、茉莉花茶、吸尘器、净水器等近1000种商品。商品比较试验通过电视、广播、互联网等媒介发布，有效地发挥了协会的社会监督职责，积极引导广大消费者科学、理性消费。

（五）加强自身宣传，发挥消费教育作用

加强与主流媒体的合作，提升消协的工作影响力。与中央电视台《每周质量报告》、北京电视台《热点播报》《诚信北京》《消费观察》栏目开展长期合作，宣传效果广泛、深入。截止到10月，接受采访60余次，被收入40余篇纸媒报道。与此同时，加强自媒体建设，协会的“一网一刊一微信”不断拓宽渠道空间，加强升级改造。

北京消协网为提升安全等级，与市公安局信息中心接洽更换技术维护服务公司，进行网站技术安全升级改造；《北京消费者》杂志按照每月一刊的进度完成9期，向各区县及理事单位发放45000册；微信订阅号积极参与维权的正能量宣传，开展“消费维权之星”评选活动。半个月内收到消费者投票437826张，最终评选出的消费维权之星及提名人物在“纪念3·15消费者权益保护日”大会上进行表彰，并通过媒体向社会宣传报道。

（六）强化联合协作，保持跨区域消协组织维权

持续提升京津冀三地消协组织协同工作能力，联合组织开展消费调查、比较试验工作，推动京津冀三地消费环境协同发展。年内，河北省、天津市消协协助北京市消协开展了旅游消费调查，三地还共同开展了智能门锁比较试验，并联合发布防盗门质量提升倡议书。今年是三地消协联合维权的第五年，三地也将在11月开展“不忘初心　牢记使命——护航消费升级、服务协同发展”纪念活动。进一步提出发展纲要，谋求更大的合作与发展。

二、工作中的困难及问题

（一）消费维权的社会共治意识还有待加强

首都消费维权共治的格局虽已建立，但有效共治局面的实效在某些领域尚未得到发挥，如消费者的需求与消费供给仍存在差距，在网络消费、旅游消费、预付式消费、金融消费、老年消费等多部门职责交叉领域的消费维权工作上的投入仍有欠缺，消费执法工作力度还应进一步强化。

（二）消协体制、机制建设方面的问题

消费需求的提升以及消费者自身素质的提高使广大消费者的消费维权意识越来越强，与之对应的是，消协基层组织的建设有待进一步加强和完善；市消协目前存在的主要问题是96315热线的人员充实、技术改造与和解平台的搭建问题亟待解决，还有消协投诉途径和接诉即办的法律关系和协调处理，需要不断研究，摆正关系和妥善解决。

三、2020年主要工作安排

（一）深化化解纠纷途径，提升化解纠纷能力

做好96315咨询投诉热线的系统改造及服务工作，提升受理咨询投诉的应变能力，更好地为广大消费者服务。

（二）继续开展社会调查，充分发挥社会监督作用

继续开展社会调查工作，结合消费热点及难点，开展旅游消费体验、预付款、互联网消费热点、消费积分、通信携号转网等五个方面的调查，并将通过开展的消费体验式调查发现各领域存在的侵害消费者权益的有关问题，联合相关部门、行业组织进一步推进消费维权工作，维护消费者的合法权益。

（三）巩固比较试验成果，提高消费指导能力

一方面继续研究开展新兴领域的比较试验工作，另一方面向纵深化发展，加强对重点商品的质量跟踪，反复针对某类商品展开比较试验工作。明年预计将就休闲服装、功能服装、儿童服装、床上用品、真丝服装、保暖内衣、洗碗机、智能门锁、插座、驱蚊用品、儿童玩具、车内空气质量、防冻液等十余类商品开展比较试验。

（四）保持宣传力度，持续发挥消费教育作用

继续加强与主流媒体的合作，提升消协工作影响力。进一步加强“一网一刊一微信”的协会自媒体建设，明年新加入头条号的宣传工作，注册头条号并保持活跃运行，至此，北京消协将组成由网站、杂志、微信公众号及头条号组成的宣传阵地，开展多方位的宣传。

（五）响应政府发展战略，加强京津冀区域间合作

以京津冀三地消费维权合作五周年为契机，推进三地消费维权的进一步合作，继续完善京津冀消协组织协同发展联席会议制度，综合协调各项工作机制。加强工作统筹，结合各自的业务特点，发挥各自的长处，制定年度工作要点，加强横向联动、有机衔接，形成工作合力，推动京津冀消协组织间的区域合作与协同发展。

天津市消费者协会消费维权报告

2019年，天津市消协始终以做好消保维权工作、力促高质量发展为工作思路，结合中消协确定的“信用让消费更放心”年主题，从商品比较试验、消费教育、工作宣传、消费体察、受（处）理消费者投诉等10个方面发力，有效地维护了消费者的权益，促进了企业产品质量和服务质量的提升，极大地激发出广大干部的干事热情，向心力、凝聚力与战斗力更强。截止到目前，收到消费者赠送的锦旗3面、表扬信3封，消费者电话表扬多次。

一、着力开展商品比较试验

为让消费者了解商品性能、推动企业提高商品质量，天津市消协开展了商品比较试验。

开展洗衣液（粉）比较试验。针对洗衣液（粉）的除污能力，即对市场上销售的部分品牌洗衣液（粉）的去除炭黑油、皮脂、食用油、咖啡、红酒、酱油等的能

力及环保指标进行了抽样检测，于3月11日发布报告。

对集成灶的功能、安全指标、热效率等项指标进行了比较试验，于5月30日发布报告。

对免烫衬衫的纤维含量、甲醛含量、商品标注、水洗变化率、洗涤前后皱级差进行了比较试验，于6月13日发布报告。

完成了抗菌纺织制品比较试验，于12月16日发布报告。涉及从网络平台购买的50个样品。市消协召开专家论证会，确定将《抗菌纺织制品检测方法（改良的振荡法）》作为市消协抗菌纺织制品比较试验的检测方法，将抗菌纺织制品样品类型设定为袜子、内裤、毛巾三类，分别进行检测。试验结果表明，抗菌产品的等级、价格与抗菌效果并不一致。此外，在三类不同产品中，抗菌防臭袜的抗菌比较试验结果较好。

现正在针对拉杆箱式学生书包的实用功能、安全性能、舒适度和价格进行比较试验。

二、有效开展消费教育活动

继续开展老年消费教育活动。年初做出工作部署，组织和指导区消协结合老年人的消费特点深入社区开展消费教育活动。分别与河西、西青区消协联合走进社区，开展智能手机使用、预防手机短信诈骗、文明条例宣讲等活动。全年全市联动共开展老年消费教育“进社区”活动200余场。

此外，我们按照习近平总书记关于学生近视问题的重要指示精神，结合国家市场监管总局《贯彻落实〈综合防控儿童青少年近视实施方案〉的行动方案》及天津市相关工作部署，于5月16日联合市眼镜协会在蓟州区启动综合防控儿童青少年近视消费教育进校园讲堂活动。蓟州、河西、北辰、宝坻等部分区的消协联合专家走进中小学校园开展近视预防主题知识讲座。

针对大学生有关化妆品、金融消费的知识需求，主动开展了消费教育进大学活动。联合市药监局化妆品处、北辰区消协走进天津商业大学开展“3·15消费教育进校园”活动，引导在校大学生科学选择和使用化妆品、理性选择金融商品；联合西青区消协走进天津师范大学，开展“校园贷”消费教育讲堂。

针对出国留学的社会需求，邀请天津市出国留学消费教育学校讲师共同走进滨海新区、武清区、北辰区举办留学消费教育公益大讲堂活动，为有出国留学消费需求的消费者提供专业知识和维权指导，让广大消费者擦亮双眼、提高辨别的能力和维权意识，规避以办理出国留学为名布下的陷阱。

三、组织开展消费调查体察活动

紧紧围绕消费者关心的问题开展消费体察。

开展农产品企业消费体察活动。为更好落实《关于加快推进质量立市战略开展质量提升行动的实施意见》2019年重点工作任务，组织食品专家以及蓟州、东丽、西青、北辰、武清、宝坻等区的消协走进蓟州区禹道农场，实地了解食用农产品在种植环节的食品安全情况。

开展食品检测体察活动。联合北辰区市场监管局、北辰区消费者协会，组织新闻媒体和部分消费者代表，走进北辰区产品质量监督检验所实地了解食品检验机构的职能、检测项目、检测内容。让消费者代表亲身了解食品检测每一道环节及要求，增强安全消费的信心。此外，还延伸做了2018年度天津市职业教育培训行业调查和天津市银行业服务满意度调查报告的发布工作；并召开了2018年度老年消费教育总结表彰会。

四、强化宣传工作

提升消费者的自我保护能力、宣传法律法规、介绍消协消保维权动态，我们不断丰富宣传方式和内容。

精心组织2019年消费者权益日系列活动，成功完成3·15晚会直播工作。

加强与新闻媒体的合作，开辟各类专栏，结合法律法规及社会上存在的消费问题主动宣传消费权益保护及维权知识。在经济广播《消费新主张》栏目参与直播近50期，在电视台都市频道《消费者》节目中合作设立市消协的宣传版块，已播出12期，受到广大消费者的关注和欢迎。在《人民网》《天津日报》等主流媒体刊出近900篇稿件。组织全市各区消协对所属区域的消费热点和代表性投诉案件进行整理，筛选披露2018年度全市十大消费维权典型案例。汇总上报中消协投诉案例8件。发布2019年第一季度、半年投诉分析报告，并披露案例6件。百度搜索引擎“2019年，天津市消协”关键字查询24.5亿余条。

开展京津冀合作5周年纪念活动，积极收集和提供反映天津市消协5年来工作成果的文字、照片、音像材料，制作成宣传片、宣传册在会议期间进行展示和发放。

完成天津市消协成立30周年纪念活动。市消协开展系统内和社会各界座谈会两场、《天津日报》《今晚报》发布专版报道，发布H5展示，并设立30周年纪念专版宣传。

五、推出检测方法及标准

在前期做了法律工作的基础上于1月22日召开抗菌纺织制品检测方法专家论证会。针对抗菌纺织制品标准滞后难以比较相关产品实际性能区别的问题，按照《全国消协组织比较试验工作规范（试行）》要求，召开抗菌纺织品检测方法专家论证会，通过了《抗菌纺织制品检测方法（改良的振荡法）》，并将该方法作为市消协抗菌纺织制品比较试验的检测方法。

与有关单位合作制定和发布《房地产经济服务要求（团体标准）》。

六、大力支持法律修订

2019年，分别组织高校专家学者、律师事务所、部分区消协以及相关行业企业召开4次研讨会，征询全国人大《民法典人格权编（草案）》《民法典侵权责任编（草案）》《民法典合同编（草案）》《民法典物权编（草案）》《疫苗管理法（草案）》等法律修订意见；征询司法部关于《殡葬条例》以及市场监管总局关于《网络交易监督管理办法》《家用汽车产品修理、更换、退货责任规定》等法规的修订意见。

七、认真解决消费投诉

加强对区级消协的工作指导，有效开展受理和处理消费者投诉工作。据不完全统计，全市各级消协共录入"全国消费者协会投诉与咨询信息系统"消费者咨询7839人次，消费者投诉2685件，结案2446件，结案率为91%，为消费者挽回经济损失337万余元。市消协还承接了8890市便民服务专线平台分拨的工单51件，并全部调处完毕。约谈企业2次，组织案例专家论证3次。

八、积极开展调研活动

6月按照调研计划，结合"不忘初心　牢记使命"主题教育要求，深入基层，认真开展调研活动。摸清了区消协在人员、经费、办公场所、工作状态等方面的情况。

九、加强业务培训

9月组织各区消协和志愿者开展以《电子商务法》为内容的业务培训。与武清、西青、东丽、和平等部分区的消协研讨推进投诉工作，并联动处理投诉个案。

10月29日至11月2日利用纪念京津冀合作5周年活动之际对区消协干部进行培训。

十、弘扬正能量

召开志愿者2018年度工作会，27名志愿者受到表彰。

积极参加中消协2018—2019年度全国消费维权先进单位和先进个人的评选工作，向中消协推荐了3个先进单位和3位先进个人。

与"津云"平台合作，在全市范围内开展"津门维权之星"评选活动。

河北省消费者协会消费维权报告

2019年，河北省消保委坚持以党的十九大和习近平总书记系列讲话精神为指导，全面贯彻落实上级关于做好消费维权工作的重要部署，在保护消费者合法权益、教育引导消费、营造放心消费环境、促进社会和谐等方面做了大量有成效的工作。被中消协评为公益诉讼成果优秀单位，就支持消费者诉讼工作、商品和服务监督工作，多次在全国消协组织工作培训会作经验介绍。省消费维权工作多次被中央、省广播电视台报道，省级以上新闻媒体先后有180多篇（次）报道。

一、突出重点，扎实开展消费教育引导

消费教育引导重点围绕民生领域的消费进行维权宣传，通过开展多元化的教育活动，帮助消费者逐步树立正确、科学、文明的消费观念。

围绕纪念3·15，开展了形式多样的消费宣传活动。今年3·15期间，在全省开展了寻找2018年度"最美消费维权人物"活动，将典型事迹在社会进行广泛宣传，唱响了维权主旋律；完成了省政府保护消费者合法权益办公会议的各项筹备工作，并向大会做2018年全省消费者权益保护工作总结和2019年工作安排，审议通过了2018年度全省消费维权专项活动成果；参加了省政府消费者权益保护工作新闻发布会，省消保委发布了2018年投诉调解情况分析、2018年度全省消协组织投诉调解十大典型案例；组织开展了纪念3·15国际消费者权益日现场宣传咨询服务活动，相关企事业单位、社区、6000多人参加活动，发放各类宣传资料10000余份；联合省广播电视台录制"信用让消费更放心"3·15特别节目，在河北广播电视台都市频道播出；制作了消费维权公益广告宣传片，在河北广播电视台、石家庄地铁和石家庄市260个小区、8800个电梯楼宇广告进行播放；做客省广播电视台《阳光热线》和河北新闻网《阳光理政》栏目，和听众就河北省消费者权益保护工作进行交流探讨。3·15期间系列活动声势大、效果明显，进一步提高了社会认知，促进了消费环境建设。

及时发布各类消费信息，正确引导消费。年初，向社会发布年度典型案例和重大维权事件，在春节、中秋节、国庆节、“双11”等各时间节点的消费警示被媒体广泛转载。省消协针对消费热点问题，发布了旅游消费有陷阱、签订合同安全行、保健品选购核对“小蓝帽”等消费提示警示，引起社会广泛关注。

积极开展消费主题教育进基层活动。为服务和引导消费提质升级，围绕消费热点问题，省消保委开展了消费教育进校园、进企业、进市场、进农村、进社区等“五进”活动。9月20日，省消保委开展的“青年文明号、奋进新时代”消费教育进社区宣传咨询服务活动还被推荐到团中央。

二、强化社会监督，大力开展消费调查评议工作

围绕是否存在不平等格式条款、诚信践诺、虚假夸大等问题，深入开展了形式多样的消费调查评议活动。

完成全省主要城市消费者满意度测评工作。参考国家对全国50个城市满意度的测评工作和方法，在前期充分调研的基础上，制定了我省满意度测评实施方案，对消费供给、消费过程、消费维权三个方面进行了测评，目前已完成测评报告，待省局审批后向社会公布。

针对消费热点开展了相关调查评议。今年4月开始，在全省范围开展了“霸王条款点评”活动，社会各界积极参与，共征集到不平等格式条款300余条，省消保委梳理了“购车须在本店购买保险”“不交纳物业费不办理房屋交付手续”等日常生活中常见的十大“霸王条款”，并向社会公布。

规范企业经营开展了相关消费体察。为监督生产和经营行为，促进企业增强自律意识，今年5月，邀请消费者代表、媒体工作者等20余人组成体察团，到邢台市相关企业进行了消费体察。

针对与生活息息相关的商品开展了比较试验。充分利用大数据资源，根据投诉热点，梳理出一些问题较多的商品作为比较试验重点项目。今年，联合京津消协对电商平台销售的部分智能门锁产品开展了比较试验，针对比较试验中发现的智能门锁样品安全风险问题，向生产企业发出产品质量安全风险告知书及测试报告，并召开了智能门锁质量安全风险企业约谈会，向社会公布了智能门锁比较试验结果，中央广播电视台《每周质量报告》对此专题进行了报道，各主流媒体相继跟进报道。7月，省消保委模拟普通消费者选购了17个品牌的车载空气净化器，委托第三方检测机构依据有关标准，对去除甲醛、挥发性物质、除菌率等多个项目指标进行了测试和比较，并向社会公布了比较试验结果，结果显示：多数产品对空气净化的效果不明显，针对这一结果，省消保委及时向社会发布了消费提示警示。

三、拓展消费维权机制，化解消费纠纷

多元化受理消费纠纷。构建了消费维权专业办公室、消费维权志愿者队伍、微信公众号、网上受理投诉的多维处理投诉平台。与新华网、省广播电台992频道合作开办消费维权节目，受理投诉和进行调解，有效拓展了投诉渠道，与淘宝网、京东商城、携程网、唯品会、饿了么、滴滴打车等17家电商联合建立消费维权绿色平台，在全省县（区）级以上消协组织实现全方位联通与覆盖。据统计，2019年全省消协组织共受理消费者投诉16274件，解决13286件，投诉解决率81.64%，为消费者挽回经济损失1458万元，接待消费者来访和咨询7480余人次。

积极推进预付消费专项立法。近年来，社会生活中越来越多的消费者习惯了使用预付卡进行消费，而一些商家过度发卡、服务不到位、诚信缺失甚至关门跑路，导致预付卡成为废卡，消费者难以维权。预付消费问题已成为社会关注的“热点”、消费者的“痛点”、监管工作的“难点”。省消保委联合省人大、法律专家多次召开预付消费专项立法座谈会，积极推进预付消费地方立法，以法规的形式明确预付消费范围、资金监管、行政责任划分、违法处理、救济途径等，使纠纷出现时有法可依，从源头遏制预付消费纠纷和恶意跑路事件。

在公益诉讼方面有新探索。今年石家庄市康美健身有限公司15家分公司有8个店关门停业，有的门店售卡后一直未开门营业，1800多位消费者受到消费侵权，涉案金额达280余万元，引起消费者的强烈不满，发生群体性上访，省消保委组织消费维权律师团对案件进行论证，组织召开公益诉讼研讨会，与省高院、地方检察院采取座谈等方式进行实践探索。

四、加强地域间协作，京津冀消协协同发展成效显著

今年10月29日，以“护航消费升级、服务协同发展”为主题的首届京津冀消费维权高端论坛在唐山市召开。三地就京津冀协作维护消费者合法权益的工作经验和工作方向进行了交流和研讨，同时发布了《京津冀消协组织协作发展第二个五年纲要》《五年比较试验结果数据分析报告》《京津冀旅游消费体验式调查报告（2016—2019）》和全国消协组织首个服务类团体标准《房地产经纪服务要求》。

山西省消费者协会消费维权报告

2019年，山西省消协认真贯彻落实党的十九大和十九届三中、四中全会精神，以习近平新时代中国特色社会主义思想为指导，坚持以人民为中心的发展思想，认真贯彻中消协、省市场监管局党组的决策部署，履行《消费者权益保护法》赋予的法定职责，进一步加强消费引导、强化社会监督、拓宽投诉受理直通车范围、狠抓组织建设，各项工作有了新突破、取得了新成效。

一、围绕消费维权年主题多措并举，开展年主题和“3·15”宣传纪念活动

一是省消协与省市场监管局联合发文，指导各级消协组织开展了形式多样、内容丰富的“3·15”主题活动。3月13日，与省市场监管局联合召开3·15新闻发布会。省人大常委会副主任李悦娥，省政府副秘书长张文栋，省市场监管局党组书记、局长张九萍及省市场监管局部分领导班子成员以及相关部门领导参加了新闻发布会。会上，省消协发布了省城物业服务消费者满意度调查报告和2018年全省十大投诉热点，成为发布会的一大亮点。

二是开展形式多样的法律法规和消费知识宣传活动。全省各级消协组织紧扣“信用让消费更放心”年主题，积极组织开展《消费者权益保护法》《产品质量法》《食品安全法》《广告法》《商标法》《反不正当竞争法》《药品管理法》等与广大消费者日常生活密切相关的法律法规的宣传，集中开展现场宣传咨询服务活动，引导消费者增强维权意识。

三是3·15期间，省消协还相继参加或指导了省商务厅、省银行业协会、省家电行业协会、山西市场导报等相关部门、单位、媒体的系列采访、宣传活动。

二、加强消费教育和消费引导，引导消费者科学合理消费

继续指导各市消协组织推进消费教育工作进农村、进学校、进社区。

继续开展“老年消费教育”和“金融消费教育”。2019年，我们与《中国消费者》杂志协作，在全省连续开展了3场老年消费教育活动，参与的消费者达6000余人；与省老年健康协会联合主办了“2020年迎新春文艺晚会”，并于2020年1月8日下午在省歌舞剧院礼堂隆重演出，节目寓教于乐、老年人喜闻乐见，收到了良好的社会效果。

及时向社会发布消费风险警示、提示。结合重要时间节点和消费热点，适时发布了《网络订餐不忘健康安全》《“网红带货”市场乱　消费者谨防上当》《双“11”安全网购温馨提示》《私人订制需谨慎》等消费警示、提示。2019年省消协发布消费警示（提示）10期，全省各级消协组织发布消费警示（提示）456期。

强化信用在消费领域的激励和约束作用。根据中共中央办公厅、国务院办公厅发布的《关于完善促进消费体制机制　进一步激发居民消费潜力的若干意见》，为营造我省良好的市场环境和安全放心的消费环境，更好地履行社会监督的职能，从2019年1月起，在全省范围内开展了“品质保障　放心消费”企业信用等级创建活动。经企业自主申报、各级消协组织推荐，第三方评价机构根据《企业信用评价指标》《企业信用综合评价指南（山西省）》等有关评价标准，对申报的符合条件的创建企业进行了全面、系统的评价，共评出A级以上创建企业119家，其中AAA级创建企业24家、AA级创建企业45家、A级创建企业50家。2019年12月4日，我们为上述企业举行了隆重的授牌仪式。

三、开展商品和服务社会监督，促进消费领域重点难点问题解决

扩大公共服务领域的监督工作成果。针对公共服务领域存在的乱收费、服务缺失等问题，2018年8月，我们在太原市开展了城市供水、供电、供气（燃气）、供暖、有线电视、物业服务质量消费者满意度调查。2019年3月13日在省市场监管局与省消协联合举办的新闻发布会上发布了太原市物业服务消费者满意度调查报告，引起了社会强烈反响，先后有300多家省内外媒体进行了报道、转播、转载，受到了太原市广大业主的广泛称赞。为扩大成果、取得实效，省消协及时向太原市政府送达了报告，市政府4位副市长分别作了批示，责成有关部门提出意见，对相关企业进行整改。之后，太原市住建局把物业服务整治列为2019年工作的重点；省房地产协会把“在物业服务企业中推进诚信公约签订”作为物业诚信建设的重点工作；省市场监管局经济检查总队也把“查办物业服务案件”作为2019年的重要工作；中国消费者协会听取我会的工作汇报后，专门调取了省消协的物业服务调查报告，并于2019年8月在全国范围内开展了物业服务专项调查，11月公布了调查结果。

针对贵金属及珠宝玉石首饰行业中存在的虚假宣传、标识标注混乱等问题，省消协与省市场监管局消费者权益保护和市场交易监管处成立联合调查组，于2019年8月1日至10月17日，对太原、大同、朔州、忻州、吕梁五个市的21个县（区）、127家珠宝店进行了调查。调查结果显示，在被调查的127个企业中，未发现问题的有96个，占75.6%，存在问题的有31个，占24.4%，其中标识标注不符合国家标准的占17.3%，以假充真的占3.9%，虚假宣传的占3.2%。

关注学生健康。针对太原市金色摇篮小学一年级800多名新生宿舍甲醛严重超标、许多学生陆续生病、家长多人投诉的情况，省消协专门进行了调查，并对部分校舍进行了空气质量检测，并根据检测结果与校方多次沟通协调，最终督促学校对30多间校舍采取了加装通风系统、更换床垫、减少校舍学生人数等整改措施。

四、化解消费纠纷，拓展投诉调解渠道

在2018年建成100余户大中型企业、消费零售企业投诉直通车的基础上，今年又增加了20%。据不完全统计，2019年全省各级消协组织共接受消费者咨询7万余人次，受理投诉3658件，调解解决3441件，解决率为94.1%，为消费者挽回经济损失660余万元。

五、发挥公益诉讼利剑作用，推动公益诉讼实践

针对朔州市闫浩经营劣质食盐一案，在2018年5月向朔州市中级人民法院提起我省首例消费民事公益诉讼的基础上，2019年以来，省消协通过电话督促、函询等方式积极推动这一案件的审理。2019年9月24日，朔州市中院对此案作出一审判决：被告人闫浩于判决生效后十日内在山西省朔州市级新闻媒体公开赔礼道歉，案件受理费由被告人闫浩负担。

此案的审结，实现了山西省消费民事公益诉讼的零突破，成为全国消协系统近年来提起并审结的16起公益诉讼案件之一。

六、加强组织建设，顺利完成协会理事会换届选举

经过四个多月的精心筹备，省消协于2019年8月22日召开了第三届理事会换届大会。会议通过了《山西省消费者协会章程》修正案，选举产生了第三届理事会理事123人、常务理事46人，省人大常委会副主任李悦娥当选为新一届理事会会长，省市场监督管理局党组书记、局长张九萍当选为常务副会长，省人大法工委、省政协经济委、省发改委、省公安厅、省卫健委、省商务厅等单位的11名领导当选为副会长。中国消费者协会副秘书长王振宇亲自到会祝贺并作了重要讲话。这次成功换届不仅提升了消协的规格、健全了协会组织机构，而且为省消协在新时代推进消费者权益保护工作提供了强大的组织保障。

内蒙古自治区消费者协会消费维权报告

2019年，内蒙古自治区消协以习近平新时代中国特色社会主义思想为指导，充分认识新时期消费者权益保护工作的重要性，紧紧把握消费维权工作的新形势、新任务，围绕“信用让消费更放心”年主题和自治区市场监管局重点工作，切实履行新《消法》赋予消协组织的各项公益职能，充分发挥消协组织指导消费、调解纠纷、公益诉讼、消费调查、提供建议和参考的职责职能，认真履职、积极工作，较好地完成了各项任务。现将具体工作汇报如下。

一、围绕“信用让消费更放心”年主题，开展了形式多样的宣传活动

（一）积极开展“3·15”国际消费者权益日系列宣传活动

为隆重纪念“3·15”国际消费者权益日、大力宣传“信用让消费更放心”2019年消费维权年主题、积极推进“放心消费在内蒙古”的创建工作，3月15日，由自治区市场监管局、消费者协会主办的2019年纪念“3·15”国际消费者权益日宣传活动在内蒙古国际会展中心举行。自治区副主席欧阳晓晖、自治区市场监管局党组书记陈洁、自治区市场监管局局长白清元、自治区市场监管局副局长杨林以及自治区党委、政府相关部门领导、消协理事参加会议。同时，国务院发展研究中心研究员任兴洲、中国消费者协会消费指导部主任戴崴、中国消费者报社副社长李晓清、中国消费者权益保护法学研究会会长何山应邀出席会议。自治区市场监管局党组书记陈洁、自治区市场监管局局长白清元分别围绕自治区的放心消费创建工作作了讲话。自治区市场监管局党组成员、副局长、自治区消费者协会副会长杨林解读了2019年“信用让消费更放心”年主题及2019年消费维权重点工作。国务院发展研究中心研究员任兴洲、中国消费者协会消费指导部主任戴崴、中国消费者报社副社长李晓清、中国消费者权益保护法学研究会会长何山就“放心消费在内蒙古”分别作了主题发言。会上表彰了2018年度“十大最美消费维权人物”、放心消费创建工作成绩突出单位，公布了首届“消费者信得过产品”，举行了“放心消费在内蒙古”标识启动仪式。活动的成功举办，对于引导全社会改善消费环境、提升消费信心、努力营造安全放心的消费环境具有积极的社会意义，社会影响极大。

（二）深入开展“月月3·15”活动

自治区各级消协组织积极努力、开拓创新，“月月3·15”工作已经成为自治区消费维权工作的亮丽品牌，活动形式多样化、活动内容丰富化、活动效果显著化，有效提高了消费维权工作的社会知晓度，引导广大消费者积极主动参与消费维权工作，推动消费维权工作社会共治。为进一步推动自治区“月月3·15”工作的社会化、纵深化、科学化发展，年初，自治区消费者协会专门发文，指导全区各地多角度、多渠道、多形式地开展宣传教育活动，全区各级消协组织结合当地实际，紧扣“信用让消费更放心”年主题，开创性地开展工作。据统计，截至目前，自治区共开展活动200多场，为“放心消费在内蒙古”创建工作打下了扎实的基础。

（三）加大媒体宣传力度

以消费者喜闻乐见的方式深入持久地开展消费维权宣传，指导广大消费者理性、科学、文明消费，维护和树立消费维权工作的社会权威，使消费维权工作由“事后维权”向“事前预防”转变。一方面充分发挥自治区消协网站、微信等自媒体的宣传作用，另一方面加大与与主流媒体的合作。在2019年元旦、春节消费高峰期，与内蒙古广播电视台《天天3·15》节目联合推出《聚焦节日消费　助力消费升级》特别节目。通过视频短片、记者调查等形式关注节假日期间的消费热点问题，并通过《天天3·15》定期向社会发布节日期间消费警示、提供消费建议、进行消费研判，为区消费者的节日购物保驾护航。针对消费维权的日常工作，还推出了消费维权《工作简报》，目前已经编发26期，有效宣传、推进了消费维权工作。2019年，自治区消协被中消协评为新闻宣传优秀单位。

二、消费教育涉及新领域，工作举措有新突破

（一）建立“老年消费教育基地”，加强对老年消费群体的引领和教育

为倡导老年消费者科学消费，影响和带动全社会老年人树立科学、健康、文明的消费观念，推动全社会关爱和重视老年消费维权工作，提高老年消费者的自我保护能力，2019年5月14日上午，由自治区市场监管局、自治区党委老干部局、自治区消费者协会共同举行的内蒙古自治区“老年消费教育基地”揭牌仪式暨以“关注老年消费　护航老年生活”为主题的“消费教育进老年大学”宣传活动在自治区老干部活动中心展开。自治区市场监管局巡视员格日勒图、自治区党委老干部局副局长查苏出席活动并讲话。活动现场播放了中消协制作的《防范消费陷阱　科学理性消费》老年消费教育宣传片；内蒙古财经大学教授周宇讲解了膳食与营养知识；自治区工业和信息化厅盐业管理处处长申晓峰讲解了食用盐知识；内蒙古朝聚眼科医院眼科专家介绍了爱眼护眼知识。当日，百余名老年大学的学员前来参加活动，并积极与在场讲师交流，活动受到了老年大学学员的一致好评。2019年6月，自治区市场监管局、自治区老干部局、自治区消协联合发布了《关于加强老年消费教育建立老年消费教育基地的通知》，在自治区各级老年大学建立老年消费教育基地作为开展消费宣传教育的阵地，进一步加大对法律法规和科学知识的普及力度，提高老年消费者科学理性消费的认识，积极引导和促进老年消费产业的健康发展。包头市、乌兰察布市、赤峰市消协积极推荐，与当地老年大学积极沟通，于近期举行了老年消费教育基地揭牌仪式。

（二）积极开展消费维权三级联动宣传教育活动

2019年5月、6月、10月，自治区消协三次与包头市市场监管局、包头市消费者协会进行“月月3·15”三级联动。11月，分别在乌兰察布市、赤峰市联合进行“月月3·15”活动。全方位地进行消费指导和现场宣传工作，

有效宣传了消费维权工作，取得了良好的社会效果。

（三）在重要节点和节假日及时发布消费警示活动

全区各级消协针对本地区投诉的热点、难点问题和节假日关键节点，通过多种渠道和形式发布消费警示和消费提示，保障了消费者的知情权，保护了广大消费者的合法权益。在小哥出行公司出现拖欠消费者押金的问题后，自治区消协及时发布消费警示，引起广大消费者的关注。

三、大力开展放心消费创建工作，努力营造安全放心的市场消费环境

为营造安全和谐放心的消费环境、充分发挥消费拉动经济增长的基础性作用、促进经济社会持续健康发展，2019年，在自治区市场监管局的全力支持下，在自治区消协的积极推动下，在自治区各级市场监管部门、消协组织及社会各界的广泛参与和支持下，开展了形式多样的放心消费创建活动。

（一）在"3·15"国际消费者权益日活动中，正式启动全区"放心消费创建"工作

活动中，表彰了自治区放心消费创建工作成绩突出的单位，公布了首届"消费者信得过产品"，举行了"放心消费在内蒙古"标识启动仪式。百家企业、行业协会、旗县政府领导在"放心消费创建活动承诺墙"上签名，百家企业现场签订承诺书及合同意向书。举办了以《信用　信心　共治——构筑"放心消费在内蒙古"的三大基石》为主题的对话研讨，进一步增强了全社会对放心消费创建工作的理解和支持。

（二）与10家行业协会召开了首批放心消费创建行业协会签约座谈会，与10家行业协会签订了"放心消费示范单位"创建活动合作协议书

为充分发挥行业协会在放心消费创建工作中的带动引领和教育监督作用、更好地促进行业"放心消费创建"活动的开展、推动行业组织和优质企业主动维护消费者权益、树立消费维权品质标杆，2019年11月5日，自治区消费者协会组织自治区物业管理协会、旅游行业协会、珠宝玉石首饰行业协会、快递行业协会、民族特色产品联合会、室内装饰协会等10家与老百姓的衣食住行密切相关的行业协会召开了首批"放心消费示范单位"创建活动签约座谈会。各行业协会代表和企业代表就如何做好行业内"放心消费"创建工作和本行业的消费服务质量问题进行了交流和发言，提出了很多维护消费者合法权益、促进自治区"放心消费"创建工作良性发展的思路和建议。大家表示一定积极参与"放心消费示范单位"创建活动，进一步畅通消费者诉求表达、矛盾化解和权益维护的渠道，主动建立服务质量承诺、首问负责、先行赔付、缺陷产品召回等制度，以信用为根、以责任为本，主动承担起经营者的义务和责任、切实维护好消费者的利益。

四、认真受理和处理消费投诉

（一）扎实做好投诉调解基础性工作，努力为消费者排忧解难

为进一步畅通受理渠道、切实提高投诉解决质量，使消费者的电话打得进来、转得下去、处理得及时、解决得满意，制定出台了投诉工作制度，提升了投诉处理工作效率。据统计，2019年自治区各级消协组织共受理消费者投诉5067件，解决4416件，投诉解决率87.15%，为消费者挽回经济损失1567万元。

（二）主动公开典型投诉案例，分析消费热点问题

认真梳理分析了消费者投诉热点问题并形成文字材料上报中消协和市场监管局相关部门，同时积极沟通媒体向社会发布典型消费案例和消费热点、难点问题，引导消费者理性、科学消费，维护自身的合法权益。

（三）认真受理小哥出行租赁有限责任公司侵权投诉，并提起自治区首例民事公益诉讼

公益诉讼是《消法》赋予消协组织的一项法定公益职责，为利用好这一职能，更广泛地维护消费者的合法权益，自治区消协在与呼和浩特市中院沟通协调的基础上，积极寻求案件线索、努力推进民事公益诉讼工作的落地。2019年10月23日，呼和浩特市中院受理此案，此案进入司法程序。2019年，自治区消协被中消协评为公益诉讼先进单位。

五、加强对商品和服务的社会监督力度，努力创造良好的市场消费环境

在消费者反映比较突出的商品和服务领域，通过开展消费体察、消费调查、商品比较试验等措施，努力净化消费环境，切实保护消费者的合法权益。

（一）开展消费体察进企业活动

2019年6月28日举办了"不忘初心　牢记使命"主题教育活动暨"尚德守法　食品安全让生活更美好"食品宣传周消费体察活动。此次活动邀请了行业协会代表、老年大学学员代表、消费者代表、自治区消协律师团律师代表及新闻媒体代表等社会各界50余人走进荣获2018年度"消费者信得过产品"的生产企业进行了体察活动。通过走进企业实地体察，加大对消费者放心消费的宣传力度，引导和促进行业健康发展。

（二）开展了商品比较试验

2019年年初，对在自治区部分农区及城乡接合部销售的洗发水、洗洁精、沐浴剂产品开展比较试验。2019年8月，对在自治区商场及电商平台上销售的中老年人健步鞋开展了比较试验工作。10月，开展了电子体温计的比较试验。此外，自治区消协开展的“中小学生校服比较试验”获得中消协“第二届优秀比较试验项目”提名，在中消协“第二届优秀比较试验项目”评选中荣获优秀比较试验项目组织单位。自治区消协通过比较试验为消费者树立正确的消费理念，在引导消费者科学理性消费方面发挥了积极作用。

（三）开展呼和浩特市代驾行业消费调查

2019年8月、9月，自治区消协委托第三方调查机构开展了代驾行业消费调查，根据调查结果，自治区消协向相关部门提出了座谈研讨和执法建议，发挥了消协组织规范行业、引导企业健康发展的积极作用。

六、强党建、抓制度、重管理，不断加强自身建设

加强支部各项制度建设，在整治四官问题中制定了党员义务、党支部书记职责、“马上办”工作制度，梳理了廉政风险防控点，印发了《自治区消协进一步加强工作纪律和工作作风的通知》，有效夯实了工作基础。

强化党员责任意识，积极开展各项主题活动。通过学习参观、举办消费体察进企业活动，立足“不忘初心　牢记使命”主题教育活动，有效提升了党支部的凝聚力，形成了以支部工作带动业务工作、以业务工作促进支部工作的良好局面。

加强制度建设，提升队伍素质。建立制度管人、按标准做事的工作运行机制，制定和修订了外出请示、档案管理、内部考勤、秘书长值班制度、接受新闻采访等各项制度，为单位的高效、规范运转奠定了基础。举办全区秘书长研讨会、培训会，切实提高理论知识水平和业务能力。

加强理论学习，提升业务能力。2019年12月9日至12日，自治区消协系统推进消费维权工作培训班在西安市成功举办。自治区市场监管局消费指导处相关人员，来自自治区各盟市市场监管局、消协组织的共计50余人参加了此次培训。培训就《新时代消协组织　消费监督工作实务》《消费维权法律法规和相关政策》和陕西省放心消费创建工作进行了详细的讲解；包头市消费者协会、赤峰市消费者协会、乌海市消费者协会介绍了“月月3·15”工作的开展情况；全体学员实地观摩了陕西省放心消费示范单位。参加培训的学员普遍表示，此次培训时间紧凑、内容丰富、收获很大，培训取得了很好的效果，达到了预期目的。

吉林省消费者协会消费维权报告

2019年，吉林省消协紧紧围绕“信用让消费更放心”年主题，切实履行《消法》赋予的各项职能，各方面工作取得了新成效，为保护消费者合法权益、服务经济发展、促进社会和谐稳定做出了积极的贡献。

一、受理消费咨询和投诉情况

据统计，2019年全省消协组织共受理消费者投诉4067件，解决2967件，投诉解决率72.95%，为消费者挽回经济损失394万元。其中，因经营者有欺诈行为得到加倍赔偿的投诉37件，加倍赔偿金额3万元。2019年，各级消协组织接待消费者来访和咨询7104余人次。

二、其他工作情况

（一）积极开展“3·15”系列活动

“3·15”期间，省消协与省电视台公共新闻频道《第1报道》栏目合作，开设省消协“3·15”特别节目“维权十日谈”，录制了10期节目，以“消费主张　维权力量”为主题，以时效性、服务性和权威性为节目理念，挖掘当前消费维权领域的热点、破解维权难题、普及维权常识、提升维权意识，全方位、多角度地展示了消费维权成果。

3月15日，省消协召开了新闻通报会，价格监督检查和反不正当竞争处、消费环境建设指导处、省药品监督管理局、省消协通报了2018年度消费维权成果，省市场监管厅有关领导、机关处室、直属局、总队领导共150余人参加了发布会，中央广播电视总台、中国新闻通讯社、中国新闻网、今日头条、吉林日报等20余家新闻媒体进行了报道。

3月15日，各市、州消协及白山市消费者协会，各扩权强县试点市消费者协会分别联合当地相关职能部门、行业协会、企业等，围绕“信用让消费更放心”年主题，举办2019年纪念“3·15”国际消费者权益日宣传服务活动，当地主流媒体全程跟踪报道。在咨询服务现场，参与宣传咨询活动的单位通过向消费者发放宣传材料、解答消费者咨询和现场受理消费者投诉的方式宣传消费维权法律法规及相关知识，展示消费维权工作成果，坚持依法维护消费者权益，倡导服务经济社会良好发展的理念。

据统计，3月15日当天，全省各级消协组织共开展现场咨询活动118场，参与活动的职能部门、行业协会、检测机构、公共服务企业等单位1030余家，现场受理咨询9378人次，受理投诉179件，发布消费警示、提示220条，现场发放各类宣传单（册）44.8万余份。

（二）举办消费维权高峰对话会

2019年4月3日上午，省市场监管厅、吉林日报社、省消协共同在东北亚金融中心举办“优化消费环境　提升消费品质　促进消费增长”高峰对话会。省人大、省政府、省政协等领导莅临对话会。邀请中科院博士、国务院发展研究中心新经济研究室研究员阮晓东，吉林大学和吉林日报社专家学者，省市场监管厅主要领导，欧亚集团董事长曹和平，新业态企业代表等嘉宾做客对话会。对话会根据消费维权的新形势、新任务、新需求、新机遇，多角度解读本次对话会的理念，并就健全消费维权机制，畅通消费者诉求渠道等话题展开对话，带动消费维权社会共治深化升级，促进产品和服务质量水平不断提升，确保消费作为经济增长主动力的作用进一步巩固。

（三）开展消费维权监督工作

1.召开银行卡闪付问题整治座谈会。针对2019年央视“3·15”晚会曝光的银行卡闪付存在安全隐患的问题，省消协于3月18日15点在省市场监管厅召开了银行卡闪付问题整治工作座谈会。省银行业协会、中国银联吉林分公司、工商银行吉林省分行等省内主要银行代表参加了会议。省消协提出了五项措施保障客户的银行卡闪付安全，与会代表表示高度认同，并保证制定切实可行的安全保障措施，确保整治成果得到落实。

2.开展“探针盒子”排查工作。3月18日，针对央视3·15晚会曝光的某些超市存在窃取消费者信息的探针盒子问题进行排查整治，省消协分别向各市（州）消协组织和各大商超、直属联络站下发了《关于在各大商超排查探针盒子的通知》和《关于排查通过探针盒子获取用户信息问题的函》。3月19日，省消协对长春市欧亚卖场的主要出入口、扶梯电梯口、超市及部分售卖商品的大厅进行排查工作，并未发现探针盒子。省消协在日后将定期排查安全隐患，为消费者营造安全、舒适的消费环境。

3.召开家用汽车消费维权约谈会。4月17日下午，吉林省市场监督管理厅和省消协围绕引起社会广泛关注的西安“哭诉维权”奔驰车漏油事件，召开长春市部分家用汽车消费维权约谈会，对长春地区27家具有代表性的品牌汽车销售企业进行了约谈。省市场监管厅副厅长刘景平到会并讲话，省市场监管厅消费环境处、消审局、合同局、消投中心相关负责人及企业代表共50余人参加会议。省市场监管厅消费环境处、消审局、合同局、消投中心负责人也就家用汽车消费维权的现状发表了各自的看法和意见。会上，刘景平副厅长就家用汽车消费维权工作提出了三点意见。参会的汽车销售企业代表表示将依法、诚信经营，对销售人员加强相关法律法规知识的学习，提高企业的纠纷和解能力；发挥市场主体作用、落实经营者主体责任，自觉完善诚信经营行为。

4.落实购车售前公示制度。省消协按照4月17日召开的长春市区部分家用汽车消费维权约谈会提出的要求，会后与约谈的27家品牌汽车销售企业建立了微信工作群，就改善消费者购车体验的问题充分交流意见。在征求意见后，制订了《购车售前提示》，督促27家汽车经营者将《购车售前提示》在显著位置悬挂公示，使消费者可以更直接地了解购车注意事项，督促落实购车售前公示制度。

5.做好商品比较试验工作。省消协于2月对长春市主要商家销售的60款运动鞋开展了比较试验，比较试验的样品由省消协工作人员以普通消费者的身份在长春市各大商场随机购买。本次比较试验参照鞋类国家标准，对甲醛、外底硬度、剥离强度、外底与中底黏合强度、成鞋耐折性能、外底耐磨性能、衬里与内垫摩擦色牢度、标识、防滑性能等进行了测试。比较试验结果已经通过省内多家主流媒体对社会公布。

6.开展保险服务满意度调查活动。调查活动从3月15日持续至5月1日，参与消费者10241人，省消协通过网上问卷调查的形式，引导消费者从投保险种、购买途径、服务水平、保险理赔、保险知识宣传、售后服务、意见建议等七个方面参与社会调查。对于本次社会调查的总结报告，省保协、省消协已通过官方网站向社会公众及各保险公司公布。省保协表示，下一步将积极宣导吉林省保险业各保险机构加强保险宣传、普及保险知识、提高保险意识；加强保险服务创新、提高保险从业人员素质、提升保险服务水平；加大保险诚信建设、营造和谐的保险消费环境。

（四）开展消费教育工作

1.开展消费大讲堂活动。2019年9月18日，省消协与长春市汽车开发区消费者协会共同在锦程街道飞跃社区举办了百姓大讲堂活动。省消协结合投诉案例，围绕保健品基本知识、保健品常见陷阱及老年消费者如何维护自身合法权益等几个方面做了讲解；汽车开发区消协秘书长李浩然在现场互动环节中就消费者提出的保健品虚假宣传等问题进行了详细的解答，现场气氛活跃、互动频繁。

2.开展消费体察活动。按照《国务院食安办等23部门关于开展2019年全国食品安全宣传周活动的通知》的要求，2019年6月24日，省消协组织消费者代表、部分媒体代表等一行50余人，赴中粮可口可乐饮料（吉林）有限公司开展食品安全消费体察活动。体察代表结合参观感受纷纷就企业的产品质量体系、管理特色、消费选择等提出问题，企业负责人针对提问一一给予了细致的解答。省消协表示，消费体察加强了消费者对企业的了解、普及了科学的消费维权知识，希望企业能够广纳谏言，虚心接受消费者对企业的意见和建议，生产出更多好产品。

3.发布消费教育警示提示。省消协针对线上教育机构退费难、健身卡消费陷阱多、品牌家电特约售后维修服务漏洞等消费者普遍关注的问题，结合典型案例发布多条消费提示。省消协还于五一、端午等重要节假日期间发布消费警示，提醒广大消费者树立安全意识，防范消费风险。全年发布消费提示警示48条。

黑龙江省消费者协会消费维权报告

2019年，黑龙江省消协以习近平新时代中国特色社会主义思想为指引，深入贯彻落实党的十九大和十九届二中、三中、四中全会精神，认真落实中央经济工作会议和全国“两会”的决策部署以及省委决策部署，在省局党组的正确领导和消协全体同志的支持下，紧紧围绕中消协和全省市场监管局局长工作会议部署的工作任务，牢记“四个意识”，坚定“四个自信”，坚决做到“两个维护”，在维护消费者切身利益、宣传消保法规和政策、消费教育引导、商品服务监督、夯实组织建设等方面做出了新的成绩，充分履行《消法》赋予的公益性职能，为消费者权益保护事业做出了新的贡献。

省消协获得中消协“全国公益诉讼先进单位”荣誉称号。省消协开展的茶叶商品比较试验荣获“全国消协组织十佳优秀比较试验项目”。

一、解决消费纠纷，化解社会矛盾，营造放心消费环境

（一）处理消费者投诉

2019年，全省各级消协组织共受理消费者投诉12657件，解决11912件，解决率为94.1%；为消费者挽回经济损失1896万元；接待消费者来电、来访、来信咨询4万余人次。

（二）落实诉调对接工作机制

截至目前，在全省135个市县区中，与当地法院建立诉调对接的消协组织已有98个，占72.59%。

二、加强舆论宣传，倡导诚信消费，扩大消协组织社会影响

（一）召开3·15新闻发布会

3·15期间，省人民政府新闻办、省市场监管局、省消协在省政府新闻发布厅召开“3·15新闻发布会”。中央驻省和省内各大新闻媒体120余人参加了会议。省消协发布了“消费者投诉十大热点”及比较试验结果，刘爱芝秘书长还就有关问题回答了记者提问，会后，各新闻媒体对相关情况进行了跟踪报道。

（二）大力宣传“信用让消费更放心”年主题

全省各级消协组织通过纪念3·15国际消费者权益日、走上街头宣传、出租车后窗电子广告、板报、举办消费讲堂等多种形式大力宣传年主题。

（三）加强与广播电视报刊等媒体的交流合作

全省各级消协组织与当地新闻媒体合作开办专栏，接受新闻媒体访谈，发布消协观点。11月1日起，每周一至周六13：30—14：30，省消协和黑龙江省广播电台FM99.8频道合作播出“车友管家”节目，省消协工作人员现场解答消费者的投诉和咨询。

（四）加强自媒体宣传

积极发挥省消协微信公众平台（chca315）的作用，定期发布消费维权信息，定期开展消费调查活动，开展《电子商务法》、老年人保健产品消费等网络知识问答活动。省消协微信公众平台采集、制作、发布消费警示、消费提示、消费知识等信息40期，发布消费信息百余条。省消协官方网站（http：//www.hljs315.org.cn）发布信息千余条。在国家市场监管总局开展的微信公众平台排名评比活动中，省消协微信公众平台位列第19名。

三、开展消费教育，贯彻人大决议，引导消费者科学合理消费

（一）贯彻落实《黑龙江省人民代表大会常务委员会关于加强老年人保健产品等消费领域消费者权益保护工作的决议》（以下简称《决议》）

举办老年消费教育大讲堂活动。印发宣传教育材料。编印省人大《决议》手册和老年消费教育宣传手册20万册。开展老年消费教育“进社区、进单位、进家庭”等系列活动。召开老年消费教育座谈会或大家谈等活动。重点处理老年保健品、老年保健器械投诉80余件，为老年消费者挽回了经济损失。

（二）编印《黑龙江省打击整治向老年人欺诈销售保健产品举报违法行为线索奖励实施意见》招贴画3万张

将招贴画发放到全省各大商场、企事业单位、街道办事处、居民小区等。

（三）发布消协观点和消费警示

发布了农贸市场购物、冬季旅游、儿童家具、家用散热器等的消费警示。

（四）开展“三送五进”等消费教育活动

全省各级消协把“三送五进”消费教育常态化，使科学消费、绿色消费、健康消费的理念深入人心，有效地起到了事先防范消费权益受侵害的作用。

（五）开展免费为消费者检测珠宝活动

省消协与哈尔滨市产品质量技术监督检验院珠宝检测中心连续8年开展为消费者免费鉴定珠宝活动，为500多位消费者免费鉴定珠宝680余件，价值1000余万元。

（六）开展免费为消费者检测室内空气活动

在6月5日“世界环境日”到来之际，开展了主题为“关注室内环境　营造绿色家园”的室内环境检测公益活动。省消协面向社会征集了50个自愿家庭，由专业检测机构进行检测，省消协通过媒体公布了检测结果，引导消费者科学、合理、健康消费。

（七）开展了《电子商务法》网络知识问答活动

消费者在省消协微信公众平台上参与《电子商务法》有奖问题活动，社会反响较好。

（八）开展商品比较试验活动

开展了婴幼儿背带、泳装、哺乳服、牛仔裤商品比较试验。

四、加强社会监督，督促经营者履行社会责任，改善营商环境

（一）开展冬季旅游消费体察活动

为迅速贯彻落实省委书记张庆伟同志在雪乡调研座谈会议讲话中的精神和省政府协调落实专题会议的要求，按照省市场监督管理局的工作部署，省消协成立了由消协工作人员组成的体察组，以普通消费者的身份，于1月7日—2月1日分别以自由行和参加旅游团的方式，对哈尔滨冰雪大世界、亚布力、雪乡等景区（景点）的住宿、餐饮、娱乐、安全、价格等服务状况进行了体察。体察中发现体察对象在安全、价格等6个方面存在问题，省消协提出了4条整改建议，并根据发现的问题在省消协微信公众平台上发布了冬季旅游消费提示。

（二）开展通信服务消费体察（调查）活动

为贯彻落实“信用让消费更放心”年主题、营造放心消费环境、提升黑龙江省的通信服务水平，按照省市场监督管理局领导批示和省消协年初的工作安排，省消协于2月15日—4月30日，联合各地市消协开展了全省通信服务消费体察（调查）活动。体察中发现存在营业厅提供服务合同（协议）难、营业厅的服务与设施有待提高、有些区域无手机信号或信号较弱、合同（协议）文本字号小，内容有不公平、不合理条款、网速有待提高等问题。省消协约谈了通信企业，督促其进行整改。

（三）开展铁路客运服务消费体察活动

为贯彻落实“信用让消费更放心”年主题，省消协发现铁路客运服务中存在的问题，并督促其改进服务，进一步提升黑龙江省铁路客运服务水平、营造放心消费环境。现已对12次列车，9个火车站的服务进行了体察，体察报告已撰写完成。

（四）开展旅游民宿夏季消费体察（调查）活动

为贯彻落实“不忘初心　牢记使命”主题教育总体要求，围绕“信用让消费更放心”年主题，履行社会监督职责、提升黑龙江省乡村民宿的服务水平、营造放心消费环境，省消协根据省市场监管局的工作部署以及省消协的年初工作安排，突出我省夏季“森林、湿地、湖泊和火山康养”等旅游特点，联合哈尔滨市、牡丹江市、大庆市、伊春市、黑河市消协，于7—8月开展了乡村民宿夏季消费体察（调查）活动。本次活动采取实地体察（调查）和省消协微信公众平台网络调查两种方式进行，由省消协和5市消协的工作人员组成5个体察小组，实地入住省内亚布力景区、镜泊湖景区、大庆龙凤湿地景区、扎龙自然保护区景区、伊春汤旺河石林国家公园景区和五大连池景区的周边民宿体验观察，同时随机拦截入住的民宿消费者填问卷进行调查。体察（调查）活动实地体察了5个景区附近的36家民宿，发现民宿存在未公示房价、夜间无值班人员或电话、未公示相关证照、未标示安全逃生通道、服务人员未主动提示安全措施、未看到消毒设施设备、无应急照明设备用品、未看到餐饮从业人员的健康证、民宿提供的毛巾、浴巾不卫生等问题。线上通过黑龙江省消费者协会官方微信平台开展有奖消费调查，调查了解消费者对乡村民宿的消费需求情况。网络调查回收有效问卷9648份。网络调查结果显示，存在消费者住过定价不合理的民宿的现象。省消协在自媒体上发布了民宿消费警示。

（五）开展生活美容院消费体察活动

为贯彻落实“信用让消费更放心”年主题、加强对生活美容服务的社会监督、提升黑龙江省生活美容服务的质量、营造放心消费环境，省消协联合黑龙江省美发美容协会美容行业分会于9—11月在哈尔滨市、齐齐哈尔市、牡丹江市、佳木斯市、大庆市开展生活美容院消费体察活动。

（六）参与中消协物业服务体验式调查

7月15日，省消协志愿者参与了由中消协和北京博创调查公司联合开展的物业服务体验式调查活动。省消协志愿者和调查公司调查员对群力恒盛豪庭小区、天鹅湾赫郡小区的周边环境、门禁管理、小区环境、楼宇管理、物业客服中心等进行了体验式调查，并将调查体验材料上报给了中消协。

（七）开展食品安全领域消费体察活动

在推进省市场监管局专项整治食品安全领域侵害消费者群众利益问题攻坚战的活动中，省消协开展了组织消费者参观乳制品生产企业暨群众利益无小事、食品安全进万家党建活动，组织消费者参观了九三油脂企业。哈尔滨市消协组织消费者走进哈尔滨市顶津食品有限公司康师傅工厂，鸡西市消协组织消费者走进南园餐饮有限公司、青岛啤酒（兴凯湖）有限公司，双鸭山市消协组织消费者走进黑蜂集团等。通过对食品安全领域的消费体察，消费者增长了食品知识，增强了对黑龙江省食品安全环境的消费信心。

五、参与立法立标，推动法律法规完善

围绕国家立法立标工作计划，积极配合中消协参与《民法典合同编》《民法典侵权责任编》《民法典物权编》《民法典人格权编》《疫苗管理法》《网络交易监督管理办法》《家用汽车产品修理、更换、退货责任规定》《公共航空运输旅客服务管理规定》的制定工作，推进法律法规完善。组织452人填写市场监管总局《2020年产品质量国家监督抽查产品目录（征求意见稿）》调查问卷。

六、强化组织建设，纯洁干部队伍，提升消协组织凝聚力和战斗力

（一）完成了事业单位改革

省消协、省个协、省私协、省垦区消协、省垦区个协整合成立了黑龙江省消费者权益保护中心（黑龙江省个体私营经济发展服务中心）。

（二）继续落实三项制度

指导基层消协组织继续落实事业单位法人登记证书、理事会、单独预算零余额账户三项制度。

（三）开展了全国消协组织双先评选活动

开展了全国个协双先、私协双先、先进个体工商户评选活动。

（四）协助中消协在哈尔滨市召开“全国消协组织综合信息管理系统培训”

省消协协调租赁培训场地、租赁公务用车、住宿等事宜，使培训工作圆满完成，得到中消协和全国各地消协的一致好评。

（五）指导全省消协组织开展全省消协组织管理系统录入工作

通过省消协前期培训、后期网上指导，使各地消协组织录入的及时性、准确性有了很大提高。

（六）对中消协制度建设积极提建议

对中消协《消费者协会维权信息公示工作导则（草稿）》《消费者协会消费公益诉讼工作导则（二次征求意见稿）》积极提出修改意见，完善消协组织制度建设。

（七）加强单位内部制度建设

根据工作需要制定和修改了省消协施行的部分工作制度，制定了省消协公务出行报销单并具体实施，拟定了省消协《大额资金管理办法》《采购管理办法》《固定资产管理办法》。

上海市消费者权益保护委员会消费维权报告

2019年，全市消保委系统共受理消费者投诉201114件，同比基本持平，涉及商品和服务总额16.8亿元。其中，承办12345市民服务热线转办件10702件；新增投诉联网企业15家，联网单位总量升至331家，共处理投诉90850件，占同期受理投诉总量的47.9%；系统上下联动，妥善化解群体性消费纠纷28起。完成消费评测体察5项，涉及海派定制旗袍、2019上海特色产品伴手礼、手机APP个人信息保护（网购平台、旅游、生活服务）、电子商务APP账户注销环节及网络平台充值服务等；完成消费调查4项，涉及自热方便火锅、航空公司常旅客满意度、2017—2018年度汽车行业销售服务、热门文化旅游景点的信息化服务等；针对16大类719件商品进行比较试验；组织消费教育与体验活动18场次，涉及红木家具消费等。针对消费领域7部国家层面的法律、法规、规章，6部地方性法规，3部地方标准提出完善意见和建议，办理市人大代表建议、政协提案共7件。2019年举行“月月3·15”新闻通气会14次，相关报道及转发累计5600余篇；全年与主流媒体合办专刊（专版）12期、专题节目17期，通过官网、官微、官方微博平台发布消费资讯、维权信息462条。

一、着眼发展大局，促进消费提质升级

（一）推动长三角消费维权“一体化”落地落实

以实施长三角一体化发展国家战略为契机，与苏浙皖三省消保委组建“长三角消保委联盟”，牵头组织“四地主要景点儿童免票规则联合调查”，提出的儿童免票“身高兼顾年龄”倡议，得到长三角242家主要景点的积极响应；作为首个轮值委，主持开展“长三角老人鞋比较试验”，直接推动了全国首个《老人鞋》团体标准的落地，获得9省市50余家企业的承诺执行。

（二）服务保障“进博”促进消费提质升级

制作并发布《迎“进博”盛会　文明消费从我做起》公益短片，号召全市消费者从“我”做起当好“进博”东道主；持续推送上海“微旅游”宣传信息，为消费者特别是进博参会者发现、了解、爱上上海提供便捷途径；先后召开教培企业、交通运输新业态运营企业座谈会，督促企业畅通服务通道、提升服务水平，共同营造“进博”有序放心的消费环境；14名骨干驻场“零距离”提供维权服务，特色伴手礼入场进博会非遗老字号展区集中展示，保障与宣传齐推进，展现上海的“城市温度”与“消费魅力”。

（三）助力“上海品牌”打造再上新台阶

聚焦建设“卓越全球城市”，结合打造上海“四大品牌”，开展海派定制旗袍公开评测，从工艺性、艺术性、实用性、传承性和时尚性等五个维度，评选出“海派优选”旗袍，打响了海派旗袍品牌，助力传播海派特色文化；开展了2019特色产品伴手礼评测，甄选出开开香云纱丝巾等25款“上海优选特色伴手礼”，较上一年度，消费者参与度更广、老字号企业占比更高、产品文化及地域特色更突出，优选伴手礼还入场第二届进博会、2019中华老字号博览会，让“上海购物”走近更多的国内外消费者，成为促进消费增长的持久动力。

二、推进社会监督，优化消费市场环境

（一）紧扣新法施行，组织电商系列体察

围绕《电子商务法》的正式施行，开展系列消费体察：手机APP个人信息保护评测引热议，第3期39款涉及网购平台、旅游出行、生活服务类手机APP的个人信息权限评测社会影响大，中央及全国媒体广泛报道、持续跟踪，相关资讯位列新浪微博热搜榜首；APP账户注销体察保权益，选取购物、生鲜、文娱、旅游和生活服务5大门类热门APP，推动27家问题企业剔除了注销账户的不合理条件，保障了消费者的知情权和选择权；网络平台充值体察受到关注，体察59家网络平台的充值和提现情况，督促经营者增强信用和法律意识、优化流程和配置、加强资金的管理和使用，畅通消费者退款渠道，切实保障消费安全。

（二）聚焦消费热点，推进行业调查监督

多措并举推动汽车销售规范有序。组织汽销服务

调查，提出“提升规则、流程、约定和告知”精细化程度的建议；点名批评投诉量居前的汽销店；联合行业协会召开专家座谈会，推动车辆交付前PDI检查的规范化。

广开言路促进航空服务提质升级。开展航空常旅客调研，从打通后台数据链、打通顾客链接、打通“上海特色”飞机餐供给等角度提出意见建议，获得航空公司的积极反馈，引起主流媒体的跟进报道。

积极行动助推景点信息化服务智慧改进。选取本市文博场馆、热门乐园景点，通过查看其微信公众号、网站、APP等，开展在线问卷调查并模拟消费者现场体察，对其信息化服务的状况进行评价。本次调查客观反映了现状，并从精细服务、智能管理和人文关怀等方面提出建议，受到多方关注。

（三）围绕民生需求开展比较试验

关注重点人群、安全性能与消费升级，针对电吹风、养生壶、宠物食品、蜂蜜、电磁炉与电陶炉、卫生巾、电子防盗锁、动漫玩具、成人纸尿裤等14大类654件商品进行比较试验。其中，自热方便火锅比较试验预警消费风险、披露安全隐患，为建立相关国家标准提供了方向与建议；轮滑鞋、净化器滤网、自热火锅、凉席及老人鞋比较试验项目受到媒体高度关注，央视《每周质量报告》先后抵沪组织拍摄并制作播出，社会反响较大。

三、拓展宣传引导，满足消费需求需要

（一）3·15活动形成声势

全市各级消保委积极整合政府部门、行业组织、骨干企业、新闻媒体以及消费维权志愿者等维权资源，开展深度调研、体察暗访、约谈披露、专版宣传、主题座谈、访谈评议、信息发布、现场咨询、便民服务等活动1041场次。3·15活动以发布系列社会监督工作成果为重点，以召开“信用，托起‘四大品牌’，开创城市未来”主题座谈会为高潮，以解读上海城市消费者满意度测评情况为亮点，倡导诚信经营，提振消费信心，积极服务国际消费城市建设；调动媒体资源，全力拓展渠道，集中宣传消费者权益保护；抓住发展契机，发挥职能优势，全力推进消费维权履职实践，生动地诠释了“信用让消费更放心”的年主题。

（二）主题宣传贴近百姓

发挥专业优势，创新维权思路，系列主题消费宣教提升了工作精准度。

“微旅游”传播上海文化魅力。旅游办联手驴妈妈旅游网历时两个月组织“看进博游上海——上海特色微旅游攻略”公益征集大赛，展现了上海城市风貌，宣传了上海旅游文化。

“护眼睛”关爱孩子健康成长。时尚产品办联手市眼镜行业协会与肯德基公司，组织“呵护好孩子的眼睛”主题消费教育活动。

“爱美丽”传递品质消费理念。日化办策划“美丽消费伴你无忧”“品质消费创造气质美”“品质消费创造健康美”等系列主题宣传活动。

（三）体验宣教打造品牌

整合专业办、区消保委、专家顾问、优质企业与学校社区等资源，推进“体验式”宣教，进一步拓宽了工作的覆盖面。

“汽车课堂”显魅力。汽车办开展进校园、进社区开展科普活动6次，寓教于乐地帮助消费者提高交通安全意识。

“巧做香囊”送温情。保健产业办陆续在社区及学校开展“巧手做香囊　和谐邻里情”香袋制作消费教育体验4场次。

“体验基地”探新路。在途虎养车建立上海首家集“线上+线下”模式于一体的汽车服务消费教育体验中心。

四、直面维权难点，保障消费诉求实现

把握维权期盼，锁定消费领域的社会舆情、热点事件、难点问题，点面结合保障诉求实现，维护消费公平公正。

（一）妥善应对突发、群体性投诉

针对由教育培训机构接连关停倒闭，网游领域无故封停游戏账号、没收道具、怀旧服排队时间过长、服务器不稳定等事件，“叮当出行”等共享单车拖延退还押金以及“双11”期间预售产品的价格争议、未按约定发货等引发的28起群体性投诉，第一时间调查介入，积极向有关部门通报问题，协同区消保委全力做好咨询、安抚、调处工作，推动争议妥善化解，避免了消费矛盾的升级激化。就哈罗单车被曝多次调价及月卡自动续费、青客公司涉嫌通过第三方刷好评、神马出行收取高额乘车费且充值不得退款等消费者反映集中的问题，梳理投诉记录、约谈询问查证，并将违法违规线索移交相关行政部门，有效防范了消费风险。

（二）积极参与消费领域立法立规

配合中消协，针对民法典“合同编”“侵权责任编”“人格权编”“物权编”等相关分编及《疫苗法》等7部国家层面的法律法规和规章提出完善建议；完成了本市“单用途预付卡管理”等6部地方性法规的意见征求反馈工作；参与《皮鞋、皮箱、皮包商品标识》等3部地方标准的复审评估，对《汽车买卖合同示范文本》等提出反馈意见，并参加了市医保局关于新增医疗服务价格项目的集体审议，助推了消费领域的法治化建设。

（三）认真办理人大政协提案议案

高度重视两会提案议案的办理，细致办理、答复关于“建立长三角一体化邮轮游客权益保护机制”等3项人大代表建议，及时完成关于“防范居民家庭互联网消费金融债务风险”等4项政协提案的会办，回应了消费领域的民生关切。

附：2019年上海消保委重大维权成果

一、助力长三角维权“一体化”落地

以落实长江三角洲区域一体化发展国家战略为主线，苏浙皖沪四地消保委共同签署《消费维权一体化合作协议》，正式成立长三角消保委联盟。联盟先后7次召开例会，讨论年度合作项目，确定、统一标识，搭建并试运行联合宣传微信公众号，建立常态发布机制，已发布维权信息329条，并实现了“三个共享”，即投诉数据共享，联手发布了长三角地区消费投诉热点领域分析；维权经验共享，工作人员通过研讨+走访、线下+线上的方式实现了多元交流；媒体资源共享，借助听众覆盖长三角的上海东广新闻台“长三角之声”节目，录播四地法律法规解读、热点问题分析、消费情况通报、消费教育提示等16期，营造了“一体化”的宣传引导声势和氛围。作为首年轮值单位，市消保委积极承担“联盟”工作的召集和组织，牵头开展“四地主要景点儿童免票规则联合调查”，提出的儿童免票“身高兼顾年龄”倡议，得到长三角包括上海中心、迪士尼、周庄古镇、西溪湿地、黄山西堤等242家主要景点的积极响应；主持推进“长三角老人鞋比较试验”，直接推动了全国首个《老人鞋》团体标准的落地，获得9个省市50余家企业的承诺执行；联络协调“联盟”与长三角老字号产业联盟签订战略合作协议，从展现“老字号”内涵、打造“老字号”品牌经济等5个方面展开合作，激发消费者对长三角的情感认同、记忆联系和价值消费。

二、推进电子商务相关社会监督

围绕《电子商务法》的正式施行，开展系列消费体察，推动线上消费环境优化。

个人信息保护评测引热议。在对第三期39款涉及网购平台、旅游出行、生活服务类手机APP的个人信息权限评测中，通过同步推进与企业的技术沟通和督促，所涉应用全部完成整改，在敏感权限申请及使用方面实现了合理申请、自主授权。评测的社会影响大，中央及全国媒体对此广泛报道、持续跟踪，新华每日电讯、人民网对此分别刊发专题报道和时评，相关资讯位列新浪微博热搜榜首，阅读量达1.8亿次，讨论8874次。

APP账户注销体察保权益。联合上海欧博律师事务所，选取购物、生鲜、文化娱乐、旅游住宿和生活服务5大门类的热门电商APP进行调研体察，模拟消费者实名注册后进行账户注销，分析并梳理流程的便利程度，推动27家问题企业剔除了注销账户的不合理条件，保障了消费者的知情权和选择权。

网络平台充值体察受关注。针对网络平台现存的“充钱容易退款难”、要求小额支付消费者购买虚拟币造成账户资金沉淀等问题，体察59家网络平台的充值和提现情况，督促经营者增强信用和法律意识、优化流程和配置、加强资金的管理和使用，明示预付资金管理信息，畅通消费者退款渠道，切实保障消费安全，促进了网络消费健康发展，人民日报及其海外版对此分别刊发了报道和评论；新华社APP相关新闻阅读量超41万次，讨论近千条。

江苏省消费者权益保护委员会消费维权报告

2019年以来，江苏省消保委坚持以习近平新时代中国特色社会主义思想为指导，坚持以消费者为中心，认真贯彻上级精神，紧扣“推进高质量监管、助力高质量发展”主线，围绕中消协“信用让消费更放心”的年主题，切实履行法定公益性职责，认真开展各项工作，着力营造安全放心的市场消费环境，取得了一定成效进展，现总结如下。

一、以支部建设为引领，组织建设水平稳步提升

强化消保委组织党的建设。深入学习贯彻习近平新时代中国特色社会主义思想，切实树牢“四个意识”，坚定“四个自信”，坚决做到“两个维护”。以巡视整改为抓手，开好专题组织生活会，按照问题清单对账销号，确保问题归零。扎实开展“不忘初心　牢记使命”主题教育，深入开展学习教育，坚持个人自学和集中学习相结合、理论学习与交流研讨相结合，把学习成果转化为开展消费维权工作、研究解决工作难题的方法，并认真对照检查，制定整改措施，支部党员干部全心全意为消费者服务的宗旨意识进一步提高。

表彰“2018年度江苏最美消费维权人物”。为贯彻落实中消协《关于开展“2018年度寻找最美消费维权人物活动”的通知》精神，鼓励社会各界积极参与消费维权事业，推动形成消费维权协同共治的局面，努力构建和谐消费环境，江苏省消保委开展了“2018年度寻找最美消费维权人物活动”。今年3月15日，在纪念3·15国际消费者权益日活动上公布了评选结果，并现场为“2018年度江苏最美消费维权人物”获得者颁发了证书。他们的感人事迹经媒体广泛报道，向社会积极传播正能量，鼓舞更多人士加入服务社会、倾情奉献的消费维权志愿者队伍。

注重组织队伍专业能力建设。今年以来，省消保委相继举办了全省消费维权志愿者专家团和全省消保委组织秘书长专题培训，召开了两次投诉分析会，邀请中消协有关领导、中国政法大学教授、省市法院检察院系统、省消费维权律师团律师等专家进行授课，并就热点难点问题进行了研讨交流，有效提升了全省消保队伍的业务水平。

二、紧扣消费维权年主题，消费教育引导深入有效

扎实组织“3·15”消费者权益日活动。牵头组织“3·15”消费者权益日活动。携手江苏省广播电台开办《315处长在线》栏目，在江苏省广电总台融媒体荔枝平台专门开通《处长问答|消费维权等你问》系列问答，共回答近200个问题，总阅读量超过100万次。联合省广电总台在江苏省公共新闻频道和融媒体新闻中心开播《315　守卫诚信　品质共享》栏目，分析解答各类消费问题，观众点击量超过105万。组织苏宁易购、京东商城、阿里巴巴、美团、携程、同程、途牛、去哪儿、唯品会等9家知名电商围绕年主题向社会发布自我承诺，起到了很好的示范引领作用。依托江苏省“智慧3·15”平台线上受理消费者的咨询、投诉、举报，共计受理1972件。

依托消费教育基地开展消费引导。注重发挥省级消费教育基地的功能，充分运用社会资源力量开展消费教育。根据当前的消费升级趋势，进一步规范消费教育示范基地的建设。除学校、老年大学等传统单位以外，积极适应新消费模式，依托企业已有的商品展示厅、消费体验馆等面向广大消费者开展定制消费、体验消费、智能消费、时尚消费等消费教育的场所、设施，建立了新型消费教育基地。省消保委在西门子家电南京品牌体验中心设立了江苏省首家家电行业消费教育基地。

广泛深入开展消费教育活动。继续开展以“关注银龄消费　着眼老年保健　健康理性为先　共享美好生活”为主题的老年消费教育“五进”系列活动。全省联动，多措并举，加强与政府部门的合作，丰富活动形式，确保实际效果。协助省局老干处开展“银发生辉”老年消费教育活动，现场提供投诉咨询平台，及时为老年消费者答疑解惑。相继发布双肩包、儿童手推车、保鲜膜保鲜袋、果蔬洗涤剂等比较试验报告，为消费者提供了更多、更翔实的消费信息和资讯。结合比较试验结果、消费调查、消费教育内容，发布相关消费提示警示，切实防范消费风险。借助专业技术手段，探索开展消费信息辟谣活动，澄清模糊认识，纠正错误观点，引导科学消费。

三、畅通维权救助渠道，投诉咨询处理更加高效便捷

调解消费纠纷是消协组织的基本功和看家本领，我们积极倡导全省消保委系统练好这项基本功。在工作中力争做到受理投诉更便捷、处理投诉更用心、解决投诉更有效，努力当好消费者的“娘家人”。

积极处理消费者诉求。2019年，江苏省全省消保委系统共计受理维权诉求569860件，其中咨询440919件，投诉128941件，分别占接收总量的77.37%、22.63%。投诉办结率100%，为消费者挽回经济损失186512005.6元。相比2018年，投诉、咨询量均有所下降。家用汽车销售及售后服务纠纷、预付式消费纠纷、社交平台直播购物纠纷等成为江苏省消费者的热点维权问题。此外，全省消保委还支持了消费者起诉百余件。

建好用好“智慧3·15”平台。继续组织全省消保委用好“智慧3·15”平台，拓展消费维权绿色通道（直通车）的覆盖面，提高投诉处理的办结率和消费者的满意率。截至目前，一共有5800多家企业接入直通车。2019

年年底，平台二期建设已完成立项开标，旨在进一步拓展平台功能，实现消费维权数据的归集、分析，建设消费维权的大数据“仓库”，研究建立消费环境数据分析模型，及时发现苗头性、倾向性和趋势性问题，有针对性地开展维权工作，营造放心消费环境。

“江苏省消费维权志愿者专家团”在“智慧3·15”平台每日值守，由专家团成员轮流排班，回答消费者的问题，做到“天天3·15”。2019年，志愿者专家完成线上咨询答复1285条。

四、聚焦消费热点难点问题，社会监督实现新突破

社会监督是《消法》赋予消保委的重要职责。今年以来，省消保委针对消费矛盾突出的领域，运用消费调查、约谈、公开披露等手段，取得了较好的成效。相继开展了精装修房、预付式消费、酒店预订退改调查、电子阅读器、智能电视开机广告、APP付费会员制、江苏城乡消费现状等调查，取得了一批重要成果。精装修房消费调查显示，精装修房领域存在质量问题多发、价格不透明、合同避责等诸多问题，并向省政府呈送了《关于精装修房群体性投诉高发情况的报告》，省长吴政隆同志作了重要批示。预付式消费调查报告显示，就预付式消费领域霸王条款、退卡难等诸多问题，约谈了12家经营者，督促相关企业进行整改，并就预付式消费问题现状及有关建议联合省局向省政府呈送了专报。针对智能电视开机广告调查中反映出的问题，对相关经营者进行公开约谈，并形成《企业告知书》，督促企业限时整改。随后，参与约谈的7家企业均提交了整改函。其中，乐视提交的整改方案有避重就轻、回避问题的嫌疑，整改方案中没有关于“一键关闭”功能的任何实质性表述，目前省消保委已经提起消费民事公益诉讼并已立案，省消保委并向国家工业和信息化部提出了关于智能电视开机广告问题的专项建议。此次专项调查引起了社会的广泛关注，新华社、人民网等主流媒体予以报道，中央电视台在《每周质量报告》专题播出。江苏城乡居民消费现状调查深入分析了江苏省的消费现状，从江苏省消费者的消费行为及习惯、消费市场、消费体验等多个维度进行了深入的分析，提出了促进居民消费的几点建议，旨在为江苏省引导和推动消费升级提供有力的支撑。APP付费会员消费调查披露了默认自动续费、扣款前后不予通知、额外付费产品告知不全、会员协议不够公开透明等问题，涉嫌侵犯消费者知情权、自主选择权和公平交易权，并发出整改建议函，大部分APP已经按要求整改。此外，我们还针对由西安市奔驰车主维权事件引发的舆情发酵及投诉数据激增，结合汽车领域相关侵权热点，会同省相关单位对省内19家汽车经营者代表开展了集体性约谈，并发出了劝谕书。针对“3·15”晚会曝光的家电行业售后服务乱象召开了家电企业售后服务约谈暨服务标准制定研讨会，进一步规范企业收费制度及售后服务标准，保障消费者的合法权益。

五、运用媒体加强宣传，维权工作影响力进一步扩大

发挥并利用好大众传媒的力量，实现消费教育和社会监督“双效多赢”是省消保委一直坚持推动的重点工作。媒体是消费者组织的同盟军，因此我们要牢固树立“舆论力就是监督力”的理念，始终善待媒体、善用媒体，扩大维权工作的影响力。对外加强与各类大众媒体的沟通，主动和媒体交朋友，争取他们的支持，做到对接更顺畅、合作更有力。近年来，我们已经与央视、新华日报社、人民网、中消报社、省广电总台、新华网、头条、西祠等省内外主要媒体建立并保持深入合作，还与一些媒体开办了消费维权相关专栏。建立省消保委每次召开新闻发布的签批、邀请媒体以及接受采访等都严格按信息发布制度落实。一年多来，省消保委本级发布36次专题报告，120余人次接受采访。智能电视开机广告、APP付费会员制、江苏省主要景区儿童免票规则约谈情况、城乡居民消费现状、2019年度消费投诉分析报告等内容被中央人民政府网站、新华社、央视等主流媒体报道，其中4篇在中消报头版刊载。省消保委对内注重抓好自媒体建设，按照定位为魂、内容为王、创新为要的思路，整合网站和微信公众号，优化用户体验。省消保委微信公众号已经成为社会关注度高、互动性强、信息发布权威的消保委官方发声平台。目前，省消保委微信公众号关注量达20万次，阅读量超280万次，在每月公布的全国市场监管系统的微信公众号排行中始终位居前列。

六、健全完善协作机制，促进消费维权社会共治

（一）健全完善比邻协作机制

实施长三角地区消费者权益保护工作一体化，与上海市、浙江省、安徽省消保委签订了《长三角地区消保委组织消费维权一体化合作协议》，成立了长三角消保委联盟，实现信息共通、规制共建、资源共用、权益共护、成果共享。2019年，长三角消保委联盟开展了长三角景点儿童免票规则调查、老人鞋比较试验，签署了长三角“老字号”合作协议等，取得了良好的社会效果。

（二）加强志愿者队伍建设

与省内高校开展深度合作，成立江苏省大学生消费维权志愿团，并于“3·15”期间授牌，旨在培养消费维权新生力量，共同做好大学生消费维权工作，扩大维权工作的社会面和影响力。以省消保委律师公益团和志愿者专家团为重点，有计划地组织律师志愿者提供法律服务、专家志愿者提供专业帮助。1月省消保委在镇江市举办了省消保委志愿者专家团培训班，通过授课辅导、讨论交流促进了专家团队伍水平的提高。

（三）发挥组织平台作用

注重与委员单位及行业组织的联系交流。积极与省农业农村厅合作，推动出台了《江苏省农业机械质量投诉受理办法》。针对家电行业售后服务乱象与省家用电器协会共同研讨，召开家电企业售后服务约谈暨服务标准制定研讨会。就汽车销售领域出现的矛盾问题与省汽车流通协会等进行了讨论交流，共同查找问题背后的深层次原因。“3·15”期间，省消保委邀请了省交通厅、省住房和城乡建设厅等10个相关部门单位和8家行业组织，以及省消保委消费维权志愿者专家团、省消保委消费维权公益维权律师团、省消保委汽车消费维权专业委员会、南京市房专委和省内知名电商平台代表等在线提供维权服务。

附：重大消费维权成果

一、江苏省消保委智能电视开机广告侵犯消费者权益问题专项调查成效显著

智能电视自带操作系统，使消费者可自行安装和卸载各类应用软件，极大提高了使用便捷度，受到消费者的青睐。但与此同时，电视自带的商业性开机广告强行植入、时间过长、无法关闭、内容单调重复、降低电视观看体验等问题也愈加为用户所诟病，严重侵犯了消费者的权益。为深入分析该问题，江苏省消保委通过公开数据收集、消费者问卷调查、征集志愿者收集信息等方式开展了专项调查，并于2019年8月29日召开新闻发布会通报调查情况。调查收集有效问卷15958份，消费体察征集到三星、索尼、LG、创维、小米、夏普、海尔、海信、长虹、乐视10家智能电视品牌开机广告的有效志愿者视频，发现创维、小米、夏普、海尔、海信、长虹、乐视7家品牌智能电视存在销售时未明确告知消费者智能电视存在开机广告、未提供智能电视开机广告“一键关闭”功能、智能电视开机广告不能自主关闭等共性问题。2019年10月10日，省消保委就调查反映出的问题，对上述7家经营者进行了公开约谈，并形成《企业告知书》，督促企业限时整改。同年11月5日，省消保委对各企业的回复进行了再次通报，除乐视外，其余6家企业均按时提交了实质性整改方案，效果显著。在最核心的“一键关闭”问题上，各企业均表示需要3—6个月的技术突破期，以待更好地实现功能升级。上述行动均得到了消费者及社会各界的广泛支持和认可，维权呼声日益强烈。下一步，省消保委将持续推动7家企业“一键关闭”功能的整改落地，对于不予整改或整改不到位的企业，省消保委将采取公益诉讼等法律手段，依法维护广大消费者的合法权益。同时，协同中国电子商会制定智能电视开机广告团体标准，积极向相关部门提出智能电视开机广告问题专项建议。

二、江苏省消保委通报省内主要景区儿童免票规则的约谈情况，省内238家实行政府指导价的主要景区执行、45家实行市场调节价的景区响应

据统计，长三角已成为62.3%的消费者亲子出游的首选目的地，为促进区域消费政策一体化的建设和旅游产业的高质量发展，长三角消保委联盟启动了主要景点儿童免票规则联合消费调查。调查发现，不同类型的景点，儿童免票的规则差异度较大，为保证通行效率，大多数景点以儿童身高作为免票标准，采取身高兼顾年龄的景点仅占6.2%，而国外景点基本都是以年龄为准。随着经济社会的发展，同龄儿童身高超高的情况越发常见，并由此引发了很多消费争议，再以身高作为儿童免票的单一标准已不能符合未成年人的成长规律。6月24日，长三角消保委联盟召开新闻发布会通报了该调查结果，并倡议区域内景点推行儿童身高与年龄兼顾的免票政策。江苏省消保委在倡议发出后下发《关于联合开展江苏主要景点儿童免票规则约谈工作的通知》，推动省内相关景区落实。该《通知》下发后，各地消保委组织对辖区内主要景区开展走访、调查，发现虽然《江苏省景区门票和相关服务价格管理办法》第十四条规定，“实行政府指导价的景区，对6周岁（含6周岁）以下或者身高1.4米（含1.4米）以下的儿童免收门票”，并已经施行一年多，但是江苏省内景区的儿童免票规则仍存在部分景区未实行年龄与身高兼顾政策、免票和优待政策公示不到位、旅游平台政策与官方政策设置不一等问题。经调查，全省原执行“对6周岁（含6周岁）以下或者身高1.4米（含1.4米）以下的儿童免收门票”政策的政府指导价景区数占全省所有政府指导价景区数量的69.9%。针对以上情况，全省各级消保委组织通过实地走访、宣传教育，组织当地文旅、市场监管、发改委等部门开展联合约谈、座谈等，督促景区落实整改，针对问题即知即改，立行立改。

对于实行市场调节价的景区，各地消保委组织通过座谈或发放倡议书等形式，鼓励其响应长三角消保委联盟身高和年龄兼顾的儿童免票规则。经统计，全省238家实行政府指导价的主要景区执行了此规则，45家实行市场调节价的景区响应了此规则。下一步，各地消保委组织对承诺整改景区还将加强回访工作，重点关注景区承诺是否落实、公示是否到位、旅游平台政策与官方政策是否设置一致等，切实确保约谈整改的实效。

浙江省消费者权益保护委员会消费维权报告

2019年，浙江省消保委以“不忘初心　牢记使命”主题教育为统领，紧扣消费维权年主题，谋新举措、创新局面，努力确保各项消费维权工作奋力走在前列，为不断增强人民群众的幸福感、安全感和获得感做出新贡献。

一、主动融入大局推动长三角消费维权一体化

组建长三角消保委联盟。与沪苏皖三地消保委达成消费维权一体化合作协议，构建消费维权联盟体，推出统一的标识、官网和微信公众号。建立联盟轮值、协调通报、联合声明、培训交流、比邻合作等五大工作机制，以“全力打响长三角地区消费品牌”“联动开展商品服务社会监督”“联手推动消费投诉纠纷化解”“联手推进消费知识宣传引导”“协力推动消费领域立法立规”“探索建立消费领域信用体系”等六大项目为主体，共同打造长三角消费维权品牌。

发起景点儿童免票规则调查和倡议活动。针对被消费者诟病的景点儿童免票规则问题开展消费调查联合行动，通过线上征集、企业座谈、专家评议等途径，广泛收集消费者和专家意见，并联合召开消费调查结果发布会，共同向景点企业倡议实行身高与年龄兼顾的儿童免票规则。在我省47家企业首批响应倡议的基础上，省市县三级消保委分级分层约谈省内328家景点企业，指导和推动落实倡议。该项工作得到了王文序副省长的批示肯定。

建立消费投诉大数据联合发布机制。四地消保委共享消费投诉受理数据，并按季度公开发布《长三角地区消费投诉热点领域分析》，加大对维权热点和消费痛点的披露力度。首次发布重点反映了汽车及售后服务、房屋及装修服务、旅游及相关服务、预付式消费和新兴消费等的共性问题，引发了社会关注。

打造品质消费教育基地。围绕“满意消费长三角”行动，以13家省示范消费教育基地为主体，积极培育定制消费、体验消费、智能消费、时尚消费等教育基地。在中国电信浙江公司率先成立“浙江省智能消费示范基地”，在嘉兴市成立了太湖毗邻城市首个体验式消费教育示范基地。

二、全面接轨放心消费升级行动建设最优消费环境

大力营造放心消费共建氛围。高规格举办全省“3·15”纪念大会，宣传展示放心消费建设成果，率先发布2019年放心消费建设七大举措。启动“信用让消费更放心”百场主题教育，杭州市首次推出消费契约节，舟山市组织放心消费创建动员会，全系统、多形式地推进放心消费宣传进社区、进农村、进学校、进企业、进市场、进基地和进网络，共开展活动1829次。

高质量建设放心消费单位。重点对放心消费单位、无理由退货承诺企业组织“回头看”，温州市组织对全市放心商店、餐饮、示范区、农贸市场、景区进行交叉检查，绍兴市回访放心民宿，通过“一户一档”式动态监督，确保建设质量实打实。

进一步完善放心消费建设制度。结合实际修订《浙江省放心消费单位建设社会监督管理办法》，优化体验规则和指标体系。开展2019年度放心消费单位体验评价工作，组织全省消费维权义工开展消费体验，涵盖商店、网店、餐饮、景区共9880家创建单位。

开展提升城市消费满意度调查。结合中消协2018年度70个城市消费者满意度测评结果，在杭州、宁波、温州、金华和台州五市部署开展提升城市消费者满意度调查，通过走访、座谈等形式与相关部门积极沟通，推动建立健全消费维权举措，切实构建让消费者更有获得感的消费环境。

聚焦痛点领域力促消费公平安全。瞄准新兴业态，相继组织开展长租公寓、视频网站、综合类书店、网约车等消费调查和体验。长租公寓体验调查揭示了五大乱象，自如、爱上租、蛋壳公寓、诚客公寓、迦禾地产等问题企业及时整改，调查工作得到朱从玖副省长、彭佳学副省长的批示。针对央视"3·15"晚会曝光的家电维修乱象，及时促成全省50家重点家电企业联合发出服务保障承诺，实行不低于7天的无理由退换货制度。嘉兴市开展全装修房消费调查促房企装修透明化，衢州市构建"四个监督体系"推进家装行业信用建设，2019年全系统共开展消费调查和体验611次。

三、有效构建消费矛盾多元化解体系，提升调解效能

强化自身调解能力。改造升级浙江省消费维权网，提升线上咨询和投诉的便利度。组织举办全省投诉调解工作培训班，推进投诉与咨询信息集成分析和动态监测。出台《浙江省支持诉讼工作规范（试行）》，强化支持诉讼职责。2019年，全省消保委受理消费投诉81973件，办结80706件，为消费者挽回经济损失1.5亿余元。成功调解商品房、汽车、投资移民中介、医疗美容、预付式消费等领域的308起重大疑难纠纷，对40起严重侵权事件支持消费者起诉。

深入推进诉调对接。全省开展诉调对接消保委108家，基本实现市县两级全覆盖。依托司法确认、联合调处、在线调解等手段，办理诉调对接案件305起。在该项工作上，台州市继续走在前列，湖州、舟山、丽水等市取得积极进展。

创新纠纷调解模式。联合FM93推出《直通消保委》专题节目，分设典型案例剖析、投诉现场连线两大版块，依托媒体的强大舆论影响力，凝集省市县三级消保委资源，推动纠纷调解更高效、更有力。杭州市运行"智慧3·15"平台，推出消费纠纷"大众评审机制"。嘉兴市构建消费维权联络总站、分站、联络点三级维权体制，在婚庆、房屋中介领域推行显实效。

强化风险预警防范。及时启动约谈程序应对舆情热点和群体维权事件。针对西安市奔驰车主维权、影院3D眼镜自费购买等事件，指导区域内汽车生产厂家和销售商自查并落实消费维权主体责任，联合省电影放映协会推动省域影院免费提供3D眼镜，督促运营方主动、有效处置消费者诉求。对于苗头性、多发性消费问题，在节假日、电商购物节等重要时间节点，加强消费预警，2019年度全系统发布消费提示和警示941条。

四、切实开展教育引导增进消费者获得感

围绕消费热点开展商品比较试验。出台《比较试验工作规范（试行）》，侧重在家居、智能、婴童等消费领域展开商品比较试验，多向度测评性价比，为消费者理性选购提供实用指南。省消保委开展吸油烟机、家用洗碗机比较试验，杭州、绍兴、台州、舟山等市开展手环式血压计、童鞋、智能马桶、燃气灶具等商品比较试验，2019年全系统开展比较试验59次。

广泛组织体验式教育活动。以"放心消费在行动"活动为载体，以全省6026名消费维权义工为纽带，广泛组织消费者，重点就健康、养老、家政、教育、幼托、旅游、餐饮、美容、美发等9大领域进行消费体验，以面对面交流、实地参观体验等形式，增进消费者和生产者、经营者沟通。丽水市组织7大主题体验，涵盖家装、汽修、化妆品、医疗、药品、食品等行业，宁波市开展"走进跨境购"消费体验活动。

抓好消费教育平台建设。发挥省国民消费教育中心功能，开展"一月一讲堂"，融合宣传片、知识手册、专家讲座等，抓好金融、保健品、食品消费教育。温州市联合媒体强势打造"空中维权服务台"，开展法律宣传和消费提示，广受好评。嘉兴市在农村文化礼堂建立消费教育课堂。目前，全省已建立1275家消费教育基地，消费教育网络日益完备。

五、提升组织凝聚力打造高素质消费维权队伍

广泛开展"三服务"活动。重点围绕基层组织队伍建设、放心消费建设等，深入基层、深入群众察实情、访民意，积极针对问题研究出台对策。召开全省消保委半年度工作暨组织建设座谈会，着重就加强组织建设工作进行强调和部署。抓好系统培训。相继组织开展投诉处理、放心消费评价、商品比较试验等业务培训班。注重秘书长队伍建设，举办市县消保委秘书长培训班，激发领头人的履职担当意识和干事创业能力。

附：重大消费维权成果

一、推动省内景点实行身高年龄兼顾的儿童免票规则

2019年4月，长三角一市三省消保委签署消费维权一体化合作协议，组建消费维权联盟。5月，四地消保委发起首次消费维权联合行动，通过线上征集消费者意见、线下组织企业座谈等方式，同步开展景点儿童免票规则情况调查，受到媒体广泛关注。在浙江省市县三级消保委的共同推动下，省内47家企业首批承诺推行年龄和身高兼顾的免票规则，328家企业积极接受指导。王文序副省长批示：省消保委积极作为，服务长三角一体化战略做得不错。

二、长租公寓消费体验调查揭示行业乱象，促加强治理

长租公寓的频频“爆雷”引发了极大的消费风险。2019年2月，浙江省消保委对21家长租公寓平台开展调查体验，发现存在诱导消费者选择分期贷款、隐瞒分期服务、不注重室内空气质量、宣传告知不明确、服务质量有待提升等问题。根据调查情况，省消保委约谈了自如、爱上租、蛋壳公寓、诚客公寓、迦禾地产等问题企业，提出针对性整改意见，形成《我省长租公寓租房贷消费评价工作中发现的问题及建议》《长租公寓运作模式存严重消费风险亟待重视》等专报信息，积极向省政府反映建议，得到朱从玖副省长、彭佳学副省长的批示和重视。12月，央视财经“3·15月度特别直播间”推出了长租公寓市场乱象专题节目。浙江省消保委受邀接受了访谈。

安徽省消费者权益保护委员会消费维权报告

安徽省消保委2019年以党建促业务，按照要求精心组织、开拓创新，圆满完成各项工作任务，荣获了“全国市场监管系统先进集体”“全国消协组织先进集体”“省直机关文明单位”等称号。

一、关口前移，引导消费者科学文明消费

（一）举办“安徽最美消费维权人物颁奖暨3·15晚会”

节目在安徽广播电视台公共频道、移动频道播出，弘扬消费维权正能量。召开30多家主流媒体年主题座谈会，发布系列消费权威信息，营造浓厚的消费维权氛围。

（二）举行大型现场咨询服务活动

政府部门、行业组织、企业代表为消费者提供咨询服务达2000人次。开展送法进企业、进商场、进社区（乡村）、进校园、进军营等活动，提升消费者的维权素养。

（三）倡导绿色消费、智能消费

组织消费者、媒体代表赴江淮汽车、合肥海尔冰箱及洗衣机生产车间、安徽电信公司开展消费体验活动，走进新能源汽车、绿色智能家电生产基地和通信运营中心，与企业面对面，增长新兴商品服务知识。

（四）建立系列“消费教育基地”

在滁州市干休所、省电信公司、省工商银行、颍上县洪单村分别建立老年、电信、金融、农村等消费教育示范点，围绕老年保健品、电信诈骗、套路贷和农村消费等难点问题开展专题讲座，受益消费者逾百万人。

（五）发布系列消费警示提示

围绕节假日和食品安全周以及其他消费热点发布系列消费警示提示8条。联合省局特殊食品监管处推出4个保健食品知识系列宣传专题，与省局食品抽检处合作，发布了端午节食品粽子、绿豆糕、咸鸭蛋的抽检结果和消费注意事项。

（六）开展芝麻油和老人鞋比较试验

发布《安徽省芝麻油消费情况调查及品质比较试验报告》，制作专题消费教育宣传片，联合沪苏浙消保委发布老人鞋比较试验结果，引导消费者科学选购。

二、多措并举，督促经营者诚信守法经营

（一）稳步推进放心消费创建工作

与省局联合下发了《2019年放心消费创建工作计划》《2019年省级放心消费示范单位认定工作方案》，全省培育参创单位30748个，认定省级示范单位不少于50个，引领经营者提升商品和服务的质量、品质。

（二）组织诚信企业签署自律公约

贯彻“信用让消费更放心”年主题，指导与消费者生活较为密切的省内23家大型企业制定了《“恪守信用　放心消费”自律公约》，承诺做好全省示范，以诚信经营增强消费者的消费信心。

（三）督促经营者落实消费维权主体责任

认真受理消费者投诉，推广中消协电商投诉直通车。在乡镇（社区）建立试点消费维权工作站，进展顺利，如巢湖市已基本完成全覆盖，共成立了13个乡镇消费者权益保护工作站，从6月成立以来，共处理消费纠纷290余件，其中群体性消费纠纷6件，为消费者挽回经济损失30多万元。

（四）开展网约车服务和空调支架调查

网约车体察服务满意度得分3.91分（满分5分）。存在客户服务不及时、收费不透明、投诉机制形同虚设等问题。调查发现空调支架质量参差不齐，老旧空调支架生锈、断残，存在安全隐患。调查结果已反馈给相关企业，要求其尽快整改。

（五）开展重点热点问题舆情分析

对二手房市场（住宅类）、汽车消费市场进行舆情分析，梳理出突出问题，向行政主管部门提出加强监管建议。对中秋节、国庆节期间我省的消费市场进行舆情分析，梳理出产品质量、食品安全、网络交易等方面的问题，并报省局和其他相关主管部门。

（六）约谈相关经营者

针对邮政快递延误，约谈合肥邮政速递分公司，该公司立即开展揽投作业培训、严格落实首问负责制。针对保险群体投诉，约谈了大步车业，该公司立即与保险公司协商解决了投诉问题。针对涉嫌假冒系列木门的投诉，约谈了合肥古木林木业公司，该公司拒不承认假冒行为，省消保委支持了消费者的诉讼。

三、多方协作，创新机制，提升维权效能

（一）与省高院建立诉调衔接工作机制

省消保委支持消费者起诉合肥古木林木业公司涉嫌欺诈并请求惩罚性赔偿的诉求，向合肥市包河区法院出具了相关证明材料，提出意见，法院一审判决被告退还消费者的购买价款17万元，并按3倍赔偿了51万元。

（二）与省检察院建立公益诉讼协调机制

省消保委与省检察院、省高院建立协作机制，不断推进消费公益诉讼从理论到实践。12月20日，省消保委依法就9件假冒注册商标案向滁州市中级人民法院递交了起诉书，要求被告承担3倍的惩罚性赔偿金390多万元，滁州市检察院依职责予以支持（2020年3月6日正式立案，将择日开庭，依法宣判）。

（三）与行政执法部门建立诉转案工作机制

天长市市场监管局根据市消保委的建议，查处了一起淀粉二氧化硫超标案，依法将涉案淀粉8000多公斤予以没收并对涉案人处以16万元的罚款。

（四）与经营者建立和解在先工作机制

依托安徽省放心消费参创单位每年促成超5万件和解。

（五）开展城市消费者满意度调查

与专业机构合作开展皖南7市城市消费者满意度调查，向政府及有关部门提出加强消费者权益保护和改善城市消费环境的意见建议。

（六）与沪苏浙消保委组建长三角消保委联盟

2019年关注一老一小，倡导景区儿童免票身高兼顾年龄长三角一体化新规则、推行老人鞋团体标准；开展特色商品（老字号）评测，引导促进消费，拉动经济增长。得到省领导专门批示，给予充分肯定。

四、党建统领，提高全员思想业务素养

宣传和贯彻党的理论和路线方针政策，组织党员学习习近平新时代中国特色社会主义思想，党的十九大和十九届二中、三中、四中全会精神，及时传达中央及省委、省政府重大决策部署。创新学习新模式，使用了“学习强国APP”、视频等方式进行学习。组织开展中国特色社会主义道路自信、理论自信、制度自信、文化自信宣传教育，扎实开展中国特色社会主义核心价值观宣传，积极参加和自主开展时代楷模、道德模范、最美人物、身边好人的评选及学习宣传活动。

推进学习教育常态化制度化，认真开展“不忘初心　牢记使命”主题教育和专题警示教育。省消保委党支部建立了学习制度，落实安排各项学习任务，完成了各项规定动作。通过各项学习，党员同志把思想认识统一到了重要讲话精神上来，统一到了党的伟大历史使命上来，统一到了“不忘初心、继续前进”上来，统一到了省委的各项安排部署上来。在各项工作中，秘书处各位党员工作在前，参加各类服务社区活动，开展送《消法》进社区、进学校、进企业活动。

加强领导班子建设。领导班子按规定报告个人有关事项工作，按规定开展了组织生活会，谈心谈话。严格执行党支部工作条例、廉洁自律准则、纪律处分条例等规定，坚持用党章指导党的一切工作，全面系统地掌握了党的各项规章制度，增强了依规依纪管党治党的能力和水平。加大了党员的教育、管理、监督和服务，突出政治教育，在机构调整期间加大了思想引导，做到思想不乱、队伍不散，各项工作有序推进。2019年，省消保委党支部被评为省市场监管局优秀党支部。

福建省消费者权益保护委员会消费维权报告

2019年，福建省消委会以党的十九届四中全会精神为统领，把学习贯彻党的理论创新作为思想武装的重中之重。紧跟当今时势，在省市场监督管理局的领导下，福建省消委会围绕中消协“信用让消费更放心”的年主题开展各项工作，积极履行《消法》赋予的各项职责，努力破解消费维权新形势新变化下的热点难点，积极推动消费维权事业向纵深发展。

一、多渠道多形式开展宣传活动

2019年，福建省消委会始终围绕“信用让消费更放心”年主题，充分发挥与媒体的双向联动关系，紧密配合消费维权宣传，切实履行法定职责。2019年，福建省消委会共向社会发布了消费投诉数据分析报告、消费提醒、典型案例、消费体察、比较试验、消费教育等工作活动稿件29篇，得到了我省及中央驻闽媒体机构的大力支持。

（一）围绕年主题开展形式多样的宣传活动

福建省消委会向社会发布了“2018年度福建消费投诉数据分析报告”“2018年度福建消费投诉典型案例”“福建省消委会向社会公开征集消费民事公益诉讼案件线索”“爱美无罪，诚信有约”“福建开展家装设计师诚信倡议活动”等文章，福建省消委会更主动联系媒体全面出动、线上线下连续播报，宣传活动声势浩大，影响力强，覆盖面广。“福建新闻联播”“新闻110”栏目以及省内各大电视台竞相播报3·15纪念大会。福建省新闻频道特别节目《春天的力量》于3月15日18：00—19：30播出，还邀请了我会投诉部工作人员进行了访谈。中国消费者报、福建日报、海峡都市报、福州日报、福州晚报、海峡消费报等媒体均在重要的版面进行了持续性的报道；福建新闻广播、福建交通广播、福建经济之声等广播电台在重要时间段进行了音频播报；中国消费网、东南网、福州新闻网等网络媒体也对3·15期间省消委会发布的新闻通稿进行了报道转载。媒体的助力宣传，将我会的社会影响力又向前推进了一步。

建立“诚信联盟”，助力“信用让消费更放心”。为落实年主题，福建省消委会充分发挥消费维权协同共治的平台作用，引导行业企业规范自律，开展了一系列“行业自律、诚信兴商”的倡议活动，助力建立消费领域信用体系，营造安全、放心的消费环境。

建立“美业预付卡消费诚信联盟”。为创新预付卡治理新办法、新举措，有效规范各行业的“预付式”消费，更好地保护广大消费者的合法权益，促进行业规范发展，福建省消委会根据中消协开展的“预付式消费专题研究”课题，决定以福建省美容化妆品行业为试点，与福建省美容化妆品产业商会和平安银行福州分行联合开展福建省美容化妆品行业“自律自强、诚信兴商”倡议活动，推出“美业预付卡消费诚信联盟”。

目前，全省已有50个店家加入联盟，这些店家相互担保，并将消费者预付金额的10%作为保证金存入第三方机构——平安银行予以监管，假如联盟店家之一出现“亏损跑路”等情况，就由这个保证金予以赔付，从而更好地保障消费者的合法权益。

在活动现场，省美容化妆品产业商会企业代表就“行业自律、诚信兴商”发表了诚信承诺宣言。

开展室内设计“行业自律、诚信兴商”倡议活动。诚信设计，美好生活。为更好地规范家装市场，防范消费纠纷，福建省消委会室内装饰装修设计专业委员会、福建省室内设计师协会于2月联合开展了“行业自律、诚信兴商”倡议活动，出台了《福建省诚信家装设计师管理办法》，试行《福建省室内装饰装修设计合同示范文本》，并建立了红榜单、异常单、黑榜单维权机制，接受消费者的监督。

现场用短片的形式播放了10位已加入诚信设计师行列的设计师们的宣言。值得一提的是，福建省室内设计师协会为接受参与倡议的诚信设计师服务的消费者设立了设计先行赔付机制，让消费者更放心、更舒心。

11月12日，由中消协主办的“2019全国消费维权新媒体联盟创新案例评选活动”在微信上进行了为期7天的全民票选，包括福建省消委会在内，全国共有29家单位入围，福建省消委会脱颖而出，最终获得网络票选第一的好成绩。

（二）创新消费维权宣传模式，新媒体宣传见成效

充分利用微信公众号这一新兴渠道，及时发布各项活动、消费热点难点、消费警示等内容，起到了提高公信力、指导宣传的作用。我会每周还在微信公众号上对一些典型案例进行分析，用以案说法的形式进行消费教育宣传，以提高消费者的防范意识和消费维权素质，防患于未然。

为与媒体纵深合作，我会与福建省新闻广播合作，联合发布年度消费类典型案例白皮书，向社会宣传今年的年主题；与此同时，为积极向社会发表消费维权专业法律意见，我会定期在电台和对应的微信公众号上传播消协声音，围绕消费维权热点、难点向公众普及法律知识，还提供包括选择、付款、事后维权在内的消费全流程法律建议。

目前，福建省消委会媒体微信群的媒体人数40名、媒体QQ群的媒体人数79名，涵盖了我省主流媒体及央媒驻闽机构。

二、强化社会监督，消费教育和指导活动多元化

开展消费教育和消费指导工作是《消法》赋予消协组织的一项重要职能。为扩大消费教育和消费指导的覆盖面，帮助消费者事前维权，福建省消委会在今年的多场活动上力求贴近民生，以更好地将保护消费者权益落到实处。

（一）关心青少年身体健康，奶茶比较试验反响大

奶茶作为时下年轻消费者的心爱饮品，容易与消费者产生共鸣，因此，福建省消委会选择现制奶茶作为比较试验的项目。今年7月，福建省消委会与福州市消委会工作人员及福州海关技术中心的工作人员以普通消费者的身份在福州市部分大型综合商贸体、校园周边、旅游景点、城乡接合部等区域购买了20家现制现售奶茶店的40件样品，按照国家相关规定确定对现制现售奶茶的“蛋白质、脂肪、反式脂肪酸”等18个项目进行了测试。测试结果显示，都可、快乐番薯等4款奶茶一滴奶都没有；根据我国的茶饮料标准，奶茶中蛋白质含量不达标的超过七成。今年11月12日，我会联合福州市消委会召集了相关奶茶经营单位，对此次奶茶比较试验结果进行通报并发出诚信经营倡议。针对此次通报中存在的问题，经营者纷纷表示，将规范现制奶茶标识、加强经营管理、提高商品与服务质量，牢固树立健康消费意识，共建良好消费环境。

此次针对现制奶茶的比较试验引起了中央媒体的关注。中央电视台生活圈栏目用了9分钟的时间对此进行报道、中央人民广播电台经济之声对我会进行了电话采访，并用21分钟的时间做了详细报道。

（二）贴近民生，多角度多层面开展消费教育

2019年1月10日，联合福州市消委会举办了“两节”“两会”消费体察活动，组织消费者代表走进中渼市集（刘宅店）、福建彩食鲜供应链管理有限公司、福建一品居生物科技有限公司、荣誉大酒楼（梅峰店）等四家企业，通过实地考察、企业介绍、互动问答的形式，让消费者与企业零距离接触，既可增强企业的主体责任意识，又让消费者增强了自我保护意识。

4月26日，联合福州市消委会组织消费者代表参观走访福州市乡镇村庄，开展美丽乡村试点体察。通过实地体验美丽乡村建设情况，查找乡村旅游中存在的问题和不足，探索建立更加合理的“美丽乡村”旅游消费测评体系，为下一步开展“美丽乡村”体验式调查活动积累经验，夯实基础。

9月6日，我会联合福州市消委会针对中秋食品与学生用品开展了走进企业消费体察活动。走访了“福建新代实业有限公司”和“福州聚春园食品股份有限公司（连江）”，通过参观了解企业的生产制作过程，积极搭建生产企业与消费者零距离沟通的平台。

11月11日，联合福州市消委会、鼓楼区公安局温泉派出所、温泉街道东大社区、渤海银行鼓楼支行走进东大社区开展“防范非法集资　守住钱袋子”金融消费教育系列讲座。本次讲座旨在进一步提高广大消费者的识骗防骗能力，从源头上有效遏制非法集资诈骗案件的发生，切实维护消费者的切身利益。

11月21日，联合福州市消委会走进厦门航空公司开展“共同携手蓝天，共筑生命健康”讲座。本次讲座特邀福建中医药大学校长、中华中医药学会中医健康科普首席专家李灿东教授，就如何提高航空勤务人员的自我健康管理意识等内容给出了专业解答。空勤人员的一举一动及他们的健康关系到广大乘客的生命财产安全，对这一特殊群体开展消费教育讲座就是让空勤人员能够更好地认识到，维护自身的安全和健康关系到千万消费者的人身安全。

12月4日，组织志愿者代表参加了省妇联与树兜社区主办的“《消法》进万家宣传活动”。我会在现场设置了咨询服务区，主动向群众派发宣传手册，向群众阐释新《消法》的内容，以提高群众的主动维权意识；此外，

还开展了《消法》宣传进万家等活动。

三、多措并举，提升消费维权工作效能

据统计，2019年全年共受理消费者投诉24457件，解决22793件，解决率93.20%。为消费者挽回经济损失3651.66万元，其中属于欺诈行为得到加倍赔偿的139件，得到加倍赔偿额28.88万元，接待来访、接受咨询137105人次。其中我会直接受理消费者投诉96件，网络投诉45件，来人来信投诉51件；已经处理完成90件，正在处理6件，解决率93.75%，接待来访、接受咨询1336人次。

（一）提倡社会共治，充分发挥专业委员会与律师团的作用

建立诚信联盟。为呼应中消协开展的“预付式消费专题研究”课题，我会提出建立“美业预付卡消费诚信联盟”以助力消费领域信用体系的建设。我会率先以美容化妆品行业为试点，已先行加入的50个店家相互担保，消费者预付金额的10%作为保证金存入第三方机构——平安银行，由平安银行予以监管，但凡联盟店家出现“亏损跑路”等情况，便启动保证金先行赔付机制，从而更好地保障消费者权益。此联盟的推出已得到美业的强烈呼应，预计明年3·15前将有300个店家参加诚信联盟。

建立诚信红榜单、黑榜单维权机制。我会为减少消费者的家装风险，进一步推动福建省室内设计产业的发展、营造家装设计放心消费环境，与福建省室内设计师协会联合主办并开展了2019年度福建省家装设计“行业自律、诚信兴商”倡议活动，倡导使用《福建省室内装饰装修设计合同示范文本》，建立诚信红榜单、黑榜单维权机制，帮助行业协会规范管理。

创新公益诉讼案件线索收集方法。我会一方面逐步扩大线索收集范围，向全社会公开征集消费民事公益诉讼线索；另一方面积极动员省内各级消委会、律师团、法院等组织的力量，通过线上线下联通互动、两次举办法律研讨会，对案件进行深入分析，其中一起消费公益诉讼案件已进入起诉前的最后阶段。

（二）认真做好投诉数据统计与分析工作，积极发布消费维权典型案例

按时完成2019年第一季度、半年、第三季度和全年的消费投诉数据统计与分析工作，并及时向中消协、省工商局报送《投诉情况分析》，向社会发布有关数据信息；梳理和归纳相关投诉案例，从社会关注的热点问题中筛选典型案例并及时向社会发布，利用典型案例强化警示教育，震慑违法经营者，并通过对典型案例的剖析，引导和鼓励消费者树立正确的消费观念。

（三）发挥协作机制作用，畅通两岸四地维权

为了方便两岸四地消费者，我会先后与台湾及港澳地区签订了消费维权合作协议。我会今年受理了港澳地区的投诉，根据与港澳双方建立的受理消费争议申（投）诉协作机制积极进行沟通调解，引导经营者规范经营，相关的两起案件最后分别以赔偿消费者3000元港币、为消费者办理全额退货退款告结。针对此类特殊的消费纠纷，我会将继续构建两岸三地协作机制，以更好地保障消费者权益。

四、积极参与立法立标，争取公益诉讼零的突破

2019年，在立法立规方面，积极参加中消协组织的立法修改工作，为《民法典合同编》《民法典侵权责任编》《民法典人格权编》《疫苗管理法》《网络交易监督管理办法》等8部法律、法规和规章共提出11次修改意见，被中消协评为“参与立法成果突出单位”。对我省开展食品安全工作的部署及行政调解工作机制的完善，在立足我会自身职能的基础上提出相应的意见与建议。

今年共受理支持起诉案件2起，其中典型案例为1起房地产买卖合同纠纷。该起房地产买卖合同纠纷案经两审判决消费者败诉，在等待福建省高级人民法院立案庭审查民事再审申请过程中，消费者向我会寻求法律援助。我会受理后，与律师团专家研讨并向福建省高院致函，支持起诉工作，省高院已受理该案的再审申请。消费者对此结果表示满意，并送锦旗一面。

五、再启约谈机制，督促企业改善服务

5月29日，福建省消委会与福州市消委会针对福州市部分电影院放映3D电影时存在不为消费者提供免费3D眼镜的现象，联合鼓楼、台江、晋安、仓山等4个辖区的区级消委会及律师事务所，集体约谈了金逸影城（紫阳巨幕店）等7家涉嫌侵犯消费者权益的影院。

约谈中，福州市消委会负责人宣讲了《消费者权益保护法》《福建省实施〈中华人民共和国消费者权益保护法〉办法》等法律法规的相关条款，以及中国消费者协会5月27日官方微博文章《看3D电影要自费购买3D眼镜？影院转嫁自身义务，不合法》，明确了3D眼镜是观看3D影片不可或缺的基本条件，提供3D眼镜是观影服务不可分割的组成部分，电影院不为观看3D电影的消费者提供3D眼镜，涉嫌侵害消费者的公平交易权；电影院不提供免费3D眼镜，还侵害了消费者的知情权和自主选择权；电影院单方面告知不提供免费3D眼镜，属于典型的“不平等格式条款”，是无效条款。

约谈进一步明确，经营者是维护消费者合法权益的第一责任人，并告知被约谈单位其存在的侵害消费者权益的行为，指导相关影院规范经营行为，更好地保障消费者权益。相关影院均表示将积极整改，落实给消费者提供卫生合格、免费使用的3D眼镜，同时给消费者提供更多个性化服务，为消费者提供优质的观影消费环境，并把自查及整改情况上报有关部门。

人民对美好生活的向往就是我们的奋斗目标。我们将继续依法履职，凝聚社会各界力量，营造良好的消费环境，共同维护消费者的合法权益。

附：重大消费维权成果

一、产品质量惹麻烦，赔偿金额引纠纷

家住福州市万科金域榕郡的消费者池先生因为家中的AO史密斯净水器漏水导致整个单元房地面被水淹，木地板、家具、墙纸等受到不同程度损坏，渗水问题甚至殃及隔壁邻居和楼下邻居，池先生与经营者就财产损失的认定和赔偿事宜一直无法达成一致意见，问题久拖未决，使得邻里关系紧张，池先生很是闹心，但又身在美国，无法及时赶回国处理相关事宜，无奈之下，池先生拨通越洋电话，向福建省消委会寻求帮助。

由于投诉人池先生人在国外，故委托他的亲友代为投诉，其亲友向我会提交了授权委托书及受托人身份证明。我会受理投诉后，经调查证实池先生反映的情况属实。经查明，池先生家里净水器漏水的原因系净水器过滤器连接处断开，经营者对于因产品质量问题造成的消费者财产损失愿意承担赔偿责任，但对于损害赔偿的计算标准、计算方法、赔偿项目和赔偿金额有争议，理由是：2户邻居不是AO史密斯产品的合同相对人，故不在财产受损的理赔范围内；池先生的财产损害赔偿计算标准应该适用实际受损价值进行估算，因为池先生受损的房屋系从开发商处购买的商品精装房，故应该按照购房时开发商投资的成本价格进行折旧计算，其中墙布的损失只能计算至离地50cm的范围。消费者不能接受这样的认定标准和计算方法，主张计算标准和金额应该依据当前的市场家装价格进行估算，结合墙布的无缝特点，应该全面计算损失；2户邻居的财产损失与净水器漏水存在因果关系，池先生有赔偿的责任和义务，所以AO史密斯厂家应承担池先生对2户邻居的损害赔偿的损失。

省消委会就双方争议的焦点多次组织双方调解，努力平衡双方的利益，引导双方协商解决，调解过程中双方就装修材料款和施工工程款进行市场评估，在多次报价询价和调整后，最终达成一致的调解方案：认定本次净水器漏水事件含2户邻居的损害赔偿共计6万元整，经营者一次性支付到账。纠纷圆满解决，池先生越洋致电感谢。

依据《产品质量法》《合同法》《消费者权益保护法》等相关法律，当事人一方不履行合同义务或者履行合同义务不符合约定的，在履行义务或者采取补救措施后，对方还有其他损失的，应当赔偿损失。出售产品给购买产品的消费者造成损失的，销售者应当赔偿损失。对于损害赔偿，双方当事人可以协商约定。

二、消委会坚定守护消费者的安全权

2019年10月28日，消费者严女士来到福建省消委会投诉福州市鼓楼区巴厘岛女子美容生活馆井大店（以下简称美容院）侵权损害赔偿。严女士在投诉中称：自己是香港居民，回闽探亲，2019年9月21日去美容院做身体护理项目，在沐浴后走出浴室时，因为地滑不慎滑倒，造成身体几处软组织挫伤，同时将随身佩戴的玉镯摔断，事情发生后，严女士要求美容院赔偿玉镯的损失8000元。但美容院却以浴室有提供拖鞋，服务人员已尽到安全提示义务为由拒绝严女士的赔偿要求。双方相持不下，严女士考虑到无法在福州久留，异地诉讼不便，经咨询，找到我会寻求帮助。

受理严女士的投诉后，我会就投诉内容向经营者巴厘岛女子美容生活馆进行调查核实。经营者对严女士在美容会所消费期间因摔倒造成玉镯受损的事实予以承认，但其主张在经营过程中采取了必要措施，尽到了合理限度范围内的安全保障义务，事故系严女士自身疏忽造成的，美容院没有任何过错，且在事故发生后又及时送严女士到医院救治，尽到了应尽的责任，不应当再承担其玉镯的损害赔偿责任，故拒绝赔偿。

经调查，2019年9月21日，严女士和朋友一起去美容院做身体护理项目，在接受推拿服务前，严女士先行洗澡沐浴，服务人员向严女士提供了更换的衣服和拖鞋，但严女士因为洁癖没有穿拖鞋，沐浴后光脚行走不慎滑倒，并将随身佩戴的玉镯摔断，后服务人员将其扶到按摩床上为其冰敷。严女士当场报警求助，后由救护车送往福建省立医院救治，经X光（DR）检查诊断：严女士腰椎及骨盆部诸骨未见明显骨折，急诊科为严女士开了止痛片，巴厘岛女子美容生活馆支付了医药费。严女士回到香港后，在将军澳医院进行了颈背物理治疗。

严女士向我会提供了香港将军澳医院的颈背物理治疗凭证和受损玉镯的购物小票，要求美容院承担治疗费、护理费和玉镯损失的赔偿费。鉴于香港将军澳医院的颈背物理治疗凭证系复印件，且没有加盖任何印章，其真实性难以判断；且无法证明颈背物理治疗与在美容院的摔倒受伤存在因果关系，工作人员建议严女士补充证据，否则难以支持，故严女士放弃了人身损害这部分的赔偿请求，主张玉镯损害赔偿。经营者则认为自己没有过错，并且在事故发生后及时送严女士去医院救治，支付了医药费，不应该再赔偿玉镯的损失，且对于玉镯的价值和价格也不认可，要求鉴定，判定价值，再划分责任比例。但严女士主张“黄金有价玉无价”，虽然在市场表面流通的玉石都有明码标价，但却是没有特定的标准范围的，自己的玉镯是在商场购买的，有购物小票为证，算是尽到了举证责任，且自己现在回到香港，不愿意也不方便走鉴定程序。

调查调解过程中，双方对损失数额各执一词，争执不下。消委会工作人员引导双方协商解决，耐心细致调解，最终做通了双方工作，促成和解，同意赔偿金额为人民币3000元，并已通过转账方式支付到账。消费者致电感谢。

根据《消费者权益保护法》第七条“消费者在购买、使用商品和接受服务时享有人身、财产安全不受损害的权利”，第十一条“消费者因购买、使用商品或者接受服务受到人身、财产损害的，享有依法获得赔偿的权利”，第十八条“经营者应当保证其提供的商品或者服务符合保障人身、财产安全的要求。对可能危及人身、财产安全的商品和服务，应当向消费者作出真实的说明和明确的警示，并说明和标明正确使用商品或者接受服务的方法以及防止危害发生的方法”的规定，宾馆、商场、餐馆、银行、机场、车站、港口、影剧院等经营场所的经营者，未尽到安全保障义务，造成消费者人身、财产受到损害的，应当承担侵权责任。消费者严女士作为完全民事行为能力人，未对自身的人身和财产安全尽到谨慎注意的义务，在事故中存在一定的过错，其应对自己受到的伤害和损失承担相应的责任。

江西省消费者权益保护委员会消费维权报告

2019年江西省消保委秘书处在省市场监管局的领导下，在中消协的指导下，紧扣“信用让消费更放心”年主题，认真履行自身职责，各项工作都有了新提高和新进展。其中，宣传教育深入人心、社会监督成果突出、组织建设更加完善、立法立标更富成效、化解纠纷更加便捷。现将有关工作汇报如下。

一、深化宣传引导，消费维权成果更加突出

（一）抓住“3·15”关键点，维权宣传稳步拓展

举办新闻发布会，联合省委宣传部等有关部门，在省政府新闻办新闻发布厅举办2019年“3·15”国际消费者权益日系列活动新闻发布会，介绍2018年的消费维权成果、通报2019年“3·15”活动的安排。联合省委宣传部等有关部门，在八一广场举办大型宣传咨询服务活动。活动现场分为识假辨假、消费维权、法律咨询等六个区域，集中为消费者提供服务。同时，通过设置展板等方式，形式多样地宣传科学消费知识，展示各单位的消费维权成果，大力营造社会协同共治的良好氛围。省人大常委会副主任冯桃莲、省政府副省长孙菊生、省政协副主席陈俊卿、省市场监管局党组书记、局长王福平出席活动并视察活动现场。联合广播电视台举办“3·15”晚会，揭露当前消费市场中存在的问题，发布与消费者切身利益相关的信息，宣扬先进人物事迹，倡导企业依法诚信经营，传递消费维权正能量。

（二）利用网络资源，消费知识深入人心

与广播电台合作推出“消费放大镜”栏目，全省消保委（消协）工作人员组成评论团，每周一至周五选取典型消费案例进行分析评论，为消费者维权支着。联合省普法办、新法制报社，推出以“引导科学消费，普及维权知识”为主题的江西省百万网民学法律知识竞赛消费者权益保护专场活动。发布消费提示警示，针对投诉热点及社会焦点问题，在春节、春耕季、五一、端午、开学季、“双11”等时间节点发布消费提示，提醒消费者

规避风险，警示经营者消除不良行为。

（三）结合主题教育，“五进”活动有声有色

组织60余家投诉和解联络单位走进江西太古可口可乐饮料公司，参观生产基地，总结投诉和解联络工作。开展“不忘初心牢记使命，为民服务解难题”活动，向社区居民宣传法律法规、提供法律咨询服务、现场受理消费者投诉。开展以“市场监管志愿行，携手共筑中国梦”为主题的消费教育活动，并通过有奖竞答的方式，提升居民的维权意识。

二、强化社会监督，消费维权方式更加有力

（一）体验式监督，紧扣百姓需求

开展铁锅比较试验并公布比较试验结果，发布了消费提示，为消费者提供了可供参考的消费信息，也督促了经营者进一步提升产品质量，中央媒体和省内媒体相继进行了报道。

（二）深层次调研，倡导行业诚信

针对家装投诉居高不下和装修企业倒闭“跑路”等问题，召集有关政府职能部门、银行、行业协会、装修企业、法律界人士等对“装修资金托管平台”的建设进行分析，为规范市场出谋划策，让我省的家装行业朝着健康有序的方向发展。

（三）建设性建议，服务消费发展

联合省洗涤行业协会制定《江西省洗染服务消费纠纷处理指导意见（试行）》。积极参与立法立标，参加了《公共航空运输旅客服务管理规定（征求意见稿）》《民法典人格权编（草案三次审议稿）》等法律法规的意见征集。

三、化解矛盾纠纷，消费投诉渠道更加畅通

（一）认真受理消费投诉

2019年，全省消保委（消协）组织共受理消费者投诉8503件，解决7564件，投诉解决率88.96%；接待消费者来访和咨询近6.2万人次；为消费者挽回经济损失1651万元，其中因经营者有欺诈行为得到加倍赔偿的投诉132件，加倍赔偿金额114万元。

（二）对接好12315各项工作

6月18日，经省局第五次局长办公会同意，由省消保委秘书处履行12315投诉举报指挥中心的相关职能，负责分流上级机关、本级政府和相关部门等转交的信函、传真等投诉举报，并负责督办、审核、回访、上报以及指导各设区市、省直管县、各县（市、区）有关咨询、投诉、举报受理和处理工作，承担“五条热线”整合后的平台管理工作。2019年，12315三合一平台共受理消费者咨询、投诉、举报、建议292657件，其中咨询198074件、投诉64769件、举报29814件，受理举报25792件，办结率达99.59%，消费投诉调解成功率达80%。涉及消费争议金额1189683100元，为消费者挽回经济损失5483.48万元。

（三）进一步畅通投诉渠道

召开“创建投诉和解示范单位工作会”，并对和解单位就企业信用体系建设进行授课，强调营造公平诚信市场环境的重要性，要求各和解单位坚守诚信经营基本底线，做诚实守信社会楷模。

设立“室内装饰行业投诉站”。为规范江西省家装市场，公平、公正地维护消费者合法权益，省消保委在省室内装饰行业协会设立了“室内装饰行业投诉站”，直接受理各类家装消费投诉。

四、加强组织建设，消费维权基础更加牢固

（一）加强调研，夯实组织基础

结合主题教育，开展了“三大调研”，分别为消费者组织建设调研、消费教育基地建设调研、装修资金托管工作调研。调研地市4个，县区11个，企业6个，召开座谈会7次。通过调研，查找到了组织建设中存在的问题，并将在今后的工作中进一步改进。

（二）主动对接，凝聚多方力量

省消保委面向社会公开招募公益律师、消费维权志愿者、记者，组建省消保委律师团、志愿者团和记者团，整合社会资源，建设广泛而强大的消费维权外围组织，进一步提升保护消费者权益的能力和水平。

（三）评优评先，推动职责履行

为促进消费维权的协同共治，构建和谐放心的消费环境，鼓励广大消费者和社会各界积极参与消费维权事业，在全省范围内开展“2018年度江西最美消费维权人物”评选活动。经社会及各有关部门推荐、宣传推广、公开投票及专家组遴选，最终选出34名最美维权人物。活动期间累计收到投票287047份，访问量1052205人次。

山东省消费者协会消费维权报告

2019年，在中消协的领导下，山东省消协紧紧围绕“信用让消费更放心”年主题，履职尽责，创新消费维权方法和手段，着眼重点消费领域和消费关切，突出工作重点，大力开展事前、事中、事后系列维权活动，营造了浓厚的消费维权氛围，较好地维护了消费者的合法权益，为山东省的经济社会发展做出了积极贡献。

一、着力开展3·15系列活动，营造浓厚维权氛围

3月，省消协联合有关单位共同开展了3·15系列宣传咨询服务活动：联合省局下发了《关于在全省开展2019年3·15国际消费者权益日纪念活动的通知》，在全省系统部署开展3·15活动；发布了2018年十大消费投诉典型案例、十大消费投诉热点、山东省5城市家装市场调查报告等，受到了社会的广泛关注和媒体的深入宣传报道；制作消费维权公益广告，紧扣“信用让消费更放心”年主题，聚焦保健品消费骗局，制作了2条公益广告，通过电视台、网络、APP客户端、公交电视等平台进行了广泛宣传；联合大众网开展了网上3·15宣传咨询服务活动，受到了网络消费者的广泛好评；开展了“寻找2018年度山东最美消费维权人物”活动，评选出“2018年度山东十大最美消费维权人物”；联合媒体开展了3·15系列宣传活动，与山东商报联合开办了3·15消费维权专栏，与山东省广播电视台经济广播、乡村广播、交通广播联合开办了3·15专题节目，与山东省广播电视台农科频道联合开办了“3·15问题车展”暨爱车专家大型会诊节目，与山东省广播电视台生活频道《幸福银龄》栏目联合开办了老年消费维权专题节目等，营造了浓厚的舆论宣传氛围。

二、着力开展消费教育活动，引导消费者提升维权能力

针对老年人、学生、农村消费者等弱势消费群体开展了系列消费教育活动。1月18日，在济南市仲宫大集开展了“品质消费教育乡村行”宣传咨询服务活动；3月15日，在山东财经大学开展了3·15消费教育进校园活动；3月18日，在舜耕街道舜华社区开展了老年消费教育进社区活动；在全省组织开展了全民健康科普大讲堂暨保健食品“五进”专项科普宣传活动，在全省10个市开展了宣讲活动11次；10月17日、18日，联合省市场监管局开展了消费教育进社区活动，分别到燕文社区、舜世社区、舜华社区开展了消费教育讲堂、消费教育志愿服务活动；开展了消费警示和消费倡议活动，发布消费警示6次，联合省汽车流通协会开展了汽车经营消费倡议活动。

三、着力开展商品和服务监督，净化消费市场环境

通过比较试验、消费体验、消费调查等方法，加强对商品和服务的社会监督。开展了电热锅比较试验，对20个品牌20款电热锅进行比较试验；开展了老花镜和婴幼儿服装比较试验；5月8日，组织有关部门、行业协会、社会各界代表赴东营天元塑业有限公司和半球面粉有限公司开展了“信用让消费更放心”消费体验暨消费教育进企业活动；6月5日，组织消费体验团赴康宝蜂业有限公司和博康蜂业有限公司，开展消费体验暨消费教育进企业活动；6月29日，联合省社会组织总会、省食品工业协会等单位，在济南市天桥区尚品清河小区开展了“食品安全、健康保健科普知识”进社区活动；7月4日，赴博兴县博华高效生态农业科技有限公司开展了“尚德守法，食品安全让生活更美好”食品安全消费体验活动；9月20日，赴济南市平阴县福牌阿胶股份有限公司开展了“2019年山东省质量月消费体验进企业活动”；开展了山东省留学培训机构调查、山东省移动通信终端售后维修服务调查和山东省家政服务市场调查活动；加强消费维权志愿者队伍建设，全省共发展消费维权志愿者2200余人，不断完善社会监督体系。

四、着力开展投诉受理，不断提升服务保障

全面推广“全国消费者协会投诉与咨询信息系统”和“电商直通车”软件的使用，有效提升消费投诉解决效率。2019年全省消协组织共受理消费者投诉12107件，解决11306件，投诉解决率93.38%，为消费者挽回经济损失972万元。省消协扎实推进消费者权益保护工作的做法被《山东政务信息》第331期采用。此外，还积极参与有关消费者权益保护法律法规的制定工作，对《民法典物权编》《民法典人格权编》《疫苗管理法》等法律草案提出修改意见和建议；召开“山东省消协律师团消费维权座谈会”，组建了由35名专业律师和法学专家组成的新一届省消协律师团，为消费者提供更有力的维权保障。

五、着力推进消协组织建设，不断夯实维权基础

协调省市场监管局下发了《关于做好全国消协组织消费维权先进集体先进个人评选工作的通知》，制定、细化了“双先”评选办法和评分标准，对各市消协组织的工作开展量化考核，规范流程、推动工作。省消协、济南市天桥区消协、青岛市平度市消保委、威海市消协、烟台市消协、淄博市消保委、临沂市消协被评为全国消协组织消费维权先进集体、12名同志被评为先进个人；圆满完成了中消协在青岛市召开的消协组织座谈会服务工作。12月17—20日，中消协会长张平、常务副会长张茅、副会长秦宜智等在青岛市调研并召开部分省市消协组织工作座谈会。省消协加强了与省委、省人大、省政府、中消协、青岛市的沟通协调，积极做好各项请示报告和有关安排部署，会议取得了圆满成功；积极开展消费维权工作调研，大力推进省消协换届工作；结合“不忘初心　牢记使命”主题教育，开展了全省消协组织建设调研活动。

河南省消费者协会消费维权报告

一、强化消费教育引导，营造和谐放心的消费环境

（一）开展3·15系列纪念活动，提升消费者维权意识

省消协向18个省辖市和10个省直管县（市）消费者协会下发了《关于做好2019年“3·15”国际消费者权益日纪念宣传活动的通知》和《河南省消费者协会2019年3·15系列宣传活动方案》，指导各地市开展好2019年3·15宣传纪念工作。

据统计，3·15期间，全省各级消协共发放宣传资料78万多份，设置宣传展板2027块，受理消费者投诉2262件，接受消费者咨询4.8万余人次，为消费者挽回经济损失54.95万元。

（二）召开消费维权新闻通报会，宣传消协维权成果

3月13日上午，河南省消协召开消费维权新闻通报会，向媒体和公众通报河南省消协系统2018年度投诉情况分析、河南省消协系统的消费维权十大案例和河南省住宅小区物业管理服务调查分析报告。大力宣传“信用让消费更放心”年主题，进一步提高消费者的维权意识和维权能力，敦促经营者依法履行消费维权第一责任人的主体责任，营造消费维权社会共治的良好氛围。人民日报、中国消费者报、河南日报、河南广播电视台新闻频道、民生频道、公共频道、网易河南等20余家中央驻豫和省内主要媒体对此进行了报道。

二、多角度开展消费调查，有效发布消费警示，多举措加强社会监督

（一）联合开展“河南省住宅小区物业管理服务调查”系列活动

为贯彻落实《消费者权益保护法》《河南省消费者保护条例》《河南省物业管理条例》，推动物业行业和管理部门进一步推进物业服务标准化、健全物业管理体制机制、提高业主的自治能力，保护广大业主（消费者）的合法权益。省消协根据年度工作安排，在全省范围内开展了“河南省住宅小区物业管理服务调查”系列活动。

1.开展物业管理服务问卷调查。2018年12月—2019年2月，省消协联合18个省辖市消费者协会并委托专业调查机构，在全省范围内开展了住宅小区物业管理服务消费者问卷调查走访活动。实际完成有效调查问卷2242个，涉及132个商品房小区，124个物业管理服务企业。调查结果显示，河南省住宅小区物业管理服务主要存在以下几个方面的问题：物业服务品质较低；车辆停放管理能力低；业主的自治能力低；物业管理的规范性差。

2.进行物业管理服务投诉征集。2019年“3·15国际消费者权益日”之际，河南省市场监督管理局、河南省消费者协会等相关职能部门联合网易河南以及18地市

消费者协会针对物业服务、管理、收费等侵害业主权益的问题向全社会公开征集线索。共收到投诉1539件，涉及全省小区50余个。我们从物业服务、物业管理、物业收费三个方面对投诉热点及共性问题进行了梳理。

3.举办“河南省住宅小区物业管理服务专题研讨会”。为推动我省物业行业和管理部门进一步推进物业服务标准化、健全物业管理体制机制、提高业主的自治能力，保护广大消费者合法权益、营造放心安全的消费环境，2019年3月12日上午，河南省消费者协会组织有关专家、律师召开“河南省住宅小区物业管理服务专题研讨会”。来自河南省高级人民法院、河南省市场监督管理局、河南省法学会、河南省消费者协会多位专家学者、律师、嘉宾、消费者代表以及省市场监管局相关处室和省消协全体同志出席了研讨会。针对河南省物业管理服务存在的问题，河南省消费者协会建议河南省相关部门聚焦物业管理服务中的重点难点问题，以“三低一差”为着力点，精准施策、全力整改，逐步提升河南省物业管理的服务品质，并提出以下建议：一是改善基础服务水平，提升居民的满意度；二是提高业主的自治能力，构建和谐物业管理；三是引导物业管理市场化，建立健全科学定价机制；四是加强物业信息公示，提高物业工作的透明度；五是完善监管体制机制，探索多元化的纠纷调解机制。

4.召开“河南省物业服务企业集中约谈会”。为有效保障城市住宅小区居民的生活品质，督促物业服务企业为业主们营造舒心、安逸的居住环境，2019年6月18日，针对消费者反映集中、投诉量较大的物业投诉问题，省消协联合省物业管理协会、省房地产业协会对郑州地区的17家物业服务企业进行集中约谈。要求被约谈的企业在15个工作日内整改完毕，并提交书面整改报告。对整改工作不到位的企业，省消协将通过大众媒体依法向社会披露，并提交相关行政部门进行处理。

（二）组织全省开展“手机通信服务运营商消费者满意度调查”活动

为进一步改善河南省手机通信行业的服务质量，促进我省通信运营企业提高服务水平，提升管理效能，省消协在全省范围内开展了“手机通信服务运营商消费者满意度调查”活动。此项调查活动的开展对加强通信市场的有效监管，培育公平竞争的市场环境，推动国民经济健康有序发展起到了积极作用。

（三）及时向社会发布有效的消费警示、提示

针对消费市场的热点难点问题以及消费者上当受骗的案件进行讨论分析，向各大媒体和网站发布了2019年元旦消费提示，春节消费提示，保健品消费提示，“五一”旅游消费警示，“六一”儿童节消费警示，端午节消费提示，中秋节、“十一”、“双11”消费提示等，揭露消费陷阱，引导和保护消费者科学、理性消费，避免消费者在购物或接受服务中遭受不必要的损失。

三、开展比较试验，聚焦品质消费，推动消费升级

品质消费时代的到来催生了高端食用油行业，为了给消费者提供更多、更全面的有关橄榄油产品的消费信息，为指导消费者正确选购橄榄油，河南省消协通过科学的客观检测告诉消费者橄榄油的价值何在，哪些品牌的橄榄油更安全可靠，品质更好，为消费者提供更多、更全面的有关橄榄油产品的消费信息，科学引导消费。

四、加强消费者投诉受理，努力化解社会矛盾

据统计，河南省消协组织2019年共受理消费者投诉11987件，解决10643件，投诉解决率88.79%，为消费者挽回经济损失1957.72万元。其中，因经营者有欺诈行为得到加倍赔偿的投诉64件，加倍赔偿金额46.58万元。涉案金额1702.58万元，接待来访和咨询5177人次。

五、积极参与公办普通高校学费标准调整听证会工作

根据《政府制定价格听证办法》和我省《全省公办普通高校学费标准调整听证会工作方案》，省消协积极参与了省发展和改革委员会组织的公办普通高校学费标准调整听证会各项筹备组织工作。

六、做好了两年一度的“先进集体、先进工作者”双先评比工作

根据中消协的工作安排要求，结合我省消协系统实际情况，省消协开展了2018—2019年全国消协组织先进集体、先进个人评选活动，河南省共上报了8个先进集体和13位先进个人（含省消协）。此次评比，切实发挥了双先评比激励先进、比学赶超的正确导向作用。

七、加强业务指导，组织业务培训，提升消协队伍工作能力

（一）组织召开全省消协秘书长工作座谈会

根据省消协的年度工作安排，省消协于2月28日在郑州市召开全省消协秘书长工作座谈会，会议总结了2018年全省消协系统的工作情况，安排部署了2019年的工作和全省“3·15国际消费者权益保护日”纪念活动，各地市秘书长进行了工作交流发言。各省辖市、省直管县（市）秘书长和省消协全体工作人员参加会议。

（二）举办河南省消协系统消费维权业务培训班

为深入学习贯彻《消费者权益保护法》，提高全省

消协系统工作人员业务水平，2019年11月18日至21日，全省消协系统业务培训班在三门峡市举办。中消协副秘书长王振宇，河南省市场监管局党组成员、副局长李澍田，省委政策研究室文化社会处处长张世光，三门峡市副市长李杰，各省辖市、省直管县（市）市场监管局联系消协工作的副局长、消协秘书长、业务骨干及河南省消协、三门峡市消协工作人员100余人参加。

湖北省消费者委员会消费维权报告

2019年，湖北省消委围绕“信用让消费更放心”年主题、“放心消费在湖北”，加强消费教育引导，加大社会监督力度，推动社会协同共治。依法履职、创新进取、担当作为，主动应对消费热点，全力破解消费痛点，积极打通消费堵点，为服务湖北省的经济高质量发展做出了积极贡献。

一、举行“3·15”纪念活动，扩大了消委组织影响力

“3·15”期间，全省出席纪念活动的县（处）级以上领导350余人；参与新闻发布会的部门791个、发布专题新闻、信息622条；开办专栏157个、发表纪念文章873篇、举办专题电视晚会17场（次）、播出时间790分钟；查处和曝光典型案84件；表彰先进单位386个、个人191人；举办专题论坛或研讨会31次、参加人数达2175人；销毁假冒伪劣商品13667件、重达147吨；消费维权成果展示161次、制作展板1185个；参与人数达到45万余人。

（一）新形势新要求，全民参与聚合力

省消委采取“一主两副”的形式举行宣传咨询服务活动。在武汉市中商广场设置主会场，在银泰百货广场和水果湖步行街分别设置“2019汽车消费大讲堂”、2019年“3·15”消费维权进社区公益活动，更广泛地吸引了广大消费者的参与，扩大了宣传渠道，增强了宣传效果。

武汉市举行了“电动自行车实施新国标3·15现场宣传咨询活动”，通过法律法规宣传和实物展示，让消费者对电动自行车安全性能的标准要求及新国标车的特点有了切身体会。在襄阳市设立了1个主会场，13个分会场，除了传统的咨询服务活动，还举行了消费知识有奖答题活动，吸引了广大消费者的积极参与。在潜江市设立了1个主会场，10个乡镇分会场，并设立了消费知识有奖问答及歌舞表演。荆州市上下联动，全市共庆“3·15”，在市中心城区设立了6个会场，同时拉开“3·15”活动大幕。鄂州市推出了以“信用让消费更放心”为主题的周周乐文艺演出，以歌舞、相声、小品等群众喜闻乐见的形式，寓消费教育引导于文娱活动之中。黄石市开展了“一法一条例”知识竞赛活动，竞赛活动培训品牌规模以上企业达800多家，参与员工3000多人次，有效提高了经营者的法律意识、诚信意识。恩施州在州文化广场大剧院直播3·15晚会，通过权威发布、播放暗访短片、电视问政、消费预警、微信互动、诚信经营倡议、放心消费创建单位授牌、主题文艺表演，使职能部门和消费者组织的声誉和地位得到了全面提高。宜昌市举办了第十七届万名消费者评诚信活动，收到投票共计126万张，掀起了新一轮诚实经营、践行承诺、创先争优的热潮。随州市设立了一个主会场，10个乡镇分会场，开展消费教育“五进”活动，宣传《消法》《省消保条例》，讲解维权常识，宣传典型案例。天门市开展了“消费教育进校园暨青少年近视眼防控知识教育活动”，宣传预防近视知识，并表演话剧，得到全场师生的热烈欢迎。神农架林区组织职能部门联合对电商商品、网络商品经营、广告经营进行执法大检查，加大对各类违法行为的打击力度，积极回应广大消费者对消费领域信用体系的呼唤和对放心消费环境的期盼。咸宁市联合90家企业开展了“信用让消费更放心 放心消费在咸宁”大型法治宣传活动，经营者代表经济实体向该市同行们发出倡议。仙桃市在广场举行假冒伪劣商品集中销毁活动，现场销毁了电子打火灶、电热水器、取暖器、塑料玩具等300余件假冒伪劣产品。全省各地召开了新闻通报会，对投诉较多、侵害消费者合法权益的典型案例进行通报曝光。

（二）新媒体新内容，扩大维权影响力

省消委通过专版宣传、各大新闻媒体网络平台、短视频、展板、电视、广播、微信、微博、抖音、学习手册等手段，宣传2019年消费维权年主题、《消法》、《产品质量法》、《条例》、披露典型侵权案例、发布2018年维权成果、投诉热点、消费警示，全省各地3·15纪念活动情况等内容，增强了广大消费者的维权意识，同时提高了经营者维护消费者合法权益的自觉性。全省今年“3·15”活动被中央和省级重要媒体播放、报道（转载）170余篇（次），收到了较好的社会效果。恩施州形成了3·15活动宣传矩阵，多角度、深层次地报道消费维权成果。荆州市联合主流媒体对3·15活动进行了全方位、多层次的宣传，开辟专栏8个，发表相关文章168篇。襄阳市联合襄阳日报传媒集团开通《3·15消费维权直通车》，发布消费侵权案例、解读《电子商务法》、“信用让消费更放心”年主题，宣传报道消费维权工作。孝感市开办了“晚报维权直通车”专栏。建立起投诉举报、信息共享、信息公开、维权知识普及“四大通道”。

（三）快速处置央视“3·15”晚会曝光的问题

“3·15”晚会曝光了一些鸡蛋生产企业用笼养鸡蛋冒充散养土鸡蛋，用虚假宣传误导消费者购买的现象。鸡蛋问题一曝光，省消委便第一时间积极行动，通过微信工作群向全省市州消委秘书长通报情况，要求全省各级消费者组织密切关注事态的发展，积极妥善受理和调处消费者诉求，全省接待投诉182件，协调解决173件；并通过网络、电视、电台、报纸等媒介向全省消费者发布相关消费警示。黄石市针对曝光的医疗垃圾回收再生和医疗单位乱收费问题召开全市医疗行业保健品消费教育工作督办暨消费维权约谈会。

二、加强消费教育引导，提升了消费者消费能力

消费教育引导是增长消费知识，转变消费观念，提高消费技能，防范消费陷阱，实现消费维权关口权前移的有效手段，也是消委组织的首项职能。

（一）及时发布消费警示提示

全省各地消委根据消费投诉情况，结合消费热点、消费舆情、新消费领域、节假日、“双11”，及时通过各类媒介发布投诉情况分析报告、消费警示（提示）。黄冈市组织专业人员和志愿者在广场设置咨询点开展保健品消费宣传教育，接受咨询，受理投诉，发放宣传手册。

（二）联合开办教育栏目

从2019年3月9日开始，省消委与湖北省广播电视台生活广播联合开办《消费者学院》栏目，瞄准消费热点和与百姓生活密切相关的商品及服务进行讲解，每周1期。省消委工作人员（律师团成员）走进直播间，与消费者互动，为听众答疑解惑，提供精准的消费信息，帮助百姓知情消费、理性消费、科学消费，该节目得到广大消费者的点赞。荆州市与电视台合办了《维权三剑客》。黄石市组织消费维权志愿者培训，加强志愿者队伍建设，充分发挥志愿者的教育宣传作用。

（三）创建湖北省消费教育基地

为全面落实“放心消费在湖北”活动，切实保障消费者合法权益，让消费者能消费、愿消费、敢消费，巩固并不断扩大开展放心消费创建成果，进一步丰富消费教育形式，发动更多社会力量和资源参与消费教育工作，在全省依法成立的提供生活消费商品或生活性服务的企业、特色旅游景区、商超、社区、学校、特色产业的行业协会创建了66家“湖北省消费教育基地”。

三、加强社会监督评议，增强消费者安全感

（一）开展消费体察

省消委组织消费维权志愿者、义务监督员、新闻媒体到美的集团武汉工业园、宁美国度科技有限公司开展“信用让消费更放心”消费体察活动。襄阳市组织行业协会、消费维权志愿者、人大代表、社区居民开展食品安全消费体察。宜昌市组织消费维权志愿者、2018年诚信单位代表、消委工作人员，到土老憨生态农业集团开展消费教育体察。荆州市针对价格收费、公平交易、广告宣传、诚信服务、争议解决等方面的问题，开展酒店服务行业实地体察。鄂州市特邀市人大代表、政协委员、民主党派人士、消费评议代表及媒体记者到鄂州移动公司体察，感知服务和处理消费者投诉的情况。孝感市消委开展厨房电器消费体察活动，让大家“零距离”感受和了解厨房电器选购、使用、日常维修、售后服务等消费知识和技能。

（二）积极应对消费舆情

2019年4月11日，“奔驰女车主哭诉维权”的视频在网络上流传后，迅速引发了舆论广泛关注。省消委及时采取“四大举措”进行应对：4月14日，通过省消委微信公众号自媒体发布“热点回应”，声援消费者；4月19日，向市、州消委（协）及省汽车维权办发布《关于开展家用汽车经营主体收取金融服务费等消费争议问题约谈劝谕活动的通知》，全省开展专项约谈劝谕活动，推进解决汽车消费维权的痛点、堵点；4月26日，组织召开“共同培育我省汽车消费新环境”座谈会，研究探讨应对措施和行业自律办法，出台了《关于规范我省汽车销售经营行为的五点意见》，强化经营者的守法意识和服务意识；发布类似案件处理指导建议，指导各地合理合法合规，及时有效解决汽车消费纠纷。

（三）开展家用汽车消费监督评议

全省上下联动，7月至10月，从“价格收费、公平交易、诚实信用、争议解决、服务质量、消费者个人信息保护”等6个方面，采取问卷调查和体验式调查相结合的方式，在全省开展家用汽车销售及服务企业消费监督评议活动。各地对评议活动高度重视，对发现问题的企业进行约谈、劝谕，督促整改。十堰市召开“十堰市家用汽车销售及服务企业诚信建设暨监督评议活动”动员会，30家被评议企业代表签订了“十堰市家用汽车销售及服务诚信承诺书”。

四、开展约谈劝谕，提升了消费者的获得感

全省消委组织针对消费者投诉反映的通信、水电、汽车、公交、外卖、天然气、电商等行业存在虚假宣传、安全隐患等问题，开展约谈劝谕活动50余场次，发放劝谕函400余份，媒体曝光30余件。其中省消委发送消费维权建议函56份，约谈劝谕30余件。

（一）约谈劝谕影院免费提供3D眼镜

2019年5月，“看3D电影得自掏腰包买眼镜”的新闻引起社会广泛关注，省消委采取消费调查锁证、投诉约谈提醒、问题劝谕督改、公益诉讼兜底的方式，积极推动各大影院立整立改。6月5日，省消委组织召开观影消费侵权问题公益诉讼诉前约谈新闻通报会。7月至8月，全省各级消委组织对全省各大影院开展观影消费侵权问题集中劝谕活动，共劝谕影院232家，其中，武汉市100家影院中有90家做到了为消费者提供免费3D眼镜观影，占比90%，相比6月初次调查的33%提高了57个百分点；其他市州的132家影院均做到了为消费者提供免费3D眼镜观影，基本整改到位，维权成效显著。9月6日，省消委召开全省电影业观影消费维权工作新闻通报会，与省电影发行放映协会联合发布了《关于影院向消费者提供3D眼镜观影的服务规范》。影院公司承诺：免费向消费者提供3D眼镜观影，尊重消费者的选择权，保护消费者的合法权益。同时成立了电影维权工作委员会。

（二）约谈劝谕三大通信公司合法经营

为督促通信企业合法合规经营，维护消费者的合法权益，提升消费者的获得感，7月3—5日，省消委会同法律专家和消费者代表一起走进湖北电信、湖北移动、湖北联通三大通信公司，就消费者投诉的热点问题开展约谈劝谕。督促指导企业建立和完善自律制度，推进法制建设，积极参与协同共治，营造公平、公正、诚信、和谐的通信消费环境，服务湖北省的经济社会高质量发展。整治活动取得明显成效。

（三）约谈武昌热电公司改正不合理收费方式

10月下旬，省消委陆续收到131名消费者联名投诉湖北华电武昌热电有限公司在为消费者提供取暖服务中涉嫌强制交易。省消委在核实消费者投诉的情况后，立即启动重大群体投诉预案，约谈该公司主要负责人，就消费者关切的供热收费方式问题进行了深入交谈并提出工作建议。该公司会后立即研究整改措施并修改了官微公告，11月1日，“武昌热电”消费者收到了补充公告：本供热季居民采暖套餐分为面积包月计费和热量计费套餐两种。

五、加强依法调解消费纠纷，提高了消委组织公信力

（一）积极处理消费纠纷

1—11月，全省各级消委（协）组织受理消费者投诉30572件，解决27685件，投诉解决率90.6%，为消费者挽回经济损失4448万元。有效解决了消费者最关心的、最直接的、最现实的权益受损问题，获得了广大消费者的信任。

（二）制定《湖北省消委组织受理投诉工作导则》

为进一步规范各级消委组织的投诉受理工作，提高消费维权效能，保护消费者的合法权益，根据《消费者权益保护法》《湖北省消费者权益保护条例》和《消费者协会受理消费者投诉工作导则（修订）》及其他有关法律、法规、标准和规范性文件，结合实际制定了《湖北省消委组织受理投诉工作导则》。

（三）拟定《婚礼庆典服务合同（示范文本）》

为规范湖北省婚庆行业市场，营造良好的消费环境，省消委联合省局、省婚庆行业协会共同拟定了《婚礼庆典服务合同（示范文本）》。

（四）组建汽车消费维权专家委员会

为搭建生产者（销售者）、消费者之间公平公正化解汽车消费纠纷的平台，对不规范的经营行为进行监督，快速解决消费争议，降低消费者的维权成本，达到维护消费者合法权益、保护经营者正当利益的双赢效果，10月14日，省消委邀请省缺陷产品管理中心、中南财大法学院、武汉理工大学汽车学院、省机动车鉴定与评估协会、各大品牌汽车主机厂等30家单位召开了湖北省汽车消费维权专家委员会组建工作座谈会。

六、加强新闻融媒体宣传，提高了消委组织的支持力

省消委在省级报纸、电视、网络等媒介报道（转载）省消委工作动态及维权成果300余篇（次），官网刊发信息109篇、推送图文消息41期97篇。荆门市微信公众号发布的内容丰富，紧贴百姓生活，点击量高。今年，中消协组织了2018—2019年度全国消协组织消费维权先进集体先进个人评选活动，省消委根据各地报送的材料，依据标准、注重质量、严格把关，推荐了7个集体、7名个人。参加中消协2019年度“寻找最美消费维权人物”活动，各级消委组织高度重视，加强领导，广泛动员，鼓励社会各界积极参与推荐（自荐），经层层选拔，向中消协推荐了3名同志。

湖南省消费者委员会消费维权报告

2019年，湖南省消委会按照中消协和省市场监管局的部署，秉承“一切为了消费者，一切服务消费者”的宗旨，依法履行职责，各项工作取得了显著成效，赢得了社会各界和消费者的广泛认可。2019年，省消委会被中消协表彰为消费教育宣教资料征集优秀组织单位、消费维权新闻宣传省级优秀单位；组织拍摄的《信用让消费更放心》公益宣传片荣获2019全国首届市场监管“三微”大赛二等奖和优秀剪辑奖。我会主要做了以下工作。

一、加强制度建设，夯实维权基础

规范内部管理。加强内部制度建设，明确人员职责。召开市州秘书长工作会议，针对机构改革中存在的问题，组织人员到市州县市区调研，掌握工作情况，指导基层实践。加强组织建设。争取省市监局党组高度重视和支持，积极向省编办汇报，推动组织机构、人员编制等工作。加强秘书处党建。加强省消委秘书处党建，与中国移动省公司等有关单位联合开展党建共创活动，认真开展主题教育和党建工作，做到业务工作与党建工作共同推进。加强队伍建设。开展“最美消费维权人物”和“十佳消费维权好新闻”评选推荐活动，加强队伍建设，建设一支政治合格、业务精通、作风优良的维权队伍。

二、勇于改革创新，提升维权效能

创新投诉机制。加强投诉效能建设，确保件件抓落实。2019年以来，全省消委组织共接待消费者咨询79768人次，处理投诉18119件，为消费者挽回经济损失3790.5万元。探索事前介入模式。在落实全国电商平台直通车的基础上，与唯品会等平台签订维权直通车协议，提升网络等非现场投诉的处诉效能。进一步推进区域消费维权合作。参与湘鄂赣皖消费维权联席会议、“9+2”泛珠三角洲联席会议和省消费者权益保护厅际联席会议，加强区域维权合作。

三、加强消费教育，助力放心消费

组织开展消费体验。3·15期间，开展了中医药健康养生消费体验等活动，提升消费者对健康生活的需求。开展消费扶贫教育引导活动。2019年下半年，为响应党中央脱贫攻坚的号召，省消委创造性地提出在全省消委系统开展为期半年的消费扶贫教育引导活动，在沅陵县举行了湖南省乡村旅游消费扶贫教育引导活动启动仪式，一场以“吃农家饭、住农家屋、买农产品”为主题的消费扶贫教育引导活动在全省迅即展开，中消协副秘书长栗元广参加启动仪式，并对活动大加赞赏。组织编印消费教育读本。组织编印《消费维权实用攻略》《维权之剑——画说〈电子商务法〉》《信用让消费更放心——消费维权年主题宣传折页》等消费教育读本，向社会免费发放。针对消费维权热点和重要时间节点，发布消费警（提）示，编辑消费警示典型案例汇编，提醒消费者科学理性消费，谨防上当受骗。联合新闻媒体做好消费维权教育。建好省消委微信公众号，使其成为消费维权的主阵地；联合湖南省人民广播电台开办《消法公开课》栏目，通过法条解释和案例分析积极宣传《消法》《湖南省消保条例》；积极宣传推广“一报一刊”，认真做好《中国消费者》杂志联办工作，使“一报一刊”成为《消法》的义务宣传员。

四、围绕年主题，扩大消费宣传

围绕年主题开展3·15活动。3·15期间组织开展3·15纪念大会、3·15新闻通报会等活动，发布十大投诉热点和典型案例，展示消费维权成果，营造安全放心消费环境。3月15日，由湖南省市场监管局、湖南省消费者委员会共同主办的“信用让消费更放心”2019年湖南省3·15国际消费者权益日大会在长沙市举行。大会发布了《2018年度湖南省消费者满意度报告》《“湖南质造”十二大优势产业标准指南》，表彰了2018年度“湖南省最美消费维权人物”和“十佳消费维权好新闻”。省政府副省长何报翔出席大会并作重要讲话。省消保联席会议成员单位领导共同参与。举办消费维权年主题研讨会。联合湘潭大学举办年主题研讨会，邀请省直有关部门、行业协会、企业代表、大学生代表共同深入研讨年主题内涵，推动年主题深入人心。在2019年的“信用让消费更放心”年主题研讨会上，中消协副会长兼秘书长朱剑桥出席并作主题演讲。组织开展消费维权宣传活动。组织全省消委系统开展消费维权“五进”宣传教育活动，进企业、进学校、进农村、进社区、进景区，开展消费维权法律法规知识宣传，提升消费者的维权意识和能力。制作年主题公益宣传片。制作“信用让消费更放心”年主题公益宣传片，在省内地铁、公交、磁悬浮、电梯楼盘、商场电子显示屏上播放，积极宣传年主题内涵，让消费维权意识深入人心。

五、监督为重，展示公益形象

组织召开汽车行业消费维权约谈会，及时指出汽车经销行业经营中存在的侵害消费者合法权益的问题，提出整改意见。2019年，就“赠品免费不免责”问题约谈某妇产医院，要求经营者立即整改，并妥善处理消费者投诉。事后消费者专程赠送了一面锦旗，表示感谢。开展预付式消费调查。针对预付式消费领域问题频发，甚至发生商家“关门、跑路”，导致消费者权益严重受损的现象，省消委在全省范围内开展预付式消费调查，寻求解决预付式消费问题的对策，撰写2019年湖南省预付式消费维权状况调查报告。参与立法，提高依法履职能力。认真参与《电子商务法》《消费者权益保护法实施条例》《公共航空运输旅客服务管理规定》《家用汽车产品修理、更换、退货责任规定》等法律法规的修订工作，开展公益诉讼前期调研。

广东省消费者委员会消费维权报告

2019年，广东省消委会坚持以习近平新时代中国特色社会主义思想为指导，认真贯彻落实党的十九大、十九届二中、三中、四中全会精神，深入贯彻落实习近平总书记对广东重要讲话和重要指示批示精神，按照省委省政府工作部署，在省局和中消协的指导下，积极作为，奋勇争先，各项工作成效显著，荣获“全国市场监管系统先进集体”“2017—2019年度广东省直机关文明单位”“2018—2019年度全国消协组织消费维权先进集体”等11项省级以上集体荣誉，多项工作经验在全国介绍。全年获得消费者、企业赠送的锦旗3面，收到感谢信（留言）近百条，赢得社会的广泛赞誉。

一、2019年重点亮点

（一）粤港澳大湾区消费维权一体化迈上新台阶

成功举办首届大湾区消费维权论坛，顺利签署粤港、粤澳消委会消费维权合作协议，率先打造“粤港澳大湾区消费投诉转办平台”，基本实现湾区消费投诉“一张网受理，无障碍转办”，通过平台向港澳转办了消费投诉50多件。帮助省内的9个地市消委会与香港、澳门地区分别签订了消费维权合作协议，粤港澳多层次、多维度维权合作框架全面建立。指导省内消委会与澳门消委会建立了“视频调解和仲裁机制”，两地消费者通过视频和仲裁可以快速解决消费纠纷；支持各地与港澳联合开展比较试验、消费教育、信用建设等工作，推动粤港澳大湾区消费维权合作持续全面深入。

（二）公益诉讼工作取得显著成效

提起全国第一宗未成年人消费保护民事公益诉讼案，推动实施以身高+年龄作为标准落实未成年人门票优惠，在全国产生广泛影响和示范作用；继续推进深圳市海鲜餐饮和产销病死猪肉两宗食品公益诉讼案；率先探索将公益诉讼赔偿金用于消费者权益保护公共服务，打通赔偿性公益诉讼“最后一公里”；省消委会探索的赔偿性消费公益诉讼被写进多个重要文件，成为多部门大力推进的司法新实践。率先与省检察院建立了食品领域公益诉讼案件线索移送机制，这一经验做法被中消协推广。截至2019年年底，省消委会提起消费公益诉讼8件，胜诉7件，在全国遥遥领先。多个案例入选“《中国审判》年度十大典型案例”“中国法学会3·15案例”，被中消协评为“公益诉讼成果突出单位”。

（三）全省性放心消费创建取得突破性进展

按照省局关于创建放心消费环境工作的统一部署，经艰辛探索和反复论证，制定出台了《广东省消费者委员会放心消费创建工作方案》《广东省经营者“放心消费承诺”活动规则》《广东省实体店无理由退货承诺指引》等制度，在全省全面部署开展“放心消费承诺”和线下实体店无理由退货承诺两项重要活动，率先推广首问责任、赔偿先付、线下购物无理由退货等，为打造放心消费环境、释放广东消费潜力发挥了积极作用。

二、2019年主要成绩

（一）投诉调解再创新高

全力打造广东省消费投诉咨询信息化综合平台，推动实现“全省一张网投诉”，目前各级消委会及16家重要企业已入驻平台。全面提升投诉调解效率，累计与132家企业建立投诉快速处理绿色通道。开通“双11”投诉专线，及时防范和化解消费矛盾风险。2019年广东全省消委会处理消费者投诉373576件，同比增长36.11%，为消费者挽回经济损失约5.28亿元，同比增长10.46%，均居全国前列；接待来访和咨询约18万人次。其中，省消委会本会共受理消费者投诉6081件，接待消费者来访咨询13656人次，为消费者挽回经济损失559.5万元。

（二）社会监督持续发力

针对餐饮最低消费、未成年人优惠票标准、房产中介服务、通信服务“降费”实施情况等领域的问题开展消费调查，连续第十一年开展“挑战消费潜规则”活动，举办“规范房地产中介服务　保护消费者权益”研讨会，推动行业企业整改规范。全年监督指导苏宁、腾讯、红牛、华为、瓜子二手车、三星、松下、携程、丰田、美团、电信、移动等20余家企业落实维护消费者权益主体责任。与省局联合约谈35家大型汽车经销商代表，及时防范负面舆论影响广东省汽车市场。指导建立“广东省二手车行业诚信联盟”，指导广发银行整改不合理格式条款，督促幸福叮咚落实共享汽车押金退回，监督养老机构纠正侵害老年人权益的行为，及时化解和防范重大消费矛盾风险，有力维护了消费者合法权益。

（三）消费引导力度加大

2019年，组织开展“3·15《电子商务法》进企业”“质量鉴别消费教育”“消费教育宣讲流动课堂”“质量月行动”等12场消费教育现场活动，在全省开展“诚信兴商宣传月”活动，并指导消费教育基地开展形式多样教育活动39场，现场参与活动的消费者合计约1.8万人次。发布消费提示11则，与省局联合发布国庆、“双11”等重大节点消费提示，有效引导消费。率先开展手机、平板电脑电子产品蓝光对眼睛危害的比较试验，指导地市开展电线电缆、移动插座等共涉及6大类84批次商品的比较试验，引导绿色、环保、健康消费。

（四）积极参与立法决策

今年以来，积极参与《民法典》有关分编、《疫苗管理法》《网络交易监督管理办法》《消费品召回管理规定（征求意见稿）》《机动车环境保护召回管理规定（征求意见稿）》《家用汽车产品修理、更换、退货责任规定（修订征求意见第二稿）》《广东家政服务业提质扩容任务清单》《消费者协会消费公益诉讼工作导则（二次征求意见稿）》《公共航空运输旅客服务管理规定（征求意见稿）》等12部法律法规的制修订工作，提出法律意见46条。参与广东省取消高速公路省界收费站调整收费公路车辆通行费计费方式听证、放开律师服务收费等多场价格政策会议，在征求各方专业意见后，代表消费者提出意见。通过参加调研、提交报告、上报信息等方式，积极向省政府及有关部门建言献策。指导广东省宠物美容协会制定宠物美容护理行业标准，指导多个城市开展消费者满意度测评调研，被中消协评为“参与立标成果突出单位”。

（五）社会影响不断提升

精心策划“3·15”系列宣传纪念活动，向社会发布重要消费维权信息。广泛开展“广东最美消费维权人物”活动，网络投票超12万人次，广东省推荐人物当选全国“2018年度最美消费维权人物”。开展《中国消费者》杂志专版宣传。全年接受媒体采访56人次；发布维权新闻稿23篇次，被主流媒体及各大网站跟踪报道3830篇次，重要纸媒头版头条及时评报道近百篇次；全年共收集各地信息293条，编发简报10期，上报信息29条，被省局采用18条，中消协采用4条，总局采用2条；“一网一微”发布信息2667篇，访问量达207.1万人次。积极上报宣传素材资料，被中消协评为“年鉴及其他材料上报突出单位”。

（六）政治建设和内部管理取得实效

扎实开展“不忘初心　牢记使命”主题教育，启动“七个一”特色工程。高质量完成6个专题集中学习研讨；召开7次专题学习会议，学习各类资料、文章等近40篇次；开展11次集中研讨；实地调研广州、深圳等9个地市（区）消委会；在投诉接访窗口设立党员接访岗，接待处理50多宗消费投诉；党员检视发现问题49条，制定整改措施55项；召开高质量组织生活会，建立整改清单，动态管理、持续整改。成功举办“2019年广东消委会系统秘书长业务培训班”。制定出台财务、资产、采购等7项工作制度，规范官方网站域名，规范化管理水平得到较大提升。向社会招聘会计人员、投诉专员，满足队伍发展需要。

回顾一年来的工作，省消委会取得了一些成绩，但也存在一些问题，主要是：消费环境还不够理想，维权力度有待加强；队伍保障和人员力量与工作任务不相匹配，组织机构建设有待进一步加强；全省消委会系统发展不平衡问题仍然存在，大湾区消费维权合作需要进一步加强；消费维权工作创新力度不够，一些侵权问题、消费顽疾仍没有得到很好的解决，对消费新模式、新业态的监督仍需加强。这些问题迫切需要我们提高认识、转变思路，在下一步工作中加大力度解决。

广西壮族自治区消费者权益保护委员会消费维权报告

2019年，广西壮族自治区消委会秘书处在自治区市场监管局党组的正确领导下，围绕“信用让消费更放心”年主题，主动履职尽责，各项工作均取得了较好成绩，现就2019年工作以及存在的问题进行总结，并就如何做好明年的消费者权益保护工作提出思路。

一、消费维权宣传工作亮点纷呈

纪念3·15国际消费者权益日是全国消费者权益保护工作一年一度的重头戏。2019年，秘书处早行动、早谋划，并联合网消处牵头制定全区市场监管系统、消委会组织《2019年纪念3·15国际消费者权益日宣传活动工作方案》，对自治区开展宣传纪念活动进行部署。在自治区本级，配合自治区广播电视台录制了《“信用让消费更放心”2019年“3·15”特别节目》，组织召开了“纪念3·15国际消费者权益日暨信用让消费更满意消费维权年主题座谈会”，联合中国消费者报编印了《广西消费维权风采录（2019版）》《2019农村消费金点子》《维权之剑公益读本》等宣传资料免费向消费者发放；全年编辑、出版了四期广西消委会《工作通讯》，免费发放给广西消委会各成员单位、中消协和全国各省消委会以及各市、县消委会。宣传自治区消委会各项工作成果以及经验交流。

秘书处始终与媒体保持着良好的互动，并适时给媒体提供各类新闻线索，今年以来，媒体先后刊发自治区消费维权新闻宣传报道156篇次。其中，中国消费者报刊发超过100篇次，自治区广播电视台、电台，南国早报等媒体刊发56次，特别是消委会秘书处发布的5期消费警示，以及十大消费维权案例等新闻素材，受到报纸、广播、电视、网络等媒体的争相报道，对正确传播自治区消费者权益保护组织的声音和形象发挥了积极作用。

充分利用广西保险行业协会陈曦同志获得“全国十大最美消费维权人物”称号的契机，联合保险行业协会开展宣传活动，树立消费维权典型标杆，促进行业诚信经营。联合广西银行业协会，开展以防范金融诈骗为重点的消费维权知识现场宣传，活动现场准备发放各类消费警示、科学理性消费知识等宣传资料2000份。

二、社会监督工作再创佳绩

主动关注社会热点事件，及时回应社会关切，重点开展诚信经营引导活动，规范行业自律。4月12日，针对央视3·15晚会曝光的家电维修行业的突出问题，联合自治区电子电器行业协会召开“信用广西·让消费者更满意”家电行业信用建设座谈会。自治区电子电器行业协会向全行业发出诚信经营承诺，并获得与会经营者代表的积极响应。 4月24日，针对西安奔驰汽车维权事件，联合自治区汽车流通协会举办“信用广西·让消费者更满意”汽车流通行业信用建设培训座谈会。自治区汽车流通协会会长表示要“迅即开展自查自纠，强化规范会员单位依法诚信经营”并向全行业发出了诚信经营倡议。5月，针对预付式消费维权的难点、热点以及餐饮消费行业存在的问题，分别约谈自治区美容行业协会和烹饪餐饮行业协会，对行业存在的问题和规范市场秩序、开展诚信经营放心消费创建示范活动、做好消费维权工作、发挥行业协会的社会组织作用等提出意见建议。11月，为进一步提升经营者化解消费纠纷的能力和水平，自治区消委会秘书处组织部门消费维权联系点负责人近百人，举办2019年消费维权联系点法律知识培训会，通过点评消费维权事件、法律法规宣讲、典型案例投诉调解实务等，提升了企业的自律、诚信经营意识以及投诉调解能力，强化了法律法规知识学习。

牵头评选和点评2018年广西消费维权年度十大典型案例。针对年货消费、食品消费、旅游消费、假期青少年消费、“双11”消费，分别发布了5期消费提示，指导消费者理性消费。

为指导消费者科学购买内墙涂料，保障消费者的合法权益，自治区消委会秘书处先后组织开展内墙涂料、无糖食品、护眼灯、净水器的比较试验。其中，在25款内墙涂料样品中，挥发性有机化合物被检出数值的有9款产品，游离甲醛被检出数值的有19款产品，两项数值同时被检出的有8款产品，两项数值均未检出的仅有5款产品。挥发性有机化合物、甲醛超标，会引起神经性中毒和肺功能损伤等疾病。

在20批次无糖食品的比较试验中均未检出糖；苯甲酸及其钠盐2批次有检出；山梨酸及其钾盐1批次有检出，糖精钠均未检出；甜蜜素1批次有检出；合成着色剂4批次有检出。少量苯甲酸及其钠盐对人体无毒害，可随尿液排出体外，但长期过量食入可能会对肝脏功能产生一定影响。山梨酸及其钾盐长期服用，在一定程度上会抑制骨骼生长，危害肾、肝脏的健康。人如果长期或一次性大量食用合成着色剂，会引起过敏、腹泻等，对肾脏、肝脏产生一定伤害；在对净水器进行的比较试验中，10批次产品符合国家标准，其中3款产品过滤的水中被检出硝酸盐。

三、消费教育工作持续深入

消委会秘书处派出维权专家志愿者到自治区老年大学给老年学员授课，联合部分行政机关离退休人员工作管理处，给离退休干部职工开展老年消费教育大讲堂活动，分析当前老年消费领域的侵权现象和特点，传授老年科学消费知识和自我维权知识。

截止到目前，自治区各级消委会共举办消费教育专题大讲堂229场次，受教育消费者25475人。其中开展老年人消费教育45场次，受教育老年消费者4264人；对经营者开展诚信守法经营法律知识讲座187场次，受教育经营者13387人。切实提高了消费者的维权意识和经营者的自律意识。

四、消费纠纷调处工作扎实开展

截止到2019年第三季度，自治区消委会系统受理消费者投诉共11474件。消委会秘书处直接受理消费者咨询、投诉共530件，其中投诉30件，直接处理调解成功11件，挽回消费者损失66155.90元；转辖区消委会办处理18件；转消费维权联系点企业处理30件，处理率100%，受理率96.7%。

积极发挥消费维权联系点的作用，把提升消费纠纷和解效能作为重点工作推进，加强转办案件的追踪办理，得到各消费维权联系点的支持和配合。

南宁市电子科技广场收到秘书处转办的电脑商品质量纠纷后，及时组织商家与消费者沟通协商，并妥善化解了纠纷；今年9月，一位消费者投诉在梦之岛水晶城店参与有奖购物，并获得了一等奖，以优惠价格购买了珠宝商品，但认为购买的珠宝为假货，秘书处及时将投诉信息转办给梦之岛水晶城进行调处，经过工作人员调解，消费者得到全额退款。融水县一消费者在市场监管平台上投诉某银行无理拒绝为其打印农民工工资流水证明。了解情况后，我中心立即转自治区银行业协会处理。协会领导高度重视，当晚即协调相关银行消保机构和融水县支行负责人，要求其立即与消费者对接，第二天即为消费者出具了证明并赔礼道歉。

五、消费调查工作稳步进行

开展消费者满意度调查工作。针对在中消协2018年度全国70个城市消费者满意度测评结果中南宁市和柳州市分别排名倒数第4和倒数第11的情况。秘书处还组织调研工作组深入南宁市、柳州市分别召开由各管理部门、社会各界和消费者代表、行业企业代表参加的“全面提升消费者满意度座谈会”，邀请专家点评自治区在消费维权领域存在的问题，提出整改措施。组织召开了专家思辨会，论证当前开展自治区消费者满意度调查工作的合理性。9月，以挖掘问题短板为导向，秘书处依法委托第三方调查机构开展自治区14个市的消费环境满意度调查工作。11月底，调查工作结束，调查结果将于近期公布。

配合中消协完成自治区内物业服务领域调查。调查显示，住宅小区物业服务消费者满意度综合得分62.59，物业服务体验评价得分65.14分，仅处于及格水平，反映出物业公司无论是在对设备设施、绿植、垃圾等“物”的管理，还是在安保、门禁、信息公示等对“人”的服务方面，与消费者对美好小区环境的期待都存在较大差距，服务质量还有大幅提升空间。

六、积极配合并参与《广西消保条例》执法检查

今年4月，自治区人大常委会根据工作计划组织开展了《广西消保条例》执法检查工作。根据执法检查组的要求，消委会秘书处积极配合做好相关检查准备工作，并派出人员参与了检查。同时，我们主动向检查组汇报了去年自治区消委会宣传贯彻执行《广西消保条例》的成效，对当前存在的困难和问题，以及消费环境、消费维权的难点、热点进行了分析，并向人大执法检查组反映，提出建议。

七、积极参与立法立规

根据上级部署和有关部门来函，与律师志愿者深入研究，分别为《交通运输新业态用户资金管理办法（试行）（征求意见稿）》《殡葬管理条例（修订草案送审稿）》《民法典合同编（草案二次审议稿）》《民法典侵权责任编（草案二次审议稿）》《疫苗管理法（草案）》《家用汽车产品修理、更换、退货责任规定（修订征求意见第二稿）》和《中国消费者协会受理消费者投诉工作导则（修订征求意见稿）》等法律、法规、规章提出了意见。

八、队伍建设影响深远

市场监管体制改革后，基层消费维权工作人员的队伍变动很大，人员知识结构和岗位要求匹配不上，影响了自治区消费者权益保护工作的效率和水平。为了统一思想认识，规范消费者投诉处理规程，9月下旬，消委会秘书处牵头举办了2019年全区市场监管系统和消委会组织消费维权业务培训班。培训班围绕“强业务，提素质”的目标，邀请了中消协投诉处理专家、资深律师志愿者、记者分别讲授《新形势下的消费维权法律实务及〈电子商务法〉应用》《从律师角度看消费纠纷案件处理的法律边界》以及消费维权新闻宣传报道写作，消委会负责人还就重点法律制度及提升消费者满意度的策略进行了解读。培训会还特别邀请基层一线的维权骨干就消费者投诉案例处理技巧进行了互动分享。丰富多样的学习内容对提升基层维权人员的工作水平产生了帮助。各市、县市场监管局消保、12315中心、消委会（消协）负责人，以及自治区消费教育宣讲团成员代表等160多人参加了培训。与会人员学到了知识，增进了团结和交流，有效提升了全区消委会（消协）系统的服务能力和消费教育宣传团成员的消费维权业务水平。

海南省消费者委员会消费维权报告

按照省局党组2019年的决策部署和中消协的工作安排，海南省消委会认真制订了2019年工作计划并积极开展各项工作，基本完成了全年各项工作安排。

一、认真开展“两学一做”学习教育和“不忘初心　牢记使命”主题教育

（一）“两学一做”学习教育常态化制度化

年初制订了“两学一做”学习计划，并根据省局党组的部署和要求不断调整。确定每周二下午为党员学习日，按照上级组织辅导、个人自学、支部集中学结合参观等形式开展学习。今年1月至5月，党支部党员满勤参加省局组织的各类学习活动，党支部共集中学习10次。

学习主要内容为党的十九大报告、习近平新时代中国特色社会主义思想，特别是“4・13”讲话、中央12号文件、《党章》、总局领导、中消协领导有关讲话、《中国共产党党员教育管理工作条例》等。同时，学习国内外自贸区（港）的知识和法律知识。

（二）认真开展“不忘初心　牢记使命”主题教育

6月起，按照省局党组“不忘初心　牢记使命”主题教育工作方案，制订了党支部学习计划及内容。全体党员满勤参加省局组织的各类学习和参观。每周二下午党员学习日为党支部的集中学习时间。学习内容以省委“不忘初心　牢记使命”主题教育系列读本为主要内容，重点学习《党章》《中国共产党廉洁自律条例》《中国共产党党内监督条例》《中国共产党问责条例》，党的十九大报告、习近平总书记系列重要讲话，特别是“4・13”讲话、中央12号文件。支部书记带头学习，按照“三会一课”的要求，在党支部党员会议上讲党课1次。每个党员认真做好学习笔记并撰写了多篇心得体会。

经过学习，党员干部的“四个意识”不断增强，“四个自信”更加坚定，坚决维护习近平总书记在全党和党中央的核心地位，维护党中央权威和集中统一领导。

二、业务工作

（一）开展好“3・15”活动

1.配合省局，指导全系统围绕“信用让消费更放心”年主题开展3・15宣传活动。

2. 3月5日，举办《电商法》培训。全省各市县市场局分管领导、消费者组织负责人、律师团成员、消费维权志愿者和25家企业人员共80人参加了培训。

3. 3月12日，联合省室内装饰协会围绕年主题“信用让消费更放心"，组织召开装饰装修企业座谈会，探讨行业做好消费者权益、营造安全放心消费环境的问题。海口市25家知名度较高的企业参加座谈。

4.消委办与消保处相互配合，组织相关单位开展2019年3·15活动海口市主会场（京华城广场）现场宣传活动。

3月7—15日期间，全省各级市场监管部门和消费者组织共受理消费者投诉5871件，挽回消费者经济损失131.81万元。共组织开展现场宣传和普法宣传99场次、发放宣传资料80368份。"3·15"系列纪念活动的开展，有效促进了全社会各界对保护消费者权益工作开展的关心和支持。

（二）牵头完成省局一项重点工作

国际旅游消费中心实施方案重点工作分工第77项重点工作：成立公益性消费维权组织，形成依法监督和社会监督并举的监督机制。已完成并于10月申请销号。存在的问题和困难：各市县消费者组织未实际建立，全省社会监督力量薄弱。

（三）开展好"放心消费在海南"工作

做好消费者咨询和投诉工作。接受消费者咨询（上门及电话咨询），畅通消费者投诉渠道（受理途径：网站、来信和上门），截至12月底，直接受理消费者投诉121件，涉案金额近597万。同时指导全省消费者组织和行业协会处理投诉工作。

在省室内装饰行业协会、省房地产经纪业协会、海口市二手车鉴定评估协会设立消费者投诉站，指导行业协会依法做好消费者咨询、处理好消费纠纷工作，做到投诉不出企业和行业，提高行业自律水平，共同做好消费维权工作。

配合开展好实体店无理由退货工作。3月中旬，配合消保处，以省局和省消委会的名义出台了《海南省实体店购买商品无理由退货指引（试行）》。4月26日，在三亚市举行了实体店无理由退货启动仪式，三亚市第一批共28家企业支持无理由退货，第二批将有8家大型企业参加，其他市县也正在铺开此项工作。

5月初，配合省局建立了海南省消费者权益保护工作联席会议制度，共有23个成员单位。依托此制度，消费维权工作的沟通协调比以往顺畅，保护消费者合法权益工作的合力初步显现。

开展合同格式条款点评活动。活动从5月开始，在媒体刊登公告，公开征集和收集格式合同，经省消委会律师团对征集收集到的合同进行研究和审查，10月和11月通过媒体刊登海南省汽车销售合同和健身馆合同点评意见，公布汽车销售行业和健身服务行业存在的损害消费者权益的问题，社会反响较强烈，发挥了消费维权社会监督的作用，其他点评意见将陆续刊登。

7月，配合消保处，出台《海南省消费投诉信息公示办法》（省局、省消委会等14家单位联合发文）。从7月起，省消委办在省消委会网站开展消费者投诉办结信息和相关投诉信息公示工作，加强对企业消费维权的社会监督。

督促和指导相关企业做好损害消费者合法权益整改工作，探讨公益诉讼工作。海口威立雅水务有限公司多年来违规收取用户滞纳金，严重损害了消费者合法权益。原省工商局执法局对该公司2014年至2015年违规收取滞纳金的违法行为进行了处罚。该公司不服处罚，向法院起诉和上诉，两审法院支持了原省工商局的处罚，驳回了该公司的诉讼请求。7月，省消委会履行社会监督职责，发函要求该公司就损害消费者权益问题进行整改，又于8月底召开约谈会，约谈该公司领导层，进一步开展整改工作，提出对整改不到位的，省消委会将通过公益诉讼提起诉讼。该公司根据省消委会的意见进行了较深度的整改并书面反馈。此项工作的开展，一定程度上转变了该公司的经营理念。

配合省局做好消费环节赔偿先付工作。9月下旬，配合省局等5家单位（省市场局、省旅文厅、省商业总会、省消委会、省旅游协会）联合发布了《关于进一步推动建立消费环节赔偿先付制度工作意见的通知》，12月下旬，配合省局（省市场局、省消委会、省酒店与餐饮协会）联合发布了《关于印发海南省酒店与餐饮行业服务企业落实消费环节赔偿先付制度工作意见的通知》，在全省范围内进一步推动建立消费环节赔偿先付制度。

配合省局开展海南省消费环境监测评价调查工作。

开展婴幼儿服装商品比较试验工作。2019年10月至11月，省消委办以普通消费者的身份在海口市各大中型超市、商场、专卖店等流通领域销售场所随机购买了19家生产企业19个品牌的20款婴童服装，通过广东省质检院，对消费者比较关注的服装有害物质、健康安全性能和消费信息等18个项目进行了测试和比较。经检测，20款样品中，有2款样品未达到国际标准要求，占样品总数的10%，我们将在对不合格样品进行复检后公布比较试验结果。

办好省消委会网站，发挥好网站在消费者投诉、消费教育、消费指导、社会监督等方面的作用。指导2家创建消费教育基地的企业在自有网站开展消费教育工作。

配合中消协开展规章修订、城市消费者满意度调查、年鉴修订、在海口市举办培训班等有关工作。

2.抓好本单位工作经费落实和内部管理工作。抓好各项工作的开展，截至2019年年底，完成本单位全部经费支付进度的97.51%以上、项目经费支出全部完成。抓好单位内部管理各项工作，保障单位正常运转。配合省局审计处做好2018年单位财政支出审计工作并按要求开展整改工作。撰写2018年单位内部控制管理报告及有关绩效报告工作。做好本单位2020年预算编制工作。按照要求配合做好本单位事业单位改革有关工作。

重庆市消费者权益保护委员会消费维权报告

2019年，重庆消委会以习近平新时代中国特色社会主义思想为指导，坚持以人民为中心发展思想，围绕“信用让消费更放心”年主题，认真履行《消费者权益保护法》赋予的职责，切实维护消费者合法权益，圆满完成了各项工作任务，为经济社会发展和社会和谐稳定作出了积极贡献。现将今年工作情况简要汇报如下：

一、采取线下与线上活动相结合方式，多形式开展消费宣传教育活动

（一）举办宣传咨询活动暨放心消费展示推介会

为隆重纪念3·15国际消费者权益日，市消委会在重庆国际会展中心举行了2019年重庆市3·15国际消费者权益日宣传咨询活动暨放心消费展示推介会。重庆市市场监督管理局等市级相关职能部门和行业协会参与了现场受理消费者咨询投诉，讲解消费知识，传授辨假技能等，组织有关企业开展创建放心消费活动，展示名优企业优质产品。

“3·15”宣传活动期间，各区县消委会紧扣社会关注焦点、群众关心热点、消费维权难点，运用群众喜闻乐见的方式，开展消费维权知识宣传活动。据统计，全市消委系统共开展宣传咨询活动272场次，出动工作人员8581人次，现场受理消费投诉900余件，接待消费者咨询6.7万余人次，发放各类宣传资料779509份，活动受到广大消费者欢迎。

（二）举办3·15网络晚会

市消委会联合市委宣传部、市市场监管局继续沿用“网络发动、网络征集、网媒制作、网络播出、网民互动”的组织形式，以“护航高质量发展，共筑高品质生活”为主题主办了3·15网络晚会。晚会聚焦食品、保健品等行业，给予相应的消费教育警示，确保人民群众“舌尖上的安全”；关注美容、外卖等领域，揭露消费过程中可能遇到的陷阱，倡导经营者诚信经营，满足消费者对品质生活的更高要求；宣传打击传销、化解纠纷等成效，严格警示市场主体，着力规范市场秩序，展现市场监管良好形象。

晚会在全市各大网络媒体及区县电视台、商圈户外LED屏同步直播。播出当日就有105万余人次观看并参与了本次直播，同比增长88.1%，与去年相比关注度有大幅提升，覆盖面不断扩大，品牌影响力不断增强。

（三）开展“放心消费　由你点赞”活动

为满足消费者对品质生活的需求，推动企业提供更优质产品和服务。开展了“放心消费　由你点赞”活动，活动本着消费者、企业自愿参与的原则，通过消费者点赞，助推优质品牌或企业形象建设。此活动共有118.58万人次参与点赞，56家企业获得2019年重庆市3·15消费者点赞活动优秀企业或品牌称号。

（四）举办第三届重庆汽车消费宣传节

由市消委会监督指导，华龙网集团主办并由其汽车频道承办的第三届重庆汽车消费宣传节于3月16日在新光天地·新光里广场举行。参展企业不仅带来百余款热门车型，同时还针对售车过程中存在价格欺诈和随意加价、售后服务不透明和服务标准不规范等问题进行了现场宣传和投诉受理，深受消费者欢迎。

（五）举办“诚信经营　真诚服务”家居行业展示活动

由市消委会全程监督，市家具行业协会、市地板行业协会等六大行业协会共同主办的家居行业展示活动于3月16日在聚信美家居1号举行，数百家品牌企业代表和多家媒体出席了启动仪式。六大行业协会做出承诺，以优质的产品和服务保障消费者权益，杜绝不正当竞争，依法诚信经营。

二、聚智凝力化解消费纠纷，促进社会和谐发展

全市消委系统始终把化解消费纠纷作为一项基础工作来抓，积极凝聚社会各方力量，力争把消费纠纷解决在基层，化解在门店，推动消费维权工作向纵深发展。2019年，全市消委系统共受理消费者投诉23959件，同比增长13.6%，解决22061件，投诉解决率为92.08%，为消费者挽回经济损失6624.4万元。

（一）发挥互联网投诉平台作用，为消费者提供便利的投诉维权渠道

加大对微信公众号、网上投诉平台的宣传，畅通消费者投诉举报渠道。完善直通直联机制，督促经营者建立和完善首问负责、先行赔付等机制，以提高消费纠纷处置效能，维护消费者合法权益，促进消费矛盾及时化解。

（二）加大约谈力度，推动群体投诉的化解

发挥约谈制度在处理和化解重大消费纠纷风险中的作用，采取个别约谈或集体约谈方式解决重大疑难纠纷。2019年，以国通石油储油卡加油难、盼达汽车租赁保证金退还难、天地和家装歇业致合同约定履行难等为代表的消费者群体投诉频发。对此，市消委会约谈相关企业，督促其履行消费维权第一责任人的责任，呼吁政府主管部门加大对相关行业的监管力度，以维护消费者的合法权益。针对房地产开发企业使用补充协议方式，作出免除或减轻自身责任、排除或限制消费者权利、加重消费者责任、扩大自身权利等对消费者不公平、不合理的规定的情况，市消委会与市市场监管局集中约谈全市大型房地产开发企业，对梳理出的问题中具有代表性的20个条款进行点评，依法予以规范，保护消费者合法权益。

（三）强化社会共治，积极参与立法和听证工作

2019年，先后参与了《民法典合同编（草案）》《民法典侵权责任编（草案）》《疫苗管理法（草案）》《网络交易监督管理办法》《殡葬管理条例（修订草案送审稿）》《公共航空运输旅客服务管理规定（征求意见稿）》《家用汽车产品修理、更换、退货责任规定》等法律法规或部门规章的修改。参与“重庆市主城区城镇管道燃气配气价格方案座谈会”和“重庆市全面取消公立医疗机构医用耗材加成改革医疗服务项目价格调整方案”听证会并发表意见和建议。

（四）多措并举，夯实消费维权工作基础

一是针对机构改革后，基层消委会秘书长和工作人员变化较大，新到岗人员不熟悉消费维权业务的实际情况，组织各区县消委会秘书长和工作骨干进行有针对性的业务培训，以提高其业务水平。二是针对网络投诉平台和门户网站使用时间较长，部分功能不能满足工作需要的实际，积极争取将平台和网站开发项目纳入市场监管部门的智慧网络建设项目，为业务工作提供高水平的工作平台。

三、持之以恒开展社会监督和消费指导工作，提高消费者自我维权意识

今年以来，市消委会采取比较试验、消费调查等方式，积极推进重点行业和重点领域社会监督和消费指导工作，促进企业不断提升商品质量和服务水平。

（一）科学开展比较试验，引导消费者品质消费

选择了近视眼镜、浴室集成电器和电子血压计等3项社会关注度较高、与消费者生活密切相关的消费品开展比较试验，按照检测准确、解释通俗、宣传到位的工作要求，切实发挥比较试验为消费者提供科学参考、抨击严重影响消费信心的不实信息、引导品质消费的积极作用。

（二）主动开展消费调查，推动行业健康发展

一是开展家电行业售后服务消费者满意度调查，以揭示家电行业售后服务存在的陷阱和消费潜规则，促进家电行业持续健康发展。二是开展2019年重庆市消费者满意度调查。三是开展重庆市2019年旅游消费者满意度调查。为旅游消费环境的改善提供参考，进一步提高旅游人群消费满意度，促进重庆市旅游业持续发展。

（三）加大消费维权志愿者队伍建设力度，发挥志愿者在消费维权事业中的正能量作用

坚持把发展消费维权志愿者队伍与推进基层消费维权网络建设紧密结合，着力构建网状、多样、长效的志愿者服务体系，引导社会各界自觉担当起保护消费者合法权益的责任，为重庆市消费维权事业增添生机与活力。目前，全市共有消费维权志愿者2466人。

四川省保护消费者权益委员会消费维权报告

2019年，四川省消委会秘书处以机构改革为新的发展起点，围绕"助力高质量发展、服务高品质消费、实现高水平维权"的工作取向，切实履行《消费者权益保护法》赋予的公益性职责，持续开展消费引导，推进纠纷调处，创新维权机制，推动社会共治，各项工作取得积极成效。

一、扩大"3·15国际消费者权益日"影响力，提高消费者维权能力

召开四川省纪念"3·15国际消费者权益日"座谈会，回顾2018年全省消费维权工作情况，安排部署消委会2019年消费维权工作。发布了《四川省2018年度消费者满意度指数报告》。指导各地组织开展"3·15国际消费者权益日"宣传活动，累计发放《消费维权知识宣传手册》5万册，倡导文明、健康、节约资源和保护环境的消费方式。

二、积极参与立法立标工作，大力推进消费民事公益诉讼

一是积极参与涉及消费者权益保护法律法规、行业标准的修立工作。2019年10月，参加总局《产品质量法》实施情况的专题调研会，会上提出6条修改意见。组织各市（州）消委组织、律师顾问团、专家、消费者等多方力量，深度参与《电子商务质量信息共享规范（意见征集稿）》《家用汽车产品修理、更换、退货责任规定（修订征求意见稿）》《公共航空运输旅客服务管理规定》《民法典人格权编（草案）》《民法典侵权责任编（草案）》等9部法律法规的立法、修法征求意见。二是准确把握消费的热点和焦点，参加多个标准的制定和意见征求。会同四川室内装饰协会共同起草《室内装饰装修质量设计规范标准》《室内装饰装修质量验收规范标准》，目前正面向社会征求意见；会同省局标准化处进行《四川省钢质门团体标准》的起草和意见征求工作；结合智能门锁比较试验报告，联合深圳市消保委等单位推动制定、发布《智能门锁通用技术条件团体标准》。三是力推消费民事公益诉讼，创下省内、国内多个"第一"。9月17日，就闫攀、唐斌、杨旭、杨超销售假冒注册商标的商品案提起消费民事公益诉讼，9月23日，成都市中级人民法院正式受理该案。作为省消委会提起的首起消费民事公益诉讼，该案的提起创下三个"第一"：是全省第一起消费民事公益诉讼，是全国第一起一般商品领域请求直接惩罚性赔偿的消费公益诉讼，是全国消费者权益保护组织发起的第一起涉及知识产权的公益诉讼。

三、充分发挥商品服务监督评价职能，推动行业规范

一是聚焦社会关注热点和消费者投诉难点，开展社会监督调查。组织开展"中小学校外培训机构"监督调查，调查情况受到省政府高度重视，杨兴平副省长作重要批示。组织开展"乡镇快递取件收费"监督调查，并就调查结果联同省市场监管局、省邮政管理局公开约谈相关企业，引发了广泛的社会讨论，中央电视台"新闻1+1"等节目进行了专题报道，国家邮政局在全国范围内进行了专项整治，有力促进该问题的彻底根治。省政府将该项调查活动向国务院办公厅进行专门汇报。二是发布《四川省2018年度消费者满意度指数报告》。调查总规模达25万人次，回收有效数据500万余条，持续巩固了四川省在国内消费调研项目中应用大数据规模的领先地位。三是开展"四川省2019年川菜消费者满意度及消费指导"工作。

四、分析研判消费者诉求，通过典型案例引导消费行为

2019年前三季度，全省各级保护消费者权益委员会接受消费者咨询10.06万人次；受理消费者投诉26617件，解决26152件，投诉解决率98.25%，为消费者挽回经济损失4586.74万元。加强对投诉咨询信息的分析挖掘，按季向社会公布全省消费者投诉信息统计分析报告，发布年度全省十大消费维权典型案例，并利用"双11"等重要时间节点，大力宣传展播网络购物优秀案例，收到较好的社会反响。

五、充分发挥指导作用，不断强化队伍建设

一是举办四川省消委组织的2018年度消费纠纷调解

优秀典型案例评选活动，评选出17个优秀典型案例，实现“以评代训”，有效提升各级消委组织的维权技能。二是举办全省消委组织工作座谈会暨消费维权实务培训班，传达中消协会议精神，邀请知名法学专家、中消协专家、先进省市消协秘书长进行授课，持续提高各级消委组织依法履职能力。

贵州省消费者协会消费维权报告

2019年，在中国消费者协会和贵州省市场监督管理局党组的正确指导下，贵州省消协以习近平新时代中国特色社会主义思想为指导，深入学习贯彻党的十九大和党的十九届四中全会精神及省委十二届四次、五次、六次全会精神，认真落实中国消费者协会第五届理事会第五次会议各项工作部署，扎实工作，不断进取，全力履行法定职责，较好地保护了消费者合法权益。

一、创新与求实相结合，大力开展消费教育引导，积极营造安全放心的消费环境

（一）创新开展消费维权年主题和“3·15”系列宣传活动，收到了很好的社会效果

为扩大宣传面，增强宣传效果，省消协积极探索、大胆创新，充分利用新媒体的传播力和影响力，以政府购买服务的方式选择媒体参与承办消费维权年主题和“3·15”系列宣传活动，新华社、腾讯、新浪、贵州电视台、贵州日报等29家媒体参加活动并进行了宣传报道，收到了很好的社会效果。现场活动前省消协还通过贵州日报、贵州都市报、“天眼新闻”等媒体，开设消费法规和消费知识宣传专栏，以经营者、老年人、农村消费者为重点，面向全社会进行了为期5天的专题宣传。通过媒体强大的传播力，向经营者和消费者普及了消费法规和消费知识。各地消协组织也以召开年主题座谈会，开展消费维权知识竞赛、消费教育进校园、送法下基层、约谈企业保驾放心消费等方式开展了形式多样内容丰富的宣传活动。比如：安顺市消协组织常务理事及部分企业负责人召开2019年“3·15”活动座谈会；黔西南州消协组织召开五届七次常务理事会议暨2019年“信用让消费更放心”年主题座谈会；黔东南州消协与黔东南州邮政分公司共同在线上开展2019年消费维权年主题有奖问卷调查活动；铜仁市消协走进铜仁学院、铜仁职院、铜仁幼专及贵州健康职业学院，开展了“双创”“打传规直”“商标广告”“食品药品安全”及“特种设备安全”等知识讲座；毕节市消协联合贵州工程应用技术学院维权协会在贵州工程技术学院开展了消费教育进校园活动等。

（二）将法制和消费知识宣传融入日常工作全过程，增强了消费教育引导的针对性

将消费法规和消费知识宣传融入日常工作全过程，在接待消费者来访、接受消费者咨询、调解消费纠纷等工作中，积极向消费者和经营者宣传相关法律法规和消费知识，让消费者和经营者通过具体案例学习了解相关法律法规和消费知识，增强了教育引导的针对性，收到了良好效果。

（三）适时发布消费提示警示，帮助消费者防范消费陷阱和规避消费误区

针对春节、“六一”“国庆”“双11”等节日消费特点和投诉热点问题，省消协在新华网、今日头条、中国质量报、贵州省政府网等媒体发布了《贵州省消费者协会春节消费提示》《贵州省消费者协会“六一”消费提示》《贵州省消费者协会保健品消费提示》《贵州省消费者协会装饰装修消费提示》等。毕节市消协也根据各个时期消费特点发布了《春耕生产之际购买农资四要四不要》《端午节消费者购买粽子需谨慎》等；黔西南州各地消协根据消费者投诉情况和消费特点，发布节日、农资、装修、保健品等各类消费提示警示61条；遵义市消协组织发布消费提示警示70余条等。为净化消费环境，丰富消费者的消费知识，倡导消费者科学、文明、理性消费，提高消费者防范消费陷阱和规避消费误区的意识和能力发挥了应有的作用。

（四）积极开展商品比较试验，为消费者选择商品和服务提供参考

电线是每个家庭必不可少的家装材料，电线质量直接关系到消费者的用电安全及电器寿命，根据《消费者权益保护法》赋予消协组织的职责，贵州省消费者协会

今年5月对贵阳市销售的32个品牌的家用电线开展比较试验，根据聚氯乙烯绝缘电线产品结构特点，重点对样品的导体电阻、绝缘电阻、绝缘最薄处厚度、绝缘老化后抗张强度变化率、绝缘老化后断裂伸长率变化率等指标进行比较，并对样品的整体情况作出客观评价。比较试验报告6月在都市新闻、多彩贵州网等媒体进行了发布，为消费者提供了家用电线真实信息，维护了广大消费者的知情权和自主选择权，引导消费者科学、理性消费，保障消费者用电安全。

二、积极推动社会共治和诚信建设，大力加强消费纠纷调处，努力保护消费者的切身利益

（一）大力推动消费维权社会共治

为加强对金融消费者的保护，省消协在“3·15国际消费者权益日”当天分别与中国银行保险监督管理委员会贵州监管局、贵州省金融消费权益保护联合会签署金融消费维权合作协议，探索构建新时代金融消费维权工作新机制，提高我省金融消费维权便利化水平，促进金融行业健康发展。今年6月，省消协又与贵州电视台《百姓关注》栏目达成合作意向，宣传消费法规、消费知识及维权成果，曝光侵害消费者合法权益的违法行为及非理性维权的不良行为等，引导文明、健康、环保、理性的消费方式，并在消费者协会的指导下受理调解消费者投诉，共同推动消费纠纷化解和消费环境持续改善。

（二）大力推动经销企业诚信建设

省消协在去年和今年“3·15”活动当天与沃尔玛、家乐福、北京华联、苏宁、红星美凯龙等共76家省内大型经销企业签署了《“诚信经营　品质消费”共建合作协议》，积极构建新时代消费维权工作新机制，倡导经营者诚信经营，自觉维护消费者合法权益，从源头上减少消费纠纷。同时，积极和解消费者协会转办的消费投诉，努力提高我省消费维权便利化水平，推动消费环境持续改善，保障消费者无忧消费，促进企业诚信经营健康发展，增强消费对经济发展的基础性作用。毕节市消协通过宣传“信用让消费更放心”年主题，在各县区开展“诚信经营示范创建单位”；铜仁市消协引导铜仁供电、供水、公交公司等签订诚信经营承诺书等。

（三）大力加强消费纠纷调处

消费投诉涉及消费者最直接、最切身的利益，消费投诉的受理和调解，直接体现消协组织的公信力和影响力。为此，全省消协组织积极依法受理消费者的各类消费投诉，全力以赴做到“事事有回音、件件有着落”。2019年，贵州省各级消费者协会受理消费者投诉3856件，解决3566件，解决率为92.48%。为消费者挽回经济损失16978374元。其中，因经营者有欺诈行为得到加倍赔偿的投诉123件，消费者得到加倍赔偿的金额为316614元，接待消费者咨询794人次。

（四）大力加强热点领域消费维权工作

比如：2019年4月以来，“西安奔驰女车主维权”一事引发社会热议，折射汽车消费领域存在诸多问题，汽车消费投诉显著增多，为进一步规范贵州省汽车消费领域市场，加大消费者权益保护力度，省消协第一时间对全省消协组织提出具体指导意见，要求各级消协组织认真处理消费者咨询和投诉，积极督促所在辖区汽车供应商、经销商、售后服务商按照《消费者权益保护法》要求，落实相关规定，切实保障消费者知情权、自主选择权、公平交易权等权利，切实维护消费者合法权益。在省消协的指导下，2019年4月11日至30日，全省各级消协组织共登记受理汽车消费领域投诉举报案件355件，有效化解了社会矛盾。

三、准确把握消协组织定位，积极履行社会监督职责，有效发挥社会监督作用

（一）将社会监督贯穿日常工作全过程

为督促经营者履行法定义务和社会责任，提升商品与服务品质，清理纠正不符合《消费者权益保护法》的行业规则和经营行为，切实维护贵州省消费者合法权益，省消协将社会监督职责贯穿于日常工作全过程，较好地发挥了社会监督作用。比如：2019年5月7日，省消协在调查调解消费者投诉时，发现贵州喜百年装饰工程有限公司涉嫌虚假宣传，为惩戒教育不法经营者，更好保护消费者合法权益，省消协根据《消费者权益保护法》第三十七条之规定，向贵阳市市场监督管理局发送了《建议对贵州喜百年装饰工程有限公司涉嫌虚假宣传侵害众多消费者合法权益行为进行调查处理的函》。5月20日，省消协和贵州省机械电子产品质量监督检验院工作人员到贵阳市花溪区天利机电城和观山湖区西南商贸城进行家用电线比较试验样品采购时，发现两个市场的部分商户存在无照经营情况，省消协及时向贵阳市市场监督管理局发送了《建议对贵阳市部分商户无照经营行为进行调查处理的函》，建议贵阳市市场监督管理局认真查处这些案件。

（二）点面结合综合施策

针对贵州省装饰行业消费纠纷多发的问题，2019年5月8日，贵州省消费者协会约谈了贵州喜百年装饰工程有限公司，并组织贵州省室内装饰协会和生活家装饰、超世装饰、海大装饰等十家贵州省较大的室内装饰企业进行座谈，共同对装饰行业存在的问题进行了认真梳理，对产生消费纠纷的原因进行了深入剖析，向贵州省室内装饰协会和参会企业提出了中肯的意见建议，并向广大消费者发布了《贵州省消费者协会装饰装修消费提示》。9月26日，省消协组织省内部分旅游企业召开座谈会议。会上，省消协根据2018年以来全省消协组织受理旅游消费投诉情况，向参会企业通报了目前贵州省旅游行业存在的旅游合同约定不明确、诱导购物、“低价团”、“纯玩团变购物团”、擅自降低住宿和用餐标准、部分旅行社管理混乱、导游服务水平差等主要问题，要求旅游企业切实增强法治意识、诚信意识，规范旅游合同，加强内部管理，提升服务品质，主动和解消费纠纷，自觉承担起保护消费者合法权益第一责任人的责任，自觉维护好消费者合法权益，保障我省旅游市场健康发展和企业长远利益。与会企业代表纷纷表示将针对存在的问题进行整改，进一步采取有效措施，切实保障消费者合法权益，共同维护贵州旅游市场良好形象。今年，省消协还先后与钟书阁、新华书店、贵州电信、红星美凯龙、沃尔玛、美团网、苏宁易购等进行了座谈，对消费者权益保护等问题进行了深入探讨，积极督促企业进一步加强信用体系建设，自觉承担起保护消费者合法权益的主体责任，更好保护消费者合法权益。

（三）积极为消费者代言

一年来，省消协参加了降低贵阳市辖区及其共用同一配气管道天然气居民生活用气配气和销售价格听证会、贵州省收费公路货车通行费计费方式调整听证会、贵州移动公司监督委员会座谈会、贵州燃气公司客户座谈会，代表消费者提出意见和建议，得到有关方面的重视，部分意见得到采纳，有力地维护了消费者权益。

（四）积极开展食品安全消费体察活动

为加强食品领域社会监督，2019年8月2日，省消协组织有关职能部门、新闻媒体、律师团、政协委员和消费者代表等20余人，赴贵州鸿福盛宴餐饮有限公司、贵阳兆明羊城西饼食品有限公司开展食品安全消费体察活动。体察团一行深入企业生产车间进行体察，近距离了解食品生产过程，实地查看企业的生产环境、工作流程、原材料的进货、内部管理制度和索票索证，检查了从业人员资格、食品加工各个环节，听取了企业人员有关原料采购、食品添加剂使用、灌装消毒等环节的介绍。对企业的安全生产、品质控制、售后服务等方面有了进一步了解，督促食品生产经营者提高责任意识、法律意识和食品安全意识及生产经营透明度，合法经营、诚信经营，共同保障食品安全。

（五）认真开展“2020年产品质量国家监督抽查产品目录（征求意见稿）调查”工作

为配合做好产品质量国家监督抽查工作，着力加强对可能危及人体健康和人身、财产安全的产品，影响国计民生的重要工业产品以及消费者反映有质量问题的产品监督，2019年12月，根据中消协《关于积极参与“2020年产品质量国家监督抽查产品目录（征求意见稿）调查问卷”的通知》要求，省消协认真组织全省消协系统开展了相关调查活动，本次调查共发动全省102个消协组织、97名消协干部和1268名消费者参与调查，并向中消协报送了有关调查情况报告。

四、积极参与立法立标等，从制度层面加强对消费者的保护

今年，省消协参与《交通运输新业态用户资金管理办法（试行）（征求意见稿）》《殡葬管理条例（修订草案送审稿）》《民法典合同编（草案二次审议稿）》《民法典侵权责任编（草案二次审议稿）》《疫苗管理法（草案）》《网络交易监督管理办法（征求意见稿）》的订立和修订工作，参加了总局《产品质量法》实施情况调研与评估工作座谈会等，共提出意见建议7条，从制度层面加强了对消费者权益的保护。

五、积极参与扫黑除恶专项斗争，努力净化消费环境

为扫除消费领域涉黑涉恶行为，省消协4月10日通过贵州日报等媒体。向广大消费者发布了《贵州省消费者协会关于积极举报涉黑涉恶违法行为的倡议》，并组织美团小哥和省消协人员到沃尔玛超市、部分美团外卖企业及部分消费者家中进行了实地宣传，各地消协组织也积极参与扫黑除恶专项斗争宣传，积极收集涉黑涉恶违法案件线索。2019年，共收集移交涉黑涉恶案件线索913件，行业乱象线索19件，为净化消费环境做出了应有贡献。

六、努力加强消协队伍能力建设，不断提升维权能力和水平

为帮助消协组织人员正确理解和把握消费者协会法定职责、提升消费维权法律法规知识水平、促进消协组织运用各种工作手段提高消费者维权的能力，提高队伍基本素质，省消协于10月16日至18日在贵阳举办了“全省消协组织干部业务能力提升培训班”，邀请中国消费者协会法律部主任陈剑、贵州省律师协会副会长朱浩兴等进行授课。全省各级消协组织共102人参加了培训会议，培训取得了良好的效果。

云南省消费者协会消费维权报告

2019年云南省消协在中消协和省市场监管局领导下，以“消费满意在云南”为目标，紧扣“信用让消费更放心”消费维权年主题，牢固树立消费者至上的服务理念，有效履行《消费者权益保护法》赋予的职责，以制度规范提升维权水平，以队伍建设提升维权能力，加大消费维权力度，现将年度工作总结如下。

一、多渠道畅通消费纠纷调处，提升维权效能

一是加快推广电商消费维权绿色通道和网上直通车平台，促进企业和消费者对接，方便消费者投诉。加快投诉信息化建设，促进投诉处理专业化，更好地服务消费者诉求。主动作为，发挥消协投诉受理职能，全力服务好“游云南”APP投诉平台良好运行。二是发挥好律师、专家团队作用。为消费者提供义务咨询和法律援助服务，为涉及消费维权法律法规研究等方面提供法律支持。律师团积极参加每年3·15现场咨询服务活动，现场为消费者提供相关法律信息和义务咨询服务。深入州市消协开展消费维权法律法规培训，走进机场集团等企业开展法律维权讲座。参与省消协重大典型投诉案件的分析研究和调查调解。2019年度上半年典型消费维权案例上报工作中3件案例被《全国消协组织投诉调解案例精选（2017—2019）》收录。三是切实做好消协组织逐级报送投诉统计报表工作，撰写好季度、年度投诉分析报告。加强节假日及重大活动期间消费投诉热点及维权舆情监测分析，提高重大消费事件应急处置的效能。2019年前三季度全省消协组织共受理消费者投诉8834件，为消费者挽回经济损失3124.49万元。

二、强化重点消费领域监督，推动信用体系建设

一是做好云南省机场和部分航空公司消费者满意度调查工作。省市场监管局和省消协办召开了由省民航发展局、民航云南监管局、云南机场集团、第三方调查机构北京零点调查公司参加的座谈会，就《云南省机场和部分航空公司消费者满意度调查工作调查报告》内容向相关单位通报调查结果。为民航等相关部门提供有力的民航服务消费满意度调查依据及整改方向。为促进云南省旅游交通服务做出积极贡献。二是根据中消协《关于深入开展城市消费者满意度调研促进消费者满意度持续提升的通知》要求，指导云南省被测评的昆明、曲靖开展消费者满意度测评调研工作。通过“回头看”调研开展，力求找到消费者满意度指标短板，找准优化和改进措施，昆明、曲靖均完成《消费者满意度测评工作调研报告》，为推动云南省放心消费环境建设，促进消费者满意度持续提升做出有效探索。三是配合省局消费环境建设指导处、12315消费投诉中心对第一季度投诉举报排名靠前的汽车销售、健身服务、手机销售、航空服务类7家企业分别进行了约谈，敦促其重视消费者意见，履行好企业法定责任和义务，采取整改措施，切实维护好消费者合法权益。积极配合消建处开展高速公路放心消费示范店诚信建设。在云南基地航空公司开展放心消费创建活动。四是参加云南省取消高速公路省界收费站调整收费公路计费方式听证会。代表消费者发表观点，维护权益。五是按照省局总体部署，配合开展普洱茶、过桥米线放心消费专项行动和整治“保健品”市场乱象“百日行动”，以重点区域、重点场所、重点市场、重点行业、重点品种为突破口，开展好商品服务监督工作。

三、大力开展消费教育引导活动

一是有针对性地发布消费警示提示。结合消费购物旺季和重要的时间节点，分析消费者投诉多的案件，从中找出普遍规律，有针对性地发布消费警示提示及消费维权典型案例，让消费者在购物或者接受服务过程中避免或减少损失。3·15期间接受新华社关于《亲子消费市场火热“宝妈”如何避开消费陷阱》采访。全年按照时间节点先后发布春节健康理性消费平安祥和过年，科学认识保健品理性食用不盲目，慎重采选和谨慎食用野生菌、选择正规驾校愉快学习技能，切忌误采误食严防误食野生菌中毒，暑期境外旅游消费，中秋、国庆两节消费等消费提示，在云南网、云南信息报、都市时报、云南日报、青年与社会杂志等云南省级媒体上广泛宣传。二是开展好商品比较试验工作。针对民生消费热点、昆明市场部分包装饮用水开展比较试验，促使消费者更好地享有商品的知情权和自主选择权。并就云南市场消费者饮用水知名品牌承龙、珍茗两家企业开展消费体察活动。省消协2018年开展的加湿器比较试验获中国消费者协会2019年全国比较试验优秀组织奖和优秀项目奖。三是深入行业企业开展消费维权诚信经营宣传活动。紧扣“信用让消费更放心”消费维权年主题，以开展“不忘初心　牢记使命”主题教育为契机，动员联合重点行业企业，大力开展消费教育，帮助行业、企业完善诚信体系。8月11日与云南省普洱茶协会共同开展“品饮云南普洱茶　享受健康人生”放心消费体验活动。8月26日走访二手车市场瓜子汽车服务（天津）有限公司昆明分公司，了解消费维权工作情况。8月29日省消协参加在昆明举办的智慧物流与供应链创新发展论坛，开展“信用让消费更放心”宣传演讲。通过广泛深入行业企业，开展诚信经营教育引导，强化企业信用监督，帮助完善消费维权措施，共同营造放心安全的消费环境，维护消费者合法权益。

四、着力开展好全省3·15宣传活动

根据中消协和国家市场监督管理总局的部署和安排，省消协联合省市场监督管理局于2月19日下发了《关于开展2019年纪念3·15国际消费者权益日活动的通知》，在全省范围内组织开展以“信用让消费更放心”为主题的2019年纪念“3·15国际消费者权益日”系列活动。全省3·15期间主要开展了四个方面的活动：一是在全省范围组织开展“3·15”当天的集中宣传咨询服务活动。二是“3·15”活动期间，以全省正在开展的普洱茶、过桥米线放心消费专项行动和整治保健市场乱象“百日行动”为重点，用打击整治的实际战果和案例，教育引导广大企业诚信经营，维护消费者合法权益，努力营造放心安全的消费环境。三是积极开展“12315”进商场、超市、市场、企业、景区“五进”活动，宣传《消法》等法律和消费常识、典型案，提高广大消费者自我保护意识和维权能力。四是认真抓好消费者投诉举报的落实。做好突发事件应对和处置，全力做好3·15晚会现场转办的投诉举报的处理工作。

3月15日，省消协联合昆明市消协共同在昆明市南屏步行街广场开展纪念3·15广场宣传活动，举行2019年“信用让消费更放心”年主题宣传活动启动仪式。省、市、区三级消协组织主要成员单位参与，重点开展现场宣传咨询、受理消费者投诉、重点企业信用建设承诺、重要领域市场乱象整治和扫黑除恶成果展示等系列活动。

五、以市场监管机制改革为契机，强化组织建设，提升消费维权水平

一是切实加强州市消协组织队伍建设。以《消法》赋予消协组织的职能职责为依据，以市场监管机构改制为契机，主动向当地各级政府和有关部门汇报，争取党委政府的支持，为消协常设办事机构的人员编制、工作经费提供保障。二是充分发挥消协组织理事会平台作用。以消协组织为桥梁纽带，主动争取政府相关部门、执法单位、社会各界等理事单位对消协公益职能的重视和支持，不断强化消费维权共治机制。三是提升队伍能力水平。积极做好中消协举办的全国消协组织“双先”评优工作，激发各级消协队伍爱岗敬业。按照年度工作计划，组织开展消费维权专业化业务培训。有效提高消协队伍专业化能力，加强消费教育引导、调处消费纠纷、开展商品服务监督、推动社会共治、参与处置突发事件等方面的业务素质和能力。

西藏自治区消费者协会消费维权报告

2019年，西藏自治区消协认真履职，积极工作，各项工作有序开展。现就相关工作进展情况、存在的主要问题及下一步重点工作汇报如下。

一年来，在局党委的正确领导和中消协的有力指导下，西藏消费者协会立足公益性社会组织消费维权职责，切实履行消协职能，把充分发挥消费维权的核心任务抓紧抓实，从构建消费教育引导、商品服务监督和消费者救助三大体系入手，始终坚持“三个围绕”的消费维权工作方针，不断强化消费维权的针对性，不断提高服务消费者、服务经济发展和社会和谐的时效性，有力地维护了消费者合法权益，引导了文明、健康、节约资源和保护环境的消费方式，推动了消费环境的改善。同时积极适应新常态，认真贯彻“创新、协调、绿色、开放、共享”五大发展理念，以推进供给侧结构性改革为动力，牢固树立全心全意为消费者服务的宗旨，依法履行《消法》赋予的职责，加强消费引导，强化纠纷调处，创新维权机制，推动社会共治，高度重视消协组织自身建设，进一步推进消费维权各项重点工作深入开展，为营造良好消费环境，激发和释放消费潜力，增强消费在稳增长中的核心作用努力做出新贡献。

一、高度重视公益性社会组织消费维权职责，积极抓好工作部署

根据中消协有关部署，结合区消协实际，及时研究印发了《自治区消费者协会2019年工作要点》，就2019年区消协工作进行了部署强调，明确了工作要求。

二、进一步强化对新《消法》及2019年“信用让消费更放心”年主题的宣传，努力促使新《消法》家喻户晓、深入人心

一是认真做好年主题宣传工作。积极开展各项宣传工作，保证3·15期间集中的热点、难点投诉举报的受理和处理工作，并对部分日常投诉举报集中的市（地）工商局备勤工作情况进行了抽查。在3·15当天，在西藏日报进行消费维权专题的专版报道，同时，西藏商报及拉萨晚报进行了为期一周的消费维权专题报道。参加西藏卫视《高原新闻眼》关于我区消费维权方面的专题节目录制，全面宣传年主题口号及其内涵，努力使“信用让消费更放心”年主题家喻户晓、深入人心。并向各地市发放消费维权宣传品2万份。二是认真宣传新《消法》等法律法规。自治区各级消协组织继续把新《消法》等法律法规作为宣传重点，进一步扩大新《消法》的社会影响力。特别是结合近年来消费维权工作实际，重点宣传新《消法》赋予消协组织的公益性职责、消费争议的解决途径以及当前西藏消协组织的工作情况，进一步加深了全社会对消协组织职责、作用的认识，努力为我区消协组织下一步更好开展工作营造环境。

三、进一步强化消费警示提示发布等工作，有效推进科学消费、绿色消费、适度消费

每月通过自治区政府门户网站、区市场监管局门户网站、OA系统等发布或转发一次消费警示提示，特别是在三大节日期间及时发布了有关节日安全的消费警示提示，被自治区有关媒体广泛采用，实现了良好的社会效果。整个3月在区局户外LED大屏循环播放年主题宣传、老年消费警示教育、如何辨别假冒产品等消费维权宣传片。

四、进一步强化消费投诉受理转办工作，切实维护消费者合法权益

根据局里安排，消协一直负责具体管理西藏自治区12315指挥中心工作至今年9月。而为将2019年消费维权年主题“信用让消费更放心”落到实处，在更广、更深层面发挥电商直通车平台的维权作用，区消协负责西藏电商直通车平台，截止到2019年12月，受理5件电商投诉，全部已办结。

五、进一步强化日常工作，进一步提高消费维权效能

一是及时处理自治区公安厅舆情办第31期舆情信息关于投诉“中国黄金”侵害消费者合法权益的案件，现场调解成功后，现场履行完毕并结案，并将在调查过程发现的涉嫌违法的线索移送给拉萨市市场监督管理局。二是及时处理“消费者在网上购买牛肉干信访事项”，现场调解成功后，履行完毕并结案。三是致函拉萨市政府通报全国消费者满意度测评情况，开展西藏自治区全区的消费者满意度调查，形成西藏自治区消费者满意度调查报告并上报中消协。四是参加全国消协组织投诉工作培训会暨电商消费维权直通车推广会。五是参加全国市场监管部门消费者权益保护工作会议。六是参加全国消协组织投诉工作培训会。七是参加全国消协组织商品服务监督暨物业服务调查体验工作培训班。八是积极调研，并根据调研结果形成《西藏自治区消费者协会关于机构改革的意见和建议》。现西藏自治区编办已批复同意给区消协11个事业编制。九是应邀参加西藏卫视《高原新闻眼》关于我区消费维权方面专题节目录制。十是根据局里安排，消协一直负责具体管理西藏自治区12315指挥中心工作至今年9月。十一是参加全国消协组织消费指导工作培训班。十二是西藏自治区食安办、市场监管局、消费者协会联合印发《餐饮服务食品安全示范店创建工作实施方案》的通知。十三是填写并上报自治区本级部门预算项目申报书及项目经费明细测算表。十四是接局政工处安排，完成原自治区广告协会2018年度年检报告。十五是参加自治区整治食品安全问题联合行动，在案件查办组负责行动数据报表。十六是调解关于张红梅新车买卖纠纷的投诉。十七是根据《自治区市场监督管理局关于开展“不忘初心　牢记使命”主题教育调研工作方案》要求，结合自治区消协工作实际，围绕消协组织现状、存在的主要问题、思考和建议这一课题，积极开展“不忘初心　牢记使命”主题教育专题调研，形成《当前机构改革背景下，我区消协组织建设情况的调研报告》并上报。十八是做好消协其他日常工作及领导交办的各项工作。

陕西省消费者协会消费维权报告

2019年，陕西省消协在陕西省市场监督管理局党组的领导下，围绕中心，服务大局，以中消协年主题为主线，依法履行职责，创新维权方法，不断加强消费维权工作力度，圆满完成了目标任务。

一、开展“3·15”宣传咨询活动，加强消费教育引导

一是适时发布消费提示。“3·15”期间，针对消费热点，发布了2019年度十大消费提示，让更多的消费者避开消费陷阱，提高自身保护意识。全年发布消费提示12条，内容涉及预付式消费、食品安全、网络消费等各方面。二是举办百企信用承诺活动。举办“信用让消费更放心”百企信用承诺活动，倡导经营者用诚实守信打造品牌形象，鼓励引导消费者积极行使监督权，促进消费环境不断改善。三是开展消费教育“五进”活动。先后联合省老年大学、人民银行西安分行、消费教育基地等单位开展消费教育“五进”活动，普及食品安全知识、举办校园贷等金融知识讲座，提高大家的消费维权意识和自我保护能力。四是开展老年人消费教育巡讲活动。联合《中国消费者》杂志社，先后在宝鸡、汉中、安康等6市开展老年消费教育巡讲宣传活动12场，参与活动的老年消费者超过8500人次，引导老年人理性消费，提高老年消费者的依法维权能力和意识。

二、积极开展普法宣传，推动消费维权法制建设

一是开展法律援助进乡村宣传教育活动。省消协动员专家和律师团成员赴富平县曹村镇开展法律援助进乡村宣传活动，现场受理消费者投诉，发放法律法规宣传资料，提高了农村消费者自我保护意识。二是积极参与消费维权法律法规修改。组织专家委员会和律师团积极参与“3·15”宣传、法律咨询援助和机场停车费价格研讨会等工作，代表消费者发表意见；按照中消协安排，先后参与了《民法典》《消法实施条例》等5部消费维权法律法规的修改，推动了消费维权法制建设。三是开展有奖知识竞赛活动。联合西安晚报社举办了新修订的《电子商务法》有奖知识竞赛，消费者通过学习和掌握网络消费维权法律法规知识，增强了运用法律武器保护自身合法权益的意识和能力。四是组织编印“3·15”普法宣传资料。为了加大网络消费维权法律法规普法宣传教育，组织编印了《电子商务法学习读本》，免费向消费者发放，受到广大消费者和社会各界的好评。

三、完善投诉解决机制，提升消费维权工作效能

一是做好日常受理与投诉工作。截止到11月底，全省各级消协组织共接待投诉咨询及来访人员36780人次，受理各类投诉7478件，解决6424件，投诉解决率85.9%，为消费者挽回经济损失716.52万元。二是加快受理解决投诉方式的转变。充分发挥全国消协组织投诉咨询系统和电商消费维权直通车平台的作用，通过省消协官网、微信公众号建立便捷高效的投诉受理渠道，方便消费纠纷的解决。三是针对热点领域敢于发声。针对热点领域和涉及百姓利益的重大事件，在媒体发布消协观点10次，对典型案例进行点评并向有关部门反馈投诉信息，将分析结果及时发布，得到社会各界广泛关注。

四、强化商品服务监督，推动消费维权社会共治

一是组织开展了儿童配装眼镜商品比较试验。根据中消协安排，与中消协和重庆、深圳消保委联合开展了儿童配装眼镜商品比较试验并向社会公布结果，促进消费者更好地享有知情权和选择权，督促经营者提高商品和服务质量，促进了行业自律。二是发布汽车维修保养消费者满意度调查结果。“3·15”期间，在中消报、陕西日报等媒体公布了汽车维修保养消费者满意度调查结果。针对该行业在经营和消费过程中存在的短板，向有关部门提出了改进意见建议并向消费者发布消费提示。三是开展房产中介服务消费者满意度调查活动。针对房产中介服务成为当前消费热点的现状，及时公布调查结果，向消费者提供了真实的房产中介服务消费信息，提高了消费者自身保护意识，强化了对房产中介服务的社会监督。四是开展诚信兴商宣传月活动。积极配合省政府相关部门在全省开展“诚信兴商宣传月”活动，先后开展房产中介消费调查、儿童配装眼镜商品比较试验、新《消保条例》宣传培训等活动，促进经营者诚信经营，推动诚信兴商宣传活动的深入开展。

五、加大消费维权宣传教育，促进形成维权社会合力

一是大力开展消费维权新闻宣传。开展多种形式的宣传，使消协组织的社会影响力大大增强，全年共接受各类媒体采访20余次，发布新闻稿件30余篇；自办《简报》20期，向全省消费维权工作者和消费者发放。二是积极参与全国最美消费维权人物的评选活动。根据中消协通知要求，省消协推荐的华商报记者陈思存被中消协评选为全国最美消费维权人物，在全国影响较大。三是积极开展放心消费创建工作。省消协认真履行放心消费创建联席会议成员单位职责，积极参与省局放心消费创建办工作，主动加强同有关行业组织和经营者的联系，倡导经营者主动承担社会责任，共同开展对消费维权的社会监督。

六、依法推动组织建设，提高消费维权能力水平

一是认真开展主题教育活动。认真开展“不忘初心　牢记使命”“讲政治、敢担当、改作风”等主题教育活动，加强廉政建设，开展干部作风纪律整改，不断改进党员干部的工作作风。二是依法推动消协组织改革。认真贯彻落实新《消保条例》，积极推动消协组织改革，结合政府机构改革的新变化，主动做好省消保委成立的各项筹备工作；开展对基层消协组织建设调研，指导市县消协依法推动消保委及其办事机构的组建工作。三是举办全省消协组织消费维权业务培训班。邀请中消协业务骨干就如何做好新时期消费者投诉调处工作进行授课，交流工作经验，明确依法推进组建消保委及其办事机构的工作思路，提升了参训人员投诉处理能力，增强了依法推进组建各级消保委的责任感和紧迫感。四是组织开展“双先”评比活动。根据中消协工作安排，组织开展了2018—2019年度全国消协组织“双先”评选工作。经过认真评选，向中消协推荐上报了3个先进单位和3个先进个人，充分调动了全省消协组织工作的积极性和主动性。

附：陕西省2019年主要维权成果

案例一　富平县快速调解一起购房“意向金”纠纷案

2019年4月19日，富平县市场监督管理局城关所和消协分会工作人员快速调解一起购房“意向金”纠纷案，让买房人王某投诉某房产经纪公司不予退还的“定金”最终返还，王某还向城关所赠送了热情洋溢的感谢信。

接到投诉后，城关所所长刘军安立即组织两名工作人员进行调查处理。经查实，该房产经纪公司隐瞒部分事实，未按照《房地产经纪管理办法》有关规定明示收费项目、内容、标准，单方面与买房人王某签订了《二手房购房定金协议》，并收取2万元“定金”。随后王某发现该房产经纪公司在房产税费问题上言辞闪烁，前后不一，遂心生疑虑，打消买房念头。但该房产经纪公司以王某已签订协议为由，不予退款。

城关所工作人员深入了解以上情况后，认真向该公司讲解了《消费者权益保护法》《房地产经纪管理办法》《合同违法行为监督管理办法》等法律法规。该房产经纪公司最终认识到自身错误，但答应只退还部分，不能全额退还。在城关所工作人员数次努力调解下，该公司终于答应全额退款。该所所长及负责调解的消协分会工作人员表示：感谢群众对消协工作的肯定，我们将一如既往地做到有诉必接，接诉即办，切实维护好消费者合法权益。

案例二　延安南市消协分会成功调解一起消费纠纷

2019年5月8日11点，在延安市宝塔区南市工商所会议室里，副所长张胜利正组织消协分会工作人员调解一起消费纠纷。经过调解，当事人双方达成一致意见，双方签字，被投诉的人人家房屋中介公司当场兑付消费者现金1万元。当消费者呼某拿到自己买房多支付的1万元现金后，激动得再三对工作人员说：“谢谢！”

原来，消费者呼某于去年年末通过人人家房屋中介公司购买房屋一套，在由中介公司组织双方交付房款过程中，致使消费者呼某多支付给卖方1万元。此后呼某多次联系卖方退还，卖方已是无影无踪。呼某在与人人家房屋中介公司多次交涉无果的情况下，于今年3月来到南市消协分会投诉，称中介公司与卖方合伙骗他钱财。接到投诉后，消协分会第一时间向所领导报告，南市工商所领导高度重视，立即组织执法人员展开调查，查明中介公司在组织交易过程中，由于自己的过错，即在未查明卖方欠房地产开发商尾款的情况下，组织双方过户、交款，致使消费者多给付卖方1万元。调解人员先后多次向中介公司宣传《消费者权益保护法》，为他们讲解法律常识，使中介公司终于认识到自己经营不规范给消费者所造成的财产损失，愿意先行垫付赔偿消费者的损失1万元。中介公司赔偿后，通过司法渠道向卖方追偿。至此，一场复杂的消费纠纷终于得到圆满解决。

甘肃省消费者协会消费维权报告

2019年，甘肃省消协围绕“信用让消费更放心”年主题，以推动协会工作社会化为重点，全面履行法定公益性职责，各项工作取得新的成效。

一、建立社媒联动机制，推动消费维权教育引导工作社会化

一是拓展传播渠道，加强消费维权舆论宣传。联合广播、电视、报刊、网站等新闻媒体开办消费维权栏目，制作《消费维权在身边》电视专题片，出版3·15消费维权《读者》特刊，接受甘肃新闻广播“天天3·15”专题采访，发布十大消费维权案例，震慑违法经营行为。联合行业协会、经营企业发布诚信自律、社会共治倡议。依靠媒体的支持和行业协会、经营企业的参与加强消费维权舆论宣传，营造了良好的消费维权社会氛围。一年来，通过媒体、行业组织举办各类宣传活动50余场次，发布各类消费警示和提示350余条。

二是创新教育方式，开展群众喜闻乐见的消费教育宣传。省消协走进平安人寿甘肃分公司、兰州新区西部恐龙园、现代职业技术学院、彩虹城社区开展消费维权法律法规宣讲，举办防范网贷风险、正确认识保健产品、化解旅游消费矛盾等专题讲座，传播科学、文明的消费理念。“八一”建军节前夕，联合白银市消协走进某武警部队开展“消费维权进军营”活动，为部队官兵发放消费维权学习资料，针对部队官兵关心的预付卡、网购等问题举办专题讲座，赢得一致好评。兰州新区消费者协会组织理事单位结合工作实际，采取案例研究、视听教学、专家传授、领导干部上讲台等多种方式宣传消费维权法律法规知识，联合中川国际机场及航空公司，在航站楼候机厅以快闪歌舞表演、有奖问答等形式宣传《消法》、与消费者互动交流，张掖市甘州区消协走进幼儿园与孩子、家长和老师一起开展食品安全宣传活动，组织消费维权志愿者送维权知识进社区，武威、天水、陇南、定西、庆阳、兰州等地消协开展关爱老年人、青少年消费教育，主题鲜明、针对性强，收到良好的教育效果。全省各级消协组织贴近群众，以消费者喜闻乐见的形式开展消费教育宣传引导，增强了消费教育的针对性和感染力。针对老年人消费安全问题，深入开展“品质消费　乐享晚年”主题教育。围绕与老年人消费密切相关的保健食品、投资理财、旅游出行、养老生活等消费热点，走进居民社区、老年大学、广场、公园，举办讲座、发放资料、宣讲案例、请消费者现身说法，以多种形式开展消费安全宣传，为老年消费者增强风险防范意识、提高自我保护能力提供了有效的指导帮助。针对校园消费安全，走进大专院校、中小学和幼儿园，举办专题讲座、印发宣传手册、张贴宣传海报，传播安全消费理念，普及消费维权知识，对维护校园消费安全发挥了积极作用。在节假日、旅游季，深入车站、机场、旅游景点等场所，向群众发放消费维权宣传资料，解答消费者关心的消费维权问题，受到消费者的普遍欢迎。

三是开展比较试验和消费安全教育，引导消费者理性消费、防范风险。针对消费热点，省消协深入市场了解商品情况，委托专业检测机构有序开展了皮鞋、挂面、粉条、休闲食品、速冻食品等500余批次商品的比较试验，并向社会发布比较试验检测结果，为消费者提供客观的商品信息。同时，针对假期旅游、网络购物、个人信息、房屋租赁等方面的安全问题，及时向消费者推送消费安全相关信息，发布消费警示，指导消费者理性消费、防范风险。

四是突出重要时间节点，强化宣传教育引导的社会成效。“3·15”期间，全省消协组织在各级党委政府的支持和社会各界的协助下，围绕“信用让消费更放心”年主题，集中开展了声势大、形式多、内容丰富的“3·15”系列宣传活动。“质量月”期间，消协组织编印宣传材料、制作宣传展板、举办专题讲座、开展“大家谈”等活动，引导教育广大消费者科学理性消费，提高识假辨假能力。“宪法日”前后，组织开展了知识竞赛、专题讲座等活动，宣传《消费者权益保护法》《产品质量法》，提高消费者依法维权的能力。

二、引导经营者依法履责，督促政府部门依法监管，推动监督工作社会化

一是约谈经营单位，敦促商家落实主体责任，规范经营行为。结合央视“3·15”晚会曝光的问题及近年全省消协组织受理消费投诉的情况，召开提升家电、汽车产品售后服务质量约谈会，约谈28家家电和汽车产品售后服务单位，通报购车强制购买保险、加价提车、迟迟得不到合格证书、押金不退还、4S店拒绝或拖延履行“三包”义务、虚假宣传误导消费等问题和案例，对改进售后服务、提高服务质量、维护消费者合法权益提出5条具体监督意见，敦促商家落实消费维权主体责任，规范经营行为。

二是通过函询建议，督促政府有关部门落实监管责任。省消协针对兰州地铁、公交定价调价，指导兰州市消费者协会致函兰州市发改委、物价局，提出票价调整方案修改建议，从维护消费者合法权益的角度，为政府决策提供了支持。针对4S店收取“金融服务费”的问题，致函省银保监局、省商务厅，召集省商务厅、银保监局、市场监督管理局、地方金融监督管理局、汽车业商会等部门座谈，提出提供有偿服务必须尊重消费者的知情权和自主选择权，监管部门、行业商会要依法加强监管，并通过媒体向社会发布座谈会结果，加强社会监督。此外，结合消协维权工作实践，对全国人大及甘肃省拟制定修订的若干法律法规，提出了消协组织的意见建议。

三是开展诚信经营承诺活动，增强经营者诚信守法意识。省消协组织经营企业、行业协会开展诚信自律大家谈，签署《甘肃省行业协会“诚信自律　携手共治”承诺书》，发出“做诚实守信　行业自律践行者”的倡议，深入邮政速递、顺丰速递、万达酒店、人寿保险、联通、移动、装饰材料协会、如新日用保健品公司等经营场所，开展多种形式的消费维权法律法规宣传，深入岷县美华超市、当归城中药材市场、电子商务中心调研，查看行业示范创建工作，嘉峪关、白银、武威、定西等地消协结合当地实际，开展诚信经营万人签名、公开承诺、消费满意度问卷、名优产品展示、消费后评价、诚信经营宣誓等活动，促进了行业诚信自律。

三、加强与行业协会及有关方面的维权合作，推动消费矛盾纠纷调处工作社会化

在严格规范消费投诉处理程序，加强投诉信息管理、做好案件统计分析，对消费投诉工作量化考评，季度通报，推动消费投诉受理和调解工作质量效率不断提升的同时，积极适应消费维权工作新形势、新要求，加强与行业协会及有关方面的消费维权合作，有效提高了消费投诉调解工作的成功率。省消协在甘肃温州商会、中国联通甘肃分公司、甘肃省汽车商会、甘肃美容商会、甘肃省婚庆行业协会、甘肃省轮胎业商会、甘肃省装饰材料行业协会、甘肃省保险行业协会等行业组织和经营企业建立了消费维权中心，发挥行业、企业的主导作用化解消费矛盾纠纷，共同营造良好的消费环境。在处理消费投诉的工作实践中，积极取得有关方面的配合，促进了问题合理解决。对消费者在澳门旅游期间购买钻戒、项链引起纠纷的消费投诉。迅速启动与澳门消委会建立的消费维权绿色通道开展调解工作，要求商家对不符合消费者要求的商品给予退货。经过历时三个月的反复协调，圆满解决了纠纷，为消费者挽回经济损失8000余元。对省局转办的保险合同理赔信访件，派人专程赴临夏实地调查，协调保险协会和保险公司妥善处理，帮助消费者获得8万元的赔偿保险金。2019年，全省消协组织共接到消费者投诉10445件，调解处理10083件，诉讼解决率96.53%，为消费者挽回经济损失15761138.06元；接待来访、咨询29487人次；不予受理案件144件；加倍赔偿案件51件，赔偿金额60358元；支持消费者起诉案件28件；接到表扬信、锦旗23封/面。

四、加强自身建设，提高队伍素质，全面提升消协组织维权能力

一是加强党支部建设，发挥战斗堡垒作用。认真落实省局党组要求，制订党支部建设标准化工作计划，建立完善党支部工作台账，坚持“三会一课”、民主评议党员、谈心谈话等制度，严格执行中央八项规定、省委及省局党组加强作风建设的各项规定，认真抓好甘肃党建APP安装使用，发挥党支部政治核心作用，坚定正确的政治方向，营造风清气正的工作环境，促进了消协整体工作不断进步。

二是集中抓好“不忘初心　牢记使命”主题教育。落实学习制度，深查存在问题，强化纪律作风，增强守初心、担使命的自觉性，担当尽责，主动作为，积极为消费者排忧解难，依法维护消费者合法权益，思想作风建设明显加强。

三是召开省消协第五届理事会第七次会议。提出消协工作要突出依靠、创新、求实三个重点，紧紧依靠党和政府、基层组织、社会各界的支持，努力创新维权工作方式方法，紧密结合本地实际，在新的起点上开启消费者权益保护事业新征程。

四是为消协组织的机构改革建言献策。针对市场监管机构改革以来全省消协组织在机构设置、人员编制、活动经费等方面存在的问题，省消协根据中国消费者协会的指导意见和全省实际情况，向省局多次提交专题报告，提出消协机构改革建议。

五是适应维权工作新要求，加强业务能力建设。省消协下发《关于加强全省消协组织业务工作的指导意见》，提出提升业务水平、做好新形势下消协工作的任务要求。针对消费痛点和网络交易、汽车消费等维权问题，深入定西、临夏、武威、民勤、天祝、岷县等市州、县区开展消费纠纷调处业务培训。嘉峪关市消协在新商业圈消费维权服务站推行经营者首问和赔偿先付制度，平凉市消协加强消费者投诉举报回访工作，天水市消协加强协调，妥善调解群体性消费投诉，主动作为，依法维权，取得好的成效。

六是认真做好精准扶贫工作。按照省局统一部署，深入扶贫点进村入户开展扶贫工作，保持同扶贫对象密切联系，帮助解决实际问题，开展送温暖活动，较好地完成了扶贫工作任务。

青海省消费者协会消费维权报告

一、以纪念3·15为契机，共建共享，持续推动社会共治

2019年，全省消协系统紧紧围绕年主题，提前谋划、立体布局、主动作为、积极协调，广泛凝聚社会各界力量，不断促进消费维权社会共治。特别是“3·15”期间，全省上下形成合力集中开展各类消费维权宣传咨询服务活动。

一是省消协通过举办大型年主题论坛，携手黑龙江消协共同开展《电子商务法》有奖问答，举办“2019年青海省纪念3·15国际消费者权益日”大型广场宣传咨询服务活动，表彰2018年度青海省“最美消费维权人物”，向全社会发起“信用让消费更放心”倡议承诺等活动，使3·15活动更加深入人心，特别是在去年活动中，我们除加大与传统媒体合作外，首次将网络直播引入大型活动中，使参与活动的人员几何倍数增加，让更多的消费者通过网络参与到活动中，近距离聆听了专家、教授、博士的精彩演讲，并与嘉宾互动交流，使活动最大限度得到了深化。

二是各地结合实际开展了形式多样的3·15活动。3·15当日，全省2个市、6个州和4个园区的市场监管局及消协均联合相关部门单位举办了广场宣传咨询服务活动，设立了假冒伪劣商品曝光台、投诉台、法律法规咨询服务台等，发放宣传材料，普及维权常识，倾听消费者声音，帮助消费者解忧。值得一提的是，去年“3·15国际消费者权益日”纪念宣传活动从市州两级更多向基层延伸，多地除在城市中心设立主会场外，围绕市场、社区、乡镇、偏远农村、牧区等设立分会场，如：西宁市各区县局结合本辖区实际，分别在莫家街市场、万达广场、大通园林路步行街、湟中文化广场等地开设分会场，开展消费维权咨询活动，面对面接待消费者，切实帮助消费者解决他们在消费过程中遇到的疑难问题。格尔木举办了首届市场监管局业务大融合维权知识大比拼活动。海北州联合海晏县认真开展了消费维权及民族团结知识竞赛。海西州专门举行了“信用海西，放心消费”全民大承诺活动。玉树州开展了具有玉树特色的“春季3·15”消费维权系列活动。

二、以人民美好生活需要为目标，强化监督，助力和谐诚信社会建设

2019年，全省消协系统充分发挥社会监督作用，积极组织开展对商品和服务的监督，坚持把专家号脉与化解争议相结合，调查分析与成果转化相结合，引导诚信与督促自律相结合，不断促进消费市场环境的改善提升，进一步提升消费者满意度。

一是利用专业调查数据，促消费环境改善提升。在线上开展2019年春节公共交通出行问卷调查活动，联合各地消协组织开展青海省农牧区消费现状调查，在西宁地区11所中小学中开展校服消费体验问卷调查活动，同时，通过发布青海省消费领域失信热点的典型案例等，积极促进消费环境优化，服务质量提升。同时，结合《2018年中消协开展的全国70个城市消费者满意度测评报告》，就参加测评的西宁、海东两市反映的情况，指导两市消协以召开座谈会和实地调查相结合的方式深入开展消费者满意度调研工作，分析原因，提出优化和改进建议。

二是利用比较试验结果，促商品和服务质量改进提升。针对西宁地区干洗店服务质量与干洗质量开展比较试验、联合黑龙江消协开展线上线下婴幼儿背带比较试验，针对比较试验结果，撰写分析报告，将结果、改进建议书面反馈各干洗店、婴幼儿背带实体店、网络平台、厂家及监管部门，加大对西宁市干洗行业以及线上线下婴幼儿背带的社会监督。同时，联合省内新闻媒体及时、全面、准确、客观地发布比较试验结果及消费提示，发挥比较试验引导作用。值得一提的是，在中消协2019年"第二届优秀比较试验项目"评选中，2018年青海省消费者协会无硅油洗发水比较试验获得广大消费者的好评，荣获优秀比较试验提名，省消协被评为优秀比较试验项目组织单位。

三是利用体验体察，促经营者规范自律。省消协组织消费者代表、省消协公益法律顾问、媒体记者等走进青海塞奇食品有限公司开展消费体验活动。同时，积极参加中国消费者协会在全国范围内开展的物业服务调查体验活动，通过体验体察，加大对企业行业的激励约束作用。海西州消协通过消费监督、消费建议等多种方式，加大对铁路、燃气、供水、通信等公共服务行业的监督。

三、以新兴媒体为载体，加大教育引导，着力营造安全放心消费环境

随着媒体分众化、对象化的新趋势，去年，省消协加大与新媒体合作，努力扩大消费教育引导覆盖面和影响力。

一是省消协与联通小U直播间合作，对大型论坛活动及3·15广场咨询服务活动等进行全程网络直播，累计网络浏览量达到24万余人次，众多网友在平台留言，为活动点赞。

二是通过省消协网站及微信平台以案例分析、提示警示、消费小课堂等形式持续开展消费教育引导。在全市119个小区、商业区、医院等人流密集地的1130余部电梯及青海电视台黄金时段连续滚动播出年主题宣传。同时，发动社会各界力量，结合"质量月""诚信兴商""食品安全月"等活动，围绕网络、老年人、农牧区等消费领域，持续广泛开展消费教育系列活动。如：省消协联合人民银行西宁中心支行组织工商银行、建设银行、青海银行等6家银行企业共同走进青海大学为200余位大学生送上金融消费知识大餐。格尔木相继开展了消费教育"进企业""进社区""进商场""进电商""进藏家""进市场""进农场""进农村""进矿区""进军营"等"十进"活动。西宁市城北区举办了"关爱老人，消费无忧"消费维权及舌尖上的安全知识专题讲座活动，开展了《消费者权益保护法》有奖问答活动。海南州全州上下先后深入13所中小学、18个社区和16个市场，开展了消费维权服务"三进"活动。果洛、海东、海西、海北、黄南等地以宣传手册、视频、海报为依托，采取讲座、展览、会演等形式，均开展了形式多样的进校园活动。

三是基层消协与行政部门合作，加大对经营者的监督。海南州在全州各类企业、个体工商户中组织开展了"2018年度消费者满意单位"和"文明诚信经营单位"评选活动。海北州、海晏县及格尔木均针对校园食品安全开展了集中培训，提升安全服务意识。西宁市城北区消协组织近400家经营户，在北山家居市场开展"倡导诚信经营，共铸和谐消费"的消费维权主题培训活动。西宁市大通县消协对东峡地区经营农家乐的部分个体户及"一会两站"负责人进行了集中培训。

四、以提升维权力为目标，促进高效便捷维权服务

2019年，全省消协系统努力克服系统内人员少、力量弱的现实问题，认真履职尽责，借助网络科技不断提升维权力，持续推进消费纠纷快速和解，极大提升了消费维权效率。

一是进一步完善了"互联网+"消费者投诉机制建设。省消协在原有基础上，优化和完善了智慧315平台，升级了网站消费者投诉渠道、查询功能，优化微信投诉办理程序，动员更多符合条件的企业纳入智慧315和解平台，并在网站和微信同时新增"投诉公示"栏，通过投诉信息公示，进一步增强经营者依法经营、诚信经营的意识。目前纳入青海智慧315和解平台的企业达836户。

二是着力做好消费者咨询投诉工作。2019年，全省各级消协组织共受理消费者投诉3062件，解决投诉3000件，解决率为98%，接待消费者咨询32718人（次）。其中，通过青海智慧315平台受理消费者投诉147件，咨询138件。挽回经济损失333万元，加倍赔偿案件34件，加倍赔偿金额12.5万元。与去年同期相比，受理消费者投诉量上升58.2%，接待消费者咨询量上升4.3%，挽回经济损失金额上升22.4%，加倍赔偿金额上升56.3%。值得一提的是，西宁、果洛、黄南、东川较去年相比，都有显著提升。

三是勇于破解维权难题。去年省消协借助公益法律顾问及家用轿车消费纠纷人民调解委员会中专家的专业力量，助力疑难消费纠纷调解。特别是去年7月，省消协接到多名消费者关于家用轿车斯威X7的投诉，因投诉内容复杂、涉及问题较广、受损群众较多，省消协积极协调相关部门、公益法律顾问、家用汽车消费纠纷人民调解委员会专家等全程参与，多次组织会诊、勘查、分析、研讨，为消费者讲解法律法规、法律程序及汽车知识，避免了矛盾升级激化。

五、以党的建设为统领，进一步提升干部队伍素质

2019年，省消协深入贯彻落实全面从严治党要求，深入推进党的建设和党风廉政建设，树牢“四个意识”，坚定“四个自信”，强化“两个维护”，大力加强党员干部队伍建设，为消费维权工作提供坚强的政治保障、组织保障和纪律保障。

一是以党建工作促业务提升。认真落实年初制订的党支部年度工作计划，健全完善组织生活，扎实开展“不忘初心　牢记使命”主题教育，持续推进“两学一做”学习教育常态化制度化建设，准确把握“抓在日常、严在经常”的要求，通过开展经常性教育、专题学习研讨、集中学习、个人自学等形式，强化学习教育力度，将主题教育成果转化到全心全意为消费者服务的工作实践中。

二是以消费扶贫促脱贫攻坚。联合中国消费者报、唯品会（中国）有限公司共同开展“推荐农产品，助力贫困区”消费精准扶贫活动，开启“消费+扶贫”新模式。目前已有28种产品成功在唯品会“唯爱助农·青海馆”上线销售，有效促进了青海省特色优势产业持续发展和贫困人口稳定增收脱贫，后续各项工作还将持续积极推进。

三是以培训指导促效能提升。结合“不忘初心　牢记使命”主题教育，深入西宁、海东、海北局进行了实地调研，认真了解和调查基层消协存在的突出问题和困难，广泛听取基层对于消协组织建设的意见建议，积极与相关部门处室协调帮助基层解决工作中存在的实际困难。针对基层自身经费不足的实际问题，经请示局领导并局务会通过后，为基层共拨付26万元消费教育经费，支持帮助基层消协组织开展消费维权工作。派专人赴多地，针对处理消费者投诉及纠纷处理的技巧与方法，消费投诉数据录入等方面，开展业务指导培训，进一步帮助基层工作人员提高业务工作能力和水平。成功举办了全省消协组织及“一会两站”投诉业务培训班。积极组织参加中消协和省上举办的各类业务培训班7个，参加人员达14人次，借助学习培训提升工作效能。

四是积极推进基层消协组织建设。在海西州市场监管局的积极努力下，经省编办同意，海西州机构编制委员会批复海西州市场监管局数据中心（挂牌海西州消费者协会）为海西州市场监管局管理的正科级全额拨款公益一类事业单位。海西州消协虽批为挂牌机构，但从组织建设上迈了一个大台阶，同时也为全省基层消协组织建设开了个好头，起到了很好的示范作用。

宁夏回族自治区消费者协会消费维权报告

2019年，宁夏回族自治区消协秘书处在厅党组的领导下，认真贯彻落实中消协各项工作部署，强化中消协“信用让消费更放心”年主题的宣传，扎实开展“不忘初心　牢记使命”主题教育活动，积极履职尽责，圆满完成了各项工作任务。

一、围绕“信用让消费更放心”年主题，开展了3·15系列纪念活动

联合有关部门、行业组织、新闻媒体等单位，做好3·15系列宣传活动。一是广泛宣传2019年消费维权年主题“信用让消费更放心”，组织开展各类宣传咨询活动，发放宣传材料5万余份。3月下旬组织有关行政部门、律师志愿团代表以及旅游、汽车、家电、保险、美容美发、家装、商业等行业协会和企业代表共60多人参加了座谈会，畅谈“信用让消费更放心”年主题，倡导诚信经营理念，促进依法经营意识。二是向全区征集了2018年受理消费者投诉热点和典型案例，从中选出十个典型案例，总结分析了2018年度消费者投诉热点问题，向社会进行了公布。三是做好有关信息发布工作，在新闻媒体和网络平台上发布了2018年开展“婴幼儿服装、电动剃须刀、护眼灯”商品比较试验结果；发布了2018年宁夏城市消费环境消费者满意度调查结果，得到了自治区党委副书记、银川市委书记姜志刚的批示肯定。

二、围绕消费教育引导，逐步提高消费者维权意识和能力

一是按照中消协要求确定开展了配装眼镜50个批次，经测试100%符合标准要求；儿童鞋50个批次，经测试标识不规范的占32%，其中：重金属含量超标的有3款、耐磨性能不符合的有6款、耐折性不符合的有2款、防滑性普遍较差；硅藻泥30个批次经测试挥发性有机物（VOC）析出超行业标准的有5个样品，为广大消费者提供有参考价值的商品信息。二是审核认证了宁夏消协消费维权微信平台，发布消费热点、难点、警示、提示，并在有关新闻媒体予以转载、刊登160多条，教育引导消费者科学、健康、理性消费。

三、围绕商品服务监督，进一步促进社会维权体系建设

一是研究制定农村消费者满意度调查指标体系，涵盖了农村消费供给、消费环境、消费维权一级指标3个，二级指标17个和三级指标43个，确定五县（市）农村消费者满意度调查工作，采取暗访、访谈、体验、问卷调查等形式进行。问卷调查设定4451份样本量，经调查测试消费者综合满意度为65.33%。一级指标消费供给为65.15%、消费环境为70.21%、消费维权为69.80%，农村食品安全消费者满意度为60.80%，调查结果向社会发布后，得到了银川市领导的批示肯定，引起了社会和被测评地区领导的高度重视，银川市消协根据消费者满意度调查存在的问题，起草了《全面提升银川市农村消费者满意度实施方案》，为市政府及有关部门进一步提升消费者满意度提出具体措施。二是积极推进家电行业维权体系建设，4月联合宁夏家电行业协会开展了“发挥党员先锋模范作用，打造家电行业诚信经营体系”主题党日活动，督促我区家电企业强化培训，提高员工职业道德素质，在销售和售后服务上提高服务质量，制定服务流程及标准，公示服务项目及收费标准。同时，在家电销售行业批准成立宁夏消费者协会家电消费维权分会，到年底已成功解决家电消费纠纷121起，并在家电行业倡导“线下无理由退货制度”，进一步维护消费者合法权益。三是治理汽车消费贷款服务费问题，针对“西安奔驰女车主消费维权事件”于5月组织召开汽车经销企业座谈会，宁夏近百家汽车销售服务企业代表参加，引导汽车经营企业（4S店）签订了《宁夏汽车销售依法诚信经营自律公约》。批准成立了宁夏消费者协会家用汽车消费纠纷调解中心，成功调解了6起汽车消费纠纷，同时呼吁全区家用汽车销售企业切实履行服务项目明码标价、协商一致、诚信经营等义务，充分保障消费者的知情权、选择权和公平交易权。四是在10月围绕消费者家庭装修出现的问题，开展调查和问题分析，与宁夏装饰协会召开座谈会，通报家庭装修业存在的十个问题，并对近期投诉集中涉嫌违法的五家装修企业进行了通报，倡导依法诚信经营，为维护消费者合法权益做出了努力。

四、围绕消费纠纷的处理，全力维护消费者的合法权益

一是全区消协组织工作人员受理消费者投诉、咨询服务1.56万多人次，自治区消协处理电信乱收费、汽车服务费、保险退本金、一手商品房加收服务费、预付卡消费、保健品会销等疑难消费纠纷160余件，帮助消费者挽回经济损失62万元；二是与银川市人民检察院建立消费民事公益诉讼协作机制，在案件线索、案件调查、公益诉讼、信息互通、业务培训等方面建立联动机制，为提高公益诉讼能力奠定了基础；三是初步完成了对银川市中铁水务集团有限公司捆绑式强制收取居民家庭智能化水表改造费用侵害了消费者选择权、知情权和公平交易权等问题的调查取证工作，因涉及行政公益诉讼的问题，已移送自治区人民检察院；四是完成了对宁夏房地产开发和供暖企业不执行自治区人大地方性法规，不安装热计量装置和不按供热量收取采暖费问题的调查取证工作，已向有关行政部门函告。

附：

案例一　购买旧货闹烦心，七旬老人来维权

2019年4月的一天，灵武市消费者协会白土岗分会来了一位70多岁的老人投诉，称自己在灵武市马庆电器修理行买了不到一个星期的二手电视机出现故障，无法观看，请求消协帮助处理。

接到老人的投诉后，白土岗分会工作人员首先来到老人家中了解情况，随后又来到电器修理行，得知老人购买的是二手显像管电视机，是该店收来的旧电视，店主当面为消费者试好，并告知以后坏了由消费者自己负责。结果不到一个星期电视就无法正常使用。依据“三包”规定经调解，店家给消费者退还了购买电视机款970元。

本案的争议焦点是二手家电的经营者是否要履行退货、更换、修理等的义务。依据《消费者权益保护法》第二十四条“经营者提供的商品或者服务不符合质量要求的，消费者可以依照国家规定、当事人约定退货，或者要求经营者履行更换、修理等义务。没有国家规定和当事人约定的，消费者可以自收到商品之日起七日内退货；七日后符合法定解除合同条件的，消费者可以及时退货，不符合法定解除合同条件的，可以要求经营者履行更换、修理等义务”的规定，同时，按照2013年商务部《旧电器电子产品流通管理办法》第十二条“经营者销售旧电器电子产品时，应当向购买者明示产品质量性能状况、主要部件维修、翻新等有关情况。严禁经营者以翻新产品冒充新产品出售”和第十三条“经营者应当向购买者出具销售凭证或发票，并应当提供不少于3个月的免费包修服务，交易双方另有约定的除外。旧电器电子产品仍在三包有效期内的，经营者应依法履行三包责任”的规定，经营者应当为消费者提供不少于3个月的免费包修服务。此案例警示经营者，销售旧家电也必须承担“三包责任”。

案例二　问题电梯摔伤人，承担药费获赔偿

2019年10月9日，消费者范先生向银川市西夏区消费者协会投诉，家中两位老人在10月4日乘坐西夏区浙江商城内自动扶梯时，由于自动电梯扶手履带快，电梯速度慢致使两位老人从电梯上摔倒，其中一位老人小腿骨折住院治疗。请求核查，依法处理。

根据范先生投诉的情况，银川市西夏区消费者协会与市场监管所，对西夏区浙江商城的1—2北自动扶梯进行了现场检查。该自动扶梯由银川融垦物业服务有限公司管理，于2019年7月1日经过复查检验。经专业人员在检查中发现，该自动电梯确实存在扶手履带快和电梯速度慢的问题，与两位老人摔倒有直接关系。经西夏区消协多次调解，双方达成调解协议，由银川融垦物业服务有限公司和其维保单位共同承担老人治愈等相关费用，共计8560元。

依据《消费者权益保护法》第七条规定，本案中的两位老人，在消费场所接受自动电梯服务时，其人身和财产安全应当受到保障。两位老人在乘坐商城内自动扶梯时，由于自动电梯扶手履带快，电梯速度慢致使两位老人从电梯上摔倒，一位老人小腿骨折住院治疗，其人身受到伤害，依据《消费者权益保护法》第十一条规定，有权要求银川融垦物业服务有限公司进行赔偿。依据《消费者权益保护法》第十八条规定，银川融垦物业服务有限公司负有安全保障义务，应保证消费者所乘坐电梯符合安全之要求。两位老人因乘坐电梯而发生事故，银川融垦物业服务有限公司未尽到安全保障义务，侵犯了消费者的安全权，消费者有权要求该公司对自己合法权益受到的损害进行赔偿，承担由此而产生的医疗等相关费用。本案警示经营者对在其经营场所的消费者应当尽到安全保障义务。

案例三　商户签约不履行，先行赔付解忧愁

2019年1月1日，消费者李先生在银川市兴庆区月星家居商场二楼BC061商户银川市兴庆区美步楼梯经营部订购了一套楼梯，并签订了销售协议书，并在银川月星市场经营管理有限公司收款台缴纳货款45000元。到2019年5月初，消费者李先生与商家多次沟通，要求商家送货上门，商家均表示自己没有货，没办法给李先生提供楼梯。后消费者李先生再到月星家居商场二楼BC061商户处，发现美步楼梯经营部已经撤场。权益受到损害的李先生万般无奈拨打了12315投诉电话寻求帮助。

接到投诉后，银川市兴庆区消费者协会中山南街分会立刻前往月星家居商场对投诉事宜进行核实。经了解，因银川市兴庆区美步楼梯经营部与厂家发生纠纷，厂家不再给其供货，导致该商户无法给消费者李先生提供楼梯。中山南街分会与美步楼梯经营部负责人取得联系，该负责人称目前该经营部已经撤场并且资不抵债，实在无法给李先生赔付。消费者李先生与商户签订销售合同时，并没有把货款直接转给商户，而是将货款交到了市场开办方银川月星市场经营管理有限公司收款台。经调解，由银川月星市场经营管理有限公司先行赔付消费者李先生所有货款共计45000元。

本案是一起典型的赔偿先付消费纠纷案例。《消费者权益保护法》第四十三条规定，消费者在展销会、租赁柜台购买商品或者接受服务，其合法权益受到损害时，可以向有连带责任者要求赔偿。根据近年来在消费环节经营者建立赔偿先付制度，当出现销售者故意拖延处理或者无理拒绝赔付的，可由先行赔付单位向消费者进行赔偿。本案中，消费者的情况完全满足《消费者权益保护法》第四十三条之规定，适用赔偿先付制度，在与商场沟通过程中，商场积极采取措施为消费者进行了先行赔付。为此，提醒广大消费者，在租赁柜台类的商场购买商品时，一定要将钱款交与商场收款台，一旦商户无法履行承诺或者商品出现质量问题，导致消费者的合法权益受到损害时，消费者可适用先行赔付制度向柜台的租赁者进行索赔。

案例四　游泳馆促销不退款，消费者权益得维护

到2019年3月底，石嘴山市惠农区消费者协会陆续接到近200名消费者投诉，诉惠农区活力健身游泳馆收取预售创始会员定金100元至数千元创始会员年卡费，因游泳馆迟迟不能开业，消费者要求退款，该游泳馆不予退款，投诉至惠农区消协，请求处理。

经惠农区消协组织工作人员调查核实，该游泳馆负责人布某自2018年7月至11月期间，通过不同方式发布含有虚假宣传内容的广告。并多次开展游泳创始会员预付定金及会员卡预售抽奖等促销集资活动，致使游泳爱好者分别办理并交纳了预售创始会员定金100元和创始会员年卡费用。但由于布某在惠农区延安路所建游泳馆未能如期建成，自2018年9月开始陆续有消费者找到布某，要求退还创始会员定金100元至数千元创始会员年卡费，布某以创始会员定金收据写有“不可退”字样和创始会员入会申请书盖有“特价卡不转不退”印章为由拒绝退还。经惠农区消协工作人员多次约谈商家，宣传《消费者权益保护法》《广告法》等法律规定，在2019年3月上旬双方达成一致意见，同意向消费者退还100元的创始会员定金和年卡费用，最终为消费者挽回损失9.1万元。

随着消费方式的转变，有很多商家都促使消费者办理消费预付卡，如美容美发卡、休闲健身卡、洗车卡、餐饮卡等，在办理预付卡后，消费者能够享受到商家提供的打折优惠活动；但有很多预付卡都是“事前诱惑美妙，事后维权无门”，已经成了不少消费者的“烦心卡、闹心卡”。因此，为保障消费者自身利益不受侵害，在购买和使用预付式消费中应注意以下事项：

在办理预付式消费卡前，尽可能选择规模大、信誉好、经营状况良好的商家。

要注意购买预付卡的金额不要太高，防止商家突然关门歇业。

要详细了解预付式消费服务内容，一定要与商家签订预付式消费协议，不能只听商家的口头承诺。

在使用预付卡过程中，发现商家有违反相关约定条款的，要及时向当地有关部门投诉。

案例五　新购农机存瑕疵，消协调解退货款

2019年8月26日，张先生在宁夏常宁伟业农机装备有限公司购买了两台价值38万元的圆捆打捆机，从9月24日机械调试到10月8日试机作业先后出现链条不注油、机械不切网、捡拾台焊口断裂不进草等问题，多次找经销商、售后到场进行维修都没有排除机械故障问题，因无法作业消费者认为机械存在严重的质量缺陷，要求退货遭到经销商拒绝后，于是张先生就向平罗县消费者协会投诉。

平罗县消费者协会立即分派到城关分会处理，工作人员会同农机部门技术人员立即到现场实地查看，了解具体情况，进行了深入细致的调查，多次联系经销商、厂家售后到机械现场再次检查、调试、维修，机械故障仍然不能排除，无法正常使用，证实存在较多质量问题。依据《消费者权益保护法》和《农业机械产品修理、更换、退货责任规定》等有关规定，经组织消费者、经销商和生产厂家负责人多次沟通协调，最终达成调解协议，由当事人宁夏常宁伟业农机装备有限公司全款退还消费者购货款38万元整。

这是一起涉及农机的投诉案，双方争议的焦点是农机退换货问题。根据《消费者权益保护法》第二十三条、第四十八条第一项和《农业机械产品修理、更换、退货责任规定》第二十六条：三包有效期内，农机产品出现质量问题，农机用户凭三包凭证在指定的或者约定的修理者处进行免费修理，维修产生的工时费、材料费及合理的运输费等由三包责任人承担；符合本规定换货、退货条件，农机用户要求换货、退货的，凭三包凭证、修理记录、购机发票更换、退货；因质量问题给农机用户造成损失的，销售者应当依法负责赔偿相应的损失。

本案中的经销商提供了不符合质量要求的打捆机，经过多次调试、修理仍不能排除故障，对此经营者采取了拒绝退货的方式，显然是错误的。由于经营者销售的打捆机属于农业机械，在“农机三包”有效期内出现了质量问题，又符合“农机三包”换货、退货条件，经营者应当依法承担商品质量问题的责任。

案例六　保健品宣传存误导，消费者维权退全款

2019年3月4日石嘴山市大武口消费者协会接到孙先生的投诉，称其在石嘴山市大武口区滕元堂保健品经销部，购买价值5000元的保健药品，经营者宣传可以治疗高血压、糖尿病、心脑血管等疾病，并要求孙某停吃其他有关药品。食用数周后孙某不适，去医院检查，医生要求停止服用该保健药品，并说明该保健品不能治病。孙某去该保健品店退货时发现门头名称已更换为宁夏邦耳通医疗器械有限公司，但服务人员没有换，消费者要求退货时，商家以更换老板为由拒绝退货，多次协商未果后，于是向大武口区消协投诉，请求帮助。

接到投诉后，经工作人员调查了解，原经营者名称已改为宁夏邦耳通医疗器械有限公司，该公司负责人称现在的医疗器械公司确实是新开业的，与上家石嘴山市大武口区滕元堂保健品店没有任何关系，无法给予处理。

工作人员当即要求消费者前往该医疗器械有限公司指认，消费者当场指认原来保健品店的服务员仍在该公司上班。经调查该店只是变更了名称，而经营者没有变；并且经营者在销售过程中对于产品的性能、使用所产生的效果做出了引人误解的宣传，并且没有将保健品真实作用告知消费者，导致消费者误认为该保健品可以代替药品治疗自己的老年病。依据《消费者权益保护法》的规定，经营者已经侵害了消费者的合法权益，经过工作人员耐心细致地给经营者进行法律宣传教育，经营者同意为孙先生退还保健品款5000元。

近年来，随着人民物质生活的丰富，很多人开始更加注重养生和保健，伴随而来的就是保健品和营养品的层出不穷，很多经营者抓住老年人的长寿心理，费尽心思进行免费讲课传授保健知识，顺便推销保健品、存钱办理会员送鸡蛋等小恩小惠，吸引了很多老年消费者购买保健品。

根据《消费者权益保护法》第二十条规定："经营者向消者提供有关商品或者服务的质量、性能、用途、有效期限等信息，应当真实、全面，不得作虚假或者引人误解的宣传。"这是对经营者真实告知义务的规定，明确了经营者向消费者提供的信息类别和内容不仅要真实，而且要全面；但在实际营销中有一些经营者总是不提供全面的信息以规避法律的做法时有发生。与此同时，《消费者权益保护法》第八条规定："消费者享有知悉其购买、使用的商品或者接受的服务的真实情况的权利。"对消费者知情权的规定主要是为了让消费者在信息不对称时更多地了解商品或服务的真实情况。本案中经营者虚假宣传，违反了法律的相关规定，侵害了消费者的合法权益。

为此，提醒广大消费者尤其是老年消费者，"保健品不是药品"，千万不要轻信和购买宣称具有治疗或者辅助治疗作用的保健品，谨防虚假广告宣传的误导。保健品只有保健和预防的作用，没有治愈疾病的作用。消费者购买保健品应当根据自己的身体状况，在医生的指导下合理食用。购买时要到有经营资格、信誉好、规模大的药店购买，并注意查看产品保健批号、生产厂家和销售单位的真实信息、企业地址，购买后索取并保留好相关票据和凭证，也希望广大消费者能够科学、理性消费，在出现消费纠纷时用法律武器维护自己的合法权益。

案例七　装修企业弄虚假，以假充真赔三倍

2019年5月22日，桂女士在宁夏唯木装饰有限公司定制斯诺尔佳品牌衣柜，价值38900元人民币，双方通过微信沟通了相关事宜，桂女士同意并先向商家支付了28900元人民币，承诺剩余10000元人民币在衣柜安装完成后予以支付。但该装饰公司拖延一个多月到8月18日才完成衣柜安装。经桂女士与斯诺尔佳品牌方沟通确认，发现该装饰公司安装的衣柜柜门、柜体的五金件均不是斯诺尔佳原装品牌。得知这一情况后，桂女士与该装饰公司负责人进行了联系，商家态度蛮横，以因其擅自联系斯诺尔佳品牌方自己被撤柜为由，要求投诉者赔偿损失。桂女士认为自己享有知悉其购买、使用的商品或者接受服务真实情况的权利，受到商家的欺骗，于是向平罗县消费者协会投诉，要求商家依法赔偿损失。

平罗县消费者协会组织工业园区消协分会调查。经工作人员调查核实、取证，确认商家为消费者安装的衣柜柜门、柜体的五金件均不是斯诺尔佳原装品牌，商家确有以假充真欺骗消费者的行为。经工作人员多次调解，双方达成一致意见，商家于10月12日免费为消费者更换了斯诺尔佳原装品牌柜门、柜体的五金件，且已深刻认识到自己在经营中存在欺诈行为，侵犯了消费者合法权益，依据票据核算更换掉的衣柜配件价值3300余元，商家依法向桂女士赔偿10000元人民币，挽回了消费者的损失。

依据《消费者权益保护法》第八条第一款"消费者享有知悉其购买、使用的商品或者接受的服务的真实情况的权利"之规定，本案中桂女士明确向该装饰公司表示自己要购买斯诺尔佳品牌的衣柜及配件，而店员擅自更换了衣柜配件品牌，未告知消费者，侵犯了消费者享有的知悉其购买、使用的商品或者接受服务真实情况的权利，存在欺诈消费者的行为。按照《消费者权益保护法》第五十五条第一款"经营者提供商品或者服务有欺诈行为的，应当按照消费者的要求增加赔偿其受到的损失，增加赔偿的金额为消费者购买商品的价款或者接受服务的费用的三倍；增加赔偿的金额不足五百元的，为五百元。法律另有规定的，依照其规定"之规定，经营者应当按照消费者购买商品的价款的三倍赔偿消费者的损失。

为此，告诫广大经营者，千万不要为了一点利益，从事欺诈消费者的行为，不然将会受到严厉的惩罚，并且要依法依规从事经营活动，树立诚信经营理念，不得侵犯消费者合法权益；同时，消费者在购买商品的过程中，一定要留存好购物凭证，维护自己的合法权益。

新疆维吾尔自治区消费者协会消费维权报告

中消协表彰2018—2019年年度全国消协组织消费维权先进集体和消费维权先进个人。新疆维吾尔自治区巴州消费者协会、昌吉州消费者协会、哈密市伊州区消费者协会、吐鲁番市鄯善县消费者协会荣获2018—2019年年度全国消协组织消费维权先进集体荣誉称号。古丽格拉·依不拉音、马弘晟、刘敏、蔡明、申克新荣获2018—2019年年度消费维权先进个人荣誉称号。

2019年，新疆维吾尔自治区消费者协会积极推动各地、州、市开展"3·15"国际消费者权益日纪念活动，并组织实施了自治区及乌鲁木齐地区"3·15"系列活动。召开了自治区纪念"3·15"国际消费者权益日座谈会；通过新疆961广播电台法治栏目现场直播《消费者权益保护法》宣教活动、老年人消费教育宣传活动、护农惠农消费维权宣教活动，通过组织开展3·15系列活动凝聚社会各方力量，提升消费维权效能，共同营造良好的消费环境。

宁波市消费者权益保护委员会消费维权报告

2019年，全市消保委组织围绕"信用让消费更放心"年主题，不断拓展受理渠道，加大社会监督力度，完善诉调对接机制，强化消费教育引导，为优化消费环境，促进商业繁荣，激发消费潜力，更好满足人民群众消费需求提供了支撑和动力。全市各级消保委及成员单位共受理消费投诉86277件，为消费者挽回经济损失7351万元。

一、放心消费列入民生实事工程，消费环境进一步改善

消费关系千家万户，关系每个人的衣食住行。不断升级的消费需求、享有安全放心的消费环境，是市民对美好生活的基本需求。2019年宁波将放心消费作为保护消费者权益，拉动经济高质量发展的重要举措，列入市民生实事工程，主动融入"满意消费长三角行动"，创建要求进一步提高，创建范围从流通领域扩展到生产领域，不仅限于原有的商店、网店、餐饮店，更是把明特优食品小作坊、化妆品、肉菜示范超市、工厂等也纳入行动范畴。市消保委立足职能，发挥优势，严把放心示范单位的体验评价，竭力打造安全放心的消费环境。全市已有7260家完成示范单位创建，新培育发展无理由退货单位2394家。

与此同时，各委员单位和各级消保委加强消费维权工作，聚焦与群众生活密切相关的养老机构服务、预付式消费开展调查评议；会同媒体、检测机构和消费者代表开展羊绒衫产品比较试验，发布消费警示提示；会同市文广旅游部门开展儿童免票规则修订，推行景点儿童免票兼顾身高与年龄，改变过去以身高为单一标准的做法；会同市市场监管局、市教育局联合出台《宁波市校外培训机构培训服务合同（示范文本）》，进一步规范全市教育培训市场。市市场监管局推进放心消费提升行动持续深化，加快行业和区域拓展，放心消费指数明显上升。市文广旅游局完善投诉平台对接和投诉网络建设，为消费者挽回损失107.6万元。市卫健委开展非法医疗美容专项行动，全面整顿规范医疗美容服务市场，全年共受理消费者投诉149件。市教育局积极处理教育培训消费引发的消费者投诉，针对新思维培训学校群诉，为消费者挽回损失48万元。此外，宁波海关、邮政管理局、银保监局等成员单位都在各自职能范围内不断加强投诉处置力度，为维护消费者权益，净化消费环境做出了贡献。

二、不断深化资源整合，强化专业协作，投诉处置更加高效

持续推进网络健全、机制完善、流程规范、制度完备的立体化消费维权工作体系建设。完善消费纠纷多元化解决机制。一是与法院系统建立消费纠纷多元化解工作机制之后，进一步深化，建立线上多元化解纠纷平台，快速确认消保委调解的案件，增强消费者权益保护工作效率。二是强化消费投诉调处工作，努力做到“四个延伸”，即向郊区农村一线消费投诉延伸、向投诉热点难点延伸、向重大群体性投诉延伸、向网购新型投诉点延伸。三是充分发挥行业协会和已建立的汽车、家装、家具业委员会办公室作用，有效化解疑难消费投诉。市装修行业协会加强行业自律，引导企业诚信规范经营，受理投诉咨询255件，为消费者挽回经济损失19.6万元。市保险行业协会以“最多跑一次”改革为引领，开展“总经理接待日”活动，让消费者零距离反映维权诉求。全年共处理投诉案件143件，为消费者挽回经济损失170万元。四是与上海、安徽等地签订《长三角区域消费维权合作协议》，搭建跨区域消费维权交流合作平台，保障消费者在异地发生消费争议时能够方便快捷解决。

三、不断强化消费教育引导工作，科学消费深入人心

按照高质量发展要求，积极探索新形势下消费教育工作模式，继续推进“六化”模式，即努力实现消费教育主体的多元化，载体的品牌化，形式的多样化，手段的信息化，对象的类别化和师资的专业化。一是以纪念3·15国际消费者权益保护日活动为契机，通过线上线下融合，上下纵横联动，大力开展法律法规和“信用让消费更放心”年主题的宣传活动，形成了全社会共同关注消费维权的良好氛围，其间发放宣传资料3.6万余份，提供咨询服务5万多人次。二是组织开展“放心消费教育公益行”进农村、社区、景区、商圈等系列活动，引导消费者科学理性消费。三是探索建立家装、农业、民宿特色消费体验基地，组织消费者代表到跨境购企业、家电、医疗、老字号企业消费体验，切身感受企业品质生产理念和先进管理方式，提高消费者对品质消费的深刻认识。四是加强消费教育专业化建设，聘请来自行业专家、法律工作者、机关工作人员34名成为消费教育师资库成员，并实施成员动态管理，增强消费教育的针对性和有效性。五是与社区、学校、企业、公共图书馆等合作建立市级消费教育中心（学校）30多家，定期不定期开办消费教育课堂，据不完全统计去年共举办不同层面、不同类型培训班70余次，培训人员达上万人次。

青岛市消费者权益保护委员会消费维权报告

2019年，青岛市消保委以习近平新时代中国特色社会主义思想为指导，认真贯彻落实党的十九大和十九届历次全会精神，以中消协消费维权年主题为主线，结合“不忘初心　牢记使命”主题教育，依法履职，主动作为，深入开展消费维权工作，努力营造安全放心消费环境，获得“市直机关先进基层党组织”荣誉称号。

一、聚焦群众诉求化解，全力维护社会和谐稳定

一是2019年，青岛市消保委受理消费者咨询、投诉共1911件，其中投诉363件，处结率97.2%，接待来访250余人次，为消费者挽回经济损失80.51万元，妥善处理了家具、装修、预付卡、汽车交易纠纷等多起重大疑难和群体投诉。

二是积极打造便捷高效维权渠道。实行热线专家值守制度，充分发挥消保委律师团专家优势，自9月起开展了月月3·15律师专家在线活动，由值班专家为来电、来访的消费者提供免费法律咨询和服务。联合各区市消保委实行企业消费投诉直通车机制，通过微信建立交流平台，选取辖区重点大型企业作为投诉和解联络单位，快速解决消费纠纷，提升消费维权效能，避免矛盾升级。

三是开展了网购投诉系列活动。针对“双11”网购高峰期，畅通消费者维权渠道，通过中消协投诉平台集中受理淘宝网、京东商城等多家电商企业平台投诉。梳理2019年青岛市网络购物投诉情况，发布了网购投诉典型案例，帮助消费者提高消费维权意识，认清消费陷阱，敦促企业守法诚信经营，共同营造安全放心的消费环境。

四是针对《民法典侵权责任编（草案）》《消费者权益保护法实施条例（征求意见稿）》《网络交易监督管理办法（征求意见稿）》等六部法律法规，在涉及消费者切身利益问题和消协履职方面，共提出了28条修改意见建议，向中消协及有关部门反馈。针对《青岛市胶东国际机场管理办法（初稿）》提出3条意见建议。组织人员参加市区管道天然气配气价格及相关价格改革听证会。通过积极反映消费者呼声，从立法源头推动消费者诉求解决。

二、聚焦维权服务创新，推动放心消费环境创建

一是按照市市场监管局九项创新工作清单要求，对标深圳消委会，开展了30家大型商场消费者NPS口碑指数调查，成为全国继深圳之后第一家开展此项工作的消协组织。通过与消费者现场一对一调查，详细梳理调查数据，产生了各商场的推荐值排名，并逐一分析了各商场存在的问题及获得消费者推荐的原因，撰写完成了调查报告。通过开展NPS口碑指数调查，引导企业坚定顾客至上的理念，重视消费者口碑，不断提升消费品和服务质量，提高人们的消费满意度，助力打造我市一流的品质消费环境。

二是成立了“青岛市消费者反诈维权联盟”。联合市反诈中心等联盟成员单位，通过进社区、进学校等方式积极开展了消费维权反诈教育活动，做好送法律、送知识、送服务工作，拓宽防范宣传工作覆盖面，助力推动“放心消费在青岛”建设。此项工作被市市场监管局作为唯一案例上报中国工商出版社，获评“第二届市场监管领域社会共治提名案例”。

三是做好预付式消费规范工作，结合近年来预付式消费投诉增多的特点，联合市局消保处共同制定了《青岛市预付费式消费合同范本（试行）》。经过广泛征求法律专家、基层部门以及消费者、经营者的意见建议，明确了经营者和消费者双方当事人的权利义务，规范以预收款方式提供商品和服务的经营行为，从源头上预防和减少消费类合同纠纷。

四是创新开通了市消保委官方抖音账号“消费在青岛”。自10月正式开通以来，发布36期消费维权短视频，幽默诙谐地提醒广大消费者识别侵权套路、防范消费陷阱，宣传“放心消费在青岛”相关活动，观看人数达200万人次，积极传播了消费维权正能量。

三、聚焦科学消费引导，不断提升群众维权能力

一是重点开展了2019年“3·15”国际消费者权益日系列纪念活动。举办了3·15社会开放日活动、发布了《2018年消费维权工作报告》《青岛市消费领域投诉调解案例选编》、2018年度十大消费维权案例、羊绒衫羊毛衫比较试验结果；组建了市消保委第四届律师团；联合市南区、崂山区消保委开展户外宣传活动，组织律师专家等参加3·15广播电台上线活动，为广大消费者答疑解惑，宣传消费维权法律法规。

二是走进李沧、崂山基层社区，举办了两场“消费维权　在您身边”主题消夏晚会，以通俗易懂、喜闻乐见的方式引导社区居民掌握科学的消费知识，提升消费风险防范和维权能力。

三是积极开展消费体验活动，组织民主党派代表、消费维权志愿者、媒体记者、学生等消费者代表走进青岛崂特啤酒有限公司和青岛博物馆，宣传讲解消费知识，倡导消费者树立科学理性消费理念。

四是针对消费者关注的热点领域，发布了8期消费提示，提醒广大消费者注重品质消费，防范消费风险，倡导岛城经营者树立消费者至上的经营理念，文明诚信经营。

五是开展了暑期儿童青少年近视免费检测活动。联合青岛亨得利眼镜提供60个近视免费检测名额，帮助我市儿童青少年科学预防和控制近视，针对不同情况的近视患者提出预防治疗建议。

四、聚焦消费热点难点，有效引导行业规范发展

一是选取了物业管理、保健食品、快递服务等消费环境短板领域，深入30多家单位开展走访、座谈，广泛听取消费者意见，详细了解相关领域消费者满意度较低的主要原因，并提出优化和改进建议，形成了调研报告向中消协等有关部门报告。

二是联合市质检院开展主题为“共建绿色家居”室内空气质量检测公益活动，举办了“青岛市室内空气公益检测情况通报暨房地产、装修企业座谈会”，向社会公开发布了检测结果。

三是针对家用洗碗机、中老年休闲鞋、旅游鞋以及宣传防蓝光的贴膜产品开展了商品比较试验。联合中消协、浙江省消保委、济南市消协共同发布了家用洗碗机比较试验结果，引导消费者正确选购。针对中老年鞋开展了质量满意度微调查，比较试验探索引入了欧盟标准以及更高的标准，邀请了中老年消费者代表进行了舒适度现场体验，提供客观真实的调查数据，面向社会公开发布了40款中老年旅游鞋、休闲鞋比较试验结果。

深圳市消费者委员会消费维权报告

2019年，深圳市消委会依法履职、转变思想观念、创新工作方式，始终坚持“服务人民美好生活需要，营造放心安全消费环境”的初心和使命，在消费维权、社会监督、消费诚信体系建设、质量社会共治、共建粤港澳大湾区优质生活圈、建设社会主义先行示范区等各项工作上取得了一定成绩。

一、消费评价指数成为消费维权的有力抓手

2019年，深圳市、区消委会投诉处理量创新高，共收到消费者投诉22万宗，同比增长69.7%。3·15消费通来源投诉占74.7%。深圳消委会以消费评价指数为抓手，多措并举，倒逼企业重视消费投诉，提高消费者满意度。一是公开发布旅游、家居商城、汽车、装饰装修等行业消费评价指数排行榜，涉及351个商家。二是引入消费评价指数地图微信小程序和指数名片，消费者和经营者可随时随地查询、分享指数。其中，重点企业比亚迪消费评价指数达80.28，同比提高20.65%。三是创新投诉分级公示制度，公示投诉案例20787宗，建立快速和解通道的企业数量达到8752家。四是制定深圳市消费者满意度测评方案，开展预调查，对深圳市表现较弱指标的原因进行深度分析并提出改进措施，着力提升消费者满意度。

二、社会监督和行业规范效果显著

深圳消委会从典型个案入手，发挥社会监督的特殊作用，综合运用调查、约谈、支持起诉、法律评议、信用推送、公开讨论、神秘顾客等组合手段，强力推进顶层行业监督，取得了监督一个案件、解决一个痛点、规范一个行业的实效。其中，在线旅游平台监督“回头看”成效显著，投诉处理成功率、和解成功率分别提升12%、20%；全国首个电影票阶梯式“退改签”标准在深圳推出，全市100多家影院自愿加入，“退改签”开通率从5%上升到80%；对12家银行个人购房贷款合同开展“回头看”监督，银行整改率为100%；开展教育培训行业监督，7家违规培训机构全部提交整改方案；开展百度V认证虚假信息监督，百度首页清查下线300余家“野马旅行社”信息；开展美篇个人信息保护监督，促使美篇关闭后台个人信息调用端口；开展家政、健身等预付式消费监督，推动消费领域行业性问题的整体解决；开展连锁酒店、健身房等8个热点行业NPS口碑指数调查并公开发布排行榜；针对前海途歌汽车租赁公司等10家严重失信企业，支持消费者提起诉讼，生效判决3宗，胜诉率100%，并积极探索集体诉讼新路径；组织制定海鲜餐厅“先计价后消费”经营行为规范等指引，引导商家诚信自律，全面规范海鲜市场经营行为。

三、比较试验和团体标准引领高质量发展

一是遵循“更多、更严”标准开展商品比较试验。今年开展27个商品比较试验项目，比较试验数量连续三年全国第一，手机保护套比较试验获得中消协第二届优秀比较试验项目，综合中外标准法规，选取指标更多的、指标限值更严或国内无要求的标准开展比较试验，贴近消费者的实际需求，助力品质消费。二是形成了“比较试验+团体标准+标准实施+社会监督”的新模式，促进高质量发展。在比较试验的基础上，推动制定并发布面膜、智能门锁、长租公寓装修污染控制技术标准等6个团体标准，近100家企业采用相关团体标准，其中智能门锁团标被京东、唯品会、国美、苏宁4家平台采用为平台标准，三星、松下、王力、鹿客、德施曼、凯迪仕、TCL、飞利浦、顶固等14家企业率先采标。三是开展中外/深港对比比较试验，提振国内消费信心。开展婴幼儿米粉、常温液态牛奶、染发剂共3个深港/中外对比项目，结果显示，国产产品部分指标更优，促进了消费回流。四是推动制定家政服务、教育培训、宠物医院三项服务行业团体标准，将退费规则纳入服务规范中，87家家政企业、15家教育培训机构、10家宠物医院承诺执行相关团体标准。五是全国首次通过比较试验促成企业召回缺陷产品。2019年2月26日，索尼公司日本总部与索尼（中国）有限公司代表一行十人到深圳市消委会就比较试验发现其产品质量问题当场致歉，并承诺公开召回在中国大陆销售的4000台缺陷移动电源产品，这是全国首个通过比较试验促成缺陷产品召回的成功案例。

四、消费教育引导和促进品质消费

深圳消委会以消费信用、消费安全、老年消费、网络消费等为主题，开展形式多样的消费教育活动12场，编印消费教育宣传册6000册，打造移动消费教育与新闻宣传平台，发布“信用让消费更放心”公益广告。深圳龙华区消委会老年消费教育系列活动获评2019年深圳“两建”十大先行示范工作。

五、粤港澳消委会合作机制促进大湾区消费一体化

3月，深圳市消委会与澳门消委会签订了合作协议，并于7月首次合作开展面膜比较试验，促进两地产品质量提升，推进大湾区消费一体化。8月，深圳市消委会与香港消委会签署了《港·深消费者组织合作协议》，建立异地消费维权合作机制。

六、消费维权社会共治再上新台阶

一是发挥志愿者在社会共治中的重要作用，提升消费维权工作效能。志愿者总人数达13000多名，其中食品药品志愿者人数达10517名，3·15志愿者人数达3300名，成员包括人大代表、政协委员、律师、行业专家、媒体记者和普通消费者，开展志愿服务活动上百场；建立3·15志愿者参与消费调解机制，自今年起，调解消费纠纷639宗，成功率达78.2%，锻造了消费维权志愿服务的深圳品牌，成为消费维权社会共治的生力军。二是成立第五届百人律师团共参与修法9次，值班66次，接听电话逾300次，参与案件专题讨论13次，参与投诉调解6次。本届律师团首次根据律师专业领域以及消费投诉情况成立17个法律专业委员会；首次赋予律师团成员监督员身份，鼓励律师团成员主动发起对消费维权热点、难点的顶层监督。三是专家委员会已发展为逾70人团队，协助重大、疑难、复杂、群体性消费投诉处理，2019年参与值班、咨询、现场调解上千次。

七、委员会换届推动体制机制改革

委员会换届工作得到市领导的高度重视，并亲任会长。市消委会将建成由党政群机关代表、业界知名人士、消费者代表组成的委员会，真正实现上下联动、行业互动，充分发挥消委会在消费维权社会共建共治机制中的重要作用。

八、宣传策划营造良好舆论氛围

一是宣传报道新突破，亮点工作引来央媒报道。召开新闻发布会19次，发出新闻通稿73篇，各类媒体报道1478篇次。其中软泥、口红比较试验，百度V认证“野马旅行社”调查、预付式消费监督调查被央视《每周质量报告》专题报道。电影票退改签标准上了人民日报“右肩言论”和新华社“社论”。二是强化自媒体建设，影响力进一步扩大。市消委会官网、微信、微博、头条年阅读量超过250万次，智能门锁、手机保护套、电影票退改签标准等被人民网、人民日报、央视新闻等国家级媒体转发，消费者反响积极。

厦门市消费者权益保护委员会消费维权报告

2019年，厦门市消保委依据《消费者权益保护法》赋予的公益性职责，按照中消协、省消保委的有关部署要求，围绕“信用让消费更放心”年主题，采取加强宣传引导、规范内部管理、推进社会共治等办法措施，不断提升消费维权效能。2019年厦门市各级消保委共受理消费者投诉590件，解决573件，投诉解决率97.1%，为消费者挽回经济损失242.41万元。

一、加强消费宣传，扩品牌展成效

一是加强宣传引导。加强消费宣传教育和引导，进一步提升消费维权的社会形象和认知度，用好传统平面、广播、电视等传统媒体和微信公众号、网站等新兴网络媒体，不断提升广大民众消费维权的意识和能力。主要是结合开展3·15消费者权益保护宣传、处置投诉举报等方式，开展内容丰富、形式多样的宣传活动。3·15期间，全市各级消保系统均在全市各大商场设立活动会场，通过制作维权工作展板、开展消费知识问答、表彰优秀维权网点及优秀协调员、销毁假冒伪劣商品等方式，配合年主题宣传，共举办宣传咨询活动40余场，发放各种宣传材料5万余份，接受现场咨询人数上万人次，受理消费投诉数百件；同时，联合市室内装饰协会、中国建设银行厦门市分行在喜盈门建材家具广场启动首届“3·15厦门诚信家装消费节”

开展惠民家装活动，营造放心装修消费环境。结合保健品市场乱象整治百日行动，开展为期一个月的密集宣传活动，通过厦门公交移动电视及厦门地铁电视每台每天3次的上题广告播放频率，营造入耳入心的宣传效果。通过为社区老年人举办保健食品知识科普与健康理性消费讲座，引导老年消费者正确认识保健食品功能，警惕不法商家的欺诈手段，理性购买保健食品。通过加强青少年宫消费教育基地建设、编写适应消费需求的维权手册等方式，促进区分层次消费教育引导的常态化。

二是发布警示案例。对2018年厦门市司法审判、行政查处和维权组织调解中涉及消费维权的案例进行了盘点，发布了《2018年度厦门市十大消费典型案例》。此次案例涉及房产、旅游、餐饮、健身、装修、保健食品等多领域，由厦门市消保委律师团成员进行点评；邀请律师团成员结合"信用让消费更放心"年主题为《厦门消费者报》撰写卷首语。结合消费热点难点，及时发布消费警示，派员参与厦门市食安办组织的"月月十五查餐厅"活动，点评上年度餐饮投诉热点。

三是展示维权成果。与集美区司法局、集美大学法学院团委联合在校园万人食堂开展消费者权益保护主题活动，反响良好；各级消保委依托《厦门日报》、厦视等主流媒体以及微信公众号、网站等平台载体刊用各类报道（经验做法），开展宣传造势工作，及时展现消费维权工作成果和工作成效，向大众传播消费维权知识。湖里区消保委负责人白胜被中消协评为2019年度消费维权先进个人。

二、加快消费创建，推进维权共治

一是推进放心消费创建。在推进维权共治和消费创建方面，按照中消协和省消保委有关要求，紧贴厦门实际有序推进放心消费创建活动，以商业氛围浓厚、旅游景点密集、维权工作扎实的思明中心城区为试点，进一步健全各项维权制度，完善硬软件设备标准，开展环境最优城区主题创建活动，以点带面取得较好的示范带动效果。通过开展最美商家随手拍、向群众和广大游客发放"消费维权手册"等系列活动，进一步引导商家自律、扩大群众参与度。紧贴需求、突出重点开展消费体察活动，指导华润万象城力创2019年厦门市诚信市场，目前有国家级诚信市场1个、省级诚信市场3个，努力营造良好的消费环境和营商环境。2020年3月中旬，中消协公布2019年100个城市消费者满意度测评结果，厦门市获得了全国第4名的优异成绩。

二是强化专业化维权。完善消协调解与其他调解方式的对接，充分运用厦门市消保委法律专家顾问团和行业专家顾问团的专业优势，加强重大、典型侵害消费者权益投诉案例研究，切实提高消保组织处理消费者投诉的能力和水平。进一步完善律师团、汽车专业委员会工作机制，发挥厦门市消保委成员单位优势，有效提高对重大疑难消费争议的解决率。通过每月律师接访日、热点问题专业点评、出具法律意见书、直接参与调解和约谈等形式，协助化解了一批公共服务行业热点难点消费纠纷，为维权工作提供了强大的智力支持。

三是开展约谈指导。采取走出去、请进来等多种形式加强对重点企业指导，通过消费宣传引导、组织纠纷调处知识技能学习培训、有针对性约谈经营者等办法措施，厦门市消保委先后对移动通信领域三大运营商、自来水公司、燃气公司等广告宣传不够全面、售后服务不到位、处理投诉时效性不够高等问题开展约谈，督促指导企业履行法定消费维权责任和义务，实现事后处理向事前服务转变；针对"西安奔驰车"事件，及时组织约谈辖区相关汽车4S店经营者，提出应对措施办法，及时处置汽车消费纠纷；思明区消保委举办了电商平台"电子商务法"培训会，为电商企业在实际业务中遇到的重点、难点问题提供解决思路；召集鼓浪屿岛上95户海鲜大排档为主的餐饮服务经营单位开展了一场"食品安全培训及法律法规培训会"，特邀社区律师对《食品安全法》要点进行解读，督促指导商家诚信守法经营。湖里区消保委对辖区重点企业戴尔的异常投诉，组织案件评析，指出具体问题，提出完善措施，深入推进投诉和解机制，切实把消费纠纷和解在企业、化解在萌芽，不断促进企业诚信守法经营。

三、关注民生热点，强化消费监督

一是开展商品抽检。厦门市消保委配合市场监管局消保处开展流通领域成品油、燃气具、消防产品、学生校服、簿册等9类商品抽检11次，对不合格商品信息均通过市场监督管理局官网向社会公示，并按要求移交属地监管部门依法查处、通报给不合格商品生产厂家所在地监管部门。

二是加强消费警示。采取宣传发动、提醒警示、约束规范、维护权益相结合的办法措施，以往年"五一"和国庆长假假期投诉举报为导向，依托《厦门日报》等主流媒体和三大通信运营商通过短信等形式发布旅游、订餐（酒店）等消费提醒提示，服务消费者，警示经营者，先后下发各类旅游消费宣传资料4000余份，在春节国庆等重要节假日为来厦游客发送旅游消费短信60万条，向涉旅经营者发放《致经营者的一封信》等资料1000余份，约谈涉旅海鲜排档、芒果和旅游购物场所经营者100余家，进一步规范了旅游市场秩序，营造了良好旅游消费环境。

三是强化数据运用。强化数据信息综合分析功能，建立了情况通报制度、信息披露制度以及重要（重大）信息专报制度，及时预警、研判，提高了维权数据分析的科学性和预测性，对一些尚处苗头阶段的群体性投诉强化数据分析、加强舆情跟踪，做到及时发现、尽早掌握、妥善处置。通过公示、发布消费侵权案例、公开数据分析结果、发布消费警示提示等形式，先后刊发信息、宣传报道60篇次，及时服务和提醒消费者，督促和警示经营者。

沈阳市消费者协会消费维权报告

2019年，沈阳市消协积极应对机构改革的新形势，新情况，克服人手少、任务重的困难，认真贯彻市局和中心的工作部署，按照中消协要求，坚持以消费者为本的理念，在开展“3·15国际消费者权益日”主题活动，推进国民消费教育，进行商品和服务的社会监督，构建社会化消费维权网络，受理消费者投诉方面做了大量积极有效工作。获得中国消费者协会优秀比较试验项目提名奖和比较试验工作优秀组织单位奖。总体工作呈现以下亮点。

一、党建工作扎实有力

市场中心成立以来，消保咨询服务部党支部围绕中心消费维权工作，深入学习贯彻党的十九大精神，落实上级党委关于全面从严治党的部署，围绕“不忘初心　牢记使命”主题教育活动的要求，具体开展了以下四方面工作。

一是深入学习贯彻党的十九大精神。坚持灵活运用各种学习方式，用好“三会一课”等方式，集中学习研讨。坚持联系思想、联系工作，确保学得实。要求学习不能停留在表面上，必须紧密结合实际学习、联系工作思考。

二是不断加强自身建设。用好“三会一课”等方式，集中学习研讨。结合工作实际，不仅组织党员干部在办公室认真学习，还明确“两学一做”的内容和时间要求，严格按时、定时召开好“三会一课”。

三是加强党员管理监督。加强对党员干部的日常管理和监督，不断增强纪律意识和规矩意识，严格落实领导干部“一岗双责”，深化运用监督执纪“四种形态”，从而推动全面从严治党向纵深发展。让党员干部习惯在受监督和约束的环境中工作生活，使铁的纪律真正转化为党员干部的日常习惯和自觉遵循。

四是充分发挥示范作用。党支部是展示党组织形象的窗口，是党密切联系干部群众的桥梁和纽带，是了解干部群众愿望和要求的主要渠道，是干部群众认识和了解党的窗口。基层党支部切实增强政治自觉、责任意识、主动意识，积极营造落实从严治党要求的良好氛围。

二、“3·15”主题活动精彩纷呈

围绕“3·15国际消费者权益日”主题活动，市消协及早部署，认真策划，使“3·15国际消费者权益日”主题系列活动丰富多彩。

一是举行“信用让消费更放心”活动启动仪式。为了宣传好、落实好2019年中消协消费维权年主题，市消协出台了工作方案，向全市商业企业、行业协会发出倡议，在全市商业企业中开展“信用让消费更放心”主题倡议活动，3月6日，在红星美凯龙浑南店举行百家商业企业“信用让消费更放心”主题倡议活动启动仪式，向全市商业企业发出诚信经营，恪守承诺的倡议。红星美凯龙浑南店负责人代表商业企业表态，将积极践行“信用让消费更放心”年主题，做到“诚实守信、恪守承诺”，以实际行动，展现沈阳商业企业的亮丽风采。沈阳市市场监管事务服务与行政执法中心主任王文仲参加了启动仪式并发表讲话，浑南区市场监管局相关负责人、全市102家商业企业负责人参加了启动仪式。

二是制定全局“3·15国际消费者权益日”主题活动方案。积极适应市场局刚刚成立的新形势，市消费者协会根据市场局新的职能、新的工作，结合消费维权工作起草制定了2019年沈阳市市场监督管理局“3·15国际消费者权益日”主题活动方案，细化了13项具体工作，进行了责任分工，明确了各相关部门责任，并以市场局名义下发到各个区、县（市）局，有力地指导了区、县（市）局结合自身实际，开展“3·15国际消费者权益日”主题活动。

三是举办“3·15国际消费者权益日”主题活动。3月15日在中街新玛特举办了沈阳市“3·15国际消费者权益日”主题活动。沈阳市人民政府副秘书长刘阳春，沈阳市市场监督管理局党组书记、局长曲向军，辽宁省消费者协会秘书长唐少博，市委宣传部副部长刘晓虹，大东区副区长王宇、沈阳市市场监督管理局副局长薛春毅，沈阳市市场监管事务服务与行政执法中心党委书记滕玉伟、主任王文仲，大东区市场监督管理局局长全瑞丰以及消费者及经营者代表、市场监管局干部代表、新闻媒体的记者共计200余人参加了主题活动，表彰了消费维权先进工作者和优秀消费维权志愿者。现场解答消费者咨询投诉近百件，发放《消费者权益保护法》等宣传资料200余份。同时指导各区县（市）在各辖区繁华场所开展百点千人“3·15国际消费者权益日”主题活动。

三、新闻宣传展现新形象

市消协充分利用新闻媒体加大宣传，积极展现消费维权成果和市场局新形象。

一是开展专题宣传活动。在沈阳日报、沈阳网发布大篇幅专题报道，展现沈阳市市场监管局新形象、新作为以及消费维权成果，取得良好反响。

二是广泛宣传年主题。在沈阳网微访谈、沈阳广播电视台连心桥、沈阳广播电视台1034、沈阳广播电视台辣姐有话说、大辽网等新闻节目，解读“信用让消费更放心”年主题的含义，宣传消费方面的法律法规10余次，让社会各界了解2019年消费维权年主题，引导商业企业自觉践行年主题。

三是开展集中宣传活动。在沈阳市各新闻媒体开展集中宣传活动。先后发布了电暖气、电热毯、电热水壶、冲锋衣比较试验报告及购买保健品、外出旅游的消费提示等10余条，六一前夕，发布六一消费提示。暑假前夕发布了《假期参加课外培训班五注意》消费提示，引导消费者科学安全消费，营造了浓厚的舆论氛围。

四是在沈阳电视台播放公益广告。围绕2019年消费维权年主题，“信用让消费更放心”，市消费者协会制作了公益广告，“3·15”期间，在沈阳电视台连续播放70余次，提示消费者关注商家信用，安全理性消费，依法维护自身权益，受到消费者关注。

四、消费教育惠及千家万户

市消协充分立足消费教育和消费引导职能，广泛开展消费教育活动，让更多的消费者了解法律法规，掌握消费维权知识，保护自身消费权益。

一是开展消费教育进社区活动。先后深入到浑南区彩霞社区、沈河区省医院社区、铁西区劳模社区、皇姑区泰山社区开展年主题宣传活动，结合国家“保健”市场整治百日行动，通过发放宣传资料、开设消费教育大讲堂等形式，宣传法律法规和保健品消费知识，引导消费者提防消费陷阱。结合消费品质量安全宣传进社区进校园进乡镇活动，到沈北新区人杰水岸社区进行食品安全法及消费者权益保护法宣传，现场解答消费者咨询。同时指导各区县（市）消费者协会开展消费教育活动。

二是开展消费教育进学校活动。在“六一”国际儿童节来临前夕，沈阳市消费者协会工作人员来到皇姑区岐山一校，为该校小学生上了一次生动的消费教育课，引导小学生树立安全、绿色的消费理念，倡导节约资源、保护环境的消费方式，受到了师生欢迎。在辽宁传媒学院，为大学生宣讲食品安全相关知识，发放宣传材料，开展消费教育活动。

三是编印普法宣传资料。编印《消费者权益保护法》《电商法》《食品安全法》《法律法规汇编》1万册，发给各区、县（市）消费者协会。同时通过多种形式发放到消费者手中，受到消费者欢迎。

四是建立金融消费教育基地。在保险协会建立第一家金融消费教育基地，组织保险协会工作人员走进社区、新闻直播间为消费者宣讲保险方面的相关知识，提醒消费者防范金融陷阱，做到理性消费。

五是建立消费维权服务站。先后在沈阳电子商务协会、沈阳芝麻二手车市场建立了消费维权服务站，进行受理消费投诉知识技巧培训机构指导，有效地保护了消费者权益。

五、社会监督使消费维权关口前移

对商品和服务的社会监督与受理投诉是消协组织的两个车轮。一个注重事前防范，一个注重事后维权。市消费者协会充分立足商品和服务社会监督职能，加强比较试验和消费者满意度问卷调查工作，促进消费维权关口前移。比较试验工作获得中国消费者协会通报表扬。

一是开展商品比较试验。先后进行了儿童服装、面膜、涂料、儿童旅游鞋共计4种商品100个样品的比较试验工作。市消协通过向消费维权志愿者征求意见、进社区与消费者座谈，向检测机构了解情况等方式，结合中消协比较试验安排，确定比较试验项目。制定评分标准，通过向社会公开招标方式，选择检测机构。消协工作人员与检测机构工作人员共同以消费者身份选购样品，委托专业检测机构检测，并告知相关企业检测结果。以翔实、科学的数据撰写比较试验报告，并在媒体上发布，引导消费者科学选择商品，对产品质量不符合国家标准的企业责令其下架整改。受到消费者关注，企业重视的良好效应。

二是开展消费者满意度问卷调查。开展了家电售后服务消费者满意度问卷调查、家庭装饰装修消费者满意度问卷调查，5000余名消费者踊跃参与，及时发现这些领域存在的问题。

三是参加政府听证会。市消协工作人员及消费维权志愿者和消费者代表参加辽宁省市场监管局产品质量法实施情况评估调研活动，汇报了消协组织贯彻产品质量法，开展比较试验的工作情况。浑南消协参加了有轨价格听证会，代表消协组织及广大消费者发出声音。参与了发改委自来水涨价听证座谈会。

四是开展食品安全消费体察活动。组织消费维权志愿者、省医院社区消费者代表50余人，到沈阳市康福食品有限公司进行消费体察。了解企业食品安全工作，增强消费信心。同时进一步促进企业强化食品安全责任意识和保护消费者权益的意识。

六、社会化维权网络构建消费维权新格局

保护消费者权益是全社会共同的责任，市消费者协会不断加大消费维权社会化网络建设，培育消费维权志愿者队伍，推进消费维权新格局。

一是成立电商协会消费维权站。举行沈阳市电子商务协会消费投诉维权站成立暨电商企业诚信经营倡议活动。结合《电商法》出台，对电商企业40余名经营者进行法律法规培训，指导电商企业有效处理消费纠纷，保护消费者合法权益。倡导电商企业诚信经营，恪守承诺，打造安全、放心的网络消费环境。

二是开展汽车消费维权调研。走进沈阳汽车流通协会，了解汽车经营企业消费维权方面存在的问题。尤其针对奔驰汽车漏油事件，召开了汽车消费维权工作会议，实行汽车消费维权日报制度，随时关注事态发展，并向省消协发出如何有效处理汽车消费投诉相关问题的函。

三是与家具协会共同开展消费维权活动。参加沈阳市家具产业协会“3·15”系列活动，共同开展信用让消费更放心主题倡议活动，倡导经营者诚信经营、恪守承诺，促进家具经营者提升商品和服务质量，营造家具行业放心消费环境。

四是与沈阳市婚庆产业协会商谈消费维权合作机制。与沈阳市婚庆产业协会秘书长商谈婚庆产业行业维护消费者权益工作机制，尝试推出维护消费者权益具体办法及消费权益受损赔付办法。

五是深入基层调研。为了充分了解基层消费维权工作，总结经验，发现问题，市消协先后深入浑南区消费者协会、大东区消费者协会、康平县消费者协会调研，指导基层消费维权工作。

七、积极受理消费者投诉，维护消费者合法权益

市消协坚持消费者至上的理念，积极受理消费投诉，主动为消费者排忧解难，赢得消费者赞誉。

一是实行全员受理投诉制度。针对人手少、任务重的情况，全处每个同志都值班到一楼大厅受理投诉，对消费者投诉热情接待，及时处理，切实为消费者解决实际问题。

二是加强业务培训，提高消费纠纷调处水平。邀请沈阳市消费者协会优秀消费维权志愿者，北京盈科（沈阳）律师事务所专职律师闫东结合消费生活实际案例为与会人员进行了一次生动的法律法规培训，通过互动学习交流的方式解答了相关法律问题和相关法律法规在消费维权实践中的具体运用，受到了与会者的好评和欢迎。

三是召开区、县（市）消协秘书长工作会议。召开全市13个区、县（市）消协秘书长参加的工作会议。听取前期工作汇报及下一步打算。会议传达了中消协第五届理事会第五次会议相关情况和中消协会长、全国人大副委员长张平所做工作报告的主要内容；介绍了全市消协组织前期工作，部署了下一阶段工作。

四是积极促进被投诉企业整改。市消协受理的由市局转办的消费者因为骑行哈罗单车受伤事件，及时与哈罗单车客服进行沟通，指出其对消费者又意外伤害保险的提示不清晰，哈罗单车表示积极整改，并在平台上做出相关提示。

截至2019年，全市消协组织接受理消费者投诉1636件，为消费者挽回经济损失265余万元。

八、及时主动服务市局相关工作

中心成立以来，市消协承担了大量为市局服务的工作。一是积极服务创建文明城工作。代替市局起草了关于在大型市场、宾馆、商场超市建立消费维权服务站的实施方案，与市局共同出台了《沈阳市市场监督管理局 沈阳市消费者协会保护消费者权益实施办法》，出台了沈阳市消费者协会建立保护消费者权益协作共治机制实施办法》。二是针对市局转来的新华社辽宁通讯社关于预付卡相关问题的函，及时进行反馈。三是向市局提交了《落实辽宁省完善促进消费机制体制实施方案的措施》，提出了具体工作目标和措施。四是为市局提供了落实“十三五”规划相关工作情况汇报，汇报了相关具体工作。五是向市局提交了贯彻产品质量法情况汇报，围绕市消协职能，做了五点汇报。六是向市局提供了2019年全国市场监管论坛的相关材料。七是向市局提交了政法委要求的落实枫桥经验的相关材料。八是向市局提交了食品安全情况的材料、创建文明城的材料、消费品质量安全等相关材料。九是积极协调、妥善处理了市局交办的投诉。

九、打造高素质干部队伍服务消费维权

市消协不断加强干部队伍建设，全面提升干部服务消费维权，服务经济发展工作的能力。

一是增强了凝聚力。全体干部认真学习习近平新时代中国特色社会主义思想，积极践行“不忘初心 牢记使命”主题教育活动，加强廉政教育，面对机构改革新形势，统一思想、主动作为，团结向上，各项工作取得长足进展。

二是增加了执行力。全体干部紧紧围绕消费者至上的理念，认真落实中消协、市局和中心的工作部署，立足职能，努力工作，“3·15”期间，全体干部加班加点工作，撰写各种材料，准备相关工作。使“3·15”国际消费者权益日主题活动圆满成功。

三是增强了战斗力。全体干部认真学习消法等法律法规，不断提升消费维权的工作能力，积极为消费者排忧解难。消费者送来锦旗和表扬信，盛赞市消费者协会主动热情为老百姓排忧解难。

哈尔滨市消费者协会消费维权报告

按照中消协要求，哈尔滨市消协认真梳理了2019年重点工作，结合哈尔滨市消费维权现状报告如下：

2019年，市消协在中消协、省消协、市局党组的大力支持下，全面履行《消费者权益保护法》《黑龙江省消费者权益保护条例》赋予的公益性职能，适应新常态，履行新职责，做出新贡献，充分发挥公益性社会组织作用，因循事先、事中、事后维权模块对消费维权工作进行规划和部署。

一、围绕年主题开展大型纪念“3·15”系列活动

一是开展3·15现场活动。3月8日联合市质检院、技量院及食品药品检测中心在松雷商厦开展了3·15宣传活动，发放法律法规宣传资料6000余份，向消费者提供法律咨询服务，市电视台对宣传活动进行了全面报道。二是开展“三下乡”活动。在阿城区开展了“三下乡”活动，现场为消费者讲解消费维权知识，发放手册及文体用品，医院为消费者免费义诊。三是召开座谈会。组织专家学者、行业协会、监督员、消费者及企业代表围绕年主题开展了“信用让消费更放心”消费维权座谈会，对如何围绕年主题做好消费维权工作提出了意见和建议。

二、认真履行消协职能，开展消费教育与引导工作

一是消费教育预警及普法进一步强化。发布了《端午佳节安全最重要》等五期消费警示，通过新闻媒体公开报道。二是消费教育商品比较试验进一步推动。开展了儿童三轮车、剃须刀等比较试验，约谈相关企业，敦促企业进行整改。三是消费教育基地建设进一步夯实。分别联合革新街道办事处开展老年消费教育专题讲座。通过讲座、发放老年消费教育小常识宣传资料等形式开展活动，努力使全社会关注支持老年消费教育，使老年消费教育活动变得普遍化、多样化、常态化。四是消费教育重点群体常态机制进一步完善。分别来到哈尔滨市育红小学、工程小学、公滨小学等学校开展学生消费教育活动，发放学生护眼知识宣传单，向学生们强调保护眼睛的重要性。五是积极落实《省大人常委会加强老年人保健品决议》。市消协针对此项决议，联合街道办事处分别走进了哈尔滨老年大学和珠江、红旗等社区开展了老年消费教育活动。通过展示宣传板、易拉宝、发放宣传资料等形式让老年人及时了解如何预防保健品欺诈等相关知识，避免上当受骗。六是开展“五进”活动。分别走进家乐福超市、苏宁易购、红博中央公园、香坊万达、黑天鹅电器、新一百及哈尔滨师范大学开展“进学校、进超市、进商场”宣传活动，发放普法、网络宣传万余份。七是开展下乡扶贫对接工作。11月初按照市局要求来到宾县三玉乡三岔村进行扶贫对接，与当地乡长共同来到贫困户进行慰问，下一步将继续推进此项工作。

三、发挥公益性作用，加强对商品和服务的社会监督

一是开展评议活动。相继开展了家电售后、物业服务调查等项目的消费问卷调查评议活动，并约谈评议较差的商业企业，督促其尽快整改。二是开展监督员续聘及消费体验。组织维权监督员在宾县、阿城区开展了走进农贸市场消费体验活动，收集信息，形成书面材料上报中消协。走进康师傅工厂举行了两年一度的义务维权监督员续聘表彰会议及消费体验活动，让义务维权监督员直观看到生产加工的过程，达到健康消费和增强互信的目的。三是开展城市满意度调查活动。按照中消协《城市消费者满意度测评工作调研方案》工作要求，根据测评报告指标短板，开展相关的调研活动并加以分析，针对报告中存在的问题、消费者满意度的工作建议形成了书面材料上报中消协。四是参与法律、法规修订工作。陆续参与了《民法典人格权编》等法律、法规、规章草案修订的意见征集工作，并根据具体情况提出修订意见和建议。

四、围绕维权深层次问题，依法受理消费者投诉

一是积极受理日常消费投诉。投诉受理是消协的主要工作，认真履行《消费者权益保护法》《黑龙江省消保条例》赋予我们的职能，针对消费者来人、来访、电话咨询、网络平台所投诉的每一起案件，尽最大努力，使消费者的损失降到最低。二是多途径解决消费投诉。根据《黑龙江省消保条例》规定，建立了消费纠纷调解与哈尔滨市中级人民法院司法衔接机制，继续推进“诉调对接”工作，各辖区单位也积极与当地法院进行了对接，更好地为消费者提供便捷服务。

五、创新工作理念，推进全方位新闻宣传体系显成效

在各大报纸刊发消费警示、体验报告、季度投诉分析等共计30余篇；接受省、市电视台、电台采访8次；参与省、市电台行风热线3期直播节目，受理消费者疑难投诉20件，解决率为98%。

南京市消费者协会消费维权报告

2019年，在南京市局党组、中消协和江苏省消保委指导下，南京市消协紧紧围绕“信用让消费更放心”年主题，开拓创新，锐意进取，消费维权各项工作扎实开展、成效显著，一些工作走在了全国消协的前列。

在中消协对全国70个大中城市进行的消费者满意度测评中，南京在总分排名中名列第七，在省会城市名列第二，在9个全国特大城市中排名第一；组织全市性“3·15”纪念活动层次高、影响大，“信用让消费更放心”年主题教育进社区活动，赢得了社会各界和社区消费者的广泛赞誉；成立“南京市家装消费维权专业委员会”，设立消费者投诉站，为家装维权难的消费者处理了大量棘手难题；成立南京市消费维权公益律师团，支持消费者进行消费诉讼，赢得了全国首例预付式消费官司；牵头召开的预付式消费问题治理研讨会，推动以立法解决预付费纠纷治理难题向纵深迈进；广泛组织开展形式多样的消费维权宣传活动，先后荣获全国“消费维权宣传优秀奖”和全国“消费维权新闻宣传地市级先进单位”称号；组织商品比较试验项目获得中消协“第二届比较试验项目优秀组织单位”及“优秀比较试验提名奖”；组织开展法律与理论研究工作成果显著，被市人大确立为“基层立法联系点”，被中消协评为“参与立法成果突出单位”和“参与立标成果优秀单位”。

一、围绕贯彻“信用让消费更放心”年主题，广泛组织开展多种形式的宣传活动

大张旗鼓组织开展“3·15”纪念活动，副市长蒋跃建发表致辞，市市场监管局党组书记、局长孙宁总结部署了消费维权工作。在秦淮、鼓楼、雨花台、玄武、建邺及江北新区等6城区，组织开展“信用让消费更放心”消费维权年主题宣传进社区活动，宣传教育覆盖面近万人。在《中国消费者报》《南京日报》《老年周报》、江苏省电视台、江苏广播电台等媒体设立了消费维权专版专栏。

与人行南京营管部合作，组织3·15“金融消费者权益日暨第四届南京社区金融消费教育”主题活动，以及第十一届“2019年南京金融业满意服务与发展年度活动”，在5家银行设立了“老年金融消费教育基地”，与南京交电家电等行业协会联手组织信用建设座谈活动。

组织开展“寻找最美维权人物”评比宣扬，激发社会各界积极参与消费维权事业。

一年来，市消协在省市媒体发布信息120篇次；“掌上消协”发布信息百余条；新浪微博发布信息300余篇次；在市局网站“消费者权益保护”专栏发布信息50余篇次；市消协官网发布信息180篇次，制作印发年主题宣传海报、3·15专版专刊、《金融知识普及蓝皮书》《365淘房指南手册》《市消协亮点工作折页》《2018年投诉分析白皮书》等材料近万份。

二、积极履行消协法定职责，扎实做好投诉受理工作

建立市消协官方网站和手机微官网，将市消协的微信公众号投诉窗口与网站、“E通315”等融为一体，形成全方位多元一体的投诉格局。大力加强“E通315”建设，全市2880家企业加入该平台。在新成立的“市消协家装消费维权专委会”设立家装投诉网站，建立涉诉企业黄黑榜。

强化企业约谈和预警机制，先后组织对金吉鸟、中航金城深装总等企业进行约谈。

召开“南京市消费者协会房地产消费维权专业委员会”成立一周年年会暨新闻发布会，发布相关维权信息，扩大房地产企业诚信经营承诺联盟。发起成立“南京市消费者协会家装消费维权专业委员会”，成立仅3个月就成功处理投诉78件，为消费者挽回经济损失40万余元。

在红星美凯龙河西商场设立消费者投诉站，倡导线下七天无理由退货。指导秦淮区消协在“夫子庙商圈”和“新街口商圈”推进线下先行赔付制度。全年共接受消费者咨询20万人次，受理投诉6.7万件，挽回经济损失9735万元。

三、积极开展各类消费教育引导，强化对商品和服务的监督

在全市设立消费教育基地75个，其中市级消费教育基地17个。

组织消费者参与“贝壳南京房产消费知识科普讲座”、“匠心品质、暖心服务”课堂活动、农产品消费知识大讲堂、养乐多生产流水线消费体察，组织六一节“关爱与您并肩‘童’行”科学使用电器教育，对南京4A以上景区进行消费调查。

在全市范围内组织开展2017—2018年度“南京市商品与服务质量优胜单位”评比。

对儿童电动车和儿童自行车等商品开展比较试验，发布电动车电池和充电器、老年人健步鞋等比较试验报告，督促企业提升商品和服务质量。

四、积极拓展依法维权新途径，充分运用南京丰厚的法律资源为消费维权服务

成立消费维权公益律师团，首批14名律师入选“市消协消费维权公益律师团”。走访省市律师协会，推行每周五“律师值班日”制度。与南大、南师大、江苏恒爱等三大法律援助中心签署战略合作协议，组织志愿者轮流到市消协参加日常投诉接待。组织公益律师对5起损害消费者权益的行为支持诉讼，其中3起已结案，特别是打赢六合健身预付卡定金合约纠纷案，影响重大。

积极参与中国消费者协会组织的立法立标修改，被南京市人大选定为“基层立法联系点”，被中国消费者协会评为2018—2019年度“参与立法成果突出单位”和“参与立标成果优秀单位”。

针对预付式消费纠纷频发、涉及面广、社会危害大等问题，组织开展调查研究并形成调查报告，将此问题申报市委全面依法治市委员会第二次会议议题、南京市人大2020年立法建议项目以及向全国人大的建议案，牵头召开“南京市预付式消费问题治理讨论会”，推动重大消费纠纷问题向立法解决的方向发展。组织全市首届大学生消费维权法律技能大赛，来自南京师范大学等7支参赛队参加该赛事，为大学生更好地融入消费维权事业营造了氛围。

五、切实加强业务培训，不断加强消费维权组织体系和消费维权能力建设

调整市消协内部机构设置，细化职责和分工，促进组织职能的落实和人员积极性的发挥。加强全市系统建设，制作《全市消协组织体系名录》。全年对各消协分会、消费者投诉站开展培训4次，共计500余人次。

杭州市消费者权益保护委员会消费维权报告

2019年，杭州市消保委以习近平新时代中国特色社会主义思想为指引，按照国家和省的统一部署，围绕杭州市委市政府"城市国际化"战略定位，紧紧抓住"信用让消费更放心"这一年主题主线，创新治理履职尽责，实现城市消费环境总体平稳向好，群众获得感提升。

一、围绕中心深挖热点，化解消费纠纷不断发力

市消保委紧紧抓住消费维权的问题导向，不断优化投诉系统，推进消费维权体系建设，陆续开展各项创新工作，较好地展示了消费维权工作成果，有力地维护了消费者的合法权益。依托"智慧315"软件平台，接受消费咨询1.23万件，受理各渠道的消费纠纷案件共计10892件（截止到11月28日），成功调解率为97.4%，为消费者挽回经济损失共计1.2598亿余元。一是诉调对接深入推进获人大肯定。消费纠纷的诉调配合和司法确认协同推进，已经完成71件。3·15前夕，杭州市消保委与法院系统首次联合发布2018年度消费者维权典型案例，选取的12起典型案例涉及食品安全、旅游合同、预付式消费、服务合同、安全保障义务、网络购物六大板块，全方面覆盖各种消费陷阱，对消费者起到良好的警示和宣传作用。同时，这也是省内首次由消保委和法院共同发布的消费纠纷典型案例，获得了市人大和法院的高度肯定。与司法局联合的人民调解纠纷调处18件，拓展了对企业消费者的消费纠纷受理渠道。二是消费纠纷引入"大众评审机制"全国首创。杭州市针对部分消费纠纷没有统一的评判标准，尤其是服务类消费具有时效性和主观性特征，难以通过第三方进行监测的特质专门建立了一支25人的人民评审员队伍，根据纠纷案件随机引入3或5或7位评审员给予纠纷评审意见，老百姓的纠纷老百姓来调处，这一举措取得了很好的社会宣传效应，对于重大疑难案件调处也有促进效用。三是热点事件及时公开调解获点赞。对东方航空、万象城等8家侵害消费者合法权益的企业予以曝光。针对奔驰消费热点事件发酵期间，市消保委积极回应杭州市奔驰消费纠纷，在同时段邀请20余家新闻媒体进行现场直播，进行奔驰公开调解，快速高效处理好相关事件。此次公开调解有力提升了消保委的社会形象，也切实解决了该起纠纷，为之后的调解提供了宝贵的经验和新颖的方式。四是主动作为积极"约谈"问题企业。连续对4家重点企业和1个行业协会进行约谈，分别是门客生活、弹个车、自如、蛋壳、健身休闲协会。对于热点纠纷异常增长建立事前约谈机制，在门客生活倒闭前，前后两次约谈门客生活，要求门客生活加强整改，积极处理投诉，并积极回应舆论关切，避免了消费者对于企业正常倒闭政府部门监管不到位的质疑。对健身行业"预付式"消费存在的高频投诉现象，及时与体育局、健身休闲协会通报和沟通，并共同参与研讨《杭州市健身行业示范合同》的制定，引导行业的规范化。

二、监督引导双管齐下，放心消费环境有序改善

市消保委以"放心消费跟我走系列活动"为纽带，创新消费领域监督方式，坚持以"消费者关注"为核心，通过"你点我评"的方式推动杭州市放心消费建设再上新台阶。一是深入开展"放心消费跟我走"系列活动。创新消费领域监督方式，以解决问题为导向，积极促成先评后查的监管闭环。连续开展了房产中介、电热毯比较试验、手环式血压计测评、物业测评、"买菜"APP测评等活动，其中买菜APP测评获得央视的新闻频道播出，取得了很好的社会监督实效。联合省消保委在全国首次开展了综合书店的服务评测，持续开展了箱包等产品比较试验。二是开启全国首届消费契约节。以讲诚信引导切入倡导放心消费环境，杭州市消保委会同西湖之声结合十大行业的重点企业联手发布首个契约精神，开展全国首个消费契约节，并对杭州市12个社区进行消费纠纷服务进社区活动，让老百姓不出社区一键投诉，该项工作获得中消协专报肯定。三是扎实开展城市满意度调研。围绕中消协《关于深入开展城市消费者满意度调研促进消费者满意度持续提升的通知》精神，结合消费者满意度测评总报告及杭州市城市分报告，杭州市消保委专门召集政府

部门、专家学者、重点行业企业负责人、媒体代表等进行了三轮调研，并对调研情况进行了深入总结，提出了相应的政策建议，形成城市消费满意度提升对策书面调研报告，呈报省市有关部门。四是建立全国首个消费纠纷亲子志愿者队伍。消费维权志愿者作为消保委组织的补充力量，目前全市已组建26支，志愿者人数达到260人，今年建立的亲子消费志愿者分队，通过“一大带一小”亲子的消费体验和公益宣传，推进了城市消费公益的传承和儿童消费领域调查的多元化介入。五是城市价格听证会社会组织有力发声。积极组织推荐消费者代表参加杭州市巡游出租车运价调整听证会工作，科学征集消费者代表，广泛收集各界意见37条，为政府决策提供充分中肯的民意。

济南市消费者协会消费维权报告

2019年，济南市消协、消费者投诉中心在济南市市场监督管理局党委的领导下，根据《消费者权益保护法》赋予的职责，以“信用让消费更放心”消费维权年主题为引导，以发展为中心，以服务为宗旨，狠抓工作落实，积极开展消费者维权服务，顺利完成了年度工作，在社会上的影响力得到进一步的提升。

消投中心高度重视思想政治教育。今年，消投中心以坚持以人民为中心的发展思想为牵引，以“不忘初心　牢记使命”主题教育为抓手，积极组织学习教育，严格落实“三会一课”制度，扎实开展党日活动，取得了丰硕的成果。消投中心按照统一制订的学习计划，完成了学习任务，同时利用休息时间加班加点进行自学充电，召开专题会议交流学习心得，每名同志都认真撰写了学习笔记和学习体会。可以说，一年的学习，我们支部扎实地学习了党的十九大报告、党章党规以及习近平总书记关于马克思主义、理想信念、中国精神、中国梦等方面的重要论述，进一步提高了思想境界，以正确的思路引领方向，以学习提升思想素质，以觉悟促进工作务实，各方面都取得了明显效果，可以说人人受教育、人人受启发、人人有收获、人人有提高。

消投中心针对2018年巡视工作提出的具体问题，结合全省“担当作为、狠抓落实”工作精神，结合工作实际，消投中心制定了巡视问题整改方案，按照计划完成了相关问题整改工作。为进一步改进工作作风，提高工作效率，消投中心专门制定了工作责任制度，明确了主要领导抓工作第一责任人的制度，进一步改进了工作作风，将纠纷调处、消费警示、基层答疑等工作层层细化，明确到人，从领导自身做起，切实强化责任落实，层层把关，改进工作方法，团结消投中心全体工作人员，按级抓好落实。

2019年消投中心将学习教育与工作整改有机结合，各项工作坚持以人民为中心，坚持以优化济南市营商环境为目的，在抓好学习的同时将发现的问题逐一对账销号，扎实做好了全市业务培训、企业维权讲座、基层站点开设、消费宣传教育等一系列行之有效的工作，从工作者、经营者、消费者三个方面，全面提高了济南市消费维权水平，为优化济南市营商环境做出了应有的贡献，切实做到了两不误、两提高，严格落实了以人民为中心的发展思想，把“不忘初心　牢记使命”落到了实处。

一、消费者投诉处置工作

（一）消费者协会

消费者协会积极受理各种消费者投诉，为消费者排忧解难办实事，急消费者之所急，想消费者之所想，牢固树立为消费者服务的意识，强化内部机制，提高调解技巧和水平，妥善解决消费纠纷，做到了消费者投诉件件有着落，事事有答复。截至目前，全市消协系统共受理各类投诉2223件，处结2066件，正在处理157件；接待来访、接受咨询5520多人次；为消费者挽回各类经济损失118.65万余元，发布消费提示信息10余条，通过电视、广播和报纸发表宣传稿件80余篇。

（二）消费者投诉中心

2019年共受理消费投诉、咨询和举报共计110254件。其中，投诉80423件，咨询21987件，举报7844件。涉及消费争议金额2828.85万元，为消费者挽回经济损失

965.08万元，处理、流转消费者投诉举报到工商局12315的信件64封。“3·15”期间，提前制定了突发事件处置预案，全员上岗，加班加点，牺牲休息时间，电话保证24小时待机，确保投诉渠道畅通，遇有消费者投诉能及时、妥善地处理，更好地维护消费者合法权益。

二、开展3·15系列宣教活动

消协主动作为，结合自身实际情况，开展了一系列活动，为招商引资营造良好的营商环境，创造放心的消费环境，取得了良好的社会效应。

局领导对消协工作高度重视，对消协工作给予了充分的肯定和支持，在局党委的指导帮助下，市消协按照中消协、省消协、市局的安排，紧扣“信用让消费更放心”年主题，在今年“3·15”期间，开展了一系列具有广泛社会影响力的宣传活动。

一是召开新闻发布会。3月14日，市消协联合市工商局、市卫健委、市旅发委、市食药局、市质监局、市物价局等有关部门及市消协第三届理事会常务理事单位，于2019年3月14日9:30在市工商局三楼会议室召开“济南市纪念3·15国际消费者权益日暨消费维权发布会”。同时邀请济南市新闻界、企业界和消费者代表参加，回顾2018年消费维权工作，展望2019年消费维权事业发展，发布消费维权典型案例、消费警示信息和消费热点。

二是组织参与区县消协开展系列宣传活动。3·15期间，济南市组织并参与了各个区县消协开展了形式多样、内容丰富的宣传活动。

市中区：3月13日，在大众广场、英雄山人防广场等多处举办3·15消费维权宣传活动。以悬挂横幅、设置展板、发放3·15宣传材料等方式宣传2019年消费维权主题。通过现场讲解、面对面释疑等方式，与现场群众进行互动，现场解决消费纠纷。

槐荫区：3月15日上午，在和谐广场举行“信用让消费更放心”宣传服务活动。活动中，对和谐广场10家“文明诚信商户”、槐荫区10家消费维权服务站先进单位隆重进行表彰，倡树依法诚信经营、维护消费者权益典型，引导广大企业落实消费维权主体责任，积极为消费者营造放心消费环境。活动现场设立了咨询台，主动向群众发放资料，宣传《消费者权益保护法》《食品安全法》《电子商务法》《山东省消费者权益保护条例》等与消费者相关的法律法规；接受消费者咨询和投诉。

历城区：在银座华信购物广场举行历城区“3·15”国际消费者权益保护日暨“信用让消费更放心”主题活动，发放宣传材料，围绕年主题讲解消费维权知识，普及《消费者权益保护法》，现场答疑解惑。

天桥区：开展法律、法规进社区及现场咨询活动。在3·15期间辖区各消协分会与市场监管所根据各自实际开展了《消费者权益保护法》《山东省消保条例》等法律、法规的培训活动，参加培训的经营户已达400余户。同时与市场、商场开展了现场咨询活动。

章丘区：3月14日，区消费者协会组织8家理事成员单位在齐鲁理工学院开展宣传活动，现场发放宣传资料，设立展板、咨询台，受理咨询、投诉。

济阳区：3月13日，在银座购物广场举办咨询服务活动，现场设立服务台、投诉台、真假商品辨别台，发放相关宣传资料，接受消费者咨询，现场受理消费者投诉。

长清区：3月15日，联合中医药大学法律服务协会、山东师范大学法学社30余名大学生在山东省最大的农民拆迁安置区乐天小区开展“信用让消费更放心”3·15普法宣传进社区活动，通过播放消费维权宣传教育视频、面对面讲解消费维权知识、发放消费维权宣传材料、借助展板以图文并茂的方式讲述消费维权知识、设立咨询服务台现场受理咨询和投诉等形式，向社区居民宣传消费维权法规、普及消费维权知识。

南山区：3月14日，在仲宫街道办事处仲宫大集前设置活动主会场，集中开展了“3·15国际消费者权益日”宣传活动。南山市场监管局、规划发展局、生态环保局、仲宫街道办事处和趵突泉酒厂、九如山景区、漱玉平民大药房等企业在大集前分别设置咨询投诉服务台、真假商品展示台，现场为消费者提供咨询服务，受理消费者投诉，讲解商品识假辨假知识，分发有关消费知识及消费维权宣传材料，普及《消费者权益保护法》《产品质量法》《食品安全法》《价格法》等法律法规，倡导文明、健康、节约资源和保护环境的消费方式，提高消费者依法维权意识。

莱芜区：组织区食品药品监管局、区旅游局、区人社局、区教育局、区卫计局、区商贸局、区城乡建设局等职能部门参加纪念宣传活动，活动紧扣2019年“信用让消费更放心”消费维权年主题，结合自身实际在“3·15”期间开展了进社区、进农村、进商场、进学校、进企业、进集贸市场等丰富多彩的宣传活动。

钢城区：3月13日，举行2019年“3·15”宣传纪念活动暨放心示范单位表彰仪式，现场授牌表彰了2018年度20家放心消费创建先进单位，围绕“信用让消费更放心”年主题，现场开展消费维权宣传咨询服务活动。

三、开展全市业务培训工作

消投中心于5月14日在市场监管局建设路办公区三楼会议室组织开展了一次区县业务培训工作，全市17个区县共32名消协工作人员参加了培训。通过这次培训进一步规范了全市投诉受理工作，宣传了《中华人民共和国电子商务法》(以下简称《电子商务法》)立法理念，普及了《电子商务法》法治精神，净化了电子商务环境，进一步提高了全市消协系统依法维权能力。

四、完善消协基层站点建设

消投中心结合党支部主题党日活动，在济南市富雅红木楼组织开展了“完善基层建设　引导诚信经营”为主题的党日宣教活动，经请示局领导批准在济南市富雅红木楼建立“消费者维权服务站”，消投中心在这次活动中为富雅红木楼授“消费者维权服务站”牌，进一步完善了济南市消协基层组织，为消费者维权提供了便利，提高了调处效率。

五、进一步拓宽消费教育渠道

为充分发挥互联网便捷、辐射面广的优势，消投中心积极与搜狐网联系，针对老百姓最关心的住房购房问题，联合搜狐焦点网开设了“房产消费教育指南”专题网，通过线上宣传购房知识和典型案例分析，为广大消费者答疑解惑，让消费者获得更多的房产消费知识，同时引导在搜狐焦点网经营的房产商依法经营、诚信经营。对在搜狐焦点网发生的房产消费纠纷，搜狐焦点网先行一步给予协调处理，进一步拓宽消费教育渠道，积极营造良好的房产消费环境，提高了消费者的提高消费者防骗能力和智慧消费水平。

六、开展维权知识授课

消投中心积极与银座商城联系并在银座商城开展了消费维权知识授课，针对银座一线投诉受理人员举办投诉工作相关业务培训，有效地强化了经营者主体责任，提高了诚信经营意识，引导经营者主动维护消费者合法权益，及时将消费纠纷化解在源头，提升消费者的购物体验及个人权益保障，引导企业建立消费者投诉和解机制，进一步优化了营商环境。

七、开展企业座谈会

在消投中心积极联系协调、准备宣传资料的基础上，在富雅红木楼与经营商家召开座谈会，会上就以消费者为中心、倡导诚信经营、强化维权意识开展了交流讨论，进一步规范了在其中经营商家的诚信经营意识，强化了企业维权意识、自律意识，为消费者创造了放心、安全的消费市场。

八、开展企业宣传教育工作

为进一步提高企业诚信经营意识，引导经营者主动维护消费者合法权益，及时将消费纠纷化解在源头，提升消费者的购物体验及个人权益保障，进一步优化营商环境，济南市消费者投诉中心开展了一系列企业宣传教育活动。

消投中心党支部结合主题党日活动，在富雅红木楼开展了消费宣传教育活动，与在富雅红木楼经营的商家进行了谈话交流，并发放了消费维权手册200余份。

消投中心到搜狐焦点网开展了消费宣传教育活动，活动中与搜狐焦点网总经理进行了座谈，并在搜狐焦点网发放了消费宣传资料，为引导企业诚信经营、规范经营起到了积极的推动作用。

消投中心在银座商城开展了消费宣传教育活动，与银座商城相关领导进行了谈话交流，同时在银座为商家发放了消费宣传手册，进一步强化了银座商城作为消费维权服务站的主动维权意识，提高了银座消费维权服务站维权水平，对引导银座商城诚信经营起到了积极的推动作用。

九、开展热门商品比较试验工作

2018年9月—2019年4月，市消协在中国消费者协会的统一领导下，联合浙江消保委、青岛消保委，委托中国家用电器研究院，开展了家用洗碗机比较试验。这次比较试验通过从电商平台或实体店随机购买洗碗机(涉及14个品牌，24个型号，价格从1388元/台到12199元/台)，从洗净效果、干燥性能、使用成本、漂洗性能等四个方面对照国家相关标准进行比较试验，并将比较试验结果面向社会公示，为消费者全面了解市场上在售家用洗碗机的性能质量、技术水平和价格，打破消费疑虑，引导消费者正确选购合适的家用洗碗机提供了客观依据。

武汉市消费者协会消费维权报告

2019年，武汉市消协紧紧围绕中消协“信用让消费更放心”年主题，加大消费维权工作力度，进一步提高经营者诚信度、消费环境安全度和消费者满意度，提升消费维权社会共治水平，更好服务人民日益增长的美好生活需要。主要工作如下。

一、创新务实开展2019年“3·15”国际消费者权益日纪念活动

（一）集思广益、精心筹划

市消协作为“3·15”宣传活动的牵头单位，在2019年春节前就着手活动的策划工作。市消协秘书处多次召开会议，集思广益，创新思路，形成了以新媒体为主、传统媒体为补充的宣传模式，在多套活动方案中，优中选优，统筹市局各相关职能部门、区消协和直通车企业，收集各部门和企业的消费维权工作重点和亮点素材，确定最终的“3·15”活动方案，明确责任、分工合作，形成了部门协作、社会参与的良好局面。

（二）市区联动、全面参与

“3·15”期间，各区局、区消协结合各自的消费特点和实际，针对群众关心的热点问题，积极开展了一系列内容丰富、形式多样的宣传咨询活动，引导消费者科学、理性消费，增强依法维权能力。

据统计，全市市场监管部门、消费者协会、12315消费维权直通车单位结合各自实际共组织普法活动70场次、开展大型宣传咨询现场活动75次、接受消费者咨询投诉6000余人次、播放公益广告1827条、印发各类宣传资料73450份、参与活动经营者3749家，到达活动现场的消费者超过16万人次。

（三）形式多样、广泛宣传

3·15期间，市消协充分借助今日头条、抖音短视频等新媒体平台传播快、覆盖广的优势，通过不同的媒体形态释放极具质感的消费资讯以及独具创意的消费者互动活动，面向广大消费者做好消费维权、消费警示、消费教育工作，面对企业经营者倡导诚实守信依法经营、树立示范典型，在全市营造放心消费、安全消费、信用消费的消费市场环境。宣传分2019消费维权年主题解读、维权成果展示、消费教育警示、经营者信用承诺、消费者声音五个板块，通过短视频、创意漫画长图、街头采访、发布《消费维权报告》及典型案例、超级话题等多种宣传形式，超额完成预期宣传计划。经统计，参与新媒体互动的人数达22458402人次，收到了较好的社会效果。

新华社、湖北日报、长江日报、武汉晚报等22家中央及省市媒体进行了相关“3·15”报道，其中新华社通稿1篇，长江日报专版3个，人民网、湖北日报、楚天都市报等媒体刊发稿件40余篇。国内多家媒体进行转发，宣传篇次超过200篇，媒体平台覆盖报纸、电台、电视台、门户网站，营造了全社会共同支持、参与消费者权益保护事业的良好氛围。

二、重点开展消费体察及调查评议活动

（一）开展对武汉市部分影院销售、租赁3D眼镜等强制消费行为的调查

针对武汉市部分影院强制要求消费者在3D电影的观影过程自备3D眼镜的现象，市消协予以高度关注，认为此种行为违反《消费者权益保护法》，属于典型的不平等格式条款，当即联合区消协对武汉市30家影院开展了调查取证，其中仅有10家影院为消费者免费提供3D眼镜观影，而不免费提供3D眼镜，需要消费者自备、购买和租赁的影院有20家，占67%。影院不提供免费3D眼镜观影的主要原因是3D眼镜的回收、清理、消毒的人工成本较高；使用频率较高，备份有限；部分消费者从自身健康考虑，愿意选择自备或租赁高标准消毒眼镜等。6月6日，武汉市市场监督管理局及市消协对相关重点影院进行了集中约谈，提出了整改要求，参会院线单位均表态，承诺立即落实免费提供3D眼镜的服务，努力为广大的消费者提供更好的观影服务。

（二）开展家用汽车行业消费调查

为进一步加大对全市汽车行业消费维权工作的社会监督力度，依法纠正和制止汽车消费领域存在的普遍损害消费者合法权益的行为，市消协在全市范围内组织开

展了家用汽车行业消费调查，联合相关律师，进行了数据统计、投诉问题分析、汽车经销企业暗访等一系列工作，对发现的问题进行细分，并对问题经销商进行约谈，形成了相关调查报告及意见建议，督促经营者依法经营、守约重信，净化行业消费环境，提升行业形象，切实维护消费者的合法权益。

三、妥善做好消费纠纷处理工作，畅通消费者投诉渠道

截至2019年12月31日，全市消协组织共受理消费者各类投诉、咨询2313件，其中投诉1791件，成功调解1760件，调解成功率98.27%，共为消费者挽回经济损失265万余元。同时继续发挥电商消费维权直通车网络平台的作用，快速有效处理网络消费纠纷，加强对日常消费领域、互联网等新兴消费领域的监管，加强对电商平台的指导与规范，完善消费维权体系建设。截至2019年12月31日，市消协通过电商消费维权直通车平台受理电商消费投诉50件，48件成功和解。

成都市消费者协会消费维权报告

2019年成都市消协紧紧围绕中消协“信用让消费更放心”的主题和《2019年“四季3·15”活动方案》，积极贯彻落实市委、市政府国际营商环境建设年的相关要求，“以消费者为中心”，切实履行消协职责，积极推进消费领域的信用体系建设，不断营造公平竞争的营商环境和放心舒心消费环境，助推成都市消费经济持续健康发展。

一、强化职能职责，大力开展消费者投诉处理

2019年，成都市消协组织共受理解决消费者投诉19021件，为消费者挽回经济损失2300多万元，受理来信、接待来访2.4万人次。积极加强维权机构建设，新设立成都市跨境电子商务协会、成都怡星仁孚汽车服务有限公司、成都市个体私营经济协会餐饮分会3家消费者投诉站；组织开展消协秘书长和消协维权技能培训，维权力量不断加强，维权能力不断提升。

二、围绕“四季3·15”方案，积极开展3·15系列宣传

制定下发《市消协2019年“四季3·15”活动方案》，并围绕该《方案》开展各项活动。组织召开2019年纪念3·15国际消费者权益日新闻通气会暨“信用让消费更放心”座谈会。组织开展了声势浩大的纪念2019年“3·15”国际消费者权益日现场宣传活动。3·15当日，在武侯区红星美凯龙组织开展2019年纪念“3·15”国际消费者权益日现场活动，向10家第三批创建“放心舒心消费城市”示范单位和30家入选2018年寻找“成都造”的优质企业授牌，接待群众投诉咨询百余件，发放宣传册（单）2万余份，深受消费者好评。指导企业开展“放心舒心消费”座谈会。围绕放心舒心消费城市创建，分别与成都装饰协会、成都电信公司等召开“放心舒心消费”座谈会，向消费者宣传消费维权知识，提高防骗能力。

三、开展消费调查体验，扎实推进消费者宣传教育

围绕《市消协2019年“四季3·15”活动方案》第一、二季度的重点工作安排，扎实开展消费调查体验。发布《成都市养老产业消费者评议调查报告》。帮助老年消费者选择更适合自己的养老方式和养老机构，引导老年人科学消费、理性消费、健康消费，更好地度过老年生活，助推养老产业健康、可持续发展。组织开展“殡葬服务消费调查”，挖掘殡葬服务领域存在的问题，为行业规范提供决策参考。发布《婴幼儿纺织产品比较试验报告》，引导消费者理性、科学消费。为鼓励社会各界积极参与消费维权事业，推动消费维权协同共治，在全市组织开展了“寻找最美维权人物”活动，调动维权积极性，弘扬维权正能量。针对消费热点、难点，及时发布消费警示（提示）。全年发布警示（提示）11篇。

四、针对重点行业，落实行业自律

为提升全市消费者的满意度，回应社会关切，积极协调政府相关部门、行业协会等开展行业整治。围绕《中消协2018年全国70个大中城市消费者满意度测评报告》和市领导批示，组织召开《进一步提升成都市消费者满意度工作座谈会》。为深入贯彻落实成都市委、市政府年初提出的“国际化营商环境建设年”要求，对快递服务、景区旅游、电梯维保、金融服务、家装服务、餐饮服务、通信服务、出租车（网约车）服务、医美美容美发、汽车维修十大行业开展消费者满意度指数测评，为政府相关部门改善和优化消费环境、提升消费维权效能、激发和释放消费潜力、强化监管提供决策参考。召开汽车销售行业行政指导会。围绕“西安奔驰销售”事件，协助市市场监督管理局相关处室，召集全市26家汽车销售企业、3家汽车行业协会的负责人召开《成都市汽车销售行业行政指导会》。为号召网络餐饮服务行业和餐饮单位在市场监管部门的指导和社会各界的监督下积极履行食品安全主体责任，共建放心舒心的餐饮和食品安全消费环境，联合网络餐饮服务行业发布“共建食品安全城市，共享美食之都，‘四季3·15’信用让消费更放心”倡议。为贯彻落实市委市政府“国际化营商环境建设年”的相关要求，营造安全放心的消费环境，积极开展《消法》进（企业）行业协会活动，提高（企业）行业的法律意识、诚信意识、责任意识和质量意识。为贯彻落实中消协“信用让消费更放心”的年主题和市委市政府“国际化营商环境建设年”的相关要求，规范消费领域诚信经营行为，组织召开《成都市消费领域诚信经营行为规范（征求意见稿）》座谈研讨会。讨论研究用信用约束手段助推企业（行业）提高法律意识、诚信意识、责任意识和质量意识，自觉接受社会监督。

第四编　行业自律报告

中国质量协会行业自律报告

（2019年）

中国质量协会（以下简称中国质协）是致力于质量管理与质量创新事业的全国性、专业性、非营利性社会组织，其下属的中国质量协会用户委员会（以下简称中国质协用户委）是推进国家质量事业、维护消费者权益的重要工作平台。2019年通过广泛宣传推广"质量诚信、用户满意"的经营理念，在关系人民群众生活质量的重点领域和消费者投诉重点领域开展质量信用建设、市场调研与监督、质量知识培训、消费者投诉受理、质量纠纷调解等系列工作，在保护消费者权益方面发挥了积极作用。现将2019年中国质协在保护消费者权益方面开展工作情况介绍如下。

一、多方位营造质量诚信的社会环境

（一）加大质量诚信理念的宣传与推广

围绕质量诚信主题，通过开展与质量有关的法律、法规、标准和信用知识等宣传教育活动，使参与企业及人员树立质量诚信、用户满意的经营理念，将"讲质量、讲诚信"深深植入企业文化建设之中。2019年，中国质协对2000余家企业开展质量知识专题培训，5万多名企业管理人员参加了相关公益培训或公开课培训。2019年"质量月"期间，在工信部、国务院国资委的指导支持下，中国质协主办的"全国企业员工全面质量管理知识竞赛"活动有效答题人数再创新高，达到390余万人，覆盖全国34个省级行政区（包括港澳台）和各主要行业。

（二）引导企业主动承诺与企业诚信经营

一是组织了"顾客满意、质量诚信"口号征集活动。从300余家参与企业中选定50家企业口号通过宣传册、口号墙等方式进行宣传推广。二是持续组织开展"企业质量信誉承诺活动"。引导企业主动向社会、消费者和相关方公布产品质量状况和质量承诺信息，自觉接受社会监督。通过"全国用户满意企业信用服务平台"、"中国质量网"、《中国质量》杂志、《中国质量报》等媒体，定期向社会公布"质量诚信、用户满意"经营承诺企业名单，对承诺企业进行宣传，提高优质产品、服务的美誉度。目前，已有4000余家企业向中国质协提交了他们的质量标准并主动承诺接受社会监督。三是携手广大企业共同向社会发出质量诚信倡议。在中国质协的组织下，2000余家企业共同向社会做出质量诚信宣言，400余家企业面向社会发出"落实质量保证举措，承担诚信经营责任"的倡议与承诺。

（三）推进质量信用体系建设及等级评价工作

质量信用体系建设是保护消费者权益、维护市场秩序和促进公平竞争的重要手段，是完善质量治理体系和深化供给侧改革的要求。2019年，中国质协继续以促进行业自律、提高质量领域信用水平为宗旨，动员广大会员企业参与到质量信用体系建设当中来，通过完善全国用户满意企业信用服务平台建立全面的企业质量信用档案，通过系统平台征集市场对建档企业产品、服务、建筑工程的评价信息，以数学模型对有关数据进行等级划分（有关数据按照评价从高到低，被依次划分为A、B、C、D四等），并对获得A等市场质量信用（用户满意级）企业进行推广宣传，大力弘扬了重质量、讲信用的社会正能量。2019年，免费为美的、兖州煤业、双星集团、金域医学等400余家企业提供质量信用评价服务。

（四）受理消费者质量投诉

《国家三包规定》中明确规定中国质协用户委为质量纠纷法定调解机构。中国质协用户委持续通过将用户投诉信息反馈给企业并监督整改落实，督促企业落实消费维权主体责任，通过"全国用户满意企业信用服务平台"对承诺企业投诉及处理情况进行持续跟踪，将用户投诉信息进行汇总反馈。2019年，有效受理投诉百余起，办结率达到87%。从投诉类别来看，汽车行业投诉占比依然最高，与往年相比，汽车行业的发动机和变速箱故障投诉比例下降，车身附件及电器部分投诉比例增加，但厂家多以未查明原因或技术限制而推诿质量责任，无法获取消费者的信任。家电与数码行业的投诉主要集中在故障产品在多次维修后仍不能正常使用。经协调，厂家均同意按三包规定进行退换货。

二、就民生热点、投诉重点领域开展市场调研

中国质协充分发挥20多年的质量评价经验优势，在关系人民群众生活质量的重点领域，开展用户满意度评价工作，并定期面向社会公开发布评价指数，为消费者购买决策提供指导，使消费者的监督权利得以行使，使信息更公开、市场更透明、消费者更放心。2019年，中国质协在原家电、汽车、原材料等行业调查的基础上，继续开展日用快消品、耐用消费品、生活服务业三大领域130个子行业的顾客满意度指数（CNCSI）及质量消费体验研究。

（一）中国质量消费体验研究

2019年度质量消费体验指数涵盖交通通信、教育文化娱乐、生活用品及服务、食品烟酒、衣着、医疗保健、其他用品及服务等七大居民消费主要支出板块，共130个品类，1932个品牌。参与调研的28340位用户来自全国31个省份，涉及355个不同等级城市，共形成442287条数据。

主要研究结果如图1所示。

第一，经济社会发展、政策调控、科技创新使高质量发展成为必然。2019年，我国居民可支配收入与支出稳健增长，用户购买力持续增强，中国用户的消费信心指数不断攀升，消费信心强劲。2019年以来，一系列促消费政策相继出台，不断激活消费市场，为高质量发展夯实基础。科技创新在更多场景加速落地，为消费生产链条提质增效。

第二，消费体验——锐意进取，勇立潮头。

2019年，中国质协满意中国研究继续深入进行，作为研究的核心，质量消费体验在学习中成长，因应变而升级。研究体系中将质量、消费、体验与事前心理、事中行为、事后评价两大研究基本面进行融合，用体验式的研究洞察体验，以用户的视角评价消费，以高质量的态度研究质量。

2019年中国顾客满意度指数为81.3，质量消费体验指数（QCEI）为44.3。数据结果显示，用户对产品服务质量的满意程度尚可，产品服务整体质量消费体验也得到了用户一定程度的认可。

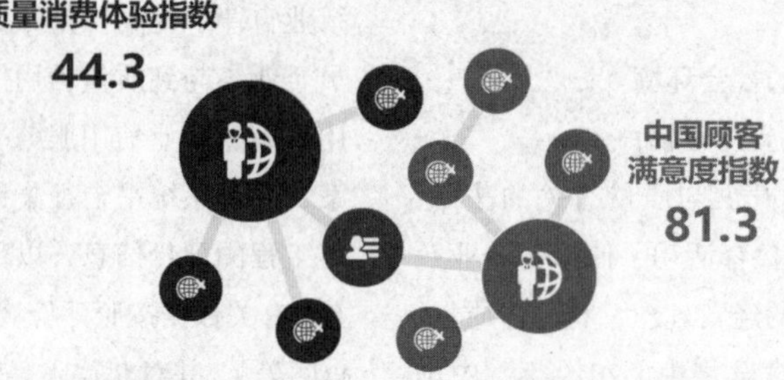

图1　2019年中国顾客满意度指数及质量消费体验指数测评结果

第三，质量消费体验路径首尾亟待升级。从质量消费体验的6个维度来看，各品牌的平均认知度为30.4%，目前各类产品服务的品牌发展不理想，品牌认知是用户接触品牌的第一步，因此至关重要。品牌渗透率为52.0%，即超过半数的用户使用过自己听过的品牌。用户对使用品牌满意率为32.2%，整体评价不高，品牌质量与理想的品牌尚有一定差距。品牌美誉度为64.6%，表现出对品牌“爱之深，责之切”的矛盾。此外，用户对品牌的黏性及推荐欲望不强，忠诚率及推荐度均在三成，分别为38.4%及30.2%，如何提升品牌价值，增加品牌黏性，需要市场各方共同努力。

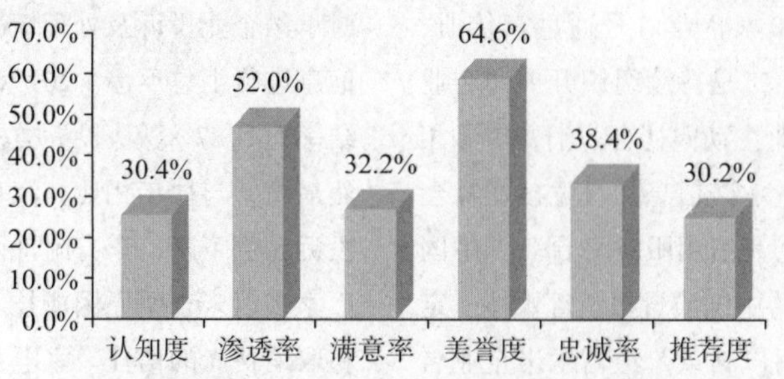

图2　2019年质量消费体验指数六维度测评结果

第四，体验价值：从数量到质量，从动力到潜力。食品、衣着等聚焦于实物产品的传统消费领域，质量消费体验指数对消费支出增长率的拉动效果不明显。这一领域中，消费群体的体验更多依赖于产品本身的质量水平，体验环节的触点相对较少，用户的交互面较为单一，用户对体验环节所带来的增值效果往往得不到充分感知。而以医疗保健、教育文化娱乐等为代表的服务领域，质量消费体验所带来的消费增长就显而易见了，拉动效果明显。在服务领域方面，体验的数量与体验的品质均有强势的表现。

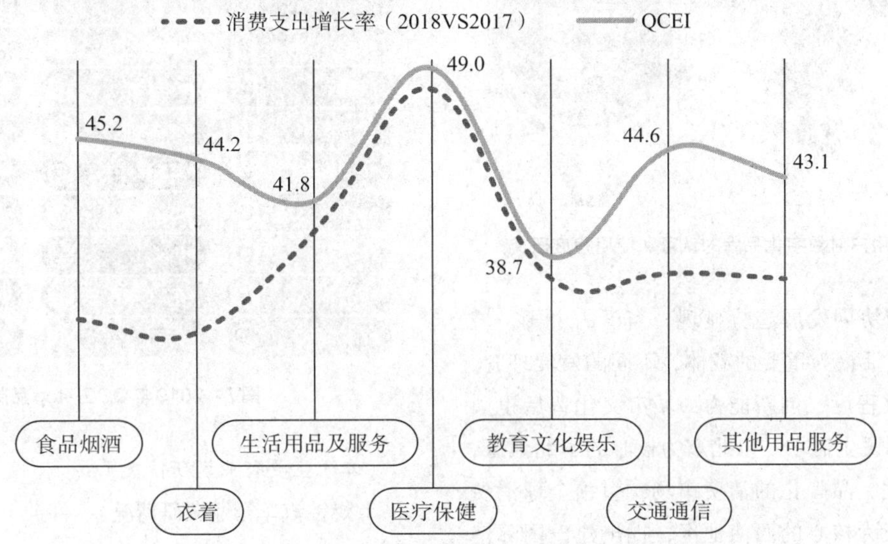

图3　2019年重点行业质量消费体验指数消费增长关系

第五，品牌战略：不满足长板，不容忍短板。2019年满意中国数据显示，超过四成的品牌，其质量消费体验位于QCEI–B级，表现极好的QCEI–S级品牌仅占3.7%，仍有7.5%的品牌位于QCEI–D级。领先品牌在消除短板的工作上投入了大量的精力，并取得了良好的用户反馈，进而能够在变革中保持质量消费体验的稳定与平衡，实属不易。

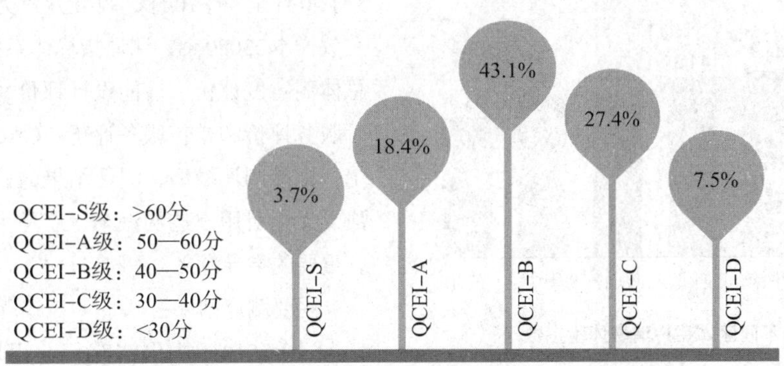

图4　2019年各品牌质量消费体验指数分级占比

第六，连接一切的数字时代：共享和社会。当前用户对数字化品牌的认可和使用程度不断提升。数据显示，用户平均使用过的网购平台达到4.2个，快递服务品牌3.9个，视频网站3.6个，网络社交平台3.6个。另外，旅游、母婴类网站、共享出行品牌等品类的人均渗透品牌数量也都超过2个。

图5　2019年用户对数字化品牌的认可和使用程度研究

第七，区域协同发展趋势显现。当下的中国，城市是人民群众生活最为重要的载体，不同的发展理念、发展水平、开放程度、创新能力、城市文化背后也蕴藏着极具差异的民生需求。以北京为核心的华北地区，积极打造国际化、品牌化的消费市场，引领全球消费新趋势。以重庆为核心的西南地区，提出建设国际消费中心城市的新目标，正探索一条消费升级的路径，显著提高了西南地区用户的质量消费体验。以广州为核心的华南地区，对商业变革一向敏锐，近年已涌现不少具有代表性的体验式消费场景，致力于提高用户体验。

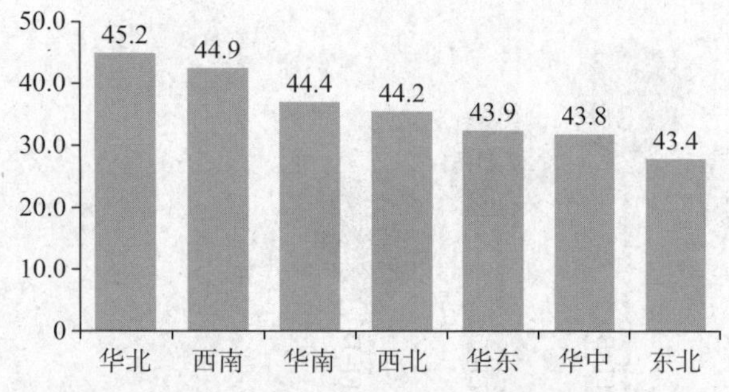

图6　2019年不同区域用户消费体验指数

第八，QCEI-top品牌。QCEI-top品牌综合考虑品牌的QCEI指数以及六个维度的综合表现：QCEI指数位于top10%且六维度均高于所属消费支出板块得分的品牌才可入选为QCEI-top品牌。

图7　2019年QCEI-top品牌

（二）主要行业调研情况

1.燃油汽车行业调研情况

自2002年开始，中国质协连续18年组织开展中国汽车行业用户满意度（CACSI）测评，并每年定期向社会发布测评结果。2019年CACSI测评对象为2019年销量较大的187个品牌车型，涉及全国50个汽车生产企业，58个汽车品牌。调查范围为东部、南部、西部、北部、中部等五大市场区域的72个主要城市。调查时间为2019年3月20日至8月10日，调查方式为面访调查，共收集到有效样本23080个。测评指标体系按5个维度构建，包括总体满意度评价、性能设计评价、质量可靠性评价、售后服务评价和销售服务评价。CACSI采用了先进的全球统一标准测评模型，测评结果的稳定性和统计显著性较强，无论对用户选购汽车，还是生产企业改进质量，都有重要的指导意义。

主要测评结果：

（1）2019年中国汽车行业用户满意度指数为80分（满分100分），同比提高1分。中国汽车行业用户满意度指数连续3年稳步提升，再次达到历史最高水平。数据表明，在我国进行供给侧结构改革及全面实施质量提升行动的大背景下，汽车行业正跨入高质量发展的新时代。用户感知价值提升明显，助推满意度持续提高。数据显示，感知价值75.7分，同比提高1.4分；感知质量79.6分，同比提高0.2分。在质量水平有小幅提高的情况下，汽车行业整体降价促销活动让用户获得了更高的感知价值。

（2）自主品牌在品牌影响力上的相对弱势影响了其市场竞争力。数据显示，自主品牌满意度78分，比合资品牌低2分，忠诚度75分，比合资品牌低3分。自主品牌的品牌形象得分比合资品牌低2.9分，其感知质量和感知价值分别比合资品牌低1.9分和1.7分。最近几年的监测结果显示，品牌形象和质量对满意度的影响最大，而质量和价格影响力呈下降趋势。中国自主品牌要突破品牌竞争力不足的困境，首先要持续提升质量，赢得用户口碑；其次要注重研发，发展自己的核心技术，利用核心技术优势进行差异化竞争。

（3）服务质量感知水平停滞不前，阻碍了感知质量的进一步提升。产品质量方面，可靠性满意度78.9分，同比提高0.3分。汽车性能、设计满意度78.2分，同比提高0.8分。服务质量方面，售后满意度77分，与去年持平。销售满意度79分，同比下降1分。当前，汽车行业存在下行压力，4S店人员流动性大，4S店服务管理和服务质量提升困难。

（4）2019年我国汽车行业百辆新车故障次数95次，同比升高14%。易发故障部位仍集中在“发动机”“行驶、转向和制动”“内饰”“车身外观”等系统，这四大系统发生的故障占总体的60%。因为异味问题，内饰系统总体故障次数同比升高3次。值得注意的是，音响娱乐导航系统故障同比增加了5次。随着人机系统的普及，这方面的故障频次也有所升高。未来重点应提高配置及操控设备的质量可靠性。汽车厂商既要满足用户的配置功能需求，又要保持质量稳定性，这样才能给用户带来极佳的体验。

（5）内饰异味、噪声、异响等问题严重困扰中国用户。用户提及较多的故障（问题）主要有：内饰异味重、行驶中轮胎噪音大、风噪声大、发动机噪音大/有杂音、燃油消耗过高、挡位不准/入挡困难（手动挡）、加速反应迟缓/无力、刹车有异响、空调噪音大。其中，内饰异味重已连续五年成为用户最关注的问题。

（6）性能设计方面，用户比较满意外观造型、座椅和车内空间。在性能设计九大因子的用户评价中，音响娱乐导航系统是历年来的弱项。当前我国汽车的性能设计质量还无法全面满足大城市及年轻用户的需求，尤其是这类用户对人机互联系统的功能需求。汽车厂商应从用户需求出发，重视产品设计和质量创新，提高魅力质量。当前，80后、90后成为汽车消费的主力。根据他们的需求特点，汽车厂商要重视互联、智能、娱乐的高端需求。

（7）售后服务方面，应重点提高服务效率和服务质量。服务商应通过流程优化，不断提升服务效率，把维修或保养过程中所花费的时间控制在用户能接受的范围内，做到在约定的时间内完成维修/保养工作。服务商还应加强对维修技师的培养，重视培训和技术难题攻关，提高一次修复率。

（8）“试乘试驾”和“议价签署书面文件”是提升销售服务满意度的关键环节。试乘试驾、议价和签约、线上服务等环节体验不佳是销售服务满意度下降的主要原因。经销商要重点关注和改善的要素，一是完善服务流程，试乘试驾时间要保持充足、销售顾问要向用户介绍不同路段体验重点。二是在价格谈判中注意技巧，要充分了解用户的期望价格，并用相适应的优惠方案满足用户的期望。三是优化金融贷款方案，让用户选择最理想的购车方式。

（9）互联网成为用户购车参考的最主要信息来源。传统媒体对用户的影响在下降，互联网信息的影响进一步提升，有66%的用户购车会参考网上有关汽车方面的信息。数据表明，2019年用户挑选汽车较为看重的六大因素是：“汽车性能好”“安全性高”“质量可靠性高”“品牌知名度高”“舒适性高”“价格便宜”。用户购车更注重内在和持久性要素，价格及外观等即时性要素的重要性在持续下降。用户对“年轻”“运动”等品牌特征的提及率逐年升高，对“实用”“家庭”“经济”的提及率则呈下降趋势。其中“实用”特征的提及率虽有所下降，但仍为用户购车最为看重的品牌特征，提及率达到45%。

2.新能源汽车行业调研情况

2019年新能源CACSI测评主要类别包括插电混动轿车、插电混动SUV、纯电动轿车和纯电动SUV。测评对象为2019年销量较大的40个品牌车型，涉及全国15个汽车生产企业。调查范围为东部、南部、西部、北部、中部等五大市场区域的24个重点城市。调查时间为2019年5月1日至9月30日，调查方式采用定点拦截面访和电话预约面访。测评指标体系按4个维度构建，包括总体满意度评价、质量可靠性评价、性能设计评价和售后服务评价。

主要测评结果：

（1）2019年中国新能源汽车行业用户满意度指数为78分（满分100分），同比提高3分，比燃油车低2分。

其中，纯电动汽车用户满意度指数77分，同比提高1分；插电混动汽车79分，同比提高5分。市场竞争和质量持续提高促进我国新能源汽车用户满意度指数大幅提升。随着“双积分”政策的实施和补贴退坡，我国新能源汽车产业开始由政策驱动向市场驱动过渡。充分的市场竞争推动汽车企业加速技术升级、提升质量，向市场供给有竞争力的产品和服务。数据显示，2019年中国新能源汽车感知质量77.6分，同比提高1.9分。产品质量方面，质量可靠性满意度78.3分，同比提高2分。汽车性能、设计满意度77.8分，同比提高2分。市场竞争主体多元化，新能源汽车产品也日益丰富，产品结构升级换代加快，高续航里程及中高端产品更受用户青睐。测评数据显示，续航里程越高的产品，满意度也越高。主流合资品牌向插电混动汽车市场投放成熟的中高端产品，这些产品的满意度水平也相对更高。汽车行业已经从注重销量规模增长的外延式扩张转向注重质量效益提升的内涵式改造。新能源汽车企业应该紧跟市场的步伐，加强研发和技术突破，坚持走创新发展的道路，来推动行业高质量发展。

（2）用户对新能源汽车质量和安全的认可度在提升。2019年抱怨率持续下降，纯电动汽车抱怨率15.2%，下降了2.9个百分点，主要是对电池和电机关键部件的抱怨率持续下降。2019年插电混动汽车抱怨率12.5%，比燃油车低2.2个百分点。插电混动汽车的质量可靠性满意度和性能设计满意度均高于燃油车水平。

（3）纯电动汽车“内饰”“行驶转向制动”“车身外观”等传统系统（部件）故障率高，“三电”故障率明显减少。2019年纯电动汽车百辆新车故障发生次数120次，同比升高9次。内饰、行驶转向制动、车身外观等系统的百辆新车故障发生次数约占总体的52%。电池和充电方面的故障次数同比下降11次，电机故障次数同比下降9次。用户提及的主要故障问题是内饰异味重、续航里程不正常衰减、风噪声大。2019年插电混动汽车百辆新车故障次数78次，同比下降17次。其中，发动机、变速系统同比均下降6次。用户提及的主要故障问题是内饰异味重、刹车异响。

（4）用户对纯电动汽车电池性能评价最低，主要表现是续航性能和电池慢充性能得分低。2019年我国纯电动汽车性能设计满意度77.1分，同比提高1.1分。用户对外观及造型、仪表盘、空调、加速、启动等指标的性能设计评价较高。未来应重点提升驾驶操控刹车和电池的性能。2019年插电混动汽车性能设计满意度79.6分，同比提高4.6分。插电混动汽车性能优势突出，主要体现在内饰品质、操控性、空间大和舒适性。

（5）切实解决服务方面的用户痛点问题，改善服务体验。2019年新能源汽车售后服务满意度75分，比燃油车低2分。除服务收费外，其他指标的得分都低于燃油车。测评数据显示，用户心目中最想要的是专心、便捷、实惠的服务。当前的服务与用户的期望还有较大差距。当前新能源汽车厂商服务存在的主要问题有：服务主动性差，回访环节服务体验差；服务效率低下，主要表现是服务接待需要等待，配件不足需要等待，服务结算和提车环节流程烦琐、时间长；维修技术不过关，故障不能一次性解决。

（6）新能源汽车的用户接受度不断提高。私人用户对新能源汽车的认识趋于理性，越来越多的用户看到了新能源汽车的优势。用户购车越来越看重新能源汽车的使用成本、质量和性能等要素。2019年，用户购买新能源汽车较为看重的五大因素是：“使用成本”“续航里程”“质量可靠性”“性能设计”“电池技术和电力驱动”。其中，看重“续航里程”“电池技术和电力驱动”“使用成本”等因素的比例同比分别升高了27个百分点、7个百分点和6个百分点。而看重“政府政策支持”的比例同比却下降了10个百分点，呈逐年下降的趋势。95%的新能源汽车私人用户表示，再次购车还会选择新能源汽车。64%的用户会优先选择纯电动汽车。62%用户会选择购买新能源SUV。2019年令用户最为心动的十大新能源汽车品牌分别是：比亚迪、北汽新能源、蔚来、特斯拉、吉利、上汽荣威、宝马、威马、奇瑞新能源、广汽新能源。新能源汽车用户比较喜欢的内饰风格是运动和时尚。

3.家电行业调研情况

2019年，中国质协用户委继续组织开展冰箱、空调、洗衣机、电视、油烟机、燃气热水器和电热水器七大类产品的用户满意度监测。监测对象为2017年6月至2019年6月销量较高的70多个品牌的家电产品。监测依据《顾客满意测评模型和方法指南》（GB/T 19038–2009）等国家标准，由中质国优测评技术（北京）有限公司采用拦截访问、在线调查、小组访谈等方式在全国范围内实施，共完成有效测评问卷15266份，舆情监测收集用户反馈信息达1694万条。

主要监测结果显示：

（1）家电产品用户满意度保持较高水平，智能化产品得到用户普遍认可。高质量发展和消费升级背景下家电行业转型发展已得到了用户的认可。2019年监测结果显示，七类产品的用户满意度指数得分均集中在80分左右，智能化产品用户满意度明显高于非智能化产品用户，供给侧深化改革在需求侧得到了明显体现。

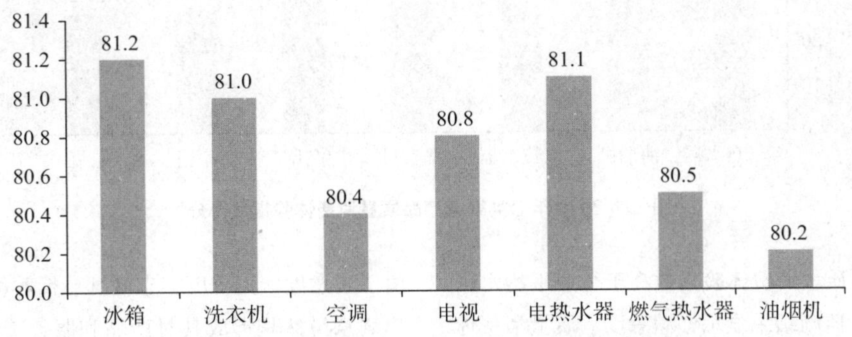

图8　2019年七类家电产品用户满意度指数得分

智能化已成为影响用户满意度的关键因素。随着科技水平的不断提高，智能化、云端融合、人机交互已成家电行业发展趋势，智能电视、冰箱、洗衣机等越来越多的智能家电产品进入人们日常消费领域。调查结果显示，除油烟机以外，其他智能产品用户满意度与非智能产品用户满意度得分差距均在3分以上，对智能功能的稳定性、使用方便性的评价高于对基本功能的评价，家电行业的智能化需求逐渐得到了满足，并被越来越多的用户认可。

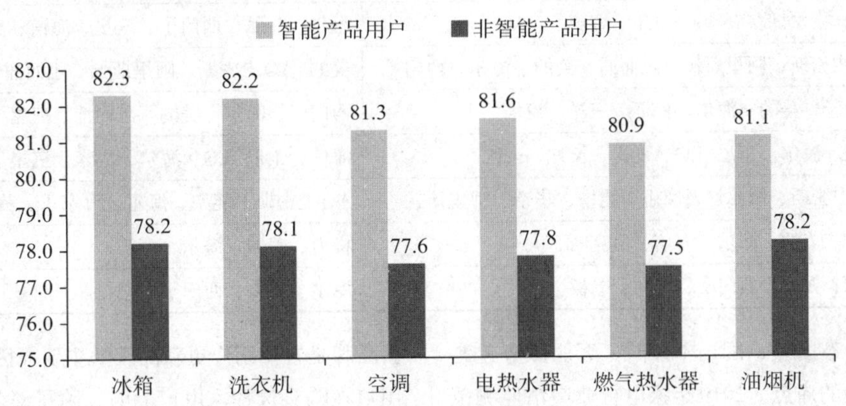

图9　2019年家电行业智能与非智能产品用户满意度比较

（2）不同家电品类质量消费体验差异大，厨电产品体验优于大家电产品。随着消费渠道、消费模式和消费理念不断变革和升级，消费体验研究越来越被重视。中国质协于2018年起开展质量消费体验研究，该研究以质量和消费体验为关键要素，选取消费旅程中的六个重要节点作为研究维度（认知度、渗透度、满意度、美誉度、忠诚度、推荐度），按照消费旅程的逻辑顺序构成循环式多维研究体系，形成质量消费体验指数，该指数是顾客体验时代背景下倾听用户心声的新手段，也是推动功能性消费向体验式消费转变的重要动力。

监测结果显示，七类家电产品的质量消费体验指数存在差异。燃气热水器、油烟机等厨电产品的质量消费体验指数明显高于电视、冰箱等大家电产品，尤其是燃气热水器的QCEI得分超过40分。从质量消费体验指数的六个重要节点来看，燃气热水器在用户期望被满足后，与品牌产生了更紧密的联系，用户对美誉度、忠诚度和推荐度评价较高，进而提升其质量消费体验。而电视、冰箱等大家电产品从用户满意度到美誉度、忠诚度、推荐度的转化率相对较低，导致质量消费体验降低。

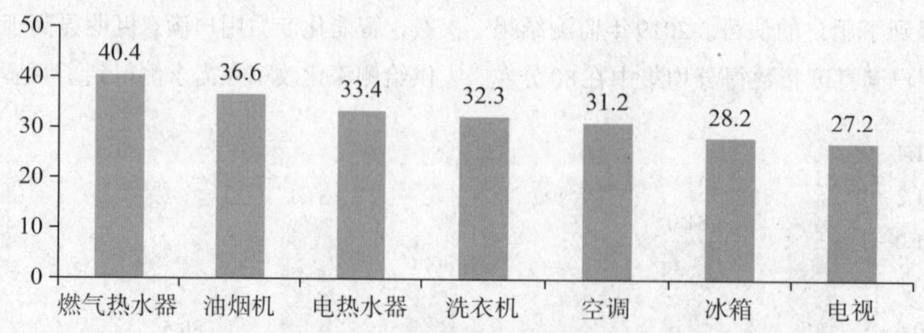

图10　2019年七类家电产品质量消费体验指数得分

（3）满意度、质量消费体验指数高于行业平均水平的品牌存在差异。监测结果显示，满意度、质量消费体验指数高于行业平均水平的品牌存在差异，即满意度高于行业平均水平的品牌其质量消费体验指数未必高于行业平均水平，而消费体验好的品牌用户满意度指数未必高。研究发现，不同品牌消费体验指数得分差异主要是由于满意度、美誉度、忠诚度、推荐度的差异产生，用户满意虽然是形成其对产品和服务美誉、推荐的基础，但用户满意并不代表其一定会赞誉品牌、推荐或再购买，家电企业应高度关注用户体验，要以用户满意为基础，加强与用户的紧密联系，提升消费阶段全流程的用户体验。

表1　满意度指数和质量消费体验指数高于行业平均水平的品牌

品　类	满意度高于行业平均水平的品牌	QCEI高于行业平均水平的品牌
冰箱	西门子、海信、三星、海尔、容声	海尔、晶弘、西门子、三星、海信、美的、TCL
电热水器	AO史密斯、阿里斯顿、惠而浦、美的、海尔、西门子	美的、AO史密斯、阿里斯顿、惠而浦、万和、帅康
洗衣机	西门子、美的、海尔、松下、三洋、海信	西门子、海尔、美的、惠而浦、三星
电视	海信、海尔、索尼、LG、夏普、长虹、创维	海信、索尼、LG、海尔、小米、三星
燃气热水器	AO史密斯、海尔、万家乐、能率、华帝、阿里斯顿	AO史密斯、能率、海尔、万家乐、美的
空调	格力、美的、海尔、海信、奥克斯、大金	格力、美的、海尔、海信
油烟机	海尔、方太、西门子、美的、老板	海尔、方太、西门子、樱花

（4）安装服务态度差、配送不及时、客服服务差是家电行业服务体验的痛点。2019年家电行业舆情监测范围包含京东、天猫、苏宁、一号店、国美在线等主要电商渠道，重点收集用户对各品牌产品和服务的详细评价信息。监测发现，在家电服务方面，配送、安装和客服服务是用户最关注的方面。线上用户对服务最不满意的问题，主要集中在：配送不及时、安装服务态度差、收费高、客服态度差等。退货、降价出现问题后，处理不当更容易导致用户不满。随着产品质量的不断提升及同质化现象加剧，用户对家电产品购买、使用过程中的服务需求越来越高，对服务体验的要求也越来越高，服务规范化、差异化、精细化成为各企业竞争的关键要素。

（5）用户体验关注重点突出，噪音大、耗电和尝试新品牌是置换用户更新品牌的主要原因。监测结果显示，用户在购买选择家电产品时，除了对品质稳定性、耐用性的提及率超过35%外，对售后服务的提及率较高，用户对节能环保和功能/细节设计的关注度均超过20%，尤其是燃气热水器和电热水器对功能/细节设计的关注度均超过25%。

产品置换调查结果显示，电视、洗衣机、冰箱、油烟机和空调非首次购买比例高于40%，说明这几类产品的置换率较高。进一步研究发现，置换用户放弃上一个品牌的原因主要是噪音大、耗电和尝试新品牌，其次是设计不美观、使用效果差，具体原因占比见图11。由此可见，在供大于求的消费体验时代，更注重用户体验的品牌才是用户的选择所在，才是企业可持续发展之道。

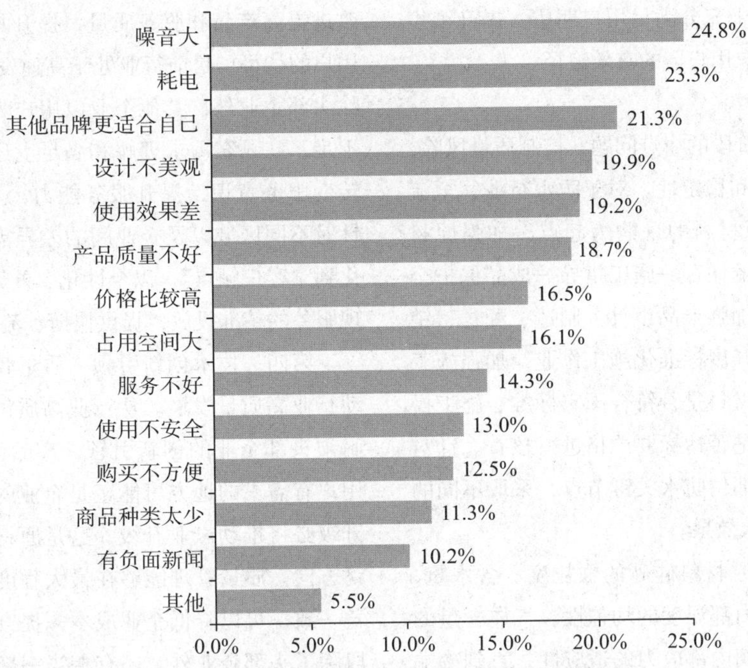

图11　2019年家电行业置换用户放弃上一个品牌的原因

4.原材料行业调研情况

中国质协用户委组织开展2019年原材料行业用户满意度测评，调查涉及防水行业SBS改性沥青防水卷材、自粘防水卷材、聚氯乙烯（PVC）防水卷材及热塑性聚烯烃（TPO）防水卷材四类产品和平板玻璃行业普通平板玻璃、超白平板玻璃和本体着色平板玻璃三类产品。

主要测评结果显示：

（1）两大行业主流产品整体质量稳定且有大幅度提升，但仍存在质量风险，各有痛点。防水行业SBS改性沥青防水卷材、自粘防水卷材、聚氯乙烯（PVC）防水卷材及热塑性聚烯烃（TPO）防水卷材四类产品在耐硌破性能、抗撕裂性及质量检验文件方面得到了用户的认可。渗漏现象跟防水产品的耐久性、设计人员的设计水平和施工方的作业规范都息息相关。防水产品的耐久性、拉力、不透水性以及延伸率等性能在此次调查中发现用户希望得到改善的指标。

平板玻璃行业普通平板玻璃、超白平板玻璃和本体着色平板玻璃三类玻璃产品在颜色均匀性、加工性能、产品合格证书方面得到了用户的认可。玻璃的自爆多跟原料的控制、加工水平有关。与平板玻璃产品的外观质量相关的气泡、划伤和结石等也在此次调查中发现用户希望得到改善的指标。

“渗漏”和“自爆”是目前分别影响防水和平板玻璃行业健康高速发展的顽疾，虽然社会反应和行业呼吁一直在进行中，但是成效颇微。

（2）下游用户对产品价值感知敏感，低价竞争仍存在。用户对产品价值感知敏感，越是低价值基础性原材料受价格影响越大。在产生过抱怨的用户反映的问题中，价格（包括产品价格和运输价格）成为用户第一抱怨的因素，近五成用户提及。

行业中低价竞争普遍存在。低价竞争最直接也最严重的后果就是企业为了节约成本，使用以次充好的原料，导致劣质产品充斥市场。个别企业靠偷工减料、假冒仿制与每年拿出很多利润来搞研发、创新，提升产品质量的企业同台“竞技”，严重损害行业的生态发展。

价格波动幅度较大。2019年平板玻璃价格出现了较大幅度的上升，对下游企业的成本控制带来一定的压力，引起了下游加工企业对价格的抱怨。

房地产企业受调控影响呈低迷态势，导致了使用建材原材料的下游用户面临更大的资金压力，对产品价值也更为敏感。

（3）生产企业服务意识逐步加强，但服务有效供给能力略显不足，影响用户满意度感受。生产企业普遍意识到了服务的重要性，并在订货程序、物流运输、售后服务方面做了有效提升，但是从用户的感知情况看还未达到用户预期，特别是对售后的异议处理解决能力不足。用户抱怨反馈的问题中，近三成用户反映的问题集中在服务方面。从目前来看，行业内销售人员的服务水平高低不一，提供的服务并未充分满足用户期望。提升销售人员的服务能力是“争取用户”的有效途径。

（三）对策建议

第一，重点攻关现阶段的痛点问题，控制质量风险，逐步提高产品的一致性和稳定性。对于防水行业，全流程的质量把控以上游原材料的采购为起点，加强原材料—生产工艺—成品运输储存—施工指导—成品保护全过程管理，同时进一步加强产品设计、制造、配送、销售等环节的质量标准。开展标准化施工作业，加强施工现场的管理，针对建筑材料是否符合国家标准、施工操作是否规范、防水工程是否达标要严格进行核查。针对成品保护难度大的薄弱部位防水关键节点，采取不同的施工措施，真正达到防水效果。

对于玻璃行业，从原材料硅砂的颗粒度、含水量、杂质、含铁量等到熔窑内部温度的均匀性、气体含量的稳定性，淬火阶段的玻璃内部应力的适应性，直到冷端的表面质量控制均影响着平板玻璃的外观质量。另外生产线设备的水平、不同的燃料也对外观质量产生一定的影响。平板玻璃企业需不断提升全流程的工艺水平，提升外观质量。提高检测标准，加强检测设备的投入，有效控制玻璃原片的一致性。

第二，全面控制生产成本，维稳价格，打造良好行业生态环境，提升产品和服务价值供给。发挥质量管理的作用，运用科学有效的质量管理工具和方法，控制成本。规范行业发展环境，生产企业应从产品研发、设计、生产制造等全过程加强精益管理，采用新工艺新方法降低生产成本。未来行业集中度进一步加强，在头部企业的带领和影响下，逐渐维稳价格，并通过产品质量提升、服务创造价值，满足用户差异化、多样化的需求，提升用户对产品价值的感知。

第三，加强以用户为中心的经营理念，以用户需求为导向促进产品改进和服务提升。从用户的角度出发，改进提高产品和服务质量，提升其使用价值，最终得到用户的认可。目前行业处于高速发展和充分竞争的阶段，除头部企业外，其他企业以用户为中心的经营理念还很不足，在顾客需求理解和满足上还有较大差距。企业需转变服务意识，提升服务能力，上下游加强沟通交流，针对不同区域以及企业间的差异需求，将管理进一步细化到“客户触点”，以个性化、差异化、多样化的服务实现服务的精准投放，提供快捷、流畅、愉悦的客户体验。

第四，技术创新引领，质量管理保驾护航，共同推动行业高质量发展。从行业高质量发展的角度，行业内亟须头部企业的创新引领，产品创新应紧扣市场需求，用户有需求的地方可能正是企业的利润增长点。产品的升级必将推动产业升级，这是原材料基础工业发展的最终方向。质量管理能够在最大程度上确保企业和客户利益一致，可以降低企业成本，提升企业的竞争力，现阶段除了头部企业外，还有相当一部分企业没有科学利用质量管理工具和方法，相关部门要加大对这些企业的培训和宣贯力度，从整体上提升行业质量管理水平。

三、将有关调查结果及时报送与发布

为了及时、有效地向政府、企业和广大消费者提供相关信息，中国质协对2019年推进质量信用体系建设工作及开展的行业测评结果及时报送政府有关部门并向社会予以公开，通过编制成册并公开发行、召开发布会、印制蓝皮书、网络报刊媒体发布等多种方式予以广泛传播。各行业测评结果受到了中央电视台、北京电视台、北京交通广播、新华社、中新社、《中国质量报》、《经济日报》、新浪网、搜狐网等上百家媒体的报道，在企业和消费者中引起了广泛的关注。相关工作为政府主管部门的监管决策提供了参考依据，为行业、企业持续改进质量提供了方向，为广大消费者提供了消费指导，为营造质量诚信的社会环境做出了努力。

北京市消费者协会

◀ 3月27日，北京市消协发布大数据“杀熟”问题调查结果。

▶ 4月15日，京津冀三地消协集体约谈部分智能门锁生产企业。

◀ 6月6日，北京市消协举办主题为“室内污染防治”的消费大讲堂活动。

▶ 2019年3·15活动现场。

天津市消费者协会

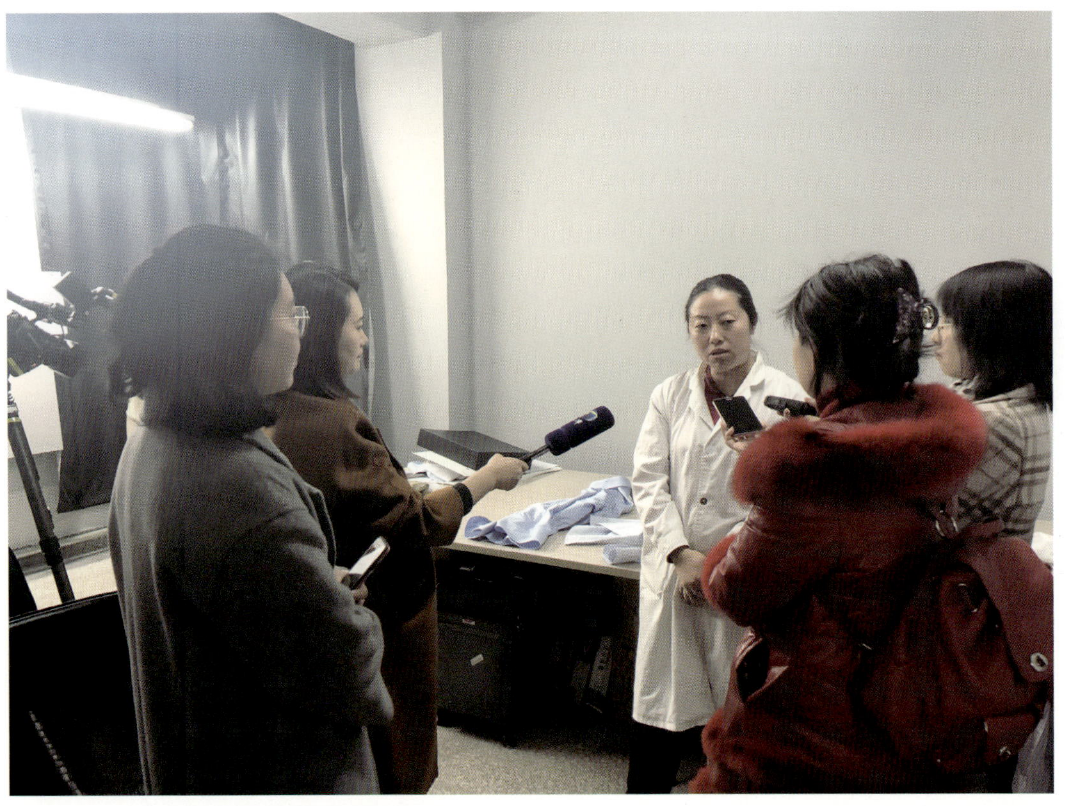

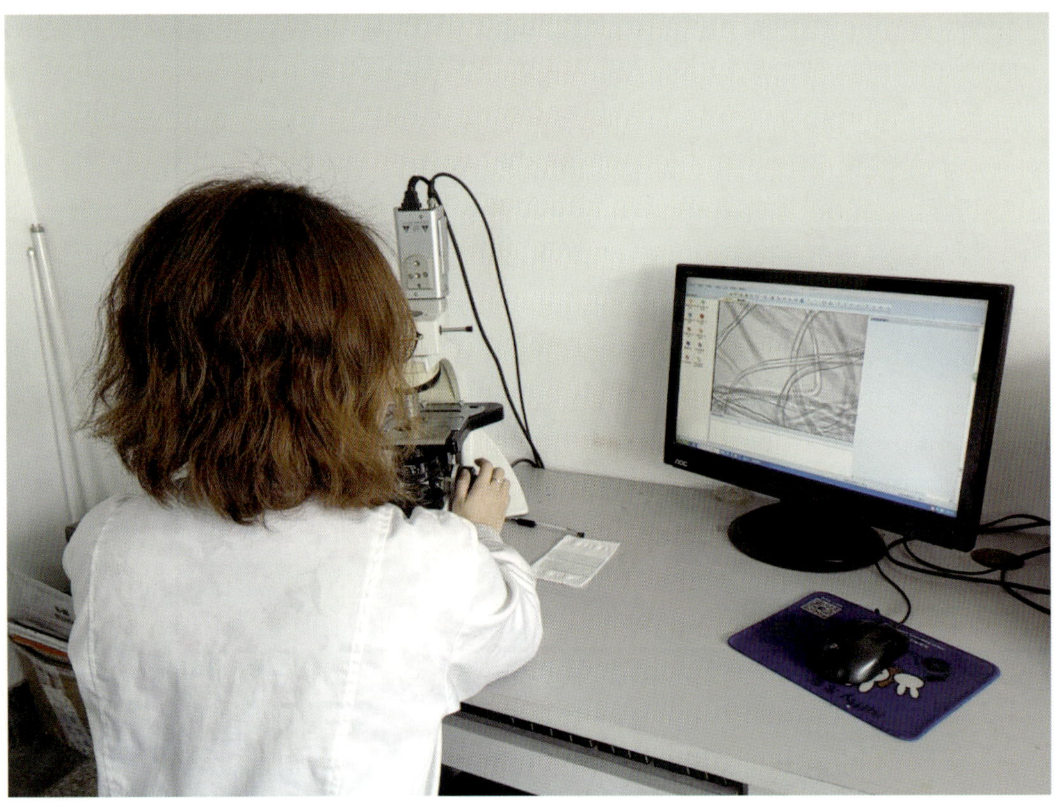

▲ 免烫衬衫比较试验照片。

山西省消费者协会消费维权重要活动照片

◀ 3月13日，山西省消协联合省市场监管局召开“3·15”国际消费者权益日新闻发布会暨“信用让消费更放心”年主题启动仪式。省人大常委会副主任李悦娥，省政府副秘书长张文栋，省市场监管局党组书记、局长张九萍及省市场监管局部分领导班子成员以及相关部门领导参加了新闻发布会。

◀ 8月22日，山西省消协第三届理事会换届大会在太原举行，会议按照中消协模式进行了换届，选举产生了第三届理事会成员。

◀ 12月4日，山西省消协“品质保障 放心消费”企业信用等级创建授牌仪式在太原市举行。省人大法工委副主任张钧、省政协经济委员会副主任李岩、省文化和旅游厅副厅长戎劲光、省市场监督管理局一级巡视员胡凤莲出席活动并为信用企业授牌。

辽宁省消费者协会

▲ 辽宁省消协与千盛百货联合开展纪念3·15国际消费者权益日户外宣传活动。

吉林省消费者协会

◀ 3月15日，吉林省市场监管厅、省消协在省市场监管厅共同举办吉林省2019年“3·15”国际消费者权益日新闻通报会，省市场监管厅副厅长刘景平在会上讲话。

▶ 针对央视“3·15”晚会曝光银行卡闪付安全隐患问题，3月18日省消协与吉林省银行业协会、银联及相关银行在省市场监管厅召开银行卡闪付问题整治工作座谈会。

◀ 2019年4月3日，吉林省市场监管厅、吉林日报社、省消费者协会于东北亚国际金融中心举办“优化消费环境 提升消费品质 促进消费增长”高端对话会。

▶ 2019年4月17日，吉林省市场监督管理厅和省消协围绕近期引起社会广泛关注的西安“哭诉维权奔驰漏油”事件，召开长春市区部分家用汽车消费维权约谈会，对长春地区27家具有代表性的品牌汽车销售企业进行约谈。

黑龙江省消费者协会

▲ 3月14日，为开展2019年“3·15国际消费者权益保护日”纪念活动，黑龙江省政府新闻办公室举行“市场监管维权在行动”新闻发布会。针对2018年度消费者投诉十大热点，黑龙江省消协秘书长刘爱芝现场发布十大投诉热点并进行翔实解读。

▲ 9月20日组织消费者参观完达山乳业。

上海市消费者权益保护委员会

◀ 4月17日，上海市消保委主任杨定华，中消协副会长兼秘书长朱剑桥，上海市市场监管局局长、市消保委常务副主任陈学军及苏浙皖三省市场监管局局长、沪苏浙皖四地消保委秘书长出席“长三角地区消保委消费维权一体化签约仪式”。

◀ 9月20日至23日，市消保委组织入选特色伴手礼企业入场2019中华老字号博览会，受到消费者热烈欢迎。副市长许昆林、市消保委主任杨定华、市商务委主任华源、市市场监管局副局长胡浩等出席展示现场。

▲ 11月5日至10日，50件“2019上海特色伴手礼”入展进博会，在“上海非遗老字号石库门”展区及“遇见上海”区域集中展示，受到观展者的一致好评。

▲ 上海市消保委开展汽车销售服务消费调查，通过提出建议、梳理问题、点名批评、召开专家座谈等，多措并举推动汽车销售市场规范有序，受到广泛关注。

江苏省消费者权益保护委员会

▶ 3月15日，江苏省市场监督管理局、江苏省消保委联合江苏广电“荔枝新闻”开展2019年3·15互联网消费维权服务日活动。省人民政府副秘书长张乐夫，省市场监督管理局局长、省消保委副主任朱勤虎等相关部门领导出席启动仪式。

▶ 5月9日，江苏省市场监督管理局局长朱勤虎率队赴省消保委调研消费维权工作。副局长李杰、省局相关处室负责人参加调研。

▲ 5月14日，江苏省消保委根据“2018年度全省消保委组织受理汽车投诉情况分析”，结合汽车领域相关侵权热点，对省内汽车经营者代表开展集体性约谈，以切实维护消费者合法权益。

▲ 为了进一步规范智能电视生产经营行为，落实智能电视经营者主体责任，促进行业健康发展，2019年10月10日，江苏省消保委结合智能电视开机广告专项消费调查情况，对小米、创维、夏普等7家智能电视经营者开展集体性约谈。

浙江省消费者权益保护委员会

◀ 3月15日，浙江省“3·15国际消费者权益日”纪念大会在省人民大会堂隆重举行。大会全面展示我省放心消费建设成果，表彰2018年度浙江省“最美消费维权义工”和“最美消费维权义工组织”，发布2018年浙江省放心消费指数和2019年推进放心消费建设七项举措。副省长王文序作专题讲话。

◀ 4月17日，长三角地区三省一市消保委在上海签署消费维权一体化合作协议。

▶ 6月，浙江省消保委针对此前省市消保委联合开展的长租公寓平台消费调查情况，约谈自如、爱上租、蛋壳公寓、诚客公寓、迦禾地产五家企业，就调查发现的诱导消费者选择分期贷款、隐瞒分期服务、不注重室内空气质量、宣传告知不明确、服务质量有待提升等问题提出整改意见。

▶ 3月，浙江省“信用让消费更放心”百场宣贯活动在杭州正式启动。首场活动聚焦家装行业，推动省建筑装饰行业协会发布《浙江省建筑装饰行业和谐自律公约》，成立建筑装饰行业消费维权义工队。

安徽省消费者权益保护委员会

▲ 5月21日，上海、江苏、浙江及安徽四省市消保委在安徽合肥召开长三角消保委消费维权联盟第一次会议，研究讨论并制订联盟2019年工作计划。

▲ 5月20日，安徽全省消保委2019年工作会议在合肥召开。省消保委主任沈卫国作工作报告。各市、省直管县消保委主任（或第一副主任、常务副主任）、秘书长参加会议。

▲ 11月26日，安徽省消保委、安徽省市场监管局在合肥市举办“安徽省线下实体店无理由退货公开承诺”活动，合肥百大CBD购物中心等35家企业代表向社会公开承诺，自愿为消费者提供无理由退货服务。

► 12月11日，安徽省首家“农村消费教育示范点”在阜阳市颍上县西三十铺镇洪单村揭牌。

江西省消费者权益保护委员会

▲ 八一广场咨询服务活动。

▲ 创建投诉和解对接示范企业授牌仪式。

◀ 省人大常委会副主任冯桃莲、省政府副省长孙菊生、省政协副主席陈俊卿、省市场监管局局长王福平出席活动并参观活动现场。

◀ 7月18日上海路北社区省消保委秘书处开展“不忘初心牢记使命、为民服务解难题”消费教育活动。

湖北省消费者委员会

◀ 3月15日，湖北省市场监管局、湖北省消委会联合相关职能部门在武汉中商广场门前举行了湖北省2019年纪念“3·15”国际消费者权益日宣传咨询服务活动。

▶ 12月16日至18日，全省、市、州消委秘书长业务培训班在武汉召开，全省各市、州分管局长、秘书长和县市业务骨干近70人参加培训。

◀ 9月6日，湖北省消委会在省市场监督管理局召开全省影视行业观影消费维权工作新闻通报会上，与湖北省电影发行放映协会联合发布《关于影院向消费者提供3D眼镜观影的服务规范》，倡议省内影院免费向消费者提供3D眼镜观影。

▶ 7月3日至5日，省市场监管局二级巡视员王道佑带领省消委秘书处，会同受邀的中南财经政法大学教授和消费者代表一起走进湖北电信、湖北移动、湖北联通三大通信公司，开展约谈劝谕活动。

广东省消费者委员会

◀ 4月19日，广东省市场监督管理局、广东省消费者委员会联合召开“广东汽车销售行业保护消费者权益指导座谈会”。

▶ 中消协副会长兼秘书长朱剑桥（左四）、广东省市场监督管理局副局长钱永成（右三）等出席5月31日粤港澳大湾区消费投诉转办平台启动仪式。

◀ 3月16日广东省消委会“信用与放心消费创建”暨质量鉴别公益活动现场。

▶ 10月29日，中消协副秘书长王振宇出席2019年广东全省消委会系统秘书长业务培训班。

广西壮族自治区消费者权益保护委员会

▲ 广西十二届人大常委会副主任广西消委会主任高雄同志出席2019年纪念“3·15”国际消费者权益日座谈会。

海南省消费者委员会

▲ 9月12日，海南省消委会二手车投诉站挂牌。

05 特别关注

省消委会律师团点评购车合同条款

捆绑销售 混淆“定金”“订金” 延误交车推责……

@店家 这些条款或侵权

@顾客 购车合同仔细看

1 捆绑销售 涉嫌强制交易

2 滥用个人信息 侵犯消费者隐私权

3 单方面免除质量担保义务

4 转嫁车辆和配置价格波动风险

5 扩大延误交车免责范围

6 混淆“定金”“订金”“诚意金”

▲ 10月8日，南国都市报报道省消委会有关活动成果。

重庆市消费者权益保护委员会

▲ 2019年3·15主题宣传活动之"诚信经营承诺倡议签字仪式"。

▲ 消费者踊跃了解各种消费知识。

◀ 徐京秘书长在2019年汽车消费宣传节启动仪式上致辞。

▶ 重庆市消委会召开浴霸比较试验新闻发布会。

四川省保护消费者权益委员会

◀ 2019年“3・15”活动现场。

▶ 2019年“3・15”活动现场主席台。

◀ 快递企业二次收费专题调研座谈会。

贵州省消费者协会

▲ 贵州省2019年“3·15国际消费者权益日”宣传活动现场。

陕西省消费者协会

◀ 陕西省消协联合《中国消费者》杂志社，先后在宝鸡、汉中、安康等6市开展老年消费教育巡讲宣传活动12场，参与活动的老年消费者超过8500人次。

▶ 陕西省消协联合西安晚报社举办了新修订的《电子商务法》有奖知识竞赛。

◀ 3月8日，陕西省消协在富平县曹村镇组织法律援助进乡村活动。此次活动，是近年首次组织的省、市、县三级联动“3·15”宣传活动，活动以法律援助为工作切入点，以乡村为主阵地，积极开展消费维权法律宣传咨询活动。

甘肃省消费者协会

◀ 3月25日，甘肃省消协结合央视“3·15”晚会曝光的售后问题及近几年全省受理投诉的情况，约谈28家家电、汽车产品售后服务单位，要求售后服务单位守信用、重信誉、提升售后服务质量、打造售后服务品牌。

◀ 5月22日，中消协副会长兼秘书长朱剑桥一行在甘肃调研。调研期间，组织召开了2017年、2018年城市消费者满意度测评工作交流座谈。

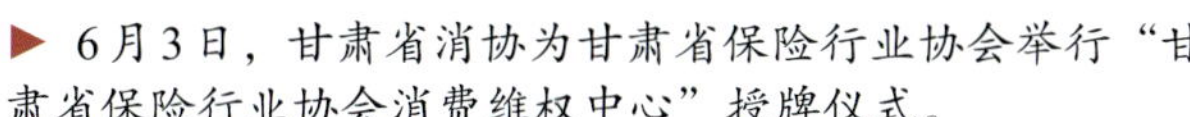

▶ 6月3日，甘肃省消协为甘肃省保险行业协会举行“甘肃省保险行业协会消费维权中心”授牌仪式。

▶ 7月26日，甘肃省消协联合白银市消协开展“消费维权进军营”活动，走进白银市武警某部队开展消费教育讲座活动。

青海省消费者协会

◀ 青海省消协举办“唯爱助农·青海馆”选品会。

▶ 青海省消协组织举办投诉业务培训班。

▲ 中消协副会长兼秘书长朱剑桥一行调研青海省城市消费者满意度测评工作情况。

南京市消费者协会

◀ 3月15日，南京市“信用让消费更放心”纪念3·15国际消费者权益日主题活动在中央饭店一楼会议室举行。

▶ 11月16日，由南京市消协与人民银行南京分行营管部共同主办的第十一届“2019年南京金融业满意服务与发展年度活动”顺利举办。

▲ 8月15日，南京市消协成立“市消协家装消费维权专业委员会”。

▲ 2月28日，南京市六合区人民法院公开宣判，判决被告某健身公司向消费者全额退款，并承担案件诉讼费。

宁波市消费者权益保护委员会

◀ 3月12日，宁波市消保委举行以“放心消费让生活更美好”为主题的3·15纪念大会。市市场监督管理局党委书记、局长徐柯灵为2018年度十大消费维权人物颁奖。

▶ 3月14日，由宁波市消保委主办，保税区消保委承办的“走进跨境购”消费体验活动在宁波进口商品展示交易中心成功举办。

◀ 3月15日，宁波市消保委和宁波晚报联合举办“3·15”微访谈，市市场监管局、交通局、住建局、商务局、文广旅游局、物价局、邮政管理局、金融协会、家具商会、美容美发协会、电信、移动及市消保委公益律师团等13家单位参加。

▶ 3月7日，宁波市首家市级金融消费教育示范基地在中国人民财产保险股份有限公司宁波市分公司挂牌成立。

青岛市消费者权益保护委员会

◀ 3月15日，青岛市消保委联合青岛市市场监管局共同举办了2019年3·15消费者权益保护工作社会开放日活动。

▶ 3月15日，青岛市消保委联合青岛市反电信网络诈骗中心、青岛银保监局、山东科技大学等单位，共同发起成立了“青岛市消费者反诈维权联盟”。

◀ 9月29日，青岛市消保委举办了中老年休闲鞋、旅游鞋比较试验舒适性评估现场会，首次采用中老年人实际试穿的方式来评估舒适性指标，组织25名志愿者通过现场日常穿着行为，对鞋子的10项舒适性指标进行评分。

▶ 2019年，青岛市消保委针对青岛市30家大型商场首次开展NPS口碑指数调查工作。

厦门市消费者权益保护委员会

◀ 3月13日，厦门翔安区消保委来到辖区“马巷镇老年学校”，为社区老年人举办了保健食品知识科普与健康理性消费讲座，引导老年消费者正确认识保健食品功能，警惕不法商家的欺诈手段，理性购买保健食品。

▶ 3月14日，厦门市消保委、思明区消保委在厦门中山路步行街开展“放心消费商圈”创建活动。

◀ 3月15日，厦门市消保委、湖里区消保委联合举行“3·15”消费维权宣传咨询活动，并表彰一批优秀维权网点和优秀消费维权协调员。

哈尔滨市消费者协会

◀ 哈尔滨市消协联合市质检院、技量院及食品药品检测中心在松雷商厦开展了3·15宣传活动。

▲ 哈尔滨市消协在哈尔滨市顶津食品有限公司康师傅工厂举行了两年一度的义务维权监督员续聘表彰会议及消费体验活动。

济南市消费者协会

◀ 12月17日，济南市消协到济南市婚庆协会进行调研。

▶ 10月23日，济南市消协实地考察走访德林家政，了解家政服务行业的行业特色、发展现状、未来发展方向。

◀ 9月20日，市消协与有关部门、行业协会、媒体、消费者代表40余人，赴济南市平阴县山东福牌阿胶股份有限公司开展了“2019年山东省质量月消费体验进企业活动”。

▶ 10月31日，市消协实地走访南山管委会市场监管局，听取了本区投诉热线工作情况的汇报。

成都市消费者协会

◀ 成都市消协秘书长庄卫兵在2019年纪念3·15国际消费者权益日活动现场致辞。

▶ 成都市市场监管局党组成员、副局长，市消协常务副会长邓谊出席“信用让消费更放心　促进住宅装修消费升级”发布会，并为新设立的12315消费维权服务站授牌。

◀ 11月13日，第十二届全国人大常委会副委员长、中国消费者协会会长张平，第十三届全国政协常委、教科卫体委员会副主任、中国消费者协会常务副会长张茅，国家市场监管总局副局长（正部级）、党组成员、中国消费者协会副会长秦宜智，中国消费者协会副会长兼秘书长朱剑桥在成都调研基层消费维权情况。

▶ 成都市市场监管局、市消协召开2019年3·15座谈会。

下 卷

专题报告

第一编　投诉分析

中国消费者协会全国消协组织受理投诉分析报告

据统计，2019年全国消协组织共受理消费者投诉821377件，同比增长7.76%，解决614246件，投诉解决率75%，为消费者挽回经济损失11.7722亿元。其中，因经营者有欺诈行为得到加倍赔偿的投诉3160件，加倍赔偿金额1607万元。全年接待消费者来访和咨询140万人次。

一、投诉分类基本情况

（一）投诉性质分析

根据投诉性质分类（见图1），售后服务问题占29.09%，质量问题占25.13%，合同问题占18.31%，虚假宣传问题占7.15%，价格问题占5.13%，安全问题占5.09%，假冒问题占3.06%，人格尊严问题占1.43%，计量问题占0.85%，其他问题占4.76%。

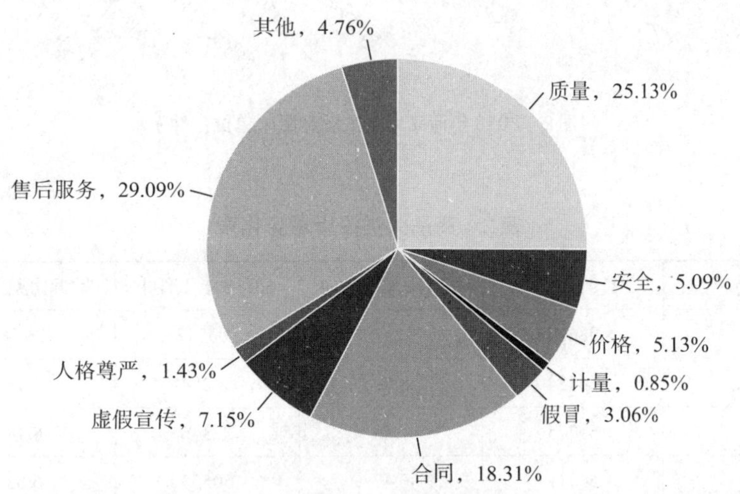

图1　2019年投诉性质比例图

与2018年相比（见表1），合同问题投诉比重下降了2.22个百分点，安全问题投诉比重上涨了1.84个百分点，其余类投诉的变化幅度较小。

表1　按投诉问题性质分类情况表

项　　目	2019年（件）	投诉比重（%）	2018年（件）	投诉比重（%）	比重变化（%）
售后服务	238951	29.09	222845	29.24	↓ 0.15
质量	206375	25.13	195802	25.69	↓ 0.56
合同	150380	18.31	156480	20.53	↓ 2.22
虚假宣传	58699	7.15	58909	7.73	↓ 0.58
价格	42160	5.13	30592	4.01	↑ 1.12
安全	41849	5.09	24735	3.25	↑ 1.84
假冒	25151	3.06	24172	3.17	↓ 0.11
人格尊严	11739	1.43	8097	1.06	↑ 0.37
计量	6963	0.85	5406	0.71	↑ 0.14
其他	39110	4.76	35209	4.62	↑ 0.14

（二）商品和服务类别分析

在所有投诉中，商品类投诉为377892件，占总投诉量的46.01%，与去年同期相比，下降了1.89个百分点；服务类投诉为415354件，占总投诉量的50.57%，上升了2.26个百分点，其他类投诉为28131件，占总投诉数量的3.42%。

根据2019年商品大类投诉数据（见图2、表2），家用电子电器类、交通工具类、日用商品类、服装鞋帽类和食品类的投诉量居前五位。

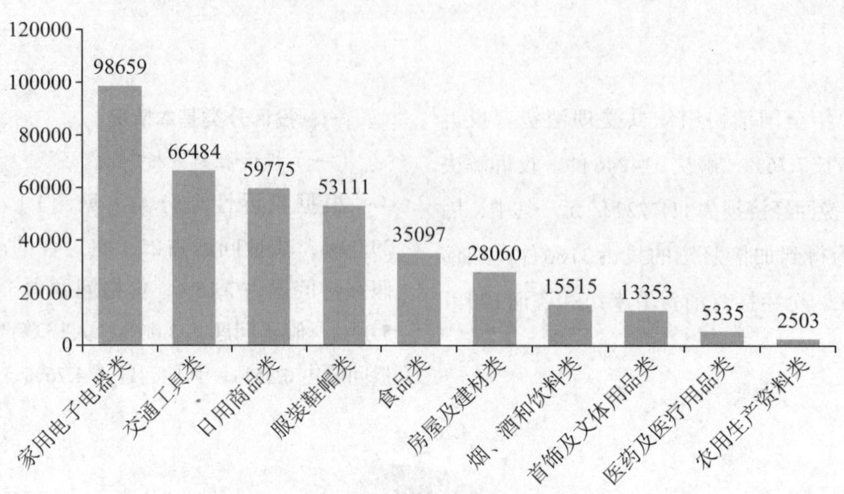

图2　2019年商品大类投诉量图（单位：件）

表2　商品大类投诉量变化表

商品大类	2019年（件）	投诉比重（%）	2018年（件）	投诉比重（%）	比重变化（%）
家用电子电器类	98659	12.01	103213	13.54	↓ 1.53
交通工具类	66484	8.09	56254	7.38	↑ 0.71
日用商品类	59775	7.28	62346	8.18	↓ 0.90
服装鞋帽类	53111	6.47	50553	6.63	↓ 0.16
食品类	35097	4.27	30101	3.95	↑ 0.32
房屋及建材类	28060	3.42	27916	3.66	↓ 0.24
烟、酒和饮料类	15515	1.89	12198	1.60	↑ 0.29
首饰及文体用品类	13353	1.63	13813	1.81	↓ 0.18
医药及医疗用品类	5335	0.65	5288	0.69	↓ 0.04
农用生产资料类	2503	0.30	3480	0.46	↓ 0.16

根据2019年服务大类投诉数据（见图3、表3），生活、社会服务类，互联网服务，销售服务，教育培训服务与电信服务居于服务类的投诉量前五位。与2018年相比，互联网服务投诉量上升了5.13个百分点，销售服务类投诉量下降了3.27个百分点。

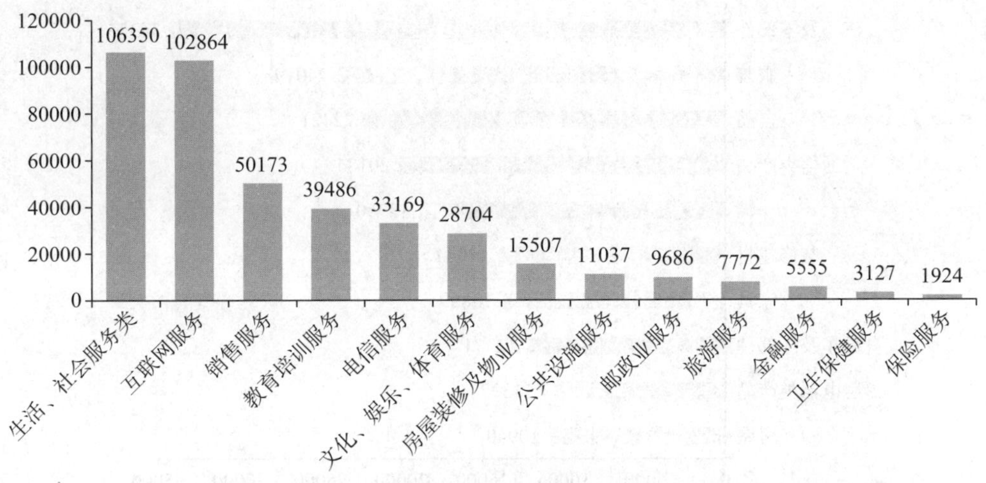

图3 2019年服务大类投诉量图（单位：件）

表3 服务大类投诉量变化表

服务大类	2019年（件）	投诉比重（%）	2018年（件）	投诉比重（%）	比重变化（%）
生活、社会服务类	106350	12.95	98358	12.90	↑ 0.05
互联网服务	102864	12.52	56302	7.39	↑ 5.13
销售服务	50173	6.11	71494	9.38	↓ 3.27
教育培训服务	39486	4.81	20521	2.69	↑ 2.12
电信服务	33169	4.04	36591	4.80	↓ 0.76
文化、娱乐、体育服务	28704	3.49	23145	3.04	↑ 0.45
房屋装修及物业服务	15507	1.89	17352	2.28	↓ 0.39
公共设施服务	11037	1.34	15028	1.97	↓ 0.63
邮政业服务	9686	1.18	13978	1.83	↓ 0.65
旅游服务	7772	0.95	8487	1.11	↓ 0.16
金融服务	5555	0.68	3255	0.43	↑ 0.25
卫生保健服务	3127	0.38	2201	0.29	↑ 0.09
保险服务	1924	0.23	1562	0.20	↑ 0.03

（三）商品和服务投诉量变化分析

在具体商品投诉中，投诉量居前五位的分别为：汽车及零部件、服装、食品、通信类产品、鞋（见图4）。与2018年相比，自行车及零部件投诉和房屋类投诉进入商品类投诉的前十位。

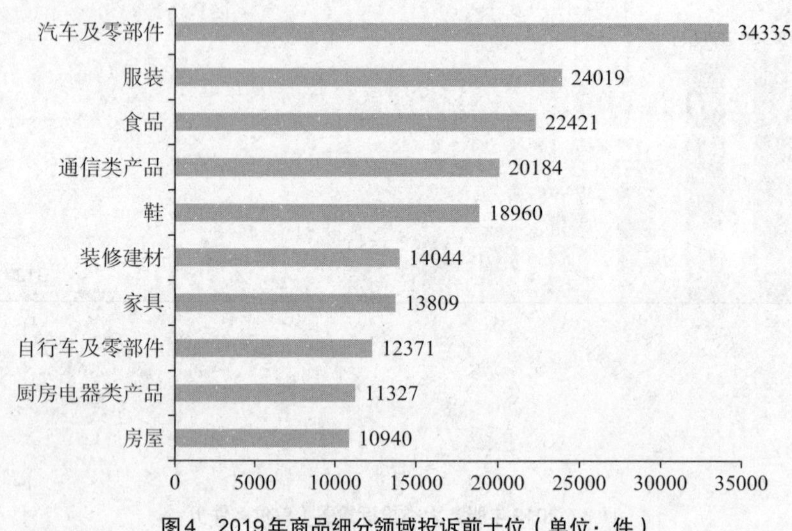

图4 2019年商品细分领域投诉前十位（单位：件）

在具体服务投诉中，投诉量居前五位的分别为经营性互联网服务、网络接入服务、远程购物、培训服务及餐饮服务类投诉（见图5）。与2018年相比，远程购物落到第三位，而以网络游戏、共享经济等为主要服务项目的经营性互联网服务的投诉量跃居第一。另外，培训服务第一次进入服务类投诉的前十位，且位居第四。移动电话服务以往排在前五位，本年度排名第七，明显下降。

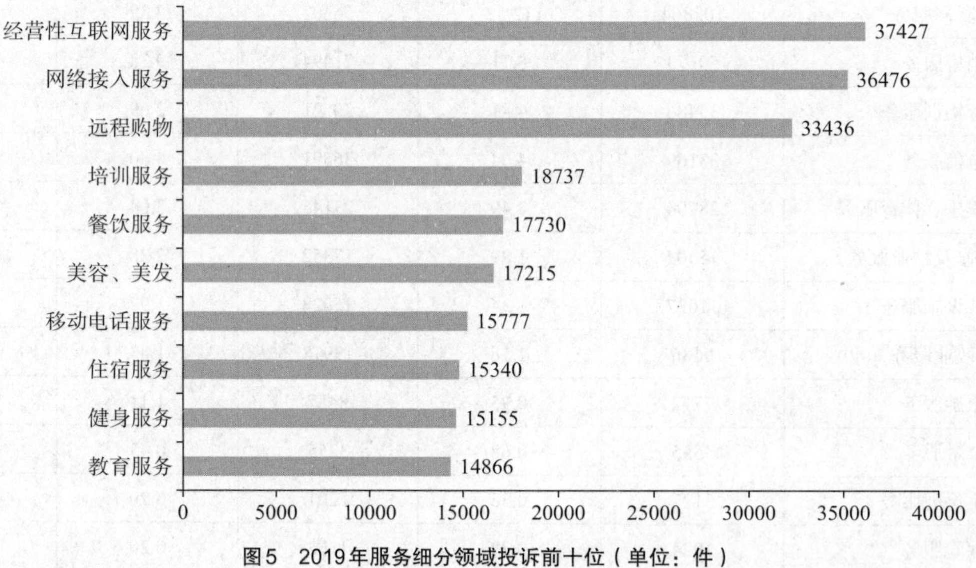

图5 2019年服务细分领域投诉前十位（单位：件）

二、投诉热点分析

2019年全年投诉数据分析体现出四大变化。

第一，远程购物投诉在全部投诉中的占比大幅下降，从多年第一退居第三，远程购物中电商所占的比例最大，这个变化反映出电商放心消费的环境得到了优化。

第二，经营性互联网服务首次成为服务类投诉第一，这是与数字经济、数字消费迅速增长成正比的，随着消费者数字生活比重的提高，经营性互联网服务的投诉数量及比重可能长期居于前列。

第三，培训服务第一次进入服务类投诉的前十位。与培训有关的关键词是“跑路”，2019年，“预付式消费”已经从健身、美发美容、洗车、餐饮进入教育培训等领域，成为维权“老大难”。

第四，消费需求侧出现变化，部分供给侧经营者跟进不力。2019年，自行车突然进入商品类投诉的前十，名列第八。投诉中，高端自行车及配件产品占比明显较大，这是消费者对自行车的需求从通勤代步提高到运动时尚的品质要求的体现，但自行车市场的供给侧并没有做好相应准备。

2019年全国消费投诉有以下几方面的突出问题。

（一）汽车类投诉仍高速增长，个别二手车交易平台隐瞒实情销售

2019年4月，消费者坐在奔驰车引擎盖上“维权”的视频引起全国轰动，直接暴露出汽车消费者维权道路的艰难。2019年，汽车及零部件类投诉34335件，同比激增了25.1%。全国消协组织受理的汽车类投诉涉及汽车销售的各个环节，以下几个方面问题成为消费者投诉的热点：一是产品质量问题多。投诉大部分反映在汽车零部件上，如发动机、变速箱等主要部件屡现故障。二是购车合同争议大。经营者拟订的合同明显有利于经营者，甚至违反法律规定，排除消费者的主要权利，在合同条款中对消费者和销售商在权利义务的约定上不明确、不对等，违约后承担的赔偿责任不清晰，消费者不能按照合同有效维权。三是售后服务问题。故障不能一次性修好，出现返修状况，或故障多次维修却不能彻底解除，维修不出具明细等。四是检测举证维权难。汽车一旦出现质量问题，消费者举证难、鉴定难、求偿难。五是捆绑销售车险和诱导消费者贷款。消费者购买优惠车辆时，部分经营者要求消费者必须在4S店购买车辆保险并办理贷款，在指定的保险公司投保，有时还要消费者交几千元到上万元的保险押金。汽车信贷担保公司大多都不给消费者提供正规凭证，使消费者缺乏有效信贷证据；汽车信贷担保公司在办理汽车贷款前不如实告知消费者其贷款内容的真实情况，并采取各种手段，借口消费者违约，让消费者承担不合理的损失；涉诉汽车信贷担保公司的经营范围里多数没有金融服务类项，也不具备相关资质，严重侵犯了消费者的知情权、选择权、公平交易权等合法权益。六是二手车消费信息不实，经营者隐瞒实情销售。为了收益最大化，无论是线上还是线下，二手车交易经营都存在不履行真实告知义务，甚至私改里程、隐瞒车辆真实情况的现象，将水淹车说成无水淹、将出过大事故的汽车说成小磕小碰。

例如，黑龙江省伊春市的消费者王女士于2018年6月26日在伊春某汽车销售公司购买了一辆汽车，变速箱经过4次（左侧一次，右侧三次）修理后仍有漏油点，多次与经销商售后协商退车退款未果。2019年3月26日，消费者投诉到伊春市消费者协会。接诉后，消协工作人员开展调查取证工作，详细了解了购车及维修经过，认真查验了有关维修记录和消费者维修时录制的视频资料，先后几次约谈经营者，现场向经营者详细讲解法律规定，希望双方能在法律的框架内达成调解协议。由于双方对退车退款的方式和数额存在较大争议，多次调解未果。此后，伊春市消协又多次电话联系该经销商的上级经销公司和汽车厂家多方磋商，研究解决方案，最终，上级汽车经销公司同意收回问题汽车，责成伊春分公司于2019年9月25日一次性退赔消费者购车款102000元，问题得到解决，消费者表示满意。

又如，2019年3月3日，消费者在某二手车直卖网购买了一辆2015年的白色新捷达，向该交易平台支付服务费1100元，车款4万元。2019年5月17日在机动车管理所办理过户手续时，检验人员告知消费者车辆大架号不清晰，不能办理过户手续。消费者详细询问后得知，该车修改过大架号，所以不能过户。随后，消费者联系该二手车直卖网，要求退车款和服务费遭到拒绝，2019年5月24日消费者投诉到吉林省长春市消费者协会。在长春市消协的帮助调解下，经营者为消费者办理了全款退车。

（二）家用电子电器类投诉居高不下，山寨维修不容忽视

2019年全国消协组织共受理家用电子电器类投诉98659件，占总投诉总量的12.01%，位居商品大类投诉第一位。家用电子电器类的投诉主要涉及电视、冰箱、空调、洗衣机、热水器等，消费者反映的问题集中在产品质量、售后服务、合同等方面。一是商品质量问题，包括商品质量差、三无产品、产品质量缺陷、安全隐患、以次充好、售假等问题。二是经营者违约，发货不及时或无货可发，商品降价补差难，以短期限时优惠券等方式进行补差。三是售后服务不到位，包括安装不及时、维修技术不过关、不按规定填写维修记录、多次维修仍无法解决故障、收费项目未明示、虚报零部件价格、故意夸大产品故障多收费、维修更换的配件以旧充新、厂家自行检测不公正、消费者遭遇山寨维修点等。

例如，消费者杨先生在安徽省宿州市某购物中心购买了价值11656元的某品牌空调，并按售后安装人员的要求付费安装了漏电保护器。2019年3月24日3点，空调突然起火，造成室内空调、家居物品毁损。后经消防部门出具火灾事故认定书，认定起火原因不排除电器线路故障引起火灾。事发后，消费者多次与购物中心协商要求赔偿，但双方迟迟无法达成一致，消费者遂于7月投诉至宿州市消费者保护委员会。经核实，火灾成因疑似空调问题，起火点为空调下部。因专业检测机构对漏保或空调进行起火鉴定，产生4万余元的费用，投诉双

方均不愿意承担此项费用。经宿州市消保委多次调解，双方达成一致，经营者补偿了消费者同等价值的柜机空调一台，另补偿了价值4000元品牌挂机空调一台，赠送了价值1000元的礼品。

又如，2019年3月19日，消费者孙先生称在某电商平台刚刚购买的砂锅在煮粥的过程中破裂，水流入煤气灶导致煤气灶损坏。商家只答应赔偿砂锅，但不肯赔偿煤气灶的维修费用，故消费者向江西省景德镇市昌南新区消费者协会投诉。消协工作人员调查后认为，根据《消费者权益保护法》第十一条，消费者因购买、使用商品或者接受服务受到人身、财产损害的，享有依法获得赔偿的权利。商家对消费者的砂锅破裂导致煤气灶的损坏负有责任，应该予以赔偿。经调解，商家同意给予消费者孙先生煤气灶修理费800元的赔偿。

（三）预付式消费问题愈演愈烈，部分商家卷款“跑路”，涉嫌诈骗

预付式消费因市场覆盖面广、进入门槛低、从业流动性大、资金监管难，近年来连续成为投诉热点，且已从传统美容、健身个体行业向装饰装修、教育培训等单个消费金额较大的领域发展。目前，消费纠纷主要表现为：一是商家尚未取得合法经营资格便先行发放预付卡或招募充值会员，若后期无法正常登记，商家无法开张营业，消费者的合法权益将受到侵害。二是承诺不兑现，办卡容易退卡难，发卡企业诱导消费者进行预存充值，未履行事先约定提供商品或服务，拒绝给消费者退钱或扣除消费者高额违约金。三是经营者利用不公平格式条款多方限制消费者的权利，减轻、逃避自身责任。四是经营场所发生关门、歇业、易主、变更经营场所时，债权债务不做妥善处理就自行终止服务，对消费者的合理诉求置之不理，引发群体投诉。五是部分商家涉嫌诈骗，以办卡优惠为诱饵诈骗钱财，一旦得手就卷款走人，给消费者的维权造成很大困难。

例如，2019年1月23日，甘肃省庆阳市环县城关消费者协会分会接到消费者邓女士投诉称，自己于2018年9月22日在某健身房的办馆初期办理了一张健身卡，并交纳了全年费用2680元。但因为健身房始终未提供任何服务，且不久就关门停业，给消费者造成了损失，在与健身房经营者协商退款无果后诉至消协。经过调解，健身房经营者退还了邓女士2680元。

又如，自2019年12月4日开始，广东省深圳市消费者委员会陆续收到多宗有关深圳市某石油化工投资有限公司的投诉，多名消费者称在该公司旗下的某APP购买了油卡代充值套餐，商家以低价折扣吸引消费者大量充值并承诺分月返现。但从2019年12月开始，商家以“系统升级”为由停止充值也未返现，消费者无法与商家取得有效联系，也无法申请退款。接诉后深圳市消委会多次联系商家未果，该企业监管系统法人电话为空号，企业注册地址为虚拟地址。2019年12月20日，经深圳市龙岗消委会核实，合同地址并不存在该企业，该企业已被载入异常名录，深圳市消委会又多渠道寻找该企业的其他有效联系方式均未果。在调解无望的情况下，依据《消费者权益保护法》第三十九条，深圳市消委会建议消费者向人民法院起诉维权。

再如，2019年3月，消费者李女士到山东省消费者协会投诉反映，2018年10月她在某健身服务会所接受健身服务，但从营业至今经营者未按当时承诺提供有关游泳项目的服务，她于是向商家提出退款，健身会所工作人员以种种理由推诿敷衍，就是不予办理。山东省消协在调查时发现，经营者的营业执照以及店内宣传等资料上均显示有提供游泳服务的内容，按照法律规定应视为经营者的承诺，属于合同的一部分。山东省消协认为，健身会所承诺提供的服务应当兑现，如不能提供相应服务，应按消费者的要求继续履行其承诺，或办理退卡退费手续，消费者提出的退卡要求合理正当。随后，山东省消协多次联系该健身会所，向其提出意见和建议。经过多次沟通，商家承诺履行退费手续。

（四）服装鞋帽类投诉量居高不下，假冒伪劣产品喜欢“上山下乡”

2019年，全国消协组织共受理服装鞋帽类投诉53111件，占投诉总量的6.47%，其中涉及质量问题的投诉24568件，售后服务投诉12783件，分别占服装鞋帽投诉总量的46.3%和24.1%。造成这一状况的主要原因：一是消费者本身对服装、鞋帽等生活用品的市场需求量大。二是产品质量问题频现，常见的质量问题包括服装做工粗糙、破损、褪色、异味重，短时间内出现起球、变形等问题，鞋类存在脱皮、脱线、脱胶、裂口等质量问题。三是部分经营者重销售轻服务，不履行售后服务承诺，商品出现质量问题时拒绝退换货、维修、补偿，因质量问题退换货时拒绝承担运费，退货后拖延退还货款。四是虚假宣传问题频发，商家对服装鞋帽的产地、面料成分、等级、款式、颜色、大小等进行虚假标注或描述不准，误导消费者，或以先抬价再降价等虚假的价格促销手段欺骗消费者。五是

假冒伪劣问题频发，部分经营者销售假冒、套牌的服装鞋帽或者销售三无产品，尤其在小型网店或农村地区实体店较为常见。

例如，2019年5月，浙江省衢州市常山县消费者保护委员会接到消费者汪女士投诉，称其在常山县某品牌服装店以259元的价格购买了一件针织衫，在付款前商家告知消费者该件衣服属于特价商品，不退不换。当汪女士走出店外时发现该针织衫的袖口出现跳针现象，存在质量问题。汪女士当即返回店内，要求商家予以退货退款却遭到拒绝，遂向常山县消保委投诉。经调解，商家同意了消费者退货退款的要求。

又如，2019年1月1日，消费者张女士在山东省淄博市某商场购买了一件价值1000多元的咖啡色围巾，于1月2日佩戴了4小时后，发现围巾褪色，造成其白色貂皮大衣的整个领圈及内衬染上颜色，消费者张女士的貂皮大衣于2018年年初购买，价值16000元。根据《消费者权益保护法》第七条以及第十八条第一款，消费者的貂皮大衣衣领及内衬由于围巾印染色牢度的原因被染色，给消费者造成了财产损失。2019年1月3日，消费者张女士到山东省淄博市淄川区消费者协会投诉，1月29日，淄川区消协工作人员召集经营者代表和消费者在消协进行调解。双方自愿达成协议：商家对该品牌围巾进行退货处理，按发票全额退款；同时商家赔偿消费者5000元作为补偿。

（五）食品安全问题仍是重点热点，维权取证难度大

食品安全事关百姓身体健康和生命安危，随着广大消费者安全意识、自我保护意识和维权意识的逐步增强，食品卫生安全投诉案件也日益增加。2019年全国消协组织共受理食品类投诉35097件，占投诉总量的4.27%，同比上升了12.6%。从投诉问题看，质量问题的占比最大，占食品类投诉总量的44.8%，其次是虚假宣传问题、安全问题和售后服务问题。消费者投诉反映的热点问题有：一是食品销售问题，部分超市销售快过期的食品而没有醒目标识、将新鲜食品与非新鲜食品混合打包销售等。二是散装食品问题，一些网店在不具备分装资质的情况下自行对食品进行分装销售，安全卫生难以保障。三是食品包装标识问题，如有的食品包装标准事项不规范、部分进口食品没有贴中文标签或者存在标签瑕疵等。四是保健食品违规宣传销售问题。

例如，2018年12月9日，消费者陈先生通过某电商平台向宁波保税区某贸易有限公司网购了两袋进口牛奶糖，总价39元，收到货后发现商品无中文标签，且原包装无生产日期，陈先生与对方交涉处理无果，遂投诉到宁波保税区消费者保护委员会。经核查，被诉商品有中文标签，但仅标示了食用限制日期，未标生产日期，属标签瑕疵。2019年2月，经宁波保税区消保委调解，商家对消费者赔偿了128元，投诉得到解决。

又如，2019年10月26日，王先生在昆明市某超市支付73元购买了某品牌的脱脂牛奶，发现生产日期是2019年4月13日、保质期6个月，牛奶已经过期，消费者要求商家退款和赔偿未果，遂请求昆明市西山区消费者协会协调处理。经调解，双方达成一致，由被投诉方按《食品安全法》的相关规定退一赔十，不满1000元的按1000元的规定进行赔偿，赔偿了王先生1073元，并下架了相关产品。

（六）商品房销售“猫腻”多，消费者购房需谨慎

2019年全国消协组织受理房屋销售投诉8884件，商品房消费领域质量问题、装饰装修问题以及售后服务纠纷频发，困扰广大消费者。投诉反映出的主要问题有：一是开发商违规售房。一些开发商为追求更高的经济效益，违规开发、售房，有的未取得《预销售许可证》，有的擅自变更规划。消费者交付了首付款或全额后，开发商因各种原因停建，又无力退回房款，导致消费者钱房两空。二是房屋质量存在问题。消费者收房后，出现墙体裂缝、楼板鼓裂、屋面渗漏、墙皮脱落、家用设施安装不到位等房屋质量问题的屡见不鲜。三是宣传误导。部分房地产开发商在宣传时故意强调优惠政策，以学区房、装修标准、环境优美、赠送面积等为噱头，更有甚者私下承诺可通过非常规渠道为不具备购房资质的消费者办理购房手续，以此吸引消费者购房，事后却存在房型与宣传不符、承诺不履行、面积缩水等有违诚实信用原则的情况。四是消费者盲目购买。部分消费者购房时欠缺对房产项目的考察，也忽视了对自身经济能力和实际需求的衡量，不主动查看开发商必须具备的证件，不仔细阅读合同条款就盲目签订合同、没有做好风险评估。

例如，消费者芮女士于2010年在江苏省南京市某小区购买了一套精装修房，2012年交付，2014年入住。2018年10月，厨房左上方的橱柜突然整体掉落，物业工程部工作人员上门查看，确定掉落系橱柜安装不到位导致。消费者了解情况后立即联系了该房地产公司，要求其履行维修义务或给予相应赔偿，该地产公司以“三包期已过”为由拒绝处理。2019年1月，消费者投诉至江苏省消保委。江苏省消保委接诉后与地产公司取得联系，

地产公司告知，精装修房橱柜的三包期是5年，此橱柜已过三包期。省消保委认为橱柜掉落是由于地产公司装修人员前期安装不到位所致，属于未尽到合同规定的装修义务。根据我国《合同法》第一百零七条，当事人一方不履行合同义务或者履行合同义务不符合约定的，应当承担继续履行、采取补救措施或者赔偿损失等违约责任。经省消保委多次协商以及现场调解，地产公司同意赔偿消费者3000元，消费者表示满意。

又如，消费者柯先生于2017年3月23日与广东省湛江市某地产公司签订了商品房买卖合同，购买了该公司开发的位于麻章区瑞云中路的一间商品房，并按合同支付了全部购房款497873元。该公司没有按照约定时间向消费者交付合格房屋，柯先生于2019年6月2日向广东省湛江市消费者委员会投诉。湛江市消委会经调查认为，地产公司一直未能提供合同约定的商品房已取得建设工程竣工验收的备案证明文件及房屋测绘报告，其逾期未交付房屋的行为系违约行为，依法应当承担合同约定的违约责任，即地产公司应按日计算向消费者支付全部房价款万分之三的违约金。在调解期间，地产公司主张逾期交付房屋的行为是因案外人湛江市某建筑公司拒不配合移送竣工材料导致验收备案无法如期完成，并认为每日万分之三的违约金标准偏高，主张应以同地段房屋的月租金为损失的计算标准，即650元至1000元。由于调解无果，湛江市消委会派出律师和工作人员，支持消费者起诉。法院一审认为按日计万分之三约定违约金远远高于同房屋地段的租金水平，遂判决将违约金的标准调整为日计已交房款额的万分之二。湛江市消委会认为万分之三的违约金并未显得过高，继续支持消费者向终审法院起诉。最终，湛江市中级人民法院认定柯先生的上诉请求成立，判决地产公司支付逾期交付房屋的违约金50036.24元给柯先生。在柯先生投诉之后，先后有50多位购买了该地产公司商品房的消费者向湛江市消委会投诉。湛江市消委会逐一支持消费者向人民法院起诉，共获得赔偿金额300万元以上。

（七）教育培训服务投诉量增幅显著，预付款项难退还

近几年，教育培训服务市场增长迅速，幼儿早教、考学辅导、语言培训、职业技能培训甚至是老年人健康知识讲座等培训需求旺盛，培训机构更是遍地开花，但培训机构质量参差不齐，侵权问题时有发生。2019年全年，有关社会培训类的投诉显著增长，全国消协组织共受理教育培训类投诉39486件，同比骤增了92.4%。消费者反映的问题集中表现为：一是培训机构和培训教师资质不健全。有的机构本身不具备教育培训资质甚至无证照，培训老师也无相关领域的培训资质和学历。二是虚假宣传误导消费者。有些培训机构夸大培训内容和培训效果误导消费者，比如虚假宣称一线名师授课、押题命中率高、培训后考试必过等，但实际培训与宣称不符。三是协议或合同条款模糊，缺少科学的授课安排和公平的退费规则，消费者实际参加培训时经常存在开班延期、课时缩短、讲师频繁更换等问题。四是预付式消费风险大。培训机构因经营不善导致资金流断裂引发停业闭店的现象时有发生，消费者追讨费用的难度于是陡增。五是诱导办理分期贷款。部分消费者反映，通过培训机构推荐的金融机构贷款，工作人员在消费者未充分了解贷款注意事项的情况下，擅自完成整套手续，致使消费者“被贷款”。在这种情况下，如果培训机构不履行承诺、服务缩水甚至关门，消费者既要面临部分教育机构拖延退费，又要按第三方付款平台要求“按期支付”贷款，消费者苦不堪言。

例如，消费者李女士于2019年11月7日通过网络报名，学习武汉市某在线教育培训机构开设的国际心理咨询师培训课程，学费共6980元，首付1396元，剩余学费分6期，每月还款930元。11月9日，央视焦点访谈曝光，国际心理咨询师证是国内和国际都不承认的证书，消费者认为该机构在宣传时存在虚假宣传，要求该机构退还报名费1396元并取消学费分期，但是该机构不予退还，无奈之下，李女士投诉至湖北省消费者委员会。经湖北省消委调解，该机构退还了李女士全款6980元。

又如，2019年7月17日，广东省佛山市消费者委员会接到消费者曾先生对佛山市某艺术培训有限公司中途退学不退还剩余学费的投诉。曾先生表示，他的女儿正在读高中，在老师的推荐下，选择了某艺术培训公司接受传媒艺术教学培训。双方签订入学协议，学习时间为一年半，学费共计约7万元，曾先生于2018年年底分两次交齐了学费。一开始，他女儿的学习没有什么问题，但是在测验中发现他女儿的学习没有效果，在接受专业老师的指导后，仍然不能在台上演讲，曾先生决定让他的女儿退学。在提出退学要求后，该培训公司答复学费不退。曾先生投诉请求退还未上课程的学费4万元。佛山市消委会在接到该投诉后，仔细查看了曾先生与该公司签订的入学协议，并多方调查

取证，联系该公司的负责人进行调解。后消费者与经营者达成一致意见，签订了和解协议书，该学校退还了剩余的学费36000元。

表4　2019年全年受理投诉统计表

单位：件

类　　别	总计	质量	安全	价格	计量	假冒	合同	虚假宣传	人格尊严	售后服务	其他
合计	821377	206375	41849	42160	6963	25151	150380	58699	11739	238951	39110
一、家用电子电器类	98659	33904	4273	3319	358	3170	8910	5902	886	35023	2914
视听产品	10293	3762	416	396	30	284	869	577	79	3552	328
其中：平板电视机	5895	2238	199	187	13	145	489	283	38	2132	171
显像管电视机	2419	770	161	90	15	105	102	178	38	886	74
空气调节产品	10725	3252	413	297	28	294	1138	562	77	4363	301
其中：空调	8543	2489	368	252	27	270	861	439	76	3511	250
洗衣类产品	6850	2291	340	219	31	227	447	452	76	2572	195
其中：洗衣机	6502	2145	331	197	29	222	429	429	74	2466	180
厨房电器类产品	11327	3975	470	313	35	282	1060	576	78	4241	297
其中：电冰箱（柜）	5187	1860	190	144	16	130	499	256	37	1917	138
热水器	4082	1279	211	117	13	120	342	245	38	1614	103
家用小电器产品	9461	3460	420	322	34	291	861	676	79	3024	294
照（摄）像产品	4924	1569	299	189	30	211	232	395	76	1777	146
其中：数码相机	2459	807	147	84	14	108	112	209	36	872	70
数码摄像机	2236	689	147	87	13	97	95	175	36	828	69
通信类产品	20184	7782	538	683	44	604	2625	916	92	6257	643
其中：移动电话机	15574	6030	349	477	25	381	2277	647	52	4830	506
固定电话机	2394	762	151	108	13	124	102	173	36	856	69
计算机类产品	9868	3270	369	320	31	304	1022	576	79	3645	252
其中：台式计算机	3007	1083	156	106	14	120	147	195	37	1065	84
便携式计算机	5004	1657	164	139	13	142	572	258	39	1900	120
其他	15027	4543	1008	580	95	673	656	1172	250	5592	458
二、服装鞋帽类	53111	24568	983	2182	68	1982	3589	4415	119	12783	2422
服装	24019	11780	480	1024	33	845	1910	1911	58	4834	1144
鞋	18960	9250	272	614	13	643	1290	990	31	5165	692
帽	4638	1675	104	250	12	227	179	675	13	1240	263
其他	5494	1863	127	294	10	267	210	839	17	1544	323
三、食品类	35097	15714	3001	2285	1143	1547	2357	4289	190	2949	1622
食品	22421	10955	1931	1385	912	984	1643	1981	124	1563	943
其中：米、面粉	2340	1161	209	141	92	80	154	209	10	165	119
食用油	1394	605	146	109	30	61	77	149	8	135	74
肉及肉制品	3556	1757	363	287	196	120	175	257	37	226	138

续表

类　别	总计	质量	安全	价格	计量	假冒	合同	虚假宣传	人格尊严	售后服务	其他
水产品	1661	678	116	134	181	47	122	148	11	151	73
乳制品	2471	1170	241	138	65	78	204	267	12	197	99
婴幼儿奶粉	1200	492	91	70	32	55	57	220	4	117	62
保健食品	8291	2993	641	565	142	386	510	1737	38	845	434
其他	4385	1766	429	335	89	177	204	571	28	541	245
四、烟、酒和饮料类	15515	6112	1294	1245	281	816	1123	1731	92	1997	824
烟草、酒类	7810	3021	630	689	144	494	590	851	42	953	396
其中：啤酒	3215	1296	292	286	62	138	173	382	17	403	166
白酒	3775	1427	299	282	76	283	350	403	18	453	184
非酒精饮料	7034	2903	627	500	127	259	483	794	44	919	378
其中：饮用水	5952	2380	578	437	116	224	366	709	37	782	323
其他	671	188	37	56	10	63	50	86	6	125	50
五、房屋及建材类	28060	8714	841	1441	210	647	7513	2778	48	4566	1302
房屋	10940	2536	334	681	82	243	3193	1833	24	1455	559
其中：商品房	8884	2008	299	479	33	200	2714	1400	18	1263	470
装修建材	14044	5352	370	557	103	308	3608	651	16	2531	548
其他	3076	826	137	203	25	96	712	294	8	580	195
六、日用商品类	59775	22629	1586	2506	337	1701	8028	5376	139	15132	2341
儿童用品	7044	2915	247	364	44	194	707	682	21	1635	235
其中：婴儿用品	1322	594	61	49	11	35	163	113		246	50
童装	1006	421	19	67	5	23	94	144	2	198	33
童鞋	858	339	14	76	4	17	71	102	1	209	25
儿童卫生用品	691	267	25	27	4	27	58	64	3	189	27
儿童玩具	1623	679	57	57	6	50	111	108	3	502	50
儿童车	671	267	27	25	8	17	64	75	1	165	22
家具	13809	5321	273	399	45	272	3371	675	20	2921	512
厨房用品	5740	2092	192	289	37	153	582	527	13	1603	252
其中：燃气灶具	3970	1398	137	204	26	119	406	373	10	1120	177
化妆品	5521	2049	219	252	29	226	606	529	15	1355	241
卫生、清洁用品	5260	1796	139	254	30	193	576	525	13	1489	245
五金交电	5176	1977	137	208	35	144	558	507	10	1368	232
日用杂品	8953	3583	179	342	54	263	854	950	20	2423	285
其中：眼镜	2563	1002	54	116	14	81	281	223	6	698	88
钟表	2911	1229	49	91	11	84	224	198	5	923	97
其他	8272	2896	200	398	63	256	774	981	27	2338	339
七、首饰及文体用品类	13353	5124	332	650	238	519	1540	1113	47	3131	659
首饰	7764	3034	173	400	174	278	1044	487	15	1745	414

续表

类　别	总计	质量	安全	价格	计量	假冒	合同	虚假宣传	人格尊严	售后服务	其他
文化用品	1519	539	28	76	17	65	189	184	10	345	66
体育用品	1185	449	30	53	15	51	95	154	11	277	50
健身器械	1331	524	68	54	13	49	98	138	5	329	53
其他	1554	578	33	67	19	76	114	150	6	435	76
八、医药及医疗用品类	5335	1343	321	413	51	315	350	1437	29	770	306
中药、中成药	826	203	61	89	28	55	49	171	4	103	63
西药	992	292	81	116	3	51	52	215	6	107	69
医疗器械	1082	311	43	55	3	55	72	234	2	258	49
保健用品	1758	391	90	100	11	112	131	656	12	176	79
其他	677	146	46	53	6	42	46	161	5	126	46
九、交通工具类	66484	16185	1695	2948	140	1414	16338	3000	133	21540	3091
自行车及零部件	12371	3405	322	562	29	233	2191	520	20	4638	451
其中：电动自行车	10864	2954	262	524	29	219	1583	492	19	4359	423
摩托车及助力车	10509	3008	290	495	28	236	1430	558	22	3960	482
其中：摩托车	8308	1949	221	416	26	195	1258	477	20	3356	390
汽车及零部件	34335	7964	838	1404	49	712	11175	1394	67	9021	1711
其中：家用轿车	23365	4545	521	817	22	448	9021	877	38	5944	1132
汽车零部件	5979	1842	147	267	14	140	922	262	16	2122	247
其他	9269	1808	245	487	34	233	1542	528	24	3921	447
十、农用生产资料类	2503	1008	109	109	100	138	277	147	13	500	102
农用机械及配件	802	307	40	51	10	27	74	43	1	215	34
化肥	369	189	12	10	37	21	28	20	3	38	11
农药	235	102	12	7	10	24	27	13	1	32	7
种子	521	206	19	20	8	30	64	28	3	117	26
饲料	272	103	11	8	21	23	30	20	2	43	11
其他	304	101	15	13	14	13	54	23	3	55	13
十一、生活、社会服务类	106350	21475	5162	6723	599	2482	25999	5803	1011	31536	5560
餐饮服务	17730	4741	1359	1276	153	394	3512	874	267	4199	955
住宿服务	15340	2833	767	959	73	340	3829	988	198	4510	843
美容、美发	17215	2831	881	1074	47	399	6095	987	117	3809	975
其中：医疗美容	6138	1427	324	415	42	176	1328	395	60	1622	349
洗涤、染色	7624	2051	387	373	47	177	1241	364	49	2553	382
其中：干洗服务	6475	1720	329	316	34	153	1044	316	46	2202	315
摄影及照片冲洗加工	7285	1089	278	437	40	195	2322	413	56	2022	433
中介服务	9483	1802	282	707	35	202	3534	481	67	1920	453
其中：房屋中介	4506	1068	127	360	11	101	1558	216	27	791	247
出国、留学中介	1777	301	61	117	12	44	560	97	18	484	83

续表

类　别	总计	质量	安全	价格	计量	假冒	合同	虚假宣传	人格尊严	售后服务	其他
家政中介	1732	297	64	144	12	42	462	95	19	515	82
保养和修理服务	13602	2874	425	652	47	265	2090	467	58	6123	601
其中：电器维修	5768	1290	121	192	12	79	570	126	17	3169	192
汽车修理	4090	818	157	228	9	104	735	157	15	1621	246
摩托车修理	1136	241	44	76	11	31	172	71	11	423	56
农机修理	1150	186	47	67	10	28	231	72	10	443	56
社会服务	5354	941	240	385	41	140	1286	355	49	1641	276
其中：家政服务	2829	517	108	176	19	74	735	185	23	844	148
搬家服务	2012	355	86	146	18	54	387	141	21	706	98
其他	12717	2313	543	860	116	370	2090	874	150	4759	642
十二、房屋装修及物业服务	15507	3535	575	1306	92	320	5523	605	67	2676	808
房屋装修	9398	2299	207	509	58	165	4097	301	30	1340	392
物业服务	4253	835	307	647	24	117	938	207	27	824	327
其中：保安服务	1229	278	41	95	5	25	322	68	6	327	62
存、停车管理	2015	340	104	325	11	63	491	102	15	393	171
其他	1856	401	61	150	10	38	488	97	10	512	89
十三、旅游服务	7772	768	281	723	5	204	2645	769	70	1888	419
旅游	6182	623	228	580	4	159	2235	589	60	1372	332
其中：境内旅游	3370	351	129	309	1	90	1215	327	31	717	200
境外旅游	2415	198	73	184	1	61	899	239	16	633	111
其他	1590	145	53	143	1	45	410	180	10	516	87
十四、文化、娱乐、体育服务	28704	2783	1174	1430	21	663	11021	1844	119	7844	1805
放映、演出服务	4569	518	191	284	6	131	1347	359	30	1371	332
健身服务	15155	1429	499	662	6	300	6978	812	43	3572	854
参观、游乐服务	5685	523	336	268	4	124	2010	372	31	1679	338
其他	3295	313	148	216	5	108	686	301	15	1222	281
十五、邮政业服务	9686	1753	605	513	47	182	589	247	51	5311	388
快递服务	6380	1449	354	324	27	101	401	120	36	3347	221
邮政基本服务	1911	179	169	117	11	49	119	73	9	1082	103
其他	1395	125	82	72	9	32	69	54	6	882	64
十六、电信服务	33169	3588	826	1608	266	714	3892	1547	214	19024	1490
固定电话服务	9800	965	218	374	80	192	920	390	71	6248	342
移动电话服务	15777	1916	470	978	127	392	2364	919	83	7598	930
其他	7592	707	138	256	59	130	608	238	60	5178	218
十七、互联网服务	102864	9936	14028	5200	2282	4573	11703	6545	7315	35806	5476
网络接入服务	36476	3590	4959	1880	811	1633	4329	2334	2565	12359	2016

续表

类　别	总计	质量	安全	价格	计量	假冒	合同	虚假宣传	人格尊严	售后服务	其他
其中：有线宽带接入	18849	1878	2507	954	398	832	2434	1212	1284	6292	1058
无线宽带接入	17156	1622	2437	901	403	788	1808	1102	1279	5887	929
经营性互联网服务	37427	3635	4907	1836	796	1596	4370	2330	2559	13505	1893
其中：网络游戏	36837	3552	4881	1804	787	1586	4248	2269	2557	13280	1873
其他	28961	2711	4162	1484	675	1344	3004	1881	2191	9942	1567
十八、金融服务	5555	690	446	428	20	258	796	513	119	1901	384
储蓄服务	1339	172	107	103	7	66	188	124	35	445	92
银行卡服务	1363	167	111	107	5	59	219	120	26	457	92
其中：信用卡服务	1257	151	101	93	2	57	184	119	26	437	87
银行缴费服务	1274	160	102	99	2	60	172	120	25	444	90
其他	1579	191	126	119	6	73	217	149	33	555	110
十九、保险服务	1924	211	35	98	12	32	609	228	19	616	64
人寿保险	649	58	11	35	4	10	197	135	9	172	18
其中：医疗保险	306	21	4	9	3	4	74	102	7	75	7
人身保险	241	21	4	9	1	3	94	16	2	84	7
财产保险	953	124	17	50	6	15	299	78	7	322	35
其中：汽车保险	594	87	10	27	6	10	188	22	4	216	24
家庭财产保险	201	18	4	9		3	73	11	3	72	8
其他	322	29	7	13	2	7	113	15	3	122	11
二十、卫生保健服务	3127	411	237	235	4	123	1061	282	19	610	145
医疗服务	1265	159	98	109	1	48	423	117	6	244	60
整形服务	1187	167	89	78	2	44	434	98	8	215	52
其他	675	85	50	48	1	31	204	67	5	151	33
二十一、教育培训服务	39486	5515	673	1806	24	795	15794	2731	76	10477	1595
教育服务	14866	1890	262	761	8	284	5009	1000	26	5004	622
其中：幼儿教育	6220	1152	157	493	3	162	1727	484	11	1647	384
课外辅导	6308	671	87	187	2	107	1564	463	13	3017	197
培训服务	18737	2796	280	781	9	347	9488	1035	32	3308	661
其他	5883	829	131	264	7	164	1297	696	18	2165	312
二十二、公共设施服务	11037	1179	439	980	287	245	3037	537	80	3699	554
交通运输	5692	606	162	349	60	77	2241	193	36	1784	184
其中：铁路客运	431	23	14	30	6	8	198	21	2	108	21
航空客运	1267	43	19	37	5	11	947	39	3	129	34
公路客运	468	73	19	65	5	12	119	33	2	113	27
城市公共交通	351	30	20	41	5	8	64	21	4	140	18
出租汽车	1869	388	48	118	34	26	448	42	16	688	61

续表

类　别	总计	质量	安全	价格	计量	假冒	合同	虚假宣传	人格尊严	售后服务	其他
公用事业	2785	344	146	368	184	97	387	145	19	872	223
其中：电力服务	494	49	24	67	43	20	67	33	4	134	53
自来水服务	655	98	37	96	54	26	73	38	4	159	70
供暖服务	316	33	14	41	6	9	44	21	4	123	21
燃气服务	1178	130	70	140	66	33	195	52	4	415	73
有线、卫星电视服务	1299	124	75	124	19	34	242	99	10	499	73
其他	1261	105	56	139	24	37	167	100	15	544	74
二十三、销售服务	50173	13435	1043	2547	144	1091	15602	5080	243	8542	2446
店面销售	12905	2571	310	436	52	249	5127	576	59	2925	600
远程购物	33436	9877	615	1921	73	734	9723	4285	174	4475	1559
其中：网络购物	28741	8575	504	1694	31	582	8507	3932	165	3446	1305
电视购物	2293	585	56	87	11	73	646	200	3	505	127
广播购物	1633	390	46	73	10	42	397	87	5	472	111
其他	3832	987	118	190	19	108	752	219	10	1142	287
二十四、其他商品和服务	28131	5795	1890	1465	234	1220	2084	1780	640	10630	2393
农业生产技术服务	6771	1392	452	351	54	296	543	428	151	2519	585
宠物及宠物用品	6613	1377	443	342	55	283	498	422	149	2488	556
殡葬服务及用品	6456	1324	436	340	55	281	457	406	149	2460	548
其他	8291	1702	559	432	70	360	586	524	191	3163	704

北京市消费者协会受理投诉分析报告

2019年，全市消协组织受理消费者投诉90558件（包含96315热线登记投诉23731件），接待来访咨询86765人次，为消费者挽回经济损失5459.29万元。

一、基本情况

在所有投诉中，商品类投诉22793件，占投诉总量的25.17%；服务类投诉67765件，占投诉总量的74.83%。服务类投诉数量连续多年超过商品类投诉，2019年，服务类投诉的数量几乎是商品类投诉的3倍。

（一）商品类投诉情况

商品类投诉22793件，占投诉总量的25.17%。其中，日用商品类和家用电子电器类的投诉量均超过5000件，交通工具类和服装鞋帽类投诉量超过3000件，上述四类投诉的数量占商品类投诉的78.26%。各商品类投诉的数量和占比情况分别为：日用商品类5255件，占6.10%；家用电子电器类5232件，占5.78%；交通工具类3639件，占4.02%；服装鞋帽类3442件，占3.80%；房屋及建材类1932件，占2.13%；食品类1826件，占2.06%；首饰及文体用品类643件，占0.71%；烟、酒和饮料类416件，占0.46%；医药及医疗用品类371件，占0.41%；农用生产资料类37件，占0.04%。

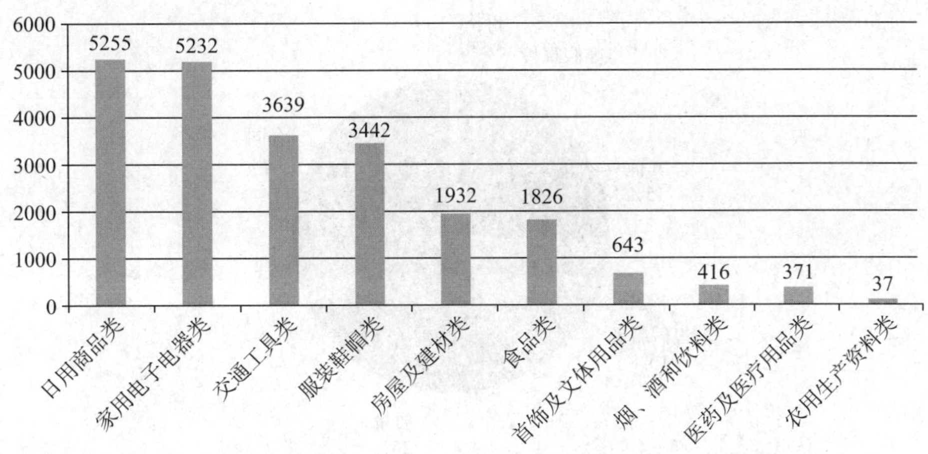

图1　商品大类投诉数据统计（单位：件）

（二）服务类投诉情况

服务类投诉67765件，占投诉总量的74.83%。其中，销售服务、教育培训服务和生活、社会服务类的投诉量均超过1万件，三类投诉的总量已超过服务类投诉总量的一半（56.05%）。各服务类投诉的数量和占比情况分别为：销售服务20972件，占23.16%；教育培训服务17500件，占19.32%；生活、社会服务类12291件，占13.57%；文化、娱乐、体育服务5379件，占5.94%；互联网服务3010件，占3.32%；公共设施服务2453件，占2.71%；其他商品和服务1921件，占2.12%；房屋装修及物业服务1511件，占1.67%；旅游服务1296件，占1.43%；金融服务678件，占0.75%；卫生保健服务455件，占0.50%；电信服务140件，占0.15%；邮政业服务132件，占0.15%；保险服务27件，占0.03%。

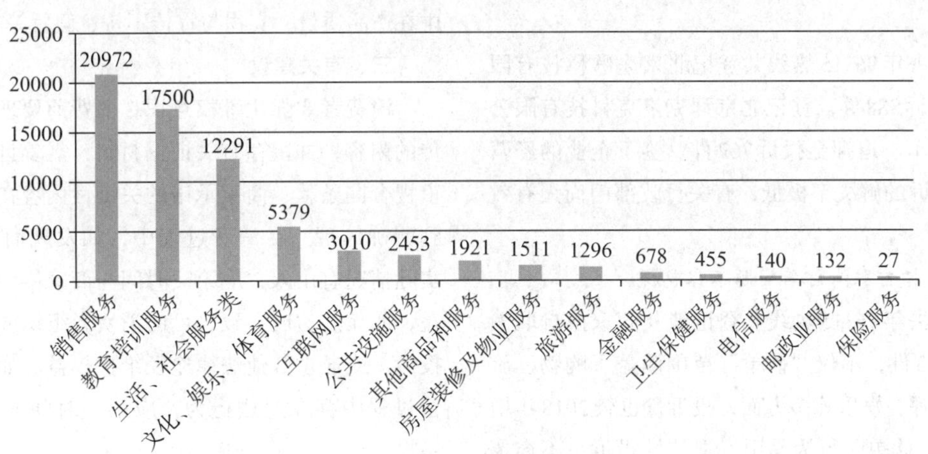

图2　服务大类投诉数据统计（单位：件）

（三）投诉性质分析

根据投诉性质分析，合同问题、质量问题和售后服务问题的投诉量位居前三位，三类问题的投诉总量共计66931件，占总投诉量的73.91%。各类问题的投诉数量和占比情况分别为：合同问题28883件，占31.89%；质量问题23666件，占26.13%；售后服务问题14382件，占15.88%；其他问题13722件，占15.15%；虚假宣传问题5570件，占6.15%；价格问题3167件，占3.50%；假冒问题387件，占0.43%；安全问题352件，占0.39%；人格尊严问题304件，占0.34%；计量问题125件，占0.14%。

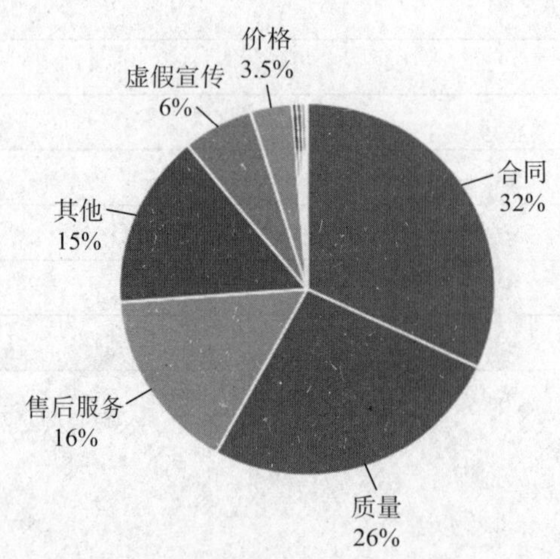

图3　按投诉问题性质分类情况

二、热点关注

（一）"粉丝"投诉引人关注

当今社会，"追星"已经成为一种普遍现象，特别是在年轻消费群体中，"粉丝"的数量众多。去年，市消协96315热线接到大量"粉丝"投诉，涉及为明星打榜或者购买"偶像"演唱会门票等问题，这类投诉往往涉及人数众多，应引起重视。

（二）OFO小黄车、TOGO途歌等企业退押金问题难解决

据统计，去年96315热线共登记北京途歌科技有限公司退押金投诉888件，登记北京拜克洛克科技有限公司（OFO小黄车）退押金投诉762件。鉴于企业的经营状况，上述投诉的解决率极低，有关行政部门尚无有效措施。

（三）商家擅自取消订单问题不容忽视

据统计，去年96315热线共登记涉及商家擅自取消订单的投诉253件，不仅"砍单"范围涵盖了购物、旅游、出行、订餐、娱乐等多方面，投诉量也较2018年增长了60.13%。"砍单"行为易引发群体性投诉，不容忽视。特别是随着《电子商务法》的施行，"砍单"行为的性质也更加明确，电子商务经营者不得以格式条款等方式约定消费者支付价款后合同不成立；格式条款等含有上述内容的，其内容无效。

（四）教育培训服务的投诉数量居高不下

全社会对教育培训的消费需求不断增大，相关投诉的数量也明显增加。2019年，全市消协系统受理涉及教育培训服务的投诉17500件，占总投诉量的19.32%，教育培训服务已经成为服务类投诉中的第二大问题。市场上的教育培训机构良莠不齐，投诉问题主要集中在虚假宣传、拖延退款、格式条款不平等、诱导学员进行贷款等问题上。

（五）二手交易平台投诉增多

二手交易越来越被人们认可和接受，但二手交易市场目前尚不完善，消费者购买二手物品仍存在较大风险。据统计，2019年96315热线被投诉企业排名前十的企业中，有2家是二手交易平台/转卖平台。投诉问题主要集中在产品质量、实物与宣传不符、假冒等问题上。

三、有关建议

消费者要强化维权意识。消费前要理性辨别商家宣传的内容，并留存有关证据材料，需签订合同的要认真审视合同条款，商家承诺的关键性内容在合同中需要得到明确体现。在消费过程中，如发现商家承诺内容与实际情况有出入，应第一时间与商家协商，维护自身权益，如无法达成一致，可向消费者组织或有关管理部门投诉，或通过其他法律途径维护权益。如发现商家在经营过程中存在违法行为，应第一时间向有关管理部门举报。

经营者要牢固树立"消费者至上"的理念。依法履行《消费者权益保护法》及其他有关法律、法规对维护消费者权益的规定，严格落实消费维权的第一责任，诚实守信经营，重视消费者的诉求，及时改进消费者反映的问题，妥善解决消费纠纷，努力提升消费者的满意度，自觉维护良好的市场秩序。各行业组织应积极发挥作用，倡导行业内企业主动承担社会责任，主动维护好消费者权益，共同推动行业高质量发展。

推进保护消费者权益的立法、立规工作。依法治

国是实现国家治理体系和治理能力现代化的必然要求，更是维护消费者权益的根本保障。当前，消费领域发展迅猛，但有关制度措施还需要进一步完善，需要通过开展在消费者权益方面的法律、法规制定工作，充分反映消费者的意见、表达消费者的诉求，从制度层面更好地保护广大消费者的切身利益，促进经济社会健康发展。

吉林省消费者协会受理投诉分析报告

据统计，2019年全省消协组织共受理消费者投诉4067件，解决2967件，投诉解决率72.95%，为消费者挽回经济损失394万元。其中，因经营者有欺诈行为得到加倍赔偿的投诉37件，加倍赔偿金额3万元。2019年，各级消协组织接待消费者来访和咨询近7104余人次。

一、投诉分类基本情况

（一）投诉性质分析

根据投诉性质（如图1所示）分类，在所有投诉问题中，质量问题占35.95%，其他问题占22.84%，售后服务问题占16.97%，合同问题占10.70%，价格问题占5.78%，虚假宣传问题占3.86%，安全问题占2.19%，假冒问题占0.81%，计量问题占0.69%，人格尊严问题占0.22%。产品质量、售后服务和合同问题仍是引发投诉的主要原因，占投诉总量的63.62%。

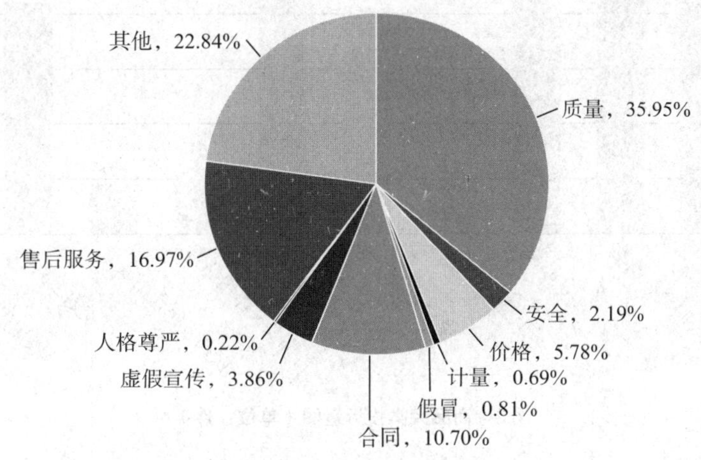

图1　投诉性质分类比例图

与2018年相比，涉及质量、安全、价格、人格尊严、售后服务的投诉比重均有所上升，而涉及计量、假冒、合同、虚假宣传、其他的投诉比重均有所下降（见表1）。

表1　按投诉问题性质分类情况表

项　目	2018年（件）	投诉比重（%）	2019年（件）	投诉比重（%）	比重变化（%）
质量	1817	22.89	1462	35.95	↑ 13.06
安全	101	1.27	89	2.19	↑ 0.92
价格	223	2.81	235	5.78	↑ 2.97
计量	59	0.74	28	0.69	↓ 0.05

续表

项　目	2018年（件）	投诉比重（%）	2019年（件）	投诉比重（%）	比重变化（%）
假冒	91	1.15	33	0.81	↓ 0.34
合同	1376	17.33	435	10.70	↓ 6.63
虚假宣传	424	5.34	157	3.86	↓ 1.48
人格尊严	14	0.18	9	0.22	↑ 0.04
售后服务	934	11.76	690	16.97	↑ 5.21
其他	2900	36.53	929	22.84	↓ 13.69

（二）商品和服务类别分析

2019年，全省消协组织受理商品类投诉1918件，与2018年相比投诉量下降48.33%。其中日用商品类共373件，占商品投诉总量的19.45%，位居商品类投诉第一。服装鞋帽类、食品类、家用电子电器类及交通工具类四类商品的投诉量分别居第二位到第五位（见图2、表2）。

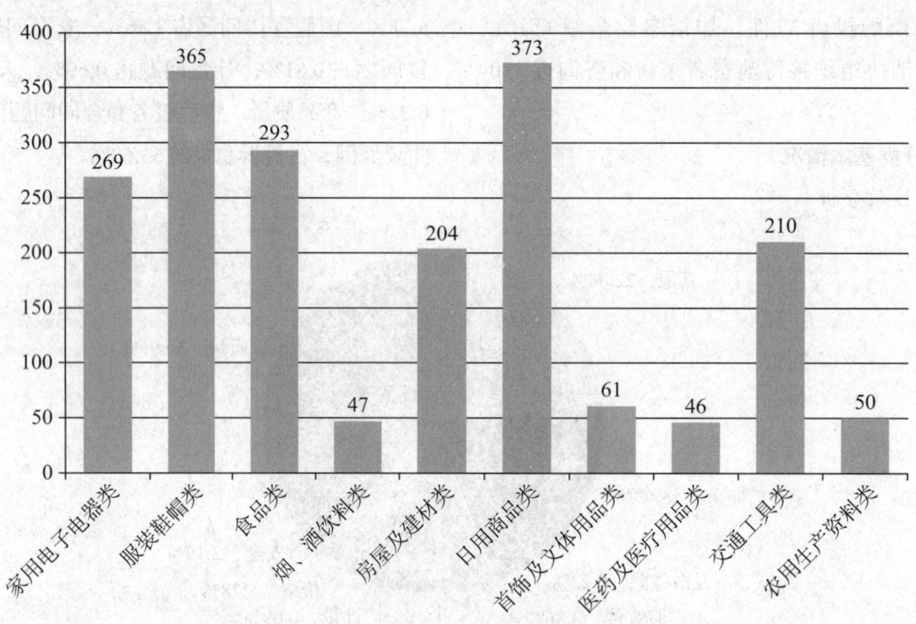

图2　商品大类投诉量图（单位：件）

表2　商品大类投诉量变化表

商品大类	2018年（件）	投诉比重（%）	2019年（件）	投诉比重（%）	比重变化（%）
家用电子电器类	821	10.34	269	6.61	↓ 3.73
服装鞋帽类	705	8.88	365	8.97	↑ 0.09
食品类	442	5.57	293	7.2	↑ 1.63
烟、酒饮料类	61	0.77	47	1.16	↑ 0.39
房屋及建材类	411	5.18	204	5.02	↓ 0.16
日用商品类	477	6.01	373	9.17	↑ 3.16
首饰及文体用品类	109	1.37	61	1.5	↑ 0.13
医药及医疗用品类	120	1.51	46	1.13	↓ 0.38

续表

商品大类	2018年（件）	投诉比重（%）	2019年（件）	投诉比重（%）	比重变化（%）
交通工具类	494	6.22	210	5.16	↓1.06
农用生产资料类	72	0.91	50	1.23	↑0.32
商品类投诉总计	3712	46.76	1918	47.15	↑0.39

2019年，全省消协组织共受理服务类投诉1749件，与2018年相比，投诉量下降45.46%。在服务类投诉中，生活、社会服务投诉有773件，占服务类投诉总量的44.20%，位居服务类投诉第一。投诉量居第二位到第四位的是文化、娱乐、体育服务，电信服务，房屋装修及物业服务（见图3、表3）。

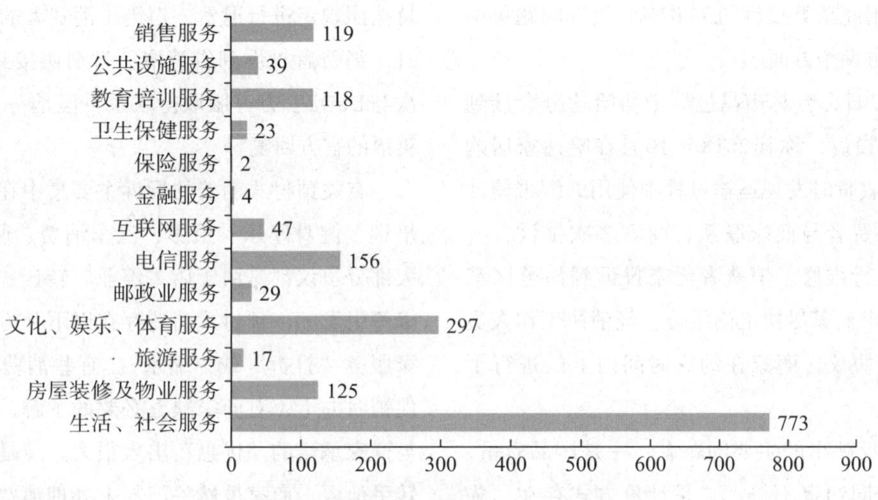

图3　服务大类投诉量图（单位：件）

表3　服务大类投诉量变化表

服务大类	2018年（件）	投诉比重（%）	2019年（件）	投诉比重（%）	比重变化（%）
生活、社会服务	1095	13.79	773	19.01	↑5.22
房屋装修及物业服务	204	2.57	125	3.07	↑0.5
旅游服务	14	0.18	17	0.42	↑0.24
文化、娱乐、体育服务	437	5.5	297	7.3	↑1.8
邮政业服务	40	0.5	29	0.71	↑0.21
电信服务	242	3.05	156	3.84	↑0.79
互联网服务	116	1.46	47	1.16	↓0.3
金融服务	9	0.11	4	0.1	↓0.01
保险服务	14	0.18	2	0.05	↓0.13
卫生保健服务	36	0.45	23	0.57	↑0.12
教育培训服务	230	2.9	118	2.9	0
公共设施服务	80	1.01	39	0.96	↓0.05
销售服务	690	8.69	119	2.93	↓5.76
服务类投诉总计	3207	40.39	1749	43.02	↑2.63

（三）商品和服务投诉量变化分析

2019年，商品类投诉占投诉总量的47.16%，与2018年相比增长0.4%。服务类投诉占投诉总量的43%，占比与2018年相比增长2.61%。其他商品和服务类投诉占投诉总量的9.84%。

二、投诉热点分析

（一）家具类投诉量居日用商品类投诉之首

数据显示，在全省商品类投诉中，日用商品类位居商品类投诉第一，其中投诉量居首的是家具类投诉，共计142件，占日用商品类投诉的38.07%，投诉问题集中在质量和售后服务两个方面。

2019年3月7日，吉林市昌邑区消协哈达分会接到消费者周先生的投诉，称其2018年10月在哈达家居购买了一套沙发，收货时发现运输过程中使用的绑带使沙发出现磨损。消费者与商家联系，商家多次推诿，一直没有对商品进行维修。消费者无奈投诉到昌邑区消协哈达分会，要求商家尽快上门维修。经消协工作人员调解，双方达成协议，商家在约定时间内上门进行了维修。

家具类投诉反映出的主要问题有：一是产品质量、交货时间等与合同约定不符。二是计价方式存在“猫腻”。部分商家报价时只告诉消费者每平方米使用材料的价格，而定制家具所使用的金属扣件、轨道、合叶等配件则需要另行收费。三是配送、安装、施工等环节造成家具损坏。一些商家为压缩运营成本，将物流配送和安装业务外包，由于部分第三方公司缺乏专业性，经常在运输或安装时造成家具、地板磕碰、损坏。四是退货难，定制家具在出现产品质量问题时往往只修不退。此外，商家一般会要求消费者在家具定制完成前预先支付全款或大部分款项，部分商家在钱款到手后便消极应付消费者，要求退货退款更是困难。

（二）预付式消费侵权多发

数据显示，在全省服务类投诉中，投诉量居前两位的是生活、社会服务和文化、娱乐、体育服务。生活、社会服务投诉773件，占服务类投诉总量的44.20%，其中美容、美发类投诉113件，占生活、社会服务类投诉量的14.62%，质量和售后服务方面是投诉热点；文化、娱乐、体育服务投诉297件，占服务类投诉总量的16.98%，其中健身服务投诉228件，占文化、娱乐、体育服务投诉量的76.77%，投诉问题集中在售后及合同方面。

2018年5月，消费者郭女士购买了DaDa（哒哒）英语线上课程98课时的学习套餐，套餐原价10328元，优惠价格8779元。由于存在教师经常调换、教学完整性差、实际授课效果和承诺不符等问题，消费者想退课，客服告知需要按照《DaDa英语退费管理制度》进行退费，从应退款中扣减课程原价及管理费用，并按196元/节课扣减相应费用。消费者认为按照套餐原价计算，每节课的费用是105元，以196元/节课扣费不合理，DaDa英语坚持按照规定进行退费，拒绝了消费者的诉求。2018年12月，消费者投诉到省消协。省消协接到投诉后，先后5次与DaDa官方客服取得联系，但是一直没有得到DaDa英语的官方回复。

有关预付式消费的投诉主要集中在美容美发、教育培训、健身娱乐、摄影、汽车消费、服装洗涤等行业，大部分争议都是由于店主停业、转让、跑路、消费者退卡等引发的。预付式消费存在以下几方面风险：一是商家服务“打折”或“缩水”。有些消费者往往在商家搞促销时办卡，对商家缺乏必要的了解，实际的消费情况与商家承诺的“优惠”出入很大。二是商家关店走人或转手他人。商家虽然关门却未办理消费卡交接手续，持卡消费者有卡不能消费。三是商家在未取得合法经营资格的前提下先行发放消费卡。若商家无法正常登记，将无法营业，消费者的合法权益将受到侵害。四是部分商家涉嫌诈骗，以办卡优惠条件为诱饵诈骗钱财，一旦得手就卷款走人，这种情况对消费者维权造成很大困难。

三、统计工作中遇到的问题及建议

由于“全国消费者协会投诉与咨询信息系统”与行政机关12315系统运行交叉、消费维权数据的统计口径不一致、各方统计分析混乱等原因，2019年，全省各级消协组织受理投诉情况统计数据较2018年及以前减少近50%，数据录入不全面、不准确直接影响投诉统计分析结果的客观性和适用性。针对存在的问题，省消协提出整合和共享消费维权数据的信息化建设需求，现已与吉林省市场监督管理厅积极推进相关工作，打破“条块分割、各自为政、信息孤岛”的局面，做到消费维权数据的“统一研发、统一录入、统一口径、共同使用”。这不仅便于基层工作人员录入操作，切实提高消费投诉录入和分析质量，也有利于消费维权数据分析更好地为社会各界决策提供参考。

附件1：典型案例

案例一 贷款购车有问题，消协帮助调解

2016年，消费者王先生在松原市子余汽车销售有限公司贷款购买了一台奇瑞汽车，当时交了1000元的还款保证金。2019年8月，王先生还完了所有贷款，要求商家退还保证金时，遭到商家拒绝，并要求王先生另交1100元担保费用。王先生投诉到松原市消费者协会。

消协工作人员通过调查了解到，该汽车销售公司同王先生签订了汽车销售贷款合同，也对其中的利息、滞纳金等事项进行了约定，但销售人员并没有告知王先生还有担保费用，也没有提醒王先生仔细阅读合同条款。另外，该汽车销售公司的担保费也属于不合理收费。经调解，该汽车销售公司退还了保证金。

《消费者权益保护法》第八条规定，“消费者享有知悉其购买、使用的商品或者接受的服务的真实情况的权利。”消费者王先生有权得知其购车须缴纳担保费用。《消费者权益保护法》第九条规定，“消费者享有自主选择商品或者服务的权利”，消费者王先生的这项权利也没有得到保障。

案例中，经营者未履行告知义务，对于利息、滞纳金等收费项目未尽到告知义务；消费者在签署贷款合同时应仔细阅读合同内容，对不清楚、有异议或约定不明的条款要进行明确约定，如遇不合理收费和要求时，有权拒绝和向有关部门投诉举报。

案例二 食品霉变拒不赔，详查之下责任归

2019年8月14日，消费者牟女士在通化市东昌区某地下商场超市内购买了一袋标价为11元的果丹皮卷，微信付款后回家食用，在食用一半时感觉不对，于是翻开果丹皮卷查看并发现皮卷内外零星出现白醭状斑点，牟女士当晚出现腹泻现象，于2019年8月15日找到该超市要求退货并赔偿。当超市查看该商品生产日期及保质期后表示，产品未过保质期，是牟女士自己储存不力导致食品发霉，并且要求牟女士出示购物凭证，若无购物凭证便不能证明其商品是在该店内购买的，态度十分恶劣、强硬，无奈之下消费者来到通化市东昌区消费者协会（以下简称区消协）投诉，请求消协帮助维权退货并赔偿。

接到投诉后，区消协工作人员立即到该地址实地查看同品牌相同食品，经查看，超市货架上未开封的果丹皮卷内仍可见霉菌状白斑，并详查食品说明书，其中明显标注需放至“通风避光处”进行储藏，虽然该商品仍在保质期内，但由于时值八月，气候潮湿，且该超市为地下商超，不利于通风，造成食品霉变，并非消费者自身原因造成食品发霉，随后工作人员又将消费者提供的微信支付记录与超市收款记录进行核对，其消费时间、消费金额相符，上述证据足以证明此发霉食品是消费者在其超市内购买的，通过区消协调解，超市赔偿牟女士500元，该起投诉事件得到圆满解决，投诉人牟女士表示非常满意。

此案中，经营者违反了《侵害消费者权益行为处罚办法》第五条“经营者提供商品或者服务不得有下列行为”第二项“销售失效、变质的商品”。依据《消法》第五十五条“经营者提供商品或者服务有欺诈行为的，应当按照消费者的要求增加赔偿其受到的损失，增加赔偿的金额为消费者购买商品的价款或者接受服务的费用的三倍；增加赔偿的金额不足五百元的，为五百元。法律另有规定的，依照其规定”，超市赔偿牟女士500元。

通过此案，区消协工作人员告诫消费者，在购买食品时应认真查看食品生产日期、是否超过保质期及食品本身是否变质，并且要求经营者开据、保留购物凭证以便维护自身合法权益。

案例三 安全设施未健全，依法调解终维权

2019年8月15日，消费者刘女士携母亲及10个月大的女儿在通化市东昌区某温泉娱乐中心泡温泉，于当日14时许由温泉间去往女淋浴间通道处，刘女士及其母怀抱女儿不慎摔倒，随即被娱乐中心工作人员送往医院并报娱乐中心投保的保险公司，经医院检查，刘女士为软组织损伤，需要外敷药物并休息一周，其母亲通过CT检查为轻微脑震荡，需要服药静养一周后复查，女儿无损伤，但因受惊吓啼哭不止，初查检查费及医药费1800元，刘女士自行垫付后由保险公司报销，一周后复查三人均无大碍，两次涉及检查费及医药费共计3150元，但保险公司只承担第一次检查费1800元，刘女士认为不合理，便找到保险公司要求其承担剩余医疗费用、因伤休息期间的误工费、母亲营养费及女儿的精神损失费共计15000元，但保险公司称只承担所涉及的初查医疗费用，其他费用不在投保范围内，应由刘女士与娱乐中心自行协商解决，于是刘女士再次找到娱乐中心交涉剩余费用，娱乐中心表示已投保险，所有涉及赔偿问题都应该由保险公司承担，经多次交涉未果，消费者于2019年9月24日来到通化市东昌区消费者协会（以下简称区消协）投诉，希望消协帮助。

接到投诉后消协工作人员立即与投诉人、被诉方娱乐中心及保险公司取得联系，了解关于消费者刘女士所诉情况，经现场调查发现，该通道已在明显处设有警示标志，但地面湿滑且没有铺设防滑脚垫，所提供的拖鞋为酒店用一次性薄底拖鞋，通道内灯光昏暗，上述因素与刘女士等三人摔伤存在因果关系，是导致此次纠纷的直接原因，在调查情况后，消协工作人员约谈三方进行调解，除因刘女士无法提供其女儿精神损失费的相关证据，消协不予调解以外，最终被诉方保险公司同意承担全部检查及医疗费用3150元，娱乐中心承担刘女士的误工费及其母的营养费5000元，至此刘女士对调解结果表示满意。

这是一起因经营者未尽安全保障义务而引发的服务消费纠纷，依据《消费者权益保护法》(以下简称《消法》)第七条“消费者在购买、使用商品和接受服务时享有人身、财产安全不受损害的权利。消费者有权要求经营者提供的商品和服务，符合保障人身、财产安全的要求”之规定，本案消费者刘女士等三人因娱乐中心未铺设防滑脚垫等安全设施摔伤，娱乐中心侵犯了消费者的安全权，所以需要对消费者进行合理赔偿。

根据《消法》第十八条“经营者应当保证其提供的商品或者服务符合保障人身、财产安全的要求。对可能危及人身、财产安全的商品和服务，应当向消费者作出真实的说明和明确的警示，并说明和标明正确使用商品或者接受服务的方法以及防止危害发生的方法。宾馆、商场、餐馆、银行、机场、车站、港口、影剧院等经营场所的经营者，应当对消费者尽到安全保障义务”，被诉方虽然在通道处明示“小心摔倒”的警示牌，但因未铺设防滑脚垫等因素未尽到提供安全保障义务，故此被诉方理应对投诉人刘女士等三人由于自身过失而造成的人身伤害进行赔偿，依据《消法》第四十九条“经营者提供商品或者服务，造成消费者或者其他受害人人身伤害的，应当赔偿医疗费、护理费、交通费等为治疗和康复支出的合理费用，以及因误工减少的收入。造成残疾的，还应当赔偿残疾生活辅助具费和残疾赔偿金。造成死亡的，还应当赔偿丧葬费和死亡赔偿金”，被诉方应对投诉人受到的伤害承担民事责任，东昌区消协出面依法调解，以达到争议双方满意的结果。

消协工作人员提示消费者，购买商品或接受服务时应注意存留相关凭证并注意保护人身、财产安全。

案例四　饭店就餐被烫，商家承担责任

近日，松原市消协接到消费者李女士的投诉，李女士称自己和家人一起到潘冬子馅饼店就餐，服务人员在上菜时，餐盘突然碎裂，导致整盘菜都撒到她爱人身上，衣服被弄脏，后背也被烫伤，饭店负责人提出只能赔偿1000元衣服钱，但要求把衣服留下来。当时室外温度零下20多度，李女士很气愤，认为饭店缺乏诚意，有意刁难自己。

消协工作人员接诉后，调查情况基本属实，李女士表明衣服的价格在市场上可以查到，确实是1000元购买的，提出由饭店赔偿1500元并且当面道歉。松原市消协认为李女士提出的诉求比较合理，经调解，饭店负责人同意了李女士的诉求并当面道歉。

《消费者权益保护法》第十八条规定：“经营者应当保证其提供的商品或者服务符合保障人身、财产安全的要求。对可能危及人身、财产安全的商品和服务，应当向消费者作出真实的说明和明确的警示，并说明和标明正确使用商品或者接受服务的方法以及防止危害发生的方法。宾馆、商场、餐馆、银行、机场、车站、港口、影剧院等经营场所的经营者，应当对消费者尽到安全保障义务。”饭店经营者由于缺乏安全保障意识，忽视了对餐具等服务内容的管理，未尽到安全保障义务，应当承担相应的责任。

案例五　食品过期遭遇欺诈，消协调解终获赔偿

2020年2月21日，白山市江源区消费者胡女士在江源区超市花费117.5元购买了面条等食品，购买后发现有过期食品。胡女士找到超市，超市以正在更换经理为由拒绝了赔偿。消费者无奈之下便向白山市江源区消协投诉。

白山市江源区消协工作人员接到投诉后，赶到现场详细认真了解事情经过。随后，消协工作人员约谈双方当事人，向超市工作人员阐明超市应按照《消法》满足消费者的合理要求，超市更换经理属于正常的经营更替，可以与上任经理协商解决，应该保护消费者的合法利益。同时将一系列调查情况向消费者做了详细认真的讲解，经调解，双方达成一致：超市同意一次性支付胡女士617.5元（包括退货117.5元与赔偿500元），胡女士对此结果表示满意。

《消费者权益保护法》第五十五条规定：“经营者提供商品或者服务有欺诈行为的，应当按照消费者的要求增加赔偿其受到的损失，增加赔偿的金额为消费者购买商品的价款或者接受服务的费用的三倍；增加赔偿的金额不足五百元的，为五百元。”本案中，由于商家售卖的商品为过期食品，对消费者有欺诈行为，消协工作人员认为经营者应当承担相应的赔偿责任。

案例六 新空调变二手，长春市周女士退一赔三诉求获支持

2019年7月15日，周女士在某商家购买了一台空调，花费4180元。7月16日晚商家送货，7月18日安装时发现空调是二手的。经与商家沟通，商家承认因工作失误将旧机器配送给消费者，同意退货或者换货。但周女士要求按照欺诈行为退一赔三，与商家协调未果，投诉至市场监管部门。

8月30日，工作人员依据《消费者权益保护法》组织现场调解，商家同意退货，并支付了价款三倍赔偿，共计16720元。消费者于8月31日收到上述款项。

案例七 利用社交平台销售假冒口罩，长春胡某等4人受到从重处罚

2020年2月14日，长春市市场监督管理局宽城分局接到公安部门移交的案件线索，称有人销售假冒伪劣口罩。经查，当事人胡某、郭某、隋某、张某某4人以胡某为源头，层层加价，通过微信向消费者销售标称品名为“华鲁”的医用外科口罩，经与口罩标称厂家核实后，当事人销售的共计1.2万只“华鲁”医用外科口罩全部为假冒产品；另外经查，4名当事人还存在无证无照经营的违法行为。市场监督管理部门依据《医疗器械监督管理条例》第六十三条、第六十六条及《无证无照经营查处办法》第十三条等相关规定，责令当事人立即停止违法行为，对4名当事人共处罚没款合计77.71万元。

评析：当事人在全国抗疫期间，置国家安全与人民群众利益于不顾，无证无照销售假冒医用口罩，市场监管部门予以从重处罚。

案例八 深圳某公司违规推送广告被处罚

2019年4月28日，长春市市场监督管理局朝阳分局接到群众举报，称其手机接收到某品牌的短信广告推送，而其本人并未向该品牌提供过任何个人信息。经查，当事人深圳市某商贸发展有限公司在长春开展经营活动期间，未经消费者同意，擅自向消费者发送该公司商业广告，市场监督管理部门依据《侵害消费者权益行为处罚办法》第十一条及《消费者权益保护法》第五十六条之规定，责令当事人立即停止违法行为，并处罚款5000元。

评析：当事人在未取得接收者同意或者请求的情况下，违背消费者意愿，向其发送商业性信息，侵犯了消费者的隐私权。

案例九 四平市某物业违规收费被查

2019年5月5日，众多业主通过12315投诉举报热线、群众来访等渠道，对华亿紫金城小区物业收费问题进行投诉。

经调查，该物业服务公司涉嫌违规收费项目五项：公共用电及智能维护费、入住手续工本费、建筑设施安全管理费、电梯维护保险费、电梯维护保养费。自2013年7月20日至2018年12月14日期间，该物业服务公司先后向2022户业主违规收取五项费用共计2805908.00元，涉嫌违反《关于规范房屋销售和入住环节收费有关问题的通知》（吉省价收〔2012〕179号）等规定。

四平市市场监督管理局已责令该物业公司返还违规收取的2805908.00元（目前已累计退还费用240余万元），并根据具体情况作出最终处罚决定。

案例十 吉林市某药房疫情期间高价售卖口罩被处罚

2020年1月27日，吉林市市场监督管理局船营分局接到群众举报，称其在吉林市船营区某药房购买普通口罩150元10片，商家涉嫌哄抬物价，要求调查处理。

经查，当事人郭某2020年1月22日从某网站购进了第一批口罩，于1月24日购进第二批口罩，在进货成本未发生明显变化的情况下，提高口罩的销售价格，并且未将口罩明码标价，涉嫌违法。

据此，吉林市市场监督管理局船营分局拟责令当事人停止违法行为，并作出“没收违法所得5417元人民币、罚款32085元人民币”的处罚建议。

附件2：《吉林省消费者权益保护条例》亮点内容

一、农机质量存瑕疵，经营者负责举证

2019年9月15日，王先生在某农机商店花59800元购买了一台玉米脱粒机。在给玉米脱粒时，发现碎芯、碎粒严重。农机商店两次派人员维修，却未能解决问题。王先生认为玉米脱粒机存在质量缺陷，要求退机。农机商店表示王先生认为机器有质量缺陷，须王先生花钱进行检测认定。同年11月28日，王先生将此事投诉到消费者协会。经了解，王先生反映的情况属实。消协认为，玉米脱粒机属于耐用商品范畴，应由经营者和厂家承担无质量问题的举证责任，而不应由消费者承担有问题举证。在厂家不同意退机的情况下，消协向销售商说明，王先生是从销售商手中购买的玉米脱粒机，承担退换货的主体是销售商，至于厂家是否同意退换货，则是销售商与厂家的纠纷。经过调解，销售商表示愿意履行退货责任，接受王先生退货的诉求，一次性退款59800元。

《消费者权益保护法》等法律法规规定，商品出现质量问题，经销商或者生产企业必须承担维修或者退换货责任。这个案例的关键是谁来举证。消费者同商家相比，无疑处于弱势地位，举证责任倒置的规定，极大地降低了维权的成本与难度，体现了《消法》以保护消费者为目的的立法宗旨。即将实施的《吉林省消费者权益保护条例》第三十一条将列举的耐用品在《消费者权益保护法》基础上增加了农业机械、摄像机、照相机、空气净化器、净水器、排油烟机、机器人，服务类增加了医疗美容服务，这将有效督促经营者主动承担法律责任，提高消费纠纷的解决效率。

二、洗染方式、物品现状应事先书面确认

2019年4月，消费者谢女士拿了两件衣服送到某连锁洗衣店洗涤，5月6日拿回衣服时，发现衣服内侧花纹被洗花了，洗衣店坚持衣服质量有问题，不是洗衣店的责任，消费者不认可，到消协投诉。

消费者提供了当初花费800元购买衣服的信誉卡，要求商家给予500元赔偿或者买件新衣服。干洗店表示接收衣服时，他们就发现有点污迹，现在花纹洗花了，他们愿意跟消费者沟通解决，但不同意消费者提出的赔偿额度。后经耐心调解，双方达成一致意见，商家赔偿消费者200元，消费者取回衣服。

洗染行业发生的消费纠纷往往出现在经营者和消费者的责任划分上。主要原因是部分洗染店对保护消费者权益的意识不强，服务内容不到位，有些洗染店在接收洗染衣物时，没有严格按照服务标准在消费者留存的凭据上清楚标识衣物查看情况，更没有主动向消费者说明可能出现的问题，一旦发生纠纷，双方各持己见，很难实现纠纷和解。即将实施的《吉林省消费者权益保护条例》第三十六条规定“从事洗染服务的经营者，应当在洗染前与消费者书面确认洗染物品的现状、洗染方式、是否需要保价等事项。因经营者责任，洗染后的物品未能达到洗染质量要求或不符合与消费者事先约定要求的，或者造成洗染物品损坏、丢失的，经营者应当根据不同情况给予重新加工、退还洗染费用或者赔偿损失。有保价约定的，按照约定赔偿”。这一规定将有效提高经营者和消费者保护意识，促使经营者完善服务标准，提高服务质量，减少行业消费纠纷，提高消费纠纷和解率，也为消费者维护合法权益提供了法律保障。

三、无理拒绝或故意拖延，受到重罚

2018年12月2日，消费者李某等三位农民向消费者协会投诉：他们在2018年10月初，以136000元的价格从农机公司购得1台联合收割机。然而在第2天该收割机就出现了发动机漏油的问题，李某当即联系农机公司要求赶快换一台。收割机生产厂家当天派人赶来查看情况，在查看后表示是新机启用出现的正常状况，不属质量问题。在反复维修10多天后，漏油的问题依然没有得到解决，农机公司给新机更换了发动机，但新更换的发动机仍无法正常使用。最终当年的400多亩稻田不得不雇人收割，产生了额外费用，三位农民要求经营者退机并赔偿损失。消协工作人员在向消费者取得收割机购买、受损等事实证据后，向农机公司发出了《投诉调查函》，提示农机公司应承担的民事责任，对可能存在的质量问题将向有关部门转送。之后又向当事人双方发出了《调解通知书》，农机公司超过20日没有回复。最终，消协将此案转送市场监管部门，在行政部门的干预下，农机公司为消费者李某等三位农民办理了收割机的退货手续。

本案的关键：一是新农机发动机漏油这个现象足以说明收割机确实存在质量问题，经营者以各种理由推脱责任不履行应尽的义务；二是农机公司接到消协《调解通知书》后，不予理会超过20日让消协人员很无奈。即将实施的《吉林省消费者权益保护条例》进一步完善了《三包》规定的法律义务，第二十八条第四款规定“经营者对消费者的合法要求，不得有下列故意拖延或者无理拒绝的情形：（一）自国家规定或者经营者承诺的履行义务期限届满之日起超过十五日，无正当理由拒不履行义务的；（二）国家未规定或者经营者未承诺履行义务期限的，自接到消费者提出履行义务要求之日起超过十五日，无正当理由拒不履行义务的；（三）自接到消费者协会、行政部门以及其他法定调解组织处理消费争议的通知之日起超过十五日，不作答复的；（四）侵害消费者合法权益的事实清楚，证据确凿，不需要鉴定就可以确认为质量问题，却要求进行鉴定解决消费争议的；（五）其他故意拖延或者无理拒绝的情形”。本案属“侵害消费者合法权益的事实清楚，证据确凿，不需要鉴定就可以确认为质量问题，却要求进行鉴定解决消费争议的；自接到消费者协会、行政部门以及其他法定调解组织处理消费争议的通知之日起超过十五日，不作答复的”，经营者属于故意拖延或者无理拒绝的情形。针对经营者这种行为，《吉林省消费者权益保护条例》也规定市场监督管理部门可根据情节对其进行最高50万元的处罚，情节严重的，责令停业整顿。这将有效促使经营者主动履约，提高服务质量。

四、摄影套餐以外的电子底片资料归消费者

2019年3月12日，钱女士和女儿到某影楼订制了一套2000元的摄影套餐，包含3套衣服、16张照片及相册。5月3日女儿放假去选照片时，选完16张套餐照后，觉得其他照片都很好，很是不舍。于是向工作人员提出能不能把电子底片给自己。工作人员表示，要电子底片可以，要按张收费。看到女儿不舍的眼神，钱女士又付了500元的底片费，从几百张照片中挑选20张。第二天钱女士再次单独去取电子底片时，发现好多照片都是重复的，于是要求重新选择，但此时却被告知不能再改选了，称其余照片已经被删除。钱女士多次上门与影楼协商未果。在6月初投诉到消费者协会。经过调解，影楼同意退还钱女士第二次消费的500元，并将其挑选的20张电子底片一同给予钱女士。

影楼对多拍底片另外收费这类问题，不少消费者都碰到过，在金额不大的情况下，大多数消费者选择了默认或理解。为减少这类纠纷的出现，维护消费者自身合法权益，即将实施的《吉林省消费者权益保护条例》第三十九条增加了相关规定："从事摄影、冲印服务的经营者，应当按照约定向消费者交付拍摄、冲印的成品和底片类资料。约定以外，消费者有要求的，经营者应当给付拍摄的其余的电子数据底片类资料，且不得在约定以外加收费用。经营者按照约定交付的成品和资料不符合质量要求或者约定要求的，应当按照消费者要求退还费用或者免费重新拍摄、冲印。因经营者责任，造成应交付物品损坏或者丢失的，应当退还消费者全部费用；给消费者造成损失的，应当依法承担赔偿责任；有保价约定的，按照约定赔偿。"

五、禁止饭店包房最低消费

刘先生和朋友在某餐馆就餐，消费了500元左右，结账时服务员告诉他，该包厢的最低消费标准是588元，刘先生可以再点几个菜凑到588元，如果不再消费也要按照588元结账。因当时刘先生有急事要去处理，只好先向店方支付了588元。事后，刘先生觉得商家的行为不合理，遂投诉到消协。

消协工作人员首先以消费者的身份到这家饭店调查，确实存在设置最低消费的情况，饭店服务人员说由于该饭店刚装修，投入很大资金，设施也很豪华，不设置最低消费就订不到这个房间。消协认为，该饭店设置最低消费，是利用合同格式条款，侵害了消费者合法权益，经消协调解，最终该餐馆负责人向刘先生道歉，并退回多付的88元。

《消法》规定经营者不得以格式条款、通知、声明、店堂告示等方式，做出排除或者限制消费者权利、减轻或者免除经营者责任、加重消费者责任等对消费者不公平、不合理的规定，不得利用格式条款并借助技术手段强制交易。

即将实施的《吉林省消费者权益保护条例》第三十八条对餐饮服务进行了明确规定，"从事餐饮服务的经营者，应当为消费者提供卫生、安全的就餐消费环境，不得有下列行为：（一）提供收费的或者不符合卫生安全标准的餐具；（二）销售不符合国家产品质量以及食品安全标准的食品；（三）拒绝消费者自带酒水或者加收费用；（四）设置最低消费；（五）在餐饮价格外收取房间费、空调费、餐位费、消毒餐具费等设施设备的使用费用；（六）其他损害消费者合法权益的行为"。同时对以上情形明确了法律责任，除承担相应的民事责任外，市场监督管理部门可以根据情节进行行政处罚。这些规定加大了对不法经营者惩处力度，对防止此类消费纠纷发生、促进此类消费纠纷和解将起到积极作用。

六、禁止合同约定以外加收费用

2017年12月4日，市民程先生向消费者协会投诉，其购买的小区房屋存在强制交易、乱收费、合同条款不合理等问题。经调查，该小区开发公司在交房时将房屋钥匙交给物业公司，并告知业主必须到物业公司去拿钥匙，在向物业公司交清所有物业管理等相关一年的物业服务费（包括住宅物业费、能耗分摊费、车位管理费、地下车位租赁费、水电费预交、装修垃圾清运费、文明施工保证金、装修管理费）后才能在物业公司办理交房手续，如不交清全部费用，则无法拿到钥匙，并且与消费者（业主）签订的《商品房买卖合同》采用格式条款订立，其中第十九条解决双方协商不成的争议解决方式只能选择提交当地仲裁委员会仲裁一种方式，限制了消费者解决纠纷的权利。

经过反复调解，在消费者协会准备支持消费者向法院提起诉讼的情况下，经营者同意先把房屋钥匙交给消费者，停止收取车位管理费、装修管理费等不合理的费用，并将已经收取的不合理费用全额退回消费者，修改了合同中侵害消费者权益的相关条款。

房地产这种大额消费纠纷往往很难通过协调得到

解决，经营者往往通过其特殊地位，限制消费者的权利。即将实施的《吉林省消费者权益保护条例》第四十条对房地产行业进行了明确规定，“从事开发建设商品房的经营者，应当向消费者书面明示商品房的准确位置、建筑面积、套内面积、公摊面积、建筑和装饰装修标准、质保期限、配套设施、交房日期、单价、总价、产权办理、前期物业管理、售后服务、保修责任、保修范围、保修期限、《住宅质量保证书》《住宅使用说明书》，在其经营场所的醒目位置明示《建设用地规划许可证》《建设工程规划许可证》《商品房销售〈预售〉许可证》《国有土地使用证》《建筑工程施工许可证》等事项，不得有下列行为：（一）向消费者进行虚假的或者误导性宣传；（二）将未经验收合格的商品房交付使用；（三）在合同约定以外加收或者变相收取其他费用；（四）所售面积与实际面积不符且面积误差比绝对值超百分之三；（五）将设定抵押或者其他权利受限制的房屋对外出售；（六）故意拖延或者无理拒绝履行法律、法规规定或者合同约定的义务；（七）其他损害消费者合法权益的行为”。为处理此类消费纠纷提供了更加详细的法律依据。

七、投保的商品或服务给消费者造成损失的，经营者先赔

2018年12月，消费者协会接到王先生投诉，称其今年9月购买使用的某品牌暖气片于11月25日突然爆裂，造成地板、家具被泡，直接损失5万多元。找到经营者协商损失赔偿问题，经营者以其暖气片已投保为由，拒绝直接赔偿，要其找保险公司理赔。王先生无奈之下来消协投诉。消协核实情况后，进行了调解。调解过程中经营者一直强调其暖气片已投保，应由保险公司赔偿。消协工作人员指出，售出的商品因质量问题给消费者造成损失的，经营者是第一责任人，经营者理应赔偿。之后其可以再向保险公司理赔。在消协工作人员反复做工作之后，经营者同意先行赔付消费者各种损失合计5.63万元。

近年来，经营者风险意识不断增强，为其经营的商品和服务投保的也越来越多，但以投保为由不及时为受到损害的消费者赔偿的情况也时有发生，给消费者维护自身合法权益带来了困惑。即将实施的《吉林省消费者权益保护条例》第三十条对此类问题进行了明确规定，“经营者在保险公司投保的商品或者服务，给消费者造成损失，消费者向经营者提出赔偿要求的，经营者应当先行予以赔偿”。为此类消费纠纷解决提供了明确的法律依据。

八、重罚以旧充新者、欺诈者

2019年6月15日，王先生在某商家花费3280元购买了一台空调。6月18日晚商家送货安装时发现空调是二手的。经与商家沟通，商家承认空调是旧的，同意退货或者换货。但王先生要求按照欺诈行为退一赔三，与商家协调未果，投诉到消费者协会。消协工作人员对投诉情况进行了核实，依据《消费者权益保护法》组织现场调解，商家同意退货，并予以价款三倍赔偿，共计13120元。

这个案例中商家行为是一种典型的欺诈行为，即将实施的《吉林省消费者权益保护条例》第二十一条对欺诈行为进一步做出了细化规定“经营者提供商品或者服务时，不得有下列欺诈行为：（一）掺杂、掺假，以假充真，以次充好，以旧充新，以不合格商品冒充合格商品；（二）采取虚构交易、虚标成交量、虚假评论等方式进行欺骗性销售诱导；（三）以虚假的商品说明、商品标准、实物样品等方式销售商品或者提供服务；（四）销售已经使用过的商品或者重新包装未予声明，篡改商品质量期限、时间标注，销售处理品、残次品、等外品等商品未予标明或者谎称是正品；（五）以虚假的店庆价、清仓价、换季价、到期价等欺骗性优惠价格表示销售商品或者提供服务；（六）夸大或者隐瞒所提供的商品或者服务的数量、质量、性能等与消费者有重大利害关系的信息误导消费者；（七）骗取预付款或者利用电话、广播电视、网络、邮购销售骗取价款而不提供或者不按照约定提供商品或者服务；（八）以虚假的还本销售、有奖销售或者兑奖时附加未事先声明的条件销售商品或者提供服务；（九）利用广播电视、报刊、网络等传播媒介对商品或者服务作虚假或者引人误解的宣传；（十）对商品或者服务作虚假、引人误解的现场演示或者说明；（十一）不以自己的真实名称、标记销售商品或者提供服务；（十二）利用他人或者与他人合谋等方式进行欺骗性销售或者诱导服务；（十三）采取虚假或者其他不正当手段使销售的商品数量不足；（十四）对修理商品更换不需要更换的零部件；（十五）销售国家明令淘汰并停止销售的商品；（十六）其他采取虚假或者不正当手段欺骗、误导消费者的行为”。规定列举了十五项消费领域较为常见的欺诈消费者的违法行为，方便消费者识别防范和进行维权。同时规定了经营者有以上欺诈行为要承担的加倍赔偿民事责任和最高可处五十万元罚款的行政责任，将更好地打击和防范欺诈行为的发生。

九、以购买商品为条件的赠品不免责

2019年2月，李女士在某超市购物。李女士购物总价超过了500元，超市遂送给李女士一份价值近百元的洗面奶作为赠品。得到赠品的李女士随后使用了该洗面奶，但没料到的是李女士在使用赠品之后却出现了面部红肿等过敏现象。由于症状过于严重，李女士只能到医院治疗，医院在诊断后确定这是由洗面奶导致的过敏，好在问题不大，治疗几次之后李女士的面部基本恢复正常。因为治疗产生了共计645元的医疗费，李女士便找到超市要求赔偿医疗费，商家认为由于赠品是白送的，不属于自己销售的范围，因此自己不应当承担责任，所以拒绝赔偿。李女士将此事投诉到消协。消协工作人员同消费者一起到超市了解情况。经查看，该商品从表面上看并无问题，但是超市提供不出洗面奶等赠品的来源。因此，工作人员认定商家存在一定过错，应当承担赔偿责任。商家同意赔偿李女士治疗的全部费用645元，并且立即停止对该商品的赠送。

目前，一些商家为了促销商品，经常采用搭赠销售吸引消费者，而这些赠品往往价格不高，质量可靠性不强，容易产生纠纷。《消费者权益保护法》在经营者义务中，规定经营者应当保证在正常使用商品或者接受服务的情况下，提供的商品或者服务应当具有的质量、性质、用途和有效期限。即将实施的《吉林省消费者权益保护条例》第二十九条进一步明确规定，“经营者以消费者购买商品为条件，以奖励、赠与等促销形式向消费者提供商品的，不免除经营者对该奖品、赠品应当承担的修理、更换、重作、退货、补足商品数量、赔偿损失以及其他责任”。这一规定提示商场、交易平台提供者要加强对经营者的管理，督促经营者自觉履行服务约定，提高保护消费者权益的主动性。同时，也提醒广大消费者，要充分利用法律赋予的权利，自觉维护合法权益，在购买商品时，对奖品、赠品等仔细查看，避免对身体健康产生损害。

十、格式条款中的经营者最终解释权无效

2019年5月，消费者曲女士向消费者协会投诉，称其2018年4月在自家小区某瑜珈健身中心办理了一张1800元全年300次的健身会员年卡。开始两个月体验很好，6月下旬，曲女士一家去外地旅游回来后却发现健身中心已人去楼空。后来，通过朋友知道健身中心搬到了新地址。由于新地址距离太远，很不方便，所以曲女士去的次数明显减少。前几天再次去健身时，被告知会员卡已过期了，卡中剩余的123次想继续使用，需要再交纳100元开卡费。曲女士认为不合理，要求退还剩余预付款，遭到健身中心的拒绝。消协工作人员分别与消费者和健身中心进行了情况核实。健身中心表示，曲女士办的是年卡，卡上有明确说明，有效期为一年。同时，卡上也明确规定“健身中心拥有最终解释权”，当时办卡时，曲女士对此是认可的，所以曲女士需要交纳100元开卡费，才能继续使用，更不可能退卡。消协工作人员指出，消费者之所以没有在规定的时间内用完健身次数并要求退卡，是因为健身中心搬迁不能按照约定为消费者提供服务，给消费者造成不便所致；同时，会员卡上的规定只是健身中心单方面的格式条款，理应按照消费者的合理要求退卡。经反复调解，健身中心退还了曲女士卡中剩余123次的预付款738元。

本案的关键一是健身中心变更地址没有事先通知，二是健身中心变更地址造成其无法按照约定为消费者提供服务，三是不能以会员卡上的格式条款侵害消费者的合法权益。

即将实施的《吉林省消费者权益保护条例》第二十七条针对预付式消费存在的问题及相关法律法规、制度不够完善的现状进行了规定：

经营者以预收款方式提供商品或者服务的，应当与消费者约定商品或者服务的数量和质量、价款或者费用、履行期限和方式、安全注意事项以及风险警示、售后服务、违约责任等事项，向消费者提供经营者真实名称、地址和有效联系方式。消费者要求订立书面合同的，应当订立。

以预收款方式提供商品或者服务的经营者，未按照约定提供商品或者服务的，应当按照消费者要求履行约定或者退回预付款，并承担预付款的利息以及消费者所支出的合理费用；对退款无约定的，按照有利于消费者的计算方式折算退款金额。

以预收款方式提供商品或者服务的经营者，停业、歇业、变更经营地址、联系方式的，应当提前三十日以有效方式通知消费者，并在原经营场所显著位置明示。

《吉林省消费者权益保护条例》第十六条对格式条款、通知、声明、店堂告示等与消费者有重大利害关系的内容也进行了明确的规定：

经营者以广告、产品说明、实物样品或者通知、声明、店堂告示等方式对商品或者服务的质量、价格、售后责任等向消费者作出承诺的，应当按照承诺履行。

格式条款、通知、声明、店堂告示等涉及与消费者有重大利害关系的内容，应当以显著方式提示消费者注意，并按照消费者的要求予以说明，不得作出含有下列内容的规定：

（一）免除或者部分免除经营者对其所提供的商品或者服务依法应当承担的修理、重作、更换、退货、退款、补足商品数量、赔偿损失等责任；

（二）排除或者限制消费者依法提出修理、重作、更换、退货、退款、补足商品数量、赔偿损失等权利；

（三）排除或者限制消费者依法投诉、举报、选择仲裁或者诉讼的权利；

（四）强制或者变相强制消费者购买、接受其提供或者其指定经营者提供的商品或者服务；

（五）规定经营者有权任意变更、解除合同，或者限制消费者依法变更、解除合同的权利；

（六）规定经营者单方享有解释权或者最终解释权；

（七）其他排除或者限制消费者权利、减轻或者免除经营者责任、加重消费者责任等对消费者不公平、不合理的规定。

格式条款、通知、声明、店堂告示等含有前款所列内容的，其内容无效。

对格式条款、通知、声明、店堂告示等理解发生争议的，应当按照通常理解予以解释；有两种以上解释的，应当作出有利于消费者的解释。

黑龙江省消费者协会受理投诉分析报告

2019年，全省各级消保委组织共受理消费者投诉12657件，解决11912件，解决率为94.1%；为消费者挽回经济损失1896万元；接待消费者来电、来访、来信咨询4万余人次。

热点一：疫情发生以来，口罩、酒精、消毒液投诉激增

投诉的主要问题一是商品的使用说明书不规范，进口商品没有中文标识。二是有的经营者服务质量较差，单方做出商品一经售出一律不予退换的对消费者不公平、不合理规定，侵害了消费者合法权益。三是质量问题突出，酒精、消毒液含量不足，标称含量与实际不符；口罩质量达不到国家标准，起不到防护作用。四是个别商家囤积居奇，哄抬物价。

热点二：疫情发生以来，合同履约成为投诉热点

投诉的主要问题一是与经营者签订的婚庆、旅游、餐饮、住宿等服务合同，消费者因疫情要求解除合同的，经营者只同意变更不同意解除，有的经营者让消费者承担违约责任，甚至要求消费者继续履行合同；二是消费者在办理退票业务时，客服电话经常无法接通，退票后的款项迟迟不能到账；三是受疫情影响，部分商场和售后部门暂停营业，约定的售后服务合同不能及时履行。

热点三：预付款消费投诉增多，部分商家卷款跑路

投诉的主要问题一是经营者尚未取得合法经营资格便先行发放预付卡，若后期无法正常登记开张营业，消费者的合法权益将受到侵害；二是承诺不兑现，办卡容易退卡难，主要表现在夸大宣传，服务时不兑现承诺，限制消费范围、减少服务项目，强制向消费者销售商品或服务等，当消费者提出解除合同时，遭到无理拒绝；三是经营场所突然关闭、歇业、易主或经营主体变更时，债权债务不做妥善处理，对消费者的合理诉求置之不理，引发群体投诉；四是经营者利用格式条款限制消费者的权利，减轻、逃避自身责任；五是预付卡累计金额庞大，如果监管措施不力，资金安全难以保证。

热点四：远程购物投诉增幅显著，电视购物投诉所占比重较大

远程购物投诉主要涉及电商平台和电视购物等。投诉电商平台的问题一是商品质量问题和假冒伪劣现象比较严重；二是商家不履行“七日内无理由退货”；三是退换商品耗时长；四是网上支付安全难保障。

投诉电视购物的问题一是虚假宣传，夸大商品质量和性能，误导消费者；二是消费者收到商品与宣传的不符，货不对版，甚至涉嫌假冒伪劣；三是商品出现问题后，经营者与广告发布者互相推诿，售后电话更是形同虚设，电视购物大多是异地做广告、异地经营，出现纠纷调解难问题。

热点五：教育培训问题仍是维权热点

投诉的主要问题一是培训机构资质不健全，无固定培训地点，以夸大教师资历和办学条件来招揽生源；二是培训质量良莠不齐；三是服务合同问题多，格式条款显失公平；四是网络培训乱象丛生，培训效果差，没有售后服务，有的收费后无法再取得联系，有的经营者以网络直播、在线讲座等名义躲避监管；五是以培训之名，行销售之实；六是随意泄露消费者个人信息。

热点六：家用汽车投诉居高不下，个别二手车交易平台隐瞒实情销售

投诉的主要问题一是在销售时故意隐瞒剐蹭、补漆、维修、受损等汽车真实情况，甚至将事故车、退换车当新车销售；二是售后服务问题，消费者反映车辆的质量问题时，经营者无法判断故障的原因，甚至以消费者使用不当为由推卸责任，零配件只换不修，同一故障反复维修，有的使用劣质零配件，甚至偷梁换柱，导致汽车维修后仍然故障频发；三是格式条款问题，贷款购车收取金融服务费，还必须购买其指定保险公司的车辆保险，部分紧俏车型在明示价格外加价售车；四是二手车经营者隐瞒实情销售，无论是线上还是线下，部分经营者都存在不履行真实告知义务的现象。

热点七：老年消费陷阱多，保健品问题较突出

投诉的主要问题一是虚假宣传，经营者惯用的方法是混淆保健品与药品的概念，诱导老年人购买不具有治疗作用的“保健品”；二是推销所谓收藏品牟取暴利，部分老年人有收藏的爱好，但缺乏专业知识，很难辨别真伪，商家宣传的所谓收藏品价格较高，一旦上当损失较大；三是没有固定经营场所，售后服务更是形同虚设，产品通常以送货上门或邮寄的方式送达，既不提供销售凭证，也不写明发货地址和联系电话，消费者要求退货时以各种理由推脱；四是商家推销保健品的手段多样，“赠药”“名医会诊”“免费旅游”“专家讲座”都是经营者惯用的手段，甚至雇用“托”现身说法，诱使老人花冤枉钱。

热点八：旅游服务投诉增幅较大

投诉的主要问题一是消费者自助游购票“陷阱”多，特别是通过网络订票时会遇到打折机票不退、不改签等不平等约定；二是旅游合同存在不合理格式条款，对行程、交通工具、食宿及景点等内容约定模糊，发生纠纷时不利于消费者；三是旅行社不按照约定履行义务，擅自降低住宿和用餐标准，增加自费项目及缩短行程；四是个别导游强迫消费者购物，很多商品存在以次充好、价格虚高等问题。

热点九：食品安全仍是消费者关注的热点

投诉的主要问题一是食品销售问题，消费者购买的食品存在包装破损、过期等质量问题；二是散装食品问题，一些网店在不具备分装资质的情况下自行对食品进行分装销售，安全卫生难以保障；三是食品包装标识问题，如有的食品包装标准事项不规范、部分进口食品没有贴中文标签或者存在标签瑕疵等；四是保健食品违规宣传销售问题。

热点十：定制家具市场亟待规范

投诉的主要问题一是合同约定不明确，由于目前没有相关标准，经营者在定价、测量、用料等方面比较随意，违约责任的约定模糊，出现纠纷责任不好认定；二是产品不按约定制作，消费者在收到货物时发现颜色、尺寸、所用材料与合同约定的差距较大；三是定制家具出现问题，经营者只提供维修，不退不换，而且在维修过程中容易对消费者家中的地板、墙面等造成损坏。

上海市消费者权益保护委员会受理投诉分析报告

2019年，全市消保委组织共受理消费者投诉201114件，同比下降3.0%。其中来电163124件、互联网转入25519件、12345市民服务热线转办10853件（含退件）、来信来访1269件、信访转交349件。

一、投诉概况

按投诉类别分，商品类投诉84325件，占投诉总量的41.9%。其中服装鞋帽、家居用品和交通工具居商品类投诉前3位，投诉量分别为16784件、10849件和10770件。

服务类投诉116789件，占投诉总量的58.1%。其中交通运输服务、文化娱乐体育服务和教育培训服务居投诉前3位，投诉量分别为12654件、11768件和10915件。

按投诉性质分，售后服务问题占49.0%，合同问题占26.8%，质量问题占18.7%。售后服务与合同问题是引发投诉的主要原因。

按销售方式分，网络、实体店和预付卡销售居前3位，占比依次为56.5%、34.2%和5.4%。

二、主要特点

（一）教育培训、汽车产品成为投诉焦点，投诉量位居前列

教育培训类投诉量呈爆发式增长。全年共受理教育培训类投诉10915件，同比上升55.6%。其中，外语培训、其他技能培训、课外辅导投诉量位居前3位。主要问题一是夸大宣传。机构用虚假资源、承诺吸引消费者购买课程，实际承诺不到位，教学效果相去甚远。二是预付费高。由于培训课程周期长，多数机构要求消费者一次性付清高昂的培训费用，一些机构以零担保、低利息等吸引消费者向与其合作的金融机构借贷，当消费者要求解除合同时，培训机构拒绝、拖延退款或要求消费者承担高额违约金。三是关门停业。今年，不少机构关门停业造成消费者损失，如上海徐汇区韦博进修学校突然关停引发集中性投诉900余件。

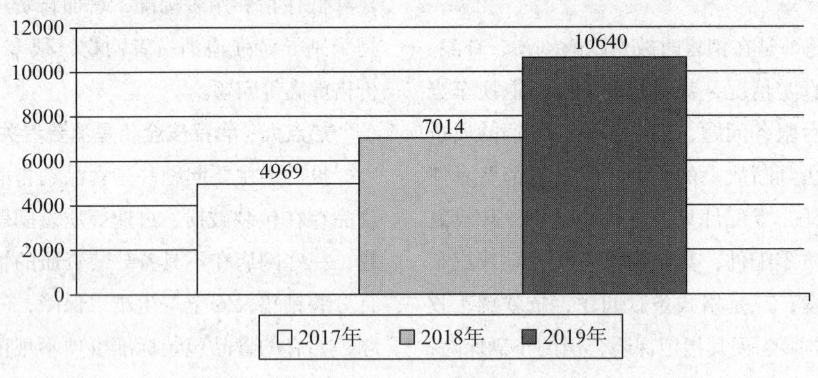

图1　2017—2019年教育培训类投诉量走势图（单位：件）

汽车产品及服务投诉增长较快。全年共受理汽车产品及服务投诉11907件，同比上升43.2%。主要问题一是质量问题。消费者购买的新车在行驶一段时间后出现各种问题，如发动机故障、烧机油、电池故障等。二是服务费问题。部分商家以套餐（除车辆外打包金融、保险、装潢等服务）内的低车价招徕消费者，不明示收费项目、服务内容，侵害了消费者的知情权和选择权。三是汽车维修问题。如修理方对汽车故障判断不准确、修理程序不规范、三包期内敷衍处理等，造成车辆被反复维修。

（二）互联网与各领域深度融合，消费纠纷频频出现

在线购物投诉呈高发态势。随着电子商务快速发展，消费者网购越来越普遍。全年共受理网络销售投诉113557件，其中服装鞋帽16784件、食品6642件和化妆品2955件，投诉较为集中，同比分别上升68.7%、39.2%和39.1%。主要问题一是虚假促销。商家利用打折促销吸引消费者，实际只是运用抬高原价等套路的虚假促销。二是质量问题。在线购物无法亲见实物，收到货后才发现网购商品存在质量问题的情况较常见。三是售后不佳。如拖延退款、在线客服响应不及时、处理方案不确定等。

交通运输服务投诉量下降。全年共受理交通运输服务相关投诉18843件，同比下降64.1%。共享单车退潮期使得投诉量大幅下降；共享汽车、网约车等由于政府的监管加强与平台的自我完善，效果初步显现。主要问题一是充值押金不退。不少消费者在超过企业承诺时限后的数月仍收不到退款。二是司机取消订单。消费者通过平台预约车辆，显示司机已接单，过了一段时间却被取消。三是事故车理赔问题。消费者租用的汽车在行驶中遇故障、事故、违章等情况，后续理赔时责任难分清、赔偿金额难以达成一致。

金融服务发展引发投诉问题。互联网的迅猛发展使得金融服务向P2P网络借贷、第三方支付、信用卡消费、分期贷款等多样化形式延伸。全年共受理金融服务投诉6078件，同比上升38.4%。主要问题一是无故扣款。有些网贷平台注册过程极其简单，然而只要完成注册就会产生费用。二是账号盗刷。消费者反映自己并无操作，账户却遭盗刷，损失金额数百元至上万元。三是系统出

错。如充值未到账、重复扣费、未提示确认刷脸支付等。

（三）文化消费市场迅速发展，旅游服务投诉量逆势下降

文化娱乐体育类投诉量呈增长趋势。全年共受理文化娱乐体育服务相关投诉11768件，同比上升27.8%。其中，健身服务7213件、文化票务4555件，同比增长分别为32.1%、21.6%。随着文化市场的日益繁荣，相关票务成为新的投诉热点，主要问题一是购买卡券无法使用。如消费者通过微信小程序购买上海言善信息科技有限公司（嗨影）的观影卡，兑换几次电影票后便无法再打开小程序。二是订单被无故取消。消费者通过平台购买音乐会票务，付款后商家拖延发货，直至订单被单方取消。

旅游及相关服务投诉略有下降。全年共受理旅游及相关服务类投诉15121件，同比下降7.2%。主要问题一是擅自变更合同安排。约定好的食宿游实际未兑现，游览景点缺少或变更。二是预订酒店到店无房。消费者根据预订酒店成功的短信通知，到店办理入住手续时被告知无房，造成多数消费者被迫自行申请取消订单并更换酒店，预订平台和酒店却不给予消费者合理赔偿。三是航空机票退票或改签收费高。因个人原因需要退票或改签时，平台或航司收取过高手续费，引发消费者不满。

三、处理情况

全年，各区消保委处理投诉109369件，督办联网单位处理投诉96882件。各区消保委投诉处理量同比上升3.7%，投诉处理率为98.0%，调解成功率为86.0%，平均办理时长为9天。

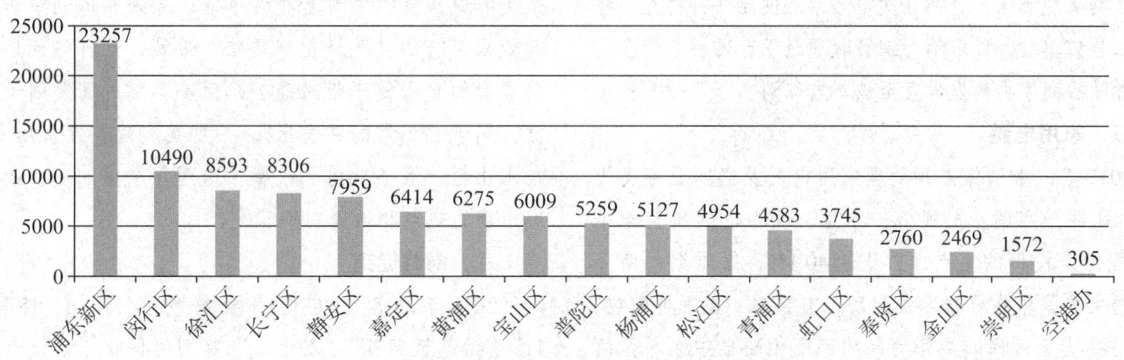

图2　2019年各区消保委投诉量统计表（单位：件）

全市各级消保委共受理市委市政府信访办转交办的信访件349件，按期办结率98.6%，调解成功率74.7%，平均办理周期为9天。

附：2019年上海消费投诉热点盘点

伴随着经济结构调整、产业转型升级以及消费提质加速，新技术、新产业、新业态快速崛起，平台消费、共享消费、预付性消费等方面的投诉亦呈增长之势。2019年，市消保委共受理投诉201114件，教育培训、汽车销售、酒店住宿、文化票务、家用电器、交通出行、"医疗"美容、网络促销等成为消费投诉的关键词。

一、教育培训

2019年，市消保委共受理教育培训类投诉10915件，同比上升55.6%。其中，外语培训、技能培训、课外辅导、幼儿早教是投诉焦点。教育培训市场竞争激烈，部分培训机构在快速发展过程中缺乏诚信意识、缺少自我约束，侵害了消费者的合法权益。一些培训机构以各种营销名目诱导消费者签订课程周期长、学费金额大的合同，并以可办理贷款等便利条件来吸引那些难以一次性支付全款的消费者；同时，部分培训机构存在设施不足、师资力量薄弱、课程缩水、退换设障碍、承诺不兑现等问题。部分机构关门停业造成消费者的损失。

二、汽车销售

2019年，受西安奔驰车主维权事件影响，汽车相关投诉明显增多，市消保委共受理汽车销售和服务类投诉11907件，同比上升43.2%。此类投诉的问题主要集中在4个方面：一是虚假宣传，商家以不真实的价格或赠品来吸引消费者，实际却搭售其他服务或虚标赠品价格，且承诺随时可退的订金退款困难。二是交付延期，商家以各种理由不按合同约定的时间交付车辆，而已交付的车辆在2个月内发生质量问题的情况多发。三是扣押证件，汽车销售商为了融资贷款，通常会把车辆合格证拿去抵押，造成消费者无法正常办理上牌手续。四是二手车因销售合同条款或约定不清引发投诉，如混淆公里数、过

户资料不全等。

三、酒店住宿

2019年，市消保委共受理酒店住宿类投诉7713件，同比上升26%。投诉主要问题一是宣传不实。平台展示的酒店相关图片与实际情况不符。二是到店无房。消费者根据预订酒店成功的短信通知到店办理入住手续时被告知无房，造成多数消费者被迫自行申请取消订单并更换酒店，预订平台和酒店却不给予消费者合理赔偿。

四、文化票务

2019年，市消保委共受理文化票务类投诉4555件，同比上升21.6%。文化消费的日益扩容，带动了票务类投诉的快速增多。电影、游乐场和音乐会票务居投诉前三位。主要问题一是购买卡券无法使用。如消费者通过微信小程序购买观影卡，兑换几次电影票后便无法再打开小程序。二是订单被无故取消。消费者通过平台购买音乐会门票，付款后商家拖延发货直至被单方取消。

五、家用电器

2019年，市消保委共受理家用电器及修理服务类投诉14081件。空调、电视机、冰箱、洗衣机的质量与维修问题仍是投诉的重点，占比达40.1%。保质期内商品的问题主要集中在电器无法启动、有异响、显示屏破裂、无法退换货上；保质期外商品的问题主要集中在电器故障原因排查不清、维修收费不规范、机器故障屡修不好上。而新型小家电烹饪料理机、空气净化器、温控电饭煲、垃圾处理器等带有感应控制芯片的智能小家电的投诉量也有所增长，经营者在提供售后服务的过程中常常将具有新功能的部件或软件问题直接排除在产品“三包”之外，使消费者合法权益难以得到保障。

六、交通出行

2019年，市消保委共受理交通运输服务类投诉12654件。旅游市场的快速增长促进了航空、铁路等传统出行交通的发展。每到节假日前夕，各类平台为消费者抢票提供了便捷通道，投诉也随之出现。对于平台推出的“加速包”服务，消费者反映被默认勾选、隐蔽收费。此外，消费者日常的出行方式也逐渐从公交车、出租车向网约车、共享汽车等多样化方式转变，相关消费纠纷也日益突出。问题主要集中在充值押金不退还、司机无故取消订单、未按约定时间接送上。

七、“医疗”美容

2019年，市消保委共受理美容服务类投诉4548件。近年来，随着生活水平不断提高，消费者的美容需求高涨，促进了美容行业的迅猛发展。一些美容院为迎合消费者“求美心切”的心理需求，推出所谓“医疗”美容、“科技”美容等玄而又玄的概念招徕消费者。投诉最多的是美容效果差，消费者花费不菲，却未能达到承诺的美容效果，有的甚至还出现烫伤、过敏、红肿等问题，给消费者的身心健康带来痛苦，而美容院的回复则千篇一律，属于“正常的并发症”。一些美容院存在资质不全、技术出错、服务低劣、收费不透明等严重问题，医疗美容市场的规范和治理刻不容缓。

八、网络促销

2019年，各大电商平台纷纷推出“6·18”“双11”“黑色星期五”“双十二”等网络促销活动。这些活动除存在虚假宣传、货不对版、以次充好、夸大性能等问题外，还有花样百出的价格套路、纷繁复杂的促销方案，诱发节后大量退货的情况。同时，网络直播带货作为一种新兴的电子商务营销模式，引发社会各界的广泛关注。由于带货广告具有即时性和随机性的特点，不同于电视购物广告，部分主播在直播过程中夸大其词、虚假宣传，甚至无中生有，使得直播带货中“三无产品”“假冒伪劣产品”等频频出现。

江苏省消费者权益保护委员会受理投诉分析报告

一、基本情况

2019年全省消保委组织共计受理维权诉求569860件，其中咨询440919件，投诉128941件，分别占接收总量的77.37%、22.63%。其中投诉办结率100%，为消费者挽回经济损失186512005.6元。

投诉、咨询量与2018年相比均有所下降，其中，投诉量比去年（130505件）减少1564件，同比下降1.2%。咨询量比去年（451554件）减少10635件，同比下降

2.4%。

二、数据分析

从消费类型分析，服务类消费投诉呈逐年上升、商品类消费投诉呈逐年下降趋势。2019年商品类消费投诉达68990件，占投诉受理总量的53.51%，与去年（77676件）相比下降了11.18%；服务类消费投诉达59951件，占投诉受理总量的46.49%，与去年（52829件）相比增加了13.48%。预计未来，服务类消费投诉将有可能超过商品类消费投诉。

从商品种类分析，家用电子电器类全年投诉21856件，占商品类消费投诉第一位，问题主要集中在售后服务、合同订立与履行、产品质量等三方面；从服务类消费投诉分析，消费者投诉多集中在文娱、体育服务（7881件）和美容美发服务（6438件）上，多表现为预付卡退卡退款纠纷、合同履行不当或拒绝履行纠纷等。

三、热点分析

（一）家用汽车销售及售后服务纠纷

2019年全省消保委系统受理涉及家用汽车销售及售后服务的纠纷达10371件。一是经营者售前过度营销，盲目承诺各种增值服务或价格优惠，消费者购买后却拒绝兑现承诺；二是经营者巧立名目，搭售价外增值服务，如金融服务费、上牌费、保险费等各种费用，侵犯消费者的知情权和公平交易权；三是经营者在车辆实际交付环节中“交车不交证”，不能保障随车证件的完整交付；四是经营者曲解“汽车三包”的规定，在车辆出现问题时拒绝承担退货责任或赔偿损失等基本合同义务，致使消费者售后维权难。

相关案例简介：消费者潘女士在镇江某4S店购买了一辆车，商家宣传高级职业教师（即中学中专及以上高级教师）购车有3000元优惠补贴。潘女士为初中高级教师，且经该店销售经理确认潘女士享有优惠资格，潘女士决定购买并垫付3000元。之后商家却以潘女士不属于高中高级教师为由拒绝其优惠申请。后经协商，商家同意将3000元转换成保养卡，但潘女士拿卡时，商家却换成了工时抵用券，潘女士遂投诉至镇江市消费者协会。

处理经过及结果：镇江市消协接诉后立即开展调查，了解到潘女士符合享受优惠的条件，但销售人员没有准确了解该政策真实情况，也没有把准确的信息告知潘女士，致使纠纷发生。经调解，经营者表示愿意按承诺给予潘女士3000元的日常维护保养卡，潘女士表示满意。

案例分析：根据我国《消费者权益保护法》第二十条，经营者向消费者提供商品或者服务的质量、性能、用途、有效期限等信息，应当真实、全面，不得作虚假或者引人误解的宣传。经营者对消费者就其提供的商品或者服务的质量和使用方法等问题提出的询问，应当作出真实、明确的答复。本案中4S店销售人员在不了解优惠政策的基础上给予消费者错误的答复，导致消费者在后续享受优惠政策及服务过程中出现消费纠纷，侵犯了消费者的知情权。

相关案例简介：消费者宋先生于2016年5月25日在宿迁某4S店购入一辆汽车，车辆使用半年后出现方向盘异响问题，直至2019年5月，宋先生多次就异响问题反映至4S店，但4S店认为属于正常情况。2019年9月底，宋先生因方向盘异响再次到店检查，4S店告知因车辆长期磨损，间隙变大，方向机出现问题，造成打方向时发生异响。由于该车已过三包有效期和包修期，4S店拒绝免费更换方向机，只同意免费进行维修。如果更换方向机，宋先生需要承担30%的费用，约1万元。宋先生不满，遂投诉至宿迁市消费者协会。

处理经过及结果：宿迁市消协接诉后立即开展调查，并多次与商家和消费者进行沟通。经调解，4S店免费对方向机进行了维修，同时向宋先生提供了1万元的保养折扣优惠。

案例分析：本案涉及汽车“三包”事项争议。根据《家用汽车产品修理、更换、退货责任规定》，家用汽车在包修期和三包有效期内出现产品质量问题，经营者对国家规定以及生产者在三包凭证明示的主要零件、易损耗零部件等，根据不同情况，负有免费更换、修理乃至退货的义务。同时，由于汽车制造工艺的复杂性，一些零部件故障难以通过某一次的检修就能发现、排查和确认。本案中，虽然方向机故障的确认时间已经超过三包有效期和包修期，但消费者反映故障的时间在此期限内。作为具备相应技术资源和条件的4S店，没有在三包有效期和包修期内发现并确认故障，理应承担相应的责任。再者，适用“家用汽车三包”的前提是交付合格车辆，经营者不得曲解“家用汽车三包”以规避自身责任，应当严格履行售后维修义务，保障消费者的正常使用。

消费提示：省消保委建议，消费者在购车时要理性，结合实际需要，在了解经营者经营资质、经营状况、车辆详细情况以及费用明细等具体信息后审慎付款。交付车辆时应当注意随车证件是否齐全、交付是否完整。交付使用后如出现质量问题，尽量选择有资质的店面进行售后维修并留存记录。另我国《消费者权益保护法》第二十三条规定："经营者提供的机动车、计算机、电视机、电冰箱、空调器、洗衣机等耐用商品或者装饰装修等服务，消费者自接受商品或者服务之日起六个月内发现瑕疵，发生争议的，由经营者承担有关瑕疵的举证责任。"实践中，如消费者遭遇疑似汽车产品质量纠纷，责任无法判定的，可要求经营者进行举证，合法主张自身权益。

（二）预付式消费纠纷

2019年全省消保委系统共计受理预付式消费投诉16328件，与2018年（16976件）同期相比减少了648件，同比下降3.8%。一是经营者限制消费者退卡、转卡的权利，变相收取高额违约金或者转卡手续费；二是预付卡累计金额庞大，资金监管措施不力，消费者的资金安全难以得到有效保障；三是预付式消费经营市场活力强、涉及行业多、覆盖面广、纠纷频发，消费者维权的渠道不明朗；四是经营场所突然关闭或经营主体变更时，对债权债务不做妥善处理，对消费者的合理诉求置之不理，引发群体投诉。

相关案例简介：消费者金女士于2019年7月初在某瑜伽馆报名了瑜伽课程，办理了14800元的瑜伽课程卡。练习3天后，金女士因身体不适去医院就诊，医生出具了金女士不适合继续锻炼瑜伽的证明，金女士联系瑜伽馆要求退款，瑜伽馆要收取金女士7950元的违约金，金女士认为违约金过高，遂投诉至江苏省消保委。

处理经过及结果：省消保委工作人员接诉后，立即与该瑜伽馆取得联系，经多次调解，经营者同意退还给消费者金女士9500元，消费者表示满意。

案例分析：办卡容易退卡困难是预付式消费的顽疾，经营者或以格式条款为消费者设置退卡障碍，或收取高额违约金使消费者财产损失严重。我国《最高人民法院关于适用〈中华人民共和国合同法〉若干问题的解释（二）》第二十九条规定，合同违约金的收取不得超过造成的实际损失的百分之三十。且我国《消费者权益保护法》第二十六条规定，经营者不得以格式条款等方式作出排除或者限制消费者权利、减轻或者免除经营者责任、加重消费者责任等对消费者不公平、不合理的规定。本案中，消费者只练习了3天且在身体不适后立刻提出退款退卡诉求，经营者理应配合消费者做好后续退卡退款工作，而不是单方面加重消费者的责任，收取超过实际价款一半的高额违约金。

相关案例简介：消费者梁先生在扬州某餐馆办理了一张价值600元的用餐储值卡。该餐馆后来在未告知消费者的情况下关店跑路，然而梁先生的卡内还余有400元尚未消费完毕，因联系不到商家，遂投诉至扬州市消保委，要求商家退还卡内余额400元。

处理经过及结果：扬州市消保委接诉后，立即开始查找该店负责人，经多方调查，找到负责人并进行多次沟通协商，经多次调解，商家同意退还给消费者梁先生400元。

案例分析：在预付式消费纠纷中，商家失联跑路是困扰广大消费者的一个维权难题。本案中，商家未在事先明确告知消费者其要关店的前提下跑路失联，致使消费者维权无门，根据我国《消费者权益保护法》第八条规定，消费者享有知悉其购买、使用的商品或者接受的服务的真实情况的权利。《江苏省消保条例》第二十八条第三款规定，经营者停业、歇业或变更经营场所的，应当提前一个月通知已交预付款的消费者，并按照有关规定承担责任。商家应明确告知消费者其关店情况并将卡内剩余金额退还给消费者。

消费提示：参与各类预付式消费前，应了解清楚经营者的市场信誉和经营状况，尽量选择规模较大、证照齐全、市场信誉好、经营状态佳的企业，警惕各类优惠陷阱，不可因为商家优惠幅度较大而忽视潜在的风险。签订预付费合同前，应认真阅读会员细则、服务合同等格式文本，详细了解自己的权利和义务，特别要注意其中的限制性规定，不要被各种优惠条件所迷惑。进行预付式消费时，尽量避免因投入过高，承担过大风险。

（三）社交平台直播购物问题频发

随着网络消费的不断发展，消费者对网络购物平台的选择已不再限于淘宝等传统电商购物平台。直播带货、朋友圈卖货等购物模式的兴起，使得微信、QQ等社交平台，快手、抖音等直播平台以及其他第三方平台成为消费者进行网络购物的新兴选择，据统计，2019年全省共受理网络购物消费投诉25349件，其中涉及社交平台直播购物问题的投诉986件：一是产品质量货不对版，到手产品、货物与网络经营者的宣传不符，网购产品的质价不符，消费者的知情权、公平交易权等权益受损严重；二是消费者获取经营者及商品信息受限，经营者无须实名注册、无信用担保、无交易门槛，商品的质量、来源、渠道、价格等信息的真实性存疑，发生纠纷时消费者追责难；三是交易过程中缺少第三方担保软件监管，易发生卖家毁约不发货或延迟发货等情况，消费者如若对商品不满意也很难进行退货或申请售后保障；四是消费纠纷多牵涉异地商家，地区跨度大，消费者举证难，维权成本高。

相关案例简介：消费者杨先生于2019年10月20日通过某直播平台在南通市某床上用品公司购买了一床鹅绒被，该商家宣传称该鹅绒被是100%鹅绒填充，面料是全棉防雨布。但杨先生收货后却发现其购买的所谓“鹅绒被”面料是100%化纤布，且被子里面的填充物是纯垃圾棉。杨先生立即联系商家要求退货退款，商家拒绝，消费者遂投诉至南通市消协。

处理经过及结果：南通市消协接诉后，立即与该直播平台取得联系，并通过直播平台找到了该商家客服人员。经多次调解，商家同意了消费者的退货退款诉求。

案例分析：我国《消费者权益保护法》赋予消费者知情权和公平交易权，消费者享有知悉其购买、使用的商品或者接受的服务的真实情况的权利，有权获得质量保障、价格合理等公平交易条件。本案中商家提供的商品不符合宣传承诺，向消费者隐瞒了产品的真实情况，侵犯了消费者的知情权，且其在消费者要求维权时擅自删除消费者的联系方式，不配合消费者妥善处理退货退款诉求，侵犯了消费者的公平交易权。我国《电子商务法》规定，平台经营者对入驻其平台的商家资质、身份负有审核义务，且在发生消费纠纷时应当配合消费者及有关组织进行维权。

相关案例简介：消费者李先生于2019年4月16日通过某直播平台购买了一双鞋，该鞋发货地为徐州市。到货验收后发现鞋子码数偏小，消费者随即于收货当天联系平台商家要求换一双大码鞋子，商家拒绝消费者李先生的换货诉求。在协商无果的情况下，李先生要求退货退款，并投诉至徐州市消保委。

处理经过及结果：徐州市消保委接诉后立即联系该直播平台，并通过该直播平台联系上了被投诉的商家，经多次协商，该商家同意为消费者办理退货退款手续。

案例分析：我国《消费者权益保护法》第二十五条赋予消费者七天无理由退货的权利，经营者采用网络、电视、电话、邮购等方式销售商品，消费者有权自收到商品之日起七日内退货，且无须说明理由，特殊商品除外。本案中，消费者购买的鞋不属于特殊商品，且消费者于七日内提出了合理的退换货诉求，经营者理应配合消费者做好退换货工作。再者，我国《电子商务法》规定平台经营者对入驻其平台的商家资质、身份负有审核义务，且在发生消费纠纷时应当配合消费者及有关组织进行维权。该案中所涉及的直播平台应当在职责范围内配合消保委组织开展调解工作，维护消费者合法权益。

消费提示：在参与网络消费前，尽量先通过其他渠道了解所购产品的质量价格情况，不要相信绝对化用语的广告宣传，不被明显低价所误导。多关注第三方平台及相关经营者的资质和信用，理性消费，避免盲目选购、冲动消费，防范低价劣质、高价仿冒陷阱。在签收快递时，务必开箱验货，遇有不符合产品质量标准或宣传情况时当面拒签。一旦遭遇自身合法权益受损的情况，要依法主动维权。

浙江省消费者权益保护委员会受理投诉分析报告

2019年，全省消保委组织共受理消费者投诉89173件，处理88971件，投诉处理率99.8%，为消费者挽回经济损失20621万元。其中，因经营者有欺诈行为得到加倍赔偿的投诉662件，加倍赔偿金额238万元。接待消费者来访和咨询近45万人次。

一、消费投诉基本情况

（一）产品质量、虚假宣传、售后服务和合同问题仍是引发投诉的主要原因，占投诉总量的85%以上

在所有投诉问题中，质量问题占32.91%，虚假宣传问题占31.21%，售后服务问题占10.79%，合同问题占10.12%，价格问题占4.85%，安全问题占2.66%，假冒问题占1.59%，计量问题占0.70%，人格尊严问题占0.19%，其他问题占4.98%。

（二）日用商品类投诉位居商品类投诉第一位

受理商品类投诉54370件，其中日用商品类投诉16075件，占商品投诉总量的29.57%，位居商品类投诉第一。第二至第五位分别是服装鞋帽类、家用电子电器类、交通工具类和食品类投诉。

（三）生活、社会服务类投诉居服务类投诉第一位

服务类投诉34803件，其中生活、社会服务类17497件，占服务类投诉总量的50.27%。文化娱乐体育服务类、销售服务类、教育培训服务类、房屋装修物业服务类投诉分别居服务类投诉的第二至第五位。

二、投诉热点分析

（一）教育培训

2019年共受理教育培训类投诉2048件，同期上升56.37%。主要存在以下问题。

实际教学与宣传、承诺不符。不少教育培训机构尤其是线上教育平台，往往以“名师”“名校”为卖点，但实际教师资质与背景介绍并不相符。部分培训机构擅自更换老师，频繁变换场地，将不同基础的学生随意并班，对教学过程缺乏管控，课程内容缩水，从而影响教学质量。

诱导办理金融贷款。部分教育培训机构在学员无法一次性承担高额学费的情况下诱导其办理金融贷款，但对于贷款利率、贷款机构、存在风险等信息未尽充分告知义务。

教育培训机构关门跑路。由于教育培训预付式学费金额较大，一旦经营不善，资金监管措施不力，往往导致学员后续课程无法安排以及预付学费的安全难以得到保障。

（二）长租公寓

主要存在以下问题。

“高收低租”等不规范经营模式导致平台“暴雷”。当前长租公寓的普遍交易模式为房东将房子长租给平台，平台按月支付租金，平台再将房子转租给租客，按季度或年收取房租，通过租金支付周期间隔形成“资金池”。部分长租公寓平台为了快速扩张，采用“高收低租”的经营模式，最终因无法维持经营而倒闭。

租房贷问题。部分平台通过差异化的优惠支付条件，诱导租客分期支付房租，但对于分期付款可能存在的风险则没有提前告知消费者。部分平台甚至存在隐瞒分期服务的现象，消费者在不知情的情况下办理了租房贷款。

室内空气质量不达标。部分长租公寓平台选用劣质的家具和装修材料，装修完毕后未经检测马上出租给消费者，导致室内甲醛、TVOC等有害物质含量超标。

（三）预付式消费

主要存在以下问题。

设定不平等条约，转卡退卡限制多。部分经营者通过不平等的格式条款内容限制消费者权利，如规定预付卡不挂失、不补办、不退钱、不得转让、过期作废等，而因经营者转让、变更等原因导致预付卡不能使用该如何处理则在协议中避而不提。

恶意转让逃避债务。一些经营者在明知已无法经营的情形下继续发放预付卡“圈钱”，并在不事先通知持卡人的情况下将店面转让给第三人后跑路，消费者去新店消费时被告知之前的预付卡无法继续使用或者需要额外充值才能使用。当下还出现了职业团队帮助经营者以此类方法“安全闭店”的现象。

少数经营者以“圈钱”为目的开店发卡。一些不法分子瞄准了预付式消费市场，开店后大肆促销办理预付卡，短期内达到“圈钱”目的后就关门跑路，换一个地方继续“圈钱”。

（四）视频网站

主要存在以下问题。

默认连续包月，缺乏到期提醒。视频网站普遍默认勾选连续包月，且部分视频网站的普通包月选项非常隐蔽，涉嫌变相剥夺消费者选择权。大部分平台自动续费没有到期提醒，由系统直接扣费。

自动续费取消手续繁杂。部分平台取消自动续费手续繁杂，无法直接在APP内取消，需要通过第三方入口操作。部分平台会员页面未见“续费管理”，到会员协议内才能查看取消续费的具体方式。

会员广告特权宣传告知不明确。部分平台在会员特权中描述“广告特权”“跳广告”“免广告”，但一般仅自动跳过视频开头的广告，其他类型的广告无法自动跳过。

涉嫌过度获取用户隐私信息。部分平台要求获取用户访问设备照片、媒体内容及文件、通讯录、定位权限等，涉嫌过度获取用户隐私信息。

（五）定制家具

主要存在以下问题。

合同约定不明确，缺乏统一标准。由于目前定制家具缺乏相应标准和规范，经营者报价、测量方式较为随意，部分经营者提供的格式合同对家具品牌、型号、材质、款式、计价方式、违约责任等约定模糊，发生消费纠纷时较难厘清责任。

产品质量、交货时间等与承诺不符。如经营者在制作家具过程中可能对原材料进行掉包、颜色不匹配、尺寸存在误差、制作周期过长未能按约定时间交付等。

售后退货难。定制家具由于其特殊性往往只修不退，且拆除定制家具容易造成墙面、地板损坏，给消费者带来额外损失。

（六）电视购物

主要存在以下问题。

产品质量问题。部分电视购物商品质量与广告描述不符，消费者使用后不久就出现破损、失去功效等质量问题。且部分商家不自觉履行七天无理由退换货制度和商品“三包”制度，在消费者因质量问题需要退换货时推诿拖延。

对产品做涉嫌虚假、夸大的宣传。部分电视购物广告涉嫌虚假、夸大宣传，如对产品的成分、含量、产地等做虚假的描述，对产品的功能做夸大的宣传等。

采用虚假的促销手段诱导消费。部分电视购物广告采取虚假的促销手段诱导消费者购物，如宣传超低价回馈限定只卖多少组，但实际销售的并不止宣传的数量。

售后服务渠道不通畅。当前电视购物更注重于售前宣传，对于售后端服务重视不足，只有少数平台设有专门的售后处理电话，其余均只有一个以400开头的销售咨询热线，导致消费者难以找到明确的售后维权途径。

（七）老年消费

主要存在以下问题。

推销“套路”多。如通过免费发放礼品、办文艺晚会、做检测实验、免费体检等方式先获取村民信任，再高价推销低成本产品。或者承诺当天付产品押金，第二天原额返还并赠送相应产品，接连几天充分取得村民信任后开始以同样的手段推销高价产品之后跑路。

夸大产品功效，做引人误解的宣传。销售人员通常抓住农村老人追求健康的心理，将销售产品包装成高科技设备，宣传具有保健、养生、治病等功效，并通过一些不具备科学依据的实验加以佐证，导致老人上当受骗。

售后维权难。消费者在购买商品后发现这些所谓的高科技产品实际成本很低，不具备宣传的功效，有的甚至是三无产品。但因为这些销售团队一般为“打一枪换一个地方”的流动团伙，所谓的门店信息也都是虚构或者临时租借的，消费者想要退换货才发现早已找不到销售主体。

安徽省消费者权益保护委员会受理投诉分析报告

2019年，全省消保委组织共受理消费者投诉13881件，已解决13262件，解决率95.54%，为消费者挽回经济损失3915.92万元，共接待消费者来访、咨询158336人次。

表1　2019年与2018年投诉对比

项　　目	2018年	2019年	变化幅度
受理数（件）	12074	13881	↑ 14.97%
解决数(件)	11541	13262	↑ 14.91%
挽回损失（万元）	4611.62	3915.92	↓ 15.09%
加倍赔偿案件（件）	20	32	↑ 60%
加倍赔偿金额（元）	29634	91548	↑ 208.93%
来访咨询（人次）	141266	158336	↑ 12.08%

一、投诉性质分析

根据投诉性质分析，质量5429件，占39.11%；售后服务2209件，占15.91%；合同1993件，占14.36%；其他1819件，占13.10%；虚假宣传927件，占6.68%；价格763件，占5.50%；安全329件，占2.37%；假冒230件，占1.66%；计量156件，占1.12%；人格尊严26件，占0.19%；其中，质量、售后服务、合同、其他、虚假宣传占据了消费者投诉的前5名。

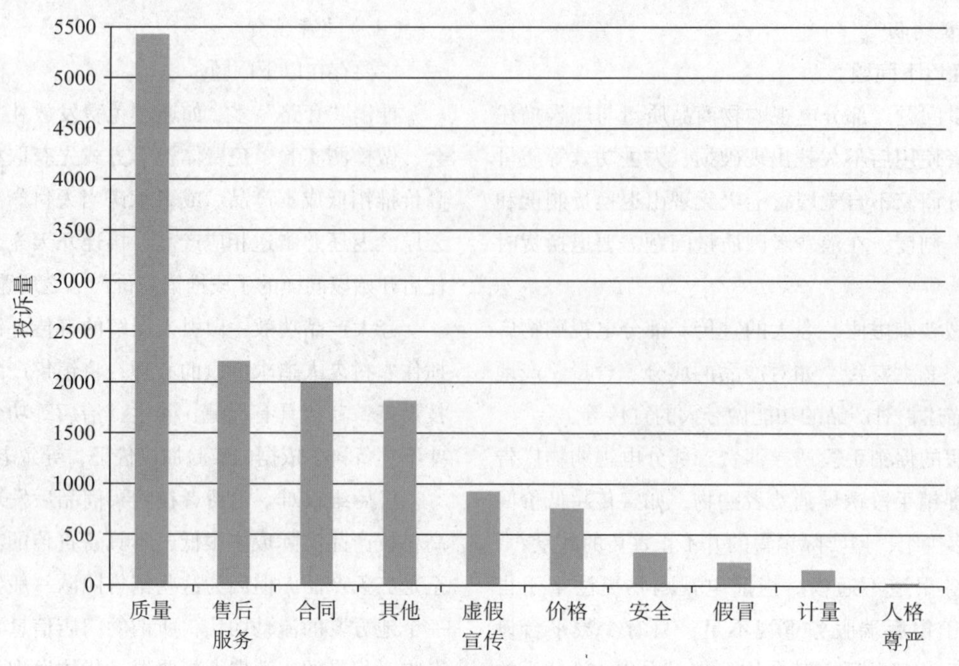

图1 投诉数量统计图（单位：件）

表2 投诉性质分析对比表

项目	2019年（件）	比重	2018年（件）	比重	比重变化（%）
质量	5429	39.11%	4749	39.33%	–0.22
售后服务	2209	15.91%	1777	14.72%	1.19
合同	1993	14.36%	1803	14.93%	–0.57
其他	1819	13.10%	1601	13.26%	–0.16
虚假宣传	927	6.68%	933	7.73%	–1.05
价格	763	5.5%	611	5.06%	0.44
安全	329	2.37%	214	1.77%	0.6
假冒	230	1.66%	164	1.36%	0.3
计量	156	1.12%	193	1.6%	–0.48
人格尊严	26	0.19%	29	0.24%	–0.05

二、投诉商品分析

根据投诉商品分析，家用电子电器类2032件，占14.64%；服装鞋帽类1215件，占8.75%；日用商品类947件，占6.82%；食品类906件，占6.53%；房屋及建材类883件，占6.36%；交通工具类784件，占5.65%；首饰及文体用品类346件，占2.49%；烟、酒和饮料类208件，占1.50%；医药及医疗用品类157件，占1.13%；农用生产资料类53件，占0.38%；其中，家用电子电器类、服装鞋帽类、日用商品类、食品类、房屋及建材类占据了消费者投诉的前5名。

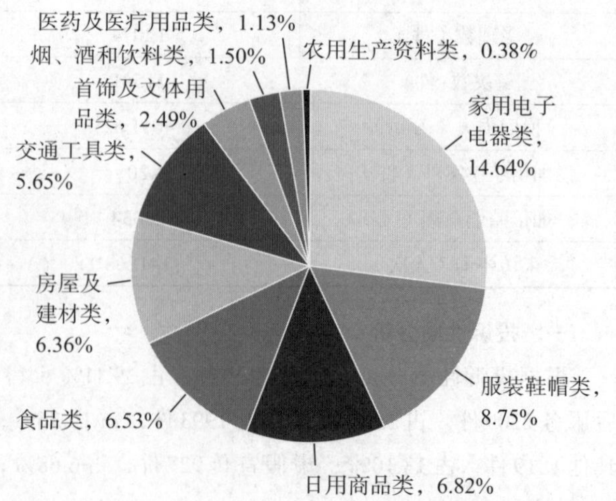

图2 投诉商品分析

表3　投诉商品分析对比表

项　　目	2019年（件）	比　　重	2018年（件）	比　　重	比重变化（%）
家用电子电器类	2032	14.64%	1961	16.24%	–1.6
服装鞋帽类	1215	8.75%	1048	8.68%	0.07
日用商品类	947	6.829%	1084	8.98%	–2.16
食品类	906	6.53%	676	5.604%	0.93
房屋及建材类	883	6.36%	771	6.39%	–0.03
交通工具类	784	5.65%	772	6.39%	–0.74
首饰及文体用品类	346	2.49%	277	2.29%	0.2
烟、酒和饮料类	208	1.5%	123	1.02%	0.48
医药及医疗用品类	157	1.13%	129	1.07%	0.06
农用生产资料类	53	0.38%	94	0.78%	–0.4

三、投诉服务分析

根据投诉服务分析，生活、社会服务类1952件，占14.06%；销售服务940件，占6.77%；其他商品和服务774件，占5.58%；文化、娱乐、体育服务707件，占5.09%；房屋装修及物业服务490件，占3.53%；电信服务395件，占2.85%；互联网服务251件，占1.81%；公共设施服务220件，占1.58%；教育培训服务201件，占1.45%；邮政业服务192件，占1.38%；旅游服务89件，占0.64%；保险服务58件，占0.42%；卫生保健服务49件，占0.35%；金融服务32件，占0.23%；其中，生活、社会服务类，销售服务，其他商品和服务，文化、娱乐、体育服务，房屋装修及物业服务占据了消费者投诉的前5名。

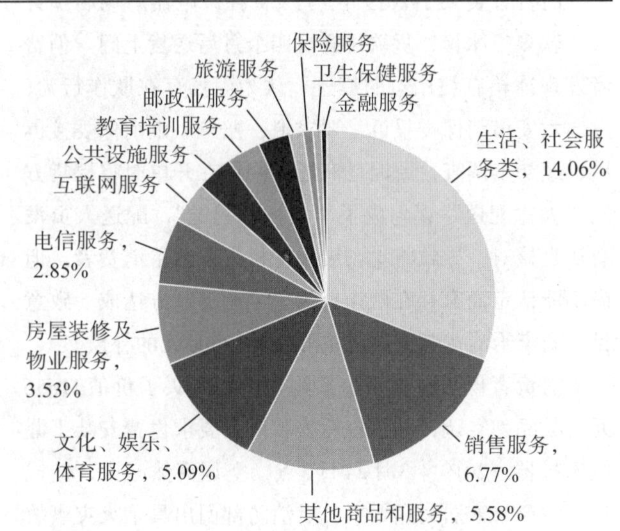

图3　投诉服务分析

表4　投诉服务分析对比表

项　　目	2019年（件）	比　　重	2018年（件）	比　　重	比重变化（%）
生活、社会服务类	1952	14.06%	1510	12.51%	1.55
销售服务	940	6.77%	476	3.94%	2.83
其他商品和服务	774	5.58%	678	5.62%	–0.04
文化、娱乐、体育服务	707	5.09%	393	3.25%	1.84
房屋装修及物业服务	490	3.53%	378	3.13%	0.4
电信服务	395	2.85%	544	4.51%	–1.66
互联网服务	251	1.81%	324	2.68%	–0.87
公共设施服务	220	1.58%	258	2.14%	–0.56
教育培训服务	201	1.45%	142	1.18%	0.27
邮政业服务	192	1.38%	206	1.71%	–0.33
旅游服务	89	0.64%	57	0.47%	0.17
保险服务	58	0.42%	60	0.5%	–0.08
卫生保健服务	49	0.35%	31	0.26%	0.09
金融服务	32	0.23%	82	0.68%	–0.45

四、热点问题

（一）家用电器类投诉高居榜首

2019年家用电器类投诉2032件，占投诉总量的14.64%，多年位列投诉商品类别首位。

其中投诉量最多出现在产品质量及售后服务上，产品质量出现问题时，商家、厂家推三阻四，不按法定政策执行三包义务；质量问题报修后，售后服务人员态度不好，维修质量水平欠缺，还有售后人员上门安装时随意推销配件，不买配件不给安装，不给消费者选择的权利，产品出现问题时扯皮，给消费者带来许多困扰。

消费者裴某于2019年7月9日在某电器广场店预订了一款多门冰箱，货款付齐。四个月后送货上门。消费者发现冰箱有使用过的痕迹，认为商场存在欺诈行为，遂向六安市消保委投诉，要求退一赔三。市消保委接诉后，经初步调查，原因是商场导购员在开单时将提货方式“大库配送”误勾成了“卖场库配送”，配送人员没有认真核对，导致将卖场展示样机误发给了消费者。但尚不能认定商家存在欺诈行为。经调解双方达成一致意见，商家给消费者退货，并再给予12000元的补偿。

消费者杨某在宿州市某购物中心购买了价值11656元的某品牌空调，并按售后安装人员要求付费安装了漏电保护器。2019年3月24日3点，空调突然起火，造成室内空调、家居物品毁损。后消防部门出具了火灾事故认定书，认定起火原因不排除电器线路故障引起火灾。事发后，消费者多次与购物中心协商，要求赔偿，但双方迟迟无法达成一致，于7月投诉至宿州市消保委。接诉后，消保委工作人员及时了解火灾发生情况，经核实，火灾成因疑似为空调问题，起火点为空调下部。因专业检测机构对漏保或空调进行起火鉴定，产生4万余元的费用，投诉双方均不愿意承担此项费用。经宿州市消保委多次调解，双方达成一致，经营者补偿消费者同等价值（11656元）柜机空调一台，另补偿价值4000元的品牌挂机空调一台，赠送价值1000元的礼品，双方达成和解。

（二）商品房销售藏猫腻

商品房是消费者日常生活中的消费大件商品，从商品房售前的宣传，到确定购买时的购房合同、贷款服务，再到商品房交付后的质量问题，以及入住后的物业服务，无不牵动消费者的心，哪一个环节出现问题都会让消费者心力交瘁。

铜陵市消费者吴某在某楼盘看房时，销售员承诺可以用公积金贷款，于是消费者交付2万元的订金，签订了认购协议。消费者随后去公积金中心询问，被告知消费者并不能使用公积金贷款。吴某认为还没有签订正式合同，只签订了认购协议，而且协议上没有约定不能退款，要求开发商退订金，被拒后投诉至铜陵市消保委，最终经消保委调解，房地产公司退还了2万元订金。

2019年1月，消费者徐某向淮南市消保委投诉，称其准备在淮南市某房地产销售公司购买一套房子，用于儿子结婚。消费者交了首付款等费用后，经营者迟迟不与消费者签订购房合同。消费者认为房产公司存在问题，所以决定不买了，要求房产公司退款无果。市消保委接到投诉后立即与开发商取得联系，消费者投诉属实。最终经过调解，开发商退回先期缴纳的40多万元。

（三）食品安全不容忽视

民以食为天，食品安全无小事。食品投诉的很多问题都出现在食品质量上，商家如不及时采取相应措施，可能导致小问题蔓延成大问题，解决的难度就会加大。

2019年4月24日上午，消费者刘某花了40多元在明光市工商大街某便利店购买了一箱大红枣牛奶。不料家中孩子喝了一瓶后，当天下午就出现肚疼、腹泻等症状。后经医生诊断，可能是孩子吃了不干净的东西。消费者回家发现所购买的牛奶外包装上有很多霉斑，遂多次与该品牌牛奶经销商进行协商，但均无结果。6月13日，刘某投诉到明光市消保委。市消保委工作人员仔细查验后，认定消费者投诉属实。随后，工作人员多次电话联系该品牌牛奶的售后负责人，最终双方达成一致意见，消费者获得赔偿1000元，其中惩罚性赔偿500元。

（四）住宿服务有陷阱

随着消费者出行日益增多，住宿方面的投诉问题也日益凸显，主要问题有：消费者网上预订付款后被经营者告知未预留房间或临时加价，实际入住的房型、规格与网络宣传图片不符、房间内收费项目过高或者不合理等。

2019年2月9日，一位消费者向芜湖市消保委反映，其在某酒店住宿时使用房间内放置的拖鞋，后来结账时才得知该拖鞋是收费的商品，因为经营者将价格标签放在非常不显眼的位置，导致消费者没有注意到。消费者认为经营者存在诱导消费，要求退费。芜湖市消保委接到投诉后立即展开调查，证实经营者虽然也提供免费拖鞋，但是却放在隐蔽的位置，不容易被消费者发现。最终经调解，经营者退回了所收取的48元拖鞋费用。

（五）共享汽车押金难退

随着共享经济的到来，共享单车、共享汽车等交通工具已融入人们的生活，然而，共享服务存在诸多问题，其中最突出的是押金难退。消费者按要求提交退还押金申请，但企业并未在规定时间内退还消费者的押金，拨打客服电话也无法解决问题。

淮南市消费者韩某等三人陆续向淮南市消保委投诉，称其在某公司交了押金，办理了共享汽车服务，但由于消费者因事不再需要该服务了，便申请了退押金，依据流程20个工作日会退款。然而，消费者一等再等，始终未收到退款。淮南市消保委接到投诉后，经过多方调查了解，辗转找到了该公司淮南办事处的负责人，向其通报消费者投诉的情况，正告经营者，共享服务要做好，相关服务承诺就一定要做好，不能让消费者交钱容易退款难。在消保委的一再督促下，6000元押金顺利退回。

（六）二手车交易平台问题多

电视和网络上五花八门的二手车平台广告不间断播出，让消费者印象深刻。电商企业把二手车交易搬到了互联网上，省去了交易的很多环节，方便了买卖双方，但随着交易平台越来越多，很多问题也陆续暴露出来。虽说网络平台宣称车辆经过上百项检测，但可信度难以确认，各种问题车都出现在平台中。由于对车辆信息不了解，绝大多数消费者都只能依靠网站登记的信息判断，买卖双方信息无法对称，影响对汽车质量的判断，接连影响后续的使用，纠纷就会增多。

合肥市消费者权某向省消保委投诉称，他在某二手车交易平台购买的车辆有问题，车辆涉嫌调整里程表公里数，还严重烧机油。消费者与经营者协商无法达成一致意见，遂请求帮助。省消保委接投诉后立即与交易平台联系，交易平台回复称，车辆公里数并没有私下调整，消费者投诉汽车行驶公里数有误差，是销售人员在填写合同时的笔误。汽车烧机油的情况确实存在，平台可以免费为消费者维修。最终经过调解，二手车交易平台补偿消费者1万元，由其自行维修。

（七）老年消费常遇大忽悠

随着我国老龄化社会进程加快，老年消费占比越来越大，老年消费者权益保护问题也日益突出。养老服务、老年养生保健等针对老年消费者的特有服务开始成为新的投诉热点，最突出的问题是误导消费者，忽悠老人的养命钱。从业人员素质和服务管理参差不齐，养老产品单一，消费争议时有发生。

消费者吴某向六安市消保委投诉称，今年10月26日在一家养生馆做理疗时，工作人员告知其心肺功能不正常，呼吸困难，可以找他们理疗馆的“教授”帮其“诊疗”，“教授”称通过两次推拿理疗即可康复。在工作人员的极力宣传下，消费者头脑一热“病急乱投医”，当场使用“花呗”付款13000元购买了两次推拿理疗服务，并现场做了一次理疗。事后，消费者感觉没什么效果，想要终止下次服务并退款，在与养生馆和该场地出租方协商无果后，请求帮助。经过市消保委工作人员调查，消费者投诉属实。最终，商家与消费者达成协议，退还全部服务费13000元。

（八）预付式消费套路多

在目前的消费环境下，经营者办理充值卡、会员卡等预付式业务已是一种非常通行的做法，经营者借此可以提前收取经营款项，同时消费者可以享受消费折扣，看似双赢。但有些经营者却没有诚信经营，在预付款规则上做手脚、钻空子，或不明确说明，或以“店内规定”等为由强制附加一些条件，给消费者造成了一些不必要的困扰。有的甚至涉嫌诈骗，收钱后跑路，给消费者造成财产损失。

消费者李某于2019年1月在安庆市某餐饮店充值了6000元。没想到该餐饮店突然停业装修。李先生感觉自己上当了，找餐饮店要求退卡，但餐饮店表示充值卡上写明此卡只用于消费，无法退现金，建议李先生等店面装修完毕继续消费。双方协商无果，消费者向安庆市大观区消保委集贤分会投诉。分会工作人员迅速与经营者取得联系，消费者投诉属实，经营者不能限制消费者退款。最终，经营者向消费者表达了歉意，同意退费。

（九）玉器销售“缘”来有假

俗话说“黄金有价玉无价”，玉石被人们寄予了很多美好的寓意，价值也是有高有低，商家为了销售商品，用玉石留缘这样的营销手段忽悠人，消费者防不胜防。

消费者康某向东至县消保委投诉，称其8月6日准备在某黄金首饰店购买一款手镯，营业员执意向其推荐了一款并不适合她手围的手镯，导致试戴后手镯无法取下，还造成手部肿胀。而在消费者提出有事需要离开时，该店仍以“玉石有灵性，取不下来是因为这玉镯只愿跟你走”等说辞挽留。最后店家硬要求消费者暂押2000元在店内并承诺过几天手部消肿后来店内取下再全款退还。当天，消费者感到手部酸胀不适到医院检查，医生出具证明，建议立刻敲碎手镯，以避免手镯压迫手部神经造成病情恶化。消保委展开调查后，指出商家在推销过程中不顾实际情况和消费者的感受，刻意推销手镯并借口各种“玉石留缘”的说辞，有强买强卖的意图，其收取消费者的押金是不合理行为。经调解，商家同意当场敲碎手镯并退还消费者2000元。

（十）携号转网限制多

随着携号转网业务的全面开通，携号转网成了当前的投诉热点，消费者想要转网时，总会被各种莫名其妙的套餐限制。携号转网业务的开通势必给通信运营商带来竞争压力，但卡住消费者不让办理携号转网也是不可取的，通信运营商应当通过提高技术水平和服务质量留住消费者，用更优质的服务和更优惠的资费来留住消费者。

亳州市消费者席某向省消保委投诉称，其名下有一手机号码想要转网，发送短信后告知符合携转要求，但是需要解除主副卡关系。消费者将副卡删除后又被告知其手机号码是吉祥号码，受限不能转网，且被要求在网20年，但消费者查询原始工单，并没有这么长的限制时间。消费者不明白，2018年只是改了一个套餐，为什么会出现受限？工作人员也说不明白。随后，省消保委与通信运营商取得联系。经过沟通，最终投诉妥善解决。

铜陵市王女士在某通信运营商营业厅办理携号转网，营业厅表示次月可以来拿卡内余额30多元的退款，王女士去拿退款时，营业厅又说退不了，后经铜陵市消保委调解，消费者顺利转网。

福建省消费者委员会受理投诉分析报告

一、数据分析

根据福建省市场监督管理局12315、12331投诉举报中心和全省消委组织受理投诉汇总统计数据，2019年全省受理消费者投诉共计182891件，解决171679件，解决率93.87%。为消费者挽回经济损失15811.29万元，其中，因经营者有欺诈行为得到加倍赔偿的投诉139件，经消委会提供案情后由政府有关部门查处罚没款31.47万元；得到加倍赔偿额28.88万元；接待来访、接受咨询652471人次。

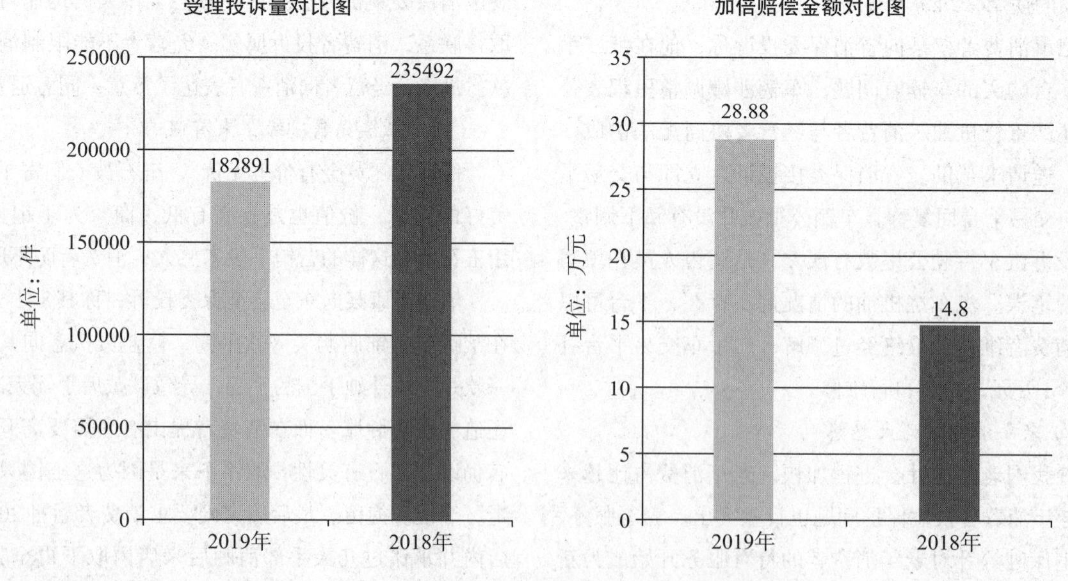

图1　2019年与2018年总投诉量及加倍赔偿金额对比图

表1　全省受理投诉情况变化表

项　　目	2019年	2018年	变化幅度（%）
受理数（件）	182891	235492	↓ 22.34
解决率	93.87%	92.93%	↑ 1.01
挽回损失（万元）	15811.29	17968.07	↓ 12
加倍赔偿（万元）	28.88	14.8	↑ 95.14
来访咨询（人次）	652471	587594	↑ 11.04

（一）投诉分析

根据投诉性质划分，全年受理合同问题的投诉50229件，占投诉总量27.46%，排名第一；质量问题的投诉38851件，占投诉总量21.24%，排名第二；虚假宣传的投诉16170件，占投诉总量8.84%，排名第三。

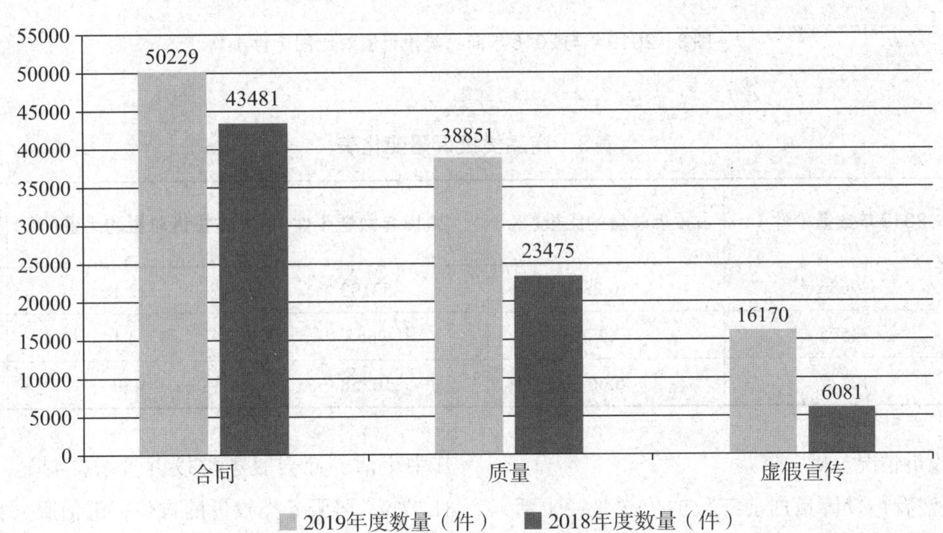

图2　2019年与2018年性质类投诉量对比图

表2　性质类投诉量变化表

项目	2019年投诉量（件）	占投诉总量的比重（%）	2018年投诉量（件）	占投诉总量的比重（%）	变化幅度（%）
合同问题	50229	27.46	43481	18.46	↑ 15.52
质量问题	38851	21.24	23475	9.97	↑ 65.5
虚假宣传	16170	8.84	6081	2.58	↑ 165.91

与2018年同期相比，因虚假宣传问题引起的消费投诉同比增长明显，涉及合同问题投诉、质量问题投诉的比重也呈现增长趋势。其中合同问题的投诉50229件，占投诉总量的27.46%，同比增长15.52%，投诉量位居第一；质量问题的投诉38851件，占投诉总量的21.24%，同比增长65.5%，投诉量位居第二；虚假宣传问题的投诉16170件，占投诉总量的8.84%，同比增长165.91%，增幅明显，投诉量位居第三。

1. 商品类投诉情况分析

从商品类型看，投诉量居前三位的依次是：食品类投诉29686件，占投诉总量的16.23%；服装鞋帽类投诉14575件，占投诉总量的7.97%；交通工具类投诉12177件，占投诉总量的6.66%。其中食品类投诉量同比下降43.12%，居商品类投诉的首位；服装鞋帽类投诉量增幅明显，同比增长50.8%，居商品类投诉的第二位；交通工具类投诉数量同比增长18.71%，居商品类投诉的第三位。

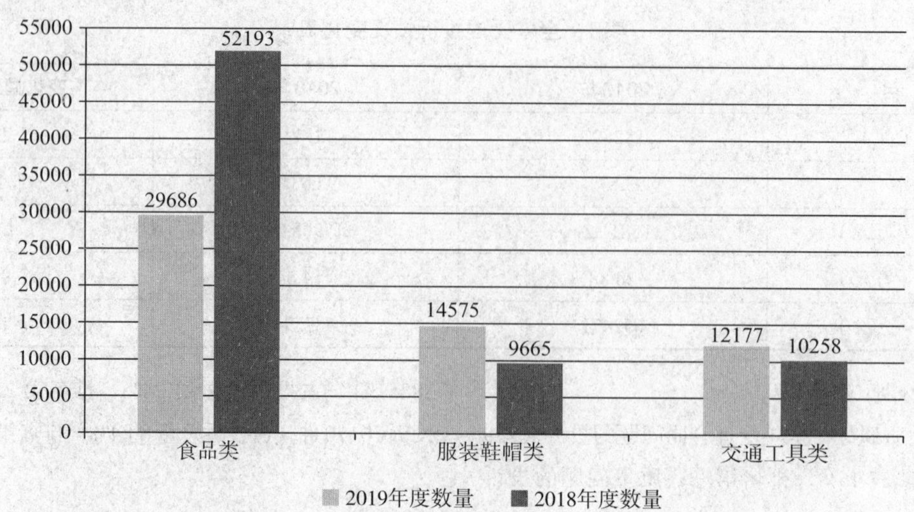

图3　2019年与2018年商品类投诉量对比图（件）

表3　商品类投诉量变化表

商品大类	2019年数量（件）	占投诉总量的比重（%）	2018年数量（件）	占投诉总量的比重（%）	增减幅度（%）
食品类	29686	16.23	52193	22.16	↓ 43.12
服装鞋帽类	14575	7.97	9665	4.1	↑ 50.8
交通工具类	12177	6.66	10258	4.36	↑ 18.71

2.服务类投诉情况分析

从服务类型看，投诉量居前三位的依次是：生活、社会服务类投诉22317件，占投诉总量的12.20%；电信服务类投诉10873件，占投诉总量的5.95%；文化、娱乐、体育服务类投诉10519件，占投诉总量的5.75%。其中生活、社会服务类投诉量增幅明显，同比增长了81.57%，居服务类投诉的首位；电信服务类投诉量同比下降了14.24%，居服务类投诉的第二位；文化、娱乐、体育服务类投诉量同比增长47.61%，居服务类投诉的第三位。

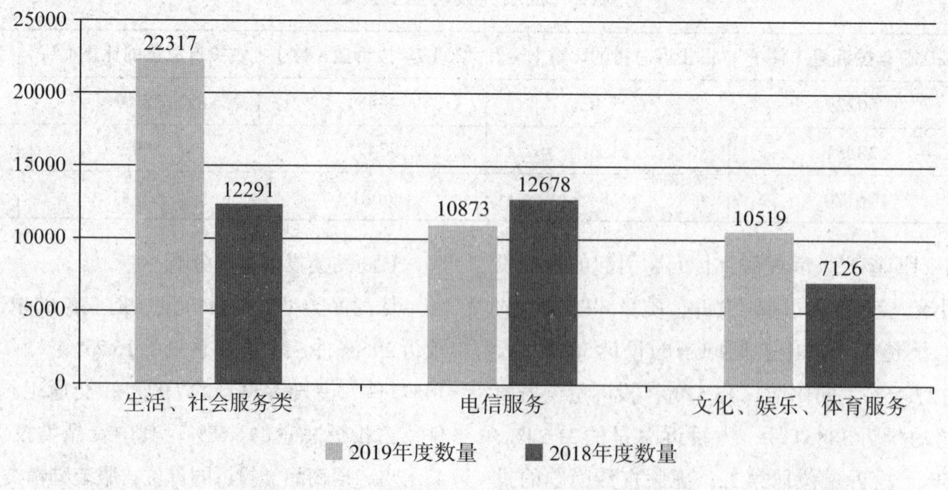

图4　2019年与2018年服务类投诉量对比图（件）

表4　服务类投诉量变化表

服务大类	2019年数量（件）	占投诉总量的比重（%）	2018年数量（件）	占投诉总量的比重（%）	增减幅度（%）
生活、社会服务类	22317	12.20	12291	5.22	↑ 81.57
电信服务	10873	5.95	12678	5.38	↓ 14.24
文化、娱乐、体育服务类	10519	5.75	7126	3.03	↑ 47.61

（二）咨询分析

2019年共接受消费者咨询652471件，同比上升11.04%。咨询问题集中在食品安全问题与惩罚性赔偿的适用上：预付式消费不按约定履约、因经营歇业不退还卡内余额，装修合同隐性侵权、工期拖延，汽车、家电产品的质量三包规定，保健食品的虚假广告和夸大宣传等。

二、综合分析

（一）投诉趋势分析

2019年，商品类投诉有104703件，占投诉总量的57.25%；服务类投诉有74964件，占投诉总量的40.99%；其他类投诉有3224件，占投诉总量的1.76%。

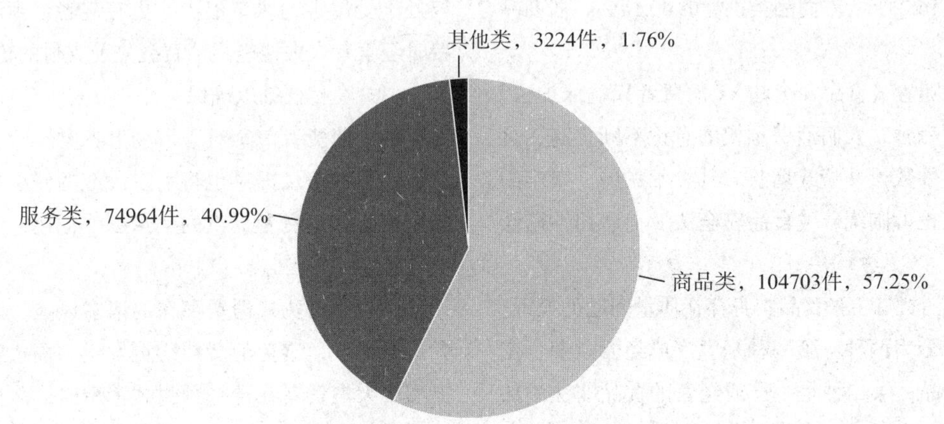

图5　2019年商品类和服务类投诉比重

与2018年同期相比，2019年商品类投诉量下降了27.76%，服务类投诉量上升了19.38%。根据数据分析发现，当前，消费者投诉呈现出两大趋势：在投诉结构上，服务类投诉快速增长，2019年服务类投诉在总体中的占比超过40%；在投诉性质上，质量问题投诉渐趋下降。由此可见，随着我国经济社会的发展和物质生活水平的提高，人们的消费需求不再限于有形的产品，也包括无形的、多样性的服务，服务规模扩大，相应的服务类投诉也会增多，两者呈正相关关系。

（二）消费投诉热点分析

1.疫情期间朋友圈口罩乱象多。根据投诉与咨询类别分析，疫情期间，消费者反映的问题主要集中在口罩、酒精、消毒液以及快递服务问题上，其中，有关口罩的咨询在总体中占比过半。

疫情期间口罩是急需品，也是必需品，但由于需求量大，各地出现了抢购口罩的现象，口罩在各药店、网络电商平台已脱销。此时，很多人利用微信社交平台即"朋友圈""微信群"发布口罩售卖信息。对此，福建省消委会特别提醒消费者：

首先，医用口罩属于第二类医疗器械，能够从事医用口罩销售的只能是取得营业执照的企业法人，且该企业法人应当经备案获得《第二类医疗器械经营备案凭证》，其他组织和个人不能对外销售医用口罩。因此，目前在微信朋友圈里销售医用口罩的行为均属违法行为。

其次，在疫情防控期间，哄抬价格、销售医用口罩牟取暴利的行为有可能构成犯罪。

再次，由于微商是一种新型的电商模式，创立时间较短，目前，产品质量得不到保障、平台监督管理不成熟，交易大多要依靠买卖双方的道德诚信来完成，因此存在较大的风险，如果这些微信用户销号，一旦发生商品质量、售后服务纠纷问题，取证将较为困难。且微信购物若是个人之间私下交易，无法受《消费者权益保护法》保护。虽然消费者还可以通过其他法律途径来解决微信购物纠纷，但是这样投入的成本可能远远高于商品本身的价值。因此，建议谨慎选择微信购物。

最后，疫情期间，口罩作为必要的防护用品，其生产、销售活动的市场维护与监督更是备受关注，行政及司法部门对该行为也加大了打击力度，竭力为公民创造安定的消费生活环境。目前，部分地区政府通过药店、超市等渠道向居民投放防护用品，建议广大群众通过正规渠道购买。

2.食品安全不容忽视。2019年食品类投诉共29686件，占总投诉量的16.23%、占商品类投诉的40.14%，居商品类投诉第一位。

近年来，随着《食品安全法》《消费者权益保护法》等法律的修订完善，人们消费维权的意识不断提高，食品消费维权案件数量井喷式增长。其中常见的、疑难的食品消费维权投诉围绕着《食品安全法》上惩罚性赔偿的适用。

第一类是消费者主张食品本身存在质量问题的投诉。具体还可以细分为两种：第一种是生产或经营过期、变质、失效的食品；第二种是生产或经营的食品非法添加了食品添加剂、药品、保健食品、非食品原料等。

第二类是消费者主张预包装食品的标签、说明书存在瑕疵的投诉。标签瑕疵又细分为两种：第一种是“漏标”，即标签、说明书的标识遗漏必要信息；第二种是“错标”，即标签、说明书的标识存在错误。

民以食为天，食以安为先。食品安全关乎人们的身体健康和生命安全，解决食品安全问题不仅要靠完善的法律与严密的监管，同时也需要消费者加强对食品安全知识的获取，科学饮食消费。同时，福建省消委会也提醒消费者，购买商品后，一定要保留票据，以便维护自己的合法权益。

3.预付式消费成维权热点，背后的风险要多注意。近年来，预付式消费模式在教育、健身、餐饮、美容美发、家装、娱乐等行业中大量应用，作为一种新型消费模式，诚然可以为经营者和消费者双方带来利益，但是，表面的双赢局面背后是潜在的巨大风险，而这种风险主要在消费者一方，不仅可能损失预交款利息，自由选择权受限，而且容易陷入不平等格式条款的陷阱，使消费者权益处于不确定状态。

（1）公平交易权受到侵害

由于这种消费是采取消费者预先支付对价来获取将来的商品或服务的模式，这种时间差即意味着另一方履约的不确定性，这种不确定性即构成了先履行义务一方所承担的风险。集中体现为：一是经营者违背承诺，实际提供的商品或服务与消费者办卡前宣传的商品与服务相差较大；二是经营者往往事先对预付式消费做出种种不合理的限制，如限定消费的最低金额、限定预付卡的有效期等。

（2）限制知情权

由于消费者与经营者在办理消费凭证和真正消费之间存在一定的时间间隔，因此难保证经营者是否能够提供质量与其所承诺的相当的产品，这就使消费者的知情权处于受侵害的风口浪尖。更有甚者，到消费者进行消费时经营者人去楼空，消费者先前支付的价款打了水漂。

（3）隐私权难以确保

由于消费者信息对于市场上各类经营者具有一定的价值，这种信息提供也将引发潜在的侵权风险，经营者完全可能将消费者提供的信息挪作他用，给消费者造成不良后果。

针对预付费式消费存在的诸多风险，为了引导消费者正确消费，避免消费纠纷再发生。福建省消委会特别提醒广大消费者在选择预付式消费时，多做比较、谨慎选择，注意以下几点。

选择证照齐全的商家。消费者在购买预付式消费卡时，要先通过多方了解经营者的经营状况和信誉。尽量选择规模大、证照齐全、经营状况较好、服务质量佳、诚信度好的商家，不要因为商家广告宣传和优惠幅度大而忽视了潜在风险。

办卡金额不宜过大。消费者在办理预付卡时应根据自己的实际需求充值，不要冲动消费，尽量不要一次充过多金额，以免商家停业走人、携款潜逃导致损失。

细化约定服务内容。在办理预付卡时，消费者要仔细了解和阅读办卡说明，不要轻信商家的口头承诺，最好与商家签订书面合同，在合同中详细约定预付卡的使用范围、有效期限、服务项目、退款条件、违约责任等条款，同时要特别注意终止服务、转让等限制性约定，以免日后发生纠纷给维权带来困难。

妥善保留凭证，及时维权。消费者选择预付式消费后，一定要注意妥善保存好预付凭证、合同或协议、宣传单、发票等证据，以备日后发生消费纠纷时维权有据，对于金额大的消费卡要做好备份，每次消费后注意核对余额动态，以防卡内余额缺失。当发现商家有异常情况时，要及时向有关部门咨询、投诉或举报，有效维护自身的合法权益。

有关预付卡、会员卡、预付费的各种消费纠纷不断增多，成为投诉高发的重灾区，索赔难、维权难困扰着广大消费者，成为消费领域的痛点和顽疾。为更好地保护广大消费者的合法权益，福建省消委会开展了预付式消费专题研究，以福建美容化妆品行业为试点，在2019年与福建省美容化妆品产业商会联合开展福建省美容化妆品行业“自律自强、诚信兴商”倡议活动，活动通过签名承诺、颁授牌匾、成立诚信发展联盟、制作发行由银行金融机构保证金统一存管的商业预付卡、建立行业诚信红榜单、黑榜单维权投诉处置机制等方式，切实保护广大消费者的合法权益。

4.房屋装修服务类投诉成为消费者反映的热点和难点。“衣食住行”是人生的四件大事。近年来，房地产市场蓬勃发展，一旦涉及房产，自然就牵涉到装修。由于家装市场不规范，消费装修纠纷持续不断。消费者反映，施工及售后服务差的问题较为突出，如合同违约、以次充好、施工拖延、服务质量差、装修材料不合格、拒绝承担保修义务等。此外，房屋装修投诉的其他问题还有装修合同隐患，部分装修公司未使用规范合同文本，而消费者在签约时忽视了对合同条款的审核；装修标准、建材品牌、价格、付款方式、延误工期责任等约定不清，消费争议时有发生。

福建省消委会提醒广大消费者，通过家装公司装修房屋一定要注意以下事项：

选择装修公司时要注意查看商家资质，选择有营业资质、信誉度高的装修公司和施工队；不要轻信电话推销、广告宣传单以及装修人员名片标称的主体信息；谨防无证照或者冒用公司名义的“黑家装”，出现问题一走了之难以追究责任。

面对商家的促销手段一定要理性，货比三家，避免冲动消费，同时注意保留商家促销宣传页等证据，或将商家承诺的优惠正式写入合同。

签订装修合同前要仔细核查合同条款，明确合同细节，将材料质量标准、品牌、规格、型号、数量、预算、付款方式、施工期限、保修期限等逐一填写清楚，并明确违约责任。

索要并保存好付款凭证和标有商品名称、规格、型号、价格的销售单据。

多年来福建家装市场不规范、消费装修纠纷持续不断，为减少消费者风险，营造家装设计放心消费环境。2020年，福建省消费者权益保护委员会联合福建省室内装饰装修协会，并联动全省九个设区市消委会和平潭消委会开展“绿色家装”系列宣传活动，活动通过有奖知识竞答、网络调查、专家咨询团线上直播、消费维权志愿者走进卖场消费体察，编写并发布《2020福建省家装规范白皮书》等方式，向广大消费者普及家装消费知识，以提升消费者在家装消费方面的风险防范意识和自我保护能力。

5.购买汽车要注意五大问题。交通工具投诉仍居高不下，主要问题为：一是商家违约不承担责任。如不按销售合同约定的时间向消费者交付汽车，并拒绝退还消费者定金。二是商家隐瞒重要事实。如质损车擅自修理后，直接充当新车销售而不明示。三是商家降低售后服务标准。如对原本属于包修、包换的免费维修服务，改为收费服务；对应使用原厂配件的擅自更换为副厂配件。四是商家虚假宣传。

2019年汽车消费维权事件广受社会热议，为更好保护广大汽车消费者合法权益，福建省消委会特发出以下消费提示。

做足功课，全面了解品牌质量。购车前做好相关的调研，咨询身边用车朋友，查阅相关资料，多渠道了解拟购车辆车型是否成熟，品牌美誉度如何，重要核心配件是否存在明显缺陷。

拒绝诱惑，优先考虑诚信商家。要选择市场口碑好、经营时间长、维权渠道畅通、没有维权“黑历史”的汽车经销商，全方位考虑售前售后服务水平，不被打折优惠、促销宣传所迷惑。

看清条款，拒绝行业潜规则。购车时仔细查看销售合同内容，清晰了解收费与服务项目，对不明白的条款要主动提出质疑，避免被销售人员“忽悠”。要分清“定金”和“订金”的区别，遇到捆绑购买车险、贷款方可享受优惠、强制店内上牌等非自愿选择服务时，可拒绝购车，勇敢对潜规则说不。

充分试驾，请专业人士协助验车。检查车辆合格证是否抵押，合格证与车架、发动机所标注编号是否一致，车身是否有明显划痕，有条件的可以请专业人士一同验车，并对所购车辆进行充分试驾，发现质量问题要拒绝提车。

理性维权，保护自身合法权益。妥善保存购车付款凭证、合同单据，留存交易对话、咨询记录，发生消费纠纷要理智与经营者沟通协商处理，如果协商不成，要及时向消费者组织或行政机关投诉，依法有序维护自己的合法权益。

三、防疫时期的消费者保护工作

当前，因疫情防控引发的消费纠纷数量显著增多，为进一步做好受理消费者投诉工作，福建省消委会认真贯彻执行中国消费者协会关于做好疫情防控期间受理投诉工作的安排部署，做好社会矛盾减压工作，为消费者解难，为政府分忧，为防控疫情助力。坚定政治立场，全力服务大局，克服各种困难，及时向中国消费者协会报送《本辖区受理涉疫情投诉情况统计表》、投诉典型案例、本辖区受理涉疫情投诉的疑难问题的有关意见和建议等涉疫情的投诉情况（每半月一报），为全面把握消费维权热点，有效反映投诉普遍性问题，更好辅助政府决策做出了积极贡献，受到了中消协的肯定和表扬。

附：典型案例

案例一　地板瓷砖色差大，消委会公正妥善调解

消费者李女士于2019年12月27日到泉州市消委会投诉部称：其在2019年10月5日到泉州市区“喜盈门国际建材中心”内一家名为“诺贝尔智能快装集成墙饰”品牌店内的展厅看中了一款样品型号为H1809658A的地板瓷砖。消费者李女士在经过与商家沟通后，订购了47片该型号的地板瓷砖，在签订了定购合同后支付了30100元。李女士在完工现场验收时，发现完工后地板瓷砖呈现的颜色与当时在店内展示的样品颜色相差太大。随后李女士多次与商家沟通退款退货事宜，但“诺贝尔智能快装集成墙饰”的负责人以不存在色差且消费者已全部铺设完成地板瓷砖为理由拒绝消费者的退款退货要求，无奈之下，消费者李女士至泉州市消委会进行投诉，请求泉州消委会的帮助。

接到案件后，泉州市消委会的工作人员立即展开证据收集、调查案件过程的工作，联系了消费者和商家双方深入了解情况。在调解初期，商家坚持无色差，但是李女士则表示其在展厅内样品的颜色并不是其已完工的地板的效果，由于双方争议较大，初期调解无法达成一致。随后，泉州市消委会再次组织投诉方、被诉方到现场进行调解工作，多番了解后，消委会被告知由于该型号地板瓷砖在出厂时因批次的不同存在颜色差异；同时泉州市消委会、泉州市市场监管局消保科工作人员也教育了李女士在本案中存在没有履行当场及时验收义务的问题。泉州市消委会工作人员向商家讲述了我国《消费者权益保护法》等相关规定，进行了法律宣传教育工作，商家与消费者各退一步。最终双方达成一致：经营者同意退款18100元，并给予泥水工工费600元，消费者将不再追究经营者的相关责任。

我国《消费者权益保护法》第十六条第二款规定：经营者和消费者有约定的，应当按照约定履行义务，但双方的约定不得违背法律、法规的规定。第二十条规定经营者向消费者提供有关商品或者服务的质量、性能、用途、有效期限等信息，应当真实、全面，不得作虚假或者引人误解的宣传。第二十四条规定，经营者提供的商品或者服务不符合质量要求的，消费者可以依照国家规定、当事人约定退货，或者要求经营者履行更换、修理等义务。没有国家规定和当事人约定的，消费者可以自收到商品之日起七日内退货；七日后符合法定解除合同条件的，消费者可以及时退货，不符合法定解除合同条件的，可以要求经营者履行更换、修理等义务。本案中，商家提供的瓷砖与消费者在店内购买时看到的样本颜色不一致，不能以批次不同为理由给消费者造成损失，商家在该案件中应事先告知消费者这个事实存在的可能；同时本案中的消费者李女士在收货验收环节中未履行自己的义务，同样也存在一定的过错。

案例二　产品质量惹麻烦，赔偿金额引纠纷

家住福州市万科金域榕郡的消费者池先生因为家中的AO史密斯净水器漏水导致整个单元房地面被水淹，木地板、家具、墙纸等不同程度受到损坏，渗水问题甚至殃及隔壁邻居和楼下邻居，池先生与经营者就关于财产损失的认定和赔偿事宜一直无法达成一致意见，问题久拖未决，引发邻里关系紧张，池先生很是闹心，但又身在美国，无法及时赶回国处理相关事宜，无奈之下，池先生拨通越洋电话向福建省消委会寻求帮助。

由于投诉人池先生人在国外，故委托他的亲友向我会提交了授权委托书及受托人身份证明。省消委会受理投诉后，经过调查，证实池先生反映的情况属实。经查明，池先生家里净水器漏水原因系净水器过滤器连接处断开造成，经营者对于因产品质量问题造成消费者财产损失愿意承担赔偿责任，但对于损害赔偿的计算标准、计算方法、赔偿项目和赔偿金额有争议，理由是：2户邻居不是AO史密斯产品的合同相对人，故不在财产受损的理赔范围内；池先生的财产损害赔偿计算标准应该

适用以实际受损价值进行估算，因为池先生受损的房屋系从开发商处购买的商品精装房，故应该按照购房时，开发商投资的成本价格进行折旧计算，其中墙布的损失只能计算至离地50cm的范围。消费者不能接受这样的认定标准和计算方法，主张计算标准和金额应该依据当前的市场家装价格进行估算，结合墙布存在无缝特点，应该全面计算损失；另外2户邻居的财产损失与净水器漏水存在因果关系，池先生有赔偿的责任和义务，所以AO史密斯厂家应承担池先生对2户邻居的损害赔偿的损失。

省消委会就双方争议的焦点多次组织调解，努力平衡双方的利益，引导双方协商解决，调解过程中双方就装修材料款和施工工程款进行市场评估，在多次的报价询价和调整后，最终达成一致的调解方案：认定本次净水器漏水事件含2户邻居的损害赔偿共计损失6万元整，经营者一次性支付到账。纠纷圆满解决，池先生越洋致电感谢。

依据《产品质量法》《合同法》《消费者权益保护法》等相关法律，当事人一方不履行合同义务或者履行合同义务不符合约定的，在履行义务或者采取补救措施后，对方还有其他损失的，应当赔偿损失。出售的产品给购买产品的消费者造成损失的，销售者应当赔偿损失。对于损害赔偿，双方当事人可以协商约定。

案例三 消费者安全权，消委会坚定守护

2019年10月28日，消费者严女士来到福建省消委会投诉福州市鼓楼区巴厘岛女子美容生活馆井大店（以下简称美容院）。严女士在投诉中称：自己是香港居民，回闽探亲，2019年9月21日去美容院做身体护理，在沐浴后走出浴室时，因为地滑不慎滑倒，造成身体几处软组织挫伤，同时将随身佩戴的玉镯摔断，事情发生后，严女士要求美容院赔偿玉镯的损失8000元。但美容院却以浴室有提供拖鞋，服务人员已尽到安全提示义务为由拒绝严女士的赔偿要求。双方相持不下，严女士考虑到无法在福州久留，异地诉讼不便，经咨询找到我会寻求帮助。

受理严女士的投诉后，省消委会就投诉内容向经营者巴厘岛女子美容生活馆进行调查核实。经营者对严女士在美容会所消费期间因摔倒造成玉镯受损的事实予以承认，但其主张在经营过程中采取了必要措施，尽到了合理限度范围内谨慎的安全保障义务，事故发生系严女士自身疏忽造成，美容院没有任何过错，且在事故发生后又能及时送严女士到医院救治，算是尽到了应尽的责任，不应当再承担其玉镯的损害赔偿责任，故拒绝赔偿。

经调查，2019年9月21日，严女士和朋友一起去美容院做身体护理项目。在接受推拿服务前，严女士先行洗澡沐浴，服务人员向严女士提供了更换的衣服和拖鞋，但严女士因为有洁癖，没有穿拖鞋，沐浴后光脚行走，不慎滑倒，并将随身佩戴的玉镯摔断，服务人员将其扶到按摩床上为其冰敷。严女士当场报警求助，后由救护车送往福建省立医院救治，经X光（DR）检查诊断：腰椎及骨盆部诸骨未见明显骨折，急诊科为严女士开了止痛片，巴厘岛女子美容生活馆支付了医药费。严女士回到香港后，在将军澳医院进行了颈背物理治疗。

严女士向省消委会提供了香港将军澳医院的颈背物理治疗凭证和受损玉镯的购物小票，要求美容院承担治疗费、护理费和玉镯损失的赔偿费。鉴于香港将军澳医院的颈背物理治疗凭证系复印件，且没有加盖任何印章，真实性难以判断；且无法证明颈背物理治疗与在美容院的摔倒受伤存在因果关系，工作人员建议严女士补充证据，否则难以支持，故严女士放弃了人身损害这块的赔偿请求，主张玉镯损害赔偿。经营者则认为自己没有过错，并且在事故发生后及时送严女士去医院救治，支付了医药费，不应该再赔偿玉镯的损失，且对于玉镯的价值和价格也不认可，要求鉴定判定价值，再划分责任比例。但严女士主张"黄金有价玉无价"，虽然在市场表面流通的玉石都有明码标价，但却是没有特定的标准范围的，自己的玉镯是在商场购买的，有购物小票为证，算是尽到了举证责任，且自己现在回到香港，不愿意也不方便走鉴定程序。

调查调解过程中，双方对损失数额各执一词。消委会工作人员引导双方协商解决，耐心细致调解，最终做通了双方工作，促成和解，经营者同意赔偿人民币3000元，并已通过转账方式支付到账。消费者致电感谢。

省消委会认为，根据《消费者权益保护法》第七条"消费者在购买、使用商品和接受服务时享有人身、财产安全不受损害的权利"，第十一条"消费者因购买、使用商品或者接受服务受到人身、财产损害的，享有依法获得赔偿的权利"，第十八条"经营者应当保证其提供的商品或者服务符合保障人身、财产安全的要求。对可能危及人身、财产安全的商品和服务，应当向消费者作出真实的说明和明确的警示，并说明和标明正确使用商品或者接受服务的方法以及防止危害发生的方法”的规定，宾馆、商场、餐馆、银行、机场、车站、港口、影剧院等经营场所的经营者，未尽到安全保障义务，造成消费者人身、财产受到损害的，应当承担侵权责任。消费者严女士作为完全民事行为能力人，未对自身的人身和财产安全尽到谨慎注意的义务，对事故发生具有一定的过错，其应对自己的伤害和损失承担相应的责任。

案例四　新车未提遭撞，车主维权求偿

2019年2月20日，消费者黄女士与福建华俊天元汽车销售服务有限公司（以下简称华俊公司）签订了《汽车销售合同》，选购一辆雪佛兰科沃兹车辆，并委托其办理购置税缴纳、保险、上牌等手续，黄女士依约交付了各项费用，双方约定3月2日交付车辆。可当黄女士按照约定时间到达华俊公司提车时，发现车辆后保险杠有明显的碰撞剐蹭痕迹，并非全新的车辆，因双方交涉无果，黄女士遂向福建省消委会投诉。

接到投诉后，省消委会依法对投诉事项进行调查核实，华俊公司销售主管对车辆在交付前出现碰撞剐蹭事实予以承认，但不同意消费者主张的经济损失赔偿的诉求。

经查，2019年2月20日，消费者黄女士与华俊公司签订了《汽车销售合同》，选购一辆雪佛兰科沃兹车辆，并委托其办理车辆购置税、保险、上牌等业务，黄女士依约交付了各项费用，双方约定3月2日交付车辆。3月2日，黄女士依约前往华俊公司提取车辆，到达现场后，被告知车辆正在清洗，需要等待。在等待期间，获悉华俊公司的工作人员在车辆移动过程中与其他车辆发生碰撞，造成涉案车辆的左后保险杠出现严重划痕。事故发生后，华俊公司的管理者在处理问题时态度敷衍强硬，引发上述纠纷。

省消委会认为，案涉车辆在交付前发生碰撞，事实清楚，责任明确，争议不大，矛盾的核心是汽车经营者解决问题的态度，在案件调处过程中，省消委会做了大量的协调工作，经过多次的耐心调解后，终于促成双方当事人达成和解：更换一条全新的保险杠并给予2500元经济补偿。

依据《消费者权益保护法》第二十四条“经营者提供的商品或者服务不符合质量要求的，消费者可以依照国家规定、当事人约定退货，或者要求经营者履行更换、修理等义务”，第四十条“消费者在购买、使用商品时，其合法权益受到损害的，可以向销售者要求赔偿”，《合同法》第一百零七条“当事人一方不履行合同义务或者履行合同义务不符合约定的，应当承担继续履行、采取补救措施或者赔偿损失等违约责任”，第一百一十一条“质量不符合约定的，应当按照当事人的约定承担违约责任。对违约责任没有约定或者约定不明确，受损害方根据标的的性质以及损失的大小，可以合理选择要求对方承担修理、更换、重作、退货、减少价款或者报酬等违约责任”的规定，本案争议不大，本可以通过协商的方式解决，却因经营者在协商过程中处理问题的态度不够端正，导致矛盾激化、问题升级。

福建省消委会寄语广大汽车经营者，秉守诚信道德理念，坚持依法经营，维护每一位消费者的人格尊严和合法权益，切实履行消费者权益保护主体责任；鼓励消费者依法维权，理性维权，合理表达诉求，用好外力，降低成本，积极营造守法有序的社会秩序。

案例五　订购家具与约定不符，多方调解获退款补偿

1月11日，台湾地区消费者黄女士在前期通过网购平台查询到闽侯县上街镇兴隆红木家具店有销售非洲黑檀大板后，前往该家具店并现场订购了黑檀大板、红酸枝书柜、博古架等家具10余件，总价人民币4.1万元，其中黑檀大板1件，金额14400元，约定由该店为其安排分批运送到台湾地区。订购期间，黄女士向商家再三确认所购大板须为非洲黑檀，拒绝拼接及假货。可当黄女士在收到运来的黑檀大板后，发现其材质并非黑檀，而是在“奥坎”木外面涂上黑漆冒充黑檀。黄女士随即通过微信向该店销售人员反映。该店销售人员一再坚称所售大板为正宗黑檀，否则全额退款。黄女士对此不予认可，于3月15日向福建省消委会投诉，要求该家具店退还货款，对于尚未出货的其余家具取消订单。

接到投诉后，工作人员依据《消费者协会受理消费者投诉工作导则（修订）》适用地域管辖、就近受理的原则，将投诉件移转至闽侯县消委会上街分会进行处理，并对此投诉进行关注指导。

由于当时“黑檀大板”已运至台湾地区，且黄女士在投诉时未提供板材相关检测报告，在无法对大板材质进行认定的情况下，3月20日上街分会工作人员联系该店负责人进行调查调解。工作人员指出：黄女士向家具店订购黑檀大板等家具并全额支付价款，双方形成了合同关系，如果涉案的大板经过鉴定确实存在质量问题，那么家具店就是未能按照约定向消费者提供商品，侵害了消费者的合法权益。家具店负责人表示会与消费者取得联系，协商处理此事。经调解，由家具店为黄女士办理退货手续，并向黄女士支付退货运费2000元，同时对尚在运输途中的其他家具也及时召回退款。3月21日，黄女士反映称由于家具店无法办理进关手续，致使大板无法退回。经再次调解，家具店同意在前期支付退货运费2000元充抵价款的基础上，再补偿黄女士5000元差价，大板归黄女士所有，黄女士对此结果表示满意。

《消费者权益保护法》第十六条第二款规定："经营者和消费者有约定的，应当按照约定履行义务，但双方的约定不得违背法律、法规的规定。"第二十条第一款规定："经营者向消费者提供有关商品或者服务的质量、性能、用途、有效期限等信息，应当真实、全面，不得作虚假或者引人误解的宣传。"第二十四条规定："经营者提供的商品或者服务不符合质量要求的，消费者可以依照国家规定、当事人约定退货，或者要求经营者履行更换、修理等义务。没有国家规定和当事人约定的，消费者可以自收到商品之日起七日内退货；七日后符合法定解除合同条件的，消费者可以及时退货，不符合法定解除合同条件的，可以要求经营者履行更换、修理等义务。依照前款规定进行退货、更换、修理的，经营者应当承担运输等必要费用。"第五十五条第一款规定："经营者提供商品或者服务有欺诈行为的，应当按照消费者的要求增加赔偿其受到的损失，增加赔偿的金额为消费者购买商品的价款或者接受服务的费用的三倍；增加赔偿的金额不足五百元的，为五百元。法律另有规定的，依照其规定。"《合同法》第一百零七条规定："当事人一方不履行合同义务或者履行合同义务不符合约定的，应当承担继续履行、采取补救措施或者赔偿损失等违约责任。"第一百一十一条规定："质量不符合约定的，应当按照当事人的约定承担违约责任。对违约责任没有约定或者约定不明确，受损害方根据标的的性质以及损失的大小，可以合理选择要求对方承担修理、更换、重作、退货、减少价款或者报酬等违约责任。"

本案中，消费者向家具店订购黑檀大板等家具，在消费者全额支付价款的情况下，家具店理应按照与消费者的约定提供相应的家具产品，而消费者称其在收到货后却发现家具与其所要求的非洲黑檀并不相符，经营者涉嫌违反《消法》第十六条和第五十五条、《合同法》第一百零七条等相关规定，构成合同违约及消费欺诈。鉴于客观原因无法对商品进行认定或者鉴定，根据《消费者协会受理消费者投诉工作导则（修订）》第十四条，消费者虽然投诉到消委会，但是其并没有证据证明其从家具店购买到的大板与约定不符。最终，在基层消委会的帮助下，消费者按照《消法》第三十九条规定，与经营者达成和解。

在此，提醒消费者在选购实木家具产品时要向商家询问产品主要使用的木材名称及相应树种的中文名或拉丁文名、数量、价格、规格尺寸等信息，并在销售合同或清单上详细注明，一旦就材质等问题发生消费纠纷，要注意留存购物发票、销售清单、聊天记录等相关佐证材料，必要时可将产品送相关检验机构进行检测，主动维护自身的合法权益。

案例六 买到变质豆腐干，消费者获赔千元

2019年7月20日，消费者黄女士在建瓯市新华都超市购买了一袋欣田长汀豆腐干，售价5.7元。回到家拆开食品包装袋后发现豆腐干已经变质，便找到超市要求退货并按国家规定赔偿1000元。但超市认为，按照超市的理货管理程序，不可能存在食品变质现象，因此不同意消费者的诉求，双方交涉无果，消费者遂向建瓯市市场监督管理局投诉举报中心投诉。

接到投诉后，建瓯市市场监督管理局投诉举报中心介入调查，黄女士提供了实物和购物小票，超市方强调自己有一套严格的理货程序，不可能出现这样的问题，其可以向总仓调取该时段豆腐干的出库记录等凭证，并质疑消费者提供的商品来源，但无法举证。建瓯市市场监督管理局投诉举报中心工作人员向商家指出，超市对销售的商品有保证质量合格的义务，涉案食品确实存在不符合食品安全国家标准的情形，由于经营者无法提供证据证明案涉食品并非该超市所出售的，故应承担举证不能的法律后果，消费者的诉求有事实及法律依据，予以支持，经调解，超市为黄女士退货，并当场给付1000元的赔偿款。

当事人对自己提出的主张有责任提供证据加以证明。没有证据或证据不足以证明当事人的事实主张的，由负有举证责任的当事人承担不利后果。根据《食品安全法》第一百四十八条规定："消费者因不符合食品安全标准的食品受到损害的，可以向经营者要求赔偿损失，也可以向生产者要求赔偿损失。接到消费者赔偿要求的生产经营者，应当实行首负责任制，先行赔付，不得推诿；属于生产者责任的，经营者赔偿后有权向生产者追偿；属于经营者责任的，生产者赔偿后有权向经营者追偿。生产不符合食品安全标准的食品或者经营明知是不符合食品安全标准的食品，消费者除要求赔偿损失外，还可以向生产者或者经营者要求支付价款十倍或者损失三倍的赔偿金；增加赔偿的金额不足一千元的，为一千元。但是，食品的标签、说明书存在不影响食品安全且不会对消费者造成误导的瑕疵的除外。”本案中，购物小票是消费者购物的有效凭证，消费者购买到变质食品，查证属实，虽然新华都超市对案涉食品的来源提出异议，主张自己有一套严格的理货程序，不可能出售变质食品，却未能提供证据予以证明，应由其承担举证不能的法律后果。

我国的《食品安全法》赋予消费者可以请求十倍赔偿的目的在于通过加大食品生产经营者的违法成本，引导食品经营者依法经营，净化食品生产经营市场，保障公民的身体健康和生命安全，而不是成为某些人的盈利手段。而且《食品安全法》规定要求支付货款十倍赔偿金的请求权人只能是为了生活消费需要购买、使用商品或者接受服务的“消费者”。同时，福建省消委会也提醒消费者，购买商品后，一定要保留票据，以便维护自己的合法权益。

案例七　教育培训维权难，消协帮助退还款

林女士于2019年6月30日向海沧区消保委投诉反映：其于2019年4月30日在泛洋英语培训机构（地址：厦门市海沧区海沧街道滨湖北二路60—80号阿罗海城市广场3F）报名一对一英语服务，价格：16500元/30节课，约定每周赠送两节口语公开课，并承诺可以根据林女士的特长定制相关课程。在合同签订后，林女士依约交付了课时费，培训机构却擅自减少课程内容，将约定的每周赠送二节口语公开课调整为每周一节，且拒不履行为林女士的特长定制相关课程的承诺，故林女士提出解除合同，要求退还课时费。

海沧区消保委接到林女士的投诉后，立即着手调查，经核实，消费者反映的情况基本属实。工作人员指出，林女士与泛洋英语培训机构签订的服务合同系双方真实意思表示，应为有效，由于泛洋英语培训机构未依约提供培训服务的行为已构成违约，故林女士主张解除合同、退还培训费的要求合法。经工作人员多次耐心调解，双方达成一致意见，经营者同意退还消费者全部课时费16500元，消费者表示满意。

《消费者权益保护法》第二十条第一款规定：“经营者向消费者提供有关商品或者服务的质量、性能、用途、有效期限等信息，应该真实、全面、不得作虚假或者引人误解的宣传”；第十六条第二款规定：“经营者和消费者有约定的，应当按照约定履行义务，但双方的约定不得违背法律、法规的规定”及《福建省实施〈中华人民共和国消费者权益保护法〉办法》第二十六条规定：“经营者应当按照与消费者的约定提供商品或者服务。经营者擅自增加项目或者提高标准，消费者不认同的，由经营者承担由此增加的全部费用并承担违约责任；擅自变更、减少项目或者降低标准的，消费者有权要求按照原约定履行，确实无法履行的，经营者应当退还相应费用并承担违约责任。”本案例中，培训机构在与林女士签订合同时，存在虚假宣传，误导消费者在先，在合同履行过程中未依约提供相应的服务，构成违约在后，因此，林女士主张解除合同，退还培训费的诉求合法合理，应予以支持。

消委会提醒广大消费者：签订合同前，要仔细阅读合同条款，不要盲目相信培训机构的一面之词，做到心中有数；要详细了解培训细节，并把约定内容体现在合同中；保存好合同、收据、发票等证据材料，有效维护自身合法权益。

案例八　二手房交易问题多，风险防范很重要

近日，泉州市消委会接到消费者骆先生投诉：其于2018年3月通过顺源房产中介寻找二手可过户房源，并支付了5000元的中介费用。找到房源后，因房东此前已将房屋抵押，无法过户，消费者要求退还已支付的中介费用，被中介方拒绝，故消费者请求泉州消委会予以协助调解。

泉州市消委会接诉后，立即指派工作人员与消费者骆先生联系，提取了消费者与中介方签订的佣金收取凭证及房产买卖合同，上述合同中约定了房产买卖双方若有任何一方中途毁约，则中介费用由毁约的一方支付，工作人员组织双方当事人进行调解，调解过程中，房产中介方称其作为中介机构只是提供房源信息，造成这次交易失败的原因是业主隐瞒信息，并非自己的过错。经过工作人员的耐心调解，被投诉人同意退还5000元的中介费用给消费者。

《住房城乡建设部等部门关于加强房地产中介管理促进行业健康发展的意见》（建房〔2016〕168号）要求规范中介服务行为，加强房源信息尽职调查。虽然房主隐瞒信息，但是作为中介机构未尽谨慎审查义务，未审查业主的处分权，也存在过失，且合同约定中介费用应由违约方支付。

近几年，围绕二手房交易引发的纠纷屡见不鲜，为了维护广大消费者的合法权益，福建省消委会提醒消费者购买二手房时，应当注意签订居间合同，约定好各方当事人的权利义务，特别是交易中当前常见、重大的应告知事项及义务清晰列明，保障消费者的知情权有效落实到合同上，并要求交易各方签署确认，以维护交易各方的正当权益。

案例九　老人购买保健品，消协帮助退还款

2019年1月25日，消费者骆先生（83岁）来厦门市消保委投诉：其于2018年12月23日向厦门鑫康博士贸易有限公司（地址：厦门市思明区金榜路61—67号凯旋广场634室）购买金龟口服液保健品一盒，价格7990元/盒，每盒含有120小瓶，买一送一，骆先生向对方预付了2000元货款。后经过了解，获悉该保健品没有商家所宣传的功效，且价格昂贵。2019年1月8日，骆先生与商家协商退货退款，商家表示同意。但是20多天过去了，迟迟不见商家退款，骆先生多次致电商家，对方拒接电话。骆先生求助于厦门市消保委，要求商家退款2000元。

厦门市消保委接到骆先生的投诉后，多次致电商家相关工作人员，其中2人的电话处于未接状态，1人的电话在接通后表示："打错电话了。"消委会工作人员于2019年1月28日上午与骆先生一同前往厦门鑫康博士贸易有限公司，结果发现该公司办公室的大门紧锁，消委会工作人员致电该公司工作人员，在沟通中，商家的处理态度傲慢无礼，以公司已经放假，工作人员均不在厦门为由，表示无法解决该问题。消委会工作人员在电话中严肃认真地向商家明确了《消法》的相关规定，要求商家端正态度，尽快想办法解决问题。经过厦门消委会工作人员后续积极的协调沟通后，商家工作人员于2019年1月28日晚来到骆先生所居住的社区，将2000元的预付款退还给骆先生。次日上午骆先生来访厦门市消委会，对处理结果表示满意。

《保健（功能）食品通用标准》对保健食品的定义为："保健（功能）食品是食品的一个种类，具有一般食品的共性，能调节人体的机能，适用于特定人群使用，但不以治疗疾病为目的。"《消费者权益保护法》第二十条规定："经营者向消费者提供有关商品或者服务的质量、性能、用途、有效期限等信息，应当真实、全面，不得作虚假或者引人误解的宣传。"上述纠纷中，骆先生购买金龟口服液保健食品后，经过多方了解得知此款产品并不具有商家所宣传的效果，根据《消费者权益保护法》的相关规定，骆先生有权要求商家给予退货退款处理。

福建省消委会提醒老年消费者，对保健食品消费应保持足够的警惕心理，提升自我保护意识和识别能力，识破不良经营者的骗人伎俩，避免陷入保健陷阱。

案例十　隐瞒重要价格信息，涉嫌欺诈消费者

2019年2月28日，消费者吴女士在福建宁德福鼎市梦金园钻石店购买黄金饰品，看见店面当天显示屏显示"黄金308元/克，工艺费30元/克"，当下选中6件黄金饰品，总价值28450元，当即付款取货。3月1日吴女士把6件黄金饰品重新进行计算时，发现金饰的克数、工艺费总价有误，便找商家核实，商家却告知该金饰的工艺费是按60元/克计算的，价值无误。吴女士指责商家经营不合理，自己之所以在福鼎市梦金园钻石店购买金饰，就是因为当时显示屏的工艺费标价30元/克，符合自己购买的价位才购买的。双方交涉无果，吴女士向福鼎市消委会寻求帮助。

福鼎市消委会接到投诉后，立即对该事件进行调查。经消委会工作人员了解，消费者吴女士所述属实，福鼎市梦金园钻石店确实没有按吴女士购买金饰当天的工艺费标价进行计费，而且商家与消费者交易时，没有将工艺费60元/克的重要信息予以告知，导致消费者的合法权益受到损失。经工作人员调解及引用《消法》有关规定向商家进行宣讲，指明其在服务方面存在的问题和不足，同时商家承认自己店面显示屏显示价格有误，给消费者造成经济损失，向消费者表示真诚的歉意。消费者表示原谅商家工作的失误，没有提出"退一赔三"的要求，只要求按照当天工艺费标价30元/克重新计算，商家退还给吴女士多收的工艺费3600元，消费者对处理结果表示满意。

依据《合同法》《消费者权益保护法》相关法律规定，经营者向消费者提供服务，应当恪守社会公德，诚信经营，保障消费者的合法权益。经营者以广告、产品说明或者其他方式表明服务的质量状况的，应当保证其提供的服务的实际质量与表明的质量状况相符。经营者在经营活动中使用格式条款的，应当以显著方式提醒消费者注意服务的数量和质量、价款或者费用、履行期限和方式、安全注意事项和风险警示、售后服务、民事责任等与消费者有重大利害关系的内容，并按照消费者的要求予以说明。消费者在购买商品或者接受服务时，有权获得质量保障、价格合理、计量正确等公平交易条件，有权拒绝经营者的强制交易行为。《关于贯彻执行〈中华人民共和国民法通则〉若干问题的意见（试行）》第六十八条规定："一方当事人故意告知对方虚假情况，或者故意隐瞒真实情况，诱使对方当事人作出错误意思表示的，可以认定为欺诈行为。”《侵害消费者权益行为处罚办法》第十六条规定：“经营者有本办法第五条第（一）项至第（六）项规定行为之一且不能证明自己并非欺骗、误导消费者而实施此种行为的，属于欺诈行为。”据此，经营者负有向消费者如实陈述有关商品真实信息的义务，这种义务是法定义务，经营者必须履行，违反此义务，将构成欺诈。

案例十一　食物中毒刻不容缓，市场监管快速反应

11月25日上午，连城县市场监督管理局接消费者投诉举报，有人因食用连城县莲香园西饼屋生产销售的蛋糕出现发烧、腹泻等症状，疑似食物中毒，多人住院治疗。

食品安全关乎人们的身体健康和生命安全，所以接到消费投诉举报后，连城县市场监督管理局和消委会高度重视，执法人员第一时间赶赴莲香园西饼屋进行调查，查封该店食品加工销售场所及食品原料、设施设备。派人到连城县医院对患者进行询问调查，并协调连城县医院开辟绿色通道，责成莲香园西饼屋经营者先行垫付医药费；协同连城县疾控中心组织相关人员共对患者开展流行病学调查；配合市级抽检机构对11批次、4个品种的半成品、成品、原料进行抽检。经公安部门介入调查，初步排除人为投毒的可能。12月4日龙岩市产品质量检验所出具了11批次食品样品检验检测报告，具体检验结果为：3批次预包装未开封奶油、1批次蛋糕胚均未检出沙门氏菌，1批次预包装未开封超高温灭菌搅打稀奶油、4批次生日蛋糕（含1份病患未食用完蛋糕）、2批次已打发的奶油均检出沙门氏菌。经流行病学调查、中毒者特有的临床表现和实验室检验结果等综合分析，确认这是一起鼠伤寒沙门氏菌食物中毒。

由于该案件涉及面较广，社会影响力大，我们及时启动了司法调解程序为患者提供法律援助，全力做好善后和社会稳定工作。

将食品样品检验结果显示1批次预包装安佳超高温灭菌搅打稀奶油检出含有沙门氏菌这一事件上报上级部门，减少社会危害。对当事人行为构成犯罪的，将根据相关程序依法移送公安部门。

《食品安全法》规定，食品生产经营者对其生产经营食品的安全负责。食品生产经营者应当依照法律、法规和食品安全标准从事生产经营活动，保证食品安全，诚信自律，对社会和公众负责，接受社会监督，承担社会责任。《消费者权益保护法》规定，消费者在购买、使用商品和接受服务时享有人身、财产安全不受损害的权利。消费者有权要求经营者提供的商品和服务，符合保障人身、财产安全的要求。

随着广大消费者的生活水平和生活质量的不断提高，消费观念不断变化，消费者日常群体性活动需求量不断扩大，聚餐现象日益普遍。部分餐饮食品经营单位，尤其是小餐饮店、小餐饮摊贩、小食杂店经营人员法律意识和食品安全意识比较薄弱，设施设备差，企业自律能力较低，主体责任落实不到位，存在潜在的食品安全风险；县级一线监管人员数量缺乏，特别是专业技术人才严重缺乏，一定程度上造成监管难度较大，监管责任风险突出，检验检测能力不足。县级不单独设立食品药品检验检测机构，面对网络订餐、跨境电商等新业态、新事物，未知的食品安全风险增多，县级检验检测能力和条件欠缺问题日益突出。

案例十二　美白靓颜擦亮眼，联合出拳治伪劣

2019年4月28日，消费者陈女士至泉州市安溪县消委会反映：她于2018年11月26日起使用在安溪县城厢镇“博诗颜美容”购买的一套名为“Fulixi芙丽熙”的系列美白护肤品后，按照商家的要求使用，却出现了脸部过敏的现象，随后咨询商家，商家表示这是排毒现象，属于正常情况。2019年2月，陈女士出现了口腔炎、四肢酸痛、伴头晕、全身乏力的症状，于是到福建省职业病防治院进行检查。经诊断为“生活性慢性汞中毒”，但是陈女士并非职业接触人员，她便怀疑是使用的护肤品中的“汞”超标所致。经“驱汞”治疗后，陈女士投诉要求商家给予赔偿。就在陈女士向泉州市安溪县消委会投诉后，接连有10位使用过“Fulixi芙丽熙”美白护肤产品的消费者在听说陈女士使用该产品后出现身体不适的情况后，也前来表示她们使用过该产品出现过敏等症状，要求商家对其造成的人身损害进行赔偿。

泉州市安溪县消委会工作人员接到投诉后，立即联系投诉方、被诉方深入地了解情况。由于“Fulixi芙丽熙”美白护肤产品涉嫌“汞”超标情况，工作人员即要求被诉商家提供向其购买并使用该款涉诉护肤品的消费者名单，并由商家负责通知消费者先暂停使用该款涉诉护肤品。安溪县工作人员查看了经营者提供的相关材料后了解到共有25名消费者购买了“Fulixi芙丽熙”美白护肤产品并正在使用，但经营者提供的产品检测报告生产批号与消费者提供的实物上的生产批号并不一致，无法一一对应。

由于该案件涉及人员多，社会影响恶劣，故安溪县消委会启动了“诉转案”机制，转安溪县市场监督管理局执法大队立案查处，并将被诉产品送至相关机构进行检验。经“泉州市食品药品检验所”检验，在送检的五样产品中“焕彩霜”不合格，汞严重超标。安溪县消委会工作人员在接到检验报告后，立即展开工作，召集双方进行调解，经营者表示其也为使用该产品的受害者，责任不应全部由其承担，工作人员向经营者宣传了我国《消费者权益保护法》等相关规定。最终达成如下协议：商家同意退一赔十，并赔偿医药费；对于部分未到医院就诊的消费者每人补偿人民币3000元。最终以林女士为代表的17人同意商家的赔偿意见，赔偿金额人民币133000元；陈女士等8人不同意，认为赔偿金额达不到其预期，所以陈女士等8人无法与商家达成调解协议，调解只能终止，已建议其向法院起诉。

《消费者权益保护法》第十一条规定：“消费者因购买、使用商品或者接受服务受到人身、财产损害的，享有依法获得赔偿的权利。”本案中，消费者陈女士等25人确因使用美白产品后发生身体不适的现象，有权向商家要求赔偿维护自身权益。同时建议消费者理性消费，在变美的同时要保护好自身的安全。一些美白祛斑的化妆品中有汞及含汞化合物等有害成分，这类物质可使皮肤快速美白。但其毒害性不容忽视：由于这些有毒成分可随化妆品经皮肤吸收沉积在人体内，引起慢性汞中毒，因此在使用这类产品时更要小心谨慎，以避免类似情况发生。泉州市安溪县消委会高度重视此案，在协调消费者与商家的同时，将商家销售不合格化妆品的违法行为立案查处，并把违法行为线索抄告生产商、经销商所在地市场监督管理局，以行政执法的强制力充分保护了消费者的合法权益。

江西省消费者权益保护委员会受理投诉分析报告

一、数据分析

据统计，2019年，全省消保委（消协）组织共受理消费者投诉8503件，解决7564件，投诉解决率88.96%；接待消费者来访和咨询近6.2万人次；为消费者挽回经济损失1651万元，其中因经营者有欺诈行为得到加倍赔偿的投诉132件，加倍赔偿金额114万元。

2019年，全省消保委（消协）组织受理投诉总量虽然同比下降8.3%，但帮助消费者挽回的经济损失数额却同比增加29.4%（见表1）。

表1　2018年、2019年投诉情况比较表

项　　目	2019年	2018年	变化率
投诉总数（件）	8503	9272	↓ 8.3%
解决数（件）	7564	8423	↓ 10.2%
解决率	88.96%	90.84%	↓ 1.88%
挽回损失（万元）	1651	1276	↑ 29.4%

（一）投诉性质分析

根据投诉性质，在所有投诉问题中，质量问题占25.54%，售后服务问题占11.54%，合同问题占7.46%，虚假宣传问题占7.36%，价格问题占3.99%，安全问题占2.03%，假冒问题占1.96%，计量问题占1.29%，人格尊严问题占0.27%，其他问题占38.55%。由此可见，产品质量、售后服务以及合同问题仍是引发消费者投诉的主要原因，占投诉总量的44%以上。

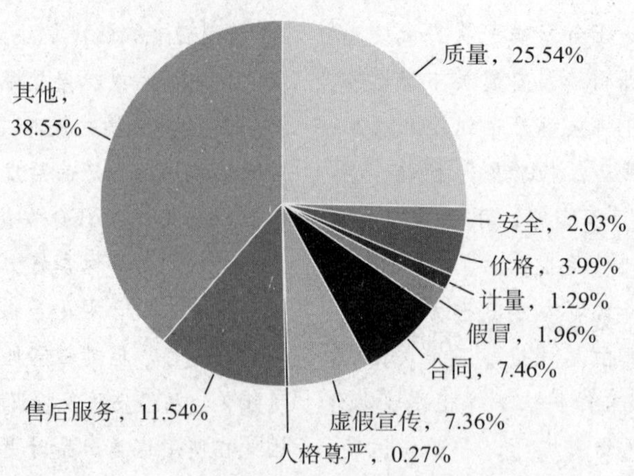

图1 按投诉性质分类比例图

与2018年相比，质量问题投诉比重下降2.42%，虚假宣传问题投诉比重下降7.1%，价格问题投诉比重上涨0.93%，其余类投诉变化幅度较小（见表2）。

表2 2016年、2017年投诉性质变化表

投诉性质	2019年占投诉总量的比重（%）	2018年占投诉总量的比重（%）	比重变化（%）
质量	25.54	27.96	↓ 2.42
售后服务	11.54	9.59	↑ 1.95
合同	7.46	7.42	↑ 0.04
虚假宣传	7.36	14.46	↓ 7.1
价格	3.99	3.06	↑ 0.93
安全	2.03	2.43	↓ 0.4
假冒	1.96	2.41	↓ 0.45
计量	1.29	1.54	↓ 0.25
人格尊严	0.27	0.24	↑ 0.03
其他	38.55	30.9	↑ 7.65

（二）商品和服务类别分析

2019年，全省消保委（消协）组织受理商品类投诉5078件。其中，食品类共980件，占商品投诉总量的19.30%，位居商品类投诉第一。交通工具类、家用电子电器类、日用商品类及服装鞋帽类四类商品的投诉量分别居第二到第五位（见图2）。

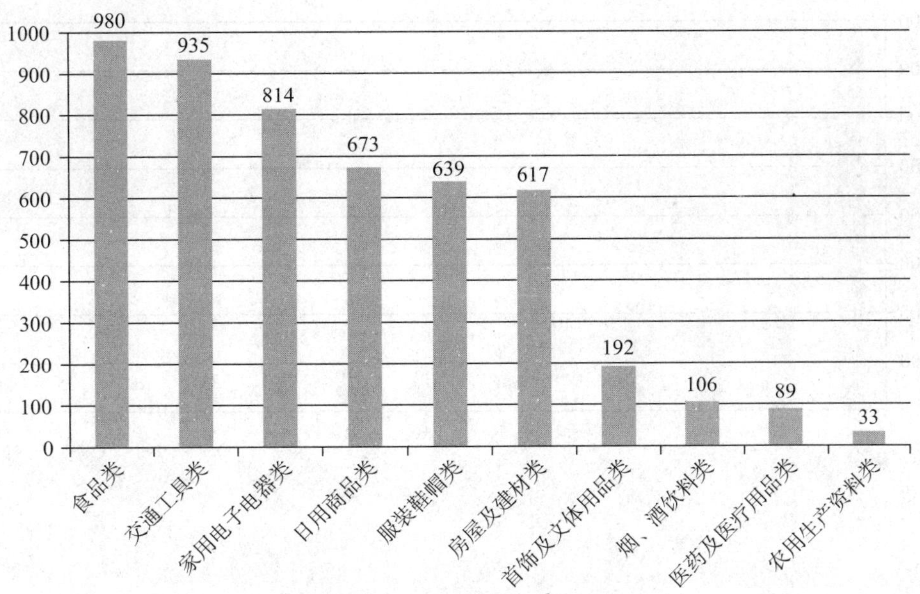

图2　商品类投诉量图（单位：件）

商品类投诉中，与2018年相比，食品类问题投诉比重上涨1.2%，家用电子电器类问题投诉比重下降1.81%，服装鞋帽类问题投诉比重下降3.09%，其余类投诉变化幅度较小（见表3）。

表3　2019年、2018年商品类投诉量变化表

投诉类别	2019年占投诉总量的比重（%）	2018年占投诉总量的比重（%）	比重变化（%）
食品类	11.52	10.32	↑1.2
交通工具类	11.0	10.96	↑0.04
家用电子电器类	9.57	11.38	↓1.81
日用商品类	7.91	8.44	↓0.53
服装鞋帽类	7.51	10.60	↓3.09
房屋及建材类	7.26	6.57	↑0.69
首饰及文体用品类	2.26	2.70	↓0.44
烟、酒饮料类	1.29	1.27	↑0.02
医药及医疗用品类	1.02	1.38	↓0.36
农用生产资料类	0.91	0.59	↑0.32

2019年，全省消保委（消协）组织受理服务类投诉1868件。其中，生活社会服务类投诉761件，占服务类投诉总量的40.74%，位居服务类投诉第一。文化、娱乐、体育服务，销售服务，电信服务，房屋装修及物业服务类等四类服务投诉分别居第二到第五位（见图3）。

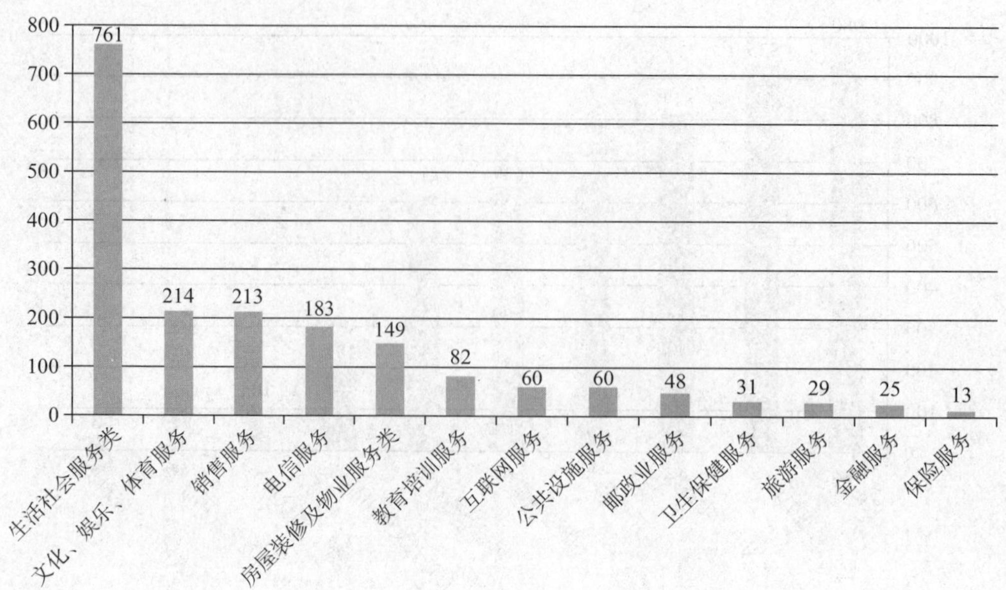

图3 服务类投诉量图（单位：件）

在服务类投诉中，与2018年相比，生活社会服务类和销售服务类投诉比重有所上升，其余类投诉变化幅度较小（见表4）。

表4 2019年、2018年服务类投诉量变化表

投诉类别	2019年占投诉总量的比重（%）	2018年占投诉总量的比重（%）	比重变化（%）
生活社会服务类	8.95	6.95	↑ 2.0
文化、娱乐、体育服务	2.52	1.74	↑ 0.78
销售服务	2.50	1.1	↑ 1.40
电信服务	2.15	2.64	↓ 0.49
房屋装修及物业服务类	1.75	1.26	↑ 0.49
教育培训服务	0.96	0.58	↑ 0.38
互联网服务	0.71	1.09	↓ 0.38
公共设施服务	0.71	0.84	↓ 0.13
邮政业服务	0.56	0.82	↓ 0.26
卫生保健服务	0.36	0.36	持平
旅游服务	0.34	0.58	↓ 0.24
金融服务	0.29	0.18	↓ 0.11
保险服务	0.15	0.23	↓ 0.08

二、热点分析

（一）食品类投诉有所增长，取证维权难度较大

2019年，全省消保委（消协）组织共受理食品类投诉980件，占商品投诉总量的19.30%。消费者反映的问题主要有：一是部分经营者销售假冒伪劣食品、变质食品；二是部分超市销售快过期的食品时没有醒目标识、将新鲜食品与非新鲜食品混合打包销售等；三是散装食品问题，一些网店在不具备分装资质的情况下，自行对食品进行分装销售，安全卫生难以保障；四是食品包装标识问题，如有的食品包装标准事项不规范、部分进口食品没有贴中文标签或者存在标签瑕疵等。

2019年8月20日、21日，消费者杨某在鄱阳县某超

市先后购买了2盒巧克力，却发现每盒巧克力中都有白色虫子，消费者要求商家赔偿未果，遂向鄱阳县消协投诉。消协工作人员接到投诉后，立即进行调查，并组织双方进行调解。经调解，双方最终达成一致，由经营者一次性赔偿消费者1000元。

另一消费者反映自己于2019年10月23日晚上在峡江县某面包店购买了一包小麻花，价格为10元。但吃了一点之后便腹胀腹泻，遂把包装袋内的麻花全部倒出检查，发现该麻花袋内有污秽的脏物，仔细闻有明显的霉变气味，遂向峡江县消协投诉。消协工作人员接到投诉后，组织双方进行调解，经调解，经营者赔偿消费者1000元。

（二）汽车类投诉仍高速增长，违法格式合同依然不少

2019年，全省消保委（消协）组织受理交通工具类投诉共计935件，位居商品类投诉第二。大部分投诉均为汽车及其零部件投诉，主要涉及以下几个方面问题：一是产品质量问题，投诉大部分反映在汽车零部件上，如发动机、变速箱等主要部件屡现故障；二是购车合同问题，经营者提供的合同明显有利于自己，甚至违反法律规定，排除消费者主要权利，在合同条款中对于消费者和销售商在权利义务约定上不明确、不对等，违约后承担的赔偿责任不清，消费者不能按照合同有效维权；三是售后服务问题，故障不能一次性修好，出现返修状况，或故障多次维修却不能彻底解除，维修不出具明细等；四是捆绑销售车险和诱导消费者贷款，部分经营者要求必须在4S店购买车辆保险和办理贷款，在指定的保险公司投保，有时还要消费者交几千元到上万元的保险押金。

消费者程某于2018年9月15日在婺源县某汽车公司购买某品牌轿车一辆，价税合计10.68万元，并办理了保险。2019年1月29日，程某的车子发生火灾被烧毁，报警处理后，程某持《火灾事故认定书》多次与经销商、厂家协商赔偿事宜，但始终未果，遂于2019年2月18日向婺源县消协投诉。受理投诉后，消协工作人员高度重视，积极调查，并耐心做经营者的思想工作，于3月12日召集纠纷双方进行调解。经调解，双方自愿达成协议：经营者赔偿程某全额购车款、购车增值税、车辆保险，并补偿交通费3000元，合计人民币13.15万元。

消费者魏某反映其在武宁县某汽贸公司购买的某品牌汽车，还没出门就发现安全气囊灯亮，且发动机故障灯亮。消费者与商家协商换车，却被告知只维修，不换车。魏某认为不合理，于是向武宁县消协投诉。最终，经消协工作人员调解，经营者同意更换一辆同款汽车，消费者则补偿经营者因前一辆车车门被划伤的修复款3000元。

（三）生活、社会服务类投诉较多，美容美发行业尤为突出

2019年，全省共受理生活、社会服务类投诉761件，占投诉总量的9%。其中，涉及美容行业的投诉就有128件，占生活、社会服务类投诉的16.8%。美容美发行业之所以问题频发，投诉较多，主要有以下三个原因：一是经营者安全责任意识差，对消费者造成人身安全伤害。如有消费者在美容店做美容保养后，不仅没有达到预期的效果，反而使身体局部出现炎症。二是会员卡优惠虚假。一些美容美发店打着免费美容、充值、赠送礼品或者超低价格的幌子，吸引消费者办理“会员卡”“VIP卡”，但使用过程中却找出种种借口，要求消费者加价消费。三是部分美容美发店在收取消费者高额会员费后“消失”，致使消费者财产安全受到侵害。

2019年5月11日下午，熊某在永修县新城一美容院接受美容保健（拔火罐）服务时，由于工作人员操作失误，造成消费者腹部和背部不同程度烧伤。双方在医疗费用及赔偿方面存在较大异议，故消费者及其家属向永修县消协投诉。消协工作人员接到投诉后，立即展开调查。经过多次沟通调解，双方于2019年8月28日达成一致，经营者除了支付全部医药费5200元外，另外一次性给予消费者经济补偿1万元。

2019年4月23日，消费者丁某反映其在瑞昌市一美容店办卡做脸部护理后，脸上多次出现过敏情况，要求美容店退款。美容店则以“这是一个排毒过程，是正常反应，是消费者自身内分泌问题”为由，不予退款。双方协商无果，消费者向瑞昌市消保委投诉。瑞昌市消保委城区分会接到投诉后展开调查，发现消费者所购护肤品的说明书有使用提醒，“如果用后有过敏反应，立即停止使用”，但美容店规避了该问题，没有告知消费者停止使用，只强调进一步护理调理就会好的。而且美容店在消费者没有就医的情况下就断然定性过敏反应是排毒反应，是不妥当的。经调解，双方最终达成一致，美容店退还消费者的购货款1559元，赔偿消费者医疗费180元。

（四）家用电子电器类投诉居高不下，售后服务仍然是“老大难”问题

近两年，家用电子电器类商品的投诉一直居高不下，2018年、2019年，全省消保委（消协）组织分别受理家用电子电器类投诉1055件、814件，一方面是因为商品本

身质量参差不齐，另一方面则是因为家用电子电器类商品购买量较大，因此相对应的投诉量也较大。家用电子电器类商品售后服务投诉主要集中在以下几个方面：一是厨房类电器、小电器种类和品牌众多，有的产品功能和指标缺乏国家统一标准，说明书内容、标识含糊，性能质量差异大；二是个别小家电产品质量没保障，不耐用、寿命短，厂家承诺的“三包”期限短，甚至无“三包”；三是部分厂商存在重销售轻服务的观念，服务意识淡薄，对消费者的诉求不重视，服务广度和深度不够，厂家缺乏对下属维修网点的有效监管；四是维修质量不高，收费价格过高，家电经多次维修仍无法解决问题，销售承诺兑现难。

消费者曾某在萍乡某品牌旗舰售后中心购买了1部某品牌手机，仅仅五天后手机就出现黑屏、信息发不出等故障。消费者向经营者反映并要求换货，经营者拒绝，并称只能刷机，无法换新机，消费者遂向萍乡市安源区消协投诉。消协工作人员接到投诉后，组织双方进行调解，经营者最终同意为消费者退货。

安义县一消费者因家里空调不制冷，于2019年7月16日找经营者进行售后维修，花了350元。但维修两天后，消费者发现空调仍然不制冷，遂找商家协商，要求对空调进行免费维修，遭到商家拒绝。最终在安义县消协的调解下，经营者同意免费对空调进行维修。

附：典型案例

案例一　超级会员门槛渐高，消协调解全额退款

2019年7月，万载县某粥楼开展周年庆活动，推出388元、688元、888元皇记超级会员免费吃12个月项目，具体是要求会员转发该店的周年庆活动，然后店老板拉会员（消费者）进群，通过群里不定时发放红包，由会员自由抢红包，手气最佳即中了活动中的388元、688元、888元皇记超级会员免费吃12个月的奖项。中奖的成为超级会员，在7天之内到店内办理超级会员，缴交398元会员费，就可在12个月内每个月享有其中奖金额的免费吃待遇（如中688元，就可每个月免费吃688元，可连续吃12个月）。但是商家在实际经营过程中，几次擅自设置消费门槛，指定消费菜品和就餐人数，经营者的行为让消费者感到不满，于是到万载县消协投诉。

万载县消协受理投诉后，指派工作人员进行调查，查明活动第一个月，经营者没设置什么条件，消费者可按获奖金额免费吃，但后来经营者不断在参加人数、指定菜品、消费金额上要求消费者达到一定条件，否则就不能享受其中奖金额度免费吃的奖项。经万载县消协组织双方调解，消费者和商家达成一致意见：

经营者退回12名消费者每人超级会员费398元，此会员费在签订协议书之日起一个月后统一退回给消费者。解除双方有关超级会员的约定。

经营者因缺乏经验订立了对自己利益有重大损害的合同时如何处理其实是一个事关经营者和消费者切身利益的现实问题。本案中，经营者营销策划严重失误，与消费者达成的消费合同对自己非常不利，实际履行会给经营者造成重大损失。《合同法》有关条款规定，因重大误解订立的合同，可以双方协商变更或解除，也可以一方请求法院和仲裁机构变更或撤销。但在未协商变更或解除以及经营者行使变更或撤销权之前，经营者不得擅自变更或拒绝履行。

案例二　所见非所得，购房定金被扣，消协调解，如数退还

2019年2月8日，消费者柯先生在九江市濂溪区某商品房售楼部交了2万元定金，认购了一套商品房，当时售楼部表示这个房子是有露台的，也带他看了同样面积的样板房，确实有露台。但当柯先生要求去自己所定的房子里看看时，售楼人员说工地正在施工，暂时无法看房，让其过几天再来看。几天之后柯先生去看房时，却发现自己的房子并没有露台，柯先生当即要求售楼部退还定金，售楼部工作人员表示，由于柯先生之前已签订了定金协议，按照协议不能退还定金。对此双方产生了争议，柯先生于2019年2月13日向濂溪区消费者协会莲花分会进行了投诉。

濂溪区消费者协会莲花分会收到柯先生投诉后，依法受理了该投诉，并于2019年2月14日派出工作人员去现场进行了调查，确认消费者所述基本属实，但售楼部认为消费者所认购的房子与所看的这个房子户内房型和面积相同，有无露台对户型内没有实际性影响，柯先生也签订了定金协议，按照协议约定是不可以退还定金的。莲花分会认为露台是消费者缴纳购房定金的重要因素，正因为售楼人员表示其所认购的房子与带其所看到的完全一样，消费者才会签订定金协议，经分会工作人员耐心细致调解，双方达成一致，售楼部退回柯先生定金2万元。

根据《消费者权益保护法》第十六条第二款“经营者和消费者有约定的，应当按照约定履行义务，但双方的约定不得违背法律、法规的规定”，第五十三条“经营者以预收款方式提供商品或者服务的，应当按照约定提供。未按照约定提供的，应当按照消费者的要求履行约定或者退回预付款”的规定，本案中双方均承认当时看房时的户型为带露台的，所以售楼部应当退回柯先生定金。

案例三 居家装修起争议，消保委调解达共识

2019年7月26日，消费者郑先生来到南昌市消保委投诉，称其在2019年3月与广东某装饰公司南昌分公司签订了装修协议，双方约定工期为3个月，由装修公司提供房屋的设计图纸和装修施工服务，还可以参加公司五折购装修建材促销活动，总工程款13万元。郑先生当月交付3万元定金，随后以五折的价格选购了地面、墙面瓷砖等。因工程进度缓慢，3个月没有完工，也未按双方签订的协议和设计图纸施工，造成吊顶与地面高度比图纸设计低5公分，原装防盗门无法使用，需要更换新防盗门。郑先生要求公司赔偿1万元，多次沟通无果。

市消保委工作人员查看了消费者提供的相关材料后，立即开展调查工作，并约谈装修公司负责人。该负责人表示，工期未按合同完工，责任不全在施工方，因为消费者经常不在现场，导致装修公司的工人无法进入现场，影响了装修进度。而地面与吊顶偏低是因为原房屋施工的设计问题，经水平仪测试，地面最高与最低点相差5公分，按照行业标准，施工人员只能按照最高点做地面铺装。考虑到家装的复杂性，工作人员随即要求双方提供装修协议和设计图纸，到施工现场核查调解。经现场核实，双方争议点都有客观事实性，但装修公司在发现问题后并未告知消费者和做装修工程“变项”确认，也未按照装修协议约定的“出现争议问题双方友好协商处理”。根据《消费者权益保护法》第十六条、第五十二条，《合同法》第八条、第一百零七条之规定，消保委工作人员指出装修公司的过错问题，应当补偿消费者的相应损失。最后，装修公司同意市消保委的意见，消费者表示满意。

消费者为生活消费需要购买、使用商品或者接受服务，其权益受《消法》保护。装修公司为消费者提供其生产、销售的商品或者提供服务，应当遵守《消法》。《消法》第十六条规定：“经营者向消费者提供商品或者服务，应当依照本法和其他有关法律、法规的规定履行义务。经营者和消费者有约定的，应当按照约定履行义务……”第五十二条规定：“经营者提供商品或者服务，造成消费者财产损害的，应当依照法律规定或者当事人约定承担修理、重作、更换、退货、补足商品数量、退还货款和服务费用或者赔偿损失等民事责任。”本案中，经营者为消费者提供装饰装修服务，由于逾期未交工、未按协议约定等违约行为，给消费者造成损失，应当承担违约责任。《合同法》第八条规定：“依法成立的合同，对当事人具有法律约束力。当事人应当按照约定履行自己的义务，不得擅自变更或者解除合同，依法成立的合同，受法律保护。”第一百零七条规定：“当事人一方不履行合同义务或者履行合同义务不符合约定的，应当承担继续履行、采取补救措施或者赔偿损失等违约责任。”本案属于装修合同纠纷，装修公司和消费者双方签订的协议属于合同关系，但在施工过程中，装修公司没有履行合同约定的告知和工程变项义务，构成了违约，理应承担违约责任。

案例四 老人网购不合格产品，消保委协调，如数退货

2019年8月12日，80岁的张大爷从北京打电话到南昌市消保委投诉称：其2019年8月6日通过观看网络电视推广得知南昌某知名电商购物平台产品，随即电话咨询客服，告知他需要订制大功率和大尺寸的油烟机，客服人员表示可以订制。张大爷即下单订制了一套价格1980元的油烟机，约定货到付款。2019年8月10日，物流通知张大爷提货，并告知如须送货上门上楼，要另收150元服务费。考虑到自己年龄大，张大爷就同意了，货到后即付现金2130元。随后张大爷联系安装师傅，拆箱后却发现产品尺寸和功率不符合订制要求。张大爷电话联系电商平台要求退货，电商平台方说是厂家发货，责任不在电商平台，不给退货。张大爷又电话咨询厂家，厂家解释他只按电商平台发货，不承担其他责任，如果消费者退货必须承担物流费150元。张大爷遂向南昌市消保委投诉，希望维护自己的合法权益。

市消保委工作人员接听了张大爷的来电，耐心聆听张大爷的详细诉说后，立即约谈电商平台，电商平台解释说，退款必须保证货物无任何磨损，不能影响二次销售，消费者退货还应承担一部分物流费用。市消保委工作人员明确指出，电商平台应遵循《消费者权益保护法》之规定，网络购物和电视购物可以7天无理由退货，谁的责任谁承担运费。此案中，经营者为责任方，经营者应当承担运输等必要费用。最后，电商平台同意全额退款，张大爷表示满意。

这是一起典型的非现场购物引发的消费纠纷。根据《消费者权益保护法》第二十四条“经营者提供的商品或者服务不符合约定定制要求的，消费者可以依照国家规定、当事人约定退货。依照规定进行退货、更换、修理的，经营者应当承担运输等必要费用”，第二十五条：“经营者采用网络、电视、电话、邮购等方式销售商品，消费者有权自收到商品之日起7日内退货，且无需说明理由……消费者退货的商品应当完好”之规定，经营者应当自收到退回商品之日起7日内返还消费者支付的商品价款。

案例五　旅行社员工携款失联，上犹消协高效助维权

2019年3月中旬，上犹县77名旅客先后在某旅行社上犹营业部报名参加赴新加坡、马来西亚旅游，每人缴纳团费2900元，会员费298元，共计24余万元。但在3月下旬，却分别接到航空公司电话，告知旅行社未支付机票款，将影响出行，旅客纷纷到该旅行社上犹营业部求证，得知因旅行社工作人员私自挪用团费10余万元且失联，导致营业部无法完成77名旅客赴新加坡、马来西亚旅行的计划。因此，游客代表到上犹县消协投诉，并称如处理不当将集体上访。

接到投诉后，上犹县消协高度重视，立即指派人员负责妥善处理。工作人员首先到该旅行社进行调查了解，随后又多次与该旅行社总部进行沟通。2019年3月27日，消协组织游客代表、旅行社总部工作人员、旅行社上犹营业部负责人进行现场调处，最终达成一致协议：由旅行社总部承担事件责任，先行垫资10余万元，组织77名游客于4月中、下旬分两批赴新加坡、马来西亚旅游，有效维护了消费者权益。

某旅行社上犹营业部是隶属于某旅行总社的分公司，根据《旅游法》第七十一条“由于地接社、履行辅助人的原因导致违约的，由组团社承担责任；组团社承担责任后可以向地接社、履行辅助人追偿”之规定，该旅行总社应当先行承担分公司工作人员携款失联的责任，随后依法追偿。

案例六　美体保健被烧伤，消协维权解纠纷

2019年5月11日下午，永修县消费者熊女士在永修县新城一美容院接受美容保健（拔火罐）服务时，由于工作人员操作失误，造成消费者腹部和背部不同程度烧伤。通过20多天的住院治疗，病情基本治愈，出院在家调养，但给消费者身体造成的疤痕和心灵的阴影却需要一定时间来平复，故消费者及其家属向永修县消协投诉，请求帮助维护自身合法权益。

永修县消协接到投诉后，立即开展调查。经查：这是一起工作人员操作失误造成消费者烧伤的责任事故。具体情况是，消费者在美容院接受美体保健（拔火罐）服务时，操作人员不小心将燃烧棉球里的酒精洒落在消费者的背部后又流到腹部，造成消费者背部和腹部不同程度的烧伤，当时，美容院负责人立即送受伤的消费者到县人民医院检查治疗，并垫付了医疗费。消费者治愈出院，但因赔偿问题双方分歧较大。根据这一情况，消协工作人员同美容院负责人进行了多次耐心细致的沟通协商，双方于2019年8月28日达成一致意见，经营者除了支付全部医药费5200元外，另一次性给予消费者经济补偿人民币1万元整。消费者及家属对调解结果十分满意。

《消费者权益保护法》第十一条规定：消费者因购买、使用商品或者接受服务受到人身、财产损害的，享有依法获得赔偿的权利。第四十九条规定：经营者提供商品或者服务，造成消费者或者其他受害人人身伤害的，应当赔偿医疗费、护理费、交通费等为治疗和康复支出的合理费用，以及因误工减少的收入。本案中，根据消费者实际受伤情况和医院的诊疗证明，给予消费者适当的经济补偿是合理的。

案例七　汽车自燃多方推责，消协维权终获赔偿

万年县消费者韩女士于2018年2月11日在南昌某汽车销售服务有限公司（以下简称南昌4S店）购置某品牌轿车一辆。该车价16.2万元，至事发前已使用15个月，行驶里程2.7万公里。2019年5月10日10时许，因车子出现小范围划痕，韩女士将车子交由万年县某汽车服务城（以下简称喷漆店）进行小面积喷漆，喷漆店老板承诺2天后取车。5月12日12时许，韩女士接到该店人员打来的电话，说车子出了事故，此时的车已被烧至面目全非，汽车已经报废。消防大队对火场进行了现场勘查，查找事故原因，并让韩女士等待事故认定结果。事发后，韩女士向南昌4S店就此事进行了反映。经过20天左右，消防部门对事故已有了基本认定结果。最终认定结果为：排除烤漆房的火种；排除烤漆房外部入侵的火种；不排除车子自身故障问题引起车子自燃。

其后，韩女士多次向南昌4S店和厂家总部客服热线进行电话反映，并要求其妥善解决此事，但始终不能得到答复。无奈之下，韩女士只得聘请律师，诉至万年县人民法院。考虑到韩女士的诉讼成本颇高，且车辆起火原因很难提供足够证据，法官建议韩女士到万年县消费者协会通过消费维权的途径解决，韩女士遂于当日向万年县消费者协会投诉。

万年县消费者协会受理消费者投诉后给予了高度重视，并通过法院调取了韩女士诉讼的案件资料，据此展开调查。在此期间，万年消协多次去电与南昌4S店和厂家联系，要求对方就车子自燃问题进行解释，可他们相互推诿，推卸责任。

为此，万年县消协工作人员专程赶到厂家总部进行维权，与厂家派出的销售、法律顾问等代表就车辆起火原因展开交涉。最终达成第一笔赔偿协议：厂家一次性赔偿韩女士车辆自燃起火的直接经济损失（扣除折旧）计人民币13万元。

此外，由于该喷漆店未完全尽好看护义务，对可能危及车辆安全的相关问题未及时做好防范。万年县消协又多次跟喷漆店进行协商，达成了第二笔补偿协议：该喷漆店一次性补偿韩女士2.2万元，律师同意退还部分代理费计人民币4000元。共为消费者挽回损失15.6万元。

该投诉案例可从两个方面来评析：首先，根据消防部门出具的汽车起火事故认定，本次事故排除了喷漆店自身的火种与烤漆房外部的火种，但不排除车辆自身故障起火原因，故从排除法的角度来看，车辆自身故障引起自燃的可能性较高。而且，依照《产品质量法》有关“举证倒置”的原则，汽车厂家无法提供足够的证据证明车辆起火非车辆本身质量问题所致，因此不能据此主张免责，可视为车辆自身故障引起自燃。其次，汽车服务城对可能危及车辆安全的问题未完全尽到物件保管义务，防范措施不力，最终未能避免事故损失的扩大。应当承担相应的责任，据此作出了2.2万元的经济补偿。

案例八　手表3年维权不成，消协介入，以旧换新

万年县消费者曹先生于2016年4月28日在南昌市某商场购买一块某品牌手表，价款29400元。可使用不到一个月，手表就出现了停摆现象，曹先生只得将其送到南昌店进行维修。手表维修好继续使用了不到3个月，又于2016年8月底出现同样的停摆问题。这次经2个月的维修后（商家称更换了所有零部件），手表正常使用了差不多一年，但在2017年8月中旬第3次出现同样的停摆问题。曹先生再次把手表送到南昌维修，这次一修就修了一年多，直至2018年9月，曹先生才接到南昌手表店通知，说手表修好了，让其取表，但要求曹先生支付12000元的维修费，原因是该手表过了保修期。曹先生感觉很冤，认为手表是多次没有解决的问题，而且是同一个问题，维修费不应该由自己承担，于是投诉到万年县消协。

万年县消协受理消费者投诉后非常重视，向曹先生详细核实情况，并通过电话向南昌手表店了解有关事情的来龙去脉，从而证实了消费者投诉反映的情况基本属实。随后又与深圳该品牌手表销售总部取得联系，进一步交涉此事，并向该公司宣传法律法规，明确承担责任的法律依据。2019年4月20日，曹先生终于接到南昌手表店的电话，称深圳总部同意为曹先生更换一块同品牌、同型号、同款式的手表，价款为29200元，并对公司的服务态度向消费者表示歉意，最后此事也取得了曹先生的谅解，并对处理结果表示很满意。

从本案的案情来看，这个问题久拖不决的原因是消费者维权意识淡薄。从曹先生购买手表之日起，同一质量问题相继出现3次，且首次出现质量问题距离购买时间仅一个月不到。根据《消费者权益保护法》及《钟表三包规定》第十一条、第十三条等之规定：产品在三包期内维修两次仍不能正常使用的，消费者有权要求经营者换货或退货。销售商应当承担消费者一切修理费用。

案例九　伪劣化肥伤农，消协保驾护航

2019年6月24日，抚州市东乡区消协接到东乡区马圩镇、占圩镇、岗上积镇及金溪县农民代表20余人集体投诉，称180余户农民自第一季早稻栽种时使用江西某肥业有限公司生产的系列肥料以来，禾苗长势不良，后期不得不追加其他肥料，使成本增加，给农民带来了经济损失，故投诉维权，要求给予经济赔偿。

接到投诉后，东乡区消协高度重视，及时将农民投诉的肥料送检，结果均为不合格产品。之后，区消协组织肥料生产厂家和农民代表多次调解。经双方协商，最终达成一致：以实物给予补偿。补偿农户每亩4包肥料（计140元左右），按田亩核算数量共3810亩，为消费者挽回经济损失533400元。由农民代表负责到该肥业公司凭委托书上名单领取补偿的肥料，运费由肥业公司承担。该肥业公司确保出厂肥料质量合格，肥料使用人须严格按照使用说明使用肥料，如产品再不合格由厂家全权负责并予以赔偿。农民投诉得到赔偿后，致电区消协表示由衷感谢，并送来锦旗。

《消费者权益保护法》第二十四条规定，经营者提供的商品或者服务不符合质量要求的，消费者可以依照国家规定、当事人约定退货，或者要求经营者履行更换、修理等义务；《消费者权益保护法》第十一条规定，消费者因购买、使用商品或者接受服务受到人身、财产损害的，享有依法获得赔偿的权利。本案中由于经营者提供的化肥不合格给农民带来经济损失，其合法权益理应受到法律保护。

案例十　预付金额归零，消协助力恢复

吉水县消费者万先生于2018年6月20日参加了该县某酒店的预付式办卡消费活动，并按照活动要求预付了1200元现金，酒店方在店内的电脑收银系统上为万先生设置了账户，将收到的1200元现金和赠送的150元消费券共1350元充入账户，并承诺无期限消费。酒店方还告诉万先生，账户的号码就是万先生的手机号码，不设密码，以后只要准确地报出手机号码，就可以在不出具消费卡的情况下，从账户上结账支付。2019年1月10日万先生在该酒店用餐结账时，酒店方查询后告知，万先生的号码账户余额为“零”，并展示了账户上的消费清单。万先生表示，自己随身带卡，一直都没在酒店消费，也没有委托或告知朋友，更没有接过酒店方打来的任何电话，账户里的资金怎么会清“零”？为此，万先生强烈要求恢复账户金额，在协商未果后，现场向吉水县消费者协会电话投诉。

吉水县消协工作人员接到投诉后立即赶赴酒店处理，在核实相关情况后指出，酒店方对预付式消费卡不设支付密码，且消费支付时既不查号，也不签名，存在管理上的诸多安全漏洞和潜在风险。酒店方没有认真确认消费者的真实身份，易被人冒充消费；消费事实只有酒店方单方面认定，容易产生重复记账、记出混账等虚假消费情形。在消协工作人员的宣传教育下，酒店方终于认识到错误，同意为万先生即时恢复账户金额1350元，并着手完善预付式消费卡的管理漏洞。

本案经营者涉嫌违反《单用途商业预付卡管理办法（试行）》和《支付机构预付卡业务管理办法》相关规定，存在无证发卡、随意发卡的情况。本案中，消费者与经营者之间无任何书面约定，有的只是经营者的口头承诺，经营者的承诺书、协议、金额等极不规范，存在管理上的诸多安全漏洞和潜在风险，消费者权益很难得到保障。《江西省实施〈中华人民共和国消费者权益保护法〉办法》第二十三条第一款规定“经营者以预收款方式提供商品或者服务，应当与消费者明确约定商品或者服务的数量和质量、价款或者费用、履行期限和方式、安全注意事项和风险警示、售后服务、联系方式、民事责任等内容。经营者未按照约定提供商品或者服务的，应当按照消费者的要求履行约定或者退回预收款，并应当承担预收款的利息、消费者必须支付的合理费用”。本案中因经营者的管理不规范导致消费者财产损失，应依法赔偿。

山东省消费者协会受理投诉分析报告

根据全省消协组织受理投诉情况统计，2019年全省消协组织共受理消费者投诉12107件，解决11306件，投诉解决率93.38%，为消费者挽回经济损失972万元。其中，因经营者有欺诈行为得到加倍赔偿的投诉57件，加倍赔偿金额9万元。2019年，全省各级消协组织接待消费者来访和咨询近907人次。

一、投诉分类基本情况

（一）投诉性质分析

根据投诉性质分类，在所有投诉问题中，其他问题占51.34%，质量问题占20.5%，售后服务问题占15.69%，合同问题占3.75%，价格问题占3.69%，虚假宣传问题占1.65%，安全问题占1.16%，计量问题占0.96%，假冒问题占0.96%，人格尊严问题占0.3%。产品其他、质量和售后服务问题仍是引发投诉的主要原因，占投诉总量的87%以上。

（二）商品和服务类别分析

2019年，全省消协组织受理商品类投诉4857件，其中家用电子电器类共1019件，占商品投诉总量的20.98%，位居商品类投诉第一。服装鞋帽类、交通工具类、食品类及日用商品类四类商品的投诉量分居第二到第五位。

2019年，全省消协组织受理服务类投诉3104件，服务类投诉中，生活、社会服务类投诉有2070件，占服务类投诉总量的66.69%，位居服务类投诉第一。文化、娱乐、体育服务，销售服务，房屋装修及物业服务类及教育培训服务等四类服务投诉分居第二到第五位。

二、投诉热点分析

（一）家用电子电器类投诉量居高不下

2019年，全省消协组织受理商品类投诉4857件，其中家用电子电器类共1019件，占商品投诉总量的20.98%，位居商品类投诉第一。从投诉性质看，质量问题仍是家用电子电器类投诉问题的重点。消费者投诉反映的主要问题有：一是人们生活水平不断提高，电子产品日新月异，消费者的购买力虽然增加了，但是掌握新产品新技术能力不足，导致投诉增多。二是个别经营者只顾及自身的利益，忽略了商品的质量，未能把好进货验收关，引发投诉增多。三是部分经营者只注重商品的销售量，而忽视商品的售后服务，部分厂商存在重销售轻服务的观念，服务意识淡薄，服务广度和深度不够，厂家缺乏对下属维修网点的有效监管。维修网点工作人员责任心不强，服务态度生硬。特别是农村边远地区售后服务缺失，维修难，维修成本更高，引发投诉。

手机投诉数量占首位，2019年全省消协组织共受理移动电话机投诉153件，占家用电子电器类的15.01%。主要表现为：一是智能手机存在“间歇性”质量问题，但当着经销商的面演示时问题显示不出来，消费者权益难以保障。二是由于鉴定难，生产厂家设定的维修中心既当“裁判员”，又当“运动员”，动辄以消费者使用不当为由，拒绝承担相应的“三包”责任。三是修理者故意不给消费者维修工单，以逃脱维修两次后仍然不能正常使用而应承担的换货责任。

威海市某消费者在某商场手机专卖店花1500元购买了一款手机，使用几天发现屏幕指纹解锁有时候不灵敏，找商家当场演示时却没有出现明显的操作不灵敏的情况，因此商家觉得这不算使用性能故障，不予处理。经过威海市消协调查调解，按照《移动电话机商品修理更换退货责任规定》，商家为消费者退货退款，消费者对处理结果表示满意。

（二）服装鞋帽类投诉突出，质量和售后服务亟待加强

2019年，全省消协组织共受理服装鞋帽类投诉956件，其中质量问题投诉456件，售后服务投诉159件，分别占服装鞋帽总量的47.69%和16.63%。消费者投诉反映的主要问题有：一是个别经营者生产销售假冒注册商标、涉嫌伪造产地的服装、鞋帽，或是商品没有合格证。二是个别经营者重销售轻服务，售后服务意识薄弱，商品出现质量问题时，处理投诉的态度不积极。三是质量问题，其中，服装类投诉主要集中于做工粗糙、销售前存有瑕疵、服装面料没有规范、没有醒目的洗涤说明，造成洗后串色、缩水、褪色、出现小孔，羊毛衫、西装起球、甲醛超标等问题；鞋类投诉主要集中在脱皮、脱线、脱胶、裂口等质量问题。而在投诉处理中，由于许多消费者在购货时没有索取、留存有效凭证（发票及信誉卡），失去了维护合法权益的证据。

2019年1月3日，消费者张女士到淄博市淄川区消委会投诉，经了解，张女士于2019年1月1日在市区某商场购买了一件价值1000多元的品牌围巾（咖啡色），于1月2日佩戴了4小时后，发现围巾褪色，造成其白色貂皮大衣整个领圈及内衬染上颜色，消费者张女士的貂皮大衣于2018年年初购买，价值16000元。《消法》第七条规定，“消费者在购买、使用商品和接受服务时享有人身、财产安全不受损害的权利。消费者有权要求经营者提供的商品和服务，符合保障人身、财产安全的要求”。第十八条第一款规定，“经营者应当保证其提供的商品或者服务符合保障人身、财产安全的要求。对可能危及人身、财产安全的商品和服务，应当向消费者作出真实的说明和明确的警示，并说明和标明正确使用商品或者接受服务的方法以及防止危害发生的方法”。消费者的貂皮大衣衣领及内衬由于围巾印染色牢度原因被染色，损害了消费者的财产安全。2019年1月29日，淄川区消委会工作人员召集经营者代表和消费者进行调解。双方自愿达成协议：商家对该品牌围巾进行退货处理，按发票全额退款；同时商家赔偿消费者5000元作为补偿。

（三）生活、社会服务类投诉问题多，商家诚信面临考验

服务行业作为发展迅速的新兴行业，由于市场准入门槛相对较低，服务行业从业人员的素质、服务水平、内部管理都与消费者的正常需求之间存在较大的差距，同时也有因消费者违约产生的纠纷。2019年，全省消协组织受理服务类投诉3104件，服务类投诉中，生活、社会服务类投诉有2070件，占服务类投诉总量的66.69%，位居服务类投诉第一。生活、社会服务类消费纠纷集中在餐饮、住宿服务和美容、美发行业预付卡消费领域，消费者反映的主要问题有：住宿环境差、收费不合理；消费者主动中止消费，退款难；经营者擅自变更预付费（卡）合同条约，拒不履行办卡时的约定；变更经营信息、搬迁、停业、装修不告知消费者，给消费者造成不便或损失；美容美发效果与宣传时差异大或产品不安全导致过敏或强制消费等。此外，部分经营者存在利用格式条款侵害消费者合法权益，或者未按照合同内容履约的行为。

预付式消费仍是服务类投诉的热点。在健身、餐饮、美容美发、洗车等预付式服务消费中，经营者突然闭店，消费者无法继续消费，侵害众多消费者合法权益。其他还有消费者投诉会员卡转让、终止消费不予退费等问题。存在的主要问题一是经营者限制购物卡的使用范围，规定持卡消费必须按照商品原价购买，不享受折扣等优惠。二是发卡商家玩“失踪”，消费者办卡后，经营场所突然关闭或者经营主体变更，致使消费者手中的预付卡无法使用。三是承诺服务不兑现，以虚假宣传诱使消费者办卡后，擅自降低服务质量，减少服务项目，或以种种理由要求消费

者加钱接受服务。四是办卡容易退卡难，消费者对服务不满意，或因客观情况不能继续接受服务，退卡困难。五是经营者利用格式合同，免除或减轻自己的责任，排除消费者的权利，设置“中途恕不退款”“不记名不挂失”“仅限本人使用”等极为苛刻的条件。预付卡消费很容易发生群体性投诉。按照《单用途商业预付卡管理办法》的规定，企业发行商业预付卡是有条件限制的，不是所有的企业都可以发行预付卡，且必须要到企业登记注册地的商务部门备案，但是对于个体工商户发行预付卡到目前为止尚未出台相关的管理规定，个体工商户发行预付卡成为监管盲区，也是预付式消费投诉的高发区。

2019年3月，消费者李女士到山东省消费者协会投诉，反映2018年10月她在某健身服务会所接受健身服务，但从营业至今经营者未按当时承诺提供有关游泳项目的服务，她向商家提出退款，健身公司工作人员以种种理由推诿敷衍，就是不予办理。山东省消协在调查时发现，消费者提供的经营者营业执照以及店内宣传等资料上显示均有提供游泳服务的内容，按照法律规定应视为经营者对消费者的承诺，属于合同的一部分。省消协认为，健身会所承诺提供的服务应当兑现，如不能提供相应服务，应按消费者的要求继续履行其承诺，或办理退卡退费手续，消费者提出退卡的要求合理正当。随后山东省消协多次联系该健身会所，向其提出意见和建议。经过多次与该会所领导进行沟通，商家承诺履行退费手续。

河南省消费者协会受理投诉分析报告

根据全省消协组织受理投诉情况统计，2019年共受理消费者投诉11987件，解决10643件，投诉解决率88.79%，为消费者挽回经济损失1957.72万元。其中，因经营者有欺诈行为得到加倍赔偿的投诉64件，加倍赔偿金额46.58万元。涉案金额1702.58万元，接待来访和咨询15177人次。

一、投诉性质分析

根据投诉性质（见图1），质量问题3103件，占比25.89%；售后服务问题1911件，占比15.94%；合同问题885件，占比7.38%；虚假宣传问题514件，占比4.29%；价格问题247件，占比2.06%；假冒问题129件，占比1.08%；安全问题108件，占比0.9%；计量问题71件，占比0.59%；人格尊严问题27件，占比0.23%；其他问题4992件，占比41.65%。产品质量、售后服务和合同争议问题仍是引发投诉的主要原因，占投诉总量的五成。

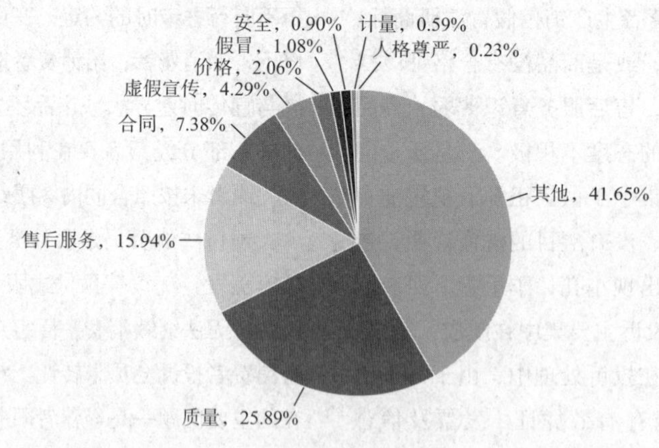

图1　投诉性质比例图

与2018年相比（见表1），涉及质量、合同、假冒、安全的投诉比重有所下降，其余性质的投诉比重均有所上升，其中有关质量的投诉比重下降幅度较大。

表1　按投诉问题性质分类情况表（单位：件）

项　目	2019年	百分比（%）	2018年	百分比（%）	比重变化（%）
质量	3103	25.89	3433	27.63	↓ 1.74
售后服务	1911	15.94	1878	15.12	↑ 0.82
合同	885	7.38	1099	8.85	↓ 1.47
虚假宣传	514	4.29	687	5.53	↓ 1.24
价格	247	2.06	340	2.74	↓ 0.68
假冒	129	1.08	126	1.01	↑ 0.07
安全	108	0.90	85	0.68	↑ 0.22
计量	71	0.59	85	0.68	↓ 0.09
人格尊严	27	0.23	26	0.21	↑ 0.02
其他	4992	41.65	4664	37.54	↑ 4.11

二、商品和服务类别分析

（一）商品类

与2018年相比（见图2、表2），商品大类投诉中，家用电子电器类、服装鞋帽类、交通工具类、日用商品类和食品类投诉量仍居前列。其中与消费者生活密切相关的衣（服装鞋帽类）、住（房屋及建材类）的投诉比重小幅下降，食（食品类）、行（交通工具类）的投诉比重均有所上升。

表2　商品大类投诉量变化表（单位：件）

项　目	2019年	百分比（%）	2018年	百分比（%）	比重变化（%）
家用电子电器类	1404	11.71	1726	13.76	↓ 2.05
服装鞋帽类	1243	10.37	1362	10.86	↓ 0.49
交通工具类	1117	9.32	984	7.84	↑ 1.48
日用商品类	727	6.06	813	6.48	↓ 0.42
食品类	501	4.18	393	3.13	↑ 1.05
房屋及建材类	330	2.75	430	3.43	↓ 0.68
首饰及文体用品类	290	2.42	246	1.96	↑ 0.46
烟、酒饮料类	108	0.90	131	1.04	↓ 0.14
医药及医疗用品类	73	0.61	54	0.43	↑ 0.18
农用生产资料类	69	0.58	82	0.65	↓ 0.07

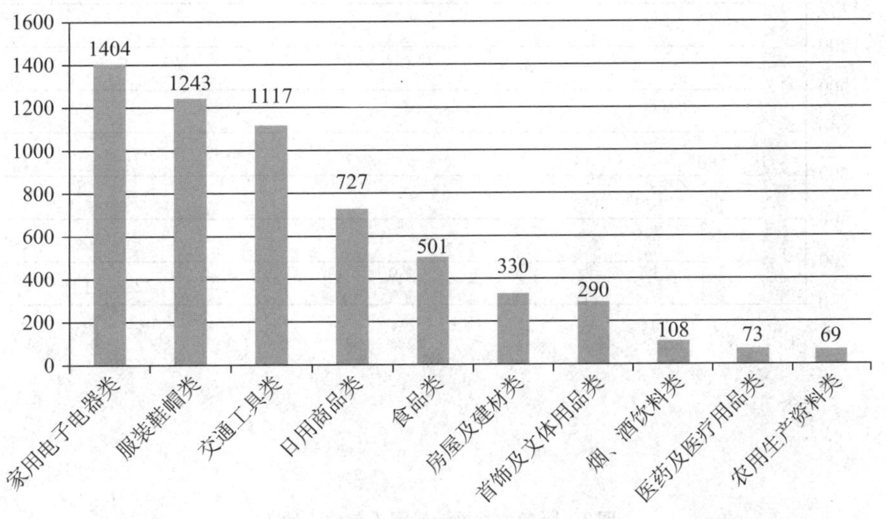

图2　商品大类投诉量图（单位：件）

商品大类投诉中，家用电子电器类投诉居首位。家用电子电器类投诉主要涉及电视、冰箱、空调、洗衣机、热水器等，由于家用电子电器消费群体广泛，购买量大，品牌参差不齐，商品质量、售后服务等问题是投诉的重点。消费者反映的问题集中在产品质量、售后服务、合同等方面。一是商品质量问题，包括商品质量差、三无产品、产品质量缺陷、安全隐患、以次充好、售假问题。二是经营者违约，发货不及时或无货可发，商品降价补差难，以短期限时优惠券等方式进行补差。三是售后服务不到位，安装不及时、维修技术不过关、不按规定填写维修记录、多次维修仍无法解决故障、收费项目未明示、虚报零部件价格、故意夸大产品故障多收费、维修更换的配件以旧充新、厂家自行检测不公正、消费者遭遇山寨维修点等。

（二）服务类

根据2019年服务大类投诉数据（见图3、表3），生活社会服务、文化娱乐体育服务、互联网服务、房屋装修及物业服务、保险服务、卫生保健服务和金融服务类投诉比重上升，其余性质的投诉比重均有所下降，其中有关电信服务的投诉比重下降幅度较大。

表3　服务大类投诉量变化表（单位：件）

项　目	2019年	百分比（%）	2018年	百分比（%）	比重变化（%）
生活、社会服务类	1482	12.36	1404	11.19	↑1.17
文化、娱乐、体育服务	580	4.84	431	3.44	↑1.4
销售服务	372	3.10	413	3.29	↓0.19
电信服务	353	2.94	1056	8.42	↓5.48
互联网服务	288	2.40	231	1.84	↑0.56
房屋装修及物业服务类	122	1.02	124	0.99	↑0.03
公共设施服务	69	0.58	130	1.04	↓0.46
保险服务	41	0.34	16	0.13	↑0.21
卫生保健服务	36	0.30	25	0.2	↑0.1
教育培训服务	35	0.29	46	0.37	↓0.08
邮政业服务	22	0.18	34	0.27	↓0.09
旅游服务	12	0.10	21	0.17	↓0.07
金融服务	7	0.06	6	0.05	↑0.01

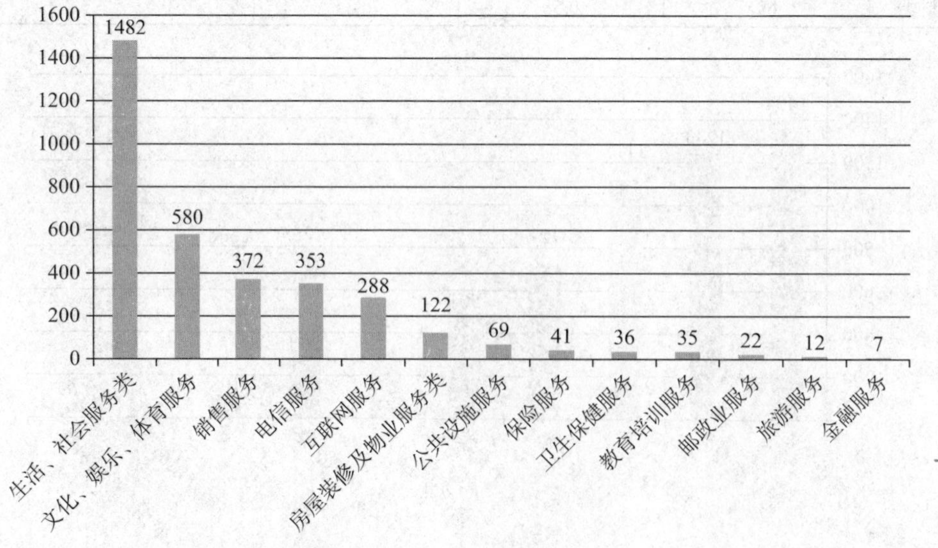

图3　服务大类投诉量图（单位：件）

服务大类投诉中，生活社会服务类全年投诉1482件，占服务类投诉的第一位，生活社会服务类涵盖餐饮住宿，美容美发，中介家政等社会服务。问题主要表现为：餐饮服务态度差、餐具不卫生、乱收费；美容美发服务预付卡消费无保障、虚假宣传、产品质量鱼目混珠；中介服务乱收费、合同条款不合理、违规操作、隐瞒真实情况；修理服务零件以次充好、收费不透明等。

三、投诉前十位的商品和服务明细

在具体商品投诉中，投诉量居前十位的分别为（见图4）：服装、鞋、通信类产品、汽车及零部件、厨房电器类产品、摩托车助力车及零部件、首饰、食品、装修建材、家具。

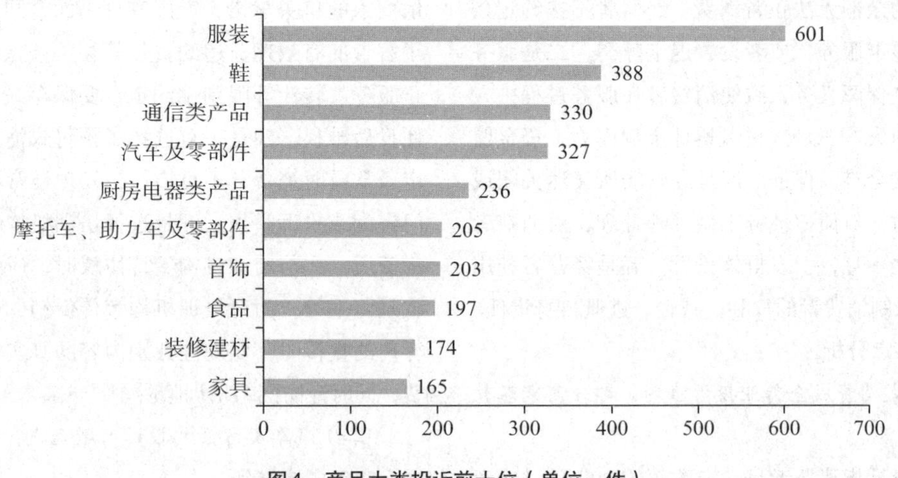

图4　商品大类投诉前十位（单位：件）

在具体商品投诉中，服装、鞋类占商品类投诉前两名，服装鞋帽类商品为日常消费，成交量较大，较易引发消费纠纷。投诉的主要问题有：产品质量问题频现，常见的质量问题包括服装做工粗糙、破损、褪色、异味重，短时间内出现起球、变形等问题，鞋类存在脱皮、脱线、脱胶、裂口等质量问题。部分经营者重销售轻服务，不履行售后服务承诺，商品出现质量问题时拒绝退换货、维修、补偿，因质量问题退换货时拒绝承担运费，退货后拖延退还货款等。虚假宣传问题，对服装鞋帽的产地、面料成分、等级、款式、颜色、大小等进行虚假标注或因描述不准确误导消费者，或以先抬价再降价等虚假的价格促销手段欺骗消费者。假冒伪劣问题，部分经营者销售假冒、套牌的服装鞋帽或者销售三无产品，尤其在小型网店或农村地区实体店较为常见。鞋类投诉主要集中在脱皮、脱线、脱胶、裂口等质量问题上。在投诉处理中，由于许多消费者在购货时没有索取有效凭证，失去了维护合法权益的证据。

在服务明细投诉中，投诉量居前十位的分别为（见图5）：健身服务、美容美发服务、移动电话服务、餐饮服务、摄影及照片冲洗加工服务、住宿服务、洗涤染色服务、网络接入服务、房屋装修服务、公用事业服务。

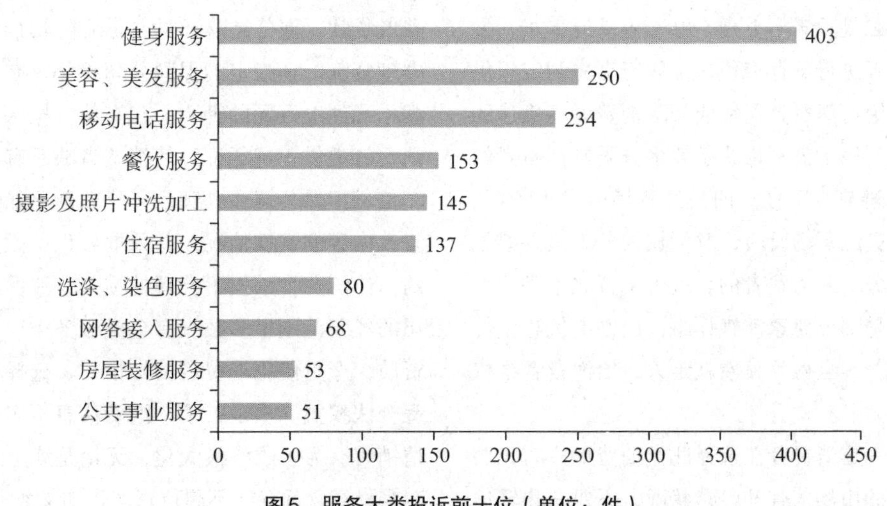

图5　服务大类投诉前十位（单位：件）

在服务明细投诉中，健身服务403件，位居第一。近年来健身服务乱象丛生，已成为消费者投诉的重灾区。消费纠纷主要集中在以下几方面：一是办卡容易退卡难。商家通过宣传推出不同种类的优惠卡，吸引消费者一次性付款，事后又以各种理由不兑现承诺，任意改变服务内容，如营业时间无故更改、改变服务设施或场所等，消费者预付款的余额无法正常消费。经营者不按约定条款提供退卡、转卡服务，或者设置退卡障碍。二是服务场所未尽到安全保障义务，致使消费者在服务过程中人身、财产受到损失。三是预付卡累计金额庞大，资金监管措施不力，安全难以保证。四是经营场所突然关闭或经营主体变更时，对债权债务不做妥善处理，对消费者的合理诉求置之不理，引发群体投诉。五是经营者利用格式条款多方限制消费者的权利，减轻、逃避自身责任。

四、投诉热点分析

（一）预付式消费成全行业投诉难题，部分商家卷款跑路

预付卡消费是指消费者将一定数额的金钱预付给商家，换取存储或者代表一定金额的权利凭证，并以此作为以后交易的支付方式。预付消费一方面为顾客提供了便利，省却了每次交纳现金的麻烦，而且它的消费价格也低于正常的消费，颇受顾客青睐。另一方面商家可一次性预收顾客的金额，相当于有了一个固定的客源，因此预付消费在很多行业广泛存在。但预付式消费因市场覆盖面广、进入门槛低、从业流动性大、资金监管难，近年来连续成为投诉热点，且已从传统美容、健身个体行业向装饰装修、教育培训等单个消费金额较大的领域发展。目前，消费纠纷主要表现为：一是商家尚未取得合法经营资格便先行发放预付卡或招募充值会员，若后期无法正常登记，商家无法开张营业，消费者的合法权益将受到侵害。二是承诺不兑现，办卡容易退卡难，发卡企业诱导消费者进行预存充值，未履行事先约定提供商品或服务，拒绝给消费者退钱或扣除消费者高额违约金。三是经营者利用不公平格式条款多方限制消费者的权利，减轻、逃避自身责任。四是经营场所发生关门、歇业、易主、变更经营场所时，对债权债务不做妥善处理就自行终止服务，对消费者的合理诉求置之不理，引发群体投诉。五是部分商家涉嫌诈骗，以办卡优惠条件为诱饵诈骗钱财，一旦得手就卷款走人，给消费者维权造成很大困难。

消协提醒：一是消费者在选择此类消费形式时，要仔细考察经营者的市场信誉和经营状况，不要一味轻信广告，以免上当受骗。二是在办理预付式消费卡时，首先要弄清自己是否真的长期需要此类服务，要按照自己的实际需要量来购买预付式消费卡，不要贪便宜大量购买，以避免承担过多风险。此外，对于服务期限较长的预付卡，更要提高警惕。三是对预付式消费卡的使用范围、期限、功能、退款条件等细节要了解清楚。不要轻信商家的口头承诺，最好签订书面合同，在合同中详细了解卡的有效期、违约责任等相关条款；要特别关注终止服务、转让等限制性约定，要保存好票据及合同，以便日后维权。四是一旦选择了预付式消费，应该按照约定条款及时消费，不可拖拉，发现异常要及时向有关部门咨询或投诉举报。五是选择培训机构时应查看培训机构资质，在与培训机构签订协议时，应仔细查看协议条款是否平等，面对培训机构宣传促销、口头承诺等拉拢客户的宣传时，要理性甄别内容的真实性，避免冲动消费，同时谨防网络培训陷阱。

（二）汽车类方面的投诉有增无减，个别二手车交易平台隐瞒实情销售

我省消协组织受理的汽车类投诉涉及汽车销售中各个环节，其中以下几个方面问题成为消费者投诉的热点：一是产品质量问题多。投诉大部分反映在汽车零部件上，如发动机、变速箱等主要部件屡现故障。二是购车合同争议大。合同明显有利于经营者，甚至违反法律规定，排除消费者的主要权利，在合同条款中对于消费者和销售商在权利义务的约定上不明确、不对等，违约后承担的赔偿责任不清，消费者不能按照合同有效维权。三是售后服务问题。故障不能一次性修好，出现返修状况，或故障多次维修却不能彻底解除，维修不出具明细等。四是检测举证维权难。汽车一旦出现质量问题，消费者举证难、鉴定难、求偿难。五是捆绑销售车险和诱导消费者贷款。部分经营者要求必须在4S店购买车辆保险和办理贷款，在指定的保险公司投保，有时还要消费者交几千元到上万元的押金。汽车信贷担保公司大多都不给消费者提供正规凭证，使消费者缺乏有效信贷证据；汽车信贷担保公司在办理汽车贷款前不如实告知消费者其贷款内容的真实情况，并采取各种手段，借口消费者违约，让消费者承担不合理的损失；涉诉汽车信贷担保公司的经营范围里多数没有金融服务类项，也不具备相关资质，严重侵犯消费者的知情权、选择权、公平交易权等合法权益。六是二手车消费信息不实，经营者隐瞒实情销售。为了收益最大化，无论是线上还是线下，二手车交易经营都存在不履行真实告知义务，甚至私改里程、

隐瞒车辆真实情况的现象，将水淹车说成无水淹、将出过大事故的汽车说成小磕小碰。

消协提醒：一是在选购汽车时，应找懂得汽车常识的朋友一起去购车，并应充分考虑车辆返修率、售后服务点设置情况及配件供应和售后服务质量等。二是消费者应仔细了解汽车生产厂家或经销商对具体车辆的配置情况与售后服务承诺，不轻信代理人或销售人员的口头介绍与承诺，并将可能存在争议的事项在购车合同中提出，必须向经销商索要汽车合格证，以维护自身的合法权益。三是向汽车经销商预订汽车时，应及时订立书面购车合同，并在合同中写明车辆种类、购车金额、交车时间、交车地点和违约责任等内容，明确双方的权利与义务。四是如果发现汽车经销商的购车合同条款涉嫌"霸王条款"，比如免除经营者责任、加重消费者责任、排除消费者主要权利等情况，要理直气壮地提出，必要时可以向当地消协或律师咨询。五是提车前要仔细检查车况、重要部件的性能、配件和内饰装潢等配置是否与促销承诺、产品说明书和宣传材料相符，若存在问题，应及时提出。六是厂家对消费者擅自改装的汽车不再承担相应的售后索赔责任，因此，消费者对汽车的改装应慎重。七是购买二手车时要选择合法合规的车辆，检查车辆的相关证件；要选择信誉好、规模大、口碑好的正规交易平台，谨防虚假不实宣传；要认真全面了解二手车辆信息情况，对经营者评估的价格要认真考察，防止评估不实出现过大偏差；对检测服务内容要认真监督，不能流于形式；对格式合同内容要认真查看，对不利于消费者权益保护的内容要提出修改建议；对售后服务的内容要问清，保留好相关消费凭证；若出现汽车消费纠纷，也可同汽车经销商协商解决。若协商无法解决，消费者可以到当地消协或相关行政执法部门投诉或申诉，以维护自己的合法权益。

（三）教育培训服务投诉量增幅显著，预付款项难退还

近几年教育培训服务市场增长迅速，幼儿早教、考学辅导、语言培训、职业技能培训甚至老年人健康知识讲座等培训需求旺盛，培训机构更是遍地开花，但培训机构质量参差不齐，侵权问题时有发生。2019年全年，有关社会培训类的投诉显著增长，消费者反映的问题集中在：一是培训机构和培训教师资质不健全。有的机构本身不具备教育培训资质甚至无证照经营，培训老师也无相关领域培训资质和学历。二是虚假宣传误导消费者。有些培训机构夸大培训内容和培训效果误导消费者，比如虚假宣称一线名师授课、押题命中率高、培训后考试必过等，但实际培训与宣称不符。三是协议或合同条款模糊，缺少科学的授课安排和公平的退费规则，消费者实际参加培训时经常遇见开班延期、课时缩短、讲师频繁更换等问题。四是预付式消费方式风险大。培训机构经营不善导致资金流断裂引发停业闭店现象时有发生，消费者追讨费用难度陡增。五是诱导办理分期贷款。部分消费者反映，通过培训机构推荐的金融机构贷款，工作人员在消费者未充分了解贷款注意事项的情况下，擅自完成整套手续，致使消费者"被贷款"。这种情况下，如果培训机构不履行承诺、服务缩水甚至关门跑路，消费者在申请退款时，一方面部分教育机构拖延退费，另一方面第三方付款平台还要求消费者"按期支付"贷款，使消费者苦不堪言。

消协提醒：选择教育培训机构应注重"四看"：一看办学许可证、营业执照、教师资格证等证件是否齐全；二看招生简章、相关宣传资料，谨防虚假、夸大宣传，并妥善保存以便日后维权；三看课程，应充分考虑培训是否符合学习需求；四看培训实地，了解教学环境、管理和安全措施等。需要预付款消费时，消费者应详细了解教育培训机构及其培训内容，并谨慎选择预付费方式。若确实需要预付，尽量不要一次性预付大笔金额，避免发生不必要的消费纠纷。针对教育培训机构临时加收费用、中途更换教师、搬离原址等情形，以及消费者因个人原因选择退出培训等可能发生的情况，消费者应与培训机构事先明确约定是否退还预付费、如何退还等相关条款。

（四）商品房销售猫腻多，消费者购房须谨慎

商品房消费领域质量问题、装饰装修问题以及售后服务纠纷频发，困扰广大消费者。投诉反映出的主要问题有：一是开发商违规售房。一些开发商为追求更高的经济效益，违规开发、售房，有的未取得《预销售许可证》，有的擅自变更规划。消费者交付了首付款或全额后，开发商因各种原因停建，又无力退回房款，导致消费者钱房两空。二是房屋质量存在问题。消费者购买房屋收房后，出现墙体裂缝、楼板鼓裂、屋面渗漏、墙皮脱落、家用设施安装不到位等房屋质量问题。三是宣传误导。部分房地产开发商在宣传时故意强调优惠政策，以学区房、装修标准、环境优美、赠送面积等优惠为噱头，更有甚者私下承诺可通过非常规渠道为不具备购房资质的消费者办理购房手续，以此吸引消费者购房，事后却存在房型与宣传不符、承诺不履行、面积缩水等有

违诚实信用原则的情况。四是消费者盲目购买。部分消费者购房时欠缺对房产项目的考察，也忽视了对自身经济能力和实际需求的衡量，不主动查看开发商必须具备的证件，不仔细阅读合同条款盲目签订合同、没有做好风险评估。

消协提醒：一是要根据经济能力理性选购，不应盲目购置或跟风炒作。商品房属大宗消费品，经济支出非常可观，如果不考虑家庭经济承受能力，必将带来许多后顾之忧。要查验商品房“五证”是否齐备，承诺兑现、公摊构成、贷款成否、配套设施及房产证办理违约责任要明确。二是慎重对待售楼广告内容，要对房产类广告理性接受，不应盲目轻信。当前，商品房广告不实问题依然存在，购房者要提高警惕，对有意向的楼盘要实地核实。对房屋的价格、面积、户型、周边环境、配套设施、供水、供电、排污、绿化、保安等内容都要详细咨询。精装房要特别注意有关房屋的装饰装修标准的条款。三是要认真查阅商品房销售的相关资料，不应放松事前防范。消费者在购买商品房之前，一定要查看国有土地使用证、建设工程规划许可证、建筑工程施工许可证、商品房预售许可证和企业法人营业执照等是否齐全、有效。其中，预售许可证是确定房屋能否销售的依据。审查预售许可证时，要看开发商名称、小区项目名称、商品房性质是否与实际情况一致，特别要注意批准销售的房屋与准备购买的房屋是否一致。四是要认真审阅合同（协议）内容，不应随意接受。消费者在签订有关商品预订、购买等合同（协议）时要注意买卖双方的权利、义务是否对等，应将开发商的承诺、销售广告或宣传资料上明示的事项、配套设施设备、住房的设计图纸、房产证取得的期限以及相关违约责任等落实为书面条款。验房时要留意隐蔽工程，收房时要查验“两书一表”（《住宅使用说明书》《住宅质量保证书》《竣工验收备案表》）。五是要妥善保存好原始材料，不应马虎。如合同、发票、收费凭证、协议、广告宣传资料等，万一事后发生争议，有据可依。

（五）网络购物投诉趋势明显，商品质量参差不齐

近年来，电子商务发展迅猛，在为消费者带来方便的同时，以网络购物、电视购物为代表的远程购物也成为消费者投诉的多发领域。在远程购物中，消费者主要投诉的对象涉及电商平台、以微商为代表的个人网络商家和电视购物等。电商平台被投诉的问题有：一是商品质量不合格和假冒的现象比较严重；二是七天无理由退货难落实；三是消费者个人信息遭泄露；四是网上支付安全难保障。

微商是近年来新兴的网络交易模式，发展迅速，但由于大部分微商是个人对个人的交易行为，有关法律法规相对滞后，所以存在很多问题：一是微商缺乏信用保证体系，如出现消费纠纷，消费者维权难；二是微商存在虚假宣传行为，实物与宣传不符；三是部分微商的“积赞”等活动难以兑现承诺。除网络购物外，电视购物也是投诉高发区，电视购物存在的主要问题有：一是虚假宣传，误导消费者，尤其是老年消费者；二是部分商品存在质量问题，甚至涉嫌假冒伪劣；三是商品出现问题后，厂商与电视台互相推脱，导致消费者维权难。

消协提醒：一是选择网购要谨慎。消费者要选择合法的购物网站，选择有第三方交易平台且经营规模较大、专业性强、经营规范、知名度高、口碑及品牌较好的专业购物网站。二是真假要核实。对网站及网店的真实性要进行查验核实。对包括网址、地址、电话、营业执照等内容的合法性、正规性进行核验。同时，还要对网店信誉、售后服务、退换货服务等诸多细节进行全面了解，辨别真伪后再决定。三是购物事项要看清。购物前要仔细查看购物的相关事项，做到货比三家，克制占小便宜的念头。如果商品标价与实际实体店价格相差太大，要小心谨慎，避免因贪便宜而上当受骗。四是货物图片要留心。一些经营者存在以次充好、以假乱真的现象。网络上挂出的货物图片不一定是真实货物的图片，即使是真实的图片，其图片与实物也可能存在很大的反差，严重失真。从实践来看，服装、装饰等商品色差明显，消费者要仔细辨别后再到网上购买。五是交易凭证要保存。妥善保留交易记录，索取购货凭证，便于今后维权。网购后要保留好购物电子订单，确认短信及聊天记录，尽量保留有网站消费内容的页面及快递单号，以便发生纠纷时有据可依。六是消费维权要主动。一旦发生消费纠纷，消费者可根据相关证据，拿起法律武器保护自己的合法权益。

（六）快递物流投诉量快速攀升，维权索赔难度大

随着电子商务的快速发展，消费者经常使用快递和物流服务，由快递物流带来的投诉问题也日益突出。快递物流类服务存在的主要问题有：一是先签字后验货，货物损毁责任难追究。网络购物目前占到快递业务的“半壁江山”。尽管很多淘宝卖家一再强调要求先验货后签字，但是很多快递公司态度强硬，坚持不签字不提供货物，让众多消费者为难又犯疑。不让现场拆封验货，一旦消费者发现邮寄物品有损毁，就面临举证难、索赔

难等诸多维权难题。二是快递服务不到家。部分快递公司鱼龙混杂，服务质量也有好有坏。有的快递公司以没有门牌号码、位置偏远等理由拒绝送货上门，要求消费者到快递公司拿货。有的甚至加收费用才肯提供上门服务。三是在快递过程中，货物有错寄、损毁、丢失等情况，个别商家推诿扯皮，相关赔偿标准不明确，对于未保价的商品消费者难以获得足额赔偿。

消协提醒：一是消费者在选择快递公司投递物品时，一定要选择正规的、证照齐全的快递公司，并综合考虑其资质和规模情况，不要一味追求低价快递费，尽可能选择投诉少、信誉高、服务好、经营规范的快递公司。二是消费者在快递物品前如对条款存在疑问，应当场指出，并在快递单备注栏中注明有关事项，如遇“霸王条款”应坚决抵制并向有关部门举报；同时，消费者应清晰填写货物的名称、数量、单位、价格、金额、时间、取货方式等，并妥善保管有关单据。三是妥善寄递特殊物品，易碎物品建议购买保险，在保险货物名称的栏目内正确填写物品名称、保险金额、价值，避免理赔时产生纠纷。价值较昂贵的物品需进行保价时，应向快递公司咨询清楚相关保价和偿付条款，必要时要求其提供书面说明。涉及寄递重要文件应留存备份件。四是收到快递件时应先验货后签收，接收时仔细查看外包装是否有拆开、污染等痕迹，快递公司有义务让收件人开箱验货后再签收，消费者应当面要求开箱验货。

附：典型案例

案例一　疫情期间酒店订金难退，消协调解来维权

2020年1月27日，消费者冯先生在郑州市城东南路天堂鸟饭店预订了年夜饭，因为疫情问题，要求商家退还订金，商家不予退还。冯先生投诉到本协会要求解决。

接到投诉后，郑州市消协工作人员了解到具体情况属实，通过电话耐心细致调解。告知双方，在疫情防控特殊时刻，需要经营者与消费者互相理解，尽可能协商解决。如果商家没有特殊准备菜品，建议直接退还定金，或者延迟消费；如果有的菜品已经备好，无法退掉，可以扣除部分费用、提供打包菜品等方式，尽可能让消费者与商家都减少损失。经调解，商家退还了200元订金，冯先生表示非常满意。

依据《中华人民共和国消费者权益保护法》（以下简称《消法》）第九条，消费者享有自主选择商品或者服务的权利。消费者有权自主选择提供商品或者服务的经营者，自主选择商品品种或者服务方式，自主决定购买或者不购买任何一种商品、接受或者不接受任何一项服务。通过该案例，市场监管人员将进一步加强对辖区内各餐饮服务单位集中就餐情况的巡查和劝导，动员各餐馆、饭店积极主动承担起疫情防控的社会责任，督促餐饮经营者主动联系集体聚餐举办人或订餐人，取消集体聚餐或家庭亲朋好友聚餐活动。餐饮经营者对部分已预订消费者提出的退订要求，要站在维护社会稳定大局的高度，从维护行业整体形象、保护消费者合法权益出发，采取退款或者延期消费等方式积极妥善处理好退订的相关事宜。拒不执行的，按照疫情防控相关规定及相关法律法规予以严厉查处。

案例二　口罩乱涨价，罚你没商量

2020年1月28日，开封市祥符区消费者协会接到消费者马女士投诉称，她到开封市祥符区康济大药房买口罩时，疫情前单价为6元的口罩涨到20元，希望消协协调解决。

市消协工作人员接到投诉后立即对该商家进行检查。经查证，该商家不按规定内容方式明码标价，违法事实清楚，已构成哄抬价格。疫情面前，物资紧张，特别是口罩、消毒用品等，稳定物价是防疫的工作职责。该诉转案至祥符区市场监管局，依据《价格违法行为行政处罚规定》第十三条第二项作出如下行政处罚：责令改正；罚款5000元。

《消法》第二章“消费者的权利”第十条规定：消费者在购买商品或者接受服务时，有权获得质量保障、价格合理、计量正确等公平交易条件，有权拒绝经营者的强制交易行为。另第三章“经营者的义务”第二十条第三款规定，“经营者提供商品或者服务应当明码标价”。上述商家行为也违反了《价格法》第十三条之规定：经营者销售、收购商品和提供服务，应当按照政府价格主管部门的规定明码标价，注明商品的品名、产地、规格、等级、计价单位、价格或者服务的项目、收费标准等有关情况。

案例三　装修材料掺假，涉嫌欺诈赔偿

2018年7月，常女士与洛阳千岛装饰工程有限公司签订装修协议装修房屋，合同总价款116800元。工期结束验收房屋时，常女士发现房内异味过大，且墙面施工粗糙，漆面无光泽，经工人修补后问题依然存在。根据装修合同约定，装饰公司使用的装修材料应保证其质量合格，达到环保要求，鉴于此，常女士怀疑油漆是假冒伪劣产品。遂投诉至洛阳市消费者协会。

洛阳市消协接到投诉后，立即展开调查，认真细致记录消费者反映的每一细节，同时与洛阳千岛装饰工程有限公司联系，核实消费者的投诉是否属实。经查，消费者反映的情况属实。装饰公司称：其所用油漆都是从正规商店购买，不可能是假冒伪劣产品。调查期间，消协同志从厂家了解到：厂家所生产油漆为“一桶一码”，而消费者所用的6桶油漆条形码一样，虽输入条形码显示正品，但与厂家答复的“一桶一码”有出入，经再次调查发现，问题就出在6桶油漆一个码上，根据这条线索，又找到油漆经销商，最后油漆经销商承认其用正品桶灌装了其他油漆。至此，案情真相大白。根据《产品质量法》《侵害消费者权益行为处罚办法》的有关规定，经营者应当保证销售的产品质量，由产品质量造成消费者财产损失的，应承担赔偿责任。但此案争议的焦点：装饰公司认为其也是受害者，不应承担赔偿责任。《消法》第四十条规定，消费者在购买、使用商品时，其合法权益受到损害的，可以向销售者要求赔偿。属于生产者责任的，销售者赔偿后，有权向生产者追偿。属于销售者责任的，生产者赔偿后，有权向销售者追偿。消费者在接受服务时，其合法权益受到损害的，可以向服务者要求赔偿。经调解，装饰公司赔偿消费者11000元整，并使用正品油漆重新为消费者免费修补。

《侵害消费者权益行为处罚办法》第六条规定，经营者向消费者提供有关商品或者服务的信息应当真实、全面、准确，不得有下列虚假或者引人误解的宣传行为：（一）不以真实名称和标记提供商品或者服务；（二）以虚假或者引人误解的商品说明、商品标准、实物样品等方式销售商品或者服务。《消法》第二十四条规定，经营者提供的商品或者服务不符合质量要求的，消费者可以依照国家规定、当事人约定退货，或者要求经营者履行更换、修理等义务。第五十五条规定，经营者提供商品或者服务有欺诈行为的，应当按照消费者的要求增加赔偿其受到的损失，增加赔偿的金额为消费者购买商品的价款或者接受服务的费用的三倍；增加赔偿的金额不足五百元的，为五百元。法律另有规定的，依照其规定。本案中，装饰公司提供了劣质油漆导致侵权行为成立，其行为涉嫌欺诈，按照《消法》规定应该为消费者退一赔三，但在调解中，装饰公司态度诚恳，消费者愿意原谅其过错行为，接受11000元的赔偿。

案例四　房地产销售商诱导商贷，消协介入退还定金

2019年4月26日，三门峡市消费者协会受理了李女士购买河南辰贝置业有限公司未来城项目商品房过程中诱导消费者办理商贷的投诉。李女士于2019年2月24日在河南辰贝置业有限公司签订了《商品房买卖合同》，现场交付了357367元购房款。李女士在办理公积金贷款时，销售经理要求其补交公积金贷款比商贷少优惠的7000多元。如不购房，已交房款不予退还。李女士认为销售公司做法不合理，希望消协调解处理。

接到投诉后，三门峡市消协派员介入调查。通过研究李女士提供的原始合同，发现房地产销售公司《银行按揭及公积金付款方式补充协议》存在霸王条款，对消费者的自由选择权设置障碍。三门峡市消协工作人员随后多次联系河南辰贝置业有限公司相关负责人，向其宣讲相关法律法规。最终，经过调解，房地产销售公司统一退还了357367元购房款。

《消法》第十六条规定：“经营者向消费者提供商品或者服务，应当恪守社会公德，诚信经营，保障消费者的合法权益；不得设定不公平、不合理的交易条件，不得强制交易。”第二十六条规定：“经营者在经营活动中使用格式条款的，应当以显著方式提请消费者注意商品或者服务的数量和质量、价款或者费用、履行期限和方式、安全注意事项和风险警示、售后服务、民事责任等与消费者有重大利害关系的内容，并按照消费者的要求予以说明。经营者不得以格式条款、通知、声明、店堂告示等方式，作出排除或者限制消费者权利、减轻或者免除经营者责任、加重消费者责任等对消费者不公平、不合理的规定，不得利用格式条款并借助技术手段强制交易。格式条款、通知、声明、店堂告示等含有前款所列内容的，其内容无效。”由此可见，经营者向消费者提供商品或服务，应当恪守诚信经营，保障消费者的合法权益；不得设定不公平、不合理的交易条件。本案中，房地产销售公司在贷款中设定不同条件，区别对待，违反了《消法》的平等、公平、诚实信用原则。

在三门峡市消协的调解下，房地产销售公司与消费者达成调解协议，解决了争议问题。同时，也要求房地产销售公司更改合同中的霸王条款，避免更多的消费者合法权益受到侵犯。

案例五　保险公司拒理赔　消协出面获全赔

消费者王女士2014年在新乡市中国太平洋人寿保险股份有限公司豫北分公司购买了金佑重大疾病险，2019年5月5日因多发腔隙性脑梗死住院治疗。5月21日消费者向保险公司递交理赔手续申请理赔，6月19日保险公司通知消费者不能理赔，理由为：复查未达到理赔标准。消费者对复查结果不认可，多次与保险公司协商未果。7月11日，王女士向新乡市消费者协会进行投诉。

接到投诉后，消协工作人员立即向消费者了解具体情况和诉求，并联系保险公司开展消费调解工作，耐心地向商家讲解《消法》的相关规定。在市消协工作人员的不懈努力下，保险公司与消费者商定到新乡市中心医院复查。7月26日上午，复查结果达到理赔标准，下午，消费者收到保险公司理赔金4.2万元。王女士对处理结果非常满意，称赞消协工作人员办事效率高，特意送来锦旗以表谢意。

《消法》第八条规定，“消费者享有知悉其购买、使用的商品或者接受的服务的真实情况的权利”，第十一条规定，“消费者因购买、使用商品或者接受服务受到人身、财产损害的，享有依法获得赔偿的权利”。第十六条规定，“经营者向消费者提供商品或者服务，应当恪守社会公德，诚信经营，保障消费者的合法权益”。根据《保险法》相关规定，“发生保险事故的，保险公司应当承担赔偿或者给付保险金的责任”。本案中，保险公司以消费者所患疾病未达到理赔标准为由拒绝理赔，要求消费者复查、要求司法鉴定，人为设置门槛不予理赔，损害消费者合法利益。既然投保时遵循了最大诚信原则，那么理赔时，保险公司就应该履行相应的义务。如果有保险公司拒绝赔偿，消费者要学会用法律的武器来维护自己的合法权益！

案例六 赠品也要“三包”

2019年8月，河南省襄城县汾陈乡的王先生在汾陈移动营业厅交话费送飞鸽电动车活动中受赠了一辆电动车。9月初，王先生的妻子在骑电动车上班的途中发生意外，电动车前轮掉落，人从车上摔下并受伤。双方就赔偿问题迟迟达不成协议，王先生无奈拨打了许昌市襄城县消费者协会的投诉电话要求协助维权。

襄城县消协接到投诉后进行了调查，确认消费者反映的情况属实。在现场调解过程中，移动公司的代表认为，电动车前轮掉落可能有其他原因，不鉴定无法确定是电动车质量问题。襄城县消协认为，电动车还没骑几天就发生了轮子掉落的情况，存在质量问题是显而易见的，严重侵害了消费者的人身安全权。经多次调解，双方达成和解协议：移动公司赔偿王先生经济损失3000元。

根据《消法》第七条“消费者在购买、使用商品和接受服务时享有人身、财产安全不受损害的权利。消费者有权要求经营者提供的商品和服务，符合保障人身、财产安全的要求”和第二十三条“经营者应当保证在正常使用商品或者接受服务的情况下其提供的商品或者服务应当具有的质量、性能、用途和有效期限”以及《河南省消费者权益保护条例》第十五条“经营者以促销方式提供的奖品、赠品或者免费服务，应当保证质量，不得免除其应当承担的修理、更换、重作、补足商品数量、赔偿损失等责任”之规定，赠品也是消费者在购买商品或者服务的过程中，经营者在有附加条件的情况下给付消费者的商品，出现了问题，商家一样要按照国家相关“三包”规定妥善处理。

案例七 美容店诱导消费者到店测试皮肤，被迫充值，消协帮忙来解决

2019年7月，消费者尤女士拨打漯河市消费者协会投诉电话投诉，称其在临颍县金佰汇二楼东南边电梯口旁边的女人若水美容店，经该店销售人诱导去该店测试皮肤，脸上抹了不明物体，销售人员一直推荐产品，不买产品就不给洗掉，消费者被迫充值5580元，消费者觉得不合理，要求退款遭拒，希望市消协进行调解，要求商家退还所充值费用。

漯河市消协接到投诉后立即组织市消协和临颍县消费者协会工作人员进行调查处理，经过工作人员调查了解，尤女士经该店销售人推荐去该店测试皮肤，脸上被涂抹的是一些测试皮肤的产品，其间销售人员一直向尤女士推荐其他店内产品，不购买产品不将尤女士脸上的测试产品洗掉，迫不得已尤女士在该店充值5580元。依据《消法》相关规定，在工作人员的调解下，该美容店同意退还尤女士剩余金额4617元，尤女士表示满意。

《消法》第八条规定：“消费者享有知悉其购买、使用的商品或者接受的服务的真实情况的权利。”第九条规定：“消费者享有自主选择商品或者服务的权利。消费者有权自主选择提供商品或者服务的经营者，自主选择商品品种或者服务方式，自主决定购买或者不购买任何一种商品、接受或者不接受任何一项服务。”第十条规定：“消费者享有公平交易的权利。消费者在购买商品或者接受服务时，有权获得质量保障、价格合理、计量正确等公平交易条件，有权拒绝经营者的强制交易行为。”本案中，商家为了吸引消费者购买和接受其商品和服务，侵害了消费者的自主选择权和公平交易权，因此应退还消费者多收的钱款。

案例八 卖车强制售保险，消协介入把钱还

2019年11月13日，消费者王先生向濮阳市消费者协会反映，他在濮阳市威隆汽车服务有限公司4S店全款购买了一辆新车，该店要求必须购买交强险和商业保险共计6000元，否则不能及时提车和拿到车辆相关的手续资料，王先生迫于无奈交了6000元保险费，事后却只拿到了3600余元的保险单发票。消费者认为该4S店：一是强制购买保险，侵犯了自己的自主选择服务权，违背了自愿购买原则；二是多收了2400元保险费，违背了公平交易原则。于是，王先生到濮阳市消费者协会进行投诉，要求让该4S店退还全部保险费用。

市消协工作人员快速受理，及时与该4S店负责人取得了联系，经工作人员说服调解，该4S店最终认识到了自己的违法行为，并约定2019年11月14日上午双方进行现场调解，达成了协议，除交强险外，共退还消费者4780元商业保险费用，并承诺以后不会出现类似的捆绑销售，双方均表示满意，该起消费纠纷得到了圆满解决。

现如今，汽车4S店搭售保险的方式多种多样，比如：买车必须买店里保险，否则不给办理购车相关手续、不给办临时牌照等。这违反了《消法》第九条“消费者享有自主选择商品或者服务的权利。消费者有权自主选择提供商品或者服务的经营者，自主选择商品品种或者服务方式，自主决定购买或者不购买任何一种商品、接受或者不接受任何一项服务”的规定，所以，王先生在该4S店购买车辆后，可以自主选择是否购买该店提供的车辆保险，该4S店不仅侵犯了消费者的自主选择权还侵犯了消费者的公平交易权，理应退还消费者的保险费，并且需要做出不再犯此类错误的承诺。

在这起案例中，该4S店少开发票的行为被投诉，消协也认真负责受理了王先生的投诉，针对该问题进行了调解。《消法》第十条规定：“消费者享有公平交易的权利。消费者在购买商品或者接受服务时，有权获得质量保障、价格合理、计量正确等公平交易条件，有权拒绝经营者的强制交易行为。”该4S店多收消费者保险费的行为是应当被制止的，遇到少开发票行为时，也可以携带相关证据材料向当地消协部门投诉，以便维护自己的合法权益。只有每个消费者携起手来，打击这种现象，及时向消协投诉，才能从根本上遏制此类现象，打造公平交易的平台。

案例九　游泳健身套路多，消协调解获解决

2019年6月10日，濮阳市消费者协会接到李先生的投诉，称在濮阳市中体海斯顿游泳健身俱乐部办了一张游泳预付卡，办卡时工作人员承诺游泳优先于会员，随着暑假的到来，人员增加，泳池人满为患。李先生感觉没有得到会员待遇，多次与工作人员协商要求退款，或享受会员优先待遇，但该俱乐部人员一直拖延，不予理会。2019年7月15日，李先生向濮阳市消费者协会进行投诉，请求协调处理。

受理投诉后，消费者协会的工作人员了解情况后与双方联系并约定了调解日期。协调中，李先生表示起初是对该俱乐部工作人员的服务满意才购买了预付卡。可是缴付后，游泳池没有当时工作人员宣传得那么好，商家的态度也来了180度大转变，因此不满。工作人员表示：前期有拓客促销活动，增加了大量的顾客，导致泳池人满为患。消协工作人员指出，依据《消费者权益保护法》第五十三条“经营者以预收款方式提供商品或者服务的，应当按照约定提供。未按照约定提供的，应当按照消费者的要求履行约定或者退回预付款”的规定，经营者应全额退款。王先生购买游泳会员卡属于预付式消费，经营者懈怠提供服务，未按照约定履行服务，缺乏诚信意识，急于大肆拉拢顾客，给消费者的权益造成了损害。经协调双方达成协议，该俱乐部工作人员表示同意给李先生全额退款。

预付款消费在我国美容美发、休闲健身等行业盛行，预付款消费就是由消费者首先对商家授信，预先支付一定的金额，然后延期消费其服务和产品。但是，很多消费者在购买了这类“会员卡”后，发现商家原来宣传的情况与事实不符，自身合法权益得不到保护。

《消费者权益保护法》第五十三条规定：“经营者以预收款方式提供商品或者服务的，应当按照约定提供。未按照约定提供的，应当按照消费者的要求履行约定或者退回预付款。”本案例中，李先生购买健身会员卡在法律上和该俱乐部达成了预付式合同。经营者应当按照约定提供服务，王先生选择预付款消费，本质上是对该俱乐部的长期信任，但该俱乐部提供的服务与之前宣传的信息不符，王先生可以提出退回款项。

在此，提醒消费者对商家的预付费服务应当持谨慎态度，要了解商家的经营执照、实力和信誉。从自身的实际需要出发，不要过分受优惠幅度诱惑，尽量避免预付款金额过高、周期过长的服务，以减少风险。消费者应当主动要求商家开具票据，注意保存每次付款和消费的相关凭证。经营者为消费者着想，消费者自然也会对经营者的服务点赞，更会赢得更多消费者的心，遇到纠纷时，要及时与消费者协商解决问题，正视消费者提出的合理诉求，力求第一时间解决问题。

案例十　早教培训起纠纷，消协调解来维权

2019年11月26日，濮阳市消费者协会接到投诉称，2019年9月24日王女士向濮阳市多乐小熊儿童之家早教中心交纳了半年的费用6000元，即日希望让孩子参与学习。后因自身原因，无法让孩子去该早教中心学习，进而向该早教中心提出退学费，早教中心以安排好床位和课程为由拒绝退款，对其退款要求百般推诿，置之不理。王女士感到无助，于2019年11月26日向濮阳市消费者协会投诉，请求消费者协会帮助解决。

濮阳市消费者协会接到投诉后，立即安排工作人员对此事进行调查了解。早教中心负责人说：学生缴费入学时已全部告知其早教中心的相关规定，该早教中心报名须知明确规定，报名后无论个人其他任何原因，不退费用。但双方当事人并无任何书面合同。消协工作人员当天下午来到该早教中心，经过消协工作人员查看营业执照，发现其经营事实与经营范围不符。消协工作人员对该早教中心负责人解释说，报名须知规定作为格式条款属于"霸王条款"，法律不予保护，按现行的法律，经营范围超过营业执照范围属于非法经营，提醒该早教中心去工商所重新办理营业执照。王女士要求退学退费应酌情处理。讲清法理后，消协于2019年11月26日组织双方当事人进行调解，最后双方达成协议：由该早教中心一次性退还学费6000元。

该早教中心制定损害消费者合法权益的"霸王条款"，严重违反交易的公平与诚信。我国《消法》第二十六条对消费合同中的格式条款作出具体的规范："经营者在经营活动中使用格式条款的，应当以显著方式提请消费者注意商品或者服务的数量和质量、价款或者费用、履行期限和方式、安全注意事项和风险警示、售后服务、民事责任等与消费者有重大利害关系的内容，并按照消费者的要求予以说明。经营者不得以格式条款、通知、声明、店堂告示等方式，作出排除或者限制消费者权利、减轻或者免除经营者责任、加重消费者责任等对消费者不公平、不合理的规定，不得利用格式条款并借助技术手段强制交易。格式条款、通知、声明、店堂告示等含有前款所列内容的，其内容无效。"该早教中心"概不退款"的声明理由是无效的。

该早教中心经营事实与经营范围不符，经营范围超过营业执照范围。违反了《公司法》第十三条的规定，"企业法人应当在核准登记注册的经营范围内从事经营活动"。因此，该早教中心的正确做法应当是根据王女士要求退学退费的具体原因酌情处理，退还部分学费。

结合本案相关的法律法规，濮阳市消费者协会提醒广大消费者：在选择辅导机构、培训班、兴趣班等培训时，应与经营者订立注明培训项目、收费标准、课程内容等的书面合同，以便于明确相关信息，在日后发生纠纷时作为证据。同时，消费者应认识到：经营者不得以格式条款、通知、声明、店堂告示等方式，限制消费者权利或者免除经营者责任。经营者应当在核准登记注册的经营范围内从事经营活动，一旦消费者的权益受到侵害，可以向相关部门进行投诉，用法律武器维护自己的合法权益。

案例十一　微信网约课被套路，消协调处全额退款

2019年6月3日，周口市消费者协会接到李女士投诉。李女士投诉称，2019年3月21日，一位自称朱老师的人，通过微信向她推荐北京市大米科技有限公司推出的《少儿学前英语》网络教育课程，告知0元可试听12节课，可李女士报名时公司要求她先交12200元才能试听，试听一个月后退款。试听一个月后，李女士向公司申请退款时，对方却告知她是正式报名听课，不予退款。于是她向消协进行投诉。

市消协接到投诉后与李女士联系了解情况，李女士说她是通过微信群购买的网约课，没有与微信中自称朱老师的人见过面。市消协经详细了解，李女士不知道电子合同的事，认为可能是被北京大米科技有限公司套路了，回想报名时，公司给她发过手机链接，让她确认，她没有细想就点击确认了，果不其然被套路了。市消协工作人员通过《全国企业信用公示系统》查询，北京大米科技有限公司没有北京教育主管部门颁发的网络学前教育许可证，不能通过网络培训收费，其行为违法，既然没有资格收费，即便有网约课合同，根据《合同法》第五十二条规定，也是无效合同，应该全额退款。而且，该公司曾因经营网络教育被有关监管部门处罚过。最后，市消协与该公司业务负责人取得联系后，动之以情，晓之以理，并在新闻媒体的配合下，促使公司全额退还消费者12200元，李女士非常满意并衷心感谢！

《消法》第十六条规定，"经营者向消费者提供商品或者服务，应当依照本法和其他有关法律、法规的规定履行义务。经营者和消费者有约定的，应当按照约定履行义务，但双方的约定不得违背法律、法规的规定。经营者向消费者提供商品或者服务，应当恪守社会公德，诚信经营，保障消费者的合法权益；不得设定不公平、不合理的交易条件，不得强制交易"。本案中，北京大米科技有限公司违反《消法》第十六条，没有履行网约课时承诺0元试听12节课约定，利用格式合同和技术手段强制交易，违背了社会公德，诚信经营，保障消费者的合法权益的原则。

根据《消法》第二十六条"经营者在经营活动中使

用格式条款的，应当以显著方式提请消费者注意商品或者服务的数量和质量、价款或者费用、履行期限和方式、安全注意事项和风险警示、售后服务、民事责任等与消费者有重大利害关系的内容，并按照消费者的要求予以说明。经营者不得以格式条款、通知、声明、店堂告示等方式，作出排除或者限制消费者权利、减轻或者免除经营者责任、加重消费者责任等对消费者不公平、不合理的规定，不得利用格式条款并借助技术手段强制交易。格式条款、通知、声明、店堂告示等含有前款所列内容的，其内容无效”。本案中，北京大米科技有限公司违反《消法》第二十六条，利用信息不对称、格式合同和技术手段强制交易，没有尽到以显著方式提请消费者的义务。

消协提醒：微信消费有风险，选择需谨慎！尤其是未经第三平台交易的，一旦合法权益受损，很难维权。

案例十二 “新车”本是事故车，消协调解三倍赔偿

2019年7月3日消费者盛先生在周口市川汇区永星汽车有限公司购买了一辆家用轿车，成交价10.7万元。上牌前发现该车前保险杠处有喷漆痕迹，销售人员特别肯定地说没问题。车辆上牌后，盛先生洗车时在车内发现一个车辆维修工单，维修工单上登记的发动机号、车架号与自己购买的新车一致，并有保险公司的定损记录，时间在购车之前，盛先生再次到4S店讨要说法，开始，4S店坚持只同意补偿2000元，盛先生通过媒体对该4S店进行曝光，迫于舆论压力，4S店同意更换新车，盛先生坚持要求按《消法》退一赔三，赔偿32.1万元，4S店不同意，无奈盛先生于8月12日投诉到周口市消费者协会。

周口市消费者协会接投诉后，立即派工作人员到保险公司调查核实，经核查，保险公司的理赔记录与盛先生购买的新车发动机号和车架号一致，毫无疑问是一辆事故车。于是，市消协组织双方当面调解，经反复调解，4S店赔偿由3万元增加到15万元，盛先生坚持要赔偿30万元，因双方意见分歧较大，无法达成调解协议，最后，市消协明确表示由市消协律师团支持盛先生通过法院诉讼维权，法院立案后，4S店感到压力更大，因为欺诈消费者证据确凿，一旦法院判决，4S店不但要履行法院判决，企业信誉也会受到更大影响。后经市消协、市场监管部门、法院、媒体等多方努力，盛先生也做出让步，双方达成调解协议：4S店赔偿盛先生29万元，并当面向盛先生道歉；盛先生撤销法院起诉，投诉得以圆满解决。对于4S店消费欺诈的违法行为，移交市场监督管理机关立案查处。

本案中，4S店隐瞒实情，将事故车当商品新车出售给消费者，在消费者当初提出前保险杠处有喷漆痕迹质疑时仍然隐瞒实情，是典型的消费欺诈行为，有保险公司的理赔记录为证。

根据《消法》第八条：“消费者享有知悉其购买、使用的商品或者接受的服务的真实情况的权利。消费者有权根据商品或者服务的不同情况，要求经营者提供商品的价格、产地、生产者、用途、性能、规格、等级、主要成份、生产日期、有效期限、检验合格证明、使用方法说明书、售后服务，或者服务的内容、规格、费用等有关情况。”4S店侵犯了消费者的知情权。

根据《消法》第十一条：“消费者因购买、使用商品或者接受服务受到人身、财产损害的，享有依法获得赔偿的权利。”盛先生财产受到损害，有权要求赔偿。

根据《消法》第十八条：“经营者应当保证其提供的商品或者服务符合保障人身、财产安全的要求。对可能危及人身、财产安全的商品和服务，应当向消费者作出真实的说明和明确的警示，并说明和标明正确使用商品或者接受服务的方法以及防止危害发生的方法。宾馆、商场、餐馆、银行、机场、车站、港口、影剧院等经营场所的经营者，应当对消费者尽到安全保障义务。”4S店隐瞒实情，没有尽到告知义务。

根据《消法》第五十五条：“经营者提供商品或者服务有欺诈行为的，应当按照消费者的要求增加赔偿其受到的损失，增加赔偿的金额为消费者购买商品的价款或者接受服务的费用的三倍；增加赔偿的金额不足五百元的，为五百元。法律另有规定的，依照其规定。经营者明知商品或者服务存在缺陷，仍然向消费者提供，造成消费者或者其他受害人死亡或者健康严重损害的，受害人有权要求经营者依照本法第四十九条、第五十一条等法律规定赔偿损失，并有权要求所受损失二倍以下的惩罚性赔偿。”盛先生要求三倍赔偿有法可依，并不过分，4S店理应赔偿。

本案中，4S店店大欺客，消费者发现问题后，多次找4S店协商，均被4S店敷衍和拒绝，自认为消费者不会到法院起诉。盛先生依法维权，得理饶人，避免走司法程序，市消协主动作为促成和解，化解了双方矛盾。

案例十三 健身卡不退，强制消费显失公平

2018年6月30日，管女士在洛阳市世纪英豪体育健身有限公司康城逸树分公司（以下简称洛阳世纪英豪）办理一张三年期健身卡，价值4880元，同时购买私教课程45节，价值9380元，共计14260元。办完健身卡后的3个多月，管女士坚持到店健身并上了十几节私教课。2018年9月22日，管女士因左膝关节疼痛到医院就诊。经医生诊断，管女士系左膝关节骨患关节炎，医生得知其长期在健身房健身后，建议停止健身锻炼，保护膝关节功能，以免影响今后的正常生活。随后，管女士向世纪英豪告知其身体情况并提出退卡申请，但店方一直未给出明确回复。此后，管女士数次向健身房提出退卡、退课意愿，店方最终回复“没有先例不能退卡、退课”。无奈之下消费者投诉至洛阳市消费者协会。

市消协接到投诉后，经工作人员分析管女士提供的相关证据发现，管女士的合法权益受到了店方的侵犯，遂决定对该投诉立案调查。依据《消法》相关规定，市消协相继向洛阳世纪英豪送达“调查函”,“消费维权约谈函”无果后，采取公开约谈的方式进行调查约谈。根据《消法》《侵害消费者权益行为处罚办法》等法律法规相关规定，经营者以预收款方式提供商品或者服务，应当与消费者明确约定商品或者服务的数量和质量、价款或者费用、履行期限和方式、安全注意事项和风险警示、售后服务、民事责任等内容。未按约定提供商品或者服务的，应当按照消费者的要求履行约定或者退回预付款，并应当承担预付款的利息、消费者必须支付的合理费用。对退款无约定的，按照有利于消费者的计算方式折算退款金额。经营者对消费者提出的合理退款要求，明确表示不予退款，或者自约定期满之日起、无约定期限的自消费者提出退款要求之日起超过十五日未退款的，视为故意拖延或者无理拒绝。约谈会上，消协工作人员、律师表达了对消费者管女士遭遇的看法，以及判定洛阳世纪英豪侵犯消费者合法权益的侵权和法律依据。对于洛阳世纪英豪以“没有先例不能退卡、退课”的回复，排除了消费者依法变更解除合同的权利，减轻或者免除经营者责任、加重了消费者的责任，该做法违背了公平原则。洛阳世纪英豪方面的工作人员现场表态，他们知晓了管女士的诉求，愿意配合市消协展开消费者维权调查，并积极妥善解决纠纷。经调解，洛阳世纪英豪为消费者退款11059元。

这是一起典型的预付式消费以格式条款侵犯消费者自主选择权的案例。《消法》第九条规定，“消费者享有自主选择商品或者服务的权利。消费者有权自主选择提供商品或者服务的经营者，自主选择商品品种或者服务方式，自主决定购买或者不购买任何一种商品、接受或者不接受任何一项服务”。消费者在自主选择商品或者服务时有权进行比较鉴别和挑选，尽管健身卡明确告知消费者已经不能退卡，但是该条款违反了《消法》第二十六条“经营者不得以格式条款、通知、声明、店堂告示等方式，作出排除或者限制消费者权利、减轻或者免除经营者责任、加重消费者责任等对消费者不公平、不合理的规定，不得利用格式条款并借助技术手段强制交易。格式条款、通知、声明、店堂告示等含有前款所列内容的，其内容无效”的规定。本案中，健身房以“没有先例不能退卡、退课”为由拒绝为消费者退款，单方面限制、排除了消费者的权利，加重了对消费者不公平的规定，因此它是无效的格式条款，应为消费者退卡。

湖北省消费者委员会受理投诉分析报告

2019年，全省消委组织紧紧围绕“信用让消费更放心”年主题，大力开展法律咨询、投诉受理工作，共接待消费者来电、来信、来访共计48.5万余人次（含3·15活动接待人数）。其中提供法律咨询45万人次，受理投诉35300件（含电商直通车案件），已解决33888件，解决率96%，为消费者挽回经济损失5877万元，收到锦旗（表扬信）1800面/封。

一、投诉基本情况

（一）按投诉性质分析

从投诉性质分析，消费者反映的合同、质量、售后服务、虚假宣传等问题仍是引发投诉的主要原因，居投诉总量的前四位，分别占投诉总量29.32%、25.72%、21.07%、8.64%，按投诉量占比排位，其他依次为安全问题3.43%，价格问题3.38%，假冒问题

1.83%，计量问题1.24%，人格尊严问题0.57%，其他问题4.68%。

与同期相比，合同、质量、假冒、计量、人格尊严等投诉比重变化略有下降，售后服务、虚假宣传、安全、价格等投诉比重变化略有上升（见表1）。

表1　按投诉性质分类情况表

项　目	2019年（件）	投诉比重（%）	2018年（件）	投诉比重（%）	比重变化（%）
合同	10351	29.32	14632	29.47	↓0.15
质量	9080	25.72	13803	27.8	↓2.08
售后服务	7438	21.07	9732	19.6	↑1.47
虚假宣传	3051	8.64	3654	7.36	↑1.28
安全	1211	3.43	1482	2.98	↑0.45
价格	1193	3.38	1311	2.64	↑0.74
假冒	646	1.83	1401	2.82	↓0.99
计量	437	1.24	726	1.46	↓0.22
人格尊严	201	0.57	587	1.18	↓0.61
其他	1692	4.79	2326	4.68	↑0.11

（二）按投诉类别分析

1.按商品类分析。2019年全省消委组织受理商品类投诉19472件，占投诉总量55.16%。其中交通工具类、家用电子电器类、服装鞋帽类、日用商品类、房屋及建材类、食品类、首饰及文体用品类投诉量位居前七位，依次为4493件、3432件、2730件、2252件、2188件、1315件、1102件，分别占投诉总量12.73%、9.72%、7.73%、6.38%、6.20%、3.73%、3.12%。交通工具类仍是消费者关注的重点，投诉量占比略有上升（见表2）。

表2　商品大类投诉量变化表

项　目	2019年（件）	投诉比重（%）	2018年（件）	投诉比重（%）	比重变化（%）
交通工具类	4493	12.73	5170	12.2	↑0.53
家用电子电器类	3432	9.72	5568	12.82	↓3.10
服装鞋帽类	2730	7.73	4882	9.78	↓2.05
日用商品类	2252	6.38	3842	7.82	↓1.44
房屋及建材类	2188	6.20	3729	6.4	↓0.14
食品类	1315	3.73	2139	4.38	↓0.65
首饰及文体用品类	1102	3.12	2213	2.95	↑0.17
烟、酒饮料类	553	1.57	829	0.88	↑0.69
医药及医疗用品类	235	0.67	306	0.8	↓0.13
农用生产资料类	117	0.33	262	0.64	↓0.31
其他商品	1055	2.99	1316	2.65	↑0.34

2.按服务类分析。2019年全省消委组织受理服务类投诉15828件，占投诉总量44.84%。其中生活、社会服务类投诉量位居服务类榜首，占比14.52%，预付消费仍是消费者投诉的热点；通信服务、房屋装修物业、文化娱乐体育、互联网、销售服务、公共设施类投诉量位居前六位（见表3）。

表3 服务大类投诉量变化表

项 目	2019年（件）	投诉比重（%）	2018年（件）	投诉比重（%）	比重变化（%）
生活、社会服务类	5124	14.52	6788	13.67	↑0.85
通信服务	2654	7.52	3346	6.74	↑0.78
房屋装修物业服务类	1644	4.66	1814	3.65	↑1.01
文化、娱乐、体育服务	1485	4.21	1831	3.68	↑0.53
互联网服务	1171	3.32	1342	2.7	↑2.26
销售服务	1138	3.22	1202	2.42	↑0.80
公共设施服务	737	2.09	844	1.7	↑0.39
教育培训服务	496	1.41	418	0.84	↑0.57
保险服务	272	0.77	414	0.83	↓0.06
旅游服务	93	0.26	92	0.19	↑0.07
金融服务	86	0.24	124	0.25	↓0.01
卫生保健服务	81	0.23	100	0.2	↑0.03
邮政业服务	34	0.1	70	0.14	↓0.04
其他服务	813	2.3	1013	2.04	↑0.26

（三）按商品类和服务类投诉量变化分析

2019年，商品类投诉19472件，比2018年30256件下降35.64%；服务类投诉15828件，比2018年19398件下降18.40%。由此可以看出，在投诉总量中，商品类投诉量略高于服务类投诉量，但与2018年相比，相关部门依法加大消费环境的治理，经营者依法诚信经营意识明显增强，畅通消费维权渠道，方便消费者就近投诉维权，消费者满意度越来越高，投诉呈现下降的趋势。

在商品类细分中，家用汽车类的投诉量位居榜首，装修建材、服装、手机产品、食品类投诉量位居前五。在服务类细分中，通信服务类投诉量位居榜首，销售服务、美容美发、餐饮服务、健身服务投诉量位居前列（见表4）。

消费者投诉主要反映了合同条款、产品质量、虚假宣传、误导销售、售后服务等问题，消费者的诉求难以得到解决，部分商家存在隐瞒事实、故意拖延、推脱责任，亟须相关部门提升消费监管力度，严厉打击违法经营行为，督促经营主体自律、自警，遵守依法诚信文明的经营理念，为社会公众筑起一道安全消费防护网。

表4 商品类和服务类细分前十位排名表（单位：件）

商品类别	2019年	2018年	服务类别	2019年	2018年
汽车及零部件	3245	3889	通信服务	2654	3346
装修建材	1335	1645	销售服务	1138	1202
服装	1309	2130	美容美发	1060	1159
手机产品	1173	1699	餐饮服务	933	1063
食品	1004	1074	健身服务	899	1221
鞋	888	1435	网络接入	762	1233
首饰	820	1073	修理服务	664	900
家具	657	980	住宿服务	658	760
厨房电器	513	892	装修服务	460	678
家用空调	449	685	公用事业	345	535

二、投诉特点分析

（一）投诉总量大幅下降，社会共治成效明显

2019年全省消委组织受理投诉35300件，与去年同期49654件相比下降29%。

一是投诉渠道增多。全省各级消委组织联合相关部门、行业组织、新闻媒体、公益律师建立健全投诉受理机制，消费者可以从多个渠道投诉咨询。

二是整治力度加大。28个部门联合开展“放心消费在湖北”活动，对消费者投诉热点问题开展约谈劝谕，约谈企业1290家，立案查办违法案件106件，有效地震慑了侵害消费者的不法经营行为。

三是社会共治加强。在各行各业建立的消费维权办、消费专业委员会、消费维权工作站投诉受理和解工作成效明显，为近5万名消费者举办了线上线下消费知识专题讲座40场次，和解消费纠纷6000余件，为维护消费者合法权益发挥了重要作用。

（二）企业担责意识明显增强，消费者满意度大幅度提升

2019年消费纠纷和解成功率达到96%，与去年同期相比提高5个百分点。全省各级消委组织受理1万元以上的重大（群体性）案件3000余件，调处成功率94%。在做好重大案件调处时，坚持以消费者为中心，积极做好心理安抚、投诉调查、证据固定、约谈劝谕、座谈调解等工作，依法依规地开展消费知识宣讲，引导企业提高依法、诚信、文明经营的意识，主动协助企业分析解决投诉反映的问题，提高商品服务质量，建立快速化解消费矛盾机制和绿色维权通道。一年来，涉及家用汽车、装修建材、商品房、手机等热点领域的投诉，调解成功率明显提高，消费者满意度明显提升。

（三）合同问题引发的争议突出

2019年，全省消委组织受理合同、质量、售后、虚假宣传的投诉量占投诉总量的84.75%。其中合同争议问题消费者满意度低，投诉量位居榜首。夸大宣传、误导销售、合同陷阱等问题频发，真伪难辨，一旦合同无法履行，消费者要求退款时，商家口头承诺难以兑现。投诉主要集中在预付式消费、生活社会服务、装修建材等行业，其营销行为亟须加强规范引导。

三、投诉热点分析

（一）交通工具类投诉位居榜首

一年来，全省消委组织受理交通工具类投诉4493件，占投诉总量12.73%。其中汽车及其零部件类投诉3245件，与去年基本持平。

主要问题有：一是不平等格式条款的问题。主要集中在加价售车、代理挂牌、搭售保险、不按时交车等不平等格式条款的问题，合同条款和附件约定不明、不清晰，口头承诺不纳入合同附加条款，如经销商不按时交车也不退还消费者定金等。二是车辆合格证的问题。部分经营者以“车辆合格证抵押贷款”的融资模式销售汽车，如果不能及时从银行赎回合格证，消费者就无法正常上牌上路行驶，严重损害了消费者知情权、选择权、公平交易权。三是汽车质量问题。新车发动机、变速箱等发生质量问题，消费者要求退换难。四是售后服务问题。经营者和厂家互相推责不履行售后服务“三包”，存在故意拖延，消费者诉求不解决。维修过程中态度恶劣，存在过度保养、不能一次性解决问题。

如：2019年3月15日，武汉消费者刘某等百余位消费者联名投诉所购买的轿车，因“正时皮带”表面织物脱落而导致机油滤网堵塞引起发动机故障等问题；又如：武汉消费者黄女士投诉称，在4S店购车时，其销售主管宣传称两天内交订金可以优惠，不买可以退订，消费者当场支付订金5000元，第二天，由于家人意见的不统一要求退订遭拒。

消费提示：一是消费者购车时，应事前登录官方网站查看车型配置、销售政策、宣传材料和购车合同条款，选择车型、车价、交易方式，做到明明白白消费；二是事中识别高档配置与功能齐全的区别，不要被商家的宣传材料所误导消费；三是事后避免加装改装原车，可能会影响电瓶的电量，且容易埋下车辆自燃、突发安全隐患；四是协商承诺的事项纳入合同范围；五是保管好购车发票和三包凭证。

如发生消费争议，可以及时向辖区消委组织或相关部门投诉维权。

（二）房屋装修建材质量投诉显著增加

一年来，全省消委组织受理装修建材类投诉3832件，占投诉总量10.86%，与去年同期相比增长19.79%。

主要问题有：一是误导销售的问题。部分装饰公司在营销时夸大优惠幅度吸引消费者，比如预交少量订金可翻倍抵现、订“全包”装修套餐等手段，误导消费者与商家签订不规范性合同。二是预付款不退的问题。部分装饰公司口头承诺“预付款”“订金”不满意可全额退还，实际收据却写成“定金”，发生消费争议时退款难。三是装修合同的问题。不按照合同约定进行施工，装修过程中随意增加项目费用，不提供装修明细，存在乱收费的行为。四是建材送货的问题。部分商家不能按照消

费者在实体店所选购的建材型号、颜色送货，一旦发现与约定材质不符，要求退换货遭拒。

如：2019年8月，十堰消费者饶女士花费1万元购买的免漆板，商家送货上门与约定的不一致，于是要求退换遭拒；又如：2019年9月，仙桃消费者黄先生与蔡某签订房屋装修合同，双方约定地面要用水泥砂浆回填，但在施工过程中，发现蔡某在铺设地坪时偷工减料，用素沙回填后，将回填物表面用水泥砂浆抹面，黄先生要求返工遭拒；再如：2019年4月，武汉消费者赵女士投诉称：2018年10月在装修公司的广告吸引下签订了合同，合同约定工期90个工作日，即2019年3月7日完工。但截至2019年5月，施工进度仅完成一半。

消费提示：建议消费者在装修新房时，应事先做好材质、工期、价格、保修、争议解决等市场调查，采取“货比三家”方式，查看装饰公司的信誉度和事先已装修好的新房，对于明显低于市场价格报价的装饰公司一定要提高警惕，慎用低价装修、贷款装修，如因装饰公司经营不善、资金链断裂等原因导致无法继续履行合同，消费者可以通过民事诉讼程序向该公司追讨损失。

（三）预付消费引发纠纷不断

一年来，全省消委组织受理预付消费类投诉3895件，占投诉总量11.03%。与去年4563件相比少了668件，下降14.64%。预付消费是“预先支付费用、事后消费优惠”的一种消费方式。随着电子信息快速发展带来的消费便捷化，先付款后消费已成为服务行业的主流消费形式，看似优惠，如遇到商家跑路，会给消费争议的解决带来困难。预付消费主要涉及餐饮、住宿、健身等预存费用行业，由于立法上的漏洞，监管不足、经营者诚信度不高，以及消费者防范意识不够，一旦商家跑路，又给消费者造成经济损失，目前一直是投诉维权的热点。

如：2019年1月，武汉消费者孙先生反映，在光谷某健身中心办理了一张健身卡后，由于个人原因无法继续健身，要求将卡转让给亲人使用，但该健身中心却要收取高额的转让费；又如：2019年5月，十堰郧阳区122名消费者联名投诉当地某健身俱乐部恶意欺骗消费者，收钱提供健身服务质量无保障，经常无故关门歇业，导致消费者不能正常进行健身活动，疑似收钱跑路。

消费提示：一是预付消费建议消费者选择证照齐全、规模大、信誉高、经营久的商家，签订办卡协议和索取发票；二是对高额回报的预付消费方式尽量少参与，风险越大，财产越容易受损，要保持警惕；三是充值和办卡金额要少，避免承担较大风险。

（四）远程购物投诉呈高发态势

一年来，全省消委组织受理远程购物类投诉2309件，占投诉总量6.54%。远程购物的投诉对象主要涉及电商平台、新媒体平台、电视购物广告平台等。

存在主要问题：一是商品质量和假冒伪劣的现象严重，尤其是电视广告宣传假的多真的少；二是消费者个人信息泄露；三是七日无理由退货难；四是货不对版与实物宣传不符；五是“积分”优惠活动难以兑现；六是出现纠纷商家与第三方平台互相推诿。

如：2019年3月，消费者黄先生收看了电视台爱立莱电暖器广告，花费598元订购了一台，使用四天后就坏了，于是要求退货却找不到商家，也找不到电视台客服。

消费提示：远程购物消费方式已被广大消费者所接受，在线上消费过程中，一是尽量选择具有第三方平台的网店进行消费，如淘宝、京东、唯品会、苏宁易购、沃尔玛等线上平台，都有专门的客服受理消费者的投诉，为线上消费者提供售后服务；二是在线上消费时要保管好个人账号和交易密码，尽量采用10位数的综合密码进行交易；三是有效识别网络购物消费陷阱，禁止乱点链接，防止木马植入；四是发生消费争议时，应及时固定证据，包括截图、录音、录像、货物保存等，及时向第三方平台客服投诉咨询，如不能解决问题，可以向辖区消委和市场监管部门投诉维权。

（五）医疗美容投诉热度不减

一年来，全省消委组织受理美容类投诉1060件，占投诉总量3%。

主要问题：一是少数美容院没有医疗资质、从业人员不具备上岗条件；二是少数美容院安全责任意识差，给消费者造成人身伤害的情况时有发生；三是少数美容院虚假宣传问题多，打着免费美容、赠送礼品、超低价格等幌子吸引消费者，办理各种各样的“会员卡”“VIP”；四是发生消费争议后，美容院不及时跟进处理，故意托延消费者诉求。

如：2019年3月，丹江口市消费者张女士在美容院做蒸缸（商家推销蒸缸可以治疗高血压）后身体不适住院，要求赔付治疗费遭拒；又如：2019年4月，武汉消费者蓝某在某整形医院，按水滴形价格缴纳手术费用，接受丰胸手术后发现做的是圆形。消费者感觉受到欺骗，要求整形医院赔偿无果。

消费提示：一是消费者参与美容整形消费时，要有效识别美容机构低价诱惑的宣传伎俩；二是要有效识别医疗美容不能治病的宣传伎俩；三是美容收费时要提供发票及收据；四是参与美容活动要签订书面合同，美容机构的口头承诺要纳入合同的附加条款；五是发生消费争议及时向相关部门或消委组织投诉维权。

（六）非学历培训服务亟待改善

一年来，全省消委组织受理培训服务类投诉496件，占投诉总量1.41%。

主要问题：一是部分非学历培训机构违规办学，夸大培训效果招揽生源；二是培训机构以报名人数不足等理由，故意托延开课甚至不开课，存在随意更改课时、内容，更换老师等；三是设置不平等格式条款，限制消费者退款解除合同；四是乱收费，收费不开收据发票等；五是消费者个人信息泄露。

如：2019年4月，十堰市消费者孟女士参加注册会计师培训班，并按约定交了全额学费1.2万元，上了10节课后，没有再去上课了，要求退还余款遭拒。又如：2019年3月，武汉消费者加女士投诉称，2018年6月花费1.13万元参加2020法大考研精英全程班培优课，上了32节公共课、12节专业课后，发现该辅导机构的服务效果并不好，遂申请退费时，该培训机构称报班一个月后不能退费，只能申请异动，扣除已开课程费用后保留金额，等消费者拉别人入班后才能退款，此外还要扣除服务费500元。

消费提示：一是参与教育培训的消费者，应从教育部门官方网站查看非学历教育机构的许可资质，即《民办学校办学许可证》；二是从外观和硬件设施了解该培训机构是不是"游击队"；三是查看协议条款是否平等，协议内容是否包括培训内容、费用、退费、场地变更、调换老师、缩减课程、加收费用等内容；四是识别培训机构促销宣传、口头承诺等虚假信息，避免冲动消费；五是选择网络培训机构时，谨防网络培训陷阱。应核实网络培训机构真伪、信用评价等，也可以向相关部门先咨询再报名。

（七）手机产品投诉问题不断

一年来，全省消委组织受理手机产品通信类投诉3827件，占投诉总量10.84%。

主要问题：手机按键失灵、音量失灵、屏幕无显示等质量问题；部分商家不明码标价、不开发票、不履行售后三包，不提供备用机、押金不退、移机拖延等售后服务等。

如：2019年10月，恩施消费者李女士投诉称：2019年9月在"OPPO"专卖店更换手机原装屏，收费680元，并承诺三包服务一年，但使用不到15天屏幕就又坏了；又如：2019年11月，荆州消费者段先生投诉称：2019年3月购买了一部荣耀V20手机，10月21日发现手机出现屏幕重影，经多次维修后，重影问题仍没能得到解决；再如：2019年12月13日，武汉消费者陈女士投诉称：在体验店购买了一部256G苹果8手机，使用过程中感觉电池不正常，经检测该手机激活时间为2017年12月4日，电池序列号数据也有被更改的嫌疑，于是要求退换遭拒。

消费提示：一是消费者在购买手机时，应选择正规的手机经销商进行购买，特别要认准3C标识，切忌购买山寨劣质手机或配件；二是手机充电时间不宜过长，如发现手机发烫、过热，必须尽快停止操作，防止手机爆炸；三是手机在"三包"期内发生质量问题，一定要到手机官方指定维修点售后，并索取发票。

湖南省消费者委员会受理投诉分析报告

2019年，全省消保委组织共接待消费者来访咨询75825人次，受理投诉28033件，解决26272件，解决率为92.28%，为消费者挽回经济损失4131.83万元。其中，加倍赔偿79件，加倍赔偿金额28.26万元，支持消费者起诉101件，接受消费者赠送锦旗或表扬信50面（封）。

一、投诉性质分析

根据投诉性质分析，质量9931件，占35.43%；其他7274件，占25.95%；售后服务3019件，占10.77%；合同1846件，占6.59%；价格1416件，占5.05%；虚假宣传1366件，占4.87%；安全1322件，占4.72%；假冒1256件，占4.48%；计量436件，占1.56%；人格尊严167件，占0.60%；其中，质量、其他、售后服务、合同、价格占据消费者投诉的前5位（见图1、表1）。

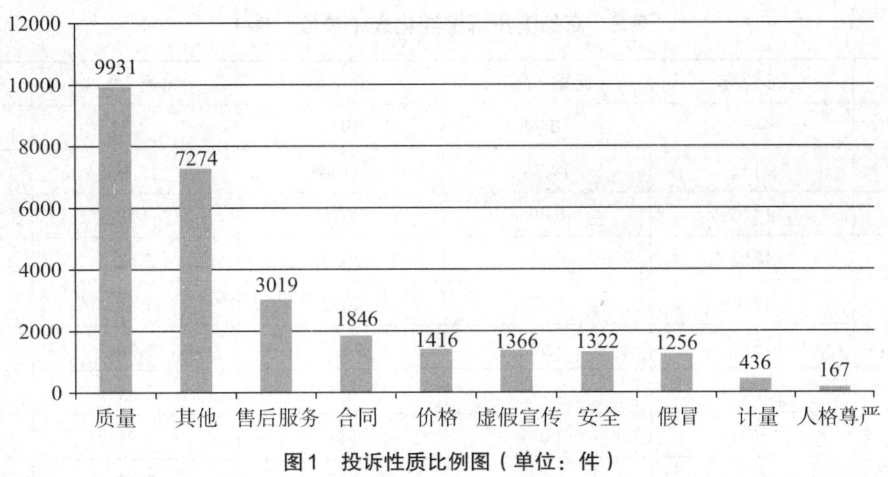

图1　投诉性质比例图（单位：件）

表1　投诉性质变化表（单位：件）

项　目	2019年	比重（%）	2018年	比重（%）	比重变化（%）
质量	9931	35.43	11205	41.06	–5.63
其他	7274	25.95	5105	18.71	7.24
售后服务	3019	10.77	3021	11.07	–0.30
合同	1846	6.59	1780	6.52	0.07
价格	1416	5.05	1594	5.84	–0.79
虚假宣传	1366	4.87	1727	6.33	–1.46
安全	1322	4.72	1053	3.86	0.86
假冒	1256	4.48	1347	4.94	–0.46
计量	436	1.56	295	1.08	0.48
人格尊严	167	0.60	165	0.60	0.00

二、投诉类别分析

根据投诉商品类别分析，食品4413件，占15.74%；家用电子电器4142件，占14.78%；房屋及建材1820件，占6.49%；服装鞋帽1812件，占6.46%；日用商品1716件，占6.12%；交通工具1513件，占5.40%；医药及医疗用品613件，占2.19%；烟、酒和饮料581件，占2.07%；首饰及文体用品501件，占1.79%；农用生产资料338件，占1.21%；其中，食品、家用电子电器、房屋及建材、服装鞋帽、日用商品占据消费者投诉的前5位（见图2、表2）。

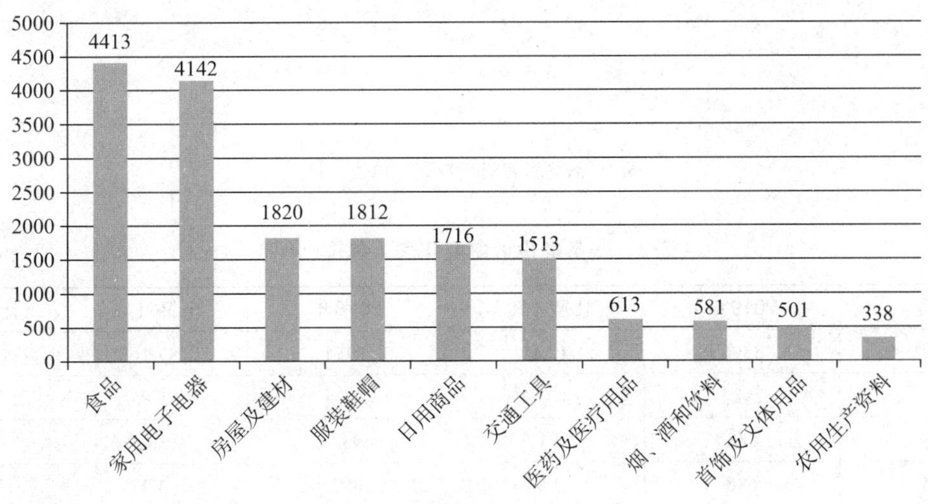

图2　商品类投诉情况图（单位：件）

表2　商品类投诉量变化表（单位：件）

项　　目	2019年	比重（%）	2018年	比重（%）	比重变化（%）
食品	4413	15.74	3911	14.33	1.41
家用电子电器	4142	14.78	4144	15.18	−0.40
房屋及建材	1820	6.49	2015	7.38	−0.89
服装鞋帽	1812	6.46	2053	7.52	−1.06
日用商品	1716	6.12	2032	7.45	−1.33
交通工具	1513	5.40	1800	6.60	−1.20
医药及医疗用品	613	2.19	695	2.55	−0.36
烟、酒和饮料	581	2.07	534	1.96	0.11
首饰及文体用品	501	1.79	639	2.34	−0.55
农用生产资料	338	1.21	494	1.81	−0.60

根据投诉服务类别分析，其他商品和服务3396件，占12.11%；生活、社会服务2984件，占10.64%；电信服务888件，占3.17%；销售服务686件，占2.45%；文化、娱乐、体育服务614件，占2.19%；房屋装修及物业服务538件，占1.92%；互联网服务332件，占1.18%；邮政业服务297件，占1.06%；公共设施服务240件，占0.86%；旅游服务203件，占0.72%；教育培训服务165件，占0.59%；保险服务153件，占0.55%；卫生保健服务54件，占0.19%；金融服务34件，占0.12%；其中，其他商品和服务、生活社会服务、电信服务、销售服务、文化娱乐体育服务占据了消费者投诉的前5位（见图3、表3）。

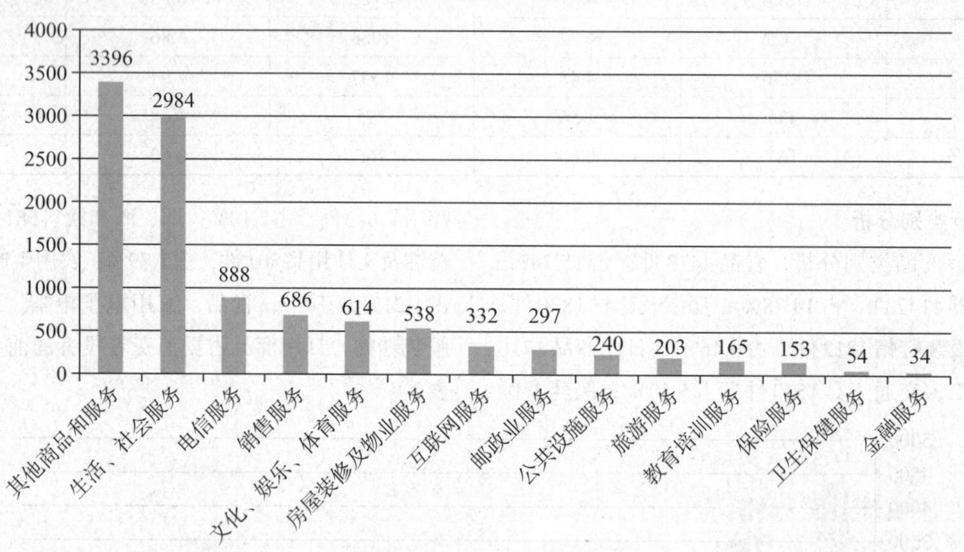

图3　服务类投诉情况图（单位：件）

表3　服务类投诉量变化表（单位：件）

项　　目	2019年	比重（%）	2018年	比重（%）	比重变化（%）
其他商品和服务	3396	12.11	1954	7.16	4.95
生活、社会服务	2984	10.64	2414	8.85	1.79
电信服务	888	3.17	932	3.41	−0.24
销售服务	686	2.45	882	3.23	−0.78

续表

项　目	2019年	比重（%）	2018年	比重（%）	比重变化（%）
文化、娱乐、体育服务	614	2.19	357	1.31	0.88
房屋装修及物业服务	538	1.92	551	2.02	−0.10
互联网服务	332	1.18	500	1.83	−0.65
邮政业服务	297	1.06	419	1.54	−0.48
公共设施服务	240	0.86	325	1.19	−0.33
旅游服务	203	0.72	214	0.78	−0.06
教育培训服务	165	0.59	131	0.48	0.11
保险服务	153	0.55	168	0.62	0.07
卫生保健服务	54	0.19	83	0.30	−0.11
金融服务	34	0.12	45	0.16	−0.04

三、投诉热点分析

（一）产品质量问题依然是投诉的重点

2019年产品质量投诉共9931件，与去年同期相比下降了5.63%，但仍占投诉总量的35.43%，位居第一。质量问题集中表现在家用电器、家具、家装建材、交通工具等商品上。近年来，我国大力倡导“质量强国”“品质革命”，推动消费转型升级。总体而言，产品质量总体水平有大幅度提升。与此同时，消费者的质量意识不断增强，品质消费需求不断提高，对产品质量有更高要求。

根据国务院《质量发展纲要（2011—2020年）》、省政府《湖南省质量发展纲要（2012—2020年）》等文件，省消委会建议各级政府及其相关部门以建设质量强省为目标，坚持全面、全程、全民的质量观，切实强化质量工作的基础性作用，着力推进技术创新、品牌创新、标准创新和管理创新，努力使产品、工程、服务、环境等重点领域质量水平适应经济社会发展要求。同时，建立健全各负其责、齐抓共管的质量责任体系，构建企业主体、政府监管、市场调节、行业自律、社会参与的质量责任制，促进质量共治共建共享。各生产者、经营者应以品质消费为导向，落实企业主体责任，不断提升产品和服务质量，不断满足消费者对“品质消费”的需求。

（二）食品投诉量明显上升

商品投诉中食品投诉居首位。食品类投诉共4413件，比去年同期增加1.41%。消费者反映比较集中的问题是质量、假冒伪劣、虚假宣传等方面。受非洲猪瘟的影响，下半年消费者对猪肉制品的价格、质量投诉较多。分析其原因，主要有以下三个方面：一是预包装食品标签监督管理不到位，造成消费者权益受损；二是部分经营者食品安全责任意识不强，日常管理不到位；三是投诉情况复杂，存在举证难、责任认定难等问题。

省消委会提醒消费者：一是购买食品时，尽量选择储藏条件较好、符合卫生要求的正规商场、超市和农贸市场；二是购买预包装食品，除查看生产日期、保质期外，还要查看包装是否完好；三是网购食品到货后注意查看食品包装标识是否齐全，注意食品外包装是否标明商品名称、“SC”标识、配料表、净含量、厂名、厂址、生产日期、保质期、产品标准号等内容；四是购买海鲜时，应与其他食物分装存放，生熟分开，购买后尽快（2小时内）放入冰箱，不要在室温下解冻，应在冰箱冷藏室或用微波炉解冻。

（三）家用电子电器商品仍是投诉热点

2019年，家用电子电器商品投诉4142件，占商品类投诉的14.78%。引发家用电子电器类投诉的原因，很大程度是由于售后服务措施不完善或者推脱、拖延履行售后责任造成的，具体表现在：一是家电三包维修中，很多经营者不明示维修部位、故障原因，消费者知情权难以保障，经营者动辄以消费者使用不当的名义拒绝履行三包责任；二是经营者为拉拢顾客，在销售商品时承诺“随叫随到”，但实际上厂商服务不及时从而引起纠纷；三是家电维修市场不规范，各维修店规模和技术水平参差不齐；四是家电品牌产品零配件定价虚高，与不断降低的整机产品价格相比，零配件的价格一直虚高不下，消费者反映强烈；五是网购家电质量参差不齐，存在夸大宣传、产品不合格等问题。

（四）房屋装修投诉问题突出

房屋及建材商品类投诉1820件，占投诉量的6.49%。房屋装修服务类投诉538件，占投诉量的1.92%。房屋装修服务问题主要有：装修合同存隐患、建材选购有纰漏、施工进度难掌握、装修质量难保证、专业技工存缺口、保修义务难履行、室内空气难达标、结算方式被动等。装修建材质量问题主要有：磁砖质量不过关、板材质量差、门窗等产品尺寸出差错、木质产品标注不规范等。互联网家装投诉问题主要有：装修质量难以保障。装修公司利用装修材料的品牌、规格、环保和安全指标、等级等不同，混淆价格牟利；格式合同责任难以厘清等。

省消委会提醒广大消费者：装修时一定要货比三家，对于商家以优惠、赠送产品等为诱饵，要求尽快交付定金或签合同的要三思而行；要求商家将口头承诺写进合同；签订合同时消费者要了解装修公司的资质、信誉等相关情况，预算项目以及装修公司增加项目和费用要清晰明了。

（五）汽车投诉日益增多

在全年投诉量保持相对平稳的情况下，汽车及其零部件投诉问题较为突出。主要问题有：一是经销商在销售过程中隐瞒剐蹭、补漆等真实情况；二是汽车维修技术不过关，维修服务质量差，多次送修仍不能排除故障；三是消费者贷款提车时被加收金融服务费，甚至在交易过程中强制要求消费者购买经销商指定的保险公司的产品等；四是经销商没有充分尽到告知合同条款的义务，存在经销商单方面加重消费者义务、减轻自身责任的现象。

省消委会提醒汽车消费者，购车时应特别注意：一是查验相关凭证，购车发票、车辆合格证、三包服务卡、车辆使用说明及其他文件或附件；二是仔细阅读购车合同，明确交车时间、保养、维修等售后服务、查看双方责任是否对等、核实是否搭售保险，还应特别注意检查车辆外观内饰、刹车踏板、离合板、机油颜色和电瓶等。

（六）预付式消费维权难

随着生活水平的提高，服务类消费日益增多，越来越多的商家采用办理会员卡、预付卡等营销方式吸引顾客。但由于预付卡资质限定不严、资金存管缺位，合同履约无担保，导致预付式消费投诉频发。2019年，预付式消费投诉共369件，占投诉量的1.25%。主要发生在娱乐健身、美容美发、餐饮住宿、教育培训、干洗店、汽车清洗保养等行业。反映的主要问题有：一是部分经营者以关门歇业、变更经营地址等为由，擅自终止服务；甚至有不法经营者利用预付式消费进行变相融资、集资诈骗等违法犯罪活动，收取巨额预付资金后携款潜逃。二是部分经营者拒绝提供书面合同和票据。三是霸王条款多，经营者在与消费者签署合同时，单方设置“只能转让不能退卡”“一经售出，概不退费”等侵害消费者权益的条款。四是解除合同成本高，消费者因对经营者的服务质量不满意或自身原因要求解除合约时，经营者拒绝解约，或同意解约却收取高额手续费，甚至拖延办理等。

省消委会提醒消费者应理性对待预付式消费，严防消费风险：一是应详细了解服务标准、质量、退换卡条件、使用期限等内容；二是订立书面合同，确定双方权利义务，明确违约责任、纠纷处理方式等内容；三是依法索要发票及有效凭据，妥善保存相关证据；四是掌握必要的法律法规，一旦合法权益受到损害，依法及时维权。

（七）互联网服务投诉居高不下

互联网服务投诉共332件，占投诉量的1.18%。消费者反映比较集中的问题有：一是有线宽带服务质量达不到标准、合同履行不到位和售后服务欠缺；二是网络游戏虚拟财产数据丢失或变更；三是网络游戏玩家账号被封锁；四是网络游戏运营商停止运营导致消费者权益受损等。

省消委会提醒广大消费者：在接受互联网服务时，要认真阅悉经营者制定的服务规则，若格式合同中有排除或者限制消费者权利、减轻或者免除经营者责任等条款，消费者有权拒绝。

（八）房屋中介服务投诉依然突出

2019年相关房屋中介服务投诉呈上升趋势，问题依然突出。投诉的主要问题是：一是乱收费，利用消费者不知情收取高额的代办费、评估费、银行贷款手续费等；收费后不兑现承诺，或者以各种理由和借口拒绝退还定金和相关费用。二是资金监管过程中，部分中介违规操作，代替银行为买方做资金监管，将购房款据为己有或者挪作他用，不予办理相关过户手续。三是隐瞒房屋真实情况，利用房托或与假房主相互勾结蒙骗消费者。四是提供虚假房源，中介在网上公示虚假低价房源，以此吸引消费者参与交易等。

广东省消费者委员会受理投诉分析报告

2019年，全省消委组织共接待消费者来访和咨询12万多人次，受理和处理消费者投诉373576件，同比增长36.48%，占全国消协组织投诉总量（821377件）45.48%，为消费者挽回经济损失约5.28亿元，占全国消协组织（11.77亿元）44.86%。因经营者有欺诈行为得到加倍赔偿投诉213件，加倍赔偿金额约42.3万元。全省消委会收到锦旗和表扬信96面/封。

一、消费投诉持续增长，总量创下历史新高

2019年，全省消委会受理投诉总量和挽回经济损失数再创新高，继续居于全国首位，其中受理消费者投诉373576件，刷新了2017年因"小鸣单车"群体性投诉创下的纪录（370496件）。纵观近年来投诉总量变化情况，整体处于逐步增长态势，总体增幅较快，与2015年相比，增长已经超过3倍（见图1）。

分析发现，消费投诉量与地区经济水平和消费活跃度直接相关。广东是消费大省，消费人口、消费总量多年位列全国第一，增势明显。据统计，2019年广东实现社会消费品零售总额42664.46亿元，同比增长8.0%，已连续36年占据全国榜首。反映在地区分布上，人口基数大、经济消费最为发达活跃的广州、深圳，2019年两地投诉量共332584件，占到全省89.03%（见图2），其中深圳211815件，占全省56.7%；珠三角的东莞和惠州投诉量排名也靠前，与其经济发展状况基本相符。与消费投诉量密切相关的因素还有社会发展水平。广东作为改革开放前沿阵地，法制完善，社会管理规范，个人权益得到普遍较好保障。在消费者权益保护方面，投诉渠道畅通便利，维权共治效果明显，特别是消费者组织作用得到较好发挥，有力地激发了消费者投诉维权的积极性。以深圳为例，深圳消委会在力量配备上远超全省甚至全国水平，工作力度强，社会影响大，因受消费者信赖，投诉量有较大幅度上升。

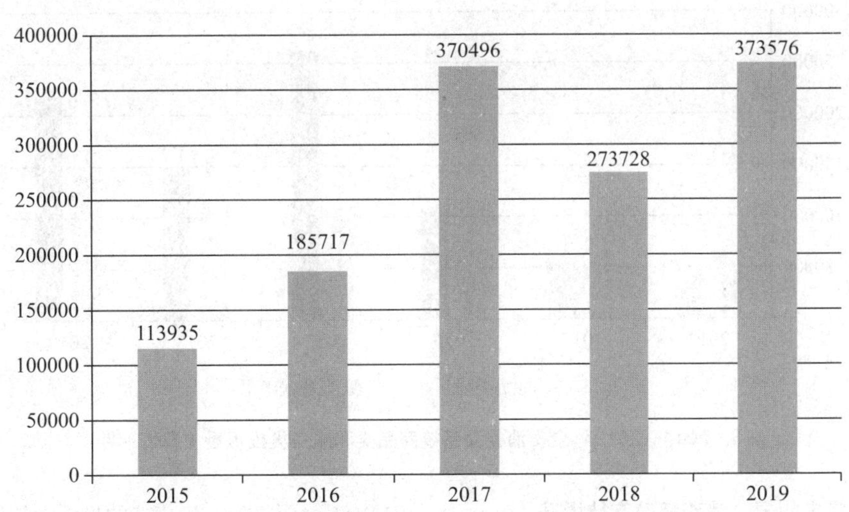

图1　2015—2019年全省消委会系统投诉总量（单位：件）

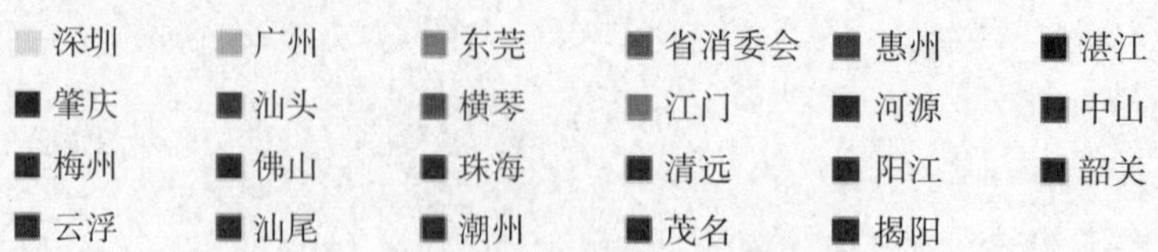

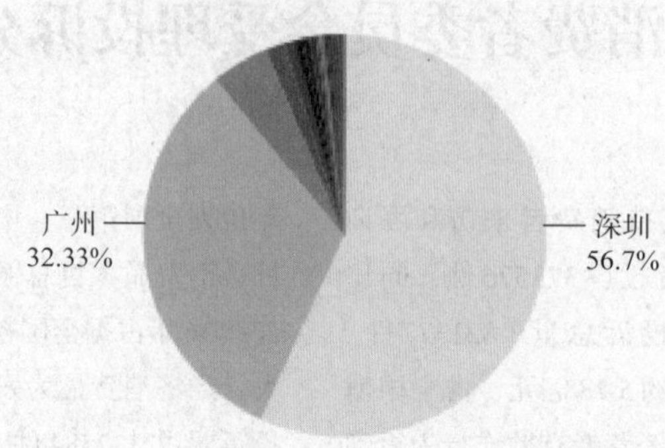

图2 2019年广东省地市消委会系统投诉量

二、商品投诉继续增加，服务业矛盾更为突出

2019年，全省消委会受理商品类投诉量142993件，同比增长23.57%，占总投诉量38.28%；服务类投诉量219685件，高于商品类76692件，占总投诉量58.81%。对比近年数据（见图3），2015年以前，商品类投诉量一直高于服务类投诉，自2016年开始，服务类投诉量反超商品类投诉，且两者差距不断拉大，整体呈现出投诉重心逐年向服务类投诉倾斜的趋势，反映出服务业逐渐成为消费纠纷集中的领域。

分析认为，随着我国百姓生活水平提高，消费需求日益多元化，服务消费在居民消费支出中的占比越来越大。但服务业的高速发展，虽为消费注入了强大动力，但其存在的供给体系不相适应的矛盾不容小觑。表现在服务需求不断提升，而高质量、高标准供给相对不足，因此产生矛盾纠纷。此外，在服务消费领域，法律法规滞后、缺位，监管手段措施落后、松散，也是投诉居高不下的原因。

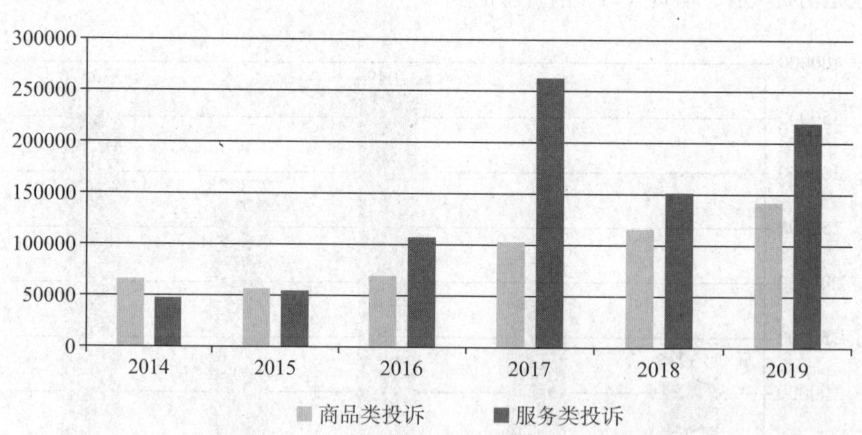

图3 2014—2019年全省消委会系统商品类和服务类投诉量（单位：件）

三、品质消费需求明显，消费环境有待提升

从投诉性质看，售后服务、质量和合同三类投诉位列2019年消费投诉前三位（见表1）。从增速看，安全类投诉高达28356件，同比增长225.86%，排在第一位。此外，价格、计量、人格尊严、虚假宣传、假冒等投诉，均有较大幅度增长。其中，计量投诉10653件，增速91.26%；而关于人格尊严的投诉近年稳步增长，2019年达18022件，增速83.08%，创历年新高。

从以上数据可看出，消费者对品质消费需求趋势明显，对消费品质的要求日渐提高，消费者从注重商品质量、价格，向更加重视消费安全、交易公平、精神体验等方面发展。与消费者的要求提高不相适应的是，消费环境依然不够理想，消费领域的一些突出问题尚未得到解决，假冒伪劣、以次充好、虚假宣传、合同欺诈、低价陷阱、诱导交易、不平等格式条款等现象不同程度存在，消费场所杂乱、设施老化、管理无序、警示不明等问题仍然突出，引发消费者的不满和投诉。

表1　2019年消费者投诉性质明细表

序号	投诉性质	2019年				2018年		占比差（%）
		数量（件）	占比（%）	增长量（件）	增速（%）	数量（件）	占比（%）	
1	售后服务	142521	38.15	↑ 11669	↑ 8.92	130852	47.80	↓ 9.65
2	质量	62602	16.76	↑ 19595	↑ 45.56	43007	15.71	↑ 1.05
3	合同	35740	9.57	↑ 4244	↑ 13.47	31496	11.51	↓ 1.94
4	虚假宣传	31033	8.31	↑ 13303	↑ 75.03	17730	6.48	↑ 1.83
5	安全	28356	7.59	↑ 19654	↑ 225.86	8702	3.18	↑ 4.41
6	价格	20098	5.38	↑ 10573	↑ 111.00	9525	3.48	↑ 1.90
7	人格尊严	18022	4.82	↑ 8178	↑ 83.08	9844	3.60	↑ 1.23
8	假冒	14576	3.90	↑ 5529	↑ 61.11	9047	3.31	↑ 0.60
9	计量	10653	2.85	↑ 5083	↑ 91.26	5570	2.03	↑ 0.82
10	其他	9975	2.67	↑ 2020	↑ 25.39	7955	2.91	↓ 0.24
11	合计	373576	1	↑ 99848	↑ 36.48	273728	1	0

注：“占比”为占全年总投诉量比重。

四、个别行业拉升投诉，互联网服务问题不小

纵向分析近年广东投诉量增长，均与一个行业密切相关，那就是互联网服务。如2017年投诉量成倍增长，互联网服务“贡献”了过半的数量（186549件）。2019年广东消费投诉量再创新高，其中互联网服务投诉高达92283件，同比增长93.29%，占总投诉量24.70%（见图4、表2），排在第一位。以我省某知名互联网企业为例，2019年相关投诉就达到103843件，占全省总投诉量27.8%。除数量巨大，互联网服务投诉还呈现涉及问题多、领域广的特点。如在安全类投诉中，互联网服务13407件，占该类投诉量47.29%；在人格尊严类投诉中，互联网服务8616件，占该类投诉量47.81%；在计量类投诉中，互联网服务3946件，占该类投诉量37.04%（见图5）。在领域方面，网络游戏、共享消费、线上旅游、互联网金融、网上家政、网上地产、网上汽车、网上医疗……覆盖面不断延展。投诉涉及的问题既有游戏封号、虚假宣传、商家违约等消费问题，也有信息泄露、未成年人保护、校园贷、金融诈骗等社会问题。

分析认为，互联网服务投诉持续快速增长，与经济社会发展密切相关。我省是互联网消费大省，互联网产业十分发达，互联网消费领先全国。但发展过于快速带来了行业问题，表现在消费端，则消费矛盾十分突出。我省消费者组织每年受理的互联网投诉数量惊人，仅这一项投诉其数量就可能超出多个省全省投诉总额。虽说互联网不是法外之地，但在互联网消费领域确实还存在法律规制不够、监管覆盖不全、消费秩序混乱等不容忽视的问题。

表2　2019年消费者投诉类别明细表

序号	投诉类别	2019年				2018年		占比差（%）
		数量（件）	占比（%）	增长量（件）	增速（%）	数量（件）	占比（%）	
1	互联网服务	92283	24.70	↑ 44539	↑ 93.29	47744	17.44	↑ 7.26
2	家用电子电器类	45208	12.10	↑ 7773	↑ 20.76	37435	13.68	↓ 1.57
3	生活、社会服务类	34267	9.17	↑ 5717	↑ 20.02	28550	10.43	↓ 1.26

续表

序号	投诉类别	2019年				2018年		占比差
		数量（件）	占比（%）	增长量（件）	增速（%）	数量（件）	占比（%）	（%）
4	电信服务	25210	6.75	↑1655	↑7.03	23555	8.61	↓1.86
5	交通工具类	24075	6.44	↓713	↓2.88	24788	9.06	↓2.61
6	日用商品类	23224	6.22	↑2122	↑10.05	21102	7.71	↓1.49
7	教育培训服务	17611	4.71	↑7325	↑71.21	10286	3.76	↑0.96
8	服装鞋帽类	15787	4.23	↑7682	↑94.79	8105	2.96	↑1.27
9	其他商品和服务	10898	2.92	↑6009	↑122.91	4889	1.79	↑1.13
10	食品类	10242	2.74	↑4078	↑66.16	6164	2.25	↑0.49
11	文化、娱乐、体育服务	10063	2.69	↑2402	↑31.35	7661	2.80	↓0.11
12	房屋及建材类	9415	2.52	↑1666	↑21.50	7749	2.83	↓0.31
13	销售服务	8213	2.20	↑719	↑9.59	7494	2.74	↓0.54
14	房屋装修及物业服务类	6364	1.70	↑28	↑0.44	6336	2.31	↓0.61
15	首饰及文体用品类	5993	1.60	↑794	↑15.27	5199	1.90	↓0.30
16	旅游服务	5086	1.36	↑1216	↑31.42	3870	1.41	↓0.05
17	邮政业服务	5031	1.35	↓628	↓11.10	5659	2.07	↓0.72
18	金融服务	4875	1.30	↑1772	↑57.11	3103	1.13	↑0.17
19	公共设施服务	4745	1.27	↑130	↑2.82	4615	1.69	↓0.42
20	医药及医疗用品类	3395	0.91	↑827	↑32.20	2568	0.94	↓0.03
21	卫生保健服务	3289	0.88	↑828	↑33.64	2461	0.90	↓0.02
22	烟、酒饮料类	3205	0.86	↑2288	↑249.52	917	0.33	↑0.52
23	保险服务	2648	0.71	↑862	↑48.26	1786	0.65	↑0.06
24	农用生产资料类	2449	0.66	↑757	↑44.74	1692	0.62	↑0.04
25	总计	373576	1	↑99848	↑36.48	273728	1	

注："占比"为占全年总投诉量比重。

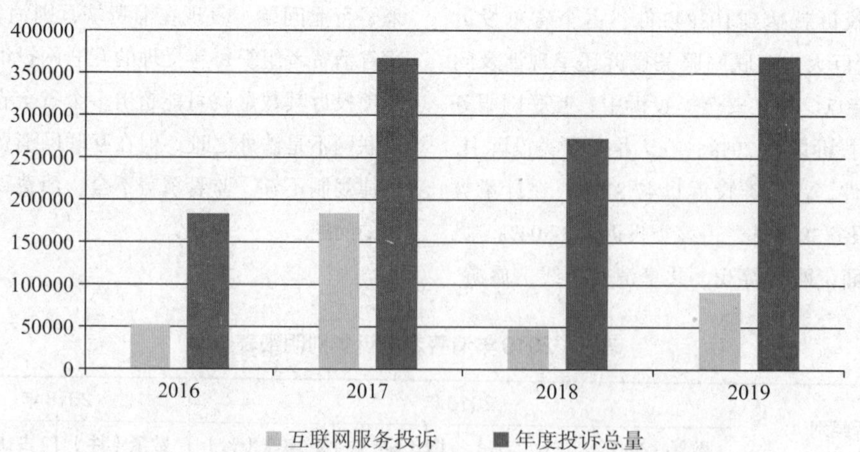

图4　2016—2019年互联网服务投诉量与年度投诉总量对比图（单位：件）

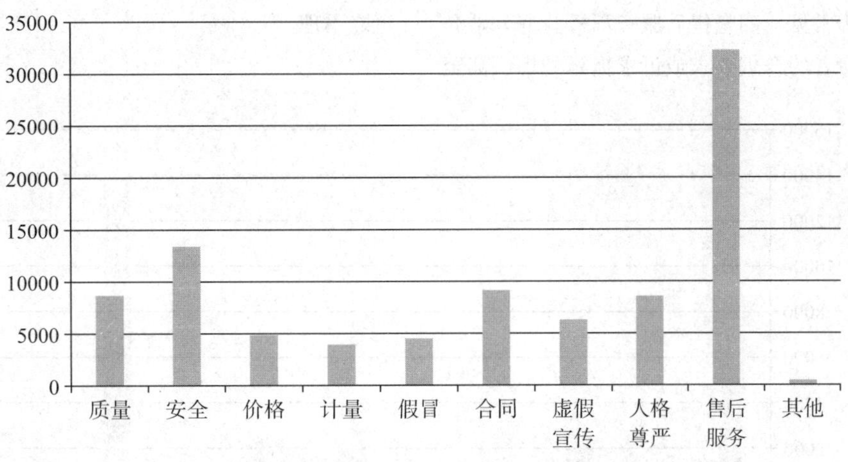

图5　2019年互联网服务类投诉性质分布图（单位：件）

五、网游纠纷热度较高，虚拟财产、账号安全成焦点

网络游戏是近年来互联网服务投诉的新热点。消费者反映的问题主要集中在账号无故被封、虚拟财产突然消失或者价值更改、运营商突然停止运营导致玩家权益受损、协议中部分格式条款侵犯消费者权益、未成年人沉迷网游且进行大额消费等问题。究其原因，随着互联网不断普及，网络游戏消费者数量以几何级数倍增，市场快速发展，但网络游戏运营商规模和服务质量参差不齐，而相关立法滞后，管理体制不顺，责任不明确，加之因游戏的专业性和特殊性，运营商和消费者双方信息严重不对称，消费纠纷频频发生。

多名家长向广东省消委会投诉某网络游戏公司，称家中未成年人用大人手机玩手机游戏，未经其同意充值数千元游戏费用，家长尝试与网游公司沟通退款，对方明确表示不予退还。接诉后，广东省消委会立即联系双方展开调查调解，但因家长无法有效举证该充值行为是未成年人操作，缺乏维权证据，最终只能以调解无效结案。

六、家用电子电器类投诉高企，售后服务和质量问题是重点

2019年，全省消委会系统共处理家用电子电器类投诉45208件，同比增长20.76%，占投诉总量的12.10%（见表2）。从总量上看，该类投诉的实际数量和占比都比较大，但我国家用电子电器使用普及，市场容量大，消费群体广泛，从产品总量来看，投诉比例尚算合理。从具体投诉来看，消费者反映的问题主要有售后服务质量不高、维修站点管理混乱、维修收费不透明、保修判定标准存疑、制售假冒伪劣或三无产品、货不对版、虚假宣传夸大产品功能等。虽然国家重视质量发展、倡导品质消费，但质量、售后服务等诸多问题始终困扰消费者，其原因主要有以下三点：一是家用电子电器品种繁多，各项功能和指标缺乏国家统一标准，各类产品性能质量参差不齐。二是相关市场准入门槛低，部分商家诚信意识、服务意识淡薄，不惜采取损害消费者权益等不当手段来谋取自身利益。三是售后服务管理混乱，厂家缺乏对下属维修网点的有效监管，售后服务不及时不到位、维修人员技术不过关导致多次维修、虚报零部件价格、夸大产品故障多收费等情况时有发生。

七、生活社会服务问题突出，婚介服务成投诉热点

2019年，全省消委会系统共处理生活、社会服务类投诉34267件，同比增长20.02%，占总投诉量的9.17%（见表2）。从投诉数据来看，该类投诉主要集中于售后服务（14133件）和质量（6520件）两大问题，两者共20653件，约占生活、社会服务类投诉的60.27%（见图6）。从具体投诉来看，该类投诉主要集中在餐饮、住宿、健身、美容美发、婚介等行业。其中，婚介服务已逐渐成为近年来的投诉热点之一。随着大龄单身男女越来越多，各类婚介服务机构应运而生，行业发展迅速，但由于缺乏市场准入标准和健全有效的监管约束机制，导致婚介服务市场鱼龙混杂，问题突出，投诉热度逐年增长。关于婚介服务，消费者反映问题主要有：一是收费标准、服务项目不透明。同一服务不同消费者收费不一，消费者花大钱未必能接受对应的服务。二是实际服务与宣传大相径庭。部分婚介机构以“优质资源”“终身服务”“包成功”等承诺诱导消费者购买相关服务，事后以种种借口拒不兑现承诺，或者随意应付、敷衍了事。三是设置不公平不合理条款。其中以“收取的服务费概不退还”的条款最为常见。四是售后服务消极。部分婚介服务机构对于消费者的合理要求或诉求拖延处理，甚至置之不理。

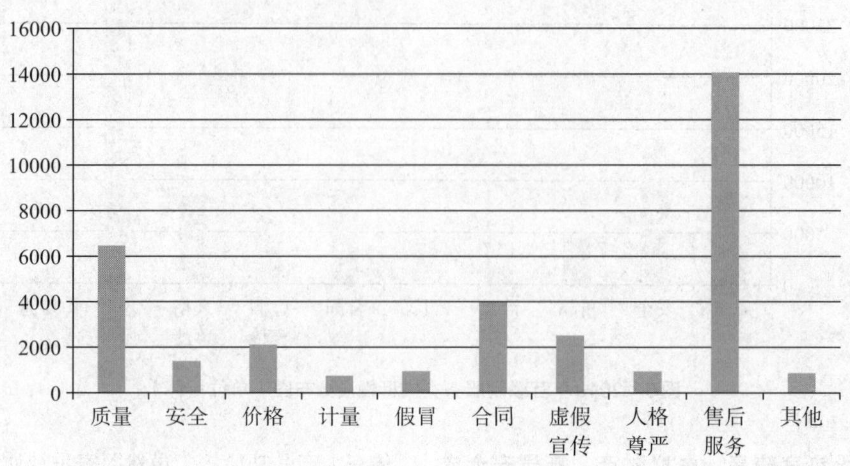

图6　2019年生活、社会服务类投诉性质分布图（单位：件）

八、教育培训服务投诉骤升，培训贷问题凸显

2019年，全省消委会系统共处理教育培训服务投诉17611件，占总投诉量的4.71%，同比增长71.21%。从投诉数据来看，该类投诉主要集中在售后服务（7399件）、合同（2892件）、虚假宣传（2322件）三大问题，三者共12613件，占教育培训服务投诉的71.62%（见图7）。从具体投诉来看，消费者反映的问题主要有培训机构和老师资质不健全、教学质量欠佳、虚假宣传、设置“霸王条款”、诱导办理培训贷等。其中因培训贷而引发的消费纠纷近几年屡屡发生，成为教育培训服务投诉中的热点问题。由于培训贷能满足一些资金紧张的学生提升能力的需求，颇能吸引学生，因而被教育培训机构广泛应用，但其实际是一种目的性很强的营销手段。培训机构在宣传时，往往把课程描述得十分美好，而有意淡化贷款的压力，甚至偷换概念，美其名曰分期付款，掩盖其消费贷款的实质。学生往往怀着对学习知识的美好愿景，草率签订培训合同和贷款合同，而忽略了其背后的“陷阱”。后期因培训存在问题想要退款时，一方面面临高额的违约金，另一方面即便成功解约，也仍被贷款公司要求继续偿还贷款，承担高额利息。

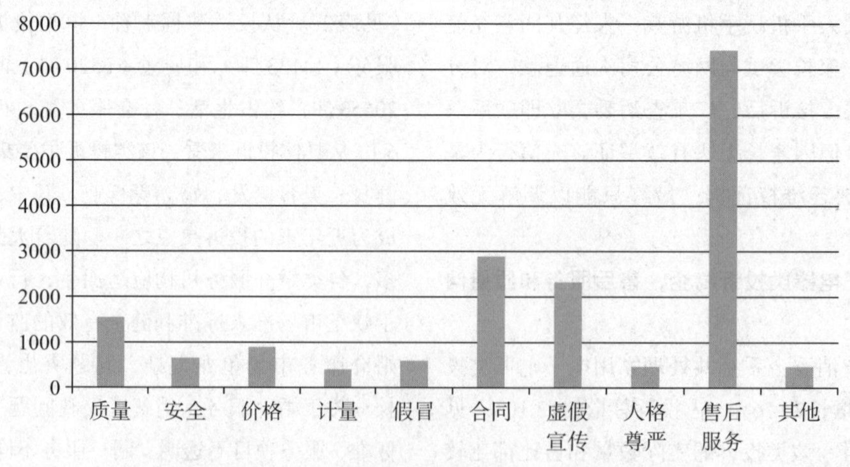

图7　2019年教育培训服务类投诉性质分布图（单位：件）

九、预付消费顽疾难除，消费维权困难重重

预付式消费作为一种新兴的消费模式，不仅能帮助经营者短时间积聚资金，快速稳定客源，也可让消费者享受不同程度的优惠、便利，因此深受经营者和消费者欢迎，在商业领域广泛运用。但这种先付款后消费的模式存在一定的风险，消费者付款后便处于被动的地位，一旦出现问题，权益难以得到保障。从具体投诉来看，预付式消费中存在的侵权事实主要有商家夸大宣传吸引客源、拒不兑现宣传承诺、商品或服务质量难以得到保障、设置“霸王条款”、变更后的经营主体拒绝承继原有义务、设置高额的退款门槛、诱导消费者办理各种贷款、商家倒闭跑路等情况。从维权实务来看，预付式消费市场准入门槛低，大量经营规模小、资质差的经营者涌入预付式营销行列，导致预付式市场主体身份复杂，良莠不齐，难以规范。虽然相关法律法规明确了部分预付式营销的审批、备案、巡查及资金存管等要求，但缺乏强制、有效的监管手段，监管执法难以到位。以经营者倒闭跑路为例，因无法查找经营者，消费者组织无从开展调解。此外，大多消费者缺乏理性认识，自我保护意识欠缺，忽视预付式消费者潜在的风险，仅凭经营者的夸大宣传和优惠力度盲目消费，在消费过程中也不注意签订书面协议以及保留相关的收费凭证，导致后续维权举证艰难，多以失败告终。

2019年，多名消费者在深圳市某艺术教育传媒公司报名美术、钢琴、少儿播音主持等培训课程，但经营者在没有提前告知消费者的情况下，突然停止营业，消费者要求退还费用无果，遂向深圳市光明区消委会求助。光明区消委会多次以电话、短信方式联系该公司法定代表人，却一直未能得到对方的回应。鉴于该投诉系群体性消费投诉，涉及人数众多，深圳市消委会和光明区消委会拟将被诉公司信息推送至深圳市公共信用中心等征信机构，于是向该公司推送了消费维权信用信息告知函。而后，被诉公司法定代表人的亲属主动表示愿意解决消费者的退费问题。通过光明区消委会的不懈努力，最终为147名消费者挽回经济损失11.27万余元。

十、养老机构乱象多，家人省心变担心

我国正步入人口老龄化阶段，养老行业作为朝阳产业正处于初步发展阶段，养老机构凭借着专业的医疗、良好的设备、个性化的老年人服务等美好宣传，逐渐承载起“老人开心，家人放心”的期待，受到越来越多家庭的关注。但由于养老行业缺乏健全的法律规制、有效的行政监管以及统一的强制性行业标准，且因养老行业尚未形成一定规模，养老机构数量整体偏少，难以满足现阶段养老需求。市场供需严重失衡，缺乏有效的市场调节机制，导致各类养老机构服务水平良莠不齐、乱象丛生。2017年，广东省消委会就老年人消费现状进行了消费调查，调查报告显示，参与问卷的老年人中，39%表示在养老服务中其合法权益受到过商家侵害，养老机构的问题可见一斑。从具体投诉来看，关于养老机构的消费纠纷主要集中在以下几方面：一是设置不公平格式条款。如某养老机构在格式合同中设定，消费者提前提出中止的，其所收付费一概不予退还。二是随意违约且拒绝承担违约责任。养老机构拒不执行合同条款或者拒绝兑现事前承诺，消费者因约定或承诺无法实现而要求退款终止合同时，反而要求消费者承担违约责任。三是以诱导、欺骗等方式进行销售。部分销售人员极力渲染养老机构的美好，用大幅优惠、“一床难求”等条件诱导老年人消费，而可能对消费者不利的情形却只字不提。部分养老机构甚至联合外来人员进行虚假宣传、非法集资。四是内部管理混乱。部分养老机构存在配套设施不达标、条件简陋、管理混乱、护理和管理人员资质不符等情况。

附：典型案例

案例一　婚介诱导消费，消协助力退款

2019年4月，广东省消委会接到消费者阎女士的投诉。据阎女士反映，其在某知名婚介公司网页进行免费注册，之后婚介公司来电称好几位男士对其资料感兴趣，邀请其参加现场相亲会。但阎女士到达公司后并没有被安排相亲，而是被带到一个小隔间，一位自称“红娘”的工作人员在审核信息、填写表格后就开始跟阎女士聊天，从1点一直持续到4点半，阎女士非常疲惫。这时，该工作人员拿出iPad让阎女士签字，声称不用看内容直接签就行。阎女士签完后才知道是消费合同，紧接着被要求刷卡支付了28800元。阎女士回家仔细阅读合同，发现内容不妥，遂提出退款，但婚介公司一直回避。几经沟通，双方约定在扣除10%违约金的前提下解除合同，并签署退款协议，但退款一直拖着没有兑现。无奈之下，阎女士向省消委会求助。省消委会接诉后立即联系涉诉婚介公司，经调查，阎女士反映的问题基本属实，遂要求婚介公司尽快退还消费者所支付费用。经工作人员多番调解，最终双方重新签订合同解除协议，婚介公司退还阎女士人民币28575元。

根据《消费者权益保护法》第二十六条规定，经营者使用格式合同，对与消费者有重大利害关系的内容负有以显著方式提请消费者注意并按照要求予以说明的义务，不得利用格式条款并借助技术手段强制交易。格式合同的制订方和使用者，如未能履行提示说明义务，消费者可以主张合同不成立。但现实是很多类似遭遇的消费者事后以不知晓合同内容主张退款时，却缺乏必要的证据支持，导致维权困难。近年来，婚介服务行业乱象丛生，婚介公司线上提供免费注册，线下大搞“轰炸式”推销、“绑架式”签约、“凑数式”服务。很多消费者同阎女士一样在遭遇疲劳轰炸后，被诱导签订高额婚介服务合同，类似的投诉屡屡出现，值得警惕。

案例二　报修十余次故障未除，退款数十万元维权成功

2019年，消费者张先生向广州市海珠区消委会官洲分会投诉，称其通过广州某汽车销售服务有限公司汽车销售以24万元的价格购买了一辆品牌汽车。汽车行驶9000公里后，仪表盘ETC灯出现亮闪情况，张先生怀疑发动机电子系统故障，立刻向销售公司反映并报修，但反复进行了11次维修，依然无法彻底解决问题。于是，张先生提出换车或退车，但遭到拒绝。消委会接诉后立即展开调查，确认车辆已经维修12次。虽然销售公司承诺可以继续修理，但多次维修导致消费者对销售方和车辆都失去了信心，坚决要求退车退款。工作人员对照相关法律法规进行耐心调解，最终汽车销售公司同意在扣除汽车折旧费后退回消费者车款21万多元，消费者维权成功。

《消费者权益保护法》第二十四条规定：“经营者提供的商品或者服务不符合质量要求的，消费者可以依照国家规定、当事人约定退货，或者要求经营者履行更换、修理等义务。”本案中，张先生的汽车因同一质量问题累计修理12次故障依然不能消除，导致消费者对汽车质量和销售公司维修能力失去信心。在消费者强烈主张退车退款的情况下，消委会工作人员帮助双方深入沟通，反复耐心做工作，最终，一宗棘手的投诉成功调解，消费者的权益得到保障。

案例三　假冒旅行社频现网上搜索，广告发布者难逃法律责任

2019年第一季度，深圳市消委会共收到涉及某旅行社的港澳游投诉36宗，该类投诉普遍存在以下情况：消费者均居住在广东省外；近半消费者通过某知名搜索引擎搜索“国旅”后，根据加V认证的国旅相关页面选择港澳游；行程中普遍遭遇“强制购物”“原定景点被取消”“食宿降级”等问题。深圳市消委会通过调查发现涉诉的旅行社均为假冒“国旅”，提供的合同、收款收据、盖章等均为伪造。深圳市消委会通过模拟消费进行专项测试调查，发现在该搜索引擎搜索“港澳游、国旅”等关键词，搜索页面会出现加V等级认证的旅行社广告信息，但这些旅行社却并非正规注册的商事主体。深圳市消委会向社会通报了相关情况，并对广告发布行为进行监督。涉事公司迅速做出三项赔偿和整改承诺：一是由该公司垫付涉诉消费者的损失；二是在旅游行业搜索中剔除大批“李鬼”，只要涉及低价港澳游的账户均做下线处理，并严格开户审批；三是进一步完善企业信用评级评价体系，将消费者组织评价纳入“企信网”“口碑”“信誉”等评级评价信息中。针对深圳市消委会移交督办的36宗投诉，除少数无法有效举证外，共有29宗获得18万多元的赔偿。与此同时，涉事公司积极兑现整改承诺，跟进处理数百个低价港澳游账户。

本案中，涉诉旅行社均为假冒国旅的旅行社，难以找到假合同虚构的商事主体，消费者若想直接与旅行社进行沟通维权，非常困难。但假冒旅行社相关广告信息均由搜索引擎公司发布，根据《广告法》第三十四条规定，该公司作为广告发布者，对拟发布广告的审查核验负有不可推卸的责任。同时，根据《消费者权益保护法》第四十五条第一款规定：“消费者因经营者利用虚假广告或者其他虚假宣传方式提供商品或者服务，其合法权益受到损害的，可以向经营者要求赔偿……广告经营者、发布者不能提供经营者的真实名称、地址和有效联系方式的，应当承担赔偿责任。”涉事公司无法提供涉诉假冒旅行社的真实信息，应当承担相应赔偿责任。在此提醒消费者，选择线上旅游单位和项目，一定要擦亮眼睛，仔细辨别，谨防上当。

案例四　大湾区维权一体化显成效，澳门消费者退房款赠锦旗

2019年2月，澳门消费者陈女士在佛山市禅城区某楼盘购买了一套商品房，购房过程中售楼人员承诺可以办理按揭贷款，但陈女士支付首付款后却被告知不能办理贷款。由于没有能力一次性付清房款，陈女士要求退款退订，却被要求扣除20%的违约金，双方由此产生纠纷。陈女士随即向佛山市禅城区消委会求助。接诉后，工作人员高度重视，从大湾区维权一体化要求出发，认真研究证据材料，结合法规政策，制定调解方案。最初几次调解，开发商坚持要扣除20%的违约金，但工作人员晓之以理、动之以情，指出消费者为了维权，澳门、内地来回奔波相当不易，希望开发商从大湾区建设的大局出发妥善处理。经过不懈努力，开发商最终同意全部退回消费者支付款项26万余元。事后，陈女士从澳门专程给禅城区消委会送来“为民办实事，排忧解困难”的锦旗和一封亲笔书写的感谢信。

近年来，随着大湾区建设不断推进，粤港澳消费融合越来越密切，相关投诉纠纷也随之增多。特别是在房地产交易领域，港澳消费者在内地购房需求不断提升，但法律政策差异大，流程和手续繁杂，容易导致发生消费纠纷。为服务大湾区建设，保障港澳消费者合法权益，广东大力推进湾区维权一体化，不断提升粤港澳维权合作水平。本案中，陈女士遇到的问题较为普遍，维权难点在于消费者难举证，为既依法维护消费者权益，又减少陈女士澳门、内地来回奔走麻烦，消委会工作人员从法、理、情多方面切入，积极调解，专业维权，使事情圆满解决，得到消费者的真心赞誉。

案例五　定制衣柜货不对版，退款保修，消费者满意

2019年3月，梅州市丰顺县消委会接到消费者张女士的投诉。张女士反映，2017年12月底其在丰顺县某家居建材经营部为新房定制五个房间的衣柜及电视背景墙，约定用材为好莱客品牌木板，总价25万元。但张女士入住新房后发现衣柜木板并非该品牌，且衣柜门关闭不全，表面还有裂缝。张女士随即与经营者协商，要求退回全款并赔偿其造成的损失，遭拒。接诉后，丰顺县消委会立即开展调查，据调查了解：张女士跟经营者交流定购时，一直要求用好莱客木板制作，但是在书面购销合同上并未注明。经营者据此表示其并未违约，只同意补偿4万多元。张女士则表示受到欺骗，要求赔偿15万元。由于分歧过大，调解一度陷入僵局。最终经过工作人员不懈努力，双方达成一致：经营者补偿消费者10万元人民币，并对衣柜出现的问题提供保修服务。双方对结果表示满意，同时对调解人员的耐心细致表示感谢。

本案中，消费者是因为信赖好莱客品牌选择定制家具，且支付了相应的价钱。而经营者却抓住合同没有标注的漏洞，选用其他木材，违反了双方的约定，违背了诚实信用原则，侵害了消费者的知情权和公平交易权，按照《消费者权益保护法》第十六条以及《合同法》第一百零七条规定应当承担相应的违约责任。值得注意的是，本案消费者在签订合同时，没有进行认真核对，也存在一定的疏忽。在此提醒消费者，签订合同，一定要认真审阅，口头达成的约定，也要通过书面合同予以明确，以免造成不必要的损失和麻烦。

案例六　“车钱包”只充不兑引众诉，消委会及时出手平纠纷

2019年，东莞市消委会陆续接到“爱车钱包”“汽车钱包”“车钱包”等公众号充值未到账的投诉，其中共接到关于东莞某网络科技有限公司的投诉215件。消费者反映在其该公司公众号上充值了500元至1000元金额的加油卡，但充值金额迟迟未到账，多次尝试联系客服无法接通。经工作人员深入调查，确认消费者反映问题属实，同时发现该公司在珠海、惠州、江门等十余市均设有分公司，涉及消费者众多，金额高达258万元。为及时化解矛盾，维护社会稳定，东莞市消委会立即启动约谈程序，向该公司分析指出问题的严重性，要求马上整改。约谈产生较好效果，涉事公司一方面通过完善充值系统、提升充值对接、增强客服服务，有效避免矛盾进一步激化；另一方面对投诉问题及时回应处理，积极主动承担责任。最终，投诉的消费者加油卡全部充值到账，投诉量从最初的爆发性增长，直降至零，矛盾得到有效化解。

本案中，消费者在科技公司公众号充值，双方达成了加油充值的交易协议，根据《消费者权益保护法》第十六条第二款规定：“经营者和消费者有约定的，应当按照约定履行义务……”科技公司应该按照充值金额、到账时间等约定履行相应的义务，但却一直拖延，不按约定履行义务，导致众多消费者权益受损。东莞消委会及时出手，通过调查约谈监督等方式，为众多消费者挽回了经济损失，同时消除了社会不稳定风险，值得点赞！在此提醒消费者，预付消费，尤其网上预付消费，有风险，须谨慎选择、理性对待。

案例七　押金不退，购物抵扣，展会作幌，老年人上当

2019年7月，何女士等40多名消费者来到中山市小榄镇消委分会投诉。据消费者反映，中山市某电器科技有限公司在小榄镇某酒店举行为期五天的保健产品直销会，主办方规定：凡参与该活动的消费者都可获得公司赠送的礼品，但需缴纳“参会押金”，当天活动结束后返还给参与者。因可以领取礼品，现场吸引了众多老年人参与。直销会前四天，消费者只需缴纳数百元押金，且可以顺利退还。但到了最后一天，主办方将“参会押金”提高到1000元至4000元，不仅不按承诺返还，还要求消费者用押金购买远高于市价的保健品进行抵扣。由于涉嫌强买强卖，且涉及众多老年人消费者，小榄镇消委分会高度重视，马上联合小榄市场监管分局、小榄公安分局进行调查，认定主办方做法违反法律规定，侵害消费者合法权益，督促其立即退还消费者所有押金。因此，为40多名消费者挽回经济损失9万多元。

押金，一般指由当事人双方约定，债务人或第三人向债权人给付一定的金额作为其履行债务的担保，在社会生活中被广泛运用于房屋租赁、承包、住店等合同担保领域。本案中，直销会主办方与消费者之间并无直接或间接的债权债务关系，也无其他需要担保的情形，其收取“参会押金”其实另有目的。主办方要求消费者用“押金”购买远高于市价的保健品，明显侵犯消费者选择权和公平交易权，涉嫌强制消费。近年来，老年人消费问题成为热点，一些不良商家抓住老年人防范意识不强，通过“赠送礼品”“打亲情牌”“会场营销”等各种手段，变着花样诱骗老年人上当，实该谴责！

案例八　演奏会改地，单方面退票，经营者霸道，消委会制止

某国际知名钢琴家江门站演奏会原定于2019年12月20日在江门市新会区体育中心进行，并通过多个购票平台对外公开售票超过300张。后因各种原因，主办单位最终决定将活动场地改在江门演艺中心侨都大剧院举行。为减少自身损失，主办单位于10月29日宣布前期售出的门票全部作自动退票处理。部分消费者对此并不接受，认为侵害自身权益，向江门市消委会投诉。该投诉涉及消费者300多人，江门市消委会高度重视，派出专干力量处理，紧扣“做好群众工作、化解群众矛盾”的工作原则，深入进行案情分析，研究相关法律法规，约谈主办单位，陈述利弊，耐心调解。最终，主办单位为受影响消费者提供三种处理方案：退票退款、补差价升级票档、按原价位安排座位，涉诉消费者均表示满意，事情圆满解决，矛盾化解于萌芽状态。

本案中，演奏会主办单位与消费者通过销售、购买门票的行为形成了法定的事实合同关系，双方均应依约履行各自义务。根据《消费者权益保护法》第五十三条：“经营者以预收款方式提供商品或者服务的，应当按照约定提供。未按照约定提供的，应当按照消费者的要求履行约定或者退回预付款；并应当承担预付款的利息、消费者必须支付的合理费用。”主办单位为减少自身损失，单方面宣布退票，属违约行为，对消费者因此造成的损失或带来不便应当给予补偿。

案例九　合同暗藏霸王条款，支持起诉判定无效

河南省消费者蔡先生于2017年在湛江全额购买了一套价值718662元的商品房，并与开发商签订了《商品房买卖合同（预售）》，合同约定2018年6月30日交房。但截至2018年12月31日，涉案房屋依然不符合交房条件，蔡先生要求开发商依据合同按日赔偿已付房款0.1‰的违约金，但开发商以合同中“逾期交付的违约金总额不能超过买受人已付房款的0.1%”为依据，主张违约金赔付总共不超过718.662元（总购房款718662元×0.1%）。蔡先生认为该条款显失公平，主张予以调整，但多次协商未果，遂向湛江市消委会投诉。之后又有90多户业主陆续前来投诉。湛江市消委会通过调查分析，确认涉案条款确存在不公平不合理的情形，但开发商拒绝接受调解。于是，湛江消委会代理消费者诉讼，历经一审、二审，两级法院均支持消费者诉求，确认涉案条款无效，判决开发商按日向买受人支付已付房价款0.1‰的违约金。最终，90多户业主共获赔偿款超过250万元。

本案中，涉案合同系开发商提供的格式合同，合同对消费者逾期付款、开发商逾期交房均有违约金的相应约定，但开发商逾期交房设置违约金上限，而消费者逾期付款则未设置，双方权利义务明显不对等。且根据逾期交房的违约金上限条款，无论开发商逾期多久，只需赔偿700多元的违约金，显然远远不足以弥补消费者的实际损失。分析认为，该条款属于《消费者权益保护法》第二十六条第二款规定的“排除或限制消费者权利，减轻或者免除经营者责任”的情形，是不公平、不合理格式条款（即俗称的霸王条款），应当判定无效。

案例十　美容店关门数百人被坑，预付式消费风险点要防

2019年7月，肇庆市端州区消委会接到一宗群体性投诉，涉及消费者348人，涉诉金额高达110万元。据消费者反映，端州区某美容美发连锁店陆续关门停业，导致其购买预付卡无法正常使用。端州区消委会第一时间展开调查。了解到，该店共有4家连锁店，经营者自2019年5月接手以来，因经营不善等原因，导致员工集体停工被迫停业。端州区消委会要求经营者尽快履行责任义务，但经营者表示在接手店铺前，消费者充值的金额已由上一手经营者收取，涉及金额较大，自身已无力退还。端州区消委会进一步核查发现该店经营合同转让关系复杂，2年内转让过4个经营者，但

消费者对此并不知情。消委会立即联系相关的4个经营者，经多次沟通协调，明确了4个经营者的转让关系和各自责任。最终，4个经营者承诺向在其各自经营期间充值的消费者退还扣除赠送和优惠金额后的余额，或将卡内余额转至尚在经营的分店继续使用，得到大部分消费者的认可。

根据《消费者权益保护法》第五十三条规定，“经营者以预收款方式提供商品或者服务的，应当按照约定提供。未按照约定提供的，应当按照消费者的要求履行约定或者退回预付款；并应当承担预付款的利息、消费者必须支付的合理费用”。本案中，美容美发连锁店突然关门停业，事先没有告知消费者，事后未积极主动做好预付款余额退还工作，没有尽到应尽法定责任和义务。近年各行业预付消费问题频频爆发，在此提醒广大消费者：一是办卡消费时，一定要选择信誉好实力强的商家；二是充值时金额不宜过大，并尽量在约定时间内消费完毕；三是注意妥善保存消费凭证，发生问题及时维权。

重庆市消费者权益保护委员会受理投诉分析报告

2019年，全市消委组织共受理消费者投诉23959件，同比增长13.6%，解决22061件，投诉解决率为92.08%，共为消费者挽回经济损失6624.4万元；因经营者有欺诈行为得到加倍赔偿的投诉为336件，加倍赔偿金额39.97万元；移交有关行政部门案件线索241件。2019年，全市各级消委组织共受理消费者咨询6.5万余人次。

一、消费投诉基本情况

（一）按照投诉问题性质分析

全部投诉中，质量问题4933件，占投诉量的20.59%；售后服务问题4365件，占投诉量的19.01%；合同问题4479件，占投诉量的18.69%；虚假宣传问题2060件，占投诉量的8.6%；价格问题1768件，占投诉量的7.38%；安全问题891件，占投诉量的3.72%；其他为虚假宣传、价格、假冒、安全、计量、人格尊严及未纳入投诉性质分类的其他投诉。质量问题、售后服务问题和合同问题仍然是引发投诉的主要原因，三项合计占比达58.29%。

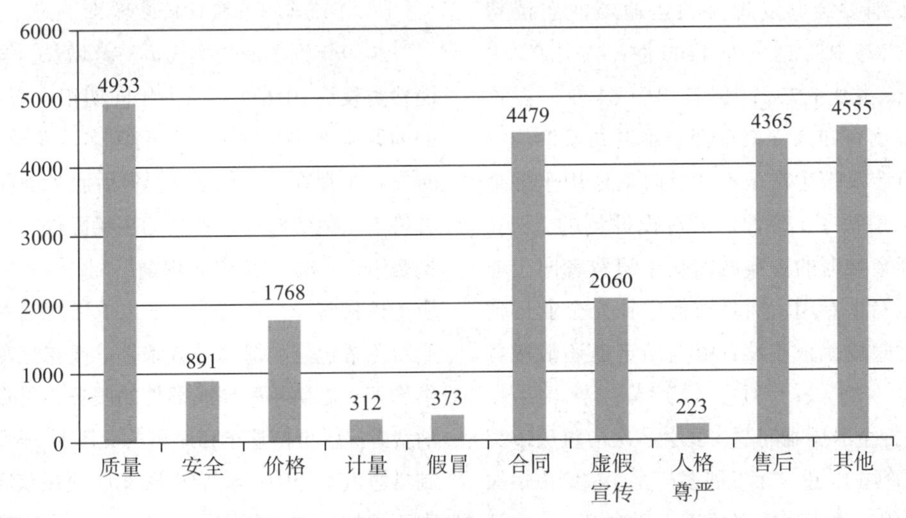

图1　2019年消费投诉性质分析（单位：件）

（二）按照投诉问题商品类别分析

全部投诉中，交通工具类投诉4542件，占投诉量的18.96%；生活、社会服务类投诉2649件，占投诉量的11.06%；家用电子电器类2211件，占投诉量的9.23%；食品类投诉2131件，占投诉量的8.89%；房屋及建材类投诉1396件，占投诉量的5.83%；其他为日用商品类、房屋装修及物业服务类、文化娱乐类、旅游服务类、电信服务类、互联网服务、邮政快递服务、金融服务、保险服务等。

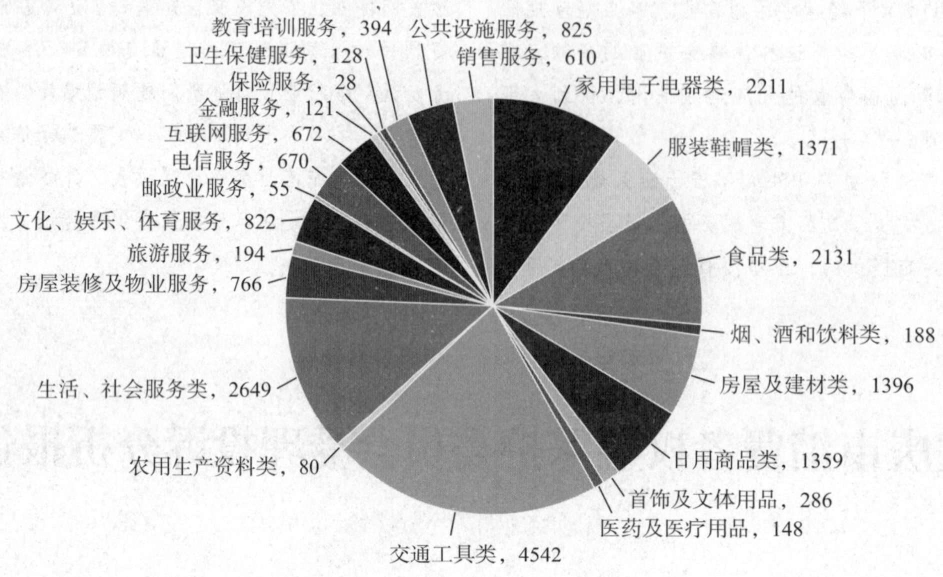

图2　2019年消费投诉商品类别分析（单位：件）

二、消费投诉呈现的特点

（一）交通运输新业态投诉频发

近年来，以互联网技术为依托，先后出现网约车、分时租赁和共享单车等新型出行方式，为消费者提供了更多出行选择。相伴而生的是用车押金纠纷不断，“借车容易，退押金难”成为2019年持续的消费投诉热点。

2019年，市消委会共受理交通运输新业态消费者投诉4542件，其中盼达汽车4406件，占比97%；众泰汽车75件，占比1.7%；长安出行61件，占比1.3%。涉及长安出行和众泰汽车押金难退的投诉均得到合理解决，但涉及盼达汽车不能及时退还用车押金的投诉，全年只解决了128件，仅占投诉量的2.8%。造成盼达汽车押金难退的主要原因在于消费者向企业缴纳的押金未能专款专用，而是被挪作补充企业运营资金，不能及时归位，企业没有资金用于退还消费者押金。

为妥善解决押金退还难问题，我会多次向重庆市交通局（重庆市运管局）、重庆市发展改革委、重庆市银保监局和中国人民银行重庆营管部呼吁，希望相关主管部门按照2019年6月1日施行的《交通运输新业态用户资金管理办法》，督促企业加强对消费者支付的用车押金的管理。

2019年12月，由重庆市运管局牵头，召集重庆市发展改革委、重庆市银保监局、中国人民银行重庆营管部、重庆市公安局及市消委会，召开了落实《交通运输新业态用户资金管理办法》专题会议，要求相关部门依照各自法定职能履行职责，力求从机制上解决消费者用车押金难退还的问题。我会也将持续关注，力促相关措施尽快落地，以切实保护消费者合法权益，同时促进共享汽车行业持续健康发展。

（二）汽车消费投诉持续增长

2019年汽车消费类投诉持续增长，全年共受理汽车消费类投诉1016件，与去年同期相比增长17.1%。存在的问题主要表现在：质量问题多（发动机、传动系统、转向系统存在质量问题）；售后服务问题多（有的经营者将本应免费修理、更换的车辆配件，让消费者自行承担费用；有的汽车4S店用副厂配件、冒牌配件甚至是劣质配件代替原厂配件）；三包承诺问题多（汽车经营企业对免费包修、保养设置条件，或在汽车三包期内只提供修理、更换零配件或部件的服务，免除在保修期内为消费者提供更换整车和退车的责任）；不平等条款多（强制搭售汽车保险；4S店内购车必须在该店维修保养，否则不承担三包责任）；提车纠纷多（经营者以车辆限量销售为由变相加价提车，强迫消费者购买汽车装饰；游说消费者购买售后服务卡或保养修理卡，以此作为优先提车的条件）。

2019年4月28日，消费者张先生在南岸区重庆追

星汽车有限公司购买保时捷MAKAN轿车一辆。提车当天即在行驶中出现发动机抖动现象，后在低速行驶过程中又突然熄火。4月29日返厂进行检测后，被告知是正常现象。4月30日，发动机再次出现剧烈抖动，并在行驶过程中熄火。行车电脑报警提醒“入厂检测”。4S店检测后告知是凸轮轴故障，经销商给出的处理意见是如张先生的车在5000公里内再次出现同类型故障，可以无条件退车。如果继续使用该车，则赠送质保延期1年，并强调是厂家给出的处理结果，符合“汽车三包”规定。

凸轮轴是发动机重要部件之一，且提车当天就出现严重故障，这样的处理方案让张先生难以认同。考虑到自身安全，张先生要求退车或换车。经销商认为汽车质量属生产厂家问题，是否退或换取决于厂家，须联系厂家给出处理意见。后经销商表示厂家坚持当初的处理意见，并且强调是符合目前法律规定的。张先生认为自己的合理诉求不能得到解决，于是向我会投诉。经我会与经销商反复沟通，最终同意为消费者更换新车。

（三）生活、社会服务类投诉增长较快

2019年，生活、社会服务类投诉呈现持续增长的态势，全市各级消费者组织共受理生活、社会服务类投诉2649件，涉及餐饮、住宿、健身、美容、美发、摄影等行业，位列投诉量第二，仅次于交通工具类投诉。健身中心不签订合同、健身卡不能退只能转、私人教练资质真假难辨且更换频繁、美容服务虚假宣传、摄影行业收取底片费等成为消费者反映的热点。

2019年8月，消费者赵先生在巨石健身公司下属空军一号健身房购买了会员卡及私人教练指导服务。两个月后，公司指定为赵先生服务的私人教练因故离职，经赵先生与该公司协商，公司同意赠送试教课两次，并承诺若再次出现更换私人教练或健身效果不满意、达不到赵先生心理预期的情况，公司退还未使用私教课程及会员卡费用。后因教练指导失误，使赵先生在训练过程中受伤，赵先生认为健身服务效果与宣传不符，与当初自己预期差距较大，遂要求退还训练费用，被健身公司拒绝，称健身行业均只能转卡不能退还费用，赵某于是向当地消委会投诉。经调解，双方最终就退费问题达成一致。

类似案例在预付式消费中较为普遍，预付卡退费难让消费者十分烦心，规范预付卡发行、防范预付卡消费风险势在必行。市消委会呼吁相关政府主管部门应切实履行自身职责，加强对预付式消费的监管。建议推行预付卡发行保证金制度，同时与信用体系挂钩，以约束和规范企业发卡行为。

（四）互联网消费成投诉热点

2019年，全市各级消委会共受理网络类消费投诉610件，与去年同期相比增长5%，欺诈消费、快递服务差、售后服务不到位、预售规则不透明、促销宣传夸大功效和信息骚扰等方面问题反映较多，异地维权难依然困扰着广大网络消费者，消费者权益受到侵害的事件时有发生。

消费者古先生在北京京东叁佰陆拾度电子网有限公司旗下的京东商城购买价格为1万余元的雅马哈萨克斯乐器一件。收到乐器后，古先生发现萨克斯表面有多处漆面脱落的痕迹，怀疑买到假冒乐器，于是要求京东商城退一赔三。京东客服要求古先生举证说明，古先生遂找到市消委会寻求支持。经过调查，市消委会工作人员认为该乐器确实存在古先生反映的漆面脱落问题，且做工较为粗糙，是否为正品确实存疑。为维护消费者合法权益，市消委会向上海雅马哈乐器音响（中国）有限公司去函，提请检测该乐器是否属雅马哈公司正规产品。上海雅马哈乐器音响（中国）有限公司回函确认不是雅马哈公司生产的乐器。据此，我会认为京东商城涉嫌“欺诈”，支持了消费者的合理赔偿诉求。（作者单位：重庆市消委会）

附：

案例一　预订房间被取消，商家任性当担责

2019年2月7日，重庆市忠县消费者刘先生通过网络交易平台，预订了忠县某商务宾馆的住宿服务。客人到店后商家却以客满为由，拒绝提供服务。刘先生与网络交易平台和忠县某商务宾馆联系协商解决，但均被对方推诿，不承认是自身责任。刘先生于是投诉至重庆市忠县消委会，寻求帮助。

重庆市忠县消委会工作人员向网络交易平台和该商务宾馆了解情况。发现因商务宾馆前台工作人员没有及时处理网上订单信息，导致在房间订单已满的情况下，刘先生仍能下单预订，后又未及时与消费者沟通，就自行取消了订单。经消委会工作人员调解，由该商务宾馆为刘先生免费提供一间286元的商务标间，刘先生表示满意。

这是一起典型的侵害消费者自主选择权的案例，违反了《消费者权益保护法》第九条“消费者享有自主选择商品或者服务的权利。消费者有权自主选择提供商品或者服务的经营者，自主选择商品品种或者服务方式，自主决定购买或者不购买任何一种商品、接受或者不接受任何一项服务”的规定。经营者在开展网络预订业务时，要及时处理网络订单，如订单已满，就要在网上及时公示告知，以免给消费者造成不必要的损失。

案例二　标签与结账价不符，价格欺诈商家担责

2019年6月21日，重庆市黔江区消费者郑先生向黔江区消委会投诉，称其在黔江区佳慧商场购买凉枕，价签标价为19.9元，但在结账时实际收取价格为25.9元，郑先生认为商家属价格欺诈行为，要求商家赔偿未果，遂向消委会投诉。

接到该投诉后，区消委会组织工作人员调查核实有关情况。经查消费者所述属实，商家存在虚标价格行为。经调解，商场向消费者赔礼道歉，并赔偿消费者500元。

《消费者权益保护法》第八条规定“消费者享有知悉其购买、使用的商品或者接受的服务的真实情况的权利”。第十条规定“消费者享有公平交易的权利。消费者在购买商品或者接受服务时，有权获得质量保障、价格合理、计量正确等公平交易条件，有权拒绝经营者的强制交易行为”。第十一条规定“消费者因购买、使用商品或者接受服务受到人身、财产损害的，享有依法获得赔偿的权利”。第五十五条规定“经营者提供商品或者服务有欺诈行为的，应当按照消费者的要求增加赔偿其受到的损失，增加赔偿的金额为消费者购买商品的价款或者接受服务的费用的三倍；增加赔偿的金额不足五百元的，为五百元。法律另有规定的，依照其规定”。据此，区消委会支持了消费者的诉求。

案例三　景区设施未全面开放，消费者知情权受损

2019年8月11日，重庆市潼南区消委会太安分会接到消费者黄某的投诉，称其购买了太安镇香水百合水上乐园的门票3张，共计220元。游玩时才发现水上乐园部分设施未开放，认为乐园此举不合理，要求商家退费，被拒。

潼南区消委会太安分会接诉后立即展开调查。经调查，消费者黄某于2019年8月11日在重庆香水百合旅游开发有限公司购买了3张该景区门票，入园后发现水上乐园部分设施未开放，遂希望退票。商家以部分游玩设施未开放不影响游玩为由拒绝退费。经潼南区消委会太安分会调解，黄某与重庆香水百合旅游开发有限公司达成一致意见，重庆香水百合旅游开发有限公司退还黄某120元，消费者表示满意。

《消费者权益保护法》第二十条规定：“经营者向消费者提供有关商品或者服务的质量、性能、用途、有效期限等信息，应当真实、全面，不得作虚假或者引人误解的宣传。”第八条规定：“消费者享有知悉其购买、使用的商品或者接受的服务的真实情况的权利。”本案例中，经营者未将水上乐园的详细信息标明在门票上或者以其他形式告知消费者，责任在景区，消委会依法支持消费者的合理诉求。

四川省保护消费者权益委员会受理投诉分析报告

2019年，全省消委组织共受理消费者投诉39409件，解决38696件，投诉解决率98.19%，为消费者挽回经济损失5939.1万元，其中因经营者有欺诈行为消费者获得加倍赔偿金额16.6万元；全省各级消委组织接受消费者咨询12.59万人次。

一、投诉基本情况

（一）投诉性质类分析

在2019年的消费者投诉案件中，按投诉性质划分：涉及质量问题方面的投诉案件14323件，占总量的36.34%；售后服务问题4860件，占12.33%；合同问题4749件，占12.05%；价格问题2909件，占7.38%；虚假宣传问题2186件，占5.55%；安全问题1234件，占3.13%；假冒问题487件，占1.24%；计量问题334件，占0.85%；人格尊严问题79件，占0.20%；其他问题8248件，占20.93%（见图1）。

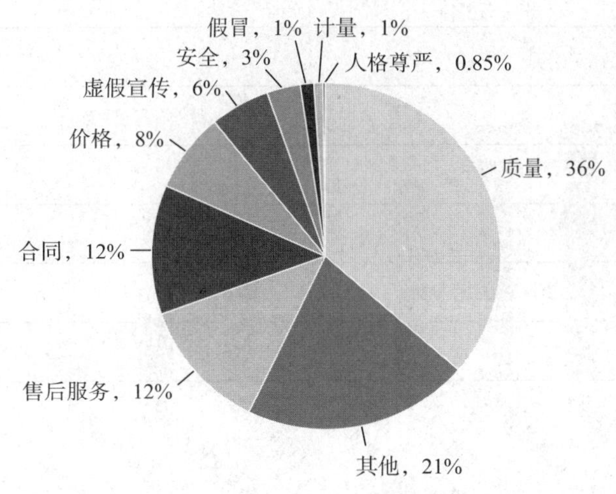

图1　投诉性质比例图

从统计数据来看，商品、服务的质量问题仍居投诉总量之首，成为消费者投诉的主要方面，但与去年同期相比质量方面的投诉下降趋势最为明显。与2018年同期相比，合同、价格、安全、售后服务的投诉比例上升幅度较大（见表1）。

表1　投诉问题性质分类占比变化情况表

投诉类别	2018年全年投诉量占投诉总量的比重（%）	2019年全年投诉量占投诉总量的比重（%）	比较结果（%）
合同	9.10	12.05	↑ 2.95
价格	5.40	7.38	↑ 1.98
安全	2.36	3.13	↑ 0.77
售后服务	12.09	12.33	↑ 0.24
质量	43.14	36.34	↓ 6.80
假冒	1.58	1.24	↓ 0.34
计量	1.05	0.85	↓ 0.20
虚假宣传	5.71	5.55	↓ 0.16
人格尊严	0.22	0.20	↓ 0.02
其他	19.35	20.93	↑ 1.58

（二）商品类投诉分析

在商品大类统计的消费者投诉数据中，家用电子电器、食品、服装鞋帽列居前三位（见图2）。与2018年同期相比，房屋及建材类、医药及医疗用品类的投诉呈上升趋势，而其余种类均呈下降趋势（见表2）。

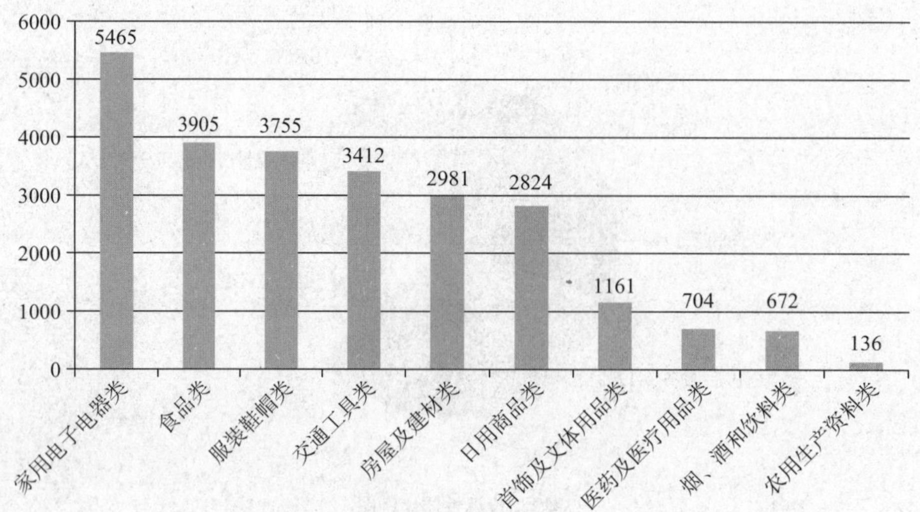

图2　商品大类投诉量图（单位：件）

表2　商品大类占总投诉量变化表

商品大类	2018年投诉量占投诉总量比（%）	2019年投诉量占投诉总量比（%）	比较结果（%）
房屋及建材类	7.26	7.56	↑0.30
医药及医疗用品类	1.63	1.79	↑0.16
日用商品类	9.00	7.17	↓1.83
家用电子电器类	15.69	13.87	↓1.82
食品类	10.66	9.91	↓0.75
交通工具类	9.39	8.66	↓0.73
烟、酒和饮料类	1.91	1.71	↓0.20
首饰及文体用品类	3.13	2.95	↓0.18
服装鞋帽类	9.66	9.53	↓0.13
农用生产资料类	0.42	0.35	↓0.07

（三）服务类投诉分析

在服务大类统计的消费者投诉数据中，生活社会服务、文化娱乐体育服务、房屋装修及物业服务列居前三位（见图3）。与2018年同期相比，除生活社会服务、文化娱乐体育服务、教育培训服务、房屋装修及物业服务、保险服务、旅游服务、公共设施服务、金融服务的投诉比例有所增长外，其余服务类别都呈现不同程度的下降（见表3）。

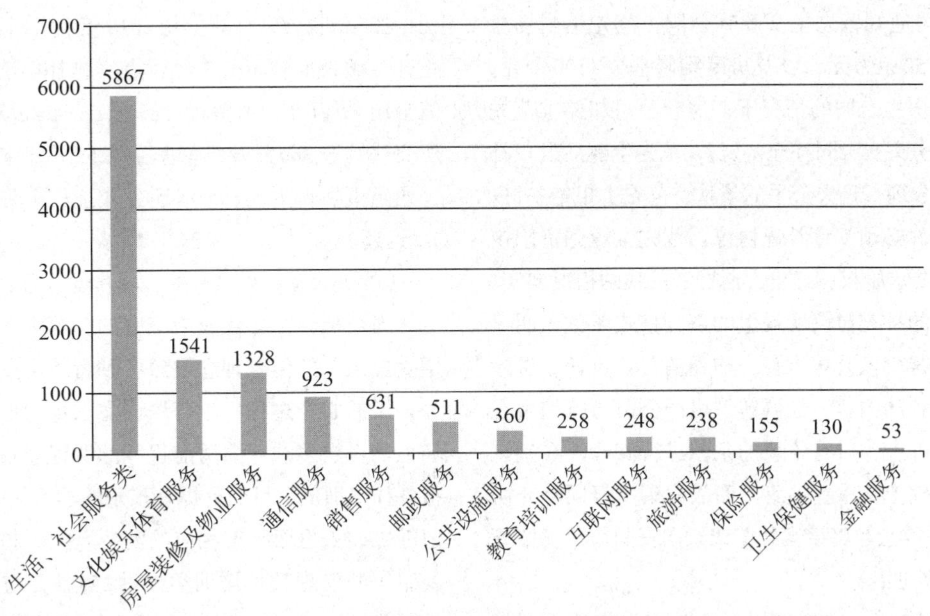

图3　服务大类投诉量图（单位：件）

表3　服务大类投诉量占比变化表

服务大类	2018年投诉量占投诉总量比（%）	2019年投诉量占投诉总量比（%）	比较结果（%）
生活、社会服务类	12.13	14.89	↑ 2.76
文化娱乐体育服务	2.15	3.91	↑ 1.76
教育培训服务	0.30	0.65	↑ 0.35
房屋装修及物业服务	3.07	3.37	↑ 0.30
保险服务	0.12	0.39	↑ 0.27
旅游服务	0.39	0.60	↑ 0.21
公共设施服务	0.73	0.91	↑ 0.18
金融服务	0.05	0.13	↑ 0.08
销售服务	1.90	1.60	↓ 0.30
通信服务类	2.53	2.34	↓ 0.19
邮政服务	1.45	1.30	↓ 0.15
互联网服务	0.74	0.63	↓ 0.11
卫生保健服务	0.39	0.33	↓ 0.06

二、投诉特点及热点分析

（一）商品房领域套路深，放心消费难保障

商品房的质量与售后服务直接关乎消费者的幸福生活指数，购买到心仪的商品房成为消费者消费生活中的重大事件。2019年，全省消委组织共收到房屋及建材类投诉2981件，与去年相比呈上升趋势，商品房投诉成为一个新的热点，消费者反映的问题主要集中在经营者擅自修改合同条款，排除、限制消费者的合法权益，经营者不按约定履行合同等。

2018年12月，消费者范先生选中了资阳某房产公司（以下简称房产公司）开发的一套90余平方米的商品房，单价约5850元/平方米。范先生当场支付1万元定金，并签订了订购协议。销售人员告诉范先生，目前公司正在搞活动，如果现在交1.5万元，就可以抵8万元购房款，如果付全款购买房子，还可以享受房屋总价3%左右的优惠。于是，范先生又交纳了1.5万元。2019年2月

6日，房产公司通知范先生交款签合同，范先生当场缴纳了购房全款50余万元，以及房屋维修基金4500余元。在没有签订购房主合同的情况下，房产公司却要求范先生签订《商品房买卖合同补充协议》，范先生遂后发现补充协议里有不合理、显失公平的条款，范先生拒绝签订，房产公司则声称必须签订补充协议。范先生遂到资阳市消委会投诉，要求维权。经查，消费者反映的情况属实。房产公司提供的补充协议所设置的部分格式条款，明显存在免除或者减少该公司责任，加重消费者责任，排除消费者主要权利的内容。经调解，房产公司与范先生在协商一致的基础上，对有争议的条款进行修改，在签订购房主合同基础上又重新签订《商品房买卖合同补充协议》。资阳市消委会也将该案相关线索向资阳市市场监管部门移交调查处理。

2019年4月2日，消费者周女士赴泸州市消委会投诉称，2018年12月31日，其在泸州某房产开发公司（以下简称经营者）购买商品房，先后将房款结清，约定2019年4月1日在售楼部签订正式合同，并办理网签手续。但当周女士按照约定日期到售房部办理相关手续时，销售人员态度恶劣，指示保安限制其人身自由。周女士要求开发商退还房款，解除合同，并承担相应的法律责任。经调查，周女士与丈夫杨先生于2018年12月31日认购经营者开发项目一期商品房，签署了商品房认购协议并采用一次性付款方式认购该房源，当日缴纳首付款308392元，2019年1月19日补齐剩余房款共计719580元（其中包括按该公司规定15日内交齐的剩余房款719220元，及逾期4天缴纳的违约金360元），该房源为抵押房源，房产开发公司已告知消费者，并在协议中约定3个月后解除抵押，于2019年4月1日签订正式合同并完备网签手续。4月1日周女士一人到该楼盘售房部办理相关手续时，该公司销售人员由于已知房屋抵押状态尚未解除，采取了“拖”字决，对周女士所提签订合同的要求置之不理。从周女士提供的辖区派出所的出警记录来看，周女士被限制人身自由确有其事。4月19日，针对泸州市购房纠纷投诉较多的现状，泸州市消委会联合泸州市中院、市市场监管局、市房协联合举行全市涉房地产纠纷治理化解约谈指导会，对我市主要的房地产经营企业进行约谈。4月28日，经泸州市消委会调解，消费争议双方达成一致并签署了调解协议书：1.双方解除合同，经营者全额退还消费者购房款1027972元，时间期限为三个月（2019年4月28日—7月27日），若三个月到期后未能退清房款，余款按月息2分计算；2.经营者违约责任：按年利率6%计算，从2019年4月1日起至4月26日止，金额为4393元；3.经营者实物补偿消费者，实物价值金额1.5万元，消费者自己选定；4.经营者退还消费者所交违约金360元及维修基金7252元，维修基金由房产公司负责协调退还；5.退还方式按三个月分三次定期按1/3退还。

（二）教育培训陷阱多，轻信宣传易被坑

当今社会，教育成为家庭的头等大事，“望子成龙、望女成凤”的传统理念导致各种考级考试、升学考试成为孩子的必经过程，教育培训需求量的增加，催生了市场上名目繁多的“锦绣前程”的课程套餐，趋之若鹜地报各种培训班，目的是提升孩子的学习能力和职业技能，但随之而来也面临着相应的消费风险。2019年，全省消委组织共受理教育培训类投诉258件，与去年相比呈增长趋势。消费者反映的教育培训类问题主要集中在：一是缴纳一定时限的报名费后，经营场所突然关闭或经营主体变更等，导致教育培训无法进行；二是个别经营者做出虚假承诺诱导消费者，购买之后却不能兑现承诺，或者降低服务质量；三是利用不合理格式条款限制甚至排除消费者退费权利；四是违背法律规定和政策性原则，虚假承诺引诱消费者缴纳报名费用。

2019年2月18日，朱女士等几名消费者向什邡市消委会进行投诉，称孩子在什邡某教育培训机构（以下简称培训机构）参加培训，由于培训效果不佳，消费者多次向其提出终止培训，要求其清退课时费，均遭到拒绝，希望消委会帮助维权。经查实，该培训机构于2018年7—8月收取消费者培训课时费共计167967元。但不久，该培训机构进行重组并更换了法定代表人，师资力量也进行了调整。原法定代表人将机构整体进行了转让，但转让协议中未将消费者预存费用进行详细说明，致使两任法定代表人对消费者预存费用由谁退还产生了分歧，并相互推诿。因此，调解工作也一度陷入困境。什邡市消委会认为培训机构在作出经营重大调整、师资力量变化时应该向消费者履行告知义务，尊重消费者的知情权和选择权，内部经济合同纠纷不能凌驾于消费者合法权益之上。经调解，培训机构为消费办理退款手续，共计退回未消费的课时费110900元。

（三）家用汽车难舒心，代步问题惹人愁

当今社会汽车已经成为普通家庭的消费品，种类繁多的汽车行业竞争也日渐加剧。由于现在家用汽车的售价日渐透明，部分诚信缺失的经营者不满足于销售车辆的“微薄”利润，便隐瞒实际情况，巧立名目设置各种服务性收费项目，面对消费者的疑问，不履行或履行告知义务不完全，严重侵害消费者的知情权和公平交易权。

2019年3月27日，消费者陈先生在乐山市某汽车公司井研分销店（以下简称4S店）购买一辆家用汽车，总金额为99900元，4S店称总价款包括上户、代交购置税、办理牌照以及汽车的各类保险费等费用。汽车买卖合同中载明汽车各项保险费共计6500元（包括第三者险150万元、座位险1万元×4人、交强险、不计免赔险）。消费者提车时只收到4S店出具的交强险保单，其他保单4S店拒绝提供。陈先生认为4S店无法告知汽车购买保险的真实金额，侵害了自己的知情权，遂于2019年4月4日向井研县消委会投诉，要求核实预付6500元用于购买保险费的真实情况。经调查，消费者反映的情况属实，该车购买商业险3125元、交强险950元、车船税250元，合计保费金额4325元，4S店实际多收取了消费者2175元。这一行为侵害了消费者公平交易权和知情权。经调解，消费争议双方达成一致意见，4S店退还多收陈先生的2175元。

附：典型案例

案例一 保健品虚夸包治疾病，消委会不懈追回救命钱

2019年4月17日，四川省内江市市中区消费者余女士到内江市保护消费者权益委员会（以下简称内江市消委会）投诉称：内江市市中区某食品商行（以下简称经营者）组织中老年人到资中县、成都、重庆、大连等地以旅游会销的方式口头宣传所售保健品能够治好肾衰竭、肺癌、红斑狼疮等各种疑难杂症疾病，如果介绍其他人购买该产品还可以获得提成。由于余女士2015年患肾病综合征，多方求医无法痊愈，所以她于2017年6月10日至10月29日先后借钱向经营者汇款共计人民币15万元购买保健品，至今她只领取了3万元的保健品，她认为服用该保健品后没有明显效果。现经营者已人去楼空，无法解决。为此，消费者向内江市消委会投诉，要求帮助找到经营者领取保健品。

内江市消委会接到投诉后高度重视，立即派人调查了解情况。经在食品药品监督管理局网站上查询显示，该批次保健品有生产许可证编号和批准文号，工作人员多次拨打经营者的手机号通知到消委会接受调查、调解，经营者拒绝接受调解。消委工作人员又想尽办法多次联系生产销售该保健产品的某生物科技集团股份有限公司四川分公司（以下简称生物公司）负责人，得知经营者既是该公司的授权经销商，又是该公司的员工，公司掌握着经营者的销售款。内江市消委会要求生物公司派人到内江市消委会协助处理消费者的投诉。经消委会多次耐心细致的调解，最终达成如下协议：由生物公司于2019年5月9日前退还消费者余女士人民币9万元，且一次性提供给余女士需要的3万元的保健品。

近年来，保健品市场规模呈快速扩张趋势，但保健品市场鱼龙混杂，保健品质量良莠不齐，特别是针对中老年人进行的保健品推销中，夸大宣传、虚假宣传、打擦边球的现象较为突出，消费纠纷时常发生。保护消费者权益委员会在保障保健品市场消费者合法权益、协助维护保健品市场合法有序运行方面，发挥了重要作用。

本案中，消费者认为涉案保健品与经营者宣传的功效不符，服用后没有明显效果，在最后一次购买该保健品一年半之后才向消费者权益保护委员会投诉。依据《中华人民共和国消费者权益保护法》（以下简称《消费者权益保护法》）之相关规定，经营者向消费者提供有关商品或者服务信息，应当真实、全面，不得作虚假或者引人误解的宣传。如对商品或者服务作虚假或者引人误解的宣传的，除承担相应的民事责任外，由有关行政部门责令改正，并可以根据情节单处或者并处警告、没收违法所得、处以违法所得一倍以上十倍以下的罚款，没有违法所得的，处以五十万元以下的罚款，直至责令停业整顿、吊销营业执照等行政处罚。因此，是否有证据能够证明经营者销售案涉保健品时进行了虚假、夸大、引人误解的宣传，是消费者的投诉事由能否成立的关键。

内江市消委会在处理本案时，经调查发现，涉案保健品具有生产许可证编号和批准文号，就形式要件而言属于合法产品，消费者称经营者口头宣传该保健品能够治好多种疑难杂症疾病，但未能提供相应证据，加之时间久远，取证困难，维权难度较大，也许正是因为这一原因，经营者显得“有恃无恐”，多次拒绝调解。内江市消委会在经营者拒绝调解的情况下，侧面迂回，通过做该保健品生产者的工作，促成了生产者与消费者的和解，为今后处理类似案件提供了借鉴。

案例二 买车变租车，消委来维权

2019年11月26日，德阳市保护消费者权益委员会旌南分会（以下简称旌南分会）接到消费者郭女士投诉，称她和侄子分别在某汽车销售网站（以下简称经营者）上订购了“长城哈弗”家用小汽车一辆，价款总额20.2万元，当天交纳了4万元首付款。可在提车时，销售人员才告诉其必须将户上在该公司；消费者不认可此事，遂提出退款要求，经营者拒不退还4万元首付款，在双方协商无果的情况下，郭女士请求旌南分会帮助维权。

旌南分会接到投诉后立即展开调查，经初步调查，投诉人郭女士和侄儿是中江人，于2019年11月21日在网上订购了2辆“长城哈弗”家用小汽车（分别属于郭女士及其侄儿），郭女士与经营者签订了电子告知书形式的协议，但并没有签订书面购买合同，经营者在郭女士付款前未告知其车辆所有权前期的归属问题。

在了解基本情况后，旌南分会认为，消费者和经营者虽签订了告知书，但未签订正式的购买合同，双方的权利和义务均未明确，消费者在购车时不仔细了解经营者销售模式，签订协议时未仔细查看协议条款，经营者未提前告知车辆所有权、使用权问题，涉嫌侵犯消费者知情权，致使消费者在不完全了解的情况作出了不理智判断，双方均存在过错，经营者应当退还消费者部分首付款。但双方在退款比例上分歧过大，但经消委会多次调解，双方同意经营者扣除购车款的3%后退还其余首付款。

本案在消委会调解下，以未签订正式合同退还了消费者大部分款项，但此类消费有很大的迷惑性，消费者要高度重视。有的不法经营者利用消费者（特别是老年消费者以及文化较低消费者）不认真阅读销售协议（含电子协议）的特点，销售人员的口头介绍天花乱坠，然而签订的协议却暗藏杀机，消费者往往又没有认真阅读销售协议，就签了字。

律师建议消费者：销售协议（含电子协议）、告知书等书面文件具有商业交易的邀约或承诺的法律效力。消费者要养成仔细阅读文字条款的习惯，不要轻信销售人员的口头介绍而未经阅读在书面文件上签字，也可以将销售人员的口头介绍进行录音（并刻意询问销售人员自己关心的内容，得到肯定的回答），这也可以形成证明消费者被误导的证据，有助于维权。

案例三　宝马车主维权，消委出手化解

受西安奔驰女车主“坐引擎盖哭诉维权”事件发酵影响，2019年4月18日，宜宾市市场监管局收到信息，“有上百名宝马车主串联4月19日早上到宜宾某公司4S店（以下简称4S店）集体维权退费”。宜宾市市场监管局将该项工作交由宜宾市保护消费者权益委员会（以下简称宜宾市消委会）牵头统筹协调。考虑到宝马车主们消费维权人数多、情况杂、影响大，如调处不好容易升级为群体性突发事件和引起连锁反应，市消委会立即启动了应急预案。

市消委会迅速展开调查，查资料、实地看、私下访，了解到宝马车主主要受西安奔驰维权事件影响，对4S店收取服务费（车辆上牌和贷款等服务费是提前告知公示，签有合同的）和保证金（购买新车的车主，要求其缴纳2000—3000元的保证金，缴纳该保证金主要是用于第二年在该4S店购买保险时直接抵扣）收取有异议，要求退费。宝马车主们在4月18日建立了80余人的维权微信群（之后迅速发展到170余人），相约于4月19日早上到4S店集体维权退费。

市消委会联合市商务局、市市场监管局、市公安、市信访等相关部门，成立专项工作组，督促企业落实主体责任，立即收集涉及车主的资料和信息，并安排人员及时精准对接车主进行联络沟通。19日上午，有40多位宝马车主陆续到了4S店，经两场共四个多小时的座谈交流，在4S店作出一周内退还所有保证金、同价升级售后服务的承诺后，所有车主逐渐离开了现场。随后几天，有7名奔驰车主、4名宝马车主、3名奥迪车主、1名福特和英菲尼迪车主向当地消委会进行了类似投诉，在宜宾市消委会调解下，全部投诉得到妥善解决。

该4S店利用自身的优势，向消费者收取的上牌服务费、贷款服务费、续保押金等行为侵害了消费者的知情权、选择权和公平交易权。《消费者权益保护法》第九条规定：消费者享有自主选择商品或者服务的权利。消费者有权自主选择提供商品或者服务的经营者，自主选择商品品种或者服务方式，自主决定购买或者不购买任何一种商品、接受或者不接受任何一项服务。消费者在自主选择商品或者服务时，有权进行比较、鉴别和挑选。对于上述4S店收取的相关费用，4S店作为商品的提供者，应当为消费者提供自主选择的权利，尊重消费者自行办理上牌，办理贷款，办理保险的权利。

实践中不少4S店将部分贷款服务费、续保押金等费用列为强制消费的内容，存在强制交易、捆绑销售的嫌疑。《消费者权益保护法》第十条规定：消费者享有公平交易的权利。消费者在购买商品或者接受服务时，有权获得质量保障、价格合理、计量正确等公平交易条件，有权拒绝经营者的强制交易行为。如果消费者遭遇上述类似情况，可以与销售方沟通。如果仍然无法解决的，可以投诉到消委会或者寻求司法机关帮助。

在本案中，宜宾市消委会牵头统筹协调各方面的工作，形成了多方面联动的效果，充当了消费者和4S店之间的润滑剂，对消费者形成了有效的引导安抚，避免了群体性事件的发生。宜宾市消委会充分履行了《消费者权益保护法》第三十七条规定的消协的法律责任，通过各方的努力，最终确保了消费者权益得到有效保障。

案例四 超市结账“四舍五入”多收五角，退！

2019年4月6日下午，资阳市安岳县消费者李先生带着妻女在安岳县城某超市半打袜店（以下简称袜店）购买了一条女童内裤，总价24.5元。然而，收银结账时，袜店微信支付方式显示应付25元，零头五角通过四舍五入后多收了5角，消费者对此当场提出了异议，但仍然按25元结了账。4月6日晚，网友“金哥哥”在资阳当地论坛发帖，对袜店收银“四舍五入”后5角零头收1元的做法进行了吐槽，引发舆情。

4月9日上午，安岳县市场监管局和安岳县消委会接到舆情通报后，立即通知超市负责人了解情况，超市负责人称，该做法是他们对外出租的商家所为，与超市无关。

消委会工作人员认为，超市内商家收银员并未预先征求消费者同意，擅自进行“四舍五入”的做法，超市经营者也应负规范义务。消费者在购买商品或者接受服务时，有权获得质量保障、价格合理、计量正确等公平交易条件，有权拒绝经营者的强制交易行为。袜店擅自四舍五入多收消费者钱款，显然违背了公平交易原则，侵犯了消费者的公平交易权。超市负责人认识到了自身存在的问题，表示立即进行改正，加强内部管理，规范经营行为，责成商家将多收的五角钱退还消费者，并通过网友发帖在当地论坛中向消费者进行了公开道歉。

《消费者权益保护法》第十条规定：“消费者享有公平交易的权利。消费者在购买商品或者接受服务时，有权获得质量保障、价格合理、计量正确等公平交易条件，有权拒绝经营者的强制交易行为。”这一条规定了消费者的公平交易权。

从上述规定可以看出消费者所享有的公平交易权主要体现在以下方面：第一，消费者有权获得质量保障的公平交易条件。第二，消费者有权获得价格合理的公平交易条件。第三，消费者有权获得计量正确的公平交易条件。第四，消费者有权拒绝经营者的强制交易行为。衡量是否是一种公平交易，包括：在交易过程中，当事人是否出于自愿，有无强制性交易或者歧视性交易的行为；消费者是否得到实际上的满足或者心理的满足等。

本案中，虽然案涉金额小，但是呈现出不公平的支付对价行为，消费者心理上被强制的感受是显而易见的。经营者的上述行为违反了公平交易原则的核心，即消费者以一定数量的货币可以换得同等价值的商品或者服务而不论金额的大小。这一点是实际衡量消费者的利益是否得到保护的重要标志。

案例五 商家收取预付款跑路，消委牵头多部门联手维权

2019年6月，消费者谢某、高某、马某等多人先后到广元市利州区保护消费者权益委员会（以下简称利州区消委会）投诉，称自己在某游泳健身俱乐部（以下简称俱乐部）办理消费年卡后，俱乐部在未提前告知也未办理退款情况下关门停业，要求维权退款。至7月12日，共有939名消费者因相同问题前来投诉，涉及金额达62万余元。

利州区消委会接诉后高度重视，立即会同辖区雪峰市场监督管理所、消委分会就投诉事实进行调查核实。经调查，俱乐部于2018年5月14日登记注册，负责人为尚某。2019年6月24日关门停业，欠房租27万元、水电费6.6万元以及员工工资，并于2019年6月11日注销了营业执照。

6月28日，利州区市场监督管理局、消委会以俱乐部（尚某）涉嫌消费诈骗将案件线索移交广元市公安局利州区分局处理。7月1日，利州区公安分局出具了补充证据通知书“经过审查，无证据证明该俱乐部负责人尚某存在主观骗取消费者财物的故意，且尚某已主动联系并表示处理后续事宜，请及时补充相关证据材料移送我局”。

经多次与尚某联系，其答应于7月3日回广元配合处理。鉴于事件的复杂性，利州区市场监督管理局、消委会将情况向区政法委书记作了专题汇报。区政法委立即组织公安、群工、商务、市场、消委会等部门召开了专题会议，明确由消委会牵头，其他部门全力配合，确保工作顺利推进。7月3日，召开了“俱乐部消费投诉现场协调会”，会议推荐了8名会员代表配合消委会全权处理消费纠纷事宜，并明确了退款时间、地点、方式和对象。7月10日，由利州区消委会牵头对俱乐部设施进行了现场处理。7月12日，将设施处理后的40余万元按比例退还消费者。由于尚某已无力再退还剩余金额，消委会建议消费者依法向人民法院提起诉讼。

在预付式消费购买健身服务案例中，消费者与俱乐部之间建立的是预付式消费合同法律关系，消费者是预先支付一定对价地先履行义务，消费者在支付对价后，即有权享受俱乐部提供的服务内容和相应折扣。当俱乐部出现关门歇业的情形时，消费者的合同目的已不能实现，消费者可以根据《合同法》的规定解除合同，要求俱乐部返还其已支付的但未消费的款项。如俱乐部拖延或拒绝返还该等款项，消费者可以采取投诉、举报或起诉的方式维护自己的合法权益。

俱乐部关门歇业甚至于“跑路”的行为是否构成“诈骗”，当视具体情形而定，不能一概而论。公安机关在办理诈骗案件时，需要从行为人是否主观上具有非法占有他人财物的目的，客观上是否采取了虚构事实或隐瞒真相的方法来判断。如本案中，尚某未转移俱乐部的现场设施，并主动与公安机关、消委会联系处理消费者退款事宜，表明了其积极履行合同解除后返还财产义务的意图，主观上不具有非法占有他人财物的目的，因此不构成诈骗。但在有的案例中，经营者成立不久且收取大量预付款后即发生停业、主要负责人失联、经营场所一夜之间人去楼空、停业前变更法定代表人等情形，则可能被认定具有非法占有他人财物的意图，从而构成诈骗。

本案例中，因为消费者的及时举报与政府相关部门和消委会的高度重视，才能迅速为消费者追回大部分的损失。

案例六 “我想早点住新房”

消费者周女士、丈夫杨先生于2018年12月31日以全款方式与泸州某房产开发公司（以下简称开发商）签署了商品房认购协议，并于当日缴纳首付款308392元，2019年1月19日补齐剩余房款共计719580元（其中包括按该公司规定15日内交齐的剩余房款719220元及逾期4天缴纳的违约金360元），该房源为抵押房源，开发商已告知消费者，并在协议中约定3个月后解除抵押，于2019年4月1日签订正式合同并完备网签手续。4月1日周女士一人到该楼盘售房部办理相关手续时，该公司销售人员由于已知房屋抵押状态尚未解除，采取了“拖”字决，对周女士所提签订合同的要求置之不理，并限制周女士人身自由长达12小时。2019年4月2日，消费者周女士赴泸州市保护消费者权益委员会（以下简称泸州市消委会）投诉，要求开发商退还房款，解除合同，并承担相应的法律责任。

经调查，消费者反映的情况属实。泸州市消委会多次组织调解，由于开发商负责处理投诉的人员更换，以及双方对责任划分、退款方式存在较大分歧，调解进度缓慢。泸州市消委会多次约谈对方处理投诉负责人，明晰其责任及产生的法律后果。并于4月19日，针对泸州市购房纠纷投诉较多的现状，泸州市消委会联合泸州市中院、市市场监管局、市房协联合举行全市涉房地产纠纷治理化解约谈指导会，对泸州市主要的房地产经营企业进行约谈。

4月28日，经泸州市消委会调解，消费争议双方达成一致并签署了调解协议书：1.双方解除合同，经营者全额退还消费者购房款1027972元，时间期限为三个月（2019年4月28日—7月27日），若三个月到期后未能退清房款，余款按月息2分计算；2.经营者违约责任：按年利率6%计算，从2019年4月1日起至4月26日止，金额为4393元；3.经营者实物补偿消费者，实物价值金额15000元，消费者自己选定；4.经营者退还消费者所交违约金360元及维修基金7252元，维修基金由房产公司负责协调退还；5.退还方式按三个月分三次定期按1/3退还。

本案涉及商品房买卖合同纠纷，本案中消费者购买了一套有抵押登记的房屋，根据我国《物权法》第一百九十一条规定，抵押期间，抵押人未经抵押权人同意，不得转让抵押财产，但受让人代为清偿债务消灭抵押权的除外。

也就是说虽然开发商已经告知了购买方该房屋有抵押权，但是属于无权处分，如卖方未通知抵押权人，但告知了买方房屋已办理抵押登记的情况，则抵押权人可主张房屋买卖合同无效，而买方则不能以此主张买卖合同无效；如卖方通知了抵押权人但未告知买方房屋已经抵押的情况，则买方可主张房屋买卖合同无效；如卖方既未通知抵押权人，也未告知买方房屋已经抵押的情况，则抵押权人和买方均可主张房屋买卖合同无效。

此案中，开发商一直没有办理解除抵押的手续，对于买房者来说风险是相当大的，而该案的处理结果也达到了很好的社会效果。

案例七 司法确认，让消委调解更“硬气”

2019年4月1日，攀枝花市保护消费者权益委员会（以下简称攀枝花市消委会）接到消费者胡先生投诉称：他于2019年1月15日，与攀枝花市某商贸有限公司（以下简称商贸公司）签订了汽车销售合同，订购一台别克GL8 2018款ES28T旗舰版汽车，订购价为人民币35万元，胡先生于当日支付了定金5万元。2019年1月26日，商贸公司实际出资人罗某某通知胡先生支付余款并于两天后提车，胡先生当即支付了余款30万元。1月28日，胡先生按约定到店提车，但罗某某以车款未到账为由请胡先生等到1月31日，之后罗某某以各种理由多次推脱，经过胡先生反复交涉，要求按照合同返还购车款并支付违约金共418000元。对于违约行为，罗某某表示认可，并于2019年3月6日退还了胡先生购车款60000元，但余下款项迟迟不予支付。胡先生无奈只得向市消委会进行投诉，要求商贸公司退还剩余购车款290000元，并支付违约金68000元。

2019年4月2日上午，攀枝花市消委会的工作人员向商贸公司送达《消费争议告知函》和《消费争议调查通知函》。同日下午，商贸公司委托罗某某在攀枝花市消委会接受调查并参加调解。

调解中，攀枝花市消委会工作人员通过对双方提供的合同进行对比并对当事人询问后认为，胡先生提出的诉求符合法律法规的规定，予以支持，同时向罗某某进行了相关法律宣传，罗某某也表示认可市消委会的建议，双方达成如下协议并同意申请司法确认：1.商贸公司分两次向胡先生返还剩余购车款290000元（贰拾玖万圆整）和支付违约金68000（陆万捌仟圆整），共计：358000元（叁拾伍万捌仟圆整）。第一次支付时间2019年4月30日前，支付金额179000万元（壹拾柒万玖仟圆整），第二次支付时间2019年5月31日前，支付金额17.9万元（壹拾柒万玖仟圆整）。2.如商贸公司任意一次支付时限内，未履行支付或支付金额不足，则每次需承担违约金20000元（贰万圆整）。3.如商贸公司在2019年4月30日前未履行第一次支付或支付金额不足，胡先生有权依据本协议书就剩余全部未付金额向攀枝花市东区人民法院申请强制执行。

4月3日，攀枝花市消委会与东区人民法院启动了消费纠纷消费调解与司法调解衔接机制。4月17日，消费者与经营者同时向东区人民法院提出司法确认申请，经东区人民法院裁定，双方签署的调解协议书合法有效。后经市消委会与胡先生回访后了解到，商贸公司未按调解协议履行义务，胡先生已于2019年6月4日向攀枝花市东区人民法院申请了强制执行，该调解协议已进入执行程序。

本案案情涉及经营者与消费者签订了汽车销售合同，但是经营者既不能履行交货义务也不能及时退款，存在违约行为。在当地消委会的主持下，经营者与消费者之间因违约事实和违约责任基本无争议，达成了调解协议。这是消委会根据我国《人民调解法》的规定，通过说服、疏导等方法，促使双方当事人在平等协商基础上自愿达成调解协议，解决民间纠纷的活动。但是，调解协议毕竟仍属合约，没有强制执行力，若经营者不履行，消费者仍需通过诉讼途径解决，无疑会加大消费者维权成本。

因而司法确认就是一条简便高效的途径，司法确认是指：经人民调解委员会调解达成调解协议后，双方当事人认为有必要的，可以自调解协议生效之日起三十日内共同向人民法院申请司法确认，人民法院应当及时对调解协议进行审查，依法确认调解协议的效力。最高人民法院制定的《关于人民调解协议司法确认程序的若干规定》，就是为了规范经人民调解委员会调解达成的民事调解协议的司法确认程序，进一步建立健全诉讼与非诉讼相衔接的矛盾纠纷解决机制。

本案中，消委会与人民法院在解决消费纠纷中启动消费调解与司法调解衔接机制，通过司法确认赋予调解协议强制执行力，使得消费者胡先生可以申请人民法院强制要求经营者商贸公司履行调解协议，大大降低了消费者维权成本，有利地维护了消费者的合法权益。

案例八　参观农场被砸伤，消委调解获赔偿

2018年12月16日，自贡市某养老服务有限公司（以下简称经营者）为销售自己的养老服务产品，邀请谢某等人到其旗下自贡市某农业开发有限责任公司开办的“开心农场”参观，谢某又邀请宋某一同前往。当一行人经过该农场正在施工的工地时，宋某不慎被工地落下的钢筋砸伤且伤势严重，在场人员立即将宋某送到荣县人民医院入院治疗，经诊断宋某伤情诊断为“蛛网膜下腔出血”。宋某住院期间，双方就住院治疗等费用赔偿产生争议。无奈之下，宋某于2019年1月11日向自贡市荣县保护消费者权益委员会（以下简称荣县消委会）投诉，希望帮助维权。

荣县消委会接到投诉后高度重视，依法受理了宋某的投诉。随后，荣县消委会组织维权人员对此案展开调查。经调查，宋某投诉情况属实。另查明：经营者在得知宋某到场后，不仅允许宋某进行了参观体验，还另行向宋某发放了一张印有“四川某养老服务集团有限公司自贡市某养老公寓”等具有广告内容的名片。

荣县消委会认为：经营者为推销养老产品，邀请谢某参加消费体验。宋某虽受谢某之邀，但宋某在与谢某一起参观农场时，经营者并未明确拒绝；而且，还发了一张带有广告宣传性质的名片给宋某，应视为经营者有向宋某推销养老产品并认可宋某进行参观体验的主观想法。宋某在接受服务过程中受伤，且无过错，经营者应当负赔偿责任。

最终经荣县消委会主持调解，经营者赔偿了宋某医疗费用、后续治疗费用、护理费、交通费等共计22856元，双方纠纷得以圆满解决。

经营者虽然并未直接邀请宋某到农场参加养老产品参观体验活动，但得知宋某系谢某邀约到场后，允许宋某在农场进行参观体验并向宋某发放了具有宣传养老产品的名片。由此，经营者有向宋某提供养老产品体验服务的主观想法，宋某有接受经营者提供养老产品体验服务的意愿，双方之间建立了消费服务合同关系。依据《消费者权益保护法》第七条之规定，经营者应当对宋某在接受服务过程中的人身安全提供保障义务。

经营者开办的农场在进行高空施工作业，则应当采取相应安全保障措施。根据《消费者权益保护法》第十八条以及《侵权责任法》第七十三条之规定，经营者作为体验养老产品的组织者，应当对宋某在接受服务过程中受伤造成的损失承担全部赔偿责任。当然，经营者向宋某承担赔偿责任后，可以向工程的承包人或者行为人进行追偿。

案例九 “蓝猫”变“土猫”，网购“活物”需谨慎

2019年4月2日，南充市顺庆区保护消费者权益委员会西城消委分会（以下简称西城消委分会）接到消费者王先生来信投诉称，通过南充市顺庆区的一网上宠物店（以下简称宠物店）购买了一只宠物“蓝猫”，收到的却是一只“土猫”，王先生发现上当后联系宠物店要求退货，遭到拒绝，王先生希望西城消委分会帮助维权。

工作人员通过宠物店负责人提供的微信聊天记录查到，宠物店负责人通过自己朋友圈展示上述待售宠物猫，被一微信名称为“雅痞”的中间商看中，“雅痞”以550元的价格购买该猫并提供消费者地址，由宠物店负责人将上述宠物猫按照中间商“雅痞”所提供地址邮寄给消费者王先生。其间，宠物店负责人并未宣称所售宠物猫为“蓝猫”。

王先生向西城消委分会工作人员出示其与“雅痞”聊天记录显示：中间商“雅痞”默认所售宠物猫为“蓝猫”，王先生给“雅痞”微信转账1350元买得该宠物猫。工作人员认为，消费者王先生是通过与微信中间商“雅痞”协商购买“蓝猫”，而“雅痞”却在宠物店购买了一只“土猫”，并让宠物店直接寄给王先生，从中赚取“蓝猫”与“土猫”差价，宠物店在其中不存在欺骗消费者的行为。宠物店同意为王先生退货退款并补偿邮寄费用等共计600元，为王先生挽回了部分损失。

消委会工作人员通过多番调查，终于找到“雅痞”。“雅痞”承认过错，致电消费者王先生赔礼道歉，主动提出退还赚取的差价800元，经过调解最终由“雅痞”对王先生进行退赔现金共计3500元。王先生对此结果非常满意。此案历时一个半月，最终取得圆满结果。

《消费者权益保护法》第八条规定“消费者享有知悉其购买、使用的商品或者接受的服务的真实情况的权利”。本案中间商“雅痞”明知是“土猫”却冒充“蓝猫”高价出售，是典型的侵犯消费者权益的欺诈行为。消委会积极履职，切实维护了消费者的合法权益。

律师提醒消费者：网上购物需谨慎，建议要求验货付款或使用第三方交易平台付款，能有效防止商家虚假宣传的欺诈行为，并注意留存消费证据（如：微信聊天记录、电话录音、转账凭证等），遭遇消费欺诈时要积极维权。只有广大消费者都具有充分的消费维权意识，才能更好地遏制侵犯消费者权益的欺诈行为。

案例十 网上购票“机关”多，消委介入解“迷局”

2019年8月29日，消费者胡女士在某网络平台购买火车票，日期为2019年8月30日，成都至南充D5172和南充至成都D5195次列车，票价均为65元。但是通过非12306通道预订方式购票，均需要额外收取优惠券费用10元和20元，优惠券可享受7×24小时预订服务、享受客服服务、享受快速退改签服务、享受短信提醒服务等，并且取消不掉，消费者无奈共计支付了30元优惠费用。消费者认为该项行为属于捆绑销售，遂向四川省保护消费者权益委员会（以下简称省消委会）进行投诉，请求维权。

经调查，消费者反映的情况属实。消费者预订火车票时所选的是优享预订套餐，需要支付优惠券费用，该优惠券是可以取消的，但订购页面没有明确告知消费者能否取消该项费用以及取消的正确方式，导致消费者的知情权和财产权受到损害。经调解，消费争议双方达成一致意见，由经营者退回消费者支付的30元优惠券费用。

本案属于典型的捆绑搭售服务，网络平台没有明确告知消费者能否取消该项服务以及取消方法，侵犯了消费者知情权和自主选择权。网络平台的行为违反了《消费者权益保护法》第九条“消费者享有自主选择商品或者服务的权利。消费者有权自主选择提供商品或者服务的经营者，自主选择商品品种或者服务方式，自主决定

购买或者不购买任何一种商品、接受或者不接受任何一项服务”。《电子商务法》第十九条“电子商务经营者搭售商品或者服务，应当以显著方式提请消费者注意，不得将搭售商品或者服务作为默认同意的选项”。

目前，很多网络平台在消费者不知情的情况下，默认勾选保险、酒店、贵宾休息室优惠券等付费项目，涉嫌侵犯消费者自主选择等权益，如知情权、自主选择权、公平交易权等。经营者不应利用在相关服务市场上的支配地位迫使用户接受付费项目提供服务，搭售或者附加其他不合理的交易，给消费者造成不必要的损失。

建议应当做出改进措施，比如：开通增值服务退订通道；强化明码标价、明码实价；结算确认及成交后双重提示消费者；在更新、改进技术的同时，提供无默认选项产品供消费者选择，并且置于明显位置。

贵州省消费者协会受理投诉分析报告

2019年，全省消协组织受理消费者投诉3856件，解决3566件，解决率为92.48%。为消费者挽回经济损失16978374元，其中因经营者有欺诈行为得到加倍赔偿的投诉123件，消费者得到加倍赔偿的金额为316614元，接待消费者咨询794人次。

一、本年度投诉按性质划分

因质量问题的投诉970件，占本期总投诉的25.16%；因售后服务问题的投诉387件，占10.04%；因合同问题的投诉369件，占9.57%；因安全问题的投诉230件，占5.96%；因价格问题的投诉191件，占4.95%；因虚假宣传问题的投诉173件，占4.49%；因假冒问题的投诉63件，占1.63%；因计量问题的投诉38件，占0.98%；因人格尊严问题的投诉8件，占0.21%；其他投诉1427件，占37.01%（见图1、表1）。

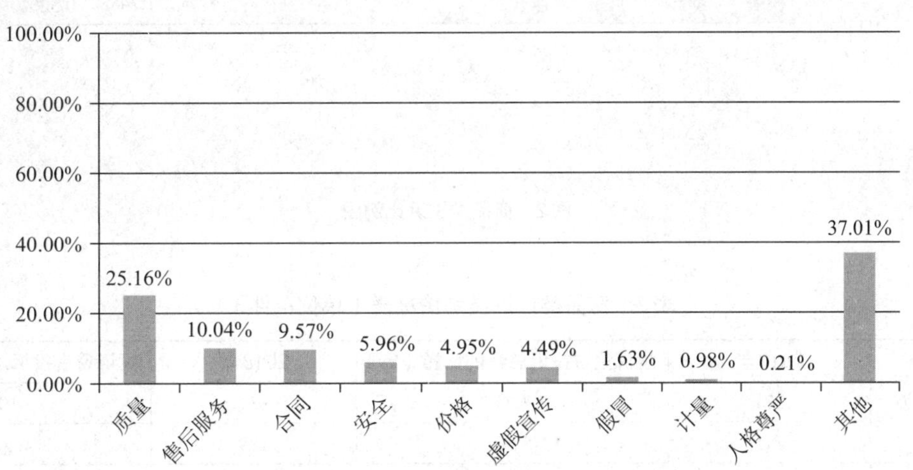

图1 投诉性质比例图

表1 投诉性质情况表（单位：件）

项　目	2019年	投诉量占投诉总量的比重（%）	2018年	投诉量占投诉总量的比重（%）
质量	970	25.16	889	27.43
安全	230	5.96	193	5.95
价格	191	4.95	185	5.71
计量	38	0.98	65	2.01

续表

项　目	2019年	投诉量占投诉总量的比重（%）	2018年	投诉量占投诉总量的比重（%）
假冒	63	1.63	71	2.19
合同	369	9.57	313	9.66
虚假宣传	173	4.49	176	5.43
人格尊严	8	0.21	11	0.34
售后服务	387	10.04	359	11.07
其他	1427	37.01	979	30.21

二、本年度投诉按类别划分

商品类投诉1821件。其中：食品类的投诉360件，占9.34%；交通工具类的投诉332件，占8.61%；家用电子电器类的投诉271件，占7.03%；房屋及建材类的投诉269件，占6.98%；服装鞋帽类的投诉215件，占5.58%；日用商品类的投诉143件，占3.71%；烟、酒和饮料类的投诉93件，占2.41%；首饰及文体用品类的投诉70件，占1.82%；医药及医疗用品类的投诉48件，占1.24%；农用生产资料类的投诉20件，占0.52%（见图2、表2）。

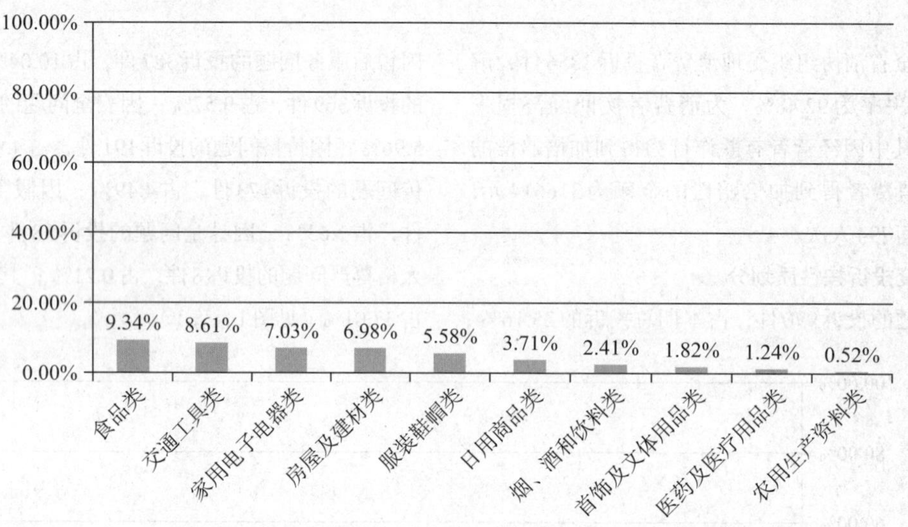

图2　商品类投诉比例图

表2　商品类投诉类别情况表（单位：件）

项　目	2019年	投诉量占投诉总量的比重（%）	2018年	投诉量占投诉总量的比重（%）
家用电子电器类	271	7.03	331	10.21
服装鞋帽类	215	5.58	189	5.83
食品类	360	9.34	322	9.93
烟、酒和饮料类	93	2.41	104	3.21
房屋及建材类	269	6.98	221	6.82
日用商品类	143	3.71	147	4.53
首饰及文体用品类	70	1.82	56	1.73
医药及医疗用品类	48	1.24	48	1.48
交通工具类	332	8.61	319	9.84
农用生产资料类	20	0.52	27	0.83

服务类投诉1119件。其中：生活、社会服务类的投诉409件，占10.61%；销售服务类的投诉189件，占4.9%；

房屋装修及物业服务类的投诉161件，占4.18%；文化、娱乐、体育服务类的投诉95件，占2.46%；电信服务类的投诉67件，占1.74%；旅游服务类的投诉39件，占1.01%；互联网服务类的投诉38件，占0.98%；教育培训服务类的投诉33件，占0.85%；公共设施服务类的投诉30件，占0.77%；邮政业服务类的投诉29件，占0.75%；卫生保健服务类的投诉18件，占0.46%；保险服务类的投诉8件，占0.21%；金融服务类的投诉3件，占0.07%。（见图3、表3）。

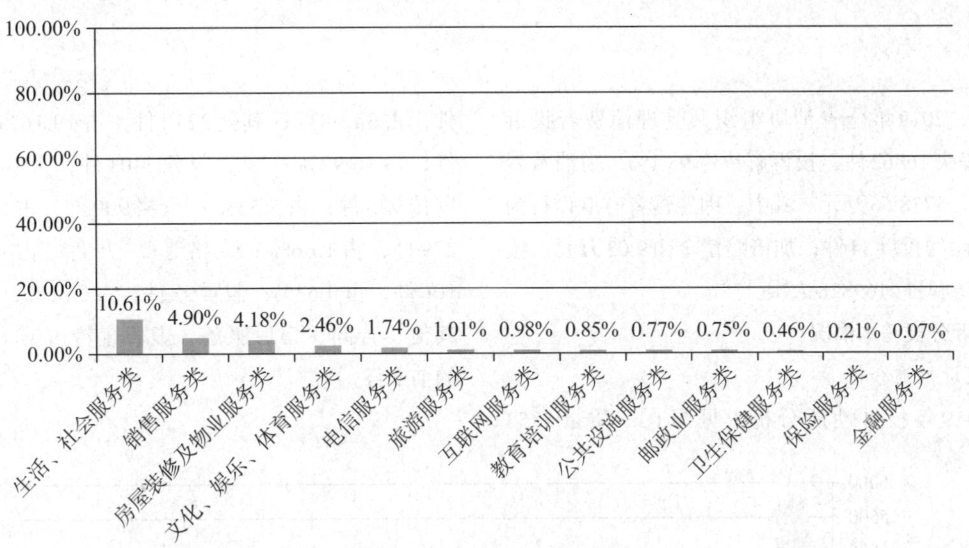

图3 服务类投诉比例图

表3 服务类投诉类别情况表（单位：件）

项　目	2019年	投诉量占投诉总量的比重（%）	2018年	投诉量占投诉总量的比重（%）
生活、社会服务类	409	10.61	278	8.57
房屋装修及物业服务	161	4.18	117	3.61
旅游服务	39	1.01	38	1.17
文化、娱乐、体育服务	95	2.46	61	1.88
邮政业服务	29	0.75	38	1.17
电信服务	67	1.74	64	1.97
互联网服务	38	0.98	34	1.05
金融服务	3	0.07	6	0.18
保险服务	8	0.21	5	0.15
卫生保健服务	18	0.46	19	0.58
教育培训服务	33	0.85	30	0.92
公共设施服务	30	0.77	32	0.99
销售服务	189	4.9	115	3.54

其他商品和服务类的投诉916件，占23.75%。

三、本年度投诉反映的主要问题

本年度，全省消协组织受理商品类投诉1821件，占总投诉量47.22%；受理服务类投诉1119件，占总投诉量29.02%。商品类投诉中，食品类、交通工具类和家用电子电器类投诉位列前三，分别为360件、332件和271件，其中投诉多集中在质量和售后服务方面。服务类投诉中，投诉量最多的是生活社会服务类和销售服务类投诉，分别为409件和189件，其中投诉多集中在质量、售后服务和安全方面。

云南省消费者协会受理投诉分析报告

据统计，2019年全省消协组织共受理消费者投诉16772件，解决16462件，投诉解决率98.1%，为消费者挽回经济损失5778.66万元。其中，因经营者有欺诈行为得到加倍赔偿的投诉34件，加倍赔偿金额9.03万元。接待消费者来访和咨询69818人次。

一、投诉分类基本情况

（一）投诉性质分析

根据2019年投诉性质分析（见图1），质量5853件，占34.90%；其他3214件，占19.16%；合同2838件，占16.92%；售后服务2401件，占14.32%；虚假宣传925件，占5.52%；价格909件，占5.42%；安全279件，占1.66%；人格尊严178件，占1.06%；计量106件，占0.63%；假冒97件，占0.58%；其中，质量、其他、合同、售后服务、虚假宣传占据了消费者投诉的前5名。

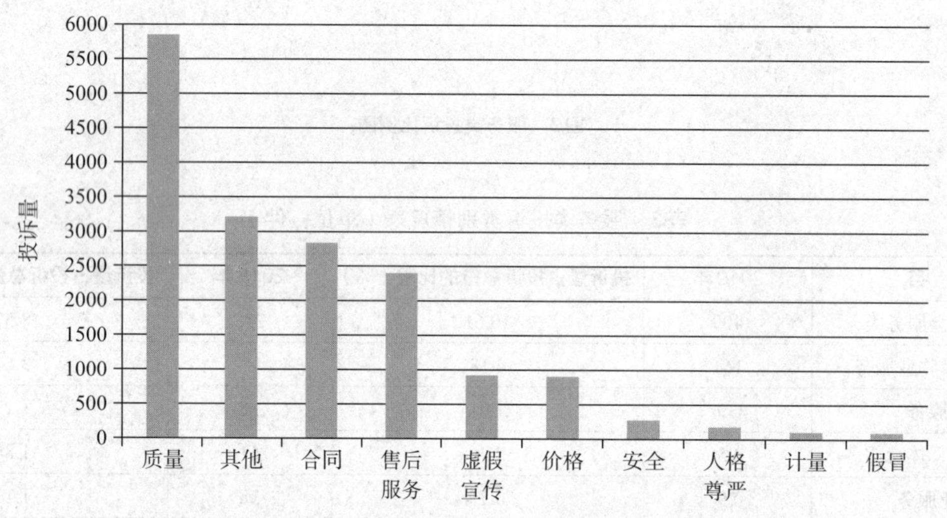

图1　2019年各类性质投诉比例图（单位：件）

与2018年同期相比（见表1），涉及合同、售后服务、价格、虚假宣传等问题的投诉比重有所上升，质量、计量、人格尊严等问题投诉小幅下降。

表1　按投诉问题性质分类情况表（单位：件）

项　　目	2019年	比重（%）	2018年	比重（%）	比重变化（%）
质量	5853	34.90	4427	38.12	–3.22
其他	3214	19.16	2832	24.39	–5.23
合同	2838	16.92	1616	13.92	3.00
售后服务	2401	14.32	1312	11.30	3.02
虚假宣传	925	5.52	507	4.37	1.15
价格	909	5.42	400	3.44	1.98

续表

项　目	2019年	比重（%）	2018年	比重（%）	比重变化（%）
安全	279	1.66	179	1.54	0.12
人格尊严	178	1.06	154	1.33	-0.27
计量	106	0.63	119	1.02	-0.39
假冒	97	0.58	66	0.57	0.01

（二）商品投诉分析

根据2019年商品投诉分析（见图2），交通工具类1942件，占11.58%；家用电子电器类1644件，占9.80%；日用商品类1257件，占7.49%；服装鞋帽类1173件，占6.99%；房屋及建材类1065件，占6.35%；食品类924件，占5.51%；首饰及文体用品类634件，占3.78%；烟、酒和饮料类238件，占1.42%；医药及医疗用品类184件，占1.10%；农用生产资料类96件，占0.57%；其中，交通工具类、家用电子电器类、日用商品类、服装鞋帽类、房屋及建材类占据了消费者投诉的前5名。

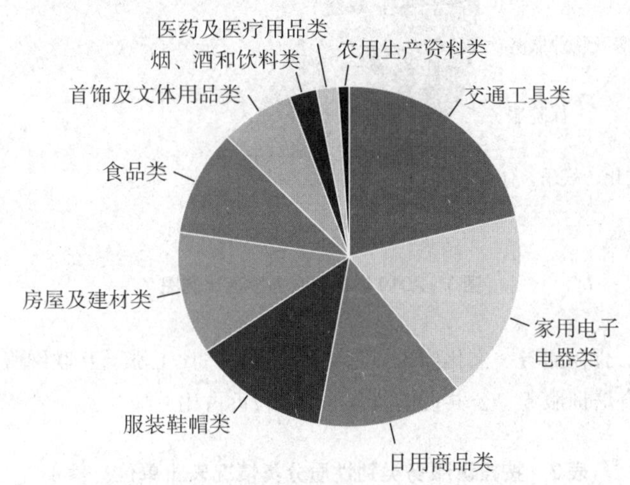

图2　2019年各类商品投诉比例图

与2018年同期相比（见表2），交通工具类、烟酒和饮料类、房屋及建材类等投诉有小幅上涨，其他投诉有所下降。

表2　按投诉商品类别性质分类情况表（单位：件）

项　目	2019年	比重（%）	2018年	比重（%）	比重变化（%）
交通工具类	1942	11.58	1021	8.79	2.79
家用电子电器类	1644	9.80	1213	10.45	-0.65
日用商品类	1257	7.49	880	7.58	-0.09
服装鞋帽类	1173	6.99	960	8.27	-1.28
房屋及建材类	1065	6.35	633	5.45	0.90
食品类	924	5.51	669	5.76	-0.25
首饰及文体用品类	634	3.78	559	4.81	-1.03
烟、酒和饮料类	238	1.42	145	1.25	0.17
医药及医疗用品类	184	1.10	185	1.59	-0.49
农用生产资料类	96	0.57	103	0.89	-0.32

（三）服务投诉分析

根据2019年服务投诉分析（见图3），生活、社会服务类3154件，占18.81%；其他商品和服务1150件，占6.86%；文化、娱乐、体育服务535件，占3.19%；保险服务497件，占2.96%；房屋装修及物业服务491件，占2.93%；销售服务400件，占2.38%；电信服务343件，占2.05%；教育培训服务269件，占1.60%；公共设施服务249件，占1.48%；互联网服务211件，占1.26%；邮政业服务160件，占0.95%；卫生保健服务68件，占0.41%；旅游服务63件，占0.38%；金融服务25件，占0.15%；其中，生活、社会服务类，其他商品和服务，文化、娱乐、体育服务，保险服务，房屋装修及物业服务占据了消费者投诉的前5名。

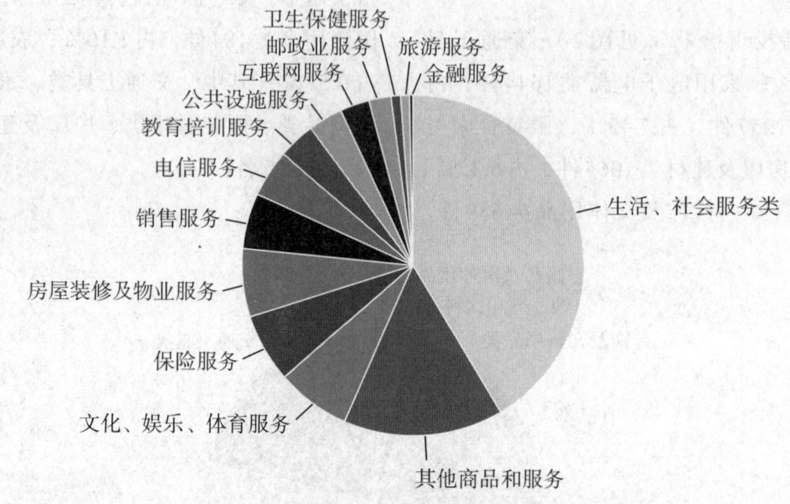

图3　2019年各类服务投诉比例图

与2018年相比（见表3），保险服务、文化娱乐体育服务、生活社会服务类、教育培训服务、公共设施服务等投诉占比上涨，互联网服务、电信服务、邮政业服务等投诉占比下降。

表3　按投诉服务类别性质分类情况表（单位：件）

项　　目	2019年	比重（%）	2018年	比重（%）	比重变化（%）
生活、社会服务类	3154	18.81	2121	18.27	0.54
其他商品和服务	1150	6.86	718	6.18	0.68
文化、娱乐、体育服务	535	3.19	182	1.57	1.62
保险服务	497	2.96	34	0.29	2.67
房屋装修及物业服务	491	2.93	309	2.66	0.27
销售服务	400	2.38	246	2.12	0.26
电信服务	343	2.05	564	4.86	−2.81
教育培训服务	269	1.60	131	1.13	0.47
公共设施服务	249	1.48	125	1.08	0.40
互联网服务	211	1.26	497	4.28	−3.02
邮政业服务	160	0.95	193	1.66	−0.71
卫生保健服务	68	0.41	19	0.16	0.25
旅游服务	63	0.38	84	0.72	−0.34
金融服务	25	0.15	21	0.18	−0.03

二、云南省消费者协会食品安全问题专项整治维权工作热线专题报告

根据中消协《关于贯彻总局做好食品安全整治工作强化消协组织投诉电话服务能力的通知》，省消协从2019年10月11日至2019年11月30日承担食品安全问题专项整治维权工作热线的工作。其间，云南省消费者协会维权工作热线共接到消费者食品安全投诉349件，涉案金额11.72万元。

（一）涉及经营变质、油脂酸败、霉变生虫、污秽不洁、混有异物、掺杂掺假或者感官性状异常

昆明市袁女士于2019年11月3日在华莱士汉堡白龙路店支付8元购买的白桃气泡饮料，发现饮料里面有虫子，消费者要求商家赔偿未果，请求昆明市盘龙区消费者协会协调处理。昆明市盘龙区消费者协会工作人员组织双方当面调解，双方达成一致，商家同意赔偿消费者1000元，并向消费者赔礼道歉。消费者表示认可。

（二）经营不符合食品安全标准或要求

昆明市王先生于2019年10月26日在昆明市西山区盛隆生活超市支付73元购买的伊利脱脂牛奶，生产日期2019年4月13日、保质期6个月，牛奶已经过期，消费者要求商家退款和赔偿未果，请求昆明市西山区消费者协会协调处理。经昆明市西山区消费者协会工作人员于2019年10月29日现场调解，双方达成一致，由被投诉方按《食品安全法》退一赔十，不满1000元的按1000元的规定进行赔偿，赔偿王先生1073元，并下架相关产品。

（三）违反《食品标识管理规定》

昆明市王先生2019年10月13日通过拼多多在昆明传悦时刻科技有限公司支付22.8元购买了泰国进口rich咖啡，到货时发现产品无中文标识，消费者要求商家赔偿未果，请求昆明市消费者协会帮助协调处理，昆明市消费者协会工作人员于2019年10月22日到注册经营场所进行调查，发现被投诉人通过登记的住所或者经营场所已无法联系，遂联动相关部门将昆明传悦时刻科技有限公司移入经营异常名录。

陕西省消费者协会受理投诉分析报告

据统计，2019年全省消协组织共受理消费者投诉9265件，解决7910件，投诉解决率85.375%，为消费者挽回经济损失881.839万元。其中消费者遇欺诈行为得到加倍赔偿的为52400元，接待投诉咨询及来访人员44261人次。

一、投诉基本情况

（一）按投诉性质划分

根据受理投诉的性质分析：质量问题3322件，占投诉总量35.86%；价格问题1275件，占投诉总量13.76%；其他问题1169件，占投诉总量12.62%；售后服务问题1013件，占投诉总量10.93%；合同问题976件，占投诉总量10.53%；虚假宣传问题487件，占投诉总量5.26%；安全问题375件，占投诉总量4.05%；计量问题344件，占投诉总量3.71%；假冒问题235件，占投诉总量2.54%；人格尊严问题69件，占投诉总量0.74%。其中，质量、价格、其他、售后、合同类问题占据了消费者投诉的前5名。

（二）按商品及服务类别划分

商品类。根据受理投诉的商品分析：家用电子电器类1350件，占投诉总量14.57%；房屋及建材类753件，占投诉总量8.13%；交通工具类738件，占投诉总量7.97%；日用商品类729件，占投诉总量7.87%；服装鞋帽类451件，占投诉总量4.87%；食品类432件，占投诉总量4.66%；医药及医疗用品类355件，占投诉总量3.83%；首饰及文体用品类315件，占投诉总量3.40%；农用生产资料类175件，占投诉总量1.89%；烟、酒和饮料类167件，占投诉总量1.80%；其中，家用电子电器类、房屋及建材类、交通工具类、日用商品类、服装鞋帽类占据了消费者投诉的前5名。

服务类。根据投诉服务分析，生活、社会服务类956件，占投诉总量10.32%；房屋装修及物业服务类342件，占投诉总量3.69%；销售服务类333件，占投诉总量3.59%；电信服务类238件，占投诉总量2.57%；

公共设施服务类234件，占投诉总量2.53%；金融服务类231件，占投诉总量2.49%；邮政业服务类218件，占投诉总量2.35%；文化、娱乐、体育服务类216件，占投诉总量2.33%；旅游服务类207件，占投诉总量2.23%；互联网服务类203件，占投诉总量2.19%；保险服务类177件，占投诉总量1.91%；其他商品和服务类167件，占投诉总量1.80%；教育培训服务类161件，占投诉总量1.74%；卫生保健服务类117件，占投诉总量1.26%。其中，生活社会服务、房屋装修及物业服务、销售服务、电信服务、公共设施服务类等占据了消费者投诉的前5名。

二、投诉热点难点分析

（一）房屋托管有猫腻，拖款跑路多警惕

近年来，房屋托管服务逐渐成为一种新的服务方式。与此同时，一些不法“二房东”和“黑中介”的出现，造成一些房屋托管机构出现拖款、跑路等现象，消费者权益受到侵害。

2019年9月，省消协接到消费者高先生的投诉，称他2月与西安某商业运营管理有限公司签订租房协议，根据租房合同规定，如消费者要求解除合同需提前一个月告知，经该公司同意后，消费者可将该房屋转租给新的消费者，并由公司与新消费者签订租房合同。8月，该消费者因故与该公司签订退房协议，并按合同要求找到新的消费者，新消费者也与该公司签订了租房合同。事后，该公司却迟迟不把剩余的房租和押金9973元退给消费者。省消协在调查时，该公司承认拖欠消费者高先生房租和押金，但是因公司资金链断裂，已经无法给消费者退还房租和押金。

省消协通过对此类投诉调查了解，大多都是房屋托管机构与房东签订长期租房协议，采取分租方式把租来的房子分租给多个消费者，尽可能使整套房子利润最大化；也有的以较低价格将房子出租，快速扩大市场规模，占据较大市场份额，再收租更多的房源；还应该注意的是有些房屋托管机构向消费者提供“租金贷”，在信息不对称的情况下，诱导消费者使用租金贷业务。由于在“托管”模式下，房东和消费者的信息不透明，只能依靠房屋托管机构来避免纠纷发生，当房屋托管机构的资金链断裂等情况发生时，托管机构拖款、跑路就有可能出现，将直接给房东和消费者利益带来损失。

省消协提示通过托管机构租房的消费者：天上不会掉馅饼，消费者不要被低价忽悠，如果中介开出的租金明显低于市场价，一定要警惕；相比采用传统的租赁方式，消费者通过房屋托管机构租赁房屋，存在托管机构因资金链断裂或征信问题跑路的风险；签订《房屋租赁合同》时要仔细阅读条款，有问题的合同不要签，谨慎使用“租金贷”业务。

（二）预付卡消费遭中止，服务约定不兑现

近年来，预付卡类投诉连续成为热点问题。主要表现在：办卡容易退卡难，发卡企业诱导消费者进行预存充值，未履行事先约定提供商品或服务约定，也不给消费者退钱；不公平格式条款，减轻经营者责任，排除和限制消费者权利；自行终止服务，发卡企业因经营不善等一些原因，发生关门、歇业、易主、变更经营场所，无法继续履行合同，也不做好善后工作；发卡企业未按《单用途商业预付卡管理办法》《陕西省消费者权益保护条例》等法律、规定发行和处理预付卡问题。

2019年11月，消费者贺女士投诉其在某商场购买的两张不记名商联卡，在卡内余额尚未使用完的情况下，从8月开始，该商场就不能正常使用商联卡。当时商场客服中心的工作人员答复10月可正常使用，可消费者持卡按约去消费的时候，发现商场很多柜台都撤了，而且大部分剩下的品牌也不能使用商联卡，个别品牌虽可以使用，但要搭配很大比例现金才能消费。省消协调查了解认为，根据有关法律法规规定，经营者未按照约定提供商品和服务的，应当按照消费者的要求履行约定或者退回预付款。

省消协建议：有关部门应加强商业预付卡行为监管力度，规范和约束经营者行为。提醒广大消费者在办理预付卡时一定要慎重，查验发卡企业是否办理备案和发行手续，企业的发卡行为是否符合国家法律法规相关规定；签订协议时要查看合同有无不公平条款，另外不要在预付卡存入过多金额，以免发生纠纷，造成较大经济损失。

（三）团购平台欠规范，无故毁约不履责

在互联网经济下，团购平台在给消费者带来实惠和便利的同时，在兑现承诺和服务条款时，仍然存在毁约不履责的问题。

2019年9月，消费者程女士在某团购平台成功预订了一间酒店客房后，该酒店一直跟她联系说房间已满并要求取消程女士的订单。后经消费者查询发现还有空房，酒店便以操作失误等各种理由应付消费者，无故毁约。省消协接到投诉后，与酒店进行沟通，对其无故毁约行为依法提出批评和建议，要求其履行与消费者签订的协议。经省消协调解，酒店最后接受了省消协的调处意见，同意为消费者程女士按照协议约定提供酒店客房服务。

2019年10月，冯女士向省消协投诉，她和朋友持其在某团购平台购买的餐饮消费券到商家用餐时却遭拒绝，理由是需要3人以上人员方可使用，而冯女士在平台购买消费券时并未发现有相关提示。后多次与平台联系，协商未果后要求退款，然而该平台一直拖延不予处理。省消协在调查中发现，消费者不能正常使用餐饮消费券，并非消费者的原因，主要是该团购平台发布的单方面不予退款声明不公平合理，限制了消费者权利，免除经营者义务。经省消协多次依法调解，最终该网购平台退还消费者购买餐饮消费券的全款。

省消协认为：经营者应诚信守法经营，不能利用不平等、不公平的格式条款，限制消费者权利，减轻或免除经营者责任。同时团购平台还要对平台内商家加强管理，规范其经营行为，督促其按照法律法规制定合理的规则，不能随意增设消费条件，自觉履行依法保护消费者的合法权益的责任。

（四）汽车销售问题突出，消费者维权难度大

2019年，汽车及其零部件类投诉473件，同比上年增加18.16%。全省消协受理的汽车类投诉涉及汽车销售中各个环节，其中以下几个方面问题成为消费者投诉的热点：

二手车消费信息不实，经营者隐瞒实情销售。2019年4月，消费者景先生到省消协投诉，称他在陕西某二手车销售公司花98000元购买了一辆二手宝马汽车，因该车安全气囊灯常亮不灭，在4S店检修时被工作人员告知该车以前可能发生过事故。后经消费者通过专业机构进行详细检查，确认该车为重大事故修复车辆。消费者考虑行车安全原因，多次联系该二手车经销公司协商寻求解决办法未果。省消协调查时，该公司回应称消费者知道汽车出过事故，但无法提供消费者知情的证据，对投诉处理推诿敷衍。

省消协认为：经营者有提供消费者知悉其购买二手车真实情况举证责任义务，如无法举证，经营者应承担消费者合理要求的赔偿责任。省消协建议消费者在购买二手车时要认真全面了解二手车辆信息情况，对经营者提供车辆信息要认真考察，防止所购买的二手车质量与实际承诺出现过大偏差。

消费贷款仍是热点，贷款公司资质存疑。2019年以来，全省消协组织收到消费者关于汽车消费贷款的投诉仍较为突出。省消协通过对消费者投诉的问题进行分析发现，汽车分期贷款投诉大多都有共同特点：主要表现在汽车销售公司要求消费者在指定的汽车信贷担保公司办理贷款；汽车信贷担保公司大多都不给消费者提供正规凭证，使消费者缺乏有效信贷证据；汽车信贷担保公司在办理汽车贷款前不如实告知消费者其贷款内容的真实情况；汽车信贷担保公司采取各种手段，借口消费者违约，让消费者承担不合理的损失；强制消费者在信贷担保公司办理不合理的高额汽车保险；涉诉汽车信贷担保公司的经营范围里多数没有金融服务类项，也不具备相关资质。这些经营行为侵犯了消费者知情权、选择权、公平交易权等合法权益。

省消协认为：在汽车销售环节中所存在的问题，是当前汽车销售领域的顽疾，需要汽车销售经营者诚信守法经营，加强自律规范，进一步提高行业自律水平；也需要有关部门加强监督、相互合作、依法查处，加大执法检查力度，规范汽车销售中存在的问题，才能更好保护消费者的合法权益。

甘肃省消费者协会受理投诉分析报告

2019年，全省消协组织共接到消费者投诉10445件，调解处理10083件，解决率96.53%，为消费者挽回经济损失15761138.06元；接待来访、咨询29487人次；不予受理案件144件；加倍赔偿案件51件，赔偿金额60358元；支持消费者起诉案件28件；接到表扬信封、锦旗23封（面）。

一、基本情况

（一）投诉性质

其他类别投诉问题3726件，占投诉总量的35.67%；质量问题2597件，占投诉总量的24.86%；合同问题2253件，占投诉总量的21.57%；售后服务问题1032件，占投诉总量的9.88%；价格问题354件，占投诉总量的3.39%；虚假宣传问题173件，占投诉总量的1.66%；人格尊严问题94件，占投诉总量的0.90%；安全问题88件，占投诉总量的0.84%；假冒问题69件，占投诉总量的0.66%；计量问题59件，占投诉总量的0.56%。其中，其他、质量、合同、售后服务、价格占据了消费者投诉的前5名（见图1）。

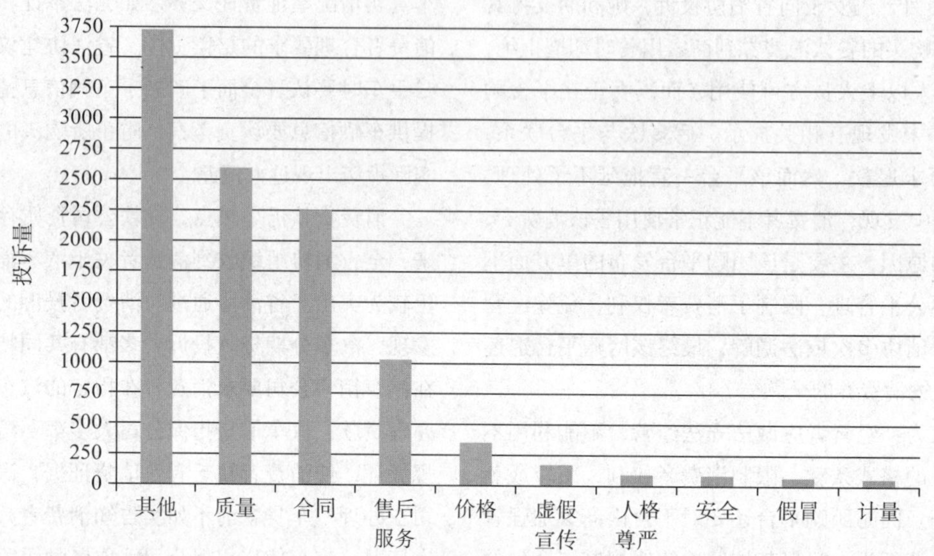

图1　投诉性质比例图（单位：件）

在各类投诉性质问题中，人格尊严、合同、价格、质量问题的投诉与2018年同期相比有所上升，其中人格尊严和合同类问题上升幅度较大。虚假宣传、计量、售后服务、安全、假冒类的投诉问题同比呈现不同程度下降趋势，其中虚假宣传问题的下降幅度较大（见表1）。

表1　投诉性质变化表（单位：件）

项　目	2019年	2018年	变化幅度（%）
质量	2597	2529	↑2.69
合同	2253	2017	↑11.70
售后服务	1032	1206	↓14.43
价格	354	339	↑4.42
虚假宣传	173	242	↓28.51
人格尊严	94	70	↑34.29
安全	88	100	↓12.00
假冒	69	71	↓2.82
计量	59	73	↓19.18

（二）投诉类别商品类投诉共计5709件，占投诉总量的54.66%

其中：交通工具类1102件，占投诉总量的10.55%；家用电子电器类1042件，占投诉总量的9.98%；服装鞋帽类847件，占投诉总量的8.11%；日用商品类818件，占投诉总量的7.83%；房屋及建材类736件，占投诉总量的7.05%；食品类609件，占投诉总量的5.83%；首饰及文体用品类264件，占投诉总量的2.53%；农用生

产资料类133件，占投诉总量的1.27%；烟、酒和饮料类114件，占投诉总量的1.09%；医药及医疗用品类44件，占投诉总量的0.42%。其中，交通工具类、家用电子电器类、服装鞋帽类、日用商品类、房屋及建材类占据了消费者投诉的前5名（见图2）。

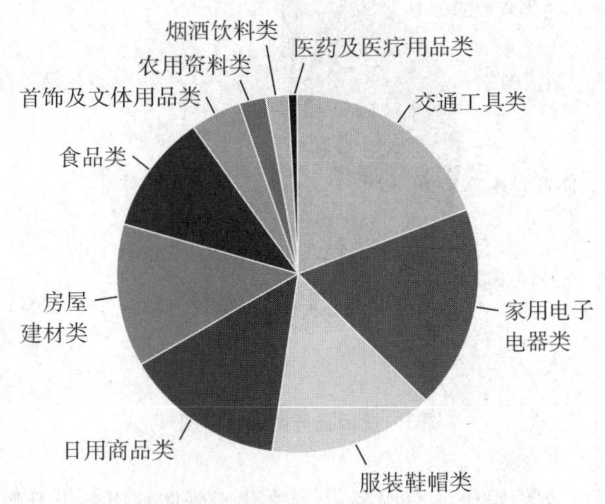

图2　商品投诉类别比例图

商品类投诉中，食品、农用资料、烟酒饮料、房屋建材、日用商品、交通工具、家用电器类商品问题的投诉与2018年同期相比有不同程度上升，其中食品、农用资料、烟酒饮料类上升幅度较大。其余商品投诉量均呈现下降趋势，其中医药医疗类投诉下降幅度较大（见表2）。

表2　商品投诉类别变化表（单位：件）

类　别	2019年	2018年	变化幅度（%）
交通工具	1102	1011	↑ 9.00
家用电子电器	1042	999	↑ 4.30
服装鞋帽	847	923	↓ 8.23
日用商品	818	699	↑ 17.02
房屋建材	736	571	↑ 28.90
食品	609	395	↑ 54.18
首饰及文体用品	264	275	↓ 4.00
农用资料	133	91	↑ 46.15
烟酒饮料	114	80	↑ 42.50
医药及医疗用品	44	51	↓ 13.73

（三）投诉服务4736件，占投诉总量的45.34%

其中，生活、社会服务类1906件，占投诉总量的18.25%；其他商品和服务924件，占投诉总量的8.85%；房屋装修及物业服务428件，占投诉总量的4.10%；文化、娱乐、体育服务384件，占投诉总量的3.68%；销售服务361件，占投诉总量的3.46%；邮政业服务286件，占投诉总量的2.74%；电信服务118件，占投诉总量的1.13%；公共设施服务107件，占投诉总量的1.02%；教育培训服务87件，占投诉总量的0.83%；互联网服务65件，占投诉总量的0.62%；旅游服务49件，占投诉总量的0.47%；保险服务15件，占投诉总量的0.14%；卫生保健服务6件，占投诉总量的0.06%；金融服务0件，占投诉总量的0.00%。其中，生活社会服务类、其他商品和服务、房屋装修及物业服务、文化娱乐体育服务、销售服务占据了消费者投诉的前5名（见图3）。

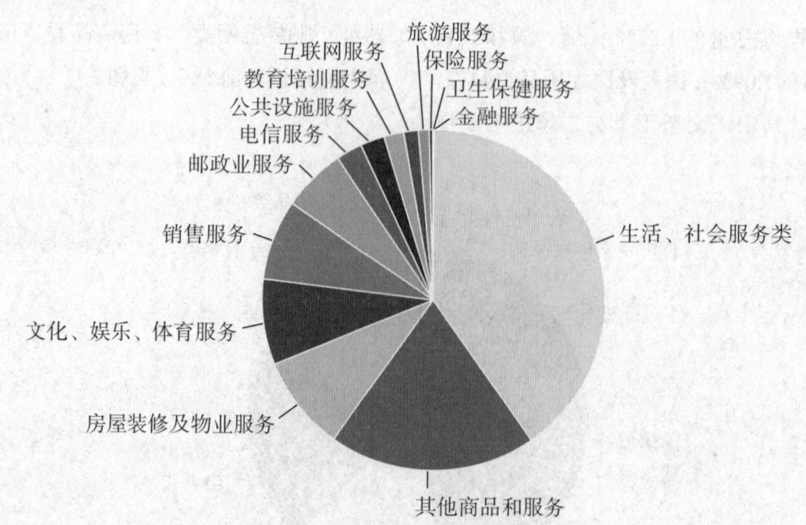

图3　投诉服务类别比例图

在服务类投诉中，销售服务、文化娱乐体育服务、房屋装修及物业服务、公共设施服务、教育培训服务类投诉与2018年同期相比有不同程度上升，其中销售服务、文化娱乐体育服务上升幅度较大。其他服务的投诉呈现不同程度下降，其中金融服务、卫生保健服务类投诉量下降幅度较大（见表3）。

表3　投诉服务类变化表（单位：件）

项　　目	2019年	2018年	变化幅度（%）
生活、社会服务	1906	1986	↓ 4.03
其他商品和服务	924	1014	↓ 8.88
房屋装修物业服务	428	305	↑ 40.33
文化、娱乐、体育服务	384	239	↑ 60.67
销售服务	361	161	↑ 124.22
邮政业服务	286	291	↓ 1.72
电信服务	118	252	↓ 53.17
公共设施服务	107	93	↑ 15.05
教育培训服务	87	83	↑ 4.82
互联网服务	65	74	↓ 12.16
旅游服务	49	63	↓ 22.22
保险服务	15	22	↓ 31.82
卫生保健服务	6	12	↓ 50.00
金融服务	0	4	↓ 100.00

（四）商品类别细分领域投诉前十位

在具体商品投诉中，投诉量居前十位的分别为：家用轿车、服装、装修建材、家具、食品等（见表4）。

表4　商品类别细分领域投诉前十位

项　　目	数量（件）
家用轿车	679
服装	417

续表

项　　目	数量（件）
装修建材	364
家具	351
食品	316
鞋	291
移动电话机	260
商品房	219
首饰	181
汽车及其零部件	178

在具体服务投诉中，投诉量居前十位的分别为：餐饮服务、健身服务、住宿服务、房屋装修、美容美发等（见表5）。

表5　服务细分领域投诉前十位

项　　目	数量（件）
餐饮服务	495
健身服务	291
住宿服务	290
房屋装修	264
美容美发	259
快递服务	249
保养和修理服务	174
摄影及照片冲洗服务	148
物业服务	138
电信服务	118

二、2019年全年投诉热点整体及具体分析

（一）2019年全年投诉热点整体分析

本年在各类性质的投诉问题中，人格尊严、合同、价格、质量问题的投诉与2018年同期相比呈现上升态势，其中，人格尊严问题和合同问题的投诉上升幅度较大。人格尊严类投诉问题集中在：餐饮和住宿服务。合同类投诉问题主要集中在：汽车及其零部件、房屋装修及建材、健身服务和餐饮服务这几个领域。存在的问题表现在：汽车4S店不按照双方约定履行销售、服务和退还斡旋金的责任。房屋装修合同陷阱重重，装修所用材料与合同约定严重不符。在促销订货会和店庆等优惠活动结束后，撕毁双方约定且不顾消费者已支付的定金，任意加价、提价，不退还定金或只返还部分定金。家具订制时存在测量不准或弄虚作假现象，消费者权益难以维护。向消费者收取定金后，延迟发货又不履行退款义务。健身房服务缩水，预付卡服务将合同视为虚设、置消费者权益于不顾。

商品类别的投诉中，交通工具、家用电子电器、服装鞋帽、日用商品、房屋及建材占据了消费者投诉的前5名。交通工具类投诉的问题有以下几个方面：发动机、变速箱、轴承等主要零部件易出现质量问题，且发生纠纷后，经销商推诿责任，不及时维修或者同一问题维修不彻底；不积极退还消费者订购汽车交纳的斡旋金；不积极兑现承诺赠送的内饰；以消费者没有在车行进行保养为由，拒绝提供“三包”服务以及违背合同约定；售后维修配件费用高；甚至存在旧车翻新销售的情况，从而引发投诉升级。家用电器问题的投诉集中在质量和售后服务两个方面。本年家电质量问题投诉398件，占家

电投诉总量的38.20%；售后服务问题投诉146件，占家电投诉总量的14.01%。服装鞋帽的质量问题和退换货扯皮问题一直困扰着消费者。日用商品中家具类投诉351件，投诉涉及的问题是：虚假宣传、质量差、有异味、有色差、退换货难售后服务差，安装送货不及时以及疑似甲醛超标等问题。房屋建材的投诉问题集中在：质量、合同和售后服务这三个方面，尤其是出现问题后消费者退换货难、经销商推诿责任拒绝履行合约等几个方面。

本年在服务类投诉中，销售服务、文化娱乐体育服务较去年同期上升幅度较大。其中，销售服务上升124.22%，文体服务上升60.67%。销售服务问题主要集中在网络购物的质量投诉、合同纠纷以及消费欺诈等方面；文体服务的投诉集中在健身服务，健身服务问题291件，占文体服务的75.78%。投诉问题均集中在虚假宣传误导办卡，办卡优惠中暗设霸王条款，不履行合同约定等方面。

（二）2019年全年投诉热点具体分析

本年投诉热点集中在家用轿车、服装、装修建材、家具、健身服务、房屋装修服务、美容美发服务这七大类。

家用汽车及零部件的质量问题以及合同问题，给消费者维权带来难度，居商品类别细分领域投诉第一位。2019年4月23日，消费者周先生投诉称，自己于2017年2月26日在兰州中盛奥泽奥迪4S店以35.9万元购买了一台奥迪A6L–1.8T轿车，在4S店销售人员的引导下，首付60%，贷款40%，并向4S店缴纳金融服务费7180元。其后，因为该车存在质量问题，在中盛奥泽建议下将该车以二手车交易方式卖给中盛奥泽，又置换了A6L–3.0T轿车一台，再次缴纳了1.3万元的金融服务费。现消费者对中盛奥泽两次收取的金融费共2万余元产生质疑，要求全额退还。经过多次协调，最终因为双方无法达成共识而终止调解。

本年服装质量投诉228件，占服装鞋帽类质量问题投诉的50.22%；占商品类质量问题投诉总量12.34%。2019年2月，消费者苏女士在甘肃省定西市安定区阿玛施购买了一件价值1000元的女式服装，穿着几次后衣服出现掉色严重的情况，与商家协商要求更换被拒后，诉至安定区消费者协会中华路分会请求维权。经过多次协调，经营者为消费者更换价值1000元的衣服一件。

装修建材的质量问题和以次充好的问题，引发投诉呈上升态势发展，2019年房屋建材类质量问题投诉166件，2018年房屋建材类质量问题投诉140件，相比上升18.57%。2019年9月4日，省消协接到消费者景女士的投诉，投诉称：自己于7月6日在西固区荔昌陶瓷市场联强陶瓷经销部购买一款名为“写意羊脂玉通体”大理石瓷砖，可是交款后送到家的是一款外包装叫作“写意加厚加白羊脂玉”大理石瓷砖，消费者觉得不对，多次寻找经销商，被拒后找到多个行政部门要求维权，但是调解结果消费者不能接受，遂诉至省消协维权。因为经营者的拒绝配合，消协终止调解。

家具的质量问题、合同纠纷问题以及疑似甲醛超标问题困扰着消费者。2019年4月14日，省消协接到消费者贾先生投诉信，称自己于2017年10月8日，在七里河区月星家居市场“童话森林”家具店预订了一套家具并预付4万元定金。其后，消费者因为个人原因与经营者协商退货，经营者答应后却几番拖延，消费者无奈诉至省消协请求调解。调解中，因为经营者不予配合，双方无法达成共识，最终终止调解。

健身服务的预付卡消费纠纷一直是投诉的热点。2019年1月23日，庆阳市环县城关消协分会接到消费者邓女士投诉称，自己于2018年9月22日在超级伍德游泳健身房办馆初期办理了一张健身卡并交纳全年费用2680元。但因为健身房始终未提供任何服务，且不久就关门停业给消费者造成一定损失，在与经营者协商退款无果后诉至消协请求维权。最终经过调解，经营者退还邓女士2680元会费。

房屋装修服务投诉的热点问题是合同纠纷，因为消费者对合同条款的不完全知情且盲目签字导致维权难度大。2019年7月14日，消费者李女士向嘉峪关市镜铁消协分会投诉称，自己于2019年3月12日，以45600元的价格与甘肃省嘉峪关市一家私人装修公司签订了书面合同，双方就工期和违约金问题做了约定。其后因为经营者逾期2个月依然没有完工且不予支付违约金，消费者与之协商无果后诉至消协请求维权。接到投诉，经过调解，经营者补偿消费者现金10000元，双方达成调解协议。

美容美发的投诉集中在美容养生产品的质量问题和医疗美容工作人员的不规范操作等方面。2019年9月3日，消费者戚女士投诉称，自己在兰州市悦美丽整形美容医院做隆鼻术后，鼻体歪斜且疼痛难忍，消费者诉至消协请求维权。接到投诉，经查，消费者投诉情况属实。调解中，消协工作人员就假体的材料来源和质量问题、医师的资质问题、善后赔偿问题等几个方面和经销商进行多次交涉，最终经营者退赔消费者现金53430元。

三、对加强消费者权益保护工作的措施和建议

（一）针对家用轿车消费之痛，我们积极担责

针对家用轿车质量、合同、售后服务问题投诉居高不下的情况，针对消费者向省长信箱咨询甘肃省汽车4S店收取“金融服务费”何时退费的问题，甘肃省消协于4月23日分别向甘肃省银保监局、甘肃省商务厅发出查询函；同时，为了更准确地回答消费者的咨询，厘清边界问题，引导汽车4S店诚信经营，督促行政部门依法监管，保护广大消费者的合法权益，甘肃省消费者协会于6月13日邀请甘肃省商务厅、甘肃银保监局、甘肃省市场监督管理局、甘肃省地方金融监督管理局、甘肃省汽车业商会等部门召开座谈会，明确了金融机构在为消费者提供消费贷款服务时不得收取“金融服务费”。汽车4S店在向消费者提供有偿服务时，要事先告知消费者，要做到明码标价，要在店面显著位置张贴收费项目及收费标准，尊重消费者的知情权和自主选择权。经营者为消费者提供有偿服务时要签订服务协议、规范收费项目，做到服务名称和内容相一致，并向消费者提供发票。同时，建议汽车业商会加强对会员的诚信教育，推动本行业的诚信建设。

（二）针对家具、家装建材和房屋装修服务的质量、合同、以次充好之乱，建议加强监管

2017年，房屋装修服务投诉109件；2018年，房屋装修服务投诉215件；2019年，房屋装修服务投诉264件，呈逐年递增态势，且一直以来得不到根治。仅靠消协一事一调解的方式力量微薄，因此，依据《消法》第六条之规定，呼吁市场监管部门加大监管力度，呼吁传播媒介加大宣传力度，呼吁行业协会加强行业自律。

（三）针对预付卡消费维权之难，希望积极履职

众所周知，随着市场经济的快速发展，经营者的经营方式也形式多样，“预付”“预存”是经营者比较青睐的经营方式，虽然此类消费有价格优惠和使用方便的特性，但同时也存在巨大的消费风险。近年来，预付卡消费纠纷屡见不鲜，尤其是大额预付卡的群体性投诉增多，但由于其使用周期长，信息不对称，一旦发生经营者人去楼空难以联系等问题，消费者的预付款往往很难通过消协组织或有关行政部门的调解机制得到追讨。近年来，相关部门包括一些地方政府陆续出台了规范商业预付卡的管理办法和意见，但办法只适合企业，不适合个体工商户，其他类似办法或意见在这方面也似乎并不明确。因此，希望相关业务主管部门能尽早出台对个体户发行预付卡的监管办法，依法加强监管，积极预防，从而妥善处理预付卡投诉，促进相关行业的健康发展。

（四）针对美容美发服务领域之痛，可以积极作为

本年美容美发服务投诉259件，给消费者带来身心之痛。究其原因是：基层从业人员缺乏正规的技术培训和日常的法律法规、职业道德宣传教育，从而影响了整体服务水平的提高和行业的诚信建设。相关法律法规不够健全，没有统一严格的行业标准和服务规范。行业自律、行业监管不到位。消费者自我保护意识不强等因素，使一些不讲诚信的经营者有机可乘。因此，呼吁行政监管部门和行业协会从实际出发，有针对性地加强引导，规范管理，从严监督，不断促进行业自律，提高服务水平，努力营造良好的美容美发服务消费环境和健康有序的行业发展环境，切实有效地维护好消费者合法权益，维护好市场秩序。

青海省消费者协会受理投诉分析报告

2019年，全省消协组织共受理消费者投诉3062件，解决投诉3000件，解决率为98%，接待消费者咨询32718人（次）。其中，通过青海智慧315平台受理消费者投诉147件，咨询138件。挽回经济损失333万元，加倍赔偿案件34件，加倍赔偿金额12.5万元。与去年同期相比，受理消费者投诉量上升58.2%，接待消费者咨询量上升4.3%，挽回经济损失金额上升22.4%，加倍赔偿金额上升56.3%。

表1 投诉受理情况变化表

项　　目	2019年	2018年	变化幅度（%）
投诉受理（件）	3062	1936	+58.2
解决率（%）	98	98.7	−0.7
挽回经济损失（万余元）	333	272	+22.4
加倍赔偿（万余元）	12.5	8	+56.3
来访咨询（人次）	32718	31378	+4.3

一、基本情况

2019年，省消协进一步加大对基层消协的投诉案件录入工作的督导力度，严格按照时间节点督促指导基层消协组织及时录入投诉案件。同时，各地消协组织高度重视，并积极克服困难，能够按省消协要求及时、高质量地完成案件录入工作。今年，全省消协系统除海北州和甘河工业园区消协外，其他各地均未出现“零投诉”情况，这是近几年来的一个大突破。其中，西宁市各级消协组织共受理消费者投诉1404件，与去年同期相比上升163.4%；黄南州各级消协组织共受理消费者投诉26件，与去年同期相比上升85.8%；果洛州各级消协组织受理消费者投诉8件，与去年同期相比上升300%；东川工业园区消协受理消费者投诉438件，与去年同期相比上升53.7%。

表2 各地投诉录入情况对比表（单位：件）

消协单位	2019年	2018年	变化幅度（%）
青海省消费者协会	211	173	+22
西宁市消费者协会	1404	533	+163.4
海东地区消费者协会	352	267	+31.8
黄南藏族自治州	26	14	+85.8
海南地区消费者协会	129	92	+40.2
果洛藏族自治州	8	2	+300
玉树藏族自治州	3	11	−72.7
海西蒙古族藏族自治州	491	559	−12.2
海北藏族自治州	0	0	—
东川工业园区消协	438	285	+53.7
甘河工业园区消协	0	0	—
总计	3062	1936	+58.2

二、投诉分析

（一）投诉类型分析

2019年，全省各级消协组织共受理商品类投诉1566件，服务类投诉1496件。与去年同期相比，商品类投诉上升59.8%，服务类投诉上升56.5%。其中，商品类投诉中交通工具类618件、食品类284件、日用商品类186件，依次占据前三，分别占总投诉量的20.2%、9.3%、6%。服务类投诉中生活社会服务类、公共设施类、电信服务类投诉依次占据前三，分别占总投诉量的10.2%、4%、3.4%。

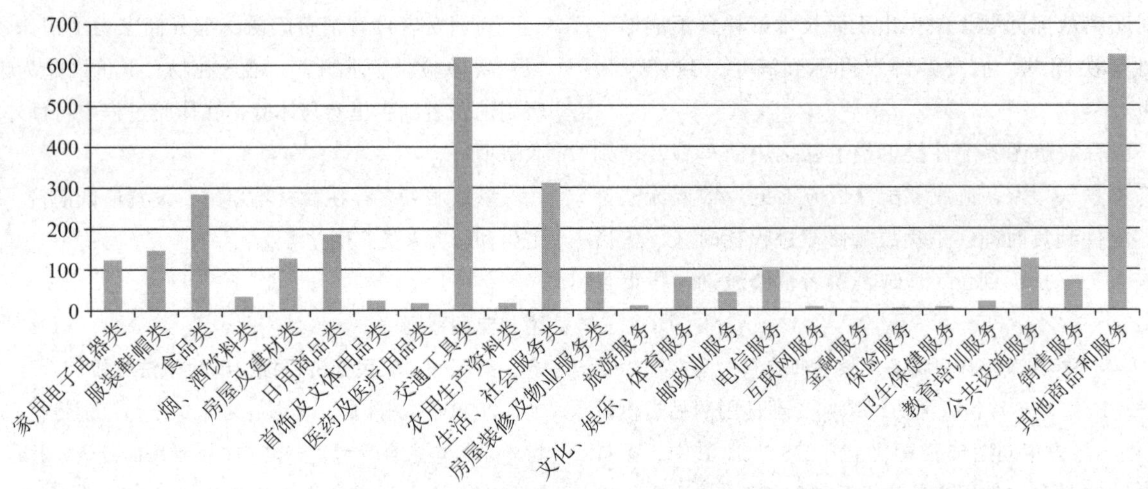

图1　投诉类型图（单位：件）

（二）投诉性质分析

2019年，全省各级消协组织共受理质量类投诉972件，占总投诉量的31.2%，与去年同期相比上升131.4%；售后服务类投诉760件，占总投诉量的24.8%，与去年同期相比上升173.4%；价格类投诉548件，占总投诉量的17.8%，与去年同期相比上升209.6%；合同类投诉527件，占总投诉量的17.2%，与去年同期相比上升110.8%，依次占据前四。

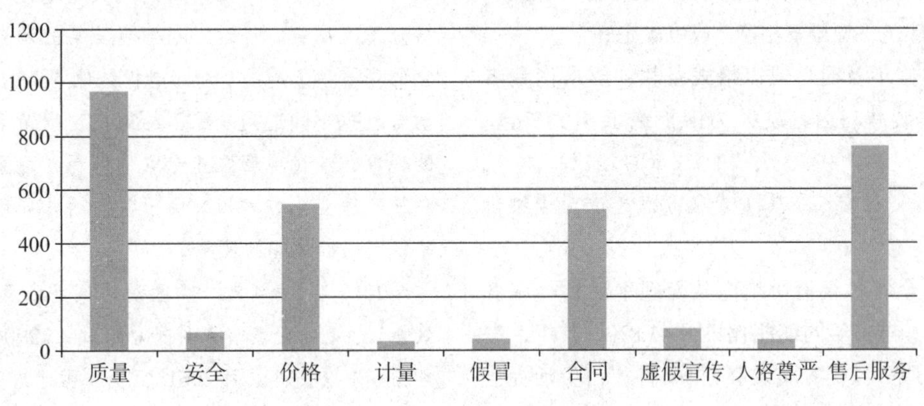

图2　投诉性质图（单位：件）

三、热点评析

（一）家用轿车类投诉占比最大

2019年，全省各级消协组织共受理家用轿车类投诉618件，与去年同期相比上升44%。投诉主要集中于家用轿车及其零部件质量、合同及售后服务方面，其中合同和售后服务类投诉共390件，占家用轿车类投诉量的63%。

4S店存在乱收费现象。如贷款车辆4S店要求缴纳金融服务费用。同时，还存在很多消费者车辆贷款还清后，4S店不能及时为消费者办理车辆解押手续。

车辆经多次维修仍无法正常使用，甚至车辆经召回处理后，出现“油耗高”“动力减弱”等其他问题，最终影响车辆的使用寿命。

个别4s店在车辆销售过程中，有不规范的情况。订车不签订任何合同，甚至没有任何交易凭证，交易仅凭微信转账，后期消费者维权难度大。

4S店为了完成厂家所要求的任务，提前把车辆信息录入系统中，并且未尽到提前告知义务，导致消费者认为所购买车辆为二手车。这也是消费投诉量攀升的原因之一。

不履行售后承诺及国家“三包”义务。针对不在经销商处按期进行保养的车辆，质保期内，多数4S店均以“一刀切”的方法拒绝理赔。消协介入后，4S店才要求消费者提供在外保养的有效凭证及维修厂资质，如能提供，4S店才给予售后。

经销商售后维修人员技术水平低、服务态度恶劣，针对车辆故障问题无法作出正面技术解释，不能够一次性解决问题，消费者诉求得不到满足，致使矛盾升级。

售后索赔无零配件投诉量上涨。热销车型及个别经济不景气厂家，造成零配件供应不足，4S店无法许诺零配件到货时间、车辆故障修复过程耗时久、售后工作人员安抚不到位，造成消费者情绪激动，投诉量增高。

（二）家具成为日用商品类投诉的重点

2019年，全省各级消协组织共受理日用商品类投诉184件，与去年同期55件相比上升238.2%。其中，家具类投诉84件，占日用商品类投诉的45.7%，成为今年消费者投诉的重点。其问题主要集中在质量和价格方面，具体表现为：

家具产品粗制滥造，在使用过程中经常性地出现变形、开裂、脱皮、掉漆等情况。

家具板材、漆面甲醛含量超标，危害身体健康。

经营者未按合同约定时间送货及安装、订货样品和实物不一致、颜色、型号不相符，或以次充好。

经营者维修不及时，或以格式条款、要求消费者支付高额“包装费、运输费”为由拒绝承担“三包”义务。

（三）餐饮、住宿及美容美发服务成为消费者投诉热点

2019年，全省各级消协组织共受理生活社会服务类投诉312件，与去年同期相比上升43.8%。其中，餐饮服务、住宿服务及美容美发服务166件，占生活社会服务类投诉量的53.2%，成为消费者投诉热点。投诉主要集中于服务的质量、价格以及售后服务方面，具体表现为：

住宿实际环境与宣传不一致，消费者要求退换时，线下商户和网络平台之间相互推诿。

经营者擅自变更预付费（卡）合同条约，拒不履行之前办卡时的约定或消费者办卡时，未尽到提醒告知义务，导致消费者未看到与违约责任相关的条款内容。

经营者变更经营信息、搬迁、停业、装修时，未提前或及时告知消费者，使得消费者无处消费更无法办理退款。

医疗美容多存在实际效果与宣传不符、合同约定不明、付款明细约定不清等问题；美发多存在操作人员不专业，染发烫发致使消费者过敏或掉发，以会员卡方式强制消费等问题。

为消费者设置消费陷阱，部分商家为了招徕顾客，以免费体验、开业酬宾、赠送礼物、低价团购为幌子，吸引消费者到店里参与体验，在体验过程中再额外增加收费项目。

餐饮服务多存在食材不新鲜、设置最低消费、环境卫生和服务人员态度差等。

附：典型案例

案例一　农民经济受损，消协依法维权

2019年4月4日，青海省海东市乐都区消协接到乐都区寿乐镇李家台村村民赵某等6位村民的投诉，称他们于2018年9月中旬从经营者马某处以2.6元/斤和3.2元/斤不等的价格购进蒜种8200斤（160袋），共种植蒜苗8亩，共计蒜苗种子价款22904元，春节过后种植，现在发现他们六家的蒜苗发黄、出苗率低，根部坏死，怀疑种子质量有问题。

接到投诉后，乐都区消协立即与区农业局种子专家取得联系，前往村民的田间地头实地进行查看，经现场核查情况属实。经过对经营者马某的调查，马某称其销售的蒜苗种子是一个浙江老板给他购进的南方蒜苗种子，他自己也不知道是啥原因导致出现出苗率低、根部坏死的现象，经过现场农业专家的解释，可能是南方的蒜苗种子不适应北方种植，由于气候的差异可能导致了出苗率低、根部坏死的现象。

2019年4月4日，经区消协调解，双方协商达成一致协议：1.由经营者以种子总价款（22904元）的90%补偿给6户农民，共计20613元。2.由于经营者家庭困难，资金紧张，限于2019年4月13日前履行。

本案中，首先根据《消费者权益保护法》第十一条规定，消费者因购买、使用商品或者接受服务受到人身、财产损害的，享有依法获得赔偿的权利。因此，生产厂家和经销商应负全部责任，依法赔偿消费者损失。

其次这是一起因产品质量引起的纠纷，根据《消费者权益保护法》第五十二条规定，经营者提供商品或服务，造成消费者财产损害的，应当依照法律规定或者当事人约定承担修理、重作、更换、退货、补足商品数量、退还货款和服务费用或者赔偿损失等民事责任。

案例二　通信纠纷案

2019年5月7日，青海省海东市乐都区消协接到消费者赵某投诉，称某通信公司海东分公司乐都营业部在提前未告知的情况下停用其正在使用的座机电话，在消费者与该公司多次协商未果的情况下向我会投诉，要求对

其造成的损失进行赔偿。消费者认为：通信公司有义务提前告知自己该公司对其通信客户的迁移转网工作，消费者在没有收到任何电话、短信、书面等通知的情况下被公司停用其正在正常使用的座机电话，损害了其合法权益。

2019年5月8日，乐都区消费者协会组织经营者和消费者进行调解，双方经调解达成一致协议：1.通信公司为消费者提供无线电话一部并免费使用一年；2.消费者因停机后损坏的传真机，通信公司以700元价格予以赔偿；3.给予消费者1000元停机损失费；4.提供免费使用宽带三年。以上协议于5月20日之前履行。

通信公司负责人当面向消费者进行了道歉，双方对协商的结果表示满意。

某通信海东分公司乐都营业部在提前未告知的情况下停用赵某正在使用的座机电话，根据《消费者权益保护法》第五十二条规定，经营者提供商品或服务，造成消费者财产损害的，应当依照法律规定或者当事人约定承担修理、重作、更换、退货、补足商品数量、退还货款和服务费用或者赔偿损失等民事责任。

案例三　电视购物纠纷案

2019年7月22日，消费者马女士到青海省消协投诉，称其2019年元月通过某电视台广告购买一品牌饮水机，价值2588元，并且广告中承诺消费者如果一次性付款，即可免费获得炒锅作为赠品。在安装人员实际上门安装时，送货员向消费者推销了价值3588元的饮水机，并承诺赠送两个炒锅，刀架一个。在消费者一次性付款后，送货员向消费者交付赠品时发现，送货员给的赠品并不是广告中的炒锅，随即声明不要，要求经营者提供广告中承诺的炒锅。送货员承诺后期将炒锅送上门，但是至今一直未收到赠品，而经营者一直宣称已经将赠品送至消费者。在与商家沟通无果的情况下，投诉至省消协。

省消协在接到投诉后，立即与商家取得联系，并及时与电视台确认广告播放实际内容。经调查，发现消费者马女士观看的广告为年初播放的广告，与现在播放广告内容不一致，无法判定广告中所承诺的赠品实际内容。后经组织双方进行多次当面调查和调解后，确认送货员并未在送货单中备注有关赠品是否由消费者签收的信息，经营者无法证实其将赠品送至消费者的事实。最终按照举证责任倒置以及有利于消费者的原则，双方达成一致协议，经营者按承诺赠送消费者两个炒锅，并附送一套茶具。消费者表示满意。

《消法》第八条规定，消费者享有知悉其购买、使用的商品或者接受的服务的真实情况的权利。第二十条规定，经营者向消费者提供有关商品或者服务的质量、性能、用途、有效期限等信息，应当真实、全面，不得作虚假或者引人误解的宣传。第二十三条第二款规定，经营者以广告、产品说明、实物样品或者其他方式表明商品或者服务的质量状况的，应当保证其提供的商品或者服务的实际质量与表明的质量状况相符。本案中，经营者通过广告告知消费者，只要一次性付款后，即可获得赠品。而线下实际安装交付时，并未按照广告履行，并且在双方都没有直接证据证明事实时，消协调解按照利于消费者的原则进行，最终调解成功。

案例四　家具纠纷案

2019年5月16日，消费者杨女士到青海省消协投诉，称其2018年11月25日在某家居城购买了一套某品牌沙发、茶几和电视柜。因家中装修，与经营者协商装修完毕再提货。5月5日提货到家时发现沙发存在严重质量问题，同时通过沙发吊牌中的二维码搜索不到任何有关信息，怀疑其为三无产品，便与商家协商退货事宜，遭到经营者拒接后，投诉至省消协。

省消协接到投诉后，立即展开调查，并要求商家和商场提供相关资质材料。同时，组织双方进行当面调解。后经调查核实和调解，经营者无法提供证明产品为合格产品的相关资质材料，遂承诺退货。

《消法》第二十条规定，经营者对消费者就其提供的商品或者服务的质量和使用方法等问题提出的询问，应当作出真实、明确的答复。本案中，在调解过程中，要求经营者提供相关证明材料时，经营者无法提供和作出答复。按照《消法》第二十四条规定，经营者提供的商品或者服务不符合质量要求的，消费者可以依照国家规定、当事人约定退货，或者要求经营者履行更换、修理等义务。依照前款规定进行退货、更换、修理的，经营者应当承担运输等必要费用。

案例五　平台支付纠纷案

2019年7月7日，消费者陈先生投诉，称其7月6日通过某支付平台看到洗车服务有返现金活动，便前往平台中的一家洗车行进行洗车。付款时被经营者告知，不能通过平台进行支付，只能交付现金，并且没有返现金活动。与商家和平台沟通无果后，投诉至省消协。

省消协接到投诉后，立刻与平台取得联系，核实情况。经调查核实，消费者投诉属实。平台经核实后答复因线下商家自行取消与平台的合作，平台也未及时做相关说明和公示告知。后经消协工作人员讲解法律法规，平台退还消费者活动返现金额。消费者表示满意。

《消法》第二十三条规定，经营者以广告、产品说明、实物样品或者其他方式表明商品或者服务的质量状况的，应当保证其提供的商品或者服务的实际质量与表明的质量状况相符。本案中，消费者因看到支付平台中的活动广告，进而选择通过支付平台的商家进行消费，然后在实际付款时被单方面告知不能参加活动，消费者的知悉权、公平交易权均受到了侵害。

宁波市消费者权益保护委员会受理投诉分析报告

2019年全市消保委组织受理消费者投诉5971件，与去年同期的5655件相比上升了5.59%；解决4931件，解决率为82.58%；为消费者挽回经济损失1905.58万元，其中加倍赔偿案件171件，加倍赔偿金额49.41万元；接受网上投诉、咨询958件，其中市消保委微博、网站平台解答咨询为600件、148件，省维权网转办投诉210件。

一、空调投诉量激增，售后服务是热点

2019年涉及空调的投诉354件，与2018年的88件相比，升幅302.27%。354件投诉中，因售后服务引发的投诉占比73.16%。

（一）空调产品质量与维修质量难以保证

一是空调产品购买安装使用不久发现不能制冷，制冷效果不佳，外机噪音大等。经测，有的是产品质量问题，有的是安装技术不到位所致。二是空调产品不断推陈出新，一些老款产品停产后缺少维修配件，这些产品的售后服务难以保障。三是售后服务人员队伍萎缩，一些企业或维修点缺少对服务人员的专业技术培训，维修质量不高，更换配件后的保修期短，导致返修率高，顾客满意率低。四是一些维修商“偷梁换柱”“小病大修”，把原本挺新的零配件换成旧的，把昂贵件换成低价件，从中赚取“差额”，由于消费者不是专业人士，难以发现空调外壳里面的“奥秘”。

（二）空调销售合同不予兑现

厂方直销或经营商代销所承诺的优惠不予兑现，比如，销售时承诺的赠品不予发放，优惠的价格不予兑现，保修金卡不予配送，造成销售合同单方违约。

（三）中央空调装潢设计不合理

中央空调不能制冷，经检测空调本身质量没问题，是由于装潢设计公司设计不合理，出风口位置布局不恰当造成。

（四）空调安装不及时

宁波市经营空调的商家众多，但拥有专业安装维修队伍的经销商较少，由于购买力和使用率的集中和安装维修人员的缺乏，从而造成空调安装不及时，引起消费者不满。

（五）免费安装设陷阱

众所周知，空调安装是个技术活，需要技术工人，离不开质量合格的辅助、连接材料，这些人工、材料都是有成本的。一些企业为了抢市场，维持着难以为继的免费服务，实际上是打着免费安装的幌子，暗地里收取打孔费、空调管费等，且这些收费均不开正规发票，这样遮遮掩掩地变相收费，实际上是名不副实的免费，不仅侵害了消费者的权益，也影响了品牌形象。实际上，对消费者而言，遵守交易规则，明明白白消费，以合理的价钱购买质价相符的安装服务是能够接受的，但借免费之名，行收费之实是不能接受的。

（六）维修收费混乱

在少数维修点，维修人员往往随口要价，而且收费项目让人“雾里看花”。一方面同样型号的零部件价格相差悬殊；另一方面维修收取的费用五花八门，有材料费、维修费、上门费等，而上门费这些收费项目本身就是维修费的范畴，不该另外收取。

（七）山寨维修点多

随着电子产品售后服务体系的完善，许多空调品牌企业启用了统一服务电话，建立了官方网站。消费者通过拨打全国统一服务电话，工作人员就会根据消费者的居住地点安排维修网点。然而值得注意的是，随着不法分子各种骗局的更新，就算是400、800开头的电话号码也有可能是“山寨版”的特约维修点电话。为此，中消协网站专门开辟“企业售后服务电话查验宝”栏目，旨在帮助消费者找到正规生产厂家、服务商的联系方式，避免因信息不对称被“黑维修”损害合法权益。

二、教育培训投诉升幅明显，从规制合同入手起底维权

2019年涉及教育培训的投诉41件，与2018年的17件相比，升幅141.18%。梳理投诉发现，六类问题引发争议。

（一）合同设陷阱，违约难认定

一些培训机构对培训效果承诺等很好，参训者冲着承诺就去了，但由于缺乏评价的标准和体系，加之条款约定模糊，实质性内容缺乏，因此经营者的违约责任难以判定，消费者事后维权非常被动。

（二）承诺的师资无法兑现

有的培训机构宣称“师资优良”“师资充裕”，可实际上并未聘请专业教师展开培训，只是临聘一些在校大学生或师范生，实践教育经验无从谈起；一些机构虽然聘请了专业教师，但师资极不稳定，短短一个假期，频繁更换教师。

（三）培训地点随意更换，安全难保障

有的培训机构培训场地狭窄，环境复杂，达不到起码的消防安全要求和卫生标准；有的培训机构因规模变化，为节约经营成本，场地不固定，时常变化，给参训人员造成诸多不便。

（四）变相收费，名目繁多

由于缺乏统一的收费标准，一些培训班开班后，除了基础费用外，巧立名目收取教材、教辅、装备、材料费等。

（五）管理混乱

主要表现在学生与教师两类对象上。一些培训班生源变化大，为节约开支，培训机构不遵循客观认知规律，将不同年龄、不同基础的孩子随意并班；一些培训机构对教师教学过程缺失管控，教师授课内容不系统、不科学、不规范，随意性大。

（六）课程缩水

原本承诺的课时时长，实际授课时间无法达到，为兑现承诺，一些培训机构采用讨论、检查作业等方式对达不到的时长进行“注水”。

为了进一步规范我市教育培训市场，引导培训双方使用规范化的培训合同，促进教育培训行业健康发展，保障消费者合法权益，2019年8月21日，宁波市消保委会同宁波市市场监管局、宁波市教育局等三部门联合监制出台《宁波市校外培训机构培训服务合同（示范文本）》，自2019年9月1日正式实行。

三、宠物消费存隐患，引发投诉解决难

到宠物实体店购买宠物，即便是消费者亲眼所见再下单，也往往会收到患病宠物或冒牌宠物。2019年涉及宠物的消费投诉12件，与2018年的3件相比，升幅300%。虽然投诉数量小，但作为新兴领域的宠物消费已渐成热点，随之而来的纠纷也日渐增多，纠纷主要源于以下四个方面。

（一）了解实情有难度

消费者虽然在实体店中交易，但由于对宠物此前的信息和状况不了解，即使亲眼所见，但未必知道实情，无法准确了解宠物的健康状况、免疫情况，致使购买到患病宠物。

（二）信息识别有门槛

对于宠物门类、品种的知晓程度与实物识别能力，消费者在知识与经验上难以与商家匹敌，商家利用信息和知识经验的优势，以次充好，以假乱真，提供的宠物与消费者需求不符，消费者难以发现。

（三）交易细节藏陷阱

双方交易多为口头交易，很少签订书面合同，有的即便签了条款也十分简单。对于购买宠物之后是否有观察期，观察期的时限有多长，以及期限内出现状况的解决办法是什么少有明确约定，而这些约定对于消费者事后维权至关重要。因为宠物是活体动物，对其质量的判断需要假以时日，消费者购买后一旦宠物出现状况，原因是其事先患病，还是消费者喂养不当，抑或是初到消费者家中存在对环境或食物的适应问题，一切有待查明原因，厘清责任，而对于观察期的约定就是溯源析责的前提保障，如果这一保障缺失，无论事后出现何种状况都加重了消费者自担责任的风险。实际交易中，宠物犬买卖有“星期狗”一说，即无良商家出售患病犬之前注射针药，暂时掩盖病情，待消费者购买一周内病犬死亡，由于双方交易时缺乏对观察期的书面约定，令消费者丧失了宠物犬健康状况的监测权。

（四）交易环节欠规范

宠物交易缺少行业规范，商家出售时是否要提供《动物检疫合格证明》缺乏相关规范，消费者花钱买隐患宠物的概率无疑增大。

青岛市消费者权益保护委员会受理投诉分析报告

2019年，全市消保委组织受理消费者咨询、投诉共1911件，其中投诉363件，处结率97.2%，为消费者挽回经济损失80.51万元，接待来访250余人次。

一、投诉基本情况

（一）投诉性质分析

根据投诉性质分类，质量问题占32.29%，售后服务问题占13.89%，合同问题占11.01%，价格问题占3%，虚假宣传问题占2.63%，其他问题占34.54%。

（二）商品和服务类别分析

根据投诉类型分析，本年受理的投诉中，商品类177件，占投诉总量的48.76%；服务类186件，占投诉总量的51.24%。排名前七位的分别为：预付式消费、家用电子电器、交通工具、网络购物、通信工具类、房屋装修服务、教育培训服务。

二、消费投诉热点分析

（一）预付式消费成维权重灾区

预付式消费依然是投诉高发领域，问题集中在运动健身、摄影服务、美容美发洗浴、教育培训等行业。一是运动健身行业。消费者反映的问题涉及私教频繁更换、经营场所关门、停业装修等引起的退卡纠纷。二是摄影服务行业。主要涉及经营者关门消费者无法联系、拍摄效果不理想、选片或取片等引起的消费纠纷。三是美容美发洗浴行业。主要涉及经营者关门停业或转让后预付卡无法继续使用、转卡到其他连锁店使用须继续充值。四是消费者自己原因要求退卡退费遭拒或被扣除高额违约金。

朱女士反映，2018年12月在市北区某健身俱乐部办理18个月的健身会员卡，一次性缴纳2000元。2019年7月，因自己居住地变更，需要把健身卡转让给别人，商家表示办卡时有协议约定，若转卡或退卡需要收取800元的转卡费或退卡费。朱女士认为此协议不合理，要求全额退还卡内余额。

（二）家用电子电器类投诉持续高发

家用电子电器类投诉主要涉及电视、冰箱、空调、洗衣机、热水器等。消费者反映的问题集中在产品质量、售后服务、合同和理赔纠纷等方面。一是商品质量方问题。包括商品质量差、三无产品、产品质量缺陷、安全隐患、以次充好、售假问题。二是经营者违约，发货不及时或无货可发，商品降价补差难，以短期限时优惠券等方式进行补差。三是售后服务不到位，安装不及时、维修技术不过关、维修时间长、机器故障屡修不好。

高女士反映，2017年10月购买某品牌冰箱，12月开始不制冷，售后告知主板损坏，需要重新启动机器，让消费者等待调件。2018年7月，冰箱再次出现不制冷情况，售后人员给予更换主板。2019年9月，冰箱再次出现不制冷，维修人员将冰箱带回售后维修点维修，多次修复未彻底解决问题，冰箱持续发热，消费者对此不满，要求商家彻底修复，或更换新冰箱。

（三）交通工具类投诉居高不下

消费者反映的问题集中在质量问题、合同争议和售后服务等方面。一是产品质量问题多。投诉大部分反映在汽车零部件上，如发动机、变速箱等主要部件屡现故障，车辆异响、异常抖动屡修不好。二是合同争议大。主要表现在合同不规范，对车辆交付时间、配置标准等售后服务条款轻描淡写，部分经营者不履约，加价提车、延迟交付车辆或交付“问题车辆”，定金（预付款）承诺退却不退。三是售后服务问题。故障未能一次性修好，出现返修状况，或故障多次维修却不能彻底解除，维修不出具明细等。

李女士反映，2019年9月8日在崂山区苗岭路会展中心车展时，缴纳定金3000元订购汽车，9月19日前去青岛某4S店买车时，店家告知无车，需要额外缴纳3000元才能购买车展内的车辆，李女士对店家言而无信的行为表示不满，提出退还定金遭拒。

（四）网络购物问题层出不穷

消费者反映问题集中在售后服务、预售规则、促销宣传、产品质量、价格等方面。涉及日用商品、服装鞋帽、食品类和化妆品等商品的投诉较为集中。一是售后方面。在线客服回复不及时、无法给出处理方案、不发货、发错货、不能修改地址、拖延退款等。二是促销宣传方面。直播带货诱导销售、商家宣传与实际不符、有价无货等。三是商品质量和价格方面。先涨价再降价、虚标价格、质量差、假冒伪劣等。

李先生2019年9月通过电商平台某品牌家电官方旗舰店购买一台洗衣机，因参加幸运购可以先体验后付款，不合适可以申请退货，三天后洗衣机到货，李先生因个人原因向店铺申请退货，遭到店铺拒绝。

（五）通信工具问题广遭诟病

问题集中在四个方面：一是手机性能及质量问题比较普遍，集中在翻新机及新机拆封后出现瑕疵和质量问题，消费者和商家各执一词；二是商家拒绝提供手机保修服务、保修期内乱收费，对消费者的退换货要求不能及时处理；三是经营者以套路营销，在付款购买裸机后被告知手机是捆绑套餐的定制机，不购买套餐无法使用且不予退费；四是商家诱导消费者购买手机后捆绑办理分期贷款。

王先生反映，2019年9月20日在李沧区某“iPhone授权经销商”处购买iPhone 11手机，购买前称手机属于正版机，花费7999元，购买后却被告知手机属于定制机，并在自己不知情的情况下办理某银行信用贷款，每月必须消费199元捆绑4年的电话卡。王先生向经销商要求退款并取消贷款遭拒。

（六）房屋装修及建材类乱象丛生

消费者反映的问题集中在：一是低价诱惑签约。签约后增项改项现象比较突出，因增加工程作业量、建材量等导致装修实际价格与合同不符。二是装修标准不明确。建材品牌、价格、付款方式、延误工期责任等约定不清。三是施工质量差。如管线等隐蔽工程铺设粗糙混乱，墙面、地面不平，瓷砖空鼓、墙面裂缝等。四是延期违约不赔付。部分装修公司安装不及时，或因装修过程中与消费者存在争议，怠工停工，导致合同到期不能交付，有的装修工程尚在保修期内，却拒绝履行保修义务，或故意拖延并以种种理由不予维修。

王先生反映，2018年8月在李沧区某装修公司预订了家庭装修并交付了4.8万元首付。2019年8月，公司换人经营，导致消费者与前期公司口头协议的约定无法实施，于是9月30日前往公司退费，公司要扣除总价款20%的违约金。王先生认为不合理，要求退全款遭拒。

（七）教育培训服务投诉量增幅显著

消费者反映的问题集中在：一是培训机构签订的协议或合同条款模糊，缺少周密的授课安排和公平的退费规则，存在开班延期、课时缩短、讲师频繁更换等问题；二是经营者经营不善导致资金流断裂，引发停业关门；三是诱导办理分期贷款。部分消费者反映，通过培训机构推荐的金融机构贷款，工作人员在消费者未充分了解贷款注意事项的情况下，擅自完成整套手续，致使消费者“被贷款”。这种情况下，如果培训机构不履行承诺、服务缩水甚至关门跑路，消费者在申请退款时，一方面部分教育机构拖延退费，另一方面第三方付款平台还要求消费者“按期支付”贷款，致使消费者苦不堪言。

赵女士反映，2019年1月9日在某英语培训机构中环广场店报读Deluxe课程，总计27个多月（9个级别），总费用为57000元。在签订合同时，工作人员推荐了某款APP信用贷。因为合同特别复杂，工作人员也未提及终止合同的后果，消费者在其误导下签订合同并贷了款。学习两个月后，也就是还了一次贷款后，赵女士发现无力偿还贷款（每月2200元），便跟英语培训机构申请退学退款，培训机构要求扣除26950元费用，赵女士认为不合理。目前，赵女士与培训机构学习课程还未解除，导致消费者仍需继续还款。赵女士要求解除合同、终止贷款并偿还首付5800元。

深圳市消费者委员会受理投诉分析报告

一、投诉数量

2019年深圳市消委会共收到220496宗投诉，同比增长69.77%，增速约为2018年同比增长率的4.7倍，接近2017年与2018年投诉量总和（见图1）。

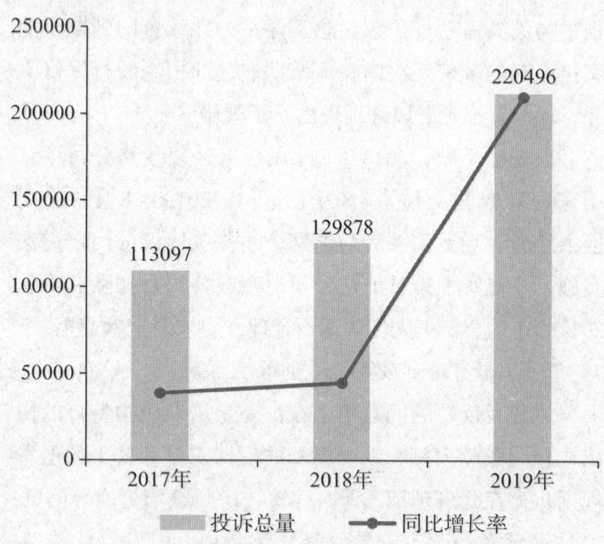

图1　2017年、2018年、2019年全年投诉量情况（单位：宗）

2019年深圳市各季度投诉量均超过40000宗，其中第三季度的投诉量最高，达到70055宗，占2019年全年的31.77%。与去年同期相比，2019年深圳市各季度投诉量呈上升趋势，其中第二季度、第三季度同比增长率超过120%，投诉增长主要来源于互联网及通信行业（见图2）。

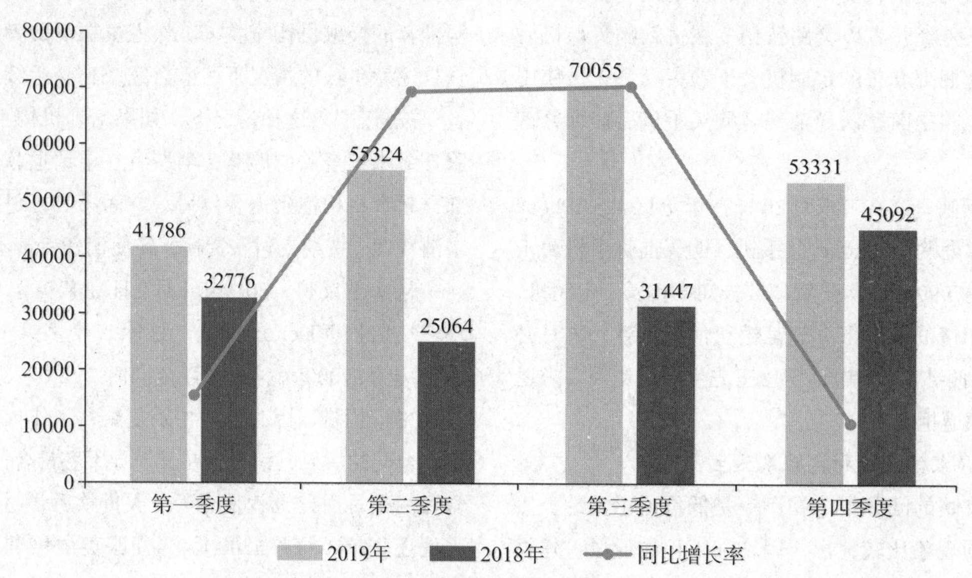

图2　2018年、2019年各个季度投诉量对比情况（单位：宗）

二、各行业总体情况

2019年，互联网及通信行业服务、通信电脑数码、教育培训行业投诉量排名位居前三，分别为123950宗、12924宗、11137宗，分别占全年投诉总量的56.21%、5.86%、5.05%（见表1、图3）。

从投诉量变化情况来看，互联网及通信行业服务、文体旅游服务、教育培训及化妆品/美容美发/整形四个行业投诉量同比增长超过50%；公共设施服务、日用商品、服装鞋帽以及医药卫生保健四个行业投诉量同比下降超过10%。其中公共设施服务类的减幅最大，为38.29%，主要原因为共享出行行业洗牌，部分企业退出市场，投诉量随之下降。

表1　2018年和2019年深圳市各行业投诉量对比（单位：宗）

	2019年	2018年	同比增长（%）	投诉量占比（%）
互联网及通信行业服务	123950	40236	208.06	56.21
通信电脑数码	12924	12874	0.39	5.86
教育培训	11137	4761	133.92	5.05
交通工具及维修	8629	8174	5.57	3.91

续表

	2019年	2018年	同比增长（%）	投诉量占比（%）
文体旅游服务	7731	4075	89.72	3.51
公共设施服务	6958	11275	–38.29	3.16
化妆品/美容美发/整形	5444	3597	51.35	2.47
家用电子电器	4861	4632	4.94	2.20
邮政快递服务	4549	4809	–5.41	2.06
服装鞋帽	3368	3865	–12.86	1.53
中介/维修服务	3278	2362	38.78	1.49
餐饮/住宿服务	3154	2747	14.82	1.43
食品	2444	2240	9.11	1.11
房屋/物管	2195	1915	14.62	1.00
家具/厨房用品	1981	1757	12.75	0.90
日用商品	1885	2365	–20.30	0.85
金融保险服务	1835	1417	29.50	0.83
装修建材及服务	1634	1410	15.89	0.74
摄影/家政服务	1470	1193	23.22	0.67
首饰及文体用品	1039	864	20.25	0.47
医药卫生保健	940	1050	–10.48	0.43
洗浴/洗染服务	589	434	35.71	0.27
烟、酒饮料类	497	401	23.94	0.23
儿童用品	467	361	29.36	0.21
其他商品和服务	7537	11064	–31.88	3.42

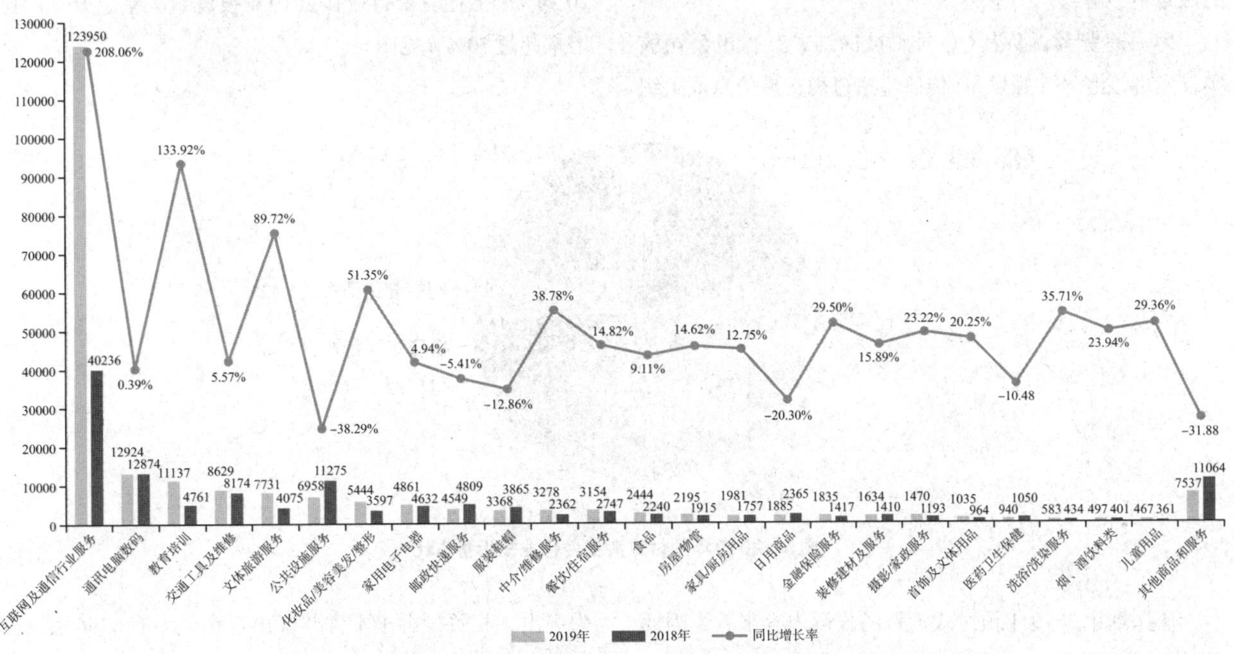

图3　2018年和2019年各行业投诉量对比（单位：宗）

三、重点行业情况

（一）互联网及通信行业服务投诉增幅超2倍，腾讯加强对“网络黑产”问题的打击力度

2019年，深圳市消委会共收到互联网及通信行业服务相关投诉123950宗，占全年投诉总量的56.21%，与去年同期相比增长208.06%，投诉增量主要来源于深圳市腾讯计算机系统有限公司（以下简称腾讯公司）。

腾讯公司总部位于深圳，截至2019年12月31日该公司旗下的社交平台QQ/微信用户的总数接近19亿。2019年深圳市区消委会共收到腾讯公司的相关投诉103334宗，占互联网及通信行业服务投诉的83.37%，与2018年相比增加73354宗。

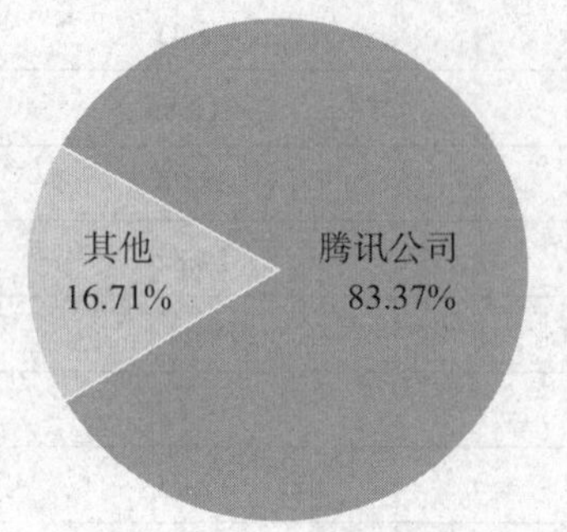

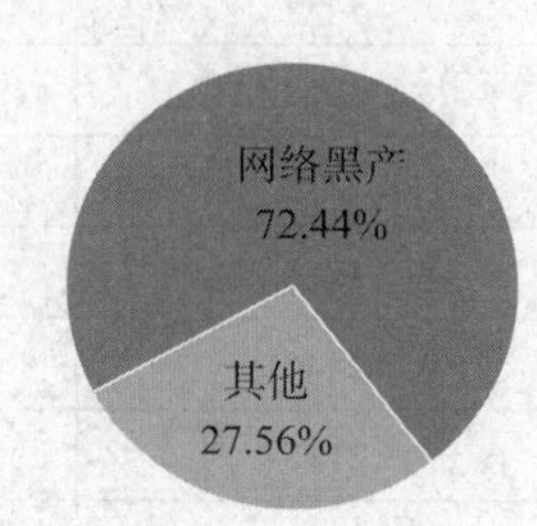

图4　互联网及通信服务投诉情况

2019年腾讯公司加大了对诈骗、黄赌毒等“网络黑产”问题的打击力度，导致该类问题的投诉量骤增，“网络黑产”问题是腾讯公司投诉增量的主要来源，占比超过腾讯公司全年的70%（见图4）。

某消费者诉称其管理的某QQ群因群里有人发布涉黄视频被举报导致封群，消费者作为群主其QQ账号也被封。经腾讯公司核实，该账号确实存在涉嫌传播色情、暴力、敏感信息或组织相关活动的问题，同时该用户承认群聊涉黄，群主也要承担责任与义务，故该投诉涉及的账号不予解封。

另一消费者诉称其QQ号码被冻结，经腾讯公司核实，发现该账号涉嫌发布/传播违法违规交易信息或组织相关活动，用户传播兼职刷单等不良信息，故该投诉涉及的账号不予解封。

（二）预付式消费投诉占比超过一成，千家商户停止营业不退费

2019年深圳市消委会共收到23829宗有关预付式消费（不含共享出行企业）的投诉，占全年投诉量的10.81%。涉及多个行业，其中教育培训行业预付式消费投诉最多，占比46.74%；第二是美容美发行业，占比21.31%；第三是文体旅游服务中的健身行业，占比20.36%。上述三个行业在2019年投诉量大幅上升，同比增幅超过50%（见图5）。

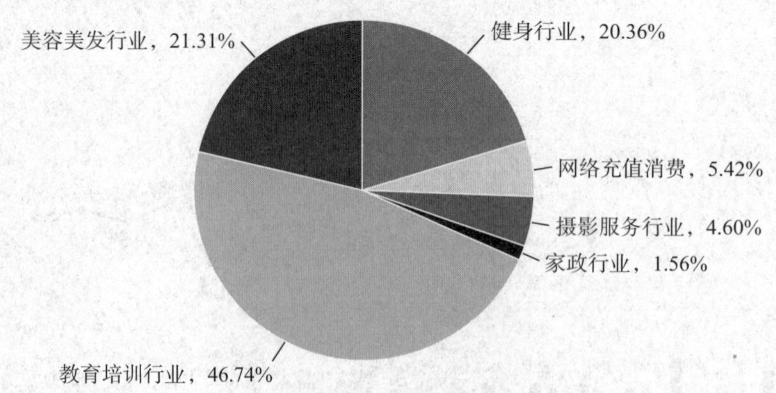

图5　2019年预付式消费各行业投诉量占比

从深圳市2019年预付式消费的投诉内容来看，因商家关门/停止营业而造成消费者预付金额无法追回问题最为突出，相关投诉（不含共享出行企业）有6256宗，占预付式消费（不含共享出行企业）投诉总量的26.25%，

共涉及超过1000家企业。其中，教育培训行业最多，占比37.98%；第二是健身行业，占比31.52%；第三是网络充值预付式消费，占比14.43%（见图6）。

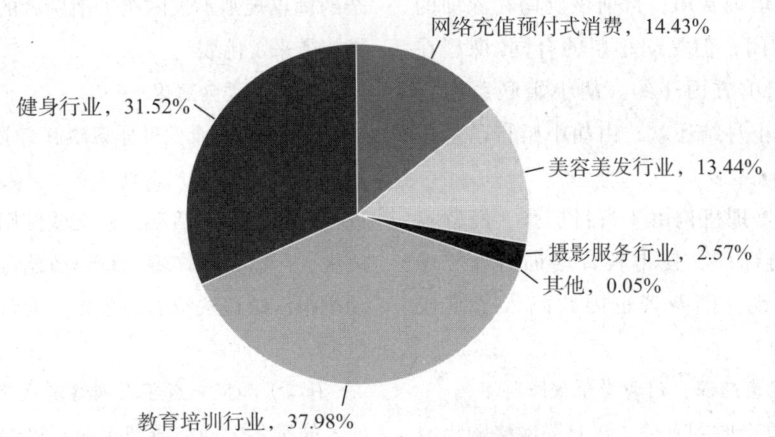

图6　2019年预付式消费商家“关门且不退费”统计

2019年深圳消委会针对预付式消费开展了重点监督工作，约谈督促企业为消费者退款，对失联企业进行信息公示，对严重失信企业进行信用推送。

四、2019年全年投诉热点问题

（一）网络游戏投诉同比增长94.55%，消费者权益保护待加强

2019年深圳市消委会共收到14996宗有关网络游戏的投诉，同比增长94.55%。其中“网络游戏未成年人消费”投诉2205宗，占比14.70%，主要集中在家长投诉未成年人网络游戏消费误充值问题。

2019年深圳市消委会有关网络游戏的投诉中有13091宗来自腾讯公司，占比87.30%；腾讯公司“网络游戏未成年人消费”的投诉有1637宗，有197宗为二次消费投诉，占比12.03%。

消费者诉称自己的女儿偷偷地用自己手机充值网络游戏，并且投诉申请过一次退款，消费者按照商家的要求更改微信支付密码，成功申请游戏禁充。但是没过多久，消费者的女儿又以学习英语为由再次偷玩消费者的手机，给游戏充值7000多元。

经深圳市消委会调查发现，目前家长疏忽是导致“网络游戏未成年人二次消费”的主要原因，在一次退费后，家长对该问题虽有一段时间的重视，但在较长周期后对未成年人的监护力度开始下降。

为进一步保护网络游戏消费者特别是未成年消费者的合法权益，推动网络游戏行业的消费信用建设工作，深圳市消费者委员会于2019年牵头起草制定《网络游戏消费者权益保护规范》。该规范将成为我国首个针对网络游戏消费者权益保护方面的团体标准，通过规范网络游戏经营单位的经营、产品和服务标准，构建良好的网络文化氛围，推动网络游戏产业健康发展。

（二）网络充值消费形式多样化，第三方充值消费风险需防范

2019年，深圳市消委会共收到近800宗有关网络充值消费“商家停业”的投诉，消费者诉称充值后因商家停业导致充值的金额无法使用也无法退回。网络充值消费类型较广，除了传统的运营商充值、网络游戏充值服务以外，还有油卡充值等第三方充值服务。提供该类服务的商家往往通过低价团购方式吸引消费者大额充值，在消费者不知情的情况下商家忽然停业，消费者充值的金额无法继续使用。

2019年消费者反映网络充值消费“商家停业”企业有8家，其中7家企业提供的是油卡充值服务，目前有关第三方平台的油卡预付式充值消费存在较大的风险，消费者需要注意防范。

（三）知名英语培训机构忽然停业，消费者学费不退继续还贷

2019年10月某知名英语培训机构资金链断裂，多校区关停，深圳的总部门店大门紧闭。

因消费者在该机构报名的培训费用大多在万元以上，部分消费者无法一次性支付商家学费，因此在付款时选择了贷款的方式，消费者需按月还款。消费者的学费通过贷款的方式已经全部付给商家，而在该培训机构关门后，消费者不仅无法继续学业，每月还要继续还贷，经济损失无法追回。截至2019年12月31日，深圳市消委

会共收到同类问题投诉69宗。

消费者胡小姐诉称在某知名英语培训机构合作的信用卡中心贷款月供培训费用，目前该机构在深圳的分店因经营问题已倒闭，但是胡小姐的合同/课程在有效期内，属于商家单方面违约。胡小姐联系银行后，银行表示不会停止月结还款，由胡小姐自己承担损失。

近年来不少校外培训机构由于盲目扩张、经营不当等原因造成资金链断裂，使得教育培训行业“爆雷”“跑路”问题频现，消费者也因此陷入了维权困境。

（四）“双11”网购套路深，消费者维权障碍多

2019年深圳市消委会收到有关“双11”网络购物的投诉超过250宗，不少消费者反映“双11”网购商家的套路深，隐藏的消费陷阱让消费者防不胜防，比如商品买完就降价；“双11”后使用优惠券商品的价格比“双11”更低但却不算降价，不适用保价政策；“双11”购买的商品不能换货只能退货，退货后不能再享有“双11”的价格优惠；免单活动商家发布虚假中奖名单等。

“双11”后使用优惠券商品的价格比“双11”时购买价格低，但不适用保价政策：消费者诉称商家承诺购买商品15天保价，其购买后第二天发现同一商品使用优惠券后价格便宜300元。消费者联系商家客服要求退差价，客服称使用优惠券不能算作降价，不属于保价服务中的内容。

商家以“免单活动”吸引消费者购买商品，公布的中奖名单遭到消费者质疑：多名消费者诉称“双11”参加了商家的“付款前100名送手机的活动”，商家11月20日公布中奖的人员名单中的付款时间存疑，没有具体的订单编号，消费者认为商家涉嫌虚假宣传。

“双11”购买的商品不能换货只能退款，重新购买却无法享受“双11”的价格优惠：消费者诉称自己因在“双11”当天买错产品，由于“双11”无法退款消费者只能联系商家换货，但是商家称不能换货，让消费者退货退款重拍。重拍商品价格将高于“双11”活动价，消费者多次与商家协商，商家不同意退差价。

如今的“双11”活动规则复杂，消费者很难认清商家的优惠套路，需要耗费智力、时间和耐力去理解。复杂的优惠规则不仅困扰了消费者的购物选择，也给消费维权带来了挑战。

五、消委会建议

（一）用户自觉遵守网络社交管理规定

微信、QQ用户群体庞大，不少用户会使用微信/QQ进行涉嫌违法的活动，社交软件用户应当自觉遵守法律法规，严禁传播诈骗/黑产/黄赌毒等不良信息，积极主动举报涉嫌违法犯罪的账号，为营造绿色网络环境献一份力。

（二）加强未成年人网络游戏消费保护力度

鼓励各大网络游戏企业积极参与到《网络游戏消费者权益保护规范》贯标工作中，进一步规范未成年人网络游戏消费，完善网络游戏运行机制。家长应该花更多的时间陪伴、看护孩子，避免未成年人网络游戏成瘾。

（三）强化预付式消费风险意识

加大对相关政策的宣传力度，让消费者多了解国家有关不同行业的政策动态。同时消费者在选择预付式消费服务特别是教育培训服务和健身服务时应根据自己的时间安排、课程需求等实际情况选择课程，切勿一次性支付时间跨度过长的费用，理性消费。

（四）推广分时分段缴费的做法

2019年深圳市消委会收到有关教育培训行业的投诉涨幅明显，有关“停止营业且不退费”问题的投诉占比较大。为了控制教育培训的消费风险，保障消费者的合法权益，建议推广分时分段缴费的做法，例如将“一次性收费时间跨度不超过三个月”的政策适用范围扩大至更多的校外培训机构。

（五）合理规划商品选购

消费者应理性看待网络促销，合理规划商品选购，切忌冲动抢购。购物时要选择有资质的购物网站，不要轻信商家及主播的各种夸大促销宣传，注意保存好相关购物凭证，在自身利益受损时及时维权。第三方购物平台及平台入驻企业也要畅通消费者维权通道，切实履行消费维权主体责任。

厦门市消费者权益保护委员会受理投诉分析报告

2019年，全市消保委组织共受理消费者投诉590件，解决573件，投诉解决率97.1%，为消费者挽回经济损失242.41万元。其中因欺诈行为得到加倍赔偿的28件，加倍赔偿金额为4.27万元。

一、投诉基本情况

（一）投诉性质分析

2019年投诉中，根据投诉性质划分：质量问题255件，占投诉总量的43.2%；安全问题6件，占投诉总量的1%；价格问题26件，占投诉总量的4.4%；计量问题3件，占投诉总量的0.5%；假冒问题1件，占投诉总量的0.2%；合同问题142件，占投诉总量的24.1%；虚假宣传问题15件，占投诉总量的2.6%；人格尊严问题2件；占投诉总量的0.3%；售后服务问题59件，占投诉总量的10%；其他问题81件，占投诉总量的13.7%。

（二）商品和服务类别分析

2019年，商品大类投诉中，家用电子电器类、交通工具类及食品类的投诉量居前三位。与2018年相比，除交通工具类投诉占比下降较为明显外，其他类别投诉占比略有变化。

2019年，服务类大类投诉中，生活社会服务类、文化娱乐体育服务类投诉量居前。与2018年相比，除生活、社会服务类投诉占比上升以及公共设施服务投诉占比下降较为明显外，其他类别投诉占比略有变化。

二、投诉热点分析

（一）装修建材投诉量有所增长

2019年厦门市各级消保委受理装修建材类投诉主要问题有以下几个方面：一是装修建材的质量存在瑕疵，比如木地板出现鼓包，瓷砖空鼓、翘砖，石材断裂，瓷砖美缝剂小部分无法固化，易胶泥装修材料不防水等。二是定制的成品与约定不符，比如定制的防盗门、房门尺寸有误差，定制的电视背景与要求的图案效果不一致；定制的淋浴房尺寸不对无法关门及洗手盆尺寸不对无法安装等。三是商家没有履行原先承诺的内容，比如承诺家具的搬运费只需几十元，实际收取1000多元；商家没有按合同约定安装淋浴房，要求加价才给予安装等。如消费者吕先生于2019年5月初定做防盗门，费用：4500元，吕先生表示商家有上门进行测量，商家于2019年6月下旬上门进行安装，安装后其发现商家比测量的尺寸做厚了三公分，吕先生向商家反映要求更换，未果，吕先生要求商家给予更换门框。湖里区消保委工作人员2019年7月2日将该投诉件转由吉家家世界客诉中心调处，该中心于2019年8月12日反馈："2019年8月12日联系消费者，其表示商家于2019年8月9日上门安装完毕。"湖里区消保委于2019年8月14日去电消费者吕先生，吕先生表示商家已为其重新更换了门框，对处理结果表示满意。又如消费者邱先生于2018年11月12日向某品牌木门店购买6扇门，价格：32000元，工作人员上门安装的时候因为尺寸量错，导致安装的尺寸和实际需要的不一致，邱先生与商家反映后商家同意修补，后商家未经过其同意擅自用备用钥匙开门修补，邱先生表示商家修补和其预想不一致，要求商家给予合理的处理方式。湖里区消保委于2019年1月13日将该投诉件转由上海红星美凯龙有限公司厦门湖里分公司调处，该公司于2019年1月29日反馈："我中心工作人员于2019年1月14日经电话调解，被诉方同意上门与顾客现场协商，现商户已将款项退还顾客，消费者表示满意。"湖里区消保委工作人员于2019年1月13日—30日电话调解，商家重新上门修补完成，邱先生表示认可。

（二）教育培训服务调处难度较大

教育培训服务存在的主要问题有：1.商家没有按承诺的时间给予安排课程；2.教学质量与承诺不符，存在虚假宣传，如商家承诺可以按投特长定制相关课程，但实际上并未提供相关服务；3.解除合同后退款难、拖延退款；4.随意变更合同等。如消费者陈女士于2019年1月1日在厦门某学堂报名儿童书法培训，价格：299元，缴费后发现其小孩的时间与课程时间对不上，1月5日向商家反映，商家同意退款后至今未到账，现到场发现商家已关门不营业，陈女士认为不合理，要求商家退款。同安区消保委接到投诉后，致电投诉双方经调解，商家予以退款，投诉方表示满意。又如消费者吴女士于2019年1月5日向某培训机构报名古筝培训，费用：2700元4个月，吴女士表示，上了五节课，商家未经其同意为其填写了转费单，要求其签字，且态度恶劣，但其并未要求转出学费，吴女士认为不合理，要求商家给予道歉。集美区消保委工作人员于2019年4月16日经电话多次调解，商家同意退还吴女士剩余费用2100元，并补偿消费者450元和三节课，消费者表示满意。

（三）预付式服务消费投诉占比增加

文体、娱乐、体育服务投诉有所增加，该类投诉主要集中在预付卡方面。争议主要集中在消费者接受健身服务时，商家因多种原因未（无法）按时营业，经营不善倒闭导致无法继续服务或者提供的场地（设施、器材）、服务的质量不够好，培训机构无法按照承诺提供培训服务等。

（四）新型消费模式引发新争议

“盲盒”类的消费投诉，投诉内容主要为购买的“盲盒”商品与预期不符，或者拆开盲盒后发现盲盒内的商品和宣传卡片不一致等。“直播带货”类投诉兴起，主要纠纷为到货商品与直播时商品不一致、到货商品质量差等问题。“双11”购物节纠纷主要问题为承诺的优惠没有兑现、发货不及时等。

附：典型案例

健身馆承诺未兑现，消保委帮忙来维权

消费者张女士投诉反映其持有一张厦门某体育健身馆健身游泳卡，费用：2000多元，张女士表示商家在办卡时承诺会在健身馆内建成游泳馆，现游泳馆至今未建成，多次要求商家退款未果，现张女士要求退款。

集美区消保委接到投诉后，向商家明确《消法》的相关规定，经过电话调解，商家给予消费者张女士办理退款手续。

《消法》第五十三条规定：“经营者以预收款方式提供商品或者服务的，应当按照约定提供。未按照约定提供的，应当按照消费者的要求履行约定或者退回预付款；并应当承担预付款的利息、消费者必须支付的合理费用。”本案中，消费者张女士办理游泳卡，属于预付卡消费，经营者在办卡时承诺会在健身馆内建成游泳馆，事实上游泳馆未建成，经营者未按约定提供游泳服务，张女士提出退款符合《消法》的相关规定。

近年来，名目繁多的预付卡遍布美容、健身、培训等各行各业，给消费者带来优惠与方便的同时，一旦商家出现经营不善、服务缩水或者抽逃预付款，消费者往往会陷入被动境地。在此，厦门市消保委提醒广大消费者：不要轻易办卡，办卡前要选择证照齐全、有实力的商家；尽量避免一次性预存大笔金额；办卡时要签订书面合同，明确合同相关条款规定，对于含混不清的条款要及时纠正；保留发票、转账记录等证据，以便日后维权。

沈阳市消费者协会受理投诉分析报告

据统计，2019年全市消协组织接待消费者来访和电话咨询2.6万余人次。消协组织共受理消费投诉2379件（简易投诉口头即时解决未计算在内），解决1925件，投诉解决率80.9%，因被诉方不明确、投诉证据不足、诉求双方意见分歧较大等原因，消协终止调解或建议投诉方采取其他维权途径的案件占19.1%。全年为消费者挽回经济损失327.62万元。

一、投诉性质分析

根据投诉性质（见表1、图1）分类，在所有投诉问题中，质量问题占43.87%，其他问题占17.91%，售后服务问题占10.56%，价格问题占1.1%，合同问题占16.26%，虚假宣传问题占5.5%，假冒问题占2.8%，安全问题占1.7%，计量问题占0.24%，人格尊严问题占0.06%。总体来看，产品质量、合同、售后服务是引发投诉的主要原因，此三项已占投诉总量的69%。

表1 按投诉性质分类情况表（单位：件）

总计	质量	安全	价格	计量	假冒	合同	虚假宣传	人格尊严	售后服务	其他
2379	1045	40	24	6	67	388	131	1	251	426

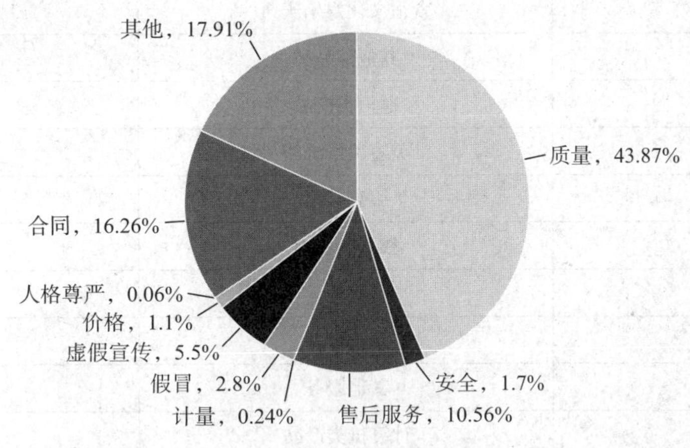

图1 按投诉性质分类比例图

二、商品和服务类别分析

2019年，全市消协组织受理商品类投诉1022件，其中服装鞋帽类共255件，占商品投诉总量的25.4%，位居商品类投诉第一。家用电子电器类、食品类、日用商品类及交通工具类四类商品的投诉量分别居第二到第五位。

2019年，全市消协组织受理服务类投诉952件，服务类投诉中，互联网服务投诉有495件，占服务类投诉总量的51.76%，位居服务类投诉第一。生活、社会服务类、文化娱乐体育服务、电信服务及销售服务等四类服务投诉分别居第二到第五位。

南京市消费者协会受理投诉分析报告

2019年，全市消协组织共受理消费投诉75846件，使消费者免受经济损失1.08亿元，经消费者协会提供案情后由政府有关部门查处罚没款38.8万元，接待来访和咨询22余万人次。

一、投诉情况分类

按投诉性质分：营销合同问题占78.5%，质量问题占14.8%，广告问题占4.1%，其他问题占2.1%，假冒问题占0.3%，计量问题占0.2%。

按产品类别分：在7个产品类别中，服务类占43%，家用电子电器类占22.8%，百货类占16%，其他类占9.4%，家用机械类占5.7%，房屋及装修建材类占3.2%，农用生产资料类占0.09%。

二、服务、百货、家用电子电器类投诉具体情况

服务类。此类别中，美容美发洗浴，食宿文化娱乐庆典，销售，教育或培训的投诉量较高。

百货类。此类别中，服装鞋帽，家具类产品的投诉量最为集中。

家用电子电器类。此类别中，通信类产品、计算机、空调的投诉量占65%以上。

三、投诉量居前十位的商品或服务

2019年投诉量居前十位的商品或服务依次为：食宿文化娱乐庆典10281件、其他商品类7095件、通信类产品5939件、美容美发洗浴5616件、服装鞋帽4993件、教育或培训3619件、汽车3584件、销售3527件、其他服务3499件、计算机类产品2955件。

表1　投诉量居前十位的商品或服务（单位：件）

位　次	2019年	投诉量
1	食宿文化娱乐庆典	10281
2	其他商品类	7095
3	通信类产品	5939
4	美容美发洗浴	5616
5	服装鞋帽	4993
6	教育或培训	3619
7	汽车	3584
8	销售	3527
9	其他服务	3499
10	计算机类产品	2955

四、投诉量变化情况

投诉上升幅度居前五位的商品和服务。上升幅度最大的是农用生产技术，其次是房屋、教育或培训、医疗辅助用品、互联网。

表2　投诉上升幅度居前五位的商品和服务（单位：件）

序　号	类　别	2019年	2018年	上升比例（%）
1	农用生产技术	5	1	400 ↑
2	房屋	580	150	286.7 ↑
3	教育或培训	3619	1355	167.1 ↑
4	医疗辅助用品	170	70	142.9 ↑
5	互联网	293	165	77.6 ↑

投诉下降幅度居前五位的商品和服务。下降幅度最大的是金融保险，其次是家庭影院、日用杂品、咨询中介、电信。

表3　投诉下降幅度居前五位的商品和服务（单位：件）

序　号	类　别	2019年	2018年	上升比例（%）
1	金融保险	43	101	57.4 ↓
2	家庭影院	135	316	57.2 ↓
3	日用杂品	3	6	50 ↓
4	咨询中介	1362	2184	37.6 ↓
5	电信	75	118	36.4 ↓

五、热点分析

（一）营销合同问题为各类投诉之最

2019年南京市各级消协组织共受理消费投诉75846件，从投诉性质来看，营销合同问题59522件，占总投诉量的78.5%。尤其是预付式消费问题突出，消费者投诉维权困难，涉及健身、美容美发、摄影、餐饮等各个行业。主要存在的问题有：

假优惠骗办卡，卖卡后逃逸。

推销时夸大承诺，服务大打折扣。

服务条款用词含糊，享受优惠不容易。

最终解释权归商家，一经售出概不退卡。

商家易主改头换面，过往债务一概不认。

公司关门大吉，消费者索赔无门。

（二）服务类投诉占近一半的比例

从投诉的产品类别来看，服务类为32619件，占总投诉量的43%。此类别中，美容美发洗浴，食宿、文化娱乐的投诉量较高。其中旅游消费投诉仍是热点。2019年共受理食宿、文化娱乐类消费投诉10281件，占服务类投诉的31.5%。主要存在的问题有：

旅游合同存在不公平不合理格式条款，对旅游行程、时间安排、交通工具、食宿及景点等内容约定模糊，发生纠纷时不利于消费者维权。

旅行社及导游不按照约定履行义务，擅自降低住宿和用餐标准、增加自费项目及缩短行程，对不参加自费项目的消费者采取胁迫和误导，甚至置之不理。

个别地接社的导游强迫消费者购物，商品存在以次充好、价格虚高等问题，特别是宝石玉器、珍珠水晶、药材保健品、工艺品等。

（三）房产和装修问题仍然占比较大

2019年，房屋、建材、装修与物业管理问题投诉共3588条，其中对房屋的投诉580条，比2018年的150条上升了286.7%。主要存在的问题有：

商品房交付延期、未兑现宣传承诺或发现质量问题。

房屋装修合同纠纷、增加费用过多或质量问题。

房屋中介公司为促成交易，故意隐瞒真实信息或提供虚假信息。

物业管理水平较低，小区公共设施的使用、改变与业主产生矛盾。

（四）教育培训问题突出

2019年年底，多个教育培训机构突然关门，涉及人数广、金额大，预付款难退还。共收到投诉3619条，主要存在的问题有：

虚假宣传误导消费者。有些培训机构夸大培训内容和培训效果误导消费者，但实际培训中与宣称不符。

预付式消费方式风险大。培训机构经营不善导致资金流断裂引发停业闭店现象时有发生，消费者追讨费用难度陡增。

诱导办理分期贷款。部分消费者反映，通过培训机构推荐的金融机构贷款，工作人员在消费者未充分了解贷款注意事项的情况下，擅自完成整套手续，致使消费者"被贷款"。

（五）老年消费急需正确教育引导

随着我国老龄化社会进程的加快，消费领域中老年消费所占比例越来越大，老年产业已成为国民经济发展的重要引擎之一，但老年消费问题也日益突出。一些不法商家利用老年人信息不对称、认知能力弱等特点，通过虚假宣传、设置消费陷阱等手段，骗取老年人财产，引起家庭矛盾。主要存在的问题有：

打亲情牌博得老年人信任，加之参观工厂、参观基地等，借机推销商品。

利用老年人看病求医的需要，通过所谓的"专家"及养生讲座忽悠老年人购买保健品。

谎称国家有关部门，帮助老年人申请"政策补贴"和"药费补助"进行欺骗误导。

推销虚假"投资理财产品""收藏品"等骗取老年人钱财。

通过"夕阳红"旅游，低价游等手段组织老年人参加购物团。

附：典型案例

案例一　支持诉讼对簿公堂，剑指预付费顽疾

2018年11月10日，六合区苗女士在威康健身管理咨询（上海）有限公司南京第五分公司（以下简称威康南京第五分公司）办理健身卡，在该公司前台处签订了定金合同并缴纳5288元。第二天，苗女士决定退掉冲动消费购买的健身卡，但被商家告知要支付20%的违约金。健身中心尚未开业，苗女士也未接受过任何服务，双方亦未签订正式合同，却被要求支付1000多元的违约金，苗女士不认可，便于2018年11月13日向六合区消协寻求帮助。

2018年11月26日，六合区消协依法组织双方调解，威康南京第五分公司同意苗女士退卡，但双方对违约金数额仍未达成一致意见，调解终止。依据《消法》《江苏省消保条例》《合同法》等相关法律规定，六合区消协支持消费者苗女士对此事提起诉讼，由南京市消协消费维权公益律师团律师为苗女士提供法律服务。

2019年1月28日，六合区人民法院公开审理了这起预付卡定金合约纠纷案。这是在南京市消协指导下，由六合区消协支持消费者诉讼，向预付式消费退卡顽疾开出的"第一枪"，同时也是自《江苏省消保条例》实施以来，省内由消协支持诉讼，针对预付式消费退费纠纷的"第一案"。2月28日，六合区人民法院再次开庭，被告威康南京第五分公司代理人当庭表示愿意全额退还原告苗女士5288元，并当场履行。

案例二　旅游购物维权难，质价不符应退款

2019年4月，市民王女士在某旅游平台报名跟团赴台湾地区旅游，其间旅行社安排去台湾地区大华珊瑚博物馆参观并集体购物，旅行社曾保证购物放心决无虚假，有任何问题旅行社都会负责，有保证金等。其间，王女士购买了一款价格较高的红珊瑚手链（18.2万元台币），以及一款蓝宝石挂坠（1.82万元台币）。回到南京后，王女士在朋友的建议下对两款首饰进行了鉴定，发现红珊瑚手链与标称的大小规格不符，蓝宝石挂坠为覆膜玉髓，于是投诉至旅游平台要求退货、赔偿，经多次协商无果后投诉至南京市消协。

这起投诉中，团体购物由旅行社安排，购物地点也由其确定，出现问题理应由旅行社协助处理。消协工作人员与该旅游平台及旅行社进行联系，表明态度。旅游平台及旅行社愿意积极配合协商解决问题。前后经数月的来回调解，最终双方达成一致，针对红珊瑚手链补偿王女士人民币9000元，对蓝宝石挂坠做退货处理。

此案例中，商家违反《消法》的相关规定，未向消费者提供有关商品真实有效的信息，侵害了消费者的知情权，侵犯了消费者的权益。该案例中，消费者对行程中指定场所购物已提前知晓并认可，但所购商品存在问题，旅行社理应主动协助维权，并承担相应责任。

案例三　楼盘质量引群投，专业调解护权益

2019年6月，市消协房地产维权专业委员会（以下简称房专委）投诉站接到多起关于雨花台区某新建楼盘房屋质量的投诉，反映该楼盘普遍存在外墙保温板脱落、地暖施工现场混乱、封闭阳台不稳固等问题。经了解，消费者在维权过程中与开发商分歧较大，矛盾比较激烈，且维权人数、规模迅速扩大，聚集性、群体性投诉特点明显，并已连续向有关部门和各大媒体进行投诉、反映，社会影响较大。

房专委投诉站接到投诉后立即与投诉人取得联系。房专委专家针对消费者关心的问题，从专业的角度进行了梳理和解答，并积极与开发商进行联系。在多方努力下，开发商表示将积极与业主代表沟通，响应业主诉求，推进问题解决，并针对反映较多的问题拿出整改方案。

新建楼盘质量问题已经日益成为社会焦点之一，根据《建筑法》的规定，建筑活动应当确保建筑工程质量和安全，符合国家的建筑工程安全标准。《产品质量法》亦规定建筑工程使用的建筑材料、建筑构配件和设备适用其相关规定。另据《消法》《江苏省消保条例》等，均对经营者销售商品时应保证其质量符合相关标准做出了明确规定。因此，开发商作为经营者，应当保证其所销售的楼盘符合上述标准，并确保质量安全。

案例四　房屋装修遇矛盾，不懈努力挽损失

2019年7月1日，杨女士与南京某装修公司签订装修合同装修房屋，对方进场水电施工完毕验收时，杨女士发现多处存在偷工减料和质量及安全隐患问题，于是向装修公司反映，希望能按照要求进行整改，但对方态度蛮横，多次协商无果，杨女士提出解除合同，对方却以杨女士违约为由要求支付30%的违约金。万般无奈下，杨女士向市消协家装消费维权专业委员会（以下简称家装专委会）投诉站寻求帮助。

2019年8月17日，家装专委会投诉站受理了该投诉。经现场查看，杨女士家水电施工存在厨房用线不符合要求、水电管交叉处设置不合理、水路布置不科学、线管一管多线、现场施工布线未做绝缘保护等问题。投诉站多次联系装修公司负责人，对方以合同金额较低，施工符合自定标准来搪塞辩解，拒绝协调。本案中，装修公司未能提供符合质量要求和双方约定的装修服务，已构成了违约，且拒绝协调、延误时间，侵害了消费者的合法权益。经投诉站的不懈努力，多次现场指出问题并积极调解，最终双方达成一致，合同终止，为业主挽回12200元损失。8月28日，业主杨女士向市消协家装专委会投诉站送来锦旗，感谢工作人员给予的帮助。

案例五　商家承诺需守信，平台责任不可推

消费者朱女士于2019年6月14日在某购物平台上的第三方非自营店购买了一款索尼相机，卖家当时承诺“6·18”价保，并另行发了微信二维码让朱女士支付。6月18日，朱女士发现商家的这款相机降价了，联系卖家申请价保，但卖家说因前期是微信扫码支付，无法通过系统平台价保。后经协商，卖家让朱女士按新价格再购买一台，对之前的一台作退货处理。可当商家收到退回的相机后，声称相机已拆封无法退货，只能按原价七折回购，其损失由朱女士自行承担。朱女士表示无法接受，随后投诉至购物平台，但该平台要求朱女士自行与第三方联系。多次协商无果后，朱女士向南京市消协寻求帮助。

市消协工作人员接到投诉后，分别向第三方数码专营店和购物平台了解情况。卖家声称店铺页面已说明数码产品如无质量问题，一经开封不可退换。购物平台也表示与第三方店家沟通后的结果是七折回购。

消协工作人员认为，商家既然承诺过补差价，就应该履行约定。同时，2019年1月1日起施行的《电子商务法》第三十八条和第六十一条规定，在消费者与经营者发生争议时，电子商务平台经营者应当积极协助消费者维护合法权益。最终在消协的积极努力下，朱女士通过购物平台全款退掉了第一次购买的相机。

案例六　电话推销问题多，几经周折终退款

2019年5月10日，80多岁的赵老先生来到南京市消协投诉，称其通过电话购物购买的保健品无法退货，希望能够得到消协的帮助。原来，赵先生前期接到一个推销电话，销售人员声称某国医中医药研究院国医堂分院出品的"肽"产品对心脑血管疾病有很好的疗效，立即购买还可以获得收音机、净水机等赠品，货到付款，并承诺使用后如不满意可退款。半信半疑的赵先生将家庭地址告诉了销售人员。没过几日，赵先生收到了"肽"产品以及赠品，并向送货人员支付了5000多元购物款。赵先生子女回来后发现其购买的保健品，劝赵先生不要盲目相信，尽快退款，可当赵先生再次联系销售人员提出退款后，对方却以各种理由搪塞，甚至不接听电话。多次联系退款无果后，赵先生来到市消协请求帮助。

市消协工作人员接到投诉后，按赵先生提供的联系方式与对方核实情况，要求商家履行"使用不满意可退款"的承诺。当销售人员得知消协受理了该起投诉，表示会请示公司后回复赵先生。后经核实，一周过去了仍无任何进展。于是，市消协工作人员又多次联系销售人员催问处理结果，对方一直以各种理由拖延甚至不接电话。经过一个多月不间断的联系，终于功夫不负有心人，商家答应为赵先生退款。

案例七　手机换货起纠纷，消协出面助维权

2019年11月3日，南京市建邺区消协接到一起有关手机退换货的投诉。消费者林先生称，自己在某购物中心购买的手机频繁出现自动关机现象，与店方多次沟通无果，请求消协助其维权。

据林先生讲，自己购买的手机价格为5999元，额外又购买了15日换机服务，共支付7097元。然而没过多久，手机就出现黑屏现象。林先生咨询了销售人员，对方表示这是正常情况，重启后不影响正常使用。但几天后，手机再次黑屏，甚至无故自动重启，严重影响正常使用，店家重装系统并升级后，黑屏问题依旧存在。林先生提出更换手机，店家却以"手机送来时已超过15天，不再处于增值服务期限内"为由拒绝换机。无奈之下，林先生向建邺区消协寻求帮助。

接到投诉后，建邺区消协工作人员核实了林先生与销售人员的通话时间、聊天记录，发现林先生提出手机存在质量问题的时间刚好是购买手机的第15天，仍处于服务期限内，有权享受换机服务。最终，在建邺区消协和区法院的共同调解下，双方达成一致，商家为林先生更换手机，并退还其1498元增值套餐费，门店负责人就销售人员侵害消费者权益的行为向林先生道歉。对此结果，林先生表示满意并专门来电感谢。

案例八　年卡项目随意变，多番调解终维权

2019年6月7日，南京市浦口区消协接到投诉，市民王女士称其购买的游乐园年卡无法正常使用。原来，当初购卡时，商家承诺游玩项目包含夏季水上乐园。但6月初，王女士即发现水上乐园门口早早就贴出告示，告知该项目不在年卡使用范围内。游乐园工作人员解释说这是公司今年的新规定。王女士与商家多次沟通无果后，向浦口区消协寻求帮助。

接到投诉后，消协工作人员第一时间联系了游乐园相关负责人，该负责人表示，水上乐园尚未开放，但他们接到公司的通知，确实是今年年卡不包含水上乐园项目。消协工作人员表示，企业经营策略调整是正常的，但是不能损害消费者的利益。当初，消费者购买年卡时，游玩项目包含水上乐园，园方不能擅自更改。在多次约谈园区相关负责人后，园方表示会召开会议重新商议。6月底，游乐园正式通过官网、微信公众号对外发布公告，告知水上乐园自2019年6月28日开园，游客可凭2019年6月25日之前激活的有效年卡体验水上乐园项目。

案例九　超市购买大虾仁，虾壳竟然占两成

2019年6月，雨花台区消协西善桥分会接到投诉，市民张先生在岱山某超市消费50.7元购买了6袋冷冻虾仁，每袋140克，回家清理后发现有大量虾壳残余，共约78克。张先生认为虾仁生产商在生产以及包装时未将虾壳清理干净，对虾仁质量产生怀疑。张先生与超市负责人多次沟通想要退货及赔偿，但双方始终不能达成一致，于是张先生拿着剥离开的虾仁和虾壳向西善桥分会投诉，请求帮其维权。

西善桥分会工作人员在受理张先生的投诉后，立即联系超市了解情况，并组织张先生和超市负责人进行现场调解。调解时，超市负责人提供了冷冻虾仁生产商的相关资料以及进货票据，证明其销售的虾仁是从正规渠道购进的；张先生提供了购买6袋冷冻虾仁的购物小票，证明其确实在涉案超市购买了冷冻虾仁。经工作人员调解，超市负责人同意全额退款给张先生并给予一定的赔偿。

根据《水产行业标准》（SC T3110—1996）规定，对于去壳不净虾仁重量占总虾仁重量的比例，一级品不得超过5%，二级品不得超过8%。张先生共买了6袋冷冻虾仁（每袋140克），仅残余虾壳就约78克，占比达9%。因此，该案例中，经营者不论是从诚信经营方面，还是从法律义务上来讲，都应该对不合格商品负责，为张先生提供退货并进行赔偿。

案例十　店内消费被摔伤，消协助其来维权

2019年5月24日，76岁的赵先生在溧水区某连锁药店买药时，被门店里地面上裸露的电脑线绊倒，导致赵先生右脚大拇指骨折。经营者在事发后及时带赵先生去医院治疗，之后赵先生要求药店赔偿，但一直没有得到答复。多次协商无果后，赵先生找到溧水区消协寻求帮助。

2019年10月21日，溧水区消协收到了赵先生提供的相关医院证明材料，并于10月24日组织双方第一次调解。赵先生表示前后的医疗费、护理费、医药费、交通费等大约需要5万元，但门店负责人表示最多愿意赔偿3000元，多了他们也做不了主，需要向总部反映，第一次调解失败。

面对无助的老人，溧水区消协多次约谈门店负责人，告知其安全权是《消法》第七条赋予消费者的重要权利，经营者应当对消费者尽到安全保障义务，并对受理侵害的消费者做出赔偿。如果一味拖延，不及时合理地化解纠纷、进行赔偿，消协将积极支持消费者通过司法途径进行维权。之后，溧水区消协又组织双方进行了三次调解，最终双方达成一致，经营者除了支付赵先生医药费外，赔偿23000元。

杭州市消费者权益保护委员会受理投诉分析报告

一、整体情况

依托“智慧315”，杭州市消保委全年共受理投诉10892件，其中，商品类投诉8386件，占比77%；服务类投诉2505件，占比23%。网购投诉7298件，占比67%；非网购投诉3594件，占比33%。

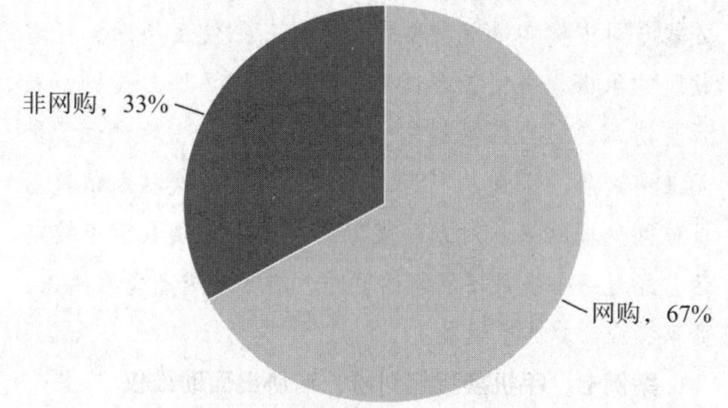

图1　网购类和非网购类投诉占比

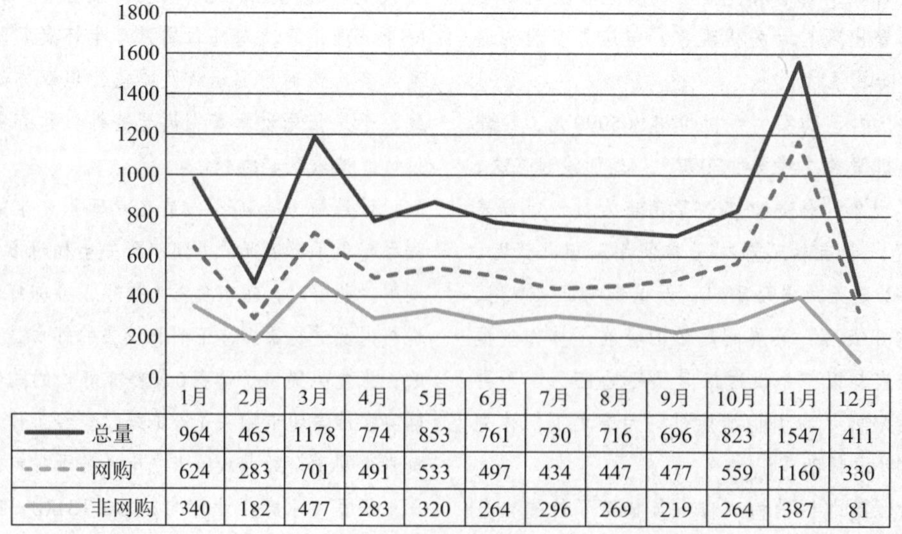

	1月	2月	3月	4月	5月	6月	7月	8月	9月	10月	11月	12月
总量	964	465	1178	774	853	761	730	716	696	823	1547	411
网购	624	283	701	491	533	497	434	447	477	559	1160	330
非网购	340	182	477	283	320	264	296	269	219	264	387	81

图2　每月投诉数量统计

二、商品和服务类别分析

杭州市消保委全年受理投诉情况按商品投诉类别主要有：服装鞋帽类1598件，占比16.3%；家居用品520件，占比5.3%；家用电器367件，占比3.7%。

按投诉问题分，质量和售后服务是两个大头，分别为4273件和3712件。

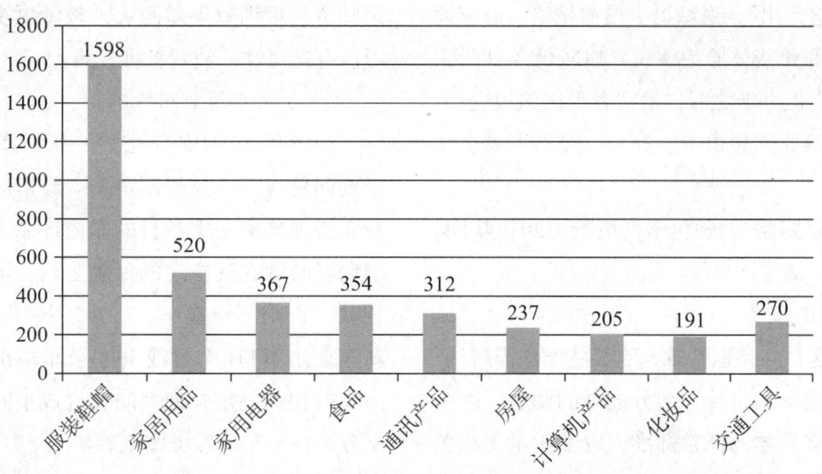

图3　全年投诉按商品类别分类受理情况（单位：件）

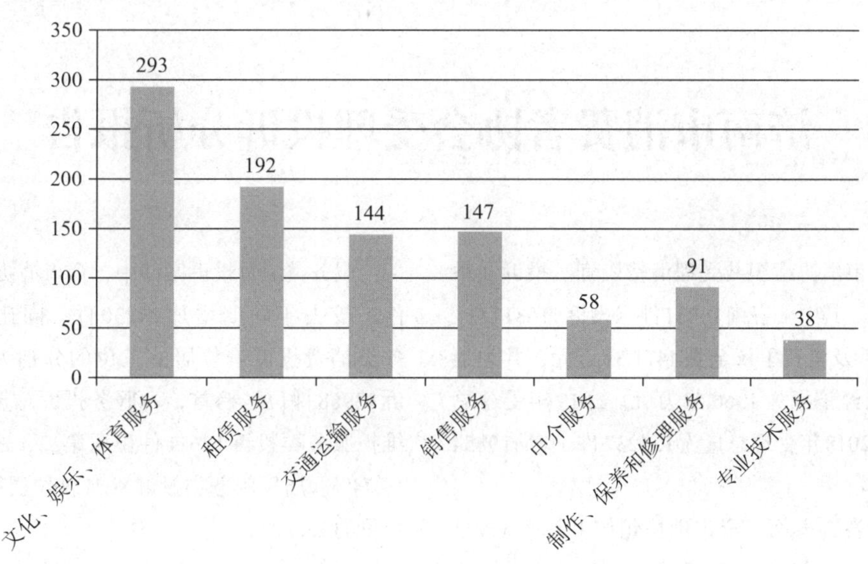

图4　全年投诉按服务类别分类受理情况（单位：件）

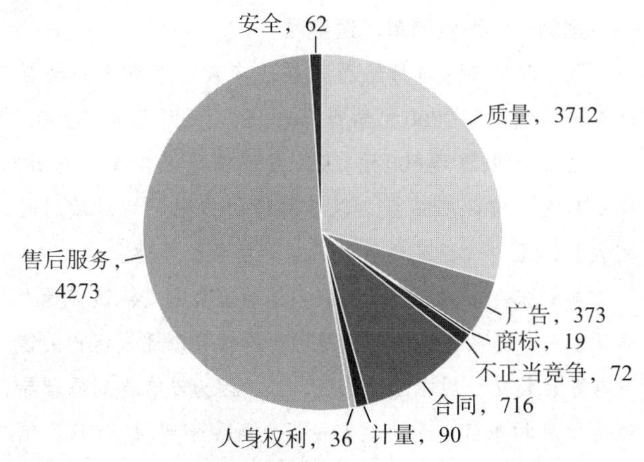

图5　全年投诉按问题类别分类受理情况（单位：件）

三、投诉热点分析

（一）预付式消费问题突出

预付式消费存在诸多问题，2019年期间已发生预付式消费企业“暴雷”事件。

商家制定“霸王”条款，限制消费者权利。如规定消费卡不挂失、不补办、不退钱、过期作废等，一旦消费者遗失消费卡、逾期消费或者需要中途停止消费，就会造成经济上的损失。

商家服务打折，承诺不兑现。经营者往往以消费打折为诱饵使消费者购买预付卡，一旦购卡成功，消费者可能会面对诸如经营者擅自改变服务内容、提高商品价格、降低服务标准等问题，一些经营者用各种优惠吸引大量消费者购买预付卡，消费者增多，人手却不足，设备投入少，服务质量下降。

预付消费“宽进严出”，退款退卡屡遭拒绝。商家通常利用优惠的价格和免费体验为诱饵，以较低条件吸引消费者办理预付卡。但办卡之后，消费者因居住地变动、消费卡遗失、过期等原因想退卡、补卡，经营者就会以各种理由拒绝。

频现商家转让“跑路”，预付卡变废纸。2019年间，已经发生门客生活“暴雷”事件。

（二）教育培训退费难

主要存在的问题：一是退费难，因某些原因需解约，要求退费遭拒；二是虚假宣传，部分老师的师资、教学效果、教学成果没有具体的评判标准，教学质量无相关行政部门认定；三是签订服务合同条款含混模糊，规避经营者违约责任，擅自更改上课时间，任意延长开学时间，有的甚至与消费者签订五年甚至十年超长合同期，收费积极售后服务拖沓；四是实际培训情况与消费前承诺师资、培训效果差距大，教师更换频繁，导致学生学习没有连贯性，消费者维权难。

（三）汽车消费纠纷不断

2019年，“西安奔驰女”事件爆发，汽车投诉增多，主要问题有：一是强制消费。经销商在营销时，要求消费者必须购买一定数量的车内饰品，有的经销商还要求消费者必须在其指定的保险公司、银行办理商业保险或贷款，否则不予提车。二是不按“三包”规定退换车。新车使用不到6个月或3000公里内出现质量问题，经销商履行相关规定，把大问题说成小问题，不履行退换车义务。三是车辆瑕疵鉴定难。

济南市消费者协会受理投诉分析报告

2019年，全市消协组织共受理消费咨询、投诉和举报共计144091件。其中，咨询16011件、投诉116817件、举报11263件。涉及消费争议金额4471.34万元，共为消费者避免或挽回经济损失1366.58万元。2019年受理总量较去年同期（2018年受理总量为134237件）增加9854件，同比增长7%。

在受理消费咨询方面，全市消协组织共受理16011件，占受理总量的11.11%，较去年减少26470件，同比减少62%。

在受理消费投诉中，全市消协组织共受理116817件（占受理总量的81.07%），较去年同期增加33350件，同比增长40.00%。商品类投诉52935件，占投诉总量的45.31%，服务类投诉63882件，占投诉总量的54.69%。

商品类消费投诉案件中，全市消协组织共受理52935件，较去年同期增加9120件，同比增长20.81%。商品类消费投诉量位居前三位的分别为：日用百货类投诉为10389件位居榜首，占商品投诉总量的19.63%。家用电器类投诉为8079件位居第二，占商品投诉总量的15.26%。交通工具类投诉为8551件位居第三，占商品投诉总量的16.15%。

服务类消费投诉案件中，全市消协组织共受理63882件，较去年同期增加24230件，同比增长61.11%。服务类消费投诉量位居前三位的分别为：餐饮服务类投诉13968件位居榜首，占服务投诉总量的21.87%。修理维护服务类投诉12611件位居第二，占服务投诉总量的19.74%。居民服务类投诉8671件位居第三，占服务投诉总量的13.57%。

附：典型案例

案例一　缴费简单，退费难

张女士反映：4月给孩子在济南A区报英语与数学辅导班，缴纳了9000元学费，6月底，课时还没有上完，老师告知可以退还600元。9月发现辅导班在A区关闭，搬到B区，辅导班一直在以各种理由推脱不给退款，时间太长，至今未退还钱款，希望消协帮忙处理。

接到张女士的投诉后，联系辅导班负责人，该负责人表示：一、退款过慢的问题是因为原辅导班还未将相关信息与账目转交给现在的辅导班。二、因为没有得到原辅导班的信息和账目，无法核实投诉人所剩学费。三、B区辅导班表示将马上联系张女士，落实并核实相关信息及所剩学费。最终，辅导班给张女士退款600元，张女士对结果表示满意。

《山东省消费者权益保护条例》第三十条规定：经营者以预收款方式提供商品或者服务，应当与消费者明确约定商品或者服务的数量和质量、价款或者费用、履行期限和方式、安全注意事项和风险警示、售后服务、民事责任等内容。

经营者违反规定或者未按照约定提供商品、服务，应当按照消费者的要求继续履行或者退回预付款及其利息，并承担消费者支付的其他合理费用。对退款有约定的，从其约定；无约定的，按照下列规定执行：

未消费的，应当全额退还预付款及其利息；

已消费的，应当退还剩余的预付款及其利息；经营者给予折扣、让利的，应当按比例折抵消费，并退还剩余的预付款及其利息。

以预收款方式提供商品或者服务的经营者停业、歇业或者变更经营场所的，应当在经营场所显著位置明示，并提前30日以电话、短信等方式通知消费者。

案例二　空调移机不制热，消协出面帮解决

2019年2月，罗先生通过网络找到济南市某公司办理移机，结果移机后空调不能正常使用，后来发现该公司冒充美的空调工作人员给予维修，罗先生认为该公司属于欺骗，于是来到消协办公室投诉。

消协工作人员与罗先生进行沟通，了解情况后，立即联系该公司负责人李某，李某表示立即落实，并派人上门为罗先生更换管件，直到罗先生满意。最终，罗先生的空调可以正常使用，对此，罗先生向消协工作人员表示感谢。

《消费者权益保护法》第五十二条规定："经营者提供商品或者服务，造成消费者财产损害的，应当依照法律规定或者当事人约定承担修理、重作、更换、退货、补足商品数量、退还货款和服务费用或者赔偿损失等民事责任。"该公司为消费者进行空调维修，并没有维修好，消费者要求再次维修，经营者应当履行维修义务。

近年来，家用电器售后市场比较混乱，因服务问题、维修水平引发的投诉常年保持高位，投诉问题集中在虚构故障、小病大修、强卖配件，以次充好、价格不透明等问题。还有不少消费者反映曾遭遇过"山寨"售后、街头"黑维修点"的服务。据了解，随着移动互联网的普及，遇到问题上网找答案成为很多消费者的首选，由于受到网络平台搜索排名的"误导"，一些给网站支付了推广费的"山寨维修"网点以"400"或"800"开头的电话号码冒充正规厂商，或是借厂商更换服务电话号码之机，沿用其被更换的号码，骗取消费者信任，以此牟取暴利。家电领域冒充品牌售后的黑维修，鱼目混珠、真真假假的信息甚至连一些专业的维权人士也难以分清，不仅损害了消费者的财产权，有的还涉及消费者的生命健康权。为此，历城区消费者协会提醒广大消费者：远离家电维修各种陷阱。

通过正规渠道选择维修网点。不要轻信网络搜索的400售后电话，应通过产品说明书、品牌官网或是到中国消费者协会官网查找正确售后联系方式。2017年9月，中国消费者协会官网开通了"售后服务电话查验宝"查询系统，目前已经收录了88家市场占有率高、产品覆盖面广、综合维修能力强的国内主流家电产品售后企业信息及服务电话。消费者只要通过电脑或者手机登录中国消费者协会官方网站，点击"查验宝"，然后在搜索栏输入品牌或厂家名称，点击搜索即可查询到相应品牌的准确联系方式。

提前问清收费情况。在查找家电维修企业上门修理之前，要问清收费项目和标准以及能否出具正规发票等事项，如果对方不肯明码标价且不能出具正规发票，尽量不要约请这种企业上门服务；尽量不让维修人员单独收费，最好是通过平台和维修机构统一收费。

看清上门服务人员证件。正规家电维修人员在上门服务时，都会穿着统一的工作服，并且在维修时出示相应的工牌等证明，消费者可以在进行维修之前要求维修人员出示相关维修资质证书、上岗证、身份证明等，并在事后索取维修项目相关收据和凭证，为投诉、维权保存证据。

妥善保存维修记录。保存好产品包装中自带的"保修卡"及收购发票，如果找不到保修凭证或已经过了官方保修期，大多数品牌也会提供有偿维修；更换零部件后，最好将旧部件保留并保存好维修记录，付费维修时应索取收费凭证，以便产生消费纠纷时，可以将换下来的原件送到有关部门检测。对有疑问的维修过程进行全程跟踪记录，零部件到底换没换？问题到底有没有解决？维修过程中是不是做了手脚？对于这些问题，消费者是看不出来的，只有专业人士才能看得出来。现在手机录音录像非常方便快捷，可以作为事后追查最有力的证据。

发生消费纠纷及时维权。消费者与经营者发生消费纠纷、合法权益受到侵害时，要及时与经营者协商解决，还可以向相关部门进行投诉，维护自身的合法权益。

案例三　商家不退预付卡，消协调解助维权

2019年10月21日，市民郝女士投诉反映，10月16日在某美颜美体店办理的年卡，总共花费9900元，现在不想使用，要求给予退卡，但该美容美体店不予办理。郝女士对此表示不满，要求帮助协调给予退卡。

接到郝女士的投诉后，10月21日10:42，工作人员电话联系被诉方历城区某美颜美体店反映郝女士的投诉内容及诉求。经多次调解落实，该美颜美体店最终与郝女士协商达成一致，扣除已使用费用后为郝女士退6000元，得到郝女士的接受和认可，双方签订免责协议。郝女士对处理结果表示满意。

《消费者权益保护法》第五十三条明确规定："经营者以预收款方式提供商品或者服务的，应当按照约定提供。未按照约定提供的，应当按照消费者的要求履行约定或者退回预付款；并应当承担预付款的利息、消费者必须支付的合理费用。"《山东省消费者权益保护条例》（2017年7月1日施行）第三十条同样也对以预收款方式提供商品和服务的行为作出了规定："经营者以预收款方式提供商品或者服务，应当与消费者明确约定商品或者服务的数量和质量、价款或者费用、履行期限和方式、安全注意事项和风险警示、售后服务、民事责任等内容。经营者违反规定或者未按照约定提供商品、服务，应当按照消费者的要求继续履行或者退回预付款及其利息，并承担消费者支付的其他合理费用。对退款有约定的，从其约定。……以预收款方式提供商品或者服务的经营者停业、歇业或者变更经营场所的，应当在经营场所显著位置明示，并提前三十日以电话、短信等方式通知消费者。"《侵害消费者权益行为处罚办法》第十条明确规定："经营者以预收款方式提供商品或者服务，应当与消费者明确约定商品或者服务的数量和质量、价款或者费用、履行期限和方式、安全注意事项和风险警示、售后服务、民事责任等内容。未按约定提供商品或者服务的，应当按照消费者的要求履行约定或者退回预付款，并应当承担预付款的利息、消费者必须支付的合理费用。对退款无约定的，按照有利于消费者的计算方式折算退款金额。"

虽然法律法规规章对以预收款方式提供商品或者服务进行了相关规定，但在消费实践中，消费者往往面临着多重预付款消费陷阱，主要体现在：一是办理容易退卡难，退款要求遭遇商家无理拒绝；二是办卡流程简单，双方无详细纸质合同，对双方的权利义务缺乏明确约定；三是商家随意更改服务内容和服务标准，消费者处于被动局面；四是经营者尤其是经济实力差、盈利能力低的中小经营者有关门风险，消费者财产安全难以保障。

此案中的预付款纠纷总额为9900元，为大额消费。但消费者是在10月16日办卡，10月21日提出退卡，仅仅间隔5天。可知，此宗消费是消费者在经营者的大力宣传和折扣诱惑下做出的带有一定冲动性质的消费行为。且消协工作人员在调解过程中发现，双方并没有签订关于双方权利义务关系的书面合同，更没有事先对"退款"事项进行任何约定。此种情形下，消费者往往陷入交钱容易退款难的困境，经营者经常会以可正常按照约定向消费者提供商品或服务为由拒绝退款。

因此，在此提醒广大消费者，在预付式消费过程中，要多途径了解商家的信誉情况，不要轻信广告和宣传，选择信誉度高、规模较大的商家；一定要签订约束双方权利义务关系的预付款消费协议；仔细审阅有关合同条款，详细询问预付卡的使用范围、期限、功能、退款条件、违约责任等；妥善保存相关维权凭证。

案例四　办理健身会员卡，服务不到位要求退卡

2019年9月，消费者孙先生投诉某健身会所，称自己在年初办理一张会员卡进行健身，但在近两个月该健身会所不断缩小健身面积且提供服务不及时，造成健身困难，要求退卡。

接到投诉后，消协工作人员到现场调查落实，孙先生反映问题基本属实，工作人员通知该店店长到协会进行处理。经工作人员与该店长沟通了解，该店承认是会员逐渐减少，经营出现问题，加之租赁费用过高，造成健身场所面积缩小，服务不到位。经我们反复协调，商家同意与消费者协商处理，最终该健身会所为消费者退还未消费的费用，孙先生表示满意。

《消法》第五十三条规定，"经营者以预收款方式提供商品或者服务的，应当按照约定提供。未按照约定提供的，应当按照消费者的要求履行约定或者退回预付款；并应当承担预付款的利息、消费者必须支付的合理费用"。

《侵害消费者权益行为处罚办法》第十条规定，"经营者以预收款方式提供商品或者服务，应当与消费者明确约定商品或者服务的数量和质量、价款或者费用、履行期限和方式、安全注意事项和风险警示、售后服务、民事责任等内容。未按约定提供商品或者服务的，应当按照消费者的要求履行约定或者退回预付款，并应当承担预付款的利息、消费者必须支付的合理费用。对退款无约定的，按照有利于消费者的计算方式折算退款金额"。

《侵害消费者权益保护办法》第十条规定，预付卡经营者在销售时，应当与消费者明确约定商品或者服务的数量和质量、价款或者费用、履行期限和方式、安全注意事项和风险警示、售后服务、民事责任等内容，并按约定的款项履行。

单用途商业预付卡是目前比较普遍存在的消费方式，消费者在办理预付卡时，应当与商家签订书面购卡协议，勿轻信商家的口头承诺，签订前仔细阅读协议内容，详细了解双方的权利和义务及退费退卡的方式，不贪图优惠一次性购买或充值较大金额而承担过多风险，做到理性消费。

案例五　冰箱发生自燃，消协帮助其获偿

2019年8月，杨女士投诉称：在某电器有限公司购买了澳柯玛BCD-2016MUG冰箱，2019年8月21日冰箱发生自燃事故，造成财产损失，杨女士已经多次向该电器有限公司反映该问题要求处理，但该公司一直推诿，甚至挂断或拒接电话，不停推卸责任，不作出任何处理。

接投诉后，我们工作人员立即联系到相关电器有限公司，调查落实杨女士反映的问题，并督促其与澳柯玛电器厂家尽快联系。2019年9月9日，电器公司和厂家协商给杨女士退款，杨女士对此表示满意。

《消费者权益保护法》第七条规定："消费者在购买、使用商品和接受服务时享有人身、财产安全不受损害的权利。消费者有权要求经营者提供的商品和服务，符合保障人身、财产安全的要求。"以及该法第十八条规定："经营者应当保证其提供的商品或者服务符合保障人身、财产安全的要求。对可能危及人身、财产安全的商品和服务，应当向消费者作出真实的说明和明确的警示，并说明和标明正确使用商品或者服务的方法以及防止危害发生的方法。"第十九条规定，经营者发现其提供的商品或者服务存在严重缺陷，即使正确使用商品或者接受服务仍然可能对人身、财产安全造成危害的，应当立即向有关行政部门报告和告知消费者，并采取防止危害发生的措施。根据上述规定，消费者享有人身、财产安全保障权，经营者具有保障消费者人身财产安全的义务，消费者在购买和接受服务时，保障其人身和财产安全也是消费者的最基本要求。本案中消费者购买的冰箱自燃，其合法权益受到损害。

《消费者权益保护法》第二十四条规定："经营者提供的商品或者服务不符合质量要求的，消费者可以依照国家规定、当事人约定退货，或者要求经营者履行更换、修理等义务。没有国家规定和当事人约定的，消费者可以自收到商品之日起七日内退货；七日后符合法定解除合同条件的，消费者可以及时退货，不符合法定解除合同条件的，可以要求经营者履行更换、修理等义务。依照前款规定进行退货、更换、修理的，经营者应当承担运输等必要费用。"该条是对经营者义务中"三包"的一般规定，要求经营者在商品或服务不符合质量要求时，承担退货、更换、修理等义务，因此，电器公司需要对冰箱自燃承担责任。

案例六　不按约定退还商业保险费，消协调解助维权

2019年10月24日，李先生来电投诉称：他于2017年10月在某汽车4S店购车。购车时，该汽车4S店承诺会有1000元商业保险费返还，但至今未收到，李先生认为不合理，希望消协能让4S店将商业保险费给予返还。

接到市民李先生的投诉后，工作人员于2019年10月24日下午先是通过办公电话联系该汽车4S店负责人。该负责人称立即与李先生联系了解情况，待问题处理完毕后来电告知。同时工作人员向李先生索取了购车时与4S店签订的购车合同，通过认真阅读合同，发现在合同第三款中明确了返还李先生1000元商业保险费用一事。工作人员认为投诉人李先生的投诉证据确凿。为促成经营者尽快退款，工作人员将查阅合同情况电话反馈给4S店，责成4S店负责人尽快落实清楚后予以退款。10月25日下午，4S店负责人来电称：经过调查核实李先生反映的情况是属实的，公司已经同意将1000元商业保险费用返还给李先生。10月28日上午，李先生高兴地向工作人员致电反馈：4S店已经将1000元的商业保险费用返还给自己，对我们的工作表示非常满意。

《消费者权益保护法》第四条规定："经营者与消费者进行交易，应当遵循自愿、平等、公平、诚实信用的原则。"第十六条规定："经营者和消费者有约定的，应当按照约定履行义务，但双方的约定不得违背法律、法规的规定。"因此，经营者在向消费者销售商品或者接收服务的过程中，必须诚实按照与消费者的约定履行义务。《合同法》也明确了合同双方在履行合同的过程中负有"严格履行与诚实信用"的义务（《合同法》第六十条　严格履行与诚实信用　当事人应当按照约定全面履行自己的义务。当事人应当遵循诚实信用原则，根据合同的性质、目的和交易习惯履行通知、协助、保密等义务。）。此案中，汽车4S店与消费者的购车合同中明确签订有返还消费者1000元商业保险费条款，但4S店迟迟不履行义务，直到消费者向消费者协会进行投诉，才将相关费用返还给消费者，明显违背了严格履行与诚实信用义务。

在消费纠纷处置工作实际中，消费者合法权益受到侵害的情形可以划分为两类：一类是显性侵权，另一类是隐性侵权。显性侵权指消费者主张自己合法权益时遭到经营者的无理拒绝；隐性侵权指经营者不主动积极履行自身义务，存在消费者不提起合法权益主张就不履行合同义务的主观故意。相比显性侵权，隐性侵权虽然发生消费权益争议的方式相对平和，但对消费者合法权益的侵害程度却同样值得重视。比如，本案中，虽然纸质合同文本已经明确约定了经营者向消费者返还相关费用的条款，但经营者并未尽到及时履行义务。如果消费者没有及时主张义务，消费者的合法权益就此被经营者予以忽略。再比如，我们在日常生活中所办理的各种不记名购物卡、儿童游乐卡，在消费者遗失预付卡或者余额不多、不再去消费的情况下，经营者虽然未提供相应服务，剩余款项就成了经营者的"合法收入"。

在此，也提醒广大消费者，除对显性侵权行为格外警惕外，还要尤其重视那些神不知鬼不觉的"隐性侵权"，护好自己的"钱袋子"，发生消费纠纷，及时向有关部门进行投诉。

案例七　春节期间会员卡禁止使用，侵犯消费者公平交易权

2019年2月，刘女士到消协投诉反映：自己到美发店消费，做完头发拿出会员卡结账时，却被告知春节期间不能使用，但刘女士称办卡时商家并未告知，并且会员卡上也没有明示，刘女士认为商家该做法不合理，要求退卡。

经过消协工作人员调查了解，刘女士的讲述属实，于是组织商家和刘女士在消协办公室进行了现场调解，并向商家进行教导：春节前后，美发店虽然生意火爆，但是也不能随意更改之前的约定，这种趁着春节期间进行"变相涨价"的行为是一种违约行为。经消协反复调解，商家同意将会员卡内余额退给刘女士。

消费者办理会员卡（预付卡）后，就与商家形成了合同关系。如果会员卡（预付卡）上没有注明春节期间不能使用，办理会员卡（预付卡）时也没有提前告知，那商家的做法就涉嫌违约，消费者可以提出退款或者要求商家继续履行合同。商家以店堂告示的形式通知消费者节假日不能使用卡券的行为也是不合理的，属于单方违约。

根据《消费者权益保护法》的规定，经营者不得以通知、声明、店堂告示等方式，作出排除或者限制消费者权利、减轻或者免除经营者责任、加重消费者责任等对消费者不公平、不合理的规定。

案例八　饭店墙围划伤孩子，消协调解促和解

王先生于2019年5月6日晚前往济南市某饭店就餐，就餐过程中，3岁的孩子在玩耍时被墙围边的棱角划伤。王先生带孩子就医，花费867.79元，店方却称只承担500元费用。王先生认为店方应承担安全隐患责任，投诉到济南市消费者协会，要求协调饭店全额支付医药费。

根据王先生反映的情况，工作人员于5月8日下午到被投诉方经营场所进行现场调查核实。在现场，被投诉方经理承认孩子的手是在他店里被墙围边棱角划伤的，并称当日晚上王先生家里来了五口人，因此事在现场大嚷大叫，直接影响了店里的经营。饭店经理还让工作人员查看了当时的监控录像。

随后，工作人员电话联系了投诉人王先生，将落实情况和观看监控的情况向其进行了反馈，同时劝解王先生：小孩的手被划伤，饭店墙围棱角尖锐，未尽到安全保障义务；但从现场监控来看，王先生没有看管好孩子，同样负有责任，再就是王先生当时说话激动并有过激行为，给饭店经营的确造成了不良影响。经过工作人员耐心细致的沟通，王先生对投诉问题有了较大的认识转变。

鉴于此情况，工作人员决定于5月10日14点在被投诉方的店里进行现场调解。首先双方阐述了自己的看法，被投诉方对处理问题不周全向投诉方进行了道歉。经过半小时的现场调解，双方达成一致协议：1.由被投诉方承担600元的药费；2.被投诉方以此为戒，对不安全的地方进行包装，并在墙壁上悬挂警示牌，杜绝类似事情再次发生；3.从此日现场调解后，投诉人王先生家的小孩手被划伤之事处理完毕，若出现其他问题与被投诉方饭店无关。双方对处理结果都很满意，以友好的握手结束了这次调解。

《消费者权益保护法》第十八条明确规定："……宾馆、商场、餐馆、银行、机场、车站、港口、影剧院等经营场所的经营者，应当对消费者尽到安全保障义务。"本案中，王先生一家在饭店就餐，作为经营场所，饭店应当对消费者尽到安全保障义务。但饭店所应尽的安全保障义务并非是毫无限度的。《最高人民法院关于审理人身损害赔偿案件适用法律若干问题的解释》（2003年版）第六条规定："从事住宿、餐饮、娱乐等经营活动或者其他社会活动的自然人、法人、其他组织，未尽合理限度范围内的安全保障义务致使他人遭受人身损害，赔偿权利人请求其承担相应赔偿责任的，人民法院应予支持。"王先生家3岁的孩子在就餐过程中被饭店墙围边的棱角划伤，饭店一方对此并无异议，充分说明饭店作为经营场所其设施存在一定安全隐患，并未尽到合理限度范围内的安全保障义务，因而在孩子被划伤一事中具有明显过错。根据《消费者权益保护法》第四十八条"……经营者对消费者未尽到安全保障义务，造成消费者损害的，应当承担侵权责任"的相关规定，饭店应当承担相应赔偿责任。

《最高人民法院关于审理人身损害赔偿案件适用法

律若干问题的解释》(2003年版)第二条规定:“受害人对同一损害的发生或者扩大有故意、过失的,依照民法通则第一百三十一条的规定,可以减轻或者免除赔偿义务人的赔偿责任。但侵权人因故意或者重大过失致人损害,受害人只有一般过失的,不减轻赔偿义务人的赔偿责任。”本案中,王先生家的孩子只有3岁,为无民事行为能力人,在外就餐期间,家人应对其安全尽到高度注意义务。通过查看监控录像可知,王先生的家人任由其玩耍,未尽到足够的高度注意义务,对孩子被划伤一事有过失,可以减轻赔偿义务人的赔偿责任。王先生家孩子就医共花费867.79元,经济南市历城区消费者协会调解,饭店承担其中的600元费用。同时,饭店以此为戒,对不安全的地方进行包装,杜绝类似事件再次发生,以对消费者尽到法律所规定的安全保障义务。

武汉市消费者协会受理投诉分析报告

据统计,2019年全市消协组织共受理消费者各类投诉、咨询2313件。其中,受理一般消费投诉1748件,成功调解1718件,调处率98.28%;受理电商消费投诉43件,成功和解40件,和解率93.02%;受理消费者咨询522件,回复率100%,共为消费者挽回经济损失265万余元。

一、投诉的基本情况

(一)一般消费投诉分析

2019年,全市消协组织共受理一般消费投诉1748件。

1. 按投诉性质划分

根据投诉性质划分,排名前四位的依次为:质量455件、其他421件、售后服务387件、合同260件(见表1)。

表1　一般投诉性质统计表

投诉性质	数量(件)	占比(%)
质量	455	26.03
其他	421	24.08
售后服务	387	22.14
合同	260	14.87
虚假宣传	64	3.66
价格	61	3.49
假冒	52	2.97
安全	20	1.14
计量	17	0.97
人格尊严	11	0.63
总计	1748	100.00

2. 按投诉类别划分

根据投诉类别划分,排名前四位的依次为:生活、社会服务类304件,家用电子电器类262件,其他商品和服务类220件,服装鞋帽类163件(见表2)。

表2　一般投诉类别统计表

投诉类别	数量(件)	占比(%)
生活、社会服务类	304	17.39
家用电子电器类	262	14.99

续表

投诉类别	数量（件）	占比（%）
其他商品和服务	220	12.59
服装鞋帽类	163	9.32
交通工具类	162	9.27
文化、娱乐、体育服务	125	7.15
日用商品类	88	5.03
教育培训服务	75	4.29
房屋及建材类	75	4.29
食品类	61	3.49
首饰及文体用品类	44	2.52
销售服务	43	2.46
房屋装修及物业服务类	40	2.29
互联网服务	23	1.32
医药及医疗用品类	21	1.20
烟、酒饮料类	16	0.92
公共设施服务	12	0.69
金融服务	5	0.29
电信服务	3	0.17
旅游服务	3	0.17
卫生保健服务	2	0.11
农用生产资料类	1	0.06
总计	1748	100.00

（二）电商消费投诉分析

2019年，全市消协组织共受理电商消费投诉43件，其中，涉及淘宝（天猫、支付宝）24件、京东商城8件，居前两位（见表3）。按投诉类别划分，排名前三位的是家用电子电器类13件、食品类9件和日用商品类7件（见表4）。按投诉性质划分，排名前三位的是质量25件、售后服务10件和安全4件（见表5）。

表3　电商消费投诉企业分布统计表

被投诉企业/平台	投诉登记量（件）
淘宝（中国）软件有限公司（淘宝、天猫、支付宝）	24
北京京东世纪贸易有限公司（京东商城）	8
江苏苏宁易购电子商务有限公司（苏宁易购）	2
拉扎斯网络科技（上海）有限公司（饿了么）	2
广州唯品会信息科技有限公司（唯品会）	2
北京三快科技有限公司（美团）	2
上海汉涛信息咨询有限公司（大众点评）	1
北京市嘀嘀无限科技发展有限公司（滴滴出行）	1
上海携程商务有限公司（携程）	1
合计	43

表4 电商消费投诉类别统计表

投诉类别	数量（件）	占比（%）
家用电子电器类	13	30.23
食品类	9	20.93
日用商品类	7	16.28
其他商品和服务	5	11.63
交通工具类	3	6.98
服装鞋帽类	2	4.65
销售服务	2	4.65
房屋及建材类	1	2.33
文化、娱乐、体育服务	1	2.33
合计	43	100.00

表5 电商消费投诉性质统计表

投诉性质	数量（件）	占比（%）
质量	25	58.14
售后服务	10	23.26
安全	4	9.30
假冒	2	4.65
虚假宣传	2	4.65
合计	43	100.00

二、投诉热点分析

（一）生活、社会服务问题居投诉榜首，预付式消费问题最为突出

2019年，全市消协组织共受理生活、社会服务类投诉304件，占一般消费投诉总量的17.39%，位居首位。其中，预付式消费问题最为突出，主要集中在：一是经营者限制消费者退卡、转卡的权利，变相收取高额违约金或转卡手续费；二是预付卡累计金额庞大，资金监管措施不力，消费者资金安全难以得到有效保障；三是预付式消费经营市场活力强、涉及行业多、覆盖面广、纠纷频发、维权渠道不明朗；四是经营场所突然关闭或经营主体变更时，债权债务不做妥善处理，对消费者的合理诉求置之不理，引发群体投诉。

2019年，武汉市相继出现了"迦健身"等健身会所在没有任何公示的前提下，终止服务、关门停业、卷款跑路的事件，消费者为此蒙受了巨大的经济损失。武汉市消费者协会也收到了多起健身会所无故关门或转卡收取高额手续费的投诉。市消协提醒广大消费者：在办理预付式消费卡券时应先了解经营者相关信息，尽量选择规模大、信誉好、经营状况良好的企业，并要求商家提供详细的书面合同。同时，应避免一次性购买金额过高的预付卡券，办卡时要索取消费凭证，并要求商家盖章，以备发生纠纷时能够充分举证。若出现消费纠纷或商家突然停业的情况，消费者应及时向有关部门报案或投诉，并提供发票、合同等相关证据。

（二）装修类投诉呈上升趋势，装修问题层出不穷、花样百出

2019年，仅市消协就受理了装修类投诉共50余件，其中，以北京丰立装饰工程有限公司武汉分公司的投诉为主，主要问题表现为：一是合同猫腻，陷阱重重；二是工期拖延，管理混乱；三是以次充好，弄虚作假。

市消协提醒广大消费者：一是选择正规家装公司，选购家居建材商品和服务的时候，要选择信用可靠、质量好的商家，查验其证照和资质等级证书是否齐全；二

是合同内容约定明确，应标明家装涉及材料的品牌、型号；三是理性对待商家促销，不轻信口头宣传与承诺，注意保留商家促销宣传页等证据，将商家承诺的优惠条件写入正式合同；四是明确经营者保修责任，装修房屋中存在的有些瑕疵不会在短期内显现，消费者要与装修公司签订工程保修协议书，明确保修项目、保修期限等相关事宜。

（三）交通工具类投诉量居高不下，汽车4S店销售及售后问题凸显

2019年，全市消协组织共受理交通工具类（以汽车及其零部件为主）投诉162件，占一般消费投诉总量的9.27%。此类消费投诉的问题主要集中在汽车4S店销售及售后服务环节，具体表现为：一是经营者售前过度营销，盲目承诺各种增值服务或价格优惠，消费者购买后却拒绝兑现承诺；二是经营者巧立名目，搭售价外增值服务，如金融服务费、上牌费、保险费等各种费用，侵犯消费者知情权和公平交易权；三是经营者在车辆实际交付环节中“交车不交证”，不能保障随车证件的完整交付；四是经营者曲解“汽车三包”规定，在车辆出现问题时拒绝承担退货责任或赔偿损失等基本合同义务，致使消费者售后维权难。

市消协提醒广大消费者：消费者在购车时要冷静理性，结合实际需要，在了解经营者经营资质、经营状况、车辆详细情况以及费用明细等具体信息后审慎付款。交付车辆时应当注意随车证件是否齐全、交付是否完整。交付使用后如出现质量问题，尽量选择有资质的店面进行售后维修并留存记录。

广州市消费者委员会受理投诉分析报告

2019年，全市消委组织共受理消费者投诉和咨询15.26万件，其中受理投诉13.58万件，接待消费者来访和来电咨询1.68万人次。较去年同期上升9.70%，成功调解率为77.51%，为消费者挽回经济损失5901.93万元。

一、全市消委会受理投诉量的分布

从受理投诉分布行政区域来看，排在前五位的是天河区、白云区、番禺区、黄埔区和海珠区，投诉量分别约为3.50万件、1.63万件、1.50万件、1.23万件和0.98万件；各占全市投诉量的25.77%、12%、11.04%、9.05%和7.21%。另外，市消委会单独处理消费投诉2.57万件，占全市投诉量的18.93%。

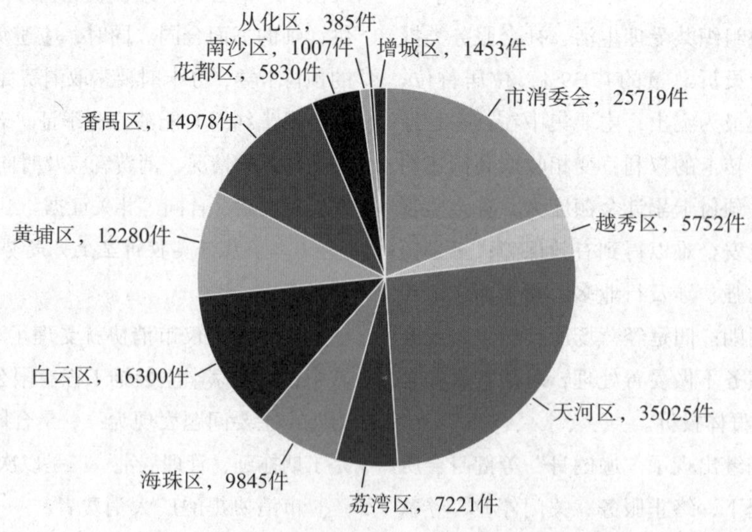

图1 2019年广州市消委会系统受理消费投诉分布图

二、消费投诉涉及的类别

从投诉涉及的消费类别来看，商品类投诉和服务类投诉的占比是4∶6。

涉及商品类投诉有5.52万件，同比上升17.44%。投诉量在前三的商品类别是：日用百货类2.21万件、家用电子电器类1.19万件、交通工具类0.75万件。与去年相比，日用百货类和交通工具类的投诉呈上升趋势，增幅分别是37.26%和17.65%；家用电子电器类的投诉量略降，降幅为8.40%。

涉及服务类投诉有8.06万件，同比上升4.94%。投诉量在前三的服务类别是：互联网服务2.07万件、生活社会服务类1.69万件、电信服务1.31万件。据统计，近年来一直是“重灾区”的互联网服务，在2019年投诉量略减，并结束了连续五年的增长，同比下降1.5%。此外，第二位的生活社会服务类上升14.91%，第三位的电信服务则下降10.07%。

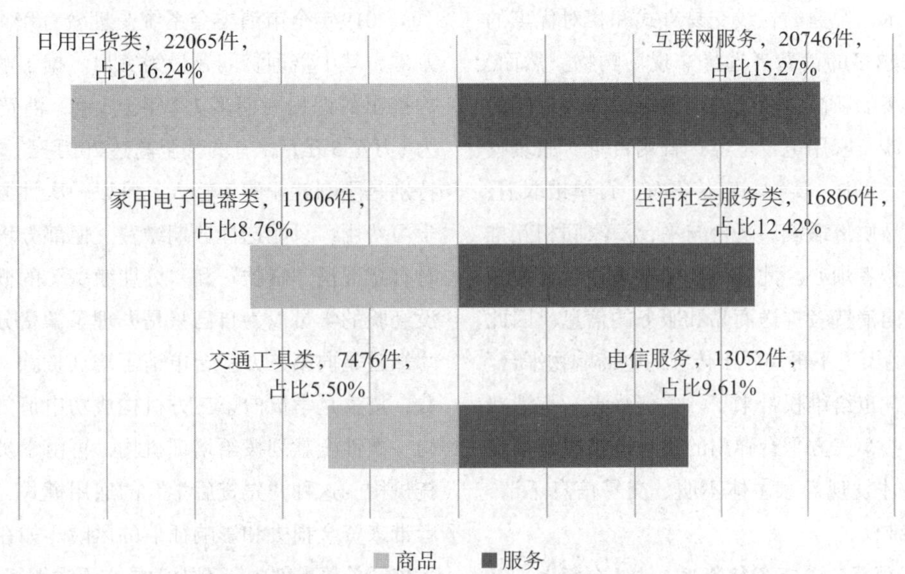

图2　2019年商品类投诉和服务类投诉前三位的对比图

三、消费投诉涉及的性质

从投诉性质分类来看，全市消委会系统处理售后服务类投诉最多，共5.07万件，占比38.94%；第二位是质量问题2.89万件，占比22.19%；第三位是其他问题2.27万件，占比17.43%。

与2018年比较，投诉量增长的类别是：质量、人格尊严、广告、商标、虚假宣传、安全等；投诉量下降的类别是：售后服务、计量、合同、价格和假冒。

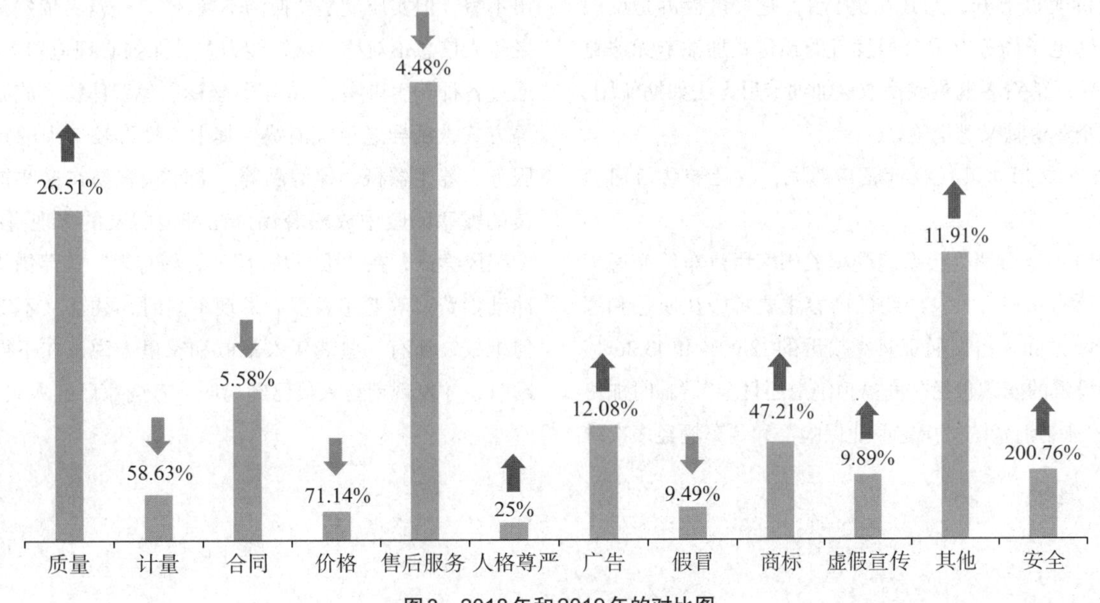

图3　2018年和2019年的对比图

四、消费投诉热点分析

从消费者反映的问题来看，2019年消费投诉的高频词是网络购物、预付式消费、交通工具、教育培训和老年人消费。

（一）网络购物：投诉量逐年攀升，新情况新问题频现

2019年全市消委会系统共受理网络、电视、邮购等非现场购物的投诉8.07万件，占比59.42%。近年来，快速发展的网络技术、便捷的在线交易方式和相对优惠的价格吸引着越来越多的消费者选择非现场购物。然而，随着电商销售额屡创新高，相关的消费纠纷成为近年的投诉热点，主要涉及家用电子电器、日用百货、服装鞋帽和餐饮住宿等。其中，实物与宣传不符、订单被取消、送货不及时、商品质量瑕疵、平台与平台商家间相互推诿等问题最让消费者烦心。此外，部分直播平台、视频软件和浏览器会向消费者推送商品和服务的信息，因此消费者选择购物的渠道不再局限于传统的电商购物平台。购物渠道的增多，也给维权带来了一些新难点。有消费者反映，通过一些第三方平台弹出的购物链接进行消费后，产生纠纷时才发现商家主体不明、交易信息不清，导致难以进一步维权。

（二）预付式消费：遍布各行各业，涉及金额大、范围广

预付式消费问题一直是消费纠纷的热点。近年来，除了美容、美发和健身等传统行业外，预付式消费还扩展到线上的加油卡、车辆租赁、订购生鲜和外卖餐饮等生活服务等领域。2019年全市消委会系统受理的预付式消费投诉明显上升，尤其在5月后，有大量投诉是反映中经汇通电子商务有限公司发行的预付式加油卡无法兑现的问题。消费者购买或换取该加油卡后无法如期使用，要求该企业退款又遭拒绝。

（三）交通工具：投诉量增两成，质量和售后问题居多

2019年全市消委会系统受理关于家用汽车等交通工具类投诉有0.75万件。纠纷的内容主要集中在质量和售后服务两方面，占交通工具类投诉的22.99%和43.26%。消费者投诉的问题包括“商家拒绝退还订金”“临时加价提车”“强制消费购买指定商业保险”和“车辆经多次维保仍未能解决”等。另外，在“西安奔驰女车主维权事件”发生以后，关于汽车及其零配件质量方面的投诉增长迅速，尤其是关于汽车的发动机、变速箱、离合器等关键部件和主要零件的问题较为突出。同时，消费者还表示汽车的主要零件出现质量问题时，商家以各种理由懈怠或拒绝履行法定的售后服务义务。

（四）教育培训：培训贷问题引关注，不能上学仍还贷

2019年全市消委会系统受理教育培训服务投诉0.48万件，其中培训贷问题最为突出。据了解，目前培训机构推出的课程周期多为1年至3年，消费者需缴的费用为1万至5万元，有的甚至高达20万元。一般的消费者，特别是刚刚就业的年轻人，难以一次性缴纳如此高额的学习费用，只能选择分期缴费。但部分培训机构在宣传时有意混淆“贷款”和“分期缴费”的概念，导致一些没经验的学员以为自己只是办理了学费分期缴费，事后才知道是向第三方平台申请了培训贷款。区别于分期缴费，贷款是学员向第三方机构成功申请贷款后，贷款机构一次性全款划拨给培训机构，再由学员按月偿还给放贷机构。这种“先贷后学”的通用模式，很可能给消费者带来资金损失和影响征信的风险。如在韦博英语全国多校区关停事件中，不少学员在无法继续学习的情况下，还得继续按期偿还余下的贷款。

（五）老年人消费：推销宣传存乱象，养老最后成坑老

随着老年消费在市场所占比重越来越大，老年消费“陷阱”也日益增多。近年来，针对老年人的消费陷阱层出不穷，但实质上是“换汤不换药”。经营者依然是利用老年人信息不对称、认知能力差、保健心理迫切等特点，通过各种养生讲座、“专家”坐诊、免费体检、旅游参观等方式，诱导老年人消费。其中，投诉较集中的是养老服务、养生器械、保健品等。老年人容易在这些销售人员的嘘寒问暖中放松警惕，在身边朋友的“现身说法”中跟风尝试，在“限时特价”“名额有限”等促销优惠前冲动消费。等老年人事后发现不妥时，往往又不知该如何维权，还有一些老年人不敢和家里人说，在不得不求助时，才发现销售人员已经离职或者商家已经人去楼空。

成都市消费者协会受理投诉分析报告

2019年全市消委组织共受理解决消费者投诉19021件，为消费者挽回经济损失2300多万元，受理来信、接待来访24130人次，接受锦旗或表扬信33面（封）（见表1）。

表1 2019年成都市消协组织受理投诉情况统计表

本期解决（件）	19021
挽回经济损失（万元）	2304
受理来信、接待来访（人次）	24130
锦旗或表扬信（面或封）	33

一、投诉的基本情况

投诉问题按性质分：质量问题占43.91%，价格问题占9.53%，合同问题占8.03%，虚假宣传问题占7.83%，售后服务问题占7.28%，安全问题占4.44%，假冒问题占1.61%，计量问题占0.86%，人格尊严问题占0.07%，其他问题占16.43%（见图1）。

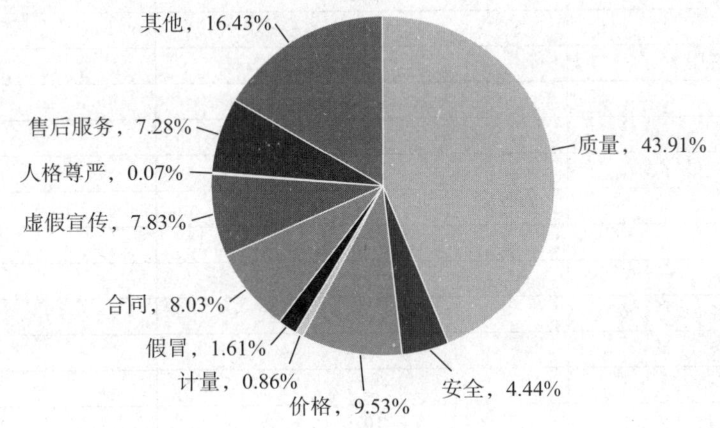

图1 投诉性质比例图

与2018年相比，涉及质量、计量、假冒、人格尊严、售后服务等的投诉比重有所下降，涉及安全、价格、合同、虚假宣传等的投诉则有所上升（见表2）。

表2 按投诉问题性质分类情况表

投诉性质	2019年（件）	投诉比重（%）	2018年（件）	投诉比重（%）	比重变化（%）
质量	8353	43.91	9228	55.43	↓ 11.52
安全	845	4.44	502	3.02	↑ 1.42
价格	1812	9.53	1006	6.04	↑ 3.49
计量	163	0.86	183	1.1	↓ 0.24
假冒	307	1.61	301	1.81	↓ 0.2
合同	1527	8.03	900	5.41	↑ 2.62
虚假宣传	1490	7.83	1162	6.98	↑ 0.85
人格尊严	14	0.07	29	0.17	↓ 0.1

续表

投诉性质	2019年（件）	投诉比重（%）	2018年（件）	投诉比重（%）	比重变化（%）
售后服务	1384	7.28	1226	7.36	↓ 0.08
其他	3126	16.43	2111	12.68	↑ 3.75

投诉问题按类别分：生活、社会服务类占16%，食品类占14.28%，家用电子电器类占13.87%，服装鞋帽类占9.05%，房屋及建材类占7.78%（见表3、图2）。

表3　投诉类别占比变化表（单位：件）

投诉类别	投诉量	所占比例（%）
家用电子电器类	2638	13.87
服装鞋帽类	1721	9.05
食品类	2717	14.28
烟、酒和饮料类	453	2.38
房屋及建材类	1480	7.78
日用商品类	1278	6.72
首饰及文体用品类	468	2.46
医药及医疗用品类	504	2.65
交通工具类	853	4.48
农用生产资料类	24	0.13
生活、社会服务类	3044	16.00
房屋装修及物业服务	593	3.12
旅游服务	109	0.57
文化、娱乐、体育服务	954	5.02
邮政业服务	256	1.35
电信服务	68	0.36
互联网服务	81	0.43
金融服务	36	0.19
保险服务	73	0.38
卫生保健服务	85	0.45
教育培训服务	176	0.93
公共设施服务	117	0.62
销售服务	273	1.44
其他商品和服务	1020	5.36

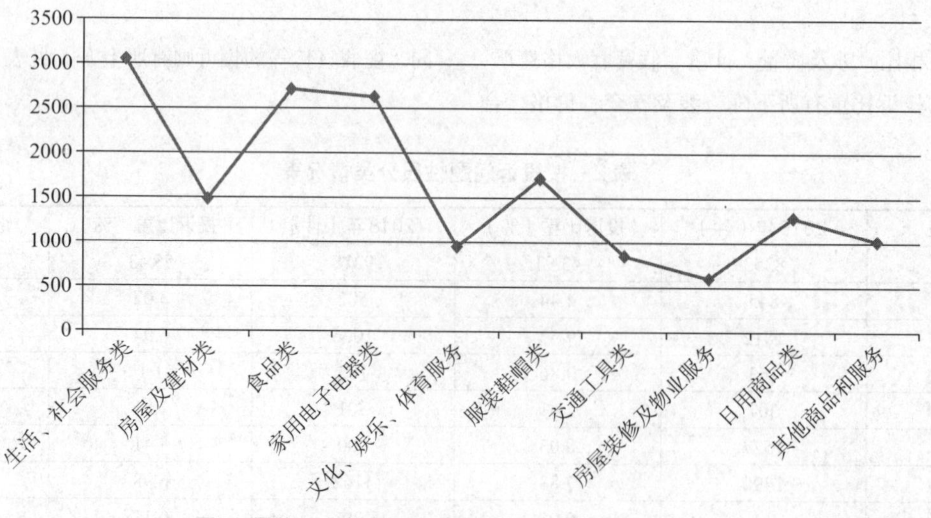

图2　居前10位的商品和服务大类投诉量图（单位：件）

二、投诉热点分析

（一）物流快递投诉增多

电子商务的快速发展使物流快递深入人们的日常生活，物流快递行业的特殊性导致其投诉问题比较集中。其投诉主要表现在：一是物品破损问题。物流、快递寄递物品大都需经历多次转运，转运过程中的粗暴操作造成物品损坏的情况时有发生。二是签收验货不仔细。特别是大件物品搬动检查本不易，验货时很难做到面面俱到，往往在后期安装时才发现问题。三是贵重物品保价意识不强，受损或丢失导致赔偿难。为减少寄送费用支出，部分消费者常不给物品特别是贵重物品保价或保价金额过低，物品受损或丢失发生后，赔偿很难让消费者满意。四是快递业市场准入门槛低，从业人员素质参差不齐，导致服务质量不高，消费者满意度低。

（二）装饰装修投诉频发

随着人们生活品质的提高以及房地产市场的蓬勃发展，房屋装修服务也逐渐成为消费者投诉的热点问题。家居家装行业市场准入门槛低，部分经营者缺乏诚信，服务质量参差不齐。2019年全年受理装饰装修消费投诉342件，投诉主要表现为：一是经营者管理不到位，装修材料以次充好，施工人员技术良莠不齐，导致施工质量差。二是装修公司采用格式合同规避自身责任，部分装修公司在一些关键条款中采用模糊语言、导致约定不明，致使消费者权益受损。三是装修公司以低价或套餐式报价招徕顾客，但施工过程中如涉及项目变动，便以增加作业量、建材量等为由收取高额费用。四是部分装修公司抗风险能力差，卷款跑路现象时有发生，给消费者带来重大财产损失。五是家装公司以套餐、团购价等低价吸引消费者，引诱消费者交纳意向金或定金，而设计人员上门测量后装修总价却远远高于消费者选定的套餐，消费者如不认可，便会引发退定争议。

（三）预付式消费投诉居高不下

预付式消费经营者多以打折、让利或额外赠送等为由，引诱消费者提前预支未来并不确定的消费，其市场覆盖面广、从业人员流动性大、资金监管难，致使相关消费投诉多发，且有从传统美容、健身等行业向其他行业延伸的趋势。2019年全年受理预付式消费投诉1015件，投诉反映的主要问题为：一是商家服务质量与先前承诺大相径庭，导致消费者不满。二是商家以“解释权归商家”等“霸王条款”限制消费者权利，减轻或逃避自身应承担的责任。三是纠纷解决难，预付式消费过程中，商家一般不与消费者签订书面合同，经营者与消费者双方的权利义务大多以预付卡上的几条格式说明或口头约定替代，一旦发生消费纠纷，双方各执一词，导致纠纷处理难。四是办卡容易退卡难、经营者转让、关门、倒闭、跑路等问题依旧频发，消费者自身权益难以保障。

（四）汽车及其零部件投诉引关注

随着汽车的普及，家用汽车购买及售后保养方面的需求越来越大，涉及汽车消费领域投诉也明显增多。西安奔驰车主维权事件引发全国广泛关注。汽车属于大件商品，普通消费者对于其性能、内部构造等专业知识了解不多，对于是否属于质量问题的认定存在分歧，纠纷解决难度较大。2019年全年受理汽车及其零部件消费投诉517件，投诉问题主要有：一是经营者存在巧立名目暗地收取续保押金、金融服务费现象，其代办服务收费不透明。二是销售汽车时隐瞒汽车真实情况，如剐蹭、喷漆、漆皮等问题。三是汽车质量问题，经营者推诿扯皮，消费者鉴定难。四是维修保养时以“副厂配件”冒充正厂配件，赚取超额利润。五是售后服务质量和服务态度差，存在过度保养、多次维修仍无法排除故障等问题。

（五）整形美容服务投诉突出

近年来，随着居民生活水平的提高，消费者的整形美容需求越来越大，整形美容市场得到快速发展，但行业乱象也随之而来，使得原本追求美丽的消费者身心反而受到严重伤害。其主要表现在：一是质量问题，一些整形项目往往需分几次做，如消费者中途不满意，要求退费，困难重重。二是不签订风险合同，如没达到消费者预期，消费者自身权利保障难。三是整形好坏弹性空间大，缺乏明确标准，一旦发生纠纷，责任界定难。四是虚假宣传误导消费者，一些只有生活美容服务资质的机构“越界”做医学美容。

三、几点建议

（一）物流快递方面

物流快递行业涉及点多面广，易发生纠纷。市消协建议消费者在接受物流快递服务时注意以下几点。

选择物流快递公司时可先对其服务合同进行比较，尽量选择其合同条款清晰明确的公司。

认真如实填写物流、快递单和寄递物品名称，贵重物品一定要保价，以免在发生纠纷后遭遇赔偿难。

签收时一定要仔细，消费者签收时可先从外观上初步检查物品的包装有无破损，如果初步判断没问题，可以签收，签收后一定要当着送件员的面，打开包装检查核对物品，以便在物品有破碎或短缺时及时处理。

大件物品签收要尽可能做到面面俱到，避免因签收后检查不到位造成自身权益受损。

（二）装饰装修方面

家装专业性强，个性化需求多，时间跨度相对较长，而装修市场准入门槛低，部分经营者缺乏诚信，导致装修出状况，极易引发纠纷。市消协建议消费者在家装消费时应注意以下几点。

要理性对待商家“低价”促销等广告宣传活动，不轻信其口头宣传与承诺。

要精挑家装公司，查询其资质和信用状况，多渠道了解公司口碑信誉。

要仔细签订合同，建议使用行业范本，明确装修进度、违约责任、保修范围和保修期限、费用支付方式等，尽量根据装修进度，验收一项支付一项。如涉及材料的品牌、型号，勿用“品牌”产品之类的字眼代替。装修过程中，如有变更，对于变更事项应尽可能与装修公司签订书面的补充协议。

保留好相关凭证，定期检查家装现场，发现问题及时纠正，在条件许可的情况下，可聘请第三方监理机构参与监督工作。

（三）预付式消费方面

预付式消费投诉多发，除涉及面广、经营行为难以约束等问题之外，消费者贪图便宜、冲动消费也是一个重要原因。为此，市消协提醒广大消费者在预付式消费时应注意以下几点。

预付消费要理性，不要被商家宣传的优惠折扣迷惑而冲动消费，要根据自己的实际需要，科学理性地购买充值预付式消费卡，尽量不要购买或办理预存大笔金额的预付卡。

应充分了解经营者的经营状况、诚信度，切莫轻信广告和商家的口头承诺，应尽量与商家签订书面合同，以便充分了解预付式消费的各项规定和注意事项，避免因自身原因造成权益受损。

每次消费后要核对卡内金额，并妥善保存好消费票据，便于一旦发生纠纷向有关行政主管部门投诉。

（四）汽车类产品选购方面

对经营者而言，汽车产品合格交付是其应尽义务。如提供金融保险等服务应明码标价，并如实告知消费者。产生消费争议时应当正视消费者的诉求，诚信、快速地予以解决。市消协建议消费者准备进行汽车类产品及服务消费时应注意以下几点。

在购车时要冷静理性，提前做好汽车相关知识的了解和学习，结合实际需要，在了解经营者经营资质、经营状况、车辆详细情况以及各项费用明细等具体信息后审慎付款。

要保留好购车凭证，一旦发现异常情况，应及时与商家取得联系，以免因不正常使用造成车辆损坏，致使无法索赔。

维修、保养汽车时要擦亮眼睛，车辆维修保养后要仔细核对清单价格，避免掉入“过度保养、捆绑销售、虚假宣传”等消费陷阱。

（五）整形美容服务选择方面

爱美之心人皆有之，为避免整容变成毁容，市消协建议消费者在选择接受整形美容服务消费时应注意以下几点。

要增强对整形美容行业的辨识度了解，提高自我保护意识。再简单的整形美容，或多或少都会存在一定的风险，因此消费者在决定做整形手术前一定要多渠道了解所做项目的原理、机制、风险等信息。

要慎选整形机构及从业人员，要核实服务提供机构和美容师的相关资质。

对整形、美容效果要有合理预期，不要轻信商家口头承诺。对其承诺，要通过书面形式达成服务协议。同时要特别注意美容机构提出的各种达到美容效果的配合要求条款是否适合自己，比如节食、时间要求等，要三思而后行。

不轻信美容院的“免费午餐”。“免费体验”往往暗含玄机，当消费者真正使用时，各种附加收费项目随之产生。因此，消费者一定要详细了解清楚什么项目是免费的，什么项目是收费的，如遇到店方欺诈、强制消费、侵犯消费者人身自由的，要保留好相关凭据，事后及时向有关部门投诉、举报。

第二编　比较试验

中国消费者协会

车内空气净化器比较试验报告

——19款车载空气净化器比较试验结果

随着生活水平的提高，越来越多的人习惯开车出行。雾霾天气以及媒体关于车内空气污染的报道，让广大消费者更加关注车内空气质量。为迎合消费需求，市场上各种车载空气净化器产品不断出现。那么，这类产品对污染物的净化效果如何呢？中国消费者协会为此在2019年8月至10月，从电商平台购买了19款主要品牌车载空气净化器商品开展比较试验，委托中国家用电器检测所对其主要净化性能进行测试，给广大消费者提供相关产品信息。

一、车载空气净化器测试样品情况

详见附表1《车载空气净化器比较试验样品信息一览表》。

比较试验测试样品共计19款，涉及国内外品牌17个，样品分别从京东商城、苏宁易购和天猫三个网购平台模拟消费者购买，每台净化器的购买价格从259元到3998元不等，售价相差很大。车载空气净化器样品的外观有圆形、方形、圆柱形等，形状多样。

二、车载净化器比较试验结果分析

详见附表1《车载空气净化器比较试验样品信息一览表》和附表2《车载空气净化器比较试验结果一览表》。

（一）样品测试主要内容和检测依据

车内空气中的污染物通常由颗粒物、气态污染物（主要指甲醛、TVOC、苯等）以及微生物等物质组成。本次比较试验对所购买的19款样品均做颗粒物洁净空气量（CADR）及净化能效（η）、噪声、输入功率、待机功率的测试，对于宣传具有去除气态污染物净化能力和具有活性炭滤网的样品，又进行了甲醛、TVOC、苯的洁净空气量（CADR）及净化能效（η）的测试。依据测试数据，比较样品对各污染物净化能力的高低强弱。

同时，比较试验还对样品的后期使用成本、说明书内容，以及标签铭牌的标注情况进行了咨询、收集、记录和比较，为消费者选择购买这类产品提供较为全面的信息。

洁净空气量（CADR）指空气净化器在额定状态和规定的试验条件下，针对目标污染物（颗粒物和气态污染物）净化能力的参数，表示空气净化器提供洁净空气的速率，以立方米每小时（m^3/h）为单位。CADR是空气净化器固有性能的基本参数，以特定烟尘颗粒物或单一的气态污染物为目标污染物测试得出。CADR的数值与各污染物一一对应。

净化能效（η）指空气净化器在额定状态下单位功耗所产生的洁净空气量，以立方米每瓦特小时［$m^3/(W·h)$］为单位。一般情况下，净化能效数值越大表示该产品既节能，净化效果又好。其净化能效与各污染物的CADR及输入功率一一对应。

待机功率指空气净化器在连接到供电电源上，仅提供重启动、信息或状态显示（包括时钟）功能，而未提供任何主要功能的状态下的输入功率。

噪声指空气净化器在额定状态（若无明示额定状态，默认按照产品最大档位或最大净化能力对应的档位）下运行所产生的噪声大小，以声功率级［dB（A）］为单位。其数值越小表明空气净化器运行时所产生的噪声越小。

比较试验检测方法依据GB/T 18801-2015《空气净化器》。

（二）19款样品净化能力差别较大

1.颗粒物的CADR和净化能效（η）

19款车载空气净化器的颗粒物CADR检测结果最高为106.9m³/h，最低约为1.2m³/h。如果净化3立方米的车内空间（标准测试方法中使用3立方米的实验舱），样品最短耗时约100秒，最长耗时约9000秒，相当于150分钟。颗粒物CADR值越高，净化速度越快。

根据所测样品的CADR数值，结合样品的输入功率，计算出19款样品的净化能效（η）。最高能效为13.447m³/（W·h），最低约为0.4m³/（W·h）。净化能效数值越高，说明产品既节能，净化效果又好，是选购车载空气净化器的重要指标。

2.甲醛、TVOC、苯的CADR和净化能效（η）

比较试验样品中有15款宣称对甲醛、TVOC、苯等气态污染物有净化效果。通过测试，15款样品的甲醛CADR值在0.1—28.3m³/h范围，TVOC的CADR值在0.1—28.0m³/h范围，苯的CADR值在0.1—24.5m³/h范围。CADR值越高，净化气态污染物的速度越快。

通过计算得到样品对甲醛在0.01—9.129m³/（W·h）之间，苯净化能效在0.02—4.375m³/（W·h）之间，TVOC净化能效在0.03—5.000m³/（W·h）。净化能效（η）值越高，净化能力越强。测得15款样品净化能力差别显著，有的样品净化能力达不到宣称的效果。

国家标准GB/T 18801-2015《空气净化器》，将空气净化器按照净化能效（η）数值分级（见表1）。一般来讲，当产品的气态污染物净化能效低于0.1m³/（W·h）时，则产品对该污染物的净化效果不明显。净化能效等级与污染物一一对应。

表1　空气净化器净化能效分级

净化对象	净化能效等级	净化能效 η 颗粒物/[m³/(W·h)]	净化对象	净化能效等级	净化能效 η 气态污染物/[m³/(W·h)]
颗粒物	高效级	η 颗粒物≥5.00	气态污染物	高效级	η 气态污染物≥1.00
	合格级	2.00≤ η 颗粒物<5.00		合格级	0.50≤ η 气态污染物<1.00

（三）额定功率标称数值欠准确

经测试，有些样品的输入功率检测数值与其标注的额定功率数值差别较大，影响消费者的选购。

比较试验样品的输入功率最大检测值为14.6瓦，最小为3.0瓦。净化器的输入（或标注的额定功率）功率小，不代表其净化能力就低，净化能力如何还是主要参考产品的洁净空气量。

（四）大多数样品工作时的噪声可以被接受

噪声测试值是样品工作时的最大值。结果显示，19款样品工作时的最大噪声在41.5分贝到60.6分贝。有15款样品的噪声值低于55分贝，符合我国环境噪声的1类标准（适用于以居住、文教机关为主的区域）。

（五）净化器的后期使用成本差别悬殊

车载空气净化器的关键部件是滤网。滤网需要定期更换，否则将成为空气污染源，产生二次污染。因此，定期更换滤网非常重要。不同产品的滤网使用寿命不同。比较试验19款样品中，17款样品说明书中对更换滤网的时间做了说明。而滤网的价格会因其构造、材料的不同而不同。经咨询，净化器样品的滤网价格最低为49元/个，最贵为780元/个，差别很大，购买产品时需注意。

（六）样品的标签、铭牌的标注情况不尽如人意

经查，19款样品中，有18款样品在其销售网页上或产品说明书中或产品铭牌上，都宣称对颗粒物、甲醛、苯、TVOC等气态污染物等有不同的净化功能，但其中只有11款样品标出颗粒物洁净空气量参数，4款标出甲醛洁净空气量参数，4款标出TVOC洁净空气量参数。不标明净化参数会给消费者的选购带来困难。

三、消费提示——关注洁净空气量和净化能效　选购车载空气净化器

（一）车内空气中的污染物通常由颗粒物、气态污染物（甲醛、TVOC、苯等）、微生物等物质组成，消费者根据不同需求选择不同性能的车载净化器产品

颗粒污染物PM2.5问题。室外空气污染相对严重时，会导致车内颗粒物（PM2.5等物质）的浓度升高，如果有在车内吸烟的情况，则污染会更加重。解决这一问题，消费者在选购车载空气净化器时，要关注产品的颗粒物洁净空气量和净化能效的标注值，选择数值较高的产品。

气态污染物（甲醛、TVOC、苯等）也叫化学气体污染物，主要存在于车的内饰材料中，如皮革制品、塑料制品及胶水等黏合剂等，可能会带来新车内部空气污染

问题。如果针对这一情况，选购车载空气净化器时，应当关注产品的甲醛、TVOC、苯等污染物的洁净空气量和净化能效的标注值，选择数值较高的产品。

购买时，要查看车载净化器产品的铭牌和说明书，看对于需要净化的污染物（颗粒物或气态污染物），是否标出具体净化能力的数值，以及是否有正规检测报告做支持。

（二）了解产品滤网的净化功能，有针对性地选购产品

车载空气净化器产品净化效果的好坏关键在于其内部的过滤网性能。车载空气净化器使用的滤网通常有HEPA滤网、活性炭滤网或复合滤网。HEPA滤网主要针对空气中的颗粒物，通过过滤拦截空气中的颗粒物，达到净化的效果。活性炭滤网主要通过活性炭的吸附能力，达到对气态污染物的吸附从而达到净化效果。复合滤网既能净化颗粒物，同时也能去除气态污染物。从比较试验看，目前销售的产品多数使用复合滤网。

除了上述过滤网的净化方式外，也有一部分车载空气净化器采用负离子、臭氧等净化方式。负离子和臭氧的净化方式的优点在于无耗材更换成本，但是其净化速率和净化效果与滤网式净化器相比较低。

（三）关注售后服务及使用成本

车载空气净化器的滤网是一个持续性投入，需要定期更换，以维持其高效的净化速率，防止滤网表面及内部积累的污染物产生二次污染问题。在选购净化器的时候务必考虑滤网的更换成本。

受限于车载空气净化器外观及结构尺寸大小，其内部所使用滤网体积不会很大，消费者使用该产品后要时常关注滤网的污染程度，一旦滤网表面积累过多灰尘或者明显感觉净化效果变差后，就要及时更换滤网，以确保产品的净化效果。

购买时还应了解产品售后服务的便利性。包括安装、整机保修时间（1到2年的都有）、产品的清洁、过滤网的清洗、更换以及更换滤网费用、滤网是否购买方便等情况。

（四）发票、保修证等重要证据一个都不能少

消费者要通过正规销售渠道购买车载空气净化器产品，索要发票和保修票证，以备日后维修、维权之用。

（五）正确使用车载净化器，保证车内空气良好

车内空气的净化不能完全依赖于车载空气净化器，解决车内空气污染问题要多种手段并用。天气好的情况下开窗通风是净化车内空气非常好的方法。

当使用车载净化器时，不要开窗，使用空气内循环。

车载空气净化器与我们家用空气净化器的工作原理一样，是由机器内的微风扇使室内空气循环流动，污染的空气通过机内的空气过滤器去除有害物质，气体通过净化之后变成干净的空气。

一般车载空气净化器可以使用USB连接，而且耗电量非常小，所以也可以使用充电宝作为电源。

不需要使用车载空气净化器或长时间不开车时，要注意拔掉车载空气净化器的电源线。以便延长机器的使用寿命，也能有效保护车内的蓄电池。

定期清洁滤网，及时更换滤网，保证净化效果。

附表1 车载空气净化器比较试验样品信息一览表

说明：1. 比较试验样品均从线上平台购买。表中序号按样品特点及购买价格由高到低排序。

2. 比较试验结果只对所购买的样品负责，不代表该品牌其他批次的产品情况。任何单位不得擅自使用本次比较试验结果作宣传。

3. 表中"√"表示样品的包装、标签或说明书中明示样品具有该净化功能，但没有明确具体数值；"—"表示样品的包装、标签以及说明书中对该项内容没有相应的标注和说明。

编号	标称品牌	标称名称	标称型号	样品功能宣称（m^3/h）						宣称额定功率（W）	标称制造商	标称生产日期	净化原理	宣称滤网类型	产品尺寸（mm）	滤网查询价格（元/个）	宣称滤网更换或清洗时间	标称质保期	售后电话	购买渠道实际购买价格（元/台）是否有说明书
				明示位置	颗粒物CADR	甲醛CADR	TVOC CADR	苯CADR	其他功能											
1	PHILIPS	怡动车载空气净化器	GP9101	铭牌	30	11	12.8	—	甲苯 二氧化硫 二氧化氮	5.5	亮锐（上海）管理有限公司	—	复合	高效过滤网	—	—	—	本产品自购买之日起（以购机发票为准），整机保修1年	800-820-1201	京东商城 3998有
2	IQAir Atem	空气净化器	Atem Air Purifier	—	—	—	—	—	—	—	艾可爱尔（中国）销售服务有限公司（进口经销商）	—	复合	HEPA	300×300×85	780	带声音提示的红色双闪灯表明需更换滤芯	IQAir保修将适用于产品按照其预期用途和操作说明进行使用的情况	400-108-5117	京东商城 3680有
3	AirProce	Light系列便携式空气净化器	AX-60	包装箱	—	—	—	—	异味	6.5	建耀电子科技（上海）有限公司	—	—	—	208×226×69	110	前端LED灯呈现滤网寿命百分比，当达到25%时，代表滤网寿命即将耗尽	自购机之日起，在正常使用情况下，整机可享受一年内免费保修，过滤器为消耗品，不在维修服务范围内	400-821-8747	京东商城 2188有
4	LIFAair	LAC100 全智能车载空气净化器	KJ100G-L10	说明书	100	—	—	—	二氧化硫	18	东莞市利发爱尔空气净化器系统有限公司	2018/8/2	复合	除硫双复合滤芯	—	399	当控制器的滤芯监测数值小于5%时，则需更换滤芯	主机（不包括外观件、滤芯）保修期两年；随产品配置的控制器保修期两年	400-065-5199	京东商城 1849有
5		博世车用空气净化器AM-601	KJG29-AM601	说明书/铭牌	31.5	√	16.1	—	甲苯 有害化学气体，可挥发性有机物 异味	4.6	博世（上海）智能科技有限公司	2019/3/29	复合	多功能复合滤网	181×188×75	336	当需要更换滤网时，更换滤网提示闪烁	本产品自购买日期起（以购机发票为准），整机保修1年	400-831-0669	京东商城 1649有

续表

编号	标称品牌	标称名称	标称型号	样品功能宣称（m^3/h）						宣称额定功率（W）	标称制造商	标称生产日期	净化原理	宣称滤网类型	产品尺寸（mm）	滤网查询价格（元/个）	宣称滤网更换或清洗时间	标称质保期	售后电话	购买渠道实际购买价格（元/台）是否有说明书
				明示位置	颗粒物CADR	甲醛CADR	TVOC CADR	苯CADR	其他功能											
6	Panasonic	车载纳米水离子发生器	F-GMG01C	说明书	√	—	—	—	异味 除菌 花粉 霉菌 PM2.5	3	松下电器产业株式会社	2016/7/5	复合	—	顶部直径85底部直径66高度150+导风板19	—	根据使用环境的不同，过滤网的脏污程度有所差异，请大约每两周清洗一次，或者当过滤网的灰尘造成堵塞时，对过滤网进行保养	有关保修期内Panasonic商品的保修（无偿修理），从购买之日起开始实施	400-810-0781	京东商城 1599有
7	SKYISH	车载空气治理器	SK50	说明书	PM2.5	√	√	—	—	<5	广东顺德博兰尼电器实业有限公司	2019/6/9	复合	生物酶滤芯	75×210	—	更换滤芯参考时间：3—6个月	本产品保修期为1年，有效期自开具发票之日计算	400-151-5202	京东商城 1289有
8	SHARP	车载空气净化器	FU-GEM1H-N	说明书/铭牌	17	√	—	—	甲苯 异味	4.6	上海夏普电器有限公司	2017/12	复合	集尘·脱臭一体化过滤网+可清洗脱臭过滤网+前置过滤网	184×77×243	199	滤网最长使用年限6个月至1年，建议1个月1次的频率对前置过滤网进行清洁保养	本产品整机保修期为一年，保修期规定仅适用于市场流通的正品机	400-018-2128	京东商城 1199有
9	YADU（亚都）	车载空气净化器	KJ23F-H02	说明书/铭牌	21.9	5.2	—	—	—	5.5	北京亚都环保科技有限公司	—	复合	四合一复合过滤芯	181.5×227×72	79	车载净化器累计工作240小时后，建议更换滤芯	关注“七星云服务”公众号，获得电子保修凭证	400-604-0060	苏宁易购 1088有
10	Haier	车载空气净化器	CJ150A	说明书/铭牌	55	√	—	—	气态 污染物	9.2	北京零微科技有限公司	2018/01/25	复合	加炭布过滤网	235×190×70	98	滤芯寿命用尽后，风速键按键背光灯以3秒为周期闪烁，蜂鸣器发出“嘀，嘀”二声，提示用户更换过滤网	海尔空气净化器产品整机保修1年	400-699-9999	天猫999有
11	PHILIPS	怡动车载空气净化器	GP 7101	铭牌	22.9	7	14	—	甲苯 二氧化硫 二氧化氮	3.5	亮锐（上海）管理有限公司	2019/4/22	复合	高效过滤网	—	169	—	本产品自购买之日起（以购机发票为准），整机保修1年	400-920-1201	苏宁易购 999有

续表

编号	标称品牌	标称名称	标称型号	样品功能宣称（m^3/h）						宣称额定功率（W）	标称制造商	标称生产日期	净化原理	宣称滤网类型	产品尺寸（mm）	滤网查询价格（元/个）	宣称滤网更换或清洗时间	标称质保期	售后电话	购买渠道实际购买价格（元/台）是否有说明书
				明示位置	颗粒物CADR	甲醛CADR	TVOC CADR	苯CADR	其他功能											
12	Honeywell	霍尼韦尔杀菌除味净化机	MSE-U2	铭牌/包装箱	pm2.5	√	√	√	甲苯异味	4.5	霍尼韦尔特性材料和技术（中国）有限公司	2019/4/15	复合	HEPA高效滤网+改性活性炭网+分子筛过滤网	272×165×85	——	滤网使用三个月后建议更换	用户自购机之日起可享受一年免费保修（外表和耗材不在维修范围内），购买时间以开出的购机有效单据时间为准	400-840-2233	天猫899有
13	3M	车载空气净化器	PN68002	说明书/包装箱	45	25	35	—	异味	5	3M中国有限公司	2019/04/26	复合	高效抗菌滤网	29×直径12.3	168	根据使用环境的空气污染程度，及每日使用时长不同，3M智能车载空气净化器专用滤网的使用时间为3-9个月，建议您根据实际状况提早更换	自购买日起，在正常使用情况下，3M中国有限公司提供一年内免费保修	400-820-7035	天猫849有
14		博世车用空气净化器AM-101PRO	KJ24G-AM101PRO	说明书/包装箱	√	√	√	—	甲苯/异味	3.9	博世（上海）智能科技有限公司	2019/5/28	复合	多功能复合滤网	181×188×75	168	当需要更换滤网时，每次开机，净化器自检结束后，短音提醒3下	本产品自购买日期起（以购机发票为准），整机保修1年	400-831-0669	天猫699有
15	KEHANG（柯航）	太阳能车载空气净化器	K12	包装箱	pm2.5	√	√	√	甲苯/有毒气体/异味	2	厦门爱得康电子科技有限公司	—	复合	HEPA高效滤网+椰壳活性炭	190×130×45	—	建议每4—6个月更换一次滤芯	您购买的产品正常使用情况下按国家三包法保修一年	0592-5928727	苏宁易购299有
16	TCL	车载空气净化器	KJ35F-C1	说明书	35	—	—	—	—	12	TCL家用电器（中山）有限公司	2018/1/10	过滤	HEPA高效过滤网	140×135×380	150	滤网更换提示：红灯一直闪烁且伴有蜂鸣器响声，机器停止工作。建议每季度对产品清洁一次	用户自购机之日起可享受一年免费保修，终身维修（外表和耗材不在维修范围内），购买时间以开出的购机有效单据时间为准	4008-123456-5	天猫1598有
17		测氧肺宝	FC2	包装箱/说明书	pm2.5	—	—	—	—	7	远大洁净空气科技有限公司	—	过滤	超级过滤器	—	49	累计1000—2000小时，车用一年；房间连续使用：三个月。活性炭建议每周更换	购买之日起，免费保修1年。因产品设计、制造原因造成的故障，或由于厂方运输造成的损失，可免费维修或更换配件	400-677-6666	天猫1299有

续表

编号	标称品牌	标称名称	标称型号	样品功能宣称（m³/h）						宣称额定功率（W）	标称制造商	标称生产日期	净化原理	宣称滤网类型	产品尺寸（mm）	滤网查询价格（元/个）	宣称滤网更换或清洗时间	标称质保期	售后电话	购买渠道实际购买价格（元/台）是否有说明书
				明示位置	颗粒物CADR	甲醛CADR	TVOC CADR	苯CADR	其他功能											
18		米家车载空气净化器	CZJHQ02RM	说明书	60（pm2.5）	—	—	—	—	6.5	无锡睿米信息技术有限公司	2019/02	—	—	380×112×112	除甲醛滤网69，除PM2.5滤网49	滤芯更换周期为3—6个月，检测到滤芯需要更换时黄灯闪烁	净化器主机1年 电源线1年 滤芯15天	400-100-5678	天猫289有
19	70mai	70迈空气净化器Pro	Midrive AC02	铭牌	52	—	—	—	—	—	上海新案数字科技有限公司	2019/05	过滤	除PM2.5滤芯	175×175×70	—	指示灯黄灯闪烁，说明滤芯到期	三包服务：www.70mai.com/service/mainland	400-015-2399	苏宁易购259有

附表2　车载空气净化器比较试验结果一览表

说明：1. 比较试验结果仅对测试样品负责，任何企业不得将比较试验结果用于产品的广告宣传。

2. 表中样品按照购买价格排序，16号到19号样品没有宣称除气态污染物功能，没有进行测试比较。

3. 本次比较试验分别测试了样机对颗粒物、甲醛、苯、TVOC四种污染物的净化能力。每项净化能力对应的“★”越多，样品的该项性能越好。与样品的洁净空气量和额定功率有关。

4. 噪声值越大，“★”越少。噪声与输入功率有关。

5. “—”表示样品未配有活性炭滤网配件，故不进行气态污染物性能测试。

序号*	标称品牌	标称型号	购买价格（元/台）	颗粒物净化能力		甲醛净化能力		TVOC净化能力		苯净化能力		噪声*[dB（A）]		输入功率（W）	待机功率（W）
				洁净空气量（m³/h）	净化能力	洁净空气量（m³/h）	净化能力	洁净空气量（m³/h）	净化能力	洁净空气量（m³/h）	净化能力				
1	PHILIPS	GP9101	3998	34.5	★★★★	4.4	★★★★	4.3	★★★★	2.2	★★★	52.7	★★★★	4.3	1.52
2	IQAir Atem	Atem Air Purifier	3680	34.2	★★★★★	28.3	★★★★★	8.5	★★★★★	6.6	★★★★★	49.6	★★★★	3.1	0.40
3	AirProce	AX60	2188	25.9	★★★	5.4	★★★★	5.5	★★★★	2.4	★★★	54.9	★★★★	4.7	0.94
4	LIFAair	KJ100G-L10	1849	106.9	★★★★	3.4	★★	0.6	★	0.3	★	58.2	★★★	14.6	0.03
5	BOSCH	KJG29-AM601	1649	24.1	★★	5.1	★★★	10.0	★★★★	5.8	★★★	54.5	★★★★	5.9	0.52
6	Panasonic	F-GMG01C-K	1599	<10（约1.2）	★	0.3	★	0.1	★	0.1	★	42.9	★★★★★	3.2	0.07
7	SKYISH	SK50	1289	<10（约6.8）	★	0.1	★	0.2	★	0.2	★	49.1	★★★★	5.5	2.07
8	SHARP	FU-GEM1H-N	1199	19.3	★★★	3.0	★★★	7.4	★★★★★	7.2	★★★★★	50.1	★★★★	3.4	0.74
9	YADU（亚都）	KJ23F-H02	1088	23.7	★★	5.0	★★★	3.3	★★★	3.0	★★★	56.8	★★★	5.1	0.37

续表

序号*	标称品牌	标称型号	购买价格（元/台）	颗粒物净化能力		甲醛净化能力		TVOC净化能力		苯净化能力		噪声*［dB（A）］		输入功率（W）	待机功率（W）
				洁净空气量（m^3/h）	净化能力	洁净空气量（m^3/h）	净化能力	洁净空气量（m^3/h）	净化能力	洁净空气量（m^3/h）	净化能力				
10	Haier（海尔）	CJ150A	999	49.6	★★	10.8	★★★★	14.0	★★★★	13.8	★★★★	60.6	★★	10.8	1.19
11	PHILIPS	GP7101	999	23.1	★★	9.8	★★★★	13.0	★★★★★	11.7	★★★★	51.0	★★★★	6.3	0.34
12	Honeywell	MSE-U2	899	12.1	★★	9.7	★★★★	12.2	★★★★★	13.0	★★★★★	52.3	★★★★	5.7	1.13
13	3M	PN68002	849	53.5	★★★★	25.0	★★★★★	28.0	★★★★★	24.5	★★★★★	51.7	★★★★	5.6	0.19
14	BOSCH	KJ24G-AM101PRO	699	17.0	★★	1.5	★★	2.5	★★★	1.2	★★	53.6	★★★★	4.3	0.28
15	KEHANG（柯航）	K12	299	<10（约5.0）	★	0.1	★	1.0	★★	1.1	★★	41.5	★★★★★	3.0	0.11
16	TCL	KJ35F-C1	1598	31.6	★★	—	—	—	—	—	—	54.3	★★★★	6.8	0.25
17	远大洁净空气	FC2	1299	32.1	★★	—	—	—	—	—	—	56.4	★★★	8.8	0.98
18	mijia	CZJHQ02RM	289	61.0	★★★★★	—	—	—	—	—	—	53.2	★★★★	5.9	0.13
19	70mai	Midrive AC02	259	51.1	★★★★★	—	—	—	—	—	—	50.8	★★★★	3.8	0.52

近视防护产品比较试验报告

国家卫健委发布的相关调查数据显示，2018年全国儿童青少年总体近视率超过一半，高中生近视率高达81%，我国青少年视力健康状况堪忧。习近平总书记为此作出重要批示，教育部会同国家卫生健康委员会等八部门制定了《综合防控儿童青少年近视实施方案》，切实加强新时代儿童青少年近视防控工作。

随着智能终端和互联网的发展，包括手机、平板电脑、电视机、家教机等显示终端（Video Display Terminal）已广泛应用在儿童青少年的学习和生活中。这些电子显示产品在为他们带来方便和娱乐的同时，也对他们的视力健康和身心发展产生了一定影响。为了更好地让消费者了解目前市场上适用于儿童青少年学习、娱乐的电子显示产品对孩子视知觉（“视知觉”包含视觉接收和视觉认知两部分）的影响状况，中国消费者协会于2019年上半年，在市场上选购了具有代表性的13款电子产品（其中5款手机、4款平板电脑和4款电视机），主要对不同材质的屏显进行比较试验，包括进行蓝光危害的测试，以及对儿童青少年视知觉影响的测评（本次比较试验不突出具体品牌的对比），为青少年及家长选用电子显示产品提供参考依据和指导。

本次比较试验邀请了9岁至15岁的少年儿童参与体验测评。利用闪光融合频率计、视功能检查仪、验光仪等仪器和设备，测试评价受试者使用样品完成游戏任务前后的视力变化情况，进行视知觉功能和眼视光学实验数据采集和主观感受调查，主客观评价相结合。

我们依据测试研究结果，为广大消费者得出以下结论和建议：

本次试验购买的测试样品经测试，蓝光危害值均在安全范围内，消费者不必担心。

青少年使用电子屏幕要有节制。本次比较试验对招募的21名学生进行筛选时发现，其中有5名学生的视觉调节力低于正常水平，个别学生出现了成瘾的一些表征。经进一步了解得知，这5名调节力低下的学生在日常生活中经常使用电子显示产品，且使用时间不受成人控制和约束。比较试验结果也显示，受试者在进行30分钟的游戏任务后，对11款测试样品在不同指标上出现了显著视疲劳等情况。13款样品中有2款手机、2款平板电脑和1款电视机等5款样品对使用者主观视疲劳的影响显著；2款手机、4款平板电脑和4款电视机等10款样品影响了使用者视知觉功能。因此，建议青少年每次连续使用电子显示屏幕的时间不要超过30分钟。

在日常学习、生活中，建议家长以及老师应当积极担负起责任，严格控制少年儿童使用电子显示产品的频率及时间。日前中国消费者协会的一项调查报告显示，从危害视力因素的认知来看，超过四成的被访者认为长时间玩网游是主要因素；从视力防护的措施来看，虽然超过八成的家庭能周期性地查验孩子的视力，但在日常学习、生活中，学校家长落实有利于视力保护的措施还不够，青少年视力状况存在隐忧。

选择优质电子显示产品。从本次比较试验结果看，显示屏的大小与对使用者视力的影响没有明显的关系，更多的是受到电子显示屏幕的材质、物理性能方面的影响。现有结果来看，OLED屏幕整体上略胜一筹。

目前市场上销售的手机、平板电脑以及电视机产品的屏幕主要为OLED屏幕与LCD屏幕。LCD（液晶显示器）由于有背光层和液晶层的存在，较之OLED偏厚，作为高端显示屏，OLED的价格也会略高于LCD。

建议购买时对产品进行试用。消费者在购买电子显示产品时，可以有针对性地让青少年对电子显示产品相关功能做短时间试用，观察使用产品一段时间后眼睛的状态与反应，以便选择更舒适、更适合自己视力的产品，保证理性消费。

建议青少年更多地进行户外娱乐活动。用眼过度、用眼不卫生、缺乏体育锻炼和户外活动等因素也是近视产生的原因。青少年在学习生活之余，建议尽量选择户外娱乐活动，相对减少使用电子显示设备的时间，户外活动既可以放松身心，也可以增强身体素质，建议家长与学校在青少年学习之余，更多地安排户外活动作为放松身心的选择。

儿童青少年是祖国的未来和民族的希望。防控儿童青少年近视、保护青少年视力，需要学校、家庭、社会相关部门等各方面共同努力，全社会行动起来，共同呵护好孩子的眼睛，保证儿童青少年视力与身心健康发展。

电子显示产品比较试验报告

——13款适用于青少年学习或游戏用电子显示产品比较试验结果

随着显示制造技术和科技的发展，电子显示终端（Video Display Terminal）包括手机、平板电脑、电视机、VR眼镜、家教机等已经广泛应用在青少年的学习和生活中。青少年使用电子显示终端进行学习、娱乐和社交等活动，在给老师、家长和学生带来方便和提高效率的同时，也产生了一些学生用眼卫生的问题。青少年正值身体各器官成长发育的关键时期，眼球壁的伸展性较大，很容易受到用眼卫生习惯和外界环境因素的影响，因此，对青少年的用眼习惯采取干预措施对预防近视和防止近视加深有显著的影响。为了更好地调研目前市场上适用于青少年学习、游戏的电子显示产品对孩子视知觉功能的影响情况，中国消费者协会购买了目前市场上销售的部分品牌不同屏显类型的手机、平板电脑和电视机产品，主要对不同材质的屏显进行比较试验，包括进行蓝光危害的测试，以及对儿童青少年视知觉影响的测评，本次比较试验不突出具体品牌的对比。

本次电子显示产品的比较测试引入青少年现场游戏测评，并针对测评前后的用户视知觉功能数据和屈光度、调节力以及主观疲劳和舒适性等方面的测试数据进行统计分析，研究这些电子显示产品在用户使用质量方面是否存在质的差异，目的在于给消费者选购不同类型的电子显示产品提供指导。本次比较测试，委托中国标准化研究院试验中心人类工效学试验室和国家广播电视产品质量监督检验中心完成。本次测试利用视觉游戏任务作为测试刺激材料，通过客观试验和主观量表评价的方法测评使用13款视觉显示终端对青少年视知觉功能以及视疲劳的影响，利用验光仪、闪光融合频率计、视功能检查仪等来测量与视疲劳相关的视知觉功能和眼科生理指标，评价不同的电子显示屏幕产品的用户使用情况，为青少年电子显示产品选择以及青少年用眼卫生习惯的培养提供参考依据。测评结果显示，手机、平板电脑和电视机用户使用质量存在显著差异，对青少年视疲劳及视知觉功能方面产生了显著影响，提醒我们在购买产品时需要进行仔细的比较，审慎购买，在不可避免必须要购买的情况下，尽量选购质量好、舒适的电子显示产品，为青少年眼睛的健康发展保驾护航。

一、样品选择

测试样品由中国消费者协会从市场上购置，购置的测试样品包括5款手机，4款平板电脑，4款电视机。样品型号、屏幕亮度、屏幕对比度等详细信息如表1所示。

表1 比较试验样品基本情况及实验条件

	样品编号	屏幕亮度	对比度	面板	尺寸(英寸)	购买价格（元/台）
手机	1	48.47（1.36—104.58）	76.92	LCD	6.21	2699
	2	51.94（3.37—133.73）	34.43	OLED	6.26	1758
	3	41.26（3.45—95.32）	27.63	OLED	6.3	4699
	4	37.25（2.15—98.12）	45.6	OLED	5.6	3699
	5	43.47（2.47—115.86）	46.85	TFT（LCD）	6.53	4499

续表

	样品编号	屏幕亮度	对比度	面板	尺寸(英寸)	购买价格（元/台）
平板电脑	6	85.21（9.78—163.13）	16.69	LCD	10	1325
	7	76.76（2.36—161.49）	68.45	LCD	10.1	1599
	8	34.46（2.95—73.20）	24.8	OLED	9.7	5788
	9	39.52（3.21—84.55）	26.27	LCD	9.7	2565
电视机	10	151.27（2.26—320.02）	96.11	OLED	55	8999
	11	107.98（9.49—234.95）	24.76	LCD	55	7399
	12	113.92（4.67—303.67）	64.98	OLED	55	11999
	13	159.91（9.46—321.50）	33.99	LCD	55	2399

注：TFT是经过技术升级改良的LCD。

二、用户体验测试和蓝光测试

本次比较试验包括蓝光测试和用户体验测试两大项。

蓝光测试：本次蓝光比较试验测试依据的标准：TIRT-GK-JS-46-2017《显示设备显示性能和视觉健康　认证技术规范　第1部分：超高清平板电视》、IEC 62471：2006“灯和灯系统的光生物安全性”（等同CIE S009/E2002，相应的中国国家标准为GB/T 20145-2006）。

用户体验测试：依据T/CVIA-09-2016《显示终端视觉疲劳测试与评价方法　第1部分　眼视功能测试方法》标准（目前已通过国家标准评审），测试不同的电子显示样品进行游戏任务前后对用户闪光融合频率、对比敏感度、屈光度、调节力和视疲劳主观感知等方面的变化情况。

闪光融合频率：反映了人眼辨别闪光能力的水平，与大脑皮层的觉醒程度有关，可作为视疲劳以及精神疲劳测定的依据。人体疲劳时，闪光融合频率会降低。

对比敏感度：对比敏感度是表征视觉功能的重要参数。对比敏感度高，则视觉功能好。临床上视力在高对比度下测量，不能全面地反映人眼在现实生活中的分辨能力，对比敏感度可独立地受到损害而视力尚保持良好。对比敏感度由黑色条栅与白色间隔的亮度来测试。本实验使用知视元视功能检查仪进行对比敏感度测试，利用贝叶斯阈值测量理论进行对比敏感度测评，测量精度达到±2DB。

屈光度：眼睛折射光线的作用称作屈光，用光焦度来表示屈光的能力，叫作屈光度。眼睛不使用调节时的屈光状态，称为静态屈光，眼睛在使用调节时的屈光状态，称为动态屈光。屈光度是屈光力的大小单位，以D表示，即指平行光线经过该屈光物质，以焦点在1m时该屈光物质的屈光力为1屈光度或1D。以透镜而言，是指透镜焦度的单位如一透镜的焦距1m时，此镜片的屈折力为1D屈光度与焦距或反应。

调节力：指因晶状体变化而产生的屈光力，以屈光度为单位来表示。如果把双眼比成一台相机，则调节力是自动对焦力。调节力就是睫状肌收缩、晶体变突、屈光力度增强时，眼结构所表现的力量。调节力的作用就是调整眼球的屈光状态，力保物像落在视网膜上，简单来说就是促使双眼视物清晰。人眼的调节力越高越好，如果视力发育正常，人眼的调节力是天生具备的，并且是不可再生的，同时随着年龄的增长，调节力会不断减弱。

视疲劳主观感知量表：通过主观评价法能够获取无法用实验定量测得的信息，反映了被试的主观疲劳感受。选用国际公认James E. Sheedy研制的视觉疲劳感知量表测试视觉疲劳感，主要包括眼部疲劳（如眼睛灼热感、眼睛疼痛、眼睛紧绷感、眼睛刺激感、眼睛撕裂感、视野模糊、视物有重影以及眼睛干涩等）等，同时增加了手机屏幕整体舒适性、颜色舒适性以及亮度对比度方面的主观评价量表。

本试验在一间安静的宽敞房间中进行，房间照明来源为灯光，不受其他杂散光影响，照度模拟学校以及起居室的照度标准，为300lux左右。测试前一天晚上提醒被试者注意休息。本测试共招募了北京市21名9—15岁的中小学生被试，其中男生13名，女生8名；排除有高度近视、散光度数>150度、色盲、色弱、眼部疾病等问题5名，1名被试者中途退出试验，最终获得了15名视力或矫正视力正常的被试者的全部数据结果，其中男生11名，女生4名，年龄均值为11.2岁，标准差为1.26。

所有被试的测试顺序在试验安排过程中使用拉丁方方法平衡。

整体的实验数据分析方法采用描述性统计分析方法和差异检验的统计方法相结合，描述性统计方法以各不同条件的平均值为代表值来显示各条件之间的差异，同时对不同方面的差异进行重复测量方差分析，对照30分钟视觉游戏前后对被试者的视知觉功能、屈光度、调节力以及视疲劳主观感知和舒适性等方面是否存在统计学意义的差别。当差异显著时，说明游戏前后被试者的视知觉功能或其他方面的状态产生了质的明显变化，需要引起注意，这种变化可能是正向的，即越来越好，也可能是负向的，即越来越差。当显著性变化为负向变化即越来越差时，尤其要引起我们的注意，说明使用该电子产品不能支撑进行游戏时间30分钟，就已经在悄悄影响我们的视疲劳或者视知觉功能的发展了。如果前后对比差异不显著时，说明游戏前后对被试者视知觉功能或其他方面的状态没有影响，电子显示产品的用户使用质量较好，提示我们可以放心使用该样品进行30分钟游戏，不会对我们的眼睛和视知觉功能造成大碍。

三、测试结果

（一）蓝光测试——样品在安全性方面消费者可放心使用

本次比较试验的所有样品在蓝光危害上均未发现质量问题，均属于IEC 62471：2006中的豁免类（即无蓝光危害），消费者可以放心使用。

表2 关于各样品蓝光危害的测试结果

	样品编号	蓝光危害值LB（$W\cdot m^{-2}\cdot sr^{-1}$）	相对评价
手机	1	0.38	★★★★★
	2	0.61	★★★★
	3	0.34	★★★★★
	4	0.3	★★★★★
	5	0.48	★★★★★
平板	6	0.51	★★★★
	7	0.4	★★★★★
	8	0.33	★★★★★
	9	0.43	★★★★★
电视	10	0.11	★★★★★
	11	0.55	★★★★
	12	0.19	★★★★★
	13	0.4	★★★★★

注：星级评价只是对被测样品的相对性评价。

IEC 62471：2006“灯和灯系统的光生物安全性”（等同CIE S009/E2002，相应的中国国家标准为GB/T 20145–2006）为发光波长范围在200nm到3000nm的所有非激光电光源的光生物安全性评价提供了指导，不管发光是否是这一产品的主要目的。因此对显示器件的光生物安全性的评估同样适用这个标准。在IEC 62471中规定的视网膜蓝光危害值LB（也就是蓝光加权辐亮度）的曝辐限度为$100W\cdot m^{-2}\cdot sr^{-1}$。

在曝辐限值内，几乎所有人都可以被反复照射而没有对身体健康不利的影响。因此，可以说此次的电子视觉产品在正常使用的情况下没有严重的蓝光危害问题。

（二）被试者体验测试结果——普遍有影响，样品间存差异

1. 30分钟游戏任务后，大部分样品导致被试者闪光融合频率出现下降

闪光融合频率是视疲劳的重要客观测量指标，当眼睛疲劳时，闪光融合频率降低。本次共测试13款样品，测评结果显示，进行30分钟游戏后，大部分样品均导致被试者闪光融合频率能力降低，出现视疲劳情况。具体而言，对于蓝光的闪光融合辨别能力，8款样品导致被试

者闪光融合能力下降，其中平板电脑样品6在进行30分钟游戏后，闪光融合能力显著下降（p<0.05），出现了明显疲劳；而电视样品10的蓝光闪光融合能力出现显著增强的趋势（p<0.05），视疲劳降低。对于黄光的闪光融合辨别能力，9款样品导致被试者闪光融合能力下降，其中平板样品7和平板样品8在进行30分钟游戏后，闪光融合能力显著降低（ps<0.05）。

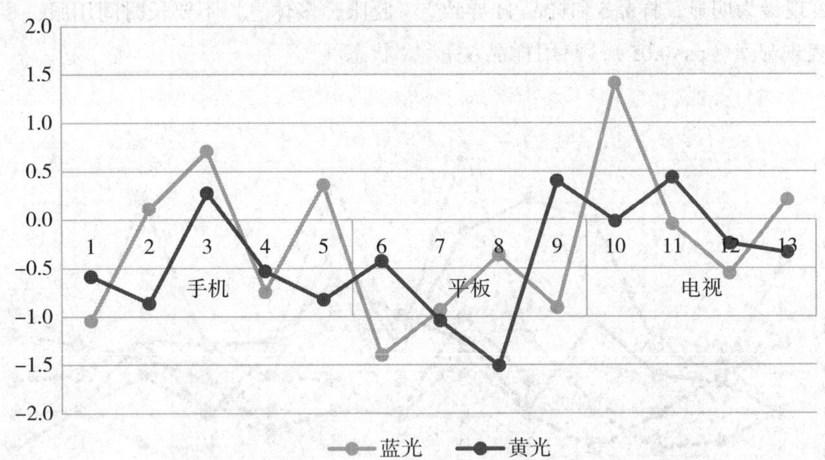

图1　观看各样品30分钟前后被试者闪光融合频率变化幅度比较（任务后—任务前）

注：图中的数值越大越好。

2. 30分钟游戏任务后，各样品均导致被试者对比敏感度下降

本次测试测量了每个被试的基准对比敏感度和完成任务后的对比敏感度，选取空间频率为1.5周/度、3周/度、6周/度、12周/度、18周/度、24周/度时的对比敏感度值进行取对数分析。测评结果显示，使用不同电子显示样品进行30分钟电子游戏任务后，除样品1的个别条件外，其他所有的样品所有的对比敏感度条件均出现了对比敏感度下降，说明进行30分钟的电子游戏影响了我们的视觉功能。对比敏感度下降是视力下降的前奏。本实验结果说明，如果长时间继续玩电子游戏，则将导致视力严重下降。对测量结果进行统计分析，跟基线相比，除样品1、样品2对比敏感度下降趋势不显著外，使用其他样品进行30分钟游戏任务后，对比敏感度在不同测试条件下均呈现显著下降的情况（ps<0.05）。

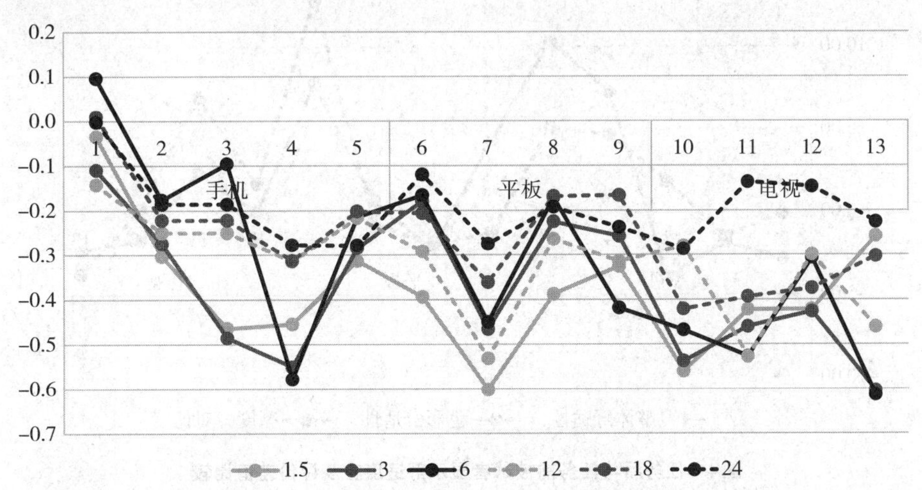

图2　不同样品在不同条件下被试者对比敏感度下降幅度的变化

注：图中的数值越大越好。

3. 30分钟游戏后，导致被试者出现不同方面的主观视疲劳感受，同时对样品的舒适性感受也发生了变化

进行游戏前后均让被试者填写视疲劳状态变化情况，前后视疲劳感受比较结果显示，使用不同样品进

行30分钟游戏后，被试者在不同样品上均出现了不同程度不同方面的视疲劳情况。统计分析结果显示，使用样品8进行30分钟游戏后，用户在眼睛灼热感、眼睛紧绷感、眼睛刺激感、眼睛撕裂感和眼干涩方面差异显著（ps<0.05），视疲劳表现最为明显；样品5和样品11导致被试者眼睛疼痛感表现显著（ps<0.05）；使用样品6完成游戏任务后，眼睛疼痛、眼睛干涩程度发生了显著的变化（ps<0.05）。结果说明，使用电子显示产品进行游戏时，眼睛疼痛和眼睛干涩是常见的表现，其次是眼睛刺激感，提醒消费者在使用电子显示产品进行游戏时多眨眼，多休息，不要长时间用眼，尽量保持眼睛的湿润状态。

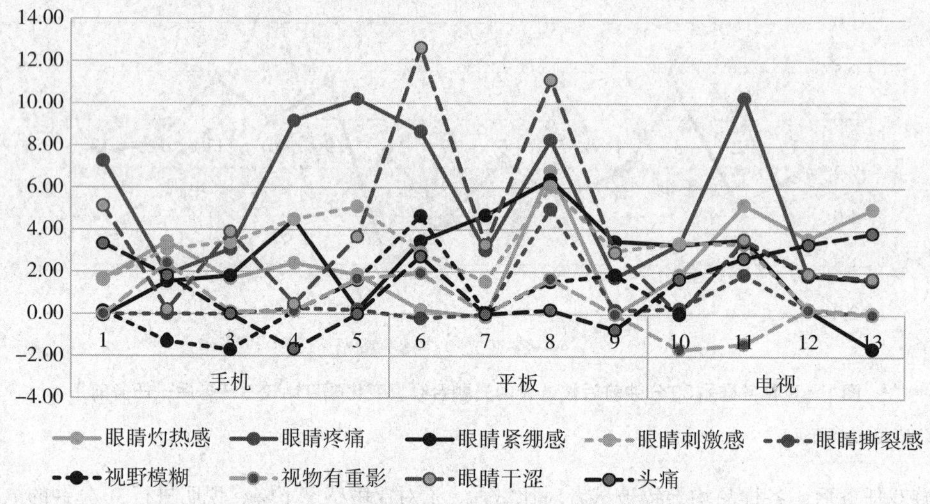

图3　任务后与任务前被试者眼疲劳主观评价变化比较

注：图中的数值越小越好。

对完成游戏前后被试者舒适性主观评分的变化进行分析，有5款的样品被试者整体舒适性变差了，6款的样品色彩舒适性出现下降，6款的样品亮度、对比度舒适性出现下降。统计分析结果表明，样品9的主观舒适性比预期好；样品13的舒适性比预期差，两个样品之间差异显著（ps=0.05）。

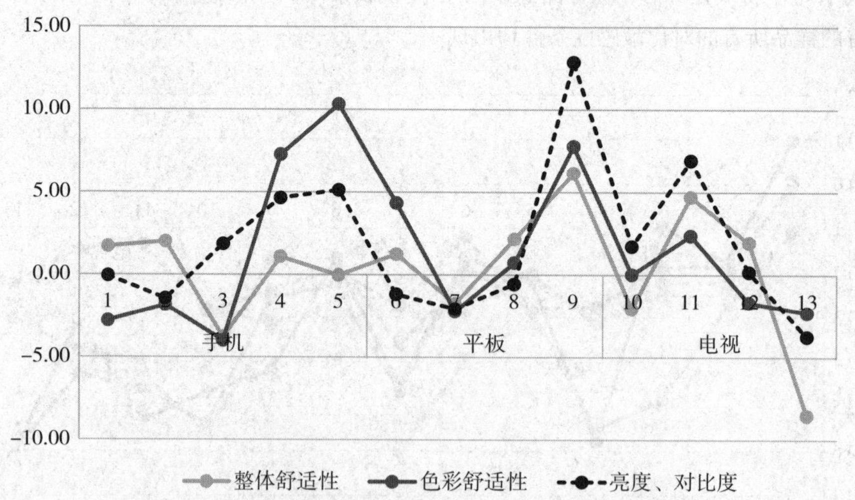

图4　任务后与任务前被试者显示舒适度主观评价差值比较

注：图中的数值越大越好。

4.使用各样品进行30分钟游戏后，被试者屈光度没有显著变化

对使用不同样品进行30分钟游戏任务前后的被试者进行左右眼屈光度测试，结果发现，左右眼屈光度变化不一致，游戏任务前后用户的屈光度变化较小，统计分析差异不显著。说明，进行30分钟游戏不会导致屈光度

的显著变化，屈光度不是敏感指标。

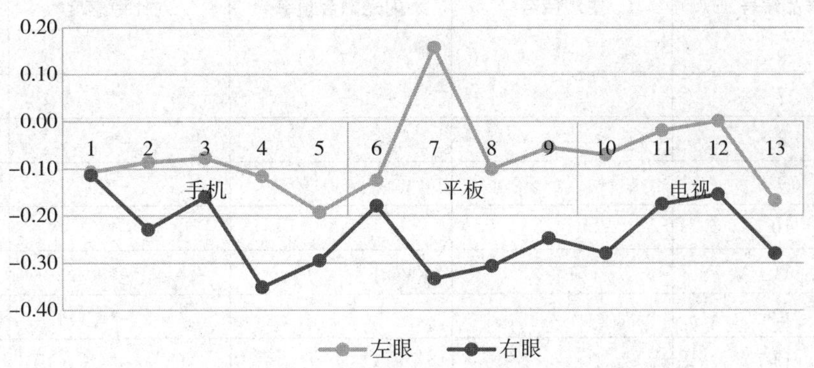

图5 不同样品任务前后被试者左右眼屈光度的变化情况

注：图中的数值越小越好。

5.使用各样品进行30分钟游戏后，被试者眼睛调节力没有显著变化

对使用不同样品进行30分钟游戏任务前后被试者左右眼调节力的变化值进行统计分析，结果显示，被试者调节力的变化不显著，且双眼趋势不完全一致，说明30分钟的游戏不会导致调节力的显著变化，调节力不是视疲劳的敏感指标。

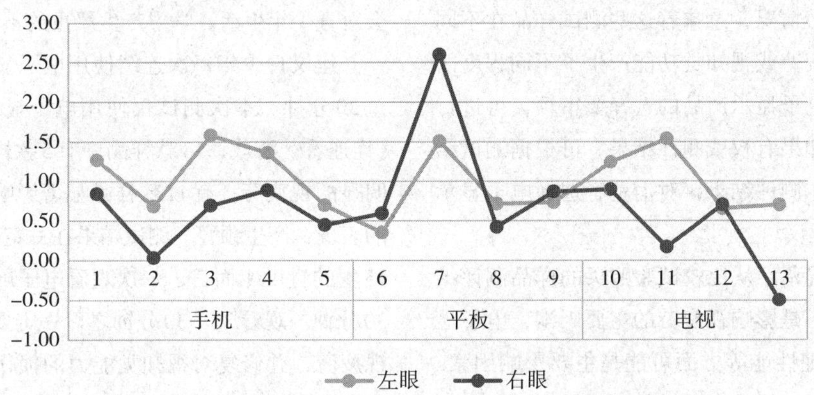

图6 不同样品任务前后被试者左右眼调节力的变化情况

注：图中的数值越大越好。

综上所述，比较试验被试者在不同电子显示产品上进行30分钟游戏任务后，除屈光度和调节力变化不明显外，其他方面均产生了明显变化，变化情况视不同样品不同方面而呈现出差异，可能与制作样品的材料、光的设置以及一些显示技术相关。表3汇总了显示样品在不同方面的表现情况。

表3 30分钟游戏前后被试者视疲劳及视知觉功能影响测评结果汇总

	样品编号	主观疲劳	闪光融合频率	对比敏感度	备注
手机	1				无显著变化
	2				无显著变化
	3			-*	负向变化
	4	-*		-*	负向变化
	5	-*			负向变化

续表

	样品编号	主观疲劳	闪光融合频率	对比敏感度	备注
平板	6	–*	–*	–*	负向变化
	7		–*	–*	负向变化
	8	–*	–*	–*	负向变化
	9			–*	负向变化
电视	10		+*	–*	正负向变化
	11	–*		–*	负向变化
	12			–*	负向变化
	13			–*	负向变化

注：1.“–”号表示用户进行30分钟游戏后引起用户主观疲劳程度上升或闪光融合频率及对比敏感度下降。

2.“+”表示用户进行30分钟游戏后引起用户主观疲劳程度下降或对其闪光融合频率及对比敏感度能力具有促进作用。

3.“*”表示显著性变化的水平，其中“*”表示在95%的置信区间下存在差异。

4.样品2、3、4、8、10、12是OLED显示屏，样品5是TFT显示屏（经过改良的LCD屏），其他样品是LCD显示屏。

四、消费提示

比较试验过程中，15名中小学生被试者在进行30分钟的游戏任务后，对9款电子显示终端样品在不同指标上出现了显著视疲劳情况，意味着这些测试样品在不同方面对被试者的视疲劳或视知觉功能产生了不同程度的影响。因此，对于电子显示产品的选择要审慎，可进行不同方面的比较，如果有权威测评结果，可根据测试结果进行选择。根据本测评结果，对消费者选择电子显示终端产品给予以下建议。

选择购买好的屏幕。从比较试验购买的样品测评结果来看，屏的大小不是影响视疲劳的主要因素，电子显示屏幕的材质、物理性能等方面可能是主要影响因素。从现有测评结果来看，平板电脑样品更容易导致用户产生视疲劳，一些OLED显示屏和经过改良的LCD显示屏的表现相对更好。

不必担忧蓝光的影响。本次测试的样品在蓝光辐射方面没有安全问题。从以往研究结果来看，蓝光辐射量和表现可能会影响使用者对显示器的舒适性感受以及情绪表现，对视知觉功能发展的影响目前尚没有明确结论，但是夜间黑暗条件下看手机，蓝光会影响睡眠质量。

青少年看电子屏幕要有节制。本试验共招募了21名9—15岁的中小学生被试，经测试筛选，其中5名学生的视力调节能力显著低于正常水平，1个学生表现出有成瘾表征。通过进一步调研得知，这5名调节力低下的学生在日常生活中经常使用电子显示产品，且使用时间不受成人控制和约束。因此，无节制地使用电子显示产品会对青少年生活、学习产生严重的不良影响。

建议青少年每次连续使用电子显示产品的时间不超过30分钟。本次测试仅使用电子显示产品进行30分钟《连连看》游戏，13款样品中有5款样品已让被试者感到明显的视疲劳；有11款样品显著影响了用户视知觉功能的表现，产生预警。测试结果在一定程度上说明，对9—15岁的青少年而言，一次观看电子屏幕的时间不宜超过30分钟。观看20—30分钟之后一定要休息一下，以缓解视疲劳，并修复对视知觉能力的损伤。青少年正处于成长发育的时期，父母对其使用电子显示产品不仅要有效地控制和约束，而且在进行游戏等活动时要适当地强制其进行休息，避免因电子显示产品使用不当而对青少年视力产生不可逆的影响，如视力严重下降等情况。

本测试结果对学生使用电子显示产品的选择以及青少年用眼卫生习惯的养成有一定的参考价值。在未来的研究中可以选取更多的应用场景，比如观看学习视频、在网上查找资料等，探究在不同学习场景以及不同任务情景下青少年使用电子产品的视疲劳情况及对青少年视知觉功能影响，为消费者提供科学的消费指导。

智能门锁比较试验报告

中国消费者协会、四川省保护消费者权益委员会、
深圳市消费者委员会、佛山市消费者委员会联合开展

结果摘要：

在29款样品中，仅有1款无生产厂家信息标注的样品小黑盒在被攻击后打开。

在29款样品中，指纹和密码开锁较识别卡开锁可靠，建议消费者尽量选择指纹和密码这两种开锁方式。

生产厂家可以通过对信息识别卡加密，有效解决信息识别卡安全问题；通过对系统和算法进行升级，可以解决密码和指纹识别问题。但是由于各种原因，生产企业并没有对比较试验样品进行加密和升级。

多数样品的个人信息安全保护表现良好。

29款样品的使用寿命均达到1万次开启以上，远远高于国家标准。

样品锁的电池性能安全可靠。

随着智能家居概念的火热，越来越多的家庭开始选择智能家居产品。相较于传统门锁，智能门锁成为一种新潮流。据统计，截止到2017年，国内智能门锁的生产企业超过2000家，市场规模达到100亿元。为了迎合消费者的需求，智能门锁行业的跨界企业越来越多，机械锁等五金企业、家电企业、互联网科技企业、安防产品企业甚至IT企业，都在涉足智能门锁行业。

作为家庭的第一道安全保障，消费者最为关注的是智能门锁产品的安全性和稳定性，以及是否存在安全隐患。为了让消费者了解市场上的智能门锁的质量和安全情况，中国消费者协会联合四川省保护消费者权益委员会、深圳市消费者委员会（含龙岗区消委会、福田区消委会）、佛山市消费者委员会，对在主流网络平台、线下实体店销售的部分智能门锁商品开展了比较试验。

一、比较试验样品

本次比较试验的29款智能门锁样品均为消费者关注度和品牌知名度较高、网络平台销量位于前列的产品，由消协（消委会）的工作人员模拟普通消费者购买。其中从网络平台购买22款样品，从实体店购买7款样品。样品锁的价格从每套1099元到5899元不等，价格相差较大。

二、比较试验参考依据

经过讨论并召开业界意见征求会后确定了本次比较试验方案，从信息技术安全、机械安全、电源电池安全方面测试样品锁的各项安全性能、牢固性能、耐用性能等。

测试内容和方法依据如下标准执行：GB/T 35290–2017《信息安全技术　射频识别（RFID）系统通用安全技术要求》，GB 21556–2008《锁具通用安全技术条件》、JG/T 394–2012《建筑智能门锁通用技术要求》，GB/T 35273–2017《信息安全技术个人信息安全规范》，GB/T 18336.2–2015《信息技术　安全技术　信息技术安全评估准则　第2部分：安全功能组件》，GB/T 17618–2015《信息技术设备抗扰度限值和测量方法》，YD/T 2408–2013《移动智能终端安全能力测试方法》。

三、比较试验测试结果

（一）信息技术安全

1. 只有1款样品可以被小黑盒打开

电磁错误注入技术（俗称“小黑盒攻击”）是指：在给智能门锁施加强电磁场情况下，门锁可以出现故障报警、系统锁定、电路损坏等现象。为验证前一段时间社会上流传“小黑盒秒开智能门锁”的传闻，本次比较试验我们增加了小黑盒攻击的测试。选取了比《电子防盗锁标准》场强50V/m高出30倍的强力电磁场强，对29款样品进行了测试。

测试结果：28款样品小黑盒攻击后门锁没有打开，只有1款线上购买的、品牌标称为“亚摩斯”的无生产企业、无产品型号标注的样品，被小黑盒攻击后打开。

因此，只要选择使用正规品牌产品，对小黑盒秒开智能门锁这件事，消费者无须恐慌。

表1　电磁错误注入（小黑盒攻击）测试结果

序　　号	品　　牌	型　　号	电磁错误注入（小黑盒攻击）
1	凯迪仕	TZ003-5CS(K7)	√
2	亚太天能	A1	√
3	鹿客	DSL-C05	√
4	AQara	ZNMS12LM	√
5	德施曼	T520/CJ0305374	√
6	TCL	AI8-E2G	√
7	固特	1802	√
8	智家人	Z8S-V2.0	√
9	果加	A230	√
10	Panasonic(松下）	V-M683W	√
11	万事威	ES-B300半导体	√
12	海尔	HL-63PF4	√
13	创维	SKY-001-RFPDA-R9	√
14	顶固	智能指纹锁D1铁门	√
15	SAMSUNG	SHP-P718 LBG/CN	√
16	VOC	T77F	√
17	豪力士	未来一号	√
18	金点原子	JD-H1	√
19	凯迪仕	K8-5HB	√
20	科密	A2	√
21	派瑞	H300S	√
22	SAMSUNG	SHP-DR708	√
23	樱花锁业	DZ-H1半导体APP	√
24	HSPR	HZ-9001	√
25	玥玛	FP7777	√
26	小益	E301	√
27	箭牌	A618	√
28	西默科技	XMSH-DL121	√
29	亚摩斯	（未标注）	×

备注：“√”表示样品锁未被开启，“×”表示样品锁被开启。

2.开锁方式的安全性有待提高

密码和指纹识别开锁相比信息识别卡开锁可靠。样品锁的开锁方式一般包括指纹开锁、密码开锁和识别卡开锁三种。

通过测试，29款样品中，48.3%的样品密码开启安全存在风险，50%的样品指纹识别开启安全存在风险，

85.7%的样品信息识别卡开启安全存在风险。

通过样品生产企业的反馈我们了解到，信息识别卡加密可以有效解决信息识别卡安全问题；对系统和算法进行升级，可解决密码和指纹识别安全问题。

表2　识别开启方式安全测试结果

序号	品牌	型号	信息识别卡安全	指纹识别安全	密码逻辑安全
1	凯迪仕	TZ003-5CS(K7)	×	×	√
2	亚太天能	A1	×	×	√
3	鹿客	DSL-C05	—	√	√
4	AQara	ZNMS12LM	—	×	√
5	德施曼	T520/CJ0305374	—	√	×
6	TCL	AI8-E2G	—	×	√
7	固特	1802	×	√	√
8	智家人	Z8S-V2.0	×	×	√
9	果加	A230	—	—	√
10	Panasonic（松下）	V-M683W	—	√	×
11	万事威	ES-B300半导体	×	×	×
12	海尔	HL-63PF4	×	×	√
13	创维	SKY-001-RFPDA-R9	—	×	×
14	顶固	智能指纹锁D1铁门	×	×	√
15	SAMSUNG	SHP-P718 LBG/CN	√	√	×
16	VOC	T77F	—	√	×
17	豪力士	未来一号	×	√	×
18	金点原子	JD-H1	×	×	×
19	凯迪仕	K8-5HB	×	√	√
20	科密	A2	√	×	×
21	派瑞	H300S	×	√	√
22	SAMSUNG	SHP-DR708	√	×	×
23	樱花锁业	DZ-H1半导体APP	×	√	√
24	HSPR	HZ-9001	×	√	×
25	玥玛	FP7777	×	√	√
26	小益	E301	×	×	×
27	箭牌	A618	×	√	×
28	西默科技	XMSH-DL121	×	×	√
29	亚摩斯	（未标注）	×	√	×

备注："√"表示该项内容比较安全，"×"表示该项内容存在安全隐患，"—"表示样品无此功能。

3. 27款智能门锁样品个人信息安全保护表现良好

消费者现在越来越注重个人信息的保护，所以我们对于样品的信息安全也进行了测试。包括信息泄露、身份鉴别、权限控制、数据传输安全等4项内容。

表3 个人信息安全测试结果

序号	品牌	型号	信息泄露	身份鉴别	权限控制	数据传输安全
1	凯迪仕	TZ003-5CS（K7）	√	√	√	√
2	亚太天能	A1	√	√	√	√
3	鹿客	DSL-C05	√	√	√	√
4	AQara	ZNMS12LM	√	√	√	√
5	德施曼	T520/CJ0305374	√	√	√	√
6	TCL	AI8-E2G	√	√	√	√
7	固特	1802	√	√	√	√
8	智家人	Z8S-V2.0	√	√	√	√
9	果加	A230	√	√	√	√
10	Panasonic（松下）	V-M683W	√	√	√	√
11	万事威	ES-B300半导体	√	√	√	√
12	海尔	HL-63PF4	√	√	√	√
13	创维	SKY-001-RFPDA-R9	√	√	√	√
14	顶固	智能指纹锁D1铁门	√	√	√	√
15	SAMSUNG	SHP-P718 LBG/CN	√	√	√	√
16	VOC	T77F	√	√	√	√
17	豪力士	未来一号	√	×	×	×
18	金点原子	JD-H1	√	√	√	√
19	凯迪仕	K8-5HB	√	√	√	√
20	科密	A2	√	√	√	√
21	派瑞	H300S	√	√	√	√
22	SAMSUNG	SHP-DR708	√	√	√	√
23	樱花锁业	DZ-H1半导体APP	√	√	√	√
24	HSPR	HZ-9001	√	√	√	√
25	玥玛	FP7777	√	√	√	√
26	小益	E301	√	√	√	√
27	箭牌	A618	√	×	×	×
28	西默科技	XMSH-DL121	√	√	√	√
29	亚摩斯	（未标注）	√	√	√	√

备注：“√”表示该项目表现良好，“×”表示该项存在安全风险。

4.经测试，29款样品锁的授权功能、存储和查询功能、非法操作报警功能等项目不存在问题，可放心使用

（二）机械安全

1.样品锁的牢固件性能不理想

按照国家强制性标准GB 21556-2008《锁具安全通用技术条件》对A级锁的要求，29款样品锁的锁舌长度均符合要求（大于等于20毫米），但锁舌强度仅有12款样品锁符合要求。

表4 GB 21556-2008中机械安全级别相关要求

项 目	A级要求	B级要求
锁舌伸出长度	不少于20mm	不少于14mm
锁舌轴向静载荷	3000N	1000N
锁舌侧向静载荷	6000N	1500N

表5 锁舌强度测试结果A级样品

序号	标称品牌	标称型号	锁舌轴向静载荷3000N	锁舌侧向静载荷6000N
1	凯迪仕	TZ003-5CS（K7）	√	√
2	亚太天能	A1	√	√
3	AQara	ZNMS12LM	√	√
4	德施曼	T520/CJ0305374	√	√
5	海尔	HL-63PF4	√	√
6	顶固	智能指纹锁D1铁门	√	√
7	SAMSUNG	SHP-P718 LBG/CN	√	√
8	豪力士	未来一号	√	√
9	凯迪仕	K8-5HB	√	√
10	科密	A2	√	√
11	SAMSUNG	SHP-DR708	√	√
12	西默科技	XMSH-DL121	√	√

备注："√"表示该项目样品符合要求。

2. 28款样品锁的抗冲击性能良好

根据国家强制性标准GB 21556-2008《锁具安全通用技术条件》要求，锁在经过正弦振动、冲击、跌落测试后仍能正常使用。此次28款样品测试后可以正常开启，仅有1款标称品牌"科密"的样品，在冲击试验后出现键盘灯不断闪烁，无法正常使用。

3. 防破坏报警功能有待加强

根据国家强制性标准GB 21556-2008《锁具安全通用技术条件》要求，锁在连续实施误操作及防护面遭受外力破坏时，应能自动发出声或光报警指示或报警信号。经检测显示，29款样品中有15款锁能发出报警信号。

表6 具有防破坏报警功能的样品

序 号	品 牌	型 号	防破坏报警
1	凯迪仕	TZ003-5CS(K7)	√
2	亚太天能	A1	√
3	鹿客	DSL-C05	√
4	AQara	ZNMS12LM	√
5	德施曼	T520/CJ0305374	√
6	TCL	AI8-E2G	√
7	Panasonic（松下）	V-M683W	√
8	海尔	HL-63PF4	√

续表

序　　号	品　　牌	型　　号	防破坏报警
9	创维	SKY-001-RFPDA-R9	√
10	顶固	智能指纹锁D1铁门	√
11	豪力士	未来一号	√
12	凯迪仕	K8-5HB	√
13	SAMSUNG	SHP-DR708	√
14	HSPR	HZ-9001	√
15	箭牌	A618	√

备注：“√”表示样品具备该功能。

4.样品的机械应急锁被破坏开启时间差别显著，个别样品的防破坏性能较差

本次比较试验参照机械防盗锁锁芯破坏试验的方法，使用螺丝刀、镊子、手锤等普通手工机械工具，对样品的机械应急锁芯进行破坏直至被打开，同时记录破坏开启的时间。

此次比较试验的29款样品中，标称“上海西默通信技术有限公司”生产的型号为“XMSH-DL121”的样品在锁芯破坏试验中，由于外力作用使得应急锁芯与离合间的塑料连接件断裂，从而导致应急锁芯无法驱动离合动作，最终未能以破坏锁芯的方式被打开，另一款标称“派瑞”品牌型号为“H300S”的样品没有应急机械开锁功能。其余27款产品的破坏开启时间如图1所示。

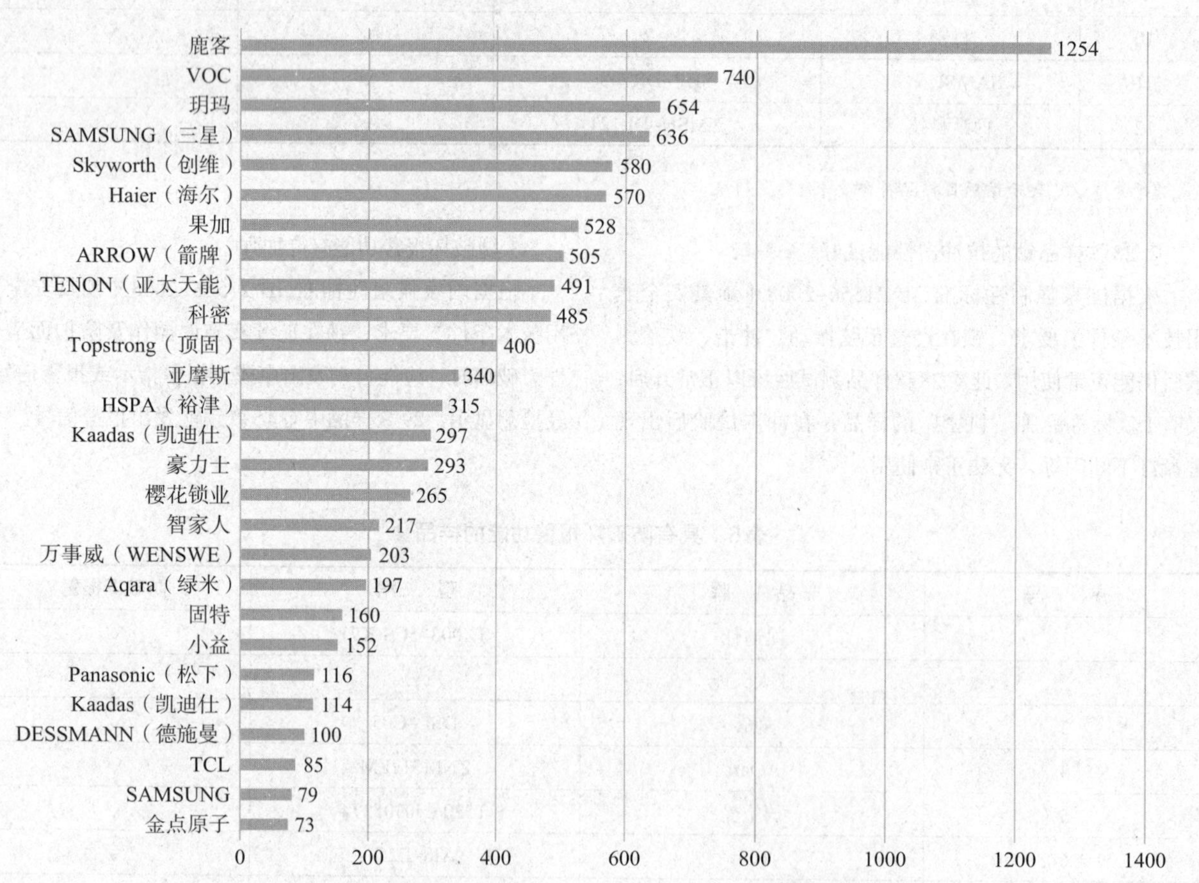

图1　27款样品机械应急锁破坏开启时间（可开启样品）（单位：秒）

5. 29款样品使用寿命均达到1万次开启，远远高于国家标准

按照国家强制性标准GB 21556–2008《锁具安全通用技术条件》要求，智能门锁的使用寿命不应低于3000次。按照每天开关门10次来算，只能使用300天，显然无法满足消费者对智能门锁产品寿命的预期。因此，本次测试将试验次数增加到1万次。

测试结果显示，样品锁在完成了标准规定的3000次的反复启闭之后，继续进行试验，直至反复启闭总次数1万次，29款样品均未出现任何异常。

6. 29款智能门锁样品的外壳或配套装置均达到阻燃要求

（三）电源电池安全及包装标识

1. 27款样品锁的电源均可保证正常使用，29款样品在电源过压（额定值的115%）状态下可正常使用

根据GB 21556–2008《锁具安全通用技术条件》对电源性能的相关要求，27款样品锁电源的电池容量、电源适应性和欠压指示可以保证样品的正常使用。标称“鹿客”“科密”品牌的2款样品锁没有欠压指示功能，可能会导致使用者因没有及时更换电池而无法开启智能锁的情况发生。

当供电电压低于标称电压值的80%时，为防止出现无法正常开启的情况，智能锁应有欠压指示功能，告诉使用者及时更换电池，此时的电量应满足正常开启50次，否则该智能锁的电源不能保证智能锁的正常使用。

2.样品锁的应急电源接口和备用电源配置较好

本次比较试验29款样品均留有应急电源接口，16款样品还配备了备用电源，有效地延长了产品的续航能力。在电池电量耗尽（或其他电池故障）时，使用外接电源同样可以为产品进行应急供电，防止因电池问题导致门锁无法打开。

3. 29款智能门锁（锂）电池（组）加速冲击实验没有发现问题

按照GB 31241–2014《便携式电子产品用锂离子电池和电池组》测试要求，对29款智能门锁的（锂）电池（组）做加速冲击实验，样品均不起火、不爆炸、不漏液。

4. 6款智能门锁样品包装标识存在问题

《中华人民共和国产品质量法（2009修正）》第二十七条规定：“产品或者其包装上的标识必须真实，并符合下列要求：（一）有产品质量检验合格证明；（二）有中文标明的产品名称、生产厂厂名和厂址；（三）根据产品的特点和使用要求，需要标明产品规格、等级、所含主要成份的名称和含量的，用中文相应予以标明；需要事先让消费者知晓的，应当在外包装上标明，或者预先向消费者提供有关资料……”

通过本次比较试验我们发现，6款智能门锁样品包装标识存在问题。

表7 包装标识存在问题的样品

序号	品牌	型号	生产厂家	检查包装标识发现的问题
1	果加	GO–A230L	北京果加智能科技有限公司	无产品名称、无厂名厂址
2	万事威（WENSWE）	B300半导体	—	无厂名厂址
3	SAMSUNG（三星）	SHP–DR708BU/CN	—	无合格证、无中文标识的产品名称、厂名厂址
4	SAMSUNG（三星）	P718LBG/CN	—	无合格证、无中文标识的产品名称、厂名厂址
5	HSPA（裕津）	HZ–9001	裕津卫浴（上海）有限公司	无合格证
6	亚摩斯	ZJ–MS08	—	无厂名厂址

四、企业反馈

样品测试完毕后，按照样品包装上的地址将样品测试结果以及告知函邮寄给生产企业，共收到七家相关企业的反馈意见，根据具体情况分别进行了处理。

德施曼智能门锁生产企业德施曼机电（中国）有限公司表示：对于报告中有关虚位密码不能超过32位的项目，我司已经从后台将数字密码输入长度调整为22位。中国消费者协会、四川省保护消费者权益委员会、深圳市消费者委员会（龙岗区消费者委员会、福田区消费者委员会）、佛山市消费者委员会共同委托实验室进行了验证，系统升级后提高了密码开锁的安全性。

VOC智能门锁生产企业浙江威欧希科技股份有限公司表示：考虑到办公区域使用及客户的喜好，目前我们这款锁只有部分用于办公室产品的密码设置范围为4—8位，让用户在密码设置时有更多的选择性；大部分用于家庭进户门的都是6位的。锁舌轴向静载荷能达到B级

标准。并提供了相关检测报告；经前期调研，考虑部分用于办公室的锁具，按用户需求未加装报警功能，大部分用于家庭进户门的产品都是配备防撬报警功能的，相关部门可以核查。

松下智能门锁生产企业松下电气机器（北京）有限公司表示：对于报告中有关虚位密码不能超过32位的项目，我司已经将数字密码输入长度调整为22位。并提供了密码逻辑安全符合要求的相关检测报告。

创维智能门锁生产企业深圳市创维群欣安防科技股份有限公司表示：对报告中生物特征识别安全、密码逻辑安全、固件升级功能三项测试目前未找到相关国家标准及行标要求；我司智能锁的锁舌轴向静载荷符合B级要求；针对比较试验报告中体现的不符合项，我司会根据不符合要求迭代升级解决，也希望相关部门及单位能根据此次比较试验的结果尽快完成国家标准的更新，来指导智能锁的发展和相关安全管理。

金点原子智能门锁生产企业广东金点原子信息服务有限公司表示：行业内指纹密码锁开门卡均采用M卡片作为密匙，该卡片无须加密，M1卡都通用为密匙开锁；针对今后指纹锁为了达到更高级别的检测标准，我公司此款信息识别卡将采用全区加密增加破解难度而防止复制；为了提升我公司指纹锁防破坏安全等级，将增加指纹锁防撬开关与软件处理，达到防破坏报警功能；我司已将软件进行修改，将虚位密码设置为不超过32位；指纹开锁是在进行生物指纹比对时由指纹头的技术算法来确定，异物对指纹算法的影响概率大小，是由比对输入确认来判断的，与接触面积和比对算法有关；H1指纹锁在出厂销售时没有标配锁体，是由经销商根据客户需求和所需型号自由选定，贵协会比对试验抽检的锁体没有明确锁体等级和型号，故不能做出判断。

鹿客智能门锁生产企业云丁网络技术（北京）有限公司表示：LOOCK鹿客“DSL-CO5”型门锁测试数据不符合A级要求，但符合B级要求，建议测试单位对测试结果分A、B级进行区分公示；对于欠压指示问题，为保证电池使用更久，提升用户体验，我司设定门锁大部分时间是处于低功耗休眠模式，只有周期性（每5小时）自动唤醒时才会去检测电池电压，达到报警条件时会触发门锁低电量报警。

派瑞智能门锁生产企业中国船舶重工集团公司第七一八研究所表示：该产品是按照GB 21556-2008《锁具安全通用技术条件》B级门锁进行设计的。并提供了相应检测报告。根据贵会建议，我方考虑升级更新产品说明书或产品外包装，避免引起消费者困惑；为了避免发生误报警提示，该款产品设计为：当门锁防护面遭受外力破坏导致破拆或撬掉，门锁即发出5分钟蜂鸣器报警；产品设计为在使用IC卡时应配合自主设定密码，将卡和密码一起作为开门钥匙使用，必须由用户添加注册后才能使用。但为了进一步保障安全，根据贵会建议，我方将对附赠的IC卡全部升级更换为安全性更高的CPU卡，从而在根本上达到卡片防复制的要求。中国消费者协会、四川省保护消费者权益委员会、深圳市消费者委员会（龙岗区消费者委员会、福田区消费者委员会）、佛山市消费者委员会共同委托实验室进行验证，门锁进行升级后信息识别卡安全符合要求。（注：此门锁不具备在线升级功能，需厂家上门进行升级。）

五、消费提示

购买渠道选择：尽量通过正规渠道购买正规品牌智能门锁，在电商平台购买时，官方旗舰店更值得信赖。

智能门锁产品选择：尽量选择品牌智能门锁产品。检查产品包装是否清晰明确地标出电子防盗锁产品名称、商标、规格型号、生产厂家、生产厂址、安全级别、明示执行标准等信息，同时注意产品是否具有合格证、说明书、开孔模板及保修卡等文件材料。同时拆开检查产品外观，要求外观整洁、无裂口、无锈蚀等。

开锁方式选择：挑选智能门锁时选择适合自己的产品，不要刻意追求更多的开锁方式。一般来说，开锁方式越多，潜在风险越大。

应急开锁：建议消费者选用具备应急开锁功能的智能门锁，至少将一把应急开锁钥匙保留在除家以外的安全地点，同时通过钥匙形状来判断应急锁锁芯种类，单排弹子的锁芯安全系数较低，不建议消费者选用。

选购时尽可能向销售方核实产品面板主材类型，同时结合个人经验或一些技巧对产品用料、做工等进行简单的判断。

价格不是选购的唯一依据，但价格明显低于市场平均水平的产品质量难以保证，不建议消费者选用。

指纹识别模块选择：目前市面上指纹识别模块主要有光学指纹识别模块和电容指纹识别模块（半导体指纹识别模块）。

一般情况下，电容指纹识别模块（半导体指纹识别模块）的识别速度、识别率要优于光学指纹识别模块，尤其对于小孩、老人、指纹纹路较浅、手指干燥的用户来说，电容指纹识别模块的这一优势更为明显。同时，电容指纹识别模块具备一定的防伪指纹能力，但其表面耐刮伤能力较差，且对于手指上的水比较敏感，会直接影响识别成功率。光学指纹识别模块的环境适应性较强，其采集窗一般采用钢化玻璃，具备一定的耐压、耐磨、耐酸碱、污渍腐蚀等能力，但在指纹纹路较浅、手指干燥或脱皮的情况下，识别率一般会降低，开启速度明显减慢。

消费者在选用指纹识别模块时应考虑自己的使用实际情况和需求进行选择。

建议消费者从正规渠道购买智能门锁并索要发票，方便日后维权。

根据本次比较试验结果，中国消费者协会、四川省保护消费者权益委员会、深圳市消费者委员会（龙岗区消费者委员会、福田区消费者委员会）、佛山市消费者委员会建议相关部门尽快出台智能门锁的产品标准，用于指导企业生产，督促企业提质升级，规范市场秩序。

建议相关企业对照本次比较试验结果，尽快完成问题产品的整改，切实保障消费者的人身财产安全。

附表　智能门锁比较试验样品信息及测试结果汇总表

序号	样品名称	型号	小黑盒	识别卡	指纹	密码	信息泄露	身份鉴别	权限控制	数据传输	授权功能	存储和查询功能	非法操作报警功能	锁舌轴向静载荷	锁舌侧向静载荷	冲击测试	防破坏报警	机械应急锁破坏（s）	使用寿命（10000次）	阻燃	电池容量	电源适应性	欠压指示	过压运行	价格（元）
1	凯迪仕	TZ003-5CS（K7）	√	×	×	√	√	√	√	√	√	√	√	√	√	√	√	114	√	√	√	√	√	√	2900
2	亚太天能	A1	√	×	×	√	√	√	√	√	√	√	√	√	√	√	√	491	√	√	√	√	√	√	2900
3	鹿客	DSL-C05	√	不适用	√	√	√	√	√	√	√	√	√	√	×	√	√	1254	√	√	√	√	×	√	2990
4	AQara	ZNMS12LM	√	不适用	×	√	√	√	√	√	√	√	√	√	√	√	√	197	√	√	√	√	√	√	1949
5	德施曼	T520/CJ0305374	√	不适用	√	×	√	√	√	√	√	√	√	√	√	√	√	100	√	√	√	√	√	√	2999
6	TCL	AI8-E2G	√	不适用	×	√	√	√	√	√	√	√	√	×	√	√	√	85	√	√	√	√	√	√	5198
7	固特	1802	√	×	√	√	√	√	√	√	√	√	√	×	√	√	×	160	√	√	√	√	√	√	1888
8	智家人	Z8S-V2.0	√	×	×	√	√	√	√	√	√	√	√	√	×	√	×	217	√	√	√	√	√	√	2799
9	果加	A230	√	不适用	不适用	√	√	√	√	√	√	√	√	√	×	√	×	528	√	√	√	√	√	√	1099
10	Panasonic（松下）	V-M683W	√	不适用	√	×	√	√	√	√	√	√	√	不适用	√	√	√	116	√	√	√	√	√	√	2599
11	万事威	ES-B300 半导体	√	×	×	×	√	√	√	√	√	√	√	√	×	√	×	203	√	√	√	√	√	√	1296
12	海尔	HL-63PF4	√	×	×	√	√	√	√	√	√	√	√	√	√	√	√	570	√	√	√	√	√	√	5899
13	创维	SKY-001-RFPDA-R9	√	不适用	×	×	√	√	√	√	√	√	√	×	√	√	√	580	√	√	√	√	√	√	1899
14	顶固	智能指纹锁D1铁门	√	×	×	√	√	√	√	√	√	√	√	√	√	√	√	400	√	√	√	√	√	√	2331
15	SAMSUNG	SHP-P718 LBG/CN	√	√	√	×	√	√	√	√	√	√	√	√	√	√	×	636	√	√	√	√	√	√	3580
16	VOC	T77F	√	不适用	√	×	√	√	√	√	√	√	√	×	√	√	×	740	√	√	√	√	√	√	2580
17	豪力士	未来一号	√	×	√	×	√	×	×	×	√	√	√	√	√	√	√	293	√	√	√	√	√	√	3513.3
18	金点原子	JD-H1	√	×	×	×	√	√	√	√	√	√	√	√	×	√	×	73	√	√	√	√	√	√	2488

续表

序号	样品名称	型号	小黑盒	识别卡	指纹	密码	信息泄露	身份鉴别	权限控制	数据传输	授权功能	存储和查询功能	非法操作报警功能	锁舌轴向静载荷	锁舌侧向静载荷	冲击测试	防破坏报警	机械应急锁破坏（s）	使用寿命（10000次）	阻燃	电池容量	电源适应性	欠压指示	过压运行	价格（元）
19	凯迪仕	K8–5HB	√	×	√	√	√	√	√	√	√	√	√	√	√	√	√	297	√	√	√	√	√	√	3380
20	科密	A2	√	√	×	×	√	√	√	√	√	√	√	√	√	×	×	485	√	√	√	√	×	√	1650
21	派瑞	H300S	√	×	√	√	√	√	√	√	√	√	√	√	×	√	×	无应急开锁	√	√	√	√	√	√	1680
22	SAMSUNG	SHP–DR708	√	√	×	×	√	√	√	√	√	√	√	√	√	√	√	79	√	√	√	√	√	√	3980
23	樱花锁业	DZ–H1 半导体 APP	√	×	√	√	√	√	√	√	√	√	√	√	×	√	×	265	√	√	√	√	√	√	2499
24	HSPR	HZ–9001	√	×	√	×	√	√	√	√	√	√	√	×	×	√	√	315	√	√	√	√	√	√	2180
25	玥玛	FP7777	√	×	√	√	√	√	√	√	√	√	√	×	×	√	×	654	√	√	√	√	√	√	2580
26	小益	E301	√	×	×	×	√	√	√	√	√	√	√	√	×	√	×	152	√	√	√	√	√	√	1299
27	箭牌	A618	√	×	√	×	√	×	×	×	√	√	√	√	×	√	√	505	√	√	√	√	√	√	2188
28	西默科技	XMSH–DL121	√	×	×	√	√	√	√	√	√	√	√	√	√	√	×	未开启	√	√	√	√	√	√	2023
29	亚摩斯	（未标注）	×	×	√	×	√	√	√	√	√	√	√	×	×	√	×	340	√	√	√	√	√	√	2792.3

注：1. 本次比较试验结果仅对所购买的产品负责，不代表同品牌不同批次、不同规格产品的质量状况。结果仅供消费者选购产品参考，不构成对任何相关产品的推荐与宣传。

2. 未经中国消费者协会、四川省保护消费者权益委员会和深圳市消费者委员会书面允许，任何单位和个人不得擅自使用本次比较试验结果作为商业宣传。

3. 表中"√"表示样品的该项内容没有问题或具备该功能，"×"表示样品的该项内容存在问题或风险。

4. "价格"为购买时的实际价格，仅供参考。

配装眼镜比较试验报告

中国消费者协会　陕西省消费者协会
重庆市消费者权益保护委员会　深圳市消费者委员会
（龙岗区消费者委员会　宝安区消费者委员会）

摘要

配装眼镜是矫正视力、保护眼睛的有效方法。佩戴眼镜后既可获得清晰的物像，也可起到防治眼球外斜、弱视以及预防高度近视引起的合并症等作用。可见，配装眼镜质量的高低直接影响消费者的眼睛状况。

本次比较试验结果显示，20款配装近视眼镜样品的光学要求等整体指标表现良好。绝大多数样品镜片的光透射性能表现良好，透光率高、防紫外效果佳。样品镜架的镍释放均在ISO国际标准要求范围内，安全性好。个别样品眼镜配镜单（即配镜处方）存在无产品执行标准、无厂址、无检验合格证明等不规范的问题。

此外，准确验光是佩戴合适眼镜的基础，消费者一定要找医院或信誉有保证的机构，请有资质的验光师进行验光；选择质量有保障的品牌产品是佩戴合适眼镜的关键；根据个人特点调整装配好的眼镜是佩戴合适眼镜的保障。

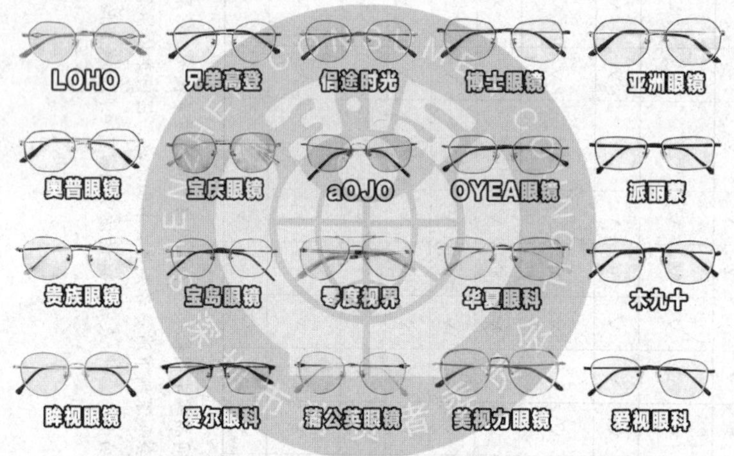

图1　20款装配近视眼镜样品

一、项目背景

近年来，我国青少年近视率居高不下、不断攀升，有数据显示，2018年我国小学生近视比例为45.7%，初中生近视比例为74.4%，高中生近视比例为83.3%，大学生近视比例为87.7%。近视低龄化、重度化日益严重，近视防控形势十分严峻。

2018年12月18日，市场监管总局印发了《贯彻落实〈综合防控儿童青少年近视实施方案〉行动方案》，方案提出了8项目标任务：严格监管验光配镜行业，不断加强视光产品监管和计量监管，整顿配镜行业秩序；加大对眼镜和眼镜片生产、流通和销售等环节的执法检查力度；规范眼镜片市场，杜绝不合格眼镜片流入市场；加强广告监管，依法查处虚假违法近视防控产品广告；将违法违规的验光配镜等相关行业企业纳入国家企业信用信息公示系统，向社会予以公示；研究建立与眼镜相关的认证制度，严格视光产品检测机构资质认定；严格相关领域知识产权保护；加强相关领域消费者权益保护工作。国家对眼镜产品质量的监控将进一步加强。

配装眼镜是矫正视力或保护眼睛的医疗器具，由镜片和镜架装配组成。戴眼镜后获得清晰的物像，可以矫正

视力、可以防治眼球外斜、可以防治弱视、可以预防高度近视引起的合并症等。配装眼镜按功能分为近视镜、远视镜、老花镜、青少年控制镜、近视太阳镜、光致变色镜等。

根据前期市场调研结果显示，全球80%的高端眼镜在深圳生产。2018年在深圳的眼镜企业近400家，其中生产企业380家，商贸企业20家，眼镜年产量超1.25亿副，年产值超100亿元，产业综合竞争力在国内外具有强大优势，因此本次比较试验购样地点选择在深圳地区。

据统计，2018年到2019年6月，深圳市消委会收到关于配装眼镜的投诉共277宗。投诉反映的问题主要集中在产品质量问题和售后服务，占比分别是35.8%和48.3%。

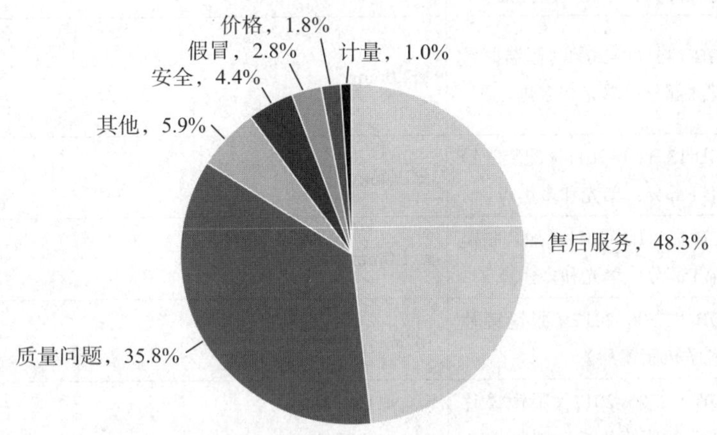

图2　深圳市眼镜消费投诉数据（2018年至2019年6月）

为了让消费者了解市场上配装眼镜的质量和安全情况，更好地指引消费，中国消费者协会联合陕西省消费者协会、重庆市消费者权益保护委员会、深圳市消费者委员会（含龙岗区消费者委员会、宝安区消费者委员会）对深圳市的部分配装眼镜商品进行了比较试验。

二、比较试验详情

（一）样品来源

本次比较试验的20款配装眼镜样品，均为消费者关注度和品牌知名度较高的产品，消协（消费者委员会）的工作人员模拟普通消费者在商场、大型超市、品牌眼镜连锁店、眼镜批发市场、医院眼科视光中心等渠道购买。

统一配镜处方如下：

右　S：-5.50D　C：-1.25D　A：75°

左　S：-5.25D　C：-1.50D　A：90°　PD：66.0mm

选购的品牌如下：

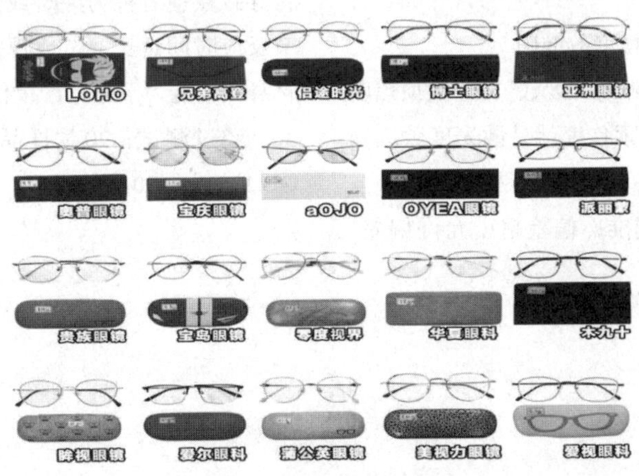

图3　20款配装眼镜样品

（二）测试标准及方法

业内专家、企业代表和检测机构讨论并召开业界意见征求会后确定了本次比较试验方案。测试涉及光学要求、透射性能、镜架镍释放量、标志等的11项指标，具体见表1：

表1　配装眼镜比较试验检测指标一览表

序号	检测指标	检测依据	指标要求	说明
1	顶焦度偏差	GB 13511.1–2011《配装眼镜 第1部分：单光和多焦点》	球镜：± 0.12D 柱镜：± 0.18D	光学要求
2	柱镜轴位偏差	GB 13511.1–2011《配装眼镜 第1部分：单光和多焦点》	± 4°	光学要求
3	光学中心水平距离偏差	GB 13511.1–2011《配装眼镜 第1部分：单光和多焦点》	± 2.0mm	光学要求
4	水平光学中心与眼瞳的单侧偏差	GB 13511.1–2011《配装眼镜 第1部分：单光和多焦点》	± 1.0mm	光学要求
5	光学中心垂直互差	GB 13511.1–2011《配装眼镜 第1部分：单光和多焦点》	≤ 1.0mm	光学要求
6	可见光谱范围透射比	QB/T 2506–2017《眼镜镜片 光学树脂镜片》	78% ~ 100%	光透射性能
7	紫外光谱范围透射比	QB/T 2506–2017《眼镜镜片 光学树脂镜片》	$t_{SUVA} \leqslant t_u$ $t_{SUVB} \leqslant 0.05t_u$	光透射性能
8	蓝光性能	QB/T 2506–2017《眼镜镜片 光学树脂镜片》	$\leqslant 0.93t_u$	光透射性能
9	镜架镍释放量	ISO 12870：2016	$\leqslant 0.5_{ug}/cm^2/week$	镜架镍释放
10	镜片厚度	QB/T 2506–2017《眼镜镜片 光学树脂镜片》	≥ 1.0	镜片厚度
11	标志	GB 13511.1–2011《配装眼镜 第1部分：单光和多焦点》	应标明产品名称、生产厂厂名、厂址；产品所执行的标准及产品质量检验合格证明、出厂日期或生产批号；定配眼镜应标明顶焦度值、轴位、瞳距等处方参数。	处方单规范性

（三）比较试验结果

1. 20款配装眼镜样品的眼镜度数准确

顶焦度，通俗说法就是“眼镜的度数”，球镜顶焦度是近视或者远视的度数，柱镜顶焦度就是散光度数。顶焦度偏差是检查眼镜度数与配镜处方度数是否一致。

顶焦度偏差越小，度数越准；偏差超出允许偏差，将导致戴镜者视力欠矫或过矫，引起调节功能不全、调节反应时间延长，造成视疲劳现象，长期戴会使眼睛的自身调节能力下降，严重伤害戴镜者的视力。

经过测试，20款样品顶焦度偏差均符合国家标准GB 13511.1–2011的要求。

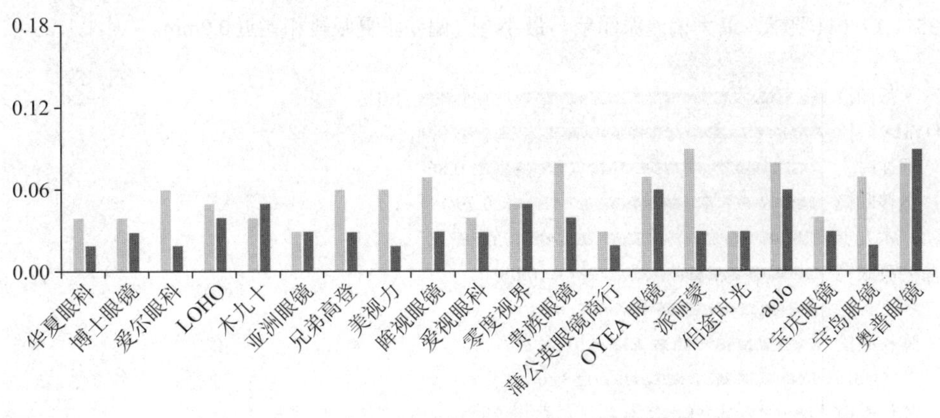

图4　顶焦度偏差测试结果（D）

注：数值越小越好。

2.散光方向的偏差，样品间差异较大

柱镜轴位方向是散光所在的方向。柱镜轴位方向偏差是检查眼镜的柱镜轴位与配镜处方散光方向是否一致。

柱镜轴位方向偏差越小，柱镜轴位越准确；超出允许偏差，戴镜时会导致看不清物体，出现“重影”现象，引起视疲劳，造成视力下降。

经过测试，18款样品柱镜轴位方向偏差均符合国家标准GB 13511.1-2011的要求，aoJo、宝庆眼镜柱镜轴位方向偏差超出标准限值要求。

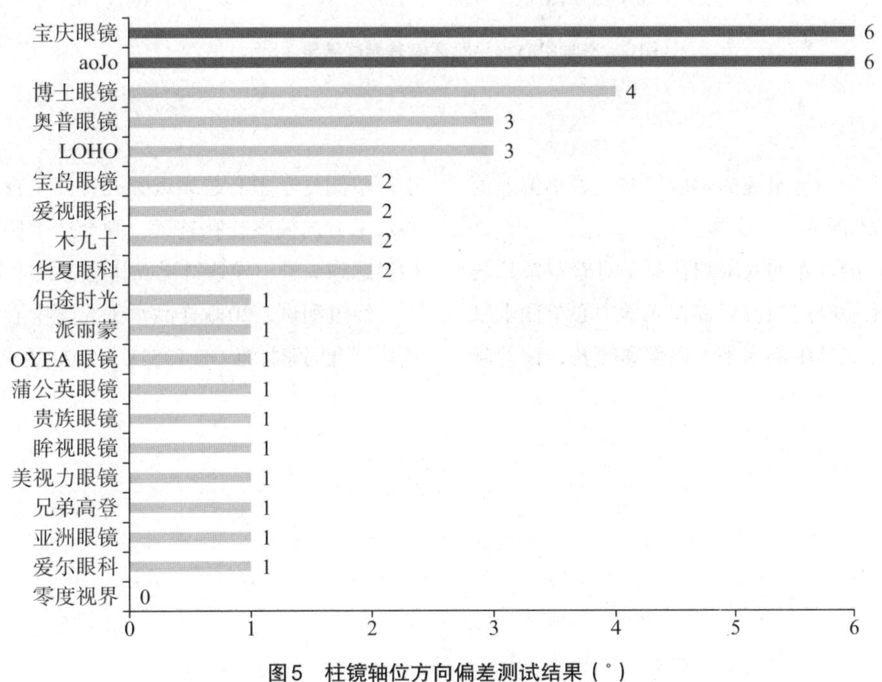

图5　柱镜轴位方向偏差测试结果（°）

注：数值越小越好。

3.光学中心部分：20款眼镜光学中心部分品牌各有差异

（1）光学中心水平距离偏差最小为0.11毫米，最大为1.01毫米。

通常眼镜的光学中心距离应与瞳距一致。光学中心水平距离偏差是检查眼镜的光学中心与戴镜者的瞳距是否一致。如果眼镜经过检测后发现光学中心距离与瞳距存在偏差，偏差越小，光学中心距离与瞳距越接近；偏差越大，导致眼睛斜视等视觉症状越容易出现。

经过测试，20款样品光学中心水平距离偏差均符合国家标准GB 13511.1-2011要求。最大偏差派丽蒙与最小偏差华夏眼科相差近0.9mm。

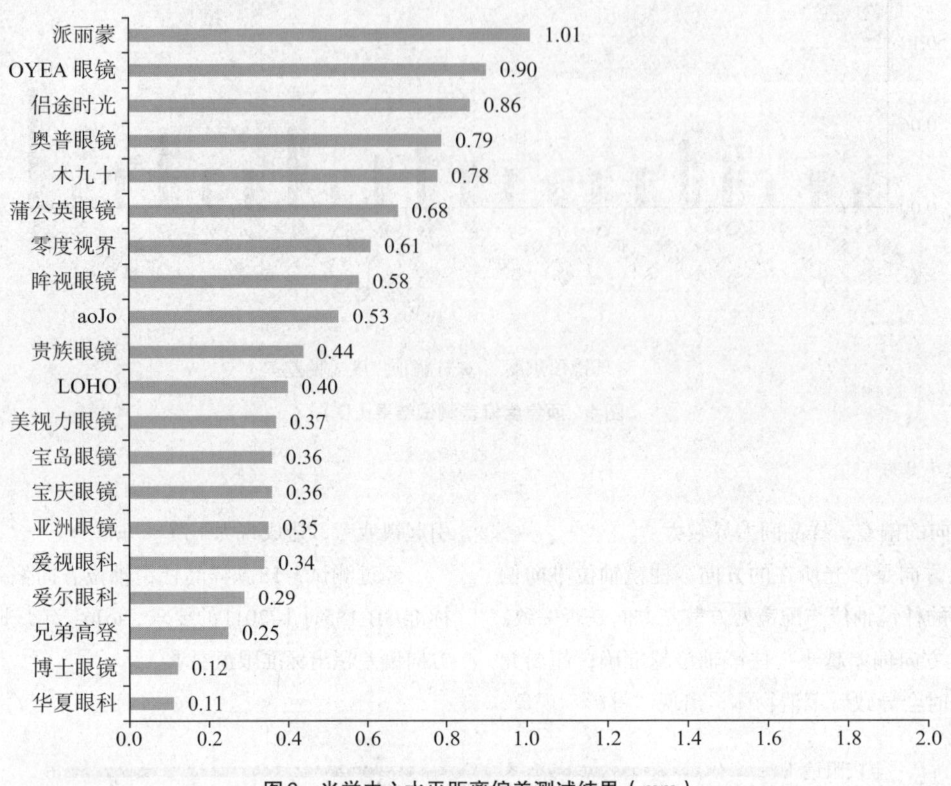

图6 光学中心水平距离偏差测试结果（mm）

注：数值越小越好。

（2）水平光学中心与眼瞳的单侧偏差，最小偏差值为0.18毫米，最大偏差值为1毫米。

眼镜配装后，佩戴者的双眼瞳孔应正对着眼镜片的光学中心，如果眼镜经过检测后存在光学中心单侧水平偏差，则单侧镜片光学中心水平方向偏离瞳孔，偏差越小，单侧光学中心越靠近瞳孔；偏差越大，单侧光学中心水平方向偏离瞳孔越远，则会产生棱镜效应，长此以往会感到头晕，导致斜视或其他功能性损害。

经过测试，20款样品水平光学中心与眼瞳的单侧偏差均符合国家标准GB 13511.1-2011要求。

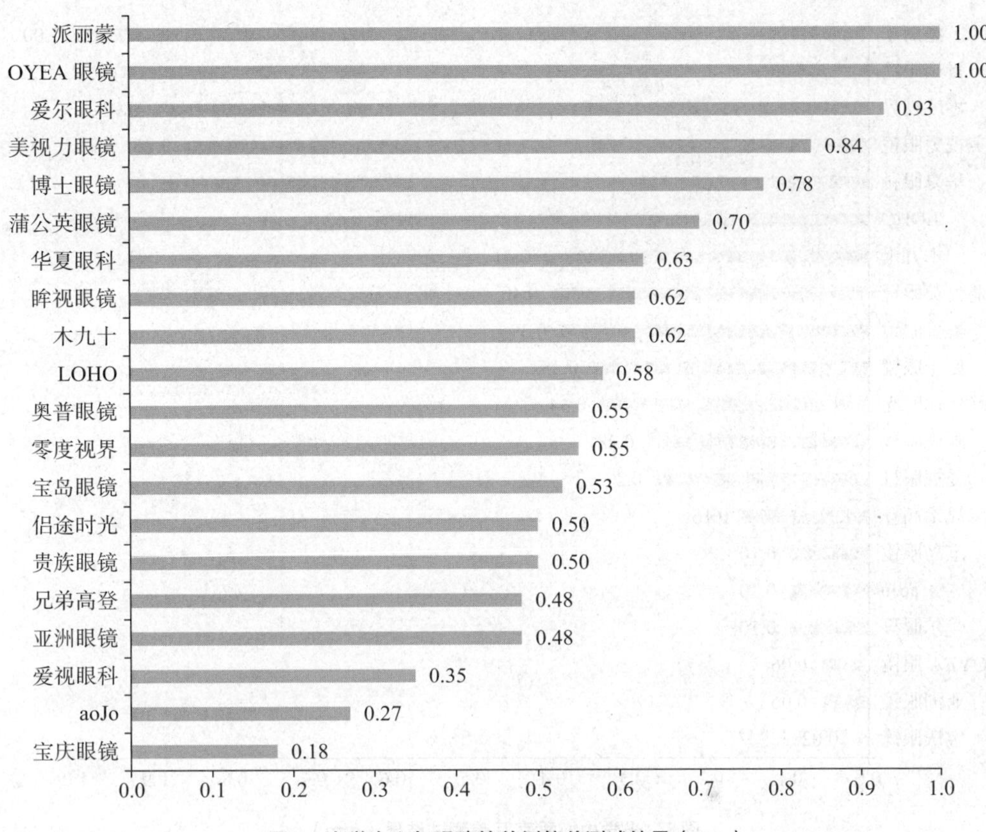

图7　光学中心与眼瞳的单侧偏差测试结果（mm）

注：数值越小越好。

（3）光学中心垂直互差差异显著，最小互差为0.02毫米，最大互差为1毫米。

眼镜的光学中心垂直互差是检查镜片光学中心是否在同一水平线上，如果互差超出允许范围，会使眼肌失去平衡，出现头晕、眼球酸胀、斜视等现象。

经过测试，20款样品光学中心垂直互差虽差别较大，但均符合国家标准GB 13511.1–2011要求。

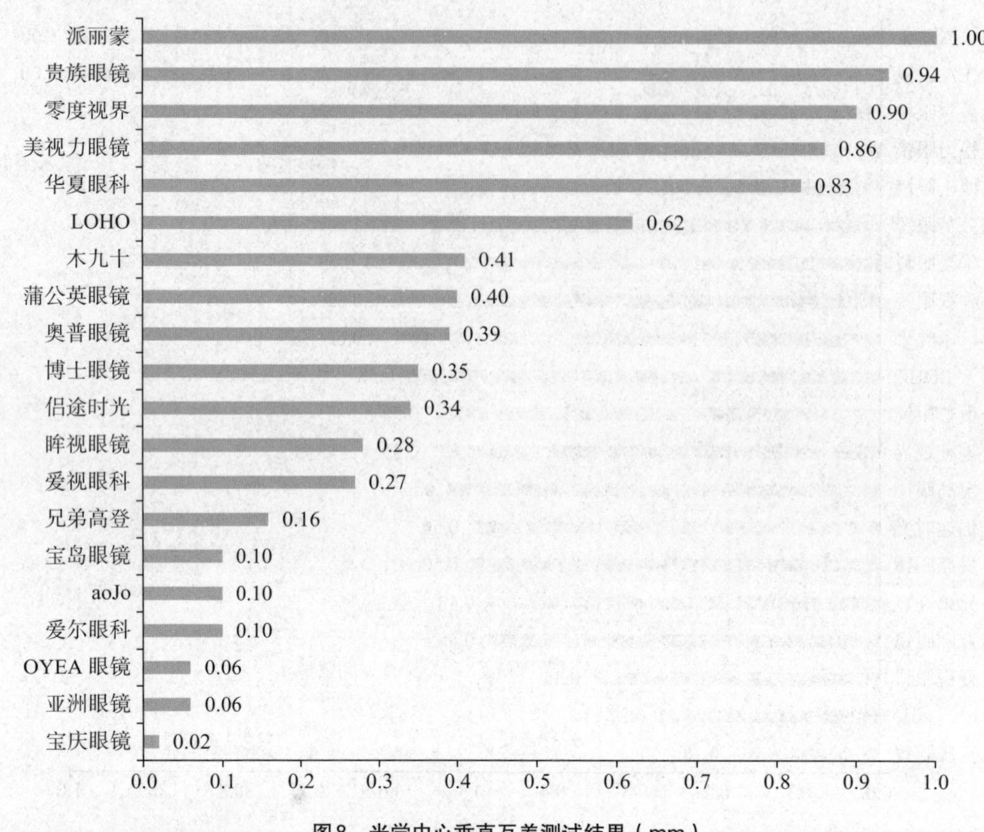

图8 光学中心垂直互差测试结果（mm）

注：数值越小越好。

4.光透射性能：绝大多数表现良好，透光率高、防紫外效果佳

（1）可见光谱范围透射比均高于95%，镜片的透光性能较好。

可见光谱范围透射比是考核眼镜片对光线（波长范围在380—760nm）的透过率。眼镜片的可见光谱范围透射比越大，镜片的透光率越高，戴镜者视物越清晰；反之眼镜片的可见光谱范围透射比越小，透光率越低，就降低了戴镜者的视觉清晰度。

经过测试，20款样品的可见光谱范围透射比均符合行业标准QB 2506-2017要求。

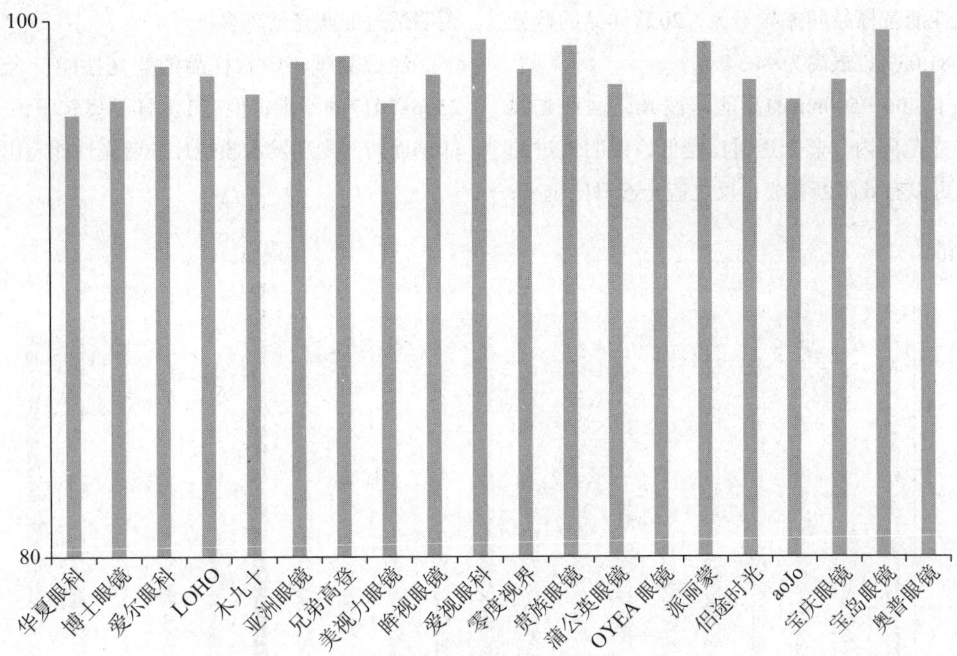

图9　可见光谱范围透射比测试结果（%）

注：数值越大越好。

（2）20款眼镜防紫外效果佳，紫外光谱范围镜片透射比都较低。

紫外光谱范围透射比反映眼镜片阻断不同波段紫外线透过的性能。紫外光谱范围透射比越大，透过的紫外线就越多，容易对眼睛角膜、结膜、晶状体以及视网膜等造成损害；反之紫外光谱范围透射比越小，透过的紫外线就越少，对眼睛的损害就少。

经过测试，20款样品的紫外光谱范围透射比均符合行业标准QB 2506-2017要求。

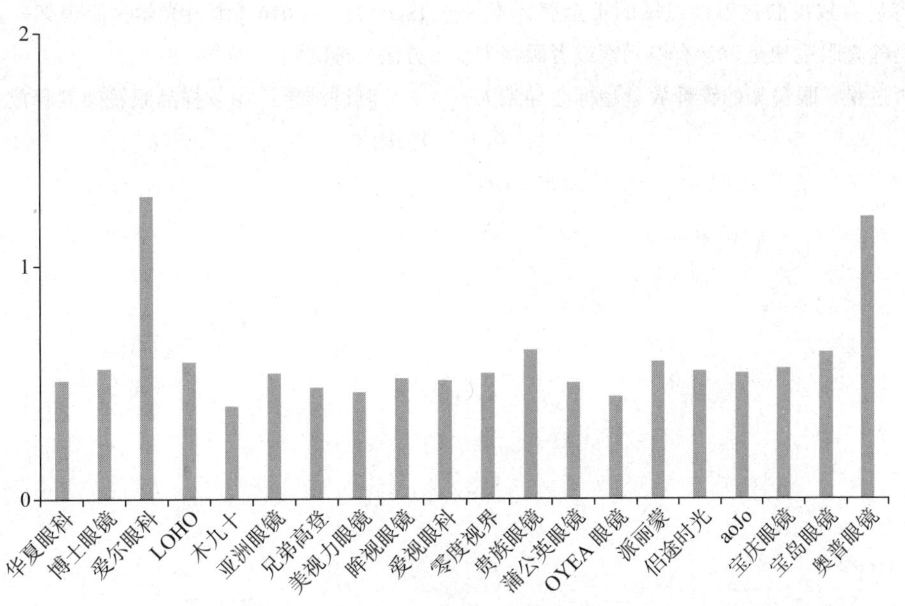

图10　紫外光谱范围透射比测试结果（mm）

注：数值越小越好。

（3）蓝光性能各样品间差异不大，20款样品的蓝光透射比最低为81.03%，最高为94.34%。

蓝光是波长400—500nm的高能短波光，这种光线在人眼的可见光范围内。蓝光透射比越低，说明透过的蓝光就越少，可以有效阻断蓝光；反之蓝光透射比越高，说明透过的蓝光就越多。

经过测试，19款样品的蓝光性能符合行业标准QB 2506-2017的要求；但有1款样品奥普眼镜——博姿1.60非球面防蓝光超发水膜镜片的蓝光性能超出标准要求。

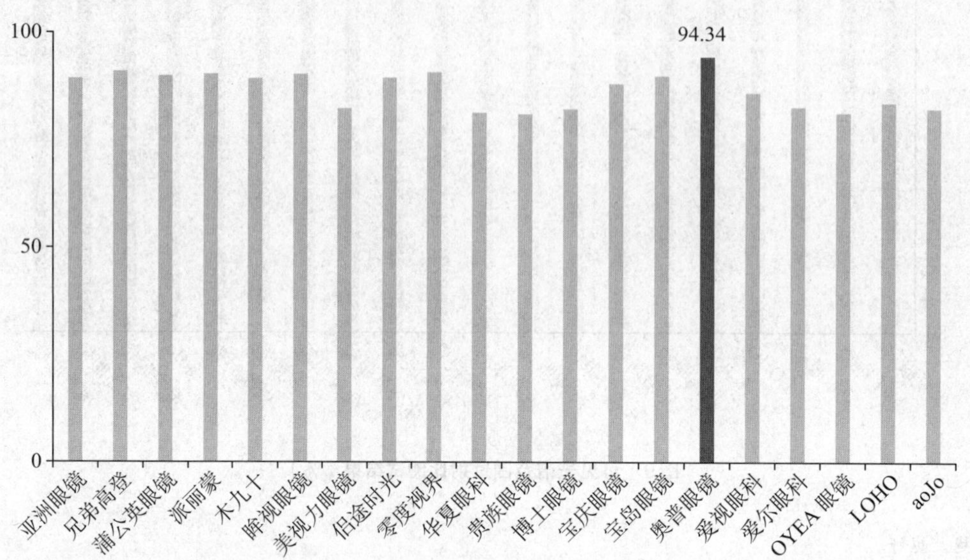

图11 蓝光性能测试结果（%）

注：数值越小越好。

5.镜架镍释放量：20款眼镜镜架的镍释放量均在安全范围，可放心佩戴

镍是一种容易导致皮肤接触性过敏的重金属元素，镜架镍释放量是检查眼镜架是否含有镍元素或者眼镜架中镍的释放是否过量，眼镜架的镍释放量超标会导致人体健康受损。

目前国内标准，尤其是眼镜架国家标准GB/T 14214-2003《眼镜架 通用要求和试验方法》中，尚未涉及镍析出量的限值和检测方法。本次比较试验采用ISO 12870-2016《眼科光学—眼镜架—基本要求和试验方法》标准。

测试结果：20款样品眼镜架镍释放量均在国际标准范围内。

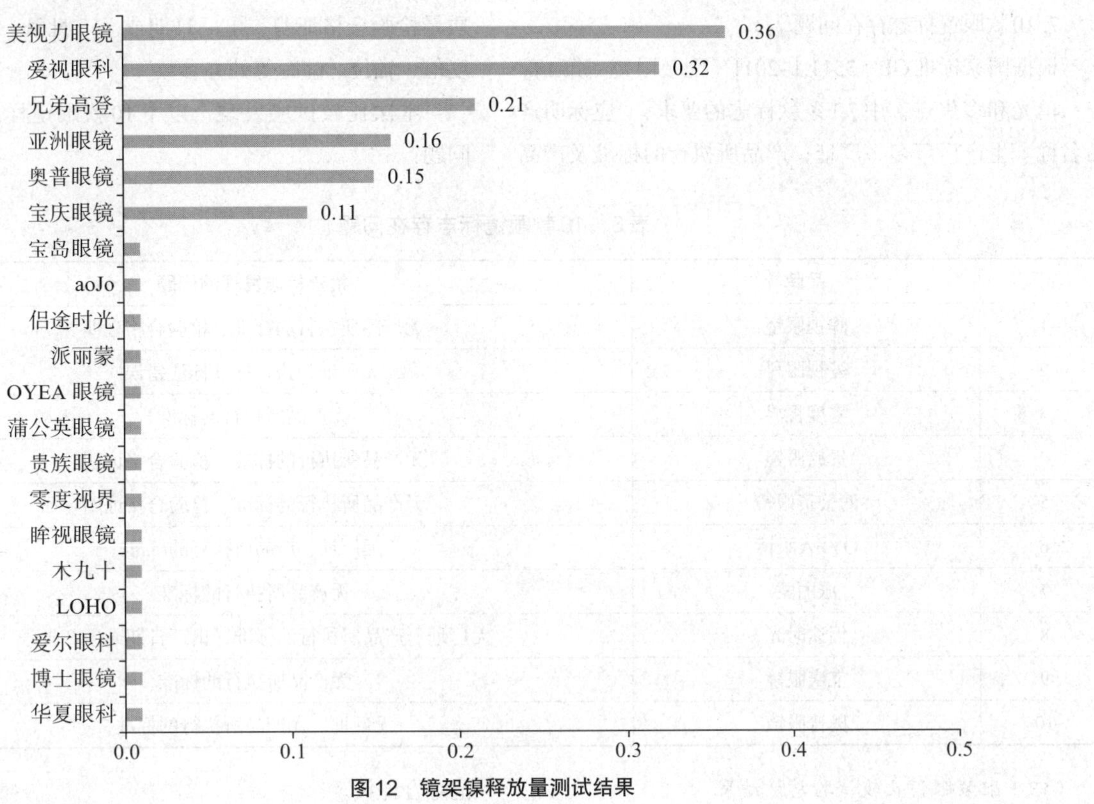

图12　镜架镍释放量测试结果

注：数值越小越好。

6. 20款眼镜镜片厚度没有问题

QB 2506-2017标准中要求镜片的基准点厚度不应小于1.0mm。经过测试，20款样品镜片厚度均符合QB2506-2017要求。

表2　镜片厚度测试结果

序号	品牌	镜片型号	镜片基准点厚度
1	华夏眼科	明月1.60防蓝光	√
2	博士眼镜	卡逵目1.60防蓝光非球面	√
3	爱尔眼科	柯达爱尔伟兴系列1.553非球面防蓝光Blutech	√
4	LOHO	LOHO 1.600防蓝光非球面	√
5	木九十	万新1.60昕阅单光非球面多屏蓝光防护镜片	√
6	亚洲眼镜	海伦卓尔1.597狙蓝光非球面加膜	√
7	兄弟高登	海伦卓尔1.664狙蓝光非球面加膜	√
8	美视力	明月1.6防蓝光	√
9	眸视眼镜	精E 1.61防蓝光	√
10	爱视眼科	库柯1.60超薄非球面全效膜	√
11	零度视界	好医生1.60非球面防蓝光树脂镜片	√
12	贵族眼镜	好奇1.56非球面防蓝膜	√
13	蒲公英眼镜	视玛1.598防蓝光	√
14	OYEA眼镜	明月1.60非抗蓝光	√
15	派丽蒙	派丽蒙1.60防蓝光	√
16	侣途时光	新天鸿1.61抗蓝光	√
17	aojo	明月1.60非球面蓝光镜片	√
18	宝庆眼镜	明瑞1.61防蓝光非球面	√
19	宝岛眼镜	SAPe蓝科1.60非球面多层复合膜	√
20	奥普眼镜	博姿1.60非球面防蓝光超发水膜	√

7. 10款眼镜标志存在问题

根据国家标准GB 13511.1–2011《配装眼镜　第1部分：单光和多焦点》中7.1条款标志的要求，“应标明产品名称、生产厂厂名、厂址；产品所执行的标准及产品质量检验合格证明、出厂日期或生产批号；应标明顶焦度值、轴位、瞳距等处方参数”。

本次比较试验发现，以下10款眼镜样品标志存在问题：

表3　10款眼镜标志存在问题

序号	品牌	检查标志发现的问题
1	眸视眼镜	无产品所执行的标准、检验合格证明
2	爱视眼科	无厂址，执行标准标注错误
3	零度视界	无产品所执行的标准
4	贵族眼镜	无产品所执行的标准、检验合格证明
5	蒲公英眼镜	无产品所执行的标准、检验合格证明
6	OYEA眼镜	无厂址、产品所执行的标准
7	派丽蒙	无产品所执行的标准
8	侣途时光	无厂址、产品所执行的标准、出厂日期或生产批号
9	宝庆眼镜	无产品所执行的标准
10	奥普眼镜	无厂址，无产品所执行的标准

（四）配装眼镜比较试验总评结果

结合光学要求、透射性能、镜架镍释放、处方单规范综合评级。

表4　配装眼镜比较试验总评结果

★★★★★			
配镜机构	爱尔眼科	配镜机构	华夏眼科
镜架	宝莱（合金）–38005–C19	镜架	BOLON　BJ7059–B30
镜片	柯达爱尔伟兴系列1.553非球面防蓝光Blutech	镜片	明月1.60防蓝光
评价理由	光学要求、光透射性能、镜架镍释放、处方单规范性各指标达到优秀	评价理由	光学要求、光透射性能、镜架镍释放、处方单规范性各指标达到优秀
定配价	1070元	定配价	1350元
★★★★			
配镜机构	亚洲眼镜	配镜机构	兄弟高登
镜架	C*新一族金属D294–3	镜架	C*新一族金属2071–3
镜片	海伦卓尔1.597狙蓝光非球面加膜	镜片	海伦卓尔1.664狙蓝光非球面加膜
评价理由	光学要求、光透射性能、镜架镍释放、处方单规范性指标达到良好	评价理由	光学要求、光透射性能、镜架镍释放、处方单规范性指标达到良好
定配价	599元	定配价	799元

续表

配镜机构	爱视眼科	配镜机构	宝岛眼镜
镜架	NEWAY 18078-C4	镜架	MINI光学镜M52025
镜片	库柯1.60超薄非球面全效膜	镜片	SAPe蓝科1.60非球面多层复合膜
评价理由	光学要求、光透射性能、镜架镍释放指标达到良好，处方单不规范	评价理由	光学要求、光透射性能、镜架镍释放、处方单规范性指标达到良好
定配价	1124元	定配价	1600元
配镜机构	博士眼镜	配镜机构	美视力
镜架	朴宿 XHL19301-501	镜架	invs 8029-3
镜片	卡達目1.60防蓝光非球面	镜片	明月1.6防蓝光
评价理由	光学要求、光透射性能、镜架镍释放、处方单规范性指标达到良好	评价理由	光学要求、光透射性能、镜架镍释放、处方单规范性指标达到良好
定配价	976元	定配价	369元
配镜机构	侣途时光	配镜机构	蒲公英眼镜商行
镜架	ROREH 952-C1	镜架	（无品牌）S10127-C20
镜片	新天鸿1.61抗蓝光	镜片	视玛1.598防蓝光
评价理由	光学要求、光透射性能、镜架镍释放指标达到良好，处方单不规范	评价理由	光学要求、光透射性能、镜架镍释放指标达到良好，处方单不规范
定配价	799元	定配价	320元
配镜机构	木九十	配镜机构	OYEA眼镜
镜架	木九十 FM1820168-C01	镜架	OYEA MF18M082-98Z NVD
镜片	万新1.60昕阅单光非球面多屏蓝光防护镜片	镜片	明月1.60非抗蓝光
评价理由	光学要求、光透射性能、镜架镍释放、处方单规范性指标达到良好	评价理由	光学要求、光透射性能、镜架镍释放指标达到良好，处方单不规范
定配价	902元	定配价	799元
★★★			
配镜机构	贵族眼镜	配镜机构	LOHO
镜架	KALLA KC8300-C3	镜架	LOHO眼镜生活 LH06017-C20
镜片	好奇1.56非球面防蓝膜	镜片	LOHO 1.600防蓝光非球面

续表

评价理由	光学要求、光透射性能、镜架镍释放指标达到一般，处方单不规范	评价理由	光学要求、光透射性能、镜架镍释放处方单规范性指标达到良好
定配价	856.6元	定配价	649元
配镜机构	眸视眼镜	配镜机构	零度视界
镜架	ecai SF130-C54	镜架	Chloé CE2128 724
镜片	精E 1.61防蓝光	镜片	好医生1.60非球面防蓝光树脂镜片
评价理由	光学要求、光透射性能、镜架镍释放指标达到一般，处方单不规范	评价理由	光学要求、光透射性能、镜架镍释放指标达到一般，处方单不规范
定配价	800元	定配价	340元
配镜机构	派丽蒙		
镜架	PARIM PG81602-B1		
镜片	派丽蒙1.60防蓝光		
评价理由	光学要求、光透射性能、镜架镍释放指标达到一般，处方单不规范		
定配价	1098元		
不推荐			
配镜机构	aojo	配镜机构	宝庆眼镜
镜架	aojo BASIC FABAC0022-C02	镜架	（没有品牌）10122-C44
镜片	明月1.60非球面蓝光镜片	镜片	明瑞1.61防蓝光非球面
评价理由	柱镜轴位方向偏差不符合国家标准要求	评价理由	柱镜轴位方向偏差不符合国家标准要求
定配价	898元	定配价	350元
配镜机构	奥普眼镜		
镜架	寇姿金属S10092-C11		
镜片	博姿1.60非球面防蓝光超发水膜		
评价理由	蓝光性能不符合行业标准要求		
定配价	498元		

备注：

1.总评权重：顶焦度偏差20%；柱镜轴位方向偏差15%；光学中心水平距离偏差10%；水平光学中心与眼瞳的单侧偏差10%；光学中心垂直互差10%；蓝光性能10%；可见光谱透射比5%；紫外光谱范围透射比5%；镜片基准点厚度5%；镍释放量5%；标志5%。

2.评价结果用“★”表示，“★”越多结果越好，同星级产品排名不分先后。

3.本表产品价格以当时购样实际价格为准。

表5　2019年配装眼镜比较试验分级评价结果

评价等级	款数	获评原因
★★★★★	2	所有指标符合标准限值要求。 光学要求达到优秀，光透射性能、镜架镍释放达到优秀，处方单规范性符合要求。
★★★★	10	所有指标符合标准限值要求。 光学要求达到良好，光透射性能、镜架镍释放达到良好。
★★★	5	所有指标符合标准限值要求。 光学要求达到一般，光透射性能、镜架镍释放达到一般。
不推荐	3	光学要求、光透射性能、镜架镍释放存在部分指标不符合标准限值要求；处方单规范性不符合要求。

三、消费提示

（一）建议青少年初次验光最好选择专业的眼科医院，其他人群尽量选择到正规、有资质的验配机构验光、配镜

建议消费者到正规、有资质、有一定规模和专业技术力量、信誉度较好的眼镜店、眼科医院、视光中心等机构配镜。了解验光人员是否具有验光资质（持证上岗）；眼镜产品（镜片、镜架）有无合格标识；查看配镜机构的验光、配镜设备是否贴有国家强检合格标记。

（二）建议消费者根据配镜处方来选择镜架，过敏人群谨慎选择金属架

1.一般来说，度数在500度以下的消费者，可以选择范围较大的镜框形状和尺寸（超大框型除外）；度数在500—800度的消费者应尽量选择镜框较小的全框或半框镜架；度数在800度以上的消费者应选择小的全框镜架。

2.其次考虑适合自己的脸型，镜架的框距与自己的瞳距越接近越合适，减少因为镜框不合适而产生的棱镜效果，导致视物不清，头晕、恶心甚至度数加深。通常眼镜架的一只镜腿内侧会注明各项尺寸、型号和颜色，而另一只镜腿的内侧注明产地、品名和材料。比如：48□18-135，镜框尺寸：48mm，鼻梁尺寸：18mm，镜腿尺寸：135mm，则镜架的框距是48mm+18mm=66mm。

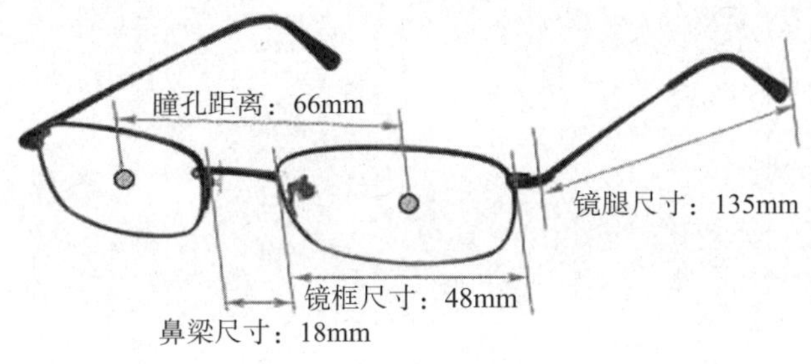

图13　镜架尺寸建议

3.谨慎选择金属架：如果是容易过敏的消费者，尽量不选择金属框（尤其是合金材质的），非戴不可的消费者，可以跟配镜机构说明对镜架的镜腿做保护处理的需求；如果长期佩戴，轻巧舒适的镜架可以减轻佩戴压力。

（三）建议普通消费者谨慎选择蓝光镜片

目前相关的眼镜标准并没有对防蓝光镜片的蓝光效果做规定，建议普通消费者谨慎选择防蓝光镜片；特殊眼病患者如黄斑疾患的人群，比如年龄相关性黄斑变形、黄斑裂孔、糖尿病性眼底病变患者需根据眼科医生建议选择防蓝光眼镜。

（四）建议消费者取到眼镜后仔细检查，并根据情况做个性化调整

消费者取到配装后的眼镜应检查眼镜是否有表面瑕疵，如镜架划痕、镜片表面划伤、镜片崩边、隙缝等，戴镜后是否有严重的不舒服症状，如看地板不平或变形。另外消费者还可以要求配镜机构对眼镜进行个性化调整，这样眼镜就不会对鼻梁、耳朵造成压迫感，佩戴舒适。

（五）科学用眼，预防近视

1. 2岁以内的婴幼儿建议不接触电子屏幕设备；学龄前儿童建议一天最多可看半个小时电子屏幕设备；小

学生每天最多40分钟，建议增加户外活动，有效降低近视发生的概率。

2.坐在距离电脑屏幕一臂长的地方（约63.5cm），调整屏幕高度，以稍微向下的角度注视屏幕；调整房间光线亮度，调整屏幕对比度以缓解眼睛疲劳。

3.连续近距离用眼时间不能过长，应该控制在40—50分钟内，休息远眺放松，并保证适量的户外活动。

4.努力做到：不躺着看书，不在阳光强烈的地方看书，不在车上看书、看手机，养成良好的用眼习惯，防止眼睛过度疲劳，可以有效地保护眼睛，预防和控制近视。

附表　配装眼镜比较试验样品信息及测试结果汇总表

序号	品牌	综合评价	镜架型号	镜片型号	顶焦度偏差（D）	柱镜轴位方向偏差（°）	光学中心水平距离偏差（mm）	水平光学中心与眼瞳的单侧偏差（mm）	光学中心垂直互差（mm）	镜片基准点厚度（mm）	可见光谱范围透射比（%）	紫外光谱范围透射比（%）		蓝光性能（%）	镍释放量（μg/cm2/week)	标志
												SUVA	SUVB			
1	爱尔眼科	★★★★★	宝莱（合金）-38005-C19	柯达爱尔伟兴系列1.553非球面防蓝光Blutech	+0.06	-1	-0.29	-0.93	0.10	1.40	98.32	1.30	0.20	82.73	<0.1	符合
2	华夏眼科	★★★★★	BOLON BJ7059-B30	明月1.60防蓝光	-0.04	-1	-0.11	-0.63	0.83	1.30	96.26	0.51	0.18	81.37	<0.1	符合
3	亚洲眼镜	★★★★	C*新一族金属D294-3	海伦卓尔1.597狙蓝光非球面加膜	+0.03	+1	-0.35	-0.48	0.06	1.03	97.17	0.54	0.18	89.33	0.16	符合
4	兄弟高登	★★★★	C*新一族金属2071-3	海伦卓尔1.664狙蓝光非球面加膜	-0.06	+1	-0.25	-0.48	0.16	1.15	98.37	0.48	0.14	91.06	0.21	符合
5	爱视眼科	★★★★	NEWAY 18078-C4	库柯1.60超薄非球面全效膜	-0.04	+2	-0.34	-0.35	0.27	1.31	99.15	0.51	0.14	86.01	0.32	不符合
6	宝岛眼镜	★★★★	MINI光学镜M52025	SAPe蓝科1.60非球面多层复合膜	-0.07	+2	+0.36	-0.53	0.10	1.16	99.57	0.63	0.22	89.90	<0.1	符合
7	博士眼镜	★★★★	朴宿 XHL19301-501	卡達目1.60防蓝光非球面	-0.04	+4	+0.12	+0.78	0.35	1.33	96.49	0.56	0.20	82.23	<0.1	符合
8	美视力	★★★★	invs 8029-3	明月1.6防蓝光	-0.06	+1	-0.37	-0.84	0.86	1.30	95.76	0.46	0.13	82.33	0.36	符合
9	侣途时光	★★★★	ROREH 952-C1	新天鸿1.61抗蓝光	+0.03	+1	-0.86	-0.50	0.34	1.20	97.70	0.55	0.20	89.48	<0.1	不符合
10	蒲公英眼镜商行	★★★★	（无品牌）S10127-C20	视玛1.598防蓝光	+0.03	+1	+0.68	+0.70	0.40	1.06	96.57	0.50	0.16	90.00	<0.1	不符合
11	木九十	★★★★	木九十FM1820168-C01	万新1.60昕阅单光非球面多屏蓝光防护镜片	-0.05	+2	-0.78	-0.62	0.41	1.25	96.69	0.40	0.07	89.25	<0.1	符合
12	OYEA眼镜	★★★★	OYEA MF18M082-98Z NVD	明月1.60非抗蓝光	+0.07	-1	+0.90	+1.00	0.06	1.27	96.03	0.44	0.12	81.35	<0.1	不符合
13	贵族眼镜	★★★	KALLA KC8300-C3	好奇1.56非球面防蓝膜	+0.08	-1	+0.44	+0.50	0.94	1.34	97.13	0.64	0.25	81.03	<0.1	不符合
14	LOHO	★★★	LOHO眼镜生活 LH06017-C20	LOHO 1.600防蓝光非球面	-0.05	-3	+0.40	+0.58	0.62	1.30	97.68	0.59	0.21	83.70	<0.1	符合
15	眸视眼镜	★★★	ecai SF130-C54	精E 1.61防蓝光	+0.07	+1	-0.58	-0.62	0.28	1.08	97.13	0.52	0.17	90.30	<0.1	不符合
16	零度视界	★★★	Chloé CE2128 724	好医生1.60非球面防蓝光树脂镜片	+0.05	0	+0.61	+0.55	0.90	1.01	97.15	0.54	0.18	90.71	<0.1	不符合

续表

序号	品牌	综合评价	镜架型号	镜片型号	顶焦度偏差（D）	柱镜轴位方向偏差（°）	光学中心水平距离偏差（mm）	水平光学中心与眼瞳的单侧偏差（mm）	光学中心垂直互差（mm）	镜片基准点厚度（mm）	可见光谱范围透射比（%）	紫外光谱范围透射比（%）		蓝光性能（%）	镍释放量（μg/cm2/week）	标志
												SUVA	SUVB			
17	派丽蒙	★★★	PARIM PG81602-B1	派丽蒙1.60防蓝光	-0.09	+1	-1.01	-1.00	1.00	1.24	98.56	0.59	0.20	90.35	<0.1	不符合
18	宝庆眼镜	不推荐	10122-C44（没有品牌）	明瑞1.61防蓝光非球面	+0.04	-6	+0.36	+0.18	0.02	1.19	97.36	0.56	0.20	88.06	0.11	不符合
19	aojo	不推荐	aojo BASIC FABAC0022-C02	明月1.60非球面蓝光镜片	+0.08	+6	+0.53	+0.27	0.10	1.35	95.94	0.54	0.19	82.32	<0.1	符合
20	奥普眼镜	不推荐	寇姿金属S10092-C11	博姿1.60非球面防蓝光超发水膜	-0.09	-3	+0.79	+0.55	0.39	1.03	97.03	1.21	0.20	94.34	0.15	不符合

注：1.本次比较试验结果仅对所购买的产品负责，不代表同品牌不同批次、不同型号产品的质量状况。结果仅供消费者选购产品参考，不构成对任何相关产品的推荐与宣传。

2.总评权重：顶焦度偏差20%；柱镜轴位方向偏差15%；光学中心水平距离偏差10%；水平光学中心与眼瞳的单侧偏差10%；光学中心垂直互差10%；蓝光性能10%；可见光谱透射比5%；紫外光谱范围透射比5%；镜片基准点厚度5%；镍释放量5%；标志5%。

3.波长在315—380nm的UV-A波段透射比最大值是t_{SUVA}；波长在280—315nm的UV-B波段透射比最大值是t_{SUVB}。

4.评价结果用“★”表示，“★”越多结果越好，同星级产品排名不分先后。

5.未经中国消费者协会、陕西省消费者协会、重庆市消费者权益保护委员会和深圳市消费者委员会书面允许，任何单位和个人不得擅自使用本次比较试验结果作为商业宣传。

家用洗碗机比较试验报告

中国消费者协会　浙江省消费者权益保护委员会
青岛市消费者权益保护委员会　济南市消费者协会

随着国民生活水平日益升高，洗碗机因其方便、卫生等特点被大众广泛接受。家用洗碗机在近几年有了长足的发展，洗碗机的样式也随之变化。为了让消费者全面了解市场上在售家用洗碗机的性能质量、技术水平和价格，打破消费疑虑，引导消费者正确选购，中国消费者协会联合浙江省消费者权益保护委员会、青岛市消费者权益保护委员会和济南市消费者协会委托中国家用电器研究院，开展了家用洗碗机比较试验。

比较试验结果概述：

1.嵌入式、立式洗碗机由于内部空间较大，摆放空间相对较大，可以充分对内部进行清洗，洗净效果优于其他类型的洗碗机。

2.嵌入式、立式、台式洗碗机的干燥性能表现较好，洗碗机烘干后的餐具基本没有水渍残留。水槽式洗碗机干燥性能不理想。

3.相对于手洗，洗碗机更节水，而对于需热水才能完成清洗的顽固油渍或难清洗的污垢，使用洗碗机进行热水洗涤，则更节电。

4.样品的漂洗性能测试结果总体较好。

一、比较试验样品情况

本次比较试验样品由中国消费者协会、浙江省消费者委员会、青岛市消费者权益保护委员会和济南市消费者协会工作人员以普通消费者的身份，从电商平台或实体店随机购买，涉及14个品牌，24个型号。购买价格从1388元/台到12199元/台不等。样品情况如表1所示。

表1　样品基本情况

序号	品牌	安装放置方式	型号	样品图片	购买价格（元）
1	九阳	台式	X8		2199
2	华帝	台式	XWSC-30GB01H		1999
3	西门子	台式	SK23E610TI		3599
4	美的	台式	M1		2399

续表

序号	品牌	安装放置方式	型号	样品图片	购买价格（元）
5	松下	台式	NP-TR1WRCN	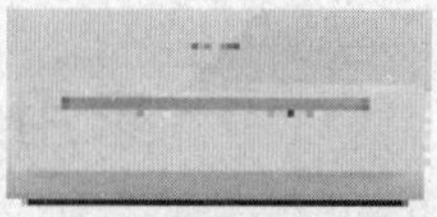	2680
6	尊威	台式	X-02		1388
7	海尔	台式	EBW4711JU1		3599
8	欧琳	水槽式	JBSW2T-OLP2N		8199
9	尊威	水槽式	X13	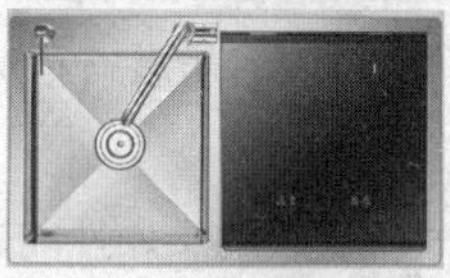	2988
10	米言	水槽式	JDPLS-E2		4499
11	方太	水槽式	JBSD3T-Q6S		12199
12	方太	水槽式	JBSD2F-Q5S		8499
13	美的	水槽式	F3		10999
14	浩泽	水槽式	S4		6500
15	霸帝	水槽式	BD005		4580

续表

序号	品牌	安装放置方式	型号	样品图片	购买价格（元）
16	老板	嵌入式	WQP8-W702		8080
17	惠而浦	嵌入式	ADP10T9391B	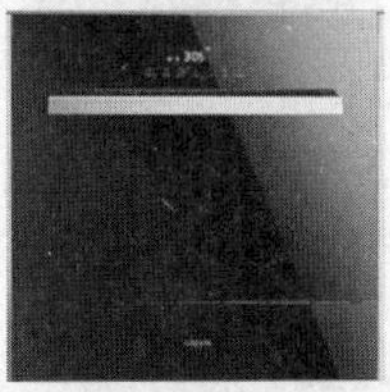	5480
18	西门子	嵌入式	SC74M620TI		5699
19	美的	嵌入式	WQP8-W3906B-CN		4599
20	松下	嵌入式	NP-60F1MKA		6280
21	海尔	嵌入式	HW8-1718		4299
22	美的	立式	WQP12-7209H-CN		4599

续表

序号	品牌	安装放置方式	型号	样品图片	购买价格（元）
23	西门子	立式	SR24E830TI		3954
24	惠而浦	立式	WFC 3C22 P X CN		5480

二、比较试验测试内容及参考依据

1. 测试项目的选择

根据消费者比较关心的洗碗机的性能项目，本次测试选择洗净性能、干燥性能、循环耗水量、循环耗电量和漂洗性能（洗涤剂残留率）作为检验指标进行检验。考虑到消费者在日常使用中的餐具类型的多样性，在本次测试中增加了一套异型餐具与标准餐具一同测试。

图1　比较试验异型餐具

图2　比较试验标准碗参考样式

2. 比较试验检测项目和依据

QB/T 1520-2013《家用和类似用途电动洗碗机》

GB/T 20290-2016《家用电动洗碗机性能测试方法》

《洗碗机能效水效限定值及等级》（报批稿）

《家用和类似用途节水型洗碗机技术要求及试验方法》(报批稿)(含漂洗方法)

说明:《洗碗机能效水效限定值及等级》(报批稿)未发布实施，国家对洗碗机的性能标准还不完善。

三、比较试验性能测试结果

(详见附件《洗碗机比较试验测试结果评价一览表》)

图3 标准餐具污染后的餐具示意图

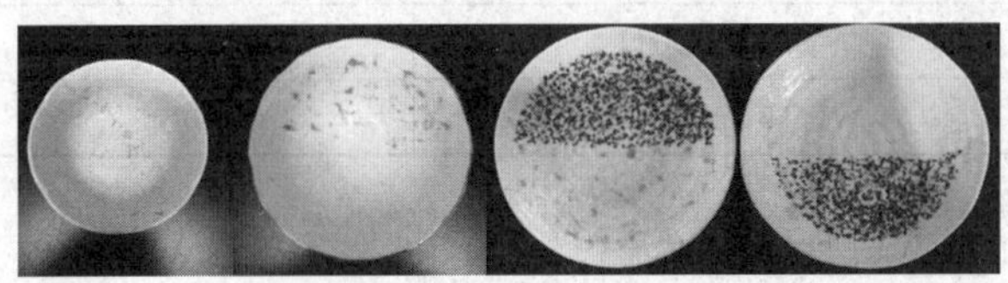

图4 异型餐具污染后的餐具示意图

1.大部分嵌入式、立式洗碗机的洗净效果较好。

洗净性能是考核洗碗机去除污渍的能力，是洗碗机最重要的指标，也是消费者最关心的问题。本次比较试验充分考虑中国消费者日常烹饪习惯，选择使用标准中式餐具、异型餐具，模拟污染物选用了牛肉、猪肉、鸡蛋、牛奶、燕麦粥、菠菜等。

经测试比较，本次试验的24款洗碗机中，嵌入式、立式洗碗机的洗净效果总体表现良好，能将餐具清洗得很彻底，包括本次试验增加的一套异型碗与标准碗的洗涤效果差异也较小。主要原因是嵌入式洗碗机和立式洗碗机的容量一般在6—14套，内部空间较大，因此摆放空间相对较大，可以充分对内部进行清洗。另外，嵌入式、立式洗碗机多为2层或3层碗篮，内部喷淋臂大多上下均可喷水，可使水流在更多方向上冲刷餐具，这也是其洗净效果较好的原因之一。

表2 比较试验洗净性能评价星级

序号	品牌	型 号	安装放置方式	洗净性能评价
1	九阳	X8	台式	★★★☆
2	华帝	XWSC-30GB01H	台式	★★★★
3	西门子	SK23E610TI	台式	★★★★★
4	美的	M1	台式	★★★★
5	松下	NP-TR1WRCN	台式	★★★☆
6	尊威	X-02	台式	★★★
7	海尔	EBW4711JU1	台式	★★★★★
8	欧琳	JBSW2T-OLP2N	水槽式	★★★☆
9	尊威	X13	水槽式	★★★
10	米言	JDPLS-E2	水槽式	★★★

续表

序号	品牌	型　号	安装放置方式	洗净性能评价
11	方太	JBSD3T–Q6S	水槽式	★★★★☆
12	方太	JBSD2F–Q5S	水槽式	★★★☆
13	美的	F3	水槽式	★★★★
14	浩泽	S4	水槽式	★★★★★
15	霸帝	BD005	水槽式	★★★
16	老板	WQP8–W702	嵌入式	★★★
17	惠而浦	ADP10T9391B	嵌入式	★★★★☆
18	西门子	SC74M620TI	嵌入式	★★★★☆
19	美的	WQP8–W3906B–CN	嵌入式	★★★★☆
20	松下	NP–60F1MKA	嵌入式	★★★★★
21	海尔	HW8–1718	嵌入式	★★★★
22	美的	WQP12–7209H–CN	立式	★★★★☆
23	西门子	SR24E830TI	立式	★★★★★
24	惠而浦	WFC 3C22 P X CN	立式	★★★★☆

2.水槽式洗碗机干燥性能欠佳，嵌入式、立式、台式洗碗机的干燥性能总体表现良好。

洗碗机的干燥性能是洗碗机在清洗结束后，内部的干燥程度，是对洗碗机进行卫生评价的重要指标。如果洗碗机内部洗后过于潮湿，不但会产生异味，还会滋生细菌或霉菌。因此，干燥性能对于家用洗碗机的综合性能的优劣具有重要意义。根据测试结果显示，水槽式洗碗机干燥性能欠佳，洗碗机运行结束后存在大片的污迹和水印。主要是因为水槽式洗碗机装载空间比较紧凑，大部分产品没有烘干功能及相关部件，仅采用风干、沥干等烘干方式，导致实际干燥性能较低。

表3　比较试验洗碗机干燥性能评价

序号	品牌	型　号	安装放置方式	干燥性能评价
1	九阳	X8	台式	★★★☆
2	华帝	XWSC–30GB01H	台式	★★★☆
3	西门子	SK23E610TI	台式	★★★★★
4	美的	M1	台式	★★★★
5	松下	NP–TR1WRCN	台式	★★★★
6	尊威	X–02	台式	★★★
7	海尔	EBW4711JU1	台式	★★★☆
8	欧琳	JBSW2T–OLP2N	水槽式	★★★★☆
9	尊威	X13	水槽式	★★★
10	米言	JDPLS–E2	水槽式	★★★
11	方太	JBSD3T–Q6S	水槽式	★★★
12	方太	JBSD2F–Q5S	水槽式	★★★☆
13	美的	F3	水槽式	★★★
14	浩泽	S4	水槽式	★★★
15	霸帝	BD005	水槽式	★★★

续表

序号	品牌	型　号	安装放置方式	干燥性能评价
16	老板	WQP8-W702	嵌入式	★★★☆
17	惠而浦	ADP10T9391B	嵌入式	★★★★
18	西门子	SC74M620TI	嵌入式	★★★★☆
19	美的	WQP8-W3906B-CN	嵌入式	★★★★☆
20	松下	NP-60F1MKA	嵌入式	★★★★★
21	海尔	HW8-1718	嵌入式	★★★★☆
22	美的	WQP12-7209H-CN	立式	★★★★
23	西门子	SR24E830TI	立式	★★★☆
24	惠而浦	WFC 3C22 P X CN	立式	★★★★

3.实际使用成本不高，比手洗更节水。

洗碗机的成本来源主要有电费、水费以及洗涤剂等。消费者在购买洗碗机时，也会考虑使用的成本问题。

为了更加直观反映洗碗机的耗水耗电情况，我们将手洗的耗水耗电与洗碗机的数值进行对比。以洗涤6套餐具为例，包括6个米饭碗、6个盘子等共46件餐具，约为三口之家一天的餐具数量，使用可加热水的方式进行洗涤。由表4可见，手洗的耗水耗电量远大于洗碗机。洗碗机所消耗的水要明显少于手洗，这主要是因为洗碗机进水后，采用循环冲刷的方式清洁餐具，通过洗碗机内的过滤网清洁洗涤水，收集污染物；而手洗往往使用流水清洗，造成了更多的水资源浪费，而对于清洁油渍，只有用一定温度的热水才能更有效地去除油污，但这样需消耗电能。此外，如果使用洗碗机清洗餐具，摆放餐具与启动洗碗机的时间一般不超过10分钟，剩余工作将由洗碗机自动完成，无须人员参与，也节省了时间。

表4

	手　洗	机　洗
平均耗电量/kW·h	0.7	0.5
平均耗水量/L	23	7
时间/min	36	摆放5—10

说明：以6套餐容量具为例，包括6个米饭碗、6个盘子等共46件餐具。

4.样品漂洗性能测试结果总体较好。

漂洗性能主要是考核洗后餐具中洗碗粉的残留。洗碗机运行过程中需加入洗碗粉或洗碗块等化学物质，其表面活性剂不仅含有碱性物质，更可能含有不易降解和对人体有一定危害的残留。对于洗碗机的残留问题，消费者一直比较关心，不同于其他家电产品，洗碗机洗涤过的餐具会直接接触食物。本次漂洗性能试验采用碱度滴定的试验方法，通过对初次用水、主程序排水以及最后一次的漂洗排水，三次水样进行对比计算，比较碱性物质残留量的百分比，考核洗碗机的漂洗性能。从测试结果来看，本次24个样品中，漂洗性能测试结果总体较好，洗涤剂残留较多的主要原因与洗碗机本身构造和程序有直接的关系。

表5　比较试验洗碗机漂洗性能及耗水评价

序号	品牌	型　号	安装放置方式	漂洗率评价	耗水量评价（套）
1	九阳	X8	台式	★★★★	★★★☆
2	华帝	XWSC-30GB01H	台式	★★★★☆	★★★★
3	西门子	SK23E610TI	台式	★★★☆	★★★★
4	美的	M1	台式	★★★★☆	★★★☆

续表

序号	品牌	型　号	安装放置方式	漂洗率评价	耗水量评价（套）
5	松下	NP-TR1WRCN	台式	★★★★☆	★★★
6	尊威	X-02	台式	★★★★☆	★★★
7	海尔	EBW4711JU1	台式	★★★★	★★★☆
8	欧琳	JBSW2T-OLP2N	水槽式	★★★	★★★★★
9	尊威	X13	水槽式	★★★★	★★★
10	米言	JDPLS-E2	水槽式	★★★★★	★★★
11	方太	JBSD3T-Q6S	水槽式	★★★★★	★★★☆
12	方太	JBSD2F-Q5S	水槽式	★★★★★	★★★★
13	美的	F3	水槽式	★★★	★★★★☆
14	浩泽	S4	水槽式	★★★★★	★★★
15	霸帝	BD005	水槽式	★★★★★	★★★★
16	老板	WQP8-W702	嵌入式	★★★	★★★★★
17	惠而浦	ADP10T9391B	嵌入式	★★★★☆	★★★★
18	西门子	SC74M620TI	嵌入式	★★★☆	★★★★
19	美的	WQP8-W3906B-CN	嵌入式	★★★★	★★★★☆
20	松下	NP-60F1MKA	嵌入式	★★★	★★★★☆
21	海尔	HW8-1718	嵌入式	★★★★☆	★★★☆
22	美的	WQP12-7209H-CN	立式	★★★☆	★★★★★
23	西门子	SR24E830TI	立式	★★★★	★★★★☆
24	惠而浦	WFC 3C22PX CN	立式	★★★★	★★★★★

四、比较试验中其他问题

1.说明书表述不易于理解。

本次试验过程中，发现部分样品的说明书不易读。说明书真的写成“书”是消费者最不愿意看到的现象，但在实际操作中又必须依照说明书，所以繁多冗长的文字增加了消费者的理解难度，加之缺少摆放图或摆放说明，影响了消费者使用的便捷性。在本次试验过程中，部分样品的说明书附上了快速安装、操作指南，便于消费者使用。

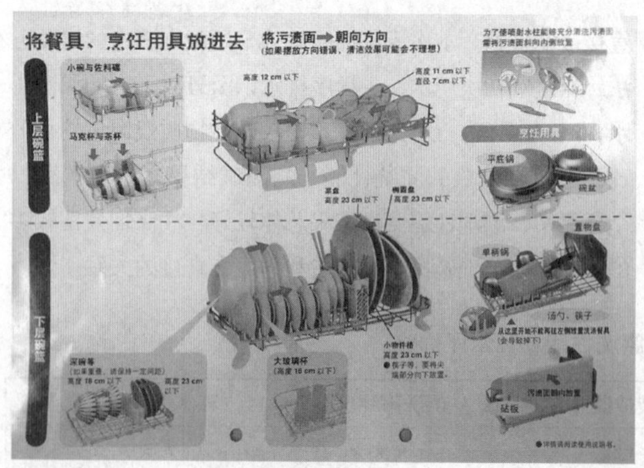

图5　样品说明书

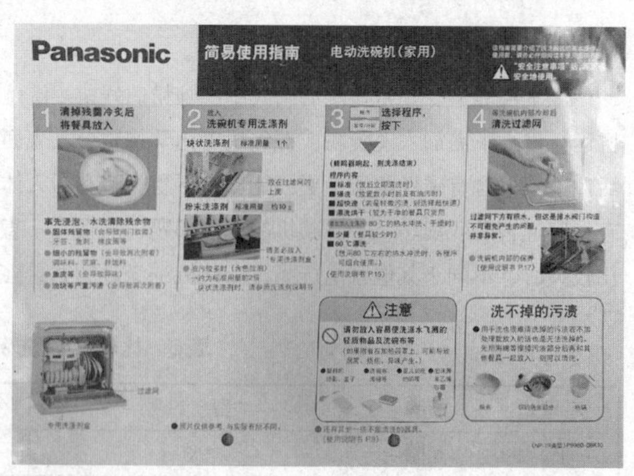

图6　样品说明书

2.宣传与说明书有差异。

我们在购买水槽式洗碗机样品时，销售人员都告知水槽式洗碗机不需要添加洗涤剂，水温达到某些温度就能洗净，但经过查实说明书，在本次样品中只有一款洗碗机的说明书表述中没有明确说明需要添加洗涤剂，是因为其结构有亮洁芯等含有表面活性物质，其他水槽式洗碗机样品均说明需要添加专用洗碗粉。建议生产厂家、经销商应将产品真实、全面的信息传递给消费者，使产品达到最优的使用效果。

3.个别样品的安装便捷性欠佳、餐具架设计不合理。

操作过程中除台式安装便捷外，包括水槽式在内的嵌入式洗碗机的安装都比较麻烦，适合有预留足够空间的消费者用户。

因本次试验采用中式餐具和异型餐具，24款洗碗机中部分品牌洗碗机根据西式餐具设计的导致中式餐具摆放紧凑、空间小等问题，也会在一定程度上影响洗净和干燥性能。西式餐具的特点是相对较简单的刀叉盘碟，大多餐具较浅；而中式餐具的特点是：多为深口碗且形状复杂，大多较为厚重，摆放需要空间较大。

图7 西式餐具摆放

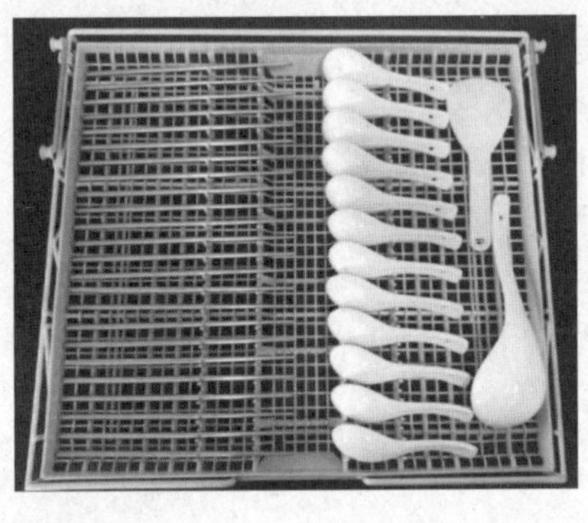

图8 中式餐具摆放

4.产品的售后服务有待加强。

有个别洗碗机在使用时机器出现报警的情况，我们通过说明书上的售后电话联系售后，但售后解决时间较长，例如某品牌在测试中因漏水报警联系售后，从联系售后报修到问题解决，耗时35天。建议厂家在设计研发产品的同时，强化服务意识，加强售后服务管理。

五、消费提示

（一）选购

1.确定安装、摆放位置

洗碗机根据放置或安装方式不同，分为嵌入式、立式、台式、水槽式4种类别。

嵌入式洗碗机大小类似于嵌入式消毒碗柜或嵌入式烤箱，购买前需要先确认好家中橱柜的尺寸方可购买，安装后与橱柜一体，比较美观。立式洗碗机类似于洗衣机外形，并不需要固定，具有标准化外形尺寸，立式洗碗机连接供电及供排水装置后即可正常使用，适合家中空间较大的家庭使用。嵌入式和立式洗碗机内部空间较大，因此可放入较大的餐具进行清洗，如汤锅、煎锅。较大的内部空间同时也有利于空气对流，因此干燥性能也较好，但周期耗水和耗电量相对较大，且所占空间较大，需要预留加大的安装空间。

台式洗碗机小巧，占用空间及容量小，摆放灵活，适合人数较少的家庭使用，而且部分台式洗碗机甚至可手动加水，无须外接水管。

水槽式洗碗机需要安装前进行测量，适合有装修计划或家中橱柜已预留安装空间的家庭使用，水槽式洗碗机在购买时宣称功能较多，一般除餐具清洗外，还能清洗果蔬、海鲜以及无须添加洗涤剂等。安装便捷程度介于嵌入式与台式之间，可直接利用厨房中的水槽空间进行安装，但由于其内部空间限制，大部分产品没有设定干燥功能，因此干燥性能相较立式、嵌入式洗碗机差。

2.确定容量，按需购买

目前市场上销售的家用洗碗机，一般为4到14套餐具的容量。购买前应根据家庭实际人口和日常用餐习惯，选择适当额定洗涤容量（套数）的洗碗机，如三口之家，一般选择6套或以下额定洗涤容量（套数）的洗碗机即可满足使用要求。

3.了解产品性能，择优选择

洗碗机的功能较多，一般具备清洁、干燥等功能，根据餐具的污染程度，也有不同的洗涤程序，也包括其他功能，例如：软化水、蔬菜洗、Wi–Fi等，功能越多，价格相对越高。消费者要根据实际使用需要购买。

（二）使用及维护

1.使用特定的洗涤剂，并放置在指定位置。

洗碗机需使用指定的洗碗粉或清洁剂，不可使用普通的洗洁精，因为泡沫可能会溢出洗碗机，不仅漂洗残留较多，还可能损坏洗碗机部件，导致无法正常运行。

2.特殊材质的餐具，不能使用洗碗机。

一般木质、烤瓷、带有金边、手绘的碗碟及塑料制品的餐具不能使用洗碗机清洗。有的洗碗机带有烘干、加热功能，加热时会损坏餐具。因此，放置餐具前，必须确定餐具能否使用洗碗机。

3.及时取出清洗后的餐具，避免二次污染。

不带有烘干功能的洗碗机，对于清洗后的餐具，要及时取出，避免潮湿的环境对清洗过后的餐具造成二次污染和细菌滋生。

4.使用过后的洗碗机要及时清理残渣盒、过滤网和喷淋臂，避免堵塞排水口和喷水孔。还要定期对洗碗机进行内部的清理和维护。

5.按照说明书提示，结合清洗餐具数量添加专用洗涤剂，减少漂洗残留。

6.根据餐具的污染程度选择合理的运行程序，不仅可以节水节电还可以缩短洗涤时间和减少洗涤剂的浪费。

洗碗机比较试验测试结果评价一览表

序号	品牌	样机图片	样式	标称型号	试验套数	购买单价（元）	清洁性能评级	干燥性能评价	漂洗率评价	耗电量评价（套）	耗水量评价（套）	购买渠道
1	九阳		台式	X8	3	2199	★★★☆	★★★☆	★★★★	★★★	★★★☆	京东
2	华帝		台式	XWSC-30GB01H	6	1999	★★★★	★★★☆	★★★★☆	★★★☆	★★★★	京东
3	西门子		台式	SK23E610TI	6	3599	★★★★★	★★★★★	★★★☆	★★★★	★★★★	京东
4	美的		台式	M1	3	2399	★★★★	★★★★	★★★★☆	★★★	★★★☆	马甸国美（北京）
5	松下		台式	NP-TR1WRCN	4	2680	★★★☆	★★★★	★★★★☆	★★★	★★★	京东
6	尊威		台式	X-02	3	1388	★★★	★★★	★★★★☆	★★★	★★★	京东
7	海尔		台式	EBW4711JU1	3	3599	★★★★★	★★★☆	★★★★	★★★	★★★☆	海尔专卖店（济南）
8	欧琳		水槽式	JBSW2T-OLP2N	5	8199	★★★☆	★★★★☆	★★★	★★★★☆	★★★★★	红星美凯龙西四环（北京）

续表

序号	品牌	样机图片	样式	标称型号	试验套数	购买单价（元）	清洁性能评级	干燥性能评价	漂洗率评价	耗电量评价（套）	耗水量评价（套）	购买渠道
9	尊威		水槽式	X13	4	2988	★★★	★★★	★★★★	★★★	★★★	京东
10	米言		水槽式	JDPLS-E2	5	4499	★★★	★★★	★★★★★	★★★☆	★★★	京东
11	方太		水槽式	JBSD3T-Q6S	5	12199	★★★★☆	★★★	★★★★★	★★★★	★★★☆	苏宁香港中路店（青岛）
12	方太		水槽式	JBSD2F-Q5S	5	8499	★★★☆	★★★☆	★★★★★	★★★★	★★★★	济南国美和谐广场店
13	美的		水槽式	F3	5	10999	★★★★	★★★	★★★	★★★☆	★★★★☆	京东
14	浩泽		水槽式	S4	5	6500	★★★★★	★★★	★★★★★	★★★☆	★★★	淘宝
15	霸帝		水槽式	BD005	5	4580	★★★	★★★	★★★★★	★★★★	★★★★	淘宝
16	老板		嵌入式	WQP8-W702	8	8080	★★★	★★★☆	★★★	★★★★★	★★★★★	中塔大中（北京）
17	惠而浦	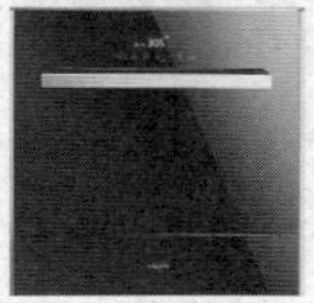	嵌入式	ADP10T9391B	8	5480	★★★★☆	★★★★	★★★★☆	★★★★	★★★★	京东

续表

序号	品牌	样机图片	样式	标称型号	试验套数	购买单价（元）	清洁性能评级	干燥性能评价	漂洗率评价	耗电量评价（套）	耗水量评价（套）	购买渠道
18	西门子		嵌入式	SC74M620TI	7	5699	★★★★☆	★★★★☆	★★★☆	★★★★☆	★★★★	苏宁香港中路店（青岛）
19	美的		嵌入式	WQP8-W3906B-CN	8	4599	★★★★☆	★★★★☆	★★★★	★★★★☆	★★★★☆	苏宁香港中路店（青岛）
20	松下		嵌入式	NP-60F1MKA	8	6280	★★★★★	★★★★★	★★★	★★★★★	★★★★☆	京东
21	海尔		嵌入式	HW8-1718	6	4299	★★★★	★★★★☆	★★★★☆	★★★☆	★★★☆	海尔专卖店（济南）
22	美的		立式	WQP12-7209H-CN	14	4599	★★★★☆	★★★★	★★★☆	★★★★★	★★★★★	中塔大中（北京）

续表

序号	品牌	样机图片	样式	标称型号	试验套数	购买单价（元）	清洁性能评级	干燥性能评价	漂洗率评价	耗电量评价（套）	耗水量评价（套）	购买渠道
23	西门子		立式	SR24E830TI	9	3954	★★★★★	★★★☆	★★★★	★★★★	★★★★☆	马甸大中（北京）
24	惠而浦		立式	WFC 3C22 P X CN	12	5480	★★★★☆	★★★★	★★★★	★★★★★	★★★★★	京东

注：1. 比较试验结果只对所购买的样品负责，不代表该品牌其他型号、批次的产品情况。任何单位不得擅自使用本次比较试验结果作宣传。

2. “价格”为购买时的实际价格，仅供参考。

3. 比较结果中某一项的“★”符号越多，说明样品的该项性能越好，“☆”代表半颗星。

北京市消费者协会

速干衣比较试验报告

速干衣是夏季广受欢迎的服装产品，其吸湿、速干等功能性受到了众多消费者的青睐。目前，网购已成为速干衣的主要销售渠道，购物网站上吸湿、速干类服装商品的宣传五花八门，消费者对其宣传的各种专业名称、技术名词和功能效果难以分辨。为了解速干衣产品质量状况，科学引导指导消费，北京市消费者协会对网售的部分速干衣样品开展了比较试验。

一、比较试验样品来源

本次比较试验样品由北京市消协组织工作人员以普通消费者身份从天猫、京东商城、苏宁易购、唯品会、1号店等电商平台购买，涉及50个品牌的100个样品，其网页文字或图片宣传都具有吸湿速干或吸湿排汗等功能，购买价格从41元到2200元不等。

二、检验标准及项目

比较试验样品委托天纺标检测认证股份有限公司，依据GB 18401–2010《国家纺织产品基本安全技术规范》、GB/T 5296.4–2012《消费品使用说明　第4部分：纺织品和服装》、GB/T 29862–2013《纺织品纤维含量的标识》、GB/T 21655.1–2008《纺织品　吸湿速干性的评定　第1部分：单项组合试验法》、GB/T 21655.2–2009《纺织品吸湿速干性的评定　第2部分：动态水分传递法》等标准，对样品产品使用说明、纤维含量、甲醛含量、pH值、色牢度、滴水扩散时间、吸水率、芯吸高度、蒸发速率、透湿量、浸湿时间、吸水速率、最大浸湿半径、液态水扩散速度、单向传递指数、液态水动态传递综合指数等项目进行测试。比较试验结果只对购买的样品负责。

三、测试结果

经测试，10个样品甲醛含量、pH值、色牢度、纤维含量不符合国家标准要求；天猫销售的9个样品、京东商城销售的3个样品、苏宁易购销售的3个样品、唯品会销售的4个样品、1号店销售的4个样品吸湿速干性差，达不到网页宣传的效果，涉嫌虚假宣传。见表1：

表1　10个样品甲醛含量、pH值、色牢度、纤维含量不符合标准

销售平台	序号	经销单位	标称品牌	货号/款号	不符合项目
天猫	1	thefirstoutdoor旗舰	TFO	TF0–734704	色牢度、纤维含量
	2	telent天伦天旗舰店	天伦天	562308	色牢度
	3	emintribe户外旗舰店	Emintribe（渔民部落）	168426	纤维含量
	4	telent天伦天旗舰店	天伦天	562322	纤维含量
京东商城	5	BLACK YAK布来亚克户外旗舰店	BLACK YAK（布来亚克）	1TSBY–SKW150	甲醛含量
	6	威亚路运动户外专营店	富贵鸟	未标注	pH值、纤维含量
	7	威亚路运动户外专营店	富贵鸟	1002XXXL/1009XXXL	纤维含量
	8	范斯蒂克官方旗舰店	范斯蒂克	FBF76103（外套）/FBF75803（运动内衣）/FBF76203（长裤）/FBF75903（短裤）/FBF76003（短袖T恤）/FBF76303（紧身长裤）	纤维含量
唯品会	9	自营	波梵森	5701B	纤维含量
	10	自营	波梵森	5731A	纤维含量

表2　23个吸湿速干性差的样品

销售平台	涉及品牌
天猫	KOLON SPORT、discovery、Lafuma、犸凯奴/Makino（两个样品）、TFO、鸿星尔克、诺诗兰、彪马
京东商城	安德玛/Under Armour、范斯蒂克、361°
苏宁易购	KELME、NIKE、狼爪
唯品会	骆驼、THE NORTH FACE（北面）、卡帝乐、NT
1号店	adidas/阿迪达斯（两个样品）、skins（两个样品）

具体如下：

1.甲醛含量。甲醛含量是纺织品的安全性指标，按照国家强制性标准GB 18401《国家纺织产品基本安全技术规范》要求，甲醛含量应不高于75mg/kg。含有甲醛的纺织品，在人们穿着过程中，会逐渐释出游离甲醛，通过人体呼吸道及皮肤接触引发呼吸道炎症和皮肤炎症，还会对眼睛产生刺激。经测试，1个样品甲醛指标未达到国家标准要求：

表3

标称商标	货号/款号	售价	标称生产企业	经销单位	标准要求	实测
BLACK YAK（布来亚克）	1TSBY-SKW150	339元	北京布来亚克户外运动用品有限公司	BLACK YAK布来亚克户外旗舰店（京东）	≤75mg/kg	132mg/kg

图1　布来亚克样品

2. pH值。pH值是纺织品的安全性指标，是有关纺织品面料酸碱度的体现。由于人的皮肤呈弱酸性，所以当纺织品的pH值与人体皮肤相差太大时，会破坏皮肤的酸碱平衡，导致皮肤容易受到其他病菌的侵害。经测试，1个样品pH值超出国家标准规定范围：

表4

标称商标	货号/款号	售价	标称生产企业	经销单位	标准要求	实测
富贵鸟	未标注	278元	泉州威亚路清风贸易有限公司	威亚路运动户外专营店（京东）	4.0—9.0	9.2

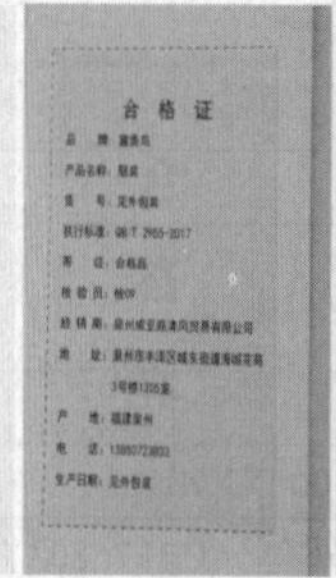

图2　富贵鸟样品

3.色牢度。色牢度是考核染料附着在纤维之上的牢固度。染料必须有一定的牢度，否则在穿着过程中，颜料脱落，转移到皮肤上而伤害人体或沾染其他纺织品，影响消费者健康和美观。经测试，2个样品色牢度不符合国家标准要求：

表5　2个样品色牢度不符合国家标准要求

序号	标称商标	货号/款号	售价	标称生产企业	经销单位	不符合项目	标准要求	实测
1	TFO	TF0-734704	249元	杭州第意户外用品设计股份有限公司	thefirstoutdoor旗舰（天猫）	耐汗渍色牢度	变色≥3 沾色≥3	变色4—5 沾色2—3
2	天伦天	562308	69元	富信天伦天（福建）户外体育用品有限公司	telent天伦天旗舰店（天猫）	印（烫）花耐摩擦色牢度	干摩≥3 湿摩≥2—3（深2）	干摩2 湿摩2—3

4.纤维含量。纤维含量指试验样品中每种纤维的质量占样品总量的百分比。经测试，有8个样品纤维含量不符合国家标准要求，具体如下：

表4　8个样品纤维含量不符合国家标准要求

序号	标称商标	货号/款号	售价（元）	标称生产企业	经销单位	标称纤维含量	实测纤维含量
1	波梵森	5701B	59	九江市六小龙实业发展有限公司/厦门波梵森服饰有限公司	唯品会自营（唯品会）	吊牌： 锦纶100 允差0 洗唛： 聚酯纤维92 氨纶8	聚酯纤维87.3，氨纶12.7
2	波梵森	5731A	79	九江市六小龙实业发展有限公司	唯品会自营（唯品会）	聚酯纤维92 氨纶8	聚酯纤维87.6，氨纶12.4
3	富贵鸟	未标注	278	泉州威亚路清风贸易有限公司	威亚路运动户外专营店（京东）	3#：聚酯纤维88 氨纶12 5#：聚酯纤维88 氨纶12	3#：聚酯纤维94.2，氨纶5.8 5#：聚酯纤维95.0，氨纶5.0
4	富贵鸟	1002XXXL/1009XXXL	178	泉州威亚路清风贸易有限公司	威亚路运动户外专营店（京东）	2#:聚酯纤维88 氨纶12	2#：聚酯纤维94.0，氨纶6.0
5	范斯蒂克	FBF76103/FBF75803/FBF76203/FBF75903/FBF76003/FBF76303	159	委托方：广州市才爵服装有限公司/生产商：广西才爵制衣有限公司/广州健酷制衣有限公司	范斯蒂克官方旗舰店（京东）	03#：涤纶86 氨纶14 04#：涤纶86 氨纶14	03#：聚酯纤维92.0，氨纶8.0 04#：聚酯纤维92.5，氨纶7.5
6	Emintribe（渔民部落）	168426	109	广州渔民户外旅游用品有限公司	emintribe户外旗舰店（天猫）	聚酯纤维100	粘纤61.2，聚酯纤维34.8，氨纶4.0
7	TFO	TF0-734704	249	杭州第意户外用品设计股份有限公司	thefirstoutdoor旗舰（天猫）	聚酯纤维90 氨纶10	锦纶89.6，氨纶10.4
8	天伦天	562322	69	富信天伦天（福建）户外体育用品有限公司	telent天伦天旗舰店（天猫）	3#：聚酯纤维100	3#：聚酯纤维87.0，氨纶13.0

5.吸湿速干性。吸湿速干性是指衣物把身体产生的汗水迅速吸收或转移，尽量排向外层并尽快挥发，使身体保持干爽的性能。本次比较试验我们依据GB/T 21655.1-2008《纺织品　吸湿速干性能的评定　第1部分：单项组合试验法》和GB/T 21655.2-2009《纺织品　吸湿速干性的评定　第2部分：动态水分传递法》对样品进行测试。经测试，质量指标符合国家标准的89个样品中，速干性能差的产品有2个，吸湿性能差的产品11个，吸湿、速干性能都非常差的产品有10个，见表7：

表7

序号	标称商标	产品名称	货号/款号	售价	标称生产企业	经销单位	不达标项目	性能评价
1	KOLON SPORT	裤子	LKLP9ME522-01	2200元	可隆体育（中国）有限公司	KOLONSPORT旗舰店（天猫）	吸水率、滴水扩散时间、芯吸高度、蒸发速率、单项传递指数、液态水传递综合指数	吸湿性、速干性都差
2	CAMEL 骆驼	男款休闲圆领T恤	吊牌：A6S132273\n 洗唛：A6S273132	129元	广东骆驼服饰有限公司	唯品会自营（唯品会）	滴水扩散时间、芯吸高度、蒸发速率、单项传递指数、液态水传递综合指数	吸湿性、速干性都差
3	Discovery EXPEDITION discovery	女式皮肤衣	DAZH82621-AA4X	709元	非凡探索（天津）户外用品有限公司	discoveryexpedition旗舰店（天猫）	吸水率、滴水扩散时间、芯吸高度、蒸发速率、单项传递指数、液态水传递综合指数	吸湿性、速干性都差
4	KELME	男式梭织收腿长裤	3891217	218元	卡尔美中国有限公司	卡尔美旗舰店（苏宁易购）	滴水扩散时间、芯吸高度、蒸发速率、单项传递指数、液态水传递综合指数	吸湿性、速干性都差
5	Lafuma	裤子	LFPA8BL91DN	679元	上海乐菲服饰有限公司	lafuma官方旗舰店（天猫）	吸水率、滴水扩散时间、芯吸高度、蒸发速率、单项传递指数	吸湿性、速干性都差
6	361°	圆领短T恤	561729136-3	69元	三六一度（福建）体育用品有限公司	361度官方旗舰店（京东）	滴水扩散时间、芯吸高度、蒸发速率、单项传递指数、液态水传递综合指数	吸湿性、速干性都差
7	犸凯奴/Makino	犸凯奴女款运动外套	M151612017	80元	杭州犸凯奴户外用品有限公司	犸凯奴户外旗舰店（天猫）	滴水扩散时间、蒸发速率、单项传递指数、液态水传递综合指数	吸湿性、速干性都差
8	范斯蒂克	花灰色连帽外套/花灰色运动内衣/灰色拼黑边假两件运动长裤/灰色拼黑边运动短裤/花灰色圆领短袖T恤/黑色拼灰色高腰紧身长裤	FBF76103（外套）/FBF75803（运动内衣）/FBF76203（长裤）/FBF75903（短裤）/FBF76003（短袖T恤）/FBF76303（紧身长裤）	62.8元	委托方：广州市才爵服装有限公司/生产商：广西才爵制衣有限公司	范斯蒂克官方旗舰店（京东）	滴水扩散时间、芯吸高度、蒸发速率、单项传递指数	吸湿性、速干性都差
9	THE NORTH FACE（北面）	针织外套	NF0A3V4O	697元	威富服饰（中国）有限公司	唯品会自营（唯品会）	芯吸高度、蒸发速率、单项传递指数	吸湿性、速干性都差
10	TFO	男款休闲运动T恤	TFO-611906	179元	杭州第意户外用品设计股份有限公司	tfo户外旗舰店（天猫）	滴水扩散时间、蒸发速率、单项传递指数	吸湿性、速干性都差
11	SKINS	梯度压缩运动装备（实为：上衣）	ZB99320050014	735元	伊藤忠纤维贸易（中国）有限公司	SKINS旗舰店（1号店）	滴水扩散时间、单项传递指数	吸湿性差

续表

序号	标称商标	产品名称	货号/款号	售价	标称生产企业	经销单位	不达标项目	性能评价
12	安德玛	针织家居服	1300050-916	799元	安德阿镆贸易（上海）有限公司	Under Armour官方旗舰店（京东）	滴水扩散时间、芯吸高度、单项传递指数、液态水传递综合指数	吸湿性差
13	阿迪达斯	无样本名称（实为：T恤）	未标注	189元	无厂名厂址	奔策运动专营店（1号店）	滴水扩散时间、芯吸高度、单项传递指数	吸湿性差
14	阿迪达斯	上衣	DM2064	79元	阿迪达斯体育（中国）有限公司	天马运动专营店（1号店）	滴水扩散时间、芯吸高度、单项传递指数	吸湿性差
15	SKINS	梯度压缩运动装备（实为：上衣）	ZB99320049001	660元	伊藤忠纤维贸易（中国）有限公司	SKINS旗舰店（1号店）	滴水扩散时间、单项传递指数	吸湿性差
16	NIKE	男子针织上衣	891611	289元	耐克体育（中国）有限公司	苏宁Outlets（苏宁易购）	滴水扩散时间、单项传递指数	吸湿性差
17	狼爪	长裤	5010911-1010050	299元	狼爪贸易（上海）有限公司	比格蒙特户外专营店（苏宁易购）	吸水率、滴水扩散时间、芯吸高度、单项传递指数、液态水传递综合指数	吸湿性差
18	鸿星尔克	圆领短袖针织衫	12219219288-705	95元	福建鸿星尔克体育用品有限公司	鸿星尔克锐购专卖店（天猫）	滴水扩散时间、芯吸高度、单项传递指数、液态水传递综合指数	吸湿性差
19	诺诗兰	岩壁男式弹力快干长裤	GQ075137	488元	南京边城体育用品股份有限公司	诺诗兰旗舰店（天猫）	滴水扩散时间、芯吸高度、单项传递指数、液态水传递综合指数	吸湿性差
20	犸凯奴/Makino	犸凯奴女款功能T（实为：T恤）	M141612019	127元	杭州犸凯奴户外用品有限公司	犸凯奴户外旗舰店（天猫）	滴水扩散时间、芯吸高度、单项传递指数、液态水传递综合指数	吸湿性差
21	卡帝乐	女款健身服	1F27280068	118元	晋江金鞋印鞋业有限公司	唯品会自营（唯品会）	滴水扩散时间、芯吸高度、单项传递指数、液态水传递综合指数	吸湿性差
22	彪马	短袖T恤	592732 18	119元	彪马（上海）商贸有限公司	开心购物运动专营店（天猫）	蒸发速率、单项传递指数	速干性差
23	NT	速干衣	NTNT9A25	49元	上海佳圣服饰有限公司	唯品会自营（唯品会）	蒸发速率、单项传递指数	速干性差

四、样品质量评价

本次比较试验的100个样品涉及50个品牌，通过上述指标检测结果，我们将这些样品按照其产品质量和功能性进行了综合性的评价，以“优”“达标”“差”表示。消费者在选购速干衣时，可以根据产品的质量和价格选择适合自己的产品。

五、消费提示

1.消费者购买服装等产品时要注意查看产品的使用说明（即产品吊牌），其应包含制造者的名称和地址、产品名称、规格型号、纤维成分及含量、维护方法、执行标准、质量等级、注意事项等内容。购买具有吸湿或速干等功能的产品时，还需查看其使用说明是否标明具有其他特殊的功能。

2.吸湿速干服装的价格从几十元到几百元不等，本次比较试验的结果显示，服装产品吸湿或速干功能的效果与产品价格之间并无关联，消费者切勿盲目追求品牌与价格。

3.消费者购买具有吸湿速干功能的服装时，应索要并留存购物凭证，以便出现质量问题后能够有效维护自身的合法权益。

序号	标称品牌	产品名称	货号/款号	售价	经销单位	质量判定	功能性评价
1	浩沙	健身瑜伽系列男短袖	111311401	99元	唯品会自营（唯品会）	符合	优
	浩沙	女运动短袖	218301402	78元	唯品会自营（唯品会）	符合	优
2	凯乐石（KAILAS）	男款长袖快干衣	KG610245	159元	唯品会自营（唯品会）	符合	优
	凯乐石（KAILAS）	女款长袖快干衣（加长版）	KG620245	159元	唯品会自营（唯品会）	符合	优
3	李宁	开衫无帽卫衣套装	AWEN017-2	349元	好德体育专营店（1号店）	符合	达标
	李宁	短袖T恤	ATSP309-1	69元	1号店自营（1号店）	符合	优
4	乔丹	针织短袖T恤	XHS3381533	99元	乔丹官方旗舰店（京东）	符合	优
	乔丹	针织短袖T恤	XHS2381221	69元	乔丹官方旗舰店（京东）	符合	达标
5	哥伦比亚	男式针织短袖翻领T恤	1845381010 PM3722010	269元	酷迈乐户外旗舰店（京东）	符合	达标
	哥伦比亚	男式针织短袖T恤	1845971483 PM3443483	179元	酷迈乐户外旗舰店（京东）	符合	优
6	远行客（TOPSKY）	男款圆领快干T恤	14041	60.72元	topsky旗舰店（天猫）	符合	优
	TOPSKY	狩猎者猎装速干衣	10515	157.52元	远行客背夫专卖店（天猫）	符合	达标
7	DECATHLON	针织运动服	2498765	79.9元	迪卡侬旗舰店（天猫）	符合	优
	DECATHLON	衬衫	2471465	149.9元	迪卡侬旗舰店（天猫）	符合	达标
	DECATHLON	针织运动服	2620817	79.9元	迪卡侬旗舰店（天猫）	符合	达标
8	特步	短袖针织衫	982228 012233	119元	特步华伦专卖店（京东）	符合	达标
	特步	短袖针织衫	882229 019222	69元	特步华伦专卖店（京东）	符合	达标
9	安踏	男短袖针织衫	95828134-6 蜜粉色	89元	安踏官方旗舰店（京东）	符合	达标
	安踏	女短袖针织衫	96829144-1 基础黑	79元	安踏官方旗舰店（京东）	符合	达标
10	匹克	圆领短T恤	DF682581	79元	爱斯运动专营店（天猫）	符合	达标
	匹克	圆领短T恤	DF682482	69元	匹克阿奇芙专卖店（天猫）	符合	达标
11	贵人鸟	男风衣	1374007-2	59元	贵人鸟天鹰专卖店（天猫）	符合	达标
	贵人鸟	男针织圆领短袖T恤	0172091-3	159元	贵人鸟百博图专卖店（天猫）	符合	达标

续表

序号	标称品牌	产品名称	货号/款号	售价	经销单位	质量判定	功能性评价
12	MAMMUT	男短袖T恤	1041-07291-00093-115	432元	MAMMUT官方旗舰店（京东）	符合	达标
	MAMMUT	男套头衫	1017-00110-3471-115	448元	MAMMUT官方旗舰店（京东）	符合	达标
13	Marmot	男式衬衫	R42100	699元	1号店自营（1号店）	符合	达标
	Marmot	女式衬衫	L49820	479元	MARMOT土拨鼠户外旗舰店（1号店）	符合	达标
14	探路者	男式短袖T恤	KAJG81367-G01X	69元	探路者官方旗舰店（苏宁易购）	符合	达标
	探路者	女式徒步长裤	KAMF82532-A23G	526元	探路者官方旗舰店（苏宁易购）	符合	达标
15	JEEP	男式圆领T恤	J671011876	179.4元	Jeep旗舰店（苏宁易购）	符合	达标
	JEEP	男式短袖POLO衫	J671011878	239.4元	Jeep旗舰店（苏宁易购）	符合	达标
16	PLAYBOY	男款圆领T恤	1017	148元	倍闰运动专营店（天猫）	符合	达标
	PLAYBOY	男款圆领T恤	1003	139元	倍闰运动专营店（天猫）	符合	达标
17	Arc'teryx	长裤	L06992200	1190元	风雪户外旗舰店（天猫）	符合	达标
	Arc'teryx	T恤	L07192300	680元	风雪户外旗舰店（天猫）	符合	达标
18	SCALER（思凯乐）	男速干弹力长裤	F7135647	299元	思凯乐户外旗舰店（天猫）	符合	达标
	SCALER	女翻领短袖POLO	F9045118	170元	scaler思凯乐艾克迅专卖店（天猫）	符合	达标
19	雷诺斯	户外速干T恤	172A398B	79元	laynos众行专卖店（天猫）	符合	达标
20	TECTOP	男款弹力长裤	PS7053	59元	信步天地户外专营店（天猫）	符合	达标
	TECTOP	男款半开衫长T	81303	69元	信步天地户外专营店（天猫）	符合	达标
21	康尔健野 KingCamp	女款印花圆领速干T恤	KWTG306	41元	KingCamp户外旗舰店（唯品会）	符合	达标
	康尔健野 KingCamp	男款竹炭圆领T恤	KWTG185	41元	KingCamp户外旗舰店（唯品会）	符合	达标
22	SALOMON	T恤	401055	143元	唯品会自营（唯品会）	符合	达标
	SALOMON	T恤	400651	146元	唯品会自营（唯品会）	符合	达标

续表

序号	标称品牌	产品名称	货号/款号	售价	经销单位	质量判定	功能性评价
23	LONSDALE	速干短袖T恤	136209960	108元	唯品会自营（唯品会）	符合	达标
	LONSDALE（龙狮戴尔）	速干短袖T恤	136209868	118元	唯品会自营（唯品会）	符合	达标
24	赛丹狐	男款功能圆领T恤	7S5627	79元	赛丹狐拼购旗舰店（1号店）	符合	达标
	赛丹狐	女款短袖T恤	8S6634	89元	赛丹狐拼购旗舰店（1号店）	符合	达标
25	伯希和	伯希和女式皮肤衣	12921216-FY16	289元	伯希和官方旗舰店（天猫）	符合	达标
	伯希和	伯希和女式短袖T恤	12921514-SG14	189元	伯希和官方旗舰店（天猫）	符合	达标
26	狼爪	长裤	5010911-1010050	299元	比格蒙特户外专营店（苏宁易购）	符合	吸湿性差
	狼爪	T恤	1805991-5033005	219元	比格蒙特户外专营店（苏宁易购）	符合	达标
27	NIKE	男子针织上衣	891611	289元	苏宁Outlets（苏宁易购）	符合	吸湿性差
	NIKE	女子针织上衣	AJ1149	229元	INTERSPORT宣动旗舰店（苏宁易购）	符合	达标
28	鸿星尔克	圆领短袖针织衫	12219219288-705	95元	鸿星尔克锐购专卖店（天猫）	符合	吸湿性差
	鸿星尔克	圆领短袖针织衫	11218219292-021	89元	鸿星尔克悠购专卖店（天猫）	符合	达标
29	诺诗兰	岩层男式快干翻领短袖T恤	GQ075125	198元	诺诗兰远珉达富专卖店（天猫）	符合	达标
	诺诗兰	岩壁男式弹力快干长裤	GQ075137	488元	诺诗兰旗舰店（天猫）	符合	吸湿性差
30	卡帝乐	速干衣	1801	88元	唯品会自营（唯品会）	符合	达标
	卡帝乐	女款健身服	1F27280068	118元	唯品会自营（唯品会）	符合	吸湿性差
31	NT	速干衣	NTNT9B23	49元	唯品会自营（唯品会）	符合	达标
	NT	速干衣	NTNT9A25	49元	唯品会自营（唯品会）	符合	速干性差
32	安德商标	针织家居服	1300050-916	799元	Under Armour官方旗舰店（京东）	符合	吸湿性差
	安德商标	女式针织运动服	1272336-419	599元	Under Armour官方旗舰店（京东）	符合	优
33	彪马	短袖T恤	592732 18	119元	开心购物运动专营店（天猫）	符合	速干性差
	彪马	长袖T恤	654612 03	199元	耐动运动专营店（天猫）	符合	优
34	阿迪达斯	无样本名称（实为：T恤）	未标注	189元	奔策运动专营店（1号店）	符合	吸湿性差
	阿迪达斯	上衣	DM2064	79元	天马运动专营店（1号店）	符合	吸湿性差

续表

序号	标称品牌	产品名称	货号/款号	售价	经销单位	质量判定	功能性评价
35	SKINS	梯度压缩运动装备（实为：上衣）	ZB99320049001	660元	SKINS旗舰店（1号店）	符合	吸湿性差
	SKINS	梯度压缩运动装备（实为：上衣）	ZB99320050014	735元	SKINS旗舰店（1号店）	符合	吸湿性差
36	THE NORTH FACE（北面）	针织外套	NF0A3V4A	597元	唯品会自营（唯品会）	符合	优
	THE NORTH FACE（北面）	针织外套	NF0A3V4O	697元	唯品会自营（唯品会）	符合	差
37	犸凯奴/Makino	犸凯奴女款功能T（实为：T恤）	M141612019	127元	犸凯奴户外旗舰店（天猫）	符合	吸湿性差
	犸凯奴/Makino	犸凯奴女款运动外套	M151612017	80元	犸凯奴户外旗舰店（天猫）	符合	差
38	Lafuma	针织休闲上衣	LFTS9BL69N4	559元	lafuma官方旗舰店（天猫）	符合	优
	Lafuma	裤子	LFPA8BL91DN	679元	lafuma官方旗舰店（天猫）	符合	非常差
39	骆驼	男款速干圆领T恤	吊牌：607AA6S128\n洗唛：A6S225128	109元	唯品会自营（唯品会）	符合	达标
	骆驼	男款休闲圆领T恤	吊牌：A6S132273\n洗唛：A6S273132	129元	唯品会自营（唯品会）	符合	非常差
40	361°	圆领长T恤	551637103-2	49元	361度官方旗舰店（京东）	符合	达标
	361°	圆领短T恤	561729136-3	69元	361度官方旗舰店（京东）	符合	非常差
41	KELME	Pro薄长袖紧身衣	K15Z705	110元	卡尔美旗舰店（苏宁易购）	符合	达标
	KELME	男式梭织收腿长裤	3891217	218元	卡尔美旗舰店（苏宁易购）	符合	非常差
42	discovery	女式皮肤衣	DAZH82621-AA4X	709元	discoveryexpedition旗舰店（天猫）	符合	非常差
	discovery	男式皮肤衣	DAZH81616-G02X	669元	discoveryexpedition旗舰店（天猫）	符合	达标
43	KOLON SPORT	针织T恤	LHRT9SN101-01	539元	KOLONSPORT旗舰店（天猫）	符合	达标
	KOLON SPORT	裤子	LKLP9ME522-01	2200元	KOLONSPORT旗舰店（天猫）	符合	非常差
44	波梵森	速干T恤	5701B	59元	唯品会自营（唯品会）	不符合	—
	波梵森	速干T恤	5731A	79元	唯品会自营（唯品会）	不符合	—

续表

序号	标称品牌	产品名称	货号/款号	售价	经销单位	质量判定	功能性评价
45	Emintribe（渔民部落）	女款短款运动卫衣	168492	99元	emintribe户外旗舰店（天猫）	符合	达标
	Emintribe（渔民部落）	男款运动长裤	168426	109元	emintribe户外旗舰店（天猫）	不符合	—
46	天伦天	男速干立领短T恤	562322	69元	telent天伦天旗舰店（天猫）	不符合	—
	天伦天	男圆领短T恤	562308	69元	telent天伦天旗舰店（天猫）	不符合	—
47	范斯蒂克	花灰色连帽外套/花灰色运动内衣/灰色拼黑边假两件运动长裤/灰色拼黑边运动短裤/花灰色圆领短袖T恤/黑色拼灰色高腰紧身长裤	FBF76103（外套）/FBF75803（运动内衣）/FBF76203（长裤）/FBF75903（短裤）/FBF76003（短袖T恤）/FBF76303（紧身长裤）	159元	范斯蒂克官方旗舰店（京东）	不符合	—
	范斯蒂克	花灰红短袖训练服+黑色拼红边训练短裤	XLF035/XLFK005	62.8元	范斯蒂克官方旗舰店（京东）	符合	差
48	TFO	男款休闲运动T恤	TFO–611906	179元	tfo户外旗舰店（天猫）	符合	差
	TFO	女款修身弹力铅笔裤	TF0–734704	249元	thefirstoutdoor旗舰店（天猫）	不符合	—
49	富贵鸟	服装（实为：瑜伽服套装）	未标注	278元	威亚路运动户外专营店（京东）	不符合	—
	富贵鸟	包装袋：BAR长袖***/BAR长裤\n吊牌：服装	1002XXXL/1009XXXL	178元	威亚路运动户外专营店（京东）	不符合	—
50	BLACK YAK（布来亚克）	短袖圆领T恤	1TS99–SGM231	199元	BLACK YAK布来亚克户外旗舰店（京东）	符合	达标
	BLACK YAK（布来亚克）	短袖POLO T恤	1TSBY–SKW150	339元	BLACK YAK布来亚克户外旗舰店（京东）	不符合	—

家用手持式无绳吸尘器比较试验报告

随着国民生活水平日益升高，手持式无绳吸尘器因其方便、易用、存放占用空间较小等优点，正逐渐被越来越多的消费者所接受。在一些欧美国家，吸尘器是非常普及的家用电器，其中选择购买、使用手持式无绳吸尘器的消费者更是超过了80%。手持式无绳吸尘器也被称为手持式无线吸尘器、无尾吸尘器，是一种新型吸尘器产品，相对于传统产品，它不需要通过电源线供电，不需要拖曳集尘器就能完成吸尘清洁工作。它是通过充电电池维持吸尘器的持续运行，充电电池一般2—8个小时可充满电，可供吸尘器持续工作5—30分钟（运行时间取决于产品的不同功率档位）。

为了让消费者全面了解市场上在售家用手持式无绳吸尘器产品的性能质量、技术水平，引导消费者正确选购，北京市消费者协会委托中国家用电器研究院，开展了本次家用手持式无绳吸尘器比较试验。

比较试验测试项目具体如下：

最大吸入功率：是吸尘器产品性能评价的基础试验项目，其结果可以视为吸尘器的最大理论性能，基本确定了产品的总体性能水平；

最大吸力持续能力：用于评价吸尘器充电电池及相关供电系统的持续能力；

加载灰尘状态下最大吸入功率及加载灰尘状态下的除尘能力：模拟实际家庭的使用场景（光滑硬地板、地板缝隙、地毯），用于评价吸尘器的实际除尘效果。

为使消费者更为直观地了解各款吸尘器产品的使用效果、易用性，以及集尘器的清洁方式，本次比较试验录制了“吸尘器除尘运行模拟视频”，直观呈现了各台吸尘器的实际使用效果。

一、比较试验样品情况

本次比较试验样品由北京市消费者协会工作人员以普通消费者的身份，从京东、苏宁等电商平台购买，涉及28个品牌，35个型号。购买价格从948元/台到5649元/台不等。

二、比较试验检测项目和依据

《2019年度北京市消费者协会手持式无绳吸尘器比较试验技术方案》；

GB/T 20291.1-2014《家用真空吸尘器　第1部分：干式真空吸尘器　性能测试方法》。

三、比较试验性能测试结果

测试结果仅对购买的样品负责。

1.最大吸入功率：试验结果差异明显。35款手持式无绳吸尘器差异较大，部分产品的吸入功率超过100W，其主电机性能可以媲美传统有绳吸尘器产品；但是仍有部分吸尘器产品的吸入功率较低，这通常是由于该产品的主电机性能或供电系统（电池）性能不佳造成的，会直接对该产品的最终使用效果造成影响。

表1　比较试验最大吸入功率性能评价

序号	品　　牌	型　　号	购买价格（元）	最大吸入功率P（W）	性能评价
1	戴森	SV14 DYSON V11 ABSOLUTE	5490.00	188.7	★★★★★
2	LG	A958KA	4778.00	136.9	★★★★☆
3	戴森	SV12 DYSON CYCLONE V10 MOTORHEAD	3589.97	128.2	★★★★☆
4	莱克	M12S	5649.00	120.7	★★★★
5	科沃斯添可	TE23J-01	2998.99	117.3	★★★★
6	三星	SS80N8076KC	3999.00	115.5	★★★★
7	科沃斯添可	TD27M-03	4518.00	110.7	★★★★

续表

序号	品 牌	型 号	购买价格（元）	最大吸入功率P（W）	性能评价
8	睿米	XCQ01RM	1599.00	96.1	★★★☆
9	小米追觅	V9	1399.00	92.4	★★★☆
10	松下	MC-SBU820C	4999.00	85.5	★★★☆
11	泰怡凯	A11 CVA12	1999.00	85.0	★★★☆
12	小狗	T10 Plus	1879.00	83.1	★★★☆
13	福维克（vorwerk）	VB100	5460.00	68.3	★★★
14	莱克吉米	CJ53	1299.00	68.3	★★★
15	鲨客	S9	3999.00	67.4	★★★
16	小狗	T10 Cyclone	1048.98	62.7	★★★
17	网易智造	NIT-CLVC-01-T300-RD	1339.00	59.9	★★☆
18	惠而浦	P8	1499.00	53.0	★★☆
19	博世	BBS1114CN	3085.00	49.0	★★☆
20	伊莱克斯（Electrolux）	PF91-5EBF	3606.00	46.5	★★☆
21	飞利浦	FC6908	3599.00	37.2	★★
22	苏泊尔	XC05S32A-01	2999.00	33.9	★★
23	东芝	VC-CL1400AC（R）	2319.00	29.5	★★
24	松下	MC-8D56D	1098.98	29.2	★★
25	卡赫	VC 4i Cordless	1499.00	27.5	★★
26	美国百得	SVFV3250L TYPE A901	2149.00	27.0	★★
27	爱丽思	IC-SLDCP5	1439.00	22.9	★★
28	伊莱克斯（Electrolux）	ZB3230PO	1078.99	20.2	★★
29	博世	BCH3252CN	1749.00	16.7	★
30	汉朗	三合一吸尘器Tipon-D	1790.00	16.3	★
31	浦桑尼克	P9 Hummingbird	1599.00	16.2	★
32	飞利浦	FC6405	1299.00	15.7	★
33	正负零	XJC-C030	2240.00	13.7	★
34	由利	UV-BM101-RD	948.00	11.4	★
35	斐纳	TF-X60	1499.00	10.4	★

性能评价星级判定说明：最大吸入功率，$P \geq 150W$（★★★★★）；$150W > P \geq 125W$（★★★★☆）；$125W > P \geq 100W$（★★★★）；$100W > P \geq 80W$（★★★☆）；$80W > P \geq 60W$（★★★）；$60W > P \geq 40W$（★★☆）；$40W > P \geq 20W$（★★）；$P < 20W$（★）。

注：莱克M12S型吸尘器产品有电源管理功能，无法正常完成“空气数据”性能项目的全部测试，因此选择该产品实测“最大吸入功率”所对应的孔径挡板的测试值作为最终结果。

2.最大吸力持续能力：部分产品电池性能衰减明显。35款手持式无绳吸尘器差异较大，部分表现优异的产品，其吸力可以保持到运行结束；但仍有很多产品并未对产品的吸力衰减进行有效限制，影响实际使用效果。

注1：本项试验的结束条件是，“产品停止运行”或“产品明确提示用户充电”。

注2：最大吸力持续能力较好并不表示产品在该档位下的持续运行时间较长。

表2 比较试验最大吸力持续能力性能评价

序号	品 牌	型 号	购买价格（元）	最大吸入功率P 最大吸入功率衰减率Pd	性能评价
1	戴森	SV14 DYSON V11 ABSOLUTE	5490.00	P ≥ 100W且 Pd ≤ 5%	★★★★★
	戴森	SV12 DYSON CYCLONE V10 MOTORHEAD	3589.97		★★★★★
	LG	A958KA	4778.00		★★★★★
2	三星	SS80N8076KC	3999.00	P ≥ 100W且 5% < Pd ≤ 20%	★★★★☆
3	科沃斯添可	TD27M-03	4518.00	P ≥ 100W且 20% < Pd ≤ 50%	★★★★
	科沃斯添可	TE23J-01	2998.99		★★★★
	松下	MC-SBU820C	4999.00		★★★★
4	美国百得	SVFV3250L TYPE A901	2149.00	P < 100W且 Pd ≤ 5%	★★★☆
	惠而浦	P8	1499.00		★★★☆
	博世	BBS1114CN	3085.00		★★★☆
	飞利浦	FC6908	3599.00		★★★☆
	小狗	T10 Plus	1879.00		★★★☆
	莱克	M12S	5649.00		★★★☆
	伊莱克斯（Electrolux）	ZB3230PO	1078.99		★★★☆
	睿米	XCQ01RM	1599.00		★★★☆
	福维克（vorwerk）	VB100	5460.00		★★★☆
	小狗	T10 Cyclone	1048.98		★★★☆
	鲨客	S9	3999.00		★★★☆
5	卡赫	VC 4i Cordless	1499.00	P < 100W且 5% < Pd ≤ 20%	★★★
	小米追觅	V9	1399.00		★★★
	东芝	VC-CL1400AC（R）	2319.00		★★★
6	汉朗	三合一吸尘器 Tipon-D	1790.00	P < 100W且 20% < Pd ≤ 40%	★★
	博世	BCH3252CN	1749.00		★★
	松下	MC-8D56D	1098.98		★★
	浦桑尼克	P9 Hummingbird	1599.00		★★
	飞利浦	FC6405	1299.00		★★
	泰怡凯	A11 CVA12	1999.00		★★
	莱克吉米	CJ53	1299.00		★★
	斐纳	TF-X60	1499.00		★★
	网易智造	NIT-CLVC-01-T300-RD	1339.00		★★
	伊莱克斯（Electrolux）	PF91-5EBF	3606.00		★★
7	爱丽思	IC-SLDCP5	1439.00	P < 100W且 Pd > 40%	★
	苏泊尔	XC05S32A-01	2999.00		★
	由利	UV-BM101-RD	948.00		★
	正负零	XJC-C030	2240.00		★

3.加载灰尘状态下最大吸入功率：大部分被测产品的最大吸力出现不同程度的衰减。35款手持式无绳吸尘器整体效果较好，大部分产品相对于未加载时的吸入功率下降较小或不变，但是仍有部分产品吸力衰减较大，受加载灰尘的影响明显。

表3　比较试验加载灰尘状态下最大吸入功率性能评价

序号	品　牌	型　号	购买价格（元）	最大吸入功率P（W）	性能评价
1	戴森	SV14 DYSON V11 ABSOLUTE	5490.00	185.2	★★★★★
2	LG	A958KA	4778.00	131.7	★★★★☆
3	戴森	SV12 DYSON CYCLONE V10 MOTORHEAD	3589.97	121.9	★★★★
4	科沃斯添可	TE23J–01	2998.99	107.0	★★★★
5	科沃斯添可	TD27M–03	4518.00	97.3	★★★☆
6	泰怡凯	A11 CVA12	1999.00	82.9	★★★☆
7	小米追觅	V9	1399.00	80.8	★★★☆
8	三星	SS80N8076KC	3999.00	75.0	★★★
9	鲨客	S9	3999.00	68.7	★★★
10	网易智造	NIT–CLVC–01–T300–RD	1339.00	67.2	★★★
11	莱克	M12S	5649.00	61.9	★★★
12	莱克吉米	CJ53	1299.00	59.9	★★☆
13	松下	MC–SBU820C	4999.00	52.8	★★☆
14	惠而浦	P8	1499.00	51.3	★★☆
15	小狗	T10 Plus	1879.00	49.1	★★☆
16	福维克（vorwerk）	VB100	5460.00	48.8	★★☆
17	博世	BBS1114CN	3085.00	44.9	★★☆
18	伊莱克斯	PF91–5EBF	3606.00	43.8	★★☆
19	飞利浦	FC6908	3599.00	36.1	★★
20	美国百得	SVFV3250L TYPE A901	2149.00	32.5	★★
21	小狗	T10 Cyclone	1048.98	32.2	★★
22	东芝	VC–CL1400AC（R）	2319.00	30.8	★★
23	苏泊尔	XC05S32A–01	2999.00	25.8	★★
24	睿米	XCQ01RM	1599.00	21.2	★★
25	卡赫	VC 4i Cordless	1499.00	18.1	★
26	松下	MC–8D56D	1098.98	13.5	★
27	博世	BCH3252CN	1749.00	10.8	★
28	汉朗	三合一吸尘器 Tipon–D	1790.00	10.2	★
29	爱丽思	IC–SLDCP5	1439.00	9.8	★
30	斐纳	TF–X60	1499.00	8.8	★
31	伊莱克斯（Electrolux）	ZB3230PO	1078.99	8.0	★

续表

序号	品　牌	型　号	购买价格（元）	最大吸入功率P（W）	性能评价
32	飞利浦	FC6405	1299.00	7.2	★
33	由利	UV–BM101–RD	948.00	6.0	★
34	正负零	XJC–C030	2240.00	5.2	★
35	浦桑尼克	P9 Hummingbird	1599.00	3.2	★

性能评价星级判定说明：最大吸入功率，P≥150W（★★★★★）；150W＞P≥125W（★★★★☆）；125W＞P≥100W（★★★★）；100W＞P≥80W（★★★☆）；80W＞P≥60W（★★★）；60W＞P≥40W（★★☆）；40W＞P≥20W（★★）；P＜20W（★）。

4.加载灰尘状态下的除尘能力：本检测项目共分为3项，即光滑硬地板上的除尘性能、带有缝隙的硬地板上的除尘性能、地毯上的除尘性能。这3项均是在集尘器装载一定量灰尘的情况下进行，可以一定程度模拟用户家庭中的实际使用情况。要评价吸尘器产品是否均有良好的吸尘能力，消费者应综合考虑这3个项目的试验结果。

注1：所有产品在“加载后光滑硬地板上的除尘”及“加载后带有缝隙的硬地板上的除尘”性能试验项目中均使用“地板刷头”进行试验；在“加载后地毯上的除尘”性能试验项目中按各产品说明书要求更换为专用刷头进行试验，如产品无专用刷头或说明，则仍使用“地板刷头”进行试验。

注2：因“加载后带有缝隙的硬地板上的除尘”性能试验项目在“加载后光滑硬地板上的除尘”性能试验项目后进行，为模拟实际家庭使用情况，仅将刷头进行了清洁，并未更换全新刷头，因此相对于使用全新刷头进行“加载后带有缝隙的硬地板上的除尘”性能试验项目，其试验结果可能较差。

表4　比较试验加载灰尘状态下除尘能力性能评价

序号	品　牌	型　号	购买价格（元）	加载灰尘状态下光滑地板	加载灰尘状态下缝隙地板	加载灰尘状态下地毯
				产品除尘能力性能评价	产品除尘能力性能评价	产品除尘能力性能评价
1	戴森	SV14 DYSON V11 ABSOLUTE	5490.00	★★★★★	★★★★★	★★★★★
2	LG	A958KA	4778.00	★★★★★	★★★★★	★★★★
3	戴森	SV12 DYSON CYCLONE V10 MOTORHEAD	3589.97	★★★★	★★★★★	★★★★★
4	科沃斯添可	TE23J–01	2998.99	★★★★★	★★★★	★★★★
5	泰怡凯	A11 CVA12	1999.00	★★★★★	★★★★	★★★★
6	小米追觅	V9	1399.00	★★★★★	★★★★	★★★
7	三星	SS80N8076KC	3999.00	★★★★	★★★★★	★★★★
8	科沃斯添可	TD27M–03	4518.00	★★★★★	★★★★	★★★
9	飞利浦	FC6908	3599.00	★★★★★	★★★	★★★★
10	惠而浦	P8	1499.00	★★★★	★★★★	★★★★
11	博世	BBS1114CN	3085.00	★★★	★★★★	★★★★★
12	莱克吉米	CJ53	1299.00	★★★★	★★★★	★★★

续表

序号	品　牌	型　号	购买价格（元）	加载灰尘状态下光滑地板	加载灰尘状态下缝隙地板	加载灰尘状态下地毯
				产品除尘能力性能评价	产品除尘能力性能评价	产品除尘能力性能评价
13	小狗	T10 Plus	1879.00	★★★★	★★★	★★★
14	网易智造	NIT–CLVC–01–T300–RD	1339.00	★★★★	★★	★★★★
15	伊莱克斯	PF91–5EBF	3606.00	★★	★★★★	★★★★
16	松下	MC–SBU820C	4999.00	★	★★	★★★★★
17	东芝	VC–CL1400AC（R）	2319.00	★★★	★	★★
18	鲨客	S9	3999.00	★★	★★★	★
19	小狗	T10 Cyclone	1048.98	★★★	★★★	★★★★
20	苏泊尔	XC05S32A–01	2999.00	★	★★	★★★★
21	卡赫	VC 4i Cordless	1499.00	★★★	★★★	★
22	睿米	XCQ01RM	1599.00	★★★	★★	★★
23	飞利浦	FC6405	1299.00	★★★	★★★	★★★
24	莱克	M12S	5649.00	★★★	★★	★★★
25	博世	BCH3252CN	1749.00	★★	★	★★
26	爱丽思	IC–SLDCP5	1439.00	★	★★	★★★
27	汉朗	三合一吸尘器 Tipon–D	1790.00	★	★	★★★
28	斐纳	TF–X60	1499.00	★	★★	★★
29	正负零	XJC–C030	2240.00	★	★	★★
30	福维克	VB100	5460.00	★	★★★	★★★
31	美国百得	SVFV3250L TYPE A901	2149.00	★	★	★★★
32	松下	MC–8D56D	1098.98	★	★★★	★
33	浦桑尼克	P9 Hummingbird	1599.00	★	★★	★
34	伊莱克斯	ZB3230PO	1078.99	★	★	★★
35	由利	UV–BM101–RD	948.00	★	★★	★

性能评价星级判定说明：

1.加载后光滑硬地板上的除尘能力：≥94%，推荐星级为★★★★★；＜94%且≥91%，推荐星级为★★★★；＜91%且≥86%，推荐星级为★★★；＜86%且≥81%，推荐星级为★★；＜81%，推荐星级为★；

2.加载后带有缝隙的硬地板上的除尘能力：≥20%，推荐星级为★★★★★；＜20%且≥10%，推荐星级为★★★★；＜10%且≥5%，推荐星级为★★★；＜5%且≥3%，推荐星级为★★；＜3%，推荐星级为★；

3.加载后地毯上的除尘能力：≥70%，推荐星级为★★★★★；＜70%且≥55%，推荐星级为★★★★；＜55%且≥40%，推荐星级为★★★；＜40%且≥30%，推荐星级为★★；＜30%，推荐星级为★。

表5　比较试验项目性能评价汇总表

序号	品　牌	型　号	购买价格（元）	空气数据（最大吸入功率）性能评价	最大吸力持续能力性能评价	加载灰尘状态下最大吸入功率性能评价	加载灰尘状态下的除尘性能		
							光滑地板除尘能力性能评价	缝隙地板除尘能力性能评价	地毯除尘能力性能评价
1	莱克	M12S	5649.00	★★★★	★★★☆	★★★	★★★	★★	★★★
2	戴森	SV14 DYSON V11 ABSOLUTE	5490.00	★★★★★	★★★★★	★★★★★	★★★★★	★★★★★	★★★★★
3	福维克	VB100	5460.00	★★★	★★★☆	★★☆	★	★★★	★★★
4	松下	MC-SBU820C	4999.00	★★★☆	★★★★	★★☆	★	★★	★★★★★
5	LG	A958KA	4778.00	★★★★☆	★★★★★	★★★★☆	★★★★★	★★★★★	★★★★
6	科沃斯添可	TD27M-03	4518.00	★★★★	★★★★	★★★☆	★★★★★	★★★★	★★★
7	鲨客	S9	3999.00	★★★	★★★☆	★★★	★★	★★★	★
8	三星	SS80N8076KC	3999.00	★★★★	★★★★☆	★★★	★★★★	★★★★★	★★★★
9	伊莱克斯	PF91-5EBF	3606.00	★★☆	★★	★★☆	★★	★★★★	★★★★
10	飞利浦	FC6908	3599.00	★★	★★★☆	★★	★★★★★	★★★	★★★★
11	戴森	SV12 DYSON CYCLONE V10 MOTORHEAD	3589.97	★★★★☆	★★★★★	★★★★	★★★★	★★★★★	★★★★★
12	博世	BBS1114CN	3085.00	★★☆	★★★☆	★★☆	★★★	★★★★	★★★★★
13	苏泊尔	XC05S32A-01	2999.00	★★	★	★★	★	★★	★★★★
14	科沃斯添可	TE23J-01	2998.99	★★★★	★★★★	★★★★	★★★★★	★★★★	★★★★
15	东芝	VC-CL1400AC（R）	2319.00	★★	★★★	★★	★★★	★	★★
16	正负零	XJC-C030	2240.00	★	★	★	★	★	★★
17	美国百得	SVFV3250L TYPE A901	2149.00	★★	★★★☆	★★	★	★	★★★
18	泰怡凯	A11 CVA12	1999.00	★★★☆	★★	★★★☆	★★★★★	★★★★	★★★★
19	小狗	T10 Plus	1879.00	★★★☆	★★★☆	★★☆	★★★★	★★★	★★★
20	汉朗	三合一吸尘器 Tipon-D	1790.00	★	★★	★	★	★	★★★
21	博世	BCH3252CN	1749.00	★	★★	★	★★	★	★★
22	浦桑尼克	P9 Hummingbird	1599.00	★	★★	★	★	★★	★
23	睿米	XCQ01RM	1599.00	★★★☆	★★★☆	★★	★★★	★★	★★

续表

序号	品　牌	型　号	购买价格（元）	空气数据（最大吸入功率）性能评价	最大吸力持续能力性能评价	加载灰尘状态下最大吸入功率性能评价	加载灰尘状态下的除尘性能		
							光滑地板除尘能力性能评价	缝隙地板除尘能力性能评价	地毯除尘能力性能评价
24	惠而浦	P8	1499.00	★★☆	★★★☆	★★☆	★★★★	★★★★	★★★★
25	斐纳	TF-X60	1499.00	★	★★	★	★	★★	★★
26	卡赫	VC 4i Cordless	1499.00	★★	★★★	★	★★★	★★★	★
27	爱丽思	IC-SLDCP5	1439.00	★★	★	★	★	★★	★★★
28	小米追觅	V9	1399.00	★★★☆	★★★	★★★☆	★★★★★	★★★★	★★★
29	网易智造	NIT-CLVC-01-T300-RD	1339.00	★★☆	★★	★★★	★★★★	★★	★★★★
30	飞利浦	FC6405	1299.00	★	★★	★	★★★	★★★	★★★
31	莱克吉米	CJ53	1299.00	★★★	★★	★★☆	★★★★	★★★★	★★★
32	松下	MC-8D56D	1098.98	★★	★★	★	★	★★★	★
33	伊莱克斯	ZB3230PO	1078.99	★★	★★★☆	★	★	★	★★
34	小狗	T10 Cyclone	1048.98	★★★	★★★☆	★★	★★★	★★★	★★★★
35	由利	UV-BM101-RD	948.00	★	★	★	★	★★	★

注1：按吸尘器产品购买时的价格从高到低排序。

注2：点击每个产品型号会链接到该产品的运行视频。

5.吸尘器除尘运行模拟视频。

对于相同价位的产品，拍摄制作了比较运行视频，可以点击下述链接观看：

（1）4000元以上产品运行对比视频；

（2）3000—4000元产品运行对比视频；

（3）2000—3000元产品运行对比视频；

（4）1400—2000元产品运行对比视频；

（5）1400元以下产品运行对比视频。

针对每台吸尘器产品，制作了单独的运行视频，直观呈现了各台吸尘器的实际使用效果。请点击“表6”中的每个产品型号，即可观看该产品的运行视频。

四、比较试验中发现问题

1.说明书表述不够通俗易懂

本次比较试验发现，部分样品的说明书不够通俗易懂，文字内容过多，具体操作方法介绍较少，图片辅助说明较少，一定程度上影响了消费者快速、便捷地使用产品。建议吸尘器生产企业摒弃将说明书作为专业技术资料的观念，树立起以消费者为中心的主动服务理念，通过对说明书表述方式的优化设计，提升自身的品牌形象。

2.宣传与说明书有差异

我们在购买手持式无绳吸尘器样品时，部分样品在其宣传广告上宣称具有高吸入功率、电池续航能力持久、过滤系统高效以及除螨等功能。但经查实，在其产品铭牌、说明书及相关随机说明文件中，并没有正确标识出最大吸入功率、电池容量、出风过滤效率及除螨率等技术参数。这种广告宣传与说明书信息不一致的行为，存在刻意夸大产品性能、虚标产品功能，误导消费者选购的嫌疑。建议生产企业主动执行并标明产品各性能项目所依据的相关标准，以及出具经过第三方试验验证的性能报告，将产品真实、全面的信息传递给消费者，确保消费者可以按需购买产品。

3.个别样品的集尘器拆装不方便，或实用效果易受重复使用的影响

个别样机使用几次后，集尘器盖卡扣处易受灰尘影响，拆卸不便，甚至打不开盖，需借用工具才能打开，会损坏集尘器的气密性，影响最终的吸尘效果。建议厂家在设计研发产品时，多从消费者使用的角度考虑，优化集尘器清理灰尘过程，体现出产品人性化设计的特点，同时要考虑部件耐久性的问题。

4.产品的售后服务有待加强

个别手持式无绳吸尘器的说明书不易理解，通过说明书上标注的售后电话无法与服务人员取得联系，消费者不能得到及时、有效的技术支持。建议企业在设计研发产品的同时，提升服务意识，加强售后服务管理。

五、消费提示

1.如何选购

- 选择高吸入功率的产品
- 选择电池充放电性能较高的产品
- 选择具有高性能过滤系统的产品
- 选择集尘器容量较大且易于清洁的产品
- 选择功能适用的产品
- 选择售后服务好的企业的产品

2.使用及维护

- 应在使用后及时清洁
- 应使用专用设备进行充电
- 应在通风干燥的场所使用与存放
- 发现问题应及时送修

天津市消费者协会

免烫衬衫比较试验报告

前　言

衬衫是白领衣柜里的必备单品，职场工作、生活休闲，都少不了衬衫。但穿着的机会多了，衬衫的打理也就不可避免地成为困扰许多人的问题。例如，洗涤、熨烫，要么耗时耗力，要么消耗金钱。有没有洗涤后不用熨烫就很平整的衬衫呢？这时免烫衬衫应运而出。从字面上解释，免烫衬衫就是不需要熨烫的衬衫，它是经过特殊工艺的处理、可以在洗涤后直接悬挂风干，无须熨烫也可以慢慢恢复平整。减少了熨烫这一费时费力的步骤，使衬衫的打理简便了不少。免烫衬衫一经面世就受到了广大消费者的关注。

为指导消费者选购适合的、满意的免烫衬衫商品，依据《消费者权益保护法》赋予消协组织的公益性职责，倡导文明、健康、节约资源和环境保护的消费方式，天津市消费者协会对免烫衬衫进行了比较试验。

“比较试验”是消协组织为履行《消费者权益保护法》定向赋予消费者协会的首项公益性职责，通过各类市场或销售渠道，模拟消费者购买商品或服务，并参照相关标准或专业测试方法，从消费者关注与实用角度，用公正的评价程序对同类商品或服务进行分析、对比，向消费者提供消费信息和咨询服务，使消费者更好地享有知情权和自主选择权的一项工作。

一、基本情况

1.测试单位

本次比较试验样品委托“中国商业联合会针棉织商品质量监督检验测试中心（天津）”进行测试。

2.样品

本次免烫衬衫比较试验样品，由天津市消费者协会工作人员、3·15志愿者在天津市商场实体店以及网购平台（天猫、淘宝、京东、亚马逊等）随机购买。

本次比较试验共购买50个品牌免烫衬衫，其中，有4个在网络上购买的样品不符合本次比较试验的试验检测要求，不纳入最终比较测试结果。本次比较试验共有46个品牌免烫衬衫。

3.结果反馈

天津市消费者协会按照样品明示标注的生产方/委托方等标称单位地址，分别向46件样品的标称生产方/委托方等寄送了样品情况及测试结果通报正式函件。截至规定的反馈时间，天津市消费者协会收到1家企业的复函，另有多家企业进行电话沟通。

作为社会公益组织，天津市消费者协会开展比较试验，实质上就是消费者对生产者、经营者、销售者的产品质量或服务质量在比较试验基础上进行第三方评价。天津市消费者协会本着对企业负责、对产品和品牌负责的态度，以正式函件形式将样品情况及测试结果通过样品明示联系方式告知其生产经营者，相关生产经营者拒收函件、标注通联方式不能有效寄达，或收件后在规定时间内未提供书面反馈意见的，不影响本次比较试验工作的开展。

4.测试指标

本次免烫衬衫比较试验按照《全国消协组织比较试验工作规范（试行）》的要求开展。

本次比较试验依据GB 18401–2010《国家纺织产品基本安全技术规范》、GB/T 5296.4–2012《消费品使用说明　第4部分：纺织品和服装》、GB/T 13769–2009《纺织品　评定织物经洗涤后外观平整度的试验方法》、GB/T 13771–2009《纺织品　评定织物经洗涤后接缝外观平整度的试验方法》及商品明示标准对样品的使用说明、纤维含量、甲醛含量、异味、整烫、水洗尺寸变化率、洗涤前起皱级差（领子、口袋、袖头、门襟、摆缝、底边）、洗涤后起皱级差（领子、口袋、袖头、门襟、摆缝、底边）、洗涤后外观平整度、洗涤后接缝外观平整度进行测试。

样品明示执行标准为GB/T 2660–2008《衬衫》，洗涤前起皱级差、洗涤后起皱级差、洗涤后外观平整度、洗涤后接缝外观平整度为比较项目，检验结果为实测值。

样品明示执行标准为GB/T 2660–2017《衬衫》，洗涤后外观平整度、洗涤后接缝外观平整度为比较项目，检验结果为实测值。

样品明示执行标准为企业标准或未明示执行标准的，水洗尺寸变化率、整烫、洗涤前起皱级差、洗涤后起皱级差按GB/T 2660–2017标准检测。洗涤后外观平整度、洗涤后接缝外观平整度为本次比较试验增加测试的比较项目，检验结果为实测值。

5.媒体监督

在免烫衬衫样品试验过程中，中国消费者报、天津电视台、今晚报等媒体到检测机构进行现场拍摄采访，并留存相关视频材料。

6.本次比较试验结果仅对购买的测试样品负责。

7.免烫衬衫比较试验报告相关内容可以登录天津市消费者协会官方发布渠道（网站http://www.tj315.org.cn）查询了解。

二、测试结果

本次比较试验的46个测试样品中，有24个样品所有测试项目均符合国家标准要求。免烫衬衫质量存在一定问题，主要表现在使用说明标注不规范、纤维含量标注与实测不符、甲醛含量不符合标准要求、水洗尺寸变化率不符合标准要求、洗涤前起皱级差及洗涤后起皱级差不符合标准要求等。总体情况详见表1。

表1　46件免烫衬衫样品检测结果综合统计

统计项目		内在质量和外观质量指标	使用说明
比较试验结果	符合标准（个）	26	40
	不符合标准（个）	20	6
综合评定	符合标准（个）	24	
	不符合标准（个）	22	

1.使用说明（标识）

使用说明是向消费者传达如何正确、安全使用产品以及与之相关的产品功能、基本性能、特性的信息。商品使用说明与消费者的利益有着直接的关系。如果没有使用说明，或使用说明编写不规范，或因其信息量不足甚至有误，会误导消费，影响消费者使用，甚至给消费者造成损失。GB/T5296.4–2012《消费品使用说明　第4部分：纺织品和服装》规定使用说明内容应包括：制造者的名称和地址，产品名称，产品号型或规格，纤维成分及含量，维护方法，执行的产品标准，安全类别等内容。

本次比较试验结果显示：在46件免烫衬衫样品中，标称品牌为“MTFIX、LOVE CAT、北极绒、雅鹿、FFLX/非凡领袖、伯克龙”的6件样品使用说明不符合标准要求（见表2）。

表2　使用说明不符合标准情况

品名	标称品牌	货号/规格	使用说明内容	实际标注
衬衫	MTFIX	43	1.制造者的名称和地址	无。
			2.产品名称	无。
			3.产品号型或规格	产品号型规格标注不规范。
			5.维护方法	耐久标与吊牌标注的维护方法不一致。
			6.执行的产品标准	无。
			7.安全类别	无。

续表

品名	标称品牌	货号/规格	使用说明内容	实际标注
休闲衬衣	LOVE CAT	款号：6408 175/96A 41 180/100A 42 180/104A 43	5.维护方法	耐久标与吊牌标注的维护方法不一致。
男士衬衫	北极绒	175/96A 41	6.执行的产品标准	耐久标与合格证标注的执行标准不一致。
男士衬衫	雅鹿	XL	3.产品号型或规格	产品号型规格标注不规范。
			6.执行的产品标准	耐久标与合格证标注的执行标准不一致。
商务衬衫	FFLX/非凡领袖	产品型号：CS001 190/108A（44）	5.维护方法	耐久标与吊牌标注的维护方法不一致。
长袖衬衫	伯克龙	货号：L9751 175/92A L	1.制造者的名称和地址	未标注制造者的名称。
			5.维护方法	耐久标与吊牌标注的维护方法不一致。

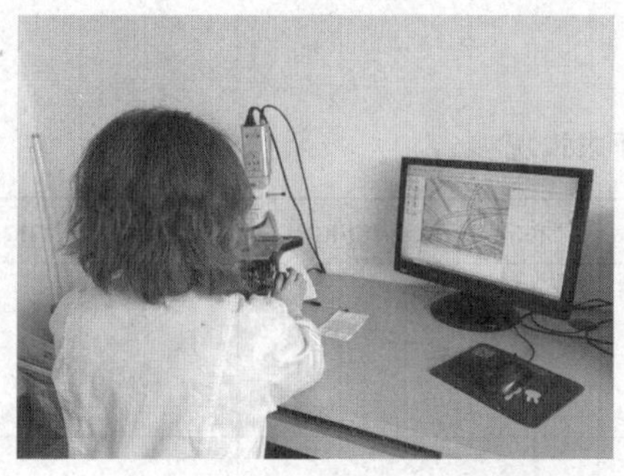

图1 工程师在进行检测

2.纤维含量

纤维含量是以该纤维的量占产品或产品某部分的纤维总量的百分率表示。每件产品应附着纤维含量标签，标明产品中所含各种纤维的名称及其含量。纤维含量是纺织产品的主要品质指标，更是消费者选购免烫衬衫的重要参考指标。本次比较试验的46个样品中，标称品牌为“Pengulnprince、fair rabbit childe、LOVE CAT、HONGXIANGDOU、雅鹿”的5件样品标注的纤维含量与实测值不符（见表3）。

表3 纤维含量与实测值不符情况

品　名	标称品牌	货号/规格	标注含量（%）	实测含量（%）
衬衫	Pengulnprince	180/100A 42	全棉	聚酯纤维 59.1 棉 40.9
衬衫	fair rabbit childe	货号：7626 180/100A 42 185/108A 44	棉 100	粘纤 58.6 聚酯纤维 38.3 氨纶 3.1
休闲衬衣	LOVE CAT	款号：6408 175/96A 41 180/100A 42 180/104A 43	棉 100	聚酯纤维 97.1 氨纶 2.9
衬衫	HONGXIANGDOU	170/92A 40	棉 100	聚酯纤维 75.1 粘纤 21.0 氨纶 3.9
男士衬衫	雅鹿	XL	棉 40 聚酯纤维 60	棉 60.7 聚酯纤维 39.3

3.甲醛含量

图2　工程师在进行检测

将甲醛作为反应剂，可以提高助剂在纺织品中的耐久性，特别是经含有甲醛的树脂加工剂处理过的织物，抗皱性和防缩性好。但这些纺织品及其制品在加工、穿着或使用过程中，产品上的甲醛会对人体产生不良作用，通过人体呼吸道及皮肤接触对呼吸道黏膜和皮肤产生强烈刺激，引发呼吸道炎症和皮肤炎症。因此限制纺织品上甲醛含量，对保护纺织品和服装的生产者和消费者的人体健康有着重要的意义。

强制性国家标准GB 18401–2010规定：直接接触皮肤的产品至少应符合B类要求。B类甲醛含量≤75mg/kg。

本次比较试验的样品均明示是可以直接接触皮肤的产品（B类）。

本次比较试验样品中，标称品牌为“BONENTE博耐特、啄木鳥”的样品甲醛含量不符合标准要求（见表4）。

表4　甲醛含量不符合标准要求情况

品　名	标称品牌	货号/规格	标准要求（mg/kg）	实测值（mg/kg）
衬衫	BONENTE博耐特	货号：1903 170/92A　40 175/96A　41	≤75	156
衬衫	啄木鳥	货号：808801 175/92A　40	≤75	110

4.水洗尺寸变化率

水洗尺寸变化率主要考核免烫衬衫经水洗后尺寸变化的情况，是考核免烫衬衫性能的重要指标。

按照GB/T 2660–2008及GB/T 2660–2017进行判定，本次比较试验的46个样品中，标称品牌为“CAIZIYIJIA、富绅、克雷司登、第一调、雅鹿、罗蒙”的6件样品水洗尺寸变化率不符合标准要求，见表5。

表5　水洗尺寸变化率不符合标准情况

品　名	标称品牌	货号/规格	标准要求（%）	实测值（%）
衬衫	CAIZIYIJIA	货名：CZ15222 175/96Y（40）	领大≥–1.5 胸围≥–2.0 衣长≥–2.5	领大–2.0 胸围+0.8 衣长–1.5
男长袖衬衫	富绅	货号：YCF30322 175/100A　42	领大≥–2.0 胸围≥–2.5 衣长≥–3.0	领大–2.4 胸围–1.3 衣长–1.4
衬衫	克雷司登	货号：YQ12 175/92A　40	领大≥–1.5 胸围≥–2.0 衣长≥–2.5	领大–2.0 胸围–1.1 衣长–1.1
男士休闲衬衫	第一调	货号：501 175/92A　XL	领大≥–2.0 胸围≥–2.5 衣长≥–3.0	领大–3.2 胸围–3.9 衣长–4.7

续表

品　名	标称品牌	货号/规格	标准要求（%）	实测值（%）
男士衬衫	雅鹿	XL	领大≥-2.0 胸围≥-2.5 衣长≥-3.0	领大-1.4 胸围-2.9 衣长-2.2
衬衫	罗蒙	货号：CS18HF61013 175/96A　41	领大≥-2.0 胸围≥-2.5 衣长≥-3.0	领大-3.6 胸围-0.9 衣长-1.8

5.洗涤前起皱级差、洗涤后起皱级差

图3　工程师在进行检测

起皱级差分为5级9档。5级最好，1级最差，分别考核样品领子、口袋、袖头、门襟、摆缝、底边部位。

本次比较试验的46个样品，关于免烫性能的描述，有18个样品网络销售网页上样品名称带有“免烫”字样，有28个样品吊牌带有免烫标志，包括NON-IRON、免烫、DP、立体成衣免烫、全棉免烫、纯棉免烫、DP升级免烫、液氨+免烫衬衫、3.5级免烫、免烫衬衫、液氨+免烫、全棉液氨免烫整理、3C免烫衬衫、立体成衣免烫、免熨烫、抗皱免烫、成衣免烫、3D立体免烫等多种形式的描述。

在46个比较试验样品中，标称品牌为YOUNGOR的样品，明示执行企业标准“Q/NYG 001-2016”，本次比较试验将其洗涤前起皱级差和洗涤后起皱级差设定为比较项目，参照GB/T 2660-2017标准检测，具体结果如表6所示。

表6　明示执行企标的样品洗涤前起皱级差和洗涤后起皱级差测试结果

品　名	标称品牌	明示执行标准	洗涤前起皱级差（级）	洗涤后起皱级差（级）
衬衫（DP）	YOUNGOR	Q/NYG 001-2016	领子5.0口袋— 袖头5.0门襟5.0 摆缝4.0底边4.5	领子5.0口袋— 袖头4.5门襟4.0 摆缝4.0底边3.5

在46个比较试验样品中，20个样品明示执行标准为GB/T 2660-2008《衬衫》(见表7)，其洗涤前起皱级差和洗涤后起皱级差为比较项目，结果与GSB16-2952-2012对比评定。测试级数在1.0至5.0之间，其中在天猫商城caiziyijia菁蕴专卖店购买的CAIZIYIJIA牌衬衫洗涤后起皱级差(底边)为1.0级，(门襟)为1.5级，起皱比较严重。

表7　洗涤前起皱级差和洗涤后起皱级差测试结果

品　名	标称品牌	货号/规格	洗涤前起皱级差（级）	洗涤后起皱级差（级）
男装梭织衬衫	Brooks Brothers	BB100082462H1	领子5.0口袋4.5 袖头5.0门襟5.0 摆缝5.0底边4.5	领子5.0口袋4.0 袖头5.0门襟5.0 摆缝4.0底边4.0
衬衫	杉杉	HC43971免烫	领子4.5口袋5.0 袖头4.5门襟4.5 摆缝5.0底边4.5	领子4.5口袋4.5 袖头4.0门襟4.0 摆缝4.0底边4.0
衬衫	BONENTE博耐特	1903	领子5.0口袋5.0 袖头5.0门襟5.0 摆缝5.0底边5.0	领子5.0口袋4.0 袖头5.0门襟5.0 摆缝3.5底边5.0

续表

品　名	标称品牌	货号/规格	洗涤前起皱级差（级）	洗涤后起皱级差（级）
衬衫	Pengulnprince	—	领子5.0口袋4.5 袖头5.0门襟5.0 摆缝4.0底边3.0	领子5.0口袋3.5 袖头4.5门襟4.0 摆缝3.5底边3.0
衬衫	fair rabbit childe	7626	领子4.5口袋— 袖头5.0门襟4.5 摆缝4.0底边4.5	领子4.5口袋— 袖头4.5门襟2.0 摆缝2.0底边1.5
休闲衬衣	LOVE CAT	6408	领子5.0口袋— 袖头5.0门襟4.5 摆缝4.0底边4.5	领子5.0口袋— 袖头5.0门襟4.0 摆缝3.0底边4.0
衬衫	CAIZIYIJIA	货名：CZ15222	领子5.0口袋— 袖头5.0门襟3.0 摆缝4.0底边3.0	领子5.0口袋— 袖头4.5门襟1.5 摆缝2.5底边1.0
水记忆活纤维衬衫	Fazeya彩羊	171001S	领子5.0口袋5.0 袖头5.0门襟5.0 摆缝5.0底边5.0	领子5.0口袋3.5 袖头5.0门襟4.5 摆缝4.0底边4.5
男长袖衬衫	富绅	YCF30322	领子5.0口袋— 袖头5.0门襟4.5 摆缝4.5底边4.5	领子4.5口袋— 袖头4.5门襟4.0 摆缝2.5底边3.5
衬衫	比特劳斯	WG-6616	领子5.0口袋5.0 袖头5.0门襟5.0 摆缝5.0底边5.0	领子5.0口袋4.5 袖头5.0门襟4.0 摆缝3.0底边4.5
衬衫	啄木鳥	808801	领子5.0口袋5.0 袖头5.0门襟5.0 摆缝5.0底边4.0	领子5.0口袋3.0 袖头5.0门襟4.5 摆缝4.0底边4.0
长袖正统衬衫	劲霸	BAXJ3370	领子5.0口袋— 袖头5.0门襟5.0 摆缝5.0底边5.0	领子5.0口袋— 袖头5.0门襟5.0 摆缝5.0底边5.0
男长袖衬衫	ME&CITY	524453	领子5.0口袋— 袖头5.0门襟5.0 摆缝5.0底边3.5	领子5.0口袋— 袖头5.0门襟4.0 摆缝3.5底边3.0
衬衫	威可多（VICUTU）	—	领子5.0口袋— 袖头5.0门襟5.0 摆缝5.0底边4.5	领子4.0口袋— 袖头5.0门襟4.0 摆缝3.5底边3.5
正统长袖衬衫	柒牌	113A30090	领子5.0口袋— 袖头5.0门襟5.0 摆缝4.5底边4.5	领子5.0口袋— 袖头5.0门襟4.0 摆缝3.0底边4.0
男装衬衫	MAILYARD美尔雅	2200525	领子5.0口袋— 袖头5.0门襟5.0 摆缝5.0底边5.0	领子5.0口袋— 袖头5.0门襟4.0 摆缝4.0底边3.5
衬衫	虎豹	D14C17223-07（NC073）	领子5.0口袋— 袖头5.0门襟4.5 摆缝4.5底边4.0	领子5.0口袋— 袖头4.5门襟2.5 摆缝3.5底边3.5

续表

品　名	标称品牌	货号/规格	洗涤前起皱级差（级）	洗涤后起皱级差（级）
男衬衫	Hodo红豆	ECS32038	领子5.0口袋5.0 袖头5.0门襟4.0 摆缝4.0底边4.0	领子5.0口袋3.5 袖头4.5门襟3.5 摆缝3.5底边3.0
衬衫	DeepOcean（深海）	DDX76506L	领子5.0口袋— 袖头5.0门襟5.0 摆缝4.0底边3.5	领子5.0口袋— 袖头5.0门襟5.0 摆缝2.5底边3.5
长袖衬衫	伯克龙	L9751	领子5.0口袋— 袖头5.0门襟4.5 摆缝4.0底边4.0	领子4.0口袋— 袖头4.5门襟4.0 摆缝3.0底边2.0

在46个比较试验样品中，标称品牌为MTFIX的样品为定制商品，未明示执行标准，本次比较试验将其洗涤前起皱级差和洗涤后起皱级差设定为比较项目。具体结果如表8所示。

表8　无执行标准的样品洗涤前起皱级差和洗涤后起皱级差测试结果

品　名	标称品牌	明示执行标准	洗涤前起皱级差（级）	洗涤后起皱级差（级）
衬衫	MTFIX	—	领子5.0口袋— 袖头5.0门襟5.0 摆缝5.0底边4.5	领子4.5口袋— 袖头5.0门襟4.0 摆缝3.5底边3.0

图4　新闻媒体采访工程师

2017年12月1日实施的国家标准GB/T 2660–2017《衬衫》，对“领子、口袋、袖头、门襟、摆缝、底边”等洗涤前起皱级差、洗涤后起皱级差做出了相应的规定。衬衫洗涤后的外观，还要求“洗涤干燥后，黏合衬部位不允许出现脱胶、起泡。其他部位不允许出现破损、脱落、变形、明显扭曲和严重变色。缝口不允许脱散”。在46个比较试验样品中，除去上述22个样品，其余24个样品均明示执行标准GB/T 2660–2017《衬衫》。

在24个明示执行GB/T 2660–2017《衬衫》样品中，17个样品洗涤前起皱级差符合标准要求，标称品牌为“ANOS、SHIMIBU十米布、北极绒、开开、雅鹿、JEEP SPIRIT、FFLX/非凡领袖”的7件样品洗涤前起皱级差不符合标准要求，不符合标准要求样品情况见表9。

表9　洗涤前起皱级差不符合标准情况

品　名	标称品牌	货号/规格	标准要求（级）	实测值（级）
衬衫	ANOS	货号：SMB189WH 175/96A　40	领子≥4.5口袋≥4.5 袖头≥4.5门襟≥4.5 摆缝≥4.0底边≥4.0	领子5.0　口袋— 袖头5.0　门襟4.0 摆缝4.0　底边3.5
衬衫	SHIMIBU 十米布	货号：SMB023WH （白色） 175/96A　40	领子≥4.5口袋≥4.5 袖头≥4.5门襟≥4.5 摆缝≥4.0底边≥4.0	领子5.0口袋— 袖头5.0门襟5.0 摆缝4.0底边3.5
男士衬衫	北极绒	175/96A　41	领子≥4.5口袋≥4.5 袖头≥4.5门襟≥4.5 摆缝≥4.0底边≥4.0	领子5.0口袋4.5 袖头5.0门襟3.5 摆缝4.0底边3.5

续表

品 名	标称品牌	货号/规格	标准要求（级）	实测值（级）
男长袖衬衫	开开	货号：FSA3-8B01T 180/100A 42	领子≥4.5口袋≥4.5 袖头≥4.5门襟≥4.5 摆缝≥4.0底边≥4.0	领子5.0口袋4.5 袖头5.0门襟5.0 摆缝4.5底边3.5
男士衬衫	雅鹿	XL	领子≥4.5口袋≥4.5 袖头≥4.5门襟≥4.5 摆缝≥4.0底边≥4.0	领子5.0口袋— 袖头5.0门襟5.0 摆缝5.0底边3.5
长袖衬衫	JEEP SPIRIT	款号： JSOLM18SA601SH0010 L 175/92A	领子≥4.5口袋≥4.5 袖头≥4.5门襟≥4.5 摆缝≥4.0底边≥4.0	领子3.5口袋3.5 袖头3.5门襟3.5 摆缝3.5底边3.5
商务衬衫	FFLX/非凡领袖	产品型号：CS001 190/108A（44）	领子≥4.5口袋≥4.5 袖头≥4.5门襟≥4.5 摆缝≥4.0底边≥4.0	领子5.0口袋— 袖头5.0门襟4.0 摆缝4.0底边3.5

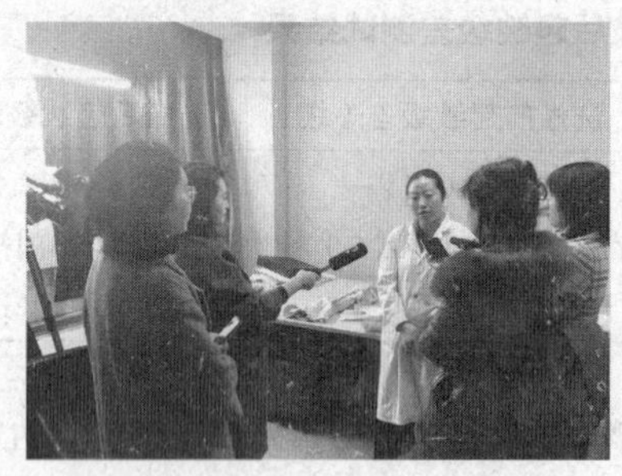

图5 新闻媒体采访工程师

在24个明示执行GB/T 2660-2017《衬衫》样品中，15个样品洗涤后起皱级差符合标准要求，标称品牌为“GXG、波司登、HONGXIANGDOU、SHIMIBU十米布、北极绒、开开、雅鹿、JEEP SPIRIT、FFLX/非凡领袖”的9个样品洗涤后起皱级差不符合标准要求，不符合标准要求样品情况见表10。

表10 洗涤后起皱级差不合格品牌明细

品名	标称品牌	货号/规格	标准要求（级）	实测值（级）
长袖衬衫	GXG	款号：174103114 175/96A（L） 180/100A（XL）	领子>2.5口袋>2.5 袖头>2.5门襟>2.5 摆缝>2.5底边>2.5	领子5.0口袋— 袖头4.5门襟2.5 摆缝3.5底边3.5
单衬衫	波司登	货号：3271X12161 180/100A 42	领子>2.5口袋>2.5 袖头>2.5门襟>2.5 摆缝>2.5底边>2.5	领子5.0口袋3.0 袖头5.0门襟2.5 摆缝3.0底边4.0
衬衫	HONGXIANGDOU	170/92A 40	领子>3.0口袋>3.0 袖头>3.0门襟>3.0 摆缝>3.0底边>3.0	领子5.0口袋2.5 袖头4.5门襟2.5 摆缝3.5底边3.5
衬衫	SHIMIBU 十米布	货号：SMB023WH （白色） 175/96A 40	领子>2.5口袋>2.5 袖头>2.5门襟>2.5 摆缝>2.5底边>2.5	领子5.0口袋— 袖头4.5门襟5.0 摆缝2.5底边2.5
男士衬衫	北极绒	175/96A 41	领子>2.5口袋>2.5 袖头>2.5门襟>2.5 摆缝>2.5底边>2.5	领子5.0口袋2.5 袖头4.0门襟2.0 摆缝2.5底边2.5
男长袖衬衫	开开	货号：FSA3-8B01T 180/100A 42	领子>2.5口袋>2.5 袖头>2.5门襟>2.5 摆缝>2.5底边>2.5	领子5.0口袋3.0 袖头5.0门襟3.0 摆缝3.5底边2.5

续表

品名	标称品牌	货号/规格	标准要求（级）	实测值（级）
男士衬衫	雅鹿	XL	领子>3.0口袋>3.0 袖头>3.0门襟>3.0 摆缝>3.0底边>3.0	领子5.0口袋— 袖头5.0门襟5.0 摆缝5.0底边3.0
长袖衬衫	JEEP SPIRIT	款号： JSOLM18SA601SH0010 L 175/92A	领子>2.5口袋>2.5 袖头>2.5门襟>2.5 摆缝>2.5底边>2.5	领子3.5口袋3.0 袖头3.5门襟2.5 摆缝2.0底边3.0
商务衬衫	FFLX/非凡领袖	产品型号：CS001 190/108A（44）	领子≥3.5口袋≥3.0 袖头≥3.5门襟≥3.0 摆缝≥3.0底边≥3.0	领子5.0口袋— 袖头4.0门襟3.5 摆缝3.0底边2.5

6.洗涤后外观平整度、洗涤后接缝外观平整度

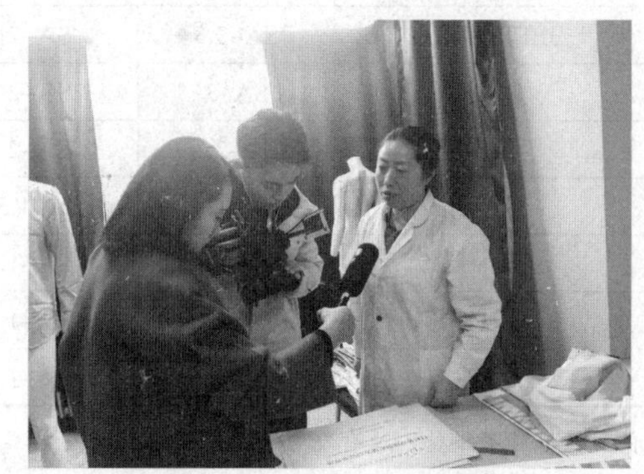

图6　新闻媒体采访工程师

本次比较试验洗涤后外观平整度、洗涤后接缝外观平整度为比较项目，即评定样品经一次或几次洗涤处理后其原有外观平整度保持性和接缝外观平整度。本次比较试验依据GB/T 13769-2009《纺织品　评定织物经洗涤后外观平整度的试验方法》和GB/T 13771-2009《纺织品　评定织物经洗涤后接缝外观平整度的试验方法》分别对样品进行洗涤1次、洗涤5次测试后，按标准方法要求对比标准样照，从而对洗涤后外观平整度、洗涤后接缝外观平整度进行评定。

洗涤后外观平整度分为SA-1、SA-1.5、SA-2、SA-2.5、SA-3、SA-3.5、SA-4、SA-4.5、SA-5九级，SA-5级相当于标准样板SA-5，它表示外观最平整，原有外观平整度保持性最佳。SA-1级相当于标准样板SA-1，表示外观最不平整，原有外观平整度保持性最差。

洗涤后接缝外观平整度分为1、1.5、2、2.5、3、3.5、4、4.5、5九级，5级表示接缝外观平整度最佳，1级表示接缝外观平整度最差。

本次比较试验洗涤后外观平整度洗涤1次实测值为SA-1—4.5级，洗涤5次实测值为SA-1—SA-4级。洗涤后接缝外观平整度洗涤1次实测值为1—4.5级，洗涤5次实测值为1—4级。

本次比较试验样品洗涤后外观平整度和洗涤后接缝外观平整度不对检测结果进行判定，实测值供消费者参考，46件样品的实测值差距较大。

洗涤后外观平整度结果详见表11。

表11　洗涤后外观平整度测试结果

序号	标称品牌	洗涤后外观平整度（级）		序号	标称品牌	洗涤后外观平整度（级）	
		洗涤1次	洗涤5次			洗涤1次	洗涤5次
1	Fazeya彩羊	SA-4	SA-4	24	PEACEBIRD	SA-3.5	SA-3
2	TRIES	SA-4	SA-4	25	啄木鳥	SA-3.5	SA-3
3	DeepOcean（深海）	SA-4	SA-4	26	罗蒙	SA-3.5	SA-3
4	Brooks Brothers	SA-4.5	SA-3.5	27	Hodo红豆	SA-3.5	SA-3
5	杉杉	SA-4	SA-3.5	28	七匹狼	SA-3	SA-3
6	GXG	SA-4	SA-3.5	29	HANY汉尼	SA-3	SA-3
7	BONENTE博耐特	SA-4	SA-3.5	30	开开	SA-3	SA-3

续表

序号	标称品牌	洗涤后外观平整度（级）		序号	标称品牌	洗涤后外观平整度（级）	
		洗涤1次	洗涤5次			洗涤1次	洗涤5次
8	MTFIX	SA–4	SA–3.5	31	雅鹿	SA–3	SA–3
9	保罗圣夫罗兰	SA–4	SA–3.5	32	goldlion	SA–3	SA–3
10	HONGXIANGDOU	SA–4	SA–3.5	33	柒牌	SA–3	SA–3
11	牧亚森	SA–4	SA–3.5	34	虎豹	SA–3	SA–3
12	劲霸	SA–4	SA–3.5	35	FFLX/非凡领袖	SA–3	SA–3
13	YOUNGOR	SA–3.5	SA–3.5	36	fair rabbit childe	SA–3	SA–2.5
14	LOVE CAT	SA–3.5	SA–3.5	37	SHIMIBU 十米布	SA–3	SA–2.5
15	比特劳斯	SA–3.5	SA–3.5	38	JOEONE	SA–3	SA–2.5
16	SAINT ANGELO	SA–3.5	SA–3.5	39	ME&CITY	SA–3.5	SA–2
17	威可多（VICUTU）	SA–3.5	SA–3.5	40	JEEP SPIRIT	SA–3.5	SA–2
18	MAILYARD美尔雅	SA–3.5	SA–3.5	41	北极绒	SA–3	SA–2
19	Pengulnprince	SA–3	SA–3.5	42	克雷司登	SA–2.5	SA–2
20	ANOS	SA–4	SA–3	43	伯克龙	SA–1.5	SA–1.5
21	凡客	SA–4	SA–3	44	第一调	SA–3	SA–1
22	海澜之家HLA	SA–4	SA–3	45	CAIZIYIJIA	SA–1	SA–1
23	波司登	SA–3.5	SA–3	46	富绅	SA–1	SA–1

说明：SA–5级表示外观最平整，原有外观平整度保持性最佳，SA–1级表示外观最不平整，原有外观平整度保持性最差。

洗涤后接缝外观平整度结果详见表12。

表12 洗涤后接缝外观平整度测试结果

序号	标称品牌	洗涤后接缝外观平整度（级）		序号	标称品牌	洗涤后接缝外观平整度（级）	
		洗涤1次	洗涤5次			洗涤1次	洗涤5次
1	劲霸	4.5	4	24	杉杉	3	2.5
2	第一调	4	4	25	YOUNGOR	3	2.5
3	啄木鳥	4	4	26	PEACEBIRD	3	2.5
4	海澜之家HLA	4	4	27	牧亚森	3	2.5
5	雅鹿	4	4	28	Hodo红豆	3	2.5
6	Fazeya彩羊	3.5	3.5	29	七匹狼	2.5	2.5
7	开开	3.5	3.5	30	保罗圣夫罗兰	2.5	2.5
8	SAINT ANGELO	3.5	3.5	31	CAIZIYIJIA	2.5	2.5
9	凡客	3.5	3.5	32	JOEONE	2.5	2.5
10	罗蒙	3.5	3.5	33	MTFIX	3	2
11	威可多（VICUTU）	3.5	3.5	34	Pengulnprince	3	2
12	MAILYARD美尔雅	3.5	3.5	35	HANY汉尼	2.5	2
13	GXG	3	3.5	36	HONGXIANGDOU	2.5	2
14	BONENTE博耐特	3	3.5	37	ANOS	2	2
15	Brooks Brothers	3	3	38	SHIMIBU 十米布	2	2

续表

序号	标称品牌	洗涤后接缝外观平整度（级）		序号	标称品牌	洗涤后接缝外观平整度（级）	
		洗涤1次	洗涤5次			洗涤1次	洗涤5次
16	波司登	3	3	39	北极绒	2	2
17	比特劳斯	3	3	40	富绅	2	2
18	ME&CITY	3	3	41	DeepOcean（深海）	2	2
19	goldlion	3	3	42	伯克龙	2	2
20	柒牌	3	3	43	LOVE CAT	2.5	1.5
21	虎豹	3	3	44	克雷司登	2	1
22	TRIES	3	3	45	fair rabbit childe	1	1
23	FFLX/非凡领袖	3	3	46	JEEP SPIRIT	1	1

说明：5级表示接缝外观平整度最佳，1级表示接缝外观平整度最差。

7.异味、整烫指标

异味是考核样品开封后是否存在霉味、高沸程石油味（如汽油、煤油味）、鱼腥味、芳香烃气味中的一种或几种。强制性国家标准GB 18401-2010规定：纺织产品不能有异味。

GB/T 2660-2017《衬衫》规定整烫指标是考核样品是否各部位熨烫平整、整洁，无烫黄、水渍及亮光。使用黏合衬部位不允许有脱胶、渗胶、起皱、起泡及沾胶。领型左右基本一致，折叠端正。

本次比较试验的46个样品中异味、整烫指标全部符合标准要求。

三、建议提示

1.建议修订衬衫相关标准

本次比较试验的样品大部分明示执行标准为GB/T 2660-2017《衬衫》，衬衫标准中没有对免烫产品考核的指标，本次比较试验通过对样品进行洗涤1次、洗涤5次测试后的洗涤后外观平整度、洗涤后接缝外观平整度进行评定作为比较项目，结果显示免烫衬衫质量参差不齐，有些免烫衬衫洗涤后外观平整度、洗涤后接缝外观平整度保持性很差，因此建议衬衫标准中增加免烫产品考核的指标或制定免烫衬衫标准，规范免烫衬衫的明示方式，使免烫衬衫有标可依。

2.消费者要科学选购使用免烫衬衫

一是消费者在购买免烫衬衫商品时要查看商品的标识。要选择标识齐全的商品。同时注意不要被五花八门的商品名称所干扰。必要时可向商家索要商品检验报告进行核实查证。

二是在购买免烫衬衫类商品时要检查商品是否有刺激性气味或异味。服装在印染和后期整理加工中要使用多种整理剂和助剂，如果加工工艺不当，导致残留多余化学成分，就会对人体造成伤害。如果有刺激性气味，可能是商品中甲醛含量高；如果有异味，可能是商品中含有不利于身体健康的化学物质。建议消费者购买商品，特别是直接接触皮肤类的商品，要先经过洗涤后，再进行穿着。

三是消费者在购买商品时，注意商品包装或宣传上的“免烫”字样的承诺，并保留好相关凭证；消费者要注意留存购物发票或购物小票，以便出现质量问题后能够有效维护自身的合法权益。

附表　天津市消费者协会免烫衬衫比较试验样品信息表

序号	标称样品名称	标称品牌/中译或简称	标称货号/款号	单件：元/件	销售方名称	标称生产厂家名称	标称生产厂家地址
1	男装梭织衬衫	Brooks Brothers	BB100082462H1	396	佛罗伦萨小镇151号店“布克兄弟”	—	—
2	衬衫	杉杉	HC43971免烫	449	天津一商友谊服务有限公司友谊新天地友谊广场	杉杉品牌运营股份有限公司	宁波市望春工业园区云林中路238号A座
3	长袖衬衫	GXG	174103114	264.5	天津一商友谊服务有限公司友谊新天地友谊广场	宁波中哲慕尚控股有限公司	宁波市鄞州区金源路628号
4	衬衫（DP）	YOUNGOR	YLDP16277HBA	405	天津一商友谊服务有限公司友谊新天地友谊广场	宁波雅戈尔服饰有限公司	中国宁波市鄞县大道西段2号
5	衬衫	BONENTE博耐特	1903	510	天津一商友谊服务有限公司友谊新天地友谊广场	宁波可乐耐国际贸易有限公司	宁波市创世纪广场C座903室
6	衬衫	MTFIX	—	499	天津鹏安投资有限公司——MTFIX麦梯定制（天津水游城店）	—	—
7	衬衫	Pengulnprince	—	245	天津水牛城商业发展有限公司——皮尔卡丹	义乌华泰制衣有限公司	苏溪镇富丽路28号
8	衬衫	fair rabbit childe	7626	231.75	天津水牛城商业发展有限公司——PLAYBOY	石狮鸵鸟服饰有限公司	石狮市西外环路鸵鸟大厦
9	休闲衬衣	LOVE CAT	6408	231.5	天津水牛城商业发展有限公司——意大利华伦天奴·洛夫卡特	海峰县洛夫卡特制衣有限公司	广东省海丰县公平镇广源路1号
10	衬衫/温莎白修身DP升级版	HANY汉尼	18121	398	天猫商城/hany旗舰店	利华时代服饰（深圳）有限公司	深圳市龙华新区观澜桔塘社区
11	单衬衫	波司登	3271X12161	168	天猫商城/瑞飞服饰专营店	江苏波司登服装发展有限公司	江苏省徐州市经济开发区运营中心：江苏省常熟市波司登工业园区
12	衬衫	保罗圣夫罗兰	SFL189083	125.5	天猫商城/舒萍服饰专营店	义乌市雄鹿制衣有限公司	浙江义乌义北工业区
13	衬衫	HONGXIANGDOU	—	98	天猫商城/克里公子旗舰店	义乌市勇绅制衣厂	义乌市义北工业园区
14	衬衫	ANOS	SMB189WH	173.5	天猫商城/anos旗舰店	简云（厦门）服饰有限公司	厦门市湖里区殿前一路536号望龙大厦A栋6楼之一

续表

序号	标称样品名称	标称品牌/中译或简称	标称货号/款号	单件：元/件	销售方名称	标称生产厂家名称	标称生产厂家地址
15	衬衫	CAIZIYIJIA	CZ15222	124.25	天猫商城/caiziyijia菁蕴专卖店	义乌市安德莱服饰有限责任公司	浙江省义乌市苏溪镇好派路126号
16	衬衫	SHIMIBU 十米布	SMB023WH（白色）	145.5	天猫商城/盛装服饰专营店	简云（厦门）服饰有限公司	厦门市湖里区殿前一路536号望龙大厦A栋6楼之一
17	男士衬衫	北极绒	—	113	天猫商城/北极绒早稻田专卖店	义乌市伊挺制衣厂	义乌市苏溪镇人民南路81号
18	水记忆活纤维衬衫	Fazeya彩羊	171001S	415.5	天猫商城/飞服饰专营店	义乌市商捷服饰有限公司	义乌市大陈镇天宫工业区
19	男长袖衬衫	富绅	YCF30322	198	天猫商城/富绅旗舰店	广东富绅服饰有限公司	广东省惠州市仲恺高新区惠风东2路38号
20	男长袖衬衫	开开	FSA3-8B01T	246.92	天猫商城/开开旗舰店	上海开开服饰有限公司	上海市西康路379号
21	衬衫	PEACEBIRD	BWCA84934	294	天猫商城/太平鸟男装旗舰店	宁波太平鸟风尚男装有限公司	中国宁波高新区菁华路188号甬港现代铭楼2幢327
22	衬衫	比特劳斯	WG-6616	198	天猫商城/比特劳斯旗舰店	天津劳尔斯皮草发展有限公司	天津滨海新区空港2号工业园
23	正装长袖衬衫	JOEONE	JC184041T	274	天猫商城/九牧王官方旗舰店	九牧王股份有限公司	泉州市经济技术开发区清蒙园区
24	衬衫	克雷司登	YQ12	158	天猫商城/克雷司登旗舰店	义乌市大将门服饰有限公司	浙江省义乌市苏溪镇好派路28-18号
25	男士休闲衬衫	第一调	501	56.5	天猫商城/第一调旗舰店	时尚淘男服饰（武汉）有限公司	武汉市东西湖区慈惠街道办事处慈惠墩230号（8）
26	衬衫	牧亚森	—	143	天猫商城/牧亚森旗舰店	俊发制衣厂	广东省普宁市流沙镇东埔中河开发区然德楼
27	男衬衫	SAINT ANGELO	KEBC23T22U31142	398.97	北京京东世纪信息技术有限公司报喜鸟京东自营旗舰店	报喜鸟控股股份有限公司	浙江温州报喜鸟工业园
28	衬衫	啄木鳥	808801	277.5	北京京东世纪信息技术有限公司康祥服饰专营店	衬衫中国总代理：浙江天驰服饰有限公司（制造商）	浙江义乌大陈大道天驰园区
29	长袖正统衬衫	劲霸	BAXJ3370	209	北京京东世纪信息技术有限公司劲霸奥特莱斯官方旗舰店	劲霸男装（上海）有限公司	上海市普陀区云岭东路599弄汇银铭尊19号楼

续表

序号	标称样品名称	标称品牌/中译或简称	标称货号/款号	单件：元/件	销售方名称	标称生产厂家名称	标称生产厂家地址
30	衬衫	凡客	—	199	北京京东世纪信息技术有限公司凡客诚品官方旗舰店	凡客诚品（北京）科技有限公司	北京市丰台区富丰路2号8层801—807号
31	长袖衬衫	海澜之家HLA	HNCGD3E025A	368	北京京东世纪信息技术有限公司海澜之家京东旗舰店	海澜之家品牌管理有限公司	江阴市华士镇工业区（华新路8号）
32	男士衬衫	雅鹿	—	79.2	北京京东世纪信息技术有限公司雅鹿男服服装旗舰店	南宫市云网纺织品有限公司	河北省邢台市南宫市大庆街北侧
33	衬衫	罗蒙	CS18HF61013	142.4	北京京东世纪信息技术有限公司romon罗蒙旗舰店	宁波罗蒙制衣有限公司	浙江省宁波市奉化区江口街道江宁路47号
34	衬衫	七匹狼	1D1710501293	159.2	北京京东世纪信息技术有限公司七匹狼狼图腾专卖店	福建七匹狼实业股份有限公司	福建晋江市金井镇南工业区
35	男长袖衬衫	ME&CITY	524453	83.3	上海京东才奥电子商务有限公司MECITY官方旗舰店	上海米安斯迪服饰有限公司	上海市浦东新区康桥东路799号2幢
36	衬衫	威可多（VICUTU）	—	395	上海京东才奥电子商务有限公司vicutu威可多官方旗舰店	北京威克多制衣中心	北京市大兴经济开发区金苑路甲15号
37	男装衬衫	goldlion	ESLEC963004	429	上海京东才奥电子商务有限公司金利来官方旗舰店	金利来（中国）有限公司	广州市天河区体育东路138号金利来数码网络大厦6楼
38	正统长袖衬衫	柒牌	113A30090	199	上海京东才奥电子商务有限公司唯品会旗舰店	福建柒牌时装科技股份有限公司	晋江市英林镇柒牌时尚产业园1号
39	长袖衬衫	JEEP SPIRIT	JSOLM18SA601SH0010	399	上海京东才奥电子商务有限公司吉普男装旗舰店	广东弘方服装实业有限公司	广州市白云区石井镇夏茅十八社23号
40	男装衬衫	MAILYARD美尔雅	2200525	252.7825	江苏苏宁易购电子商务有限公司美尔雅旗舰店	—	—
41	衬衫	虎豹	D14C17223-07（NC073）	297.05	江苏苏宁易购电子商务有限公司虎豹官方旗舰店	江苏虎豹集团荣誉出品	江苏扬州市经济开发区华扬西路295号
42	衬衫	TRIES	1082E4721	252.945	江苏苏宁易购电子商务有限公司才子官方旗舰店1	才子服饰股份有限公司	莆田市城厢区东海镇海头工业区
43	男衬衫	Hodo红豆	ECS32038	169.095	江苏苏宁易购电子商务有限公司红豆（HODO）官方旗舰店	江苏红豆实业股份有限公司	中国江苏无锡红豆工业城

续表

序号	标称样品名称	标称品牌/中译或简称	标称货号/款号	单件：元/件	销售方名称	标称生产厂家名称	标称生产厂家地址
44	衬衫	DeepOcean（深海）	DDX76506L	168	亚马逊卓越有限公司 DEEPOCEAN深海衬衫旗舰店	芙莱克斯（厦门）服饰有限公司	厦门湖里区悦华路38–40号11#厂房2F
45	商务衬衫	FFLX/非凡领袖	CS001	108	天猫商城/非凡领袖旗舰店	俊发制衣厂	广东省普宁市流沙镇东埔中河开发区然德楼
46	长袖衬衫	伯克龙	L9751	139	北京当当网信息技术有限公司 伯克龙官方旗舰店	—	广州市白云区金沙洲环洲三路金满苑荣华街103铺

备注：样品信息均为实际购样时信息。

吉林省消费者协会

运动鞋比较试验报告

为了解吉林省市场上销售的运动鞋的质量状况，向广大消费者提供全面客观的消费信息，引导消费者科学、理性消费，吉林省消费者协会对吉林省市场上及部分电商平台销售的运动鞋开展了比较试验工作。比较试验结果仅对购买的样品负责。

一、比较试验基本情况

1.购样

本次比较试验样品由吉林省消费者协会和远东正大检验集团有限公司的工作人员以消费者的身份在吉林省内随机购买。样品来源包括线下实体店和线上购物平台，线下实体店包括欧亚商都、亚细亚百货、欧亚新生活、巴黎春天百货以及长春卓展时代百货。线上购物平台包括唯品会、天猫商城、京东商城、苏宁易购、寺库等。线上线下共计60款样品，购买单价从116元到1796元不等。

2.测试依据

本次比较试验参照QB/T 2673-2013《鞋类产品标识》、GB 20400《皮革和毛皮　有害物质限量》、GB/T 15107-2013《旅游鞋》、QB/T 2955-2017《休闲鞋》、GB/T 3903.6-2017《鞋类　整鞋试验方法　防滑性能》及经备案现行有效的企业标准等对样品进行测试。

3.测试项目

甲醛、外底硬度、剥离强度、外底与中底黏合强度、成鞋耐折性能、外底耐磨性能、衬里与内垫摩擦色牢度、标识、防滑性能等指标。

4.检测机构

本次比较试验委托远东正大检验集团有限公司对样品进行检测。

5.测试结果

本次比较试验的60款样品所检质量指标均达到相关标准要求。但剥离强度、耐磨性能、防滑性能差别较大，有9款样品的标签标识未按照标准要求进行标注。

二、检测结果分析

1.标签标识

标签标识是向消费者传达如何正确、安全使用商品以及与之相关的商品功能、基本性能、特性的信息。QB/T 2673-2013《鞋类产品标识》标准规定，商品标识应标注商品的商标、产品名称、鞋号、材质、产地、企业名称及联系方式、三包规定、执行标准编号、生产日期、颜色、货号、质量等级等信息，这些信息都是鞋的关键信息，对消费者的使用和相关行政部门的质量判定非常重要。

经检测，60款样品中有9款样品的标签标识未按照标准要求进行标注，未标注内容包括三包规定，企业名称及联系方式、产地、生产日期等（详见附表：60款运动鞋综合比较）。

2.剥离强度

剥离强度是表示鞋底与鞋帮黏合牢度的重要指标。近年来消费者对于运动鞋的投诉也多是由于运动鞋脱胶引起的，帮底剥离强度不合格的运动鞋，穿着过程中极易出现开口和裂胶等问题。帮底剥离强度越大，鞋底与鞋帮的黏合越牢固，越不容易“掉底”。根据GB/T 15107-2013《旅游鞋》要求，剥离强度的力值≥45N/cm（若材料撕裂或剥离层未开时，剥离强度≥20N/cm）；根据QB/T 2955-2017《休闲鞋》要求，剥离强度的力值≥40N/cm（若材料撕裂或剥离层未开时，剥离强度≥30N/cm）。剥离强度的力值越大，鞋子越不容易被剥开，也就是穿着过程中越不容易开胶。

本次比较试验60款样品中有54款可以按照检测标准检测剥离强度，54款样品均符合相关标准要求，但剥离强度差别较大。其中，14款样品的剥离强度为45—90N/cm（用☆标注）；19款样品的剥离强度为91—135N/cm（用☆☆标注）；8款样品的剥离强度为136—180N/cm（用☆☆☆标注）；13款样品的剥离强度为180N/cm以上（用

☆☆☆☆标注）（详见附表：60款运动鞋综合比较）。54款检测样品中剥离强度检测值较低的3款样品是：标称由重庆舜筑商贸有限公司进口的OXS牌休闲鞋、标称由湛江市玛雅旅游用品有限公司生产的凯乐石（KAILAS）牌女款低帮GTX防水攀山徒步鞋（Halo/光芒2.0）、标称由上海海宇体育用品有限公司/上海回力鞋业有限公司生产的回力牌WB-100型篮球鞋。在试验进程中有13款样品在达到184N时仍未被剥开，剥离强度检测值较高，品牌分别是LOWA、SKECHERS（斯凯奇）、Salomon、狼爪、NIKE、adidas、RAPIDO、Kappa、Reebok、ONEMX玩觅、BEITA贝踏、潮流風尚、adidas。

3.耐磨性能

成品鞋在穿用过程中，鞋底接触人脚与鞋底对地面产生的平均压力为0.4—0.7MPa，个别部位可高达1.5 MPa以上，故鞋底会受到反复的且较大的摩擦力作用。鞋底耐磨性能是成鞋质量的关键性能指标。如果鞋底没有较好的耐磨性能，就会影响鞋子穿用寿命。根据GB/T 15107-2013《旅游鞋》要求磨痕长度（非发泡材料）≤12.0mm，磨痕长度（发泡材料）≤14.0mm；根据QB/T 2955-2017《休闲鞋》要求磨痕长度≤14.0mm。磨痕长度值越小，鞋子的耐磨性能越好。

本次比较试验60款样品中有55款可以按照检测标准检测耐磨性能，55款样品均符合相关标准要求，但耐磨性能差别较大。其中，2款样品的磨痕长度大于12mm（用☆标注）；7款样品的磨痕长度为8.1—12mm（用☆☆标注）；25款样品的磨痕长度为4.1—8mm（用☆☆☆标注）；21款样品的磨痕长度为0—4mm（用☆☆☆☆标注）（详见附表：60款运动鞋综合比较）。

本次比较试验耐磨性能较高和较低的样品如图1所示。

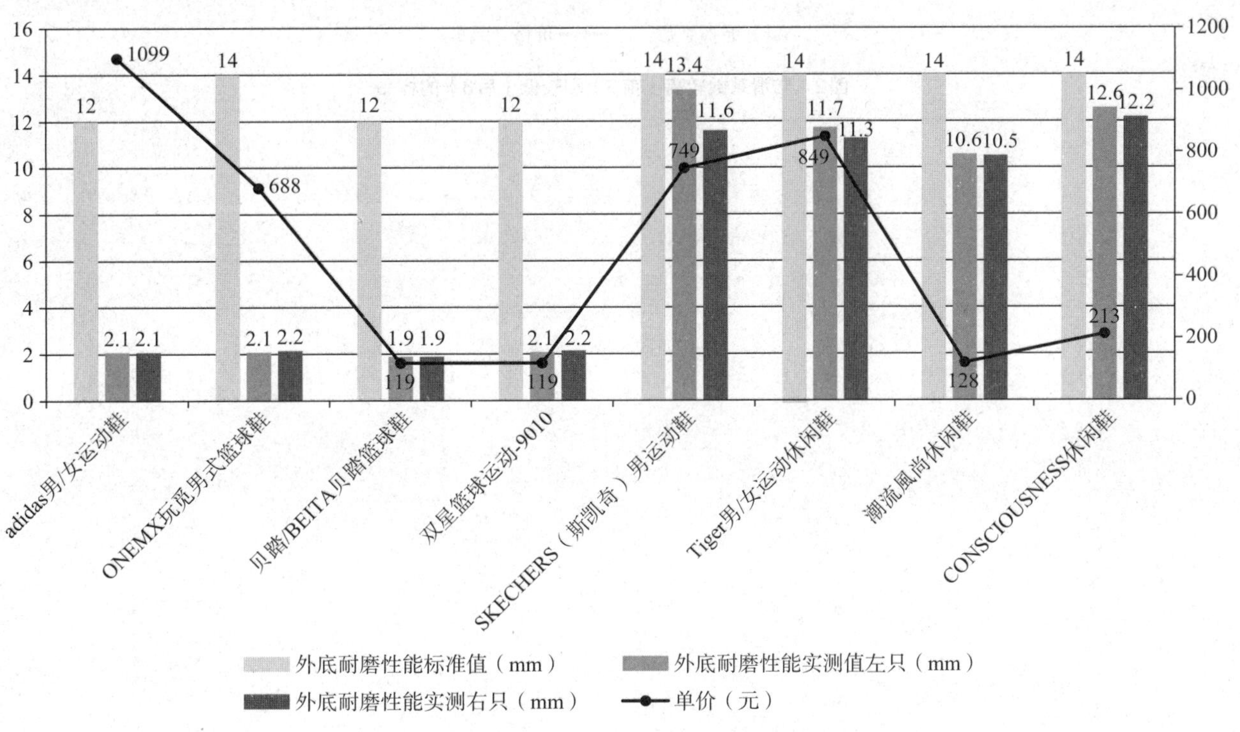

图1　外底耐磨性能较高（前4）和较低（后4）的样品

4.防滑性能

鞋子穿着过程中，鞋子与地面之间存在摩擦力，该摩擦力与垂直方向力的比值构成鞋与地之间的摩擦系数。通常情况下，用该摩擦系数的大小来衡量鞋底的防滑性能。普遍认为，摩擦系数越大，鞋子的防滑性能越好。

本次比较试验依据方法标准GB/T 3903.6-2017《鞋类　整鞋试验方法　防滑性能》对60款样品中的59款样品做了防滑性能的检测（有1款样品不满足试验要求），59款样品均符合相关标准要求，但防滑性能差别较大。其中，3款样品的摩擦系数为0.5—0.7（用☆标注）；10款样品的摩擦系数为0.71—0.9（用☆☆标注）；24款样品的摩擦系数为0.91—1.1（用☆☆☆标注）；18款样品的摩擦系数为1.11—1.31（用☆☆☆☆标注）；4款样品的摩擦系数为1.31以上（用☆☆☆☆☆标注）（详见附表：60款运动鞋综合比较）。

防滑系数较高和较低的样品如图2所示。

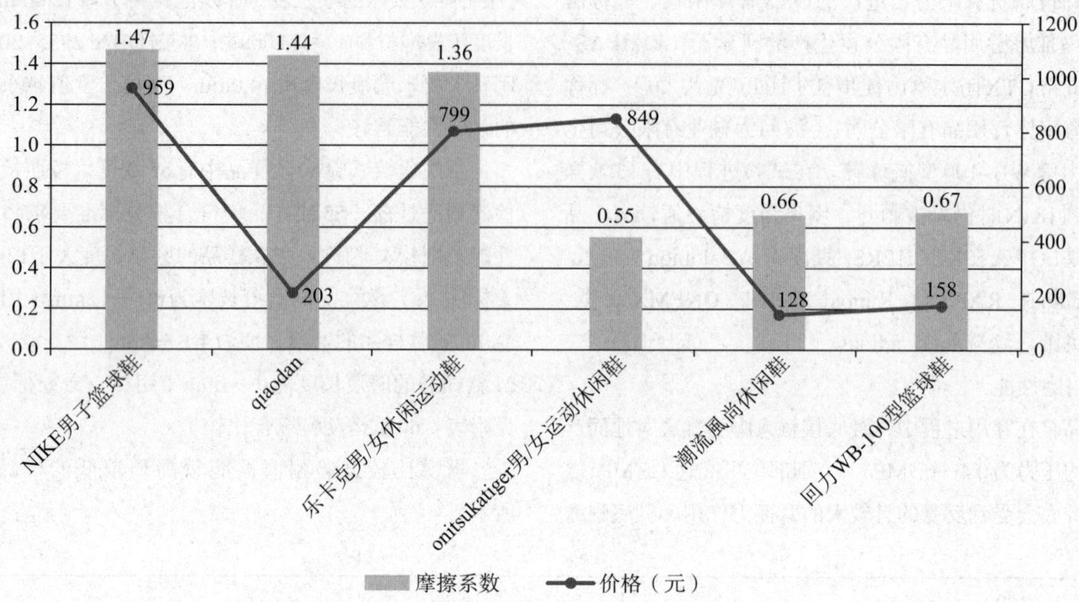

图2　防滑系数较高（前3）和较低（后3）的样品

附表 60款运动鞋综合比较

序号	商品名称	标称商标	生产批号	标称生产厂商名称	经销单位	防滑性能评级	剥离强度评级	耐磨性能评级	标志标签问题
1	男子运动文化鞋	NIKE	312834-008	经销商：耐克体育（中国）有限公司/美国NIKE公司监制	长春欧亚集团股份有限公司欧亚商都	☆☆☆☆	—	—	齐全
2	男士运动鞋	UNDER ARMOUR 安德阿镆	3020881-100	代理经销商：安德阿镆贸易（上海）有限公司	长春欧亚集团股份有限公司欧亚商都	☆☆☆☆	☆☆	☆☆☆	齐全
3	男/女运动鞋	new balance	ML99HLA	委托生产工厂名称：东莞台威运动用品有限公司/新百伦贸易（中国）有限公司	长春欧亚集团股份有限公司欧亚商都	☆☆☆☆	☆	☆☆☆	齐全
4	RENEGADE II GTX男式低帮鞋	LOWA	L3109539999047	经销商：南京边城体育用品股份有限公司	长春欧亚集团股份有限公司欧亚商都	☆☆☆	☆☆☆☆	☆☆☆☆	该产品经检验，内包装（含吊牌）无生产日期。
5	男运动鞋	SKECHERS（斯凯奇）	999864/BKRD	生产商：莆田市华骏鞋业有限公司/总经销：广州市斯凯奇商业有限公司	长春欧亚集团股份有限公司欧亚商都	☆☆☆☆	☆☆☆☆	☆	齐全
6	男/女运动鞋	adidas	BD7563	制造商：衡阳市得阳鞋业有限公司/经销商：阿迪达斯体育（中国）有限公司	长春欧亚集团股份有限公司欧亚商都	☆☆	☆☆☆	☆☆☆☆	齐全
7	乔丹专业运动-女篮球鞋	qiaodan	AM1260140	乔丹体育股份有限公司	亚细亚百货大厦	☆☆☆☆☆	☆☆	☆☆☆☆	齐全
8	男复古跑鞋	贵人鸟	F91D19-3	贵人鸟股份有限公司	亚细亚百货大厦	☆☆	☆	☆☆	齐全
9	运动生活系列-男休闲鞋	赛琪	338617	制造商：石狮市赛琪体育用品有限公司	亚细亚百货大厦	☆☆	☆☆☆	☆☆☆	齐全
10	男休闲鞋	特步	981119 326976 010542006468	特步（中国）有限公司	亚细亚百货大厦	☆☆☆☆	☆	☆☆	齐全
11	男慢跑鞋	New bunren®	31285180055	制造商：琪尔特股份有限公司/总经销：新百伦（中国）体育用品有限公司	亚细亚百货大厦	☆☆☆	☆☆	☆☆☆	齐全
12	男棉鞋	ANTA	11848972-1	安踏（中国）有限公司	亚细亚百货大厦	☆☆☆	☆☆	☆☆☆☆	齐全

续表

序号	商品名称	标称商标	生产批号	标称生产厂商名称	经销单位	防滑性能评级	剥离强度评级	耐磨性能评级	标志标签问题
13	男运动鞋	Salomon	404694	经销商：亚玛芬体育用品贸易（上海）有限公司	长春欧亚新生活购物广场	☆☆☆	☆☆☆☆	☆☆☆	齐全
14	男徒步鞋	ONE WAY	9714420202	制造商名称：荣璟鞋业有限公司/经销商：望唯（厦门）工贸有限公司	长春欧亚新生活购物广场	☆☆	☆	☆☆☆☆	齐全
15	男/女休闲运动鞋	乐卡克®	CMT-191352	经销商：宁波乐卡克服饰有限公司	长春欧亚新生活购物广场	☆☆☆☆☆	☆☆	☆☆	齐全
16	男式远足鞋	狼爪®	4022321	经销商：狼爪贸易（上海）有限公司	长春欧亚新生活购物广场	☆☆	☆☆☆☆	☆☆☆☆	齐全
17	女徒步鞋	THE NORTH FACE	NF0A39IB	总经销：威富服饰（中国）有限公司	长春欧亚新生活购物广场	☆☆☆☆☆	☆☆☆	☆☆☆☆	齐全
18	Columbia 男式旅游鞋	Columbia Sportswear Company	1715781231 DM2026-231	生产商：清远阳山荣璟鞋业有限公司/哥伦比亚运动服装商贸（上海）有限公司	长春欧亚新生活购物广场	☆☆☆☆	☆☆	☆☆☆☆	齐全
19	361° 男 加毛篮球鞋	361°	571841109A-1	三六一度（中国）有限公司	吉林省巴黎春天百货有限公司	☆☆☆☆	☆☆☆	☆☆☆☆	齐全
20	男运动鞋（棉鞋）	PEAK®匹克	E84701M	生产商：匹克（江西）实业有限公司/厦门匹克体育用品有限公司	吉林省巴黎春天百货有限公司	☆☆	☆☆	☆☆☆	齐全
21	男休闲鞋	NEW · BARLUN	NBL18309-3	制造商：福建省纽巴伦鞋业有限公司/经销商：纽巴伦（中国）有限公司（营运）	吉林省巴黎春天百货有限公司	☆☆	☆	☆☆☆	齐全
22	复古经典	AISASSA®	8409117A棉	制造商：福建潮踏鞋业有限公司	吉林省巴黎春天百货有限公司	☆☆	☆	☆☆☆☆	该产品经检验，内包装（含吊牌）无生产日期。
23	男子运动文化鞋	NIKE	749571-154	经销商：耐克体育（中国）有限公司/美国NIKE公司监制	吉林省巴黎春天百货有限公司	☆☆☆	☆☆☆☆	☆☆☆	齐全

续表

序号	商品名称	标称商标	生产批号	标称生产厂商名称	经销单位	防滑性能评级	剥离强度评级	耐磨性能评级	标志标签问题
24	男运动鞋	adidas	B43859	制造商：通辽长川制靴有限公司/经销商：阿迪达斯体育（中国）有限公司	吉林省巴黎春天百货有限公司	☆☆☆	☆☆☆☆	☆☆☆	齐全
25	男复古跑鞋	Joma	1184X233	出品：荷马有限公司	长春卓展时代广场百货有限公司	☆☆☆☆	☆	☆☆☆☆	齐全
26	男子篮球鞋	NIKE	AR0038–051	经销商：耐克体育（中国）有限公司/美国NIKE公司监制	长春卓展时代广场百货有限公司	☆☆☆☆☆	—	—	齐全
27	男士篮球鞋	UNDER ARMOUR 安德阿镆	3020613–002	代理经销商：安德阿镆贸易（上海）有限公司	长春卓展时代广场百货有限公司	☆☆☆	☆☆	☆☆	齐全
28	休闲鞋	RAPIDO	CQ87K3J110	三星法绅贸易（上海）有限公司	长春卓展时代广场百货有限公司	☆☆☆	☆☆☆☆	☆☆☆☆	齐全
29	男/女板鞋	Kappa	K08Y5CC33–879	制造商：东莞市永菱体育制品有限公司/经销商：上海卡帕体育用品有限公司	长春卓展时代广场百货有限公司	☆☆☆	☆☆☆☆	☆☆☆	齐全
30	复古跑鞋	斐乐	T12M831106FSW	斐乐体育有限公司	长春卓展时代广场百货有限公司	☆☆☆	☆☆	☆☆☆☆	齐全
31	男式旅游鞋	骆驼	A732318225	制造商：广东骆驼服饰有限公司	天猫商城/骆驼户外官方旗舰店	☆☆☆	☆☆☆	☆☆☆	齐全
32	男/女运动休闲鞋	onitsukatiger	D507L–0152090	制造企业：阳新宝加鞋业有限公司/亚瑟士（中国）商贸有限公司	天猫商城/Onitsuka Tiger官方旗舰店	☆	☆	☆☆	齐全
33	男/女运动鞋	Reebok	CN8222	厂名：福州开发区钜联鞋业有限公司/经销商：阿迪达斯（中国）有限公司	天猫商城/reebok官方旗舰店	☆☆☆☆	☆☆☆☆	☆☆☆	齐全
34	男慢跑鞋	美津浓	MR3–11	生产商：越南順傑責任有限公司/上海美津浓有限公司授权出品	天猫商城/美津浓官方旗舰店	☆☆☆☆	—	—	齐全
35	男子经典跑鞋	茵宝	UCC90403–01	茵宝（北京）体育用品有限公司	天猫商城/umbro茵宝旗舰店	☆☆☆	☆☆	☆☆☆	齐全

续表

序号	商品名称	标称商标	生产批号	标称生产厂商名称	经销单位	防滑性能评级	剥离强度评级	耐磨性能评级	标志标签问题
36	DC女式休闲鞋	DG®	ADJS200020	品牌商：动速（上海）商业有限公司	天猫商城/dcshoecousa旗舰店	☆☆☆☆	☆☆	☆☆☆☆	齐全
37	男运动鞋	BRANDBLACK（品栢克）	262BB/BKW	生产商：绿洲鞋业有限公司/总经销：广州市品栢克贸易有限公司	天猫商城/brandblack旗舰店	☆☆☆☆	—	—	齐全
38	WB-100型篮球鞋	回力®	AB10001	制造商：上海海宇体育用品有限公司/上海回力鞋业有限公司	天猫商城/登月运动专营店	☆	☆	☆☆☆	齐全
39	男女时尚休闲鞋	PUMA®	366890 01	经销商：彪马（上海）商贸有限公司	唯品会/唯品会自营	—	—	☆☆☆	齐全
40	男休闲鞋/休闲鞋	CBA	104730271-1943	泉州市雷速体育用品有限公司	唯品会/唯品会自营	☆☆	☆	☆☆☆	该产品经检验，内包装（含吊牌）无生产日期。
41	休闲鞋	NBA	N1728814-2	生产商：泉州寰球鞋服有限公司/授权商：NBA体育文化发展（北京）有限责任公司官方授权	唯品会/唯品会自营	☆☆☆☆	☆☆	☆☆☆	齐全
42	休闲跑鞋/跑鞋	BAGE	NDXW18870	八哥（中国）有限公司/福建省泉州市八哥运动休闲用品有限公司	唯品会/唯品会自营	☆☆	☆☆	☆☆☆	齐全
43	男款跑步鞋	Asics	T800N.4101	重庆唯品会电子商务有限公司	唯品会/唯品会自营	☆☆☆	☆☆	☆☆☆	该产品经检验，内包装（含吊牌）无生产日期。
44	男式篮球鞋	ONEMX玩觅®	OM15330	制造商：青春之家体育用品有限公司/监制方：斯诺登香港贸易有限公司	苏宁易购/ONEMIX旗舰店	☆☆☆	☆☆☆☆	☆☆☆☆	齐全
45	篮球鞋	贝踏/BEITA贝踏	6707	泉州市贝踏体育用品有限公司	苏宁易购/贝踏旗舰店	☆☆☆☆	☆☆☆☆	☆☆☆☆	该产品经检验，内包装（含吊牌）无生产日期。

续表

序号	商品名称	标称商标	生产批号	标称生产厂商名称	经销单位	防滑性能评级	剥离强度评级	耐磨性能评级	标志标签问题
46	休闲鞋	潮流風尚	862	未标注	苏宁易购/左丹狼旗舰店	☆	☆☆☆☆	☆☆	该产品经检验，内包装（含吊牌）无企业名称及联系方式、三包规定、生产日期。
47	篮球运动-9010	双星	WDSM-9010	青岛双星名人实业股份有限公司	苏宁易购/双星运动旗舰店	☆☆☆	☆☆	☆☆☆☆	齐全
48	休闲鞋	CONSCIOUSNESS	F09	未标注	苏宁易购/匡米葳旗舰店	☆☆☆☆	☆☆	☆	该产品经检验，内包装（含吊牌）无产地、企业名称及联系方式、三包规定、生产日期，执行标准编号标注不规范。
49	男旅游鞋/旅游鞋	快鱼	7S 1008	制造商：东莞龙沣服饰有限公司	京东商城/快鱼运动旗舰店	☆☆☆	☆☆	☆☆☆	齐全
50	女款低帮GTX防水攀山徒步鞋（Halo/光芒2.0）	凯乐石（KAILAS）	KS321917	公司名称/生产商：湛江市玛雅旅游用品有限公司	京东商城/凯乐石乐麦专卖店	☆☆☆	☆	☆☆☆	齐全
51	乔丹专业运动·男篮球鞋	乔丹	XM4570116	乔丹体育股份有限公司	京东商城/乔丹官方旗舰店	☆☆☆☆	☆☆☆	☆☆☆☆	齐全
52	男士慢跑鞋	UNDER ARMOUR 安德阿镆	3000368-200	生产者名称：尼可玛斯-葛米蓝股份有限公司/代理经销商：安德阿镆贸易（上海）有限公司	京东商城/Under Armour官方旗舰店	☆☆☆	☆☆☆	☆☆☆	齐全
53	男子篮球鞋	AIR JORDAN	AR4430-300	制造商：上高裕盛工业有限公司/经销商：耐克体育（中国）有限公司/美国NIKE公司监制	京东商城/滔搏运动官方旗舰店	☆☆☆☆	—	—	齐全

续表

序号	商品名称	标称商标	生产批号	标称生产厂商名称	经销单位	防滑性能评级	剥离强度评级	耐磨性能评级	标志标签问题
54	男运动鞋	adidas	BB7207	阿迪达斯体育（中国）有限公司	京东商城/adidas官方旗舰店	☆☆☆☆	☆☆☆☆	☆☆☆☆	齐全
55	男/女运动鞋	尤尼克斯	SHB300CR	工厂名：佛山市南海南岗鞋业有限公司/经销商：尤尼克斯（上海）体育用品有限公司	京东商城/宝沾运动专营店	☆☆☆	☆☆	☆☆☆	齐全
56	网球文化鞋	FILA	F12W841302FWT	斐乐体育有限公司	京东商城/FILA斐乐官方旗舰店	☆☆☆	☆☆☆	☆☆☆☆	齐全
57	休闲鞋	OXS	9S4010UR50CMWB001	进口商：重庆舜筑商贸有限公司	寺库/寺库自营	☆☆☆	☆	☆☆☆☆	该产品经检验，内包装（含吊牌）无三包规定。
58	男跑步鞋	Arc'teryx	L06869000	品牌公司：亚玛芬体育用品贸易（上海）有限公司	寺库/寺库自营	☆☆☆	☆☆	☆☆☆	齐全
59	男装皮鞋/男式休闲鞋	Roberta Di Camerino	RT25134A	制造商：广州市伯晟鞋业有限公司/中国总经销：广州诺贝达股份有限公司	寺库/寺库自营	☆☆☆	☆	☆☆☆	齐全
60	男休闲鞋	ELLE	HM178693422	未标注	寺库/寺库自营	☆☆☆	☆	☆☆	该产品经检验，内包装（含吊牌）无企业名称及联系方式。

黑龙江省消费者协会

冲锋衣比较试验报告

价格从百元到几千元的都有，质量也是参差不齐，冲锋衣该怎么选？近日，黑龙江省消费者协会发布对冲锋衣产品比较试验的结果。

黑龙江省消费者协会组织工作人员以普通消费者身份，在哈尔滨各大实体商场和京东、天猫等网络平台上购买了各种品牌和价位的冲锋衣共计60款，涉及实体店购买的30款，网络平台30款，价格从399元到3850元不等。品牌包括JakeWolfing、斯凯奇、凯仕达、巴特侬等。

一、比较试验结果

1. 14款样品标识

本次检测有14款样品标识不符合标准。主要问题是产品号型规格、执行标准、纤维含量、维护方法、安全类别等标注不正确，有的产品名称、厂名、厂址标注不全。

表1　14款样品不合格

序号	商标	经销单位	标称生产商	标识问题
1	凯仕达	申格体育（万达店）	福建省凯仕达运动服饰有限公司	产品号型或规格内外标注不一致，外件标注不正确
2	JKeHolfKing杰恪狼王	大商新一百购物广场	泉州市杰恪狼王服装有限公司	号型标注不正确，执行标准不正确
3	斐晏服饰	大商新一百购物广场	石狮市斐晏服装商行	部分图形符号文字描述不正确、纤维成分及含量内外标注不一致
4	NUDOSHINI诺诗尼	亿丰体育用品商店	泉州石狮诺诗尼服饰有限公司	号型不正确，外件未标注里料成分，纤维成分及含量内外标注不一致，无内件执行标准，执行标准年代号不正确
5	捷健	乐妍体育用品有限公司	晋江市捷健服装织造有限公司	号型不正确
6	CVT/希维途	傲龙体育	森然国际集团（香港）有限公司/广州九野户外用品有限公司	洗唛号型不正确、图形符号不正确，顺序不正确、无填充物，标注填充、无厂址
7	butnon 巴特侬	巴特侬体育	广州骏业巴特侬体育用品有限公司	部分图形符号标注不正确
8	BAOJEE豹迹	鑫绿野体育用品	石狮市豹迹服饰有限公司	号型不正确
9	NEXTOUR（纳趣）	酷跑户外	杭州奇沐商贸有限公司	内件维护方法干洗符号不正确，维护方法内外不一致，熨烫温度60℃不正确
10	天石（HI GHROCK）	百盛购物中心（哈尔滨店）	天石（天津）户外用品有限公司	产品号型或规格内外标注不一致
11	Jake Wolfking 诺德瑞贝比熊	文隆森户外专营店（京东）	无	三无产品

续表

序号	商标	经销单位	标称生产商	标识问题
12	OUTDOOR	西驼运动户外专营店（京东）	无	三无产品
13	butnon 巴特侬（图片）	巴特侬旗舰店（京东）	广州骏业巴特侬体育用品有限公司	吊牌外套部分图形符号标注不正确
14	Marmot	Marnot户外旗舰店（天猫）	北京锐极泷峰国际贸易有限公司	产品名称不正确

2. pH值测试

pH值是纺织品的安全性指标，是衡量纺织品面料酸碱度的重要数值。由于人的皮肤呈弱酸性，所以当纺织品的pH值与人体皮肤相差太大时，会破坏皮肤的酸碱平衡，导致皮肤容易受到其他病菌的侵害。以下四款样品的pH值没有达到标准要求：

表2

序号	商标	售价	经销单位	标称生产商	pH标准值	pH实测值
1	NORTHERN BEAR 北极熊	899元	哈尔滨市南岗区兰狮体育用品商店	天津北极熊户外用品销售有限公司	4. 0—9.0	9.3
2	CVT/希维途	807元	傲龙体育	森然国际集团（香港）有限公司/广州九野户外用品有限公司	4.0—9.0	9.4
3	butnon 巴特侬	1390元	巴特侬体育	广州骏业巴特侬体育用品有限公司	4.0—9.0	9.4
4	动恒	799元	雨轩外贸户外休闲批发	福建省晋江市斯育达运动服饰有限公司	4. 0—9.0	9.4

3. 耐水色牢度和耐汗渍色牢度测试

国家强制性标准和产品标准都对染色牢度进行了明确要求，不达标的产品在日常生活中，颜料极易脱落，转移到皮肤上或沾染其他纺织品，将严重影响消费者的使用。试验结果有4款样品的耐水色牢度和耐汗渍色牢度不符合要求：

表3　4款样品的耐水色牢度和耐汗渍色牢度不符合要求

序号	商标	售价	经销单位	标称生产商	产品图片
1	NORTHERN BEAR 北极熊	899元	哈尔滨市南岗区兰狮体育用品商店	天津北极熊户外用品销售有限公司	
2	CVT/希维途	807元	傲龙体育	森然国际集团（香港）有限公司/广州九野户外用品有限公司	
3	Jake Wolfking 诺德瑞贝比熊	1169元	文隆森户外专营店（京东）	无	
4	butnon 巴特侬	1190元	巴特侬旗舰店（京东）	广州骏业巴特侬体育用品有限公司	

4.纤维含量标注检测

对于面料最基本的要求首先就是纤维含量要标注得正确，给消费者以正确的产品信息。以下5款产品的纤维含量实测值与产品标称纤维含量存在差异，不符合标准要求，实际功能性有待考证。

表4　5款产品的纤维含量不符合标准

序号	商标	售价	经销单位	标称生产商	产品标称纤维含量	纤维含量实测值
1	JaKeWolfKing 杰恪狼王	439元	大商新一百购物广场	泉州市杰恪狼王服装有限公司	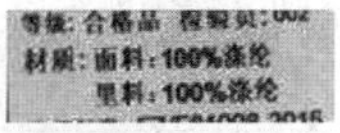 材质：面料：100%涤纶 里料：100%涤纶	锦纶86.7 氨纶13.3 （非纤维物质除外）
2	CVT/希维途	807元	傲龙体育	森然国际集团（香港）有限公司/广州九野户外用品有限公司	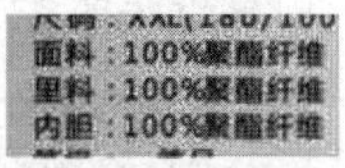 面料：100%聚酯纤维 里料：100%聚酯纤维 内胆：100%聚酯纤维	锦纶67.2 聚酯纤维32. 8 （非纤维物质除外）
3	BAOJEE豹迹	599元	鑫绿野体育用品	石狮市豹迹服饰有限公司	 成份：面料：100%聚酯纤维 里料：100%聚酯纤维	聚酯纤维97.4 氨纶2.6
4	Jake Wolfking 诺德瑞贝比熊	1169元	文隆森户外专营店（京东）	无	 面料成份：89% 锦纶 COMPOSITION:89% NYLON 面料成份：11% 氨纶 COMPOSITION:11% SPANDE 里料成份：100% 涤纶 LINING:100% POLYESTER	聚酯纤维94.0 氨纶6.0
5	狼爪	1983元	jackwol fskin官方旗舰店（天猫）	狼爪贸易（上海）有限公司	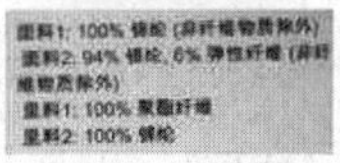 面料1：100% 锦纶（非纤维物质除外） 面料2：94% 锦纶，6% 弹性纤维（非纤维物质除外） 里料1：100% 聚酯纤维 里料2：100% 锦纶	锦纶100 （非纤维物质除外）

5.防水、防风、透湿性能检测

将近半数样品未标注冲锋衣面料所应该执行的国家GB/T 32614-2016标准。很多产品虽然貌似冲锋衣，销售人员也宣传其就是冲锋衣，称其具备冲锋衣的防水、防风、透湿性能等功能，然而检测结果显示，并不是所有的冲锋衣都具有这些功能。部分样品表面抗湿性、面料及接缝处静水压的测试不达标。

表5　防风、防水、透湿性能检测

序号	商标	经销单位	标称生产商	静水压实测值（面料）	静水压实测值（接缝处）	表面抗湿性实测值
1	SKECHERS 斯凯奇	百盛购物中心（哈尔滨店）	广州市斯凯奇商业有限公司	98 kPa	6.4 kPa	4—5级
2	凯仕达	申格体育（万达店）	福建省凯仕达运动服饰有限公司	1.8 kPa	1.8 kPa	3级
3	U-UP	申格体育（万达店）	北京英典尤嘉时尚户外运动用品有限公司	54.2 kPa	10.3 kPa	2级
4	JaKeWoIfKing 杰恪狼王	大商新一百购物广场	泉州市杰恪狼王服装有限公司	70.4 kPa	2.2 kPa	4级
5	lafetto 乐菲图	大商新一百购物广场	石狮市祥源织造有限公司	100 kPa	11.9 kPa	3—4级
6	斐晏服饰	大商新一百购物广场	石狮市斐晏服装商行	79.9 kPa	7.1 kPa	3—4级
7	NUOSHINI诺诗尼	亿丰体育用品商店	泉州石狮诺诗尼服饰有限公司	55.2 kPa	1.8 kPa	3级
8	爱迪塔仕	哈尔滨市南岗区兰狮体育用品商店	石狮市爱迪塔仕服饰有限公司	51.5 kPa	0.6 kPa	3级

续表

序号	商标	经销单位	标称生产商	静水压实测值（面料）	静水压实测值（接缝处）	表面抗湿性实测值
9	SPOUNTIN（斯邦廷）	探险者户外	浙江斯邦廷户外用品有限公司	≥100 kPa	26 kPa	3级
10	捷健	乐妍体育用品有限公司	晋江市捷健服装织造有限公司	45.7 kPa	1.5 kPa	3级
11	建依	傲龙体育	北京建依体育用品有限公司	30.4 kPa	27.5 kPa	3—4级
12	butnon 巴特侬	巴特侬体育	广州骏业巴特侬体育用品有限公司	24.6 kPa	20.1 kPa	2—3级
13	动恒	雨轩外贸户外休闲批发	福建省晋江市斯育达运动服饰有限公司	8.8 kPa	2.1 kPa	3—4级
14	DZRZVD（杜戛地）	酷跑户外	福建省猛健达轻工实业有限公司	≥100 kPa	1.9 kPa	3—4级
15	BAOJEE 豹迹	鑫绿野体育用品	石狮市豹迹服饰有限公司	90.6 kPa	1.7 kPa	3级
16	ONE WAY	大商集团哈尔滨麦凯乐总店	望唯（厦门）工贸有限公司	≥100 kPa	10.8 kPa	5级
17	SKECHERS 斯凯奇	skechers运动旗舰店（天猫）	广州市斯凯奇商业有限公司	41.8 kPa	1.1 kPa	4—5级
18	U–UP	uup尤嘉旗舰店（天猫）	北京英典尤嘉时尚户外运动用品有限公司	≥100 kPa	65.9 kPa	3级
19	Jake Wolfking 诺德瑞贝比熊	文隆森户外专营店（京东）	无	2.2 kPa	1.9 kPa	3级
20	TECTOP	泰克莱斯户外专营店（天猫）	宿州盈德服装有限公司	86.1 kPa	10 kPa	4—5级
21	OUTDOOR	西驼运动户外专营店（京东）	无	20.3 kPa	1.6 kPa	4—5级
22	建依	建依运动旗舰店（京东）	北京建依体育用品有限公司	82.3 kPa	16.8 kPa	5级
23	富贵鸟	富贵鸟户外京东自营专区（京东）	厦门市骏方电子商务有限公司	96 kPa	1.9 kPa	1—2级
24	butnon 巴特侬	巴特侬旗舰店（京东）	广州骏业巴特侬体育用品有限公司	53.9 kPa	21.6 kPa	4—5级
25	DZRZVD 杜戛地	驰骋运动户外专营店（天猫）	福建猛健达轻工实业有限公司	86.2 kPa	1.8 kPa	2—3级
26	ONE WAY	oneway旗舰店（天猫）	望唯（厦门）工贸有限公司	97.6 kPa	30.1 kPa（按1级考核）	5级
27	天伦天	telent天伦天旗舰店（天猫）	富信天伦天（福建）户外体育用品有限公司	92.1 kPa	22.1 kPa	4—5级

巴特侬、ONE WAY线上线下均不达标

试验结果显示，实体店购买的16款样品中有2个不达标，网络平台购买的同样品牌的16款样品中有3款不达标，其中2款不达标样品线上线下品牌是一致的。

表6　产品不合格

序号	商标	售价	经销单位	标称生产商	不合格项目	产品图片
1	butnon 巴特侬	1390元	巴特侬体育	广州骏业巴特侬体育用品有限公司	pH值，产品标识	
2	butnon 巴特侬	1190元	巴特侬旗舰店（京东）	广州骏业巴特侬体育用品有限公司	产品标识，耐碱汗渍色牢度，耐水色牢度，耐酸汗渍色牢度	
3	ONE WAY	760元	大商集团哈尔滨麦凯乐总店	望唯（厦门）工贸有限公司	静水压\n（洗前）	
4	ONE WAY	2999元	oneway旗舰店（天猫）	望唯（厦门）工贸有限公司	静水压\n（洗前）	
5	TECTOP TECTOP	1499元	泰克莱斯户外专营店（天猫）	宿州盈德服装有限公司	静水压\n（洗前）	

二、消费提示

仔细看冲锋衣的接缝处是否严密，压胶处是否平整，针脚是否整齐，有没有多余的线头，这些细节都是判定冲锋衣做工是否专业的一个方面。

重视配件，好的配件做工十分精细，使用时顺滑、有质感，好的粘扣摸上去很平整，不会粘住毛衣等衣物，看懂了配件，也就基本确定了一款冲锋衣的档次。

如果网购，最好是选择比较大的网络平台，选购的品牌也最好是线上、线下大家都熟知的品牌，这样的产品后期服务和产品质量相对较有保障。

采暖散热器比较试验报告

对于生活在寒冷的北方的人来说，如何挑选一款适合自己家用的散热器，许多消费者不得要领。市场上销售的铸铁散热器、钢制散热器、铜铝复合散热器等主流产品，除了价格相差悬殊外，散热量的大小到底有何差别？是否都安全耐用？为了让消费者清楚地了解市场上销售散热器的真实状况，指导消费者科学合理地选购散热器，黑龙江省消费者协会于2018年4—6月对黑龙江省哈尔滨市市场上销售的部分采暖散热器商品开展比较试验。

一、试验样品及来源

本次比较试验的测试样品由省消协和检测单位的工作人员以普通消费者的身份，在哈尔滨市内包括海城装饰材料市场、道外区太古街水暖商店、禧龙大市场、海富家居建材城等几家大型建材市场和电商平台随机购买，产品包括圣春、南山、春风、森拉特、帽儿山、御马、圣劳伦斯、朗日等39个品牌的采暖散热器，其中钢制散热器19组（价格22.5—60元/片）、铜铝复合散热器10组（价格51—140元/柱）、铸铁散热器10组（价格25—60元/片）（注：一个品牌为一组。）

二、检测标准及项目

此次比较试验按照表1所示的相关标准对散热器的标准散热量、金属热强度、耐压试验、同侧进出口中心距、外形尺寸与偏差、螺纹质量（螺纹精度）、胀接质量、铸造质量等项进行测试。测试依据详见表1。

表1　测试项目及依据

项目产品	钢制采暖散热器	铜铝复合柱翼型散热器	铸铁散热器
标准散热量	GB/T 29039–2012 6.1.2	JG/T 220–2016 7.2	—
金属热强度	GB/T 29039–2012 6.1.3	—	GB/T 19913–2005 7.3
耐压试验	GB/T 29039–2012 6.1.1	JG/T 220–2016 7.1	GB/T 19913–2005 7.2
同侧进出口中心距	GB/T 29039–2012 5.6	JG/T 220–2016 7.7.2	GB/T 19913–2005 7.6.2
外形尺寸与偏差	GB/T 29039–2012 6.6	JG/T 220–2016 7.7.2	GB/T 19913–2005 7.4
螺纹质量（螺纹精度）	GB/T 29039–2012 6.4	JG/T 220–2016 7.5	GB/T 19913–2005 7.6.1
胀接质量	—	JG/T 220–2016 7.3	—
铸造质量	—	—	GB/T 19913–2005 7.4

三、测试结果及分析

从测试结果来看，三种不同材质散热器的散热量实测值有明显差异；在螺纹精度的试验中，39组样品有38组达不到国家标准要求；在胀接质量的试验中，有3组样品达不到国家标准要求；在同侧进出口中心距的试验中有5组样品达不到国家标准要求；在外形尺寸与偏差试验中有2组样品高度不符合标准要求、1组样品柱间距不符合标准要求。具体如下：

（一）不同材质的散热器其散热效果有所不同

散热量是采暖散热器的一项重要技术参数，散热量的大小直接关系到房间的热舒适性。本次试验中，19组钢制散热器单片标准散热量平均值为65W/片；10组铸铁散热器单片标准散热量平均值为78.7W/片；10组铜铝复合型散热器单片标准散热量平均值为76W/片。从数据来看，铸铁散热器的散热效果比较好。而铜铝复合型散热器之间标准散热量差异比较大，主要是铜铝材质差异、胀接质量差异和铜管壁厚不均匀等因素影响散热量。（结果统计见表2—表4）

标准散热量是实验室中在标准工况下测得的散热量，其大小反映了散热器在特定条件下的散热能力，是实际散热量的重要参数之一。实际散热量（就是指一片散热器能带起多大面积的热量）是由供暖工况与标准散热量换算得出，因此消费者在购买采暖散热器时不能把标准散热量直接当成实际散热量。

金属热强度反映产品材质、构造、工艺、外观设计及金属消耗量的合理性，它是散热器行业节能的重要指标。金属热强度与被测散热器重量之间呈反比关系，即重量越重，金属热强度越小。从本次试验结果看，铜铝复合型散热器的质量较轻，所以其金属热强度较高；铸铁散热器由于质量普遍较重，所以其金属热强度整体偏低。（结果统计见表2—表4）

（二）产品上没有散热量明示值，消费者只能获得口头信息

在购买样品的过程中，我们发现大部分采暖散热器的散热量都未在产品合格证或者说明书上标示出来，消费者只能从销售人员口述中获取，而销售人员提供的散热量并不是标准的散热量。还有部分品牌的散热量印制在店铺的内部销售手册或写在价格单上，导致销售者或者企业隐瞒真实散热量或者虚报散热量，对消费者产生了一定的误导。国家标准中规定：每组散热器出厂时应附有产品合格证，内容应该包括厂商、品名及规格、产品型号、外型尺寸、工作压力、标准散热量、所执行标准编号、产品检验时间、检验人员和生产日期等信息。在实际购买中，虽然产品有合格证，但合格证上并没有国家标准中规定的信息。而国家标准虽然对采暖散热器的标志、使用说明及合格证进行规定，却不列为检测项目。我们建议在国家标准中能够把这一部分列为检测项目，促使生产企业为消费者提供更翔实的产品信息。

表2　钢制采暖散热器标准散热量、金属热强度排名

品牌	标准散热量（W）	平均单片标准散热量（W）	标准散热量排名	金属热强度 [W/(kg·K)]	金属热强度排名	价格（元/组）
圣劳伦斯	674.60	67.5	1	0.67	7	600
博暖	674.00	67.4	2	0.66	9	225
鑫利	667.50	66.8	3	0.77	1	280
亿润	666.70	66.7	4	0.63	14	550
箭牌	664.80	66.5	5	0.66	9	580
鸿基米兰	660.40	66.0	6	0.66	9	480
新百丰	658.20	65.8	7	0.68	5	250
大通	657.20	65.7	8	0.60	16	518
太阳岛	655.60	65.6	9	0.66	9	260
大睿	655.60	65.6	9	0.60	16	530
御马	654.60	65.5	11	0.70	4	518
北疆	643.50	64.4	12	0.59	19	380
惬意尔	639.30	63.9	13	0.73	2	330
圣春	636.80	63.7	14	0.60	16	620
金运达	636.70	63.7	15	0.64	13	580
凯丝兰	632.80	63.3	16	0.63	14	300
朗日	629.30	62.9	17	0.72	3	424
新飞	623.60	62.4	18	0.67	7	505
樱花	609.30	60.9	19	0.68	5	350

表3　铸铁采暖散热器标准散热量、金属热强度排名

品牌	标准散热量（W）	平均单片标准散热量（W）	标准散热量排名	金属热强度 [W/(kg·K)]	金属热强度排名	价格（元/组）
帽儿山	841.7	84.2	1	0.32	10	399
同祺	799.4	79.9	2	0.39	1	310
兴业	798.5	79.8	3	0.37	4	319
同优	798.5	79.8	3	0.38	2	290
金星兴华	787.4	78.8	5	0.37	6	300
金星英发	781.3	78.1	6	0.37	5	263
鑫冀新（网购）	777.7	77.8	7	0.35	7	330
奥圣尼（网购）	769.0	76.9	8	0.35	8	350
大代	762.5	76.2	9	0.34	9	334
春风	755.4	75.5	10	0.37	3	400

表4 铜铝复合采暖散热器标准散热量、金属热强度排名

品牌	标准散热量（W）	平均单片标准散热量（W）	单片标准散热量排名	金属热强度[W/（kg·K）]	金属热强度排名	价格（元/组）
爱嘉（10片）	847.20	84.7	1	2.29	3	518
龙江仁（10片）	834.90	83.5	2	1.93	6	670
南山（12片）	962.10	80.2	3	1.79	8	1200
帽儿山海昌（12片）	930.30	77.5	4	2.09	5	600
兰泰迪（10片）	765.40	76.5	5	2.32	2	1000
亿嘉（10片）	764.10	76.4	6	2.42	1	650
森拉特（14片）	1063.50	76.0	7	1.72	9	1400
今日（10片）	733.90	73.4	8	1.92	7	750
天瑜（12片）	854.20	71.2	9	1.57	10	1000
创玛（10片）	626.00	62.6	10	2.27	4	550

（三）部分产品安全耐用性测试项目存在隐患

1.耐压试验中无样品渗漏。散热器压力试验考察散热器焊接牢固度，保证散热器表面和各连接处无渗漏。耐压性能的好坏直接影响散热器的质量和使用寿命。此次比较试验采集的3种不同材质的39组散热器样品在标准要求的试验压力下均无渗漏。

2. 3组铜铝复合型散热器的胀接质量均达不到国家标准。胀接质量是指铜管与铝翼管胀接复合时应有适当的过盈量，以保证二者胀接复合后配合紧密，使二者之间无缝隙，不产生空气热阻，从而达到很好的传递热量的效果。此次比较试验的10组铜铝复合散热器样品中有3组胀接质量达不到标准要求，分别是今日牌散热器、天瑜牌散热器、南山牌散热器。

（四）影响安装安全的指标令人堪忧

1.螺纹精度试验中，38组样品无法达到国家标准要求。接口螺纹精度直接关系到散热器是否能够正常组装使用。经检测，39组散热器中只有1组样品满足国家标准要求。如果螺纹质量较差，有缺陷且没有进行相应的防锈处理，在安装配件时不但费力，还会因为不能旋入相应的扣数导致无法旋紧配件而出现漏水情况。接口处没有进行防锈处理，使用一段时间后，会生锈，甚至会锈蚀，引发漏水的情况。尽管螺纹质量对散热量没有直接的影响，但从日常家用的角度来看，螺纹质量也是一个较为重要的指标。

根据检测经验分析，造成螺纹制作精度不合格的原因有以下几点：1）部分散热器使用的螺纹连接件及连接配件均为外购，进货验收环节把控不严；2）部分企业为了节省成本，没有严格执行螺纹精度标准；3）对散热器螺纹部分没有进行必要的防护，铸铁散热器螺纹口粘有杂质，尤其散热器在焊接或喷涂后未进行二次校正。

2.同侧进出口中心距、外形尺寸与偏差均有样品不达标。散热器外形尺寸及同侧进出口中心距对于散热器的组装和安装影响比较大。例如：标准规定中心距500mm尺寸的极限尺寸偏差为±2.0mm，高度为600mm尺寸的极限尺寸偏差为±3mm。此次比较试验中，太阳岛、博暖散热器的中心距偏差就没有达到标准要求。这种偏差会在实际使用中影响组装和管路

连接。

（五）不同类型散热器的综合对比

1. 钢制散热器。外形美观、色彩艳丽，抗压能力强，低碳节能，价格适中，同类产品中散热量差距不大，但散热效果相对不佳，在供暖水质及运行管理不规范的条件下，暖气片易氧化腐蚀从而导致漏水。整体来看，钢制散热器优点不突出，缺点也很少，价格比较适中，各项指标都比较均衡。

2. 铜铝复合型散热器。样式美观大方，散热性能好，耐腐蚀、使用寿命长，轻便，易于运输和安装，但价格高于其他材质散热器，由于制造工艺比其他材质散热器复杂，造成同类产品中价格和散热量差距都比较大，另外储水量小，热惰性小，主要表现是热得快，冷得也快，管径小，杂质多易堵塞。整体来看，铜铝复合散热器优点突出，缺点也很明显，适用于水质好或者独立采暖系统。

3. 铸铁散热器。散热性能比较好，热惰性强、耐腐蚀、使用寿命长，价格优势明显，但外观不时尚，不易于运输和安装。整体来看，铸铁散热器性价比比较高，各项性能表现良好，但由于生产技术落后，能耗大，不节能，不环保，导致现在市场上销售铸铁散热器的品牌不多。

四、消费调查

在开展此次试验的同时，省消协在微信公众平台上发布了关于散热器消费情况的问卷调查，收到有效问卷1195份。具体情况如下：

消费者正在使用散热器的类型和再次选购散热器的类型情况，再次选用铸铁型散热器的消费者数量在下降，而选择其他类型的散热器的消费者数量各有增加。

问卷调查结果显示，网购散热器的消费者占43.6%，在实体店购买散热器的消费者占36.3%，有19.1%的消费者会保留入户自带的散热器。

另外，调查显示对散热器性能有一定了解和认知能力的消费者占93%；安全、耐用成为消费者挑选散热器产品的主要参考依据。

五、消费警示

面对市场上销售的不同种类、不同款式、不同价位的散热器，消费者应该如何选择？黑龙江省消费者协会提醒广大消费者在选购散热器商品时应该注意以下几点：

选定散热器类型。一是要了解供暖水质，根据水质的不同和材质腐蚀的要求选择不同材质的散热器，铸铁、铜铝散热器耐腐蚀性较强。二是了解供暖方式，根据不同供暖方式选定散热器类型，例如分时段供暖的应选择像铸铁这种热惰性好的散热器类型。

从内防腐角度来看，建议选购规模大、实力强、技术先进、设备先进的品牌产品，手工作坊生产的产品一般内防腐处理不到位，影响使用寿命。建议消费者在选购时要查验散热器的斜剖面，一看防腐层厚度，面层是否平整；二摸防腐层是否光滑，有无细小颗粒。

同等类型散热器的标准散热量不尽相同，选购时应查问产品的标准散热量作为参考值，进行同类产品比较。

建议散热器和配件选择同一品牌。

安装完成后，一定要进行压力测试，避免个别产品有质量瑕疵。

购买散热器时要索要信誉卡或发票等票据，并妥善保管，出现质量问题或引起消费纠纷时可作为维权凭证。最后，提醒消费者要根据供暖情况、经济适用原则理性选择安全耐用、美观时尚、性价比高的散热器。

雪地靴比较实验报告

黑龙江省消费者协会于近日开展了雪地靴比较试验，对65款从线下实体店和线上购物平台购买的样品进行衬里和内垫耐干摩擦色牢度、耐磨性能、耐折性能等项目检测。其中，爱・希伦、Yueyaer等35款雪地靴样品的标签标识未按照标准要求进行标注，FIT IN CLOUD、QIAODI等5款样品耐折性能不达标。

本次比较试验的65款样品购自申格体育（道里店）、金安国际购物广场、中央商城、远大购物中心（南岗）、百盛购物中心（哈尔滨中央大街店）等线下实体店，以及小米有品、唯品会、天猫商城、淘宝、京东商城、聚美优品、蘑菇街、1号店苏宁易购等线上购物平台，购买单价从50元到2097元不等。主要从样品的消费信息、健康安全性能、耐用性能、附加功能等方面考核，针对样品的标签标识、衬里和内垫耐干摩擦色牢度、耐磨性能、耐折性能等项目进行了检测。

表1　6款耐折性能未达到标准要求的样品

序号	商品名称	标称商标	生产批号	标称生产厂商名称	经销单位	耐折性能	
						标准	实测
1	时尚休闲鞋	FIT IN CLOUD	X63073821	武陟县爱华鞋业有限公司	申格体育（道里店）	折后割口裂口长度≤20.0mm 折后出现新裂纹长度≤5.0mm，并且不应超过3处，折后帮面不应出现裂浆、裂面或帮底开胶	折后割口裂口长度： 左只：83.1mm 右只：77.6mm
2	未标注	QIAODI	1805.1	未标注	富足鞋吧F1020	折后不应出现帮面裂面；折后底墙、帮底、鞋底开胶≤10.0mm；折后鞋底出现裂纹不应超过3处，且裂纹长度≤5.0mm；鞋底不应出现涂色脱落	折后变化情况： 左只：新裂纹1处，最大裂纹长度60.2mm 右只：新裂纹1处，最大裂纹长度54.3mm
3	Jacquelyn（女休闲鞋）	jacquelyn	X164605825A	经销商：永三商贸（上海）有限公司	百盛购物中心（哈尔滨中央大街店）	折后割口出现新裂纹长度≤20.0mm； 折后出现新裂纹长度≤5.0mm，并且不应超过3处，且裂纹长度≤5.0mm；鞋底不应出现涂色脱落	折后变化情况： 左只：新裂纹>3处，最长新裂纹3.7 右只：新裂纹>3处，最长新裂纹3.3
4	未标注	FASHION	810	未标注	天猫商城/威登旗舰店	折后割口裂口长度≤20.0mm 折后外底可出现新裂纹，单处长度不大于5.0mm，并且不超过3处。帮面不应出现破损，帮底、围条、沿条、底墙接合部位无开胶，复合底无脱	折后割口裂口长度： 左只：56.4mm 右只：54.3mm
5	雪地靴	NEUKAL新卡伦	5854	晋江市创想鞋服有限公司	淘宝/新卡伦男鞋	折后不应出现帮面裂面；折后底墙、帮底、鞋底开胶≤10.0mm；折后鞋底出现裂纹不应超过3处，且裂纹长度≤5.0mm；鞋底不应出现涂色脱落	折后变化情况： 左只：新裂纹>3处，最长新裂纹长度11.3mm 右只：新裂纹>3处，最长新裂纹长度11.6mm
6	未标注	SHOOFOO	5825	未标注	淘宝/百盛鞋业雪地靴厂家直销店	折后割口裂口长度≤20.0mm 折后出现新裂纹长度≤5.0mm，并且不应超过3处，折后帮面不应出现裂浆、裂面或帮底开胶	折后变化情况： 左只：新裂纹1处，最长裂纹长度80.5mm 右只：新裂纹3处，最长裂纹长度35.6mm

在此次比较试验中，有35款样品的标签标识未按照标准要求进行标注。其中，踏路者女鞋内包装无生产日期，爱·希伦雪地靴内包装无产品名称、未明确执行标准编号，Yueyaer女毛短靴内包装无三包规定、生产日期，COZY STEPS女士休闲鞋内包装无生产日期。

据统计，在实体店购买的30款样品的标签标识有14款按照相关标准标注，在线上平台购买的35款样品的标签标识仅有16款按照相关标准标注，可见雪地靴产品的相关生产企业在选用执行标准和制作标识标签内容方面重视程度不够，质量把关不严。此外，有16款样品耐磨性能不达标，有5款样品耐折性能不达标，1款样品衬里和内垫材料的耐摩擦色牢度不达标，3款涉及多项质量指标不达标。

表2 标签标识未按照标准要求进行标注的35款样品

序号	商品名称	标称商标	生产批号	标称生产厂商名称	经销单位	标志标签问题
1	大童冬靴		QFDG95022	福建歌士玮集团有限公司/探路者控股集团股份有限公司	申格体育（温重店）	内包装（含吊牌）无生产日期
2	女鞋/休闲户外鞋	踏路者	5856	踏路者黑吉辽总代理/福建宏凌鞋业有限公司/哈尔滨市广亿发经贸有限公司	申格体育（道里店）	内包装（含吊牌）无生产日期
3	未标注	爱·希伦	G2BV0848C408	广州子豪鞋业有限公司	中央商城	内包装（含吊牌）无产品名称，未明确执行标准编号
4	未标注	爱·希伦	L1BV843706CX	广州子豪鞋业有限公司	中央商城	内包装（含吊牌）无产品名称
5	未标注	赞柏希	Jan–25	广州市圣足鞋业有限公司	中央商城	内包装（含吊牌）无产品名称、生产日期
6	男雪地靴	TOPARIS	85A46–653	广州市法塔鞋业有限公司	中央商城	内包装（含吊牌）无三包规定、执行标准编号、生产日期
7	女鞋	爱·希伦	750115–40	广州尚佳鞋业有限公司/英国金熊国际投资有限公司	中央商城	内包装（含吊牌）无生产日期，未明确执行标准编号
8	女毛短靴	Yueyaer®	Y187561956U01	佛山市南海德高鞋业有限公司	远大购物中心（南岗）	内包装（含吊牌）无三包规定、生产日期
9	未标注	邦德熊	5803	未标注	一路飞跃	内包装（含吊牌）无产品名称、材质、产地、企业名称及联系方式、三包规定、执行标准编号、生产日期
10	吾吉の家	吾吉の家	1711	未标注	AZ爱泽鞋业F1062	内包装（含吊牌）无企业名称、生产日期
11	未标注	QLAODI	1805–1	未标注	富足鞋吧F1020	内包装（含吊牌）无产品名称、材质、产地、企业名称及联系方式、三包规定、执行标准编号、生产日期
12	未标注	Bakafei®（芭卡菲）	7897	未标注	欧格OUGE	内包装（含吊牌）无产品名称、材质、产地、企业名称及联系方式、三包规定、执行标准编号、生产日期、无合格证/质保卡
13	未标注	天智®	5855	未标注	宝雍鞋业F1041	内包装（含吊牌）无产品名称、产地、企业名称及联系方式、三包规定、执行标准编号、生产日期
14	未标注	GOKY®	5079	未标注	和鞋生活F1025	内包装（含吊牌）无产品名称、材质、产地、企业名称及联系方式、三包规定、执行标准编号、生产日期、合格证/质保卡

续表

序号	商品名称	标称商标	生产批号	标称生产厂商名称	经销单位	标志标签问题
15	未标注	MONKEL AI CLASS	C1988	未标注	鸿泰鞋业F1019	内包装（含吊牌）无产品名称、产地、企业名称及联系方式、三包规定、生产日期
16	Jacquelyn（女休闲鞋）	jacquelyn	X164605825-A	永三商贸（上海）有限公司	百盛购物中心（哈尔滨中央大街店）	内包装（含吊牌）无三包规定
17	未标注	FASHION	810	未标注	天猫商城/威登狼旗舰店	每双鞋或内包装无生产日期；内包装（鞋盒）上无厂名、厂址、邮政编码、产品名称
18	女士休闲鞋	COZY STEPS	92AA7D81201A02	焦作隆丰皮草企业有限公司	天猫商城/cozyateps鞋类旗舰店	内包装（含吊牌）无生产日期
19	牛反绒皮女鞋	Yueyaer®	W17DYV16913	佛山市南海德高鞋业有限公司	天猫商城/yueyaer月芽儿旗舰店	内包装（含吊牌）无生产日期
20	时尚女鞋	美丽参考	998-1	未标注	天猫商城/美丽参考旗舰店	内包装（含吊牌）无企业名称及联系方式、三包规定
21	未标注	NBU AWT	5854	未标注	天猫商城/nbu鞋类旗舰店	内包装（含吊牌）无产品名称、企业名称及联系方式、生产日期
22	未标注	驰逐（CHIZHU）	SS8375	泉州爱度商贸有限公司	京东商城/耶斯爱度运动专营店	内包装（含吊牌）无材质、生产日期
23	女靴	EMUGG	EWX721-08M37	广州他她鞋业有限公司	京东商城/EMUGG旗舰店	内包装（含吊牌）无生产日期
24	雪地靴	CHONGSUKEI®	5854	莆田市杰诺维斯鞋业有限公司	京东商城/候鸟鞋类专营店	内包装（含吊牌）无执行标准编号
25	女士雪地靴	NOCK®	NC2007	广州兆山进出口有限公司	唯品会/自营	内包装（含吊牌）无生产日期
26	未标注	爱·希伦	L1BV843706CX	广州子豪鞋业有限公司（研发推广）	淘宝/爱希伦集团官方店	内包装（含吊牌）无产品名称
27	雪地靴	NEUKAL新卡伦	5854	晋江市创想鞋服有限公司	淘宝/新卡伦男鞋	内包装（含吊牌）无生产日期
28	未标注		5854	未标注	淘宝/澳洲羊皮毛一体雪地靴厂家	内包装（含吊牌）无产品名称、材质、产地、企业名称及联系方式、三包规定、执行标准编号、生产日期
29	未标注	SHOOFOO	5825	未标注	淘宝/百盛鞋业雪地靴厂家直销店	内包装（含吊牌）无产品名称、产地、企业名称及联系方式、三包规定、生产日期

续表

序号	商品名称	标称商标	生产批号	标称生产厂商名称	经销单位	标志标签问题
30	未标注	PUDDCAST	5854	未标注	淘宝/易博鞋业	每双鞋或内包装无生产日期；每双鞋无型号；内包装（鞋盒）上无厂名、厂址、邮政编码、产品名称，产品等级标注不规范
31	未标注	avini/anxy	892	委托生产商：温州市十足爱鞋业有限公司/成都铮诚商贸有限公司	聚美优品/铮诚商贸	每双鞋或内包装无生产日期；内包装（鞋盒）上无邮政编码、产品名称
32	未标注	FANRSEEN梵尔森	V–19	委托生产商：温岭市忠复鞋业有限公司/（中国）指定销售商：上海迈盛服饰有限公司	聚美优品/迈盛鞋业	内包装（含吊牌）无产品名称、材质、生产日期
33	短筒水钻雪地靴–粉钻	DELIUGG®	KZ00511B8P	未标注	1号店DELIUGG旗舰店	内包装（含吊牌）无材质、产地、企业名称及联系方式、三包规定、执行标准编号、生产日期、颜色、合格证/质保卡
34	2018冬防水防污	LOUTISUGG	L–1016306	广州路缇斯文化传播有限公司	1号店/LOUTISUGG官方旗舰店	内包装（含吊牌）无三包规定、生产日期
35	未标注	未标注	未标注	未标注	蘑菇街/小新女鞋店	鞋上无货号；内包装（含吊牌）无产品名称、材质、产地、企业名称及联系方式、三包规定、执行标准编号、生产日期、颜色、货号，无任何形式的标识，无合格证/质保卡

黑龙江省消协提示消费者，在购买雪地靴时要一看二摸三闻。

一是看标签，查看商标、品名、执行产品标准、三包规定信息是否标识全面、清楚。

二是摸帮面、鞋底，拨开帮内毛绒，看里面的毛皮接合处，如果接合处很密，毛是长在皮板上，每个毛孔几根，很均匀地分布，则为皮毛一体。若有明显的编织经纬线，即为人造毛或羊毛编织在基布上，则不是皮毛一体。同时，好的鞋底做工细致、光滑，无肉眼可见的气泡和胶缩现象，手感柔韧且富有弹性；差的鞋底弹性较差，做工粗糙，手感僵硬。

三是闻一下是否有异味和其他刺激性气味，有些用回收橡胶材料制成的鞋底，闻起来有一股较浓烈的汽油味，而这样的鞋底其耐磨、耐折性能是最差的；有中间层的帮体材料，由于帮体黏合用胶水质量低劣，也会产生刺激性气味。

上海市消费者权益保护委员会

电吹风比较试验报告

电吹风是用于头发吹干和整型的小家电。随着产品的不断升级，现在的电吹风不仅款式丰富多彩，而且还带有负离子、纳米水离子等护发功能，各品牌间价格差异较大，不少人在选购时不禁感到茫然。为帮助消费者选购到速干又不伤发的电吹风，市消保委对电吹风开展了比较试验。

一、样品情况及测试项目

本次比较试验通过家电商场、品牌专卖店及电商平台等渠道购买了22款电吹风商品，涵盖了DYSON（戴森）、VS SASSOON（沙宣）、Panasonic（松下）等品牌，其中线下实体店3款，线上电商平台19款，价格最高为2965元，最低为121.4元，前者是后者的24倍多，其中戴森、Valera在2000元以上，松下、Babyliss等5款样品在1000—2000元之间，博朗、REMINGTON等3款样品在500—1000元之间，飞利浦、沙宣等12款样品在500元以下。

比较试验依据行业标准《家用和类似用途的毛发护理器具》《电吹风能效等级及测试方法》《家用和类似用途电器用负离子发生器》，分别针对电吹风的出风温度、干燥速率、干燥效率、能效等级、负离子释放功能等进行了测试。

二、测试情况及分析

比较试验结果显示，5款样品的出风温度超过100℃，温度过高。1款样品在模拟试验后负离子功能无法正常工作。9款样品吹干速度较快。部分相似干燥速率的样品能效差异较大。

（一）5款样品的出风温度过高

通过增加吹风机的出风热量或是提高风速，可以缩短吹发时间，降低对头发的损伤。但如果温度过高，则会对发质造成一定的损伤。标准要求，电吹风在距出风口25mm处的出风温度应不高于100℃。检测结果显示，5款样品的出风温度超过100℃，温度过高（见表1），不符合行业标准。

为防止电吹风使用时由于温度不稳定以及温度过热对发质造成损伤，目前市场上有不少产品宣称具有“智能温控”“温度护发”的功能。为此，本次比较试验对8款宣称具有类似功能的样品进行了温度波动监测。结果显示，该8款样品在温度稳定性方面均有较好的表现，大部分样品温度波动范围在2℃左右，部分样品的温度波动小于1℃，如品牌为“戴森”“Babyliss”等，表现出色。

表1　样品的出风温度

序号	标称商品名称	标称商标	标称规格型号	标称经销/生产企业	买样地点	售价（元/件）	出风口25mm处的温度（℃）
1	2400W涡轮式专业电吹风	TUFT	8005	广州市拓妃特贸易有限公司	浙江天猫网络有限公司（天猫playbytuft旗舰店）	389	128.2
2	WIK伟嘉吹发器	WIK	5579FDCI	深圳伟嘉家电有限公司	江苏苏宁易购电子商务有限公司（苏宁易购自营）	423.9	119.8
3	康夫电吹风	CONFU康夫	KF5899	广东华能达电器有限公司	浙江天猫网络有限公司（天猫康夫官方旗舰店）	199	110.3
4	天玺羽量轻型Luxe 2i吹风机	T3	73843–CH	GED公司	浙江天猫网络有限公司（天猫国际官方直营）	1499	108.8
5	永日负离子电吹风	Yours永日	9898	揭阳市超霸科技电器有限公司	北京京东叁佰陆拾度电子商务有限公司（京东永日旗舰店）	208	105.5

（二）1款样品在模拟试验后负离子功能无法正常工作

目前市场上越来越多的电吹风都宣称具备了负离子释放的功能，即通过释放负离子中和头发的正电荷，减少头发的静电，从而抚平乱发，达到服帖顺滑的效果。本次比较试验的22款样品均宣称具有负离子释放功能。为验证样品的负离子功能和比较各样品在使用一段时间后负离子功能的衰减程度，本次比较试验分别对样品在初始状态下和模拟试验（模拟试验主要测试样品连续工作循环150小时，以每天使用15分钟，1年使用300天计算，模拟消费者在电吹风使用1年后的产品状况）后的负离子释放功能进行了测试。检测结果显示，样品在初始状态下，22款样品中有19款样品负离子浓度可达千万级，3款样品负离子浓度达到百万级。而在模拟试验后，1款样品出现负离子功能异常的现象；2款样品的负离子释放数量明显衰减，衰减率在50%以上；9款样品的衰减率在10%—50%之间；10款样品的负离子数量无衰减的情况，负离子功能仍可正常工作（见表2）。

表2　样品负离子功能

序号	标称商品名称	标称商标	标称规格型号	售价（元/件）	使用前后负离子衰减率
1	康夫电吹风	CONFU 康夫	KF5899	199	负离子功能损坏
2	WIK伟嘉吹发器	WIK	5579FDCI	423.9	–76.0%
3	须眉电吹风	SMATE	SH–A162	179.1	–56.0%
4	飞科电吹风	FLYCO 飞科	FH6220	216.5	–44.4%
5	电吹风	Panasonic	EH–NA98C	1619	–40.0%
6	电吹风	POVOS	PH9380I	121.44	–28.6%
7	Hairdryer 吹风机	DYSON（戴森）	HD01 DYSON Supersonic	2965	–26.7%
8	3Q电吹风	Babyliss	3QMSCN	1299	–23.1%
9	便携式吹风机	Valera	586.02/I	2590	–20.0%
10	飞利浦电吹风	PHILIPS	BHC208	469	–20.0%
11	飞利浦电吹风	PHILIPS	HP8280	468	–18.0%
12	沙宣2000瓦特电气石陶瓷负离子电吹风	VS SASSOON	VS5543PICN	239	–11.8%
13	霓裳丝蛋白电吹风	REMINGTON	AC9096CN	794	0.0%
14	博朗离子吹风机	BRAUN	3549–HD770	599.2	0.0%
15	2400W涡轮式专业电吹风	TUFT	8005	389	0.0%
16	天玺羽量轻型Luxe 2i吹风机	T3	73843–CH	1499	0.0%

续表

序号	标称商品名称	标称商标	标称规格型号	售价（元/件）	使用前后负离子衰减率
17	电吹风	TESCOM	TCDC5000	1999	0.0%
18	纳米水离子吹风机	FArzzi	APEX 1	574	0.0%
19	永日负离子电吹风	Yours 永日	9898	208	0.0%
20	智能触屏电吹风	yueli 月立	HD-061	279	0.0%
21	沙宣专业发廊AC马达负离子旋转折叠式电吹风	VS SASSOON	VSD271CN	399	0.0%
22	瑞士索利斯电吹风	Solis	381	1499	0.0%

（三）9款样品吹干速度较快

消费者在选购电吹风时最关注电吹风的吹干速度。为此，本次比较试验对干燥速率进行了检测，主要测试电吹风在相同时间内吹去水分的多少，吹去水分越多代表吹干速度越快。检测结果显示，22款样品的干燥速率在3.7—6.1g/min之间，其中5款样品的干燥速率在3.0—4.0g/min之间；8款样品在4.0—5.0g/min之间；9款样品的干燥速率在5.0g/min以上，干燥速率表现优异（见表3）。

表3　9款样品干燥速率

序号	标称商品名称	标称商标	标称规格型号	标称经销/生产企业	买样地点	售价（元/件）	干燥速率（g/min）
1	Hairdryer 吹风机	DYSON（戴森）	HD01 DYSON Supersonic	戴森贸易（上海）有限公司	戴森贸易（上海）有限公司	2965	6.1
2	霓裳丝蛋白电吹风	REMINGTON	AC9096CN	品谱五金家居（深圳）有限公司	上海京东才奥电子商务有限公司（1号店自营）	794	6.0
3	电吹风	Panasonic	EH-NA98C	松下万宝美健生活电器（广州）有限公司	上海太平洋百货有限公司	1619	5.4
4	WIK伟嘉吹发器	WIK	5579FDCI	深圳伟嘉家电有限公司	江苏苏宁易购电子商务有限公司（苏宁易购自营）	423.9	5.4
5	博朗离子吹风机	BRAUN	3549-HD770	广州宝洁有限公司	广州唯品会电子商务有限公司（唯品会自营）	599.2	5.3
6	须眉电吹风	SMATE	SH-A162	天津须眉科技有限公司	江苏苏宁易购电子商务有限公司（苏宁易购自营）	179.1	5.3
7	3Q电吹风	Babyliss	3QMSCN	美康雅国际贸易有限公司	上海京东才奥电子商务有限公司（1号店自营）	1299	5.3
8	便携式吹风机	Valera	586.02/I	北京客来客胜商贸有限公司	北京京东叁佰陆拾度电子商务有限公司（京东维力诺旗舰店）	2590	5.1
9	2400W涡轮式专业电吹风	TUFT	8005	广州市拓妃特贸易有限公司	浙江天猫网络有限公司（天猫playbytuft旗舰店）	389	5.0

本次比较试验显示，电吹风的干燥速率和产品本身的额定功率没有直接的关系。

（四）部分相似干燥速率的样品能效差异较大

电吹风功率较大且使用频率较高，属于高能耗的产品。为比较各样品间耗电的高低，本次比较试验对样品的能效等级进行了测试。能效等级表示在同等使用条件下耗电的多少，分为6级，最低为1级，最高为6级，等级越低表示越节能。测试结果显示，2款样品能效等级为2级，节能表现较好；4款样品为3级能效；3款样品为4级能效；11款样品为5级能效；2款样品为6级能效，较耗电。

本次比较试验显示，一些样品干燥速率接近，但能效等级差异明显（见表4）。

表4 样品能效等级比较

序号	标称商品名称	标称商标	标称规格型号	标称额定功率（W）	标称经销/生产企业	买样地点	售价（元/件）	干燥速率（g/min）	能效等级（级）
1	Hairdryer 吹风机	DYSON（戴森）	HD01 DYSON Supersonic	1600	戴森贸易（上海）有限公司	戴森贸易（上海）有限公司	2965	6.1	2
	霓裳丝蛋白电吹风	REMINGTON	AC9096CN	2000	品谱五金家居（深圳）有限公司	上海京东才奥电子商务有限公司（1号店自营）	794	6.0	5
2	电吹风	TESCOM	TCDC5000	1700	碧捷（广东）洁净科技有限公司	杭州优卖网络科技有限公司（网易考拉自营）	1999	4.7	3
	纳米水离子吹风机	FArzzi	APEX 1	1800	珠海皇芝电器有限公司	江苏苏宁易购电子商务有限公司（苏宁易购凡芝官方旗舰店）	574	4.6	6
3	沙宣专业发廊AC马达负离子旋转折叠式电吹风	VS SASSOON	VSD271CN	1600	美康雅国际贸易有限公司	杭州优卖网络科技有限公司（网易考拉自营）	399	4.0	2
	飞科电吹风	FLYCO 飞科	FH6220	2200	上海飞科电器股份有限公司	上海东方电视购物有限公司（东方CJ自营）	216.5	3.9	5

本次比较试验对检测结果进行了综合评星，其中5颗星为最优。结果显示，售价较高的戴森、Valera等品牌，干燥速率和能效均表现优异，综合评星分别达到5颗星和4颗半星；售价较低的沙宣、月立等品牌，综合评星达到4颗半星，性价比较高。

三、消费提示

（一）选购

1.全面看待与选购产品。随着技术的发展与进步，电吹风产品并非仅由功率来决定其性能的优良。从本次比较试验数据也能看到，干燥速率表现最好的并非功率最大的产品。选购电吹风产品，在选择自身合适功率（一般家庭使用在1500—2200W）的同时，还应从产品的功能、价格、重量等方面考量。

2.选择带智能温度感应技术的电吹风。干发后，智能温度感应技术能自动调节吹风温度，锁住头发水分，使头发不会过于干燥，有效保护头发和头皮。

（二）使用

1.晚间洗头建议吹干头发。因生活习惯不同，大多数人选择在晚间洗澡洗头，如果临睡前头发未吹干直接入睡，一则头发易打结甚至断裂，二则头部毛孔处于打开状态，水汽会顺着毛孔进入身体，滞留体内形成湿气。建议洗发后先用干毛巾吸干头发上的水，再用电吹风吹干头发。

2.使用电吹风时应与头发保持一定距离。电吹风出风口与头发保持15cm左右的距离为宜，避免距离太近温度过高伤及发根和头皮。先用高热力、高风速吹湿发，待头发稍微吹干，再使用温度较低的档位塑造发型，最后利用冷风功能达到定型的效果。本次比较试验的22款样品均可调节风速和温度，除1款样品外，其余都带有冷风功能。

另外，使用电吹风的时间不宜过长，建议只吹发根，发梢让其自然干燥即可，这样可以保护发质。

3.用完电吹风后先关主机再拔插头。有些消费者习惯用完电吹风不关机直接拔插头，这样的做法对电吹风的损伤较大，因为瞬时接通所产生的高电压及大电流会对主机的主要部件造成损伤。另外，在使用过程中，不宜频繁开关主机，若长此以往，会缩短电吹风的使用寿命。

附表1 2018年电吹风比较试验结果汇总表

序号	标称商品名称	标称商标	标称规格型号	标称额定功率（W）	标称经销/生产企业	买样地点	售价（元/件）	出风口25mm处的温度（℃）	干燥速率（g/min）	能效等级（级）	负离子释放功能（个/cm³）
1	Hairdryer吹风机	DYSON（戴森）	HD01 DYSON Supersonic	1600	戴森贸易（上海）有限公司	戴森贸易（上海）有限公司	2965	99.7	6.1	2	3.0×107
2	霓裳丝蛋白电吹风	REMINGTON	AC9096CN	2000	品谱五金家居（深圳）有限公司	上海京东才奥电子商务有限公司（1号店自营）	794	99.6	6.0	5	1.2×107
3	电吹风	Panasonic	EH-NA98C	1800	松下万宝美健生活电器（广州）有限公司	上海太平洋百货有限公司	1619	87.3	5.4	4	2.5×106
4	WIK伟嘉吹发器	WIK	5579FDCI	2000	深圳伟嘉家电有限公司	江苏苏宁易购电子商务有限公司（苏宁易购自营）	423.9	119.8	5.4	4	5.0×107
5	博朗离子吹风机	BRAUN	3549-HD770	2200	广州宝洁有限公司	广州唯品会电子商务有限公司（唯品会自营）	599.2	88.1	5.3	5	4.0×107
6	须眉电吹风	SMATE（图案）	SH-A162	1600	天津须眉科技有限公司	江苏苏宁易购电子商务有限公司（苏宁易购自营）	179.1	81.5	5.3	3	2.5×107
7	3Q电吹风	Babyliss	3QMSCN	2000	美康雅国际贸易有限公司	上海京东才奥电子商务有限公司（1号店自营）	1299	97.6	5.3	5	3.9×107
8	便携式吹风机	Valera	586.02/I	2000	北京客来客胜商贸有限公司	北京京东叁佰陆拾度电子商务有限公司（京东维力诺旗舰店）	2590	94.1	5.1	3	1.5×107
9	2400W涡轮式专业电吹风	TUFT	8005	2400	广州市拓妃特贸易有限公司	浙江天猫网络有限公司（天猫playbytuft旗舰店）	389	128.2	5.0	5	2.6×107
10	飞利浦电吹风	PHILIPS	HP8280	2200	珠海经济特区飞利浦家庭电器有限公司	国美在线电子商务有限公司（国美在线自营）	468	94.2	4.9	5	5.0×107
11	天玺羽量轻型Luxe 2i吹风机	T3	73843-CH	1800	GED公司	浙江天猫网络有限公司（天猫国际官方直营）	1499	108.8	4.7	5	3.0×107
12	电吹风	TESCOM	TCDC5000	1700	碧捷（广东）洁净科技有限公司	杭州优卖网络科技有限公司（网易考拉自营）	1999	74.4	4.7	3	3.0×107

续表

序号	标称商品名称	标称商标	标称规格型号	标称额定功率（W）	标称经销/生产企业	买样地点	售价（元/件）	出风口25mm处的温度（℃）	干燥速率（g/min）	能效等级（级）	负离子释放功能（个/cm³）
13	纳米水离子吹风机	FArzzi	APEX 1	1800	珠海皇芝电器有限公司	江苏苏宁易购电子商务有限公司（苏宁易购凡芝官方旗舰店）	574	79.6	4.6	6	1.1×106
14	康夫电吹风	CONFU 康夫	KF5899	2000	广东华能达电器有限公司	浙江天猫网络有限公司（天猫康夫官方旗舰店）	199	110.3	4.6	3	5.0×107
15	永日负离子电吹风	Yours 永日	9898	2300	揭阳市超霸科技电器有限公司	北京京东叁佰陆拾度电子商务有限公司（京东永日旗舰店）	208	105.5	4.3	5	3.9×107
16	智能触屏电吹风	yueli 月立	HD-061	2000	浙江月立电器有限公司	江苏苏宁易购电子商务有限公司（苏宁易购自营）	279	92.7	4.2	4	3.6×107
17	沙宣专业发廊AC马达负离子旋转折叠式电吹风	VS SASSOON	VSD271CN	1600	美康雅国际贸易有限公司	杭州优卖网络科技有限公司（网易考拉自营）	399	95.3	4.0	2	3.5×107
18	飞科电吹风	FLYCO 飞科	FH6220	2200	上海飞科电器股份有限公司	上海东方电视购物有限公司（东方CJ自营）	216.5	95.5	3.9	5	1.8×107
19	飞利浦电吹风	PHILIPS	BHC208	1600	飞利浦（中国）投资有限公司	上海永乐通讯设备有限公司	469	83.0	3.9	5	5.0×106
20	瑞士索利斯电吹风	Solis	381	2200	广州欧圣商贸发展有限公司	上海京东才奥电子商务有限公司（1号店自营）	1499	92.1	3.8	5	3.0×107
21	电吹风	POVOS	PH9380I	2200	上海奔腾电工有限公司	广州唯品会电子商务有限公司（唯品会自营）	121.44	99.9	3.8	6	2.1×107
22	沙宣2000瓦特电气石陶瓷负离子电吹风	VS SASSOON	VS5543PICN	2000	美康雅国际贸易有限公司	浙江天猫网络有限公司（天猫沙宣个人护理旗舰店）	239	97.7	3.7	5	1.7×107

注：1. 排名不分先后，比较试验结果仅对样品负责，不代表同品牌不同批次、不同型号产品的质量状况；

2. 任何企业和单位不得将本次比较试验结果用作商业宣传。

附表2　2018年电吹风比较试验结果评分表

序号	标称商品名称	标称商标	标称规格型号	售价(元/件)	出风温度	干燥速率	能效	负离子释放功能	综合评星
1	Hairdryer 吹风机	DYSON(戴森)	HD01 DYSON Supersonic	2965	★★★★★	★★★★★	★★★★★	★★★★☆	★★★★★
2	沙宣专业发廊AC马达负离子旋转折叠式电吹风	VS SASSOON	VSD271CN	399	★★★★★	★★★★	★★★★★	★★★★★	★★★★☆
3	霓裳丝蛋白电吹风	REMINGTON	AC9096CN	794	★★★★★	★★★★★	★★★☆	★★★★★	★★★★☆
4	电吹风	TESCOM	TCDC5000	1999	★★★★★	★★★★	★★★★☆	★★★★★	★★★★☆
5	便携式吹风机	Valera	586.02/I	2590	★★★★★	★★★★☆	★★★★☆	★★★★	★★★★☆
6	博朗离子吹风机	BRAUN	3549–HD770	599.2	★★★★★	★★★★☆	★★★☆	★★★★★	★★★★☆
7	智能触屏电吹风	yueli 月立	HD–061	279	★★★★★	★★★★	★★★★	★★★★★	★★★★☆
8	3Q电吹风	Babyliss	3QMSCN	1299	★★★★★	★★★★☆	★★★☆	★★★★☆	★★★★☆
9	须眉电吹风	SMATE(图案)	SH–A162	179.1	★★★★★	★★★★☆	★★★★☆	★★★	★★★★☆
10	电吹风	Panasonic	EH–NA98C	1619	★★★★★	★★★★☆	★★★★	★★★★	★★★★☆
11	瑞士索利斯电吹风	Solis	381	1499	★★★★★	★★★☆	★★★☆	★★★★★	★★★★
12	飞利浦电吹风	PHILIPS	HP8280	468	★★★★★	★★★★	★★★☆	★★★★	★★★★
13	纳米水离子吹风机	FArzzi	APEX 1	574	★★★★★	★★★★	★★★	★★★★★	★★★★
14	飞科电吹风	FLYCO 飞科	FH6220	216.5	★★★★★	★★★☆	★★★☆	★★★★	★★★★
15	沙宣2000瓦特电气石陶瓷负离子电吹风	VS SASSOON	VS5543PICN	239	★★★★★	★★★☆	★★★☆	★★★★	★★★★
16	电吹风	POVOS	PH9380I	121.44	★★★★★	★★★☆	★★★	★★★★☆	★★★★
17	飞利浦电吹风	PHILIPS	BHC208	469	★★★★★	★★★☆	★★★☆	★★★★	★★★★
18	2400W涡轮式专业电吹风	TUFT	8005	389	★★☆	★★★★☆	★★★☆	★★★★★	★★★☆
19	天玺羽量轻型Luxe 2i吹风机	T3	73843–CH	1499	★★☆	★★★★	★★★☆	★★★★★	★★★☆
20	永日负离子电吹风	Yours 永日	9898	208	★★☆	★★★★	★★★☆	★★★★★	★★★☆
21	WIK伟嘉吹发器	WIK	5579FDCI	423.9	★★☆	★★★★☆	★★★★	★★★	★★★☆
22	康夫电吹风	CONFU 康夫	KF5899	199	★★☆	★★★★	★★★★☆	★★	★★★☆

注：1.排名不分先后，比较试验结果仅对样品负责，不代表同品牌不同批次、不同型号产品的质量状况；

2.任何企业和单位不得将本次比较试验结果用作商业宣传；

3.1个★代表1颗星，1个☆代表0.5颗星，最多为5颗星，星越多，表示样本在该项测试表现越好；

4.总评分比重：出风温度、干燥速率、能效、负离子释放功能各占比25%；

5.出风温度评分规则：小于100℃为5颗星；大于100℃为2.5颗星；

6.干燥速率评分规则：大于6.0（含）为5颗星；小于6.0大于5.0（含）为4.5颗星；小于5.0大于4.0（含）为4颗星；小于4.0大于3.0（含）为3.5颗星；

7.能效评分规则：2.0为5颗星；3.0为4.5颗星；4.0为4颗星；5.0为3.5颗星；6.0为3颗星；

8.负离子释放功能评分规则：试验前负离子浓度占30%，试验前后负离子差值占70%。试验前负离子浓度是千万级为5颗星；百万级为4颗星。试验前后负离子差值小于10%（含）为5颗星；差值小于30%（含），大于10%为4.5颗星；差值小于50%（含），大于30%为4颗星；差值大于50%为3颗星；功能损坏为1颗星。

养生壶比较试验报告

近年来，消费者对健康生活越发重视，因此以精细烹饪、量化营养等为特色的养生壶也越来越受到消费者的青睐。目前，市场上养生壶的品牌和功能繁多，为帮助消费者选购到设计贴心且实用的养生壶，上海市消费者权益保护委员会对养生壶开展了比较试验。

一、样品情况及测试项目

本次比较试验通过大型商场、超市及网络电商平台等渠道购买了20款养生壶产品，价格从109元至2375元不等，涵盖美的、北鼎、拓璞、九阳等主流品牌。

比较试验除对样品的电器安全除依据GB 4706.1《家用和类似用途电器的安全——通用要求》和GB 4706.19《家用和类似用途电器的安全——液体加热器》等国家强制性标准进行测试外，还重点针对消费者关注的玻璃壶体抗热震性、加工工艺及操作性能、温控及容量精确度、加热速度，以及制作银耳羹情况等进行了对比及星级评价。

二、测评情况及分析

1.电器安全及抗热震性均通过测试要求

安全是电器产品的首要要求，本次比较试验针对国家标准中标贴安全信息、说明书安全信息、耐潮湿、耐溢水和绝缘耐压等进行测试，其结果20件样品均通过安全标准的测试要求。

此外，为方便消费者观察壶内情况及美观等需要，本次比较试验还针对壶体玻璃材质的抗热震性进行了测试，主要是将样品从200℃的环境到常温环境连续进行3个循环的测试，观察玻璃壶体是否有开裂或变形现象。结果20件样品全部通过测试要求。

2.个别样品加工工艺不精和操作性能不佳

加工工艺和操作性能是最直接影响消费者使用感受的重要指标。本次比较试验重点对材料强度、锐边锐角、壶口设计、按键功能便捷性、易清洁度等方面进行了使用测评。结果显示，9款样品为4颗半星，表现较好；9款样品为4颗星，1款样品为3颗半星，1款样品为3颗星（详见表1）。被扣星的样品主要存在以下问题：如样品在壶体和把手的连接部位缝隙较大、把手松动；茶滤接缝处理不够精细、存在锐边；有的样品炖盅完全没于壶内，加热后因壶中温度较高，致使消费者难以拿取等。

表1　样品加工工艺及操作性能

序号	标称品牌	标称型号	加工工艺及操作性能
1	SKG	8074S	★★★★☆
2	拓璞	DK395	★★★★☆
3	北鼎	K185	★★★★☆
4	苏泊尔	SW–15	★★★★☆
5	德尔玛	DEM–YS201S	★★★★☆
6	西屋	WEK–521A	★★★★☆
7	九阳	K17–D07	★★★★☆
8	小熊	YSH–C18K5	★★★★☆
9	松桥	MK–YSH181G	★★★★☆
10	荣事达	YSH1751	★★★★
11	龙的	LD–ys1515	★★★★

续表

序号	标称品牌	标称型号	加工工艺及操作性能
12	天际	BJH–W180P	★★★★
13	生活元素	D19	★★★★
14	美的	MK–GE1703	★★★★
15	金正	N1	★★★★
16	利仁	LR–D1805	★★★★
17	现代	QC–YS1580	★★★★
18	岳恒	HX006	★★★★
19	志高	ZG–S1836	★★★☆
20	容威	YSH2003	★★★

注：1.★越多表现越好；

2.☆表示半颗星。

3.温控精确度差异较小、个别容量刻度偏差较大

养生壶的温度控制和水位刻度线也非常重要，精确的温度和水量便于使用者更精准地观测壶内蒸煮过程，对成品制作成功与否产生较大的影响。本次比较试验结果显示，18款样品温度控制较为精准（2款样品无温度控制功能），偏差较小，基本在5℃以内；水位刻度的偏差较大，9款样品表现较好，偏差仅在2%以内，5款样品的偏差超过10%，最大偏差达到50%以上（详见表2）。

表2　样品容量刻度偏差

序号	标称品牌	标称型号	最大偏差（%）
1	志高	ZG–S1836	50.3
2	岳恒	HX006	31.6
3	利仁	LR–D1805	28.0
4	容威	YSH2003	14.8
5	生活元素	D19	13.6

4.4款样品在倒水测试中出现壶盖易掀翻、脱落现象

从本次20款样品的测试结构来看，设计基本采用壶盖分离式。对此，本次比较试验将常温水倒入样品中，模拟消费者在使用过程中的倒茶或倒汤等行为。结果显示，20款样品中有4款样品的壶盖在倒水测试中出现易掀翻、脱落等现象（详见表3）。壶体和壶盖扣合不牢固，消费者在使用时可能会因壶盖意外掀翻或脱落，导致热液体溅出而被烫伤。

表3　4件样品的壶盖出现易掀翻、脱落现象

序号	标称品牌	标称型号	测试情况
1	现代	QC–YS1580	上盖密合不严实，倒水易被掀翻
2	志高	ZG–S1836	壶盖与壶体密封性差，盖子与壶密封性差，盖子易掀翻
3	岳恒	HX006	倒水时盖子容易脱落
4	容威	YSH2003	壶盖会被掀翻

5.加热速率差异较大

液体加热是养生壶的主要功能，所以加热速度的快慢也是消费者较为关心的方面。结果显示，加热速率最快的达到5.42min/L，即每升水的加热时间为5.42分钟，最慢的为10.9min/L，相差1倍多（详见表4）。

表4　样品加热速率

序号	标称品牌	标称型号	加热速率（min/L）	星级
1	拓璞	DK395	5.42	★★★★★
2	荣事达	YSH1751	5.42	★★★★★
3	北鼎	K185	5.75	★★★★☆
4	德尔玛	DEM-YS201S	5.75	★★★★☆
5	利仁	LR-D1805	5.75	★★★★☆
6	苏泊尔	SW-15	5.90	★★★★☆
7	西屋	WEK-521A	5.90	★★★★☆
8	SKG	8074S	5.92	★★★★☆
9	生活元素	D19	6.10	★★★★
10	小熊	YSH-C18K5	7.29	★★★☆
11	九阳	K17-D07	7.45	★★★☆
12	天际	BJH-W180P	7.46	★★★☆
13	志高	ZG-S1836	8.68	★★★
14	美的	MK-GE1703	8.82	★★★
15	松桥	MK-YSH181G	8.92	★★★
16	龙的	LD-ys1515	9.32	★★☆
17	现代	QC-YS1580	9.32	★★☆
18	金正	N1	9.42	★★☆
19	容威	YSH2003	10.36	★★
20	岳恒	HX006	10.90	★★

注：1.★越多表现越好；
　　2.☆表示半颗星。

6.1件样品在制作银耳羹测评中有煳底现象

银耳羹食材普通、制作便捷，是一种老少咸宜的常见汤食。本次比较试验对20款样品进行了银耳羹的制作测评，使用相同食材并采用样品说明书的建议模式或者相近功能，测评主要涉及制作时长、耗电量及银耳羹成品的品质等方面，同时征集志愿者现场品尝制作后的成品。结果显示，制作时长方面，最短的为53分钟，最长的为168分钟，相差2.2倍（详见图1）；耗电量方面，以每天使用一次、每月30天计算，耗电最多的为18.42度电，最少的为7.23度电，相差1.5倍（详见图2）。

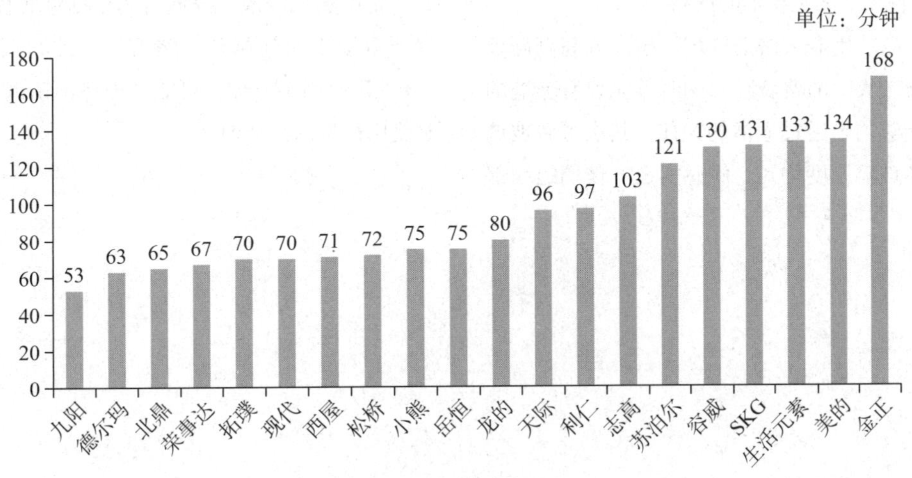

图1　样品制作银耳羹时长

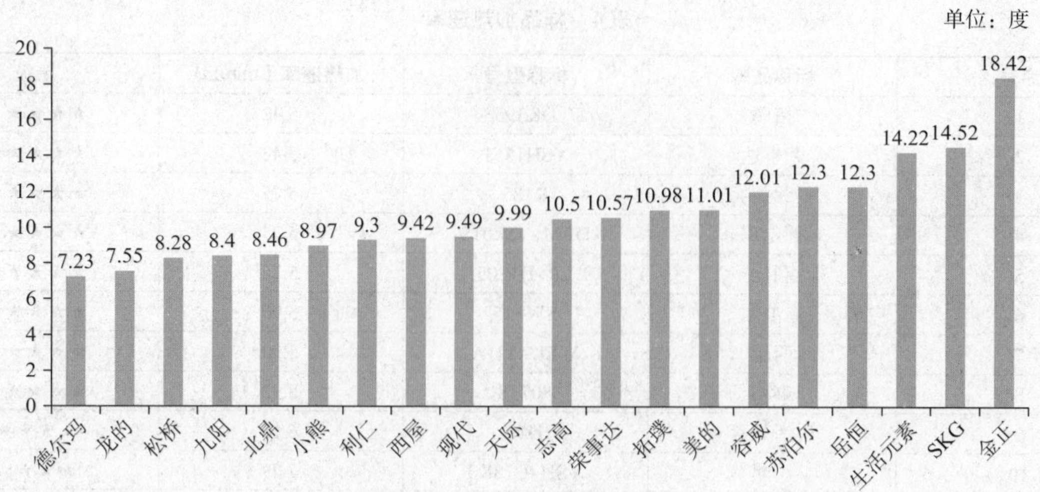

图2　样品制作银尔羹耗电量

在品尝环节，标称品牌为“北鼎”“拓璞”“金正”的3件样品，其成品食材原形保持度、色泽明亮度、羹体黏稠度、食材软硬度等，获得志愿者好评；标称品牌为“容威”的样品，其在制作银耳羹过程中发生了溢出及煳底现象，成品口感不佳，得分最低。从结果可见，银耳羹的品质与加工时间、耗电量无直接关系，部分制作时长较短的样品，其银耳羹的成品品质也较好；同时还发现，使用炖盅煮银耳羹时，炖盅的吃水位置、保温能力、盅盖的密合度等方面对成品有较大影响。

从本次比较试验的总体情况来看，“北鼎”“拓璞”“苏泊尔”“SKG”“荣事达”“德尔玛”“九阳”等品牌的养生壶综合测评表现较好，“志高”“岳恒”“容威”等品牌的综合测评表现一般。

三、消费提示

1.选择材料优质、加工精细的产品

目前市场上的养生壶大多选取国产耐高温高硼硅玻璃，其优劣差异较大。消费者在选购时首先要看玻璃的通透性，光线能够均匀透过壶体的为佳；其次可看玻璃厚度，优质壶体玻璃厚度均匀、触感实在、玻璃边缘部位工艺处理流畅。加工精细的养生壶内外表面光滑；壶体的接合处，尤其是把手无毛刺、锐边；壶体和壶盖的扣合紧密；茶滤接缝无锐边，拿取方便。

2.选择适宜功能

养生壶通常会提供多种功能模式。消费者在选购养生壶时要注意所述功能是否满足自身实际需要。有些功能需要使用专门配件，如茶滤和煮蛋架等。另外，若消费者需要炖煮燕窝、银耳等食材，使用炖盅更有利于保持食材的原型。

3.烧煮胶质食材注意防溢出

烧煮银耳、桃胶、皂角米等胶质较多的食材时，为防止溢出，应做到“两个适量”，即放置的食材适量和加入的水适量。若加工时间较长，则可开半盖烧煮，以防止溢出。

4.清洁“煳底”有技巧

先用热水浸泡，浸泡时间根据煳底程度决定，煳底越严重浸泡时间越长；然后用百洁布较硬的一面擦拭（不建议使用钢丝球，可能会损坏不锈钢表面），也可同时使用适量的清洁剂。

附表　2019年养生壶比较试验结果评分表

序号	商品名称	标称品牌	标称型号	购买地点	标称生产/经销单位	售价（元）	加工工艺及操作性能（25%）		容量及温控精确度（20%）		倒水测试（15%）		加热速度测试（20%）		制作银耳羹测评（20%）				综合评价
							测评情况	星级评价	测评情况	星级评价	测评情况	星级评价	测评情况	星级评价	银耳羹成品品质测评情况	制作时长测评情况（分钟）	耗电量测评情况（度/月）	星级评价	
1	多功能电水壶	拓璞	DK395	天猫拓璞旗舰店	广州市拓璞电器发展有限公司	988	缺点：1.茶篮接缝边缘有较大缝隙； 2.进程提示单一，不便于用户在烹煮过程中了解烹饪状态。	★★★★☆	最大刻度处偏差+1.8%，最大偏差+2%；温度偏差±2℃	★★★★☆	壶盖无掀翻，水流不喷洒，水不会沿外壁流下	★★★★★	5.42min/L	★★★★★	在“养生汤”模式下，使用炖盅进行测试。隔水炖煮，保持食材原形，色泽略明亮，黏度适中，银耳软硬适中，红枣及莲子完全软糯。	70	10.98	★★★★☆	★★★★★
2	多功能电水壶（养生壶）	北鼎	K185	上海东方商厦有限公司	深圳市北鼎科技有限公司	2375	缺点：1.不显示瞬时温度； 2.茶篮曲面接缝处有锐边。	★★★★☆	最大刻度处偏差-3.3%，最大偏差-3.3%；温度偏差±1℃	★★★★☆	壶盖无掀翻，水流均从壶嘴流出且不喷洒，水也不会沿外壁流下	★★★★★	5.75min/L	★★★★☆	在“养生汤”模式下，不使用炖盅进行测试。银耳羹用养生汤模式进行烹煮，采用盖中盖模式热量不易流失，炖煮过程不溢出、不烟底。色泽金黄，黏度适中，银耳软糯。	65	8.46	★★★★☆	★★★★★
3	电水壶（养生壶）	苏泊尔	SW-15	上海联家超市有限公司	浙江绍兴苏泊尔生活电器有限公司	499	缺点：1.安全手柄内外嵌合处粗糙； 2.加热时不显示瞬时温度； 3.通电底座仅有2个小防滑垫，稳定性低； 4.通电底座无排水孔，易积水。	★★★★☆	最大刻度处偏差+0.4%，最大偏差+3.5%；温度偏差±2℃	★★★★☆	壶盖无掀翻，水流均从壶嘴流出且不喷洒，水也不会沿外壁流下	★★★★★	5.90min/L	★★★★☆	在“养生汤”模式下，不使用炖盅进行测试。银耳羹使用养生汤模式烹煮，烹煮过程不溢出、不烟底。银耳汤色泽呈淡黄色，银耳、莲子已软，口感顺滑，不够黏稠。	121	12.3	★★★☆	★★★★☆
4	养生壶	SKG	8074S	京东SKG旗舰店	广东艾诗凯奇智能科技有限公司	384	缺点：1.茶滤接缝处有锐边； 2.大小盖配合，小盖按钮操作不便； 3.小的LCD显示屏，功能指示不明。	★★★★☆	最大刻度处偏差+2.2%，最大偏差+8.1%；温度偏差±2℃	★★★★	盖子密合严实，未被掀翻；壶嘴水流汇合，未喷洒，未有水飞溅现象，水未沿外壁流下	★★★★★	5.92min/L	★★★★☆	在“滋补品”模式下，使用炖盅进行测试。测试中无溢出、无烟底现象。羹体色泽偏黄，汤水有黏度，物料柔软，口感软滑，容器便于清洗。	131	14.52	★★★★	★★★★☆
5	养生壶	荣事达	YSH1751	上海永乐通讯设备有限公司	国美智能科技有限公司 合肥荣事达小家电有限公司 联合监制	399	缺点：1.塑料面上烤漆易掉，控制面板易脏，且容易刮花； 2.无暂停键，需关机才能中断进程； 3.炖盅细长，无炖盅支架易倾倒。	★★★★	最大刻度处偏差+1.9%，最大偏差+5.4%；温度偏差±4℃	★★★★	壶盖无掀翻，水流不喷洒，水不会沿外壁流下	★★★★★	5.42min/L	★★★★★	在“营养炖”模式下，使用炖盅进行测试。隔水炖煮，食材保持很好，色泽透亮，羹体黏度较稀，固体食材较硬，口感味道欠火候。	67	10.57	★★★☆	★★★★☆
6	液体加热器（多功能电水壶）	德尔玛	DEM-YS201S	天猫德尔玛旗舰店	佛山市顺德区德尔玛电器有限公司	259	缺点：1.安全手柄操作空间稍小； 2.茶篮无把手，更换茶叶不便； 3.通电底座没有排水孔，易积水。	★★★★☆	最大刻度处偏差-2.5%，最大偏差-2.5%；温度偏差±2℃	★★★★☆	壶盖无掀翻，水流均从壶嘴流出且不喷洒，水也不会沿外壁流下	★★★★★	5.75min/L	★★★★☆	在“银耳”模式下，不使用炖盅进行测试。银耳羹炖煮过程不溢出、不烟底。银耳汤浅黄，银耳、莲子不够软糯，口感顺滑，黏稠度稍好。	63	7.23	★★★★	★★★★☆

续表

序号	商品名称	标称品牌	标称型号	购买地点	标称生产/经销单位	售价（元）	加工工艺及操作性能（25%）		容量及温控精确度（20%）		倒水测试（15%）		加热速度测试（20%）		制作银耳羹测评（20%）				综合评价
							测评情况	星级评价	测评情况	星级评价	测评情况	星级评价	测评情况	星级评价	银耳羹成品品质测评情况	制作时长测评情况（分钟）	耗电量测评情况（度/月）	星级评价	
7	九阳养生壶	九阳	K17-D07	上海永乐通讯设备有限公司	杭州九阳生活电器有限公司	499	缺点：1.茶篮连接处粗糙； 2.加热时不显示瞬时温度； 3.通电底座无排水孔，易积水。	★★★★☆	最大刻度处偏差+1.9%，最大偏差+3.5%；温度偏差±1℃	★★★★★	壶盖无掀翻，水流均从壶嘴流出且不喷洒，水也不会沿外壁流下	★★★★★	7.45min/L	★★★☆	在“滋补品”模式下，不使用炖盅进行测试。银耳羹炖煮过程不溢出、不煳底。银耳色泽清澈，银耳、莲子不软，口感不佳，无黏稠。	53	8.4	★★★	★★★★☆
8	多功能电煮壶	西屋	WEK-521A	京东自营	美国西屋电气公司监制 江门市西屋厨房小家电有限公司	1680	缺点：1.无温度显示； 2.盖中盖设计，但小盖与大盖无额外固定，有脱落危险； 3.茶滤内置不锈钢提手，高温取出不便。	★★★★☆	最大刻度处偏差+0.6%，最大偏差+2.1%；无温度显示	★★★☆	上盖密合严实，未被掀翻；壶嘴水流汇合，未喷散，未有水飞溅现象，水未沿外壁流下。倾斜角度在大约100度时，盖子有脱落危险	★★★★	5.90min/L	★★★★☆	在“养生汤”模式下，使用炖盅进行测试。测试中无溢出、无煳底现象。羹体色泽明亮，汤水较稀，物料软滑，口感一般，容器便于清洗。	71	9.42	★★★☆	★★★★
9	养生壶	龙的	LD-ys1515	苏宁容威官方旗舰店	品牌商：中山市德容电子科技有限公司 生产商：佛山市佳盼电器有限公司	315.5	缺点：1.配件做工粗糙，毛边、毛刺较多； 2.壶体较轻，在底座上稳定性差，晃动； 3.指引功能和说明书不一致。	★★★★	最大刻度处偏差+0.7%，最大偏差+3.0%；温度偏差±3℃	★★★★	壶盖无掀翻，水流不喷洒，水不会沿外壁流下	★★★★★	9.32min/L	★★☆	在“炖品”模式下，不使用炖盅进行测试。直接壶内炖煮，未煳底。汤液体黏度略稀，颜色较清澈。银耳固体略硬，红枣半煮透。莲子较硬。	80	7.55	★★★☆	★★★★
10	电热水壶（养生壶）	小熊	YSH-C18K5	京东自营	小熊电器股份有限公司	279	缺点：1.薄膜式按键，反馈不明显； 2.大小盖设计，配合间隙大，配合松动。	★★★★☆	最大刻度处偏差+0.9%，最大偏差+0.9%；温度偏差±4℃	★★★★	盖子密合严实，未被掀翻；壶嘴水流汇合，未喷洒，未有水飞溅现象，水未沿外壁流下。在快速倒水时少量水会从滤网盖子和壶盖圈之间的缝隙流出	★★★★	7.29min/L	★★★☆	在“银耳”模式下，使用炖盅进行测试。测试中无溢出、无煳底现象。羹体色泽清澈，汤水无黏度，口感清脆，容器便于清洗。	75	8.97	★★★☆	★★★★
11	多功能电热水壶	松桥	MK-YSH181G	上海奉新苏宁易购销售有限公司	江苏松桥电器有限公司	299	缺点：1.四个橡胶防滑脚较松，容易脱落； 2.无防溢出功能； 3.手柄操作不舒适。	★★★★☆	最大刻度处偏差-2.8%，最大偏差-2.8%；温度偏差±3℃	★★★☆	盖子密合严实，未被掀翻；壶嘴水流汇合，未喷洒，未有水飞溅现象，水未沿外壁流下	★★★★★	8.92min/L	★★★	在“糖水”模式下，不使用炖盅进行测试。测试中无溢出、无煳底现象。羹体色泽清澈，无黏稠，物料柔软，口感软滑，容器便于清洗。	72	8.28	★★★☆	★★★★

续表

序号	商品名称	标称品牌	标称型号	购买地点	标称生产/经销单位	售价（元）	加工工艺及操作性能（25%）		容量及温控精确度（20%）		倒水测试（15%）		加热速度测试（20%）		制作银耳羹测评（20%）				综合评价
							测评情况	星级评价	测评情况	星级评价	测评情况	星级评价	测评情况	星级评价	银耳羹成品品质测评情况	制作时长测评情况（分钟）	耗电量测评情况（度/月）	星级评价	
12	液体加热器（多功能电热壶）	天际	BJH-W180P	天猫天际旗舰店	广东天际电器股份有限公司	159	缺点：1.壶盖与壶体配合不紧密； 2.壶盖把手易松动； 3.安装茶篮需要旋转安装，操作不方便； 4.通电底座无排水孔，易积水。	★★★★	最大刻度处偏差-3.7%，最大偏差-14.7%；温度偏差±3℃	★★★☆	壶盖无掀翻，水流均从壶嘴流出且不喷洒，水也不会沿外壁流下	★★★★★	7.46min/L	★★★☆	在“养生汤”模式下，不使用炖盅进行测试。银耳羹炖煮过程不溢出、不煳底。银耳汤色泽浅黄，银耳、莲子不够软糯，口感不佳，稍微黏稠。	96	9.99	★★★☆	★★★★
13	养生壶	生活元素	D19	天猫生活元素旗舰店	广东多米电器科技有限公司	244	缺点：1.1.8L水位线标识在不锈钢钢圈上，不便识别最大水位； 2.关机键上标注“取消”，不便理解； 3.非人体工学设计手柄，手柄间隙大； 4.未指明炖盅放置前水位，炖盅盖无防烫设计。	★★★★	最大刻度线标识在钢圈上，不便识别水位，最大偏差+13.6%温度偏差±2℃	★★★	盖子密合严实，未被掀翻；壶嘴水流汇合，未喷洒，未有水飞溅现象，水未沿外壁流下	★★★★★	6.10min/L	★★★★	在“炖汤”模式下，使用炖盅进行测试。测试中无溢出、无煳底现象。羹体色泽偏黄，汤水有少许黏度，物料柔软，口感软滑，容器便于清洗。	133	14.22	★★★☆	★★★★
14	电热水壶（养生壶）	美的	MK-GE1703	上海联家超市有限公司	广州美的生活电器制造有限公司	299	缺点：1.壶底电源接口与周边连接处有锐边； 2.手柄间隙大； 3.功能切换触模式按键，功能切换烦琐； 4.无提壶记忆功能。	★★★★	最大刻度处偏差+3.1%，最大偏差+7.2%；温度偏差±4℃	★★★☆	壶盖可通过卡扣调节松紧，未被掀翻；壶嘴水流汇合，未喷洒，未有水飞溅现象，水未沿外壁流下	★★★★	8.82min/L	★★★	在“煲汤”模式下，不使用炖盅进行测试。测试中无溢出、无煳底现象。羹体色泽黄亮，汤水有黏度，物料柔软，口感柔滑，容器便于清洗。	134	11.01	★★★★	★★★★
15	养生壶	利仁	LR-D1805	国美自营	北京利仁科技股份有限公司	179	缺点：1.茶篮接缝处粗糙； 2.空心式把手，把手内外卡扣式嵌合，缝隙较大； 3.炖盅及炖盅支架均在壶体内，拿取不方便； 4.通电底座无排水孔，易积水。	★★★★	最大刻度处偏差-3.7%，最大偏差-28%；温度偏差±1℃	★★★☆	壶盖无掀翻，水流均从壶嘴流出且不喷洒，水也不会沿外壁流下	★★★★★	5.75min/L	★★★★☆	在“煲汤”模式下，不使用炖盅进行测试。银耳羹隔水炖煮，炖煮过程溢出、不煳底。银耳汤色泽微黄，银耳、莲子不够软糯，口感不佳，稍微黏稠。	97	9.3	★★☆	★★★★
16	养生壶	金正	N1	京东金正官方旗舰店	中山市金正生活电器有限公司	199	缺点：1.把手接缝处宽； 2.壶盖和壶体的扣合方式是金属片卡扣，长久使用很容易松动； 3.清洁死角较多。	★★★★	最大刻度处偏差+1.1%，最大偏差+7.5%；温度偏差±3℃	★★★★	壶盖无掀翻，水流会从缝中流出，倒水过程中水会沿外壁流下	★★★	9.42min/L	★★☆	在“养生汤”模式下，使用炖盅进行测试。隔水炖煮，保持食材原形，汤体色泽金亮，略黏稠。银耳软糯，红枣及莲子也完全软糯。但默认功能耗时需150分钟。	168	18.42	★★★☆	★★★☆

续表

序号	商品名称	标称品牌	标称型号	购买地点	标称生产/经销单位	售价（元）	加工工艺及操作性能（25%）		容量及温控精确度（20%）		倒水测试（15%）		加热速度测试（20%）		制作银耳羹测评（20%）				综合评价
							测评情况	星级评价	测评情况	星级评价	测评情况	星级评价	测评情况	星级评价	银耳羹成品品质测评情况	制作时长测评情况（分钟）	耗电量测评情况（度/月）	星级评价	
17	液体加热器（养生煲）	现代	QC-YS1580	东方购物	授权方：现代综合商事株式会社 监制方：青岛乾程现代工贸有限公司 推广方：佛山市乾程电气科技有限公司 生产者（制造商）：佛山市乾程电气科技有限公司	296.5	缺点：1.固定壶体铁圈有异响，略松动； 2.接缝处缝隙易积垢，不易清理； 3.无附加配件，功能扩展不便； 4.功能繁多但信息显示不全面； 5.触碰按钮过于灵敏，手指未触及表面就已触发，容易引起误操作。	★★★★	最大刻度处偏差+0.7%，最大偏差+3.5%；温度偏差±6℃	★★★☆	上盖密合不严实，倒水易被掀翻，水流从壶与盖的缝隙流出	★★	9.32min/L	★★☆	在“养生汤”模式下，不使用炖盅进行测试。直接壶内炖煮，未煳底。耗时1小时，银耳汤液体黏度较稀，颜色清澈。银耳固体较硬，红枣半煮透。莲子较硬。	70	9.49	★★★☆	★★★☆
18	养生壶	志高	ZG-S1836	苏宁自营	商标持有人：广东志高空调有限公司 产销商：中山市今鹰电器有限公司	149	缺点：1.壶盖把手与壶盖非隔热连接，易烫手； 2.壶盖把手松动，不易操作； 3.壶盖卡簧不能完全卡紧。	★★★☆	最大刻度处偏差-6.1%，最大偏差+50.3%；温度偏差±2℃	★★★	壶盖与壶体密封性差，盖子与壶密封性差，盖子易掀翻，水易从壶盖其他地方流出	★★	8.68min/L	★★★	在“煲粥汤”模式下，不使用炖盅进行测试。银耳羹炖煮过程不溢出、不煳底，银耳汤色泽稍黄，银耳、莲子不够软糯，口感不佳，稍微黏稠。	103	10.5	★★★	★★★
19	多功能玻璃养生壶（分体）	岳恒	HX006	国美岳恒电器旗舰店	中山市岳恒电子商务有限公司监制 生产商：潮州市潮安区东凤镇泰业五金电器厂	238	缺点：1.茶篮接缝处粗糙； 2.空心把手，卡扣式固定缝隙较大，易松动； 3.表面处理颜色不协调； 4.通电底座没有排水孔，易积水。	★★★★	最大刻度处偏差-23.8%，最大偏差-31.6%；无温度显示	★★	倒水时盖子容易脱落，水会沿瓶壁流出	★★	10.90min/L	★★	在“煲汤”模式下，不使用炖盅进行测试。银耳羹炖煮过程不溢出、不煳底。银耳汤呈浅黄色，银耳、莲子不够软糯，口感顺滑，黏稠度较稀。	75	12.3	★★★★	★★★
20	养生壶	容威	YSH2003	苏宁容威官方旗舰店	品牌商：中山市德容电子科技有限公司 生产商：佛山市佳盼电器有限公司	109	缺点：1.塑料边缘毛刺较多； 2.电源底座塑料表面易脏易刮花，不易清洗； 3.壶盖特别松动，倒水极易掀翻，壶盖密合设计不合理，壶体挡住出水口； 4.无温度调节和显示，只能调节功率，非常不方便； 5.底座排水孔直通底座内部，汤水无法清理； 6.茶滤各衔接口接缝锐利； 7.工作状态下，提壶不断电。	★★★	最大刻度处偏差-12.6%，最大偏差-14.8%；无温度显示	★★	壶盖会被掀翻；如果按住壶盖，水会从壶盖缝隙洒出	★★	10.36min/L	★★	在“煲汤”模式下，不使用炖盅进行测试。直接壶内炖煮，默认煲汤功能导致煳底。在盖上壶盖后，会起泡溢出。需手动调节功率和适当调整水量，且开盖。银耳汤液体黏度较高，颜色金黄。银耳固体较软，红枣和莲子煮透。	130	12.01	★★☆	★★☆

注：1.比较试验结果仅对样品负责，不代表同品牌不同批次、不同型号产品的质量状况；

2.任何企业和单位不得将本次比较试验结果用作商业宣传；

3.1个★代表1颗星，1个☆代表0.5颗星，最多为5颗星，星越多，表示样品在该项测试/测评中表现越好。

织物凉席比较试验报告

凉席是炎炎夏日的“好凉伴”。织物凉席是近几年的新生品，一般是以原生、再生或合成纤维纱线混合织造而成，因具有柔软、透气、吸汗、排湿、易收纳等特点而备受消费者喜爱。在空调等低温环境下，织物凉席降温速度慢；在高温环境中，其回温速度慢，故人们在使用织物凉席过程中不会因骤冷骤热而感到不适，尤其适合于老人、婴幼儿、孕妇等消费群体。目前，市场上的凉席种类繁多，为帮助消费者选购安全健康的织物凉席，市消保委开展了相关比较试验。

一、样品情况及测试项目

本次比较试验购买了共计70款织物凉席样品，其中48件采自京东、天猫、苏宁等电商平台，22款采自宝大祥、百联等实体店铺，其中成人织物凉席40款（价格在79元至1144元不等），婴幼儿织物凉席30款（价格在28.9元至304元不等），涉及梦洁、水星、罗莱、富安娜、博洋等品牌。

本次比较试验依据国家相关标准，对织物凉席的产品使用说明、纤维成分及含量、健康安全性能、耐用性能等进行了测试，涉及甲醛含量、可分解致癌芳香胺染料、pH值、耐水色牢度、耐汗渍色牢度、耐干摩擦色牢度、耐湿摩擦色牢度、耐皂洗色牢度、断裂强力、水洗尺寸变化率和冷水浸渍引起的尺寸变化率等多项指标。

二、测试情况及分析

结果显示，70款样品中，12款样品分别存在纤维含量与明示不符、pH值或甲醛含量超标等问题，29款样品产品使用说明标注不完整或不规范。

1.纤维成分及含量：8款样品实测值与明示值不一致

纤维成分及含量是纺织品内在质量的重要指标之一，本次比较试验发现，有8款样品的纤维成分及含量实测值与吊牌明示值不符（见表1），主要包括虚标亚麻含量、成分名称不规范、成分标注错误等情况。其中，标称由天津婴艺国际贸易有限公司生产的清凉亚麻凉席［标称商标：喜亲宝（K.S.babe）；标称型号：120×60cm］其网页宣称为“亚麻婴儿凉席”，吊牌也明示成分为“100%亚麻”，但经检测其实际并不含有任何亚麻成分。原料成分的优劣和多寡，是决定商品价格的重要因素之一，因此清晰准确地明示纤维成分及含量，关乎消费者的知情权和企业诚信。

表1　纤维成分及含量实测值与吊牌明示值不符的样品信息

序号	标称商品名称	标称商标	标称规格型号	售价（元）	标称生产/经销单位	购样地点/网站	纤维含量明示值（%）	纤维含量实测值（%）
1	清凉·亚麻凉席	喜亲宝（K.S.babe）	120×60cm	79.00	天津婴艺国际贸易有限公司	1号店自营	主料：100亚麻 辅料：100棉	主料：聚酯纤维64.3 腈纶13.8 棉11.6 粘纤6.5 其他纤维3.8 辅料：棉62.4 聚酯纤维27.5 粘纤10.1（含微量其他纤维）
2	亚麻凉席	席韵家纺	220×240cm	288.00	泰安元存商贸有限公司	唯品会席韵家纺官方旗舰店	床席主体：55亚麻45棉 辅料：60涤40棉	床席主体： 亚麻45.2 棉40.0 聚酯纤维11.6 其他纤维3.2 辅料：聚酯纤维59.3 棉40.7
3	婴幼儿纯苎麻保健凉席（加大）绿	良良	125×74cm	169.00	南昌良良实业有限公司	苏宁易购良良官方旗舰店	面布：100苎麻 绣花：70棉30苎麻 里布：55棉45苎麻	面布：苎麻100 里布：棉65.0 苎麻35.0 绣花部分：棉72.1 苎麻27.9
4	薄荷冰丝席	金丝莉	180×198cm	119.00	上海金圆缘实业有限公司	i百联嘉本家居专营店	材质：冰丝席料+薄荷	席面一向：聚酯纤维100 席面另一向：纤维素材料100 底层：丙纶100
5	童床冰丝凉席	Bbe baby	70×120cm	89.00	广东宝贝儿婴童用品股份有限公司	上海杨浦宝大祥青少年儿童购物有限公司	面料：60锦纶40草木纤维	面料：净干质量百分率：聚酯纤维69.2 纤维素材料30.8
6	提花冰丝席三件套	杉杉	250×250cm	96.00	南通沃琪纺织品有限公司	唯品会杉杉床品旗舰店	席面：横向：100纤维素纤维 纵向：100聚酯纤维 贴边布：100聚酯纤维	横向：聚酯纤维100 纵向：聚酯纤维100 贴边布：聚酯纤维100
7	婴儿凉席	—	—	42.90	—	苏宁易购嘟嘟母婴专营店	经：100聚酯纤维 纬：54纤维素纤维46聚酯纤维 席底：100聚酯纤维	席面经向：聚酯纤维100 席面纬向：纤维素材料100 席底：聚酯纤维100
8	眠趣22℃ 云母多效净爽凉感席	眠趣	180×200cm	348.00	嘉兴眠趣信息技术有限公司	i百联自营	上层：75聚酰胺纤维　25聚酯纤维 下层：100聚酯纤维	上层：净干质量百分率： 聚酯纤维/锦纶复合纤维74.0 聚酯纤维26.0 下层：聚酯纤维100

2. 健康安全性能：1款婴幼儿凉席样品甲醛含量超标，4款样品pH值超标

消费者在夏季使用凉席时间较长，因此对凉席特别是婴幼儿凉席是否健康安全较为关注。国家强制性标准对凉席的安全性能有严格的分类要求。本次比较试验对样品的甲醛含量、pH值、色牢度、可分解致癌芳香胺染料以及样品涂层部位的重金属（铅、镉）含量、邻苯二甲酸酯等指标进行了检测。结果显示，有1款样品的甲醛含量超标，4款样品的pH值未在标准要求范围之内。

70款样品中，有1款婴幼儿凉席甲醛含量超过国家标准要求。国家强制性标准要求婴幼儿纺织产品甲醛含量应≤20mg/kg，直接接触皮肤的纺织产品甲醛含量应≤75mg/kg，非直接接触皮肤的纺织产品甲醛含量应≤300mg/kg。标称由上海草影贸易有限公司生产的贝彤竹纤维双层专利凉席（蓝色）（标称商标：贝彤；标称规格型号：75cm×125cm）甲醛含量实测值为25mg/kg，超出标准要求的≤20mg/kg。

70款样品中，有4款样品的pH值未在标准要求范围之内（见表2），其中3款为婴幼儿凉席，1款为成人凉席。国家强制性标准要求婴幼儿纺织产品pH值应在4.0—7.5之间，直接接触皮肤的纺织产品pH值应在4.0—8.5之间，非直接接触皮肤的纺织产品pH值应在4.0—9.0之间。标称由南通本末生家居用品有限公司生产的凉席（标称商标：贝珠儿；标称规格型号：无）pH值实测为底布9.1、面布9.0，远不能达到标准要求。

表2 pH值未在标准要求范围之内的样品信息

序号	标称商品名称	标称商标	标称规格型号	售价（元）	标称生产/经销单位	购样地点/网站	pH值标准要求	pH值实测值
1	恒温绗绣亚麻三件套	吉祥三宝	180cm×220cm	228.00	上海金满堂纺织品有限公司	苏宁易购吉祥三宝家纺家居床上用品专营店	4.0—9.0	上层：9.5 下层：8.9
2	婴幼儿纯苎麻保健凉席（加大）绿	良良	125cm×74cm	169.00	南昌良良实业有限公司	苏宁易购良良官方旗舰店	4.0—7.5	里布：7.7 主面布：5.5 白色绣花面布：7.2
3	天然苎麻凉席	七彩博士/Dr.turelife	62cm×110cm	89.00	江西七彩博士实业有限公司	天猫七彩博士旗舰店	4.0—7.5	白色绣花面料：8.7 主面料：6.5 底布：6.9
4	凉席	贝珠儿	—	128.00	南通本末生家居用品有限公司	唯品会贝珠儿家居家纺旗舰店	4.0—8.5	底布：9.1 面布：9.0

3. 耐用性能：复合材质更结实，天然材质更易缩水

虽然凉席只在夏季使用，但消费者还是希望凉席能够使用多年。衡量凉席耐用性能的指标主要有断裂强力和水洗尺寸变化率，不同材质、结构的凉席耐用性能差别很大。

断裂强力直接关系凉席的使用寿命，是测试样品被拉伸到断裂时的最大拉伸力，数值越大越好，断裂强力主要与凉席的材质和编织方式有关系。本次比较试验发现，样品的断裂强力差别明显，断裂强力结果较好的可达2000N以上，较差的不到500N。结合材质来看，断裂强力大的多为麻、聚酯纤维或复合材质的凉席，断裂强力小的多为再生纤维素纤维或棉等天然材质含量较高的凉席。

表3 断裂强力较好的样品信息

序号	标称商品名称	标称商标	标称规格型号	售价（元）	标称生产/经销单位	购样地点/网站	断裂强力实测结果（N）
1	天然苎麻凉席	七彩博士/Dr.turelife	62cm×110cm	89.00	江西七彩博士实业有限公司	天猫七彩博士旗舰店	长度方向：主面料：2000 宽度方向：主面料：2000
2	森语绿咖苎麻成长凉席	贝谷贝谷	125cm×72cm	198.00	江西省优典实业有限公司	京东自营	长度方向：面料：1700 里料：400 宽度方向：面料：1800 里料：350

续表

序号	标称商品名称	标称商标	标称规格型号	售价（元）	标称生产/经销单位	购样地点/网站	断裂强力实测结果（N）
3	床单	艾玛诺欧	床单：250cm×250cm 枕套：48cm×74cm	108.00	南通恒蕾家用纺织品有限公司	苏宁易购艾玛诺欧家纺旗舰店	长度方向：2500 宽度方向：1600
4	淘气火烈鸟床单式冰丝席三件套	百丽丝家纺	240cm×250cm	179.00	上海百丽丝家纺有限公司	网易考拉水星家纺旗舰店	长度方向：1600 宽度方向：2300
5	婴幼儿冰丝提花凉席	OuYun欧孕	140cm×70cm	79.00	江西大恩实业有限公司	京东讯诚母婴专营店	长度方向：1400 宽度方向：2300

消费者选择织物凉席的另一原因是其方便清洗可保证卫生，但如果水洗之后缩水严重将会影响消费者的使用体验。因此本次比较试验对51款标称可水洗的样品水洗尺寸变化率进行了检测。数据显示，水洗尺寸变化率最好的样品不缩水，最差的样品缩水12%。结合材质来看，缩水不明显的多为聚酯纤维或复合材质的凉席，缩水明显的多为再生纤维素纤维或棉、麻等天然材质含量较高的凉席。

表4　水洗尺寸变化率较不明显的样品信息

序号	标称商品名称	标称商标	标称规格型号	售价（元）	标称生产/经销单位	购样地点/网站	水洗尺寸变化率实测结果（%）
1	床单	艾玛诺欧	床单：250cm×250cm 枕套：48cm×74cm	108.00	南通恒蕾家用纺织品有限公司	苏宁易购艾玛诺欧家纺旗舰店	长度方向：0.0 宽度方向：-0.3
2	冰丝席三件套	陽光美居	250cm×250cm	79.00	江苏世尊纺织科技有限公司	唯品会欧澜轩家纺旗舰店	长度方向：-0.3 宽度方向：-0.3
3	淘气火烈鸟床单式冰丝席三件套	百丽丝家纺	240cm×250cm	179.00	上海百丽丝家纺有限公司	网易考拉水星家纺旗舰店	长度方向：0.0 宽度方向：-0.5
4	提花冰丝席三件套	杉杉	250cm×250cm	96.00	南通沃琪纺织品有限公司	唯品会杉杉床品旗舰店	长度方向：0.0 宽度方向：-0.8
5	桑柔型凉席	恒源祥	150cm×198cm	249.00	上海恒源祥家用纺织品有限公司	国美恒源祥家纺旗舰店	长度方向：-0.5 宽度方向：-1.9

表5　水洗尺寸变化率较明显的样品信息

序号	标称商品名称	标称商标	标称规格型号	售价（元）	标称生产/经销单位	购样地点/网站	水洗尺寸变化率实测结果（%）
1	竹纤维3D凉席	月亮船	140cm×70cm	138.00	青岛乐品汇家居有限公司	苏宁易购月亮船官方旗舰店	长度方向：-12.0 宽度方向：-3.9
2	“梦洁”优雅沁滑提花软席三件套	梦洁家纺	床单：230cm×248cm 短枕套：50cm×70cm	800.00	湖南梦洁家纺股份有限公司	上海又一城购物中心有限公司	长度方向：-10.6 宽度方向：-3.6
3	亚麻凉席	易迈	200cm×220cm	468.00	泰安温凉玉家纺有限公司	天猫易迈旗舰店	长度方向：-5.9 宽度方向：-8.3
4	亚麻席三件套	莱薇家纺	200cm×220cm	390.00	上海骏熹实业有限公司	i百联自营	长度方向：-4.5 宽度方向：-8.0
5	亚麻凉席	席韵家纺	220cm×240cm	288.00	泰安元存商贸有限公司	唯品会席韵家纺官方旗舰店	长度方向：床席主体：-7.8 宽度方向：床席主体：-3.9

另外，本次比较试验还发现，在线上购买的48款样品中，有23款样品在网页明示宣称可水洗，但实际有2款在耐久性标签上标注为不可水洗（见表6）。虽然宣称可水洗更能吸引消费者购买，但不一致的标注内容会给消费者在使用过程中造成困扰。

表6　网页宣称与耐久性标签水洗标注不一致的样品信息

序号	标称商品名称	标称商标	标称规格型号	售价（元）	标称生产/经销单位	购样地点/网站
1	冰丝席	北极绒	180cm × 200cm	99.00	—	京东自营
2	冰雪奇缘	迪士尼	60cm × 120cm	79.00	上海邦亚实业有限公司	天猫disney迪士尼邦亚专卖店

4.标签标识：29款样品产品使用说明标注不完整或不规范，网购有问题的比例高，执行标准标注混乱

产品使用说明是向消费者传达如何正确、安全使用商品以及与之相关的商品功能、基本性能、特性的信息，是生产企业给予消费者的质量承诺，也是消费者辨别商品优劣的途径之一。织物凉席属于纺织品，其产品使用说明的标注大多采用的是GB/T 5296.4-2012《消费品使用说明　第4部分　纺织品和服装使用说明》，该标准规定使用说明内容应包括：制造商的名称和地址、产品名称、产品号型或规格、纤维成分及含量、维护方法、执行的产品标准、安全类别等内容。

本次比较试验发现，29款样品的产品使用说明标注不完整或不规范，标注不完整的情况包括未标注制造者的名称和地址、执行标准、安全类别、产品名称、产品号型和规格、纤维成分及含量等，标注不规范的情况包括耐久性标签洗涤维护符号、纤维成分及含量、产品号型和规格、执行的产品标准标注不规范等。其中，5款样品无厂名厂址（见表7）。

表7　无厂名厂址的样品信息

序号	标称商品名称	标称商标	标称规格型号	售价（元）	标称生产/经销单位	购样地点/网站
1	冰丝席	—	180cm × 200cm	149.00	—	1号店安洁町家纺旗舰店
2	水洗冰丝席	—	250cm × 250cm	238.00	—	京东喜连理家纺官方旗舰店
3	亚麻席	—	—	419.00	—	苏宁易购喜庭家居旗舰店
4	冰丝席	北极绒	180cm × 200cm	99.00	—	京东自营
5	婴儿凉席	—	—	42.90	—	苏宁易购嘟嘟母婴专营店

通过对比购样渠道我们可以发现，29件产品使用说明标注不完整或不规范的样品中有4件购自实体店，25件购自网上商城，网购有问题的比例较高（见图1）。

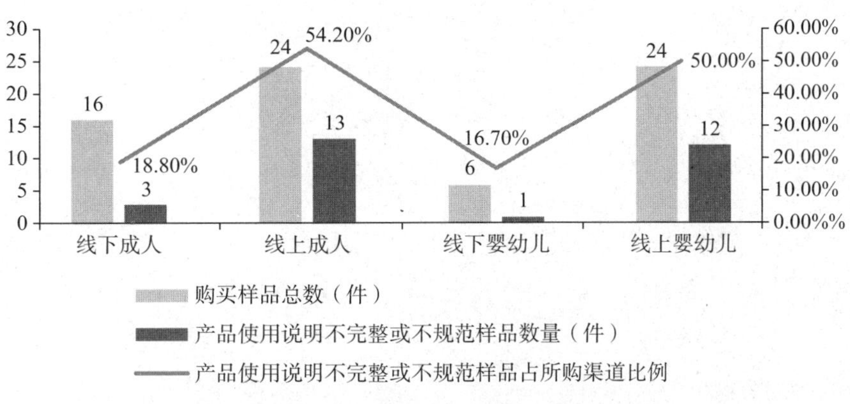

图1　产品使用说明标注不完整或不规范的样品分布

本次比较试验还发现执行标准和安全类别标注不准确的问题。有部分样品，虽然标注了执行标准，但明示的执行标准适用范围并不包括相应的样品。另外，由于婴幼儿皮肤娇嫩，自我保护能力弱，因此国家相关标准

对于婴幼儿纺织产品的要求也相对更加严格，婴幼儿纺织产品应在使用说明上标明GB 31701-2015编号及“婴幼儿用品”字样。本次比较试验发现，有3款样品网页宣称为婴儿或新生宝宝使用的凉席，但实际吊牌中并未明示“婴幼儿用品”字样。其中，标称由南通本末生家居用品有限公司生产的凉席（标称商标：贝珠儿；标称规格型号：无）网页宣称适用于新生儿，但吊牌上未标明GB 31701-2015及“婴幼儿用品”字样，且pH值实测值远不能达到婴幼儿纺织产品标准要求。

三、消费提示

1.选购凉席应选择产品使用说明齐全的商品。标识可采用吊牌、标签、包装说明、使用说明书等形式体现，可一种或多种同时使用。标识应包括制造商的名称和地址、产品名称、规格型号、纤维成分及含量、维护方法、执行标准、质量等级、注意事项等内容。对于包装粗糙、标识不全、不规范、不准确的凉席，消费者应谨慎购买。

2.根据自身需求选购合适的凉席。目前市场上常见的织物凉席主要包括亚麻凉席、再生纤维素纤维凉席、经编网眼织物复合凉席等。其中，亚麻凉席材质柔软，具有吸汗透气、不粘皮肤、不起静电等特点，且纯亚麻凉席表面光泽自然柔和，席面挺括，若席面光泽过亮，用手攥后皱褶较多，则可能含化学纤维、黏胶等较多；若用胳膊和手心摩擦主体面料时有刺痒感，则可能含有苎麻。再生纤维素纤维凉席具有优良的吸湿性与透气性，手感柔软、丰满、滑爽，凉爽亲肤不冰凉，适用于各类人群。经编网眼织物复合凉席即市场上俗称的冰丝凉席，其特点是凉爽舒适，色泽淡雅，纹路清晰，摸起来细腻光滑，方便收纳，折叠后也不会有压痕，适合空调房里使用，但由于冰丝凉席是由人造纤维制成，其透气性和吸湿性不好，清洗时不能依靠简单的擦拭，必须整席清洗。

3.选购婴幼儿凉席应选择具有“GB 31701婴幼儿用品”标注的商品。选购时可用成人手肘下方最接近婴幼儿肌肤的部位感受凉席是否柔软舒适，清洗晾干后也要感受一下表面是否变粗糙、刺痒，在使用过程中多注意晾晒，可有效防止细菌和螨虫的侵害。

4.凉席洗涤应按照生产企业提供的维护标签进行操作。明示不可水洗的特殊商品建议用温水多擦拭几遍，并在阴凉处晾干；一般的织物凉席清洗时不能依靠简单的擦拭，为了保证健康卫生，建议尽量选购可水洗的商品。

附表　2019年织物凉席比较试验结果汇总表

序号	标称商品名称	标称商标	标称规格型号	售价（元）	标称生产/经销单位	购样地点/网站	纤维含量明示值（%）	纤维含量实测值（%）	甲醛含量标准值（mg/kg）	甲醛含量实测值（mg/kg）	pH值标准要求	pH值实测值	断裂强力实测结果（N）	水洗尺寸变化率实测结果（%）	冷水浸渍引起的尺寸变化率实测结果（%）	产品使用说明实测结果
1	星月提花竹纤维凉席双人三件套	安睡寳	床单：230cm×245cm 枕套：48cm×74cm	300.00	安睡宝（上海）家用纺织品有限公司	上海又一城购物中心有限公司	面料：100再生纤维素纤维	面料：再生纤维素纤维100（装饰部分除外）	≤75	39	4.0—8.5	6.9	长度方向：420 宽度方向：820	长度方向：-3.6 宽度方向：-2.8	长度方向：-2.2 宽度方向：-0.9	符合GB/T 5296.4-2012规定的相关要求
2	GW353氤氲水境提花冰丝席三件套	LUOLAI	席子：150cm×200cm 枕套：48cm×74cm	618.00	罗莱生活科技股份有限公司	上海又一城购物中心有限公司	席面一向：100聚酯纤维 另一向：纤维素材料+聚酯纤维 复合网布：100聚酯纤维（包边布除外）	席面一向：聚酯纤维100 席面另一向：纤维素材料+聚酯纤维 复合网布：聚酯纤维100（包边布除外）	≤75	席面：未检出	4.0—8.5	席面：6.1	长度方向：1300 宽度方向：2500	—	—	符合GB/T 5296.4-2012规定的相关要求
3	"梦洁"优雅沁滑提花软席三件套	梦洁家纺	床单：230cm×248cm 短枕套：50cm×70cm	800.00	湖南梦洁家纺股份有限公司	上海又一城购物中心有限公司	面料：100再生纤维素纤维（粘纤）辅助面料：100棉	面料：再生纤维素纤维100 辅料：棉100	≤75	面料：未检出	4.0—8.5	面料：6.7	长度方向：980 宽度方向：560	长度方向：-10.6 宽度方向：-3.6	长度方向：-5.3 宽度方向：-3.1	符合GB/T 5296.4-2012规定的相关要求
4	罗马盛典提花冰丝席三件套	水星家纺	席子：150cm×200cm 枕套：48cm×74cm×2只	158.00	上海水星家用纺织品股份有限公司	上海汇姿百货有限公司	席面一向：100聚酯纤维 另一向：100纤维素材料 四周贴布100聚酯纤维 复合布100聚酯纤维	席面一向：聚酯纤维100 席面另一向：纤维素材料100 复合布：聚酯纤维100 四周贴布：聚酯纤维100	≤75	未检出	4.0—8.5	6.0	长度方向：450 宽度方向：1200	—	—	符合GB/T 5296.4-2012规定的相关要求
5	舒丽冰丝提花席三件套（叶语）	堂皇家纺	凉席：150cm×200cm 枕套：48×74cm×2只	199.00	江苏堂皇集团有限公司	力馨（上海）商业有限公司	表面成分：经向：100聚酯纤维 纬向：100纤维素材料 复合层：100聚酯纤维 贴边布：100聚酯纤维	表面经向：聚酯纤维100 表面纬向：纤维素材料100 复合层：聚酯纤维100 贴边布：聚酯纤维100	≤75	表层：未检出	4.0—8.5	表层：5.9	长度方向：500 宽度方向：1700	—	—	符合GB/T 5296.4-2012规定的相关要求
6	新一代透气冰丝席三件套	LOFTINE	席面：150cm×200cm 枕套：48cm×74cm	480.00	青岛莫特斯家居用品有限公司	上海杨浦百联东方商厦有限公司	经向：100聚酯纤维 纬向：100纤维素材料 底层：100聚酯纤维 包边料：100聚酯纤维	经向：聚酯纤维100 纬向：纤维素材料100 底层：聚酯纤维100 包边料：聚酯纤维100	≤75	未检出	4.0—8.5	5.2	长度方向：820 宽度方向：2300	长度方向：-3.1 宽度方向：-2.0	长度方向：-0.5 宽度方向：-0.6	符合GB/T 5296.4-2012规定的相关要求
7	清逸雅凉三件套	阿思家	260cm×240cm	607.00	杭州阿思家家纺有限公司	上海杨浦百联东方商厦有限公司	面料：100再生纤维素纤维	面料：再生纤维素纤维100	≤75	未检出	4.0—8.5	4.9	长度方向：990 宽度方向：560	长度方向：-4.9 宽度方向：-1.8	长度方向：-4.9 宽度方向：-1.7	符合GB/T 5296.4-2012规定的相关要求
8	美国perfect fit艾维冰氧凉感软席	艾维	245cm×250cm	499.00	上海龙头家纺有限公司	上海徐家汇商城股份有限公司六百分公司	面料：68.8再生纤维素纤维 31.2聚酯纤维	席面：再生纤维素纤维70.4 聚酯纤维29.6	≤75	未检出	4.0—8.5	5.0	长度方向：1100 宽度方向：600	长度方向：-5.1 宽度方向：-2.7	长度方向：-2.1 宽度方向：-1.3	符合GB/T 5296.4-2012规定的相关要求
9	亚麻凉席	福沁	180cm×200cm	738.00	上海福沁卧室用品制造有限公司	上海徐家汇商城股份有限公司六百分公司	面料：100亚麻（花边除外）	亚麻100（花边除外）	≤75	未检出	4.0—8.5	6.8	长度方向：1800 宽度方向：1100	长度方向：-2.8 宽度方向：-2.0	长度方向：-2.0 宽度方向：-0.8	符合GB/T 5296.4-2012规定的相关要求

续表

序号	标称商品名称	标称商标	标称规格型号	售价（元）	标称生产/经销单位	购样地点/网站	纤维含量明示值（%）	纤维含量实测值（%）	甲醛含量标准值（mg/kg）	甲醛含量实测值（mg/kg）	pH值标准要求	pH值实测值	断裂强力实测结果（N）	水洗尺寸变化率实测结果（%）	冷水浸渍引起的尺寸变化率实测结果（%）	产品使用说明实测结果
10	恐龙丝诺冰丝席三件套	DINOSAUR	席子：150cm×195cm 枕套：48cm×73cm	599.00	上海恐龙纺织装饰品有限公司	上海太平洋百货有限公司	席面：一向：100聚酯纤维 另一向：聚酯纤维+纤维素材料复合网布：100聚酯纤维（包边布除外）	席面一向：聚酯纤维100 席面另一向：聚酯纤维+纤维素材料 复合网布：聚酯纤维100（包边布除外）	≤75	席面：未检出	4.0—8.5	席面：5.8	长度方向：1000 宽度方向：2300	—	—	符合GB/T 5296.4–2012规定的相关要求
11	QT122艾米/蓝竹纤维三件套	馨亭	凉席：250cm×245cm 枕套：50cm×75cm	699.00	北京馨亭家居用品有限公司	上海太平洋百货有限公司	面料1：100再生纤维素纤维	面料1：再生纤维素纤维100	≤75	未检出	4.0—8.5	6.8	长度方向：830 宽度方向：460	长度方向：-3.9 宽度方向：-1.8	长度方向：-2.2 宽度方向：-1.4	符合GB/T 5296.4–2012规定的相关要求
12	冰丝提花席	开诚	150cm×195cm	269.50	宁波开诚工艺品有限公司	上海卧室用品有限公司	席面经线（深色线）成分：100聚酯纤维（浅色线）成分：100纤维素材料 席面纬线成分：100聚酯纤维 背面面料成分：100聚酯纤维 包边面料成分：100聚酯纤维	席面经向（深色纱线）：聚酯纤维100 席面经向（浅色纱线）：纤维素材料100 席面纬向：聚酯纤维100 背面：聚酯纤维100 包边：聚酯纤维100	≤75	席面：未检出	4.0—8.5	席面：5.8	长度方向：910 宽度方向：2700	—	—	符合GB/T 5296.4–2012规定的相关要求
13	若水轩印花冰丝席三件套	惠谊	席子：152cm×201cm 枕套48cm×74cm	649.00	上海惠谊家纺有限公司	上海百联百货经营有限公司上海市第一百货商店	面料：58.3纤维素材料41.7聚酯纤维 里料：100聚酯纤维（无纺布除外）覆底布：100聚酯纤维	面料：净干质量百分率：纤维素材料61.3 聚酯纤维38.7 拼边：聚酯纤维100（无纺衬除外）覆底布：聚酯纤维100	≤75	未检出	4.0—8.5	6.8	长度方向：450 宽度方向：1600	—	—	符合GB/T 5296.4–2012规定的相关要求
14	宫廷冰藤爽肤席三件套	普拉达	席子：150cm×198cm 枕套：48cm×74cm	239.00	上海红瑞家纺有限公司	上海文峰千家惠超市发展有限公司	主要成分：一向：100再生纤维素纤维 另一向：100聚酯纤维 复合成分：100聚酯纤维 包边布：100聚酯纤维	席面一向：纤维素材料100 席面另一向：聚酯纤维100 复合布：聚酯纤维100 四周贴布：聚酯纤维100	≤75	席面：未检出	4.0—8.5	席面：6.3	长度方向：950 宽度方向：2800	—	—	耐久性标签洗涤维护符号标注不规范
15	典雅冰丝席三件套	天竹絲	席子 150cm×195cm×1 枕套 48cm×74cm×2只	277.00	江苏美罗家用纺织品有限公司	上海易初莲花连锁超市有限公司杨高北路店	面层：经向100聚酯纤维 纬向：56纤维素材料44聚酯纤维 底层：100聚酯纤维 边辅料：100聚酯纤维	面层经向：聚酯纤维100 面层纬向：净干质量百分率：纤维素材料58.9 聚酯纤维41.1 底层：聚酯纤维100 边辅料：聚酯纤维100	≤75	未检出	4.0—8.5	5.8	长度方向：980 宽度方向：2500	—	—	耐久性标签未标注产品的号型和规格
16	冰丝凉席双人三件（蓝色大提花系列）	Modern House	凉席：150cm×200cm 枕套：48cm×74cm	99.00	纽可尔瑞特实业（上海）有限公司	百盛纽可尔瑞特商贸（上海）有限公司	正面：经向：100聚酯纤维 纬向：纤维素材料 背面面料：100聚丙烯纤维 包边：100聚酯纤维	正面经向：聚酯纤维100 正面纬向：纤维素材料100 背面面料：聚丙烯纤维100 包边：聚酯纤维100	≤75	未检出	4.0—8.5	6.0	长度方向：510 宽度方向：1000	—	—	吊牌和耐久性标签纤维成分及含量标注不一致

续表

序号	标称商品名称	标称商标	标称规格型号	售价（元）	标称生产/经销单位	购样地点/网站	纤维含量明示值（%）	纤维含量实测值（%）	甲醛含量标准值（mg/kg）	甲醛含量实测值（mg/kg）	pH值标准要求	pH值实测值	断裂强力实测结果（N）	水洗尺寸变化率实测结果（%）	冷水浸渍引起的尺寸变化率实测结果（%）	产品使用说明实测结果
17	冰丝席	—	180cm×200cm	149.00	—	1号店安洁町家纺旗舰店	面层：经向：100聚酯纤维 纬向：100纤维素材料 底层：100聚酯纤维	面层经向：聚酯纤维100 面层纬向：纤维素材料100 底层：聚酯纤维100	≤300	席面：未检出	4.0—9.0	席面：5.8	长度方向：520 宽度方向：1200	—	—	1.未标注产品的执行标准 2.未标注产品的安全类别 3.未标注制造者名称和地址
18	绣花粗丝冰丝席	博洋家纺	席子：180cm×199cm 枕套×2：48cm×74cm	349.00	宁波博洋家纺集团有限公司	天猫博洋家纺官方旗舰店	席面：一向：100聚酯纤维 另一向：100纤维素材料（绣花线除外）席底：100聚酯纤维 贴布面：100聚酯纤维 贴布底：100丙纶 枕底布：100聚酯纤维	席面一向：聚酯纤维100 席面另一向：纤维素材料100（绣花线除外）席底：聚酯纤维100 贴布面：聚酯纤维100 贴布底：丙纶100 枕底布：聚酯纤维100	≤75	席面：未检出	4.0—8.5	席面：6.2	长度方向：670 宽度方向：3000	长度方向：-2.3 宽度方向：-3.9	长度方向：+0.2 宽度方向：-0.8	符合QB/T 2934–2018规定的相关要求
19	—	富安娜	180cm×200cm	369.00	深圳市富安娜家居用品股份有限公司	天猫富安娜官方旗舰店	席面纱线：100聚酯纤维 席面纸型纱主体成分：纤维素材料 席面复布：100聚酯纤维 席面拼接布、包边布：100聚酯纤维 席面拼接布、包边布复布：100丙纶	席面纱线：聚酯纤维100 席面纸型纱：纤维素材料100 席面复布：聚酯纤维100 席面拼接布、包边布：聚酯纤维100 席面拼接布、包边布复布：丙纶100	≤300	未检出	4.0—9.0	5.7	长度方向：1100 宽度方向：2300	—	—	1.未标注产品名称 2.未标注执行的产品标准 3.未标注安全类别
20	水洗冰丝席	—	250cm×250cm	238.00	—	京东喜连理家纺官方旗舰店	席面：经向：100聚酯纤维 纬向：纤维素材料 包边料：100聚酯纤维	席面经向：聚酯纤维100 席面纬向：纤维素材料100 包边料：聚酯纤维100	≤75	未检出	4.0—8.5	5.5	长度方向：620 宽度方向：2300	长度方向：-3.8 宽度方向：-0.7	长度方向：-0.9 宽度方向：-0.5	未标注生产厂厂名和厂址
21	薄荷冰丝席	金丝莉	180cm×198cm	119.00	上海金圆缘实业有限公司	i百联嘉本家居专营店	材质：冰丝席料+薄荷	★席面一向：聚酯纤维100 席面另一向：纤维素材料100 底层：丙纶100	≤75	席面：未检出	4.0—8.5	席面：6.8	长度方向：860 宽度方向：540	长度方向：-0.4 宽度方向：-3.3	长度方向：-0.7 宽度方向：-0.5	符合GB/T 5296.4–2012标准规定要求
22	亚麻席三件套	莱薇家纺	200cm×220cm	390.00	上海骏熹实业有限公司	i百联自营	面料：50亚麻 50棉	面料：棉50.0 亚麻50.0	≤75	未检出	4.0—8.5	6.5	长度方向：810 宽度方向：970	长度方向：-4.5 宽度方向：-8.0	长度方向：-1.7 宽度方向：-4.0	吊牌和耐久性标签纤维成分及含量标注不一致
23	眠趣22℃多效净爽凉感席	眠趣	180cm×200cm	348.00	嘉兴眠趣信息技术有限公司	i百联自营	上层：75聚酰胺纤维 25聚酯纤维 下层：100聚酯纤维	★上层：净干质量百分率：聚酯纤维/锦纶复合纤维74.0 聚酯纤维26.0 下层：聚酯纤维100	≤75	上层：未检出	4.0—8.5	上层：6.5	—	长度方向：-0.9 宽度方向：-1.9	长度方向：+1.2 宽度方向：+0.9	符合GB/T 5296.4–2012规定的相关要求
24	亚麻凉席（三件套）	520时尚家纺	220cm×240cm	1144.00	上海石兔实业有限公司	东方购物自营	面料：100亚麻（包边除外）	亚麻100（包边除外）	≤75	未检出	4.0—8.5	6.4	长度方向：1100 宽度方向：820	长度方向：-2.7 宽度方向：-4.0	长度方向：-2.2 宽度方向：-2.7	执行的产品标准标注不规范

续表

序号	标称商品名称	标称商标	标称规格型号	售价（元）	标称生产/经销单位	购样地点/网站	纤维含量明示值（%）	纤维含量实测值（%）	甲醛含量标准值（mg/kg）	甲醛含量实测值（mg/kg）	pH值标准要求	pH值实测值	断裂强力实测结果（N）	水洗尺寸变化率实测结果（%）	冷水浸渍引起的尺寸变化率实测结果（%）	产品使用说明实测结果
25	亚麻席三件套	CHRISCARRY	200cm×220cm	654.00	上海骏熹实业有限公司	东方购物自营	面料：50亚麻50棉	棉50.0 亚麻50.0	≤75	未检出	4.0—8.5	6.7	长度方向：1100 宽度方向：1200	长度方向：-3.1 宽度方向：-5.0	长度方向：-1.7 宽度方向：-2.8	1.耐久性标签未标注枕套的号型和规格 2.耐久性标签未标注枕套的纤维含量 3.席子的纤维含量耐久性标签和吊牌标注不一致
26	乔德唯美提花丝感竹纤维席三件套	乔德家纺	240cm×240cm	493.00	上海乔德福莱蒙德家居有限公司	东方购物自营	面料：100新型再生纤维素纤维（竹浆纤维）	面料：再生纤维素纤维100	≤75	38	4.0—8.5	6.9	长度方向：470 宽度方向：810	长度方向：-2.7 宽度方向：-6.0	长度方向：-2.8 宽度方向：-2.0	符合GB/T 5296.4-2012规定的相关要求
27	桑柔型凉席	恒源祥	150cm×198cm	249.00	上海恒源祥家用纺织品有限公司	国美恒源祥家纺旗舰店	面料：经向100聚酯纤维 纬向：纬一：100纤维素材料 纬二：100聚酯纤维 席复合底布：100聚酯纤维	面料经向：聚酯纤维100 面料纬向一：纤维素材料100 面料纬向二：聚酯纤维100 复合底布：聚酯纤维100	≤75	未检出	4.0—8.5	5.4	长度方向：730 宽度方向：2300	长度方向：-0.5 宽度方向：-1.9	长度方向：-0.1 宽度方向：-0.1	符合GB/T 5296.4-2012规定的相关要求
28	—	—	—	419.00	—	苏宁易购喜庭家居旗舰店	—	棉50.0 亚麻50.0（含微量其他纤维）	≤75	未检出	4.0—8.5	6.4	长度方向：1100 宽度方向：620	长度方向：-6.2 宽度方向：-4.7	长度方向：-4.7 宽度方向：-2.9	1.未标注制造者的名称和地址 2.未标注产品名称 3.耐久性标签产品号型和规格标注不规范 4.耐久性标签纤维成分及含量标注不规范 5.耐久性标签洗涤维护方法标注不规范
29	床单	艾玛诺欧	床单 250cm×250cm 枕套 48cm×74cm	108.00	南通恒蕾家用纺织品有限公司	苏宁易购艾玛诺欧家纺旗舰店	经向：100聚酯纤维 纬向：100聚酯纤维 边料：100聚酯纤维	经向：聚酯纤维100 纬向：聚酯纤维100 边料：聚酯纤维100	≤75	未检出	4.0—8.5	7.2	长度方向：2500 宽度方向：1600	长度方向：0.0 宽度方向：-0.3	长度方向：-0.0 宽度方向：+0.3	符合GB/T 5296.4-2012规定的相关要求
30	恒温绗绣亚麻三件套	吉祥三宝	180cm×220cm	228.00	上海金满堂纺织品有限公司	苏宁易购吉祥三宝家纺家居床上用品专营店	面料：65棉35麻	棉60.7 亚麻39.3	≤300	上层：未检出 下层：未检出	4.0—9.0	★上层：9.5 下层：8.9	长度方向：920 宽度方向：370	长度方向：-4.4 宽度方向：-1.5	长度方向：-1.5 宽度方向：-0.7	1.耐久性标签洗涤维护方法顺序标注不规范 2.未标注安全类别
31	淘气火烈鸟床单式冰丝席三件套	百丽丝家纺	240cm×250cm	179.00	上海百丽丝家纺有限公司	网易考拉水星家纺旗舰店	席面：100聚酯纤维 四周贴布：100聚酯纤维	席面：聚酯纤维100 四周贴布：聚酯纤维100	≤75	席面：未检出	4.0—8.5	席面：6.4	长度方向：1600 宽度方向：2300	长度方向：0.0 宽度方向：-0.5	长度方向：-0.3 宽度方向：-0.2	符合GB/T 5296.4-2012规定的相关要求

续表

序号	标称商品名称	标称商标	标称规格型号	售价（元）	标称生产/经销单位	购样地点/网站	纤维含量明示值（%）	纤维含量实测值（%）	甲醛含量标准值（mg/kg）	甲醛含量实测值（mg/kg）	pH值标准要求	pH值实测值	断裂强力实测结果（N）	水洗尺寸变化率实测结果（%）	冷水浸渍引起的尺寸变化率实测结果（%）	产品使用说明实测结果
32	提花冰丝席三件套	网易严选	冰丝席：180cm×200cm 枕套：48cm×72cm×2只	239.00	杭州网易严选贸易有限公司	网易考拉自营严选店	表面材料：经：100聚酯纤维 纬一：100聚酯纤维 纬二：100纤维素材料 底面材料：100聚酯纤维 辅助布料：100聚酯纤维	经：聚酯纤维100 纬一：聚酯纤维100 纬二：纤维素材料100 底面材料：聚酯纤维100 辅助材料：聚酯纤维100	≤75	表层：未检出	4.0—8.5	表层：5.5	长度方向：1100 宽度方向：2100	—	—	符合QB/T 2934-2018规定的相关要求
33	亚麻凉席	席韵家纺	220cm×240cm	288.00	泰安元存商贸有限公司	唯品会席韵家纺官方旗舰店	床席主体：55亚麻45棉 辅料：60涤40棉	★床席主体：亚麻45.2棉40.0 聚酯纤维11.6其他纤维3.2 辅料：聚酯纤维59.3 棉40.7	≤75	床席主体：未检出	4.0—8.5	床席主体：6.6	长度方向：床席主体：840 宽度方向：床席主体：490	长度方向：床席主体：-7.8 宽度方向：床席主体：-3.9	长度方向：床席主体：-4.1 宽度方向：床席主体：-2.2	吊牌和耐久性标签中洗涤维护方法标注不规范
34	冰丝席三件套	陽光美居	250cm×250cm	79.00	江苏世尊纺织科技有限公司	唯品会欧澜轩家纺旗舰店	面料：100聚酯纤维	面料：聚酯纤维100	≤75	未检出	4.0—8.5	7.0	长度方向：1300 宽度方向：2100	长度方向：-0.3 宽度方向：-0.3	长度方向：0.0 宽度方向：-0.3	耐久性标签未标注纤维成分及含量
35	提花冰丝席三件套	杉杉	250cm×250cm	96.00	南通沃琪纺织品有限公司	唯品会杉杉床品旗舰店	席面：横向：100纤维素纤维 纵向：100聚酯纤维 贴边布：100聚酯纤维	★横向：聚酯纤维100 纵向：聚酯纤维100 贴边布：聚酯纤维100	≤75	席面：未检出	4.0—8.5	席面：7.5	长度方向：1400 宽度方向：1900	长度方向：0.0 宽度方向：-0.8	长度方向：-0.2 宽度方向：0.0	耐久性标签未标注枕套的号型和规格
36	亚麻凉席	易迈	200cm×220cm	468.00	泰安温凉玉家纺有限公司	天猫易迈旗舰店	面料：100亚麻	亚麻100	≤75	未检出	4.0—8.5	6.5	长度方向：1200 宽度方向：2000	长度方向：-5.9 宽度方向：-8.3	长度方向：-2.8 宽度方向：-5.2	符合GB/T 5296.4-2012规定的相关要求
37	冰丝席套装	桃薇家纺	180cm×200cm	159.00	南通桃薇纺织科技有限公司	1号店桃薇家纺官方旗舰店	面层：经向：100聚酯纤维 纬向：100纤维素材料 底层：100聚酯纤维	面层经向：聚酯纤维100 面层纬向：纤维素材料100 底层：聚酯纤维100	≤75	未检出	4.0—8.5	6.2	长度方向：410 宽度方向：1100	—	—	1.吊牌和耐久性标签纤维含量标注不一致 2.制造者地址标注不规范
38	冰丝席	北极绒	180cm×200cm	99.00	—	京东自营	面层：纬向100纤维素材料 经向100聚酯纤维 底层：100丙纶 包边料：100聚酯纤维	面层经向：聚酯纤维100 面层纬向：纤维素材料100 底层：丙纶100 包边料：聚酯纤维100	≤75	20	4.0—8.5	6.0	长度方向：480 宽度方向：740	—	—	1.未标注制造者名称和地址 2.未标注执行产品标准
39	纯亚麻凉席/绿色条纹	大朴	210cm×220cm	439.00	宁波大朴家居有限公司	京东自营	面料：100亚麻（包边除外）	面料：亚麻100（包边除外）	≤20	未检出	4.0—7.5	7.2	长度方向：1300 宽度方向：1500	长度方向：-3.1 宽度方向：-5.7	长度方向：-2.5 宽度方向：-3.3	符合GB/T 5296.4-2012规定的相关要求
40	冰丝席	皮尔卡丹	180cm×200cm	319.00	比斯特国际贸易（上海）有限公司	京东自营	经向：100聚酯纤维 纬向：100聚酯纤维 底层：100聚酯纤维 包边料：100聚酯纤维	面层：聚酯纤维100 底层：聚酯纤维100 包边料：聚酯纤维100	≤75	未检出	4.0—8.5	5.8	—	—	—	符合GB/T 5296.4-2012规定的相关要求

续表

序号	标称商品名称	标称商标	标称规格型号	售价（元）	标称生产/经销单位	购样地点/网站	纤维含量明示值（%）	纤维含量实测值（%）	甲醛含量标准值（mg/kg）	甲醛含量实测值（mg/kg）	pH值标准要求	pH值实测值	断裂强力实测结果（N）	水洗尺寸变化率实测结果（%）	冷水浸渍引起的尺寸变化率实测结果（%）	产品使用说明实测结果
41	夏凉席	gb（好孩子）	120×60cm	90.00	好孩子南通服饰有限公司	上海汇姿百货有限公司	正面：62.9纤维素材料37.1聚酯纤维反面：100聚酯纤维（包边布除外）	正面：净干质量百分率：纤维素材料60.9聚酯纤维39.1 反面：聚酯纤维100（包边布除外）	≤20	席面：未检出	4.0—7.5	席面：6.2	长度方向：270 宽度方向：1500	长度方向：-5.4 宽度方向：-1.8	长度方向：-0.4 宽度方向：-0.9	符合GB/T 5296.4–2012规定的相关要求
42	亚麻凉席5（中）	ForU	65×120cm	304.00	中山捷瑞日用制品有限公司	上海品爱母婴用品有限公司	100亚麻	亚麻100	≤20	未检出	4.0—7.5	7.0	长度方向：2200 宽度方向：1400	长度方向：-2.9 宽度方向：-0.7	长度方向：0.0 宽度方向：-0.2	符合GB/T 5296.4–2012规定的相关要求
43	黄色小鸭凉感冰丝凉席	Piyo Piyo	65×120cm	117.50	上海黄色小鸭贸易有限公司	上海杨浦宝大祥青少年儿童购物有限公司	席面：62.6纤维素材料37.4聚酯纤维 席里：100聚酯纤维	席面：净干质量百分率：纤维素材料61.5聚酯纤维38.5 席里：聚酯纤维100	≤20	席面：未检出	4.0—7.5	席面：5.3	长度方向：1500 宽度方向：540	长度方向：-0.8 宽度方向：-4.0	长度方向：-0.7 宽度方向：-0.3	符合GB/T 5296.4–2012规定的相关要求
44	童床冰丝凉席	Bbe baby®	70×120cm	89.00	广东宝贝儿婴童用品股份有限公司	上海杨浦宝大祥青少年儿童购物有限公司	面料：60锦纶40草木纤维	★面料：净干质量百分率：聚酯纤维69.2纤维素材料30.8	≤20	席面：未检出	4.0—7.5	席面：6.5	长度方向：2200 宽度方向：960	—	—	耐久性标签的维护方法标注不规范
45	儿童席	三木比迪	115cm×65cm	132.00	东莞市三苑宜友制衣有限公司	宝大祥青少年儿童购物（集团）股份有限公司	面层：席面纱线100聚酯纤维 底层：100聚酯纤维 纸型纱主体成分：纤维素材料	面层一向：纤维素材料100 面层另一向：聚酯纤维100 底层：聚酯纤维100	≤20	席面：未检出	4.0—7.5	席面：5.2	长度方向：1200 宽度方向：600	长度方向：-2.0 宽度方向：-2.0	长度方向：-1.0 宽度方向：-0.4	符合GB/T 5296.4–2012规定的相关要求
46	贝彤竹纤维双层专利凉席（蓝色）	贝彤	75×125cm	182.40	上海草影贸易有限公司	上海力涌商贸有限公司金高路二店	100再生纤维素纤维	再生纤维素纤维100	≤20	★25	4.0—7.5	6.8	长度方向：1300 宽度方向：930	长度方向：-7.4 宽度方向：-2.9	长度方向：-5.0 宽度方向：-2.5	符合GB/T 5296.4–2012规定的相关要求
47	竹纤维3D凉席	月亮船	140×70cm	138.00	青岛乐品汇家居有限公司	苏宁易购月亮船官方旗舰店	成分：面料：100再生纤维素纤维（竹浆纤维）100聚酯纤维（三明治网）辅料：棉100	面层：再生纤维素纤维100 里层：聚酯纤维100 辅料：棉100	≤20	未检出	4.0—7.5	6.2	长度方向：1400 宽度方向：530	长度方向：-12.0 宽度方向：-3.9	长度方向：-3.0 宽度方向：-1.9	耐久性标签中洗涤维护方法顺序标注不规范
48	婴儿凉席	—	—	42.90	—	苏宁易购嘟嘟母婴专营店	经：100聚酯纤维 纬：54纤维素纤维46聚酯纤维 席底：聚酯纤维100	★席面经向：聚酯纤维100 席面纬向：纤维素材料100 席底：聚酯纤维100	≤20	席面：未检出	4.0—7.5	席面：6.5	长度方向：1500 宽度方向：620	长度方向：-0.8 宽度方向：-1.9	长度方向：-0.5 宽度方向：-0.3	1.未标注制造者的名称和地址 2.耐久性标签未标注产品号型和规格 3.耐久性标签维护方法标注不规范 4.未标注产品执行标准 5.未标注安全类别

续表

序号	标称商品名称	标称商标	标称规格型号	售价（元）	标称生产/经销单位	购样地点/网站	纤维含量明示值（%）	纤维含量实测值（%）	甲醛含量标准值（mg/kg）	甲醛含量实测值（mg/kg）	pH值标准要求	pH值实测值	断裂强力实测结果（N）	水洗尺寸变化率实测结果（%）	冷水浸渍引起的尺寸变化率实测结果（%）	产品使用说明实测结果
49	婴幼儿纯苎麻保健凉席（加大）绿	良良	125cm×74cm	169.00	南昌良良实业有限公司	苏宁易购 良良 官方旗舰店	面布：100苎麻，绣花：70棉30苎麻 里布：55棉45苎麻	★面布：苎麻100 里布：棉65.0 苎麻35.0 绣花部分：棉72.1 苎麻27.9	≤20	里布：未检出 主面布：未检出 白色绣花面布：未检出	4.0—7.5	★里布：7.7 主面布：5.5 白色绣花面布：7.2	长度方向： 主面布：1700 里布：510 宽度方向： 主面布：1800 里布：210	长度方向： 主面布：-4.0 里布：-3.1 宽度方向：主面布：-1.8 里布：-2.4	长度方向： 主面布：-1.7 里布：-0.6 宽度方向：主面布：-0.8 里布：-2.1	符合GB/T 5296.4-2012规定的相关要求
50	清凉·亚麻凉席	喜亲宝(K.S.babe)	120cm×60cm	79.00	天津婴艺国际贸易有限公司	1号店 喜亲宝 自营旗舰店	主料：100亚麻 辅料：100棉	★主料：聚酯纤维64.3 腈纶13.8 棉11.6 粘纤6.5 其他纤维3.8 辅料：棉62.4 聚酯纤维27.5 粘纤10.1（含微量其他纤维）	≤20	主料：未检出	4.0—7.5	主料：7.1	长度方向：1100 宽度方向：590	长度方向：-3.4 宽度方向：-0.9	长度方向：-2.3 宽度方向：-0.5	1.耐久性标签未标注产品号型和规格 2.吊牌和耐久性标签纤维成分及含量标注不一致 3.未标注产品执行标准
51	竹纤维3D凉席	米乐鱼	120cm×65cm	189.90	百代商业（深圳）有限公司	1号店 米乐鱼 自营旗舰店	面料：100再生纤维素纤维 底层：100聚酯纤维	面层：再生纤维素纤维100 底层：聚酯纤维100	≤20	席面：未检出	4.0—7.5	席面：6.5	长度方向：1100 宽度方向：880	长度方向：-4.4 宽度方向：+0.8	长度方向：-1.7 宽度方向：+0.9	符合GB/T 5296.4-2012规定的相关要求
52	亚麻凉席	斯达特	—	89.00	泰安市东岳大麻纺织有限公司	天猫斯达特旗舰店	成分：67亚麻21棉12聚酯其他纤维	粘纤 棉 亚麻 聚酯纤维	≤75	未检出	4.0—8.5	7.0	长度方向：850 宽度方向：430	长度方向：-5.6 宽度方向：-1.1	长度方向：-2.8 宽度方向：-0.7	1.耐久性标签中产品号型和规格标注不规范 2.耐久性标签中纤维成分及含量标注不规范
53	SK3D印花凉席枕头套装	SPIRIT KIDS	120cm×65cm	79.00	上海爱朵婴童用品有限公司	网易考拉 SPIRITKIDS 母婴旗舰店	经：100聚酯纤维 纬：100纤维素纤维 底料：100聚酯纤维 辅助布料：100聚酯纤维	面料经向：聚酯纤维100 面料纬向：纤维素材料100 底料：聚酯纤维100 辅料：聚酯纤维100	≤20	面料：未检出	4.0~7.5	面料：5.8	长度方向：2600 宽度方向：730	长度方向：-3.3 宽度方向：-3.4	长度方向：-0.6 宽度方向：-0.8	枕头耐久性标签中洗涤维护方法标注不规范
54	冰丝凉席	麦车车	110cm×60cm	59.00	好孩子（青岛）商贸有限公司	唯品会麦车车母婴用品旗舰店	表层：65.5纤维素材料34.5聚酯纤维 底层：100聚酯纤维（包边布除外）	表层：净干质量百分率：纤维素材料61.9 聚酯纤维38.1 底层：聚酯纤维100（包边布除外）	≤20	席面：未检出	4.0—7.5	席面：7.2	长度方向：1600 宽度方向：640	—	—	符合GB/T 5296.4-2012规定的相关要求
55	河马尼可冰丝凉席 大号	Dzone第一站	120cm×60cm	114.00	上海芙儿优婴童睡眠科技股份有限公司	i百联百股 自营 儿童芙儿优	正面：61.4聚酯纤维38.6纤维素材料 背面：100聚酯纤维	正面：净干质量百分率：聚酯纤维66.2 纤维素材料33.8 背面：聚酯纤维100	≤20	正面：未检出	4.0—7.5	正面：6.0	长度方向：2500 宽度方向：610	长度方向：-2.7 宽度方向：0.0	长度方向：-0.5 宽度方向：0.0	符合GB/T 5296.4-2012规定的相关要求

续表

序号	标称商品名称	标称商标	标称规格型号	售价（元）	标称生产/经销单位	购样地点/网站	纤维含量明示值（%）	纤维含量实测值（%）	甲醛含量标准值（mg/kg）	甲醛含量实测值（mg/kg）	pH值标准要求	pH值实测值	断裂强力实测结果（N）	水洗尺寸变化率实测结果（%）	冷水浸渍引起的尺寸变化率实测结果（%）	产品使用说明实测结果
56	鲸宝宝	黄古林	200cm×120cm	239.90	浙江黄古林床上用品有限公司	网易考拉黄古林旗舰店	表：纬一：100纤维素材料 纬二：100聚酯纤维 经：100聚酯纤维 底，包边布：100聚酯纤维	表：纬一：纤维素材料100表：纬二：聚酯纤维100经向：聚酯纤维100 底,包边布：聚酯纤维100	≤20	席面：未检出	4.0—7.5	席面：6.2	长度方向：2100 宽度方向：980	长度方向：-3.4 宽度方向：-0.5	长度方向：-2.0 宽度方向：0.0	符合QB/T 2934-2018规定的相关要求
57	天然苎麻凉席	七彩博士/Dr.turelife	62cm×110cm	89.00	江西七彩博士实业有限公司	天猫七彩博士旗舰店	面料成分：100苎麻 绣花：100棉 底层面料：100聚酯纤维	面料：苎麻100 绣花布：棉100（绣线除外）底层：聚酯纤维100	≤20	白色绣花面料：未检出 主面料：未检出 底布：未检出	4.0—7.5	★白色绣花面料：8.7 主面料：6.5 底布：6.9	长度方向：主面料：2000 宽度方向：主面料：2000	长度方向：主面料：-3.6 宽度方向：主面料：-3.3	长度方向：主面料：-0.8 宽度方向：主面料：-1.4	耐久性标签未标注产品号型和规格
58	婴儿床凉席	—	100cm×55cm	28.90	舒城贝吉宝儿童用品有限公司	天猫贝吉宝母婴旗舰店	席面横向成分：100再生纤维素纤维 席面纵向成分：100聚酯纤维 席反面成分：100聚酯纤维	席面横向：纤维素材料100席面纵向：聚酯纤维100席反面：聚酯纤维100	≤20	席面：未检出	4.0—7.5	席面：6.1	长度方向：1100 宽度方向：540	长度方向：-0.9 宽度方向：-2.6	长度方向：-0.4 宽度方向：-0.6	符合GB/T 5296.4-2012规定的相关要求
59	冰雪奇缘	迪士尼	60cm×120cm	79.00	上海邦亚实业有限公司	天猫disney迪士尼邦亚专卖店	纬向：100再生纤维素纤维 经向：100聚酯纤维 复合层：100聚酯纤维 包边布：100聚酯纤维	纬向：纤维素材料100经向：聚酯纤维100复合层：聚酯纤维100包边布：聚酯纤维100	≤20	席面：未检出	4.0—7.5	席面：5.7	长度方向：1600 宽度方向：560	—	—	符合GB/T 5296.4-2012规定的相关要求
60	婴儿凉席	微笑宝贝	130cm×70cm	124.00	合肥讯和商贸有限责任公司	天猫微笑宝贝旗舰店	面料：100麻 包边：100棉	面料：亚麻100 包边：棉100	≤20	未检出	4.0—7.5	7.2	长度方向：2000 宽度方向：1200	长度方向：-6.7 宽度方向：-4.2	长度方向：-5.3 宽度方向：-2.9	符合GB/T 5296.4-2012规定的相关要求
61	爱娜麻麻汉麻宝宝席	爱娜麻麻	70cm×120cm	129.00	泰安铖瑄孕婴用品有限公司	国美铖瑄母婴专营店	成分：55汉麻 45有机棉	棉50.0 大麻50.0（含微量其他纤维）	≤20	未检出	4.0—7.5	7.4	长度方向：1000 宽度方向：720	长度方向：-6.1 宽度方向：-4.2	长度方向：-2.6 宽度方向：-2.1	吊牌和耐久性标签产品执行标准标注不一致
62	凉席	贝珠儿	—	128.00	南通本末生家居用品有限公司	唯品会贝珠儿家居家纺旗舰店	—	面布：亚麻+苎麻73.8 棉20.4 聚酯纤维5.8（含微量其他纤维）底布：棉100	≤75	面布：未检出 底布：未检出	4.0—8.5	★底布：9.1 面布：9.0	长度方向： 面布：1100 底布：720 宽度方向： 面布：810 底布：290	长度方向： 面布：-4.1 底布：-3.3 宽度方向： 面布：-5.9 底布：-4.1	长度方向：面布：-2.8 底布：-2.2 宽度方向：面布：-2.5 底布：-2.8	1.耐久性标签产品号型和规格标注不规范 2.耐久性标签纤维成分及含量标注不规范
63	宝宝凉席	贝贝怡	120cm×60cm	72.00	厦门蓓蕾初华网络科技有限公司	唯品会自营	表层：60.7聚酯纤维 39.3纤维素材料 配布：100聚酯纤维 底层：100聚酯纤维	表层：净干质量百分率：聚酯纤维65.7 纤维素材料34.3 配布：聚酯纤维100底层：聚酯纤维100	≤20	席面：未检出	4.0—7.5	席面：6.1	长度方向：2200 宽度方向：810	—	—	符合GB/T 5296.4-2012规定的相关要求

续表

序号	标称商品名称	标称商标	标称规格型号	售价（元）	标称生产/经销单位	购样地点/网站	纤维含量明示值（%）	纤维含量实测值（%）	甲醛含量标准值（mg/kg）	甲醛含量实测值（mg/kg）	pH值标准要求	pH值实测值	断裂强力实测结果（N）	水洗尺寸变化率实测结果（%）	冷水浸渍引起的尺寸变化率实测结果（%）	产品使用说明实测结果
64	婴幼儿冰丝凉席	KUB可优比	110cm×63cm	99.00	杭州可优比婴童用品有限公司	唯品会可优比旗舰店	表层面料：经向：聚酯纤维 纬向：聚酯纤维 纤维素纤维 包边面料：聚酯纤维 底层面料：聚酯纤维	表层面料经向：聚酯纤维100 表层面料纬向：纤维素材料/聚酯纤维 包边面料：聚酯纤维100 底层面料：聚酯纤维100	≤20	席面：未检出	4.0—7.5	席面：5.5	长度方向：2300 宽度方向：1100	长度方向：-1.1 宽度方向：-3.5	长度方向：-1.0 宽度方向：-0.4	1.耐久性标签洗涤维护方法标注不规范 2.耐久性标签纤维含量标注不规范
65	婴幼儿冰丝凉席	Boxbaby	—	69.00	青岛中宝鸿源电子商务有限公司	1号店 中宝鸿源母婴专营店	植物纤维、纳米冰丝	席面一向：聚酯纤维100 席面另一向：纤维素材料+聚酯纤维 席底：聚酯纤维100（包边除外）	≤20	席面：未检出	4.0—7.5	席面：6.0	长度方向：1800 宽度方向：740	长度方向：-3.0 宽度方向：-1.0	长度方向：-1.2 宽度方向：-0.8	1.耐久性标签未标注产品号型和规格 2.耐久性标签未标注维护方法 3.耐久性标签未标注纤维成分及含量 4.吊牌标注的纤维成分及含量不规范
66	婴儿冰丝凉席凉枕套装	象宝宝（elepbaby）	凉席尺寸：120cm×60cm（1个） 枕头尺寸：36cm×20cm（1个）	56.00	江苏象宝宝科技有限公司	1号店 象宝宝官方旗舰店	成分：经线纤维素材料 纬线聚酯纤维 底料：100聚酯纤维	纬线：聚酯纤维100 经线：纤维素材料100 底料：聚酯纤维100	≤20	席面：未检出	4.0—7.5	席面：5.8	长度方向：1500 宽度方向：650	长度方向：-0.6 宽度方向：-3.8	长度方向：-0.4 宽度方向：-0.2	符合QB/T 2934–2008规定的相关要求
67	Baby夏韵凉席	水星宝贝 MERCURY BABY	65cm×120cm	119.00	上海水星家用纺织品股份有限公司	京东自营	51再生纤维素纤维 49苎麻（装饰物除外）	面层：再生纤维素纤维53.3 苎麻46.7（装饰除外）	≤20	面层：未检出	4.0—7.5	面层：7.1	长度方向：1100 宽度方向：1400	长度方向：-5.4 宽度方向：-0.3	长度方向：-2.4 宽度方向：+0.6	符合GB/T 5296.4–2012规定的相关要求
68	森语绿咖苎麻成长凉席	贝谷贝谷	125cm×72cm	198.00	江西省优典实业有限公司	京东自营	面料100苎麻 绣花拼接70棉30苎麻 里料90苎麻10棉	面料：苎麻100 绣花拼接：棉73.9 苎麻26.1 里料：苎麻88.1 棉11.9	≤20	面料：未检出 里料：未检出 拼料：未检出	4.0—7.5	面料：5.2 里料：4.7 拼料：6.8	长度方向： 面料：1700 里料：400 宽度方向： 面料：1800 里料：350	长度方向： 面料：-4.4 里料：-3.8 宽度方向： 面料：-2.4 里料：-3.4	长度方向： 面料：-2.4 里料：-1.4 宽度方向： 面料：-1.3 里料：-1.7	符合GB/T 5296.4–2012规定的相关要求
69	婴儿苎麻凉席	babycare	65cm×120cm	189.00	上海蓝缕实业有限公司	京东 babycare官方旗舰店	主要材质：绣花：70棉30苎麻 面布：100苎麻 拼接边：60棉40苎麻 底布：90苎麻10棉	绣花部分：棉73.2 苎麻26.8 面布：苎麻100 包边：棉55.3 苎麻44.7 底布：苎麻88.1 棉11.9	≤20	底布：未检出 面布：未检出	4.0—7.5	底布：6.7 面布：6.2	长度方向： 面布：1500 底布：410 宽度方向： 面布：1300 底布：350	长度方向： 面布：-2.8 底布：-1.3 宽度方向： 面布：-2.8 底布：-4.0	长度方向： 面布：-1.4 底布：0.0 宽度方向： 面布：-1.9 底布：-3.2	耐久性标签未标注产品号型和规格
70	婴幼儿冰丝提花凉席	OuYun欧孕	140cm×70cm	79.00	江西大恩实业有限公司	京东讯诚母婴专营店	席面：经向：100聚酯纤维 纬向：24聚酯纤维76纤维素材料 席面复合层：100聚酯纤维 包边布：100聚酯纤维 包边布复合层：100丙纶	席面经向：聚酯纤维100 席面纬向：净干质量百分率：纤维素材料79.0 聚酯纤维21.0 席面复合层：聚酯纤维100 包边布：聚酯纤维100 包边布复合层：丙纶100	≤20	席面：未检出	4.0—7.5	席面：5.9	长度方向：1400 宽度方向：2300	长度方向：-1.2 宽度方向：-2.3	长度方向：-0.5 宽度方向：-0.8	1.耐久性标签未标注产品号型和规格 2.耐久性标签未标注纤维成分及含量 3.耐久性标签未标注维护方法

注：1.排名不分先后，比较试验结果仅对样品负责，不代表同品牌不同批次、不同型号产品的质量状况；
2.表中“★”表示该项目实测值与标准参考值或明示不符；
3.任何企业和单位不得将本次比较试验结果用作商业宣传。

江苏省消费者权益保护委员会

保鲜膜、保鲜袋比较试验报告

保鲜膜、保鲜袋主要用于冰箱食物保存、生鲜及熟食包装以及家用微波炉食品加热等场合，在家庭生活、超市卖场、宾馆饭店及工业生产的食品包装领域都有广泛的应用。保鲜膜、保鲜袋以其方便、经济、实用的特点受到了消费者的青睐。然而，保鲜膜、保鲜袋的安全性能、使用性能及其性价比到底如何呢？为了解市场上销售的保鲜膜、保鲜袋的质量状况，以及如何正确使用保鲜膜、保鲜袋，江苏省消保委于近期对江苏省市场上和部分网络销售平台销售的保鲜膜、保鲜袋展开了比较试验，旨在向广大消费者提供真实信息，供消费者选购使用时参考。

一、样品情况

本次比较试验的样品是由工作人员以普通消费者的身份，从本省的苏州和南京两个城市的5家实体超市，和天猫商城、京东商城、苏宁易购、亚马逊4个电商平台购买。

本次比较试验样品，保鲜膜30款，按不同材质分为：聚乙烯（PE）材质23款，聚氯乙烯（PVC）材质6款，聚偏二氯乙烯（PVDC）材质1款；保鲜袋30款，按结构不同分为：家用抽取式保鲜袋5款，连卷袋21款，夹链自封袋4款，材质均为PE。

二、检测依据及检测项目

此次比较试验保鲜膜、保鲜袋样品委托江苏省产品质量监督检验研究院依据相关国家标准，对消费者关注的卫生性能指标（第1—5项）、使用性能（第6—10项）等进行了测试比较。（测试结果仅代表所购样品）卫生性能指标包括：总迁移量、高锰酸钾消耗量、重金属（以Pb计）、环氧大豆油迁移量、氯乙烯单体迁移量等；使用性能包括：拉伸强度、直角撕裂强度、自粘性、落镖冲击、封口强度和阻隔性能等。下面分别就比较试验的结果对各个项目进行分析。

（一）总迁移量

总迁移量指标是考核保鲜膜、保鲜袋在使用过程中，接触水、醋、酒、油等物质时，可能析出化学物质的量。这些物质可能是低分子量的添加剂或无机填充物如碳酸钙、滑石粉等，不仅会直接影响食品的色、香、味等食用质量，进入人体还会对身体健康产生不良影响，甚至可能引发多种疾病。GB 4806.7-2016《食品安全国家标准　食品接触用塑料材料及制品》卫生标准中规定总迁移量限量是不大于10mg/dm^2。迁移量的检出值越小，则其安全性能越高。

此次比较试验结果显示，60款产品在接触酸性模拟物和浓度值小于20%的酒精模拟物时，总迁移量检测结果均符合国家标准。但6款的PVC材质的保鲜膜进行油脂模拟物试验时，总迁移量检测结果为15-38mg/dm^2。这进一步证实了PVC材质的塑料制品不得接触油类食品，如果接触了带油脂类食品则会析出较多的化学物质，对人体健康造成隐患。

（二）高锰酸钾消耗量

高锰酸钾消耗量反映的是样品可溶出有机物质的总量。当用蒸馏水浸泡待测样品时，所有易溶出的有机物质会溶解在水里，形成混合溶液，该混合液用强氧化性高锰酸钾溶液进行滴定，有机小分子物质全部被氧化，通过消耗的高锰酸钾的量来对溶出有机物质的总量进行定量。保鲜膜、保鲜袋的高锰酸钾消耗量有严格的限量标准，GB 4806.7-2016《食品安全国家标准　食品接触用塑料材料及制品》规定高锰酸钾消耗量的值应不大于10mg/kg。

此次比较试验结果显示，60款产品均符合国家标准要求。检测数据显示：PE材质产品检测值低于1mg/kg占90%以上，而PVC材质产品检测值>1mg/kg占60%以上，但均小于3mg/kg。

（三）重金属（以Pb计）

重金属主要包括铅、砷、锑等物质，主要来源于原材料的污染、生产过程中助剂（稳定剂、填充剂、抗氧化剂）的使用不当及生产过程中管道、机械器具的污染。重金属的检测是以铅为代表的。铅是常见的有毒污染物，对人体有明显的危害，尤其对儿童的危害更大，可影响儿童生长发育和智力发展。其检测原理是浸泡液中重金属（以铅计）与硫化钠作用，在酸性溶液中形成黄棕色硫化铅，与标准溶液颜色进行比较，当试样颜色浅于标准溶液颜色时，即表示重金属含量符合规定要求。GB 4806.7–2016《食品安全国家标准　食品接触用塑料材料及制品》卫生标准中规定重金属（以Pb计）项目的技术要求是≤1mg/kg。

此次比较试验结果显示，60款产品均符合国家标准要求。

（四）环氧大豆油迁移量

环氧大豆油（ESBO）为一种稳定低毒的物质，在增塑剂中占有很大的比重。ESBO是一种混合甘油三酯，可作增塑剂和稳定剂，易溶于各种有机溶剂，与PVC树脂相容性好，是国际认可的食品包装材料助剂。但如果过量的ESBO迁移到食品中，就会对消费者的健康造成危害。1997年，欧盟食品科学委员会（SCF）指定ESBO的日耐受量（TDI）为1mg/kg（b.w.）。GB 9685–2016中规定ESBO的特定迁移限量（SML）为60mg/kg，婴儿食品中ESBO的SML不得超过30mg/kg。

本次比较试验发现，6款的PVC材质的保鲜膜在接触酸性模拟物、浓度值小于20%的酒精模拟物和油脂性食品模拟物时环氧大豆油的迁移量均未检出。

（五）氯乙烯单体迁移量

在PVC树脂生产过程中，或多或少会残留着一定量的氯乙烯单体，氯乙烯单体在其制品与食品直接接触时，可能会迁移到食品中进而转入人体中。其危害性在于如果发生氯乙烯单体轻度中毒，则会出现眩晕、胸闷、嗜睡、步态蹒跚等现象；如果严重中毒可发生昏迷、抽搐，甚至造成死亡。

本次比较试验，试验人员有针对性地依据GB 31604.31–2016《食品安全国家标准　食品接触材料及制品　氯乙烯的测定和迁移量的测定》对6款PVC材质的样品进行检测，氯乙烯单体的迁移量均未检出。

（六）膜的强度值

强度值包括拉伸强度和直角撕裂强度，拉伸强度是保鲜膜、保鲜袋产品在单位横截面积上所能承受的拉力，该项目体现了保鲜袋在实际使用过程中所能承受重量的能力。直角撕裂强度是保鲜膜产品耐撕裂性能的一项指标，撕裂强度的大小决定了消费者在使用过程中撕断保鲜膜时的难易程度。

本次比较检测发现，聚偏二氯乙烯（PVDC）材质的强度最好，聚氯乙烯（PVC）的次之，而聚乙烯（PE）材质则最差。而PE材质保鲜膜的直角撕裂强度最大，PVC材质的保鲜膜的直角撕裂强度值次之。但是，目前市场上有不少PE保鲜膜生产企业已推出自带裁剪工具（锯齿）或者直接以点断式保鲜膜进行外包装，大大改善了消费者的使用体验。

（七）自粘性

自粘性是指保鲜膜本身具有的黏附性，该项指标在实际使用过程中反映的是包裹食品的牢靠程度。

本次比较检测发现：PVC材质的自粘性较好，而PE材质自粘性次之。

（八）落镖冲击和封口强度（提袋使用性能）

很多消费者遇到过这样的情况，保鲜袋内刚装上一盒酸奶就顶出个窟窿；用保鲜袋打包食品，拎上一会儿，保鲜袋的底通了，即下部的封口漏了。在标准中，涉及这两个性能的项目就是落镖冲击和封口强度值。因为国家没有保鲜袋产品的相应标准，部分企业执行自己制定的企业标准，部分企业标准未对这些项目做出要求。所以本次比较试验我们借鉴了GB/T 24984–2010《日用塑料袋》的标准，用标准中所规定的实验方法进行检测。

本次比较检测发现：夹链自封袋由于厚度均在0.05mm左右，为普通家用保鲜袋的5倍左右，封口强度均超过了10N，因此可用于短途的食品拎提；而普通家用保鲜袋厚度仅0.01mm左右，封口强度值在5N左右。在落镖冲击试验中，我们参考GB/T 2498–2010《日用塑料袋》标准中规定的承重小于3公斤的袋子落镖质量选择30g的落镖，从0.66米高度由电磁铁断电后自由落下，观察试样与落镖的接触面是否破裂，对所有保鲜袋进行试验，试验结果发现某市场占有率很高的知名品牌保鲜袋，在落镖冲击项目上十个样品十个全破。因此，建议消费者仅用于家庭中少量食品的冷冻或保鲜，或临时包装用，不建议拎提。

（九）连卷袋撕拉

30款保鲜袋中有21款连卷袋，其中3款保鲜袋在试验过程中，撕裂破损。出现这种问题的主要原因有以下三点，第一，保鲜袋厚薄不均，被拉扯后易破损；第二，保鲜袋的纵向拉伸强度过大，不容易发生断裂；第三，点段裁切不够明显，连卷袋在撕裂时从热封处分开。综上所述，生产厂家在生产过程中需要保持保鲜袋的厚度均匀，点段裁切要到位，才能避免出现连卷袋撕拉破损的情况。

（十）阻隔性

保鲜膜、保鲜袋最大的一个用途是消费者用来包装生鲜蔬菜或水果等，既要具有一定的阻隔性能，又要保证内装食品的正常“呼吸”，以达到保鲜的效果。阻隔性能分为水蒸气透过量和氧气透过量。

1.水蒸气透过量。水蒸气阻隔性能主要是食品经包装后外界水蒸气进入包装内部，也包括阻止包装内部的水分渗透出去。包装材料中水分的渗透既会导致食品发生物理变化如干性食品吸湿导致结晶、结块或失去脆性和香味等，也可引起一些化学和微生物的变化，例如加速油脂和色素的氧化分解、促使微生物的繁殖、增强酶活性导致食品产生等。水分的含量对生鲜食品、谷物、奶制品、饼干、茶叶、干果等各类食品的贮藏品质均有较大影响（见表1）。

表1 不同材质产品水蒸气透过量结果统计

水蒸气透过量/g/（m^2·24h）	PE保鲜膜/款	PVC保鲜膜/款	PVDC保鲜膜/款	PE保鲜袋/款	PE夹链自封袋/款
（0—20］	1	—	1	—	4
（20—50］	22	—	—	26	—
（50—100］	—	—	—	—	—
（>100）	—	6	—	—	—

本次对比试验结果表明：保湿性能PE夹链自封袋>PVDC材质保鲜膜>PE材质保鲜膜>PVC材质保鲜膜。材料的阻隔性能高低与材料的厚度呈正相关性，与材料自身的分子结构也存在一定的关系。PE夹链自封袋的单层膜厚度在0.042—0.054mm之间，而保鲜膜的厚度在0.007—0.012mm之间。PE夹链自封袋的保湿性能明显大于保鲜膜。PVDC保鲜膜、PE保鲜膜以及PVC保鲜膜由于其各自的分子尺寸和分子形状不同，在保湿性能方面表现出递减的关系。

2.氧气透过量。氧气是导致很多食品在贮藏期间品质下降的主要原因之一。氧气会导致油脂氧化，产生酸败气味；促进酶褐变，导致鲜切果蔬变色；促使需氧微生物的生产和繁殖，造成食品腐烂变质；与食品中的某些营养物质如维生素C等反应，降低食品品质；氧气浓度过高或过低，都会影响果蔬采后的呼吸强度，进而影响其贮藏时间（见表2）。

表2 不同材质产品氧气透过量结果统计

氧气透过量/cm^3/［m^2·24h·0.1MPa］	PE保鲜膜/款	PVC保鲜膜/款	PVDC保鲜膜/款	PE保鲜袋/款	PE夹链自封袋/款
（0—10000］	—	3	1	—	4
（1000—20000］	21	3	—	18	—
（20000—30000］	2	—	—	5	—
（>30000）	—	—	—	3	—

本次对比试验表明：氧气阻隔性能：PVDC材质保鲜膜>PE材质的夹链自封袋>PVC材质保鲜膜>PE材质保鲜膜>PE材质保鲜袋。PE夹链自封袋的单层膜厚度在0.042—0.054mm之间，而保鲜膜的厚度在0.007—0.012mm之间。PE夹链自封袋的氧气阻隔性能明显大于保鲜膜。PVDC保鲜膜、PE保鲜膜以及PVC保鲜膜由于其各自的分子尺寸和分子形状不同，在保湿性能方面表现出递减的关系。

因此，对于水分敏感的食品在选择包装材料时，应选择具有适宜水蒸气透过率的包装材料如咖啡、茶叶、干果等需要选择水蒸气阻隔性能较好的夹链自封袋进行贮存；而对于西红柿、苹果、香蕉等果蔬因为其本身会

释放催熟剂（乙烯），应放入透气性和保湿性较好的果蔬保鲜袋，然后放进冰箱里保存。

三、包装数量及标签

本次比较试验除了对样品卫生指标和使用性能进行检测，还模拟体验式消费，对其包装数量和外包装标签的规范性进行了检查，结果发现了一些问题：

（一）包装数量

检测人员对保鲜膜的长度和保鲜袋的数量进行了检测和清点，将实测值与包装标称（卖家标称）值进行对比，发现此次比较试验所购60款样品中，有5款购自电商平台的PVC材质的保鲜膜长度与其在网页宣传页面上标注的长度不符，有的保鲜膜实际长度短斤少量量接近40%（具体信息见表3）。保鲜袋的数量偏差均在包装标称值的4%以内。

表3 5款长度未达到标称的样品信息表（网购样品）

序号	商品名称	标称商标	规格型号	标称生产厂商名称	电商平台	标称长度/m	实测长度/m
1	保鲜膜	奇典	25cm × 300m	张家港市龙辉塑业有限公司	京东商城/弘缘旗舰店	300	184
2	保鲜膜	绿本	未标注	河北绿本包装材料有限公司	天猫商城/绿本旗舰店	300	196
3	保鲜膜	美嘉南	25cm × 300m	安徽美嘉南家居用品有限公司	京东商城/美嘉南旗舰店	300	211
4	保鲜膜	优+能	25cm × 200m 重850克	无锡市优能塑业有限公司	京东商城/优+能官方旗舰店	200	169
5	保鲜膜	京惠思创	30cm	大连三荣化学有限公司	苏宁易购/京惠思创兴隆专营店	300	256

（二）标签标识

保鲜膜、保鲜袋产品由于材质不同、阻隔性能不同，所包装的食品自然也应不同，因此其包装标签应起到引导消费者正确使用的作用。

本次对比试验发现：一是可微波信息不全面，未标注加热温度，仅注明“微波炉适用”；二是警示信息不全面，未注明加热时是否能够直接接触食品等。另外，也存在产品标准标注错误的情况，具体见图1。

图1 产品标准标注错误

四、价格

（一）保鲜膜

目前市场上保鲜膜的售价为1.8—62.57元/卷（盒）不等。由于每卷长度不同，通过换算后价格为0.07—1.22元/米。

1款PVDC材质的保鲜膜单价为0.57元/米，价格高于国产PE保鲜膜。经检测，PVDC保鲜膜的卫生安全性能中总迁移量的检出值略高于PE保鲜膜，但仍在标注范围内；而PVDC保鲜膜的自粘性，拉伸强度、阻隔性等使用性能的各项性能检测数值明显优于PE保鲜膜。

23款PE材质的保鲜膜按产地可分为国产及进口，其中国产保鲜膜价格集中在0.07—0.48元/米之间，在检测均达标的样品里，价格最低的为从天猫商城和则兴家居旗舰店购买的品牌为“和兴”保鲜膜的样品，单价为0.07元/米，价格最高的为从江苏永辉超市有限公司（苏州）购买的“云蕾”品牌保鲜膜的样品，其单价为0.48元/米；在进口的两款PE材质的保鲜膜中，购于天猫国际的FRESTA海外旗舰店的“CGC”保鲜膜样品，其单价为1.22元/米，购于天猫商城的3M官方旗舰店的“3M”品牌保鲜膜的样品，其单价为0.59元/米。国产商品均价大约在0.28元/米，进口商品均价大约在0.91元/米。

6款PVC保鲜膜均购自电商平台，单价为0.07—0.24元/米不等，购于天猫商城绿本旗舰店所售“绿本”保鲜膜的样品，其单价为0.07元/米，购于天猫商城的金柯私家厨具店所售“柯克兰”保鲜膜的样品，其单价为0.24元/米。经检测，6款PVC保鲜膜油脂类模拟物总迁移量均超出国家标准，由此可知，不论是国产还是进口PVC保鲜膜，均不适合用于包装油脂类食物。

（二）保鲜袋

目前市场上保鲜袋的售价为1.6—62.57元/卷（袋/盒）不等，由于每份样品数量不同，对价格进行换算，按结构形式分，家用普通保鲜袋最终价格为0.02—0.21元/只，夹链自封袋最终价格为0.41—1.37元/只。

26款家用普通保鲜袋中有24款为国产品牌，2款为进口品牌，其中国产保鲜袋价格主要集中在0.02—0.1元/只之间，昆山千灯润平商业有限公司（大润发超市）购买的生产厂家为“上海天利塑料制袋有限公司泗阳第二分公司”、购于锦江麦德龙现购自运有限公司南京雨花商场品牌为“aka”的保鲜袋样品和“西平县博硕纸塑包装有限公司”的保鲜袋样品，单价为0.02元/只。国产保鲜袋价格最高的为从京东商城佳能自营旗舰店购买的“佳能”品牌保鲜膜的样品，其单价为0.13元/只；进口品牌为购自亚马逊商城的日本品牌的保鲜袋和购自绿地超市（南京）的“明进加厚盒装保鲜袋”价格分别为0.21元/只和0.18元/只。

4款家用夹链自封袋中有3款为国产品牌，1款为进口品牌，其中国产保鲜袋价格分别为0.41元/只、0.52元/只、0.53元/只；进口品牌为购自天猫商城的金柯私家厨具店所售“柯克兰”夹链自封袋的样品，其单价为1.37元/只。通过检测结果和价格比较，我们发现无论是保鲜膜还是保鲜袋，国产品牌相比进口品牌在价格上具有较大优势，在检测结果上，两者大致相当。

五、开票情况

在实体店购买的15款保鲜膜与16款保鲜袋（其中1款在海外商品超市购买）样品，均顺利开具了发票。

在网络平台购买的15款保鲜膜样品，有13款样品开具了发票。网络平台购买的14款保鲜袋有12款样品开具了发票。

在天猫商城购买的14款样品，其中保鲜膜8款（含3款海外商品），保鲜袋6款（含1款海外商品）。在购买样品时均要求商家开具发票，只有1款在日本注册店名为“fresta海外旗舰店”购买的日本生产的保鲜膜样品未开具发票，商家解释企业为海外公司，故无法提供国内发票。除此之外其余13款样品均开具了发票。

在京东商城购买的9款样品，其中保鲜膜5款，保鲜袋4款。在购买样品时均备注了需要开具发票，所有商家均开具了发票。

在苏宁易购平台购买了5款样品，其中保鲜膜2款，保鲜袋3款。以上样品3款开具了发票，另2款由同一家店铺购得，店铺名为“美宝琳官方旗舰店”，多次用平台聊天软件与商家沟通均未回复，多次拨打商家所留固定电话均无人接听。

在亚马逊商城购买了1款日本生产的保鲜袋样品，卖家为亚马逊日本公司，未开具发票，且平台上无明显索取发票的相关链接或沟通窗口，用户索取发票难度较大。

六、消费提示

尽量选购PE材质制成的自粘保鲜膜或保鲜袋；不仅要关注价格，更要关注产品标签或说明的完整性。

按照产品包装上规定的温度范围使用，如果食品需要加热，应选择标注耐热性较强的保鲜膜，并尽量避免与油脂类食物直接接触。

不要重复使用本该一次性使用的保鲜膜，不要让保鲜膜长期与食品直接接触。

未标注“可微波炉使用”的保鲜膜，不要使用微波炉加热。注明能微波加热的保鲜膜，注意防止因加热方式不当造成使用温度过高，并导致发生化学或物理性能上的改变。

因部分水果店、熟食店或者是超市会选用PVC材质保鲜膜对食品进行包装，对于含油脂的熟食，建议消费者及时取出，切勿带保鲜膜进行加热。

对于本身会释放催熟剂（乙烯）的蔬果，如西红柿、苹果等，建议放入透气性和保湿性较好的保鲜袋，再放入冰箱进行保存。而且，PVDC材质的保鲜膜保湿性能比较好，能适度保证蔬果的保鲜期。

七、特别提醒

日常生活中，我们经常可以看到，无论是在超市卖场还是路边卤菜（熟食）店经常使用保鲜膜包裹含油脂的食物。通过此次比较试验，我们了解到PVC材质的保鲜膜是不能接触油脂性食物的，否则很容易产生塑化剂等有害物质，影响身体健康。而相对于PE及PVDC材质保鲜膜，PVC材质保鲜膜不光自粘性较强且价格便宜，而普通消费者是无法辨别保鲜膜的材质的，在此我们特别提醒广大消费者在购买含油脂的非预包装食品时，尽可能自带包装器皿。同时也希望经营者能加强自律，明示其所使用保鲜膜的材质，相关行政监督部门进一步强化这方面的监管力度。通过全社会共同努力，营造安全放心的食品消费环境。

注：此比较试验报告中的数据及结果分析仅对采购的样品负责。

儿童推车比较试验报告

儿童推车是最适合宝宝出行的运载工具，根据宝宝的年龄和使用用途，儿童推车可以分成卧式推车、坐式推车、坐卧两用推车和多用途推车等。那么面对如此繁多的推车种类如何为宝宝挑选合适的推车呢？六一儿童节来临之际，江苏省消费者权益保护委员会通过对市场上不同销售渠道，不同品牌的儿童推车从各个关键指标及消费者的关注点开展了儿童推车比较试验，通过专业的分析引导消费者做出明智的选择。

一、基本情况

本次比较试验的样品是由江苏省消费者权益保护委员会和专业检测机构的工作人员以普通消费者的身份，从江苏省南京、徐州和苏州三个城市的商场、超市以及网络电商平台购买。共购买了26款的样品，涉及20个已注册品牌。其中，线上（天猫商城、京东商城）电商平台采购15款；线下（南京、苏州、徐州三地大型商场/购物中心）实体店采购11款。

（一）本次儿童推车比较试验的检测依据如下：

GB 14748-2006　儿童推车安全要求

EN1888　轮式儿童推车——安全要求和测试方法

ECE R129　机动车儿童乘坐约束装置

GB 19941-2005　皮革和毛皮　化学试验　甲醛含量的测定

GB/T 2912.1-2009　纺织品　甲醛的测定　第1部分：游离和水解

GB 6675.4-2014　玩具安全　第4部分：特定元素的迁移

GB/T 22048-2015　玩具及儿童用品中特定邻苯二甲酸酯增塑剂的测定

AfPS GS 2014：01　多环芳烃（PAHs）的检测与评价

GB/T 19942-2005　皮革和皮毛　化学试验　禁用偶氮染料的测定

ISO 17234-2：2011　测定染色皮革中的某些偶氮染料

GB/T 17592-2011　纺织品　禁用偶氮染料的测定

GB/T 23344-2009　纺织品　4-氨基偶氮苯的测定

GB/T 20382-2006　纺织品　致癌染料的测定

（二）检验项目及其说明：

表1

序号	评价项目	评价目的
1	化学有害物质测试：五大类化学有害物质	化学有害物质超标会对神经、造血、消化、肾脏、心血管和内分泌等多个系统造成危害，化学有害物质的管控有利于保护儿童身体健康。
2	安全性能：动态耐久测试	整车强度不合格，如果推把或前后轮支架断裂，会导致儿童跌落或被尖点锐边划伤的危害。此项评价主要针对材料规格、材质、连接强度等方面进行测试评价。

续表

序号	评价项目	评价目的
3	功能/性能： （1）坐兜换向或推把换向 （2）整车展开、折叠	推把具备换向功能或坐兜可换向，可使儿童面向妈妈，便于面对面交流。就是宝宝在车里睡觉或东张西望，也在我们的监控视野里； 整车展开或折叠顺畅，体积紧凑，便于消费者操作或存储。
4	乘坐舒适性	通过采用ECE R129规定的Q0和Q3假人模型,在EN1888第5.19条规定的不规则表面测试机上对乘坐者颈部或头部受力进行测试分析。
5	易用性能： （1）推行操控性 （2）跨越障碍 （3）整车刚性 （4）布套快拆性	儿童推车推起来是否轻松，直接反映出妈妈或其他推行者使用时的感受。有的车子推起来轻松，有的车子推起来很费劲。 遇到台阶或障碍物，容易压起车子越过吗？ 车子推起来晃晃悠悠，刚性好吗？ 布套脏了容易拆下来清洗吗？
6	外观： （1）部件配合间隙、晃动量 （2）布套外观 （3）塑胶件及金属件外观 （4）前后轮"八"字	儿童推车的布套与整车是否配合一致；做工是否粗糙；轮子是否扭曲等。

二、检验结果及分析

（一）化学有害物质测试

化学有害物质的测试分为甲醛、可迁移重金属、重金属、邻苯二甲酸酯、可分解致癌芳香胺染料等五大化学有害物质的测试。化学有害物质超标会对身体和环境造成严重危害，我们对儿童推车所使用的材料的化学有害物质进行检测，目的是保证儿童推车的安全性。

1.甲醛（依据GB/T 19941-2005和GB/T 2912.1-2009标准）。甲醛为较高毒性的物质，在我国有毒化学品优先控制名单上高居第二位。它已经被世界卫生组织确定为致癌和致畸形物质，是公认的变态反应源，也是潜在的强致突变物之一。研究表明：甲醛具有强烈的致癌和促癌作用。大量文献记载，甲醛中毒对人体健康的影响主要表现在嗅觉异常、刺激、过敏、肺功能异常、肝功能异常和免疫功能异常等方面，且儿童对甲醛尤为敏感。本次比较试验，对全部26款推车样品上儿童正常乘坐时可触及的材料进行甲醛测试，测试结果均达到相关标准要求。

2.可迁移重金属和重金属（依据GB 6675.4-2014标准）。众所周知，某些重金属的浓度在体内积蓄到一定阈值时，就会产生毒性甚至危及生命，表2列出了一些重金属超标对人体的危害。

表2

重金属	重金属超标的危害
铅（Pb）	损坏人的中枢神经（特别是儿童），肾及免疫系统；潜在致癌。
汞（Hg）	进入人体后大量沉入肝脏，对肾脏造成损伤，可造成肾小管上皮细胞坏死；造成大脑及中枢神经的损伤；可能致癌。
铬（Cr）	可致肺癌、鼻癌；引发血液疾病、肝肾损伤。
砷（As）	能伤害中枢神经系统；引起心脏血管功能紊乱；使肠胃功能紊乱。
镉（Cd）	加速骨骼钙质流失，引发骨折或变形；引起肾小管损伤，出现糖尿病，直至肾衰竭；引起肺部疾病甚至肺癌；引发心脑血管疾病。
锑（Sb）	可引起肺癌；对皮肤有放射性损伤。
锌（Zn）	减弱人体免疫功能，影响铁的利用，并可造成胆固醇代谢紊乱，甚至诱发癌症。
镍（Ni）	对人皮肤黏膜和呼吸道有刺激作用，可引起皮炎和气管炎，甚至发生肺炎；在肾、脾、肝中具有积存作用，可诱发鼻咽癌和肺癌。
铜（Cu）	过量时引发贫血，对肝肾、肠胃伤害极大。

本次比较试验对全部26款推车样品上儿童正常乘坐时可触及的材料进行可迁移重金属和重金属测试，测试

结果均是达标的，未超出限量值。

3.邻苯二甲酸酯（依据GB/T 22048-2015标准）。邻苯二甲酸酯常作为增塑剂广泛应用到塑料、纺织和涂层产品中，儿童接触到某些邻苯二甲酸酯会伤害其肝脏和肾脏，易导致荷尔蒙分泌失调，影响生殖发育，甚至会引发癌症。本次比较试验对26款推车样品上儿童正常乘坐时可触及材料中邻苯二甲酸酯进行了测试，除了表3中列出的1款产品未达标外，其余产品均是达标的。

表3

产品型号	品牌	生产企业	采样地	邻苯二甲酸酯	
				测试结果	标准要求
8700	Babycare	中山市臻隆婴童用品有限公司	天猫商城	DBP+BBP+DEHP=0.338%	≤0.1%

从测试结果可以看到，该款产品（品牌商/型号：Babycare/8700）上所使用部分材料的邻苯二甲酸酯含量超标3倍多，它对乘坐的儿童危害极大。

4.分解致癌芳香胺染料（偶氮染料）（依据GB/T 19942-2005、GB/T 17592-2011和GB/T 23344-2009标准）。纺织品在使用了禁用偶氮染料之后，在与人体的接触中可能被皮肤吸收，并在人体内扩散。这些染料在人体正常代谢所发生的生化反应条件下，发生还原反应，进而分解出致癌芳香胺，改变人体的DNA结果，最终引起人体病变和诱发癌症。本次比较试验对26款推车样品上纺织品的偶氮染料进行了测试，测试结果都是达标的。

（二）动态耐久测试（依据GB14748-2006和EN1888标准）

本次比较试验对儿童推车的动态耐久测试是依据GB14748-2006《儿童推车安全要求》进行测试的。国家标准GB14748-2006对动态耐久测试的要求是36000次，检测发现，有一款产品未达到国家标准（具体信息见表4）。该产品在使用过程中出现问题时，会导致儿童跌落，对其造成伤害。目前国外先进标准的要求已经是72000次，为了更好地对标国外先进标准，提升产品的质量，所以我们借鉴欧盟EN1888《轮式儿童推车——安全要求和测试方法》的标准72000次来做比对。经检测发现，中山优优贝日用制品有限公司生产的Pouch牌A22型儿童推车在66961次检测后，靠背与后轮支架管件断裂。

表4

产品型号	品牌	生产企业	采样地	动态耐久测试（撞击挡块的次数）
AB-320	Labi Baby	中山市爱贝尔日用制品有限公司	苏州金鹰国际广场	28886次测试后，前轮与车架连接固定铆钉脱落，不符合国家标准的要求

（三）乘行舒适性（依据Q/GTS B0106-2018儿童推车评价标准）

乘行舒适性的评价是采用ECE R129汽车座撞击测试所用到的Q0/Q3假人，在颠簸不平的路面上对乘坐者颈部受力进行数据采集及分析。当婴儿推车行走在颠簸不平的路面上时，乘坐在推车里面的儿童也会跟着颠簸，上颈部张力指的就是乘坐儿童头部/颈部因为颠簸摇晃所受的外力。上颈部张力越小，代表乘行舒适性越好。表5为所有26款儿童推车上颈部张力的测试数据。

表5

序号	产品型号	品牌	生产企业	采样地	上颈部张力（单位：N）
1	V8	B-BEKO	中山市宝隆婴童用品有限公司	京东商城	18.1
2	GB826	gb	好孩子儿童用品有限公司	南京中央商场	22.3
3	GB100	gb	好孩子儿童用品有限公司	京东商城	23.7
4	Priam	CYBEX	好孩子儿童用品有限公司	天猫商城	23.9

续表

序号	产品型号	品牌	生产企业	采样地	上颈部张力（单位：N）
5	B-Happy	Britax	宝迪思婴儿用品（中山）有限公司	天猫商城	31.7
6	LT602	Little tikes	太仓新奇乐婴儿用品有限公司	天猫商城	32.6
7	Mios	CYBEX	好孩子儿童用品有限公司	苏州久光百货	35.1
8	DS-5	Freekids	中山市隆信日用制品有限公司	天猫商城	37.6
9	KDD-6300	Cool Baby	安徽酷豆丁儿童用品有限公司	天猫商城	38.8
10	Citinext	GRACO	明门（中国）幼童用品有限公司	天猫商城	39.9
11	ST106	Babyruler	中山市贝珑婴童用品有限公司	南京新街口百货	42.4
12	AB-320	Labi Baby	中山市爱贝尔日用制品有限公司	苏州金鹰国际广场	44.3
13	ST106	Babyruler	中山市贝珑婴童用品有限公司	苏州久光百货	46.1
14	D829	gb	好孩子儿童用品有限公司	苏州华润万家购物中心	46.6
15	Y2婴童车	YeeHoo	中山市铭冠日用制品有限公司	南京新街口百货	47.3
16	AB-906	奥云龙	中山市萌贝贝日用制品有限公司	天猫商城	50.6
17	8700	Babycare	中山市臻隆婴童用品有限公司	天猫商城	53.7
18	BX	BACIUZZI	珠海阳光儿童用品有限公司	徐州苏宁广场	54.2
19	Pixie	B-BEKO	中山市宝隆婴童用品有限公司	京东商城	58.8
20	Y3306	yuyu	中山市宝蓓悠日用制品有限公司	天猫商城	67.7
21	I-S007A	I.believe	宁波爱贝丽运动用品有限公司	徐州苏宁广场	68.7
22	701316110	Angel	江苏小小恐龙儿童用品集团有限公司	南京沃尔玛华东百货	70.1
23	goolz 3系列	Quintus	昆山威凯儿童用品有限公司	天猫商城	70.1
24	A22	Pouch	中山优优贝日用制品有限公司	天猫商城	73.6
25	好舒3	Combi	东莞康贝童车玩具有限公司	天猫商城	73.7
26	A22	Pouch	中山优优贝日用制品有限公司	徐州苏宁广场	75.8

从表5的上颈部和头部受力大小的排序可以看出，乘行舒适性与儿童推车的结构有很大的关系，前轮和后轮都有减震系统、推车车架上带有减震系统或者大的充气轮胎，有类似结构的儿童推车的乘行舒适性都会比较好。相反，推车上没有减震系统设计、轮子小的推车，行走在颠簸不平的路面上时，给乘坐者带来的震动较为明显，乘行的舒适性也就会较差。

（四）操控性能（依据Q/GTS B0106-2018儿童提车评价标准）

操控性能指的是消费者推行儿童推车在不同路况上包括过小石子路面、过台阶等的难易程度。通过测量消费者施加在推把上的力，从而客观地反映儿童推车操控性能的好坏。消费者推行儿童推车时需要施加的力值越小代表消费者推行越轻松，反之推行时施加的力值越大代表越难推行。

表6

序号	产品型号	品牌	生产企业	采样地	操控性能（单位：N）	
					推车行走直线时操作者需施加的力	推车转弯时操作者需施加的力
1	V8	B-BEKO	中山市宝隆婴童用品有限公司	京东商城	13.22	20.15
2	KDD-6300	Cool Baby	安徽酷豆丁儿童用品有限公司	天猫商城	13.44	不能转弯
3	Priam	CYBEX	好孩子儿童用品有限公司	天猫商城	14.18	15.39
4	GB826	gb	好孩子儿童用品有限公司	南京中央商场	14.18	16.47
5	DS-5	Freekids	中山市隆信日用制品有限公司	天猫商城	14.89	16.12
6	Mios	CYBEX	好孩子儿童用品有限公司	苏州久光百货	15	18.34

续表

序号	产品型号	品牌	生产企业	采样地	操控性能（单位:N）	
					推车行走直线时操作者需施加的力	推车转弯时操作者需施加的力
7	D829	gb	好孩子儿童用品有限公司	苏州华润万家购物中心	15.16	18.66
8	B-Happy	Britax	宝迪思婴儿用品(中山)有限公司	天猫商城	15.23	21.46
9	LT602	Little tikes	太仓新奇乐婴儿用品有限公司	天猫商城	15.53	19.02
10	Pixie	B-BEKO	中山市宝隆婴童用品有限公司	京东商城	15.62	16.72
11	goolz 3 系列	Quintus	昆山威凯儿童用品有限公司	天猫商城	15.66	16.96
12	GB100	gb	好孩子儿童用品有限公司	京东商城	15.86	20.11
13	Y2 婴童车	YeeHoo	中山市铭冠日用制品有限公司	南京新街口百货	16.25	19.48
14	ST106	Babyruler	中山市贝珑婴童用品有限公司	苏州久光百货	16.28	21.42
15	701316110	Angel	江苏小小恐龙儿童用品集团有限公司	南京沃尔玛华东百货	16.28	18.42
16	好舒 3	Combi	东莞康贝童车玩具有限公司	天猫商城	16.32	21.45
17	ST106	Babyruler	中山市贝珑婴童用品有限公司	南京新街口百货	16.44	21.65
18	I-S007A	I.believe	宁波爱贝丽运动用品有限公司	徐州苏宁广场	16.55	19.5
19	AB-906	奥云龙	中山市萌贝贝日用制品有限公司	天猫商城	16.57	19.46
20	A22	Pouch	中山优优贝日用制品有限公司	天猫商城	16.64	18.78
21	A22	Pouch	中山优优贝日用制品有限公司	徐州苏宁广场	16.75	18.96
22	AB-320	Labi Baby	中山市爱贝尔日用制品有限公司	苏州金鹰国际广场	16.94	18.54
23	Citinext	GRACO	明门(中国)幼童用品有限公司	天猫商城	16.94	20.13
24	8700	Babycare	中山市臻隆婴童用品有限公司	天猫商城	18.21	25.32
25	BX	BACIUZZI	珠海阳光儿童用品有限公司	徐州苏宁广场	18.9	21.32
26	Y3306	yuyu	中山市宝蓓悠日用制品有限公司	天猫商城	19.22	20.3

从表6中26款推车操控性能的排序并结合儿童推车的实际状况可知，儿童推车的操控性能与推车的结构有很大的关系，比较重要的一点就是推车的刚性，如果一个推车刚性较差，换句话来说，就是这个推车晃晃悠悠的，那么它的操控性能就会比较差。所以消费者购买推车时就可以抓握住成人推行的手把，然后左右晃动，如果晃动比较厉害的，其操控性能一般都会较差。

三、品质与价格比较分析

本次采购的26款儿童推车样品中汇集了在江苏省市场上销售的大部分儿童推车，26款儿童推车样品按价格排序如表7所示。

表7

序号	产品型号	品牌	生产企业	采样地	价格（元）
1	Priam	CYBEX	好孩子儿童用品有限公司	天猫商城	6550
2	Mios	CYBEX	好孩子儿童用品有限公司	苏州久光百货	5999
3	GB826	gb	好孩子儿童用品有限公司	南京中央商场	3689
4	V8	B-BEKO	中山市宝隆婴童用品有限公司	京东商城	2730
5	KDD-6300	Cool Baby	安徽酷豆丁儿童用品有限公司	天猫商城	2629
6	B-Happy	Britax	宝迪思婴儿用品(中山)有限公司	天猫商城	2590
7	AB-320	Labi Baby	中山市爱贝尔日用制品有限公司	苏州金鹰国际广场	2261

续表

序号	产品型号	品牌	生产企业	采样地	价格（元）
8	goolz 3系列	Quintus	昆山威凯儿童用品有限公司	天猫商城	1998
9	Citinext	GRACO	明门(中国)幼童用品有限公司	天猫商城	1830
10	D829	gb	好孩子儿童用品有限公司	苏州华润万家购物中心	1579
11	好舒3	Combi	东莞康贝童车玩具有限公司	天猫商城	1565
12	AB-906	奥云龙	中山市萌贝贝日用制品有限公司	天猫商城	1449
13	DS-5	Freekids	中山市隆信日用制品有限公司	天猫商城	1408
14	Y2婴童车	YeeHoo	中山市铭冠日用制品有限公司	南京新街口百货	1099
15	ST106	Babyruler	中山市贝珑婴童用品有限公司	南京新街口百货	1000
16	ST106	Babyruler	中山市贝珑婴童用品有限公司	苏州久光百货	999
17	I-S007A	I.believe	宁波爱贝丽运动用品有限公司	徐州苏宁广场	859
18	Y3306	yuyu	中山市宝蓓悠日用制品有限公司	天猫商城	849
19	8700	Babycare	中山市臻隆婴童用品有限公司	天猫商城	835
20	LT602	Little tikes	太仓新奇乐婴儿用品有限公司	天猫商城	799
21	GB100	gb	好孩子儿童用品有限公司	京东商城	799
22	Pixie	B-BEKO	中山市宝隆婴童用品有限公司	京东商城	768
23	A22	Pouch	中山优优贝日用制品有限公司	天猫商城	699
24	BX	BACIUZZI	珠海阳光儿童用品有限公司	徐州苏宁广场	659
25	A22	Pouch	中山优优贝日用制品有限公司	徐州苏宁广场	599
26	701316110	Angel	江苏小小恐龙儿童用品集团有限公司	南京沃尔玛华东百货	399

通过价格由高至低的排序可以看出，市场上销售的儿童推车最高价格与最低价格之间相差几十倍。消费者在选购产品时一定要从自身需求出发。

四、消费提示

购买婴儿车一定要到正规商场或网店，应关注一下产品是否有CCC认证标志和相关的认证证书。

6个月之内的宝宝还不能坐立，最好选择靠背可调节的坐卧两用型婴儿推车，宝宝可以大角度（165°—170°）地平躺，或选择带有独立睡篮的婴儿推车。为了在使用过程中能够观察孩子在车里的情况，建议家长尽可能购买推把可以换向，或坐兜拆卸后可以换向的婴儿推车。

婴儿推车的减震效果，对宝宝健康发育至关重要。大家都知道，刚出生的宝宝，骨骼之类的都没有长好，非常脆弱，一辆避震效果好的婴儿推车，对宝宝健康发育至关重要。避震的好坏影响到宝宝的舒适体验及安全风险。

购买婴儿推车时，要到正规的商场或网店，不要贪图便宜买价格太低的，价格太低可能连最基本的安全性能都无法保证。当然也不要认为贵的就是好的。婴儿推车要选择材料比较环保的，购买新的婴儿推车后，家长从包装箱中取出，会放在室外晾晒1—2天。如果晾晒后仍然有较大的气味，此时就需要特别注意，可能婴儿推车上所使用的材料就不太环保了。

在使用婴儿车过程中，还要定期检查车身各接合处是否牢靠、有无螺丝松动等，保证婴儿车能全部展开，刹车性能良好。

要全程给宝宝扣紧安全带，避免孩子挣扎而跌落。婴儿车停下来时，无论是平地还是斜坡，都要随时放下刹车装置；上下楼梯时，最好先将孩子抱起，手推车收起，而不能连人带车一起；家长不要把背包或重物挂在推车把手上，这样容易造成推车重心不稳而翻倒。

注：1.本次比较试验仅对所购样品负责，任何企业和单位不得将本次比较试验结果用作商业宣传。

2.对比较试验发现的产品质量问题，省消保委将移交相关行政部门。

双肩包比较试验报告

无论是上班还是外出旅游，生活中都少不了各种各样的双肩包。现今，双肩包不仅承载着实用功能，还成为当下时尚的搭配饰品。材质多样、风格迥异，不论通勤还是外出游玩，总能找到适合自己的一款。由于市场需求多样，现在市场上销售的双肩包种类也各异，根据用途不同大致可分为双肩电脑包、时尚双肩包、学生用双肩包、登山双肩包等，部分产品还具有防水等功能，以满足消费者不同的需求。目前我国对双肩包的质量管控主要依据QB/T 1333《背提包》，其中并未对双肩背包宣称的防水性能有明确要求。为了让消费者了解市场上销售的双肩包的质量状况及防水性能的优劣，江苏省消费者权益保护委员会于近期对江苏市场和几大网络销售平台销售的双肩包开展比较试验，旨在向广大消费者提供真实信息，供消费者选购时参考。

一、样品情况

此次比较试验的样品是由江苏省消费者权益保护委员会工作人员以普通消费者的身份，从江苏省南京、苏州、无锡和徐州4个城市的实体店和天猫商城、京东商城、苏宁易购、唯品会4个电商平台购买。样品数量共计80个，价格从29.5元/个到1194元/个不等。

二、检测依据及检测项目

此次比较试验样品依据QB/T 1333–2018《背提包》、QB/T 1333–2010《背提包》、GB/T 4744–2013《纺织品防水性能的检测和评价　静水压法》、GB/T 4745–2012《纺织品　防水性能的检测和评价　沾水法》及明示的企业标准进行测试。主要从产品的消费信息、健康安全性能、耐用性能、防水性能等方面进行检测，测试结果仅对本次比较试验购买的样品负责。

三、检测结果

（一）2款样品未悬挂吊牌，7款样品标志标签标注的信息不完整

QB/T 1333–2018要求在检验合格的产品上应标注单位名称、单位地址、联系电话、产品名称、商标、产品标准编号、货号（型号）、主体材质、合格（检验）标识、产地（进口产品要求）等信息，另外旧版QB/T 1333–2010除以上信息还要求标注等级信息。此次比较试验对80个背提包样品的标志标签标注的完整性和规范性进行了核查，发现有2款样品未悬挂吊牌，7款样品的标志标签标注的信息不完整，其不完整情况包括未标注单位名称、单位地址、联系方式、质量等级、产品标准编号、产品名称、规格（型号）等方面。标志标签在一定程度上代表着生产企业对消费者做出的一种承诺或者品质保障，也是消费者能从包装明示的信息中分辨双肩包优劣及如何使用双肩包的途径之一，其产品标志标签的完整性和规范性标注不仅有助于消费者全面了解产品信息，还有助于行政监管对产品进行监督抽查。如果未标注单位名称、地址等信息，消费者出现质量纠纷等问题就无法联系上商家；如果未标注执行标准编号和质量等级或者标注不规范，容易导致买卖双方在进行交易时产生质量争议，也容易导致“以次充好或者以不合格产品冒充合格产品”等违法行为出现。同时有的产品标准对相应产品做出了等级分类，标注质量等级也有助于市场质检人员对产品质量的判定及消费者对产品质量的优劣进行初步的判断。

另外由新百伦贸易（中国）有限公司生产的双肩包（品名：中性背包，货号：NCG844043），明示标准代号错误，知名企业应该更加注重标签信息，严把质量关（见图1）。

图1　标准代号标注错误的样品

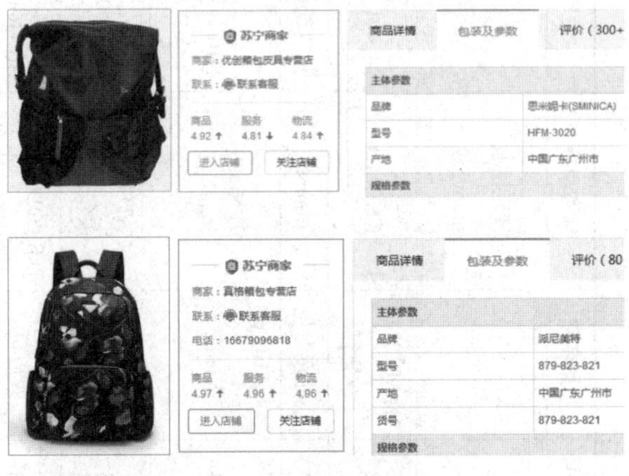

图2　2款未悬挂吊牌样品

表1　7款标志标签信息标注不完整、不规范的样品

序号	商品名称	标称商标	生产批号	标称生产厂商名称	经销单位	标签核查结果
1	未标注	日光轻城 sunnybag	未标注	深圳市诺亚思玩具有限公司	京东商城/sunnybag旗舰店	标志中无生产单位地址、等级标注不规范；标签中无产品名称、规格（型号）、货号、主体材质（面料、里料）。
2	HAMILTON 双肩包	KNOMO	44-401-BLK	未标注	天猫商城/KNOMO箱包旗舰店	标志中无生产单位（经销单位）名称、生产单位地址、等级、联系电话；标签中无规格（型号）。
3	小兒童背包	unme	3227鏡桃紅	亞律達有限公司	苏宁易购/台湾unme书包旗舰店	标签中无产品标准编号。
4	未标注	VENQUE 范克	1101	中国区总代：上海缤享国际贸易有限公司/品牌方：加拿大丸琪工艺有限公司	唯品会/范克VENQUE特卖旗舰店	标志中等级标注不规范；标签中无产品名称、规格（型号）。
5	双肩包	CATELLES 卡特雷斯	CTLS5037CB	廣州潮信皮具有限公司	唯品会/CATELLES皮带配饰直降专场	标志中无等级。
6	双肩包	U.S.POLO ASSN. 美国马球协会	BIUGG0260WVP	常州艺彩品牌管理有限公司	苏州天虹商场（苏州石路CC.Mall店）	标签中无规格（型号）。
7	男包	波斯丹顿/BOSTANTEN	BM6182011	广州天港皮具有限公司/授权与监制：波斯丹顿国际控股集团有限公司	唯品会/波斯丹顿箱包旗舰店	标签中无规格（型号）。

（二）振荡冲击性能

振荡冲击性能反映的是消费者在使用过程中背带、提把、连接件等断裂损坏情况，是比较容易出现问题，且消费者投诉较多的一个方面。标准要求测试后包体无开裂，各部件不变形，无断裂、损坏，不开线；固定件、连接件不松动；插接件、磁扣件等能正常开关，无异常；包锁开启正常等。此次比较试验有13款样品的振荡冲击项目未达到其所标称执行的QB/T 1333–2010标准的要求，不达标率为16.25%。

表2　振荡冲击项目未达到标准要求的13款样品

序号	商品名称	标称商标	生产批号	振荡冲击性能	
				标准要求	检测结果
1	未标注	VENQUE范克	1101	在规定负重下背提包的双肩背振荡400次，单背带、单提把振荡250次后包体无开裂，各部件不变形，无断裂、损坏，不开线，各类连接作用的带袢类不允许发生30%以上的变形；固定件、连接件不松动等，包锁开启正常，密码锁无卡死，跳号，脱勾，乱号及密码失控现象	测试389次，金属连接件断裂
2	包	NBA	N174AB021P		测试385次，背带与包体连接处包体开线
3	双肩包	ACE 爱思	33165210		测试201次，金属件断裂
4	双肩包	U.S.POLO ASSN. 美国马球协会	BIUGG0260WVP		测试39次，背带与包体连接处，包体开线
5	背包	NATIONAL GEOGRAPHIC 国家地理	N07301–35		测试397次，背带扣件断裂
6	双肩背包	美津浓	K3CY8501		测试392次，背带与包体连接处，包体开线
7	双肩包/背提包	稻草人/MEXICAN稻草人	MMJB01180956BK01A		测试86次，背带与包体连接处撕裂
8	双肩包	draconite	11180A		测试36次，背带与包体连接处开线
9	未标注	日光轻城 sunnybag	未标注		测试22次，背带与包体连接处，包体开线
10	女装手袋	拉芙·拉芙 RAFURA	RF2131–01		测试104次，背带连接件断裂
11	女士双肩包	拉爵斯 LAJUESI/拉爵斯	huahal03		测试338次，包体开线，背带脱落
12	双肩包	CATELLES 卡特雷斯	CTLS5037CB		测试20次，包体开线
13	501系列休闲双肩包		D1508		测试90次，包体开线

（三）缝合强度

缝合对于双肩包来说既体现其加工工艺美，又使其具有很好的缝合强度，以保证双肩包在使用过程中不出现包体缝合处开裂、缝线松弛等质量问题，因此缝合强度是体现背提包产品质量优劣的一个重要方面。此次比较试验有2款样品缝合强度未达到标准要求，详细信息见表3。

表3　缝合强度未达到标准要求的样品信息

序号	商品名称	标称商标	生产批号	单价（元）	标称生产厂商名称	经销单位	缝合强度（N）	
							标准	实测
1	双肩包	U.S.POLO ASSN. 美国马球协会	BIUGG0260WVP	372	常州艺彩品牌管理有限公司	苏州天虹商场（苏州石路CC.Mall店）	≥196N	49
2	小黄人大眼双肩包	Y&Q 永琪	XHR0805	139	金华市永琪服饰有限公司	徐州家乐福超市	≥200N	198

（四）防水性能

无论是在城市通勤，还是在户外旅行，双肩包的重要性已经不言而喻。但如果双肩包能防水，那么遇到阴雨天气也不用太担心包里的物品在短时间内受到雨水的损坏，因此防水功能也成了商家销售双肩包的一个卖点，但目前背提包的相关标准并无对防水项目的考核。

此次比较试验有30款样品宣称具有防水性能，但在样品标签上并未明示防水性能的技术指标。该30款样品或是实体店购买时营业员介绍具有防水性能，或是在网络平台上购买，宣传页面宣称有防水性能。为了让消费者了解市场上防水双肩包防水性能的优劣，此次比较试验参照GB/T 32614–2016《户外运动服装 冲锋衣》标准对防水性能的评价，依据检测方法GB/T 4744–2013、GB/T 4745–2012对双肩包的防水性能进行了检测和评价。

防水性能是指织物抵抗被水润湿和渗透的性能。一般情况下，织物防水性能的表征指标有沾水等级、抗静水压等级等。GB/T 32614–2016要求面料静水压≥30kPa，表面抗沾湿性能≥4级时才具有防水性能。

经检测，30款样品有9款样品不满足GB/T 4744–2013的测试要求，仅测试了样品表面抗湿性，且9款样品的抗沾湿性能均表现优异。另外，21款样品同时检测了表面抗湿性和静水压，具有优异的抗沾湿性能和抗静水压性能的有7款样品，但其他质量指标达标的仅有5款样品，详细信息见表4。

表4 防水性能较好且其他质量指标达标的5款样品

序号	商品名称	标称商标	生产批号	表面抗湿性（级）参照GB/T 32614–2016面料Ⅱ级洗前要求标准≥4级		静水压（kPa）（级）参照GB/T 32614–2016面料Ⅱ级洗前要求标准≥30kPa		
				沾水等级实测	判定	实测	等级	判定
1	狼爪远足包/狼爪背包	狼爪/JACKWOLFSKIN（狼爪）	20063916350181	4	具有很好的抗沾湿性能	>150	5	具有优异的抗静水压性能
2	KNOMO HAMILTON双肩包	KNOMO	44–401–BLK	4—5	具有优异的抗沾湿性能	>150	5	具有优异的抗静水压性能
3	京造小学生防水减负双肩背包	京造	JZ2739	4—5	具有优异的抗沾湿性能	112.3	5	具有优异的抗静水压性能
4	帕迪欧女士双肩包	PADIEOE 帕迪欧	112368010101C	4—5	具有优异的抗沾湿性能	125.7	5	具有优异的抗静水压性能
5	EHE 双肩背包	EHE	66172174002	4—5	具有优异的抗沾湿性能	91.9	5	具有优异的抗静水压性能

此次比较试验中有14款宣称具有防水功能的双肩包面料的抗静水压值<30kPa，参照GB/T 32614–2016对防水性能的要求，此14款双肩包并不具有防水性能，这些样品有涉嫌夸大、虚假宣传的嫌疑。详细信息见表5。

表5 并不具有防水性能的14款双肩包信息

序号	商品名称	标称商标	生产批号	静水压（kPa）（级）参照GB/T 32614–2016面料Ⅱ级洗前要求标准≥30kPa		
				实测值（kPa）	等级（级）	判定
1	中性双肩包	new balance	NCGC84S023	10.7	1	具有抗静水压性能
2	双肩背包	美特斯邦威	AC–11	0.5	0	抗静水压性能差
3	运动包	MONTAGUT梦特娇	R2453977103	3.1	0	抗静水压性能差
4	双肩包	Samsonite新秀丽	AU8*08001	5.3	1	具有抗静水压性能
5	背包	361°	511841008–2	7.1	1	具有抗静水压性能
6	灰熊背囊45L+5L	TOPSKY远行客	30621	0.5	0	抗静水压性能差
7	女包	ELLE	E27F1480313PK	6.4	1	具有抗静水压性能
8	背包15.6寸	GOLLA	G2130	3.2	0	抗静水压性能差
9	电脑休闲背包	奥利·帝克	2344#	2.7	0	抗静水压性能差

续表

序号	商品名称	标称商标	生产批号	静水压（kPa）（级） 参照GB/T 32614–2016面料Ⅱ级洗前要求标准≥30kPa		
				实测值（kPa）	等级（级）	判定
10	背包	美洲野牛	N2856–1L–2	10.4	1	具有抗静水压性能
11	未标注	日光轻城sunnybag	未标注	3.3	0	抗静水压性能差
12	笔记本电脑背包	Targus泰格斯	TSB923AP–70	8.0	1	具有抗静水压性能
13	女装手袋	拉芙·拉芙RAFURA	RF2131–01	4.6	1	具有抗静水压性能
14	背提包	HEDGREN/海格林	HCHIC07	15.0	2	具有抗静水压性能

在购样过程中我们发现，网上销售的双肩包宣称其具有防水性能的比例较高。网上宣称具有防水性能的20款双肩包样品，在实际收到的样品中仅有1款样品网页页面宣传与实际收到样品的中文标签标注信息一致，如图3所示。

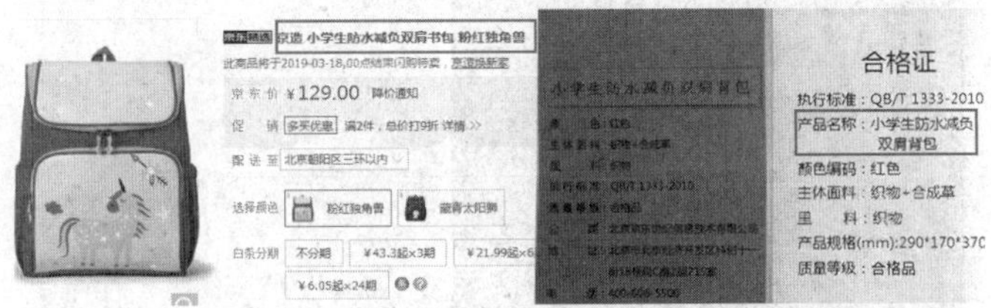

图3 网页页面宣称与实际样品标示一致的样品

另外，由天猫商城KNOMO箱包旗舰店销售的HAMILTON双肩包（商标：KNOMO，货号：44–401–BLK），网页用中文说明防水性能，实际样品的标签上的防水标识是用英文标记，如图4所示。为了让消费者更好地了解商品的相关性能，建议销售商在国内销售的商品用中文明示其相关性能。

图4 实际样品用英文表示的防水性能标签

网页信息标注的一致性与真实性不仅是商家诚信的体现，也更有助于维护消费者的合法权益，避免在出现质量纠纷时相互推卸责任。

此外，网上也有一部分样品网页名称标注为“**防水双肩包”，但又在网页其他部分宣称为“防泼水”，如图5所示。防水与防泼水不是一个概念，防水性能对样品的品质要求更高。消费者在购买双肩包遇到此类商品时建议进一步咨询店铺客服人员，确定哪种性能标注是符合样品真实属性的，以免自身经济利益遭到损失。

图5 网页样品名称标注与网页内宣称不一致的样品示例

（五）安全设备

反光条是一种很常见的安全设备。如果双肩包上配有反光条，晚上出行时可以在夜间反射周围的光线，从而对路人和司机起到一定的警示作用，增加夜晚出行的安全程度。反光条提高了黑暗环境中的可见度，对于夜宿户外旅游爱好者来讲也是非常必要的。从安全角度来说，双肩包上的反光装备越多越好。此次比较试验有16款样品在不同的部位配备了反光条，其中13款学生书包有8款添加反光设备，分别是CAMKIDS、ABC-Ai+、卡拉羊、京造、孔子、咔米嗒、Wing House、bafunn芭菲尼等品牌。QB/T 2858-2007《学生书袋》并未对学生书包配备反光设备做要求，但国家卫生健康委员会发布了WS/T 585—2018《中小学生书包卫生要求》，其中规定了书包应该配备反光材料，要求规定：在书包的前面和侧面（0°、45°、90°），配备至少20毫米宽反光材料，肩带应至少配备宽20毫米，长50毫米反光材料。

由以上分析可见，此次比较试验中大多数学生书包企业在制造学生书包时考虑到了学生夜间出行时的安全问题，但反光材料的规格设计和位置设计并没有严格统一。同时也建议相关标委会尽早修订QB/T 2858-2007《学生书袋》标准。

图6为学生书包样品多角度添加反光条示例。

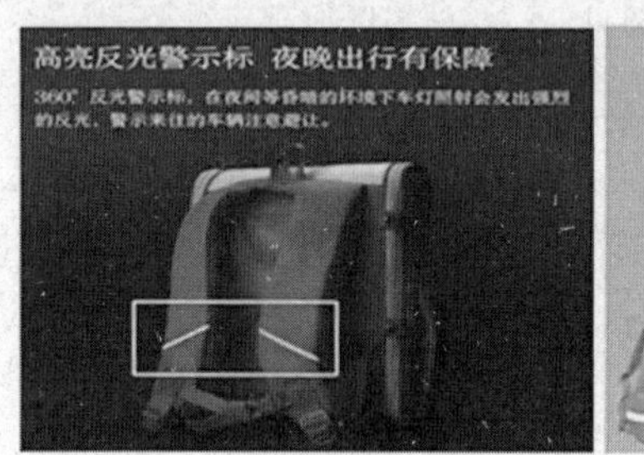

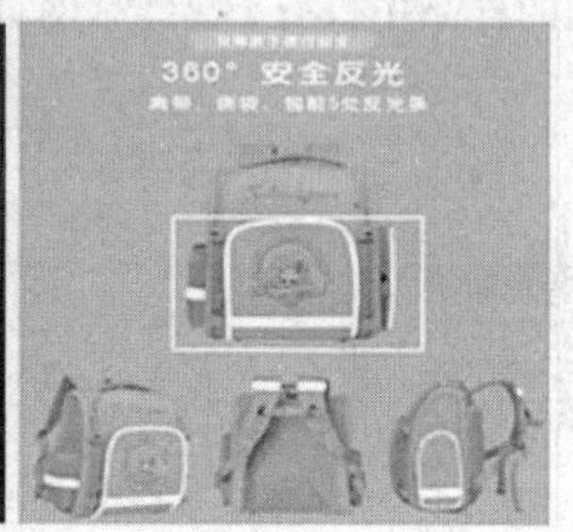

图6 学生书包多角度添加反光条示例

四、标准情况

中华人民共和国工业和信息化部于2018年9月1日更新了背提包的标准QB/T 1333-2018《背提包》。新标准对振荡冲击性能、摩擦色牢度、缝合强度等项目做了重大修订，新增了背带耐折性能，并调整了配件、五金配件耐腐蚀性、标志等项目。

此次比较试验非学生书包的67款双肩包中有44款样品执行标准为QB/T 1333-2010，有8款样品执行标准为QB/T 1333-2018，有12款样品执行标准为企业标准，1款样品执行标准不规范，2款样品未标注执行标准。13款学生书包有8款执行的产品标准为QB/T 2858-2007，4款执行QB/T 1333-2010，1款未标注执行标准。相比较而言，QB/T 2858-2007对有害物质的要求更高，更符合学生用品的要求。

执行产品标准的选择一般是生产企业按照商品属性自行选择合适的产品标准，也可企业自行制定符合商品属性的企业标准，原则上国家鼓励企业自行制定严于国家标准或者行业标准的企业标准。商品满足了产品标准的要求才可上市销售，但作为消费者而言，消费者希望的是企业能制定出满足消费者预期或者超出消费者预期的产品。

五、价格

影响双肩背包价格的因素很多，包括材质、工艺、功能性、品牌等，此次比较试验样品的价格从29.5元/款到1194元/款不等，0—150元的有15款，150—600元的有50款，600元以上的有15款，涵盖高中低档，但并不是价格越高，样品质量表现就越好。由福州市维多利亚商贸有限公司经销的“VICTORIATOURIST”牌普通背包，购买单价为118.00元，其相关检测项目均能达到QB/T 1333-2010《背提包》要求，且具有优异的抗沾湿性能，由上海缤享国际贸易有限公司代理的“VENQUE范克”牌双肩包，购买单价为849.00元，其不仅振荡冲击达不到标准要求，标签中质量等级标注也不规范，两者价格相差7倍之多，但质量相差较大。具有防水功能的双肩包由于加工企业需要对商品做防水处理，因此防水双肩包相比普通双肩包的价格也要高。此次比较试验具有优异的抗沾湿性能和抗静水压性能且质量指标达标的5款样品的平均价格为689.82元，其中价格最低的为北京京东世纪信息技术有限公司生产的“小学生防水减负双肩背包”，购买单价为134.10元，价格最高的为狼爪贸易（上海）有限公司生产的“远足包/狼爪背包”，购买单价为1194.00元。因此，消费者在购买双肩包时，要根据自身经济状况并结合使用用途理性购买。

六、开票情况

在实体店购买的40款样品均给予了开票。在网上商

城购买的40款样品有1款样品未给开具发票，此样品购自苏宁易购/优创箱包皮具专营店，经多次沟通后该专营店表示不能开具发票，只能提供收据。

购自京东商城/sunnybag旗舰店的样品，经多次沟通，历时两个月之久才给予开票。

苏宁易购/拉爵斯箱包旗舰店和唯品会/HarryBabe官方旗舰店必须要求提供个人身份证号才能给予开具，而且苏宁易购/拉爵斯箱包旗舰店初次给开了增值税专用发票。在开票沟通过程中，购买者一再要求需要开具以个人抬头的普通发票，且税法并不要求提供身份证号才能开具以个人抬头的发票。根据《中华人民共和国增值税暂行条例》第二十一条规定，应税销售行为的购买方为消费者个人的不得开具增值税专用发票。因此苏宁易购/拉爵斯箱包旗舰店初次开具的增值税专用发票属于无效发票。后经再次沟通，苏宁易购/拉爵斯箱包旗舰店同意更换为以个人抬头的普通发票。

另外，按照发票新规定，如购买方是个人或者政府机构、事业单位中的非企业单位，开具发票时则不需要填写购买方的纳税人识别号或统一社会信用代码。但若商家提出开具以个人抬头的发票要提供身份证号码等个人信息的要求，消费者可以拒绝，因为税法中没有这一规定。

对于有检测项目未达到相关标准以及未开具发票的情况，省消保委将移交给相关行政执法部门。

七、建议&消费提示

（一）对双肩包供应商和销售平台的建议

此次比较试验有2款样品未提供标签，有12款样品的标签未按照标准要求进行标注，有的还提供了错误的执行标准信息。双肩包供应商应在质量管理环节加强要求，提供正确的标志标签，让消费者能掌握正确的资讯。

宣称具有防水等功能性能更大程度地吸引消费者购买。目前，双肩包的国家标准和行业标准中还暂未有对防水性能的考核，因此双肩包生产商或供应商在生产防水等性能的双肩包时一定要制定相关的考核标准，并要经过严格的相关测试后方可销售给消费者。

双肩包的标签问题、质量不满足标准要求、宣称信息不对称等问题的双肩包样品大多来自网上商城。网上购物平台在选择供应商时应起到为消费者把关的作用，严禁无生产企业、无商品名称、无联系方式等样品销售。另外，网上购物平台还应定期监察销售店铺所销售的商品是否符合要求，若发现商品有问题，应向供应商反映并让供应商加以改进。

发票是消费者维护自身合法权益的重要凭证，消费者购买商品后有权要求开具相关发票。此次比较试验未给开具发票的样品和开具发票困难的情况均来自网上商城。作为电商平台有责任协助消费者要求相关销售商开具发票。

（二）消费提示

1.注意查看标签信息。正规生产企业生产的双肩包一定会严格按照标准要求进行标注标签信息。一般情况下双肩包的标签上应具有以下信息：产品名称、商标、货号（型号）、产品标准编号、主体材质、生产单位或经销单位名称、单位地址、联系电话、合格（检验）标识等。

另外，在选购进口双肩包时，双肩包标签上应有产地的标注。

2.仔细查看整体外观。选购双肩背包时，要仔细查看包的外观，外观应形体饱满，弧线自然，粘贴平服，角对称，整洁干净；缝合线线迹平直，针距均匀一致且缝合牢固；配件应光亮无锈残、无漏镀，无毛刺、无起皮脱落现象，产品附带的材质样块应与双肩包主体材质完全一致；最后还要试拉链是否拉合滑顺，无错位，无掉牙，不掉色；配件是否平服、牢固；塑料插口是否能正常使用，无异常。

3.根据用途选购双肩包。双肩包分类比较多，有户外登山包、电脑包、学生书包等。不同用途的双肩包功能侧重不同，消费者可根据用途正确选购双肩包。例如外出登山可选购大容量、具有防水、防割裂等功能的双肩包。

此外，家长在给学生选择书包时尽量选择具有反光安全设备的双肩包，学生对出行的安全意识较弱，反光安全设备可提高夜间出行的安全性。

4.索要购物凭证。消费者在购买双肩背包时应留存购物凭证，以便出现质量问题后能够有效维护自身的合法权益。

注：本次比较试验仅对所购样品负责，任何企业和单位不得将本次比较试验结果用作商业宣传。

浙江省消费者权益保护委员会

吸油烟机比较试验报告

一、商品简介

吸油烟机又称抽油烟机，是一种净化厨房环境的家用电器。它安装在厨房炉灶上方，能将炉灶燃烧的废物和烹饪过程中产生的对人体有害的油烟迅速抽走，将其排出室外，减少污染，净化空气，并有防毒、防爆的安全保障作用。

吸油烟机按外观可分为四类：一是中式烟机，二是欧式烟机，三是侧吸式，四是多媒体智能机；按位置也可分为上排式、侧排式、下排式。

中式烟机，要分为老式浅深吸式抽油烟机。浅吸式烟机就是普通排气扇，是直接把油烟排到室外。深吸式烟机最大的问题是占用空间，噪声大，容易碰头。滴油油烟抽不干净，使用寿命短，清洗不方便，对环境污染大。

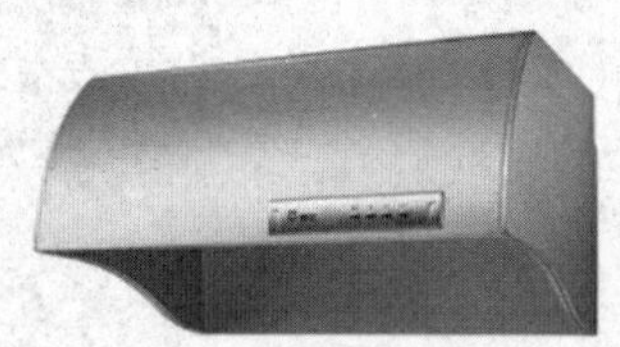

图1 中式烟机

欧式烟机，利用多层油网过滤，增加电机功率以达到最佳效果，一般功率都在200瓦以上。特点是：外观漂亮，价格较贵，适合高端用户群体而且多为平网型过滤油网，吊挂式安装结构。

图2 欧式烟机

侧吸式，优点是不容易碰头，外观时尚，吸烟口接近油烟发生点，吸排效果好，年轻人都喜欢，如若设计不合理，底部容易积油，凸起部分容易影响操作。

图3　侧吸式油烟机

多媒体智能机，采用现代工业自动控制技术、互联网技术与多媒体技术完美组合，为现代智能厨房提供了样板，带领现代厨房步入娱乐与享受的动感时代。但是距离实际普及还有一定技术瓶颈。

二、样品情况

本次比对的样品均采用网上购买的方式，涉及天猫、京东、国美、苏宁四大电商平台，购买15款样品，涉及15个品牌，价格从689元/台至3499元/台不等。涉及中式吸油烟机、欧式吸油烟机、侧吸式吸油烟机三类，不涉及多媒体智能机。

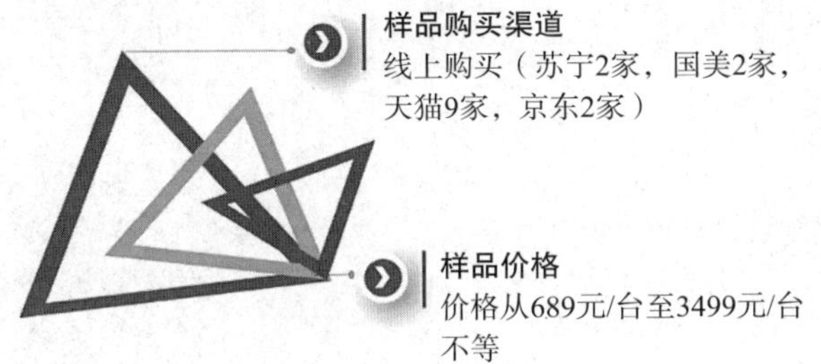

涉及品牌

图4　油烟机样品情况

三、检测项目

本次比对涉及吸油烟机检测项目分安全和性能两个部分。安全指标：标志和说明、对触及带电部件的防护、输入功率和电流、稳定性和机械危险、机械强度、结构、电源连接和外部软线、接地措施；性能指标：风量、风压、全压效率。

图5　检测部分

四、检测情况及分析

本次15款样品的检测依据为GB 4706.1–2005《家用和类似用途电器的安全　第1部分：通用要求》、GB 4706.28–2008《家用和类似用途电器的安全　吸油烟机的特殊要求》、GB/T 17713–2011《吸油烟机》、产品明示质量指标及国家法律、法规、规章的有关规定要求，对吸油烟机进行了以下11个项目的检验和判定。安全项目均符合标准要求，性能项目的风量、风压、全压效率符合明示要求，但差异比较大。情况如下：

1.风量：排风量表示吸油烟机在单位时间中排出的风量，这一性能关系到吸油烟机是否能够在短时间中将厨房中的油烟快速、高效地排出。目前，国标中对这一性能的要求是达到10m^3/min以上，即静压为0Pa时，单位时间内输送的气体体积。本次比较试验，实测风量值达到16m^3/min以上为7款。

2.风压：风压是吸油烟机产生负压的数值大小，这一性能关系到吸油烟机的吸力。风压越大，吸油烟机的吸烟效果就越好。对于居住在高楼建筑中的低层用户而言，风压是吸油烟机克服公共烟道内较大压力、保证排烟效果的重要性能。用户家中的吸油烟机在工作中不仅需要克服公共烟道中的空气重量，还要保证能够在做饭高峰期、公共烟道中风压较大的情况下，依然保证良好的排烟效果。本次比较试验，实测风压值达到300Pa以上的为7款，以NORITZ、林内、德意的吸油烟机风压指标最为突出。

3.全压效率：吸油烟机的规定风量（7m^3/min）和规定风量时空气标准状态下的全压值的乘积，与规定风量时主电机输入功率的比值。全压效率是烟机综合性能考量的指标，是指吸油烟机电机输出的功率转化为吸油烟机排出风量所携带的功率之比，也就是说，吸油烟机有效利用电机功率的能力。其实电机的功率也是衡量能耗的主要指标，电机功率越大，单位时间的能耗肯定越大。只有电机功率转化为排风动力越高，排油烟的效率才越高。本次比较试验，以方太、帅康、老板的吸油烟机的全压效率最为突出。

表1　性能项目数据汇总表

品牌		格兰仕	万和	美的	万家乐	华帝	苏泊尔	樱花	海尔	德意	帅康	老板	方太	西门子	能率	林内
型号		CXW–218–C0331（S）	CXW–200–X03FW	CXW–220–B61	CXW–200–ZY2	CXW–220–i11050	CXW–218–J613	CXW–130–22	CXW–220–E800C6T	CXW–220–853E	CXW–220–T8017	CXW–200–67X2	CXW–220–EMD6T	CXW–220–S65S940	CXW–220–C1882	CXW–220–NMW21J
价格区间（元）		1—999		1001—1999						2000—2999				3000以上		
价格		689	999	1099	1198	1299	1499	1599	1599	2299	2599	2899	2999	3158	3199	3499
风量（m^3/min）	明示允差–10%	15	14	15	18	15	17	12.5	15	17	18	18	15	16.5	18	18
	实测	13.6	12.8	13.6	16.4	14.3	16.7	12.6	13.7	15.5	18	16.5	15.3	16.3	18	16.4
风压（Pa）	明示	280	170	200	250	200	200	130	230	300	300	270	230	290	280	280
	实测	306.7	237.7	281.4	271.8	275.1	316	143.4	268.5	327.5	324.1	273.9	279	324.3	349	340.4
全压效率（%）	明示	23	21	21	23	23	23	19	23	23	24	23	23	23	23	23
	实测	25.4	23	25.2	24.5	24.5	23.9	19	23	23.7	25.8	25.8	27.9	23.6	25.4	24.8

本次比较试验对检测结果进行了综合比对，结果显示：

以NORITZ、帅康、苏泊尔的吸油烟机的风量指标最为突出。

型号　CXW-220-C1882

价格　3199元

风量　18m^3/min

型号　CXW-220-T8017

价格　2599元

风童　18m^3/min

型号　CXW-218-J613

价格　1499

风量　17m^3/min

以NORITZ、林内、德意的吸油烟机风压指标最为突出。

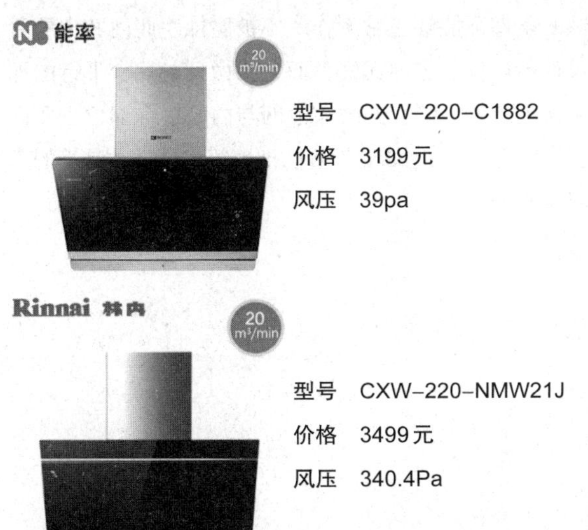

型号　CXW-220-C1882

价格　3199元

风压　39pa

型号　CXW-220-NMW21J

价格　3499元

风压　340.4Pa

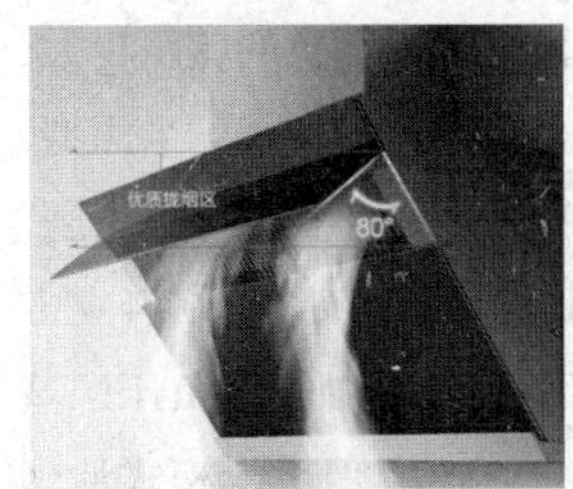

型号　CXW-220-853E（德意）

价格　2299元

风压　327.5Pa

以方太、帅康、老板的吸油烟机的全压效率最为突出。

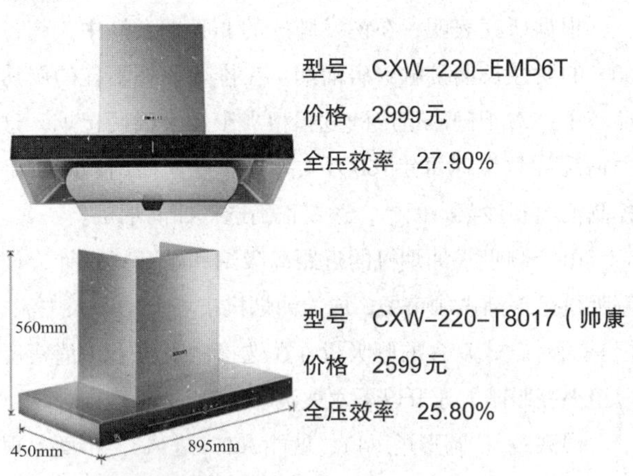

型号　CXW-220-EMD6T

价格　2999元

全压效率　27.90%

型号　CXW-220-T8017（帅康）

价格　2599元

全压效率　25.80%

型号　CXW-200-67X2（老板）

价格　2899元

全压效率　25.8%

五、消费提示

从本次电商平台吸油烟机买样检验活动结果来看，电商平台上出售的吸油烟机产品总体质量还算稳定。由于仅对商品进行部分项目的检测，无法代替整体的质量情况，避免不了由于网购平台价格竞争激烈，企业在控制成本时忽略了产品的质量问题，或者存在企业对产品质量把关不严，管理松懈，存在因价格竞争而忽视产品质量，降低产品标准的不良现象。

对于吸油烟机的购买，我们提出如下意见，仅供消费者参考。

首先是要选择排烟率高的。厨房油烟对人体的呼吸系统会产生伤害，有资料显示，中国因呼吸系统疾病而死亡者占各类死亡原因的首位，煤烟型氟中毒、砷中毒已成为某些地区居民的地方病。安装抽油烟机的目的是在烹饪中抽走油烟，减少室内污染，因此在选择机型时首先就要选择排烟效率高的。

其次是要选择负压大的。因为抽油烟机的负压越大，吸烟能力越强。市场上的抽油烟机分为平板式、半深型、深型和柜式等类型，它们因结构的不同产生的“负压区”也不同，大多数深型抽油烟机的负压区域约为0.14立方米，其排烟效率为60%左右，柜式抽油烟机的负压区域约为0.32立方米，排烟效率大于95%。但由于柜式油烟机采用了三面封闭的形式，所以在外观上没有吊挂式显得豪华。

六、选购误区

根据研究表明，在诱发肺癌的非吸烟女性中，超过60%的女性长期接触厨房油烟，在排烟效果不佳的厨房环境下，对于健康造成的危害相当于每天吸两包烟，这种情况导致全球每年160万人死亡。专家指出，除正确控制油温和炒菜时间外，还要正确选择抽油烟机。

由于侧吸式油烟机的近距离吸烟和敞开式设计，使侧吸机已逐渐占领市场，成为油烟机市场上的一大主流。但是面对款式众多的侧吸机，在选择侧吸机上，消费者应该擦亮眼睛，避开以下六大误区。

误区一：“圆形进风口，就能360° 进风”。市面上很多侧吸机中间位置有一个圆形口，自称360° 进风。但实际上，灶具两个灶头所产生的油烟分布在两侧，而中心位置进烟，只能保证离中心区域最近的烟全方位进入，距离较远的烟很容易逃逸，所以这种360° 进风口只是360° 的敞开设计，并非实现烟的全部进入。那么要让两个灶头的烟同时吸进，就必须要保证一个宽裕的进风口。

误区二：“风量越大，吸烟效果越好”。吸烟效果的好坏不能仅凭借风量去判定，风量过大不仅吸不了油烟，而且还会扰乱油烟气体的流动方向。“十一五课题”研究表明，公共烟道最适合的风量是15m^3/min，并非越大越好。而且理论上讲，风机的风量与噪声是一对天然的矛盾，风量越大，反而造成不能忍受的噪声。

误区三：“有油网才更干净”。侧吸式近距离吸烟，自然所接触的油烟也更早，气态油接触到油网开始遇冷凝结成液态，当油滴凝结到一定程度，烟便无法再通行。所以，技术专家为了改变这种有油网的烦恼，研发出“三重油烟分离技术”的无油网设计，通过多层技术过滤油烟，成为现代侧吸机是一种技术创新，为顾客解决了清洁油网难题。

误区四：“免拆洗侧吸机真的可以免拆洗。”真正的油烟分离靠的是通过叶轮高速旋转产生的离心力对油烟进行分离，市面上的免拆洗侧吸自称通过滤网就可以完全过滤油烟，但滤网只针对第一次油烟的分离，把一张滤网的功能扩大化，变成一张可以滤尽万家油烟的网，显然是不可能的，只有配合更好风机防油涂层和良好日常维护才能保证油烟机长期高效运转。

误区五：面板材质无关紧要。关于面板材质，促销员可能会“故意忘记”不提起，或者直接说出一个某某合金的名词来忽悠消费者。事实上，要检验材质也是非常简单的，国内最好的材料一般是采用进口M-Cr精钢材质，看上去精细有质感。此种材料抗氧化、抗腐蚀而且会愈擦愈亮。要辨别此种材料与一般合金材料的区别，只需要直接用磁铁来试即可，能吸上的，则肯定为一般劣质合金或者铁类，不能吸上的才是精钢材质。还有一种面板是由特氟龙涂层保护的，具有不粘油易打扫抗腐蚀等优点，是除不锈钢外另一种优秀的面板材质。

误区六：内腔设计不算重要。吸油烟机内腔设计的重要性也不容忽视，一方面要做到尽量无缝、易清洁，另一方面也要能够保护线路，使各种线路在油烟这种强腐蚀的条件下能够正常工作，不被腐蚀。而内腔内的无缝设计不仅仅是腔内无缝，而且要做到与灶台平行的那个小面也能够无缝，同时在油网与内腔接合部位也要做到“隐形无缝”，比如要设置防油墙等，这样才是真的不留清洁死角。

安徽省消费者权益保护委员会

芝麻油比较试验报告

芝麻油是WHO公布的三大最佳食用油之一，不仅具有较高的营养价值，还具有药用价值，被列入中国、美国、日本等国药典，因此被称为“油中之王”。我国是芝麻种植和生产大国之一，其产量居世界第一位，芝麻油在人们日常生活中占有非常重要的地位。

为认真履行《消费者权益保护法》《安徽省消费者权益保护条例》赋予的法定职责，引导广大消费者选用安全健康的芝麻油，安徽省消费者权益保护委员会于2018年9月至12月开展了芝麻油消费调查与芝麻油品质比较试验。

一、芝麻油消费调查总体情况

本次芝麻油消费调查借助合肥论坛网络平台，通过线上线下芝麻油市场销售信息采集、消费者上传家用芝麻油照片有奖活动、芝麻油认知情况问卷调查等活动，历时两个半月达到了十多万活动点击率，有近万人参与到各个活动中。本次消费调查结果具体如下：

（一）消费者对芝麻油的认知情况

图1 消费者对芝麻油的认识

（二）消费者选购芝麻油的决策因素

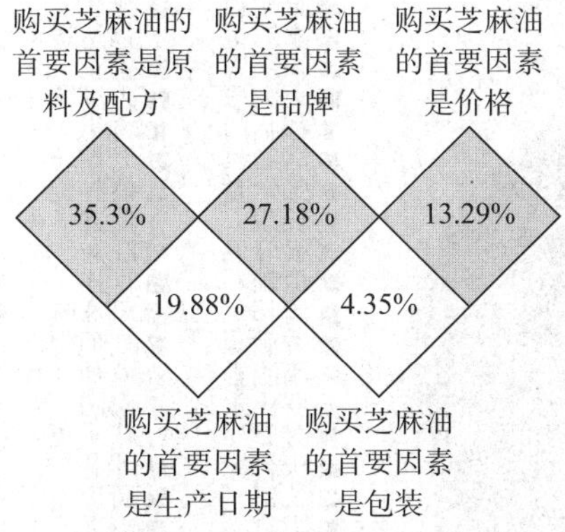

图2 消费者关于芝麻油的购买因素

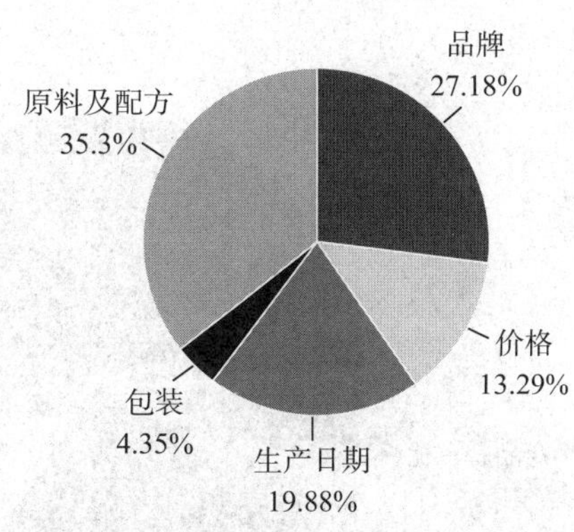

图3 消费者购买芝麻油的首要因素

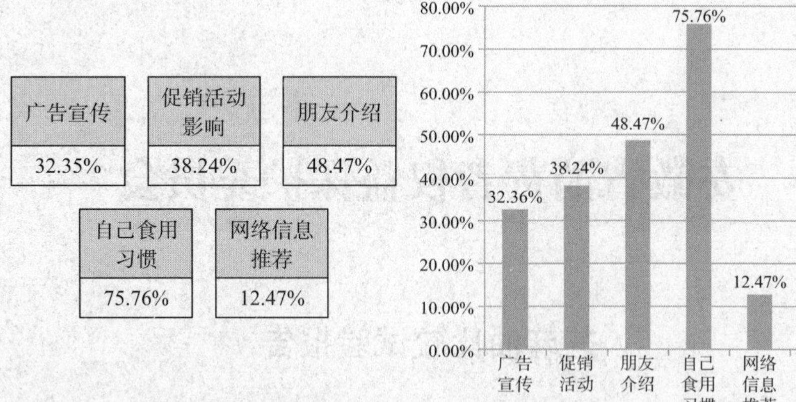

图4 消费者购买芝麻油的诱导因素　　图5 消费者购买芝麻油的诱导因素

（三）消费者选购芝麻油主要关注的商品信息

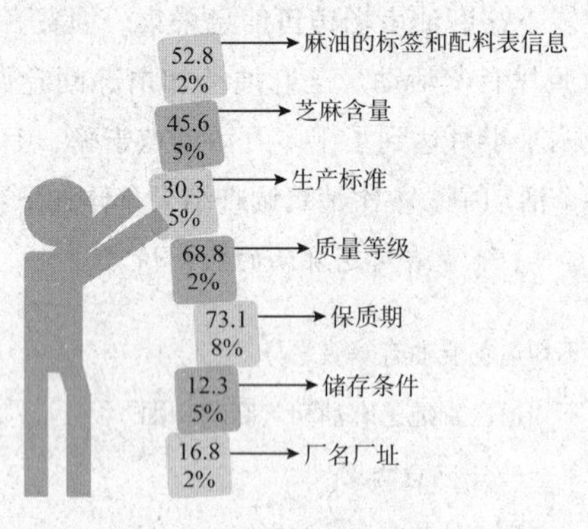

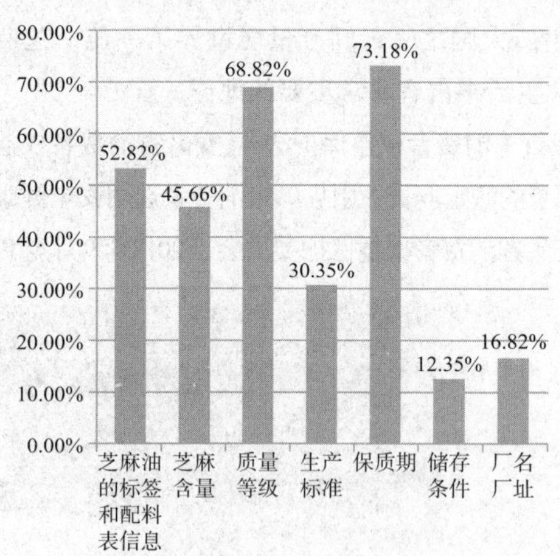

图6 消费者购买芝麻油时主要关注的商品信息　　图7 消费者购买芝麻油时主要关注的商品信息

（四）消费者家庭食用品牌占有率

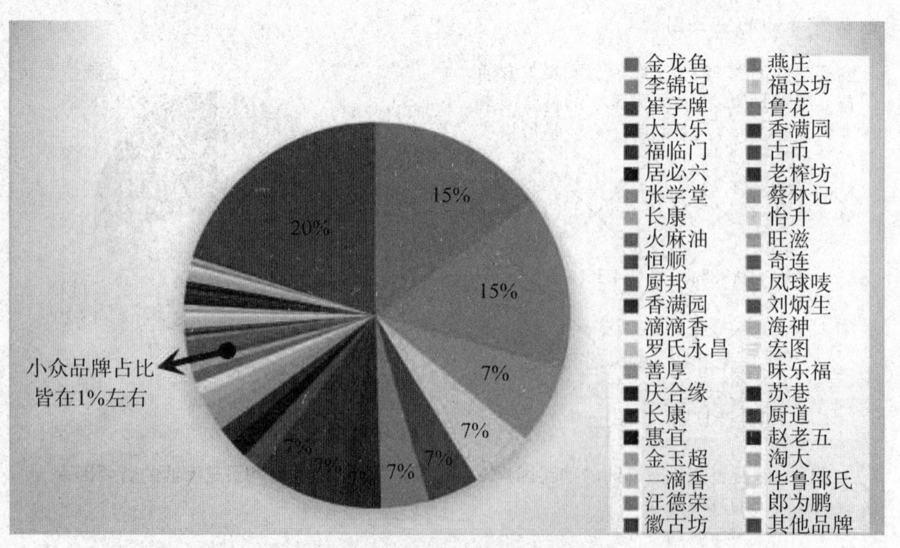

图8 芝麻油家庭食用品牌占有率

二、芝麻油比较试验情况

在芝麻油消费调查的基础上，安徽省消费者权益保护委员会工作人员以消费者身份通过商场、超市、农贸市场及网络电商平台等渠道购买了54款芝麻油样品，其中国产品牌51个，进口品牌3个。品牌涵盖燕庄、李锦记、鲁花、太太乐、福临门、胡玉美、金龙鱼等，产地分布在上海市、内蒙古、四川省、湖北省、河南省、广东省、浙江省、江苏省、安徽省等地区，进口芝麻油的原产国涉及日本、韩国、新加坡。

本次测试主要依据《全国消协比较试验工作规范（试行）》、GB/T 16759-2008《消费品和有关服务的比较试验总则》、GB 7718-2011《食品安全国家标准　预包装食品标签通则》、GB/T 8233-2008、GB/T 8233-2018《芝麻油》等国家法律法规及标准规定，项目涉及商品标签、脂肪酸组成、酸价、过氧化值、黄曲霉毒素B1、苯并［α］芘、芝麻素、芝麻林素以及维生素E等指标。本次测试结果仅对本次试验样品负责。

特别说明，2018年12月1日开始实施GB/T 8233-2018芝麻油新国标，为了帮助消费者更好地了解芝麻油的品质，本报告结合了2008、2018两个版本标准进行了分析、比较。

（一）样品品质测试整体情况

本次测试的54款样品中，龙溪、金龙鱼、燕庄等49款样品的测试指标符合标准要求，麻香园、颐升香、百年褚氏、张家婆婆、西雅厨5款样品有未达标项目。

从购买渠道看，网络平台购买的5款样品检测结果全部达到标准；商场，超市购买的40款样品中，检测结果达到标准的有37款，达标率为92.5%；集贸市场购买的6款样品中，检测结果达到标准的有4款，达标率为66.67%。

根据检测数据，并结合芝麻油的特殊属性，本次芝麻油比较试验中，11款样品获得了5颗星（优质），分别是：龙溪牌一滴香芝麻香油、金龙鱼牌纯芝麻油、九鬼牌浓口芝麻油（日本产）、燕庄牌芝麻香油、福临门牌一级小磨香油、鲁花牌芝麻香油、崔字牌黑芝麻油、德龙掌柜牌小磨麻油、臻德牌古法石磨麻油、李锦记牌纯香芝麻油、太太乐牌芝麻油。

对本次检测中发现的不达标样品，安徽省消费者权益保护委员会将移转有关行政部门处理。

（二）主要质量指标的测试结果对比

1.酸价、过氧化值。酸价是评定油脂中所含游离脂肪酸多少的量度，它是评定油脂品质好次、精炼程度的重要指标。食用油在加工和贮藏过程中易受到氧、热等作用产生氢过氧化物，氢过氧化物极易裂解成小分子醇、醛、酮等。醛酮类物质对人体有害，且降低油脂的营养价值。过氧化值超标会出现大家熟悉的“哈味”。

芝麻油等级分为一级和二级，GB/T 8233-2008中规定一级芝麻油的酸价≤2.0 mg/g，二级芝麻油的酸价≤4.0 mg/g，一级芝麻油的过氧化值≤6.0mmol/kg，二级芝麻油的过氧化值≤7.5mmol/kg，2018年12月1日正式实施的GB/T 8233-2018中规定一级芝麻油的酸价≤2.5 mg/g，二级芝麻油的酸价≤3.0 mg/g，一级芝麻油的过氧化值≤0.15g/100g，二级芝麻油的过氧化值≤0.18g/100g。

本次测试中，49款样品的酸价和过氧化值测定结果良好，百年褚氏、胡振兴、富味乡3款样品的酸价存在一些问题。百年褚氏100%纯芝麻油（标注等级：一级；生产厂家：商丘市株氏食品有限公司，生产日期：2017.11.16）酸价测试结果为2.5mg/g，不符合GB/T 8233-2008标准要求，符合GB/T 8233-2018标准要求；胡振兴黑芝麻油（产地：新加坡，生产日期：2018.01.03）和富味乡黑芝麻油（标注等级：二级，生产厂家：上海富味乡油脂食品有限公司，生产日期：2017.11.13）酸价分别为3.2mg/g、3.4mg/g，符合GB/T 8233-2008标准要求，不符合GB/T 8233-2018标准要求。

2.黄曲霉毒素B1。黄曲霉毒素（AFT）是一类由黄曲霉、寄生曲霉和特曲霉等多种真菌产生的次生代谢产物，是目前发现的真菌毒素中毒性最强、最稳定的一类，包含20余种结构类似物。早在1993年世界卫生组织就将AFT列为“Ⅰ级致癌物质”，世界各国都非常重视AFT的污染情况，对其有严格的限量规定。AFT基本由二呋喃环和氧杂萘邻酮结构组成，前者是基本的毒素结构，后者与致癌特性有关，其中黄曲霉毒素B1（AFTB1）是黄曲霉毒素中毒性最强的一种。黄曲霉毒素B1常在霉变粮食、豆类、坚果、植物油等农产品中被检出。本次比较试验的芝麻油中，黄曲霉毒素B1均为未检出（检出限为0.02μg/kg）。

3.苯并［α］芘。苯并［α］芘是一种公认的强致癌物质。由于其较强的亲脂性，油脂常被报道为食品中苯并［α］芘的主要来源之一，其主要产生途径为：油料在生长和晾晒过程中空气或土壤中苯并［α］芘的污染；油料在高温炒籽过程中产生；在浸出法制油中加热脱溶过程中产生。因此，近年来越来越受到研究者的关注和世界各国的重视，欧盟629/2008号文件规定了食用油脂中苯并［α］芘的最大残留限量为2μg/kg，我国GB 2716-2005《食用植物油卫生标准》中规定为10μg/kg。本次比较试验的芝麻油中，51个品牌芝麻油的苯并［α］芘均符合国家标准，但有15组芝麻油样品中检出苯并［α］芘，其中两组的数值≥2.0μg/kg。

4.芝麻素、芝麻林素以及维生素E。芝麻油含有高达80%以上的不饱和脂肪酸，但仍具有很好的氧化稳定性，良好的氧化稳定性源于其丰富的内源性抗氧化物如生育酚（维生素E）、芝麻素及芝麻林素等。芝麻木脂素类物质是芝麻油中特有成分，这类物质具有一定的抗氧化能力，同时也使芝麻油具有生理保健的功能。研究表明，生育酚类物质和木脂素类物质存在协同增效作用。

本次测试的51款样品中，维生素E的含量最低为21mg/100g，最高为65mg/100g，两者相差3.1倍；芝麻素与芝麻林素含量之和最低为2270mg/kg，最高为10694mg/kg，两者相差4.71倍。由此可见，不同芝麻油所含的维生素E、芝麻素以及芝麻林素是有很大差异的。本次测试的51款样品所含芝麻素与芝麻林素含量从高到低排列如下：

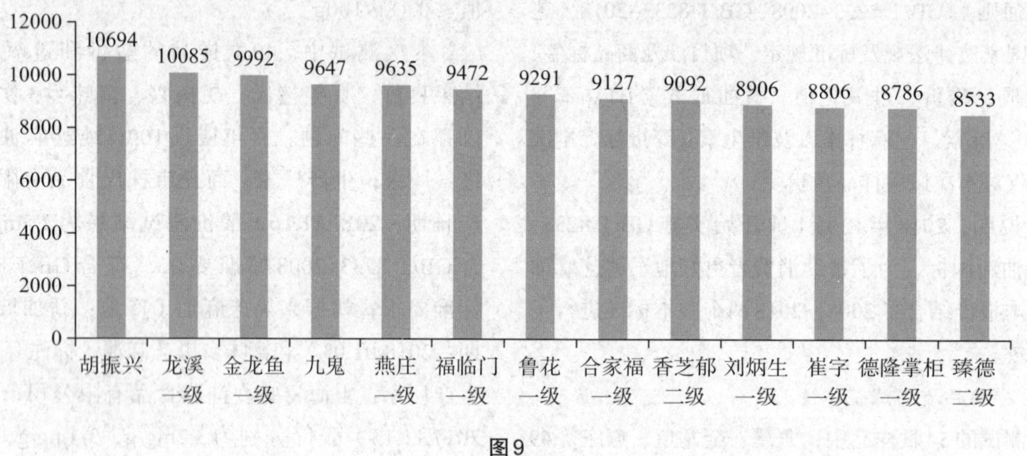

图9

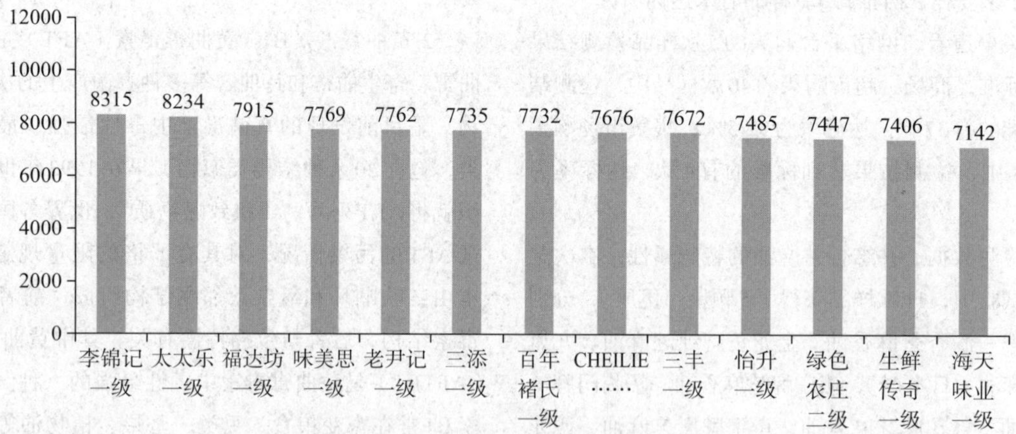

图10

12000
10000
8000
6000
4000
2000
0
7125
6918
6869
6664
6243
6144
6126
5905
5845
5775
5746
5298
5178
富味乡 二级
两芝 一级
姚果 二级
胡玉美 二级
燕泉 一级
香满园 一级
九华山 一级
广禾堂 一级
徽香 一级
恒泰兴 一级
皖精 一级
麻香源 二级
小车磨 二级

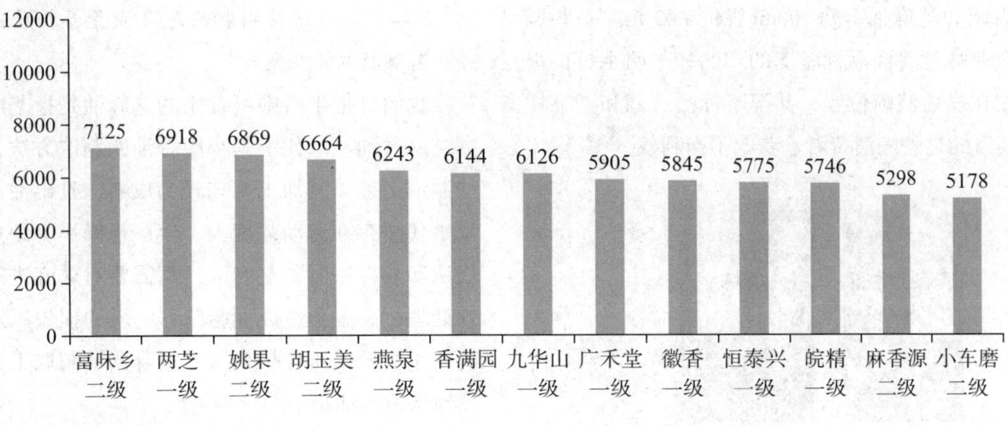

图11

12000
10000
8000
6000
4000
2000
0
4997
4992
4948
4889
4595
4337
4161
3941
3724
3314
2647
2270
友加
西雅厨
明泉
五味居
颐升香
汪德荣
张家婆婆
庆合缘
玉春
惠宜
TESCO
老榨坊

图12

三、如何选购优质芝麻油

按照GB/T 8233-2018《芝麻油》的要求，芝麻油分成了芝麻原油、芝麻香油、小磨芝麻香油和精炼芝麻油4类。芝麻油中不得掺有其他食用油，不得添加任何香精和香料。然而，安徽省消费者权益保护委员会通过本次比较试验和市场调查，发现芝麻油市场存在诸多问题，如商品名称混乱；产品质量参差不齐，有以次充好、以假充真的现象；企业服务信息不实等。为了维护消费者的身体健康，帮助广大消费者选购到优质的芝麻油，我们提醒消费者注意以下5个方面：

（一）调和芝麻油≠芝麻油

很多消费者在选购芝麻油的时候，很容易混淆调和芝麻油与芝麻油，误以为调和芝麻油就是芝麻油，其实这两者的差距非常大。

1.产品标准不同。芝麻油产品标准是GB/T 8233，芝麻油的原料必须是芝麻，芝麻油中不得掺有其他食用油，不得添加任何香精和香料；调和芝麻油是依照GB 2716食用植物油卫生标准（2005版）/食品安全国家标准植物油（2018版）或企业标准生产，由两种及两种以上的食用植物油调配制成的。

2.营养成分不同。芝麻油是WHO公布的三大最佳食用油之一，其丰富的芝麻素及芝麻林素，芝麻木脂素类物质是芝麻油中特有成分，具有一定的抗氧化能力，具有生理保健、延缓衰老的作用。本次测试的51个品牌芝麻油，所含的芝麻素与芝麻林素之和最低数值为2270mg/kg，最高数值为10694mg/kg。而调和芝麻油此测试结果却非常低，宋府宴牌小磨黑芝麻油、马头牌麻油所含的芝麻素与芝麻林素之和分别是779mg/kg、861mg/kg，海神牌小磨麻油所含的芝麻素与芝麻林素之和仅有105mg/kg，比普通芝麻油此含量低了22倍，比优质芝麻油此含量低了102倍。

3.生产成本数倍差异，市场售价却相差无几。据业内人士介绍，芝麻油每吨成本近3万元，大豆油每吨成本五六千元，调和芝麻油如果主要用大豆油调配，两者生产成本相差约5倍，如用其他更低档的油，成本差额则更大。而两者市场销售价方面，本次测试购买的47款国产品牌芝麻油，除有机食品外，芝麻油每100ml售价在2.84—9.97元。调和芝麻油如海神牌小磨麻油（实为调和芝麻油）每100ml售价4.16元，马头牌麻油（实为调和芝麻油）每100ml售价4.98元，宋府宴牌小磨黑芝

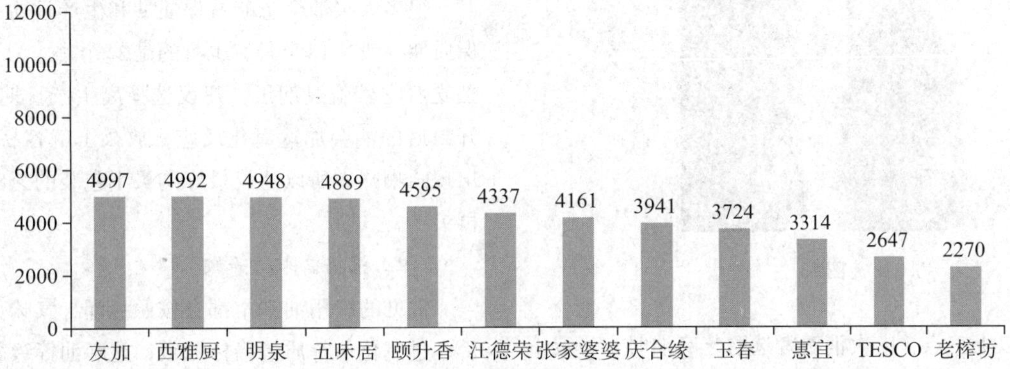

麻油（实为调和芝麻油）每100ml售价4.02元。一些调和油生产企业故意将商品标签上的“调和”两字打得很小，且不放在显著清晰位置，甚至不标注“调和”字样的做法，其目的是蒙骗消费者，获取不当利益。

图13

基于以上三点，广大消费者选购芝麻油时，一定不要被商品标签上的名称所欺骗，一定要看清商品标签上的“产品标准号”是否是GB/T8233，芝麻油的配料（成分）只能是芝麻一种原料，不得掺有其他食用油或香料、香精（详见图14）。

图14

（二）低温压榨制取的芝麻油营养物质保留得更充分，有害物质产生更少

我们日常生活中所食用的芝麻油是指芝麻香油和小磨芝麻香油。水代法是小磨香油的制取方法，属于传统的制油工艺，其加工工艺较为成熟，且出油率略高，但是水代法存在劳动强度大、生产规模小等缺点。一般水代法和热榨法制备芝麻油，都需要对芝麻进行高温焙炒预处理，高温会造成油脂营养物质的损失以及有害物质的产生。低温压榨是新兴的芝麻制油制取工艺，最大限度地保留了油脂中的营养物质。

（三）选择最近生产日期、小包装的芝麻油

很多人买油会忽略看保质期和生产日期，芝麻油的保质期一般是18个月，也有的是24个月，为了避免买回去吃着吃着就过期了，建议选择离生产日期最近的油。开封后的油会加速氧化反应，放久了就容易氧化酸败，出现哈喇味，所以建议最好购买小包装的芝麻油，吃完再买。

（四）根据需求选等级

常见的食用油基本都会按照色泽、气味、滋味、酸价、过氧化值等质量指标分级，芝麻油等级分为一级和二级。这个也可以作为选择优先项之一。

（五）不要迷信国外商品质量一定优于国产商品

在本次比较试验获得5颗星的11款样品中，仅有一个国外品牌。新加坡、韩国产的芝麻油和大多数国产芝麻油品质相当。

简而言之，广大消费者选购芝麻油时，不要被商品标签上的名称所欺骗，一定要看清商品标签上的“产品标准号”是否是GB/T 8233，芝麻油的配料（成分）只能是芝麻一种原料，不得掺有其他食用油或香料、香精；最好购买近期生产的小包装芝麻油，食用起来口感更好，更新鲜。

福建省消费者委员会

奶茶比较试验报告

为维护消费者权益、促进现制奶茶行业规范发展，2019年11月12日福建省消委会、福州市消委会召集相关奶茶经营单位对奶茶比较试验结果进行通报并发出诚信经营倡议。

图1

会议通报了本次奶茶比较试验中蛋白质、脂肪、反式脂肪酸、总糖、果糖、咖啡因、茶多酚、添加剂等项目的结果，并依据GB 2760–2014《国家食品安全标准　食品添加剂使用标准》、GB/T 21733–2008《茶饮料》、《中国居民膳食指南（2016）》进行了对比分析。指出现制奶茶存在公示奶茶成分表标识缺失、未进行消费警示性提醒、“无糖”标示误导消费者、产品健康意识薄弱等问题。

图2

会议还向现制奶茶经营者发出了诚信经营倡议书。倡议书提出，现制奶茶经营者应公示奶茶成分表，在奶茶店和网络售卖页显要位置标注奶茶成分表或配方（因手工制作定量误差应标明），严格按配方制作，让消费者了解并监督；完善警示标识，在奶茶店和网络售卖显要位置完善警示标识，根据糖、脂肪、咖啡因、茶多酚等含量对消费者饮用量进行提示，对儿童、老人、糖尿病患者作出警示，不另外加糖奶茶标识为“微糖”或“少糖”字样，防止“无糖”标示误导消费者；牢固树立健康意识，做到品质口感兼顾，降糖减脂，为消费者提供健康美味的食品。

与会经营者代表纷纷表示，将针对此次比较试验报告，规范现制奶茶标识，加强现制奶茶经营管理，提高商品及服务质量，并树立健康消费意识，共建良好消费环境。

附：福州市奶茶比较试验结果

本次比较试验的样品由福建省、市消委会工作人员联合福州海关技术中心工作人员以普通消费者身份在本市部分大型综合商贸体、校园周边、旅游景点、城乡接合部等区域购买，共购买20家现制现售奶茶店40件样品，样品主要针对销量较大的珍珠奶茶，购买样品规格均为大杯（各家大杯容积为500—750毫升不等），品牌涵盖“喜茶”“奈雪の茶”“一点点”“85℃”等，产品类型包含“无糖”“少糖”“微糖”等，其中实体店购买26款，网络购买14款。

表1 样品来源分布

样品来源	批　次	涉及区域
鼓楼区	18	大型综合商贸体、校园周边、旅游景点
仓山区	10	大型综合商贸体、城乡接合部
晋安区	2	大型综合商贸体
台江区	4	大型综合商贸体
闽侯县	6	大型综合商贸体、校园周边

本次比较试验依据《全国消协组织比较试验工作规范（试行）》有关规定开展，鉴于目前现制现售奶茶尚无国家标准，本次比较试验综合参考GB 2760–2014《国家食品安全标准　食品添加剂使用标准》、GB/T 21733–2008《茶饮料》、《中国居民膳食指南（2016）》、《卫生部办公厅关于通报食品及食品添加剂中邻苯二甲酸酯类物质最大残留量的函》等相关规定，确定对现制现售奶茶的蛋白质、脂肪、反式脂肪酸、总糖、果糖、咖啡因、茶多酚、塑化剂［邻苯二甲酸二（2–乙基）己酯、邻苯二甲酸二异壬酯、邻苯二甲酸二正丁酯］、脱氢乙酸、糖精钠、山梨酸、苯甲酸、柠檬黄、苋菜红、日落黄、二氧化钛16个项目进行测试。

表2 比较试验采集样品情况表（网购样品为黄色）

序号	商品名称	甜度	品牌	购买场所	规格/型号（ml）	单价（元/杯）
1	冻顶乌龙奶茶	无糖	莓超疯	晋安区超鲜仔餐饮店［美团莓超疯（东二环泰禾店）］	650	14
2	超疯奶茶	正常糖	莓超疯	晋安区超鲜仔餐饮店［美团莓超疯（东二环泰禾店）］	650	16
3	鲜奶奶茶	无糖	小确茶	福州市鼓楼区晨末饮品店［饿了么小确茶（井大店）］	550	20
4	鲜奶奶茶	标准糖	小确茶	福州市鼓楼区晨末饮品店［饿了么小确茶（井大店）］	550	20
5	格雷奶茶	无糖	贡茶	福州市鼓楼区品御饮品店［饿了么贡茶（华林店）］	650	16
6	抹茶珍珠奶茶	标准糖	贡茶	福州市鼓楼区品御饮品店［饿了么贡茶（华林店）］	650	17
7	仙草冻奶茶L	无糖	一芳水果茶	福州市鼓楼区张明饮品店［饿了么一芳水果茶（华林店）］	650	17
8	粉圆鲜奶茶L	10分甜	一芳水果茶	福州市鼓楼区张明饮品店［饿了么一芳水果茶（华林店）］	650	18
9	奶茶（大，冰）	不加糖	KOI	厦门星豆餐饮管理有限公司福州第七分公司［饿了么koi（福州六一北路店）］	750	19
10	奶茶（大，冰）	全糖	KOI	厦门星豆餐饮管理有限公司福州第七分公司［饿了么koi（福州六一北路店）］	750	23
11	涨心情招牌珍珠奶茶	无糖	涨茶	福州市鼓楼区涨茶饮品店［饿了么涨茶奶茶（井大店）］	600	20
12	涨心情招牌珍珠奶茶	正常甜	涨茶	福州市鼓楼区涨茶饮品店［饿了么涨茶奶茶（井大店）］	600	20
13	涓豆腐奶茶	无糖	厝内小眷村	福州市鼓楼区林轶江食品店［饿了么厝内小眷村（六一店）］	550	10

续表

序号	商品名称	甜度	品牌	购买场所	规格/型号（ml）	单价（元/杯）
14	涓豆腐奶茶	全糖	厝内小眷村	福州市鼓楼区林轶江食品店［饿了么厝内小眷村（六一店）］	550	10
15	旺仔宝藏茶	无糖	奈雪の茶	深圳市奈雪餐饮管理有限公司福州南街分公司	700	25
16	旺仔宝藏茶	正常糖	奈雪の茶	深圳市奈雪餐饮管理有限公司福州南街分公司	700	25
17	珍珠奶茶	不另外加糖	1点点	福州市仓山区玉露奶茶店	650	13
18	珍珠奶茶	正常糖	1点点	福州市仓山区玉露奶茶店	650	13
19	黄金珍奶（大杯）	无糖	Teall	福州市鼓楼区茶漾饮品店	650	13
20	黄金珍奶（大杯）	标准糖	Teall	福州市鼓楼区茶漾饮品店	650	13
21	古茗奶茶	微糖	古茗	福州市仓山区柚见古茗奶茶店	700	9
22	古茗奶茶	正常糖	古茗	福州市仓山区柚见古茗奶茶店	700	9
23	泷珠奶茶	无糖	益禾堂	福州市仓山区益禾堂饮品店	550	8
24	泷珠奶茶	全糖	益禾堂	福州市仓山区益禾堂饮品店	550	8
25	波霸奶茶（大杯）	无糖	沈茶	台江区沈茶饮品店	650	12
26	波霸奶茶（大杯）	正常甜	沈茶	台江区沈茶饮品店	650	12
27	国王珍珠奶茶	不加糖	吃茶三千	福州市仓山区俊娜饮品店	600	21
28	国王珍珠奶茶	100%糖	吃茶三千	福州市仓山区俊娜饮品店	600	21
29	珍珠奶茶大杯	不另外加糖	都可	福州馨可餐饮管理有限公司福州宝龙广场分店	650	11
30	珍珠奶茶大杯	正常糖	都可	福州馨可餐饮管理有限公司福州宝龙广场分店	650	11
31	黑糖波波	不另外加糖	喜茶	福州灵感之茶科技有限公司福州三坊七巷分公司	500	19
32	黑糖波波	正常糖	喜茶	福州灵感之茶科技有限公司福州三坊七巷分公司	500	19
33	招牌奶红芒果Q宝（大杯）	无糖	舔杯	闽侯县上街舔舔杯饮品店	650	11
34	招牌奶红芒果Q宝（大杯）	正常糖	舔杯	闽侯县上街舔舔杯饮品店	650	11
35	琥珀珍珠奶茶（L）	无糖	快乐番薯	闽侯县上街永嘉快乐番薯饮品店	650	7
36	琥珀珍珠奶茶（L）	正常糖	快乐番薯	闽侯县上街永嘉快乐番薯饮品店	650	7
37	珍珠奶茶-超级杯	无糖	85℃	八十五度（福州）餐饮管理有限公司闽侯县大学城店	650	15
38	珍珠奶茶-超级杯	正常糖	85℃	八十五度（福州）餐饮管理有限公司闽侯县大学城店	650	15
39	青雾冻奶茶	无糖	木森茶	福州市仓山区森木茶饮品店	500	14
40	青雾冻奶茶	正常糖	木森茶	福州市仓山区森木茶饮品店	500	14

价格相差3倍以上　同是大杯量也不同

本次比较试验40款样品购买价格在每杯7元至25元不等，价格相差3倍以上，10元以下有6款，10—20元有26款，20元以上有8款（表中排序参考正常糖甜度奶茶价格）。价格较高的有奈雪の茶、KOI、吃茶三千、涨茶、小确茶、喜茶。

各家奶茶店对消费者标示的大中小杯容积都是各自确定，容积相差较多，容易令消费者产生误解，本次比较试验购买奶茶样品规格均为大杯，但容积从500毫升到750毫升不等，建议消费者购买前先了解。

表3

品　牌	商品名称	规格/型号（mL）	单价（元/杯）
奈雪の茶	旺仔宝藏茶无糖	700	25
奈雪の茶	旺仔宝藏茶正常糖	700	25
KOI	奶茶（大，冰）全糖	750	23
吃茶三千	国王珍珠奶茶100%糖	600	21
吃茶三千	国王珍珠奶茶不加糖	600	21
小确茶	鲜奶奶茶标准糖	550	20
小确茶	鲜奶奶茶无糖	550	20
涨茶	涨心情招牌珍珠奶茶无糖	600	20
涨茶	涨心情招牌珍珠奶茶正常甜	600	20
喜茶	黑糖波波不另外加糖	500	19
喜茶	黑糖波波正常糖	500	19
KOI	奶茶（大，冰）不加糖	750	19
一芳水果茶	粉圆鲜奶茶L10分甜	650	18
一芳水果茶	仙草冻奶茶L无糖	650	17
贡茶	抹茶珍珠奶茶标准糖	650	17
贡茶	格雷奶茶无糖	650	16
莓超疯	超疯奶茶正常糖	650	16
85℃	珍珠奶茶-超级杯正常糖	650	15
85℃	珍珠奶茶-超级杯无糖	650	15
木森茶	青雾冻奶茶正常糖	500	14
木森茶	青雾冻奶茶无糖	500	14
莓超疯	冻顶乌龙奶茶无糖	650	14
1点点	珍珠奶茶不另外加糖	650	13
1点点	珍珠奶茶正常糖	650	13
teall	黄金珍奶（大杯）标准糖	650	13
teall	黄金珍奶（大杯）无糖	650	13
沈茶	波霸奶茶（大杯）正常甜	650	12
沈茶	波霸奶茶（大杯）无糖	650	12
舔杯	招牌奶红芒果Q宝（大杯）无糖	650	11
舔杯	招牌奶红芒果Q宝（大杯）正常糖	650	11
都可	珍珠奶茶大杯不另外加糖	650	11
都可	珍珠奶茶大杯正常糖	650	11
厝内小眷村	涓豆腐奶茶全糖	550	10
厝内小眷村	涓豆腐奶茶无糖	550	10
古茗	古茗奶茶微糖	700	9
古茗	古茗奶茶正常糖	700	9
益禾堂	泷珠奶茶全糖	550	8
益禾堂	泷珠奶茶无糖	550	8
快乐番薯	琥珀珍珠奶茶（L）无糖	650	7
快乐番薯	琥珀珍珠奶茶（L）正常糖	650	7

奶茶里奶有多少？

奶茶由茶汤中加入了奶或奶制品调味而成，按GB/T 21733-2008《茶饮料》规定奶茶饮料的蛋白质含量≥0.5g/100g，而在本次比较试验的20个品牌40款现制奶茶中，蛋白质含量符合GB/T 21733-2008《茶饮料》标准的仅有奈雪の茶、喜茶、小确茶、木森茶、KOI 5个品牌，29款样品的蛋白质含量低于0.5g/100g，不符合率为72.5%。

都可、快乐番薯2个品牌4款奶茶样品蛋白质检测均低于0.08g/100g的仪器检出低限，未能检出蛋白质含量，也就是说一滴奶都没有，叫奶茶有欺骗消费者的嫌疑。

GB25190-2010《食品安全国家标准灭菌乳》中规定蛋白质须≥2.9g/100g，如果自制奶茶中茶奶比例为2∶1，那奶茶中蛋白质含量在1g/100g左右，从表中蛋白质检测结果大家可以估算出各家奶茶中奶的使用量。

表4

品　牌	商品名称	蛋白质（g/100g）
快乐番薯	琥珀珍珠奶茶（L）无糖	<0.08
快乐番薯	琥珀珍珠奶茶（L）正常糖	<0.08
都可	珍珠奶茶大杯不另外加糖	<0.08
都可	珍珠奶茶大杯正常糖	<0.08
吃茶三千	国王珍珠奶茶100%糖	0.11
沈茶	波霸奶茶（大杯）无糖	0.13
teall	黄金珍奶（大杯）标准糖	0.13
贡茶	抹茶珍珠奶茶标准糖	0.13
1点点	珍珠奶茶不另外加糖	0.17
吃茶三千	国王珍珠奶茶不加糖	0.18
沈茶	波霸奶茶（大杯）正常甜	0.19
teall	黄金珍奶（大杯）无糖	0.2
1点点	珍珠奶茶正常糖	0.22
厝内小眷村	涓豆腐奶茶无糖	0.23
舔杯	招牌奶红芒果Q宝（大杯）正常糖	0.23
厝内小眷村	涓豆腐奶茶全糖	0.24
85℃	珍珠奶茶–超级杯正常糖	0.25
莓超疯	冻顶乌龙奶茶无糖	0.25
85℃	珍珠奶茶–超级杯无糖	0.26
一芳水果茶	粉圆鲜奶茶L10分甜	0.28
益禾堂	泷珠奶茶全糖	0.34
贡茶	格雷奶茶无糖	0.34
莓超疯	超疯奶茶正常糖	0.35
古茗	古茗奶茶正常糖	0.36
舔杯	招牌奶红芒果Q宝（大杯）无糖	0.38
古茗	古茗奶茶微糖	0.41
益禾堂	泷珠奶茶无糖	0.43
涨茶	涨心情招牌珍珠奶茶正常甜	0.45
涨茶	涨心情招牌珍珠奶茶无糖	0.46

续表

品　牌	商品名称	蛋白质（g/100g）
KOI	奶茶（大，冰）全糖	0.59
一芳水果茶	仙草冻奶茶L无糖	0.6
KOI	奶茶（大，冰）不加糖	0.61
木森茶	青雾冻奶茶无糖	0.66
喜茶	黑糖波波不另外加糖	0.74
木森茶	青雾冻奶茶正常糖	0.74
小确茶	鲜奶奶茶标准糖	0.89
小确茶	鲜奶奶茶无糖	0.94
喜茶	黑糖波波正常糖	0.98
奈雪の茶	旺仔宝藏茶正常糖	1.03
奈雪の茶	旺仔宝藏茶无糖	1.49

奶茶里糖有多少？

奶茶为追求口感加入过量糖常为人们所诟病，《中国居民膳食指南（2016）》建议“控制添加糖的摄入量，每天摄入不超过50g，最好控制在约25g以下”。近日，新加坡率先全面禁止高糖饮料广告，对糖分较高的饮料单独标签，以提醒消费者，也说明高糖饮料对健康的隐患。比较试验中20款正常甜度的奶茶含糖量在21—48g（以蔗糖计）之间，平均为35g/杯，其中有16杯样品的含糖量超过了25g，不符合膳食指南建议每日糖摄入量的占比达40%。

本次比较试验符合《中国居民膳食指南（2016）》建议每日糖摄入量25克的奶茶品牌有吃茶三千、涨茶、teall、喜茶。

过量加糖，给消费者带来龋齿、超重肥胖、糖尿病、心血管疾病隐患。一块方糖大约是4.5克，奶茶糖含量折算相当于添加10块方糖的品牌有贡茶、1点点、都可、奈雪の茶、小确茶、舔杯。

果糖甜度大约是蔗糖的1.8倍，口感清爽又有越冷越甜的特性，现在市售饮料经常添加果葡糖浆或果糖，但果糖主要在肝脏进行代谢，过量摄入果糖容易造成人体脏器内脂肪的沉积，研究表明存在引发脂肪肝、痛风等隐患，果糖摄入量应引起消费者重视。本次比较试验也专门针对果糖进行测试，在本次40款奶茶样品中，22款样品未检出果糖，果糖含量较高的奶茶样品有舔杯（正常糖）：19g/杯、沈茶（正常甜）：19g/杯、1点点（正常糖）：18g/杯、85℃珍珠奶茶—超级杯（正常糖）：14g/杯。

表5

品牌	商品名称	总含糖量（g/杯）	总糖（g/100g，以蔗糖计）	总果糖量（g/杯）	果糖（g/100g）
贡茶	抹茶珍珠奶茶标准糖	48	7.4	13	2
1点点	珍珠奶茶正常糖	47	7.2	18	2.8
都可	珍珠奶茶大杯正常糖	47	7.3	—	<0.2
奈雪の茶	旺仔宝藏茶正常糖	45	6.4	12	1.7
小确茶	鲜奶奶茶标准糖	44	8	8	1.4
舔杯	招牌奶红芒果Q宝（大杯）正常糖	44	6.7	19	2.9
KOI	奶茶（大，冰）全糖	41	5.5	10	1.3
莓超疯	超疯奶茶正常糖	39	6	12	1.9
85℃	珍珠奶茶—超级杯正常糖	38	5.8	14	2.1
沈茶	波霸奶茶（大杯）正常甜	36	5.5	19	2.9
木森茶	青雾冻奶茶正常糖	34	6.8	9	1.8

续表

品牌	商品名称	总含糖量（g/杯）	总糖（g/100g，以蔗糖计）	总果糖量（g/杯）	果糖（g/100g）
古茗	古茗奶茶正常糖	32	4.5	—	<0.2
一芳水果茶	粉圆鲜奶茶L10分甜	31	4.7	—	<0.2
快乐番薯	琥珀珍珠奶茶（L）正常糖	30	4.6	12	1.9
益禾堂	泷珠奶茶全糖	29	5.3	9	1.7
厝内小眷村	涓豆腐奶茶全糖	26	4.8	7	1.3
喜茶	黑糖波波正常糖	25	5	—	<0.2
teall	黄金珍奶（大杯）标准糖	23	3.6	—	<0.2
涨茶	涨心情招牌珍珠奶茶正常甜	23	3.9	6	1
吃茶三千	国王珍珠奶茶100%糖	21	3.5	5	0.81

奶茶店一般都有销售不加糖产品，标识为“不加糖”“不另外加糖”“无糖”“微糖”或“少糖”等。根据GB 28050–2011《食品安全国家标准预包装食品营养标签通则》，对于预包装食品中标称“无或不含糖”的，要求含糖量不高于0.5g/100g。在本次比较试验针对不加糖类20款奶茶样品进行检测，有14款样品标称为“无糖”，但经检测，样品含糖量在1.1—5.8g/100g（以蔗糖计）之间，均不符合国家无糖标志规定。

表6

品牌	商品名称	总含糖量（g/杯）	总糖（g/100g，以蔗糖计）	总果糖量（g/杯）	果糖（g/100g）
小确茶	鲜奶奶茶无糖	32	5.8	—	<0.2
奈雪の茶	旺仔宝藏茶无糖	29	4.2	2	0.3
益禾堂	泷珠奶茶无糖	28	5	—	<0.2
85℃	珍珠奶茶–超级杯无糖	21	3.2	—	<0.2
喜茶	黑糖波波不另外加糖	18	3.5	—	<0.2
舔杯	招牌奶红芒果Q宝（大杯）无糖	15	2.3	2	0.31
莓超疯	冻顶乌龙奶茶无糖	15	2.3	—	<0.2
沈茶	波霸奶茶（大杯）无糖	14	2.2	5	0.7
厝内小眷村	涓豆腐奶茶无糖	14	2.6	—	<0.2
古茗	古茗奶茶微糖	14	2	—	<0.2
吃茶三千	国王珍珠奶茶不加糖	14	2.3	—	<0.2
贡茶	格雷奶茶无糖	14	2.2	—	<0.2
一芳水果茶	仙草冻奶茶L无糖	12	1.8	—	<0.2
KOI	奶茶（大，冰）不加糖	10	1.3	—	<0.2
1点点	珍珠奶茶不另外加糖	9	1.4	—	<0.2
快乐番薯	琥珀珍珠奶茶（L）无糖	9	1.4	—	<0.2
都可	珍珠奶茶大杯不另外加糖	8	1.3	—	<0.2
teall	黄金珍奶（大杯）无糖	8	1.3	—	<0.2
木森茶	青雾冻奶茶无糖	7	1.3	—	<0.2
涨茶	涨心情招牌珍珠奶茶无糖	7	1.1	—	<0.2

本次比较试验小确茶、奈雪の茶、益禾堂制作的无糖奶茶糖含量甚至超过《中国居民膳食指南（2016）》建议的每日糖摄入量25g。

需控制糖摄入的消费者购买时一定要询问了解，奶茶经营者也应做好警示提醒，以免误导消费者，导致消费者的健康隐患。

奶茶脂肪含量有多少？

脂肪能带来良好的风味和口感，但过量的脂肪摄入会引发肥胖。按成人每日推荐摄入的脂肪不超过60g进行对照，40款奶茶样品的脂肪含量在3.77—40.63g之间，平均为19.57g，脂肪含量较高的奶茶有85℃珍珠奶茶—超级杯（无糖）、贡茶格雷奶茶（无糖）、85℃珍珠奶茶—超级杯（正常糖）、古茗奶茶（正常糖），4款所提供的脂肪均在30g以上，超过成人每日推荐摄入脂肪量的1/2。如果消费者再添加奶盖，脂肪含量还将大幅提升。

参照GB 25190-2010《食品安全国家标准灭菌乳》中蛋白质与脂肪接近1∶1的配比（蛋白质≥2.9g/100g，脂肪≥3.1g/100g），除个别样品符合外，其余均出现脂肪偏高的现象，最高的配比达到1∶42，甚至在未检出蛋白质的4款样品中均检出脂肪，从数据中可以反映出一些奶茶额外添加脂肪。

检测中有5款奶茶样品检出含有反式脂肪酸，含量在0.0169—0.0519g/100g之间，经过换算后每杯含量虽未超过建议摄入限量（《中国居民膳食指南（2016）》建议每日反式脂肪酸摄入量不超过2g），但反式脂肪酸若摄入过量可使血液胆固醇增高，有增加心血管疾病发生的风险，建议奶茶经营者调整制作工艺。

表7

品牌	商品名称	脂肪（g/杯）	脂肪（g/100g）	反式脂肪酸（g/100g）
85℃	珍珠奶茶-超级杯无糖	40.63	6.25	未检出
贡茶	格雷奶茶无糖	40.30	6.2	0.05
85℃	珍珠奶茶-超级杯正常糖	35.30	5.43	未检出
古茗	古茗奶茶正常糖	30.80	4.4	未检出
1点点	珍珠奶茶不另外加糖	28.67	4.41	未检出
吃茶三千	国王珍珠奶茶100%糖	27.96	4.66	未检出
喜茶	黑糖波波正常糖	26.80	5.36	未检出
益禾堂	泷珠奶茶全糖	26.35	4.79	未检出
益禾堂	泷珠奶茶无糖	26.35	4.79	未检出
奈雪の茶	旺仔宝藏茶无糖	26.11	3.73	0.0519
KOI	奶茶（大，冰）全糖	25.05	3.34	未检出
都可	珍珠奶茶大杯正常糖	24.96	3.84	未检出
厝内小眷村	涓豆腐奶茶无糖	23.27	4.23	未检出
吃茶三千	国王珍珠奶茶不加糖	22.92	3.82	未检出
喜茶	黑糖波波不另外加糖	22.35	4.47	未检出
莓超疯	超疯奶茶正常糖	22.04	3.39	未检出
奈雪の茶	旺仔宝藏茶正常糖	21.49	3.07	0.0313
舔杯	招牌奶红芒果Q宝（大杯）无糖	21.06	3.24	未检出
贡茶	抹茶珍珠奶茶标准糖	21.00	3.23	0.0195
teall	黄金珍奶（大杯）标准糖	20.28	3.12	未检出
1点点	珍珠奶茶正常糖	19.89	3.06	未检出
舔杯	招牌奶红芒果Q宝（大杯）正常糖	19.37	2.98	未检出
teall	黄金珍奶（大杯）无糖	19.18	2.95	未检出
古茗	古茗奶茶微糖	18.90	2.7	未检出
涨茶	涨心情招牌珍珠奶茶无糖	18.60	3.1	未检出
快乐番薯	琥珀珍珠奶茶（L）正常糖	16.06	2.47	未检出
KOI	奶茶（大，冰）不加糖	14.78	1.97	未检出
快乐番薯	琥珀珍珠奶茶（L）无糖	13.98	2.15	未检出

续表

品牌	商品名称	脂肪（g/杯）	脂肪（g/100g）	反式脂肪酸（g/100g）
涨茶	涨心情招牌珍珠奶茶正常甜	13.44	2.24	未检出
厝内小眷村	涓豆腐奶茶全糖	12.43	2.26	0.0169
都可	珍珠奶茶大杯不另外加糖	12.09	1.86	未检出
木森茶	青雾冻奶茶正常糖	11.95	2.39	未检出
莓超疯	冻顶乌龙奶茶无糖	11.83	1.82	未检出
一芳水果茶	粉圆鲜奶茶L10分甜	10.56	1.67	未检出
沈茶	波霸奶茶（大杯）无糖	7.35	1.13	未检出
沈茶	波霸奶茶（大杯）正常甜	6.70	1.03	未检出
小确茶	鲜奶奶茶标准糖	6.49	1.18	未检出
木森茶	青雾冻奶茶无糖	5.95	1.19	未检出
小确茶	鲜奶奶茶无糖	5.67	1.03	未检出
一芳水果茶	仙草冻奶茶L无糖	3.77	0.58	未检出

奶茶中咖啡因含量有多少?

茶叶基本都含有咖啡因，尤以红茶和乌龙茶咖啡因含量更高。少量摄取咖啡因可以增强大脑皮层的兴奋过程，有提神效果，让人思路清晰，疲劳减轻的效果。过量摄取就会导致头晕、心悸、高血压、失眠以及引起孕妇的自然流产等副作用。GB/T 21733–2008《茶饮料》规定奶茶饮料中的咖啡因含量≥35mg/kg，贡茶的抹茶珍珠奶茶（标准糖）低于标准；欧洲食品安全局认为，除孕妇外的健康成人单次摄入200mg、全日摄入400mg咖啡因不会引起安全问题，孕妇每日咖啡因摄入量不超过200mg不会危害胎儿。一罐250毫升红牛咖啡因含量为80—100mg，一罐335毫升的可乐含咖啡因50—80mg，供消费者参考比较。

本次比较试验中，38款现制奶茶的咖啡因含量平均为107mg/杯，咖啡因含量较高的有KOI奶茶（大，冰）（全糖）：223mg/杯、85℃珍珠奶茶—超级杯（无糖）：183mg/杯、快乐番薯琥珀珍珠奶茶（L）（正常糖）：173mg/杯、吃茶三千国王珍珠奶茶（不加糖）：159mg/杯、KOI奶茶（大，冰）（不加糖）：153mg/杯。

建议消费者控制奶茶饮用量和饮用频次，避免咖啡因成瘾和摄入过量咖啡因。

表8

品牌	商品名称	咖啡因（mg/杯）	咖啡因（mg/kg）
KOI	奶茶（大，冰）全糖	223	297
85℃	珍珠奶茶–超级杯无糖	183	282
快乐番薯	琥珀珍珠奶茶（L）正常糖	173	266
吃茶三千	国王珍珠奶茶不加糖	159	265
KOI	奶茶（大，冰）不加糖	153	204
85℃	珍珠奶茶–超级杯正常糖	151	232
快乐番薯	琥珀珍珠奶茶（L）无糖	142	219
益禾堂	泷珠奶茶全糖	142	259
益禾堂	泷珠奶茶无糖	140	255
涨茶	涨心情招牌珍珠奶茶无糖	139	231
莓超疯	冻顶乌龙奶茶无糖	139	214
舔杯	招牌奶红芒果Q宝（大杯）正常糖	133	204
涨茶	涨心情招牌珍珠奶茶正常甜	133	221
舔杯	招牌奶红芒果Q宝（大杯）无糖	124	191

续表

品牌	商品名称	咖啡因（mg/杯）	咖啡因（mg/kg）
奈雪の茶	旺仔宝藏茶正常糖	121	173
莓超疯	超疯奶茶正常糖	119	183
奈雪の茶	旺仔宝藏茶无糖	118	168
都可	珍珠奶茶大杯正常糖	112	173
一芳水果茶	仙草冻奶茶L无糖	109	167
teall	黄金珍奶（大杯）无糖	105	161
古茗	古茗奶茶正常糖	102	145
小确茶	鲜奶奶茶标准糖	100	182
厝内小眷村	涓豆腐奶茶无糖	91	165
古茗	古茗奶茶微糖	89	127
1点点	珍珠奶茶正常糖	87	134
贡茶	格雷奶茶无糖	86	132
厝内小眷村	涓豆腐奶茶全糖	84	153
沈茶	波霸奶茶（大杯）无糖	78	120
teall	黄金珍奶（大杯）标准糖	73	112
都可	珍珠奶茶大杯不另外加糖	65	100
吃茶三千	国王珍珠奶茶100%糖	64	106
1点点	珍珠奶茶不另外加糖	61	94.3
木森茶	青雾冻奶茶无糖	54	108
一芳水果茶	粉圆鲜奶茶L10分甜	53	82.1
木森茶	青雾冻奶茶正常糖	52	104
小确茶	鲜奶奶茶无糖	51	93.6
沈茶	波霸奶茶（大杯）正常甜	36	55.9
贡茶	抹茶珍珠奶茶标准糖	14	21.2
喜茶	黑糖波波不另外加糖	—	未检出
喜茶	黑糖波波正常糖	—	未检出

奶茶中茶多酚含量有多少？

茶多酚是茶叶中的多酚类物质的总称，包括黄烷醇类、花色苷类、黄酮类、黄酮醇类和酚酸类等，其中以黄烷醇（儿茶素）类为主，是茶叶中的主要成分之一，是构成茶汤滋味的主要成分。GB/T 21733-2008《茶饮料》规定奶茶饮料中的茶多酚含量≥200mg/kg，未对上限作出规定，欧洲食品安全局在评估人们食用的绿茶提取物的安全性后，认为每天摄入超过800毫克的绿茶儿茶素可能会对健康造成影响。在本次比较试验的40款样品中，除2款黑糖波波经常会被消费者或奶茶店习惯性地归为奶茶产品，而实际上是在牛奶中加入黑糖等辅料制作而成的蛋白饮料，没有添加茶水，未检出茶多酚和咖啡因，其余38款样品茶多酚含量为245mg/kg到1.03×10^3mg/kg不等。

表9

品牌	商品名称	茶多酚（mg/杯）	茶多酚（mg/kg）
奈雪の茶	旺仔宝藏茶正常糖	668	954
贡茶	抹茶珍珠奶茶标准糖	623	958
奈雪の茶	旺仔宝藏茶无糖	615	878
莓超疯	冻顶乌龙奶茶无糖	597	918
古茗	古茗奶茶正常糖	594	848

续表

品牌	商品名称	茶多酚（mg/杯）	茶多酚（mg/kg）
都可	珍珠奶茶大杯正常糖	578	889
益禾堂	泷珠奶茶无糖	567	1030
莓超疯	超疯奶茶正常糖	567	873
贡茶	格雷奶茶无糖	555	854
吃茶三千	国王珍珠奶茶不加糖	551	919
古茗	古茗奶茶微糖	484	691
益禾堂	泷珠奶茶全糖	480	872
涨茶	涨心情招牌珍珠奶茶正常甜	467	779
teall	黄金珍奶（大杯）无糖	460	708
舔杯	招牌奶红芒果Q宝（大杯）正常糖	458	704
85℃	珍珠奶茶–超级杯无糖	439	676
吃茶三千	国王珍珠奶茶100%糖	438	730
1点点	珍珠奶茶正常糖	434	668
都可	珍珠奶茶大杯不另外加糖	425	654
涨茶	涨心情招牌珍珠奶茶无糖	418	696
厝内小眷村	涓豆腐奶茶无糖	414	752
teall	黄金珍奶（大杯）标准糖	400	616
厝内小眷村	涓豆腐奶茶全糖	400	728
一芳水果茶	粉圆鲜奶茶L10分甜	397	610
小确茶	鲜奶奶茶无糖	397	721
沈茶	波霸奶茶（大杯）无糖	395	608
85℃	珍珠奶茶–超级杯正常糖	394	606
快乐番薯	琥珀珍珠奶茶（L）正常糖	375	577
一芳水果茶	仙草冻奶茶L无糖	349	537
快乐番薯	琥珀珍珠奶茶（L）无糖	349	537
沈茶	波霸奶茶（大杯）正常甜	340	523
木森茶	青雾冻奶茶无糖	325	650
小确茶	鲜奶奶茶标准糖	321	583
木森茶	青雾冻奶茶正常糖	301	601
1点点	珍珠奶茶不另外加糖	287	442
舔杯	招牌奶红芒果Q宝（大杯）无糖	254	390
KOI	奶茶（大，冰）全糖	240	320
KOI	奶茶（大，冰）不加糖	184	245
喜茶	黑糖波波不另外加糖	—	未检出
喜茶	黑糖波波正常糖	—	未检出

奶茶中食品添加剂情况如何？

本次比较试验根据GB 2760–2014《食品安全国家标准　食品添加剂使用标准》，对现制奶茶中的防腐剂（脱氢乙酸、山梨酸、苯甲酸）、甜味剂（糖精钠）、着色剂（柠檬黄、苋菜红、日落黄）、二氧化钛（粉圆或芋圆样品可能非法添加物）8个项目进行测试。经检测，所有样品的糖精钠、苯甲酸、苋菜红、日落黄、二氧化钛5个项目均为未检出；分别有小确茶鲜奶奶茶（无糖）、沈茶波霸奶茶（大杯）（正常甜）、小确茶鲜奶奶茶（标准糖）、沈茶波霸奶茶（大杯）（无糖）、快乐番薯琥珀珍珠奶茶（L）

（正常糖）5款样品检出含有山梨酸，贡茶抹茶珍珠奶茶（标准糖）1款样品检出含有柠檬黄，但均未超过国家标准限量（山梨酸≤0.5g/kg，柠檬黄≤0.1g/kg），考虑为原材料带入；有19款样品中检出防腐剂脱氢乙酸，含量从0.0444 g/kg到0.0767g/kg不等，这主要是由于奶茶中加入的珍珠为淀粉制品，而根据GB 2760–2014“淀粉制品中的脱氢乙酸最大使用量为1.0g/kg”以及3.4带入原则，且在样品中检出的脱氢乙酸含量较少，故认为样品符合GB 2760–2014《食品安全国家标准　食品添加剂使用标准》。

非法添加物指标

根据《卫生部办公厅关于通报食品及食品添加剂中邻苯二甲酸酯类物质最大残留量的函》（卫办监督函〔2011〕551号），邻苯二甲酸酯类物质严禁在食品中人为添加。在本次比较试验针对性开展检测中，40款样品均未检出邻苯二甲酸二（2–乙基）己酯、邻苯二甲酸二异壬酯和邻苯二甲酸二正丁酯。

本次奶茶比较试验检测结果较好的有：喜茶、木森茶、KOI。

表10

品牌	脱氢乙酸（g/kg）	山梨酸（g/kg）	柠檬黄（g/kg）
喜茶	0.0456	未检出	未检出
喜茶	0.0476	未检出	未检出
KOI	未检出	未检出	未检出
KOI	0.0589	未检出	未检出
舔杯	未检出	未检出	未检出
1点点	0.0536	未检出	未检出
木森茶	0.0705	未检出	未检出
小确茶	0.0459	0.0371	未检出
木森茶	0.0594	未检出	未检出
沈茶	0.0643	0.0359	未检出
一芳水果茶	未检出	未检出	未检出
快乐番薯	0.0522	未检出	未检出
快乐番薯	0.0483	0.0422	未检出
85℃	未检出	未检出	未检出
沈茶	0.0724	0.0389	未检出
一芳水果茶	0.0544	未检出	未检出
小确茶	未检出	0.0352	未检出
teall	未检出	未检出	未检出
厝内小眷村	未检出	未检出	未检出
厝内小眷村	未检出	未检出	未检出
涨茶	未检出	未检出	未检出
都可	0.0569	未检出	未检出
1点点	0.0566	未检出	未检出
吃茶三千	0.0623	未检出	未检出
85℃	未检出	未检出	未检出
舔杯	未检出	未检出	未检出
teall	未检出	未检出	未检出
涨茶	未检出	未检出	未检出
益禾堂	未检出	未检出	未检出
古茗	未检出	未检出	未检出
吃茶三千	0.0683	未检出	未检出

续表

品牌	脱氢乙酸（g/kg）	山梨酸（g/kg）	柠檬黄（g/kg）
贡茶	未检出	未检出	未检出
益禾堂	未检出	未检出	未检出
莓超疯	0.0767	未检出	未检出
都可	0.0531	未检出	未检出
古茗	未检出	未检出	未检出
莓超疯	未检出	未检出	未检出
奈雪の茶	未检出	未检出	未检出
贡茶	0.0444	未检出	0.0048
奈雪の茶	未检出	未检出	未检出

江西省消费者权益保护委员会

铁锅比较试验报告

铁锅是中国人烹饪食物的传统厨具，具有导热快、受热均匀、韧性强、抗冲击等优点，可以上明火，有的还能用在电磁炉和电陶炉上，符合炊具行业追求健康、节能、环保的流行趋势。

目前市场上的铁锅品种繁多，有铸铁锅、精铁锅、不锈铁锅，以铁为基材带有涂层的铁锅等，功能宣称有“不锈”“不粘”“无（少）油烟”和“储热（保温）”等。那么这些铁锅是否具备宣称所说的各种功能，其质量究竟如何？消费者该如何选择？为让消费者更好地了解市场上的铁锅品质状况，江西省于近期开展了铁锅比较试验，对消费者关注的铁锅化学安全性能、使用性能等方面进行测试对比，以真实数据为消费者购买适合的产品提供有效的参考。

一、基本情况

2019年10月，江西省消费者权益保护委员会和检测机构工作人员以普通消费者的身份，在南昌市的华润万家、家乐福、沃尔玛、旺中旺4家超市和天猫、京东、淘宝等电商平台购买了16款铁锅样品开展比较试验。16款样品中无涂层铁锅10款，品牌包括苏泊尔、爱仕达、炊大皇、臻三环、顺达、庆展、百强、新田；有涂层铁锅6款，品牌为苏泊尔、爱仕达、泊杜、双冠、邦仕尼、MAXCOOK美厨。

本次比较试验主要从样品的安全性能、使用性能、用户体验和外观标签等方面进行测试比较。检测机构为东莞市中鼎检测技术有限公司。为了更好地比较性能，此次比较试验不仅按照样品所标注的执行标准进行测试，也借鉴了其他标准及产品的检测方法。比较试验结果仅对测试的样品负责。

二、测试结果和分析

（一）安全性能

如16款样品的安全性能测试中，重金属等物质（铅、镉和砷）的迁移量全部符合国家强制性标准限值要求，无涂层铁锅的抗炸裂性能符合标准要求，涂层铁锅的全氟辛烷磺酸（PFOS）和全氟辛酸（PFOA）含量也均未检出。在手柄的阻燃性测试中，仅有邦仕尼炒锅副手柄有熔融物滴落，存在一定的安全风险。

本次比较试验专门对铁的迁移量进行了测试。16款样品中，铁迁移量数值差异较大，其中最高的前3位分别是爱仕达不锈铁锅（1613 mg/kg）、顺达无涂层精铁炒锅（976.8 mg/kg）、庆展典雅真不锈无盖炒锅（908 mg/kg），排在第4—6位的是臻三环手工铁锅炒锅（556 mg/kg）、炊大皇随心精铁炒锅（494 mg/kg）、百强中华生铁锅（102.6 mg/kg）。其他10款铁锅的铁迁移量在50 mg/kg以下。由此可见，实际使用过程中，铁的迁移量还是非常高的。

（二）使用性能

在使用性能方面，“不锈”“不粘”“无（少）油烟”“储能”等功能表现各异。

1.“不锈”性能方面，无涂层铁锅仅爱仕达精铸铁锅能实现不锈，其余均未能实现不锈，即使宣称不锈的炊大皇随心精铁炒锅、庆展典雅真不锈无盖炒锅、爱仕达不锈铁锅、苏泊尔真不锈爆炒铁锅，也未能实现不锈。涂层铁锅中除邦仕尼炒锅未能实现不锈性能外，其他均能实现不锈性能。

2.“不粘”性能方面，涂层铁锅均能满足不粘性要求。部分无涂层铁锅也能满足不粘性要求，如百强中华生铁锅、爱仕达精铸铁锅、苏泊尔好帮手精铸铁锅、顺达无涂层精铁炒锅未宣称不粘，却都实现了不粘。而宣称“不粘”的无涂层铁锅臻三环手工铁锅炒锅，却未能达到其宣称的不粘。

3.“无（少）油烟”性能方面，有3款样品宣称“无油烟”或“少油烟”，但测试结果发现有8款样品实现“无油烟”或“少油烟”。如邦仕尼炒锅宣称“无油烟”，MAXCOOK美厨不粘精铁炒锅、泊杜麦饭石不粘锅宣称“少油烟”。测试结果显示，邦仕尼炒锅、泊杜麦饭石不粘锅符合无油烟要求，但MAXCOOK美厨不粘精铁炒锅有肉眼可见的油烟。其他13款没有宣称“无（少）油烟”的样品中，百强中华生铁锅、爱仕达精铸铁锅、苏泊尔好帮手精铸铁锅、爱仕达不锈铁锅、苏泊尔芯铁真不锈炒锅、双冠麦饭石不粘锅样品也符合无（少）油烟要求。

4.“储能”性能方面，16款样品中，仅有双冠麦饭石不粘锅宣称“聚能”，但测试结果显示其不能达到储能要求。16款样品中，只有苏泊尔好帮手精铸铁锅达到储能要求，水温70.4℃。

（三）其他方面

用户体验指标中锅体重量（克重）、锅身受热均匀性和手柄（含锅扭）表面温度差异较大。

用户体验指标中，所有样品的手柄抗扭强度、锅盖与锅身配合均符合要求。涂层铁锅的涂层耐磨性、涂层附着牢度、锅体耐酸性也均符合要求。

用户体验指标测试结果有明显差异的主要在于锅体重量（克重）、锅身受热均匀性和手柄（含锅扭）表面温度这3项指标。臻三环手工铁锅炒锅锅身的受热均匀性优异，炊大皇随心精铁炒锅、苏泊尔真不锈爆炒铁锅和新田纯铁炒锅次之。新田纯铁炒锅存在锅身过轻问题，锅体也比较单薄。此外，新田纯铁炒锅在手柄（含锅扭）表面温度测试中，其副柄温度达到117.5℃，高于塑料手柄不超过70℃的安全线，存在安全隐患。

（四）样品中标签标识问题较多

16款样品中，有6款标签标识缺乏《产品质量法》中要求的一些元素，存在未标注主要材质信息、未标注执行标准、未发现产品检验合格证明等问题。如苏泊尔好帮手精铸铁锅、顺达无涂层精铁炒锅、庆展典雅真不锈无盖炒锅、双冠麦饭石不粘锅的标签未标注主要材质信息；顺达无涂层精铁炒锅，泊杜麦饭石不粘锅未发现检验合格证明；臻三环手工铁锅炒锅未标注执行标准信息。

三、消费提示

根据本次比较试验结果，江西省消费者权益保护委员会提醒广大消费者，在选购、使用铁锅时注意以下几点：

铁锅宣称种类多样，按需选购。目前市场上的无涂层铁锅，有宣称生铁锅、精（铸）铁锅、不锈铁锅等，经过测试发现，这三种类型的铁锅在各种功能和使用体验上无绝对的区分，每种都有受热均匀性好的，符合无（少）油烟等要求的。此外，本次比较试验的16款样品中，有9款功能宣称，经过测试发现，只有3款符合功能宣称。因此购买时请勿轻信功能宣称，应根据品牌、口碑、价格、锅具类型等方面综合判断。

区分涂层，要兼看标签和使用说明书。有些消费者偏好无涂层铁锅，但本次比较试验发现，通过商品名称，无法准确判断该锅具是否是无涂层铁锅，需要通过看标签和使用说明书判断。此外，本次比较试验的6款涂层铁锅，其化学性能均符合要求，不必过于担忧其安全性问题。从锅身受热均匀性来看，无涂层铁锅优于涂层铁锅；但从“不锈”及“不粘”性能看，涂层铁锅普遍优于无涂层铁锅。

无涂层铁锅第一次使用前要“开锅”养护。无涂层铁锅经过耐盐水腐蚀性测试大多有不同程度的腐蚀，即使宣称“不锈”也不能实现不锈功能。因此建议在第一次使用前按照产品说明书的提示进行“开锅”处理。生活中“开锅”方法也很多，如将锅清洗后烧热，用带皮的肥猪肉均匀地擦锅多次，再用热水清洗，以上步骤重复几次，最后滴些植物油，用厨房纸擦干净再使用。开锅后的铁锅也要注意日常养护，每次使用之后都要及时清洗，擦干水渍，放置在通风处，以免生锈。

涂层有损伤时，应及时更换锅具。使用涂层锅时，应避免尖锐铲具及其他金属器具损害涂层锅的表面。涂层发生破损，会导致涂层所赋予的性能缺失，例如不粘涂层损伤，就会影响不粘效果。此外，脱落的涂层物质、涂层脱落后导致锅的基材暴露，可能存在安全风险，因此涂层有损伤时，应注意更换锅具。

【备注】

1.迁移量：从食品接触材料及制品中迁移到与之接触的食品或食品模拟物中的某类物质的量，以每千克食品或食品模拟物中迁移物质的毫克数（mg/kg），或食品接触材料及制品与食品或食品模拟物接触的每平方分米面积中迁移物质的毫克数（mg/dm^2）表示。

2.手柄的阻燃性：手柄抵抗火焰燃烧的性能。

3.储能要求：锅体储存能量的性能。

4.克重：每平方米锅体的重量。

表1　16款铁锅的样品信息

序号	品类	品牌名称	商品名称	产品宣称	规格	产品型号	单价（元）
1	无涂层铁锅	百强	中华生铁锅	无涂层自然健康	34cm	BQ-120234	79
2		新田	纯铁炒锅	创新厨房新生活	32cm	—	19.5
3		爱仕达	精铸铁锅	生铁铸好锅　爆炒出好味	30cm	CF30E5Q	99
4		苏泊尔	好帮手精铸铁锅	生铁精铸更耐用	32cm	FC32E2	106
5		臻三环	手工铁锅炒锅	不粘，无涂层	30cm	—	389
6		顺达	无涂层精铁炒锅	—	34cm	—	128
7		炊大皇	随心精铁炒锅	精铁不易锈　圆底好翻炒	32cm	KA47588	109
8		庆展	典雅真不锈无盖炒锅	不锈 全能烹饪	34cm	PC34-11T	39.9
9		爱仕达	不锈铁锅	铁质更纯 不锈	30cm	NNT8430	119
10		苏泊尔	真不锈爆炒铁锅	爆炒真不锈　健康好铁锅	32cm	FC32T25	199
11	涂层铁锅	MAXCOOK	美厨不粘精铁炒锅	不粘涂层，少油烟	32cm	MCC-077	49
12		苏泊尔	芯铁真不锈炒锅	铁锅有芯　爆炒得心应手　不锈	32cm	CC32AA3	499
13		爱仕达	精铁锅	铁质更纯 真材实料	32cm	LZ8432	69
14		邦仕尼	炒锅	麦饭石，不粘，无油烟，铁锅	32cm	BSN-1026	39.9
15		泊杜	麦饭石不粘锅	麦饭石，不粘，少油烟，耐磨	30cm	HJG-4114	59
16		双冠	麦饭石不粘锅	高效聚能不粘	32cm	—	162

表2　无涂层铁锅的测试项目、方法、判定依据及限量

性能	测试项目	标准及法律法规	参考检测方法	要求
安全性能	砷的迁移量	GB 4806.9-2016	GB 31604.49	≤0.04 mg/kg
	镉的迁移量	GB 4806.9-2016	GB 31604.49	≤0.02 mg/kg
	铅的迁移量	GB 4806.9-2016	GB 31604.49	≤0.2 mg/kg
	铁的迁移量	—	方法参照GB 31604.49	—
	抗炸裂性能	QB/T 3648-1999	QB/T 3648-1999条款3.1	热至324—400℃，用冷水骤激，不炸裂
	手柄的阻燃性	GB/T 32388-2015条款5.5.5	GB/T 32388-2015中附录B	无软化或熔融物滴落；移去火源后，15s内熄灭

续表

性能	测试项目	标准及法律法规	参考检测方法	要求
使用性能	耐盐水腐蚀性	GB/T 32095.1–2015条款5.11.3	GB/T 32095.1–2015条款6.2.11.3	表面无起皮、起泡、开裂、缩孔、侵蚀点等缺陷
	不粘性	GB/T 32095.1–2015 5.8	GB/T 32095.1–2015中6.2.8	煎炒类：Ⅱ级
	无油烟要求	QB/T 4223–2011中5.1	QB/T 4223–2011中6.2.1	中心油温≤210℃，不应产生肉眼可见油烟
	储能要求	QB/T 4223–2011中5.2	QB/T 4223–2011中6.2.2	水温＞70℃
用户体验	锅体重量	—	锅身重量/表面积	克重
	锅身受热均匀性		在中心、1/3R和2/3R处均匀布置9个测试点温度	导热的均匀性
	手柄表面温度	GB/T 32388–2015 5.5.4	GB/T 32388–2015 6.2.8	塑料：70℃ 金属：55℃ 木材：89℃ 陶瓷、玻璃石材：66℃
	手柄抗扭强度	参照GB/T 32388–2015中5.5.6	GB/T 32388–2015 6.2.10	扭曲变形角度≤10°，紧固件无松动
	锅盖与锅身配合	参照GB/T 32388–2015，5.3	GB/T 32388–2015，6.2.3	配合吻合，开合灵活、自如
外观和标签	锅身外观	QB/T 3648–1999	QB/T 3648–1999 条款2.6、2.7、2.8、2.9	锅口整齐，锅耳端正，锅把端正，锅爪对称等长
	标签	《产品质量法》	产品检验合格证明，产品名称，生产厂厂名，厂址，执行的产品标准，规格，主要材质等信息	

表3　涂层铁锅的测试项目、方法、判定依据及限量

性能	测试项目	标准及法律法规	参考检测方法	限值
安全性能	砷的迁移量	GB 4806.9–2016	GB 31604.49	≤0.04 mg/kg
	镉的迁移量	GB 4806.9–2016	GB 31604.49	≤0.02 mg/kg
	铅的迁移量	GB 4806.9–2016	GB 31604.49	≤0.2mg/kg
	铁的迁移量	—	参照GB 31604.49	—
	全氟辛烷磺酸（PFOS）	—	GB 31604.35- 2016	—
	全氟辛酸（PFOA）	—	GB 31604.35–2016	—
	手柄的阻燃性	GB/T32388–2015 5.5.5	GB/T 32388–2015中附录B	无软化或熔融物滴落；移去火源后，15s内熄灭
使用性能	耐盐水腐蚀性	GB/T 32095.1–2015条款5.11.3	GB/T 32095.1–2015条款6.2.11.3	表面无起皮、起泡、开裂、缩孔、侵蚀点等缺陷
	不粘性	GB/T 32095.1–2015 5.8	GB/T 32095.1–2015中6.2.8	煎炒类：Ⅱ级
	无油烟要求	QB/T 4223–2011中5.1	QB/T 4223–2011中6.2.1	中心油温≤210℃，不应产生肉眼可见油烟
	储能要求	QB/T 4223–2011中5.2	QB/T 4223–2011中6.2.2	水温＞70℃

续表

性能	测试项目	标准及法律法规	参考检测方法	限值
用户体验	涂层耐磨性	GB/T 32095.1-2015条款5.9	GB/T 32095.1-2015条款6.2.9	内底面平整且内底面直径大于130mm：Ⅲ级 其他：Ⅱ级
	涂层附着牢度	GB/T 32095.1-2015条款5.5	GB/T 32095.1-2015条款6.2.5	划格区域内涂层不应整格脱落
	锅体耐酸性	GB/T 32095.1-2015条款5.11	GB/T 32095.1-2015条款6.2.11.1	表面无起皮、起泡、开裂、缩孔等缺陷
	锅体重量（克重）	—	锅身重量/表面积	—
	锅身受热均匀性	—	在中心、1/3R和2/3R处，均匀布置9个测试点，计算中心测量点与其他测量点的偏差	—
	手柄（含锅扭）表面温度	参照GB/T 32388-2015 5.5.4	GB/T 32388-2015 6.2.8	塑料：70℃；金属：55℃；木材：89℃；陶瓷、玻璃、石材：66℃
	手柄抗扭强度	参照GB/T 32388-2015中5.5.6	GB/T 32388-2015 6.2.10	扭曲变形角度≤10°，紧固件无松动
	锅盖与锅身配合	参照GB/T 32388-2015，5.3	GB/T 32388-2015，6.2.3	配合吻合，开合灵活、自如
外观和标签	锅身外观	QB/T 3648-1999 铸铁锅	QB/T 3648-1999 条款2.6、2.7、2.8、2.9	
	标签	《产品质量法》	产品检验合格证明，产品名称，生产厂厂名，厂址，执行的产品标准，规格，主要材质等信息	

表4　16款样品中重金属等物质迁移量指标测试结果对比

序号	品牌名称	商品名称	GB 4806.9-2016限值要求(mg/kg) ≤0.2	≤0.02	≤0.04	
			铅迁移量(Pb) *10-3mg/kg	镉迁移量(Cd) *10-3mg/kg	砷迁移量(As) *10-3mg/kg	铁迁移量(Fe) mg/kg
1	百强	中华生铁锅	0.896	0.008	1.1	102.6
2	新田	纯铁炒锅	0.505	0.01	0.089	0.136
3	爱仕达	精铸铁锅	1.12	0.028	0.125	7.27
4	苏泊尔	好帮手精铸铁锅	1.84	0.028	1.04	19.4
5	臻三环	手工铁锅炒锅	0.265	0	3.51	556
6	顺达	无涂层精铁炒锅	0.319	0.012	15.7	976.8
7	炊大皇	随心精铁炒锅	0.327	0.008	4.77	494
8	庆展	典雅真不锈无盖炒锅	0.295	0.025	4.60	908

续表

序号	品牌名称	商品名称	GB 4806.9-2016限值要求(mg/kg)			
			≤0.2	≤0.02	≤0.04	
			铅迁移量(Pb) *10-3mg/kg	镉迁移量(Cd) *10-3mg/kg	砷迁移量(As) *10-3mg/kg	铁迁移量(Fe) mg/kg
9	爱仕达	不锈铁锅	0.835	0.419	3.04	1613
10	苏泊尔	真不锈爆炒铁锅	8.27	0.43	0.689	2.94
11	MAXCOOK	美厨不粘精铁炒锅	10.9	0.277	0.341	2.58
12	苏泊尔	芯铁真不锈炒锅	5.14	0.08	0.235	4.76
13	爱仕达	精铁锅	1.94	0.328	1.08	19.6
14	邦仕尼	炒锅	0.411	0	0.411	28.2
15	泊杜	麦饭石不粘锅	1.53	0.92	1.46	39.1
16	双冠	麦饭石不粘锅	0.340	0	1.00	56

表5　16款样品中耐盐水腐蚀性、不粘性、无油烟要求、储能情况结果对比

序号	品类	商品名称	耐盐水腐蚀性	不粘性	无油烟要求	储能要求
1	无涂层铁锅	百强 中华生铁锅	出现腐蚀	Ⅱ级	符合要求	62.8℃
2		新田 纯铁炒锅	表面有起泡	Ⅲ级	有肉眼可见的油烟，加热至150s时锅中心油温为196.5℃	51.2℃
3		爱仕达 精铸铁锅	符合要求	Ⅱ级	符合要求	64.3℃
4		爱仕达 好帮手精铸铁锅	底部有出现裂痕	Ⅱ级	符合要求	70.4℃
5		臻三环 手工铁锅炒锅	出现腐蚀	Ⅲ级	有肉眼可见的油烟，加热至150s时锅中心油温为167.1℃	60.2℃
6		顺达 无涂层精铁炒锅	出现腐蚀	Ⅱ级	有肉眼可见的油烟，加热至150s时锅中心油温为188.9℃	60.2℃
7		炊大皇 随心精铁炒锅	出现腐蚀 （宣称不锈）	Ⅲ级	有肉眼可见的油烟，加热至150s时锅中心油温为175.3℃	56.8℃
8		庆展 典雅真不锈无盖炒锅	出现腐蚀 （宣称不锈）	Ⅲ级	有肉眼可见的油烟，加热至150s时锅中心油温为188.6℃	61.2℃
9		爱仕达 不锈铁锅	出现腐蚀 （宣称不锈）	Ⅲ级	符合要求	56.3℃
10		苏泊尔 真不锈爆炒铁锅	出现腐蚀 （宣称不锈）	Ⅲ级	有肉眼可见的油烟，加热至150s时锅中心油温为157.7℃	50.6℃

续表

序号	品类	商品名称	耐盐水腐蚀性	不粘性	无油烟要求	储能要求
11	涂层铁锅	MAXCOOK 美厨不粘精铁炒锅	符合要求	Ⅱ级	有肉眼可见的油烟，加热至150s时锅中心油温为185.4℃（宣称少油烟）	67.8℃
12		苏泊尔 芯铁真不锈炒锅	符合要求 （宣称不锈）	Ⅱ级	符合要求	58.6℃
13		爱仕达 精铁锅	符合要求	Ⅱ级	有肉眼可见的油烟，加热至150s时锅中心油温为197.9℃	60.3℃
14		邦仕尼 炒锅	出现腐蚀	Ⅱ级	符合要求（宣称无油烟）	57.5℃ （宣称聚能）
15		泊杜 麦饭石不粘锅	符合要求	Ⅱ级	符合要求（宣称少油烟）	68.4℃
16		双冠 麦饭石不粘锅	符合要求	Ⅱ级	符合要求	64.3℃

备注：不粘性用GB/T 32095.1–2015中6.2.8方法测试，煎炒类Ⅱ级以上视为符合不粘性能。

表6　16款样品中锅体重量和克重测试结果的对比

序号	品牌名称	商品名称	锅体重量（kg）	锅体克重（kg/m^2）
1	百强	中华生铁锅	1.35	11.0
2	新田	纯铁炒锅	0.62	3.8
3	爱仕达	精铸铁锅	1.27	13.1
4	苏泊尔	好帮手精铸铁锅	1.40	12.7
5	臻三环	手工铁锅炒锅	1.34	9.4
6	顺达	无涂层精铁炒锅	1.0	8.0
7	炊大皇	随心精铁炒锅	0.85	5.3
8	庆展	典雅真不锈无盖炒锅	1.26	9.9
9	爱仕达	不锈铁锅	0.93	9.2
10	苏泊尔	真不锈爆炒铁锅	1.22	7.6
11	MAXCOOK	美厨不粘精铁炒锅	1.06	9.4
12	苏泊尔	芯铁真不锈炒锅	1.2	10.5
13	爱仕达	精铁锅	1.01	8.9
14	邦仕尼	炒锅	0.85	7.8
15	泊杜	麦饭石不粘锅	0.94	6.26
16	双冠	麦饭石不粘锅	1.33	12.3

表7 16款样品中锅身受热均匀性测试结果的对比

序号	品牌名称	商品名称	锅身受热均匀性（℃）								
			中心点	1/3R处				2/3R处			
			1	2	3	4	5	6	7	8	9
1	百强	中华生铁锅	488.8	279.0	250.1	170.1	262.2	53.2	44.7	61.2	62.6
2	新田	纯铁炒锅	293.2	279.7	304.8	303.6	320.4	206.1	190.7	164.0	190.4
3	爱仕达	精铸铁锅	487.8	236.7	229.5	214.2	255.0	53.1	74.4	50.5	45.0
4	苏泊尔	好帮手精铸铁锅	383.9	241.9	252.4	212.4	204.0	44.1	53.0	49.6	41.6
5	臻三环	手工铁锅炒锅	149.8	233.4	214.4	234.3	209.2	136.9	166.9	165.8	155.7
6	顺达	无涂层精铁炒锅	505.7	205.5	203.1	197.0	200.6	52.1	40.2	62.7	61.6
7	炊大皇	随心精铁炒锅	230.6	262.9	262.1	284.3	255.4	169.4	222.2	185.6	169.1
8	庆展	典雅真不锈无盖炒锅	575.1	176.4	171.1	142.2	179.5	79.1	54.0	55.6	60.6
9	爱仕达	不锈铁锅	529.2	299.7	323.8	307.6	273.1	51.2	69.3	73.6	52.1
10	苏泊尔	真不锈爆炒铁锅	247.3	288.3	222.5	249.7	249.0	156.0	160.1	141.7	128.5
11	MAXCOOK	美厨不粘精铁炒锅	524.3	280.2	286.6	233.0	283.8	69.9	69.9	60.5	68.1
12	苏泊尔	芯铁真不锈炒锅	423.2	197.7	160.0	139.7	203.2	69.8	59.3	61.8	62.8
13	爱仕达	精铁锅	471.7	234.8	219.0	182.8	254.4	61.5	54.9	45.3	55.4
14	邦仕尼	炒锅	515.3	263.4	270.9	265.3	231.2	79.6	83.3	75.1	76.6
15	泊杜	麦饭石不粘锅	363.0	220.6	242.4	230.1	275.9	57.7	57.0	63.6	70.5
16	双冠	麦饭石不粘锅	551.5	214.6	322.3	327.3	246.6	72.1	92.6	102.3	70.5

表8 16款样品中手柄表面温度测试结果的对比

序号	品牌名称	商品名称	手柄材质	手柄（含锅扭）表面温度 最高温度(℃)
1	百强	中华生铁锅	塑料	主柄：41.2，副柄：43.4
2	新田	纯铁炒锅	塑料	主柄：40.3，副柄：117.5
3	爱仕达	精铸铁锅	塑料	主柄：38.2
4	苏泊尔	好帮手精铸铁锅	塑料	主柄：43.5，副柄：35.1
5	臻三环	手工铁锅炒锅	木质	主柄：40.3
6	顺达	无涂层精铁炒锅	塑料	主柄：34.0，副柄：40.3
7	炊大皇	随心精铁炒锅	塑料	主柄：41.2
8	庆展	典雅真不锈无盖炒锅	木质	主柄：38.3，副柄：41.2
9	爱仕达	不锈铁锅	塑料	主柄：40.6
10	苏泊尔	真不锈爆炒铁锅	塑料	主柄：47.0，副柄：69.2，锅钮：46.6
11	MAXCOOK	美厨不粘精铁炒锅	塑料	主柄：38.4，副柄：42.4
12	苏泊尔	芯铁真不锈炒锅	木质	主柄：37.1，副柄：51.0

续表

序号	品牌名称	商品名称	手柄材质	手柄（含锅扭）表面温度 最高温度(℃)
13	爱仕达	精铁锅	塑料	主柄：38.8
14	邦仕尼	炒锅	塑料	主柄：33.1，副柄：44.4
15	泊杜	麦饭石不粘锅	塑料	主柄：39.5
16	双冠	麦饭石不粘锅	塑料	主柄：37.7，副柄：40.8

表9　16款样品中手柄抗扭强度测试结果的对比

序号	品牌名称	商品名称	手柄抗扭强度、偏转角度
1	百强	中华生铁锅	主柄：(左)：1.7° (右)：2.5° 副柄：(左)：1.2° (右)：1.2°
2	新田	纯铁炒锅	主柄：(左)：4.3° (右) 3.3° 副柄：(左)：2.1° (右) 1.9°
3	爱仕达	精铸铁锅	手柄：(左)：1.5° (右)：1.6°
4	苏泊尔	好帮手精铸铁锅	主柄：(左)：2.7° (右) 1.5° 副柄：(左)：1.2° (右) 1.1°
5	臻三环	手工铁锅炒锅	手柄：(左)：4.0° (右)：7.3°
6	顺达	无涂层精铁炒锅	主柄：(左)：2.5° (右)：1.8° 副柄：(左)：1.5° (右)：0.6°
7	炊大皇	随心精铁炒锅	手柄：(左)：4.6° (右)：1.5°
8	庆展	典雅真不锈无盖炒锅	主柄：(左)：1.8° (右)：4.6° 副柄：(左)：2.5° (右)：3.3°
9	爱仕达	不锈铁锅	手柄：(左)：2.4° (右)：2.0°
10	苏泊尔	真不锈爆炒铁锅	主柄：(左)：2.2° (右)：1.9° 副柄：(左)：1.9° (右)：1.0°
11	MAXCOOK	美厨不粘精铁炒锅	主柄：(左)：2.5° (右)：2.3° 副柄：(左)：2.2° (右)：0.8°
12	苏泊尔	芯铁真不锈炒锅	主柄：(左)：4.0° (右)：9.6° 副柄：(左)：0.5° (右)：1.4°
13	爱仕达	精铁锅	手柄：(左)：1.5° (右)：1.6°
14	邦仕尼	炒锅	主柄：(左)：2.7° (右)：2.4° 副柄：(左)：0.7° (右)：0.9°
15	泊杜	麦饭石不粘锅	主柄：(左)：2.3° (右)：2.0°
16	双冠	麦饭石不粘锅	主柄：(左)：2.2° (右)：2.2° 副柄：(左)：0.7° (右)：0.7°

表10　16款样品锅身外观和标签标识的测试结果的对比

序号	品牌名称	商品名称	锅身外观	标签（形式审查）
1	百强	中华生铁锅	锅口整齐 锅耳端正 锅把端正 锅爪对称等长：产品无此结构不适用	符合要求
2	新田	纯铁炒锅		符合要求
3	爱仕达	精铸铁锅		符合要求
4	苏泊尔	好帮手精铸铁锅		无主要材质信息
5	臻三环	手工铁锅炒锅		无执行标准
6	顺达	无涂层精铁炒锅		无产品检验合格证明、规格、主要材质信息
7	炊大皇	随心精铁炒锅		符合要求
8	庆展	典雅真不锈无盖炒锅		无主要材质信息
9	爱仕达	不锈铁锅		符合要求
10	苏泊尔	真不锈爆炒铁锅		符合要求
11	MAXCOOK	美厨不粘精铁炒锅		符合要求
12	苏泊尔	芯铁真不锈炒锅		符合要求
13	爱仕达	精铁锅		符合要求
14	邦仕尼	炒锅		符合要求
15	泊杜	麦饭石不粘锅		无产品检验合格证明
16	双冠	麦饭石不粘锅		无主要材质信息

山东省消费者协会

老视镜比较试验报告

为了让消费者了解市场上老视镜的质量和安全情况，更好地指引消费，山东省消费者协会于2019年10—12月对济南市市场上销售的部分品牌的老视镜开展了比较试验，比较试验情况具体如下。

一、样品来源

本次比较试验的20款老视镜样品，均为消费者关注度和品牌知名度较高的产品。山东省消费者协会的工作人员以普通消费者的身份在商场、品牌眼镜连锁店、眼镜批发市场、医院眼科等渠道购买。所购买的老视镜品牌及规格如表1所示。

表1　老视镜样品品牌及规格

序号	销售单位	品牌	规格	备注
1	济南历下丽丽精益眼镜店	新丽时	+2.00D，62mm	
2	济南历下丽丽精益眼镜店	五月红	+2.00D，62mm	

续表

序号	销售单位	品牌	规格	备注
3	济南历下丽丽精益眼镜店	嘉洋	+2.00D，63mm	
4	济南卫明眼镜有限公司	夕阳年华	+2.00D，63mm	
5	济南历下林尚直通车眼镜商行	百年红	+2.00D，63mm	
6	济南历下林尚直通车眼镜商行	祥福	+2.00D，65mm	
7	济南历下林尚直通车眼镜商行	凯奇老人头	+2.00D，61mm	
8	济南历下林尚直通车眼镜商行	导视	+2.00D，63mm	
9	济南历下林尚直通车眼镜商行	—	+2.50D，63mm	
10	济南茂昌眼镜有限公司	雅莱诗黛	+2.00D，62mm	
11	济南茂昌眼镜有限公司	方圆	+3.00D，63mm	
12	山东眼镜批发市场海通眼镜	老人100	+2.50D，64mm	
13	山东眼镜批发市场海通眼镜	凯腾	+2.00D，63mm	
14	山东眼镜批发市场海通眼镜	千佰岁	+2.50D，64mm	
15	仙花眼镜	周福记	+2.00D，62mm	
16	济南市第二人民医院验光配镜中心	配制	R：+3.25D，L：+3.50D，63mm	现场配制
17	山东眼镜批发市场济南志国眼镜有限公司	福满堂	+2.50D，63mm	
18	山东眼镜批发市场济南志国眼镜有限公司	感恩的心	+2.50D，63mm	
19	济南志国眼镜有限公司	宝芝林	+2.50D，62mm	
20	济南忆展眼镜有限公司山师店	宝明斋	+2.00D，62mm	

二、测试标准及方法

经过业内专家、企业代表和检测机构讨论，并召开业界意见征求会后确定了本次比较试验方案。测试项目涉及光学要求、透射性能、光学中心偏差、标志等11项指标，具体见表2。

表2　老视镜比较试验检测项目一览表

序号	检测指标	检测依据	指标要求	说明
1	球镜顶焦度偏差	GB 10810.1–2005《眼镜镜片　第1部分：单光和多焦点镜片》	±0.12D	光学性能要求
2	柱镜顶焦度偏差	GB 10810.1–2005《眼镜镜片　第1部分：单光和多焦点镜片》	±0.09D（≥0.00D和≤3.00D） ±0.12D（>3.00D和≤6.00D）	光学性能要求
3	镜片材料和表面质量	GB 10810.1–2005《眼镜镜片　第1部分：单光和多焦点镜片》	在以基准点为中心，直径为30mm的区域内，及对于子镜片尺寸小于30mm的全部子镜片区域内，镜片的表面或内部都不应出现可能有害视觉的各类疵病。若子镜片的直径大于30mm，鉴别区域仍为以近用基准点为中心，直径为30mm的区域。在此鉴别区域之外，可允许孤立、微小的内在或表面缺陷	外观及质量
4	可见光透射比	GB 10810.3–2006《眼镜镜片及相关眼镜产品　第3部分：透射比规范及测量方法》	>80%	光透射性能
5	镜架外观质量	GB/T 14214–2003《眼镜架通用要求和试验方法》	表面光滑、色泽均匀、没有φ≥0.5mm的麻点、颗粒和明显擦伤	外观及质量

续表

序号	检测指标	检测依据	指标要求	说明
6	光学中心水平偏差	GB 13511.1-2011《配装眼镜 第1部分：单光和多焦点》	±2.0mm	光学中心距离
7	光学中心单侧水平偏差	GB 13511.1-2011《配装眼镜 第1部分：单光和多焦点》	±1.0mm	光学中心距离
8	光学中心垂直互差	GB 13511.1-2011《配装眼镜 第1部分：单光和多焦点》	≤2.0mm（1.25D—2.50D） ≤1.0mm（>2.50D）	光学中心距离
9	两镜片顶焦度互差	GB 13511.1-2011《配装眼镜 第1部分：单光和多焦点》	≤0.12D	光学性能要求
10	装配质量	GB 13511.1-2011《配装眼镜 第1部分：单光和多焦点》	镜片与镜圈的几何形状应基本相似且左右对齐，装配后无明显缝隙；左、右两镜面应保持相对平整、托叶应对称；外观应无崩边、钳痕、镀（涂）层剥落及明显擦痕、零件缺损等疵病	外观及质量
11	标志	GB 13511.1-2011《配装眼镜 第1部分：单光和多焦点》	应标明产品名称、生产厂厂名、厂址；产品所执行的标准及产品质量检验合格证明；应标明型号、顶焦度、光学中心水平距离等	标志的规范性

三、比较试验结果

比较试验结果详见附件《老视镜比较试验样品信息及测试结果汇总表》。

（一）光学性能要求

1.顶焦度的准确性。球镜顶焦度，通俗说法就是“眼镜的度数”，指的是远视的度数；柱镜顶焦度就是散光度数，由于老视镜是生产单位批量生产的用于近用的装成眼镜，一般无散光度数。球镜顶焦度偏差和柱镜顶焦度偏差主要是检查眼镜的实际度数与标志中所标示的度数是否一致。

顶焦度偏差越小，度数越准；如偏差超出允许偏差，将导致眼镜佩戴者视力欠矫正或过矫正，引起调节功能不全、调节反应时间延长，容易造成视疲劳现象，长期佩戴会使眼睛的自身调节能力下降，严重伤害佩戴者的视力。

经检测，20款样品顶焦度偏差均符合国家标准GB 10810.1-2006的要求。

2.两镜片顶焦度互差。两镜片顶焦度互差是指左、右两个镜片度数的差值。对于成品批量生产的老视镜，左右两镜片的度数是一样的。如果该差值过大，会造成佩戴者左右眼视物清晰度不一致，一只眼清楚，另一只眼模糊，从而导致视力疲劳。

经检测，20款样品两镜片顶焦度互差均符合国家标准GB 13511.1-2011要求。

（二）光学中心距离部分

1.光学中心水平偏差。光学中心水平距离是指两镜片光学中心与两镜圈几何中心连线平行方向上的距离。光学中心水平偏差是光学中心水平距离的实测值与标称值（如瞳距、光学中心距离）的差值，如差值过大视物时使外界物像移位，双眼的光学中心不一致，会出现双像使眼肌失去平衡，发生视疲劳、斜视、弱视、眼球酸胀等后果。

经检测，19款样品光学中心水平偏差均符合国家标准GB 13511.1-2011的要求，1款样品超差，具体见图1。

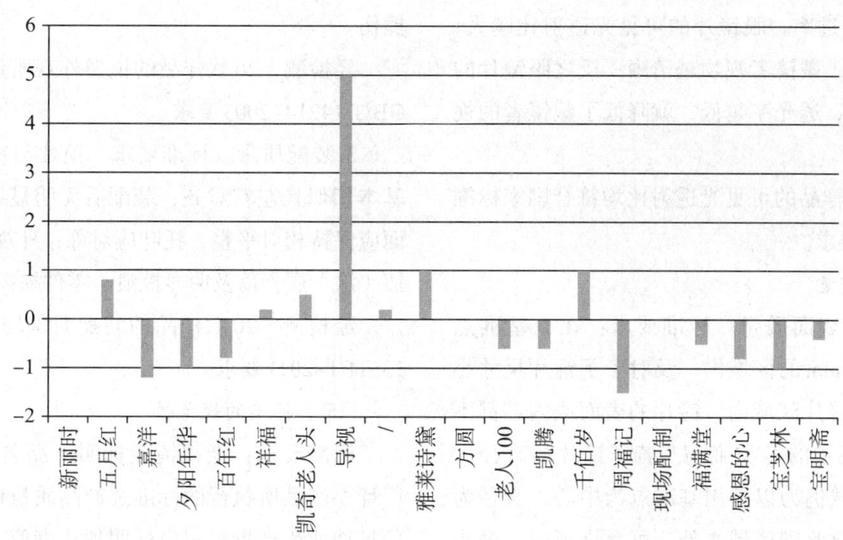

图1　光学中心水平偏差

注：数值的绝对值越小越好。

2.光学中心单侧水平偏差。光学中心单侧水平偏差是光学中心单侧（左侧或右侧）水平距离与二分之一标称值的差值。眼镜生产后，佩戴者的双眼瞳孔应正对着眼镜镜片的光学中心，如果眼镜存在光学中心单侧水平偏差，则单侧镜片光学中心水平方向会偏离瞳孔，偏差越小，单侧光学中心越靠近瞳孔；偏差越大，单侧光学中心水平方向偏离瞳孔越远，则会产生棱镜效应，长此以往会感到头晕，导致斜视或其他功能性损害。

经检测，19款样品光学中心单侧水平偏差均符合国家标准GB 13511.1–2011要求，1款样品超差，可参见图2。

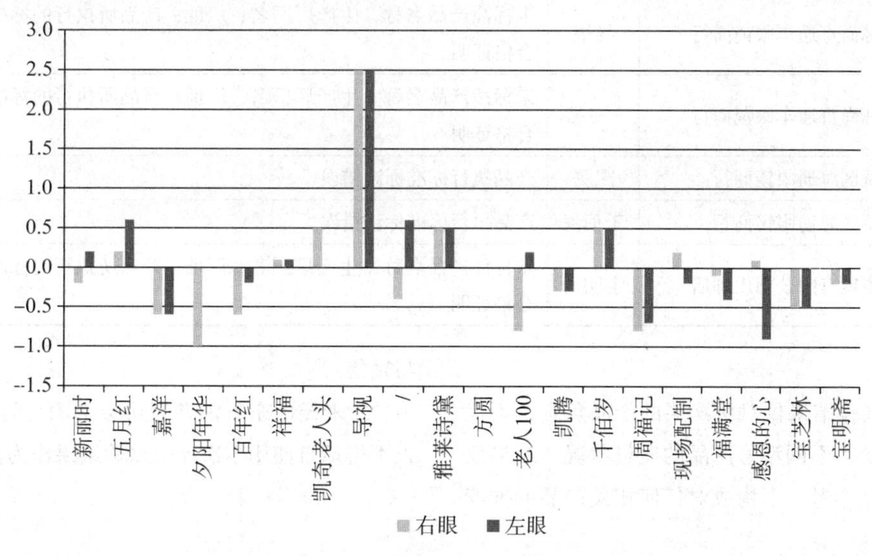

图2　光学中心单侧水平偏差（数值的绝对值越小越好）

3.光学中心垂直互差。光学中心垂直互差是两镜片光学中心高度的差值，主要是检查镜片光学中心是否在同一水平线上，如果互差过大，会造成两眼球视物高低不平衡，产生较大的棱镜效应，可能造成头晕、恶心、视物位置不准确或视力下降等不良影响。

经检测，20款样品光学中心垂直互差虽然差别较大，但均符合国家标准GB 13511.1–2011要求。

（三）光透射性能

可见光透射比均高于80%，镜片的透光性能较好。

可见光透射比是考核眼镜片对光线（波长范围在

380—780nm）的透过率。眼镜片的可见光透射比越大，镜片的透光率越高，戴镜者视物越清晰；反之眼镜片的可见光透射比越小，透光率越低，就降低了戴镜者的视觉清晰度。

经检测，20款样品的可见光透射比均符合国家标准GB 10810.3-2006要求。

（四）外观及质量

1.镜片材料和表面质量。标准要求：在以基准点为中心，直径为30mm的区域内，及对于子镜片尺寸小于30mm的全部子镜片区域内，镜片的表面或内部都不应出现可能有害视觉的各类疵病。若子镜片的直径大于30mm，鉴别区域仍为以近用基准点为中心，直径为30mm的区域。在此鉴别区域之外，可允许孤立、微小的内在或表面缺陷。

经检测，20款样品的材料和表面质量均符合国家标准GB 10810.1-2005要求。

2.镜架外观质量。标准要求：在不借助放大镜或其他类似装置的条件下目测检查镜架的外观，其表面应光滑、色泽均匀、没有 $\phi \geqslant 0.5mm$ 的麻点、颗粒和明显擦伤。

经检测，20款样品的镜架外观质量均符合国家标准GB/T 14214-2003要求。

3.装配质量。标准要求：镜片与镜圈的几何形状应基本相似且左右对齐，装配后无明显缝隙；左、右两镜面应保持相对平整、托叶应对称；外观应无崩边、钳痕、镀（涂）层剥落及明显擦痕、零件缺损等疵病。

经检测，20款样品的装配质量均符合国家标准GB 13511.1-2011要求。

（五）标志的规范性

标准要求：老视镜应标明产品名称、生产厂厂名、厂址；产品所执行的标准及产品质量检验合格证明、出厂日期或生产批号；应标明顶焦度值、轴位、瞳距等处方参数。这些信息对消费者购买老视镜具有指导意义，如未标明或标注不清会导致消费者购买到不适合自己光学参数的老视镜，从而对视力造成影响。

经检测，15款样品标志符合GB 13511.1-2011要求，5款存在问题，具体见表3。

表3 标志存在问题的品牌

序号		品牌	标志存在的问题
1	济南历下林尚直通车眼镜商行	导视	未标注产品名称、生产厂厂名、厂址；产品所执行的标准及产品质量检验合格证明
2	济南历下林尚直通车眼镜商行	—	未标注产品名称、生产厂厂名、厂址；产品所执行的标准及产品质量检验合格证明
3	济南市天桥区海通眼镜商行	凯腾	产品执行标准标注错误
4	济南市天桥区海通眼镜商行	千佰岁	产品执行标准标注错误
5	济南忆展眼镜有限公司山师店	宝明斋	未标注产品名称、生产厂厂名、厂址；产品所执行的标准及产品质量检验合格证明

注：

1.本次比较试验结果仅对所购买的产品负责，不代表同品牌不同批次、不同型号产品的质量状况。结果仅供消费者选购产品参考，不构成对任何相关产品的推荐与宣传。

2.未经山东省消费者协会书面允许，任何单位和个人不得擅自使用本次比较试验结果作为商业宣传。

附件　老视镜比较试验样品信息及测试结果汇总表

序号	品牌	综合评价	球镜顶焦度偏差（m^{-1}）		柱镜顶焦度偏差（m^{-1}）		镜片材料和表面质量	可见光透射比（%）		镜架外观质量	光学中心水平偏差（mm）	光学中心单侧水平偏差（mm）		光学中心垂直互差（mm）	两镜片顶焦度互差（m^{-1}）	装配质量	标志
			R	L	R	L		R	L			R	L				
1	方圆	★★★★★	0.01	0.01	0.00	0.00	符合标准	87.1	86.7	符合标准	0.0	0.0	0.0	0.0	0.00	符合标准	符合标准
2	祥福	★★★★★	0.00	–0.01	0.00	0.00	符合标准	93.6	94.9	符合标准	0.2	0.1	0.1	0.0	0.01	符合标准	符合标准
3	配制	★★★★★	0.02	0.02	0.00	0.00	符合标准	93.4	94.1	符合标准	0.0	0.2	–0.2	0.0	0.0	符合标准	符合标准
4	新丽时	★★★★★	0.02	0.00	0.00	0.00	符合标准	90.2	90.2	符合标准	0.0	–0.2	0.2	0.5	0.01	符合标准	符合标准
5	凯奇老人头	★★★★	0.03	0.03	0.00	0.00	符合标准	90.8	91.8	符合标准	0.5	0.5	0.0	0.0	0.00	符合标准	符合标准
6	福满堂	★★★★	0.00	0.00	0.00	0.00	符合标准	93.9	93.8	符合标准	–0.5	–0.1	–0.4	1.5	0.00	符合标准	符合标准
7	凯腾	★★★★	0.01	0.01	0.00	0.00	符合标准	85.9	84.6	符合标准	–0.6	–0.3	–0.3	0.0	0.00	符合标准	不符合标准
8	老人100	★★★★	–0.01	0.01	0.00	0.00	符合标准	93.6	92.1	符合标准	–0.6	–0.8	0.2	1.0	0.02	符合标准	符合标准
9	宝明斋	★★★★	–0.01	0.03	0.04	0.00	符合标准	94.4	94.0	符合标准	–0.4	–0.2	–0.2	0.5	0.03	符合标准	不符合标准
10	感恩的心	★★★★	0.04	0.02	0.00	0.00	符合标准	93.1	92.4	符合标准	–0.8	0.1	–0.9	0.5	0.02	符合标准	符合标准
11	五月红	★★★★	0.00	0.00	0.00	0.00	符合标准	91.4	91.4	符合标准	0.8	0.2	0.6	2.0	0.00	符合标准	符合标准
12	周福记	★★★★	0.01	0.01	0.00	0.00	符合标准	92.6	92.4	符合标准	–1.5	–0.8	–0.7	0.3	0.00	符合标准	符合标准

河南省消费者协会

橄榄油比较试验报告

本次比较试验检测项目遵循更严的原则，广泛征求了企业、业内专家和第三方检测机构的意见，不仅依据现行的国家标准，而且还参考了国际食品法典委员会和国际橄榄油理事会有关标准进行主客观检测，开展比较试验并进行评价。

结果具体如下：不用担心特级初榨橄榄油的污染物和乱用食品添加剂等安全问题，大家可以放心地吃；全部样品通过特级橄榄油特征指标脂肪酸组成测试，不存在媒体曝光的一些橄榄油造假，以假充真、以次充好现象；6款橄榄油品质领跑，分别是皇家蒙特垒特级初榨橄榄油、欧丽薇兰特级初榨橄榄油、安达露西100%特级初榨橄榄油、鲁花特级初榨橄榄油、品利特级初榨橄榄油、福奇特级初榨橄榄油。

一、比较试验总评

根据国务院办公厅印发《消费品标准和质量提升规划（2016—2020年）》（国办发〔2016〕68号）“建立企标领跑者制度，引导消费者更多选择标准领跑者产品”的要求。为营造“生产看领跑，消费选领跑”的氛围，本次比较试验评选出6款品质有保证的橄榄油，分别是皇家蒙特垒特级初榨橄榄油、欧丽薇兰特级初榨橄榄油、安达露西100%特级初榨橄榄油、鲁花特级初榨橄榄油、品利特级初榨橄榄油、福奇特级初榨橄榄油。

图1

表1

油酸含量79.2% 酸价0.62mg/kg 过氧化值4.3mmol/kg				油酸含量78.8% 酸价0.52mg/kg 过氧化值4.2mmol/kg			
皇家蒙特垒特级初榨橄榄油				**欧丽薇兰特级初榨橄榄油**			
经销商	北京中企华业食品有限公司			分装商	嘉里粮油（天津）有限公司		
购买地点	河南郑州丹尼斯拜特大卫城			购买地点	河南洛阳王府井百货		
售价	89.9元/瓶（1L）	包装日期	2018.06.07	售价	109元/瓶（0.75L）	生产日期	2019.06.10
油酸含量79.1% 酸价0.49mg/kg 过氧化值5.6mmol/kg				油酸含量77.4% 酸价0.74mg/kg 过氧化值5.2mmol/kg			
安达露西100%特级初榨橄榄油				**鲁花特级初榨橄榄油**			
进口商	中粮福临门食品营销有限公司			分装商	莱阳鲁花浓香花生油有限公司		
购买地点	京东			购买地点	河南新乡大胖超市		
售价	79.9元/瓶（1L）	包装日期	2019.02.28	售价	79.9元/瓶（0.7L）	包装日期	2019.04.05
油酸含量73.1% 酸价0.59mg/kg 过氧化值5.1mmol/kg				油酸含量77.4% 酸价0.90mg/kg 过氧化值5.8mmol/kg			
品利特级初榨橄榄油				**福奇特级初榨橄榄油**			
进口商	北京市品利食品有限公司			进口商	伊梭（上海）国际贸易有限公司		
购买地点	河南郑州绿地优鲜超市			购买地点	河南郑州绿地优鲜超市		
售价	68元/瓶（1L）	生产日期	2018.11.13	售价	108元/瓶（1L）	生产日期	2019.02.01

二、项目背景

橄榄油是以油橄榄树的果实为原料制取的油脂，通常分为初榨橄榄油、精炼橄榄油、混合橄榄油三大类，而初榨橄榄油又可以分为特级初榨橄榄油、中级初榨橄榄油和初榨油橄榄灯油。特级初榨橄榄油是用初熟或成熟的油橄榄鲜果通过物理冷压榨工艺提取的天然果油汁。食用橄榄油在地中海沿岸国家有几千年的历史，在西方被誉为“液体黄金”“植物油皇后”“地中海甘露”。

橄榄油富含丰富的单不饱和脂肪酸——油酸，两种人体必需脂肪酸——亚油酸和亚麻酸，还有维生素A、维生素B、维生素D、维生素E、维生素K及抗氧化物等。所以，它被认为是非常适合人体营养的油。

品质消费时代的到来催生高端食用油行业，为了给消费者提供更多、更全面的有关橄榄油产品的消费信息，指导消费者正确选购橄榄油，河南省消费者协会委托深圳市品质消费研究院开展橄榄油比较试验，通过科学的客观检测告诉消费者橄榄油的价值所在，哪些品牌的橄榄油更安全可靠，品质更好。

三、比较试验详情

（一）样品来源

本次测试根据消费品比较试验的原则进行，所有试验样品的采购均由省消协工作人员以普通消费者身份，通过正规销售渠道在河南郑州（包括麦德龙、丹尼斯拜特大卫城、绿地优鲜超市）、新乡（大胖超市）、洛阳（王府井百货）以及线上京东商城和天猫超市购买。根据前期市场调查的结果，选择了热销的12款特级初榨橄榄油，橄榄油每升单价从46.30元至185元不等。

所购买的样品基本涵盖了调查中消费者熟知的以及网上销量高的品牌，包括欧丽薇兰、鲁花、蓓琳娜、皇家蒙特垒、Clemente克莱门特、阿格利司、贝蒂斯、福奇、安达露西、品利、莫尼尼和伯爵，将样品送到专业的第三方检测机构深圳海关食品检验检疫技术中心，按照国家规定的相关检测标准方法进行检测。

表1　12款特级初榨橄榄油信息表

序号	产品名称	标价（元/瓶）	规格（ml）	单价（元/L）	生产日期/包装日期	原产国/分装地	购买渠道
1	莫尼尼经典特级初榨橄榄油	98.00	1000	98.00	2019-05-13	意大利	河南郑州麦德龙
2	阿格利司特级初榨橄榄油	52.50	750	70.00	2019-04-09	希腊	京东
3	伯爵特级初榨橄榄油	98.00	1000	98.00	2019-03-04	西班牙	河南郑州麦德龙
4	贝蒂斯特级初榨橄榄油	185.00	1000	185.00	2019-06-11	西班牙	河南郑州丹尼斯拜特大卫城
5	皇家蒙特垒特级初榨橄榄油	89.90	1000	89.90	包装日期 2018-06-07	西班牙	河南郑州丹尼斯拜特大卫城
6	Clemente克莱门特特级初榨橄榄油	49.40	750	66.00	2019-05-14	意大利	天猫超市
7	鲁花特级初榨橄榄油	79.90	700	114.00	包装日期 2019-04-05	西班牙/中国山东烟台	河南新乡大胖超市
8	欧丽薇兰特级初榨橄榄油	109.00	750	145.00	2019-06-10	西班牙/中国天津	河南洛阳王府井百货
9	蓓琳娜特级初榨橄榄油	139.00	3000	46.30	包装日期 2019-08-09	西班牙/中国上海	天猫超市
10	福奇特级初榨橄榄油	108.00	1000	108.00	2019-02-01	意大利	河南郑州绿地优鲜超市
11	安达露西100%特级初榨橄榄油	79.90	1000	79.90	包装日期 2019-02-28	西班牙	京东
12	品利特级初榨橄榄油	68.00	1000	68.00	2018-11-13	西班牙	河南郑州绿地优鲜超市

（二）测试标准及方法

标准决定质量，有什么样的标准就有什么样的质量，只有高标准才有高质量。站在消费者的角度，本次比较试验检测项目采用更多更严的标准限值。同时广泛征求了企业、业内专家和第三方检测机构的意见，不仅依据现行国家标准，参考了国际食品法典委员会橄榄油和橄榄油果渣油标准CODEX STAN 33-1981 Codex Standard For Olive Oils And Olive Pomace Oils（2015修订版）、国际橄榄油理事会COI/T.15/NC no.3/Rev.12（2018版）橄榄油贸易标准，确定了包括特征指标、质量指标、安全指标（污染物、抗氧化剂、真菌毒素和塑化剂），共3大类27个指标，均采用国家标准检测方法进行测试。

测评原则：更多更严。综合国家标准和国际标准，选取更多更严的标准进行测试评价。

特级初榨橄榄油脂肪酸组成以及关于食品添加剂的国家标准要求与国际食品法典委员会和国际橄榄油理事会的标准一致。

在综合考虑国家标准和国际标准的基础上，选取消费者关心的特征指标、质量指标、污染物、真菌毒素、抗氧化剂和塑化剂等27个指标，作为本次橄榄油比较试验的测评指标。

表2　橄榄油比较试验检测项目总表

项目类别	检测项目	依据标准或法规	标准要求	备　注
特征指标	豆蔻酸C14:0	GB/T 23347-2009 CODEX STAN 33-1981（2015修订版） COI/T.15/NC no.3/Rev.12（2018版）	≤ 0.05%	特级初榨橄榄油的特征要求
	棕榈酸C16:0		7.5%—20.0%	
	棕榈一烯酸C16：1（棕榈油酸）		0.3%—3.5%	
	十七烷酸 C17：0		≤ 0.3%	
	十七碳一烯酸（十七烷一烯酸）		≤ 0.3%	
	硬脂酸 C18：0		0.5%—5.0%	
	油酸 C18：1		55.0%—83.0%	
	亚油酸 C18：2		3.5%—21.0%	
	亚麻酸 C18：3		≤ 1.0%	
	花生酸 C20：0		≤ 0.6%	
	二十碳烯酸C20：1		≤ 0.4%	
	山嵛酸 C22：0		≤ 0.2%	
	二十四烷酸 C24：0		≤ 0.2%	
	反式脂肪酸（C18：1T）		≤ 0.05%	
	反式脂肪酸（C18：2T+C18：3T）		≤ 0.05%	
质量指标	酸价		≤ 1.6mg/g	要符合特级初榨标准越低越好
	过氧化值		≤ 10mmol/kg	
	溶剂残留量	GB 2716-2018	不得检出	物理压榨，不应该出现化学溶剂残留
污染物	苯并［a］芘	GB 2762-2017	≤ 10μg/kg	污染物越低越好
	铅		≤ 0.1mg/kg	
	总砷		≤ 0.1mg/kg	
真菌毒素	黄曲霉毒素B1	（EU）No 1881/2006	≤ 2μg/kg	真菌产生的毒素，越低越好
抗氧化剂	叔丁基羟基茴香醚（BHA）	GB/T 23347-2009 COI/T.15/NC no.3/Rev.12（2018版）	不得检出	不得使用
	二丁基羟基甲苯（BHT）		不得检出	
	特丁基对苯二酚（TBHQ）		不得检出	
塑化剂	邻苯二甲酸二正丁酯（DBP）		不得检出	不得检出
	邻苯二甲酸二（2-乙基）己酯（DEHP）		不得检出	

（三）比较试验结果

1. 12种橄榄油的安全性。这12种橄榄油品质好，大家不必担心污染物等安全问题，可以放心地吃！橄榄油是国际公认的健康食用油。美国食品药品监督管理局（FDA）、欧洲食品安全局（EFSA）等权威机构都曾指出，日常饮食中以适量的橄榄油代替其他油脂的摄入，有利于保持健康。橄榄油的质量安全直接关乎消费者的身体健康。污染物、真菌毒素、抗氧化剂和塑化剂等是消费者最关心的安全指标。

（1）污染物——苯并［a］芘、铅、总砷。结合前期调查，本次比较试验对12款橄榄油的苯并［a］芘、铅、总砷，共3项污染物指标进行检测。测试结果显示，12种橄榄油的污染物——苯并［a］芘、铅、总砷含量全部符合国家标准要求，检测结果均合格，而且含量极低远远小于限量，不存在污染物的安全性问题。

（2）真菌毒素（黄曲霉毒素B_1）。不新鲜原料橄榄果变质发霉会产生真菌毒素黄曲霉毒素B_1，黄曲霉毒素B_1是公认的强致癌物，是诱发肝癌的高危因素之一。

测试结果显示，12种橄榄油的黄曲霉毒素B_1的检测结果均为未检出，均符合国家标准和欧盟标准要求。

（3）抗氧化剂和塑化剂。消费者担心橄榄油在加工时含有不得使用的物质，如抗氧化剂和塑化剂。我国国家标准和国际橄榄油理事会有关特级初榨橄榄油的抗氧化剂和塑化剂等食品添加剂标准要求都是不得使用。

测试结果显示：抗氧化剂和塑化剂均未检出。

1）12款橄榄油均未检出抗氧化剂叔丁基羟基茴香醚（BHA）、二丁基羟基甲苯（BHT）和特丁基对苯二酚（TBHQ），均符合我国国家标准和国际橄榄油理事会标准要求；

2）12款橄榄油均未检出塑化剂邻苯二甲酸二正丁酯（DBP）和邻苯二甲酸二（2-乙基）己酯（DEHP），均符合我国国家标准和国际橄榄油理事会标准要求。

2. 12款橄榄油均符合特级初榨橄榄油的特征要求，但油酸、亚油酸含量有高低，品质有差异。

（1）脂肪酸组成均符合国家标准和国际标准要求。脂肪酸组成是橄榄油的一项最重要的特征指标，它揭示了橄榄油的真伪和营养价值。按照我国国家标准和国际橄榄油理事会的相关标准要求，如果脂肪酸组成不在标准范围之内，可认定为掺假。

本次检测结果显示：12款特级初榨橄榄油的脂肪酸组成均符合我国国家标准和国际标准要求。

表3　脂肪酸组成测试结果汇总表

检测项目	标准要求	备　　注	测试结果
豆蔻酸C14:0	≤0.05%	饱和脂肪酸	12款样品的脂肪酸组成均符合国家标准和国际标准要求
棕榈酸C16:0	7.5%—20.0%	六种最重要脂肪酸之一	
棕榈一烯酸C16:1(棕榈油酸)	0.3%—3.5%	六种最重要脂肪酸之一	
十七烷酸C17:0	≤0.3%	—	
十七碳一烯酸(十七烷一烯酸)	≤0.3%	—	
硬脂酸C18:0	0.5%—5.0%	六种最重要脂肪酸之一	
油酸C18:1	55.0%—83.0%	六种最重要脂肪酸之一	
亚油酸C18:2	3.5%—21.0%	六种最重要脂肪酸之一/必需脂肪酸	
亚麻酸C18:3	≤1.0%	六种最重要脂肪酸之一/必需脂肪酸	
花生酸C20:0	≤0.6%	饱和脂肪酸	
二十碳烯酸C20:1	≤0.4%	—	
山嵛酸C22:0	≤0.2%	—	
二十四烷酸C24:0	≤0.2%	—	
反式脂肪酸(C18:1T)	≤0.05%	有害健康	
反式脂肪酸(C18:2T+C18:3T)	≤0.05%	有害健康	

（2）油酸含量——贝蒂斯、皇家蒙特垒和安达露西表现更好。橄榄油中的油酸（单不饱和脂肪酸最主要部分）含量是最高的，这项指标的高低能够辨别产品的真伪，影响品质的高低。国内外媒体曝光的一些橄榄油造假丑闻就是利用传统油脂勾兑成橄榄油，其油酸含量远远低于标准水平，以假充真、以次充好。**从检测数据来看12款样品油酸的含量在61.2%—79.2%之间，均符合标准限量要求。**

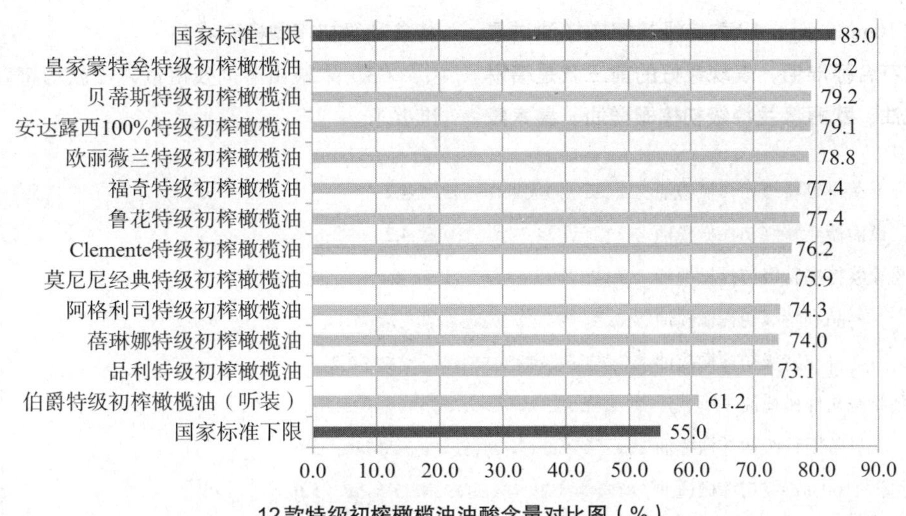

12款特级初榨橄榄油油酸含量对比图（%）

油酸含量排名前三的是贝蒂斯特级初榨橄榄油、皇家蒙特垒特级初榨橄榄油、安达露西100%特级初榨橄榄油，这三款特级初榨橄榄油均产自西班牙。

（3）反式脂肪酸—均未检出，消费者可以安心食用。反式脂肪酸也是辨别精炼橄榄油和特级初榨橄榄油的重要指标。反式脂肪酸是对健康不利的不饱和脂肪酸。**本次测试的12款特级初榨橄榄油均未检出反式脂肪酸，消费者可以放心选择。**

3.橄榄油的质量指标：12款橄榄油均符合国内外标准，但酸价和过氧化值有差异。

（1）安达露西、欧丽薇兰和莫尼尼油脂质量表现更好

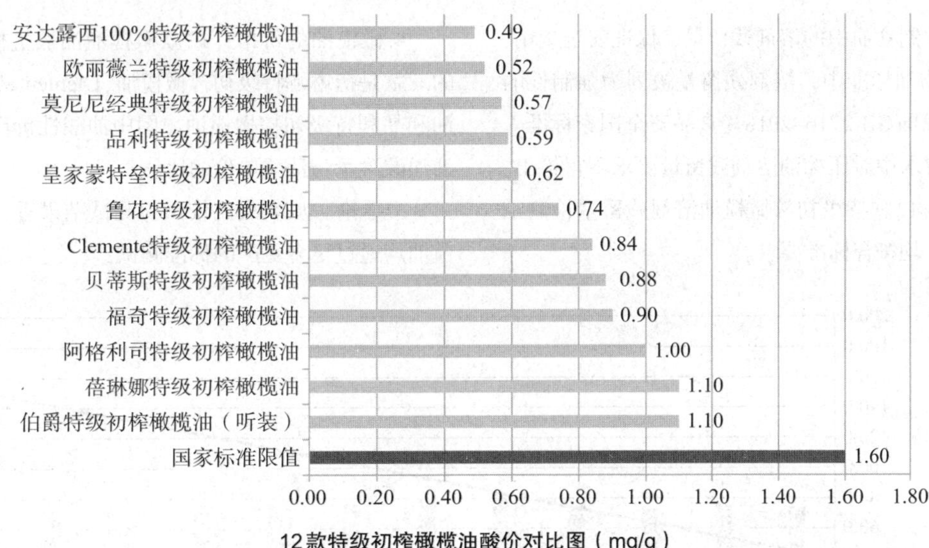

12款特级初榨橄榄油酸价对比图（mg/g）

酸价又称酸值是油脂变质程度的指标。脂肪在长期保藏过程中，由于微生物、酶和热的作用发生缓慢水解，产生游离脂肪酸。酸价越小，说明油脂质量越好，新鲜度越好。一般新收获而完全成熟的油料种子，游离脂肪酸含量极少；不成熟或已发芽和生霉的油料种子，则含量较多。

我国国家标准GB/T 23347-2009《橄榄油、油橄榄果渣油》对酸价的限量要求为≤1.6mg/g，**测试结果表明，12款特级初榨橄榄油酸价结果在0.49—1.1mg/g之间，均符合标准值，其中安达露西100%特级初榨橄榄油、欧丽薇兰特级初榨橄榄油、莫尼尼经典特级初榨橄榄油的游离脂肪酸含量较低，由此可以看出这几款油的油脂质量较好。**

（2）欧丽薇兰、蓓琳娜和皇家蒙特垒新鲜度表现更好。过氧化值表示衡量油脂酸败程度，一般来说过氧化值越高其酸败就越厉害。因为油脂氧化酸败产生的一些小分子物质在体内对人体产生不良影响，如产生自由基，所以过氧化值太高的油对身体不好。食品中的油脂不可避免地会发生酸败氧化，进而引起过氧化值增高的问题。GB/T 23347-2009《橄榄油、油橄榄果渣油》对过氧化值

的限量要求为≤10mmol/kg，12款特级初榨橄榄油过氧化值检测结果均符合标准值，表现最好的前三款是蓓琳娜特级初榨橄榄油、欧丽薇兰特级初榨橄榄油、皇家蒙特垒特级初榨橄榄油。

（3）未检出溶剂残留量，12款均符合特级初榨油标准要求。

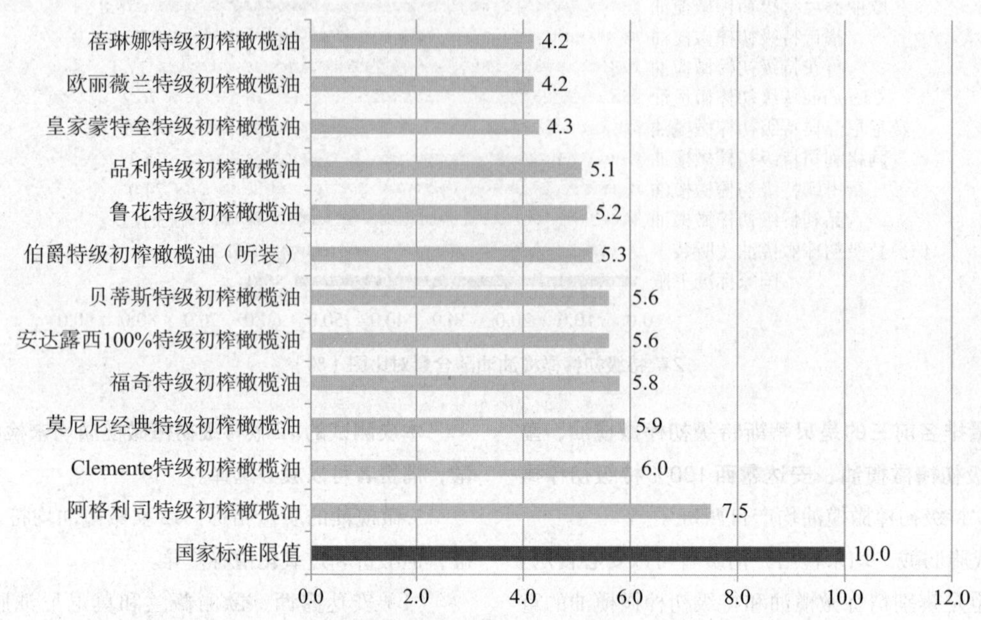

12款特级初榨橄榄油过氧化值对比图（mmol/kg）

为了严格控制食油中的溶剂残留量，保证安全食用，在国家食用植物油标准中，溶剂残留量被列为强制性的限量指标。在我国GB 2716–2018《食品安全国家标准 植物油》标准要求中对压榨油溶剂残留量要求不得检出。测试结果表明，12款特级初榨橄榄油溶剂残留量检测结果均为未检出，均符合标准要求。

4. 橄榄油的价格：12款橄榄油油酸价格性价比较高的三款是蓓琳娜特级初榨橄榄油、Clemente特级初榨橄榄油和品利特级初榨橄榄油。图中油酸性价比是12款橄榄油油酸含量与油酸单价的比值。

5. 结论。从本次比较试验测试结果看，全部12款橄榄油均通过更多更严的标准测试：

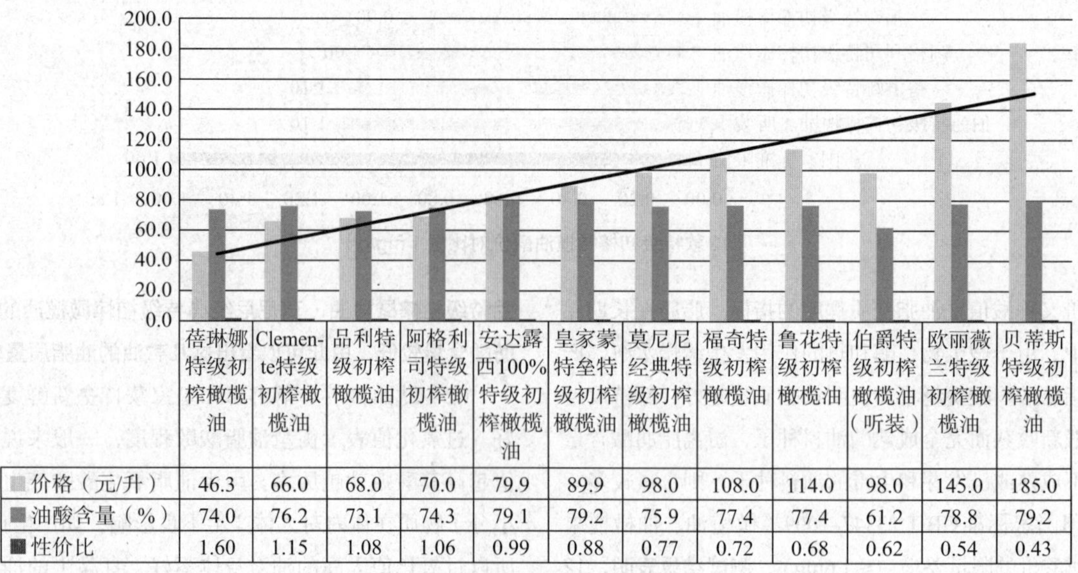

	蓓琳娜特级初榨橄榄油	Clemente特级初榨橄榄油	品利特级初榨橄榄油	阿格利司特级初榨橄榄油	安达露西100%特级初榨橄榄油	皇家蒙特垒特级初榨橄榄油	莫尼尼经典特级初榨橄榄油	福奇特级初榨橄榄油	鲁花特级初榨橄榄油	伯爵特级初榨橄榄油（听装）	欧丽薇兰特级初榨橄榄油	贝蒂斯特级初榨橄榄油
价格（元/升）	46.3	66.0	68.0	70.0	79.9	89.9	98.0	108.0	114.0	98.0	145.0	185.0
油酸含量（%）	74.0	76.2	73.1	74.3	79.1	79.2	75.9	77.4	77.4	61.2	78.8	79.2
性价比	1.60	1.15	1.08	1.06	0.99	0.88	0.77	0.72	0.68	0.62	0.54	0.43

12款特级初榨橄榄油性价比对比图

（1）全部样品通过安全指标测试，包括3项污染物、1项真菌毒素、3项抗氧化剂和2项塑化剂均未检出，消费者可以放心选择。

（2）全部样品通过特级橄榄油特征指标脂肪酸组成测试，不存在媒体曝光的一些橄榄油造假，以假充真、以次充好现象。

（3）结合橄榄油最重要的特征品质指标油酸含量和酸价，综合考虑脂肪酸组成、质量和安全指标，评选出6款品质领跑橄榄油，分别是：皇家蒙特垒特级初榨橄榄油、欧丽薇兰特级初榨橄榄油、安达露西100%特级初榨橄榄油、鲁花特级初榨橄榄油、品利特级初榨橄榄油、福奇特级初榨橄榄油。

四、主观测评

11月27日，在深圳大学生命与海洋科学学院进行了一次橄榄油的主观测评活动。由于橄榄油的感官评鉴要求有一定的专业素养，因此，本次测评官均为深圳大学生物相关专业的20名研究生。测评方法参照了国际橄榄油理事会颁布的《橄榄油感官分析和原生橄榄油感官评定方法》。

测评之前，深圳大学韩教授统一对20名测评官进行了橄榄油的感官培训，主要是针对橄榄油的辣味、苦味与果香味三大正面特征风味，从色、香、味三个方面如何评鉴。优质的特级初榨橄榄油色泽应呈透明金绿色，闻起来有浓郁的果味，品尝时除了果香味之外，些许青苦味和辣味刺激感。此外不得有金属味、哈喇味、陈油味、土腥味、霉味等异常特征。接下来，测评官们对参评的12款特级初榨橄榄油进行盲测（在不知道品牌信息情况下进行品尝打分）。测评分两部分进行，为降低测评的顺序误差，测评官分AB两组，测评的橄榄油顺序相反。第一部分测评橄榄油的质量属性从橄榄油的气味、滋味、异味三方面对每一款橄榄油进行评价；第二部分对12款橄榄油凉拌菜的口感进行喜好度评价；最后统计总分，推出特级初榨橄榄油口感榜单。

测评结果显示：

（一）口感总体评分前三名分别是阿格利司特级初榨橄榄油、Clemente克莱门特特级初榨橄榄油、皇家蒙特垒特级初榨橄榄油。

（二）橄榄油凉拌菜口感喜好度：贝蒂斯特级初榨橄榄油、皇家蒙特垒特级初榨橄榄油分别斩获一二名，莫尼尼经典特级初榨橄榄油、Clemente克莱门特特级初榨橄榄油、欧丽薇兰特级初榨橄榄油、安达露西100%特级初榨橄榄油并列第三名。

感官总体评分＝气味＋滋味－异味

编　　号	样品名称	平均分
142	阿格利司特级初榨橄榄油	14.3
926	Clemente克莱门特特级初榨橄榄油	14.1
585	皇家蒙特垒特级初榨橄榄油	13.7
238	欧丽薇兰特级初榨橄榄油	13.3
674	贝蒂斯特级初榨橄榄油	13.1
710	福奇特级初榨橄榄油	13.0
611	安达露西100%特级初榨橄榄油	12.4
367	鲁花特级初榨橄榄油	12.2
512	品利特级初榨橄榄油	12.0
451	莫尼尼经典特级初榨橄榄油	11.8
093	伯爵特级初榨橄榄油（听装）	11.6
809	蓓琳娜特级初榨橄榄油	11.4

橄榄油凉拌菜口感喜好度得分

编　　号	样品名称	平均分
674	贝蒂斯特级初榨橄榄油	6.80
585	皇家蒙特垒特级初榨橄榄油	6.60

续表

编　号	样品名称	平均分
451	莫尼尼经典特级初榨橄榄油	6.50
926	Clemente克莱门特特级初榨橄榄油	6.50
238	欧丽薇兰特级初榨橄榄油	6.50
611	安达露西100%特级初榨橄榄油	6.50
809	蓓琳娜特级初榨橄榄油	6.40
710	福奇特级初榨橄榄油	6.30
512	品利特级初榨橄榄油	6.10
367	鲁花特级初榨橄榄油	6.00
093	伯爵特级初榨橄榄油（听装）	5.80
142	阿格利司特级初榨橄榄油	4.60

五、消费提示

（一）看产地

产地对于价格和质量的影响很大。橄榄油主产国中，西班牙的产量约占世界总量的1/3，意大利占1/4，希腊占1/5，其他产油国包括土耳其、叙利亚、葡萄牙、法国、埃及等。

（二）看酸度

酸度（游离脂肪酸含量，英文ACIDITY）指的是100克油脂中自由脂肪酸所占的比例，特级初榨橄榄油和初榨橄榄油的酸度是天然酸度，国际橄榄油理事会和欧盟的标准显示，特级初榨橄榄油的酸度值要求低于0.8%，初榨橄榄油低于2.0%。从橄榄油的品质角度来说，天然的酸度值当然是越低越好。

（三）看等级

“特级初榨橄榄油”是初榨油中品质最高、要求最严、口感最纯正、营养价值最高的，所以价格也往往最高，瓶签上以“Extra Virgin”体现。好的橄榄油一定有“特级初榨”（英文Extra Virgin，意大利文Extra Vergine，西班牙文Extra Virgen）的字样。除此之外的所有名头，包括看起来高大上的“精制橄榄油”“纯正橄榄油”，都不是特级初榨，哪怕商家吹得再美好，你也不能被迷惑。

（四）看配料表

消费者可以留意一下标签上的配料表，如果不是百分之百的特级初榨橄榄油，而混入了其他名字的油品，都不值得花大价钱购买。

最后温馨提示：

橄榄油可用于生食、凉拌、煎炸、煎烤、烹煮等场景。在生食凉拌时最好食用特级初榨橄榄油，纯度相对较高，食用起来比较放心。

附表1 12款特级初榨橄榄油特征指标测试结果汇总表

检测项目	豆蔻酸 C14∶0	棕榈酸 C16∶0	棕榈一烯酸 C16∶1（棕榈油酸）	十七烷酸 C17∶0	十七碳一烯酸（十七烷一烯酸）	硬脂酸 C18∶0	油酸 C18∶1	亚油酸 C18∶2	亚麻酸 C18∶3	花生酸 C20∶0	二十碳烯酸 C20∶1	山嵛酸 C22∶0	二十四烷酸 C24∶0	反式脂肪酸（C18∶1T）	反式脂肪酸（C18∶2T+C18∶3T）
国标限量	≤0.05%	7.5%—20.0%	0.3%—3.5%	≤0.3%	≤0.3%	0.5%—5.0%	55.0%—83.0%	3.5%—21.0%	≤1.0%	≤0.6%	≤0.4%	≤0.2%	≤0.2%	≤0.05%	≤0.05%
鲁花特级初榨橄榄油	0.0107	11.2	0.888	0.07	未检出	3.48	5.6	0.0148	0.43	0.00391	0.116	0.054	未检出	未检出	
欧丽薇兰特级初榨橄榄油	0.0121	9.9	0.602	0.11	未检出	3.16	78.8	5.63	0.0131	0.428	0.3	未检出	0.0569	未检出	未检出
蓓琳娜特级初榨橄榄油	0.0144	9.87	0.693	0.0574	未检出	3.56	74	10.1	0.0148	0.446	0.267	0.166	0.068	未检出	未检出
福奇特级初榨橄榄油	0.0106	11.7	0.87	0.0684	未检出	2.62	77.4	6.14	0.015	0.416	0.0047	未检出	0.0568	未检出	未检出
安达露西100%特级初榨橄榄油	0.0105	10.2	0.623	0.0979	未检出	2.98	79.1	5.24	0.0124	0.407	0.286	未检出	0.0534	未检出	未检出
品利特级初榨橄榄油	0.0141	12.2	1.09	0.088	未检出	3.06	73.1	8.95	0.0152	0.426	0.266	未检出	0.0554	未检出	未检出
莫尼尼经典特级初榨橄榄油	0.0161	11.8	0.923	0.0854	未检出	2.52	75.9	7.3	0.0163	0.422	0.304	未检出	0.0586	未检出	未检出
阿格利司特级初榨橄榄油	0.015	11.8	0.978	0.0542	未检出	3.06	74.3	8.28	0.0156	0.448	0.28	未检出	0.0616	未检出	未检出
伯爵特级初榨橄榄油（听装）	0.0124	17	2.26	0.0518	0.0114	2.38	61.2	16.2	0.0124	0.46	0.00506	未检出	0.0696	未检出	未检出
贝蒂斯特级初榨橄榄油	0.025	10.3	0.7	0.0816	未检出	3.08	79.2	4.96	0.0144	0.409	0.28	未检出	0.0539	未检出	未检出
皇家蒙特垒特级初榨橄榄油	0.011	10.4	0.836	0.0532	未检出	3.48	79.2	4.59	0.0156	0.408	0.249	未检出	0.0506	未检出	未检出
Clemente特级初榨橄榄油	0.0186	11.1	0.847	0.0771	未检出	2.6	76.2	7.63	0.0169	0.454	0.332	未检出	0.0602	未检出	未检出

附表2 12款特级初榨橄榄油质量与安全指标测试结果汇总表

项目类别	质量指标			污染物			真菌毒素			污染物	塑化剂	
检测项目	酸价	过氧化值	溶剂残留量	苯并［a］芘	铅	总砷	黄曲霉毒素B1	叔丁基羟基茴香醚（BHA）	二丁基羟基甲苯（BHT）	特丁基对苯二酚（TBHQ）	邻苯二甲酸二正丁酯（DBP）	邻苯二甲酸二（2-乙基）己酯（DEHP）
国标限量	≤1.6mg/g	≤10mmol/kg	不得检出	≤10μg/kg	≤0.1mg/kg	≤0.1mg/kg	≤10μg/kg	≤0.2g/kg	≤0.2g/kg	≤0.2g/kg	≤0.3mg/kg	≤1.5mg/kg
鲁花特级初榨橄榄油	0.74	5.2	未检出	未检出	<0.05	<0.010	未检出	未检出	未检出	未检出	未检出	未检出
欧丽薇兰特级初榨橄榄油	0.52	4.2	未检出	未检出	<0.05	<0.010	未检出	未检出	未检出	未检出	未检出	未检出
蓓琳娜特级初榨橄榄油	1.1	4.2	未检出	未检出	<0.05	<0.010	未检出	未检出	未检出	未检出	未检出	未检出
福奇特级初榨橄榄油	0.9	5.8	未检出	未检出	<0.05	<0.010	未检出	未检出	未检出	未检出	未检出	未检出

续表

项目类则	质量指标			污染物			真菌毒素		污染物		塑化剂	
检测项目	酸价	过氧化值	溶剂残留量	苯并［a］芘	铅	总砷	黄曲霉毒素B1	叔丁基羟基茴香醚（BHA）	二丁基羟基甲苯（BHT）	特丁基对苯二酚（TBHQ）	邻苯二甲酸二正丁酯（DBP）	邻苯二甲酸二（2-乙基）己酯（DEHP）
安达露西100%特级初榨橄榄油	0.49	5.6	未检出	未检出	<0.05	<0.010	未检出	未检出	未检出	未检出	未检出	未检出
品利特级初榨橄榄油	0.59	5.1	未检出	未检出	<0.05	<0.010	未检出	未检出	未检出	未检出	未检出	未检出
莫尼尼经典特级初榨橄榄油	0.57	5.9	未检出	未检出	<0.05	<0.010	未检出	未检出	未检出	未检出	未检出	未检出
阿格利司特级初榨橄榄油	1	7.5	未检出	未检出	<0.05	<0.010	未检出	未检出	未检出	未检出	未检出	未检出
伯爵特级初榨橄榄油（听装）	1.1	5.3	未检出	未检出	<0.05	<0.010	未检出	未检出	未检出	未检出	未检出	未检出
贝蒂斯特级初榨橄榄油	0.88	5.6	未检出	未检出	<0.05	<0.010	未检出	未检出	未检出	未检出	未检出	未检出
皇家蒙特垒特级初榨橄榄油	0.62	4.3	未检出	未检出	<0.05	0.0149	未检出	未检出	未检出	未检出	未检出	未检出
Clemente特级初榨橄榄油	0.84	6	未检出	未检出	<0.05	<0.010	未检出	未检出	未检出	未检出	未检出	未检出

备注：1.本次测试根据消费品比较试验的原则进行，所有试验样品的采购均由工作人员以普通消费者身份，通过正规销售渠道在河南郑州（包括麦德龙、丹尼斯拜特大卫城、绿地优鲜超市）、新乡（大胖超市）、洛阳（王府井百货）以及线上京东商城和天猫超市购买。

2.结果仅供消费者选购产品参考，不构成对任何相关产品的推荐与宣传。

3.本次比较试验结果仅对所购买的产品负责，不代表同品牌不同批次、不同规格产品的质量状况。

4.未经允许，任何单位不得擅自使用本次比较试验结果作为宣传。

广东省消费者委员会

防蓝光贴膜效果比较试验报告

一、比较试验背景及目的

随着移动终端技术的快速发展，手机和平板电脑普及率越来越高，这类产品已经成为人们日常生活中必不可少的工作、通信、学习和娱乐的载体，其屏幕也随之成为人们每天直视时间最长的光源之一。但屏幕所发出的蓝光对用户眼部健康存在危害，长期不正确使用会使眼睛干涩、疲劳、视力模糊、视力下降，甚至出现严重的眼部病变。更令人担忧的是，儿童和青少年的眼睛较为脆弱，更容易出现眼部健康问题。近年来，我国儿童青少年的近视率居高不下，并有不断上升的趋势，这与手机、平板电脑等电子产品的普及密切相关。事实上，长期不正确地使用手机和平板电脑是人口大面积近视和各种眼部疾病多发的重要原因之一。

上述现象引起了国家的高度重视，各级政府部门陆续出台了有关政策措施，旨在保护广大消费者特别是儿童和青少年的眼部健康。2018年8月30日，为综合防控儿童青少年近视，教育部、国家卫生健康委员会等8个部门联合印发《综合防控儿童青少年近视实施方案》，明确指出要加强电子产品领域消费者权益的保护工作，要使虚假违法近视防控产品广告得到有效的控制，并正确引导消费者消费。

基于以上背景，广东省消费者委员会联合韶关市消费者委员会、中山市消费者委员会于2019年4月至9月，依托第三方检测机构——莱茵技术监督服务（广东）有限公司开展了手机、平板电脑屏幕对眼睛影响及防蓝光贴膜效果比较试验。

本次比较试验有几方面目的：一是从保障消费安全着手，了解掌握市面上主流手机、平板电脑屏幕在蓝光辐射方面的产品质量情况；二是通过检测市场上主流手机、平板电脑在默认模式和护眼模式下屏幕蓝光辐射值的变化，评估护眼模式是否有效降低蓝光危害；三是通过检测来评估市场主流的宣称具有防蓝光功能的屏幕贴膜的防蓝光效果，以此观察商家在做推广宣传时，是否言过其实；四是根据测试结果，给出手机、平板电脑、防蓝光贴膜的产品消费建议，并推广手机和平板电脑等电子产品的健康使用方式；五是通过消费引导促进生产商提升产品性能，进而提升行业整体水平；六是为完善我国手机、平板电脑屏幕和屏幕贴膜的产品和测试标准提出建设性意见。

综合来看，本次比较试验有四大特色和亮点：一是在产品和测试项目选择上，选择了消费者使用十分广泛、社会关注度很高的电子产品和屏幕贴膜作为比较试验的对象，并以与消费者眼部健康息息相关，但目前仍无国家标准的屏幕蓝光作为核心测试项目。这反映出比较试验工作回应社会关切，以消费者为中心，并且勇于探索前沿领域的理念和精神。二是在测试样品选择上，手机、平板电脑的选取综合考虑了品牌市场占有率及销量、屏幕材质、产品价格分布以及产品发布时间等因素。另外，为了让比较试验结果更具广泛市场代表性，本次比较试验的样品数量较多，共计51批次，涉及品牌34个。三是在比较的广度和深度上，除测试市场上主流手机、平板电脑的护眼模式是否有效外，还对防蓝光屏幕贴膜是否有效降低蓝光，商家是否存在虚假宣传误导消费者的行为进行了分析与验证，比较试验兼具广度和深度。四是在结果的应用上，根据比较试验的结果，一方面为消费者提供消费指引和提示，尤其是对于儿童青少年等社会关注度高的群体；另一方面为电子产品和贴膜生产厂家、经营者提出针对性的建议，促进产品质量提升；此外，还为加强行业监管，规范企业经营提出意见，以达到维护消费者权益的目的。

二、比较试验样品

本次比较试验样品由广东省消费者委员会工作人员

按照消费者实际购买的途径，分别在线上、线下精心选购了样品共计51款，涉及品牌34个。其中手机样品25款，涉及13个品牌；平板电脑样品11款，涉及10个品牌；防蓝光屏幕贴膜15款，涉及11个品牌，10款为手机贴膜，其余5款为平板贴膜。其中，有1款手机样品的低蓝光模式（护眼模式）只对副屏有效，而主屏无护眼模式；有2款平板电脑样品未设置低蓝光模式开关，因此下文的比较中会剔除上述3款样品。

三、比较试验检测项目及方法

电子产品屏幕对人眼健康可能产生危害的因素包括蓝光辐射、频闪、亮度、分辨率、色彩饱和度、对比度、屏幕尺寸等。项目组以消费者关注点为导向，结合检测机构的专业意见，经过深入研究和反复比对后，选择被普遍认为危害较大的蓝光辐射作为核心测试项目。通过对手机和平板电脑分别在默认模式（低蓝光模式未开启）、护眼模式（低蓝光模式开启）下及手机和平板电脑在默认模式下贴上防蓝光贴膜后的屏幕蓝光辐射数据进行测量，对相关产品的蓝光辐射性能进行分析，并给予评价。

由于目前国内外尚无手机和平板屏幕蓝光相关的标准，同时业界也没有就蓝光安全限值达成共识。考虑到检测的权威性，也为更好地引导消费，本次比较试验选择了德国莱茵TüV的显示器专属低蓝光检测标准作为蓝光辐射测试方法。比较试验测试项目、具体指标以及对应的测试方法详见下表，该测试方法结合了IEC 62471：2006“灯和灯系统的光生物安全性”标准和若干蓝光对眼睛伤害方面的老鼠实验研究结果。

表1　手机、平板电脑、防蓝光屏幕贴膜检测项目

待测对象	测试项目	具体指标	测试方法
手机、平板电脑、防蓝光屏幕贴膜	蓝光辐射	蓝光辐射比	2 PfG 2383/06.16 Clause 5.3.4 低蓝光方法规范 章节5.3.4
		蓝光峰值比	

注：防蓝光屏幕贴膜的测试是将其贴在对应的手机、平板电脑上后进行的。

在蓝光辐射测试项目方面，检测了手机、平板电脑屏幕蓝光辐射的两个指标，即蓝光辐射比和蓝光峰值比。蓝光辐射比是对蓝光波峰左右各20nm的蓝光波段的总能量进行考察，而蓝光峰值比则是只对蓝光峰值点的能量进行考察，二者结合起来可以较为完整地反映光源的蓝光辐射水平。对同一光源来说，蓝光辐射比变小或者蓝光峰值比变大，都意味着该光源的蓝光辐射量减小。

四、比较试验结果及分析

经前期调查发现，目前市场上大部分的手机和平板电脑产品系统都设置有低蓝光模式的开关，不同产品该开关的名称各不相同，本次比较试验使用样品的名称有“护眼模式”“全局护眼”“夜间护眼”“夜览模式”“超级护眼模式”“蓝光过滤”等，其原理是通过软件设置的方式，降低屏幕蓝光波段的比例，以达到减少屏幕蓝光辐射的目的。本文分别将样品未开启和开启低蓝光模式开关时的状态称作默认模式和低蓝光模式。试验时记录手机和平板电脑样品分别在默认模式和低蓝光模式下屏幕100%全白画面时的蓝光辐射比、蓝光峰值比、最高亮度和色温等数据。蓝光辐射比、蓝光峰值比的定义上文已有表述，综合考察这两个参数，可以更准确地反映电子产品屏幕的蓝光辐射强度；屏幕最高亮度是指100%全白画面时的电子产品屏幕中心点的手动最大亮度；屏幕色温是指100%全白画面时的电子产品屏幕中心点的色温。对比不同品牌手机和平板电脑防蓝光贴膜的防蓝光性能时，为消除不同种电子产品的屏幕光辐射性能差异对结果的影响，试验中选择的手机和平板电脑样品分别为苹果iPhone X和苹果iPad（2018，第6代），且处于低蓝光模式未开启状态。比较试验结果详述如下。

（一）低蓝光模式开启后电子产品屏幕有害蓝光辐射降低

1.低蓝光模式开启后屏幕蓝光辐射比降低。图1对手机和平板电脑样品低蓝光模式开启前后屏幕蓝光辐射比进行了对比。我们可以看到，低蓝光模式开启之后，所有手机和平板电脑样品的屏幕蓝光辐射比均降低。由此可知，低蓝光模式开启后确实可以降低手机和平板电脑屏幕的蓝光辐射比，使蓝光波段的总能量占比和蓝光波段的总能量均得到抑制，从而降低屏幕有害蓝光对眼部健康的危害。

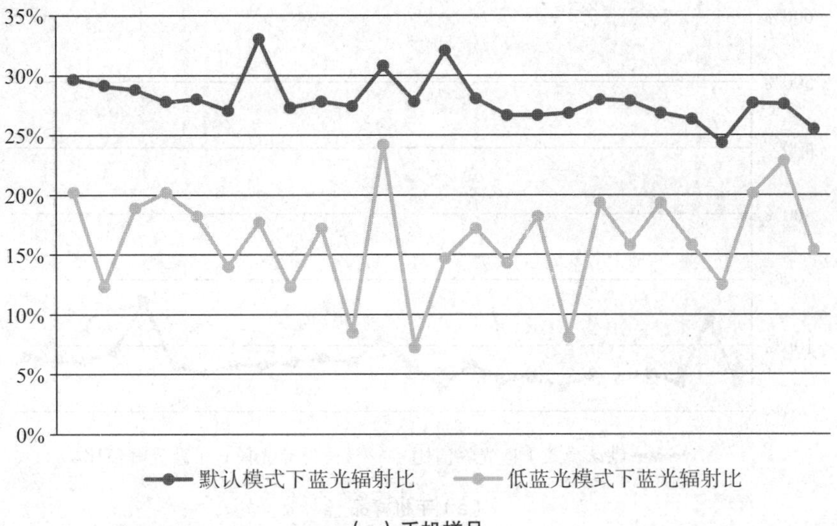

（a）手机样品

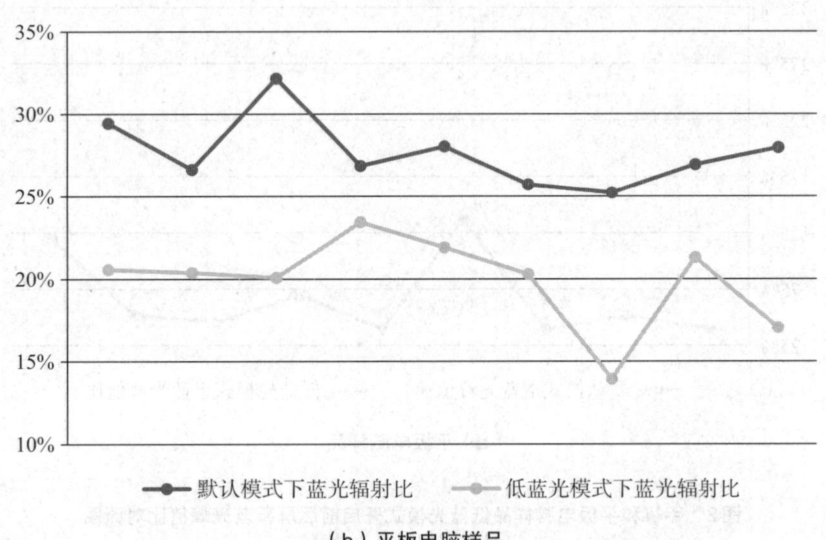

（b）平板电脑样品

图1 手机和平板电脑样品低蓝光模式开启前后屏幕蓝光辐射比对照图

2.低蓝光模式开启后屏幕蓝光峰值比升高。图2对手机和平板电脑样品低蓝光模式开启前后屏幕蓝光峰值比进行了对比。我们可以看到，所有手机和平板电脑样品的屏幕在低蓝光模式开启之后，蓝光峰值比均有上升。由此可见，低蓝光模式开启后可以提升手机和平板电脑屏幕的蓝光峰值比，使蓝光波段的峰值能量占比和蓝光波段的峰值能量均得到抑制，从而降低屏幕有害蓝光对眼部健康的危害。

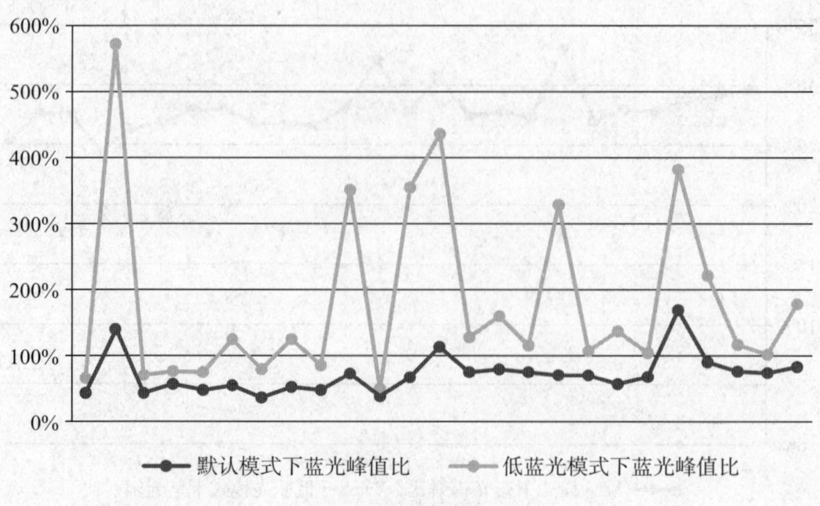

（a）手机样品

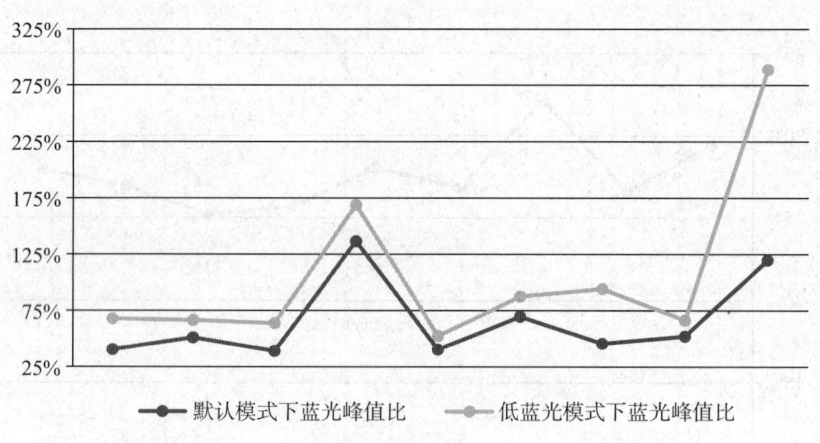

（b）平板电脑样品

图2 手机和平板电脑样品低蓝光模式开启前后屏幕蓝光峰值比对照图

3. 低蓝光模式开启后屏幕最高亮度降低。图3对手机和平板电脑样品低蓝光模式开启前后的屏幕最高亮度进行了对比。我们可以发现，低蓝光模式开启之后，所有的手机和平板电脑样品屏幕的最高亮度均有降低。对同一电子产品来说，光亮度越低则蓝光辐射能量也越低，从而屏幕蓝光对眼睛的伤害也越小。也就是说，低蓝光模式开启后可以起到降低电子产品屏幕亮度、抑制屏幕蓝光波段的总辐射能量，从而降低屏幕有害蓝光对眼部伤害的作用。

值得注意的是，眼睛受到手机屏幕蓝光的长期照射会对视网膜色素上皮细胞带来损害，虽然同款电子产品的屏幕亮度越低则蓝光辐射越小，但屏幕亮度也不一定就是越低越好，屏幕亮度过低时可能会导致频闪频率过低，同样会对眼睛造成伤害。另外，手机屏幕的亮度需要与所处的环境光照度匹配，屏幕照明亮度明显低于环境光照度时，画面对比度会下降，为了看清屏幕内容，瞳孔须急剧增大才能增加进光量；而屏幕照明度明显强于环境光照度时，为减少眼睛进光量，瞳孔会急剧收缩，同时这种情况下观看屏幕容易导致眩光，这是导致视疲劳的典型原因之一。

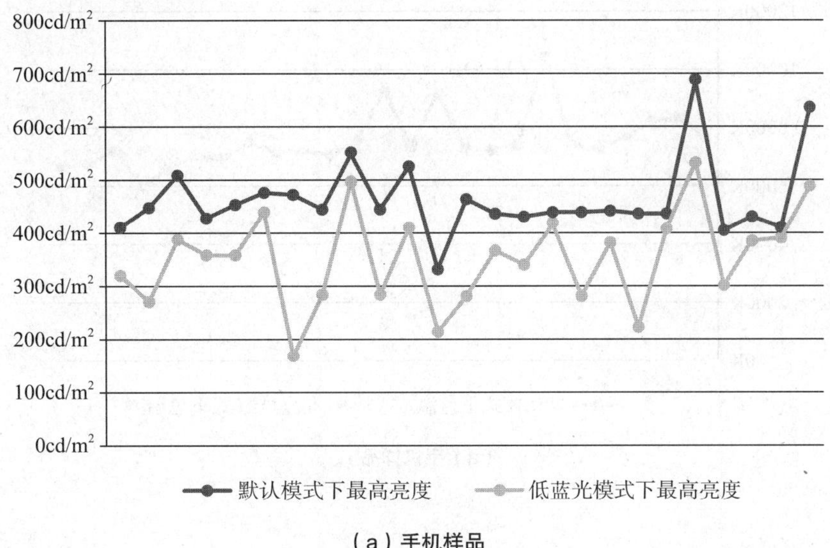

（a）手机样品

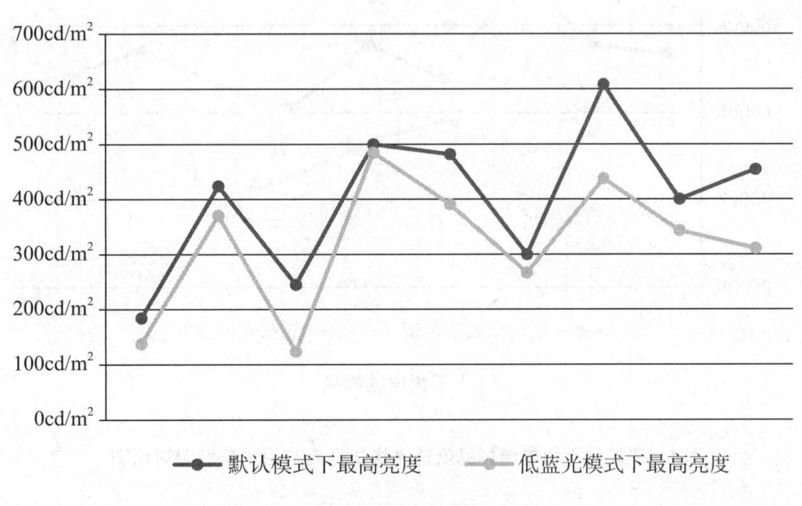

（b）平板电脑样品

图3　手机和平板电脑样品低蓝光模式开启前后屏幕最高亮度对比图

4.低蓝光模式开启后屏幕色温降低。色温是电子产品屏幕的一个性能指标。色温过低时屏幕本身偏黄可能会影响观感，而色温过高时则蓝光占比变高，蓝光辐射增强。研究发现，无论何种手机屏幕，在其他因素不变的情况下，其蓝光危害都随着色温的升高而升高。

图4对手机和平板电脑样品低蓝光模式开启前后的屏幕色温进行了对比。我们可以发现，低蓝光模式开启之后，所有手机和平板电脑样品的屏幕色温均有明显降低。由此可见，低蓝光模式开启后可以明显降低手机和平板电脑屏幕的色温值（使屏幕偏黄），使蓝光波段的总辐射能量得到抑制，从而降低屏幕有害蓝光对眼部健康的危害。虽然同款电子产品的屏幕色温越低则蓝光辐射越小，但屏幕色温也不是越低越好，屏幕色温与用户眼睛色觉习惯差异过大时会对视网膜产生刺激，色觉搭配失调或异常都会引起眼睛的不适，长期处于这样的环境容易导致视疲劳和近视。

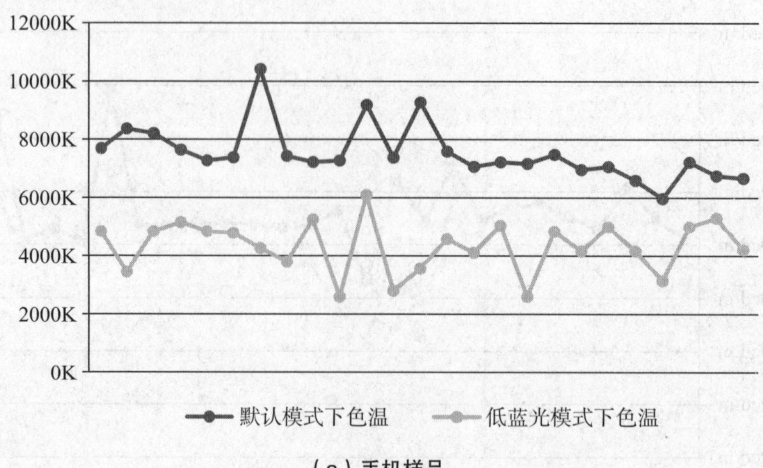

（a）手机样品

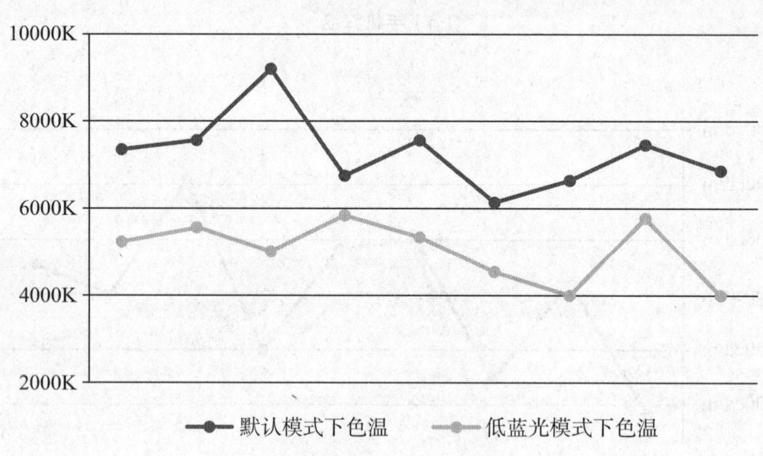

（b）平板电脑样品

图4　手机和平板电脑样品低蓝光模式开启前后屏幕色温对比图

（二）防蓝光贴膜减弱屏幕有害蓝光辐射的整体效果不明显

1. 贴膜后屏幕蓝光辐射比降低幅度不大。图5对默认模式下手机和平板电脑样品贴防蓝光膜前后的屏幕蓝光辐射比进行了对比。可以发现，在10款手机防蓝光贴膜样品中，有3款样品基本没有降低手机屏幕蓝光辐射比的效果，其余7款虽有一定的降低手机屏幕蓝光辐射比的作用，但效果不明显。贴膜前屏幕蓝光辐射比约为25%，贴膜后降至20%—22%，最大降幅也仅是5%。而5款平板电脑防蓝光贴膜样品中，2款样品有降低平板电脑屏幕蓝光辐射比的作用，贴膜前屏幕蓝光辐射比约为25%，贴膜后降至20%左右；其余3款样品则均未表现出有降低屏幕蓝光辐射比的效果。

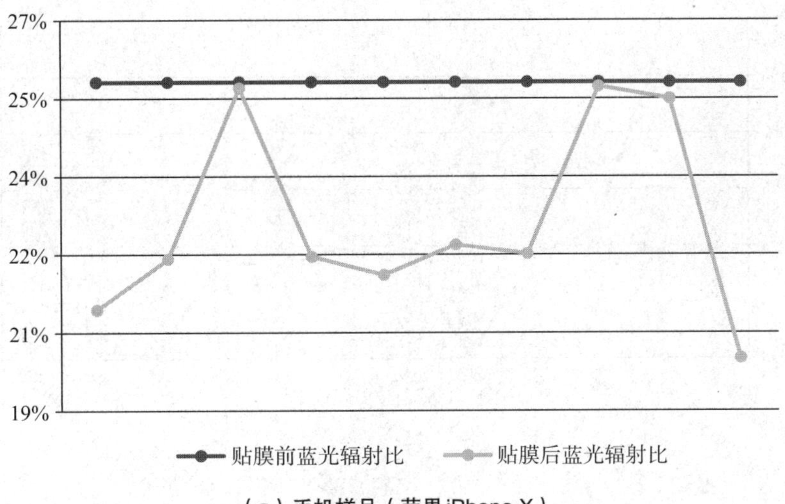

（a）手机样品（苹果iPhone X）

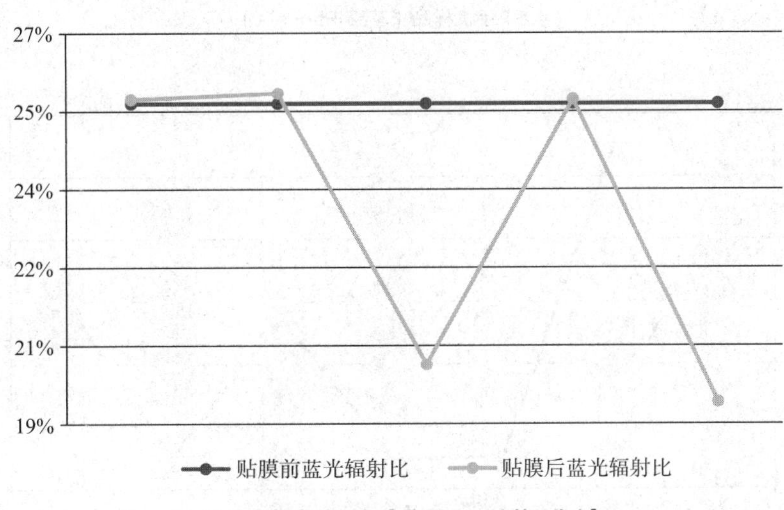

（b）平板电脑样品［苹果iPad（第6代）］

图5 默认模式下手机和平板电脑样品贴膜前后屏幕蓝光辐射比对照图

对同一电子产品而言，在一定的限度内，蓝光辐射比变小则屏幕有害蓝光波段辐射的总能量会变小，因此，大部分标称具有防蓝光功能的贴膜确能起到一定的抑制屏幕有害蓝光辐射的作用。但通过将图6中针对同一样品由低蓝光模式开启引起的屏幕蓝光辐射比的降低与由贴膜引起的屏幕蓝光辐射比的降低对比后，发现由低蓝光模式开启引起的屏幕蓝光辐射比的降低百分比约为40%，而由贴膜引起的屏幕蓝光辐射比的降低百分比为15%—20%。也就是说，相较而言，防蓝光贴膜没有低蓝光模式对屏幕有害蓝光的抑制效果明显。

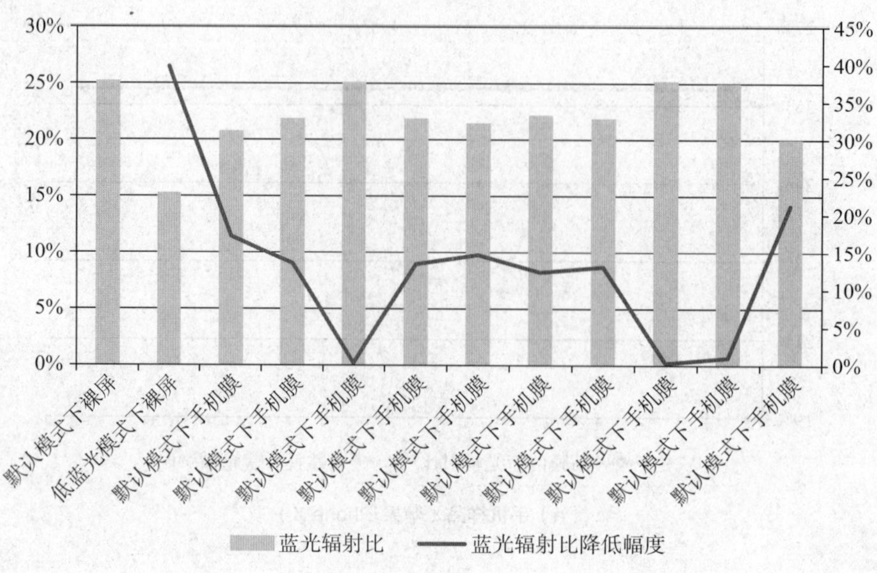

（a）手机样品（苹果iPhone X）

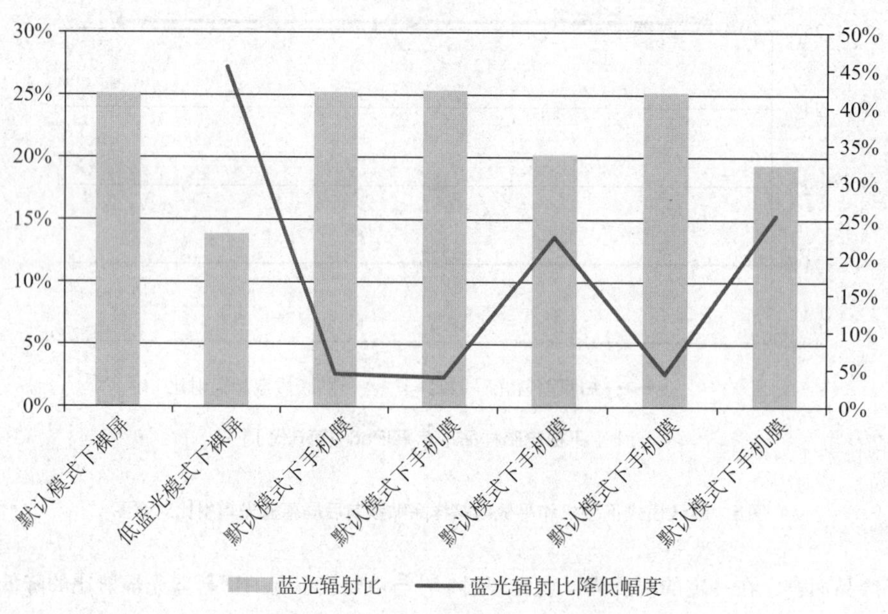

（b）平板电脑样品［苹果iPad（第6代）］

图6　防蓝光贴膜和低蓝光模式降低手机和平板电脑样品屏幕蓝光辐射比的效果比较图

2.贴膜后屏幕蓝光峰值比提升幅度不大。默认模式下（低蓝光模式未开启）手机和平板电脑样品贴防蓝光膜前后的屏幕蓝光峰值比对比如图7所示。测试结果显示，在手机防蓝光贴膜中，有3款样品基本没有提升手机屏幕蓝光峰值比的效果；其余7款样品有一定的提升手机屏幕蓝光峰值比的作用，但提升幅度不大，贴膜前屏幕蓝光峰值比约为80%，贴膜后升至95%—120%。而5款平板电脑防蓝光贴膜样品中，2款样品有提升平板电脑屏幕蓝光峰值比的作用，贴膜前屏幕蓝光峰值比约为45%，贴膜后升至60%—65%；其余3款则均未表现出有提升屏幕蓝光峰值比的效果。

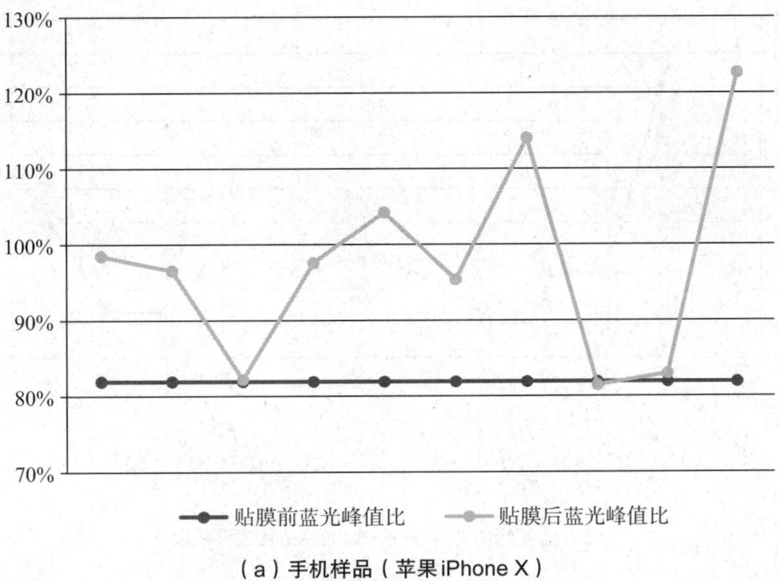

（a）手机样品（苹果iPhone X）

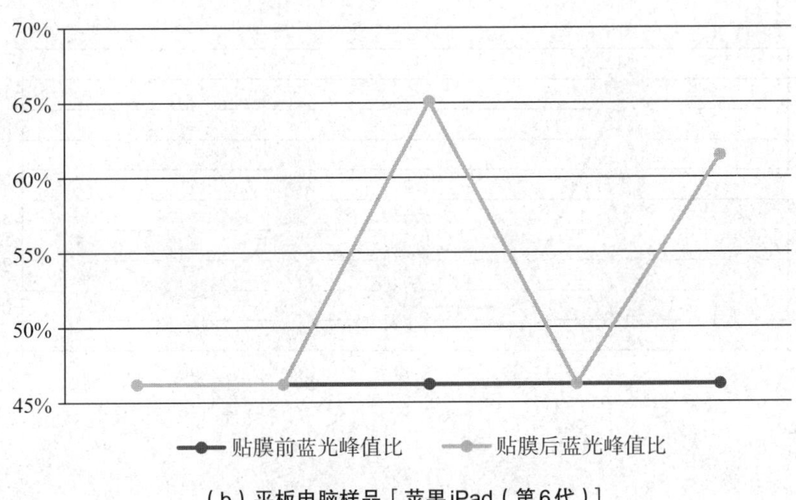

（b）平板电脑样品［苹果iPad（第6代）］

图7　默认模式下手机和平板电脑样品贴膜前后屏幕蓝光峰值比对照图

在一定的限度内，同一电子产品屏幕蓝光峰值比变大则屏幕蓝光波段峰值对应的辐射能量会变小，因此，大部分标称具有防蓝光功能的贴膜确能起到一定的抑制屏幕有害蓝光辐射的作用，但效果不明显。通过将图8中对于同一样品由低蓝光模式开启引起的屏幕蓝光峰值比的提升与由贴膜引起的屏幕蓝光峰值比的提升对比后，发现由低蓝光模式开启引起的屏幕蓝光峰值比的提升百分比超过100%，而由贴膜引起的屏幕蓝光峰值比提升百分比最大值不足50%。也就是说，相较而言，防蓝光贴膜没有低蓝光模式对屏幕有害蓝光的抑制效果显著。

另外，通过对比试验数据发现，在屏幕亮度方面，大部分品牌的防蓝光贴膜仅会很小幅度地降低手机和平板电脑的屏幕亮度；在屏幕色温方面，大部分品牌的防蓝光手机贴膜均会降低手机屏幕的色温，使屏幕颜色变黄。因此，由低蓝光模式开启引起的屏幕亮度和屏幕色温的降低幅度均大于由防蓝光贴膜导致的屏幕亮度和屏幕色温的降低幅度。

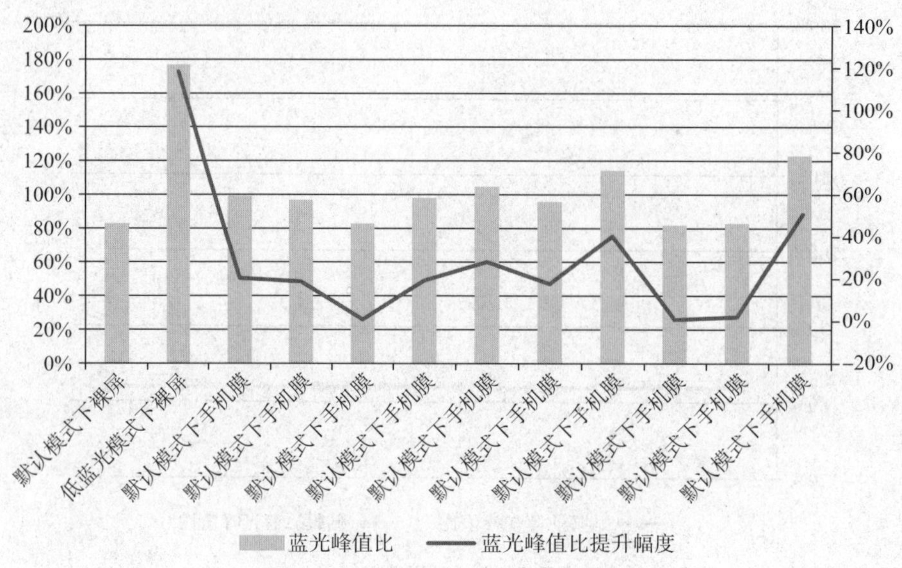

（a）手机样品（苹果iPhone X）

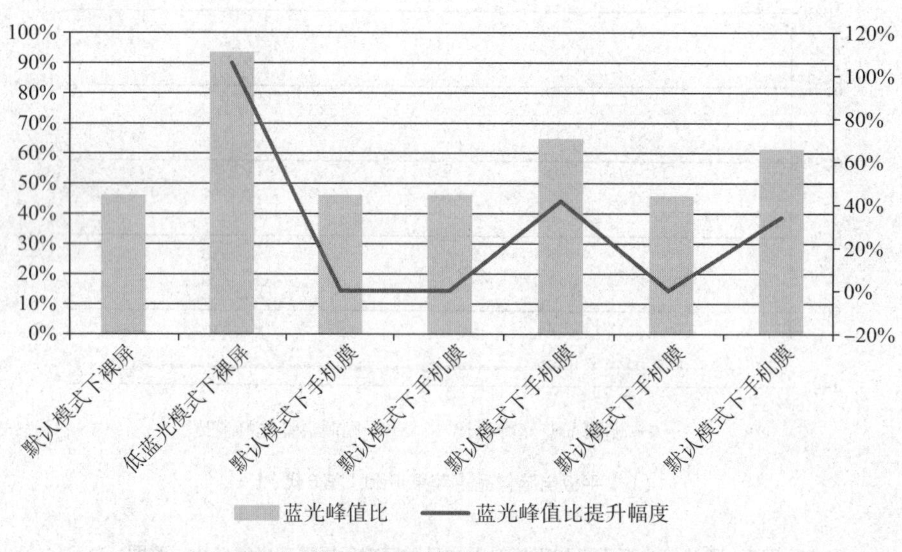

（b）平板电脑样品［苹果iPad（第6代）］

图8　防蓝光贴膜和低蓝光模式提升手机和平板电脑样品屏幕蓝光峰值比的效果比较图

（三）比较试验结论

1.手机和平板电脑。低蓝光模式开启后可以起到降低手机和平板电脑屏幕蓝光辐射比、提升屏幕蓝光峰值比、降低屏幕亮度和降低屏幕色温（使屏幕变黄）的作用，使蓝光波段总能量和蓝光波段峰值能量均得到抑制，从而降低屏幕有害蓝光辐射对眼部健康的损害。

虽然同一电子产品的屏幕亮度越低则蓝光辐射也越小，但屏幕亮度不是越低越好，屏幕亮度过低时可能会导致频闪频率过低，同样会对眼睛造成伤害。另外，屏幕亮度需要与所处的环境光照度相匹配，长期在与屏幕亮度不匹配的光照环境下使用电子产品会对眼睛造成损伤。

虽然同一电子产品的屏幕色温越低则蓝光辐射也越小，但屏幕色温不是越低越好，屏幕色温与用户眼睛的色觉习惯差异过大时会对视网膜产生刺激，色觉搭配失调或异常都会引起眼睛不适。

2.防蓝光贴膜。大部分标称具有防蓝光功能的贴膜确能起到一定降低手机和平板电脑屏幕蓝光辐射比、提升屏幕蓝光峰值比和降低屏幕色温（使屏幕变黄）的作用，但效果不是太明显。此外，试验也发现防蓝光贴膜不如低蓝光模式对屏幕有害蓝光的抑制效果显著。

对于大部分防蓝光贴膜样品来说，手机和平板电脑贴膜之后，屏幕亮度仅有可忽略不计的小幅度降低。而在降色温方面，虽然大部分会使屏幕颜色变黄，但与低蓝光模式开启后的屏幕视觉效果相比，使用防蓝光贴膜后的屏幕在视觉上更偏蓝。

五、提升产品和行业发展水平的意见和建议

通过试验比较，找出产品供给与市场需求的矛盾点和行业发展的不足，帮助企业改进生产并提高产品质量，这是本次比较试验工作的另一目的。在综合消费者和检测专家等意见的基础上，我们提出以下意见和建议。

一是完善产品功能。比较试验中有两款样品没有设置低蓝光模式开关，而由试验结果发现低蓝光模式开启后确实可以起到降低有害蓝光的作用，因此建议生产企业为所有的手机、平板电脑等电子产品均设置低蓝光模式开关。另外，由于长时间使用电子产品会对眼睛造成极大危害，因此建议产品商增加“护眼系统提示”功能，当用户使用电子产品超过一定时长后提醒其休息一段时间。

二是加强产品研发。开启低蓝光模式后屏幕色温变化不应过于明显，屏幕色温应与大部分消费者的色觉习惯相适应。应加强技术研发，如光谱偏移等，在不大幅降低屏幕色温的基础上有效降低有害蓝光辐射。

三是增强责任意识。研发屏幕新产品时，除考虑屏幕对比度、色彩还原度和可视度等性能指标外，还应同时评估其会对人眼健康产生危害的因素，如蓝光、频闪频率等。各类产品的推广应以切实保障消费者的利益为前提，如在追求屏幕色彩更艳丽和更吸引人的同时，应评估其对用户眼睛健康的影响。

四是保障消费者权利。由于不同电子产品屏幕生产商所采用的技术不同，因此各厂家产品的性能存在差异，对消费者来说，购买某品牌某型号的产品时，对屏幕生产商的信息却无从知晓。因此建议电子产品的屏幕生产商信息也应标注在产品配置信息中，以保障消费者的知情权。同时，这也可以促进整个行业产品质量的提升。另外，防蓝光贴膜生产商均应在产品信息部分标注第三方提供的产品防蓝光资质内容，供消费者选购时参考。

五是杜绝虚假和夸大广告宣传。目前市场上防蓝光贴膜产品种类繁多，通过比较试验发现，部分宣称是防蓝光贴膜的产品却并没有防蓝光效果。因此生产企业应做到产品质量对广告宣传负责，产品不掺水的同时宣传也不能言过其实。

六是完善标准、加强监管。目前国内外在手机、平板电脑屏幕对人眼健康危害领域的标准尚且缺失，相当一大部分电子产品屏幕蓝光对人眼危害的检测工作仅依据IEC 62471：2006“灯和灯系统的光生物安全性”，而该标准适用的对象主要是灯器光源，其与电子产品屏幕的发光特性和使用方式均有差别，因而采用该标准对电子产品屏幕蓝光值进行评价难以保证正确性、准确性和科学性。为科学评价手机、平板电脑等人眼长时间直视的电子产品屏幕对人眼健康的影响，更好地维护消费者健康安全，建议尽快制定出台相关标准。只有标准跟上技术更新和产品推广的脚步，才能造福于整个产业和广大消费者。此外，对于规范行业和市场秩序而言，完善标准只是一个方面，加强监管力度，整治违规生产，驱逐劣质产品，打击虚假宣传，促进行业自治，推动行业自律等，也十分重要。

敬告：

比较试验结果仅对样品负责，不代表同品牌不同型号、不同批次产品的质量状况；测试结果仅供消费者选购产品作参考，为企业改进生产提高产品质量服务，不构成对任何相关产品的推荐与宣传；任何企业、机构不得利用本次测试结果刊登广告或从事其他促销、宣传、推广活动，违反本规定者广东省消费者委员会将依法追究其法律责任。

附件：比较试验样品汇总表

表1　手机和平板电脑

序　号	类　型	品　牌	型　号
1	手机	苹果	iPhone X
2			iPhone 7

续表

序　号	类　型	品　牌	型　号
3	手机	华为	HUAWEI P30
4			畅享9
5		OPPO	Reno
6			A5
7		vivo	X27
8			Z3x
9		小米	小米MIX 3
10			红米Note 7
11		三星	Galaxy S10e
12			Galaxy A60
13		魅族	魅族16s
14			魅族Note9
15		一加	OnePlus 7
16		诺基亚	诺基亚X71
17			诺基亚X6
18		努比亚	X
19			V18
20		荣耀	Magic2
21			荣耀10青春版
22		联想	Z6 Pro
23			Z5 Pro
24		中兴	天机Axon 9 Pro
25			Blade V10
26	平板电脑	苹果	iPad(2018，第6代)
27		华为	M5(8.4英寸)
28		酷比魔方	酷比魔方X
29			M8
30		三星	Galaxy Tab A 10.5
31		小米	平板4 plus LTE版
32		联想	TAB4 Plus TB-X704N
33		微软	Surface Go
34		台电	T20
35		中柏	EZpad Go
36		昂达	X20 (Wi-Fi版)

表2　防蓝光屏幕贴膜

序　　号	类　　型	贴膜品牌	适用品牌型号
1	手机	摩可(Mocoll)	iPhone X
2		邦克仕(Benks)	iPhone X
3		美国0度	iPhone X
4		亿色(ESR)	iPhone X
5		依斯卡(ESK)	iPhone X
6		倍思(Baseus)	iPhone X
7		品胜(PISEN)	iPhone X
8		第一卫	iPhone X
9		毕亚兹(BIAZE)	iPhone X
10		插画师	iPhone X
11	平板电脑	摩可(Mocoll)	iPad 9.7英寸
12		斯泰克(Stiger)	iPad 9.7英寸
13		美国0度	iPad 9.7英寸
14		亿色(ESR)	iPad 9.7英寸
15		毕亚兹(BIAZE)	iPad 9.7英寸

广西省消费者委员会

护眼灯比较试验报告

随着国家经济的发展，人们的生活水平得到了很大的提高，安全意识越来越强烈，护眼灯作为新兴产品受到越来越多消费者的喜爱。我国电网频率为50Hz，普通台灯在正常工作时闪烁频率大约为100次/秒，并且有的还伴随有蓝光危害，在台灯下时间一长，眼睛极易疲劳甚至发生近视。而大部分护眼灯的原理则是将电网50Hz的电频率提高到40000Hz至55000Hz，相应的台灯每秒钟的闪烁频率就会大幅度下降，有的甚至可以下降为零，达到无频闪，从而起到保护视力的功能。目前市场上有些普通台灯打着“护眼灯”的牌子，质量不过关，根本无法达到护眼效果。为指导消费者科学购买护眼灯产品，保障消费者的合法权益，广西消费者权益保护委员会对市面上销售的护眼灯产品开展比较试验，重点针对标志、蓝光危害、频闪、辐射电磁骚扰（9kHz—30MHz）、辐射电磁骚扰（30MHz—300MHz）5个项目进行检测。

本次比较试验委托法定检测机构检测，检测结果仅对所送检的样品负责，不代表其同一批次或其他批次产品的质量状况。

一、样品情况

比较试验样品由广西消费者权益保护委员会相关工作人员以普通消费者身份在市场和网络上随机购买，样品涉及金莱特、状元星、眼宝康、小二郎、荣耀亲选、大头人、PHILIPS、Panasonic、欧普照明、好视力等20个品牌20款产品，单价从49.90元到884.07元不等，相差很大。

二、比较试验结果分析

经检测，所购买20批次护眼灯中，有4批次样品辐射电磁骚扰（30MHz—300MHz）指标不符合GB/T 17743-2017《电气照明和类似设备的无线电骚扰特性的限值和测量方法》的要求。此外，除2批次样品的蓝光危害风险组别为RG1（I类，低危险），其余批次样品蓝光危害风险组别均为RG0（无危害）。

试验结果显示：护眼灯不一定护眼，消费者在选购时应谨慎购买。

（一）标志

护眼灯是国家CCC强制认证产品，CCC认证是这些产品基本安全保障，按国家相关法律规定，产品必须通过该认证才能在市场销售。除了“CCC”要求的生产企业、产品规格信息外，护眼灯还应有灯具性能信息标识，如功率等，一些好的品牌还会标注灯光色温范围、危害级别等。

本次试验中，全部产品标志均符合相关标准，获5星推荐。

（二）蓝光危害

短波蓝光具有极高能量，能够穿透晶状体直达视网膜，其中，波长在400纳米到500纳米之间的高能短波蓝光更有致视网膜损伤的潜在危害。更深入的研究表明，眼睛所受到的“蓝光危害”是一种不易察觉的慢性过程，高能蓝光能够穿透视网膜持续对眼球末端黄斑区造成伤害，导致眼部光感细胞病变。国际电工技术委员会（IEC）制定的IEC 62471对光源产品蓝光危害进行了安全级别分类。详见表1。

表1　蓝光危害安全级别分类表

蓝光危险组别	说　　明
RG0（免除）	免除，灯在标准所定义的极限条件下也不造成任何危害。所包含的蓝光危害部分定义为在10000s内不造成对视网膜危害。
RG1（I类，低危险）	低危险，无附加要求，所包含的蓝光危害部分定义为在100s内不造成对视网膜危害。
RG2（II类，中等危险）	中等危险，所包含的蓝光危害部分定义为在0.25s内不造成对视网膜危害。
RG3（III类，高危险）	高危险，光源在短瞬间造成危害。

本次试验中，18款产品蓝光危害均为RG0，获5星推荐。

（三）频闪

频闪是指光线亮度按固定的频率闪烁。看书写字时，严重的频闪会引起眼疲劳，导致视力下降。市面上宣传所谓“无频闪”护眼灯实际上是把低频闪提高到了高频闪，频率超出了人眼可以感知的范围。不同类型的护眼灯，其频闪的幅度有很大差异。

本次试验中，全部产品的频闪均符合相关标准，均获5星推荐。

（四）辐射电磁骚扰（9kHz—30MHz）、辐射电磁骚扰（30MHz—300MHz）。辐射骚扰主要是指能量以电磁波的形式由源发射到空间，或能量以电磁波形式在空间传播的现象。辐射骚扰超标的产品可能引起周围装置、设备或系统性能降低，干扰信息技术设备或其他电子产品的正常工作，并对人体造成一定危害。护眼灯的辐射电磁骚扰在频率为30MHz—300MHz时往往合格率较低，主要是由护眼灯的PCB板布线和内部走线不合理、元器件选用不合适导致。

本次试验中，全部产品的辐射电磁骚扰（9kHz—30MHz）均符合相关标准，均获5星推荐。16款产品的辐射电磁骚扰（30MHz—300MHz）合格，获5星推荐。

五个指标单项星级评定结果详见附表《LED护眼灯产品比较试验结果一览表》。测试结果仅对比较试验购买的样品负责。

三、选购提示

消费者购买护眼灯产品时应留存购物凭证，以便出现质量问题可以有效地维护自身合法权益。

挑选护眼灯产品时，要查看产品包装是否完整，标识是否工整齐全，说明书是否规范详细。好的护眼灯产品罩盖光滑、透光均匀性强，电线材质好、粗细适中、布置工整、标识齐全详细。

消费者在为自己或家人选购护眼灯时，最好选择标注无危害级别（RG0类）的产品，字样显示：无危险类或RG0类。这些信息标注在产品包装或说明书上。

依据人眼对闪烁的可察觉性，一般分为“不可察觉”和“低风险”等级。在购买护眼灯时，最好选择“不可察觉”等级或无频闪的护眼灯，这些信息均标注在产品包装或说明书上。

在购买护眼灯时可现场接通电源，查看光线是否刺眼，有无炫光的产生，尽量选购带磨砂罩的灯具。

四、使用提示

1.很多护眼灯的额定电压为220V，消费者使用时应检查灯具有无裸露的带电部件，外壳为金属的，应有接地端子。如果灯具带电部件的防护不够，会引发触电危险。

2.护眼灯想要达到较好的照明效果和舒适的用眼体验，使用护眼灯时应尽量选用色温4000K及以下、显色指数82以上的产品，有调节色温功能的护眼灯应调至以上色温。

3.晚上看书时，视野中如果只有近距离的书本得到照明，周围的环境一片漆黑，视觉系统失去了望远的参照物，这使眼部各调节系统都处于看近的紧张压缩状态，容易使眼睛疲劳迅速积累，造成“光源性近视”。同时，近距离强光在人的视网膜上造成光滞留现象，尤其在学习后就睡觉的情况下，会使眼肌紧缩，影响睡眠缓解眼疲劳的效果，加快视力下降。为此，使用护眼灯时房间如有其他灯也要一起打开。

附表　LED护眼灯产品比较试验结果一览表

序号	商品名称	品牌（标称）	生产商（标称）	规格型号（标称）	检测项目					购买地点	单价（元）
					标记	蓝光危害	频闪	辐射电磁骚扰（9kHz—30MHz）	辐射电磁骚扰（30MHz—300MHz）		
1	护眼夹灯	金莱特	广东金莱特电器股份有限公司	KN-L8601LA	★★★★★	★★★★★	★★★★★	★★★★★	★★★★★	南宁市悦荟广场沃尔玛超市	49.90
2	可移式通用灯具（LED台灯）	cep	东莞市赛品电子科技有限公司	CL25-S-24	★★★★★	★★★★★	★★★★★	★★★★★	★★★	天猫网购	135.67
3	护眼台灯	状元星	北京连起科技有限公司	Z06	★★★★★	★★★★★	★★★★★	★★★★★	★★★	天猫网购	109.00
4	LED环形护眼灯	佑视	深圳市优视智能照明有限公司	/	★★★★★	★★★★★	★★★★★	★★★★★	★★★	天猫网购	132.33
5	智能语音护眼灯	眼宝康	广东深圳市视能达科技有限公司	SND-138	★★★★★	★★★★★	★★★★★	★★★★★	★★★	天猫网购	388.00
6	LED健康灯	小二郎	深圳市小二郎科技有限公司	IM896P	★★★★★	★★★★★	★★★★★	★★★★★	★★★★★	天猫网购	142.33
7	多功能护眼灯	铜雀	深圳恒亮照明科技有限公司	W12	★★★★★	★★★★★	★★★★★	★★★★★	★★★★★	淘宝网购	108.00
8	荣耀亲选生态专供nimova智能护眼台灯pro	荣耀亲选	广州启上设计有限公司	QS08-W	★★★★★	★★★★★	★★★★★	★★★★★	★★★★★	天猫网购	369.00
9	LED台灯	良亮灯饰	宁波良亮电器有限公司	4305	★★★★★	★★★★★	★★★★★	★★★★★	★★★★★	天猫网购	112.33
10	LED笔筒台灯	Deli	得力集团有限公司	4326	★★★★★	★★★★★	★★★★★	★★★★★	★★★★★	南宁市金浦路建兴苑金伦文具店	58.95
11	LED台灯 H01	nVc（图形商标）	芜湖雷士照明电子商务有限公司	Q12	★★★★★	★★★★★	★★★★★	★★★★★	★★★★★	京东网购	397.35
12	大头人H6护眼灯	大头人	广州郎帅照明科技有限公司	H6（白）	★★★★★	★★★★★	★★★★★	★★★★★	★★★★★	京东网购	171.68

续表

序号	商品名称	品牌（标称）	生产商（标称）	规格型号（标称）	检测项目					购买地点	单价（元）
					标记	蓝光危害	频闪	辐射电磁骚扰（9kHz—30MHz）	辐射电磁骚扰（30MHz—300MHz）		
13	京东京造LED台灯	J.ZAO（图形商标）	北京京东世纪信息技术有限公司	JZTL005E	★★★★★	★★★★	★★★★★	★★★★★	★★★★★	京东网购	140.71
14	LED时尚充电宝台灯	DP久量	广东久量股份有限公司	DP-1050	★★★★★	★★★★★	★★★★★	★★★★★	★★★★★	京东网购	131.86
15	康佳LED台灯	KONKA（图形商标）	深圳市康佳智能电器科技有限公司	KTD-91317-W	★★★★★	★★★★★	★★★★★	★★★★★	★★★★★	京东网购	176.11
16	米家台灯1S	图形商标	青岛亿联客信息技术有限公司	MJTD01SYL	★★★★★	★★★★	★★★★★	★★★★★	★★★★★	京东网购	158.41
17	可移式灯具（LED台灯）	Panasonic	松下电气机器（北京）有限公司	HHLT0633	★★★★★	★★★★★	★★★★★	★★★★★	★★★★★	京东网购	884.07
18	LED台灯	PHILIPS	昕诺飞（中国）投资有限公司	66126	★★★★★	★★★★★	★★★★★	★★★★★	★★★★★	京东网购	565.49
19	LED台灯	好视力	深圳市同健光电有限公司	TG2526	★★★★★	★★★★★	★★★★★	★★★★★	★★★★★	京东网购	264.60
20	可移式通用灯具-LED台灯	欧普照明	欧普照明电器（中山）有限公司	MT-HY03T-208	★★★★★	★★★★★	★★★★★	★★★★★	★★★★★	京东网购	353.10

注：1. 检测项目按GB 7000.1-2015《灯具　第1部分：一般要求与试验》、IEC TR 62778：2014《IEC 62471的应用：光源和灯具的蓝光危害评估》、GB/T 9473-2017《读写作业台灯性能要求》、GB/T 17743-2017《电气照明和类似设备的无线电骚扰特性的限值和测量方法》进行判定。

2. 该类产品单项星级评定标准：

（1）“★★★★★”：该项目为符合项（蓝光危害项目的风险组别为“RG0”）；

（2）“★★★★”：该项目为符合项（蓝光危害项目的风险组别为“RG1”）；

（3）“★★★”：该项目为不符合项。

海南省消费者权益保护委员会

婴童服装比较试验报告

婴幼儿及儿童服装是覆盖群体较广的一大类服装，涵盖了0—14岁年龄段人群的全部着装。婴幼儿和儿童身体各器官包括皮肤尚处在生长期，机能不完善，比较娇嫩，且自我保护意识和能力也相对较弱，因此在对服装的穿着要求方面有着很高的要求，特别是在健康安全方面，应该有更加严格的要求。随着我国二孩政策的全面落地及生活水平的不断提高，消费者对婴童服装的质量有了更高的要求，对婴童服装的需求量也越来越高。海南省消费者委员会（以下简称省消委会）曾于2007年、2014年对海南市场销售的婴童服装进行了比较试验。为持续追踪婴童服装产品质量情况，科学引导消费，省消委会在2019年下半年对海口市场销售的部分婴童服装商品进行了比较试验。

一、比较试验样品

本次比较试验的样品均由省消委会工作人员按照消费者实际购买的途径，以普通消费者的身份从海口市的百货商场、大型超市、品牌专卖店等渠道随机购买。样品涉及19个品牌的20款型号婴童服装产品，其中，婴幼儿服装9款，适合3岁及以下儿童；儿童服装11款，适合3岁以上儿童。服装样品款式多样，有衬衣、T恤、马夹、连体服、裙子、裤子、外衣、套装等，购买单件价格从30元至480.25元不等（见图1）。

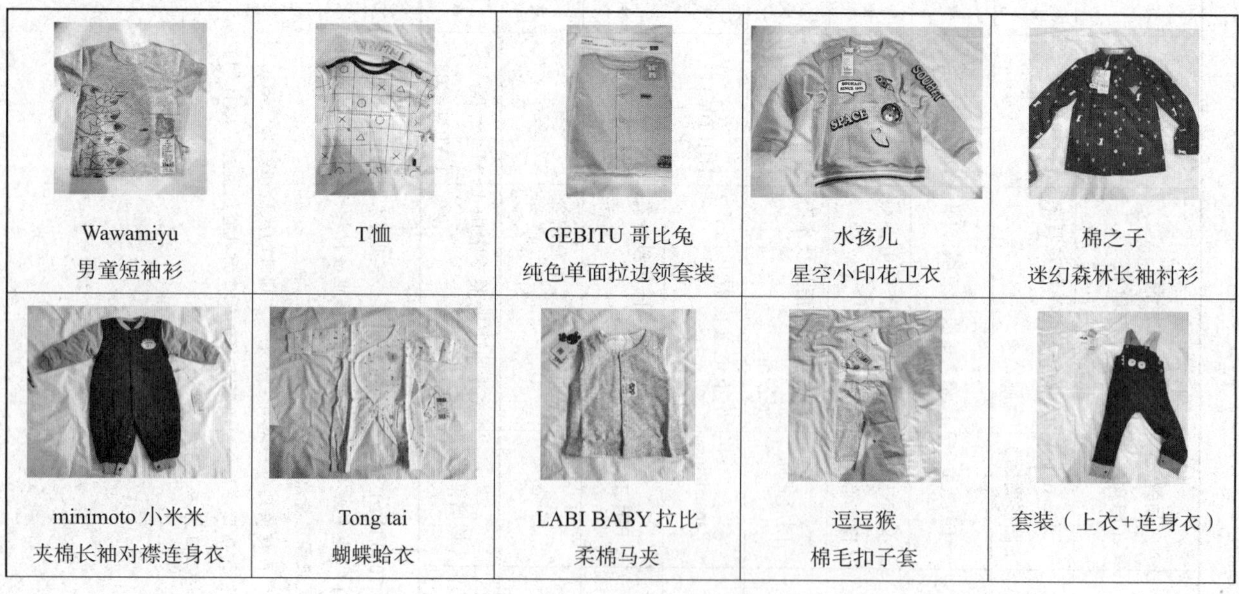

Wawamiyu 男童短袖衫；T恤；GEBITU 哥比兔 纯色单面拉边领套装；水孩儿 星空小印花卫衣；棉之子 迷幻森林长袖衬衫

minimoto 小米米 夹棉长袖对襟连身衣；Tong tai 蝴蝶蛤衣；LABI BABY 拉比 柔棉马夹；逗逗猴 棉毛扣子套；套装（上衣+连身衣）

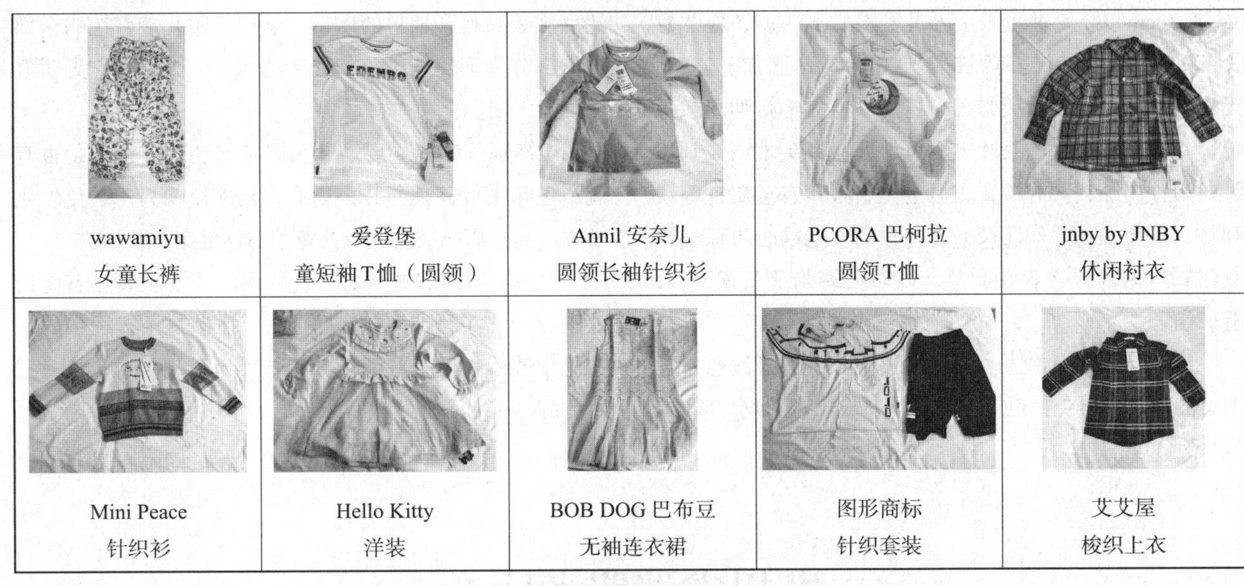

图1 测试样品信息

二、测试项目及依据

（一）测试项目选择

根据消费者比较关注的婴童服装性能项目，结合检测机构的专业意见，本次测试选择甲醛含量、pH值、可分解致癌芳香胺染料、耐水色牢度、耐汗渍色牢度、耐干摩擦色牢度、耐唾液色牢度、耐湿摩擦色牢度、耐洗（皂洗）色牢度、耐光色牢度、重金属、邻苯二甲酸酯、附件抗拉强力、绳带要求、衣带缝纫强力、纤维含量、可萃取重金属含量和纽扣等不可拆卸附件拉力等作为检验指标，委托广东产品质量监督检验研究院进行测试。

（二）比较试验依据

1. GB 31701–2015《婴幼儿及儿童纺织产品安全技术规范》

2. GB/T 31900–2015《机织儿童服装》

3. GB/T 33271–2016《机织婴幼儿服装》

4. FZ/T 73025–2013《婴幼儿针织服饰》

5. FZ/T 73045–2013《针织儿童服装》

6. FZ/T 81014–2008《婴幼儿服装》

7. GB/T 22849–2014《针织T恤衫》

8. FZ/T 81004–2012《连衣裙、裙套》

9. FZ/T 81007–2012《单、夹服装》

10. 相关的法律法规、部门规章和规范

11. 现行有效的企业标准及产品明示质量要求

三、比较试验结果

本次比较试验20款样品中，有18款样品的所有测试项目均符合国家标准要求，占样品总数的90%；有2款样品未能达到国家标准要求，占样品总数的10%，主要不达标项目为纤维含量。具体结果如下：

（一）纤维含量

纤维成分含量是决定服装产品服用性能的重要指标，是消费者选购婴童服装的重要依据。虽然大部分情况下纤维含量不会严重影响产品的外观和穿着，但产品原料成分的优劣和多寡，是决定产品价格及是否“货真价实”的重要因素之一。纤维成分含量名不副实将直接损害消费者的合法权益。本次比较试验中，有2款样品纤维含量实测与吊牌明示不符。

（二）总体情况

经测试，所有样品的甲醛含量、pH值、可分解致癌芳香胺染料、耐水色牢度、耐汗渍色牢度、耐干摩擦色牢度、耐唾液色牢度、耐湿摩擦色牢度、耐洗（皂洗）色牢度、耐光色牢度、重金属、邻苯二甲酸酯、附件抗拉强力、绳带要求、衣带缝纫强力、可萃取重金属含量、纽扣等不可拆卸附件拉力等17个测试项目，均未发现有不符合国家标准要求的情况，涉及婴幼儿及儿童身体健康及安全的项目达标率为100%，比较试验结果令人满意。

四、消费提示

1.标签标识要看清。标识齐全的服装，消费者在穿着过程中发现质量问题及异常情况有据可查，有利于维护自身合法权益，避免带来不必要的损失。购买婴幼儿服装时，需查看标识上是否标注“婴幼儿用品”字样。

2.安全隐患要防范。首先，选购7岁以下（一般身高为130cm以下）儿童及婴幼儿穿着的服装时，应注意头部和颈部不应有任何绳带，且肩带应是固定、连续、无自由端的。同时除腰带外，背部不应有绳带伸出或系着。其次，不要选购服装上含可触及锐利尖端或锐利边缘的附件产品，同时检查衣服上是否残留有金属针等锐利物，以免划伤婴幼儿及儿童。最后，选购时应仔细检查纽扣等附件是否容易脱落，以防婴幼儿及儿童误吞，造成伤害。

3.浅色面料为首选。建议家长为孩子选择浅色、无图案的服装，避免掉色对孩子身体造成不利影响。同时，注意服装面料及辅料的质量，婴幼儿服装最好选购全部或大部分为天然纤维（如棉）的产品，服装上应无明显织疵及污渍。

4.辨别气味有必要。购买婴童服装时应检查是否有刺激性味道或其他异味，如有，则谨慎购买，以免因化学物质超标影响婴幼儿及儿童的身体健康。

5.清洗后穿着更放心。新购买的婴童服装穿着前最好先进行洗涤和晾晒，这样可去除服装加工过程中的一些化学残留物质，有助于减少有害物质对婴幼儿及儿童身体的伤害。

贵州省消费者协会

聚氯乙烯绝缘电线比较试验报告

家用布电线是每个家庭必不可少的家装材料。电线质量直接关系消费者的用电安全及电器寿命。为向消费者提供家用布电线的真实信息，引导消费者科学、理性地消费，保障消费者用电安全，根据《消费者权益保护法》赋予消协组织的职责，贵州省消费者协会近期对贵阳市销售的部分品牌的家用布电线进行了比较试验。现将结果对外公布，结果仅对样品负责。

一、比较试验样品及检测依据

（一）样品来源

本次比较试验的样品由贵州省消费者协会工作人员和贵州省机械电子产品质量监督检验院抽样人员以普通消费者身份从贵阳市西南商贸城、西南五金机电、天利机电市场及高新技术产业基地等市场随机购买，采集的样品中包含消费者熟悉且经常使用的玉蝶、黔灵、昆电工、渝丰线缆等32个品牌的额定电压450/750V的聚氯乙烯绝缘电线，样品数量共32批次，样品售价从100元至160元不等。

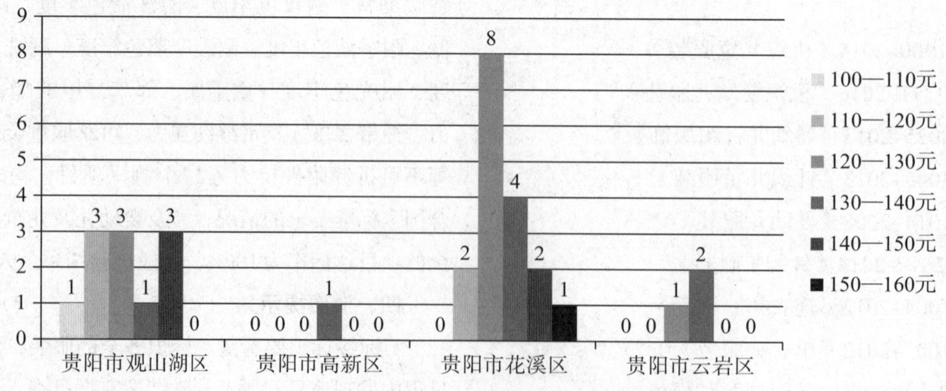

图1　样品采集区域、批次和价格区间分布

（二）检测依据

聚氯乙烯绝缘电线广泛应用在家用布线装修工程，使用人群广、消费者关注度高，该类产品品种规格繁多，为了更好地体现比对方案的可比对性，此次采样主要购买同一规格同一型号的聚氯乙烯绝缘电线为比较试验样品，其检测依据为GB/T 5023.2-2008《额定电压450/750V及以下聚氯乙烯绝缘电缆　第2部分：试验方法》、GB/T 5023.3-2008《额定电压450/750V及以下聚氯乙烯绝缘电缆　第3部分：固定布线用无护套电缆》。

二、检测项目

本次比较试验选取的检验项目为：导体电阻、成品电缆电压试验、绝缘电阻、绝缘平均厚度、绝缘最薄处厚度、平均外径、绝缘老化前抗张强度、绝缘老化前断裂伸长率、绝缘老化后抗张强度、绝缘老化后断裂伸长率、绝缘老化后抗张强度变化率、绝缘老化后断裂伸长率变化率、绝缘失重试验、热冲击试验、低温拉伸试验、不延燃试验共16个检验项目。依据聚氯乙烯绝缘电线产品结构的特点，将“导体电阻、绝缘电阻、绝缘最薄处厚度、绝缘老化后抗张强度变化率和绝缘老化后断裂伸长率变化率”5个项目指标作为本次质量比对项目，且这5个检验项目都有标准规定值（最高限值、最低限值或范围值），并能说明产品的重要特性，并通过对检验数据的综合汇总可看出该类产品在这5个项目上的比对结果。

三、检测结果

本次比较试验购买的32批次聚氯乙烯绝缘电线样品质量指标均符合国家标准。检测结果表明目前市场上聚氯乙烯绝缘电线产品的质量总体不错，尤其是知名品牌的产品质量可靠，消费者可以放心购买。

四、比较结果

本次比较试验对比项目的5个重要质量指标项目分析结果如下：

（一）导体电阻

导体电阻（20℃）是考核电线电缆产品的导体材料以及导体截面积是否符合标准的重要性能指标，导体电阻越小单位截面积通过的电流越大，反之就越小，其阻值越小越好。使用导体电阻不合格的电线将影响电线性能和寿命，极严重的会造成电线过度发热，从而损坏绝缘层塑料而引起短路，极易发生火灾。本次比较试验购买的32批次样品的该项目值均符合国家标准。

（二）绝缘电阻

绝缘电阻是考核包裹在导体材料上的绝缘材料电阻，绝缘层是对人身财产的有效保护，其阻值越大越好。本次比较试验购买的32批次样品的该项目值均符合国家标准。

（三）绝缘最薄处厚度

绝缘最薄处厚度属于聚氯乙烯绝缘电线结构尺寸，主要反映生产工艺对绝缘材料挤出过程厚度控制，绝缘最薄厚度不达标易造成绝缘电阻不够，影响安全和使用寿命，该指标越接近平均厚度越好。本次比较试验购买的32批次样品的该项目值均符合国家标准。

（四）绝缘老化后抗张强度变化率

电线的机械性能反映了材料的力学性能，包括绝缘、护套老化前后的抗张强度、断裂伸长率以及绝缘、护套老化前后抗张强度变化率、老化前后断裂伸长率、变化率等检测项目，变化率的绝对值越小越好。本次比较试验购买的32批次样品的该项目值均符合国家标准。

（五）绝缘老化后断裂伸长率变化率

电线的机械性能反映了材料的力学性能，包括绝缘、护套老化前后的抗张强度、断裂伸长率以及绝缘、护套老化前后抗张强度变化率、老化前后断裂伸长率、变化率等检测项目，变化率的绝对值越小越好。本次比较试验购买的32批次样品的该项目值均符合国家标准。

本次比较试验对样品中消费者最关心的指标及可以做对比的5个指标项目进行了总体评价，以星数多少表示品质优劣，星数越多，品质越好。（详见附表）

五、消费建议

为维护消费者的知情权和自主选择权，为消费者科学、理性、安全消费提供参考，贵州省消费者协会建议消费者在选购聚氯乙烯绝缘电线时注意以下事项：

要选择信誉度高的品牌。选择信誉好、知名度高的品牌和有售后服务的企业生产的产品。

要注意产品的标识。一般塑料电线产品标签上应标有厂名、厂址、额定电压、规格型号、长度、“3C”认证编号、检验合格章、生产日期等，特别是在电缆电线上应印有包括厂名、额定电压、型号在内的连续性标志。

要认真检查产品外观。正规产品外观应光滑、圆整、色泽均匀，电线外层塑料皮色泽鲜亮、质地细密，导体使用电解铜，外层光亮而稍软；非正规产品使用再生塑料，色泽暗淡，质地疏松，导体铜质偏黑而发硬，属再生杂铜，电阻率高，导电性能差，使用中会因升温而不安全。

要认真检查绝缘厚度。检查绝缘厚度是否均匀一致（不偏芯），塑料密实无气孔。

要咨询专业人员。导线的载流量与导线的截面有关，也与导线的材料（铝或铜）、型号、敷设方法（明敷或穿管等）以及环境温度等有关，所以建议消费者购买塑料电线产品时，最好请教一下有经验的专业电工，不要擅自乱接电线。

附表　2019年贵州省消费者协会聚氯乙烯绝缘电线比较试验结果评价表

序号	标称生产企业名称	样品名称	规格型号	商标	生产日期/批号	导体电阻			绝缘电阻			绝缘最薄处厚度			绝缘老化后抗张强度变化率			绝缘老化后断裂伸长率变化率			综合评价
						标准值/（Ω/km）最大	实测值/（Ω/km）	单项评价	标准值/（MΩ·km）最小	实测值/（MΩ·km）	单项评价	标准值/（mm）最小	最薄厚度实测值/（mm）	单项评价	标准值/（%）	实测值/（%）	单项评价	标准值/（%）	实测值/（%）	单项评价	
1	贵阳电线厂有限公司	一般用途单芯硬导体无护套电缆	60227IEC01（BV）-450/750 1×2.5	玉蝶	2019-01-11	7.41	6.86	★★★★☆	0.010	0.131	★★★★	0.62	0.80	★★★★★	±20	-2	★★★★★	±20	+6	★★★★☆	★★★★★
2	浙江元通线缆制造有限公司	阻燃电线	ZR-BV-450/750 1×2.5	无产元通	2019-03-11	7.41	6.87	★★★★☆	0.010	0.021	★★	0.62	0.88	★★★★★	±20	-2	★★★★★	±20	0	★★★★★	★★★★☆
3	东方交联电力电缆有限公司	一般用途单芯硬导体无护套电缆	60227IEC01（BV）-450/750 1×2.5	缆圣	2019-03-23	7.41	7.06	★★★☆	0.010	0.221	★★★★★	0.62	0.83	★★★★★	±20	-3	★★★★★	±20	+6	★★★★☆	★★★★★
4	重庆华旗线缆有限公司	铜芯聚氯乙烯绝缘阻燃电线	ZC-BV-450/750 1×2.5	华旗	2018-06-01	7.41	6.98	★★★★	0.010	0.048	★★☆	0.62	0.76	★★★★★	±20	+1	★★★★★	±20	-1	★★★★★	★★★★☆
5	重庆渝丰电线电缆有限公司	一般用途单芯硬导体无护套阻燃电缆	ZR-IIIA-60227IEC01（BV）-450/750 1×2.5	渝丰线缆	2019-01-07	7.41	7.03	★★★★	0.010	0.186	★★★★☆	0.62	0.74	★★★★★	±20	-7	★★★★☆	±20	+4	★★★★★	★★★★★
6	广东中联电缆集团有限公司	铜芯聚氯乙烯绝缘阻燃电线	ZC-BV-450/750 1×2.5	图形商标	2018-09-10	7.41	7.06	★★★☆	0.010	0.029	★★	0.62	0.79	★★★★★	±20	-3	★★★★★	±20	+1	★★★★★	★★★★
7	贵州中超电线电缆有限公司	聚氯乙烯绝缘无护套电线电缆	60227IEC01（BV）-450/750 1×2.5	黔鹰	2018-12-02	7.41	7.26	★★☆	0.010	0.450	★★★★★	0.62	0.81	★★★★★	±20	-4	★★★★★	±20	-4	★★★★★	★★★★☆
8	贵州中邦线缆（股份）有限公司	一般用途单芯硬导体无护套电缆	ZR-BV-450/750 1×2.5	中邦	2018-06-25	7.41	7.25	★★☆	0.010	0.466	★★★★★	0.62	0.70	★★★★☆	±20	-3	★★★★★	±20	-4	★★★★★	★★★★☆
9	广东金联宇电缆实业有限公司	铜芯聚氯乙烯绝缘阻燃电线电缆	ZB-BV-450/750 1×2.5	金联宇	2018-07-22	7.41	7.20	★★★	0.010	0.092	★★★	0.62	0.79	★★★★★	±20	-4	★★★★★	±20	-0.4	★★★★★	★★★★
10	广东坚宝电缆有限公司	一般用途单芯硬导体无护套电缆	60227IEC01（BV）-450/750 1×2.5	坚宝	2019-03-13	7.41	7.09	★★★☆	0.010	0.079	★★★	0.62	0.81	★★★★★	±20	-5	★★★★★	±20	+7	★★★★☆	★★★★
11	镇江南山线缆有限公司	电线	ZB-BV-450/750 1×2.5	苏卓	2019-02-20	7.41	7.07	★★★☆	0.010	0.084	★★★	0.62	0.84	★★★★★	±20	+3	★★★★★	±20	+11	★★★☆	★★★★

续表

序号	标称生产企业名称	样品名称	规格型号	商标	生产日期/批号	导体电阻			绝缘电阻			绝缘最薄处厚度			绝缘老化后抗张强度变化率			绝缘老化后断裂伸长率变化率			综合评价
						标准值/(Ω/km)最大	实测值/(Ω/km)	单项评价	标准值/(MΩ·km)最小	实测值/(MΩ·km)	单项评价	标准值/(mm)最小	最薄厚度实测值/(mm)	单项评价	标准值/(%)	实测值/(%)	单项评价	标准值/(%)	实测值/(%)	单项评价	
12	贵州金筑电线电缆有限公司	一般用途单芯硬导体无护套电缆	60227IEC01(BV)-450/750 1×2.5	黔源	2017-05-12	7.41	7.27	★★☆	0.010	0.777	★★★★★	0.62	0.86	★★★★★	±20	-7	★★★★☆	±20	+10	★★★★	★★★★
13	贵州万盛祥线缆有限公司	一般用途单芯硬导体无护套电缆	60227IEC01(BV)-450/750 1×2.5	乾龙	2018-07-07	7.41	7.26	★★☆	0.010	0.058	★★☆	0.62	0.73	★★★★★	±20	0	★★★★★	±20	+2	★★★★★	★★★★
14	昆明明超电缆有限公司	一般用途单芯硬导体无护套电缆	60227IEC01(BV)-450/750 1×2.5	图形商标	2019-03-23	7.41	7.25	★★☆	0.010	0.101	★★★☆	0.62	0.77	★★★★★	±20	-2	★★★★★	±20	-5	★★★★★	★★★★
15	昆明电缆集团股份有限公司	聚氯乙烯绝缘无护套电缆电线	60227IEC01(BV)-450/750 1×2.5	昆电工	2018-07-12	7.41	7.20	★★★	0.010	0.023	★★	0.62	0.77	★★★★★	±20	+2	★★★★★	±20	+4	★★★★★	★★★★
16	重庆燕牌电线电缆有限公司	聚氯乙烯绝缘无护套电缆电线	60227IEC01(BV)-450/750 1×2.5	Yan Pai	2018-01-07	7.41	7.10	★★★☆	0.010	0.055	★★☆	0.62	0.67	★★★☆	±20	-5	★★★★★	±20	-1	★★★★★	★★★★
17	深圳市瑞兴利实业有限公司	一般用途单芯硬导体无护套电缆	60227IEC01(BV)-450/750 1×2.5	瑞兴利	2018-10-10	7.41	7.20	★★★	0.010	0.026	★★	0.62	0.77	★★★★★	±20	-5	★★★★★	±20	+4	★★★★★	★★★★
18	深圳市金华联电线电缆有限公司	铜芯聚氯乙烯绝缘阻燃电线电缆	ZR-BV-450/750 1×2.5	金华联	2018-01-13	7.41	7.23	★★☆	0.010	0.052	★★☆	0.62	0.76	★★★★★	±20	-8	★★★★	±20	-1	★★★★★	★★★★
19	贵州保胜线缆有限公司	聚氯乙烯绝缘电缆	60227IEC01(BV)-450/750 1×2.5	图形商标	2018-10-24	7.41	7.25	★★☆	0.010	0.022	★★	0.62	0.76	★★★★★	±20	-3	★★★★★	±20	+3	★★★★★	★★★★
20	湖南湘联电缆有限公司	聚氯乙烯绝缘阻燃电线电缆	60227IEC01(BV)-450/750 1×2.5	湘联	2019-04-01	7.41	7.36	★★	0.010	0.083	★★★	0.62	0.84	★★★★★	±20	-2	★★★★★	±20	-2	★★★★★	★★★★
21	广东金宁羽电线电缆有限公司	铜芯聚氯乙烯绝缘阻燃电线	ZR-IBV-BV-450/750 1×2.5	金宁羽	2019-05-03	7.41	7.24	★★☆	0.010	0.014	★★	0.62	0.82	★★★★★	±20	-3	★★★★★	±20	+5	★★★★★	★★★★
22	云南西泰电线电缆有限公司(昆明电线厂)	一般用途单芯硬导体无护套电缆	60227IEC01(BV)-450/750 1×2.5	云泰电缆	2017-05-20	7.41	7.34	★★	0.010	0.019	★★	0.62	0.80	★★★★★	±20	+3	★★★★★	±20	0	★★★★★	★★★★
23	南京力源通线缆有限公司	聚氯乙烯绝缘无护套电线电缆	60227IEC01(BV)-450/750 1×2.5	巨龙鸿发	2018-11-12	7.41	7.24	★★☆	0.010	0.028	★★	0.62	0.81	★★★★★	±20	-1	★★★★★	±20	+10	★★★★	★★★★

续表

序号	标称生产企业名称	样品名称	规格型号	商标	生产日期/批号	导体电阻			绝缘电阻			绝缘最薄处厚度			绝缘老化后抗张强度变化率			绝缘老化后断裂伸长率变化率			综合评价
						标准值/(Ω/km)最大	实测值/(Ω/km)	单项评价	标准值/(MΩ·km)最小	实测值/(MΩ·km)	单项评价	标准值/(mm)最小	最薄厚度实测值/(mm)	单项评价	标准值/(%)	实测值/(%)	单项评价	标准值/(%)	实测值/(%)	单项评价	
24	鹰歌线缆有限公司	聚氯乙烯绝缘电线电缆	ZR-BV-450/750 1×2.5	图形商标	2018-12-08	7.41	7.22	★★★	0.010	0.027	★★	0.62	0.68	★★★★	±20	+0.1	★★★★★	±20	-3	★★★★★	★★★★
25	中国铭品电缆集团有限公司	一般用途单芯硬导体无护套电缆	60227IEC01(BV)-450/750 1×2.5	铭品电缆	2019-02-19	7.41	7.34	★★	0.010	0.079	★★★	0.62	0.84	★★★★★	±20	-5	★★★★★	±20	-3	★★★★★	★★★★
26	正泰电缆集团有限公司	聚氯乙烯绝缘无护套电线电缆	ZR-BV-450/750 1×2.5	沪科电工	—	7.41	7.36	★★	0.010	0.021	★★	0.62	0.90	★★★★★	±20	+2	★★★★★	±20	-3	★★★★★	★★★★
27	贵阳兴杭电线厂	一般用途单芯硬导体无护套电缆	60227IEC01(BV)-450/750 1×2.5	黔灵	2018-09-11	7.41	7.21	★★★	0.010	0.026	★★	0.62	0.85	★★★★★	±20	0	★★★★★	±20	+17	★★☆	★★★☆
28	贵州电力电缆有限公司	铜芯聚氯乙烯绝缘电线电缆	60227IEC01(BV)-450/750 1×2.5	贵星	2019-04-08	7.41	7.39	★★	0.010	0.054	★★☆	0.62	0.76	★★★★★	±20	+0.4	★★★★★	±20	+7	★★★★☆	★★★★
29	桂林国际电线电缆集团有限责任公司	铜芯聚氯乙烯绝缘电缆	60227IEC01(BV)-450/750 1×2.5	穿山牌	—	7.41	7.33	★★	0.010	0.069	★★★	0.62	0.70	★★★★☆	±20	-4	★★★★★	±20	+6	★★★★☆	★★★★
30	广东金科电缆实业有限公司	一般用途单芯硬导体无护套阻燃B类电缆电缆	ZB-BV-450/750 1×2.5	金科电缆	2018-11-21	7.41	7.40	★★	0.010	0.079	★★★	0.62	0.75	★★★★★	±20	-8	★★★★	±20	+10	★★★★	★★★★
31	福建礼恩科技有限公司	一般用途单芯硬导体无护套电缆	60227IEC01(BV)-450/750 1×2.5	礼恩电缆	2019-02-20	7.41	7.36	★★	0.010	0.039	★★☆	0.62	0.77	★★★★★	±20	-13	★★★	±20	-7	★★★★☆	★★★☆
32	贵州摩天电缆有限公司	阻燃电线	ZR-BV-450/750 1×2.5	昂森	2019-09-02	7.41	7.39	★★	0.010	0.080	★★★	0.62	0.65	★★★	±20	-9	★★★★	±20	-6	★★★★☆	★★★

注：1.本次比较试验结果仅对样品负责，排名不分先后。2.任何单位和个人不得以任何形式利用本次比较试验结果进行商业宣传，不得利用本次比较试验结果贬低同类商品。3."★"越多表明产品品质越好。

2019年6月12日

云南省消费者协会

包装饮用水比较试验报告

水是生命之源，由于水之于人类生存的基础性以及消费者健康饮水意识的增强，包装饮用水成为消费者最主要的饮用水来源之一。为了让消费者更多地了解包装饮用水水质情况，获得更多客观、实用的包装饮用水水质信息，指导消费者科学、合理消费，切实保护消费者的知情权和选择权，云南省消费者协会委托云南省产品质量监督检验研究院对昆明市场上销售的部分品牌包装饮用水进行了比较试验，对比各品牌包装饮用水的相关数据信息，供消费者购买时参考。

一、样品及来源

本次包装饮用水比较试验样品由云南省消费者协会工作人员以普通消费者身份从昆明市大型商场、超市、百货商店、小型零售商店、送水点等处随机购买，涵盖多品类及多产地，包括市场上常见的百岁山、冰露、承龙、纯悦、大山、恒大冰泉、Great Value惠宜、轿子山泉、康师傅、昆仑山、南国水立方、农夫山泉、清溜溜、石林天外天、新林山、娃哈哈、怡宝、依能、珍茗等19个品牌，产地主要涉及云南省、四川省、青海省、吉林省、广东省等地。

本次比较试验送检样品主要涉及三大类：饮用天然矿泉水（11款）、饮用纯净水（3款）、其他饮用水（14款）。

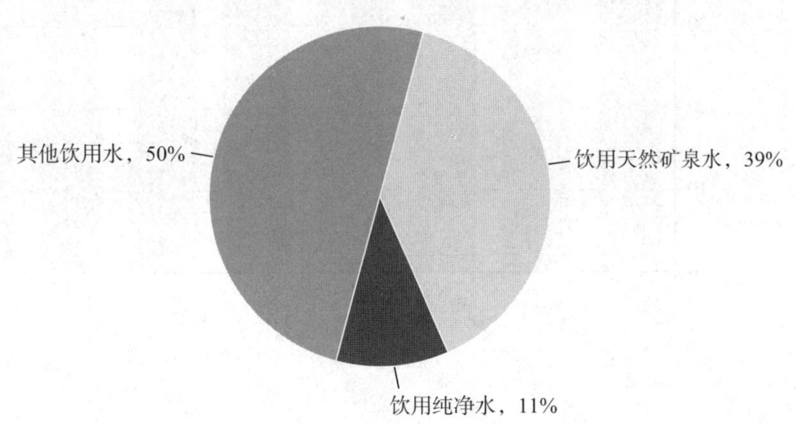

图1　三类样品占比

饮用天然矿泉水是指从地下深处自然涌出或经钻井采集的，含有一定量的矿物质、微量元素或其他成分，在一定区域未受污染并采取预防措施避免污染的水，通常情况下，其化学成分、流量、水温等动态指标在天然周期波动范围内相对稳定。

饮用纯净水是指以符合生活饮用水卫生标准的水为水源，采用蒸馏法、去离子法或离子交换法、反渗透法及其他适当的加工方法制得的，密封于容器中，不含任何添加物，可直接饮用的水。

其他饮用水包括以符合要求的水为生产用源水，仅允许通过脱气、曝气、倾析、过滤、臭氧化作用或紫外线消毒杀菌过程等有限的处理方法，不改变水的基本物理化学特征的自然来源饮用水；或以符合要求的水为生产用源水，经适当的加工处理，可适量添加食品添加剂，但不得添加糖、甜味剂、香精香料或者其他食品配料加工制成的包装饮用水。

二、比较试验检测依据及检测项目

（一）比较试验检测依据

GB 8537《饮用天然矿泉水》

GB 17323《瓶装饮用纯净水》

GB 19298《食品安全国家标准　包装饮用水》

DB 53/118–2009《瓶（桶）装饮用天然泉水（饮用山泉水）》

（二）比较试验检测项目

本次比较试验，主要针对包装饮用水国家强制性标准要求中的项目进行检测，涵盖感官指标、理化指标、微生物指标以及标签标识等四大类指标，共计40余个项目。

三、比较试验检测结果分析

经检测，28款包装饮用水样品，除4款样品在标签标识方面存在问题外，其他样品的检测结果均没有问题。部分检测项目数据分析如下。

（一）11款饮用天然矿泉水主要检测项目结果分析

经检测，11款饮用天然矿泉水样品除1款样品在标签标识方面存在问题外，其余10款样品所有检测项目均符合国家标准。

1.对比分析。偏硅酸型矿泉水是指富含偏硅酸的天然矿泉水。偏硅酸含有有益人体健康的微量元素——硅。硅是人体所必需的微量元素，在水中溶解度很小，一般以偏硅酸的形态存在于水中。偏硅酸易被人体吸收，能有效地维持人体的电解质平衡和生理机能，具有恢复血管弹性、增加皮肤弹性、促进骨骼发育等作用。易被人体吸收，能有效地维持人体的电解质平衡和生理机能。

本次送检11款饮用天然矿泉水，有8款含偏硅酸，均达到国家标准要求，测试数据见图2。

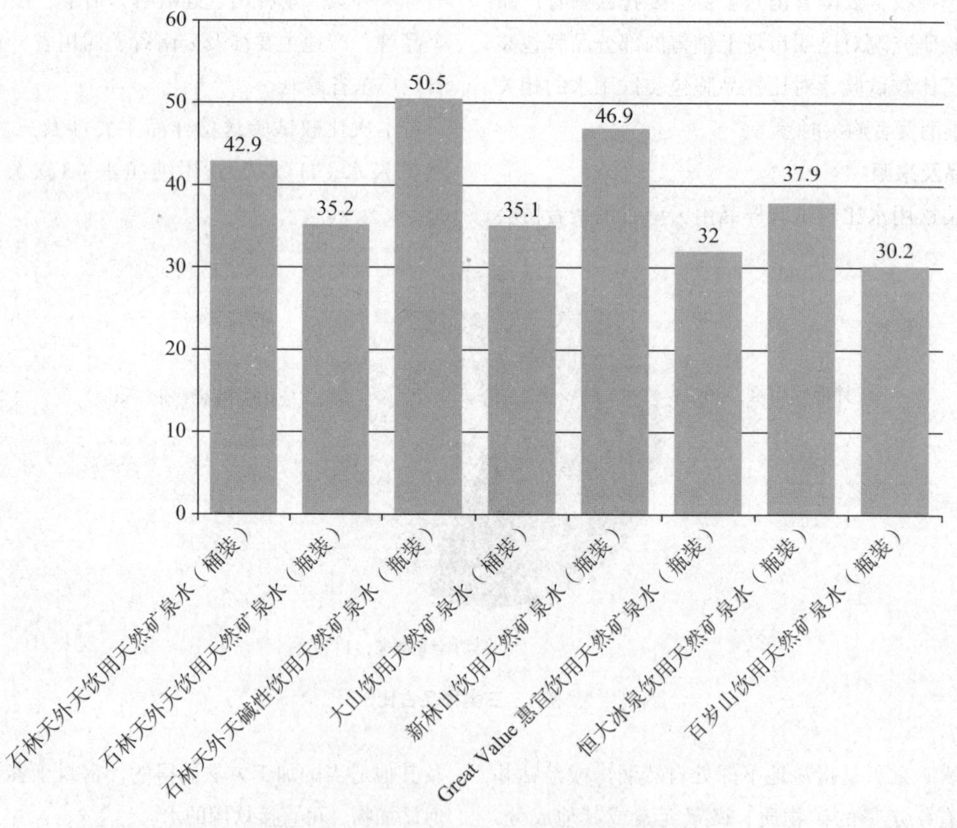

图2　天然饮用矿泉水中偏硅酸含量对比图（国家标准规定≥25mg/L）（mg/L）

2.对比分析。锶型矿泉水主要是指矿泉水中锶含量达到0.20mg/L，且锶含量较高的一类矿泉水。锶是人体必需的微量元素，但含量很少。锶与心血管的功能及构造有关；锶在人体内有强壮骨骼、防治心血管疾病的功效；人体缺乏锶将会阻碍新陈代谢，出现牙齿和骨骼发育不正常等症状。由图3可见，3种锶型天然矿泉水均可以达到国家对天然饮用水的要求。

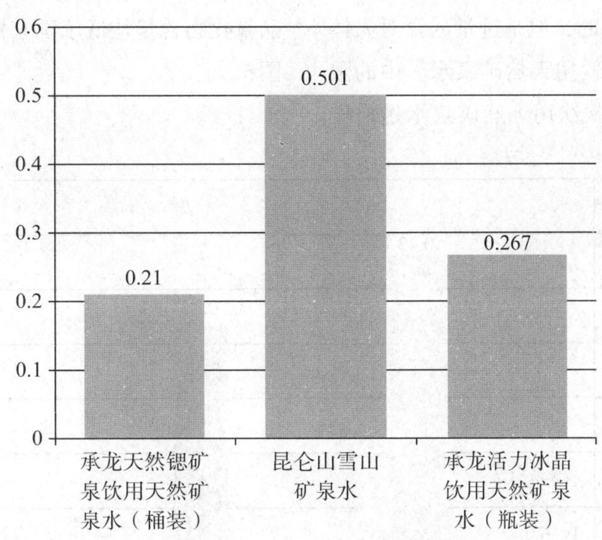

图3　天然饮用矿泉水中锶含量对比图（国家标准要求≥0.20mg/L）（mg/L）

3.质量理化指标（耗氧量）对比分析。耗氧量为每升水中还原性物质在一定条件下被氧化剂氧化时消耗的氧化剂量，水中还原性物质包括无机物和有机物，主要是有机物，因此耗氧量能间接反映水受有机污染的程度，是评价水体受有机物污染总量的一项综合指标。该指标数值越低越好。

经检测，本次送检11款饮用天然矿泉水样品的耗氧量均优于国家标准，具体检测结果见图4。

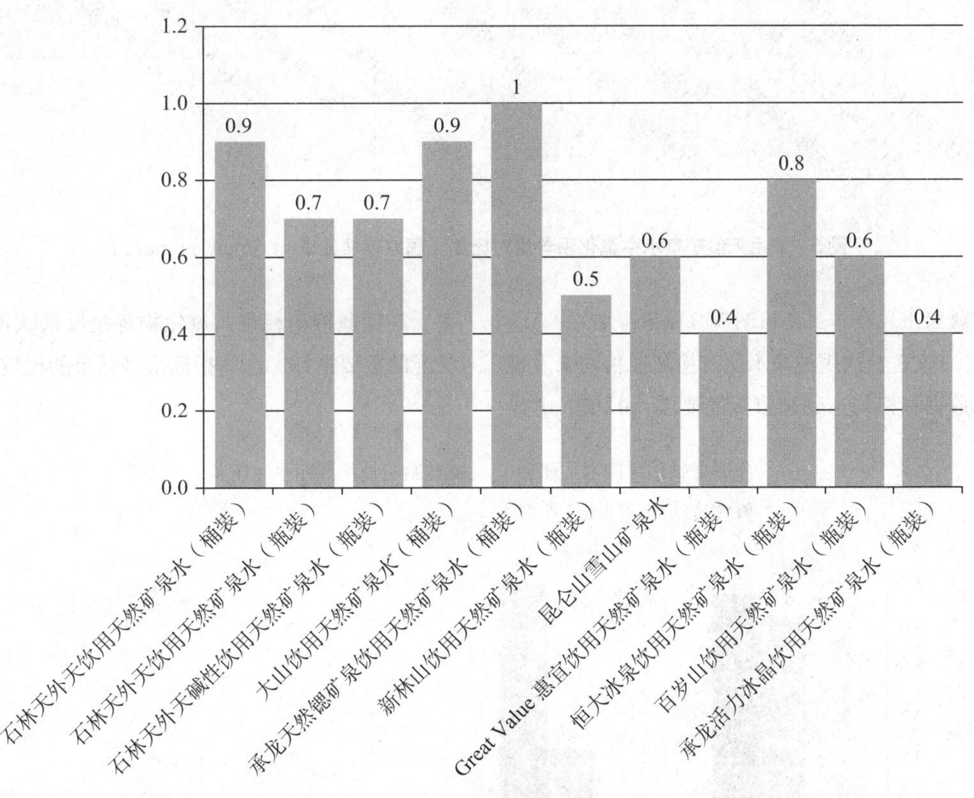

图4　饮用天然矿泉水中耗氧量对比图（国家标准要求<3mg/L）（mg/L）

4.污染物指标对比分析。本次送检11款天然矿泉水，所有污染物检测指标（项目）均低于国家标准检出限量值或未检出。对氟化物来讲，它广泛存在于自然水体中，人体各组织中都含有氟，但主要积聚在牙齿和骨筋中。适当的氟是人体所必需的，但是过量的氟对人体有危害。氟化物在GB 8537《饮用天然矿泉水》中的限量值为1.5mg/L。经检测，11款饮用天然矿泉水送检样品氟化物含量均低于国家标准限量值，具体检测结果见图5。

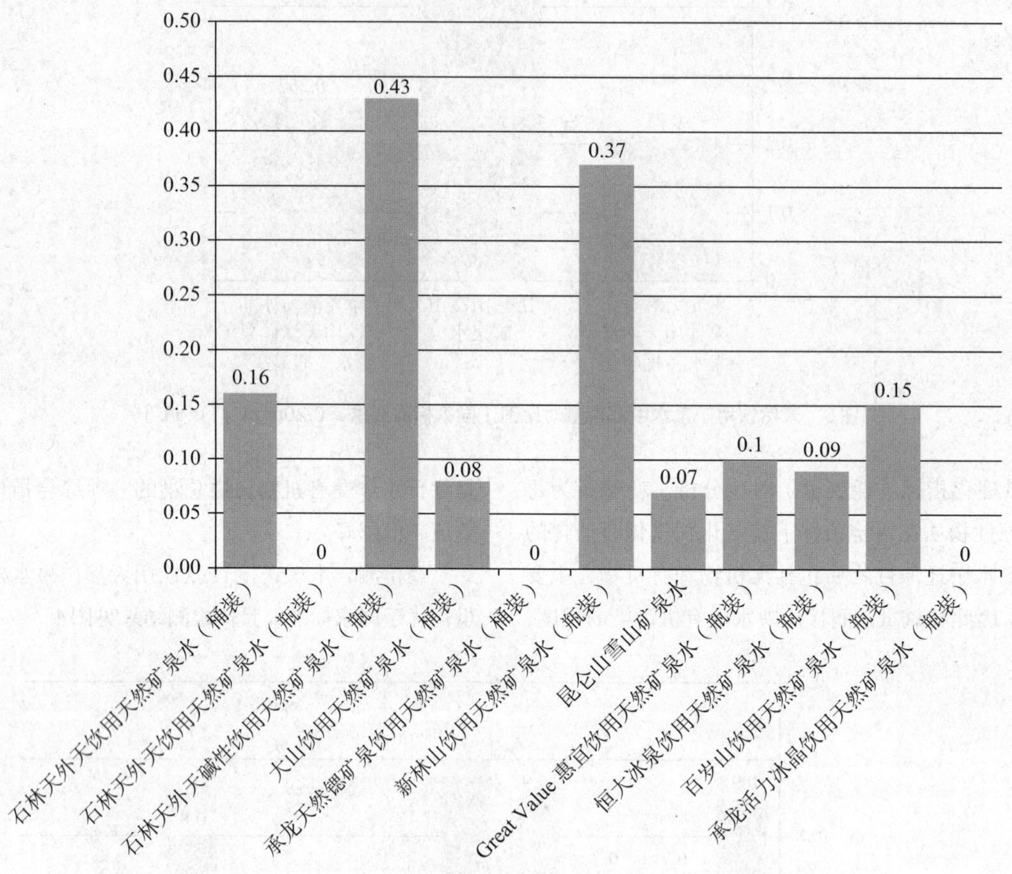

图5　饮用天然矿泉水中氟化物含量对比图（国家标准要求<1.5mg/L）（mg/L）

（二）3款饮用纯净水主要检测项目结果分析

经检测，3款送检饮用纯净水所有检测项目均未发现问题，相关数据指标均达到国家标准要求，pH值、电导率、高锰酸钾消耗量、氯化物等是反映饮用纯净水质量状况的重要指标，这些指标检测结果的比较分析见图6。

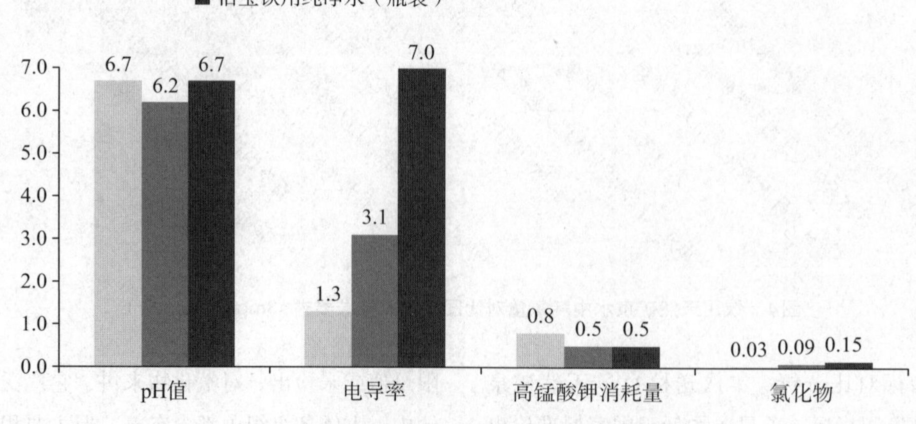

图6　饮用纯净水中部分指标结果比对图

GB 17323《瓶装饮用纯净水》规定，pH值应在5—7范围内、电导率应≤10μs/cm、高锰酸钾消耗量的限量是≤1.0mg/L、氯化物含量的限量是≤6.0mg/L。

（三）送检14款其他饮用水主要检测项目结果分析

其他饮用水主要根据GB 19298《食品安全国家标准　包装饮用水》或DB 53/118-2009《瓶（桶）装饮用天然泉水（饮用山泉水）》进行检测判定。

经检测，14款送检其他饮用水除3款在标签标识方面存在问题外，其他样品的检测结果没有发现问题。

耗氧量检测数据分析见图7。

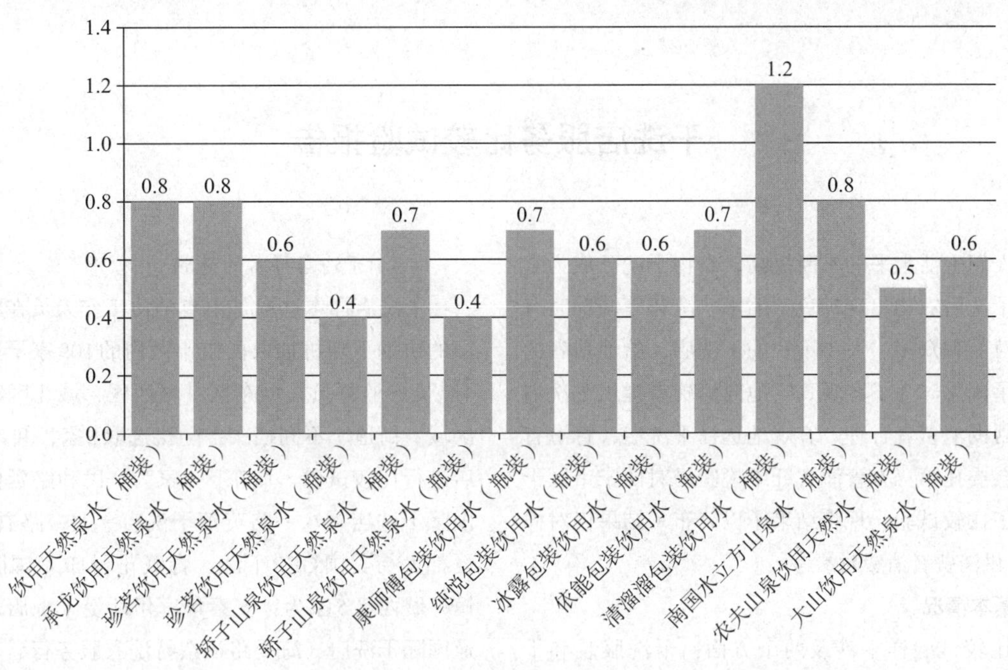

图7　其他饮用水耗氧量对比图（国家标准要求≤2.0mg/L）（mg/L）

四、本次比较试验发现的标签标识问题

食品标签的作用包括：引导、指导消费者选购食品；促进销售；向消费者承诺；向监督机构提供监督检查依据；维护食品制造者的合法权益。本次比较试验发现4个样品存在标签标识不规范的问题，主要为食品名称标示不规范，未反映食品的真实属性；法律、法规或标准规定须标明的其他事项标示不规范；未标示委托单位和受委托单位地址、未标示厂址；使用不规范汉字等问题。

五、比较试验反馈情况

云南省消费者协会工作人员收到本次包装饮用水比较试验检测报告后，及时向所有品牌的厂家寄送了检测报告等反馈资料。

六、包装饮用水消费提示

尽量通过超市、商场、水站等正规渠道购买大型企业生产的、具有一定知名度的品牌产品。桶装水销售门店应取得《食品经营许可证》，店内整洁卫生，管理规范。

注意查看产品标签。标签应清晰、醒目，并标明产品名称、生产许可证编号、执行标准号、净含量、生产日期、保质期、生产厂家名称地址、联系方式等信息。

查看包装。包装饮用水瓶体应光滑、清亮，透明度高，质感好，密封完好。

注意观察水质。合格的包装饮用水应无色、透明、清澈，无异臭、异味，无肉眼可见物。

科学存放、饮用。包装饮用水应存放在阴凉、避光处，打开后应在保质期内尽快饮用，开封5天后建议烧开饮用。

青海省消费者协会

干洗店服务比较试验报告

随着人们生活水平的不断提高，衣物干洗已成为常态，然而干洗后衣物出现掉色、缩水、洗花等情况时有发生。面对品牌众多、大小不一的干洗店，给消费者的选择带来了困惑。为了客观真实地向消费者提供干洗消费信息，帮助消费者合理、客观地选择干洗店，青海省消费者协会委托第三方青海省纤维检验局对西宁市区干洗店进行了比较试验。现将结果予以公布（结果仅对样品负责），供消费者消费时参考。

一、基本情况

本次比较试验样本涉及两个方面：干洗服装和干洗店。

（一）干洗服装样品的选取

本次干洗服装样品选取的是消费者日常反映问题较为突出的毛呢休闲短大衣（服装安全类别为非直接接触皮肤产品属C类），由省消协和省纤维检验局工作人员以普通消费者的身份到西宁市某商场购买了22件（标识规范、包装完整、批次一致）。20件作为委托洗涤样本，2件作为实验室留存的比对样本。大衣面料为54.5%羊毛、42.4%聚酯纤维、3.1%粘纤，含微量其他纤维，里料为100%聚酯纤维。洗涤维护方法说明：不可水洗、不可漂白、在阴凉处悬挂晾干、熨斗底板最高温度110℃、缓和干洗、垫湿布熨烫、送专业洗涤机构做专业维护。

（二）干洗店样本的选取

干洗店样本选取是由省消协工作人员在相关行政部门的协助下随机抽取西宁市区内的109家干洗店，并由4名义务监督员在城东区、城西区、城北区和城中区按区域、街道、不同档次各随机选取5家，共计20家干洗店进行比较试验。城东区5家为：民和路延伸段洁希亚国际干洗店、八一路英汇干洗店、七一路衣美干洗店、夏都大街美国GEP干洗、青藏花园UCC国际洗衣生活馆；城西区5家为：安泰华庭伊斯曼干洗店、布兰奇世通国际干洗店、海晏路福奈特洗衣服务行、卡柏干洗加盟店、文景路奢创洗衣馆；城北区5家为：朝阳路衣之恋干洗店、门源路奥妮卡洗护生活馆、柴达木路洁尼卡干洗店、小桥大街阿玛尼干洗店、海湖大道威特斯干洗店；城中区5家为：滨河路尚依洁洗衣店、教场街百福莱干洗店、东台市场圣雪洗衣生活馆、南川东路干洗连锁店、香格里绿洲洗衣生活馆（以上均为店名简称）。这次比较试验所选的干洗店，在市场上具有较广泛的消费人群，有效地保证了所选样本能够代表市场的实际情况。

二、检测项目、依据及评价规则

本次干洗店比较试验检测项目及依据详见表1。本次干洗比较试验结果评价包括服务质量评价（占比30%）和洗涤质量评价（占比70%），详见表2和表3。

表1　干洗店比较试验检测项目及依据

试验项目	标准名称	标准号
甲醛含量	《国家纺织品基本安全技术规范》	GB 18401-2010
	《纺织品　甲醛的测定》 第一部分：游离和水解的甲醛（水萃取法）	GB/T 2912.1-2009

续表

试验项目	标准名称	标准号
pH值	《国家纺织品基本安全技术规范》	GB 18401-2010
	《纺织品　水萃取液pH值的测定》	GB/T 7573-2009
	《男西服、大衣》	GB/T 2664-2017
洗涤后外观	《服装理化性能的技术要求》	GB/T 21295-2014
	《服装理化性能的检验方法》	GB/T 21294-2014
干洗尺寸变化率	《男西服、大衣》	GB/T 2664-2017
变色（级）	《男西服、大衣》	GB/T 2664-2017
	《服装理化性能的技术要求》	GB/T 21295-2014
耐干洗色牢度	《男西服、大衣》	GB/T 2664-2017
	《纺织品　色牢度试验 耐四氯乙烯干洗色牢度》	GB/T 5711-2015

表2　干洗比较试验服务质量评价细则

类　别	检查内容（分）	评价（分）	备　注
服务质量评价	服务态度（15）	好（15）较好（10） 一般（5）较差（0）	
	是否明示收费（10）	是（10）否（0）	
	是否检查样品（10）	是（10）否（0）	
	是否记录并说明服装已存在的瑕疵（15）	是（15）否（0）	只口头说明服装已存在的瑕疵（5）
	是否说明干洗后可能出现的问题（10）	是（10）否（0）	表述清晰准确（10） 表述不清楚及存在推责现象（5）
	是否有加收费用的问题（10）	无（10） 有且合理（10） 有但不合理（0）	无（10） 有且合理（10） 有但不合理（0）
	是否说明深浅色分洗（10）	是（10）否（0）	
	其他问题（20）	必须提前支付费用（5） 营业执照与门牌不符（5） 推销预付卡（5） 未按时交付服装（5）	以上未提及的问题酌情评分
分项评价			

表3　干洗比较试验洗涤质量评价细则

类别		检查内容（分）	评价（分）	备注
干洗后质量评价	外观评定	变色/级（5）	≥3—4（5）<3—4（0）	
		污渍效果评价（15）	无（15）不明显污渍（5）明显污渍（0）	
		面料是否出现明显起皱、波纹、起球、钩丝、破洞、磨损痕迹、脱毛（10）	无（10）非常轻微（8）轻微（6） 中等（4）严重（2）非常严重（0）	

续表

类别	检查内容（分）		评价（分）	备注
		黏合、复合层部位面料是否出现起泡、脱落裂开（4）	无（4） 非常轻微（3） 轻微（2） 严重（1）非常严重（0）	
		里料是否出现外露（4）	是（0） 否（4）	
		衬布是否出现断裂、起泡、脱胶（4）	是（0） 否（4）	
		布边是否出现松散、卷曲（4）	是（0） 否（4）	
		包缝线是否脱落、缝纫线是否开线（4）	是（0） 否（4）	
		纽扣等硬质附件是否出现明显变形、变色、掉漆、脱落等现象（5）	无可视性变化（5） 有变化、不明显变形、变色等变化（3） 明显变形、变色、掉漆、脱落等变化（0）	
		其他明显影响服装穿着使用外观变化的缺陷（5）	明显缺陷（0） 无（5）	
	耐干洗色牢度/级（5）		≥3—4（5） <3—4（0）	
	尺寸变化率/%（5）		符合胸围 ±0.8、衣长 ±1.0（10） 不符合（0）	
	pH值（10）		符合GB 18401规定（10） 不符合（0）	
	甲醛限量（10）		符合GB 18401规定（10） 不符合（0）	
	其他问题（10）		以上未提及的问题酌情评分	
分项评价				
综合评价				

三、比较试验过程

（一）服装样本的处理

将日常生活中经常遇到的污染物辣椒油、酱油和果汁调配成混合污染剂，用移液枪分别吸取1ml混合污染剂均匀涂抹在20件检验样本的右胸襟处，平铺自然晾干。污染剂调配见图1，样本涂污处理见图2。

用辣椒油、酱油、果汁进行混合污染剂调配。

图1 污染剂调配

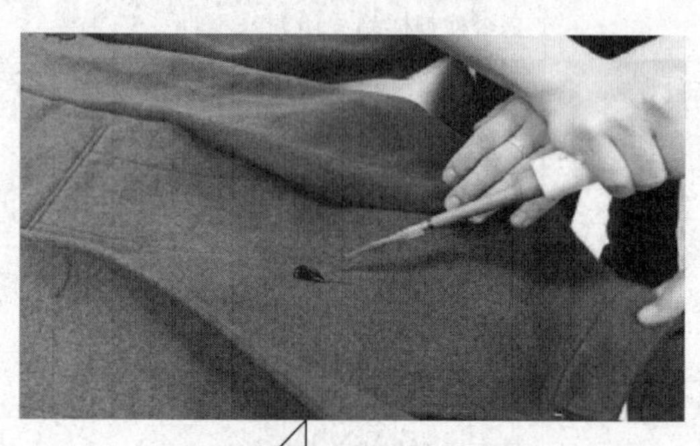

用移液枪分别吸取1ml污染剂均匀涂抹在20件衣服右胸襟处。

图2 样本涂污处理

（二）委托干洗店干洗的情况

调查人员以普通消费者的身份前往选取的20家干洗店进行委托洗涤，其中城东区夏都大街美国GEP干洗以无法洗干净为由拒收，随后，将其更换为夏都大街邦洁国际高质洗衣进行委托洗涤，并对21家干洗店服务质量进行了记录。

四、比较试验结果及分析

本次比较试验综合得分排名前3位的依次是威斯特干洗店98.8分、奢创洗衣馆98.5分、干洗连锁店和洁尼卡97.6分，得分排名靠后的3家依次是百福莱干洗店86.2分、圣雪洗衣坊85.2分和依之恋干洗店74分。在服务质量（服务态度、服装检查、收费等）方面，得分排名前3位的依次是卡柏干洗加盟店99分、威斯特干洗店96分和福奈特洗衣服务行96分，得分最低的2家仅为60分，差距较大，问题主要集中在接收服装时不检查、对服装存在的污渍瑕疵不说明记录、洗后可能出现的问题不告知、收费不明示、延时交付样品等方面。在洗涤质量方面：有11家达到了100分，占比仅为55%；9家在洗涤上存在质量问题，占比达45%。问题主要集中在洗后有污渍、有磨损痕迹和衣服尺寸发生变化等方面，这说明西宁市整体干洗质量有待提升。

五、各检测项目结果及分析

（一）干洗店服务质量情况

20家干洗店总体的服务质量差异较大，最高为99分，最低仅为60分，这充分反映了部分干洗店服务意识薄弱，不够周全，不能按照规范流程进行收取样品，主要体现在以下5个方面。

1.服务态度整体令人满意。干洗店属于服务行业，大部分商家能够找准自身定位，做到服务热情周到，仅有1家干洗店服务态度一般。

2.大部分干洗店在收取样品时流程不够规范且存在“推卸责任”的嫌疑。规范收取样品有利于后期进行干洗，提高干洗质量，减少不必要的消费纠纷，但是，大部分商家不够重视，导致干洗后服装出现各种瑕疵，引起消费纠纷和投诉。其中，没有检查样品，也没有询问污渍情况的干洗店占比25%，做到了检查样品却未能记录衣服上瑕疵的干洗店占比10%，没有提示干洗后可能出现的问题的干洗店占比50%。55%的商家收衣时在洗衣单上注明“渍多尽洗”等字样的情况，存在推卸责任的嫌疑。

3.部分商家没有明示收费，存在推销预付卡的现象。市场监管部门一再强调商品和服务要明码标价，但是依然有20%的干洗店没有价格明示，且有10%的商家存在推销预付卡的现象。预付消费时，请消费者根据自己的需求谨慎购买。

4.部分商家未能按照承诺时间交付样品。有4家干洗店未能按照承诺时间交付样品。使消费者在消费时感知下降，同时也降低了商家在消费者心目中的信用度。

5.价格和洗涤质量不成正比。在价格方面最贵的为60元，最便宜的为25元，综合得分最高的3家价格依次为35元、29元和30元，且收费为50元的某干洗店综合得分排名倒数第三。请消费者进行干洗时理性消费。服务质量情况统计详见图3。

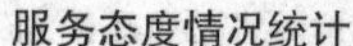

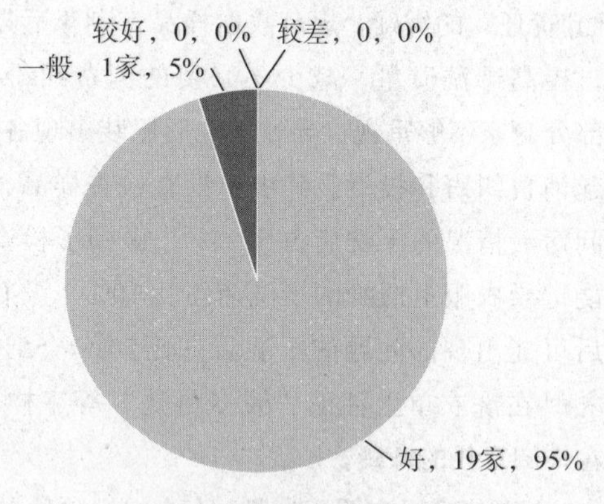

是否检查样品情况统计

否，5家，25%

是，15家，75%

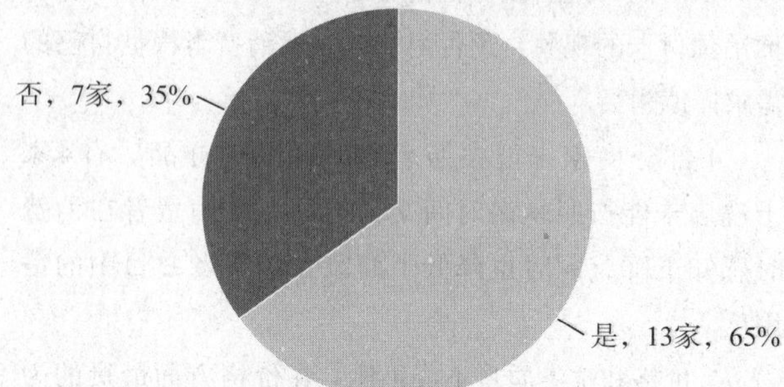

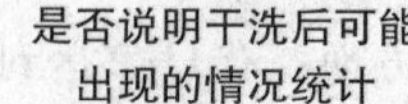

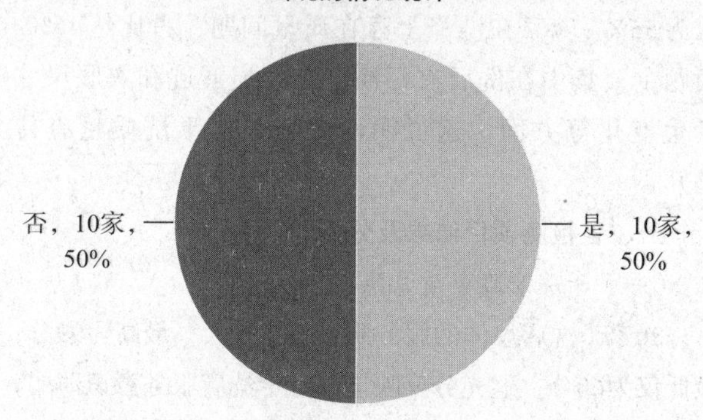

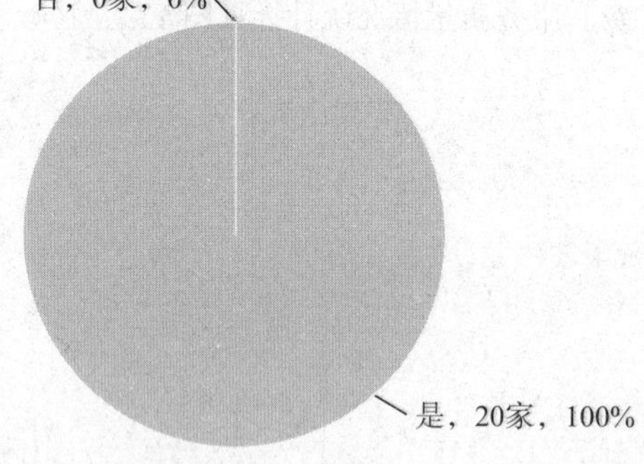

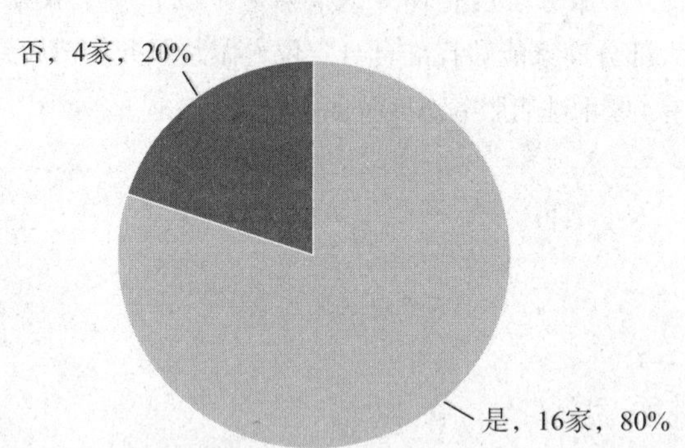

图3　服务质量情况统计

（二）干洗店洗涤质量情况

本次比较试验，重点检验了20件干洗服装样本洗后的外观质量、尺寸变化率、pH值、甲醛含量和实验室1件备样的pH值、甲醛含量、耐干洗色牢度指标。整体结果不尽如人意。

1. pH值、甲醛含量和耐干洗色牢度检测结果均符合国家标准。纺织衣物中pH值超标，可能会导致皮肤表层的天然屏障遭到破坏，产生灼伤感，滋生细菌，易引起疾病。甲醛过量，会导致服装在人们穿着和使用过程中逐步释放出游离的甲醛，通过呼吸道、眼睛以及人体的最大器官“皮肤”的接触，轻微的症状表现是流眼泪、咳嗽、接触性皮炎、手指及指甲发痛等，严重时会出现失眠、头晕、头疼等症状。长时间穿甲醛超标的服装，甚至可能诱发癌症。

《国家纺织品基本安全技术规范》（GB 18401-2010）标准规定C类pH值范围为4.0—9.0、甲醛含量应≤300mg/kg，此样品色牢度要求合格品≥3—4级。洗后的20件样本pH值在6.6—7.3之间，备样为6.7，甲醛含量均≤20mg/kg，耐干洗色牢度均为4级，pH值、甲醛含量和耐干洗色牢度检测结果令人满意，说明各干洗店均未使用酸碱值和甲醛超标的洗剂。消费者可以放心消费。

2.部分干洗店干洗后出现磨损、起球甚至未洗净的现象。现实生活中，消费者买回家的服装或其他纺织品，在穿着使用过程中通常都会反复洗涤，因此洗后外观质量直接影响到穿着使用效果。"洗后外观"是一项综合指标，包括洗涤效果、起球、磨损、变色（级）。

洗后样品中3件有污渍，其中2件污渍明显、1件污渍不明显，占干洗总样本的15%；4件有磨损、起球，其中1件有磨损痕迹、3件有轻微磨损和起球，占干洗总样本的20%。整体反映了部分干洗店洗涤效果不好，影响穿着的美观。与实验室备样比较，样本洗后的变色（级）4—5级16件、4级4件，均在标准要求的"变色/级≥3—4级"范围内，说明洗后颜色变化不显著。

3.有3家干洗店干洗后尺寸发生变化。干洗尺寸变化率是指纺织品经干洗和干燥后，其长度和宽度方向上的尺寸变化，通常表示为与原始尺寸变化的百分率。干洗尺寸变化直接影响服装的使用和穿着效果。洗涤护理过程中的洗涤、干燥、熨烫都会影响到织物的尺寸变化。本次比较试验有17件样品尺寸变化率在允差范围内，3件样品胸围、衣长的尺寸变化（尺寸变小）超出了标准规定"胸围±0.8%，衣长±1.0%"的允差范围，其中1件样品的胸围尺寸变化率为-2.7%，实际胸围减少1.4cm，影响消费者的穿着使用，反映出这3家干洗店的技术水平不高，使用的溶剂或洗涤方式存在一定的问题。

六、问题和建议

本次服装干洗比较试验反映了西宁市区干洗店服务和洗涤质量参差不齐，主要是因为从业人员接收和返还衣物缺乏规范化服务程序、洗涤方式方法不当等。

建议相关行业主管部门加强对干洗店的规范与指导，并制定干洗行业的服务技术规范标准，建立长效的监管机制。

建议相关部门组织干洗从业人员进行复制面料专业知识及相关标准的培训，系统地介绍服装面料特性、服装标识图形的含义，以及各类面料在干洗过程中应注意的事项，切实提高干洗从业人员的素质。

建议干洗店不断提升技术能力，为客户提供更优质的服务。

七、消费提示

消费者将衣物送到干洗店时要注意以下4个事项。

一是在送洗衣物前，尽量选择设施完备、证照齐全、口碑好、有信誉、洗衣质量可靠的正规干洗店。

二是在送洗时，务必将自己衣物的品牌、颜色、款式等交代清楚，与收衣人员共同检查衣物是否有破损、脱线，要按照衣物上标注的成分、洗涤方式、注意事项确定衣物洗涤方式，对于高档贵重衣物，必要时可采取保值洗涤。并认真填写洗衣单，与洗衣店签署完整的委托洗涤协议或在小票上注明超期无法取衣物、衣物未洗干净等情况的责任归属问题，避免发生纠纷。

三是在取衣时当场对照查验清楚，检查衣物是否洗涤干净，有无缩水、褪色、变形等现象。

四是在遇到衣物受损时，及时到相关部门进行投诉举报。

宁夏回族自治区消费者协会

儿童鞋比较试验报告

为了解全区市场上销售的儿童鞋的质量状况，为广大消费者提供全面、客观的消费信息，引导消费者科学、理性地消费，宁夏回族自治区消费者协会针对市场上及线上销售的儿童鞋开展了比较试验工作。

一、测试样品来源

比较试验样品是由自治区消费者协会工作人员以消

费者的身份随机购买。样品来源包括线下实体店王府井百货（东方红店）、国芳百货（银川店）、新华百货购物中心、银川商城、建发大阅城、王府井奥莱、宁阳广场、银川新华联购物广场、银川新华百货CCPark及线上购物平台天猫商城、京东商城等，涉及47个品牌、50款样品，购买价格从59.9元/款至854.1元/款不等。

二、检测标准及项目

本次比较试验主要依据GB 30585–2014《儿童鞋安全技术规范》、QB/T 2673–2013《鞋类产品标识》、QB/T 2880–2017《儿童皮鞋》、QB/T 4331–2012《儿童旅游鞋》、QB/T 4546–2013《儿童皮凉鞋》、QB/T 2955–2017《休闲鞋》等标准和相关企业标准进行测试。主要从产品标识、可分解有害芳香胺染料、甲醛含量、重金属含量、剥离强度、耐折性能、耐磨性能、外底硬度、鞋着力部位厚度、鞋垫材质与厚度、防滑性能等项目进行了检测。本次测试结果仅对购买的样品负责。

三、测试结果分析

本次比较试验50款样品中有16款样品的标签标识未按照标准要求进行标注，占比32%，11款样品的质量指标不符合相关标准要求，不符合率达22%，其中有5款样品耐磨性能不达标，1款样品耐折性能不达标，2款样品外底硬度不达标，2款样品重金属含量不达标，1款样品涉及耐磨性能、耐折性能、重金属多项质量指标不符合要求。

（一）从标签标识分析

标签标识是向消费者传达如何正确、安全使用商品以及与之相关的商品功能、基本性能、特性的信息，也是企业对消费者质量承诺的途径之一。根据QB/T 2673–2013《鞋类产品标识》标准规定，鞋子上的标注要素应有商标或企业名称和货号、鞋号［鞋号是指中国鞋号，包含鞋的号（脚长）和型（脚宽）两部分］。一是内包装（含吊牌）上至少应标注产品名称、鞋号、材质、产地、企业名称及联系方式、三包规定、执行标准编号、生产日期、颜色、货号、质量等级、材质等；二是外包装至少具备产品名称和商标，或产品名称与企业名称和联系方式等。

国内生产的鞋应标注产地、企业名称和联系方式。国外生产的鞋应标注国家或地区产地，以及其代理商或进出口商或经销商等在中国依法登记注册的、能承担产品质量责任的企业名称和联系方式。

经检测，50款儿童鞋样品中16款样品的标签标识标注不规范或不全面，且均未对生产日期进行标注；如果消费者购买到的是库存时间较久的产品，容易出现老化的现象。如皮面开裂破损、缝线断裂，因自然分解橡胶老化鞋底发硬、易折、龟裂、掉色等。试验结果如表1所示。

表1　标签标识标注不规范或不完整的样品

序号	商品名称	标称商标	生产批号	生产单位	经销单位	标志标签问题
1	未标注	BD·KIDS 比迪®	3057	浙江比迪体育用品有限公司	银川商城	内包装（含吊牌）无产品名称、材质、生产日期
2	时尚休闲/儿童旅游鞋	宠宠我	C807	温岭市佳汇鞋业有限公司	银川商城	内包装（含吊牌）无生产日期
3	B989	独家牛	B989	华盛达鞋业	银川商城	内包装（含吊牌）无三包规定、生产日期
4	男/女慢跑童鞋	New bunren®	21271350021	制造商：琪尔特有限公司/QIERTE CO.,LTD./总经销：新百伦（中国）体育用品有限公司	银川商城	内包装（含吊牌）无三包规定、生产日期
5	休闲运动鞋	BABUDOG	H9232	泉州市巴布豆儿童用品有限公司（总经销）/福建晋江万泰盛鞋服有限公司	银川商城	内包装（含吊牌）无生产日期
6	春季透网	乐承童鞋	lfp3086透网/3086	北京九鼎奥业服饰有限公司/河北华悦鞋业有限公司	银川商城	内包装（含吊牌）无生产日期
7	春季双层网	蝌蚪宝贝®	cep3078双网	北京九鼎奥业服饰有限公司	银川商城	内包装（含吊牌）无生产日期
8	未标注	小洋号	D9D16Q	温州市小洋号鞋业有限公司	建发大阅城	内包装（含吊牌）无产品名称、生产日期
9	童鞋	印象之美	A9191	温州印象之美鞋业有限公司（制造商）/香港印象之美控股集团有限公司（监制）	宁阳广场	内包装（含吊牌）无生产日期
10	利蒂斯尼克童鞋/童鞋	尼克 LTIS NICK®	NK1930A/1930A	温州市尼克家鞋业有限公司/温州尼克鞋业	宁阳广场	内包装（含吊牌）无生产日期
11	幸运王子	幸运王子®	533；9535	制造商：温州市幸运王子鞋业有限公司	宁阳广场	内包装（含吊牌）无三包规定、生产日期
12	未标注	FEILIHU（菲力虎）	7011	群禧鞋业	宁阳广场	内包装（含吊牌）无产品名称、材质、三包规定、执行标准编号、生产日期
13	童鞋系列	冠捷鞋业	A–8	台州冠捷鞋业	宁阳广场	内包装（含吊牌）无材质、执行标准编号、生产日期、质量等级
14	童鞋	伯牙	175018	温州瓯海娄桥红义童鞋厂/红义童鞋厂	宁阳广场	无生产日期；鞋上无鞋型
15	休闲童鞋	阿鲁·斐乐	A99063/99063	温州酷友鞋业科技有限公司	银川新华联购物广场	内包装（含吊牌）无生产日期
16	可伊娃童鞋	可伊娃	98–A802	杭州福马鞋服有限公司	银川新华百货CCPark	内包装（含吊牌）无生产日期

（二）从重金属含量分析

儿童鞋中的重金属伤害主要指砷、铅和镉3种。儿童好奇心强，有时会吸吮鞋子，这都无疑使童鞋与孩子的皮肤、眼睛甚至口腔相接触，从而导致鞋子上残留的重金属更容易经上述暴露途径进入孩子体内，从而增加重金属对儿童健康安全的风险甚至伤害到身体。

根据GB 30585-2014《儿童鞋安全技术规范》要求，砷、铅和镉含量应均≤100mg/kg，经测试有3款样品重金属铅含量超标，铅是一种具有神经毒性的重金属元素，进入血液后，可引起机体代谢过程的障碍，对全身各组织器官都有损害，尤以神经系统的损害最为严重。儿童的神经系统正处于快速的发育完善过程，这个时候对铅具有特殊的易感性，轻微铅负荷即能引起神经生理损害，长期接触可引起思维改变，造成智力上的缺陷。不仅如此，超标的铅还能减少中枢神经系统乙酰胆碱的释放，从而使与学习、记忆关系最为密切的神经递质受到影响。铅的危害是缓慢的、隐匿的、积累中毒的，是一种潜在的危险。检测结果见表2。

表2　重金属铅含量超标的样品

序号	商品名称	标称商标	生产批号	生产单位	经销单位	标准要求（mg/kg）	实测值（mg/kg）
1	未标注	FEILIHU（菲力虎）	7011	群禧鞋业	宁阳广场	铅≤100	白色鞋里：2.60 鞋面（黑色）：1.51 鞋面（红色）：302.16
2	哈比熊童鞋	哈比熊	GTU018	晋江哈比熊鞋服有限责任公司	京东商城（哈比熊京东自营专区）		粉色帮带：52.36 亮片：792.29
3	儿童皮靴	噜比贝贝	JY003	瑞安市噜比鞋业有限公司	京东商城（噜比童鞋专营店）		鞋面：2.28 鞋里（黄色）：685.70

（三）从耐磨性能分析

鞋底耐磨性能是鞋质量的关键性性能指标之一，也是决定鞋耐穿性的主要因素。由于儿童好动，鞋底更容易磨损，如果耐磨性能不合格，严重影响鞋子的防滑效果，会给儿童的健康和安全带来隐患。另外，如果鞋子外底不符合耐磨性标准，会在正常穿着中严重磨损或磨透而无法穿用，大大降低鞋的使用寿命，严重影响消费者的使用。

外底耐磨性能不合格的原因，一是工艺配方不合理，含胶量过低；二是生产厂家为节省成本，在外底成型过程中鞋底花纹过深而鞋底厚度太薄；三是使用了再生橡胶，导致其耐磨性能不好。

标准规定，GBT 15107-2013《旅游鞋》要求磨痕长度（非发泡材料）≤12.0mm，磨痕长度（发泡材料）≤14.0mm；QB/T-4331-2012《儿童旅游鞋》要求磨痕长度≤14.0mm；QB/T 2880-2016《儿童皮鞋》要求磨痕长度≤15.0mm。经检测有6款耐磨性能没有达到标准要求，是此次比较试验出现的主要质量问题，详细结果见表3。

表3　耐磨性能不符合标准要求的样品

序号	商品名称	标称商标	生产批号	生产单位	经销单位	耐磨性能	
						标准（mm）	实测（mm）
1	童鞋	兄妹猫（Xiong Mei Mao）	K145	上海兄妹猫儿童用品有限公司	王府井东方红店	≤14	左只：17.1 右只：17.7
2	未标注	BD · KIDS 比迪®	3057	浙江比迪体育用品有限公司	银川商城	≤14	左只：17.9 右只：18.4
3	时尚休闲/儿童旅游鞋	宠宠我	C807	温岭市佳汇鞋业有限公司	银川商城	≤14	左只：16.3 右只：17.1
4	休闲运动鞋	BABUDOG	H9232	泉州市巴布豆儿童用品有限公司（总经销）/福建晋江万泰盛鞋服有限公司	银川商城	≤14	左只：14.7 右只：17.8

续表

序号	商品名称	标称商标	生产批号	生产单位	经销单位	耐磨性能	
						标准（mm）	实测（mm）
5	春季透网	乐承童鞋	lfp3086透网/3086	北京九鼎奥业服饰有限公司/河北华悦鞋业有限公司	银川商城	≤14	左只：14.8 右只：14.1
6	哈比熊童鞋	哈比熊	GTU018	晋江哈比熊鞋服有限责任公司	京东商城（哈比熊京东自营专区）	≤14	左只：15.5 右只：16.6

（四）从耐折性能分析

耐折性能是鞋类产品内在品质的主要指标之一。通过模拟人脚连续行走状态而进行的耐折性能测试，可以直观反映出鞋子帮面、底材的强度、韧性以及帮底、围条的结合牢度等整体质量和穿着耐久性等重要性能。如果耐折性能差，消费者在穿着使用过程中，帮面容易起皱，产生裂纹，甚至鞋底会裂出一条缝，严重影响鞋子的使用功能及美观性能。此次比较试验有2款样品耐折性能不达标。详细结果见表4。

表4　耐折性能不符合标准要求的样品

序号	商品名称	标称商标	生产批号	生产单位	经销单位	耐折性能	
						标　　准	实　　测
1	春季双层网	蝌蚪宝贝®	cep3078双网	北京九鼎奥业服饰有限公司	银川商城	折后不得出现帮面裂面；底墙、帮底、鞋底开胶≤5.0mm；折后鞋底出现裂纹不得超过3处，且最长裂纹长度≤5.0mm；鞋底不得出现涂色脱落；有气（液）垫的鞋折后气（液）垫不应出现漏气（液）、瘪塌现象。	折后裂口长度：左只：16.7mm　右只：16.4mm　折后变化情况：左只：新裂纹5处，最长新裂纹13.0mm　右只：新裂纹8处，最长新裂纹13.0mm
2	哈比熊童鞋	哈比熊	GTU018	晋江哈比熊鞋服有限责任公司	京东商城（哈比熊京东自营专区）		折后变化情况：左只：新裂纹3处，最长裂纹31.6mm　右只：新裂纹2处，最长裂纹11.6mm

（五）从外底硬度分析

外底硬度是判定鞋底软硬程度的重要指标。外底过硬，不利于鞋底的弯折，易使儿童产生疲劳感，影响穿着时的舒适性能；外底过软，耐磨性能较差。经测试，此次比较试验有2款样品硬度超过标准要求，详细结果如表5所示。

表5　外底硬度不符合标准要求的样品

序号	商品名称	标称商标	生产批号	生产单位	经销单位	外底硬度	
						标准	实测
1	利蒂斯尼克童鞋/童鞋	尼克LTIS NICK®	NK1930A/1930A	温州市尼克家鞋业有限公司/温州尼克鞋业	宁阳广场	45—65	左只：67 右只：67
2	休闲童鞋	阿鲁·斐乐	A99063/99063	温州酷友鞋业科技有限公司	银川新华联购物广场	45—60	左只：63 右只：64

（六）从防滑性能分析

防滑性能是在鞋子穿着使用过程中，鞋子与地面之间存在摩擦力，该摩擦力与垂直方向力的比值构成鞋与地之间的摩擦系数。通常情况下，用该摩擦系数的大小来衡量鞋底的防滑性能。普遍认为，摩擦系数越大，鞋子的防滑性能越好。

目前，国内并未专门针对儿童鞋防滑性能进行技术要求，但鞋底的防滑性能与行走安全性密切相关，儿童安全意识不健全，爱跑爱跳，甚至故意踩水玩耍，强烈的好奇心导致他们很容易去尝试走湿滑、陡坡、楼梯、瓷砖等地面，当穿着防滑性能较差的鞋子进行玩耍或走路时，极易造成滑倒摔伤。因此，对50款儿童鞋样品进行了防滑性能测试，其中静摩擦系数（湿态）最大的为0.57，最小仅为0.14，相差较大，对于防滑系数小的产品，消费者应谨慎购买。防滑系数较高（质量指标符合标准要求）和较低的样品如图1所示。

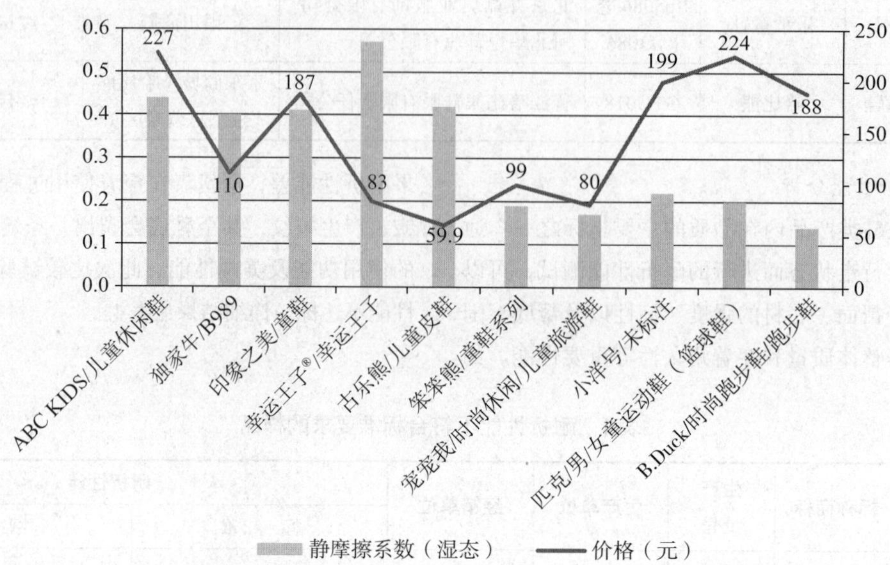

图1　防滑系数较高（前5）和较低（后5）的样品

（七）从鞋垫及前掌着力部位厚度分析

目前市场销售的儿童鞋类比较全面，有低跟、高跟、内增高、平底鞋等种类，因此对于着力部位厚度测量很有必要，鞋跟过高会影响行走时的重心位置，穿起来容易滑倒，导致崴脚，严重者更有骨折风险，而完全平底的防滑鞋，稳定性能差，隔凉效果不好，也不是购鞋首选。经对满足试验条件的49款样品测试，前掌着力部位厚度小于10mm的有1款、大于11mm小于15mm的有6款、大于16mm小于20mm的有14款、大于21mm小于25mm的有23款、大于26mm的有5款。

由于鞋垫也是鞋子的重要组成部分，对鞋的穿用舒适性有较大的影响，一双厚度设计合理的鞋垫可以使双足健康、舒适。参照《皮革科学与工程》2018年8月刊《运动鞋鞋垫厚度、硬度对青年女性足底压力舒适性的研究》，若低于3mm的鞋垫太薄，弹性和减震效果较差；在一定厚度范围内随着鞋垫厚度的增加，鞋垫弹性增大，对足部的支撑效果不明显，足底感觉的不舒适性随之增加，文章结果表明，厚度在4.5mm左右的鞋垫比较合理。家长为孩子挑选鞋子时应考虑到这两个因素，挑选更加舒适的鞋子。

（八）其他

50款儿童鞋样品可分解有害芳香胺染料、甲醛均未检出，剥离强度满足标准要求。

四、从价格情况分析

50款样品中，有11款质量指标不符合标准要求，样品价格最高为199元，由王府井百货（东方红店）销售的商标为兄妹猫（Xiong Mei Mao）、款号K145的童鞋，耐磨性能不符合标准要求；样品价格最低为63.19元，由京东商城哈比熊京东自营专区销售的商标为哈比熊，款号GTU018的哈比熊童鞋，其涉及耐折性能、耐磨性能、重金属等多项质量指标不符合要求。

质量指标符合标准的39款样品中，最高价格854.1元，为天猫商城/Under Armour官方旗舰店购买的标称商标UNDER ARMOUR安德阿镆，款号3022696-300的品名童装慢跑鞋；最低价格59.9元，为天猫商城回力童鞋旗舰店购买的标称商标回力，款号WZ18-696A的WZ-5358型童鞋，价格相差14.2倍，经对比所测试的项目均达到标准要求，但性能略有差异。

不符合标准的样品价格相对较低，但价格与质量并不相一致。好的品牌厂家的产品在产品品质方面有较好的保证，并在产品的服务等方面予以保障，消费者可以按自身需求购买。

五、消费提示

儿童鞋包括儿童一般性穿着的皮鞋、皮凉鞋、旅游鞋等，主要用于儿童日常生活中的休闲、健身、玩耍等活动。健康童鞋对孩子脚部的成长发育至关重要。每一位做父母的对孩子的成长健康都给予了极大重视；但在选鞋时可能片面考虑价格、耐用、时尚等因素，却往往忽略结构不稳固、易扭曲等影响健康的主要环节，这些童鞋极容易导致儿童患上扁平足、后足外翻等足部疾病，影响孩子健康发育。儿童的脚部都很娇嫩，脚部健康更是与所穿的鞋子密切相关，选购一双健康童鞋非常重要。为此，自治区消费者协会建议家长在选购童鞋时注意以下几点：

查标签。家长为孩子选购商品时要注意查看儿童鞋本身及鞋盒、合格证上的标识信息，尽量选择标识齐全的商品。儿童鞋商品标识应包括：商标、产品名称、执行标准编号、材质、鞋号、货号、颜色、质量等级、产地、企业名称及联系方式、三包规定等信息。

看外观。合格的儿童鞋产品应整鞋端正，帮面颜色均匀、内垫平服对称，内外清洁，帮底接合无缺胶开胶，无明显缺陷，帮面和鞋底的花纹、尺寸基本一致，缝线均匀并且无明显异味。

细选购。（1）鞋号鞋型：儿童处于成长阶段，脚会随着年龄的增长而长大，购买时可略大一些，以可以插入一个手指为宜。鞋号是一双鞋最基本的特征之一，我们一般认为鞋号仅仅是脚长短的代表，在购鞋时，仅仅关注鞋号的大小，却很少关心与脚的肥瘦相关的型。事实上，一双鞋合脚与否，不仅仅与脚长有关，而且与脚的肥瘦有关，对肥瘦的标识是型，有1型至5型，1型代表最瘦型，5型代表最肥型，家长可以根据孩子的脚型胖瘦，对鞋子合脚程度进行预判。（2）鞋面及鞋垫材质：以纺织材质和真皮为好。合成革鞋透气性差，小朋友平时活动量大，鞋里积聚汗液，会滋生细菌。真皮和纺织材质做成的鞋轻便、舒适、透气好，有利于儿童活动和脚部发育。（3）鞋垫及前掌部位厚度：一般情况下鞋垫越厚鞋子就越柔软舒适，前掌着力部位厚度不可过薄，过薄的鞋底易使人感觉硌脚而影响行走舒适性。家长可用手指按压鞋里，感受鞋子的回弹性，良好的回弹性能才能更好地保持行走过程中缓冲、减震的效果，最好让儿童试穿，亲自感受鞋子的舒适性。（4）鞋底材质：尽量选择橡胶材质或弹性较好的聚氨酯鞋底，这样的鞋底耐磨性能较好，另外尽量选择鞋底花纹比较深，有沟槽和颗粒的，防滑性能较好。

留凭证。在商品购买后的一段时间内，尽量保存好有关该商品的所有凭证，包括购买票据、吊牌或说明等，其不仅可用于指导产品维护，还可以在出现质量纠纷时作为维护自身权益的重要依据。

附件：宁夏回族自治区消费者协会儿童鞋比较试验结果

序号	报告编号（NO.）	商品名称	标称商标	生产批号	标称生产厂商名称	购样地点	店铺名称	标签标识不规范情况	质量综合评定	不符合标准项目
1	NXXX-2019-08-001	女跑鞋	anta kids	32935567-2	安踏（中国）有限公司	王府井东方红店	anta|kids	—	符合	—
2	NXXX-2019-08-002	儿童复古跑鞋	FILA KIDS	K15B931103FWT	斐乐体育有限公司	王府井东方红店	FILA|kids	—	符合	—
3	NXXX-2019-08-003	少年鞋	NIKE	CD6906-102	经销商：耐克体育（中国）有限公司	王府井东方红店	Nike|kids	—	符合	—
4	NXXX-2019-08-004	童鞋	兄妹猫（Xiong Mei Mao）	K145	上海兄妹猫儿童用品有限公司	王府井东方红店	沙驰	—	不符合	耐磨性能
5	NXXX-2019-08-005	童运动鞋	adidas	CQ0101	进口商：阿迪达斯体育（中国）有限公司	王府井东方红店	adidas|kids	—	符合	—
6	NXXX-2019-08-006	儿童时尚休闲鞋	PUMA®	192823 01	经销商：彪马（上海）商贸有限公司	王府井东方红店	puma|kids	—	符合	—
7	NXXX-2019-08-007	儿童休闲鞋	ABC KIDS	P933304282	制造商：起步股份有限公司	王府井东方红店	ABC	—	符合	—
8	NXXX-2019-08-008	童鞋系列	笨笨熊	2192613	笨笨熊（福建）儿童用品有限公司监制	国芳百货银川店	西萌町	—	符合	—
9	NXXX-2019-08-009	男中童轻便跑鞋	Balabala	24402191571	浙江森马服饰股份有限公司	国芳百货银川店	巴拉巴拉	—	符合	—
10	NXXX-2019-08-010	乔丹童鞋系列-男跑步鞋	乔丹	T5930209	乔丹体育股份有限公司	新华百货购物中心	乔丹|kids	—	符合	—
11	NXXX-2019-08-011	儿童休闲鞋（男）	361°	K71913810-1	三六一度童装有限公司	新华百货购物中心	361° |kids	—	符合	—
12	NXXX-2019-08-012	未标注	BD·KIDS 比迪®	3057	浙江比迪体育用品有限公司	银川商城	富罗迷童鞋/3B062	内包装（含吊牌）未标注产品名称、材质、生产日期	不符合	耐磨性能
13	NXXX-2019-08-013	时尚休闲/儿童旅游鞋	宠宠我	C807	温岭市佳汇鞋业有限公司	银川商城	宝贝屋/3B103	内包装（含吊牌）无生产日期	不符合	耐磨性能
14	NXXX-2019-08-014	B989	独家牛	B989	华盛达鞋业	银川商城	飙山狼鞋室/3B170	内包装（含吊牌）无三包规定、生产日期	符合	—
15	NXXX-2019-08-015	男/女慢跑童鞋	New bunren®	21271350021	制造商：琪尔特有限公司/QIERTE CO.,LTD./总经销：新百伦（中国）体育用品有限公司	银川商城	统领慢跑鞋店/3B116-117	内包装（含吊牌）无三包规定、生产日期	符合	—

续表

序号	报告编号（NO.）	商品名称	标称商标	生产批号	标称生产厂商名称	购样地点	店铺名称	标签标识不规范情况	质量综合评定	不符合标准项目
16	NXXX–2019–08–016	休闲运动鞋	BABUDOG	H9232	泉州市巴布豆儿童用品有限公司（总经销）/福建晋江万泰盛鞋服有限公司	银川商城	凯轩薇童鞋店/3B051	内包装（含吊牌）无生产日期	不符合	耐磨性能
17	NXXX–2019–08–017	运动休闲鞋	杰米熊	B911127	杰米熊（中国）有限公司（监制）/泉州盛克鞋服有限公司	银川商城	安祺贝贝/3B075	—	符合	—
18	NXXX–2019–08–018	春季透网	乐承童鞋	lfp3086透网/3086	北京九鼎奥业服饰有限公司/河北华悦鞋业有限公司	银川商城	华丽达童鞋店/3B193	内包装（含吊牌）无生产日期	不符合	耐磨性能
19	NXXX–2019–08–019	春季双层网	蝌蚪宝贝®	cep3078双网	北京九鼎奥业服饰有限公司	银川商城	魏岳童鞋时尚店/3B163	内包装（含吊牌）无生产日期	不符合	耐折性能
20	NXXX–2019–08–020	中童跑鞋	大黄蜂	118118123	晋江市大黄蜂体育用品有限公司	银川商城	奥特曼童鞋之家/3B139	—	符合	—
21	NXXX–2019–08–021	未标注	小洋号	D9D16Q	温州市小洋号鞋业有限公司	建发大阅城	奕凡宝贝童鞋店	内包装（含吊牌）无产品名称、生产日期	符合	—
22	NXXX–2019–08–022	撞色潮童鞋	时尚小鱼	K191065290	广州菲勋贸易有限公司	建发大阅城	时尚小鱼	—	符合	—
23	NXXX–2019–08–023	男/女童运动鞋（篮球鞋）	匹克	货号：EK9189A	生产：匹克（江西）实业有限公司/厦门匹克体育用品有限公司	王府井奥莱	匹克|kids	—	符合	—
24	NXXX–2019–08–024	中童溯溪鞋	CAMEL	7T8A026057	总经销：骆驼（中国）户外用品有限公司/制造商：广州骆驼户外用品有限公司	王府井奥莱	骆驼	—	符合	—
25	NXXX–2019–08–025	童鞋	印象之美	A9191	温州印象之美鞋业有限公司（制造商）/香港印象之美控股集团有限公司（监制）	宁阳广场	留子	内包装（含吊牌）无生产日期	符合	—
26	NXXX–2019–08–026	女中童公主鞋	Balabala	24422190272	浙江森马服饰股份有限公司	宁阳广场	巴拉巴拉	—	符合	—
27	NXXX–2019–08–027	男/女潮范沙滩鞋	七波辉	C850023	七波辉（中国）有限公司	宁阳广场	七波辉|kids	—	符合	—
28	NXXX–2019–08–028	男/女运动网布鞋	七波辉	C820109	七波辉（中国）有限公司	宁阳广场	七波辉|kids	—	符合	—
29	NXXX–2019–08–029	利蒂斯尼克童鞋/童鞋	尼克LTIS NICK®	NK1930A/1930A	温州市尼克家鞋业有限公司/温州尼克鞋业	宁阳广场	丫噜·丫噜·花田彩	内包装（含吊牌）无生产日期	不符合	外底硬度
30	NXXX–2019–08–030	幸运王子	幸运王子®	533；9535	制造商：温州市幸运王子鞋业有限公司	宁阳广场	丫噜·丫噜·花田彩	内包装（含吊牌）无三包规定、生产日期	符合	—

续表

序号	报告编号（NO.）	商品名称	标称商标	生产批号	标称生产厂商名称	购样地点	店铺名称	标签标识不规范情况	质量综合评定	不符合标准项目
31	NXXX-2019-08-031	未标注	FEILIHU（菲力虎）	7011	群禧鞋业	宁阳广场	蜡笔小新	内包装（含吊牌）无产品名称、材质、三包规定、执行标准编号、生产日期	不符合	重金属
32	NXXX-2019-08-032	童鞋系列	冠捷鞋业	A-8	台州冠捷鞋业	宁阳广场	蜡笔小新	内包装（含吊牌）无材质、执行标准编号、生产日期、质量等级	符合	—
33	NXXX-2019-08-033	童鞋	伯牙	175018	温州瓯海娄桥红义童鞋厂/红义童鞋厂	宁阳广场	哈力特	无生产日期；鞋上无鞋型	符合	—
34	NXXX-2019-08-034	沙滩凉鞋/福灵龙童鞋	福灵龙	F-9105	制造商：温岭市酷酷龙鞋业有限公司/泉州福灵龙鞋业有限公司	宁阳广场	哈力特	—	符合	—
35	NXXX-2019-08-035	休闲童鞋	阿鲁.斐乐	A99063/99063	温州酷友鞋业科技有限公司	银川新华联购物广场	麦哈	内包装（含吊牌）无生产日期	不符合	外底硬度
36	NXXX-2019-08-036	男童篮球鞋	X kids	681315 125155	制造商：特步（中国）有限公司/上海特步儿童用品有限公司	银川新华联购物广场	特步儿童	—	符合	—
37	NXXX-2019-08-037	女童休闲鞋	SKECHERS（斯凯奇）	664095L/BLK	生产商：莆田市祥麟鞋业有限公司/总经销：广州市斯凯奇商业有限公司	银川新华百货CCPark	好孩子星站柜	—	符合	—
38	NXXX-2019-08-038	可伊娃童鞋	可伊娃	98-A802	杭州福马鞋服有限公司	银川新华百货CCPark	edokids	内包装（含吊牌）无生产日期	符合	—
39	NXXX-2019-08-039	时尚跑步鞋/跑步鞋	B.Duck	B1083583	中国地区鞋服运营商：福建利讯贸易集团有限公司	银川新华百货CCPark	小黄鸭	—	符合	—
40	NXXX-2019-08-040	凉鞋/时尚凉鞋	B.Duck	B2085584	中国地区鞋服运营商：福建利讯贸易集团有限公司	银川新华百货CCPark	小黄鸭	—	符合	—
41	NXXX-2019-08-041	儿童运动鞋	DECATHLON	3583788307242	生产商：迪脉（上海）企业管理有限公司/委製商/進口商：台灣迪卡儂有限公司	天猫商城	迪卡侬旗舰店	—	符合	—
42	NXXX-2019-08-042	童装慢跑鞋	UNDER ARMOUR 安德阿镆	3022696-300	安德阿镆贸易（上海）有限公司	天猫商城	Under Armour官方旗舰店	—	符合	—
43	NXXX-2019-08-043	WZ-5358型童鞋	回力	WZ18-696A	上海回力鞋业有限公司	天猫商城	回力童鞋旗舰店	—	符合	—

续表

序号	报告编号（NO.）	商品名称	标称商标	生产批号	标称生产厂商名称	购样地点	店铺名称	标签标识不规范情况	质量综合评定	不符合标准项目
44	NXXX-2019-08-044	儿童旅游鞋	CONVERSE（匡威）	654192C	匡威体育用品（中国）有限公司	天猫商城	converse童鞋旗舰店	—	符合	—
45	NXXX-2019-08-045	儿童皮鞋	古乐熊	P1118	生产商：浙江省温岭市原始鞋厂/运营商：台州市方川电子商务有限公司	天猫商城	古乐熊旗舰店	—	符合	—
46	NXXX-2019-08-046	哈比熊童鞋	哈比熊	GTU018	晋江哈比熊鞋服有限责任公司	京东商城	哈比熊京东自营专区	—	不符合	耐折性能，耐磨性能，重金属
47	NXXX-2019-08-047	儿童皮靴	噜比贝贝	JY003	瑞安市噜比鞋业有限公司	京东商城	噜比童鞋专营店	—	不符合	重金属
48	NXXX-2019-08-048	童休闲鞋	LI-NING	YKCP104-7	李宁（中国）体育用品有限公司	京东商城	李宁儿童京东自营旗舰店	—	符合	—
49	NXXX-2019-08-049	男时尚机能童鞋	paul frank®	61273150104	总授权商：宏联国际贸易有限公司/被授权商：琪尔特股份有限公司/QIERTE SHARES CO.,LTD./总经销/制造商：琪尔特股份有限公司	京东商城	Paul Frank大嘴猴童鞋旗舰店	—	符合	—
50	NXXX-2019-08-050	男童慢跑鞋	鸿星尔克	63119320063-601	福建鸿星尔克体育用品有限公司	京东商城	鸿星尔克童装旗舰店	—	符合	—

自治区消费者协会

2019年11月8日

宁波市消费者权益保护委员会

羊绒（毛）衫比较实验报告

近期，有不少消费者来电反映说越来越看不懂“朴实”的羊绒衫，不同品牌、不同销售渠道之间的羊绒（毛）衫不仅叫法不同，而且差价也巨大。为了解答消费者疑惑，揭示市场上销售的羊绒（毛）衫质量安全及性能差异，宁波市消保委对实体店、网络平台销售的羊绒（毛）衫组织了一次专项消费体验活动，邀请广大消费者积极参与买样，在网络平台和实体商店随机购买30款羊绒（毛）衫，样品价格从298元至2653元不等。委托检验机构对所购样品进行使用说明、纤维成分（含羊绒成分）、顶破强度强力、起球、甲醛、pH值、色牢度等指标检测，揭示商品之间的差异。根据最终实验数据，现将有关情况通报如下：

一、整体情况

30款样品中包含27款羊绒衫和3款羊毛衫，其中18款全部符合要求，9款内在质量符合要求但使用说明不规范，2款纤维含量存在虚假标注，1款色牢度不符合国标要求。

疑问一：羊绒（毛）衫的材质是货真价实的吗？

30款样品中3款羊毛衫全部符合要求，27款羊绒衫中1款色牢度不符合国标要求，2款纤维含量不符合，材质以羊毛冒充羊绒，涉嫌欺骗消费者。总体而言，30款羊绒（毛）衫中90%的材质是符合要求的，值得关注的是，2款存在虚假标注的羊绒衫及1款色牢度不合格的羊绒衫全部来源于网购。

疑问二：实体店和网络平台选购之间有区别吗？

30款样品中15款来源于网络平台，15款来源于实体店。网络购买的15款样品中有1款色牢度不符合要求、2款纤维成分不符合要求、4款内在质量符合要求但使用说明不规范，其余8款全部符合要求。实体店购买的15款样品中来源于大型商场的有10款，均符合要求；来源于一般街边小店的有5款，内在质量符合要求但使用说明均不规范，如正规标签缺乏、维护符号顺序不正确、未标示规格型号等。综合本次结果来看，实体店的羊绒（毛）衫质量比网购的靠谱，尤其是正规商场，建议消费者选购羊绒（毛）衫尽量选择大型商场。

疑问三：羊绒（毛）衫是否价格越高越好？

概念普及：羊毛纤维柔软而富有弹性，其制品羊毛衫手感丰满、保暖性好、穿着舒适，是冬季保暖的首选；羊绒是生长在山羊外表皮层，掩在粗毛根部的一层薄薄的细绒，属于稀有的特种动物纤维，其制品羊绒衫质量轻薄，手感柔软，色泽自然柔和，保暖性能比羊毛更好。

30款样品中3款羊毛衫全部符合要求，价位均在399元至500元之间，区别不大。27款羊绒衫中，价格在1500元以上的有9款，其中7款符合要求、2款内在质量符合要求但使用说明不规范；价格在1000—1500元的有13款，其中6款符合要求、1款色牢度不符合要求、6款内在质量符合要求但使用说明不规范；价格在500—1000元的有2款，其中1款符合要求、1款内在质量符合要求但使用说明不规范；价格在500元以下的有3款，其中1款符合要求、2款纤维含量不符合要求。由此可见，价格越高羊绒衫的质量相对越有保障。值得关注的是，2款纤维含量不符合要求的羊绒衫均是以羊毛冒充羊绒，价格均在300元以下，消费者应注意价格过低的羊绒衫商品可能存在以次充好的风险。

1.起球性能。概念普及之起球原因：由于羊绒、羊毛纤维表面的鳞片结构具有易相互纠缠的特性，在穿着的过程中表面纤维不断受外力摩擦作用，表面的一根或多根纤维极易形成毛茸，随着摩擦的继续相互纠结形成球形状态，产生起毛起球的现象。另外，不同羊绒或羊毛纱线的生产工艺不同，分为精梳或者粗梳，对于起球性能也有一定影响。

概念普及之精纺与粗纺：羊绒、羊毛纱线粗纺与精纺的区别，就是羊绒或羊毛原毛在纺成纱线过程中，因工艺流程不同而形成的在外观上可分辨的粗细不同的两种纱线。一般来说，精纺羊绒或羊毛纱线比粗纺羊绒或羊毛纱线更细，精纺产品表面平整光洁，织纹细密清晰，相比于粗纺产品更不容易起球，保暖性更好，质量更优越。

根据结果来看，本次30款样品的起球性能均符合产品所标示的要求。从价格来看，1000元以下的5款羊绒衫中有4款为粗纺制品，1款为精纺制品（存在以100%羊毛冒充100%羊绒），3款羊毛衫全部为精纺制品；1000元以上的22款羊绒衫中，来源于实体商场的7款羊绒衫全部为精纺制品，来源于街边小店的5款羊绒衫有3款为粗纺制品，而来源于网络店铺的10款羊绒衫中仅1款为精纺制品，其余9款均为粗纺制品。因此建议消费者尽量到正规的实体商场选购羊绒衫。

2.顶破强力。概念普及之顶破强力：反映羊绒或羊毛等针织品的牢固程度，指当织物局部受到垂直于其平面的外力作用，鼓起扩张而破裂的现象，是衡量织物抵抗局部垂直力破坏的指标。它通过模拟人体穿着时，膝盖、手肘等部位运动时和衣服作用的受力情况来反映。顶破强度强力的大小与纱线的粗细、编结的密度等有关，顶破强度强力越大，表明羊绒或羊毛衫使用寿命越长。

测试结果显示，30款样品的顶破强力全部符合标识中产品执行标准的要求。可见无论线上还是线下，价格高还是低，羊绒（毛）衫的顶破强力均无太大区别。

3.色牢度。概念普及之色牢度：是指染色服装颜色保持坚牢的程度评价标准，即羊绒衫或羊毛衫中的染料或颜料在各种外界因素影响下，保持原有色泽的能力。色牢度不达标的服装遇到水、汗渍或唾液时，易导致染料从纺织品转移到人体皮肤上，染料分子和重金属离子可能会被皮肤吸收，也易玷污其他服装。

测试结果显示，30款样品中仅有1款来源于网络平台样品的耐汗渍（碱）色牢度不符合标准要求，价格在1000—1500元。

综合以上3项性能，我们发现不同销售渠道的羊绒衫商品品质还是存在一定差异的。购买价位较高的羊绒衫商品时，建议消费者尽量选择正规的实体商场。

二、购买建议

一是选择合适的渠道和价位。尽量到正规的商场和专柜等实体店中现场选购有品牌保证的羊绒衫和羊毛衫，选择较为合适的价格，价格过低的羊绒衫存在以次充好的可能。

二是多看使用说明。消费者在选购前应仔细阅读羊绒衫或羊毛衫的使用说明，查看商品的规格、型号、生产者信息、纤维成分及含量、产品标准等基本信息是否齐全。尤其注意纤维成分含量，国家标准规定：山羊绒含量达95%及以上，且疑似羊毛≤5%的产品可标注为“100%山羊绒”“纯山羊绒”或“全山羊绒”。主要是考虑到山羊绒纤维存在形态变异及非人为混入羊毛的因素，允许有≤5%的疑似羊毛，但仅限于疑似羊毛的羊毛纤维或山羊绒纤维。如含有其他纤维，即使占比在5%以内，也应如实标明所含纤维名称和含量，而不能标称“100%山羊绒”。

三是多触摸感受。尽量选择手感丰盈柔软、富有弹性的羊绒衫或羊毛衫制品，质感好的生产工艺也同样过关。同时羊绒衫、羊毛衫尽量选择浅色系，染色过程或多或少会伤害到羊绒或羊毛纤维结构，影响最终质感。

青岛市消费者权益保护委员会

中老年休闲鞋、旅游鞋比较试验报告

近年来，我国人口老龄化趋于严重，中老年人口接近全国人口的一半，中老年人口规模为中老年鞋行业提供了巨大的市场基础。随着社会经济的发展、社会角色与生活环境的影响，现代社会的中老年人的鞋类消费也日趋多样化，尤其是休闲鞋、旅游鞋已成为我国鞋类市场的重要组成部分。由于人的下肢在几十年的负重支撑和运动中，脚的肌肉、骨骼、筋腱等都产生了一定的变化，这一变化会影响到中老年人站立、行走的平衡与稳定，这就需要在中老年鞋的设计中必须具备相应的安全性能。

今年6月青岛市消费者权益保护委员会开展了中老年休闲鞋、旅游鞋质量满意度微调查，结果显示消费者购买休闲鞋、旅游鞋时首先关注的因素是鞋的舒适度、防滑性能以及鞋子的材料是否环保，其次才会关注鞋子的外观款式、价格。安全性能已成为消费者最关注的热点。为了给消费者提供全面的消费信息，青岛市消保委开展了中老年休闲鞋、旅游鞋比较试验。

本次比较试验共购买样品40款，委托青岛市产品质量监督检验研究院重点测试了外底耐磨性能、耐折性能、游离或部分可分解甲醛、可分解芳香胺染料、剥离强度、防滑性能、壬基酚聚氧乙烯醚（NPEO）、舒适性8项指标。其中防滑性能、壬基酚聚氧乙烯醚2项指标在检测中引入欧盟REACH法规规定标准，根据测试情况结合国际惯例进行分级评价。此外，本次比较试验首次采用中老年人实际试穿的方式来评估此舒适性指标，共邀请了25名志愿者进行现场试穿，对每一双鞋的舒适度进行测评。比较试验结果显示样品质量总体较好。

一、外底耐磨性能

耐磨性能是鞋底是否容易磨损的指标，也是鞋类检测的核心指标，鞋底耐磨性不好，既会导致鞋子在短期内因鞋底过度磨损发生变形，影响穿着舒适性，也会导致鞋底花纹被迅速磨掉，影响鞋底止滑性能。不仅如此，磨损后的鞋子可能出现一边高一边低的情况，如果是老人穿着磨损后的鞋子，走路时容易影响平衡，稍不注意就会摔倒。而鞋底的耐磨性和材质有很大的关系。目前，老年鞋常用的鞋底材料主要有橡胶底、TPR底及EVA组合底等。其中，EVA发泡材料由于轻、软、弹性好的特点，被企业广泛使用，但这种材料的耐磨性能较差，需要和橡胶等材料合理搭配才行。

QB/T 2955-2017《休闲鞋》中规定磨痕长度≤14.0mm，GB/T 15107-2013《旅游鞋》中规定磨痕长度（非发泡材料）≤12.0mm，磨痕长度（发泡材料）≤14.0mm，根据此次比较试验的数据分析，1款鞋磨痕长度大于14.0mm不符合标准要求；8款鞋磨痕长度为10—14.0mm，耐磨性能一般；其余31款鞋耐磨性能较好。

表1　外底耐磨性能测试数据一览表

样品名称	商标	货号款号	分类	外底耐磨性能	最大值（mm）
男鞋	伊能健	6701	男	左：未见磨痕 右：未见磨痕	未见磨痕
女鞋	伊能健	7701	女	左：未见磨痕 右：未见磨痕	未见磨痕
九防健步鞋	九防健步	JF-020	男	左：3.3mm 右：3.3mm	3.3
足佰健老人鞋	足佰健（Zubaijian）	X78132-3	男	左：3.8mm 右：3.8mm	3.8
男单鞋	jinho（金猴）	BXS3-280839A	男	左：4.5mm 右：4.5mm	4.5
荣仕休闲健康鞋	荣仕	A1919	男	左：4.7mm 右：4.6mm	4.7
温尔缦安全健步鞋	温尔缦	302	女	左：4.6mm 右：4.7mm	4.7
功能运动鞋	兴顺福	SC1BM0038	男	左：4.8mm 右：4.8mm	4.8

续表

样品名称	商标	货号款号	分类	外底耐磨性能	最大值（mm）
女时尚慢跑鞋	K-TUO	KT-989690	女	左：4.9mm 右：4.8mm	4.9
棉鞋	—	85398	男	左：5.0mm 右：5.0mm	5
优力康健步鞋	优力康	A619-8	女	左：5.0mm 右：5.0mm	5
安全老人鞋	—	A3306	男	左：5.1mm 右：5.2mm	5.2
八特鞋男鞋-51	图形商标	9SXM-80E888-51	男	左：5.3mm 右：5.3mm	5.3
男休闲鞋	孚德	KL89932	男	左：5.8mm 右：5.8mm	5.8
女减震跑鞋	LI-NING	ARHP116-3	女	左：4.8mm（黑色） 6.0mm（白色） 右：4.7mm（黑色） 6.0mm（白色）	6
冰爽鞋（男款）	足力健	19601	男	左：6.4mm（灰色） 4.2mm（黑色） 右：6.4mm（灰色） 4.2mm（黑色）	6.4
八特鞋女鞋-51	图形商标	9SXW-80E888-51	女	左：6.5mm 右：6.4mm	6.5
男鞋	木林森	17192576	男	左：6.5mm 右：6.5mm	6.5
中老年健康鞋	—	560	女	左：7.0mm 右：7.0mm	7
时尚休闲鞋	J&MELASTICITY TM	78233M	男	左：7.1mm 右：7.0mm	7.1
男款休闲鞋	TECTOP	91847	男	左：7.2mm 右：7.3mm	7.3
中老年健康鞋	康乐健	6970	女	左：5.3mm（白色） 7.4mm（橘红色） 右：5.3mm（白色） 7.5mm（橘红色）	7.5
男式旅游鞋	健足乐	J932605052	男	左：7.5mm 右：7.5mm	7.5
健步鞋（运动休闲鞋系列）	申耐德	1908	女	左：7.8mm 右：7.8mm	7.8
健康鞋（休闲鞋）	DIANKOU（点寇）	201	女	左：7.8mm 右：7.7mm	7.8

续表

样品名称	商标	货号款号	分类	外底耐磨性能	最大值（mm）
健步鞋	Do-win	HS6502D	男	左：8.2mm 右：8.3mm	8.3
安踏跑步系列－女跑鞋	图形商标	12935576-2	女	左：8.5mm 右：8.5mm	8.5
女健步鞋	Sprandi	S2923306-1	女	左：8.8mm 右：8.8mm	8.8
健康鞋	隆鹰	77316	女	左：8.9mm 右：8.9mm	8.9
女士健走鞋	TOREAD	TFOH82705	女	左：8.8mm（白色） 3.5mm（黑色） 右：8.9mm（白色） 3.5mm（黑色）	8.9
女休闲鞋	SKECHERS（斯凯奇）TM	15915/NTCL	女	左：6.4mm（白色） 9.3mm（红色） 右：6.4mm（白色） 9.3mm（红色）	9.3
慢跑鞋	N	LX8800	女	左：11.7mm 右：11.7mm	11.7
中老年健康鞋（休闲鞋）	Z.C.T	YD636	女	左：11.7mm 右：11.7mm	11.7
骆驼休闲鞋	图形商标	A191896903	女	左：11.4mm 右：11.8mm	11.8
旺克老人鞋	ONKE旺克	K-series	女	左：12.0mm 右：12.0mm	12
WXY（L）-3951型休闲运动鞋	—	WXY（L）-395105	男	左：12.1mm（白色） 5.0mm（黑色） 右：12.1mm（白色） 5.1mm（黑色）	12.1
男款休闲鞋	DUDE	150204601	男	左：12.4mm 右：12.3mm	12.4
丽足康中老年鞋	丽足康	C602	女	左：未见磨痕（灰色） 13.0mm（红色） 右：未见磨痕（灰色） 12.9mm（红色）	13
丽足康中老年鞋	丽足康	M605	男	左：未见磨痕（灰色） 13.4mm（黑色） 右：未见磨痕（灰色） 13.6mm（黑色）	13.6
男式休闲鞋	crocs TM	203977	男	左：16.5mm 右：16.4mm	16.5

二、耐折性能

耐折测试可以直接反映出成鞋帮面、底材的强度、韧性以及帮底、围条的结合牢度，是成鞋内在品质的重要指标。对于偏运动类产品来说，这一指标尤为重要。若该项目不符合标准要求，穿着时易引发鞋底断裂或帮面开裂、帮底开胶等问题，影响消费者正常使用。

QB/T 2955-2017《休闲鞋》中规定试验后割口裂口长度不应大于20.0mm，折后出现新裂纹长度不应超过3处且单个裂纹长度不应大于5.0mm。同时折后不应出现帮面裂浆、裂面，底墙、帮底或鞋底开胶长度不应大于5.0mm。鞋底不应出现涂色脱落。沿条处不应出现裂纹。气（液）垫不应出现漏气（液）、瘪塌现象。GB/T 15107-2013《旅游鞋》中规定折后不得出现帮面裂面；底墙、帮底、鞋底开胶≤5.0mm；折后鞋底出现裂纹不得超过3处，且最长裂纹长度≤5.0mm；鞋底不得出现涂色脱落；有气（液）垫的鞋折后气（液）垫不应出现漏气（液）、瘪塌现象。本次比较试验中1款样品鞋试验后底墙出现开胶两处，长度分别为7.9mm、8.0mm，不符合标准要求；其余39款样品鞋耐折性能较好。

表2 耐折性能不符合标准要求的样品表

样品名称	商标	货号款号	分类	耐折性能
九防健步鞋	九防健步	JF-020	男	底墙出现开胶两处，长度分别为7.9mm、8.0mm，未出现帮面裂面，鞋底未出现裂纹，其余符合要求

三、剥离强度

剥离强度是考核鞋类产品帮面与鞋底黏合牢度的重要指标，剥离强度不合格的鞋子，容易在穿着过程中导致子口部位开口、开胶，使帮面与鞋底分离，从而影响穿着。QB/T 2955-2017《休闲鞋》中规定剥离强度≥40N/cm，GB/T 15107-2013《旅游鞋》中规定底墙与帮面剥离强度≥70N/cm，帮底剥离强度≥45N/cm。本次比较试验中40款样品鞋的剥离强度均符合要求。

四、游离或部分可水解的甲醛（帮面、衬里）

甲醛作为反应剂被广泛地应用于各种纺织整理助剂中，我们日常所使用的很多纺织面料、皮革制品都含有甲醛，在人们使用和穿着过程中会逐渐释出游离甲醛，直接接触可能会引起皮肤过敏，高浓度吸入时会出现呼吸道严重刺激、头疼等症状。QB/T 2955-2017《休闲鞋》和GB/T 15107-2013《旅游鞋》中规定直接与脚接触的材料甲醛含量≤75mg/kg，不与脚直接接触的材料甲醛含量≤300mg/kg。本次比较试验中40款样品鞋游离或可部分水解的甲醛含量均符合要求。

五、可分解有害芳香胺染料（帮面、衬里）

可分解有害芳香胺染料在一定条件下，可分解还原出具有致癌性的20多种芳香胺类，这种染料在与人体长期接触的过程中，其有害成分被皮肤吸收，并在人体内扩散，然后与人体正常新陈代谢过程中释放的物质混合起来，发生还原反应。在特殊条件下分解产生20多种致癌芳香胺，形成致癌芳香胺化合物，经过活化作用而改变人体的DNA结构，引起病变和诱发恶性肿瘤物质，导致膀胱癌、输尿管癌、肾盂癌等恶性疾病。除伤害人体健康之外，在生产“禁用偶氮染料”的过程中还会大量排污，由此造成严重的环境污染。

QB/T 2955-2017《休闲鞋》和GB/T 15107-2013《旅游鞋》中规定纺织品可分解有害芳香胺≤20mg/kg，皮革可分解有害芳香胺≤30mg/kg。本次比较试验中40款样品鞋可分解有害芳香胺染料均未检出，符合标准要求。

六、防滑性能

目前国内没有针对老年鞋防滑性能的测试要求。所以此次防滑试验采用了欧洲个人防护鞋防滑性能测试方法，模拟人正常行走时，鞋子与地面的摩擦情况，结合老年鞋的实际穿着使用条件，选取了相对较为光滑的瓷砖作为测试界面，分别在界面干燥和湿润的条件下测试了鞋子的防滑性能。并借鉴海外买家产品质量要求鞋子的摩擦系数不低于0.28作为参考值。鞋子与界面的摩擦系数低于参考值且系数越低，实际穿着中滑倒的风险就越大。

根据本次比较试验的数据分析，在界面干燥的条件下，40款样品鞋的摩擦系数都能达到或高于参考值；但在有水存在的条件下，所有样品鞋的摩擦系数均明显低于干燥条件下的值。其中有9款鞋的摩擦系数低于参考值0.28，占比22.5%，最低值为0.21，中位值为0.31；线上及线下购买的鞋均有不同比例检测出摩擦系数低于参考值；不同的价格区间也均出现了数据低于参考值的情况。

表3 防滑性能测试数据一览表

产品名称	商标	货号款号	分类	防滑数据（摩擦系数）							排名/
				前掌		后跟		平滑		最低值	
				干	湿	干	湿	干	湿		/
男休闲鞋	孚德	KL89932	男	1.43	0.45	1.35	0.52	1.62	0.58	0.45	1
时尚休闲鞋	J&MELASTICITY TM	78233M	男	0.92	0.39	0.97	0.40	1.11	0.52	0.39	2
中老年健康鞋	康乐健	6970	女	0.59	0.39	0.98	0.43	0.77	0.39	0.39	3
男款休闲鞋	DUDE	150204601	男	0.74	0.38	0.87	0.40	0.93	0.43	0.38	4
足佰健老人鞋	足佰健（Zubaijian）	X78132-3	男	1.07	0.37	1.13	0.42	1.34	0.53	0.37	5
男鞋	伊能健	6701	男	0.59	0.37	0.61	0.40	0.80	0.48	0.37	6
丽足康中老年鞋	丽足康	M605	男	0.90	0.37	0.78	0.39	1.02	0.44	0.37	7
男鞋	木林森	17192576	男	0.45	0.35	0.53	0.49	0.59	0.51	0.35	8
中老年健康鞋	—	560	女	0.56	0.37	0.71	0.35	0.74	0.40	0.35	9
健步鞋	Do-win	HS6502D	男	0.62	0.33	0.65	0.35	0.70	0.40	0.33	10
健步鞋	申耐德	1908	女	0.56	0.37	0.60	0.33	0.62	0.42	0.33	11
男款休闲鞋	TECTOP	91847	男	0.63	0.33	0.64	0.36	0.77	0.40	0.33	12
男式休闲鞋	crocs TM	203977	男	0.72	0.33	0.69	0.36	0.78	0.35	0.33	13
慢跑鞋	N	LX8800	女	0.64	0.35	0.63	0.33	0.72	0.34	0.33	14
男式旅游鞋	健足乐	J932605052	男	0.65	0.34	0.57	0.35	0.61	0.33	0.33	15
女休闲鞋	SKECHERS（斯凯奇）TM	15915/NTCL	女	0.89	0.32	0.99	0.40	1.03	0.48	0.32	16
女鞋	伊能健	7701	女	0.63	0.32	0.78	0.39	0.76	0.40	0.32	17
健康鞋	隆鹰	77316	女	1.08	0.33	1.00	0.32	1.37	0.35	0.32	18
WXY（L）-3951型休闲运动鞋	—	WXY（L）-395105	男	0.66	0.32	0.56	0.33	0.63	0.33	0.32	19
优力康健步鞋	优力康	A619-8	女	0.66	0.31	0.65	0.38	0.81	0.46	0.31	20
骆驼休闲鞋	图形商标	A191896903	女	1.28	0.31	1.29	0.31	1.87	0.48	0.31	21
丽足康中老年鞋	丽足康	C602	女	0.88	0.30	0.82	0.45	0.94	0.46	0.30	22
冰爽鞋	足力健	19601	男	0.86	0.35	0.92	0.30	0.91	0.36	0.30	23
中老年健康鞋	Z.C.T	YD636	女	0.76	0.31	0.87	0.30	1.07	0.31	0.30	24
安全老人鞋	—	A3306	男	1.03	0.29	1.11	0.32	1.28	0.38	0.29	25
女健步鞋	Sprandi	S2923306-1	女	0.70	0.29	0.67	0.31	0.79	0.38	0.29	26
安踏跑步系列-女跑鞋	图形商标	12935576-2	女	0.53	0.31	0.61	0.31	0.61	0.29	0.29	27
功能运动鞋	兴顺福	SC1BM0038	男	0.79	0.29	0.70	0.30	0.92	0.33	0.29	28
女时尚慢跑鞋	K-TUO	KT-989690	女	1.28	0.30	1.26	0.29	1.51	0.30	0.29	29
九防健步鞋	九防健步	JF-020	男	1.25	0.28	1.04	0.34	1.37	0.34	0.28	30
八特鞋男鞋-51	图形商标	9SXM-80E888-51	男	1.15	0.28	1.08	0.28	1.32	0.37	0.28	31
荣仕休闲健康鞋	荣仕	A1919	男	1.06	0.33	1.01	0.26	1.29	0.44	0.26	32
旺克老人鞋	ONKE旺克	K-series	女	0.66	0.26	0.72	0.29	0.74	0.33	0.26	33

续表

产品名称	商　　标	货号款号	分类	防滑数据（摩擦系数）							排名
				前掌		后跟		平滑		最低值	/
				干	湿	干	湿	干	湿		/
女减震跑鞋	LI-NING	ARHP116-3	女	0.49	0.25	0.63	0.29	0.57	0.31	0.25	34
男单鞋	jinho（金猴）	BXS3-280839A	男	0.90	0.25	1.01	0.24	1.18	0.30	0.24	35
棉鞋	—	85398	男	0.96	0.24	0.89	0.24	0.95	0.42	0.24	36
健康鞋	DIANKOU（点寇）	201	女	0.54	0.23	0.58	0.26	0.63	0.30	0.23	37
八特鞋女鞋-51	图形商标	9SXW-80E888-51	女	1.16	0.23	1.03	0.25	1.31	0.33	0.23	38
温尔缦安全健步鞋	温尔缦	302	女	1.15	0.22	1.21	0.32	1.44	0.32	0.22	39
女士健走鞋	TOREAD	TFOH82705	女	1.10	0.21	0.98	0.27	1.22	0.30	0.21	40

排名及数据说明：

1. 防滑按照每款鞋最小值由好到差进行排列，如果最小值相同则按照次小值排列，依次类推。

2. 黄色背景数据是低于参考值0.28。

七、壬基酚聚氧乙烯醚

壬基酚聚氧乙烯醚是常用的表面活性剂，作为清洁剂、乳化剂等助剂常常用于纺织品生产加工过程中。该物质具有持久性，不仅对哺乳动物和水生生物具有毒性和致癌性，而且会扰乱人体激素分泌。欧盟法规对化学有害物质的限量要求较国内完善，此次比较试验还参考欧盟法规的要求测试了鞋子纺织材料中壬基酚聚氧乙烯醚的含量。

欧盟REACH法规规定，纺织品中壬基酚聚氧乙烯醚的含量不得高于100mg/kg。参考此要求，本次比较试验共有6款鞋的纺织类材料该物质含量超过100mg/kg，占比15%，最差值为593.98mg/kg。共有6款鞋未检出该物质，占比15%。共有28款样品鞋含有该物质，但低于参考值，占比70%；线上及线下购买的鞋均有不同比例检出该物质超过参考值；相较之下品牌鞋的此项物质含量表现较好，价格在200元以上的鞋该物质含量都低于参考值。

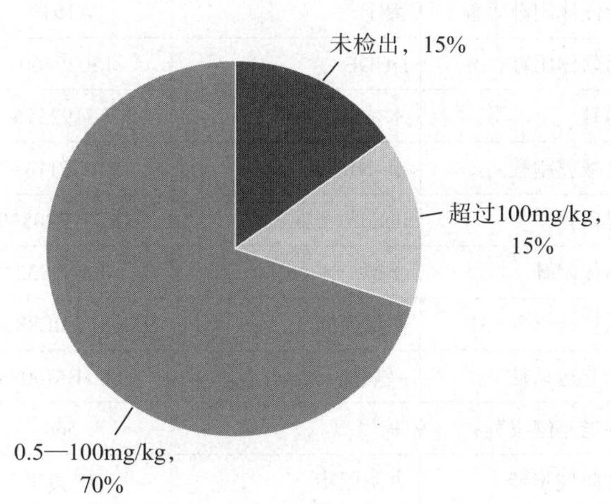

图1　壬基酚聚氧乙烯醚（NPEO）检出值

表4　壬基酚聚氧乙烯醚测试数据一览表

产品名称	商　　标	货号款号	分类	壬基酚聚氧乙烯醚（单位：mg/kg）						排名
				帮面		衬里		鞋垫	最差值	/
				部位1	部位2	部位1	部位2	鞋垫		/
丽足康中老年鞋	丽足康	M605	男	ND	—	ND	—	ND	ND	1
女休闲鞋	SKECHERS（斯凯奇）TM	15915/NTCL	女	ND	—	ND	—	ND	ND	1
WXY（L）-3951型休闲运动鞋	—	WXY（L）-395105	男	ND	—	ND	—	ND	ND	1
冰爽鞋	足力健	19601	男	ND	—	ND	—	ND	ND	1

续表

产品名称	商　标	货号款号	分类	壬基酚聚氧乙烯醚（单位：mg/kg）						排名
				帮面		衬里		鞋垫	最差值	/
				部位1	部位2	部位1	部位2	鞋垫		/
中老年健康鞋	Z.C.T	YD636	女	ND	—	ND	ND	ND	ND	1
安踏跑步系列	图形商标	12935576-2	女	ND	—	ND	ND	ND	ND	1
丽足康中老年鞋	丽足康	C602	女	0.59	—	ND	—	ND	0.59	7
健步鞋	申耐德	1908	女	0.62	—	0.55	ND	ND	0.62	8
女时尚慢跑鞋	K-TUO	KT-989690	女	0.66	—	0.60	0.53	ND	0.66	9
优力康健步鞋	优力康	A619-8	女	0.68	ND	ND	—	ND	0.68	10
中老年健康鞋	康乐健	6970	女	ND	—	0.89	ND	ND	0.89	11
骆驼休闲鞋	图形商标	A191896903	女	1.01	ND	/	—	ND	1.01	12
女士健走鞋	TOREAD	TFOH82705	女	ND	—	1.16	—	ND	1.16	13
女健步鞋	Sprandi	S2923306-1	女	ND	—	1.56	ND	ND	1.56	14
女鞋	伊能健	7701	女	0.66	—	ND	—	1.71	1.71	15
荣仕休闲健康鞋	荣仕	A1919	男	1.46	—	1.72	0.78	0.89	1.72	16
男款休闲鞋	DUDE	150204601	男	ND	—	ND	—	1.76	1.76	17
男鞋	木林森	17192576	男	1.15	—	1.76	—	ND	1.76	18
女减震跑鞋	LI-NING	ARHP116-3	女	0.51	—	ND	—	1.96	1.96	19
男单鞋	jinho（金猴）	BXS3-280839A	男	2.61	—	2.18	—	—	2.61	20
男休闲鞋	孚德	KL89932	男	4.67	—	/	—	—	4.67	21
八特鞋男鞋-51	图形商标	9SXM-80E888-51	男	5.34	—	ND	—	ND	5.34	22
功能运动鞋	兴顺福	SC1BM0038	男	5.93	—	1.45	ND	ND	5.93	23
中老年健康鞋	—	560	女	ND	ND	6.43	—	ND	6.43	24
九防健步鞋	九防健步	JF-020	男	1.53	7.34	ND	ND	ND	7.34	25
安全老人鞋	—	A3306	男	ND	24.47	ND	—	ND	24.47	26
时尚休闲鞋	J&MELASTICITY TM	78233M	男	25.61	—	17.89	—	0.79	25.61	27
健康鞋	隆鹰	77316	女	ND	—	ND	ND	26.72	26.72	28
男式休闲鞋	crocs TM	203977	男	0.75	—	34.62	—	0.64	34.62	29
男鞋	伊能健	6701	男	38.09	—	ND	—	ND	38.09	30
健康鞋（休闲鞋）	DIANKOU（点寇）	201	女	ND		ND	47.52	ND	47.52	31
男式旅游鞋	健足乐	J932605052	男	47.73	—	6.33	42.30	ND	47.73	32
足佰健老人鞋	足佰健（Zubaijian）	X78132-3	男	0.54	2.86	25.25	47.91	ND	47.91	33
温尔缦安全健步鞋	温尔缦	302	女	0.74	45.04	68.21	31.38	ND	68.21	34
八特鞋女鞋-51	图形商标	9SXW-80E888-51	女	1.37	—	171.83	—	0.67	171.83	35
男款休闲鞋	TECTOP	91847	男	174.12	—	2.44	—	ND	174.12	36
健步鞋	Do-win	HS6502D	男	193.18	—	9.24	—	0.94	193.18	37

续表

产品名称	商标	货号款号	分类	壬基酚聚氧乙烯醚（单位：mg/kg）						排名
				帮面		衬里		鞋垫	最差值	/
				部位1	部位2	部位1	部位2	鞋垫		/
旺克老人鞋	ONKE旺克	K-series	女	263.16	—	2.51	—	ND	263.16	38
慢跑鞋	N	LX8800	女	20.60	—	321.84	—	1.07	321.84	39
棉鞋	—	85398	男	13.73	593.98	324.36	—	—	593.98	40

八、舒适性

舒适性是老年人对鞋子关注的一个重点，此次比较试验采用老年人实际试穿的方式来评估此项指标。25名志愿者通过静态站立、行走、上下楼梯等日常穿着行为，对鞋子的轻便性、包裹性、鞋底舒适性以及综合舒适性等10项舒适性指标进行评分，每双鞋由5名志愿者试穿评分，最后取平均值。整体舒适性评估结果共分为5个等级，排名等级及依据：非常舒适：整体舒适性平均分数≥4.5，且每位试穿人员的整体舒适性评分≥4；比较舒适：整体舒适性平均分数≥4，且每位试穿人员的整体舒适性评分≥4；一般舒适：整体舒适性平均分数≥3；不太舒适：整体舒适性平均分数<3；极为不舒适：整体舒适性平均分数<2。

结果分布情况如下：非常舒适共10款，比较舒适7款，一般舒适21款，不太舒适1款，极为不舒适0款。

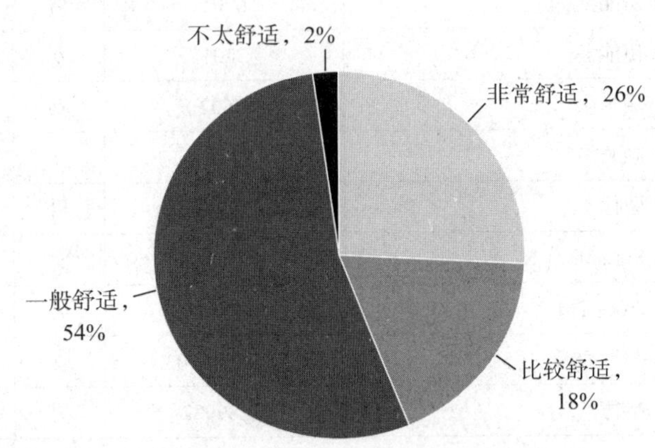

图2 整体舒适性评估等级分布比例

此次舒适性评估结果整体表现较好，说明市场对老年鞋的舒适性有足够的重视。对于鞋子的轻便性，各个款式都表现较好；鞋底及鞋帮的舒适性，大都表现令人满意，只有1款鞋表现较为不舒适；宽松舒适性方面，即使尺码相同，不同品牌及款式表现出的宽松程度也不尽相同，建议老年消费者通过试穿来挑选适合自身脚型及尺码的鞋。另外试验结果显示，舒适性的好坏与鞋子的价格没有明显的关联。

表5 舒适度测试数据一览表

产品名称	商标	货号款号	分类	整体平均分	舒适性等级
丽足康中老年鞋	丽足康	M605	男	4.50	非常舒适
八特鞋女鞋-51	图形商标	9SXW-80E888-51	女	4.50	
女休闲鞋	SKECHERS（斯凯奇）TM	15915/NTCL	女	4.50	
女士健走鞋	TOREAD	TFOH82705	女	5.00	

续表

产品名称	商　标	货号款号	分类	整体平均分	舒适性等级
慢跑鞋	N	LX8800	女	4.83	比较舒适
女时尚慢跑鞋	K-TUO	KT-989690	女	4.50	
男鞋	木林森	17192576	男	5.00	
时尚休闲鞋	J&MELASTICITY TM	78233M	男	4.67	
安全老人鞋	—	A3306	男	4.80	
健康鞋（休闲鞋）	DIANKOU（点寇）	201	女	4.67	
八特鞋男鞋-51	图形商标	9SXM-80E888-51	男	4.20	
男单鞋	jinho（金猴）	BXS3-280839A	男	4.20	
九防健步鞋	九防健步	JF-020	男	4.17	
旺克老人鞋	ONKE旺克	K-series	女	4.20	
温尔缦安全健步鞋	温尔缦	302	女	4.20	
优力康健步鞋	优力康	A619-8	女	4.33	
WXY（L）-3951型休闲运动鞋	—	WXY（L）-395105	男	4.20	
男鞋	伊能健	6701	男	4.33	一般舒适
女鞋	伊能健	7701	女	3.80	
丽足康中老年鞋	丽足康	C602	女	4.17	
健康鞋	隆鹰	77316	女	3.33	
荣仕休闲健康鞋	荣仕	A1919	男	4.17	
女健步鞋	Sprandi	S2923306-1	女	3.83	
男式休闲鞋	crocs TM	203977	男	3.40	
骆驼休闲鞋	图形商标	A191896903	女	3.80	
男休闲鞋	孚德	KL89932	男	4.17	
男款休闲鞋	TECTOP	91847	男	4.33	
冰爽鞋（男款）	足力健	19601	男	4.00	
中老年健康鞋（休闲鞋）	Z.C.T	YD636	女	3.50	
中老年健康鞋（休闲鞋）	康乐健	6970	女	4.00	
健步鞋	Do-win	HS6502D	男	4.00	
中老年健康鞋	—	560	女	3.67	
棉鞋	—	85398	男	3.67	
男式旅游鞋	健足乐	J932605052	男	3.83	
女减震跑鞋	LI-NING	ARHP116-3	女	3.00	
安踏跑步系列-女跑鞋	图形商标	12935576-2	女	3.50	
健步鞋（运动休闲鞋系列）	申耐德	1908	女	3.50	
足佰健老人鞋	足佰健（Zubaijian）	X78132-3	男	3.00	
功能运动鞋	兴顺福	SC1BM0038	男	2.67	不太舒适
男款休闲鞋	DUDE	150204601	男	5.00	一人试穿不评价

九、消费提示

化学有害物质的含量，一般肉眼不能识别，但是部分化学有害物质会作为染色的助剂存在，建议消费者在选择鞋子时，尽量选择浅色或者未经染色的鞋，避免选择颜色较深或鲜艳的鞋，尤其是长期与脚接触的衬里及鞋垫部位。

购买时检查鞋子瑕疵，比如：鞋底是否平整，是否左右歪曲，鞋底的橡胶贴片是否能很好地贴合地面，避免鞋子与地面接触不充分。消费者通常容易忽视鞋底平整情况的检查。如果条件允许，可以将鞋子放在水平的台面上进行观察。

通常一双鞋并不能在所有的穿着条件下都具有优异的防滑性能。中老年消费者在购买鞋时，首先应考虑鞋子的穿着条件（比如路面情况，是否会在雨天或地面湿润的条件下穿着），根据穿着条件，购买适合的鞋。而鞋底的材质、纹路、构造以及加工过程产生的瑕疵等都对防滑性能有影响。

材质：一般情况下，实心橡胶鞋底的防滑性能优于发泡鞋底；较光亮的鞋底防滑性相对较差；在比较光滑的地面上（比如一般商场用的地砖、大理石等），特别硬的鞋底防滑性较差，成人用手指尖按压鞋底时，不易变形的一般属于特别硬的鞋底。

图3 橡胶鞋底

图4 发泡鞋底

纹路：纹路方向多样化的鞋底在不同的地面具有较好的防滑性能。在光滑的地面，纹路较细较浅的鞋底（但是在行走中纹路不能严重变形）防滑性相对较好。在户外的地面（比如有砂石的路面），纹路较大较深的鞋底防滑性相对较好。

构造：行走时，通常向后滑倒的风险较大，这是由于向前迈步时，鞋子的后跟部位先接触地面，而后跟通常又是防滑性较差的部位。后跟部位有一定的圆弧比例的鞋通常比后跟部位完全平整的鞋具有更好的防滑性能。因为具有一定弧度的后跟在与地面接触的瞬间，能获得更多的接触面积，从而增大与地面的摩擦力。

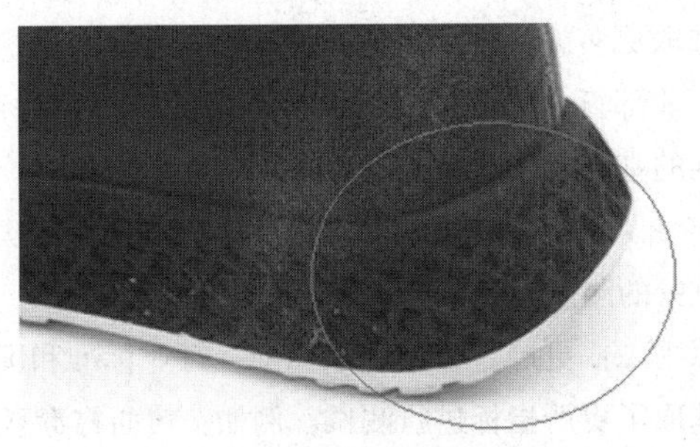

图5 鞋跟具有一定弧度的鞋

鞋子的摩擦力并不是越大越好，过大的摩擦力也可能会导致摔跤跌倒。此类情况易发生在无水的干燥界面上，消费者在试穿时，如果发现行走比较困难，有向前倾倒的趋势，则可能是由于摩擦力较大的原因造成的。

脚型也应着重考虑，人的脚一般有低或平足弓、正常足弓和高足弓3种类型。平足弓的人应该选后帮相对较硬、支撑力较强的鞋；高足弓的人则应选减震强、脚跟相对稳定的鞋。

中老年消费者最好到实体店试穿购买，如果网购，则尽量选择品牌店，多跟客服沟通，多看一下评论，特别是有图文视频的反馈。

保存好购物凭证，出现质量问题或消费纠纷及时向相关部门投诉或申诉。

深圳市消费者委员会

大米比较试验报告

站在消费者的角度，本次比较试验检测项目遵循更严、更高的原则，广泛征求了企业、业内专家和第三方检测机构的意见，不仅依据现行国家标准，而且参考了农业部行业标准、粮食行业标准、国家地理标志产品标准，以及欧盟污染物法规和农残法规进行客观检测，同时招募测评官进行主观测评，开展本次大米比较试验并对结果进行分级评价。

一、项目背景

大米是我国最重要的口粮，大米消费量占我国口粮消费总量的60%以上，我国有2/3以上的人口以大米作为主食，并且消费人群仍在扩大。我国消费者正从日常消费品时代步入消费升级品质消费时代，加之过去“毒大米、陈化粮”事件的曝光，加大了人们对大米的安全和品质的注重，在农业供给侧结构改革的大背景下，老百姓的普遍需求从“吃饱”转变为“吃好”。因此，安全又好吃成为消费者选购的重要标准。随着大米行业竞争的不断加剧，目前市场上的大米品牌繁多，全国范围内大米品牌数以万计，普通消费者很难甄别哪种大米是品质最好的。

品质消费时代的到来催生高端大米行业，为了给消费者提供更多、更全面的有关大米产品的消费信息，指导消费者正确选购大米，深圳市消费者委员会联合宝安区消费者委员会、龙岗区消费者委员会，共同委托深圳市品质消费研究院开展大米比较试验。通过科学的客观检测和感官测评告诉消费者大米的价值何在，哪些品牌的大米更安全可靠，更美味可口。

二、样品来源

本次比较试验的所有样品均由消费者委员会工作人员以普通消费者的身份在盒马、天猫、京东、唯品会、中粮我买网等网络电商平台随机购买。根据前期调查的结果，选择了热销的10款粳米和10款籼米，以五常大米、泰国香米和南方丝苗米为主，共计20款大米。大米单价从每斤（500g）2.99元至15.8元不等。

所购买的样品基本涵盖了调查中消费者熟知的以及网上销量高的品牌，例如中粮初萃、金龙鱼、柴火大院、十月稻田、五丰、恒大兴安、网易严选和广州龙轮。将样品送到专业的第三方检测机构——（CCIC）中检溯源华南技术服务（深圳）有限公司和（SGS）通标标准技术服务有限公司广州分公司，按照国家相关检测标准进行检测。

三、测试标准及方法

标准决定质量，有什么样的标准就有什么样的质量，只有高标准才有高质量。站在消费者的角度，本次比较试验检测项目采用更严、更高的标准限值。广泛征求了企业、业内专家和第三方检测机构的意见，不仅依据现行国家标准，而且参考了农业部行业标准、粮食行业标准、国家地理标志产品标准等，以及欧盟污染物法规和农残法规。包括安全指标、质量指标和营养指标等共计21个指标，均采用国内标准检测方法进行测试。遵循以下2个原则：

原则一：更多。综合国家标准、行业标准和国际标准，选取更多的标准项目进行测试。在综合考虑国家标准、农业部行业标准、粮食行业标准、国家地理标志产品标准的基础上，增加了消费者关心的农药残留、石蜡、直链淀粉、碱硝值、胶稠度等指标，选取作为本次大米比较试验的测试指标。

原则二：更严。根据国家标准、行业标准和国际标准，选取了更严指标进行测试。例如：黄曲霉毒素B_1参考了《绿色食品　稻米》的限值要求5.0μg/kg；100项农残检测参考了欧盟农残法规限值要求；重金属镉的限量采用我国与欧盟规定的0.2mg/kg要求，严于日本与国际食品法典委员会（CAC）规定的0.4mg/kg，其他指标限值也同样要求严苛。

表1　大米比较试验检测项目总表

类别	检测指标	依据法律法规或标准	备　注
安全指标	黄曲霉毒素 B_1	NY/T 419-2014《绿色食品　稻米》	真菌毒素指标，越低越好
	铅（以Pb计）	①GB 2762-2017《食品安全国家标准　食品污染物限量》； ②NY/T 419-2014《绿色食品　稻米》； ③欧盟污染物法规（EC）NO1881/2006	重金属指标，越低越好
	总汞（以Hg计）		
	铬（以Cr计）		
	镉（以Cd计）		
	农残100项	①GB 2763-2016； ②欧盟农药残留限量（EC）No 396/2005号法规及其修订单	农药残留指标，越低越好
	石蜡	GB 2760-2014《食品安全国家标准　食品添加剂使用标准》	需按规定使用的加工助剂，在大米中不得使用
质量指标	垩白度	GB/T 1354-2018《大米》	大米质量指标，越低越好
	碎米	GB/T 1354-2018《大米》	
	小碎米	GB/T 1354-2018《大米》	
	黄粒米含量	GB/T 1354-2018《大米》	
	脂肪酸值	—	存储品质指标，越低越好
	水分	GB/T 1354-2018《大米》； 产品标示的执行标准	大米的水分含量，越低越好
	直链淀粉含量	GB/T 1354-2018《大米》；NY/T 594-2013《食用粳米》；NY/T 595-2013《食用籼米》；产品标示的执行标准	反映大米口感的客观检测指标；大米等级的定等指标
	碱硝值		
	胶稠度		
营养指标	维生素 B_1	GB 28050-2011《食品安全国家标准　预包装食品营养标签通则》	维生素和矿物质指标，在规定范围内越高越好
	钙		
	铁		
	锌		
	硒	GB/T 22499-2008《富硒稻谷》	
净含量		GB/T 1354-2018《大米》； 产品标示的执行标准	产品的重量

四、比较试验结果

（一）20款大米安全性：不必担心农药重金属等安全问题，大家可以放心地吃！

大米是中国传统饮食习惯中必不可少的重要食品之一，大米的质量安全直接关系到消费者的身体健康。重金属、真菌毒素、农药残留和非法添加都是消费者最关心，也是大米最重要的安全指标。

本次比较试验安全测试结果显示：这些大米的安全性问题都不必担心，大家可以放心购买。

（二）大米的质量指标：20款大米加工程度均表现很好，但脂肪酸值差异大，部分大米不宜储存

水分、垩白度、碎米（小碎米）、黄粒米和脂肪酸值等质量指标是反映大米品质的重要指标，其检测值越大反映的是大米产品的质量指标越差，虽不至于影响食品安全，但会影响大米的外观、口感和储存品质等。

（三）大米的营养指标：部分大米检出微量元素钙、铁、硒，有特定营养需求的消费者可按需选择

大米中含碳水化合物75%左右，蛋白质7%—8%。米饭作为主食，除了提供碳水化合物为主的热量以外，维生素、微量元素也是大米重要的营养指标。

稻谷在碾米的过程中，糙米表面的皮层部分或全部被去除。碾得越精细，蒸出来的米饭口感越好，但是也去除了大部分的维生素和微量元素。近年来，市场上出

现了很多宣称带有高含量人体所需的微量元素的大米：高铁米、高钙米、高锌米、富硒米等。

（四）主观测评结果分析

本次大米主观测评活动发起招募测评官，有113个家庭报名参加，通过筛选的有78人成为本次测评官。活动为期1个月，共收集到692份答卷，经过进一步的分析和筛选，剔除不符合评分要求的答卷，剩余有效答卷为550份，统计对应有效人数为55人。

图1　消费者提供测评的照片

（五）主观测评总结

结果显示，粳米组的10款大米，网易严选有机五常稻花香米在总体喜好度上表现较突出，而其他9款产品差异性并不大，说明这10款粳米都“很受欢迎”。

在籼米组10款大米中，测评官对各款大米的喜欢程度有较大的区别，KO—KO（口口）牌泰国茉莉香米和壮瑶家香大米均表现突出，而福临门泰玉香一品茉莉香米则表现一般。

五、消费提示

（一）不“囤粮”，更新鲜

呼吁消费者要结合自身需求，科学理性购买大米，不要被打折促销所诱惑，也不要被各种宣传噱头所误导，更不要认为价格越贵质量越好。

在购买大米的时候，优惠再多，也不要一次购买太多，注重新鲜度和口感的消费者应尽量选择生产日期临近的产品。而且在购买后，应尽快食用，开袋后将剩余的大米妥善储存，要注意防潮隔热，尽可能存放在阴凉、干燥、通风的地方，不宜存放太久。

（二）关注原粮产地

大米的原粮产地成为直接引导消费者选购的重要因素之一。有些大米包装袋上没有标注大米的原粮产地，而标注的生产地并不代表原粮产地，导致消费者很难辨别大米到底来自哪里。因此，建议消费者应尽量选择在包装上清晰标明原粮产地的大米。

面膜比较试验报告

本次比较试验从消费者视角出发，针对消费者高度关注的安全性指标，如微生物、糖皮质激素、香料致敏原、防腐剂，并结合感官指标，参照现行国家标准、欧盟化妆品法规、团体标准及行业通行感官测评方法对面膜开展比较试验并进行分级评价。

一、项目背景

面膜是护肤产品中深受广大消费者喜爱的一个品类。根据前瞻产业研究院发布的《2018年中国面膜行业市场规模与竞争格局分析》报告显示，2013—2017年全球面膜市场规模年均复合增长率达到12.6%，2017年全球面膜市场规模为63亿美元。其中中国面膜市场规模达到30亿美元，约占全球面膜市场总量的47%，中国已发展成为全球面膜最大的市场。可见，随着人们对美容时尚的追求，面膜已成为我国女性的生活必需品。与此

同时，综合我国各地食药监局及欧盟发布的抽查结果显示，最为常见的是非法添加激素、微生物超标等安全性问题。

2018年4月，深圳市消费者委员会、宝安区消费者委员会、福田区消费者委员会共同委托深圳市品质消费研究院开展面膜比较试验，发现国内外对面膜产品的管控要求有所不同，因此在完成比较试验项目的基础上，参考欧盟、日本等国家的相关法规，牵头制定了面膜团体标准。该团体标准于2019年1月2日发布，2月1日正式实施。此次面膜比较试验主要依据该团体标准、国家标准及欧盟法规进行。

前期调查结果显示，在安全性和功效性两者间选择较为关注的指标，约有85%的消费者义无反顾地选择了安全性。

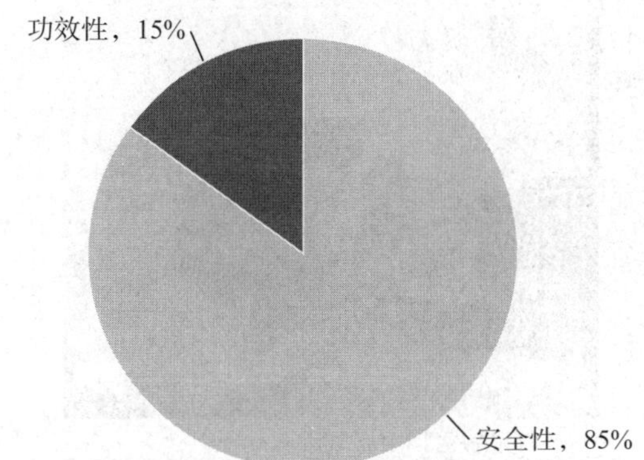

图1　消费者关注度占比图

对于消费者来说，安全性是产品最重要的基础，只有确保了安全性，消费者才会选择它，而产品好不好用则直接决定了消费者是否会持续使用或反复回购。通过调研发现，消费者关注度较高的指标为补水保湿度、敷后感、服帖度、面膜纸的剪裁及面膜纸承载精华液的量。

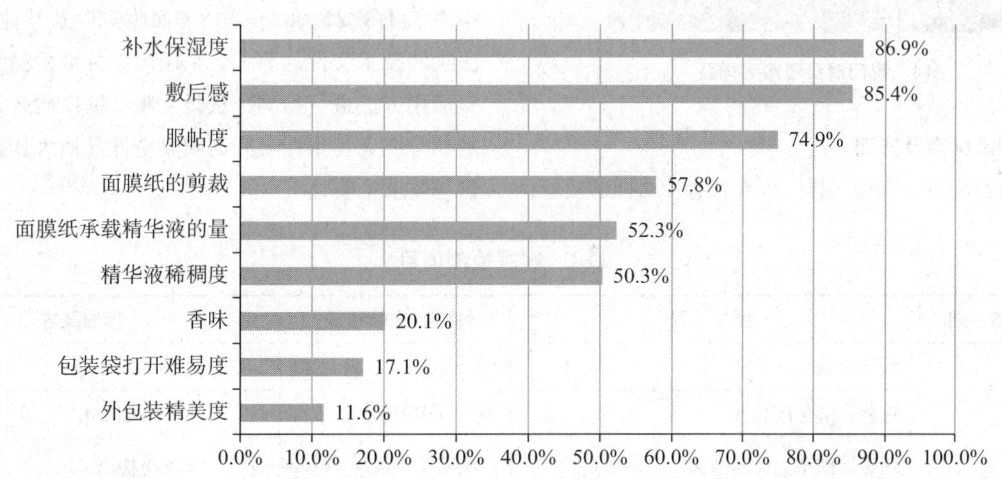

图2　消费者对感官指标的关注人数占比图

近几年各路明星、美妆达人、网红带货盛行，但这些产品质量怎样呢？是否安全呢？为给消费者提供科学合理的消费指引，澳门特别行政区政府消费者委员会、深圳市消费者委员会和福田区消费者委员会共同委托深圳市品质消费研究院开展2019年面膜比较试验，对国内外主要以补水保湿为主的20款面贴式品牌面膜的安全性能和感官性能进行了测评，以客观、独立、公正的原则，以真实数据为消费者提供消费指引。承检单位是广东省测试分析研究所（中国广州分析测试中心）和珠海天祥粤澳质量技术服务有限公司。

二、比较试验样品来源

根据前期市场调研的结果，本次比较试验共抽取20款品牌面膜，包括进口品牌10款，国产品牌10款。工作人员模拟普通消费者身份在7大电商平台（天猫、京东、拼多多、云集、小红书、必要、人人优品）及澳门实体店进行匿名购买样品，采购平台分布见图3。

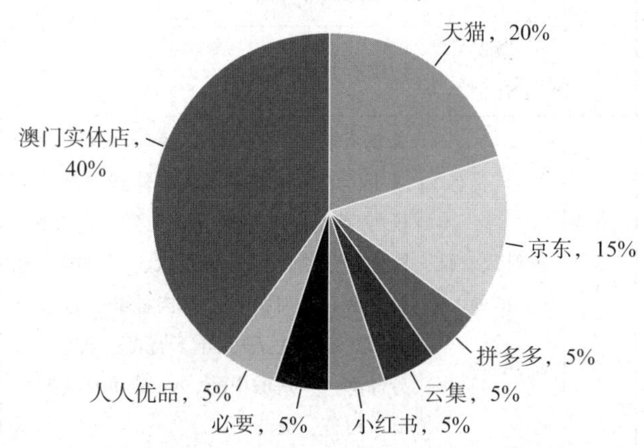

图3　购样平台分布占比图

图4 澳门消费者购买样品

三、测试标准及方法

标准决定质量，有什么样的标准就有什么样的质量，只有高标准才有高质量。

原则一：更多。综合国家标准、团体标准及欧盟法规，选取更多的标准项目进行测试，增加了4种微生物，糖皮质激素从常规检测的42种增加到了81种。

原则二：更严。从消费者角度出发，根据国家标准、团体标准及欧盟法规，选取项目指标限值更严或国内无要求的指标进行测试。如国家标准要求可使用甲基异噻唑啉酮，最大允许使用量为0.01%，欧盟法规和团体标准不允许该物质使用在面膜产品中；国家标准对26种香料致敏原没有相关要求，本次按照欧盟法规进行评价等。

本次比较试验检测项目广泛征求了企业、业内专家和检测机构的意见，不仅依据了现行国家标准《化妆品安全技术规范》（2015版），而且在此基础上结合《欧盟化妆品法规EC 1223/2009》及其相关修订文件、《欧盟消费者安全科学委员会（SCCS）关于化妆品安全的第九版指南》、T/SZZX 002—2018《面膜》以及其他相关标准、法规和技术文件的要求，采用国家标准检测方法、实验室通用方法进行检测，从微生物、糖皮质激素和香料致敏原等四大类指标展开面膜安全性品质大比拼，详细项目与要求见表1。

表1 客观检测项目

序号	类 别	项 目	标准/法律法规	标准要求	
1	微生物（6种）	菌落总数	《化妆品安全技术规范》（2015版）	≤1000 CFU/g	国家标准
2		霉菌和酵母菌总数		≤100 CFU/g	
3		耐胆汁酸革兰氏阴性菌	《欧盟化妆品法规EC 1223/2009》及其相关修订文件、《欧盟消费者安全科学委员会（SCCS）关于化妆品安全的第九版指南》	不得检出	欧盟法规
4		沙门氏菌		不得检出	
5		梭菌		不得检出	
6		白色假丝酵母菌		不得检出	
7	激素（81种）	糖皮质激素	《化妆品安全技术规范》（2015版）	禁用	国家标准
8	香料致敏原（26种）	戊基肉桂醛、戊基肉桂醇、大茴香醇、苯甲醇、苯甲酸苄酯、肉桂酸苄酯、水杨酸苄酯、铃兰醛、肉桂醛、肉桂醇、柠檬醛、香茅醇、香豆素、丁香酚、金合欢醇、香叶醇、己基肉桂醛、羟基香茅醛、新铃兰醛、异丁香酚、柠檬烯、芳樟醇、辛炔酸甲酯、α-异甲基紫罗兰酮、树苔、橡苔	《欧盟化妆品法规EC 1223/2009》及其相关修订文件	在驻留类化妆品中含量≥0.001%，在淋洗类化妆品中含量≥0.01%时，化妆品香料中26种致敏原必须在化妆品标签上予以标注（自2021年8月23日起，含有新铃兰醛的化妆品将禁止在欧盟市场销售）	欧盟法规

续表

序号	类 别	项 目	标准/法律法规	标准要求	
9	防腐剂（标签识别）	MIT	《欧盟化妆品法规EC 1223/2009》及其相关修订文件	禁用	欧盟法规
10		甲醛及甲醛缓释体	T/ SZZX 002—2018《面膜》	禁用	团体标准
11		IPBC	T/ SZZX 002—2018《面膜》	禁用	团体标准

四、比较试验结果

（一）结果概要

1.采用更严更高标准，20款面膜产品中18款达最严安全性标准，其中2款面膜产品使用了欧盟或团标禁用物质。

2. 20款面膜产品有9款产品安全性和感官评价整体表现优秀，获评5星。

3.测试结果显示，参加面膜团体标准编制的2家企业产品（品牌分别为Origin Oasis和透真）均符合本次比较试验的安全性标准要求，表现出色。

4. 6种微生物、26种香料致敏原、81种糖皮质激素，20款面膜产品均未检出。

5.感官综合评价：FanBeauty Secret、妆蕾和肌司研感官综合评分最高。

五、消费提示

敷用面膜后，不要迷恋肤感，配合使用乳液或面霜保湿才是硬道理。敷完面膜后，脸部皮肤角质层含水量得到了极大的提高，外界光线更容易透过皮肤表层，所以皮肤看起来通透细滑，饱满有光泽，很多人迷恋这种美妙的肤感。但是，面膜敷后一段时间后，皮肤含水量便会急速回落，几乎接近敷前的水平。因此，敷完面膜后，建议搭配使用乳液或面霜等护肤品，将水分锁在皮肤中，达到持久保湿的效果。

敷完面膜后要洗脸。敷完面膜后到底要不要洗脸？这是一个让人纠结的问题，大部分人都在洗与不洗间徘徊。不洗？绝大多数面贴膜配方都是按照停留型产品设计，用料与面部精华一样，理论上可以不洗（明确注明要清洁的除外）；洗？普通人脸的面积是300—400cm^2，按照2mg/cm^{2}计算，正常精华的用量在1g以内，而一片面膜精华量在20g左右，停留在脸上的量不少于一半，这可能带来防腐剂，有害物质等风险物质的暴露。此外，随着水分含量的降低，脸上的黏稠感会更重，让剩余的精华液一直停留在面部，感觉会很不舒服，因此敷完面膜后建议洗掉。

学会看标签标识，做化妆品成分党。标签标识是化妆品的“简历”，根据国家相关法规的要求，标签上有很多强制要求标识的信息，除了大家熟悉的产品名称、生产企业、保质期、净含量外，还有成分列表等。可通过查看成分列表来判断产品功效，比如透明质酸钠是保湿的，烟酰胺是美白的，洋甘菊是舒缓的等。此外，还可识别出易引起皮肤过敏的成分，比如甲基异噻唑啉酮、甲醛及甲醛缓释体等。较为常见的甲醛缓释体防腐剂有咪唑烷基脲、双（羟甲基）咪唑烷基脲、DMDM乙内酰脲等。敏感肌肤或面膜使用频次较高时，建议通过查看产品成分列表避开含有以上易致敏成分的面膜产品。

谨慎使用含有碘丙炔醇丁基氨甲酸酯（IPBC）的面膜产品。中国医科大学内分泌研究所副主席滕卫平教授发布的《碘摄入量与甲状腺疾病——中国20年》报告显示，目前我国已成为碘营养充足的国家。碘是甲状腺疾病相关的重要环境因素，碘的过量摄入会引发很多问题，危害身体健康。

IPBC是一种化妆品常用的含碘防腐剂。由于面膜产品的使用频次相对较高，消费者在使用含碘丙炔醇丁基氨甲酸酯的面膜产品时，可能会在不知情的情况下高频次地摄入碘。因此，建议消费者谨慎选择含有IPBC的面膜产品。

沈阳市消费者协会

儿童服装比较试验报告

孩子是祖国的“花朵”，是千家万户美好的希望。孩子的身心健康是每个家庭尤为关注的。那么，父母应该如何为孩子选购既安全、舒适又适合自己孩子的服装呢？为此，沈阳市消费者协会对沈阳市场销售的婴幼儿及儿童服装进行了一次比较性试验。用科学翔实的数据指导你如何科学选择婴幼儿及儿童服装，让您的孩子穿得更安全、更舒服。

一、比较试验样品的选购

本次比较试验样品由消协工作人员及检测机构专业人员，根据所在区域、商场规模等条件在各商场、超市、专卖店购买。共购买商品30款，价格从13元到545元不等。

二、比较试验标准及项目

此次比较试验按照GB 31701-2015《婴幼儿及儿童纺织产品安全技术规范》、F73025-2013《婴幼儿针织服饰》等标准，主要检测了纤维含量、燃烧性能、色牢度、拼接互染程度、甲醛含量、重金属、可萃取重金属含量、邻苯二甲酸脂、pH值、可降解芳香胺染料、绳带、金属针等锐利物、缝纫强力、起毛起球、透气率、附件抗拉强力、产品说明等项目。

三、比较试验结果

本次比较试验首先对该30款样品的基础安全质量进行了测试，结果显示，19款样品符合国家标准要求。11款样品不符合标准要求，主要是绳带、纤维含量、色牢度和标识不符合国家标准，其他项目全部符合国家标准。本次比较试验结果只对所购样品负责，不代表其同一批次或其他批次产品质量情况及该品牌其他规格、型号、批次产品的质量情况。任何企业不得利用本次比较试验结果作产品宣传。

（一）一款样品绳带部分不符合国家标准

在基础安全质量不符合标准的11款样品中，有1款标称品牌为K·teala的样品，其测试结果绳带不符合标准，见表1：

表1 K·teala样品绳带不符合国家标准

序号	标称商标	标称生产厂商	标准要求	实际产品
1	K·teala	石家庄酷童卡啦服饰有限公司	头部和颈部：不应有任何绳带	颈部有绳带

图1

童装上的绳带类装饰易造成两类安全事故，因为小孩子无法正确预测风险，也没有足够的能力帮助自己摆脱风险，因此，设计不合理的服装可能对儿童产生机械安全性危害，如绊倒、滑倒、缠绕、哽塞、窒息、勒伤、尖锐物体划伤和局部缺血性伤害等。国家市场监管总局和国家标准化委员会调查发现，由儿童服装上的拉绳、功能绳和装饰绳所引发的儿童安全事故主要有两类：一类易发生在2—8岁，事故类型是：在游乐场玩滑梯时，被帽子或领子上的绳子勒死；另一类易发生在7—14岁，事故类型是：在移动交通工具上，儿童夹克衫和运动衫下摆处的拉绳被车门和自行车等挂住，导致严重受伤甚至死亡。

这些致命的意外原本都可以避免，只要企业在生产环节严格遵守标准对于童装上的帽带、拉带的规定就可以有效避免这些潜在的安全危害。

（二）5款样品色牢度不符合国家标准

比较试验结果显示，5款样品色牢度检测不符合标准，其中包括耐唾液色牢度、耐干摩擦色牢度、耐湿摩擦色牢度和耐水色牢度。

表2　5款样品色牢度不符合国家标准

序号	标称商标	标称生产厂商	不符合项目	标准要求	实测数值
1	allo&lugh	零到七贸易（上海）有限公司	耐唾液色牢度	≥4	单纤3—4
2	M.latin\baby	上海博越服饰有限公司	耐湿摩擦色牢度	≥2—3	1—2
3	adidas	阿迪达斯体育（中国）有限公司	耐干摩擦色牢度	≥4	3—4
4	Ralph Lauren	拉尔夫劳伦贸易（上海）有限公司	耐干摩擦色牢度	≥4	3
5	C.T.house	上海宝康婴童用品有限公司	耐水色牢度	≥3—4	单纤3
			耐唾液色牢度	≥4	单纤3—4

色牢度主要是考核染料附着在纤维之上的牢固度。染料必须有一定的牢度，否则在穿着过程中，颜料脱落，会转移到皮肤上而伤害人体或沾染其他纺织品，影响消费者健康和美观。尽管染色牢度不是一个致害因素，但色牢度不符合标准的产品会将染料沾染到其他纺织品或皮肤上，对消费者造成损失和使用中的麻烦。所以国家强制性标准和产品标准对染色牢度都进行了明确要求，不达标即为不符合标准。另外儿童及婴幼儿的皮肤比成年人更为敏感，色牢度不符合标准很可能导致皮肤过敏等其他影响。

图2

3. 2款样品纤维含量不符合标准，见表3：

表3　2款样品纤维含量不符合标准

序号	标称商标	标称生产厂商	标称纤维含量	实际纤维含量
1	妈咪印象	浙江巨瑞服饰有限公司	棉47.5 ±5 再生纤维（莫代尔）47.5 ±5 氨纶5 ±3	再生纤维素纤维（粘纤）48.2 棉45.3 氨纶6.5
2	JUZI STORE	璞禾（上海）儿童用品有限公司	棉97.2 ±5 氨纶2.8 0<氨纶≤5.8	棉57.8 聚酯纤维39.6 氨纶2.6

纤维含量是反映产品面料质地优劣的重要标志。它体现出产品的质感、舒适性和透气性，是消费者选购商品的关键，也是决定商品价值的重要因素之一。如果商品实测纤维含量与明示标纤维含量不相符，会对消费者产生误导，侵害消费者的合法权益。此次比较试验纤维含量不符合的情况主要表现在2个方面：一是实测的纤维种类与标注不符；二是实测值与标称值的偏差超出标准允差范围。纤维含量明示标与实测不相符的原因，反映出企业生产管理环节不严，不重视产品的检验工作。

4. 5款样品的产品标识不符合标准，包括前面所述的1款绳袋不符合标准的样品和1款纤维含量不符合标准的样品，具体见表4：

表4　5款样品的产品标识不符合标准

序　号	标称商标	标称生产厂商
1	gxg.kids	宁波中哲慕尚控股有限公司
2	小猪宾果	佛山市童心童趣服饰有限公司
3	妈咪印象	浙江巨瑞服饰有限公司
4	miki HOUSE	大连智诚中悦国际贸易有限公司
5	K·tcala	石家庄酷童卡啦服饰有限公司

产品标识是在产品或包装上标示的信息和内容。依据2014年5月1日实施的GB/T 5296.4—2012《消费品使用说明第4部分：纺织品和服装使用说明》规定，产品标识内容应有8款方面信息：制造者的名称和地址、产品名称、产品号型或规格、纤维成分及含量、维护方法、执行的产品标准、安全类别、使用和储藏注意事项。其中产品号型或规格、纤维成分及含量和维护方法3项内容应采用耐久性标签。如产品标识不正确就不能向使用者传达如何正确、安全使用产品以及与之相关的产品功能、基本性能、特性的信息。

此次比较试验显示不符合国家标准的情况主要表现在6个方面：一是产品名称：缺项、不规范；二是产品号型和规格：缺项、不规范；三是维护方法：不规范、缺项、不同形式使用说明不一致、耐久性标签无标注；四是执行的产品标准：缺项；五是纤维成分及含量：缺项、不规范、不同形式使用说明不一致、没采用纤维标准名称；六是安全类别：缺项、不规范、错用。

5. 重金属等指标虽有检出但在国家标准范围内

本次比较试验进行了重金属含量、邻苯二甲酸酯的测试，结果显示，有些样品重金属含量和邻苯二甲酸酯虽有检出，但均未超过国家标准的数值。为了指导消费者购买婴幼儿及儿童服装时，做到优中选优，我们对19款符合国家标准的样品重金属含量、邻苯二甲酸酯含量进行检测，相关数值见表5：

表5　部分样品含有重金属指标

序号	标称商标	标称生产厂家	检出项目	参考标准值	检出数值
1	安奈儿	深圳市安奈儿股份有限公司	重金属（总铅）、可萃取重金属（钴、镍）	总铅≤90mg/kg 钴：≤1.0mg/kg 镍：≤1.0mg/kg	总铅：5mg/kg 钴：0.94mg/kg 镍：0.69mg/kg
2	BABY DE MODE	杭州物良品服装有限公司	可萃取重金属（镍）	镍：≤1.0mg/kg	镍：0.07mg/kg
3	Mini Peace	宁波太平鸟悦尚童装有限公司	可萃取重金属（铜）	铜：≤25.0mg/kg	铜：0.07mg/kg
4	艾宇朵	杭州艾宇朵服饰有限公司	可萃取重金属（镍）	镍：≤1.0mg/kg	镍：0.06mg/kg
5	TEX baby	上海泛景贸易有限公司	可萃取重金属（镍） 邻苯二甲酸酯	镍：≤1.0mg/kg 邻苯二甲酸酯：≤0.1%	镍：0.06mg/kg 邻苯二甲酸酯：0.0097%
6	巴柯拉	深圳市迪迪贝贝服饰有限公司	可萃取重金属（镍） 邻苯二甲酸酯	镍：≤1.0mg/kg 邻苯二甲酸酯：≤0.1%	镍：0.10mg/kg 邻苯二甲酸酯：0.0053%
7	les enphants	上海丽婴房婴童用品有限公司	无		
8	CAMKIDS	晋江明伟鞋服有限公司	可萃取重金属（锑）	锑：≤30.0mg/kg	锑：0.19mg/kg
9	PEPCO	广东小猪班纳服饰股份有限公司	可萃取重金属（铜）	铜：≤25.0mg/kg	铜：0.11mg/kg
10	CARREMENT BEAU	浙江小雅儿童时尚生活有限公司	可萃取重金属（铜）	铜：≤25.0mg/kg	铜：0.75mg/kg
11	Mitti	海明控股有限公司	可萃取重金属（镍）	镍：≤1.0mg/kg	镍：0.06mg/kg
12	PETIT BATEAU	利童（上海）商贸服务有限公司	无		
13	LABI BABY 拉比	金发拉比妇婴童用品股份有限公司	无		
14	下一代	金发拉比妇婴童用品股份有限公司	可萃取重金属（铜）	铜：≤25.0mg/kg	铜：0.12mg/kg
15	比得兔	佛山市顺德小天使服装有限公司	可萃取重金属（镍）	镍：≤1.0mg/kg	镍：0.06mg/kg
16	Kappa Kids	上海卡帕动力儿童用品有限公司	可萃取重金属（镍）	镍：≤1.0mg/kg	镍：0.11mg/kg
17	以纯	东莞市以纯集团有限公司	可萃取重金属（铜）	铜：≤25.0mg/kg	铜：0.07mg/kg
18	AIMER KIDS	爱慕股份有限公司	无		
19	LEVI'S	永兴东润（中国）服饰有限公司	可萃取重金属（铜）	铜：≤25.0mg/kg	铜：0.10mg/kg

6. 19款符合标准产品的透气性能比较

为了指导家长为孩子选择舒适、透气性好的服装，让宝宝穿着更舒服，我们对符合国家标准的19款样品的透气性进行了比较试验，本次比较试验中的透气性能比较按照GB/T 5453测试，参考FZ/T 73022标准中透气率的考核值来衡量产品透气性的好坏，以小于180mm/s为差，大于等于180mm/s且小于300mm/s为一般，大于等于300mm/s且小于500mm/s为好，以大于等于500mm/s为非常好。结果见表6：

表6　19款符合标准样品

序号	标称商标	标称生产厂商	透气性参考标准值	检出数值	透气效果
1	安奈儿	深圳市安奈儿股份有限公司	透气率：≥180mm/s	透气率：234mm/s	一般
2	BABY DE MODE	杭州物良品服装有限公司	透气率：≥180mm/s	透气率：895mm/s	非常好

续表

序号	标称商标	标称生产厂商	透气性参考标准值	检出数值	透气效果
3	Mini Peace	宁波太平鸟悦尚童装有限公司	透气率：≥180mm/s	透气率：202mm/s	一般
4	艾宇朵	杭州艾宇朵服饰有限公司	透气率：≥180mm/s	透气率：1162mm/s	非常好
5	TEX baby	上海泛景贸易有限公司	透气率：≥180mm/s	透气率：483mm/s	好
6	巴柯拉	深圳市迪迪贝贝服饰有限公司	透气率：≥180mm/s	透气率：419mm/s	好
7	les enphants	上海丽婴房婴童用品有限公司	透气率：≥180mm/s	透气率：225mm/s	一般
8	CAMKIDS	晋江明伟鞋服有限公司	透气率：≥180mm/s	透气率：567mm/s	非常好
9	PEPCO	广东小猪班纳服饰股份有限公司	透气率：≥180mm/s	透气率：113mm/s	差
10	CARREMENT BEAU	浙江小雅儿童时尚生活有限公司	透气率：≥180mm/s	透气率：740mm/s	非常好
11	Mitti	海明控股有限公司	透气率：≥180mm/s	透气率：252mm/s	一般
12	PETIT BATEAU	利童（上海）商贸服务有限公司	透气率：≥180mm/s	透气率：557mm/s	非常好
13	LABI BABY拉比	金发拉比妇婴童用品股份有限公司	透气率：≥180mm/s	透气率：516mm/s	非常好
14	下一代	金发拉比妇婴童用品股份有限公司	透气率：≥180mm/s	透气率：330mm/s	好
15	比得兔	佛山市顺德小天使服装有限公司	透气率：≥180mm/s	透气率：277mm/s	一般
16	Kappa Kids	上海卡帕动力儿童用品有限公司	透气率：≥180mm/s	透气率：192mm/s	一般
17	以纯	东莞市以纯集团有限公司	透气率：≥180mm/s	透气率：280mm/s	一般
18	AIMER KIDS 爱慕儿童	爱慕股份有限公司	透气率：≥180mm/s	透气率：631mm/s	非常好
19	LEVI'S	永兴东润（中国）服饰有限公司	透气率：≥180mm/s	透气率：489mm/s	好

7.综合评价

按照上述产品的检测结果，我们将所有产品按星级确定等级，然后依次按照星级和检测数值进行品牌排序。满星为5星（★★★★★），符合标准样品中有检出重金属元素或邻苯二甲酸酯的，每有一种检出减半星，每有数值严重的接近不合格线的减1星。透气测试非常好的保持星级不变，透气好的减半星，一般的减1星，差的减1星半。检测结果不符合标准的产品，其中不符合标准项目为标识或纤维含量的为2星（★★），色牢度不符合标准的为1星半（★☆），绳带不符合标准的为1星（★）。

表7　样品综合评价

排　名	品　牌	星　级	符合标准/不符合标准
1	AIMER KIDS 爱慕儿童	★★★★★	符合标准
2	PETIT BATEAU	★★★★★	符合标准
3	LABI BABY拉比	★★★★★	符合标准
4	艾宇朵	★★★★☆	符合标准
5	BABY DE MODE	★★★★☆	符合标准
6	CARREMENT BEAU	★★★★☆	符合标准
7	CAMKIDS	★★★★☆	符合标准
8	les enphants	★★★★	符合标准
9	LEVI'S	★★★★	符合标准

续表

排　名	品　牌	星　级	符合标准/不符合标准
10	下一代	★★★★	符合标准
11	以纯	★★★☆	符合标准
12	比得兔	★★★☆	符合标准
13	Mitti	★★★☆	符合标准
14	Mini Peace	★★★☆	符合标准
15	Kappa Kids	★★★☆	符合标准
16	TEX baby	★★★☆	符合标准
17	巴柯拉	★★★☆	符合标准
18	PEPCO	★★★	符合标准
19	安奈儿	★★☆	符合标准
20	miki HOUSE	★★	不符合标准
21	小猪宾果	★★	不符合标准
22	gxg.kids	★★	不符合标准
23	JUZI STORE	★★	不符合标准
24	妈咪印象	★★	不符合标准
25	Ralph Lauren	★☆	不符合标准
26	allo&lugh	★☆	不符合标准
27	M.latin\baby	★☆	不符合标准
28	adidas	★☆	不符合标准
29	C.Thouse	★☆	不符合标准
30	K·tcala	★	不符合标准

四、消费提示

比较试验结果显示，产品的质量和舒适度不完全与产品价格成正比，消费者在为婴幼儿及儿童选购服装时，不要一味地追求价格，要科学理性地选择。

一是要注意相关信息。消费者在购买婴幼儿及儿童服装时，要关注市场监管部门的抽检信息及各地消协组织的比较试验信息，为科学合理选择提供参考。

二是要注意认真看标识。在选购时要仔细查看产品标识，查看明示的质量等级是A类还是B类，执行的标准是成人的还是婴幼儿及儿童的，有没有透气功能的宣传。对标识不全的商品要谨慎购买。

三是要注意查看有无安全隐患。尤其要查看产品头部或颈部有没有存在安全隐患的绳带。

四是要注意尽量选择浅颜色的婴幼儿服装。消费者在选购时，也要留意产品所标注的纤维含量和产品颜色，对于贴身衣物建议选择浅色更为安全。

五是要注意选择购买场所。建议消费者在购买婴幼儿及儿童服装时，要选择正规场所，索要发票并妥善保管。权益受损时要及时维权。

哈尔滨市消费者协会

电热锅类产品比较试验报告

多功能电热锅是一种采用复底焊接工艺，功能齐全，能够进行煎、炸、蒸、煮、涮、炖、煨、焖等多种加工的现代化炊具。多功能电热锅不但能够把食物做熟，而且具有保温的效果，使用起来清洁卫生，没有辐射，利用电热烹饪食物，效率高，使用寿命长，省时省力，是家务劳动现代化不可缺少的厨房电器之一。为了向消费者提供目前市场上电热锅的消费信息，科学、合理地引导消费，哈尔滨市消费者协会近期组织对市售电热锅开展比较试验，试验产品是否符合国家标准要求。本次比较试验依据GB 4706.1-2005《家用和类似用途电器的安全　第1部分：通用要求》、GB 4706.19-2008《家用和类似用途电器的安全　液体加热器的特殊要求》等标准，试验项目为对触及带电部件的防护、输入功率和电流、工作温度下的泄漏电流和电气强度、稳定性和机械危险、机械强度、结构、内部布线、电源连接和外部软线、接地措施、螺钉和连接、耐潮湿等试验项目。

一、试验样品及来源

比较试验的样品由哈尔滨市消费者协会组织工作人员以普通消费者的身份从几家大型购物商场随机购买。基本覆盖了哈尔滨市市场销售的电热锅。包括炊之王、长城、冠群、爱特家、松下、虎牌、荣事达、洛贝、富日达、爱仕达、美的、昊厨、九阳、嘉嘉香等14个品牌15款的电热锅，详见电热锅比较试验结果汇总表。

购物场所名单如下：

1.哈尔滨新世纪家得乐商贸有限公司

2.哈尔滨市比优特商贸有限公司世纪联华顾乡分公司

3.哈尔滨松雷股份有限公司

4.哈尔滨大润发商业有限公司

5.大商股份有限公司哈尔滨家电商场

6.黑龙江正阳家电有限公司

7.黑龙江黑天鹅家电有限公司

二、试验标准及项目

本次比较试验依据GB 4706.1-2005《家用和类似用途电器的安全　第1部分：通用要求》、GB 4706.19-2008《家用和类似用途电器的安全　液体加热器的特殊要求》等标准。

试验项目如下：

1.对触及带电部件的防护

2.输入功率和电流

3.机械强度

4.结构

5.内部布线

6.电源连接和外部软线

7.接地措施

8.螺钉和连接

9.耐潮湿

10.工作温度下的泄漏电流和电气强度

11.稳定性和机械危险

三、比较试验的结论

本次比较试验，共试验15款电热锅样品，11个试验项目。本次比较试验依据GB 4706.1-2005《家用和类似用途电器的安全　第1部分：通用要求》、GB 4706.19-2008《家用和类似用途电器的安全　液体加热器的特殊要求》等标准中的重要试验项目，通过这些项目的试验，可确定产品是否存在安全隐患。13款样品满足国家标准要求。

其中，2款电热锅不符合标准是因为输入功率和电流项。国家标准规定：器具在额定电压且在正常工作温度下，其输入功率对其额定输入功率的偏离应在规定的范围内。这2款电热锅的输入功率与其标注的额定输入功率的偏差相去甚远。生产企业虚标产品额定功率。如果消费者使用的电源插座容量过小，插座容量不能满足使用要求，将会造成发热等过载现象。

四、消费提示

市消协提示广大消费者在选购时要注意以下几点：

（一）购买时尽量选择知名品牌

目前市场上在售的电热锅品牌大都属于国产产品，但是由于电热锅的制造技术相对成熟，所以一些质量不太过关的小厂家也会推出自己的电热锅产品。电热锅属于工作功率较高的厨房家电，出于安全考虑，建议大家尽量购买大厂家生产的合格产品，产品质量、售后服务等方面都能够更有保障。

（二）购买时需考虑实际需要

电热锅常见的额定功率为800W、1000W、1250W、1500W等，一般家庭1000W、1250W就能够满足。电热锅容积有2.5L、3L、4L等几种规格，人口少的家庭，选择锅的容积可小一些，人口多的大家庭可选择大功率的大窖电热锅。

（三）购买时要仔细查看外观

外观零件涂层表面应光滑平整，无划痕和脱漆；胶木配件表面光滑、细洁、无缺口、气泡、气孔、裂纹和明显变色等缺陷；钢化玻璃盖应透明度好，无五彩，厚度均匀，形状对称；不锈钢包圈与玻璃盖吻合，钢圈接头纹合好，无毛刺；各种零件配备齐全。

（四）购买时要仔细查看锅体内部电热盘

电热盘一般是由铝合金制成，连体电热锅电热盘工作表面喷涂了不粘涂料，表面应光洁，色泽均匀，不应有气泡、划痕和氧化皮。分体电热锅电热盘外表经过车削加工，表面应光洁，不应有气眼、凹凸不平、氧化腐蚀斑点。

（五）提示消费者在购买后要保存好消费凭证，用以作为日后消费维权的依据。

附表　哈尔滨市消协电热锅比较试验结果汇总表

序号	购买地点	商标	样品名称	规格型号	对触及带电部件的防护	输入功率和电流	工作温度下的泄漏电流和电气强度	稳定性和机械危险	机械强度	结构	内部布线	电源连接和外部软线	接地措施	螺钉和连接	耐潮湿
					与国家标准相符/不相符	额定输入功率不应超过相应偏差	泄漏电流应不超过0.75 mA	与国家标准相符/不相符	与国家标准相符/不相符	与国家标准相符/不相符	与国家标准相符/不相符	与国家标准相符/不相符	接地电阻不应超过0.1Ω	与国家标准相符/不相符	与国家标准相符/不相符
1	黑龙江黑天鹅家电有限公司	Midea	多功能电热锅	MC–LHN34B	相符	1780W/–1.1%相符	0.018 mA	相符	相符	相符	相符	相符	0.02Ω	相符	相符
2	哈尔滨新世纪家得乐商贸有限公司	CK炊之王	多功能电热锅	Q2–36 6L	相符	2028W/–3.4%相符	0.024 mA	相符	相符	相符	相符	相符	0.02Ω	相符	相符
3	哈尔滨新世纪家得乐商贸有限公司	长城	多功能电热锅	06–CCDG 26#	相符	1324W/–37%不相符	0.362 mA	相符	相符	相符	相符	相符	0.02Ω	相符	相符
4	哈尔滨市比优特商贸有限公司世纪联华顾乡分公司	冠群 guanqun	多功能电热锅	GQDG–24 3L	相符	1274W/–2%相符	0.023 mA	相符	相符	相符	相符	相符	0.02Ω	相符	相符
5	哈尔滨市比优特商贸有限公司世纪联华顾乡分公司	冠群 guanqun	多功能铸铁电热锅	GDZTG–32–5L	相符	2106W/+0.3%相符	0.030 mA	相符	相符	相符	相符	相符	0.02Ω	相符	相符
6	哈尔滨市比优特商贸有限公司世纪联华顾乡分公司	ATA	多功能电热锅	HBGW–34TA	相符	2094W/–0.3%相符	0.025 mA	相符	相符	相符	相符	相符	0.02Ω	相符	相符
7	哈尔滨松雷股份有限公司	Panasonic	多功能电热锅	NF–HTG100	相符	1238W/–1%相符	0.023 mA	相符	相符	相符	相符	相符	0.02Ω	相符	相符
8	哈尔滨松雷股份有限公司	TIGER 虎牌	多功能料理锅	CQD–F12C	相符	1178W/–1.8%相符	0.032 mA	相符	相符	相符	相符	相符	0.02Ω	相符	相符
9	哈尔滨大润发商业有限公司	荣事达 Royalstar	多功能电热锅	DRG–32A	相符	2020W/–3.8%相符	0.026 mA	相符	相符	相符	相符	相符	0.02Ω	相符	相符
10	哈尔滨大润发商业有限公司	Luby洛贝	多功能电热锅	LBD–T2–32	相符	2046W/–2.6%相符	0.022 mA	相符	相符	相符	相符	相符	0.02Ω	相符	相符
11	哈尔滨大润发商业有限公司	富日达 FURIDA	多功能铸铁电热锅	FRDDG–32 3.0L	相符	2040W/–2.8%相符	0.029 mA	相符	相符	相符	相符	相符	0.02Ω	相符	相符
12	黑龙江正阳家电有限公司	ASD爱仕达	电火锅	AH–F15J103	相符	1444W/–3.7%相符	0.019 mA	相符	相符	相符	相符	相符	0.02Ω	相符	相符
13	大商股份有限公司哈尔滨家电商场	HAOCHU昊厨	电热锅	HT–Y	相符	1498W/–6.4%相符	0.026 mA	相符	相符	相符	相符	相符	0.02Ω	相符	相符

续表

序号	购买地点	商标	样品名称	规格型号	对触及带电部件的防护	输入功率和电流	工作温度下的泄漏电流和电气强度	稳定性和机械危险	机械强度	结构	内部布线	电源连接和外部软线	接地措施	螺钉和连接	耐潮湿
14	大商股份有限公司哈尔滨家电商场	Joyoung 九阳	电火锅	JK–45H01	相符	1324W/–2.6% 相符	0.021 mA	相符	相符	相符	相符	相符	0.02 Ω	相符	相符
15	大商股份有限公司哈尔滨家电商场	嘉嘉香	多功能电热锅	GQDG–20 1.8L	相符	652W/+30.4% 不相符	0.016 mA	相符	相符	相符	相符	相符	0.02 Ω	相符	相符

南京市消费者协会

玩具电动车比较试验报告

随着城乡居民生活水平的提高，小伙伴们开着玩具电动车可以在空旷的地面和路面上飞驰，因而颇受大众消费者和小小越野族们的追捧。不管是线上渠道：淘宝、京东等网店，还是线下实体玩具商城或一些大型商城，消费者都可以轻松搜索并购买到此类产品。而不同品牌、不同产品之间的价格差异很大，低端产品价格在500元左右，而高端产品价格可能高达3000元，而消费者能否购买到高性价比的产品，消费者购买的产品是否好用，儿童在使用玩具电动车时的安全是否得到保障是本次试验的主要目的。

一、样品的选取

本次比较试验的样品选择依据是商品的市场热销度，并根据消费者的消费价格区间不同，覆盖高、中、低档不同价位产品。按照以上样品选取原则，南京消费者协会工作人员分别从京东、天猫、苏宁易购和南京市线下门店随机购买了涉及26个品牌的28款样品进行试验。

不同价格区间样品数量抽样分布如图1所示。

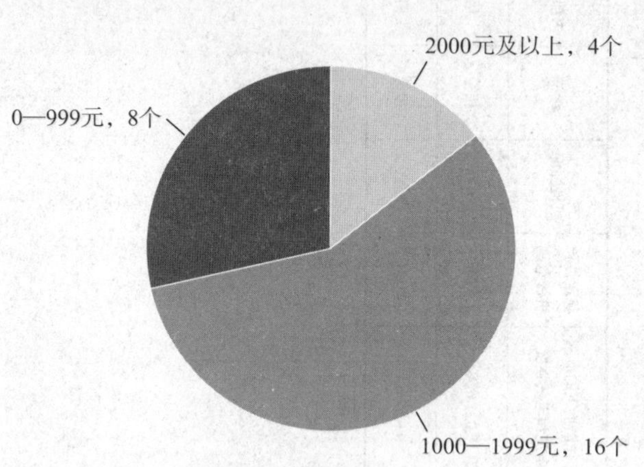

图1　比较试验抽样分布

二、检测标准

本次比较试验主要包括儿童电动车的有害物质测试、物理安全测试、电气安全和说明书的易用性。详细的试验检测项目以及标准见表1。

表1　试验标准

序号	标准号	标准名称	主要检测项目
1	GB 6675.1	玩具安全　第1部分：基本规范	有害物质/增塑剂
2	GB 6675.2	玩具安全　第2部分：机械与物理性能	物理性能和结构安全
3	GB 6675.4	玩具安全　第4部分：特定元素的迁移	重金属元素
4	GB19865	电玩具的安全	电路、电池性能及安全

三、评价规则

本次试验从消费者角度出发，将产品的评价分为：有害物质评价、结构安全性评价、电气安全性评价和说明书易用性评价4个指标。（评价指标说明见表2）由于儿童用品的特殊性，产品的最终评价将由这4个评价中的最低者决定。

评级结果用星数表示，星数越多代表产品评价越高，测试不符合标准规定的项目则标记为0。

表2　评价指标说明

序号	检测项目		评价办法	产品评价
1	有害物质	增塑剂	生产制造玩具电动车的各种零件和材料中，都包含增塑剂和可迁移重金属元素，这些对儿童都是潜在的伤害，根据实际检测结果和判定规则对不同产品给予1星到5星的评价。	单项评分决定产品评分，不符合标准的不参与评星，计为0；当一项评分低于5星，即使其他项目得分都为5星，该产品也只能获得最低项得分。
		可迁移重金属		
2	结构安全性	锐边和突出物；稳定性；危险夹缝；包装材料；驱动机构；制动装置速度要求；声响要求	玩具电动车在设计和制造过程中的缺陷可能对使用者带来人身伤害，而检测结果的依据标准分为1星到5星。	
3	电气安全性	电路、电池性能及安全	玩具电动车的电池以及电气系统存在缺陷可能对使用者带来人身伤害，检测结果依据判定规则，对不同产品给予1星到5星的评价。	
4	说明书易用性	说明书应图文并茂、易于阅读，并包括必要的构成	说明书对消费者正确地使用产品至关重要，根据说明书的实际情况按照判定规则，对不同产品给予1星到5星的评价。	

四、试验结果

按照评价规则，本次比较试验结果如下。

（一）样品评级情况

其中18款产品获得星级评价，5星产品6款，4星产品6款，3星产品2款，2星产品4款，获得星级评价的产品型号见附表。

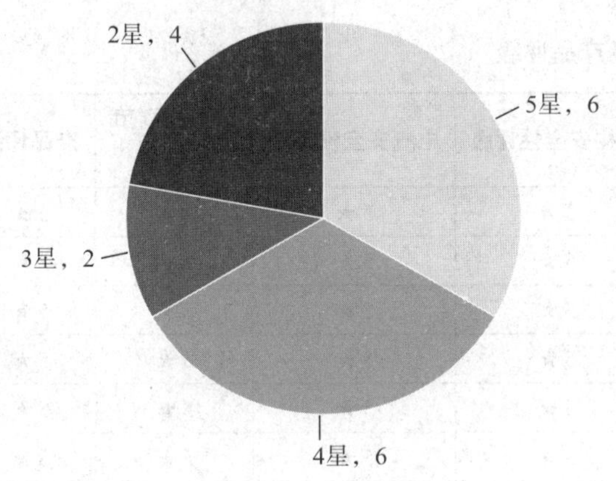

图2　抽样产品评级分布（单位：款）

（二）试验总结

从此次抽样试验的结果来看，8款产品存在增塑剂含量超标问题。增塑剂是生产加工中常用的改性助剂，而邻苯二甲酸酯是增塑剂的一种，当其超标时可能会对经常接触的儿童造成伤害，如抑制免疫系统功能、影响细胞活性、易导致基因突变、造成发育和生殖障碍、畸形和死亡等，应当引起消费者和生产商重视。

2款产品存在活动间隙问题，由于儿童身体骨骼发育不完全，并且活泼好动，危险的间隙可能使儿童的手指陷入并造成挤夹伤害。

另外1款产品电池存在短路风险，消费者可能受到意外伤害；1款产品缺少说明书，消费者可能无法正确使用产品。

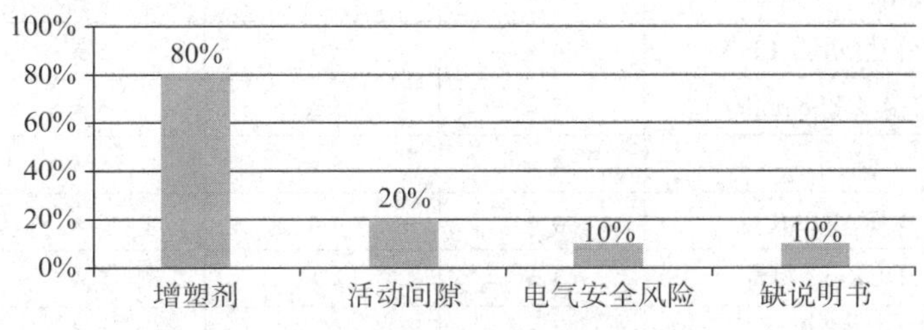

图3　抽样问题分布图

五、有关消费提示或警示

本次试验的结果提醒消费者在选购玩具电动车时，应尽量去正规的经营场所购买有较好信誉的品牌，从这些供销渠道获得的商品，其货源、质量较易得到保证，售后服务的质量一般也较高。购买时需索要发票、留存购物凭证，出现质量问题时可作为消费维权的重要凭证。同时选购玩具电动车应注意以下事项。

第一，建议消费者在挑选商品时应尽量避免选择含

PVC材质的坐垫零部件的商品，此类产品生产工艺复杂、生产流程涉及的化学物质控制难度高，存在超标风险。

第二，消费者在使用产品前应仔细检查产品配件和说明书的完整性，拒绝使用配件或说明书缺失的产品。

第三，购买商品时选择正规商场或网店，检查产品是否有CCC认证标志和相关的认证证书。

第四，当消费者在购物网站购买时，建议在购买前多渠道获取产品真实信息。比如，身边朋友的使用体验、良好的口碑都可以作为选购的参考信息。

六、思考和建议

（一）降低产品自身风险

在设计环节，应当将玩具的安全性放在首位。企业在开发产品的过程中，应当将安全牢记心头，时刻想到玩具的消费者是未成年儿童，应当考虑到儿童活泼好动的天性，以及儿童在玩耍与探索的过程中对产品的非正常使用情况。由于设计玩具的都是成年人，而从成年人视角开发的儿童用品就很可能存在安全的风险。因此，企业在开发产品的时候，应多从儿童的角度进行思考，尽量避免设计时就可能存在的安全隐患。

在生产制造环节，儿童玩具，比如儿童自行车和儿童电动车，虽然是属于骑乘类的玩具，但是也不应忽视儿童使用过程中手口等的接触安全。企业在生产制造过程中需要把安全关，一些含有有害化学物质的生产消耗品在使用过程中应严格管控且谨慎使用。一些外露零件的制造工艺也应当严格把关，避免出现可能伤害儿童的飞边或尖角。

在使用环节，儿童玩具在存放过程中应妥善放置，某些适合特定年龄段儿童玩耍的玩具可能不适合其他阶段的儿童。消费者在使用儿童产品之前，应首先浏览说明书，尤其是其中的警示/警语等信息，详细了解购买的商品使用以及保养等注意事项可以有效地避免使用过程中出现的问题。不要使用没有说明书的产品。

（二）提高公众对玩具风险的认识

政府职能机构、企业以及试验机构应与媒体互动协作，在推广儿童玩具产品的同时，也为消费者提供一些安全风险警示信息。可以通过对产品功能、制造工艺、使用方法等的介绍，促使公众认识到安全风险的存在，并理解风险的危害性。

附表　各项评级以及产品评级

编号	型号	品牌	有害物质评级	结构安全性评级	电气安全性评级	说明书易用性评级	产品评级
1	JE1166	没玩没了	5★	5★	5★	5★	5★
2	JE1198	贝瑞佳（BeRica）	5★	5★	5★	5★	5★
3	80932450905	好孩子	5★	5★	5★	5★	5★
4	DK–F150	大可（dake）	5★	5★	5★	5★	5★
5	JJ263	贝瑞佳（BeRica）	5★	5★	5★	5★	5★
6	W487QHG	Rollplay	5★	5★	5★	5★	5★
7	SX1788	好来喜（Haolaixi）	4★	5★	5★	5★	4★
8	SX128	好来喜（Haolaixi）	4★	5★	5★	5★	4★
9	FD–2809	锋达玩具（FD）	4★	5★	5★	5★	4★
10	BRD–9998	倍瑞多（beiruidor）	5★	5★	5★	4★	4★
11	HL–2888	福儿宝	4★	5★	5★	4★	4★
12	82700–1	RASTAR	4★	5★	5★	5★	4★
13	HC–6388	NUKied/纽奇	3★	5★	5★	5★	3★
14	82500	星辉/奥迪	5★	5★	5★	3★	3★
15	YH–6688	GOODPLUS/好加	2★	5★	5★	4★	2★
16	2017	米蚁（MiYi）	5★	5★	5★	2★	2★
17	DB11	好儿佳	2★	5★	5★	5★	2★
18	DMD–178	栋马（DOOMA）	5★	5★	5★	2★	2★
19	QLS–5388S	卡丝拉狄（CATHYLADI）	5★	0	5★	2★	0

续表

编号	型号	品牌	有害物质评级	结构安全性评级	电气安全性评级	说明书易用性评级	产品评级
20	XJ–L688	智仔优品	3★	0	5★	3★	0
21	SMT–7188	HOYO	0	0	5★	5★	0
22	UNIMOG	灵通熊	0	5★	5★	3★	0
23	QLS–8988	海の心家具（HAIZHIXIN）	0	5★	5★	2★	0
24	CT–528	小荧星（xiaoyingxing）	0	5★	5★	2★	0
25	BDQ–1200A	贝多奇	0	5★	5★	2★	0
26	DLS02	达力斯	0	5★	5★	2★	0
27	—	魔力小虫（MAnA）	0	0	5★	0	0
28	BBH–222	宝贝虎	0	5★	5★	5★	0

杭州市消费者权益保护委员会

电热毯产品比较试验报告

电热毯是一种对床或人体进行加热的器具，主要分类有上盖电热毯、下铺电热毯、电热垫、电热褥垫等。电热毯产品与我们的日常生活息息相关，产品的质量同题直接关乎我们的生命财产安全。电热毯产品企业门槛较低，两极分化严重，大型企业不断引进国际先进生产设备，提高生产工艺及加工水平，打响自主品牌。而部分小型企业由于在产品工艺及创新上的劣势，利润空间一直比较狭小，仍处于低价低质的恶性循环中。随着劳动力成本和原材料的不断涨价，作为技术含量不高的劳动密集型的行业承受着巨大的压力。不少中小企业为了降低成本，采用劣质零部件组装、逃避认证等手段，以低廉的价格出售，在行业内相互压价，无序竞争，制约了整个行业的发展，严重影响行业和企业的形象和声誉，同时其生产的产品存在较严重的质量问题。

为维护消费者的合法权益，了解市场常见品牌电热毯的产品质量，进一步规范市场，普及消费知识，杭州市消费者权益保护委员会（以下简称杭州市消保委）近期开展电热毯产品测试，具体情况如下：

一、总体情况

杭州市消保委于2018年12月在杭州城区2家实体店内购买了5款电热毯样品，并在线上平台购买了7款电热毯样品进行买样检测，共计12款。生产地点涉及8个省市，具体采样批次数见表1。

表1　采样明示产地汇总表

采　　样	样品数
上海	1
浙江	3
河北	2
河南	1

续表

采　样	样品数
辽宁	1
山东	2
四川	1
江苏	1
总计	12

本次抽检的检测项目是标志和说明、对触及带电部件的防护、输入功率和电流、发热、工作温度下的泄漏电流和电气强度、耐潮湿、泄漏电流和电气强度、电源连接和外部软线、螺钉和连接、电气间隙、爬电距离和固体绝缘。

二、检测依据

GB 4706.1-2005《家用和类似用途电器的安全　第一部分：通用要求》；

GB 4706.8-2008《家用和类似用途电器的安全　电热毯、电热垫及类似柔性发热器具的特殊要求》。

三、检测结果

本次试验共12款，10款所测项目符合相关标准达标率为83.3%。主要未达标项目有：标志和说明、电源连接和外部软线。

（一）检测结果按产地统计

本次抽取电热毯生产企业明示地址涉及8省市，不合格率详见表2。

表2　按产地不达标样品汇总表

采　样	样品数	达标样品数	不达标样品数	不达标率（%）
上海	1	1	0	0
浙江	3	3	0	0
河北	2	1	1	50.0
河南	1	1	0	0
辽宁	1	1	0	0
山东	2	2	0	0
四川	1	1	0	0
江苏	1	0	1	100.0

（二）检测结果按采样地点统计

本次采样主要集中在超市及线上平台，各采样点采样数量及不达标率见表3。

表3　按采样地点不达标样品汇总表

采　样	款数	达标款数	不达标款数	不达标率（%）
杭州联华华商集团有限公司和平世纪购物城分公司	3	3	0	0
华润万家生活超市(浙江)有限公司洑家新村购物中心	2	2	0	0
线上平台	7	5	2	28.6

四、质量问题

（一）测试结果分析

分析本次测试结果，不达标项目主要是标志和说明、电源连接和外部软线。其中，电源连接和外部软线不达标率最高，为16.7%。

表4 不达标项目汇总表

不合格项	不合格项出现批次数
标志和说明	1
电源连接和外部软线	2

2.部分不达标项目风险分析

（1）标志和说明

标志和说明是主要用于标明产品使用特性参数，指引使用者正确操作使用和维护产品，防止由于不正确的使用和误操作给使用者和维护者带来危险。标志和说明项目虽然看似不像其他项目一样会有直接的危险产生，但绝对不应被轻视。使用者对产品的认识和使用维护的信息均来源于此。

本次检查中存在该项目不达标的有1款产品，主要表现为说明书缺少内容，不符合标准第7.12条款要求。

原因分析：企业对器具铭牌标识、使用说明书的信息内容不重视，对标准理解不到位，在产品生产中存在随意性，质量管理意识淡薄。

（2）电源连接和外部软线

标准规定了器具使用电源线和外部软线的规格、连接和固定方式等，其设置的目的在于确保器具的电源连接安全可靠。

本次抽查中该项目不达标的有2款产品。主要现象如下：

器具所选用的电源软线规格不符合标准要求。电源软线导线的横面积低于标称规定值，不能满足载流能力，在使用过程中容易过热。电源软线的规格必须与器具的额定电流相适应。

电源软线的夹紧装置不可靠，使得电源软线不能可靠地固定在器具上，不能经受软线的拉扭力试验；以及软线与模压护套之间存在非紧密、非可靠连接，当电源软线受到拉力时，内部电源连接端直接受到应力的情况。

五、线上线下情况比对分析

从本次线上线下电热毯产品买样检查活动结果来看，线上平台上出售的电热毯产品总体质量并不能让人放心。反映出企业对产品质量把关不严，管理松懈，存在因价格竞争而忽视产品质量，降低产品标准的不良现象，以及暴露出市场监管不到位等问题。但是虽然这次线下市场的检测结果达到100%达标，也只能代表这次的检测信息，具体线上平台和线下市场主要表现为以下几个方面：

首先，与生产企业对电热毯产品标准不熟悉及质量管理意识淡薄有关。有些企业未能按照CCC产品认证的要求，使批量生产的产品与申请CCC认证型式试验时产品不一致。方便、快捷、便宜，这是眼下大多数消费者选择网购的主要原因。因为网上购物的特殊性，消费者网购商品只能通过图片资料、销量、评价来选择，最关键的是价格因素。卖家或商家通过设置低价、促销来吸引点击量，从而提高销售量。在这种前提下，买家或商家会对产品生产企业在货品采购价格上有所要求，从而使生产企业按照销售需求生产与认证时不一致的产品。

其次，缺乏有效监管，售后没有保障。电子商务平台上的商家入门门槛低，绝大部分的电子商务商家对产品标准知识不了解，缺乏相应的产品质量人员对销售产品质量进行把关，缺少对电热毯产品的基本验货知识。其实，同家电卖场购买相比，网购家电更需要售后服务。消费者在商场购买产品时，可以看见产品实物，并可以从外观、实际性能、质量等方面进行考察，但网上销售的产品往往只有几张照片和一些说明文字，实际情况消费者心中没底。网上销售的商家很大一部分并不是在购买者本地，或者不是经过注册的公司，而且通常是接到订单以后通过物流送货上门，消费者手里只有卖方的联系电话，退换货很麻烦，权益难以保障。

目前我国还缺乏行之有效的法律法规对此进行监管，正因如此，网络购物陷阱密布，纠纷频起。由于网络交易具有远程特点，加上绝大多数被投诉的网上商店未在工商部门登记，不少受骗者因无处申诉或投诉后无法提供交易对象的基本情况，导致此类纠纷很难解决。

六、电热毯产品消费使用指南

目前网购已经成为一种时尚、便捷的购物方式，很多知名品牌厂商和家电卖场也都纷纷加入其中，在我们选择家电网购时，应进行适当的比较。

1.要选择知名的、信誉高的、服务最好、质量有保障的网购商城。并且应对网站的商业信誉、经营规模及送货方式做详细的了解。如果是直接汇款，还要考察网站的信用记录，例如是否有第三方权威认证。

2.购买电热毯应该尽可能去口碑较好的大品牌网络直营店。网络购物不要贪图便宜，价格低廉的产品往往会使用一些虚假信息来迷惑消费者，可以通过查看店铺的评分、销售记录和评价进行识别，尽量选择开通“7天无理由退换货”服务的商家。

3.一定要看清品牌型号、规格参数、有无合格证等，一定要索取购物凭证或保存交易协议（包括电子版），网上购物的实际经销商大多数是外地公司，收货时要留意查看票据的公章。如果所购商品发生纠纷，应按属地管辖原则，向票据公章单位所在地的有关部门投诉。

4.收到货后，检查产品标识，产品的规格、型号和商标应与说明书、外包箱一致，生产企业名称，产品出厂检验合格证，执行标准代号等。检查外观装配质量，开关、旋钮应灵活可靠，电源线应可靠固定等。消费者在使用电热毯产品前需认真、仔细地阅读使用说明书，按说明书中要求进行操作。长时间无人使用时，应切断器具电源。

七、对电热毯产品质量监管的建议

第一，建议加强对电子商务平台所售产品的质量监督工作，应尽快促成对电子商务的质量监管问题的立法工作，改变目前B2C模式下监管缺失的现状。通过定期的监督检查和不定期的专项监督检查，来有效地规范电商市场，促进企业提高产品质量水平，促进有序竞争，从而在整体上提高电子商务电热毯产品质量水平。

第二，定期对电子商务平台上销售的电热毯产品质量测试活动，并建立电子商务质量检查结果发布平台，对测试结果（包括产品名称、型号、生产企业、销售商家、质量测试情况）在网上进行公示，以起警示作用，甚至公布所检查产品的电商来源，建立起电商所售产品质量平台，让消费者在进行网上购买时不是仅依赖于无法辨认真伪的评论信息，而是可以很直观地了解到产品的质量状态。同时建议与电商开展紧密合作，将监测结果直接公布于电商平台，并作为电商对产品商家的规范依据。

第三，开展企业实地检查活动。建议由当地质量监督部门牵头，带领相关领域的技术专家定期或不定期地对不达标企业进行有针对性的实地检查。针对现有问题，可以实地检查企业操作人员的操作过程，企业是否对线上操作人员进行了足够必要的培训，是否在相应岗位上设置了关键工艺的要求；针对检查发现的不合格问题，可以检查企业是否按要求进行了出厂检验等。一旦发现企业实地问题可立即开出整改意见，并上报质量监督部门；质量监督部门可根据实地检查情况组织企业培训，督促做好整改、返工等工作，加强企业管理，解决企业管理不严的问题，还可以开展执法检查等活动，杜绝不合格产品出厂，将隐患消除在源头。

测血压智能手环比较试验报告

对于高血压患者来说，血压监测尤为重要，因为不同的数值，是医生选择不同的用药和治疗方案的重要依据。

传统的血压计，无论水银式的还是电子式的，个头都比较大，使用时需要坐下来，把袖套绑在手臂上，操作起来不太方便，出门也不便于携带。

近年来，随着智能穿戴设备的日渐流行，一种可以测量血压的智能手环应运而生。与传统血压计相比，智能手环体积小巧，可随身佩戴。许多人会买来当作礼物送给长辈，便于他们随时随地监测血压。

问题是，这样一个小小的手环，测量的数值真的准确吗？

近日，杭州市消保委联合“好奇实验室”、浙江省老年医学研究所，对市面上便携式血压监测设备进行实时评测活动。

本次评测随机取样8款智能手环血压计。其中包括6款销量较高的，带血压监测功能的智能手环，1款可以测量血压的智能手表，以及1款腕式血压计。样品详情见表1。

表1 样品详情

序号	品牌	商品名称	型号	价格（元）
1	云帝	智能手环	QW18	78
2	大显	智能手环	DX300	69
3	悦动圈	智能手环	SH09U	249
4	彬格	智能手环	X89	174
5	欧瑞特	智能手环	B9	238
6	EHP	智能手环	B51	218
7	金亿帝	智能手表	BPW1	1998
8	欧姆龙	腕式血压计	HEM-6121	269

根据不同的测量原理，这些手环分成3类。

第一类是光电法（PPG），手环向皮肤发射一种光电信号，通过传感器采集手腕部位的脉搏波，然后通过特定的计算公式，估算血压数值。使用时，手环只需佩戴在手腕上，即可直接测量血压。

第二类是光电+心电法（PPG+ECG）。就是在光电信号的基础上，又增加了几块金属片，用来采集心电信号，综合两种信号，估算血压数值。使用时需要用手指按住表面的金属按钮，才可以正常测量。

第三类是示波法。手环背面有一个微型气囊，通过充气、加压、放气的过程，自动测量血压，这其实和电子血压计是同一原理，只不过是用在手腕上，而不是手臂上。

本次评测实验在浙江省老年医学研究所副所长王国付主任医师的指导下进行，杭州市消保委全程参与，消费者代表全程见证。

为了尽可能保证实验的科学性与严谨性，王医师运用医学统计上的“拉丁方设计”法，设计了一套实验方法。

总共8位受试者，全部为男性，年龄分别为29岁、32岁、33岁、43岁、62岁、74岁、78岁、80岁。

受试者通过抽签决定1—8的编号，8款手环也由监督人员从A—H随机编号。

受试者取坐位，测量部位为右上肢，上臂与乳头持平。

每人分别佩戴一款手环，测量2次血压，中间间隔1—2分钟。如果收缩压或舒张压两次读数相差5mmHg以上，则进行第3次测量，取结果相近的两次读数的平均值。

然后根据“拉丁方设计”的顺序，交换手环，进行第二轮测量。

以此类推，总共进行8轮，确保每位受试者都分别测量过8款手环。

这样设计的目的，是在尽可能少的样本量的情况下，尽量满足实验的科学性和随机性，排除一些人为的干扰。

目前医学上测量血压最准确的是有创血压监测。需要将一个带传感器的导管通过穿刺，置于被测部位的血管内，从而可获得血管内实时压力变化的动态波形，通过特定的计算方法，可获得被测部位血管的收缩压、舒张压等。

当然这种方法一般用于手术室、急诊室里的危重病人，并不适合普通患者平时监测血压。

在无创血压监测的方法中，最传统的是水银血压计，用听筒听取手臂上动脉搏动的声音来判断血压的高低。目前很多医院的门诊，仍然采用这种方法测量血压。

水银血压计测量的准确程度，和周边环境噪声、人耳的听力、看刻度的时机等都有关系，需要有经验的医生操作，否则容易存在人工误差。

另一种是电子血压计，也是目前医院里普遍使用的一种测量血压的方法。其原理为示波法间接测量血压，在放气或充气的过程中，感知脉搏波信息，并通过一系列复杂的转换和计算得到血压数据。电子血压计能够最大限度地减少人为引起的误差，测量结果相对准确、稳定。

实验采用欧姆龙HBP-1300医用电子血压计作为比对的标准值，且该血压计是经过专业机构检定合格的。

经过计算，8款手环的测量结果与标准血压值的误差情况见表2和表3：

表2　8款手环的收缩压测量结果与标准血压值的误差

排　名	编　号	品牌型号	误差值（mmHg）
1	H	欧姆龙HEM-6121	6.4
2	F	EHP B51	8.3
3	C	悦动圈SH09U	9.0
4	E	欧瑞特B9	9.0
5	D	彬格X89	10.3
6	B	大显DX300	11.8
7	G	金亿帝BPW1	16.8
8	A	云帝QW18	19.5

表3　8款手环的舒张压测量结果与标准血压值的误差

排　名	编　号	品牌型号	误差值（mmHg）
1	D	彬格X89	5.7
2	C	悦动圈SH09U	6.8
3	A	云帝QW18	7.0
4	G	金亿帝BPW1	7.6
5	B	大显DX300	8.1
6	H	欧姆龙HEM-6121	9.0
7	F	EHP B51	11.1
8	E	欧瑞特B9	12.4

评测结果是，从收缩压的情况来看，8款产品中，误差值最小的有6.4mmHg；最大的误差达到了19.5mmHg。

舒张压的情况也差不多，最小的误差值也有5.7mmHg，最大的则达到了12.4mmHg。

《JJG 692-2010无创自动测量血压计检定规程》规定，误差超过4mmHg判定为检定不合格。

参照此标准，8款产品的测量结果，与标准值相比，均有不小的误差。

无论使用哪种测量原理，以现有的技术，智能手环还无法做到准确测量血压。

医用血压计作为一种医疗器械，我们国家有相关规定，需要定期到专业机构做检定，方可使用。家用血压计，也需要经常校准，才能减小误差。

而智能手环这种新生事物，由于不属于医疗器械，国家尚未有相关的检测标准，因此测量结果仅供参考，绝不能代替血压计，作为诊断治疗的依据。

医生提醒，自己在家监测血压，建议使用电子血压计。

选择的时候注意三点：

1.选择有国家相关机构认证的正规产品。

2.尽量用袖带式的，不要用腕式的。

3.根据说明书上的要求，定期去做校验。

注：受人力物力限制，受试者样本量有限，本次评测结果可能会出现一定的偏差，评测结果不作为产品质量高低的判断依据，仅供参考。

广州市消费者委员会

人造石卫浴产品比较试验报告

人造石是指以高分子聚合物或水泥或两者混合物为黏合材料，以天然石材碎（粉）料或天然石英石（砂、粉）或碳酸钙或氢氧化铝粉等为主要填料，加入颜料及其他辅助剂，经搅拌混合、凝结固化等工序复合而成的材料。按填料不同，可分为实体面材、人造石英石、人造大理石3种，实体面材一般以碳酸钙或氢氧化铝作为填料，人造石英石以天然石英石（砂、粉）、硅砂、尾矿渣等为主要填料，人造大理石以大理石、石灰石等碎料、粉料等为主要填料。

近年来，人造石作为一种符合国家可持续发展战略的新型健康环保材料，得到了突飞猛进的发展，现已广泛应用于家装卫浴场所。与陶瓷等传统材质卫生洁具相比，人造石卫生洁具具有无毒环保、绝缘性好、韧性高、施工工期短、防滑性能强、防辐射性能高、防火等级高及生产周期短等优点，但由于此类产品标准不统一、产品原料配方多样等原因，使消费者对此类产品的质量情况不甚了解。为解除消费疑虑，引导消费者正确选购，广州市消费者委员会联合佛山市消费者委员会委托佛山市质量计量监督检测中心开展了人造石卫生洁具比较试验。

一、比较试验结果概述

27款样品中，共有20款样品通过了所有项目的测试，未通过测试的7款样品问题主要集中在耐污染性能及耐热性能指标测试上。

在耐脏性能方面，石英石材质以及覆盖了胶衣层的实体面材材质样品的耐脏性能优良，而未覆盖胶衣层的实体面材材质样品的耐脏性能较差。

在耐物理破坏性能方面，结果显示，石英石材质的样品硬度最高，防刮性能有保证。

在耐热性能方面，不同材质的样品之间线性热膨胀系数差异大，防热胀冷缩性能有差异。

二、样品情况

本次比较试验样品由广州市消费者委员会、佛山市消费者委员会及佛山市质量计量监督检测中心工作人员以普通消费者的身份，从电商平台或实体店随机购买，共购得27款人造石卫生洁具样品，主要涉及实体面材和石英石两种材质，包括洗衣机柜（配套人造石台面）、人造石盆、人造石台面、浴室柜（配套人造石台面）等4种类型样品（样品示例见图1），购买价格从500元/件到3349元/件不等。

洗衣机柜（配套人造石台面）示例

浴室柜（配套人造石台面）示例

人造石台面示例

人造石盆示例

图1　产品类型示例图

表1 样品情况表

类别	品牌	产品名称	规格型号	材质	参考单价（元）
洗衣机柜	九牧	jomoo九牧卫浴洗衣柜组合	1.2米阳台洗衣机柜左盆（不含镜柜）	实体面材	2699
	心海伽蓝	心海伽蓝不锈钢阳台洗衣机柜子组合	1.2米珍珠白左盆1	实体面材	2198
	恒洁	新HEGII恒洁卫浴铝合金洗衣柜	N铝合金洗衣柜120cm	实体面材	1899
	四季沐歌	四季沐歌洗衣机柜	M–GX0011（10）–R洗衣机柜	实体面材	1498
	卡贝	卡贝空铝洗衣机柜子	白–100cm–左柜–加厚太空铝	实体面材	1399
	康佳	康佳不锈钢洗衣机柜子一体柜	白色0.95m平行左盆	实体面材	1350
	希箭	希箭洗衣机柜子	白色0.95m平行左盆	实体面材	1180
	佐诺	北欧阳台洗衣柜	70cm–原木色长度：61（含）—90cm（含）	实体面材	1130
	超诺	洗衣机柜	平盆–1米–单门–白木纹–左盆	实体面材	1055
	瑞斯丽	洗衣柜阳台组合浴室一体柜	1.0米	实体面材	970
	欧缔菲	洗衣机柜子带搓板台盆池一体	1米平盆	实体面材	970
浴室柜	摩恩	摩恩海伦娜900单孔柜体典雅灰	BCP52286	石英石	3349
	科勒	科勒星都900mm浴室家具深木纹999	99907T–C04	石英石	3149
	TOTO	TOTO北欧现代简约落地组合镜卫浴浴室柜	LBLW752M梳妆台+台盆+龙头（不含镜子）	石英石	2449
台面	TOTO	新雅士白台面	DY3123–1000–548	实体面材	1800
	恒洁	台面	103506N–090	实体面材	1600
	金牌橱柜	台面	D03	石英石	1700
	箭牌	台面	—	石英石	900
	COCO	台面	1000×550×6	实体面材	750
台盆	蒙克	台盆	P124W3 420×420×110	实体面材	1300
	浴特舒	台盆	—	实体面材	1200
	伯顿厨卫	台盆	—	实体面材	950
	美迪加	台盆	H2358	实体面材	900
	锐箭	人造石台盆	389L 900×550	实体面材	600
	爱乐泉	哑光台盆	2025 600×400×140	实体面材	590
	邦获	台盆	白色SMA5137	实体面材	580
	韩品	台盆	H–2301 600×360×140	实体面材	500

三、比较试验参考依据及项目

目前，我国涉及人造石卫生洁具的行业标准主要有3个，分别是JC/T 2116–2012《非陶瓷类卫生洁具》、JC/T 908–2013《人造石》和QB/T 2658–2017《卫生设备用台盆》。

JC/T 2116–2012主要规定了人造石台盆、人造石浴缸、人造石坐便器等非陶瓷卫生洁具的技术要求及试验方法。

JC/T 908–2013主要规定了人造石实体面材、人造石英石、人造大理石制成的人造石台面、墙、地面等产品的技术要求及试验方法，其他用途的人造石及其制品（如洗面盆和浴缸等）也可参照采用。

QB/T 2658-2017主要规定了卫生设备用台盆（包括人造石台盆）的技术要求及试验方法。

本次试验在依据国家相关标准的情况下，根据消费者对厨卫洁具产品的关注点，设置了耐脏性能、耐物理破坏性能、耐热性能、质感性能四大类试验项目。

（一）耐脏性能

卫生洁具在日常生活中，时常与染色剂、日用化学药剂接触，如染发剂、指甲油、鞋油、消毒水（甲紫、红汞溶液）等，为了对比人造石卫生洁具的耐脏性，设置了耐污染性、耐化学药品性2个耐脏性能测试项目。

（二）耐物理破坏性能

卫生洁具在使用过程中，经常与日常用到的硬物接触，如刀、金属锅、钥匙、硬币、指甲等，为了对比产品耐硬物破坏性能，设置了耐冲击性、硬度（巴氏硬度）、耐磨测试、划痕测试4个耐物理破坏性能测试项目。

（三）耐热性能

卫生洁具，因在使用过程中时常与高温物品直接接触，如热锅、热水等，为了对比产品的耐热性，设置了耐热性、耐热水性、耐高温性、线性热膨胀系数4个耐热性能测试项目。

（四）质感性能

卫生洁具的色泽、光滑性往往直接影响消费者对该产品的质感评价，为了对比产品的质感指标，设置了光泽1个质感性能测试项目。

四、比较试验测试结果

本次结果显示，27款样品中，共有20款样品通过了所有项目的测试，剩余7款未通过测试的样品，分别是标称“伯顿厨卫”“韩品”“浴特舒”“美迪加”“蒙克”“爱乐泉”“摩恩”的样品，问题主要集中在耐污染性能及耐热性能指标测试上。

表2 测试情况一览表

类别	品牌	产品名称	规格型号	材质	参考单价（元）	测试情况
洗衣机柜	九牧	jomoo九牧卫浴洗衣柜组合	1.2米阳台洗衣机柜左盆（不含镜柜）	实体面材	2699	洗衣机柜样品全部通过测试
	心海伽蓝	心海伽蓝不锈钢阳台洗衣机柜子组合	1.2米珍珠白左盆1	实体面材	2198	
	恒洁	新HEGII恒洁卫浴铝合金洗衣柜	N铝合金洗衣柜120cm	实体面材	1899	
	四季沐歌	四季沐歌洗衣机柜	M-GX0011（10）-R洗衣机柜	实体面材	1498	
	卡贝	卡贝空铝洗衣机柜子	白-100cm-左柜-加厚太空铝	实体面材	1399	
	康佳	康佳不锈钢洗衣机柜子一体柜	白色0.95m平行左盆	实体面材	1350	
	希箭	希箭洗衣机柜子	白色0.95m平行左盆	实体面材	1180	
	佐诺	北欧阳台洗衣柜	70cm-原木色长度：61（含）—90cm（含）	实体面材	1130	
	超诺	洗衣机柜	平盆-1米-单门-白木纹-左盆	实体面材	1055	
	瑞斯丽	洗衣柜阳台组合浴室一体柜	1.0米	实体面材	970	
	欧缔菲	洗衣机柜子带搓板台盆池一体	1米平盆	实体面材	970	
浴室柜	科勒	科勒星都900mm浴室家具深木纹999	99907T-C04	石英石	3149	通过测试
	TOTO	TOTO北欧现代简约落地组合镜卫浴浴室柜	LBLW752M梳妆台+台盆+龙头（不含镜子）	石英石	2449	通过测试
	摩恩	摩恩海伦娜900单孔柜体典雅灰	BCP52286	石英石	3349	线性热膨胀系数未通过测试
台面	TOTO	新雅士白台面	DY3123-1000-548	实体面材	1800	台面样品全部通过测试
	恒洁	台面	103506N-090	实体面材	1600	
	金牌橱柜	台面	D03	石英石	1700	
	箭牌	台面	—	石英石	900	
	COCO	台面	1000×550×6	实体面材	750	
台盆	锐箭	人造石台盆	389L 900×550	实体面材	600	通过测试
	邦获	台盆	白色SMA5137	实体面材	580	通过测试
	伯顿厨卫	台盆	—	实体面材	950	耐污染性未通过测试
	韩品	台盆	H-2301 600×360×140	实体面材	500	耐污染性、线性热膨胀系数未通过测试
	浴特舒	台盆	—	实体面材	1200	耐污染性未通过测试
	美迪加	台盆	H2358	实体面材	900	耐污染性、线性热膨胀系数未通过测试
	蒙克	台盆	P124W3 420×420×110	实体面材	1300	耐污染性未通过测试
	爱乐泉	哑光台盆	2025 600×400×140	实体面材	590	耐污染性未通过测试

五、结果分析

（一）耐脏性能方面，结果显示，石英石材质以及覆盖了胶衣层的实体面材材质样品的耐脏性能优良，而未覆盖胶衣层的实体面材材质样品的耐脏性能差

人造石洁具的使用场合注定它时常与染色剂、日用化学药剂接触，如染发剂、指甲油、鞋油、消毒水（甲紫、红汞溶液）等，因此，耐污染性能对于该类产品来说显得尤为重要。

本次试验通过模拟污物粘在样品表面，经过一定时间后是否能够清洗干净来测试样品的耐脏性能。试验所用污染物包括：食用酱油、黑色液体鞋油、蓝色水溶性墨水、甲紫溶液、苹果汁、食用米醋、草莓汁、口红、染发精、红汞溶液（2%）、湿茶袋共11种。每一种污染物滴两滴在产品表面，其中一滴用器皿盖着。16小时后通过不同步骤清洗，根据清洗强度得出不同耐污染值，耐污染值越高，耐污染性越差，如自来水清洗干净的耐污染值为1，酒精擦洗干净的耐污染值为2，去污粉才能擦洗干净的耐污染值为3或者4，砂纸才能打磨干净的耐污染值为5。11种共22滴污染物最终的耐污染值总和不得规定值，实体面材规定值为44，人造石英石规定值为64。

本次试验结果显示，27款样品中，共有21款样品通过耐污染性能测试，其中，耐污染值总和小于25的有2款，占比7.4%；耐污染值总和为25—30的有4款，占比14.8%；耐污染值总和31—35的有4款，占比14.8%；耐污染值总和36—40的有3款，占比11.1%；耐污染值总和为41—44的有7款，占比25.9%；耐污染值总和大于44的有7款，占比25.9%。（见表3）

分析得知，通过耐脏性能测试的21款样品材质均为石英石材质或覆盖了胶衣层的实体面材材质，未通过的样品材质均为没有覆盖胶衣层的实体面材材质。实体面材的卫生洁具在生产过程中可以覆盖一层胶衣层以达到防污防刮的作用，但由于胶衣原料价格贵，加工工艺较复杂，实际生产中很多厂家省去该工艺以节约成本，造成样品的耐脏性能差。

表3　耐污性能测试情况

排名	品牌	产品名称	型号/材质	耐污染值	标准值
1	科勒	科勒星都900mm浴室家具深木纹999	99907T–C04/石英石	22	≤64（JC/T 908）
2	TOTO	TOTO北欧现代简约落地组合镜卫浴浴室柜	LBLW752M梳妆台+台盆+龙头（不含镜子）/石英石	24	≤64（JC/T 908）
3	佐诺	北欧阳台洗衣柜	70cm–原木色长度：61（含）—90cm（含）/实体面材	30	≤44（JC/T 2116）
4	瑞斯丽	洗衣柜阳台组合浴室一体柜	1.0米/实体面材	30	≤44（JC/T 2116）
5	超诺	洗衣机柜	平盆–1米–单门–白木纹–左盆/实体面材	30	≤44（JC/T 2116）
6	康佳	康佳不锈钢洗衣机柜子一体柜	白色0.95m平行左盆/实体面材	30	≤44（JC/T 2116）
7	希箭	希箭洗衣机柜子	白色0.95m平行左盆/实体面材	32	≤44（JC/T 2116）
8	卡贝	卡贝空铝洗衣机柜子	白–100cm–左柜–加厚太空铝/实体面材	32	≤44（JC/T 2116）
9	心海伽蓝	心海伽蓝不锈钢阳台洗衣机柜子组合	1.2米珍珠白左盆1/实体面材	34	≤44（JC/T 2116）
10	四季沐歌	四季沐歌洗衣机柜	M–GX0011（10）–R洗衣机柜/实体面材	34	≤44（JC/T 2116）

续表

排名	品牌	产品名称	型号/材质	耐污染值	标准值
11	金牌橱柜	台面	D03/石英石/实体面材	40	≤64（JC/T 908）
12	恒洁	新HEGII恒洁卫浴铝合金洗衣柜	N铝合金洗衣柜120cm/实体面材	40	≤44（JC/T 2116）
13	锐箭	人造石台盆	389L 900×550/实体面材	40	≤44（JC/T 2116）
14	邦荻	台盆	白色SMA5137/实体面材	42	≤44（JC/T 2116）
15	恒洁	台面	103506N–090/实体面材	42	≤44（JC/T 2116）
16	TOTO	新雅士白台面	DY3123–1000–548/实体面材	42	≤44（JC/T 2116）
17	箭牌	台面	/石英石	42	≤64（JC/T 908）
18	九牧	jomoo九牧卫浴洗衣柜组合	1.2米阳台洗衣机柜左盆（不含镜柜）/实体面材	42	≤44（JC/T 2116）
19	欧缔菲	洗衣机柜子带搓板台盆池一体	1米平盆/实体面材	44	≤44（JC/T 2116）
20	COCO	台面	1000×550×6/实体面材	44	≤44（JC/T 2116）
21	摩恩	摩恩海伦娜900单孔柜体典雅灰	BCP52286/石英石	58	≤64（JC/T 908）
22	韩品	台盆	H–2301 600×360×140/实体面材	66	≤44（JC/T 2116）
23	浴特舒	台盆	/实体面材	68	≤44（JC/T 2116）
24	美迪加	台盆	H2358/实体面材	72	≤44（JC/T 2116）
25	蒙克	台盆	P124W3 420×420×110/实体面材	72	≤44（JC/T 2116）
26	爱乐泉	哑光台盆	2025 600×400×140/实体面材	72	≤44（JC/T 2116）
27	伯顿厨卫	台盆	/实体面材	76	≤44（JC/T 2116）

（二）耐物理破坏性能方面，结果显示，石英石材质的样品硬度最高，防刮性能有保证

人造石洁具在使用过程中，经常与日常用到的硬物接触，如刀、金属锅、钥匙、硬币、指甲等，因此产品表面是否耐刮，显得尤为重要。

本次试验通过测试样品的表面硬度（巴氏硬度）值来试验样品的耐刮性能。结果显示，27款样品中，巴氏硬度大于80的有5款，占比18.5%；巴氏硬度为70—80的有2款，占比7.4%；巴氏硬度为60—69的有3款，占比11.1%；巴氏硬度为50—59的有11款，占比40.7%；巴氏硬度为40—49的有5款，占比18.5%；巴氏硬度小于40的有1款，占比3.7%。

根据分析我们得知，巴氏硬度值排名前五的样品中，石英石材质的样品有4款，人造石英石因其填料为天然

石英石（砂、粉）、硅砂等硬度极高的原料，因此人造石英石硬度远远高于实体面材，因此防刮性能更有保障。

表4 耐物理破坏性能测试情况

排名	品牌	产品名称	型号/材质	巴氏硬度
1	科勒	科勒星都900mm浴室家具深木纹999	99907T-C04/石英石	>90
2	TOTO	TOTO北欧现代简约落地组合镜卫浴浴室柜	LBLW752M梳妆台+台盆+龙头（不含镜子）/石英石	>90
3	金牌橱柜	台面	D03/石英石	>90
4	箭牌	台面	/石英石	89
5	恒洁	台面	103506N-090/实体面材	83
6	COCO	台面	1000×550×6/实体面材	71
7	TOTO	新雅士白台面	DY3123-1000-548/实体面材	70
8	佐诺	北欧阳台洗衣柜	70cm-原木色长度：61（含）—90cm（含）/实体面材	62
9	超诺	洗衣机柜	平盆-1米-单门-白木纹-左盆/实体面材	61
10	希箭	希箭洗衣机柜子	白色0.95m平行左盆/实体面材	60
11	卡贝	卡贝空铝洗衣机柜子	白-100cm-左柜-加厚太空铝/实体面材	59
12	邦荻	台盆	白色SMA5137/实体面材	58
13	瑞斯丽	洗衣柜阳台组合浴室一体柜	1.0米/实体面材	58
14	摩恩	摩恩海伦娜900单孔柜体典雅灰	BCP52286/石英石	55
15	欧缔菲	洗衣机柜子带搓板台盆池一体	1米平盆/实体面材	54
16	蒙克	台盆	P124W3 420*420*110/实体面材	54
17	伯顿厨卫	台盆	/实体面材	53
18	爱乐泉	哑光台盆	2025 600×400×140/实体面材	52
19	康佳	康佳不锈钢洗衣机柜子一体柜	白色0.95m平行左盆/实体面材	51
20	心海伽蓝	心海伽蓝不锈钢阳台洗衣机柜子组合	1.2米珍珠白左盆1/实体面材	51
21	四季沐歌	四季沐歌洗衣机柜	M-GX0011（10）-R洗衣机柜/实体面材	51
22	韩品	台盆	H-2301 600×360×140/实体面材	46
23	恒洁	新HEGII恒洁卫浴铝合金洗衣柜	N铝合金洗衣柜120cm/实体面材	44
24	锐箭	人造石台盆	389L 900×550/实体面材	42
25	美迪加	台盆	H2358/实体面材	42
26	九牧	jomoo九牧卫浴洗衣柜组合	1.2米阳台洗衣机柜左盆（不含镜柜）/实体面材	40
27	浴特舒	台盆	/实体面材	39

（三）耐热性能方面，不同材质的样品之间线性热膨胀系数差异大，防热胀冷缩性能有差异

人造石洁具特别是厨房用洁具产品，在使用过程中时常与高温物品直接接触，如烧热的锅、热水等，因此产品耐热性能显得尤为重要。

本次试验通过测试样品的耐热性、耐热水性、耐高温性、线性热膨胀系数4个项目来试验样品的耐热性能，其中，线性热膨胀系数能够直接反映产品在受热后形变大小，是反映产品防热胀冷缩性能的重要指标。人造石行业标准要求实体面材线性热膨胀系数≤5.0×10^{-5}℃$^{-1}$，石英石线性热膨胀系数≤3.5×10^{-5}℃$^{-1}$。

本次试验结果显示，27款样品中，24款样品均通过了耐热性能的所有测试，3款样品在线性膨胀系数项目上未通过测试。

分析得知，不同样品之间线性热膨胀系数差异大，防热胀冷缩性能有差异，不同材质样品之间无明显对比结论。

表5 耐热性能测试情况

排名	品牌	产品名称	型号/材质	线性热膨胀系数	标准值
1	TOTO	TOTO北欧现代简约落地组合镜卫浴浴室柜	LBLW752M梳妆台+台盆+龙头/石英石	$0.8\times10^{-5}℃^{-1}$	$\leq3.5\times10^{-5}℃^{-1}$
2	金牌橱柜	台面	D03/石英石	$2.5\times10^{-5}℃^{-1}$	$\leq3.5\times10^{-5}℃^{-1}$
3	科勒	科勒星都900mm浴室家具深木纹999	99907T-C04/石英石	$2.8\times10^{-5}℃^{-1}$	$\leq3.5\times10^{-5}℃^{-1}$
4	COCO	台面	1000×550×6/实体面材	$2.9\times10^{-5}℃^{-1}$	$\leq5.0\times10^{-5}℃^{-1}$
5	超诺	洗衣机柜	平盆-1米-单门-白木纹-左盆/实体面材	$3.1\times10^{-5}℃^{-1}$	$\leq5.0\times10^{-5}℃^{-1}$
6	TOTO	新雅士白台面	DY3123-1000-548/实体面材	$3.2\times10^{-5}℃^{-1}$	$\leq5.0\times10^{-5}℃^{-1}$
7	箭牌	台面	——/石英石	$3.5\times10^{-5}℃^{-1}$	$\leq3.5\times10^{-5}℃^{-1}$
8	佐诺	北欧阳台洗衣柜	70cm-原木色长度：61（含）—90cm（含）/实体面材	$3.8\times10^{-5}℃^{-1}$	$\leq5.0\times10^{-5}℃^{-1}$
9	恒洁	台面	103506N-090/实体面材	$3.9\times10^{-5}℃^{-1}$	$\leq5.0\times10^{-5}℃^{-1}$
10	瑞斯丽	洗衣柜阳台组合浴室一体柜	1.0米/实体面材	$3.9\times10^{-5}℃^{-1}$	$\leq5.0\times10^{-5}℃^{-1}$
11	锐箭	人造石台盆	389L 900×550/实体面材	$4.0\times10^{-5}℃^{-1}$	$\leq5.0\times10^{-5}℃^{-1}$
12	卡贝	卡贝空铝洗衣机柜子	白-100cm-左柜-加厚太空铝/实体面材	$4.1\times10^{-5}℃^{-1}$	$\leq5.0\times10^{-5}℃^{-1}$
13	康佳	康佳不锈钢洗衣机柜子一体柜	白色0.95m平行左盆/实体面材	$4.1\times10^{-5}℃^{-1}$	$\leq5.0\times10^{-5}℃^{-1}$
14	欧缔菲	洗衣机柜子带搓板台盆池一体	1米平盆/实体面材	$4.1\times10^{-5}℃^{-1}$	$\leq5.0\times10^{-5}℃^{-1}$
15	希箭	希箭洗衣机柜子	白色0.95m平行左盆/实体面材	$4.2\times10^{-5}℃^{-1}$	$\leq5.0\times10^{-5}℃^{-1}$
16	四季沐歌	四季沐歌洗衣机柜	M-GX0011（10）-R洗衣机柜/实体面材	$4.3\times10^{-5}℃^{-1}$	$\leq5.0\times10^{-5}℃^{-1}$
17	恒洁	新HEGII恒洁卫浴铝合金洗衣柜	N铝合金洗衣柜120cm/实体面材	$4.4\times10^{-5}℃^{-1}$	$\leq5.0\times10^{-5}℃^{-1}$
18	心海伽蓝	心海伽蓝不锈钢阳台洗衣机柜子组合	1.2米珍珠白左盆1/实体面材	$4.5\times10^{-5}℃^{-1}$	$\leq5.0\times10^{-5}℃^{-1}$
19	九牧	jomoo九牧卫浴洗衣柜组合	1.2米阳台洗衣机柜左盆（不含镜柜）/实体面材	$4.5\times10^{-5}℃^{-1}$	$\leq5.0\times10^{-5}℃^{-1}$
20	蒙克	台盆	P124W3 420×420×110/实体面材	$4.9\times10^{-5}℃^{-1}$	$\leq5.0\times10^{-5}℃^{-1}$
21	伯顿厨卫	台盆	/实体面材	$4.9\times10^{-5}℃^{-1}$	$\leq5.0\times10^{-5}℃^{-1}$
22	邦荻	台盆	白色SMA5137/实体面材	$5.0\times10^{-5}℃^{-1}$	$\leq5.0\times10^{-5}℃^{-1}$
23	浴特舒	台盆	/实体面材	$5.0\times10^{-5}℃^{-1}$	$\leq5.0\times10^{-5}℃^{-1}$
24	爱乐泉	哑光台盆	2025 600×400×140/实体面材	$5.0\times10^{-5}℃^{-1}$	$\leq5.0\times10^{-5}℃^{-1}$
25	摩恩	摩恩海伦娜900单孔柜体典雅灰	BCP52286/石英石	$5.9\times10^{-5}℃^{-1}$	$\leq3.5\times10^{-5}℃^{-1}$
26	韩品	台盆	H-2301 600×360×140/实体面材	$8.0\times10^{-5}℃^{-1}$	$\leq5.0\times10^{-5}℃^{-1}$
27	美迪加	台盆	H2358/实体面材	$8.2\times10^{-5}℃^{-1}$	$\leq5.0\times10^{-5}℃^{-1}$

（四）质感性能

质感性能方面，本次试验的27款样品各部位之间无明显的光泽差异，整体质感性能优良。

六、综合评价

将本次通过所有试验项目的20款样品进行综合评价，评价规则：依据耐污染值排名、巴氏硬度值排名、线性热膨胀系数排名对各产品单项进行评分，单项排名第一得100分，排名递减一名得分减5分，依次类推。把各单项得分相加得到总分，按总分大小得到综合排名，综合排名前3的推荐为“★★★★★”，排名第4—10的推荐为“★★★★”，排名第11—15的推荐为“★★★”，排名第16—20的推荐为“★★”。

表6　综合性能情况

排名	品牌	产品名称	型号/材质	综合性能推荐
1	科勒	科勒星都900mm浴室家具深木纹999	99907T-C04/石英石	★★★★★
2	TOTO	TOTO北欧现代简约落地组合镜卫浴浴室柜	LBLW752M梳妆台+台盆+龙头（不含镜子）/石英石	★★★★★
3	金牌橱柜	台面	D03/石英石/实体面材	★★★★★
4	佐诺	北欧阳台洗衣柜	70cm-原木色长度：61（含）—90cm（含）/实体面材	★★★★
5	超诺	洗衣机柜	平盆-1米-单门-白木纹-左盆/实体面材	★★★★
6	瑞斯丽	洗衣柜阳台组合浴室一体柜	1.0米/实体面材	★★★★
7	箭牌	台面	——/石英石	★★★★
8	恒洁	台面	103506N-090/实体面材	★★★★
9	TOTO	新雅士白台面	DY3123-1000-548/实体面材	★★★★
10	COCO	台面	1000×550×6/实体面材	★★★★
11	卡贝	卡贝空铝洗衣机柜子	白-100cm-左柜-加厚太空铝/实体面材	★★★
12	希箭	希箭洗衣机柜子	白色0.95m平行左盆/实体面材	★★★
13	康佳	康佳不锈钢洗衣机柜子一体柜	白色0.95m平行左盆/实体面材	★★★
14	心海伽蓝	心海伽蓝不锈钢阳台洗衣机柜子组合	1.2米珍珠白左盆1/实体面材	★★★
15	四季沐歌	四季沐歌洗衣机柜	M-GX0011（10）-R洗衣机柜/实体面材	★★★
16	锐箭	人造石台盆	389L 900×550/实体面材	★★
17	邦获	台盆	白色SMA5137/实体面材	★★
18	恒洁	新HEGII恒洁卫浴铝合金洗衣柜	N铝合金洗衣柜120cm/实体面材	★★
19	欧缔菲	洗衣机柜子带搓板台盆池一体	1米平盆/实体面材	★★
20	九牧	jomoo九牧卫浴洗衣柜组合	1.2米阳台洗衣机柜左盆（不含镜柜）/实体面材	★★

七、企业反馈

此次试验结束后，收到佛山美迪加卫浴有限公司的书面反馈，承诺不再销售不符合国家标准的人造石洗手盆。

八、消费提示

（一）选购提示

1.石英石材质性能优良，但价格也更高。人造石英石质地坚硬，结构致密，具有其他装饰材料无法比拟的耐污、耐磨、耐压、耐高温、抗腐蚀等特点，主要用于台面、墙地面等。但由于原材料成本高、工艺要求高，因此人造石英石价格普遍比人造实体面材高。

2.有胶衣层的实体面材更耐污，但价格也更高。大量实验数据表明，表面覆盖胶衣层的人造石实体面材产品耐污性能更好，污迹残留更少。但由于胶衣原料价格贵、加工工艺较复杂，因此覆盖胶衣层的产品比没有覆盖胶衣层的产品贵。

3.仔细观察，快速鉴别。仔细观察产品颜色是否均匀，表面是否有气孔，摸一摸产品表面是否有明显高低不平感，用指甲划产品表面是否有明显划痕。采用低档树脂和碳酸钙为原料制成的人造石洁具产品，表面颜色混浊发暗、表面有塑料胶质感，表面不致密有气孔，这种产品易渗色吸油。

4.看生产企业和销售单位的售后服务质量。售后服务可以为消费者解决后顾之忧，当商品出现质量问题时不能得到及时快捷的售后服务，将给消费者带来诸多不便。售后服务的关键在于是否能真正兑现，或者有没有兑现的可能。建议消费者从以下几方面比较：一是看企业实力，首选国内知名品牌；二是看全国的售后网点，遍布全国的售后网点对消费者是非常重要的；三是看售后政策，如是否实行“三包”和全国联保等。

5.关注相关市场和质量监管部门的权威发布。消费者平时要留意权威部门近期发布的商品质量监督信息，尽量购买抽检未发现不合格的型号或品牌，不购买抽检不合格的商品。如发现已购买的商品在抽样检验发现不合格时，需视商品不合格情况进行处理。如属于标识、说明书的轻微不合格，不影响使用及其安全防护性能时，可继续使用。如属于机械物理性能或化学性能等较严重不合格的产品质量问题，则需联系销售商或生产商，了解清楚所买的产品是否在不合格的批次内，是否属于不合格产品。如果是，则应与商家沟通办理退换。

（二）使用提示

1.使用注意

（1）避免高温物体直接或长时间放置在人造石洁具表面。直接从灶台或烤箱、微波炉中取下来的热锅、热壶，或者其他温度过高的用具等有可能给人造石表面带来损害。请使用带橡皮脚的锅支架，或在台面上放一块隔热垫。

（2）切勿在人造石洁具表面切菜。刀锋极易在人造石表面造成不美观的划痕。若不慎留下刀痕，可以根据刀痕的深浅，采用砂纸轻擦表面去除凹痕。

（3）污染物滴落在人造石洁具表面后应尽快去除，产品表面尽量保持洁净。污染物长时间接触人造石表面，容易造成污迹残留，常规清洗方法很难去除。如有不慎留有污迹，可用酒精或者去污粉擦洗表面。

2.维护与保养

（1）每次使用后用清洁剂抹净污迹后，再用干布擦净。

（2）用肥皂或含氨类成分的清洁剂清洗（如洗洁精）。

（3）去刀痕、灼痕和刮伤：如果产品表面是哑光，用400—600目砂纸磨光直到刀痕消失，再用清洁剂和百洁布恢复原状；如果产品表面光泽度高，先用800—1200目砂纸磨光，然后使用抛光蜡和羊毛抛光圈以1500—2000rpm低速抛光机抛光，再用干净的棉布清洁。细小刮痕可用干抹布润湿轻擦表面。

注：比较试验结果仅对测试样本负责，不代表该品牌其他型号、批次的产品质量状况；测试结果仅供消费者选购产品之参考，不构成对任何相关产品的推荐与宣传；任何企业、机构不得利用本次测试结果刊登广告或从事其他促销、宣传、推广活动。

不粘锅比较试验报告

一、项目背景

在快节奏的都市生活中，我们渴求美食的同时，也希望制作美食的过程是轻松而愉悦的。大铁锅炒出来的菜固然“有锅气”，但过重、粘锅、清洗和保养工序烦琐等让许多人对铁锅望而却步，取而代之的是轻便、不粘、易清洗、少油烟的带有不粘涂层的锅（以下简称不粘锅）。

虽然与传统锅具相比，不粘锅可以轻松煎炒食物且不粘底、能最大限度地减少用油、降低厨房油烟、清洗也更加简便，但不少消费者还是担心其涂层的安全性——害怕在使用过程中涂层会释放出有毒有害物质，同时对于涂层的不粘性、耐磨性等性能也持有不少疑虑。

针对这些与消费者的生活切身相关的问题，同时为了切实落实《粤港澳大湾区消费维权合作备忘录》及《广州市消委会、澳门特别行政区消委会消费维权合作协议》文件精神，广州市消费者委员会联合澳门特别行政区政府消费者委员会共同开展本次不粘锅具涂层的比较试验，用科学的测试和真实的数据给穗澳两地居民提供更多的消费指引，保护两地消费者的合法权益，促进两地产品质量提升，推进大湾区消费一体化。

试验结果仅对测试样品负责，不代表其同一批次或其他型号产品的质量状况。

二、比较试验综述

（一）本次比较试验的样品由穗澳两地消委会提供，涵盖国内外多家知名锅具品牌，对穗澳两地居民选择不粘锅具均具有很大的参考意义。

（二）对不粘涂层采用了更严格、更高的标准进行考核，包括卫生安全、涂层性能、使用评测等项目。

1.感官要求、总迁移量、重金属（以Pb计）等卫生安全项目测试中，有1款样品的总迁移量（食品模拟物4%乙酸）超出了相关标准的限值要求。

2.涂层性能项目参考了中国和欧盟两地的相关标准对涂层不粘性、耐磨性、耐腐蚀性、耐刮性等进行了考核。

测试结果显示，2款样品的不粘性能为Ⅱ级，其余34款样品均为Ⅰ级；28款样品的耐磨性为Ⅰ级，6款样品为Ⅱ级，2款样品为Ⅲ级。

在耐腐蚀性测试中，有1款样品出现大面积腐蚀情况，2款样品出现局部腐蚀，其余33款样品均未出现明显的腐蚀情况。

在耐刮性测试中，36款样品能承受负荷均超过8N且涂层不被破坏。

（三）使用评测中，大部分样品的防烫性能、握持舒适度、质感三个项目的得分相差不大，但不粘性能极限体验的结果相差较大。

结合各项测试结果来看，国内外品牌的样品整体上相差不大，排名前十的品牌中各占了半壁江山；但国产品牌的性价比相对要高，经济又实用。

三、样品来源

本次比较试验的样品来源于消费者关注度高、销量好的不粘炒锅和煎锅，36款样品均由穗澳两地消委会工作人员模拟消费者身份，随机在商场、超市及电商平台上购买，其中广州市消费者委员会在各电商平台上及商场购买了26款样品，澳门特别行政区政府消费者委员会在澳门的超市购买了10款样品。

表1　36款样品信息表

序号	标称样品名称	标称商标或品牌	标称规格型号	购买途径	购买价格/个	标称产地
1	巴拉利尼 BALLARINI 进口不粘锅	巴拉利尼 BALLARINI	4404088–75001–550	线上（京东商城）	人民币558元	意大利
2	弗欧（WOLL）不粘锅	WOLL	1801123113（商品编号）	线上（京东商城）	人民币638元	无标称
3	欧式多功能压铸不粘锅	J.ZA0	J2Y2L–28D0002–28cm	线上（京东商城）	人民币189元	无标称
4	LOCK&LOCK Baum 单柄煎锅无盖	LOCK&LOCK	商品编号：40485020738	线上（京东商城）	人民币139元	浙江.永康
5	九阳　合金不粘煎炒锅	九阳 Joyoung	CLB2821D	线上（京东商城）	人民币79元	无标称
6	德国 Pensray 烹思乐蝴蝶系列不粘锅（仿压铸蝴蝶锅）	Pensray 烹思乐	35657557344（商品编号）	线上（京东商城）	人民币396元	无标称
7	炒锅（美的炊具）	美的炊具 Midea	MP–CL32T1–32cm	线上（京东商城）	人民币109元	无标称
8	OUMBARUG 欧巴丽 锅	OUMBARUG	503.436.56	线下（京东商城）	人民币199元	中国.上海
9	SKANKA 斯帝卡 长柄带盖炒锅	SKANKA 斯帝卡	201.659.62	线下（京东商城）	人民币129元	中国.上海
10	TROVARDIG托瓦迪 锅	TROVARDIG 托瓦迪	102.701.81	线下（苏宁易购）	人民币279元	中国.上海
11	IKEA 365+煎锅	IKEA 365+	503.298.96	线下（天猫商城）	人民币149元	中国.上海
12	淘宝心选　铝合金不粘锅	淘宝心选	6940426328309	线上（苏宁易购）	人民币179.9元	浙江省金华市
13	NEWAIR/维艾32cm 铸造不粘锅	NEWAIR/维艾	商品编号：27068155887 WA–32ZTG	线上（天猫商城）	人民币299元	无标称
14	开普敦　24×4/C（尚尼）	SERAFINOZANI	货号：CAP 104/24	线上（京东商城）	人民币269元	广东云浮新兴
15	Carote 不粘锅具	CaROTE	tc8130	线上（苏宁易购）	人民币259元	无标称
16	麦饭石旋风聚能炒锅	DESLON 德世朗	DFS–C101B	线上（网易严选）	人民币299元	中国浙江
17	三禾 华彩系列健康不粘炒锅	SANHO 三禾	CLF3208–3	线上（京东商城）	人民币199元	无标称
18	铁柄铝煎锅	SDINUO 盛迪诺	24cm	线上（天猫商城）	人民币100.3元	无标称
19	美厨麦饭石不粘炒锅32cm	MAXCOOK 美厨创享生活	MCC640	线上（京东商城）	人民币55.3元	无标称
20	BergHOFF/贝高福–Gem–煎炒锅	BergHOFF	53cm×29cm×15cm	线上（京东商城）	人民币349元	中国.上海
21	电磁炉通用不粘炒锅	ASD 爱仕达	货号：EC8332E	线上（京东商城）	人民币99元	无标称
22	桑拿30cm炒锅套餐	绿的厨具	PT0930	线下（宜家家居）	人民币285元	无标称
23	KAVALKAD 卡瓦科 煎锅	KAVALKAD	501.659.70	线下（宜家家居）	人民币49元	无标称
24	炊大皇 高级麦饭石煎锅	炊大皇 COOKER KING	JG24GJ	线下（宜家家居）	人民币79元	无标称
25	36cm铁柄外砂光内不粘煎锅	JOBO 巨博	CEA–36	线下（宜家家居）	人民币116元	无标称

续表

序号	标称样品名称	标称商标或品牌	标称规格型号	购买途径	购买价格/个	标称产地
26	麦饭石炒锅	荣事达 Royalstar	RCG30M	线下（宜家家居）	人民币139.9元	无标称
27	Waraku PUNTEC 26cm 煎锅	Waraku	26cm　EXM–326	线下（来来超市）	229 澳门元 （人民币194.6元）	无标称
28	Chef's Favor 26cm 平底煎锅	Chef's Favor	26cm　CF 056862	线下（来来超市）	169 澳门元 （人民币143.6元）	无标称
29	EuroCook Non–Stick Cookware Deep Fry Pan	EuroCook	28cm　EC21828T	线下（百佳超市）	193 澳门元 （人民币164元）	无标称
30	EZCOOK NON–STICK FRY PAN	EZCOOK	28cm × 5.5（H）cm　GPNF5028	线下（日本城）	125 澳门元 （人民币106.2元）	无标称
31	Liberte IH Dia N–Stick Deep Fry	Liberte	28cm　219393	线下（日本城）	169 澳门元 （人民币143.6元）	KOREA
32	EXCEL FRYPAN	EXCEL	28cm	线下（来来超市）	159 澳门元 （人民币135.2元）	无标称
33	LUCUKU 布诺系列26X5CM单柄煎锅	LUCUKU	26cm × 5cm/2.2L	线下（来来超市）	159 澳门元 （人民币135.2元）	Italy
34	BALLARINI MasterChef Cookware FryPan – THE TV SERIES	BALLARINI	30cm　P500373	线下（新苗超市）	318 澳门元 （人民币270.3元）	无标称
35	MEYER COOK'N LOOK INDUCTION 28cm french skillet	MEYER	28cm　#18892	线下（来来超市）	279 澳门元 （人民币237.2元）	无标称
36	RISOLI INDUCTION FRYPAN	RISOLI	24cm　01103POIN/24	线下（百佳超市）	479.2 澳门元 （人民币407.3元）	ITALY

注：购买样品时，按当时澳门元兑人民币汇率，100澳门元兑换85元人民币。

四、测试项目及说明

根据电商平台消费数据显示，购买不粘锅的消费者最关注的问题便是不粘性。在平台随机抓取的6419条不粘锅商品评论中，直接涉及是否“粘”锅的评论数就有1841条。

此外，锅具的外观、重量、操作便利性，以及涂层是否容易被刮花、磨损等也都是消费者非常关注的问题。

结合以上消费热点，并通过与威凯检测技术有限公司测试工程师及业内专家的深入探讨，“穗澳”两地消费者委员会共同召开专家论证会，会议形成的方案决议确定了本次比较试验的项目和评价方案，项目涵盖了卫生安全、涂层性能、使用测评等：

（一）卫生安全项目主要参考现行的国家标准GB 4806.10–2016《食品安全国家标准　食品接触用涂料及涂层》，选取了感官要求、总迁移量、重金属（以Pb计）等测试项目。

（二）涂层性能项目依据《2019年穗澳锅具涂层比较试验合作实施方案》进行，该方案考虑到两地购买的样品多样性、两地居民不同的烹饪和饮食习惯，结合参考了中国标准GB/T 32095.1~3–2015《家用食品金属烹饪器具不粘表面性能及测试规范》和欧盟标准EN 12983《用于炉具、炊具和加热铁架上的家用厨具产品的安全和性能要求》标准来考核，选取了涂层不粘性、耐磨性、耐腐蚀性、耐刮性等试验项目，采用了较严酷的试验条件。

（三）使用测评项目是根据电商平台消费数据、消费者不同的烹饪和饮食习惯来制定，如防烫性能、握持舒适性、不粘性能极限体验、质感等。此项目主要考察消费者使用不粘锅时的感受，并对不粘锅进行评分比较。

具体测试项目见表2。

表2　样品测试项目

序　　号	实验项目	实验依据	测试属性
1	感官要求	GB 4806.10–2016《食品安全国家标准　食品接触用涂料及涂层》	卫生安全
2	总迁移量（食品模拟物4%乙酸）		
3	总迁移量（食品模拟物异辛烷）		
4	重金属（以Pb计）		
5	不粘性	《2019年穗澳锅具涂层比较试验合作实施方案》	涂层性能
6	耐磨性		
7	耐腐蚀性		
8	耐刮性		
9	防烫性能	《2019年穗澳锅具涂层比较试验合作实施方案》	使用测评
10	握持舒适性		
11	不粘性能极限体验		
12	质感		

五、比较试验结果分析

（一）卫生安全项目，只有1款样品不过关

针对消费者们最担心的问题之一：不粘锅的涂层到底有没有“毒”，我们对36款样品的涂层进行了总迁移量和重金属（以Pb计）和感官测试。

1.总迁移量：指的是从食品接触材料及制品中迁移到与之接触的食品模拟物中的所有非挥发性物质的总量，也就是从食品接触材料中迁移到食品中的异物总量，这些异物会通过食物进入人体，如果人体每次进食异物的总量过多则会对身体健康造成影响。考虑到中式家庭的饮食习惯，常使用油和醋进行烹饪，因此在测试中我们分别采用了4%乙酸溶液和异辛烷模拟酸性食品和油性食品进行测试。

测试结果显示，标称“MAXCOOK美厨创享生活”样品的总迁移量（4%乙酸溶液）实测值超过标准限值，未能通过此项目测试。

2.重金属（以Pb计）：由于大部分重金属在人体内能和蛋白质及酶等发生强烈的相互作用，使它们失去活性，也可能在人体的某些器官中累积，造成慢性中毒，因此，我国对与食品接触的材料中重金属的含量亦有严格规定，根据GB4806.10–2016《食品安全国家标准　食品接触用涂料及涂层》的要求，食品接触用涂层材料在特定条件下迁移的重金属含量不能超过1mg/kg，由于重金属种类繁多，因此试验结果均以铅（Pb）计。

本次参与比较试验的36款样品的重金属试验结果均能满足标准要求。

3.感官测试：36款样品也均通过了感官项目的测试，测试内容见表3。

表3 样品感官项目考核测试内容

项 目	要 求
感官	表面平整，色泽均匀，无气孔；浸泡后应无龟裂，不起泡，不脱落
浸泡液	迁移测试所得浸泡液不应有着色、混浊、沉淀、异臭等感官性的劣变

（二）测试结果显示大部分国产品牌涂层性能不输进口大牌

1.不粘性测试。不粘性是考察不粘锅性能的一个主要特性，评价不粘锅是否好用，很多消费者首先想到的就是它炒菜时是否粘锅，这也是不粘锅与传统无涂层锅具最重要的区别，正因为不粘涂层的存在，才使得不粘锅具有不粘性。本次比较试验参考国标GB/T 32095标准中对不粘涂层的不粘性试验方法，通过煎鸡蛋来测试所有样品的不粘性，在规定的条件下煎蛋后，通过检查煎蛋与锅具的黏附情况对结果进行评级，从高到低共分为Ⅰ、Ⅱ、Ⅲ共3个等级，评级要求见表4。

表4 煎蛋不粘性试验结果评价

序 号	评价要求	评价等级
1	用塑料铲可使鸡蛋无损伤取出并不留残渣	Ⅰ级
2	用塑料铲不能使鸡蛋无损伤取出，但用湿海绵或纱布轻轻拭即可去除残渣	Ⅱ级
3	用湿海绵或纱布轻轻拭不能去除残渣	Ⅲ级

结果显示，36款样品中，2款的不粘性只能达到Ⅱ级，其余34款均能达到最高等级Ⅰ级。图1为不粘性表现好的任一样品煎蛋前后对照图。

图1 不粘性表现好的任一样品煎蛋前后对照图

2.耐磨性和耐刮性测试。“炒”是在中式厨房中最常用的烹饪手法，大部分国人追求炒菜的“锅气”，因此不粘锅在烹饪和清洗过程中难免受到各种物品的摩擦和刮擦，如果不粘涂层的耐磨性或耐刮性不佳，涂层很容易就被磨损，从而失去不粘性。

在本次的比较试验中，我们对所有样品的不粘涂层进行了耐磨性和耐刮性的测试。

（1）耐磨性测试。本次比较试验参考国标GB/T 32095的方法，使用特定的百洁布，在规定的实验条件下，通过耐磨试验机对样品的不粘涂层进行了来回摩擦，直至涂层表面磨损，若测试达到了最高等级涂层仍未磨损，则终止试验。根据摩擦的次数，我们将耐磨性结果划分为4个等级，从高到低分别为Ⅰ、Ⅱ、Ⅲ、Ⅳ级，评级要求见表5。

表5 平面耐磨性试验结果评价

序 号	评价要求	评价等级
1	$N>15000$	Ⅰ级
2	$5000<N\leqslant 15000$	Ⅱ级
3	$1000<N\leqslant 5000$	Ⅲ级
4	$N\leqslant 1000$	Ⅳ级

结果显示，共有28款样品的耐磨性能达到最高等级Ⅰ级，摩擦15000次都未被磨损；6款样品达到Ⅱ级，2款样品仅能达到Ⅲ级，其中1款样品在摩擦2000次时就发生了破损，1款样品在摩擦5000次时发生破损。图2为测试后达到Ⅰ级的任一样品图。

图2 达到Ⅰ级的任一样品，经测试后完好无损的涂层表面图

（2）耐刮性测试。不粘涂层耐刮性并没有一个统一的定义，无论是国标还是欧盟标准，都没有直接说明不粘涂层耐刮性的试验方法和评价方式，因此本次比较试验参考汽车行业对涂层耐刮性评价的一种通用的试验方法——“划痕试验笔法”对样品进行耐刮性能的测试。采用刮擦笔，通过施加不同负荷对样品涂层进行刮擦试验，直到涂层被破坏，达到试验的最大负荷（20N）而没有被破坏则终止试验，该测试要求不粘涂层最小能承受8N的负荷而涂层不被破坏。

测试结果显示，所有样品涂层能承受的负荷均超过8N，且能承受住最大负荷（20N）而涂层没被破坏的样品共有12款。图3为36款样品耐刮性测试结果。

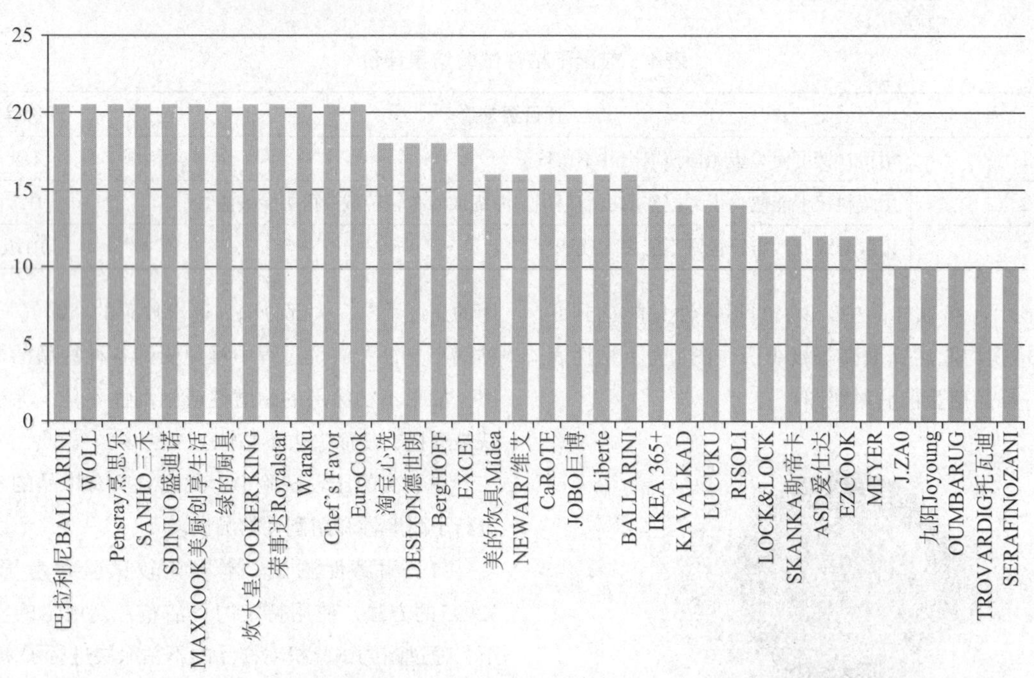

图3 36款样品耐刮性测试结果

（3）耐腐蚀性测试。在中式烹饪习惯中，酸性（醋）、碱性（加碱的面食）、盐水等都是常见的食物介质，如果不粘锅涂层的耐腐蚀性较差，长期在这些介质中浸泡则很容易被腐蚀破坏。国标GB/T 32095分别用碱性溶液、酸性溶液、盐水来考察耐腐蚀性，而欧盟EN 12983标准是用混合溶剂（酸性西红柿汁和盐水的混合溶剂）整体性进行试验。考虑到大多数人实际做菜时，基本都是混合型居多，因此本次比较试验参考欧盟标准，采用酸性和盐水的混合溶剂对样品进行耐腐蚀性试验，结合多数中国消费者的饮食习惯，本次试验不直接采用西红柿汁，而是采用酸性的盐水溶液来模拟烹饪和浸泡，由此检查试验后的涂层表面是否存在腐蚀情况。

测试结果显示，有1款样品在测试后锅体发生了大面积生锈且起泡，另有2款样品锅体出现了局部生锈，其余33款样品均未出现明显的腐蚀情况。图4为腐蚀较严重的锅体样品图。

图4　腐蚀较严重的锅体样品图

从样品整体测试结果来看，许多国产品牌的涂层性能都非常优秀，例如“淘宝心选”“SANHO三禾”“炊大皇COOKER KING”“荣事达Royalstar”等品牌的样品在4个项目中表现都很突出，且价格都非常亲民，尤其是“炊大皇COOKER KING”和“荣事达Royalstar”2款样品都不过百元；而国外品牌中几款涂层性能表现突出的样品，如“巴拉利尼BALLARINI”“弗欧（WOLL）”“Waraku”“Chef's Favor”等品牌，价位则相对较高，最贵的甚至已接近700元。

六、使用测评结果显示，消费者更偏爱轻便型不粘锅

在使用测评中，共选取了4个消费者高度关注的项目，包括产品的防烫性能、握持舒适性、不粘性能极限体验、质感，由21位不同性别、年龄和职业的富有丰富烹饪经历的自愿体验者对所有产品进行使用体验后，分别进行打分评价，最后根据各项目的平均评分和权重对整个使用测评进行综合评分，**未通过卫生安全项目的1款样品不参与体验评价。**

1.质感。单从外观来看，体验者似乎更偏爱国外的品牌，在质感项目中得分最高的前5款样品均为国外品牌。图5为35款样品质感评分结果。

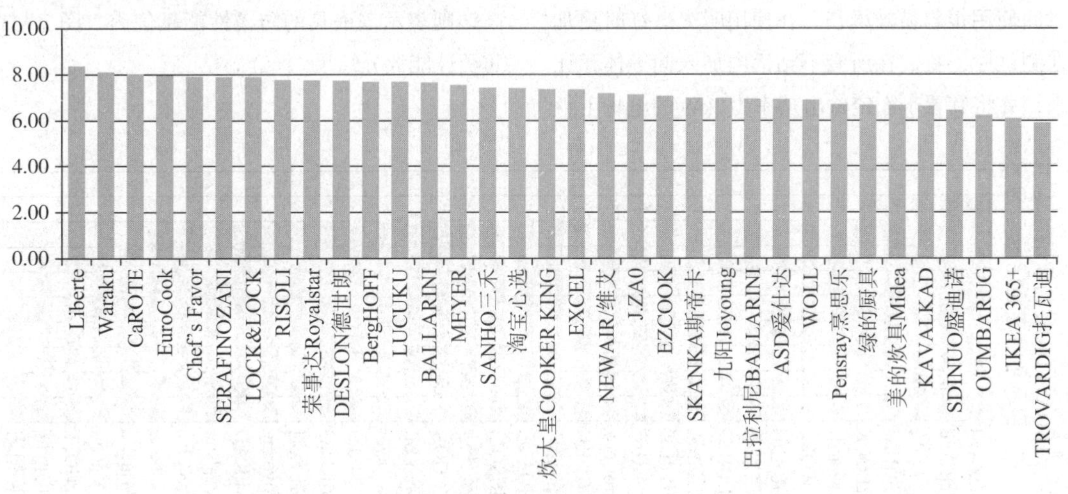

图5　35款样品质感评分结果

2.握持舒适性。在通过对所有的不粘锅进行握持体验后，大部分国产品牌样品备受青睐，“九阳Joyoung”“炊大皇COOKER KING”“SANHO三禾”“淘宝心选”“ASD爱仕达”“荣事达Royalstar”等传统厨具品牌的样品均获得了高分。图6为35款样品握持舒适性评分结果。

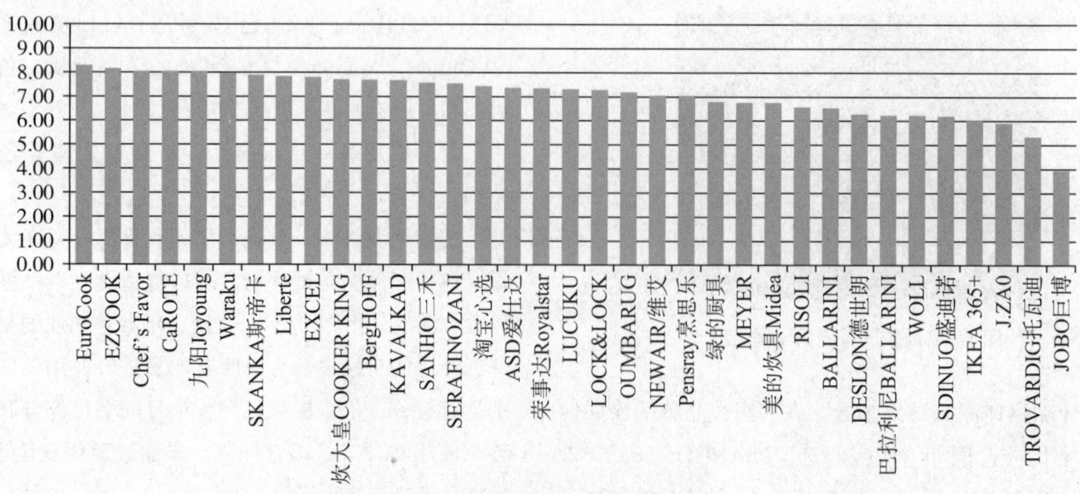

图6　35款样品握持舒适性评分结果

3.防烫性。防烫性能主要是模拟正常烹饪时候锅具的把手是否烫手，如果锅具把手部分的防烫设计不佳的话，长时间使用很容易被烫伤，在使用明火烹饪时更加明显。在测试中，我们在所有不粘锅内加入同等体积比例的沸水，并将其置于额定输出功率为2kW的电炉上继续加热5min，体验者用合理的握持方法握持不粘锅的手柄10s后，根据个人手掌对热的感受进行打分，得分越高，则表示该锅具的防烫性能越优秀。图7为35款样品防烫性能评分结果。

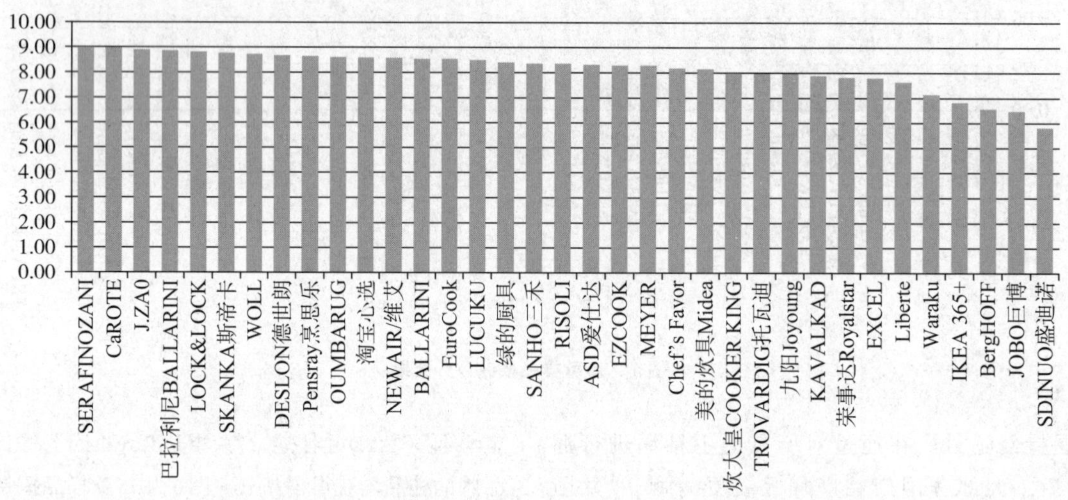

图7　35款样品防烫性能评分结果

在此项测试中，金属手柄的锅具样品得分相对较低，经过长时间加热，此类锅具的手柄可能温度较高，不方便使用。

4.不粘性极限测试。在不粘性极限测试中，我们模拟了不粘锅过度煎炒后，不粘涂层的状态和食物形态，测试方法如下。

将样品置于热源上持续加热，待国内表面温度维持在200℃ ±20℃后，在每个不粘锅内各加入1块鸡中翅进行无油烹饪5min，在此期间不对鸡翅做任何反转处理，5min后不粘锅马上脱离热源，迅速将鸡翅取出放置在陶瓷碟上，体验人员立即对烹饪后的不粘锅及鸡翅外观进行观察和评价，评价的维度包括不粘程度、鸡翅是否烧糊等。35款样品不粘性能极限体验评分权重见图8，评分结果见图9。

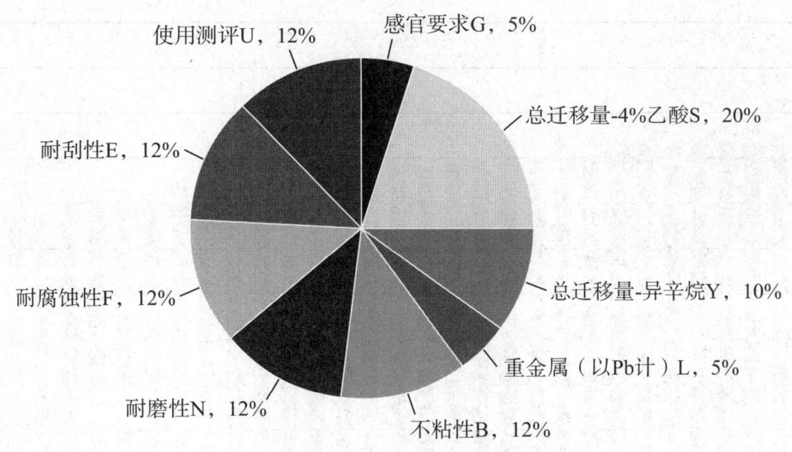

图8　不粘性能极限体验评分权重

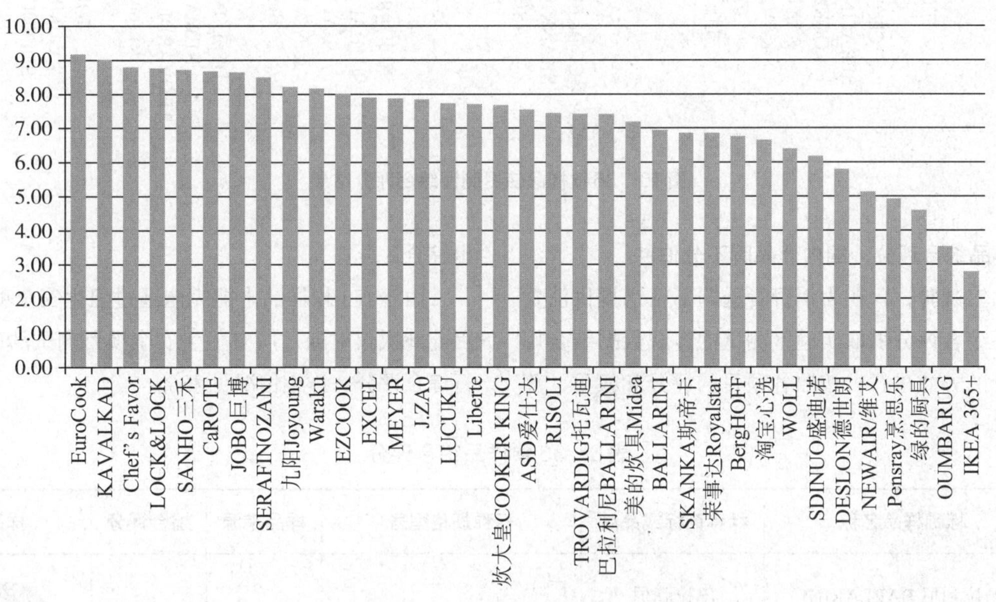

图9　35款样品不粘性能极限体验评分结果

根据以上各项目的平均评分和权重，计算出35款样品使用测评的综合评分，“SANHO三禾”和“九阳Joyoung”的国产品牌样品表现稳定，在澳门当地采购的“EuroCook”“Chef’s Favor”“EZCOOK”3款样品也表现优秀，都在体验测评综合排名前十的队伍。图10为35款样品使用测评综合评分结果。

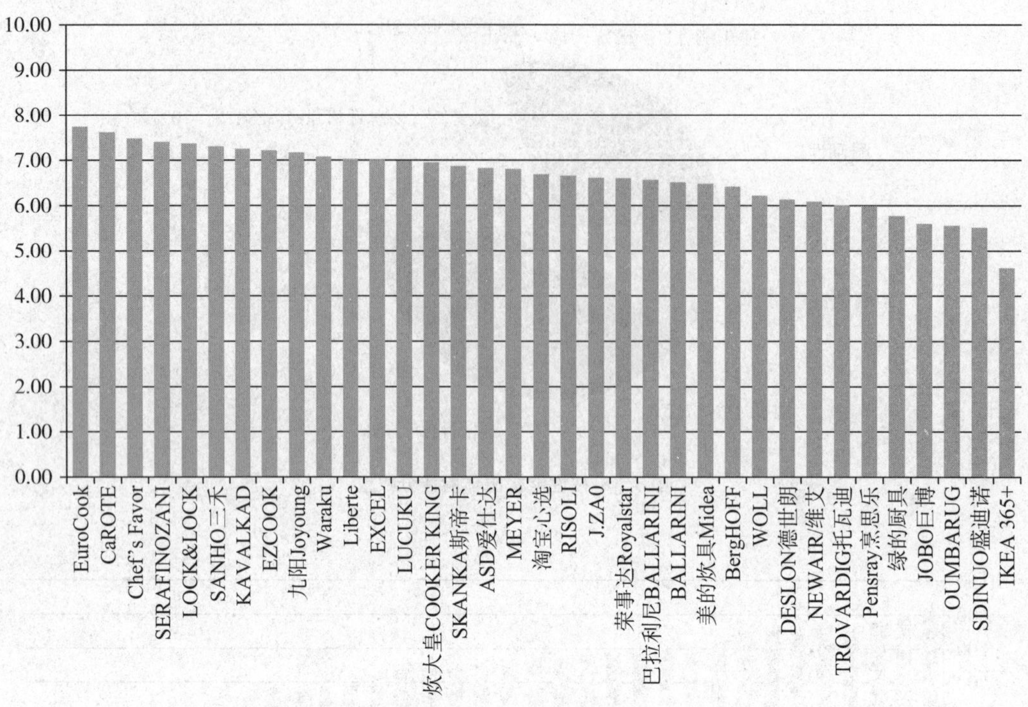

图10 35款样品使用测评综合评分结果

七、样品综合评分，国内外品牌不分伯仲

本次比较试验，旨在为消费者选购不粘锅提供消费指导，样品综合评分采取实验室测试的客观数据结合用户体验评价的方式进行，按照各项目的评分和权重，算出综合评分。

由于有1款样品未能完全通过卫生安全项目的测试，因此此次仅对通过所有卫生安全项目测试的35款样品进行综合评分，详细情况见表6。

表6　35款样品综合评分

排名	标称样品名称	标称商标或品牌	标称规格型号	样品来源	综合评分	样品照片
1	巴拉利尼 BALLARINI 进口不粘锅	巴拉利尼 BALLARINI	4404088-75001-550	广州消委	8.84	
2	电磁炉通用不粘炒锅	ASD 爱仕达	货号：EC8332E	广州消委	7.96	
3	Chef's Favor 26cm 平底煎锅	Chef's Favor	26cm CF 056862	澳门消委	7.70	
4	EuroCook Non-Stick Cookware Deep Fry Pan	EuroCook	28cm EC21828T	澳门消委	7.63	
5	Waraku PUNTEC 26cm 煎锅	Waraku	26cm EXM-326	澳门消委	7.60	

续表

排名	标称样品名称	标称商标或品牌	标称规格型号	样品来源	综合评分	样品照片
6	三禾　华彩系列 健康不粘炒锅	SANHO 三禾	CLF3208-3	广州消委	7.43	
7	桑拿 30cm 炒锅套餐	绿的厨具	PT0930	广州消委	7.38	
8	麦饭石炒锅	荣事达 Royalstar	RCG30M	广州消委	7.34	
9	NEWAIR/ 维艾 32cm 铸造不粘锅	NEWAIR/ 维艾	商品编号：27068155887 WA-32ZTG	广州消委	7.30	
10	弗欧（WOLL）不粘锅	WOLL	1801123113（商品编号）	广州消委	7.30	
11	德国 Pensray 烹思乐蝴蝶系列不粘锅（仿压铸蝴蝶锅）	Pensray 烹思乐	35657557344（商品编号）	广州消委	7.27	
12	麦饭石旋风聚能炒锅	DESLON 德世朗	DFS-C101B	广州消委	7.25	
13	淘宝心选 铝合金不粘锅	淘宝心选	6940426328309	广州消委	7.11	
14	BergHOFF/ 贝高福 -Gem- 煎炒锅	BergHOFF	53cm × 29cm × 15cm	广州消委	7.08	
15	炊大皇　高级麦饭石煎锅	炊大皇 COOKER KING	JG24GJ	广州消委	7.02	
16	Carote 不粘锅具	CaROTE	tc8130	广州消委	6.98	
17	BALLARINI MasterChef Cookware FryPan – THE TV SERIES	BALLARINI	30cm P500373	澳门消委	6.85	

续表

排名	标称样品名称	标称商标或品牌	标称规格型号	样品来源	综合评分	样品照片
18	EXCEL FRYPAN	EXCEL	28cm	澳门消委	6.79	
19	36cm铁柄外砂光内不粘煎锅	JOBO巨博	CEA-36	广州消委	6.74	
20	LOCK&LOCK Baum单柄煎锅无盖	LOCK&LOCK	商品编号：40485020738	广州消委	6.67	
21	LUCUKU布诺系列26X5CM单柄煎锅	LUCUKU	26cm×5cm/2.2L	澳门消委	6.67	
22	Liberte IH Dia N-Stick Deep Fry	Liberte	28cm 219393	澳门消委	6.65	
23	RISOLI INDUCTION FRYPAN	RISOLI	24cm 01103POIN/24	澳门消委	6.63	
24	铁柄铝煎锅	SDINUO盛迪诺	24cm	广州消委	6.61	
25	TROVARDIG托瓦迪锅	TROVARDIG托瓦迪（图形商标）	102.701.81	广州消委	6.49	
26	SKANKA斯帝卡长柄带盖炒锅	SKANKA斯帝卡（图形商标）	201.659.62	广州消委	6.42	
27	MEYER COOK'N LOOK INDUCTION 28cm french skillet	MEYER	28cm #18892	澳门消委	6.41	
28	开普敦24×4/C（尚尼）	SERAFINOZANI	货号：CAP 104/24	广州消委	6.36	
29	KAVALKAD卡瓦科煎锅	KAVALKAD（图型商标）	501.659.70	广州消委	6.34	

续表

排名	标称样品名称	标称商标或品牌	标称规格型号	样品来源	综合评分	样品照片
30	欧式多功能压铸不粘锅	J.ZA0	J2Y2L-28D0002-28cm	广州消委	6.26	
31	炒锅（美的炊具）	美的炊具 Midea	MP-CL32T1-32cm	广州消委	6.25	
32	EZCOOK NON-STICK FRY PAN	EZCOOK	28cm×5.5（H）cm GPNF5028	澳门消委	5.86	
33	IKEA 365+ 煎锅	IKEA 365+（图形商标）	503.298.96	广州消委	5.78	
34	九阳 合金不粘煎炒锅	九阳 Joyoung	CLB2821D	广州消委	5.73	
35	OUMBARUG 欧巴丽锅	OUMBARUG（图形商标）	503.436.56	广州消委	5.54	

从样品总体测试结果来看，国内外品牌的样品整体上相差不大，排名前十的品牌中各占了半壁江山，在澳门地区购买的几款样品也表现优秀，综合排名也进入了前十。但国产品牌的性价比相对要高很多，许多排名靠前的国产品牌，市场价格并不算高，属于经济实用型产品，作为入门级不粘锅具也是非常好的选择。

八、消费提示

（一）选购时注意事项

1.检查标识信息。在市场上选购不粘锅时，首先应该查看产品的标识标签，包括涂层类型、生产日期、生产厂、执行标准等信息，查看产品说明书及合格证等。同时要选择正规渠道购买产品。

2.体验产品的使用舒适性。在市场选购时，应体验一下产品的使用舒适性，包括把手握持是否舒适、重量是否合适、是否利于烹饪操作等，选择适合自己的产品。

3.检查产品的表观质量。应检查不粘锅涂层的表观质量，包括表面是否光滑致密、有无气泡和缺陷、有无异味等，尽量不要选购涂层表面有缺陷的产品。

（二）购买后使用注意事项

1.建议先清洁后使用。新购的不粘锅产品，建议先用沸水煮几分钟后再使用。煮的时候可混合加入适量的醋、酒和油，以利于清除产品表面中可能残留和污染的一些异物。

2.注意使用和清洗方式。仔细阅读说明书，留意说明书里的注意事项。一般不粘锅涂层不宜使用金属的锅铲进行烹饪，清洗时也尽量不要使用金属刷（如钢丝刷）。金属锅铲和金属刷容易划伤涂层，造成不粘性下降，同时降低产品的使用寿命。

附表　穗澳消委会不粘锅比较试验结果汇总表

序号	检验报告号	标称样品名称	标称商标或品牌	规格型号	批号或生产日期	样品购买单价	标称生产商/制造商名称	标称生产商/制造商地址	感官要求		总迁移量（食品模拟物-4%乙酸）（mg/kg）		总迁移量（食品模拟物-异辛烷）		重金属（以Pb计）（mg/kg）		不粘性	耐磨性	耐腐蚀性	耐刮性（N）		备注
									标准值	实测值	标准值	实测值	标准值	实测值	标准值	实测值	实测值	实测值	实测值	标准值	实测值	
1	WCJ2019-0921	九阳合金不粘煎炒锅	九阳 Joyoung	CLB2821D	—	79元	杭州九阳生活电器有限公司	杭州经济技术开发区下沙街道银河街760号3a幢	表面平整、色泽均匀、无气孔；浸泡后，应无龟裂、不起泡、不脱落。迁移试验所得浸泡液不应有着色、混浊、沉淀、异臭等感官性的劣变。	通过	≤10	3.8	≤10	7.2	≤1	<1	Ⅱ级	Ⅰ级	无腐蚀	≥8	10	
2	WCJ2019-0922	炊大皇高级麦饭石煎锅	炊大皇 COOKER KING	JG24GJ	—	79元	浙江炊大皇炊具有限公司	浙江省永康经济开发区九鼎路599号	表面平整、色泽均匀、无气孔；浸泡后，应无龟裂、不起泡、不脱落。迁移试验所得浸泡液不应有着色、混浊、沉淀、异臭等感官性的劣变。	通过	≤10	3.6	≤10	2.7	≤1	<1	Ⅰ级	Ⅱ级（10000）	无腐蚀	≥8	>20	
3	WCJ2019-0932	炒锅（美的炊具）	美的炊具 Midea	MP-CL32T1-32cm	—	109元	广东美的生活电器制造有限公司	广东省佛上市顺德区北滘镇三乐路19号	表面平整、色泽均匀、无气孔；浸泡后，应无龟裂、不起泡、不脱落。迁移试验所得浸泡液不应有着色、混浊、沉淀、异臭等感官性的劣变。	通过	≤10	1.8	≤10	6.2	≤1	<1	Ⅱ级	Ⅰ级	无腐蚀	≥8	16	
4	WCJ2019-0933	LOCK&LOCK Baum 单柄煎锅无盖	LOCK&LOCK	商品编号：40485020738	—	139元	上海乐扣乐扣贸易有限公司	上海市闵行区宜山路2016号合川大厦3楼D/H室	表面平整、色泽均匀、无气孔；浸泡后，应无龟裂、不起泡、不脱落。迁移试验所得浸泡液不应有着色、混浊、沉淀、异臭等感官性的劣变。	通过	≤10	1.3	≤10	5.8	≤1	<1	Ⅰ级	Ⅰ级	无腐蚀	≥8	12	

续表

序号	检验报告号	标称样品名称	标称商标或品牌	规格型号	批号或生产日期	样品购买单价	标称生产商/制造商名称	标称生产商/制造商地址	感官要求		总迁移量（食品模拟物-4%乙酸）（mg/kg）		总迁移量（食品模拟物-异辛烷）		重金属（以Pb计）（mg/kg）		不粘性	耐磨性	耐腐蚀性	耐刮性（N）		备注
									标准值	实测值	标准值	实测值	标准值	实测值	标准值	实测值	实测值	实测值	实测值	标准值	实测值	
5	WCJ2019-0934	欧式多功能压铸不粘锅	J.ZA0	J2Y2L-28D0002-28cm	—	189元	北京京东世纪信息技术有限公司	北京市北京经济开发区科创十一街18号院C座2层215室	表面平整、色泽均匀、无气孔；浸泡后，应无龟裂、不起泡、不脱落。迁移试验所得浸泡液不应有着色、混浊、沉淀、异臭等感官性的劣变。	通过	≤10	2.4	≤10	7.8	≤1	<1	Ⅰ级	Ⅰ级	无腐蚀	≥8	10	
6	WCJ2019-0931	NEWAIR/维艾32cm铸造不粘锅	NEWAIR/维艾	商品编号：27068155887 WA-32ZTG	—	299元	无锡市麦威电器有限公司	无锡市人民东路7号	表面平整、色泽均匀、无气孔；浸泡后，应无龟裂、不起泡、不脱落。迁移试验所得浸泡液不应有着色、混浊、沉淀、异臭等感官性的劣变。	通过	≤10	1.1	≤10	7.8	≤1	<1	Ⅰ级	Ⅰ级	无腐蚀	≥8	16	
7	WCJ2019-0912	36cm铁柄外砂光内不粘煎锅	JOBO巨博	CEA-36	—	116元	上海巨博工贸发展有限公司	上海嘉定区安亭镇曹安公路4512号28B幢	表面平整、色泽均匀、无气孔；浸泡后，应无龟裂、不起泡、不脱落。迁移试验所得浸泡液不应有着色、混浊、沉淀、异臭等感官性的劣变。	通过	≤10	2.9	≤10	9.2	≤1	<1	Ⅰ级	Ⅰ级	无腐蚀	≥8	16	
8	WCJ2019-0937	铁柄铝煎锅	SDINUO盛迪诺	24cm	—	100.3元	佩奇商贸有限公司	山东德州市乐陵市黄夹镇邵家村	表面平整、色泽均匀、无气孔；浸泡后，应无龟裂、不起泡、不脱落。迁移试验所得浸泡液不应有着色、混浊、沉淀、异臭等感官性的劣变。	通过	≤10	4.0	≤10	5.7	≤1	<1	Ⅰ级	Ⅲ级（2000）	无腐蚀	≥8	>20	
9	WCJ2019-0923	电磁炉通用不粘炒锅	ASD爱仕达	货号：EC8332E		99元	湖北爱仕达电器有限公司	湖北安陆市太白大道588号	表面平整、色泽均匀、无气孔；浸泡后，应无龟裂、不起泡、不脱落。迁移试验所得浸泡液不应有着色、混浊、沉淀、异臭等感官性的劣变。	通过	≤10	<1	≤10	2.6	≤1	<1	Ⅰ级	Ⅰ级	无腐蚀	≥8	12	

续表

序号	检验报告号	标称样品名称	标称商标或品牌	规格型号	批号或生产日期	样品购买单价	标称生产商/制造商名称	标称生产商/制造商地址	感官要求		总迁移量（食品模拟物–4%乙酸）（mg/kg）		总迁移量（食品模拟物–异辛烷）		重金属（以Pb计）（mg/kg）		不粘性	耐磨性	耐腐蚀性	耐刮性（N）		备注
									标准值	实测值	标准值	实测值	标准值	实测值	标准值	实测值	实测值	实测值	实测值	标准值	实测值	
10	WCJ2019–0916	BergHOFF/贝高福–Gem–煎炒锅	BergHOFF	53cm×29cm×15cm	2019.5.20	349元	博尔弗厨房用具（上海）有限公司	上海市徐汇区富民路291号	表面平整、色泽均匀、无气孔；浸泡后，应无龟裂、不起泡、不脱落。迁移试验所得浸泡液不应有着色、混浊、沉淀、异臭等感官性的劣变。	通过	≤10	1.8	≤10	4.8	≤1	<1	Ⅰ级	Ⅰ级	无腐蚀	≥8	18	
11	WCJ2019–0917	美厨麦饭石不粘炒锅32cm	MAXCOOK 美厨创享生活	MCC640	—	55.3元	浙江爱达康厨具有限公司	浙江省武义县桐琴镇东皋凤凰山工业区	表面平整、色泽均匀、无气孔；浸泡后，应无龟裂、不起泡、不脱落。迁移试验所得浸泡液不应有着色、混浊、沉淀、异臭等感官性的劣变。	通过	≤10	100	≤10	1.5	≤1	<1	Ⅰ级	Ⅱ级（7000）	锅体大面积生锈且起泡	≥8	>20	
12	WCJ2019–0915	麦饭石旋风聚能炒锅	DESLON 德世朗	DFS–C101B	—	299元	德世朗厨具（上海）有限公司	上海市静安区江场西路299号	表面平整、色泽均匀、无气孔；浸泡后，应无龟裂、不起泡、不脱落。迁移试验所得浸泡液不应有着色、混浊、沉淀、异臭等感官性的劣变。	通过	≤10	1.3	≤10	4.5	≤1	<1	Ⅰ级	Ⅰ级	无腐蚀	≥8	18	
13	WCJ2019–0930	开普敦24×4/C（尚尼）	SERAFINOZANI	货号：CAP 104/24	TY2018032202	269元	肇庆市天宇进出口贸易有限公司（销售商）	广东省肇庆市端州区玑西路西太和路东交界办公楼三楼	表面平整、色泽均匀、无气孔；浸泡后，应无龟裂、不起泡、不脱落。迁移试验所得浸泡液不应有着色、混浊、沉淀、异臭等感官性的劣变。	通过	≤10	1.6	≤10	8.6	≤1	<1	Ⅰ级	Ⅰ级	无腐蚀	≥8	10	
14	WCJ2019–0919	三禾华彩系列健康不粘炒锅	SANHO 三禾	CLF3208–3	—	199元	浙江三禾厨具有限公司	浙江省慈溪市龙山工业区龙镇大道238号	表面平整、色泽均匀、无气孔；浸泡后，应无龟裂、不起泡、不脱落。迁移试验所得浸泡液不应有着色、混浊、沉淀、异臭等感官性的劣变。	通过	≤10	1.9	≤10	7.8	≤1	<1	Ⅰ级	Ⅰ级	无腐蚀	≥8	>20	

续表

序号	检验报告号	标称样品名称	标称商标或品牌	规格型号	批号或生产日期	样品购买单价	标称生产商/制造商名称	标称生产商/制造商地址	感官要求		总迁移量（食品模拟物–4%乙酸）（mg/kg）		总迁移量（食品模拟物–异辛烷）		重金属（以Pb计）（mg/kg）		不粘性	耐磨性	耐腐蚀性	耐刮性（N）		备注
									标准值	实测值	标准值	实测值	标准值	实测值	标准值	实测值	实测值	实测值	实测值	标准值	实测值	
15	WCJ2019–0935	淘宝心选 铝合金不粘锅	淘宝心选	6940426328309	—	179.9元	杭州心选电子商务有限公司	浙江省杭州市余杭市五常街道文一西路969号6幢2层212室	表面平整、色泽均匀、无气孔；浸泡后，应无龟裂、不起泡、不脱落。迁移试验所得浸泡液不应有着色、混浊、沉淀、异臭等感官性的劣变。	通过	≤10	1.4	≤10	8.7	≤1	<1	Ⅰ级	Ⅰ级	无腐蚀	≥8	18	
16	WCJ2019–0928	桑拿30cm炒锅套餐	绿的厨具	PT0930	—	285元	广州市科韵家庭用品有限公司	广州市白云区广从路118号	表面平整、色泽均匀、无气孔；浸泡后，应无龟裂、不起泡、不脱落。迁移试验所得浸泡液不应有着色、混浊、沉淀、异臭等感官性的劣变。	通过	≤10	1.1	≤10	4.0	≤1	<1	Ⅰ级	Ⅱ级（11500）	无腐蚀	≥8	>20	
17	WCJ2019–0926	德国Pensray烹思乐蝴蝶系列不粘锅（仿压铸蝴蝶锅）	Pensray烹思乐	35657557344（商品编号）	—	396元	浙江百特厨具有限公司	浙江省兰溪市经济开发区映月路299号	表面平整、色泽均匀、无气孔；浸泡后，应无龟裂、不起泡、不脱落。迁移试验所得浸泡液不应有着色、混浊、沉淀、异臭等感官性的劣变。	通过	≤10	2.2	≤10	5.8	≤1	<1	Ⅰ级	Ⅰ级	无腐蚀	≥8	>20	
18	WCJ2019–0929	Carote不粘锅具	CaROTE	tc8130	—	259元	浙江卡罗特工贸有限公司	浙江省永康市经济开发区金山东路23号	表面平整、色泽均匀、无气孔；浸泡后，应无龟裂、不起泡、不脱落。迁移试验所得浸泡液不应有着色、混浊、沉淀、异臭等感官性的劣变。	通过	≤10	1.8	≤10	6.6	≤1	<1	Ⅰ级	Ⅰ级	无腐蚀	≥8	16	
19	WCJ2019–0896	巴拉利尼BALLARINI进口不粘锅	BALLARINI	4404088–75001–550	2018–10–15	558元	上海双立人亨克斯有限公司	上海市浦东新区三林路424号	表面平整、色泽均匀、无气孔；浸泡后，应无龟裂、不起泡、不脱落。迁移试验所得浸泡液不应有着色、混浊、沉淀、异臭等感官性的劣变。	通过	≤10	<1	≤10	8.1	≤1	<1	Ⅰ级	Ⅰ级	无腐蚀	≥8	>20	

续表

序号	检验报告号	标称样品名称	*标称商标或品牌	规格型号	批号或生产日期	样品购买单价	标称生产商/制造商名称	标称生产商/制造商地址	感官要求		总迁移量（食品模拟物–4%乙酸）（mg/kg）		总迁移量（食品模拟物–异辛烷）		重金属（以Pb计）（mg/kg）		不粘性	耐磨性	耐腐蚀性	耐刮性（N）		备注
									标准值	实测值	标准值	实测值	标准值	实测值	标准值	实测值	实测值	实测值	实测值	标准值	实测值	
20	WCJ2019–0927	弗欧（WOLL）不粘锅	WOLL	1801123113（商品编号）	—	638元	德国WOLL服务中心	上海崇明区秀山路155号3楼	表面平整、色泽均匀、无气孔；浸泡后，应无龟裂、不起泡、不脱落。迁移试验所得浸泡液不应有着色、混浊、沉淀、异臭等感官性的劣变。	通过	≤10	1.6	≤10	6.0	≤1	<1	Ⅰ级	Ⅰ级	无腐蚀	≥8	>20	
21	WCJ2019–0913	麦饭石炒锅	荣事达 Royalstar	RCG30M	—	139.9元	合肥荣事达小家电有限公司	安徽省合肥市双凤工业区荣事达第六工业园	表面平整、色泽均匀、无气孔；浸泡后，应无龟裂、不起泡、不脱落。迁移试验所得浸泡液不应有着色、混浊、沉淀、异臭等感官性的劣变。	通过	≤10	4.2	≤10	6.1	≤1	<1	Ⅰ级	Ⅰ级	无腐蚀	≥8	>20	
22	WCJ2019–0914	KAVALKAD 卡瓦科 煎锅	KAVALKAD（图形商标）	501.659.70	2019–05–20	49元	宜家（中国）投资有限公司	上海市浦东新区临御路550号3楼	表面平整、色泽均匀、无气孔；浸泡后，应无龟裂、不起泡、不脱落。迁移试验所得浸泡液不应有着色、混浊、沉淀、异臭等感官性的劣变。	通过	≤10	4.6	≤10	2.6	≤1	<1	Ⅰ级	Ⅱ级（13500）	无腐蚀	≥8	14	
23	WCJ2019–0920	TROVARDIG 托瓦迪 锅	TROVARDIG 托瓦迪（图形商标）	102.701.81	2019–05–21	279元	宜家（中国）投资有限公司	上海市浦东新区临御路550号3楼	表面平整、色泽均匀、无气孔；浸泡后，应无龟裂、不起泡、不脱落。迁移试验所得浸泡液不应有着色、混浊、沉淀、异臭等感官性的劣变。	通过	≤10	1.2	≤10	7.9	≤1	<1	Ⅰ级	Ⅰ级	无腐蚀	≥8	10	
24	WCJ2019–0924	SKANKA 斯帝卡 长柄带盖炒锅	SKANKA 斯帝卡（图形商标）	201.659.62	2019–03–10	129元	宜家（中国）投资有限公司	上海市浦东新区临御路550号3楼	表面平整、色泽均匀、无气孔；浸泡后，应无龟裂、不起泡、不脱落。迁移试验所得浸泡液不应有着色、混浊、沉淀、异臭等感官性的劣变。	通过	≤10	2.7	≤10	6.2	≤1	<1	Ⅰ级	Ⅰ级	无腐蚀	≥8	12	

续表

序号	检验报告号	标称样品名称	标称商标或品牌	规格型号	批号或生产日期	样品购买单价	标称生产商/制造商名称	标称生产商/制造商地址	感官要求		总迁移量（食品模拟物–4%乙酸）（mg/kg）		总迁移量（食品模拟物–异辛烷）		重金属（以Pb计）（mg/kg）		不粘性	耐磨性	耐腐蚀性	耐刮性（N）		备注
									标准值	实测值	标准值	实测值	标准值	实测值	标准值	实测值	实测值	实测值	实测值	标准值	实测值	
25	WCJ2019–0925	IKEA 365+ 煎锅	IKEA 365+（图形商标）	503.298.96	2018–08–28	149元	宜家（中国）投资有限公司	上海市浦东新区临御路550号3楼	表面平整、色泽均匀、无气孔；浸泡后，应无龟裂、不起泡、不脱落。迁移试验所得浸泡液不应有着色、混浊、沉淀、异臭等感官性的劣变。	通过	≤10	2.2	≤10	4.2	≤1	<1	Ⅰ级	Ⅰ级	部分生锈	≥8	14	
26	WCJ2019–0936	OUMBARUG 欧巴丽锅	OUMBARUG（图形商标）	503.436.56	2019–04–09	199元	宜家（中国）投资有限公司	上海市浦东新区临御路550号3楼	表面平整、色泽均匀、无气孔；浸泡后，应无龟裂、不起泡、不脱落。迁移试验所得浸泡液不应有着色、混浊、沉淀、异臭等感官性的劣变。	通过	≤10	4.1	≤10	4.2	≤1	<1	Ⅰ级	Ⅰ级	部分生锈	≥8	10	
27	WCJ2019–0943	Liberte IH Dia–N–Stick Deep Fry	Liberte	28cm 219393	—	169澳门元	/	韩国	表面平整、色泽均匀、无气孔；浸泡后，应无龟裂、不起泡、不脱落。迁移试验所得浸泡液不应有着色、混浊、沉淀、异臭等感官性的劣变。	通过	≤10	1.7	≤10	2.4	≤1	<1	Ⅰ级	Ⅱ级（12500）	无腐蚀	≥8	16	
28	WCJ2019–0944	Waraku PUNTEC 26cm 煎锅	Waraku	26cm EXM–326	—	229澳门元	/	日本	表面平整、色泽均匀、无气孔；浸泡后，应无龟裂、不起泡、不脱落。迁移试验所得浸泡液不应有着色、混浊、沉淀、异臭等感官性的劣变。	通过	≤10	4.0	≤10	1.7	≤1	<1	Ⅰ级	Ⅰ级	无腐蚀	≥8	>20	
29	WCJ2019–0945	EZCOOK NON–STICK FRY PAN	EZ COOK	28cm × 5.5（H）cm GPNF5028	—	125澳门元	/	/	表面平整、色泽均匀、无气孔；浸泡后，应无龟裂、不起泡、不脱落。迁移试验所得浸泡液不应有着色、混浊、沉淀、异臭等感官性的劣变。	通过	≤10	3.8	≤10	2.8	≤1	<1	Ⅰ级	Ⅲ级（5000）	无腐蚀	≥8	12	

续表

序号	检验报告号	标称样品名称	标称商标或品牌	规格型号	批号或生产日期	样品购买单价	标称生产商/制造商名称	标称生产商/制造商地址	感官要求		总迁移量（食品模拟物-4%乙酸）（mg/kg）		总迁移量（食品模拟物-异辛烷）		重金属（以Pb计）（mg/kg）		不粘性	耐磨性	耐腐蚀性	耐刮性（N）		备注
									标准值	实测值	标准值	实测值	标准值	实测值	标准值	实测值	实测值	实测值	实测值	标准值	实测值	
30	WCJ2019–0946	RISOLI INDUCTION FRYPAN		24cm 01103POIN/24	—	479.2澳门元	/	意大利	表面平整、色泽均匀、无气孔；浸泡后，应无龟裂、不起泡、不脱落。迁移试验所得浸泡液不应有着色、混浊、沉淀、异臭等感官性的劣变。	通过	≤10	2.8	≤10	6.1	≤1	<1	Ⅰ级	Ⅰ级	无腐蚀	≥8	14	
31	WCJ2019–0947	LUCUKU 布诺系列 26X5CM单柄煎锅		26cm×5cm/2.2L	—	159澳门元	/	中国	表面平整、色泽均匀、无气孔；浸泡后，应无龟裂、不起泡、不脱落。迁移试验所得浸泡液不应有着色、混浊、沉淀、异臭等感官性的劣变。	通过	≤10	2.0	≤10	6.1	≤1	<1	Ⅰ级	Ⅰ级	无腐蚀	≥8	14	
32	WCJ2019–0948	EXCEL FRYPAN		28cm	—	159澳门元	/	/	表面平整、色泽均匀、无气孔；浸泡后，应无龟裂、不起泡、不脱落。迁移试验所得浸泡液不应有着色、混浊、沉淀、异臭等感官性的劣变。	通过	≤10	4.6	≤10	6.4	≤1	<1	Ⅰ级	Ⅱ级（9500）	无腐蚀	≥8	18	
33	WCJ2019–0949	Chef's Favor 26cm 平底煎锅		26cm CF 056862	—	169澳门元	/	中国	表面平整、色泽均匀、无气孔；浸泡后，应无龟裂、不起泡、不脱落。迁移试验所得浸泡液不应有着色、混浊、沉淀、异臭等感官性的劣变。	通过	≤10	5.3	≤10	1.3	≤1	<1	Ⅰ级	Ⅰ级	无腐蚀	≥8	>20	
34	WCJ2019–0950	MEYER COOK'N LOOK INDUCTION 28cm french skillet		28cm #18892	—	279澳门元	/	/	表面平整、色泽均匀、无气孔；浸泡后，应无龟裂、不起泡、不脱落。迁移试验所得浸泡液不应有着色、混浊、沉淀、异臭等感官性的劣变。	通过	≤10	1.6	≤10	9.6	≤1	<1	Ⅰ级	Ⅰ级	无腐蚀	≥8	12	

续表

序号	检验报告号	标称样品名称	标称商标或品牌	规格型号	批号或生产日期	样品购买单价	标称生产商/制造商名称	标称生产商/制造商地址	感官要求		总迁移量（食品模拟物–4%乙酸）（mg/kg）		总迁移量（食品模拟物–异辛烷）		重金属（以Pb计）（mg/kg）		不粘性	耐磨性	耐腐蚀性	耐刮性（N）		备注
									标准值	实测值	标准值	实测值	标准值	实测值	标准值	实测值	实测值	实测值	实测值	标准值	实测值	
35	WCJ2019–0951	BALLARINI MasterChef Cookware FryPan – THE TV SERIES	BALLARINI	30cm P500373	—	318澳门元	/	意大利	表面平整、色泽均匀、无气孔；浸泡后，应无龟裂、不起泡、不脱落。迁移试验所得浸泡液不应有着色、混浊、沉淀、异臭等感官性的劣变。	通过	≤10	2.7	≤10	7.9	≤1	<1	Ⅰ级	Ⅰ级	无腐蚀	≥8	16	
36	WCJ2019–0952	EuroCook Non–Stick Cookware Deep Fry Pan	EuroCook	28cm EC21828T	—	193澳门元	/	/	表面平整、色泽均匀、无气孔；浸泡后，应无龟裂、不起泡、不脱落。迁移试验所得浸泡液不应有着色、混浊、沉淀、异臭等感官性的劣变。	通过	≤10	5.3	≤10	2.1	≤1	<1	Ⅰ级	Ⅰ级	无腐蚀	≥8	>20	

注：1. 本次比较试验，感官要求、总迁移量、重金属（以Pb计）参考现行的国家标准GB 4806.10–2016《食品安全国家标准 食品接触用涂料及涂层》涂层项目测试，结合参考了中国标准GB/T 32095.1~3–2015《家用食品金属烹饪器具不粘表面性能及测试规范》和欧盟标准EN 12983《用于炉具、炊具和加热铁架上的家用厨具产品的安全和性能要求》标准来考核。

2. 涂层项目测试指标，根据样品实测值，样品不粘性评级由高到到低分为Ⅰ、Ⅱ、Ⅲ共3个等级；耐磨性评级由高到低分为Ⅰ、Ⅱ、Ⅲ、Ⅳ共4个等级；耐刮性实测值越高，表明样品耐刮性越强；耐腐蚀性试验后，样品涂层表面应无起皮、起泡、开裂、缩孔等缺陷。

3. 测试结果仅对样品负责。

注：比较试验结果仅对测试样本负责，不代表该品牌其他型号、批次的产品质量状况；测试结果仅供消费者选购产品之参考，不构成对任何相关产品的推荐与宣传；任何企业、机构不得利用本次测试结果刊登广告或从事其他促销、宣传、推广活动，违反本规定者广州市消费者委员会将依法追究其法律责任。

广州市消费者委员会

2019年11月15日

羽绒服比较试验报告

广州虽然处于南方炎热地区，但冬季潮湿阴冷，因此防寒性好、轻柔蓬松的羽绒服一直受到广州市民的欢迎。羽绒服装的主要填充物为羽绒，包括鹅绒和鸭绒，其中鹅绒和鸭绒相比，产量较低，绒朵较大，回弹性、蓬松度好，油脂含量少，异味小，价值更高。近年来，由于市场竞争加剧，加上羽绒原材料等成本上涨的影响，一些生产企业通过采用劣质羽绒，或虚标羽绒信息等方式降低产品成本，以获取不当利益。作为消费者，在购买羽绒服时不能直接观察内部羽绒的质量，难以对所购买羽绒服产品的价值作出正确的判断。为解除消费疑虑，引导消费者正确选购，广州市消费者委员会委托广州检验检测认证集团有限公司开展了此次羽绒服比较试验。

一、比较试验结果概述

35款样品中，共有24款样品通过了所有项目的测试，剩余11款样品主要在安全性能中的胶水绒评估和使用性能方面未通过测试。

安全性能方面，35款样品中，有3款样品未通过其中的胶水绒评估测试，且发现样品价格均较高。

使用性能方面，35款样品中，有3款样品未通过其中的蓬松度测试，3款样品未通过其中的充绒量测试，2款样品未通过其中的含绒量和绒子含量测试，1款样品未通过其中的纤维含量测试。

产品使用说明方面，本次比较试验发现所有羽绒服产品信息都比较完整规范，提供了足够的信息，方便消费者对产品进行选购、使用以及维护。

二、样品情况

本次比较试验样品由广州市消费者委员会以普通消费者的身份，从电商平台或实体店随机购买，共购得35款羽绒服样品，主要涉及鹅绒和鸭绒两种填充物，购买价格从309.9元/件到3359元/件不等。

表1　样品情况表

品　牌	产品名称	规格型号	明示羽绒种类	参考单价（元）
EVISU	羽绒外套	175/108C（L）	鸭绒	3359
initial	女装羽绒外套	165/84A	鸭绒	2300
NAERSI	羽绒外套	170/96B（44）	鸭绒	2299
JESSIE	羽绒服	165/88A	鸭绒	2299
Superdry	羽绒外套	175/96A（L）	鸭绒	2099
狼爪	羽绒服装	175/96A	鹅绒	1599
凯乐石（KAILAS）	男款中长款加厚羽绒外套	190/108B	鹅绒	1499
MY TENO 马天奴	羽绒服	170/96A 44	鹅绒	1423
UNIQLO	高性能保暖羽绒大衣	180/108B	鸭绒	1299
bread n butter	女装羽绒服	175/92A（L）	鸭绒	1239
adidas neo	羽绒服	185/104A	鸭绒	1199
Lagogo	羽绒服	165/88A	鸭绒	1149
RMK 诺曼琦	女装羽绒服	170/92A	鸭绒	1079
谜底	女装羽绒服	160/84A（M）	鸭绒	1079
罗蒙	羽绒服	185/100A	鸭绒	968
JACK JONES 杰克·琼斯	羽绒服	195/112A（XXXL）	鸭绒	949.5
CR?Z!	羽绒外套	155/76A	鸭绒	939
GAP	男式羽绒服	185/124A（XXL）	鸭绒	899

续表

品　牌	产品名称	规格型号	明示羽绒种类	参考单价（元）
texwood	羽绒服	170/92A	鸭绒	899
TOREAD	大童长款羽绒服	160/80	鸭绒	805
苏醒的乐园	女装羽绒服	175/92A	鸭绒	799
LEE	羽绒外套	180/100A	鸭绒	799
on & on	羽绒服	165/88A（02）	鸭绒	789
H:CONNECT	女式羽绒服	M（165/84A）	鸭绒	765
保罗 弗兰克 paul frank	羽绒服	170/92A	鸭绒	731
U.S.POLO ASSN.	男羽绒服	190/104A	鸭绒	699
bossini	男装羽绒衫	180/96B	鸭绒	699
N+a	羽绒外套	（180/96A）XL	鸭绒	699
亚瑟士	女式长款羽绒夹克	170/88A	鸭绒	679
LONSDALE（龙狮戴尔）	男羽绒服	190/108A XXXL	鸭绒	599
极星（ARCTOS）	羽绒夹克	185/100A	鹅绒	579
lativ	保暖羽绒轻型连帽大衣－女	165/92A	鸭绒	499
KAMA	羽绒外套	185/100A XXL	鸭绒	439
MLYC 美丽衣橱	羽绒服（长款）	180/100A（XXL）	鸭绒	349
真维斯	男装羽绒上衣	185/104A	鸭绒	309.9

三、比较试验参考依据及项目

目前，我国涉及羽绒服的标准主要有国家推荐性标准GB/T 14272-2011《羽绒服装》，行业标准FZ/T 73053-2015《针织羽绒服装》，以及团体标准T/CFDIA 003-2019《胶水羽绒评估方法》和TB/T CFDIA002-2018《羽绒净绒含量及绒朵数的检验方法》，分别对羽绒服填充物的质量以及部分性能作了不同的规定。

因此，本次试验根据消费者对羽绒服产品的关注点，参照上述标准设置了安全性能、使用性能、产品使用说明3个方面的试验项目。

（一）安全性能

安全性能指标包括甲醛含量、pH值、可分解致癌芳香胺染料、耐干摩擦色牢度、耐湿摩擦色牢度、耐水色牢度、耐汗渍色牢度、羽绒耗氧量、羽绒微生物、胶水绒评估共10个项目，从不同方面考核产品的安全性。

甲醛含量：该指标属于重要安全指标，考核产品中是否含有对人有害的游离甲醛以及甲醛的含量是否超标。

pH值：该指标考核产品的酸碱程度。过酸或过碱的织物容易刺激人体皮肤，对人体健康造成不利的影响。

可分解致癌芳香胺染料：该指标属于重要安全指标，主要考核产品是否使用可分解致癌芳香胺的染料。

色牢度：该指标考核纺织品上的染料经受各种因素作用（如水浸、汗浸、摩擦等）在不同程度上能保持其原来色泽的性能。色牢度差的产品其染料容易脱落，不仅影响产品外观，脱落的染料还可能会影响人体的健康。

羽绒耗氧量：表征羽绒易被氧化的程度，耗氧量过高的羽绒表示易分解的有机物含量高，容易滋生细菌等有害微生物。

羽绒微生物：表征羽绒中有害微生物的数量，微生物超标的羽绒容易感染人体，危害消费者健康。

胶水绒评估：确认有没有采用胶黏的方式对羽绒进行处理，胶黏处理的羽绒会导致含绒量、绒子含量的检测数据偏高，以次充好，且添加的胶水等化学物质可能对人体有害。

（二）使用性能

使用性能主要包括含绒量和绒子含量、充绒量、鸭毛（绒）含量、蓬松度、纤维含量等，主要考核服装面料、所填充的羽绒以及服装的整体性能与明示是否一致。

含绒量和绒子含量：含绒量是羽绒里面绒的比例，是"绒子+绒丝"的含量，部分不法商贩可能会钻其中的空子，在填充物中加入大量绒丝，虽然表面上看上去含绒量很高，但是细小的绒丝与大颗的绒朵相比，保暖性能会差很多，同时也很容易钻绒，因此，含绒量和绒子含量是决定羽绒保暖、蓬松等各种优良属性组分的重要指标。

充绒量：考核产品所填充羽绒的重量是否与明示重量相符。

鸭毛（绒）含量：根据标准要求，对于标称“鹅绒”的产品，鸭绒含量不得超过绒子总量15%，鸭毛含量不得超过毛片总量的15%。因此，鹅绒产品如果鸭毛（绒）含量超标，则不能标为“鹅绒”。

蓬松度：表征羽绒的回弹性，蓬松度高的羽绒密度小，弹性好，容纳的静止空气多，用作填充物可以使服装更为舒适、保暖。

纤维含量：主要考核产品的纺织物所采用的纤维成分及含量是否与明示相符。不同纤维材料的织物不仅价格不同，其性能往往也有很大的差异，纤维含量的虚标、误标会影响消费者对产品的选购和使用。

（三）产品使用说明

正确的产品使用说明信息的标注有利于消费者对产品的选购及使用，产品使用说明：主要考核产品的吊牌、耐久性标签及使用说明书是否标注了规定的内容，如制造者的名称和地址、产品名称、产品号型或规格、纤维成分及含量、维护方法、执行的产品标准以及安全类别等内容。

四、比较试验测试结果

本次试验结果显示，35款样品中，共有24款样品通过了所有项目的测试，剩余11款样品主要在安全性能中的胶水绒评估和使用性能方面未通过测试，详细情况见表2。

表2　测试情况一览表

品　　牌	产品名称	规格型号	明示羽绒种类	参考单价（元）	测试情况
EVISU	羽绒外套	175/108C（L）	鸭绒	3359	通过测试
initial	女装羽绒外套	165/84A	鸭绒	2300	通过测试
NAERSI	羽绒外套	170/96B（44）	鸭绒	2299	通过测试
凯乐石（KAILAS）	男款中长款加厚羽绒外套	190/108B	鹅绒	1499	通过测试
MY TENO 马天奴	羽绒服	170/96A 44	鹅绒	1423	通过测试
UNIQLO	高性能保暖羽绒大衣	180/108B	鸭绒	1299	通过测试
adidas neo	羽绒服	185/104A	鸭绒	1199	通过测试
Lagogo	羽绒服	165/88A	鸭绒	1149	通过测试
谜底	女装羽绒服	160/84A（M）	鸭绒	1079	通过测试
罗蒙	羽绒服	185/100A	鸭绒	968	通过测试
JACK JONES 杰克·琼斯	羽绒服	195/112A（XXXL）	鸭绒	949.5	通过测试
CR?Z!	羽绒外套	155/76A	鸭绒	939	通过测试
GAP	男式羽绒服	185/124A（XXL）	鸭绒	899	通过测试
TOREAD	大童长款羽绒服	160/80	鸭绒	805	通过测试
苏醒的乐园	女装羽绒服	175/92A	鸭绒	799	通过测试
H:CONNECT	女式羽绒服	M（165/84A）	鸭绒	765	通过测试
U.S.POLO ASSN.	男羽绒服	190/104A	鸭绒	699	通过测试
bossini	男装羽绒衫	180/96B	鸭绒	699	通过测试
N+a	羽绒外套	（180/96A）XL	鸭绒	699	通过测试
亚瑟士	女式长款羽绒夹克	170/88A	鸭绒	679	通过测试
极星（ARCTOS）	羽绒夹克	185/100A	鹅绒	579	通过测试
lativ	保暖羽绒轻型连帽大衣－女	165/92A	鸭绒	499	通过测试
KAMA	羽绒外套	185/100A XXL	鸭绒	439	通过测试
真维斯	男装羽绒上衣	185/104A	鸭绒	309.9	通过测试
JESSIE	羽绒服	165/88A	鸭绒	2299	含绒量及绒子含量未通过测试

续表

品　　牌	产品名称	规格型号	明示羽绒种类	参考单价（元）	测试情况
Superdry	羽绒外套	175/96A（L）	鸭绒	2099	胶水绒评估及蓬松度未通过测试
狼爪	羽绒服装	175/96A	鹅绒	1599	胶水绒评估未通过测试
bread n butter	女装羽绒服	175/92A（L）	鸭绒	1239	胶水绒评估未通过测试
RMK 诺曼琦	女装羽绒服	170/92A	鸭绒	1079	含绒量及绒子含量未通过测试
texwood	羽绒服	170/92A	鸭绒	899	蓬松度未通过测试
LEE	羽绒外套	180/100A	鸭绒	799	蓬松度未通过测试
on & on	羽绒服	165/88A（02）	鸭绒	789	充绒量未通过测试
保罗 弗兰克 paul frank	羽绒服	170/92A	鸭绒	731	充绒量未通过测试
LONSDALE（龙狮戴尔）	男羽绒服	190/108A XXXL	鸭绒	599	纤维含量未通过测试
MLYC 美丽衣橱	羽绒服（长款）	180/100A（XXL）	鸭绒	349	充绒量未通过测试

五、结果分析

（一）安全性能方面，35款样品中，有3款样品未通过其中的胶水绒评估测试，且发现样品价格均较高。

“胶水绒”是在正常的绒朵上喷上某些化学黏胶剂，将不值钱的单根绒丝及粉尘粘在或缠绕在值钱的绒上，以提高含绒量、绒子含量的检测值。用“胶水绒”做成的制品，和同样含绒量、绒子含量的羽绒相比，蓬松度低，保暖性差，不仅降低了羽绒优质的天然性能，还会造成大量“钻绒”的质量风险，影响消费体验和行业形象，另外所添加的化学黏胶剂可能对人体有害。

胶水绒评估主要是根据团体标准《羽绒净绒含量及绒朵数的检验方法》，采用感官目测羽绒形态、显微镜观察羽绒微观结构和红外线光谱分析所含化学组分等方式综合评估，“胶水绒”制品在感官上，与正常羽绒相比，往往形态较异常，羽绒分布不均匀，绒核不明显（正常羽绒和胶水绒形态对比见图1和图2），而在化学组分上，则常发现具有显著的硅类化合物。

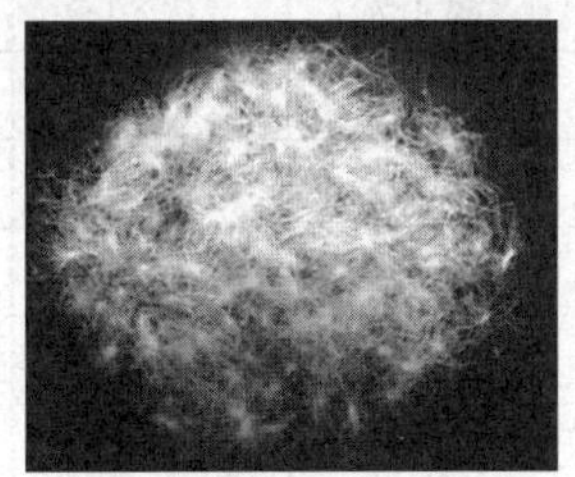

正常羽绒：分布均匀

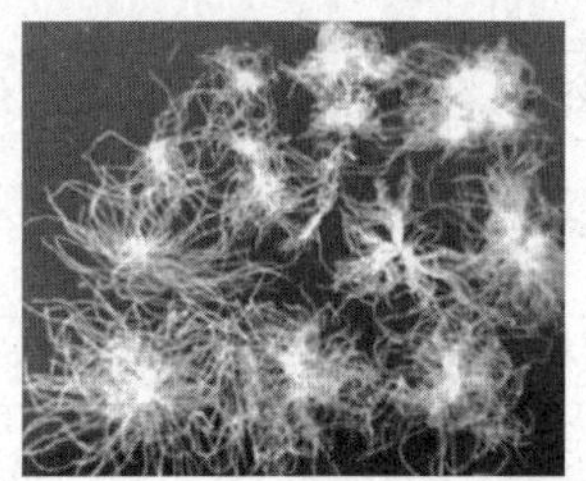

胶水羽绒：颗粒附着，黏结成块

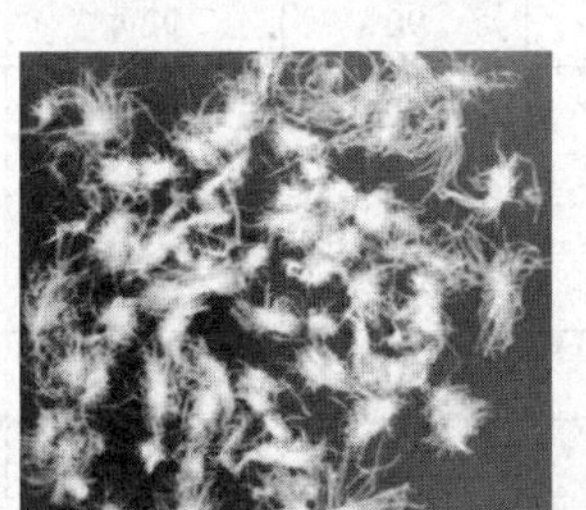

胶水羽绒：绒分布不均匀，似棉絮状

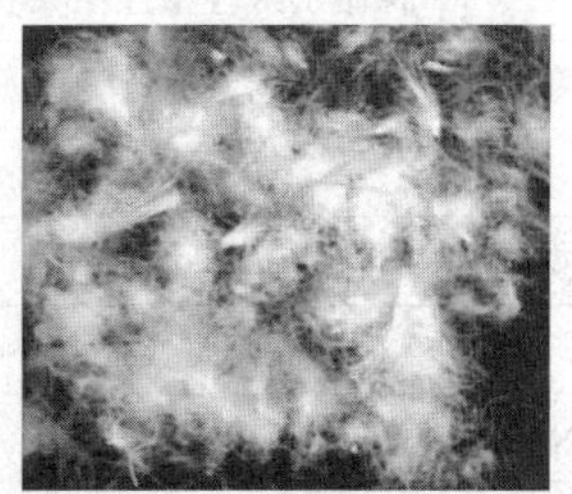

胶水羽绒：绒丝、羽丝缠绕，绒核不明显

图1　正常羽绒、胶水羽绒外观形态对比示例

正常羽绒：绒核清晰且绒丝形成朵状

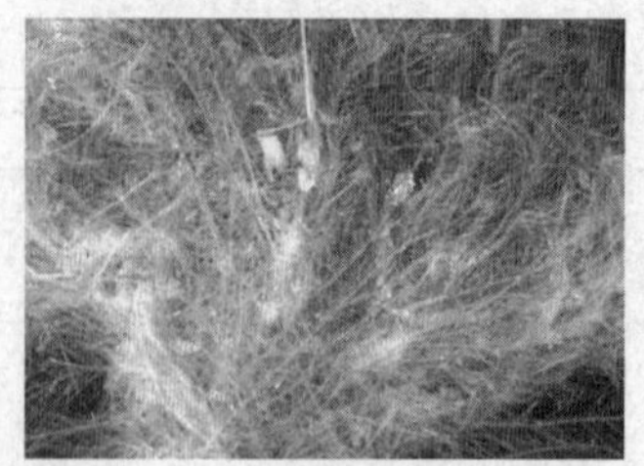

胶水羽绒：朵绒上散布颗粒状物或胶状物

胶水羽绒：绒丝、羽丝缠绕在朵绒根部

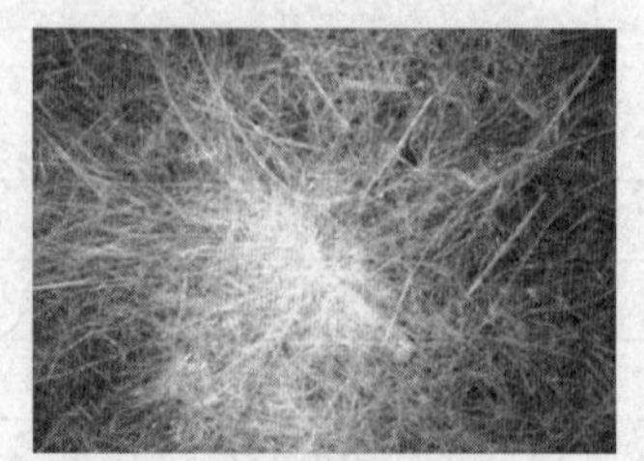

胶水羽绒：绒核不清晰且有反光物质

图2　正常羽绒、胶水羽绒显微镜影像对比示例

（二）使用性能方面，35款样品中，共有9款样品未通过所有项目测试，主要涉及以下项目：

1.含绒量和绒子含量：含绒量和绒子含量是决定羽绒保暖、蓬松等各种优良属性组分的重要指标。含绒量是羽绒里面绒的比例，一般以百分数的形式表示。例如：某羽绒被上标识有“含绒量80%”，则表明其中羽绒的含量是80%，羽毛及其他杂质的含量占20%。其中的羽绒是“绒子+绒丝”的含量，细小的绒丝与大颗的绒子相比，保暖性能会差很多，同时也很容易钻绒。

根据标准要求，**产品实际含绒量不得低于所明示的羽绒含绒量3%，其中价值最高的绒子应不低于所明示的羽绒含绒量的90%**。此次结果显示，35款样品中，有2款样品的实测含绒量及绒子含量均未通过测试要求，具体数据见表3。

表3　含绒量和绒子含量测试情况及排名

排名	品　牌	产品名称	明示羽绒种类	明示含绒量（%）	实测含绒量（%）	绒子含量标准值（%）	实测绒子含量（%）
1	凯乐石（KAILAS）	男款中长款加厚羽绒外套	鹅绒	90	92.8	≥81.0	91.2
2	狼爪	羽绒服装	鹅绒	90	94.0	≥81.0	88.2
3	LEE	羽绒外套	鸭绒	70	75.8	≥63.0	69.8
4	N+a	羽绒外套	鸭绒	75	82.0	≥67.5	73.8
5	真维斯	男装羽绒上衣	鸭绒	50	55.8	≥45.0	50.3
6	罗蒙	羽绒服	鸭绒	90	91.0	≥81.0	86.2
7	lativ	保暖羽绒轻型连帽大衣－女	鸭绒	90	92.4	≥81.0	86.0
7	LONSDALE（龙狮戴尔）	男羽绒服	鸭绒	80	85.4	≥72.0	77.0
8	EVISU	羽绒外套	鸭绒	80	84.6	≥72.0	76.8
9	MY TENO 马天奴	羽绒服	鹅绒	90	91.0	≥81.0	85.6
10	adidas neo	羽绒服	鸭绒	70	74.7	≥63.0	67.2
11	U.S.POLO ASSN.	男羽绒服	鸭绒	80	83.0	≥72.0	75.9
12	JACK JONES 杰克·琼斯	羽绒服	鸭绒	90	92.4	≥81.0	84.0
13	initial	女装羽绒外套	鸭绒	90	88.6	≥81.0	83.4

续表

排名	品　牌	产品名称	明示羽绒种类	明示含绒量（%）	实测含绒量（%）	绒子含量标准值（%）	实测绒子含量（%）
14	UNIQLO	高性能保暖羽绒大衣	鸭绒	90	91.6	≥81.0	83.0
15	苏醒的乐园	女装羽绒服	鸭绒	90	91.1	≥81.0	82.4
16	KAMA	羽绒外套	鸭绒	80	80.4	≥72.0	73.0
16	NAERSI	羽绒外套	鸭绒	90	89.8	≥81.0	82.0
16	Superdry	羽绒外套	鸭绒	80	80.2	≥72.0	73.0
17	MLYC 美丽衣橱	羽绒服（长款）	鸭绒	80	80.0	≥72.0	72.9
18	texwood	羽绒服	鸭绒	70	70.9	≥63.0	63.8
19	极星（ARCTOS）	羽绒夹克	鹅绒	90	89.4	≥81.0	81.6
19	Lagogo	羽绒服	鸭绒	80	80.8	≥72.0	72.6
20	bread n butter	女装羽绒服	鸭绒	90	88.4	≥81.0	81.5
21	保罗 弗兰克 paul frank	羽绒服	鸭绒	80	80.4	≥72.0	72.4
21	GAP	男式羽绒服	鸭绒	80	80.4	≥72.0	72.4
22	TOREAD	大童长款羽绒服	鸭绒	90	89.6	≥81.0	81.2
22	on & on	羽绒服	鸭绒	80	80.2	≥72.0	72.2
22	亚瑟士	女式长款羽绒夹克	鸭绒	90	87.2	≥81.0	81.2
22	谜底	女装羽绒服	鸭绒	90	88.0	≥81.0	81.2
23	bossini	男装羽绒衫	鸭绒	90	89.9	≥81.0	81.1
23	H:CONNECT	女式羽绒服	鸭绒	90	90.0	≥81.0	81.1
24	CR?Z!	羽绒外套	鸭绒	90	88.2	≥81.0	81.0
25	RMK 诺曼琦	女装羽绒服	鸭绒	90	83.2	≥81.0	74.8
26	JESSIE	羽绒服	鸭绒	90	60.8	≥81.0	54.6

2.充绒量：根据标准要求，产品实际羽绒填充量不得低于所明示的羽绒填充量的5%。充绒量的多少，直接影响羽绒服的保暖程度。40—100g的充绒量适合在南方较为暖和的季节里穿着，而北方寒冷的冬季或者南方寒潮来袭的时候，成人羽绒服的充绒量在200g以上才适宜保暖。此次结果显示，35款样品中，有3款样品的充绒量与明示的偏差未达到标准要求，将实测值与明示值的偏差进行排序，得出35款样品的充绒量排名，具体数值见表4。

表4　充绒量测试情况及排名

排名	品　牌	产品名称	明示羽绒种类	明示值（g）	标准值（g）	实测值（g）	偏差（g）
1	bossini	男装羽绒衫	鸭绒	190	≥180.5	227	37
2	GAP	男式羽绒服	鸭绒	325	≥308.75	351	26
2	Superdry	羽绒外套	鸭绒	297	≥282.15	323	26
3	RMK 诺曼琦	女装羽绒服	鸭绒	205	≥194.75	220	15
4	texwood	羽绒服	鸭绒	196	≥186.2	209	13
5	JACK JONES 杰克・琼斯	羽绒服	鸭绒	296	≥281.2	307	11
6	bread n butter	女装羽绒服	鸭绒	185	≥175.75	194	9

续表

排名	品　牌	产品名称	明示羽绒种类	明示值（g）	标准值（g）	实测值（g）	偏差（g）
6	JESSIE	羽绒服	鸭绒	201	≥190.95	210	9
7	H:CONNECT	女式羽绒服	鸭绒	253	≥240.35	261	8
8	U.S.POLO ASSN.	男羽绒服	鸭绒	229	≥217.55	236	7
8	NAERSI	羽绒外套	鸭绒	201	≥190.95	208	7
8	罗蒙	羽绒服	鸭绒	137	≥130.15	144	7
9	谜底	女装羽绒服	鸭绒	160	≥152	166	6
10	EVISU	羽绒外套	鸭绒	200	≥190	205	5
11	N+a	羽绒外套	鸭绒	231.6	≥220.02	236	4.4
12	TOREAD	大童长款羽绒服	鸭绒	191.5	≥181.925	195	3.5
13	adidas neo	羽绒服	鸭绒	189	≥179.55	192	3
14	CR?Z!	羽绒外套	鸭绒	197	≥187.15	198	1
15	苏醒的乐园	女装羽绒服	鸭绒	126	≥119.7	126	0
15	lativ	保暖羽绒轻型连帽大衣–女	鸭绒	185	≥175.75	185	0
15	initial	女装羽绒外套	鸭绒	255	≥242.25	255	0
16	真维斯	男装羽绒上衣	鸭绒	247	≥234.65	246	–1
17	极星(ARCTOS)	羽绒夹克	鹅绒	184	≥174.8	180	–4
17	UNIQLO	高性能保暖羽绒大衣	鸭绒	168	≥159.6	164	–4
18	凯乐石(KAILAS)	男款中长款加厚羽绒外套	鹅绒	240	≥228	234	–6
19	MY TENO 马天奴	羽绒服	鹅绒	170.8	≥162.26	163	–7.8
20	KAMA	羽绒外套	鸭绒	215	≥204.25	207	–8
21	LEE	羽绒外套	鸭绒	266	≥252.7	257	–9
22	LONSDALE(龙狮戴尔)	男羽绒服	鸭绒	237.1	≥225.245	226	–11.1
23	Lagogo	羽绒服	鸭绒	250	≥237.5	238	–12
24	亚瑟士	女式长款羽绒夹克	鸭绒	297	≥282.15	283	–14
25	on & on	羽绒服	鸭绒	210	≥199.5	194	–16
26	保罗 弗兰克 paul frank	羽绒服	鸭绒	200.2	≥190.19	184	–16.2
27	狼爪	羽绒服装	鹅绒	370	≥351.5	352	–18
28	MLYC 美丽衣橱	羽绒服(长款)	鸭绒	234	≥222.3	207	–27

3.蓬松度：蓬松度的测试原理是将标准处理过的样品放入规定的圆筒内，并放上规定重量的压板，测量圆筒内受压状态下羽绒样品的高度，羽绒高度越高，则表示羽绒的弹性越好。根据标准要求，明示含绒量70%以上的样品，鹅绒要求蓬松度不低于15cm，鸭绒要求不低于14cm。此次结果显示，35款样品中，有3款羽绒服的羽绒蓬松度未通过测试。蓬松度为羽绒产品最为直观的质量指标，通常含绒量和绒子含量高的羽绒蓬松度高，保暖、回弹方面的品质更为优异，另外鹅绒的蓬松度通常高于鸭绒，将蓬松度实测值与标准值之间的偏差进行排序，得出35款样品的蓬松度排名，具体见表5。

表5　蓬松度测试情况及排名

排名	品　　牌	产品名称	明示羽绒种类	实测值（cm）	标准值（cm）	偏差（cm）
1	UNIQLO	高性能保暖羽绒大衣	鸭绒	18.2	≥14.0	4.2
2	凯乐石（KAILAS）	男款中长款加厚羽绒外套	鹅绒	19.0	≥15.0	4
3	罗蒙	羽绒服	鸭绒	17.8	≥14.0	3.8
4	lativ	保暖羽绒轻型连帽大衣－女	鸭绒	17.2	≥14.0	3.2
5	狼爪	羽绒服装	鹅绒	18.0	≥15.0	3
5	苏醒的乐园	女装羽绒服	鸭绒	17.0	≥14.0	3
6	JACK JONES 杰克·琼斯	羽绒服	鸭绒	16.8	≥14.0	2.8
7	亚瑟士	女式长款羽绒夹克	鸭绒	16.4	≥14.0	2.4
8	MY TENO 马天奴	羽绒服	鹅绒	17.2	≥15.0	2.2
8	NAERSI	羽绒外套	鸭绒	16.2	≥14.0	2.2
9	LONSDALE（龙狮戴尔）	男羽绒服	鸭绒	15.9	≥14.0	1.9
10	initial	女装羽绒外套	鸭绒	15.8	≥14.0	1.8
11	TOREAD	大童长款羽绒服	鸭绒	15.7	≥14.0	1.7
12	U.S.POLO ASSN.	男羽绒服	鸭绒	15.2	≥14.0	1.2
13	bossini	男装羽绒衫	鸭绒	15.0	≥14.0	1
14	bread n butter	女装羽绒服	鸭绒	14.9	≥14.0	0.9
15	极星（ARCTOS）	羽绒夹克	鹅绒	15.8	≥15.0	0.8
16	RMK 诺曼琦	女装羽绒服	鸭绒	14.5	≥14.0	0.5
17	H:CONNECT	女式羽绒服	鸭绒	14.4	≥14.0	0.4
17	谜底	女装羽绒服	鸭绒	14.4	≥14.0	0.4
17	Lagogo	羽绒服	鸭绒	14.4	≥14.0	0.4
18	GAP	男式羽绒服	鸭绒	14.3	≥14.0	0.3
18	CR?Z!	羽绒外套	鸭绒	14.3	≥14.0	0.3
19	on & on	羽绒服	鸭绒	14.2	≥14.0	0.2
20	保罗 弗兰克 paul frank	羽绒服	鸭绒	14.1	≥14.0	0.1
20	N+a	羽绒外套	鸭绒	14.1	≥14.0	0.1
21	KAMA	羽绒外套	鸭绒	14.0	≥14.0	0
21	EVISU	羽绒外套	鸭绒	14.0	≥14.0	0
21	MLYC 美丽衣橱	羽绒服（长款）	鸭绒	14.0	≥14.0	0
21	adidas neo	羽绒服	鸭绒	14.0	≥14.0	0
21	JESSIE	羽绒服	鸭绒	14.0	≥14.0	0
21	真维斯	男装羽绒上衣	鸭绒	11.5	≥11.5	0
22	texwood	羽绒服	鸭绒	12.9	≥14.0	–1.1
23	LEE	羽绒外套	鸭绒	12.5	≥14.0	–1.5
24	Superdry	羽绒外套	鸭绒	11.8	≥14.0	–2.2

4.纤维含量：结果显示，1款产品面料所明示的纤维含量和实际检测结果不符，占总数的2.9%。产品明示面料纤维含量为聚酯纤维100%，实测为锦纶100%，锦纶和聚酯纤维虽然都是化纤，但性能还是有较大的差异。和聚酯纤维相比，锦纶弹性好，但耐光耐热性差，产品纤维含量信息误标可能会影响消费者对产品的使用和

维护。

六、综合评价

将本次通过所有试验项目的24款样品进行综合评价，评价规则：总分100分，安全性能60分，使用性能30分，使用说明10分，对使用性能进行差异性评分，共5个项目，每个项目6分，按每项排名的先后进行赋分，第一名6分，后面一名减0.2分。把各单项得分相加得到总分，按总分大小得到综合排名，综合排名前三的推荐为“★★★★★”，排名第4—8的推荐为“★★★★”，排名第9—16的推荐为“★★★”，排名第17—22的推荐为“★★”。

表6 综合性能情况

排名	品牌	产品名称	明示羽绒种类	得分	综合性能推荐
1	罗蒙	羽绒服	鸭绒	85.2	★★★★★
2	凯乐石（KAILAS）	男款中长款加厚羽绒外套	鹅绒	84.4	★★★★★
3	JACK JONES 杰克·琼斯	羽绒服	鸭绒	84	★★★★★
4	lativ	保暖羽绒轻型连帽大衣－女	鸭绒	83.4	★★★★
5	U.S.POLO ASSN.	男羽绒服	鸭绒	82.4	★★★★
6	NAERSI	羽绒外套	鸭绒	82.2	★★★★
6	UNIQLO	高性能保暖羽绒大衣	鸭绒	82.2	★★★★
7	N+a	羽绒外套	鸭绒	81.6	★★★★
7	苏醒的乐园	女装羽绒服	鸭绒	81.6	★★★★
8	MY TENO 马天奴	羽绒服	鹅绒	81.4	★★★★
9	bossini	男装羽绒衫	鸭绒	81.2	★★★
10	initial	女装羽绒外套	鸭绒	81	★★★
11	EVISU	羽绒外套	鸭绒	80.8	★★★
12	GAP	男式羽绒服	鸭绒	80.4	★★★
13	真维斯	男装羽绒上衣	鸭绒	80.2	★★★
14	adidas neo	羽绒服	鸭绒	79.8	★★★
15	TOREAD	大童长款羽绒服	鸭绒	79.6	★★★
16	H:CONNECT	女式羽绒服	鸭绒	79.2	★★★
17	谜底	女装羽绒服	鸭绒	79	★★
18	极星(ARCTOS)	羽绒夹克	鹅绒	78.4	★★
19	亚瑟士	女式长款羽绒夹克	鸭绒	78	★★
20	CR?Z!	羽绒外套	鸭绒	77.4	★★
21	KAMA	羽绒外套	鸭绒	77.2	★★
22	Lagogo	羽绒服	鸭绒	76.8	★★

七、消费提示

（一）选购提示

1.看清标识信息，按需合理选择。购买羽绒服首先要看产品的吊牌或标签，吊牌/标签能为正确选购羽绒服提供很多有用的信息。正规厂家或品牌的羽绒服装吊牌或标签都要标注：羽绒种类、充绒量、含绒量、面料成分、号型规格、洗涤方法等信息，消费者在选购过程须加以留意。看吊牌或标签时，应着重看以下几处信息：

一看羽绒种类。一般来说羽绒服的填充物有鸭绒或者鹅绒，标注为白鸭绒、灰鸭绒、白鹅绒、灰鹅绒。需要注意的是，标注为羽绒棉、羽丝棉、羽丝绒的产品其实都不是真正的羽绒产品。

二看含绒量。市面上大部分羽绒服产品的含绒量标注为70%、80%、85%、90%等，一般含绒量为100%的羽绒服是不存在的，如果含绒量低于50%就不能称为“羽绒服”了。优质的羽绒服含绒量一般都是90%甚至达95%。

三看充绒量。充绒量的多少，直接影响羽绒服的保暖程度。初冬季节选择的轻薄款的羽绒服充绒量一般在40—100g不等；一般厚度的短款羽绒服充绒量为150g左右；中等厚度的为180g左右；适合北方户外穿着的羽绒服充绒量要在200g以上。

2.按摸拍揉闻，五招辨优劣。一是按看回弹性。用手按压羽绒服，如果一定时间内迅速回弹说明蓬松度好，回弹慢的说明填充料质量欠佳，不能回弹的说明填充物不是羽绒。

二是触摸判绒量。依靠手的触摸可以简单判断含绒量的高低，如果摸上去柔软、细腻、羽梗少甚至没有，说明羽绒含绒量高、品质好；如果手摸上去感觉羽梗多，则说明含绒量低，甚至完全是羽毛做填充而不是羽绒。

三是拍打看粉尘。拍打羽绒服检查是否有粉尘冒出，有粉尘说明羽绒品质不好。

四是揉搓查钻绒。轻轻揉搓、拍打羽绒服检查是否有羽绒钻出，特别是检查缝线部位是否有细小羽绒甚至毛片钻出，一揉一拍即有羽绒钻出，说明羽绒服的防钻绒性能不好。

五是嗅闻检异味。闻一闻是否有异味，脏和臭的羽绒服品质较差。

此外，羽绒服的面料也很重要，如果面料上有污渍、或者针脚不齐、针眼过大等就会容易出现跑绒现象。

（二）维护与保养

1.不可干洗。干洗羽绒服会洗去羽绒表面的天然油脂，使羽毛发脆、折断，失去蓬松感。

2.使用专用或中性洗涤剂。羽绒属于动物蛋白纤维，使用碱性较强的肥皂和洗衣粉清洗，易破坏羽绒表面的脂肪保护层，使羽绒变脆而损伤，从而降低羽绒的舒适度和保暖性。

3.不宜机洗，推荐手洗。用机洗或甩干的羽绒服，极易导致填充物薄厚不均，使得衣物走形，影响美观和保暖性。最好使用30℃左右温水手洗，加入专用或中性洗剂，浸泡充分，用软刷或搓澡巾轻擦，反复漂洗2—3次直至水清。

4.不可拧干，禁止暴晒。不能拧干，拧干的羽绒服羽绒容易纠缠，撕扯过程中容易将绒朵破坏，变成细小的绒丝羽丝，影响保暖性能，也更容易钻绒。禁止暴晒，羽绒服的面料通常都经过树脂处理，树脂涂层不耐高温，在强烈的阳光下暴晒使羽绒服的面料变薄，也不要熨烫，以免烫伤衣物。羽绒服漂净后，应将水分挤出，再平铺或挂起晾干，晾干后，可轻轻拍打，使羽绒服恢复蓬松柔软。

5.干燥通风储存。羽绒服储存前，最好晾晒2—3小时，拍打除去灰尘，保持干爽，用透气的收纳袋套好，存放于干燥通风处。切忌真空压缩和密封。

注：比较试验结果仅对测试样本负责，不代表该品牌其他型号、批次的产品质量状况；测试结果仅供消费者选购产品之参考，不构成对任何相关产品的推荐与宣传；任何企业、机构不得利用本次测试结果刊登广告或从事其他促销、宣传、推广活动。

成都市消费者协会

儿童食品比较试验报告

民以食为天，儿童食品是百姓关注度较高的产品，产品质量直接关系到儿童的成长和健康。近年来随着国家生育政策的调整，儿童食品受到了越来越多消费者的关注，相关消费纠纷也有所增加。消费者在购买儿童食品时，除了考虑外观和价格因素外，还应注重产品是否会对儿童的健康带来危害。面对市场上众多的品牌的各类儿童类食品，消费者应该如何选择满足自己需求的产品呢？成都市消费者协会在开展了广泛的调研工作的基础上，对膨化食品、糖果每个品种30组共计60组产品开展了本次比较试验，具体情况如下。

一、比较试验样品

本次比较试验样品是由成都市消费者协会的工作人员以消费者的身份通过网络渠道和线下实体店进行随机购买。样品共计60款，购买的价格（单价）从0.5元到15元不等。

二、测试依据及项目

成都产品质量检验研究院有限责任公司依据GB 17401食品安全国家标准　膨化食品、GB/T 22699-2008膨化食品、GB 17399食品安全国家标准　糖果、GB 4789.4食品安全国家标准　食品微生物学检验　沙门氏菌检验、GB 4789.10食品安全国家标准　食品微生物学检验　金黄色葡萄球菌检验、GB 2760食品安全国家标准　食品添加剂使用标准、GB 2762食品安全国家标准　食品中污染物限量等标准对样品进行测试。测试指标主要是产品的质量和安全等方面，包括水分、酸价、过氧化值、铅、苯甲酸、山梨酸、糖精钠、菌落总数、大肠菌群、沙门氏菌、金黄色葡萄球菌等项目。测试结果仅对本次比较试验购买的样品负责。

三、比较试验结果

经测试，60款样品中有2款样品不符合相关标准，占样品总数的3.33%。主要是微生物项目（大肠菌群、菌落总数）未达到国家标准要求。具体结果见图1。

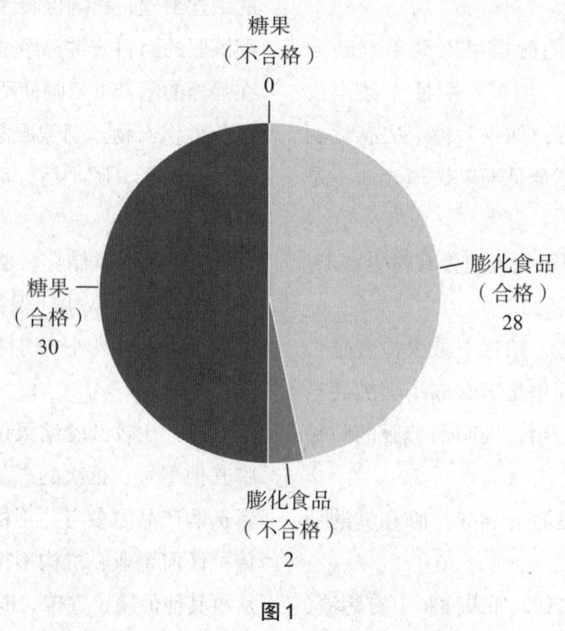

图1

（一）微生物

微生物指标（大肠菌群、菌落总数）是衡量食品的卫生指标，用来判定食品被细菌污染的程度及卫生质量，它反映食品在生产过程中是否符合卫生要求，以便对被检样品做出适当的卫生学评价。

（二）其他指标

1.添加剂指标（苯甲酸、山梨酸、糖精钠），苯甲酸和山梨酸是食品常用的防腐剂，在酸性条件下对霉菌、酵母菌和细菌有一定的抑制作用，可以增加食品的保质期。糖精钠是食品工业中常用的合成甜味剂，且使用历史最长，但也是最引起争议的合成甜味剂。糖精钠的甜度比蔗糖甜300—500倍，在生物体内不被分解，由肾排出体外。

2.污染物指标（铅），铅属于三大重金属污染物之一，是一种严重危害人体健康的重金属元素，人体中理想的含铅量为零。人体多通过摄取食物、饮用自来水等方式把铅带入人体，食品中的铅污染多来自包装材料、食品制作工艺及盛装食品的器皿等。

3.质量指标（水分、酸价、过氧化值）膨化食品中的含水量过高会影响食品的感官性状，酸价和过氧化值则是食物油脂酸败和被氧化的程度，值越高就代表酸败和氧化的程度越厉害，长期食用对健康不利，应采取保护措施减少与空气接触。

经测试，水分、酸价、过氧化值、铅、苯甲酸、山梨酸、糖精钠、沙门氏菌、金黄色葡萄球菌等指标所有样品均符合国家标准要求。

四、消费提示

1.消费者购买儿童食品的时候要仔细查看食品的外包装袋，看外包装袋是否完整，并查看食品的生产日期、保质期、保存期。在查看的过程中，最好不要购买临近保质期的食品，如果您购买的食品不能马上食用完，就很容易超期变质，而埋下安全隐患。有的商场或超市的打折食品很多都是临近保质期的食品，消费者要根据实际情况决定是否购买。

2.建议消费者不要盲目选择款式时尚、颜色鲜艳亮丽等的食品，选择儿童食品时要认真查看产品的标识标签信息，不要选择无生产商、无生产地、无生产日期的“三无”产品。

3.查看食品的经营环境。选购食品的时候，尽量到大型的商场、超市和质量信誉好的商店去。尽量不购买露天销售的食品、经营条件差的食品、感官形状发生变化的食品、地摊食品。

4.消费者购买时应留存购物凭证，在出现消费纠纷时，可向经营者所在地的消费者协会、市场监管部门投诉，维护自身的合法权益。

第三编　消费调查

中国消费者协会

青少年近视现状与网游消费体验报告

中国消费者协会

近年来，我国青少年近视率持续攀升，并呈现低龄化趋势。国家卫健委发布的相关调查数据显示，2018年全国儿童青少年总体近视率超过一半，高中生近视率高达81%。我国学生近视呈现高发、低龄化趋势，严重影响孩子们的身心健康，已成为一个关系国家和民族未来的大问题，必须高度重视，不能任由其发展。眼科专家指出，坚持适度的户外活动，减少长时间、近距离、高强度用眼，可有效降低青少年近视发生率。

2018年8月30日，教育部会同国家卫生健康委员会等八部门联合印发《综合防控儿童青少年近视实施方案》并提出，防控儿童青少年近视是一项系统工程，需要政府、学校、医疗卫生机构、家庭、学生等各方面共同努力、共同行动起来，呵护好孩子的眼睛。为了解儿童青少年的视力状况及对于视力防护的认知，发现网络游戏产品在落实防沉迷机制中存在的主要问题，督促相关行业企业依法诚信经营，推动青少年游戏防沉迷与近视防护社会共治，维护青少年健康安全消费权益，中国消费者协会于2018年12月—2019年3月组织开展了青少年近视现状与网游消费体验活动。

一、调查基本情况

本次调查体验活动共分为实地拦截访问和体验式调查两部分。此外，还分别召开学生、家长焦点小组座谈会，进行深入访谈，共同聚焦青少年网游的相关问题。

在实地拦截访问环节中，综合考量青少年区域分布、年级学龄覆盖等要素，按照《2017年全国教育事业发展统计公报》关于中小学生在校生规模比例进行拦截，并根据《2014年全国学生体质健康调研》结果控制小学生、初中生、高中生近视比例，最终获得有效样本1760个，性别占比均衡。参与调查的被访者均有每周玩网游的习惯，调查内容涵盖青少年近视成因及防护认知、电子产品接触及网游接触情况、网游认知与习惯、家庭对青少年健康网游的监护等。样本具体数据详见图1、图2和图3。

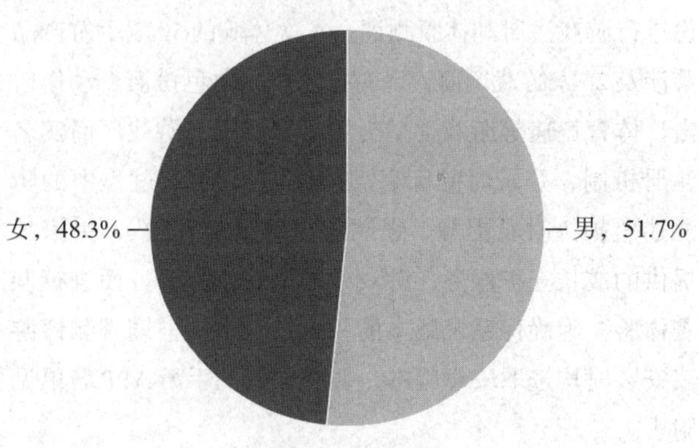

图1　性别分布

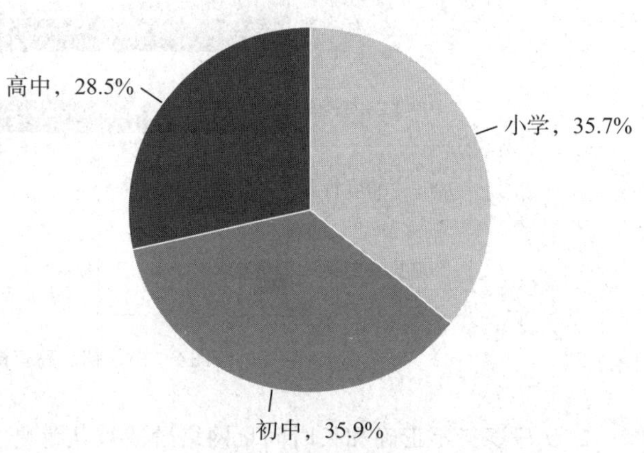

图2　学龄阶段分布

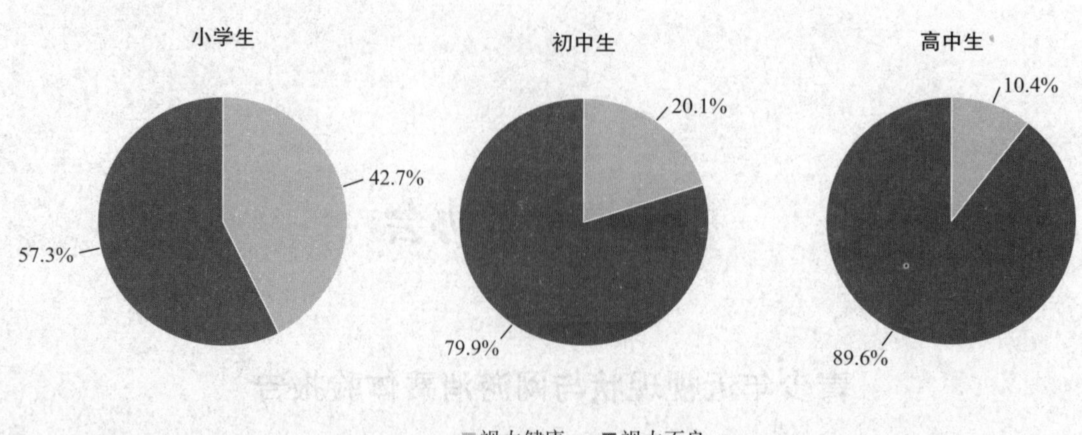

图3　不同学龄阶段青少年视力健康状况

在体验式调查环节中，参照苹果应用商店和安卓应用市场的手机游戏下载量排行情况，结合2018年度全国消协组织投诉相对多发的游戏厂商和游戏类别，以及青少年拦截访问中提及频率相对较高的游戏，最终选取50款手机网络游戏产品（以下简称手游），模拟5—12岁（小学年龄段）、13—17岁（初高中年龄段）未成年人身份进行游戏注册和体验测评。本次体验的50款手游产品共涉及26家游戏厂商，以对抗竞技、角色扮演、动作射击、体育竞速等游戏类型为主；主要围绕游戏厂商实名注册机制，登录时的玩家/游客模式，游戏过程中的防沉迷监护（时长提醒、强制退出及限制登录），为家长提供的成长守护服务，游戏中的消费权限等方面进行调查体验。为确保系统版本的一致性，本次被调查测评游戏安装时均选取安卓版本，调查体验的手游APP名单见附表。

二、主要调查体验结果

（一）青少年近视认知及防护现状

1.小学生双眼视差发生率整体高于初高中生。针对调查中不同学龄组青少年左右眼的视力统计视差，发现青少年总体双眼存在视差的发生概率已达1/3，其中小学生双眼视差发生率高于初中生和高中生；青少年视差在100度以上的比例约为8%；对比不同学龄组视差可以发现，小学生整体双眼视差发生率及视差达200度以上的比例均高于初高中生。

一般来说，人的两眼屈光状态普遍存在轻度的差异，完全一致者很少见，但如果两眼的屈光度相差过大（屈光度数差超过250度），临床中称为“屈光参差”。眼科专家指出，对于青少年双眼出现屈光参差情况，如不加以科学干预，容易导致单眼弱视或外斜视等问题。

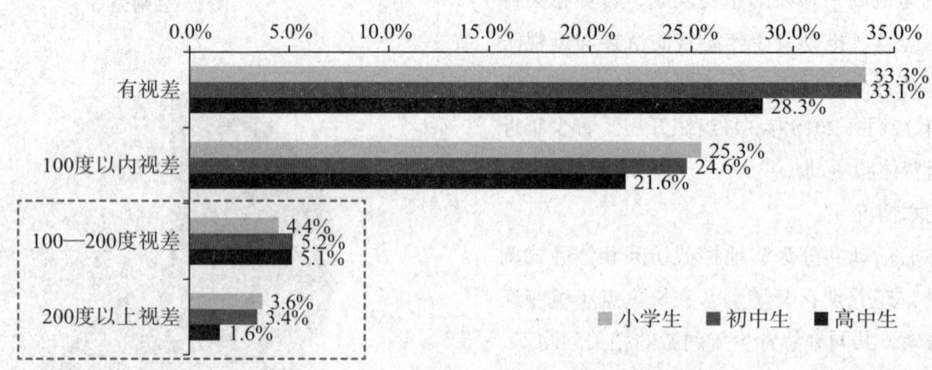

图4　小、初、高有视力问题的学生双眼视差

2.读写姿势不正确和长时间玩网络游戏被认为是危害视力的主要因素。在受访青少年看来，对视力危害最大的三个因素为“不正确的读写姿势”（43.4%）、“长时间玩网络游戏”（41.1%）和“使用电子设备进行休闲娱乐”（35.2%）。采用5分制测量有关视力问题对生活和工作的影响度，平均得分为3.86分，其中视力

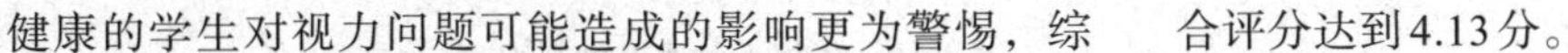

健康的学生对视力问题可能造成的影响更为警惕，综合评分达到4.13分。

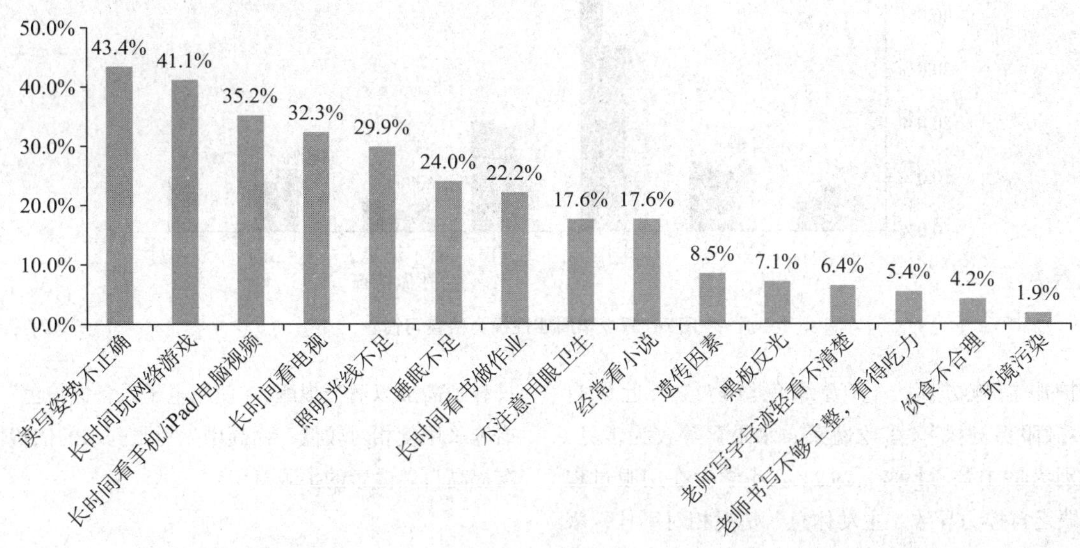

图5　青少年对影响视力因素的认知及重要性评分

3.视力健康学生的视力困扰问题不容忽视。调查发现，视力健康的学生也存在视力困扰情况，占比超过视力健康学生总数的25%。随着学龄增长，各种视力困扰现象的发生率有所增长，“经常揉眼睛”“头痛或眼睛疲劳、酸涩”视力问题在高中生群体中表现得更为显著。

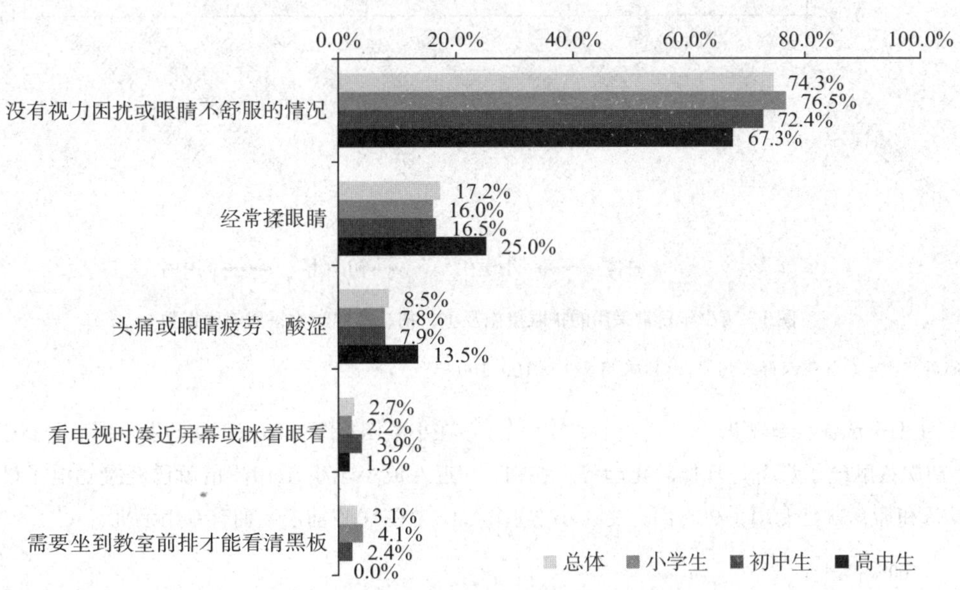

图6　视力健康的小、初、高学生存在视力困扰情况

4.超八成家庭周期性地检查青少年视力。进行周期性视力检查有助于发现孩子的早期视力问题及时加以矫正。调查发现，超过八成家庭形成青少年周期性视力检查习惯，但仍有17.8%的青少年家庭未引起足够重视。进一步分析可以发现：周期性视力检查主要集中以“半年”为一个周期；视力不良青少年的周期性检查比例总体高于视力健康的青少年。

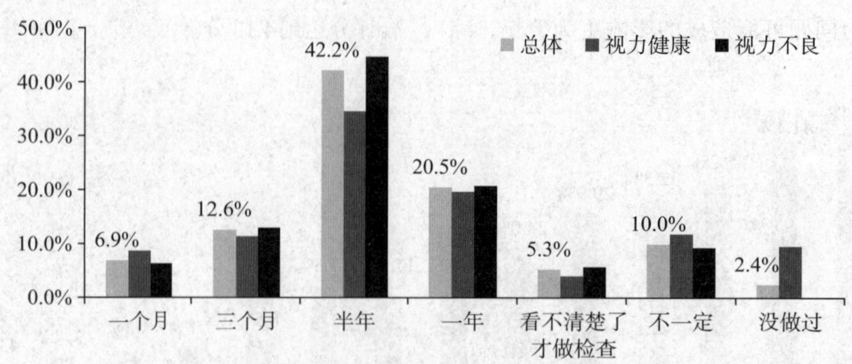

图7 青少年周期性视力检查习惯

在护眼措施方面，“多看绿色植物或亲近大自然”“多做眼保健操”“多吃蔬菜、水果”等较为常见，占比分别为39.1%、33.9%，29.2%。小学生在用眼过程中的因缺乏自控力导致“主动休息”情况相对不佳，家长教师需加以适当提醒，“使用电子设备保护色”等保护措施采用度相对较低；而高中生对眼药水的依赖性较高，需提高自然健康的护眼意识。

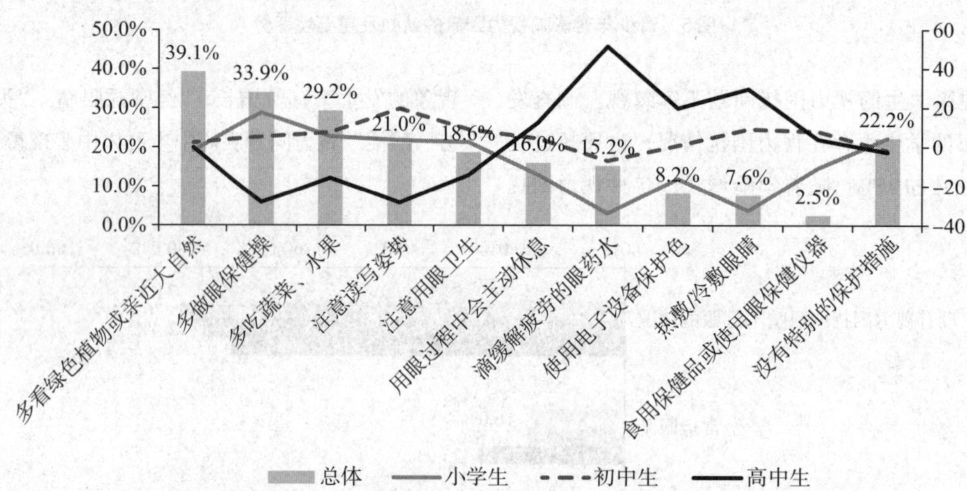

图8 青少年日常采用的护眼措施及小、初、高中学生采用偏离指数

注：采用偏离指数=（当前人群采用率/总体采用率）×100-100。

（二）青少年电子设备接触现状

1.青少年初次接触电子设备呈现低龄化趋势。在初次接触电子设备和拥有自己专用手机方面，受访小学生在小学四年级（10岁）前的发生率显著高于初高中学生，近八成小学生在10岁前就已经接触电子设备，超1/4小学生在10岁前已经拥有专用手机。

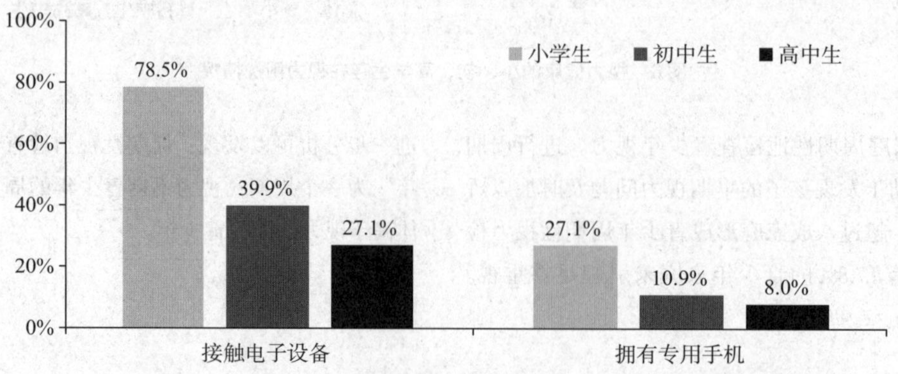

图9 青少年在10岁（小学四年级）前接触电子设备及拥有专用手机的情况

调查显示，近六成青少年因为“娱乐放松”的目的初次接触电子设备，占比为57.0%；其次是因为学习，占比达37.6%。从不同学龄群体来看，小学生群体因“学习”“做学校布置的电子作业”接触电子设备的比例显著高于初高中学生，值得引起关注。

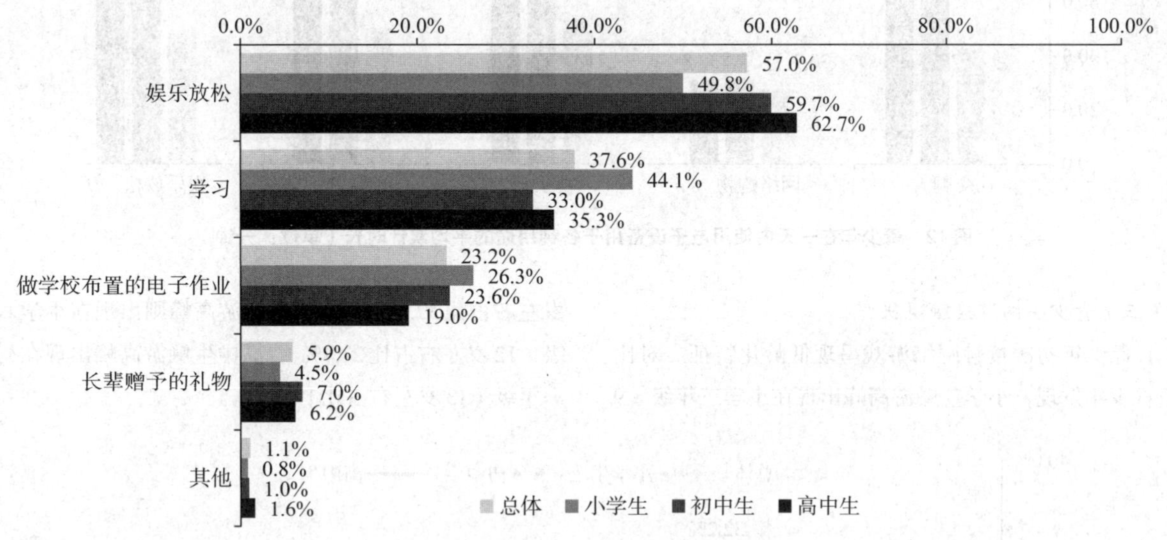

图10　青少年最初接触电子设备的原因

2.电子产品高度渗透青少年的学习与休闲。调查结果显示，青少年总体每周将电子设备用于学习、打游戏的比例达90%以上。高中组青少年则在社交聊天、学习、打游戏、娱乐放松方面的使用人群占比均超90%，在网络购物方面的使用率也显著高于总体的23.5个百分点。

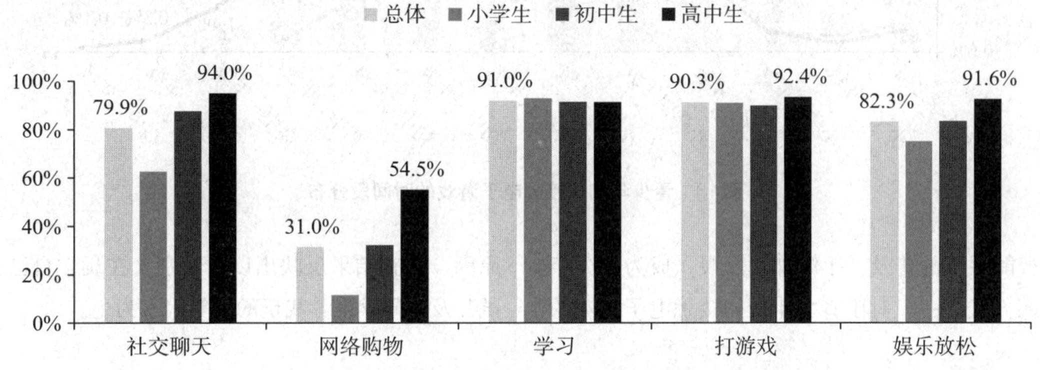

图11　青少年每周使用电子设备用于各种用途的比例

从每次使用电子设备用于各种用途的平均日累计时长来看，青少年总体在社交聊天、学习、打游戏、娱乐放松方面的平均日累计时长均达到1小时以上，而网络购物时长也长达半小时。高中组学生则在社交聊天、学习、娱乐放松方面的使用度显著高于小学、初中学生。

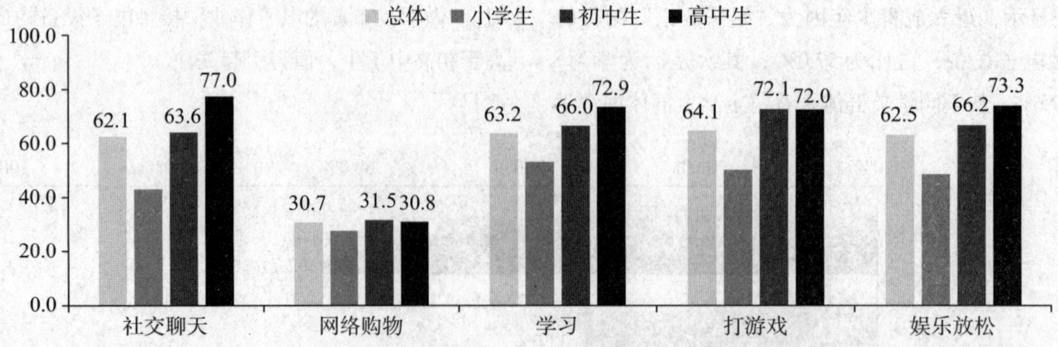

图12 青少年在一天内使用电子设备用于各种用途的平均累计时长（单位：分钟）

（三）青少年网游接触现状

1.青少年初次接触网络游戏呈现低龄化特征。对比三组青少年发现，小学生触游高峰出现在小学三年级（9岁左右占比32.2%），初中生触游高峰则出现在小学六年级（12岁左右占比21.7%），高中生触游高峰出现在初中一年级（13岁左右占比19.4%）。

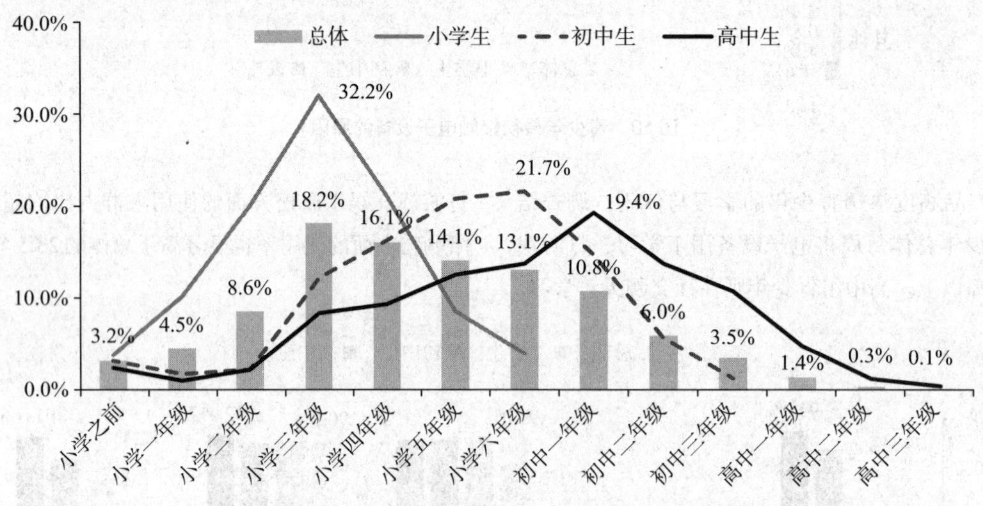

图13 青少年初次接触电子游戏的时间段分布

随着智能手机的普及，手游加快发展，成为青少年主要的休闲方式之一。对于青少年最初接触电子游戏的原因，调查结果反映出以“看别人在玩，自己也好奇尝试”及“同学推荐我玩的”等因素为主。

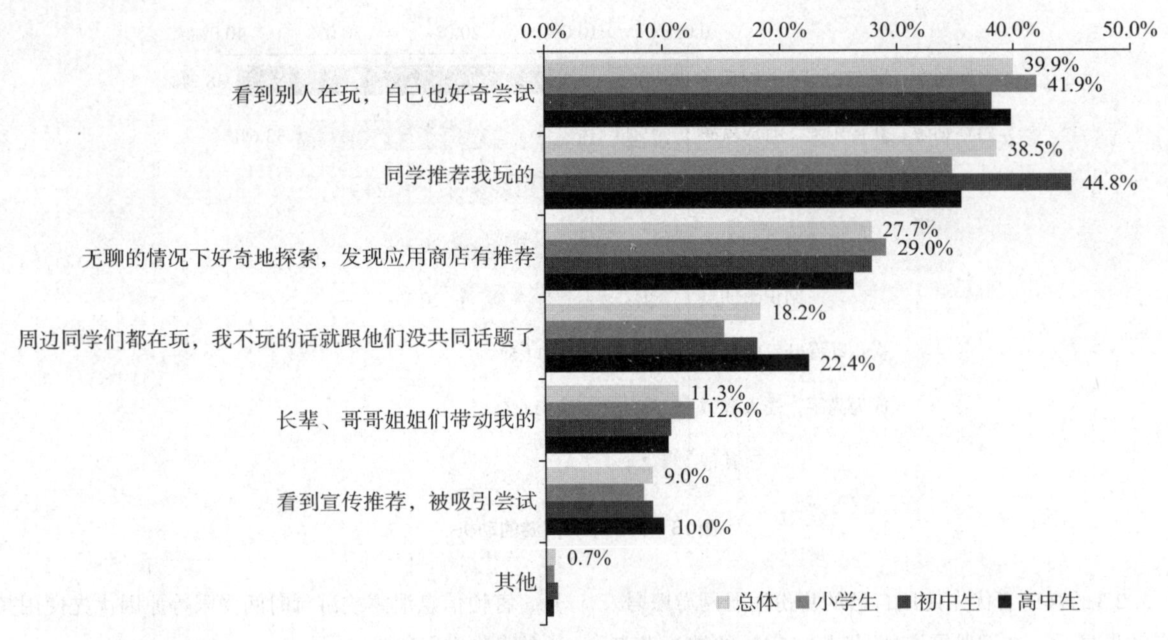

图14　青少年最初接触电子游戏的原因

2.“对战竞技类”“动作射击类”游戏更受被访者欢迎。调查显示，青少年总体最偏爱“对战竞技类”游戏，占比高达38.8%，该类游戏在初高中组学生中尤为受欢迎；其次为“动作射击类”游戏，占比超过20%；比较不同群体，其中小学组学生对“益智类”游戏的偏好度相对较为显著。

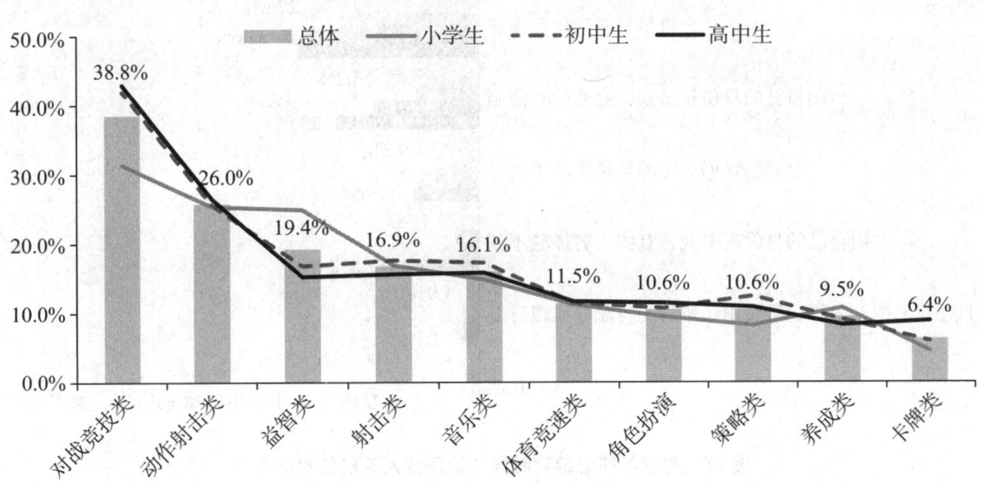

图15　青少年喜欢玩的游戏类型分布

从玩网游的动机来看，除了“和同学、朋友之间有共同话题”外，发现通过游戏中的对战竞技机制“感觉刺激，获得乐趣、有成就感”的用户心理动机可能是青少年热衷于竞技类游戏的主要原因。对于电子竞技和网游的差别，多数青少年不能加以正确区分。

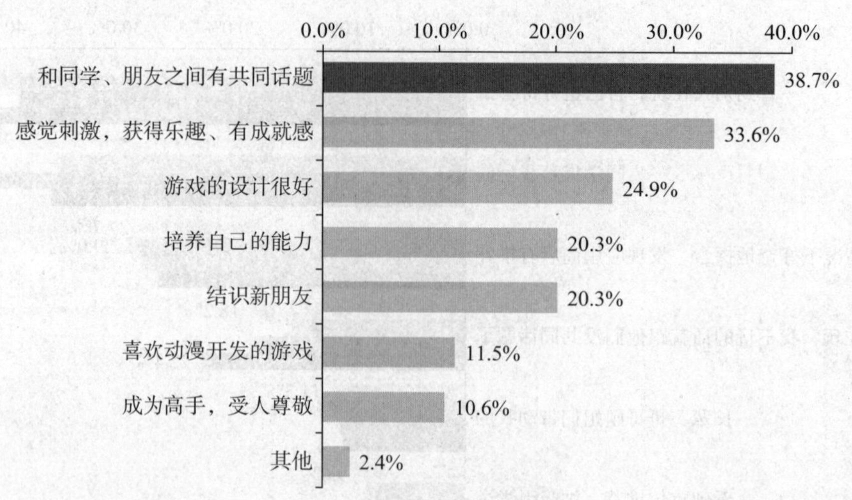

图16　青少年玩网游的动机

3. 2/3的被访者优先使用自己的身份注册网游账号。调查结果显示，在注册网游账号时，66.6%的被访者表示“优先使用自己的身份”，其余被访者会因为没有手机号、害怕信息泄露或游玩时间受限等原因优先使用其他人的身份进行注册。

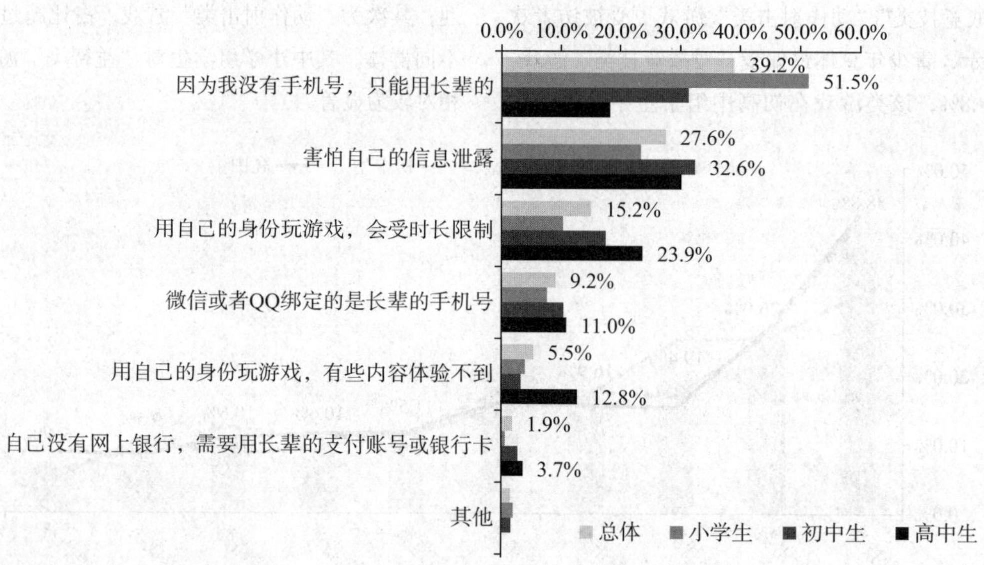

图17　青少年注册游戏时优先使用他人身份信息的原因

4.超三成被访者有网游充值的消费经历。调查结果显示，32%的被访者有网游充值消费经历，其中，小学年龄段网游充值消费的发生率为19.8%，初中年龄段发生充值消费的比例为36.7%，高中年龄段发生充值消费的比例则高达41.3%。从充值的资金来源来看，以使用父母长辈们给的零花钱、压岁钱进行网游消费为主流（选择率为45.1%）；其次有18.6%的青少年表示会节省生活费用于网游充值，尤其在高中生中表现更为突出（达到27.8%），高中生正值身体发育重要阶段同时面临较大学习压力，通过节省生活费用于网游充值对其身体发育会产生较大影响。值得关注的是，找借口向长辈要钱或盗用父母账号消费的情况并不少见，发生率为11%。

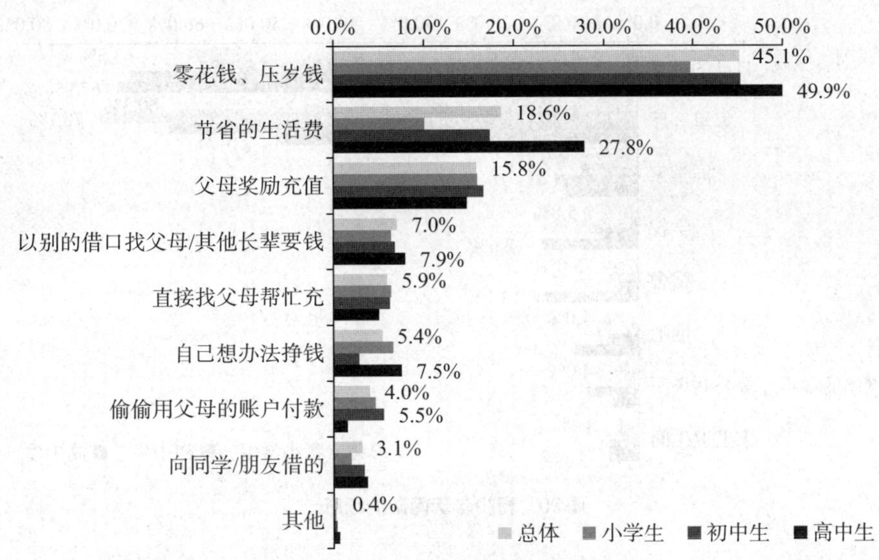

图18　青少年游戏中充值消费的资金来源

5. 获得游戏特权、提升体验效果成为网游充值消费的主因。对于网游消费用途与动机，调查结果显示，46.3%的被访者表示，充值消费成为“VIP”用户能获得游戏中的特殊福利，36.0%的被访者表示，游戏中的某些装备只能充值取得，以提升游戏中角色能力和形象。

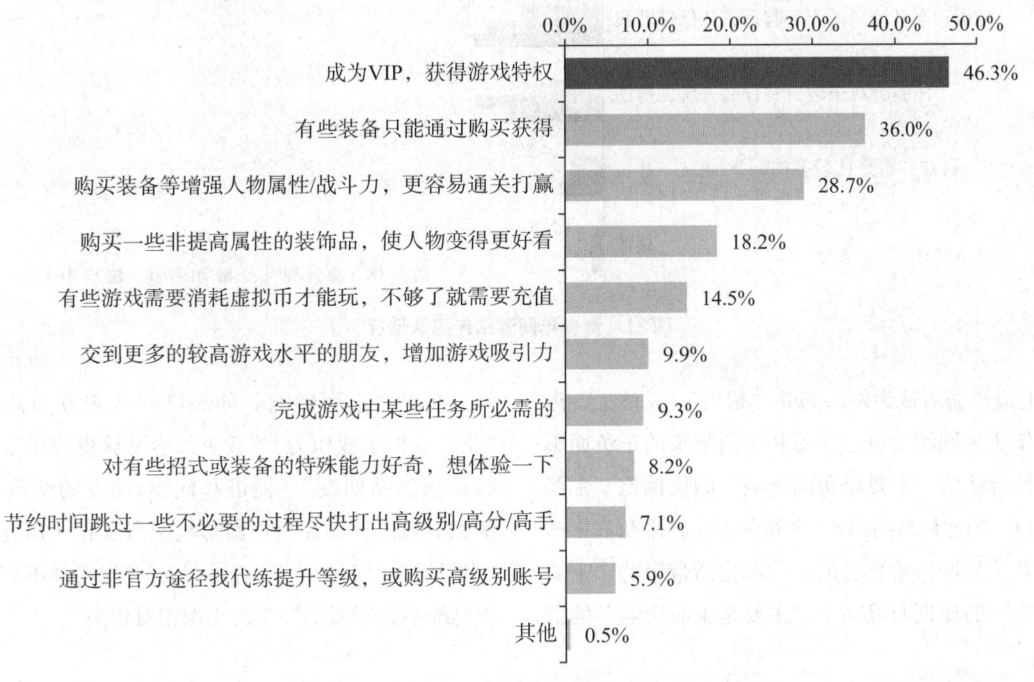

图19　青少年网游消费的用途与动机

（四）青少年网游行为与认知

1. 手机网游场所主要是卧室和客厅。关于青少年玩网游时主要使用的设备，85.2%的被访者表示主要使用手机玩网游。在网游场所方面，主要在“自己的卧室”或“家里客厅”，值得注意的是，高中生在学校、宿舍、网吧玩网游的情况相对显著，因此学校需要加强学生在网游接触方面的教育和引导。此外，调查结果显示，被访者倾向于独自玩游戏的比例为36.6%，而玩网游时结伴组队现象较多。

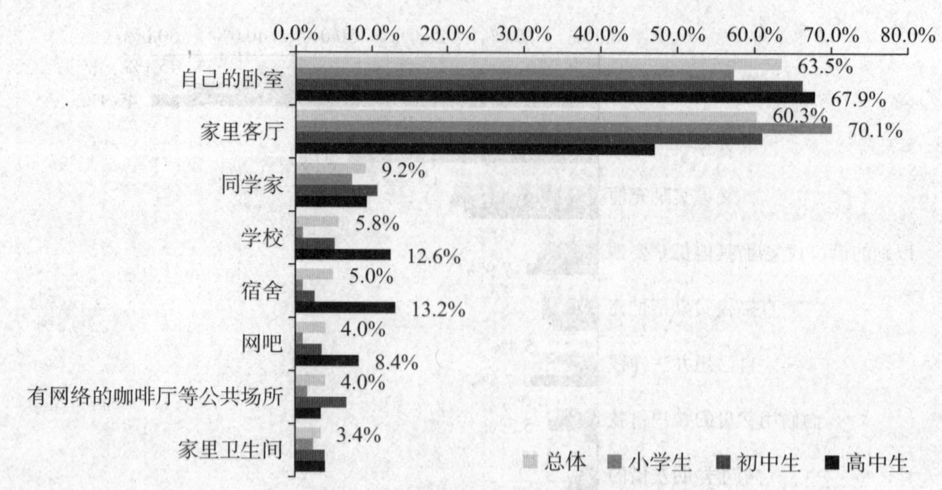

图20　青少年玩网游的场所

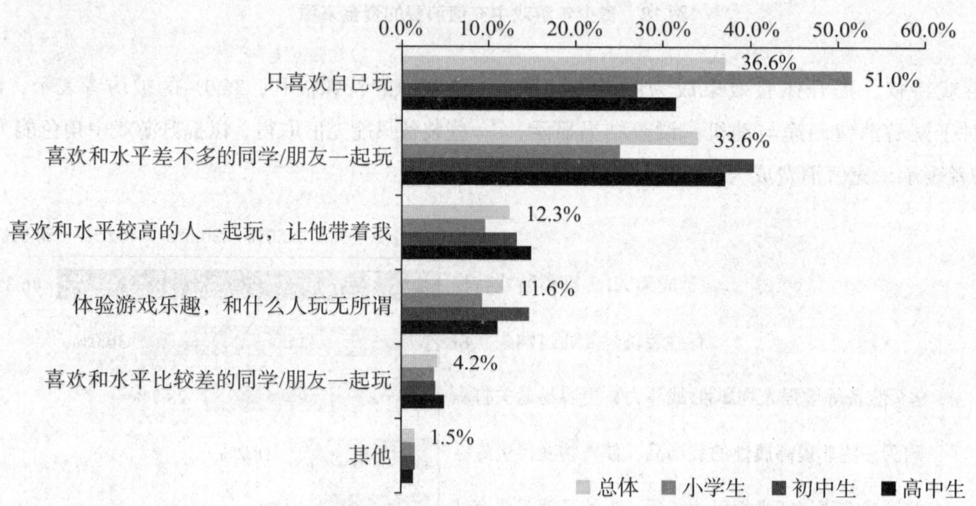

图21　青少年网游结伴组队情况

2.近七成被访者认为网游利弊“相当”。总体上，近七成青少年认为网游给自己学习和生活带来的正负面影响相当，另有认为“主要是负面影响”的比例比“主要是正面影响”的比例略高出4.1个百分点，其中初高中学龄的被访者认为网游给自己的学习和生活带来的“主要是负面影响”的比例明显高于“主要是正面影响”的情况更显著。

在对“正面影响”的态度和认知方面，认为网游“能够放松学业压力”“我更加容易获得快乐了”及“能够认识到新朋友”“促进和同学/朋友的交流”等的比例相对较高；而在对负面影响的态度和认知方面，认为“出门娱乐时间少了”“容易沉迷”“对身体不好，有些地方已经不太舒服了”等的比例相对较高。

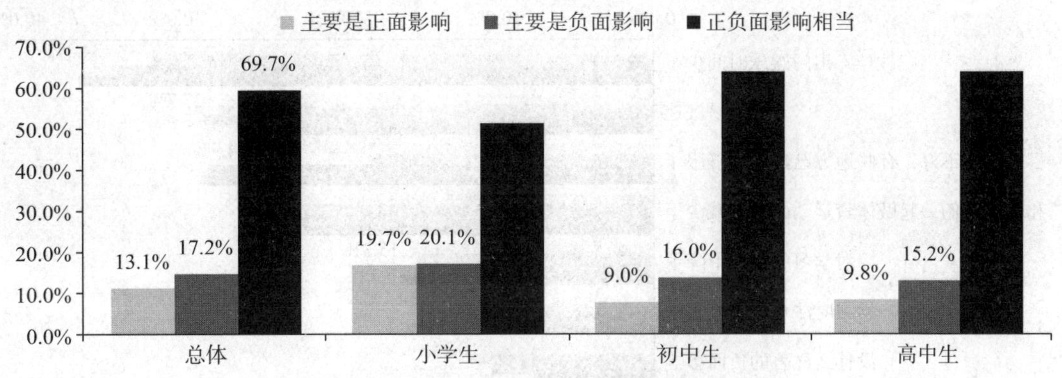

图22　青少年认为网游给学习和生活带来的影响

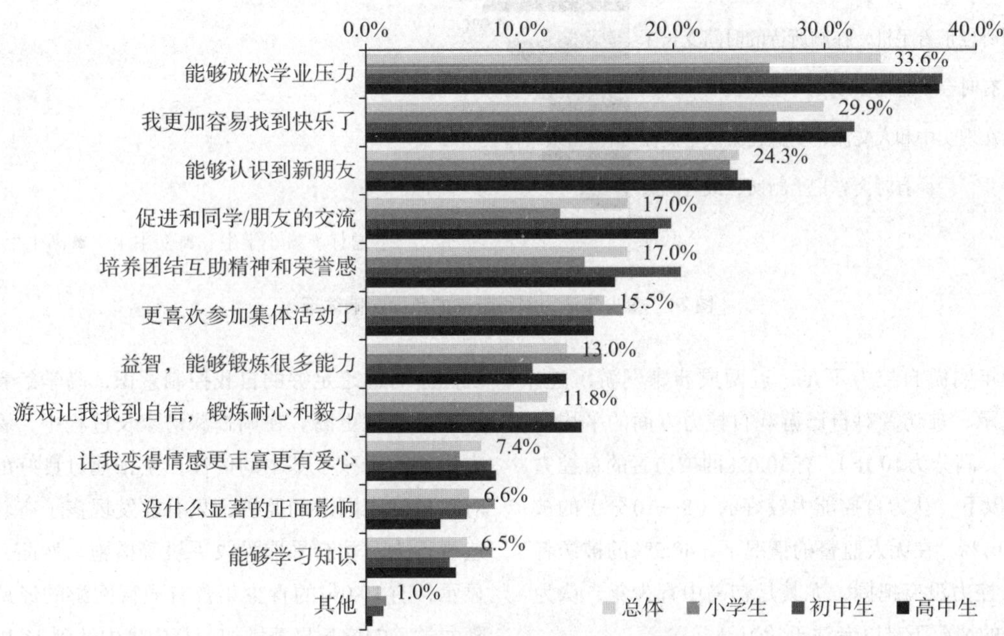

图23　青少年认为网游带来的正面影响体现

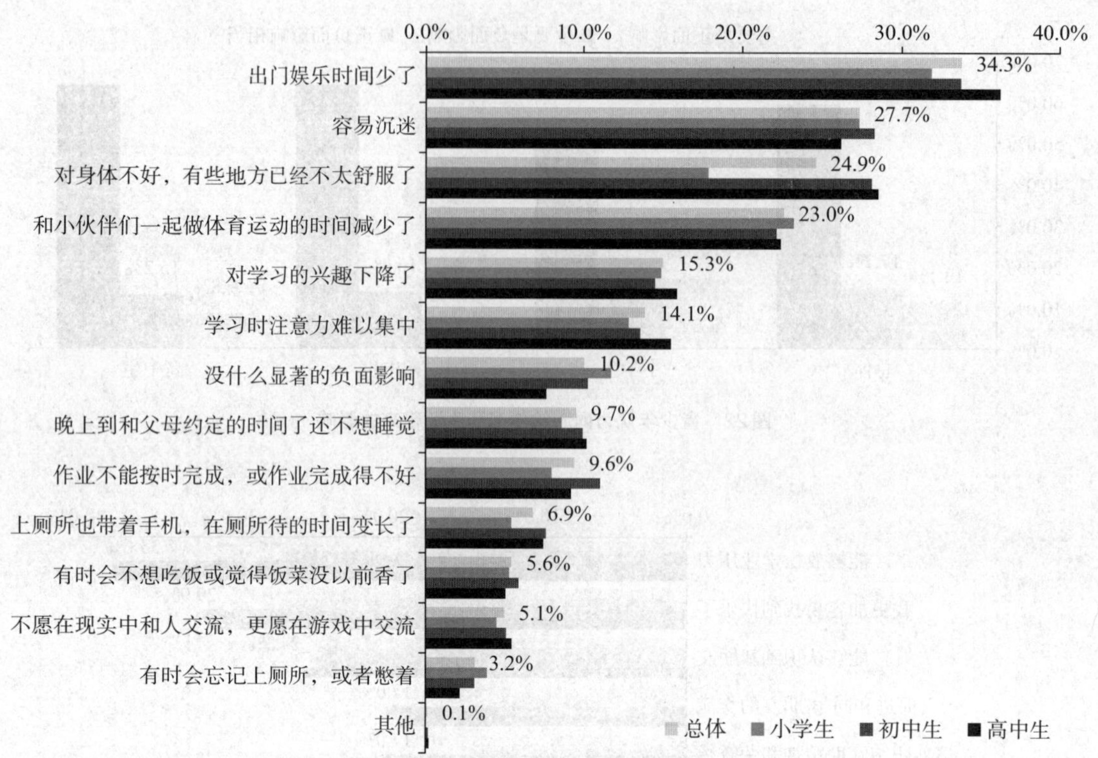

图24　青少年认为网络带来的负面影响体现

3.青少年网游自控力不足，近两成涉嫌网游沉迷。调查结果显示，被访者对自己游戏自控力方面的平均评分为6.44分（满分为10分），有30.6%的被访者的自控力评分在6分以下，认为自控能力较好的（8—10分）的被访者占比30.1%。在无人监督的情况下，40.2%的被访者对自己的自控力没有把握，尤其是初高中青少年，认为在缺乏监督的情况下难以专注于学习。

在控制游戏时长意识方面，有41.7%的被访者表示，玩网游时缺乏足够的自我控制意识，高学龄青少年沉迷游戏可能性更高。在调查深访家长过程中，家长们纷纷表示要给予孩子基本的信任，主张通过良好的沟通实现对孩子健康网游的监护，只有在发现孩子有较为严重的违规行为时才会采取没收手机等措施。然而，本次调查显示，有19.0%的青少年曾有通宵网游的经历，该比例随着学龄的增长显著增加，高中生中达到26.1%。

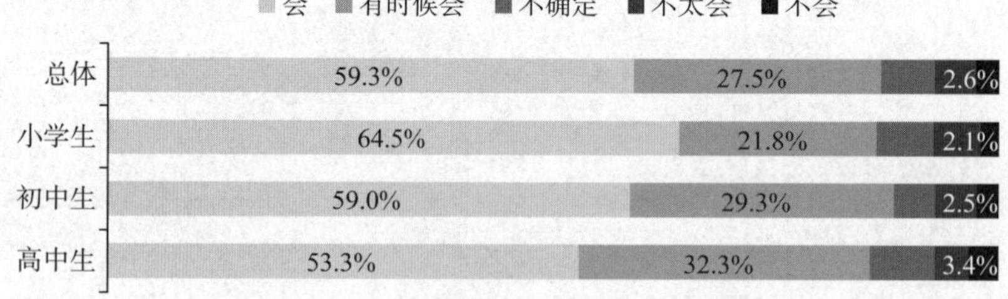

图25　青少年网游时控制游戏时长的自我意识

4.过半数的被访者难以遵守与家长的网游时长约定。调查结果显示，在非休息日期间，对于存在网游需求的孩子，家长一般与其约定相对较短的游戏时长，但只有45.2%的被访者表示能够完全遵守约定。对于不能遵守约定、自控力较差的孩子，49.6%的被访者反映，父母会以没收手机的方式进行强制管控，15.5%的被访者还因此与家长发生不同程度的冲突。

此外，调查还发现，当家长要求对网游账号进行监督时，各学龄段均有超过三成的被访者采取“上交小号，自己玩别的号”或“上交账号，换个游戏玩”等方式逃避监督。

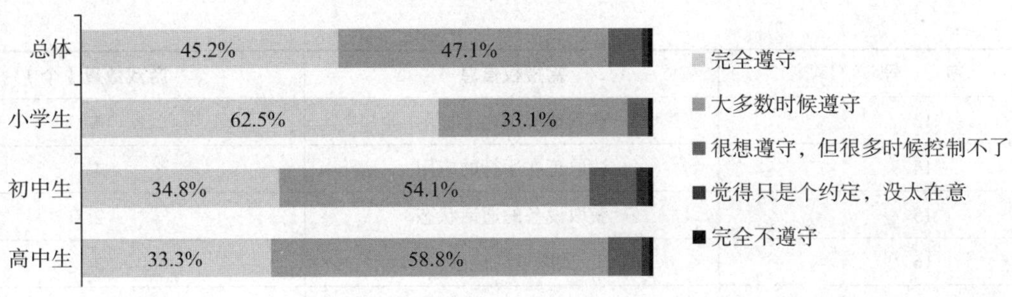

图26　青少年对家长约定遵守情况

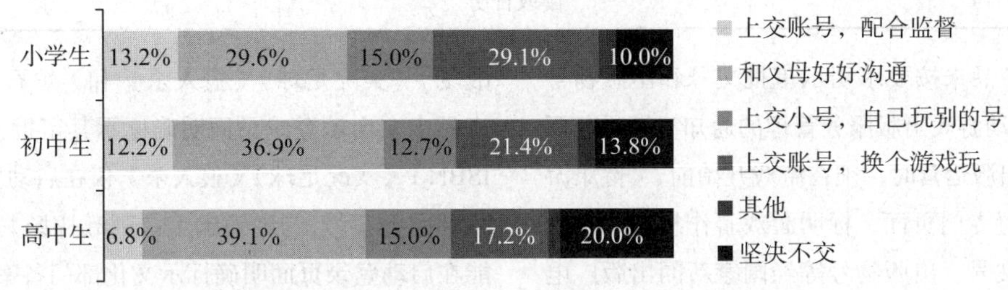

图27　青少年对家长要求监督游戏账号的应对措施

三、网游产品体验情况

（一）手游APP权限索取及出版物号明示情况

1.部分游戏涉嫌过度索取用户权限。《个人信息安全规范》要求，对个人信息的收集应有明确的目的，不得超出产品功能相关目的收集额外的个人信息。2019年3月1日，APP违法违规收集使用个人信息专项治理工作组发布的《APP违法违规收集使用个人信息自评估指南》提出，收集个人信息需明示收集目的、方式、范围。

调查体验发现，多数手机游戏软件在安装或启动时需要用户授权和游戏配置及功能相关的信息权限，如位置信息、设备识别码、存储卡的读/改/删、录制音视频、短信/电话功能的调用等。个别被测评手机游戏软件所需授权的个人信息与消费者通常理解的产品功能之间无明显关联，甚至明显超出合理范围，如获取“读取通话记录”和获取“读取日历”权限。

表1　游戏安装/启动时需授权的信息权限

序　　号	需授权信息	游戏数量（个）
1	位置信息	43
2	读取存储卡中的内容	30
3	修改或删除存储卡中的内容	21
4	设备识别码及状态	18
5	发送短信	17
6	修改系统设置	17
7	读取短信/彩信	16
8	拍摄照片和录制视频	16
9	拨打电话	14
10	录制音频	14
11	访问通讯录中联系人方式	10
12	查找设备上的账户	4

续表

序　　号	需授权信息	游戏数量（个）
13	在其他应用之上显示	4
14	读取正在运行的应用	4
15	获取设备的通话状态	2
16	读取通话记录	3
17	新建/修改/删除日历	1
18	推送通知消息	1
19	读取日历	1

2.少数网游产品未按要求明示审批文号和出版物号等信息。《关于移动游戏出版服务管理的通知》第八条要求移动游戏上网出版运营时，须在游戏开始前、《健康游戏忠告》后，设置专门页面，标明游戏著作权人、出版服务单位、批准文号、出版物号等经国家新闻出版广电总局批准的信息，并严格按照已批准的内容出版运营。

被测评的50款网游产品中，共有《绝地求生：刺激战场》《实况足球》《狼人杀》和《炉石传说》4款游戏产品未在启动登录页面明确标示其审批文号和出版物号ISBN；《实况足球》《狼人杀》仅在启动登录页面标示文化部门备案号，《绝地求生：刺激战场》《炉石传说》未能在启动登录页面明确标示文化部门备案号；此外，《实况足球》《狼人杀》和《炉石传说》等游戏产品还提供了充值消费功能。

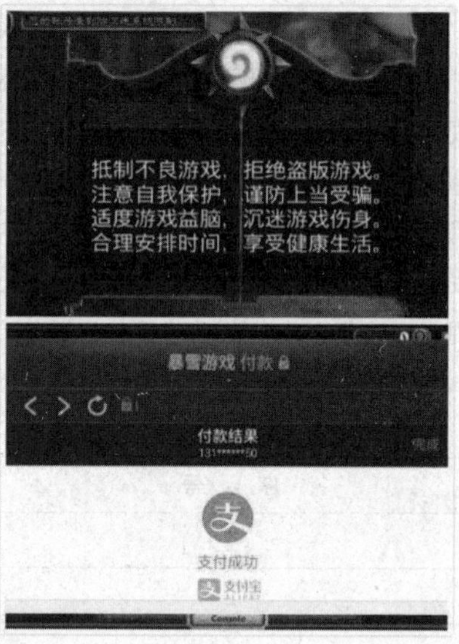

图28　游戏启动页面和消费页面截图

（二）网游实名制落实情况

1.强制实名游戏不足四成。《网络游戏管理暂行办法》明确要求，网络游戏企业应要求玩家使用有效身份证进行实名注册，并保存用户注册信息。50款游戏产品中有18款提供了用户登录模式，32款需要使用用户信息进行注册后才能使用。

实际体验发现：41款游戏产品启用了实名机制，验证的方式均为提供姓名、身份证号码和当前游戏账号绑定即可；9款没有体验到实名机制。在实名机制实现方式上，17款游戏产品在登录时强制用户实名，19款游戏在登录环节或账号管理/设置模块有实名功能但不强制用户验证，5款游戏仅在产生消费时才需进行实名验证。相关信息详见表2。

在强制实名的17款游戏产品中，《崩坏3》和《跳舞的线》等2款产品使用虚拟身份信息同样可以通过验证。

表2　实名验证功能及强制实名虚拟身份验证结果

实名制体验结果	数量	名　　称	备　　注
强制实名游戏	17款	《王者荣耀》《奇迹暖暖》《QQ飞车》《穿越火线》《枪战王者》《火影忍者》《欢乐斗地主》《QQ农场》《绝地求生》《刺激战场》《QQ炫舞》《炉石传说》《开心水果连连看2》《天天酷跑》《宫廷计》《崩坏3》《部落冲突》《跳舞的线》《天天爱消除》	《崩坏3》《跳舞的线》等2款使用虚拟身份信息仍能通过验证
非强制实名游戏	19款	《第五人格》《明日之后》《节奏大师》《迷你世界》《球球大作战》《阴阳师》《实况足球》《波克捕鱼》《狼人杀》《生死狙击》《开心跳一跳》《恋与制作人》《梦幻西游》《欢乐麻将》《弓箭手大作战》《倩女幽魂》《大话西游》《荒野行动》《楚留香》	
消费时要求实名游戏	5款	《我的世界》《植物大战僵尸2》《决战！平安京》《汤姆猫跑酷》《围城大作战》	
无实名游戏	9款	《开心消消乐》《皇室战争》《地铁跑酷》《三国杀》《NBA LIVE》《贪吃蛇大作战》《元气骑士》《钢琴块2》《保卫萝卜2》	

2.超1/3强制实名游戏未启用未成年人登录时段监护机制。《未成年人网络保护条例（送审稿）》第二十三条规定：网络游戏服务提供者应当建立完善预防未成年人沉迷网络游戏的游戏规则，对可能诱发未成年人沉迷网络游戏的游戏规则进行技术改造。网络游戏服务提供者应当按照国家有关规定和标准，采取技术措施，禁止未成年人接触不适宜其接触的游戏或游戏功能，限制未成年人连续使用游戏的时间和单日累计使用游戏的时间，禁止未成年人在0：00至8：00期间使用网络游戏服务。

17款强制实名的游戏产品中，10款对未成年人实施了登录时段保护，游戏宣称限制登录时间段均为21：00—次日8：00；但体验中发现《QQ飞车》《火影忍者》在21：00—21：59时段仍能成功登录游戏。《QQ农场》《炉石传说》等7款强制实名游戏未对未成年人登录时段设置保护权限。

表3　17款强制实名游戏时段登录监护机制实施情况

游戏名称	开发/运营企业	安卓版本号	登录时段保护
《王者荣耀》	深圳市腾讯计算机系统有限公司	1.43.1.6	限制21：00—次日8：00登录
《奇迹暖暖》	深圳市腾讯计算机系统有限公司	6.1.1（16）	限制21：00—次日8：00登录
《天天爱消除》	深圳市腾讯计算机系统有限公司	1.71.2.0Bui 1d41	限制21：00—次日8：00登录
《穿越火线：枪战王者》	深圳市腾讯计算机系统有限公司	1.0.60.0（280）	限制21：00—次日8：00登录
《欢乐斗地主》	深圳市腾讯计算机系统有限公司	6.091.002	限制21：00—次日8：00登录
《绝地求生：刺激战场》	腾讯科技（深圳）有限公司	0.13.5.7707	限制21：00—次日8：00登录
《QQ炫舞》	深圳市腾讯计算机系统有限公司	v2.0.2 Res v11.7	限制21：00—次日8：00登录
《天天酷跑》	深圳市腾讯计算机系统有限公司	1.0.62.0	限制21：00—次日8：00登录
《QQ飞车》	深圳市腾讯计算机系统有限公司	1.11.0.13296	限制22：00—次日8：00登录
《火影忍者》	深圳市腾讯计算机系统有限公司	1.31.18.4 0.122.17.0 6	限制22：00—次日8：00登录
《QQ农场》	深圳市腾讯计算机系统有限公司	3.5.16	21：00—次日8：00均可登录
《炉石传说》	上海网之易网络科技发展有限公司	13.2.29080	
《开心水果连连看2》	深圳市猎游科技有限公司	1.0.4	
《宫廷计》	苏州紫焰网络科技	1.2.3.17	
《崩坏3》	米哈游科技（上海）有限公司	2.9.0（190）	
《部落冲突》	北京昆仑乐享网络技术有限公司	11.185.15	
《跳舞的线》	北京猎豹网络科技有限公司	2.3.19.0	

图29 游戏登录时段提醒

3. 1/3强制实名游戏未启用防沉迷时长提醒及强制退出机制。根据《未成年人网络保护条例》第二十三条规定，网络游戏服务提供者应当按照国家有关规定和标准，采取技术措施，禁止未成年人接触不适宜其接触的游戏或游戏功能，限制未成年人连续使用游戏的时间和单日累计使用游戏的时间。

实际体验发现，17款强制实名游戏产品中，12款在使用未成年人身份实名登录后持续游戏的情况下出现过健康游戏提醒。《火影忍者》《节奏大师》等2款游戏在持续游戏3个半小时的过程中一直未出现健康游戏时长提醒信息。

使用12岁以下未成年人身份登录进行测试时，仅有10款在当日游戏时长累计1小时时出现了强制退出，使用13—17岁未成年人身份登录测试时，仅有同样10款出现了健康游戏时长提醒和累计游戏时长达2小时时强制退出。

表4 17款强制实名游戏防沉迷机制实施情况

游戏名称	开发/运营企业	版本号	12岁以下未成年人		13—17岁未成年人	
			时长提醒	强制退出	时长提醒	强制退出
《王者荣耀》	深圳市腾讯计算机系统有限公司	1.43.1.6	当日累计1小时	当日累计1小时	当日累计2小时	
《奇迹暖暖》	深圳市腾讯计算机系统有限公司	6.1.1（16）	当日累计1小时	当日累计1小时	当日累计1小时	当日累计2小时
《QQ飞车》	深圳市腾讯计算机系统有限公司	1.11.0.13296	当日累计1小时	当日累计1小时	当日累计1小时	当日累计2小时
《穿越火线：枪战王者》	深圳市腾讯计算机系统有限公司	1.0.60.0（280）	当日累计1小时	当日累计1小时	当日累计2小时	当日累计2小时
《天天酷跑》	深圳市腾讯计算机系统有限公司	1.0.62.0	当日累计1小时	当日累计1小时	当日累计2小时	当日累计2小时
《绝地求生：刺激战场》	腾讯科技（深圳）有限公司	0.13.5.7707	当日累计1小时	当日累计1小时	当日累计1小时	当日累计2小时
《QQ炫舞》	深圳市腾讯计算机系统有限公司	v2.0.2 Res v11.7	当日累计1小时	当日累计1小时	当日累计2小时	当日累计2小时
《天天爱消除》	深圳市腾讯计算机系统有限公司	1.71.2.0Build41	当日累计1小时	当日累计1小时	当日累计1小时	当日累计2小时

续表

<table>
<tr><th rowspan="2">游戏名称</th><th rowspan="2">开发/运营企业</th><th rowspan="2">版本号</th><th colspan="2">12岁以下未成年人</th><th colspan="2">13—17岁未成年人</th></tr>
<tr><th>时长提醒</th><th>强制退出</th><th>时长提醒</th><th>强制退出</th></tr>
<tr><td>《QQ农场》</td><td>深圳市腾讯计算机系统有限公司</td><td>3.5.16</td><td>本次连续2小时</td><td>无</td><td>无</td><td>无</td></tr>
<tr><td>《炉石传说》</td><td>上海网之易网络科技发展有限公司</td><td>13.2.29080</td><td>当日累计1小时</td><td>无</td><td>无</td><td>无</td></tr>
<tr><td>《欢乐斗地主》</td><td>深圳市腾讯计算机系统有限公司</td><td>6.091.002</td><td>当日累计1小时</td><td>当日累计1小时</td><td>当日累计1小时</td><td>当日累计2小时</td></tr>
<tr><td>《宫廷计》</td><td>苏州紫焰网络科技</td><td>1.2.3.17</td><td>当日累计1小时</td><td>当日累计3小时</td><td>当日累计1小时</td><td>当日累计3小时</td></tr>
<tr><td>《火影忍者》</td><td>深圳市腾讯计算机系统有限公司</td><td>1.31.18.4
0.122.17.0 6</td><td colspan="4" rowspan="5">未启用防沉迷监护机制</td></tr>
<tr><td>《开心水果连连看2》</td><td>深圳市猎游科技有限公司</td><td>1.0.4</td></tr>
<tr><td>《崩坏3》</td><td>米哈游科技（上海）有限公司</td><td>2.9.0（190）</td></tr>
<tr><td>《部落冲突》</td><td>北京昆仑乐享网络技术有限公司</td><td>11.185.15</td></tr>
<tr><td>《跳舞的线》</td><td>北京猎豹网络科技有限公司</td><td>2.3.19.0</td></tr>
</table>

体验还发现，使用同一个未成年人身份注册的账号登录《天天爱消除》（腾讯）被强制退出后，该身份仍可以成功登录同一公司的《绝地求生：刺激战场》（腾讯）继续游戏，反映出企业防沉迷机制还存在一定缺陷。在对青少年进行深入访谈中，他们表示，因为自己自控力不够，可以采取一些技术手段帮助自己加以约束。

（三）未成年人家长监护机制及游戏账号注销机制

1.部分游戏产品家长监护机制存在缺失。“网络游戏未成年人家长监护工程”是一项由政府部门指导、部分网络游戏企业共同发起并参与实施，旨在加强家长对未成年人参与网络游戏的监护，引导未成年人健康、绿色参与网络游戏，和谐家庭关系的社会性公益行动。该行动为家长进行未成年子女游戏监管提供了一种可行的办法，使家长纠正部分未成年子女沉迷游戏的行为成为可能。原文化部于2016年发布的《关于规范网络游戏运营加强事中事后监管工作的通知》明确要求，网络游戏运营企业应当严格落实“网络游戏未成年人家长监护工程”的有关规定，提倡网络游戏经营单位在落实“网络游戏未成年人家长监护工程”基础上，设置未成年用户消费限额，限定未成年用户游戏时间，并采取技术措施屏蔽不适宜未成年用户的场景和功能等。

实际体验发现，《开心消消乐》《皇室战争》等13款游戏产品官网未见提及家长监护服务的相关信息，《皇室战争》官网虽有“家长指南”但并未提供家长监护服务。在监护机制方面，腾讯出品的11款网络游戏（除《QQ农场》外）和巨人网络的《球球大作战》，家长可通过关注官方“成长守护”相关微信公众号自助开通超级家长监护功能；网易出品的12款和其他厂商的11款网络游戏，家长可通过官网、邮件或信件邮递方式提交申请，由平台协助提供监护服务；此外，《开心跳一跳》游戏/厂商未发现有官网。

表5　13款游戏官网未见提及成长监护相关信息

游戏名称	开发/运营企业	版本号
《开心消消乐》	乐元素科技（北京）股份有限公司	1.64
《皇室战争》	北京昆仑乐享网络技术有限公司	2.6.0
《三国杀》	杭州游卡网络技术有限公司	3.7.2.6
《植物大战僵尸2》	拓维信息系统股份有限公司	2.3.5

续表

游戏名称	开发/运营企业	版本号
《恋与制作人》	芜湖叠纸网络科技有限公司	1.4.1030
《崩坏3》	米哈游科技（上海）有限公司	2.9.0（190）
《部落冲突》	北京昆仑乐享网络技术有限公司	11.185.15
《博雅欢乐麻将》	深圳市东方博雅科技有限公司	3.7.4
《跳舞的线》	北京猎豹网络科技有限公司	2.3.19.0
《弓箭手大作战》	北京猎豹网络科技有限公司	1.4.0
《元气骑士》	广州市四三九九信息科技有限公司	2.0.1
《汤姆猫跑酷》	天津多酷紫桐科技	3.2.0.0
《钢琴块2》	北京金山网络科技有限公司	3.1.0.696

2.50款游戏产品均未见永久注销账号/删除的功能选项设置。根据《电子商务法》第二十四条规定，电子商务经营者应当明示用户信息查询、更正、删除以及用户注销的方式、程序，不得对用户信息查询、更正、删除以及用户注销设置不合理条件。电子商务经营者收到用户信息查询或者更正、删除的申请的，应当在核实身份后及时提供查询或者更正、删除用户信息。用户注销的，电子商务经营者应当立即删除该用户的信息；依照法律、行政法规的规定或者双方约定保存的，依照其规定。

我们根据实际体验发现，50款游戏产品的账号管理/设置模块/官方助手里均未见永久注销账号或删除的功能选项设置。

（四）其他问题

1.游戏中促销或登录激励信息弹窗现象较为普遍。50款游戏产品登录后，有20款弹窗推送了当前热卖或促销信息，14款弹窗提示登录激励信息。在用户退出当前游戏时，有3款均用弹窗形式提示用户再次登录会获得相应的激励或期待用户归来的信息。促销热卖信息往往在用户从游戏状态返回到游戏大厅时会反复弹窗呈现，缺乏自控力的青少年很容易被高频消费信息诱导产生消费。

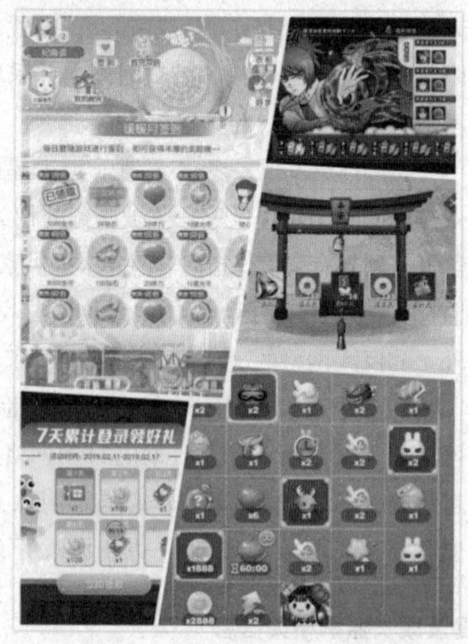

图30　登录激励及促销信息示例

2.部分游戏存在过度植入弹窗广告嫌疑。我们根据实际体验发现，11款游戏产品在体验过程中出现非当前游戏相关的弹窗广告，植入广告内容包括购物类、搜索类、生活服务类等软件程序推广信息，也包括一些家电品牌广告信息，还有一些为游戏产品和其他类别APP的推广广告信息等。其中，《开心跳一跳》在体验过程中累计弹出7个品牌的广告，《迷你世界》在体验过程中累计弹出5款游戏广告。

表6　11款游戏弹窗广告植入情况

游戏名称	开发/运营企业	安卓版本号	购物应用广告	其他游戏广告	交友应用广告	其他弹窗广告
《保卫萝卜2》	北京凯罗天下科技有限公司	3.0.0				饿了么、省钱快报、米读小说
《地铁跑酷》	深圳市创梦天地科技有限公司	2.89.0		绝地战机		料音、闪电盒子
《钢琴块2》	北京金山网络科技有限公司	3.1.0.696		竞猜世界杯		
《弓箭手大作战》	北京猎豹网络科技有限公司	1.4.0			闪电盒子	
《欢乐斗地主》	深圳市腾讯计算机系统有限公司	6.091.002			微鲤看看　理财	
《开心水果连连看2》	深圳市猎游科技有限公司	1.0.4		陌陌	58招聘、二手买卖、物流	
《开心跳一跳》	武汉指娱互动信息技术有限公司	2.36		香肠派对		百度，自如，海尔，美的，闪电盒子，58
《迷你世界》	深圳市迷你玩科技有限公司	0.32.2. 0h		一起玩捕鱼、汤姆猫跑酷、宾果消消消、奥特曼传奇		
《贪吃蛇大作战》	武汉微派网络科技有限公司	4.2.11		一品大宰相		米读小说
《汤姆猫跑酷》	天津多酷紫桐科技	3.2.0.0	淘宝、京东	屠龙单机		
《跳舞的线》	北京猎豹网络科技有限公司	2.3.19.0			闪电盒子	

3.部分游戏产品在运行过程中的画面覆盖时间显示问题。我们根据实际体验发现，部分游戏虽然显示了游戏累计时长，但在游戏运行过程中，游戏画面长时间覆盖时间显示，不便于未成年人用户自我控制游戏时长。如《波克捕鱼》运行中网游时间被游戏界面完全覆盖。

图31　《波克捕鱼》运行中游戏界面

四、主要发现与建议

我们根据调查体验发现，电子产品已高度渗透青少年日常的学习、娱乐及社交活动，广大青少年认识到频繁长时间使用电子产品危害视力健康，但一些家庭还未意识到从监护未成年人适度参与网游、健康使用电子产品着手保护视力的问题。当前游戏产品索取个人信息多、营销广告多，部分游戏落实实名制、家长监护机制不到位，在青少年缺乏足够自制力的情况下，家长难以有效监护。如果网游产品不通过技术手段进行预防性保护，不仅让青少年陷入较高的游戏沉迷风险，还损害其健康安全权益。为督促行业企业依法诚信经营，提供放心的网游产品和服务，推动游戏防沉迷与青少年近视防护工作社会共治，中国消费者协会提出如下意见和建议：

1.严格落实法律规定，打造清朗有序的网络空间。由于青少年的认知受限，加上自我控制能力、自主维权能力较弱，容易受到网络游戏和网络社交中的不良信息和不良行为的影响。从实际体验情况来看，青少年参与网游的情况较为普遍，初次接触电子产品和网络游戏呈现低龄化趋势。为此建议：一方面，要严格落实网络管理和网络游戏的相关法律规定，针对当前网络游戏发展特点和问题趋势，落实网络游戏实名制认证，完善网游分级管理机制，建立网络游戏信用评价机制，确保相关法律规定得以贯彻；另一方面，要强化执法监督，针对网络游戏和网络技术的发展特点和问题形式适时创新工作手段和督查技术，强化版权授权、内容审查、技术监测、消费者权益保护等监督力度，拓宽监督渠道和投诉受理方式，增进消费者参与意识，打造清朗有序的网络空间。

2.强化源头治理，落实网游产品开发经营者主体责任。从调查体验的情况来看，网游平台及经营者“管号不管人”的情况较为常见，一些游戏厂商提供的监护服务便捷度差、实施效果不理想。希望广大网游产品开发经营者：一是强化责任意识和边界意识，将消费者权益保护特别是未成年人权益保护置于优先位置，贯彻到企业发展、游戏产品设计和运营的全过程，并依照APP治理的有关规定做好软件自评和安全认证工作；二是主动优化网络游戏体验，净化网络游戏内容生态环境，确保游戏内容健康、运营安全、消费有序、规则合理、技术有保障、服务有回应；三是做好网络游戏平台规则治理，落实网游防沉迷相关措施，从账号登录、游戏时长、IP地址锁定、游戏内容权限等方面进行防护，特别要加强对未成年人的保护；四是建立消费者评价和反馈机制，尊重消费者意见和诉求，在日常运营和服务消费者方面充分考虑服务的可得性、便利性和有效性。

3.密切家庭与学校的互动交流，共筑网游防沉迷屏障。青少年阶段是健康视力养成的重要时期，从近视防控的角度来看，不要太早（应在3岁以上）把孩子送去幼儿园，应该多让孩子在户外活动，同时家长应以身作则，在孩子面前尽量少使用手机、电脑等电子产品，尽量避免学龄前儿童使用。当前，青少年面临着课程学业等压力，容易受到电子产品、网络游戏等方式的吸引，如果监督机制缺失或失灵，容易导致网游沉迷，更加减少了接触大自然的机会，不利于用眼健康。为此建议：一方面，学校要加强正向引导，在完成学业的基础上，通过各种教育方式培养青少年健康用眼、适度放松的学习休闲方式；家庭要营造良好的亲子关系，引导和培养孩子树立正确的网游消费观，选择防沉迷机制健全的游戏，并做好游戏账号管理和内容把关。另一方面，要加强家校互动，密切沟通合作，共同关爱和引导青少年用眼健康；及时做好监督敦促，共筑网游防沉迷屏障，维护青少年健康安全权益。

4.参与网游遵循合理适度原则，勿让网游耽误学业和健康。调查体验和深入访谈情况表明，青少年网游状况受到家长和长辈的影响较大，年龄段越低影响越大。家长和长辈在日常生活中应当做好表率，积极主动陪伴，形成良好的休闲娱乐方式。作为青少年，要自觉提高健康用眼意识，多参加户外活动，少接触网络游戏，切勿沉迷于网络游戏，以免危及视力健康。为此，建议一方面，尽量选用技术质量好、舒适度更好、视力友好型的电子设备，坚持健康用眼，注意适当休息，避免长时间、近距离、高强度地用于做作业、玩游戏、看视频，切勿沉迷于网游，影响学业和身心健康；另一方面，要定期对青少年使用的电脑或手机进行病毒查杀和账号保护，教育和引导青少年理性参与付费网游和充值消费，网游过程中如需支付相关费用，应当得到家长许可后支付，切勿私自进行大额网游消费。

附表 50款被调查体验手游APP名单

序号	游戏名称	开发/运营企业	分类	安卓版本号	广电部门审批文号	出版物号	文网备号
1	《王者荣耀》	深圳市腾讯计算机系统有限公司	对抗竞技	1.43.1.6	新广出审〔2017〕6712号	ISBN 978-7-7979-8408-9	文网游备字〔2016〕M-CSG 0059号
2	《绝地求生：刺激战场》	腾讯科技（深圳）有限公司	动作射击	0.13.5.7707	无	无	
3	《第五人格》	网易公司	对抗竞技	1.0.256338	新广出审〔2018〕1831号	ISBN 978-7-498-05161-5	文网游备字〔2018〕M-CSG 0590号
4	《穿越火线：枪战王者》	深圳市腾讯计算机系统有限公司	动作射击	1.0.60.0（280）	新广出审〔2017〕1948号	ISBN 978-7-7979-5443-3	文网游进字〔2016〕0031号
5	《QQ飞车》	深圳市腾讯计算机系统有限公司	体育竞速	1.11.0.13296	新广出审〔2017〕5377号	ISBN 978-7-7979-8888-9	文网游备字〔2017〕M-CSG 0080号
6	《开心消消乐》	乐元素科技（北京）股份有限公司	休闲益智	1.64	新广出审〔2014〕1407号	ISBN 978-7-900801-88-3	文网游备字〔2014〕M-CSG 120号
7	《我的世界》	网易游戏	休闲益智	1.11.5.56315	新广出审〔2017〕6708号	ISBN 978-7-7979-9971-7	文网游进字〔2017〕0074号（手游）
8	《明日之后》	网易（杭州）网络有限公司	角色扮演	391048.392075.399633	新广出审〔2018〕1700号	ISBN 978-7-498-05037-3	文网游备字〔2018〕M-RPG 1312号
9	《节奏大师》	深圳市腾讯计算机系统有限公司	音乐节奏	0-5-0-2.5.10.1	新广出审〔2017〕5367号	ISBN 978-7-7979-8879-7	文网游备字〔2015〕M-SNG 1153号
10	《奇迹暖暖》	深圳市腾讯计算机系统有限公司	养成类	6.1.1（16）	新广出审〔2017〕4154号	ISBN 978-7-7979-7519-3	文网游备字〔2015〕M-RPG 1202号
11	《迷你世界》	深圳市迷你玩科技有限公司	经营策略	0.32.2.0h	新广出审〔2016〕2549号/新广出审〔2017〕801号	ISBN 978-7-7979-9367-8	文网游备字〔2016〕M-CSG 1984号
12	《皇室战争》	北京昆仑乐享网络技术有限公司	棋牌桌游	2.6.0	新广出审〔2016〕396号	ISBN 978-7-89988-603-8	文网游进字〔2016〕0024号
13	《欢乐斗地主》	深圳市腾讯计算机系统有限公司	棋牌桌游	6.091.002	新广出审〔2017〕5360号	ISBN 978-7-7979-8873-5	文网游备字〔2016〕M-CBG 0247号
14	《炉石传说》	上海网之易网络科技发展有限公司	棋牌桌游	13.2.29080	新出审字〔2013〕1510号	无	文网游进字〔2013〕029号
15	《阴阳师》	网易（杭州）网络有限公司	角色扮演	1.0.3928.387581	新广出审〔2017〕6710号	ISBN 978-7-7979-9973-1	文网游备字〔2016〕M-RPG 4708号
16	《QQ农场》	深圳市腾讯计算机系统有限公司	养成类	3.5.16	新广出审〔2017〕827号	ISBN 978-7-7979-4275-1	文网游备字〔2016〕M-CSG 6826号
17	《QQ炫舞》	深圳市腾讯计算机系统有限公司	音乐节奏	v2.0.2 Res v11.7	新广出审〔2017〕5557号	ISBN 978-7-7979-8719-6	文网游备字〔2016〕M-CSG 6748号
18	《地铁跑酷》	深圳市创梦天地科技有限公司	体育竞速	2.89.0	新广出审〔2016〕1378号	ISBN 978-7-7979-0242-7	文网游进字〔2017〕0010号
19	《球球大作战》	上海巨人网络科技有限公司	休闲益智	V10.0.0	新广出审〔2015〕1312号	ISBN 978-7-89988-482-9	文网游备字〔2015〕M-CSG 0870号
20	《梦幻西游》	网易（杭州）网络有限公司	角色扮演	1.215.0	新广出审〔2017〕830号	ISBN 978-7-7979-4278-2	文网游备字〔2015〕M-RPG 1055号
21	《波克捕鱼》	赛韵网络科技（上海）有限公司	休闲益智	5.02	新广出审〔2016〕973号	ISBN 978-7-89988-822-3	文网游备字〔2016〕M-CSG 6055号
22	《火影忍者》	深圳市腾讯计算机系统有限公司	动作射击	1.31.18.4 0.122.17.0 6	新广出审〔2017〕5565号	ISBN 978-7-7979-8725-7	文网游备字〔2016〕0035号
23	《贪吃蛇大作战》	武汉微派网络科技有限公司	休闲益智	4.2.11	新广出审〔2017〕7905号	ISBN 978-7-7979-1836-7	文网游备字〔2017〕M-CSG 0683号

续表

序号	游戏名称	开发/运营企业	分类	安卓版本号	广电部门审批文号	出版物号	文网备号
24	《崩坏3》	米哈游科技（上海）有限公司	角色扮演	2.9.0（190）	新广出审〔2016〕961号	ISBN 978-7-89988-810-0	文网游备字〔2016〕M-CSG 1344号
25	《部落冲突》	北京昆仑乐享网络技术有限公司	经营策略	11.185.15	新广出审〔2015〕1084号	ISBN 978-7-89988-438-6	文网游进字〔2015〕0062号
26	《元气骑士》	广州市四三九九信息科技有限公司	动作射击	2.0.1	新广出审〔2017〕2998号	ISBN 978-7-7979-6404-3	文网游备字〔2017〕M-CSG 0477号
27	《植物大战僵尸2》	拓维信息系统股份有限公司	休闲益智	2.3.5	新广出审〔2013〕1509号	ISBN 978-7-89989-834-5	文网游进字〔2014〕019号
28	《宫廷计》	苏州紫焰网络科技有限公司	角色扮演	1.2.3.17	新广出审〔2017〕8857号	ISBN 978-7-498-01815-1	文网游备字〔2017〕M-RPG 1592号
29	《钢琴块2》	北京金山网络科技有限公司	休闲益智	3.1.0.696	新广出审〔2016〕157号	ISBN 978-7-89457-380-3	文网游备字〔2016〕M-CSG 0603号
30	《实况足球》	广州网易计算机系统有限公司	体育竞速	2.7.0	无	无	文网游进字〔2018〕0057号
31	《荒野行动》	杭州网易雷火科技有限公司	动作射击	1.217.427386	新广出审〔2017〕9538号	ISBN 978-7-498-02317-9	文网游备字〔2017〕M-CSG 2555
32	《天天酷跑》	深圳市腾讯计算机系统有限公司	体育竞速	1.0.62.0	新广出审〔2017〕1949号	ISBN 978-7-7979-5444-0	文网游备字〔2015〕M-CSG 1183号
33	《天天爱消除》	深圳市腾讯计算机系统有限公司	休闲益智	1.71.2.0Build41	新广出审〔2016〕3330号	ISBN 978-7-7979-2477-1	文网游备字〔2015〕M-CSG 1192号
34	《三国杀》	杭州游卡网络技术有限公司	棋牌桌游	3.7.2.6	新广出审〔2016〕775号	ISBN 978-7-89988-698-4	文网游备字〔2015〕M-CSG 0894号
35	《开心水果连连看2》	深圳市猎游科技有限公司	休闲益智	1.0.4	新广出审〔2017〕6013号	ISBN 978-7-7979-9145-2	文网游备字〔2017〕M-CSG 1540号
36	《恋与制作人》	芜湖叠纸网络科技有限公司	经营策略	1.4.1030	新广出审〔2017〕8847号	ISBN 978-7-498-01805-2	文网游备字〔2017〕M-RPG 1512号
37	《决战！平安京》	网易（杭州）网络有限公司	经营策略	1.33.584	新广出审〔2017〕8776号	ISBN 978-7-498-01734-5	文网游备字〔2017〕M-RPG 1964号
38	《开心跳一跳》	武汉指娱互动信息技术有限公司	休闲益智	2.36	新广出审〔2018〕1279号	ISBN 978-7-498-04647-5	文网游备字〔2018〕M-CSG 0360号
39	《倩女幽魂》	杭州网易雷火科技有限公司	角色扮演	1.36.5828.6	新广出审〔2017〕1354号	ISBN 978-7-7979-4919-4	文网游备字〔2016〕M-RPG 1694号
40	《狼人杀》	上海娱公竞宇网络有限公司	棋牌桌游	2.5.5.1	无	无	文网游备字〔2018〕M-SNG 0013号
41	《跳舞的线》	北京猎豹网络科技有限公司	休闲益智	2.3.19.0	新广出审〔2017〕7113号	ISBN 978-7-498-00187-0	文网游备字〔2017〕M-CSG 2090号
42	《NBA LIVE》	天津英雄互娱科技有限公司	体育竞速	3.3.04	新广出审〔2017〕4137号	ISBN 978-7-7979-7595-7	文网游进字〔2017〕0062号
43	《弓箭手大作战》	北京猎豹网络科技有限公司	休闲益智	1.4.0	新广出审〔2017〕2675号	ISBN 978-7-7979-6105-9	文网游备字〔2017〕M-CSG 0676号
44	《生死狙击》	浙江无端科技股份有限公司	动作射击	3.0.4	新广出审〔2016〕1425号	ISBN 978-7-7979-0194-9	文网游备字〔2016〕M-CSG 4571号
45	《保卫萝卜2》	北京凯罗天下科技有限公司	休闲益智	3.0.0	新广出审〔2014〕1509号	ISBN 978-7-89466-607-9	文网游备字〔2014〕M-SLG 102号
46	《楚留香》	网易（杭州）网络有限公司	角色扮演	1.3.1.163a	新广出审〔2017〕5577号	ISBN 978-7-7979-8735-6	文网游备字〔2017〕M-RPG 1103号
47	《汤姆猫跑酷》	天津多酷紫桐科技有限公司	体育竞速	3.2.0.0	新广出审〔2017〕807号	ISBN 978-7-7979-4255-3	文网游进字〔2017〕0012号

续表

序号	游戏名称	开发/运营企业	分类	安卓版本号	广电部门审批文号	出版物号	文网备号
48	《博雅欢乐麻将》	深圳市东方博雅科技有限公司	棋牌桌游	3.7.4	新广出审〔2016〕39号	ISBN 978-7-89988-529-1	文网游备字［2016］M-CBG 0723号
49	《围城大作战》	北京乐聚互娱科技有限公司	休闲益智	1.7.6.1	新广出审〔2017〕3045号	ISBN 978-7-7979-6451-7	文网游备字［2017］M-CSG 0504号
50	《大话西游》	网易（杭州）网络有限公司	角色扮演	1.1.169	新广出审〔2017〕809号	ISBN 978-7-7979-4257-7	文网游备字［2015］M-RPG 1154

注：采集信息均来源于被测评游戏软件登录页面或官方网站。

国内部分住宅小区物业服务调查体验报告

中国消费者协会

（2019年11月）

住宅小区也称“居住小区”，是按照城市统一规划、建设达到一定规模、基础设施配套齐全、已建成并投入使用的相对封闭、独立的住宅群体或住宅区域。住宅小区一般配备可满足居民日常生活需要的基层专业服务设施和管理机构。从社会消费来看，住宅既是人们最基本的生活资料，又是使用时间长、价值量大的商品，住宅小区物业服务质量直接关系到消费者的获得感、幸福感、安全感，也是反映城市经济社会建设发展水平的重要因素。

为贯彻落实中共中央、国务院《关于完善促进消费体制机制　进一步激发居民消费潜力的若干意见》有关“加强消费领域信用体系建设”“营造重视消费者权益保护的良好氛围”等要求，中国消费者协会（以下简称中消协）聚焦民生服务领域，联动各地消协组织，于2019年7—8月组织消费维权志愿者和专业调查人员开展住宅小区物业服务调查体验活动。调查体验分为实地体验式调查和消费者满意度调查2种方式。实地体验式调查中，消费维权志愿者和专业调查人员以普通消费者身份，实地体验住宅小区物业服务各环节的状况，并对住宅小区物业服务状况进行评价。实地体验内容包括住宅小区物业服务的设施设备管理、秩序管理、环境管理和客户服务管理等[①]。消费者满意度调查，是由调查人员随机拦截小区居民进行问卷调查，了解消费者对于本小区物业服务各环节满意情况，同时反映小区居民对物业服务改进的意见与建议。

按照为住宅小区提供服务的原物业管理企业资质等级，本次调查体验随机选取了全国36个城市（直辖市、计划单列市、省会城市）的148个住宅小区（详细名单见附件）进行体验式调查，调查体验还配套完成了消费者满意度调查有效样本4320个。在148个住宅小区中，按照2017年行业口径，标称“一级”物业资质的企业所服务的住宅小区有40个，标称“二级”物业资质的企业服务的住宅小区有72个，标称“三级”物业资质的企业服务的住宅小区有36个。此外，中消协通过组织专家座谈会和部分城市消费者代表座谈会的形式对物业服务中的相关问题进行了研讨与意见征集。

一、物业服务调查体验总体情况

从物业服务调查体验总体情况来看，本次物业服务实地体验评价和消费者满意度调查得分均处于及格水平，在设备设施管理、秩序维护管理、环境卫生管理和客户服务管理等服务环节存在较多问题。

（一）消费者满意度调查得分和实地体验得分均处于及格水平[②]

1.物业服务消费者满意度综合得分为62.59分[③]。从调查数据来看，住宅小区物业服务综合满意度得分为62.59分，处于及格水平。从各细项指标来看，“保洁服务”得分仅为57.34分，排名最靠后；排名倒数第二的是“环卫服务”，得分为60.29分（详见图1）。

---

① 在本次调查体验中，设施设备管理体验侧重于住宅小区的指示牌/标识、休闲娱乐设施、公共照明、消防设备、电表电箱、电梯、墙体地面等状态；秩序管理体验侧重于违规停车、占道经营以及门禁管理等情况；环境管理体验侧重于垃圾清运、卫生清洁、杂物堆放、小区绿化等情况；客户服务管理则包括小区物业工作人员的服务态度、工作状态以及穿衣着装等情况。

② 本报告对数据的分析采用百分制评价：90—100分为优，80—90分为良，70—80分为中，60—70分为及格，60分以下为不及格。

③ 本调查报告对数据的分析采用百分制评价：90—100分为优，80—90分为良，70—80分为中，60—70分为及格，60分以下为不及格。

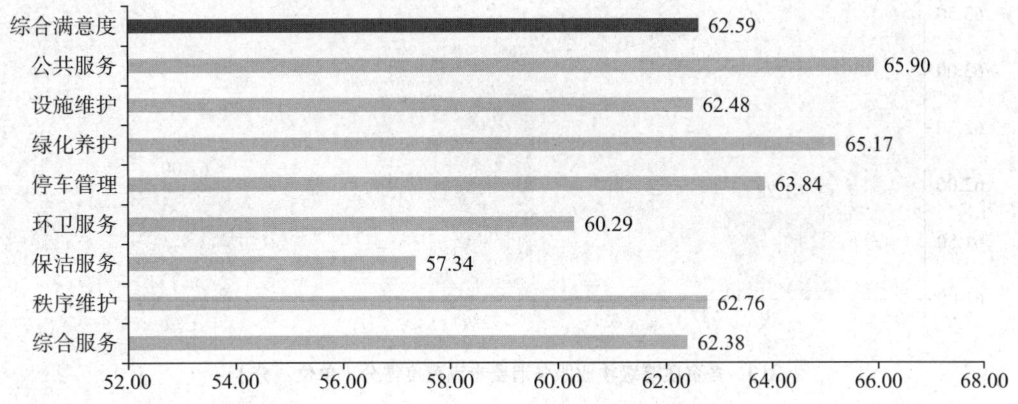

图1　住宅小区物业服务消费者满意度得分明细图（单位：分）

2. 住宅小区物业服务实地体验评价得分为65.14分。实地体验了物业服务中的设备设施管理、秩序管理、环境管理和客服服务管理4个服务模块。综合各服务模块实地测评情况，本次住宅小区物业服务最终得分为65.14分，整体处于及格水平。从各个管理环节得分来看，设备设施管理得分为84.70分，相对较高；环境管理得分为64.89分，处于及格水平；秩序管理和客户服务管理相对较低，分别为59.35分和54.47分，处于不及格水平①。其中，客户服务管理环节问题相对突出，为本次体验式调查发现相对薄弱环节（详见图2）。

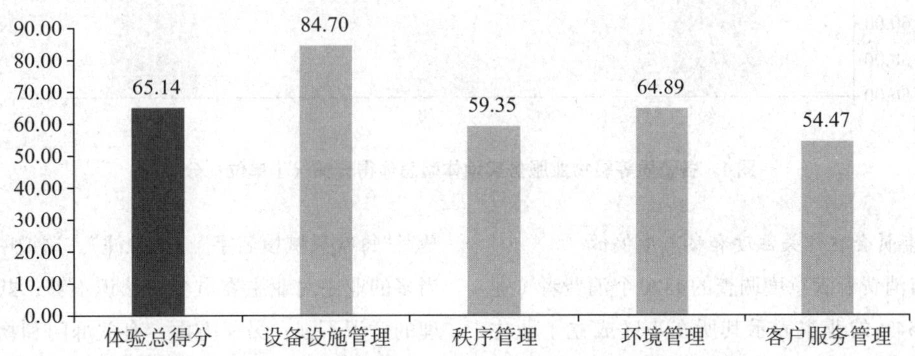

图2　住宅小区物业服务各服务模块得分明细图（单位：分）

（二）不同资质物业企业服务消费者满意度调查得分和实地体验得分无明显差异

1. 不同资质物业企业服务消费者满意度调查得分均较低。消费者满意度调查结果显示：二级资质物业企业所服务的住宅小区消费者满意度调查得分相对略高，为63.25分；其次是得分为62.00分的三级资质物业企业所服务的住宅小区；一级物业管理资质的物业企业所服务的住宅小区消费者满意度得分为61.78分，在各级别中得分相对较低，说明物业服务实际质量与消费者期望值差异较大（详见图3）。

① 体验得分：是指对住宅小区物业服务的设备设施管理、秩序管理、环境管理、客户服务管理等内容进行实地体验后得出的最终总得分；一级/二级/三级物业资质住宅小区整体情况得分：是指对标称具有国家一级/二级/三级物业管理资质的物业服务企业所管辖的住宅小区的物业服务的设备设施管理、秩序管理、环境管理、客户服务管理等各环节内容进行体验后的得分；设备设施管理/秩序管理/环境管理/客户服务管理得分：是指对住宅小区物业服务中的设备设施/秩序/环境/客户服务管理分别体验后的得分。

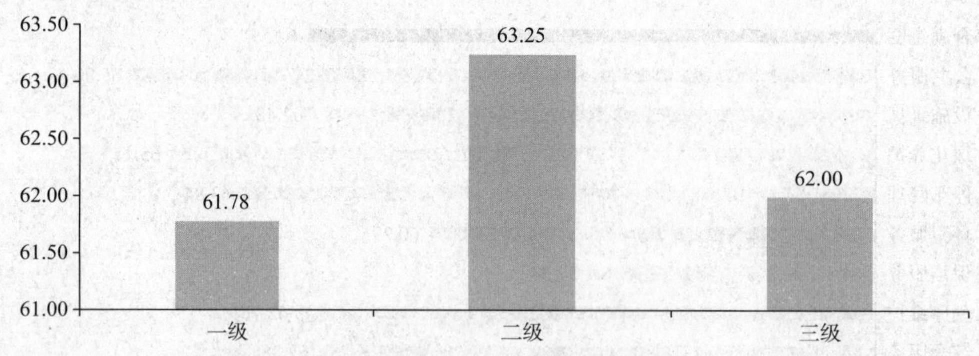

图3　各资质等级物业服务消费者满意度得分（单位：分）

2.不同资质物业服务住宅小区实地体验得分均较低。实地调查体验发现，具备一级物业管理资质的物业企业所服务的住宅小区实地体验得分为66.62分，在各级别中得分相对较高；其次是三级资质物业企业所服务的住宅小区，得分为65.33分；二级资质物业企业所服务的住宅小区得分相对较低，为60.74分（详见图4）。

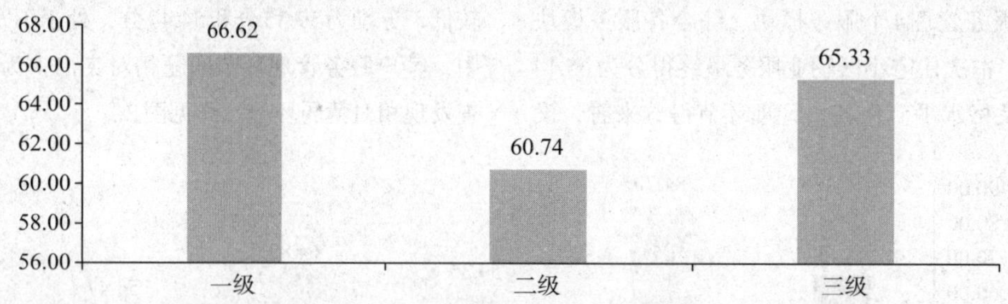

图4　各资质等级物业服务实地体验总体得分情况（单位：分）

（三）业主委员会运作关注度和参与度偏低

在本次参与消费者满意度调查的4320个消费者（业主）中，有25.54%的业主表示其所在小区成立了业主委员会，23.12%的业主表示所在小区尚未成立业主委员会，而有51.34%的业主表示并不关心是否成立了业主委员会。不少受访业主表示对业委会的选举程序“不清楚”“每次只喊填名字”“不关注”。这说明，一方面，相当多的业主对业主委员会的认识不够，共同参与小区治理的意识不强；另一方面，有关部门和物业服务企业对业主委员会建设的重视程度不够，业主合法权益和正当利益难以得到有效保障。

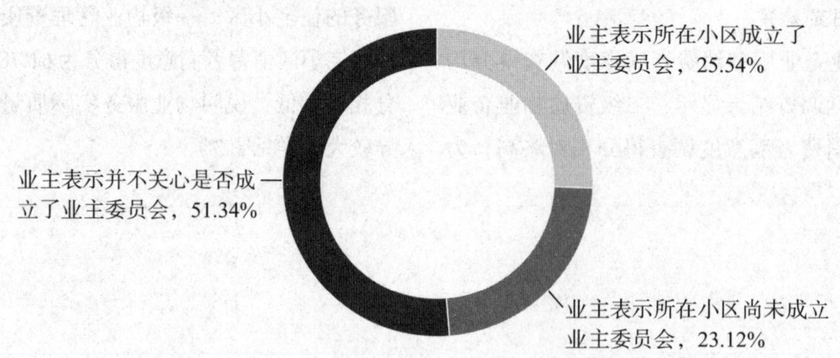

图5　业主对所在小区是否成立业主委员会的态度

二、物业服务消费者满意度调查情况

本次物业服务消费者满意度调查分综合服务、秩序维护、环卫保洁服务、设施设备维修养护、绿化养护、停车管理与收费、公共服务满意度七个服务方面进行。从调查结果来看，被调查业主对住宅小区物业服务满意度综合评价处于及格水平，各项服务均有短板。

1.信息公示力度有待加强。针对综合服务方面的调查结果表明，在所调查的住宅小区中，约七成被调查业主对小区客户服务较满意；但约有一成业主认为信息公示不全面。根据专家和消费者代表在座谈会上的反映，在信息公示中，很少见到有关物业服务收入支出情况的信息，一些属于住宅小区的公共区域明显有经营性收入，但业主难以具体了解相关情况。

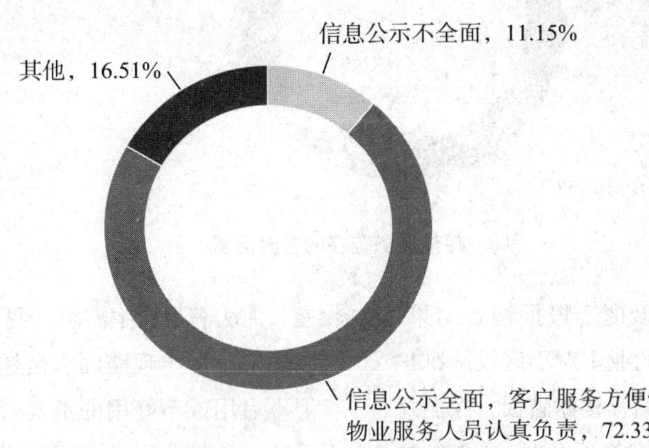

图6　客户服务存在的主要问题

2.乱养宠物亟须整治。根据调查结果，在所调查的住宅小区中，40.46%的业主对小区秩序维护服务较满意；18.15%的业主认为小区对于小区业主养宠物没有约束，导致业主乱养宠物；9.45%的业主认为小区机动车管理混乱，居民无法正常停车；6.58%的业主认为小区楼宇门禁失效，未实行封闭管理，外来车辆和人员可以随意进入。消费者代表在座谈会上反映，住宅小区饲养大型宠物犬情况并不少见，遛狗不系绳、放任宠物便溺等情况较多，小区卫生安全受到影响。

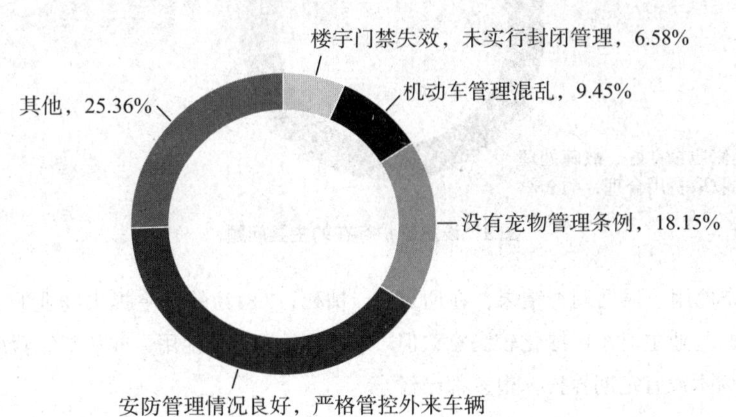

图7　秩序维护服务存在的主要问题

3.垃圾分类须大力推广。根据调查结果，在所调查的住宅小区中，67.34%的业主对小区保洁服务较满意；但14.97%的业主认为垃圾清运不及时，无法日产日清；7.02%的业主认为小区卫生不按时打扫，小区内经常能看到杂物。根据消费者代表在座谈会上的反映，目前小区内普遍缺少垃圾分类设施，各类垃圾混合清运的情况较为普遍，不仅浪费资源，还会对环境保护造成压力，希望从设施配置和消费者教育两头抓，推动垃圾分类，实现垃圾日产日清，共建良好小区环境。

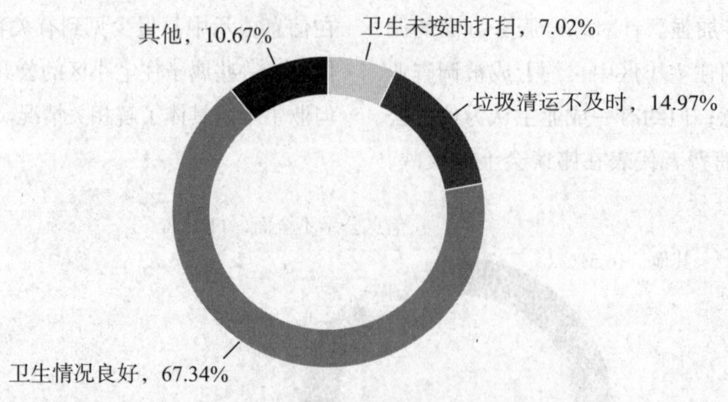

图8 保洁服务存在的主要问题

4.部分设施设备维修养护不及时。根据调查结果，在所调查的住宅小区中，62.36%的业主对小区设施维护较满意；但16.74%的业主认为道路、楼体破损，保温材料裸露，电梯、路灯等运行故障维修不及时；5.80%的业主认为水系、广场、健身场所等重点区域未设立警示标识，存在安全风险；5.10%的业主认为工程维修质量较差，无法满足业主需求。我们在调查体验过程中发现，一些住宅小区出现路面、楼梯破损等情况，不少设施虽有但不启用或不好用的情况较多。消费者代表在座谈会上反映，向物业服务公司报修后，维修保养拖拉，服务不到位的情况较为突出。

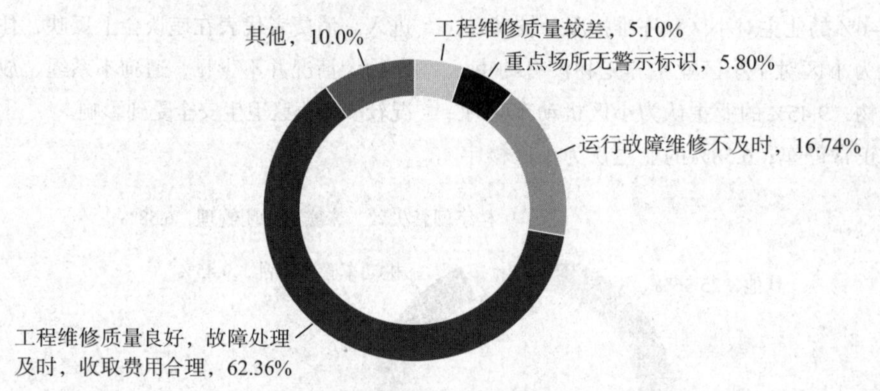

图9 设施维护存在的主要问题

5.部分绿化区域挪作他用。根据调查结果，在所调查的住宅小区中，75.36%的业主对小区绿化较满意；但12.19%的业主认为花草树木没有定期养护，很多都已经枯死；7.81%的业主提出物业服务企业将本为小区内的绿地长期挪作他用，或从事经营活动，或改为其他用途。

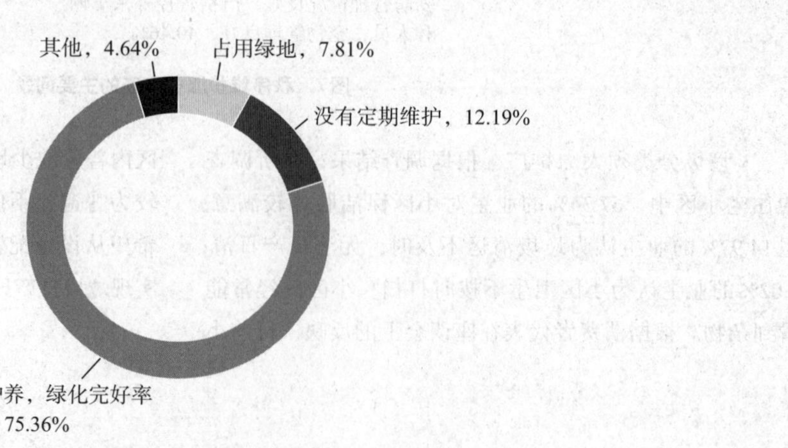

图10 小区绿化存在的主要问题

6.车辆无序停放问题多见。根据调查结果，在所调查的住宅小区中，56.14%的业主对小区停车管理较满意；但12.31%的业主认为固定停车位不足，车辆停放混乱；6.28%的业主认为外来车辆可随意进出，存在安全隐患。消费者代表在座谈会上反映，车位不足不应成为停车秩序混乱的借口，认为物业服务公司有责任对车辆停放情况进行管理，纠正乱停放行为，保证消防通道畅通和小区车辆有序通行。

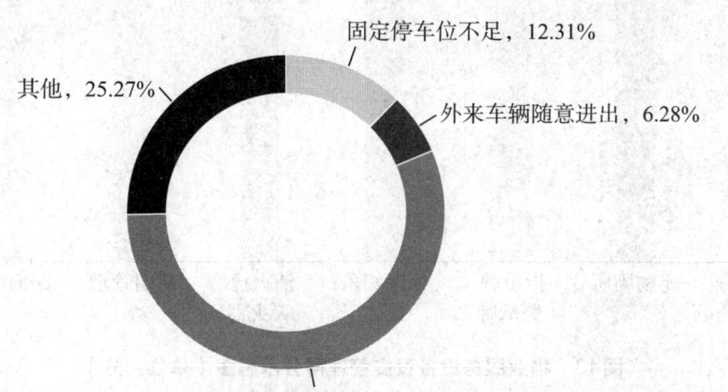

图11　停车管理存在的主要问题

7.安全提示服务仍需加强。根据调查结果，在所调查的住宅小区中，66.47%的业主对小区公共服务较满意；但10.51%的业主认为节假日提示、特殊天气预警未及时发布，不进行安全知识宣传；9.61%的业主提出小区从未组织开展文化活动。专家在座谈会上指出，小区作为居民日常生活场所，可以承担起更多服务居民的工作，尤其在安全知识普及、日常生活提示、消费者教育、基层社会治理等方面发挥更大的作用。

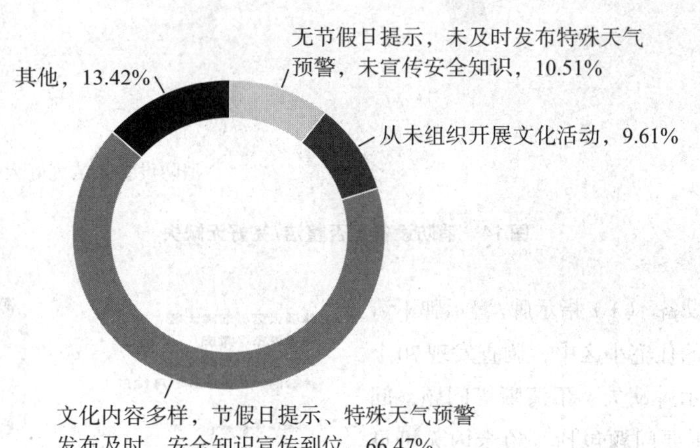

图12　公共服务存在的主要问题

三、物业服务体验式调查情况

本次实地体验分为设备设施管理、秩序管理、环境管理、客户服务管理4个服务模块，各服务模块的体验情况如下：

（一）设备设施管理得分为84.70分，总体处于良好水平

实地体验结果显示，住宅小区物业服务设备设施整体得分为84.70分，处于良好水平。在细项指标中，“消火栓/灭火器”指标得分较低，为68.93分，处于及格水平，“电梯”“宠物厕所”指标得分较高，分别为98.41分和100分（详见图13）。

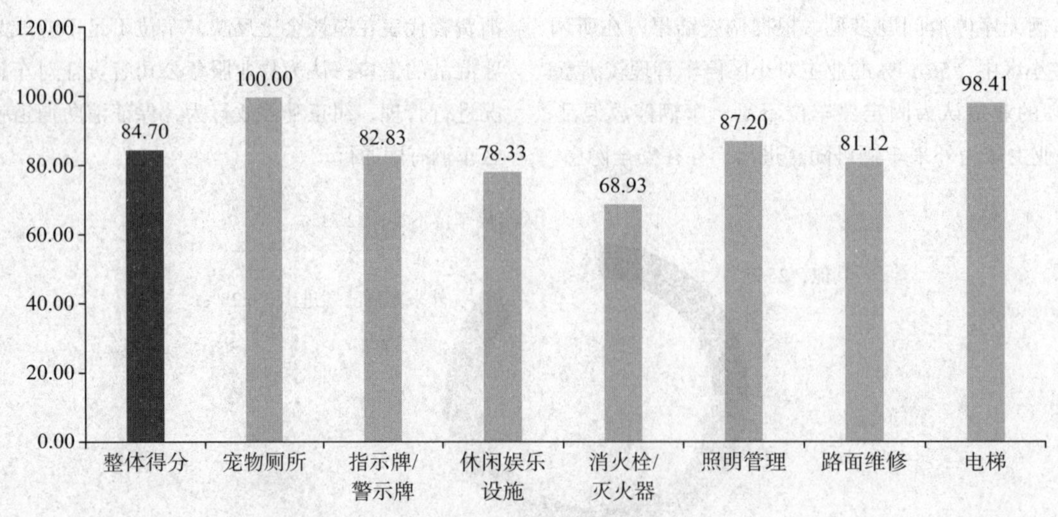

图13 物业服务设备设施管理得分示意图（单位：分）

从消防设备配备及检视情况来看，“消防设备整洁完好无缺失”占77%，“有消防设备但不整洁完好”占14%，“没有消防设备”占9%。

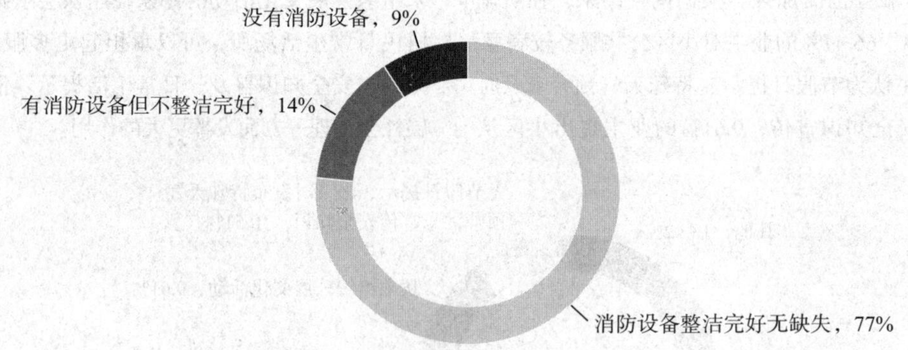

图14 消防设备是否整洁/完好无缺失

1.关于小区基础设施设备。（1）指示牌/警示牌不清晰问题。在148个被体验的住宅小区中，调查发现70个住宅小区存在指示牌/警示牌缺失、不清晰等问题，问题发生率为47.30%，其主要问题包括“50米内无可见标识”“楼层紧急出口无清晰指示”“水景未配置风险警示”等。例如青海西宁在水一方小区、山东青岛湖光山色小区、重庆青河世家小区等。

体验大区：西北大区
体验城市：青海西宁
小区名称：在水一方
体验时间：2019年7月25日

描述：该小区某公共水池未设置安全提示，也未采取安装隔离带或警示带等安全防护设施，容易发生危险。水池、泳池周围应当采取相应安全防护措施，设置安全警示标识，做好安全宣传工作。

图15 西北大区指示牌/警示牌缺失

体验大区：西南大区
体验城市：重庆
小区名称：青河世家
体验时间：2019年7月16日

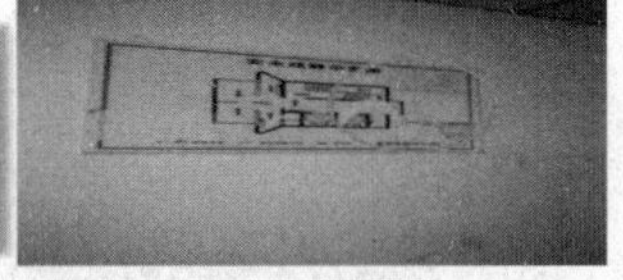

描述：该小区某楼层墙面张贴的安全疏散示意图一角破损，图上有污渍，内容不清晰。

体验大区：华东大区
体验城市：山东青岛
小区名称：湖光山色
体验时间：2019年7月17日

描述：该小区某出入口的指示路牌严重老化、破损，铁皮掉落、铁锈斑驳，路牌文字内容不清晰，未能及时修护，难以发挥指示作用。

图16 西南大区和华东大区指示牌/警示牌缺失

（2）休闲娱乐设施破损、被占用问题。在148个被体验的住宅小区中，调查发现13个住宅小区存在休闲娱乐设施破损、被占用等问题，问题发生率为9.02%，其主要问

题体现在“基础设施不能正常使用或有垃圾、污渍”等方面。如广西南宁汇东星城小区、吉林长春万龙城小区等。

体验大区：华南大区
体验城市：广西南宁
小区名称：汇东星城
体验时间：2019年7月17日

描述：该小区某公共休息座椅损坏，座位支撑木板折断，若不及时修理，存在发生伤害的危险。

体验大区：东北大区
体验城市：吉林长春
小区名称：万龙城
体验时间：2019年7月17日

描述：该小区多处公共健身器材被占用，挂满晾晒的被子，无人管理。

图17　华南大区和东北大区公共健身器材被占用

（3）照明设备故障修理不及时问题。在148个被体验的住宅小区中，调查发现50个住宅小区存在照明灯不能正常使用的问题，问题发生率为33.78%，其主要问题体现在“楼层未配置紧急照明或照明设施损坏未维修”等方面。如福建厦门繁荣广场小区等。

体验大区：华东大区
体验城市：福建厦门
小区名称：繁荣广场
体验时间：2019年7月23日

描述：该小区某楼宇楼道内应急灯缺失，存在安全隐患。楼道应急灯是在发生火灾时正常照明电源切断后，引导被困人员疏散或展开灭火救援行动而设置的，若灯泡损坏或电路故障，则会对安全疏散与通道照明产生不良影响。

图18　华东大区照明设备存在问题

2.关于小区重要设施设备。（1）消防设备缺失及保养问题。消防设备问题主要体现在“消防设备缺失或不整洁”“消防设备无清晰查验标记”等方面。在148个被体验的住宅小区中，45个住宅小区存在问题，问题发生率为31.25%。如广东深圳华粤小区、河北石家庄长九中心公园9号、重庆叠彩城、河北石家庄筑业花园等。

体验大区：华南大区
体验城市：广东深圳
小区名称：华粤小区
体验时间：2019年7月23日

描述：该小区某楼层消防设备被粘贴满各式各样的小广告，消防标识被遮挡严实，外观极不整洁。

体验大区：华北大区
体验城市：河北石家庄
小区名称：长九中心公园9号
体验时间：2019年7月17日

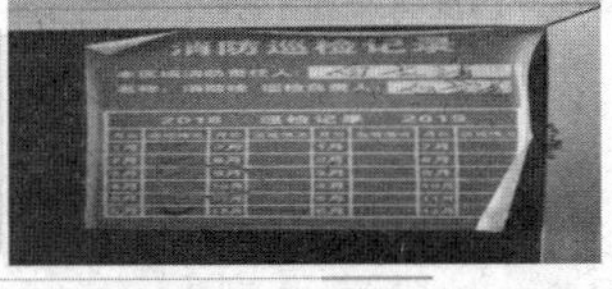

描述：调查发现，该小区某消防设备巡查记录部分月份内容缺失，安全管理工作落实不严格、不到位。消防设备是火灾发生时人员自救的重要武器，若不对其进行定期查验、维修，做好记录，可能会影响其正常使用。

图19　华南大区和华北大区消防设备缺失

体验大区：西南大区
体验城市：重庆
小区名称：叠彩城
体验时间：2019年7月17日

描述：该小区某灭火器箱体严重变形，箱盖难以盖上，既不美观，也给箱内手提灭火器的使用造成麻烦。

体验大区：华北大区
体验城市：河北石家庄
小区名称：筑业花园
体验时间：2019年7月17日

描述：该小区某消防设备损坏严重，大部分零件缺失，出水阀门被人用绳子与消防通道门绑在一起，极易发生危险；箱内杂物堆积，无人管理，箱内墙面印满各种广告电话，极不整洁。

图20　西南大区和华北大区消防设备问题

（2）配电电线杂乱无序问题。电箱电线问题主要体现在“私接电线”“电线裸露”等方面，存在安全隐患。如黑龙江哈尔滨桦树小区C区、广东广州美力花苑、天津沱江里等。

体验大区：东北大区
体验城市：黑龙江哈尔滨
小区名称：桦树小区C区
体验时间：2019年7月17日

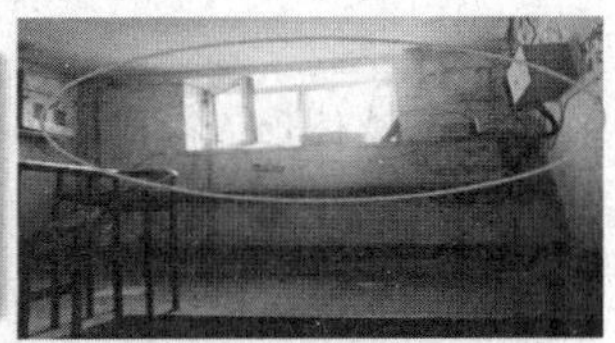

描述：该小区某楼道外窗附近电线裸露，杂乱交错，如遇恶劣天气，电线漏电，可能会对小区住户生命财产安全产生严重影响。

体验大区：华南大区
体验城市：广东广州
小区名称：美力花苑
体验时间：2019年7月26日

描述：该小区某楼层内数根电线裸露在外，由顶部垂至半空。若不予以重视，进行及时维修与管理，可能存在很大安全隐患。

体验大区：华北大区
体验城市：天津
小区名称：沱江里
体验时间：2019年7月22日

描述：该小区某楼宇一层出入口，有私家车辆接公共电箱充电，缺乏监督管理；此外，经调查发现，该小区某楼道内电箱损坏，电线外露，存在安全隐患。

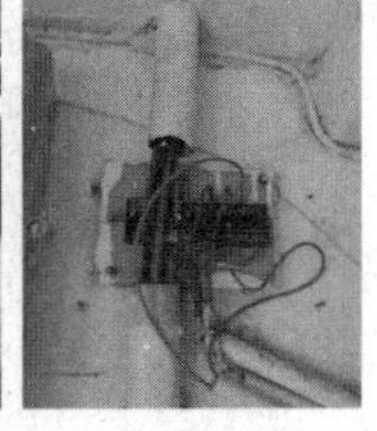

图21　东北大区、华南大区、华北大区配电电线杂乱

（3）电梯维修保养不及时问题。电梯问题主要体现在“电梯无法正常使用”等方面。如上海中福花苑、新疆乌鲁木齐华源国秀家园、广东深圳绿景花园二期等。

体验大区：华东大区
体验城市：上海
小区名称：中福花苑
体验时间：2019年7月28日

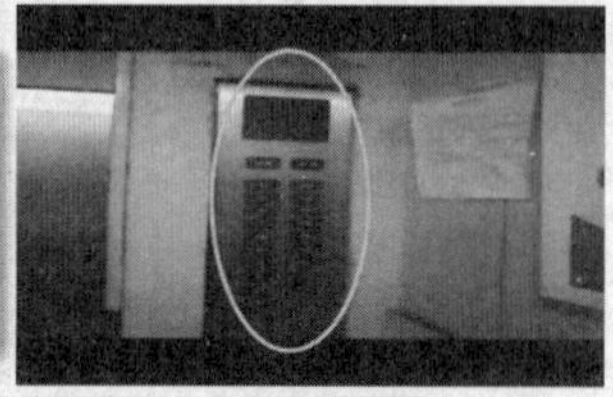

描述：经调查发现，该小区某处电梯楼层按键指示灯不亮，且未经及时修理，严重影响电梯设备的正常使用。

体验大区：西北大区
体验城市：新疆乌鲁木齐
小区名称：华源国秀家园
体验时间：2019年7月27日

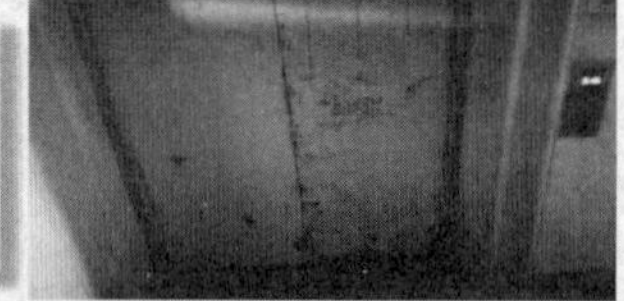

描述：经调查发现，该小区某电梯外门破损老化，掉色严重，若不及时修护，不仅影响电梯使用寿命，在使用时也可能存有安全隐患。

体验大区：华南大区
体验城市：广东深圳
小区名称：绿景花园二期
体验时间：2019年7月24日

描述：经调查发现，该小区某电梯紧急呼叫电话损坏，按键数次、等待数分钟后仍然联系不上中控室。如果在电梯内遇到紧急突发状况，呼救无援，极易发生生命危险。

图22 华东大区电梯维修保养不及时

体验大区：华南大区
体验城市：海南海口
小区名称：昌茂花园
体验时间：2019年8月1日

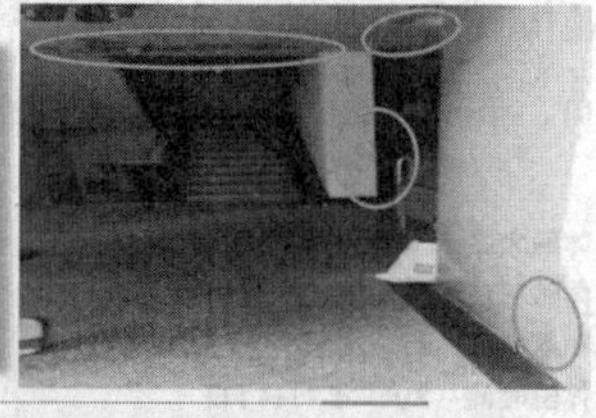

描述：该小区某楼宇内多处墙体破损明显，顶部墙皮大面积脱落，墙面污渍严重，未维修。

体验大区：东北大区
体验城市：吉林长春
小区名称：月半林湾
体验时间：2019年7月17日

描述：该小区某停车场入口处台阶受损明显，地面石灰大面积脱落，未经修补。

体验大区：西北大区
体验城市：新疆乌鲁木齐
小区名称：华源国秀家园
体验时间：2019年7月27日

描述：该小区几段主干道道路不平整，地砖起伏，可能会对居民日常出行造成影响。

图23 华南大区、东北大区和西北大区墙体地面渗水破损

（4）墙体地面渗水破损问题。墙体和地面问题主要体现在“墙体渗水”“墙体地面破损”等方面。如福建厦门金辉园、海南海口昌茂花园建筑主体墙面破损、墙皮脱落暂未维修，吉林长春月半林湾、新疆乌鲁木齐华源国秀家园等道路不平整、台阶受损暂未修缮等。

（二）秩序管理得分为59.35分，“停车”是个老大难

实地体验结果显示，住宅小区物业秩序管理得分为59.35分。其细项指标“底层店面无占道经营”得分较高，为89.31分；“小区楼栋门禁有效关闭”得分非常低，为-1.39分[①]，超三成小区楼栋门禁无法有效关闭。

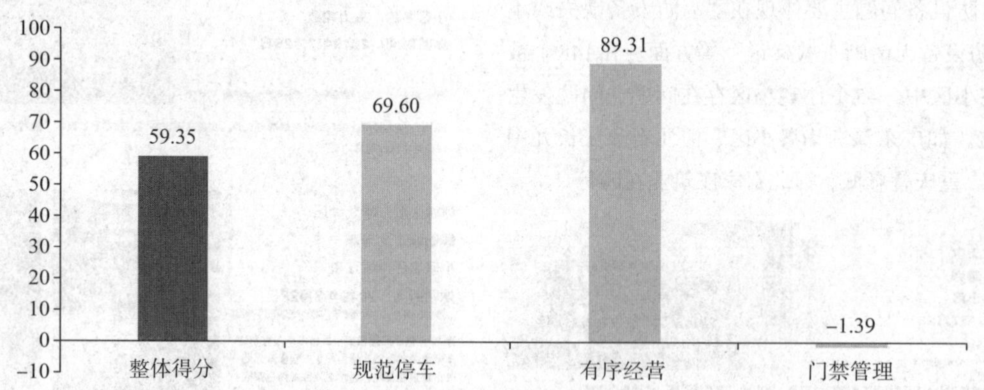

图24 物业服务秩序管理得分情况（单位：分）

根据体验结果，所调查的小区中，楼栋门禁无法有效关闭、小区出入口乱停车和停车场无序停放车辆的情况较为突出，均超过三成。

① 该细项指标各小区被发现的扣分项较多，因此实地体验得分为负值。

门禁无法有效关闭，34%

门禁可以有效关闭，66%

图25 门禁是否能有效关闭？

出入口有乱停车现象，33%

出入口无乱停车现象，67%

图26 小区出入口是否有乱停车现象？

小区停车场车辆乱停放，31%

小区停车场车辆停放有序，69%

图27 小区停车场车辆是否有序停放？

（1）违规停车问题。在148个被体验的住宅小区中，调查发现89个住宅小区存在车辆违规停放、乱停乱放等问题，问题发生率为61.14%，其主要问题体现在“小区内停车场乱停车”“小区出入口乱停车”“一楼大堂停放非机动车”等方面。如浙江杭州北城枫景园、辽宁大连泉水N3区、江苏南京花岗幸福城、广东深圳绿景花园二期、湖北武汉新澳蓝草坪等。

体验大区：华东大区
体验城市：浙江杭州
小区名称：北城枫景园
体验时间：2019年7月18日

描述：该小区某处标有“消防登高带 严禁占用”字样的警告牌旁边，仍有多台机动车辆忽视安全提示，违章乱停，损害正常秩序，且物业部门未能采取有效管理措施。此种情况下，如遇火灾等危险情况，将会严重阻碍消防车辆与工作人员登高作业，抢救灾情。

体验大区：东北大区
体验城市：辽宁大连
小区名称：泉水N3区
体验时间：2019年7月23日

描述：该小区多辆机动车乱停并占用消防通道，严重违反正常秩序，相关工作人员监管不力。《中华人民共和国消防法》《中华人民共和国道路安全法》等多部法律均对“严禁占用消防通道”一项作出明确规定，违法者将面临严重处罚。

体验大区：华东大区
体验城市：江苏南京
小区名称：花岗幸福城
体验时间：2019年7月26日

描述：该小区某楼宇出入口及大厅内，停放多辆非机动车，阻碍行人正常通行，影响小区秩序。

体验大区：华南大区
体验城市：广东深圳
小区名称：绿景花园二期
体验时间：2019年7月24日

描述：该小区某地下停车场机动车辆乱停，占用公共停车场入口通道，干扰车辆秩序管理，对其他车辆正常通行产生不良影响。

体验大区：华中大区
体验城市：湖北武汉
小区名称：新澳蓝草坪
体验时间：2019年7月30日

描述：该小区某楼道通道口乱停非机动车，影响小区秩序，缺乏有效监管。图中自行车是某共享单车，公共用车严禁停放于住宅小区、内部楼道等地，此种随意停车行为也在一定程度上对小区外公共秩序造成不良影响。

图28 小区违规停车问题

（2）门禁失于管理问题。在148个被体验的住宅小区中，调查发现49个住宅小区存在门禁相关问题，问题发生率为33.11%，其主要问题包括“楼栋门禁不能有效关闭”“楼栋门禁长时间无人关闭”等。例如四川成都盘谷花园、辽宁沈阳凯旋门等。

体验大区：西南大区
体验城市：四川成都
小区名称：盘谷花园
体验时间：2019年7月16日

描述：该小区某处门禁损坏且无维修提示，缺乏有效的秩序管理。

体验大区：东北大区
体验城市：辽宁沈阳
小区名称：凯旋门
体验时间：2019年7月17日

描述：该小区某楼宇单元门长时间敞开，超过10分钟无人关闭和管理，影响小区正常公共秩序。

图29 小区门禁问题

（3）占道经营问题。在148个被体验的住宅小区中，调查发现15个住宅小区存在占道经营问题，问题发生率为10.14%，其主要问题是“底层店面占道经营”。例如贵州贵阳中天花园、广东深圳韵动家园等。

体验大区：西南大区
体验城市：贵州贵阳
小区名称：中天花园
体验时间：2019年7月25日

描述：经调查发现，该小区底商饭店占用公共人行道路摆放桌子、煤气罐、广告牌、存在占道经营的情况，无人管理，不利于小区正常秩序的维护。

图30　小区占道经营问题

（三）环境管理得分为64.89分，仍有较大提升空间

实地体验结果显示，住宅小区物业环境管理得分为64.89分，处于及格水平。其细项指标“电梯候梯厅无明显垃圾及污渍”得分较高，为93.70分；“沿途看到的垃圾桶无明显满溢”“车行/人行附近无明显垃圾、污渍及杂物堆放”“消防通道无杂物阻隔”得分较低，分别为24.49分、27.03分、28.36分；“小区内绿化环境较好、没有大面积的植被枯死和黄土裸露”得分相对更低，为14.86分。

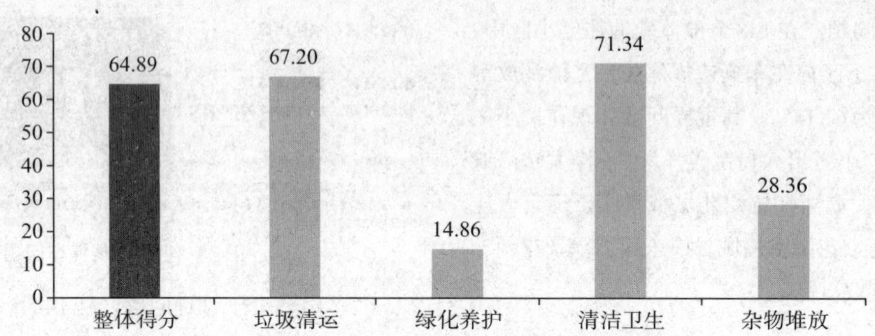

图31　住宅小区物业服务环境管理得分情况（单位：分）

根据体验结果，在所调查的住宅小区中，“小区内绿化环境较差”“垃圾桶明显满溢”“车行/人行附近无明显垃圾、污渍及杂物堆放”“消防通道有杂物堆积”的比例均不足三成。

图32　小区内绿化环境是否好？

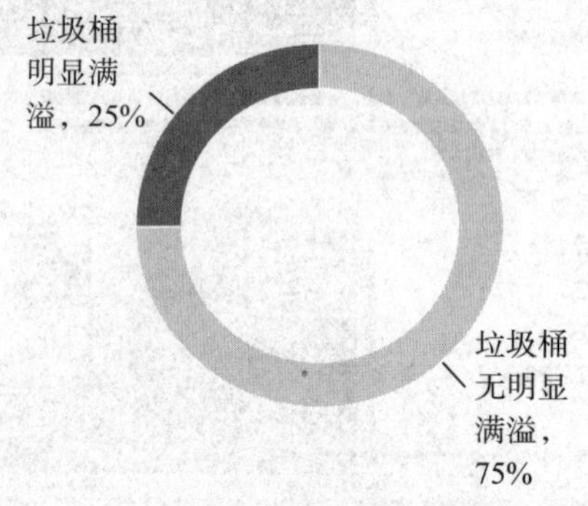

图33　垃圾桶是否明显满溢？

图34　车行/人行路口是否有明显垃圾、污渍及杂物堆放？

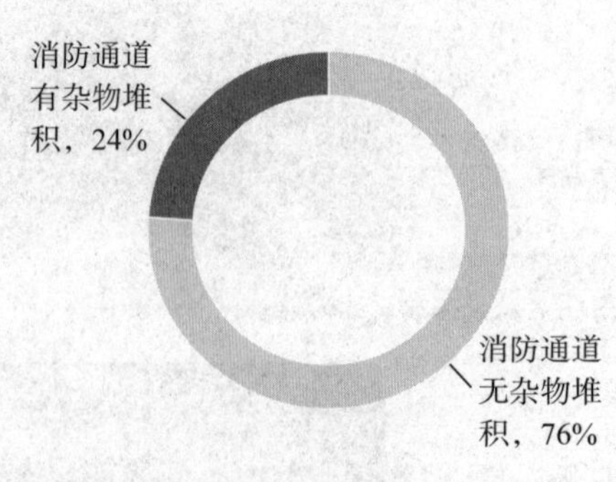

图35　消防通道是否有杂物阻隔？

（1）垃圾清运不及时。在148个被体验的住宅小区中，调查发现67个住宅小区存在垃圾清运相关问题，问题发生率为45.27%，其主要问题是“垃圾桶满溢”。例如浙江杭州北城枫景园、广东深圳华粤小区、广西南宁莱茵湖畔、内蒙古呼和浩特新希望家园西区等。

体验大区：华东大区
体验城市：浙江杭州
小区名称：北城枫景园
体验时间：2019年7月18日

描述：该小区某处垃圾桶旁堆放大量建筑垃圾，无人管理。

体验大区：华南大区
体验城市：广东深圳
小区名称：华粤小区
体验时间：2019年7月23日

描述：该小区某处上方标有"厨余垃圾 其他垃圾"标识的垃圾桶缺失。

体验大区：华南大区
体验城市：广西南宁
小区名称：莱茵湖畔
体验时间：2019年7月16日

描述：该小区某处多个垃圾桶垃圾满溢、垃圾乱堆，环境管理混乱。

体验大区：华北大区
体验城市：内蒙古呼和浩特
小区名称：新希望家园西区
体验时间：2019年7月16日

描述：该小区某地面主干道大量垃圾堆放，环境管理工作落实不到位。

图36　垃圾清运不及时

（2）绿化养护不够。在148个被体验的住宅小区中，调查发现42个住宅小区存在植被死株、少株等问题，问题发生率为28.38%，其主要问题包括“植被枯死、黄土裸露”等。例如安徽合肥西城山水居小区等。

体验大区：华东大区
体验城市：安徽合肥
小区名称：西城山水居
体验时间：2019年7月27日

描述：该小区环境管理存在问题，某绿化带黄土裸露，被丢放不用的床，此种大型垃圾不但有碍于环境保护，也对小区秩序维护造成不良影响。

图37　绿化养护不够

（3）清洁卫生不到位。在148个被体验的住宅小区中，调查发现103个住宅小区存在卫生清洁不到位等问题，问题发生率为69.59%，其主要问题包括“车行/人行入口附近有明显垃圾、污渍”“楼栋内地面有生活垃圾和污渍”等。例如山东济南泉城花园、山西太原御庭华府、西藏拉萨嘎吉康萨小区等。

体验大区：华东大区
体验城市：山东济南
小区名称：泉城花园
体验时间：2019年7月17日

描述：该小区水池未能及时清理，池水表面漂浮塑料袋、枝叶等垃圾，环境保护工作执行不力。

体验大区：华北大区
体验城市：山西太原
小区名称：御庭华府
体验时间：2019年7月23日

描述：该小区某主干道地面存有大片污渍，未能做到及时清理，环境保护工作落实不到位。

体验大区：西南大区
体验城市：西藏拉萨
小区名称：嘎吉康萨小区
体验时间：2019年8月12日

描述：该小区某楼道和某住户大门旁墙面贴满小广告，严重影响环境整洁度。

图38　清洁卫生不到位

（4）杂物乱堆问题。在148个被体验的住宅小区中，调查发现32个住宅小区存在乱堆杂物的问题，问题发生率为21.62%，其主要问题包括“消防通道未保持通畅、有杂物阻隔”等。例如浙江杭州柳浪新苑、湖南长沙景秀江山、浙江宁波孔雀小区等。

体验大区：华东大区
体验城市：浙江杭州
小区名称：柳浪新苑
体验时间：2019年7月19日

描述：经实地调查，该小区某单元门口纸箱、塑料筐、布料等杂物乱堆乱放，影响小区整体环境。

体验大区：华中大区
体验城市：湖南长沙
小区名称：景秀江山
体验时间：2019年7月17日

描述：该小区某消防通道堆放布条、木头、蜂窝煤等物品。

体验大区：华东大区
体验城市：浙江宁波
小区名称：孔雀小区
体验时间：2019年7月16日

描述：该小区某停车场出入口处，乱堆乱放冰柜等杂物，随意悬挂衣服，无人管理。

图39　杂物乱堆

（四）客户服务管理得分为54.47分，安保人员形同虚设

实地体验结果显示，住宅小区物业客户服务管理得分为54.47分，低于及格水平。在实际体验过程中，其细项指标小区内“保洁人员着装干净整洁”得分最高，为97.12分；“保安人员主动拦截、询问并核对业主信息”和“保安人员主动与业主确认访客信息并登记访客信息”得分较低，分别为–177.14分和–137.76分。

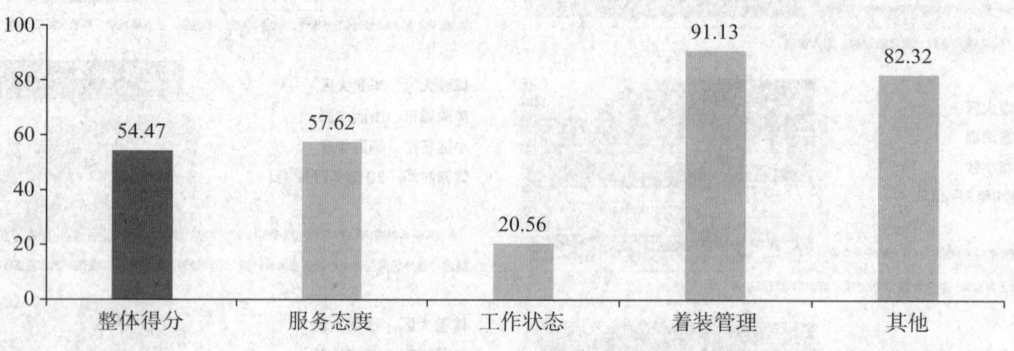

图40　物业服务客户服务管理得分情况

根据体验结果，在所调查的住宅小区中，保安人员进行拦截、询问、核对业主信息的比例不足三成，主动确认登记访客信息的比例不足两成。

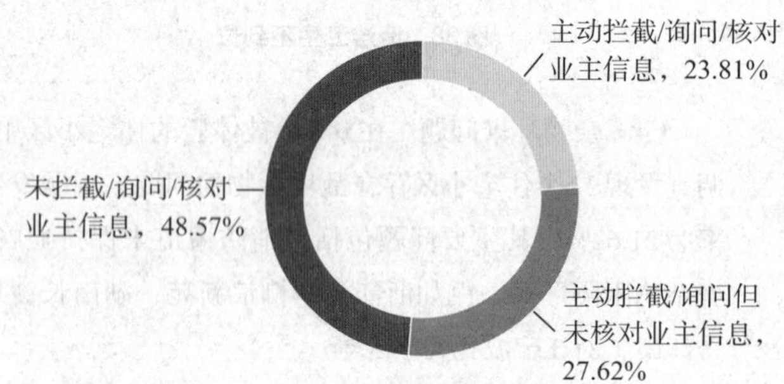

图41　保安人员是否主动拦截/询问/核对业主信息？

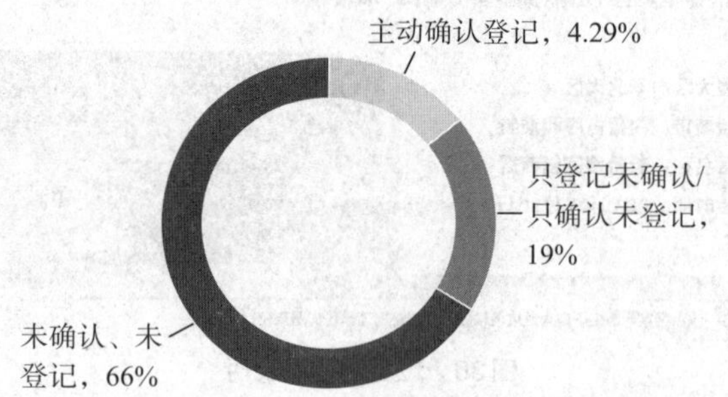

图42　保安人员是否主动确认登记访客信息？

客户服务管理体验主要包括物业服务企业工作人员的服务态度与表现等，部分小区客户服务体验效果不佳。如湖南长沙锦绣家园小区物业客服人员在工作时间行为态度散漫等；部分小区“保安人员未主动与业主确认访客信息，并登记访客信息”等，如新疆乌鲁木齐华源国秀家园小区大门出入口处，保安在工作时间倚着围栏和落车杆闲谈等。

体验大区：华中大区
体验城市：湖南长沙
小区名称：锦绣家园
体验时间：2019年7月17日

描述：该小区客服中心工作人员在工作时间没有统一着装，坐姿不雅，态度散漫。

图43　物业服务人员态度差

体验大区：西北大区
体验城市：新疆乌鲁木齐
小区名称：华源国秀家园
体验时间：2019年7月27日

描述：该小区大门出入口处，保安在工作时间倚着围栏和落车杆闲谈，行为举止不当。

图44　小区安保人员工作态度差

（五）其他相关问题

1.新建住宅小区前期物业与业主矛盾纠纷发生较为普遍。目前，新建住宅小区业主办理入住后所接受的物业服务一般是由开发商选聘的物业公司提供的，即物业管理制度中的“前期物业管理”。根据《物业管理条例》规定，国家提倡建设单位按照房地产开发与物业管理相分离的原则，通过招投标的方式选聘物业服务企业。从

调查实际体验以及专家和消费者代表座谈会情况来看，反映前期物业公司更多代表开发商利益，服务质量相对较差，难以做好业主的“好管家”。虽然被调查小区业主均表示与物业公司签订了物业服务合同，但很多情况下，相比于前期物业与业主签订的物业服务合同，开发商与其选聘的物业服务企业之间签订的《前期物业服务合同》内容更为翔实，并且一般来说这份合同是业主看不到的，开发商在买卖房屋时并不会将附加的物业管理服务的性质和价格信息充分告知业主，业主与开发商、前期物业存在严重的信息不对称，很多在住房交易环节埋下的隐患在前期物业服务中逐步显现，由此产生的矛盾纠纷较为普遍。

2.前期物业服务企业形成事实垄断，缺乏退出机制。根据《物业服务收费管理办法》①规定，物业服务费用的收取形式分为包干制和薪酬制两种。本次调查发现，148个小区中实行包干制的占比为57.74%，实行“基础费+增值费”的为15.98%，采用酬金制的为9.79%，其他占比16.49%。可见，当前我国很多地区的物业计费方式以包干制为主，在包干制下，物业服务质量的好坏主要依靠物业服务企业自律，但是出于成本利润考虑，物业服务企业很可能会减少支出项，会采取尽量减少雇员、拖延时间解决问题、设施坏了尽量小修小补等“省钱”做法，这不但会对住宅小区共有部位、共有设施设备的使用寿命和使用价值产生负面影响，同时也不利于物业企业服务质量和专业化水平的提升。而从广大业主（消费者）的角度来看，不论采用包干制还是薪酬制，物业服务企业是小区业主聘用的“管家”，业主有权根据“管家”的服务水平决定其是去是留，尤其是在“管家”服务质量低又经营亏损的情况下，业主要求更换物业的呼声更为强烈。但遗憾的是，由于当前物业服务企业退出机制尚不完善，对于服务质量低劣、态度蛮横，有的甚至涉黑涉恶的前期物业管理企业说不得、轰不走的问题较为严重，很多业主敢怒不敢言，必须引起有关部门的重视。

3.小区共有产权收益去向不明，使用维修基金面临较大的压力。物业维修基金是指大修更新储备基金，是专项用于物业共用部位、共用设施设备期满后大修、更新、改造的资金，可以说是“房子的养老金”。目前，无论是商品房销售，还是物业费、取暖费，我国大多以建筑平方米为基数来收取，住宅小区内除了建筑物专有部分外，其余基本为小区共有产权（财产）。根据《物权法》②有关规定，利用小区共有产权（财产）而取得的收益（如电梯广告、户外广告、小区公共区域的停车位等收益），应当视为公共收益，业主有权参与收益分配，也可用于补充小区物业公共建设基金，如用于电梯维修、消防设备更新、绿化维护等。而在实际操作中，公共收益部分大多是一笔糊涂账，业主难以窥其究竟。本次调查发现，被调查的148个小区中，仅有9.38%的业主知悉所在小区维修基金的使用情况，其余被访者要么示意不清楚此事，要么根本不知道维修基金的存在。同样值得注意的是，当前我国很多城市商品住宅小区从建设、入住到使用，小区“区龄”已几十年，这些小区的公共设施亟待大范围维修与更新，如屋顶防水维修（防水一般保质期10年）、电梯大修（电梯的使用寿命一般15—20年）、外墙瓷砖脱落维修、消防系统更新、监控系统更新等。结合《物业管理条例》的相关规定③，在物业维修基金用完后，小区共有产权收益就成为小区公共设施的“救命钱”，如果这些“救命钱”游离于业主管理之外，一旦需要大面积

---

①《物业服务收费管理办法》第九条：“业主与物业管理企业可以采取包干制或者薪酬制等形式约定物业服务费用。包干制是指由业主向物业管理企业支付固定物业服务费用，盈余或者亏损均由物业管理企业享有或者承担的物业服务计费方式。薪酬制是指在预收的物业服务资金中按约定比例或者约定数额提取酬金支付给物业管理企业，其余全部用于物业服务合同约定的支出，结余或者不足均由业主享有或者承担的物业服务计费方式。”

②《物权法》第六章第七十条：“业主对建筑物内的住宅、经营性用房等专有部分享有所有权，对专有部分以外的共有部分享有共有和共同管理的权利”；第七十一条：“业主对专有部分行使所有权　业主对其建筑物专有部分享有占有、使用、收益和处分的权利，业主行使权利不得危及建筑物的安全，不得损害其他业主的合法权益”；第七十二条：“业主对建筑物专有部分以外的共有部分，享有权利，承担义务；不得以放弃权利不履行义务。业主转让建筑物内的住宅、经营性用房，其对共有部分享有的共有和共同管理的权利一并转让”；第七十三条：“建筑区划内的道路，属于业主共有，但属于城镇公共道路的除外。建筑区划内的绿地，属于业主共有，但属于城镇公共绿地或者明示属于个人的除外。建筑区划内的其他公共场所、公用设施和物业服务用房，属于业主共有”；第七十四条：“建筑区划内，规划用于停放汽车的车位、车库应当首先满足业主的需要。建筑区划内，规划用于停放汽车的车位、车库的归属，由当事人通过出售、附赠或者出租等方式约定。占用业主共有的道路或者其他场地用于停放汽车的车位，属于业主共有。”

③《物业管理条例》第五十四条：“利用物业共用部位、共用设施设备进行经营的，应当在征得相关业主、业主大会、物业服务企业的同意后，按照规定办理有关手续。业主所得收益应当主要用于补充专项维修资金，也可以按照业主大会的决定使用。”

维修又出现无钱可修的情况，后果不堪设想。

4.小区公共收益不公示，制度约束缺失。《物业管理条例》规定，小区业主对物业共用部位、共用设施设备和相关场地使用情况享有知情权和监督权。小区共有收益可以由物业公司代为管理，也可由业主委员会代管。但目前，即使成立了业主委员会的小区，业主话语权也明显不如物业公司。在尚未成立业主委员会的小区，物业公司不公示小区共有收益、物业费、维修金使用情况较为普遍，账目管理混乱不堪的情况也不在少数。在本调查举办的座谈会中，某行业内人士反映，小区停车费收益在所有小区公共收益里占比为30%至50%，但对这部分收益具体是多少，放在哪里，用在哪里，业主难以知情，也几乎没有刚性的制度约束，基本上任由物业公司支配。

5.业主委员会建设和作用发挥仍有提升空间。《物业管理条例》对小区业主委员会的权责义务作出明确规定，作为业主大会常设执行机构的业委会，由业主大会授权，对内处理日常事务，对外负责与物业公司签订合同等，在面对与物业公司的矛盾时，可以起到调解、对话的作用。从调查体验的情况来看，业主委员会建设和作用发挥还存在不少问题。如多数小区并未依法成立业主委员会，业主缺乏行使业主权利的渠道；业主委员会法律主体资格尚不明确，无法对其行为承担法律责任；多数参加业主委员会的成员在能力素质、专业技术等方面存在不足，很难与物业公司进行有效沟通。我们在调查中也发现，一些较为成熟的社区，鼓励退休后的会计、律师、建筑等专业人士加入业主委员会，提升业主委员会与物业公司的对话能力，物业公司与业主委员会形成良性互动，共同管理小区，取得较好的效果。

四、提升住宅小区物业服务质量的思考与建议

社区是广大居民参与社会生活的基本场所，住宅小区是居民衣食住行的重要空间。良好的物业服务关乎小区的正常运转，也直接关乎消费者的居住质量和生活感受。从本次调查体验结果来看，无论是专业的体验员还是小区居民，对物业服务的质量综合评分均处于及格水平，物业公司无论是在设备设施、绿植、垃圾等“物”的管理，还是安保、门禁、信息公示等“人”的服务方面，与消费者对美好小区环境的期待存在较大差距，服务质量还有大幅提升空间；调查体验还反映出有关部门和物业公司对业主委员会建设和作用发挥方面重视程度不够，多数业主参与业主委员会工作方面意识不强、能力不足，尚未形成业主委员会与物业服务企业良性互动局面。为督促广大物业企业按照标准化、规范化、人性化要求持续改进和优化服务，用高质量的物业服务提升消费者的舒适度、满意度和安全感，不断满足消费者美好居住环境需要，中国消费者协会提出如下建议：

1.完善法律标准建设，严格监管执法，推动物业服务行业长远健康发展。调查体验发现，物业企业存在管理难、退出难、更换难，业主大会和业主委员会成立难、履职难，相关标准制度过时或存在缺失，相关部门监管不力，物业服务行业的长远健康发展受到影响。为此，建议有关部门：一是适应新时代物业服务发展形势和消费者期盼，修订完善物业服务相关管理规定，明确商品住宅小区公共产权的产权归属与登记问题、明确住宅小区维修资金使用监管及续筹等相关问题；二是加快建立“住建部门统筹主管、属地街道社区负责、职能部门配合共管、社会各方共同参与”的协同共治工作机制，对城建、环保、安全、消防、市场监管部门等进行统一协调管理，既要防止推诿扯皮，又要防止“不作为”和“乱作为”，同时要关注部分单位自建房、特殊产权房如军产房等小区物业缺失问题，消除监管和服务盲区，及时回应百姓关切；三是住建、市场监管及相关部门要研究制定物业企业市场退出机制，探索物业管理行业社会信用体系建设和“黑名单”制度，充分发挥业主委员会的作用，鼓励消费者参与物业服务评价，形成物业企业“有进有出”、优胜劣汰的良性竞争格局，坚决打击物业服务企业涉黑涉恶问题；四是街道办事处（乡、镇政府）要牵头和督促当地政府有关部门，发挥好社区居委会监督和服务功能，推动住宅小区物业服务质量不断提升，让消费者住有所居、居有所美、居有所安，切实提升广大消费者物业服务满意度和获得感。

2.规范物业企业经营行为，稳步提升物业服务质量。从本次调查体验情况来看，物业企业缺乏有效的外部监管，自身服务意识和优化动力不足，物业服务中有关环境管理、客户服务等存在明显不足，物业服务质量还需要大幅提升。希望广大物业企业：**一是**进一步完善物业管理相关规章制度规范建设，坚持以业主需求为导向，切实做好环卫保洁、设备设施维护、小区绿化和秩序安保等各项服务管理工作，做好业主关心的收费和服务标准、公共资金使用等信息公示工作。**二是**树立“消费者优先”理念，突出“服务”属性，一方面要做好设施设备的投用、维护和管理，体现专业水准，帮助业主实现房产的保值增值；另一方面要强化物业服务人员的培训和管理，增强亲和力，提供人性化服务，及时响应业主的服务诉求，用优质的服务赢得广大业主的理解和支持。

3.推动业主委员会的建设与发展，助力物业服务管理现代化。业主大会是同一物业管理区域内全体业主共同商议、交流交换意见的重要参与方式，直接决定业主委员会的产生和运转机制；业主委员会则按照相关章程和约定，负责执行业主大会的有关决定事项，对全体业主负责。从调查体验的相关情况来看，业委会规范化程度不高，工作机制不健全，作用发挥不够，难以与物业企业共同管理小区、服务全体业主。为此建议，业务主管部门、街道办要依法指导住宅小区成立业委会，充分发挥业委会参与社区治理、反映业主诉求、维护业主合法权益等方面的积极作用。对于已经依法成立业委会的住宅小区，要健全业主大会和业主委员会工作机制，推动有条件成立业委会的住宅小区依法成立业委会，并督促物业管理公司对其开展工作予以必要保障，发挥好业委会连接街道、社区、物业企业与全体业主的工作；对于暂不具备条件成立业委会的住宅小区，经业务主管部门或街道办事处指导后仍不能成立的，建议由街道办事处、社区居（村）民委员会、社区服务机构、建设单位、业主代表等组成物业服务监事会，在住宅小区业委会成立之前，代行业委会职责，推动完善社区治理和物业配套服务。

4.鼓励消费者主动参与物业服务管理，推动共建共治共享幸福平安小区。从调查体验的相关情况来看，一些业主对业委会履职并不清楚，有些则漠不关心，还有一些对业委会履职有所怀疑，对业委会运作关注度和参与度总体不高。业主是物业管理的实际委托人，也是物业服务的最终受益人，业主不要把自己当作旁观者，而应积极参与到小区的管理与发展事务中去。呼吁广大消费者（业主）：一是进一步提升责任意识和参与意识，要明确真正的物业管理者是全体业主而非物业公司，关注小区公共事务，关心小区共同资源，积极参与小区管理；二是进一步推动消费观念与生活方式的转变，树立优质物业服务提升小区生活品质的理念，按期足额缴纳物业服务费用，自觉做好生活垃圾分类处置，遵守小区物业各项管理制度；三是进一步提升安全意识和维权意识，发挥主人翁精神，对小区的共有资源、公共利益倍加珍惜爱护，对物业企业违法违规行为进行监督，并合理表达意愿诉求，依法理性主张权益。

2019年电商平台后评价调查体验报告

当前，网络消费已经成为社会消费的重要组成部分，因此完善网络消费评价体系、促进网络诚信经营成为社会关注的热门话题。2018年9月20日，中共中央国务院印发《关于完善促进消费体制机制进一步激发居民消费潜力的若干意见》（以下简称《若干意见》）指出，要健全消费后评价制度，建立产品和服务消费后的评价体系。为了贯彻落实《若干意见》的有关要求，中国消费者协会（以下简称中消协）根据2019年“信用让消费更放心”消费维权年主题工作安排，聚焦电商平台[①]诚信经营，于2019年8月至11月开展了电商平台后评价调查体验活动。

本次调查体验分为3个部分：一是采取案头研究方式梳理电商平台管理规则，分析平台内经营者[②]（以下简称商家）经营行为的影响条款；二是采用虚假交易平台暗访、刷单员[③]深访与大数据抓取3种方法，了解商家评论内容结构状况；三是开展全流程购物体验，掌握商家真实购物状况。

一、电商平台管理规则和“刷单”行为分析

（一）部分电商平台管理规则分析

本次调查体验中，对于部分电商平台规则进行了梳理分析，平台选取以市场占有率和用户数量等为基础，确定了淘宝、天猫、京东、拼多多、唯品会、蘑菇街、苏宁易购、国美、微店、云集、考拉海购等11家电商平台。调查体验从电商平台的招商、营销、经营管理、考核等方面下载和获取了相关规则[④]，在全面了解电商平台总则的基础上，

① 本报告中，电商平台是指电子商务平台经营者。根据于2019年1月1日实施的《电子商务法》，电子商务平台经营者是指电子商务中为交易双方或者多方提供网络经营场所、交易撮合、信息发布等服务，供交易双方或者多方独立开展交易活动的法人或者非法人组织。

② 本报告中，平台内经营者即电商平台内商家。根据《电子商务法》，平台内经营者是指通过电子商务平台，从事销售商品或者提供服务的经营活动的自然人、法人和非法人组织。

③ 刷单员是指通过虚假交易平台审核，并在虚假交易平台接受任务、成功开展过虚假交易的人员（自然人）。

④ 本次项目从11家电商平台的规则中心，下载和获取了电商平台规则中心公开的管理规则，由于其公开的管理规则不同，下载和获取的数量也存在差异。

分析管理规则对虚假交易的影响与管控。其主要问题如下。

1.电商平台评价和搜索排名规则指标清晰，易被平台内商家不当利用以进行虚假交易。通过梳理电商平台管理规则，我们发现，电商平台管理规则虽然较为系统，但同样存在漏洞。一方面是电商平台评价和搜索排名规则将各环节的指标计算对平台内商家披露得较为详尽，使其能够利用相应的规则指标，设置虚假交易流程，规避电商平台的监管；另一方面是电商平台尚未针对虚假交易各环节建立详尽的监管措施，难以有效遏制虚假交易行为。

2.电商平台将商品销量与消费者评价作为对平台内商家的重要衡量指标，导致平台内商家进行虚假交易。通过对电商平台管理规则的梳理发现，搜索排序规则①和评价规则②对平台内商家影响较大，一是搜索排序与平台内商家的评分直接关系到平台店铺的流量和商家的形象从而影响其销售；二是平台内商家的评分是参加电商平台营销活动的重要条件。而搜索排序和评分规则是以商品销量、销售额、消费者评价等为基础计算，这就促使平台内商家通过开展虚假交易的方式维护和提高店铺评分，以此来推广商品、提高销量。

3.电商平台管理体系相对较松，管理规则缺乏合理性。通过梳理电商平台管理规则，我们发现，当前电商平台制定了虚假交易管理细则③，对虚假交易的情节及其相应的处罚措施进行了规定。但是，对于平台内商家的虚假交易行为，电商平台的处罚门槛较高，且处罚相对较轻，使平台内商家能够利用规则，进行低数量、高频次虚假交易而不会被重罚。例如，淘宝和天猫平台对于虚假交易行为小于96笔的虚假交易行为定为情节轻微，处罚相对较小，难以有效遏制商家的虚假交易行为。

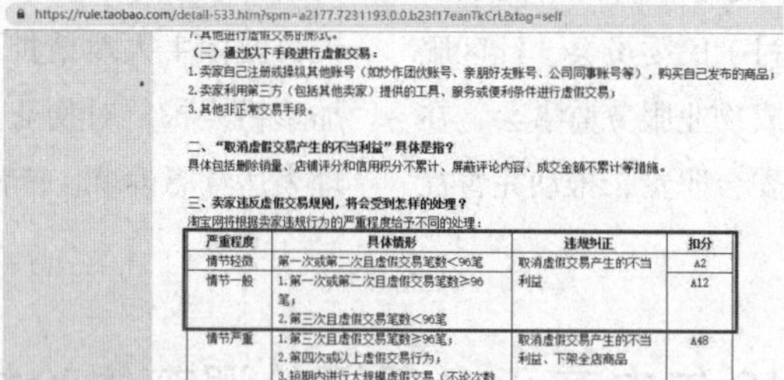

https://rule.taobao.com/detail-533.htm?spm=a2177.7231193.0.0.b23f17eanTkCrL&tag=self

7.其他进行虚假交易的形式。

（三）通过以下手段进行虚假交易：

1.卖家自己注册或操纵其他账号（如炒作团伙账号、亲朋好友账号、公司同事账号等），购买自己发布的商品；

2.卖家利用第三方（包括其他卖家）提供的工具、服务或便利条件进行虚假交易；

3.其他非正常交易手段。

二、"取消虚假交易产生的不当利益"具体是指？

具体包括删除销量、店铺评分和信用积分不累计、屏蔽评论内容、成交金额不累计等措施。

三、卖家违反虚假交易规则，将会受到怎样的处理？

淘宝网将根据卖家违规行为的严重程度给予不同的处理：

严重程度	具体情形	违规纠正	扣分
情节轻微	第一次或第二次且虚假交易笔数<96笔	取消虚假交易产生的不当利益	A2
情节一般	1.第一次或第二次且虚假交易笔数≥96笔； 2.第三次且虚假交易笔数<96笔		A12
情节严重	1.第三次且虚假交易笔数≥96笔； 2.第四次或以上虚假交易行为； 3.短期内进行大规模虚假交易（不论次数和笔数）	取消虚假交易产生的不当利益、下架全店商品	A48

图1 《淘宝网关于虚假交易实施细则》对商家虚假交易行为监管和处罚措施

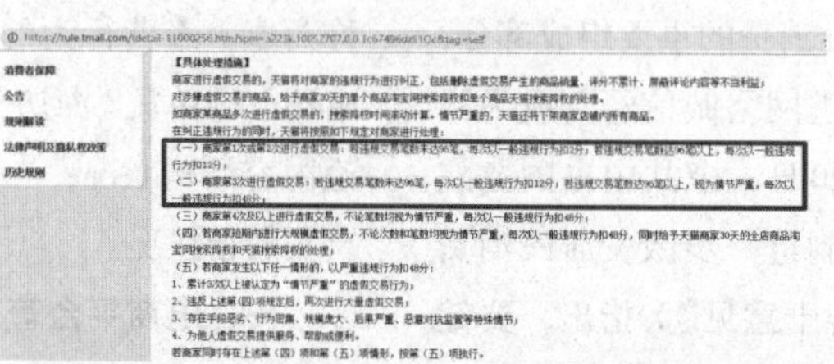
消费者保障
公告
规则解读
法律声明及隐私权政策
历史规则

【具体处理措施】

商家进行虚假交易的，天猫将对商家的违规行为进行纠正，包括删除虚假交易产生的商品销量、评分不累计、屏蔽评论内容等不当利益；

对涉嫌虚假交易的商品，给予商家30天的单个商品淘宝网搜索降权和单个商品天猫搜索降权的处理。

如商家某商品多次进行虚假交易的，搜索降权时间滚动计算。情节严重的，天猫还将下架商家店铺内所有商品。

在纠正违规行为的同时，天猫将按照如下规定对商家进行处理：

（一）商家第1次或第2次进行虚假交易：若违规交易笔数未达96笔，每次以一般违规行为扣2分；若违规交易笔数达96笔以上，每次以一般违规行为扣12分；

（二）商家第3次进行虚假交易：若违规交易笔数未达96笔，每次以一般违规行为扣12分；若违规交易笔数达96笔以上，视为情节严重，每次以一般违规行为扣48分；

（三）商家第4次及以上进行虚假交易，不论笔数均视为情节严重，每次以一般违规行为扣48分；

（四）若商家短期内进行大规模虚假交易，不论次数和笔数均视为情节严重，每次以一般违规行为扣48分，同时给予天猫商家30天的全店商品淘宝网搜索降权和天猫搜索降权的处理；

（五）若商家发生以下任一情形的，以严重违规行为扣48分：

1、累计3次以上被认定为"情节严重"的虚假交易行为；

2、违反上述第（四）项规定后，再次进行大量虚假交易；

3、存在手段恶劣、行为密集、规模庞大、后果严重、恶意对抗监管等特殊情节；

4、为他人虚假交易提供服务、帮助或便利。

若商家同时存在上述第（四）项和第（五）项情形，按第（五）项执行。

图2 《天猫平台虚假交易的规则及实施细则》对商家虚假交易行为具体处理措施

https://rule.jd.com/rule/ruleDetail.action?ruleId=2754

2.6.2.2因商家行为引发行政机关调查或法律诉讼的，若商家存在提供的联系方式无效、或怠于处置、消极应对、拒不配合提交相关资料等情形。

2.7虚假交易：指商家通过不正当方式获取虚假的商品销量、店铺评分、商品评论或成交金额等，造成妨害、干扰消费者购物权益的行为。如果商家存在虚假交易行为，京东有权对商家的违规行为进行纠正，具体参照下表。（细则）

虚假交易违规次数	违规纠正		扣减分数
第一次	删除违规商品销量、评价	违规商品降权14日	严重违规25分
		情节严重的，违规商品降权21日	
第二次		违规商品降权21日	
		情节严重的，违规商品降权28日	
第三次		违规商品降权28日	
		情节严重的，店铺降权7日，违规商品降权30日	
第四次		店铺降权14日，违规商品降权30日	
		情节严重的，店铺降权21日，违规商品降权30日	

图3 《京东开放平台商家违规积分管理规则》对商家虚假交易违规处理措施

① 搜索排序规则是指电商平台针对商品的"关键词"，以及相关商家的搜索排序，制定的管理规则。

② 评价规则是指电商平台针对平台内商家，设计的消费者对商家的评价，以及相应的评分计算规则。

③ 虚假交易管理细则是电商平台针对虚假交易，制定的商家虚假交易情节严重程度、处罚程度的规则。

（二）重点电商平台“刷单”行为分析

本次调查体验采取搜索引擎查询与消费者投诉咨询重点相结合的方式选取“虚假交易平台”，并按照虚假交易平台进入规则，完成虚假交易平台注册。按照注册后平台上发放的各电商平台店铺“刷单任务”量的前三位，确定“刷单任务”目标平台（淘宝、京东、拼多多）及样本分布比例并进行暗访，共完成35次“刷单”体验（详见表1）。

电商的评价信息以淘宝、京东、拼多多平台各100家店铺为对象，针对平台内商家的各类评价内容、评价人名称、评价时间、商品类型、商品型号、经营者名称、当前的总体和各方面的好评率等内容进行大数据抓取。依据大数据抓取的要求，从2019年10月15日正式开始抓取，至2019年11月15日结束，从淘宝平台的“女装—连衣裙”品类，按照综合评分选取了前101家店铺的商品；从京东平台的“汽车—汽车装饰—头枕腰靠”品类，按照销量选取了前100家店铺的商品；从拼多多平台的“百货—珠宝饰品”品类，按照平台默认筛选条件选取了前100家店铺的商品。本次调查体验共计采集了淘宝、京东、拼多多这三家电商平台的301个商家共计137349条评论①。

表1　虚假平台暗访的各电商平台和商家名称

电商平台名称	商家名称	商品类别	数　量
淘宝平台	杜夏成人用品专营店	成人用品	24
	奥盛达家居旗舰店	家居用品	
	珍行足衣旗舰店	服装	
	格普旗舰店	装饰用品	
	炫色秀旗舰店	装饰用品	
	奥丁金属	公共设施	
	新世家族内衣旗舰店	服装	
	公爵兔旗舰店	配饰电器	
	拓芙尼旗舰店	女装	
	御千汽车用品旗舰店	汽车用品	
	靓之渝旗舰店	汽车用品	
	海尔半夏专卖店	家居电器	
	凯霖户外旗舰店	运动设施	
	淘好货体验馆	家居用品	
	徐小姐风格女鞋	女鞋	
	沁璇办公专营店	文具	
	牧晨家居商城	家具	
	点维安防	安防用品	
	诚信铜火锅	家居用品	
	阿萝璃旗舰店	男装配饰	
	磕栗鼠官方自营店	食品	
	富莉莉家纺	家居用品	
	chic商店	配饰包包	
	鑫依港	服装	

① 本报告中，抓取的评论数量受商品品类、商店类型、选取条件等各方面因素的影响，不能进行直接比较。

续表

电商平台名称	商家名称	商品类别	数　量
京东平台	井冈翠绿官方旗舰店	食品	5
	北极岩户外专营店	服装	
	淑韩服饰专营店	服装	
	南极人美娅专营店	服装	
	酷陆玛车品专营店	汽车用品	
拼多多平台	新丰威内衣专营店	服装	6
	品跃家居	家居用品	
	宏达鑫塑胶厂	家居用品	
	至美家居生活官方旗舰店	家居用品	
	南昌市固丰铝艺制品	家装	
	百恒boss生活馆	饰品	

1.搜索引擎为虚假交易平台提供广告服务，通过搜索引擎搜索“刷单平台”十分便捷。通过对虚假交易平台进行暗访，我们发现，网络虚假交易平台数量较多，且能够通过国内主流搜索引擎，通过“刷单平台[①]”“补单平台”等关键字检索相关信息。其中，通过检索发现，存在搜索引擎为“补单平台”提供广告服务。

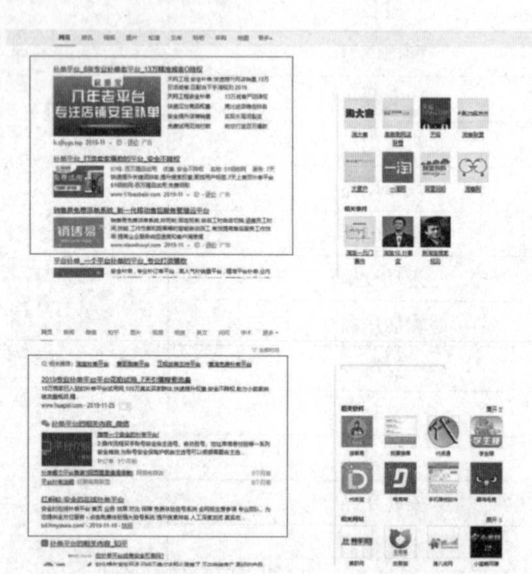

图4　某搜索引擎检索关键词“补单平台”的结果

2.电商平台内商家涉嫌以试用商品名义，开展虚假交易活动。通过暗访发现，电商平台内商家存在利用商品试用APP软件，以“商品试用”的名义，开展涉嫌虚假交易活动的情况。一是商品试用过程中，商家利用商品试用平台发布信息，要求试用者按照规定的步骤开展商品试用，且有些商家存在以津贴形式支付使用者报酬的情况；二是在收货时，商家只是发送商品的附赠品或其他商品，一般不会发送真实下单商品；三是在商品评价时，试用者做出的商品评价需要跟商家确认，通过之后才能提交电商平台，且评论一般为好评。可见，通过商品试用平台，电商平台内有些商家虽然声称是开展商品试用，但根据体验情况，其行为涉嫌虚假交易。

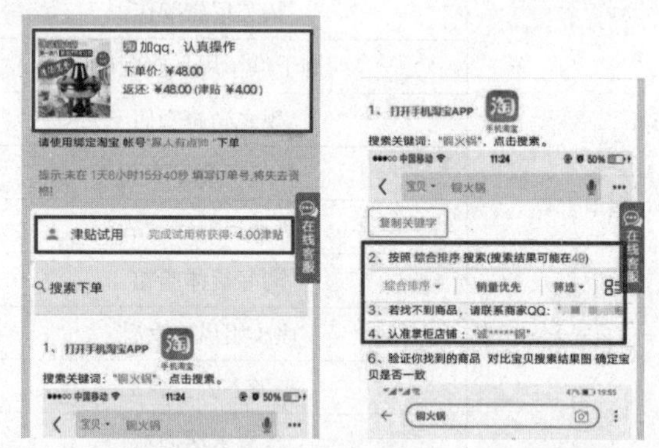

图5　试推客平台上淘宝商家诚信铜火锅对试用者提出的要求

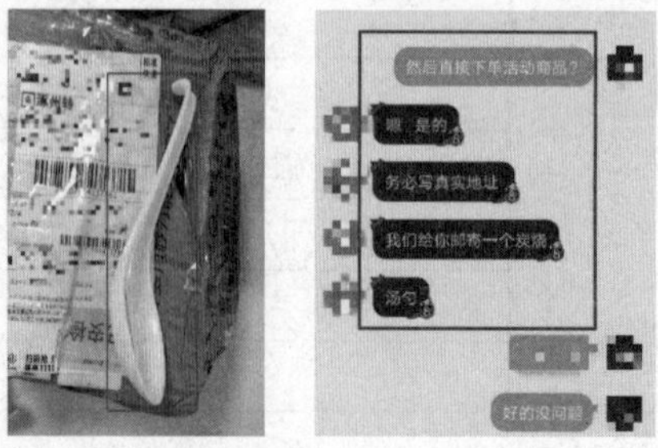

图6　试推客平台上淘宝商家诚信铜火锅向试用者发送的商品

① 刷单平台和补单平台是虚假交易平台的常用称呼。

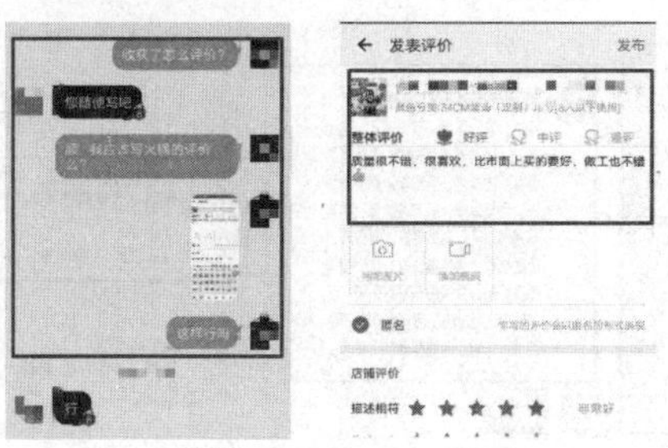

图7 试推客平台上淘宝商家诚信铜火锅与试用者确认商品评价

3.虚假交易佣金诱导刷单员“违法违规”。通过对虚假交易平台的暗访发现，虚假交易平台会为刷单员提供佣金，且虚假交易的条件、难度不同，佣金的额度也不同，对于无业或待业在家的人员更具有吸引力。同时，刷单员深访发现，刷单员一般为无业人员或高校学生，通过虚假交易赚取佣金。一位刷单员告知，“我当时在家，就想为自己挣点零花钱，当时刷单每月能挣500元左右。刷单的时候，商家会区分手机做单还是电脑刷单，提供的佣金也不同”。

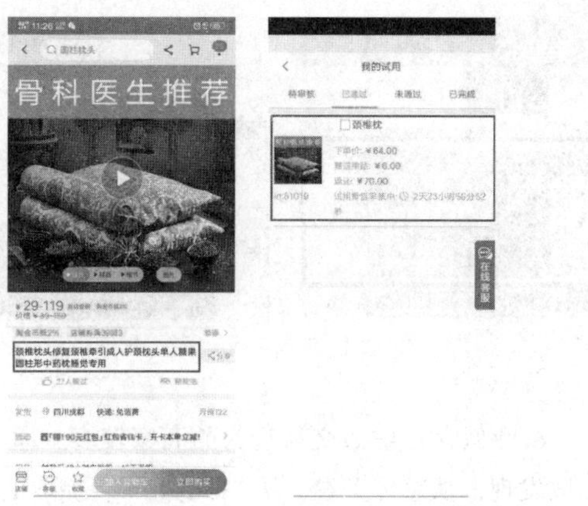

图8 试推客平台为淘宝平台富莉莉家纺提供的服务情况

4.刷单平台虚假交易流程精细，充分“挖掘”平台管理漏洞。通过对刷单平台进行暗访，我们发现，刷单平台的虚假交易流程精细、管理严密。其体现在：一是从任务发布以后，电商平台内商家或刷单平台会设置买家账号的等级或活跃度要求，选取符合需求的账号实现刷单目的；二是接到任务后，刷单员需要根据流程要求，在进入电商平台、搜索关键词、浏览店铺、收藏店铺、购物浏览时间、下单、评论、收货等各个环节进行图片汇报，并由商家完成最终确认。

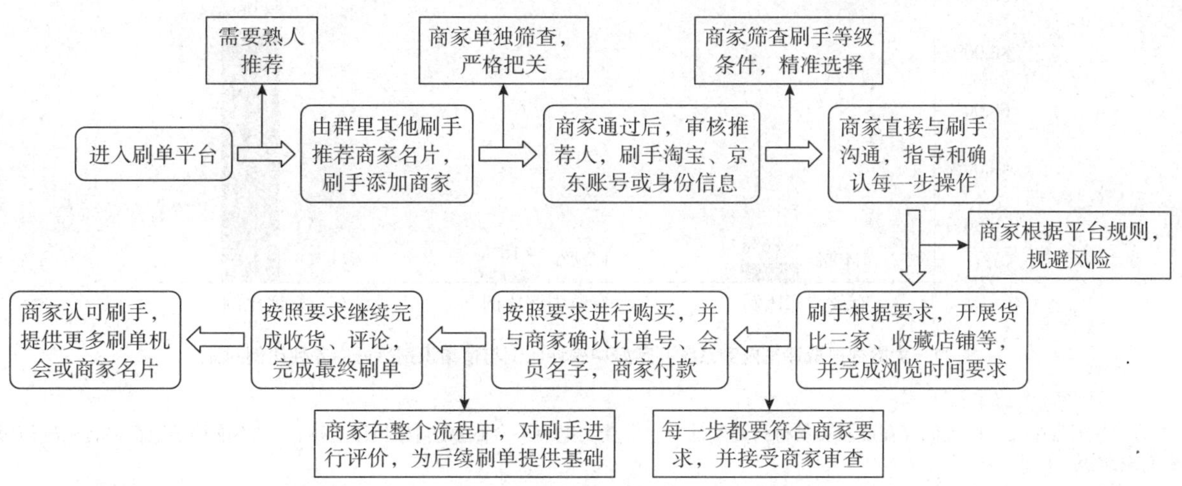

图9 “微信群”刷单平台暗访流程

在对刷单员进行深访的过程中，我们发现，刷单员被告知接受任务后，一般不能直接搜索商家名称，只能以关键词或图片搜索的方式查找商品。在此期间，如果不确定搜索结果是目标商品，需要与商家直接确认。例如，刷单员反映，“在浏览过程中，得先发进入店铺时间的截图，再发浏览到店铺底部的截图，以确保浏览时间满足要求”。

5.虚假评论信息类型多样，普通消费者难以识别。通过刷单暗访发现，虚假评论类型多样：一是商家为刷单员设计的虚假评论模板，评论内容结构较为相似；二是刷单员自行编辑的评论内容，没有固定的结构，与真实评论差异较小，此类虚假评论较为隐蔽，难以识别。

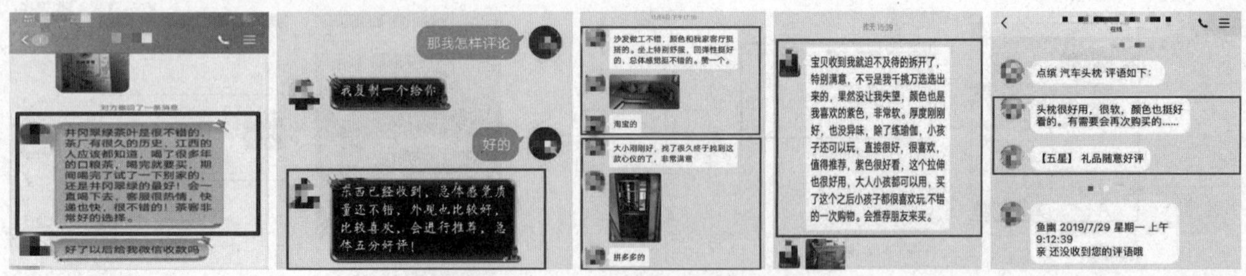

图10 商家向暗访员提供的评论内容

6.疑似存在虚假交易行为的商家较多。通过大数据抓取发现，从总体上看，从3家电商平台抓取的301家平台内商家中，疑似存在虚假交易行为的商家数为89家①。从电商平台来看，拼多多平台发现疑似虚假交易的商家数为35家②，淘宝平台为28家，京东平台为26家。

7.评论内容疑似虚假评论比例为7.39%。通过大数据抓取信息分析发现，从总体上看，淘宝、京东和拼多多3家电商平台抓取的评论内容中，疑似虚假评论内容③数量为9534条，占总体有效评论内容的比例为7.39%。

8.电商平台评价系统判定好中差评④比例与情绪识别比例差异较大，电商平台存在“无差评选项”情况。无差评选项是指电商平台商家页面中，虽然评论内容中存在明显负面评价的内容，但是电商平台评价系统既无专门差评选项，又无以关键字分类的负面评价分类。

我们通过大数据分析发现，在淘宝、京东、拼多多3家电商平台抓取的店铺评论中，系统判定的好评、中评、差评比例，与通过情绪识别判断⑤的好评、中评、差评比例相比，差异较大。

从总体来看，电商平台系统判定的差评比例仅为1.40%。但是，情绪识别后，电商平台抓取店铺评论内容的差评比例为6.86%。

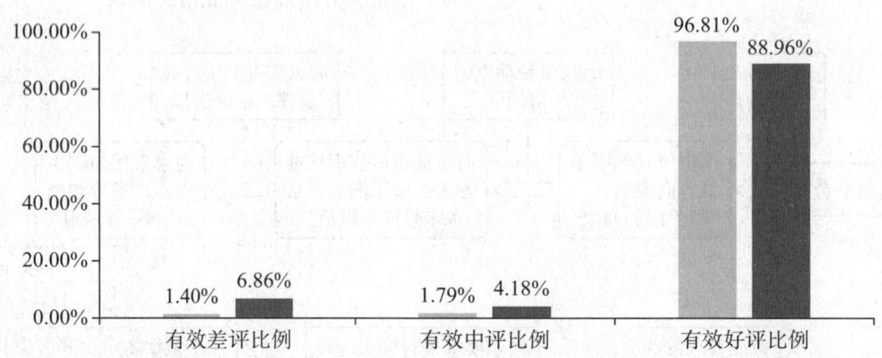

图11 大数据抓取评论内容系统判定好中差评比例与情绪识别后好中差评比例对比

① 本报告中发现的疑似存在虚假交易行为商家的数字，受到电商平台商家选取因素的影响，并不能用于电商平台中疑似虚假交易商家多少的比较。

② 本报告中疑似虚假交易商家的确认，是以疑似虚假评论为依据进行判定的。但是，由于淘宝、京东、拼多多平台每个商家平均评论数量差异较大，在判定疑似虚假交易行为商家时，以京东为准，以各平台商家平均评论数量为基数，计算判定疑似虚假交易商家的权重。最终，本次报告以京东平台虚假评论20条及以上的商家为疑似虚假交易行为商家，淘宝、京东和拼多多平台疑似虚假交易商家判定的权重为2.05∶1∶0.58，即淘宝平台商家疑似虚假评论34条及以上的商家为疑似虚假交易商家、拼多多平台商家疑似虚假评论9条及以上的商家为疑似虚假交易商家。

③ 疑似虚假评论内容判定步骤为三步：一是通过对刷单平台的暗访，从电商平台商家处获取虚假评论内容模板，并依据虚假评论内容模板设计虚假评论内容结构；二是通过大数据抓取，找出抓取的有效评论内容，且字数等于或大于十个字符；三是依据虚假评论内容结构，匹配出与虚假评论内容结构一致的评论内容，判定为虚假评论内容。最终，本次报告的虚假评论内容结构为：十个字符及以上有效评论+夸产品/夸商家+表示非常满意/推荐/再次购买等关键词。

④ 电商平台系统判定好中差评是指根据大数据采集的评论内容，首先剔除电商平台默认好评、评论内容在十字以内的有效评论之后，平台评价系统认定的好中差评分类。

⑤ 情绪识别好中差评是根据大数据采集的有效评论内容，通过对有效评论内容的情绪分数，判定的好中差评。其中，本次调查体验中，将情绪分数大于0.5的判定为好评，小于0.3的为差评，中间分数为中评。

同时，后评价体验发现，天猫平台对商家的商品描述、卖家服务和物流服务进行打分，并以星级的形式对商家进行综合打分。但是，在评价系统中，天猫平台仅对消费者评论的关键词进行分类，未针对消费者的评论打分进行分类，导致商品评价未显示明确的好评、中评、差评。例如，天猫平台“WIS旗舰店”好评率显示为100%，但是在体验的商品评论中，有些评论内容从消费者语义来看，评论内容为差评，然而评论分类中却没有明确的差评分类。

在后评价体验过程中，体验员还发现，京东平台以商家好评率的形式显示评论内容，但有商家评论内容中存在明显负面评价，而评论分类却并无差评选项，也未以关键词方式显示负面评论。例如，京东平台“忆静萱服饰旗舰店”，虽然商家好评率为100%，但在体验该商家商品时发现，该商家的商品评论中存在明显的负面评价信息，评论分类里未显示差评选项或负面评论的关键词。

图12　天猫平台WIS旗舰店评价分类与消费者评论

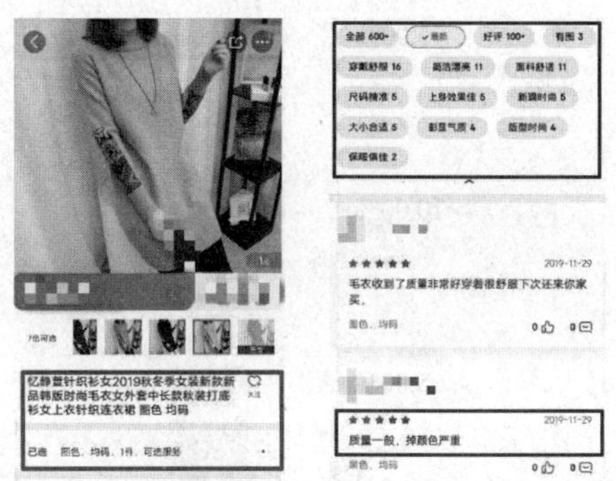

图13　京东平台忆静萱服饰旗舰店评价分类与消费者评论

9.抓取的评论中默认好评比例为6.09%，商家评分存在“虚高”现象。通过大数据抓取发现，从总体上看，淘宝、京东、拼多多三大平台共计301家店铺采集的评论内容中，默认好评的比例为6.09%。从电商平台来看，拼多多平台采集的评论内容中，无效评论占拼多多平台评论内容总数的比例较高，为11.66%。

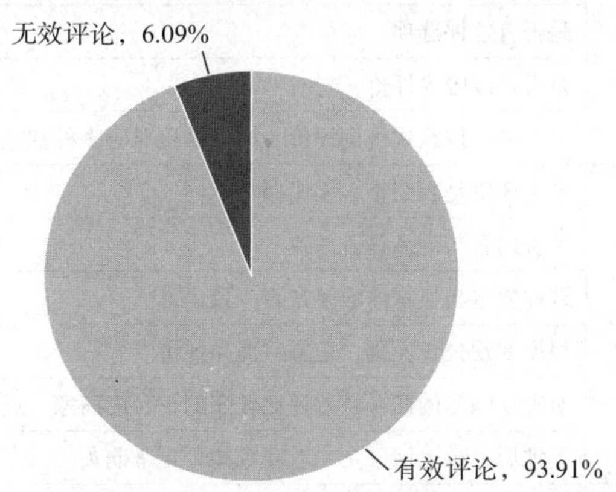

图14　淘宝、京东和拼多多平台有效评论和无效评论占采集评论内容总数比例

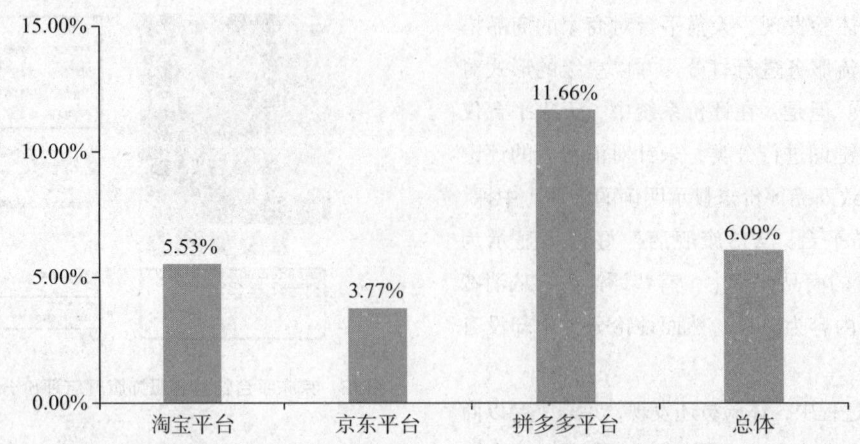

图15　各电商平台采集评论内容中无效评论占该平台评论内容总数的比例

二、部分电商平台后评价体验分析

后评价体验对象是针对选取的电商平台以及电商平台内商家，以消费者的身份，对网络购物从商品购买、评价系统体验到商品评价进行全流程体验（详见表2）。本次调查体验中，选取15家电商平台（淘宝、天猫、京东、拼多多、唯品会、蘑菇街、苏宁易购、国美、微店、云集、考拉海购、当当、小红书、贝贝、网易严选），从电商平台分类进入女装或化妆品分类首页，从首页的前30家店铺中进行后评价体验，共完成465次体验（详见表3）。

表2　后评价体验内容及具体内容

评价阶段	调查内容	评价内容
购买体验中期	商品购买	按照操作流程，正常下单购买
	平台评价系统功能	平台是否公示评价规则
		消费者能否便捷评价
		各类评价能否方便查询好评和差评
		是否有追加评价
		能否查看晒图评价
		是否有差评选项
		是否可以匿名评价
		是否可以按款式查询评价（同一链接对应多种款式商品）
	平台评价系统显示	各类评价是否完整、无遮挡
		评价内容与商品是否一致
		差评数量与显示的数字是否一致
购物体验后期	商品评价	根据客观公正原则，正常对商品评价
		对存在问题的商品且差评比较多的平台内商家，进行差评
		差评后，再返回平台内看商家能否正常购买
	七天无理由退货	在评价商品后，七天无理由退货
	好评返现	平台内商家是否存在好评返现行为
	追加评论	在评价日期结束后，能否追加评论，以及追加评论时，好评与差评的操作是否同样便捷

表3　电商平台后评价体验店铺实际数量

序　号	电商平台名称	数量（家）
1	拼多多	35
2	京东	34
3	天猫	33
4	网易严选	33
5	淘宝	33
6	唯品会	32
7	考拉海购	31
8	蘑菇街	31
9	微店	30
10	云集	30
11	苏宁易购	30
12	小红书	29
13	国美	29
14	贝贝	28
15	当当	27
总　体		465

1.评论内容疑似有筛查，部分体验评论在平台不显示。根据《电子商务法》第三十九条规定，电子商务平台经营者应当建立健全信用评价制度，公示信用评价规则，为消费者提供对平台内销售的商品或者提供的服务进行评价的途径。电子商务平台经营者不得删除消费者对其平台内销售的商品或者提供的服务的评价。

通过后评价体验发现，电商平台疑似对消费者的评论内容进行筛查，会选择性显示消费者的评论内容。在后评价体验过程中，发现在15家电商平台465次体验中，有27次不显示后评价评论内容，占到后评价体验总数的5.81%。其中，有体验员询问店铺客服后，客服给出体验员评论内容的截图，但是在店铺评论内容中不显示相应评论。同时，针对无法显示的评论内容，截止到目前，体验员再次从店铺评论内容查询后，仍未能找到该评论内容。

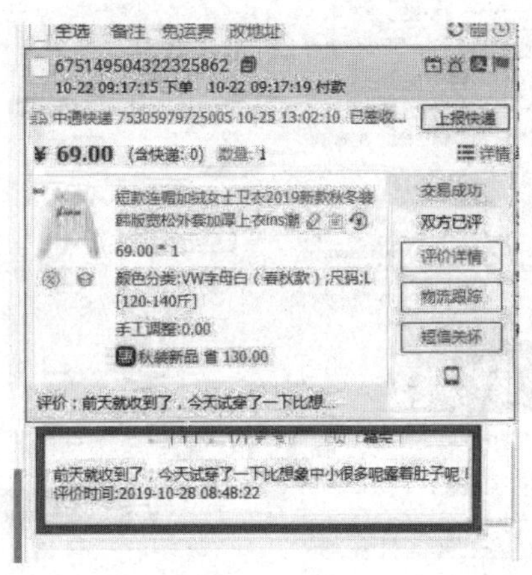

图16　平台商家向体验员提供的评论内容截图

2.多个电商平台分类查询商品评论不够便利。通过后评价体验发现，从电商平台来看，淘宝平台、天猫平台、苏宁易购平台评价系统中，能够使消费者按照商品的款式（型号）分类，查看该款式商品的评论内容；京东平台、拼多多平台和考拉海购平台评价系统中，能够让消费者只查看当前商品评论。虽然微店平台、国美平台等电商平台评价系统中，能够显示购买商品的款式，但无法通过商品款式查询评论内容。而当当平台评价系统不仅未提供按照商品款式查询评论的功能，且评论内容不明确显示商品款式。可见，在分款式查询商品评论方面，多个电商平台商品评论内容查询功能无法使消费者按照款式查询相应商品的评论内容，缺乏便利性。

图17 淘宝平台和苏宁易购平台按款式查询评论内容

图18 京东平台和考拉海购平台查询当前商品评论内容

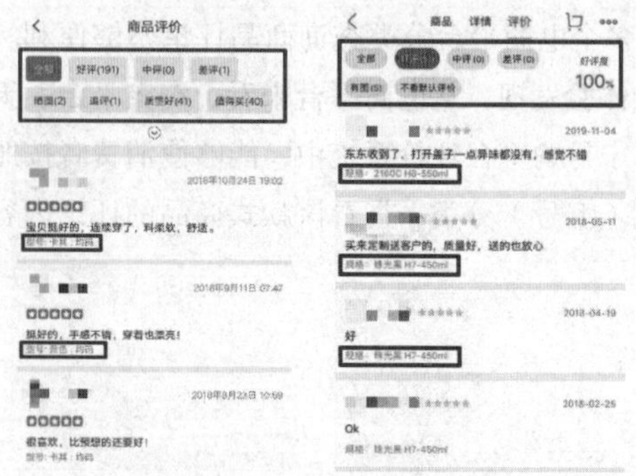

图19 微店平台和国美平台评价系统评论内容显示情况

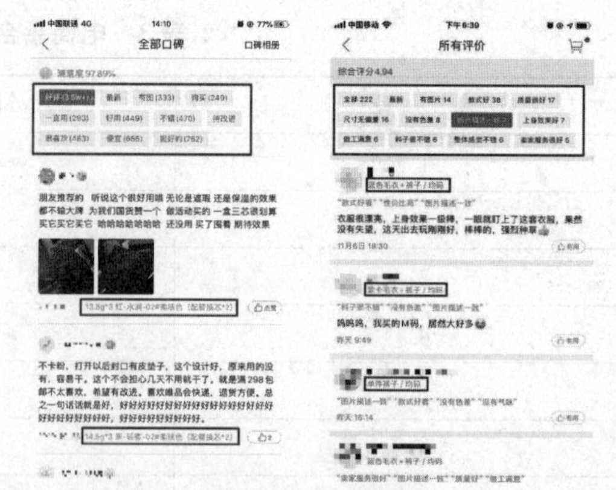

图20 唯品会平台和蘑菇街平台评价系统评论内容显示情况

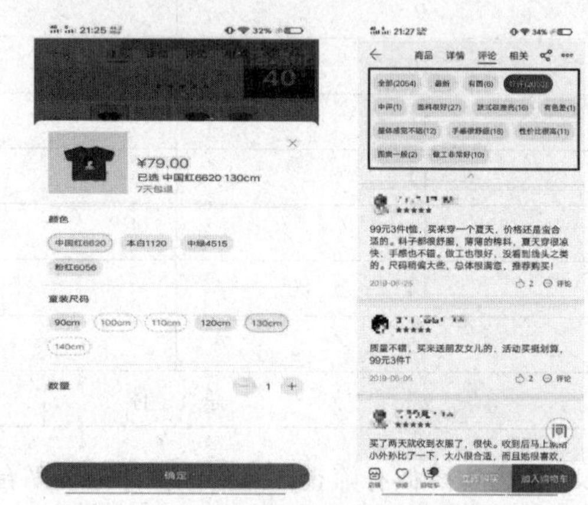

图21 当当平台评价系统评论内容显示情况

3. 电商平台“追评”信息无法修改“初评”内容。商品追评是消费者购买商品一段时间后，对商品进行的第二次评价，往往是消费者使用商品之后对商品质量、使用时的体验或者效果的评价，是消费者选购电商平台商品的重要参考之一。通过后评价体验发现，体验员在给予商家评论后，在规定时间对商品进行追评时，体验员能够看到之前评论的评分，但无法修改原来评论的评分。例如，在体验天猫平台“郎倩尔服饰旗舰店”和小红书平台“比尔姿彩品牌店”时发现，在填写追评内容时，电商平台不再显示评论的星级评分，也不能再对原来评论的星级评分进行修改。可见，电商平台的评价系统是以第一次评论评分为主，追评时无法修改评分。但是，相比收货不久的第一次评价，追评往往更加客观。而追评无法修改之前评分将导致消费者看到的评分不够客观，由此可见电商平台评价系统的合理性有待提升。

图22　天猫平台郎倩尔服饰旗舰店和
小红书平台“比尔姿彩品牌店”追评情况

4.电商平台内商家存在好评返现行为。根据《电子商务法》第十七条规定，电子商务经营者应当全面、真实、准确、及时地披露商品或者服务信息，保障消费者的知情权和选择权。电子商务经营者不得以虚构交易、编造用户评价等方式进行虚假或者引人误解的商业宣传，欺骗、误导消费者。好评返现目的在于诱导消费者进行好评，提高商品好评率，对于其他消费者是一种误导。通过后评价体验发现，15家电商平台中，有46家店铺存在好评返现行为，占到后评价体验总数的9.89%。从不同平台来看，拼多多平台、淘宝平台、天猫平台相对较多。

图23　拼多多平台Wemeet店好评返现

图24　淘宝平台资莱皙旗舰店好评返现

5.微店平台内商家存在辱骂、拉黑消费者情况。根据《消费者权益保护法》第二十五条规定，经营者采用网络、电视、电话、邮购等方式销售商品，消费者有权自收到商品之日起七日内退货，且无需说明理由，但下列商品除外：（一）消费者定做的；（二）鲜活易腐的；（三）在线下载或者消费者拆封的音像制品、计算机软件等数字化商品；（四）交付的报纸、期刊。除前款所列商品外，其他根据商品性质并经消费者在购买时确认不宜退货的商品，不适用无理由退货。消费者退货的商品应当完好。经营者应当自收到商品之日起七日内返还消费者支付的商品价款。退回商品的运费由消费者承担；经营者和消费者另有约定的，按照约定执行。根据第二十七条规定，经营者不得对消费者进行侮辱、诽谤，不得搜查消费者的身体及其携带的物品，不得侵犯消费者的人身自由。通过后评价体验发现，微店平台商家在知晓消费者申请七日无理由退货后，存在辱骂消费者的行为。同时，商家告知体验员，购买商品并申请七日无理由退货将被商家拉入“黑名单”。

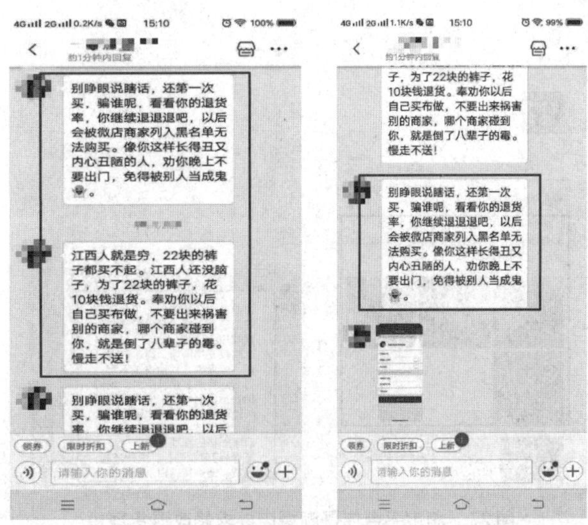

图25　微店平台商家辱骂体验员的聊天内容截图

6.平台内商家七天无理由退货服务标记不清晰。通过后评价体验发现，国美平台的智子生活电器专营店的店铺首页标记支持七天无理由退货，但在商品详情的售后部分，告知消费者相关产品不支持七天无理由退货。在体验员申请退货过程中，商家告知体验员相关商品不支持七天无理由退货后，拒绝了七天无理由退货申请。体验员在联系国美平台客服调解后，国美平台客服未能解决相关问题，导致至今未能完成退货。

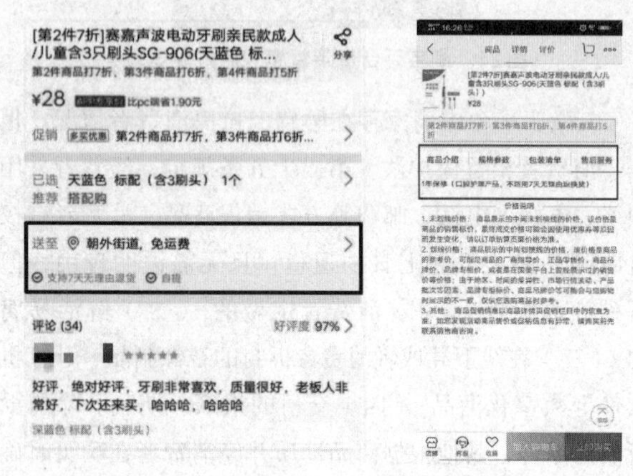

图26　国美平台智子生活电器专营店产品服务标记

7.平台内商家利用消费者退货急迫心态，要求消费者更改退货原因。通过后评价体验发现，消费者在给予商家差评后，淘宝和拼多多平台内商家要求消费者在退货时，将申请理由填写为“七天无理由退货”“尺码拍错/不喜欢/效果差”“其他”等非商家过错的原因，以逃避对其评分的负面影响。这导致了店铺评分虚高，损害了消费者的知情权和选择权。

图27　淘宝平台伟哥潮爆店要求修改退货理由

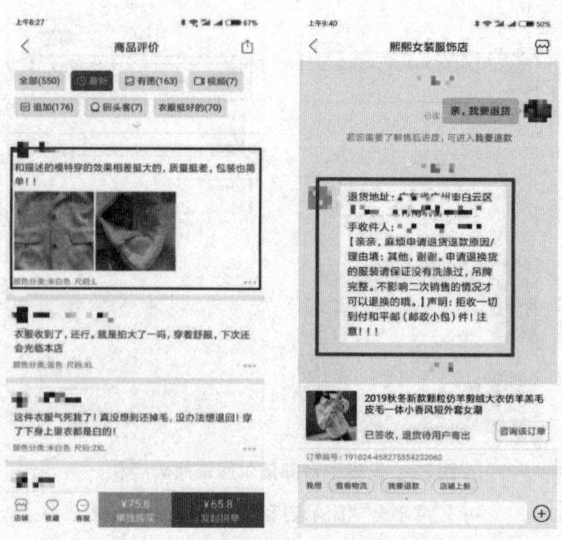

图28　拼多多平台熙熙女装服饰店要求修改退货理由

8.平台内商家以补偿名义，要求消费者删除差评。通过后评价体验发现，消费者在给予商家差评后，淘宝平台商家存在要求消费者删除差评的情况。例如，在对淘宝平台伟哥潮爆店购物体验过程中，体验员对购买商品给予差评后，该商家在退货咨询期间，要求体验员删除差评；在体验员未删除差评后，该商家又分别以短信和电话形式要求体验员删除差评，并提出删除差评后可获得小额补偿。

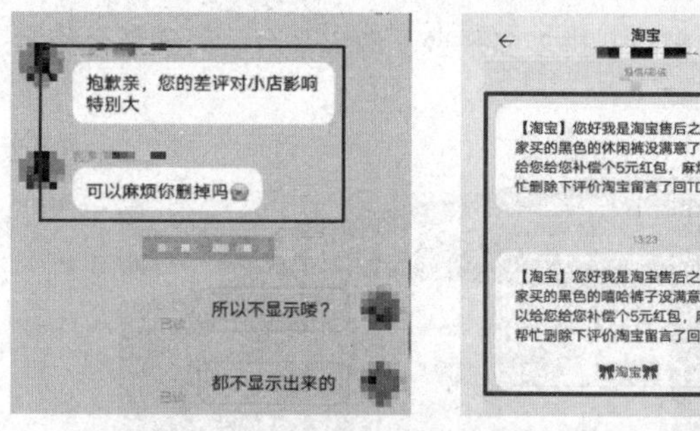

图29　淘宝平台商家要求消费者删除差评

三、思考和建议

2019年1月1日正式实施的《电子商务法》对于电子商务平台经营者建立健全信用评价制度、公示信用评价规则、为消费者提供商品和服务评价途径以及不得删除消费者评价等作出明确规定。从调查体验情况来看，在制度规则设计方面，电商平台经营者现有搜索排名和评价规则易被用于虚假交易；在评价信息方面，电商平台内商家存在评分“虚高”情况，虚假交易、默认好评、不当筛查消费者评论以及无法真实体验追差评等问题较为突出。网络消费后评价是法律赋予消费者的重要权利，后评价信息也是消费者进行网络消费的重要参考，后评价信息的真实性、便捷性和有效性考验着电商平台经营者及平台内商家诚信经营的程度和水平。为督促电商平台经营者及平台内商家按照法律法规要求，不断完善信用评价规则，客观展示消费后评价信息，为消费者放心消费提供有效参考，中消协提出如下建议：

加强电商诚信经营监管，进一步提升电商平台服务质量。本次调查体验发现，虽然我国已实施相关网络消费的法律法规，但刷单炒信行为隐蔽，网络消费后评价信息失真情况相对突出，对消费者的自由选择、自主消费造成不利影响。建议有关部门：一是与搜索网站、社交平台等深入合作，加强对虚假交易平台、虚假交易行为的监管执法，大力净化网络环境；二是建立电商后评价信息信用监管规则，加强对电商平台及平台商家经营行为的监测与窗口指导，引导和鼓励社会参与，共建共治共享安全放心的网络消费环境。

电商平台进一步完善管理规则，提高平台内商家诚信经营水平。调查体验发现，电商平台制定的评价规则存在管理“漏洞”，易于形成对平台内商家虚假交易行为、默认评价、不当展示评价等刷单炒信行为的“放任”。希望广大电商平台：一是树立“消费者优先”理念，进一步完善电商平台治理规则，实施失信商家“黑名单”公示制度，主动向其他电商平台和政府有关部门共享，严肃处理平台刷单炒信行为；二是建立健全消费者参与商家评分规则的制定和完善机制，保障消费者知情权、选择权和自主行使消费后评价权利，杜绝未经消费者明示同意的“默认好评”、删除评价等行为。

重视服务评价权益，强化社会监督力量。通过调查体验发现，一些不法分子利用提供虚假交易佣金，吸引大量人员通过电商平台对特定商家发表大量虚假评论信息，进行刷单炒信，严重误导消费者购买选择。因此，呼吁广大消费者：一是提高责任意识和参与意识，重视法律赋予的消费后评价权利，不参与刷单炒信，拒绝默认好评，客观公正进行评价，倡导形成我为人人、人人为我的良好风尚；二是增强网络消费过程中虚假评论辨识能力，参考后评价信息时要进行必要的甄别，尤其警惕具有超高好评度且难以查看差评的平台和商家；三是提高维权意识，一旦发现后评价权利受到平台或商家侵犯，被默认好评或评价被无故删除或更改的情况，要主动维护自身合法权益。

北京市消费者协会

北京一日游消费体验调查报告

为进一步保护消费者的合法权益，规范旅游消费市场秩序，促进旅游业健康发展，北京市消费者协会自2016年开始，连续四年开展北京旅游消费市场体验式调查，今年以《消费者权益保护法》和《北京市旅游条例》共同作为调查依据，聚焦行业问题和消费趋势，在调查内容和方法上积极创新，有效发挥消协组织社会监督作用。此外，在本次调查过程中，北京市消费者协会与北京市市场监督管理局、北京市文化和旅游局密切沟通，进一步增强了调查内容的针对性，形成行政监管和社会监督的合力。

一、总体情况

本次调查于2019年4月启动至6月结束，调查历时3个月。围绕北京一日游消费市场，本次调查主要在北京一日游体验调查、北京周边自驾游、北京主要火车站服务调查三个方面。其中，北京一日游体验30条线路、北京周边自驾游体验10条线路，北京主要火车站体验3条线路；此外火车站调查还包括网络文本调查，采集近一年的北京主要火车站网络负面评论信息共16120条数据。

为保证样本的科学性和代表性，本次调查组织40个调查组，80名调查员参与本次体验调查，调查员由北京、天津消协志愿者、媒体记者、工作人员和专职人员组成。

在线旅游平台方面，根据平台规模和影响力选择，具体包括：携程旅行网（上海）、去哪儿网（北京）、途牛旅游网（南京）、驴妈妈旅游网（上海）、飞猪旅行网（杭州）、同程旅游网（苏州）、马蜂窝旅游网（北京）、欣欣旅游网（厦门）。体验线路基本覆盖北京及周边主要4A级以上旅游景区。调查过程中，调查员以录音、拍照、录像等方式留存了相关影像资料。

调查结果显示，近年来体验调查指标结果稳步上升，北京一日游消费环境总体趋势向好。

第一，北京一日游体验式调查总体得分连续三年持续上升。根据体验结果，综合在线旅游平台、旅行社和景区三方面的平均得分，2019年北京一日游体验得分为86.80分，2018年得分为80.49分，2017年得分为77.76分，3年来得分稳中有升，表明在政府行政监管和社会监督共同努力下，北京一日游市场中的系列消费问题得到了改善，各个方面表现持续向好。

第二，在线旅游平台在"企业资质展示""售后投诉"这两方面有所提升。2018年调查结果中，在线旅游平台的"企业资质展示"方面，北京一日游体验得分为43.75分，四级指标"展示旅行社业务经营许可证"和"展示营业执照"分别为37.50分和50.00分。2019年调查结果中，在线旅游平台的"企业资质展示"方面，北京一日游体验得分为71.43分，四级指标"展示旅行社业务经营许可证"和"展示营业执照"分别为67.86分和75.00分，表现均比去年有所提升。

在"售后投诉"这方面，2018年调查结果显示得分为91.88分，其中，"投诉总体评价"得分为80.00分。2019年调查结果显示得分为93.93分，其中，"投诉总体评价"得分为90.00分，比2018年有所提升。

第三，近三年旅游消费合同签约情况有所改善。在旅行社合同签约率方面，2017年和2018年调查结果中，北京一日游合同签约率均为65%。2019年调查结果中，北京一日游合同签约率为70%，2019年合同签约率有所上升。此外，"合同中详细行程完整度"的近三年调查结果也逐年上升，2017年、2018年、2019年的得分为56.25分、75.00分、85.71分。总体看，合同签约情况有所改善。

第四，近三年调查结果显示，强制消费现象有所改善。经过3年的调查比较，在2017年、2018年、2019年的体验调查中，"没有强制消费项目"的指标得分分别为25.00分、45.00分、73.33分，3年持续升高。此外，强制消费金额在团费金额中的比例也逐渐下降，2017年、2018年、2019年分别为43.40%、32.40%、14.38%。可以说，在各方共同努力下，无论是强制消费线路占比还是强制消费金额，这两方面都得到了逐步改善。

二、主要问题

（一）旅行社依然是问题比较集中的服务环节，在合同、导游、强制消费、交通饮食等方面仍需要进一步加强

从2017年到2019年3年的调查结果来看，虽然不少指标得分有所增加，但在与游客关联最密切的旅行社方面，依然是问题比较集中的服务环节。

第一，北京一日游体验中合同签约率为70%，虽有上升，但与100%的签约规定仍有差距。《北京市旅游条例》第五十二条明确规定"旅行社应当与旅游者签订一日游包价旅游合同"。作为保障消费者权益的重要法律文件，旅游合同的缺失给消费者旅游体验过程中带来隐患，也给消费维权造成困难，这也是后期监管的重点方向。

第二，导游的服务规范和服务监管还有待加强。部分导游还存在旅游中途自行离团、景点无讲解、随意压缩景点游览时间等系列问题，而被游客广为诟病的强制消费项目也是由导游引导直接造成的。因此，导游是旅游消费行程中陪伴游客时间最长、影响最大的因素，如果缺乏有效监管，必然导致游客体验满意度下降，影响城市旅游形象。

（二）各景区厕所卫生情况总体较好，但仍然存在一些细节问题有待改善

厕所问题不是小事情，是城乡文明建设的重要方面。各景区厕所卫生情况较好，景区卫生得分达到95分，总体指标得分较高。但从体验员的反馈来看，仍然存在一些细节问题有待改进，例如，垃圾清理不及时、厕所少排队时间长、洗手池无水、有异味等方面。

（三）北京地区火车站作为旅游交通的关键节点，在北京一日游中发挥着重要作用，部分旅游服务指标有待进一步提升

对比北京站、北京南站和北京西站的网络文本调查和体验式调查，发现3家北京火车站普遍存在的问题是安检效率低、站内标识不清晰和黑出租等问题。具体来看，无论是网络文本调查还是体验式调查，北京西站的旅游服务问题都表现相对较多，有待加强。

三、相关建议

针对本次调查结果，为营造良好的旅游消费环境，提升消费者旅游服务感受，北京市消费者协会呼吁社会各界应以建设"国际一流和谐宜居之都"为目标，加强对北京旅游市场的管理，并提出以下建议。

（一）政府相关部门应进一步加大《北京市旅游条例》等旅游相关法律法规的宣传和落实力度，同时进一步细化相关法律条文，强化市场监管

今年的体验调查结果显示，《北京市旅游条例》的公布对于改善北京旅游服务质量方面发挥了积极作用，调查结果连续3年持续向好，表明北京市旅游市场监管在

依法治理上取得了显著效果，进展良好。

不过，今年体验调查的部分结果表明，在法律相对完善的情况下，依然存在违法违规现象，因此，首先，要进一步加大法律法规的宣传力度，宣传是贯彻落实的前提，只有知法、懂法，才能依法、守法。这个过程中，务必让广大旅游从业者、消费者、相关经营者熟知《北京市旅游条例》有关规定，尤其部分在线旅游平台总部并非在北京，对旅游相关的北京地方法律法规理解可能还不够准确，因此在信息公开方面有待完善。

其次，政府相关部门还要进一步加大法律法规的落实力度，通过技术创新和治理方式创新保证执法效果。例如，《北京市旅游条例》第二十五条明确指出"向旅游者提供的旅游电子行程单应当包括提供服务的旅行社名称、导游姓名及联系电话，旅游客运车辆牌号、驾驶人员姓名，景区名称及游览时间，就餐点、购物店名称及具体停留时间等内容"。但目前电子行程单中关于导游信息、车辆信息模糊甚至缺失，而且体验调查中发现导游也较少佩戴纸质导游证，游客难以了解导游从业情况，不利于消费者知情和监督。

最后，根据旅游消费市场发展过程中出现的新现象新问题，应进一步细化行业法律条文，强化行业监管。目前，某些无旅游资质企业通过社交媒体非法发布旅游产品组织出游，该类线路多以网络社群、俱乐部会员联谊名义组织，但实际为旅游消费，打擦边球经营，因此有必要进一步细化行业法律条文予以规范管理。

（二）在线旅游平台应完善信息发布，提升经营水平，并进一步健全完善平台诚信体系

在线旅游平台多为第三方服务平台，主要业务是推介旅游产品，信息发布是其核心功能，但由于每个旅游产品可能都来自不同的供应商，而旅行社串联了旅游产业的大部分要素，包括产品（旅游线路）、服务人员（导游）、景区、交通、餐饮住宿等，因此，连续多年调查结果显示，在线旅游平台的信息发布环节表现均不尽如人意，这种信息发布与实际情况的不一致很容易给消费者带来出行不便的问题，从而引发消费者不满甚至投诉。信息发布问题频出也暴露了在线旅游平台管理水平的短板，有必要强化提升这方面的经营水平。

此外，围绕信息发布的服务短板，在线旅游平台更应在自身产业链层面强化诚信责任，进一步健全完善平台诚信体系，让游客放心选择合规合法的旅游产品。以信息发布提升为始，以消费者口碑信息为终，形成"服务—口碑—销量"的良性循环，从而在旅游消费市场发挥更大价值和作用。

（三）完善社会监督渠道，强化社会舆论监督，进一步改善旅游消费环境

旅游行业涉及的经营链条长，经营环节多，服务水平差异明显，一旦监督不到位，就容易导致服务质量问题，例如民宿的"投诉电话和负责人电话公布情况"表现在今年就略有下降。

因此，北京市消费者协会呼吁首都社会各界应以建设"国际一流和谐宜居之都"为目标，加强对本市旅游行业的社会监督，完善社会监督渠道，逐步建立健全旅游服务社会监督员制度，对旅行社、景区、旅游从业人员以及为消费者提供交通、住宿、餐饮、购物、娱乐等服务的相关经营者进行监督；积极发挥新闻媒体的舆论监督作用，曝光扰乱旅游市场秩序的典型事件，利用舆论力量挤压违法行为的生存空间，树立优秀旅游服务典范，提升消费者满意度，把旅游业培育成首都经济的战略性支柱产业和人民群众更加满意的现代服务业。

（四）进一步完善景区卫生的细节问题，包括垃圾分类管理；同时加强对火车站旅游服务社会监督和管理，提高服务水平

在体验过程中，景区卫生总体表现较好，无论是入/出口处、游览中的厕所和垃圾桶的体验得分绝大部分都在90分以上。不过，部分体验员也发现了一些细节问题，例如景区垃圾存在清理不及时的情况、停车场标志标识有待完善等，需要进一步完善景区卫生细节，包括设置分类垃圾桶、引导游客垃圾分类投放等方面。

此外，北京三家火车站作为重要旅游交通节点，今年首次纳入调查范围，在站点内需要重点解决"安检效率低""站内标识不清"，站点外需要重点解决"黑出租"等问题。北京西站在三家火车站中表现相对靠后，需要进一步强化提升旅游服务水平。

（五）消费者要理性文明消费，强化维权意识

随着生活水平的提高，旅游需求越来越大，面对众多的旅游线路和宣传信息，消费者要理性消费、文明消费、健康消费，强化维权意识。

首先，在出游前要了解旅游线路信息，以做到理性、文明消费。旅行社所推广宣传的实际上是一种旅游产品，消费者在与旅行社签订合同之前就应详细了解，尤其是旅游线路产品介绍中的旅游项目信息，做到心中有数，

建立合理的旅游期望，对于低价团甚至零团费线路要警惕，养成理性消费的习惯。此外，在旅游过程中也要注意风俗禁忌，文明出游。

其次，要有维权意识，加强自身权益的保护。根据本次体验式调查，旅行社的合同签约率还未百分之百实现，这一现象可能导致后期一旦出现消费纠纷，游客维权困难。因此，消费者要有维权意识，在旅游出行前务必签订合同，注意合同中的不合理条款内容，最大限度地保护自身利益。

再次，消费者需要辨明旅游产品是否为有旅游资质的企业提供，对某些组织或个人（如户外俱乐部、自驾游俱乐部、保健品销售企业、培训机构等）通过网上论坛、微信群、QQ群或线下形式发布旅游产品组织出游，消费者尤其是老年人群体要提高警惕意识，这类旅游产品有可能存在低价团、买保健品送旅游、买理财送免费游、隐性消费、强制消费、发布免责声明涉及逃避法律责任等问题，导致后期维权成本高。

最后，消费者在旅游活动中出现自己的合法权益受到侵害时，在与旅游经营者协商不成的情况下，应及时向当地旅游投诉受理机构或者有关调解组织申请调解，必要时可以通过法律途径来切实维护自己的权益。

互联网消费捆绑搭售问题调查报告

一、调查背景

所谓的捆绑搭售，通常是指经营者在正常销售一种商品或服务的同时采取默认勾选等方式强制或误导消费者购买其他商品或服务的行为。北京市消费者协会有关投诉数据显示，《电子商务法》实施之前，不少在线旅游企业采取“默认勾选”或“低价优惠”等方式搭售保险、接送服务以及抢购软件，严重损害了消费者的知情权、选择权和公平交易权。

2019年1月1日实施的《电子商务法》明确规定：“电子商务经营者搭售商品或者服务，应当以显著方式提请消费者注意，不得将搭售商品或者服务作为默认同意的选项。”由此可见，法律虽然没有明确禁止搭售行为，但其前提是必须保障消费者的知情权和选择权。否则，就应该依法受到规制。

《电子商务法》实施半年后，以往屡遭消费者投诉的在线旅游捆绑搭售问题是否得到有效遏止？目前通过在线旅游平台预订飞机票、火车票是否还存在捆绑搭售问题？其他互联网企业是否存在不合理的捆绑搭售行为？针对以上问题，北京市消费者协会近期专门开展了互联网消费捆绑搭售问题调查。

二、调查目的

通过开展本次调查，了解《电子商务法》实施后消费者对互联网消费捆绑搭售问题的认知情况，在线旅游平台等互联网企业是否还存在捆绑搭售问题，并通过调查的开展督促互联网企业诚信守法经营，维护消费者的合法权益，促进互联网经济健康稳定发展。

三、调查方法与内容

本次调查内容主要包括消费者对互联网消费捆绑搭售问题的认知情况，互联网企业是否存在捆绑搭售保险、优惠券、接送服务和其他项目，是否存在默认勾选等侵犯消费者知情权、选择权和公平交易权的行为。其中，消费者对互联网消费捆绑搭售问题的认知情况主要采用网络问卷方式开展调查，互联网企业是否存在捆绑搭售行为主要采用体验方式开展调查。

（一）问卷调查

互联网消费捆绑搭售问题调查的问卷内容，主要包括消费者对互联网消费捆绑搭售问题的认知情况，遭遇捆绑搭售的经历，如何看待捆绑搭售问题，希望有关部门如何加强监管等。

本次调查问卷主要通过“北京消协”“阳光消费大数据研究院”微信公众号以及消费者网等渠道发布，通过有奖参与方式邀请消费者填写调查问卷。

（二）体验调查

1.在线旅游平台体验。综合目前在线旅游市场情况，本次调查选取携程旅行、同程旅游、艺龙旅行、飞猪、去哪儿旅行、途牛旅游、驴妈妈旅游、马蜂窝旅游、智行火车票和高铁管家10个在线旅游平台作为体验调查对象。每个平台选取3—4个消费项目进行模拟消费体验，共完成39个调查样本。

调查员以普通消费者身份，分别在以上在线旅游平台模拟下单购买旅游产品或旅游服务，重点体验在线旅游平台及平台经营者是否存在通过默认勾选或其他不合

理方式搭售保险、优惠券、接送服务或其他项目。调查员对体验过程采用截屏、录屏方式保存调查证据。

2.网络票务平台体验。综合目前网络票务市场情况，本次调查选取淘票票、大麦、猫眼、票牛、保利电影、永乐票务、万达电影和摩天轮票务等8个票务平台作为体验调查对象。每个平台选取1—2个消费项目进行体验，共完成11个调查样本。

调查员以普通消费者身份，分别在以上网络票务平台模拟下单购票，重点体验票务平台及平台经营者是否存在通过默认勾选或其他不合理方式搭售优惠券或其他项目。调查员对体验过程采用截屏、录屏方式保存调查证据。

3.网络购物平台体验。综合目前网络购物平台情况，本次调查选取天猫、淘宝、京东、苏宁、1号店和唯品会6个网购平台作为体验调查对象。每个平台选取3个消费项目进行体验，共完成18个调查样本。

调查员以普通消费者身份，分别在以上网络购物平台模拟下单购物，重点体验网络购物平台及平台经营者是否存在通过默认勾选或其他不合理方式搭售优惠券或其他项目。调查员对体验过程采用截屏、录屏方式保存调查证据。

4.网络餐饮平台体验。综合目前网络餐饮平台情况，本次调查选取饿了么和美团外卖2个网络餐饮平台作为体验调查对象。每个平台选取3个消费项目进行体验，共完成6个调查样本。

调查员以普通消费者身份，分别在以上网络餐饮平台模拟下单，重点体验网络餐饮平台及平台经营者是否存在通过默认勾选或其他不合理方式搭售优惠券或其他项目。调查员对体验过程采用截屏、录屏方式保存调查证据。

四、问卷调查结果

本次问卷调查自2019年6月25日启动至7月4日结束，通过“北京消协”“北京阳光消费大数据研究院”微信公众号以及消费者网等渠道，共计收回有效问卷3350份。问卷内容主要涉及消费者遭遇捆绑搭售的经历、对捆绑搭售问题的认知情况以及对捆绑搭售问题的意见建议等。

调查结果显示，88.00%的被调查者有过网购被捆绑搭售的经历；在线旅游平台是被调查者遭遇捆绑搭售最多的互联网平台，其次是购物平台和出行平台；75.70%的被调查者认为商家捆绑搭售时没有以显著方式提醒消费者注意；85.94%的被调查者认为捆绑搭售的商品或服务并不是自己真正想要购买的；73.31%的被调查者认为商家捆绑搭售是为了牟取暴利，仅10.30%的被调查者认为是迎合用户消费习惯提供人性化服务；75.70%的被调查者认为捆绑搭售行为强制消费、损害了消费者的合法权益，67.01%的被调查者认为捆绑搭售行为会对整个行业带来负面影响；47.88%的被调查者认为《电子商务法》实施后，捆绑搭售问题仍然存在，但比以前更隐蔽了；只有18.15%的被调查者认为变化很大，基本不存在了；49.88%的被调查者表示遇到捆绑搭售行为会选择放弃购买，26.12%的被调查者表示遇到捆绑搭售行为会选择无奈接受；77.01%的被调查者建议加强监管、严惩商家捆绑搭售行为，65.97%的被调查者建议完善有关法律法规、加大处罚力度，53.01%的被调查者建议加强企业自律、倡导诚信守法经营。

具体问卷调查结果如下：

（一）被调查者的性别情况

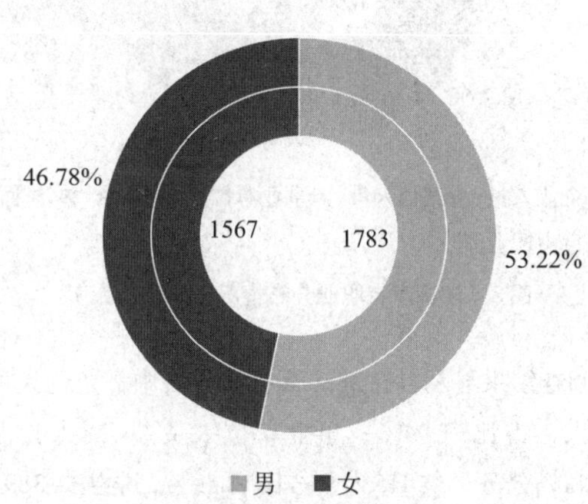

图1 被调查者性别分布情况（单位：人）

调查结果显示，男性被调查者1783人，占比53.22%；女性被调查者1567人，占比46.78%。调查结果说明，被调查者的性别比例相差不大。

（二）被调查者的年龄分布情况

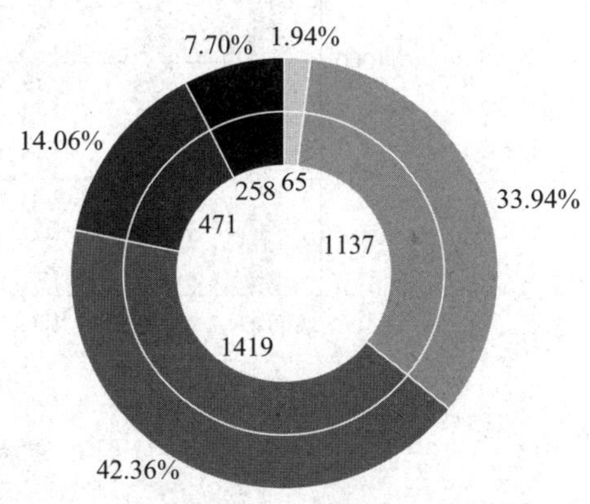

图2 被调查者年龄分布情况（单位：人）

调查结果显示，31—45岁的被调查者共1419人，占比42.36%；18—30岁的被调查者共1137人，占比33.94%；46—60岁的被调查者共471人，占比14.06%；60岁以上的被调查者共258人，占比7.70%；18岁以下的被调查者共65人，占比1.94%。调查结果说明，被调查者以中青年人为主。

（三）被调查者的职业分布情况

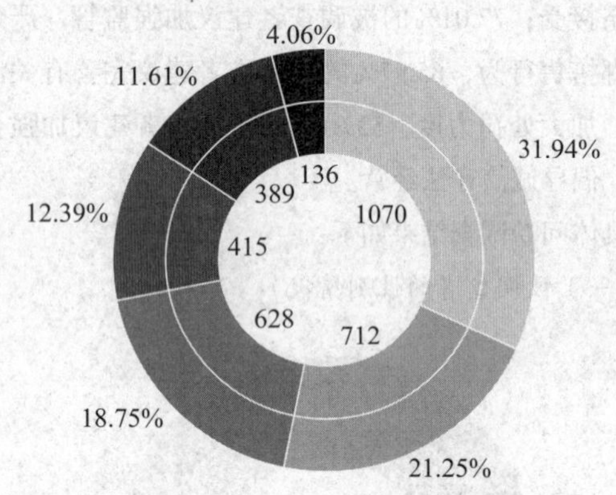

图3　被调查者职业分布情况（单位：人）

调查结果显示，在3350名被调查者中，企业人员共1070人，占比31.94%；事业单位人员共628人，占比18.75%；公务员共415人，占比12.39%；学生共389人，占比11.61%；自由职业者共136人，占比4.06%；其他人员共712人，占比21.25%。被调查者的职业以事业单位和企业人员居多，两者总和占比达到50.69%。

（四）被调查者网购时被捆绑搭售的情况

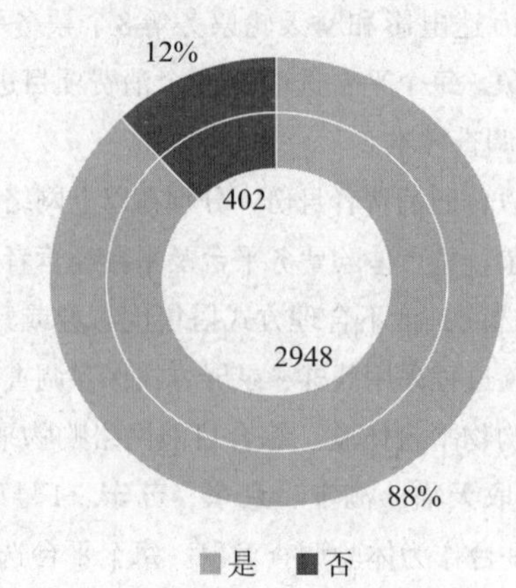

图4　被调查者网购被捆绑搭售情况（单位：人）

调查结果显示，在3350名被调查者中，网购时有过被捆绑搭售经历的有2948人，占比88%；没有被捆绑搭售经历的有402人，占比12%。调查结果说明，近九成被调查者网购时有过被捆绑搭售经历。

（五）被调查者遭遇捆绑搭售的平台类型

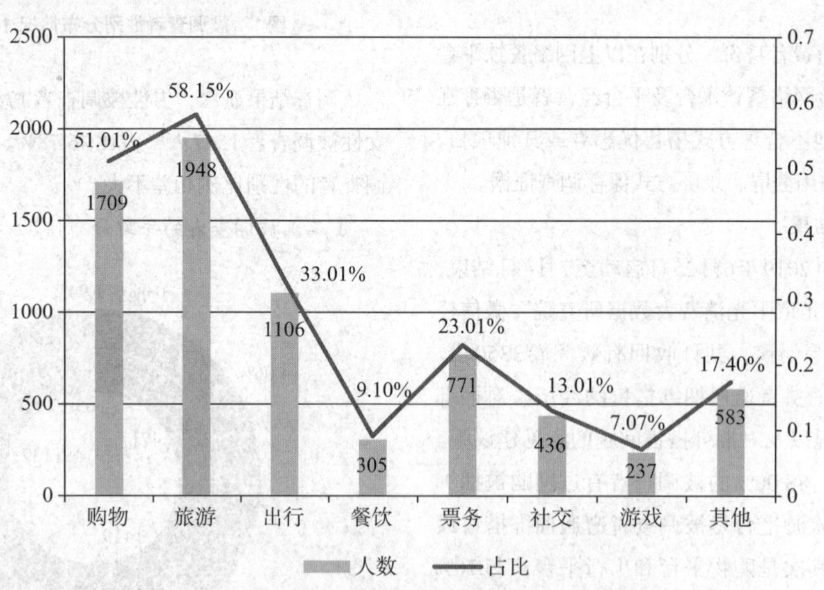

图5　被调查者遭遇捆绑搭售的平台类型

调查结果显示，在3350名被调查者中，在旅游平台遭遇过捆绑搭售的有1948人，占比58.15%；在购物平台遭遇过捆绑搭售的有1709人，占比51.01%；在出行平台遭遇过捆绑搭售的有1106人，占比33.01%；在票务平台遭遇过捆绑搭售的有771人，占比23.01%；在社交平台遭遇过捆绑搭售的有436人，占比13.01%；在餐饮平台遭遇过捆绑搭售的有305人，占比9.10%；在游戏平台遭遇过捆绑搭售的有237人，占比7.07%；在其他电商平台遭遇过捆绑搭售的有583人，占比17.40%。调查结果说明，被调查者在旅游平台遭遇捆绑搭售最多，其次是购物平台、出行平台和票务平台。

（六）被调查者了解的捆绑搭售形式

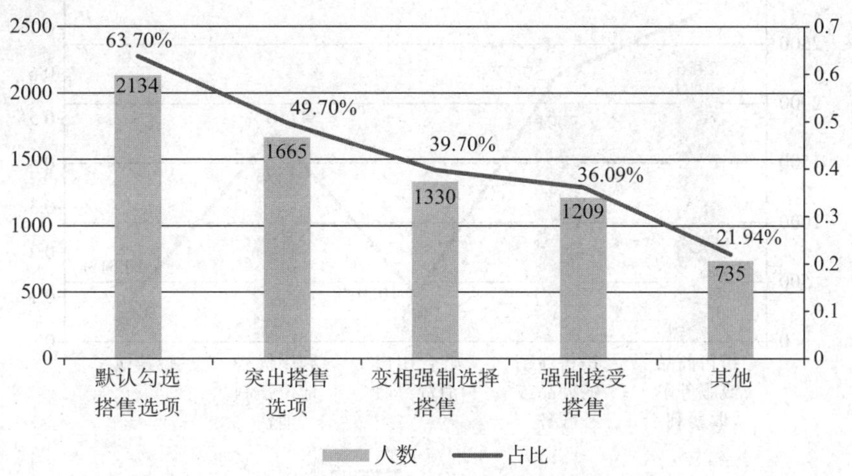

图6　被调查者了解的捆绑搭售形式

关于捆绑搭售的具体形式，在3350名被调查者中，认为是默认勾选搭售的有2134人，占比63.70%；认为是突出搭售选项、误导消费者的有1665人，占比49.70%；认为是设置交易障碍、变相强制选择搭售的有1330人，占比39.70%；认为是不选择就放弃使用、强制接受搭售的有1209人，占比36.09%；认为是其他形式的有735人，占比21.94%。

（七）捆绑搭售行为是否以显著方式提醒注意

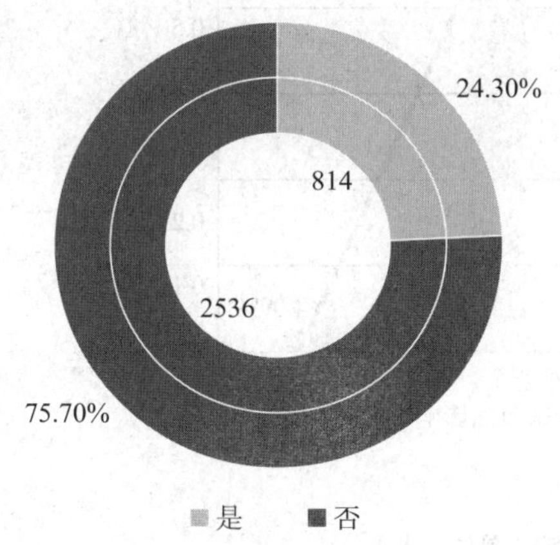

图7　捆绑搭售行为是否以显著方式提醒注意（单位：人）

调查结果显示，在3350名被调查者中，认为商家捆绑搭售时没有以显著方式提醒注意的有2536人，占比75.70%；认为商家以显著方式提醒注意的有814人，占比24.30%。调查结果说明，七成多被调查者认为商家捆绑搭售时没有以显著方式提醒消费者注意。

（八）捆绑搭售的商品或服务是否符合购买意愿

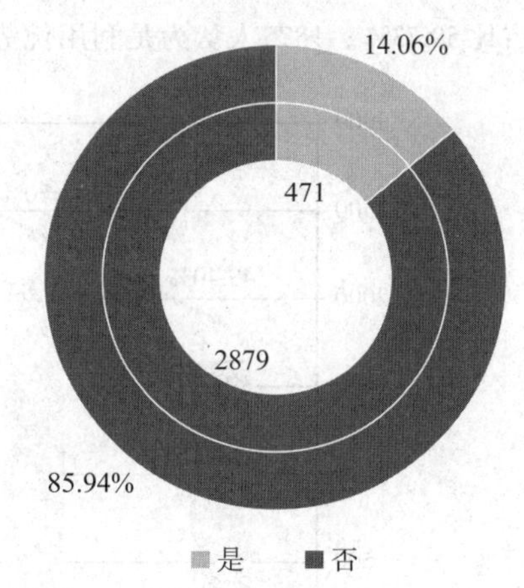

图8　捆绑搭售的商品或服务是否符合购买意愿（单位：人）

调查结果显示，在3350名被调查者中，有2879人认为捆绑搭售的商品或服务不是自己真正想购买的，占比85.94%；只有471人认为捆绑搭售的商品或服务是自己真正想购买的，占比14.06%。调查结果说明，八成多被调查者认为商家捆绑搭售的商品或服务并不是自己真正想要购买的。

（九）被调查者认为企业捆绑搭售的目的

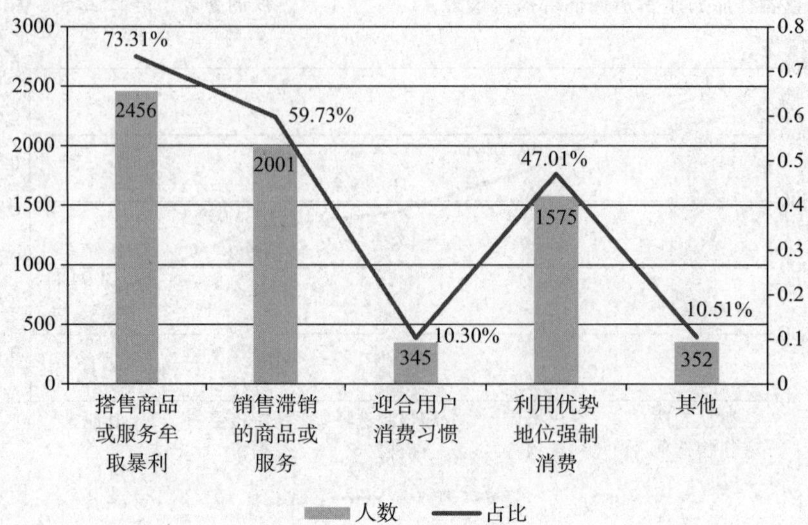

图9　被调查者认为企业捆绑搭售的目的（单位：人）

关于企业捆绑搭售的目的，七成多被调查者认为是牟取暴利。在3350名被调查者中，有2456人认为是牟取暴利，占比73.31%；2001人认为是为了销售滞销的商品或服务，占比59.73%；1575人认为是利用优势地位强制消费，占比47.01%；345人认为是迎合用户消费习惯、提供人性化服务，占比10.30%；352人认为是其他目的，占比10.51%。

（十）被调查者如何看待捆绑搭售行为

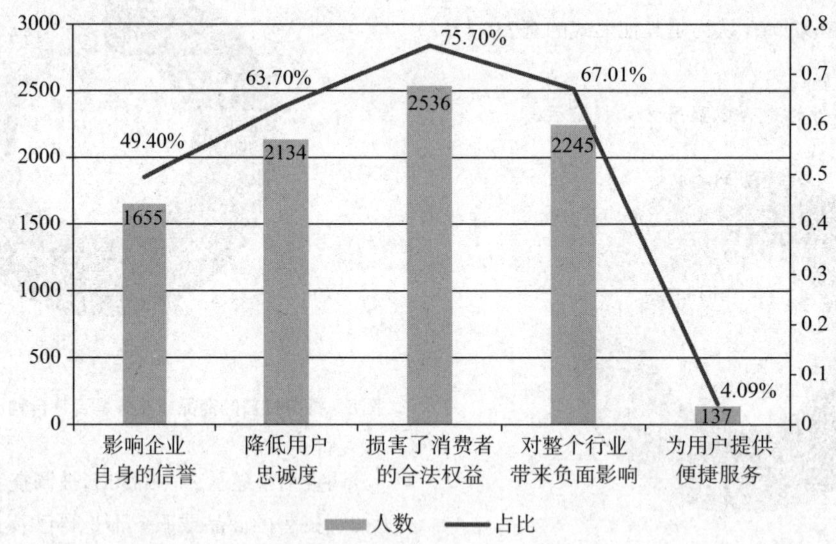

图10　被调查者对企业捆绑搭售的看法（单位：人）

关于如何看待企业捆绑搭售行为，在3350名被调查者中，有2536人认为是强制消费、损害了消费者的合法权益，占比75.70%；有2245人认为会对整个行业带来负面影响，占比67.01%；有2134人认为会降低用户忠诚度，占比63.70%；有1655人认为会影响企业自身信誉，占比49.40%；仅有137人认为是为用户提供便捷服务，占比4.09%。

（十一）《电子商务法》实施后捆绑搭售行为的变化

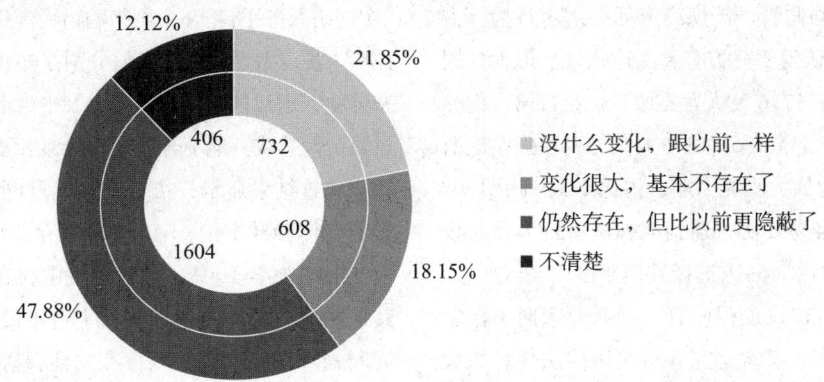

图11　《电子商务法》实施后捆绑搭售行为的变化（单位：人）

调查结果显示，在3350名被调查者中，有1604人认为《电子商务法》实施后捆绑搭售依然存在，但比以前更隐蔽了，占比47.88%；有732人认为没什么变化，和以前一样，占比21.85%；有608人认为变化很大，基本不存在了，占比18.15%；有406人表示不清楚有没有变化，占比12.12%。调查结果说明，近半被调查者认为《电子商务法》实施后捆绑搭售依然存在，但比以前更隐蔽了。

（十二）被调查者发现捆绑搭售后的处理方式

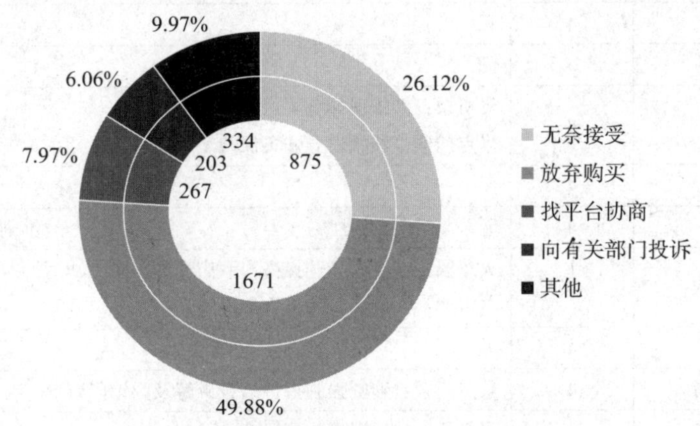

图12　被调查者发现捆绑搭售后的处理方式（单位：人）

发现捆绑搭售行为怎么办？在3350名被调查者中，有1671人选择放弃购买，占比49.88%；有875人选择无奈接受，占比26.12%；有267人选择找平台协商，占比7.97%；有203人选择向有关部门投诉，占比6.06%；有334人选择其他方式，占比9.97%。调查结果说明，近半被调查者表示发现捆绑搭售行为，会主动选择放弃购买。

（十三）被调查者对解决捆绑搭售问题的建议

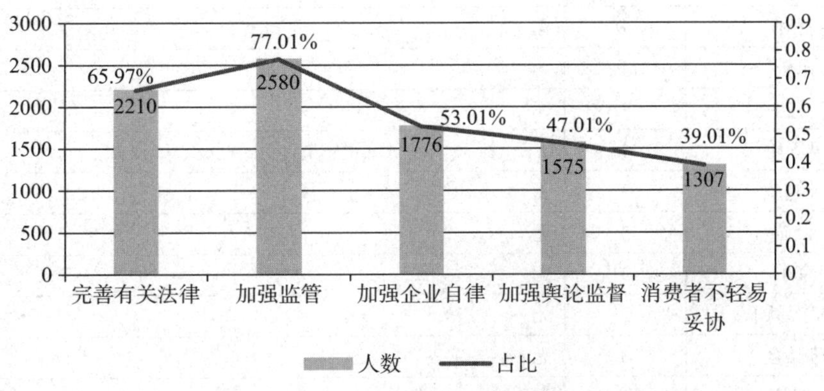

图13　被调查者对解决捆绑搭售问题的有关建议（单位：人）

关于如何解决捆绑搭售问题，在3350名被调查者中，有2580人认为要加强监管、严惩商家捆绑搭售行为，占比77.01%；2210人认为要完善有关法律法规、加大处罚力度，占比65.97%；1776人认为要加强企业自律、倡导诚信守法经营，占比53.01%；1575人认为要加强舆论监督、对捆绑搭售行为加大曝光力度，占比47.01%；1307人认为消费者不要轻易妥协，遇到捆绑搭售行为及时投诉举报，占比39.01%；463人选择其他，占比13.82%。

调查结果显示，建议加强监管、严惩商家捆绑搭售行为的被调查者最多，其次是完善有关法律法规、加大处罚力度和加强企业自律、倡导诚信守法经营。

五、体验调查结果

本次体验调查共选取与日常生活消费密切相关的26个互联网平台作为体验对象，其中包括10个在线旅游平台、8个网络票务平台、6个网络购物平台和2个网络餐饮平台。体验人员以普通消费者身份分别在26个互联网平台模拟消费体验，重点体验互联网平台及平台上经营者是否存在通过默认勾选或其他不合理方式捆绑搭售商品或服务。

调查结果显示，在对26个互联网平台进行的74个模拟消费体验样本中，有8个样本存在涉嫌捆绑搭售问题，占比10.81%，其中主要问题集中在在线旅游平台企业。其他网络票务、购物和餐饮平台均没有发现明显捆绑搭售问题。在线旅游平台存在的捆绑搭售问题，主要是涉嫌误导选择捆绑搭售的选项和涉嫌强制搭售其他产品。捆绑搭售的产品主要包括保险、服务包、优惠券、立减红包、内馆门票、语音讲解等。

表1　互联网消费捆绑搭售问题体验调查汇总

平台类型	体验平台	体验样本	存在问题	涉及样本
在线旅游	携程旅行	4	无	0
	飞猪	4	无	0
	途牛旅游	4	飞机票：涉嫌误导购买保险 景点门票：涉嫌误导购买保险	2
	同程旅游	4	无	0
	艺龙旅行	4	无	0
	智行火车票	4	火车票：涉嫌误导选择搭售酒店券和保险 飞机票：涉嫌误导选择搭售保险	2
	去哪儿旅行	4	无	0
	驴妈妈旅游	4	景点门票：涉嫌强制搭售语音讲解及内馆门票等	1
	马蜂窝旅游	4	飞机票：涉嫌误导购买保险	1
	高铁管家	3	火车票：涉嫌误导选择搭售优选服务 飞机票：涉嫌误导选择搭售保险项目	2
票务	大麦	2	无	0
	猫眼	2	无	0
	票牛	1	无	0
	淘票票	2	无	0
	保利	1	无	0
	永乐	1	无	0
	万达	1	无	0
	摩天轮	1	无	0
电商购物	淘宝	3	无	0
	天猫	3	无	0
	京东	3	无	0
	苏宁易购	3	无	0
	唯品会	3	无	0
	1号店	3	无	0

续表

平台类型	体验平台	体验样本	存在问题	涉及样本
餐饮	饿了么	3	无	0
	美团外卖	3	无	0

（一）10个在线旅游平台体验调查结果

1.携程旅行平台体验调查结果

表2　携程旅行平台体验调查结果

平台	体验产品	体验结果	备注
携程旅行	火车票（2019年7月17日13：07，北京西—广州南，G69二等座，862元）	共有3种预订方式：携程“12306预订”没有绑定其他项目，但付款时会弹出推荐保险页面，用灰色小字提示“30元/人，最高保额120万”，同时“添加保险”按钮是蓝色，“暂不需要”按钮是白色，可以自主选择是否购买；“携程预订”和“携程快递送票预订”均绑定了优惠券，有标注提示。	没有发现明显问题
	飞机票（2019年7月17日21：30，北京—广州，南航CZ3114 07-17经济舱，5.5折，1250元）	有一个预订选项没有绑定其他项目，但在预订过程中会弹出“航空意外险”页面，拒绝后还会出现“优选服务”页面，其中最顶上一个“北京送机”服务的“立即选择”按钮为深蓝色，而其他服务的“立即选择”按钮均为普通白色，分别绑定了服务包、接机券、保险、广告、会员等，有标注提示。	推荐优选服务页面涉嫌误导消费者
	酒店（7天连锁酒店北京西站北广场店，2019年7月5日入住一晚）	选择自主双床房后，在添加入住人页面底部有出行保障、特价优惠券、租车券和门票等选项，可以自主选择是否购买。	没有发现明显问题
	景点门票（2019年6月21日、22日故宫门票）	购票页面有单卖的成人票、学生票和老人票，也有绑定了导览、酒店、内馆门票、其他景点门票的套餐票，可以自主选择。	没有发现明显问题

体验人员在携程旅行平台体验预订火车票时，选取7月17日13：07北京西—广州南G69的高铁票后，发现共有携程“12306预订”“携程预订”和“携程快递送票预订”3种预订方式。其中，“携程预订”和“携程快递送票预订”均绑定了优惠券，但有标注提示；携程“12306预订”没有绑定其他项目，但付款时会弹出推荐保险页面，用灰色小字提示“30元/人，最高保额120万”，同时“添加保险”按钮是蓝色，比较醒目，而“暂不需要”按钮是白色，字体颜色较浅，可以自主选择是否购买。

图14　“携程12306预订”付款时弹出的保险页面

体验人员在携程旅行平台体验预订机票时，选取2019年7月17日21：30北京飞广州的南航CZ3114的经济舱机票后，发现除了一个预订选项没有绑定项目，其他预订选项均分别绑定了服务包、接机券、保险、广告、会员等服务，但都有标注提示。体验人员选择没有绑定项目的预订选项后，页面弹出一个“航空意外险”页面，拒绝后又弹出一个“优选服务”页面，虽然没有默认勾选，但其顶上的“北京送机”服务，用深蓝色按钮标注了“立即选择”，其他服务的“立即选择”按钮均为普通白色。如果消费者不小心误以为已经选择了“北京送机”服务，需要点击深蓝色“立即选择”按钮取消，则可能被误导选择“北京送机”服务。具体如图15所示：

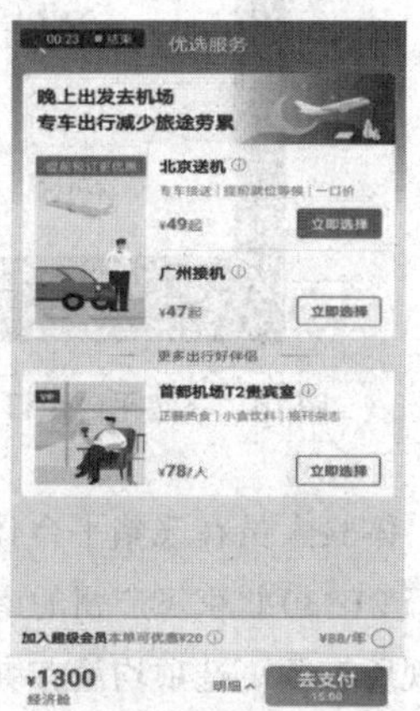

图15　选择携程没有绑定选项预订机票时弹出的页面

体验人员在携程旅行平台体验预订酒店时，选取了7天连锁酒店北京西站北广场店的自主双床房，在添加入住人后，发现页面底部有出行保障、特价优惠券、租车券和门票等选项，可以自主选择是否购买。

体验人员在携程旅行平台体验预订景点门票时，故宫门票有单卖的成人票、学生票和老人票，也有绑定了其他项目的套餐票，均可以自主选择。

2. 飞猪平台体验调查结果

表3　飞猪平台体验调查结果

平台	体验产品	体验结果	备注
飞猪	火车票 （2019年7月17日13：07，北京西—广州南，G69二等座，862元）	只有“立即预订”一种预订方式，没有绑定其他项目，但添加乘客后点击立即预定时会弹出推荐保险页面，用灰色小字提示“最高赔付130万元/份”，同时“去购买”按钮是黄色，“下次再说”按钮是白色，可以自主选择是否购买。	没有发现明显问题
	飞机票 （2019年7月17日21：30，北京—广州，南航CZ3114 07-17经济舱，5.4折，1250元）	所有预订选项均没有绑定其他项目，但在添加乘客后付款时均会弹出推荐保险页面，用灰色小字提示“飞行有保障，最高赔付260万元/份”，同时“去购买”按钮是醒目的黄色字体，“下次再说”按钮是不醒目的灰色字体，可以自主选择是否购买。	没有发现明显问题
	酒店 （7天连锁酒店北京西站北广场店，2019年7月5日入住一晚）	选择经济房后，在添加入住人页面底部有出行保障选项，可以自主选择是否购买。	没有发现明显问题
	景点门票 （2019年6月21日、22日故宫门票）	购票页面有单卖的成人票、学生票和老人票，也有包含了内馆门票或者手机导览的套餐票、景区联票，底部有酒店+景点的套餐、故宫与其他景点的一日游套餐，可以自主选择。	没有发现明显问题

体验人员在飞猪平台体验预订火车票时，选取7月17日13：07北京西—广州南G69的高铁票后，发现只有“立即预订”一种预订方式，体验人员选择“立即预订”后，没有绑定其他项目，但添加乘客后会弹出推荐保险页面，用灰色小字提示“最高赔付130万元/份”，同时“去购买”按钮是黄色，“下次再说”按钮是白色，可以自主选择是否购买。

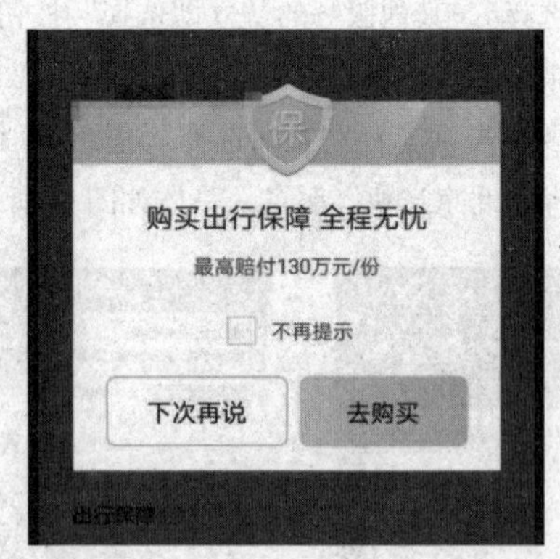

图16　飞猪平台预订高铁票弹出的保险页面

体验人员在飞猪平台体验预订飞机票时，选取7月17日21：30北京飞广州的南航CZ3114的经济舱机票后，发现所有预订选项均没有绑定其他项目，但在添加乘客后，付款时均会弹出保险页面，用灰色小字提示“飞行有保障，最高赔付260万元/份”，同时“去购买”按钮是醒目的黄色字体，“下次再说”按钮是不醒目的灰色字体，可以自主选择是否购买。

图17　飞猪平台购买机票时弹出的保险页面

体验人员在飞猪平台体验预订酒店时，选取了7天连锁酒店北京西站北广场店的经济房，在添加入住人后，发现页面底部有出行保障选项，可以自主选择是否购买。

体验人员在飞猪平台体验预订景点门票时，故宫门票有单卖的成人票、学生票和老人票，也有绑定其他项目的套餐票，均可以自主选择。

3.途牛旅游平台体验调查结果

表4　途牛旅游平台体验调查结果

平台	体验产品	体验结果	备注
途牛旅游	火车票（2019年7月17日13:07，北京西—广州南，G69二等座，862元）	共有3种预订方式："途牛快速预订"绑定了20元保险，可以选择取消，但标注"有时需要排队，出票较慢"；途牛"12306预订"没有绑定其他项目，但提交订单时会弹出推荐保险页面，提示"推荐选择10元交通意外险，最高保额80万"，同时"需要"按钮是绿色字体，"不需要"按钮是灰色字体，可以自主选择是否购买。	没有发现明显问题
	飞机票（2019年7月17日21:30，北京—广州，南航CZ3114 07-17经济舱，5.5折，1250元）	有未绑定收费项目的选项可供选择，其他选项分别绑定了酒店券、接送机券、跟团游优惠券等，均有标注提示。但所有预订选项在提交订单时均会弹出推荐保险页面，用灰色小字提示"¥40/人/航段"，同时"买份放心"按钮是显著黄色且字号较大，"不需要保险，继续下单"按钮却是一行不显眼的灰色小字。	推荐保险页面涉嫌误导消费者
	酒店（7天连锁酒店北京西站北广场店2019年7月5日入住一晚）	选择精选大床房后，在添加入住人页面底部有取消险选项，可以自主选择是否购买。	没有发现明显问题
	景点门票（2019年6月21日、25日故宫门票）	成人票和老人票只能预订当日的门票，而绑定了内馆门票、语音讲解等其他项目的成人票却可以提前几个月预订；单卖的学生票可提前8天预订，比绑定了内馆门票、语音讲解等其他项目的学生票可提前预订的时间要短。推荐保险页面提示："出行在外，建议您与绝大部分游客一样选择专属保险为您和家人提供必要保障。若放弃选择，将自行承担风险。"	1.预订收费项目涉嫌变相强制消费。2.推荐保险页面提示内容涉嫌误导消费者

体验人员在途牛旅游平台体验预订火车票时，选取7月17日13:07北京西—广州南G69的高铁票后，发现有"途牛快速预订"、途牛"12306预订"、"快递送票上门"3种预订方式可供选择。其中，选择"途牛快速预订"，绑定了20元交通意外险，取消会提示："有时需要排队，出票较慢"；选择途牛"12306预订"，没有绑定收费项目，但提交订单时会弹出推荐保险页面，提示"推荐选择10元交通意外险，最高保额80万"，同时"需要"按钮是绿色字体，"不需要"按钮是灰色字体，可以自主选择是否购买。

图18　途牛旅游平台购买火车票弹出的页面

体验人员在途牛旅游平台体验预订飞机票时，选取7月17日21:30北京飞广州的南航CZ3114经济舱后，发现有未绑定收费项目的选项可供选择，其他选项分别绑定了酒店券、接送机券、跟团游优惠券等收费项目，但均有标注提示。值得注意的是，所有预订选项在提交订单时，均会弹出推荐保险页面，用灰色小字提示“¥40/人/航段”，同时用显著黄色标注“买份放心”按钮，且字号较大，而“不需要保险，继续下单”按钮则用灰色小字标注，不够醒目。平台以醒目大字“买份放心”代替“购买保险”，用不显眼的灰色小字标注“不需要保险”，涉嫌误导消费者。

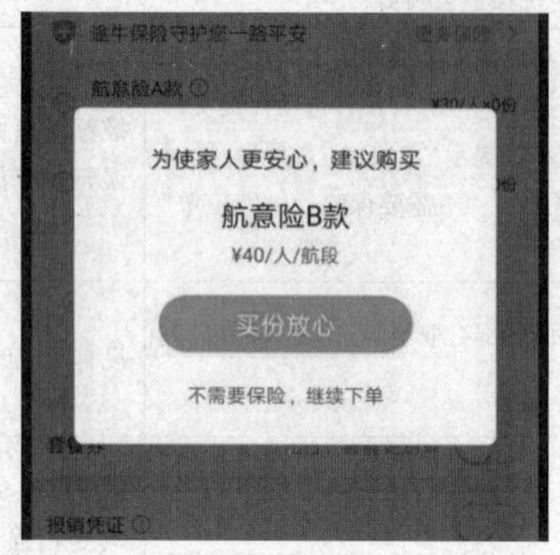

图19 途牛旅游平台购买机票弹出的保险页面

体验人员在途牛旅游平台体验预订酒店时，选择了7天连锁酒店北京西站北广场店的精选大床房，在添加入住人后，发现页面底部有取消险选项，可以自主选择是否购买。

体验人员在途牛旅游平台体验预订景点门票时，发现没有绑定其他项目的故宫门票，只能当天或提前几天预订，而绑定了收费项目的故宫门票却可以提前很久预订；选择预订套餐票时点击“提交订单”并没有立即跳转到付款页面，而推荐保险的文字在闪耀红色，文字内容为：“出行在外，建议您与绝大部分游客一样选择专属保险为您和家人提供必要保障。若放弃选择，将自行承担风险。”该提示涉嫌对消费者构成误导，一是绝大部分游客选择专属保险是否真实可信，存在疑问；二是消费者不购买保险，也并非完全自行承担风险。

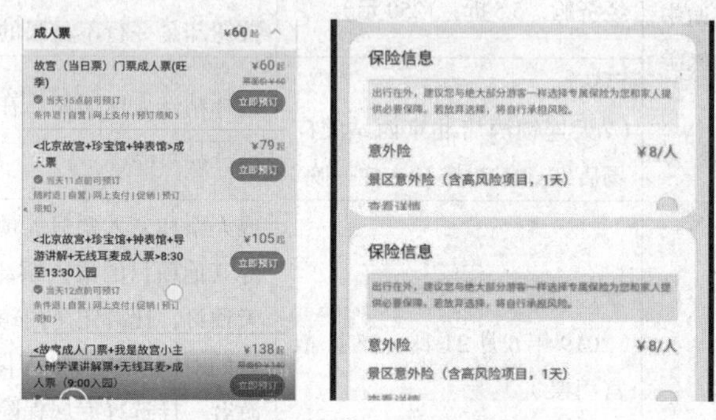

图20 途牛旅游平台预订景点门票的购买保险提示

4.同程旅游平台体验调查结果

表5 同程旅游平台体验调查结果

平台	体验产品	体验结果	备注
同程旅游	火车票（2019年7月17日13：07，北京西—广州南，G69二等座，862元）	共有2种预订方式：“便捷购票”绑定了40元购票特权，同程“12306购票”没有绑定其他项目；两种预订方式提交订单时均会弹出火车票立减红包页面，用灰色小字提示“仅¥36，全部使用可节省¥45”，同时“确认购买”按钮是蓝色字体，“下次再说”按钮是白色字体，可以自主选择是否购买。	没有发现明显问题
	飞机票（2019年7月17日21：30，北京—广州，南航CZ3114 07-17经济舱，5.5折，1250元）	选择绑定12元接送机券或没有绑定其他项目的预订选项，在点击付款时均会弹出推荐保险页面，提示“意外险¥40/人”，同时“添加保险”按钮是绿色字体，“不需要保险”按钮是灰色字体，可以自主选择是否购买；其他预订选项分别绑定了航意险、航班延误险、优享套餐等，有标注提示。	没有发现明显问题
	酒店（7天连锁酒店北京西站北广场店2019年7月5日入住一晚）	选择精选大床房后，在添加入住人页面底部有取消险选项，可以自主选择是否购买。	没有发现明显问题
	景点门票（2019年6月22日故宫门票）	有单卖的成人票，也有绑定了内馆门票、讲解等项目的套餐票，可以自主选择。	没有发现明显问题

体验人员在同程旅游平台体验预订火车票时，选取7月17日13：07北京西—广州南G69的高铁票后，发现有“便捷购票”和同程“12306购票”两种预订方式可供选择。“便捷购票”绑定了40元购票特权，但有标注提示；同程“12306购票”没有绑定其他项目。两种预订方式提交订单时，均会弹出“火车票立减红包”页面，用灰色小字提示“仅¥36，全部使用可节省¥45”，同时“确认购买”按钮是蓝色字体，“下次再说”按钮是白色字体，可以自主选择是否购买。

图21　同程平台预订火车票时弹出的立减红包页面

图22　同程平台预订机票时弹出的保险页面

体验人员在同程旅游平台体验预订机票时，选取7月17日21：30北京飞广州的南航CZ3114经济舱后，选择绑定12元接送机券或没有绑定其他项目的预订选项，点击付款按钮后均会弹出推荐保险页面，提示“意外险¥40/人”，有“添加保险”和“不需要保险”2个按钮，可以自主选择是否购买；其他预订选项分别绑定了航意险、航班延误险、优享套餐等收费项目，但均有标注提示。

体验人员在同程旅游平台体验预订酒店时，选择了7天连锁酒店北京西站北广场店的精选大床房，在添加入住人后，发现页面底部有取消险选项，可以自主选择是否购买。

体验人员在同程旅游平台体验预订景点门票时，故宫门票有单卖的成人票，也有绑定了内馆门票、讲解等项目的套餐票，均可以自主选择。

5. 艺龙旅行平台体验调查结果

表6　艺龙旅行平台体验调查结果

平台	体验产品	体验结果	备注
艺龙旅行	火车票（2019年7月17日13：07，北京西—广州南，G69二等座，862元）	共有2种预订方式：“便捷购票”绑定了40元购票特权，艺龙“12306购票”没有绑定其他项目；两种预订方式提交订单时均会弹出火车票折扣券页面，用灰色小字提示“仅¥36，全部使用可节省¥45”，同时“确认购买”按钮是蓝色字体，“下次再说”按钮是白色字体，可以自主选择是否购买。	没有发现明显问题
	飞机票（2019年8月17日21：30，北京—广州，南航CZ3114 08-17经济舱，3.9折，890元）	有未绑定其他项目的预订选项可供选择，但在点击付款时会弹出推荐保险页面，用灰色小字提示“意外险¥40/人”，同时“添加保险”按钮是绿色字体，“不需要保险”按钮是黑色字体，可以自主选择是否购买；其他预订选项绑定了航空延误险，有标注提示。	没有发现明显问题
	酒店（7天连锁酒店北京西站北广场店2019年7月5日入住一晚）	选择精选大床房后，在添加入住人页面底部有取消险选项，可以自主选择是否购买。	没有发现明显问题
	景点门票（2019年6月22日故宫门票）	有单卖的成人票，也有绑定了馆内门票、讲解等项目的套餐票，可以自主选择。	没有发现明显问题

体验人员在艺龙旅行平台体验预订火车票时，选取7月17日13：07北京西—广州南G69的高铁票后，发现有“便捷购票”和艺龙“12306购票”2种预订方式供选择。“便捷购票”绑定了40元购票特权，但有标注提示；艺龙“12306购票”没有绑定其他项目。两种预订方式提交订单时均会弹出“火车票折扣券”页面，用灰色小字提示“仅¥36，全部使用可节省¥45”，用蓝色字体标注“确认购买”按钮，用白色字体标注“下次再说”按钮，可以自主选择是否购买。

图23　艺龙平台预订火车票时弹出的保险页面

体验人员在艺龙旅行平台体验预订飞机票时，选取7月17日21：30北京飞广州的南航CZ3114经济舱后，发现有未绑定其他项目的预订选项可供选择，但点击付款时会弹出推荐保险页面，提示“意外险¥40/人”，有“添加保险”和“不需要保险”2个按钮，可以自主选择是否购买；其他预订选项绑定了航空延误险，但有标注提示。

图24　艺龙平台预订机票时弹出的保险页面

体验人员在艺龙旅行平台体验预订酒店时，选择了7天连锁酒店北京西站北广场店的精选大床房，在添加入住人后，发现页面底部有取消险选项，可以自主选择是否购买。

体验人员在艺龙旅行平台体验预订景点门票时，故宫门票有单卖的成人票，也有绑定了馆内门票、讲解等项目的套餐，均可以自主选择。

6.智行火车票平台体验调查结果

表7　智行火车票平台体验调查结果

平台	体验产品	体验结果	备注
智行火车票	火车票（2019年7月17日13：07，北京西—广州南，G69二等座，862元）	有两种预订方式可选，其中“立即预订”按钮是醒目的蓝色字体且字号较大，“普通预订”按钮是一行灰色小字，“立即预订”下面仅有白色小字提示“7×24小时服务”，没有提示绑定了30元酒店券；“普通预订”没有绑定其他收费项目，但会提示“出票较慢，有时排队”。两种预订方式支付时都会弹出推荐保险页面，提示“交通意外险¥20/份，最高80万元保障”，但“购买保障”用醒目的蓝色按钮提示，且字号较大，而“不需要”按钮则用一行不醒目的蓝色小字标注。	1.涉嫌误导选择绑定了酒店券的“立即预订”方式；2.推荐保险页面涉嫌误导消费者
	飞机票（2019年7月17日21：30，北京—广州南航CZ3114 07-17经济舱5.5折，1250元）	有两种预订方式：绑定了30元意外险的预订方式，用醒目蓝色按钮标注很大的“订”字；而没绑定收费项目的“普通预订”，则是用一行非常不醒目的灰色小字标注。预订过程中会弹出推荐保险页面，提示“建议购买：航空意外险¥30/人，最高赔付320万元/份”，同时“添加保险”用醒目黄色按钮标注，且字号较大；“不需要保险”则用不醒目的小字标注。	涉嫌误导消费者选择绑定了意外险的预订方式
	酒店（7天连锁酒店北京西站北广场店2019年7月5日入住一晚）	选择精选大床房后，没有发现绑定其他项目。	没有发现明显问题
	景点门票（2019年6月22日故宫门票）	有单卖的成人票、学生票和老人票，也有绑定了内馆门票、讲解等项目的套餐票，可以自主选择。	没有发现明显问题

体验人员在智行火车票平台体验预订火车票时，选取7月17日13：07北京西—广州南G69的高铁票后，发现有“立即预订”和“普通预订”两种方式供选择。其中，“立即预订”按钮是醒目蓝色字体标注且字号较大，而“普通预订”按钮是不显眼的灰色字体且字号较小，“立即预订”下面仅有白色小字提示“7×24小时服务”，没有提示为收费项目，点击进去后发现绑定了30元酒店券，付款页面内可选择没有绑定酒店券的“普通预订”，但会提示“出票较慢，有时排队”。具体如图2所示。

图25　智行平台火车票预订方式及搭售酒店券

此外，选择“立即预订”和“普通预订”两种方式支付时都会弹出推荐保险页面，提示“交通意外险¥20/份，最高80万保障”，但“购买保障”用醒目的蓝色按钮标注且字号较大，“不需要”没有醒目的按钮且字号较小，可能对消费者造成误导。具体如图26所示。

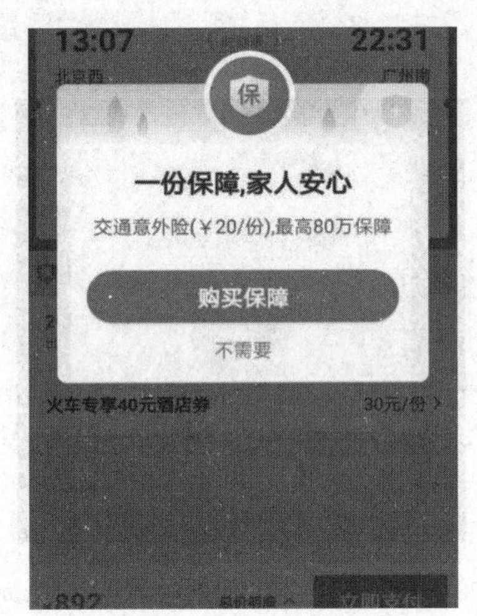

图26　智行平台预订火车票弹出的保险页面

体验人员在智行火车票平台体验预订飞机票时，选取7月17日21：30北京飞广州的南航CZ3114经济舱后，发现有两种预订方式：一种绑定了30元意外险，用醒目蓝色且较大字号标注“订”按钮；另一种“普通预订”按钮，则用不醒目的灰色小字标注，而且预定过程会弹出保险页面，提示“建议购买：航空意外险¥30/人，最高赔付320万元/份”，但“添加保险”是用醒目的黄色按钮标注且字号较大，而“不需要保险”则用了不显眼的小字提示。这两种预订方式虽然均可以选择，但提示不够醒目，容易对消费者造成误导。

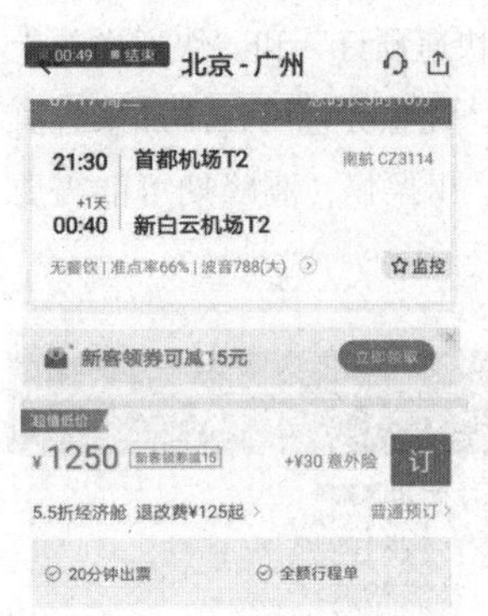

图27　智行平台预订机票弹出的保险页面

体验人员在智行火车票平台体验预订酒店时，选取了7天连锁酒店北京西站北广场店的精选大床房，在添加入住人后，发现页面底部有取消险选项，可以自主选择是否购买。

体验人员在智行火车票平台体验预订景点门票时，故宫门票有单卖的成人票、学生票和老人票，也有绑定了馆内门票、语音讲解等的套餐票，均可以自主选择。

7.去哪儿旅行平台体验调查结果

表8 去哪儿旅行平台体验调查结果

平台	体验产品	体验结果	备注
去哪儿旅行	火车票（2019年7月17日13:07，北京西—广州南，G69二等座，862元）	共有3种预订方式：去哪儿“12306预订”没有绑定其他项目，“去哪儿快速预订”和“快递送票上门”均绑定了40元优惠券包，优惠券包可在添加乘客页面内选择不购买，但标注“出票慢，高峰期可能需要排队”。	没有发现明显问题
	飞机票（2019年7月17日21:30，北京—广州，南航CZ3114 07-17经济舱，5.5折，1250元）	选择没有绑定其他项目的“普通预订”和绑定了36元免改期费的“立即预订”都会在支付时弹出推荐保险页面，提示“航意险¥30/份，最高享320万保障”，同时“添加保险”按钮是黄色字体，“我不需要”按钮是灰色字体；其他预订方式分别绑定了金牌服务、会员等，有标注提示。	没有发现明显问题
	酒店（汉庭酒店北京西站北广场店2019年7月5日入住一晚）	选择大床房A后，在添加入住人页面底部有保险和优惠券选项，可以自主选择是否购买。	没有发现明显问题
	景点门票（2019年6月22日故宫门票）	有单卖的成人票、学生票和老人票，也有绑定了内馆门票、讲解的套餐票，还有包含故宫门票的一日游以及故宫门票+酒店的套餐，可以自主选择。	没有发现明显问题

体验人员在去哪儿旅行平台体验预订火车票时，选取7月17日13:07北京西—广州南G69的高铁票后，发现有“去哪儿快速预订”、去哪儿“12306预订”和“快递送票上门”3种预订方式。其中，去哪儿“12306预订”没有绑定其他项目，“去哪儿快速预订”和“快递送票上门”均绑定了40元优惠券包，优惠券包可在添加乘客页面内选择不购买，但会提示“出票慢，高峰期可能需要排队”。

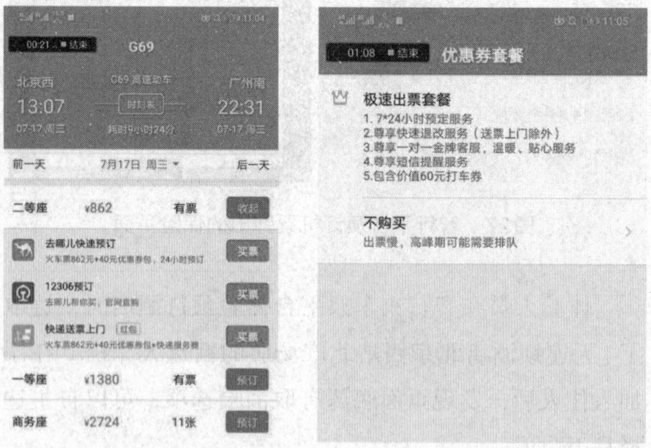

图28 去哪儿平台预订火车票弹出的预订方式

体验人员在去哪儿旅行平台体验预订飞机票时，选取7月17日21:30北京飞广州的南航CZ3114经济舱后，选发现择没有绑定其他项目的“普通预订”和绑定了36元免改期费的“立即预订”，都会在支付时弹出推荐保险页面，提示“航意险¥30/份，最高享320万保障”，同时“添加保障”按钮是黄色字体，“我不需要”按钮是灰色字体，其他预订方式分别绑定了金牌服务、会员等。虽然消费者可以自主选择，但用“添加保障”代替“购买保险”，表述不够明确，可能对消费者造成误导。

图29 去哪儿平台预订机票时弹出的保险页面

体验人员在去哪儿旅行平台体验预订酒店时，选择汉庭酒店北京西站北广场店大床房A，在添加入住人后，发现页面底部有保险和优惠券选项，可以自主选择是否购买。

体验人员在去哪儿旅行平台体验预订景点门票时，故宫门票有单卖的成人票、学生票和老人票，也有绑定了馆内门票、讲解的套餐票，还有包含故宫门票的一日游以及故宫门票+酒店的套餐，均可以自主选择。

8.驴妈妈旅游体验调查结果

表9　驴妈妈旅游体验调查结果

平台	体验产品	体验结果	备注
驴妈妈旅游	火车票 （2019年7月17日13：07，北京西—广州南，G69二等座，862元）	共有4种预订方式：驴妈妈“12306预订”和“普通预订”没有绑定其他项目；“驴妈妈预订”绑定了30元套餐，优惠套餐可在添加乘客页面内选择不购买，但标注“出票慢，可能需要排队”。	没有发现明显问题
	飞机票 （2019年7月17日21：30，北京—广州，南航CZ3114 07–17经济舱，4折，920元）	选择“普通预订”，没有绑定其他项目，但预订过程中会弹出推荐保险页面，提示“意外险，¥40/份”，同时“添加保险”按钮是黄色字体，“我不需要”按钮是黑色字体；其他预订方式分别绑定了接送机券包、航空意外险等，有标注提示。	没有发现明显问题
	酒店 （北京京滨饭店2019年7月5日入住一晚）	选择商务精选双床房后，在添加入住人页面底部有保险选项，可以自主选择是否购买。	没有发现明显问题
	景点门票 （2019年6月25日故宫门票）	购买故宫门票时，发现没有单卖的成人票、学生票、老人票，均绑定了内馆门票、导览、讲解等收费服务，底部还有故宫门票+酒店的套餐。	涉嫌强制消费

体验人员在驴妈妈旅游平台体验预订火车票时，选取7月17日13：07北京西—广州南G69的高铁票后，发现有“驴妈妈预订”、驴妈妈“12306预订”、“火车票+快递送票”和“普通预订”4种预订方式。其中，驴妈妈“12306预订”和“普通预订”2种没有绑定其他项目，“驴妈妈预订”绑定了30元套餐，该套餐可在添加乘客页面内选择不购买，但会提示“出票慢，可能需要排队”。

图30　驴妈妈平台预订火车票时弹出的选项页面

体验人员在驴妈妈旅游平台体验预订飞机票时，选取7月17日21：30北京飞广州的南航CZ3114经济舱后，选择“普通预订”，没有绑定其他项目，但预订过程中会弹出推荐保险页面，提示“意外险，¥40/份”，“添加保险”按钮是黄色字体，“我不需要”按钮是黑色字体。其他预订方式分别绑定了接送机券包、航空意外险等，但均有标注提示。

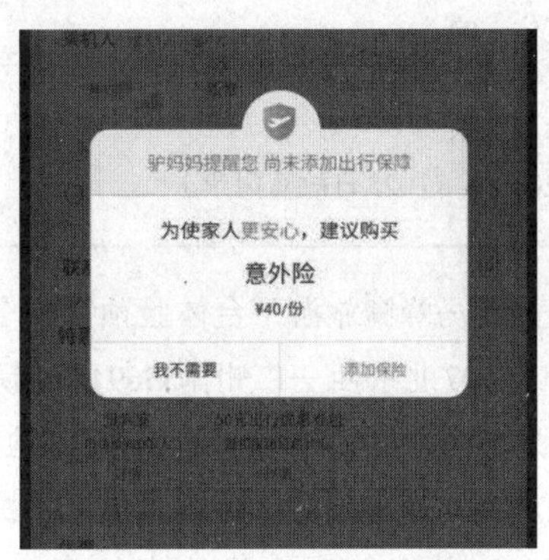

图31　驴妈妈平台预订机票时弹出的保险页面

体验人员在驴妈妈旅游平台体验预订酒店时，选择2019年7月5日入住的北京京滨饭店商务精选双床房，在添加入住人后，发现页面底部有保险选项，可以自主选择是否购买。

体验人员在驴妈妈旅游平台体验预订景点门票时，故宫门票成人票、学生票、老人票均绑定了馆内门票、导览、讲解等，涉嫌强制消费。

图32　驴妈妈平台预订景点门票时弹出的套餐页面

9.马蜂窝旅游体验调查结果

表10　马蜂窝旅游体验调查结果

平台	体验产品	体验结果	备注
马蜂窝旅游	火车票 （2019年7月17日13：07，北京西—广州南，G69二等座，862元）	选择车次以及座位等级以后只有一种预订方式，没有绑定其他项目。	没有发现明显问题
	飞机票 （2019年7月17日21：30，北京—广州，南航CZ3114 07-17经济舱，4折、5.5折，1250元）	提交订单时会弹出推荐保险页面，提示“航意险¥30×1人×1航段”，用醒目黄色按钮标注“安全出行”代表购买保险；用不太醒目的白色按钮标注“暂不需要”。	推荐保险页面涉嫌误导消费者
	酒店 （汉庭酒店北京西站北广场店2019年7月5日入住一晚）	选择酒店后有不同平台的报价可供选择，没有发现绑定其他项目。	没有发现明显问题
	景点门票 （2019年6月25日故宫门票）	购票页面有单卖的成人票、学生票和老人票，也有绑定了内馆门票、导览、讲解的套餐票，底部还有故宫门票+酒店的套餐和含故宫门票的一日游，可以自主选择。	没有发现明显问题

体验人员在马蜂窝旅游平台体验预订火车票时，选取7月17日13：07北京西—广州南G69的高铁的座位等级后，发现只有一种预订方式，没有绑定其他项目。

体验人员在马蜂窝旅游平台体验预订飞机票时，选取7月17日21：30北京飞广州的南航CZ3114经济舱后，在提交订单时会弹出推荐保险页面，提示“航意险¥30×1人×1航段”，用醒目黄色按钮标注“安全出行”，用不够醒目的白色按钮标注“暂不需要”。虽然消费者可以自主选择，但用“安心出行”代替“购买保险”，表述不够明确，可能对消费者造成误导。

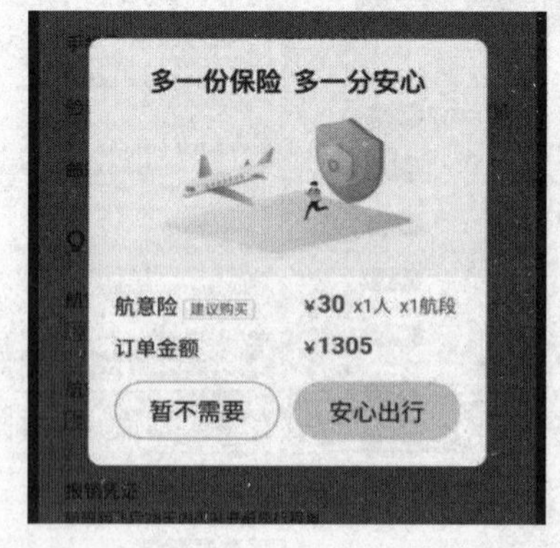

图33　马蜂窝平台预订机票时弹出的保险页面

体验人员在马蜂窝旅游平台体验预订酒店时，选择2019年7月5日入住汉庭酒店北京西站北广场店酒店后，发现有不同平台的报价可供选择，没有发现绑定其他项目。

体验人员在马蜂窝旅游平台体验预订景点门票时，故宫门票有单卖的成人票、学生票和老人票，也有绑定了馆内门票、导览、讲解的套餐票，同时底部还有故宫门票+酒店的套餐和含故宫门票的一日游，但均可以自主选择。

10. 高铁管家体验调查结果

表11　高铁管家体验调查结果

平台	体验产品	体验结果	备注
高铁管家	火车票（2019年7月7日13：07，北京西—广州南，G69二等座，862元）	有2种预订方式："立即预订"按钮是醒目的蓝色字体且字号较大，绑定了30元VIP优享服务，但下方仅有白色小字提示"VIP优享，极速出票"，没有提示具体收费信息，不需要VIP优享服务可在支付页面选择不需要，但会提示"不需要服务、排队出票"；"普通预订"则只用不醒目的灰色小字标注，且没有按钮框，不仔细看很容易忽略。	涉嫌误导消费者
	飞机票（2019年7月17日21：30，北京—广州，南航CZ3114 07-17经济舱，4折、5.5折，1250元）	有两种预订方式：绑定了30元保险的"预订"按钮用醒目的蓝色按钮标注，且字号较大；而没有绑定收费项目的"普通预订"则是用一行非常不醒目的灰色小字标注。此外，预订时会弹出推荐保险页面，没有提示价格，点击"添加保险"后需要多收取30元。	涉嫌误导消费者
	酒店（汉庭酒店北京西站北广场店2019年7月5日入住一晚）	选择酒店后有不同房型可供选择，没有发现绑定其他项目。	没有发现明显问题

体验人员在高铁管家平台体验预订火车票时，选取7月17日13：07北京西—广州南G69的高铁后，发现有"立即预订"和"普通预订"2种预订方式供选择。其中，"立即预订"方式绑定了30元VIP优享服务，用醒目的蓝色按钮标注"立即预订"且字号较大，下方仅有白色小字提示"VIP优享，极速出票"，没有标注具体收费信息，虽然不需要VIP优享服务可在支付页面选择取消，但会提示"不需要服务、排队出票"；而"普通预订"则仅用不醒目的灰色小字标注，而且没有按钮框，涉嫌误导消费者选择绑定了30元VIP优享服务的"立即预订"方式。

此外，选择"普通预订"预订方式后会弹出保险页面，用灰色小字提示"¥20/人，可开发票"，同时"添加保险"按钮是蓝色字体，"暂不需要"按钮是白色字体，可以自主选择是否购买。

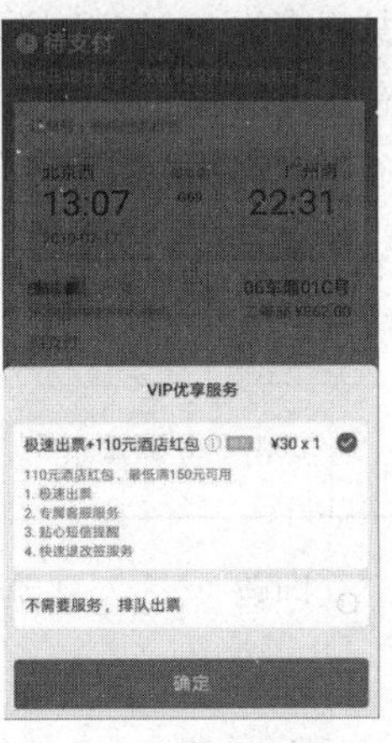

图34　高铁管家平台预订火车票时弹出的选项页面

体验人员在高铁管家平台体验预订飞机票时，选取7月17日21：30北京飞广州的南航CZ3114经济舱后，发现有两种预订方式："预订"绑定了30元保险，用醒目的蓝色按钮突出"预订"两字，而且字号较大；没有绑定收费项目的"普通预订"则仅用非常不醒目的灰色小字标注，涉嫌误导消费者选择绑定了30元保险的"预订"。此外，选择"普通预订"预订时会弹出保险页面，没有提示具体价格，点击"添加保险"后需要多收取30元。

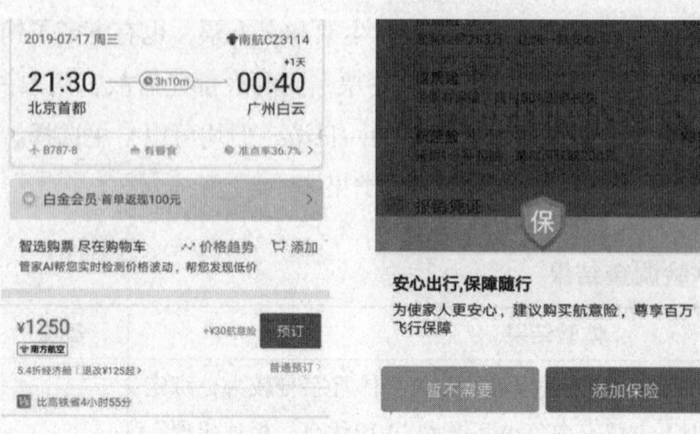

图35　高铁管家平台预订机票时弹出的选项页面

体验人员在高铁管家平台体验预订酒店时，选择2019年7月5日入住汉庭酒店北京西站北广场店酒店后，发现有不同房型可供选择，没有发现绑定其他项目。

（二）票务平台体验结果

1.大麦网体验调查结果

表12　大麦网体验调查结果

平台	体验产品	体验结果	备注
大麦	电影票 （千与千寻北京耀莱成龙影城马连道店6月25日9：35场）	选座购票后立即付款页面有添加小食选项，可以自主选择是否添加。	没有发现明显问题
	演唱会门票 （皇后致敬乐队2019年9月7日北京演唱会¥180票档）	点击“选座购买”后，没有发现绑定其他项目。	没有发现明显问题

体验人员在大麦平台体验购买电影票时，“立即付款”页面有添加小食选项，可以自主选择是否添加；在大麦平台体验购买演唱会门票时，点击“选座购买”后，没有发现绑定其他项目。

2.猫眼网体验调查结果

表13　猫眼网体验调查结果

平台	体验产品	体验结果	备注
猫眼	电影票 （千与千寻北京耀莱成龙影城马连道店6月25日9：35场）	选座购票后立即付款页面有添加观影小吃选项，可以自主选择是否添加。	没有发现明显问题
	演唱会门票 （皇后致敬乐队2019年9月7日北京演唱会¥180票档）	点击“立即购票”后，没有发现绑定其他项目。	没有发现明显问题

在猫眼平台体验购买电影票时，立即付款页面有添加小食选项，可以自主选择是否添加。在猫眼平台体验购买演唱会门票时，点击“立即购票”后，没有发现绑定其他项目。

3.票牛网体验调查结果

表14　票牛网体验调查结果

平台	体验产品	体验结果	备注
票牛	演唱会门票 （林宥嘉巡回演唱会北京站2019年7月13日）	点击“立即购票”后，没有发现绑定其他项目。	没有发现明显问题

在票牛平台体验购买演唱会门票时，点击“立即购票”后，没有发现绑定其他项目。

4.淘票票体验调查结果

表15　淘票票体验调查结果

平台	体验产品	体验结果	备注
淘票票	电影票 （千与千寻北京耀莱成龙影城马连道店6月24日16：00场）	选座购票后立即付款页面有添加小食选项，可以自主选择是否添加。	没有发现明显问题
	演唱会门票 （皇后致敬乐队2019年9月7日北京演唱会¥180票档）	点击“特惠购票”后，没有发现绑定其他项目。	没有发现明显问题

体验人员在淘票票平台体验购买电影票时，“立即付款”页面有添加小食选项，可以自主选择是否添加；在淘票票平台体验购买演唱会门票时，点击“特惠购票”后，没有发现绑定其他项目。

5.保利电影体验调查结果

表16　保利电影体验调查结果

平台	体验产品	体验结果	备注
保利电影	电影票 （千与千寻保利国际影城北京凯德大峡谷店6月25日9:20场）	选座购票确认选座后会弹出缤纷美食页面，所有食品选项均用红色提示“⊕”，用白色提示“⊖”，可以自主选择是否添加。	没有发现明显问题

体验人员在保利电影平台体验购买电影票时，确认选座后会弹出缤纷美食页面，所有食品选项均用醒目红色提示“⊕”，用白色提示“⊖”，可以自主选择是否添加。

6.永乐票务体验调查结果

表17　永乐票务体验调查结果

平台	体验产品	体验结果	备注
永乐票务	演唱会门票 （皇后致敬乐队2019年9月7日北京演唱会¥280票档）	点击“立即购买”后，底部有9元退票保险选项，可以自主选择是否购买。	没有发现明显问题

体验人员在永乐票务平台体验购买演唱会门票时，点击“立即购票”后，底部有9元退票保险选项，可以自主选择是否购买。

7.万达电影体验调查结果

表18　万达电影体验调查结果

平台	体验产品	体验结果	备注
万达电影	电影票 （千与千寻北京丰台万达广场店6月25日9:45场）	选座购票后确认订单页面有卖品套餐选项，可以自主选择是否添加。	没有发现明显问题

体验人员在万达电影平台体验购买电影票时，确认订单页面有卖品套餐选项，可以自主选择是否添加。

8.摩天轮票务体验调查结果

表19　摩天轮票务体验调查结果

平台	体验产品	体验结果	备注
摩天轮票务	演唱会门票 （9:45场林宥嘉巡回演唱会北京站2019年7月13日）	点击“立即购买”后，没有发现绑定其他项目。	没有发现明显问题

体验人员在摩天轮票务平台体验购买演唱会门票时，点击“立即购买”后，没有发现绑定其他项目；演出票可以快递配送或上门自取，快递配送需10元快递费，可以自主选择。

（三）电商购物平台体验结果

1.淘宝体验调查结果

表20　淘宝体验调查结果

平台名称	体验产品	体验结果	备注
淘宝	电器 （Loyola忠臣LO-11L烤箱）	没有发现绑定其他项目。	没有发现明显问题
	数码产品 （苹果iPad air1）	点击购买后默认选择官方标配套餐，无须额外付费，没有发现绑定其他项目。	没有发现明显问题
	食品 （康师傅金汤肥牛面）	没有发现绑定其他项目。	没有发现明显问题

体验人员在淘宝平台体验购买电器、数码产品、食品时，均没有发现绑定其他项目。

2.天猫体验调查结果

表21 天猫体验调查结果

平台	体验产品	体验结果	备 注
天猫	电器 （创维D198 191L三门冰箱）	没有发现绑定其他项目。	没有发现明显问题
	数码产品 （小米Redmi K20 Pro）	没有发现绑定其他项目。	没有发现明显问题
	食品 （欧贝拉全麦吐司面包）	没有发现绑定其他项目。	没有发现明显问题

体验人员在天猫平台体验购买电器、数码产品、食品时，均没有发现绑定其他项目。

3.京东体验调查结果

表22 京东体验调查结果

平台	体验产品	体验结果	备注
京东	电器 （康佳192升三门小冰箱）	点击购买后页面内有保障服务、京东服务选项，可以自主选择是否购买。	没有发现明显问题
	数码产品 （OPPO Reno薄雾粉）	点击购买后页面内有保障服务、京东服务选项，可以自主选择是否购买。	没有发现明显问题
	食品 （盼盼水蜜桃味饮品）	没有发现绑定其他项目。	没有发现明显问题

体验人员在京东平台体验购买电器、数码产品时，点击购买后，有保障服务、京东服务选项，但均可以自主选择是否购买；在京东平台体验购买食品时，没有发现绑定其他项目。

4.苏宁易购体验调查结果

表23 苏宁易购体验调查结果

平台	体验产品	体验结果	备注
苏宁易购	电器 （美的BCD-213TM€阳光米213升）	点击购买后有保修套餐、保险等选项，可以自主选择是否购买。	没有发现明显问题
	数码产品 （三星Galaxy S10e）	点击购买后有保修套餐、保险等选项，可以自主选择是否购买。	没有发现明显问题
	食品 （飘零大叔三味猪肉脯）	没有发现绑定其他项目。	没有发现明显问题

体验人员在苏宁易购平台体验购买电器、数码产品时，点击购买后有保修套餐、保险等选项，但均可以自主选择是否购买；在苏宁易购平台体验购买食品时，没有发现绑定其他项目。

5.唯品会体验调查结果

表24 唯品会体验调查结果

平台	体验产品	体验结果	备注
唯品会	电器 （智能遥控塔式空调扇）	没有发现绑定其他项目。	没有发现明显问题
	数码产品 （华为P30 Pro蓝牙音响套装）	没有发现绑定其他项目。	没有发现明显问题
	食品 （良品铺子酥脆薄饼）	没有发现绑定其他项目。	没有发现明显问题

体验人员在唯品会平台体验购买电器、数码产品、食品时，加入均没有发现绑定其他项目。

6. 1号店体验调查结果

表25　1号店体验调查结果

平台	体验产品	体验结果	备注
1号店	电器 （苏泊尔电饭煲）	没有发现绑定其他项目。	没有发现明显问题
	数码产品 （OPPO K1梵星蓝）	没有发现绑定其他项目。	没有发现明显问题
	食品 （康师傅芒果小酪）	没有发现绑定其他项目。	没有发现明显问题

体验人员在1号店平台体验购买电器、数码产品、食品时，均没有发现绑定其他项目。

（四）网络餐饮平台体验结果

1. 美团外卖体验调查结果

表26　美团外卖体验调查结果

平台	体验产品	体验结果	备注
美团外卖	餐品 （北京麦当劳广安路餐厅就爱吃鸡双人餐）	没有发现绑定其他项目，支付页面底部有开通会员选项，可以自主选择是否购买。	没有发现明显问题
	甜点饮品 （鲜芋仙西客站食宝街店，芒果芋见奶）	没有发现绑定其他项目，支付页面底部有开通会员选项和购买准时宝选项，可以自主选择购买。	没有发现明显问题
	药品 （养生堂大药房马连道店，感愈胶囊）	没有发现绑定其他项目，支付页面底部有开通会员选项和购买准时宝选项，可以自主选择是否购买。	没有发现明显问题

在美团外卖平台体验购买餐品、甜点饮品、药品时，均没有发现绑定其他项目，支付页面底部均有“开通会员”或“购买准时宝”选项，但均可以自主选择是否购买。

2. 饿了么体验调查结果

表27　饿了么体验调查结果

平台	体验产品	体验结果	备注
饿了么	餐品 （汉堡王北京光耀东方餐厅25645店，会员霸王鸡腿皇堡餐）	点击结算时弹出一个页面提示“超级会员限时6元抢，本单立享¥5”，只有一个“去加购”的蓝色按钮，不加购需要点击页面下方的白色按钮⊗取消，取消后支付页面下方会弹出一行提示“加¥5.9超值换购¥10.5可口可乐”，页面内有开通会员选项和超值换购选项，其中“换购”按钮是蓝色字体，可以自主选择是否购买。	没有发现明显问题
	甜点饮品 （贡茶天宁寺店，水蜜桃脏脏牛乳茶）	没有发现绑定其他项目，支付页面底部有开通会员选项，可以自主选择。	没有发现明显问题
	药品 （养生大药堂马连道店，999感冒灵颗粒、王春喜湿巾）	没有发现绑定其他项目，支付页面底部有开通会员选项和准时达PLUS配送增值服务选项，可以自主选择。	没有发现明显问题

体验人员在饿了么平台体验购买餐品时，点击结算时弹出一个“超级会员限时6元抢，本单立享¥5”页面，只有一个“去加购”的蓝色按钮，“不加购”需要点击页面下方的白色按钮取消，点击取消后，支付页面下方会弹出一行提示“加¥5.9超值换购¥10.5可口可乐”。此外，页面有“开通会员”和“超值换购”选项，其中“换购”按钮是蓝色字体，可以自主选择是否购买。

体验人员在饿了么平台体验购买甜点饮品、药品时，均没有发现绑定其他项目，支付页面底部均有“开通会员”或“准时达PLUS配送”选项，可以自主选择是否购买。

六、调查结论

根据本次互联网消费捆绑搭售问题调查结果，归纳总结出以下调查结论。

《电子商务法》实施后，互联网消费捆绑搭售问题明显好转，但仍有少数企业以更隐蔽的方式捆绑搭售商品或服务。本次问卷调查结果显示，八成多的被调查者表示有过网购被捆绑搭售的经历，近半被调查者认为《电子商务法》实施后捆绑搭售依然存在，但比以前更隐蔽了。本次体验调查没有发现企业以默认勾选方式捆绑搭售商品或服务，但少数企业虽然设置了可供选择或取消选项，仍通过模糊选项、模糊语言等方式误导消费者购买其捆绑搭售的商品或服务。调查结果说明，《电子商务法》实施后，以往比较突出的默认勾选问题得到了明显改善，但少数企业仍在通过更隐蔽的方式误导消费者购买其捆绑搭售的商品或服务。

在线旅游行业的捆绑搭售问题相对突出，没有发现其他互联网企业存在明显捆绑搭售问题。本次问卷调查结果显示，被调查者在在线旅游平台遭遇的捆绑搭售问题最多。我们通过体验调查也发现，少数在线旅游平台存在涉嫌误导消费者或涉嫌强制消费的捆绑搭售问题，其他网络购物、在线票务、网络餐饮等平台没有发现明显捆绑搭售的问题。

部分在线旅游企业明显突出搭售选项、弱化无搭售选项，涉嫌误导消费者。体验人员在智行平台和高铁管家平台体验预订火车票和飞机票时，发现绑定了收费项目的预订选项，不仅颜色醒目而且字号较大；而没有绑定收费项目的预订选项，不仅颜色很淡而且字号较小。体验人员在途牛平台体验预订飞机票和在智行平台体验预订火车票时，弹出的推荐保险页面，“购买保险”选项的颜色醒目且字号较大，“不购买保险”选项的颜色较淡且字号较小。这些行为涉嫌误导消费者。

部分在线旅游企业只提供捆绑搭售选项涉嫌强制消费，或利用模糊语言误导消费者。体验人员在驴妈妈平台体验预订景点门票时，发现故宫门票均绑定了内馆门票、导览、讲解等收费项目，没有单卖的故宫门票供选择，涉嫌强制消费。在马蜂窝平台体验预订机票时，发现用“安心出行”代替“购买保险”；在途牛平台体验预订机票时，用“买份放心”代替“购买保险”。这些表述语言模糊，意思不够明确，且带有较强的暗示，涉嫌误导消费者。

部分在线旅游企业涉嫌诱导选择收费项目、限制消费范围等方式变相捆绑搭售商品或服务。体验人员在途牛、智行、去哪儿、驴妈妈、高铁管家等平台体验预订火车票时，如果选择不购买或取消绑定收费项目，均会出现“出票慢，可能需要排队”“排队出票”等提示内容，提示不选择收费项目就会出票较慢，涉嫌变相诱导选择收费项目。体验人员在途牛平台体验预订景点门票时，没有绑定收费项目的故宫门票只能当天或提前几天预订，而绑定了收费项目的故宫门票却可以提前较长时间预订。

七成多被调查者认为商家搭售商品或服务时没有以显著方式提醒注意。本次问卷调查结果显示，有75.7%的被调查者认为商家搭售商品或服务时没有以显著方式提醒消费者注意。体验调查结果显示，在高铁管家体验预订火车票时，选择“立即预订”只提示“VIP优享，极速出票”，没有提示具体收费信息，点击进去后才发现绑定了30元VIP优享服务；在高铁管家平台体验预订机票时，选择“普通预订”后会弹出保险页面，有“暂不需要”和“添加保险”两个选项，但没有提示添加保险需要收取多少费用，点击“添加保险”后才发现需要收取30元；在智行平台体验预订火车票时，“立即预订”选项只提示“7×24小时服务”，没有提示具体收费信息，点击进去后才发现绑定了30元酒店券。此外，不少在线旅游平台预订机票或火车票时弹出的保险页面，一般都是用灰色小字提示收费价格。

八成多被调查者认为商家捆绑搭售的并不是自己想要购买的商品或服务。调查结果显示，有85.94%的被调查者认为捆绑搭售的并不是自己真正想要购买的商品或服务。体验调查发现，互联网消费搭售最多的项目是保险，其次是优惠券、接送服务、会员、红包、语音讲解等收费项目。除了被误导或强制选择，多数消费者不会主动选择这些搭售的收费项目。

七成多被调查者认为商家捆绑搭售的目的是通过搭售高利润商品或服务牟取暴利。调查结果显示，关于企业捆绑搭售的目的，有73.31%的被调查者认为是搭售高利润商品或服务牟取暴利，有59.73%的被调查者认为是为了销售滞销的商品或服务，有47.01%的被调查者认为是利用优势地位强制消费，仅有10.30%的被调查者认为是迎合用户消费习惯、提供人性化服务。

七成多被调查者认为捆绑搭售行为损害了消费者合法权益，但选择投诉维权的却寥寥无几。调查结果显示，有75.70%的被调查者认为捆绑搭售行为强制消费、损害了消费者合法权益。但遇到捆绑搭售行为后，有49.88%的被调查者选择放弃购买，有26.12%的被调查者选择无奈接受，有7.97%的被调查者选择找平台协商，仅有6.06%的被调查者选择向有关部门或消协投诉。

近八成被调查者建议加强监管、严惩捆绑搭售行为，充分保障消费者的知情权、选择权和公平交易权。调查结果显示，近八成被调查者认为要加强监管、严惩商家捆绑搭售行为，六成多被调查者认为要完善有关法律法规、加大处罚力度，还有过半被调查者认为要加强企业自律、倡导诚信守法经营。还有部分被调查者认为，企业提供服务可以光明正大地收取服务费，但前提是必须公开透明，充分保障消费者的知情权、选择权和公平交易权。

七、调查建议

本次调查结果说明，《电子商务法》实施以来，以往比较突出的默认勾选等捆绑搭售问题得到了明显改善，但少数企业仍在通过更隐蔽的方式误导或强制消费者购买其搭售的商品或服务，损害了消费者的知情权、选择权和公平交易权。为督促经营者诚信守法经营，维护消费者合法权益，促进互联网经济健康稳定发展，北京市消费者协会结合本次调查结果提出以下建议：

一是完善有关法律法规。目前法律并未明确禁止所有搭售行为，事实上，也应该鼓励商家提供更多个性化和多样化的商品或服务，为消费者提供更多选择，关键是不能损害消费者的合法权益。因此，建议尽快完善有关法律法规，明确商家搭售行为的法律属性和法律边界，维护消费者合法权益，促进有关行业健康发展。

二是加大监管和处罚力度。针对少数企业采用捆绑搭售方式损害消费者合法权益的行为，有关部门应进一步加大监管和处罚力度，一旦发现损害消费者权益的捆绑搭售行为，依法给予严厉处罚。在严厉打击违法捆绑搭售行为的同时，正视在线旅游企业的服务价值，帮助企业改变原来靠捆绑搭售实现盈利的商业模式，引导企业公开透明地收取合理服务费用，让消费者明明白白消费。

三是倡导企业诚信守法经营。企业应切实履行“第一责任人”义务，充分认识到欺骗和误导消费者，只能赚取眼前的暂时利益，不可能获得长远发展。企业只有经常开展必要的自查自纠，诚信守法经营，为消费者提供更多优质的产品和贴心的服务，让消费者从在线旅游中获得高品质的服务体验，才是真正的长久发展之道。

四是消费者要提高自我保护意识。互联网消费方便快捷，但其不像传统线下消费那样眼见为实。消费者在网上购买商品或服务时，应仔细查看相关说明资料，尽量避免因不小心或识别不清而选择了不需要的搭售商品或服务。同时消费者还要不断提高自我保护意识，遇到违法违规的捆绑搭售问题时，要及时保存好相关证据，向有关部门投诉举报，依法维护自己的合法权益。

大数据“杀熟”问题调查报告

随着互联网技术的迅猛发展，消费者的兴趣爱好、消费习惯等信息，已经在大数据面前暴露无遗。所谓“大数据杀熟”，通常指经营者利用大数据技术采集用户信息、建立用户“画像”，并以谋取利益为目的，根据用户“画像”提供特定（非可选的）商品或服务的损害消费者权益行为。

2018年以来，大数据“杀熟”问题备受关注，有关大数据“杀熟”现象的报道屡见不鲜。但每次涉事企业都否认利用大数据技术“杀熟”，最后结果也大多不了了之。2019年1月1日实施的《电子商务法》明确规定，电子商务经营者根据消费者的兴趣爱好、消费习惯等特征向其提供商品或者服务的搜索结果的，应当同时向该消费者提供不针对其个人特征的选项，尊重和平等保护消费者合法权益。

这一规定的出台，大家认为会对规制大数据“杀熟”问题起到一定的作用。那么，目前是否还存在大数据“杀熟”现象？消费者对大数据“杀熟”现象怎么看？如何有效解决大数据“杀熟”问题？为深入了解大数据“杀熟”问题有关情况，维护消费者的合法权益，促进互联网经济健康发展，北京市消费者协会通过社会招标的形式，委托北京阳光消费大数据技术研究院开展了大数据“杀熟”问题调查活动。

一、调查目的

通过开展大数据“杀熟”问题调查，了解消费者对大数据“杀熟”的认知情况，现实中存在哪些大数据“杀熟”行为，探讨大数据“杀熟”的侵权属性和规制思路，切实维护消费者的合法权益，促进互联网经济健康发展。

二、调查方法与内容

本次调查内容主要包括消费者对大数据“杀熟”的认知情况，现实中是否存在大数据“杀熟”行为，如果确实存在，主要存在于哪些消费领域等。其中消费者对大数据“杀熟”的认知情况，主要通过网络问卷形式开展调查；是否存在大数据“杀熟”行为，主要通过对网约车、在线旅游、网购平台、票务网站、网络外卖等5个消费者反映比较集中的新兴互联网消费领域开展体验调查。

（一）问卷调查

设计大数据“杀熟”问题调查问卷。内容主要包括消费者对大数据“杀熟”问题认知情况，如是否有被大数据“杀熟”的经历，如何看待大数据“杀熟”问题？希望有关部门如何加强监管，等等。

邀请消费者填写调查问卷。主要通过北京市消费者协会的官方微信、官方网站以及消费者网、消费大数据研究院微信公众号等渠道发布调查问卷，通过发放一定奖励的方式邀请消费者填写调查问卷。共收集到有效问卷3185份。

（二）舆情监测

通过舆情监测技术，全面收集各主流媒体（网媒、纸媒）、论坛、博客、微博、微信、新闻客户端中关于大数据“杀熟”的报道、评论和网友吐槽等舆情资料，并对收集到的大数据“杀熟”舆情资料进行汇总和研究分析。

（三）体验调查

1.体验网络约车消费是否存在大数据“杀熟”问题

结合征集到的网络约车老用户志愿者情况，选择滴滴平台的快车、专车以及首汽专车进行体验。每个调查样本要求2名调查人员同时进行体验，一个调查员使用较活跃的老用户账号，另一个调查员则用刚开通的用户账号约车。2名调查人员同时在同一地点乘坐同一平台的同一种网约车到同一地点，详细记录打车价格和车费情况。本调查要求调查员坐后座，全程截屏或录音，保存好调查证据。

2.体验在线旅游消费是否存在大数据“杀熟”问题

结合征集到的在线旅游老用户志愿者情况，选取携程、同程、飞猪、去哪儿等4个在线旅游企业作为体验调查对象。每个调查样本要求2名调查人员同时进行体验，一个调查员用经常使用的老用户账号体验，另一个调查员则用刚开通的用户账号体验。2名调查人员同时购买同一旅游产品，详细记录其价格和收费情况。要求调查员模拟消费者正常购买旅游产品，并全程截屏或录音，保存好调查证据。

3.体验网络购物是否存在大数据“杀熟”问题

结合征集到的网络购物老用户志愿者情况，选取天猫、淘宝、京东、当当网4个网购平台作为体验调查对象。每个调查样本要求2名调查人员同时进行体验，一个调查员用经常使用的老用户账号体验，另一个调查员则用刚开通的用户账号体验。2名调查人员同时购买同一商品，详细记录其价格和收费情况。要求调查员模拟消费者正常购买商品，并全程截屏或录音，保存好调查证据。

4.体验网络购票是否存在大数据“杀熟”问题

结合征集到的网络购票老用户志愿者情况，选取猫眼、淘票票作为体验调查对象。每个调查样本要求2名调查人员同时进行体验，一个调查员用经常使用的老用户账号体验，另一个调查员则用刚开通的用户账号体验。2名调查人员同时购买同一场次同一种票，详细记录其价格和收费情况。要求调查员模拟消费者正常购买商品，并全程截屏保存好调查证据。

5.体验网络订餐是否存在大数据“杀熟”问题

结合征集到的网络订餐老用户志愿者情况，选取美团、饿了么作为体验调查对象。2名调查人员同时在美团外卖进行体验调查，一名调查员用经常使用的老用户账号体验，另一名调查员则用刚开通的用户账号体验。2名调查人员同时模拟消费者购买同一食物，详细记录其价格和收费情况。要求调查员模拟消费者正常购买商品，并全程截屏保存好调查证据。

三、调查质量保障

（一）成立调查项目小组

成立项目质量控制小组，小组由研究院主要负责人及有关专业人士组成，并对调查方案、调查过程及调查结果进行全程质量监控。

（二）邀请媒体和消协志愿者参与调查

为了确保本次调查工作的公平、公开，项目组在调查实施之前，邀请部分消协志愿者、媒体志愿者和专业调查人员组成调查项目团队。消协志愿者和媒体志愿者重点参与体验调查过程，并现场见证各项调查记录的产生等。

（三）及时保存好体验调查数据资料

考虑到部分体验过程不能复原，项目组将对体验调查过程全程录音录像，对重要调查环节截屏保留照片，确保在由消协志愿者、媒体志愿者和调查机构调查员组成调查团队的见证下，对新老用户的体验调查结果进行固定，以防被调查对象质疑或不认可调查结果。

（四）举办项目专家研讨会

调查期间，专门组织大数据“杀熟”调查专家研讨会，组织专家学者对调查数据及调查结论进行探讨和论证。

（五）其他保障事项

整个调查期间，调查团队与北京市消费者协会保持密切沟通，根据调查情况随时修正调查实施情况。

四、调查结果

（一）问卷调查结果

本次大数据“杀熟”问卷调查自2019年2月22日启

动，截止到2019年3月1日结束，通过北京市消费者协会网（www.bj315.org）、消费者网（www.bjxf315.com）以及"北京消协"微信（bjxx315）等渠道，共计收回有效问卷3185份。具体问卷调查结果如下：

1.被调查者以21—40岁的中青年为主。调查结果显示，本次被调查者以中青年为主，其中31—40岁的被调查者占39.59%，21—30岁的被调查者占22.07%，两者总和达到61.66%，51岁以上的被调查者占26.72%，41—50岁的被调查者占10.46%，20岁以下的被调查者占1.16%。

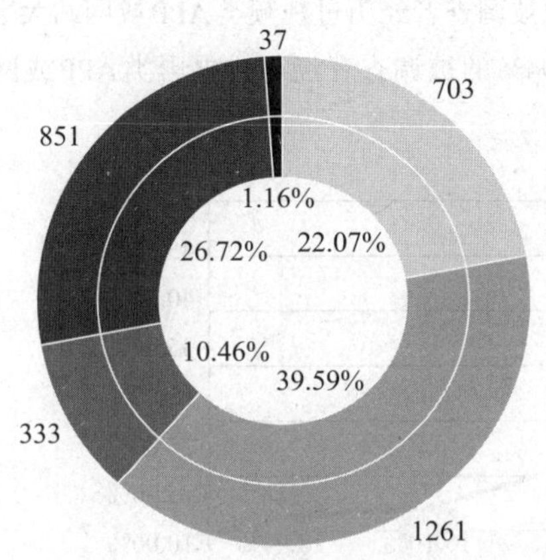

图1　被调查者年龄分布情况

2.被调查者职业以事业单位工作人员和企业职工居多。被调查者的职业以事业单位工作人员和企业职工居多，两者总和达到60.51%。其中企业职工占36.11%，事业单位工作人员占24.40%，自由职业者占22.07%，政府公务员占15.10%，学生占2.32%。

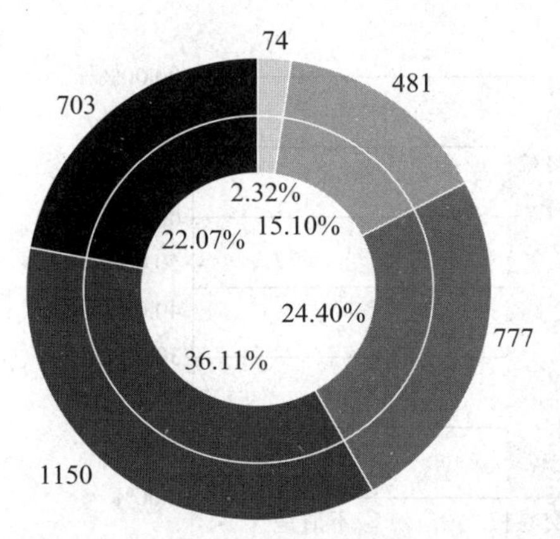

图2　被调查者职业分布情况

3.超六成被调查者认为大数据"杀熟"现象很普遍。调查结果显示，65.05%的被调查者认为大数据"杀熟"现象很普遍，23.27%的被调查者认为大数据"杀熟"现象普遍存在，认为大数据"杀熟"现象存在程度一般或不普遍的被调查者占比分别为7.03%和4.65%。没有被调查者认为大数据"杀熟"现象不存在。

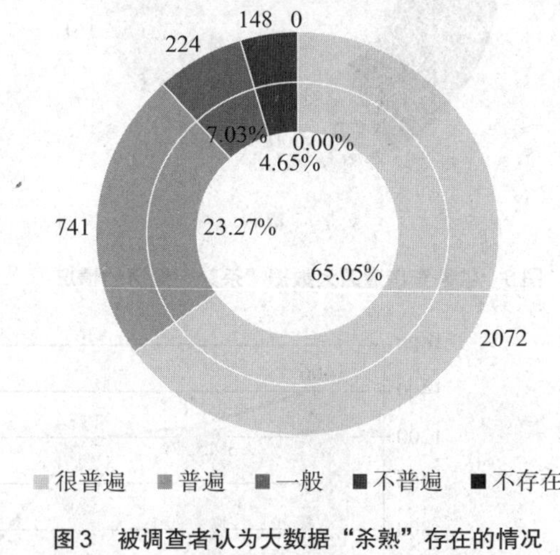

图3　被调查者认为大数据"杀熟"存在的情况

4.通过亲身经历了解到大数据"杀熟"现象的被调查者最多。调查结果显示，42.83%的被调查者通过自己的经历了解到大数据"杀熟"，27.97%的被调查者通过网上信息了解到大数据"杀熟"，25.62%的被调查者通过新闻报道了解到大数据"杀熟"，听别人说起了解到大数据"杀熟"的调查者仅占3.58%。

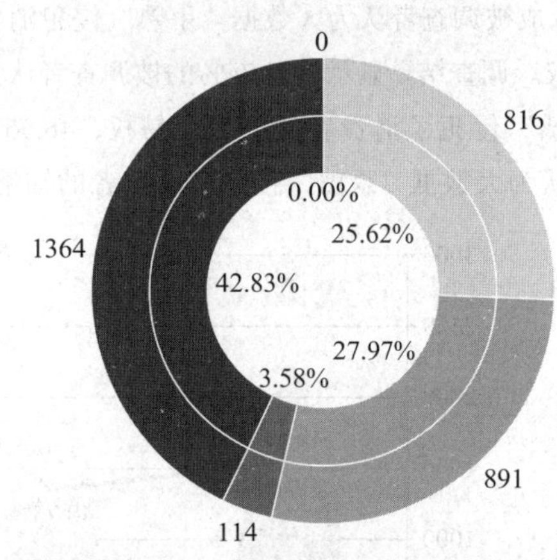

图4　被调查者了解大数据"杀熟"的途径

5.过半被调查者表示有过被大数据"杀熟"经历。调查结果显示，56.92%的被调查者表示有过被大数据"杀熟"的经历，43.08%的被调查者表示没有被大数据

"杀熟"的经历。

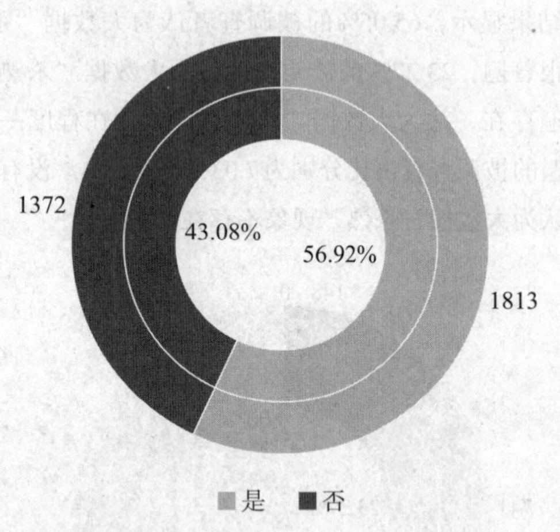

图5 被调查者遭遇大数据"杀熟"经历的情况

6.被调查者认为网购平台、在线旅游和网约车类APP或网站大数据"杀熟"较多。调查结果显示，被调查者在购物类、在线旅游类和打车类APP或网站经历大数据"杀熟"最多，其他依次为外卖类、视频类和电影类APP或网站。其中，44.14%的被调查者经历过购物类APP或网站大数据"杀熟"，39.50%的被调查者经历过在线旅游类APP或网站大数据"杀熟"，37.17%的被调查者经历过打车类APP或网站大数据"杀熟"，19.84%的被调查者经历过其他类型的大数据"杀熟"，16.26%的被调查者经历过外卖类APP或网站大数据"杀熟"，15.10%的被调查者经历过视频类APP或网站大数据"杀熟"，13.94%的被调查者经历过电影类APP或网站大数据"杀熟"。

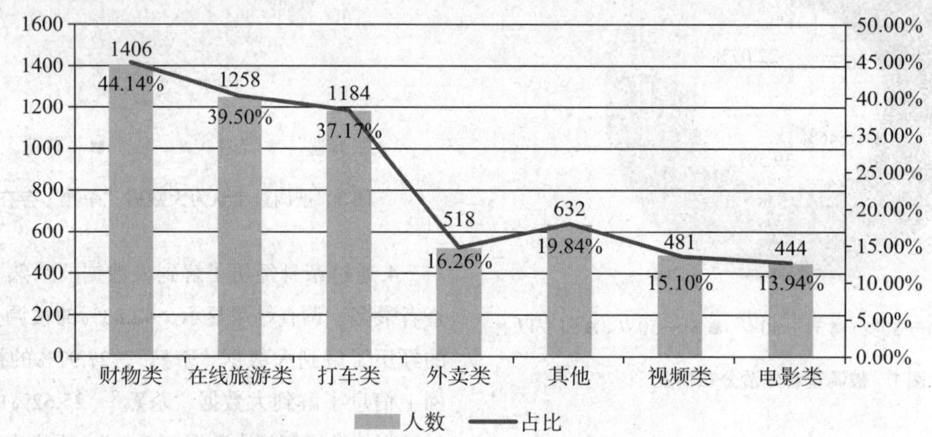

图6 被调查者经历过的大数据"杀熟"类型

7.超八成被调查者认为大数据"杀熟"侵犯消费者公平交易权。调查结果显示，83.74%的被调查者认为大数据"杀熟"侵犯了消费者的公平交易权，46.56%的被调查者认为大数据"杀熟"侵犯了消费者的知情权，40.75%的被调查者认为大数据"杀熟"侵犯了消费者的选择权，还有3.49%的被调查者对大数据"杀熟"侵犯了消费者的什么权利表示不清楚。

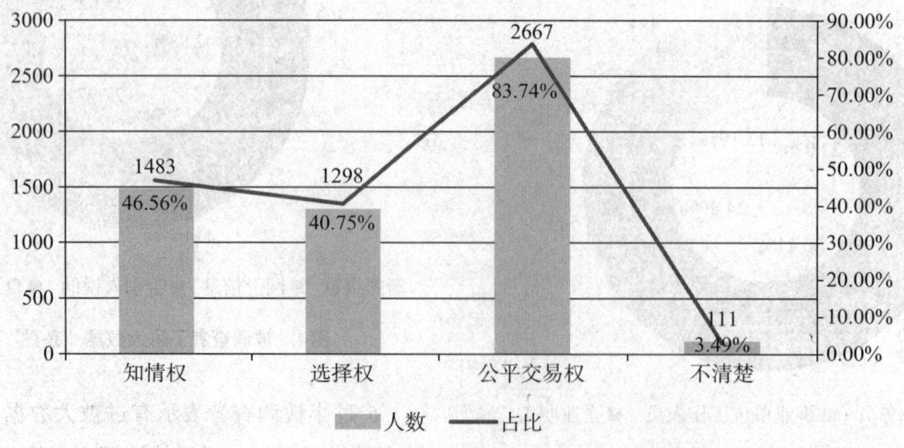

图7 大数据"杀熟"侵犯了消费者的权利

8.遭遇大数据“杀熟”后选择向消协或市场监管部门投诉的被调查者不到三成。遭遇大数据“杀熟”后怎么办？调查结果显示，26.72%的被调查者选择向消协或市场监管部门投诉，25.56%的被调查者选择不再去这个商家消费，17.43%的被调查者选择忍气吞声、自认倒霉，11.71%的被调查者选择与商家理论，要求赔偿，10.46%的被调查者选择卸载商家APP或删除网址，8.13%的被调查者选择在社交网站或向媒体曝光。

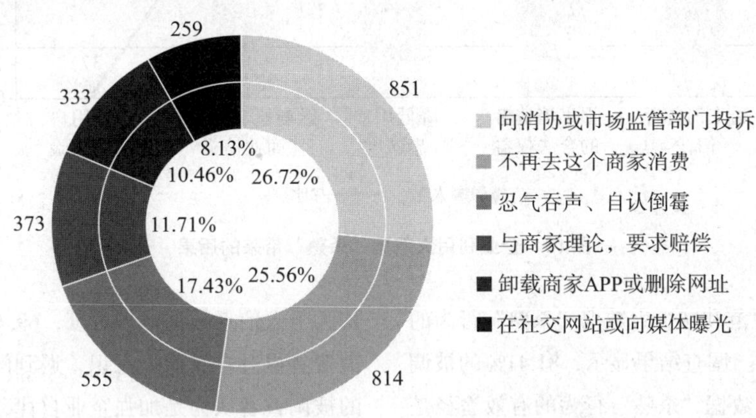

图8　被调查者对被大数据“杀熟”后处理方式

9.超七成被调查者认为企业大数据“杀熟”的行为目的是利用老用户的信任牟利。关于企业利用大数据“杀熟”的目的，调查结果显示，73.28%的被调查者认为是企业利用老用户的信任牟利；20.91%的被调查者认为是用优惠条件来吸引新用户；仅有3.49%的被调查者认为是给用户推荐合适的商品或服务，提升用户体验；另有2.32%的被调查者表示对企业利用大数据“杀熟”的目的不太清楚。

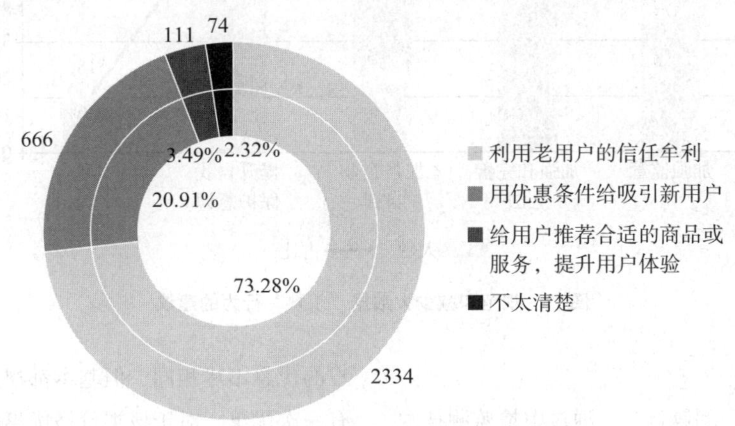

图9　企业利用大数据“杀熟”的目的

10.绝大多数被调查者认为大数据“杀熟”会透支消费者信任，降低企业信誉，损害消费者合法权益。企业利用大数据“杀熟”会带来什么后果？调查结果显示，82.54%的被调查者认为会透支消费者信任，降低企业信誉；81.41%的被调查者认为会损害消费者的合法权益，66.28%的被调查者认为会降低用户忠诚度，65.12%的被调查者认为会影响整个行业的商业信誉，仅有1.16%的被调查者认为会提升用户消费体验。

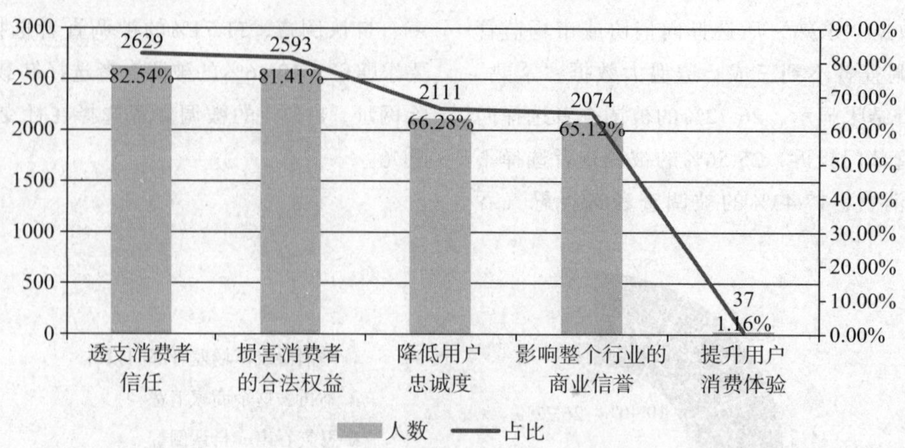

图10 企业利用大数据“杀熟”带来的后果

11.被调查者认为规范和减少大数据“杀熟”行为的最有效途径是加强监管。调查结果显示，81.41%的被调查者认为规范和减少大数据“杀熟”行为的有效途径是加强监管；79.09%的被调查者认为是加强和完善立法，加大个人信息数据保护力度；69.76%的被调查者认为是消费者提升自我保护意识，遇到问题依法维权；61.66%的被调查者认为是加强企业自律，倡导企业诚信守法经营；16.26%的被调查者认为是其他途径。

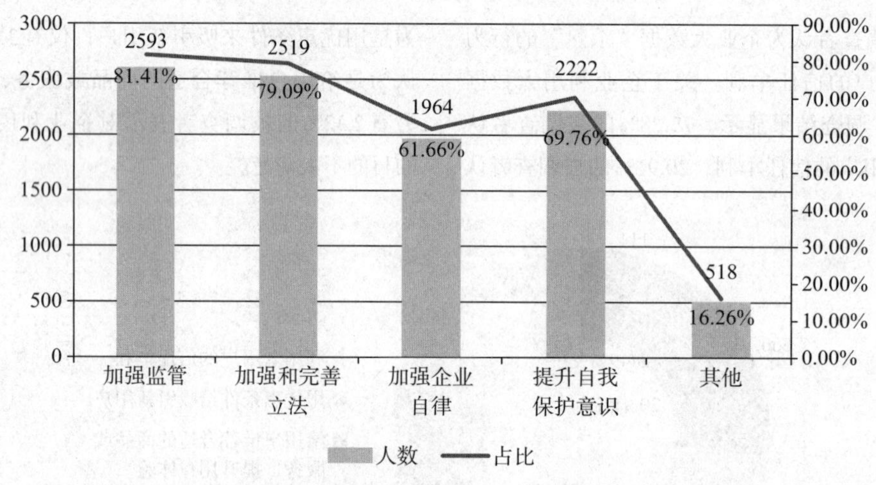

图11 规范和减少大数据“杀熟”行为的建议

（二）舆情采集结果

本次大数据“杀熟”问题调查，通过舆情监测技术对有关主流媒体（网媒、纸媒）、论坛、博客、微博、微信、新闻客户端上，关于大数据“杀熟”的报道、评论和网友吐槽等舆情资料进行全面采集，并对采集到的大数据“杀熟”舆情资料进行汇总分析，归纳出以下10种形式：

1.新客户享有专属优惠。舆情资料显示，部分企业网站在宣传语中，直接标注针对新客户有特别优惠。比如，用户注册成功后即可获得系统赠送的各种满减礼券，或者为首次注册的用户提供充值返现活动。还有企业网站为新用户提供优惠待遇。虽然每家企业针对新用户的优惠不尽相同，但基本都规定，每位新用户只能享有一次优惠。对于该类价格优惠政策，不少网友表示可以接受。有网友甚至表示，“完全可以理解，每个平台都想吸引新用户，我们也曾是新用户，都享受过这种待遇”。

2.广告联盟分享用户数据。不少网友表示，除了不同用户拥有不同价格待遇之外，还存在同一位用户在不同网站之间数据被共享这一问题。许多网友都表示遇到过在某一网站搜索或浏览某一产品，在其他网站的广告栏中也会看到相关产品。有网友表示，“在某电商网站给母亲买衣服，从此以后推荐的全是类似的中年人服装”。还有网友表示，在一个汽车论坛上搜索某某汽车，再打开另一电商网站，该电商网站立刻推荐之前搜索过的某某汽车的配件产品。还有用户表示，自己曾和朋友在网上聊天中谈及一家温泉度假村，随后登录另一网站，立刻收到了温泉度假等相关推荐。这说明，这些网站之间可能存在数据互通共享问题，属于广告联盟分享用户数据行为。舆情认为，在平台内部存在基于大数据的推荐很正常，但在不同平台之间互通用户信息无法被接受。

3.根据用户特点提供特定服务。舆情资料显示，有的企业根据不同用户的特点推荐不同产品或给出不同售后处理意见。如拥有较好支付能力的用户，搜索时会看到更多的奢侈类商品；在社交网站拥有较多粉丝的"大V"，其影响力等同于高级别会员，在客服人员处理其投诉时如果被识别，会更快、更好地被响应。有网友甚至表示，在某电商网站上存在"好次掺卖"的情况，对于投诉较少的客户，网站发次品的概率较高，而面向对质量较为敏感的客户时，网站发优等品的概率较高。

4.多次浏览后价格自动上涨。在"杀熟"套路曝光帖中，旅游类APP成为吐槽重灾区。网友"卖铁小王子"发帖列举了市面上常见旅游APP的价格圈套：一些软件订房页面被浏览多了，相关酒店房价就自动上涨，营造"酒店很抢手"的错觉。有网友甚至反映，清除浏览记录后，竟然发现原本显示的价格又下调了不少。

5.浏览过程遭遇"花式"催买。有网友反映，用APP订机票，多看几次或预订后再取消，价格便会抬高。整个预订过程中，APP页面会不停提示"最近又有×名客人在浏览此航班"，一些客人觉得越晚下手越贵，只好匆匆下单，第二天再看同一航班机票，又恢复了原来的低价。

6.隐藏老用户优惠券。据媒体报道，胡先生经常乘飞机往返杭州和深圳两地，一直使用某APP购买机票。有一次，胡先生偶然在机票订单确认页中发现，"航意险"和"延误险"两项被默认勾选上了。"一般情况下，我觉得选就选了，没特别在意。但有一天，当我把勾选取消了，系统提示我放弃了两张价值8元的折扣券。等我重新把这两项保险勾选上后，订单总价竟然比之前便宜了8元。也就是说，平台通过默认勾选隐藏了老客户应该享有的优惠。"

7.老用户比新用户价格高。有网友称，自己在某电影票订票平台有过被"杀熟"的经历。她表示，用新注册的小白用户、普通会员用户和高级别的会员用户同时选购同场次电影，最便宜的是小白用户，其次是普通会员用户，而高级别的会员用户一张票要比小白用户贵出5元以上。

8.手机配置不同收费不同。有网友吐槽，有视频网站根据手机不同型号给出不同的收费待遇。以某视频网站为例，开通VIP会员，安卓用户1个月、3个月和6个月的价格分别是20元、58元和108元，年费是198元，而苹果用户购买则要贵出5—35元。对于存在价格差异的原因，客服表示，是由于其中包含了苹果运营方收取的手续费。

9.默认勾选之前购买过的服务。舆情资料显示，有网站根据用户"上一次行为"，默认捆绑相应服务。例如刚刚注册会员的用户，他在购买机票时，系统默认仅显示一张机票的价格；而一旦他勾选过一次贵宾休息室、接送机服务或酒店优惠券等附加服务后，在下一次下单时，系统就会默认勾选之前选择过的服务。

10.不消费时送优惠券，需要时却没有。还有网友反映，自己很久不消费或者根本不需要消费时，网站或APP就会赠送优惠券，而当自己需要购买产品或服务时，网站或APP根本不会赠送优惠券，或显示优惠券已过期。

（三）体验调查结果

本次体验调查共选取14个消费者常用的APP或网站作为体验对象，具体包括携程旅行、去哪儿旅行、同程艺龙、飞猪旅游4个在线旅游APP或网站，天猫、淘宝、京东、当当4个购物APP或网站，美团和饿了么2个外卖APP或网站，猫眼和淘票票2个网络购票APP或网站，滴滴出行和首汽约车2个网络出行APP或网站。

体验人员分别使用一个经常使用的老用户账号和一个刚开通的新用户账号，同时模拟消费者购买同一种产品或服务，详细体验其新老用户价格及推送特定商品或服务情况。

调查结果显示，在对14个APP或网站进行的57组模拟消费体验样本中，有35组样本新老账户的价格完全一致，占比61.40%；23组样本新老账户的价格不完全一致，占比40.35%。其中有11组样本老用户比新用户价格便宜，11组老用户比新用户的价格高，另有1组由于平台对不同新用户的价格不同，一次老用户比新用户价格高，一次老用户比新用户价格低。

表1　大数据“杀熟”体验调查汇总表

行业类别	体验平台	体验样本	价格不同	推送不同	备　注
在线旅游	携程	5	2	1	没有发现明显不合理行为
	去哪儿	5	3	2	有1酒店不同用户享受优惠不同，最终新用户比老用户价格便宜
	同程	5	2	0	没有发现明显不合理行为
	飞猪	5	2	2	有1酒店老用户比新用户价格高
网络购物	天猫	4	1	1	没有发现明显不合理行为
	淘宝	4	0	4	没有发现明显不合理行为
	京东	4	1	1	没有发现明显不合理行为
	当当	4	1	0	没有发现明显不合理行为
网络订餐	美团	3	0	0	没有发现明显不合理行为
	饿了么	3	0	0	没有发现明显不合理行为
网络购票	猫眼	3	3	0	没有发现明显不合理行为
	淘票票	3	0	0	没有发现明显不合理行为
网络打车	滴滴	6	5	0	没有发现明显不合理行为
	首汽	3	3	0	没有发现明显不合理行为
合计		57	23	11	

1.在线旅游APP（含网站）体验结果。

（1）携程旅行体验调查结果。2名调查人员同时模拟消费者购买同一航班机票1次，同时模拟购买酒店产品1次，同时模拟购买旅游产品3次（具体包括1次境外游、1次民宿客栈预订和1次邮轮游），一共采集到5个体验调查样本。具体情况见表2：

表2　携程旅行网体验调查情况

产品类型	产品内容	用户类别	价格（元）	收费情况	价格差异	推送情况
机票	3月5日，北京—东京，国航CA925，PEK首都机场T3航站楼-NRT成田机场T1航站楼	老用户	3560	成人票：3160元，税费400元，东京购物券大礼包0元	新用户航班价格开始显示3620元，后自动变为3560元	默认直飞优先，产品排序及价格一致
		新用户	3560	成人票：3160元，税费400元，东京购物券大礼包0元		
酒店	北京东直门亚朵S酒店高级双床房 3月4日入住 3月5日离店	老用户	756	在线担保0元（房费担保金756元，信用担保-756元）；到店支付1晚1间756元（双份早餐/间756元）；离店可获积分680分	老用户标注为亚朵金卡会员（没办过），均为高级双床房；新用户价位高，且不含早餐，选择不了早餐，获得积分也少很多	默认欢迎度排序，酒店排序及标价一致
		新用户	790	在线支付：1晚1间790元，无早餐；离店可获积分395分		
境内跟团游	广西桂林+阳朔+漓江5日4晚跟团游（5钻）	老用户	6288	基本团费3344元×2	一致	默认为推荐排序，新老用户推荐产品排序一致
		新用户	6288	基本团费3344元*2		

续表

产品类型	产品内容	用户类别	价格（元）	收费情况	价格差异	推送情况
民宿客栈	九江庐山新天地蔓心宿温馨复式套房 3月4日入住 3月5日离店	老用户	238	房费：1晚共238元；线上支付238元；押金（信用免押金）	新用户优惠10元，但标识需要线下支付房东押金300元	默认为推荐排序，新老用户推荐产品排序不一致
		新用户	228	房费：1晚共238元；优惠10元；线上支付228元；押金（线下支付给房东）300元		
邮轮游	歌诗达游轮赛琳娜号6天5晚佐世保+福冈 2019年4月19日，周五天津上船	老用户	2188	选择舱房后变为2899元，标准内舱双人间1间×2人，总价5798元	一致	默认为综合排序，新老用户推荐产品排序一致
		新用户	2188	选择舱房后变为2899元，标准内舱双人间1间×2人，总价5798元		

调查结果显示，在5次携程旅行网体验调查过程中，有3次新老用户体验价格一致，有2次体验因为新老用户的优惠程度和选择选项不一样而导致的最后的支付价格不一致：一次是新用户有10元优惠，但需线下交300元押金给房东；另一次是老用户比新用户价格便宜34元且老用户含早餐，积分也多。此外，有一次民宿客栈默认为推荐排序，新老用户推荐产品排序不一致。

（2）去哪儿旅行体验调查结果。2名调查人员同时模拟消费者购买同一航班机票1次，同时模拟购买酒店产品2次（包括1次上海铭忆静别墅精品民宿国际旅游度假区乐园店和1次高端酒店），同时模拟购买旅游产品2次（包括1次跟团游和1次周边游），一共采集到5个体验调查样本。具体情况见表3：

表3　去哪儿旅行体验调查情况

旅游类型	产品内容	用户类别	价格（元）	收费情况	价格差异	推送情况
机票	3月1日，北京—三亚，首航JD5217，首都T1—凤凰T2	老用户	940	票价900元，机建+燃油50元，代金券10元	老用户有代金券，比新用户便宜	默认从早到晚排序，排序一致
		新用户	950	票价900元，机建+燃油50元		
上海铭忆静别墅精品民宿国际旅游度假区乐园店	汽车亲子家庭房 2月28日—3月1日	老用户	181	1间238元，机票用户立减36元，房费立减21元	房间价位一致，但不同用户享受优惠项目不一致，导致最终新用户比老用户订酒店价格更便宜	默认推荐酒店列表不一致
		新用户	182	1间238元，天天特惠24元，新客专项券10元，房费立减22元		
		新用户	172	1间238元，天天特惠-24元，新客专项券20元，房费立减22元		
高端酒店	海上小喔 （上海外滩店） 2019年3月6日	老用户	132	在线付款132元；（1间）138元；Qstar专属优惠3元，房费立减3元	新用户有专享券，更便宜	默认推荐排序不一致
		新用户	115	在线付款115元；（1间）138元；新客专享券20元，房费立减3元		
周边游	北京一日游	老用户	542	成人273元×2；优惠4元	一致	默认排序一致
		新用户	542	成人273元×2；优惠4元		
国内游	北京—丽江，3月8日开始，8天跟团游	老用户	2721	成人2721元	产品、时间、期限均一致	默认推荐排序，排序一致
		新用户	2721	成人2721元		

调查结果显示，在5次去哪儿旅行体验调查过程中，有2次新老用户体验时间、产品、价格一致，有3次体验因优惠券导致最后支付价格不一致：第一次是老用户有代金券，比新用户便宜10元；第二次是价位

一致，但不同用户享受优惠项目不一致，最终导致新用户比老用户订酒店价格便宜10元；第三次是新用户有专享券，所以便宜了17元。另有2次酒店默认推荐排序不一致。

（3）同程旅游体验调查结果。3名调查人员同时在同程旅游网进行体验调查，一名调查员用经常使用的老用户账号体验，另两名调查员则用刚开通的用户账号体验。2名调查人员同时模拟消费者购买同一航班机票1次，模拟购买酒店产品2次，具体包括1次成都瑞思特酒店和1次上海青奢概念酒店，模拟购买旅游产品1次，模拟购买游轮游产品1次。具体情况见表4：

表4　同程旅游体验调查情况

旅游产品	产品内容	用户类别	价格（元）	收费情况	价格差异	推送情况
机票	北京—昆明 3月1日，CA1403	老用户	950	机票价格900元，机建+燃油50元	一致	价格低—高，排序一致
		新用户	950	机票价格900元，机建+燃油50元		
酒店	成都：瑞思特酒店	老用户	179	房费189元，享受优惠（会员特权立减）10元	房费一致，享受优惠不同	默认排序一致
		新用户	189	房费189元		
国内游	北京—福建 3月8日	老用户	2241×2	基本团费2241元×2	一致	推荐排序一致
		新用户	2241×2	基本团费2241元×2		
特惠酒店	上海青奢概念酒店	老用户	246	房费1晚1间259元，会员特权立减13元	老用户有优惠	默认排序一致
		新用户	259	房费1晚1间259元		
游轮	（海洋量子号）上海—福冈（日本）—上海4晚5日游	老用户	7198	随机阳台双人房（无遮挡）3599元×2	一致	默认排序一致
		新用户	7198	随机阳台双人房（无遮挡）3599元×2		

调查结果显示，在5次同程旅游体验调查过程中，有3次新老用户体验时间、产品、价格一致，有2次体验因为新老用户因优惠券导致最后的支付价格不一致：一次是新用户有10元优惠券，所以比老用户便宜10元；另一次是老用户有会员特权优惠券，而新用户没有，所以老用户比新用户便宜13元。

（4）飞猪旅游体验调查结果。2名调查人员同时在飞猪旅游进行体验调查，一名调查员用经常使用的老用户账号体验，另一名调查员则用刚开通的新用户账号体验。2名调查人员同时模拟消费者购买同一航班机票2次，包括1次KN5895航班和1次MF8148航班；同时模拟购买酒店产品3次，包括1次广州正佳广场万豪酒店、1次西安W酒店和1次麗枫酒店·昌平体育馆店；同时模拟购买旅游产品1次。具体情况见表5：

表5　飞猪旅游体验调查情况

旅游类别	产品内容	用户类别	价格（元）	收费情况	价格差异	推送情况
机票	南苑机场—白云机场 3月2日 中国联行KN5895	老用户	1480	机票1430元，机建50元	一致	默认排序一致
		新用户	1480	机票1430元，机建50元		
酒店	广州正佳广场万豪酒店行政客房，3月18日至19日	老用户	2072	房费，早餐2，2072元×1间，离店送1036飞猪里程	一致	默认排序不一致
		新用户	2072	房费，早餐2，2072元×1间，离店送1036飞猪里程		

续表

旅游类别	产品内容	用户类别	价格（元）	收费情况	价格差异	推送情况
机票	首都机场T2—黄花机场 厦门航空MF8148	老用户	570	机票520元，机建50元	一致	默认排序一致
		新用户	570	机票520元，机建50元		
酒店	西安W酒店3月1日	老用户	1314.24	不含早餐1329.24元×1间；15元：飞猪酒店信用住-15元	老用户比新用户优惠	默认排序一致
		新用户	1516	房费不含早餐1516元×1间		
酒店	麗枫酒店·昌平体育馆店 高级大床房 3月20日住 3月21日离	老用户	291	3月20日房费不含早餐291元×1间	老用户比新用户价格高	新老用户推送酒店不一样。根据用户浏览记录推荐价格接近酒店
		新用户	282	3月20日房费不含早餐286元×1间 省4元：卖家立减		

调查结果显示，在5次飞猪旅游体验调查过程中，有2次新老用户体验时间、产品、价格一致，有2次新老用户价格不一致，2次推送酒店不一致。价格不一致表现为：新老用户标价不同，优惠也不同。新老用户推送酒店不一致表现为：平台根据用户之前浏览过的价位推荐价格接近的酒店，新用户第一次登录，推荐的酒店价格低，比老用户都低。但体验人员浏览一次五星级酒店后，页面推送的基本都是高价酒店。

2.网络购物APP（含网站）体验结果

（1）天猫体验调查结果。2名调查人员同时模拟消费者在天猫网进行购物体验，1名调查员用经常使用的老用户账号体验，另1名调查员则用刚开通的新用户账号体验。2名调查人员同时在天猫超市购买母婴用品1次、模拟购买食品零食1次，在天猫国际模拟购买化妆护肤产品1次，在搜索手机模拟购买电子产品1次。具体情况见表6：

表6 天猫体验调查情况

网购产品	产品内容	用户类别	价格（元）	收费情况	价格差异	推送情况
天猫超市	惠氏启赋3段奶粉	老用户	328	328元	一致	选择母婴用品“今日疯抢”排序一致
		新用户	328	328元		
天猫国际	AHC神仙水套装	老用户	199	199元	一致	选择美妆“面部套装”排序一致
		新用户	199	199元		
天猫搜索	华为Mate 20 Pro	老用户	5399	5399元	一致	检索“手机”，默认综合排序不一致
		新用户	5399	5399元		
天猫超市	俏香阁每日坚果礼盒750g/30袋混合坚果大礼包干果仁网红零食	老用户	84	99元，店铺优惠（省20元：满减活动）；配送方式（快递费5元）	新用户享受优惠券15元	选择天猫超市休闲零食排序一致
		新用户	69	99元，店铺优惠（省20元：满减活动）；配送方式（快递费5元）；天猫超市优惠券（减15元）		

调查结果显示，在4次天猫购物体验调查过程中，有3次新老用户体验时间、产品、价格一致，其中1次体验调查因新用户享有优惠券，比老用户便宜15元。此外，检索“手机”体验时，默认综合排序不一致。

（2）淘宝体验调查结果。2名调查人员同时模拟消费者在淘宝进行购物体验，1名调查员用经常使用的老用户账号体验，另1名调查员则用刚开通的用户账号体验。2名调查人员同时模拟消费者购买保温杯1次，模拟购买笔记本电脑1次，模拟购买洗衣机1次、模拟购买签字笔1次。具体情况见表7：

表7　淘宝体验调查情况

网购产品	产品内容	用户类别	价格（元）	收费情况（元）	价格差异	推送情况
保温杯	哈尔斯宝文本男士女高档316不锈钢便携水杯商务定制刻字泡茶杯子	老用户	59	59（玫瑰金）	一致	默认综合推荐，推荐商品不一致，老用户推荐商品整体比新用户推荐商品贵，改选销量排序以后新老用户商品排序列表及价格一致
		新用户	59	59（玫瑰金）		
笔记本电脑	Apple/苹果/MacBook Pro MPXQ2CH/A笔记本电脑超薄游戏本手提i7i5	老用户	5500	5500	一致	默认综合推荐，推荐商品不一致，改选销量排序以后新老用户商品排序列表及价格一致
		新用户	5500	5500		
洗衣机	长虹7.5kg全自动洗衣机9kg家用波轮大容量热烘干迷你小型滚筒甩干	老用户	558	558	一致	默认综合推荐，推荐商品不一致，改选销量排序以后新老用户商品排序列表及价格一致
		新用户	558	558		
签字笔	创意简约盒装中性笔黑色水笔签字笔文具用品笔学生用黑笔针管笔	老用户	9.8	9.8	一致	默认综合推荐，推荐商品不一致，改选销量排序以后新老用户商品排序列表及价格一致
		新用户	9.8	9.8		

调查结果显示，在4次淘宝购物体验调查过程中，新老用户体验时间、产品、价格均一致。但4次网站综合默认推荐的商品均不一致。

（3）京东体验调查结果。2名调查人员同时模拟消费者在京东进行购物体验调查，1名调查员用经常使用的老用户账号体验，另1名调查员则用刚开通的用户账号体验。2名调查人员同时模拟消费者购买笔记本电脑1次，模拟购买冰箱1次、模拟购买医疗保健产品1次、模拟购买食品生鲜1次。具体情况见表8：

表8　京东体验调查情况

网购产品	产品内容	用户类别	价格（元）	收费情况	价格差异	推送情况
笔记本电脑	华为Mate Book 13全面屏轻薄性能笔记本	老用户	5699	5699元，默认选择512G独显，自行选择256G独显后价格变为5399元	同一款商品、同一个位置新老用户价格不一致，点击进去发现商品配置不一致，但可更改	检索“轻薄本”，第一款为广告推荐商品，新老用户推荐配置不一致，进入商品页可以选择更改
		新用户	5399	5399元，默认选择256G独显		
冰箱	海尔258升冰箱	老用户	2099	商品金额2299元，立减200元	一致	新老用户商品列表排序及价格一致
		新用户	2099	商品金额2299元，立减200元		
医药保健	雅培全安素	老用户	408	商品金额428元，立减20元	一致	默认销量排序，商品列表及价格一致
		新用户	408	商品金额428元，立减20元		
食品生鲜	苹果	老用户	99	标价99元，买2份，满198减20优惠券	一致	默认为综合排序，新老用户推荐商品列表不一致
		新用户	99	标价99元，买2份，满198减20优惠券		

调查结果显示，在4次京东体验调查过程中，有3次新老用户体验时间、产品、价格以及推送情况均一致。有1次购物体验价格不一致，网站为新老用户首推产品的配置不一致，导致价格也不一致，新用户便宜了300元钱。

（4）当当网体验调查结果。2名调查人员同时模拟消费者在当当网进行购物体验调查，1名调查员用经常使用的老用户账号体验，另1名调查员则用刚开通的用户账号体验。2名调查人员同时模拟消费者购买图书1次，模拟购买教辅书1次、模拟购买粮油调味1次、模拟购买服装1次。具体情况见表9：

表9 当当体验调查情况

网购产品	产品内容	用户类别	价格（元）	收费情况	价格差异	推送情况
图书畅销榜	流浪地球	老用户	26	商品金额26元；运费0元	一致	图书畅销榜新老用户排序一致
		新用户	26	商品金额26元；运费0元		
中小学教辅	53高考 2019B版专项测试 高考英语5年高考3年模拟（全国卷 |及上海适用）五年高考三年模拟 曲一线科学备考	老用户	70.8	商品金额70.80元；运费0元	新用户有优惠券	默认排序新老用户商品列表及价格一致
		新用户	60.8	商品金额70.80元；运费0元；礼券/运费券/优惠码10元		
当当超市/粮油调味	美临 低温冷榨花生油 食用油 5L	老用户	188	商品金额188元；运费0元	一致	默认排序新老用户商品列表及价格一致
		新用户	188	商品金额188元；运费0元		
服装/女装	森马卫衣女2018冬季新款加绒加厚卫衣连帽套头chic上衣女装纯色_黑色9000，155/80A/S	老用户	191.9	商品金额191.90元；运费0元	一致	默认排序新老用户商品列表及价格一致
		新用户	191.9	商品金额191.90元；运费0元		

调查结果显示，在4次当当网体验调查过程中，有3次新老用户体验时间、产品、价格及推送商品均一致。但有1次购物体验调查中，新用户因享有优惠券，比老用户便宜10元。

3.网络外卖类APP或网站的体验结果

（1）美团外卖体验调查结果。2名调查人员同时模拟消费者在美团外卖进行消费体验调查，1名调查员用经常使用的老用户账号体验，另一名调查员则用刚开通的用户账号体验。2名调查人员同时模拟消费者购买黄焖鸡米饭1次，模拟购买一品一味烤肉饭1次，模拟购买魏家凉皮（北京西站店）1次。具体情况见表10：

表10 美团外卖体验调查情况

商品名称	用户类别	价格（元）	收费情况	价格差异
黄焖鸡米饭：黄焖排骨（微辣）含米饭	老用户	25	黄焖排骨（微辣）含米饭1份×42元，包装费2元，满减优惠19元	一致
	新用户	25	黄焖排骨（微辣）含米饭1份×42元，包装费2元，满减优惠19元	
一品一味烤肉饭：香辣烤肉饭+下饭菜+听可乐粽子节特价	老用户	24.88	香辣烤肉饭+下饭菜+听可乐粽子节特价1份15.88元，包装费2元，配送费7元	一致
	新用户	24.88	香辣烤肉饭+下饭菜+听可乐粽子节特价1份15.88元，包装费2元，配送费7元	
魏家凉皮（北京西站店）：秘制凉皮套餐	老用户	35.8	秘制凉皮套餐（秘制凉皮+肉夹馍+冰峰）辣椒不能单放1份×31.8元，包装费1元，配送费3元	一致
	新用户	35.8	秘制凉皮套餐（秘制凉皮+肉夹馍+冰峰）辣椒不能单放1份×31.8元，包装费1元，配送费3元	

调查结果显示，在3次美团外卖体验调查过程中，3次新老用户体验价格均一致。

（2）饿了么外卖体验调查结果。2名调查人员同时模拟消费者在饿了么平台进行消费体验，1名调查员用经常使用的老用户账号体验，另1名调查员则用刚开通的用户账号体验。2名调查人员同时模拟消费者购买福融缘过桥米线1次，模拟购买N多寿司1次，模拟购买麻辣香锅1次。具体情况见表11：

表11　饿了么外卖体验调查情况

商品名称	用户类别	价格（元）	收费情况	价格差异
福融缘过桥米线：甜不辣+鱼豆腐米线+蟹排（单人）	老用户	20	甜不辣+鱼豆腐米线+蟹排（单人）15.8×1人 餐盒1元，蜂鸟快送3.2元	一致
	新用户	20	甜不辣+鱼豆腐米线+蟹排（单人）15.8×1人 餐盒1元，蜂鸟快送3.2元	
N多寿司：招牌烤肉双拼	老用户	18	招牌烤肉双拼1人×20元，在线支付立减优惠2元	一致
	新用户	18	招牌烤肉双拼1人×20元，在线支付立减优惠2元	
麻辣香锅	老用户	50.6	精品麻辣香锅大份送米饭2份×45.1元，餐盒2元，蜂鸟快递3.5元	一致
	新用户	50.6	精品麻辣香锅大份送米饭2份×45.1元，餐盒2元，蜂鸟快递3.5元	

调查结果显示，在3次饿了么外卖体验调查过程中，3次新老用户体验价格均一致。

4.网络购票APP（含网站）体验结果

（1）猫眼体验调查结果。2名调查人员同时模拟消费者在猫眼进行购票体验调查，1名调查员用经常使用的老用户账号体验，另1名调查员则用刚开通的新用户账号体验。2名调查人员同时模拟消费者在购买不同影院的电影票3次，3次均为电影《驯龙高手3》。具体情况见表12：

表12　猫眼体验调查情况

影片名称及相关信息	用户类别	票价（元）	收费情况	价格差异
驯龙高手3，3月5日14：35（国语3D）西海岸电影城（家佳源店）VIP6号沙发（4K LASER激光放映）（大）5排6座	老用户	30.88	电影票价活动与优惠券2.1元，小计30.88元	老用户比新用户便宜
	新用户	32.98	电影票（含服务费3元/张）32.98元×1	
驯龙高手3，3月5日14：20（原版3D）西海岸电影城（吉韩店）5号厅（NEC激光）5排8座	老用户	30.9	电影票价活动与优惠券2.1元，小计30.9元	老用户比新用户便宜
	新用户	33	票价（含服务费3元/张）33元	
驯龙高手3，3月5日15：00（原版3D）银河欢乐影城（黄岛中国巨幕店）5号厅4排7座	老用户	25.9	活动与优惠券2.1元，小计25.9元	老用户比新用户便宜
	新用户	28	票价（含服务费3元/张）28元	

调查结果显示，在3次猫眼体验调查过程中，3次老账户享有优惠，导致的最后的支付价格不一致，老账户比新用户都便宜2.1元。

（2）淘票票体验调查结果。2名调查人员同时在淘票票进行体验调查，一名调查员用经常使用的老用户账号体验，另一名调查员则用刚开通的新用户账号体验。2名调查人员同时模拟消费者购买电影票3次，具体包括电影《阿丽塔：战斗天使》、《流浪地球》《驯龙高手3》。具体情况见表13：

表13　淘票票体验调查情况

影片名称及相关信息	新老用户	票价（元）	收费情况	价格差异
阿丽塔：战斗天使 3月5日14：50—16：52（原版3D） 北京耀莱成龙国际影城（马连道店） 5号厅（冠名招商中）8排2座	老用户	30.9	电影票（含服务费4元/张） 特惠票30.9元×1	一致
	新用户	30.9	电影票（含服务费4元/张） 特惠票30.9元×1	
流浪地球 3月6日20：50—22：52（原版3D） 恒业影城北京IMAX店 5号影厅4排6座	老用户	49.9	电影票（含服务费3元/张） 特惠票49.9元×1	一致
	新用户	49.9	电影票（含服务费3元/张） 特惠票49.9元×1	

续表

影片名称及相关信息	新老用户	票价（元）	收费情况	价格差异
驯龙高手3 3月5日12：30—14：14（原版3D） 星典影城（六里桥店） 10号高清激光厅6排8座	老用户	31	电影票（含服务费3元/张） 原价票31元×1	一致
	新用户	31	电影票（含服务费3元/张） 原价票31元×1	

调查结果显示，在3次淘票票体验调查过程中，3次新老账户体验价格均一致。

5.网络出行APP（含网站）体验结果

（1）滴滴出行体验调查结果。2名调查人员同时模拟消费者进行网络打车体验，1名调查员用经常用的老用户账号体验，另1名调查员则用刚开通的新用户账号体验。2名调查人员同时在同一地点乘坐同一平台的同一档车型到同一地点，分别模拟消费者完成3次滴滴快车和3次滴滴专车体验。具体情况见表14：

表14　滴滴出行体验调查情况

出行方式	用户类型	出发地点及时间	到达终点	车费（元）	明细或备注
滴滴出行（快车）	老用户	亿朋苑3区19号楼 3月7日11：33	国投财富广场南门	20.34	里程费（8.40公里）13.44元 低速时长费（21分钟）10.50元 合计23.94元 优惠券抵扣3.60元
	新用户	亿朋苑3区19号楼 3月7日11：32	国投财富广场南门	23.14	里程费（7.9公里）12.64元 低速时长费（21分钟）10.50元
滴滴出行（快车）	老用户	大宁山庄西门—公交车站路南 3月24日15：16	长阳—地铁站	10.40	基础费13.00元 优惠券抵扣2.6元
	新用户	大宁山庄西门—公交车站路南 3月24日15：16	长阳—地铁站	5.92	里程费（5.70公里）9.12元 低速时长费（8分钟）4.80元 合计13.92元 优惠券抵扣8.00元
滴滴出行（快车）	老用户	北京电力医院西北门 3月21日11：14	王府井书店	29.00	里程费（10.5公里）16.80元 低速时长费（37分钟）18.50元 合计35.30元 优惠券抵扣6.3元
	新用户	北京电力医院西北门 3月21日11：14	王府井书店	34.80	里程费（19.5公里）31.20元 低速时长费（34分钟）28.80元 优惠券抵扣0.5元
滴滴出行（专车）	老用户	写字楼招租 3月6日17：23	丰台体育中心北门	39.40	起步价14.00元 里程费（5.30公里）14.84元 低速时长费（4分钟）4.00元 临时加价（封顶59元）6.56元
	新用户	写字楼招租 3月6日17：23	丰台体育中心北门	37.00	起步价14.00元 里程费（5.30公里）14.84元 低速时长费（2分钟）2.00元 临时加价（封顶59元）6.16元

续表

出行方式	用户类型	出发地点及时间	到达终点	车费（元）	明细或备注
滴滴出行（专车）	老用户	卢沟桥银海星月—东北门 3月24日14：00	房山区北京房车博览中心	36.4	起步价14.00元 里程费（6.80公里）19.04元 低速时长费（5分钟）3.00元
	新用户	卢沟桥银海星月—东北门 3月24日13：59	房山区北京房车博览中心	24.64	起步价14.00元 里程费（6.80公里）19.04元 低速时长费（6分钟）3.60元 合计36.64元 优惠券抵扣12.00元
滴滴出行（专车）	老用户	广安壹号 3月21日15：49	中国人民抗日纪念馆—售票处	37.7	起步价14.00元 里程费（9.8公里）25.50元 低速时长费（4分钟）2.40元 合计41.90元 优惠券抵扣4.2元
	新用户	广安壹号 3月21日15：49	中国人民抗日纪念馆—售票处	37.7	起步价14.00元 里程费（9.8公里）25.50元 低速时长费（4分钟）2.40元 合计41.90元 优惠券抵扣4.2元

体验调查结果显示，在6次体验调查样本中，3次老用户打车费用比新用户高，2次老用户打车费比新用户低，还有1次相同。导致打车费不同的原因，主要是优惠券、低速时长费和里程费不同。其中低速时长不仅跟瞬时路况有关，而且跟司机驾车习惯有关，同时同样的路线也很难做到相同。

（2）首汽约车体验调查结果。2名调查人员同时进行体验，一名调查员用经常使用的老用户账号约首汽专车，另一名调查员则用刚开通的新用户账号约首汽专车，先后完成3次体验调查样本。具体情况见表15：

表15　首汽约车体验调查情况

出行方式	新老用户	时间、地点	终点时间	车费（元）	费用详情
首汽约车（舒适型）	老用户	国投财富广场 3月7日10：10	丰台区海鹰路5号	43.90	基础价15.00元 里程费（9.88公里）24.70元 低速时长费（14.00分钟）4.20元
	新用户	国投财富广场 3月7日10：13	丰台区海鹰路5号	44.10	基础价15.00元 里程费（10.08公里）25.20元 低速时长费（13.00分钟）3.90元
首汽约车（舒适型）	老用户	地铁长阳站（公交站） 3月24日10：50	中国人民抗日战争纪念馆	74.86	基础价15.00元 里程费（17.34公里）43.35元 低速时长费（23.00分钟）11.50元 长途费（5.34公里）7.48元 支付优惠2.47元

续表

出行方式	新老用户	时间、地点	终点时间	车费（元）	费用详情
	新用户	地铁长阳站（公交站） 3月24日10：50	中国人民抗日战争纪念馆	46.94	基础价15.00元 里程费（17.43公里）43.58元 低速时长费（25.00分钟）12.50元 长途费（5.43公里）7.60元 合计78.68元 优惠券5.0折（最高抵扣20元）20.00元 支付优惠11.74元
首汽约车（舒适型）	老用户	京都信苑饭店 3月22日18：07	清华大学（西门）	90.00	基础价15.00元 里程费（13.20公里）37.00元 低速时长费（36分钟）36.00元 长途费（1.34公里）1.88元 合计90.00元
	新用户	京都信苑饭店 3月22日18：07	清华大学（西门）	70.00	基础价15.00元 里程费（13.10公里）37.00元 低速时长费（36分钟）36.00元 长途费（1.35公里）1.88元 合计90.00元 优惠券5.0折（最高抵扣20元）20.00元

调查结果显示，在3次体验调查样本中，2次老用户打车费用比新用户高，1次老用户打车费比新用户低。同样，导致打车费不同的原因，主要是优惠券、低速时长费和里程费不同。其中有一次老用户的打车费由于不能使用优惠券，最终打车费比新用户高出59.48%。

五、主要结论

根据本次调查结果，归纳出以下几点结论：

绝大多数被调查者认为大数据“杀熟”普遍或很普遍。调查结果显示，近九成被调查者认为大数据“杀熟”现象普遍或很普遍，认为大数据“杀熟”现象一般或不普遍的被调查者仅占一成多，没有被调查者认为大数据“杀熟”现象不存在。此外，有超过一半的被调查者表示有过被大数据“杀熟”的经历。

被调查者认为网购平台、在线旅游和网约车等消费大数据“杀熟”问题最多。调查结果显示，四成以上的被调查者表示经历过购物平台大数据“杀熟”，近四成被调查者表示经历过在线旅游网站和网约车大数据“杀熟”。此外，有近两成被调查者表示经历过外卖大数据“杀熟”，表示经历过视频网站和电影APP大数据“杀熟”的被调查者均达到一成多。

绝大多数被调查者认为大数据“杀熟”侵犯了消费者公平交易权。调查结果显示，超八成被调查者认为大数据“杀熟”侵犯了消费者的公平交易权，近半被调查者认为大数据“杀熟”侵犯了消费者的知情权，超过四成被调查者认为大数据“杀熟”侵犯了消费者的选择权。

被调查者遭遇大数据“杀熟”后自我保护意识不强。调查结果显示，遭遇大数据“杀熟”后，不到三成被调查者选择向消协或市场监管部门投诉，两成多被调查者选择不再去这个商家消费，不到两成被调查者选择忍气吞声、自认倒霉，选择与商家理论并要求赔偿和选择卸载商家APP或删除网址被调查者均刚超过一成，另有不到一成的被调查者选择在社交网站或向媒体曝光。

大多数被调查者认为大数据“杀熟”是利用老用户的信任牟利。调查结果显示，超过七成被调查者认为大数据“杀熟”是利用老用户的信任牟利，另有两成多被调查者认为是用优惠条件吸引新用户；仅有极少数（3.49%）被调查者认为是给用户推荐合适的商品或服务，提升用户体验。

大数据“杀熟”将严重透支消费者信任，降低企业信誉。调查结果显示，超过八成被调查者认为大数据“杀熟”会透支消费者信任，降低企业信誉；同样有超过八成被调查者认为大数据“杀熟”会损害消费者合法权益，有六成多被调查者认为此行为会降低用户忠诚度和影响整个行业商业信誉，仅有极个别被调查者认为会提升用户消费体验。

大数据“杀熟”具有隐蔽性，维权往往难以举证。调查结果显示，过半数被调查者有被大数据“杀熟”的经历，不少网友吐槽遭遇过大数据“杀熟”，甚至有不少权威媒体也报道过大数据“杀熟”事件。但由于经营者通常以商品型号或配置不同以及享受套餐优惠不同、时间点不同等理由进行自辩，同时又不对外公布具体算法、规则和数据，所以消费者遇到类似问题后，维权举证往往非常困难。

体验调查发现部分新老用户同时购买同一商品或服务价格不同，但只发现极个别行为涉嫌大数据“杀熟”。本次体验调查发现，部分新老用户同时在同一平台购买同一商品或服务，确实存在价格不同的现象，但原因主要是新用户拥有优惠券、老用户自动开启了会员资格或推送的商品配置或服务内容存在差异等。只有个别价格不同行为涉嫌大数据“杀熟”。例如：2名体验人员同时通过飞猪旅行网预订麗枫酒店·昌平体育馆店的同一天高级大床房，老用户的房费不含早餐291元1间，而新用户的房费不含早餐286元1间，另享受4元买立减优惠，实际282元1间。体验结果发现，同一房间新老用户标价不同，优惠也不同，老用户价格高且不享受优惠。

部分商家存在特定推送行为，但很难界定其是否属于《电子商务法》规定的不合理推送行为。本次体验调查发现，不少商家确实存在根据用户特征推送特定商品或服务的行为，但点击进入下级页面或二级页面，一般都能找到不针对其个人特征的其他选项。对于一般消费者来说，也很难界定是否属于《电子商务法》规定的不向消费者提供不针对其个人特征的其他选项。

被调查者认为规范和减少大数据“杀熟”行为的最有效途径是加强监管。调查结果显示，超过八成被调查者认为规范和减少大数据“杀熟”行为的途径是加强监管，近八成被调查者认为应加强和完善立法，加大个人信息数据保护力度，近七成被调查者认为消费者应提升自我保护意识，超过六成被调查者认为是加强企业自律，倡导企业诚信守法经营。

六、结论分析

本次问卷调查结果显示，六成多被调查者认为大数据“杀熟”现象很普遍，甚至过半被调查者表示有过被大数据“杀熟”的经历。舆情采集信息显示，有关大数据“杀熟”的形式非常多样，但由于事后很难举证而无法核实。同时体验调查发现，虽然不少新老用户同时消费的价格不同，但价格不同的原因主要是新用户拥有优惠券、老用户自动开启了会员资格或推送的商品配置与服务内容存在差异，只有少数个别涉嫌存在大数据“杀熟”行为；部分商家确实存在特定推送行为，但很难界定其是否属于《电子商务法》规定的不合理推送行为，很难界定其是否侵犯了消费者的知情权、选择权和公平交易权。

结合实践分析，本次问卷调查和舆情采集信息反映的大数据“杀熟”问题较多，但反映的问题主要在《电子商务法》实施之前产生或存在。而体验调查结果反映的，主要是当前有关大数据“杀熟”的实际情况。这说明，一方面，《电子商务法》实施之后，大数据“杀熟”问题得到了明显改善，尽管目前仍有不少商家利用大数据技术推送特定商品或服务，但较少发现商家存在明显违反《电子商务法》第十八条规定，只向消费者提供与其个人特征相符的选项；另一方面，由于大数据“杀熟”的概念具有主观性和模糊性，形式具有多样性和隐蔽性，消费者越来越难发现大数据“杀熟”问题，即使发现被大数据“杀熟”了，维权举证也往往比较困难。

从表面上看，大数据“杀熟”通常指经营者利用大数据技术针对消费者的消费特征推送特定的商品或服务，以达到其获取更多利益而非提升消费者服务体验的行为。从深层次看，大数据“杀熟”其本质则反映了部分经营者对消费者个人信息的过度采集和随意使用，消费者的知情权、选择权、公平交易权、个人信息受保护的权利未得到充分尊重和有效保障。

七、调查建议

大数据时代的到来，不仅给人们带来了便利，同时也带来了新的问题。商家利用大数据技术精准定位描摹消费者，为其“量身定制”商品或服务，原本是件好事。但如果商家只顾谋取私利，而不惜损害消费者的合法利益，就应该依法受到规制。

为了引导和督促互联网企业诚信守法经营，合理合法运用大数据技术，避免过度和非法使用消费者的个人信息，损害消费者的合法权益，影响互联网经济健康稳定发展，北京市消费者协会结合本次调查结果提出以下几点建议：

一是健全相关法律法规。要完善现有法律，明确对大数据“杀熟”的判断标准，对大数据的法律属性和使用范围予以规定，使得相关企业意识到在使用大数据时应首先考虑到消费者权益和市场经济秩序等问题。在出台《个人信息保护法》之前，应当将数字信息网络中不断涌现的个人信息种类纳入保护范围内，如网络用户注册信息、搜索记录、定位信息、消费偏好等。完善《网络安全法》《互联网信息管理办法》等相关法律法规，及时将大数据“杀熟”行为列入法律治理的范围中。同时尽快完善《价格法》有关规定，清晰明确界定“价格歧视”行为，探讨是否将大数据“杀熟”现象列入价格歧视范畴。

二是加大监管力度和创新监管方法。大数据时代，消费者的消费信息变得愈加透明。随着部分互联网企业的市场份额不断增大，相对消费者来说优势地位也越来越明显。这就需要政府监管部门进一步加强监管，加大执法力度，严惩通过大数据“杀熟”损害消费者知情权、选择权和公平交易权的行为。同时创新监管方式方法，建立诚信激励和失信黑名单制度。对于大数据“杀熟”这类行为，不仅要对经营者给予行政处罚，同时还要纳入诚信机制中，同时结合数据公开、信息公示手段，利用舆论监督和社会监督约束商家的定价行为，促进企业诚信守法经营。

三是提高大数据运营监管技术。随着社会的发展，监管治理技术难免存在滞后性。建议建立相应的大数据网上监管平台，针对网络信息平台进行全天候的在线监管，提高对各种隐性大数据违法利用行为的查处能力。积极开展社会调查，预先判断出有可能利用大数据“杀熟”的企业，有针对性地加强监管。多部门联合执法，严厉打击大数据“杀熟”行为，同时限制企业利用大数据“杀熟”的信息获取能力。

四是强化运营商和企业诚信自律。加强行业自律是规制大数据“杀熟”行为的重要途径之一。建议建立统一的互联网大数据应用协会，通过行业协会的制度、规范，实现企业的内部监督，充分尊重消费者的知情权与公平交易权，保障用户个人信息的安全，并广泛地接受社会群体的监督。相关的企业运营商应当制定大数据使用风险告知书，告知数据使用、分析、实现所具有的风险，让消费者能够安心和放心消费。促进企业定期能够发布大数据利用报告，披露企业利用大数据信息的有关情况等。

五是提高消费者自我保护意识。第一，消费者在购买商品或服务时尽量做到货比三家，选择合适的价格购买，这样做不仅可以有效避免大数据“杀熟”，还可以让系统识别为价格敏感型消费者，降低被“杀熟”的概率。第二，消费者要注重个人隐私保护，应尽可能地减少允许APP访问有关个人照片、通讯录、定位等可能泄露个人隐私的功能，对个人的消费记录和快递等信息也要提高重视，注意防护。第三，一旦发现大数据“杀熟”现象，消费者应及时保存好证据，并向有关部门举报，依法维护自己的权益，不给商家任何侥幸的余地。

六是呼吁社会各界继续共同关注大数据“杀熟”问题。由于单个消费者之间存在天然的隔离，经营者所掌握的算法多种多样，导致大数据“杀熟”具有隐蔽性和复杂性。建议法学界、理论界、监管层对大数据“杀熟”这样的新型疑难问题进行深入研究探讨，消费者保持理性消费，及时反映现实中遇到的实际问题，共同营造良好的放心的消费环境。

乡镇（村）居民网购消费调查报告

随着互联网技术和信息化手段的普及，乡镇（村）地区网购消费越来越普遍。为了解北京市乡镇（村）居民网购消费现状及有关问题，维护乡镇（村）居民网购消费的合法权益，促进乡镇（村）地区电商健康发展，北京市消费者协会委托北京金鼎影响力市场调查中心开展了乡镇（村）居民网购消费调查。

本次调查主要采用网络问卷、入户调查、体验调查和座谈研讨4种方式，共收回有效调查问卷3641份，其中网络调查问卷3168份，入户调查问卷473份；郊远乡村网购调查案例22个，其中入户调查案例14个，体验调查案例8个。座谈研讨通过邀请郊区消协负责人及有关专家召开研讨会，对乡镇（村）居民网购消费问题进行了深入探讨。

一、问卷调查结果

（一）大多乡镇（村）居民有过网购消费经历

调查结果显示，有网购消费经历的被调查者占86.89%，没有网购消费经历的被调查者占13.11%。随着移动互联网的普及，越来越多的乡镇（村）居民选择通过网购方式购买商品或服务。

（二）大型电商平台及微信等社交平台是乡镇（村）居民网购的主要渠道

调查结果显示，60.68%的被调查者选择通过大型电商平台消费，51.80%的被调查者选择通过微信等社交平台消费，17.34%的被调查者选择通过企业官网消费，15.64%的被调查者选择通过二手网购平台消费，13.74%的被调查者选择通过其他渠道消费。调查结果说明，大型电商平台因其品牌知名度、物流覆盖面广及相对完善的售后服务体系，被乡村消费者广泛认可并接受。微信等社交平台因具有庞大的黏性用户，且具有传播快速和操作便捷等特点，同样受到乡镇（村）消费者的广泛认可。

（三）多数乡镇（村）居民习惯使用微信、支付宝第三方支付

调查结果显示，有81.40%的被调查者选择微信、支付宝等第三方平台支付，45.45%的被调查者选择货到付款，24.10%的被调查者选择网银直接付款，9.51%的被调查者选择找人代付。调查结果说明，由于支付灵活便捷，交易实时到账，还可避免假币及找零，选择通过微信、支付宝等支付方式的被调查者最多。同时，也有部分乡镇（村）居民习惯于传统的一手交钱一手交货的交易方式，选择货到付款。

（四）乡镇（村）居民最看重网购的价格和足不出户就能购物等优势

调查结果显示，69.13%的被调查者认为是价格优势，54.12%的被调查者认为是足不出户就能购物的便利，39.11%的被调查者认为是更好的商品质量，28.54%的被调查者认为是可买到实体店没有的商品，23.26%的被调查者认为是可预期到货时间，另有8.46%的被调查者选择其他。说明被调查者最看重的网购优势是价格，其次分别是足不出户就能购物、商品质量以及可买到实体店没有的商品等。

（五）价格和质量是乡镇（村）居民网购时考虑最多的因素

关于网购时考虑最多的因素，有64.27%的被调查者选价格，56.66%的被调查者选质量，39.53%的被调查者选售后，38.48%的被调查者选评价，37.63%的被调查者选款式。调查结果说明，被调查者网购时考虑最多的因素是价格，然后依次是质量、售后和评价等。

（六）时效、服务态度和运费是乡镇（村）居民最在乎的网购物流问题

关于选择物流时考虑的因素，有60.25%的被调查者选择时效，56.24%的被调查者选择服务态度，50.53%的被调查者选择运费，40.80%的被调查者选择品牌。调查结果说明，乡村地区交通相对闭塞，路途相对较远，物流送货时间相对较长。所以，乡镇（村）居民网购时非常在意物流的时效性，然后依次是服务态度和运费问题。

（七）乡镇（村）居民网购退货时最关心退款速度和手续简易程度

关于网购退货时最关心的问题，有61.31%的被调查者选择退款速度最重要，52.43%的被调查者选择退货手续简易程度，49.89%的被调查者选择退货费用合理，49.68%的被调查者选择客服态度，2.75%的被调查者选择其他问题。

（八）乡镇（村）居民最希望解决网购“最后一公里”问题

关于最希望得到完善的乡村网购问题，有70.83%的被调查者选择物流配送速度和质量，60.42%的被调查者选择产品质量和售后，40.63%的被调查者选择网购信誉评价体系，37.50%的被调查者选择信息和资源对称保证，36.46%的被调查者选择购物流程简单化，26.04%的被调查者选择支付安全及快捷，另有9.38%的被调查者选择其他问题。调查结果说明，被调查者最希望完善物流配送速度和质量问题，物流配送速度和质量问题实际上就是乡村网购的“最后一公里”问题。

二、体验调查结果

本次调查共采集了14个郊远乡村网购案例及8次郊远乡村网购体验案例。在这22个郊远乡村网购案例中，只有京东、天猫和顺丰快递等少数做到送货到家，其他大多数网购平台和快递物流公司存在将包裹送到快递代收点、农村驿站网点、村委会等地点，然后通过电话或短信通知消费者自己提取的情况。而这些代收地址离消费者填写的收货地址少则几百米，多则几公里乃至数十公里，最远的有20多公里。例如：

体验案例一：2018年12月23日下午，体验人员从拼多多平台某商家下单购买了10斤纯绿色无公害珍珠大米，填写的收货地址为北京市房山区史家营乡某某村某某号。截至12月29日下午下班，收货人一直没有接到收货电话或短信提示。体验人员登录拼多多平台查询“我的订单”显示，中通快递已于2018年12月26日将商品送到“北京房山燕山窦店”并已签收，签收人将下单商品转入了房山区河北镇磁家务代办点。体验人员拨打磁家务代办点电话，得知包裹确实已到达该代办点，由于包裹上打印的联系电话模糊，所以没有电话或短信通知领取。代办点表示，要是看得清楚联系方式，会以短信方式通知收货人到代办点领取。但该代办点与下单量时填写的收货地址的距离有20多公里。需要指出的是，体验人员下

单时，商家根本没有提示不能送到填写的送货地址。

体验案例二：2018年12月23日下午，体验人员从淘宝网某店下单购买了5斤长粒香米，填写收货地址为北京市密云区不老屯镇某某村某某街某某号。2018年12月26日上午，圆通速递将下单商品送到密云区不老屯镇政府街金华电动车店东侧的不老屯代理点，通知收货人到代理点领取包裹。该代理点距离下单时填写的地址大约8公里。同样，体验人员下单时，商家也没有提示不能送到填写的送货地址。

体验案例三：2018年12月23日下午，体验人员从拼多多平台某商家下单购买了10斤纯绿色无公害珍珠大米，填写收货地址为北京市延庆区张山营镇某某村某某号。2018年12月26日下午，收货人接到中通快递短信通知："你的快递已放在西五里营小学校往北200米的八队飞娜商店。"这家商店距离下单时填写的地址大约500米。同样，体验人员下单时，商家也没有提示不能送到填写的送货地址。

体验调查结果说明，目前北京绝大部分地区居民网购商品都可以送货到家，但在部分郊远乡村地区，仍有不少网购平台和快递物流公司没有做到送货到家，存在明显的快递物流"最后一公里"缺失问题。在这些郊远乡村地区，消费者下单时填写的地址是居住地址，商家没有提示不能送到该地址，最后快递物流却将包裹送到离家较远的快递代收点，需要消费者自己去代收点提取。这种快递物流"最后一公里"缺失问题，无疑降低了郊远乡村居民网购的便捷程度，影响了郊远乡村居民的网购消费体验。

三、调查建议

乡镇（村）居民选择网络购物，主要就是为了方便快捷，希望足不出户就能购买到合适的商品或服务。但本次调查结果说明，尽管越来越多的乡镇（村）居民习惯通过网络购买商品和服务，乡镇（村）居民网购消费目前仍然存在物流快递"最后一公里"缺失等问题。结合本次调查结果，北京市消费者协会提出以下几点建议：

（一）解决郊远乡村网购物流"最后一公里"问题

建议有关部门针对乡村，尤其是偏远农村地区的网购物流问题，出台相应扶持政策，采取相应措施，完善物流配套体系，破解乡镇（村）网购物流配送"最后一公里"缺失问题，比如在包括车辆、道路、收费、通信等基础性快递物流设施方面予以支持。电商经营者和快递物流公司应尽量整合乡村或偏远地区的物流资源，尽量把乡村居民网购商品送到填写的收货地址，努力解决乡村网购快递物流"最后一公里"问题。

（二）规范乡村网购包裹末端投递和代收问题

2018年5月1日实施的《快递暂行条例》规定，经营快递业务的企业应当将快件投递到约定的收件地址、收件人或者收件人指定的代收人，并告知收件人或者代收人当面验收。但这一规定目前在部分较远乡村仍然没有得到较好落实，部分较远乡村地区网购包裹末端投递和代收业务还存在一些问题，如快递员不按约定将包裹送到指定地点，快递员把包裹送到代收点不及时通知消费者，代收点对包裹保管过于随意，消费者难以当面验货等。建议有关部门采取有效措施，贯彻落实《快递暂行条例》，切实解决乡村网购末端投递和代收问题，维护消费者的合法权益，促进快递和电商行业健康发展。

（三）严格落实相关网购法律法规并加强监督管理

相比实体店铺，网络商家的市场准入门槛相对较低，这也是网购产品质量良莠不齐的重要原因。建议进一步严格落实《消费者权益保护法》和《电子商务法》有关网购消费的法律法规，确保相关法律法规在乡镇（村）地区得到贯彻落实。同时，对网购经营者加强监督管理，大力惩戒乡镇（村）网购侵权行为。一旦发现损害乡镇（村）消费者合法权益的问题，及时依法严厉查处，并将违法事实记入企业信用档案。

（四）提高电商经营者的诚信守法经营意识

电商经营者是诚信守法经营的第一责任人，应主动把维护消费者合法权益放在首位，严格执行有关法律法规，恪守社会公德，诚信经营，正确处理好商业利益和消费者权益的关系。电商平台应制定公平合理的消费者纠纷解决机制，电商经营者在消费者提出产品的问题后，要根据实际情况，及时采取有效手段化解消费纠纷。

（五）强化乡镇（村）居民的自我保护意识

消费者作为网络购物交易的一方，也应不断提升自我保护意识，尽量减少网购风险。如在购买商品或选择店铺的时候，仔细了解店铺等级及相关信息；对于购买的商品，下单前要全面了解其性能；在支付货款的时候，应注意交易安全，确保在正规网站下单并支付。如果遇到网络购物问题，应及时与商家协商解决，如果协商不成，可以拿起法律武器维护自身合法权益。

天津市消费者协会

银行业服务调查报告

为了解当下银行业服务的水平，提升天津银行业服务质量，加强对银行业监督和指导，天津市消费者协会委托专业调查机构于2018年下半年开展了银行业服务调查工作。

调查历时5个月，对天津市具有代表性的18家银行采取问卷调查与体验式调查相结合的方式，共回收有效问卷2510份，体验式调查了54个银行网点。调查主要涉及员工服务态度及工作效率、产品或服务信息的告知情况、服务设施使用便捷性及安全性、银行客户隐私保护、银行投诉处理等多项消费者日常比较关心的银行服务事项。

调查结果显示，消费者对银行综合服务给予较高评价，银行在整体营业环境、设施安全性、保护消费者隐私及消费者权益保护等多方面重视为消费者服务。其中，消费者对营业网点及客服热线的评价满意度均在80%以上。但服务效率及服务态度仍是消费者遇到银行服务的主要问题，调查结果显示，43.7%的被访者遭遇不同类型的银行服务问题中“银行服务效率低、流程烦琐”占19.6%，“员工服务态度问题”占7.4%，合计服务和效率问题占一半以上。消费者认为银行在信息告知及风险提示服务的细节上尚存不足。银行在隐私保护设置上尚有提升空间。银行投诉信息公示及投诉处理情况不佳，消费者对银行处理态度及处理结果的满意度仅为60.21%和55.7%。在个人信息保护方面，超过四成的消费者对银行信息保护仍持担忧态度。

市消协相关负责人介绍，银行作为与消费者关系最为紧密的金融机构，服务质量直接影响消费者的金融消费体验。2014年实施的《消费者权益保护法》明确把提供证券、保险、银行等金融服务纳入调整范围。2018年全国消协组织受理消费者投诉情况分析显示：金融服务类投诉3255件，位居服务大类投诉第11位，与2017年2679件投诉相比，金融服务类投诉量有所上升。市消协建议，银行要丰富收费信息告知渠道及风险提示方式，细化信息内容；要完善各项制度，提升服务水平并跟进服务反馈，进一步提升整体服务质量；要完善多渠道的安全性，包括设置安全性，手机银行、网上银行操作的风险提示等。在处理投诉方面，要内外紧密配合，完善银行内部投诉处理机制的同时，加强与外部第三方机构的合作，及时并充分了解消费者需求及反馈问题，及时调整整改，提升服务。

职业教育培训业调查报告

天津市消协通过对职业教育机构消费者问卷调查和网络文本大数据分析，消费者对招生宣传、投诉情况、机构资质等方面存在的问题最为不满，个别培训机构如“尚德”等，知名度很高但是消费者评价较低。市消协建议职业教育培训行业在招生宣传、课程设置、合同签订、服务标准等方面进一步规范自身，提示消费者接受职业教育培训服务时要尽量按照试听课程、了解评价、查验资质、查看课程、签订合同等五步骤进行，以尽可能地规避可能产生的问题。

针对教育培训类投诉呈快速攀升的态势，为了解消费者对职业教育机构认知情况，从职业教育消费者权益保护视角以及行业健康可持续发展角度分析行业存在的问题，天津市消协委托天津财经大学商学院互联网信息与用户行为研究中心在2018年下半年开展了天津市职业教育培训业消费调查。

本次调查以规模和社会影响力等因素为标准，在全国范围内选择了环球职业教育在线、尚德机构、中公教育、文都教育、华图教育5家机构作为调查对象。完成天津地区教育培训消费者1148个有效问卷样本，网络文本采集通过网络爬虫技术，采集信源覆盖新闻资讯、贴吧、论坛、问答、视频、微博、微信公众号等平台，抓取2018年1月1日至2018年12月31日的网络文本数据，共计53818条。

在消费者问卷调查中，消费者对于职业教育机构品牌认知程度的前三位是环球职业教育在线、华图教育、尚德机构。网络文本数据分析结果中，“招生宣传”问题居首，占比39.78%，主要表现为虚假宣传和虚假承诺；“投诉情况”位列第二，占比22.85%，主要表现为投诉推诿、无法退费甚至卷钱跑路；**“机构资质”**位列第三，占比10.23%，主要表现为缺乏证照和经营范围模糊。

综合问卷调查和网络文本数据调查结果，**尚德机构、中公教育表现相对较差**。问卷调查显示，尚德机构、中公教育的消费者评价得分排名最后两位，均未能超过60分；网络文本数据调查结果中，**尚德机构所暴露的问题数量占比高达79.40%，排在首位，**其次是中公教育，占比14.15%，超过其他职业教育机构品牌的占比。

结合尚德机构在本次调查显示问题相对比较突出的情况，本次调查通过网络文本数据分析进一步细分其问题维度，最突出的问题是“招生宣传”，占比41.96%，主要表现为虚假宣传和电话骚扰；“投诉情况”占比相对较高，高达28.41%，主要表现为在退费环节的投诉推诿；“合同签约”排在第三位，占比11.00%，主要表现为合同中设置退费障碍和维权困难。

市消协相关负责人介绍，全国消协组织2018年受理教育培训类投诉20251件，位居服务类投诉量第六位，占年度全部投诉量2.69%。相较于2017年的10338件，同比增长95.88%，教育培训类投诉呈快速攀升态势。

市消协建议相关监管部门既要鼓励优秀品牌机构创新发展，也要对行业问题和机构加强监管，在招生宣传、课程设置、合同签订、服务标准等方面进一步强化规范，保护消费者的合法权益不受损害。呼吁行业加强自律，探讨出台行业标准，提升售后服务质量。相关企业在招生宣传、课程设置、服务管理、合同签订等方面严格规范，重视消费者体验，以消费者口碑赢得更大市场发展。达到消费者获得新技能、企业获得新发展、社会收获更多高素质就业者的目标，实现多方共赢。

市消协建议广大消费者尽量做到试听体验课程、咨询了解其他学员的评价、查验其办学资质文件（例如民办学校办学许可证）、查看课程资料包括每节课教案、与教育培训机构签订合同等五个步骤。消费者应以正确观念甄别专业的教育培训机构，规避可能产生的问题，尽可能避免自己在金钱和时间方面的损失。

针对调查反映的问题，市消协将通过约谈、劝谕甚至对侵害不特定多数消费者权益问题进行公益诉讼等方式督促行业企业整改，提升规范服务，促进行业健康可持续发展，维护消费者的合法权益。

河北省消费者协会

城市消费者满意度调查情况

3月13日，河北省市场监督管理局、河北省消费者协会发布《2018年度河北省主要城市消费者满意度调查报告》。调查结果显示，2018年度河北省11个主要城市消费者满意度指数得分为76.64分，总体处于良好水平，但还有较大提升空间。

数据显示，11个城市的得分均在74—79分之间，有4个城市的得分高于全省综合得分，依次为：唐山市78.61分、石家庄市78.14分、保定市78.06分、秦皇岛市78.03分，其中，得分最高的城市为唐山市。余下7个城市的得分均低于全省综合得分，依次为：廊坊市76.35分、承德市76.35分、沧州市75.9分、邢台市75.52分、衡水市75.27分、邯郸市74.98分、张家口市74.17分。其中，得分最低的城市为张家口市，与得分最高的唐山市相比，落后4.44分。

本次调查采用座谈会、（PAD辅助）拦截调查与CAT电话访问相结合的方式，由河北省市场监督管理局、河北省消费者协会委托第三方调查机构进行，调查围绕消费过程的“事前—事中—事后”三个阶段，邀请专家对指标体系的权重进行赋值，确定指标体系评价指数。拦截调查主要调查对象的年龄在15周岁以上70周岁以下，能够清晰理解、回答问题，在所调查的城市连续居住6个月及以上的居民。电话调查受访对象选取的是最近一年内对当地市场上购买的商品或服务进行过投诉的人群。

《调查报告》从四个维度提出了进一步提升城市消费者满意度的改进建议：一是从优改分析维度，建议各地及相关部门对症下药，重点加强对各类消费者投诉信息分析，预测消费者投诉的趋势，对工作提早布局。二是从消费者教育维度，建议各级政府和部门通过内容创新、形式创新的方法影响消费者，让消费者能通过更方便、快捷的途径接受消费教育。三是从政府部门执法维度，建议各级政府以持续高压态势严厉打击假冒伪劣、消费欺诈等各种损害消费者合法权益行为，净化市场环境和消费环境。四是从满意度工作机制维度，建议探索建立河北省消费者满意度长期监测机制，动态追踪满意度情况，提出持续的改进策略。

下一步，河北省市场监督管理局、河北省消协将持续关注消费者满意度提升工作，为改善和优化消费环境、提升消费维权效能、激发和释放消费潜力继续努力，让消费者选得称心、买得放心、吃得安心、用得舒心，提升消费者的获得感、幸福感、安全感。

山西省消费者协会

贵金属及珠宝玉石首饰商品和服务专项调查报告

为确实保护消费者合法权益，维护良好的市场秩序，针对2019年以来广大消费者反映较多的，在贵金属及珠宝玉石首饰行业存在虚假宣传，标识标注混乱等突出问题，依据《消费者权益保护法》的规定“对商品和服务进行社会监督”，省消费者协会与省市场监督管理局消费者权益保护和市场交易监督管理处、省消协黄金珠宝首饰行业投诉站组成联合调查组，就上述问题开展专项调查。从2019年8月1日至10月底，调查组对太原、大同、朔州、忻州、吕梁5个市的21个县、区的127家珠宝店进行了明察暗访。本次调查采用现场填写调查信息登记表的方式，主要内容包括经营主体、品牌特许经营授权、广告宣传、标识标注内容等，调查结束现场送达调查结果告知书，并由被调查企业当事人签字确认。

本次调查，事实认定的依据是《消费者权益保护法》、《产品质量法》、《反不正当竞争法》、《广告法》、《禁止价格欺诈行为的规定》、《关于商品和服务实行明码标价的规定》、GB11887及1号修改单、GB/T 18043、GB/T 16552、GB/T 16553、GB/T 16554、GB/T 33541、GB/T 31912、QB/T 1690、DB 14/T 1317、DB 14/T 1445等。本次对外发布内容只对本次调查事实负责。

调查结果显示，在被调查的127个企业中，未发现问题的企业96个，占比75.6%，存在问题的企业31个，占比24.4%，其中标识标注不符合国家标准的占17.3%、以假充真的占3.9%、虚假宣传的占3.2%。

一、主要问题

（一）虚假宣传

调查发现，由于珠宝行业竞争激烈，为吸引顾客，个别珠宝商家以虚假宣传误导消费者。特别严重的是，吕梁市临县再兴珠宝店，在店内公然悬挂“国家珠宝总局”“中国名产品质量技术监督中心”“中国3·15消费者认证中心”“国家质量检测中心”等虚构的单位授予该店的各种牌匾，虚拟国家单位并私制印章，胆大妄为，令人震惊。太原市开化寺街的克徕帝钻石定制专卖店，在2019年“七夕节”印制的促销宣传页上，满目皆是促销价和市场参考价鲜明对比的广告，货号为“Q0171B”的钻石对戒，宣传促销价为5799元/对起，市场参考价为11599元，其杜撰的市场参考价无真实依据，纯属虚构。太原铜锣湾商业区的名门珠宝店，在橱窗和店内张贴广告，宣称黄金原价386元/克，直降30元/克，现价356元/克，但是从未有按原价386元/克销售的交易记录。还有太原市贵都商场内的太原市迎泽区吉宇泰珠宝柳巷店，在店内公开宣称“9999黄金超低价”，无真实依据。以上均属价格欺诈行为。

经调查组分析，形成虚假宣传的原因，一是经营者为招徕顾客，故意使用欺骗性或误导性的宣传，诱骗顾客购买；二是顾客被商家所谓的“0元换购”“超低价”等噱头所诱惑，不明真相上当受骗，导致商家为追逐利益铤而走险。

（二）名不副实 以假充真

调查发现，全省珠宝首饰行业质量总体可靠，但依然有少数商家为谋取私利以假充真欺骗消费者，违反《消费者权益保护法》第五十六条第二款规定。主要表现为标价签品名与实际不符，如朔州市朔城区宝盛珠宝店，一款商标为老庙的标称“足金红宝石挂坠”，而所带证书却是“足金合成红宝石挂坠”，在标签上故意隐瞒“合成”二字，以合成红宝石冒充天然红宝石；与此相同，吕梁市临县再兴珠宝店内一款标签为“足金红宝石女戒”，所带证书载明是“合成星光红宝石戒指”。在山阴县宁鑫金银珠宝首饰店中，商标为鑫盛源的一只标注为“猫眼石手镯”实际是玻璃手镯。忻州市忻府区点瑗珠宝城商标为点瑗珠宝的一款标签为“金750合成立方氧化锆项链坠”，实际为玛瑙。忻州市忻府区恒鑫金行经销的卓尔珠宝品牌的一款“金750玛瑙链”，实际为贝壳等。

调查组认为，假冒产品屡禁不止的原因，一是经营者法律意识淡薄，对行业内国家强制性标准缺乏学习和理解，为谋取高额利润，故意以假充真；二是消费者知识缺乏，无辨别能力极易被误导；三是市场分散，监管部门难以监管到位，对假冒伪劣商品打击力度不够，致使违法成本过低，存有侥幸心理。

（三）标识标注不符合国标

从调查结果来看，大多数企业的贵金属及珠宝玉石首饰商品标识标注符合国家标准，但市场上依然存在标识标注混乱的问题。本次调查存在问题的31个企业中，标识标注不符合国家标准要求的占比高达71%，存在隐瞒消费者知情权等问题。标识标注不符合国标大致分为四类：一是标价签严重缺项，接近“三无产品”。如太原市王府井商场GUCCI品牌的一款标称“带钻项链”，标价签无生产者名称、无产品标准编号。太原市迎泽区敬玉珠宝经销部的一款标称“天然和田玉”，标价签无生产者名称、无产品标准编号、印记无厂家代码。太原市双塔珠宝城缅玉山庄品牌一款标称“翡翠戒指”，标价签无生产者名称、无产品标准编号、印记无厂家代码。上述情形皆不符合GB/T 31912的规定。二是标价签贵金属材料无中文名称。如太原王府井商场内GUCCI品牌的一款标称“带钻项链”、太原市贵都商场金大生品牌一款标称“S925戒指”、太原市双塔珠宝城古玉山庄品牌标称“Au750莫桑钻戒指”、偏关县改萍鑫盛金店万凤珠宝品牌一款标称“Au750项链”、汾阳市爱迪尔珠宝专卖店经销的ADK品牌一款标称为“珍珠手链”等，都存在标价签贵金属材料无中文标识的问题，不符合GB 11887的规定。三是标价签无宝石名称。如太原市和信摩尔商场的尚韵品牌一款标称“金750链牌”、汾阳市鑫鑫珠宝有限公司萃华品牌一款标称“18K金戒指”等，都存在标价签无宝石名称，不符合GB 11887及第1号修改单的要求。四是标价签贵金属或宝石命名不规范。如太原市王府井商场墨涅塔（北京）商贸有限公司经销的品牌为MONETA的一款18K金宝石手链中的“宝石”、山阴县宏艺珠宝店经销的宏艺品牌一款为“足金宝石戒指”中的“宝石”、朔州市朔城区龙泽润宝珠宝店一款标称“金Au750GV彩宝项牌”中的“彩宝”“GV”等国家标准禁止使用的珠宝名称。此外，还发现贵金属及纯度命名不符合国家标准的问题，国家标准GB 11887及1号修改单早就禁止使用“千足金”为商品名称，在调查中依然发现忻州市河曲县赛菲尔珠宝店经销的昌颐珠宝品牌一款首饰标称为“千足金和田玉项坠”、河曲县中国黄金专卖店经销的中国黄金品牌一款为“千足金和田玉戒指”等。

调查组分析，出现标识标注缺失和命名不规范问题的原因，一是经营者对执行国家标准及相关规定不重视、对珠宝专业知识欠缺、执行标准不清楚；二是生产厂家和品牌区域代理对其生产或代理产品监管不严，未能及时发现存在问题；三是消费者缺少珠宝专业知识，对商家提供的标识标注信息不具备鉴别能力。

二、建议意见

本次调查中发现的贵金属和珠宝玉石首饰行业存在的问题，反映出我省珠宝行业经营秩序亟待规范，有些问题必须尽快得到解决。为此，提出以下建议：

（一）强化学习，依法经营

《消费者权益保护法》《产品质量法》《价格法》《标准法》等法律对珠宝等经营行为都有明文规定。《首饰、贵金属纯度及命名方法》《珠宝玉石名称》《饰品标识》等国家标准对贵金属和珠宝玉石首饰产品也有明确的规定。应该说珠宝行业是有法可依的，问题是极少部分企业有法不依。为此，必须大力普及法律、法规和国家标准。一是要组织培训。由行业商会、协会制定行业普法规划，定期组织珠宝企业负责人学习。二是要把学习融入日常工作。每个珠宝企业在制定公司规章制度时必须把掌握相关法律法规融进去，在日常工作中要安排员工定期学习法律法规。三是要结合案例学。针对全国各地发生的典型珠宝违法侵权案例，结合自身实际，认真对照、举一反三，吸取教训。

（二）强化自律，自我约束

行业自律是政府监管的有效补充，同时，行业自律能够激发企业的生命力，推动行业良性竞争，促进行业健康发展。因此，黄金珠宝首饰行业组织要充分发挥政府和企业的桥梁纽带作用，强化行业自律，加大对经营者的法律法规、国家标准的宣传贯彻力度，定期举办专业知识培训，制定《行业诚信公约》等，要深入企业，督导服务，提高广大珠宝企业自觉遵守法律、法规的意识和自觉执行国家标准的能力，使遵规守法成为行业全体经营者的自觉行动，实现变他律为自律，变强迫为自觉。

（三）强化维权，保障权益

一是依法维权。各级政府部门及消费者组织要依据《消费者权益保护法》等法律、法规，加大保护珠宝玉石首饰消费者合法权益的力度，做到有法必依、依法必严，违法必究，使违法者付出高昂的代价。二是要拓展维权途径。充分发挥社会力量，拓宽珠宝首饰消费者的维权渠道，通过大众媒体以及微信、微博等平台，揭露各种违法行为；各行业组织要教育、引导广大企业诚信经营，确实履行好企业的社会责任。三是消费者要理性维权。广大珠宝玉石首饰消费者要文明消费、理性消费、健康消费，在选择珠宝消费品时要有一定的辨别和鉴赏能力。在购买前要了解珠宝的品牌信誉情况，不要陷入低价陷阱，购买时要注意商品标签、鉴定证书是否相一致，付款后一定要索要并妥善保存好发票或者销售小票，一旦发生侵权情况，要及时与经营者协商解决，协商不成，及时向市场监管部门和消费者协会以及行业投诉站投诉，必要时也可通过法律途径解决。四是主动担责。鼓励支持优秀珠宝企业自愿加入《七日无理由退货承诺单位》行列，自觉主动地维护消费者合法权益，从根本上解决消费者维权难的问题。

（四）强化诚信，提升服务

诚信不仅是一种道德规范，也是保障企业生存与发展的根本。珠宝经营企业要牢固树立诚信为本、质量至上的信念，不忘初心、牢记使命，进一步提高服务质量，改善服务环境，从“信用让消费更放心”的高度，主动营造消费者“愿消费、能消费、敢消费”的安全消费环境，不断提升人民群众的获得感、幸福感、安全感，促进珠宝行业持续健康发展。

上海市消费者权益保护委员会

网络平台充值消费体察报告

2019年，中消协将消费维权年主题定为“信用让消费更放心”。上海市消保委认为，流动性是资金安全的重要方面，保证消费者资金安全是企业信用的直接体现，平台充值消费体察是考量企业信用的重要方法。

预付性消费主要以消费者在消费行为之前预先支付一定数额的金钱，购买相关产品或服务，并与经营者确立消费合同关系。而网络平台充值主要以消费者将钱存放在经营者指定的平台账户中，从而实现消费便利，而在平台中的钱仍归消费者所有。因此，消费者有权要求网络平台退还充值费用，网络平台是否同意退款以及退款流程的便利性反映了平台的信用度。

为了解网络平台充值和退款现状，促进网络消费健康发展，上海市消保委联合中国消费者报上海记者站于2019年1月至4月对31家网络平台开展充值消费体察。本次体察模拟普通消费者对平台进行充值和提现，涉及网络购物、旅游出行、生活服务、在线教育等多个方面。（见表1）

表1　31家消费体察网络平台表

编号	平台名称	编号	平台名称	编号	平台名称
1	大众点评	12	肯德基	23	汉堡王（微信公众号）
2	中国国航	13	贝思客	24	每日优鲜
3	美团外卖	14	货拉拉	25	闪送
4	美团打车	15	天天果园	26	盒马
5	永辉生活	16	阿姨帮	27	两鲜
6	一嗨租车	17	必胜客	28	达达
7	苏宁小店	18	我厨买菜	29	中粮我买网
8	申通	19	神州专车	30	食行生鲜
9	Metro大都会	20	百果园	31	来伊份
10	超级猩猩（微信公众号）	21	亚马逊		
11	泰笛生活	22	21CAKE		

本次充值消费体察涉及的31家网络平台中，有27家可以退款。其中，有10家可在平台自行退款，分别是苏宁小店、大众点评、中国国航、美团外卖、美团打车、永辉生活、一嗨租车、申通、Metro大都会、超级猩猩（微信公众号）；有12家需与客服沟通完成退款，分别是泰笛生活、肯德基、贝思客、货拉拉、天天果园、阿姨帮、必胜客、我厨买菜、神州专车、百果园、亚马逊、食行生鲜；有5家经上海市消保委沟通后承诺以后可以退款，分别是汉堡王（微信公众号）、每日优鲜、闪送、盒马、21CAKE。

有1家平台退款需收取手续费。体察发现，来伊份退款须承担2元手续费。对此，来伊份指出，来伊份钱包实际运营方为商银信支付服务有限公司。就本次体察，公司已将平台中的用户充值指引等进行了完善，并在用户充值时就提醒用户提现会产生2元手续费。

此外，两鲜、达达、中粮我买网等3家平台无法退款。其中，两鲜经上海市消保委沟通后仍坚持无法退款。（见表2）

表2　3家平台无法退款

平台名称	退款过程	企业反馈
两鲜	与在线客服联系表示“不支持提现”	参加沟通会，仍不退
达达	与客服联系不能退款	未参加沟通会
中粮我买网	电联客服表示无法退款	未参加沟通会

调查发现，英语学习、读书、视频娱乐等服务类网络平台，针对小额交易，要求消费者通过购买虚拟币进行支付操作。虚拟币存在消费者的平台账户中，并形成了相当数量的资金沉陷。充值购买虚拟币与现金充值存在一定的类似性，为此，本次体察还对28家以购买非游戏类虚拟币形式充值的网络平台开展消费体察。（见表3）

表3　28家以购买非游戏类虚拟币形式充值的网络平台

编号	平台名称	编号	平台名称	编号	平台名称
1	腾迅课堂	11	书旗小说	21	蜻蜓FM
2	手机知网	12	天猫读书	22	美拍
3	得到	13	爱奇艺阅读	23	英语趣配音
4	扇贝听力	14	纳米盒	24	抖音
5	扇贝单词	15	QQ阅读	25	昂秀外语
6	喜马拉雅	16	英语流利说	26	Finger
7	知乎	17	微信读书	27	火山小视频
8	天天P图	18	华图在线	28	古书之美
9	微视	19	网易公开课		
10	鲸鱼阅读	20	好好学习		

体察发现，28家以购买非游戏类虚拟币形式充值的网络平台中，有6家网络平台与客服沟通后可以退款，分别是腾迅课堂、手机知网、得到、扇贝听力、扇贝单词、华图在线；有5家经上海市消保委沟通后承诺退款，分别是喜马拉雅、知乎、天天P图、微视、鲸鱼阅读；有2家有条件退款，分别是书旗小说、天猫读书。

此外，还有15家平台无法退款，分别是爱奇艺阅读、纳米盒、QQ阅读、英语流利说、微信读书、网易公开课、好好学习、蜻蜓FM、美拍、英语趣配音、抖音、昂秀外语、Finger、火山小视频、古书之美。

“互联网+”销售模式的普及，为消费者生活带来便利。为满足消费者在移动互联网时代的消费习惯和新需求，网络平台推出充值消费服务为消费者提供更多的消费模式，从而达到捆绑消费者及占用消费者资金的目的，而由此引发的资金链断裂、“卷款跑路”等事件频发，消费者的知情权、公平交易权和求偿权受到侵害。

互联网平台对消费者资金的占有和使用，成为消费领域当中存在的主要风险之一。网络平台通过设计商业流程以及充值优惠策略，从消费者手中获得资金，对此，上海市消保委认为，这种做法有一定合理性，但也给消费者带来了一定风险，希望网络平台增强信用意识和法律意识，加强对消费者资金的管理和使用，明示预付资金的管理信息，畅通消费者退款渠道，切实保障消费者消费安全。

一是消费者在网络平台账户中充值的资金所有权属于消费者，因此平台应保障消费者退款的权利，不得利用格式条款对消费者做出不公平的规定。

二是网络平台应当保证消费者退款的方便和快捷，消费者退款入口和路径门槛设计不应高于消费者充值时的入口和路径门槛，平台不得利用技术方法和商业套路给消费者退款设置障碍。

三是服务类平台的非游戏类虚拟币需要进一步予以重视和规范，要从公平性、合理性角度重新审视非游戏类虚拟币的相关规则，平台不得利用非游戏类虚拟币的商业模式增加消费者的不合理风险。

博物馆、乐园（景点）信息化服务体察情况

随着移动互联网的发展，消费者通过手机获取信息已成为重要的消费新习惯之一。随着消费升级，以博物馆、乐园（景点）为代表的文化消费已成为消费增长的重要驱动力之一。

为了解博物馆、乐园（景点）的信息化服务现状和消费者需求，上海市消保委、上海市消保委主题乐园办公室开展了网络调查。数据显示，92%的消费者在出行前通过网站、微信公众号、手机APP获取相关游览信息，其中，33%的消费者选择使用网站，34%的消费者选择使用微信公众号，25%的消费者选择使用手机APP。同时，博物馆、乐园（景点）提高信息化服务水平得到消费者广泛关注。线上购票、线上预约（免排队）成为信

息化服务的短板，34%的消费者认为，在线预约（免排队）应成为博物馆、乐园（景点）提高信息化服务水平的重点，有46%的消费者选择线上购票，有16%的消费者选择在线咨询，另有4%的消费者选择游览内容介绍。此外，有54%的消费者认为，智能化不足成为博物馆、乐园（景点）信息化服务存在的主要问题，另有17%的消费者认为精细化程度不够，还有24%的消费者认为人文内容较少。

上海市消保委、上海市消保委主题乐园办公室联合中国消费者报上海记者站于2019年7—10月开展上海市博物馆、乐园（景点）信息化服务体察活动，旨在进一步推动博物馆、乐园（景点）的信息化服务水平的提升，助力打响上海“四大品牌”。

根据上海市文化和旅游局官网发布的上海市“A级”景区名单和博物馆名单，本次调查选取了45家有代表性的博物馆、乐园（景点），其中，博物馆16家，乐园（景点）29家。通过查看景点微信公众号、网站、APP的相关情况并模拟消费者进行现场体察，随后根据消费者年龄梯度、知识需求度、消费习惯等方面，分别以入园前基础信息调查、购票调查、园内体验调查三个维度进行了评价。

从体察的总体情况来看，上海的博物馆、乐园（景点）通过手机、互联网向消费者提供信息和相关服务方面，总体水平较高，全市平均分达到了80.81分。其中，博物馆平均分为81.71分，排名靠前的有上海博物馆、广富林文化遗址、上海自然博物馆；大型主题乐园（景点）平均分为80.05分，排名靠前的有上海迪士尼度假区、上海玛雅海滩水公园、上海野生动物园、上海欢乐谷、上海海昌海洋公园。小型主题乐园（景点）平均分为81.14分，排名靠前的有乐高探索中心、上海世茂精灵之城主题乐园、上海中心大厦上海之巅观光厅。

一、调查情况

本次体察发现，上海市的博物馆、乐园（景点）信息化服务主要呈现以下3个特征。

一是内容丰富性。体察发现，公众号、网站、APP上对博物馆、乐园（景点）的基础信息介绍比较全面，如景点的地理位置、餐饮服务及游园路线建议，部分还提供自驾停车信息及收费标准等。在交通方面，如上海迪士尼度假区充分考虑到公共交通和自驾游两种出行方式，并为自驾游客注明停车场位置及收费标准。在园内餐饮方面，如广富林文化遗址标明了餐馆名称、位置及价位，上海海昌海洋公园在电子地图上注明位置和路线。在游览路线方面，如上海博物馆介绍了路线及游览时间，上海电影博物馆提供亲子游、老年游等4种游览建议，方便游客安排行程。在人性化服务设施方面，如上海自然博物馆有针对残障人士的游览建议，锦江乐园在游园须知中介绍了轮椅、母婴室等。在内容推送方面，如上海动物园微信公众号发布的《小狐仙姐妹团百日C位出道！》《小脑斧四胞胎又来啦！》等趣味性、科普性强的文章，增加了乐园的互动性和用户黏性，让消费者感受到人文情怀；乐高探索中心会不定期组织发布各类活动信息。

二是服务便利性。体察发现，提供线上购票的博物馆、乐园（景点）的覆盖率达到了70.73%，免费Wi-Fi覆盖率达到了63.41%。不少景点还提供特色服务，如上海博物馆、上海科技馆等9家博物馆与上海迪士尼乐园等3家乐园（景点）向游客提供线上预约讲座或活动服务；上海世茂精灵之城主题乐园等景点提供在线咨询服务；上海玛雅海滩水公园、上海世博会博物馆等景点有平面或VR全景漫游地图。

三是发布即时性。通过游览前调查和游览中实地核查发现，上海市博物馆、乐园（景点）通过公众号、网站、APP对景点的当日场馆及活动开放信息能够实现准确发布的有30家，占比为73.17%，如上海欢乐谷在园区设备维护前会发布提示；上海自然博物馆、上海迪士尼乐园、广富林文化遗址等在线上端能够进行入园人数实时客流的同步更新；上海植物园、上海儿童博物馆、上海豫园等景点可提供园内实时定位服务。

虽然上海市的博物馆、乐园（景点）信息化服务水平总体较高，但本次体察发现，仍存在一定不足。

一是信息化水平不平衡，个别著名景点信息化水平与全市平均水平仍有差距。体察发现，上海铁路博物馆既无网站，也无公众号和APP；东平国家森林公园无公众号、网站，仅有安卓版APP。东方明珠作为上海最具代表性的景点之一且客流量较大，其信息化水平得分仅为64分，远低于全市的平均分数，如其公众号提供的官方购票服务不支持购买门票，不提供入园人数更新和场馆或项目排队时间提醒。

二是部分博物馆、乐园（景点）信息化还存在信息化维护工作不到位的情况。如上海中国航海博物馆苹果手机的APP版本更新于3年前，并出现无法下载或页面频繁闪退等现象。

三是人性化服务方面有待提升。如各博物馆、乐园（景点）的，公众号普遍存在消费者使用在线咨询时，需输入特定关键词才能得到相关信息，但这些关键词无任何提示。又如消费者通过公众号搜索“东方绿舟”，出现“东方绿舟”和“东方绿舟官方服务号”两个公众号，经与运营方沟通得知，其官微是“东方绿舟官方服务号”，运营主体是上海东方绿舟企业管理有限公司，但平台无明确提醒，给消费者的查询造成困扰。

二、消保委建议

本次体察活动得到企业积极响应，企业纷纷通过自查自改、功能优化等方式提升信息化服务水平。

综合本次体察情况及博物馆、乐园（景点）沟通后的整改情况，上海市消保委提出如下建议：

一是进一步提高精细化服务水平。信息化技术手段是推进服务精细化管理的重要抓手，博物馆、乐园（景点）要从消费者需求和感受度出发，积极优化信息化技术，提供更加精细化的服务。如不仅可以对实时入园人数进行显示，还可以对排队时间进行预测，并根据节假日期间人数变化趋势作出相应日期的客流预判，做好景区流量管理，节约大量社会成本，实施合理分流，为游客合理安排游览时间提供便利。

二是进一步提升智能化水平。信息化服务的关键是智能化的程度，博物馆、乐园（景点）要积极探索尝试使用人工智能等新技术，如增加地图智能定位和场景模拟展示，提高交互能力，让消费者问询能够得到及时准确反馈，更好地满足消费者的需求。

三是进一步加强人文建设。信息化服务是沟通、联系消费者的重要渠道，信息化平台应从单向服务向互动服务延伸，从游乐向文化延伸，从体验向情感延伸。

江苏省消费者权益保护委员会

酒店预订后退订情况调查报告

图1　酒店“预订容易退订难”

据文化和旅游部发布的2018年文化和旅游发展统计公报显示，2018年国内旅游市场游客规模增至55.4亿人次。旅游市场的扩张也带动了酒店业的发展，随着社会的飞速发展，消费者出于商务、旅游、事务出行等的需要，预订酒店成了消费者的“必备技能”和出行前的必要准备。因为种种原因造成的行程临时变动就使消费者退订酒店的问题格外突出，其中“不可取消”问题尤为突出。2018年全省各级消保委共受理酒店住宿及订房类投诉2460件，其中因预订后“不可取消”问题的投诉655件，占比26.6%；2019年上半年共受理酒店住宿及订房类投诉1353件，比去年同期增长47.2%，其中“不可取消”方面的投诉411件，比去年同期增长77.9%，投诉量呈明显增长趋势。

日前，有媒体报道，一名消费者网上预订酒店下单后“手滑”点错时间，即使离入住还有半个多月的时间，酒店方表示可以退的情况下，预订平台仍坚持不可退。还有报道称，一名消费者在某平台上预订了一家标注为“不可取消”的酒店，之后因个人原因未能入住，原本以为要默默承受损失，没想到酒店方面事后打电话称，可以退回大部分房费。这些案例都在网络上引起热议。

当消费者遇上酒店退订的“拦路虎”该怎么办？旅游电商平台不同意退订的缘由到底是什么？平台与酒店之间是否还存在其他环节？为此，江苏省消费者权益保护委员会围绕中国消费者协会“信用让消费更放心”的年主题，联合西祠胡同深入酒店行业开展消费调查，追溯问题源头，提出合理建议，切实维护消费者合法权益。

一、调查工作基本情况

（一）调查方法

线上：问卷调查。本次调查通过江苏省消费者权益保护委员会官方微信平台“江苏省消保委”发布“酒店预订退改情况”有奖消费调查问卷，征集消费者在预订酒店退改时存在的问题。

线下：抽样调查。从调查对象中抽取部分标明不可取消或者限时取消但需收取违约金的样本开展调查研究。

（二）调查对象

线上问卷调查对象：有过酒店预订经历的消费者。

线下抽样调查对象：此次调研对象为江苏省内为宾客提供住宿服务的场所，主要包括江苏省内的快捷酒店、民宿、三星级四星级酒店、五星级酒店、旅行社等5种类型。酒店预订平台涵盖携程、同程、去哪儿、途牛、飞猪、驴妈妈等主要旅游电商平台，汉庭酒店、运河壹号院客栈等酒店官方平台，以及中国国旅、中青旅、康辉等旅行社。（以上排名不分先后）

（三）调查样本量

本次江苏省酒店预订后退订情况调查共获得有效样本17957份。其中线下抽取有效样本60份，线上问卷调查获取有效样本量17897份。

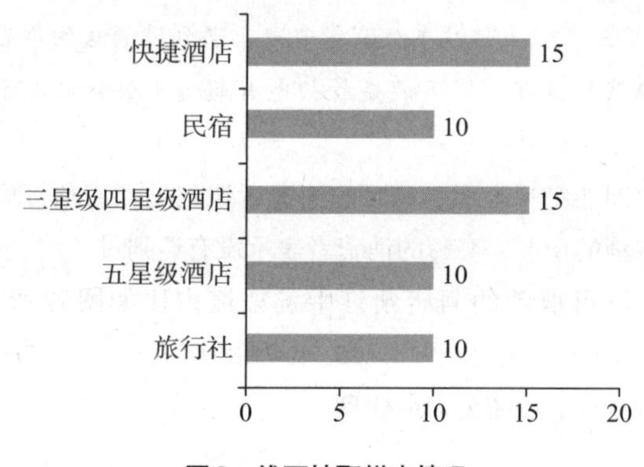

图2　线下抽取样本情况

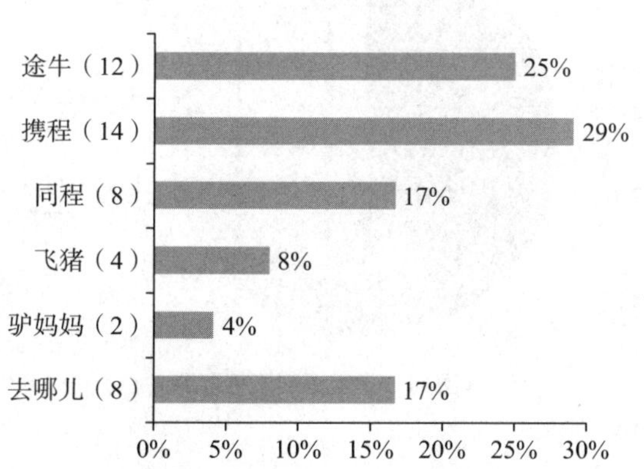

图3　线下电商平台抽取样本情况

二、调查结果分析

（一）消费者基本情况调查：预订酒店消费者趋于年轻化，酒店类型以经济舒适型为主

本次线上问卷调查结果显示，69.7%的消费者为男性，30.3%为女性。参与调查的消费者中，54.3%的年龄段在18—30岁之间，25.7%在31—45岁之间，18岁以下人群占比15.8%，45岁以上的年龄段占比总计4.3%。

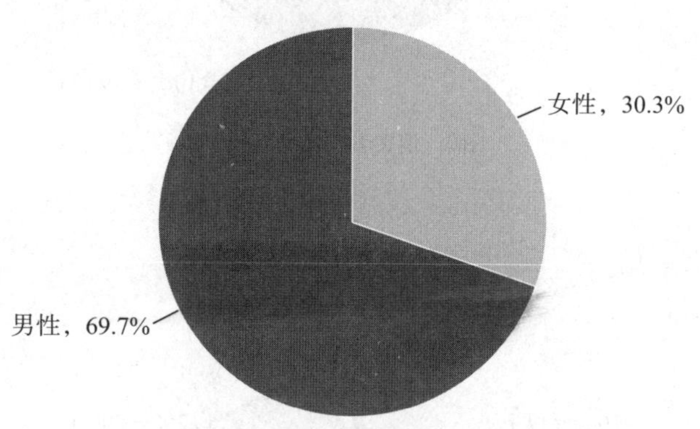

图4　参与者性别

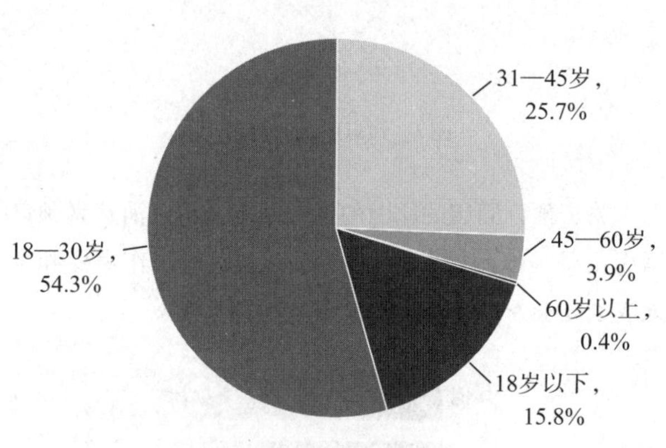

图5　参与者年龄段

在年平均预订酒店次数方面，有41.2%的受访者在5次以下，39.2%在6—10次，19.6%的受访者在10次以上。消费者预订酒店每天的费用为200—500元之间。结合市面上的酒店价格可以看出，经济舒适型酒店更受消费者青睐。

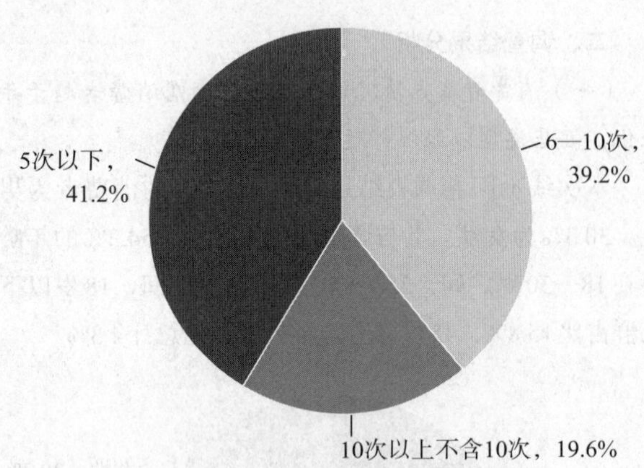

图6 消费者入住酒店频率

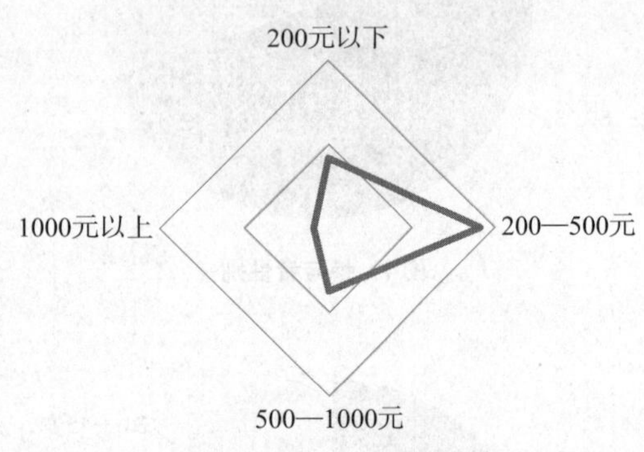

图7 预订酒店的费用

关于预订酒店的原因的调查结果显示，消费者预订酒店主要是休闲旅游，占56.4%，其次为工作需要和个人或家庭事务出行，分别占50.1%和43.1%。

图8 入住酒店的原因（多选）

（二）近七成消费者出行会提前预订酒店，主要通过酒店官方平台或电商平台预订

在酒店预订提前时长的问题中，46.6%的消费者会提前1个星期预订，32.5%的消费者在当天预订。结合预订酒店的原因分析，当天预订的消费者主要因为工作需要或个人以及家庭事务出行。而提前1个星期预订的主要出行目的为休闲旅游。

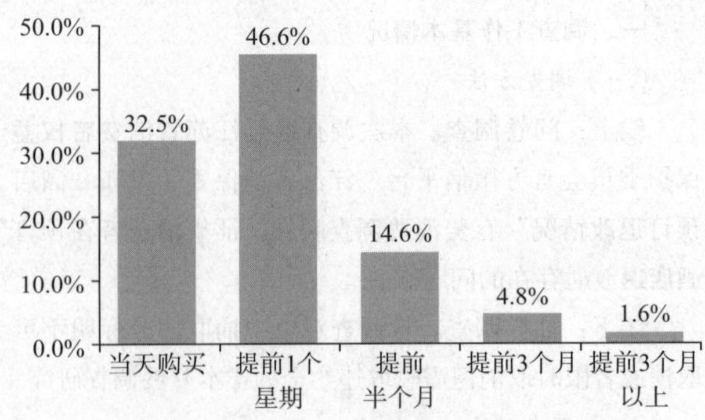

图9 预订酒店提前时长

在线上问卷调查中，61.8%的消费者通过酒店官方平台预订酒店，49.1%通过电商平台预订，35.1%通过旅游公司预订。

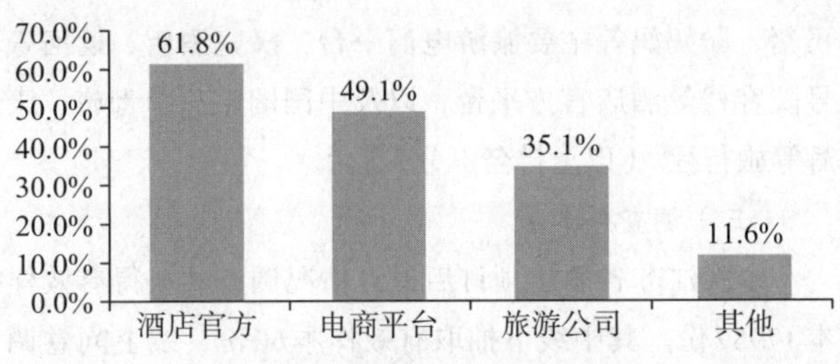

图10 酒店预订的渠道（多选）

（三）线上超过半数消费者表示遇到过酒店预订后不可取消的情况，线下调查最初也有超过半数样本表示不可退

问卷结果显示，57%的消费者遇到过酒店预订后不可取消的情况，43%的消费者表示没有遇到过。

不可取消的酒店预订中各渠道占比如图12所示，40.7%为旅游电商平台，25.1%为酒店官方平台，20.2%为旅行社、旅游公司或代理。

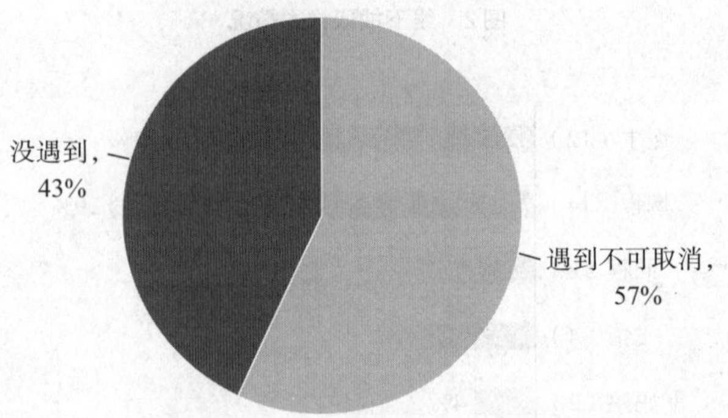

图11 是否遇到不可取消

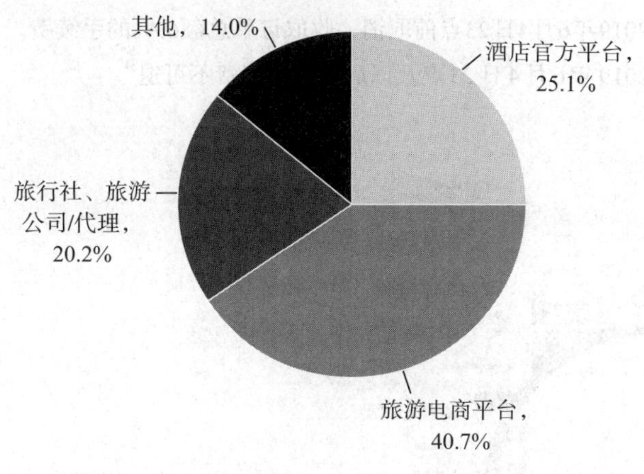

图12　不可取消的酒店预订渠道

在线下抽样调查中，当调查员首次提出退订诉求时，51.7%的样本均表示不可退。

为了做进一步争取及了解其中“不可取消”的真实缘由，针对非酒店官方渠道的不可退样本，调查员又直接联系了酒店方面表示希望取消预订，在得到酒店可以免费取消预订的答复后，调查员再次和客服沟通，提供同意退款的商家信息，包括具体承诺人职位、姓名等。经过至少3次电话沟通过程，线下样本最终共有77%同意了全额退订申请，另有13%同意退订申请，但需扣除一定的费用，还有10%的样本预订页面标明不可取消，实际操作中也明确表示无法退订。

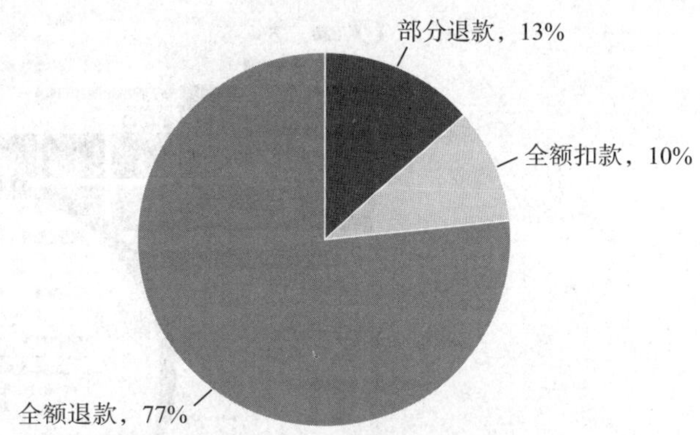

图13　线下酒店退订情况

（四）部分样本“有条件取消”形同虚设，且退款流程复杂

在线上问卷调查中，57.8%的消费者在酒店退订过程中被收取高额费用，55.6%认为退改流程复杂，此外，还存在“不可取消”、客服态度恶劣等问题。

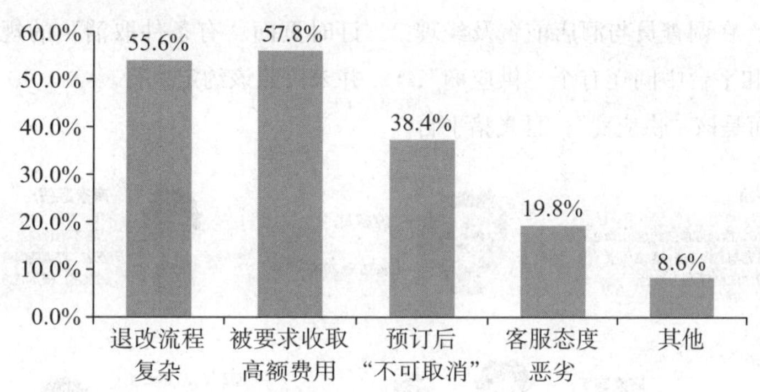

图14　酒店退订过程中主要问题（多选）

关于酒店退订流程便捷度的问题，9.6%的消费者表示很复杂，存在拖延时间的情况，45.4%的消费者认为有点复杂，退款会经历一定波折，还有45.0%的消费者认为很便捷，退款很快。

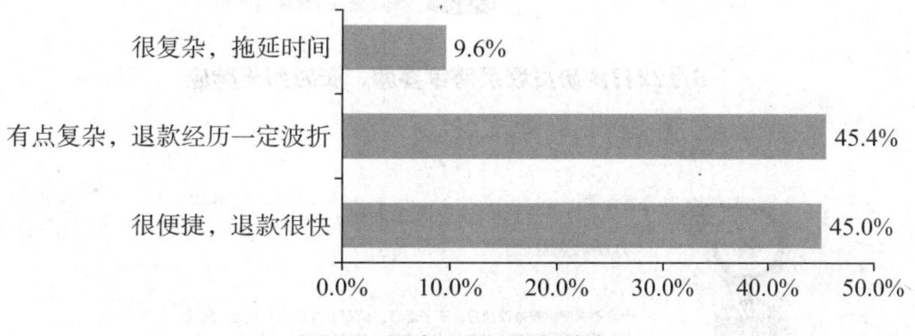

图15　酒店退订流程便捷度

线下调查中，5月16日调查员在飞猪平台“厦门洋洋旅游专营店”预订6月4日入住的布丁酒店徐州宣武市场店一间房。预订时页面标明该房型为“有条件取消：2019年6月4日23点前取消，收取订单总额69%的手续费。2019年6月4日23点及以后取消，房费不可退”。

图16　预订酒店页面有退订收费提醒

5月21日，调查员与平台沟通退订事宜时却遭遇了推诿扯皮。平台客服在调查员已同意扣除订单总额的20%作为违约金后，又以酒店方不同意退款为由拒绝了调查员的退订申请。但是，在调查员与酒店前台及经理多轮联系后发现，在酒店和平台中间还有个“供应商”，不同意退订的并非酒店，而是该“供应商”，且飞猪平台对于他们之间的协议并无任何约束力，最后飞猪平台客服只是表示消费者可以在未入住的情况下向平台申请50元“补偿”。在协商过程中，调查员也向商家客服提出预订时页面“有条件取消”的规定，但是商家未予理睬，并未按照该约定执行。

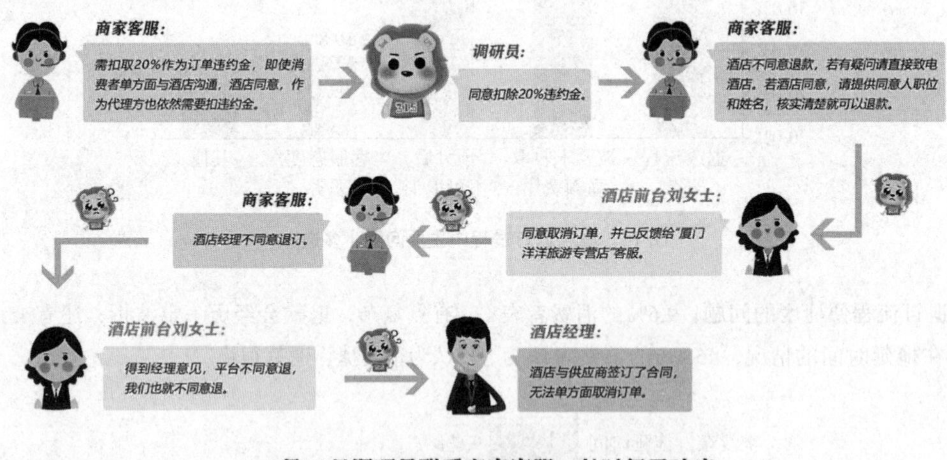

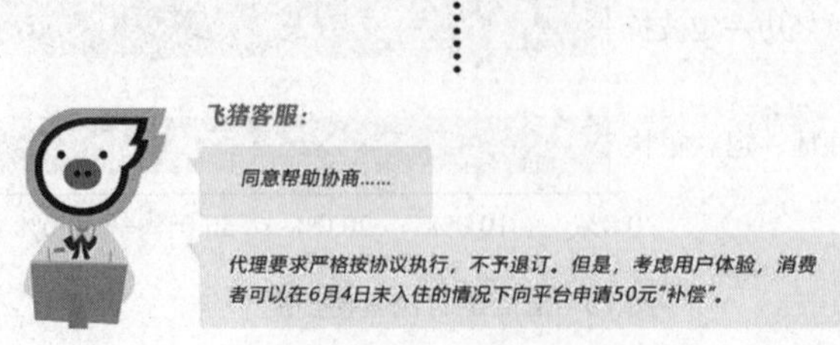

图17　退订流程梗概

（五）旅游电商平台和酒店官方平台退订政策不一，两者之间存在不透明的中间环节，造成信息不透明、不对称

在线下抽取调研样本时发现，酒店官方平台的退订政策大多比较“倾向于”消费者，在入住前一日可取消订单。此次调研抽取的样本中未发现酒店官方平台存在“不可取消”的情况。

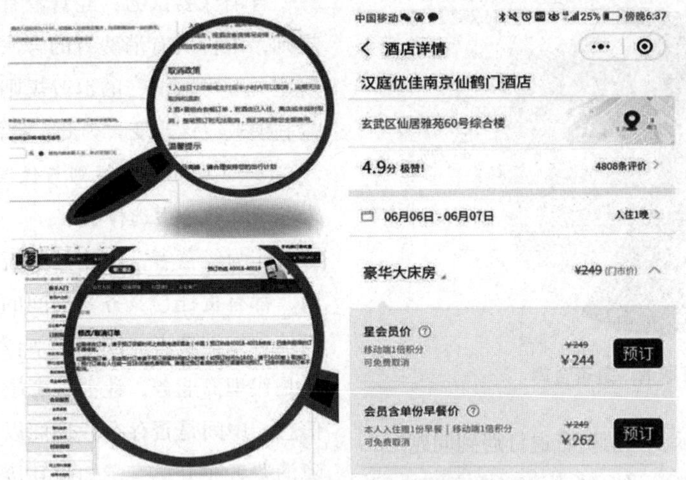

图18　不同平台预定酒店政策倾向性不同

还有部分样本在其酒店官方平台预订可以取消，但是调查员在电商平台预订该酒店则无法取消。旅游电商平台与酒店官方退订政策不一，两者之间可能存在不透明的中间环节。线下体验最终“不可取消”的6个样本均是通过旅游电商平台预订。

表1

预订渠道	线下取样情况	“不可取消”样本量
飞猪	4	3
同程	8	1
途牛	12	1
携程	14	1

平台与酒店协议内容是什么，平台与酒店之间是否真有代理商存在，代理商究竟是谁，代理商与电商平台和酒店之间又有什么样的协议，这些都是消费者无从知晓的。甚至在某些样本中，平台与酒店之间不仅存在一个代理商，而是好几级代理，这样层层叠加的关系让消费者在遇到消费纠纷时维权之路更加困难。

抽样中，调查员通过飞猪平台预订了4个样本，其中3个样本不可退订；1个样本同意退订，但是需要扣取订单总额的30%作为“代理商”服务的手续费。“代理商”究竟是谁，飞猪平台客服表示“不便告知”。

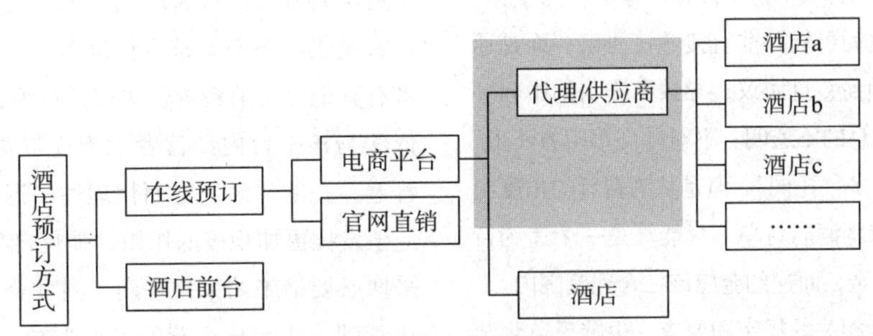

图19　酒店预订后台流程

（六）近六成消费者认为“不可取消”的规定不合理

在线上问卷“不可取消的规定是否合理”一题中，58.3%的消费者认为不合理，41.7%的消费者认为合理。

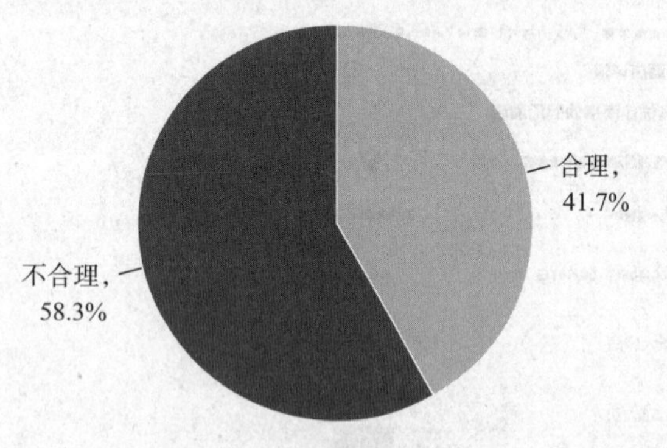

图20 “不可取消”是否合理

线上问卷调查结果显示，当消费者退订遇到问题时，74.3%的消费者会先行与电商平台或者商家协商解决问题，其次，53.9%的消费者还会通过当地相关部门解决，当以上渠道均无法解决问题时，有23.9%的消费者会选择诉诸法律，还有20.9%的消费者表示由于维权过程艰难，放弃退改。

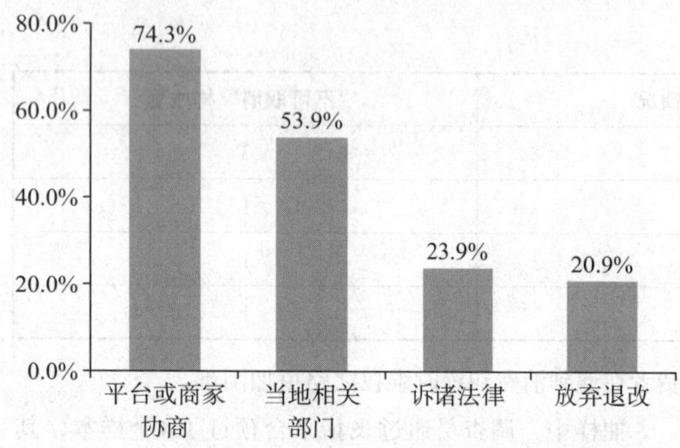

图21 何种方式解决（多选）

三、消保委建议

调查发现，酒店预订后“不可取消”缘由较为复杂，旅游电商平台与酒店之间可能并非直接签订协议，而是通过第三方代理商、经销商签订协议，导致不透明的中间环节的存在，造成消费信息的不透明、不对称。“第三方不退”也成为消费者遇到的最多“托词”。但是从消费者的角度出发，如果消费者临时取消酒店订单，只能算是一个违约行为，需要承担的是违约金，而违约金应该在合理范围内。

目前由于行业没有相关的规定和要求，也缺乏监管与监督，各酒店、代理商、旅游电商平台都是自己制定退订规则。旅游电商平台、代理商希望把自己的损失降到最低，酒店则要考虑维持客户资源，因此酒店直销渠道往往在退款条件上更宽松，而代理商和平台为了追求自身利益，退订规则更加严苛，导致“不可取消”等情形的出现。

省消保委认为，经营者有责任制定更加合理的退改规则，维护所有消费者的合法权益，通过设置酒店优惠房型“不可取消”的退改规则来谋取更多的经济利益的盈利模式应该改变。为此，省消保委建议：

（一）明示退订规则与代理商信息，进一步保障消费者知情权与自由选择权

作为经营者，不管是酒店官方渠道还是旅游电商平台，都有责任与义务将房间的退订规则清晰、明确、全面地告知消费者。同时，平台也应明确区分是自营业务还是代理商业务，让消费者了解所预订房间的具体房源信息、中间是否存在代理商以及全面的退订规则等，保障消费者充分享有“知悉其接受的服务的真实情况的权利”以及“自主选择服务的权利”。

（二）不得设定“不可取消”等不公平格式条款

《消费者权益保护法》第二十六条规定：“……经营者不得以格式条款、通知、声明、店堂告示等方式，作出排除或者限制消费者权利、减轻或者免除经营者责任、加重消费者责任等对消费者不公平、不合理的规定……格式条款、通知、声明、店堂告示等含有前款所列内容的，其内容无效。”房间预订后即“不可取消”是“排除消费者权利、免除经营者责任、加重消费者责任”的不公平格式条款，酒店、代理商以及平台都应对自身法律行为进行法律规范和约束，不得设定“不可取消”规定。为了统一退订规则，鼓励旅游电商平台直接与酒店签订协议，同时，将自身服务费用与酒店住宿费用区别收取，进一步细化明示收费项目与退订政策。

（三）平台应完善售后服务，采取必要措施约束平台内经营者侵害消费者合法权益的违法行为

《电子商务法》第三十八条第一款规定：“电子商务平台经营者知道或者应当知道平台内经营者销售的商品或者提供的服务不符合保障人身、财产安全的要求，或者有其他侵害消费者合法权益行为，未采取必要措施的，依法与该平台内经营者承担连带责任。”因此，在目前普遍存在的“酒店退而代理商不退”的问题上，平台也应该发挥更加积极的作用，强化自身的主体责任和义务，采取必要措施约束代理商，树立企业在本行业领域规范化管理、法治化经营的良好形象。对于消费者的投诉，进一步完善内部处理机制，加强对消费者服务意识，提升消费者感知度与满意度。

（四）建议采取“阶梯退订”政策，确定不同违约金收取比例

平心而论，消费者预订后临时取消酒店将面临房间空置的损失，而“不可取消”的规则下，消费者也将承担较大的经济损失。省消保委建议，酒店退订可以采取“阶梯退订”政策，这样在满足消费者随时变化需求的同时，也最大限度地保障经营者的利益，将经营者和消费者的损失降到最低。具体阶梯时间的划分，可以根据预订时间跨度分为预订入住日3日前、1日前、当日14点前、当日14点后等，兼顾淡旺季、房型等确定不同的违约金收取比例。

（五）倡导行业自律，加强政府监管

酒店、旅行社以及旅游电商平台领域的行业协会或相关联盟组织应积极发挥自身作用，加强行业自律，制订行业规范，引导企业诚信经营，引领行业健康发展，履行保护消费者合法权益的社会责任。消费者对酒店预订后“不可取消”问题诟病已久，相关投诉举报也较多，应当引起相关监管部门的重视，加强对经营者的监督，对于涉嫌违法违规的行为，主管部门应加大违法处罚与惩治力度，进一步优化旅游市场环境和消费环境。

四、网络平台酒店预订消费提示

预订前多加比较。同一房源不同预订渠道不但价格不同，退订政策也可能大相径庭，消费者可以根据自身需要通过对不同的预订渠道多加比较后选择。

酒店官方渠道退订政策最为宽松。通过调查发现，酒店官方（电话、官网、官方微博、APP等）渠道预订在退订政策上是最为宽松的，一般当天18点前都可免费取消。

预订后保存凭证。可将退订政策、房型信息等商家承诺信息截图保存，同时留存好订金、担保等付款凭证，以便在发生纠纷时维护自身权益。

合理维护自身合法权益。如因行程变故等原因确需取消已预订房间，可与平台或酒店积极沟通，在扣除合理违约金的情况下取消订单。如协商无果可向12315或消保委等组织投诉。

APP付费会员制消费调查报告

一、调查背景及目的

（一）调查背景

根据中国互联网络信息中心（CNNIC）公布的数据，截至2018年年底，我国手机网民规模达8.17亿，以中青年群体为主，并持续向中高龄人群渗透。在我国市场上监测到的移动应用程序（APP）在架数量为449万款。我国本土第三方应用商店移动应用数量超过268万款，占比为59.7%；苹果商店（中国区）移动应用数量约181万款，占比为40.3%。

APP向各行各业不断渗透，应用范围日益扩大，各类旅游APP、社交APP、资讯APP，也有购物APP、视频直播APP、电商APP、金融APP、教育APP等，日益成为手机用户衣食住行离不开的好帮手。数据表明，APP已经成为占据网民上网时长的最大因素，中国网民平均每周有26小时花费在手机APP的使用上。

随着市场竞争的加剧以及用户对高品质服务需求的日益提升，APP付费会员制成为市场一枝翘楚，日益被消费者所认可接受。仅以视频服务为例，2018年我国在线视频APP行业用户基数已突破9亿人，不付费用户占比为32.1%，较2017年下滑了4.5个百分点[①]。50元以上的付费用户比例增长较快；付费用户付费金额主要集中在7—100元之间。专业机构预计到2020年我国在线视频市场规模将超过900亿元。

总的来说，手机APP付费会员制是一个全新的消费领域，行业发展十分迅速，市场规模日益扩大。这样的客观背景对加强市场监管、规范，市场秩序、营造健康的消费生态、保障消费者权益提出了全新课题。

（二）调查目的

由于手机APP付费会员制是一个全新的消费形态，加之行业的爆发式发展，一些有关消费者权益保障方面的问题也日益突出：平台服务是否物有所值？消费者是否能明白消费？纠纷处理机制是否顺畅有效？这些疑问屡屡成为舆论关注的焦点。

2019年8月16日，新华社聚焦一些手机APP包月开通容易取消难；2019年9月11日，检察日报刊文认为，自动续费取消难也是一种“消费侵权”；2019年12月14

① 根据前瞻产业研究院发布的《2018—2023年中国网络视频行业深度调研与投资战略规划分析报告》监测数据显示。

日、15日人民日报发表评论：一些网站把用户当成“韭菜”收割，甚至故意挖坑诱使用户往下跳，吃相相当难看。“从加会员免广告，到付费看结局，再到花钱预点播，一些视频网站的收费套路层出不穷，令人生厌。”

……

不难看出，手机APP会员制暴露出越来越多的问题乃至陷阱扰乱了市场秩序，不利于营造“诚信消费”的行业环境，对消费者权益保护提出了新挑战。

为了全面了解手机APP付费会员制的市场情况和消费环境，为实施科学有效的监管，促进行业健康发展，保护消费者权益提供依据，江苏省消费者权益保护委员会开展了此次手机APP付费会员制消费情况调查。

二、调查开展总体情况

（一）样本选择

目前手机APP种类繁多，没有统一的分类标准，这给调查样本的选择带来一定的困扰。不过，考虑到市场领军APP用户规模大、对行业影响力大、在行业消费生态的打造方面往往起到主导作用，因此本次调查样本的选择，把目标APP的用户规模（市场热度）作为最主要指标，兼顾功能类别以作区分。

依据以上样本筛选标准，我们一共选取了6类、24个日常使用频率较高的APP作为调查样本。具体包括：视频类7个（爱奇艺、腾讯视频、优酷视频、乐视、搜狐、土豆、暴风影音）；音乐类4个（网易云音乐、QQ音乐、虾米音乐、酷我音乐）；阅读类4个（掌阅、QQ阅读、咪咕阅读、书旗小说）；音频类2个（喜马拉雅、蜻蜓FM）；功能类4个（知乎、得到、大片、小影）；办公类3个（百度网盘、WPS、腾讯微云）。

视频类：7个
爱奇艺、腾讯视频、优酷视频、乐视、搜狐、土豆、暴风影音

音乐类：4个
网易云音乐、QQ音乐、虾米音乐、酷我音乐

阅读类：4个
掌阅、QQ阅读、咪咕阅读、书旗小说

功能类：4个
知乎、得到、大片、小影

办公类：3个
百度网盘、WPS、腾讯微云

音频类：2个
喜马拉雅、蜻蜓FM

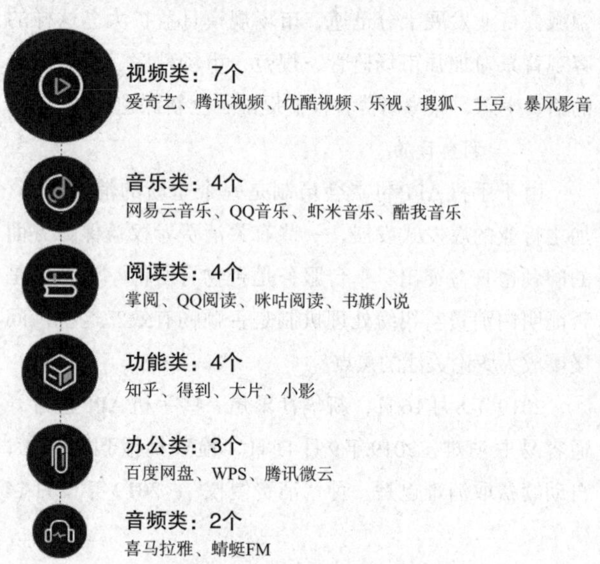

图1　调研选取样本示意

（二）调查方式

采用线下体验式调查和线上网络调查相结合的方式。

线下体验式调查，通过安排体验员逐个体验选中的样本APP，并按照事先列举的问题清单填写结果，由此建立每一款APP的独有体验数据库。

线上调查是通过“江苏消保委”官方微信公众号征集志愿者参与答卷，共收到20029份有效问卷。

（三）调查方向

调查主要围绕APP会员付费制消费的总体情况、付（续）费流程清晰透明程度、产品和服务知情告知程度以及消费协议公平诚信程度开展调查。

三、调查结果分析

（一）APP会员付费制消费的总体情况

1. 消费者充值APP会员种类多、开通数在2个左右，以月付费为主。从线上问卷调查结果看，消费者充值的APP主要以视频类为主（70.91%），其次占比较高的是购物类（40.56%）、音频类（40.32%）、音乐类（36.99%）。

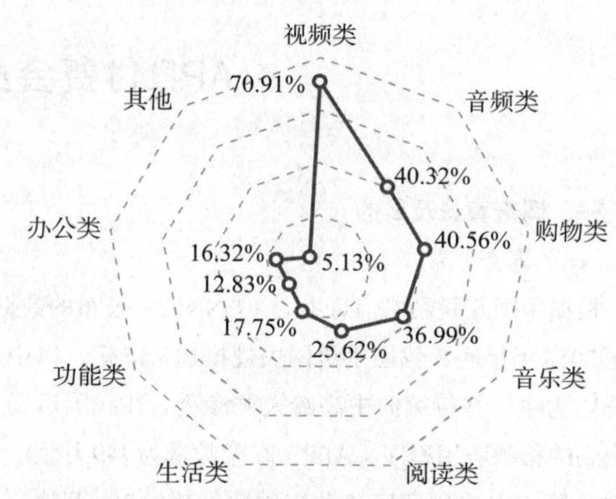

图2　消费者充值类型

五成以上消费者在APP会员上月均消费在30元以内，其次消费区间为31—50元，根据目前主流付费APP收费金额和充值类型可获知消费者一般购买了2个APP会员。

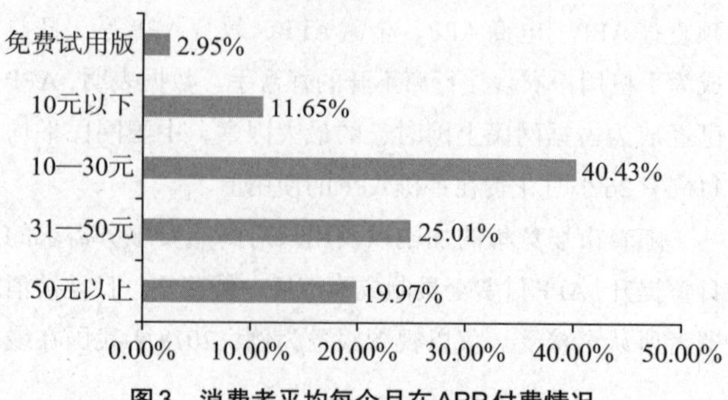

图3　消费者平均每个月在APP付费情况

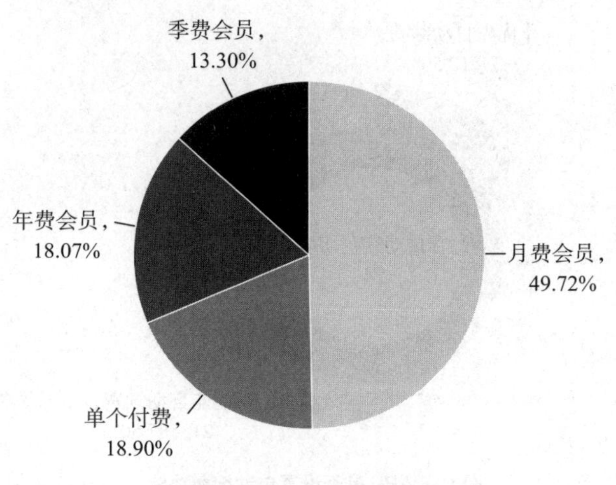

图4　选择付费会员期限

2.注册付费会员的目的主要为享有去除广告、使用更多功能和享有优先权。线上调查结果显示，63.35%的消费者表示注册付费会员的主要目的为付费后“无广告”，另外有57.09%的消费者表示是为了使用更多功能，45.05%的消费者表示是为了享有优先权。

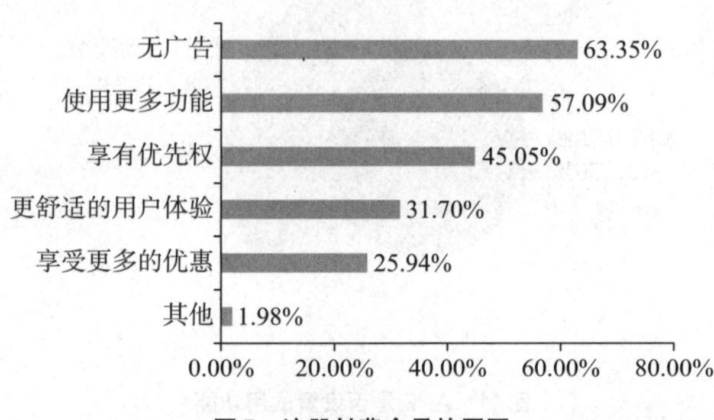

图5　注册付费会员的原因

对于充值之后的预期效果有44.84%消费者表示满意，有55.16%的消费者表示一般或不满意，不满意的原因主要为付费后部分内容仍需再次付费才能享受权益，其次为成为VIP后仍有广告，以及预期的功能没有完全享受等。

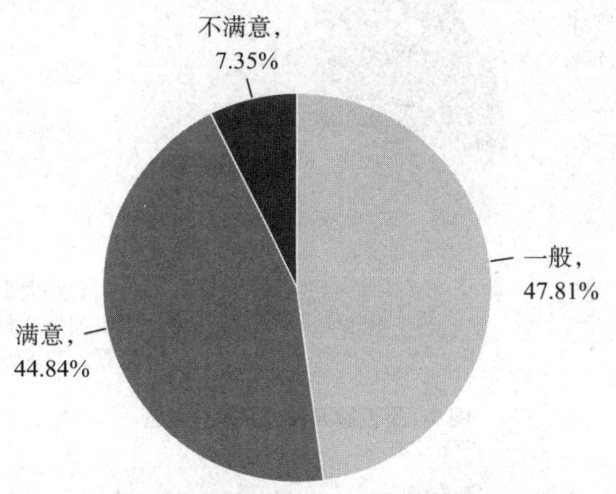

图6　充值会员后达到预想效果

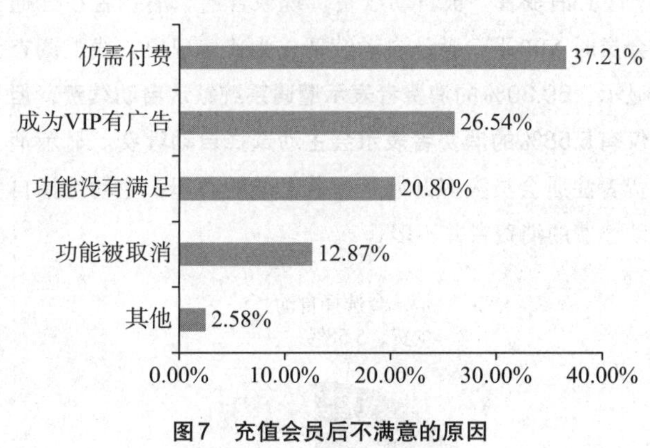

图7　充值会员后不满意的原因

（二）关于付（续）费过程的清晰透明程度和告知程度

对于APP平台付（续）费的清晰透明程度和产品服务的知情告知程度，线上调查结果显示满意度较低。73.51%消费者表示APP付（续）费套路多，希望有关部门介入督促企业改进并加强监管。

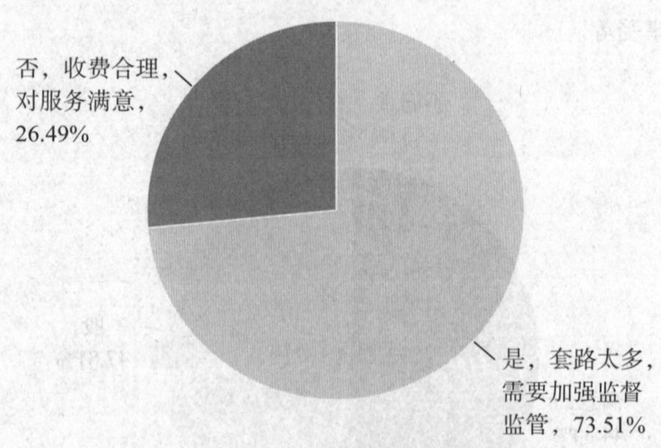

图8　是否需要改进并加强监管

消费者觉得不满意，APP付（续）费套路多，主要集中在以下几个方面：

1.消费者“被自动续费”现象普遍。消费者在开通会员时APP平台默认自动续费成为普遍现象。线上调查显示，**69.30%的消费者表示遭遇系统默认自动续费，但仅有5.58%的消费者表示会主动选择自动续费**。显示消费者注册会员大多开始是抱着尝试的心理，主动选择自动续费的消费者并不多。

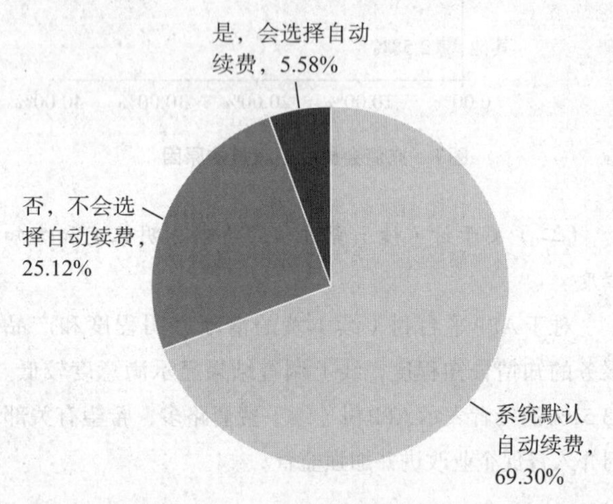

图9　消费者是否设置或选择过会员自动续费

从样本体验情况来看，24个样本均有自动续费的功能。其中，**21个样本将自动续费设置为优先选项，占所有体验样本的87.50%**。仅有3个样本未将自动续费设置为优先选项，分别是：虾米音乐、蜻蜓FM、腾讯微云。

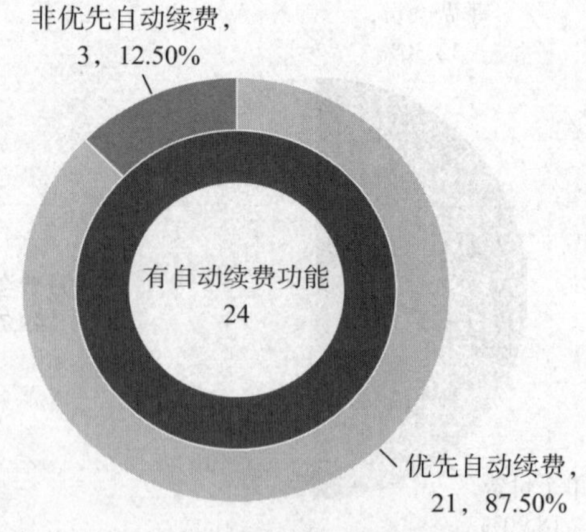

图10　APP是否设置自动续费功能

另外，24个样本中，有12个设有试用功能，**其中有8个样本一旦用户选择试用，就等于默认选择了自动续费，占样本总样的33.33%**，须在试用期届满前一定时间内手动取消，否则即成为自动续费用户。

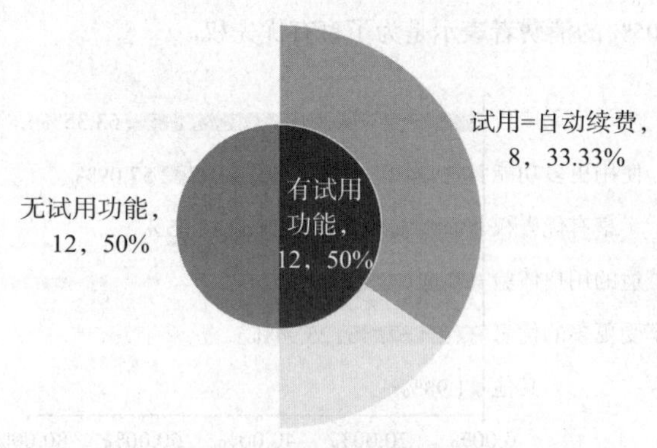

图11　APP是否设置试用功能

注：同一APP的不同系统版本中，只要任一版本有 自动续费功能，即视同该APP有自动续费功能。

2.自动续费扣款前后提示不到位。

（1）关于续费发起前是否告知：24个样本中，在自动续费实际发起之前，17个样本不再通知，由系统直接扣费；7个样本会通过平台发送即将扣费提醒：爱奇艺、优酷视频、乐视、QQ音乐、QQ阅读、酷我、喜马拉雅。其中4个样本，乐视、QQ音乐、QQ阅读、酷我，会同时在通知短信中再次提示取消自动续费的方法。

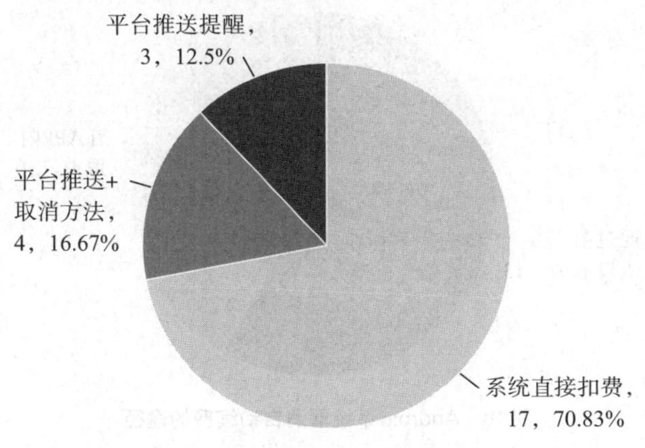

图12 有自动续费功能APP：扣费前是否提醒

（2）关于续费扣款成功后是否告知：在24个样本中，**在自动续费成功之后，17个样本扣款之后没有通知**，用户往往只能通过第三方平台才能得知扣款信息；7个样本在扣款成功后会通过本平台发送续费成功的通知信息，分别是：爱奇艺、乐视、QQ音乐、酷我、QQ阅读、喜马拉雅、书旗小说。

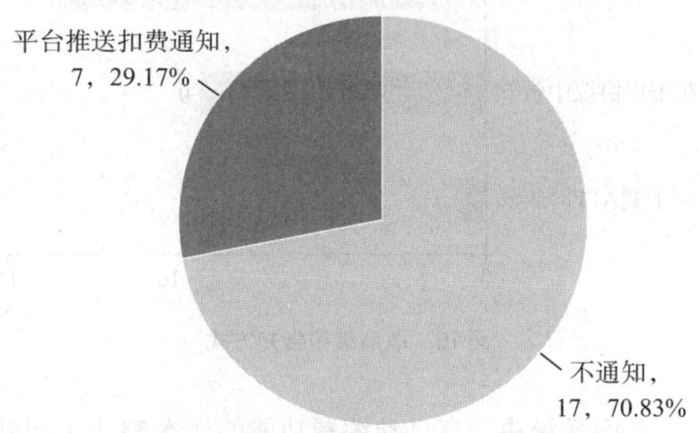

图13 有自动续费功能APP：扣费后是否通知

综合以上数据，**在扣款之前、之后均不通知的有16个样本，占样本总量的66.66%**；只在扣款前或者扣款后提示的有2个样本，扣款前提示的是优酷视频，扣款后通知的是书旗小说。

图14 有自动续费功能APP：扣款前/后通知情况

注：同一APP不同版本，有一款不通知的，视为该APP不通知。

3.取消自动续费步骤烦琐。24个样本，均可在APP平台内部开通自动续费功能，并且开通方式便捷；但是如何取消自动续费功能，各平台基于手机系统不同，方式也有所不同。

在告知途径上，有14个样本在续费页告知了取消自动续费的途径（腾讯微云、喜马拉雅、搜狐视频、小影、知乎、WPS、乐视、书旗小说、爱奇艺、QQ音乐、QQ阅读、蜻蜓FM、虾米、咪咕）；另外9个样本在用户协议中告知；1个样本（大片）仅在下载APP时告知。

图15 在何处告知自动取消续费的方法

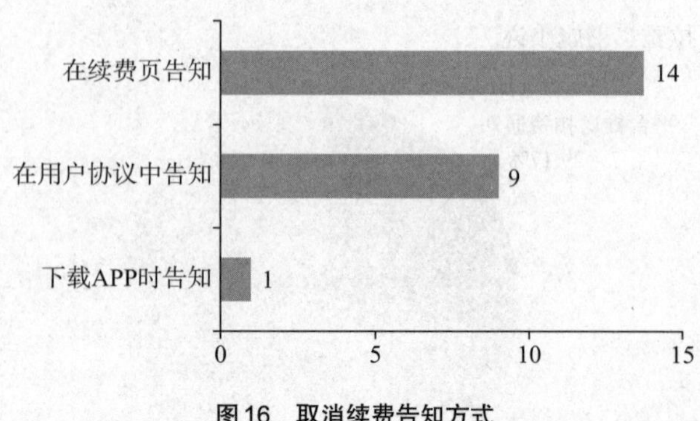

图16　取消续费告知方式

IOS系统中，有自动续费功能的样本23个（咪咕无），除了1个样本（QQ音乐）可直接在APP内取消、2个样本（喜马拉雅、爱奇艺）平台内提供了取消自动续费功能的跳转链接外，其余20个样本均需通过IOS的手机设置和iTunes订阅中取消，步骤较为烦琐，消费者也不易找到。

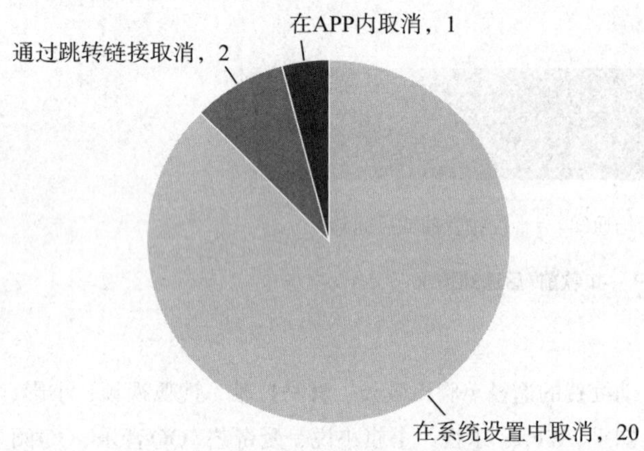

图17　iOS系统取消自动续费的途径

注：有自动续费功能的样本24个(咪咕无)。

安卓系统中，有自动续费功能的样本23个（虾米无），除10个样本（爱奇艺、喜马拉雅、优酷、土豆、暴风影音、QQ音乐、掌阅、网易云音乐、腾讯微云、咪咕）可以在APP内部直接取消自动续费外，**其余13个样本需通过第三方入口取消。**

需通过第三方入口取消自动续费的样本，操作视第三方入口操作设置而各不相同，从使用便捷性来看，在APP内直接取消消费者更易操作，同时免去了消费者找不到入口的烦恼。

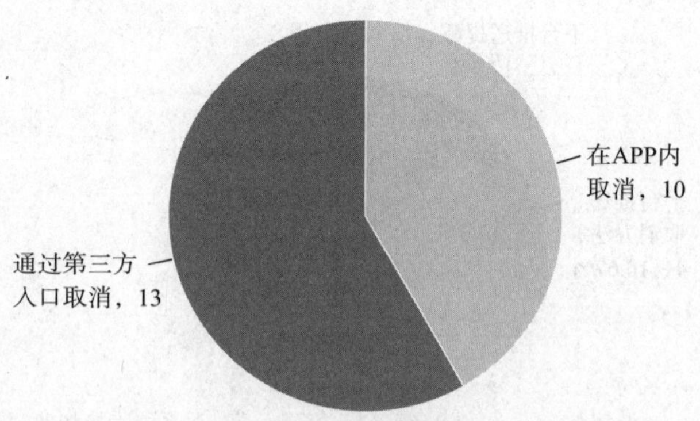

图18　Android系统取消自动续费的途径

注：有自动续费功能的样本24个(虾米无)。

综合以上体验情况，对于自动续费，多数样本倾向于引导用户选择自动续费功能，在没有尽到充分告知甚至根本没有提醒告知的情况下，使用户在不记得甚至不知情的情况下延续缴费，同时取消自动续费的途径也很隐蔽和烦琐，不同程度地侵犯了用户知情权、自主选择权。

（三）APP会员付费制用户协议公平诚信程度

24个体验样本中均提供了协议文本并与消费者签订协议，但在签订流程的设置上，消费者均无须打开完整协议文本即可完成签订；**其中2个样本对协议文本的重要条款无醒目标注（加粗或下画线）；10个样本未说明一旦会员权益发生变化会告知消费者。**

1.过半平台未事先约定额外付费产品范围和原因，视（音）频类尤甚。在线上问卷调查中，**73.33%的消费者表示充值成为会员后部分产品仍需额外付费，**主要集中在音乐类、视频类和音频类的APP。

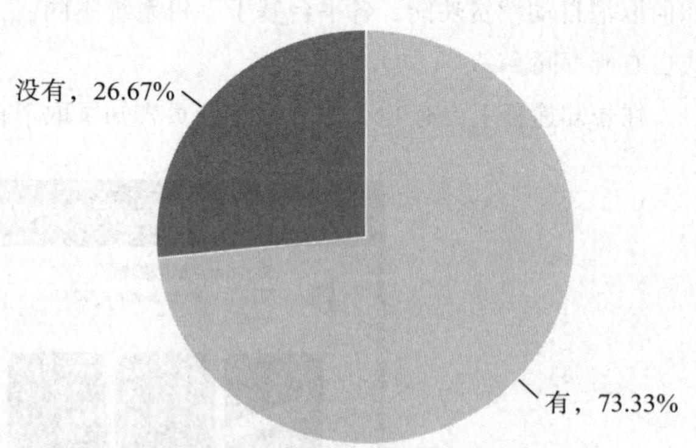

图19　充值后出现单品再次收费现象

在体验调查的24个APP样本中，**有18个样本在消费者支付会员费之后，仍有部分产品或者服务需额外付费，占样本总量的75%。**其中对于哪些产品或者服务需要额外付费，有9个样本在用户协议中告知了消费者，**另外9个样本则没有告知；**对于产品或服务需要额外付费的原因，7个样本告知了消费者，**11个样本没有告知。**总的来说，**对于18个涉及额外付费的样本，未履行相关告知义务或者未充分履行告知义务的样本占61.11%。**

需要额外付费的原因主要是版权原因、独家、高级别会员享有以及其他原因。

需要额外付费的**APP以视音频类样本居多**，13个视（音）频类APP样本，除暴风影音1个样本外，其余12个样本均对部分产品设置了需要额外付费，**其中6个样本没有同时明确额外付费的产品范围和原因。**

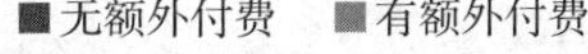

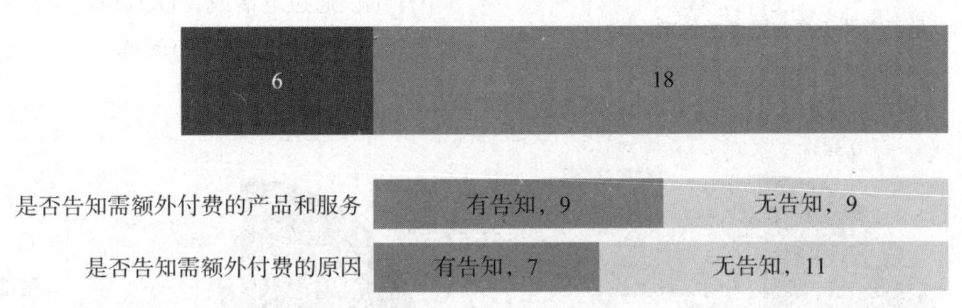

图20　支付会员后，是否仍需要额外付费

在会员VIP之外设置VVIP，需要额外付费才能享受某些功能，APP运营商其实是在制造焦虑诱发用户继续消费，在用户协议中又没有相关提示说明，这种额外收费的行为实则是对消费者权益的侵犯。

2.用户协议中关于消费者权益的约定涉嫌限制消费者权利。24个提供用户协议文本的样本中，所有样本均明确约定，如果消费者中途解除会员协议，所付款项不予退还，必须接受会员服务直至最后一次续费期间结束。

线上调查问卷结果也显示：有77.89%的消费者表示遇到过充值后不可以退订退费的情况，并且有78.02%的消费者认为此规定不合理。

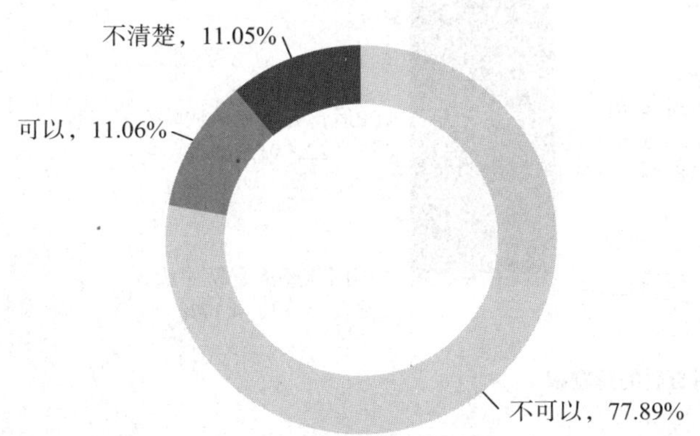

图21　充值后是否可以退订

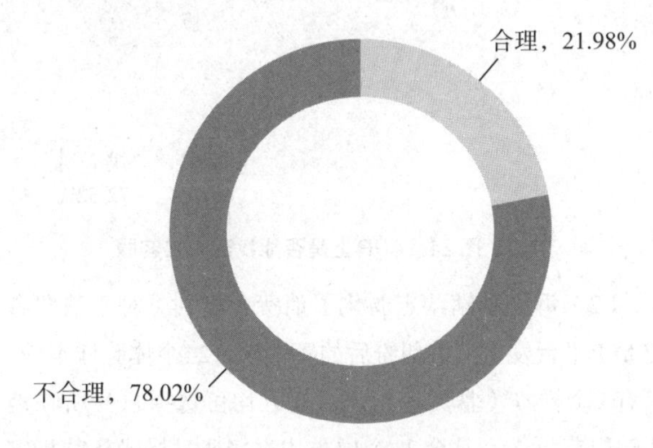

图22　无法退订是否合理

APP运营商单方面约定消费者中途解除会员不可退订退费的“一刀切”规定，而没有对经营者的义务进行规范约束，忽视了经营者违约等情形下消费者权益的保护，涉嫌限制消费者权利，减轻经营者责任，加重消费者责任，是不公平不合理的格式条款。

关于广告推送的约定，24个样本中，**13个样本没有关于广告推送的约定。**而线上调查显示，63.35%的消费者表示开通会员是为了去除广告；当问及对APP会员服务不满意的主要原因时，26.54%的消费者表示成为VIP后仍有广告。

去除广告是消费者成为付费会员的主要原因之一，如果经营者在协议中没有以显著方式提示和约定，就应该保证消费者免受广告的打扰，否则就是侵犯消费者知情权和公平交易权。

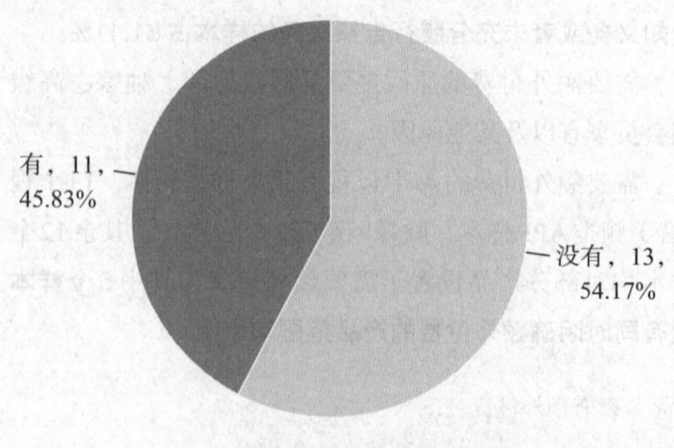

图23　是否有关于广告推送的约定

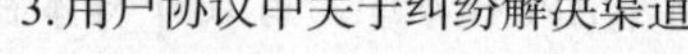
3.用户协议中关于纠纷解决渠道

（1）投诉渠道不畅通，消费纠纷未得到有效解决。线上问卷调查显示，**仅有17.14%的消费者表示可以找到APP的人工客服，而找到人工客服后处理的结果满意率仅为6.98%。**

体验调查结果显示，人工客服对消费纠纷的解决所发挥的作用极为有限。样本体验显示，24个样本中，9个样本设置了人工客服；10个样本仅设置了智能客服；5个样本仅通过电话或者QQ群提供客服服务（得到、搜狐视频、掌阅、乐视、QQ阅读）。

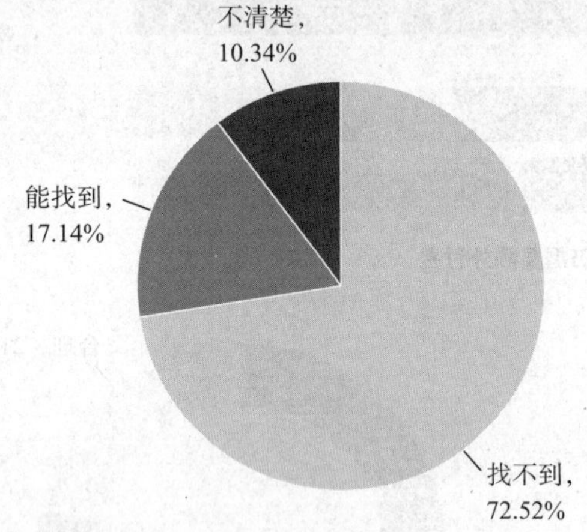

图24　APP上是否能找到人工客服

电话/QQ群，
5，20.8%
智能客服，
10，41.7%
人工客服，
9，37.5%

图25　APP上的客服类型

（2）诉讼管辖约定弱化了消费者权利。对于消费者与APP平台发生消费纠纷后的管辖权，24个体验样本中，仅有1个样本（掌阅）约定，双方均可选择自身所在地法院提起诉讼；其余23个样本均直接通过格式条款指定管辖法院（仲裁委）。

其中，22个样本指定有管辖权的法院是平台运营方所在地法院；1个样本（网易云音乐）则指定为中国国际经济贸易仲裁委员会。

图26　发生消费纠纷后的管辖权

依据《〈中华人民共和国民事诉讼法〉的解释》第二十条规定：以信息网络方式订立的买卖合同，通过信息网络交付标的的，以买受人住所地为合同履行地；通过其他方式交付标的的，收货地为合同履行地。合同对履行地有约定的，从其约定。绝大多数APP平台利用格式条款制定者的优势地位，从便利自身的角度出发，直接指定自己主要办公地法院为纠纷管辖法院，漠视法律赋予双方的选择权，增大了消费者的维权成本。

四、相关问题与建议

本次调查结果显示，APP付费会员存在但不限于默认自动续费、扣款前后不予通知、额外付费产品告知不全、会员协议不够公开透明等问题，有利用经营者优势地位，订立不平等格式条款，加重消费者责任之嫌，涉嫌侵犯消费者知情权、自主选择权和公平交易权。

为此，江苏省消保委建议：

（一）充分履行告知义务，进一步保障消费者知情权

《中华人民共和国消费者权益保护法》（以下简称《消法》）第二十六条规定，经营者在经营活动中使用格式条款的，应当以显著方式提请消费者注意与消费者有重大利害关系的内容，并按照消费者的要求予以说明。《合同法》第三十九条第一款规定："采用格式条款订立合同的，提供格式条款的一方应当遵循公平原则确定当事人之间的权利和义务，并采取合理的方式提请对方注意免除或者限制其责任的条款，按照对方的要求，对该条款予以说明。"

因此，无论是自动续费扣款前还是扣款后，APP运营方都应通过平台向消费者手机推送或短信通知等方式告知消费者扣款或即将扣款的情况，在通知中同时告知消费者取消续费的途径，充分保障消费者知情权。针对额外付费问题，知识付费是大势所趋，消费者版权意识也大大增加，但这并不应该成为经营者利用消费者在信息上的弱势地位，谋取灰色利益的途径，特别是在协议中没有任何提示说明，没有向消费者明确额外付费的产品范围和原因的情况下。交易本是供需双方的自愿选择，为了盈利随意随时更改收费名目有违契约精神，也会消磨消费者的信任。

（二）改善服务质量，进一步保障消费者自主选择权

根据《中华人民共和国电子商务法》（以下简称《电子商务法》）第十七条规定："电子商务经营者应当全面、真实、准确、及时地披露商品或者服务信息，保障消费者的知情权和选择权……"

同意试用并不等于同意自动续费，特别是在没有以合理方式告知消费者的情况下，经营者应当在免费试用页面显著提示消费者开通试用功能的附带含义，并在试用期满正式开始收费之前同样以显著方式提醒和告知消费者。同时，经营者设置复杂的取消途径和繁锁的取消步骤，以及部分经营者只设置连续包月、包季等选项，没有单月、单季等选项，涉嫌违反《消法》相关规定，"利用格式条款并借助技术手段强制交易"，侵犯消费者自主选择权和公平交易权，应予以整改。

（三）根据不同情况设定可退费标准，进一步保障消费者公平交易权

根据《合同法》《消法》等相关法律的规定，除不可退订的产品或服务外，APP运营商应根据产品或服务的类型设立退订退费的途径及退费标准，具体包括消费者成为会员的初始目的没有达到，APP运营商违约等情况。

（四）完善投诉处理机制，重视消费者诉求

根据《电子商务法》第五十九条："电子商务经营者应当建立便捷、有效的投诉、举报机制，公开投诉、举报方式等信息，及时受理并处理投诉、举报。"

在完善产品品质的同时，APP运营商也应进一步重视投诉处理机制的建立和完善，正视消费者诉求，畅通投诉渠道，完善内部处理机制，提升客服服务意识和投诉处理能力，这样才能更好地增强会员用户黏度，稳定消费者和经营者之间的信任关系。

目前我国APP付费用户逐年增多，但是诱使用户"自动续费"、任性设置"附加条款"，这样的"VIP"待遇势必会让购买会员成为一次性消费，"入坑"消费者也会越来越少。APP运营商只有尊重用户，重视承诺，敬畏法律，才能有更加长远和健康地发展。

注：1.调查过程中，由于受体验者所用的手机系统、机型、软件版本、使用习惯、个人认知等因素影响，体验数据可能与实际情况出现差异，本报告已经尽可能对数据进行了修正，但仍可能存在个别数据不够准确的现象。如遇此问题，可与我们联系。2.文中调查数据截止时间为2019年11月10日。

江苏省城乡居民消费现状调查报告（消费者篇）

2019年2—10月间，江苏省消费者权益保护委员会委托独立第三方咨询机构零点有数开展了江苏省消费状况的研究，以问卷调研获取大量第一手消费数据，结合统计数据等第二手资料，了解了江苏省的消费现状特征，系统梳理江苏省区域之间、城乡之间、群体之间发展不平衡不充分的具体表现，并分析其深层次原因，为政府

优化全省的消费环境、释放消费潜力、缓解发展不平衡不充分问题和优化生产供给方面提供有参考性的建议。

本次调查对象为江苏省13个设区市的常住人口，包括城镇人口和农村人口，包括户籍人口和流动人口。共获得有效样本16867份，其中线下面访共获得有效样本3974份，网络调查共获得有效样本12893份。

本文主要分析江苏省城乡居民的消费情况。他们的消费行为及习惯究竟有什么样的特点？他们的消费观念有什么不同？他们在消费维权的道路上走得有多远？让我们先睹为快。

图1 调查报告封面

一、江苏消费者消费行为及习惯

第一部分主要从江苏消费者的消费水平、消费渠道和支付方式等维度对消费行为和习惯进行研究。

（一）消费水平：五到六成收入用于消费，消费潜力有待进一步开发

调查结果显示，**江苏省城乡居民将五到六成的收入用于消费**。其中家庭消费水平相对更保守，平均支出收入比为50.0%；而个人的消费水平相对更高，平均支出收入比达到62.0%。

不同地区消费者的家庭消费水平基本持平，苏北、苏中和苏南的家庭月均支出收入比均在50%左右，消费潜力有待进一步开发。从不同地区消费者的个人消费水平来看，**江苏省各地区仍具有一定的消费潜力，相较而言，苏中地区的消费潜力更大**：苏中地区的消费者支出收入比为56.0%，明显低于苏南（64.0%）和苏北地区（64.0%）。

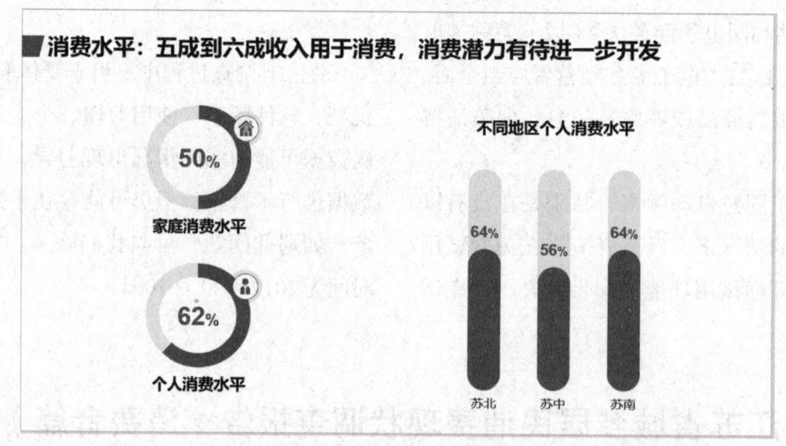

图2 消费水平调查结果

（二）消费渠道：目前的消费渠道基本能满足消费者的日常需求

江苏省不同地区城乡居民日常主要的消费场所基本一致，线下和线上消费渠道均受欢迎，**以百货商场/购物中心、电商平台/网购、连锁/大型超市、小商店/便利店和餐饮场所为主要消费渠道**。

在线下消费场所可及性方面，72.7%的消费者都表示可以在15分钟内到达实体消费场所，**线下消费场所基本能够满足消费者的日常需求**。值得注意的是，仍有25.5%的城市消费者和30.9%的农村消费者的消费需求没有得到充分满足，该部分人群表示15分钟内可及的消费场所只可以满足一半或一半以下的消费需求。

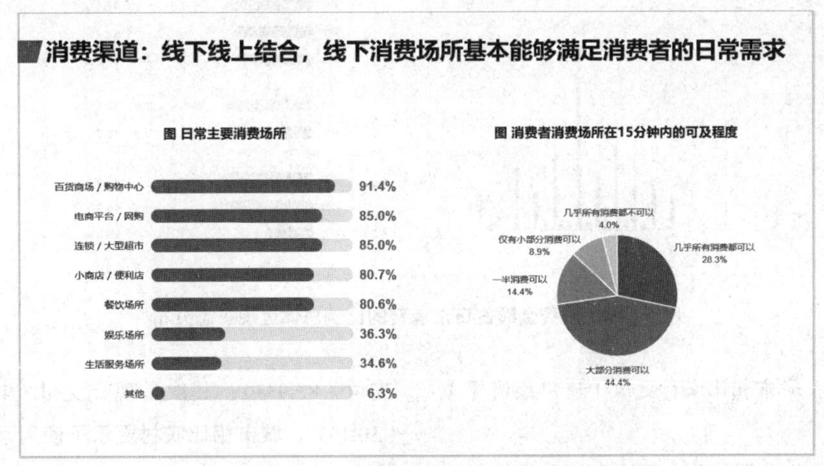

图3　线下消费场所基本能满足消费者的日常需求

整体上看，**线下购物依旧是消费者更为优先选择的购物方式**（50.1%），优先选择线上购物的消费者占41.3%。对质量问题的担心是阻碍消费者优先选择线上购物的主要原因（52.7%）。从区域角度分析，**随着经济水平的上升，优先选择线上购物的人群占比逐渐增加**。苏南地区优先选择线上购物的人群占比明显多于优先选择线下购物的比例；苏中地区两类人群占比相差不大；苏北地区优先选择线下购物的人群占比明显更多。

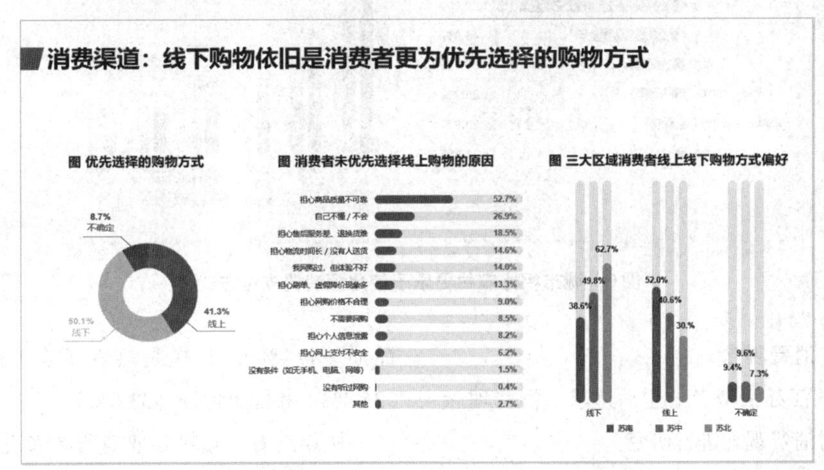

图4　线下购物依旧是消费者更优先选择的购物方式

从总体来看，**线上消费金额占日常消费金额的比例呈现正态分布**，大部分消费者的线上消费金额占日常消费金额的比例为50.0%，均值为45.1%。

苏南、苏中及苏北三个地区消费者线上消费金额占日常消费金额的比例差异明显，**经济水平越高的地区线上消费金额占比越高**：苏南（47.1%）高于苏中（42.7%）和苏北（42.2%）。城乡间比较，**城市消费者线上消费金额占日常消费金额比例（46.1%）高于农村消费者（42.2%）**。**越年轻的消费者在线上消费的金额占比越高**：18—30岁消费者线上消费金额占日常消费金额比例为48.9%，高于31—50岁（44.9%）和51岁及以上（25.6%）消费者的线上消费金额占比。

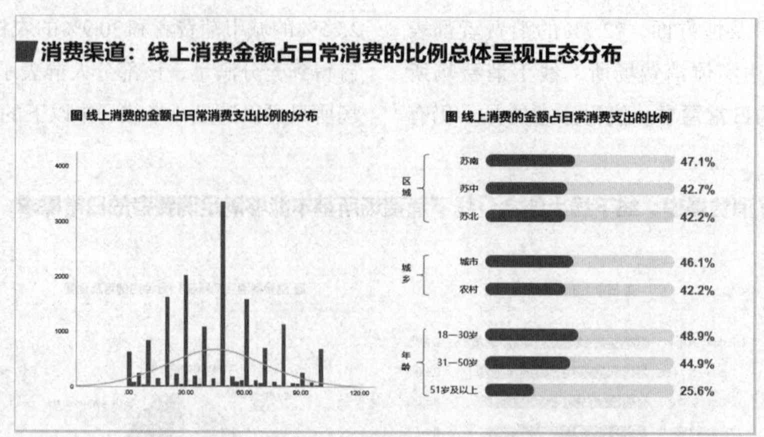

图5　线上消费金额占日常消费的比例总体呈现正态分布

（三）支付方式：城市相比农村更乐于使用预消费支付方式

总体来看，**江苏省消费者最常用的支付方式是手机支付（82.9%）**；其次是现金支付（48.0%）和借支支付（30.1%）。**城市相比农村更乐于使用预消费支付方式**，如借支和预付卡。

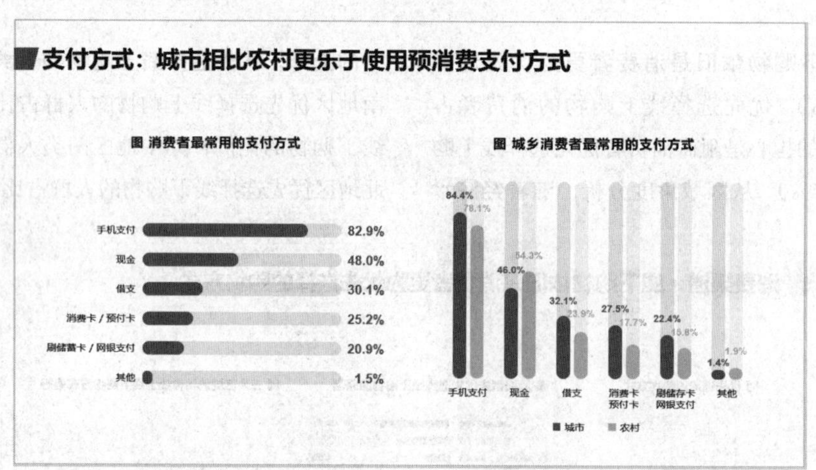

图6　城市相比农村更乐于使用预消费支付方式

二、江苏消费者消费观念

第二部分主要从江苏消费者的生活追求、消费理念和消费信心等维度对消费观念进行研究。

（一）生活追求：呈现出丰富化和多元化的趋势

调查结果显示，**江苏省消费者的生活追求呈现出丰富化和多元化的趋势**。最主要的生活追求为提高生活品质（47.7%），其次是培养子女（35.7%）、增加收入（35.4%）和健康保证（33.6%）。

从年龄看，相对其他消费者来说，18—30岁的消费者更关注自身生活品质，31—50岁的消费者更关注子女培养，51岁及以上的消费者更关注身体健康，不同年龄消费者的生活追求呈现出明显的代际特征。

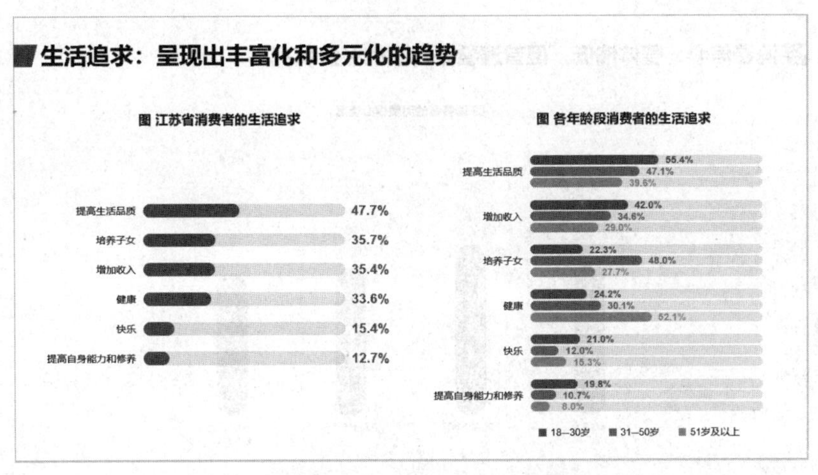

图7　生活追求呈现出丰富化和多元化的趋势

（二）消费理念：整体偏重理性消费、品质消费

调查结果显示江苏省消费者追求更丰富、更多元化的消费，如新消费和个性化消费，但**整体而言更偏重理性消费和品质消费**，表现为攒钱买（90.8%）、需要才买（74.4%）等。

从区域看，三个区域消费者的消费理念和整体基本是一致的，相较而言，苏中地区最偏理性（82%）；在消费模式方面，苏南地区的消费者则偏向于新消费模式消费（53.7%），苏北地区传统消费比例最高（60.3%）。

从城市和农村看，城市消费者略偏向于新消费模式（50.7%）。

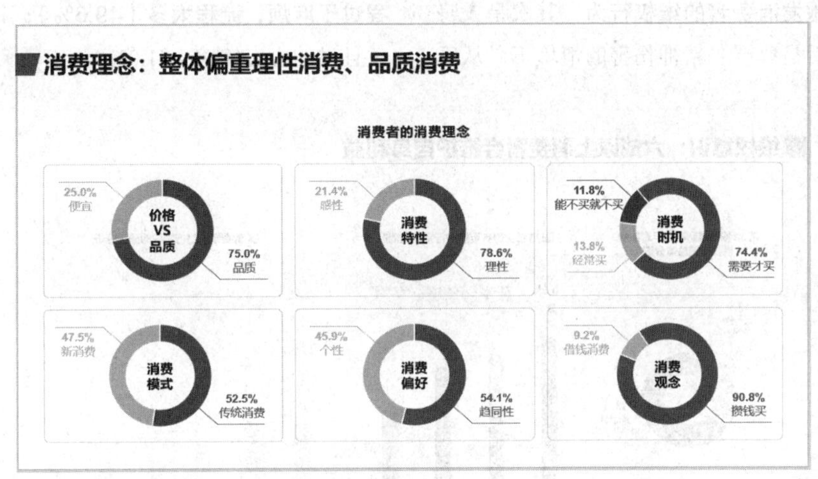

图8　消费理念整体偏重理性消费、品质消费

（三）消费信心：整体偏低，但普遍看好我国的经济状况

调查结果显示，**江苏省消费者的消费信心整体偏低**，仅为65.9分。其中，消费者对我国的经济状况的信心最高（73.4分），其次是个人的经济状况（63.6分），对“现在是花钱消费的最好时机”的信心仅61.6分，反映出**消费者的消费理念偏理性，看好整体经济形势，但对应对个人未来经济风险的能力可能信心不足。**

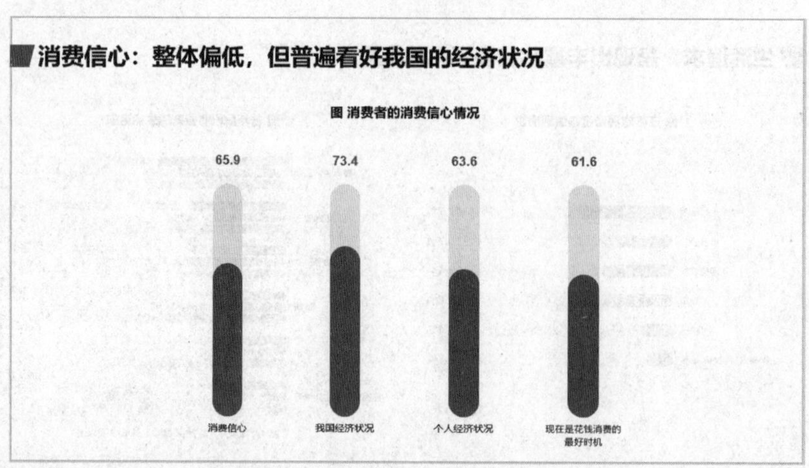

图9　消费信心整体偏低，但普遍看好我国的经济状况

三、江苏消费者维权意识和维权现状

第三部分主要从江苏消费者的维权意识和维权途径等维度对消费维权情况进行研究。

（一）维权意识：六成以上消费者会维护自身利益

总体看来，六成以上消费者（65.7%）在购物过程中遇到不公平对待通常会维护自身权益。

经济损失更会激发消费者的维权行为，其次是人身伤害的情境下，最后是尊严、精神伤害的情境下。从区域看，苏南地区消费者在各种情况下维权意识均相对较高，情境依赖性较低；相比之下，苏中、苏北消费者在尊严、精神受到伤害的情况下更会选择维权；从城乡角度分析，城市消费者（65.3%）在“尊严、精神伤害的情况下”进行维权的比例高于农村（61.5%）。

而部分消费者未进行维权的主要原因是认为维权过程过于麻烦，流程太多（49.6%）；其次是懒得费心、得过且过的心态使然（41.0%）。

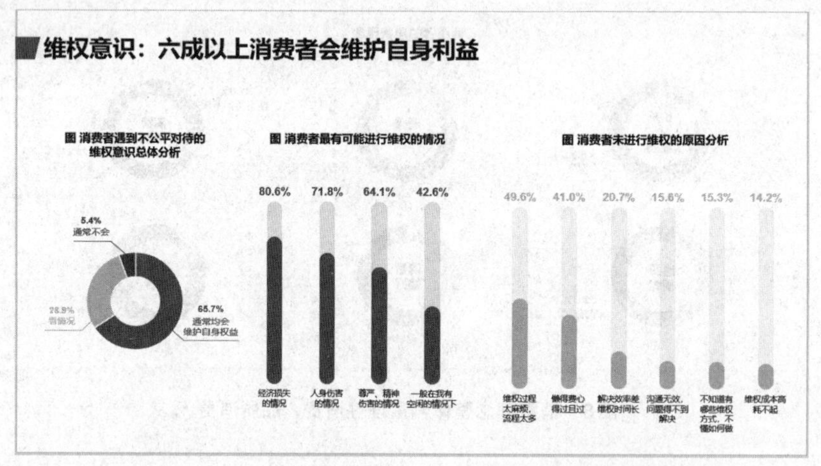

图10　维权意识较好，6成以上消费者会维护自身利益

（二）维权途径：消费者大多选择直接与商家沟通和拨打政府投诉热线

总体来看，消费者维权的途径主要为：直接与商家沟通解决（61.4%）、拨打政府投诉热线（46.8%）、直接向消费者委员会寻求帮助（25.7%）、通过第三方投诉平台或媒体进行投诉（22.1%）。

从三大区域来看，苏北地区消费者（66.4%）更倾向于选择直接与商家沟通；从不同年龄层来看，年轻人更善于借助于网络平台和资源，显示出了互联网时代维权方式的多元发展趋势。

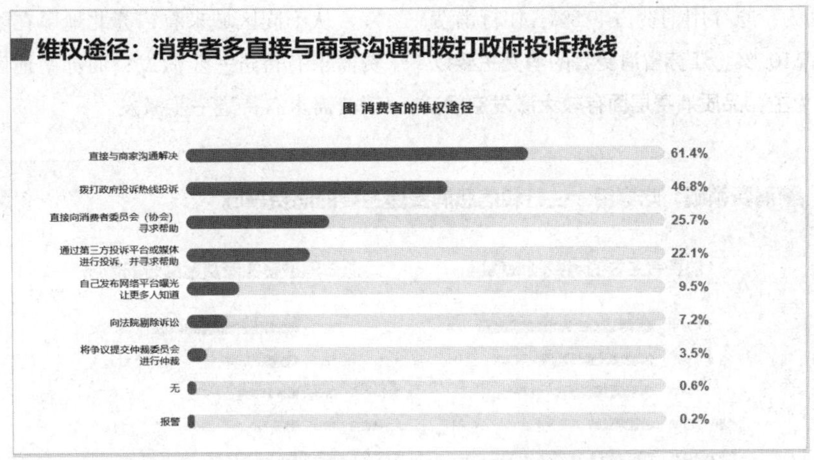

图11　消费者维权时多选择直接与商家沟通和拨打正负投诉热线

江苏省城乡居民消费现状调查报告（消费市场篇）

2019年2—10月间，江苏省消费者权益保护委员会委托独立第三方咨询机构零点有数开展了江苏省消费状况的研究，以问卷调研获取大量第一手消费数据，结合统计数据等第二手资料，了解江苏省的消费现状特征，系统梳理江苏省区域之间、城乡之间、群体之间发展不平衡不充分的具体表现，并分析其深层次原因，为政府优化全省的消费环境、释放消费潜力、缓解发展不平衡不充分问题和优化生产供给方面提供参考性的建议。

本次调查对象为江苏省13个设区市的常住人口，包括城镇人口和农村人口，包括户籍人口和流动人口。共获得有效样本16867份，其中线下面访共获得有效样本3974份，网络调查共获得有效样本12893份。

江苏省城乡的消费结构如何？消费者对现有商品和服务的评价如何？未来的消费市场有什么趋势？江苏省城乡居民消费现状调查（消费市场篇）告诉你答案。

图1　调查报告封面

一、江苏省消费市场结构

第一部分主要从江苏省消费者的消费领域对消费市场结构进行研究，包括线上消费领域、跨境消费领域等维度。

（一）消费领域：吃穿用、住行和信息消费是主要的消费领域

消费者消费比例最高的三个领域依次为：吃穿用消费（92.1%），住行消费（57%）和信息消费（47.8%）；花费金

额占收入的比例分别为：吃穿用消费占49.8%、住行消费占17.9%和信息消费占10.7%。**江苏省消费者的消费主要以满足基本的生活需求为主，品质消费层面存较大激发空间。**

从不同区域来看，苏北地区在除基础领域以外的消费需求有待进一步激发；而苏南地区在新兴消费领域的消费需求有待进一步激发。

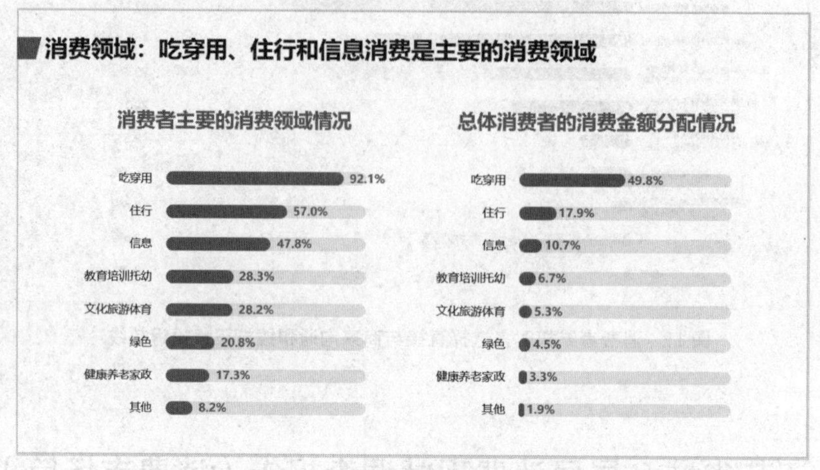

图2　吃穿用、住行和信息消费是主要的消费领域

（二）线上消费领域：服饰鞋帽、餐饮外卖、生活用品和食品生鲜为主

消费者在线上消费的领域可以分成三个梯队：第一梯队为主要的线上消费领域，包括服饰鞋帽（48.5%）、餐饮外卖（44.6%）、生活用品（41.3%）及食品生鲜（39.3%）；第二梯队为占比在10%—30%的线上消费领域，包括数码3C（26.0%）、美妆个护（25.4%）、家用电器（20.1%）、叫车出行（16.9%）、图书音像（15.8%）、运动户外（12.3%）；第三梯队为线上消费较少的领域，占比在10%以下，包括旅游服务、医药保健、汽车用品、家装家具、虚拟服务、家政服务、其他等。

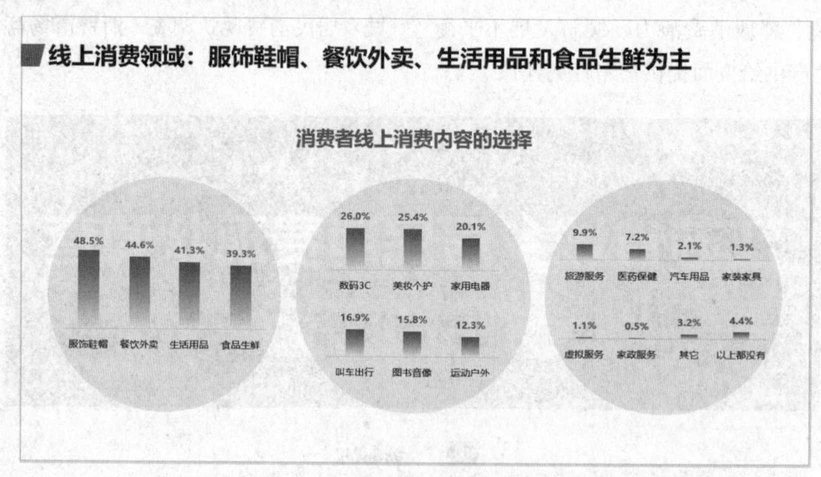

图3　线上消费以服饰鞋帽、餐饮外卖、生活用品和食品生鲜为主

（三）跨境消费领域：覆盖面广泛，均衡，消费金额占比已达20%

过去一年，近六成消费者有过跨境购物经历，跨境购买的商品种类前五位依次为：美容彩妆、数码家电、母婴儿童、个人洗护、营养保健。总体来看，大多数消费者过去一年跨境购买的金额占日常消费金额的比例为10%（众数），平均占比20.8%（均数）。消费者跨境购买商品覆盖面广泛、均衡，消费金额占比已达日常消费金额的1/5，**说明在国内消费薄弱以及消费者不满意领域亟待推动产业升级，提升产品品质和服务，以满足公众日益增长的需求。**

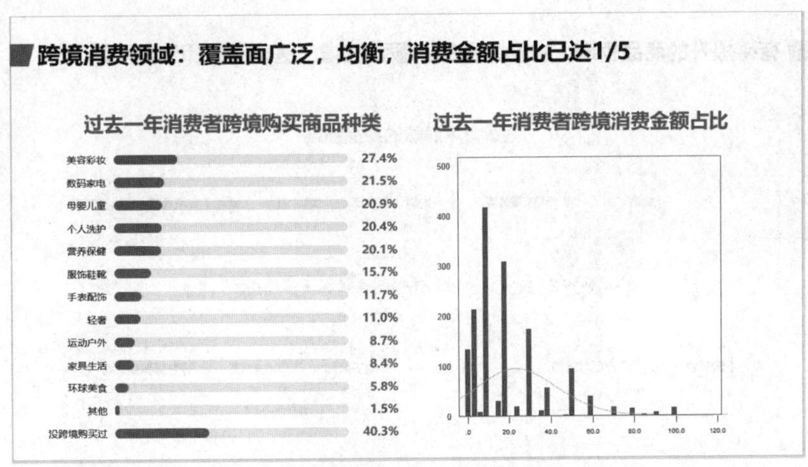

图4　跨境消费覆盖面广泛，均衡

二、江苏省消费商品和服务评价

第二部分主要从江苏省消费者对商品的满意度、有待提升的商品领域、江苏特色产品、对服务的满意度、有待提升的服务领域、本地的商品和服务问题等维度对消费商品和服务评价进行研究。

（一）商品满意度：整体表现良好

近一年里消费者购买商品的满意度为83.4分，表现良好。从区域看，苏南地区消费者对购买商品的满意度为84.3分，略微高于苏中（81.8分）和苏北地区（82.4分）消费者的评价。从城市和农村看，城市消费者满意度（84.4分）高于农村消费者（80.2分）。从年龄看，51岁及以上的消费者满意度（77.8分），明显低于18—30岁（83.4分）和31—50岁（84.3分）消费者评价。

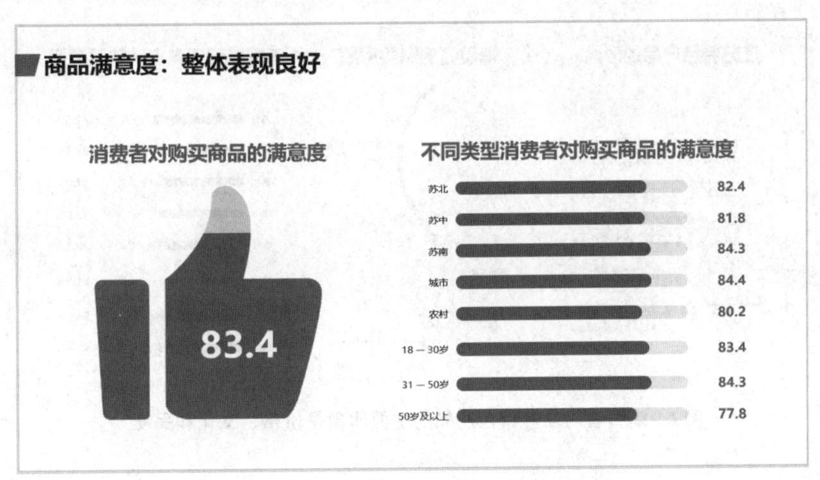

图5　消费者对商品满意度整体较高

（二）有待提升的商品领域：主要为食品、服装鞋帽、医疗服务和生活用品

调查显示，近一半的消费者（49.3%）有不满意的商品领域，主要以满足基本生活需要的领域为主，包括食品（16.4%），服装鞋帽（10.6%）、医疗服务（9.8%）和生活用品领域（8.2%），**这与目前的主要消费领域有一定关系，在较高层次的商品消费领域存在“少消费少不满意”的特点。**

从区域看，苏中和苏北地区的消费者不满意的商品领域和整体一致，苏南地区的消费者不满意比例较高的还有个人护理/化妆品（7.6%）和电子商品（6.8%）。

从城市和农村看，城市消费者不满意比例较高的领域是食品（17.5%），服装鞋帽（11.5%），农村地区不满意比例较高的领域则是食品（14.1%），医疗服务（9.8%）。

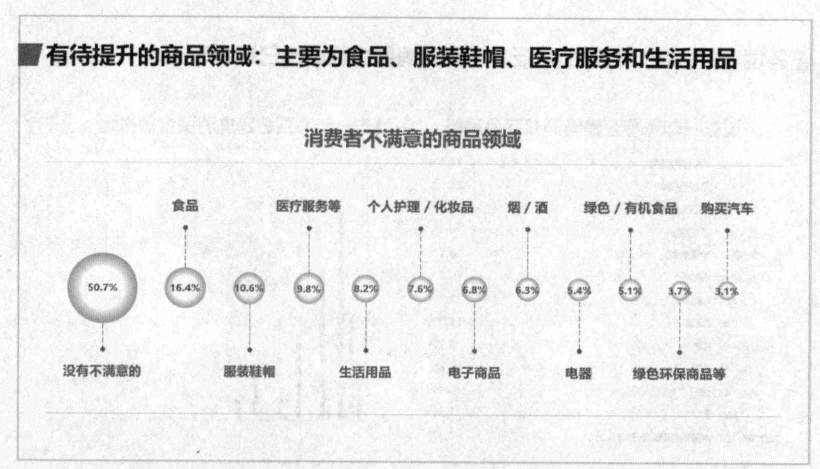

图6　食品、服饰鞋帽、医疗服务和生活用品的商品品质有待提高

（三）江苏特色产品：价格、文化和品质是主要印象；六成有购买意愿

江苏省城乡消费者对江苏特色产品的主要印象为价格实惠、具有江苏文化底蕴和品质或性能好。

调查结果表明，近六成的消费者（57.0%）愿意购买江苏特色产品，近四成的消费者（39.2%）看情况决定。从不同地区、各年龄层来看，苏北地区（62.5%）、31岁及以上（31—50岁：58.9%和51岁及以上：59.4%）消费者更愿意购买江苏特色产品。

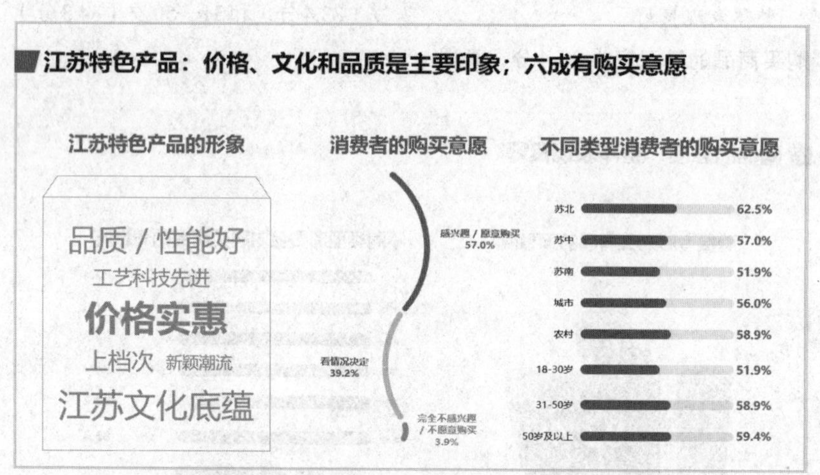

图7　消费者对江苏特色产品的主要印象是价格、文化和品质

（四）服务满意度：整体表现良好

近一年里消费者对江苏省消费服务满意度为83.6分，表现良好。从区域看，苏南地区消费者的消费服务满意度（84.5分）高于苏北（82.7分）和苏中（81.9分）地区；从城市和农村看，城市消费者服务满意度（84.5分）高于农村消费者（80.6分）；从年龄看，51岁及以上消费者的消费服务满意度（78.2分）明显低于18—30岁（83.6分）和31—50岁（84.4分）的消费者。

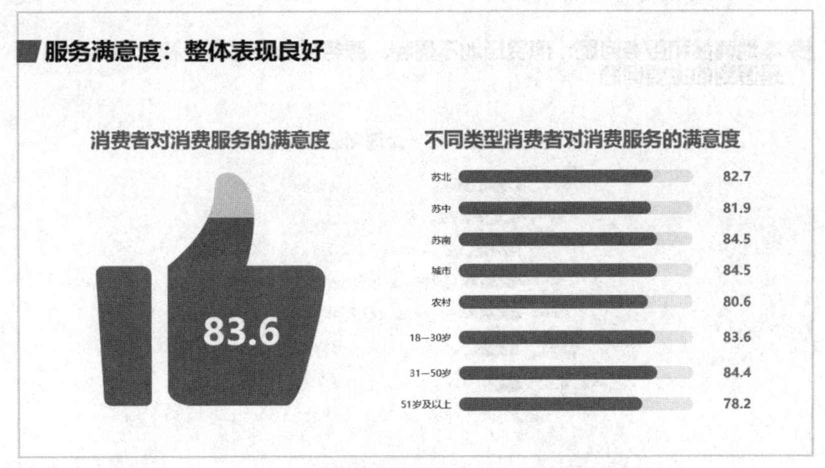

图8　消费者对消费服务的满意度较高

（五）有待提升的服务领域：餐饮服务不满意占比最高

调查结果显示，一半消费者（51.6%）有不满意的服务领域，涉及衣食住行、学习工作、社交娱乐等。其中，主要是与“吃”相关的服务，共占16.4%，包括餐饮服务（9.7%）和网上订餐（6.7%）。此外还有电信服务（8.3%）、教育培训（7.4%）、房屋装修及物业（7.1%）。

从区域看，除了餐饮服务外，苏南和苏中地区对电信服务也较为不满意，而苏北地区对教育培训和房屋装修及物业较为不满意。

从城市和农村看，城市不满意领域主要是餐饮服务、房屋装修及物业和教育培训等，农村主要是电信服务和餐饮服务。

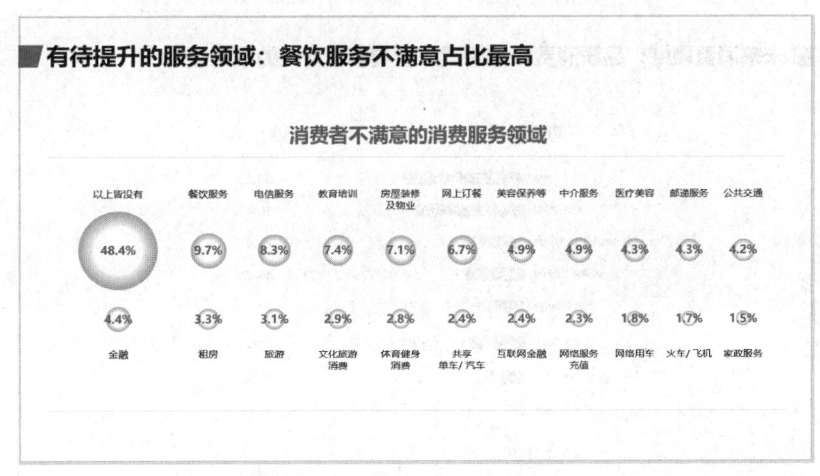

图9　餐饮服务的服务满意度有待提升

（六）本地商品和服务问题：消费场地不便利、服务或商品品质差和价格不公道是遇到的主要问题

消费者在商品和服务上遇到的主要问题是消费场地不便利、服务或商品品质差和价格不公道。将所有问题归类，主要显示出三类问题，一是消费便利性问题，如消费场地不便利（37.9%），消费者选择的比例最高，说明江苏省需要加强省内消费市场的规划和建设，给消费者提供更便捷的购物选择，如消费场地的地理位置和周围交通等，都需要多加考虑；二是商品的价格品质问题，如服务或商品品质差（34.5%）和价格不公道（28.9%）；三是服务人员和维权方面的问题，如人员态度差（23.4%）、不合理条款或退卡退费难等侵权问题（20.6%）和售后服务差或投诉无门（17.1%）。

图10　本地商品和服务的主要问题是消费场地不便利、服务或商品品质差和价格不公道

三、江苏省未来消费市场

第三部分主要从江苏省未来消费领域、希望增加的消费场所以及对新零售的态度等维度对江苏省未来消费市场进行研究。

（一）未来消费领域：品质消费、休闲娱乐和教育培训消费具有一定的市场潜力

本调查以多选形式研究消费者在未来收入增加50%后，对多出收入部分的消费计划。具体来看，储蓄是消费者收入增加后选择最多的计划（52.2%）；其次是选择投资、理财（50.4%）；再次为更高质量的日常吃穿消费（26.9%）、休闲娱乐型消费（26.2%）和教育培训（24.6%）。由此可见，品质消费、休闲娱乐和教育培训消费具有较大的市场潜力。

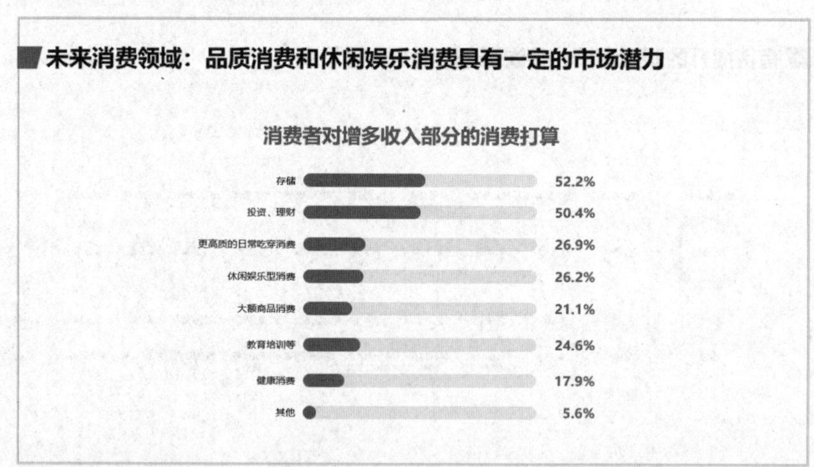

图11　品质消费和休闲娱乐消费在未来有一定的市场潜力

（二）希望增加消费场所：生活类消费场所，包括连锁/大型超市、百货/购物中心；对精神文化类场所需求相对较少

总体来看，消费者对生活类消费场所需求较大。排名前五位的分别为：连锁/大型超市（35.5%）、百货商场/购物中心（34.2%）、餐饮场所（27.2%）、集贸市场（24.6%）及娱乐场所（20.9%）。

结合未被满足的消费需求来看，其中对大型超市、购物中心和餐饮场所的需求最为强烈，据此可以推测这几类场所具有一定的市场发展空间。

从区域看，苏中和苏北地区消费者对连锁/大型超市的需求尤为突出；从城乡看，城市消费者较为强烈和多元，对各类场所的需求高于农村地区。

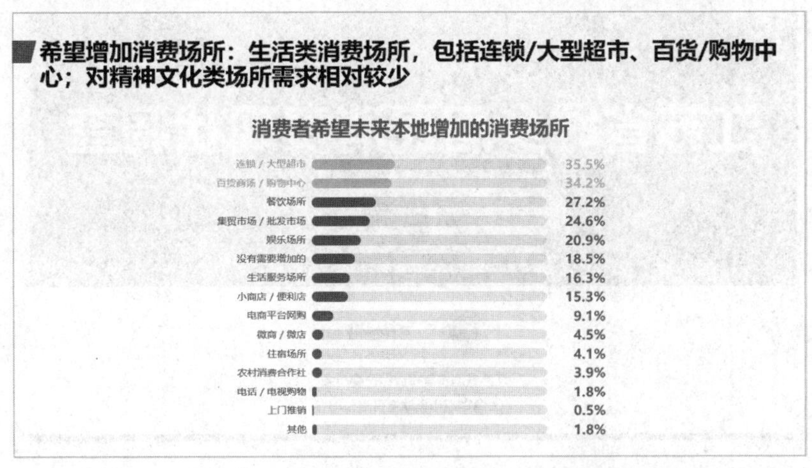

图12 消费者希望增加更多的生活类的消费场所

（三）新零售：未来一年84.8%的消费者有意愿去生鲜零售店铺消费

消费者对新鲜事物的接纳度很高。具体来看，84.8%的消费者在未来一年有意愿去生鲜零售店铺消费。苏南、苏中、苏北三个地区，城市和农村及三个年龄层群体消费者对未来一年去生鲜零售店铺消费意愿的趋势大致相同。**其中苏北地区、农村地区略显“传统”，选择不到生鲜零售店铺消费的比例略高，但总体仍以选择去消费为主。**

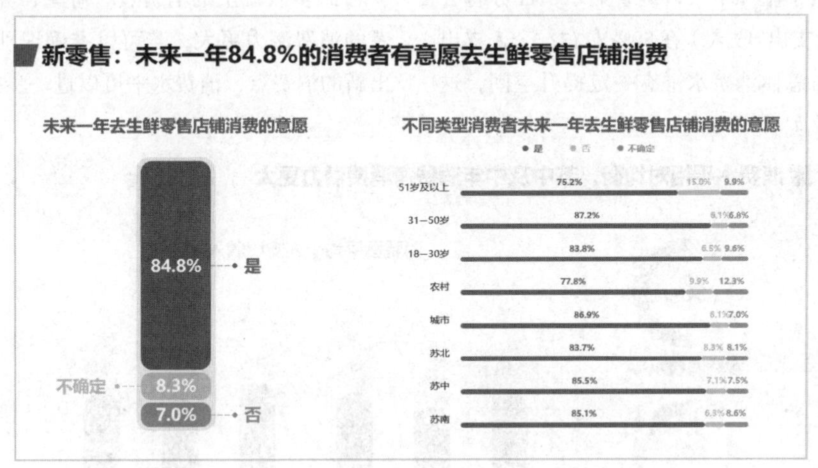

图13 有八成以上的消费者有意愿去生鲜零售店铺消费

江苏省城乡居民消费现状调查报告

2019年2—10月间，江苏省消费者权益保护委员会委托独立第三方咨询机构零点有数开展了江苏省消费状况的研究，以问卷调研获取大量第一手消费数据，结合统计数据等第二手资料，了解江苏省的消费现状特征，系统梳理江苏省区域之间、城乡之间、群体之间发展不平衡不充分的具体表现，并分析其深层次原因，为政府优化全省的消费环境、释放消费潜力、缓解发展不平衡不充分问题和优化生产供给方面提供参考性的建议。

本次调查对象为江苏省13个设区市的常住人口，包括城镇人口和农村人口，包括户籍人口和流动人口。共获得有效样本16867份，其中线下面访共获得有效样本3974份，网络调查共获得有效样本12893份。

江苏省城乡居民消费现状调查（综合篇）将从整体角度分析江苏省城乡居民消费的总体态势、主要问题，并提出相应建议。

图1　调查报告封面

一、江苏省城乡居民消费总体态势

（一）消费水平相对均衡，苏中及中年消费者消费潜力更大

江苏省公众消费水平区域之间、城乡之间较为均衡。统计数据显示消费水平温和增长；调查显示，江苏省公众家庭支出收入比（支出/收入）在50%左右；个人支出收入比在60%左右。总体消费水平有一定提升空间，这也为消费升级提供了基础。

相较而言，从不同地区消费者的个人消费水平来看，苏中地区的消费者支出收入比例明显低于苏南和苏北地区；31—50岁消费者的月均支出收入比明显小于18—30岁和51岁及以上的消费者。可见，苏中地区及中年消费者的消费潜力更大，若可以准确识别其消费需求，培育出新的消费点，消费水平可以进一步提升。

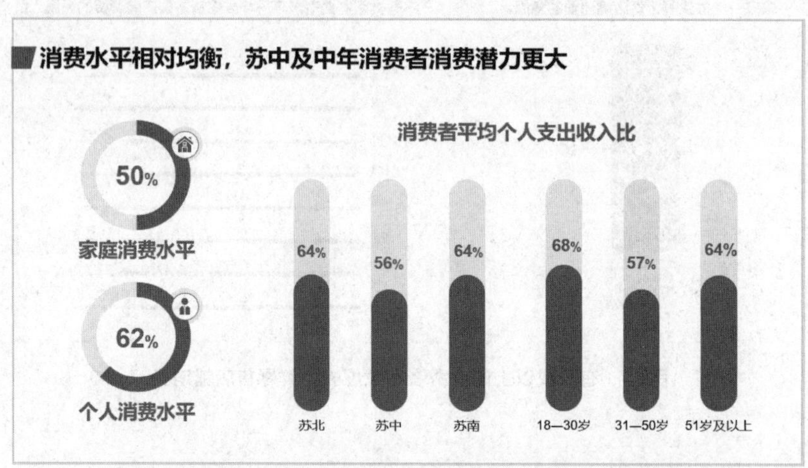

图2　消费水平相对均衡，苏中及中年消费者消费潜力更大

（二）品质消费成为趋势，优质产品独具魅力

调查显示，虽然不同地区间公众在未来消费分配、消费观念上略有差异，但总体的趋势一致，**即消费逐渐从注重量的满足向追求质的提升、从有形物质产品向服务消费的转变**。当被问及收入增加50%以后，对于这部分收入对未来的打算时，公众消费结构略有调整，除增加储蓄、投资和理财外，倾向于购买高品质的日常吃穿和休闲娱乐消费。可见，仅吃饱喝足穿暖已不能满足当下群众对于生活的需要，更多公众开始关注吃得健康、穿得舒适和服务周到。

此外，**在消费观念方面，公众多为理性消费者、较关注生活品质的提高，乐于多花钱来买更高品质的商品/服务，逐渐从模仿型、排浪式消费向个性化、多样化消费转变。**

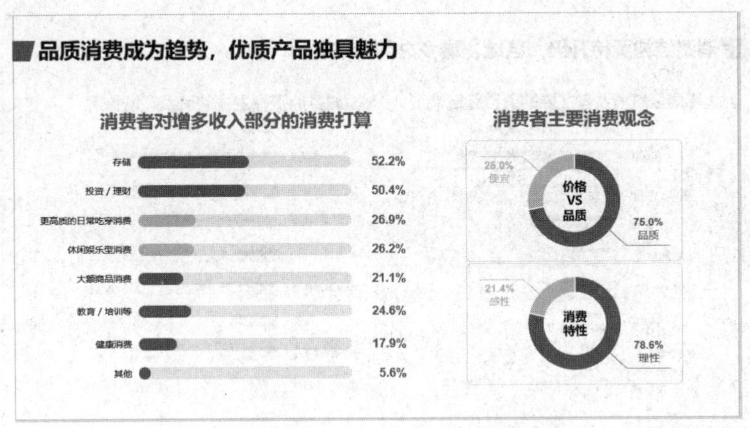

图3 品质消费成为去势，优质产品独具魅力

（三）消费场景多元分散，新兴消费广泛使用

"互联网+"、电子商务、新零售的发展使得消费行为发生巨大变化，消费习惯的改变已初显端倪，消费场景日益多元和分散，并逐渐转向多场景融合。

全渠道、多场景消费成为现阶段的消费趋势，消费者的消费场景日益丰富和分散。调查显示，百货商场/购物中心、电商平台/网购、连锁/大型超市、餐饮场所的触及率都在八成以上，消费者的触点也不再局限于传统的场所和渠道，线上消费、新兴模式也较多使用和触及。

调查显示四成以上消费者会优先选择线上购物，平均线上消费金额占日常消费金额的45.1%。同时，六成左右的被访者均有跨境消费的经历，消费类别主要涉及美容彩妆、数码家电、母婴儿童、营养保健等。此外，市场供给端的发展推动新兴零售模式的转变，这类销售也被公众逐渐接受和使用，调查中显示八成以上的消费者均表示未来愿意到生鲜新零售店铺消费。

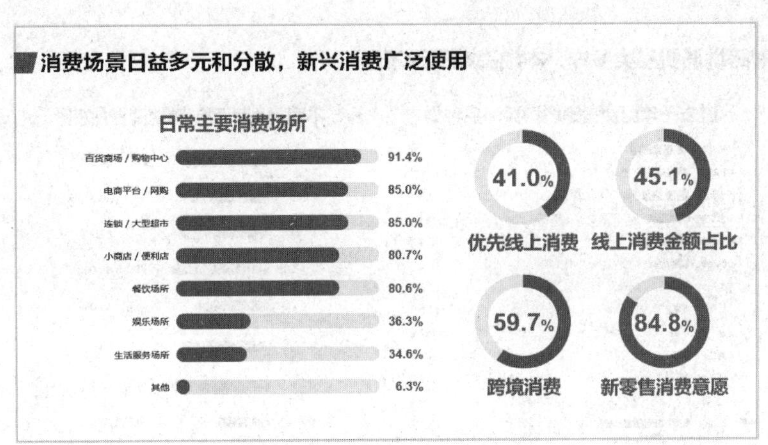

图4 消费场景日益多元和分散

二、江苏省城乡居民消费的主要问题

（一）消费结构亟待升级，区域、城乡之间存在差异

消费类型分为商品性消费（包括吃穿用、住行、信息消费等）和服务性消费（文化旅游体育、健康养老家政、教育培训托幼等），消费结构是居民在消费过程中各种不同类型消费的比例关系。**调查显示，现阶段公众的消费仍以商品性消费（吃穿用类）为主，**前三位分别为：吃穿用消费、住行消费、信息消费，**消费结构升级潜力巨大。**

区域间、城乡间消费结构存在一定差异。苏北地区消费者在除吃穿用消费以外的住行、信息、教育培训托幼、文化旅游体育以及绿色消费领域都低于苏南、苏中地区；农村消费者在住行、信息、文化旅游体育领域明显低于城市消费者。苏北以及农村地区的消费者在除基础消费以外的消费需求亟待进一步激发。

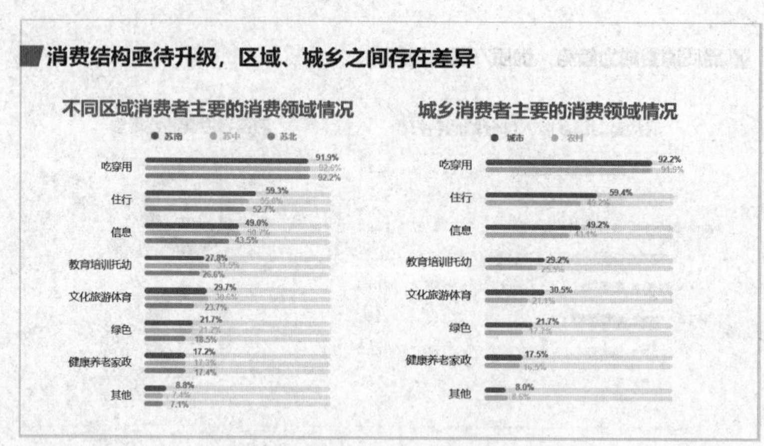

图5 消费结构亟待升级

（二）跨境消费品类多样，本地高端供给不足

本次调查显示，**消费者跨境消费商品种类繁多**，所消费的主要领域有美容彩妆类（27.4%）、数码家电（21.5%）、母婴儿童（20.9%）、个人洗护类（20.4%）、服饰鞋靴（15.7%）等。从不同地区来看，苏南消费者跨境消费行为高于苏中、苏北地区；城市地区跨境消费高于农村地区。分析其中的原因，一方面，随着国内经济的发展，消费水平也在提高，消费正处于从对“量”的需求向对“质”的需求过渡阶段；另一方面，跨境消费的渠道问题已被解决，商品种类也极为丰富，进一步激发了跨境消费的热情。

结合消费者对江苏省本地商品的评价来看，**消费者对本地商品不满意的品类与跨境消费有所重合**。不满意的前五个领域依次为食品、服装鞋帽、药品/医疗器械/医疗服务、生活用品和个人护理化妆品。与跨境消费领域相对比，个人洗护化妆品、服饰类都是本地亟须升级质量的类别。

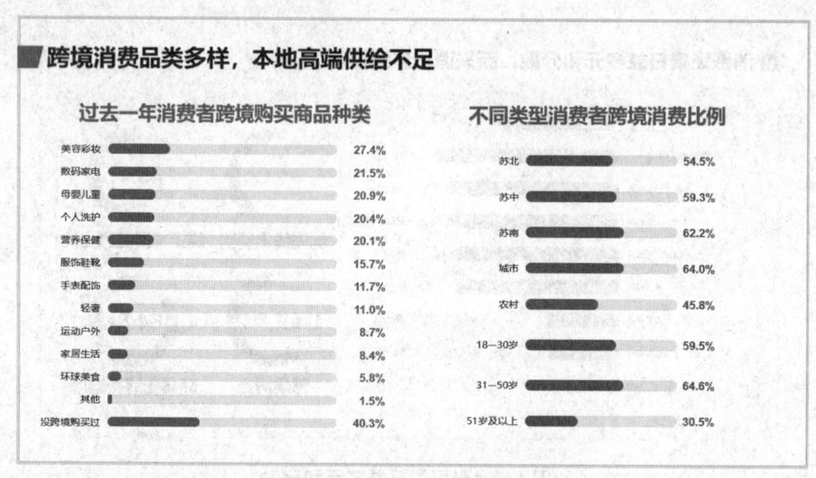

图6 跨境消费品类多样，本地高端供给不足

（三）消费环境有差异，服务水平待提升

三驾马车中，消费对经济的贡献正在逐渐扩大，但其贡献率与发达国家相比仍存在差距。完善的消费环境，可以提高消费者满意度、安全感，使其放心消费、愉悦消费，从而扩大居民消费。本次调查显示，公众对江苏商品和服务的满意度水平总体良好，但苏中、苏北地区略显不足；同时，从各消费领域来看，较多与公众日常生活息息相关的领域仍存在一些不足。此外，在消费维权方面，虽然多数消费者会选择维护自身权益，但也存在维权过程烦琐，解决效率不高等问题。

从不满意领域来看，商品中食品、服装鞋帽、生活用品、药品/医疗器械均是消费者不满意较多的领域；服务中不满意的领域主要涉及餐饮服务、电信服务、教育培训、房屋装修及物业等。衣食住行、医疗、信息与人们生活密切相关，不可或缺。在这类服务中，质量是基础，服务是根本，应着重提高服务理念，完善服务体系，以消费者需求为核心，使消费者可以获得多元化服务。

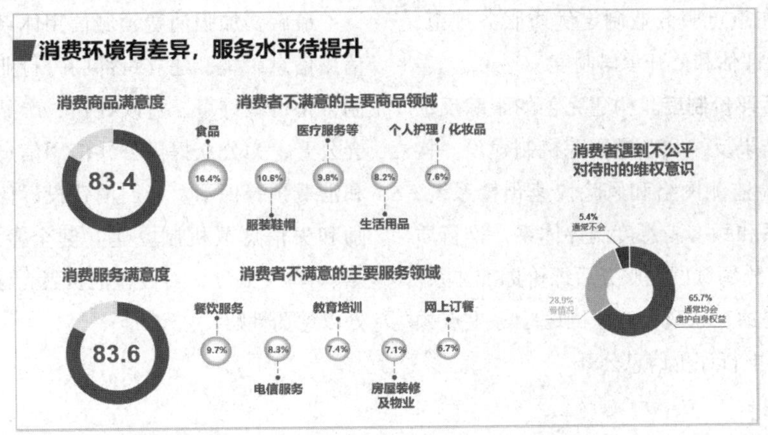

图7　消费环境有差异，服务水平待提升

三、促进江苏省城乡居民消费的政策建议

（一）推进服务业发展，切实提升服务能力

江苏省经济水平始终领跑全国（第二位），在最新公布的城市GDP百强榜中，江苏省全部城市均入榜。目前，随着产业结构的调整升级，以服务经济为主导的产业体系正在逐步形成，服务业领跑江苏经济增长，服务业中的文旅产业是江苏经济发展的重要支撑。本次调查发现，江苏省服务业存在一定的地区差异，公众对服务业的新需求也不断增加，**应进一步提高服务业质量，提升生活性服务的规范性、专业性、精细化程度。**

生活性服务规范可从以下几方面着手：**第一，调整服务产品供给结构，对接消费需求。**根据社区、商圈等服务对象的收入水平、消费能力和需求的动态变化，相应调整服务产品的供给，使服务产品质量的分级与差异化和消费需求合理对接。**第二，规范服务流程，提升服务品质。**企业设计精细化服务流程、规范服务内容、完善服务，促进消费；行业协会可提供技术支持、专业培训；监管部门完善服务标准、加强质量的监督管理等。通过细致、规范的生产和监管，力争提供完美的服务。**第三，通过科技、创新提升服务发展水平、增强服务能力。**生活性服务业从业者应充分利用科技的发展、"互联网+"的普及，推进服务技术手段；政府部门组织、协调、引领并促进先进科学技术手段的应用，推动生活性服务业的发展。

（二）深化供给侧改革，打开消费需求空间

随着江苏省经济的快速发展，消费市场规模的不断扩大，消费已逐渐成为经济增长的驱动力。调查显示，公众的消费已从注重"量"的满足向追求"质"的提升、从有形物质商品向更多服务消费转变。现阶段跨境消费已有一定比例，且跨境消费领域与本地商品和服务不满的领域有一定重叠。在一定程度上反映了中高端消费需求产品的供给不充分，抑制了居民的消费意愿，制约了消费升级。因此，**可以以"互联网+"为依托引导发展新消费模式，激发市场主体的自身活力，大力促进文化消费、服务消费、体育消费等，提高优质商品和服务的供给能力，激发消费潜力。**

首先，**通过制度创新、技术创新、产品创新等，从供给侧打开消费需求空间，**提高产品和服务的供给质量，增加优质新型产品和生活服务等有效供给，满足不同群体不断升级的多样化消费需求。其次，**政府通过政策措施推动消费结构升级，**鼓励市场主体提高产品质量、扩大新产品和服务供给，营造大众创业、万众创新的良好环境，适当扩大先进技术装备和日用消费品进口，多渠道增加有效供给。最后，仍需重点**培育信息技术、新能源、生物医药、高端装备、智能制造等新兴产业，**着力丰富消费供给和消费选择。

（三）打造健康消费环境，确保安全放心消费

《消费者权益保护法》明确提出，安全权是消费者享有的首要的、最基本的权利，是消费者享有其他权利的前提。

调查显示，公众的维权意识有较大提高，不仅关注经济损失、人身伤害，也注重尊严和精神的伤害。促进居民消费，需切实保护消费者合法权益，营造便利、安全、放心的消费环境。保护消费者的健康和安全不仅指产品质量方面，也要关注产品出现问题之后解决问题、回应诉求的能力。

全面改善优化消费环境，首先要**加速产品和服务标准体系建设。**在产品标准方面，政府主导制定标准与市场主体自主制定标准协同发展，鼓励企业制定、实施高于国家标准或行业标准的企业标准，开展高端品质认证活动，推动品牌建设；在服务标准方面，推动建立优质

服务标识管理制度，在重点服务业制定优质服务规范，推动建立服务质量自我评估和公开承诺制度。

其次要**健全消费后评价制度**。构建完善的跟踪反馈评估体系，加强监测结果反馈和改进跟踪机制建设。构建消费品质量安全风险监测网络和风险快速预警系统，健全服务质量治理体系和顾客满意度测评体系，推行质量首负责任承诺制度，分领域设立服务后评价标准体系。引导平台型企业建立餐饮、家政、互联网医疗等重点领域的服务后评价机制，推行评价信息公开。

最后要**加强消费领域信用体系建设**。加强消费领域信用信息采集，建立跨部门跨行业信用信息共享共用机制，将行政许可、行政处罚、产品抽检结果等信息向社会公开，为公众提供公共信用信息"一站式"查询服务和消费预警提示。开展消费投诉信息公示，完善守信激励和失信惩戒机制。建立健全警示"黄名单"和失信"黑名单"制度，对侵害消费者合法权益的市场主体依法处以惩罚性赔偿。

浙江省消费者权益保护委员会

出租车、网约车消费调查体验报告

2019年8月至9月，浙江省消保委对网约车消费进行了"回头看"活动，再次联合第三方调查机构和新闻媒体对杭州市出租车、网约车展开暗访式消费体验。

一、基本概况

2018年实施的《杭州市客运出租汽车管理条例》将网约车纳入出租汽车范畴，称为"网络预约出租汽车"，原有传统出租车称为"巡游出租汽车"。为尊重一般消费者习惯和称呼简便，本报告将"网络预约出租汽车"简称为"网约车"，"巡游出租汽车"简称为"出租车"。

本次调查体验评价指标，主要包括"基础信息""乘车服务"和"乘坐过程"3个评价维度，另外根据网约车特点增加1个"预约用车"评价维度；具体测评指标，出租车有16项，网约车有17项。

考虑到不同时点、路线等可能的影响因素，调查体验分别选取不同体验时段，市中心至景区、火车站和城市边缘等10条线路，共计进行了54个行程的消费体验。主要统计数据如下：

正常运营的4家网约车平台综合得分均达到90分以上，其中最高93.90分（神州专车），最低91.90分（滴滴出行）。

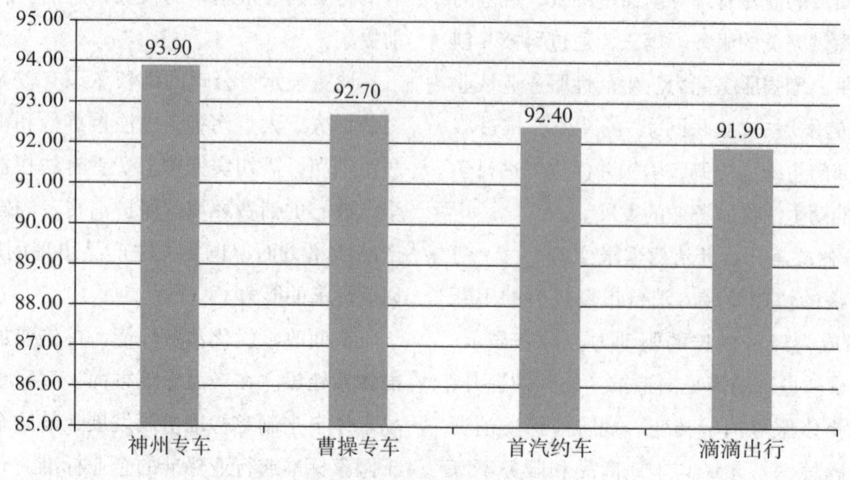

图1　网约车各平台综合得分排名

网约车四大评价维度中，平均分最高的是“预约用　车”（97.39分），最低的是“乘车服务”（87.61分）。

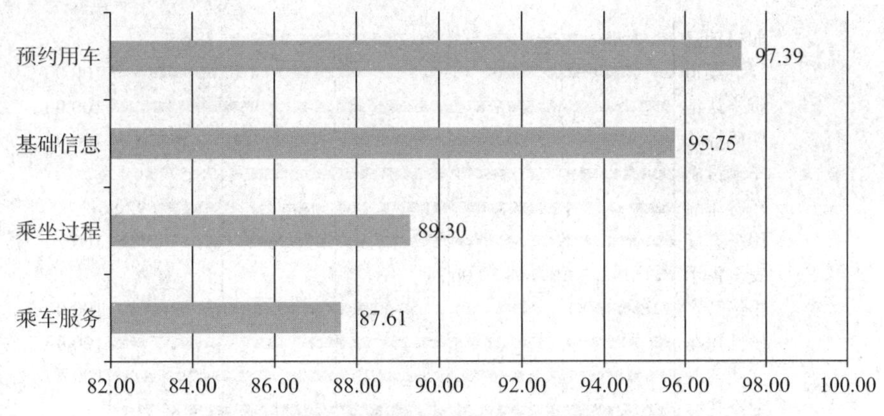

图2　网约车各评价维度平均分

网约车17项测评指标中，“服务承诺”等8项指标4　分）、“安全驾驶”（76.25分）和“岗前培训”（79.50分）。
个平台得分均为满分。得分较低的是“安全提示”（55.00

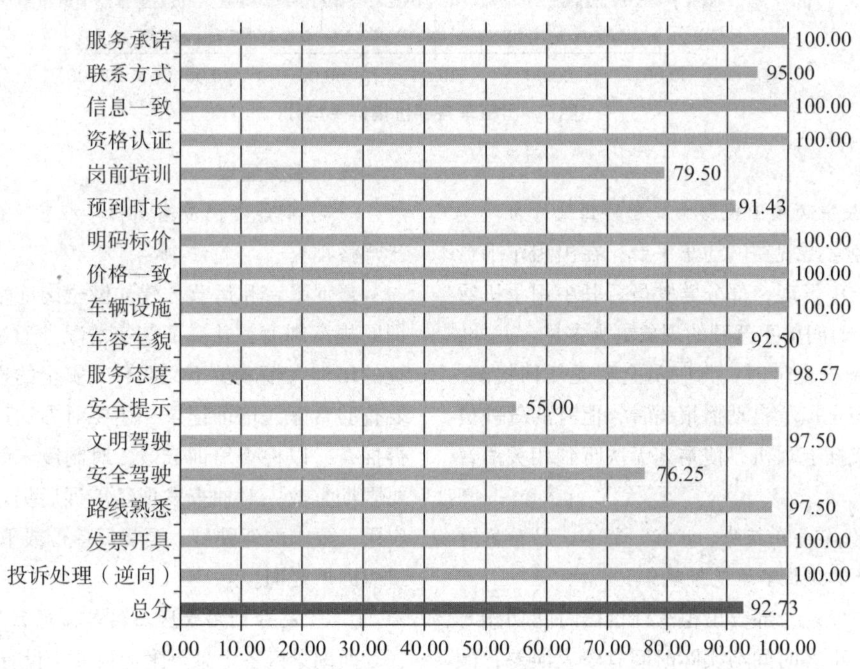

图3　网约车各评价指标平均分

出租车三大评价维度中，平均分最高的是“基础信　息”（95.71分），最低的是“乘车服务”（87.68分）。

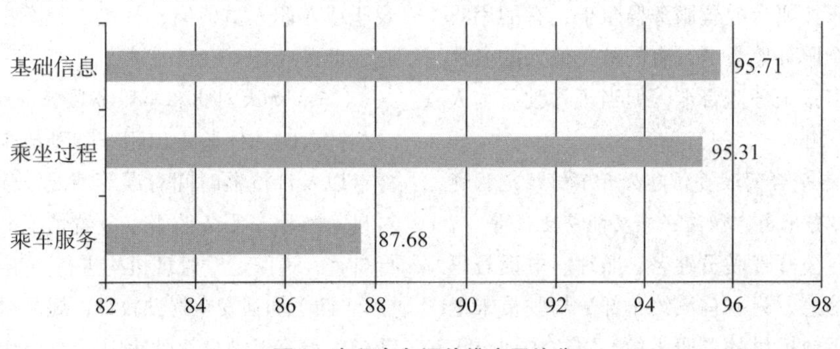

图4　出租车各评价维度平均分

出租车16项测评指标中，“投诉渠道”等10项指标　均为满分；得分较低的是“司机信息”（78.57分）、

"车辆设施"（78.57分）、"安全驾驶"（85.71分），最低的是"安全提示"（30分）。

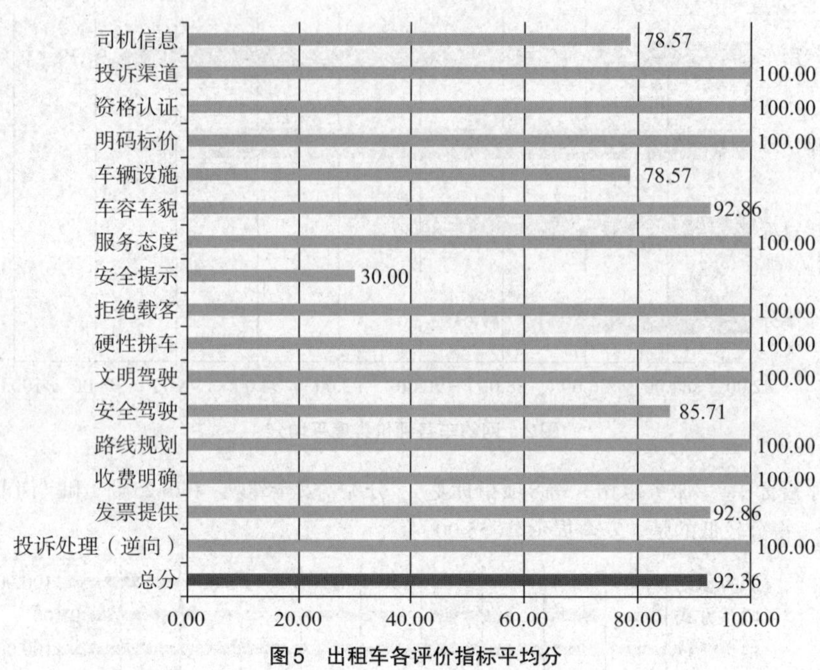

图5 出租车各评价指标平均分

二、主要问题

（一）车辆行驶中频频出现影响安全的驾驶行为

该问题不仅经常出现在网约车平台，在出租车平台也同样多见。暗访中发现，部分驾驶员行驶中用手机看新闻、发微信，长时间单手驾驶的现象更为多见。此外，部分前排乘客未系安全带时，驾驶员全程无任何提醒。网约车平台设有安全提示自动播报语音，但有的驾驶员把音量调到很小或插上耳机，使乘客无法听到相关语音提示。

（二）部分出租车存在拒载、挑客、拉客、计价器时间不准和服务监督卡摆放不规范等现象

此外，暗访中发现，部分出租车计价器时间功能有误，发票显示的上下客时间与实际时间有较大误差，最大相差30分钟。14次出租车体验中，除1次因打印纸用完未获得发票，其余13次体验中有3次时间与实际不符。部分出租车驾驶员未按要求放置服务监督卡，有的用收款二维码贴住了整个服务监督卡，有的被其他人的名片遮挡，还有的放置多张服务监督卡，但当班驾驶员本人的卡片未放置在最外侧。

（三）个别网约车平台驾驶员信息公开不够规范，资格认证、岗位培训仍有死角，滴滴拼车功能易生误导

多数网约车平台公开驾驶员姓名、照片、电话号码和服务评价结果等信息，只有首汽约车部分驾驶员未上传真实头像，仅为平台提供的卡通头像。岗位培训今年虽然有改进，但仍有5位滴滴驾驶员和2位首汽驾驶员表示未参加过任何岗前或日常培训。

三、相关建议

（一）职能部门应对出租车经营单位和网约车平台进行严格排查

督促平台和运营方建立健全岗前培训和日常定期培训的规章制度，并查证落实情况，通过普遍、持续、系统的培训大幅减少不文明、不安全的现象发生。普查既要查验台账、培训记录，还要对参加过培训的驾驶员进行抽查，以检查培训成效。对制度未健全的单位和平台要限期整改，对抽查发现经培训后仍未达到"应知应会应用"要求的驾驶员，要督促单位或平台改进培训方法，组织回炉复训。

（二）充分利用景区出租车临时上下客通道

西湖景区各个景点附近目前均设有临时上下客通道，针对景区出租车驾驶员挑客、议价等情况，建议相关部门对各临时上下客通道进行统一管理，在高峰时段安排专职或兼职人员值岗，杜绝出租车拒载，让游客来得开心，走得舒心。

（三）加大对出租车服务监督卡和计价器检查力度

针对暗访体验中出租车驾驶员未按要求放置服务监督卡以及计价器时间有误等情况，建议出租车运营公司对自家出租车服务监督卡放置情况和计价器各项功能进行自查，道路运输管理机构进行不定期抽查。

（四）加强安全驾驶教育，规范驾驶员文明驾驶行为。针对出租车驾驶员驾驶途中听语音、玩微信等普遍现象，建议各出租车运营公司加强对驾驶员安全驾驶、规范驾驶的培训教育，增加相关硬性要求和管理制度。

安徽省消费者权益保护委员会

旅游消费体验式调查报告

随着经济发展和生活水平的提高，旅游消费已经成为国民消费的热点和经济重要增长点。安徽省作为旅游资源最丰富的省份之一，名山胜水遍布安徽境内。其中，国家A级旅游景区560个，4A级景区170个，5A级景区11个，旅游强县24个，在皖旅游人数逐年递增。为认真贯彻落实省委省政府的发展规划，创建放心的旅游消费环境，根据法律赋予的职责，安徽省消保委在“国庆”“元旦”“五一”三次假期前后开展了省内旅游服务消费体验式调查活动。活动涉及合肥、黄山、池州、六安、宣城、芜湖、安庆、马鞍山、滁州、铜陵、宿州、亳州12个市的55个景区，18条旅游线路，21家旅行社（含旅游在线平台），7个旅游特色小镇。

调查内容依据《旅游法》《消费者权益保护法》《合同法》《安徽省消费者权益保护条例》等法律法规制定。

一、主要调查结果

（一）总体情况

调查结果显示，安徽省旅游市场整体环境良好。本次调查对旅行社与旅游平台的服务评价平均分为7.4分，景区平均分为7.9分，旅游特色小镇平均分为7.2分（满分10分）。

（二）景区与特色小镇调查情况

本次调查的55个景区中，5A级景区11个，4A级景区42个，3A级景区2个，特色小镇7个。景区调查的内容包括门票、交通、环境卫生、接待管理水平、安全保障、总体评价等6个方面22个指标。调查的5A级景区中，服务评价满分为10分，黄山市的唐模、呈坎、鲍家花园、黄山风景区、西递、宏村景区服务评价均在8.5分以上，九华山景区服务评价8分，三河古镇、天堂寨、万佛湖景区服务评价均在7分以上。

1.景区交通方面

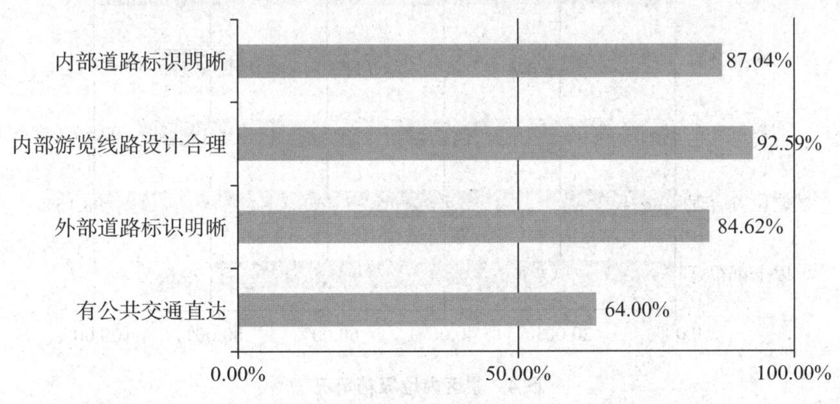

图1　景区内外道路交通情况

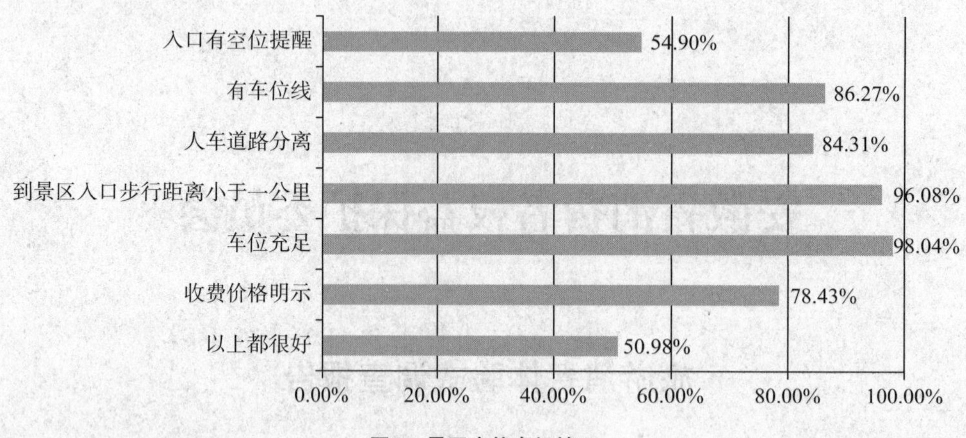

图2 景区内停车场情况

2.景区卫生方面

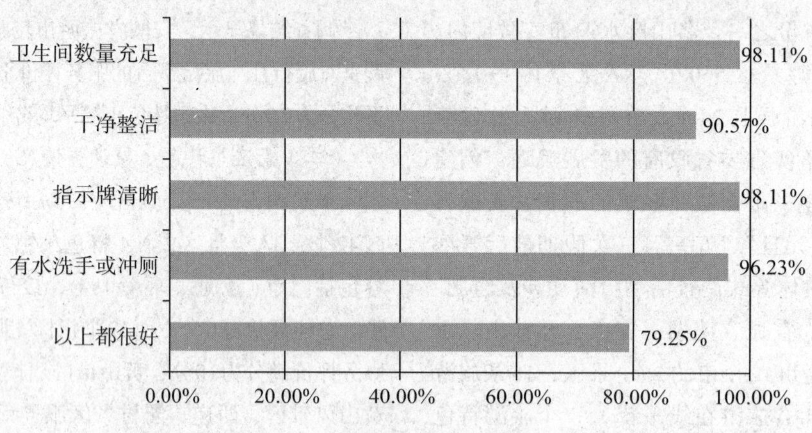

图3 景区内公共卫生间情况

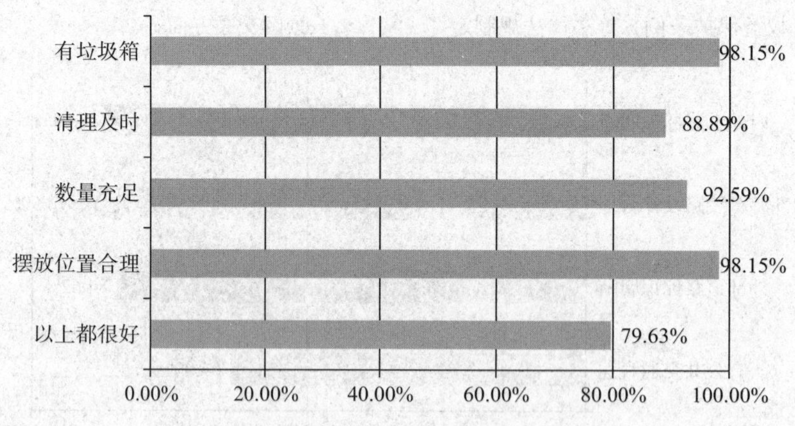

图4 景区内垃圾箱情况

3.旅游小镇

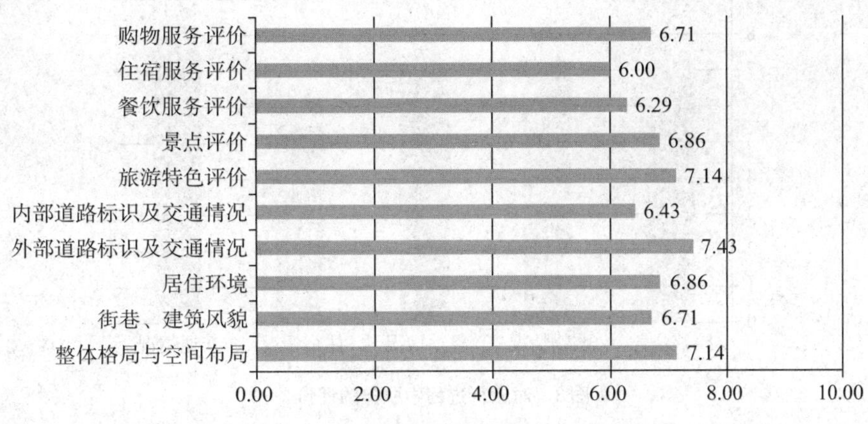

图5 旅游小镇评分情况

注：以上评分满分为10分。

（三）旅行社、旅游平台服务情况

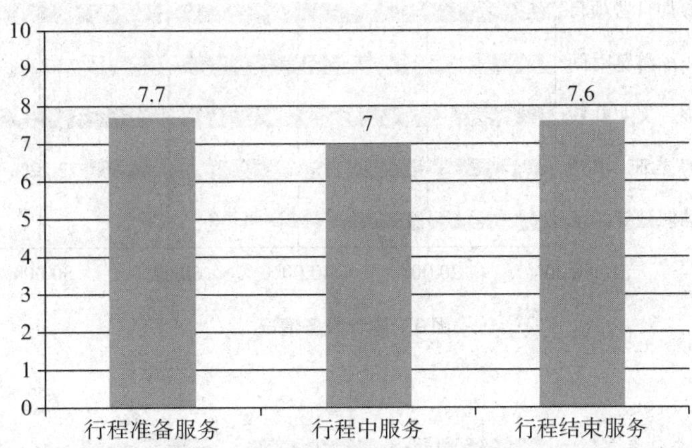

图6 对旅行社服务的总体评价

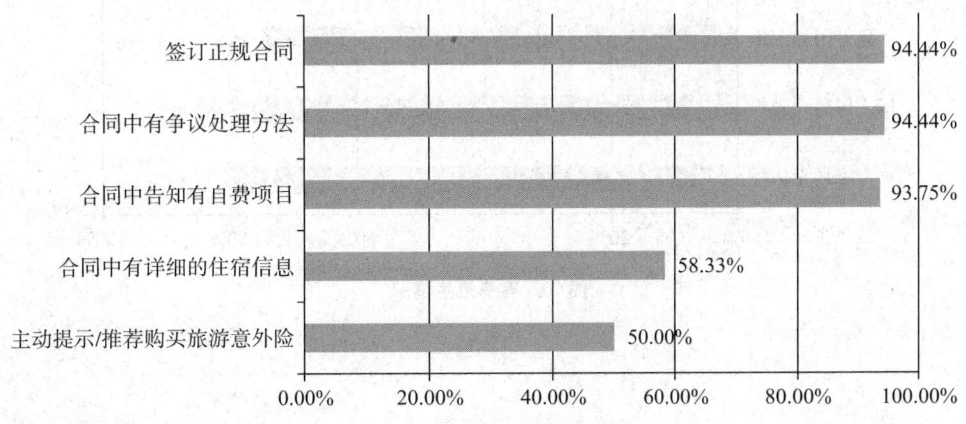

图7 旅行社合同规范情况

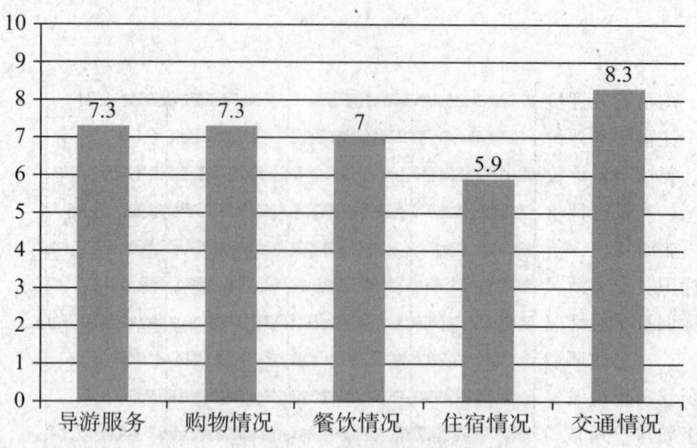

图8 对旅行过程中服务的评价

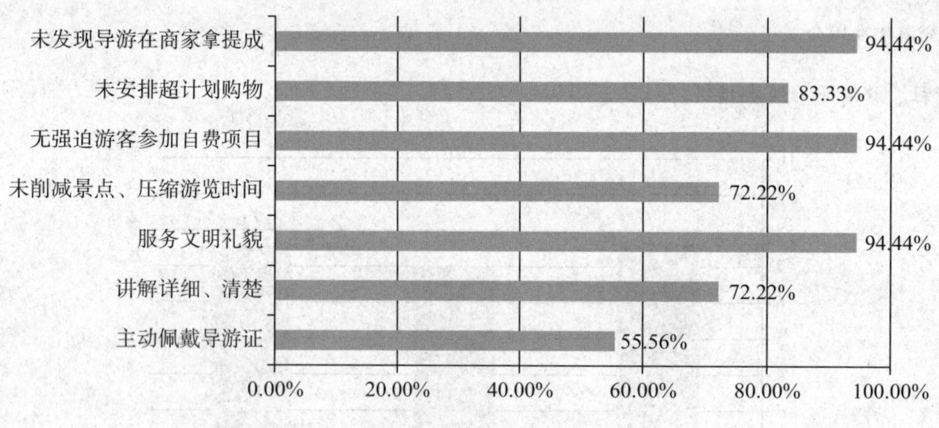

图9 导游服务情况

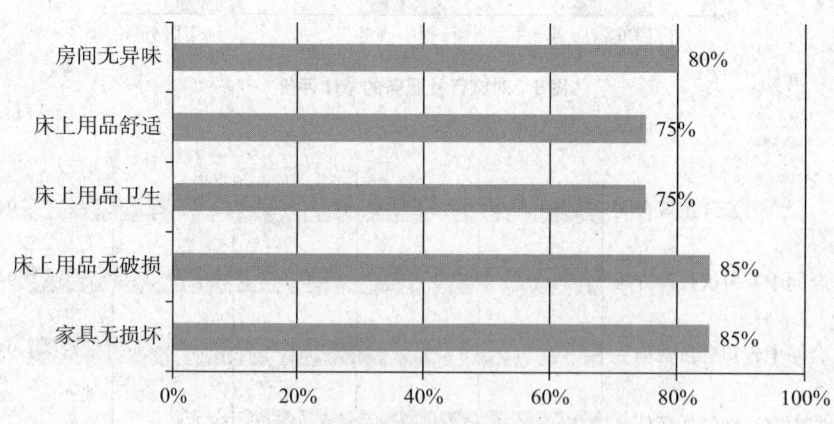

图10 客房卫生情况

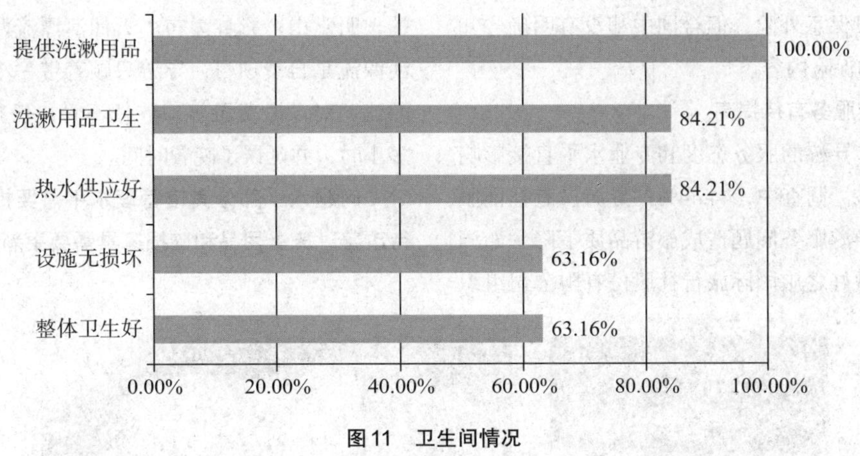

图11　卫生间情况

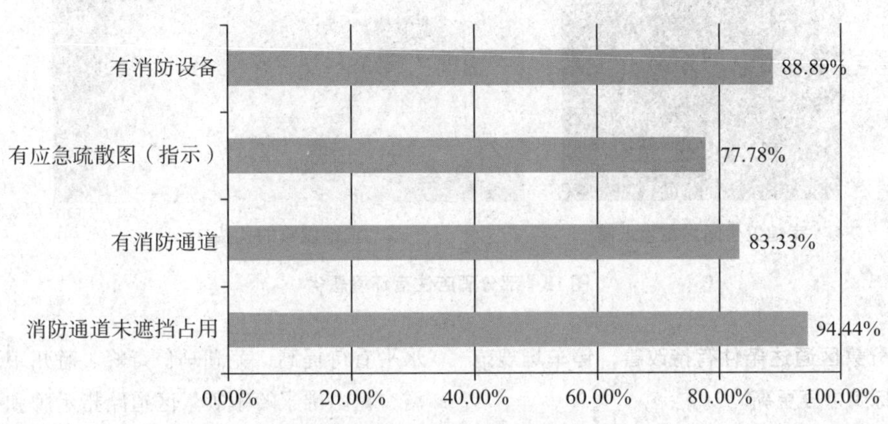

图12　消防通道和设备配备情况

二、调查中发现的问题

问题一　旅游发展不平衡，跟团游线路太少。

安徽省旅游资源丰富，拥有国家A级旅游景区560个，4A级景区170个，5A级景区11个。调查人员在携程、去哪儿、同程、途牛、驴妈妈、飞猪、欣欣、马蜂窝、艺龙等旅游平台查询了安徽省内跟团游的旅游线路，发现大多集中在黄山和九华山地区，其他景点线路屈指可数。在向旅行社（旅游平台）问询报团时，很多城市长期无团可报，如马鞍山、滁州、亳州、淮南、蚌埠、宿州、阜阳等。这样不仅限制了消费者旅游消费的选择，也是对旅游资源的浪费。

问题二　低报价有误导消费者之嫌。

《旅游法》规定，旅行社为招徕、组织旅游者发布信息，必须真实、准确，不得进行虚假宣传，误导旅游者。调查发现，旅行社在宣传单和网页上的低报价，通常不包含餐费、景区交通车费、索道费等费用，实际旅游花费远高于宣传价格。如调查人员在参加安徽天马国际旅行社有限公司的“牯牛降二日游”时，合同约定第一天游览杏花村文化旅游区，时间为2小时。实际行程中，导游变更了游览行程安排，且限定游客1小时内游览结束。由于景区较大，徒步往返时间不够，每个游客只能补交40元景区交通费。

除了以方便聚集或时间紧张等理由要求游客补交景区交通费和餐费外，有的旅行社还向游客收取开发票费、发票邮寄服务费等。

问题三　部分“拼团游”服务质量难保证。

“拼团”“拼车”在旅游市场十分普遍，一辆旅游车上的游客可能来自不同的旅行社，服务标准、游览地也不尽相同。调查发现，一些地接社没有按照委托合同提供相应服务。调查人员在旅游平台携程国际旅行社有限公司（委托社为安徽华谊国际旅行社有限公司）组织的“九华山、黄山、西递、宏村4日3晚跟团游”中，遭遇了导游服务不到位、住宿条件差、接送车不准点、平台和旅行社处理问题互相推诿等诸多问题。

问题四　住宿、保险等多项服务信息告知不清晰。

本次调查中，46.67%的旅游合同中没有明确告知住宿酒店名称和标准，只是模糊表述为“准三星标准”“舒适酒店标准间”“商务型酒店”“A等农家酒店”等。部分旅行社为游客投保意外险，但合同中却没有明确告知保险公司的名称和保险内容。

问题五　导游服务有待提高。

游览行程中，导游的服务态度和专业水平直接影响着游客的旅行体验。调查中，44.44%的导游没有挂证服务，多条线路因导游服务问题造成旅游品质下降。如调查人员在参加安徽好之旅国际旅行社股份有限公司组织的“明堂山、彩虹瀑布、天仙河漂流两日游”时，天仙河漂流是自费项目，导游只顾着带一小部分缴费游客去漂流，对没缴费游客却放任不管，任其在岸边苦等5个多小时，并延误了晚餐时间。

问题六　部分宾馆管理水平需要提升，卫生条件有待改善，床上用品和破损家具需要更新。

宾馆卫生间发霉卷纸筒

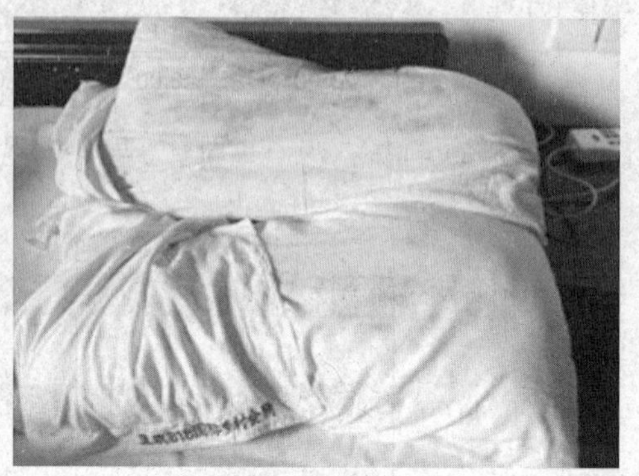

宾馆发霉的枕头

图13　部分酒店住宿环境恶劣

问题七　部分景区通达条件有待改善，停车场规范管理不够，标识标牌需要更新。

调查发现，一些景区没有直达的公共交通车，消费者出行游玩不太方便；一些景区停车场条件较差，管理水平有待提高；芜湖马仁奇峰、滁州琅琊山、萧县皇藏峪、霍山佛子岭镇等景区道路指示牌和导览线路图有缺损；岳西彩虹瀑布的安全警示标识数量较少；天堂寨和白马尖部分危险地段的安全防护措施不够完善。

彩虹瀑布景区裸露的电箱

马仁奇峰模糊的景点介绍牌

图14　部分景区条件有待改善

问题八　部分旅行社合同或行程单中存在加重游客违约责任的条款。

调查发现，南京携程国际旅行社有限公司、安徽省天下行国际旅行社、安徽好之旅国际旅行社在合同或行程单中规定：出发当日迟到，按旅游费用总额的100%收取违约金，涉嫌加重消费者违约责任。

三、消保委建议

当前旅游市场潜力巨大，旅游消费需求动力强劲。为加快培育旅游支柱产业，推进旅游强省建设，促进安徽旅游提质升级，让消费者愉悦地畅游安徽美景，省消保委提出以下建议：

一是以消费需求出发，做好旅游新产品的开发培育。当前消费者的消费需求从单纯的观光游，向观光、休闲、度假、体验等复合型旅游转变，因此经营者要以消费者的需求为导向，在产品内容、形式、组织等方面进行创新性提升。

二是以旅游资源为依托，促进旅游便利化。我省有着丰富的旅游资源，如何更好地开发利用，交通的便利化是一个重要途径，建议相关部门做好景区周边公共交通的配置，让消费者享受无障碍畅游。

三是做好“旅游+互联网”，打造旅游品牌。当前网络信息已成为消费者消费的重要参考，旅游业在此方面尤其明显，我省一些景区与国内外旅游发达地区存在一定差距。如网上推广信息缺少品牌战略，信息内容单一，信息量少，与消费者互动不足等缺点。建议有关部门加强和丰富安徽旅游网上信息的广度和深度，让安徽的清山秀水、物华天宝被更多人熟知，让更多的游客来安徽旅游。

四是加强行业管理，严格杜绝违法违规行为。旅游市场监管涉及多个政府部门，需要各方强化协作形成合力，打击查处违规市场行为，对违法违规者建立黑名单机制、推进企业退出机制。

五是经营者要切实履行法定职能，为消费者提供放心周到的旅游服务。旅游经营者要为消费者提供真实透明的旅游信息，旅游平台应加强平台上旅游产品和服务商的管理力度，确保信息的真实性、准确性与时效性，修正不平等的格式条款，简化消费者投诉程序，为消费者提供一站式便利服务。

六是景区和特色小镇要以消费者为中心，提升管理水平做好公共服务。景区和特色小镇在管理和服务中要淡化管理，加强服务，门票可实行一票制，允许1天多次进入、多日有效等灵活方式，景区设施要及时更新维护，并做好安全提醒；提升缆车运力，减少游客排队等候时间；一些古村落旅游区要因地制宜进一步完善卫生间、餐饮服务等消费者必需的服务设施。

七是提升维权能力，做文明、理性的消费者。消费者在旅游消费中要理性选择，拒绝“零元团”“低价团”。出行前要详细了解该旅游产品相关信息，务必签订正规旅游合同，并约定具体明确的服务信息，留好相关证据。

山东省消费者协会

六城市家政服务市场调查报告

随着我国城镇化深入推进，社会的家庭小型化、人口老龄化和二胎政策的推行，凸显了大量家政服务的需求。随着我国人均可支配收入迅速提高，国民的消费能力和支付能力变强，消费升级对家政服务质量的要求也迅速提高，刺激家政行业自我改革，促进其专业性和规范度的提高。2019年6月26日国务院办公厅印发《关于促进家政服务业提质扩容的意见》指出，家政服务业作为新兴产业，对促进就业、精准脱贫、保障民生具有重要作用。当前，从事家政服务行业的公司种类较多，主要包括家政公司、保洁公司、物业公司、清洗公司、人力资源公司、早教中心、母婴服务中心、老年养护、老年公寓等；服务业态日渐细分，包括母婴护理、养老看护、小时工和其他等。据测算，2019年我国家政服务企业将突破74万家，家政服务企业总资产将突破4300亿元。近年来，我国家政服务业快速发展，但仍存在有效供给不足、行业发展不规范、群众满意度不高等问题。

真实反映山东家政服务行业发展现状，揭示行业存在的典型问题，促进行业规范发展，指导广大消费者科学放心消费，保护消费者合法权益，山东省消费者协会于2019年12月对山东省家政服务市场现状展开调查活动。

一、调查基本情况

（一）调查对象

本次调查的对象为接受过家政服务的家庭户主或家庭成员、家政服务公司。

根据山东省16市的城镇居民人均可支配收入以及地区家政行业发展水平（以山东省2014年公布的首批家政服务龙头企业名单为主要依据），选择**济南、青岛、威海、德州、淄博、泰安**6市作为本次调查的区域。本次调查样本量为：消费者代表共600人，济南120人、青岛120人、威海90人、德州90人、淄博90人、泰安90人；选取家政服务公司共14个，涉及不同规模类型。其中济南和青岛各3家，威海、德州、淄博、泰安各2家。

（二）调查方法

主要采取一对一、面对面访问与网络调查、神秘客暗访方式相结合的调查方法。

（三）调查内容

调查内容主要涉及以下几个模块：消费者选择家政服务的基本情况，如选择家政服务的原因、接受家政服务的类型、获取家政信息的渠道等；消费者对家政企业、服务人员的关注点；服务前合同签订情况；雇用过程中遇到的问题，如与服务人员关系情况、纠纷处理等；消费者对家政服务的评价、意见及建议。

家政服务企业的经营管理现状：公司规模、经营形式、合同签订、收费标准、退费办理、服务能力、人员情况（人员数量、人员技能）等。

调查基本情况展示如下：

1.消费者认可度逐渐升高，应用性家政服务更多被认可。调查结果显示，消费者认为“自己家庭目前需要家政服务人员”的原因主要集中在：家中有老人、小孩等特殊群体需要照顾，看重服务专业、解决生活困难，工作繁忙、无时间料理家务等方面。在“您曾接受或正在接受的服务类型”的调查项目中，选择比例从高到低的顺序依次为：钟点服务、职业保姆、清洁清洗、育婴早教、水电维修、管道疏通、搬家服务、高级管家。可见，山东省城市家政服务着重体现在应用型层面，在教育、养老等其他方面服务，消费者认可度偏低。

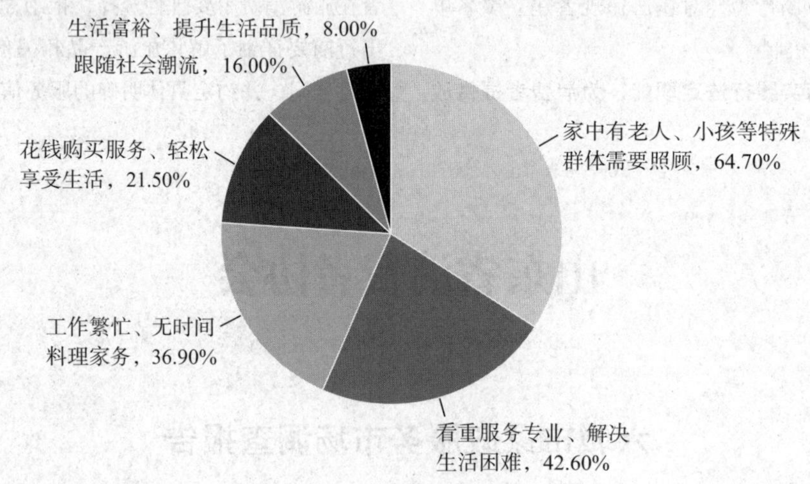

图1 选择家政服务原因

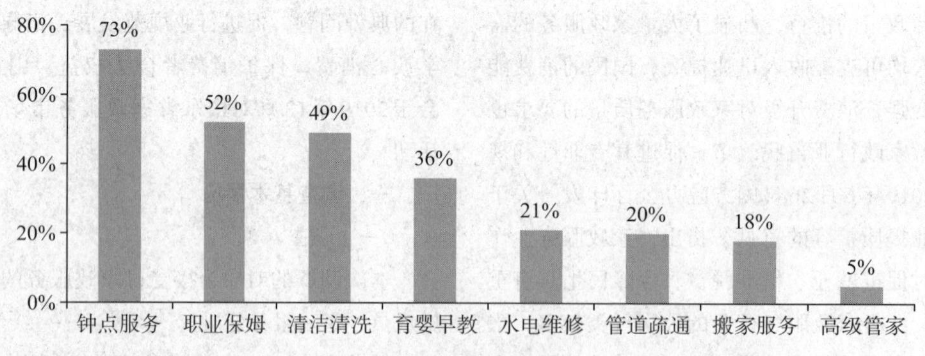

图2 家政服务类型

2.家政服务信息获取渠道多样化，自己找家政公司成为首选。通过微信、手机APP及网络平台寻找家政公司是用户最常用和最偏好的方式，中介公司、熟人或朋友介绍也占有一定的比例。这种情况与大部分人的消费心理及家政服务内容、类型是相匹配的。为家庭操持家务，照顾家人，管理家庭有关事务事关安全性问题。所以，通过中介公司或熟人/朋友详细了解情况进而选择家政服务自然也会是消费者较为偏好的方式。具体比例分布如图3所示：

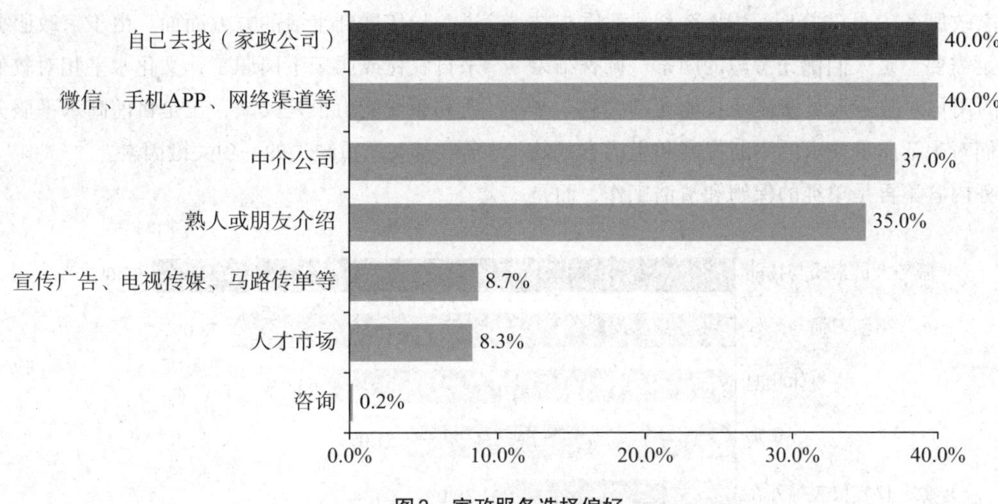

图3　家政服务选择偏好

3.家政服务合同逐步被认可，维权意识不断增强。调查显示，70%以上的消费者愿意并选择与家政服务公司签订合同以维护自身合法权益。同时有153名被访者反映家政服务公司未与自己签订任何合同或协议，占25.62%。可见，在履行约定时，家政服务提供主体和消费者在合同签订意识方面仍需增强。

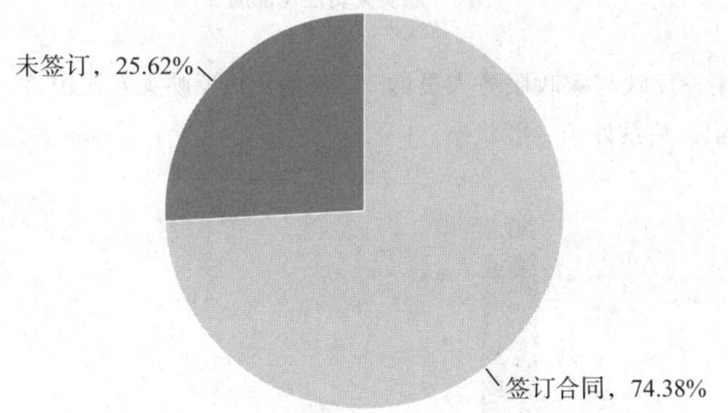

图4　签订合同情况

4.选择家政公司时，服务质量、收费价格、服务安全可靠，服务人员素质及专业技能、服务态度等是用户较为关心和看重的客观因素。无论是哪种服务行业，都越来越关注用户的心理和精神需求。价格因素固然重要，但服务质量、服务态度、服务能力、安全性能等软实力的提升同样是亟须加强并完善的重要环节。

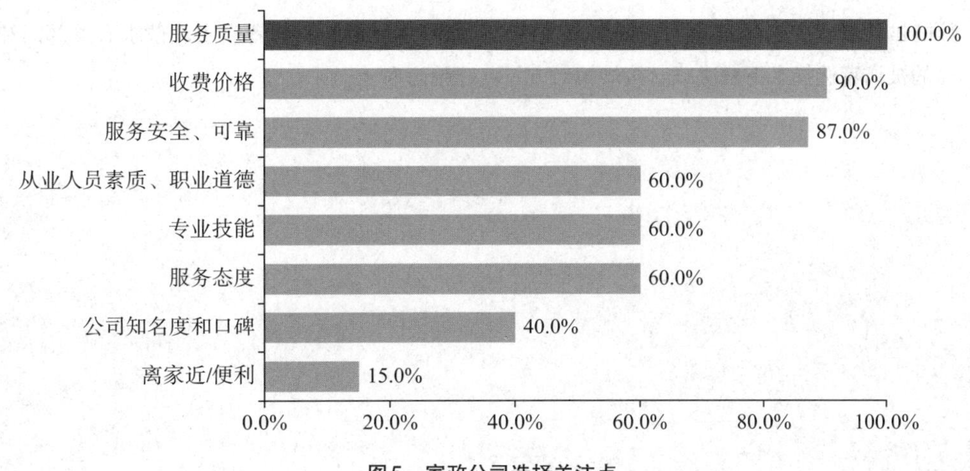

图5　家政公司选择关注点

5.进行家政服务人员选择时，“服务人员素质与技能，能否满足需要”是人们优先考虑的因素。调查结果显示，90%的用户对服务人员素质及技能尤其关注。毕竟，随着人们对生活质量要求的不断提高和生活方式的改变，其服务内容不再是单纯的保姆和清洁工作，而是进一步拓展到生活的方方面面。由于家政服务人员大多来自农村或属于下岗职工，文化水平相对较低，个人素质和职业能力很是欠缺，正是目前高水平服务人员最被需要却又严重缺失的一项关键因素。

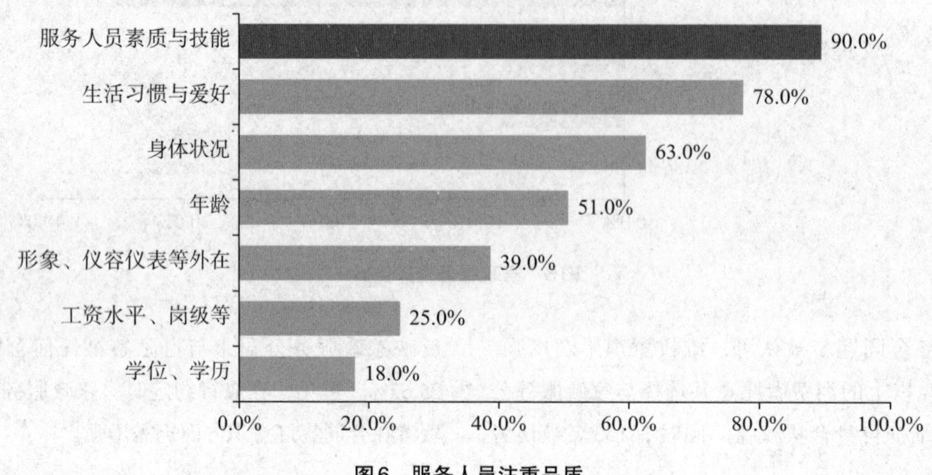

图6　服务人员注重品质

6.雇用过程中，70%的用户反映与家政服务人员的关系比较好。20%的用户表示，关系处于一般状态，一成的用户反映关系比较差。

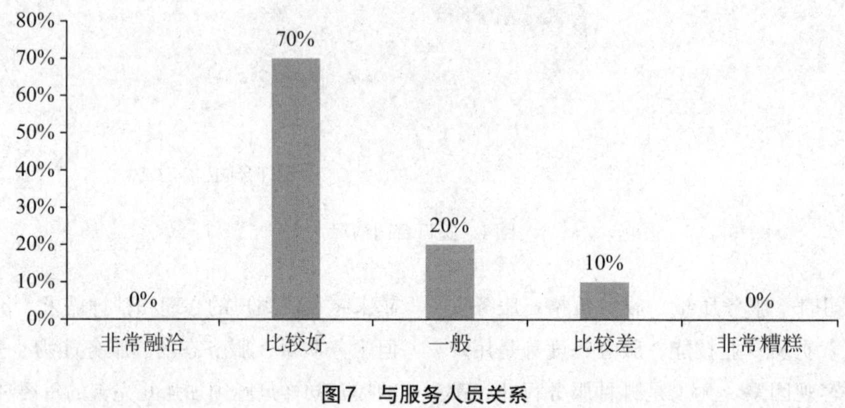

图7　与服务人员关系

7.超过半数的被访者优先选择通过家政公司解决纠纷。20%和14%的被访者选择私下解决或直接炒掉对方。而不足一成的消费者会主动请求有关部门和消费者协会调解。

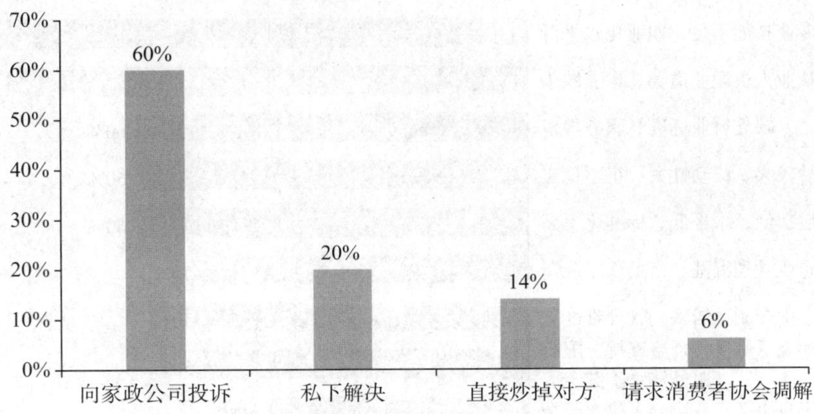

图8　纠纷处理方式

8.投诉渠道满意度得分82分（本报告对数据的分析采用百分制评价：90—100分为优，80—90分为良，70—80分为中，60—70分为及格，60分以下为不及格），整体处于良好水平。从各个细分环节得分来看，服务人员仔细倾听满意度得分90分，相对较高；投诉渠道畅通评价得分85分；投诉得到及时处理投诉和投诉处理达到自己的期望值相对较低，满意度得分分别为76分和74分，处于中等水平。

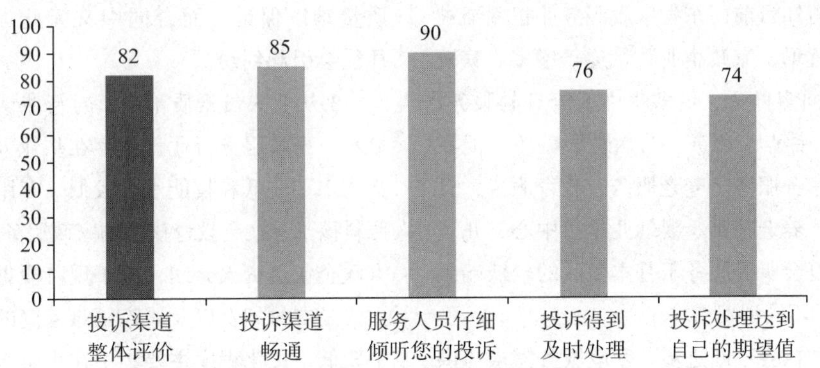

图9　家政服务投诉渠道满意度得分

9.从调查数据来看，家政服务综合满意度得分为83.65分，处于良好水平。随着经济的发展和人们生活水平的提高，用户对家政服务的需求量越来越大，家政服务具有很大的发展市场，很多人看好这个行业，对曾接受或正在接受的服务持中肯评价态度。为此，家政企业应找准差距，对标先进，积极落实整改，为广大消费者提供安全、放心、满意的家政服务。

二、家政服务市场现存问题

100%的被访者反映目前家政服务人员业务水平低、专业技能不足、职业化水平低，缺乏培训、职业道德/职业素养缺失是第二大问题。六成的用户反映家政服务缺乏行业标准、服务规范，对家政服务认识偏差导致了人员年龄偏高、人员流动性较大。因而，现有的家政服务层次低、水平低、标准化程度不高是无法避免的问题。50%的受访者同时认为，政府扶持力度不够，如规章制度、资金支持、配套服务体系不健全。而“中介制”居多是造成管理难度大、管理混乱、市场秩序混杂的首要原因；尽快建立并规范行业协会，公开信息，促进企业化、市场化进程提速仍是目前急需解决的问题。具体表现如图10所示：

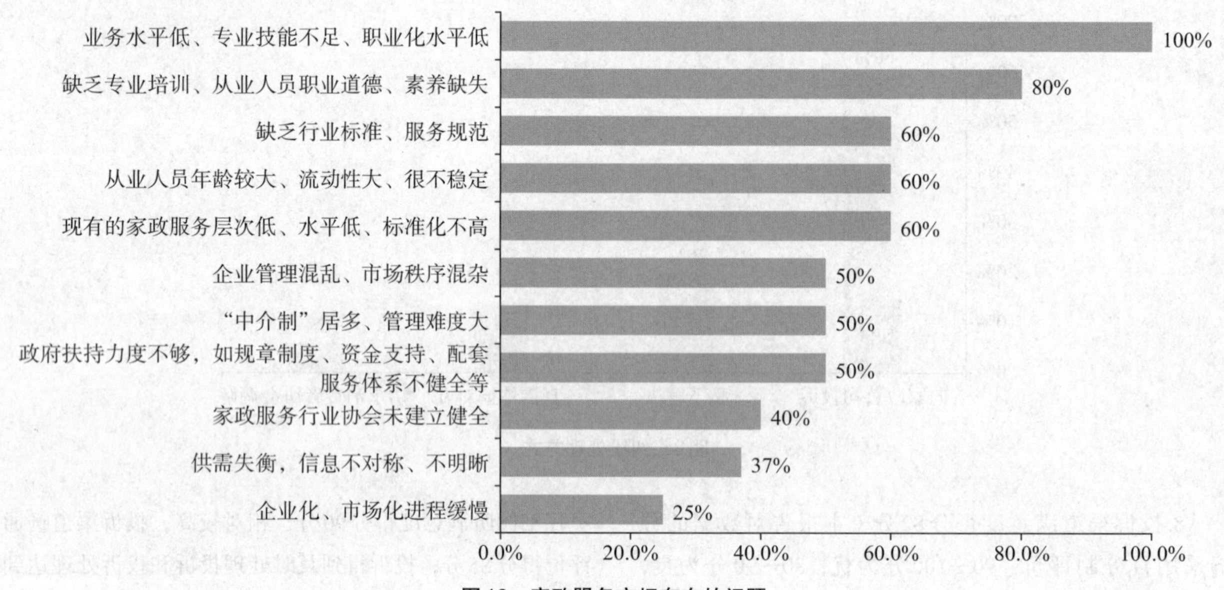

图10　家政服务市场存在的问题

1.家政公司服务类型较为低端。通过对六城市的家政企业进行走访，得知目前山东省家政服务业正逐渐被市民接受，客户群逐增，家政企业数量逐年增多。家政服务的形式也正走向多样化，更多集中于全日制服务、白班8小时制服务、钟点工服务、一次性服务等。但在业态上主要集中于家务服务、养老服务、教育服务，具体表现为搬家公司、养老公寓、婴幼儿早教中心、儿童托管中心、产后恢复会所等服务于基本生活的较低端服务，无法满足客户的不同消费需求。

随着经济发展和社会不断进步，家政服务需求与供给矛盾较为突出，对家政服务业也提出了更高的要求，部分高薪高职者要求家政服务人员能够承担健康护理、家庭教育等多项任务。但目前家政服务业高素质的从业人员如凤毛麟角，缺少专业技能培训，因此无法满足市场需求。

2.家政合同猫腻多，条款规定暗藏陷阱。调查显示，29%的被访者表示，合同存在猫腻，合同内容表述不规范，存在陷阱较多，不易辨别。

目前，家政市场竞争较为激烈，不管是中介性质的家政公司还是全程企业化的家政公司为了赢得更多客户青睐，往往故意夸大服务、隐瞒真实情况、过分承诺各类优惠附加服务，在合同条款拟定上做手脚，如甲乙方权利义务的约定不清晰等，违约条款、特殊事情解决等纠纷处理规定不明确或无规定，最后导致责任无法界定。部分家政公司平日为了招徕顾客，鼓励用户办理大量优惠卡或充值卡，而消费者往往在过年过节的时候扎堆使用，大大超出家政公司人员配备，因此只能要求消费者更改时间或应付需求，服务人员质量难以保证。而合同中又无此类事项的相关规定，往往会引起纠纷。

3.从业人员素质不高，对行业认识存在偏见。调查显示，家政服务行业普遍存在从业人员素质较低，包括文化水平较低和技能水平较低。有用户反映找不到既会照料孩子，又会教育孩子的家政服务人员。经实地走访，家政企业负责人介绍，由于现阶段省内从事家政服务的主要是农村妇女以及城市困难家庭的人员，整体素质水平较低，文化程度主要集中在小学水平和初中水平，占到全体从业人员的80%以上，高中学历和大专以上学历寥寥可数。

在技能素质上，大多数停留在日常家务类型，例如：洗衣、做饭、买菜、接送小孩、料理家务等基础型家庭服务业务；在道德素质上，家政人员对道德认识和道德行为水平远远还不够，缺乏道德修养和良好的道德情操。另外，绝大部分的人认为家政服务就是伺候主子的差事，是低人一等的工作。即便是有人内心想干，但由于行业偏见的存在，碍于脸面，不能正视家政服务工作。

4.企业组织形式、内部管理混乱，服务质量不过关。由于行业管理机制不完善，行业标准不能有效落实，导致企业内部管理较为混乱，服务质量参差不齐。一是很多家政服务源于许多家政公司片面追求订单数量，未能合理分析自身对于人员调配、服务质量的统筹、支配能力，服务团队管理不善、管理混乱，最后导致合同实施与约定脱节。二是员工队伍不稳定，企业员工来源渠道单一，并且一般不签订劳动合同，临时工居多。对家政从业人员的素质基本无考核，故而提供给客户的信息不够准确，如隐瞒年龄、学历、资质等，导致后续工作中产生扯皮现象。

济南阳光大姐服务有限公司作为国家级服务标准化试点单位，其家政服务标准化建设得到了地方政府的肯定，备受广大消费者的青睐，无疑为家政服务企业树立了标杆。但绝大多数的家政企业规模比较小，规范化程度不高，再加上员工的竞争力不足，导致省内本土家政品牌处于劣势地位，易受到外地知名企业的冲击。

5.市场监管存在盲区，消费者维权意识淡薄。调查显示，在出现家政纠纷时，60%的被访者表示会自己找企业解决，30%的人会私下自行解决，极少的人会主动向消协投诉，更谈不上走法律途径。家政服务的自身特点决定了服务过程中难免会出现纠纷或争议问题。消费者维权意识不够，自身意识相对薄弱，因合同协议、正规发票或服务单据的缺失，自然会引起不必要的推诿和扯皮，很大程度上会影响和限制纠纷的解决。而目前家政行业竞争无序，缺乏规范、专业资质和专业服务人员的"中介式"家政企业居多。一旦出现问题，要么选择对客户不理不睬，要么干脆"关门大吉"。

就目前来看，责任主体与市场准入的不明导致对家政市场的监管存在盲区。一是主管部门对于家政服务企业的管理范围不明确，质检标准与行业规范细则不够完善，鉴定困难，程序烦琐，使得出现家政纠纷后，客户投诉维权困难，最终只能不了了之。二是权益不明，损害消费者权益的现象时有发生。家政服务缺乏具体的技术规范和衡量标准，企业服务质量和消费者合法权益难以保证。

三、意见与建议

根据山东省六城市家政服务市场情况调查分析结果，围绕消费者反映的服务现状、满意度评价较低的指标维度以及各地市家政服务企业较为集中的问题和诉求，同时，深入了解和借鉴国内外先进管理经验和启示，为进一步提升和优化省内家政服务市场，特提出以下建议：

（一）政府部门制定行业细则规范，加大监管力度

1.加强政府组织领导，强化监管。家政行业的健康长远发展，不但需要市场监管部门的加强管理，更需要政策法律法规的倾斜和更多政府部门的介入。强化组织领导，制定相应的政策法律，完善标准建设，如服务价格、服务程序、服务质量、服务员技能鉴定、服务监督标准规范，不断校正市场主体行为和市场秩序，形成基于行业自律的市场准入和退出机制，对市场上鱼龙混杂，无证经营等不良现象，要加大整治取缔力度，依法取缔黑中介。

各地可由政府成立专门的管理部门，定期研究制定家政业发展战略、规划，统筹协调、解决发展中的问题。重点关注家政企业的开办是否正规、服务质量是否过硬、价格是否合理等消费者投诉较多的热点问题，发现问题时，及时对相关企业或负责人作出应有处罚；对家政合同等进行强制性规范，严禁乱收费、乱设限，统一合同制作模板及主要条款、附加条款规定。细化家政行业标准合同示范文本，灵活利用专业机构、权威人士等助力，帮助解决合同履行中家政服务疑难问题，同时协调处理服务纠纷，做到公正公平，在捍卫消费者合法权益的同时，也维护家政企业应有的权益。

2.建立健全消费维权机制，优化组织设计和服务流程。消费是拉动经济增长的重要动力，建设安全放心的消费环境，维护消费者合法权益，有助于提升政府公信力和群众美好生活的实现。调查中显示"消费维权"是家政服务的短板和薄弱环节。投诉不便利、问题解决效率低下，成为消费者在消费维权方面反映较为集中的问题。各地市应建立健全消费维权投诉机制，畅通投诉渠道，便于公众投诉，合理配置维权投诉处理的专门服务人员，简化优化规范投诉服务处理流程，提升投诉处理时效，公示处理结果，提升群众在消费领域的获得感、幸福感和安全感。

（二）成立专门行业协会，充分发挥监督作用

1.加强行业自律，切实做好引导作用。成立家政服务专门协会，创办宣传期刊，制定、修正、普及行业标准，建立行业自律机制，对行业发展进行调查研究，协调服务价格，监督服务质量，组织家政服务管理经验交流，开通法律和经营准入等咨询服务等。

2.定期举办活动，提升整体行业水平。行业协会要加强对家政行业的监督管理，建立人员服务评估体系，实时更新相关数据库，如及时提供国内外市场信息并及时向社会及公众公布；定期面向家政企业举办行业培训、管理者培训、知识讲座等活动，如积极研讨当下行业热点问题，研究改进方法，提升整体行业水平；定期举办技能培训，如育婴师（月嫂、育儿嫂）、养老护理员、营养配餐员、心理咨询、高级管家等，同时合理组织知识

竞赛，提高企业竞争力。

（三）规范家政企业，强化内部管理，提升品牌建设

1.应用并分析调查数据，做好针对性改进。一是从目前家政服务基本情况来看，家庭对家政服务已具有相当的需求，但家政服务企业在雇用家政服务人员时，“服务质量”“服务人员素质与技能”和“雇佣关系处理”等问题较为显著；调查结果显示，仍有近30%的企业不与用户签订任何合同协议，维权意识淡薄。二是从消费者体验和评价中得知，用户对投诉渠道、整体家政服务的满意度均较低，投诉渠道不畅、投诉无门、投诉得不到合理解决等一定程度上导致消费者对家政服务满意度评价较低。通过对不满意因素进行归纳汇总，针对存在的不足对症下药，积极进行现存问题整改。

2.加强诚信建设，规范并强化内部管理。目前，山东省家政公司大都是中介制，管理较为混乱。第一，企业应加强诚信建设，确保诚信经营，配合政府做好家政服务企业、服务人员信息信用及时记录及更新。自觉遵守行业法律法规，依法开展经营活动，不欺骗、不隐瞒，确保公司信息、人员信息真实有效。第二，提高企业管理者管理能力。家政行业的管理者大都是外行出身，专业管理能力相对较差。要提供机会加强经理人的培训，促进其成长与素质提高，高质量为客户服务。第三，杜绝随意招聘员工，确保招聘渠道正规、招聘人员可追溯。落实服务人员岗前培训，确保员工持证上岗，服务人员规范化，标准化。第四，尊重消费者知情权，行业政策、公司政策、服务人员信息、价格等告知义务至关重要。严格履行合同规定，参照行业标准，按合同约定价格明确服务收费。按质论价、质价相符、优质优价，确保服务人员与服务质量100%匹配。做好售后服务及消费者满意度回访，出现问题积极主动与消费者沟通，定期进行服务跟踪并反馈。

3.加强人员培训，提升整体服务效能。加强对家政服务人员的培训，打造高素质、高水平家政服务队伍，是提高家政服务质量、促进家政服务业健康发展的重要举措。家政服务人员不仅要具备基本的服务技能，而且要通过培训不断提高整体素质和综合服务能力。要根据生活需求的不断变化，及时更新培训内容，创新服务模式，建立初、中、高三级不同档次的服务水平，逐步形成涵盖不同层次消费群体的多样化家政服务。

学生出国留学语言培训机构消费调查报告

伴随经济全球化和教育国际化时代的到来，我国留学服务行业进入了快速发展阶段。2018年度，我国出国留学人员总数达到66.21万人，同比增长8.83%。出国留学已成为当今时代的一大热潮，随着留学人员的不断增加，留学语言培训行业进入迅猛发展阶段。目前，山东省留学语言培训机构越来越多，问题也接踵而来。为了真实反映我省出国留学语言培训机构的教学现状，揭示行业存在的典型问题，保护消费者权益，根据《消费者权益保护法》第二条、第四条、第六条、第三十五条之规定及国务院办公厅《关于规范校外培训机构发展的意见》和山东省人民政府办公厅《关于规范校外培训机构发展的实施意见》的相关规定，山东省监督管理投诉受理中心于2019年9月至11月委托山东汇景市场研究咨询有限公司以第三方客观公正的角度对省内出国留学语言培训机构进行调查，调查的主要目的如下：

1.了解山东省出国留学语言培训行业的发展状况，掌握各类语言培训机构的基本情况，如办学资格、办学环境、收费标准、师资力量、教学质量和教学效果等；

2.重点了解山东省出国留学语言培训行业的发展短板以及发展过程中出现的种种乱象，揭露损害消费者合法权益的违规行为，引导培训机构依法诚信经营，助力出国留学语言培训行业良性发展；

3.呼吁消费者学习法律知识，提高法律意识和分辨真伪、隐瞒欺诈和虚假宣传等行为的能力，更好地维护自身合法权益；

4.促进山东省出国留学语言培训行业信用体系建设，营造安全放心的消费环境，宣传“信用让消费更放心”的年主题；

5.了解出国留学人员的求学方向和学成回国发展的意向，为政府各部门优化归国留学人员服务和用人单位引进海外高层次留学人才提供参考。

本次调查区域主要覆盖济南、青岛、日照、临沂、聊城等5个城市，调查方法涉及案头研究、消费者调查和培训机构实地走访等。全省共完成消费者调查问卷523

份、实地走访培训机构23家。

一、基本情况

（一）消费者调查对象与调查方式

消费者调查的对象为正在接受出国留学语言培训或者已经完成培训的学生及学生家长，调查方法主要采取消费者面对面访问、电话调查与网络调查。

（二）消费者调查内容

调查内容主要涉及以下几个模块：

1.出国留学语言培训机构基本情况与培训效果评价，包括办学资格、宣传与培训前的沟通介绍、合同签订和发票提供、收费标准公示、退费管理、师资水平、工作人员服务情况、安全保障情况、课程安排与教学质量、培训效果、培训机构诚信度等；

2.出国留学语言培训机构存在的问题，主要包括是否存在虚假宣传、乱收费、强制交易、误导消费者、不兑现承诺、退费难等问题；

3.出国留学人员的留学意向和目的，包括留学目的地、专业方向、学成后就业方向以及回国优惠政策的了解程度等；

4.消费者权益保护情况，包括维权渠道选择和维权效果评价等。

（三）调查基本数据

1.消费者对出国留学语言培训机构的总体满意水平一般。调查显示，消费者对出国留学语言培训机构的总体满意指数为81.44（标准分100，下同），满意水平一般。

2.消费者对出国留学语言培训机构的收费标准满意程度相对较低。调查显示，消费者对出国留学语言培训机构的师资水平、教学环境、教学质量和机构诚信度的满意指数分别为82.03、81.84、81.84和81.97，相对较高；对培训机构收费标准的满意指数为78.03，最低。

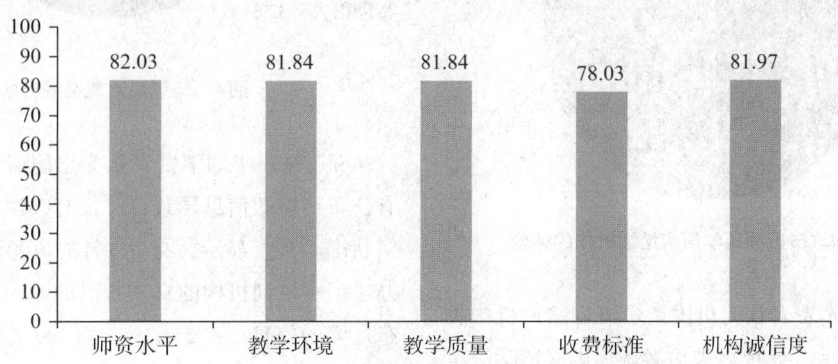

图1　消费者对出国留学语言培训机构的满意指数

（1）被访者在对出国留学语言培训机构“师资水平”指标进行满意度评价时，有5名被访者选择非常不满意，占0.96%；另外有22名被访者选择一般，占4.21%；超过5%的消费者对出国留学语言培训机构的“师资水平”不太满意。

被访者对“师资水平”不满意的主要原因是：部分出国留学语言培训机构不是名师上课，应该是雇用刚毕业的学生来授课，课程内容也很简单。

（2）被访者在对出国留学语言培训机构“教学环境”指标进行满意度评价时，有5名被访者选择非常不满意，占0.96%；另外有16名被访者选择一般，占3.06%；超过4%的消费者对出国留学语言培训机构的“教学环境”不太满意。

被访者对“教学环境”不满意的主要原因是：部分出国留学语言培训机构教室之间距离近，隔音不好、能听到隔壁教室上课的声音，环境差等。

（3）被访者在对出国留学语言培训机构“教学质量”指标进行满意度评价时，有3名被访者选择非常不满意、2名选择不满意，合计5名，占0.96%；另外有17名被访者选择一般，占3.25%；超过4%的消费者对出国留学语言培训机构的“教学质量”不太满意。

被访者对“教学质量”不满意的主要原因是：教材太简单，课时学完之后成绩没有任何提升。

（4）被访者在对出国留学语言培训机构“收费标准”指标进行满意度评价时，有2名被访者选择非常不满意、5名选择不满意，合计7名，占1.34%；另外有87名被访者选择一般，占16.63%；近两成的消费者对出国留学语言培训机构的“收费标准”不太满意。

被访者对“收费标准”不满意的主要原因是：按小时收费、课时费太高，另外教材收费比较高。

（5）被访者在对出国留学语言培训机构“机构诚信度”指标进行满意度评价时，有2名被访者选择非常不满意、3名选择不满意，合计5名，占0.96%；另外有14名被访者选择一般，占2.68%；近4%的消费者对出国留学语言培训机构的“机构诚信度”不太满意。

被访者对“机构诚信度”不满意的主要原因是：承诺授课完成后达到一定的分数，但是没考到的学生就不再继续有老师教学了，只能上助教课自学，有问题找助教。

3.超过15%的消费者认为其所在市的出国留学语言培训机构是比较混乱的。调查显示，有183名被访者认为出国留学语言培训机构是正规的、259名认为比较正规，合计442名，占84.51%，另外81名被访者认为出国留学语言培训机构比较混乱，占15.49%。

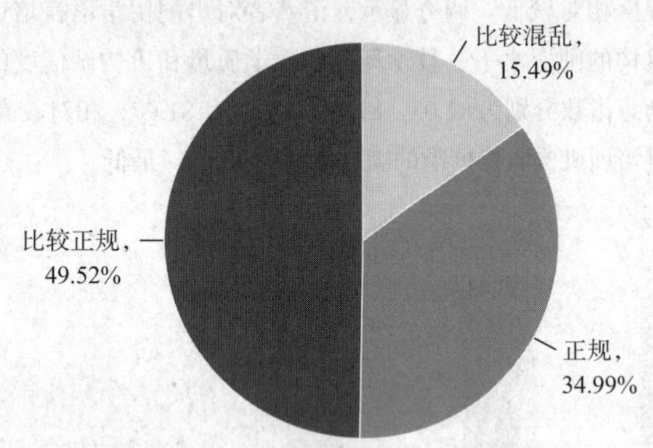

图2 消费者对本市出国留学语言培训机构的评价

4.超过三成的消费者认为出国留学语言培训机构收费不合理。调查显示，有17名被访者认为出国留学语言培训机构收费非常不合理、157名认为不太合理，合计174名，占33.27%，另外349名被访者认为出国留学语言培训机构收费合理，占66.73%。

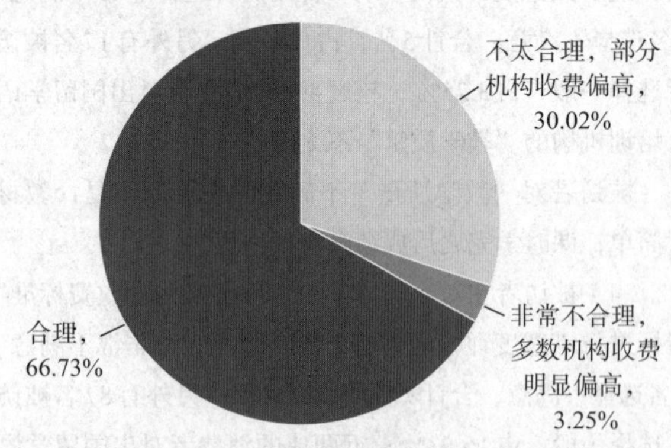

图3 消费者对出国留学语言培训机构收费合理性评价

5.超过八成的消费者表示参加培训班对成绩提升是有帮助的。调查显示，有169名被访者表示参加培训班对成绩提升的帮助很大、253名表示帮助比较大，合计422名，占80.69%，有84名被访者表示作用一般，占16.06%，另外有17名被访者表示没有帮助，占3.25%。

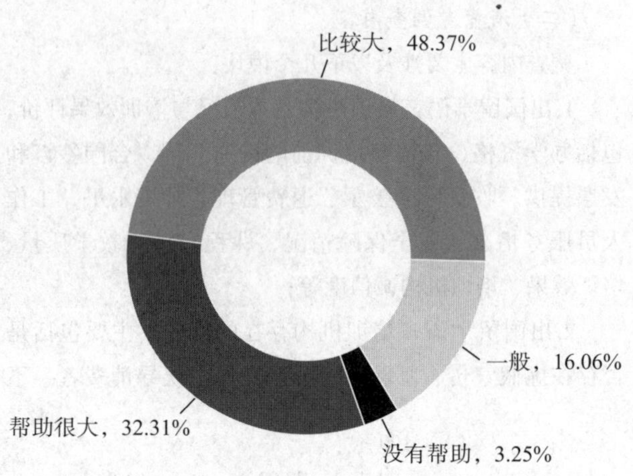

图4 培训后对成绩提升的帮助

6.超过一半的消费者认为出国留学语言培训机构没有公布足够的信息导致自己没有办法了解培训机构的真实状况。调查显示，有290名被访者认为导致自己没有办法了解培训机构的真实状况的原因是培训机构没有公布足够的信息，占55.45%，有147名被访者认为是培训机构广告存在虚假宣传，占28.11%，有130名被访者认为是各类媒体上学习信息庞杂、难以判断，占24.86%，有123名被访者认为是没有权威公正的教育信息发布渠道，占23.52%，另外有96名被访者认为是缺乏与其他消费者的交流渠道，占18.36%。

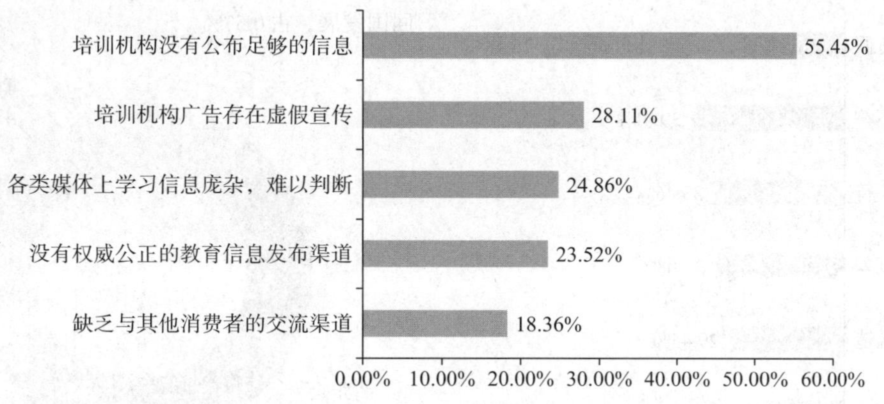

图5　消费者无法真实了解培训机构状况的原因

7.当遇到出国留学语言培训机构提供的教学或服务不够好时，超过六成的消费者会选择与培训机构沟通、要求予以改善。调查显示，当遇到培训机构提供的教学或服务不够好时有343名被访者表示会与出国留学语言培训机构沟通，要求予以改善，占65.58%，有163名被访者表示会选择直接退学并要求退费，占31.17%，有10名被访者选择任何事情都不做，占1.91%，还有7名被访者采取其他措施（如向当地主管部门打电话投诉或举报等），占1.34%。

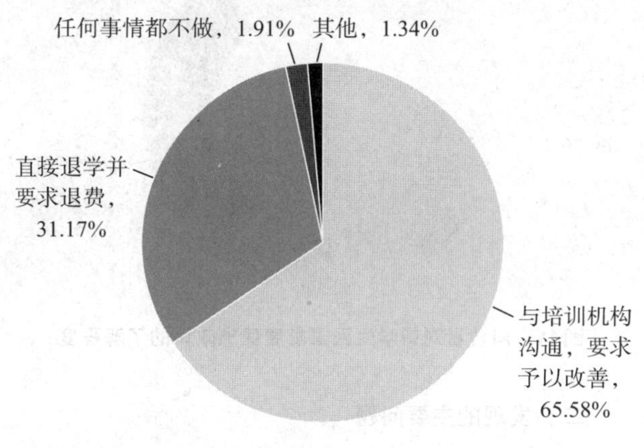

图6　培训效果达不到预期，消费者的应对措施

8.培训过程中当权益受到侵害时，超过六成的消费者选择与培训机构协商解决。调查显示，培训过程中当权益受到侵害时有319名被访者选择与培训机构协商解决，占60.99%，有276名被访者选择向政府有关部门投诉，占52.77%，有70名被访者选择向媒体曝光，占13.38%，另外有9名被访者选择什么都不做，占1.72%。

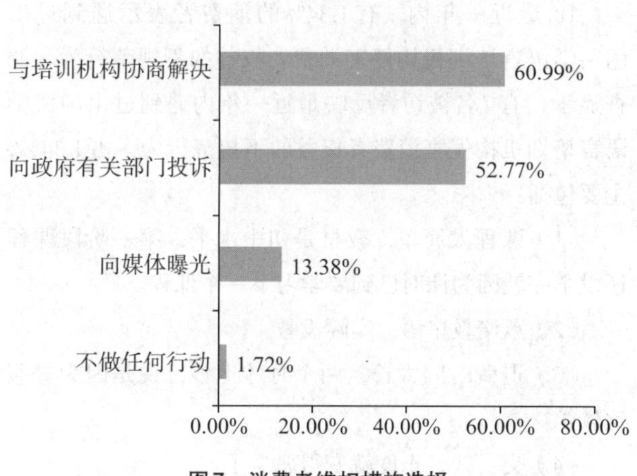

图7　消费者维权措施选择

9.近八成的消费者最不能接受出国留学语言培训机构的侵权行为是师资造假。调查显示，有400名被访者最不能接受培训机构师资造假的侵权行为，占76.48%，有204名被访者表示不能接受培训机构的教学效果与承诺不符，占39.01%，有175名被访者表示不能接受培训机构的教学条件与宣传不符，占33.46%，有173名被访者不能接受培训机构的服务态度差，占33.08%，有154名被访者不能接受培训机构的教材粗制滥造，占29.45%，有106名被访者不能接受培训机构的退费难，占20.27%。

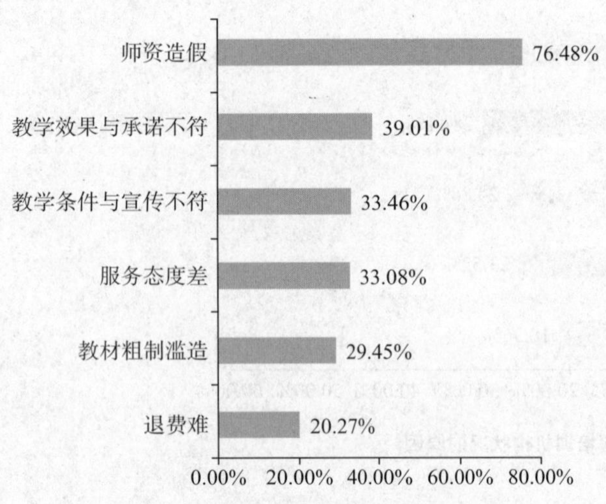

图8 消费者最不能接受的培训机构的侵权行为

10.最近一年内，有1.34%的消费者表示遇到过出国留学语言培训机构侵害消费者权益的不规范行为。调查显示，有7名被访者反映最近一年内遇到过出国留学语言培训机构侵害消费者权益的不规范行为，占1.34%，主要包括：

（1）课程太简单，教材是初中水平，第一阶段课程还没学完就因为课时已到要学习下一个课程。

（2）承诺教口语，实际没教。

（3）退费时间太长，两个月才退钱，说是因为暑假比较忙。

（4）交了钱，态度就变得恶劣了。

（5）老师上课玩手机，不认真教学。

（6）承诺保证达到一定的分数，但是没考到的学生就不再有老师教学了，只能上助教课自学。

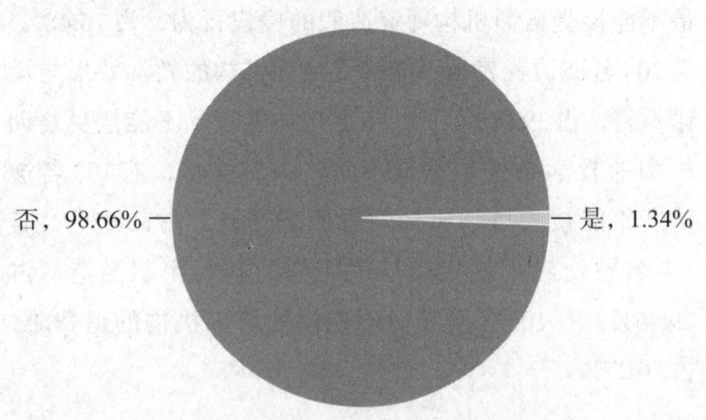

图9 最近一年内，出国留学语言培训机构的侵权行为

11.留学完成后，超过一半的学生表示会选择回国发展。调查显示，有295名被访者表示留学完成后肯定会选择回国发展，占56.41%，有225名被访者表示可能会选择回国发展，占43.02%，有3名被访者表示肯定不会回国发展，占0.57%。

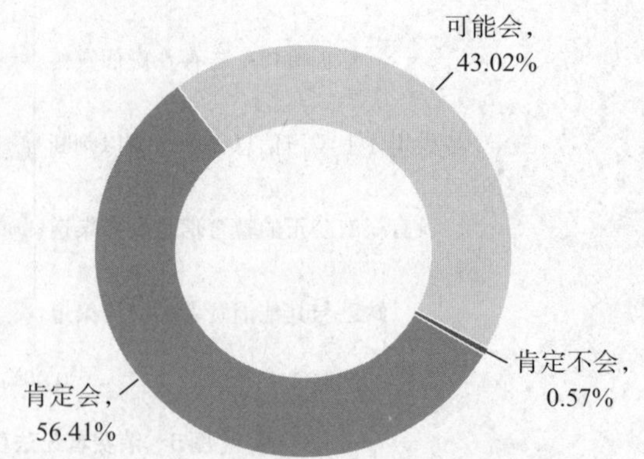

图10 留学完成后，留学生回国发展的意向

12.超过90%的消费者对留学生回国发展的优惠政策有所了解。调查显示，有110名被访者表示对留学生回国发展的优惠政策非常了解，占21.03%，有365名被访者表示对留学生回国发展的优惠政策了解一点，占69.79%，有48名被访者表示对留学生回国发展的优惠政策不了解，占9.18%。

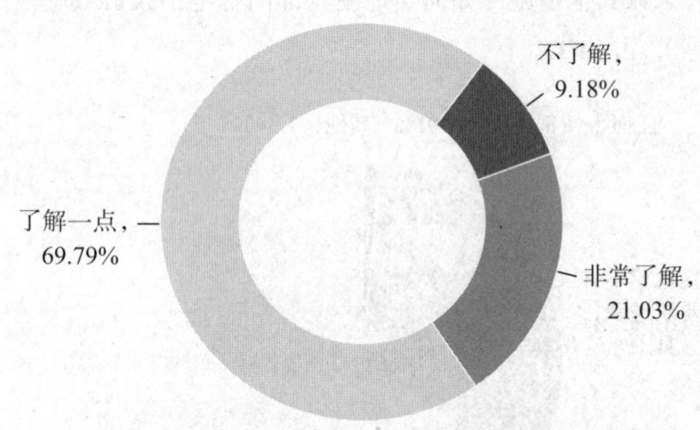

图11 消费者对留学生回国发展优惠政策的了解程度

二、发现的主要问题

（一）部分出国留学语言培训机构的办学资质和教师资格难以分辨。

调查显示，有13名被访者反映出国留学语言培训机构没有办学许可证、27名被访者反映不清楚培训机构是否有办学许可证，合计40名，占7.65%；有5名被访者反映出国留学语言培训机构没有正规的教学计划、23名被访者反映不清楚培训机构是否有正规的教学计划，合计28名，占5.35%；有3名被访者反映出国留学语言培训机构教师不具备教师资格和任职条件、59名被访者反映不清楚培训机构教师是否具备教师资格和任职条件，合计62名，占11.85%。

由此可见，部分出国留学语言培训机构没有办学资质和教师资格的“红线意识”。

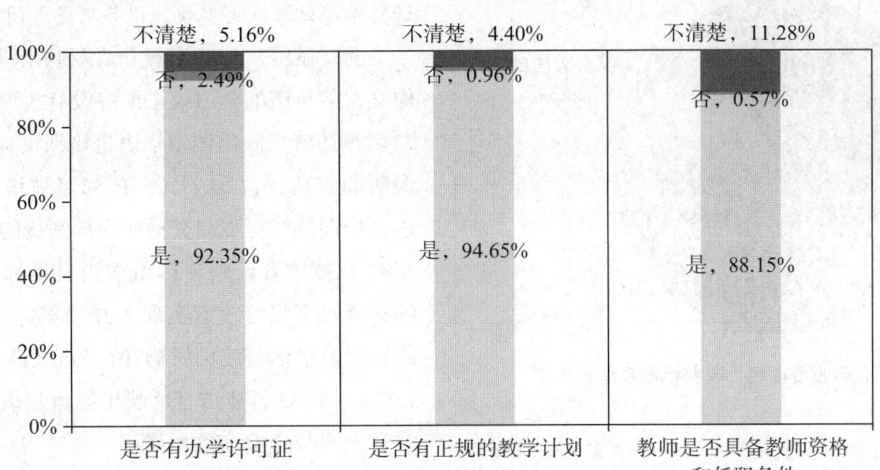

图12　出国留学语言培训机构办学资质

（二）近两成的消费者表示出国留学语言培训机构没有与其签订合同。

调查显示，有86名被访者反映出国留学语言培训机构没有与自己签订合同，占16.44%；有44名被访者反映出国留学语言培训机构没有为其提供正规发票或服务单据，占8.41%。

由此可见，出国留学语言培训机构与学员不签订合同的情况时有发生。

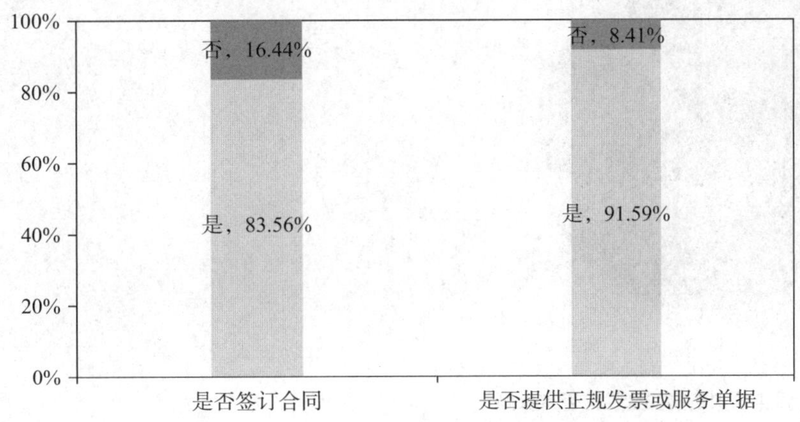

图13　出国留学语言培训机构合同签订和发票开具

（三）一成左右的消费者表示出国留学语言培训机构不告知、不公示收费项目、收费标准和退费规定。

调查显示，有61名被访者反映出国留学语言培训机构没有告知退费规定，占11.66%；有47名被访者反映出国留学语言培训机构没有在校内公示收费项目、收费标准和退费规定，占8.99%，另外有75名被访者表示没有关注过培训机构是否在校内公示收费项目、收费标准和退费规定，占14.34%。

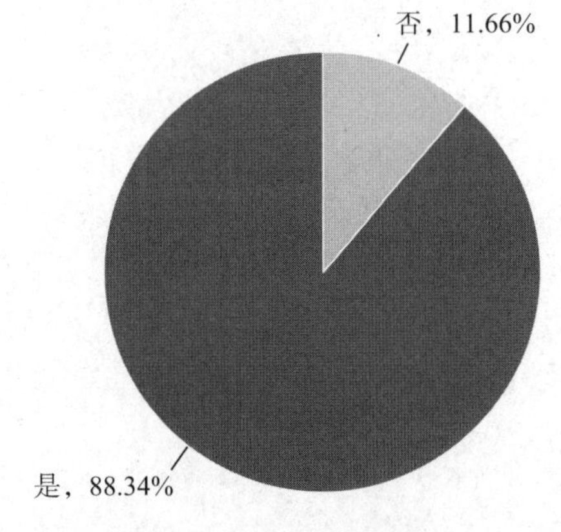

图14　是否告知退费规定

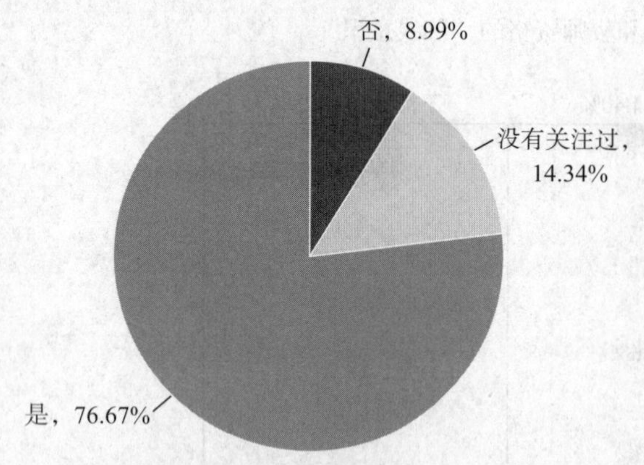

图15　是否公示收费项目、收费标准及退费规定

（四）近一成的消费者表示出国留学语言培训机构存在安全漏洞。

调查显示，有45名被访者反映出国留学语言培训机构存在一些安全漏洞，占8.60%，有13名被访者反映不了解培训机构的安全保障情况，占2.49%。

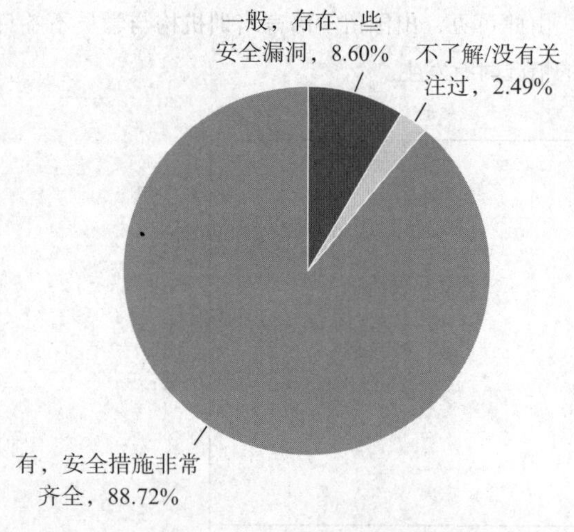

图16　出国留学语言培训机构安全性是否有保障

（五）部分出国留学语言培训机构存在虚假宣传、承诺的学习效果没有实现、误导消费等问题。

调查显示，有89名被访者反映出国留学语言培训机构交费前承诺的学习效果最终没有实现，占17.02%，有72名被访者反映出国留学语言培训机构存在虚假或引人误解的宣传，占13.77%，有52名被访者反映出国留学语言培训机构有强制交易或误导消费的行为，占9.94%，有41名被访者反映出国留学语言培训机构交费前承诺的师资水平最终没有实现，占7.84%，有37名被访者反映出国留学语言培训机构存在巧立名目乱收费情况，占7.07%，有32名被访者反映出国留学语言培训机构实际教学方式与交费前的承诺不一致，占6.12%，有26名被访者反映出国留学语言培训机构实际教学内容与交费前的承诺不一致，占4.97%，有22名被访者反映出国留学语言培训机构交费前承诺的教学环境最终没有实现，占4.21%，有21名被访者反映出国留学语言培训机构将教学任务转交其他组织或个人，占4.02%。

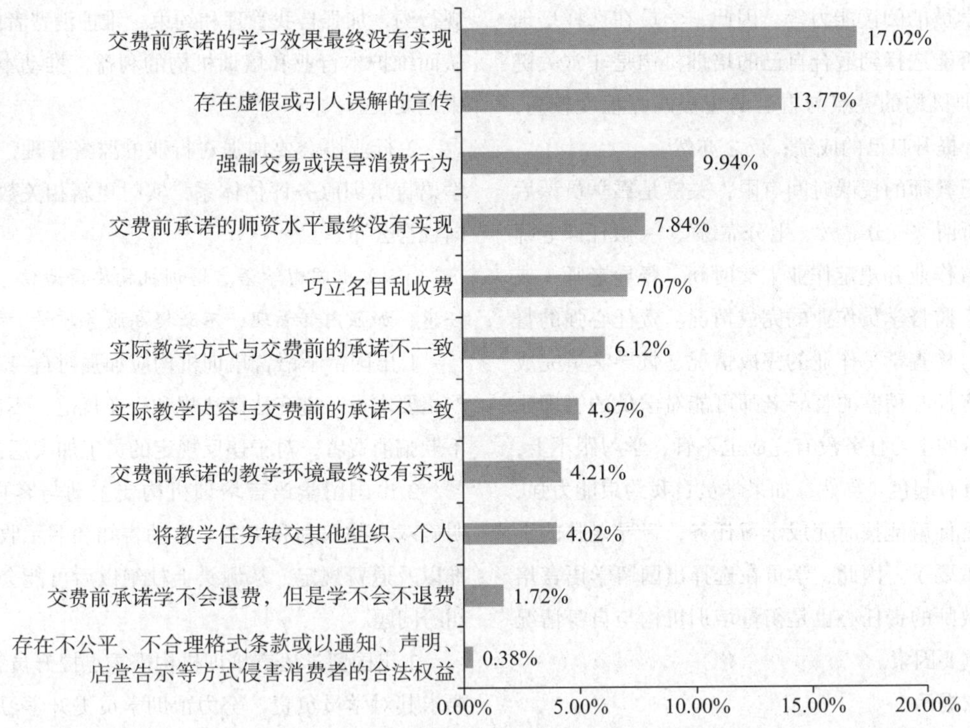

图17　出国留学语言培训机构存在的问题

三、存在问题的主要因素

（一）教师任职资格不明确、教学内容未标准化导致学员在选择出国留学语言培训机构时无法准确判断培训机构的教学质量和教学效果。

目前，出国留学语言培训无标准化培训教材，各家培训机构大多是自编教材，而出国留学语言考试的内容又是在不断变化的，有些机构会专门投入力量研究最新的考试变化然后根据变化及时调整教材，而有些机构此方面投入的力量相对较少、教学内容相对滞后，学员作为初学者由于信息量有限没办法判断培训机构的教材是否跟得上形式、是否是最新的，也就无法根据培训机构的教学内容和教学计划预判出教学效果。

另外，据了解出国留学语言培训机构的任职教师是没有明确标准的，有的教师是科班出身，如英语专业的毕业生，有的教师是参加过托福或雅思考试的，有的教师是出国留学回来的。但是教师的实际教学效果、抓题能力、责任心等没有办法量化，导致学员对教师的选择比较困难。

（二）部分学员盲目信任出国留学语言培训机构的“保分提分”计划最终导致提分失败，错失上名校和选择心仪专业的机会。

目前，有些出国留学语言培训机构为了吸引更多学员，会承诺“帮助学员提高到一定的分数，如果考不到会退费或者可以继续学”等，然后为了突出学习效果和提分的程度，培训机构安排学员参加考试的时间一般会比较靠后，甚至是截止日期之前的最后一次机会。如果学员在最后一次机会没有通过考试或者没有考到预期的分数，也就错失了上目标学校和选择心仪专业的机会。

另外，关于“达不到目标会退费”的承诺也是存在一定争议的，有些机构在交费时不会明确告知哪些费用可以退、哪些费用是不退的，然后等到退费时才告知有些项目是不能退的，如上过的课时费、教材费等，还有部分学员反映在办理退费的过程中手续比较烦琐、需要耗费很长时间。

此外，还有学员反映“如果考不过可以继续学”的规定也是大打折扣的，如当考不过再去学的时候就没有教师教学了，只能跟着助教上课，让学员自学。

（三）出国留学语言培训机构的教学亮点与学员短板的匹配程度、教师的责任心，是影响学习效果的重要因素。

语言考试主要测试学员对该门语言“听、说、读、写”四项基本技能掌握的熟练程度，学员对四个科目的掌握程度一般是不平均的，有的科目掌握得比较好、有的科目比较差，差的科目需要重点培训。当然，大多数出国留学语言培训机构四项基本技能教授的水平也是有高有低的，有些机构偏重培养学员的写作能力，有些机构偏重培养学员的阅读能力等。因此，学员在选择培训机构时，是否能选择到适合自己的培训机构是非常关键的，如果培训机构的亮点与自己的短板匹配程度较高，那么就有助于提升自己的成绩；反之亦然。

语言学习教师的授课时间有限，关键是靠学员课后的练习，正所谓“三分靠教、七分靠练”。一般任课老师授课后会布置作业并规定作业上交时间，督导老师（或者助教）负责监督学员作业的完成情况。责任心强的督导老师会按时检查学员作业的完成情况、督导学员完成学习任务，责任心稍差的督导老师可能对学员的管理比较松散，学员的学习任务没有完成也不管，学习跟不上，成绩自然就没有起色。当然，如果学员自我约束能力强，不需要他人督促就能按时完成学习任务，督导老师的责任心就不太重要了。因此，学员在选择出国留学语言培训机构时，教师的责任心也是衡量培训机构与自身情况是否匹配的重要因素。

四、几点提示

（一）相关部门应加强对出国留学语言培训机构的监督管理力度。

1.各有关部门根据各自的职能从出国留学语言培训行业的源头开始治理，开展执法监督检查，彻底清除超范围经营、无教育资质招生办学的培训机构，清理无资质教师，规范培训机构的经营行为，坚决查处虚假宣传、乱收费等行为。

2.对于查处后的经营者，要将其作为重点监管对象，加强日常检查，实施案后回查，记入信用档案，向社会公布，且对典型案件予以曝光，以增强对出国留学语言培训机构的违法经营行为的警示教育效果。

3.针对与培训相关的投诉，应当依法处理，提高投诉案件的办案效率和质量，及时化解纠纷。

4.坚持开展规范出国留学语言培训服务的联合检查和专项检查工作，建立检查通报和反馈制度，构建治理出国留学语言培训乱象的长效机制。

（二）行业协会要加强自律，充分发挥行业协会作用，引导会员依法经营。

1.行业协会要积极行动，在行业内贯彻落实相关法律法规，牵头带动会员单位积极促成制定行业自律的行规行约，加强自我管理和约束，维护消费者的合法权益，从而维护本行业和培训机构的利益，推动本行业持续健康地发展。

2.行业协会要加强对行业的监督管理，建立出国留学语言培训服务评估体系，实时更新相关数据库并及时向社会公布。

（三）出国留学语言培训机构要讲诚信、树立社会责任感，加强内部管理，不断提高服务质量。

1.出国留学语言培训机构应加强对自身员工的管理，严格要求员工遵守法律法规和行业规范，不诱导消费者、不欺骗消费者，对于违反规定的员工加大惩罚力度。

2.出国留学语言培训机构要主动与客户签订合同，明确双方的权利和义务，主动告知和明示收费项目、标准以及退费规定，从源头上杜绝以后可能会产生的费用纠纷问题。

3.出国留学语言培训机构需重点提升员工的责任心，要求其对学员负责，努力帮助学员提升学习成绩，实现预期的学习目标。

（四）消费者不要盲目跟风，要善于运用有关信息分析培训机构的利与弊、自身的优势与短板，选择适合自身的出国留学语言培训机构；另外要努力学习，提高自身维权能力。

1.消费者在选择出国留学语言培训机构时，千万不能人云亦云，别人说某个机构好、某个老师好、某个培训计划好，就选择某个机构、老师、计划等，一定要从多方面、多层次、多角度了解分析培训机构的优势与短板，并结合自身的特点，选择与自身匹配程度高的培训机构与培训模式。

2.消费者要努力学习法律知识，提高法律意识，充分了解教育知识，从而学会选择和维权。消费者维权，一要看培训机构的办学资质（如教育部门发放的《办学许可证》等）、考察教师资质和规模；二要收集保存招生简章、宣传单等，作为维权证据；三要签订合同，明确权利和义务，索要发票或收费单据，且要将有关的口头承诺写入合同；四在出现消费争议时，可请求市场监管局消费者投诉中心调解或向所在地市场监管、教育、物价监督等部门投诉。

河南省消费者协会

商品住宅小区物业管理服务调查报告

一、基本情况

（一）*活动目的和意义*

随着我国经济的快速发展，城市化进程的不断加快，物业管理成为城市管理和治理能力现代化水平的重要标志。物业管理对城市现代化和房地产行业发展具有促进作用，对提高城市居民的生活品质至关重要。

河南省现阶段常住人口城镇化率已超过50%，城镇化也从快速发展阶段逐步过渡到相对成熟与稳定的高级阶段。广大业主（消费者）对住宅小区物业服务的需求、品质也提出了更高的要求。如何提升物业管理水平、有效保障城市住宅小区业主的生活品质，为业主提供环境优美、生活便利、治安良好的生活空间，成为亟待解决的重要民生问题之一。

为贯彻落实《消费者权益保护法》《河南省消费者保护条例》《河南省物业管理条例》，推动物业行业和管理部门进一步推进物业服务标准化、健全物业管理体制机制、提高业主自治能力，保护广大业主（消费者）合法权益，河南省消费者协会（以下简称省消协）联合18个省辖市消费者协会委托专业调查机构北京零点远景网络科技有限公司，在全省范围内开展了住宅小区物业管理服务消费者问卷调查走访活动。本次调查活动有三个主要目的：

1.立足于河南省情，全面了解河南省物业管理服务的总体现状，为广大业主（消费者）提供真实信息，为政府相关部门提供政策决策的建议和参考。

2.通过深入调查与分析，全面掌握了解河南省物业管理服务普遍存在的共性问题，聚焦物业管理的热点、难点问题，分析查找原因，督促物业管理服务企业及时对存在的问题进行整改，推动物业服务标准化、规范化建设，全面提升物业管理服务质量。

3.通过本次调查活动，进一步宣传《消费者权益保护法》《河南省消费者权益保护条例》《河南省物业管理条例》等法律法规；提高广大消费者的维权意识和技能，进一步促进物业企业增强服务意识，提高服务质量，为业主提供更加优质舒适、便利和安全的物业服务。

（二）*调查活动基本情况*

本次调查活动采用拦截问卷调查方式。调查范围涵盖河南省18个省辖市的城镇社区。本次调查实际完成有效问卷2242个。

表1　河南省18个城市执行小区和样本量

城　市	小区数	样本量	城　市	小区数	样本量
郑　州	11	214	平顶山	8	108
南　阳	13	224	许　昌	6	107
周　口	12	196	开　封	6	105
商　丘	9	175	濮　阳	5	93
驻马店	9	156	焦　作	5	73
洛　阳	9	149	济　源	4	64

续表

城　市	小区数	样本量	城　市	小区数	样本量
信　阳	8	147	漯　河	4	62
新　乡	8	131	鹤　壁	4	61
安　阳	7	116	三门峡	4	61

本次调研涉及132个商品房小区，124个物业管理服务企业。不包含工业地产、商业地产以及尚无物业公司提供服务的老公房、自建房等住宅小区。

调查对象为河南省各地市住宅小区业主（及其直系亲属），并在小区居住至少1个月，年龄在18—65周岁之间，能够清晰理解问题、回答问题。

二、调查结果分析评价

（一）基础物业服务总体评价

1. 调查结果显示，2018年河南省基础物业管理服务满意度得分为69.2分，整体处于较低水平。具体到各类基础服务层面，依次是小区秩序维护服务（如安保、巡逻等）满意度评价得分最高，为72.3分，其次为环境清洁服务（71.6分）和绿化养护服务（71.2分）；得分最低的是车辆停放管理服务，仅为61.9分。

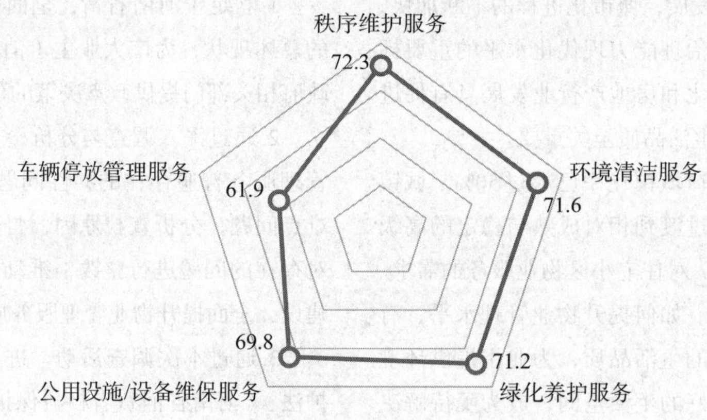

图1　不同基础物业服务类型评价得分情况（单位：分）

2. 各城市物业服务评价情况。不同城市之间基础物业服务综合评价得分差异较大。其中，漯河市基础物业服务满意度得分最高，为88.7分，也是唯一一个达到优秀水平的城市。其次为新乡（78.9分）和开封（76.2分），两个城市的物业服务满意度也达到了良好水平。得分较低的为信阳和焦作，得分分别为57.1分和55.8分，不足60分。

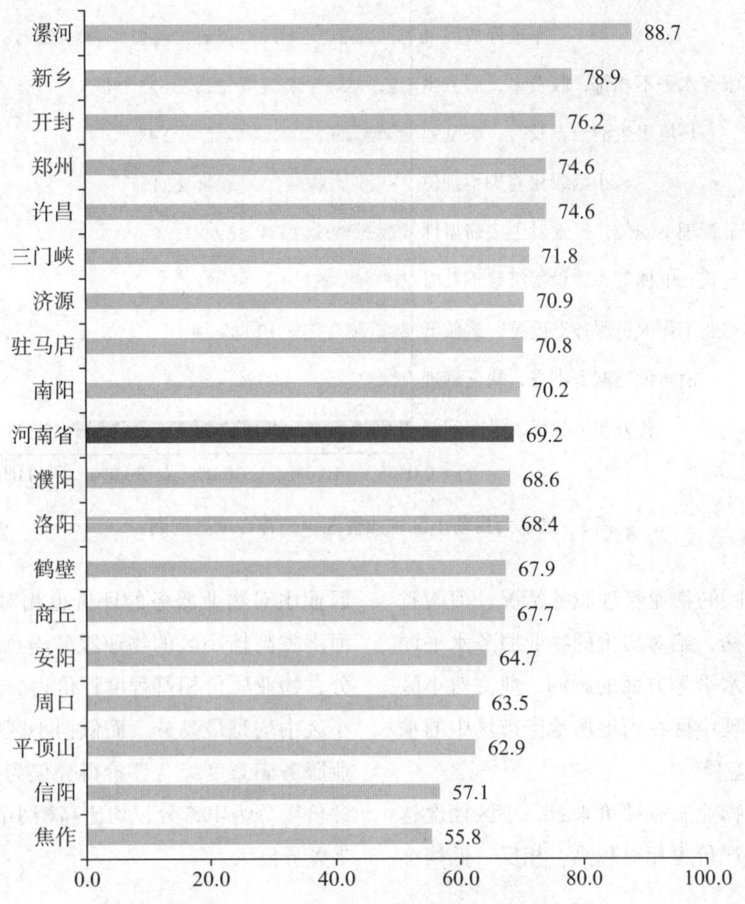

图2　河南省各城市基础物业评价得分

3.基础物业服务存在的问题。车辆停放混乱成为物业管理服务最主要、最突出的问题，42.7%的业主表示物业公司对车辆停放的管理较差，也是各类服务中满意度得分最低的一项。该结果与江苏省物业服务调查结果一致，车辆停放管理同样排在各类物业管理服务问题之首，成为物业管理服务中的顽疾。

有25.1%的业主表示当前“物业收费与服务水平不相符，收费多、服务少”。从业主对物业收费和服务水平的相符程度评价结果来看，物业服务质价相符程度得分仅为67.9分，从一定程度上反映了河南物业服务存在质价不符的现象。

此外，超两成的业主认为小区环境卫生清洁（22.4%）和绿化养护服务（22.1%）工作不到位。安全管理不到位、房屋建筑和电梯等设施设备维修不及时、物业工作人员服务态度差以及消防设施配备不齐等问题的占比也均超过了一成。

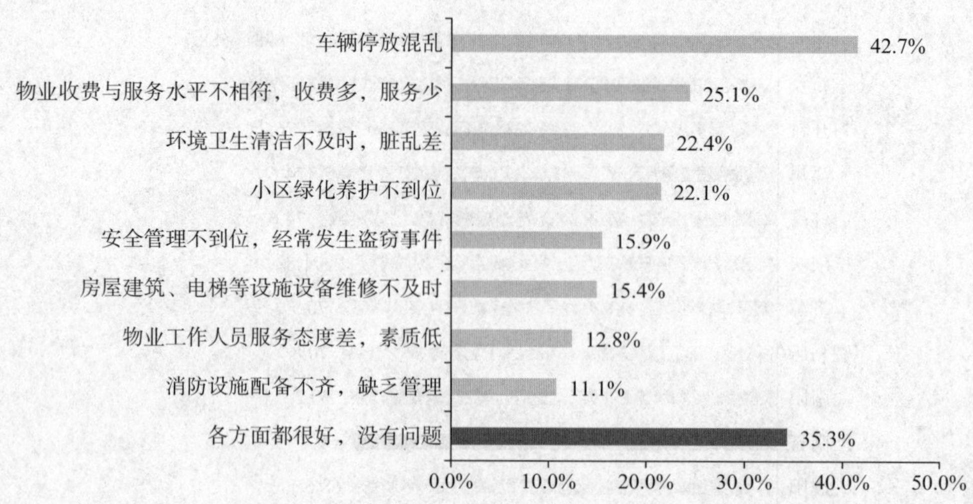

图3　您认为目前小区物业管理中还存在哪些问题?

4.不同档次住宅小区的物业管理服务情况。河南省区域经济发展相对不平衡，绝对房价的物业服务水平评价可能会受到区域房价水平等方面的影响，业主对小区档次水平的自评更能体现小区在当地房地产市场中的水平以及物业服务水平的差异。

从不同档次小区的物业服务评价来看，小区档次越高，业主对物业服务的评价也相对越高。相反，低档小区业主对物业服务的评价也相对较低。调查结果显示，河南省高档小区的物业服务满意度综合评价得分为81.1分，物业质价相符程度评价得分为79.5分，在三个档次小区中均是最高分。而低档小区则呈“双低”趋势，物业服务满意度综合评价得分仅为48.8分，质价相符程度评价得分为49.3分，均比高档小区得分低30分以上，两者差异巨大。

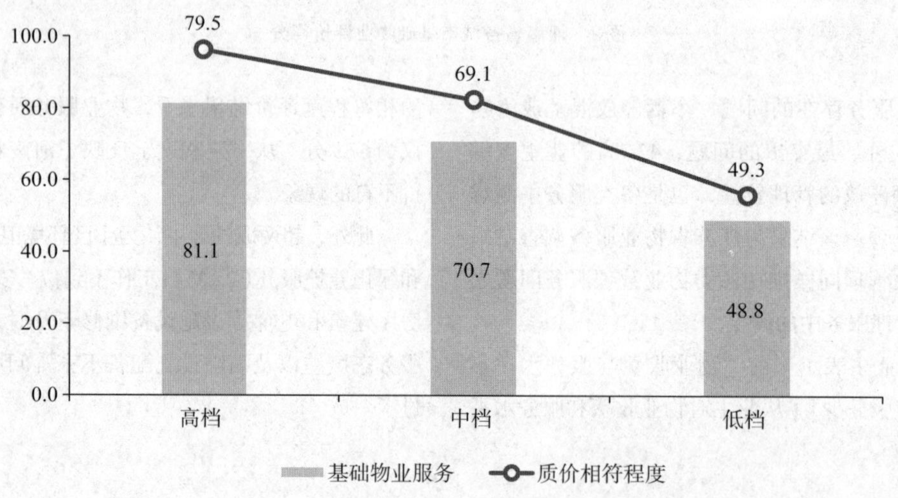

图4　不同档次的物业服务水平与质价相符程度评价

在各类具体基础物业服务层面，高档小区同样占据优势地位。高档小区内的环境清洁、秩序维护、公用设施/设备维保和绿化养护四大类服务得分都在80分以上，得分最低的车辆停放管理服务也达到了76.6分。而低档小区中得分最高的秩序维护服务仅为52.9分，各类基础服务员水平均与高档小区相去甚远。

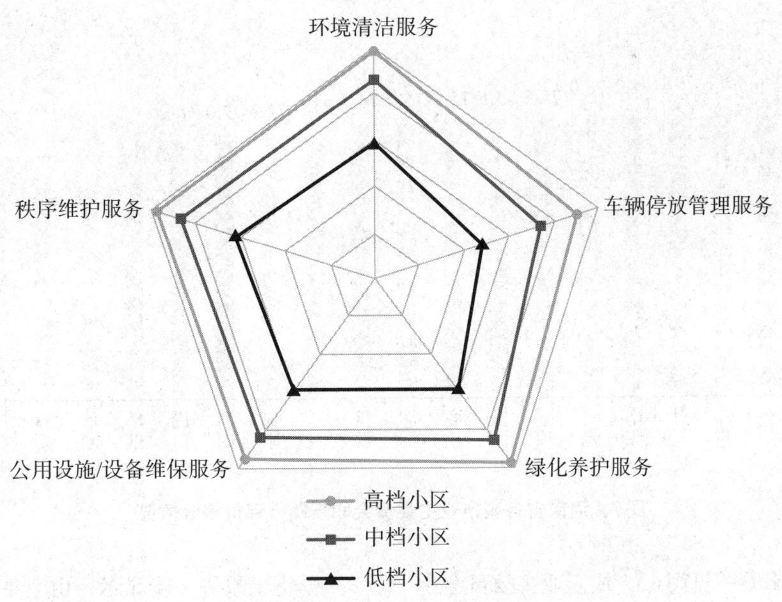

图5　不同档次小区各类物业服务得分

（二）业主委员会成立及履职情况

1.业主委员会成立情况。调查结果显示，仅有39.1%的业主明确表示所在小区成立了业主委员会，占比不到所有受访者的四成；有28.2%的业主明确表示未成立业主委员会，同时32.7%的业主表示不清楚自己所在的小区是否成立了业主委员会。

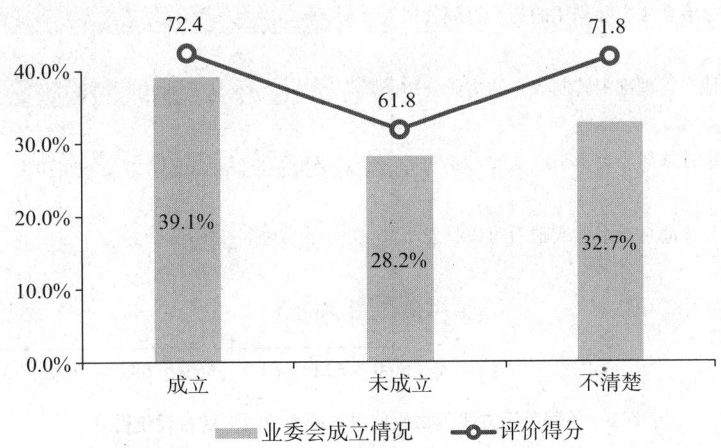

图6　您所在的小区是否成立业主委员会？

2.业主委员会职责履行评价情况。就业主委员会职责履行情况来看，河南省业主对其评价得分为72.0分。从各城市的物业公司来看，新乡、郑州和驻马店评价得分位列前三名，其中新乡得分为80.5分，也是唯一一个得分超过80分的城市。此外有4个市得分不足60分，分别为：信阳、濮阳、三门峡和焦作。

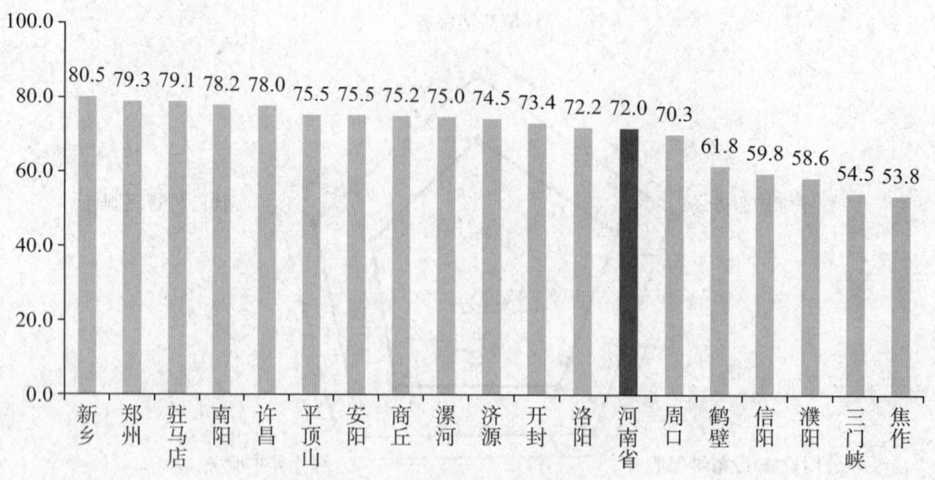

图7　河南省各城市业主委员会职责履行评价得分情况

从服务水平评价来看（见图6），成立业主委员会小区的业主对基础物业服务满意度得分为72.4分，远高于没有成立业主委员会小区的61.8分。由此可见，通过业主委员会加强与物业公司的沟通可以在基础物业服务水平的提升方面发挥积极作用。

分析结果进一步显示，由业主大会或业主委员会聘用的物业管理公司水平相对较高，达到73.0分。排在其后的是由房地产管理部门转制成立的物业公司，评价得分与前者接近，为72.9分。开发商自己组建或聘用的物业公司评价得分较低，仅为67.0分。

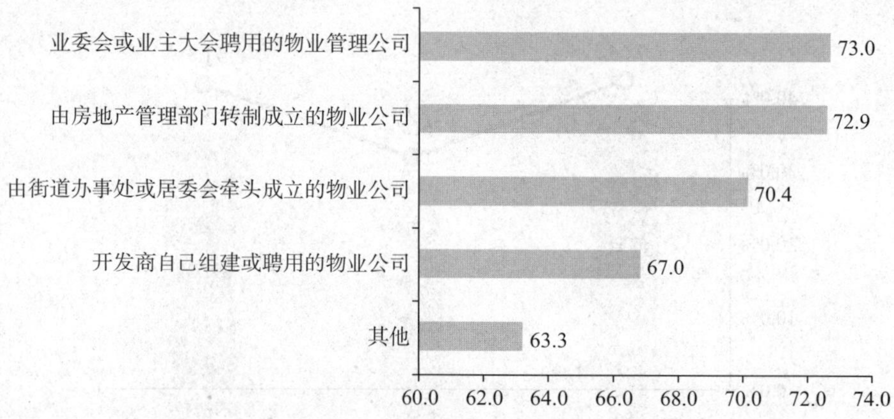

图8　不同聘用方式下物业公司基础物业服务综合评价得分

一般情况下，由业主委员会选聘的物业公司是经过业主大会同意或征求过多数业主意见之后决定的，业主对所聘物业公司的资质、管理经验等各方面进行了一定考察和了解，对其承担小区物业服务的能力有了一定的预判，因此在评价过程中也会由于其工作符合预期而给予较高的评价。而由开发商自己组建或聘用的物业公司由于无法切断自身与母公司的联系，妨碍了其向专业化和市场化的方向发展，加上前期物业管理过程中开发商存在一定的遗留问题，成为物业管理水平低下的重要原因。

3.未成立业主委员会的原因分析。针对未成立业主委员会的小区，调查结果表明，业主自治意识薄弱和自治制度不完善是业主委员会未成立的主因。一方面，有近一半的受访者（47.9%）表示不清楚业主委员会未成立的原因所在，对此关心程度较低，未参与到业主委员会建设的过程中，折射出业主自治意识薄弱的现状。另一方面，24.4%的受访者表示业主存在组织难的问题，无法达到法定人数，同时还有18.4%的受访者表示业主之间意见分歧较大，难以达成统一意见。此外，有17.2%的业主表示存在物业公司阻挠和妨碍成立业主委员会的现象，应当引起行政主管部门的重视。

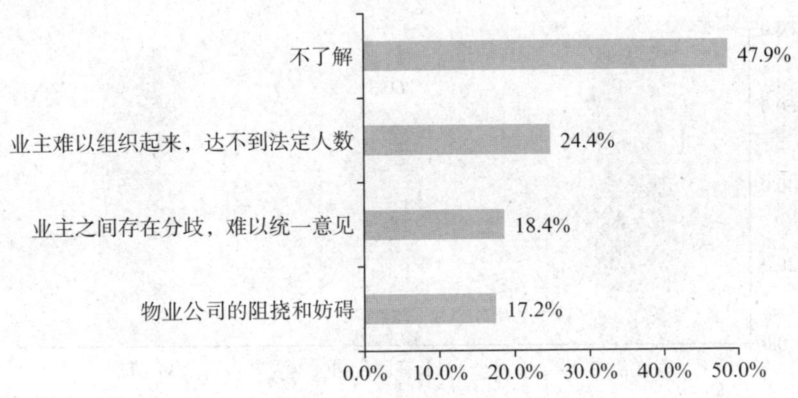

图9　未成立业主委员会的原因

（三）业主权益维护情况

1.物业服务合同签订情况。物业合同是物业管理活动、履行管理义务的依据，在明确双方的权利与义务以及规范物业管理活动中发挥着不可替代的作用，同时也是建设法制社会的内在要求。物业合同对于物业管理服务的合法性和有效性、督促物业公司全面履行合约、规范企业物业管理行为以及实现物业服务水平不断提升具有不可忽视的现实意义。

但调查结果显示，河南省物业服务合同签订率低，业主的物业服务权益得不到充分有效的法律保障。在所有受访者中，仅有27.5%的业主明确表示签订了物业服务合同，不足三成；而超三成的业主则明确表示没有签订物业服务合同（33.9%），还有近四成的业主不清楚是否签订了物业服务合同（38.6%）。

就物业服务合同签订方式来看，物业公司提供的合同占主导。在已签订物业服务合同的业主中，73.8%的受访者表示是按照物业公司提供的合同签订的，19.9%的受访者表示签订的是双方协商的简易书面合同。此外，6.4%的业主仅与物业公司达成口头协议。

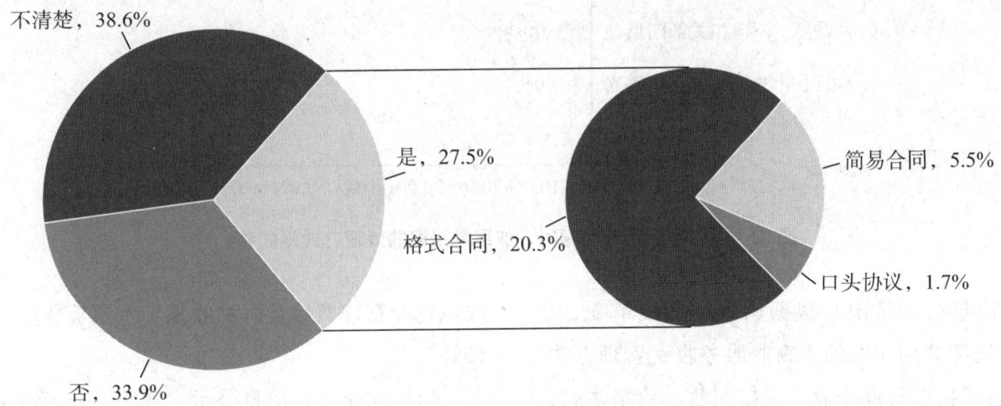

图10　物业服务合同签订情况

2.物业合同履行评价情况。从物业合同履行情况来看，已签订物业管理合同的业主对基础物业服务的评价得分为76.7分，整体表现较好。而未签订物业合同的业主对物业公司的评价得分仅为60.3分，远远低于签订物业管理合同的业主的评价得分。由此可以看出，物业合同在规范物业管理活动、履行服务职责方面具有不可或缺的作用。

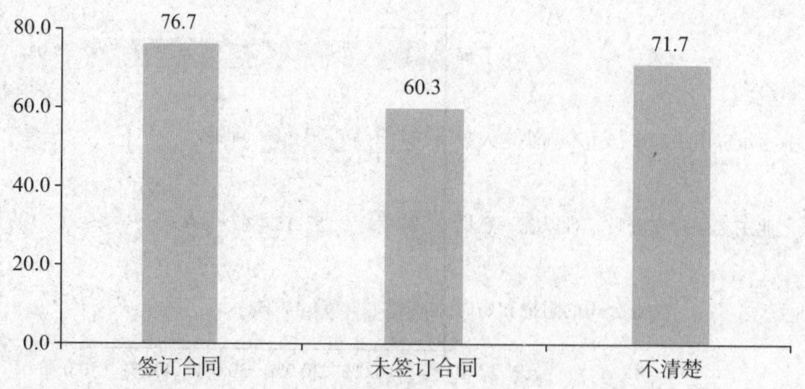

图11　不同物业合同签订情况下基础物业服务评价得分

3.权益维护方式。

从维权方式来看，直接沟通仍然是解决问题的主要渠道，即出现问题后向直接物业公司反馈，采用此类方式的业主占到66.8%。而采用不缴纳物业费来抗议、不采取任何处理方式和向业主委员会或业主大会反馈三种方式的业主比例接近，分别占到7.2%、7.2%和7.1%。仅有1.5%的业主会采用向消费者协会或其他监管部门投诉的方式来解决物业服务问题。

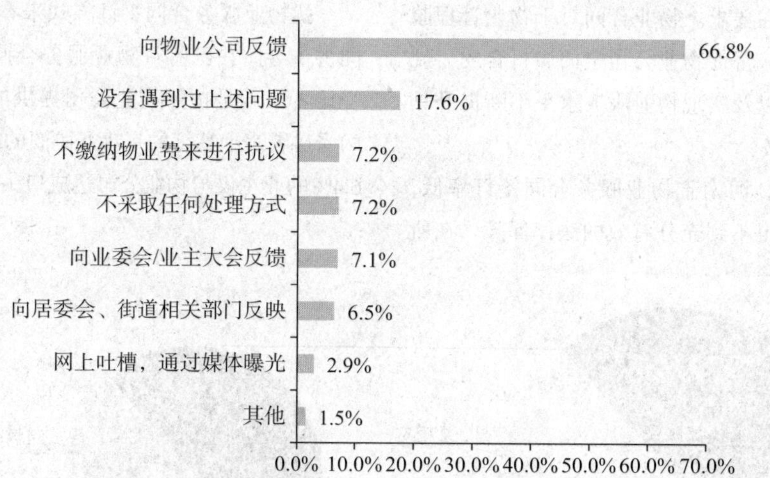

图12　遇到物业管理问题时，您通常采取的处理方式是哪种？

4.物业信息公示情况。根据国家发展改革委、住房和城乡建设部共同印发的《物业服务收费管理办法》第八条规定："物业管理企业应当按照政府价格主管部门的规定实行明码标价，在物业管理区域内的显著位置，将服务内容、服务标准以及收费项目、收费标准等有关情况进行公示。"同时第十二条还规定："物业管理企业应当向业主大会或者全体业主公布物业服务资金年度预决算并每年不少于一次公布物业服务资金的收支情况。"

从调查结果看，有九成的业主明确表示物业公司在收取物业管理费后会开具收据、发票等凭证，整体表现较好。

但从物业公司信息公示、透明、合规情况来看，整体表现较差。仅有不足四成的业主明确表示物业公司会公示收费项目、收费依据和标准（39.0%），超四成的业主则明确表示未观察到物业公司对该类信息进行公示（40.8%）。而明确表示观察到物业履行公共收益信息公示义务的业主只占到13.7%，近六成业主则明确表示物业公司未对收益信息进行公示（58.7%）。

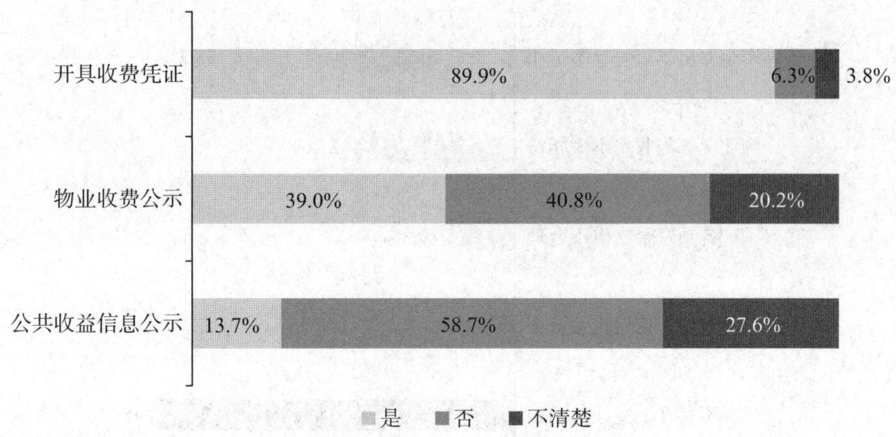

图13 您所在的小区是否开展了以上工作?

具体到公共收益信息各方面，公示最多的是公共区域的广告收益（如电梯间广告、楼道广告、户外广告等收益），占到40.9%。其次为公用设施和物业服务用房等收益（39.6%），占用小区属于业主共有的道路、绿地或者其他场地作为停放车辆的车位收益（35.1%）。此外，公共区域内租赁摊位租金、摊位费、入场费和场地费等收益，部分通信运营管理费和因损坏或违法使用小区的公共设施进行的赔偿或收益占比也超过了两成，分别为27.6%、23.7%和20.8%。

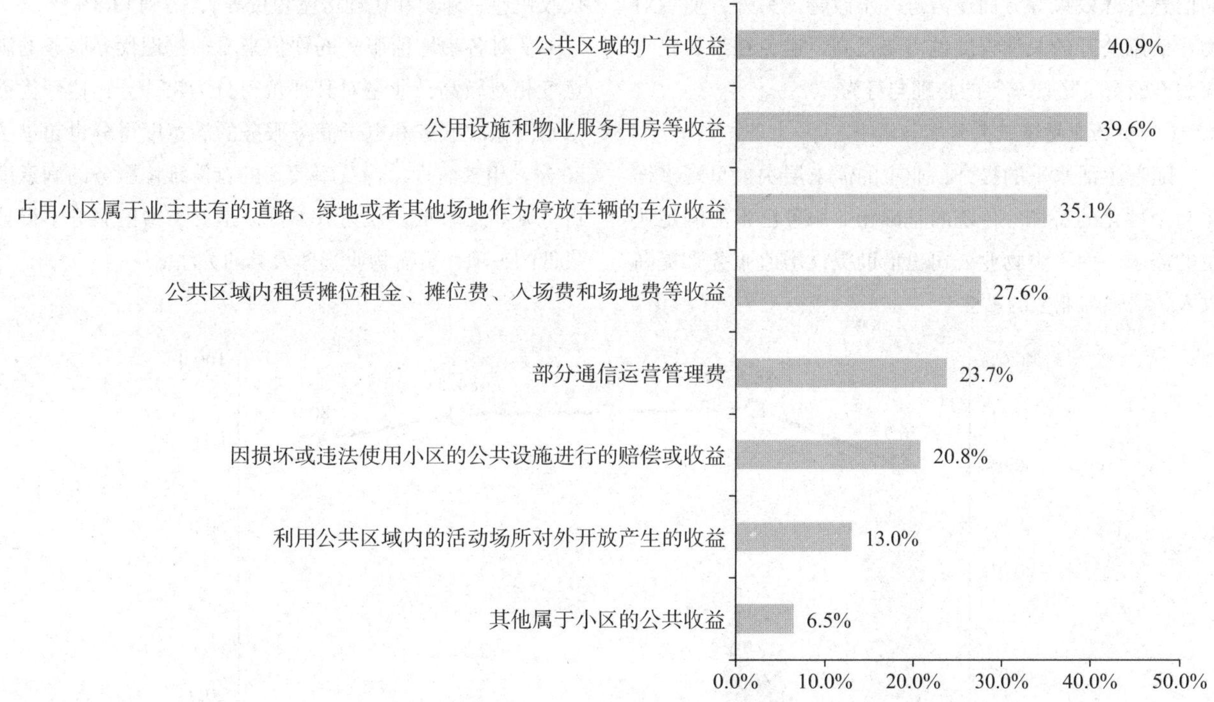

图14 不同公共收益类型公示情况

进一步分析可以发现，有38.2%的业主认为物业公司存在资金支出不公开、不透明的情况，21.6%的业主认为物业服务存在质价不符的现象，同时还有近一成的业主认为存在物业资金支出不合理的状况。

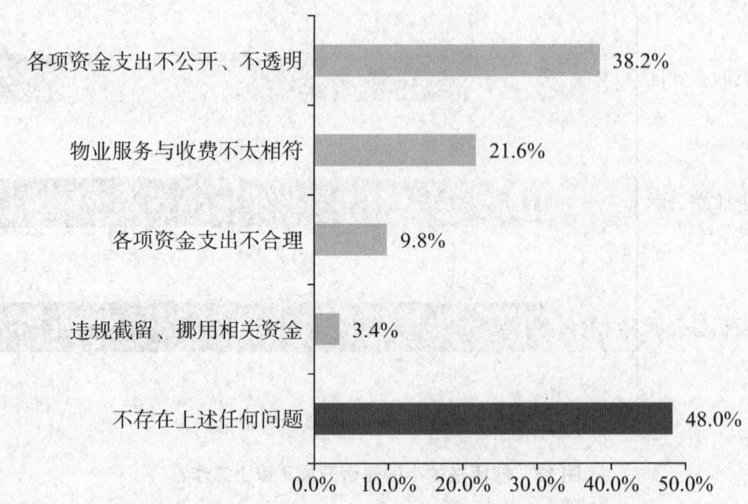

图15　您所在小区物业管理公司是否存在以上资金管理问题？

以上调查结果在一定程度上反映了目前物业公司信息公开公示的现状及效果，物业公司各项资金支出不公开、公开不到位、公开效果欠佳的情况的确存在，物业公司在拓宽信息公开的渠道、加大信息公开的范围和提高信息公开效果等方面还需进一步改善。另外，业主对物业信息公开的关注程度也需要提高，避免在维护自身权益方面有“搭便车”的心理与行为。

（四）物业增值服务需求与水平

随着生活水平的提升，业主的需求层次也呈现多样化与个性化的特征。传统的基础物业服务已不能满足业主的需求，而不少物业公司也借助提供增值服务来提高收入，增强与业主的黏性。

调研结果显示，有偿维修服务（如水、电、暖等项目的维修）是当前物业公司提供的主要增值服务类型，有23.8%的业主明确表示自己所在的小区物业公司会提供该类服务。其次为代理代办服务（如代买、代送物品，代收快递、外卖和代理房屋租赁等），占到13.8%。

从对各项增值服务的评价来看，代理代办服务的满意度相对较高，业主对其评价得分为85.1分，达到优秀水平。家政服务和电子商务服务的满意度得分也超过了80分。相较而言，普及率较高的有偿维修服务的满意度得分则相对较低，仅为76.9分，是五类增值服务中得分最低的一项，更需物业管理人员的关注。

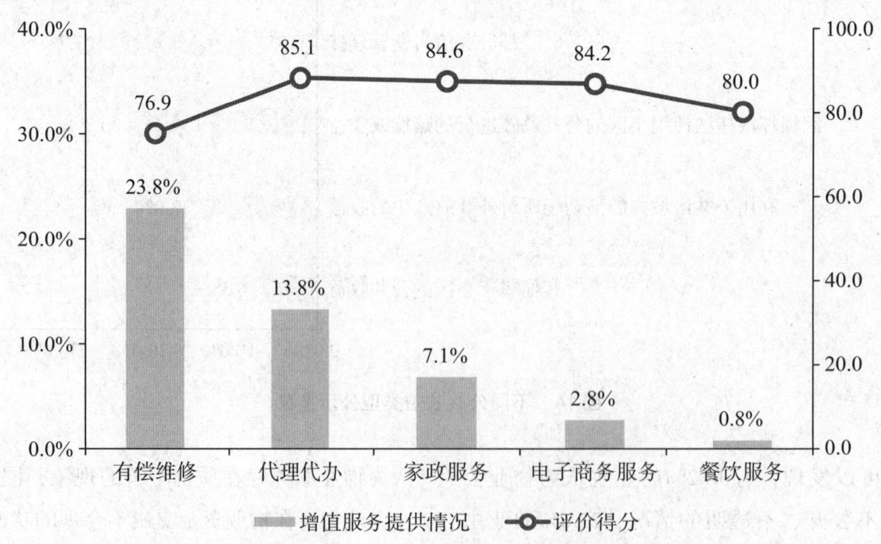

图16　物业公司提供增值服务及评价得分情况

就业主对增值服务的意见来看，收费价格不合理和服务质量问题是提及率最高的问题，分别占到14.0%和12.5%。此外，有7.4%的业主反映物业人员服务态度需要改善。

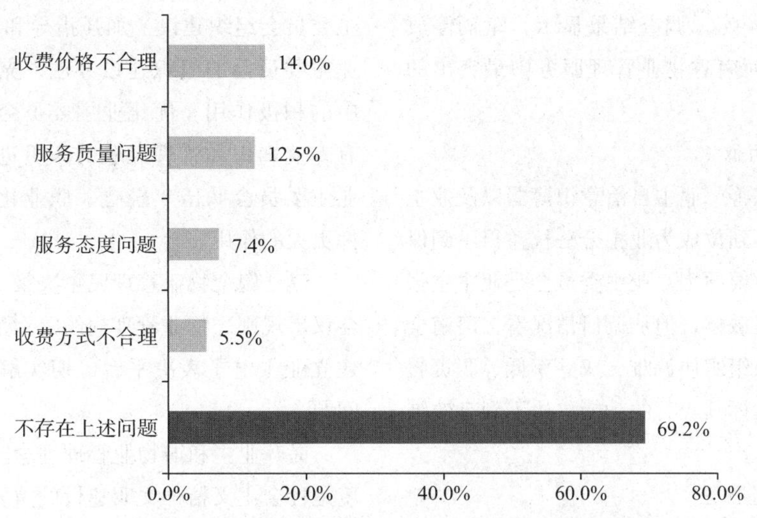

图17　您认为目前物业增值服务主要存在什么问题？

（五）收费模式倾向

根据国家发展改革委、住房和城乡建设部共同印发的《物业服务收费管理办法》的规定，业主与物业管理企业可以采取包干制或者酬金制等形式约定物业服务费用。包干制是指由业主向物业管理企业支付固定物业服务费用，盈余或者亏损均由物业管理企业享有或者承担的物业服务计费方式。酬金制是指在预收的物业服务资金中按约定比例或者约定数额提取酬金支付给物业管理企业，其余全部用于物业服务合同约定的支出，结余或者不足均由业主享有或者承担的物业服务计费方式。

调查结果显示，有近五成的业主仍然倾向于包干制的收费模式，近三成的业主选择了基础费+增值费。从一定意义上讲，基础费+增值服务费也是包干制的一种衍生形式。由此，相当于有近八成的业主倾向于包干制的收费模式。相较之下，仅有16.8%的业主倾向于酬金制的收费模式。由此可见，在当前河南省物业发展水平和业主认知范畴内，包干制仍然是大多数业主的第一选择。

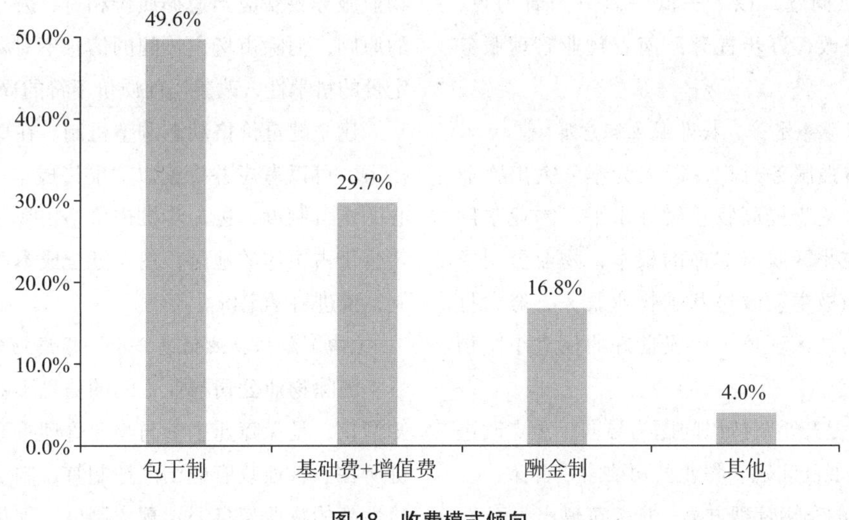

图18　收费模式倾向

三、主要问题

从调查结果可以看出，河南省住宅小区物业管理服务主要存在以下几个方面的问题：

（一）物业基础服务品质低

河南省基础物业服务满意度得分相对较低，折射出河南省物业服务整体水平偏低、不能满足业主对物业管理服务需求的现状。

（二）车辆停放管理能力低

随着经济不断发展，车辆的拥有量迅速增长，车辆停放管理的问题也日渐突出，矛盾越来越尖锐，成为物业管理服务中的顽疾。调查结果显示，车辆停放管理混乱问题已成为河南省物业管理服务中最突出的问题。

（三）业主自治能力低

业主自治制度不完善、业主自治意识薄弱以及业主委员会主体作用发挥不到位成为业主合法权益得不到保障和业主自治受阻的重要原因。业主委员会是业主主张权利和实现权利的关键载体，但从调研情况看，河南全省业主委员会普遍存在组织协调难、成立率低、职责履行欠缺等情况，无法发挥其应有的功能，达不到有效维护业主权益的目的。

（四）物业管理规范性差

物业公司内部管理不规范、人员素质低是造成物业管理服务水平低下的重要成因。例如，《河南省物业管理条例》第三十九条已明确要求物业公司公示企业信息、服务内容和收支状况等信息。但从调查结果来看，物业公司在信息公示方面的工作未能全面贯彻落实相关法律法规的要求，业主对各项公示信息的知晓率整体偏低，既不能保障业主的知情权，也削弱了业主和业主委员会对物业公司的监督能力。

四、建议

针对河南省物业管理服务存在的问题，省消协建议河南省相关部门和物业管理服务企业聚焦物业管理服务中的重点难点问题，以“三低一差”为着力点，精准施策、全力整改，逐步提升河南省物业管理服务品质。

（一）改善基础服务水平，提升业主满意度

物业公司要增强服务意识，以人为本，突出物业管理的服务特点，逐步提高物业管理水平。物业基础服务是物业公司在小区安身立命的根本，物业公司要转变管理观念，积极主动改进基础物业服务，努力打造一个业主满意的社区环境，形成良好的住宅小区物业生态。

物业服务品质提升要坚持以问题为导向，重点改进住宅小区车辆停放混乱问题。物业公司要多措并举，一方面制定切实可行的车辆管理方案，规范车辆出入停车；另一方面要立足现有条件，适当改造，扩大小区内停车空间，满足业主泊车需求。

（二）提高业主自治能力，构建和谐物业管理

有关部门要积极引导业主成立业主委员会，注重组织引导业主大会和业主委员会对业主公共财产进行自主管理，不断提高业主委员会的管理水平。重视业主委员会组织建设，加强指导和培训，健全业主大会、业主委员会的组织建设办法，充分发挥其在物业管理中的积极作用。优化业主委员会成员结构，要鼓励具有专业知识和管理经验的人员进入业主委员会，促进业主委员会队伍年轻化、职业化，帮助业主委员会发挥更大的作用。

建立健全物业管理民主决策机制，加快修订业主大会议事规则、物业管理规约等示范文本，鼓励各地探索建立业主电子表决平台，切实解决业主大会召开难的问题。

提升业主和谐物业管理理念。构建和谐物业管理环境是社会主义精神文明建设的重要内容，物业管理行政主管部门和相关部门要积极开展群众性物业管理服务宣传教育活动，由政府有关部门、社会组织和媒体共同发力，形成强有力的宣传声势，正确引导舆论，提升业主的主人翁意识，提高业主的物业管理意识和物业维权理念，引导业主积极参与物业管理服务。

（三）引导物业管理市场化，建立健全科学定价机制

理顺物业市场机制，实现物业管理的招投标。物业管理的市场化要遵循价值和竞争规律，在公平、公正和公开的原则基础上引入竞争机制，逐步推行物业管理的招投标。

深化物业价格机制改革，完善市场定价机制。建立物业服务收费应当遵循质价相符、公平公开、合理诚信的原则，消除市场主体间的信息不对称，提高物业管理定价的科学性，改善当前质价不符的局面。

建立健全价格动态调整机制。在尊重市场规律的前提下，可以考虑并探索以“准许成本+合理收益”为核心的定价制度，进一步推进价格市场化。在政府指导下定价仍占主体的地区，建立健全成本监审规则和定价机制，推进科学定价。

（四）加强物业信息公示，提高物业工作透明度

消除物业公司与业主间的信息不对称，维护业主的知情权，是保障业主参与物业管理重要决策和事务的关键所在。各地政府应当因地制宜，制定可操作性强、可达性高的物业信息公示规章制度，细化信息公示方式和程序。相关行政主管部门负责制定物业信息公开工作考核制度、社会评议制度和奖惩制度，定期对物业信息公开工作进行监督检查和考核评议。

（五）完善监管体制机制，探索多元化纠纷调解机制

各级政府要高度重视物业管理工作，切实加强组织领导，进一步明确监管权限，强化监管手段，建立行政

主管部门统筹协调机制，明确职责分工，把物业管理工作纳入目标管理和绩效管理体系，加大目标责任考核力度，促进责任落到实处。

逐步构建物业管理市场监管体系框架。在总结已有的物业管理市场监管的实践基础上，不断丰富和发展物业监管的目标、内容、方法和手段，形成与地方发展特性相匹配的物业管理市场监管体系框架。

探索多元化纠纷化解调解机制。各地可以从实际出发建立协调机构，整合司法部门、消协组织、街道办、居委会、业主委员会以及物业协会，形成社会共治的物业矛盾纠纷解决机制，完善人民调解、行政调解与司法调解之间的有机联动衔接机制。

特别是健全物业服务企业信用监管，增进企业诚信自律意识。依托河南省已有的物业服务企业和人员信用管理系统，逐步完善物业诚信档案，将物业服务的从业主体（企业、机构及人员）纳入信用体系，并逐步探索在条件成熟的情况下与业主委员会和业主个人的信用体系联动起来，形成完善的物业诚信档案。加强对物业服务信用信息数据采集，明确各类数据采集责任单位，强化对数据采集过程的监管，避免数据失真问题出现。严格审查数据质量，建立数据质量反馈更新机制，确保数据及时性、准确性和完整性。加快推进数据协同共享，有效实现政府部门精准监管。

湖南省消费者委员会

预付式消费维权状况调查报告

第一部分 调查说明

为贯彻落实中共中央、国务院《关于完善促进消费体制机制 进一步激发居民消费潜力的若干意见》，科学评估全省预付式消费领域维权状况，提出解决问题的建议，为地方立法、监管执法、纠纷调处提供决策参考，2019年9月至12月，湖南省消费者委员会委托第三方调查机构，对全省预付式消费维权状况进行了调查。根据调查的情况，结合工作实践，形成了本报告。

一、调查方法

本次调查采用定性调查和定量问卷调查两种方法相结合的方式。在项目的不同阶段采取不同的调查方法。梳理阶段，主要采用深度访谈和焦点座谈会等定性调查方法；状况了解阶段，主要采用焦点座谈会和线下面对面定量问卷调查相结合的方法；建议形成阶段，主要采用定量问卷调查、专家深访和焦点座谈会相结合的方法。

二、调查内容

调查内容包括全省预付式消费人群人口学特征、预付式消费状况、预付式消费维权状况、存在的问题和解决的建议等五个方面。

需要说明的是，本次调查不覆盖水电气和通信费等社会公用服务行业预付式消费及维权情况。

三、调查数据

调查数据主要来源于三个方面：焦点座谈会数据、专家深度访谈数据以及1630个样本定量问卷调查数据（在95%的置信度下，绝对误差为2.4%）。

第二部分 调查结果

一、全省预付式消费人群人口学特征

（一）性别

从预付式消费人群性别分布看，女性消费者占比70.1%，远高于男性消费者的29.9%（见图1）。

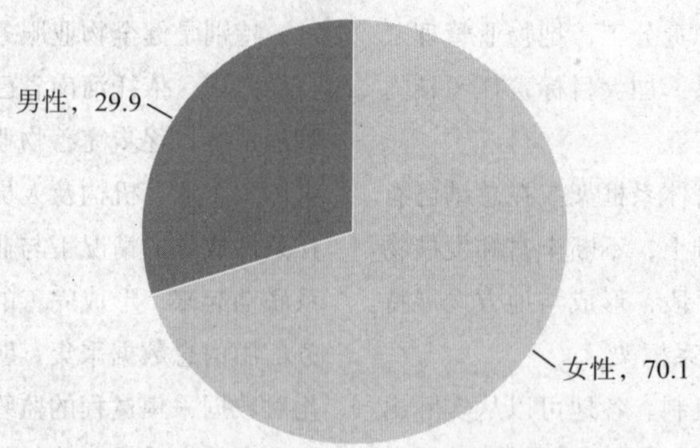

图1　全省预付式消费人群性别特征（%）

（二）年龄

从预付式消费人群年龄分布看，多集中在18岁至40岁之间，占比约80%。目前预付式消费主流人群为80后、90后和00后，其中：80后占比43.5%，为第一大预付式消费人群（见图2）。

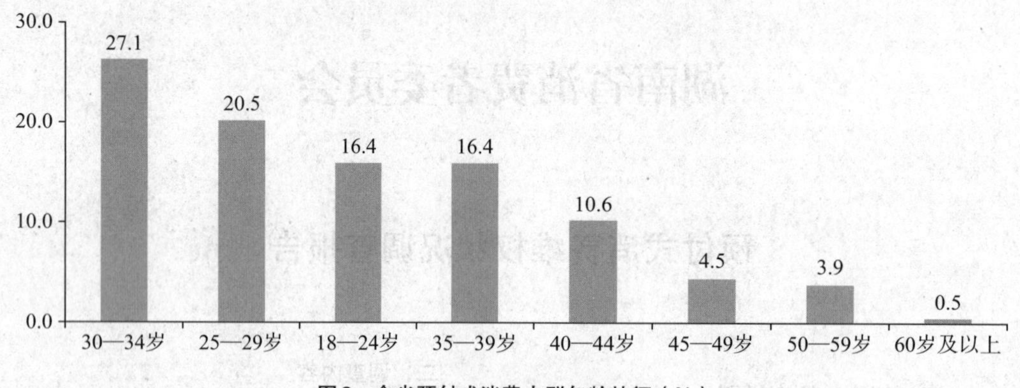

图2　全省预付式消费人群年龄特征（%）

（三）家庭月收入

从预付式消费人群家庭月均收入分布看，收入在6001—8000元/月的消费者占比26.0%；其次为收入在15001—20000元/月的消费者，占比16.0%（见图3）。

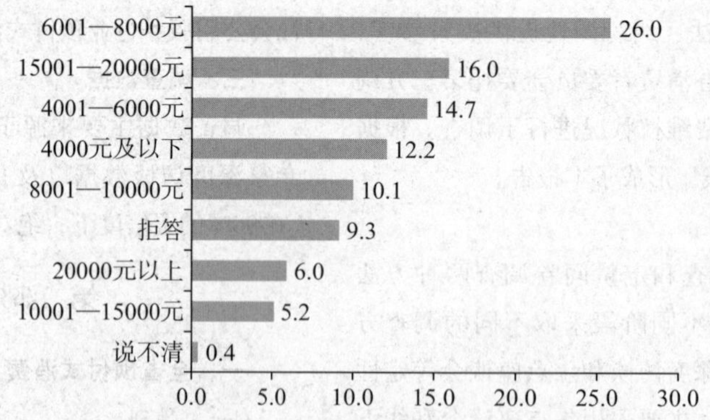

注：（家庭月收入是指受访者本人的工资、奖金、红利、股票收入或其他兼职收入累计之和）【如未和父母住在一起，则不包含父母】

图3　全省预付式消费人群家庭月收入特征（%）

（四）学历

从预付式消费人群学历分布看，大专及以上学历人群占比55.1%。高中（含中专、中技）学历人群占比32.6%（见图4）。

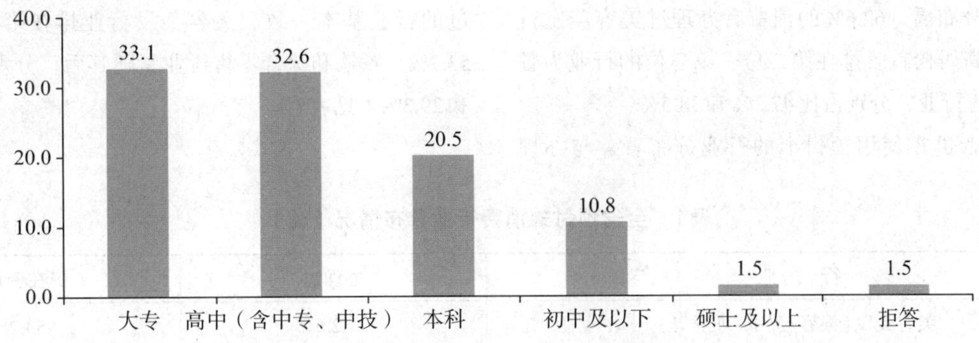

图4　全省预付式消费人群学历特征（%）

（五）职业

从预付式消费人群职业看，工人及服务人员等、企业办公室职员、个体户/私营企业主等三类人群位居前三，合计占比57.5%（见图5）。

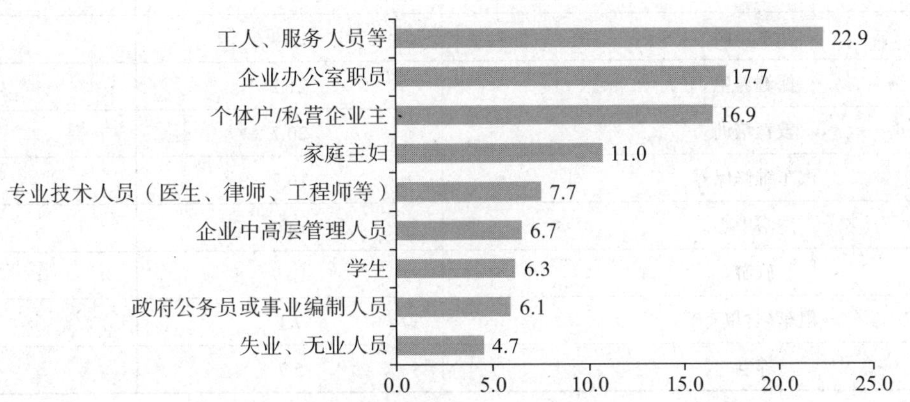

图5　全省预付式消费人群职业特征（%）

二、全省预付式消费状况

（一）预付式消费参与程度

全省消费者办理过预付卡的比例为43.6%。

从市州分布看，湘潭、株洲和张家界市排在前三位，分别占比54.0%、50.4%和49.2%。怀化、岳阳和永州市排在后三位，分别占比33.3%、42.8%和43.4%（见图6）。

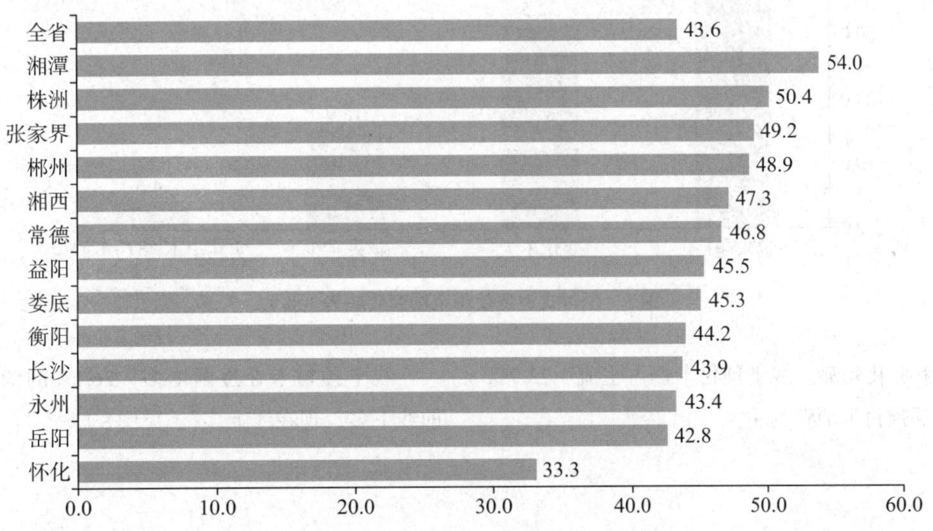

图6　全省及各市州预付式消费整体状况（%）

从行业分布看，62.6%的消费者办理过美容美发行业预付卡，高居榜首。排在第二位、第三位的行业为餐饮和综合零售行业，分别占比47.3%和38.5%。

从消费者仍在使用预付卡的行业分布看，与办理过的行业基本一致。美容美发行业排在第一位，占比53.2%。餐饮和综合零售行业紧随其后，分别占比36.8%和29.3%（见表1）。

表1　全省预付式消费行业分布情况（%）

行　业	办理过	仍在使用
美容美发(美容/美甲/理发等)	62.6	53.2
餐饮	47.3	36.8
综合零售(便利店/书店/鲜花/蛋糕等)	38.5	29.3
健身	38.5	26.3
服装鞋类保养(含洗衣)	32.3	22.7
儿童乐园	27.9	22.7
保健养生	21.2	13.7
教育培训	20.7	14.8
汽车维修保养	16.7	13.7
洗浴中心	14.0	8.9
旅游	12.9	5.8
租车(含单车)	7.1	5.0
养老	5.7	4.5

（二）预付式消费变化趋势

1.使用范围变化趋势。47.1%的消费者认为预付式消费的使用范围正在变得越来越广（见图7）。

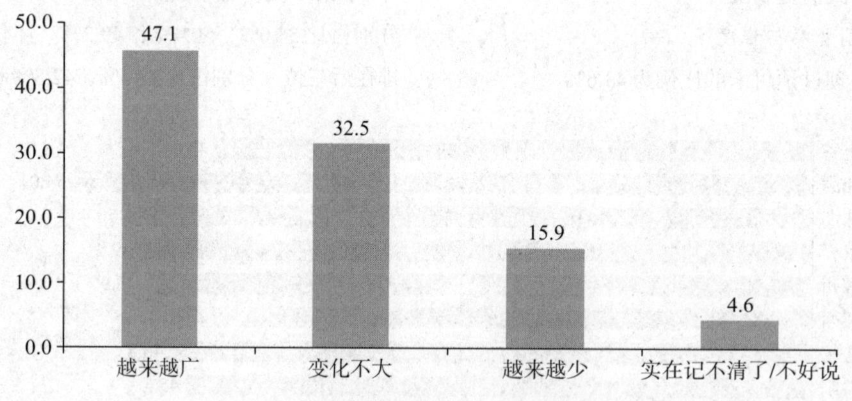

图7　预付式消费使用范围变化趋势（%）

2.线上线下变化趋势。线下预付卡仍占主流。73.9%的消费者以线下预付卡消费为主。线上预付卡在逐渐增多。26.1%的消费者认为“以前线下多，现在线上多”（见图8）。

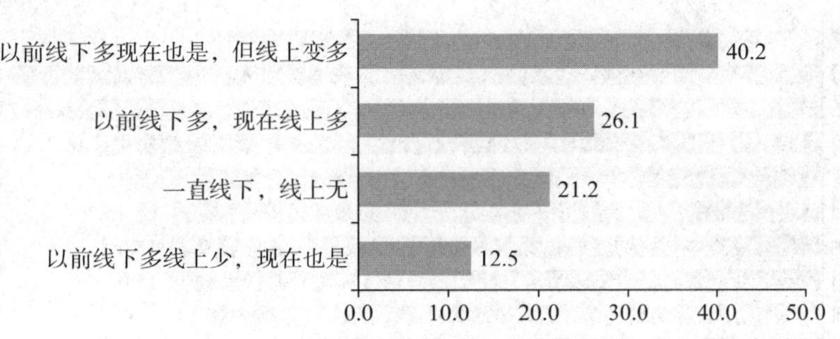

图8 预付式消费线上线下变化趋势（%）

从预付式消费各年龄段人群看，越是年轻的消费者，选择线上方式越多。90后人群中，23.4%的消费者认为“以前线下多，现在线上多”（见图11）。

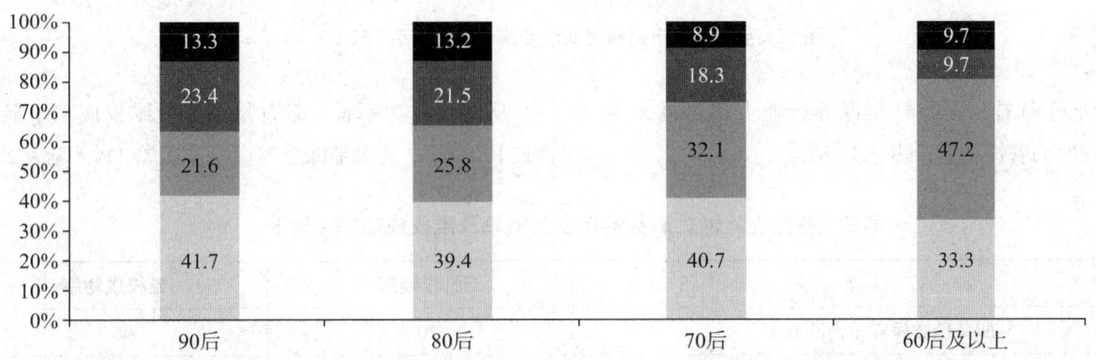

图9 不同年龄阶段预付式消费线上线下变化趋势（%）

（三）预付式消费使用感受

大多数消费者认为预付式消费具有优惠、便利的优势，但同时也存在预存资金风险、个人信息泄露、虚假宣传、霸王条款等问题和不足。预存资金风险是消费者认为预付式消费的第一大缺点，占比50.2%；其次是丢失后补办麻烦，占比29.2%；个人信息泄露排在第三位，占比26.6%（见图10）。

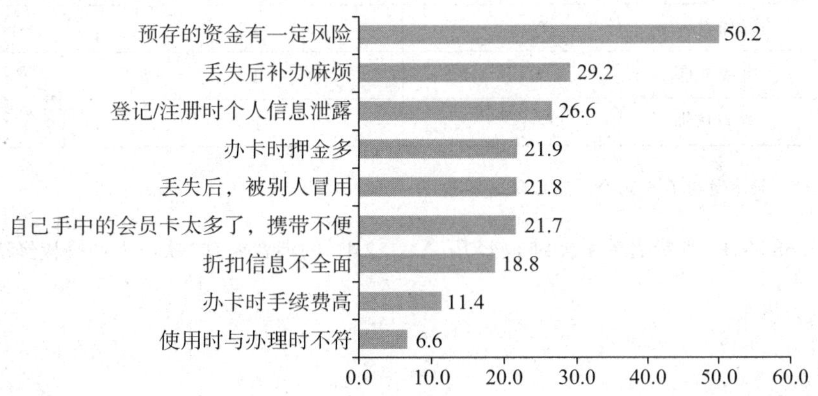

图10 消费者认为预付卡消费的不足（%）

三、全省预付式消费维权状况

（一）预付式消费维权发生概率

全省持有预付卡的消费者中，14.0%有过维权经历。从市州分布来看，邵阳、娄底和长沙市排在前三位，占比分别为18.5%、17.9%和16.7%。张家界、永州和郴州市排在后三位，占比分别为9.4%、11.2%和12.0%（见图11）。

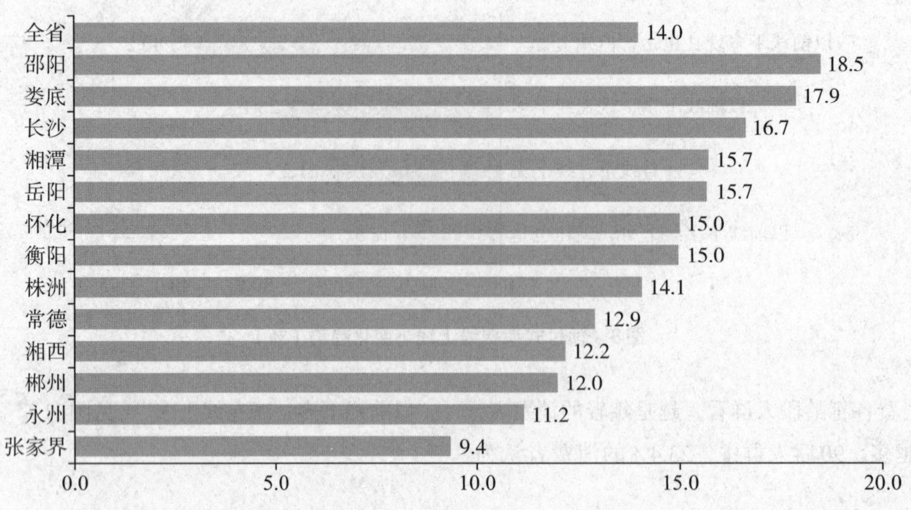

图11 全省及各市州预付式消费维权发生概率（%）

从行业分布看，服装鞋类保养行业占比最高，为20.1%；其次为餐饮行业，占比14.8%。

从维权成功率看，教育培训行业维权成功率最高，占比100.0%；其次是综合零售，占比71.1%（见表2）。

表2 各行业预付式消费维权发生概率及维权成功率（%）

行　业	维权经历	维权成功率
服装鞋类保养（含洗衣）	20.1	45.3
餐饮	14.8	59.6
保健养生	6.1	57.1
健身	5.8	69.4
旅游	5.7	46.2
美容美发（美容/美甲/理发等）	5.6	40.4
洗浴中心	5.2	45.5
综合零售（便利店等）	5.0	71.1
汽车维修保养	3.2	0.0
儿童乐园	2.0	22.2
教育培训	1.5	100.0

注：字体未加粗部分，样本量均不足30个，数据仅供参考。

从维权次数看，68.8%的消费者有1次维权经历，22.4%的消费者有2次以上的维权经历（见图12）。

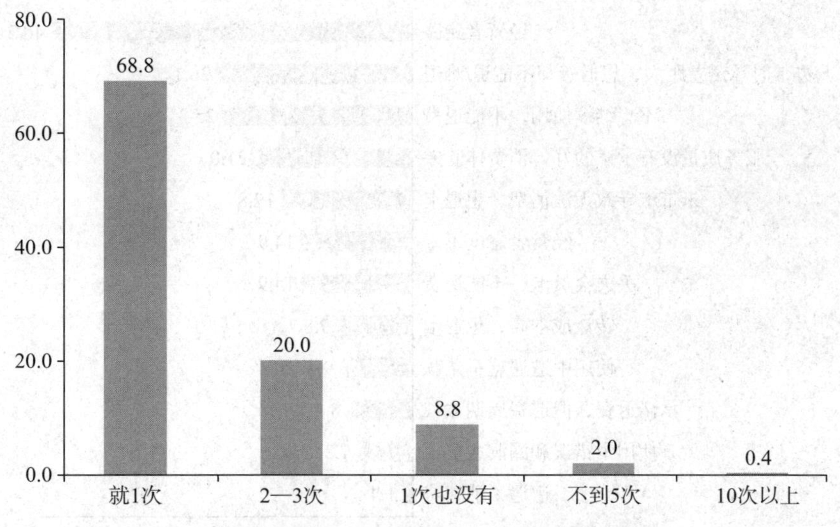

图12　消费者预付式消费维权经历次数（%）

（二）预付式消费维权问题

消费者预付式消费维权遇到较多的问题是：预付卡设置了有效期、经营者跑路和退换卡纠纷，分别占比26.3%、21.0%和18.9%（见图13）。

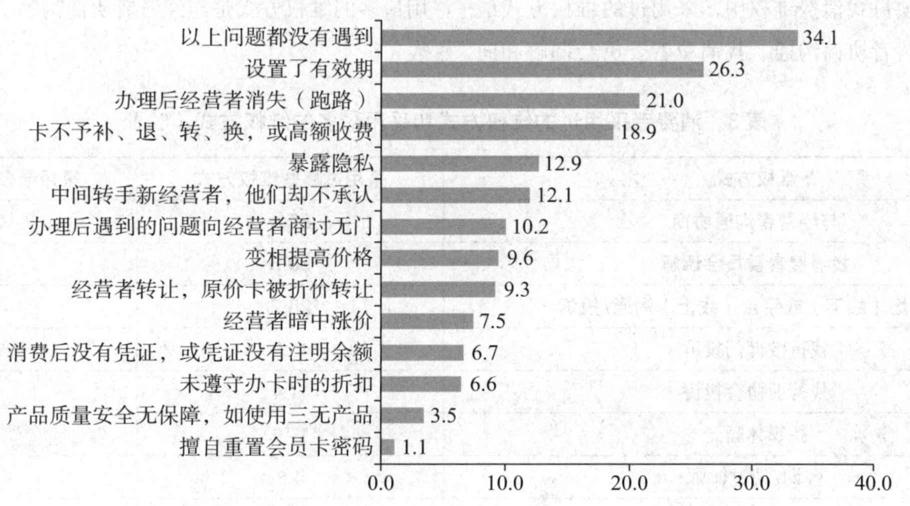

图13　预付式消费维权遭遇的问题（%）

最令消费者不满的问题是经营者跑路，占比48.2%（见图14）。

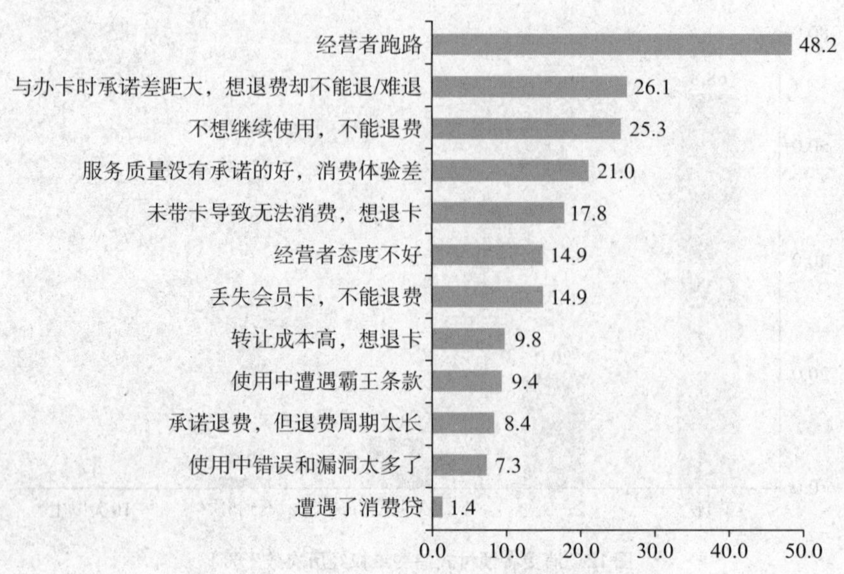

图14 预付式消费维权最令消费者不满的问题（%）

（三）预付式消费维权方式

消费者在预付式消费维权中，采用过的维权方式最多的是：与经营者协商沟通、找消费者委员会调解和向商场或平台投诉，分别占比82.4%、36.3%和28.2%。采用最多的维权方式是与经营者协商沟通，占比73.5%（见表3）。

表3 消费者采用过的维权方式和采用最多的维权方式（%）

维权方式	采用过哪些维权方式	采用最多的维权方式
与经营者沟通协商	82.4	73.5
找消费者委员会调解	36.3	8.4
向商场（线下）或平台（线上）沟通/投诉	28.2	9.0
找行政部门投诉	13.9	2.2
找行业协会投诉	11.4	1.6
找媒体曝光	11.0	2.9
咨询/请过律师	4.5	
仲裁机构仲裁	2.9	
提起法院诉讼	2.4	
找过NGO（第三方非营利组织）	0.4	

（四）预付式消费维权满意度

本次调查从维权渠道、维权效率和维权结果三个方面的满意度进行了评价，分值越高评价越高。

结果显示，三个方面得分均较低，维权渠道满意度得分3.31分，维权效率满意度得分3.22分，维权结果满意度得分最低，仅为3.09分（见图15）。

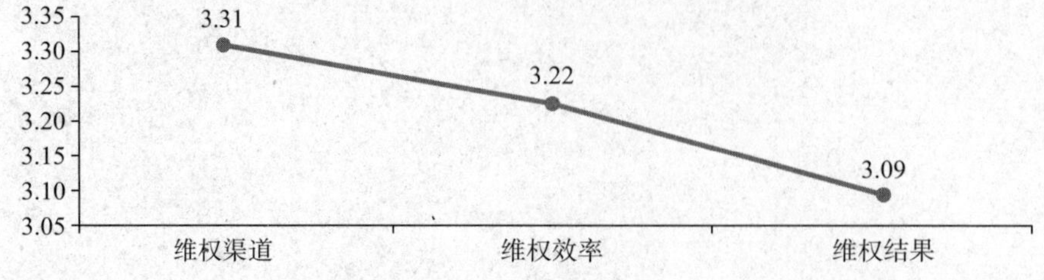

图15 预付式消费维权满意度（分）

第三部分　存在的主要问题

一、消费者风险防范意识弱

（一）冲动消费倾向明显

79.2%的消费者因优惠折扣力度大而办理预付卡，商家推荐、使用方便排在第二位、第三位。因此可见，冲动消费倾向明显（见图16）。

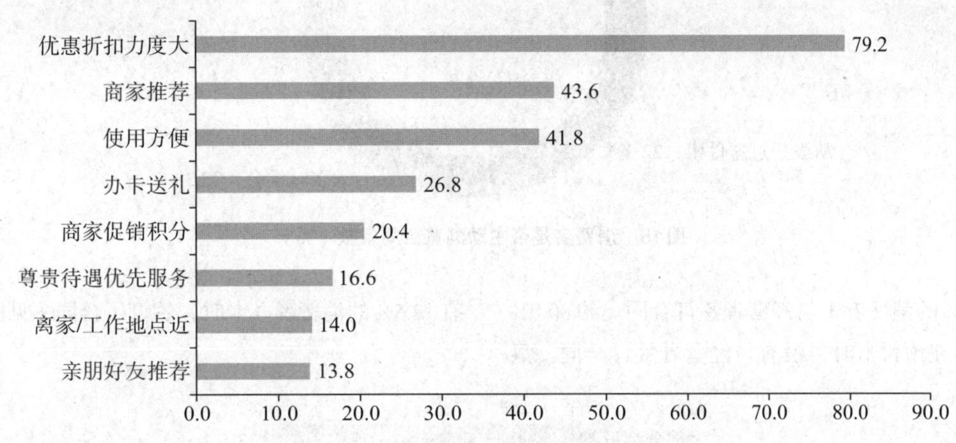

图16　消费者预付式消费驱动因素（%）

（二）维权意识薄弱

消费者维权意识较薄弱，维权知识较少。关于如何保障自身权益，16.1%的消费者表示没有想法；仅13.6%的消费者表示应当增强维权意识（见图17）。

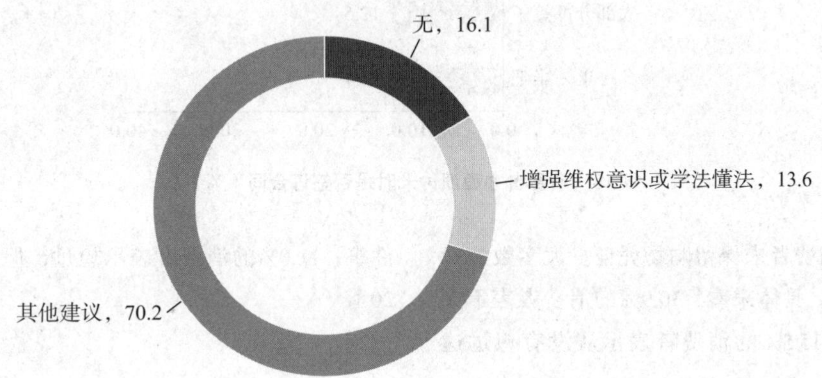

【**消费者深度访谈：**洗车主跑了，我们维权也找不到，就算了，反正300块钱洗了三四次，还有200多块钱跑了就算了。因为需要花我们时间，我们又花不起那个时间。】

图17　消费者对于如何保障自身权益的打算（%）

（三）维权能力欠缺

约70.0%的消费者在办理预付卡时，没有主动浏览合同条款；约70.0%的消费者未保留购物凭证；约80.0%的消费者没有签订合同；约50.0%的消费者无法在后期维权中出示证据。

1.多数消费者不主动浏览合同条款。28.1%的消费者表示，大多时候不会去浏览合同条款；22.9%的消费者表示，从没想过这件事；11.0%的消费者表示，想过但从来没有索要或浏览（见图18）。

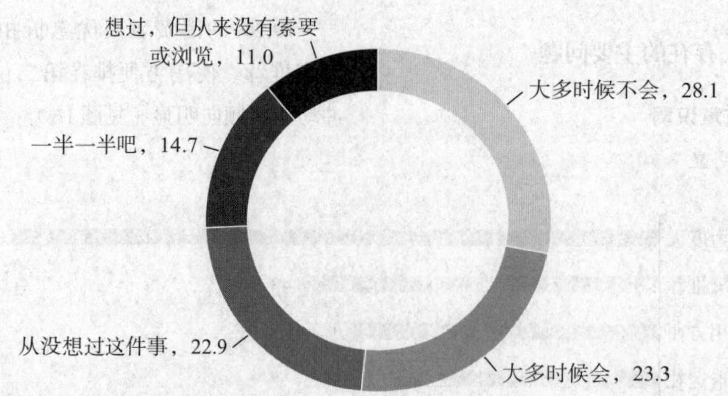

图18　消费者是否主动浏览合同条款（%）

2.约80.0%的消费者未与经营者签订合同。约80.0%的消费者在办理预付卡时，没有与经营者签订合同。只有12.5%的消费者办卡时，签订了合同（见图19）。

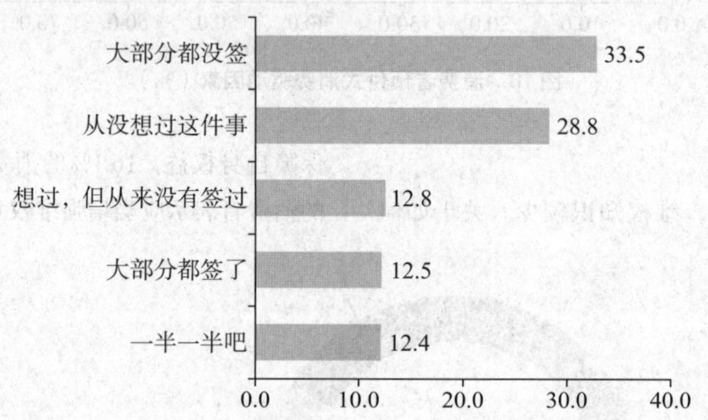

图19　消费者办理预付卡时是否签订合同（%）

3.约70.0%的消费者未保留购物凭证。大多数消费者未保留购物凭证。具体来看，30.9%的消费者表示大部分都没有保留；15.5%的消费者表示从没有想过这件事；11.0%的消费者表示想过，但从没有保留（见图20）。

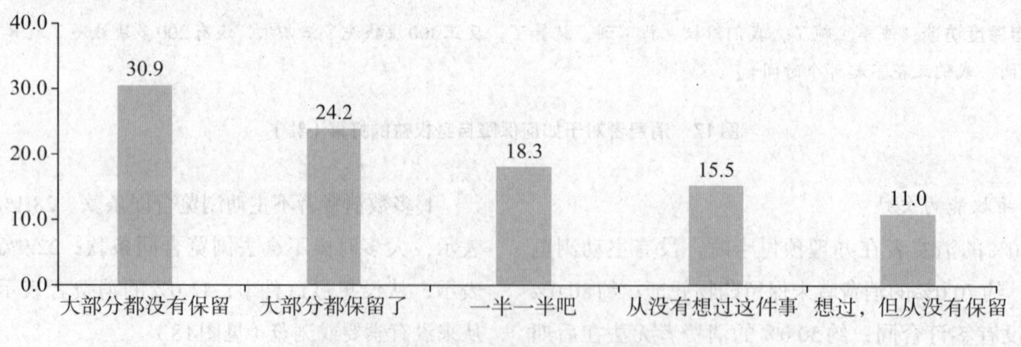

图20　办理预付卡时购物凭证保留情况（%）

4.近一半的消费者无法出示维权证据。在预付式消费维权中，超过一半的消费者出示了相应证据，但仍有近一半的消费者无法出示维权证据（见图21）。

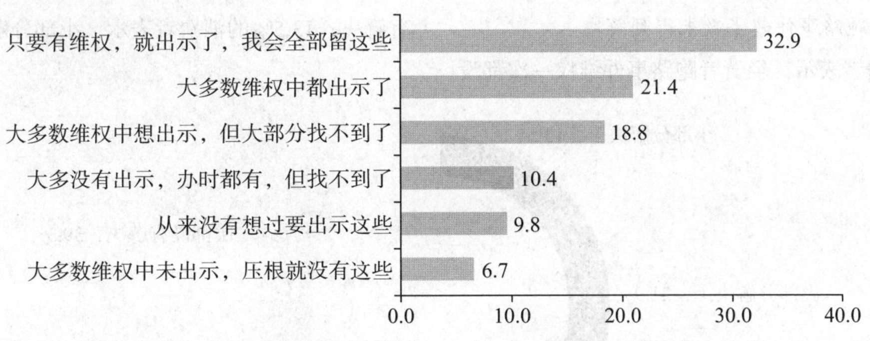

图21 维权过程中出示合同、购物凭证等证据情况（%）

二、经营者跑路现象严重

（一）经营者跑路是预付式消费维权的第一大问题

经营者跑路在预付式消费维权问题中占比48.2%，远高于其他问题（见图22），是预付式消费维权的第一大问题。

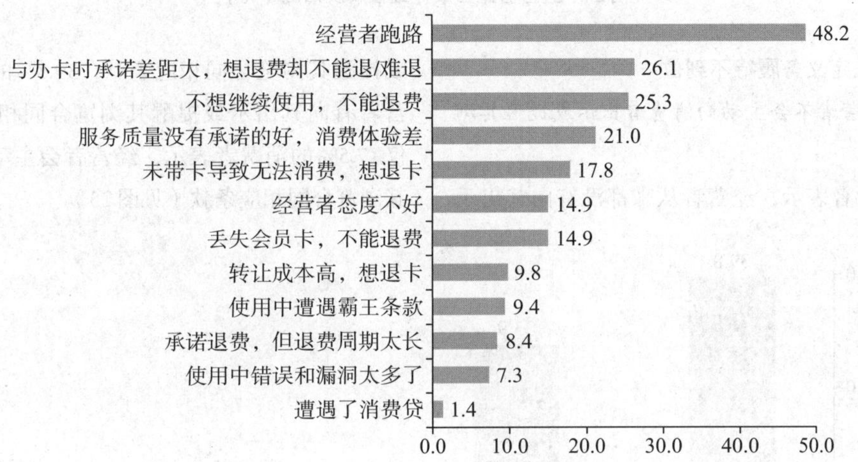

图22 预付式消费具体维权问题（%）

（二）15.8%的消费者经历过至少2次的经营者跑路事件

在预付式消费维权中，84.2%的消费者经历过1次经营者跑路事件；9.3%的消费者经历过2次经营者跑路事件；6.5%的消费者经历过2次以上的经营者跑路事件（见图23）。

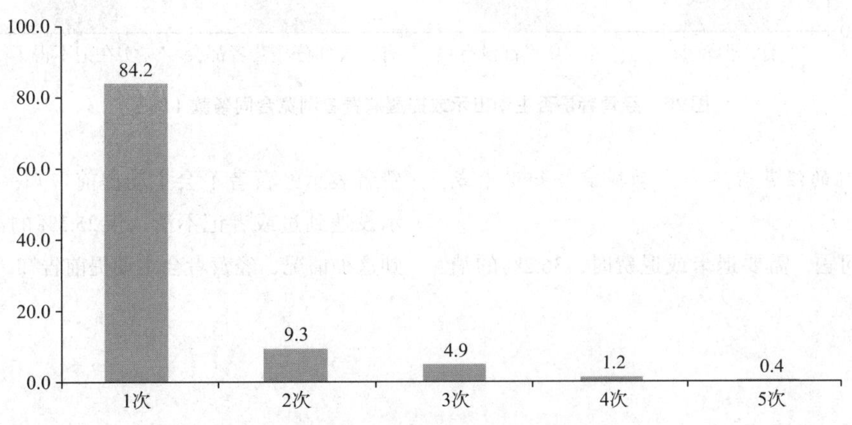

图23 维权中经历过经营者跑路事件情况（%）

（三）经营者跑路事件超半数未得到解决

39.3%的消费者表示，经营者跑路事件维权一次都没有解决；13.5%的消费者表示，小部分解决了（见图24）。

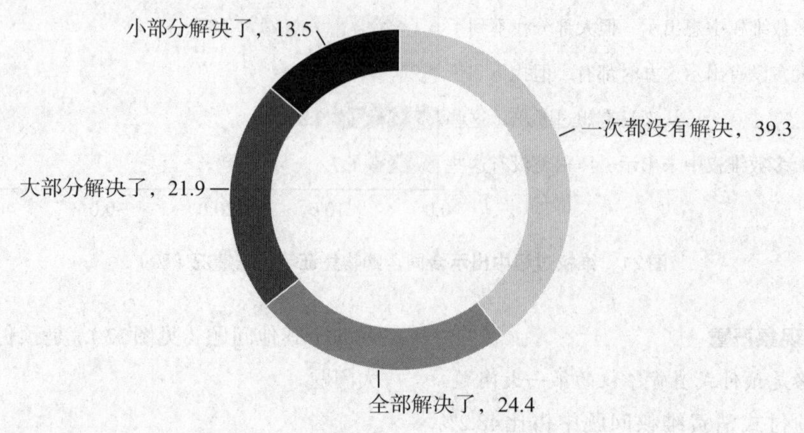

图24 经营者跑路事件维权解决情况（%）

三、经营者法定义务履行不到位

（一）多数经营者不会主动向消费者出示或提醒其浏览合同相应条款

33.9%的消费者表示，经营者从来都没有向其出示或提醒其浏览合同相应条款；39.8%的消费者表示，经营者有向其出示或提醒其浏览合同相应条款，但很少；仅17.5%的消费者表示，经营者会主动向其出示或提醒其浏览合同相应条款（见图25）。

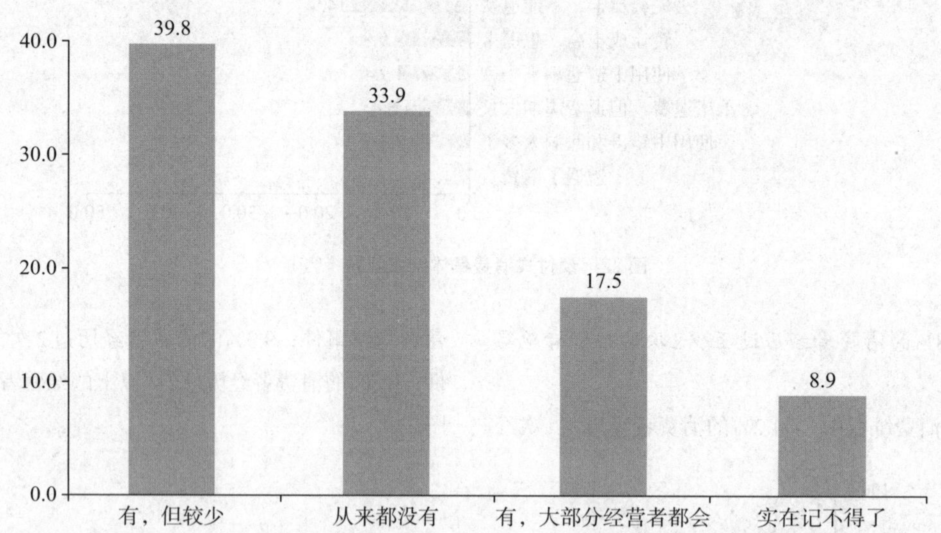

图25 经营者是否主动出示或提醒消费者浏览合同条款（%）

（二）约70.0%的经营者不会主动提前告知退卡或退费

因经营者的问题，需要退卡或退费时，36.2%的消费者表示经营者不会主动提前告知；29.5%的消费者表示没遇到过或者记不清；仅25.3%的消费者明确表示遇到这种情况，经营者会主动提前告知（见图26）。

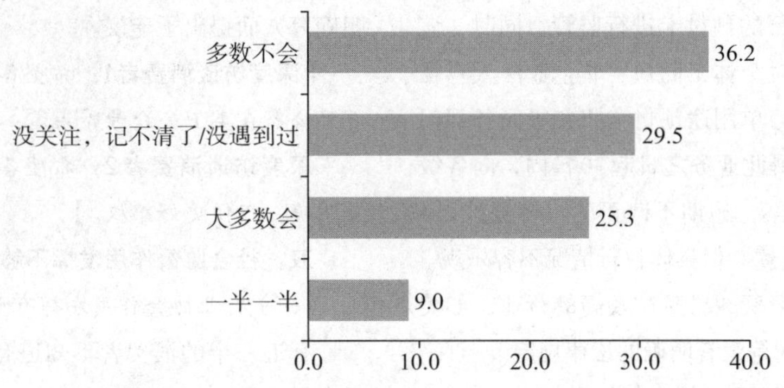

图26　需退卡或退费时，经营者主动提前告知情况（%）

（三）卡要到期时，多数经营者不会提前告知

79.8%的消费者表示，知道其办理过的预付卡设置了有效期。超过50%的消费者表示，在遇到预付卡到期时，经营者未提前告知（见图27）。

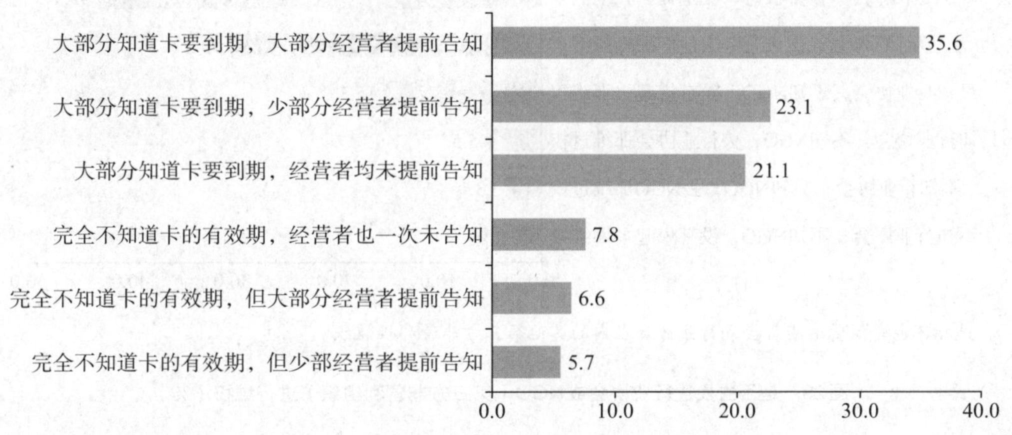

图27　卡要到期时，经营者提前告知情况（%）

（四）部分经营者利用规则限制消费

36.8%的消费者表示遇到过，但这种情况相对较少；14.7%的消费者表示，遇到过这种情况，并且比较常见（见图28）。

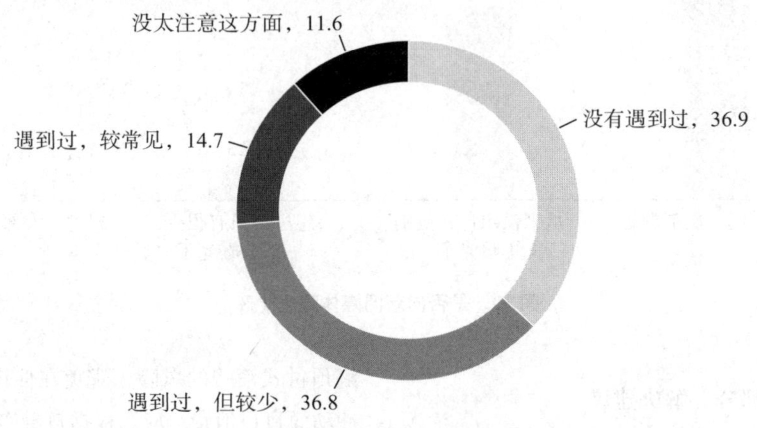

图28　经营者利用规则限制消费情况（%）

四、法律法规滞后

目前，我国尚无专门的法律法规对预付式消费维权问题进行监管，实践中只能依据《民法通则》《合同法》和《消费者权益保护法》等一般法律规定。

2012年，商务部发布了《单用途商业预付卡管理办法（试行）》。但该办法仅对从事零售、住宿和餐饮、居民服务等三大类企业发行的预付卡进行监管。同时，该办法只针对企业法人，对个体工商户、非企业法人存在监管盲区。该办法规定，单用途预付卡归各级商务部门管理，发卡企业应在开展此业务之日起30日内，向各级商务部门备案。如不备案，逾期不改正的，将被处以1万元以上3万元以下的罚款。但具体执行情况不容乐观。

另外，发生预付卡消费纠纷频次较高的行业，如美容美发、健身和教育培训等没有明确的法律规定。

【**座谈会之政府相关部门**：有些法律是缺失的，且政府部门的有些政策是不清楚的。】

从本次调查看，消费者对监管部门综合执法、职责明确等方面提出了建议。

【**深度访谈消费者1**：希望各监管部门分清职责范围，并且公布在类似公众号等渠道。

深度访谈消费者2：希望各监管部门对监管责任划分明确，以便更好维权。】

五、社会监督作用发挥不够

（一）行业协会作用发挥有限

有近一半的消费者不知道有行业协会这个组织。知道有行业协会的消费者中，仅5.5%有过找行业协会维权的经历（见图29）。

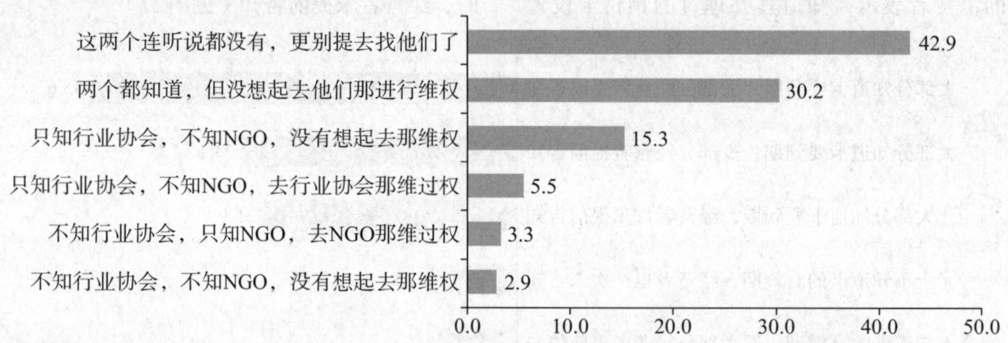

注：NGO，是指不包含消费者委员会和行业协会在内的其他第三方非营利性组织。

图29　是否去找过行业协会或NGO（第三方非营利组织）进行维权（%）

（二）新闻媒体监督作用发挥不够

40.0%的消费者在遇到预付式消费维权时，没想过向新闻媒体曝光；47.6%的消费者想过，但没有付诸行动（见图30）。

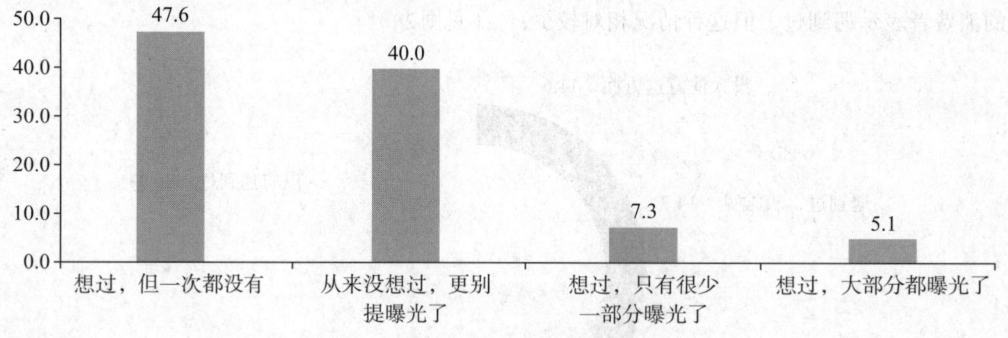

图30　是否向新闻媒体曝光（%）

第四部分　解决建议

一、增强消费者维权意识和能力

（一）帮助消费者树立正确的消费理念

调查发现，79.2%的消费者因优惠折扣力度大而办理预付卡。消费者应从多个渠道接受消费教育，充分了解预付式消费的风险，避免在促销宣传攻势下，因一时冲动而盲目消费。应当根据自身实际需求，理性消费。

（二）增强消费者的维权意识

调查发现，在有过亲身维权经历后，13.6%的消费者表示自己应当增强维权意识和储备维权知识。政府有关行政部门、消费者委员会等社会组织应当采取多种方式，高频次地向消费者普及《消费者权益保护法》等法律法规的相关知识，增强消费者的维权意识。行政监管部门要依法严厉查处侵权案件，消费者委员会等社会组织应当帮助消费者解决消费纠纷，让消费者感受到投诉有门、投诉有果。新闻媒体要发挥舆论监督作用，披露侵权行为，扩大社会影响力。

（三）提升消费者维权能力

消费者自身要储备消费维权知识和法律法规，熟悉投诉电话和维权途径。调查发现，消费者在有过亲身维权经历后，21.4%的消费者认为，签合同时应主动浏览相应条款和留存证据；7.8%的消费者认为办理预付卡时，应详细了解经营者的信息。

消费者办理预付卡时，要详细了解经营者的品牌实力、个人信息、经营状况、商业信誉、资料是否齐全、店面大小等信息；了解合同条款，避免遭遇不合理条款；详细约定商品质量、服务项目、价格、期限、次数、退卡、转让的方式以及经济赔偿、违约责任等条款，并最终签订合同；要保留合同、发票、收据等购物凭证，以便日后发生纠纷时，及时维护自身的合法权益。

消费者在自身权益受到侵害时，要积极利用多种渠道进行维权，如与经营者协商和解、请求消费者委员会或者其他依法成立的调解组织调解、向有关行政部门投诉、根据与经营者达成的仲裁协议提请仲裁机构仲裁、找行业协会帮助维权，向新闻媒体曝光，向人民法院提起诉讼等（见表4）。

表4　消费者应怎么做才能改进维权过程，保障自身权益（%）

分　类	未来如何处理	比　例
理性消费（39.2）	理性消费	25.8
	不再办卡	11.1
	少充钱	2.3
主动浏览协议和留存证据（21.4）	仔细了解条款合同/签合同	13.6
	收好票据	7.8
增强维权意识和具备相应知识（13.6）	增强维权意识	7.8
	提高风险意识	2.1
	懂法和学法	1.9
	多了解维权知识	1.3
	通过法律保护自己的利益	0.6
详细了解经营者信息（7.8）	经营者信息详细了解	3.6
	经营者品牌实力/是否连锁	2.1
	货比三家	0.8
	经营者资料齐全	0.4
	经营者店面大小质量	0.4
	平时多观察经营者情况，及时投诉	0.4
采用的维权方式（5）	打12315等投诉电话	2.7
	向有关部门求助	1.3
	就近相关部门解决（派出所、居委会等）	1.0
利用社会监督（0.6）	向媒体曝光	0.6
无任何想法（16.1）	无任何想法	16.1

二、推动预付式消费地方立法

商务部《单用途商业预付卡管理办法（试行）》没有囊括所有行业。许多行业协会表示在进行类似备案管理、监督管理时，很难找到规章的执行点，没有可依据的法律法规。

【座谈会之湖南省美容美发化妆品行业协会：要真正

解决源头问题，即地方立法。一是赋予法律的依据，二是赋予执法人员的依据，只有做好顶层设计，下面才能行之有效，才能真正解决问题。】

在国家层面立法尚有困难的情况下，加强地方立法，做到有法可依。参照上海市的做法，出台针对单用途预付卡管理的地方性法规。对预付式消费的定义、覆盖行业、发卡主体和发放条件等基本制度、原则、程序以及预付卡的监督管理、法律责任等问题做出明确规定；明确各行政部门的职责。

三、建立健全综合监管体系

从市场准入、合同监管、资金监管和经营者失信管理等方面着手，建立综合监管体系，以遏制日益多发的经营者跑路事件。

（一）规范经营者发卡行为

市场监管、商务、人民银行、税务等部门要加强沟通协调，共同制定规范经营者发卡行为的规定。要明确发卡经营主体登记、申报、备案等制度，将个体工商户纳入监管范围，落实各监管部门的职责，做到有法可依，执法有据。

（二）统一预付式消费合同示范文本

制定统一的预付式消费合同示范文本，明确预付式消费的使用方法、使用范围、收费方式、有效期限和违约责任等。一旦出现消费纠纷，可依据合同有效解决。

（三）建立风险保证金制度

预存资金风险是预付式消费的痛点。实行发卡经营主体和银行联合发卡制度，设立专门的风险保证金制度。规定预付式消费资金统一由第三方银行监管，保证金应同预收金额保持一定的比例，且保证金账户不得挪用。消费者权益受损时，可从此账户先行赔偿。监管部门应当不定期检查资金数额，并向社会公布，以保障资金安全。

（四）引入失信惩戒机制

一是建立发卡主体黑名单制度。将失信惩戒机制与国家信用体系衔接，将失信的跑路发卡企业纳入黑名单。二是建立涉事人个人失信制度。一旦发生跑路事件，涉事人将被列入失信人名单，第一时间向社会公布。

监管部门对辖区内预付式消费进行全面排查，对不符合备案要求的发卡经营主体开展整顿。

针对少数经营者恶意欺诈消费者和卷款潜逃行为，公安部门应及时介入，迅速展开侦查，依法追究其法律责任。同时，及时发布侦查通报，宣传案件侦破成果。

四、充分发挥社会监督作用

（一）充分发挥行业协会的积极作用

行业协会要贮备鲜活素材，为立法提供真实、可靠的案例。同时，加强与消费者委员会的沟通，必要时向新闻媒体曝光。行业协会要主动寻找政策的执行点，加强行业自律。

【**座谈会之美容美发化妆品行业协会负责人：**工作要从地方立法上面做，才能行之有效，真正解决问题。当然我们会做大量的市场调查，可以提供有效的依据和凭证。】

要积极寻找行业的约束点，从源头上把控可能存在问题的企业。比如健身行业教练资质，餐饮行业大厨资质，教育培训行业教师资质等。

【**座谈会之美容美发化妆品行业协会负责人：**因为商务部的一个条例里面有美容美发这个行业，所以要求在行业协会备案。

座谈会之健身行业协会负责人：我们出台一个制度，把所有的在我们辖区内的健身教练进行统一注册，就可以把源头给控制住。】

行业协会要发挥领头羊的作用，组织行业内企业之间的学习交流，探讨政策执行点、行业约束点，加强行业自律。

【**座谈会之湖南省餐饮行业协会负责人：**中国预付卡委员会每年都会举行一次行业峰会，我们去了解预付款的现状和面临问题，以及相关政策的解读和其他省市好的做法。】

（二）进一步发挥消费者委员会的平台作用

消费者委员会是消费者的“娘家人”，是联系消费者与党和政府的桥梁和纽带。各级政府应当从人员、经费、编制等方面给予保障，积极支持消费者委员会依法履行法定职责，充分发挥各级消费者委员会的平台作用。

消费者委员会要设立统一的投诉平台，实现消费者有诉必接，有诉必果。同时，建立健全网站、微信公众号、微博、APP、小程序等宣传渠道，高频次地发布消费维权信息，公布被诉经营主体黑名单，形成黑名单库与政府信用体系无缝对接，真正让违法经营者一处违法，处处受限（见图31）。

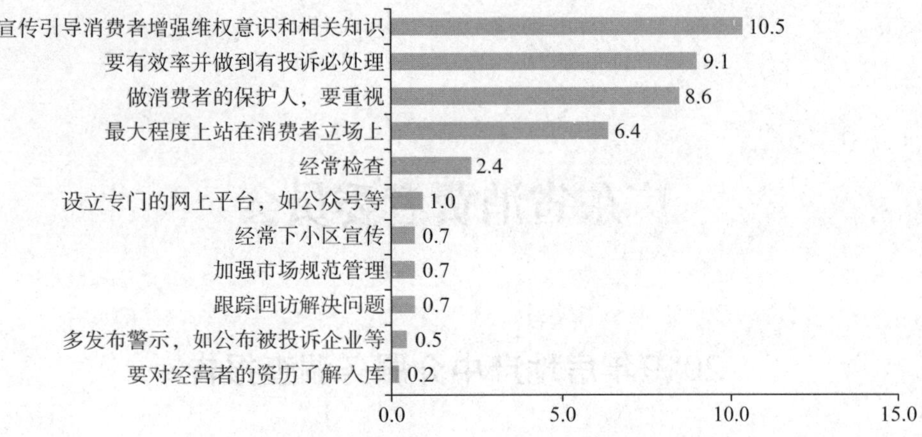

图31　消费者对消费者委员会的期待（%）

（三）充分发挥新闻媒体舆论监督作用

新闻媒体应当将消费维权列入舆论监督的重点，扩大曝光面、加大维权知识宣传、加强真实报道、完善媒体监督机制和加大正能量宣传。

从本次调查看，34.4%的消费者建议扩大曝光面，可从加大曝光力度，曝光失信主体名单和曝光不法行为等方面展开。10.4%的消费者希望媒体加大维权知识宣传，通过媒体平台、公众号等渠道宣传相关知识、实时报道相关案例、发布消费警示提示等。6.5%的消费者希望新闻媒体加强真实报道，严厉打击虚假宣传和虚假广告，降低消费者维权成本。

3.0%的消费者建议完善媒体监督机制，如媒体主动调查相关事件等。也有消费者建议媒体要加大正能量宣传，设立标杆，宣传诚信经营行为（见表5）。

表5　新闻媒体如何加强舆论监督（%）

分　类	未来如何处理	比　例
无任何意见（50.6）	无	50.6
扩大曝光面（34.4）	抓住就曝光/加大曝光力度/各种渠道曝光	19.3
	持续跟踪曝光	6.3
	曝光失信企业或经营者名单	5.8
	曝光企业的不法行为	3.0
加大维权知识宣传（10.4）	在媒体平台宣传相关知识并加大宣传力度	6.1
	媒体多宣传维权意识	2.2
	实时报道相关条例	1.7
	媒体发布消费警示	0.4
报道真实/降低维权成本（6.5）	报道真实性并坚持正确的方向	5.8
	严厉打击虚假宣传和虚假广告	0.4
	免费报道	0.2
完善媒体监督机制（3.0）	完善舆论监督机制/监督到位	2.8
	主动调查相关事件	0.2
正能量进行标杆宣传（2.2）	正能量宣传，设立标杆，宣传良心经营者行为	1.3
	对维权影响较大的案例进行报道	0.6
	多播放一些维权视频	0.2

广东省消费者委员会

2019年房地产中介服务调查报告

前　言

住房问题是重大民生问题，一直深受百姓关心、舆论关注、领导关切。党的十九大报告中，习近平总书记再次强调，“坚持房子是用来住的、不是用来炒的定位，加快建立多主体供给、多渠道保障、租购并举的住房制度，让全体人民住有所居”。房地产中介服务作为房地产行业的重要组成部分和服务行业的重要领域，提升房地产中介的服务质量，对提升人民群众“住有所居”的政策获得感显得尤为重要。

近年来，房地产中介服务业发展迅速，为规范相关经营活动，保护房地产交易及当事人的合法权益，国家有关部委先后下发了《房地产经纪管理办法》《关于加强房地产中介管理促进行业健康发展的意见》等规范性文件，促进行业健康发展。但消费者反映房地产中介服务仍然存在一些问题，如虚假低价房源、个人信息泄露、隐瞒房屋信息等，房地产中介成为消费矛盾较为集中的行业。

为配合市场监管总局在全国部署开展的“‘守护消费’暨打击侵害消费者个人信息违法行为专项执法行动”，结合中消协“信用让消费更放心”消费年主题，广东省消费者委员会于2019年5月至9月组织开展“2019年房地产中介服务调查活动”。通过本次调查活动，了解掌握房地产中介服务行业规范经营情况，特别是消费者信息泄露和虚假低价房源等问题的真实状况，了解消费者对房地产中介服务的评价、意见和建议，分析房地产中介服务存在的突出问题和原因，有针对性地提出意见建议，为加强行业监督监管，促进行业规范诚信奠定基础。同时，引导广大经营者增强消费者保护意识，特别是保护消费者个人消息，建立信息保护机制，教育和引导广大消费者树立信息保护意识，推动形成重视个人信息保护的良好社会氛围。

本次调查活动，通过问卷调查形式共收集3655份有效问卷，全面掌握消费者在接受房地产中介服务时遇到的问题，再组织15名志愿者对线上6家、线下4家市场份额较大、知名度较高的中介公司开展消费体察，进行实地调查验证，共获取75份体察样本，综合两方面的情况分析，形成本报告。

第一部分　调查概况

一、调查方式及过程

（一）调查方式

本次活动采用问卷调查及志愿者体察两种方式进行，强调点面结合。其中，问卷调查反映样本的广泛性，全面了解及掌握房地产中介服务存在的问题。志愿者体察突出样本的客观性和具体性，以志愿者亲身体验房地产中介服务为着力点，运用问询、拍照、录音、录像等方法完成相关记录采集调查工作，对问卷调查中反映存在的问题进行验证和补充。为了真实反映房地产中介泄露个人信息的真实情况，本次调查设立了个人信息泄露体察环节。体察过程全部使用新开通的电话卡，并经过一周的静默期，确保电话号码在体察前未曾使用或被泄露。

（二）调查对象

问卷调查主要面向全省乃至全国近3年内曾咨询过房地产中介或通过房地产中介进行过房屋租赁、买卖的消费者。志愿者体察以广州为核心，分别从线上房地产中介服务平台及线下房地产中介门店两种渠道寻找房源进行实地体察，体验房地产中介服务。

（三）实施步骤

为确保本次调查数据和结果分析的全面性、严谨性和客观性，活动分两个阶段实施。

第一阶段：前期准备阶段（2019年5月中上旬）。

制定活动总方案及具体实施方案，设计调查问卷、准备调查资料。

第二阶段：实施阶段（2019年5月下旬至9月）。开展房地产中介服务专项调查，通过官网、微信等方式发放网络调查问卷，模拟消费者实际消费行为进行实地体验调查；抽查核实相关调查信息，收集和分析调查数据；组织法律和相关专家对调查结果进行评析，形成调查报告。

专项调查实施基本情况及样本构成分布情况见表1—表5。

表1　专项调查实施基本情况表

项　目	问卷调查	志愿者体察
调查问卷及记录表设计	由广东省消委会牵头组织制定	
调查范围	全国范围内	以广州市为核心，涵盖线上房地产中介服务平台及线下房地产中介门店
调查人员类别构成	近3年内曾咨询过房地产中介或通过房地产中介进行过房屋租赁、买卖的消费者	公开招募的15名广州地区志愿者
实施过程	在官方网站和官方微信等渠道发布线上调查问卷，在调查期内回收问卷并做相关审核，确保问卷样本真实有效	在体察前组织召集志愿者参加专项培训。线下调查以暗访的方式进行，志愿者们通过亲身体察，仔细询问、认真观察、详细记录，提供客观真实的数据信息
获取有效样本量	3655份	75份

表2　问卷调查样本构成分布情况表（年龄分布）

被调查者年龄	有效样本量（份）	占　比
20岁以下	97	3%
20—29岁	1862	51%
30—39岁	1476	40%
40—49岁	201	5%
50岁及以上	19	1%
合计	3655	100%

表3　问卷调查样本构成分布情况表（性别分布）

被调查者性别	有效样本量（份）	占　比
男性	1901	52%
女性	1754	48%
合计	3655	100%

表4　问卷调查样本构成分布情况表（地区分布）

接受中介服务所在城市	有效样本量（份）	占　比
省内城市	2010	55%
省外城市	1645	45%
合计	3655	100%

表5　志愿者体察样本构成分布情况表（背景设定分布）

背景设定	有效样本量（份）	占　比
租房	35	47%
购房	40	53%
合计	75	100%

第二部分　调查结果分析

通过本次调查发现，房地产中介服务主要存在四大问题，一是房源信息不实问题突出；二是存在执业不规范；三是总体服务质量偏低，诚信问题较多；四是个人信息泄露风险高。上述问题导致消费者对房地产中介服务行业满意度不高。具体情况分析如下：

一、房源信息不实问题突出

调查数据显示：绝大部分消费者在接受房地产中介服务时遇到过房源信息不实问题，仅4%的消费者表示没有遇到，调查及体察发现，消费者遇到的房源信息不实问题主要体现在以下几个方面：

（一）*发布虚假房源*

调查发现，有34%的消费者发现房源价格显著低于市场价；有32%的消费者发现房源图片模糊或夸张；有34%的消费者发现中介推搪房子不能看，推荐其他房源。如图1所示。在体察过程中，有8名志愿者反映遇到中介疑似通过低价房源吸引客户后，再推荐其他高价房源；1名志愿者表示在线上平台找了多个房源均无法看房。此外，有1名中介向志愿者透露，线上平台80%的房源图片都是假的。

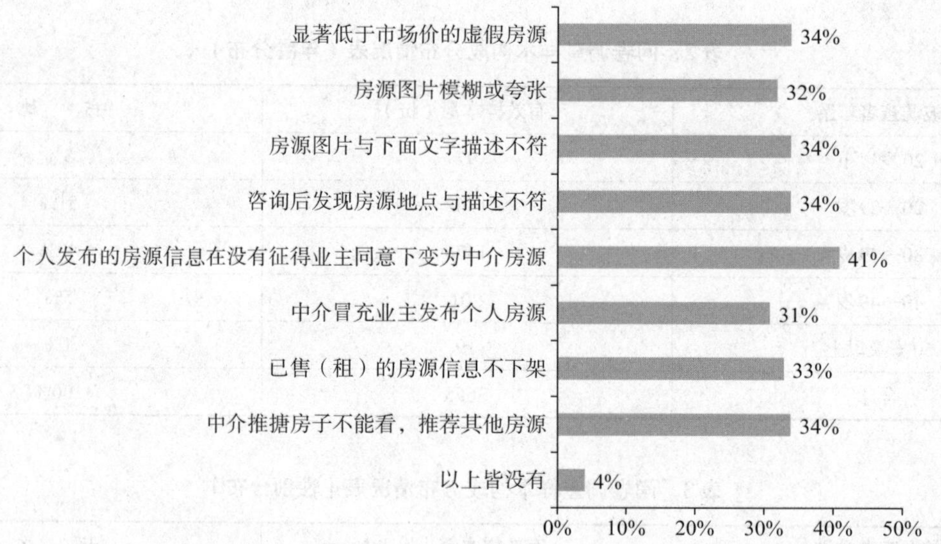

图1　寻找/发布房源信息时遇到的问题

（二）*房源信息描述与实际不一致*

调查发现，有34%的消费者发现线上房源图片与文字描述不符；有34%的消费者咨询后发现房源地点与描述不符。在体察中也发现有同样的问题，有16%的房源信息不一致，其中，50%的志愿者发现装修布置不一致；50%的志愿者发现拥有的家具电器不一致；42%的志愿者发现房源位置不一致；25%的志愿者发现学位信息不一致；17%的志愿者发现周边配套设施不一致。如图2所示。

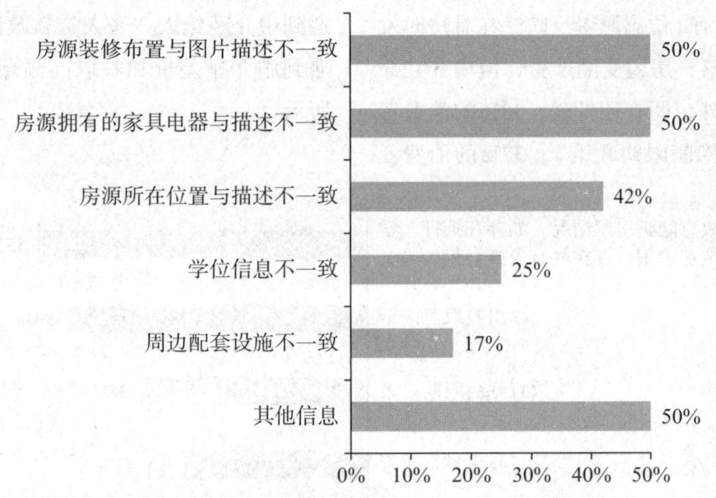

图2　房源的实际情况与中介描述不一致的信息

（三）中介擅自发布个人房源或冒充业主

调查发现，有41%的消费者发现个人房源信息在没有征得业主同意下变为中介房源；有31%的消费者发现中介冒充业主发布个人房源。

（四）房源信息更新不及时

房源信息更新不及时主要体现在已售（租）的房源未及时下架。调查发现，33%的消费者在寻找房源时遇到过该问题。在体察中，志愿者也发现有5个已售（租）房源未下架。

二、存在执业不规范

在调查及体察中均发现，房地产中介存在执业不规范的问题，主要体现在：

（一）没有统一佩戴工作证

根据《关于加强房地产中介管理促进行业健康发展的意见》的规定，中介从业人员服务时应当佩戴标明姓名、机构名称、国家职业资格等信息的工作牌。体察发现，逾五成房地产中介在带客户看房过程中未佩戴工作证，消费者难以核实中介身份，存在较大的交易风险。

（二）收费名目标准不一

通过体察发现，中介收费项目、计费方法和收费标准不一。绝大部分中介收取的买卖佣金比例在成交价格2.5%以下，但有3家中介表示佣金收取3%。除佣金外，还有部分中介收取各种费用，而且计算方法和收费标准不一，详见表6。

表6　除佣金外，中介经纪人提出收取的其他费用

除佣金外需收取的费用	收取的费用范围
贷款服务费	贷款额的0.5%到按笔收取数千元
银行房屋评估费	1000元左右
房屋清洁费	月租金的8%
房地产登记服务费	80元
其他费用	名目标准不一

三、总体服务质量偏低，诚信问题较多

通过调查和体察发现，房地产中介总体服务质量偏低，行业诚信问题多，主要体现在以下两个方面：

（一）从业人员素质参差不齐，服务意识比较淡薄

一是房地产中介业务水平参差不齐，部分体察志愿者反映，中介对业务不熟悉，不能很好地向客户解释政策和相关信息。二是服务意识淡薄，在体察过程中，部分志愿者发现中介存在不守时、没有通知客户的情况下随意更换负责人员、当体察志愿者表示没有购房指标后服务态度变差等问题。

（二）缺乏职业行为道德规范

通过调查和体察发现，在咨询看房及交易过程中，较多消费者反映中介有不诚信情况，甚至存在违规违法经营行为。

1. 常见的中介不诚信行为：故意隐瞒房屋情况。通过调查发现，55%的消费者遇到中介经纪人“故意隐瞒

房屋情况”。在体察中，有1位志愿者反映，在看房时发现房源出现多处墙漆脱落，房屋受潮严重，但中介在介绍房屋时有意隐瞒。此外，调查还发现，38%的消费者遇到中介经纪人“故意隐瞒限购政策”；37%的消费者遇到中介经纪人“夸大贷款政策”；有三成左右消费者遇到中介赚差价和收取高额杂费的问题。如图3、图4所示。

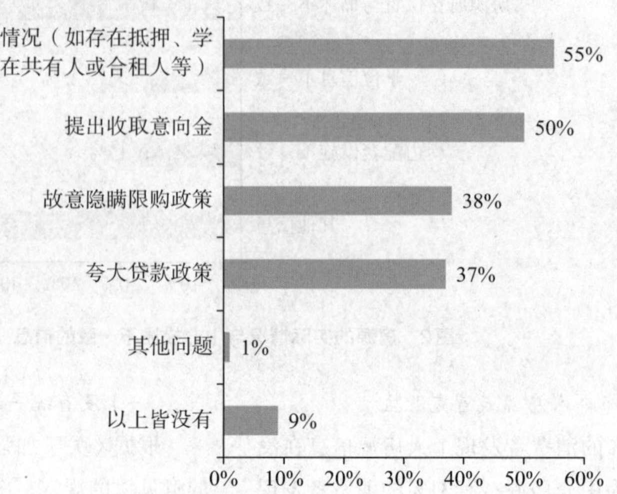

图3　看房过程中遇到的问题

2.常见的违法违规行为：制作“阴阳合同”、诱导或协助提供虚假购房证明材料、设置不合理的格式条款。通过调查及体察发现，房地产中介存在多种违规行为，如图4所示。

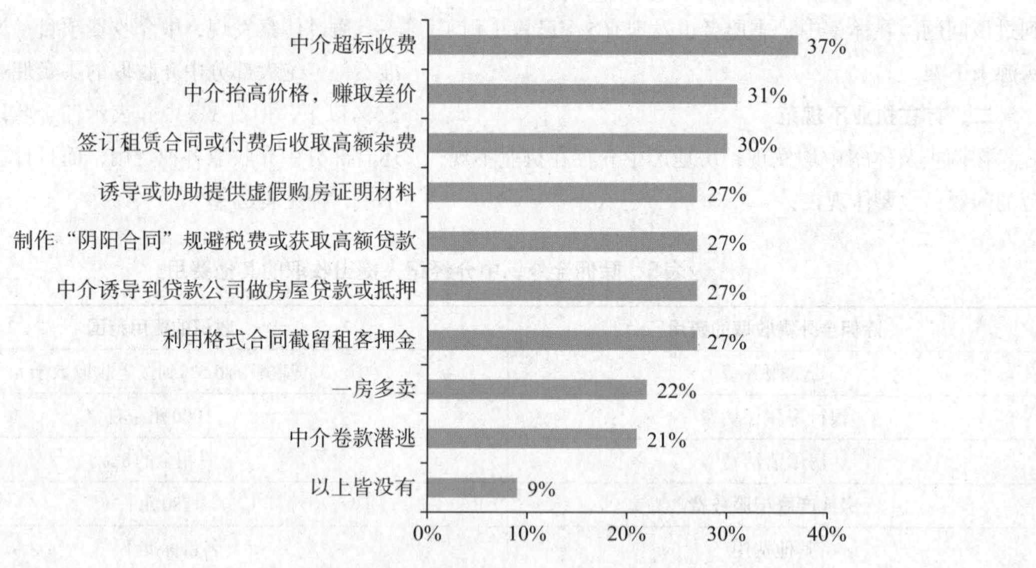

图4　交易过程中遇到的问题

一是制作“阴阳合同”规避税费。在调查中，有27%的消费者反映遇到中介表示制作“阴阳合同”规避税费或获取高额贷款，在体察中，也有35%的中介向志愿者表示能通过制作“阴阳合同”的方法帮助购房者减轻税费。

二是诱导或协助提供虚假购房证明材料。调查发现，消费者在交易过程中遇到中介诱导或协助提供虚假购房证明材料的占27%。在实际体察中也发现，当体察志愿者表示没有购房资格时，有3名中介怂恿志愿者通过假离婚来获取购房资格。

三是设置不合理格式条款。调查发现，为防止“跳单”，在看房前不少中介要求消费者签署《看房确认书》或《看房协议》，协议中设有不合理的格式条款。主要包括“看房后指定时间内只能选择该中介公司完成该单位的交易，不能选择其他中介机构，否则要承担违约责任”条款

（占78%）、“指定时间内不能与房主私自交易，否则需支付违约金”条款（占62%）；另外还有消费者指出相关协议“没有提及中介公司的违约责任”的条款（29%），只单方面规定了消费者的义务，属于不公平条款。如图5所示。

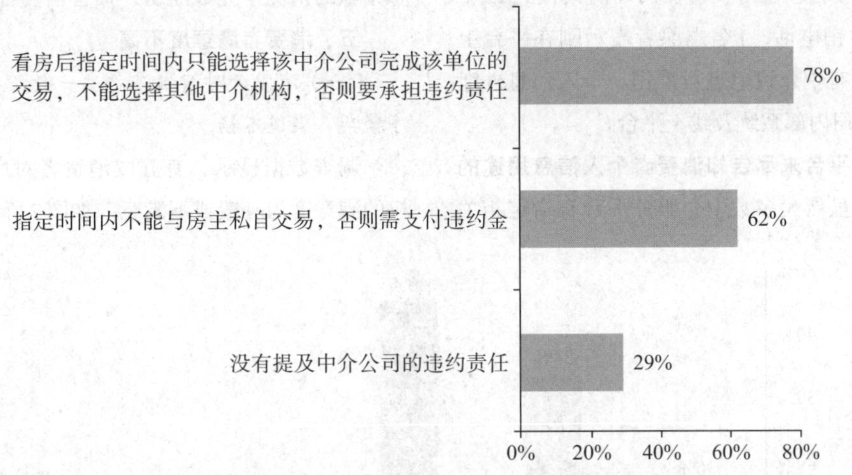

图5　《看房确认书》或《看房协议》中不合理格式条款

四、个人信息泄露风险高

由于房地产交易涉及人员和环节较多，房地产交易成为个人信息泄露较严重领域，其中线上中介服务平台及中介公司是泄露源头。调查数据显示，76%的消费者认为在进行房屋买卖或租赁过程中个人信息被泄露。其中，54%的消费者认为在委托中介找房时可能被泄露；52%的消费者认为在网上寻找房源时可能被泄露；44%的消费者认为在网签合同时可能被泄露；34%的消费者认为在房产过户时可能被泄露；28%的消费者认为在买卖/租赁双方签订合同时可能被泄露。如图6所示。

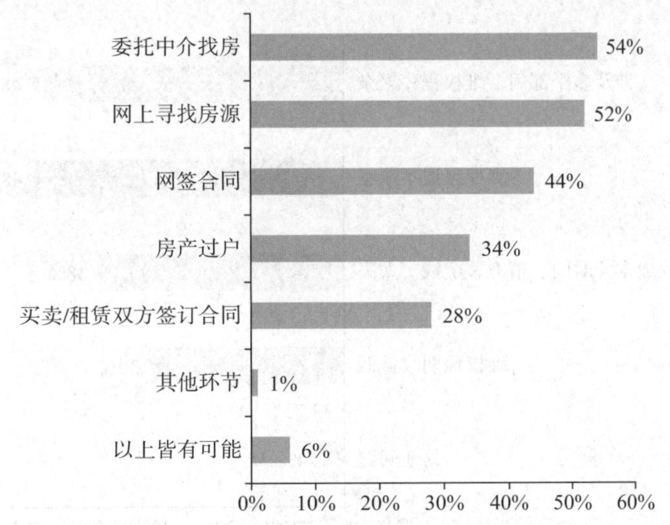

图6　消费者认为个人信息可能被泄露的环节

房地产中介服务行业个人信息泄露的主要风险点如下：

一是掌握大量消费者个人信息。为方便联系，消费者都会留下联系方式给中介，注册线上房地产中介服务平台也需要提供个人信息，包括电话号码、姓名、位置信息等。在体察过程中，逾九成志愿者给中介留下了联系方式，逾六成的线上房地产中介服务平台在用户注册时需要留下个人信息。

二是对消费者个人信息管理不严。体察发现，近五成的中介表示能通过公司内部系统看到所有客户个人信息。在注册平台时，志愿者也发现，线上房地产中介平台的《隐私政策》都会列出把个人信息共享给合作伙伴等相关内容，这些都增加了个人信息被泄露的风险。体察结果还显示，15名体察志愿者中有6名个人信息直接遭外泄，其中，有1名志愿者反馈在两周内共接到12个不同房产中介的推销电话，1名志愿者表示刚在平台上完成注册，马上就有中介致电进行推销。个人信息外泄的源头正是中介公司内部系统及线上平台。

三是中介服务平台未尽告知消费者个人信息用途的责任。体察发现，虽然大多数中介服务平台有指定相关个人隐私政策，但大多为默认勾选，未尽到向消费者作出说明和明确警示的义务，容易导致消费者在未阅读隐私条款的情况下完成注册，损害消费者的知情权。

五、消费者满意度不高

（一）消费者对维权满意度一般，主要原因是维权程序繁杂、渠道不畅

调查数据显示，有五成消费者对房地产中介消费维权的满意度为一般或不满意。如图7所示。

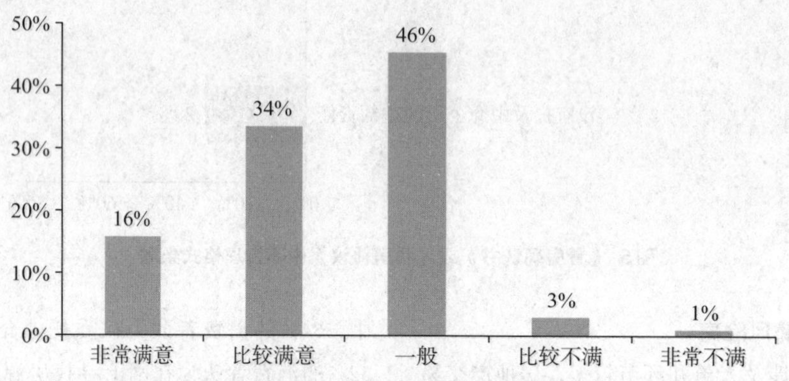

图7 对房地产中介维权方面的满意度评价

对于满意度不高的主要原因，48%的消费者认为是维权涉及多个部门、维权程序繁杂及维权渠道不顺畅；38%的消费者认为是维权成本高；30%的消费者认为是维权预期收益低。如图8所示。

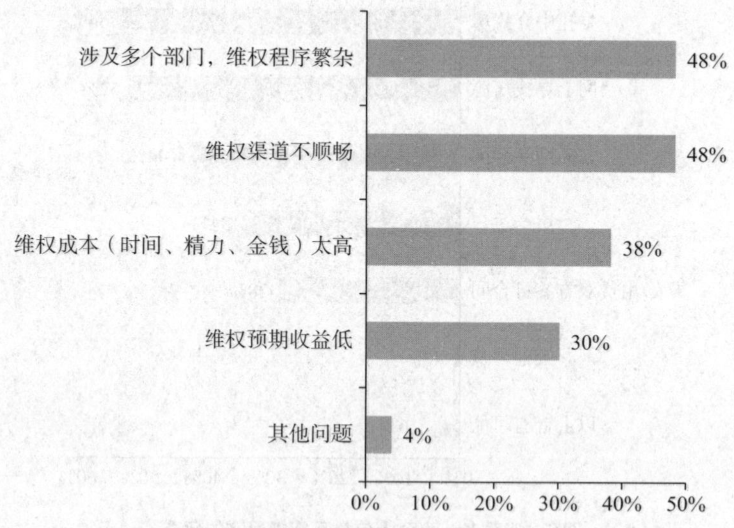

图8 房地产中介服务维权不满意的原因

（二）消费者对房地产中介服务总体满意度不高，希望通过加强监管、信用建设等方面改善

调查数据显示，逾五成消费者对房地产中介服务满意度评价一般或不满意。受访消费者分别从加强监管、信用建设及普法方面对改善房地产中介服务提出建议。其中，68%的消费者建议“政府相关部门制定相关政策，规范房地产中介的经营行为”；64%的消费者建议“建立长效监管机制，严把中介机构准入关，加强对行业监管”；54%的消费者建议“加强房地产中介行业的信用建设，发挥行业协会的作用，引导行业自律”；38%的消费者建议“房地产中介做好诚信服务，加强房源信息的调查和发布管理”；20%的消费者建议“加强消费者

的普法教育，提升消费者的法律意识”。如图9所示。

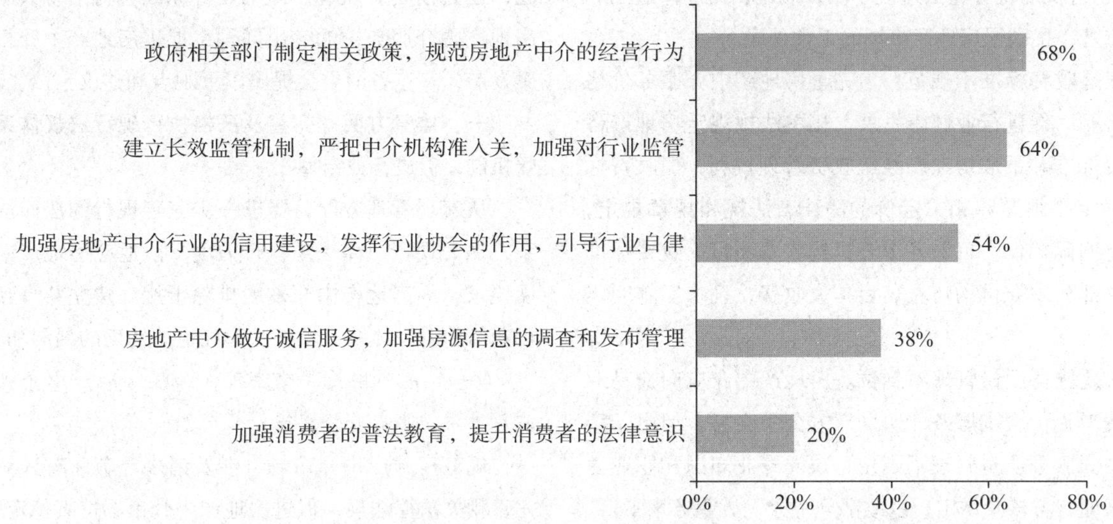

图9　对改善房地产中介服务的建议

第三部分　问题原因分析

经过本次调查及体察发现，部分房地产中介机构或中介经纪人为了利益最大化，不惜利用各种不诚信手段，导致房地产中介行业存在诸多消费问题，通过分析，认为问题的症结主要有以下几个方面：

症结一：法律法规不完善，行业“潜规则”难以根治。

随着房地产中介业的迅猛发展，出现的问题也越来越多。尽管国家颁布了一些房地产中介管理的政策与法规，但由于法律不够完善，行业中经营行为不规范、侵害群众合法权益、扰乱市场秩序等问题仍然存在。

一是从业人员进入门槛低，人员素质良莠不齐。为活跃房地产市场的交易，2014年，国务院取消房地产经纪人执业资格准入制度，改为事后由中介机构进行培训。但由于不具强制性，中介普遍缺乏培训动力，没有落实事后培训要求，导致从业人员专业技能与工作经验匮乏，更有甚者连基本的专业知识都不具备，行业内充斥着大量素质和能力较低的人员，降低了行业水准。

二是法律法规不完善，规制和约束力不足。《城市房地产管理法》对房地产中介服务行为只作了原则性规定；目前我国唯一针对房地产中介管理的规定是《房地产经纪管理办法》，属于部门规章，法律地位较低，对人员资格、机构资质等行业重要问题的违规行为，行政处罚上限仅3万元，对有关中介机构及从业人员的惩戒力度十分有限。2016年住建部、国家发改委、工信部等七部门联合印发的《关于加强房地产中介管理促进行业健康发展的意见》，虽然规定了房源信息发布和核验制度、规范了中介机构收费行为，但从实际来看，执行效力需要提高。

三是联动监管力度不够，监管效能有待提升。房地产中介行业的监管涉及住建、发展改革、通信管理、市场监管、银保监等多个部门，各部门在信息互通、监管联动、惩戒联合等方面的联动力度不够，监管合力未能形成，监管效能有待进一步加强和提高，虚假房源信息、乱收费等突出问题的整治不能彻底、高效。

症结二：行业自律不强，难以有效提升服务质量。

当前房地产中介服务市场中操作流程不规范、服务质量偏低的问题较为突出，主要原因在于行业自律性较差，主要表现如下：

一是未使用规范合同文本。相关法规规定，行政主管部门或者房地产经纪行业组织制定房地产经纪服务合同示范文本，供当事人选用。广东省住建厅和原工商局于2014年联合发布了《广东省房地产经纪服务合同示范文本》，但目前房地产中介服务行业并未积极使用合同示范文本，大多使用各机构自行制作的格式合同，此类合同存在内容不完整、重要事项约定不明等问题，甚至出现权利义务不对等不合理条款，导致房地产交易矛盾纠纷多发易发。

二是诚信守法意识薄弱。为促进交易，获取更大利益，在房地产中介从业人员队伍中充斥着一些善钻政策空子的“钻家”，诚信意识、守法意识薄弱，通过欺骗、隐瞒房源事实、开具虚假证明、诱导委托人签订“阴阳合同”、逃税漏税等违法违规手段，规避相关法律适用和行政监管，扰乱了房地产市场的正常秩序。

三是收费标准不规范。为完善房地产中介服务价格形成机制，促进行业健康发展，相关法规规定房地产咨询收费标准并下放房地产经纪收费管理权利，但收费标准的确定必须遵守相关定价的法律、法规和规章规定，并实行明码标价。目前各中介机构收费项目、收费标准不一，部分中介机构巧立名目扩大收费，且未实施明码标价。

四是服务质量管理不到位。房地产中介应向交易双方消费者提供咨询服务、协助双方公平交易。但由于房地产中介服务质量管理不到位，缺乏专业知识和职业道德的培训、考核及认定，以致部分中介人员业务水平低、服务能力不足，交易双方的消费体验较差。

症结三：缺乏针对性、统一性的个人信息保护立法，企业及消费者对个人信息的认识和保护不足。

在互联网和大数据技术快速发展的今天，个人信息的传播速度十分惊人。但我国还未出台关于个人信息保护的专门法律。由于缺乏针对性、统一性的法律指引，一方面房地产中介服务领域缺乏有效的个人信息保护制度，使行业对消费者个人信息保护十分不足，房地产中介成为泄露个人信息的高危领域。另一方面消费者在接受房地产中介服务过程中，由于法律认知和维权知识匮乏、个人信息自我保护意识不强，且处在弱势地位，面对个人信息被泄露的风险，难以保护自身的合法权益。

症结四：风险意识不足、部门责任分工不清晰等因素导致消费者维权困难。

由于房地产交易涉及的金额较高，绝大多数消费者权益受到损害时，都能主动进行维权，但相比其他消费，房地产交易消费维权困难较多。一是交易双方消费者风险意识不足，对相关法律法规不了解，不注意合同和付款细节，对中介提出的各种违规操作、钻政策空子的行为抵制不足，导致最终处于被动的位置。二是房地产消费对应的监管部门多，包括住建、发改、工信、税务、市场监管等多个部门，在消费者权益维护方面，存在责任分工不够明确、清晰的问题，一旦出现问题，消费者很难判断属于哪方面问题，该找哪个部门解决，因而错过维权的最佳时机。

第四部分　消委会观点及建议

造成房地产中介服务存在各种问题，既有法律制度不完善的因素，也有监管效能不高、行业自律不够等问题，还有消费者风险意识不足等原因。为推动共同解决房地产中介服务中的突出问题，促进房地产中介行业健康发展，广东省消委会提出以下观点和建议：

一、监管方面：完善及严格执行现行法规体系及监督机制，促进行业自律

从宏观管理方面，要进一步完善现行的法律法规体系，加大现行法律法规执行力度，以适应房地产中介发展要求，为房地产中介发展排除干扰。建立共享互联的行业信用管理体系，填补法律和道德约束的漏洞和不足。

（一）完善相关法律法规，加强房地产中介机构事前、事中、事后监督规范。

规范房地产中介市场，涉及诸多环节，有针对性地完善相关法律法规，促进房地产中介市场持续稳定发展。**事前，进一步完善房地产行业法律法规体系，加快出台个人信息保护法律。事中，建立内容完整、可操作性较强的中介规范管理措施、指导意见。**在房地产中介服务内容、程序、收费等方面形成更加统一规范的标准，加强交易监督规范，制定符合市场需求的房地产居间合同示范文本。**事后，建立严格的惩戒制度。**对存在违法违规行为的中介机构和从业人员依法予以严肃处理。

（二）创新监管手段，建立行业征信体系。

一是落实“双随机”监管制度。加强房地产中介服务行业监管，落实“双随机”监管制度，对抽查中发现的问题线索要一查到底，对存在违法违规行为的中介机构和从业人员依法进行处罚。**二是推动建立完善行业自律机制。**规定中介企业对因旗下人员违法行为导致消费者损失应承担兜底责任，倒逼中介企业管理规范化。**三是完善行业征信体系，健全信息披露制度。**进一步完善房地产中介服务行业征信体系建设，定期发布违法违规房地产中介服务机构黑名单，促进市场进一步淘汰信用缺失企业，整合行业资源，促进市场优化，健全信用信息披露制度，引导消费者选择信用信息良好的中介服务。

（三）优化维权网络，维护消费者合法权益。

一是建立房地产消费预警机制。重视房地产消费预警，提升消费者维权意识和能力，及时发布房地产消费争议的典型案例，提醒消费者主动防范交易风险，将矛盾纠纷预防在事前。**二是建立部门沟通协作机制。**房地产交易涉及多个部门，建议加强部门联动，建立工作协作机制，成立房地产消费纠纷联合调解机构。各部门各司其职，相互合作，一站式受理房地产消费投诉，提高房地产消费纠纷调解处理效率。

二、企业方面：充分履行企业应尽责任，切实保护消费者合法权益

任何行业的发展，都必须以实现和增加消费者福祉为根本落脚点。消费者权利的实现，要靠经营者履行责任义务来保障。因此，房地产中介企业要遵守公平竞争、诚实信用原则，承担市场规范发展、提供优质服务以及保护消费者合法权益的责任。

（一）整改违法违规行为，加强规范管理。

首先，保障消费者的消费安全。要保证提供的服务符合保障消费者消费安全的要求，提供优质的房地产中介服务。切实履行核实查验房源信息，明确规定中介经纪人在服务过程中严格禁止的行为，定期开展自查自检，杜绝违法违规行为。**其次，保障消费者知情权。**通过有效方式，向消费者说明所采集的个人信息的用途，尽到告知提醒的义务。**最后，采取切实有效措施保障用户个人信息安全。**主动告知个人信息安全使用协议，保证消费者个人信息仅在法律允许范围内使用，切实加强后台数据管理和维护，从源头上堵住一切信息安全漏洞。

（二）优化管理模式，提升服务质量。

一是树立正确的经营理念。各机构应将重心投入到提升服务质量、提升人员素质等核心竞争力上，避免同质化恶性竞争，承担起维护房地产中介市场有序发展的责任。**二是提高专业素质。**在从业人员专业化、职业化上多下功夫，定期组织开展内部从业人员专业培训，提升从业人员的职业素质和执业道德，优化执业队伍，提升服务质量。**三是高标准制定内部管理流程规范。**如信息公示公开、交易流程指引、收费标准、客户服务支持等，防止违法违规、不诚信经营行为的发生。**四是健全奖惩机制。**通过健全奖惩机制，约束经纪人的日常经营行为，针对经纪人出现的各种不当行为，根据其危害性、影响范围等制定不同等级的惩罚措施，保护消费者的合法权益。

（三）发挥协会作用，加强行业自律。

引导行业协会构建自律体系，建立健全的自律性管理制度，制定统一合同示范文本，规范服务费用收取项目及标准，加强服务质量管理，强化诚信意识，监督中介机构和从业人员的执业情况，加大监督检查力度，对违背中介行业职业道德，违章违规的中介机构和执业人员进行自律性处罚。通过协会大力开展房地产中介服务行业诚信建设，全面提升房地产经纪人的职业道德水平和专业能力，塑造良好的职业形象，提高行业的社会公信力。

三、消费者方面：学法守法，提高自我保护意识

房地产交易双方风险意识不足，对相关法律规定不了解，对政策的影响后果缺乏合理预期，是房地产纠纷产生的重要原因。因此，**一是**相关部门应注重事前防范，加强普法教育力度，积极开展与房地产中介服务相关的法律法规宣传。**二是**建议消费者在接受中介服务之前，仔细阅读合同中的条款和有关费用的规定，尽量将中介机构交易过程中的口头承诺落实到合同中，增强自身对相关法律政策的学习了解，提高交易风险意识。**三是**消费者要妥善保存好有关的发票凭证、定金凭证和合同文本，避免使自己处于被动地位。

2019年房地产中介服务“十大潜规则”

一、虚假低价房源引客，乘机开展业务推销

解读：发布虚假低价房源信息是许多房产中介招徕客户的常见手段。当客户受到吸引前来咨询或要求看房时，中介人员则以各种理由进行推托，或表示房屋已出售，乘机推销其他房源，其他房源的实际价格均高于发布房源，甚至差距很大。

案例：广州消费者黄小姐近期准备买房，在中介的橱窗广告上，她总能看到很多令其心动的房源，但走进去一了解，却发现这些房源信息不是已过期，就是房子已出售。中介人员热情介绍，还有很多其他实惠的房子，马上乘机进行推销，但实际推荐房源都是高价格，根本没有橱窗广告里的实惠房子。

点评：以上虚假信息侵犯了消费者的知情权，违反了《房地产经纪管理办法》第二十五条第三项规定，房地产经纪机构和房地产经纪人员不得以隐瞒、欺诈、胁迫、贿赂等不正当手段招揽业务，诱骗消费者交易或者强制交易。

消费者遇到上述情况，可以向当地房地产主管部门举报，由行政部门调查惩处。也可向有关部门和消费者组织投诉，进行消费维权。

二、营造热销假象，诱导仓促成交

解读：为了让购房者尽快下定锁定交易，部分中介会营造房屋热销的假象，比如找“房托”去新楼盘排队购房，在售楼房源公示栏上面打出“售完”字样，或者在二手楼交易谈判期间，冒充其他买家假意抢购同一套房，让购房者觉得房子销售太火，促使购房者在未对房屋进行全面了解、未考虑周全的情况下仓促下定签署合同。

案例：深圳李女士在中介的带领下来到某楼盘看房，当天人很多，感觉房子快被卖完了。在看房过程中，中介和销售人员不停制造紧张氛围，说由于政府限价，楼盘价格低、销量好，小户型只有两套了，再不买都被别人抢走了，在中介虚张声势、不停催促下，李女士迷迷糊糊地交了5万元定金，并交付了首付款总共32万元。但过后，李女士发现房管局网站上该楼盘还有很多房子没有销售出去，而且经过了解，中介所承诺的可以解决孩子读书问题属违法操作。

点评：热销假象侵犯了消费者的知情同意权和公平交易权，违反了《房地产经纪管理办法》第二十五条第一项规定，房地产经纪机构和其人员不得捏造散布涨价信息，或者与房地产开发经营单位串通捂盘惜售、炒卖房号，操纵市场价格。

消费者遇到上述情况，一定要提高警惕，保持清醒，切忌冲动，特别不能轻易下定，上了不良商家的当。

三、定金收取设陷阱，两头忽悠做文章

解读：定金原本是规范买卖双方信守承诺的一种担保方式，但一些房地产中介却在定金上做文章，先是忽悠买家消费者交定金，再想方设法从中获利；同时又劝说卖家接受定金，却刻意隐瞒卖家反悔需双倍返还定金的法律责任。

案例：珠海某消费者在中介的带领下到拱北某小区看房。当时在中介人员一顿忽悠下，消费者就交了1400元定金，中介收取定金后并未跟消费者签订任何合同和给其相关收据。之后消费者觉得有问题，要求退回定金，中介不给予答复。第二天，消费者到中介公司来要，却说定金已转给业主，不可以退，但又不能提供转账凭证和业主信息，一切都是口说无凭。最后，虽经消费者强烈要求，也仅仅退回了500元。

点评：定金收取陷阱侵犯消费者的知情同意权和财产权，违反了《合同法》第四百二十五条规定：“居间人应当就有关订立合同的事项向委托人如实报告。居间人故意隐瞒与订立合同有关的重要事实或者提供虚假情况，损害委托人利益的，不得要求支付报酬并应当承担损害赔偿责任。”

因此，消费者有权要求房地产经纪人退还其全部定金。

四、服务收费不透明，“其他费用”花样新

解读：尽管有关部门规定中介服务需要明示收费项目及标准。但在实际操作中，部分中介不公示收费标准，还利用各种理由和形式多收费，如评估费、律师服务费、按揭代理服务费等，这些收费额度弹性大，且不事先明示告知，让消费者在不知情的情况下多交费用。

案例：消费者刘先生通过中介购买了一套房产，总价为88万元，但是刘先生发现除了卖方和政府有关税费之外，由中介收取的费用高达3.2万多元，这些费用包括评估费、律师费、按揭顾问费、中介服务费等，这些收费里面有些有票据，有些没有。刘先生觉得这些费用的收取不够透明，尤其是按揭顾问费、评估费没有收据，都是统一被纳入“其他费用”的名目中。

点评：服务收费不透明侵犯了消费者的知情权和公平交易权，违反了《房地产经纪管理办法》第十八条规定：“房地产经纪服务实行明码标价制度。房地产经纪机构应当遵守价格法律、法规和规章规定，在经营场所醒目位置标明房地产经纪服务项目、服务内容、收费标准以及相关房地产价格和信息。房地产经纪机构不得收取任何未予标明的费用；不得利用虚假或者使人误解的标价内容和标价方式进行价格欺诈；一项服务可以分解为多个项目和标准的，应当明确标示每一个项目和标准，不得混合标价、捆绑标价。”

消费者遇到上述情况，要勇敢地指出中介机构的问题，并进行抵制，也可进行举报投诉。

五、个人信息遭泄露，骚扰电话接不完

解读：使用线上房地产中介平台时，平台都要求使用个人信息注册。虽然平台的服务协议中一般都有“隐私制度”的相关规定，但是这些服务协议采用格式合同，条款诸多、内容冗长，多数网友并未阅读或者只是简单浏览，某些网站甚至采用默认勾选“同意”的方式，使消费者的信息被“合法”使用，导致发生各种骚扰行为。

案例：消费者李女士通过某线上房地产中介平台购买了一套房子，谁知房子刚成交不久，手机就被各种骚扰电话打爆。开始是装修公司打来的，一天可以接十几个，让人听到神经衰弱。随后各路中介来电话，推销各种楼盘，无论是早上、中午还是晚上都有来电，每天接好几个，李女士不堪其扰。

点评：泄露消费者个人信息侵害了消费者的人身安全权和隐私权，违反了《消费者权益保护法》第二十九条第二款规定：“经营者及其工作人员对收集的消费者个人信息必须严格保密，不得泄露、出售或者非法向他人提供。经营者应当采取技术措施和其他必要措施，确保信息安全，防止消费者个人信息泄露、丢失。在发生或者可能发生信息泄露、丢失的情况时，应当立即采取补救措施。”同时，《房地产经纪管理办法》第二十五条第四项规定，房地产经纪不得泄露或者不当使用委托人的个人信息或者商业秘密，谋取不正当利益。

消费者遇到上述情况，可进行举报投诉，维护自身权益。

六、违规变通办假证，风险损失客户担

解读：为使买卖双方满足房地产交易条件，促使交易成功，部分中介违法违规代办社保、完税等虚假证明，并收取价格不菲的代办费。若代办不成功或被揭穿，消费者则不能要回代办费，须自己承担损失的风险。

案例：东莞消费者赵先生通过某房地产中介购买了一套二手房，但由于赵先生无法提供在莞工作满一年的完税和社保证明，无法办理银行按揭贷款，在中介的诱导下，赵先生同意另支付中介2000元“变通”代办费，办理虚假证明。后来，银行发现有假，不予办理。在交易不成功的情况下，中介却拒绝退回中介费和代办费。

点评：诱导消费者违规办假证并收费，侵害了消费者的财产权。限贷限购是目前进行房地产调控的主要行政手段，经纪人不得违反规定出具虚假证明文件，骗取购房资格。房地产经纪机构因出具虚假证明、违反限购政策给购房人造成经济损失的，由其承担相应法律责任，并且应当无条件退还消费者中介费和代办费。如果房地产经纪公司或者个人伪造国家机关公章或公文等，可能会涉嫌刑事犯罪。

消费者遇到上述情况，一方面要进行抵制，另一方面可向有关部门举报，由相关部门给予经纪机构相应的处罚。

七、房价优惠藏猫腻，变相涨价是目的

解读：部分房产销售商为了获取更大的利益，巧立名目以“团购费”“优惠费”“电商费”等名义吸引消费者，让消费者误以为捡到便宜，实则额外收取房价外的费用。

案例：广州消费者在中介销售推荐下，来到某楼盘售楼部咨询楼盘情况。销售人员以“购房可以享受团购费6万元抵15万元优惠活动”吸引消费者。在中介人员各种优惠的鼓吹下，消费者交了2万元定金和1万元团购款，并在中介人员的不断催促下，匆匆签下了认购书。待消费者回家仔细阅读相关资料后才发现，6万元团购款并未计入认购书总价，属额外收取。

点评：虚假优惠侵害消费者的知情权和选择权，违反了《合同法》第四百二十五条“居间人应当就有关订立合同的事项向委托人如实报告”及《消费者权益保护法》第八条“消费者享有知悉其购买、使用的商品或者接受的服务的真实情况的权利。消费者有权根据商品或者服务的不同情况，要求经营者提供商品的价格、产地、生产者、用途、性能、规格、等级、主要成份、生产日期、有效期限、检验合格证明、使用方法说明书、售后服务，或者服务的内容、规格、费用等有关情况。”的规定。

消费者如因经纪公司的虚假承诺造成损失，有权要求经纪公司退还额外收取的费用。

八、解押房贷套路多，游说卖家借“高利”

解读：按揭贷款购房是较常用的购房方式，为了二手住宅能顺利交易，卖房人需要先办完解押。对于部分卖房人而言，要一下子凑够资金到银行解押比较困难。因此，部分中介游说卖房人向中介机构或第三方金融机构借钱解押。有些中介提供的贷款服务背后，却是高额的贷款利率，年利率甚至高于央行规定的五六倍。

案例：消费者杨先生委托中介代售其名下一套房产，该中介让其同事与杨先生达成成交意向，并交了10万元定金。由于杨先生的房子还在按揭还贷中，需用50万元资金从银行解押。中介公司向杨先生提出，一是拿家里其他房产去高利贷公司做抵押；二是向房产金融机构借钱还贷款。由于利息太高，杨先生没有同意，中介公司便要求杨先生降低房价5万元，作为买方帮其从银行解押的经费，否则就限制其继续出售该房产。

点评：解押套路侵害了消费者的财产权和选择权，违反了《房地产经纪管理办法》第十七条“房地产经纪机构提供代办贷款、代办房地产登记等其他服务的，应当向委托人说明服务内容、收费标准等情况，经委托人同意后，另行签订合同”的规定。

房地产经纪公司提供的是居间服务，在促成合同时收取居间费用，如提供居间服务以外的其他服务，则需要另行签订合同，约定相关服务内容及收费情况。且所提供的其他服务不得违反公平交易原则，消费者遇到此类情况，有权予以拒绝。

九、《看房确认》要签名，霸王条款很闹心

解读：为防止“跳单”，近年来中介要求看房者签署《看房确认书》已成为二手房产交易市场的普遍情况。因《看房确认书》而产生的纠纷越来越多，一些中介机构利用信息不对称，单方制定含有“霸王条款”的《看房确认书》，排除其他地产中介的正常竞争，损害购房消费者利益。

案例：消费者李先生通过房屋中介去看一套标价为100万元的二手房。看房前，中介告诉他根据“行规”，需先签署“看房书”。李先生购房心切，只好在中介预先准备好的《看房证明及委托协议书》上签名。根据协议，如房屋成交，李先生应支付相当于成交价3%的佣金。同时“看房书”上规定“在一年内，看房者直接或间接与房主成交，都视为由该中介公司促成的交易，须支付上述佣金及等额于佣金25%的违约金”。

点评：霸王条款侵害了消费者公平交易权和自主选择权，违反了《消费者权益保护法》第二十六条“经营者在经营活动中使用格式条款的，应当以显著方式提请消费者注意商品或者服务的数量和质量、价款或者费用、履行期限和方式、安全注意事项和风险警示、售后服务、民事责任等与消费者有重大利害关系的内容，并按照消费者的要求予以说明。经营者不得以格式条款、通知、声明、店堂告示等方式，作出排除或者限制消费者权利、减轻或者免除经营者责任、加重消费者责任等对消费者不公平、不合理的规定，不得利用格式条款并借助技术手段强制交易。格式条款、通知、声明、店堂告示等含有前款所列内容的，其内容无效”的规定。《看房确认书》属于典型的格式条款，其中排除或限制消费者权利的内容无效，对消费者没有约束力。

十、全权委托本信任，恣意妄为损权益

解读：由于二手房买卖流程繁杂，部分中介抓住消费者怕麻烦的心理，便让卖房者签署一份房屋全程包销委托合同，由中介全权办理卖房及过户等手续，但其却对合同条款任意改动或借受托房产从事抵押贷款办理，严重损害卖房者的合法权益。

案例：消费者刘女士委托房产中介出售闲置住房，中介人员张某让其签署一份房屋全程包销委托合同，由他们代为售卖。刘女士图省事，欣然答应，在张某的安排下，其到一家公证处办理了为期6个月的委托书，并将房屋产权证交给了张某。在合同到期后，房产未售出，刘女士多次要求归还房屋产权证原件，张某总以各种理由推脱。刘女士起了疑心，前往房管局查询这套房屋情况时，竟被告知房屋已被张某抵押给了抵押权人王某。

点评：包销协议风险大，全权委托须慎重。以上情况已经侵害了消费者财产权和知情权，违反了《合同法》第四百零六条“有偿的委托合同，因受托人的过错给委托人造成损失的，委托人可以要求赔偿损失……受托人超越权限给委托人造成损失的，应当赔偿损失”的规定。

根据《合同法》包销协议已经不属于《居间合同》，而是属于《委托合同》。因此，如果受托的经纪公司及人员超越权限，给委托人造成了损失，消费者有权要求经纪公司赔偿损失，并有权解除合同。

（点评人：陈北元律师，广东省消费者委员会法律顾问，广东广强律师事务所副主任。）

广西壮族自治区消费者权益保护委员会

十四城市消费者满意度调查报告

第一部分　调查基本情况

一、调查背景

2019年2月19日，自治区党委、自治区人民政府正式印发了《中共广西壮族自治区委员会、广西壮族自治区人民政府关于完善促进消费体制机制　进一步激发居民消费潜力的实施意见》（桂发〔2019〕5号，以下简称《实施意见》），《实施意见》明确要求，“做好消费后社会评价工作，充分发挥公益性社会组织作用，针对消费热点、维权难点依法开展消费调查、消费体察和消费者满意度评测，发布调查结果，为制定消费政策提供参考”。为贯彻落实《实施意见》的精神，探索建立广西消费者满意度监测常态化机制，深度挖掘消费者不满意的问题和原因，动态追踪消费者满意度情况，掌握工作中的优势，找出短板并提出改进措施，促进各责任主体有针对性地开展消费环境整治提升工作，推动安全放心的消费环境建设，提振消费信心，激发居民消费潜力，助力广西经济高质量健康发展。广西消费者权益保护委员会依照工作职责，组织开展了2019年广西消费者满意度测评工作。

二、工作开展情况

具体调查工作从2019年7月正式启动，9月底完成指标体系优化和调查实施工作。

（一）指标体系

本次测评中，"消费者满意度"的定义是：消费者购买商品或接受服务过程中，对"消费供给""消费环境"和"消费维权"的情绪反馈，是以百分制的形式测评出来的消费者主观评价。

消费者满意度指标体系由3个一级指标、16个二级指标、25个三级指标组成。

表1　2019年广西消费者满意度指标体系

一级指标	二级指标	三级指标
消费供给	供给丰富性	供给丰富性
	供给便利性	分布合理
		物流便利
		公共基础设施完善
	供给独特性	供给独特性
消费环境	质量水平	货品真实
		商品或服务质量
	服务水平	服务水平
		服务真实
	消费设施	安全性
		舒适性
	价格合理	价格合理
		明码标价
	信息真实	信息真实
	售后保障	售后保障
	商家信任度	商家信任度
	交易安全	交易安全
	消费知情权	消费知情权
	消费自主选择权	消费自主选择权
消费维权	权益保护	维权渠道
		维权效率
		维权结果
	消费宣传	消费警示提示
		消费知识法制宣传
	消费执法	消费执法

（二）测评对象

主要测评对象为：在本地居住6个月以上，包括本地户籍及非本地户籍，最近1个月有过日常消费行为的消费者。调查对象年龄范围为15岁至70岁。

（三）抽样与调查方法

在确定城市之后，采用"市辖区—社区—受访者"的多阶段随机抽样方法选取受访者。第一步，广西壮族自治区14个城市的市辖区入选。第二步，根据市辖区里的所有社区名单，采用简单随机抽样的方式抽取社区。第三步，采取配额抽样的方式在样本社区出入口附近对本社区常住居民进行拦截访问。

访问采用（PAD辅助）拦截调查和电话访问进行，拦截调查通过抽样选定居住小区后，在居住小区出入口对小区居民进行随机拦截调查访问。拦截调查时主要采用PAD工具，PAD访问是一种无纸化的问卷调查方式。电话访问则按照投诉名单拨打电话号码询问受访消费者满意度情况。

三、样本量与样本结构

本次调查从2019年9月1日至9月22日，总共历时22天。

在统计学意义上，简单随机抽样的样本量计算公式如下：

$$n_0=\frac{z_{\alpha/2}^2 S^2}{d^2}$$

其中，n_0为样本量；$z_{\alpha/2}$为置信水平；S^2为总体的方差；d为绝对抽样误差。

样本量的大小主要取决于三个因素：置信水平、总体的方差和（允许的）绝对抽样误差（上限）。

其中：在测量比例的调查中，通常可以考虑置信水平为95%，即α=0.05，此时$z_{\alpha/2}$=1.96；对于绝对抽样误差，通常取1%—5%；因此样本量估算主要依据总体方差的大小。由于对比例进行估计，$S^2=P(1-P)$，其中P为某件事发生的概率，当总体方差达到上限即S^2=1/4时，估算出的样本量最大。

表2　不同抽样误差对应的样本量

t	t平方	$p(1-p)$极值	n（样本量）	d（抽样误差）
1.96	3.84	0.25	9604	1%
1.96	3.84	0.25	7000	1.17%
1.96	3.84	0.25	4700	1.43%
1.96	3.84	0.25	2401	2%
1.96	3.84	0.25	1067.11	3%
1.96	3.84	0.25	600.25	4%
1.96	3.84	0.25	384.16	5%

注：95%的置信度下，当$p(1-p)$=0.25时，不同抽样误差对应的样本量。

因此，建议将广西壮族自治区拦截调查的抽样误差定为2%，对应的样本量为2401人。第一，依据2017年广西壮族自治区人口规模，各城市的样本量分配按照规模大小成比例的概率抽样，即根据按照各城市人口规模占比分配样本量。第二，根据分配样本量确定各市实际样本量，采取层级划分的方法，分配样本量在300人以上对应的实际样本量调整为300人，分配样本量在200—300人对应的实际样本量调整为250人，分配样本量在200人以下对应的实际样本量调整为140人。如南宁市2017年年末人口715.33万人，占广西壮族自治区总人口规模的比例为14.64%，分配样本量为2401×14.64%=352个，实际调整样本量为300人。

广西壮族自治区拦截调查计划执行2450个样本。另外，为了解有过投诉的消费者的满意度水平，每个城市电话调查各执行60个样本，合计840个。因此，广西壮族自治区计划执行样本量合计3290个。

调查完成后，按照市场调查行业的相关标准进行复核，全广西最终得到了3380个有效样本，拦截调查样本为2540个，电话访谈样本为840个。

不同区域的实际样本量与占比如表3所示。

表3　各城市实际样本量与占比

城市	2017年常住人口（万人）	人口占比（%）	按比例分配样本量	拦截调查调整后样本量	电话调查样本量（份）	计划样本量（份）	最终样本量（份）
南宁市	715.33	14.64	352	300	60	360	373
柳州市	400.00	8.19	197	140	60	200	201

续表

城市	2017年常住人口（万人）	人口占比（%）	按比例分配样本量	拦截调查调整后样本量	电话调查样本量（份）	计划样本量（份）	最终样本量（份）
桂林市	505.75	10.35	249	250	60	310	320
梧州市	303.74	6.22	149	140	60	200	208
北海市	166.33	3.40	82	140	60	200	201
防城港市	94.02	1.92	46	140	60	200	201
钦州市	328.00	6.71	161	140	60	200	204
贵港市	437.54	8.96	215	250	60	310	329
玉林市	581.08	11.90	286	250	60	310	316
百色市	364.65	7.46	179	140	60	200	216
贺州市	205.67	4.21	101	140	60	200	208
河池市	352.35	7.21	173	140	60	200	200
来宾市	221.86	4.54	109	140	60	200	200
崇左市	208.68	4.27	103	140	60	200	203
总计	4885	100.00	2401	2450	840	3290	3380

其中，不同性别的实际样本量与占比：男性1769人（52%），女性1611人（48%）。

表4　男女实际样本量与占比

实际样本量与占比	男	女
样本量	1769	1611
占比（%）	52	48

不同年龄段的实际样本量与占比：15—24周岁630人（19%），25—34周岁935人（28%），35—44周岁848人（25%），45—54周岁505人（15%），55—70周岁462人（14%）。

表5　各年龄段实际样本量与占比

实际样本量与占比	15—24周岁	25—34周岁	35—44周岁	45—54周岁	55—70周岁
样本量	630	935	848	505	462
占比（%）	19	28	25	15	14

不同职业的实际样本量与占比：中高层管理者134人（4%），普通职员327人（10%），高级专业技术人员155人（5%），蓝领829人（25%），自我雇佣者833人（25%），在校学生216人（6%），家庭主妇201人（6%），离退休人员177人（5%），无业人员185人（6%）。

表6　不同职业实际样本量与占比

职　业	样本量	占比（%）
中高层管理者	134	4
普通职员	327	10
高级专业技术人员	155	5

续表

职　业	样本量	占比（%）
蓝领	829	25
自我雇佣者	833	25
在校学生	216	6
家庭主妇	201	6
离退休人员	177	5
无业人员	185	6
其他	273	8

第二部分　主要分析结果

一、消费者满意度水平

（一）消费者满意度得分

本次调查中，全区消费者满意度综合得分为71.97分，处于良好水平。消费供给、消费环境和消费维权三个一级指标的得分分别为71.22分、74.02分和66.72分，消费维权的得分最低。二级指标中，消费自主选择权和消费知情权的得分相对较高，分别为91.41分和84.29分；交易安全和消费宣传的得分相对较低，分别为61.72分和63.31分。

表7　消费者满意度得分、一级和二级指标得分

总指标得分	一级指标	得　分	二级指标	得　分
71.97	消费供给	71.22	供给丰富性	67.65
			供给便利性	78.00
			供给独特性	65.84
	消费环境	74.02	质量水平	77.88
			服务水平	76.94
			消费设施	69.30
			价格合理	72.94
			信息真实	70.97
			售后保障	69.89
			商家信任度	71.71
			交易安全	61.72
			消费知情权	84.29
			消费自主选择权	91.41
	消费维权	66.72	权益保护	69.51
			消费宣传	63.31
			消费执法	67.38

（二）消费者满意度排名情况

消费者满意度得分指标中，排在第一位的是北海市，得分77.15分；其次是玉林市，得分74.76分；排在最后的是钦州市，得分68.46分。

消费供给指标中，排在第一位的是北海市，得分77.01分；排在第二位的是玉林市，得分75.33分；排在最后的是钦州市，得分66.23分。

消费环境指标中，排在第一位的是北海市，得分78.16分；排在第二位的是玉林市，得分77.18分；排在最后的是钦州市，得分70.99分。

消费维权指标中，排在第一位的是北海市，得分74.42分；排在第二位的是梧州市，得分71.05分；排在最后的是钦州市，得分62.75分。

表8　各市满意度得分、一级指标得分排名

排　名	城　市	满意度得分	消费供给	消费环境	消费维权
1	北海市	77.15	77.01	78.16	74.42
2	玉林市	74.76	75.33	77.18	67.72
3	梧州市	73.21	72.82	74.07	71.05
4	防城港市	72.89	69.45	74.58	70.19
5	桂林市	72.60	72.63	75.31	65.06
6	贵港市	72.37	70.51	74.84	66.60
7	崇左市	72.25	71.50	73.57	69.03
8	柳州市	71.70	72.96	73.38	66.34
9	南宁市	71.46	70.81	73.42	66.39
10	来宾市	70.48	68.82	72.85	64.87
11	贺州市	70.34	70.14	72.70	63.93
12	百色市	69.24	68.63	71.62	63.01
13	河池市	68.90	68.04	71.28	62.79
14	钦州市	68.46	66.23	70.99	62.75
综合	71.97	71.22	74.02	66.72	

供给丰富性方面，排在第一位的是北海市，得分73.87分；其次是玉林市，得分71.01分；排在最后的是钦州市，得分62.79分。

供给便利性方面，排在第一位的是北海市，得分83.54分；其次是玉林市，得分79.82分；排在最后的是钦州市，得分73.40分。

供给独特性方面，排在第一位的是玉林市，得分74.21分；其次是梧州市，得分71.20分；排在最后的是钦州市，得分60.11分。

质量水平方面，排在第一位的是北海市，得分81.23分；其次是玉林市，得分81.03分；排在最后的是河池市，得分75.30分。

服务水平方面，排在第一位的是桂林市，得分79.46分；其次是北海市，得分79.39分；排在最后的是河池市，得分73.98分。

消费设施方面，排在第一位的是北海市，得分75.20分；其次是梧州市，得分72.56分；排在最后的是河池市，得分64.08分。

价格合理方面，排在第一位的是玉林市，得分77.05分；其次是北海市，得分76.03分；排在最后的是河池市，得分70.49分。

信息真实方面，排在第一位的是北海市，得分75.39分；其次是贵港市，得分73.85分；排在最后的是钦州市，得分68.14分。

售后保障方面，排在第一位的是北海市，得分75.10分；其次是玉林市，得分74.67分；排在最后的是钦州市，得分65.64分。

商家信任度方面，排在第一位的是北海市，得分75.38分；其次是防城港市，得分74.73分；排在最后的是钦州市，得分68.12分。

交易安全方面，排在第一位的是玉林市，得分69.87分；其次是北海市，得分69.25分；排在最后的是百色市，得分55.79分。

消费者知情权方面，排在第一位的是北海市，得分89.09分；其次是玉林市，得分88.86分；排在最后的是梧州市，得分79.70分。

消费者自主选择权方面，排在第一位的是玉林市，得分94.81分；其次是来宾市，得分94.60分；排在最后的是百色市，得分88.84分。

权益保护方面，排在第一位的是北海市，得分75.21分；其次是防城港市，得分73.25分；排在最后的是钦州市，得分64.91分。

消费宣传方面，排在第一位的是北海市，得分70.88分；其次是梧州市，得分68.89分；排在最后的是百色市，得分57.14分。

消费执法方面，排在第一位的是北海市，得分76.79分；其次是防城港市，得分72.81分；排在最后的是河池市，得分61.96分。

具体二级指标得分排名如表9所示。

表9 全区二级指标得分排名

	南宁市	柳州市	桂林市	梧州市	北海市	防城港市	钦州市	贵港市	玉林市	百色市	贺州市	河池市	来宾市	崇左市
供给丰富性	68.06	71.00	68.88	68.39	73.87	66.60	62.79	65.02	71.01	64.11	67.77	64.82	65.40	68.28
排名	7	3	4	5	1	9	14	11	2	13	8	12	10	6
供给便利性	78.14	79.70	79.18	77.40	83.54	78.18	73.40	77.81	79.82	76.39	77.03	75.57	76.29	78.02
排名	6	3	4	9	1	5	14	8	2	11	10	13	12	7
供给独特性	63.58	65.61	67.79	71.70	71.43	60.31	60.11	66.79	74.21	62.98	63.08	61.11	62.24	66.06
排名	8	7	4	2	3	13	14	5	1	10	9	12	11	6
质量水平	79.12	78.22	78.19	77.35	81.23	76.02	76.77	77.00	81.03	77.57	76.68	75.30	76.69	76.82
排名	3	4	5	7	1	13	10	8	2	6	12	14	11	9
服务水平	77.29	77.64	79.46	75.16	79.39	77.33	74.17	78.09	79.29	74.69	75.93	73.98	75.00	76.21
排名	7	5	1	10	2	6	13	4	3	12	9	14	11	8
消费设施	69.04	69.52	70.19	72.56	75.20	69.24	65.67	70.70	71.59	64.78	69.54	64.08	66.53	69.38
排名	10	7	5	2	1	9	12	4	3	13	6	14	11	8
价格合理	71.01	73.02	75.23	71.34	76.03	71.04	70.96	73.07	77.05	71.21	71.00	70.49	73.05	74.78
排名	11	7	3	8	2	10	13	5	1	9	12	14	6	4
信息真实	70.52	68.97	72.04	70.44	75.39	71.78	68.14	73.85	72.08	68.46	70.59	68.67	69.08	71.11
排名	8	11	4	9	1	5	14	2	3	13	7	12	10	6
售后保障	68.96	71.06	72.08	69.36	75.10	68.48	65.64	70.67	74.67	69.67	67.12	67.64	66.33	68.06
排名	8	4	3	7	1	9	14	5	2	6	12	11	13	10
商家信任度	72.82	73.20	73.58	72.75	75.38	74.73	68.12	72.22	69.62	69.30	71.17	69.50	70.70	69.90
排名	5	4	3	6	1	2	14	7	11	13	8	12	9	10
交易安全	57.27	56.50	60.57	67.79	69.25	66.37	55.82	64.26	69.87	55.79	58.84	59.30	59.10	61.78
排名	11	12	7	3	2	4	13	5	1	14	10	8	9	6
消费知情权	83.74	81.11	86.19	79.70	89.09	86.12	81.62	84.66	88.86	82.24	82.42	81.60	86.73	82.86
排名	7	13	4	14	1	5	11	6	2	10	9	12	3	8
消费自主选择权	90.88	89.25	92.35	89.42	91.84	93.43	89.95	90.88	94.81	88.84	90.58	89.80	94.60	91.72

续表

	南宁市	柳州市	桂林市	梧州市	北海市	防城港市	钦州市	贵港市	玉林市	百色市	贺州市	河池市	来宾市	崇左市
排名	7	13	4	12	5	3	10	8	1	14	9	11	2	6
权益保护	66.36	70.23	67.81	72.48	75.21	73.25	64.91	69.65	71.55	69.10	68.45	67.24	66.79	70.57
排名	13	6	10	3	1	2	14	7	4	8	9	11	12	5
消费宣传	62.38	63.67	61.31	68.89	70.88	64.21	59.87	64.80	64.15	57.14	60.73	59.56	63.45	65.75
排名	9	7	10	2	1	5	12	4	6	14	11	13	8	3
消费执法	69.80	65.50	66.05	71.73	76.79	72.81	63.46	65.69	67.68	63.12	63.02	61.96	64.55	70.59
排名	5	9	7	3	1	2	11	8	6	12	13	14	10	4

（三）消费者满意度优改分析

消费者满意度指标体系共设有16个二级指标。根据二级指标对于消费者满意度的重要性（权重）和满意度表现（得分），可以将16个指标分布到4个区间中。

优势区指标：包括“质量水平”“服务水平”“价格合理”，表示这3项指标的重要性较高，而且满意度表现较好。

优改区指标：包括“消费设施”“售后保障”“商家信任度”“交易安全”“权益保护”“消费宣传”“消费执法”，表示这7项指标的重要性较高，但满意度表现较差。因此，应该优先加以改进。

次改区指标：包括“供给丰富性”“供给独特性”“信息真实”，表示这3项指标的重要性和满意度表现都较低，是消费者满意度的次改指标，今后需要加以改善。

保持区指标：包括“供给便利性”“消费知情权”“消费自主选择权”，表示这3项指标的重要性较低，但满意度表现较好。因此，今后需要继续保持。

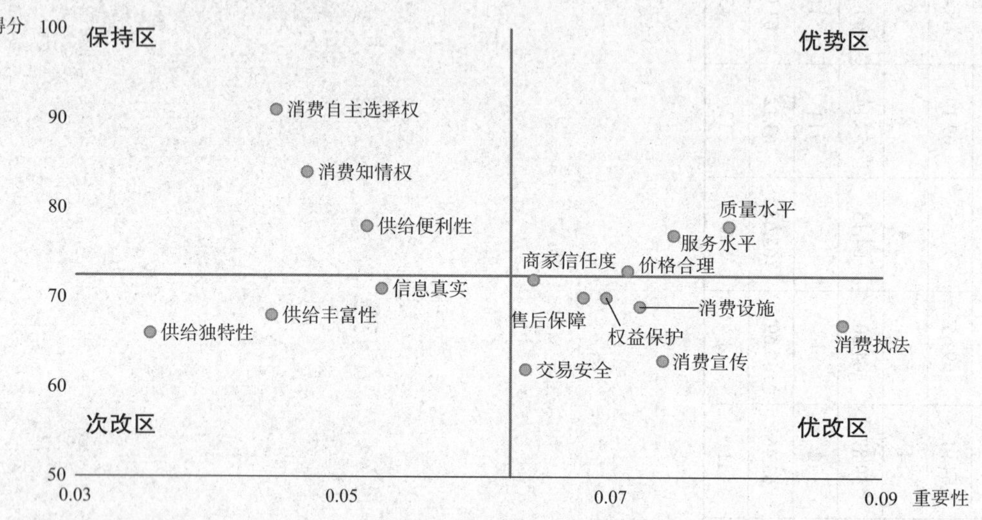

图1 消费者满意度二级指标因素重要性分布

注：上图横轴为二级指标的权重，纵轴为二级指标的满意度得分。

二、消费者满意度的主要特征

（一）不同年龄消费者的满意度

广西不同年龄的消费者满意度如下：得分最高的年龄段是55—70周岁，为74.42分；得分最低的年龄段是25—34周岁，为69.55分，其余年龄段得分居中。

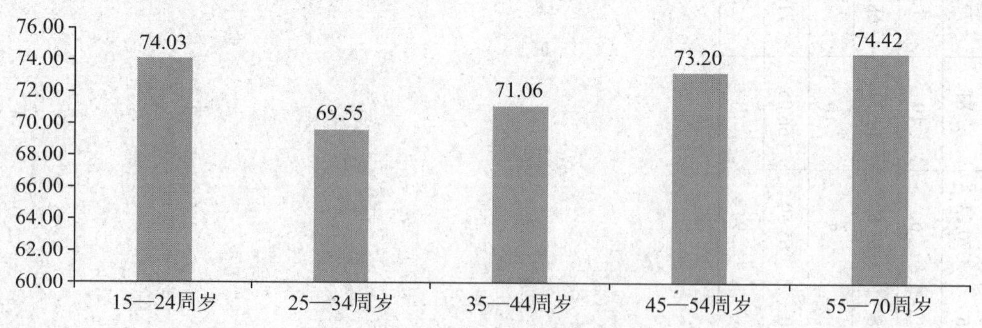

图2 不同年龄段的满意度得分

从消费供给来看，15—24周岁的消费者认为主要需要增加餐饮服务（24.50%）、文化娱乐服务（23.96%）和食品（21.05%）等方面的消费供给；25—34周岁的消费者认为主要需要增加养老服务（24.04%）、教育培训服务（23.50%）和文化娱乐服务（21.49%）等方面的消费供给；35—44周岁的消费者认为主要需要增加养老服务（26.31%）、教育培训服务（24.45%）和卫生保健服务（23.95%）等方面的消费供给；45—54周岁的消费者认为主要需要增加养老服务（29.74%）、卫生保健服务（19.44%）和医药及医疗用品（18.27%）等方面的消费供给；55—70周岁的消费者认为主要需要增加养老服务（40.24%）、医药及医疗用品（20.48%）和卫生保健服务（17.86%）等方面的消费供给。

表10　不同年龄消费者认为需要增加的消费供给（%）

领　域	15—24周岁	25—34周岁	35—44周岁	45—54周岁	55—70周岁
养老服务	18.33	24.04	26.31	29.74	40.24
卫生保健服务	15.79	19.85	23.95	19.44	17.86
文化娱乐服务	23.96	21.49	17.37	16.63	15.71
教育培训服务	13.97	23.50	24.45	16.16	12.62
医药及医疗用品	17.06	16.76	19.06	18.27	20.48
餐饮服务	24.50	20.22	14.67	8.20	7.38
食品	21.05	14.03	15.51	13.58	9.76
旅游服务	16.33	19.13	12.65	10.30	9.29
生活日用品	16.88	12.39	13.32	12.65	13.81
公用事业及其他服务	11.07	13.30	14.84	15.22	12.14
银行服务	11.07	14.39	9.44	8.67	11.19
交通运输服务	11.43	12.20	11.30	10.30	6.19
家政服务	8.53	9.47	9.95	10.54	10.71
文化娱乐用品及首饰	13.43	10.20	8.09	6.79	4.29
通信与网络服务	8.53	8.93	9.44	7.03	4.29
家用交通工具	8.53	7.83	7.59	5.62	7.86
通信工具	9.62	4.92	8.26	7.26	6.67
特色商品及服务，如传统工艺品	9.44	7.83	9.78	4.68	1.90
家用电子电器	6.53	7.29	7.08	6.79	4.52
服装鞋帽	11.98	5.83	5.73	4.92	1.43
保险服务	4.90	3.10	4.55	3.98	7.86
房屋装修及物业服务	5.26	5.65	5.40	5.15	1.43
美容美发	7.08	6.19	3.71	3.28	1.67
邮递服务	6.53	4.92	4.05	3.28	1.43
边境贸易消费	4.54	6.19	3.71	4.45	1.19
农用生产资料	1.81	5.28	4.55	3.04	5.00
房屋及建材	2.00	5.28	4.72	3.04	1.90
中介服务	3.27	4.19	4.38	3.75	1.43
证券服务	2.72	2.37	2.53	1.87	0.71

从消费维权渠道来看，15—24周岁、25—34周岁和35—44周岁的消费者最主要希望通过微信平台获取消费知识及消费维权法律法规知识；45—54周岁的消费者最主要希望通过手机短信获取消费知识及消费维权法律法规知识；55—70周岁的消费者最主要希望通过电视、报纸等新闻媒体获取消费知识及消费维权法律法规知识。

表11 不同年龄消费者希望获取维权知识的渠道（%）

渠　道	15—24周岁	25—34周岁	35—44周岁	45—54周岁	55—70周岁
微信平台	52.54	57.01	46.23	33.86	20.35
电视、报纸等新闻媒体	38.10	40.53	40.92	41.98	53.03
手机短信	42.38	30.91	37.74	46.53	34.85
宣传资料	39.52	29.84	37.62	40.79	41.99
小区宣传栏	25.56	26.52	29.25	30.69	33.33
官方网站	17.30	19.47	16.63	11.09	6.06
户外广告宣传	14.13	12.51	12.85	12.08	14.29
培训、讲座等活动	12.38	9.95	9.32	7.13	4.33

同时，15—24周岁、25—34周岁和35—44周岁的消费者最主要希望了解经营者义务、消费者权利方面的知识；45—54周岁的消费者最主要希望了解维权渠道方面的知识；55—70周岁的消费者最主要希望了解消费维权法律知识。

表12 不同年龄消费者希望了解的维权知识（%）

内　容	15—24周岁	25—34周岁	35—44周岁	45—54周岁	55—70周岁
经营者义务、消费者权利	47.94	44.17	44.69	37.62	33.98
维权渠道	45.40	42.67	40.33	38.81	33.77
消费维权法律知识	37.78	39.36	39.03	36.63	37.45
消费风险提示	38.41	25.88	33.49	36.44	33.77

（二）不同性别消费者的满意度

广西不同性别的消费者满意度如图3所示：男性71.61分，女性72.37分。

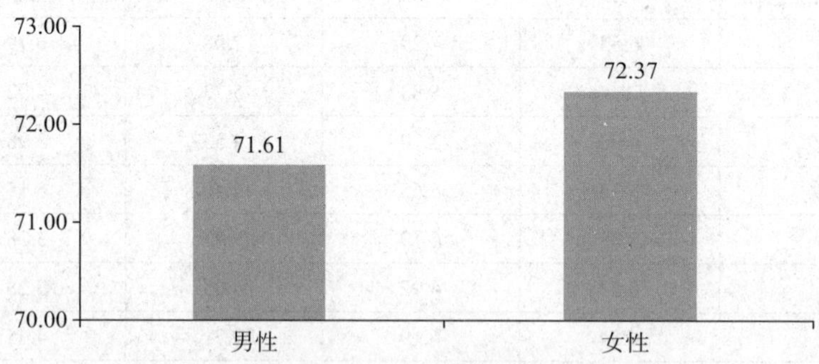

图3 不同性别的满意度得分

从消费供给来看，男性认为主要需要增加养老服务（25.37%）、文化娱乐服务（21.13%）和卫生保健服务（18.43%）等方面的消费供给；女性认为主要需要增加养老服务（28.64%）、教育培训服务（21.72%）和卫生保健服务（20.68%）等方面的消费供给。

表13 不同性别消费者认为需要增加的消费供给（%）

领　域	男	女
养老服务	25.37	28.64
卫生保健服务	18.43	20.68

续表

领　域	男	女
文化娱乐服务	21.13	17.38
教育培训服务	15.65	21.72
医药及医疗用品	16.81	19.71
餐饮服务	16.11	15.29
食品	14.19	16.09
旅游服务	14.03	13.76
生活日用品	13.18	14.56
公用事业及其他服务	16.11	10.38
银行服务	11.57	10.46
交通运输服务	9.87	11.18
家政服务	8.56	11.02
文化娱乐用品及首饰	8.48	9.25
通信与网络服务	8.64	7.08
家用交通工具	7.48	7.64
通信工具	7.94	6.84
特色商品及服务，如传统工艺品	7.02	7.24
家用电子电器	6.71	6.36
服装鞋帽	5.94	6.60
保险服务	4.47	5.07
房屋装修及物业服务	4.09	5.39
美容美发	3.24	5.95
邮递服务	4.32	4.10
边境贸易消费	4.86	3.38
农用生产资料	5.24	2.57
房屋及建材	4.09	2.90
中介服务	4.24	2.74
证券服务	2.85	1.37

从消费维权来看，男性最主要希望了解维权渠道方面的维权知识，而女性最希望了解经营者义务、消费者权利方面的维权知识。

表14　不同性别消费者希望了解的维权知识（%）

内　容	男	女
经营者义务、消费者权利	39.01	46.62
维权渠道	41.04	40.53
消费维权法律知识	35.95	40.91
消费风险提示	32.56	33.02
各部门受理投诉范围	30.64	28.62
维权案例分析	16.51	15.27
科学消费知识	12.66	13.53

（三）不同文化程度消费者的满意度

不同文化程度的消费者满意度如图4所示：低学历73.33分，中等学历72.43分，高学历70.24分。相对于低学历群体，高学历群体对消费环境有更高的要求。

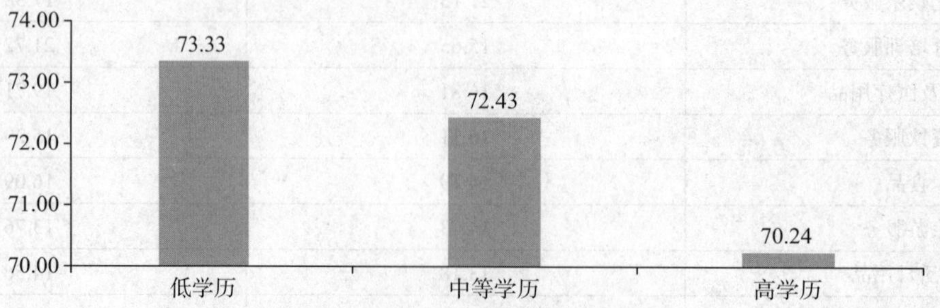

图4　不同文化程度的满意度得分

从消费供给来看，低学历群体认为主要需要增加养老服务（30.02%）、医药及医疗用品（19.88%）和卫生保健服务（19.18%）等方面的消费供给；中学历群体认为主要需要增加养老服务（27.18%）、教育培训服务（20.13%）和文化娱乐服务（19.80%）等方面的消费供给；高学历群体认为主要需要增加文化娱乐服务（22.41%）、养老服务（21.94%）和卫生保健服务（20.22%）等方面的消费供给。

表15　不同学历消费者认为需要增加的消费供给（%）

领　域	低学历	中学历	高学历
养老服务	30.02	27.18	21.94
卫生保健服务	19.18	19.46	20.22
文化娱乐服务	16.90	19.80	22.41
教育培训服务	17.99	20.13	17.55
医药及医疗用品	19.88	17.23	17.08
餐饮服务	13.82	15.66	18.81
食品	15.21	14.65	15.67
旅游服务	11.93	14.09	16.77
生活日用品	16.70	12.30	11.60
公用事业及其他服务	13.22	10.40	17.55
银行服务	11.33	12.30	8.62
交通运输服务	9.34	9.96	13.17
家政服务	7.95	9.17	13.48
文化娱乐用品及首饰	7.36	8.05	12.38
通信与网络服务	7.16	7.83	9.09
家用交通工具	8.55	6.60	7.37
通信工具	7.65	7.83	6.43
特色商品及服务，如传统工艺品	4.97	8.05	9.25
家用电子电器	6.16	6.26	7.52
服装鞋帽	5.77	7.16	5.80
保险服务	6.56	4.36	2.51
房屋装修及物业服务	3.68	5.03	5.96
美容美发	3.58	5.15	5.33
邮递服务	3.88	4.81	3.92

续表

领 域	低学历	中学历	高学历
边境贸易消费	2.68	3.91	6.74
农用生产资料	4.67	3.36	3.61
房屋及建材	4.08	3.24	2.98
中介服务	3.68	2.91	3.92
证券服务	0.89	2.68	3.29

（四）不同职业消费者的满意度

不同职业的消费者满意度如图5所示：得分最高的群体是在校学生，为75.74分；得分最低的群体是中高层管理者，为68.45分。

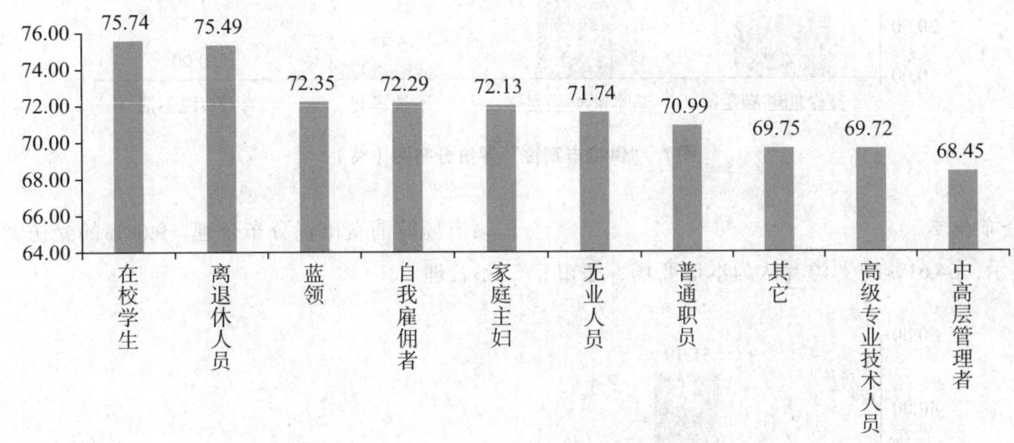

图5 不同职业的满意度得分

从消费供给来看，中高层管理者认为最主要需要增加养老服务（30.77%）方面的供给；普通职员认为最主要需要增加养老服务（29.65%）方面的供给；高级专业技术人员认为最主要需要增加文化娱乐服务（24.29%）方面的供给；蓝领认为最主要需要增加养老服务（24.56%）方面的供给；自我雇佣者认为最主要需要增加养老服务（27.69%）方面的供给；在校学生认为最主要需要增加文化娱乐服务（24.49%）、餐饮服务（24.49%）和食品（24.49%）方面的供给；家庭主妇认为最主要需要增加养老服务（32.42%）方面的供给；离退休人员认为最主要需要增加养老服务（37.27%）方面的供给；无业人员认为最主要需要增加养老服务（27.15%）方面的供给。

（五）不同收入消费者的满意度

不同收入的消费者满意度如图6所示：低收入73.16分，中收入69.43分，高收入64.82分。相对于低收入群体，高收入群体对消费环境有更高的要求。

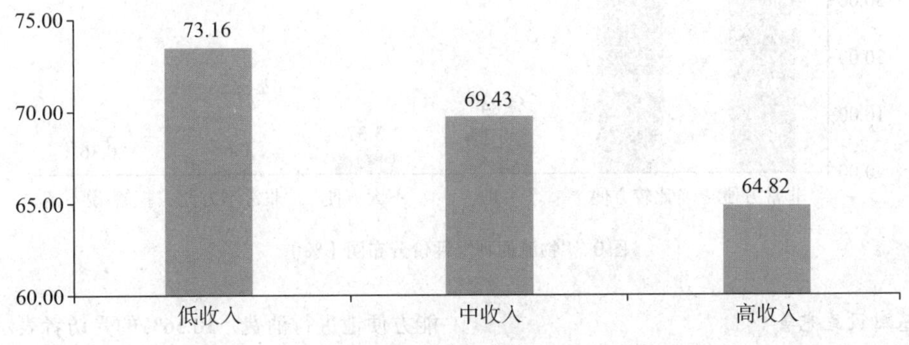

图6 不同收入群体的满意度得分

从消费供给来看，低收入群体认为最主要需要增加养老服务（28.41%）方面的消费供给；中收入群体认为最主要需要增加教育培训服务（22.34%）方面的消费供给；高收入群体认为最主要需要增加养老服务、文化娱乐服务、教育培训服务和餐饮服务（均为21.51%）方面的消费供给。

三、三级指标频率分析

（一）供给丰富性

调查显示，25.36%的受访者认为本地市场提供的商品或服务完全能够满足自己的需求；67.78%的受访者认为基本能够满足自己的需求；而有6.33%的受访者认为不能满足自己的需求。

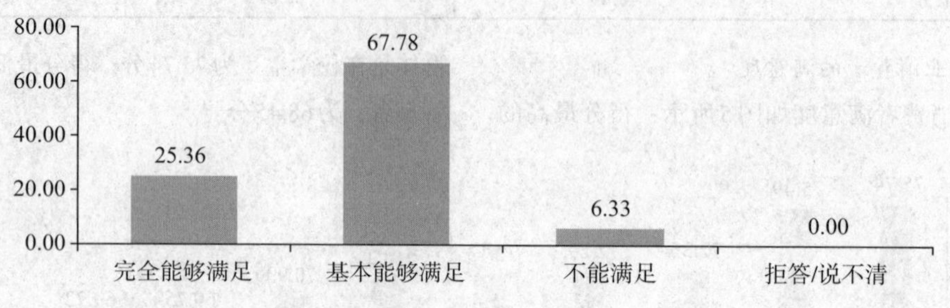

图7 “供给丰富性”评价分布图（%）

（二）分布合理

调查显示，64.61%的受访者认为本地商场、超市、菜市场等消费市场分布合理，9.68%的受访者认为分布不合理。

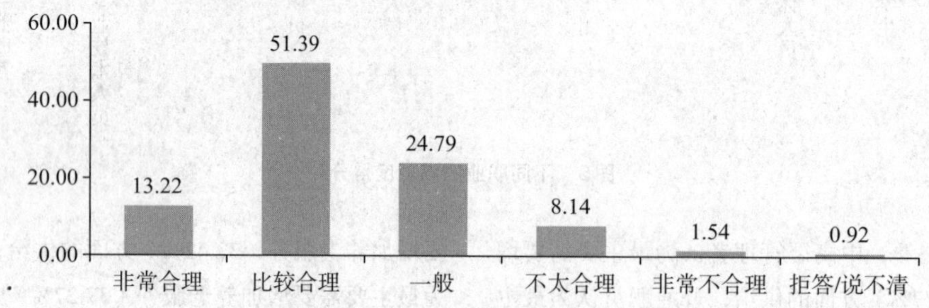

图8 “分布合理”评价分布图（%）

（三）物流便利

调查显示，87.75%的受访者认为本地的物流/快递配送方便，4.05%的受访者认为不方便。

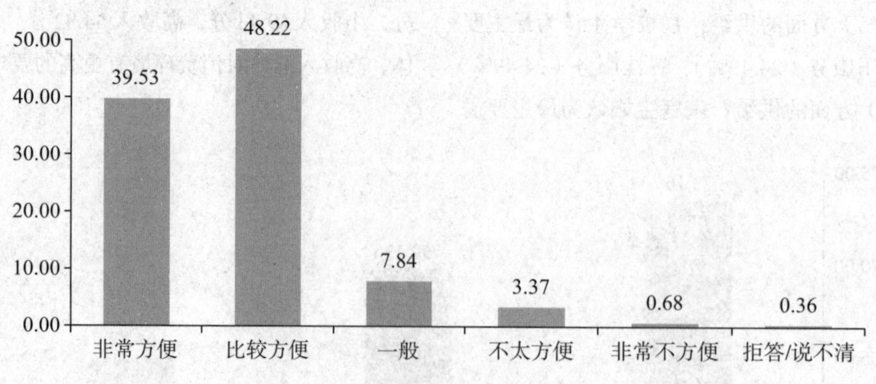

图9 “物流便利”评价分布图（%）

（四）公共基础设施完善

调查显示，当问及“本地道路、通信等公共基础设施建设是否方便您进行消费”时，72.81%的受访者表示能方便地进行消费，10.56%的受访者表示不能方便地进行消费。

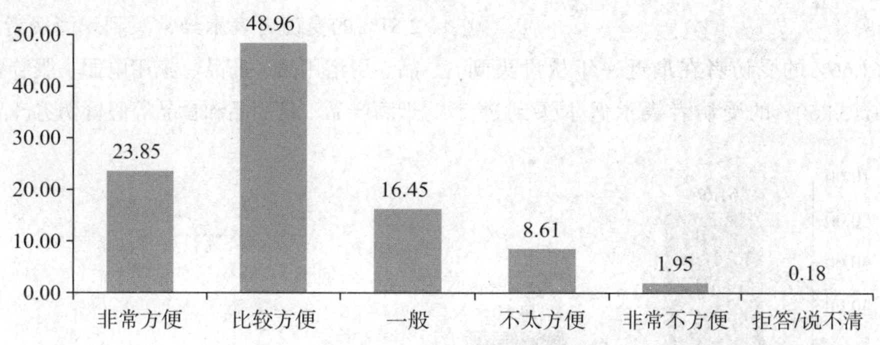

图10 "公共基础设施完善"评价分布图（%）

（五）供给独特性

调查显示，44.85%的受访者认为本地市场拥有的特色商品和服务非常多或比较多；24.61%的受访者认为本地市场拥有的特色商品和服务多比较少或非常少。

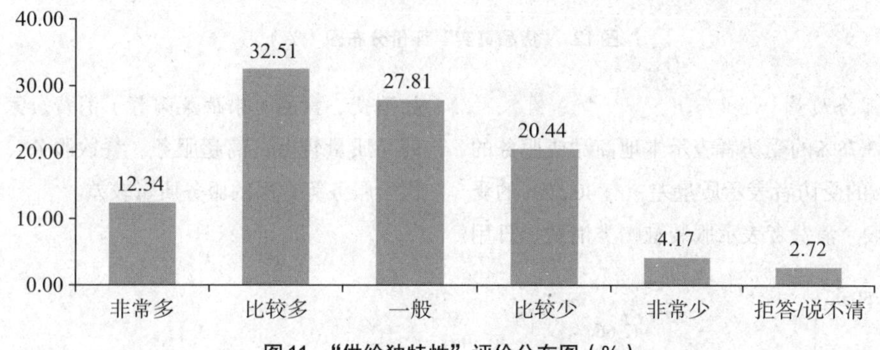

图11 "供给独特性"评价分布图（%）

（六）消费供给增加

调查显示，受访者认为消费市场需要增加养老服务（26.97%）、卫生保健服务（19.53%）、文化娱乐服务（19.29%）、教育培训服务（18.62%）和医药及医疗用品（18.23%）领域的消费供给，表明第三产业是未来的消费趋势。

表16 本地消费市场需要增加的消费供给分布情况（%）

领　　域	百分比	领　　域	百分比
养老服务	26.97	家用交通工具	7.56
卫生保健服务	19.53	通信工具	7.40
文化娱乐服务	19.29	特色商品及服务，如传统工艺品	7.13
教育培训服务	18.62	家用电子电器	6.54
医药及医疗用品	18.23	服装鞋帽	6.26
餐饮服务	15.71	保险服务	4.76
食品	15.12	房屋装修及物业服务	4.72
旅游服务	13.90	美容美发	4.57
生活日用品	13.86	邮递服务	4.21
公用事业及其他服务	13.31	边境贸易消费	4.13
银行服务	11.02	农用生产资料	3.94
交通运输服务	10.51	房屋及建材	3.50
家政服务	9.76	中介服务	3.50
文化娱乐用品及首饰	8.86	证券服务	2.13
通信与网络服务	7.87		

（七）货品真实

调查显示，61.66%的受访者在最近一年从没买到过假冒伪劣商品；34.50%的受访者表示偶尔买到过，2.51%的受访者表示经常买到。消费者表示主要买到食品、厨浴用品、药品、家用电器、服装鞋帽、电子产品、烟酒产品、日用品和食品等假冒伪劣产品。

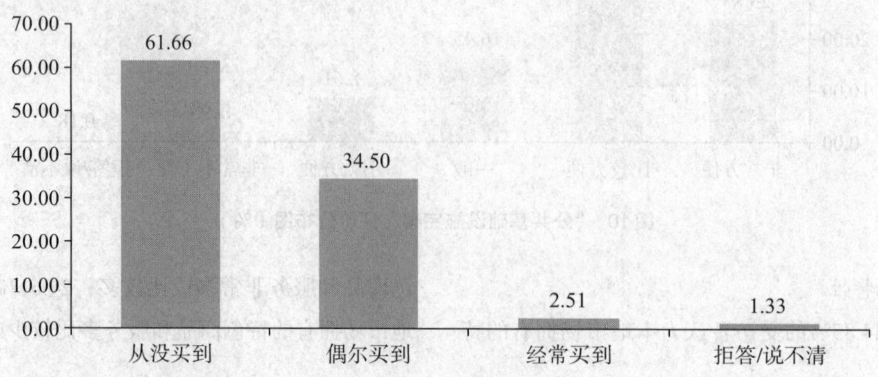

图12 “货品真实”评价分布图（%）

（八）商品或服务质量

调查显示，53.78%的受访者表示本地商品或服务的质量好，有5.09%的受访者表示质量差，有40.59%的受访者表示质量一般。消费者表示服装鞋帽类消费、日用品消费、食品（果蔬菜肉等）消费、家电消费等方面的商品质量较差；商超服务、餐饮服务、酒店服务、手机售后服务等方面的服务质量较差。

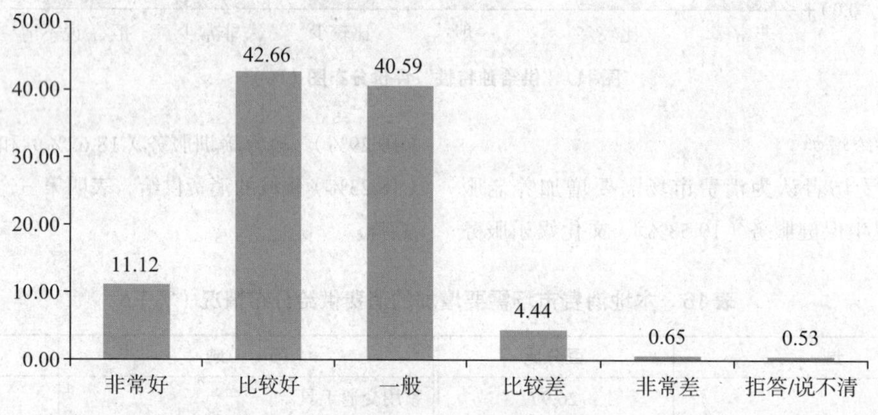

图13 “商品或服务质量”评价分布图（%）

（九）服务水平

调查显示，40.41%的受访者认为本地经营者的服务水平高，10.06%的受访者认为服务水平低，48.82%的受访者认为服务水平一般。消费者主要认为日用品消费行业、餐饮行业、服装行业、快递行业、培训行业等方面的经营者服务水平低。

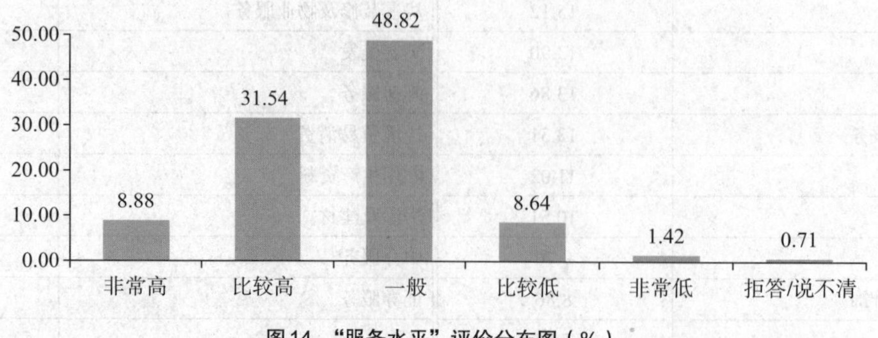

图14 “服务水平”评价分布图（%）

（十）服务真实

调查显示，67.49%的受访者在最近一年从没遇到消费欺诈；30.21%的受访者表示偶尔遇到，2.01%的受访者表示经常遇到。消费者主要遇到了“买菜（果蔬、鱼肉类）缺斤少两”“商品定价不一，不同地方售价悬殊”“营销活动虚假宣传”“使用假币交易”“商品或服务同网上宣传不一”“药品、保健品消费”以及“汽车消费”等消费欺诈行为。

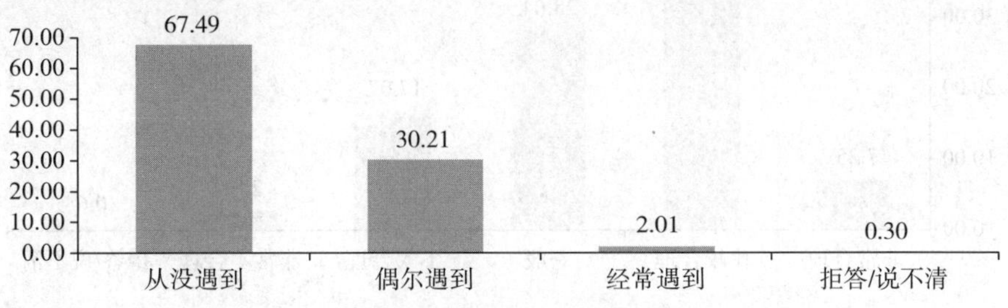

图15 “服务真实”评价分布图（%）

（十一）消费设施安全性

调查显示，58.61%的受访者表示不担心本地消费场所提供的设施安全性，有25.85%的受访者表示担心设施安全性。消费者主要担心商超电梯不安全、健身器材有隐患、道路不平整、游乐设施没有护栏等设施问题。

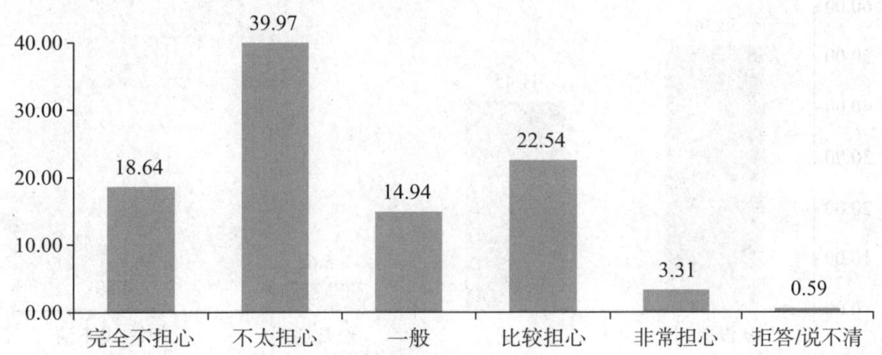

图16 “消费设施安全性”评价分布图（%）

（十二）消费设施舒适性

调查显示，50.35%的受访者表示本地消费场所提供的设施舒适，13.75%的受访者表示设施不舒适，34.26%的受访者表示设施舒适性一般。

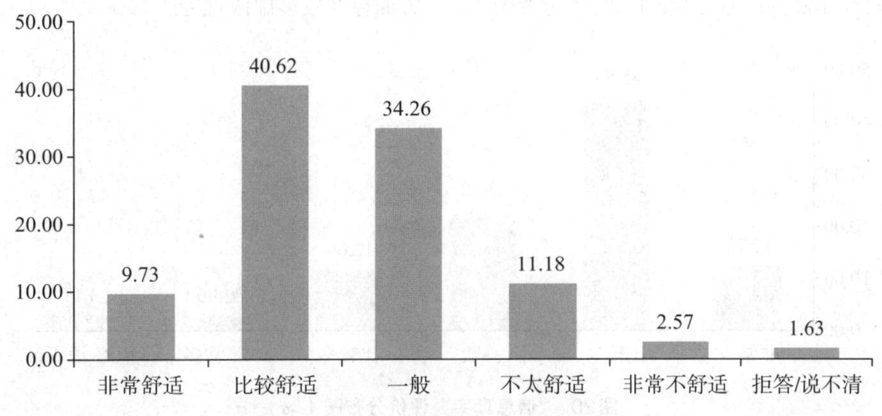

图17 “消费设施舒适性”评价分布图（%）

（十三）价格合理

调查显示，50.74%的受访者认为本地市场上的商品或服务的价格合理，19.94%的受访者认为不合理。消费者认为蔬菜、水果、肉类、海鲜、日用品、房地产、餐饮、家电、家具、服饰、药品、KTV、酒吧等娱乐消费方面的价格不够合理。

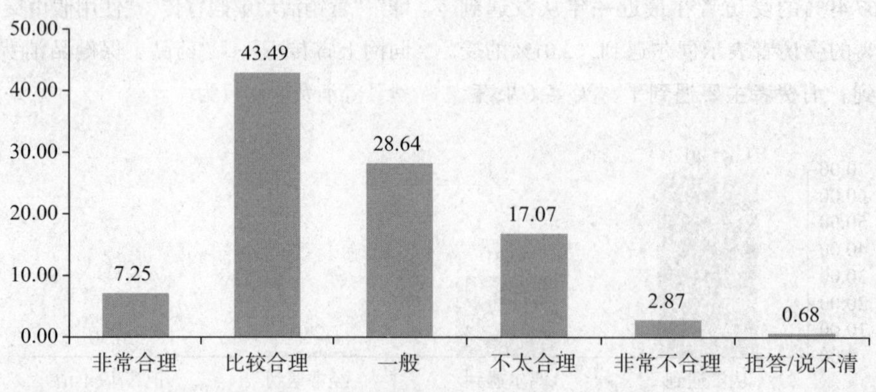

图18 “价格合理”评价分布图（%）

（十四）明码标价

调查显示，对于商品或服务没有明码标价的情况，52.34%的受访者表示最近一年从没遇到，41.45%的受访者表示偶尔遇到，更有5.62%的受访者表示经常遇到。消费者表示服装鞋帽、食品（果蔬肉等）、药品、日用品、文化用品等方面没有明码标价。

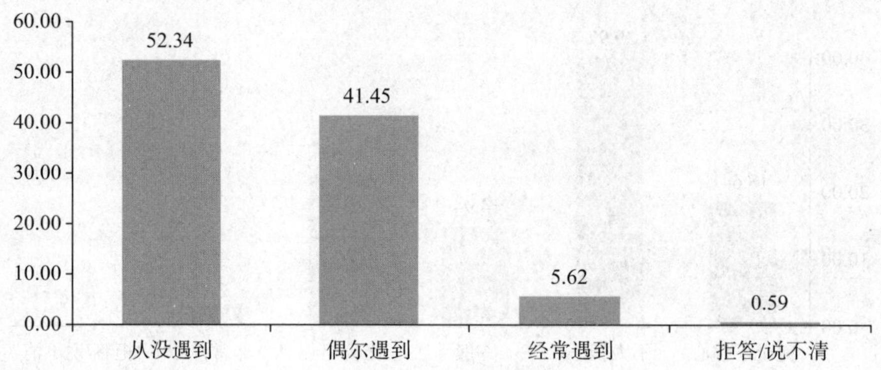

图19 “明码标价”评价分布图（%）

（十五）信息真实

调查显示，58.25%的受访者认为最近一年本地市场上的虚假宣传比较或非常少；但有14.94%的受访者则认为虚假宣传比较或非常多。消费者主要认为保健品、家电、医疗广告、房地产、美容美发、汽车、日用品消费方面存在较多虚假宣传。

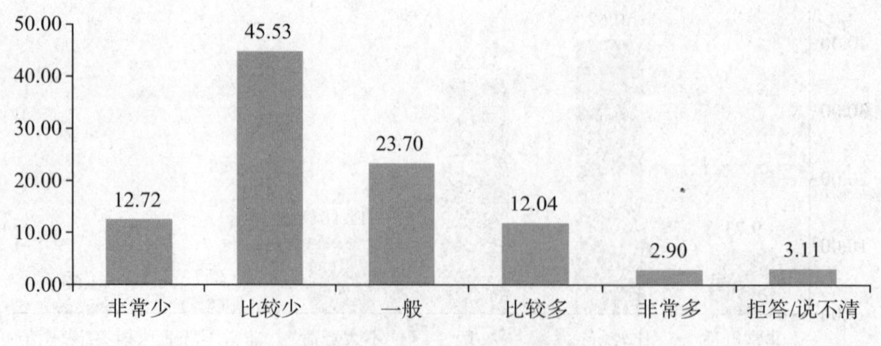

图20 “信息真实”评价分布图（%）

（十六）售后保障

调查显示，50.39%的受访者认为本地经营者提供的售后服务好，10.50%的受访者认为售后服务差，还有37.69%的受访者认为售后服务一般。

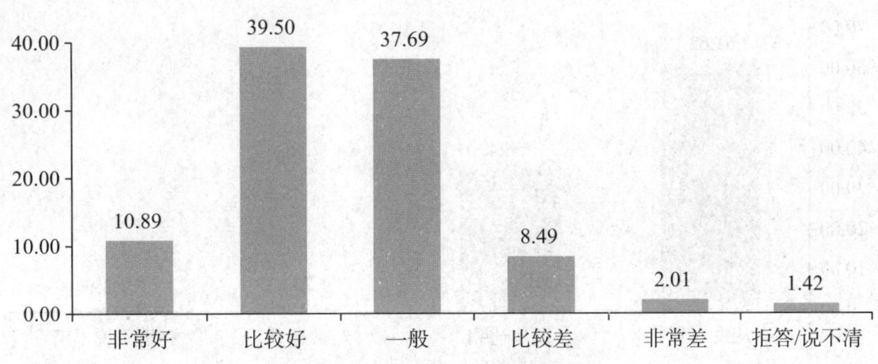

图21 "售后保障"评价分布图（%）

（十七）商家信任度

调查显示，59.67%的受访者表示信任商家，11.01%的受访者对商家不信任，还有28.88%的受访者表示对商家的信任度一般。消费者对商家不信任的原因主要有"服务态度差""没有售后服务""收费不合理""服务效率低"等。

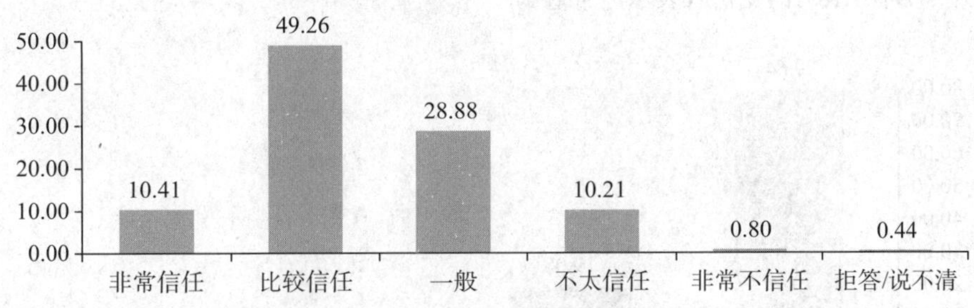

图22 "商家信任度"评价分布图（%）

（十八）交易安全

调查显示，45.53%的受访者在本地消费时不担心身份信息、银行账号信息等泄露；而有41.54%的受访者担心信息泄露。

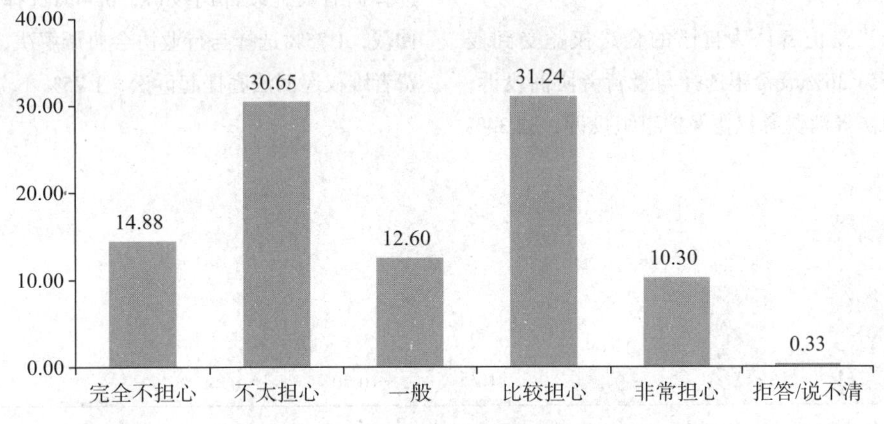

图23 "交易安全"评价分布图（%）

（十九）消费知情权

调查显示，61.63%的受访者表示在本地消费时从没遇到过商家隐瞒信息的情况，但有35.24%的受访者表示偶尔遇到，更有1.75%的受访者表示经常遇到这样的情况。消费者表示在房地产行业、汽车行业、日用品行业以及金融行业消费时有遇到过商家隐瞒信息的情况。

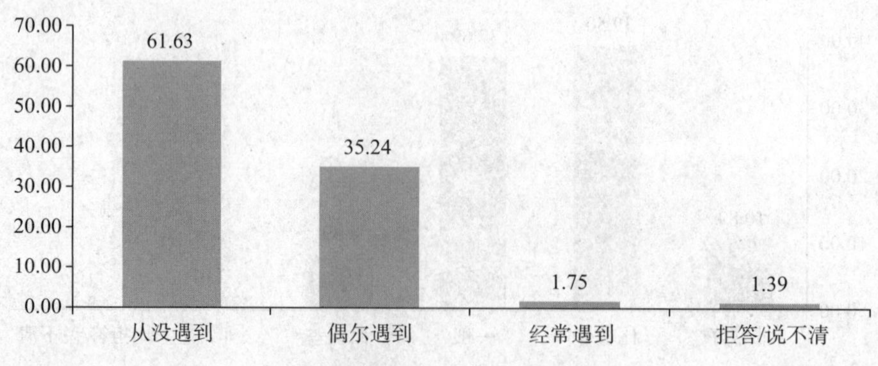

图24 “消费知情权”评价分布图（%）

（二十）消费自主选择权

调查显示，79.64%的受访者在最近一年消费时，从没遇到过强买强卖、捆绑销售等情况，但有19.08%的受访者表示偶尔遇到，更有1.18%的受访者表示经常遇到这样的情况。消费者表示在美容美发行业、通信行业、食品消费行业、房地产行业遇到过强买强卖、捆绑销售情况。

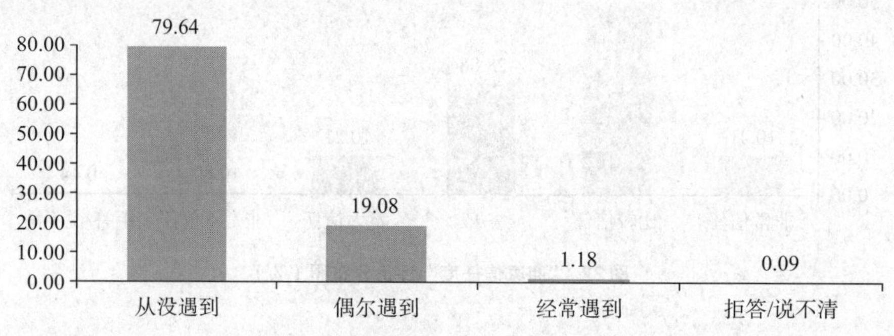

图25 “消费自主选择权”评价分布图（%）

（二十一）解决方式

调查显示，当受访者认为自己的合法权益受到侵害时，受访者中51.36%最希望选择与经营者协商投诉，10.09%选择向消协等消费者权益保护组织投诉，32.34%选择向有关行政部门投诉，0.44%选择向仲裁机构申请仲裁，1.75%选择与行业协会协调解决，0.80%选择向消费者维权巡回法庭提起诉讼，1.75%不选择进行维权等。

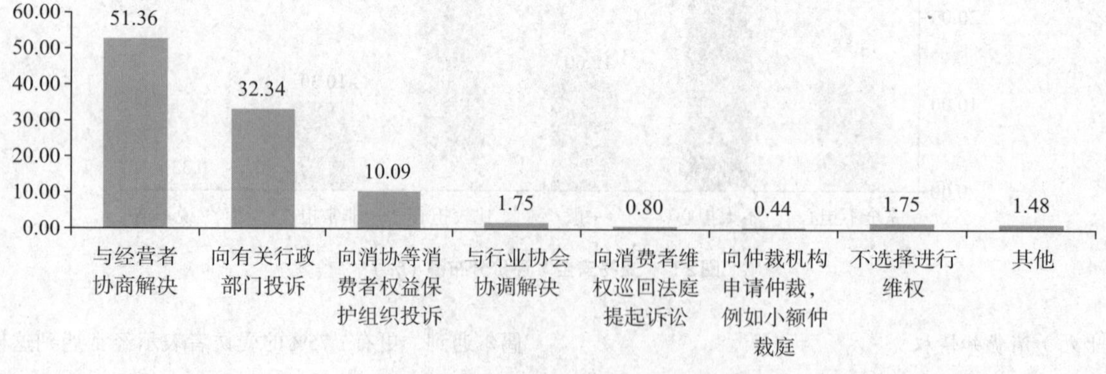

图26 向不同单位投诉占比图（%）

（二十二）维权方式了解情况

调查显示，30.71%的受访者表示了解广西现有的维权途径，42.19%的受访者表示不了解广西现有的维权途径。

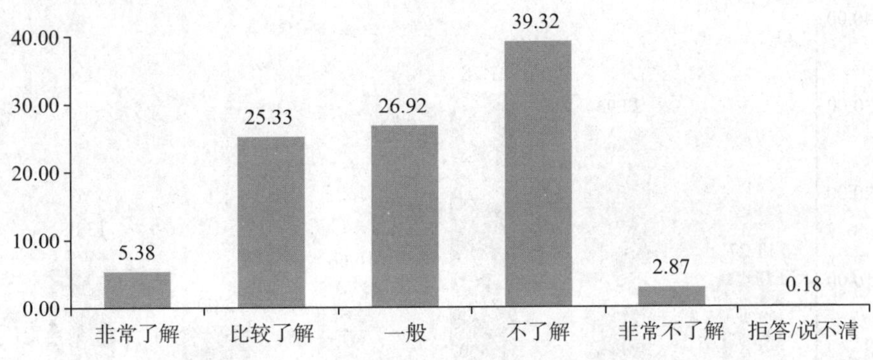

图27 “维权方式了解情况”评价分布图（%）

（二十三）投诉占比

调查显示，包括向经营者投诉、向消协等消费者权益保护组织投诉、向有关行政部门投诉、向仲裁机构申请仲裁、向法院提起诉讼等在内，过去一年中，有68.73%的受访者表示没有投诉过，31.27%的受访者表示投诉过。

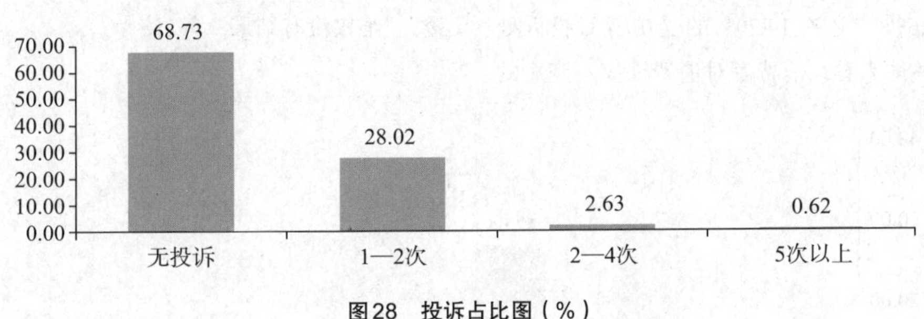

图28 投诉占比图（%）

（二十四）维权便利

调查显示，总的来说，受访者表示投诉方便的比例为57.52%，还有13.70%的受访者认为投诉不方便。

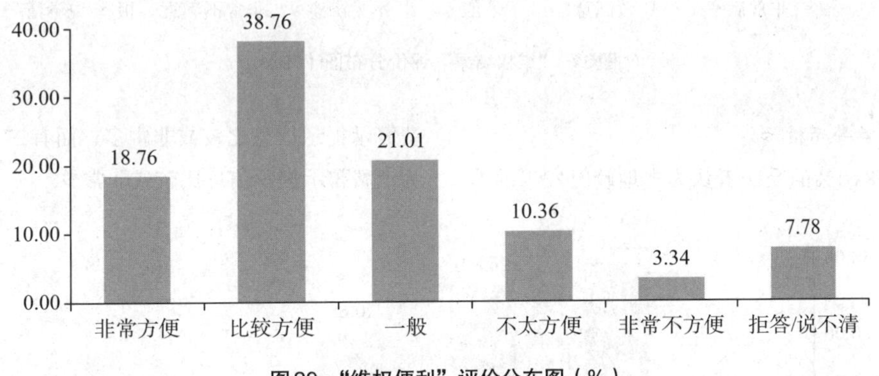

图29 “维权便利”评价分布图（%）

（二十五）维权效率

调查显示，总的来说，受访者表示处理快的比例为39.20%，还有15.15%的受访者认为投诉处理慢。

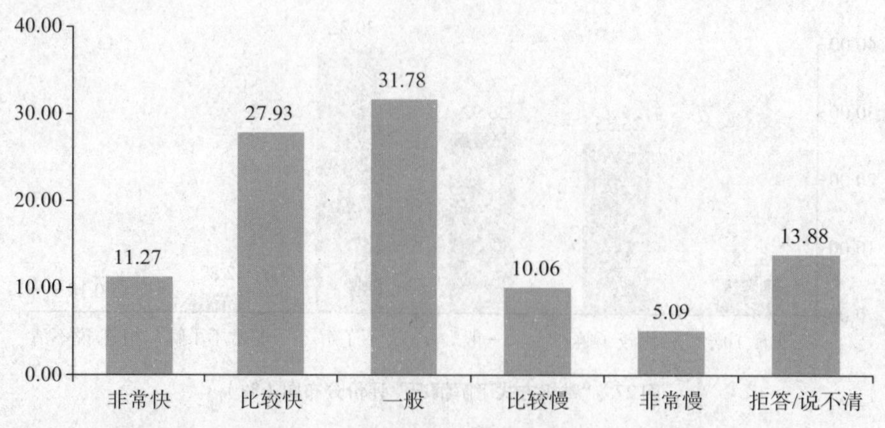

图30 “维权效率”评价分布图（%）

（二十六）维权结果

调查显示，总的来说，受访者表示对投诉处理结果满意的比例为44.68%，还有14.20%的受访者对投诉处理结果不满意。整体来看，消费者对消费维权不满意的原因主要有“投诉处理时间长、效率低”“不清楚投诉渠道”“工作人员态度不好、不专业”“部门间互相推诿”“维权没有结果”等。

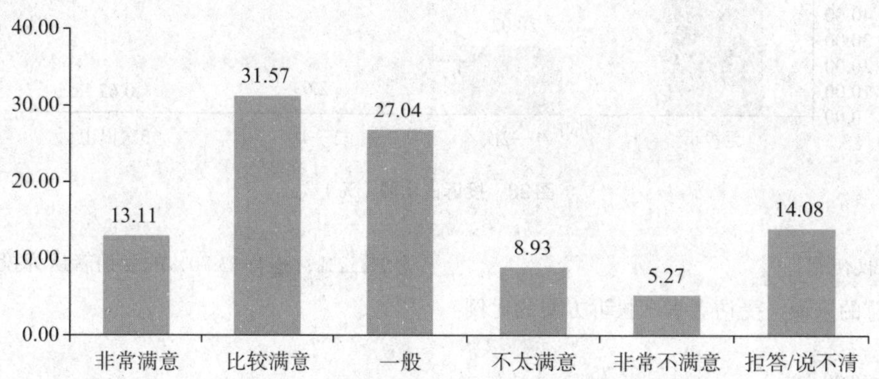

图31 “维权结果”评价分布图（%）

（二十七）消费警示提示

调查显示，38.61%的受访者认为本地政府发出的消费警示提示信息比较或非常多；而有27.90%的受访者认为消费警示提示信息比较或非常少。

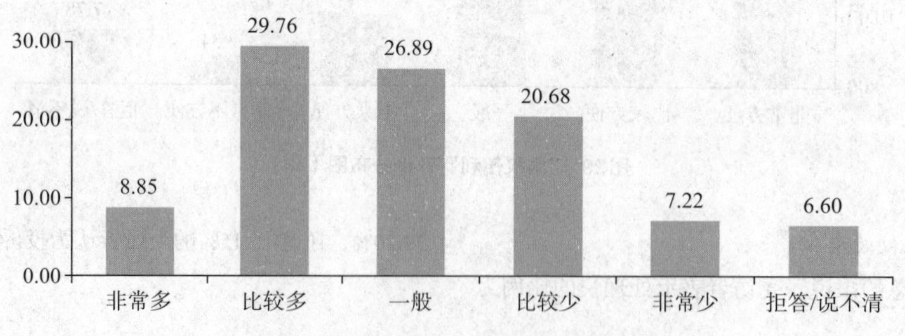

图32 “消费警示提示”评价分布图（%）

（二十八）消费知识法制宣传

调查显示，42.04%的受访者表示本地政府开展的消费知识和消费维权法律法规宣传比较或非常多；有26.51%的受访者表示消费知识和消费维权法律法规宣传比较或非常少。

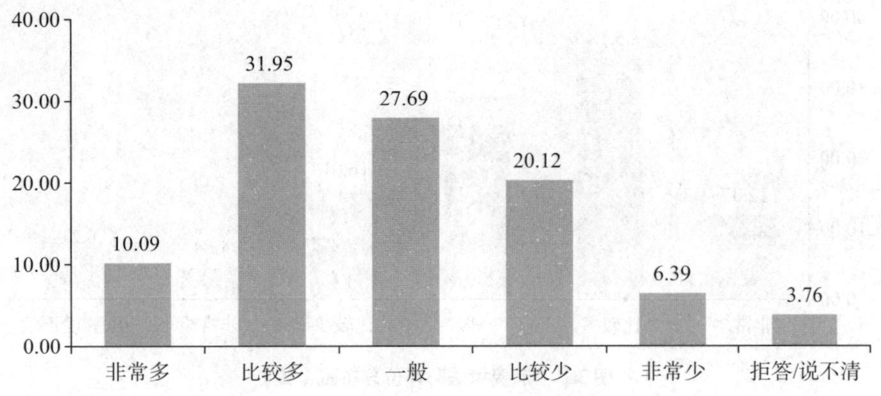

图33 “消费知识法制宣传”评价分布图（%）

45.00%的受访者希望通过微信平台了解获取消费知识及消费维权法律法规知识；其次是电视、报纸等新闻媒体（例如“3·15”晚会）和手机短信，分别占比42.10%和37.63%。

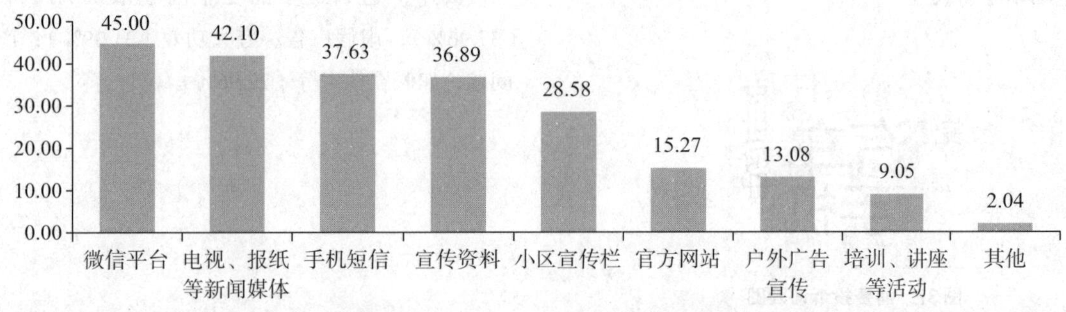

图34 消费知识及消费维权法律法规知识渠道需求分布图（%）

受访者比较希望了解经营者义务、消费者权利（42.63%）、维权渠道（40.80%）、消费维权法律知识（38.31%）方面的消费维权知识。

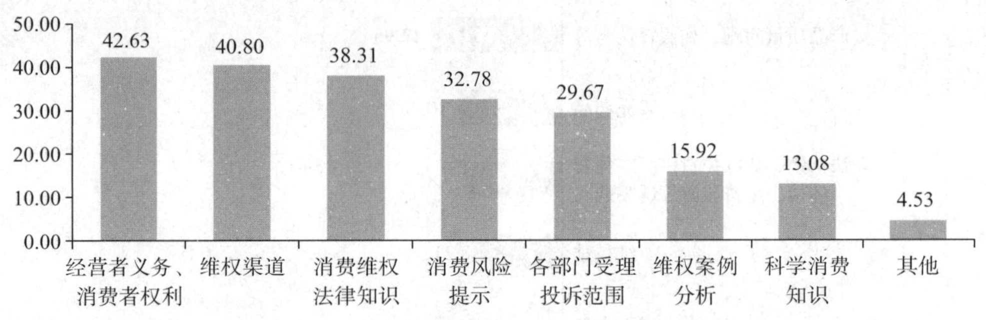

图35 消费维权知识内容需求分布图（%）

（二十九）消费执法

调查显示，47.55%的受访者表示本地有关行政部门打击侵害消费者权益违法行为的执法行动比较或非常多；有20.65%的受访者表示执法行动比较或非常少。

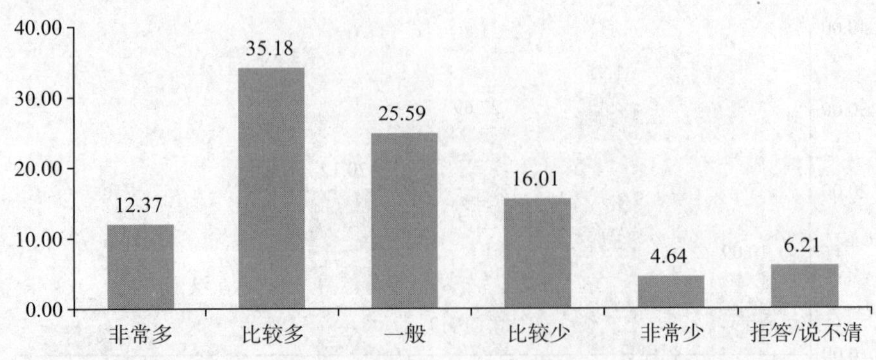

图36 “消费执法”评价分布图（%）

四、行业问题分析

根据2018年8月以来全区消费者通过12315投诉的内容来看，消费者投诉主要集中在汽车、手机、住宿、装修、电动车等领域。

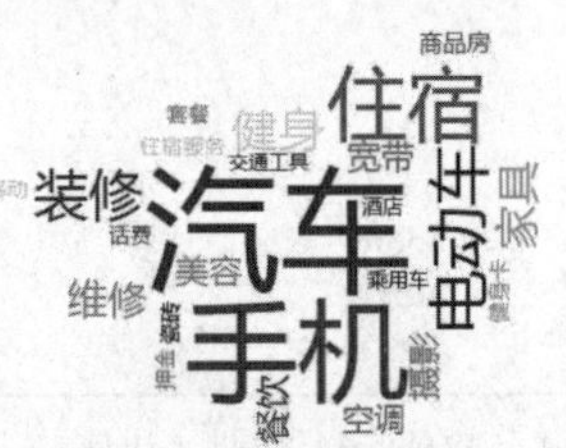

图37 消费投诉词云图

（一）保健食品消费

调查显示，21.57%的受访者在最近一年消费过保健食品。

其中，遇到最多的三个问题依次为：价格虚高（37.96%）；虚假广告、夸大功效（31.39%）；产品质量问题，如假冒伪劣等（12.96%）。

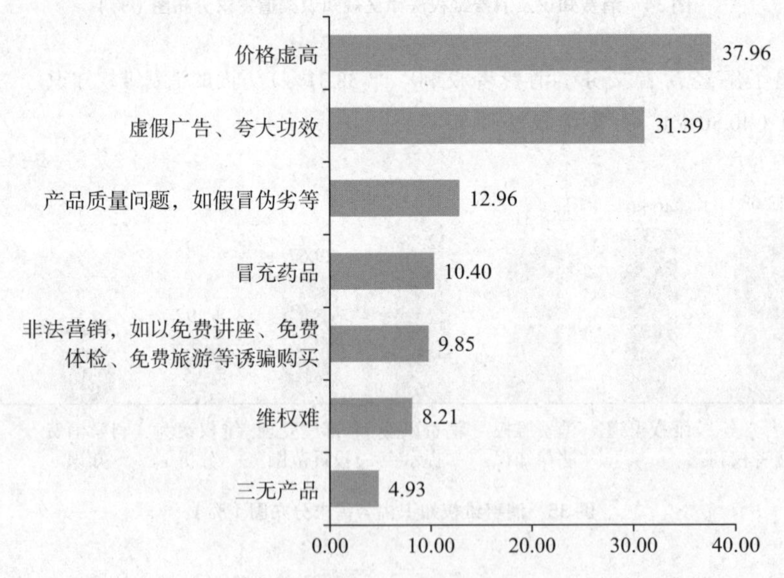

图38 保健食品消费遇到的问题（%）

（二）汽车消费

受访者表示汽车消费时，遇到最多的三个问题依次为：强迫购买保险（18.07%）；产品性能问题（10.50%）；价外加价销售、强制收取金融服务费和维权难（均为9.24%）。

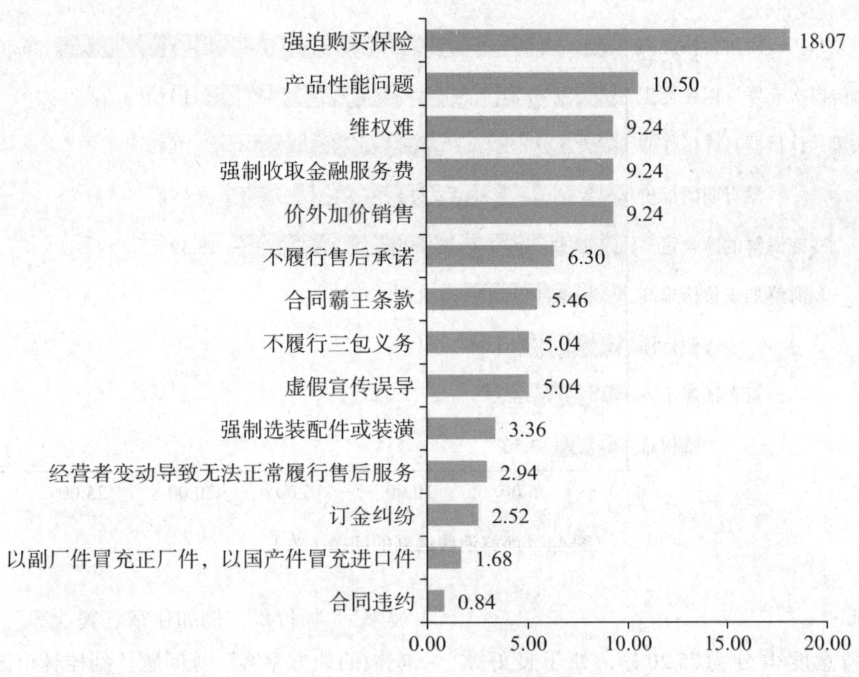

图39　汽车消费遇到的问题（%）

（三）水果消费

受访者在水果消费时遇到最多的三个问题依次为：缺斤短两（37.52%）、价格虚高（32.87%）、质量瑕疵（24.06%）。

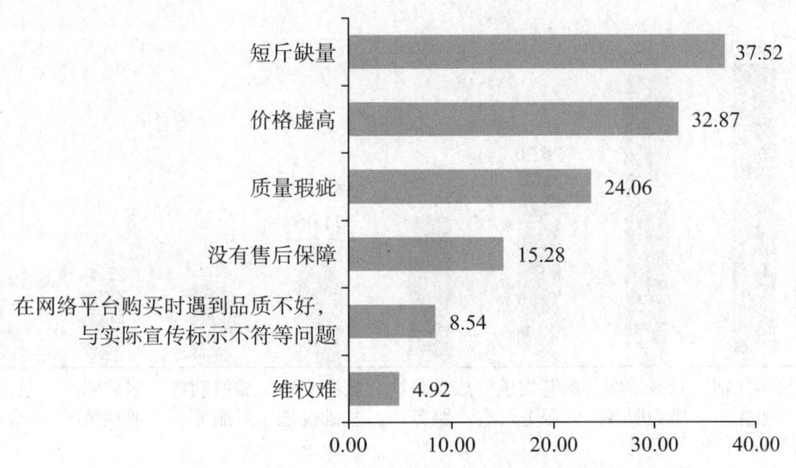

图40　水果消费遇到的问题（%）

（四）海鲜消费

受访者海鲜消费时遇到最多的三个问题依次为：海鲜价格虚高（26.50%）；海鲜以次充好、以死充生（19.61%）；缺斤短两，计量器具弄虚作假（19.49%）。

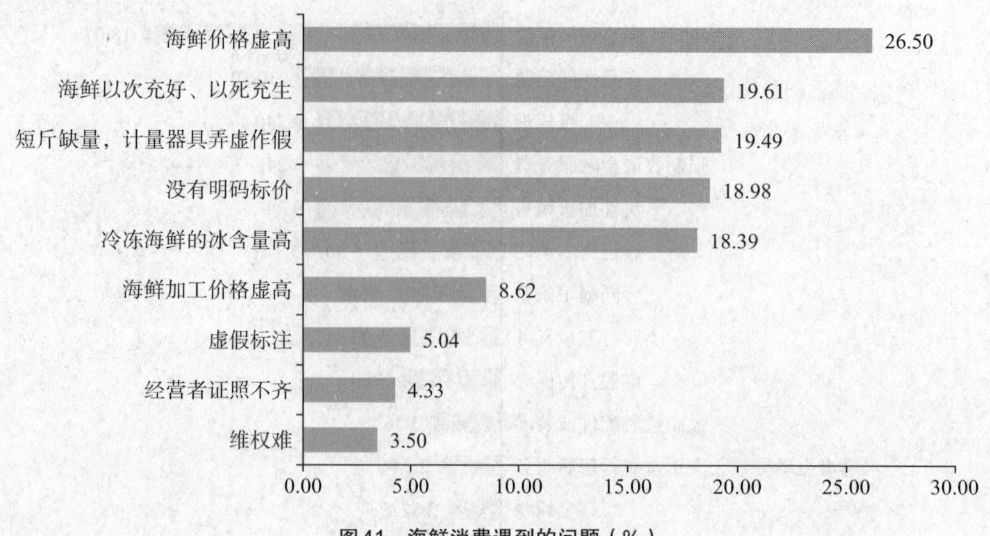

图41　海鲜消费遇到的问题（%）

（五）旅游行业

旅游行业的满意度得分为75.20分，处于良好水平。受访者对旅游行业中景点收费合理性、旅游厕所便利情况和旅游购物服务的评价相对较低，得分分别为71.29分、72.44分和72.57分。到北海市游玩的消费者遇到"吃海鲜被骗""交通不便，出租车少，黑车多，打车被骗""物价贵，例如住宿、餐饮等""司机把游客送到吃饭的地方宰客"等问题。到桂林市游玩的消费者遇到"厕所卫生恶劣、数量不够""交通不便""商品价格虚高""门票太高""交通堵塞，电瓶车太多太乱""硬性消费""餐饮单一，景区餐饮店少"等问题。

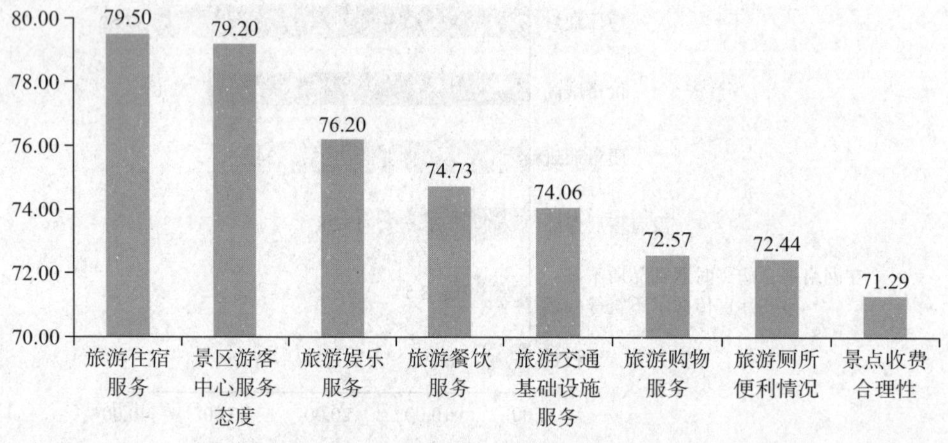

图42　旅游行业评价情况（分）

从不同年龄来看，15—24周岁和45—54周岁的消费者对北海市和桂林市的旅游行业的满意度评价相对较高，分别为79.29分和79.31分；25—44周岁的消费者对北海市和桂林市的旅游行业的满意度评价相对较低。

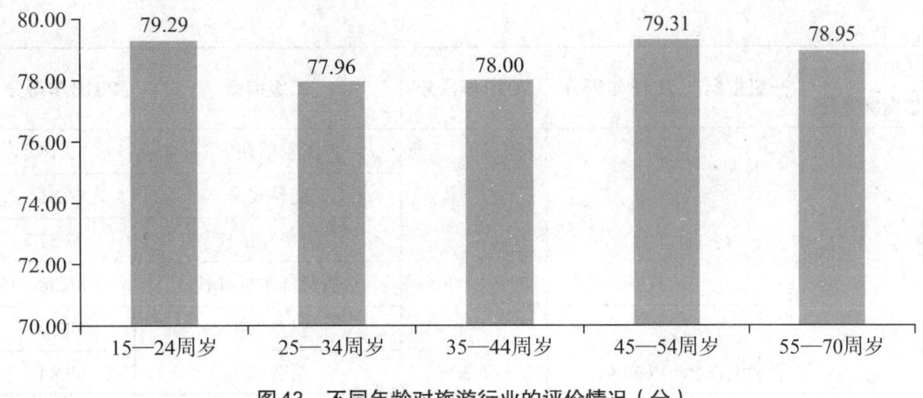

图43　不同年龄对旅游行业的评价情况（分）

从不同性别来看，女性（81.13分）对北海市和桂林市旅游行业的满意度明显高于男性（76.04分）。具体来看，女性对旅游厕所便利度的评价（76.19分）高于男性（68.33分），分差为7.86分，表明推进厕所便利情况取得了比较大的成效。

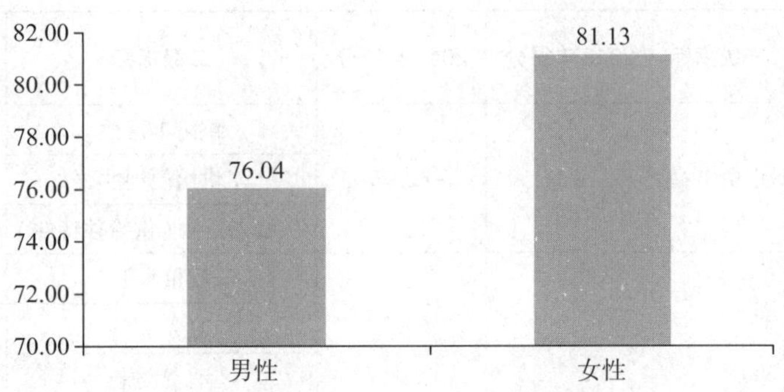

图44　不同性别对旅游行业的评价情况（分）

五、低满意度原因分析

通过在南宁市和柳州市召开消费者满意度座谈会，一是对于2018年全国消费者满意度调查中得分低的指标进行原因挖掘；二是了解消费者日常消费中不满意的领域与原因。

2018年全国消费者满意度调查中，南宁市和柳州市总指标得分分别为68.58分和70.53分。本次广西消费者满意度调查中，得分为71.46分和71.70分，有所提高。

表17　南宁市2018年全国消费者满意度调查得分与2019年广西消费者满意度调查的得分对比

2018年总指标得分	2019年总指标得分	一级指标	2018年得分	2019年得分	二级指标	2018年得分	2019年得分
68.58	71.46	消费供给	71.31	70.81	供给丰富性	67.01	68.06
					供给便利性	77.88	78.14
					供给创新性（供给独特性）	67.13	63.58
		消费环境	71.19	73.42	质量水平	76.67	79.12
					服务水平	69.80	77.29
					消费设施	67.05	69.04
					价格合理	72.62	71.01
					信息真实	67.18	70.52
					售后保障	70.46	68.96

续表

2018年总指标得分	2019年总指标得分	一级指标	2018年得分	2019年得分	二级指标	2018年得分	2019年得分
					商家信任度	72.15	72.82
					交易安全	56.81	57.27
					消费知情权	77.57	83.74
					消费自主选择权	86.38	90.88
					权益保护	59.10	66.36
		消费维权	60.47	66.39	消费宣传	59.84	62.38
					消费执法	62.10	69.80

注：加粗的表示得分减低。

表18　柳州市2018年全国消费者满意度调查得分与2019年广西消费者满意度调查的得分对比

2018年总指标得分	2019年总指标得分	一级指标	2018年得分	2019年得分	二级指标	2018年得分	2019年得分
					供给丰富性	69.19	71.00
		消费供给	73.31	**72.96**	供给便利性	80.61	**79.70**
					供给创新性（供给独特性）	67.83	**65.61**
					质量水平	78.24	**78.22**
					服务水平	69.93	77.64
					消费设施	70.01	**69.52**
					价格合理	73.41	**73.02**
					信息真实	67.96	68.97
70.53	71.70	消费环境	72.56	73.38	售后保障	71.90	**71.06**
					商家信任度	74.71	**73.20**
					交易安全	57.07	**56.50**
					消费知情权	79.47	81.11
					消费自主选择权	87.68	89.25
					权益保护	65.51	70.23
		消费维权	63.78	66.34	消费宣传	61.55	63.67
					消费执法	64.3	65.50

注：加粗的表示得分减低。

（一）指标得分较低原因

一是虚假宣传。房地产、旅游、保健品、金融保险、通信、美容健身、网购和日用品等行业均存在虚假宣传。

二是假冒伪劣。食品、日用品、服装、教育培训、网络购物等行业均存在假冒伪劣。

三是信息泄露。消费者在房地产、教育培训、通信、快递等行业存在个人信息泄露的困扰。

四是消费环境及服务较差。主要表现为消费场所的舒适度不足，服务不到位。

五是新产品、新服务管理不够规范。例如，共享单车乱停乱放问题凸显。

六是消费执法、知识宣传、警示提示不足。消费知识宣传、警示提示的覆盖面仍然不足，消费者感受不明显。

七是线下消费维权相对困难。维权成本高，耗费较多时间，维权结果也并不理想，消费者在维权时表现比较消极。

具体问题表现如表19所示。

表19 指标得分较低原因分析汇总

	具体表现
虚假宣传	1.房地产。购房时业务员介绍的样板房和最后实际入住房子有明显差异，过度承诺。 2.旅游。旅游宣传的照片视频和实景不符产生心理落差，以及低价旅游招徕游客后会出现强制消费，门票自费等情况。 3.保健食品。通过赠送小礼物的方式诱导老年人消费。 4.金融保险。推销员夸大实际功用。 5.通信。手机套餐业务与业务员介绍不符。 6.美容健身。诱导消费，充值预付卡。 7.网购。淘宝店铺展示的衣服与实际产品的质量和颜色有较大差异。 8.日用品。商家为了提高销量，在做广告或者促销活动的时候，夸大产品功能或以次充好，如买到质量差的电饭煲和价格偏高的阿道夫洗发水套装。或以"免费领取礼品"为噱头，但要先听2—3小时的活动宣传，购买商品后才发放事先承诺的免费礼品。
假冒伪劣	1.食品。厂商在知名品牌上加前缀后缀，或只改其中某一字来冒充正品，例如假冒的奶粉、饮料等。 2.日用品。市场上有很多产品模仿知名品牌的外形，几乎以假乱真。如耐克、阿迪商场外面的折扣店存在大量高仿货；百盛曾经曝出欧米伽手表是水货，银泰城买到的鞋子一真一假。 3.教育培训。机构的教师资质造假。 4.网络购物。化妆品存在大量的假冒伪劣产品。
信息泄露	买房和教育培训时留下联系方式后，不停有同行人电话骚扰；通信办卡收到各种套餐流量电话和短信；收寄快递的个人信息泄露，包裹被冒领。
消费环境及服务较差	有的商场空调温度调节不合适，夏天太凉，冬天过热；餐饮店环境卫生差；旅游行业部分商品不明码标价。
新产品、新服务管理不够规范	共享单车存在浪费资源、挤占城市空间、坏损率过高、退押金困难、无法退押金等问题。
消费执法、知识宣传、警示提示不足	1.现有获取渠道。网络新媒体，例如微博、微信等；3·15晚会；小区物业的宣传栏；农贸市场公告、户外广告。 2.预期获取渠道。社区公众号；具有创新性和设计感的宣传册；涵盖不同问题分类、投诉渠道的维权网络平台；户外电子显示屏广告；电话直接转接到解决相应问题的部门，而非让投诉者自行拨打电话。 3.消费知识需求。维权渠道及方法，投诉监管电话对应的负责部门；热点问题的追踪报道；重大活动专项宣传，如食品安全周。
线下消费维权相对困难	1.维权渠道。与商家协商解决；向行政部门投诉；拨打市长热线；找关系解决。 2.维权态度。不选择进行维权，消极应对；综合考虑时间、人力和金钱成本，决定是否维权；抱团维权，不单打独斗；积极维权，与商家协商解决。 3.遇到的问题。维权成本过高，耗时长，操作复杂；拨打12315投诉没有得到重视，反应速度慢，效率低下，处理不及时；商家处理消费者投诉的过程不规范，没有明确解决办法；商家破产或跑路，损失无法追回。

（二）日常消费领域不满意原因

消费者在房地产、通信、旅游、食品、交通、金融保险、快递、教育培训和预付式消费等领域主要有以下不满意之处。

表20 日常消费领域不满意原因分析汇总

	具体表现
房地产	1.信息泄露。 2.虚假宣传。样板房描述和实际入住的房子不符。 3.服务不对等。销售人员根据消费者的服饰等来确定服务态度。

续表

	具体表现
通信	1.收费不明确。套餐混乱，霸王条款，隐形消费。 2.通信投诉处理不及时。
旅游	1.虚假宣传。 2.捆绑消费。 3.导游素质参差不齐。
食品	1.食品卫生环境差，就餐环境卫生差（大排档）。 2.美团外卖店铺没有实体店，环境恶劣。 3.“三小”卫生环境差，小吃店、摊贩、夜市食物不干净。 4.假冒伪劣。
交通	1.加油时推销燃油宝等。 2.公共交通设施不完备，如柳州没有地铁和轻轨。
金融保险	1.银行业务办理程序繁复，时间周期长，如在办理结算卡的时候因为项目经理业务不熟悉，没有及时与顾客沟通，引发投诉。 2.保险业务员过度推销。
快递	信息泄露，快递被冒领。
教育培训	1.收费门槛和师资能力不匹配。比如拉丁舞培训两年还是基础动作，更深入的学习无法提供。 2.培训机构缺少资质。很多老师私下开培训班，既不属于学校也不属于公司，也有一些培训机构教师没有资质。 3.培训机构课程等级限定。如初级班只教初级的动作，如果想要升级或者参加比赛就需要加钱。 4.培训机构跑路。
预付式消费	消费者办理预付卡后，由于个人原因、商家关门停业和商家的服务态度等问题要求商家退款未果。

六、改进建议

消费者满意度体现的是消费环境社会共治的情况，从调查结果来看，消费者满意度二级指标中，均有涉及需要发改、商务、住建、交运、公安、市场监管、文旅、卫计、工信、城管、教育体育、广播电视、消委会等相关职能及行业主管部门依据职能职责加以改善提升的部分。同时，消费者满意度水平与期望值有关，消费者期望值高，对各行各业的要求也高；消费者期望值低，对各行各业的要求也低。而消费者期望值的高低与经济、社会发展水平、消费水平有密切联系，例如，南宁市的消费维权工作做得较好，但南宁市的消费者期望值相对较高，导致消费者对相关工作提出了更高的要求，满意度得分表现相对较落后。

因此，一方面，建议进一步强化广西消费环境建设工作，并在全区范围统一安排部署，通过统筹协调、部门合作、舆论引导、宣传教育等多重方式，深入挖掘本地消费者不满意的表现，提出相应整改措施，更好地提高消费者满意度，形成政府主导、部门联动、行业/企业自律、消费者参与、社会监督的工作机制，加强内部联动和外部联动，营造消费环境共建共治共享的社会治理新格局；另一方面，基于消费者需求和对自身能力的切实评估对消费者作出承诺，以合适的宣传方式向消费者传递信息，帮助消费者形成合理期望。

（一）统筹宣传教育，创新宣传方式

1.加大消费者满意度提升工作宣传力度

政府统筹安排、整合各部门力量加大消费者满意度提升工作宣传力度，充分发挥各级政府、相关职能部门、社会组织、行业协会、企业、专家学者等作用，积极搭建向广大市民宣传各级政府、各职能部门在保障消费供给、提升消费环境、强化消费维权等方面的政策、法规及开展的相关工作，并将宣传消费环境各项工作提升的任务分解细化到各级政府、各职能部门，扩大宣传面、加大宣传力度。

2.不断创新宣传方式

多渠道、创新性地做好消费者满意度提升宣传工作。一是充分发挥报纸、电视、广播等传统媒体以及网络、微信等传播媒介的作用，不断扩大宣传影响力；二是结合最新的视频渠道，采用抖音、映客、微信公众平台、微视、快手等方式，通过短视频向消费者传递消费者满意度提升各项工作，全方位多角度宣传覆盖，从源头上解决信息传播的不对称问题；三是借助社会力量，培养社区骨干和志愿者，深入社区，以社区宣传、维权知识讲解、社区路演等多形式、多渠道开展消费者满意度提升的各项工作宣传。

3.加强宣传引导的针对性

一是针对广西各城市的特点，在人口密集地（例如景区、高铁站）进行重点宣传，对机场、景区消费服务管理者、服务人员进行《消法》的普法培训宣传；二是对预付式消费、汽车消费、保健品消费、网络消费、共享单车以及食品安全、电子产品、房屋消费等问题有针对性地深入消费群体相对集中的区域开展法律法规和消费知识宣传；三是借助消费问题“红黑榜”等形式，及时向社会发布消费维权警示、消费提示和商品质量抽检权威报告，对市场消费中发现的问题进行预警，让消费者及时了解当前市场的消费热点、消费趋势和市场动态。

（二）严格监管执法，拓宽维权渠道

1.运用数据成果推动消费环境提升。把满意度测评指数研究作为优化消费环境的依据，进一步做好数据结果的分析，找出各市在消费环境建设、监管和治理工作中存在的问题和不足，深入研究如何将数据与职能、职责进行对接，挖掘消费者需求，做好从数据调查结果到消费环境塑造的转换，真正让指数研究结果服务于提升消费环境满意度，通过有针对性的整改，提高消费者预期和消费环境供给的契合度，推动行业发展和消费升级。

2.强化事前事中事后监管。推进“双随机、一公开”工作，及时向社会公开抽查结果及查处结果，激励行业健康发展，消费者在消费前了解商家信用，优化消费体验。

3.建立和完善“诉转案”工作流程和制度规范。制定和完善实用性和可操作性较强的“诉转案”工作办法，明确规定“诉转案”的适用条件和适用范围、流转程序、移交方式、落实部门、办结时效、案件反馈、适用法律法规等事项。加大执法办案力度，将诉转案纳入工作考核范围，调动执法人员的工作积极性，激发办案热情。

4.整合维权渠道拓宽途径路径。在机构改革、职能调整和国家市场监管局积极推动投诉举报平台整合的背景下，紧密结合工作实际，不断创新，积极探索符合各平台要求的工作机制，逐步实现消费者申诉举报整合，为消费者提供全方位、全天候、高效率的消费维权服务。建设以12315为主导的消费者权益保护指挥调度系统，实现信息共享、维权互动，增强协同维权的合力，提高维权效能。

（三）调动各方力量，推动消费环境改善

1.发挥社会组织及行业协会作用。健全全市各级消费者协会组织机构，为消费者协会充分发挥《消法》赋予的八项公益性职责提供机构、编制、经费保障，促进其更加牢固树立消费者至上的理念，围绕经济社会发展的重点，结合消费热点组织开展主题鲜明、形式多样、内容丰富的消费维权宣传引导活动、消费社会监督活动，营造良好的消费氛围，提振消费信心，促进服务消费提质升级，并围绕社会热点和消费新趋势，加大参与有关消费者权益的立法立标工作。发动各类行业协会加强对行业、企业的引导，促进加强诚信经营，不断提高产品和服务质量，为消费者实现品质消费提供良好消费环境。

2.落实经营者化解消费纠纷第一责任人的义务。倡导和督促经营者把消费者优先的理念贯穿到受理投诉、解决投诉、化解纠纷的过程当中，让消费者得到更好的体验。一是对市场、商场、超市、企业开办者和管理层进行有针对性的宣传，发挥优秀企业典型示范作用；二是加强对落实经营者化解消费纠纷第一责任人的义务的指导和督导检查力度；三是加大执法力度，严查不履行义务和侵害消费者权益的行为。

3.流程再造，优化维权服务。简化消费者维权程序，方便诉讼维权。针对目前消费维权中存在的成本高、程序复杂、不方便等问题，积极采取措施，加大维权途径的宣传力度，鼓励、支持消费者采取合理的消费维权途径，简化消费维权程序，扩大维权面，增强维权效果。积极探索、建立、引入法律援助制度，通过司法诉讼加强维权力度，提升《消法》的维权效果，提振消费者的维权信心。

（四）结合未来趋势，预判提升重点

针对消费者观念、生活方式、价值观念、家庭结构（如二胎生育）等方面的变化，分析预判重点消费领域的变化，养老、健康、休闲、体育、文化和生活服务等领域可能发生的新变化，如养老服务中的养老服务机构、老年护理、临终关怀服务、老年用品等，健康领域中的健康检查、营养健康、身体养护、健身娱乐等，休闲服务中的体育休闲、户外休闲、农业休闲等，关注对当下或未来经济提升比较大的群体如老年群体、青年群体、高收入群体和农村消费群体的消费趋势，对相关重点消费者满意度的提升工作提出科学合理的思路。

附录1 14个城市2017年常住人口及社会消费品零售总额

序号	城市	2017年常住人口（万人）	2017年社会消费品零售总额（亿元）
1	南宁市	715.33	2204.16
2	柳州市	400.00	1155.64
3	桂林市	505.75	928.12
4	梧州市	303.74	445.87
5	北海市	166.33	250.13
6	防城港市	94.02	124.02
7	钦州市	328.00	411.75
8	贵港市	437.54	480.70
9	玉林市	581.08	728.86
10	百色市	364.65	277.35
11	贺州市	205.67	178.85
12	河池市	352.35	301.20
13	来宾市	221.86	180.29
14	崇左市	208.68	146.09

附录2 根据人口、经济与行政层级对城市的划分结果

序号	城市	城市级别	按2017年城镇人口划分城市规模
1	南宁市	二线城市	Ⅰ型大城市
2	柳州市	三线城市	Ⅱ型大城市
3	桂林市	三线城市	Ⅱ型大城市
4	梧州市	四线及其他城市	Ⅱ型大城市
5	北海市	四线及其他城市	中小型城市
6	防城港市	四线及其他城市	中小型城市
7	钦州市	四线及其他城市	中小型城市
8	贵港市	四线及其他城市	Ⅱ型大城市
9	玉林市	四线及其他城市	Ⅱ型大城市
10	百色市	四线及其他城市	Ⅱ型大城市
11	贺州市	四线及其他城市	中小型城市
12	河池市	四线及其他城市	中小型城市
13	来宾市	四线及其他城市	中小型城市
14	崇左市	四线及其他城市	中小型城市

说明：

城市级别的划分标准参考中国社会科学院城市与竞争力研究中心出版的《2011年中国城市竞争力蓝皮书：中国城市竞争力报告》。

城市规模划分依据2014年国务院《关于调整城市规模划分标准的通知》。以城区常住人口为统计口径，将城市划分为五类七档。城区常住人口50万以下的城市为小城市，其中20万以上50万以下的城市为Ⅰ型小城市，20万以下的城市为Ⅱ型小城市；城区常住人口50万以上100万以下的城市为中等城市；城区常住人口100万以上500万以下的城市为大城市，其中300万以上500万以下的城市为Ⅰ型大城市，100万以上300万以下的城市为Ⅱ

型大城市；城区常住人口500万以上1000万以下的城市为特大城市；城区常住人口1000万以上的城市为超大城市。本文将Ⅰ型小城市、Ⅱ型小城市和中等城市合并为中小型城市。

附录3　满意度调查计分方式

结合专家意见，本次消费者满意度调查的计分方式基本采用2018年全国消费者满意度调查的指标权重算法，具体权重分配如下表所示。

表　广西消费者满意度指标权重

总指标	一级指标	一级指标权重	二级指标	二级指标权重	三级指标	三级指标权重
消费者满意度	消费供给	0.132	供给丰富性	0.045	供给丰富性	0.045
			供给便利性	0.052	分布合理	0.018
					物流便利	0.016
					公共基础设施完善	0.018
			供给独特性	0.036	供给独特性	0.036
	消费环境	0.638	质量水平	0.079	货品真实	0.039
					商品或服务质量	0.040
			服务水平	0.075	服务水平	0.037
					服务真实	0.037
			消费设施	0.072	安全性	0.038
					舒适性	0.034
			价格合理	0.071	价格合理	0.036
					明码标价	0.036
			信息真实	0.053	信息真实	0.053
			售后保障	0.068	售后保障	0.068
			商家信任度	0.064	商家信任度	0.064
			交易安全	0.064	交易安全	0.064
			消费知情权	0.047	消费知情权	0.047
			消费自主选择权	0.045	消费自主选择权	0.045
	消费维权	0.231	权益保护	0.070	维权渠道	0.022
					维权效率	0.024
					维权结果	0.024
			消费宣传	0.074	消费警示提示	0.037
					消费知识法制宣传	0.036
			消费执法	0.087	消费执法	0.087

（一）单指标得分（Xi）计算

本次调查中，各指标对应的访问问题均为封闭式、5级李克特（Likert）态度测量量表、单项选择题。

各选项计分原则是："非常满意/充分/好"5分，"比较满意/充分/好"4分，"一般满意/充分/好"3分，"不太满意/充分/好"2分，"很不满意/充分/好"1分。

各选项原始分值转换为百分制采用的计分方式为：5=100，4=75，3=50，2=25，1=0。

（二）分析模型

本次调查将借助因素重要性推导模型，从指标的满意度和重要性两个维度来考量各级细项指标，通过对短板的重要性进行分析确定改进优先级。模型中满意度即服务受众对各二级或三级指标的评价得分，重要性是指各环节与各指标的标准化权重。因素重要推导模型将各个二级指标分为四个象限，分别为首要改进区、次要改进区、锦上添花区和保持放心区。

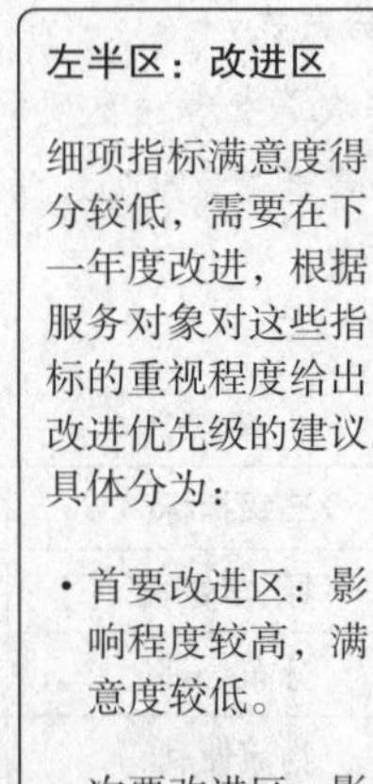

结束语

广西消费者权益保护委员会通过开展消费者满意度调查工作，了解到消费者对广西消费环境的满意程度，找出了各城市消费环境的薄弱环节，找准消费环境改善的着力点，有针对性地提高消费者满意度水平，充分发挥消委会社会监督的职能，大力营造能满足人民美好生活需要的市场消费环境，提升消费对广西经济发展基础性作用的发挥。

本次项目开展了2场消费者座谈会、1场专家思辨会、1场全区培训会；收集了2540个拦截调查样本，840个电话访谈样本。未来，将持续扩大开展消费者满意度调查，增加满意度调查样本量，建成长期监测机制，动态追踪满意度情况，提出持续的改进策略，实现区域绩效管理，明确各市的消费者满意度水平，作为评价各市消费者权益保护工作表现的重要指标。

四川省消费者权益保护委员会

乡镇快递取件二次收费社会监督调查报告

近年来，随着网络购物快速发展，四川省快递服务行业发展迅猛，各大知名快递公司不断向乡镇延伸服务，为满足消费者日益增长的快递需求、促进电商发展做出了积极贡献。然而，一些快递服务公司追求利益最大化，将经营压力转嫁给快递公司乡镇服务网点，加之内部管理不规范，导致不少乡镇快递服务网点出现二次收费的乱象。所谓乡镇快递二次收费，是指消费者网购时已经支付邮费或商家承诺包邮的情况下，取件时却被快递公司乡镇服务网点强迫支付取件费或派件费。为切实维护广大农村消费者的合法权益，四川省消费者权益保护委员会（以下简称省消委会）依法履行对商品和服务的社会监督职责，组织各级消委在全省范围内开展了乡镇快递服务二次收费现象调查调研活动。

一、调查基本情况

本次调查调研活动时间为2019年4—6月，范围覆盖全省21个市（州）的80余个县。问卷调查对象为乡镇快递消费者。各市（州）消委会积极组织调查，共采集有效样本3403个。同时，省消委会秘书处还直接对雅安、

德阳、资阳和广元等地乡镇及相关部门开展了实地调查和调研。

二、调查调研结果

（一）全省乡镇快递取件二次收费情况

1.七成受访者表示需自己到乡镇快递网点取件，三成以上受访者遇到过二次收费情况。71.6%的受访者表示所在乡镇收取快递需要自己到指定配送点取件；34.2%的受访者表示曾经被二次收费。另外，有8.2%的受访者表示遭遇过因延期取件而加收费用的情况。

2.快递服务网点普遍存在二次收费情况，涉及标称为申通、中通、韵达、圆通的网点较多。接受调查回答存在二次收费现象的受访者占比，标称申通的为52.14%，标称中通的为51.95%，标称韵达的为51.86%，标称圆通的为50.68%。（详见图1）

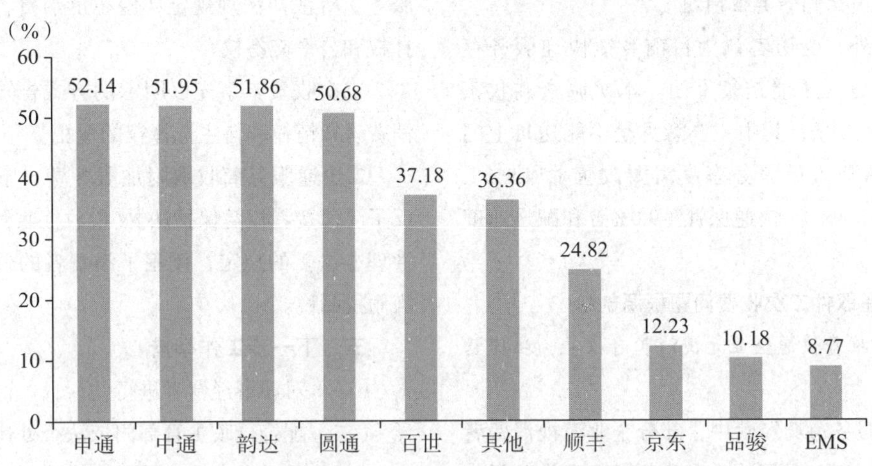

图1　乡镇快递二次收费网点涉及快递公司占比（%）

3.二次收费数额多在1元至3元之间，八成以上受访者付费后没有收到发票或收据。收费“1元至3元”的情况最普遍，占比约为45.2%；其次是“根据快递大小付费”，占比26.8%。此外，收费“3元至5元”占比20.5%；收费“5元以上”占比7.6%。86.3%的受访者表示付费后快递网点没有提供发票或收据。（详见图2）

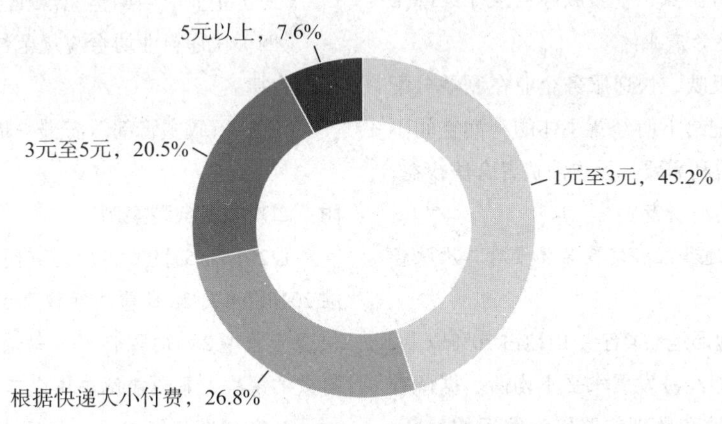

图2　全省乡镇快递取件二次收费额度区间分布占比

（二）关于乡镇快递取件“二次收费”告知情况

1.接受调查中仅有不足一成受访者表示，网购时商家会告知取件需二次收费。93.8%的受访者表示，网购商品时没有收到商家告知取件需要二次收费的提示信息。

2.在遭遇过二次收费的受访者中，六成以上表示取件时才被告知要收费；仅有不足两成的网点有取件收费标准的声明或告示。具体为：62.9%的受访者取件时才被告知需要收费；37.1%的受访者表示，是电话通知取件时才被告知收费；仅19.6%的受访者表示看到网点有取件收费标准的声明或告示。可见，乡镇快递服务网点大多没有事前告知取件需收费或明示收费标准。

（三）消费者对乡镇快递取件二次收费的接受度

92.2%的受访者认为乡镇快递取件二次收费不合理。调查显示，消费者对二次收费的态度与当地经济发展程度、自身是否经历过密切相关，经济越发达的地方越不能容忍，经历过“二次收费”的受访者普遍难以接受。

（四）不能送货上门等其他问题

除二次收费外，受访者认为目前乡镇快递服务存在的另一主要问题是不能送货上门。本次调查共收集到快递服务意见657条，其中主要意见是不能送货上门（20.1%）、网点从业人员服务态度需要改善（14.9%）、取件不够便捷（13.4%）、快递保管（9.0%）和配送速度（8.8%）。

三、乡镇快递取件二次收费问题根源剖析

（一）涉二次收费快递企业无视消费者权益，法律意识淡薄

在乡镇快递服务市场经营中，部分企业漠视消费者权益，盲目追求利润，对下游收费乱象缺乏有效监督与管理。单人单次收费看似不高，但是从全省看，收费金额巨大，这不仅违反了国家相关法律规定，而且加重了农村消费者的负担，违背了国家精准扶贫和乡村振兴战略的精神实质。

（二）快递产业链上下游经营主体之间利益分配失衡。快递服务企业、加盟企业、乡镇服务网点等经营主体，共同构成了一条完整的产业链

调研中，基层网点反映，快递服务企业在利益分配过程中起主导作用，分配给下游经营主体的利润空间不足，末端网点出于自身盈利需要，无视消费者合法权益，最终将成本转嫁给取件的消费者。

（三）地理位置、交通和经济发展等要素对二次收费具有一定的影响

四川省幅员广大，地形地貌复杂，山地占70%以上，交通情况比较复杂，各地经济发展水平不均衡。据调查数据分析，经济相对落后和地理位置较为偏远的地区，快递业务量相对较少，物流成本更高，加上快递服务企业在进行利益分配时对偏远地区网点重视不够，导致二次收费问题更为严重。

四、关于乡镇快递取件二次收费的法律分析

（一）二次收费问题性质

乡镇快递二次收费现象，在快递服务公司未告知发件人（商家）和消费者的情况下，强制收费，既违反了与发件人之间的合同约定，属于违约行为；又同时对消费者造成利益损害，构成消费侵权。

（二）二次收费违反的法律规定

1.提供服务前不告知服务费用而强制收取服务费违反《消费者权益保护法》《四川省消费者权益保护条例》《价格法》《快递市场管理办法》《邮政行业标准——快递服务》等法律法规规定，侵犯了消费者知情权、自主选择权和公平交易权。

二次收费未事先以明示的方式告知消费者，构成对消费者知情权和自主选择权的侵犯。

2.快递服务商收取附加服务费，不出具服务单据违反了《消费者权益保护法》《税收征收管理法》和《发票管理办法》的规定，侵犯了消费者的公平交易权，还涉嫌偷税漏税。

五、下一步工作举措

（一）对涉事经营者进行约谈；

（二）配合行政主管部门依法查处违法行为；

（三）适时发布消费警示，跟踪回访整改效果。

六、社会监督建议

（一）企业要勇于承担社会责任，切实保护消费者合法权益。

（二）企业应加强内部管理，监督下属分支机构及其末端网点合法经营、诚信经营。

（三）企业应当调整经营理念，不断完善盈利模式。

（四）快递行业协会应规范约束成员经营行为，加强行业自律。

（五）行政主管部门需进一步加强市场规范和监管。

附：二次收费典型案例

1. 2018年5月9日，广元剑阁县鹤龄镇郭先生投诉称，在2018年4月28日前往标称百世快递代收点取件时，被快递点收取2元的取件费，每次向公司投诉都没有得到有效的解决，希望能解决快递二次收费问题。

2. 2018年7月18日，宜宾市屏山县龙华镇范先生投诉称，龙华镇标称圆通快递和韵达快递代收点取件收费太高，在没有详细解释说明的情况下，将取件费由2元一体涨至3元起，稍微大一点的快件要收费5元到10元。

3. 2018年9月13日，达州市渠县有庆镇何女士投诉称，自己网上购物商家承诺免运费，取件却要交纳5元。何女士提供的快递单号涉及中通和圆通两家快递公司。

陕西省消费者协会

房产中介服务消费者满意度调查报告

伴随着人们生活水平提高和房地产业的不断发展，房屋租赁和二手房交易日趋活跃。房产中介行业作为消费者租赁房屋和交易二手房的主要渠道，具有广阔的市场前景，业已成为当前的消费热点。为了推动陕西省房产中介行业的规范化发展，进一步加强对房产中介服务的社会监督力度，围绕2019年“信用让消费更放心”的年主题，省消费者协会组织开展了房产中介服务消费者满意度调查活动。

一、调查概况

本次调查对象是陕西全省范围内近一年通过房产中介机构有过租赁房屋或购买二手房消费行为的消费者，调查范围包括西安、宝鸡、咸阳、渭南、延安、榆林、汉中、安康和商洛9个地市。

调查采取邀约访问和现场体验相结合方式进行。邀约访问是通过调查员对符合条件的消费者现场发放问卷并进行调查；现场体验是调查员以消费者身份，到房产中介机构实际体验房产中介服务的全过程。本次邀约访问调查收集到有效样本530个。其中，房屋租赁调查有效样本为420个，房屋购买调查有效样本为110个。现场体验调查收集到有效样本60个。

调查的测评指标以陕西省“放心消费创建”的主要内容设定，包括安全、质量、价格、服务、维权等5个维度。满意度评分采用5分制。满意度=总得分/（总人数×5）×100%（非常满意5分，满意4分，一般3分，不满意2分，非常不满意1分）。

二、调查结果

（一）整体满意度

本次房产中介机构消费者整体满意度为70.4%。其中安全满意度为60.4%，质量满意度为78.1%，价格满意度为63.4%，服务满意度为64.7%，维权满意度为85.3%。

（二）安全满意度

本次调查房产中介机构安全满意度为60.4%。

在对房产中介机构整体信任度方面，有52.8%的消费者表示信任，36.0%的消费者表示一般，7.6%的消费者表示不信任。不信任房产中介的主要原因是承诺与实际不符，电话信息泄露等。

在对房产经纪人资质的认知方面，42.5%的消费者没有查看经纪人的房产经纪人证书，27.0%的消费者对房产经纪人证书完全不了解；在对交易风险的认知方面，61.9%的消费者认为无风险，相信中介平台的专业水平，38.1%的消费者认为有风险，在选择中介平台时换了好几家；在签订购房合同方面，93.6%的消费者在签订购房合同时只有甲方、乙方、房产中介三方参与房屋交易，没有专业律师在场；在签订租赁合同方面，81.9%是房产中介提供的格式合同，15.2%是协商拟定的合同，2.9%是口头约定的合同，调查反映有63.6%的消费者对合同满意，27.1%的消费者表示一般，9.3%的消费者不满意。

（三）质量满意度

本次调查房产中介机构质量满意度为78.1%。

在房产中介机构提供的房源信息真实性方面，60.4%的消费者表示满意，28.8%的消费者表示一般，有10.8%的消费者对房源信息真实性不满意。不满意原因主要是存在房源信息不真实，有很多不存在或已经出售的房源信息，以及中介机构私自加价等现象。在二手房房产信息真实性方面，调查反映，有6.4%的消费者对房产信息真实性不满意，不满意原因主要是交房时间拖延、房屋产权信息不清楚、房屋存在抵押等。

（四）价格满意度

本次调查房产中介机构价格满意度为63.4%。

在房产交易价格方面，40.6%的消费者认为非常满意，房产经纪人帮助消费者商谈价格并促成交易；24.1%的消费者认为满意，房产经纪人帮助消费者商谈价格，但没有促成交易；33.2%的消费者认为一般；也有2.1%的消费者认为不满意。针对房产中介机构的收费标准，72.6%的消费者表示收费标准清晰明了。在消费者对房产中介机构服务收费的认知方面，49.2%的消费者认为房产中介服务费物有所值。

（五）服务满意度

本次调查房产中介机构服务满意度为64.7%。

针对房产中介机构的服务，13.8%的消费者表示不满意。原因主要有乱收费，处理问题不及时，合同内容不明确，宣传广告与房屋实际状况不符，未交易不退还押金，隐瞒房屋真实信息等。在对中介机构专业度认知方面，有38.7%的消费者认为从业人员能满足消费者的需求并积极主动配合；有54.9%的消费者认为从业人员能够满足消费者的基本需求；有6.4%的消费者认为从业人员嫌过于麻烦拒绝服务。调查反映，消费者的需求无法满足主要有两种原因，一是能满足消费者个性需求的房源储备不足，二是从业人员的专业度不强。

针对房产中介机构经纪人的服务态度，调查反映，各房产中介机构服务总体较好，消费者满意度较高，也有少数消费者不满意。不满意的原因主要是催促消费者尽快购买否则做涨价处理，沟通过程中态度不好，房屋交易过程中有问题不积极主动解决等。关于房产中介机构的交易透明度，62.3%的消费者认为交易流程透明，33.2%的消费者认为交易流程含混不清，也有4.5%的消费者认为交易流程烦琐。

（六）维权满意度

本次调查房产中介机构维权满意度为85.3%。

消费者在接受房产中介机构服务中，有17%的消费者发生过消费纠纷。发生纠纷后，63.6%的消费者选择与房产中介机构和解处理，9.2%的消费者会向消协组织和行政部门投诉，也有4.5%的消费者申请仲裁机构仲裁或通过向法院提起诉讼解决，还有22.7%的消费者自认倒霉。进行投诉或起诉的消费者中，85.3%的消费者得到解决，也有14.7%的消费者还没有得到合理解决。

三、调查分析

（一）选择口碑好的房产中介成为消费者首选

调查反映，31.4%的消费者习惯选择口碑好的房产中介机构，31.2%的消费者选择就近的房产中介机构，20.3%的消费者会选择知名度高的房产中介机构，11.0%的消费者会选择佣金优惠的房产中介机构，仅有6.1%的消费者会随机选择房产中介机构。

（二）房产中介服务过程专业法律保障力度不够

调查反映，仅有3.6%的消费者在签订购房合同时有律师在场，但有75.5%的消费者希望在签订购房合同时有专业律师在场。对于首次购买房屋的消费者而言，由于缺乏购房经验，对合同涉及内容一知半解。同时，调查反映，81.9%的租赁合同是房产中介机构提供的单方格式合同，消费者缺少话语权。如果在签订购房合同时有专业的律师提供保障，可以减少交易后可能出现的消费纠纷。

（三）房产中介机构从业人员专业技能亟待提高

调查反映，有24.5%的消费者碰到过房产经纪人伪造个人房源的情况，有22.5%的消费者碰到过房产经纪人误导消费者的现象，有25.3%的消费者碰到过联系方式被泄露，以及36.6%的消费者碰到不过明码标价的情况。由于从事房产中介服务的职业门槛较低，造成从业人员存在素质不高、服务水平不高、专业技能不强、诚信缺失等问题。

（四）小型房产中介机构收费标准存在不合理现象

调查反映，23.6%的消费者认为房产中介机构收费标准中存在额外收费条款，4.8%的消费者认为中介服务费没有标准，3.8%的消费者表示中介机构收费标准含混不清。通常在房屋买卖交易中，中介机构收取的服务费是房屋成交金额的3%，全部由消费者承担；在房屋租赁市场，中介机构收取的服务费是租赁房屋的月租金，出租方和承租方各承担一半。大型中介服务公司规章制度相对比较健全，公司有统一的收费标准，出现不按标准收费的现象较少。但有些小型房产中介服务机构，由于资质不全，专业性较差，管理松散，存在未按标准收取中介服务费，收费存在较大随意性等问题。

四、消费建议

（一）强化房产中介行业监管力度

有关行政部门应依据相关法律法规加大对房产中介行业的监管力度，重点对房产中介机构的经营场所、备案和资格证书等加强监管，从源头上杜绝“假中介”“黑中介”的存在；规范房产中介人员职业标准，加强对从业人员的职业教育；强化日常监管工作，畅通消费者投诉与举报渠道，加大行政执法力度，依法保护消费者合法权益。

（二）提升房产中介行业自律水平

长期以来，租房信息获取都是通过社会性网站、中介机构等，消费者难以对房源的真实性和有效性进行辨别，信息不对称使得消费者在购房租房中处于劣势地位。要充分利用有关部门信息资源，推动建立房产信息网络共享平台，方便消费者及时准确地掌握房产中介市场的有效信息。加强房产中介行业组织建设，进一步加强房产中介服务的社会监督，推动房产中介行业标准的规范制定，为房产中介机构提供技术性指导和从业人员培训，促进行业组织内部管理，不断提升服务水平。

（三）经营者要坚守依法诚信经营

对于经营者来说，遵纪守法、诚信经营是企业经营的立足之本。经营者要严格遵守法律法规的规定要求，自觉完善诚信经营行为，为消费者提供品质服务，虚心接受消费者评价意见，用诚实守信打造品牌形象，赢得消费者的信赖和认可；要加强从业人员职业培训，不断提升员工的综合素质；要积极开展放心消费创建活动，自觉化解消费纠纷，主动承担社会责任，营造安全放心的消费环境。

（四）消费者要提高自我保护意识

消协组织应该加大消费教育的力度，加强消费提示，引导消费者增强消费风险防范意识，树立正确的消费观念。消费者在接受房产中介服务前，首先要对中介机构的资质进行审查，查看《营业执照》和《房产中介服务机构备案证书》，查看房地产经纪人的房地产经纪人证；在交易中也要注意查询房产中介机构收费标准，注意使用示范合同文本，必要时寻求专业律师的帮助；在交易后，如出现消费纠纷应与经营者积极协商解决，对协商不成的消费者权益争议应向有关部门投诉，依法保护自身合法权益。

青海省消费者协会

西宁市中小学生校服调查报告

为进一步提升中小学生校服品质，改进校服美感，增强中小学生文化自信，青海省消费者协会6月至7月在西宁市四区中小学生开展“校服消费体验问卷调查”活动。通过调查了解和分析西宁市四区中小学生校服现状及存在的问题，提出改进意见和建议，增强学生和家长在消费领域的获得感、幸福感、安全感。

一、调查的概况

（一）调查目的

校服是学校礼仪教育的重要组成部分，是德育和美育的重要载体，代表着学校的形象和学生的精神气质，还有助于培养学生的集体荣誉感、团队精神和自信心。然而，多年来大部分校服款式一成不变，老旧且无美感可言，无法满足学生对审美和个性的追求。为了更多地了解学生和家长对校服的看法和期望，促进校服创新工作，满足学生和家长对品质消费的期盼、对美好生活的向往，特开展了此次调查。

（二）调查方式、对象

1.调查方式及样本量：本次调查“以一对一现场面访为主、网络调查问卷为辅”的方式开展。现场面访为各学校组织学生、教师和家长开展问卷调查，样本量为1600份（详见图1）。网络问卷调查通过省消协网络APP及相关媒体发放调查问卷。

2.调查对象：西宁市四区中小学学生、家长和老师。

（三）调查活动时间安排

为确保本次调查数据和结果的全面性、严谨性和客观性，活动分三个阶段实施，具体包括：

第一阶段：实施前准备阶段（2019年6月上旬）。制定具体实施方案，执行方式、样本量和时间进度表，设计调查问卷。

第二阶段：实施阶段（2019年6月下旬至7月下旬）。将问卷送至随机抽取的11所学校，并组织学生、家长和老师进行问卷调查，调查完成后，省消协回收纸质问卷并统计回收情况（详见图2、图3、图4）。

第三阶段：总结阶段（2019年8月上旬）。抽查核实相关调查问卷信息，收集和分析调查问卷数据情况，组织相关专家对问卷结果进行评析，形成调查报告。征求各方意见，定稿并向社会发布。

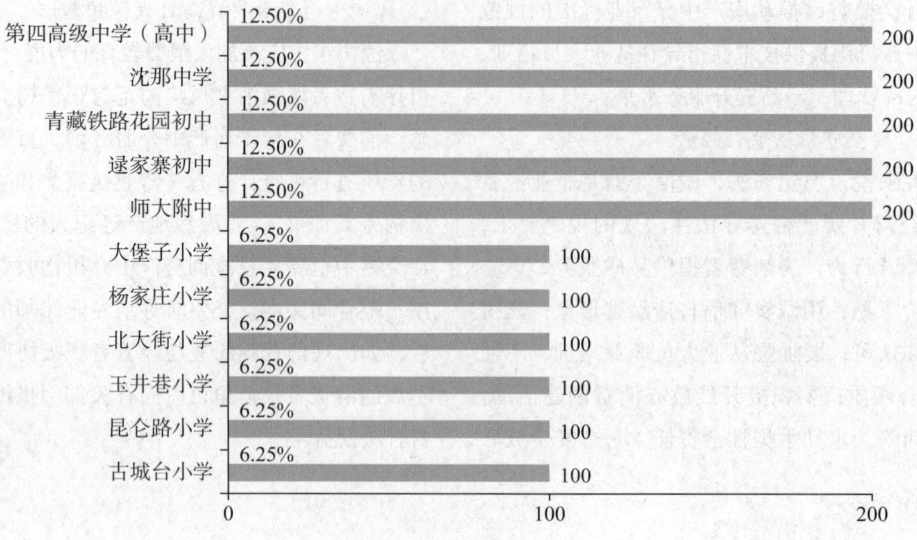

图1　发放问卷情况

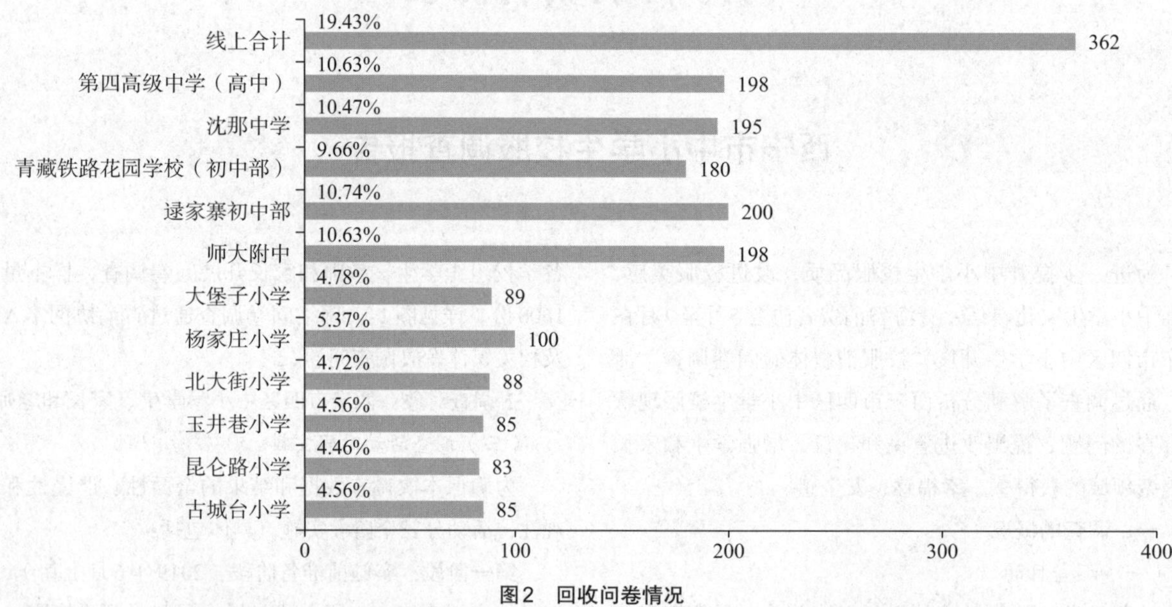

图2　回收问卷情况

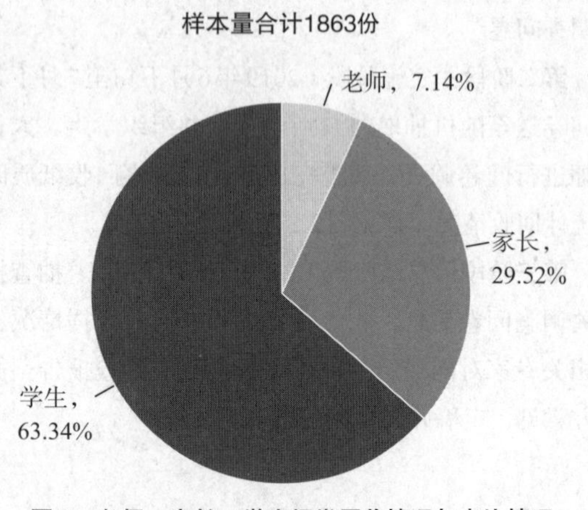

图3　老师、家长、学生问卷回收情况与占比情况

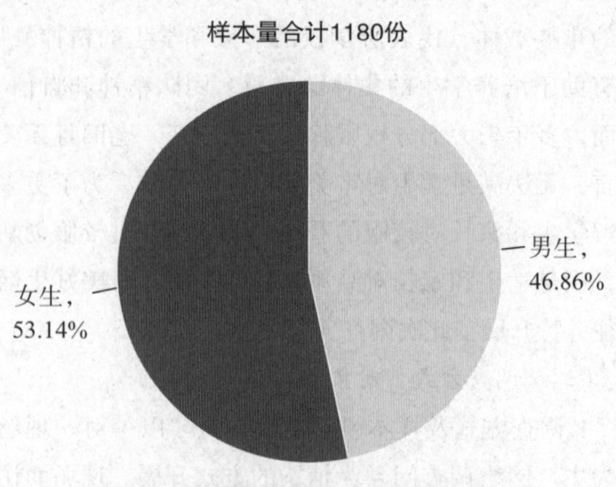

图4　学生性别实际样本量与占比情况

二、调查分析

本次调查涉及西宁市四区的6所小学、4所初中和1所高中，共发放问卷1962份，回收1863份，回收率95%。其中线下问卷1600份，回收有效问卷1501份，回收率93.8%，线上问卷362份。通过分析学生校服质量、价格、外观和消费者的评价，了解当下学生、家长和老师对校服的看法和期望，具体分析如下：

（一）68.65%的受访者认为男女生校服应该进行区分

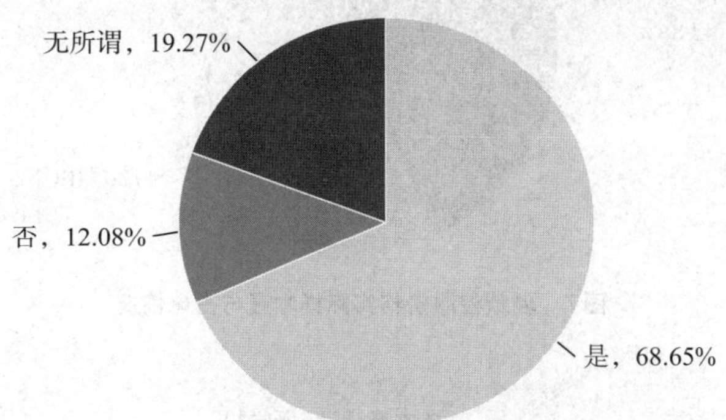

图5　男、女生校服是否进行区分占比情况

从图5可以看出，68.6%的受访者认为男女生校服应该进行区分。说明了由于男女生性别的差异，审美观是不一样的，校服应该根据男款和女款分别进行设计，发扬学生的个性，展示学生们不同的美，满足学生们对美的追求。

（二）春秋款校服价格整体偏低，限制校服品质的提升

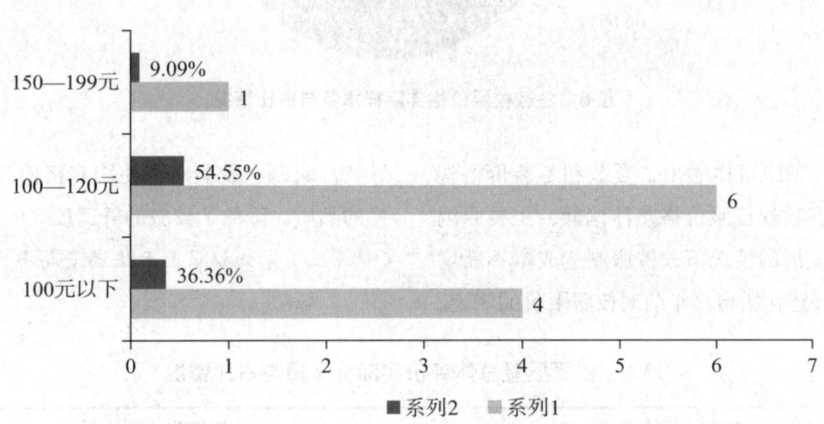

图6　春秋款校服价格实际样本量与占比情况

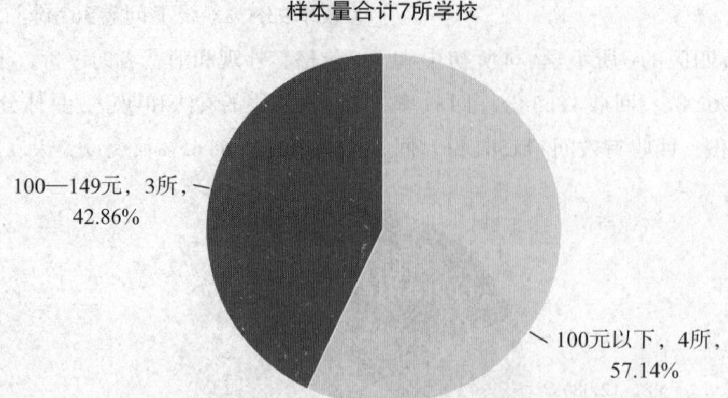

图7　夏款校服价格实际样本量与占比情况

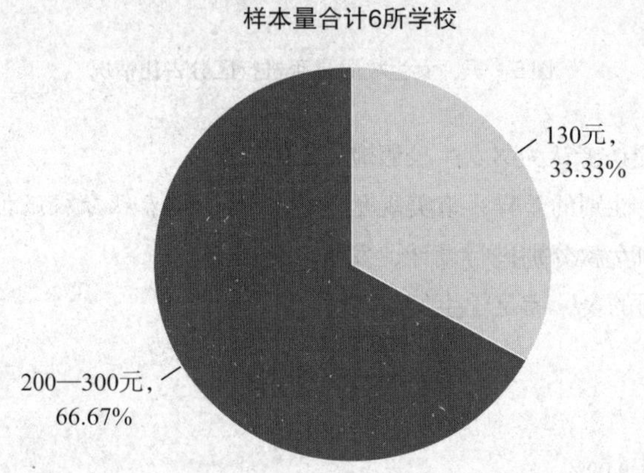

图8　冬款校服价格实际样本量与占比情况

通过图6、图7、图8可以看出，夏装和冬装价格整体符合市场经济，春秋款校服价格整体偏低，主要原因是在社会经济不断发展的情况下，校服制造成本不断增加，然而部分区域却还在执行多年前对校服限价的规定，导致厂家制造校服时在使用合格面料的前提下不考虑原料的品质，降低了校服的舒适度。

（三）老式校服已无法满足高中生对审美的追求

表1　校服质量总体评价实际样本量与占比情况

身　　份	满意（样本量）	占　　比	不满意（样本量）	占　　比
老师	96	72.18%	37	27.82%
家长	407	74.00%	143	26.00%
高中生	48	27.91%	124	72.09%
初中生	459	71.38%	184	28.62%
小学生	338	92.60%	27	7.40%
合 计	1348	72.36%	515	27.64%

从表1可以看出受访者对校服的整体满意度为72.36%，而高中生对校服的满意度却仅为27.91%，充分说明了随着年龄的增长逐渐成熟，高中生的思想、视野和涉及面更广，更喜欢新奇和具有时代色彩的东西，希望校服能充分体现自身个性和张力，能更好地突出自身特点，而颜色单一、宽松肥大的老式校服已无法满足高中生对美的追求，无法显示高中生应有的朝气和活力。

（四）大部分受访者认为校服透气性不好、舒适度　不够。

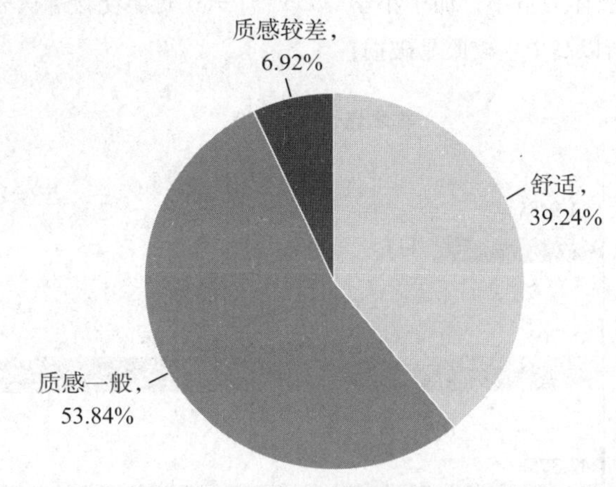

图9　面料质感实际样本量与占比情况

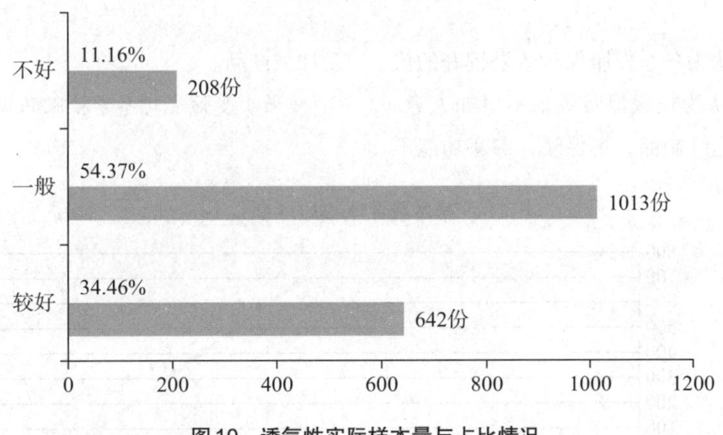

图10　透气性实际样本量与占比情况

经过调查，只有39.24%的受访者认可校服舒适度、34.46%的受访者认为透气性较好（详见图9、图10）。主要原因是西宁市各家委会和校方订制的校服价格较低，校服（除夏季校服外）所选取的面料均为纯涤面料，不含棉，这种材料吸湿性差，容易吸附灰尘，透气性较差，手感欠佳，导致大部分受访者对校服的舒适度和透气性不认可。

（五）中学生校服较小学生校服破损情况严重

表2　校服破损情况实际样本量与占比情况

身　份	没有破损（样本量）	占　比	破损情况一般（样本量）	占　比	破损情况严重（样本量）	占　比
老师	34	25.56%	73	54.89%	26	19.55%
家长	211	38.36%	297	54.00%	42	7.64%
高中生	8	4.65%	86	50.00%	78	45.35%
初中生	167	25.97%	414	64.39%	62	9.64%
小学生	274	75.07%	85	23.29%	6	1.64%
合 计	694	37.25%	955	51.26%	214	11.49%

从表2可以看出，校服出现破损情况占比达62.8%，破损严重现象达11.49%，特别是中学生的校服破损情况

尤为严重。主要原因是中学生活动多，肢体力量大，对校服质量有更高的要求，小学生肢体力量小，而中小学生校服在制作时使用同一标准，所以高中生校服易破损，而小学生校服破损现象就相对较少。

（六）过半受访者认为冬季校服保暖效果有待提升

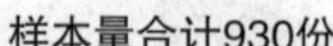

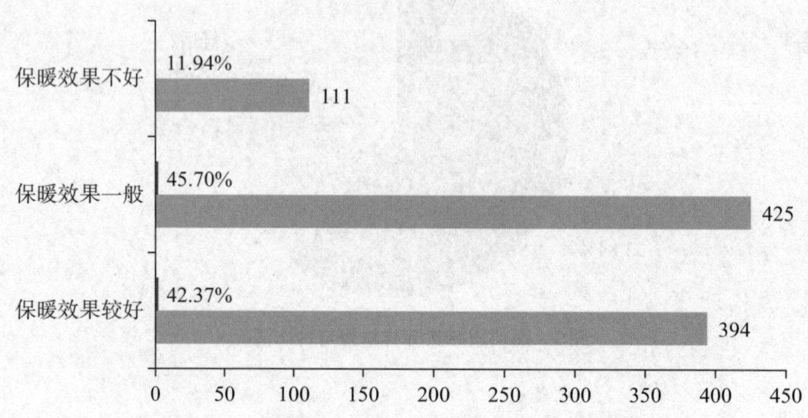

图11　冬季校服效果保暖效果实际样本量与占比情况（单位：份）

从图11可以看出，认为冬季校服保暖效果较好的仅占42.37%，过半受访者认为校服保暖效果不尽如人意。主要原因是校服材料为化纤制品，不保暖，御寒功能不及加绒产品。

（七）受访者对冬季校服的期望值较高

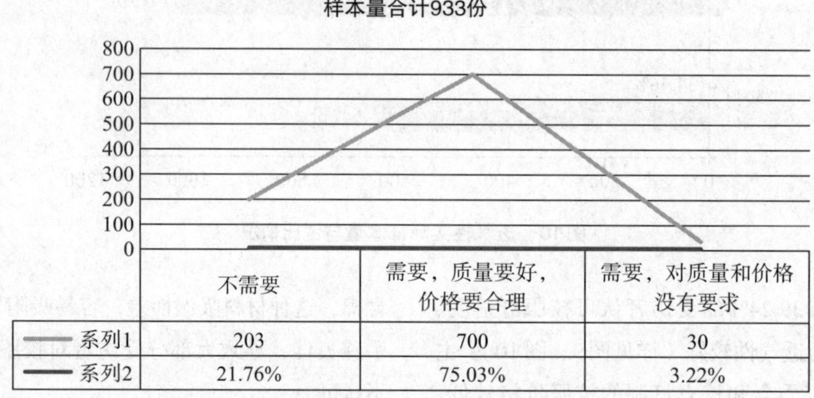

图12　您对冬季校服的期望值实际样本量与占比情况（单位：份）

从图12可以看出，75.03%的受访者认为冬季校服是有必要的，但是价格要合理，质量要好。主要原因是西宁市属于高寒地带，冬天比较冷，孩子们在上学的路上没有冬季校服御寒会感觉比较冷。

（八）48.63%的受访者认为校服的款式、颜色应该创新

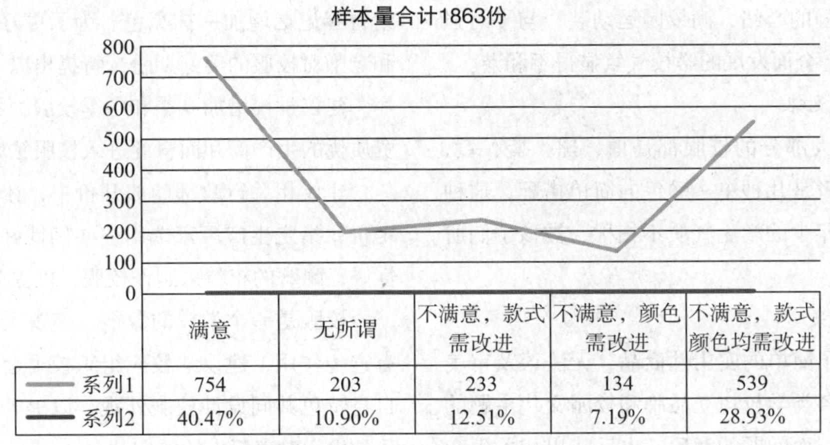

	满意	无所谓	不满意，款式需改进	不满意，颜色需改进	不满意，款式颜色均需改进
系列1	754	203	233	134	539
系列2	40.47%	10.90%	12.51%	7.19%	28.93%

图13 您对校服款式、颜色满意度的实际样本量与占比情况

目前西宁市校服大多数都是运动服，款式几乎多年未变，一直维持着宽松肥大的样子，很少有突破和创新，导致高达48.63%的受访者认为校服需要改进（详见图13）。为满足学生、家长和老师的审美要求，单纯地通过颜色表达情感还不够，学校要能够打破传统，制作有特点的校服，设计可以从更多细节着手，让校服更美，让生活充满更多仪式感。

（九）提升校服质量、创新校服款式后，83.57%的受访者愿意接受价格提高

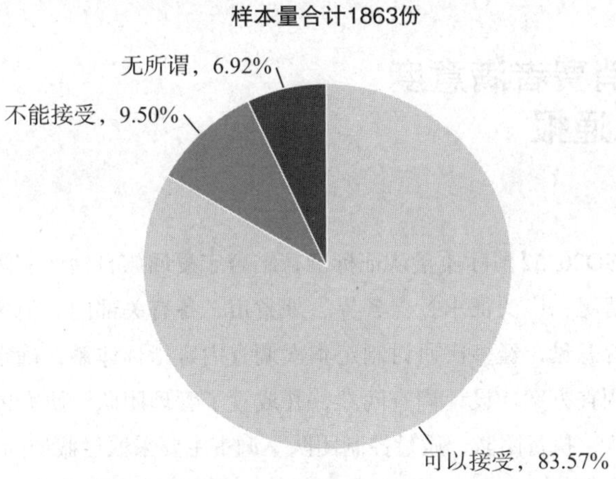

样本量合计1863份

无所谓，6.92%

不能接受，9.50%

可以接受，83.57%

图14 改款校服后，提升价格接受度样本量与占比情况

从图14可以看出，随着经济的不断发展，人们对美好生活的向往不断加强，为满足自身品质消费的需求，只要校服质量好，款式好看，在合理的价格内，大家是能够接受的。

（十）高达96.36%的受访者认为只要校服质量好，款式好看，还是较乐意穿着

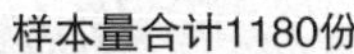

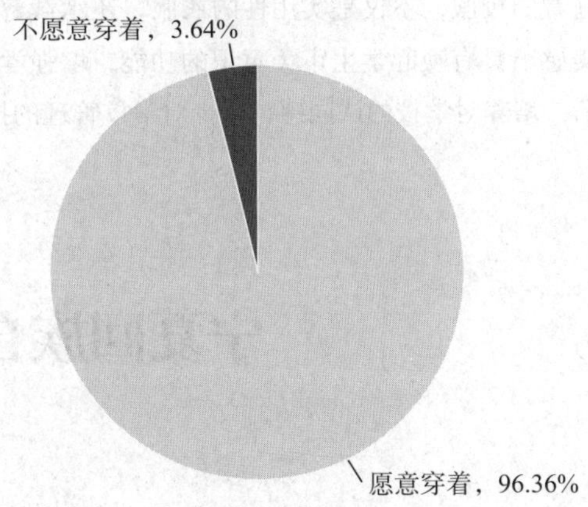

图15 提升校服品质后，愿意穿着校服的样本量与占比情况

通过图15分析得出，提升校服质量，改善校服款式后，仅有3.64%的受访者不愿意穿着校服。说明了大部分受访者只要校服的款式、颜色和质量能够满足自身需求，还是较乐意穿着的。

三、存在的主要问题

校服承载着一代代学子的青春记忆，它既是一种校园文化载体，更是一种育人的功能符号。然而，当下西宁市大部分校服缺乏审美性和专业性，无法充分发挥校服的育人功能，无法展示孩子们的魅力。

（一）质量不过硬

大部分校服透气性不好，拉链易坏，裤裆和衣袖易裂，膝关节和肘关节处耐磨性不够，让学生们穿着不舒适，且易给学生们带来尴尬。

（二）样式“老土”缺创新

西宁市校服以运动装为主，顾名思义就是运动或者休闲时穿用，学生在学校的活动中以课堂学习为主，需

要安静的环境和宁静的心绪，满校园运动装，与平时强调的“德智体美劳”全面发展的学校气氛显得不和谐。

（三）颜色单调乏味

目前，西宁市大部分的校服都是白、黑、蓝、黄、红、绿等颜色，或者是几种单一颜色的简单搭配，这种观感与正处于青春年少的学生气质不相称，被孩子们所排斥。

（四）设计感缺失

目前，校服成了简单的实用性商品，无法谈及审美和文化，这与当前各类学校树立品牌和校园文化主题的迫切需求背道而驰。而问题的背后，也反映出相关生产企业基本没有设计研发实力。

四、意见建议

好看的校服，不仅是实用性的衣服，还承载着一份青春美感，具有唤起学生审美意识的功能，增强学生们的自信，培养对学校的认同感，减少对学校管理的抵触，给青春记忆增加一抹亮色。为了更好地满足学生、家长和老师对校服的美好期盼，特提出以下4条建议。

建议学校增加夏季和冬季校服，并鼓励更多能力强、资质优的生产商和面料商进入校服领域。

建议相关行政部门放开价格，让学校和家委会参与定价，指定生产厂家选用一些韧性好，吸水性强，透气性好，耐磨的布料来制作校服，以提升校服的品质。

校服是一个学校的象征，美观大方的校服对学校也有宣传作用，建议学校应组织校委会、老师和学生根据自身特色共同设计校服外观，以提升校服的美观性，满足学生们对美好生活的向往。

加强校服板型设计，让校服男女有别，满足青少年体型特点；提升设计感、时代感和品质感，让校服符合青少年的审美需求；融学校文化于校服之中，增强学生的文化自信。

宁夏回族自治区消费者协会

五县（市）农村消费者满意度调查情况通报

为全面贯彻党的十九大精神，以习近平新时代中国特色社会主义思想为指导，落实中共中央国务院《关于完善促进消费体制机制　进一步激发居民消费潜力的若干意见》《关于实施乡村振兴战略的意见》和《“十三五”市场监管规划》工作要求，坚持以人为本，以消费者为中心，全面积极配合我区“乡村振兴”战略实施和放心消费创建，改善农村消费环境，推动农村消费升级，激发农村消费潜力，按照中国消费者协会和宁夏回族自治区市场监督管理厅党组2019年度重点工作要求，自治区消费者协会围绕“信用让消费更放心”主题，首次在全区开展了“2019年宁夏农村消费者满意度调查”工作。现将调查情况予以通报。

一、基本情况

（一）调查方法

本次调查委托第三方专业调查机构开展，严格按照ISO20252国际质量认证标准，结合宁夏回族自治区实际情况，广泛征求社会各界、外省市、各有关部门、消费者意见，经多次研讨制定本次调查内容指标体系，确定调查方案，设计调查问卷，并成立了管理团队、研究团队、执行团队、质量控制团队。调查主要采取拦截访问、体验式调查和文献资料研究等专业化的方法进行。

（二）调查对象

本次调查对象包括宁夏五县（市）内常住的农村人口，调查对象的年龄在15岁至70岁之间，且年龄、性别分布符合各县（市）相应人口的实际构成特征，并且最近三个月有过线下日常消费行为。调查覆盖灵武市、平罗县、中宁县、盐池县和彭阳县。

（三）调查内容

消费供给包括供给丰富性、消费便利性、农村商品供给质量、农村惠民政策、供给创新性；消费环境包括农村消费者消费情况、社会对农村消费服务状况、农村消费场所（含集贸市场、专业店、杂货店、小型自选超市）、消费知情权、消费自主选择权、农村消费交易状况、售后保障、食品安全；消费维权包括消费宣传、消费执法、权益保护等3个一级指标、16个二级指标和51个三级指标（含农村消费者满意度调查、行政记录、体验式调查）。

二、调查结果

本次调查自2019年10月15日至11月17日，为期33天，全面开展实地调查、体验式调查和文献资料成果研究等相关数据采集及意见建议收集工作，共投入人力100人，共成功回收参与的定量样本4663份。经质控团队双向复核、研究团队深度校验清洗后剔除不合格样本212份，废卷率为4.55%。为保证调查样本的代表性，样本量分配参考《2018年宁夏统计年鉴》中本次抽取的五县（市）人口规模，采用按比例分配的方式，从而使各县（市）的样本以相同的概率入样。同时结合实际人口结构，对各县（市）的样本进行详细配额设计。各县（市）的计划样本量均不低于490份。本次调查实际完成了有效样本量4451份，其中灵武市1140份、平罗县1012份、盐池县505份、中宁县1164份、彭阳县630份。

调查结果显示：2019年五县（市）农村消费者满意度综合得分为65.33分，和2018年五市城市消费者满意度测评结果相比，下降4.45分，虽然两次测评样本区域限于城、乡两个不同的范围，但鉴于测评的指标项目大多数相同，而农村消费者综合满意度低于城市的结果符合人们的日常认知，说明提升农村消费者满意度还需有针对性地从更多方面发力。五县（市）农村消费者满意度调查结果为：盐池县69.36分、灵武市67.44分、平罗县66.47分、彭阳县64.19分、中宁县60.56分。

城乡接合区农村消费者综合满意度调查结果为：彭阳县的白阳镇69.80分、灵武市的城区街道办事处69.06分、盐池县的花马池镇68.76分、平罗县的城关镇75.51分、中宁县的宁安镇67.21分。

五县（市）农村消费者食品安全满意度为60.79分。其中，平罗县66.34分、中宁县63.81分、盐池县62.88分、彭阳县58.87分、灵武市52.95分。

受访的五个县（市），在人口、文化、经济、社会发展程度、消费者期望等方面存在差异性，体现在每个县（市）的具体得分上差别较大，也反映出一些共性特征。具体表现在以下几个方面：

（一）农村居民人均可支配收入稳步增长，结构升级更加显现

调查数据显示，近七成受访者月均收入在2000元以上。消费支出情况，居民消费价格指数（CPI）显示，我区农村居民的消费总支出2015年开始回升。消费支出由低层次向高层次转化过程中，消费者的衣、食、住、行、医等基本消费仍是主要的消费支出，智能设备、教育培训、休闲娱乐类的消费支出占比紧随其后，在消费支出回升的情况下，农村消费支出更多地向吃好、住好、用好等高品质的消费转化。

（二）农村社会消费品零售总额逐年提升，居民消费提质升级

数据显示：农村社会消费品零售总额逐年提升，反映出各行业通过多种商品流通渠道向居民和社会集团供应的生活消费品总量增多，但农村居民消费需求增长慢于城镇居民，对农村居民消费总量扩大和速度提升造成了影响。

（三）农村集贸市场监管显成效

调查数据显示，农村消费者感知满意度得分71.04分，我区消防设施建设方面落实较好，消防设施存在问题仅占36.00%低于全国（63.33%）；市场占道经营问题发生率（60.00%）高于全国市场占道经营（50.00%）问题发生率10%；超过一半的消费者认为近一年时间内农村集贸市场的整体消费环境变得“很好”或“比较好”，仅有8.36%的消费者评价较为负面。从整体来看，农村消费者对近一年的监管工作成效总体是认可的，对向着更好的趋势发展抱有信心。

（四）惠民政策产生良好效应

调查数据显示：政策知晓率较高的是医疗保险、新农合（新型农村合作医疗）、低保（最低生活保障）和养老保险，分别为86.63%、79.63%、72.90%和68.47%；政策享受率较高的是医疗保险、新农合和养老保险，分别为78.83%、63.60%和44.11%。随着政府惠民政策的大力宣传和做实做细工作的开展，相关政策已逐渐深入农村而且产生了良好的社会效应，持续刺激了消费增长。

（五）消费环境改善并促消费增长

调查数据显示：农村消费者遇到霸王条款（79.52分）、强制消费（77.96分）的情况较少。反映出相关部门执法有力，营造了良好的消费环境。农村消费者对消费付款方式（77.12分）反映相对较好，随着互联网等现代化工具的普及，支付方式出现了多样化，满足了农村消费者需求，促进了消费增长。

三、存在的问题

（一）消费供给不足问题突出

调查数据显示，72.95%的消费者表示消费场所不能满足日常消费需求。其中40.39%的消费者表示菜市场不能满足日常消费需求。商品价格太贵、商品质量不好、服务态度不佳等问题，成为不能满足消费者需求的主要原因。

（二）基础设施建设有待加强

调查数据显示，一是基础设施发展不均衡，引发消费者不满情绪。30.49%的消费者反馈水质差，28.04%的消费者反馈经常停水，16.11%的消费者反馈电压不稳。存在的问题主要集中在平罗县和盐池县。二是农村道路建设问题多，造成农民消费受影响。37.83%的消费者反馈道路、交通质量差，28.96%的消费者反馈平时出行不便，19.41%的消费者反馈农村道路硬化少。存在的问题主要集中在平罗县、中宁县和盐池县。三是城乡医疗建设不平衡，增加了农民就医成本。34.44%的消费者反馈当地医疗技术水平低，31.03%的消费者反馈当地医疗环境卫生差。存在的问题主要集中在中宁县和盐池县。四是农村通信设施不完备，致使城乡信号有差距。40.06%的消费者反馈上网速度慢，27.01%的消费者反馈经常掉线，17.39%的消费者反馈网速忽快忽慢。存在的问题主要集中在盐池县和彭阳县。五是文体娱乐设施很单一，农民业余生活不丰富。调查数据显示，36.24%的消费者反馈文娱活动组织次数少，35.59%的消费者反馈文娱活动种类少。存在的问题主要集中在平罗县、中宁县、盐池县和彭阳县。

（三）商品质量问题良莠不齐

调查数据显示：农村消费者对农村商品供给质量的总体满意度得分为74.11分，有32.96%的受访者在过去一年遇到过商品质量问题。过去一年遇到过质量问题的前三位商品分别是箱包服饰类（27.97%）、食品类（22.33%）和保健品类（20.98%），主要有假冒伪劣、以次充好、虚假宣传、过期产品和存在安全隐患等问题。

（四）农贸市场质量问题多发

调查数据显示：2019年我区19个农贸市场中有17个市场涉嫌存在疑似问题商品，问题商品总体的发生率为68.00%，高于2019年全国农贸市场问题商品总体的发生率（60.00%）；其中，三无产品问题发生率（60.00%）高于全国水平（53.33%）；另外，五县（市）集贸市场中，灵武市、平罗县和中宁县涉嫌存在疑似问题商品低于盐池县和彭阳县，但都不乐观。

（五）对商品预期价格体现不满

调查数据显示：农村消费者对商品的预期价格不满主要体现在衣、食、起、居等方面。在进行日常消费时认为箱包服饰类，保健品类（含保健食品）、食品类，手机、平板等智能设备产品类和家电类产品比预期的价格高，分别占28.24%、23.68%、21.64%和12.90%。

（六）食品安全问题需严管

调查数据显示：第一，农村消费者对食品安全状况最担心的是蔬菜水果类（30.42%），其次是乳制品类（23.52%），肉类及肉制品类（22.38%）。农村消费者担心的问题主要是新鲜程度不佳、变质、卫生状况不达标、农药及药物残留和重金属超标等。第二，各消费场所存在的食品安全问题主要集中在操作不规范、不卫生、违规使用添加剂和物流相关食品安全问题（如运送途中食品卫生与安全、送餐员健康、包装卫生等）。第三，消费者认为相关部门要强化日常监管，完善监管制度，加大行政处罚力度，畅通投诉、举报通道，尽快补齐监管短板，提升监管效能。

（七）信息安全问题需重视

调查数据显示：41.88%的消费者表示遇到过身份信息泄露的情况。遭到信息泄露的消费者中，33.69%的接到寿险、车险类推销电话，32.19%的接到投资理财类推销电话，28.86%的接到电信诈骗类骚扰电话，16.68%的接到教育培训机构的推销电话，反映出农村消费者自我保护、防范意识缺乏。

（八）维权难的问题仍存在

调查数据显示：有11.50%的消费者遇到消费纠纷或权益受到侵犯时寻求解决；与商家协商解决是更多受访者的选择（24.04%）；向消费者协会投诉、调解的占18.79%。调查数据显示：有40.42%的消费者认为维权难的主要原因是“维权流程较复杂或花时间，不想浪费时间”；有34.01%的消费者觉得损失不大，没有必要进行维权；有19.32%的消费者认为缺乏维权渠道，不知道去哪儿投诉。

四、意见建议

此次消费调查，主要反映了当前农村消费现状和存在的问题，为改善农村消费环境，推动农村消费升级，激发农村消费潜力，提升政府有关部门责任意识，更好地保护农村消费者的合法权益，自治区消费者协会向有关部门提出以下意见和建议：

（一）强化农村消费教育，转变农村消费理念

强化农村消费教育，推进农村消费升级，引导农村

居民敢于消费、善于消费，并且朝着科学、绿色、理性、安全的方向转变。一是强化舆论宣传。要加强对放心消费创建工作的宣传引导，不断提升放心消费的知晓度。二是强化消费理念教育。充分利用“一会两站”及村委宣传栏，深入到各乡镇、村大力宣传《消法》等相关法律法规，指导农村消费者科学消费，增长消费知识，提高主动维权意识，引导广大农民群众成为有文化、知《消法》、懂经营的新型公民。三是提升农村消费意识。以扩大农村消费市场为重点带动农村消费升级，以政策和服务引导农民转变消费观念。大力促进农村教育、文化、医疗、服务业发展，提高农村消费者购买力，促进地方经济发展。四是要丰富信用公示内容。完善消费者权益保障机制，充分发挥社会信用联合惩戒机制的作用；将企业侵害消费者合法权益的行为纳入企业信用信息公示中，促进经营者重视消费者权益保护，主动履行社会责任；加快推进消费领域信用体系建设，扩大信用体系建设的影响，形成全社会关心、支持消费领域工作的良好氛围。

（二）助推乡村振兴战略，提振农村消费品质

农村基础配套资源是实施乡村振兴的条件，应抓重点、补短板，多方面施策、多角度着力，加快农村流通领域建设，充分释放农村消费潜力。一是交通资源。要加大投入，最大限度改善和提升乡村道路状况，解决道路基础薄弱问题。二是信息资源。要大力落实农村信息入网工程，完善基础配套，改善道路状况、完善配送网络，着力提升村镇末端配送服务质量。三是教育资源。要着力加快推进教育均衡发展，落实优秀老师流动助学，出台鼓励师资向农村地区倾斜的政策和举措，促进城乡教育资源平衡，让农村儿童享受充足的教育资源。四是医疗卫生资源。要充分利用新型农村合作医疗给农村卫生事业发展带来的机遇，健全城乡医疗资源相互联动，改善农村医疗卫生机构的诊疗环境和水平，提高城乡医疗资源的利用效率，促进农村医疗卫生事业发展。五是其他公共资源。加强基础设施建设，已有的要提挡升级，没有的要加快建设。全面推进“四好农村路”建设，厕所革命，供水、供气、网络信息服务等设施下乡进村，以完善的基础设施支撑消费意愿转换为消费行为。六是农村消费供给资源。为农村居民提供品类多、品质好、品牌优的商品，进一步引领农民消费升级。在乡村振兴中，不断改善农村居民消费品质，更好地满足农村居民日益增长的美好生活需要，有利于使农村居民消费的获得感、幸福感、安全感更加充实、更有保障、更可持续。

（三）提升商品质量监管，激发农民消费信心

一是要更加注重创新模式。要不断创新商品质量安全知识宣传的内容形式，找准典型，细化分类；同时要做好工作的结合，与中央三大攻坚战相结合，与地方党委中心工作相结合，与市场监管工作相结合。二是要更加注重丰富内容。在现有工作的基础上，不断创新，顺应现代化的传播方式，将各地开展的活动与成果相结合，搭建消费者沟通交流平台。三是要更加注重强化责任。质量监管不能单纯依靠监管部门的单打独斗，还要充分发挥企业主体责任与社会共治作用。各相关部门要提高认识，将消费品质量安全列入重点工作之中；各技术机构要结合业务工作开展公益性活动；相关企业要履行社会责任，更加重视商品质量。四是要更加注重发挥合力。要逐步形成“企业全面负责，政府统一领导，部门联合监管，检验机构把关，社会广泛参与”的消费品质量安全多元共治格局。五是要更加注重宣传。同步利用传统加新媒体等多种传播方式对消费品质量安全多角度、多平台宣传，构建公平、和谐、健康的市场秩序，优化消费环境，促进消费升级。六是要更加注重食品药品安全。坚持问题导向，把专项治理与系统治理、综合治理、源头治理结合起来，努力实现全产业规制、全链条覆盖、全部门联动、全社会参与、全方位追溯、全过程防控，健全完善党委领导、政府负责、社会协同、公众参与、法治保障、科技支撑的食品药品治理体系，建设人人有责、人人尽责、人人享有的食品药品安全治理共同体。

（四）促进消费维权共治，保护农村居民权益

强化消费者权益保护，更好发挥社会组织、社会各界在治理中的作用。一是要大力推进自身治理机制改革，探索维权工作机制创新，切实提高消协组织参与社会治理的能力和水平，提高服务消费者、维护消费者合法权益的能力和水平。二是要树立消费者至上理念，加大消费维权力度，积极回应百姓期望和社会关切，开展跨部门、跨领域、跨区域联合打假，坚决不允许假冒伪劣产品滋生蔓延，完善12315投诉平台建设，为百姓提供便捷的、多渠道的投诉平台。三是要坚持和完善共建共治共享的社会治理制度，为新时代加强和创新社会治理提供根本遵循，维护广大消费者合法权益，让全社会共同参与，采取各种形式、渠道营造良好的消费环境。四是要充分发挥消协组织的桥梁和纽带作用，各级政府要加

强消费者组织建设和改革，充实必要的资金和人员，大力支持消费者组织的维权工作。消费者组织要大力开展消费教育引导、商品服务监督、消费调查与体验等活动，逐步推进消费后评价机制建设，推动企业自律；运用公益性诉讼和集体诉讼、惩罚性赔偿等制度，保护消费者合法权益；同时，加强与相关部门、行业协会等的密切联系，做好信息互动和维权联动工作。行业协会要发挥主导作用，企业要履行主体责任，及时解决消费者的诉求，建立社会共治机制。新媒体要加大对侵害消费者权益行为的曝光力度，发挥媒体的监督和引导作用。

宁波市消费者权益保护委员会

住宅小区物业服务调查报告

近年来，物业投诉量呈直线上升趋势，成为关系市民居住幸福的消费热点。宁波市消费者权益保护委员会为履行对商品和服务的社会监督职能，提高物业服务整体水平，为相关部门决策提供参考依据，以消费者的关切为出发点，委托第三方调查公司开展了宁波市住宅小区物业服务调查。

一、调查方式说明

（一）调查对象

居住在实施物业服务的小区，且居住时间半年以上，了解本小区物业管理服务的住户。

（二）数据调查与控制

制定《宁波市住宅小区物业服务调查项目实施规范手册》，按照“两审一复核”的方法审核，确保进入分析阶段数据的完整性和准确性。整个访问过程100%录音，访问人员到达访问地点后需发送定位，以确保在指定区域执行访问。采用国际通用的SPSS统计分析软件，在保证置信度在95%的情况下，抽样误差控制在±3.1%以内。

（三）调查样本量

样本来自城区1139个住宅小区，按照住宅小区物业服务企业不重复原则，随机抽取30个小区。本次调查最终成功收回访问问卷1013份，经过三次审核，最终有效问卷数量为988份。

二、调查报告内容

（一）物业服务行业基本情况

1.宁波市物业服务企业数量情况。截至2017年12月，宁波市辖区内共有物业服务企业269家，主要分布在鄞州区、海曙区和江北区。其中鄞州区的物业服务企业数量相对较多，比例超三成。

2.物业服务住宅小区数量及建筑面积情况。截至2017年12月，宁波市范围内共有交付的住宅小区1741家，市六区1139家，建筑面积达232538000万平方米。鄞州区实施物业服务的住宅小区数量最多，为380个，占比33.4%。其次是海曙区和北仑区，占比均在15%以上。

3.物业服务住宅小区的收费价格情况。近一半的住宅小区物业服务收费价格在1元/㎡以下，都是2000年前交付的小区或是拆迁安置小区。以海曙、江北、鄞州三区为例，截至2018年6月底，三区绕城高速以内共有2000年以前建成交付的住宅小区247个，无物业小区69个，占27.9%。

4.物业服务从业人员情况。物业服务从业人员2.6万余人，鄞州区数量最多，近1万人，占比近四成。海曙区、北仑区、江北区和镇海区，从业人员比重逾10%。

（二）宁波市住宅小区物业服务总体情况分析

1.总体上物业服务处于良好水平。本次抽样调查30个小区，业主对物业服务总体满意度得分78.54分；高于85分为优秀水平，75—85分之间为良好水平，75分以下为一般水平，说明目前宁波市住宅小区的物业服务处于良好水平；整体满意度低于75分的小区数量占比为26.7%。这意味着，综合物业服务的各方面因素，仍有部分小区的物业服务未能得到业主的认可。

2.物业投诉量呈增长趋势。根据政务服务热线数据显示，2017年7月到2018年11月共接到物业服务投诉11242起。与2017年同期相比增长80%；从天一论坛、东方论坛等宁波当地的热门论坛及新浪微博等自媒体平台的历年网络数据来看，涉及物业投诉的信息量也呈增长趋势。

3.信息公开、服务态度是现阶段急需改进的因素。物业基础服务是业主认为最重要的因素，目前不同物业收费小区的物业基础服务水平需要继续保持。业主要求物业公开物业费收支情况、广告收入、停车费收入情况的呼声较高，已成为业主关注的焦点。因为物业服务未能满足业主的需求，导致业主产生物业费与服务质量不相符的感觉，继而拖延缴付物业费甚至拒缴物业费。

4.业主希望有更多类型服务。据本次调查数据显示，根据自身生活需求，业主最希望物业能提供更多类型服务，包含家政服务、家电维修服务、小区内文化活动等方面。

（三）物业服务主要存在的问题

1.综合类、低端收费小区基础服务满意度较低，物业服务“质价”不一致。低端住宅小区多数是年数久远、拆迁安置类型的小区，普遍存在基础设施老化、环境脏乱差等问题；物业服务专业水平低，小区内的生活垃圾、建筑垃圾处理不及时，小区的绿化缺失了，也无人维护；综合类住宅小区因为同一个小区内具有不同的物业类型，如高层、别墅在同一个小区内。相同小区内，业主缴纳不同的物业费用，让缴纳高物业费用的业主感到巨大落差，导致满意度下降。

2.车辆停放混乱、环境卫生脏乱差，公共区域占用不处理等问题突出。小区绿化养护和保安秩序维护的评价相对较高，车辆停放管理、环境卫生、公用设施设备维护评价偏低；车辆停放管理工作受到业主普遍关注和不满，近四成的业主表示车辆停放管理混乱；物业安保人员对车辆停放的引导、劝阻等工作做得不够。

3.物业财务收支不透明问题突出。从信息公开、透明、合规情况来看，34.7%的业主表示小区存在各项资金支出不公开、不透明的情况；虽然物业信息公开的频次较高，但涉及广告收入、停车费收入、物业费收支情况及财务报告的信息公示非常少。

4.物业服务合同签订知晓度低，合同不统一。超过八成的业主不知道或不清楚业主委员会与物业服务企业签订了合同，合同签订信息的知晓度低；知道业主委员会和物业服务企业签订服务合同的业主中，近一半的业主没看过合同，不清楚合同的内容；有近六成的业主认为业主与物业服务企业需要签订物业服务合同。

5.业主委员会覆盖率和知晓度低。近一半业主表示自己所在小区未成立业主委员会或不清楚是否成立；成立业委会小区的业主对物业基础服务的评价较高，认为业委会对物业服务企业的工作监督具有明显成效；目前对业委会的履职情况尚缺乏有效监督，近20%的业主认为业委会存在重大决策信息不透明。

6.物业公司处理业主投诉、反馈业主需求效率低。46.1%的业主认为物业服务人员应对业主投诉、报修反馈不积极，速度慢。不能及时处理业主的投诉，加剧了业主的不满情绪，降低了物业费的收缴率，进而也降低了物业服务质量；物业服务态度与业主对物业的总体评价存在很强的关联，业主希望物业服务人员提高素质，及时解决问题。

三、对策和建议

（一）完善法规，明确职责

建议修改《宁波市住宅小区物业管理条例》《宁波市物业专项维修资金管理办法》，完善相关配套规定，督促服务，提升质量。

（二）形成监督，规范合同

建议物业服务主管部门广泛征求业内人士意见建议，制定合同示范文本，在全市范围内进行推广应用。

（三）分级定价，公开信息

修订物业服务等级标准和收费标准，实行物业收费标准动态调整机制，严格贯彻落实物业服务企业信息公开制度。

（四）加强监督，强化信用

构建以信用为核心的物业服务市场监管机制，引入独立机构对信用情况进行评级，探索建立全市统一的物业服务诚信体系。

（五）发挥物管协会作用，提升水平

加强与物业主管部门及有关部门的沟通协调，发挥行业自律和协调职能，重视业主集中反映的普遍性问题。

（六）打造标准，培养人才

完善和落实服务标准和管理规范，针对不同需求制定分类分级服务标准，注重物业服务专业人才培养，提升整体水平。

宁波市消费者权益保护委员会

2019年12月25日

附：30个样本小区整体满意度得分

序号	小区名称	物业公司	满意度综合得分
1	水岸心境	维科物业	88.79
2	东海花园	雅誉物业	87.19
3	海尚广场	银亿物业	86.29
4	格兰云天1期	中建物业	86.18
5	新时代	绿城物业	85.95
6	君御湾	世茂物业	85.63
7	学苑名府	耐森物业	85.63
8	丰华名都	亚太酒店物业	83.94
9	同方杰座	雷斯顿酒店物业	83.33
10	万科公园里	万科物业	83.33
11	颐景园	奥克斯物业	80.91
12	荣安佳境	荣安物业	79.70
13	新佳苑	永达物业	79.41
14	新星都市	永成物业	79.39
15	藏山丽景	捷达物业	78.13
16	甜蜜家园	太平洋物业	77.88
17	维萨里	新上海物业	77.58
18	芳辰丽阳	经济技术开发区太平洋物业	77.50
19	茶苑小区	斯金物业	76.36
20	启文花园	甬兴物业	75.45
21	福明家园	雅高物业	74.85
22	南裕二村	美益物业	74.84
23	南都绿洲	新建业物业	74.55
24	金谷小区	宏建物业	74.52
25	天水家园	杭州公明物业	73.64
26	五江湾	联合物业	71.88
27	天顺公寓	君润物业	71.52
28	清林闲庭	美屋物业	69.70
29	彩虹四季	东房物业	67.10
30	假山新村	甬旺物业	62.26

青岛市消费者权益保护委员会

30家大型商场NPS口碑指数推荐调查新闻通报稿

按照青岛市委、市政府“学深圳、赶深圳”决策部署，青岛市市场监管局对标深圳市市场监管局，开展了行业口碑指数调查工作。青岛市消费者权益保护委员会（以下简称市消保委）委托深圳市品质消费研究院对我市30家市民认可度较高的大型商场开展了本次NPS口碑指数推荐调查，成为全国继深圳之后第一家开展消费领域NPS调查工作的城市。

本次行业口碑指数调查客观、科学，主动听取了消费者的意见建议，充分了解消费者的关注点，同时掌握了30家大型商场的服务质量和水平，帮助各商场进一步了解本企业的优势和短板，全面提升我市经营者经营管理水平，促进消费，树立品质消费风向标，营造品质消费环境。

本次调查于2019年8月开始进行，调查对象为在30家商场消费过的消费者，共拦访消费者1722位，剔除“拒访、不符合被访条件、未完成全部题目”等不合格问卷，每家商场均取有效问卷样本100份，共计样本3000份。为了数据公平公正，此次调查采用线下一对一现场拦截消费者的形式，具体分为商场内定点拦截和商场外流动拦截两种方式。其中，定点拦截占比20%，流动拦截占比80%。受访者均在调查员的iPad上填写《青岛市30家大型商场净推荐值（NPS）调查问卷》，提交后数据自动传输到数据库保存，所有答题过程均有电脑定位和录音数据支持。本次问卷调查现场执行分为3组，每组有调查员2人，市消保委安排1人随行督导，共计出动42次，调查数据真实可靠。

本次调查围绕商场品牌、商场环境、服务情况、入驻品牌、营销活动和商场配套六个方面展开，综合所有问卷消费者的推荐因素从高到低前三名依次为：商场环境、商场品牌和服务情况。

本次调查青岛市30家大型商场NPS口碑净推荐值平均分为9.8分，说明我市消费者对辖区的大型商场有较高的满意度。其中，24家大型商场NPS为正值；1家大型商场NPS推荐值为0；5家大型商场NPS为负值。NPS为正值，说明推荐者的数量大于贬损者的数量，数值越高，代表消费者满意度越高；NPS值为0，说明推荐者与贬损者数量相同；NPS为负值，说明贬损者的数量大于推荐者的数量，数值越低，代表消费者满意度越低。30家大型商场NPS口碑推荐值排名如下：

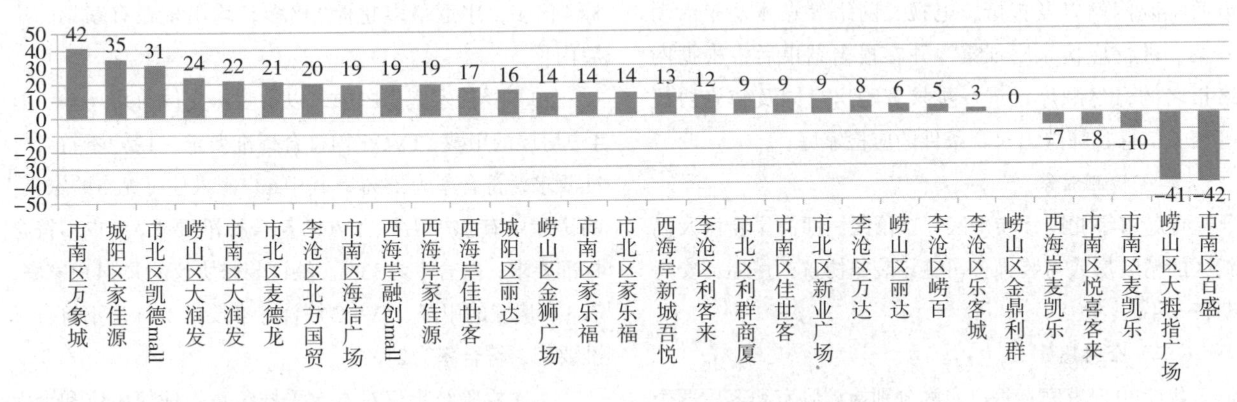

图1　青岛市30家大型商场NPS口碑净推荐值情况

会前，市消保委已召集此次受访的30家商场的相关负责人召开了集中约谈会。市消保委向30家商场通报了本次调查结果，针对调查中发现的问题，分别给各商场发放了建议函，共计发放整改建议120余条，逐一分析每家商场获得消费者推荐和不推荐的原因，为其下一步如何提高消费者满意度提供参考依据。

今后，市消保委计划继续在与消费者利益密切相关的其他行业和消费领域开展NPS消费者口碑指数调查工作，充分发挥职能，努力提高我市消费环境舒适度、经营者诚信度和消费者满意度，为我市打造“国际时尚城”做出积极贡献。

注：NPS（Net Promoter Score消费者推荐度指数）是国际通行的消费口碑评价与顾客推荐度评价体系，是测定品牌口碑的重要指标，也是衡量顾客忠诚度的关键指标。NPS的研究成果对于帮助企业最终扩大市场占有率、增加销售，预测企业未来成长的可能性有着重要的价值。

NPS口碑调查只问消费者两个问题：

提问1：你对某某产品与服务的推荐意愿打几分（0—10分）？

提问2：为什么？

推荐者（得分在9—10之间）：是具有较高忠诚度的人，他们会继续购买并引荐给他人；被动者（得分在7—8之间）：总体满意但并不狂热，可能会考虑其他竞争对手的产品；贬损者（得分在0—6之间）：使用并不满意或者对该公司没有忠诚度。

推荐者百分比减去贬损者百分比即为NPS口碑值。

室内空气公益检测结果

新房入住前，大家最担心的就是室内空气质量。为了让市民在新房住得踏实、住得安全，今年6月5日“世界环境日”来临之际，青岛市消费者权益保护委员会、青岛市产品质量监督检验研究院联合开展了主题为“共建绿色美居”室内空气检测公益活动。本次活动从6月5日开始，共包括征集应检家庭、空气采样试验、检测结果整理等3个阶段，目前已完成所有检测，具体情况如下。

一、检测概况

（一）应检家庭选择

2019年6月5日至6月15日，根据活动安排，通过青岛市市场监管局、青岛市消保委微信公众号和青岛市质检院网站以及报纸、电视、网络等媒体发布活动方案，进行应检家庭征集，并在报名结束后，根据网络报名的自然顺序，进一步核查购房合同及装修协议等相关信息，筛选出符合条件的应检家庭。

（二）检测对象

青岛市市北区、崂山区、李沧区、西海岸新区及高新区的精装房或与装饰公司签订装修协议的房屋，交房期在一年内。

（三）检测数量

共计30户家庭，每户家庭分别检测卧室和客厅两个点，合计检测60个点。

（四）检测依据标准

GB/T 18883-2002《室内空气质量标准》；检测项目为甲醛、总挥发性有机物TVOC；判定限值为甲醛$\leqslant 0.10mg/m^3$、TVOC$\leqslant 0.6\ mg/m^3$。

（五）检测结果

30户受检家庭房屋中，甲醛、TVOC均符合标准要求的有7户，23户不符合标准要求，符合率为23%。其中，有13户房屋的甲醛符合标准要求，17户房屋的甲醛不符合标准要求，符合率为43%；有8户房屋的TVOC符合标准要求，22户房屋的TVOC不符合标准要求，符合率为27%。本次检测中，TVOC最多超标4倍多，甲醛最多超标2倍多，均出现在有家具的房屋内。

30户受检家庭房屋中，以精装房交付的共16户，有4户房屋的甲醛、TVOC均符合标准要求，12户不符合标准要求，符合率为25%；其中6户未入住（无自购家具）的房屋中有2户甲醛、TVOC符合标准要求，4户不符合标准要求，符合率为33%。签订装修协议的共14户家庭，有3户房屋的甲醛、TVOC符合标准要求，11户不符合标准要求，符合率为21%。

本次检验结果仅对本次采样负责，任何单位和个人不得将本次结果用作商业宣传。

二、污染物危害及来源分析

（一）甲醛

甲醛（HCHO）的主要危害为对皮肤黏膜的刺激，甲醛浓度超标时可引起头晕、乏力、免疫力降低、中毒性病变，对人体是有危害的。美国国家环境保护局将甲醛分类为可致癌物质，国际癌症研究机构（IARC）则将其分类为人类致癌物质。

甲醛被广泛用作生产脲醛树脂、酚醛树脂，以这些树脂作为黏合剂的原料在各种板材及家具中使用，这些树脂稳定性较差，在使用过程中会长期缓慢释放甲醛气体。

（二）TVOC

TVOC是指用气相色谱非极性柱分析保留时间在正己烷和正十六烷之间，并包括它们在内的已知和未知的挥发性有机化合物。TVOC的危害很明显，当居室中TVOC超过一定浓度时，在短时间内人们感到头痛、恶心、呕吐、四肢乏力；严重时会抽搐、昏迷、记忆力减退；TVOC伤害人的肝脏、肾脏、大脑和神经系统；居室内TVOC污染近年来已引起各国重视，世界卫生组织（WHO）、美国国家科学院/国家研究理事会（NAS/NRC）等机构一直强调TVOC是一类重要的空气污染物。

主要来源于各种涂料、黏合剂、人造板材等建筑装饰装修材料和家具等。

三、消费警示及建议

（一）关注甲醛的同时，更要特别关注TVOC等有害物质

目前，大多数消费者会关注甲醛的检测，但就本次检测结果来看，房屋总挥发性有机物TVOC的不符合率比甲醛还高；根据检测经验，房屋装修引入的污染物包括苯系物、酮类、酯类、烷烃类、苯乙烯、卤代烃等多种TVOC污染物，需要引起注意。

（二）要选购合格的家具

本次检测的TVOC最多超标4倍多，甲醛最多超标2倍多，均出现在有家具的房屋内；室内空气的有害物质来源很多，除装饰装修材料产生的外，家具中产生的有害物质也不容小觑。因此，购买家具的时候，要选购正规厂家生产的家具，并要求厂家提供合格证明等。

（三）不要过度装修

除了装修材料选择的问题，装修过于复杂，也可能导致污染加剧。比如，部分家庭为追求美观，大面积使用人造板、墙纸、乳胶漆及造型复杂的家具。这些产品在单独检测时，污染物释放量可能达标，但被集中放置在一定的空间内，其污染物释放量会形成叠加效应，使空气中污染物浓度升高，造成污染物含量超标。因此，倡导家庭装修简约大方，尽量不要追求过于复杂的装修效果。

（四）不要以单纯的个人感觉来判断室内空气质量的好坏

有味不一定有害，有害不一定有味。例如甲醛、氡等有害气体是无色无味的，但却容易对身体造成极大伤害。所以，装修房屋结束后应尽量多开窗通风，放置一段时间，感到无明显异味或不适，并找有资质的第三方机构检测合格后再入住。

（五）要认准有资质的检测机构

室内空气检测要找必须具有CMA（计量认证）资质的正规检测机构，其检测报告上带有资质标识；慎选以检测为名的治理公司进行检测，也慎用自行购买所谓的甲醛检测仪。近日，上海市市场监管部门公布对网红产品“甲醛检测仪”的风险监测结果，抽检41批次，均不合格。有商家甚至在网店展示经篡改的检测报告，部分甲醛检测仪显示的甲醛浓度数值没有参考价值。

（六）要从严把控精装房屋的室内空气验收

本次采样的6户未入住的精装房，在均已通过工程室内空气验收的情况下，检测符合率仅为33%。从结果来看，应引起相关主管部门的重视，从严把控。

深圳市消费者委员会

家政行业消费调查报告

一、调查背景

随着经济发展，人们的生活水平提高，家政服务消费越来越受人们的欢迎，但随着家政市场的不断扩大、家政行业的飞速发展，在消费者接受服务的过程当中也产生了越来越多的问题，深圳市、区消委会2018年共接到家政服务类投诉243宗，截至2019年7月15日，共接到家政服务类投诉170宗，同比增长45.30%。家政服务投诉数量的快速增长引起了深圳市、区消委会的重视，也因此开展了对家政行业的调查与家政团体标准建设。

目前有关家政行业的消费内容主要有雇用家庭保姆、保洁；月嫂、育儿嫂看护；家具、家电维修及清洗等。家政服务消费形式主要是按次消费或者年付工资及中介费等预付式消费。在家政行业中，预付式消费模式具有一定的便利性，但也存在一定的风险。由于消费者在家政服务公司缴付费用的使用期较长，消费者与商家信息不对称，若经营者出现经营不善、服务人员流失、服务质量不达标甚至携款潜逃等情况，消费者很难提前终止合同，追回预付的费用，消费者的合法权益也难以得到保障。

家政服务行业退费难的问题一直以来都是消费投诉的热点，为此深圳市消委会开展深圳市家政服务行业消费调查项目，以消费者视角出发，对当前家政服务行业的消费趋势和存在问题进行分析；通过投诉数据了解目前家政服务行业消费中主要存在的问题和典型案例；通过问卷调查，了解现实中消费者在家政服务领域遇到的问题和维权中遇到的困难，为规范家政行业发展、提高消费者的消费理性、维护消费者在家政服务行业的合法权益提供依据。

二、调查实施

（一）样本基本情况

本次问卷调查通过线下定点随机拦截访问，对消费者进行一对一抽样调查。剔除“拒访、不符合条件、未完成全部题目”等不合格问卷后，最终回收有效问卷总量为617份，具体采样情况参见表1。

表1　采样区域和样本量

区域		具体位置	频　率	百分比	合计百分比
有效	宝安区	宝安中心	27	4.4%	13.2%
		福永	27	4.4%	
		区政府	27	4.4%	
	龙岗区	布吉	27	4.4%	13.2%
		龙岗中心城	27	4.4%	
		双龙地铁站	27	4.4%	
	龙华区	民治地铁站周围	41	6.6%	13.6%
		龙华文化广场	43	7.0%	

续表

区　域		具体位置	频　率	百分比	合计百分比
	福田区	车公庙	47	7.6%	23.0%
		市民中心	48	7.8%	
		购物公园	47	7.6%	
	南山区	海岸城	47	7.6%	23.0%
		科技园	48	7.8%	
		白石洲	47	7.6%	
	罗湖区	东门	42	6.8%	14.1%
		大剧院	45	7.3%	
合计			617	100.0%	100.0%

本次调查的消费者基本四特征见表2：参与本次问卷调查对象男女占比分别为48.14%和51.86%，比例接近1∶1.08；年龄段主要分布在26—35岁，占比50.24%；职业以普通办事人员和专业技术人员为主，共占比44.89%；有家政服务消费经历的共432人，占比为70.00%，调查范围涵盖深圳的九个区（新区），具体采样情况参见表2。

表2　样本基本情况

性　别		频　率	百分比
有效	男	297	48.14%
	女	320	51.86%
	合计	617	100.00%
年　龄		**频率**	**百分比**
有效	18—25岁	139	22.53%
	26—35岁	310	50.24%
	36—45岁	134	21.72%
	45岁以上	34	5.51%
	合计	617	100.00%
是否有家政服务的消费经历		**频率**	**百分比**
有效	有	432	70.00%
	没有	185	30.00%
	合计	617	100.00%
职　业		**频　率**	**百分比**
有效	普通办事人员	127	20.58%
	专业技术人员	150	24.31%
	服务从业人员	92	14.91%
	国家机关或事业单位人员	18	2.91%
	企业中高层管理人员	82	13.29%
	在校学生	13	2.11%
	自由职业者	63	10.21%
	家庭主妇	46	7.46%
	其他	26	4.21%
	合计	617	100.00%

续表

居住区域		频　率	百分比
有效	福田	109	17.7%
	南山	114	18.5%
	罗湖	71	11.5%
	盐田	4	0.6%
	宝安	103	16.7%
	龙岗	109	17.7%
	龙华	103	16.7%
	坪山	3	0.5%
	大鹏	1	0.2%
	合计	617	100.0%

图1　线下调研执行照片汇总

三、调查结果分析

（一）有家政消费经历的调查对象的家政消费现状

1.家务处理是消费者的首选服务项目。在有“家政服务消费经历”的调查对象中，有291人选择过家务处理，如洗衣、做饭、保洁等家政服务，占比47.47%，其次为家电拆洗、维修、家具护养等；母婴护理、患者护理等；看护老人或者儿童等家政内容，分别占比16.97%、16.64%、15.50%。有21名消费者选择过宠物饲养这项家政服务。（见图2）

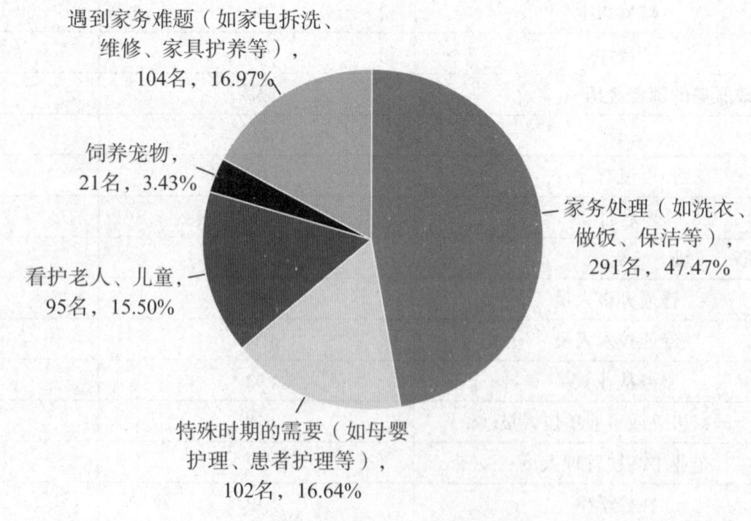

图2　消费过的家政服务内容

2.钟点工是家政服务的主要消费类型。在432名有家政服务消费经历的人当中，有297人选择过钟点工，占比68.75%，这也是目前最普遍的家政服务类型。（见图3）

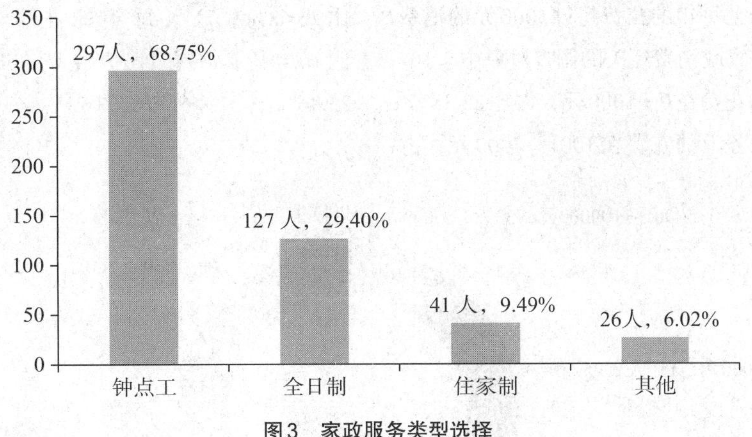

图3 家政服务类型选择

3.中介和熟人介绍是消费者选择寻找家政服务的主要渠道。在432名有家政服务消费经历的人当中，有195人是通过家政服务中介寻求服务，占比36.65%；有189人是通过熟人介绍获得家政服务，占比35.53%；这是目前最常见的两个渠道。因为互联网的广泛使用，也有132人选择了网络渠道寻找家政服务，占比24.81%。（见图4）

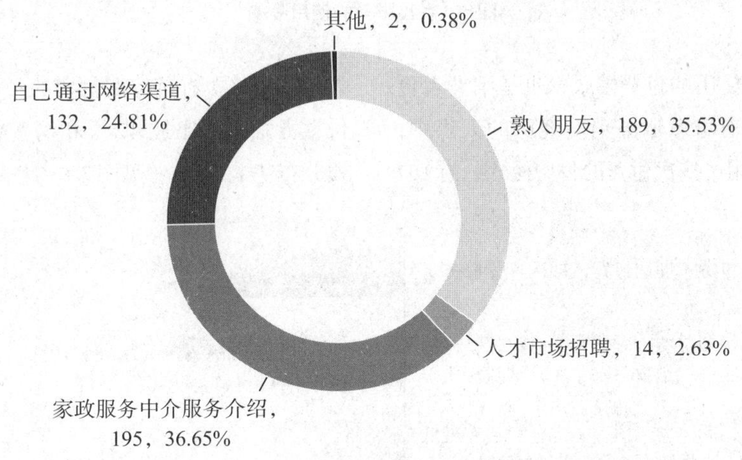

图4 寻找家政服务的渠道

4.家政服务的使用频率普遍不高。有家政消费经历的调查者中，69.68%的消费者对家政服务的使用频率都保持在偶尔（几个月一次）和经常（2—3周一次），仅有8.3%的人频繁（每周至少一次）使用家政服务。（具体分布见图5）

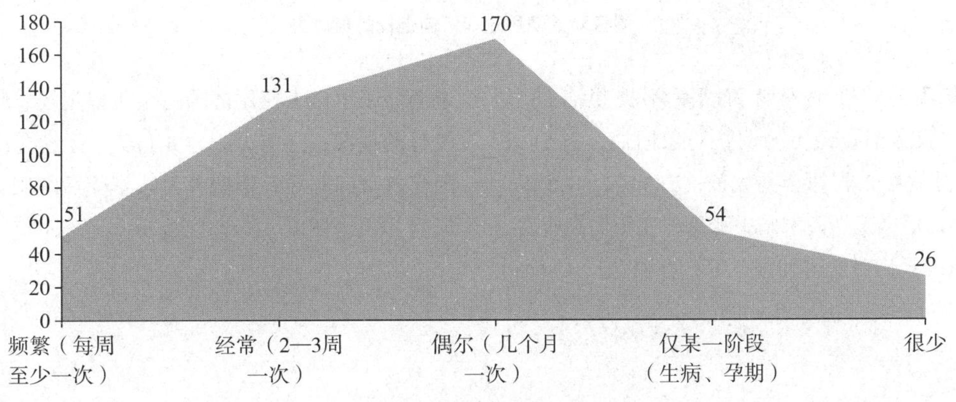

图5 家政服务的使用频率（单位：人）

5.在家政服务消费上每年的花费超过5000元的消费者，占总数的一半。有家政消费经历的调查对象中，101人每年在家政服务上的花费在0—1000元，占比23.38%；有115人每年在家政服务上的花费在1001—5000元，占比26.62%；71人每年的花费在5001—10000元，占比16.44%；还有110人花费在10001—50000元，占比25.46%。（具体分布见图6）

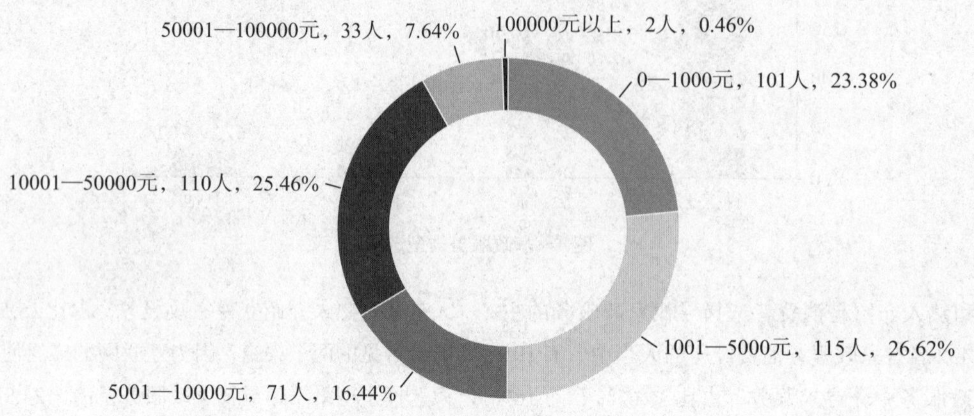

图6 家政服务的使用频率

6.按次付费是最常使用的付费模式，也是消费者更倾向的选择。在432名有家政服务消费经历的人当中，有250人（57.87%）使用过按次付费的付费模式；有167人（38.66%）有过按期付费的经历；14人使用了预付式付款方式，占比3.24%。和消费者们倾向选择的付款模式分布基本一致。（见图7）

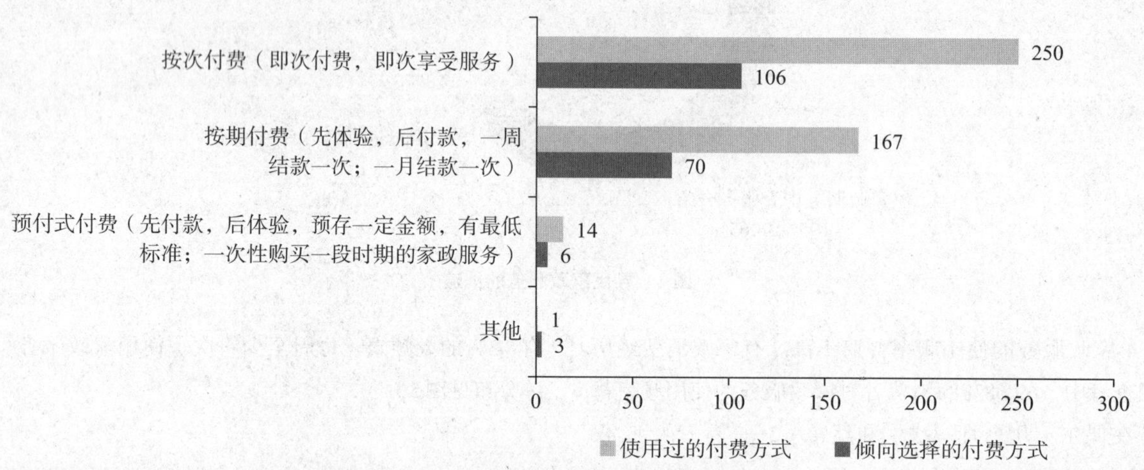

图7 调查对象使用过和倾向选择的付款方式

7.很多家政公司在消费者付费后不提供合同凭证。据有家政服务消费经历的调查对象回忆，有51人（11.81%）在付款后未收到合同凭证；有34人（7.87%）在预付一定金额后，遭遇商家暗中涨价、变相提高收费、不按照付款前的承诺赠送附加服务等；有21人（4.86%）遭遇商家承诺未使用的预付金可以退还，付款后却拒不履行的情况；还有18人（4.17%）曾经合作的家政公司因其自身问题导致消费者无法享受后续服务也无法获得退款。（见图8）

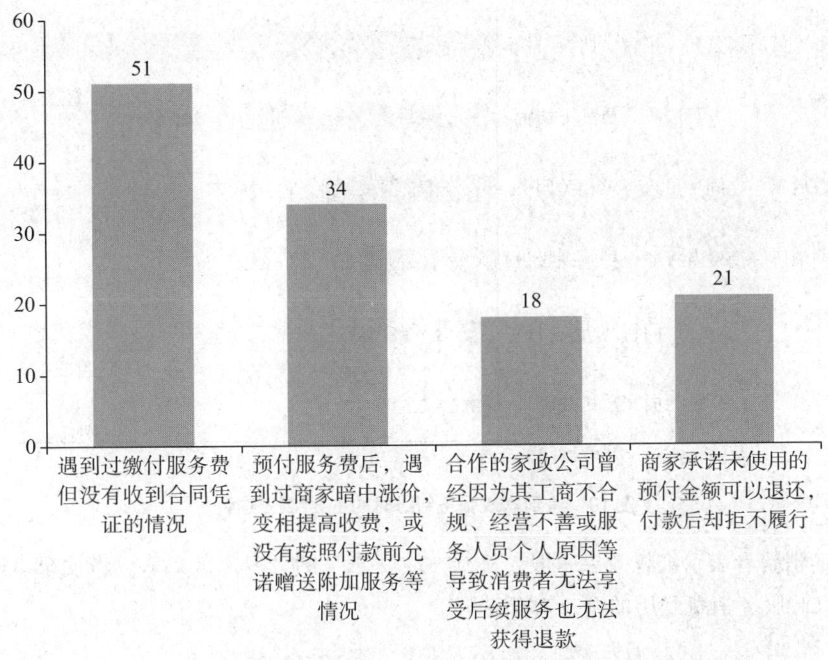

图8　家政公司在消费者付费后的一些侵权行为

8. 消费者在家政服务的消费过程中，出现纠纷的频率并不高。大部分有消费经验的受访者没有在消费过程当中产生纠纷；但仍有27名（5.88%）消费者表示因为家政服务质量不达标，服务态度恶劣而产生纠纷，除了服务质量，还有部分消费者遇到了沟通难、投诉难；乱计费、多收费；无法更换不满意的服务人员；消费期间受到损失等纠纷。（见图9）

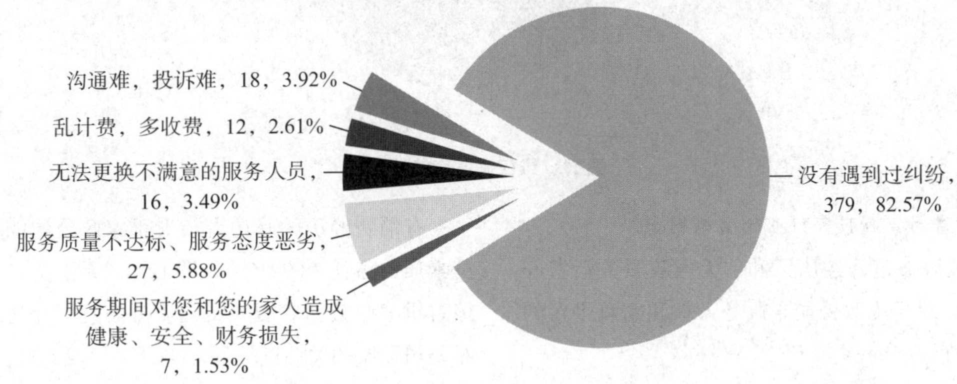

图9　享受家政服务时遇到的纠纷（可多选）

9. “寻求服务人员所属公司（平台）协调解决”是消费者首选的维权途径。寻求服务人员所属公司（平台）协调解决占比为44.30%，近五成（见图10），仅有12.66%的人选择“向消协等消费者权益保护组织投诉”，3.80%的人选择向行政机关投诉，2.53%的人选择向司法机关起诉。一方面是因为服务人员是消费者进行家政消费时的直接接触人，商家是主要纠纷主体；另一方面是消费者的维权意识、法律知识和对消协等消费者权益保护组织及政府机关的管辖范围的认知和了解不足。

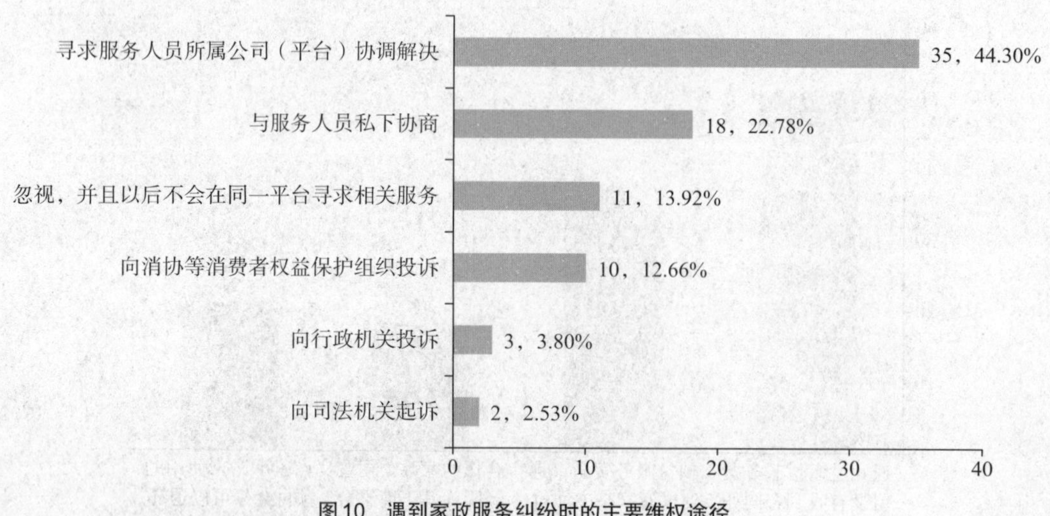

图10　遇到家政服务纠纷时的主要维权途径

10. 近七成受访的消费者表示维权效果一般。从维权满意度来看，有家政服务消费经历的调查对象选择"一般"的最多，有42人，占比68.85%。（见图11）

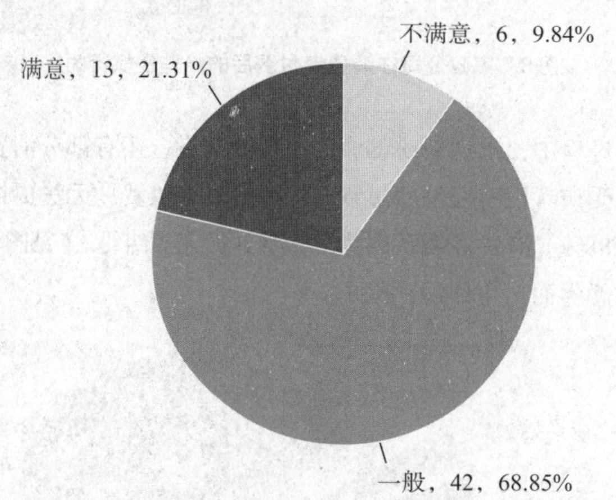

图11　维权满意度统计

（二）受访者对家政服务行业的主观感受

1. "有家政服务消费经历"和"无家政服务消费经历"的受访者，对于家政公司、服务人员和家政平台的关注点大体一致

有消费经历的受访者最看重家政公司的家政服务人员素质，占比38.92%（见图12）；无消费经历的受访者最看重家政公司客服人员的服务态度；相比之下，大家对公司资质的关注度较低。

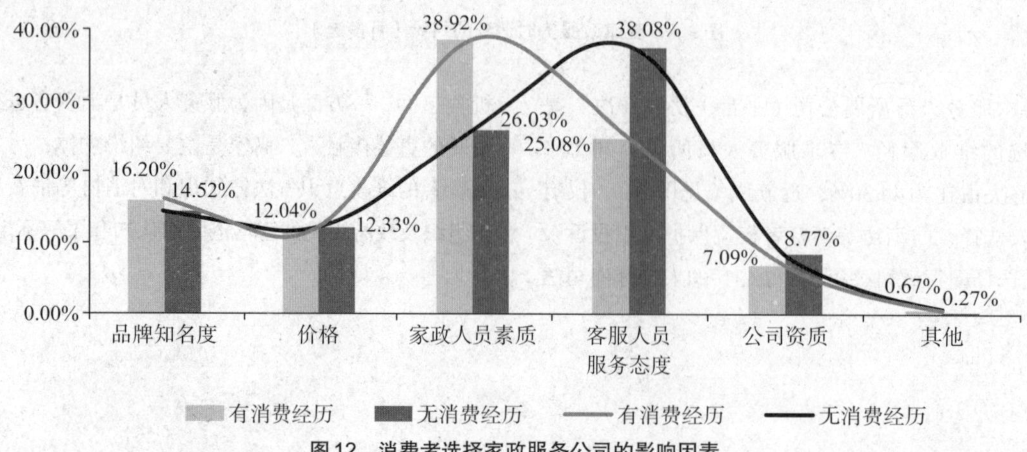

图12　消费者选择家政服务公司的影响因素

不论是否有家政服务消费经历，受访者对服务人员的服务水平都是最重视的，占比分别为31.70%和28.15%（见图13），对家政服务人员的受教育水平关注度较低。

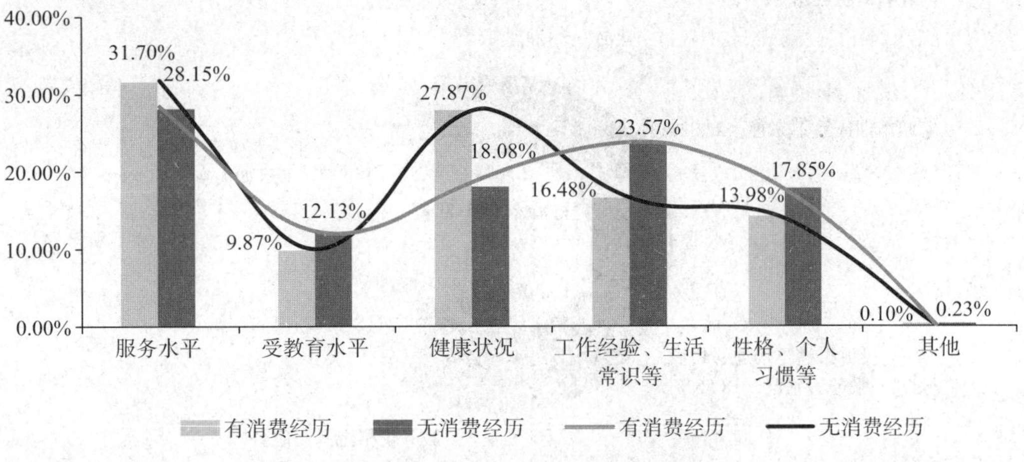

图13　消费者选择家政服务人员的影响因素

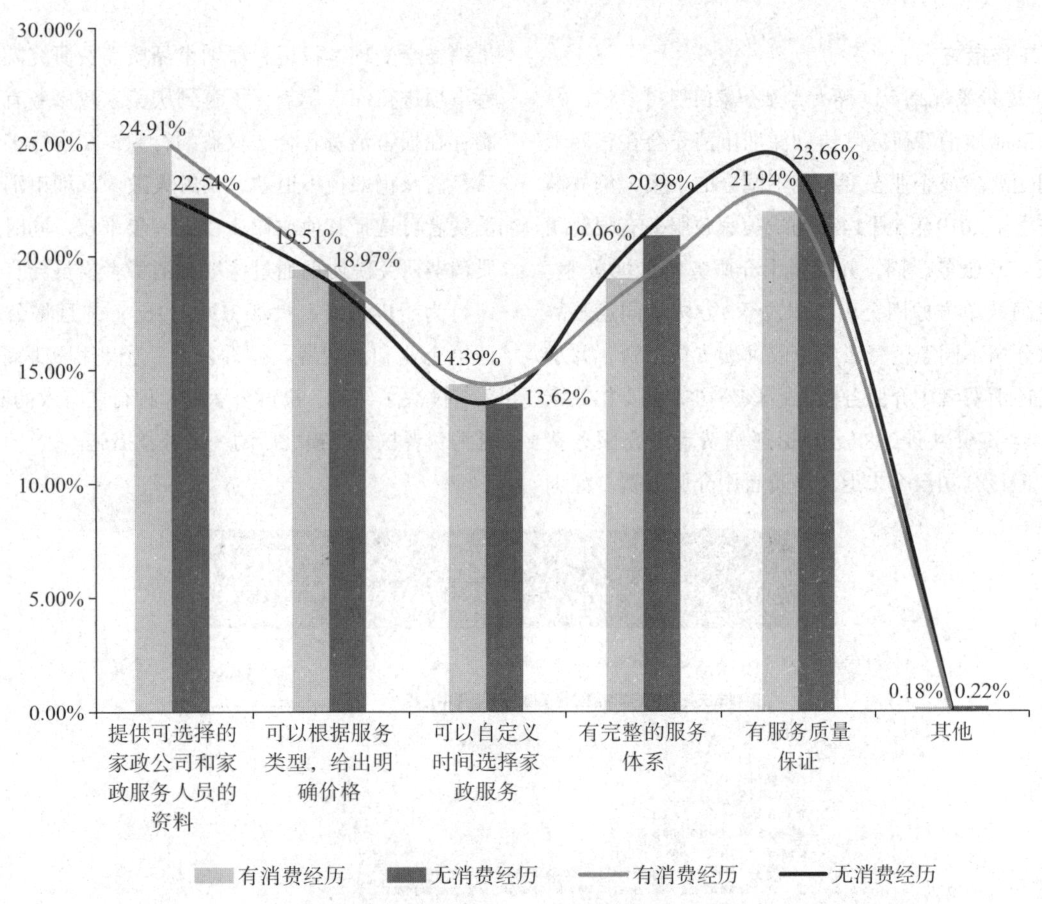

图14　消费者选择家政服务平台的影响因素

受访者认为家政服务平台应该提供的各类信息基本占比都在15%—25%之间（见图14），说明对于家政服务平台来说，为消费者提供充足的相关信息是必要的选择。

2.消费者认为从业人员的素质、能力不尽如人意是目前家政行业存在的最大问题

"有家政服务消费经历"和"无家政服务消费经历"对当前家政服务行业最大的担忧都是从业人员的素质，能力，占比分别为30.00%和34.28%（见图15），之后依

次是家政培训体系不完善，服务价格混乱、服务标准不健全，投诉渠道不畅通、售后服务不到位等。

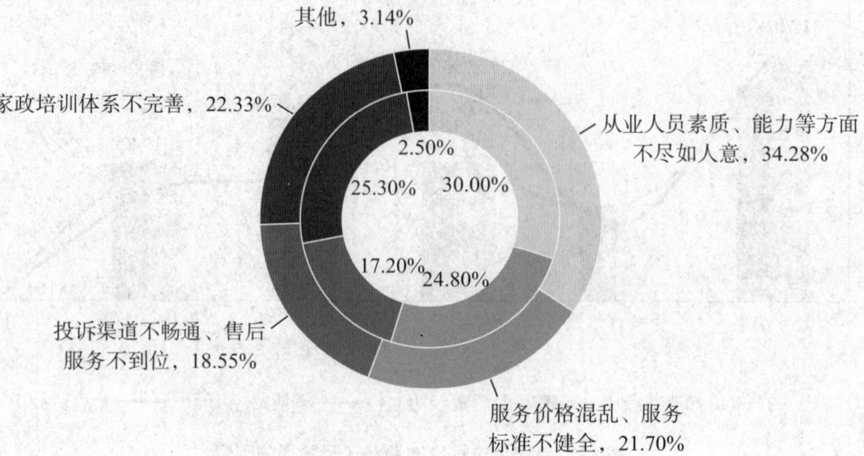

图15 认为当前家政服务行业存在哪些问题

四、工作措施

（一）进行投诉公示，解决典型个案问题

深圳市品质消费研究院协助深圳市消委会在官网上公示了问题恶劣或企业态度极度不配合的个案，例如消费者邵先生于2019年5月14日与庆美家政服务有限公司签订正式家政服务合同，并支付中介服务费5200元整。后因家政阿姨单方原因提出辞职，经3方协商同意其辞职，但该公司不同意消费者给家政阿姨支付工资，并承诺同意退还消费者中介服务费。后该公司提出要扣除家政阿姨14天工资共计2688元，退还消费者中介服务费2312元，但该公司至今未退还消费者中介服务费。深圳市消委会受理本投诉，深圳市品质消费研究院协助对投诉事项进行深入调查，了解到庆美家政服务有限公司确实存在损害消费者合法权益的行为，在进行多次调解之后，商家仍旧拒不退款，调解失败。深圳市消委会建议消费者可选择其他法律途径进一步维权，同时深圳市品质消费研究院协助通过深圳市消费者委员会官网对该公司行为予以揭露、批评（见图16），并且将公示结果推送给企业和消费者。投诉公示后企业积极联系消费者，妥善解决了纠纷。投诉公示是一种行之有效的监督方法，是消费者权益受损之后的一个补救措施。

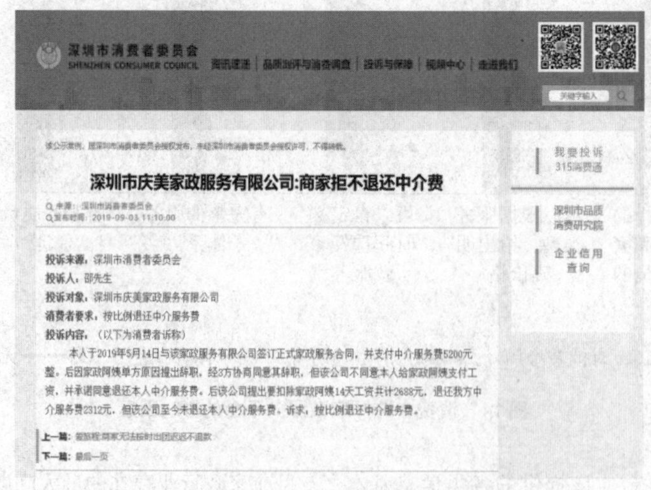

图16 深圳市庆美家政服务有限公司：商家拒不退还中介费公示页面

（二）制定团体标准，解决行业普遍问题

按照“消费调查+团体标准+标准实施社会监督”的模式，深圳市品质消费研究院协助深圳市消委会发布《家政行业基础规范》团体标准。从准入规定、服务要

求、售后、服务协议等内容对家政行业进行规范，形成一套完善的家政服务技术标准，切实维护消费者、家政企业和家政服务人员各方的合法权益。该团标具有三大特色：

一是深圳首个家政行业团体标准，该标准由深圳市消费者委员会和福田区、宝安区、龙岗区、光明区消费者委员会共同推动，深圳市品质消费研究院牵头深圳市家政协会、58到家集团开展编制工作，结合现阶段深圳家政行业实际情况，制定有深圳特色的家政标准；

二是坚持消费者利益导向，对消费者关注度高的家政服务人员保险、家政服务人员健康体检、消费者有条件退费和无条件退费等问题，进行了规定，并制定了家政服务协议规范范本；

三是坚持标准实施监督一体化，市、区消委会将逐步建立企业消费信用等级，让消费者对家政企业的标准实施进行监督，推动家政行业信用评价体系建设。

五、消费建议

（一）选择守信商家

为全面落实国家相关政策，促进家政行业高质量发展，深圳市消费者委员会联合福田区、宝安区、龙岗区、光明区消费者委员会公布了近期家政行业消费调查情况，并发布实施《家政行业基础规范》团体标准，首批14家家政企业承诺执行该标准，自觉维护消费者的合法权益。随着家政团标的逐步应用，市消委会鼓励消费者选择执行该标准的商家，综合线下和线上家政服务企业的实际情况，对标准的实施情况进行全程监督。

（二）切勿轻信口头承诺，保留纸质合约

很多商家在消费者付款前，许下不少美好的承诺，例如不满意包退、免费试用期、服务人员具备一定的专业资格证等，但当消费者真正缴付定金后，就会发现这些承诺变成了泡沫，既没有出现在纸质合约上，商家也不再承认这些承诺，那么商家为了促进成交口头许下的这些承诺是否具有法律效力呢？

1.在承诺方承认原口头承诺内容的情况下：有法律效力。

2.在承诺方不再承认原口头承诺的情况下，另一方有证据证明原口头承诺内容的，也有法律效力。只是口头承诺的，如果有录音或录像、知情人证明等证明口头承诺的内容的，可以起诉到法院请求履行原承诺。

其实商家口头承诺是具有法律效力的，应全面履行。《合同法》第十条规定，当事人订立合同的，可采用口头形式、书面形式及其他形式。（例外情形：当法律明确约定合同的形式是要式合同，即必须签订书面合同形式的，若当事人只做出口头表达，未签订要式的书面合同的，视为未达成协议。）

但考虑到口头承诺存在举证困难问题，一旦经营者拒绝履行口头承诺，消费者往往因无法提供证据而难以维权。因此，为了避免消费纠纷及举证不足导致维权难，建议消费者在商家做出口头承诺时，要求对方就该口头承诺出具书面文件，将“口头承诺”转化为“书面承诺”。

（三）理性消费，避免一次性充值过多金额

消费者应当根据自身的经济情况适度、理性地缴费，谨慎选择金额过高或者服务周期过长的消费模式，以免因纠纷造成个人的财产损失。同时，消费者在消费后要自己核对金额和项目，保留好收据和发票，防止资金被侵占。

哈尔滨市消费者协会

家用电器售后服务行业消费评议调查报告

为加强对商品和服务的监督力度，进一步发挥社会各界，特别是广大消费者的社会监督作用，进一步加强家用电器售后服务行业服务质量监督，完善服务承诺，规范服务行为，切实维护消费者合法权益，构建消费者放心、满意的家用电器售后服务环境，让广大人民群众充分享受到优质、高效、便捷的服务。哈尔滨市消费者协会于2019年上半年在全市范围内开展对家用电器售后服务行业消费评议活动。

一、基本情况

此次调查评议的对象是全市范围内登记注册的家用电器售后服务企业。

此次调查评议活动共在全市范围内发放调查问卷500份，收回381份，回收率76.2%。问卷发放对象为全市范围内的消费者，包括企事业单位工作人员、商场营业员、在校大学生以及社区居民。

二、调查结果

消费者购买家电产品时，看重产品价格的占31.2%，看重售后服务的占43.3%，看重产品功能的占37.5%，看重品牌服务和信誉的占45.7%。

消费者购买家电产品前，近八成的人比较关注企业的售后服务政策。

在对家电“三包”政策的了解方面，很了解的占10.5%，知道一些的占75.3%，不清楚的占14.4%。

在“对您所经历的家电售后服务整体情况打分”这个选项上，打85分以上的只占27%，75—84分的占47.2%。

造成对家电售后服务不满意的原因，有16%的人认为维修技术不过关，14.2%的人认为服务人员素质低、态度差，33.6%的人认为维修不及时，22.8%的人认为上门不准时，26.0%的人认为存在乱收费现象。

近五成的消费者经历过售后服务收费不合理的遭遇。

在购买家电后，送货和上门安装的时间一般经历两天至三天的占54.3%；在预约维修后，上门维修的时间经历两天至三天的占65.6%。

上门维修时，43.8%的消费者经历过企业收取上门费用，64.3%的消费者认为保修期内的产品上门维修时不该收费，过了保修期可适当收取。

近五成消费者偶尔遇到旧型号产品维修时没有配件的情况；只有12.1%的企业，在经常用的家电（如冰箱、彩电、空调、洗衣机）被拿走维修且维修时间较长时，主动提供备用机器。

在如何看待企业和经销商推出的收费“延保”服务这个问题上，42.8%的消费者选择看情况决定是否购买；36.0%的消费者表示可以接受企业售后回访电话。

家电产品过了“三包”时间，有51.4%的消费者选择继续找品牌售后。

当售后服务中与商家发生争执不能协商解决时，57.2%的消费者选择向消协投诉，8.14%选择忍了算了。

63.8%的消费者认为家电企业改进售后服务最需要加强的工作是严格遵守“三包”规定和承诺。

三、主要问题

从本次调查结果看，目前家电售后服务行业存在的主要问题是：售后服务不及时、服务态度差；收费不合理，价格高；安装和维修水平不到位；遇到假冒维修网点，让消费者维权无门等。

（一）消费者的售后服务认知问题

由于在购买环节，家电销售人员更注重产品的核心卖点介绍，轻视产品的售后服务内容和政策介绍，导致消费者对产品的售后服务认知产生偏差；在维修环节，家电企业或第三方服务商上门维修时，存在未提前详细告知收费内容、未兑现售后服务承诺、进行“捆绑”式售后服务等问题，导致消费者对维修环节服务认知产生偏差。消费者缺乏对“三包”政策的了解，大多数消费者还是停留在这一概念上，一些不负责任的商家甚至刻意隐瞒，造成消费者售后服务权利享受不到。“认知”问题是导致其对售后服务不满的重要因素。

（二）家电企业服务的及时性和规范性问题

维修不及时，消费者反映家用电器购买容易，出现问题售后维修困难，多次电话联系保修工作人员而不及时修理，或借故推诿。部分家电企业未下苦功夫，导致消费者售后服务体验较差。同时维修环节的维修费用收取不合理，包括上门费收取不合理、材料或配件乱收费等。即便厂家或第三方服务商事先告知服务收费标准，消费者对此也存有异议，感觉收费偏高。

（三）消费者售后维权问题

消费者在购买、投诉等环节上，存在维权意识薄弱问题。主要体现在：当被问及购买环节是否了解“三包”政策时，超过九成的消费者表示，并不非常了解家电产品的“三包”政策；尤其在投诉环节，当消费者被问及发生投诉争议时选取什么样的处理方式时，怕麻烦、选择自愿放弃的消费者不在少数。

（四）家电企业售后服务标准问题

维修费用标准不统一，不同品牌收费标准各不相同，由于缺少标准及透明度，维修费用混乱的现象困扰着整个家电维修行业。维修人员技术层次参差不齐，由于缺少专业培训，一些家电售后服务人员的技术水平不佳，维修不到位，易发二次故障。

四、对策和建议

（一）提高消费者维权意识

消费者在购买家电产品之前，要提前了解产品的购买流程，熟悉基本的消费者权益保护制度，强化证据保护和留存意识，知晓出现问题后如何解决，才能更好地维护自身合法权益。

（二）督促行业提升服务人员素质

有关部门可以督促各行业协会把人员培训作为一个长期任务坚持下来，定期不定期开展培训，经考核合格后颁发维修资格证书，积极举办各类技能比赛，提高人员技能的同时，也加强了人员的职业道德素养。

（三）加强监管，确保售后服务质量

作为市场监管部门，要加强对市场主体行为的监管，严查服务主体的经营资质，严查无照经营行为，及时受理投诉举报，对不合格产品、企业服务坚决整改，依法查处，确保售后服务质量。

南京市消费者协会

预付式消费，是指消费者为了特定的商品或服务向经营者预先交付一定的费用，从经营者处获取会员卡，并依会员资格按次或按期享受商品或服务的一种新型消费方式。

很多消费者喜欢办理预付卡，是因为办理了预付卡，消费者既可享用便利，省去每次交付现金的麻烦，又能得到价格上的优惠。经营者喜欢办卡，是因为办理了预付卡，可以提早收到款项，增加了流动资金，“圈住”了固定的客源。可以说，预付式消费是一个双赢的经营消费模式。

但从现实运行情况看，预付式消费这本好“经”，已经被很多商家念“歪”了。由于目前法律和监管上的缺失，预付式消费已经泛滥成灾。一些商家诱导高额存费、制定霸王条款、违反合同约定、变相强制服务，严重侵害了消费者合法权益。特别是一些不良商家盯上了可以提前圈钱的商机，利用预付式消费，转嫁经营风险、圈钱跑路。比如在美容美发、教育培训、洗车、洗衣和健身等行业，一些经营者在不事先告知消费者的情况下突然关门停业、失联跑路，消费者发现时已人去楼空，难以追讨未消费的钱款，引发了大量的群体性消费纠纷事件。更为严重的是，在预付式消费的背后，容易隐藏利用预付卡洗钱、套现、偷逃税款及行贿受贿等问题。据统计，自2016年1月1日至2018年6月30日，仅两年半时间内，南京市各级消协组织就接到预付式消费投诉9526起，涉案金额巨大。可以说，预付式消费，已经成为影响消费环境、社会和谐稳定和党风廉政建设的毒瘤，到了必须大力治理的阶段。

目前，对于预付式消费的管理，尽管人民银行、监察部、财政部、商务部、税务总局、工商总局、预防腐败局于2011年出台过《关于规范商业预付卡管理的意见》；中国人民银行于2012年出台过《支付机构预付卡业务管理办法》；商务部于2012年出台过《单用途商业预付卡管理办法》等，但从现实情况看，上述意见和规章对于解决目前纷繁复杂的预付式消费市场乱象而言仍显不足。现有的一些意见和规定可操作性不强，各部门分工不明确，惩罚力度弱，权利义务约定不明确，对个体户发卡行为无任何实质约束，面对许多新生的预付费业态和层出不穷的消费纠纷，“该谁管”“管什么”“怎么管”“管到什么程度”等，都没有具体的可供政府各相关部门和消费者组织依法行事的依据，因此，必须加快立法的步伐，以适应形势的要求。

从南京周边的情况看，加快南京市的预付式消费治理地方立法也已经成为当务之急。预付式消费问题在全国各地普遍存在，但各地在以地方立法推动预付式消费问题解决的进展上快慢不一。从长三角的情况看，2011年，苏州市消费者权益保护委员会联手中国银行苏州分行、中国移动苏州分公司共同推出预付费“和谐消费卡”，并于同年11月发布了《苏州市和谐消费卡管理办法（试行）》；宁波市也由宁波市消费者权益保护委员会牵头推出了《宁波市商业预付式消费争议处理暂行办法（试行）》；2016年，无锡市消费者权益保护委员会也牵头出台了《无锡市美容美发行业预付式消费争议处理办法（试行）》；2019年1月，上海市正式出台了《上海市单用途预付消费卡管理规定》，南京作为南京都市圈核心城市，国务院批复确定的中国东部地区重要的中心城市、全国重要的科研教育基地和综合交通枢纽，在探索预付式消费管理办法方面已显滞后，已经到了必须加快推出适合本地情况的预付式消费管理的地方性法规的时候。

2019年，中国消费者协会基于对消费领域信用体系的呼唤，基于对放心消费环境的期盼，将2019年消费维权年主题确定为“信用让消费更放心”，其中就明确强调了对预付式消费问题的治理，要求各级消费者组织要“强化预付式消费纠纷研究，从严格法规标准和强化监管的角度，呼吁完善强化企业信用监管的制度体系”。消费者组织是消费者的娘家人，解决消费纠纷，特别是长期性的、广泛性的、全局性的、群体性的消费纠纷，是各级消费者组织义不容辞的责任。消费者组织不同于政府工作部门，工作的领域涉及所有消费的领域，加强对预付式消费问题研究，以立法推动解决预付卡消费群体性事件频发问题，既是职责所系，也是优势所在，在治理预付式消费问题上应该有所作为。

市消协在以立法推动解决预付卡消费群体性事件频发问题上，力求有所作为，目前已经做了5个方面的工作：

1.组织预付式消费纠纷调查。市消协与南京师范大学法律援助中心签署战略合作协议，组织专门的团队，采取街头采访、网上问卷等形式，对南京市区域内的预付式消费问题进行专题调查，调查对象涵盖各个年龄段的消费人群，包括大学生消费人群、低消费人群、中高消费人群，并形成调查报告，为相关的研究治理工作提供了第一手的材料。

2.组织内部协同攻关。市消协投诉部与法律部联合，调取工作平台数据，专题统计南京居民自2016年1月1日起至2018年6月30日止，共两年半时间预付卡消费情况，形成了《南京地区预付卡消费总体研究报告》，对9526件预付卡消费投诉案件，分别按问题进行分类和按性质进行分类汇总统计，挑选代表性、典型性案例进行专项研究，研究预付式消费问题发生的特点和规律。

3.组织专项课题研究。向市政府申报研究课题，与南京市委党校专家联手，将“新时代社会主要矛盾与信访减生对策研究——以当前多发并引发群体性投诉乃至影响社会稳定的预付卡消费为例”列入信访理论研究课题，组织力量进行专题攻关研究，取得了研究成果。

4.组织关键技术研究。解决预付费问题的关键，在于预付费资金的监管。如何守住消费者的血汗钱不被卷走；如何在确保消费者的利益不受损失的前提下，让企业有发展的空间；如何在诚信经营与失信圈钱之间区别良莠；如何通过强有力的监管，引导消费领域信用建设等，这些问题都需要考虑到。习近平总书记强调，区块链技术的集成应用在新的技术革新和产业变革中起着重要作用。运用现代信息技术，助力预付式消费问题治理，是一个值得探索创新的方向。为此，市消协会同南京银行、上海前海益链科技公司，对预付式消费如何运用区块链技术进行科学合理妥善的监管，进行了初步的研究，拿出了一个系统的解决方案。

5.组织向立法立规推进。市消协法务部会同有关专家学者、律师，对全国特别是华东地区的上海、苏州、无锡、宁波等地区出台的相关法规，进行了收集和研究，组织相关法规草案起草，拟拿出供推动立法时所需的《南京市预付式消费管理办法（提议稿）》。同时，为使预付式消费立法得到高层的重视和支持，市消协于2019年9月18日向市委专题报送了《市委全面依法治市委员会第二次会议议题申报表》，寻求将预付式消费问题列入市委全面依法治市委员会第二次会议议题；2019年10月10日，市消协向市人大专题报送了《南京市人大常委会2020年立法建议项目表》，寻求将预付式消费问题治理列入南京市人大常委会2020年立法项目。

关于“解决预付式消费纠纷”的消费监督建议

预付式消费问题成因复杂，是多方因素共同作用的结果，解决预付式消费问题，既保障了消费者权益，提升消费品质，又能提振消费信心促进经济蓬勃发展，创造双赢的大好局面。因此，南京市消费者协会广泛收集了各方建议，希望能够进一步促进预付式消费纠纷的处理和解决。

一、完善立法，填补空白

应尽快出台针对性的地方性法律规范，对本地区预付卡发卡的资格、程序、金额、期限等进行合理的规范，填补立法空白，同时，对于违法违规行为的监管处理等也应纳入法律化、制度化轨道，使监管部门有法可依。

（一）设置冷静期

兜售预付式消费卡的经营者，往往以“价格低、折扣大、限期抢购”等为卖点，哄骗消费者在没有思考清楚的情况下盲目选择购买消费。为了防止消费者被低价“迷惑”或者攀比心理作祟，盲目购买本不需要的低价折扣预付费卡，应给消费者留有吃“后悔药”的余地。保险行业目前普遍设定犹豫期，投保人在收到保险合同后10天（银行保险渠道为15天）内，如不同意保险合同内容，可将合同退还保险人并申请撤销。在此期间，保险人同意投保人的申请，撤销合同并退还已收全部保费。预付式消费和投保消费，在预付资金、冲动消费等方面具有一定的相似性，因此可以借鉴保险行业的犹豫期制度设置冷静期。该冷静期制度可以类似于网购平台的“七天无理由退货”。根据不同行业、不同预付费金额可设定3—7天甚至更长时间的冷静期，消费者可以在办理预付卡之日起一段时间内享有单方退卡权，并可以退回除制卡费等少量必要成本外的全部费用。

（二）明确经营者义务、责任

针对经营者虚假宣传或承诺，预付费不退或拖延、店面转让给消费者带来差别消费体验等具体问题，应针对性设置具体的经营者义务条款，对经营者的经营行为加以规范。如经营者应向消费者出具的服务单据，须具体表明服务类型、项目、标准等，并严格按照约定提供服务；当消费者满足退款条件需退款时，经营者必须在限期内完成退款；不得针对预付款用户进行不公平消费限制；不得对外倒卖消费者个人信息等义务。没有与义务相关责任的震慑，谈再多的义务都会成为一纸空文。因此，对经营者相应的违约行为也要加大处罚力度，设置相应的处罚条款；对于经营者关门跑路、多次因违反法律规定受到行政处罚的经营者列入严重失信主体名单；对于在经营过程中有非法吸收公共存款、集资诈骗、洗钱、挪用资金等情形的，由公安等行政管理部门依法处理，构成犯罪的移送同级公安机关，依法追究其刑事责任。

（三）举证责任倒置

在有关预付式消费纠纷中，消费者往往处于劣势，这对维护消费者合法权益是极其不利的，可以在法律中明确规定，经营者有义务积极、主动配合主管部门工作，提供合同、发票等预付费服务相关的资料备案。预付费卡行业主管部门和行政执法部门及消费者保护组织在监督管理、解决消费投诉纠纷时，可以进行现场检查，向经营者及其工作人员询问、调查有关情况，查阅、复制有关合同、发票、账簿以及其他资料。如果经营者消极对抗，不愿意甚至阻挠有关部门和组织取得相关证据材料，则应做出相应处罚或有利于消费者的判定。在相关规定中进一步明确消费者争议诉讼中的举证责任问题。针对预付款消费卡问题，导入倾向于消费者利益的举证责任倒置制度。消费者只需要证明其与经营者之间存在服务事实及受到的损害，由经营者提供预付费卡发售的资格、金额、使用内容、期限以及双方权利义务等相应的证明，作为驳斥消费者利益诉求的依据。如经营者无法提供有效证明的，则应承担相应的法律责任。从而最大限度保护消费者的利益，改善鱼龙混杂的市场环境。

（四）合同解除条件的认定

基于预付卡消费特殊的法律属性，应当赋予消费者必要的选择权，在消费者请求解除合同时应从宽认定。可规定经营者服务质量缩水或不符合预期、信任基础丧失、未经消费者同意转让合同、丧失主体资格等几种情况下，消费者可无责单方解除合同。如规定经营者因停业、歇业或者经营场所迁移等原因影响单用途卡兑付的，应当提前发布告示，并尽到通知记名卡消费者具体情况的义务。在此情况下，消费者有权选择继续履行合同或者退回预付卡余额。并对解除合同时，消费者已享受服务的费用折价计算和退款之间的计算有明确的规定，避免消费者和经营者在合同解除时由于具体退款金额产生纠纷。为了避免消费者滥用该项权利，也应该在法律中明确界定可以和不可以解除合同的具体条件和情况。

二、加大监管力度，构建有效监管体系

目前，关于预付式消费卡的监管存在较大的滞后性，往往是当问题已经发生，经营者已经“人间蒸发”才发现，消费者已经陷入尴尬境地。相关主管部门应该明确分工、加大监管力度、创新监管手段，加强事前管控，营造良好的市场氛围。

（一）严格市场准入制度

应扩大要求进行备案的经营者范围，个体经营者由于其自身经营的不确定性更强，往往是预付卡消费问题的“重灾区”，不能让其游离在监管范围之外。为了规制预付式消费市场，应严格市场准入制度。商家要发售预付消费卡，首先需要到市场监管部门进行登记、申报，且规定能够发售预付卡的商家需具备一定年限的经营经历，较强的经济实力和较高的注册资金等。借鉴日本的“保证金”制度，设立专门的风险保障金，根据经营规模及风险等级，要求在指定保障金账户留存相应比例的保证金，消费者权益受到损害时，有权优先从保障金账户中获得赔偿。风险保障金制度可以有效杜绝商家携款逃跑、拒不退款等问题，降低消费风险，保障消费安全。

（二）规范格式合同，推行范本合同

“余额不退”“消费卡不挂失”“不补办”“不退钱”等条款，是经营者为排除消费者权利而使用的格式条款，在订立合同时显失公平，应认定其为无效合同。需要对预付式消费中签订的合同进行规范，规范格式合同的重点应该围绕在格式合同中含有免除格式合同提供方依法应承担相关责任的条款；格式合同中含有不合理加重对方责任内容的条款；格式合同中含有其他不公平、不合理内容的条款；清理、修订对纠纷的解决方式约定不规范的格式合同等几个方面进行。市场监管行政主管部门，可针对本地区预付式消费显著存在的问题，联合各行业协会共同制定该行业的标准合同范本，避免各个经营者过度自由发挥，订立不公平、不平等合同以规避自身责任。合同示范文本中，应明确双方的权利义务、履行期限及违约责任等具体内容，以充分保障消费者和经营者双方的权益。

（三）加强企业信用体系建设

可以建立信用预警机制，加强各主管部门间的信息通联，建立统一的信息平台。通过对本地市场大量信息比对，对经营主体进行等级评定。如果经营主体信用高，则不做过多要求；如果信用达到了一定的风险等级，则需要定期监督监管；如果信用达到了风险预警标准则向全社会公开警示，并提高监管、执法部门的检查频次和检查力度。通过信用管理机制，显现无形的手的力量，对经营者加以约束，让失信者真正能够被淘汰出局，营造诚信经营的良好商业氛围。

三、动员社会力量，合力保障消费者权益

（一）动员行业协会自律、自查

相比于公法干预和私法调整，发行协会的自律则是在发卡人内部形成的自我规范。行业内部的成员具有更多相似属性、遇到的问题也更为集中，自我剖析也更为深刻，更容易“对症下药”。充分发挥行业协会作用，在行业内部进行自我规范，是解决预付式消费问题的强大内因动力。行业协会可根据各行业自身特点，考虑经营者和消费者实际需求，制定行业内部的自律公约和行业标准等规范性文件。行业协会还应为消费者提供信息咨询，必要时主动发布消费警示，为正确消费选择提供帮助。还可以赋予行业协会调查、调解职能，建立完备的消费纠纷调节机制。行业协会内部也应当加强日常监督管理，预防和惩处违规行为，以促进整个行业健康、积极、向好发展。

（二）充分发挥消费者组织的作用

消费者组织是依法成立的对商品和服务进行社会监督的保护消费者合法权益的社会组织。《消费者权益保护法》赋予了消费者组织8项公益性职责。各级消费者组织要充分认清自身肩负的法律和社会责任，主动回应广大消费者的期盼，充分运用诉调对接、人民调解、行业调解、律师调解等消费纠纷处理机制。在解决预付式消费问题上可以和本地相关行业协会保持良好联系，以在问题发生前能够感知风险并及时发布预警；问题发生过程中能通联合作，共同良好地解决投诉问题；问题发生后可以共同反思，推进行业标准、诚信机制等的建立。还要充分运用好通过大众传播媒介予以揭露、批评的权力，对于不良经营者及时曝光，避免造成更多消费者的经济损失。消协组织要充分运用好法定的8项职责，切实帮助消费者解决包括预付式消费问题在内的所有消费问题，提升本地区消费品质，为消费者享受美好生活带来基础保障。

（三）消费者树立维权意识

消费者要加强法制观念，要注意学习和运用生活相关的法律常识。在日常消费时要增强自我保护意识，选择知名度高、信誉度好的商家，不要一次性办理额度过高的预付费卡，要认真阅读预付费合同条款，对不理解内容及时要求商家解释清楚，对单方面规避责任的霸王条款勇敢说不，也要注意掌握约定消费期限、价格、质量、管理等条款的文字凭证，不要轻信商家的口头承诺。预付费式消费时间过长；注意保留合同、发票等证据，出现纠纷时要及时向当地消费者协会投诉，发现商家突然停业、转让时要及时向消协或工商部门投诉，采取措施挽回损失；要提高警惕性，关注商家近期的经营状况，发现商家的经营状况出现问题要及时退卡。

（四）加强宣传和舆论监督

政府主管部门要依托消费维权服务站及消费维权教育基地等，加强对消费者的教育引导工作，切实增强消费者维权意识，引导消费者理性办卡。电视、报纸、网站等新闻媒体也应主动发挥大众传媒功能，大力宣传相关法律法规，对于违法或失信行为在社会上影响较大的经营者，要及时曝光，提醒广大消费者注意防范，让消费者在遇到同类案件时学会如何依法保护自己的合法权益。消费者保护组织要切实履行其法定职责，针对本地消费者常见纠纷问题、针对不同消费群体发放普法维权宣传手册，开展普法教育讲座，充分利用网络平台“两微一端”及其他新媒体，宣讲相关法律知识、介绍典型维权案例、发布消费警示灯，帮助消费者在消费中学会运用法律武器保护自身权益，避免经济财产损失。

杭州市消费者权益保护委员会

“网上买菜APP”评测结果

今年以来，随着“互联网+”的发展应用，日常生活中出现了一种新的买菜方式——网上买菜APP。消费者只需通过手机APP选购自己要购买的蔬果生鲜，商家就会在半日内将货品送到手上。目前，与买菜类APP相关的商业广告遍布各大楼宇广告、住宅小区，可见其普遍程度。但是，通过这种新兴的消费渠道购买来的菜品是否“靠谱”呢？近期，杭州市消保委选取部分在杭州城区能提供1小时送达服务，且有自己仓储货源的买菜类APP进行消费评测。

评测最初拟定了7家APP和1家微信公众号，但实际评测过程中发现其中1家微信公众号“零里优选”下单后要次日才能送达，“苏宁小店”APP因当日菜品已售罄无法购买，故对这两家予以删除，不在评测范围内。最终此次评测对象确定为7家，分别为：“盒马”“联华鲸选”“京东到家”“叮咚买菜”“美团”“多点”“每日优鲜”。其中，“美团”和“京东到家”因其下设供货商又有若干家店铺，下单时采用的是指定直采的方式，因此选取了“美团—优品生鲜”和“京东到家—生鲜极速达”两家作为这两家平台的购买评测对象。

此次评测，工作人员以普通消费者身份在7家APP平台于同一时间、同一地点下单，分别就到货及时性、商品重量、商品价格、外观评测、农药残留情况以及售后服务是否到位等方面进行评测。

一、到货及时性

根据评测结果数据统计，送货及时性情况较好。7家平台承诺到货时长基本都在1小时以内，送货时长最短的为35分钟（“美团”），最长的为84分钟（“多点”）。最准时且用时最短的为“美团”。综合评测，7家平台都能在承诺时限内送达，且比承诺时间提前10分钟左右。

二、商品重量

为了解商品是否存在“缺斤短两”的情况，工作人员将到货后的蔬果商品进行去外包装的称重测量。称重用秤为杭州市质量技术监督检测院认证的电子计重秤，测量中果蔬类商品每个样品分别购买了两份，按科称重的方法取样品净重的平均值。

测评结果显示，果蔬类“缺斤短两”的情况较少，商品的净重基本都在商家承诺的范围内，其中“多点”和“京东到家”购买的荔枝净重分量稍微不足。另外，工作人员在5家APP购买到了活虾和鲑鱼，其中4家的活虾都有缺斤短两的现象，生鲜类缺斤短两的情况较明显。评测过程中其中“美团”少21克，“京东到家”少19.5克，这两家平台的货品模式均为指定直采，即“美团—优品生鲜”和“京东到家—生鲜极速达”。菜市场为其主要供应商。部分商家在购买页面有“按实际称重退差价”的承诺。

三、外观评测和包装是否环保

评测中，两名消费者代表对购买的商品外观完整度和新鲜度用目测的方法分别对各商品给予1—5分的综合打分。总体来看，“叮咚买菜”外观完整性和新鲜度方面得分较高，情况较好，其次为“京东到家”“联华鲸选”“多点”。个别平台不能保证生鲜的鲜活率，果蔬菜的菜品不够新鲜，比如“盒马”。

大部分平台都未使用环保包装，以塑料包装为主，水果和鸡蛋类大部分商家都使用了塑料盒或分隔盒进行分类包装，外观较美观、整洁。在环保方面，仅有一家“美团”用了无纺布环保袋送菜，但内部各类菜品仍使用的是菜场用塑料袋。

四、农残情况

此次评测邀请了市药检院快检中心，在现场对评测中购买的果蔬生鲜通过食品快速检测的方法检测农残情况。检测结果显示，所购果蔬类商品都未检出农残。但在“叮咚买菜”和“美团”这两家平台所购买的鲑鱼均被检测出孔雀石绿成分。

五、售后服务

此次评测中，7位消费者以自己购买到的生菜（花菜）不够新鲜为理由进行投诉，测试各平台售后处理情况。从实际操作来看，各商家都有售后服务渠道，形式有在线投诉、投诉电话或官方微信客服。售后反馈普遍较及时。在投诉处理上，大部分平台都能做到与消费者协商后妥善解决，给予全价或部分退还投诉商品货款的处理结果。部分平台存在承诺退款但是以退还平台优惠券的形式进行补偿（如“叮咚买菜”）；另外，有些平台投诉后处理反馈不够给力，如“多点”，消费者提出投诉意见，商家开始称“会通知供货方调换货品”，后又要求上传商品图片，一直到评测活动结束当天，商家仍未给予解决。

通过此次评测，发现“网上买菜APP”有着它的优势，相比传统消费模式，消费过程更便捷、更直观、更方便，但因为是一种新兴的消费模式，必定存在各种各样的问题，方方面面还需全方位进行提升、完善，希望在各部门的监督扶持下可以让互联网更多地服务于大众。

综合书店消费服务评测报告

虽然在互联网上的购书渠道便捷而更实惠，但线下的传统书店仍是社区生活的重要联结点。书店是文化知识传播的重要窗口，打造首善社区，需要在城市“软实力”方面长期下功夫。在互联网方式改变消费习惯的今天，传统的线下书店又是依靠怎样的服务来赢得消费者的信任？**浙江省消保委与杭州市消保委就此联合开展一次关于杭州“综合类书店”的消费服务评测活动**。通过电话咨询、实地调查（拍照+视频）或购买相关服务等方式，共计划调查10家品牌，实际完成调查9家品牌，同时随机视频采访了部分书店消费者，收集了相关个体的消费体验和期望。通过调查，进一步了解消费者在购买相关服务时最常面对的问题以及最易走入的消费误区。

本次调查挑选了杭城主要城区（不含萧山、富阳、临安区），具有连锁规模，或具有一定品牌影响力的综合类书店品牌。预计调查抽样10个品牌，15—18家书店样本量。实际完成调查数量18家书店，共9个品牌。书店品牌名单见表1，书店清单见表2。（在实地调查过程中，走访调查的品牌数量为12个品牌，经过讨论删选，去掉了3家侧重特定人群或年龄的书店。）

表1　本次调查书店品牌

序　号	品牌名称
1	新华书店
2	博库书城
3	言几又
4	单向空间
5	西西弗
6	晓风书屋
7	猫的天空之城概念书店（以下简称猫的天空之城）
8	钟书阁
9	文创书城

表2　接受调查的18家书店

序　　号	书店名称
1	新华书店（庆春广场店）
2	新华书店（解放路店）
3	新华书店（城西银泰店）
4	博库书城（文二路店）
5	博库书城（西湖文化广场店）
6	单向空间（乐堤港店）
7	言几又（来福士店）
8	言几又（大悦城店）
9	言几又（in77店）
10	西西弗（城西银泰店）
11	西西弗（金沙天街店）
12	西西弗（嘉里中心店）
13	晓风书屋（小河路店）
14	晓风书屋（体育场店）
15	猫的天空之城（金沙天街店）
16	猫的天空之城（南宋御街店）
17	钟书阁（星光广场店）
18	文创书城（东坡路利星广场店）

一、调查结果：

接受调查的18家书店，基本位于各个商业综合体内或相对繁华的社区聚集区，交通便利。在调查过程中发现书店往往是消费者维权敏感度较低的消费服务场所。在预付产品/服务、消费信息流、健康安全等方面，均存在不同程度的问题。在整个评测过程中也证实了这一观点。

（一）书店工作人员对消法意识淡薄，相关消费信息呈现不足，涉嫌违反相关消法条例的要求

工作人员在推销预付凭证式的产品时，例如：会员卡/充值卡，未能提供完整的消费信息，也不能提供/告知消费者，在付款前应了解相关的“用户协议”。在调查过程中，服务台/收银台的工作人员对于办理会员卡/消费充值卡非常积极，各类相关促销购买的信息也集中呈现，令人眼花缭乱。调查人员在柜台办理或咨询充值卡时，反馈的基本信息量有：（1）可以直接提供手机号注册并绑定；（2）相关充值办卡的优惠信息有哪些。而以下信息未能在交流中主动提供或告知：

1.需经过调查人员进一步主动询问，才能进一步了解会员卡/充值卡的使用边界，是否可退等消费使用时需要关注的信息。

2.所有书店均没有提供纸质版的“用户协议”。

3.部分书店的相关充值，可以在微信公众号上完成。但工作人员没有主动告知在充值前应查阅相关会员/用户协议信息。经过调查人员主动翻阅，能找到相关“会员/用户协议”信息，但公众号/小程序在页面设计时，充值界面和“用户协议”界面经常分属两个版块，“用户协议”并不一定是消费充值前的规定动作。

西西弗的用户协议是独立的界面版块。在门店现场购买了一张充值卡，工作人员告知可以自行在微信公众号中与会员卡进行绑定。调查人员尝试操作后，受网页无法打开影响，没有搜索到清晰的路径，也没有绑定成功。

言几又的会员卡办理操作界面，需要先阅读并同意“用户协议”，符合要求。但在进入充值卡界面时，没有出现“用户协议”的相关信息。同一类型的消费操作，采取了两套准则，令人费解。

单向空间的储值卡界面，同样需要先阅读并同意“储值卡消费服务协议”，符合要求。点入协议，发现协议第3点中提到的预充值金额达到1万元或以上的，应当提交

购卡人的姓名、有效身份证件及联系方式，办理实名登记，**与《浙江省〈消法〉办法》第十条的规定相抵触。**

4.工作人员的相关专业话术不统一，上文中涉及的信息，无法从一个工作人员处统一获取，经常出现在不断的追问下，由不同的工作人员来进行回答的情况。

部分具体调查信息如下：

现场办理“西西弗书店”会员，并关注微信公众号，在“储值协议”的第2点退卡退款中提到储值卡内余额可进行退还申请，但是在门店服务台咨询时，被告知：储值卡余额可持续使用但不可退还。

在“猫的天空之城”现场关注微信公众号，并完成充值，而协议部分网页却无法显示，经询问工作人员告知是系统问题。

在“言几又”书店充值完成后，调查人员再询问充值卡是否可退，对方工作人员一脸茫然地回答：不可退。“不可退款的信息”在工作人员角度看是理所当然的。

消费卡与店中店优惠力度不同，没有履行告知的义务，消费者知情权受到影响。

1.在西西弗城西银泰店，在服务台办理充值卡时，工作人员告知：在联营的咖啡馆可以打九折，书店除周三打折外，其他时间只能累积积分。而在书店联营的矢量咖啡馆消费时我们发现，如果在咖啡馆同样办理300元的充值卡，是可以享有首单八五折的折扣的，但这个信息在书店服务台办理会员卡时工作人员并没有告知。

2.在言几又门店，办理书店充值卡时，工作人员告知：凭充值卡全场消费打九折。言几又书店中有部分“店中店”的文创品牌进驻，例如：陶艺、油画、绿植等。调查人员在此类店中店中消费时，才发现每个入驻的品牌均有自己的价格优惠信息，且基本上办理具体品牌的会员卡/充值卡，均能获得比“言几又”充值卡更优惠的价格。而此类信息，作为消费者并没有从工作人员那里主动获得。

（二）消费体验感有待提升

1.书店关于消防通道/标识，做得普遍较好。但仍需要关注消费者在店内购书、阅读、社交活动时的安全性，危险源仍然多处可见。

本次调查过程中，大部分书店都有亲子阅读区。尖锐的桌角是常见的危险源，个别书店玻璃装饰空间过多也构成了新的危险源。

（1）在探访大悦城言几又的亲子阅读区时，经营者在设计时已考虑部分书架/桌的圆角设计，但部分中柜长方形书架四边仍是锐直角，现场观察时，正值傍晚高峰期，小朋友很多且断断续续有嬉戏打闹的现象出现。工作人员未能根据场景的变化识别可能存在的危险源，没有对该部分的锐角采取相应的控制措施，管理控制能力有待加强。

（2）钟书阁书店在设计中采取了大量的玻璃镜面，虽然增加了视觉空间的效果，但是存在一些碰撞划伤的安全隐患。特别是繁忙时段，危险源的程度和类型很有可能随着人流的变化，风险的等级也发生变化。店内虽然自制了少量的警示标识，但控制措施的有效性是不足的。

（3）大多数书店都有供工作人员操作使用的梯凳，散落在书架角落。这些很自然地成为阅读者的便利座椅，产生了新的危险源。仅有个别书店粘贴了“禁止使用”的警示标识，但现场观察所有书店的工作人员均没有明确的制止行动。

（4）西西弗书店内，书架与书架之间的间距较窄。调查人员在繁忙时段观察，当选书人群增多时，无论是倚靠书架，还是交会通行，都存在碰撞书架的可能性，存在安全隐患。

2.书店在阅读区的光线、温度的舒适度存在不足。传统的购书型书店，在设计的过程中并不会过多关注光线的强度、亮度对于消费者的影响，也不会专门为阅读者设立阅读区域。但是作为新一代的综合书店，设立儿童区、阅读区、咖啡区是有一个良好的环境必不可少的条件，上述调查的所有书店均设立了咖啡区，有联营和合作的咖啡品牌。部分书店也设立了少量免费座位的阅读区。**因此，灯光、空气质量、座位舒适度等都会成为影响消费体验的重要因素**。现场观察：

（1）各家新华书店普遍存在光线不足的情况。调查人员在儿童购书的区域进行了重点观察，中午、傍晚不同时段，人流都非常密集，学生人群很多，长时间的阅读人数是所有书店中最多的。很遗憾的是：相关区域的光线亮度非常糟糕，目测部分灯具没有正常工作。

（2）西西弗书店是欧式的装修风格，色彩较深，整体光线感不明亮。在选书过程中，明显感受到光线不足。

类似问题几乎每家书店都不同程度地存在。

3.标识标牌在整个消费体验过程中发挥着重要的作用。

清晰明了的标识标牌，能够提高消费者的自助意识/能力，也是书店服务的“软实力”体现。标识可分为：安全标识、功能区标识、书目分类标识、基于检索的书架号标识等。在实地调查过程中，我们收集了各类书店在标识标牌方面的举措。各家书店关于消防安全标识、其他用于提醒和警示的安全标识均做得比较细致。书目分类标识是书店根据自身的定位和营销等策略进行设计的，各家均有自身的特点。

因此，在调查过程中，调查人员将关注点最终聚焦在功能区划分和指引的标识中。发现部分书店在功能区标识设计上缺少消费者的体验视角，标识不清，特别是大型的综合书店，功能区的标识指引对消费者提升行动效率是具有实际意义的。例如：

文二路的博库书城，消费者进入购书场景后，当需要了解功能区的分布时无功能区指引，例如卫生间、餐饮休息区等细分类指引。由于书店规模近似于商场级别，令初到访的消费者容易感到无所适从。

4.各大书店自助检索仍然处于传统方式。

传统书店例如新华书店在部分区域内放置电脑自助检索，西西弗等其他书店通过书籍分类让消费者自助找寻。在智能化的技术下，消费者更需要一种智能的检索方式来找寻自己想要的图书。在这方面，调查人员仅在言几又接触到相对快捷的方式，可通过公众号扫码自助检索书目，但在实际操作过程中，发现仅能出示书本所在类目，要通过工作人员的指引才能找到具体位置，搜索功能形同虚设。

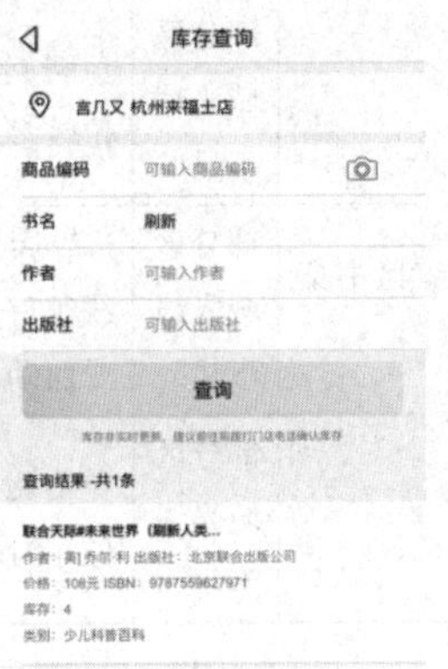

对于以上内容，汇总成表：

表3　接受调查书店的主要问题

书店名称	安全性	阅读区			文化/餐饮经营资质上墙	标识标牌				书目检索
		光线	座位	温度（空调是否充足）		是否有消防安全标识	其他安全警示标识	书目分类标识	功能区指引标识	
新华书店	梯凳没有正确指引，不少人坐在上面看书 儿童阅读区书桌角尖锐	普遍区域光线不足	免费阅读区座位较少，不少消费者只能选择席地而坐	部分区域空调不足，温度较高	是	是	有	有	指引标识较少	每个区域均有台式电脑，自助检索

续表

书店名称	安全性	阅读区			文化/餐饮经营资质上墙	标识标牌				书目检索
		光线	座位	温度（空调是否充足）		是否有消防安全标识	其他安全警示标识	书目分类标识	功能区指引标识	
博库书城	儿童阅读区书桌角尖锐 地面较滑	部分区域光线不足	文二路免费阅读区座位较少	是	是	是	地面较滑但无警示标牌	有	指引标识较少	柜台处有电脑提供人工检索
文创书城	地面较滑无标识提醒	阅读区域有些书桌没有台灯	免费阅读区座位较多	是	是	是	有	有	有	根据书目分类人工自助检索
猫的天空之城	易碎品不加防护地摆在儿童伸手可触的地方	光线普遍不足	无免费阅读区	是	是	是	有	有	不涉及	根据英文首字母排序检索
钟书阁	玻璃过多，存在安全隐患	部分区域光线不足	免费阅读座位较少	是	是	是	有	儿童区书目分类标识不清晰	指引标识较少	根据书目分类人工自助检索
西西弗	书架间隔较窄	部分区域光线不足	免费阅读区座位较少	是	是	是	有	有	有	根据书目分类人工自助检索
单向空间	无	部分区域光线不足	免费阅读区座位较多	是	是	是	有	有	有	根据书目分类人工自助检索
言几又	儿童阅读区书桌角尖锐	部分区域光线不足	in77店座位视线很好，可以看西湖景色	是	是	是	有	有	有	可通过公众号自助检索，但功能形同虚设
晓风书屋	无	部分区域光线不足	免费阅读区座位相对较多	是	是	是	有	有	不涉及	人工检索根据书目分类人工自助检索

备注：因猫的天空之城和晓风书屋较小，故功能区指引标识不列入调查范围。

本次调查活动，特邀杭州市消费维权志愿者亲子分队的成员，参与了后期调查活动。参与设计了调查问卷，并实地到访每一家书店，向书店消费者发放和收集了相关问卷调查。本次问卷调查侧重于从消费者角度的服务获得感。共发放问卷188份，实际回收188份，经确认有效问卷共185份。本次问卷调查采取5分制的打分方法。每个书店品牌的规模不同，门店数量不同，问卷的发放数量也不同。计划每家书店平均发放10份调查问卷，实际发放和回收问卷清单如下：

表4　问卷发放和回收情况

	书店名	分发问卷数量	回收问卷数量	有效问卷数量
1	新华书店	29	29	29
2	西西弗	35	35	34

续表

	书店名	分发问卷数量	回收问卷数量	有效问卷数量
3	博库书城	31	31	30
4	最天使	12	12	12
5	钟书阁	9	9	9
6	单向空间	21	21	21
7	言几又	38	38	37
8	晓风书屋	5	5	5
9	猫的天空之城	18	18	18
总计		188	188	185

备注：5号书店在工作人员的制止下没有完成目标问卷10份以上的调查和收集；

8号书店空间较小，人流稀少，故未完成目标问卷10份以上的调查和收集。

因调查问卷样本发放会根据连锁门店数量和人流数量出现随机发放样本量，所以该样本和统计仅作为推荐和参考。

从调查问卷的数量分析来看，1号、2号、3号、6号、7号书店人流较为密集。

问卷统计结果：

表5　问卷统计结果汇总

（调查问卷按1—5打分，单项最后分数=问卷单项总分/问卷数量）

	调查书店	灯光亮度
1	单向空间	4.7
2	西西弗	4.6
3	博库书城	4.6
4	言几又	4.6
5	新华书店	4.5
6	文创书城	4.5
7	晓风书屋	4.5
8	钟书阁	4.1
9	猫的天空之城	4.1

	调查书店	免费阅读区舒适度
1	单向空间	4.5
2	文创书城	4.5
3	晓风书屋	4.5
4	言几又	4.4
5	钟书阁	4.3
6	西西弗	4.1
7	新华书店	4.1
8	猫的天空之城	4.1
9	博库书城	3.7

	调查书店	儿童区整体卫生情况
1	单向空间	4.5
2	西西弗	4.5
3	言几又	4.4
4	钟书阁	4.4
5	文创书城	4.3
6	新华书店	4.2
7	博库书城	4.2
8	晓风书屋	无
9	猫的天空之城	无

	调查书店	工作人员服务态度
1	文创书城	4.9
2	单向空间	4.7
3	西西弗	4.7
4	猫的天空之城	4.6
5	新华书店	4.6
6	言几又	4.5
7	晓风书屋	4.5
8	钟书阁	4.4
9	博库书城	4.2

注：因晓风书屋/猫的天空之城两家书店没有专门的儿童区域，故未列入该单项统计。

相关建议：

1.关于充值卡/会员卡，建议书店需要进一步了解省消法关于经营者义务的条款要求。明确和完善前台服务的标准化用语，发放预付凭证时，需书面明确关于经营者义务的要求。

2.在会员权益/充值卡消费使用前，应保证消费者的知情权！明确告知权益如何使用和保障。

3.建议书店重视手机端APP、微信公众号等电子注册/消费方式与店内消费方式的一致性和便捷性。例如：简化消费者所需要的绑定操作，需提前告知线上付款在线下消费的制约条件等。

4.当消费者购书选书的途径可以通过互联网来实现后，线下书店作为百姓社区活动的场所，逐渐生成了“亲子阅读区”“轻型用餐活动区”等跨界服务形式，推动了书店的经营形式从“书店综合型”转向“综合书店型”。所以，书店的经营者在面向消费者时，仍需要建立更多的“同理心”，考虑消费者在消费体验时的感受，例如：阅读区的光线、亲子区的安全性/舒适性、增加危险源辨识评价及相关的控制措施、繁忙时段的秩序/增加服务保障、更便捷准确的书目检索系统、清晰显眼的标识标牌指引等方面实现更优质的服务。

备注：

《消法》第十条第二款：

企业法人提供的单张记名预付凭证金额不得超过五千元，单张不记名预付凭证金额不得超过一千元；其他经营者对同一消费者提供的记名预付凭证金额不得超过两千元，单张不记名预付凭证金额不得超过五百元。但是，预付款存入第三方支付平台并且凭消费者指令支付的除外。预付凭证金额超过前款规定的最高限额的，消费者有权要求退还超过限额部分的款额，经营者不得因此减少或者取消已经承诺的优惠。

《消法》第十一条（经营者义务） 经营者应当在发放预付凭证的合同中明确下列事项：

（一）企业经营者的名称、住所地、联系人及联系方式，个体工商户经营者的姓名及身份证明、住址和联系方式；

（二）提供商品或者服务的名称、价格、地点、期限等；

（三）预付款缴存方式、金额、优惠措施；有第三方支付平台的，应当明确第三方支付平台的单位及联系人、扣付方式、退款条件等。

“经营者及其工作人员在提供商品或服务时对商品或者服务的介绍、承诺，以及对消费者的询问、投诉的答复，视为经营者的行为。”

武汉市消费者协会

影视业3D眼镜消费维权调查评议报告

观看电影是消费者闲暇时间首选的娱乐项目，也是文化层面的精神享受。然而在日常生活中，经常遇到这样的场景：

电影即将开始，工作人员会告诉观众需要自备3D眼镜，遇到了“看3D电影需要自备3D眼镜”的情况，往往消费者并没有充分准备，所以租赁或购买3D眼镜也实属无奈。那么影院经营者这样的行为是否违规，消费者自主选择权如何保障落实，详见以下调查分析。

一、调查背景及目的

5月27日中国消费者协会官方微博就《中国消费者报》5月24日头版头条披露的“看3D电影得自掏腰包买眼镜”问题发声：认为该行为是影院自行将自身应当承担的服务义务拆分开来，转嫁给消费者，加重消费者负担，违背公平诚信，属于典型的“不平等格式条款”，违反《消费者权益保护法》相关法律规定。中消协呼吁全国各地文化主管部门和市场监管部门，加强对影院此类行为的监督执法，纠正此类“霸王条款”发生，保障消费者的公平交易权、自主选择权。为紧扣2019年“信用让消费更放心”消费维权年主题，提升广大消费者的获得感、满意度，进而推进“放心消费在武汉”工作的延展，武汉消协开展了武汉市影视业3D眼镜消费维权调查评议活动。

二、调查问题及经过

5月至8月期间，湖北省消委会联合武汉市消费者协会组织30名消费维权志愿者，对影院不免费提供3D眼镜等侵权问题进行了消费调查。30名志愿者随机抽选了武汉市内6个主城区30家影院进行消费体验，通过现场拍照、对话录音、观影体验等形式了解了相关消费服务状况。调查结果显示，近七成影院不免费提供3D眼镜，涉嫌违规销售、租赁等经营行为。调查的30家影院，约占某网络平台139家影院的22%。调查结果显示，30家影院中仅有10家影院为消费者免费提供3D眼镜观影，占比为33%。免费为消费者提供3D眼镜观影的影院名单如下：洪山礼堂银兴电影城、万达影城（江汉路店）、长江银兴影城（世贸广场店）、CGV影城（永旺金桥店）、汉阳天河电影城（王家湾店）、中影优加影城（江城壹号店）、CGV影城（凯德西城店）、卢米埃影城（凯德1818广场店）、万达影城（汉街万达广场店）、耀莱成龙国际影城（中南二路店）等。不免费提供3D眼镜，需要自备、购买、租赁的20家，占比为67%。名单如下：百瑞景天河国际影城、华夏国际影城（鲁广店）、中影国际影城（光谷天河店）、幸福蓝海影城（武汉雄楚店）、银星国际影城（光谷时尚城点）、金逸院线星汇影城（嘉园店）、横店电影城、新民众乐园电影城、橙天嘉禾影城、新天汇影城、百丽宫影城（壹方店）、华夏国际影城（后湖新生活摩尔城店）、中南剧场1001天河影院、中影星美国际城（铁桥店）、当代银兴影城、金逸影城、百老汇影城（汉阳人信汇店）、金逸影城（武胜路店）、银兴星汇维港电影院、橙天嘉禾影城（南国店）等。

根据以上调查情况，6月5日省市两级消委组织联合召开了观影消费争议问题公益诉讼前约谈劝谕会，受邀参加的部门有省市场监管局、315律师团、大学教授、专家学者、30家影院企业代表及14家媒体。会上公开向全武汉市所有影院发出劝谕函，对观影消费侵权问题公益诉讼前约谈劝谕会，要求依法完整履行合同基本义务，提供免费3D眼镜供消费者观影。针对本次约谈劝谕中存在的问题，各影院经营者高度重视、积极整改。一是依法完整履行合同基本义务，提供免费3D眼镜供消费者观影；二是保障消费者的自主选择权，在为消费者提供免费3D眼镜的基础上，销售、租赁3D眼镜需明码标价、收费合理，消费者自主选择，严禁强制消费；三是取消或修改不平等格式条款，禁止“霸王行为”，包括取消或修改影院线上线下不公平、不合理的相关条款，做到合法合规、显示公平。湖北省消委会负责人表示，根据影院整改的情况，消协组织将联合新闻媒体进行暗访抽查，对整改不到位的影院启动公益诉讼。

回看调查结果：为了解被约谈影院整改落实的情况，7月27日至8月10日，省市两级消协组织委托《中国消费者报》湖北记者站，对武汉市100家影院开展诉前“回头看”调查，45名志愿者以消费者的身份进行体验式观影，重点体验影院是否为消费者免费提供3D眼镜，并完成回访调查问卷。参与此次调查的志愿者有政协委员、律师、消协秘书长、大学教授、学生、企业高管、公务员和媒体记者。调查结果显示，100家影院中，有75家影院主动向消费者提供了免费3D眼镜观影，占比为75%，比6月初的调查结果提高了42个百分点；有10家影院不免费提供3D眼镜，占本次调查影院的10%；有15家影院企图打“擦边球”，向消费者主推付费租赁3D眼镜（只在消费者索要免费眼镜时才提供），整改得还不彻底。调查数据说明，在省市两级消协组织向所有影院发出劝喻函后，大部分的影院积极整改，履行院线企业应尽的责任，用实际行动维护消费者的合法权益。8月底，湖北省各市州消委会（武汉市除外）对约谈劝谕的132家影院进行调查回访也显示，所有影院均做到了为消费者提供免费3D眼镜观影。

“315律师团”晋敏荣律师现场进行了法律分析：从我国《合同法》看，影院无偿提供观影所需的3D眼镜，是其履行主要义务的附随法律义务。所有在电影票之外，为了观影而需要额外付费的要求，都是违反“约定”内容的，是违反合同法的，要求观影消费者另外付费使用3D眼镜的行为，也属于不公平不合理的强制交易行为。

中南财经政法大学戴盛仪教授点评：电影院的做法是一种损害消费者利益的不当行为，违反了《合同法》及《消费者权益保护法》。3D眼镜是3D电影的必要消费设施，正如餐馆的餐饮消费包含食品本身以及便利顾客消费所必需的设施如碗筷、桌椅板凳一样，缺乏其中之任何一种，都不能算经营者完整地履行了义务。

三、消协意见及建议

（一）影院不为消费者提供免费3D眼镜观影，违反合同法基本义务，属于单方违约行为。

（二）在不为消费者提供免费3D眼镜的前提下，销售、租赁3D眼镜属于强制消费行为。限制消费者权利、减轻经营者责任的格式条款无效。消协组织要求各影院经营者高度重视、积极整改，依法完整履行合同基本义务，提供免费3D眼镜供消费者观影；保障消费者的自主选择权，在为消费者提供免费3D眼镜的基础上，销售、租赁3D眼镜需明码标价、收费合理，消费者自主选择，严禁强制消费。

（三）取消或修改不平等格式条款，禁止“霸王行为”，包括取消或修改影院线上线下不公平、不合理的相关条款，做到合法合规、公平公正。

广州市消费者委员会

二手车电商平台服务质量调查报告

摘　要

一、调查背景

随着广州市经济的快速发展，二手车流通行业的发展规模越来越活跃，据广东省汽车流通协会统计，广州市在2018年二手车交易量达22.8万辆，全省二手车交易排名第二，二手车交易量连续三年上涨。随着二手车交易与“互联网+”概念的结合，以及政府相关政策的支持，消费者除了可以通过传统的4S店、二手车市场等渠道进行二手车交易外，还可以通过二手车电商平台进行。二手车电商平台可以帮助消费者选车、购车，帮助车主评估、售卖车辆。二手车电商平台的发展，推动了二手车流通体系的变革，为广州市汽车行业的蓬勃发展发挥了积极的作用。

各类二手车电商平台的蓬勃发展，一方面促进了行业的整体发展，另一方面也带来了负面问题，广州市二手车电商交易业态仍面临不少困难和挑战。在此背景下，广州市消委会组织开展二手车电商平台服务质量调查活动，本次调查主要是向广大消费者普及二手车交易的相关知识，了解可能遇到的消费问题，提出可行性对策和建议，从而强化消委会对二手车行业的社会监督作用，促进行业提升服务水平、规范服务质量，力求推进健全二手车交易制度为消费者打造放心和谐的二手车消费环境。

二、调查结果

为了客观、真实地了解二手车电商平台服务质量数据，剖析二手车市场在广州地区的行业服务状况，此次调查分为三部分：一是通过线上问卷调查，共回收有效问卷2564份，了解消费者对二手车电商平台使用的总体情况；二是关注各类渠道、二手车电商平台交易消费纠纷的报道，甄选了4个典型案例对个别消费者进行一对一深访，对案例进行分析及专家点评；三是咨询二手车行业资深专家、法律专家和二手车企业代表，收集各方意见和建议。结合上述三方面的调查得出以下结论：

（一）随着互联网消费模式的快速发展，七成以上受访者已经逐渐接受二手车电商交易模式

调查数据显示，七成以上受访者认为“互联网+二手车”模式优于传统交易模式。平台使用者认为优点有“车源更多”“搜索方便”“价格信息公开透明”“流程便捷”等。

（二）目前最多受访者使用过的二手车电商平台是“瓜子二手车”“汽车之家”和“58同城”

现实中不少消费者会选择多个平台进行使用和比较，在多选的情况下，“瓜子二手车”“汽车之家”和“58同城”这三个电商平台被最多受访者选择使用过，选择的人数分别占66.69%、65.83%和65.76%。

图1　受访者使用二手车电商平台的情况

（三）大部分受访者对二手车电商平台整体服务评价良好

调查显示，有77.03%的受访者认为平台的整体服务“态度好”，68.53%的受访者认为平台对问题的响应速度“迅速”，77.26%的受访者对平台解决问题表示“满意”。

（四）逾五成受访者认为“车辆检测”结果完全可信

调查结果显示，51.52%的受访者对二手车电商平台宣传的承诺对交易车辆进行专业检测评估表示完全相信，认为可信度一般的占43.37%，选择“不可信”和“不清楚”的占5.11%。

（五）逾四成的受访者表示会考虑通过二手车电商平台进行交易

虽然受访者在认知上认为二手车电商平台优于传统交易模式，但调查显示，在实际购车过程中，受访者考虑在4S店、二手车交易市场和熟人传统交易渠道和分别为61.90%、53.67%、51.76%，均高于二手车电商平台交易的42.90%。

（六）网上调查显示，二手车电商平台交易常遭遇五大“陷阱”

根据线上问卷调查数据以及网上抓取此类消费关键词的情况，归纳出消费者在二手车电商平台交易中常遇到的五大“陷阱”：一是买家支付费用后难退款；二是买家实际支付金额与预计贷款金额不一致；三是买家购买到问题车；四是卖家不能按约定时间获得车牌指标；五是销售人员诱导签约。

三、对策建议

综合调查结果，在充分借鉴其他地区发展二手车交易经验的基础上，广州市消委会对二手车电商行业规范化发展建议如下：

（一）构建完善的法律法规，加强监督管理

目前，我国的法律体系内没有专门针对二手车电商平台的法律法规，无法充分发挥对行业发展的指导与规范作用。第一，建议国家有关部门及时出台专门针对二手车电商平台监管的法律法规，制定具体的规范和要求，构建完善的监管法律法规。第二，建议监管部门应加强事前、事中、事后监管，明确第三方平台责任，提高监管效能。第三，根据监管情况出台相应的指导意见，指导和督促二手车交易市场和二手车经营者认真履行法定义务和社会责任。

（二）提高二手车电商平台的普及度，增加使用率

调查数据显示，虽然七成以上受访者认为二手车电商交易模式优于传统交易模式，但仅四成受访者会在实际交易中考虑使用二手车电商平台，表明二手车线上交易模式仍未得到最大限度的普及。要提高二手车电商平台的使用普及度，一是要增强二手车市场与电商平台的对接，补充和丰富电商平台的车辆资源，让消费者有更多的选择；二是要拓宽交易渠道和交易方式，架接好卖车方和买车方的桥梁，当交易过程出现纠纷时，电商平台作为中间方要及时提出专业建议，让交易更顺畅；三是要加强宣传推广，发掘潜在使用者，吸引更多人熟悉和接受二手车电商交易模式；四是要结合当前政策，打造智能二手车电商平台生态链，为二手车线上线下交易业态的衔接、创新、发展注入新动能，激发出新活力。

（三）扩展平台的服务渠道，完善检测技术流程

一是可在线上交易模式的基础上另辟渠道，开拓线下二手车现场选购等一站式服务，如瓜子二手车在广州开辟了“二手车严选店”模式，增加了消费者选购比对的机会。二是完善检测技术流程，建议相关部门、行业组织和第三方检测机构可形成合力，联手研究制定适应目前二手车车况检测的标准，强化车辆检测资格认证的培训系统，培养技术能力好、职业素质高的二手车鉴定师，在电商平台的二手车检测中适当引入第三方检测机构参与检测评估，提高检测报告的客观性和准确性。

（四）营造诚信环境，真正做到“没有中间商赚差价”

相关部门及二手车电商平台经营者应加快探索建立可查可控的诚信交易体系，减少信息不对称现象。相关部门与二手车电商平台应加深沟通与合作，一方面建立共享数据平台，推动平台大数据与政府治理的深度融合，最大限度地实现数据的交流与共享；另一方面健全二手车交易制度，包括透明的车辆档案追溯制度、清晰的价格浮动参考制度、科学的金融贷款计算模式等方面的制度规范。只有完善二手车市场信用环境，才能在整体环境上改变目前二手车行业交易现状，倒逼二手车电商平台在交易过程中自觉自律，做到车源透明、价格透明、收费透明等，真正实现企业宣传中的“没有中间商赚差价”。

（五）提升平台服务水平，打造维权绿色通道

二手车电商平台的服务应包括售前服务、售中服务、售后服务三大部分：在售前，平台可通过强大的互联网纽带形成数据披露制度和管理体系，为顾客提供更便捷精准的服务；在售中，即交易的各环节，设置醒目提醒，提示消费者交易注意事项；在售后，建立专门的投诉应对机制，划分投诉类型，对于有争议的投诉应开启消费

纠纷绿色通道，优化处理时效。同时，平台经营者应提高从业人员门槛、加强内部人员培训，切实提升工作人员的专业水平和职业素养。更重要的是，二手车交易市场企业、二手车经营者要按照《二手车流通管理办法》《二手车交易规范》等要求，规范使用《二手车买卖合同》，规范各自的经营行为。

四、消费提示

（一）消费者应理性对待广告宣传

通过咨询、网络搜索等对平台可靠性进行判断，注重实际的信誉评价而非广告宣传，并结合鉴定评估机构的检测结论以及身边专业人士的建议多加甄别。

（二）检查车辆手续是否齐全

车辆手续含车辆登记证、行驶证、原车发票、车辆购置税完税凭证、车辆保修凭证、养路费及交强险等，否则在车辆使用过程中会有无法年检、购买保险、受损索赔等诸多麻烦，还有可能购买到抵押车、盗抢车、走私车等法律限制或禁止转让的车辆，存在车辆被追回的风险。

（三）注意交易车辆的详细信息

包括二手车的品牌、标识号码、汽车代码、车辆主要配置、颜色、款式、价款等基本要素；还有车辆的使用、检验、事故、修理以及是否办理抵押登记、报废期、缴纳税费等真实情况信息；避免购买信息不公开不透明的二手车。

（四）签合同时仔细阅读条款

在签合同前耐心阅读，尤其对于违约责任规定，一定要仔细关注，对于自己不同意或者要求加上的条款在合同上以文字形式固定下来。

（五）二手车过户后还要一并办理“保险过户”

交强险“随车不随人”，但也有很多二手车购买了商业险，商业险则是“随人不随车”，按照合同相对性原则，保险过户是非常必要的。

（六）交车与付款交接均应留痕

签订合同后，注意交车和付款这两个环节，按照法律规定，原车主证明或过户是交车的证明方式，但稳妥起见仍建议白纸黑字写明何年何月交接车钥匙、行驶证、所有权证书等。付款一般建议用转账方式，如果是现金交易则须有收据，以免发生不必要的纠纷，也方便日后举证。

（七）提高保护自身权益的意识和能力

消费者遭遇消费纠纷时，应注意留存证据，先与平台商家沟通协商，协商未果可以选择拨打当地“12345”政府热线，或者向消费者组织寻求帮助，也可通过直接提起诉讼的方式进行维权，广大消费者应提高维权意识，积极维权。

第一部分　调查概况

一、调查背景

作为“国家重要的中心城市”“国际商贸中心”和“综合交通枢纽”，广州市在广东以及华南地区有着强大辐射力。经济的快速发展促使城市私人用车更新换代频率加快，同时也加快了二手车的流通，使广州市二手车流通行业的发展规模越来越大、活跃程度越来越高。据广东省汽车流通协会统计[①]，广州市二手车在2018年交易量达22.8万辆，全省二手车交易排名第二，二手车交易量连续三年上涨，广州二手车市场交易活跃，带动了汽车产业的发展，对汽车成为广州市的支柱产业做出了积极的贡献。尤其是在“互联网+”概念的推动下，广州市二手车交易从传统线下渠道走向“线下+线上”结合的O2O模式，从最早的二手车信息发布平台，到二手车垂直网站[②]，再到专业的二手车电商平台，二手车电商交易的兴起也在不断地改造并推动着广州市二手车行业的进步与发展。传统的二手车交易过程中，消费者获取车辆信息、对比筛选、置换、交易等行为主要通过4S店、二手车市场、熟人等渠道进行，二手车交易一直以来呈现出分散、“非标”的特征。随着二手车交易与“互联网+”概念的结合及政府对二手车交易政策的放开，二手车电商行业潜能得以进一步释放，大量资本纷纷投入二手车电商的蓝海，行业呈现快速发展的态势，多种不同商业模式的二手车电商平台涌现，辅助消费者选车、购车，帮助车主评估、售卖车辆，使信息更加透明可循，推动了二手车交易流程逐步线上化，导致了二手车流通体系的变革。在Analysys易观[③]大数据公司发布的《2018年中国二手车电商年度综合分析》中提到，2017年全国二手车电商各类型平台的总交易量为218.4万辆，二手车电商渗透率[④]达到17.61%，预测未来二手车电商的渗透率

① 来源于该协会发布的《2018年广东省二手车市场行情分析报告》。

② 垂直网站专注于某种特定领域或需求，提供有关这个领域或需求的全部深度信息和相关服务，有别于大而全的综合性网站。

③ 易观是中国的领先大数据公司之一，截至2019年9月30日，易观覆盖24亿智能终端以及6.07亿用户。

④ 形容二手车电商的影响效果，一般而言渗透率越高，对人们生活各个方面的影响就越深。

会持续提升，预计2020年二手车电商平台交易量将达到617万辆。

各类二手车电商平台的蓬勃发展，一方面促进了行业的整体发展，另一方面也带来了一些负面的问题，广州市二手车电商交易业态仍面临不少困难和挑战。

二、活动目的

为进一步深入了解我市二手车电商平台发展现状，深入研究解决该行业服务存在的短板，为消费者打造和谐放心的二手车消费环境，为广州市充分发挥好粤港澳大湾区和深圳先行示范区“双区驱动效应”，不断强化广深“双核联动”，深化珠三角城市战略合作，加快推进“四个出新出彩”[①]，建设现代服务业强市提供有力支撑，广州市消费者委员会（以下简称消委会）担当起社会监督的角色，组织开展了2019年广州市二手车电商平台服务质量调查活动，通过本次调查活动，广州市消委会力求掌握和了解尽可能客观、真实、准确的二手车电商平台服务质量数据，剖析二手车市场在广州地区的行业服务状况，一是向广大消费者普及二手车交易的相关消费知识及可能遇到的消费问题，提出可行性对策和建议；二是强化消委会对二手车行业的社会监督作用，促进行业提升服务水平、规范服务质量；三是力求推进健全二手车交易制度，包括注重诚信经营、车辆档案透明可查、形成价格参考标准、规范业内服务行为等，最终为消费者打造和谐放心的二手车消费环境。

三、实施过程

从2019年7月起，广州市消委会充分发动和组织社会各方积极参与，联动本地区二手车行业专家、法律专家、消费者代表、知名企业代表，多方共同精心筹划和实施。相关主要实施过程如下：

调研准备阶段（2019年7月中下旬）：对二手车电商平台的服务情况进行初步摸底调研，广泛征集专业意见，确定调查方式、方向及样本需求，拟定报告方向和框架提纲，并组织专家完成调研问卷、消费者访谈提纲、专家访谈提纲的内容设计。

组织执行阶段（2019年8月）：针对广州地区的受访者发布线上调查问卷，核对线上问卷样本的有效性，根据需求对样本量进行补充；通过各种渠道公开征集使用二手车电商平台时遭遇问题的案例。

统计分析、走访阶段（2019年9月）：这一阶段工作主要包括三方面：一是对调查问卷进行统一核准、汇总、统计及分析；二是对使用二手车电商平台时遭遇问题的人士进行深度电话访谈或面访，并对案例进行筛选、分析、法律点评；三是实地拜访了二手车专家郭俊荣[②]、法律专家朱少波律师[③]、陈联书律师团队[④]以及二手车企业代表，以采访、座谈等形式收集和了解各方意见和建议。结合上述三方面的调研结果，进行综合整理分析。

报告撰写阶段（2019年12月）：在对相关数据信息进行扎实调研和严谨分析的基础上，结合广州地区的实际情况，撰写调查分析报告；通过征集相关专家的意见和建议，对调查报告初稿进行研讨、修改和完善，形成最终报告稿，并适时向社会进行发布及提供给有关政府部门参考。

第二部分　二手车电商平台调查结果分析

一、线上问卷调查结果分析

本次调查活动中，广州市消委会联合消费者报道杂志社，通过多个线上发布渠道向广大消费者持续推送了《二手车电商平台服务情况调查问卷》，问卷陆续回收后，主办方经过核实校验和分析筛选，最终保留有效问卷共计2564份。

本次线上问卷主要针对受访者对二手车电商平台的认知（包括使用过的平台、使用感受、使用深度等）以及受访者遇到或见到的二手车电商平台存在的问题（包括宣传、车辆检测、服务、合同协议方面等）进行调查。

（一）线上问卷调查受访者基本情况

据统计，这些受访者年龄在20—60岁之间，常住地在广州，不同程度地使用过二手车电商平台。受访者性别比例约为1.77∶1，其中男性受访者1639人，女性受访者925人。在受访者的年龄分布上，30岁以下的有1154人，30—40岁的有1286人，40—60岁的有124人。

---

① 详见中共广东省委全面深化改革委员会关于印发广州市推动“四个出新出彩”行动方案的通知。

② 郭俊荣，二手车专家，广州市汽车服务业协会前秘书长，中国汽车流通协会中国二手车战略发展研究会参事。

③ 朱少波，广东金轮律师事务所执业律师。

④ 陈联书律师团队，广东金轮律师事务所执业律师。

表1　线上问卷调查基本情况（性别及年龄分布）

类　别	选　项	样本量（个）	占比（个）
性别	男性	1639	63.92
	女性	925	36.08
年龄	30岁以下	1154	45.01
	30—40岁	1286	50.16
	41—60岁	124	4.84

受访者使用二手车电商平台为两种目的：买车及卖车。本次调查的受访者中，想使用二手车电商平台了解买车信息的人数为1875人，占七成以上，另外两成多的受访者是想通过平台卖车，人数为689人。

（二）广州市二手车电商平台使用情况

1.二手车电商交易模式逐渐被消费者接受。近年来，二手车电商平台逐渐被消费者熟知。**调查显示，七成以上受访者认为“互联网+二手车交易平台”优于传统交易模式。**在意向买车的1875名受访者中，有七成以上认为“互联网+二手车交易平台”（即二手车电商交易模式）比传统二手车交易模式好，只有不足3%的人认为不及传统交易模式。在意向卖车的689名受访者中，得出的数据结论也基本相似。专家郭俊荣认为，互联网的加入对于传统二手车交易行业而言是一个很大的提升，特别是在车型及价格信息的透明度、交易的效率等方面，有着明显促进作用，消费者也越来越习惯使用这种方式进行二手车相关资讯的查询。

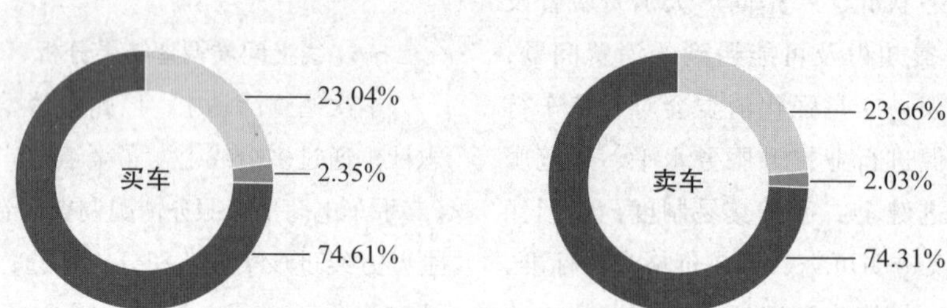

图2　受访者对“互联网+二手车交易平台”模式的使用感受

在意向买车的受访者中，有83.70%的人认为“互联网+二手车交易平台”模式与传统交易模式相比，优点在于“车源更多、搜索查看更方便”，69.84%的人认为“价格信息等更加公开透明”，有62.33%的人认为“预约看车及选车更方便”。而缺点在于“个人信息易泄露”，例如在登记个人信息后有可能遭遇推销电话骚扰。

多数意向卖车的受访者认为新模式在“搜索查看”“预约买家”“卖车流程”上比传统模式更为方便，分别占比78.52%、69.34%、68.55%，但缺点是“有些平台内的车商没有实体店，感觉不靠谱”（占比64.29%），还有“个人信息易泄露”（占比57.14%），特别是登记手机号后可能会招致推销骚扰电话。

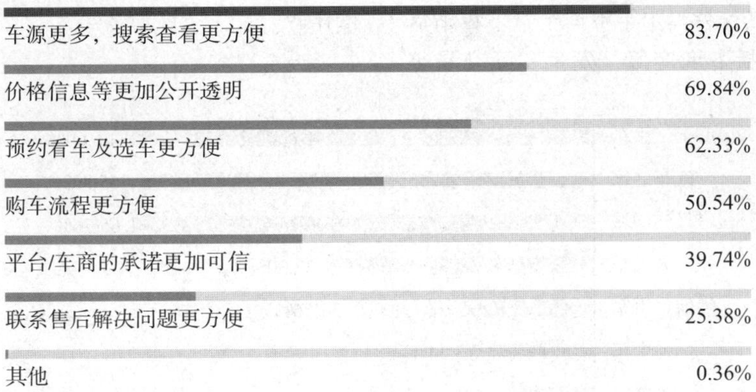

选项	比例
车源更多，搜索查看更方便	83.70%
价格信息等更加公开透明	69.84%
预约看车及选车更方便	62.33%
购车流程更方便	50.54%
平台/车商的承诺更加可信	39.74%
联系售后解决问题更方便	25.38%
其他	0.36%

图3　对比传统交易模式，“互联网+二手交易平台”买车的优势

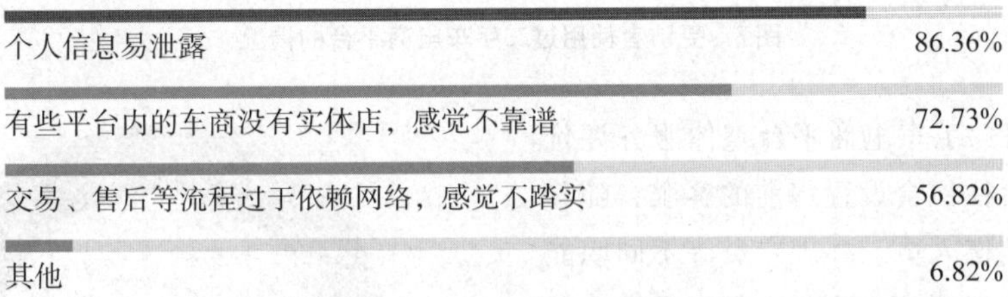

选项	比例
个人信息易泄露	86.36%
有些平台内的车商没有实体店，感觉不靠谱	72.73%
交易、售后等流程过于依赖网络，感觉不踏实	56.82%
其他	6.82%

图4　对比传统交易模式，“互联网+二手车交易平台”买车的劣势

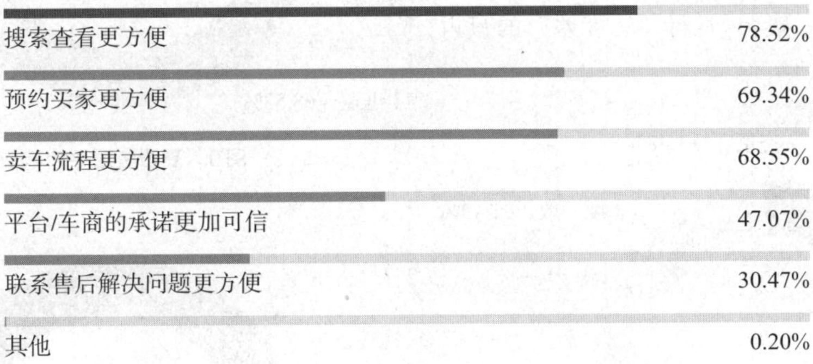

选项	比例
搜索查看更方便	78.52%
预约买家更方便	69.34%
卖车流程更方便	68.55%
平台/车商的承诺更加可信	47.07%
联系售后解决问题更方便	30.47%
其他	0.20%

图5　对比传统交易模式，“二手车交易平台+互联网”卖车的优势

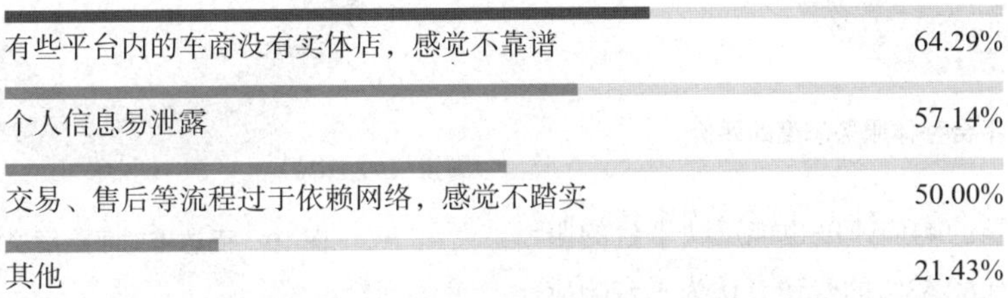

选项	比例
有些平台内的车商没有实体店，感觉不靠谱	64.29%
个人信息易泄露	57.14%
交易、售后等流程过于依赖网络，感觉不踏实	50.00%
其他	21.43%

图6　对比传统交易模式，“二手车交易平台+互联网”卖车的劣势

总而言之，平台使用者（包括买方和卖方）认为二手车电商交易模式优于传统交易模式，优点在于“车源更多”“搜索方便”“价格信息公开透明”“流程便捷”等。

2. 最多受访者使用过的平台是“瓜子二手车”“汽车之家”“58同城”。本题为多选题，受访者使用最多的电商平台为“瓜子二手车”“汽车之家”及“58同城”，使用过的人数均超过总人数的60%。这些受访者也不同程度地使用过各类二手车电商平台，包括仅下载APP浏览，也包括咨询客服、发生实际交易等操作。

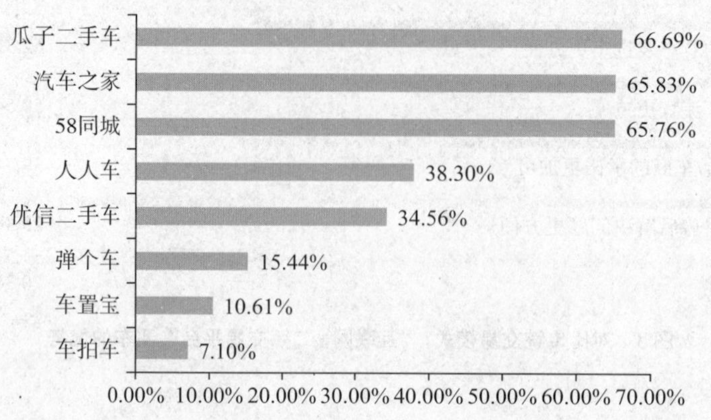

图7　受访者使用过二手车电商平台的情况

3.大部分受访者对二手车电商平台整体服务评价良好。二手车电商平台往往会设置售前的客服，随着交易的深入，还会有销售人员、办理专员等不同职能的服务人员与买家或卖家接洽，这些人的素质和形象代表着交易平台的服务水平。当被问及平台的整体服务态度如何时，有77.03%的受访者表示“态度好”，有21.49%表示“态度一般”，觉得“态度差”的只占1.48%。

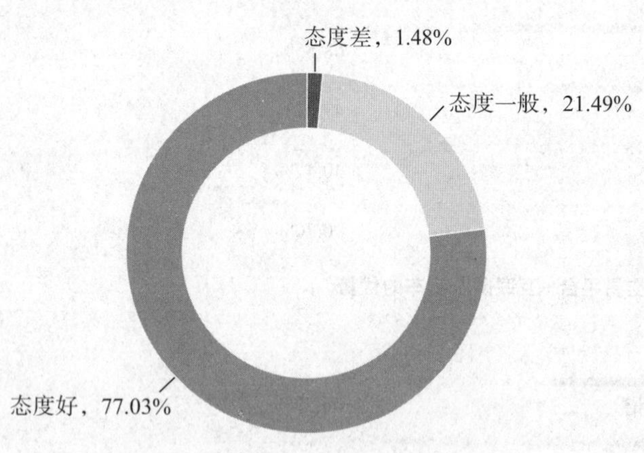

图8　受访者对平台整体服务态度的评价

而平台对于各类问题的响应速度也能反映平台的服务水平，在本问题中，有68.53%的受访者认为平台响应速度“迅速”，认为速度“一般”的不到三成，而认为响应速度“较慢”甚至“完全不理会”的仅占3.67%。

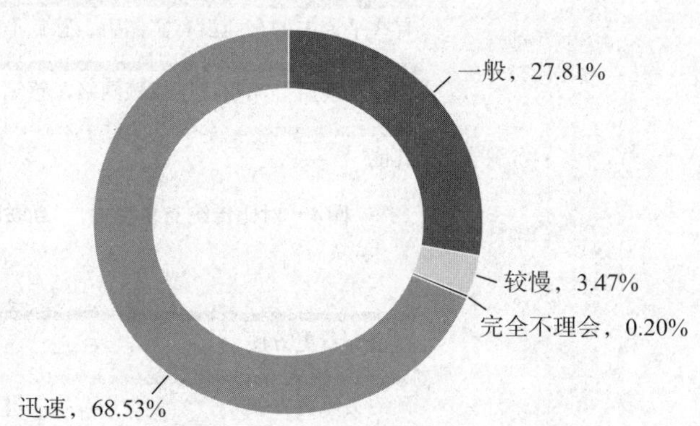

图9　受访者对平台响应速度的评价

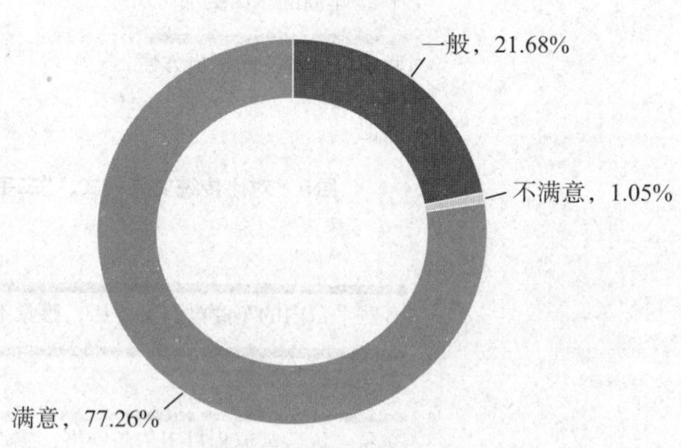

图10　受访者对平台解决问题的满意度

除了上述的服务态度及响应速度外，调查更关注的还是平台的解决问题情况能否让使用者满意。数据显示，

对平台解决问题感到“满意”的受访者达77.26%，感觉“一般”的超过二成，而感觉“不满意”的仅占1.05%。

4.逾四成的受访者表示会考虑通过二手车电商平台进行二手车交易。虽然二手车电商平台逐渐被消费者熟知，认知上也认为二手车电商平台优于传统交易模式，但调查显示，在实际二手车交易中，受访者选择4S店、二手车交易市场、熟人传统交易渠道的分别为61.90%、53.67%、51.76%，均高于二手车电商平台交易的42.90%。

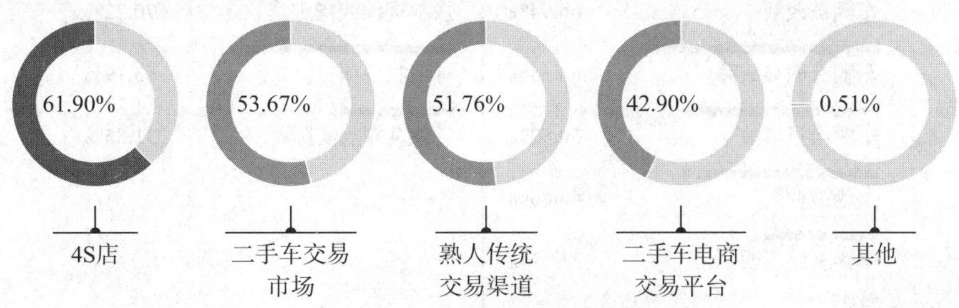

图11 受访者买卖二手车会考虑的交易渠道

5.逾五成的受访者认为“车辆检测”结果完全可信。二手车电商平台在宣传上会承诺对交易车辆进行专业检测评估，这种承诺是否为消费者所信任？本题要求受访者根据自己对平台的实际体验情况作出选择。结果显示，对这种车辆检测评估的结果表示完全相信的人数占51.52%，仅过半数。认为可信度一般的占43.37%，选择“不可信”和“不清楚”的占5.11%。

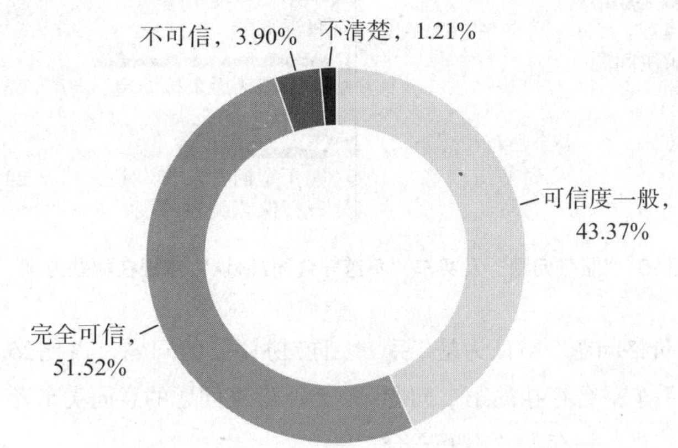

图12 受访者对平台车辆检测评估的信任程度

6.“车辆有问题”和“价格问题”受到受访者关注。虽然有七成受访者对二手车电商平台的整体服务感到满意，但同时存在一些问题亟待改进。在意向买车的受访者中，“车辆有问题”被认为是二手车平台存在的最主要问题，其次是“收费问题”。而认为目前二手车平台不存在问题的仅占意向买车人数的13.44%。

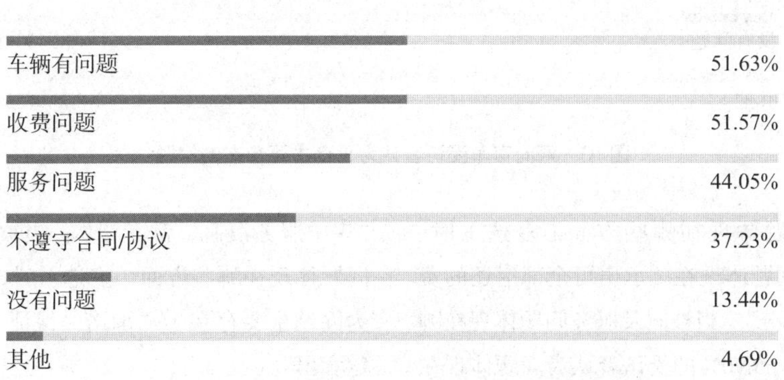

车辆有问题 51.63%

收费问题 51.57%

服务问题 44.05%

不遵守合同/协议 37.23%

没有问题 13.44%

其他 4.69%

图13 意向买车受访者认为平台主要存在的问题

当被细问车辆有问题是体现在哪些方面（多选）时，66.94%的受访者认为“车辆被改装”，另有63.33%认为“车辆有明显故障”。二手车平台存在的第二问题为“收费问题”，其中最多的受访者认为“强制贷款或指定贷款”存在问题，占70.22%；二手车平台排行第三的存在问题为“服务问题”，多体现在“售中服务混乱，乱承诺”方面，占72.40%；最后“不遵守合同/协议”问题多体现在“承诺要检测的车未按协议进行检测”。

车辆问题		收费问题	
车辆被改装	66.94%	强制贷款或指定贷款	70.22%
车辆有明显故障	63.33%	有乱收费项目	63.29%
车辆出过事故	50.52%	贷款金额与实际不一	31.85%
车辆被调表	48.86%		
车辆来路不明	31.51%		
其他	5.27%		

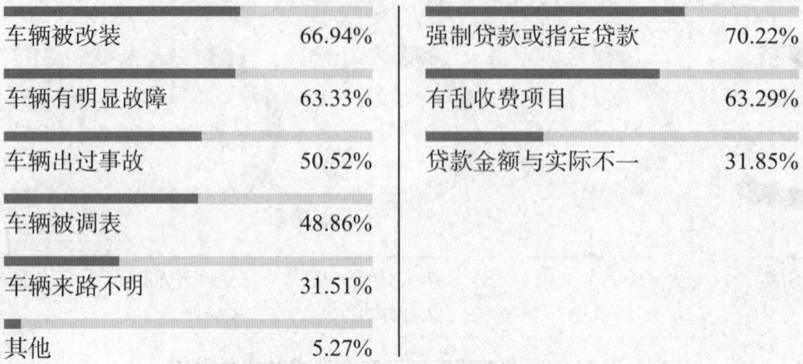

图14 “车辆问题”及“收费问题”体现在哪些方面

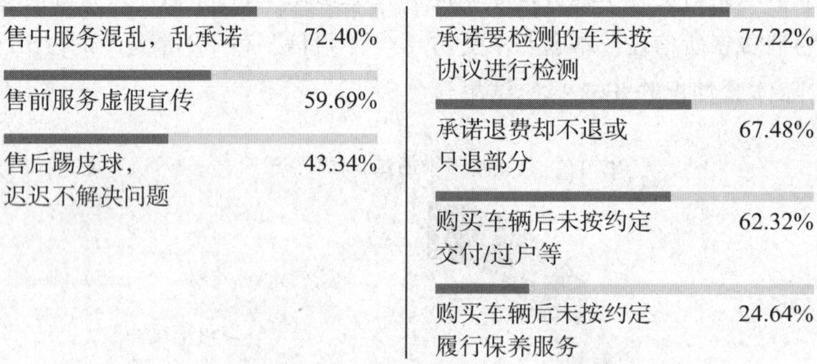

服务问题		不遵守合同/协议	
售中服务混乱，乱承诺	72.40%	承诺要检测的车未按协议进行检测	77.22%
售前服务虚假宣传	59.69%	承诺退费却不退或只退部分	67.48%
售后踢皮球，迟迟不解决问题	43.34%	购买车辆后未按约定交付/过户等	62.32%
		购买车辆后未按约定履行保养服务	24.64%

图15 “服务问题”及买车“不遵守合同/协议”体现在哪些方面

在意向卖车的受访者中，“价格问题”被认为是二手车平台存在的最主要问题，二手车平台存在的第二问题是“服务问题”，占比50.65%；其次是存在“不遵守合同/协议”的问题，占比35.85%，而认为目前二手车平台不存在问题的意向卖车者占12.19%。

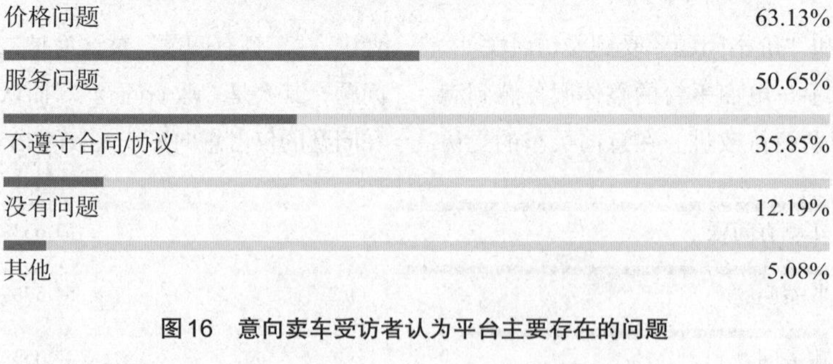

价格问题	63.13%
服务问题	50.65%
不遵守合同/协议	35.85%
没有问题	12.19%
其他	5.08%

图16 意向卖车受访者认为平台主要存在的问题

当被问及价格问题体现在哪些方面（多选）时，79.08%的受访者认为问题体现在“承诺可全部退还的费用最后不能退或只退部分”。当被问及服务问题体现在哪些方面（多选）时，有65.90%的受访者认为问题体现在“售中服务混乱，乱承诺”；当被问及不遵守合同/协议问题体现在哪些方面（多选）时，有70.85%的受访者认为问题主要存在于“承诺‘保证卖出’的车辆却没按约定卖出”。

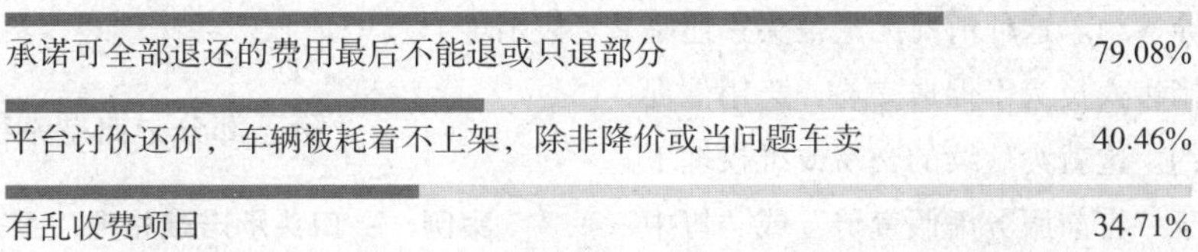

项目	比例
承诺可全部退还的费用最后不能退或只退部分	79.08%
平台讨价还价，车辆被耗着不上架，除非降价或当问题车卖	40.46%
有乱收费项目	34.71%

图17 “价格问题”体现在哪些方面

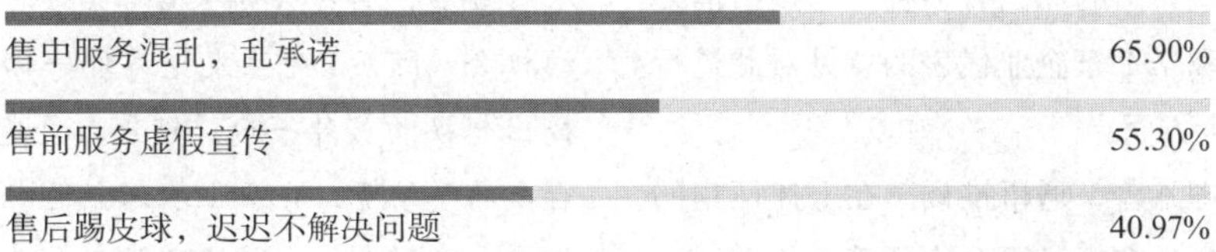

项目	比例
售中服务混乱，乱承诺	65.90%
售前服务虚假宣传	55.30%
售后踢皮球，迟迟不解决问题	40.97%

图18 “服务问题”体现在哪些方面

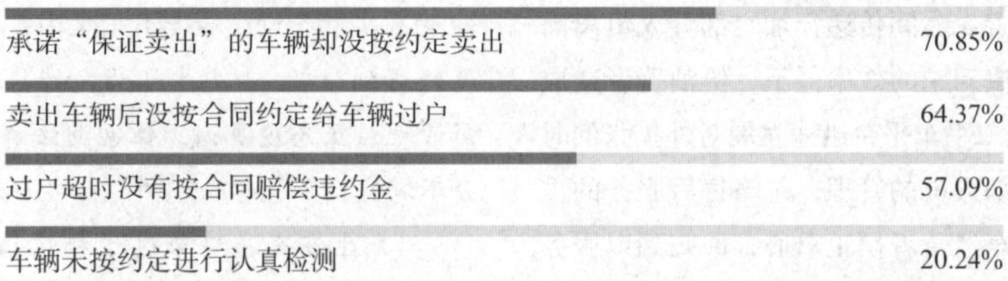

项目	比例
承诺“保证卖出”的车辆却没按约定卖出	70.85%
卖出车辆后没按合同约定给车辆过户	64.37%
过户超时没有按合同赔偿违约金	57.09%
车辆未按约定进行认真检测	20.24%

图19 卖车“不遵守合同/协议”体现在哪些方面

7.二手车电商平台交易中常遇到的五大“陷阱”。在问卷调查结果中，有七成以上的受访者认为二手车电商平台使用的模式比传统二手车交易模式更优，在搜索查看、预约、交易流程等方面的便捷程度更为突出。二手车电商交易市场业态值得肯定。

为进一步找出二手车电商平台交易中存在的问题，广州市消委会从投诉库中和“聚投诉”里查找消费者反映的曾遇到的消费陷阱，譬如：承诺的事项不兑现、消费者退费难、签约流程有误导等。最终，广州市消委会从众多案例归纳出二手车电商平台交易中常遇到的“陷阱”。能够在一定程度上反映当前广州市二手车电商交易市场中存在的问题。结合问卷调查结果及案例征集结果，广州市消委会归纳出二手车电商平台的使用者（卖车或买车者）在交易中常遇到的五大“陷阱”：

（1）买家支付费用后难退款。买家相信了销售人员的口头承诺，在未签字落实的情况下先行付款，容易掉进退款难的“陷阱”里。除此之外，平台销售人员还有可能在“订金”和“定金”方面打马虎眼，诱导买家支付费用，过后却无法退款。在有的问卷调查中，“承诺退费却不退或只退部分”占“买车不遵守合同/协议”的67.48%。

（2）买家实际支付金额与预计贷款金额不一致。销售人员在确定合同前会给买家计算汽车总价，但签订合同后却有很多隐形收费逐步冒出来，如果按照原计划完成供车，那么最终的总价会超出预期。在案例征集中发现不少类似情况。而问卷调查显示，在收费方面的问题上，有31.85%的问题涉及“贷款金额与实际不一”。

（3）买家购买到问题车。在问卷调查部分，“车辆有问题”被认为是二手车平台存在的最主要问题，其中多体现在买到的车辆“被改装”“有明显故障”等方面，这种情况对消费者来说困扰非常大。在案例征集过程中还发现有消费者买到调表车、改装车、故障车、事故车，甚至来路不明的车辆等。

（4）卖家不能按约定时间获得车牌指标。类似案例并不少见，因广州和深圳受限牌政策影响，车牌指标能否及时腾出是卖家十分关心的问题。传统二手车商往往将车辆卖出后才完成过户，鲜少产生这种矛盾。但目前电商平台为收揽更多车源，会承诺一定限期内“保证卖出”，按时腾出指标，然而在这个限期内又无法将车卖出，造成了这种新型矛盾。在问卷调查中，“承诺‘保证卖出’的车辆却没按约定卖出”这一现象占“卖车不遵守合同/协议”问题的70.85%。

（5）销售人员诱导签约。这种情况无论是买家还是卖家都会遇到。个别销售人员为了促成交易，会用催促或诱导的手法加快签约，这就为后续的交易或维权埋下了隐患。这种行为属于“售前服务虚假宣传”或“售中服务混乱，乱承诺”，在问卷调查中有不少受访者都遭遇过。

造成以上“陷阱”频出的原因有多种，广州市消委会咨询了专家郭俊荣和二手车企业代表的意见对此进行分析，具体有以下三个方面：

一是平台内部管理不善，遇事推诿。在上述征集的案例中可见，纠纷的产生多由于平台内部管理不善，一线人员解决问题的能力不足。某些二手车电商平台因为各个流程过度细分，每个流程都有专人负责，同一个问题要在多个流程的负责人之间传递，加之部分人员离岗流动等情况，使得解决问题的效率低下，给消费者造成“踢皮球”的感受。在二手车平台迅速发展对外扩张的时候，往往会忽略对内部人员的管理，忽略售后服务的重要性，这就需要二手车经营者摆正重心，回归到以服务为根本，自觉维护平台使用者和二手车消费者的各种正当权益。

二是部分车辆检测不尽如人意。不少平台在交易前会对车辆进行检测，以此判断车辆的真实情况，并对检测结果作出承诺。在调查中，仅过半数的受访者认为检测结果不完全可信，现实中甚至还会因检测结果与消费者的实际使用感受差距太大而出现纠纷。对此，广州市消委会访谈了二手车企业代表，其分析出现这种情况主要有两种原因：首先是公司复检师出现工作失误，对于细节没有把控到位，将有问题的车辆收进来。其次是部分客户对车子的期望较高，一些在检测中属于合理范围而没作记录的刮痕，与部分买家的心理期待不符，认为是平台有意隐瞒，造成误会和矛盾。

车辆检测能否独立公正是更为根本的问题。在美国、日本等二手车交易市场发达的国家，车辆检测和评估机构已发展成熟，而且基本由独立的第三方担任检测的“裁判”角色，能够保证权威和公正。而国内目前的车辆检测还是由经营者自行操作，难免有“既当运动员又当裁判”的尴尬。再者，为控制成本，平台也会倾向于提供较为简单的检测流程，导致检测结果与实际有所出入。

三是二手车消费者维护权益的意识不足。在上述案例中，消费者在前期粗放式地信任平台或销售人员，签订合同前没有仔细阅读，或是轻信销售人员或客服的口头承诺，对自身权益的保障意识较为薄弱，最后导致维权困难。

第三部分　典型案例分析

案例一：口头承诺难兑现，买家退费遇困难

L先生在某二手车电商平台上订购了一台二手车，支付了4888元手续费，签订合同时L先生授权商家工作人员签名，销售人员承诺给手续费后可以提供一次换车的机会。随后L先生发觉另外一辆车较好，向销售人员提出想换购另外一台，销售人员建议L先生先支付第二台车的手续费，口头上承诺会退回第一台车4888元的手续费。结果L先生支付了第二台车的手续费后，第一台车的手续费却迟迟未退还。L先生称自己多次联系销售人员，甚至联系分公司管理层，对方均表示会退款，但却没有实际行动。最后L先生向广州市消委会投诉，才最终得到退款。L先生认为，销售人员态度一般，分公司管理层虽态度真诚，但也没法解决问题，效率令他十分不满意。

L先生在交易环节过于相信销售人员的口头承诺，在一定程度上造成后期维权难的困局。而平台没有在交易环节提醒交易注意事项，也未能及时回应处理，在广州市消委会的调解下，才作出了相应改善。

分析：根据《消费者权益保护法》第四条、第五条和第七条，本案例平台经营者违背诚信与公平原则，对顾客虚假承诺，侵犯了消费者财产的合法权益。同时，根据《消费者权益保护法》第二十二条，经营者应当按照国家有关规定或者商业惯例向消费者出具发票等购货凭证或者服务单据，而本案当中，销售者收取了消费者的手续费用，但没有出具相关单据，无形中对于交易争议认定产生较大的困难，不利于处于弱势地位的消费者进行后续的维权。

此外，还有一点应当引起平台经营者高度注意。根据《民法总则》第一百七十条之规定，在职权范围内的工作事项，法人或者非法人组织对其工作人员以他们的名义实施的民事法律行为负责。而本案当中，据消费者L先生描述“销售人员态度一般，分公司管理层态度真诚”，反映了经营者公司对销售人员管理和监督不严的问题，从而导致消费者的合法权益受损。由此看来，加强经营者内部的管理，亦是保护消费者正当合法权益的有效手段之一。

案例二：卖车许诺腾指标，远超期限难实现

广州的N先生将车辆交与某二手车电商平台进行挂卖，平台承诺无论车辆有没有售卖出去，到45天的期限都会腾出指标给N先生，广州是限牌城市，到期未腾出指标会导致车主无法使用指标给新车辆上牌。结果平台逾期多日仍未腾出指标，最后N先生向广州市消委会投诉，才令该平台腾出车牌指标。N先生认为，平台多方面亟须改进，一是内部人员太多，销售有专员、接车有专员、检测有专员、办理过户也有专员，但彼此之间又缺乏整体有效的衔接，加上人员流动，消费者要一人对接多人，烦不胜烦；二是流程烦琐冗余，事事都要申请，环节过细，令问题拖延；三是保卖协议对卖车的人来说不太友好，只约定了单方的义务，他认为这样的协议"有问题"。

分析：根据《消费者权益保护法》第二十条，经营者在提供销售服务时，应当真实、全面，不得作虚假或者引人误解的宣传。本案例中"保卖协议"是指销售者平台与客户之间签订的一种承诺协议，保证销售平台自签订协议之日起45天之内，完成二手车的过户、退牌等手续。但在现实中，销售平台会利用本身占据的一些优势，在协议当中约定许多有利于己方的条款，譬如单方解除权行使条件、合同争议发生时人民法院管辖地约定等。本案例中的消费者正因如此，才感觉到维权的困难，并增添了许多不必要的麻烦。

根据《消费者权益保护法》第十六条、第二十六条第二款，经营者应当对其与消费者的约定履行相应的义务，并不得作出排除或者限制消费者权利、减轻或者免除经营者责任的行为。本案当中，平台经营者既然已经跟消费者约定了相应的事项，就应该按照约定完成，而不是期限届满的时候推卸责任，违背契约精神，置消费者权益于不顾。

案例三："以租代购"含猫腻，签约流程有误导

花都的X先生在某二手车电商平台的实体门店签约购车，付了首付后连续供了11期，且无逾期记录，后发现当初签的电子合同其实是"以租代购"的形式，如果要成为车主，则需要在12期付款后再次申请审批分期直至期满，这将产生更多隐藏的额外费用，令购车价格高出市场价；如不续约，则X先生必须将车辆退回，那么11期购车供款只相当于租金。X先生称自己一直以为11期供车款是购车的供款，应该继续供车，而不该重新申请审批。他与平台多次协商未果，只能退车了事。X先生称已交了首付、供车款、服务费、退车赔偿金共计4万余元，一直以为是购车，结果只相当于租车，令他十分愤慨。X先生认为平台经营者在签合同时完全是误导消费者，销售人员催促他点击电子合同上的"确认"按钮，没有时间给他阅读，也没有声明和解释重要条款，更没有签名环节，令他掉以轻心。但因这份电子合同确实写了"以租代购"等条款内容，X先生认为平台有意钻法律空子，欺骗消费者，令他维权艰难。

分析：根据《消费者权益保护法》第二十六条，经营者在经营活动中使用格式条款的，应当以显著方式提请消费者注意商品或者服务的数量和质量、价款或者费用、履行期限和方式、安全注意事项和风险警示、售后服务、民事责任等与消费者有重大利害关系的内容，并按照消费者的要求予以说明。本案例中，平台经营者在与消费者签订"电子合同"时，并没有尽到提示消费者注意该合同的性质、目的等内容的义务，这些内容是影响消费者是否订立合同的关键因素。另外，根据《消费者权益保护法》第五十五条之规定，经营者有欺诈消费者的情形的，还可能会受到惩罚性赔偿。

同时，平台经营者违反了《消费者权益保护法》第8条，侵犯了消费者知悉真情权。本案平台经营者用"以租代购"与"分期购车"的概念混淆视听，侵犯了消费者享有知悉其购买、使用的商品或者接受的服务的真实情况的权利。

案例四：贷款流程太迷糊，审批失败难追责

P先生通过二手车电商平台分公司购买了一辆二手车，但他连车都还未见到，平台的工作人员就叫他交首付，说银行放款后就可以提车，还告诉P先生如果银行审核失败可以全数退款。然而P先生交首付后银行没有放款，车也没到手，工作人员说银行审批不通过是P先生的问题，办理退车要罚近万元的违约金，否则不退款，这令P先生感觉上当受骗了。

分析：根据《消费者权益保护法》第十六条，经营者向消费者提供商品或者服务，应当恪守社会公德，诚信经营，保障消费者的合法权益；不得设定不公平、不合理的交易条件，不得强制交易。本案例中，平台经营者的做法明显违背了诚实信用原则，在某些方面的约定也设定了不公平且不合理的交易条件，让消费者蒙受不当的损失。

而且本案例中的平台经营者还存在欺诈之嫌，首先诱导消费者P先生付首付并申请银行贷款，并承诺银行审核失败可以退还全额首付，但之后P先生申请银行贷款失败，经营者却说需罚近万元的违约金方能退还P先生的首付。显而易见，这种经营者欺骗消费者的行为，在法律上是难以承认的，甚至可能要承担严重的法律后果，若是触犯《消费者权益保护法》第五十五条之规定，经营者还可能会受到惩罚性赔偿。

第四部分 二手车电商平台发展的对策建议

产生上述问题的主要原因，一是广州市二手车电商交易行业整体质量发展水平依然偏低，经营平台的规模水平、技术手段、管理能力都还有较大提升空间；二是平台主体责任落实不到位，从业人员素质整体水平不高，部分经营平台的法治观念、社会责任意识和诚信意识还有待加强；三是监管整体效能不高；四是社会共治氛围不浓，对行业企业的约束力较弱。

为促进广州二手车电商平台向着良性健康的方向发展，共同解决现有的问题，共建和谐的消费环境，广州市消委会根据二手车企业负责人、二手车行业专家、律师团的意见，提出了以下观点和建议：

一、构建完善的法律法规，加强监督管理

首先，根据二手车电商平台的交易特性制定和完善立法，在现有法律框架内制定加强二手车电商平台监管的法律法规。目前我国针对二手车行业的法律法规只有2005年颁布实施的《二手车流通管理办法》①以及2006年配套颁布的《二手车交易规范》②，后在2013年有了首个国家标准《二手车鉴定评估技术规范（GB/T 30323-2013）》，另外2019年颁行的《电子商务法》，其属于电商法的基本法，以网络零售为主，适用于所有电商领域，对于二手车电商平台的规范也作了一些补充，但也没有专门针对二手车电商平台的法律法规，无法充分发挥对行业发展的指导与规范作用。因此，建议国家有关部门及时出台专门针对二手车电商平台监管的法律法规，制定具体的规范和要求，构建完善的监管法律法规。其次，建议监管部门应加强事前、事中、事后监管，明确第三方平台责任，提高监管效能。电商平台吸引消费者的途径之一就是广告宣传，建议相关部门要规范平台的广告宣传内容，加大对平台虚假宣传、夸大宣传等行为的处罚力度。最后，建议相关部门根据监管情况，出台相应的指导意见，指导和督促二手车交易市场和二手车经营者认真履行法定义务和社会责任。补足一些实际操作中的监管漏洞。

二、提高二手车电商平台的普及度，增加使用率

上述调查显示，七成以上的受访者认为二手车电商交易模式优于传统交易模式，由此可知消费者在某种程度上对二手车电商平台的接受度较高，但仅四成的消费者表示会考虑通过二手车电商平台进行二手车交易，这表明二手车电商交易虽然是一种便捷高效的模式，但其使用仍未得到最大限度的普及。要提高二手车电商平台的使用普及度，一是要增强二手车市场与电商平台的对接，补充和丰富电商平台的车辆资源，让消费者有更多的选择；二是要拓宽交易渠道和交易方式，架接好卖车方和买车方的桥梁，当交易过程出现纠纷时，电商平台作为中间方要及时提出专业的建议，让交易更顺畅；三是要加强宣传推广，发掘潜在使用者，吸引更多人熟悉和接受二手车电商交易模式；四是要结合当前政策，搭乘科技时代的高速列车，打造智能二手车电商平台生态链，为二手车线上线下交易业态的衔接、创新、发展注入新动能，激发出新活力。

三、扩展平台的服务渠道，完善检测技术流程

由调查结果可知，仅过半数受访者认为“车辆检测”结果完全可信，且五成以上受访者认为平台售卖的车辆存在问题。针对此情况，一是可提高服务水平，在线上交易模式的基础上另辟渠道，开拓线下二手车现场选购等一站式服务，如瓜子二手车在广州黄埔区开辟了“二手车严选店”模式，增加了消费者选购比对的机会。二是完善检测技术流程，相关部门、行业组织和第三方检测机构可形成合力，联手研究制定适应目前二手车车况检测的标准，强化车辆检测资格认证的培训系统，培养技术能力好、职业素质高的二手车鉴定师，在电商平台的二手车检测中适当引入第三方检测机构参与检测评估，提高检测报告的客观性和准确性。

四、营造诚信环境，真正做到“没有中间商赚差价”

在美国、日本等二手车交易行业发达的国家，诚信环境已然成熟，对二手车检测、二手车交易等一系列环节起到保障作用。建议相关部门借鉴国外成熟的经验，结合实际情况，加强与二手车电商平台的沟通和合作，加快探索建立可查可控的诚信交易体系，减少信息不对称现象。共同建立完善的社会诚信体系。建议一方面建立共享数据平台，推动平台大数据与政府治理的深度融合，最大限度地实现数据的交流与共享；另一方面健全二手车交易制度，包括透明的车辆档案追溯制度、清晰的价格浮动参考制度、科学的金

---

① 商务部、公安部、工商总局、税务总局令2005年第2号《二手车流通管理办法》。

② 商务部公告2006年第22号《二手车交易规范》。

融贷款计算模式等方面的制度规范。从数据管控和制度规范这两方面加强二手车经营者诚信与自律，充分发挥平台优势，建立车辆买卖合同、贷款、事故、检测、维修等收集渠道及记录跟踪。在交易中如遇到有隐瞒问题的二手车辆，可通过数据平台追溯至源头卖家、平台的车辆经手人、贷款公司等，厘清出现问题的环节，全面优化二手车线上交易环节。只有完善二手车市场信用环境，才能在整体环境上改变目前二手车行业交易现状，倒逼二手车电商平台在交易过程中自觉自律，做到车源透明、价格透明、收费透明等，实现宣传中的“没有中间商赚差价”。

五、提升平台服务水平，打造维权绿色通道

二手车电商平台的服务应包括售前服务、售中服务、售后服务三大部分，任何一个环节都不能落下。在售前，平台可通过自身强大的互联网纽带，形成一套实用的数据披露制度和科学管理体系，将各种车况数据、客情数据加以沉淀，令消费者用较少的搜寻成本作出理性的购车决策，并通过透明的车辆价格、规范的售前承诺，为顾客提供更便捷的精准服务。在售中，即交易的各个环节，平台经营者可设置醒目提醒，提示消费者交易注意事项。如在车辆交易环节增加录制交易视频，提醒消费者注意车辆检测报告和合同条款等。在售后，经营者可设立对外解疑窗口或投诉热线，邀请消费者对员工工作进行监督，并建立专门的投诉应对机制，划分投诉类型，如按合同退款、按时腾出指标等无争议的投诉，应以遵守合同为原则及时处理；对于有争议的投诉，应开启绿色通道，优化处理时效，及时介入调查，积极解决问题。而针对某些客服人员服务态度差、解决问题的能力欠缺等情况，要从堵住内部管理漏洞入手，平台经营者应适当提高从业人员门槛、加强内部人员培训、设置合理的进入退出和奖惩机制，切实提升工作人员的专业水平和职业素养。更重要的是，二手车交易市场企业、二手车经营者在交易、经营二手车时，都要按照《二手车流通管理办法》《二手车交易规范》等要求，规范使用《二手车买卖合同》，规范各自的经营行为。

第五部分　消费提示

一、消费者应理性对待广告宣传

二手车市场的车辆质量参差不齐，低质量的二手车可以借助虚假广告掩盖其缺陷，误导消费者选购。这些虚假广告通常表现为：进行虚假描述，用处理过的外观来隐瞒二手车的真实车况；以“低价格”为诱饵出售事故车辆、水泡车、火烧车等；以及广告宣传中模糊概念，做出一些无法核实或实现的承诺。消费者要理性看待广告宣传语，通过咨询、网络搜索等对平台可靠性进行判断，注重实际的信誉评价而非广告宣传，并结合鉴定评估机构的检测结论以及身边专业人士的建议多加甄别。

二、要检查车辆手续是否齐全

车辆手续含车辆登记证、行驶证、原车发票、车辆购置税完税凭证、车辆保修凭证、养路费及交强险等，特别要注意二手车的“两证”（车辆登记证、行驶证），没有两证的车辆建议尽量不要购买，否则在车辆使用过程中会有无法年检、购买保险、受损索赔等诸多麻烦，还有可能购买到抵押车、盗抢车、走私车等法律限制或禁止转让的车辆，存在被追回的风险。

三、要注意列明车辆详细信息

要注意列明车辆详细信息：包括二手车的品牌、标识号码、汽车代码、车辆主要配置、颜色、款式、价款等基本要素。还有可以要求卖方明确提供车辆的使用、检验、事故、修理以及是否办理抵押登记、报废期、缴纳税费等真实情况信息。避免购买信息不公开不透明的二手车。

四、签合同时应仔细阅读条款

在签合同前耐心阅读，搞清楚条款，把签合同的节奏掌握在自己手里，尤其对于违约责任规定，一定要问清楚，对于卖方或平台的一些免责条款也要仔细关注，并且对于自己不同意或者要求加上的条款在合同上以文字形式固定下来。交易时要分清一些字眼的区别，例如“定金”和“订金”二者的法律效力是不一样的，定金是属于担保的性质，主要是为了保证主合同的履行，所以具有一定罚则。如若车主违约，“定金”不能返还；若商家违约，则车主可要求双倍返还，这对双方都具有一定约束力。因此交“定金”对车主而言会有一定保障，但亦存在不可反悔的风险。而“订金”只是预付作用，交易不成功便可退回。

五、二手车过户后还要一并办理“保险过户”

到保险公司办理过户手续在很多消费者看来是多此一举，但必须要了解的是交强险“随车不随人”，但也有很多二手车购买了商业险，商业险则是“随人不随车”，按照合同相对性原则，保险过户是非常必要的。

六、交车与付款交接均应留痕

对于二手车交易来说，签订合同后，还需一手交车一手交钱，注意交车和付款这两个环节，按照法律规定，原车主证明或过户是交车的证明方式，但稳妥起见仍建议白纸黑字写明何年何月交接车钥匙、行驶证、所有权证书等。付款则一般建议用转账方式，如是现金交易则也须有收据，以免发生不必要的纠纷，也方便日后举证。

七、提高保护自身权益的意识和能力

消费者当遭遇消费纠纷时，应注意留存证据，先与平台商家沟通协商，协商未果可以选择拨打当地“12345”政府热线，或者向消费者组织寻求帮助，也可通过直接提起诉讼的方式进行维权，广大消费者应提高维权意识，积极维权。

民宿行业服务现状调查报告

摘　要

一、调查概况

近年来，广州市民宿行业蓬勃发展。据中国旅游协会相关数据，2018年广东省民宿客栈数量达18441家，居全国第一；民宿客栈数量Top20的城市分别是北京、成都、广州等，广州排名第三。据不完全统计，2018年广州市进入旅游统计的民宿有近千家，总体呈现快速增长势头。目前城市民宿与乡村民宿蓬勃发展，同时，民宿业在立法、监管职能界定、民宿业的规范化标准方面尚不完善，个别商家在利益驱使下不乏出现损坏消费者合法权益的现象。为此，广州市消委会针对广州地区民宿行业服务现状开展专项消费调查，广泛收集消费者意见，全面了解民宿消费信息，反映消费者诉求，进而提升民宿服务质量，强化民宿消费领域消费权益保护，推动民宿行业规范化发展。

根据国家旅游局发布的《旅游民宿基本要求与评价》(LB/T 065-2017)、国家信息中心发布的《共享住宿服务规范》等相关政策性文件，结合民宿运营情况及消费者体验各项环节，广州市消委会在调查前期开展民宿研讨会，经研判，设计了若干项民宿服务水平评价参考指标，并根据各项参考指标设计网络问卷及体验消费调查问卷。

二、调查结果

为更客观、真实调查出广州地区的民宿现状、消费者感受、不同民宿之间的优劣、消费过程呈现的问题，此次调查采用网络问卷调查与体验式消费调查相结合的方式开展。

网络调查结果显示，消费者对广州地区民宿服务行业满意度较高。此次网络调查共收集2172份有效样本问卷，消费者满意度总体评价为74.5分，其中“风格特色”评价最高，为75.1分，其他“周边环境”“配套设施”等综合评价均在70分以上。(见图1)

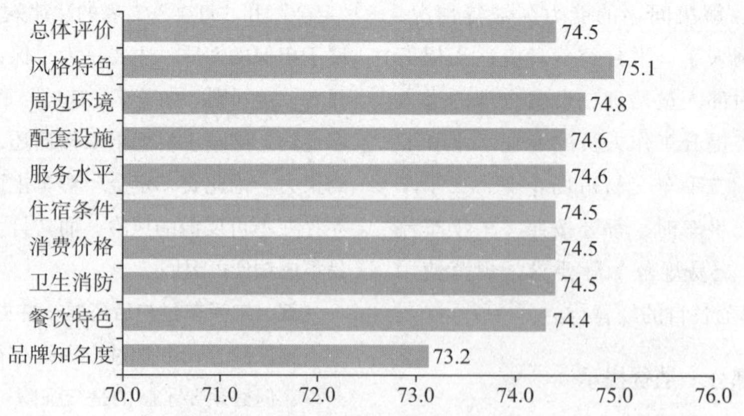

图1　广州地区民宿行业服务满意度评价情况（单位：分，满分100分）

体验消费调查方面，调查人员通过随机选取全市各区共20家民宿企业，以普通消费者身份亲身体验，真实反映消费过程、体验感受，记录民宿内部管理情况，并根据调查总体情况得出相应评价指数。体验数据显示，

评价等级5星的民宿有4家，占20%；4星半、4星的民宿有5家，占比25%；3星半、3星的民宿有9家，占比45%；2星半的民宿有2家，占比10%。（见图2）从体验结果得出，大部分民宿管理规范，服务优良，设施完备，能满足消费者基础性的居住服务需求；有部分民宿特色显著，凸显岭南文化和西关风情，室内设计吸引眼球，能为消费者带来个性化、多样化的住宿体验。少数民宿存在内部管理不到位问题，在卫生环境和安全设施方面较为突出。

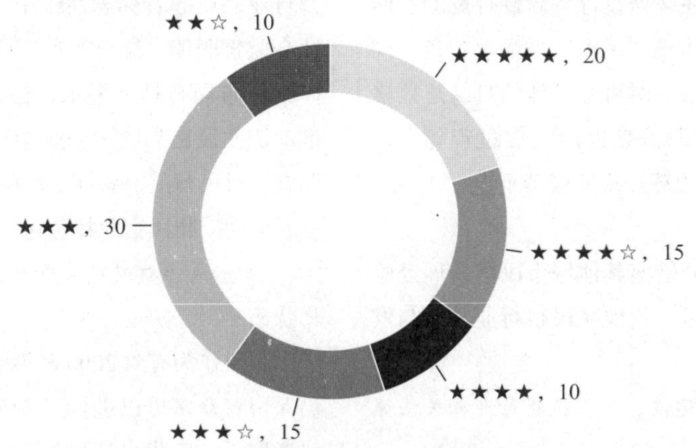

图2　广州20家体验调查民宿评价等级及占比（单位：%）

注：根据评分表现，将评分转化为评价等级，其中85分及以上评价等级为★★★★★，80分及以上、85分以下为★★★★☆，75分及以上、80分以下为★★★★，70分及以上、75分以下为★★★☆，65分及以上、70分以下为★★★，60分及以上、65分以下为★★☆。

三、调查结果分析

根据本次调查结果，广州地区民宿行业现状呈现以下几方面特点：

（一）广州地区已经呈现一定数量的优质民宿

网络调查数据显示，广州地区民宿行业服务评价总得分为74.5分，评价较高；体验调查数据显示，20家民宿服务评分平均分为72.7分，最高分为90.3分，部分优质民宿在风格特色、软硬件配套、经营规范、服务能力与水平等方面表现突出。

（二）广州地区打造岭南文化的民宿特色特出

网络调查数据显示，广州地区民宿风格特色评价最高，为75.1分。同时，体验调查结果显示，20家民宿中有大部分民宿服务水平较高，地方文化特色鲜明，包括城市民宿与周边的历史文化氛围融为一体，充分体验老城区市民生活，建筑物风格和结构、内部装修装饰具有一定艺术设计理念等；乡村民宿凸显广州古村风貌、乡村风俗风情，能充分地体验到农事和饮食以及客家山区的风俗风情等。

（三）民宿行业的发展主要依托成熟的第三方运营平台

目前，国内提供民宿在线订房服务的第三方平台众多，经调查统计，包括携程、去哪儿、Booking、飞猪、途家、Airbnb爱彼迎、小猪、木鸟等20余家，民宿经营者主要通过第三方平台进行推广宣传、获取客源和订单等。网络调查与体验调查结果均表明，主流第三方平台房源较为丰富、介绍清楚、选择方便，消费者在平台操作预订、支付等流程也方便快捷。一定程度上，互联网行业的飞速发展带动了民宿行业的兴起与发展，GPS定位服务为一些较有特色而地理位置偏远的民宿提供了便利。

（四）部分民宿的内部管理与服务存在欠缺

体验调查发现，部分民宿提供的卫生服务不到位。主要包括：个别民宿床单未清洗干净；防虫防蚊等不到位；窗台、桌椅、厨房等地方有积尘和污迹。同时，部分民宿经营者安全意识相对不足，没有很好履行安全生产与消防责任。20家民宿中有9家没有安装及配备相关消防设施，或消防器材管理不善随意摆放，占体验调查样本总体的45%。

（五）广州地区民宿行业品牌宣传力度不足

网络调查数据显示，品牌知名度评价偏低，为73.2分。体验调查发现，民宿主要经营主体一般规模较小，房间数量有限；民宿经营者主要通过第三方平台进行推广宣传、发布房源信息及获取客源、订单等，宣传方式较为单一。调查结果表明目前广州地区民宿行业发展处于起步阶段，尚未形成强大的品牌影响力，行业内优秀民宿品牌较少，更多的是依托城市丰富的文化与旅游资源，完善的基础设施与商业配套，借助第三方平台运营发展。

（六）个别民宿存在一定程度的打“擦边球”现象

体验调查发现，一些经营者将公寓包装成“民宿”，通过网络平台开展经营活动，例如存在单栋建筑客房超过民宿规定数量，然而，在装修设计等软硬件配套、服务内容与服务品质上没有体现“民宿”的显著特色。同时，第三方平台审核不严格，对房源具体信息缺乏严格的核实机制，甚至虚构房源信息也能完成过审等，以“民宿”名义经营的打“擦边球”现象屡禁不止。

四、对策建议

综合调查结果，在充分借鉴其他城市民宿发展经验的基础上，广州市消委会对广州地区民宿行业消费与发展提出以下几点建议：

（一）加快完善规范化建设，完善民宿行业相关法律法规

明确民宿行业与酒店行业的定义、区别，对民宿的建筑如何为功能服务、民宿的个性和共性之间的关系、民宿的经济性和社会性如何协调、民宿和当地社区的共建共享等方面给予更为明确的规范与引导。通过完善立法与制度建设，引导与促进民宿经营规范，在满足消费者住宿、安全、卫生等方面的基础需求上，推动与促进民宿提供更优质的服务，推动行业整体发展。

（二）明确政府职能，确立民宿行业监管职责

从整体来看，目前广州民宿业发展还存在监管依据不足、监管主体缺失、事中事后监管困难等问题。2019年6月21日，广东省政府发布了《广东省民宿管理暂行办法》，自2019年9月1日起施行，该办法全面系统地对民宿的开办条件与程序、经营规范、监督管理及法律责任等作出了明确的规定，明确民宿管理遵循“政策引导、属地统筹、部门监管、行业自律”的原则。该办法的发布加强了广东省各地市民宿经营规范力度，是推动民宿业健康发展的有力举措。建议根据“放管服”改革的思路，加快完善民宿行业立法，对民宿定义、管理原则、法律责任等予以明确规定；同时行业主管部门及各相关监管部门加强事中事后监管。同时，加强网络监管，明确第三方平台责任。根据民宿行业平台化经营特点，明确界定第三方平台应该承担的各项责任，包括民宿房源审查、对房东“炒信”以及其他违规行为的监管、消费纠纷协调化解、严重侵权与问题房源及时下架等。

（三）加强行业自律，推动民宿业诚信经营

广州市民宿业近几年迅速发展的同时，存在参差不齐、管理不严等情况，应在行业内树立标杆、制定行业标准，提升广州民宿总体质量，提升整体服务水平。2019年1月28日，在广州市文化广电旅游局进行业务指导下，广州市民宿行业协会正式成立，这一举措有助于推动广州市民宿行业规范化建设，对引领行业标杆和提升行业品质起着标志性作用。同时，发挥消费者组织的社会监督职能，结合当前广州市放心消费创建工作的整体工作布局与具体要求，搭建共建共享共治消费平台，推动优质民宿品牌、企业参与诚信建设活动；开展消费调查，对民宿的一些深层次问题进一步研讨与提出建议，不断推动广州民宿业特色化、品牌化优质发展。

（四）着力打造精品民宿，充分发掘广州地区岭南文化特色

广州作为有着2000多年历史的文化名城，老城区里仍保留着众多可以进行多方面活化利用的历史建筑及其他老房子，广州也被列为全国首批历史建筑保护利用试点城市之一，经过体验调查显示，广州市在荔湾区、越秀区等具有西关风情、岭南文化特色的地区均出现一些不错的特色民宿，深受消费者的喜爱，是众多外地游客到广州打卡圣地的首选住宿。同时，广州市人民政府办公厅印发的《广州市历史建筑保护利用试点工作方案》（穗府办函〔2018〕43号）中也提出，“鼓励历史建筑变身民宿、咖啡馆等，研究资金补贴和奖励的相关措施”，显示了政府对打造特色民宿、精品民宿方面的重视。

（五）拓宽宣传渠道，向广大消费者推荐优质民宿

一是充分发挥广州市民宿行业协会的服务功能，协会加强星级民宿评选工作，携手消费者组织，遴选及推介优质民宿品牌给广大消费者参考和选择。二是重视媒体宣传，树立舆论导向，加强优质民宿的广泛宣传。此外，针对问题民宿及时曝光，强化媒体监督。三是重视旅游部门、旅游协会、民宿协会与第三方平台的沟通与合作，合力构建旅游与住宿的共同发展，为消费者到广州旅游、住宿、餐饮等消费提供更为便利的渠道，提升广州旅游业的综合发展水平。

五、消费提示

消费者预订民宿时应注意甄别，同时保护自身合法权益：

（一）消费者选择民宿时要充分收集信息，注意甄别，通过口碑较好的第三方平台预订民宿，例如在一些显示当地民宿数量多、可选择类型多、网友点评较多的平台进行货比三家。

（二）认真核对平台上显示民宿的各类信息内容，包

括民宿经营相关证照、所在地址、房间数量、价格等，同时留意平台提供参考图片是否真实。此外，部分民宿属于房东在当地的自有房屋，存在实际房间数量有限、住址偏僻、消费后无发票等情况，这些因素消费者都应提前考虑。

（三）有个别乡村民宿因旧房改造，在防盗、消防设施方面较为简陋，应留意消防安全与自身财务安全问题；

（四）注意保留订单信息、发票等消费凭证，在遇到消费纠纷的问题时方便举证、维权。

第一部分 广州地区民宿行业服务现状调查概况

一、调查背景

（一）民宿的定义

“民宿”二字源自日本的Minshuku，典型的民宿是指利用自用住宅空闲房间，或者闲置的房屋，结合当地人文、自然景观、生态、环境资源及农林渔牧生产活动，以家庭副业方式经营，提供旅客乡野生活之住宿处所。最小的民宿可能只有一间客房，大型的民宿则可能具有菜园、花园等，某些民宿主人也发展许多与当地观光有关的服务，如协助住客租赁车辆，规划有当地旅游、当地特产制作过程等的行程。根据国家旅游局发布的旅游行业标准《旅游民宿基本要求与评价》（LB/T 065—2019）[①]对民宿的定义，旅游民宿是指利用当地民居等相关限制资源，经营用客房不超过4层、建筑面积不超过800平方米，主人参与接待，为游客提供体验当地自然、文化与生产生活方式的小型住宿设施[②]。但在我国民宿行业具体发展实践中，民宿概念更为宽泛。一般是指由个人业主、房源承租者或商业机构利用空闲房间或旧房子，通过适当改造，为旅客提供的一种非标准化的、富有人文气息的特色住宿，包括典型的民宿、客栈、家庭旅馆、青年旅馆、部分精品酒店等形态。

（二）广州民宿基本现状

据中国旅游协会民宿客栈与精品酒店分会发布的《2018年全国民宿产业发展研究报告》[③]，2018年广东省民宿客栈数量达18441家，居全国第一；民宿客栈数量Top20的城市分别是北京、成都、广州等，广州排名第三。据不完全统计，2018年广州市进入旅游统计的民宿有近千家，总体呈现快速增长势头[④]。

2018年12月，广州市出台《关于促进和规范乡村民宿发展的意见》，把乡村民宿作为农村产业振兴战略的重要抓手、全域旅游的重要支撑和满足新时代人民群众对美好生活向往的重要载体，将通过一系列资源和政策的支持，让广州乡村民宿旅游发展成为游客心目中岭南文化的代表内容之一。2019年3月，广州市文化广电旅游局印发《广州市民宿旅游发展专项规划（2018—2035）》，提出广州民宿旅游未来将打造3大特色片区、8大重点发展区以及20个标杆示范片区，此外，未来还将形成50个最美民宿、100个网红民宿和300个品质民宿等。

（三）民宿的立法与监管问题

民宿的发展尚处于探索中，目前还没有真正意义上的统一的法律法规，随着民宿行业的兴起，同时存在监管主体缺失、第三方平台的责任归属等问题亟待解决[⑤]。一是旅游部门对住宿业的监管主要涉及星级饭店，民宿暂未纳入其中；二是《旅游法》中将民宿等非标准化的住宿领域的监管下放到各个省、区、直辖市，要求各地根据情况出台关于民宿的标准（见《旅游法》第四十六条，“城镇和乡村居民利用自有住宅或者其他条件依法从事旅游经营，其管理办法由省、自治区、直辖市制定”），而目前各省都还没有非常明确的标准出台，主要是一些行业协会的自律性文件，或者各地市县一些零散的规定，位阶都不高；三是，广东也没有出台强有力的、可供经营者或者监管部门直接参照的规范；四是，对于民宿存在监管的空白，平台方主要通过开放评论系统，让消费者的评分来倒逼民宿提供方提高服务。法律的缺失和监管的空白，一方面民宿违规建造造成的扰民问题、消费纠纷等现象时有发生，消费者合法权益难以有效保障；另一方面也导致了相关部门执法的非常态化，使得民宿行业发展面临双重困境。

二、调查目的

此次调查，通过体验式消费和网络调查相结合，真

---

① 2017年8月15日（原）国家旅游局批准并公布《旅游民宿基本要求与评价》（LB/T 065-2017）标准，2017年10月1日起实施。2019年7月3日，文化和旅游部批准并公布旅游行业标准《旅游民宿基本要求与评价》（LB/T 065—2019），该标准自发布之日起实施。相对2017年的旧标准，2019年的新标准对旅游民宿定义增加经营用客房楼层与建筑面积限制。

② 根据所处地域的不同可分为：城镇民宿和乡村民宿。

③ 资料来源：http://m.yunnan.cn/system/2018/12/22/030161498.shtml，该报告于第四届全国民宿大会上发布，报告采用2018年“去哪儿网”的数据，从酒店位置、价格范围、设施服务、客栈档次、入住要求等方面进行统计分析。数据截至2018年11月23日。

④ 资料来源：广州旅游网http://www.goqh.com.cn/zszn/690.html。

⑤ 资料来源：《广州市民宿旅游发展专项规划（2018—2035）》。

实、客观反映广州地区民宿行业服务与消费的综合情况，获取消费者对民宿消费需求，反映消费体验与感受，分析广州地区民宿品牌、口碑的评价等相关信息等，立足调查结果，从民宿行业发展、消费需求和消费维权等方面向经营者、普通消费者及政府监管部门提供参考建议，为政府制定民宿规范，推动民宿行业健康良性发展提供可行性建议。

三、调查方式

（一）确立调查指标

首先，根据国家旅游局发布的《旅游民宿基本要求与评价》（LB/T 065-2017）、国家信息中心发布的《共享住宿服务规范》等政策性文件，以及消费者满意度调查的一般理论与方式方法，结合民宿运营及消费所涉及的主要环节等，建立民宿服务水平评价指标体系（具体见附件1）。广州地区民宿服务现状调查指标体系包括：一级指标3个，包括“软硬件配套”“服务品质”与“品牌形象”；二级指标6个，包括“环境与建筑”“配套设施”“卫生和安全”“产品和服务”“网络信息服务”与“品牌形象”；三级指标包括“建筑和装修特色与风格的鲜明性”“客房装饰整体效果”“安全管理”“卫生管理”等37个。其次，根据调查指标体系与计划采取的调查方法特点，设计调查问卷，包括：网络调查问卷与体验式消费调查问卷。最后，采用网络问卷调查与体验式消费调查相结合的方式，开展广州地区民宿行业服务现状调查，采集调查数据等。

（二）调查方式

表1　调查总体设计

调查方式	调查对象及样本量	调查目的
文案研究	收集并整理各级政府及行业协会关于民宿行业的相关政策、法规信息，以及各级调查机构、媒体、专家学者等对民宿行业及消费者调查成果等。	指导调查设计与问卷设计，并作为研究成果的参考。
网络问卷调查	调查对象：在广州有民宿消费经历的消费者，包括团体、家庭及个人等各种形式。男女比例约为1∶1。 总样本量：2172份。	获取民宿现状概况、服务品质、消费者感受、运营合规性等相关信息，监测与评估民宿服务现状总体水平。获取消费者对民宿的总体认知情况、民宿消费情况、民宿服务满意度、消费维权评价等相关信息等。
体验式服务调查	调查对象：广州市内民宿。广州市中心城区（越秀、荔湾、海珠、天河、白云、黄埔等）均覆盖。 样本量：20个。	更真实反映民宿目前的服务软硬件的情况。
民宿经营者及业内专家等走访（一对一深度访问）	对象：代表性民宿经营者及业界专家 样本量：2个。	获取广州地区民宿行业发展现状综合情况，相关产业运营模式，以及广州地区民宿行业的优势和不足等。

（三）数据计算方法

1.数据汇总。建立统计线性模型，将所采集的评价数据进行清洗、核实、校对，并最终整理确认。

2.数据量化。对绝对数指标进行相对值转化处理。逆向指标正向化。问卷满意度评分项目直接按比例进行转换，将三级对应指标项目进行归一化处理、加权平均处理。最终把各项指标转成按百分制计算分数。

第二部分　广州地区民宿行业服务现状网络调查情况

一、广州地区民宿行业服务现状总体评价良好

本次网络调查共收集2172份样本问卷，调查结果显示，广州地区民宿行业服务评价总得分为74.5分。其中风格特色相对评价较高，为75.1分，其次是周边环境，评分为74.8分。广州地区民宿行业服务评价总体情况良好、各项指标普遍良好。

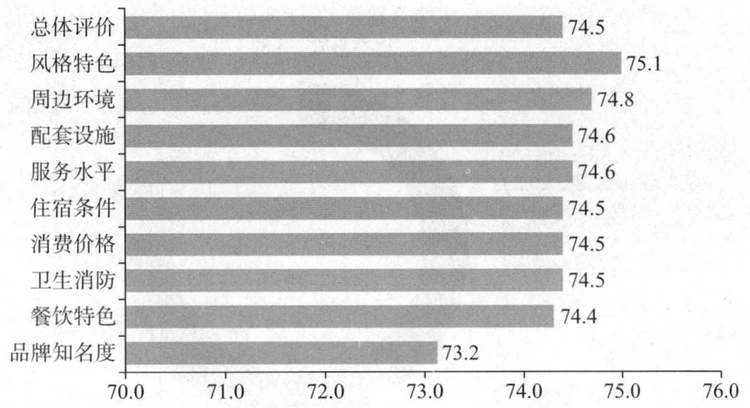

图3　被访者对广州地区民宿行业服务现状评价情况（单位：分）

调查发现，民宿房东主要通过第三方平台进行推广宣传，获取客源、订单等。目前，国内提供民宿在线订房服务的第三方平台众多，经调查统计，包括携程、去哪儿、Booking、飞猪、途家、Airbnb爱彼迎、小猪、木鸟等20余家第三方平台均可提供民宿在线订房服务。主流第三方平台房源较为丰富、介绍清楚、选择方便，同时，预订与支付等操作均方便快捷。一定程度上，互联网行业的飞速发展带动了民宿行业的兴起与发展，GPS定位服务为一些较有特色而地理位置偏远的民宿提供了便利。

二、广州地区民宿房源丰富，经营较为规范

根据网络调查结果，被访者对广州地区民宿产品与服务满意的方面主要有：民宿类型多，房源丰富，占45.3%的比例；遵守法律法规，进行身份登记，占比42.0%；房源信息真实，支付方便快捷，占比39.6%；公平诚信，明码标价，占比36.7%；另外，交通方便，出行便捷，占比28.1%，周边环境好，建筑装修有特色，占比27.2%。

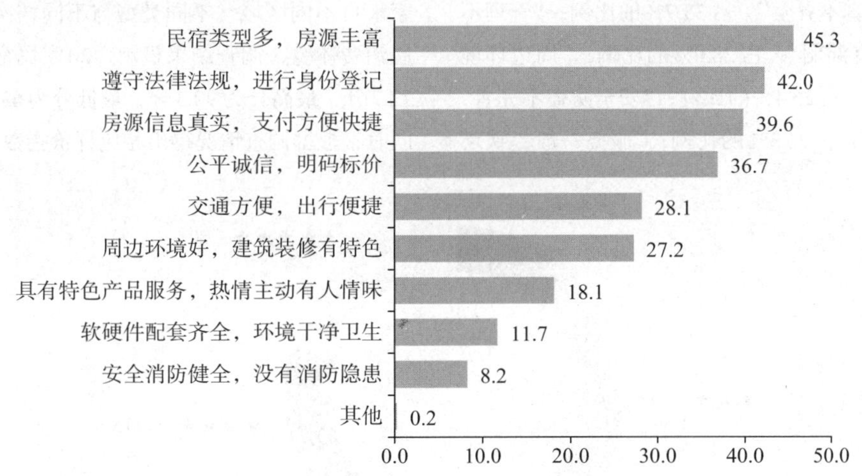

图4　被访者对广州民宿产品与服务满意的方面（单位：%）

三、房源介绍与实际一致性较高

网络问卷调查结果显示，民宿经营者发布在第三方平台上的民宿房源介绍，与实际情况一致性较高，占70.95%，分别是"房源介绍与实际一致"为23.11%；"房源介绍与实际基本一致"为47.84%。29.05%的被访者认为存在一定程度的不一致，其中，"房源介绍与实际差异较大，货不对版"比例为3.82%。

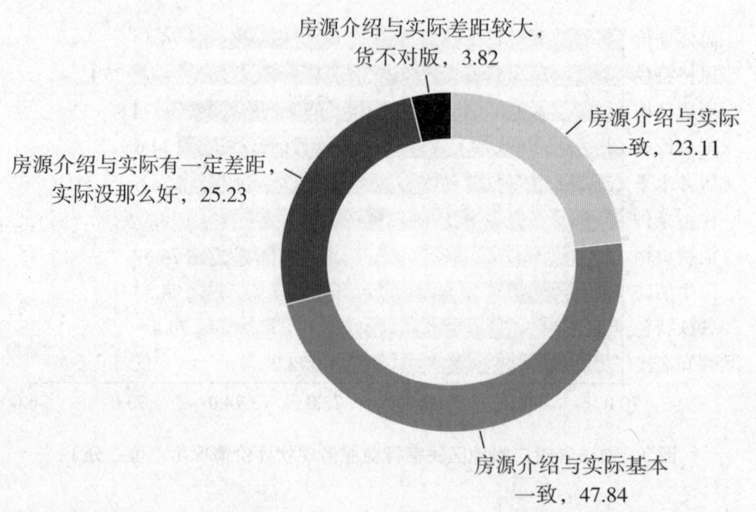

图5　被访者在入住时对房源介绍是否与实际一致的评价（单位：%）

让被访者认为不一致问题主要是“内部环境与配套设施”，占43.3%的比例；“服务项目与服务质量”，占35.8%的比例。

四、广州民宿需进一步改善配套设施，加强管理规范

从广州地区民宿存在的不足看，根据网络调查结果，被访者认为广州地区民宿产品与服务存在的问题主要有：“设施较简陋，配套不齐全”，占35.7%的比例；“管理不规范，住宿登记有漏洞”，占28.0%的比例；“周边环境差，出行不方便”，占26.4%的比例；“安全防盗不完善，个人隐私性较差”，占26.3%的比例；“服务一般，缺乏特色”，占25.7%的比例。因此，民宿经营者应进一步提高投入，改善配套设施；同时，加强管理规范，特别是在住宿登记与安全防盗等方面，提高管理水平。

第三部分　广州地区民宿体验调查情况

一、广州地区20家体验民宿推荐排行及分析

此次调查，从广州地区上千家民宿中随机挑选了20家来自不同区域、不同类型与不同档次、收费的民宿开展消费体验，调查结果显示，20家民宿总体服务评分为72.7分，最高分为90.3分，最低分为63.8分。（见附件1）同时，根据调查情况得出相应评价指数。（见图6）

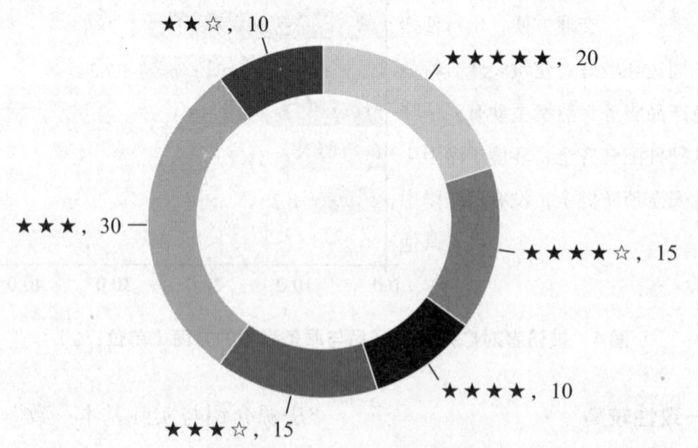

图6　广州20家体验调查民宿评价等级及占比（单位：%）

注：根据评分表现，将评分转化为评价等级，其中85分及以上评价等级为★★★★★，80分及以上、85分以下为★★★★☆，75分及以上、80分以下为★★★★，70分及以上、75分以下为★★★☆，65分及以上、70分以下为★★★，60分及以上、65分以下为★★☆。

体验调查结果显示，评价等级5星的民宿有4家，占20%；5星半、4星的民宿有5家，占比25%；3星半、3

星的民宿有9家，占比45%；2星半的民宿有2家，占比10%。

二、体验调查情况及分析

（一）城市民宿充分利用历史建筑，岭南文化与民俗特色鲜明

体验调查发现，优质城市民宿发掘利用丰富历史建筑与文化遗存，与周边的历史文化氛围融为一体，建筑物风格和结构、内部装修装饰具有一定艺术设计理念等，地方特色与文化特色鲜明。

图7　城市民宿地方特色和文化特色鲜明

体验民宿之一，体验评价等级5星，建筑物外立面、立柱、栏杆、设有服务台、牌坊和建筑物的风格和结构具有一定艺术设计理念，形态优美、细节丰富。房间装修美观、舒适，虽然不豪华，但温馨、风格统一鲜明。

图8　民宿特色鲜明

体验民宿之二，体验评价等级5星，建筑物具有浓郁的时代特征和地域特色，风格中西合璧，自然和谐。各项设施完备，烘托出一股浓郁的民国风。

（二）乡村民宿凸显广州古村风貌、乡村风俗人情

乡村民宿能充分地体现广州古村风貌、乡村风光、农事和饮食以及客家山区的风俗风情等。

图9　乡村民宿自然风光优美

体验民宿之三，体验评价等级5星，民宿最大的优点是可以在阳台眺望百花水库，180度的视野，可观夕阳与晨曦，夜赏明月湖色，赏心悦目。房东主动热情介绍附近餐饮、游玩的去处。

图10　民宿装修美观、风格鲜明

体验民宿之四，体验评价等级五星，建筑物风格具有一定艺术设计理念，简朴和谐、形态优美、细节丰富。房间装修美观、舒适温馨、风格统一鲜明。

（三）个别民宿运营与管理水平整体不高

1.建筑选址、经营规模不够规范。根据目前对民宿经营的一般要求，民宿单栋建筑的客房数量不得超过14间，城市民宿不得在封闭小区内经营，以及乡村民宿应避开易发山洪、泥石流等自然灾害的高风险区域等。大部分经营者能够符合民宿建筑选址及经营规模的要求，合规运营，也有部分民宿在经营规模等方面超标等。根据对20家民宿的体验调查情况，有5家（城市民宿）在封闭小区内经营，存在扰民问题等，占体验调查样本总体的25.0%；有2家规模上超标，单幢建筑的客房数量超过14间（套），占总体的10.0%；有1家乡村民宿没有避开易发山洪、泥石流等自然灾害的高风险区域，占总体的5.0%。

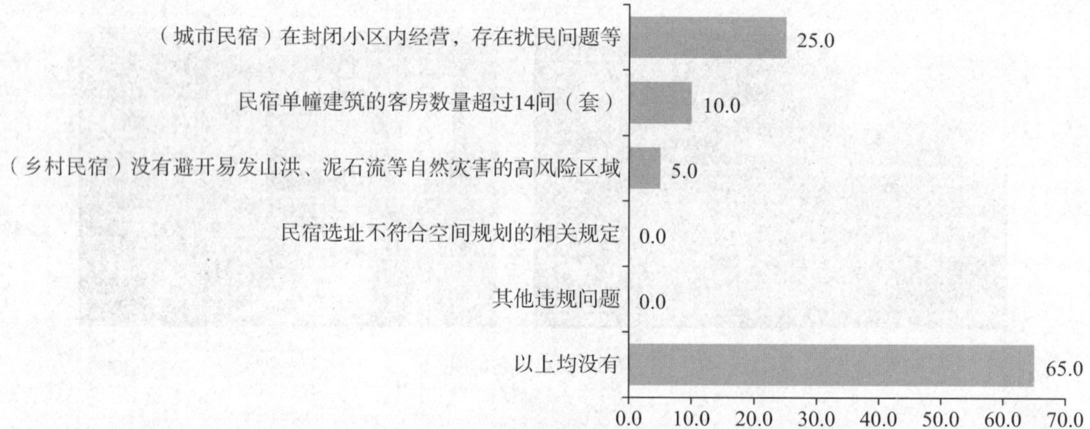

图11　民宿建筑选址、经营规模规范化情况（单位：%）

图12　个别民宿环境与建筑无特色

体验民宿之五，该民宿位于一幢老旧的七层高住宅楼里，与居民区内其他居民共用进出口及其他配套设施，整体环境欠佳。

图13　小区内民宿

体验民宿之六，该民宿位于居民小区内，与其他居民共用通道、电梯，民宿门外没有任何标识，和其他居民住户相似。

2.在规范经营方面存在一定欠缺。根据对20家民宿的体验调查情况，有10家没有将营业执照及相关证照置于经营场所显著位置，占体验调查样本总体的50.0%；有2家不能为消费者开具发票，有2家从事食品销售、餐饮服务，没有摆放食品经营许可凭证，各占总体的10.0%。

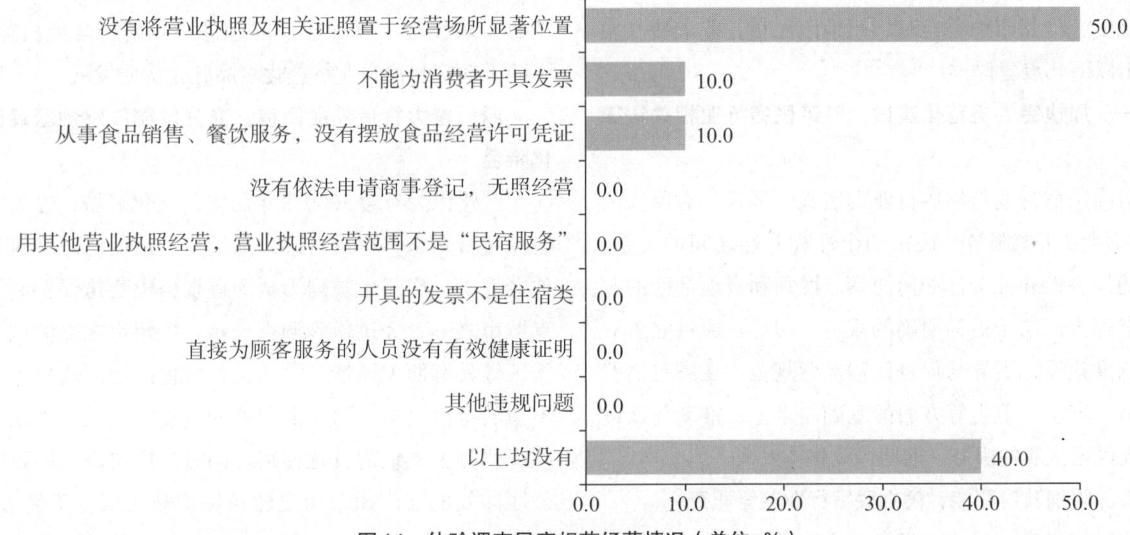

图14　体验调查民宿规范经营情况（单位：%）

3.安全设施与安全管理不完善。调查发现，部分民宿经营者安全意识相对不足，没有很好履行安全生产与消防责任。

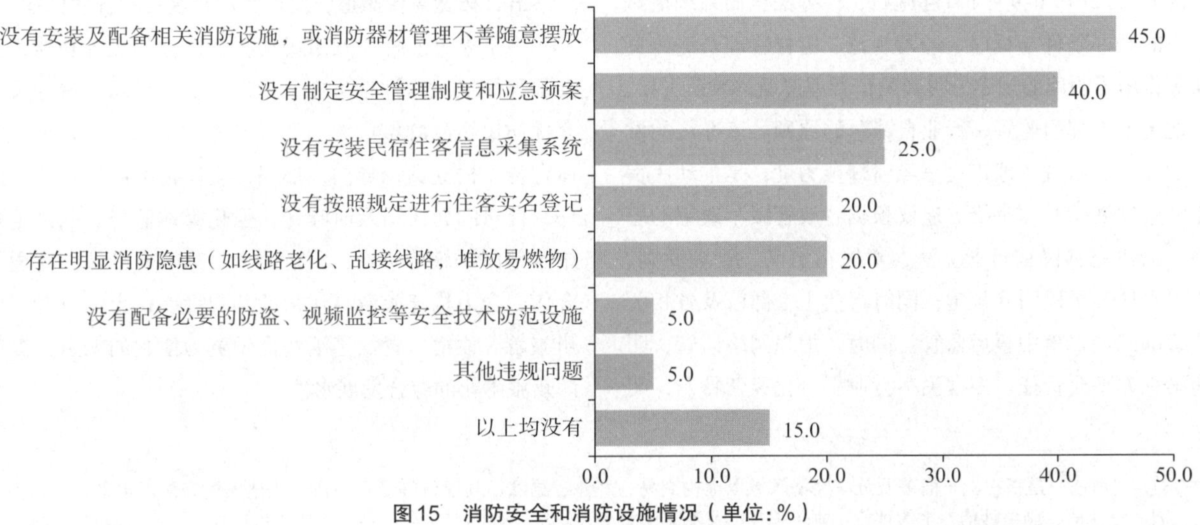

图15　消防安全和消防设施情况（单位：%）

根据对20家民宿的体验调查情况，有9家没有安装及配备相关消防设施，或消防器材管理不善随意摆放，占体验调查样本总体的45.0%；有8家没有制定安全管理制度和应急预案，占总体的40.0%；有4家，存在明显消防隐患（如线路老化、乱接线路，堆放易燃物），占总体的20.0%。

另外，有5家没有安装民宿住客信息采集系统，有4家没有按照规定进行住客实名登记，分别占总体的25.0%与20.0%；有1家没有配备必要的防盗、视频监控等安全技术防范设施，占总体的5.0%等。不存在明显治安与消防安全问题与隐患的只有3家，占总体的15.0%。

第四部分　对策建议

综合调查结果，在充分借鉴其他城市民宿发展经验的基础上，广州市消委会对广州地区民宿行业消费与发展提出以下几点建议：

一、加快完善规范化建设，完善民宿行业相关法律法规

明确民宿行业与酒店行业的定义、区别，对民宿的建筑如何为功能服务、民宿的个性和共性之间的关系、民宿的经济性和社会性如何协调、民宿和当地社区的共建共享等方面给予更为明确的规范与引导。通过完善立法与制度建设，引导与促进民宿经营规范，在满足消费者住宿、安全、卫生等方面的基础需求上，推动与促进民宿提供更优质的服务，推动行业整体发展。

二、明确政府职能，确立民宿行业监管职责

从整体来看，目前广州民宿业发展还存在监管依据不足、监管主体缺失、事中事后监管困难等问题。2019年6月21日，广东省政府发布了《广东省民宿管理暂行办法》，自2019年9月1日起施行，该办法全面系统地对民宿的开办条件与程序、经营规范、监督管理及法律责任等作出了明确的规定，明确民宿管理遵循“政策引导、属地统筹、部门监管、行业自律”的原则。该办法的发布加强了广东省各地市民宿经营规范力度，是推动民宿业健康发展的有力举措。建议根据“放管服”改革的思路，加快完善民宿行业立法，对民宿定义、管理原则、法律责任等予以明确规定；同时行业主管部门及各相关监管部门加强事中事后监管。同时，加强网络监管，明确第三方平台责任。根据民宿行业平台化经营特点，明确界定第三方平台应该承担的各项责任，包括民宿房源审查、对房东“炒信”①以及其他违规行为的监管、消费纠纷协调化解、严重侵权与问题房源及时下架等。

三、加强行业自律，推动民宿业诚信经营

广州市民宿业近几年发展迅速的同时，存在参差不齐、管理不严等情况，应在行业内树立标杆、制定行业标准，提升广州民宿总体质量，提升整体服务水平。2019年1月28日，在广州市文化广电旅游局进行业务指导下，广州市民宿行业协会正式成立，这一举措有助于推动广州市民宿行业规范化建设，对引领行业标杆和提升行业品质起着标志性作用。同时，发挥消费者组织的社会监督职能，结合当前广州市放心消费创建工作的整体工作布局与具体要求，搭建共建共享共治消费平台，推动优质民宿品牌、企业参与诚信建设活动；开展消费调查，对民宿一些深层次问题进一步研讨与提出建议，不断推动广州民宿业特色化、品牌化优质发展。

四、着力打造精品民宿，充分发掘广州地区岭南文化特色

广州作为有着2000多年历史的文化名城，老城区里仍保留着众多可以进行多方面活化利用的历史建筑及其他老房子，广州也被列为全国首批历史建筑保护利用试点城市之一，经过体验调查显示，广州市在荔湾区、越秀区等具有西关风情、岭南文化特色的地区均出现一些不错的特色民宿，深受消费者的喜爱，是众多外地游客到广州打卡圣地的首选住宿。同时，广州市人民政府办公厅印发的《广州市历史建筑保护利用试点工作方案》（穗府办函〔2018〕43号）中也提出，“鼓励历史建筑变身民宿、咖啡馆等，研究资金补贴和奖励的相关措施”，显示了政府对打造特色民宿、精品民宿方面的重视。

五、拓宽宣传渠道，向广大消费者推荐优质民宿

一是充分发挥广州市民宿行业协会的服务功能，协会加强星级民宿评选工作，携手消费者组织，遴选及推介优质民宿品牌给广大消费者参考和选择。二是重视媒体宣传，树立舆论导向，加强优质民宿的广泛宣传。此外，针对问题民宿及时曝光，强化媒体监督。三是重视旅游部门、旅游协会、民宿协会与第三方平台的沟通与合作，合力构建旅游与住宿的共同发展，为消费者到广州旅游、住宿、餐饮等消费提供更为便利的渠道，提升广州旅游业的综合发展水平。

---

① “炒信”是指在电子商务及分享经济领域以虚构交易、好评、删除不利评价等形式为自己或他人提升信用水平，包括但不限于因恶意注册、刷单炒信、虚假评价、刷单骗补以及泄露倒卖个人信息、合谋寄递空包裹等违法违规行为。

第五部分　消费提示

消费者预订民宿时应注意甄别，同时保护自身合法权益：

1.消费者选择民宿时充分收集信息，注意甄别，通过口碑较好的第三方平台预订民宿，例如在一些显示当地民宿数量多、可选择类型多、网友点评较多的平台进行货比三家。

2.认真核对平台上显示民宿的各类信息内容，包括民宿经营相关证照、所在地址、房间数量、价格等，同时留意平台提供参考图片是否真实。此外，部分民宿属于房东在当地的自有房屋，存在实际房间数量有限、住址偏僻、消费后无发票等情况，这些因素消费者都应提前考虑。

3.有个别乡村民宿因旧房改造，在防盗、消防设施方面较为简陋，留意消防安全与自身财务安全问题。

4.注意保留订单信息、发票等消费凭证，在遇到消费纠纷的问题时方便举证、维权。

附件1：广州地区民宿行业服务调查参考指标及20家民宿体验各项指标评分

一级指标	评分	二级指标	评分	三级指标	评分（100分值）
软硬件配套	72.7	环境与建筑	74.4	主体建筑与环境的协调性	72.0
				建筑和装修特色与风格的鲜明性	71.5
				周边环境与配套设施（如餐馆、便利店等）	80.5
				地方风物特色鲜明性	71.0
				地方风物体验方便性	72.0
				交通条件与停放交通工具方便度	79.5
		配套设施	72.8	客房装饰整体效果	75.5
				住宿设施、寝具安全舒适度与卫生整洁度	72.0
				客房照明、遮光效果和隔音措施	75.0
				餐饮设施安全舒适度与卫生整洁度	70.0
				卫生间、洗浴设施及提供24小时冷热水	76.0
				公共空间业设计风格与整体效果	73.8
				辅助设施（如娱乐设施、咖啡吧）	65.5
				家具、家电等其他配套设施	74.5
		卫生和安全	71.1	消防设施与消防管理	70.0
				安全管理	72.5
				卫生管理	70.5
				消毒措施	66.9
				通风及无异味、无潮霉	73.5
				卫生间通风防潮及卫生清理	70.0
				防鼠、防虫、防蚊等措施	74.4
服务品质	73.5	产品和服务	69.8	设计、运营和服务体现地方特色和文化	69.0
				有特色产品或服务	67.1
				产品与服务的创新性	65.3
				提供特色餐饮服务	67.5
				收费项目明码标价，诚信经营	78.5
				民宿主人服务水平与服务特色性	72.0
				提供与组织宾客乐于参与的活动	67.8
				产品与服务整体体验价值	71.0

续表

一级指标	评分	二级指标	评分	三级指标	评分（100分值）
		网络信息服务	81.0	网络推广、宣传	77.0
				通过网络获取相关信息方便度	81.0
				通过网络获取相关信息全面性、具体性	78.0
				线上预订、支付服务便捷度	87.9
品牌形象	70.2	品牌形象	70.2	建筑和装饰为宾客营造生活美学空间	71.0
				建筑和装饰体现当地特色	69.5
				传播优秀地方文化	68.0
				引导绿色环保	72.1

成都市消费者协会

殡葬服务行业消费评议调查报告

近年来，随着消费观念的变化，殡葬服务消费作为一种新型的消费模式逐渐被消费者接受。然而，由于殡葬服务消费涉及众多不特定消费者切身利益，且制度、管理等方面还不能适应消费需求的快速增长，导致现实中仍然存在诱导、捆绑、强制消费等消费侵权问题。

为深入了解当前殡葬服务消费领域存在的主要问题，督促相关部门规范管理，引导消费者理性消费，成都市消费者协会依据《消费者权益保护法》及相关法规，于2019年8—10月针对本市殡葬服务消费情况开展消费者调查活动，就消费者关心的问题进行深入调查，尽可能客观、真实地了解全市殡葬服务消费状况、需求、意愿、行为习惯及维权状况，收集广大消费者的意见、建议，维护逝者尊严和公共利益，为政府部门决策提供参考，为规范和改善消费环境建言献策。现将调查情况报告如下：

一、评议调查的基本情况

（一）调查方式：本次调查采取回收报纸刊登问卷+回收网络刊发问卷两种形式开展。

（二）调查的点位分布：全市范围内。

（三）刊登调研问卷的媒体：四川消费质量报2019年8月6日第一版，消费质量网。

（四）有效样本量：本次评议调查发放纸质问卷10000份，经回收审核合格样本为7294份，最终分析采用样本量为7294份；网络调查问卷回收1004份，经审核合格样本为1004份，最终分析采用样本量为1004份。

二、存在的问题

（一）限制消费知情权

根据消费者所知，一些商家提供的服务不透明或信息不对称，限制了消费者的知情权。从市消协了解到的情况及相关新闻报道来看，消费者对殡葬服务机构所提供的服务内容、服务标准、服务流程、收费价格等方面知晓程度不高，一些殡葬服务机构甚至还存在诱导、捆绑、强制消费等情况。比如，消费者信息被倒卖。由于殡葬行业透明度不高，信息不对称，为了“争尸”抢生意，一些殡葬服务机构想方设法购买逝者信息，以便及时获取逝者去世的时间、地点、数量等信息并快速“上门”服务，而信息的提供者则可以根据这笔业务的实际成交金额获得比例不等的报酬。这笔不菲的“信息费”最终被转嫁到消费者身上。有消协工作人员就遭遇过“被倒卖”的情况。

有的“一条龙”成了“一条笼”。由于不知该如何料理丧事，在亲人去世后，一些消费者大多会选择“一条龙”服务。但一些“一条龙”服务机构抓住生者“给逝者尽孝尽心不还价”的心理，在遗体接运、暂存、火化、骨灰存放以及生态安葬等政府定价项目之外，以“自选”名义“建议”丧家在逝者告别仪式及殡葬环节购买多种项目，比如穿衣费、消毒费、香烛费、抬灵费、纸品费、卫生费、遗体整理费（洗身、更衣、化妆）、遗物焚烧费、鲜花费、安位清扫费等，少则十几项，多则二三十项；少则三四百元，多则几千上万元。甚至有消费者在结算时才发现自己为逝者在遗体告别环节所用的鲜花花费了数万元。有些高额项目虽事前明码标价，任君选购，但若丧家不选，服务人员则千方百计游说。处在失去亲人悲痛中的消费者本已心力交瘁，如果不懂就容易被误导，最后往往掏钱购买。

有的服务人员则事前抛出一些免费项目并帮着操持，取得丧家信任后再“建议”丧家在逝者告别仪式等“尽孝”“尽善”环节购买多种项目。即使对于价格不情愿，很多丧家一般也只能一一买单。而丧家交钱购买了有偿服务后，一些“一条龙”服务机构尤其是非法黑机构要么想方设法压缩服务环节、内容，要么在各种物料上以次充好，要么以“避税”等借口不提供费用明细清单。有的殡葬服务机构则对不便直接标价或在陈列展示处标价的，虽然在结算时向消费者提供了费用明细清单，但未将明细清单作为收费附件。很多消费者很难有时间和精力为此与这些机构周旋交涉，最后往往是不了了之。

消费者反映强烈的问题还集中在暗箱采购、搭车销售、强买强卖之类导致价格虚高、变相收费等延伸服务，包括贩卖逝者信息、违规接运遗体、虚假宣传、以次充好、强制消费、价格欺诈等侵害消费者权益行为。而除买墓地所需的费用外，还有所谓刻字费、贴金费、选墓费、绿化费等。近年来，互联网殡葬服务行业还出现了冒充正规殡葬服务单位发布虚假信息或假冒民政部门指定单位的网站等情况。

（二）消费维权意识还有待提高

随着消费教育普法工作的深入开展，相当多的消费者在使用殡葬服务时，会注重通过朋友推荐、网络查询等方式，选择口碑好、规模大、经营时间长的商家；遭遇消费纠纷后，也懂得维护自己的合法权益。也有部分消费者对殡葬行业服务不满意时，选择“算了”或者自己与商家协商，维权意识还不够强。

三、对我市殡葬服务行业消费领域的改进建议

殡葬是民生大事，殡葬服务内容寄托了生者对逝者的哀思，实现“逝有所安”是新时代满足人民群众美好生活需要的重要内容之一。

本次调查结果表明，殡葬服务消费给消费者带来方便的同时，消费者对相关环节的透明度、真实性均较为担忧；相关行业良莠不齐、亟待规范，有较大改善和提升空间。相关职能部门、行业协会及经营者和消费者应该重视和关注。为了营造良好的信用消费环境，引导消费者合理选择殡葬服务消费，促进殡葬服务消费模式的健康发展，成都市消费者协会提出如下建议：

（一）政府层面：出台保障制度，制定示范合同文本

随着1985年发布《国务院关于殡葬管理的暂行规定》，1997年实施《殡葬管理条例》（以下简称《条例》），殡葬行业逐步被纳入法律监管范围，并对殡葬设施管理、丧事活动管理、殡葬用品管理、监督管理和法律责任等进行了明确规定。但其内容仍然存在调整空间。

2012年，国家发展和改革委员会和民政部发布的《关于进一步加强殡葬服务收费管理有关问题的指导意见》（以下简称《指导意见》）中将殡葬服务区分为基本服务和延伸服务。

《指导意见》指出，基本服务的收费标准实行政府定价，由各地价格主管部门会同有关部门在成本监审或成本调查的基础上，考虑财政补贴情况，按照非营利原则从严核定，主要包括遗体接运（含抬尸、消毒）、存放（含冷藏）、火化、骨灰寄存等必需的服务。

延伸服务则是指在基本服务以外、供群众选择的特殊服务，包括遗体整容、遗体防腐、吊唁设施及设备租赁等，由各地根据本地情况实行政府指导价。

因此，我们建议相关部门应加快修订和完善相关法律规定，对殡葬服务机构的资格、规范、保障、监督、法律责任进行细化规定，细化明确经营者、消费者的权利和义务，规范殡葬服务消费秩序，预防殡葬服务消费系统风险；加强部门协同、抽查、年报、第三方评估、信用监管和社会监督等，解决协同监管机制不健全、措施手段不足等问题。

同时，建议由相关职能部门和行业协会牵头，共同制定殡葬行业服务消费示范合同文本，明确填写细则要求，明确双方的违约责任，对可能发生争议或易引起歧义的地方明确规范（如未按照约定提供服务所应承担的违约责任等），尽量减少消费者与经营者之间发生纠纷的概率；相关职能部门应加大对殡葬服务消费市场的监管、整治力度，明确服务规范和从业操守，明确核心服务环节的规则程序，并规定不得巧立名目，不得误导、捆绑、强迫消费，不得限制使用自带的合法丧葬用品等，为解

决服务过程中的常见消费纠纷及制度难题提供依据；联合相关职能部门，强化对殡葬服务机构的信用监管，建立健全专门的信用监管平台及准入制度，并通过媒体及时向社会和广大消费者公布诚信单位、失信名单，从消费角度推动殡葬改革在管理体制、管理手段、管理职能和服务市场秩序等方面与市场经济体制相适应。

（二）行业层面：加强备案、指导、自律

我们建议，主管职能部门、消协组织、行业协会应加强对殡葬服务机构、从业人员的指导，以从业机构为单位建立殡葬代理服务从业人员身份备案制度，定期组织专家、法律界人士对从业人员进行行业务知识培训；强化“诚信经营”教育，给每家殡葬服务机构、每个从业人员建立诚信档案，并以团体标准引领规范殡葬服务，实行行业自律、失信曝光等措施，教育并指导殡葬服务机构自觉做好合同条款解释工作，并按规定签订，降低纠纷发生率；以新媒体为载体，设立殡葬服务消费投诉咨询平台，为消费者提供更多的消费常识，引导消费者选择具有相关资质、有信誉保障的殡葬服务机构购买产品和提供服务；积极拓宽消费投诉渠道，为消费者投诉咨询提供便利。

（三）消费者层面：倡导科学消费，强化维权意识

推进殡葬服务领域消费者合法权益保护工作，离不开全社会共同的关注和参与。

我们建议，相关职能部门、消协组织应充分调动消费者积极作用，呼吁和号召社会各界热心于消费维权事业的人士参与到维权工作中来，通过具体的工作和服务推进消费者权益保障和落实，培育良好的社会参与气氛，夯实民众参与基础。

消费者在接受殡葬服务消费时，应做到“三要三不要”：

第一，要培育良好的消费理念，在接受服务前要尽量充分了解殡葬服务机构经营状况、诚信度，对殡葬服务的质量、价格、口碑、售后等要素进行综合考量，不要单纯以价格或宣传导向作为选择依据而盲目消费、冲动消费，及时签订书面合同，以免遭遇消费陷阱或纠纷。

第二，消费者要不断提升消费知识水平特别是维权知识水平，要敢于依法维护自身合法权益，不要因为“怕麻烦”就放弃维权，发生问题及时向当地消费者协会投诉，或向有关行政主管部门申诉。

第三，在消费过程中，消费者要及时签订书面合同，并注意保留服务项目介绍、协议、发票等相关的文字、照片、视频证据，不要嫌烦琐。

十大行业消费者满意度指数报告

一、调研背景

为全面、系统、有针对性地了解消费者对于成都各区县消费环境满意情况，从而为进一步改革优化本市营商环境提供决策参考，成都市消费者协会组织开展了“2019年十大消费行业消费者满意度测评”工作。

本次满意度测评，针对十大行业进行了细化维度指标分析，洞察和挖掘消费者对不同行业满意的点及不满意的点。从而给出各行业未来发展与改进方向。协助政府部门监督、引导商家继续提供优质服务，推动各地、各部门更加重视安全放心的消费环境建设，更好地维护消费者合法权益，增强人民群众在消费领域的获得感、幸福感、安全感。

二、调研方法说明

为了深入了解消费者对于十大行业的看法，本次调研，采用座谈会和问卷形式采集了成都市范围内消费者对十大行业各个方面的评价和满意度。

（一）满意度指数体系

本次调研中，采用CSI指数模型（该指数模型经过实证检验，在质量、服务、客户满意度与行业之间的相关性的测算较为有效）设计了十大行业消费者满意度指数模型，基于模型设计了十大行业相应的问卷。共回收4600余份问卷，重点收集了消费者对于各行业的产品及服务质量、产品及服务质量与预期差距、投诉处理、行业诚信度、行业企业形象等多个维度的评价。

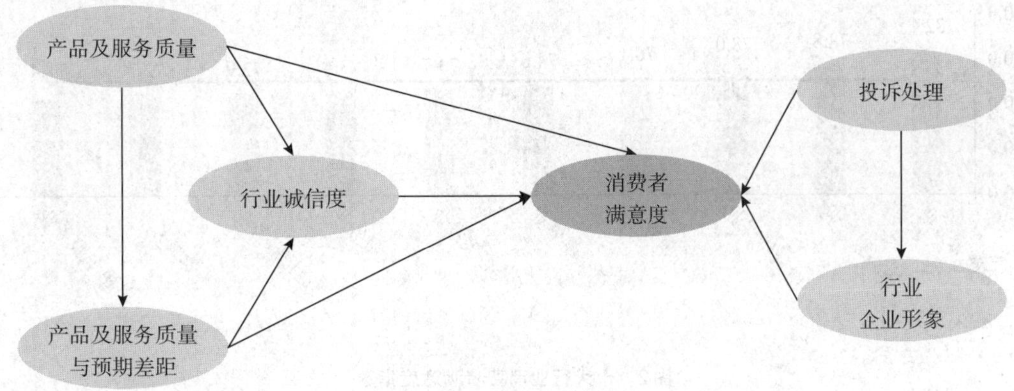

图1　CSI指数模型

表1　CSI指数模型样表

一级指标	指标说明	二级指标	指标说明	三级指标说明
产品及服务质量	指消费者在消费时，使用各行业产品或服务后对其质量的实际评价	产品质量	消费者使用产品时，对产品质量的实际感知，主要从产品的品质、性能、功能等维度评价	由于各行业特点不同，消费者对各行业的满意度关注维度也有所不同，因此调研中三级指标根据十大行业特点以及消费者关注的点进行了调整
		服务质量	消费者接受服务时，对服务质量的实际感知，主要从服务人员、服务环境、服务有效性等维度评价	
产品及服务质量与预期差距	指消费者在消费时感受到产品与服务的质量与消费前对质量的预期的差距	个性化预期	产品和服务是否满足消费者的个性化需求	
		可靠性预期	产品和服务的可靠性和稳定性是否达到消费者预期	
		质量的总体预期	产品和服务的总体质量是否达到消费者的预期	
投诉处理	指消费者产生投诉后，对投诉处理的满意度	正式投诉	消费者对正式投诉处理的满意度	
		非正式投诉	消费者对非正式投诉处理的满意度	
行业诚信度	指消费者对行业诚信度的评价	价格	产品或服务的价格是否符合其价值	
		收费诚信	收费时产品及服务的收费是否符合消费的价值，无隐形收费等情况	
		服务诚信	服务是否符合消费的价值，有无出现虚假服务的情况	
		宣传可信度	广告的宣传是否符合实际情况	
行业企业形象	指消费者在使用产品或服务前后对其所属行业企业形象的评价	社会贡献	行业内的企业是否对社会有贡献	
		环境保护	行业内的企业是否有参与环境保护	
		企业口碑	行业内的企业的口碑是否良好	
		企业宣传	行业内企业是否对消费者权益有良好的宣传	

三、十大行业满意度指数对比

从各行业总体满意度指数来看，**金融服务业、快递服务业、电梯维保业、旅游服务业**总体满意度高于十大行业平均水平，其中**金融服务业**最高。

汽车维修业、医美及美容美发业、餐饮服务业、通信服务业、家装服务业、出租车服务业满意度低于十大行业平均水平，其中**出租车服务业**总体满意度最低，有待改进。

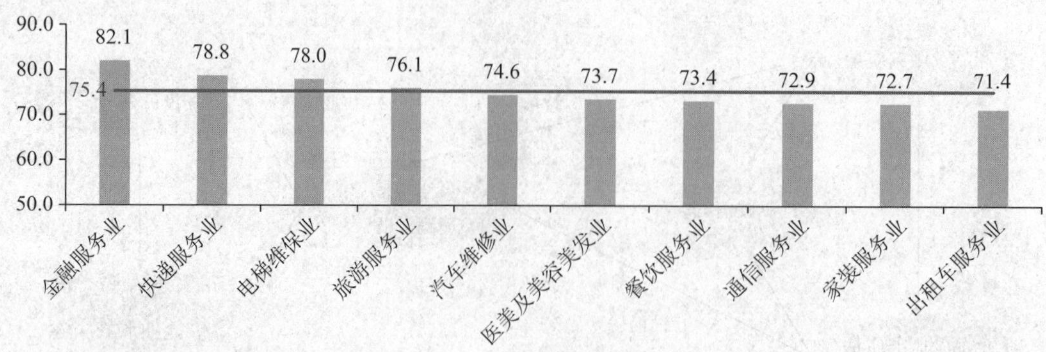

图2 十大行业消费者满意度指数

四、十大行业满意度详细情况

为了进一步了解十大行业各维度的表现，本次项目对比了各个行业的二级指标，分别挖掘了各个行业的满意度短板。

（一）金融服务业

金融服务业整体满意度指数为82.1分，十大行业中排第一。

图3 金融服务业得分情况

消费者较满意的方面主要为支付便利性和准确性，其次为金融网点的环境和服务。

支付便利性和准确性：由于网银功能的健全、手机客户端APP等科技的广泛应用，消费者可以通过网络直接进行查询、转账，线上支付等金融交易，大大节省了消费者的时间和精力。

金融网点环境及服务：消费者认为成都市大部分金融机构网点的环境舒适美观，且服务人员大多接受过专业、系统的培训，相对其他行业服务更加专业和规范。

消费者相对不满意的方面为产品收益和广告宣传诚信度。

产品收益和广告宣传诚信度：调研中有消费者反馈，在购买投资或保险金融产品时存在广告宣传中信息不完整、收益计算方法和实际不同的情况，同时还存在销售人员对收益细节和风险等信息隐瞒或提供不完整的情况，加上较大部分的消费者对金融理财相关知识了解得不够全面和深入，导致消费者购买的金融产品的实际收益低于预期，使得消费者对宣传可信度和产品收益满意度偏低。

从企业形象方面来看，消费者对金融机构的品牌知名度＆口碑的满意度较高，但对于金融机构在社会贡献方面的形象，满意度不高。

金融机构的品牌知名度：由于国家对金融行业的监管力度大，市面上以大型、连锁、正规的金融机构为主，消费者对这些金融机构的认知度和认可度都较高。

社会贡献：消费者对金融机构在社会贡献方面的实际参与和宣传相关信息感知较少，因此满意度不高。

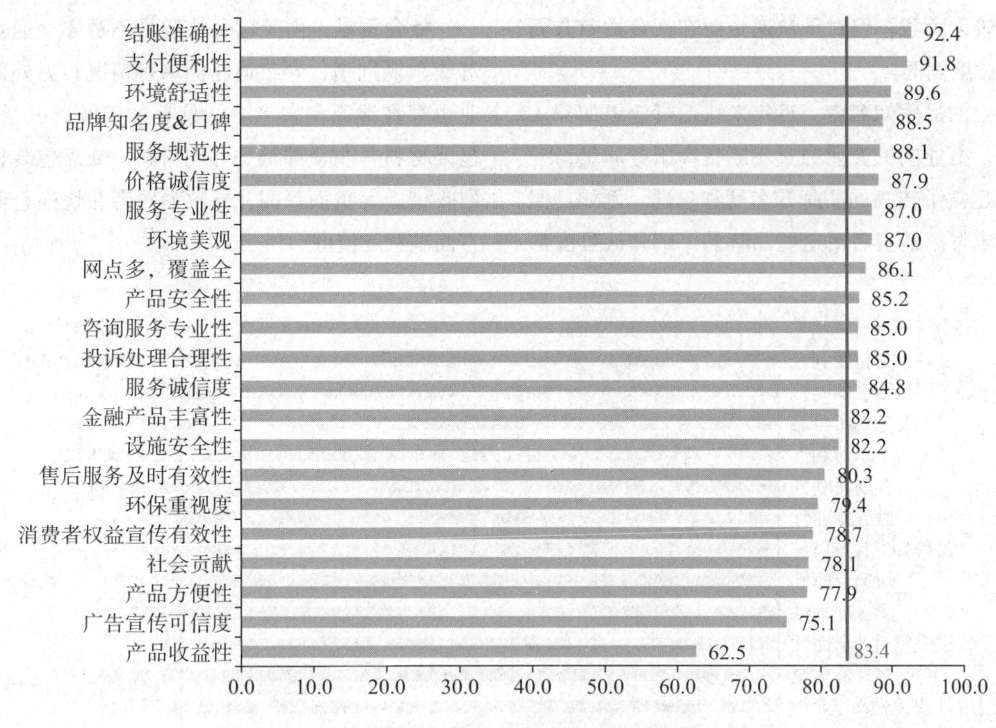

图4　金融服务业三级指标消费者满意度

未来金融行业的健康发展可以从金融机构规范运营监督及消费者金融产品使用风险意识提升两个方面着手。

对于金融机构，可加大对金融机构及销售人员在产品宣传真实性的监管，提高信息的透明度和完整性，确保消费者购买前可以获知完整的收益细节、风险信息等重要信息。

对于消费者，可引导消费者提升购买金融产品时的风险管控意识，以及对自身权益相关信息全面了解的意识，降低消费者金融产品购买风险。

（二）快递服务业

快递服务业整体满意度指数为78.8分，十大行业中排第二。

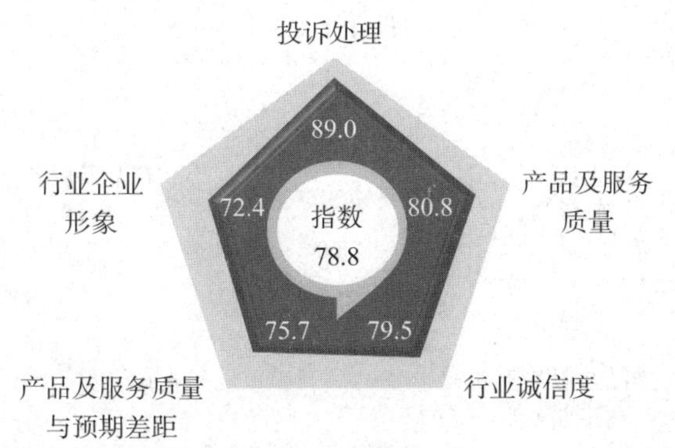

图5　快递服务业得分情况

消费者较满意的方面主要为支付的便利性及准确性、下单及查询的便利性和服务的专业性。

支付便利性和准确性、下单&查询便利性：由于快递行业对移动技术的应用越来越广泛，从手机软件APP，微信小程序，公众号到移动支付的应用，消费者可以便捷地在手机端完成下单、快递查询、支付等操作，大大提升了消费者的便利感。

服务专业性：随着行业规范化的推进，快递企业对快递员的培训更加完善和专业，大部分快递员都受过标准化的培训，能够向消费者提供专业的服务。

消费者相对不满意的方面为理赔效率、价格合理性以及投诉处理有效性。

理赔效率：由于快递行业申诉理赔流程复杂，各公司理赔标准不统一，缺乏行业统一的责任裁定标准等，理赔过程常出现快递公司和消费者“扯皮”的情况，导致消费者的理赔过程费时费力。

价格合理性：在偏远地区，快递行业存在消费者收发货时，需要额外缴纳费用的问题，因此消费者对快递行业的价格合理性有质疑，满意度偏低。

投诉处理有效性：由于快递整个运输流程中，会涉及发货方、快递公司、代收点等多方角色，而消费者在遇到问题时，会遇到各方之间相互推诿，“踢皮球”的情况，导致消费者不知道向谁投诉，投诉无法得到有效解决的问题。

从企业形象方面来看，消费者对快递企业的品牌知

名度&口碑较为满意，但对于快递企业在社会贡献方面的形象，满意度偏低。

快递企业的品牌知名度：近年来快递行业更加深入人们的生活，行业内的企业通过不断提高服务质量，一些公司逐步建立了较高的品牌知名度和口碑，例如：四通一达，顺丰等。消费者对这些品牌的了解和认可度都较高。

社会贡献：由于部分快递员不遵守交通规则，闯红灯或车辆剐蹭，导致道路拥堵等情况；另外部分快递企业也存在泄露消费者个人信息的问题；以及过度包装，包装材料并非全部都是环保材料，缺乏包装材料的环保回收措施等负面新闻，导致消费者在快递企业社会贡献方面满意度偏低。

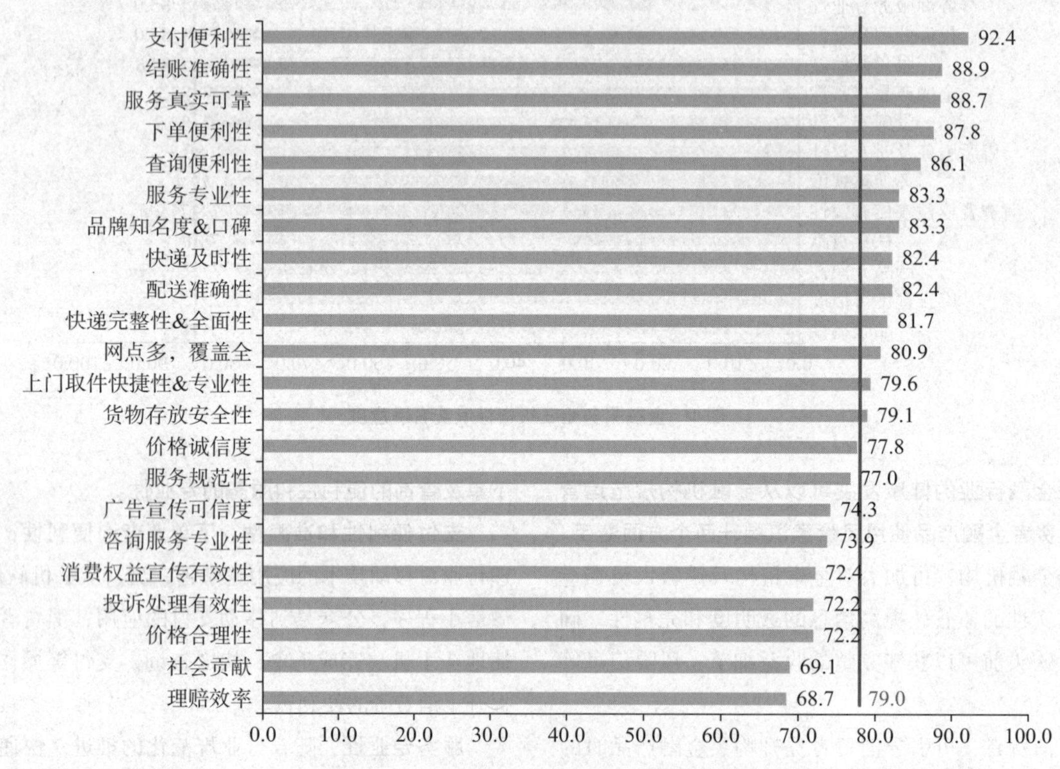

图6　快递服务业三级指标消费者满意度

未来快递行业的健康发展可以从快递企业规范运营监督及消费者维权意识提升和建立有效监管投诉渠道三个方面着手。

对于快递企业，可加大对消费者个人隐私信息保护的监管，减少消费者个人信息泄露，以及对快递员行为规范的监管，避免快递员暴力分拣和收发快递乱收费等情况的出现。

对于消费者，可加强对维权意识和维权知识的普及和引导，让消费者了解什么情况下消费者权益受到损害、维权的渠道、维权时需要的文件或证据、维权的流程等。

对于快递行业协会和相关政府部门，可打通监管投诉渠道，将所有快递企业的投诉体系纳入统一的监管投诉体系，例如：中国邮政网。降低消费者维权的麻烦，倒逼企业提升服务质量，提高消费者满意度。

（三）电梯维保业

电梯维保业整体满意度指数为78.0分，十大行业中排第三。

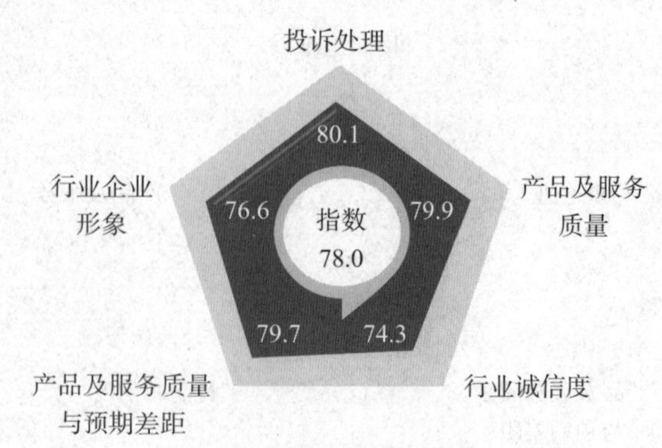

图7　电梯维保业得分情况

消费者较满意的方面主要为电梯的易使用性、售后

服务和求救渠道。

电梯易使用性：电梯作为人们生活中常见设备，面向的是广大用户，使用简单，容易上手，不受年龄、文化程度、语言等因素的影响。

消费者对电梯的安全性，易使用性和智能化程度关注较高，对电梯的易使用性满意度最高。但对于电梯的智能化则认为目前仅少量的高端写字楼和小区的电梯可以根据乘员不同目的楼层进行调配，因此行业整体电梯智能化程度不高，有待提升。

售后服务：由于电梯故障会影响消费者的日常生活、工作，严重的甚至会威胁到消费者的安全，各物业和电梯维保企业都较为重视后期检修等售后服务。

求救渠道：目前成都市大部分电梯配备有按铃通话等求救渠道且后台监控室响应也比较及时，因此消费者对求救渠道方面较为满意。

消费者相对不满意的方面主要为费用透明、智能化。

费用透明：由于电梯维保行业是由物业公司向电梯维保方支付维保费用，而消费者对电梯维修的流程和相关专业知识了解得很少，对于价格的真实性无法判断，且部分物业公司没有做到维保费用的完全透明公示，因此消费者满意度相对不高。

智能化：除高端写字楼和住宅的直梯外，其余几乎所有的电梯均没有达到根据乘员数量、目标楼层等进行智能化调配运行，效率不高，浪费能源，因此消费者对此认可度不高。

从企业形象方面来看，消费者对企业的品牌知名度和口碑较为满意，但对于企业在社会贡献方面的形象，满意度偏低。

企业品牌知名度：使用电梯的过程中，消费者很容易在按钮，楼层显示屏附近观察到电梯品牌的标志，在经年累月的使用后，即使对电梯维保行业没有特意了解，对三菱、日立等知名品牌认知度也很高。

社会贡献：消费者与电梯维保企业直接接触少，对其公益活动的参与和宣传相关信息接触不多，认知不足，对此评价不高。

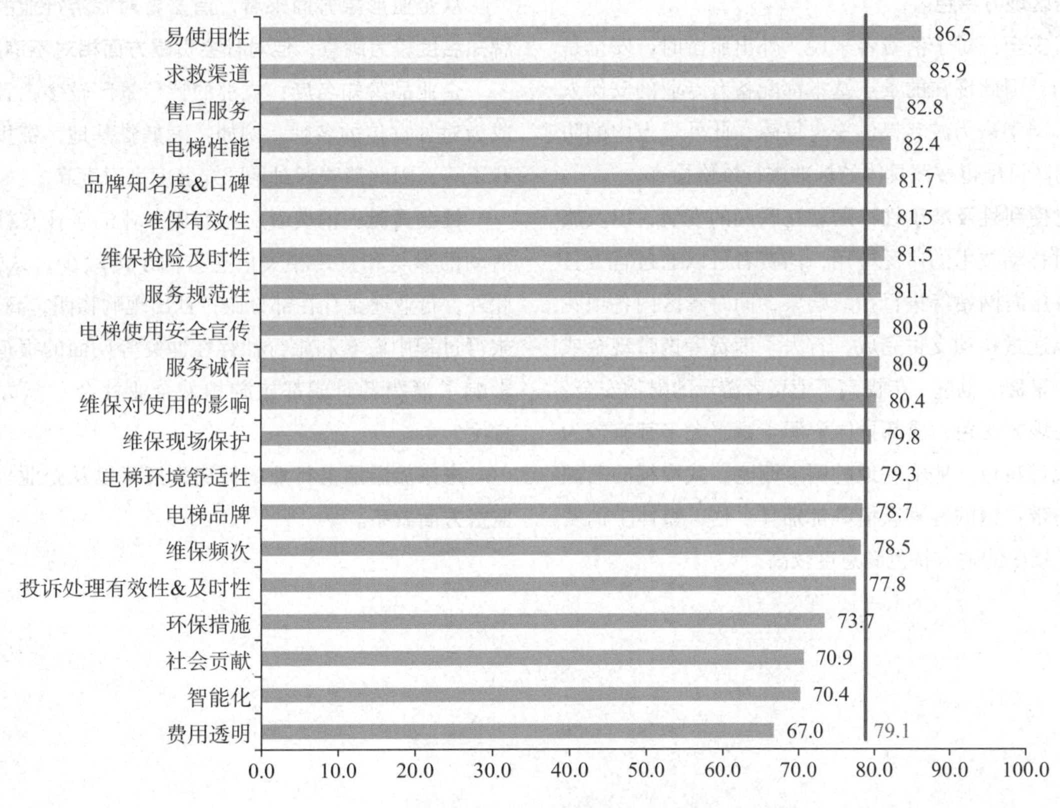

图8 电梯维保业三级指标消费者满意度

未来电梯维保行业的健康发展可以从维保费用透明化和维保服务标准化两个方面着手。

对于物业公司，可以引导、督促向消费者透明公开电梯维保详细事项及费用，消费者通过了解这些信息，逐渐增加电梯维保相关知识，从而可以自发地对住所或工作地的电梯维保工作进行监督。

对于政府相关部门及行业协会，可以加快制定电梯定期维保行业服务标准，确保成都市范围内各楼宇电梯安全性，保障消费者生命安全。

（四）旅游服务业

旅游服务业整体满意度指数为76.1分，十大行业中排第四。

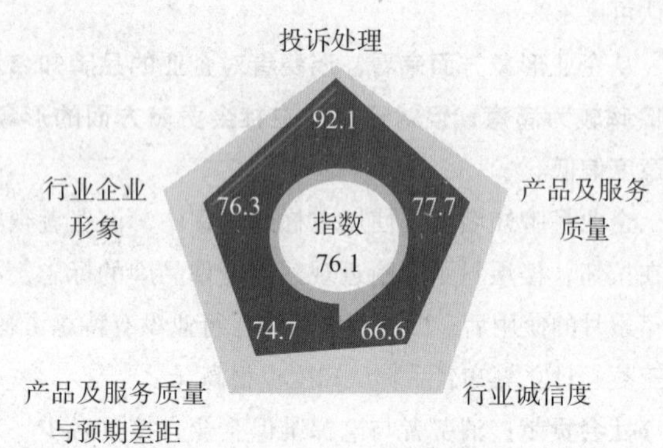

图9　旅游服务业得分情况

消费者较满意的方面为景区安全、支付便利性及准确性、景区地方特色。

景区安全：对于消费者来说，外出旅游时，安全是第一位的，因此现在的景点基本都配备有专业的安保人员及警车岗亭来为游客提供安全保障，此外景点内的防火栓等消防设施也按照具体的标准进行维修检查。

支付便利性及准确性：随着互联网的发展，以及旅游行业对移动技术的广泛应用，消费者可以通过官方公众号、各旅游网站等进行在线购票，同时景区内各项花费也可以通过移动支付完成，省去了消费者携带现金或银行卡的累赘，也进一步提高了消费者游玩的财物安全。

景区地方特色：成都景区资源丰富，大多都有较为明显的成都特色。熊猫基地的国宝萌宠、武侯祠的三国圣地、洛带古镇的客家风情等都别具一格，整体上消费者对成都景区的地方特色满意度较高。

消费者相对不满意的方面为景区商品质量和价格合理性、排队秩序及时间、门票价格合理性和诚信度。

景区商品质量＆价格合理性：消费者认可度不高，主要在于景区内销售的零食小吃、玩具等小商品、纪念品等商品，从价格来说，均高于景区外价格。而质量上，有些小吃打着成都名小吃的招牌，口味却不正宗，小商品及纪念品也存在用材粗劣、质量伪劣的问题。

排队秩序＆时间：调研中有消费者反馈不满意主要在于旅游高峰期，客流量较大，排队时间长，且缺少相关人员引导，容易出现秩序混乱、插队等不文明现象。增加消费者排队时间，降低消费者旅游体验感。

门票价格合理性＆诚信度：调研中有消费者认为目前部分景区门票较高，且在收费上有多次收费等不合理情况，如有些景区购买门票之后，进入园区还需对索道、观光车、观看表演项目、拍照等进行另外消费。部分景区或商家在进行售票及招徕顾客时，未主动将类似情况明确告知消费者，导致消费者对门票价格合理性及诚信度不满意。

从企业形象方面来看，消费者对旅游行业的企业品牌知名度较为满意，但对社会贡献方面相对不满意。

企业品牌知名度：成都的特色景区较多，且已逐渐成为对外宣传的名牌，例如：大熊猫基地，锦里，宽窄巷子等，因此消费者对景区知名度满意度高。

社会贡献：消费者对旅游服务业的企业在社会公益活动的参与和宣传相关信息方面了解较少，认知不足。此外，行业还是存在部分旅行社出现购物团，高价宰客、旅行过程中游客和旅行社存在冲突等反面的报道，整体影响了消费者对成都旅游相关企业社会贡献方面的满意度。

未来旅游服务行业的健康发展可以从企业规范运营监督方面着手。

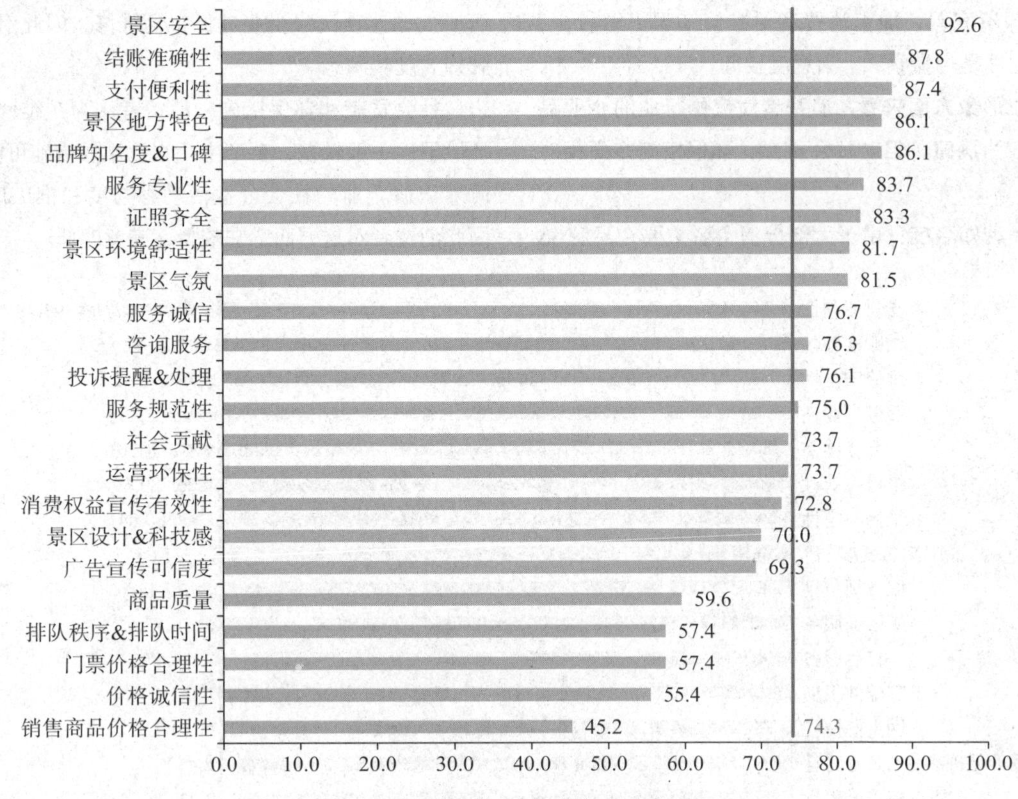

图10　旅游服务业三级指标消费者满意度

政府相关部门可以引导、监督景区及旅行社规范运营，合理制定公开透明的门票价格；保持景区内商品质量和价格的合理性，避免出现高价低质的商品，保障消费者在景区游玩消费的良好体验。

（五）汽车维修业

汽车维修业整体满意度指数为74.6分，十大行业中排第五。

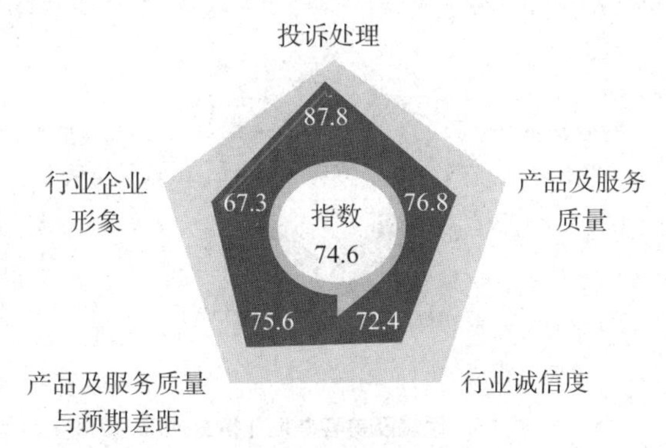

图11　汽车维修业得分情况

消费者较满意的方面为支付便利性＆准确性、维修安全性以及服务专业性。

支付便利性和准确性：随着互联网技术的应用和普及，汽车维修行业企业与各类支付平台（如：微信、支付宝）合作，大大提升了行业支付的便利性及准确性，同时与不同的商业团购平台合作，如：美团、大众点评等，消费者可通过手机抢购、支付相应的服务，便利性强。因此，消费者对汽车维修行业的支付便利性＆准确性整体满意度高。

维修安全性：调研过程中，多数消费者在汽车维修、保养时习惯选择品牌4S店或连锁性汽车维修品牌，该类专业机构具有标准化的服务流程和技术，在维修安全性、有效性和稳定性上具有保证，整体给到消费者满意度高。

服务专业性：由于汽车修理需要较强的专业技能，因此无论是品牌4S店、连锁汽修店经过系统培训的维修员，还是街边店主攻技术、经验丰富的维修员，在服务的专业性上都能令消费者满意。

消费者相对不满意的方面为价格诚信度和广告宣传可信度。

价格诚信度：由于汽修行业内对于同一服务没有统一的定价，维修厂与4S店、维修店之间的价格都有所差异。此外还存在商家以次充好，导致消费者满意度偏低。

广告宣传可信度：汽修行业还存在虚假宣传的情况，例如宣传维修全部采用原厂配件，但实际维修时配件的来源信息却不完善，加上消费者对维修知识了解较少，无法辨别配件是否为原厂，满意度较低。

从企业形象方面来看，消费者对汽修行业的企业品牌知名度较为满意，但对社会贡献、环保措施方面相对不满意。

企业品牌知名度：由于大部分消费者主要在品牌4S店或大型连锁汽修企业进行车辆维修，因此对企业的品牌知名度较满意。

社会贡献和环保措施：消费者认为在维修时，车间环境卫生一般较差，会产生污水且排放措施可能不环保。此外汽修企业的社会公益活动参与度和推广度都较低，因此消费者对这方面感知较少，满意度低。

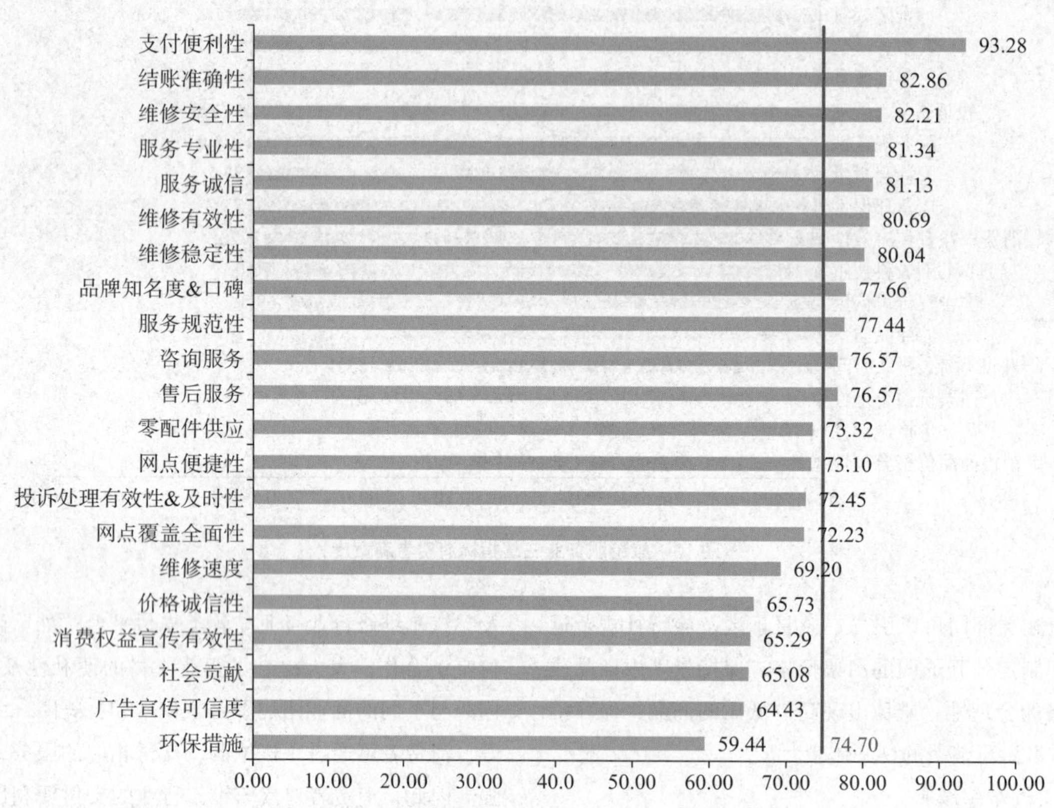

图12　汽车维修业三级指标消费者满意度

未来汽车维修行业的健康发展可以从完善行业规范及加强市场监管两个方面着手。

完善行业规范：政府相关部门可以引导、监督行业完善相关规范，例如：汽修人员行为规范、合理的定价规范等。促进行业及企业发展更加规范有序。

加强市场监管：政府相关部门可以推动统一的第三方评价监管平台建立，消费者可以在平台查看各维修企业的评价等信息，并且平台可以集成投诉的功能，一方面方便消费者保护自身权益，另一方面方便政府相关部门对市场进行监管。

（六）医美及美容美发业

医美及美容美发业整体满意度指数为73.7分，十大行业中排第六。

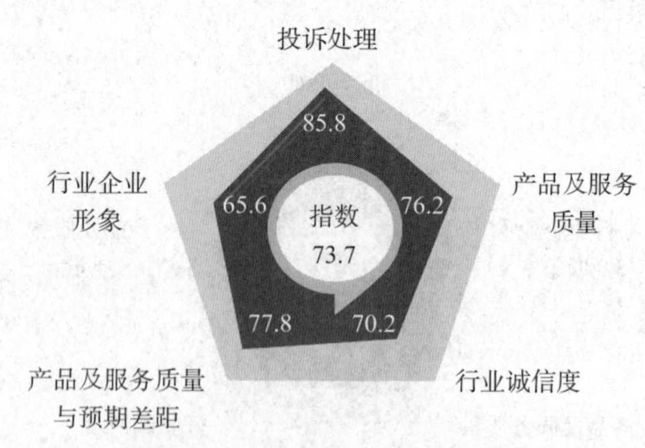

图13　医美及美容美发业得分情况

消费者较满意的方面为支付便利性&准确性、门店环境舒适美观性，以及门店覆盖全面性&便捷性。

支付便利性和准确性：随着互联网技术的应用和普

及，医美及美容美发行业企业与各类支付平台（如：微信、支付宝）合作，大大提升了行业支付的便利性，同时与不同的商业团购平台、行业应用APP合作，如：美团、大众点评、新氧，进行产品＆服务、优惠活动发布，消费者可通过手机抢购、支付相应的服务，便利性强。因此，消费者对医美及美容美发行业的支付便利性整体满意度高。

门店环境舒适美观性：对于医美及美容美发行业来说，舒适美观的门店环境一方面彰显着店铺的审美，另一方面也是吸引消费者的一个重要原因，因此成都市大部分医美及美容美发店铺的门店环境都比较舒适美观，令消费者满意。

门店覆盖全面性和便捷性：由于消费者会周期性地产生美容美发需求，因此医美及美容美发门店的覆盖比较全面，无论在商圈，住宅区还是商务区都有分布，且店面位置大多便于寻找，方便消费者抵达。

消费者相对不满意的方面为价格合理性和广告宣传可信度。

价格合理性：医美及美容美发行业内没有统一的定价标准，企业与企业、店铺与店铺之间针对同一服务的价格差异较大，因此消费者满意度较低。

广告宣传可信度：医美及美容美发行业为了吸引消费者来店消费，广告宣传有一定诱惑性及虚假性，例如：使用的产品含“××”精华，采用“××”萃取技术等。然而实际使用的产品，是否含有这些成分，消费者无法辨别，因此对医美及美容美发行业的广告宣传信任度较低。

从企业形象方面来看，消费者对医美及美容美发行业整体满意度不高。

医美及美容美发行业整体来看，主要存在从业人员整体素质不高、企业经营不规范以及存在欺诈行为的问题，因此消费者除了接触到较多广告而对品牌的认知度高一些外，对企业形象的其他方面例如社会贡献，环保措施等方面满意度均不高。

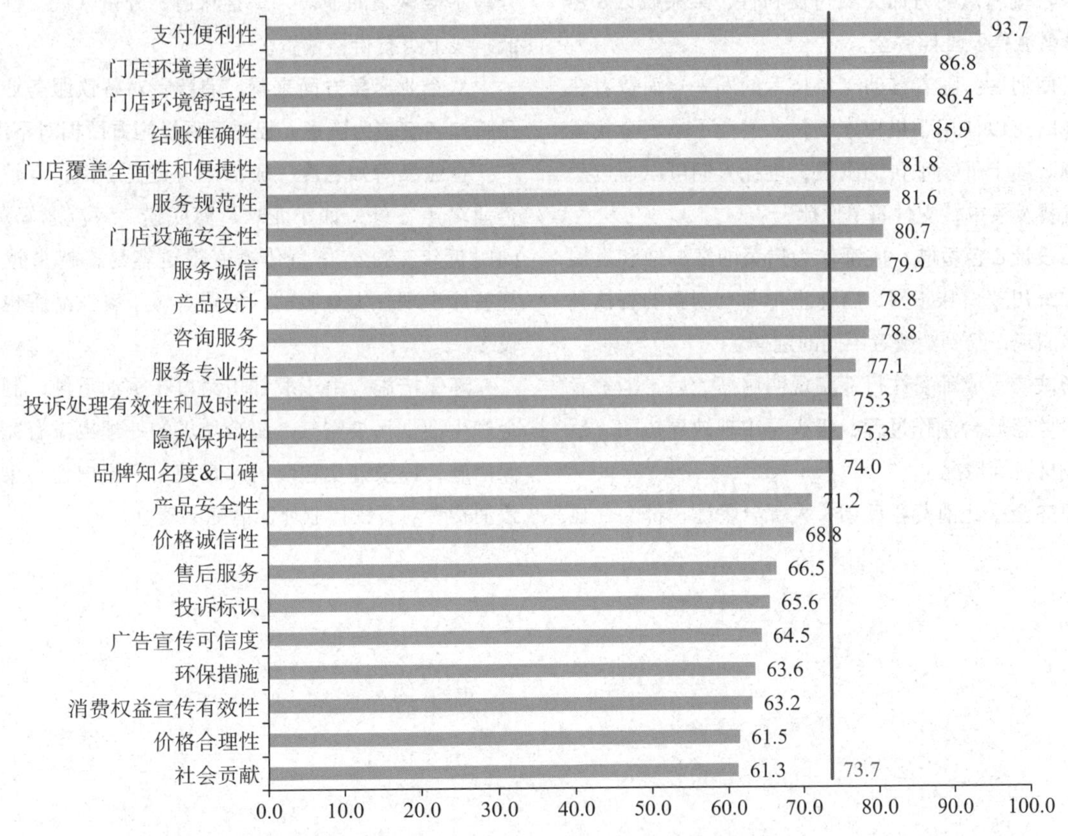

图14　医美及美容美发业三级指标消费者满意度

未来医美及美容美发行业的健康发展可以从完善行业规范及加强市场监管两个方面着手。

完善行业规范：政府相关部门可以引导、监督行业完善相关规范，例如：规范管理从业标准，制定行业公约，对从业人员进行素质培训及相应的评星评级。提高从业人员技术水平及服务规范性。

加强市场监管：政府相关部门之间可以建立常态化信息沟通、共享机制，设立行业举报热线，加强市场监管执法，依法查处违法违规行为。维护良好市场环境。

（七）餐饮服务业

成都虽为美食之都，但消费者对餐饮服务业整体满意度指数为73.4分，十大行业中排第七。

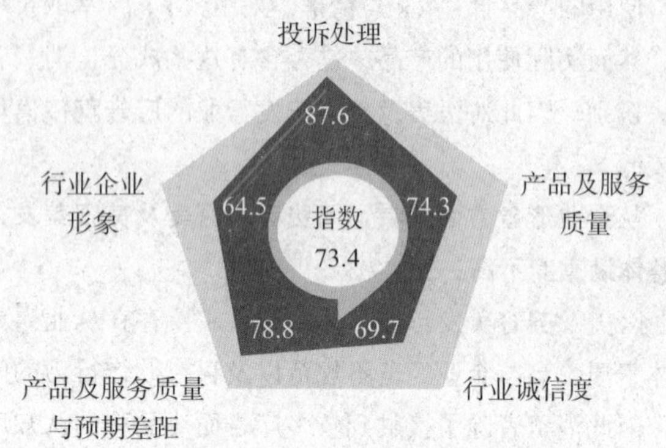

图15　餐饮服务业得分情况

消费者较满意的方面为支付便利性、菜品设计＆色香味、服务诚信及证照齐全。

支付便利性：随着移动支付技术的发展，消费者在餐厅买单时可以使用手机快速支付，避免了拿现金找零钱的麻烦。线上外卖平台的发展，也让人们可以通过手机进行点餐及买单，支付简单便捷。

菜品设计＆色香味：成都作为川菜的发源地和发展中心，传统川菜口味正宗，行业也不断有创新的餐饮类型和口味涌现，给到消费者不同的选择。

服务诚信：成都餐饮行业实现明厨亮灶后，消费者可以实时监督后台制作过程，很少再出现缺斤短两、后台偷偷换材料等情况。

证照齐全：经消费者反馈，大部分餐厅，都会在显眼处摆放相关餐饮服务证照，具有餐饮经营条件。

消费者相对不满意的方面为投诉处理及时有效性、广告宣传可信度、投诉标识醒目性及价格合理性。

投诉标识醒目性：很多餐馆都不会在店内张贴投诉标识，或是张贴了但贴在不显眼处，不能及时提醒消费者积极争取自身权益。

投诉处理及时有效性：消费者在餐厅或外卖遇到问题时，通常会先与商家进行沟通，但有些商家可能推卸责任、拖延处理甚至不予理睬，造成消费者不满。有些消费者会就此问题投诉至相关部门，但因为餐饮行业投诉取证困难、流程烦琐，最后往往是耗时长且处理结果不理想。

广告宣传可信度：调研过程中，消费者有反馈餐饮行业存在夸大宣传或诱导性宣传的情况，如：广告呈现与实际产品不符，包括菜品分量、品质、促销优惠力度差异明显。

价格合理性：调研过程中，部分消费者反馈，在部分写字楼密集的地段，综合味道、分量来说，性价比偏低；线上点餐价格偏贵。

从企业形象方面来看，消费者对餐饮服务业的企业品牌知名度较为满意，但对环保措施方面相对不满意。

企业品牌知名度：成都作为美食之都，有较多餐饮企业名声在外，如小龙坎、海底捞、双流老妈兔头等，同时近年来随着信息传播变得更容易，越来越多的成都餐厅出现在大众眼前，消费者对于餐饮品牌也了解得较多。

环保措施：由于成都川菜口味重油重辣，制作过程会产生油烟污染空气，厨余垃圾的处理也没有完善的环保措施，以及外卖包装的大量使用产生白色污染，都导致消费者对餐饮行业环保措施不满意。

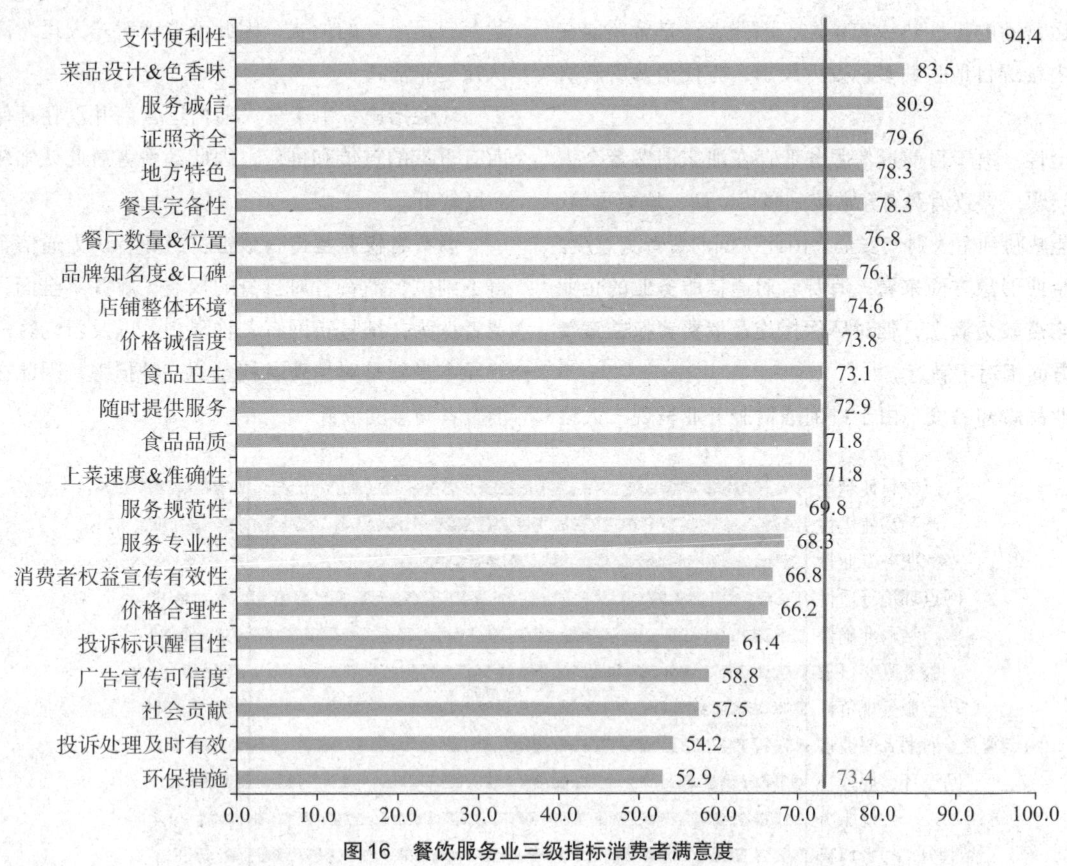

图16　餐饮服务业三级指标消费者满意度

未来餐饮服务行业的健康发展可以从建立完善食材溯源系统及加强市场监管两个方面着手。

建立完善食材溯源系统：食品卫生安全仍是消费者在餐饮服务业最关注的方面，通过建立完善的食材溯源系统，可以进一步提升食品卫生安全，提高消费者满意度。

加强市场监管：政府相关部门应对餐饮企业规范运营加强监管，提高餐饮服务人员服务规范性，以及对餐饮店铺环境卫生的监管，确保消费者就餐环境干净卫生，进一步确保食品卫生安全。

（八）通讯服务业

通信服务业整体满意度指数为72.9分，十大行业中排第八。

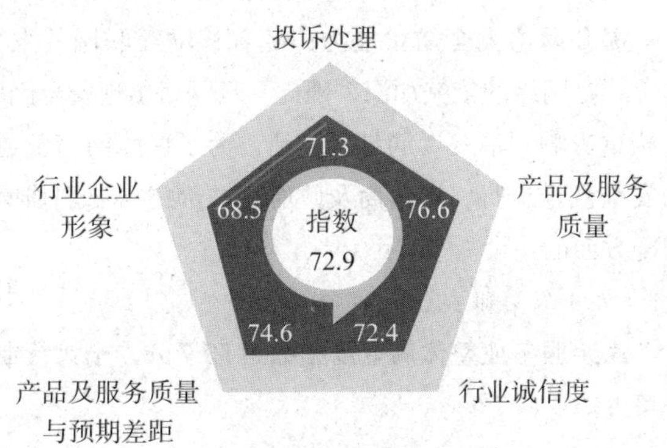

图17　通信服务业得分情况

消费者较满意的方面为支付便利＆结账准确性、产品易使用性、服务专业性。

支付便利和结账准确性：随着互联网技术的应用和普及，通信运营商通过发布APP，建立公众号，与各类支付平台（如：微信、支付宝）合作，方便消费者从多种渠道进行通信费用的查询和缴纳，因此，消费者对通信服务行业的支付便利性及准确性整体满意度高。

产品易使用性：得益于移动科技的发展，现在通信产品都较为方便和易于使用，即使老人和小孩也能轻易上手，因此消费者比较满意。

服务专业性：通信运营商官方网点的工作人员均为受过系统培训的员工，能向消费者提供专业的服务，令消费者较为满意。

消费者相对不满意的方面为价格合理性、投诉标识醒目性及安全性。

价格合理性：由于通信服务业存在套餐费用不够透明、新老顾客价格差异较大以及低性价比套餐捆绑消费等问题，导致消费者对价格合理性满意度偏低。

投诉标识醒目性：由于通信服务业被三大通信运营商垄断，消费者对三大运营商的投诉电话等信息认知度较高，因此运营商网点内基本很少张贴投诉标识。但由于三大运营商的投诉热线较繁忙，消费者还是希望能在营业厅内较醒目地张贴多种投诉渠道，方便消费者解决问题。

安全性：由于目前通信服务业存在泄露消费者个人信息的问题，导致消费者经常接到骚扰电话，垃圾短信，甚至可能威胁到个人财产安全，由此拉低消费者满意度。

从企业形象方面来看，消费者对通信服务业的企业品牌知名度较为满意，但对环保措施及消费者权益宣传有效性方面相对不满意。

企业品牌知名度：由于目前通信服务业呈现三大运营商三足鼎立的形式，因此消费者对三大运营商的品牌认知度非常高。

环保措施：由于三大通信运营商并没在环保措施方面有重点的宣传和推广，因此消费者对此认知较少，满意度较低。

消费者权益宣传有效性：消费者认为通信企业还做得不到位，消费者对自身的权益了解并不全面，也有消费者认为，携号转网有各种限制，以及新老客户价格的差异本身就是对消费者权益的一种损害，因此在这方面消费者满意度较低。

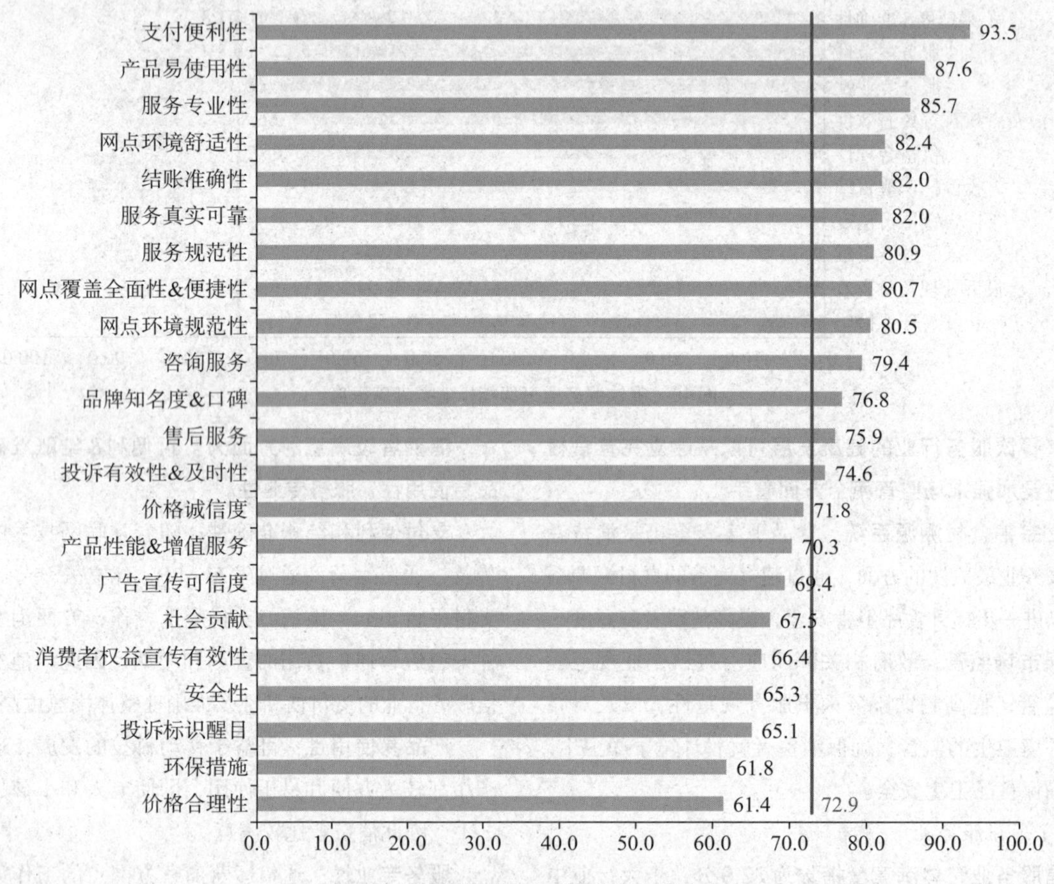

图18　通信服务业三级指标消费者满意度

未来通信服务业的健康发展可以从提高人性化服务水平及提升网络安全防护能力两个方面着手。

提高人性化服务水平：由于消费者仅能在三大运营商中选择，面对全国性，庞大的运营商，消费者维权时会产生无力的感觉，因此当面对新老客户套餐差异，携号转网困难等问题时，消费者的权益很难得到保障，为了推动行业良性发展，通信运营商应提高人性化服务能力。

提升网络安全防护能力：随着移动互联网的发展，消费者对网络的依赖加深，因此一旦网络出现安全问题，会严重影响到消费者的日常生活，为了保障网络及通信的安全稳定运行，运营商及政府相关部门可以加强网络安全方面的建设。

（九）家装服务业

家装服务业整体满意度指数为72.7分，十大行业中排第九。

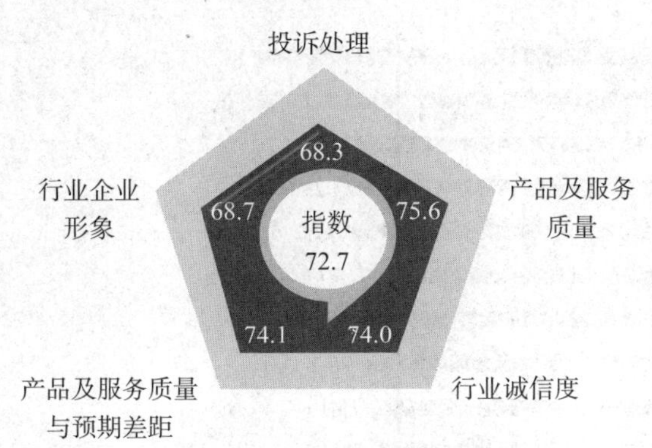

图19 家装服务业得分情况

消费者较满意的方面为支付便利性、送货服务、店铺环境及便利性。

支付便利性：由于家装工程或家装产品的销售金额一般较大，移动支付的发展，使得消费者省去了携带大量现金或银行卡的麻烦，极大地提高了消费者支付的便利性。

送货服务：由于家装材料规格或量较大，且运输过程中需要保护，因此大部分家装店铺均可以提供送货服务，为消费者免去运输的烦恼，能达到消费者需求。

店铺环境及便利性：较大型家装公司的店铺内会有家装设计以及家装材料的展示，因此一般店铺的环境都较为美观。而家装材料的销售店铺大多集中在建材城，消费者可一站式购买各类家装材料，非常便利，因此满意度较高。

消费者相对不满意的方面为投诉处理及时有效性、广告宣传有效性及退换货服务。

投诉处理及时有效性：家装行业70%左右的工程由非正规的小家装公司或装修队负责，出了问题时，消费者没有正式的渠道可以投诉，问题得不到解决，因此满意度偏低。

广告宣传有效性：由于家装行业目前缺乏监管，而市面上的非正规小公司较多，这些公司在宣传时会以优秀的效果和优惠的价格吸引消费者，但实际开工后，增项涨价和装修效果不达标的情况时有出现，拉低了消费者满意度。

退换货服务：由于家装行业的特殊性，无论是家装工程还是家装材料，开工后都较难进行退换货。

从企业形象方面来看，消费者对家装服务业的企业品牌知名度较为满意，但对环保措施及社会贡献方面满意度不高。

企业品牌知名度：家装行业内各企业为了在激烈竞争中抢夺更多的客源，近年来多有聘请过形象良好的公众人物作为形象代言人，因此消费者对一些品牌的知名度&口碑的评价还是相对较高的，例如：朗润装饰、生活家装饰、龙发装饰等。

环保措施：由于某些不正规企业所使用的家装原材料检验不达标的相关负面报道，以及装修过程中所产生的建材垃圾的环保回收措施不及时，因此消费者满意度较低。

社会贡献：消费者对家装企业社会贡献方面的信息获知较少，加上装修所产生的噪音、建材垃圾对邻居的生活造成不便，导致消费者满意度较低。

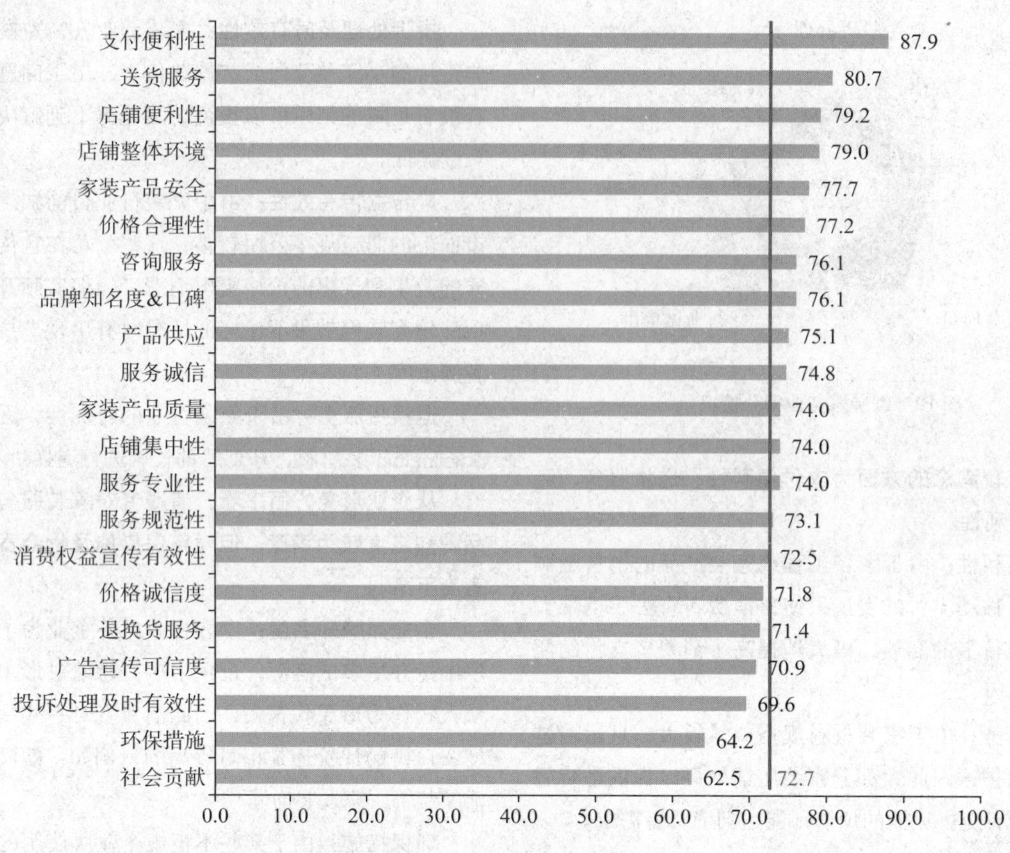

图20　家装服务业三级指标消费者满意度

未来家装服务业的健康发展可以从完善行业标准及建立正式投诉渠道两个方面着手。

完善行业标准：由于目前家装行业缺少监管，市场较为混乱，无论是从业人员的整体素质还是行业的相关装修规范都需要去进行管理，打造让消费者放心的家装行业。

建立正式投诉渠道：目前家装行业并没有独立有效的投诉渠道，消费者遇到问题时，会优先与企业进行沟通，一旦遇到企业敷衍对待时，消费者就只能向12345、市长信箱、成都市消费者协会、成都市建筑装饰协会寻求帮助，但行业协会不具备行政权，只能协调处理。给消费者监管混乱、投诉无门的印象，给消费者带来极大的不安全感，因此明确消费者可投诉范围、建立有效的投诉渠道并将其公示给大众是行业目前的当务之急。

（十）出租车服务业

出租车服务业整体满意度指数为71.4分，十大行业中排第十，需要重点提升。

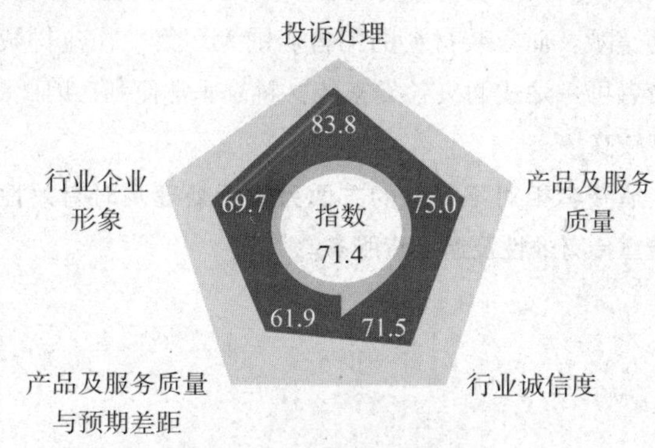

图21　出租车服务业得分情况

消费者较满意的方面为支付便利性、服务专业性、汽车安全性、司机驾驶技术及打车便利性。

支付便利性：随着移动支付和线上打车软件的发展，目前消费者可以非常便利地在线完成订车、支付等操作，满意度较高。

服务专业性：目前，成都市出租车司机均需要通过培训和考核才能上岗，因此大部分出租车司机可以提供专业的服务，令消费者满意。

汽车安全性：成都市根据相关要求对出租车从业人员（包括巡游出租车及网约出租车）的背景及从业资格进行严格核查，同时也对用于运营的出租车辆进行严格要求和年检，保障出租车的安全性。

消费者相对不满意的方面为出租车数量、车辆环境舒适度及广告宣传可信度。

出租车数量：目前成都出租车在高峰期的数量缺口较大，高峰期时，消费者打车难或被拒载。

车辆环境舒适度：由于部分乘客和司机不太注重乘车礼仪，在车内抽烟或吃东西，而出租车空间较为密闭，气味较难扩散，因此严重影响了后续乘客的舒适性，拉低消费者满意度。

广告宣传可信度：主要存在的问题为广告宣传中的高效，安全，快速乘车等信息和实际体验有差距，此外以传统出租车车体及LED灯、网约车内互动广告屏为载体投放的商业广告可信度较低也影响了消费者的满意度。

从企业形象方面来看，消费者对出租车服务业的企业品牌知名度较为满意，但对运营环保性方面相对不满意。

企业品牌知名度：由于出行在日常生活中关系重大，人们对于出租车企业关注颇多，对网约车的滴滴、UBER、神州出行、曹操专车等品牌，或是传统出租车的乘风、恒运、宏远等本地知名品牌认知度高。

运营环保性：出租车跑空带来的能源浪费及部分消费者对新能源汽车环保性的质疑均导致消费者对出租车运营的环保性满意度相对较低。

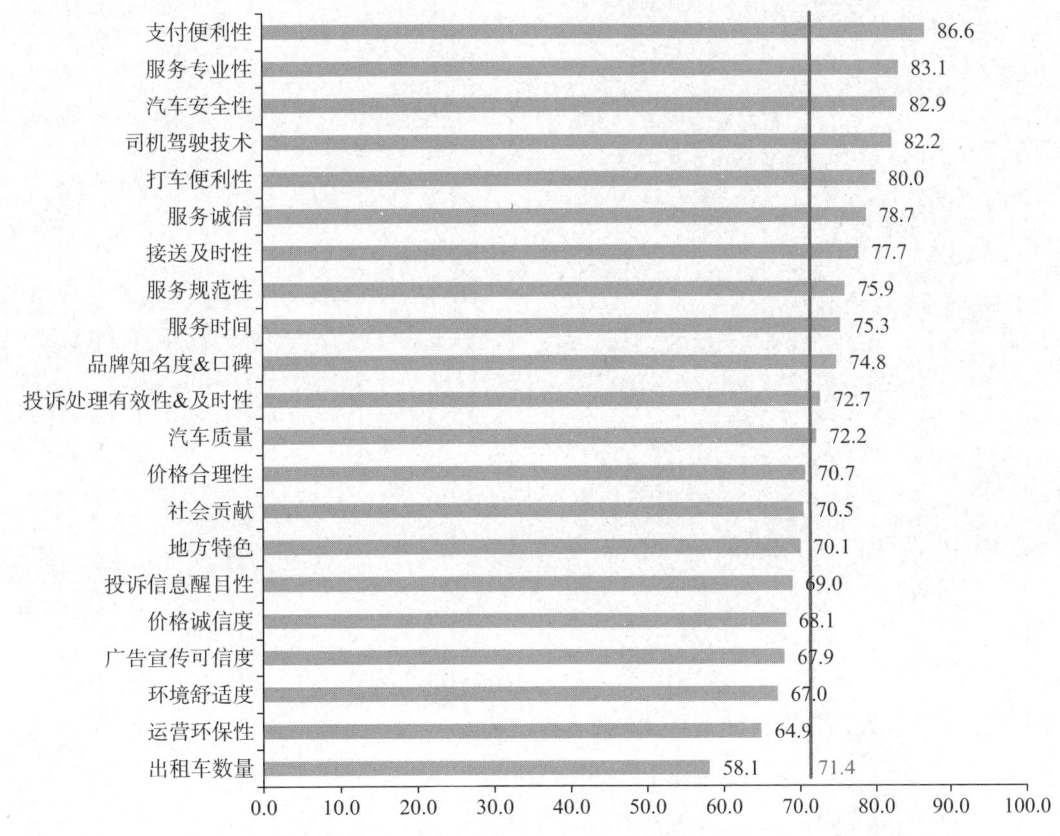

图22　出租车服务业三级指标消费者满意度

未来出租车服务业的健康发展可以从加强对司机规范运营的监督及建立正式投诉渠道两个方面着手。

加强对司机规范运营的监督：由于目前出租车服务业从业人员素质良莠不齐，部分司机态度恶劣，且存在飙车、急停等危险驾驶的情况，严重影响了出租车服务业整体满意度，因此加强对司机规范驾驶的监督可以提升出租车服务业整体服务质量。

建立正式投诉渠道：目前消费者在面对乘车过程中发生的冲突和矛盾时，只有较少一部分人会选择发起投诉，其中又只有更少的一部分人明确知道哪些情况损害了自身利益并进行正确投诉。为了推进出租车行业的发展，需要消费者进行权益及维权意识的宣导，此外需建立全面、完善的投诉渠道，及时有效地解决消费者遇到的问题，提高消费者满意度。

第四编　其他报告

立法建议

中消协对《家用汽车产品修理、更换、退货责任规定（修订草案征求意见稿）》的意见

中消协函字〔2019〕23号

国家市场监督管理总局办公厅：

你厅“关于征求《家用汽车产品修理、更换、退货责任规定（修订草案征求意见稿）》意见的函”（市监质函〔2019〕350号）收悉，经我会认真研究，现将有关书面意见提交，供参考。

略。

附件：对《家用汽车产品修理、更换、退货责任规定（修订草案征求意见稿）》的意见

中国消费者协会

2019年3月11日

附件

对《家用汽车产品修理、更换、退货责任规定（修订草案征求意见稿）》的意见

一、第四条第二款

建议修改为：“家用汽车产品经营者之间可以订立合同约定三包责任的承担，但不得侵害消费者的合法权益，不得免除**或者减轻**本规定所规定的三包责任和质量义务。”（理由：建议补充不得减轻三包责任和质量义务的情形。）

二、第六条第三款

建议修改为：“**市县两级市场监督管理部门依法受理家用汽车产品三包方面的消费者投诉举报**；对本规定实施情况进行监督检查；对违反本规定的行为实施行政处罚，并将处罚结果记入国家企业信用信息公示系统，向社会公布。”（理由：新《消法》第三十九条规定，消费者和经营者发生消费者权益争议的，可以向有关行政部门投诉，删除了原《消法》中“申诉”的表述，建议本规定与《消法》规定相衔接。）

三、第十一条

建议修改为：“销售者应当建立并执行进货检查验收和售前检查制度，验明家用汽车产品合格证等相关证明和其他标识，记录售前检查**发现的瑕疵、缺陷及处理**情况。”（理由：中国汽车流通协会颁布的《乘用车新车售前检查服务指引》规定，修复率达到乘用车新车指导价的5%以上需向消费者告知。换言之，如果修复率不到新车购买价的5%，则无需向消费者告知。该指引是由一家行业协会和12家汽车生产、销售、维修等各方面企业共同制定，并未征求消费者及消费者协会意见。作为行业自律性规范，不能作出有损消费者权益的规定。修复率5%以上才告知消费者的做法，不仅有损消费者知情权，也会影响消费者的购买决策。实践中有关新车PDI不告知引发的投诉纠纷高发。建议按照《消法》第二十条的规定，真实、全面告知消费者有关售前检查信息。如车辆有瑕疵、缺陷的，应当载明处理措施，确保消费者知情选择。）

四、第十二条

建议修改为：“销售者销售家用汽车产品，应当符合下列要求：……（三）当面查验家用汽车产品的外观、内饰等现场可查验的质量状况，**交付售前检查各环节完整记录**；”（理由：当前，因经营者未告知消费者售前检查有关记录，消费者提车后发现汽车产品有维修痕迹或者记录而引发较多纠纷，建议明确销售者销售家用汽车产品应当向消费者交付售前检查各个环节的完整记录，

确保消费者的知情权。）

五、第十六条

建议修改为："在家用汽车产品包修期和三包有效期内，家用汽车产品出现产品质量问题或严重安全性能故障而不能安全行驶或者无法行驶的，应当提供电话咨询修理服务；电话咨询服务无法解决的，应当开展现场修理服务，并承担**车辆拖运费等合理费用**。"（理由：《产品质量法》第四十条规定，售出的产品不符合以产品说明、实物样品等方式表明的质量状况的，销售者应当负责修理、更换、退货；给购买产品的消费者造成损失的，销售者应当赔偿损失。因此，家用汽车产品在包修期和三包有效期内，消费者因汽车产品质量问题或严重安全性能故障而造成损失的，销售者应当赔偿损失，如误工费等合理费用。）

六、第十七条

建议修改为："家用汽车产品包修期限不低于3年或者行驶里程60000公里，以先到者为准；家用汽车产品三包有效期限不低于2年或者行驶里程50000公里，以先到者为准。家用汽车产品包修期和三包有效期**自交付消费者之日起计算**。"（理由：《物权法》第二十三条规定，"动产物权的设立和转让，自交付时发生效力，但法律另有规定的除外"。此外，《消法》第二十四条第一款规定，"经营者提供的商品或者服务不符合质量要求的，消费者可以依照国家规定、当事人约定退货，或者要求经营者履行更换、修理等义务。没有国家规定和当事人约定的：消费者可以自收到商品之日起七日内退货……"实践中，消费者付费并开具发票后，可能几个月后才能拿到车辆。按照相关法律规定，家用汽车作为动产，包修期和三包有效期应当自交付消费者之日起算。）

七、第十八条、第二十条

（一）建议将"家用汽车产品自销售者开具发票之日起60日内"统一修改为"家用汽车产品自**交付消费者**之日起60日内"。（理由：同上。）

（二）建议将"国家标准GB/T 29632–2013《家用汽车三包主要零件种类范围域三包凭证》"修改为"国家标准GB/T 29632《家用汽车三包主要零件种类范围域三包凭证》"。（理由：国家标准GB/T 29632–2013《家用汽车三包主要零件种类范围域三包凭证》中缺少对电动汽车主要零件的规定，如动力蓄电池、驱动电机、随车充电枪等。建议适应家用汽车产品的发展要求，修订该标准，增加电动汽车的相应指标，明确动力蓄电池的每年衰减标准等。规章中可不标注标准时间，以便标准适时调整。）

八、第二十条

建议删除第三款中的"（一）因严重安全性能故障累计进行了2次修理，严重安全性能故障仍未排除或者又出现新的严重安全性能故障的"。（理由：根据本规定第四十二条有关用语的含义，严重安全性能故障是指家用汽车产品存在危及人身、财产安全的产品质量问题，致使消费者无法安全使用家用汽车产品的情况。按照《产品质量法》第四十六条规定，"本法所称缺陷，是指产品存在危及人身、他人财产安全的不合理的危险；产品有保障人体健康和人身、财产安全的国家标准、行业标准的，是指不符合该标准"。由此，本规定所称的严重安全性能故障符合《产品质量法》中所称的"缺陷"。《消法》第十九条规定，"经营者发现其提供的商品或者服务存在缺陷，有危及人身、财产安全危险的，应当立即向有关行政部门报告和告知消费者，并采取停止销售、警示、召回、无害化处理、销毁、停止生产或者服务等措施。采取召回措施的，经营者应当承担消费者因商品被召回支出的必要费用"。因此，家用汽车产品存在严重安全性能故障的，应当采取召回措施，而非实行三包。）

九、第二十一条第一款

建议修改为："在家用汽车产品三包有效期内，因产品质量问题修理时间累计超过35日的，或者因同一产品质量问题累计修理超过3次的，消费者可以凭三包凭证、购车发票，由销售者负责更换。"（理由：实践中，很多消费者都对三包有效期内同一质量问题累计修理超过5次才能更换的规定表示不满，且同一产品质量问题在三包期内累计修理3次的，足以说明产品质量存在严重问题。建议本次修订予以考虑，切实保障消费者权益。）

十、第二十七条第二款

建议修改为："按照本规定更换家用汽车产品、**主要总成和系统及主要零件后**，销售者、生产者应当向消费者提供新的三包凭证，家用汽车产品、**主要总成和系统及主要零件的**包修期和三包有效期自更换之日起重新计算。"（理由：更换家用汽车整车或者发动机、变速器、动力蓄电池、驱动电机及主要零件后，销售者、生产者都应当向消费者提供新的三包凭证，更换后的整车或者发动机、变速器、动力蓄电池、驱动电机及主要零件的三包有效期自更换之日起重新计算。）

十一、第二十七条后

建议增加一条："**经营者就家用汽车产品包修期和三包有效期作出有利于消费者的承诺的，应当履行承诺。**"

（理由：实践中，一些经营者为推销其家用汽车产品，可能会就包修期和三包有效期作出更有利于消费者的承诺，如一些汽车厂商为推销其产品，声称“电芯”终身质保。为此，应明确经营者要履行承诺。）

十二、第二十九条

建议修改为：“……不承担本规定所规定的家用汽车产品三包责任。**但生产者明示的易损耗零部件质量保证期明显短于行业通行规定的除外。**”（理由：避免生产者为逃避或减轻自身三包责任，而设置明显过短的质量保证期，损害消费者权益。）

十三、第三十条

（一）建议修改为：“在家用汽车产品包修期和三包有效期内，存在下列情形之一的，经营者对所涉及产品质量问题，可以不承担本规定所规定的三包责任，**但可以实行合理的收费维修：**……”（理由：家用汽车产品出现质量问题的，经营者负有帮助消费者维修的义务。在经营者免除三包责任的情况下，可以收取合理的维修费用。避免消费者处于三包之外，维修无门。）

（二）**建议删除“（一）消费者所购家用汽车产品已被书面告知存在瑕疵的；”**（理由：经营者书面告知消费者汽车产品存在的瑕疵，可能多种多样，有些可能根本与三包责任无关，如不属于应当免责的范畴，不应因事先告知存在瑕疵就免除所有的三包责任。如果瑕疵涉及三包范畴，其免除的也应当是与瑕疵相对应的三包责任，而非所有三包责任。）

十四、第三十一条

建议修改为：“在家用汽车产品包修期和三包有效期内，无有效发票和三包凭证的，经营者可以不承担本规定所规定的三包责任。**但消费者能够证明家用汽车产品在包修期或三包有效期内的除外。**”（理由：除购车发票外，购车合同、销售记录、产品序列号等均能够确定汽车的购买时间。将丢失发票或者三包凭证的消费者排除在三包对象之外，有减轻经营者三包责任之嫌。此条原有规定加重了消费者的责任，排除了消费者的主要权利，应予修改。）

十五、第三十二条第一款

建议修改为：“家用汽车产品三包责任发生争议的，消费者可以与经营者协商解决；**可以请求消费者协会（委员会）及依法成立的调解组织调解；可以向市场监督管理部门等有关行政部门投诉。**”（理由：建议与《消法》第三十九条规定相衔接。此外，因实践中，各地消协称谓不一，有的称为“委员会”，建议予以明确。）

十六、第三十四条

建议将“消费者权益保护组织”修改为“**消费者协会（委员会）**”。（理由：实践中，各地消协称谓不一，有的称为“委员会”，建议予以明确。）

十七、第三十六条

建议修改为：“处理家用汽车产品三包责任争议，需要对相关产品进行检验和鉴定的，按照产品质量仲裁检验和产品质量鉴定有关规定执行。**检验和鉴定费用由经营者先行承担，消费者提供等额担保，最终由责任方承担。**”（理由：建议明确检验和鉴定费用的承担问题，以增强规定的可操作性。）

十八、第三十七条前

建议对**违反本规定第七条规定的，增加处理规定。**（理由：明确违反本规定第七条的处理规定，切实保护消费者和经营者的合法权益。）

十九、第三十八条

建议修改为：“违反本规定第十条、**第十一条**规定，构成有关法规规定的违法行为的，依法予以处罚……”（理由：明确违反第十一条有关对售前检查中发现的瑕疵、缺陷及处理应当记录的规定的罚则。）

中消协对《民法典侵权责任编（草案二次审议稿）》的修改意见

中消协函字〔2019〕32号

全国人大常委会法制工作委员会：

近日，贵单位正就《民法典侵权责任编（草案二次审议稿）》公开征集意见，鉴于《民法典侵权责任编》与广大消费者合法权益密切相关，经认真研究，现将我会有关意见提交，供立法参考。

略。

附件：1.对《民法典侵权责任编（草案二次审议

稿）》的修改意见

2.部分地方消协对《民法典侵权责任编》的修改意见汇总表

3.消协组织收集的部分押金、预付式消费群体投诉案例

4.部分地方消协提供的有关案例

中国消费者协会

2019年3月29日

附件1

对《民法典侵权责任编

（草案二次审议稿）》的修改意见

一、总体意见

建议增加对经营者不退押金、预付费，侵犯消费者权益的责任追究。当前，新技术革命方兴未艾，以人工智能、信息消费、共享经济等为代表的新消费领域，深刻地改变了消费者的消费生活。但在一些领域法律规定存在空白，直接影响广大消费者切身利益。一是押金安全问题。自2017年以来，酷骑、小鸣、小蓝单车等多家共享单车倒闭或停止运营，消费者押金难退，引发群体投诉。由于对企业收取押金没有准入门槛，缺乏监管制度，消费者财产安全面临很大风险。……二是预付式消费跑路问题。由于缺乏准入门槛和资金管理、监管责任不明晰等原因，各地发生大量发售预付卡或收取预付费后，经营者卷款跑路情况，特别是在美容美发、洗染、健身、家政、教育培训等服务领域。……此外，健身房跑路、装修公司跑路、摄影公司跑路、早教机构跑路、美容店关门等损害众多消费者利益。近年来，有关侵权行为愈演愈烈，特别是通过互联网收取押金、预付费引发的侵权风险，比原有实体领域更为严重、广泛、强烈，亟待高度关注，有效治理。

二、具体意见

（一）第九百四十六条

建议修改为："侵权行为危及他人人身、财产安全的，被侵权人有权请求侵权人承担停止侵害、排除妨碍、消除危险、**返还财产**、**恢复原状**、**赔偿损失**、**消除影响**、**恢复名誉**、**赔礼道歉**等侵权责任。**法律规定惩罚性赔偿的，依照其规定。**"（理由：侵权行为危及他人人身、财产安全的，其侵权责任不仅限于法条原有表述，建议按照《民法总则》规定予以补充。）

（二）第九百五十三条

建议修改为："损害是因受害人故意造成的，**且受害人的故意是损害的全部原因时**，行为人不承担责任。"（理由：当受害人与行为人都存在故意或者过失时，双方都应对损害结果承担责任。）

（三）第九百五十四条之一

1.**第一款**建议修改为"**完全民事行为能力人**自愿参加具有危险性的活动受到损害的，**在合理预见的因参与该活动可能遭受的损害范围内**，受害人不得请求他人承担侵权责任，但是他人对损害的发生有故意或者重大过失的以及**法律法规规定排除的情形除外**。"（理由：一是无民事行为能力人和限制民事行为能力人对风险缺乏正确的认识和准确的判断，建议将无民事行为能力人和限制民事行为能力人排除在外。二是虽然任何一项活动都有风险，但每一项活动的风险都是有限的。受害人自愿参与活动，只表示其愿意承担该活动本身的风险，而没有愿意承担因活动以外因素所致损害的意思表示。比如，拳击、搏击项目中运动双方的目的就是故意造成对方伤害，但双方对此项活动的风险后果都有预期判断，因此在比赛过程中发生的损害即便是故意的也不应当追究加害者的侵权责任。又如，一方在裁判作出中止比赛指令后仍恶意追打，造成严重伤害的，应当承担侵权责任。三是学校对于无民事行为能力人、限制民事行为能力人的保护责任，不能因所谓自甘风险而免责。如《未成年人保护法》第二十二条第三款规定，"学校、幼儿园安排未成年人参加集会、文化娱乐、社会实践等集体活动，应当有利于未成年人的健康成长，防止发生人身安全事故。"第二十四条规定，"学校对未成年学生在校内或者本校组织的校外活动中发生人身伤害事故的，应当及时救护，妥善处理，并及时向有关主管部门报告。"《学生伤害事故处理办法》第九条规定，"因下列情形之一造成的学生伤害事故，学校应当依法承担相应的责任：……（四）学校组织学生参加教育教学活动或者校外活动，未对学生进行相应的安全教育，并未在可预见的范围内采取必要的安全措施的……（六）学校违反有关规定，组织或者安排未成年学生从事不宜未成年人参加的劳动、体育运动或者其他活动的……（十）学校教师或者其他工作人员在负有组织、管理未成年学生的职责期间，发现学生行为具有危险性，但未进行必要的管理、告诫或者制止的……"）

2.建议增加两款：

"参加有危险性的活动前，应明确告知活动可能存在的危险性及后果，并签署确认协议，确认参与者对相应危险真实清楚地了解，且为自愿参与并自担风险。

有危险性的活动是指即使行为人遵照法律规定和操作规范进行相应的活动，或者行为人在行为时尽到了理性人一般谨慎和勤勉义务，仍然可能存在极大危险性的活动。”

（理由：一是自甘风险并没有一个明确的判定标准，实践中存在许多不确定的情况。例如，参与者是否事先真实、全面地了解活动的危险性；又如，朋友之间口头答应参与活动、微信的聊天记录，或者单位组织必须到场的活动等，这些是否能够判定当事人是为真的自愿参与，还是作出了真意保留的意思表示。鉴于此，建议在参与活动前，通过签署确认协议来证明参与者确系自愿参加，以清晰判定侵权责任的承担主体，节约司法资源。二是“有危险性的活动”是个宽泛的概念，边界模糊，没有界定的标准。立法中，应该列举具有危险性的活动的主要类别或者给出一个判定危险性的标准。明确标准有利于对组织者是否担责进行判定，也便于司法实践的操作。一个理性的人，遵守法律规定和活动规则并尽到谨慎和勤勉义务后，参加一般性的活动，例如学校的教学活动，朋友间组织的爬山游泳等，不会发生重伤或危及生命的危险。如果行为人做到上述要求后参加活动仍存在危险性，则应明确使其知晓活动的危险性并确认是否参与。）

（四）第九百五十四条之二第一款

1. 建议细化“受害人可以在必要范围内采取扣留侵权人的财务等合理措施”的适用情形，明确排除情形。（理由：防止超市搜身、旅游购物点或旅游大巴车限制人身自由、人肉搜索等行为的发生。）

2. 建议修改为：“合法权益受到侵害，情况紧迫且不能及时获得国家机关保护的，受害人可以在必要范围内采取扣留侵权人的财物等合理措施，**但不得限制他人人身自由或有其他违法行为。**”（理由：现实生活中，被侵权人面对侵权人逃跑或转移财产、日后难以查找等紧迫情况，往往来不及等到国家机关的事后救济。如果不采取自助行为，则以后权利无法实现或难以实现。被侵权人为了保全或恢复自己的权利，可以对他人财产采取扣留等合理措施。与此同时，应当明确必须在法律允许的范围内实施自助行为，杜绝超市搜身、人肉搜索等假借自助名义，违反法律侵害他人权益的行为。民事上的自助行为可以借鉴刑法中正当防卫和紧急避险的相关设定。自助行为不应超出避免危险而需要的限度，不能因为自助行为而产生新的侵权责任，制造新的不平衡。自助的行为方式也要合理适当。应对“必要范围”作严格解释，将其限定为在法律允许的范围。自助行为存在许多弊端，如果不加以规范控制，极易被滥用，为侵权行为提供了一个合法的借口，违背了立法的本意。民间自助行为一般都会采取强制方式，包括对他人自由进行限制，甚至组织多人实施，如讨债行为，往往会激化矛盾，发生更加严重的冲突，应当严格限定自助行为的限度，防止滥用自助行为造成新的侵权行为。）

（五）第九百五十六条

建议修改为：“侵害他人造成人身损害的，应当赔偿医疗费、护理费、交通费、**住宿费、住院伙食补助费、**营养费等为治疗和康复支出的合理费用，以及因误工减少的收入。造成残疾的，还应当赔偿辅助器具费、残疾赔偿金**和被扶养人生活费，以及因康复护理、继续治疗实际发生的必要的康复费、护理费、后续治疗费。**造成死亡的，还应当赔偿丧葬费、死亡赔偿金**和被抚养人的抚养费以及受害人亲属办理丧葬事宜支出的交通费、住宿费和误工损失等其他合理费用。**”（理由：按照《最高人民法院关于审理人身损害赔偿案件适用法律若干问题的解释》第十七条规定：“受害人遭受人身损害，因就医治疗支出的各项费用以及因误工减少的收入，包括医疗费、误工费、护理费、交通费、住宿费、住院伙食补助费、必要的营养费，赔偿义务人应当予以赔偿。受害人因伤致残的，其因增加生活上需要所支出的必要费用以及因丧失劳动能力导致的收入损失，包括残疾赔偿金、残疾辅助器具费、被扶养人生活费，以及因康复护理、继续治疗实际发生的必要的康复费、护理费、后续治疗费，赔偿义务人也应当予以赔偿。受害人死亡的，赔偿义务人除应当根据抢救治疗情况赔偿本条第一款规定的相关费用外，还应当赔偿丧葬费、被扶养人生活费、死亡补偿费以及受害人亲属办理丧葬事宜支出的交通费、住宿费和误工损失等其他合理费用。”建议据此修改。）

（六）第九百五十七条

建议增加考量的具体情形。（理由：死亡赔偿金的数额在实践中可能并非相同数额。《最高人民法院关于审理人身损害赔偿案件适用法律若干问题的解释》第29条规定：“死亡赔偿金按照受诉法院所在地上一年度城镇居民人均可支配收入或者农村居民人均纯收入标准，按二十年计算。但六十周岁以上的，年龄每增加一岁减少一年；七十五周岁以上的，按五年计算。”因此，对于不同地域、不同年龄、不同经济发达程度应有相应考虑，建议增加考量的具体情形。）

（七）第九百六十条

1. **第一款**建议明确何为“严重精神损害”。（理由：

如造成他人骨折，无法下地，虽未造成残疾、死亡，但实际发生了难以入睡、疼痛、家人困扰等精神损害，但依现行法律规定并无相应赔偿，对当事人不够公平。）

2.**建议增加一款**，明确侵犯他人个人隐私、泄露和扩大索取他人个人信息，所应承担的精神损害赔偿或者最低赔偿。（理由：……2018年3—10月中消协开展了APP个人信息收集与隐私政策测评，接受测评的10类APP均存在过度采集信息的情况，其中位置信息，通讯录、手机号码等个人身份信息是过度采集的主要内容。对此，建议立法规制。）

（八）第九百六十一条之一

建议修改为：**“当事人有以下行为的，被侵权人有权请求惩罚性赔偿：**

（一）经营者提供商品或者服务有欺诈行为的；

（二）经营者明知商品、服务存在缺陷仍然提供，造成消费者或者其他受害人死亡或者健康严重损害的；

（三）恶意发出错误通知，造成平台内经营者损失的；

（四）故意侵害知识产权，情节严重的；

（五）恶意泄露他人个人信息，造成严重后果的；

（六）恶意诬告，使他人受到严重损害的；

（七）其他法律法规规定适用惩罚性赔偿的。”

（理由：一是建议补充《消法》第五十五条、《电子商务法》第四十二条第三款规定的适用惩罚性赔偿的情形。二是建议对恶意泄露他人个人信息，造成严重后果的，适用惩罚性赔偿。三是建议对经营者恶意诬告致使消费者、举报人等受到严重损害的，适用惩罚性赔偿。）

（九）第九百六十七条第二款

建议修改为：“劳务派遣期间，被派遣的工作人员因执行工作任务造成他人损害的，由接受劳务派遣的用工单位承担侵权责任；劳务派遣单位有过错的，承担相应的责任。**被派遣的工作人员有故意或者重大过失的，接受劳务派遣的用工单位可以在承担侵权责任后，向被派遣的工作人员进行追偿。**”（理由：因被派遣工作人员故意或重大过失，造成他人损害的，接受劳务派遣的用工单位应有追偿权利。）

（十）第九百六十八条

1.**第一款**建议修改为：“个人之间形成劳务关系，提供劳务一方因劳务造成他人损害的，由接受劳务一方承担侵权责任。接受劳务的一方承担侵权责任后，可以向有故意或者重大过失的提供劳务的一方追偿。提供劳务一方因劳务自己受到损害的，**根据双方各自的过错承担相应的责任。**”（理由：提供劳务一方自己应负有注意义务，如因自身原因导致自己受到损害，不应要求接受劳务一方承担侵权责任。为此，建议恢复原《侵权责任法》规定，提供劳务一方因劳务自己受到损害的，根据双方各自的过错承担相应的责任。）

2.**第二款**建议修改为：“提供劳务期间，因第三人的行为造成提供劳务一方损害的，提供劳务的一方有权请求第三人承担侵权责任。**接受劳务的一方对损害发生也有责任的，承担相应的责任。**”（理由：在劳务关系中，提供劳务和接受劳务的很多是个人。因第三人行为造成提供劳务一方损害的，应由第三人承担侵权责任。接受劳务的一方没有过错的，不应承担侵权责任。而且，如果第三人致使提供劳务一方所受伤害过重，接受劳务一方可能无力承担相应责任。如此规定，对接受劳务一方的责任过重。）

（十一）第九百七十条第三款

建议修改为：“**网络服务提供者应当设置有效的接收通知的渠道。**网络服务提供者接到通知后，应当及时将该通知转送相关网络用户，并采取必要措施；**未设置有效接收通知渠道或者**未及时采取必要措施的，对损害的扩大部分与该网络用户承担连带责任。”（理由：当前很多网络服务提供者没有设置有效的接收通知的途径，造成权利人无处通知，无力维权。）

（十二）第九百七十三条第二款

建议修改为：**“因第三人的行为造成他人损害的，由第三人承担侵权责任；经营者、管理者或者组织者未尽到安全保障义务的，承担相应的补充责任。”**（理由：经营者、管理者或者组织者未尽到安全保障义务，应当承担相应的责任，对于自己的过错负责，不应当再享有追偿权。）

（十三）第九百七十三条后

建议增加一条：**“对网络约租车、网络送餐、网络住宿、网络购药、网络医疗等提供关系消费者生命健康的商品或者服务，电子商务平台经营者对平台内经营者未尽到审核义务，造成消费者损害的，承担连带责任。**

电子商务平台经营者对平台内经营者提供上述商品或者服务负有安全保障义务，不能证明自己对损害发生没有过错的，应当与平台内经营者承担连带责任。”

（理由：建议明确提供关系消费者生命健康的商品或者服务的电子商务平台经营者的法律责任，对于对平台内经营者未尽到审核义务，造成消费者损害的，明确要求承担连带责任；对于未尽到安全保障义务的，采用过错推定方式明确平台经营者责任。由此，有效衔接《电子商务法》第三十八条规定。）

（十四）第九百七十六条

建议修改为：“无民事行为能力人或者限制民事行为能力人在幼儿园、学校或者其他教育机构学习、生活期间，受到幼儿园、学校或者其他教育机构以外的第三人人身损害的，由第三人承担侵权责任；幼儿园、学校或者其他教育机构**无法证明其**尽到管理职责的，承担**相应的责任**。”

（理由：一是因在校的是无民事行为能力人或者限制民事行为能力人，学校负有重要的管理职责，应当采取有效措施，防控风险。未能尽到管理职责的不应仅承担一般主体的相应的补充责任。《未成年人保护法》第二十二条规定，“学校、幼儿园、托儿所应当建立安全制度，加强对未成年人的安全教育，采取措施保障未成年人的人身安全”。第二十四条规定，“学校对未成年学生在校内或者本校组织的校外活动中发生人身伤害事故的，应当及时救护，妥善处理，并及时向有关主管部门报告”。《学生伤害事故处理办法》第九条规定，“因下列情形之一造成的学生伤害事故，学校应当依法承担相应的责任：……（二）学校的安全保卫、消防、设施设备管理等安全管理制度有明显疏漏，或者管理混乱，存在重大安全隐患，而未及时采取措施的……”建议根据相关法律规定和实践情况，明确幼儿园、学校或者其他教育机构未尽到管理职责的，承担相应的责任。二是在第三人侵权情况下，建议法律规定由教育机构对其尽到管理职责承担自证责任。一方面，家长无法得知教育机构的监管全貌，在举证上处于弱势，应由教育机构自证；另一方面，举证责任倒置可倒逼教育机构加强其监管力度。三是幼儿园、学校或者其他教育机构未尽到管理职责，承担相应的责任，是基于自身的过错，不应规定向第三人追偿。）

（十五）第四章

建议修改为：“第四章　产品**与服务**责任”（理由：建议增加“服务”，与《消法》规定衔接。目前，在消费领域服务所占比例大幅提升，美容美发、装修、健身、按摩、培训等服务中均会发生侵权行为，建议对此作出立法规制。经营者向消费者提供服务的行为，从本质上看与提供商品并无不同，在责任承担上应当适用产品责任规定。）

（十六）第九百七十七条

建议修改为：“因产品**或者服务**存在缺陷造成他人损害的，生产者或者服务者应当承担侵权责任。

因销售者的过错使产品或者服务存在缺陷造成他人损害的，销售者应当承担损害赔偿责任。

销售者不能指明缺陷产品或者服务的生产者、服务者，也不能指明缺陷产品或者服务的提供者的，销售者应当承担侵权责任。”

（理由：服务也会存在缺陷，如权健事件中的“火疗”造成消费者伤害等。建议适用产品责任相关规定。）

（十七）第九百七十八条

建议修改为：“因产品**或者服务**存在缺陷造成他人损害的，被侵权人可以向产品**或者服务**的生产者、**服务者**请求赔偿，也可以向产品**或者服务**的销售者请求赔偿。

产品**或者服务**的缺陷由生产者、**服务者**造成的，销售者赔偿后，有权向生产者、**服务者**追偿。因销售者的过错使产品**或者服务**存在缺陷的，生产者、**服务者**赔偿后，有权向销售者追偿。”

（理由：同上。建议增加有关服务的表述。）

（十八）第九百七十九条

建议修改为：“因运输者、仓储者等第三人的过错使产品**或者服务**存在缺陷，造成他人损害的，产品**或者服务**的生产者、**服务者**、销售者赔偿后，有权向第三人追偿。”（理由：同上。建议增加有关服务的表述。）

（十九）第九百八十条

建议修改为：“因产品**或者服务**缺陷危及他人人身、财产安全的，被侵权人有权请求生产者、**服务者**、销售者承担停止侵害、排除妨碍、消除危险、**返还财产、恢复原状、赔偿损失、消除影响、恢复名誉、赔礼道歉**等侵权责任。”（理由：一是建议按照《民法总则》规定补充侵权后的相关责任。二是建议增加有关服务的表述。）

（二十）第九百八十一条

建议修改为：“**发现产品或者服务**存在缺陷的，生产者、**服务者**、销售者应当及时采取停止销售、警示、召回、**无害化处理、销毁、停止生产或者服务等措施**。未及时采取**措施**或者**措施**不力造成损害扩大的，对扩大的损害也应当承担侵权责任。**采用召回措施的，侵权责任人还应当承担被侵权人因产品或者服务召回支出的必要费用。**”（理由：与《消法》第十九条有关经营者的召回义务规定相衔接。）

（二十一）第九百八十二条

建议修改为：“**因故意、重大过失或者过失致使产品或者服务**存在缺陷仍然生产、销售、**提供**，或者没有依照前条规定采取**措施，对他人人身或者财产造成损害的，**被侵权人有权请求相应的惩罚性赔偿。”（理由：**一是**

《消法》第五十五条适用惩罚性赔偿规定包括服务，建议相衔接。**二是**我国台湾地区“消费者保护法”第七条规定，“从事设计、生产、制造商品或提供服务之企业经营者，于提供商品流通进入市场，或提供服务时，应确保该商品或服务，符合当时科技或专业水平可合理期待之安全性。商品或服务具有危害消费者生命、身体、健康、**财产**之可能者，应于明显处为警告标示及紧急处理危险之方法。企业经营者违反前二项规定，**致生损害**于消费者或第三人时，应负连带赔偿责任。但企业经营者能证明其无过失者，法院得减轻其赔偿责任”。第五十一条规定，“依本法所提之诉讼，因企业经营者之**故意所致之损害**，消费者得请求损害额五倍以下之惩罚性赔偿金；但因**重大过失所致之损害**，得请求三倍以下之惩罚性赔偿金，因**过失所致之损害**，得请求损害额一倍以下之惩罚性赔偿金”。其中有关损害并不仅限于人身伤害，也包括财产损害。近年来，不少跨国企业在质量缺陷售后方面对中国的歧视性处理已经引发诸多不满。……因此，在法律上扩大惩罚性赔偿的适用范围，将故意、重大过失或者过失造成产品或者服务存在缺陷，以及不采取措施造成的人身损害、财产损害都纳入惩罚性赔偿范围，将有力规制那些“歧视”中国消费者的不良经营者，不让中国消费者“花钱买罪受”。惩罚性赔偿的标准可因其主观程度按照不同倍数的损害额度计算。损害额度难以计算的，按照商品或者服务的价款计算。）

（二十二）第九百八十六条

建议增加一款：**“以网约车形式从事道路运输经营活动的机动车发生交通事故造成损害，属于该机动车一方责任的，网约车平台经营者不能证明自己对损害发生没有过错的，与机动车所有人、驾驶人承担连带责任。”**（理由：目前，各种交通消费出行都有严格的准入机制和完善的消费者保护监管要求。建议明确网约车平台经营者未尽到审核义务、安全保障义务所应承担的法律责任。）

（二十三）第九百九十条第一款

建议修改为：**“盗窃、抢劫或者抢夺的机动车发生交通事故造成损害的，由盗窃人、抢劫人或者抢夺人承担赔偿责任。”**（理由：即删除“盗窃人、抢劫人或者抢夺人与机动车使用人并非同一人，发生交通事故后属于该机动车一方责任的，盗窃人、抢劫人或者抢夺人与机动车使用人承担连带责任”。因机动车使用人无法控制此种情形，强加相关责任，使之在受侵害基础上雪上加霜。）

（二十四）第九百九十三条

建议修改为：“患者在诊疗活动中受到损害，医疗机构或者其医务人员有过错的，由医疗机构承担赔偿责任。**患者属未成年人的，应由其监护人签字确认诊疗；医疗机构或者其医务人员应当履行身份审验义务，未尽义务造成未成年患者损害的，由医疗机构承担赔偿责任。**”（理由：近年来，未成年患者自行到医疗机构就诊发生的医疗纠纷案例很多，特别是到美容医疗机构整容，某些医疗机构不管患者是否成年，只管自己的利益，甚至合伙欺骗监护人，制造假病历等，已成为一个严重的社会问题。）

（二十五）第九百九十四条第一款

建议修改为：“医务人员在诊疗活动中应当向患者说明病情和医疗措施。需要实施手术、特殊检查、特殊治疗的，医务人员应当**事先**及时向患者具体说明医疗风险、替代医疗方案等情况，并取得其**书面**同意；不能或者不宜向患者说明的，应当**事先及时**向患者的近亲属说明，并取得其**书面**同意。”（理由：一是应当事先及时告知，如手术中再进行告知，会影响患者的知情权、选择权。二是应书面同意，防止同意作假。）

（二十六）第九百九十七条

建议修改为：“患者在诊疗活动中受到损害，因下列情形之一的，推定医疗机构有过错：……（三）遗失、伪造、篡改或者违法销毁、**泄露**病历资料。”（理由：泄露病历资料可能造成消费者生活困扰，应予制止。）

（二十七）第一千条第一款

建议修改为：“医疗机构及其医务人员应当按照规定填写并妥善保管住院志、医嘱单、检验报告、手术及麻醉记录、病理资料、护理记录、医疗费用等病历资料，**以及手术、检查、治疗风险告知书。**”（理由：告知书也应当妥善保管。）

（二十八）第一千零八条

建议修改为：“侵权人因故意、**重大过失或者过失造成生态环境严重损害的，**被侵权人有权请求相应的惩罚性赔偿。”（理由：“故意违反国家规定”的规定过窄。实践中，损害生态环境在很多情况下都不是故意行为。侵权人因重大过失、过失造成生态环境严重损害的，也应该承担惩罚性赔偿责任，惩罚性赔偿的标准可因其主观程度按照不同倍数的损害额度计算。）

（二十九）第一千零二十四条

建议修改为：“动物园的动物造成他人损害的，动物园应当承担侵权责任。但是能够证明**损害是因被侵权人故意或者重大过失造成的，可以减轻或者免除**责任。”（理由：动物园开业运营，明知饲养动物供人观赏，特别是野生动物园自驾车游览风险较大，经营者明知项目风险，以营利为目的开业运营，其责任不应低于第一千零二十一条动物饲养人责任。另，管理责任之外，动物园还有通知、救助等义务，建议采用无过错责任。）

（三十）第一千零二十九条

建议修改为“建筑物、构筑物或者其他设施倒塌造成他人损害的，由建设单位与施工单位承担连带责任，但是建设单位与施工单位能够证明不存在过错的除外。建设单位、施工单位赔偿后，有其他责任人的，有权向其他责任人追偿。”（理由：构筑物或者其他设施倒塌不必然与缺陷有联系，可能因建设单位与施工单位的各种过错导致。）

三、其他意见

（一）增加押金、预付式消费侵权行为规制

押金是租用特定标的物的质押担保，属于担保物权的一种，主要是担保合同的履行。押金的所有权属于消费者，建议设立专门的信托账户对押金进行管理，防止经营者随意挪用。

预付资金是消费者为购买商品或者接受服务预先交付给企业用于自身消费的资金，其使用应遵守合同约定。预付资金不是投资行为，消费者不应当承担经营者的经营风险，所交费用应当专款专用，不得挪用。对于收取预付费的经营者，建议借鉴我国台湾地区或者日本的做法，要求经营者提供相应担保，或者向央行提存保证金。

针对实践中经营者随意挪用押金、预付费，拒不退款，甚至卷款跑路，严重侵犯消费者权益的行为，建议立法作出明确规定，有效制裁此类不法行为，遏制其蔓延态势。建议从收取押金、预付费的经营者资质限定、合同要求、履约担保、资金管理、信息披露、费用退还、冷静期、退市要求、法律责任等方面进行规制，切实保护消费者合法权益。

在《民法典侵权责任编》中建议增加以下条款：

1.经营者不得以暴力、胁迫、限制人身自由、洗脑式宣传、骚扰等方式，强迫或变相强迫用户购买预付卡或支付预付费。不得以履行期限届满为由，拒绝提供商品或者终止服务；不得规定卡内余额到期作废。

2.经营者收取消费者押金后破产的，交纳押金的用户有权在破产清算前取回。

3.经营者收取消费者预付款后破产的，交纳预付款的用户有权在保证金范围内优先受偿或者要求担保方承担赔偿责任。

4.被特许人事先未向用户明示经营主体状况及赔偿责任，特许人也未向用户进行明示和说明，发生侵权行为造成用户损害的，特许人与被特许人承担连带责任。

5.经营者有违法收取、挪用押金、预付费，骗取预付费，预期违约，拖欠债务，卷款跑路等违法行为的，由有关行政部门处罚，并记入信用档案，经营者名称、法人信息、股东姓名、特许人及被特许人法人信息、处罚情况等依法向社会公示。构成犯罪的，依法追究刑事责任。

（理由：实践中，经营者违法收取、挪用消费者押金、预付费等情况大量存在，发生问题，以资金链断裂、破产为由拒不承担责任；有些经营者宣传时使用特许人名号，发生问题时，特许人以与被特许人各为独立法人为由拒不担责；部分经营者以各种方式骗取消费者预付费，圈钱后跑路，异地再行骗术。对此，建议明确有关经营主体的法律责任，通过实施信用惩戒，进行有效遏制。）

（二）增加对技术进步引发侵权新问题的规制

建议适应大数据、人工智能发展，增加相应规定。如大数据杀熟造成的损害，人工智能自动驾驭致人伤亡，机器人伤人案件，无人机伤害，网络游戏装备侵权，智能产品、服务提供等造成个人信息泄露导致的损害等。

（三）增加消费公益诉讼相关规定

第一千零一十条、第一千零一十一条对法律规定的机关或者组织有权请求环境损害赔偿作出规定，建议对消费者协会等组织有权请求消费者损害赔偿、惩罚性赔偿等也一并作出规定。

其他，略。

中消协对《交通运输新业态用户资金管理办法（试行）（征求意见稿）》的意见

中消协函字〔2019〕35号

交通运输部：

据悉，贵部近日正就《交通运输新业态用户资金管理办法（试行）（征求意见稿）》面向社会公开征求意见。《交通运输新业态用户资金管理办法》涉及广大消费者押金和预付资金安全，社会各界高度关注，现将我会意见提交，供参考。

略。

附件：对《交通运输新业态用户资金管理办法（试行）（征求意见稿）》的意见

中国消费者协会
2019年4月3日

附件

对《交通运输新业态用户资金管理办法（试行）（征求意见稿）》的意见

一、总体意见

（一）建议加大对运营企业不退押金、预付资金，侵犯消费者权益的责任追究。自2017年以来，酷骑、小鸣、小蓝单车、途歌（To Go）等多家共享单车、共享汽车经营者倒闭或停止运营，消费者押金、预付资金难退，引发群体投诉。……除共享单车、共享汽车外，网络预约出租汽车领域也存在很大风险。……伴随交通运输新业态发展，通过互联网收取押金、预付资金引发的资金安全风险，比原有实体领域更为严重、广泛、强烈，建议加大对经营者违法行为的行政处罚和责任追究，有效治理此类问题。

（二）本办法为行政规章，立法层级相对较低，有些涉及消费者权益的重要内容，如民事赔偿、责任追究等，通过规章难以有效规制。如，在处罚额度上规章仅能作出3万元以下罚款，对于大量收取、挪用用户押金、预付费的企业，惩处力度明显不足。企业违法成本过低，也是相关问题愈演愈烈、屡禁不止的原因之一。民事赔偿、责任追究等内容，对于保护消费者权益至关重要，也是保证立法成效的重要内容。建议提高本办法的立法位阶，通过法规形式，作出相关规定，实现更有力的治理。

二、具体意见

（一）第五条后

建议增加一条：**"运营企业应当全面、真实、准确、及时地披露服务信息，并在网络平台显著位置显著明示与用户有重大利害关系的相关内容，包括服务内容、质量，收费方式、数额，履行期限和方式，安全注意事项和风险警示，资金存管、余额退还，信息保护，售后服务，民事责任等，并为用户提供快速、有效、准确的资金状况查询，保障消费者的知情权、选择权和安全权。运营企业不得以虚构交易、编造用户评价等方式进行虚假或者引人误解的商业宣传，欺骗、误导消费者。"**（理由：一是建议依据《消法》《电子商务法》规定，明确运营企业的信息披露义务；二是建议明确为用户提供资金查询，保障用户财产安全；三是禁止对用户做误导宣传，如使用存管银行名义作虚假宣传等。）

（二）第十一条

1.**第三项**建议修改为："（三）运营企业……并明确退还条件。**符合退还条件的，运营企业不得以技术手段、格式条款等方式限制、阻碍用户退费，不得对用户退费要求故意拖延、无理拒绝，不得收取不合理费用。"**（理由：消费者有权依法要求退还预付资金，实践中，一些经营者常以各种方式，限制、阻碍消费者退费，对此，应予立法规制。）

2.**第四项**建议修改为："（四）运营企业应当建立用户预付资金备付金制度，备付金不得低于用户预付资金余额的**50%**。"（理由：预付资金是消费者为购买商品或者接受服务预先交付给经营者用于自身消费的资金，其使用应遵守合同约定。消费者交纳预付资金后，该资金附条件移转至运营企业，运营企业只有提供相关服务后才能真正获得预付资金的所有权。实践中，消费者交纳预付资金后，经营者常随意挪用相关资金，从事其他业务，甚至卷款潜逃，为此，建议借鉴日本《与预付式证票的规制等有关的法律》关于预付资金保证金寄存的相关制度，将预付资金余额的1/2以上金额寄存至指定单位，以此有效保护消费者预付资金安全。特别是共享单车行业目前连续倒闭的企业较多，其面向全国消费者广泛收取预付费，且无企业资质和运营规模限制，风险控制能力堪忧，建议严格限制其备付金管理水平，将额度调整为预收资金余额的50%。）

3.**第五项**建议修改为："运营企业只能将用户预付资金用于**与服务用户有关的**主营业务。"（理由：仅用主营业务含义不清，实践中易产生认识分歧，不利于本办法的有效执行。）

4.建议增加一款：**"运营企业分立、合并的，用户可以向变更后承受其权利义务的企业要求赔偿。相关企业不得以协议、转运营等方式免除赔偿责任。"**（理由：《消法》第四十一条规定："消费者在购买、使用商品或者接受服务时，其合法权益受到损害，因原企业分立、合并的，可以向变更后承受其权利义务的企业要求赔偿。"实践中，一些企业通过分立、合并协议或者转运营方式，出让权利、免除义务……对用户则拒绝承担赔偿责任，

建议本办法对此作出禁止性规定。)

5.建议增加一款：**"运营企业破产的，交纳押金的用户，可依法取回押金。交纳预付资金的用户有权在备付金范围内优先受偿。"**(理由：押金是消费者租用特殊标的物的质押担保，属于担保物权的一种，其所有权属于消费者。企业破产时，消费者有权依法取回，相关资金不应计入破产清偿范围。预付资金是消费者为接受服务预先交付给运营企业用于自身消费的资金，其使用应遵守合同约定，企业不得挪作他用。企业破产时，消费者有权在备付金范围内优先受偿。建议本办法对此作出明确规定。)

(三)第十一条后

建议增加一条："用户交纳预付资金的，有权自交费之日起7日内要求退款，且无需说明理由。"(理由：实践中，交通运输新业态经营者常采用高额充返方式，引诱用户交纳预付资金。如充1万元返1万元，充2万元返2万元等，这种拆东墙补西墙的充返模式，极易造成庞氏骗局，使预付资金处于极大安全风险之中。建议借鉴《消法》有关7日无理由退货的规定，明确预付式消费适用一定时限内的无理由退费制度，给予消费者犹豫期，防范运营企业高额劝诱带来的风险，切实保障消费者的财产安全。)

(四)第二十条第一款

建议修改为：**"运营企业自行暂停或者终止业务的，应当提前三十日在首页显著位置持续公示有关信息，同时**制定完善的资金清算处置方案和用户权益保护措施，并向其注册地交通运输新业态行政主管部门报告，**告知**存管银行、合作银行和其他支付服务机构。运营企业自**公示**之日起不得再收取用户资金。运营企业注册地交通运输新业态行政主管部门应当及时将运营企业暂停、终止业务情况告知当地人民银行分支机构、银保监会地方派出机构等相关管理部门。"(理由：一是依据《电子商务法》第十六条规定，运营企业自行终止业务的，应当提前30日在其首页显著位置持续公示有关信息，以便消费者知晓。二是实践中，不少企业明知无法提供服务，在终止服务之前仍然收取押金、预付费，之后突然关店，造成消费者损失，建议对此明确规制。)

(五)第四章

本章建议更名为"联合监管和法律责任"。同时增加运营企业违法行为的处罚措施、法律责任。

(六)第二十一条

建议第五项后增加一项："消费者协会(委员会)依据法定职责做好交通运输新业态服务投诉受理及处理等工作。"同时，删除第四项中"指导消费者协会(委员会)做好交通运输新业态服务投诉受理及处理等工作"。(理由：消费者协会是依法成立的对商品和服务进行社会监督的保护消费者合法权益的社会组织。《消法》第三十七条规定，"消费者协会履行下列公益性职责：……(五)受理消费者的投诉，并对投诉事项进行调查、调解……"消费者协会受理和处理投诉应当依法独立进行。建议将消费者协会做好交通运输新业态服务投诉受理及处理等工作单独列为一项，防止行政部门职责与社会组织职责混淆。)

(七)第二十一条后

1.建议增加一条：**"各级人民政府应当加强领导，组织、协调、督促有关行政部门做好保护用户合法权益的工作。落实保护用户合法权益的职责。各级人民政府应当加强监督，预防和及时制止危害用户人身、财产安全的行为。**

各级人民政府有关行政部门应当依照法律、法规的规定，在各自的职责范围内，采取措施，保护用户的合法权益。

运营企业违反本办法造成重大群体事件的，由地方交通运输部门会同各有关单位，及时采取有效措施，妥善处理消费纠纷，防止损失扩大。"

(理由：一是《消法》第三十一条规定，"各级人民政府应当加强领导，组织、协调、督促有关行政部门做好保护消费者合法权益的工作。落实保护消费者合法权益的职责。各级人民政府应当加强监督，预防危害消费者人身、财产安全行为的发生，及时制止危害消费者人身、财产安全的行为"。第三十二条规定，"各级人民政府工商行政管理部门和其他有关行政部门应当依照法律、法规的规定，在各自的职责范围内，采取措施，保护消费者的合法权益。有关行政部门应当听取消费者和消费者协会等组织对经营者交易行为、商品和服务质量问题的意见，及时调查处理"。建议本办法作出衔接性规定。二是针对交通运输新业态发生的重大群体事件，建议由地方交通运输部门会同各有关单位，及时采取有效措施，化解消费纠纷，防止损失扩大。)

2.建议增加一条：**"存管银行、支付机构发现经营者存管账户发生异常情况的，应当采取紧急措施，防止损失扩大，并及时向相关管理部门报告。"**(理由：建议明确存管银行的监督义务，发现问题及时止损，避免不法经营者卷款跑路。)

(八)第二十二条

建议修改为："运营企业违反本办法的，由其注册地相关管理部门**责令改正，并可根据情节单处或者并处警**

告、3万元以下罚款；情节严重的，由相关管理部门责令停业整顿、吊销营业执照，并可对运营企业法人、直接负责的主管人员和其他直接责任人员处以3万元以下罚款，十年内不得从事相关经营活动。

运营企业违反本办法第五条后新增禁止虚假宣传的，第十条明示押金退还方式、程序，对押金退还设置不合理条件或者不及时退还押金的，第十一条故意拖延、无理拒绝用户退还预付费要求的，第二十条提前三十日在首页显著位置持续公示终止服务信息的，由相关管理部门依照《广告法》、《消法》、《电子商务法》相关规定进行处罚。

运营企业及本条第一款所列人员受到行政处罚的，处罚机关应当记入信用档案，向社会公布。

运营企业违反本办法，侵害用户合法权益，构成犯罪的，依法追究刑事责任。运营企业法人、直接负责的主管人员和其他直接责任人员除进行处罚、记入信用档案外，终身不得从事相关经营活动。"

（理由：实践中，经营者违法收取、挪用消费者押金、预付资金等情况大量存在，动辄造成大量用户上百万元、上千万元甚至上亿元、几十亿元的损失，却以资金链断裂、破产为由拒不承担责任；部分经营者以各种方式骗取消费者预付费，圈钱后跑路，异地再行骗术。对此，社会各界深恶痛绝。建议立法明确行政处罚、责任追究到人，通过行业禁入等措施，有效防止违法收取、挪用押金、预付资金，骗取预付资金，预期违约，拖欠债务，卷款跑路等严重违法行为的发生。**如能提高立法层级**，建议加重行政处罚，"运营企业违反本办法的，由有关行政部门责令改正，可以根据情节单处或者并处警告、没收违法所得、处以违法所得一倍以上、十倍以下的罚款，没有违法所得的，处以二十万元以上、五十万元以下罚款。情节严重的，责令停业整顿、吊销营业执照，并处五十万元以上三百万元以下罚款；并可对其法定代表人、直接负责的主管人员和其他直接责任人员处以5万元以上、50万元以下罚款，并记入信用档案，禁止十年内从事相关经营活动。构成犯罪的，依法追究刑事责任，上述人员除进行处罚、记入信用档案外，终身不得从事相关经营活动"。**如仍以规章形式**，建议一是对一般违法行为增加责令改正、警告、3万元以下罚款；情节严重的，责令停业整顿、吊销营业执照，并追究相关人员责任，实施一定时限的从业禁入。二是违反本办法第五条后新增禁止虚假宣传的，可以适用《广告法》《消法》相关规定处罚，违反第十一条故意拖延、无理拒绝消费者退还预付费要求的，可以适用《消法》第五十六条规定处罚；违反第十条明示押金退还方式、程序，对押金退还设置不合理条件或者不及时退还押金的，违反第二十条提前三十日在首页显著位置持续公示终止服务信息的，可以适用《电子商务法》第七十六条、第七十八条规定处罚。建议本办法做好衔接。三是依据《消法》规定，由处罚机关将运营企业等所受处罚情况记入信用档案，并向社会公布。四是对于犯罪行为，建议采用通常的法律表述。同时，明确相关责任人员终身从业禁入。）

（九）第二十二条后

建议增加一条：**"运营企业违反本办法规定，损害消费者合法权益的，应当依法承担赔偿责任。"**（理由：明确运营企业损害消费者合法权益的赔偿责任。）

（十）第二十五条

建议本办法发布之日前收取的用户资金，给予3个月的过渡期。（理由：制定该办法的目的在于控制风险，保障消费者财产安全，建议缩短过渡期，尽快付诸实施。）

（十一）第二十六条

建议删除。（理由：建议不规定本办法的有效期。本办法如实施良好，可持续实行。如试行中存在问题，可尽快修改。）

中消协对《禁止垄断协议规定（送审稿）》《制止滥用行政权力排除、限制竞争行为规定（送审稿）》《关于禁止滥用市场支配地位的规定（送审稿）》等3部规章的意见

中消协函字〔2019〕50号

市场监管总局法规司：

你司征求《禁止垄断协议规定（送审稿）》《制止滥用行政权力排除、限制竞争行为规定（送审稿）》《关于禁止滥用市场支配地位的规定（送审稿）》等3部规章

意见的来文收悉，经认真研究，现将我会意见提交，供参考。

略。

附件：1.对《禁止垄断协议规定（送审稿）》的意见

2.对《制止滥用行政权力排除、限制竞争行为规定（送审稿）》的意见

3.对《关于禁止滥用市场支配地位的规定（送审稿）》的意见

中国消费者协会

2019年5月16日

附件1

对《禁止垄断协议规定（送审稿）》的意见

一、第五条

建议增加一款：**"本规定所称商品包含商品和服务。"**并删除第七条第一款括号中内容。（理由：建议在本规定的术语部分统一作出相关规定，以统领全部条文，防止产生理解上的歧义。）

二、第十四条

建议修改为："禁止行业协会从事下列行为：

（一）制定、发布含有排除、限制竞争内容**或者损害消费者合法权益一致性措施**的行业协会章程、规则、决定、通知、标准等；

（二）召集、组织或者推动本行业的经营者达成含有排除、限制竞争内容**或者损害消费者合法权益一致性措施**的协议、决议、纪要、备忘录、**标准**等……"

（理由：行业协会为维护会员利益，往往通过各种方式制定损害消费者权益的一致性措施，达到共同排除、限制消费者权利的目的，以减少市场竞争，这也是一种垄断协议。如中国旅游饭店业协会推出的《中国旅游饭店行业规范》规定"饭店可以谢绝客人自带酒水"，中国汽车流通协会《乘用车新车售前检查服务指引（试行）》（PDI规则）中规定，新车交付时，维修费超过整车市场价5%的才应主动告知消费者。对此，建议立法规制。）

三、第十五条

建议修改为："反垄断执法机构依据职权，或者通过举报、上级机关交办、其他机关移送、下级机关报告、经营者主动报告、**消费者协会反映等**途径，发现涉嫌垄断协议。"（理由："就有关消费者合法权益的问题，向有关部门反映、查询，提出建议"是《消法》赋予消费者协会的公益性职责之一，消费者协会在履职工作中，发现经营者通过垄断协议侵害消费者合法权益的，可以依法向反垄断执法机构反映。）

四、第十六条第一款

建议修改为："举报、**反映**采用书面形式并提供相关事实和证据的，反垄断执法机构应当进行必要的调查。**并将处理意见告知举报、反映人。**"（理由：《消法》第三十二条第二款规定，"有关行政部门应当听取消费者和消费者协会等组织对经营者交易行为、商品和服务质量问题的意见，及时调查处理"。建议明确规定有关反垄断执法机构对消费者和消费者协会反映的涉嫌垄断协议内容进行调查处理，并反馈处理意见。）

五、第二十四条

建议修改为："反垄断执法机构决定中止调查的……承诺的具体内容、消除**行为后果的**具体措施……"（理由：消除行为后果与消除影响内涵有所不同，建议采用《反垄断法》原有表述。）

六、第二十八条

第二款建议修改为："反垄断执法机构……获得利益，**且消费者权益不会因此受到损害。**"（理由：相关协议在使消费者获得利益的同时，不得损害消费者权益。）

七、第三十二条后建议增加两条

（一）建议增加：**"经营者、行业协会因实施垄断协议，给他人造成损失的，应当依法承担民事责任。"**（理由：《反垄断法》第五十条规定，"经营者实施垄断行为，给他人造成损失的，依法承担民事责任"。因此，建议明确经营者、行业协会因实施垄断协议，给其他经营者或者消费者造成损失的，依法承担民事责任。）

（二）建议增加：**"对反垄断执法机构依法实施的审查和调查，当事人拒绝提供有关材料、信息，或者提供虚假材料、信息，或者隐匿、销毁、转移证据的，或者有其他拒绝、阻碍调查行为的，由反垄断执法机构依据《反垄断法》进行处罚。情节严重，未使用暴力、胁迫等方法的，由公安机关依照《中华人民共和国治安管理处罚法》的规定处罚，构成犯罪的，依法追究刑事责任。"**（理由：建议增加当事人拒绝、阻碍调查行为的行政处罚和责任追究。《消法》第六十条规定，"以暴力、威胁等方法阻碍有关行政部门工作人员依法执行职务的，依法追究刑事责任；拒绝、阻碍有关行政部门工作人员依法执行职务，未使用暴力、威胁方法的，由公安机关依照《中华人民共和国治安管理处罚法》的规定处罚"。《反垄断法》第五十二条规定，"对反垄断执法机构依法实施的

审查和调查，拒绝提供有关材料、信息，或者提供虚假材料、信息，或者隐匿、销毁、转移证据，或者有其他拒绝、阻碍调查行为的，由反垄断执法机构责令改正，对个人可以处二万元以下的罚款，对单位可以处二十万元以下的罚款；情节严重的，对个人处二万元以上十万元以下的罚款，对单位处二十万元以上一百万元以下的罚款；构成犯罪的，依法追究刑事责任”。）

附件2

对《制止滥用行政权力排除、限制竞争行为规定（送审稿）》的意见

一、第二条

建议增加一款：**“本规定所称商品包含商品和服务。”**并删除第五条第一款括号中内容。（理由：建议在本规定的适用范围表述中统一作出相关规定，以统领全部条文，防止产生理解上的歧义。）

二、第十条

建议修改为：“行政机关不得滥用行政权力，以规定、办法、决定、公告、通知、意见、**标准**、会议纪要等形式，制定、发布含有排除、限制竞争内容的市场准入、产业发展、招商引资、招标投标、政府采购、经营行为规范、资质标准等涉及市场主体经济活动的规章、规范性文件、**标准**和其他政策措施。”（理由：有的行政机关存在利用制定、发布标准限制、排除竞争内容的措施，建议立法规制。）

三、第十一条

建议修改为：“市场监督管理部门依据职权，或者通过举报、上级机关交办、其他机关移送、下级机关报告、**消费者协会反映等**途径，发现涉嫌滥用行政权力排除、限制竞争行为线索。”（理由：“就有关消费者合法权益的问题，向有关部门反映、查询，提出建议”是《消法》赋予消费者协会的公益性职责之一，消费者协会在履职工作中，发现涉嫌滥用行政权力排除、限制竞争行为侵害消费者合法权益的，可以依法向反垄断执法机构反映。）

四、第十二条

建议修改为：“对涉嫌滥用行政权力排除、限制竞争行为，任何单位和个人有权向市场监督管理部门举报。市场监督管理部门应当**及时处理，对核查过程中知悉的举报人信息与商业秘密负有保密义务。**”（理由：市场监督管理部门在对涉嫌滥用行政权力排除、限制竞争行为的核查过程中所知悉的举报人信息和商业秘密均负有保密义务。）

五、第十三条

建议修改为：“举报、**反映**采用书面形式并提供相关事实和证据的，反垄断执法机构应当进行必要的核查。**并将处理意见告知举报、反映人。**书面举报一般包括下列内容：……”（理由：《消法》第三十二条第二款规定，“有关行政部门应当听取消费者和消费者协会等组织对经营者交易行为、商品和服务质量问题的意见，及时调查处理”。建议明确规定有关反垄断执法机构对消费者和消费者协会反映的涉嫌垄断协议内容进行调查处理，并反馈处理意见。）

六、第二十三条后

建议增加：**“因滥用行政权利排除、限制竞争给他人造成损失的，依法承担赔偿责任。”**（理由：建议明确有关单位因滥用行政权力排除、限制竞争给经营者或者消费者造成损失的，承担相应的赔偿责任。）

七、第二十四条后

建议增加：**“违反法律、法规和本规定，构成犯罪的，依法追究刑事责任。”**（理由：建议增加违反本规定构成犯罪情形的责任追究。）

附件3

对《关于禁止滥用市场支配地位的规定（送审稿）》的意见

一、第二条

建议增加一款：**“本规定所称商品包含商品和服务。”**并删除第五条第一款括号中内容。（理由：建议在本规定的适用范围表述中统一作出相关规定，以统领全部条文，防止产生理解上的歧义。）

二、第六条

（一）第一项建议与时俱进，考虑**网络交易和不同地域情况**。（理由：考虑相关市场的市场份额，如对实体店和网络平台销售分别测算可能是一种结果，混合测算可能是另一种结果。对于所占市场份额和市场竞争状况的结论会存在较大差别。又如，歌华有线在全国范围内可能市场份额有限，但是在某些地域可能占据较高的市场份额。因此，建议区分线上线下以及不同领域、不同地域情况进行考量。）

（二）建议增加一项：**“（ ）交易相对方对该经营者的依赖程度。”**（理由：对于经营者是否具有市场支配地位，不应仅考虑该经营者与其他经营者情况，也应考虑消费者在交易上对其的依赖程度。如一些进口汽车仅在部分汽车4S店销售，这些4S店往往会向消费者收取较高的贷款手续费、提车费等。由于消费者缺乏其他购买途径，不得不按照经营者的交易条件来进行交易。）

（三）建议增加一项**“（ ）该经营者控制售后及配套服务市场的情况。”**（理由：如有的打印机生产厂家指定消费者必须使用本厂耗材，否则将不予维修；又如，一些汽车4S店在销售汽车时要求消费者购买指定保险、接受贷款服务或者接受4S店售后服务，否则提高汽车售价；再如，苹果手机的应用商店对外封闭，用户必须从其应用商店中下载苹果合约软件，才能正常使用，但苹果手机要从中收取费用，如果用户采用越狱方式下载其他软件，将无法享受三包。且苹果手机要求用户必须同意免密支付才能使用爱奇艺等其他应用服务，损害消费者选择权、公平交易权。）

（四）**第六项**第二段后建议增加：**“前款所称的用户数量、掌握和处理相关数据的能力，应进行综合考虑。包括经营者的出资方及其关联企业的情况。”**（理由：某些巨无霸平台可能会因拥有支付系统而掌握了大量的用户数量，而这一优势很可能会“辐射传导”至平台旗下的其他业务产品或其全资收购的经营者中，而这种资源转嫁无疑会助力其旗下平台，背靠大数据，大行排除、限制竞争行为。这种情况应予规制。）

三、第九条第二款

建议修改为：“本条所称‘正当理由’包括：（一）降价处理鲜活商品、季节性商品、有效期即将到期的商品、**过时商品**和积压商品的……”（理由：实践中，一些经营者为了销售过时商品，可能也会采取低于成本价销售的方式。）

四、第十条

（一）第一款

1.**第四项**建议修改为：“（四）设置限制性条件**或者采取技术手段，使交易相对人无法或难以获取交易信息，或者难以**与其进行交易。……”（理由：实践中，具有市场支配地位的经营者也可能通过交易信息不公开发布、屏蔽等手段，使交易相对人难以与其进行交易。）

2.建议增加一项：**“（ ）其他经反垄断执法机构认定经营者没有正当理由拒绝与交易相对人进行交易的情形。”**（理由：增加兜底条款。）

（二）第二款

“本条所称‘正当理由’包括：……（二）交易相对人**在政府信用平台**有不良信用记录，或者……（三）能够证明行为具有正当性的其他理由。”（理由：一是建议明确“不良信用记录”仅指行政部门的信用记录，不包含经营者或者行业内部形成的对消费者的“黑名单”。如花总对五星级酒店卫生质量问题进行曝光，被酒店行业列入黑名单。二是第三项建议删除。有的经营者在经营行为中，可能会实行差别待遇。如在一些旅游服务中，经营者可能会对律师、教师、老年人等特殊群体加价。现有第三项规定易成为他们实施不合理加价行为的借口。）

五、第十一条

第一款建议修改为：“……（二）限定交易人只能与其指定的经营者进行交易，或者**限定交易人只能通过特定形式、特定方法进行交易；**

（三）限定交易相对人不得与特定交易人进行交易，**或者限定交易相对人不得以特定形式、特定方法进行交易；**

（四）其他经反垄断执法机构认定的经营者没有正当理由从事限定交易行为的情形。”

（理由：**一是**第二项增加限定交易人只能通过特定形式、特定方法进行交易，比如苹果手机要求消费者必须同意免密支付才能享用苹果商店中的应用软件；又如有的平台在“双11”期间要求供应商以自拍形式将在其他平台上已经优惠的商品下架。**二是**第三项增加限定交易相对人不得以特定形式、特定方法进行交易，如有的平台要求供应商在“双11”期间不得以优惠方式在其他平台上促销商品等。**三是**第四项增加兜底条款。）

六、第十二条

（一）第二款

建议在本条所称“正当理由”包括项目中，增加：**“能为交易相对人提供便利或利益，且向交易相对人事先告知、显著提示和说明并经其明示同意的；”**（理由：实践中，某些搭售行为不仅没让交易相对人受到损失，反而能使其享受到效率上的便利或相应利益，尤其是在互联网行业。建议这些搭售行为在向交易相对人进行事前告知、显著提示和说明，且经交易相对人明示同意的，可以考虑作为本条规定的正当理由。）

（二）第十二条、第十三条

建议将条款中的“行业惯例”统一修改为**“商业惯例”**。（理由：实践中，一些行业存在行业潜规则，或者行业自定规则形成的不公平的所谓“行业惯例”。如《乘用车新车售前检查服务指引（试行）》（2017年3月）是由行业组织牵头、12家企业参与制定的行业自律性规范。按照PDI规则，新车交付时对于修复率超过乘用车新车整车市场指导价格5%的，经销商才应主动向消费者告知。有关规定缩限了经营者的告知义务，有损消费者的知情权、公平交易权，损害消费者合法权益。此类行业规则如未加纠正，往往形成所谓行业惯例。因此，建议将“行业惯例”修改为“商业惯例”。）

七、第十四条

建议修改为：“反垄断执法机构认定本规定第八条所称的‘不公平’和第九条至第十三条所称的‘正当理由’，还应考虑下列因素：……（六）有关行为是否能够使交易相对人或者消费者获益**或者是否能够保障其合法权益**……”（理由：建议不仅考虑相关行为能否使消费者获益，还要考虑是否有损其合法权益。）

八、第十五条

建议在第三项后增加一项：“（ ）经营者存在利用其控制地位、专营专卖地位、特殊优势地位损害消费者权益；”（理由：一些经营者存在利用特定优势地位损害消费者合法权益行为。如打印机耗材限制、汽车4S店服务限制等。）

九、第十六条

建议修改为：“反垄断执法机构依据职权，或者通过举报、上级机关交办、其他机关移送、下级机关报告、经营者主动报告、**消费者协会反映**等途径，发现涉嫌滥用市场支配地位行为。”（理由：“就有关消费者合法权益的问题，向有关部门反映、查询，提出建议”是《消法》赋予消费者协会的公益性职责之一，消费者协会在履职工作中，发现涉嫌滥用市场支配地位行为侵害消费者合法权益的，可以依法向反垄断执法机构反映。）

十、第十七条

建议修改为：“举报、**反映**采用书面形式并提供相关事实和证据的，反垄断执法机构应当进行必要的调查。**并将处理意见告知举报、反映人。**……”（理由：《消法》第三十二条第二款规定，“有关行政部门应当听取消费者和消费者协会等组织对经营者交易行为、商品和服务质量问题的意见，及时调查处理”。建议明确规定有关反垄断执法机构对消费者和消费者协会反映的涉嫌垄断协议内容进行调查处理，并反馈处理意见。）

十一、第二十三条

建议修改为：“涉嫌滥用市场支配地位……采取具体措施消除行为后果。”（理由：消除行为后果与消除影响内涵有所不同，建议采用《反垄断法》原有表述。）

十二、第二十九条后建议增加两条

（一）建议增加：**“经营者滥用市场支配地位，给他人造成损失的，应当依法承担民事责任。”**（理由：《反垄断法》第五十条规定，“经营者实施垄断行为，给他人造成损失的，依法承担民事责任”。因此，建议明确经营者滥用市场支配地位给其他经营者或者消费者造成损失的，承担相应的民事责任。）

（二）建议增加：**“对反垄断执法机构依法实施的审查和调查，当事人拒绝提供有关材料、信息，或者提供虚假材料、信息，或者隐匿、销毁、转移证据的，或者有其他拒绝、阻碍调查行为的，由反垄断执法机构依据《反垄断法》进行处罚。情节严重，未使用暴力、胁迫等方法的，由公安机关依照《中华人民共和国治安管理处罚法》的规定处罚，构成犯罪的，依法追究刑事责任。”**（理由：建议增加当事人拒绝、阻碍调查行为的行政处罚和责任追究。《消法》第六十条规定，“以暴力、威胁等方法阻碍有关行政部门工作人员依法执行职务的，依法追究刑事责任；拒绝、阻碍有关行政部门工作人员依法执行职务，未使用暴力、威胁方法的，由公安机关依照《中华人民共和国治安管理处罚法》的规定处罚”。《反垄断法》第五十二条规定，“对反垄断执法机构依法实施的审查和调查，拒绝提供有关材料、信息，或者提供虚假材料、信息，或者隐匿、销毁、转移证据，或者有其他拒绝、阻碍调查行为的，由反垄断执法机构责令改正，对个人可以处二万元以下的罚款，对单位可以处二十万元以下的罚款；情节严重的，对个人处二万元以上十万元以下的罚款，对单位处二十万元以上一百万元以下的罚款；构成犯罪的，依法追究刑事责任”。）

中消协对《企业信息公示条例（修订征求意见稿）》的意见

中消协函字〔2019〕68号

市场监管总局信用监管司、法规司：

企业信用监管机制建设与消费者权益保护密切相关，为切实履行《消法》赋予消协组织的参与立法立标职责，我会对《企业信息公示条例（修订征求意见稿）》进行了认真研究，现将有关意见提交，供参考。

略。

附件：对《企业信息公示条例（修订征求意见稿）》的修改意见

中国消费者协会

2019年8月13日

附件

对《企业信息公示条例（修订征求意见稿）》的修改意见

一、第七条后

建议增加一条：**“消费者协会可向国家企业信用信息公示系统推送履行职责中发现的下列企业不良信息，经有关部门核查属于严重侵害消费者合法权益的，可以记于企业名下：**

（一）无正当理由拒绝接受调查或者阻碍、干扰消费者协会依法调查调解的；

（二）同一经营者2次以上未响应的消费者协会送达的消费者投诉函件，或者故意拖延、不及时处理的；

（三）故意拖延或者拒绝履行在消费者协会主持下达成的调解协议中应承担的责任的；

（四）以欺诈等恶劣手段坑害消费者的；

（五）虚报和解方案投诉情况；

（六）发生重大群体性投诉，对消费者协会送达的消费者合法要求故意拖延、无理拒绝，或者造成恶劣影响的；

（五）商品和服务比较试验中发现的不符合国家强制性标准或企业自我声明承诺的商品和服务的信息；

（六）存在不公平格式合同条款的；

（七）成为消费者协会公益诉讼败诉被告的；

（八）受理消费者投诉后，经营者无法找到或联系到的；

（九）其他严重侵害消费者合法权益的经营行为等。

（理由：企业信息公示的功能之一是保障消费者的知情权，使消费者知情选择，发挥优胜劣汰的市场机制作用。现有企业信息对消费者评价信息的利用不够，对其消费行为的引导不足。有的企业已被消协组织提起公益诉讼，但因信息共享不足，在信用平台上不仅没有相应记录，甚至还被列为良好纳税企业。信息孤岛的存在，使不法企业得不到有效约束，对于不法行为后果没有畏惧心理。建议依据《关于完善促进消费体制机制进一步激发居民消费潜力的若干意见》有关健全消费后评价制度、加强消费领域信用体系建设的要求，引入消费者协会推送企业信息机制，实现消费者信息与企业信用信息的有效衔接，更好促进企业改进商品、提升服务。目前，深圳、宁波等地已经将消费者协会推送的消费维权信用和评价信息纳入企业信用信息系统，取得了良好效果，建议予以推广，增强对企业经营行为的约束力。）

二、第九条第二款

建议修改为：**“前款规定的信息应当向社会公示。”**同时删除第三款。（理由：企业的资产总额、负债总额、所有者权益等信息会影响消费者的购买决策，对其他相关方的交易行为也会产生重要影响。如非涉及企业商业秘密的，企业应当依法公示，保障消费者和其他主体的知情权。）

三、第十三条

建议增加一款：**“更正的内容应当予以显著标示。”**（理由：便于社会公众快速知悉更正的企业信息内容，防止误导持续。）

四、第十七条

建议增加一项：**“（ ）消费者协会推送信息经核查属实的；”**（理由：消费者协会在履职过程中，常会接到一些群体投诉，如共享单车押金不退、预付式消费纠纷等。2017年以来，悟空、町町、酷骑、小鸣、小蓝等多家共享单车企业相继停止经营，未退还押金、预付费逾10亿元，涉及消费者数百万人。有关企业在停止运营前仍向消费者收取押金、预付费。若能及时将相关经营者列入经营异常名录，就可能引起消费者关注，从而避免受到财产损失。）

五、第十八条

建议修改为：“被列入经营异常名录的企业符合下列条件的，由列入部门在5个工作日内移出经营异常名录，通过国家企业信用信息公示系统向社会公示：（一）因本条例第十七条第一项至第二项规定情形被列入经营异常名录，已依照本条例规定履行公示义务，经企业申请，核查属实的；**（二）因本条例第十七条第三项规定被列入经营异常名录，经企业申请，核查不存在欺诈情形的；**（三）因本条例第十七条第四项规定被列入经营异常名录，已依法办理住所或经营场所变更登记、备案，或者通过登记、备案的住所或经营场所可以重新取得联系，经企业申请，核查属实的。**（四）因本条例第十七条第五项规定被列入经营异常名录，经企业申请，列入部门进行检查、核查，未发现本条例第十七条所列情形的。”**（理由：一是企业公示的信息与真实情况存在明显差异可能是因失误造成，也可能属于有意欺诈。经核实属于欺诈情形的，不应当移出经营异常名录。为此，建议将第三项规定单独列项。二是企业对政府部门的检查、核查不予配合，致使检查、核查无法进行的，即便事后配合相关部门进行检查、核查，也失去了突击检查的意义，可能使原有问题被隐藏。该条项可能使企业先拒绝、后配合的情况屡禁不止，使检查、核查难以进行。建议删除第四项。）

六、第十九条

建议修改为："企业自被列入经营异常名录之日起满3年，未依照本条例规定申请移出经营异常名录或者列入部门审查未批准的，**或者有其他法定情形的**，由县级以上市场监督管理部门或相关主管部门列入严重违法失信名单，通过国家企业信用信息公示系统向社会公示。"（理由：《严重违法失信名单管理办法》中规定对于一些严重违法行为可以直接记入黑名单进行管理，对此，建议本条例为规章规定预留接口，防止规章欠缺上位法支撑。）

七、第二十条第二款

建议修改为："企业完成信用修复的，其列入经营异常名录、严重违法失信名单、行政处罚等信息**应当在公示系统中显著标识，原始信息应可查询。**"（理由：企业信息公示的目的是保证各方的知情权，企业是否存在违法行为、是否完成信用修复应当记录在案，供公众查询。信用修复不等于信用记录删除，否则可能对守法企业造成实质上的不公平，对严重违法失信企业则失之宽纵。只要完成信用修复，就无任何记录，还可能助长企业违法行为，使信用惩戒机制失灵。同时，信用修复后，不再公示的做法也可能引发寻租行为。信用留痕才能起到有效约束作用。建议对于企业完成信用修复的，进行显著标识，保障公众的知情权、选择权、监督权，督促企业依法诚信经营，防止其再次违法和损害社会公众利益。）

八、第二十一条

建议修改为："企业自被列入严重违法失信名单之日起满3年，未依照本条例规定申请进行信用修复或者列入部门审查未批准的，可以由市场监管部门吊销营业执照，**并向社会持续公示。**"（理由：对于严重违法失信企业吊销营业执照后，仍应持续向社会公示有关信息，包括法人、相关负责人等，防止其更换形式继续违法。）

九、第二十二条

建议修改为："……在企业登记注册、行政许可、资质资格认证、备案管理、日常监管、发票管理、进出口、政府采购、**招标**投标、国有土地出让、**政府扶持、融资信贷**、授予荣誉称号等工作中……对被列入各类失信名单的企业及其负责人、直接责任人，依法实施**非生活和工作必需的高消费限制、从业限制**或者禁入等惩戒措施。"（理由：《最高人民法院关于公布失信被执行人名单信息的若干规定》第八条规定，"人民法院应当将失信被执行人名单信息，向政府相关部门、金融监管机构、金融机构、承担行政职能的事业单位及行业协会等通报，供相关单位依照法律、法规和有关规定，在政府采购、招标投标、行政审批、政府扶持、融资信贷、市场准入、资质认定等方面，对失信被执行人予以信用惩戒。人民法院应当将失信被执行人名单信息向征信机构通报，并由征信机构在其征信系统中记录。国家工作人员、人大代表、政协委员等被纳入失信被执行人名单的，人民法院应当将失信情况通报其所在单位和相关部门。国家机关、事业单位、国有企业等被纳入失信被执行人名单的，人民法院应当将失信情况通报其上级单位、主管部门或者履行出资人职责的机构"。建议借鉴上述规定，增加对失信企业的法人、负责人、直接责任人的信用惩戒措施。）

十、第二十三条

建议修改为："被列入严重违法失信名单的企业的法定代表人、负责人、董事、监事、高级管理人员，自列入之日起**10年内直至终身不得从事原来从事的相关经营活动，**不得担任其他企业的法定代表人、负责人、董事、监事、高级管理人员。已担任的，应当向市场监管部门申请办理相关变更登记或备案。"（理由：建议依据《食品安全法》《疫苗管理法》等规定，明确相关责任人的从业禁入规定，加大信用惩戒力度。）

十一、第二十四条

（一）**第一款**建议修改为："国家鼓励社会力量参与企业信用建设，引导和支持**消费者组织**、行业协会、平台经营者、征信机构等利用企业信息为社会提供信用服务。"（理由：消费者协会在投诉受理、比较试验、消费体察、公益诉讼等消费维权工作中，积累了大量企业信息。建议支持消费者协会运用工作中掌握的涉企信息为社会提供信用服务。）

（二）**第二款**建议修改为："提供信用服务应当客观、公正，不得侵害企业合法权益，不得损害**消费者合法权益和**社会公共利益。"（理由：当前，一些行业或者企业为了自身利益，而将消费者列入黑名单的现象时有发生。如消费者花总曝光多家五星级酒店脏乱差等卫生问题，却被全行业围剿。还有的可能提供虚假信用服务，损害消费者合法权益，对此，建议立法规制。）

十二、第二十七条

建议增加一款：**"企业公示信息有欺诈行为损害消费者合法权益的，消费者有权依据《消法》第五十五条规**

定要求企业承担惩罚性赔偿。”（理由：实践中，一些企业公示虚假信息，误导消费者。如有的企业已资不抵债，仍向消费者收取押金、预付费，造成消费者财产损失。《消法》第五十五条规定，“经营者提供商品或者服务有欺诈行为的，应当按照消费者的要求增加赔偿其受到的损失，增加赔偿的金额为消费者购买商品的价款或者接受服务的费用的三倍；增加赔偿的金额不足五百元的，为五百元。法律另有规定的，依照其规定。经营者明知商品或者服务存在缺陷，仍然向消费者提供，造成消费者或者其他受害人死亡或者健康严重损害的，受害人有权要求经营者依照本法第四十九条、第五十一条等法律规定赔偿损失，并有权要求所受损失二倍以下的惩罚性赔偿”。为此，建议明确企业公示信息有欺诈行为的，应当承担惩罚性赔偿等责任。）

中消协对《严重违法失信名单管理办法（修订草案征求意见稿）》的修改意见

中消协函字〔2019〕69号

市场监管总局信用监管司、法规司：

近日，你司正就《严重违法失信名单管理办法（修订草案征求意见稿）》公开征集意见，鉴于企业信用监管机制建设与消费者权益保护密切相关，为切实履行《消法》赋予消协组织的参与立法立标职责，我会对《严重违法失信名单管理办法（修订草案征求意见稿）》进行了认真研究，现将有关意见提交，供参考。

略。

附件：对《严重违法失信名单管理办法（修订草案征求意见稿）》的修改意见

中国消费者协会

2019年8月13日

附件

对《严重违法失信名单管理办法（修订草案征求意见稿）》的修改意见

一、第六条

（一）建议增加一项：**“（ ）商品存在批量瑕疵拒不解决，造成消费者权益受损，社会影响恶劣的；”**（理由：实践中，发生多起产品批量瑕疵侵害消费者合法权益事件。……建议对企业不妥善处置批量瑕疵问题，造成恶劣社会影响的，纳入严重违法失信名单以加强管理和规制。）

（二）建议增加一项：**“（ ）生产国家明令淘汰的商品，销售失效、变质的商品，或者故意违反强制性国家标准及国家规定生产、销售商品，造成消费者权益受损，社会影响恶劣的；”**（理由：实践中，一些企业生产国家明令淘汰的产品，或者销售失效、变质商品，还有的故意违反强制性国家标准或者国家规定生产、销售商品，损害消费者权益。对此，建议严厉惩处。）

（三）建议增加一项：**“（ ）无正当理由拒绝接受调查或者阻碍、干扰消费者协会依法调查调解的；发生重大群体性投诉，对消费者协会送达的消费者合法要求故意拖延、无理拒绝，或者拒绝履行在消费者协会主持下达成的调解协议中应承担的责任的；成为消费者协会公益诉讼败诉被告且情节严重的；以及其他消费者协会向推送的经营者严重侵害消费者合法权益的重大违法信息经核查属实的；”**（理由：一是消协组织对违法经营或严重侵害消费者权益的经营者进行调查调解、提起公益诉讼等是《消法》授予消协组织的重要法定职责，是消协组织化解重大消费纠纷的主要方式，但实践中，很多经营者却无正当理由拒不接受消协组织的调查，甚至有的经营者为了逃避应有的法定义务和责任，拒绝、阻挠消协组织的调查调解等。二是一些经营者对重大群体消费者投诉的合法要求故意拖延、无理拒绝……三是一些重大群体投诉，造成恶劣影响，影响安定团结……四是有些企业因侵害众多消费者合法权益被消协组织提起公益诉讼，败诉且情节严重的。对此，建议由消协向有关政府部门推送，经核实后纳入黑名单管理。）

（四）第二十三项后建议增加一项：**“（ ）收取押金、预付费后，未按照消费者的要求予以退还，又不提供商品或者服务；明知将要终止服务仍然收取消费者押金、预付费；或者在终止经营前未对其发行的预付卡进行妥善处理，拒绝清偿消费卡内余额的；”**（理由：2017年以来，悟空、町町、酷骑、小鸣、小蓝等多家共享单车企业相继停止经营，未退还押金、预付费逾10亿元，涉及消费者数百万人。这些共享单车企业中，有的在停止运营前仍大量收取消费者押金、预付费，同时不提供商品或者服务，以老赖方式对待众多消费者，造成恶劣社会影响；还有的在终止经营前未妥善处理预付卡内余额，造成群体事件。对于此类企业，应当列入黑名单，避免更多消费者上当受骗、财产受损。）

二、第十四条

（一）第二项后建议增加一项："（ ）被列入严重违法失信名单企业的法定代表人、负责人、直接责任人，依法实施**非生活和工作必需的高消费限制、从业限制或者禁入等惩戒措施。**"（理由：《最高人民法院关于公布失信被执行人名单信息的若干规定》第八条规定，"人民法院应当将失信被执行人名单信息，向政府相关部门、金融监管机构、金融机构、承担行政职能的事业单位及行业协会等通报，供相关单位依照法律、法规和有关规定，在政府采购、招标投标、行政审批、政府扶持、融资信贷、市场准入、资质认定等方面，对失信被执行人予以信用惩戒。人民法院应当将失信被执行人名单信息向征信机构通报，并由征信机构在其征信系统中记录。国家工作人员、人大代表、政协委员等被纳入失信被执行人名单的，人民法院应当将失信情况通报其所在单位和相关部门。国家机关、事业单位、国有企业等被纳入失信被执行人名单的，人民法院应当将失信情况通报其上级单位、主管部门或者履行出资人职责的机构"。建议借鉴上述规定，增加对失信企业的法人、负责人、直接责任人的信用惩戒措施。）

（二）第七项建议修改为："（七）不得作为国家、**行业或者团体**标准起草单位。"（理由：建议明确严重违法失信企业不得作为相关标准的起草单位，以防止对公众利益的损害。）

（三）第八项建议修改为："（八）对于认证对象被列入严重违法失信名单的，责令认证机构不得向其出具认证证书。认证对象为强制性产品认证获证企业的，5年内禁止使用自我声明方式完成强制性产品认证符合性评价。"（理由：建议严格对认证对象的禁入规定，督促其依法诚信经营。）

三、第十九条

建议修改为："负责部门应当按照以下程序实施信用修复：……（五）异议处理。负责部门应当在检查核实后5个工作日内，决定是否准予修复。拟准予修复的，负责部门把信用修复决定通过国家企业信用信息公示系统向社会公示，公示期限**30日**。……（六）数据处理。负责部门应当自准予信用修复决定之日起5个工作日内实施信用修复，**在公示的失信记录中显著注明'已修复'。**"（理由：一是建议延长信用修复决定的公示期限，以便公众了解情况、实施监督、提出异议。二是信用修复应是有痕迹的修复。以保障社会公众的知情权，警醒失信主体依法诚信经营，发挥企业信息公示的应有作用，实现信用惩戒的功效。完全无痕的信用修复可能使信用约束制度作用削减，宽纵企业的违法行为，难以实现消费者知情选择、市场优胜劣汰的功能作用。）

中消协对《网络交易监督管理办法（送审稿）》的修改意见

中消协函字〔2019〕76号

国家市场监管总局法规司：

你司征求《网络交易监督管理办法（送审稿）》意见的来文收悉。经认真研究，现将我会有关意见提交，供参考。

略。

附件：对《网络交易监督管理办法（送审稿）》的修改意见

中国消费者协会

2019年9月18日

附件

对《网络交易监督管理办法（送审稿）》的修改意见

一、总体意见

（一）关于平台分类与责任。建议适应网络经济发展，明确网络交易平台分类，全面规定各类平台义务和责任。目前电子商务升级拓展很快，出现了很多新型商品、服务提供模式。建议针对即时通信平台、直播平台、搜索平台、支付平台，以及网络订票订餐订酒店、网络旅游、网络约租车、共享单车等各类网络交易平台，明确、细化相关经营者的义务和责任，强化对消费者的保护。《电子商务法》虽有相关规定，但过于原则，具体落实较为困难。如微商领域，由于存在缺乏信用保证体系、进入门槛低、无实体店、无营业执照等问题，出现消费纠纷后，有些微商直接删除好友或更换账号逃避法律责任，消费者维权困难。虚假宣传、承诺不兑现、非法传销等情况比较突出。又如网络直播购物问题，网络直播平台、直播者、商品服务提供者的责任如何界定和落实，建议予以明确。

（二）关于免密支付。当前，一些网络交易经营者借助其市场优势地位，会对其用户默认开通免密支付功能，如一些网约车平台、网络视频会员服务、共享充电服务等。由于在支付过程中相关经营者要求消费者一次性概括授权，省略了消费者对每笔支付的确认环节，一些消费者在不知情的情况下被多刷、擅扣资金，网络交易经营者以消费者事先同意为由，拒绝对此担责。建议本办法明确对网络交易中免密支付的责任规定，保护消费者财产安全。

（三）关于消费者评价。当前，一些经营者采用刷销量、刷好评、删差评、折叠评价、省略评价等方式，对消费者进行误导，损害消费者知情权、选择权。建议本办法明确规定网络交易经营者应当按照国家规定全面、真实、准确、及时地披露消费者评价信息，不得以编造、篡改、删除、折叠、省略用户评价等方式妨碍评价信息展示，侵害消费者的合法权益。对于雇用水军实施差评的不正当竞争行为，应当由市场监管部门进行认定，认定确属不正当竞争行为的，建议由市场监管部门采取留痕删除的方式予以处理。

（四）关于举证责任。网络交易中假冒伪劣商品问题突出，由于缺乏技术手段、相关知识等原因，消费者面临举证困难。如一些网络平台出售假茅台，酒虽无质量问题，但非茅台酒。又如海淘、电商专供售假。此类情况严重影响消费者对网络交易的消费信心，建议对声明销售真品的经营者引入举证责任倒置等规定，使在网络交易中具有控制能力、技术优势、专业知识的网络交易经营者，对所经营商品或者服务的质量、来源承担举证责任，并明确跨境电商的配合调查义务、相关商标权益人的协助鉴定义务等，矫正消费者所处弱势地位。

（五）关于促销行为。在网络交易过程中，一些经营者在集中促销时，通过划线价、虚假标价或者设置复杂的促销陷阱等方式损害消费者权益。建议本办法明确规定网络交易经营者应当明码实价，不得价外加价、虚假标价、设置促销陷阱、无正当理由拆分商品或者服务。

（六）关于收取押金、预付费。近年来，连续发生多起网络交易经营者收取消费者押金、预付费后，资金链断裂、停止营业，消费者权益受损事件，严重影响公众对互联网经济发展的消费信心，严重影响社会稳定。《电子商务法》第二十一条虽然增加了电子商务经营者有关押金退还的规定，但对经营者收取押金、预付费缺乏相应管理，消费者财产安全仍处于高风险状态。近期，交通运输部等六部委联合发布《交通运输新业态用户资金管理办法（试行）》，对网络约租车、共享单车的押金、预付费加强监管。建议本办法与上述规定相衔接，针对网络交易经营者收取押金、预付费行为，增加资质限定、合同规制、资金存管、履约担保、信息披露、费用退还、冷静期、退市要求、法律责任等方面规定。

（七）关于信用惩戒。建议建立网络交易经营者的信用约束机制，与正在修订中的《企业信息公示条例》规定相协调，对严重侵害消费者合法权益的不法经营行为惩戒到人，对从事相关违法经营的企业法定代表人、主要负责人和直接责任人员通过企业信用信息平台系统进行公示。既有助于监督网络交易经营者依法诚信经营，也有助于广大消费者知悉经营者的信用状况。

（八）关于个人信息保护。实践中，网络交易经营者扩大采集与其经营无关的个人信息的情况大量存在，且以拒绝服务为要挟，或以默认方式推定用户同意其规则，或无节制使用个人信息进行数据画像、精准评价和精准营销。还有的因企业转让，未经告知同意，将消费者个人信息一并移转，造成个人信息安全风险。……因此，建议在本办法中明确禁止网络交易经营者过度采集、默认勾选索取消费者个人信息，以加强对消费者的保护。

（九）关于零星小额交易活动。建议明确《电子商务法》第十条有关“零星小额交易活动”的具体适用情形，以增强法律的可操作性。

二、具体意见

（一）建议保留原《网络交易管理办法》第12条、第14条、第36条、第37条、第44条和第47条规定。（理由：原条款具有实用性，建议保留。）

（二）第五条

1.建议增加一款：**“鼓励和支持消费者协会、各类组织和个人对网络交易中损害消费者合法权益的行为进行社会监督。”**（理由：本办法为网络交易监督管理办法，旨在加强监督管理。伴随科技进步，经济发展，各类网络交易新业态不断涌现，仅靠行政部门力量难以实施全方位、有效监管。建议广泛动员消费者协会及社会各界力量，强化社会监督，与行政监管形成合力，共同治理网络交易行为，保护消费者合法权益。）

2.本条原文建议作为第二款并修改为：“鼓励支持成立网络交易行业组织，按照本组织章程开展行业自律，建立健全行业规范，推动行业诚信建设，监督、引导本行业经营者公平参与市场竞争，**保护消费者合法权益。**”（理由：保护消费者权益是全社会的共同责任，网络交易经营者是保护消费者权益的第一责任人，网络交易行业组织应当督促、指导行业内企业履行保护消费者权益的义务。）

（三）第十条第一款

建议修改为：“网络交易经营者应当在其网站首页或者从事经营活动的主页面显著位置，**清晰、完整、**持续公示其营业执照登载的信息、与其经营业务有关的行政许可信息，**以及**上述信息的链接标识。”（理由：一是明确网络交易经营者必须公示其营业执行政许可等信息。二是有的网络交易经营者公示的证照信息消费者无法辨认，造成实质上的未公示，对此，建议明确网络交易经营者公示的有关信息应当清晰、完整。）

（四）第十二条

建议修改为：“网络交易经营者自行终止从事网络交易活动的，应当至少提前三十日在其网站首页或者从事经营活动的主页面显著位置持续公示终止网络交易活动公告等有关信息，**公示内容应包括其终止后权利、义务的处置。网络交易经营者自公示时起，不得再预收款项或延展服务，**并采取必要措施保障相关经营者和消费者的合法权益。”（理由：一是网络交易经营者终止从事网络交易活动的，应当对后续权利、义务处置予以公示，确保消费者权益。二是公布即将终止网络交易活动的信息后，相关经营者未来30日应及时处理原有订单，不应再预收款项、延展服务，以防问题累积，无法处理。如有些互联网培训机构在关闭前最后一天还在预收费用，这种预期违约行为严重损害消费者利益，应予禁止。）

（五）第十四条

1.第一款建议修改为：“网络交易经营者销售商品或者提供服务应当明码标价，**以显著方式**全面、真实、准确、及时地披露商品或者服务的数量、质量、**价款或者**费用、履行期限和方式、运输方式、支付形式、退换货方式、安全注意事项、风险警示、售后服务、民事责任、经营地址、联系方式等信息，**并按照消费者的要求予以说明，**充分保障消费者的知情权和选择权。”（理由：《消法》第二十六条第一款规定，“经营者在经营活动中使用格式条款的，应当以显著方式提请消费者注意商品或者服务的数量和质量、价款或者费用、履行期限和方式、安全注意事项和风险警示、售后服务、民事责任等与消费者有重大利害关系的内容，并按照消费者的要求予以说明”。网络交易中，经营者大多采取格式条款与消费者进行交易，消费者往往还会通过在线交流询问具体情况。因此，建议在本办法中明确“以显著方式”和“并按照消费者的要求予以说明”等内容。）

2.第二款建议修改为：“网络交易经营者应当按照承诺或者与消费者的约定提供商品或者服务。采用快递物流方式交付商品的，未经消费者事先同意或者要求，不得擅自将商品投递至智能快件箱等末端服务设施或者交由他人代收，**不得另行收取价外费用。**”（理由：实践中，一些快递公司将消费者购买的商品投递至智能快件箱等末端服务设施后，消费者取件时，还被要求支付额外费用，消费者对此反映强烈，建议立法予以规制。）

（六）第十五条

建议修改为：“……（四）使用虚假的广告宣传、促销方式、样品、**图片、视频、**商品或者服务说明、商品或者服务标准等……”（理由：实践中有些经营者使用图片、视频等进行虚假宣传，建议增加规则。）

（七）第十六条

建议修改为“网络交易经营者销售商品或者提供服务，应当按照国家有关规定或者商业惯例**及时、便捷**向消费者出具发票等购货凭证或者服务单据；消费者索要发票等购货凭证或者服务单据的，网络交易经营者必须出具，不得拒绝或者附加不合理条件。**网络交易经营者未及时出具发票等购货凭证或者服务单据的，应当承担消费者因此支出的必要费用。**”（理由：一是经营者出具发票等购货凭证或服务单据应当依法及时出具。二是网络交易经营者未及时出具的，应当承担消费者因此支出的必要费用，避免逃避应尽义务。）

（八）第十七条

1.第一款建议修改为：“网络交易经营者根据消费者的兴趣爱好、消费习惯、浏览历史等个人特征向其提供商品或者服务的搜索结果，应当同时以显著方式向消费者提供不针对其个人特征的选项，尊重和平等保护消费者的合法权益，**不得利用有针对性的推荐方式对不同的消费者实行价格歧视。**”（理由：实践中，一些经营者为获取经济利益，往往采用技术手段实行“大数据杀熟”，建议本办法对此行为进行规制，避免经营者实行价格歧视，侵害消费者合法权益。）

2.第二款建议增加：**“网络交易经营者发送广告或者商业性信息不得影响公众利益。”**（理由：“双11”期间，一些经营者利用网络发送广告，形成红包雨等，影响和妨碍公众办公和生产生活。建议立法规制。）

（九）第二十条

1. 建议修改为：“网络交易经营者按照约定向消费者收取押金的，应当以显著方式明示押金数额、担保范围和退还押金的条件、方式和程序，提供便捷的退还渠道，不得对押金退还设置不合理条件。**消费者申请退还押金，符合押金退还条件的，网络交易经营者应当及时退还。**”（理由：与《电子商务法》第二十一条规定相衔接。）

2. 建议增加一款：**“其他法律、法规或者规章对消费者交付的押金、预付费有规定的，网络交易经营者应当遵守其规定。”**（理由：2019年5月，交通运输部、人民银行、国家发展改革委、公安部、市场监管总局、银保监会等六部门发布了《交通运输新业态用户资金管理办法（试行）》，以加强交通运输新业态用户押金和预付资金管理，防范用户资金风险。建议本办法与其相衔接。）

（十）第二十二条

1. 第一款建议修改为：“……不得收集、使用和经营活动没有直接关系的个人信息。**不得通过手机APP等方式扩大索取与提供商品或者服务所需功能无关的消费者信息应用权限。**”（理由：针对部分手机APP过度索取与实际功能不对应的发送短信、录音、拨打电话、读取联系人等消费者信息应用权限情况，建议立法明确禁止。）

2. 建议第三款修改为：“网络交易经营者及其工作人员对收集的消费者个人信息必须严格保密，不得泄露、出售或者非法向他人提供。并应当采取技术措施**和其他必要措施**，确保信息安全，防止**消费者个人**信息泄露、丢失。在发生或者可能发生信息泄露、丢失的情况时，应当立即采取补救措施。**网络交易经营者发生分立、合并、转让、破产清算的，应当妥善处理消费者个人信息，不得违反法律、法规规定，泄露、出售或者非法向他人提供消费者个人信息。**”（理由：建议采用《消法》的相关表述。同时，增加网络交易经营者发生分立、合并、转让、破产清算情形的禁止性规定。）

（十一）第三十五条

建议修改为：“……**有违反法律**、法规、规章和本办法规定的行为，**应当采取警示、暂停服务、屏蔽、删除、断开链接、终止交易和服务、公告等**必要的处置措施，并保存有关信息记录……”（理由：一是本条为对网络交易平台经营者的义务表述，只要平台内经营者及其销售的商品或者提供的服务有违反法律、法规、规章和本办法规定的行为，平台经营者均应采取必要的处置措施，不应限定为违反市场监督管理方面规定。具体处罚时，可以依据部门职责分工进行表述。二是《电子商务法》对此规定得比较原则，建议细化相关规定，增强法律的可操作性。）

（十二）第三十六条

建议修改为：“网络交易平台经营者依据平台服务协议和交易规则对平台内经营者**违反法律**、法规、规章和本办法规定的行为采取警示、暂停**服务、屏蔽、删除、断开链接、终止交易和服务、公告等**处理措施的，应当自决定作出处理措施之日起七十二小时内**在平台首页显著位置**予以公示，载明平台内经营者的网络店铺名称、**商品或者服务名称、商品型号、**违法行为、处理措施、公示期限和发布时间等信息。”（理由：建议明确在平台首页显著位置予以公示，并载明商品或者服务名称、商品型号等信息，以便于消费者能够全面知悉，有效保护自身权益。）

（十三）第四十六条

1. 第一款建议修改为：“消费者在网络交易平台购买商品或者接受服务，与平台内经营者发生争议时，网络交易平台经营者应当**依法承担相应义务和责任，保护消费者合法权益。**”（理由：《消法》第四十四条第一款规定，“消费者通过网络交易平台购买商品或者接受服务，其合法权益受到损害的，可以向销售者或者服务者要求赔偿。网络交易平台提供者不能提供销售者或者服务者的真实名称、地址和有效联系方式的，消费者也可以向网络交易平台提供者要求赔偿；网络交易平台提供者作出更有利于消费者的承诺的，应当履行承诺。网络交易平台提供者赔偿后，有权向销售者或者服务者追偿。”《电子商务法》第三十八条规定，“电子商务平台经营者知道或者应当知道平台内经营者销售的商品或者提供的服务不符合保障人身、财产安全的要求，或者有其他侵害消费者合法权益行为，未采取必要措施的，依法与该平台内经营者承担连带责任。对关系消费者生命健康的商品或者服务，电子商务平台经营者对平台内经营者的资质资格未尽到审核义务，或者对消费者未尽到安全保障义务，造成消费者损害的，依法承担相应的责任。”建议在本办法中，首先明确网络交易平台应当依法承担相应义务和责任，保护消费者的合法权益，防止网络交易平台经营者仅负责协助，逃避其他应尽义务和责任。）

2. 第二款建议修改为：**“网络交易平台经营者应当根据消费者要求，提供平台内经营者的真实名称、地址、身份信息、有效联系方式、涉及争议的原始合同和交易**

记录等。"（理由：根据《电子商务法》规定，网络交易平台经营者本身负有举证责任。本条原有规定将其举证责任限定为平台内经营者拒绝提供的情形，减轻了其应尽义务，建议进行修改。）

（十四）第四十八条第二款

建议修改为："网络交易平台经营者与平台内经营者协议设立消费者权益保证金的，双方应当就消费者权益保证金的提取数额、管理、使用和退还办法等作出明确规定，并应当**以显著方式**向消费者公示消费者权益保证金的提取数额、赔付规则等有关事项。"（理由：消费者权益保证金的提取数额、赔付规则等事项是影响消费者购买决策的重要内容，建议经营者以显著的方式向消费者予以公示，以保障消费者的知情权。）

（十五）建议增加一条

"平台内经营者声称提供的商品或者服务为电商专供的，除按本办法第十四条规定披露商品或者服务的真实情况外，还应当显著标明与线下同类商品或者服务的区别。"（理由：实践中，一些平台内经营者声称所提供商品或者服务为电商专供，实际存在假冒伪劣、缺斤短两等行为，使消费者难以与线下同类商品或者服务进行比对。对此，建议立法规制，保障消费者的知情权。）

（十六）建议增加一条

"违反本办法第四十四条、第四十五条、第四十六条，造成消费者维权困难的，视同《消法》第五十六条第（八）项规定的故意拖延或者无理拒绝，由市场监管部门进行处罚。"同时，第六十七条中删除"第四十五条"。（理由：一是网络交易经营者不提供便捷有效的投诉、举报机制、公开投诉举报方式等信息，以及平台经营者和平台内经营者以各种理由拒不提供相关证据，造成消费者维权困难的，应承担相应行政责任，以惩戒督促其对消费者负责。二是违反第四十五条规定情形的，性质恶劣，应参照《消法》相关规定从重处罚。）

（十七）其他意见

1.建议进一步明确违反本办法规定的相应法律责任。如第十四条、第十六条、第十七条第二款、第十八条、第二十条、第三十三条、第三十八条、第四十八条。

2.建议对应增加前述新增条款的法律责任。

3.建议信用惩戒实施到具体责任人员。

中消协对《公共航空运输旅客服务管理规定（征求意见稿）》的修改意见

中消协函字〔2019〕86号

中国民用航空局运输司：

你司"关于请对《公共航空运输旅客服务管理规定（征求意见稿）》征求意见的函"收悉。经认真研究，现将我会有关意见提交，供参考。

略。

附件：对《公共航空运输旅客服务管理规定（征求意见稿）》的修改意见

中国消费者协会

2019年10月25日

附件

对《公共航空运输旅客服务管理规定（征求意见稿）》的修改意见

一、总体意见

（一）航班取消或者出港延误引发的纠纷较多，建议在本规定中明确相应的赔偿或补偿标准，保护消费者权益，减少消费争议。

（二）航班取消或出港延误造成的原因很多，如承运人责任、不可抗力、第三人原因等。建议区分造成原因，明确法律责任，如客票变更费用、票价差额、退票费、造成的损失等的承担。依据《合同法》等相关法律规定，非承运人责任情况下，一概由旅客承担不利后果与法律规定不符，显失公平。建议修改。

二、具体意见

（一）第一条【制定依据】

建议修改为："为了加强公共航空运输旅客服务管理，保护旅客合法权益，维护航空运输秩序，根据《中华人民共和国民用航空法》《中华人民共和国消费者权益保护法》**《中华人民共和国合同法》《中华人民共和国电子商务法》等法律**制定本规定。"（理由：《合同法》是经营活动应当遵守的重要法律规定，《电子商务法》适用于各类网络经营活动，建议在制定依据中加入。）

（二）第三条【残疾人运输】

建议修改为：“**【特殊人群保护】**国内承运人、机场管理机构、地面服务代理人、航空销售代理人**应当按照有关法律法规规定的要求，对老弱病残孕等特殊群体的航空运输活动提供便利。**”（理由：《民法总则》《老年人权益保障法》《未成年人保护法》《妇女权益保障法》等法律法规对老年人、残疾人、未成年人、妇女等群体给予了特别的保护，建议在本规定中对于老弱病残孕等特殊群体作出相应规定。）

（三）第七条【运输总条件的性质与内容要求】

1.**第一款**建议修改为：“运输总条件是运输合同的重要组成部分，应当至少包括下列内容：……（五）**投诉处理程序及**受理投诉的电子邮件地址、电话、**答复时限**。……”（理由：明确在运输总条件中列入投诉处理程序及答复时限等重要信息。）

2.**第二款**建议修改为：“前款所列事项……并与运输总条件在同一位置**以显著方式**予以公布。”（理由：运输总条件以格式条款形式出现，其变更，应当显著告知。）

（四）第七条【运输总条件的性质与内容要求】后

建议增加一条：**“承运人制定运输总条件应当符合法律规定，不得作出排除或者限制旅客权利、减轻或者免除自身责任、加重旅客责任等对旅客不公平、不合理的规定，不得利用格式条款并借助技术手段强制交易。”**（理由：承运人制定运输总条件应当符合法律规定，使用格式条款的，应当符合《消法》《合同法》有关要求。）

（五）第十二条【订票】

1.**第一款**建议修改为：“承运人或者航空销售代理人通过网络途径销售客票时，应当**在售票前以显著方式**告知购票人所选航班的主要服务信息，确保信息真实无误。”（理由：航班的主要服务信息是消费者选择订票与否的重要参考，建议明确售票前显著告知，确保消费者的知情权。）

2.**第二款**所列公共航空运输服务信息中建议加入**机型、历史准点率、是否包含餐食、餐食类型**等内容。（理由：航班机型、历史准点率、是否包含餐食、餐食类型也是旅客订票时需要提前知悉的重要内容，建议列入。）

3.建议增加一款：**“承运人或者航空销售代理人在旅客订票后出票前，应当与旅客再次确认涉及行程的重要内容。”**（理由：目前，部分渠道存在出票错误，易引发纠纷，建议引入再次确认机制。）

（六）第十三条【运输总条件告知】

建议修改为：“承运人或者航空销售代理人销售客票的，应当**以显著方式提请**购票人**注意运输总条件所包含的服务的数量和质量、价款或者费用、履行期限和方式、安全注意事项和风险警示、售后服务、民事责任等与旅客有重大利害关系的内容，按照消费者的要求予以说明。**

通过网络途径销售客票的，应当将运输总条件的全部内容纳入到旅客购票时的必读内容，以必选项的形式确保购票人在购票环节阅知。

通过售票处、电话等其他方式销售客票的，应当于旅客购票时以显著方式告知购票人运输总条件所包含的与消费者有重大利害关系的内容以及阅读途径、免费获取方式。购票人要求提供书面运输总条件的，应当提供。”

（理由：《消法》第二十六条、第二十八条对于通过格式条款、网络、电话等方式提供商品或者服务的经营者作出了与消费者密切相关信息的披露要求。建议本条第一款与《消法》衔接，对运输总条件的告知作出一般性规定。其后，对于通过网络、售票处和电话等方式销售客票的，分别作出具体规定。以保障消费者的知情权。）

（七）第十六条【个人信息保护】

第二款建议修改为：“承运人、航空销售代理人、航空销售代理人网络平台经营者、航空信息企业**收集、使用旅客的个人信息，应当遵循合法、正当、必要的原则，明示收集、使用信息的目的、方式和范围，并经旅客同意。收集、使用旅客个人信息应当公开其收集、使用规则，不得违反法律、法规的规定和双方的约定收集、使用信息。不得收集与其提供的服务无关的个人信息。对旅客的个人信息应当严格保密**，不得泄露、出售或者非法向他人提供。**并采取技术措施和其他必要措施，确保个人信息安全，防止旅客个人信息泄露、丢失。在发生或者可能发生信息泄露、丢失的情况时，应当立即采取补救措施。**”（理由：建议根据《消法》《电子商务法》《网络安全法》等有关规定，补充相关规定。）

（八）第十七条【搭售】

建议修改为：“承运人或者航空销售代理人在销售客票时，应当**在首选项显著标明客票单独交易信息**。搭售其他商品或者服务的，应当以显著方式提请购票人注意，**信息表述应当明确、清晰，防止误导购票人。客票与搭售的商品或者服务应当显著区分、单独标价**，不得将搭售商品或者服务作为默认同意的选项，**不得通过格式条款、技术手段等方式强制交易。通过网络、电话途径销售客票，购票人选择搭售商品或者服务的，销售者应当设置必选程序，与购票人进行再次确认。**”同时，在

第十一章规定相关罚则。（理由：近期，北京等地消协组织调查发现，一些在线订票服务机构存在以模糊表述、技术手段、首选项引诱等方式变相强制搭售商品或者服务的情况。建议针对实践中的突出问题，作出细化规定，加强立法规制。）

（九）第十八条【优惠购票】

建议修改为："在国内公共航空运输中……享受购票优惠等待遇。**对于不同优惠措施，旅客可根据需要自主选择。**"（理由：实践中，承运人或者航空销售代理人推出的一些特价机票等低折票，可能比优惠票更为便宜，消费者应可自主选择享受的优惠措施。）

（十）第十九条【出票后告知】

1.**第一款第四项**建议修改为："（四）出行提示信息，包括**机场及航站楼信息**、航班始发地停止办理乘机登记手续的时间要求；"（理由：机场及航站楼信息是旅客出行的重要信息，建议在本规定中予以明确。）

2.**第一款第五项**建议删除。（理由：所适用运输总条件的免费获取方式应于订票时告知。）

（十一）第二十条【运输总条件的修改】

建议修改为："承运人修改运输总条件的，**应当听取旅客和消费者组织意见。**除国家另有规定外，不得将限制旅客权利或者增加旅客义务的修改内容适用于已购票旅客。"（理由：运输总条件涉及旅客切身利益，承运人进行修改，应当听取旅客和消费者组织意见。）

（十二）第二十二条【信息保存】

建议增加一款："**在航空服务争议处理中，上述经营者应当提供航空旅客运输商品和服务信息、交易信息。旅客要求提供书面材料的，应当及时提供。**"（理由：处理航空服务争议中，有关经营者掌握相关信息，应当按要求提供。旅客要求提供书面材料的，应当及时提供。）

（十三）第二十三条【变更与退票分类】前

建议增加一条："**【客票变更与退票原则】行程开始前，旅客要求客票变更与退票的，承运人或者航空销售代理人应当根据情况及时按照旅客要求办理，并为旅客提供必要的协助服务。**"（理由：明确承运人或者航空销售代理人为旅客客票变更与退票提供方便与帮助。）

（十四）第二十五条【非自愿变更】

1.第一项建议修改为："（一）若航班取消或出港延误是由承运人原因导致的，不得向旅客收取客票变更费用，**票价差额由承运人多退少补。因此给旅客造成的损失由承运人依法赔偿；**"（理由：明确不得收取票价差额，对旅客因航班取消或者延误所造成的损失应当予以赔偿。如因航班取消、延误产生的交通费、住宿费、后续航程变更费用等。）

2.**第二项**建议修改为："**（二）若航班取消或出港延误是由不可抗力原因导致的，不得向旅客收取客票变更费用。**

若航班取消或出港延误是由第三人造成的，不得向旅客收取客票变更费用。因此给旅客造成的损失由承运人依法赔偿。承运人赔偿后，有权向第三人追偿。"（理由：非承运人原因可能包含多种情况，如旅客原因、不可抗力、第三人原因等。一概由旅客承担变更费用，违反法律规定。《合同法》第一百一十七条、第一百一十八条规定了不可抗力条件下的责任承担问题，不可抗力情形下一般依公平原则进行处置，双方各自承担相应责任，承运人或者航空销售代理人应当免费为旅客改期或签转。《合同法》第一百二十一条规定了因第三人原因造成违约的责任问题。在此情形下，承运人应当向旅客承担违约责任，其损失依法向第三人追偿。）

（十五）第二十六条【联程航班】

1.第一项建议修改为："（一）若取消或延误的航段是由承运人原因导致的，不得向旅客收取相关费用。**因此给旅客造成的损失由承运人依法赔偿。**"（理由：明确旅客因航班取消或者延误所造成的损失赔偿。如因航班取消、延误产生的交通费、住宿费、后续航程变更费用等。）

2.第二项建议修改为："（二）若航班取消或出港延误**是由不可抗力导致的，不得向旅客收取客票变更费用。**

若航班取消或出港延误是由第三人造成的，不得向旅客收取客票变更费用。因此给旅客造成的损失由承运人依法赔偿。承运人赔偿后，有权向第三人追偿。"（理由：同第二十五条第二项修改理由。）

（十六）第二十七条【非自愿退票】

建议增加："**旅客因承运人原因非自愿退票造成损失的，承运人应当依法赔偿其损失。**

旅客因第三人原因非自愿退票造成损失的，承运人应当依法赔偿。承运人赔偿后，有权向第三人追偿。"（理由：明确旅客因非自愿退票造成损失的责任承担。）

（十七）第二十七条【非自愿退票】后

建议增加一条："非自愿变更、非自愿退票旅客要求提供书面证明的，承运人应当及时出具。"（理由：一是保障消费者知情权。二是一些消费者非自愿变更和退票也需要相应证明报销。）

（十八）第二十八条【退款期限】

建议修改为："承运人或者航空销售代理人应当在

收到旅客有效退款申请之日起**三个工作日**内办理退款。”（理由：承运人或者航空销售代理人收到旅客有效退款申请的，应当及时办理退款手续，期限应不超过3个工作日。）

（十九）第二十九条【旅客死亡】

建议修改为：“因旅客死亡**或突发疾病无法乘机**要求退票的，承运人不得收取退票费。”（理由：对于死亡和突发疾病无法乘机旅客无法控制，属于情势变更，对此承运人不应收取退票费。）

（二十）第三十条【销售代理人的约束】

建议修改为：“航空销售代理人不得擅自更改承运人的客票退改签规定，**不得作出不符合法律规定或者承运人运输总条件的解释**。”（理由：防止航空销售代理人借助自身优势，随意作出不利于旅客的解释。）

（二十一）第三十一条【平台经营者的要求】

建议修改为：“航空销售代理人网络平台经营者应当对平台内航空销售代理人的经营行为进行监督和管理，**依法履行平台经营者责任，协助旅客处理与平台内航空销售代理人的投诉纠纷**，并严格执行民航行政机关对平台内航空销售代理人的相关决定。”（理由：建议明确航空销售代理人网络平台经营者履行《电子商务法》中平台经营者责任，并明确其对旅客投诉纠纷的协助义务。）

（二十二）第三十五条【登机信息】

第一款建议修改为：“旅客在办理……登机**起止**时间、登机口……”（理由：登机起止时间属于影响消费者利益的重大信息，应于登机凭证上载明。）

（二十三）第三十六条【拒绝运输】

1.**第一款第四项**建议修改为：“（四）办理乘机登记手续时出具的身份证件与购票时身份证件不一致的旅客，**但是属于录入错误或者已经更正的除外**；”（理由：实践中，消费者在购票时可能发生身份证号录入错误的情况，有的消费者可能及时发现并进行了更正，有的消费者可能在办理乘机时才发现。这种由于疏忽造成的身份证件不一致的不应纳入拒绝运输的情形，而是应秉承“以人为本”理念，制定相应的应对措施，如接入公安机关的身份验证系统，杜绝消费者身份证号录入错误的情形。）

2.**第一款**后建议增加一款“**拒绝运输的应当出具书面通知并载明理由。**”（理由：保障旅客知情权。）

（二十四）第三十九条【应急演练】

建议修改为：“**【安全保障】**承运人、地面服务代理人、机场管理机构**应当采取措施，保障旅客人身财产安全**。针对机上旅客……的情形，应当制定应急处置预案。”（理由：明确相关经营者保障旅客人身财产安全的义务。）

（二十五）第四十条【非正常乘机】

1.**第二款**建议修改为：“因**旅客原因**导致上述情形的，承运人或航空销售代理人应当按照自愿变更或者自愿退票办理；**因其他非承运人原因导致上述情形的，承运人或航空销售代理人应当协助旅客办理客票变更或者退票，客票变更或者退票费用按照法律规定或者约定承担**。”（理由：实践中，旅客误机、错机、漏乘的原因多种多样。在既非承运人原因，也非旅客原因的情况下，全都由旅客承担客票变更或者退票责任明显不妥。如空管、机场原因、突发事件等。）

2.建议增加一款：“**航班延误、取消时，承运人、机场管理机构、空管部门、地面服务代理人、航空销售代理人应当依照国家有关规定做好旅客服务和纠纷处理。**”（理由：做好与《航班正常管理规定》等的衔接。）

（二十六）第四十一条【行李监控】

第一款建议修改为：“承运人、地面服务代理人、机场管理机构应当建立托运行李监控制度，防止行李在运送过程中**延误**、破损、丢失等情况发生。”（理由：建立有效的行李监控制度，应当强调防止行李在运送过程中延误、破损、丢失等情况的发生。）

（二十七）第四十二条【行李运输要求】

第二款建议修改为：“在收运行李时或者运输过程中，发现行李中装有不得作为行李运输的任何物品，承运人应当拒绝收运或者终止运输，**并及时通知旅客**。”（理由：确保旅客的知情权，便于旅客及时处置。）

（二十八）第四十五条【托运行李运送】

第二款建议修改为：“除国家另有规定外，不能同机运送时，承运人应当优先安排该行李在后续的航班上运送，**并及时通知旅客**。”（理由：依据《消法》《合同法》规定，确保旅客的知情权，便于旅客及时处置。）

（二十九）第四十六条【托运行李延误】

1.**第一款**建议修改为：“旅客的托运行李延误到达的，承运人应当通知旅客领取，**并按规定赔偿旅客因此造成的损失**。”（理由：明确承运人的行李延误赔偿责任。）

2.**第二款**建议修改为：“除国家另有规定外……承运人应当**在与旅客约定的时间内**直接送达旅客。**送达费用由承运人承担**。”（理由：明确送达时间和送达费用。）

（三十）第四十八条【超售基本原则】

建议修改为：“承运人在超售前……等情况。**最大超售比例不得超过实际可利用座位数的　%。**”（理由：建议明确超售比例上限规定。为保障消费者权益，该比例应由政府作出有利于消费者的上限规定，建议按现行做法的最低限制执行。）

（三十一）第四十九条【超售处置要求】

1. 建议增加一项：**“( )明示可能超售的比例；”**（理由：便于旅客全面知悉其所乘坐航班的超售信息。）

2. 建议增加一款：**“征集自愿者程序应符合国家有关规定和公序良俗。并通过合法性审查。”**（理由：避免征集自愿者程序中含有歧视等内容。）

（三十二）第四十九条【超售处置要求】后

建议增加一条：**“【超售比例限制】民航行政机关可以根据情况对承运人超售比例进行限制。承运人应当定期向民航行政机关报送超售处置情况。对因超售而引发投诉纠纷较多的航线、航班班次，民航行政机关可以要求承运人降低超售比例。”**（理由：明确民航行政机关可以对超售比例进行限制，承运人应当报送超售处置情况，对于投诉纠纷较多的航线、航班班次，民航行政机关可以要求承运人降低超售比例，以提升旅客出行的满意度。）

（三十三）第五十二条【优先登机规则】

第二款建议修改为：“承运人制定优先登机规则时，常旅客身份、**老弱病残孕等**特殊旅客需求的。”（理由：特殊旅客不仅包括残疾人，还包括其他弱势群体，建议予以增加。）

（三十四）第五十三条【超售补偿】

建议修改为：“**【超售赔偿和补偿】对于因被拒绝登机而造成的损失，**承运人或地面服务代理人**应当给予旅客高于合同违约责任的赔偿。没有损失的，**按照超售处置规定向被拒绝登机旅客给予补偿。**被拒绝登机旅客需要后续服务的，承运人或地面服务代理人应当提供。**”（理由：旅客支付对价享有正常登机接受服务的权利。由于超售是承运人为控制成本所采取的单方有意行为，存在主观故意，对于旅客因被拒绝登机所造成损失的赔偿责任应当高于一般合同违约责任。没有造成损失的，应当给予补偿。被拒绝登机旅客需要后续服务的，承运人或者地面服务代理人应当提供。）

（三十五）第五十四条【被拒绝登机证明】

建议修改为：“承运人或地面服务代理人……应当根据旅客的要求，**及时**向旅客出具……”（理由：明确出具证明的时间限制。）

（三十六）第五十七条【投诉与举报】

第一款建议修改为：“旅客可以向承运人、机场管理机构、航空销售代理人、航空销售代理人网络平台经营者投诉，也可以向**消费者协会**、民航行政机关**等法律规定的组织和部门**投诉。”（理由：《消法》第三十九条规定，消费者和经营者发生消费者权益争议的，可以请求消费者协会或者依法成立的其他调解组织调解。建议本办法明确消费者协会等法律规定的组织和部门可以受理有关公共航空运输旅客服务的投诉。）

（三十七）第五十八条【投诉受理】

第一款建议修改为：“承运人、机场管理机构……电子邮件地址，**或者其他快速解决争议的有效渠道及方式，**并报民航行政机关备案。”（理由：增加互联网条件下其他快速解决争议的有效渠道及方式。）

（三十八）第六十条【投诉其他要求】

建议修改为：“承运人、机场管理机构、航空销售代理人、航空销售代理人网络平台经营者处理旅客投诉，应当符合国家有关规定。”（理由：《消法》《电子商务法》等法律、法规、规章均规定了有关消费者投诉处理的内容，建议作出概括表述。）

（三十九）法律责任章节

1. 建议对应新增条款，增加相应法律责任和处罚措施。

2. 建议根据违法情形，增加行政处罚力度。对于相应经营者而言，1万—2万元处罚缺乏力度，建议辅助其他管制措施，如对违反规定的承运人实施航班运输总量控制，对主要负责人、直接责任人员实施处罚等。对于违反其他法律规定的，明确衔接性条款，由相关行政机关依法处罚。如《消法》《电子商务法》等。

政策制定建议

重庆市市场监督管理局
关于进一步提升消费者满意度促进消费增长的意见

市政府：

收到毅琴副市长在《关于印发城市消费者满意度测评报告的函》（中消协〔2019〕25号）上批示后，市市场监管局高度重视，结合中国消费者协会《2018年70个城市消费者满意度测评报告》，就我市消费者满意度现状、存在的差距及建议措施报告如下：

一、关于《2018年70个城市消费者满意度测评报告》中我市消费者满意度测评情况分析

（一）我市消费者满意度得分总排名情况分析

中国消费者协会《2018年70个城市消费者满意度测评报告》显示我市消费者满意度得分为74.18，较全国综合得分73.68高0.5，在全国70个城市中排第14名，较第一名无锡（75.82）低了1.64分，总体属于良好水平。排在我市前面的有无锡、南通、上海、广州、厦门、北京、南京、金华、济南、宁波、台州、青岛、临沂等13个城市。按社会消费品零售总额分类，与我市在一个数量级的城市有19个，其中上海、广州、北京、南京、济南、宁波、青岛7个城市排我市之前，我市列第八名；在6个超大城市中我市列上海、广州、北京之后，列深圳、天津之前，居第四位；在23个西部城市中我市满意度排名第一。虽然我市在西部城市位居第一，但与东部城市相比有差距。

（二）我市在消费供给、消费环境、消费维权三个一级指标得分情况分析

表1　重庆市在消费供给、消费环境、消费维权三个一级指标得分情况分析表

	消费供给	消费环境	消费维权
重　庆	75.72	76.58	67.14
与全国综合得分值对比	75.72	76.11	66.33
	±0	+0.47	+0.80
与得分第一名城市对比	（广州）79.35	（宁波）78.25	（上海）70.23
	–4.44	–6.11	–3.59

从表中可以看出，我市的消费供给、消费环境、消费维权三个一级指标与全国综合得分值基本一致，处于全国中等水平，与我市的实际情况是相契合的。我市的三个一级指标与第一名的得分均有一定差距，说明我市还需要采取措施予以提高。

（三）我市16个二级指标得分情况分析

在此次消费者满意度调查中，消费供给一级指标下列有供给丰富性、供给便利性、供给创新性3个二级指标；消费环境一级指标下列质量水平、服务水平、消费设施、价格合理、信息真实、售后保障、商家信任度、交易安全、消费知情权、消费自主选择权10个二级指标；消费维权一级指标下列权益保护、消费宣传、消费执法3个二级指标。16个二级指标一方面是对各城市消费供给、消费环境、消费维权状况的反映，同时也与所在地消费者对消费供给、消费环境、消费维权的期望值高低呈负相关（一般来说，经济较发达地区消费者期望值更高，东部地区消费者期望值较中、西部地区高。部分数据对这一观点进行了佐证：如供给丰富性指标唐山市得分最高，消费设施指

标台州得分最高，售后保障指标徐州最高；数据在一定程度上说明中、小城市消费者期望值小于超大、特大城市）。

为此，二级指标选择全国综合排名得分线之前的16个城市中得分最高者与我市得分进行对比。

表2 重庆市16个二级指标与全国综合排名最高城市的对比

		重庆市得分	全国综合得分线以上16城市单项最高得分	分 差
消费供给	供给丰富性	72.36	南京（74.82）	–2.46
	供给便利性	81.04	广州（84.78）	–3.74
	供给创新性	72.19	广州（77.65）	–5.46
消费环境	质量水平	81.55	北京（83.35）	–1.8
	服务水平	73.68	青岛（78.58）	–4.9
	消费设施	70.43	南京（76.60）	–6.17
	价格合理	79.03	无锡（79.12）	–0.09
	信息真实	69.65	广州（75.01）	–5.36
	售后保障	75.87	青岛（78.30）	–2.43
	商家信任度	76.75	厦门（78.85）	–2.10
	交易安全	65.80	宁波（69.25）	–3.45
	消费知情权	85.34	金华（87.68）	–2.34
	消费自主选择权	93.61	临沂（94.38）	–0.77
消费维权	权益保护	63.24	南京（73.10）	–9.86
	消费宣传	69	广州（74.05）	–5.05
	消费执法	68.67	广州（74.30）	–5.63

从表中可以看出，本市16个二级指标中，除“价格合理”和“消费者自主选择”得分较高外，其他指标得分居中，甚至有的指标得分偏低，如权益保护、消费执法。因此，我市应针对权益保护和消费执法存在的突出问题进行整改。

二、影响我市消费者满意度测评的主要因素

（一）消费维权指标是制约我市消费者满意度测评的短板

此次构成消费者满意度的三个一级指标从全国来看，消费环境的满意度得分最高，为76.11分，得分最低的则是消费维权，仅为66.33分，两个指标得分差距较大。而我市消费维权三个二级指标得分与全国综合得分线上16个城市中单项最高得分城市相比差距在5分以上，因此消费维权指标既是制约全国也是制约我市消费者满意度测评的短板。为此我们应加大消费维权力度，从宣传、保护、执法三个维度提升维权效能。

（二）消费设施、服务水平、信息真实是影响我市消费者满意度测评的重要因素

从此次消费者满意度测评看，我市与消费密切相关的设施与部分城市相比存在差距，如商圈的盲道、商场的便民配套设施还不完善；服务水平也有较大提升空间；消费欺诈、虚假宣传还不同程度地存在，这些都是影响消费者满意度的重要因素。

（三）供给创新性不够，制约了我市消费者不断增长的消费欲望

在消费供给的二级指标中，我市供给创新性得分与最高的广州差距高达5.46分，说明我市在供给创新性方面不如发达城市。消费新业态及新模式更能满足消费者的多元化和个性化需求，能够增强有效供给，进一步增强消费对经济的拉动。在这方面我市还存在明显不足。

三、关于进一步提升消费者满意度促进消费增长的建议

（一）充分发挥消费在经济发展中的基础性作用

2018年消费对我国经济增长的贡献率达到76.2%。进入新时代，我国经济已由高速增长阶段转向高质量发展阶段，消费在经济发展中的基础性作用更加凸显，已经成为经济增长的第一拉动力。只有着力改善消费环境，才能进一步提振消费信心，促进消费需求持续扩大；只有更加重视安全放心消费环境建设，才能更好维护消费者合法权益，从而增强人民群众在消费领域的获得感、

幸福感、安全感。因此建议各级政府要把拉动消费作为一项重要工作来抓，与政府其他工作一同布置，一同检查，一同考核，促进消费机制不断完善，增强消费对经济发展的基础性作用。

（二）深入推动放心消费创建活动，提高消费环境安全度、经营者诚信度和消费者满意度

持续推进放心消费创建，打造安全放心消费环境是提高消费者满意度重要举措。因此建议我市以政府牵头，市场监管部门主抓，各部门协同配合，建立以经营者为主体，行业自律为重点，全社会共同参与的放心消费创建格局。对影响消费环境建设方面突出问题进行梳理，开展集中整治，坚决打击制假售假行为，加大惩处力度，提高违法违规成本，提高我市消费环境安全度、经营者诚信度和消费者满意度。

（三）积极畅通维权渠道，拓展多元化维权方式

针对新型消费业态和方式，不断提高维权效能，建立更加有效快捷方便的维权工作机制。一是开展专业化维权，建立专业维权组织，着力解决新型消费领域维权；二是重视新媒体消费宣传作用，拓展消费者诉求渠道；三是在我市全面推进消费投诉公示制度，督促经营者切实履行第一责任人义务，把消费纠纷第一时间解决在门店，化解在基层。

（四）重视消费者组织作用，创新消费者教育模式

各级政府要重视消费者组织建设，保障其履行法定职责。要通过行之有效的消费宣传教育活动，培育消费者健康、理性的消费观，培养消费者的责任意识和信用意识，引导消费者理性消费、主动监督、依法维权。建议政府各部门采取更多符合新媒体时代的信息传播方式，宣传消费，影响消费者。

重庆市市场监督管理局

2019年4月20日

中消协观点

关注青少年用眼健康 共筑网游防沉迷屏障

网络游戏及相关电子产品的普及，一方面为青少年学习和生活休闲提供了便利，另一方面也对青少年视力下降埋下隐患。更重要的是，由于青少年辨识能力有限、自制力相对较差，对网络游戏和充值花费缺乏足够的认识，往往在家长或监护人不知情的情况下，大量充值或付费购买游戏道具，造成财产损失。某10岁儿童因为玩网络游戏一个月时间内花掉父母打工辛苦积攒的近6万元；某11岁儿童趁父母不在家，偷取父母银行卡和手机玩某款网游，花光家中3万元积蓄……此类新闻的不时披露，反映出防范青少年不合理网游消费和沉迷网游工作任务的艰巨性。

当前；网络游戏及相关电子产品在家庭、学校中大量使用，学生课业负担较重，加之对视力保健工作的重视程度不够，是导致目前我国青少年近视率居高不下的重要原因。习近平总书记指出，我国学生近视呈现高发、低龄化趋势，严重影响孩子们的身心健康，这是一个关系国家和民族未来的大问题，必须高度重视，不能任其发展。寒假和春节临近，广大青少年将有更多的时间和机会接触网络游戏，为了营造安全放心的网游环境，共同呵护青少年的健康成长，中国消费者协会认为：

一是家庭和学校要引导和培养青少年树立正确的网游消费观。网络技术的进步是为便利生活、辅助工作和学习，适度娱乐有助于放松身心、增长见识，但是过度沉迷游戏则会导致身心更加疲惫；部分网络游戏故事情节内容因与历史人物形象或史实不完全相符，也会给青少年带来困惑。家长和教师有必要加强教育引导，及时纠正青少年用眼过度和网游沉迷行为：首先，要培养青少年正确的网游消费观，强化游戏自控能力，引导青少年自觉过滤和抵制不良游戏、不实网络信息；其次，家长要为青少年做好游戏账号管理和内容把关，注重正向引导，尽量根据不同年龄阶段选取休闲益智类的正版游戏，适当陪同游戏，培养良好的亲子关系；最后，家长要定期对电脑或手机进行病毒查杀和账号保护，实时关

联网游账号财务支出情况，减少不必要的网络游戏开支。

二是广大青少年要树立法律和规则意识，自觉远离网游中消费安全隐患。首先，要使用正版游戏软件或从正规平台下载游戏程序，注册和登录游戏账号前，在家长的协助下，认真阅读注册协议和隐私条款，详细了解权利义务约定及注意事项等；其次，在游戏过程中，要遵守法律规定要求和相关游戏规则，避免出现因违反游戏服务协议及相关条例规则的操作而导致消费者个人利益受损的状况；再次，尽量选用技术质量好、舒适度更高、视力友好型的游戏设备，尽量选择护眼模式或儿童模式进行游戏操作；要避免长时间、近距离、高强度屏幕游戏，坚持健康用眼，注意适当休息，切勿沉迷于网游，影响学业和身心健康；最后，要定期对电脑或手机进行病毒查杀和账号保护，网游中如需要支付相关费用，要及时向家长提出申请，切勿进行大额网游消费。

此外，在公共场合进行游戏时，还要注意个人账户安全和支付安全。牢记“三要三不”：各种账户要安全规范操作、各种密码要安全保管、各种漏洞病毒要及时清理查杀；不点击身份来路不明的弹窗、不浏览有安全隐患的链接、不告知他人支付密码或验证码。

三是全社会要共同关注青少年用眼卫生和身心健康，筑牢网游防沉迷屏障。青少年网游沉迷这一社会问题的跟进和处理，离不开社会各界的共同参与和支持。网游平台及相关企业要自觉遵守相关法律要求，落实游戏开发审核责任，做好网游实名制认证，强化网游防沉迷技术应用，努力为青少年提供健康向上、寓教于乐的网游产品；在游戏进程中特别是消费环节应当尽到显著告知和提示义务，采取必要的技术防护措施，避免疲劳用眼、游戏无度，避免遭受不良信息困扰。相关监管部门要完善网游分级管理制度，建立网游信用评价机制，强化版权授权、内容审查、技术监测等监管力度，打造公平竞争的市场环境；相关行业组织要通过完善行业标准、强化企业自律、开展信用信息公示等措施，积极促进安全放心的网游环境建设。新闻媒体要充分发挥舆论宣传的导向作用，积极推广优秀游戏、抵制恶俗游戏，大力倡导适度游戏、反对游戏沉迷，营造积极健康的网络游戏氛围。

中消协将按照《消费者权益保护法》赋予的公益性职责，密切关注青少年用眼健康，加强对近视产品和网游产品的社会监督，适时组织开展相关测试评价活动，助力广大青少年的健康成长。

中消协针对汽车消费维权难发表意见

近期，奔驰女车主维权事件引发社会广泛关注。

结合奔驰车事件及汽车消费领域投诉问题，中消协提出以下意见：

一、汽车产品合格交付，是经营者的应尽义务。《产品质量法》第十二条规定，“产品质量应当检验合格，不得以不合格产品冒充合格产品”。《家用汽车产品修理、更换、退货责任规定》（以下简称汽车三包规定）第八条规定，“生产者应当严格执行出厂检验制度，未经检验合格的家用汽车产品，不得出厂销售”。交付合格产品是经营者的合同义务，三包责任是后合同义务，两者不应混同。如果经营者出售的是不合格产品，消费者可以按照《消法》第五十四条规定，“依法经有关行政部门认定为不合格的商品，消费者要求退货的，经营者应当负责退货”。如果经营者存在欺诈行为的，还应承担相应赔偿责任。实践中，一些经营者向消费者交付不合格车辆，却以汽车三包规定为由拒绝承担退货责任或相应赔偿责任，有违法律规定。

二、PDI规则属于行业自律规范，不应限制消费者权利。《乘用车新车售前检查服务指引（试行）》（以下简称PDI规则）是由行业组织牵头、12家企业参与制定的行业自律性规范。其中涉及乘用车新车交付消费者前的检查规定。对此，有关厂家及其经销商应当对照相关内容，逐一检查落实，保障新车交付的实际质量。对于一些PDI检查流于形式，造成交付车辆存在各种问题的经营者，应加强行业自律予以规范。同时，企业联合制定的PDI规则属于行业自律规范，不应对消费者实体权利做出限制，应根据消费者诉求，结合有关实践争议案例进行修改完善。

三、汽车销售金融服务等应明码标价，杜绝强制交易等违法行为。《消法》第二十条规定，“……经营者提供商品或者服务应当明码标价。”第十六条规定，“……经营者向消费者提供商品或者服务，……不得设定不公平、不合理的交易条件，不得强制交易”。《汽车销售管理办法》第十条规定：“经销商应当在经营场所以适当形式明示销售汽车、配件及其他相关产品的价格和各项服务收费标准，不得在标价之外加价销售或收取额外费用。”第十四条规定：“供应商、经销商……不得对消费者限定汽车配件、用品、金融、保险、救援等产品的提供商和售后服务商……经销商销售汽车时，不得强制消费者购买保险或者强制为其提供代办车辆注册登记等服务。”第三十二条规定：“违反本办法第十条……第十四条……有关规定的，由县级以上地方商务主管部门责令改正，并可给予警告或3万元以下罚款。”经营者在交易过程中，应对全部收费项目事先向消费者明示，且不得做出不合理限制或者强制交易。但当前汽车销售服务中，存在强制消费者购买保险、缴纳续保押金或续保保证金等问题，有些经销商代办业务在未告知消费者的情况下多收上牌费、金融服务费，还不开具发票，引发消费者强烈不满。对于这些违法行为，应当依法严厉惩处。

四、经营者应当尊重消费者权益，诚信、快捷解决消费纠纷。《消法》第四条规定，“经营者与消费者进行交易，应当遵循自愿、平等、公平、诚实信用的原则”。第二十三条规定：“消费者自接受商品或者服务之日起六个月内发现瑕疵，发生争议的，由经营者承担有关瑕疵的举证责任。”《侵害消费者权益行为处罚办法》第八条规定：“经营者提供商品或者服务……不得故意拖延或者无理拒绝消费者的合法要求。经营者有下列情形之一并超过十五日的，视为故意拖延或者无理拒绝：……（二）自国家规定、当事人约定期满之日起或者不符合质量要求的自消费者提出要求之日起，无正当理由拒不履行修理、重作、更换、退货、补足商品数量、退还货款和服务费用或者赔偿损失等义务的。”《消法》第五十六条还规定了故意拖延、无理拒绝的行政责任。经营者作为维护消费者权益的第一责任人，应当高度重视消费者意见，正视消费者合理诉求，切实履行法定义务和责任，妥善解决消费纠纷。交付产品6个月内发现瑕疵的，经营者还负有举证责任。拖延推诿、强势霸凌，不仅要受到法律严惩，更会失去消费者信任。

当前，消费在国家经济发展中的作用日益重要，但是，消费者作为消费驱动型经济的重要贡献者，其权益保护还不够充分，消费者优先观念未能有效落地。近年来全国汽车投诉情况和近期发生的奔驰女车主维权事件，凸显了当前汽车消费领域维权难的现状，凸显了信用建设的紧迫性，凸显了构建和谐消费环境的必要性。以人民为中心，在消费领域就是以消费者为中心，就是要让消费者买得放心、吃得安心、用得舒心，获得更好的消费生活。消费维权工作的实质是社会公共利益的维护，只有强化消费者保护，不断提升消费者的获得感、幸福感、安全感，才能更好促进扩大消费，带动经济转型和升级，真正打通民生幸福的最后一公里。

针对汽车消费维权难，中消协呼吁全社会共同树立消费者优先观念，携手推动问题解决：

一、呼吁立法机关广泛听取消费者意见，进一步修改、完善《产品质量法》、汽车三包等规定，提升产品质量担保立法层级，明确违法追究责任到人，强化对消费者的保护，防止经营者逃避自身应尽义务和责任，损害消费者合法权益。

二、呼吁各有关行政部门，关注消费者反映问题，进一步加强汽车消费领域的监督管理，及时查处损害消费者权益突出行为，规范汽车销售和附随服务，加大监督抽查范围和力度，不断提高行政执法效能，提升消费者的满意度。

三、呼吁各有关司法机关，全面贯彻和适用《消法》有关规定，切实加强对汽车消费者保护，有力打击欺诈和侵害消费者权益行为，充分发挥司法审判的示范作用，弘扬消费领域的公平正义，筑牢社会诚信柱石。

四、希望汽车行业组织强化行业自律和内部约束，重视和听取消费者意见，及时修改完善汽车行业的相关规则，加强服务监督、数据监控、风险管理，消除对消费者权利的不当限制，推动建立行业信用约束机制，将严重侵害消费者权益的经营者列入黑名单，实现有效行业治理。

五、敦促汽车领域经营者尊重消费者各项法定权利，切实承担自身义务和责任，针对消费者辨识难、取证难、鉴定难、协商难、解决难，主动做好以下事项：一要强化合同警示提示和事前告知，公平合理地确定经营者与消费者的权利和义务，以显著方式提示与消费者有重大利害关系的内容，保障消费者的知情权、选择权和公平交易权；二要保障交付合格的家用汽车产品、随车工具、备件等物品，依法提供发票、服务单据、说明书、三包凭证、维修保养手册等随车文件等；三要在产品出现质量问题时，自消费者接受商品6个月内依法承担举证责任，6个月后主动配合鉴定，杜绝推诿塞责、设置维权壁垒；四要坚持“消费者优先”理念，高度重视、认真听取消费者意见，正视消费者合理诉求，主动检视自身问题，积极、妥善处理相关投诉；五是加强内部管理，强化员工培训，诚信守法经营，严格落实责任，禁绝违法行为。

下一步，中消协将积极采取措施，着力推动解决汽车消费维权难问题：

第一，广泛听取消费者意见，强化汽车领域的商品和服务监督。中消协将进一步加强消费维权志愿者队伍建设，不断壮大社会监督力量。希望广大消费者发现或遇到问题时，积极依法维权，主动投诉，反映问题，共同促进汽车消费环境改善。

第二，聚焦汽车消费问题，推动相关立法完善。中消协将深入研究汽车消费领域的突出问题和消费维权难点，积极参与相关领域的立法立标工作，及时反映消费者诉求，促进完善汽车消费维权法治保障。

第三，拓宽、畅通投诉渠道，监督企业落实义务。中消协将探索建立汽车消费专业委员会，借助专家、律师力量，提升汽车投诉处理效能；探索建立汽车消费领域信用公示机制，公开披露故意拖延、无理拒绝以及其他严重侵害消费者权益的失信行为，强化企业信用约束，促进品质提升、服务改善。

第四，对于重大、典型侵害汽车消费者合法权益行为，综合运用调查、约谈、反映、建议、揭露批评、诉讼、信用公示等方式，切实加强对消费者的保护，有力遏制经营者不法行为。

中消协希望全社会共同携手，努力营造更加安全放心的汽车消费环境，更好提振广大消费者的消费信心，促进实现经济高质量发展和百姓美好生活。

中消协针对苏宁易购鸿星尔克“砍单”行为发表观点

近日，中国消费者协会官方微博收到部分消费者反映，称苏宁易购鸿星尔克旗舰店在“6·18”购物节期间发生“砍单”事件。

对此，中国消费者协会认为：

1.苏宁易购鸿星尔克旗舰店以“系统原因导致价格异常”为由单方强制取消消费者订单，违背诚实信用原则，涉嫌违反《电子商务法》相关规定，扰乱正常的电商购物信用环境，损害消费者合法权益。

2.苏宁易购鸿星尔克旗舰店应当遵守《消费者权益保护法》《合同法》《电子商务法》中有关保护消费者合法权益的规定，依法履行合同义务。不能履行合同义务的，应依法承担违约责任。

3.苏宁易购作为电商平台，应当切实承担相应的管理责任，积极督促平台内经营者依法履行合同义务，有效制止侵权行为，妥善处理消费纠纷，依据平台服务协议和交易规则等对鸿星尔克旗舰店相关行为进行处置并向社会公示。

4.中消协希望电商企业加强信用建设，树立消费者优先理念，认真落实《消法》《合同法》《电子商务法》《广告法》《反不正当竞争法》等各项法律规定，自觉维护消费者合法权益。

5.中消协鼓励广大消费者主动行使监督权利，对经营者的违法行为积极向有关部门投诉举报，依法维护自身合法权益。

维权研究报告

中消协预付式消费舆情报告

（监测时间：2016年1月1日—2018年12月31日）

一、舆情概述

预付式消费，是指消费者预先向预付卡的发行者支付一定的资金，获得消费凭证，按次或按期获得商品或服务的消费方式，消费者从中能以优惠的价格获得一定的商品或接受一定的服务。预付式消费领域存在的乱象引起舆论高度关注，有关该领域的讨论量也日渐增长，成为备受关注的消费维权话题。

作为新兴的消费模式，预付式消费广泛应用于餐饮、美容美发、健身、洗浴、购物、教育培训、手机通信等领域，有时也被视为一种身份的象征。然而，这种消费模式在给消费者和经营者带来便利的同时，由于相关法律法规建设不完善、政府部门监管体系不健全等原因，存在诸多侵害消费者权益的问题。

近年来，预付式消费领域除原有问题外，也出现了一些新模式、新变化，租房贷、装修贷、美容贷、培训贷等“套路贷”，成为预付式消费的新变种，给消费者维权带来了新挑战。预付式消费成为消费者的投诉热点和维权痛点。

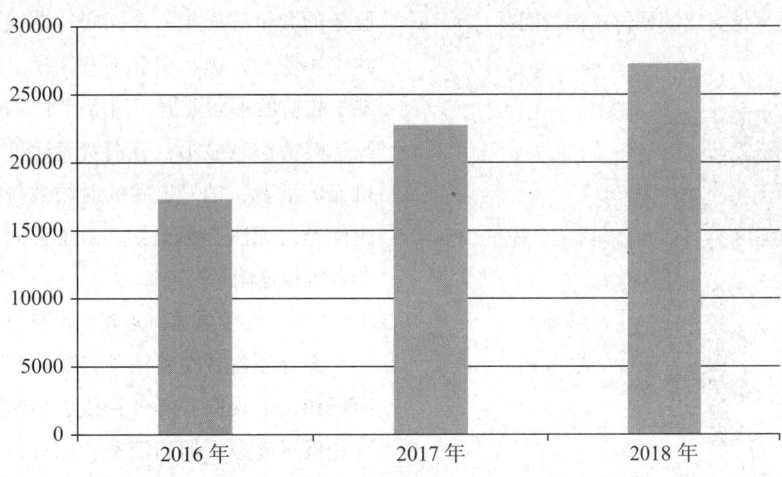

图1　“预付式消费”关键词的舆情信息量年度分布（单位：篇）

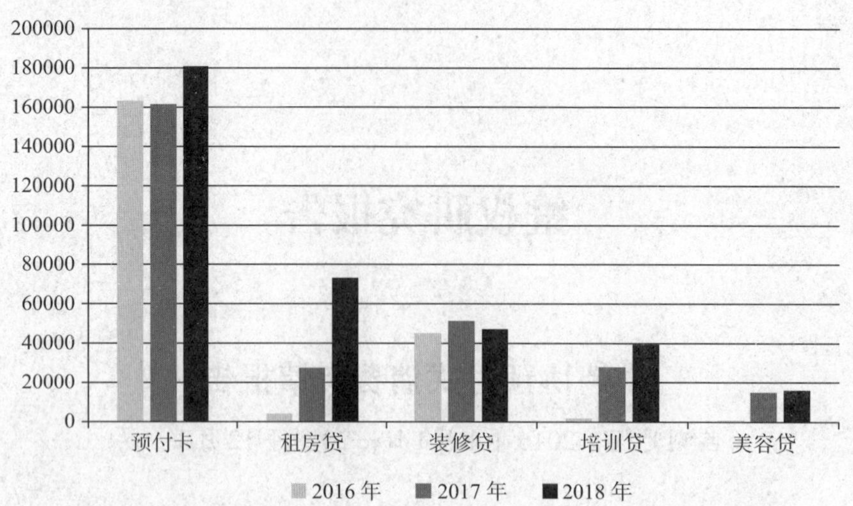

图2 预付式消费领域相关话题的舆情信息量年度分布（单位：篇）

注：舆情信息量=网媒+纸媒+微博+微信+论坛+博客+APP；统计时间：2016年1月1日—2018年12月3日；资料来源：人民网舆情数据中心。

据人民网舆情数据中心统计，**2016—2018年，有关预付式消费的舆情信息量整体呈逐年递增的趋势**，话题总量的年度增长率分别为67.4%和14.1%（以预付式消费为关键词），增幅显著。其中，预付卡是预付式消费领域最为突出的话题类型，其舆情信息量遥遥领先，依然是最主要的问题。租房贷、培训贷、美容贷的话题量呈逐年递增的现象，成为近年来越来越突出的预付式消费问题。

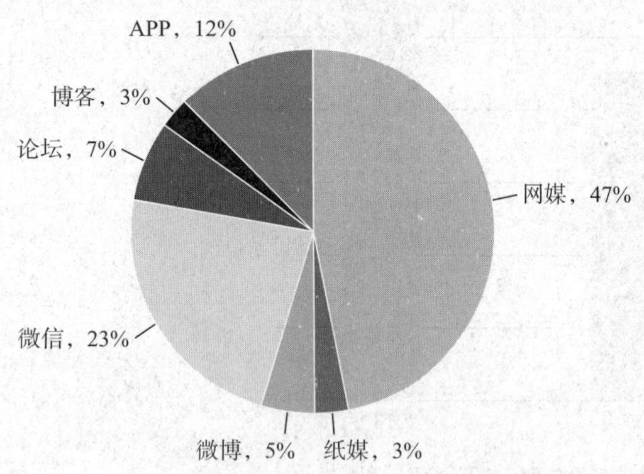

图3 预付式消费舆情渠道分布（单位：篇）

注：统计时间：2016年1月1日—2018年12月31日；资料来源于人民网舆情数据中心。

如图3所示，预付式消费领域的话题主要集中在新闻（含网媒、纸媒）和微信渠道，内容以乱象介绍、消费者投诉、风险提示为主。由此可见，预付式消费的舆情主要以新闻或微信公众号文章的形式发布和传播；消费者在遇到问题时，倾向于寻找媒体或向消协组织寻求帮助。

二、预付式消费领域存在的主要问题

（一）经营者不与消费者签订书面合同

不少经营者在为消费者办理预付费凭证时无书面合同，仅以一卡为证，在履行合同时有的仅有单方面记录，未给消费者纸质凭据。由于对预付款的用途、商品或者服务的数量和质量、合同履行期限和方式等没有约定或约定不明确，极易引起消费纠纷。事后主张权利时，因缺少相应的书面证据，消费者常常遭遇举证难、索赔难。

舆情信息显示，有消费者通过第三方支付平台为手机充值话费，销号退费的时候被告知电商平台使用了集团优惠，无法全额退款。由于合同里没有明确约定，消费者维权遇阻。

（二）经营者虚假承诺，随意降低商品或服务质量

部分经营者在营销预付卡过程中，以免费体验、高额折扣、上乘服务等各种优惠为诱饵吸引消费者，谦恭有礼极尽能事。但当消费者购买预付卡后，却发现原先承诺的服务被经营者以优惠期届满、消费额度不足、特约人员不在、服务方式更新等各种理由不予兑现，或者予以推托，态度与办卡前明显不同。部分经营者还擅自改变预付卡使用范围、履约方式、消费价格或优惠条件，且未有效告知或征得消费者同意。

舆情信息显示，某网约车平台利用充值返现的优惠吸引用户大额充值，后因经营管理问题导致用户打不到车、退费遇阻。再如，有培训机构利用提供各种兼职和实习机会等福利吸引大批学生交费甚至借贷参加培训，

学员付费后发现课程质量低劣、实习无门，机构承诺难兑现，却不予退款。

（三）经营者设置不公平格式条款

一些经营者基于其特殊地位，利用双方信息不对称，在预付卡或相关合同上注明一些不公平格式条款，诸如"本卡不得退卡转让""余额过期作废""本公司有权单方面解约""本公司拥有最终解释权"等。有些经营者还借用补充条款设置陷阱，采取"饥饿式"营销、洗脑式宣传等手段，或抓住消费者不仔细阅读合同的习惯，诱导消费者冲动、快速签约，事后发生纠纷，消费者维权困难。

舆情显示，消费者在某游泳健身会所办理了游泳卡，卡内余额2800元。由于家人赴外地工作，要一起同行，无法继续使用该卡，多次要求退款被拒，商家称"卡一经售出，概不退款"。还有的消费者想转让健身年卡，商家称转卡要先扣卡内余额的40%，还要按照1∶1的比例对剩下的费用再行充值。

（四）经营者关店失联、频现跑路

在各种预付式消费问题中，资金安全风险最为突出。一些经营者利用低价折扣、特别优惠诱导消费者支付高额预付款，消费者未带足够费用，甚至主动跟随上门取钱。其后在不事先告知消费者的情况下突然关门停业、失联跑路，这些人中有的是因为经营不善、资金链断裂，深陷财务危机，有的则是故设圈套、蓄意骗取消费者钱财。消费者发现时，已人去楼空，难以追索。例如，曾以钢琴教学O2O模式迅猛扩张的某艺教连锁机构，因其全国60余家门店"一夜停业"事件，被舆论推至风口浪尖，多地学员甚至教职工自发组织线上和线下渠道维权。再如，某高端海鲜自助连锁餐厅多地门店悉数关闭，众多持卡消费者的巨额预付款难以取回。

（五）消费者个人信息遭泄露

在办理预付卡过程中，有些行业如健身房、大商场、教育培训机构等的经营者，常会索取消费者个人信息。其中，不仅有与经营业务相关的信息，也有一些更为敏感的无关信息，如收入、血型、个人喜好等。对于这些信息，有些经营者未加妥善保管，造成消费者个人信息泄露。例如，一些消费者反映自从办理预付卡后，经常有人打电话推销商品，致使消费者的工作和生活受到严重干扰。

三、预付式消费问题新变化

（一）隐蔽性：预付费与金融信贷捆绑

根据中消协发布的2018年全国消协组织受理投诉情况，预付式消费与金融信贷捆绑叠加侵害消费者权益，成为2018年消费者投诉的新特点。

近年来，预付式消费一直是维权热点，横跨众多行业，监管难、维权难，群体性消费投诉多发。特别值得警惕的是，**2018年，预付式消费与金融信贷捆绑叠加侵害消费者权益的问题相对突出**。在装修房屋、美容整形、教育培训等消费领域，一些经营者在宣传时，把自己提供的商品和服务描述得十分美好，并有意淡化贷款的压力，甚至以无息贷款作为吸引。消费者通过经营者推荐的金融机构贷款、预付高额费用后，往往难以察觉相关风险，直到商家不履行承诺、服务缩水甚至关门跑路时，才发现金融信贷条约中含有各种高额违约条款，消费者对服务不满或者享受不到服务时，仍需继续偿还金融贷款，造成消费者维权困难，权益受损。

舆情信息显示，2018年5月起，"租金贷""装修贷"问题被频频曝出，一些长租公寓公司、互联网装修平台发生资金链断裂，经营者跑路，导致租户无房可租，装修合同无法履行，而消费者却仍需偿还贷款。长租公寓中介服务定金不能退、租金变贷款等成为租客反映的主要问题。例如，某长租公寓宣称可以"押一付一"，但实际却是以租客名义签订1年的贷款合同，相当于每月归还贷款。有的长租公寓甚至还联合小额贷款公司向消费者隐瞒了交租方式。在"租金变贷款"的背后，由长租公寓衍生出的金融风险需要警惕。少数长租公寓中介服务商自行或与其他贷款机构合作，使用租客信息签署贷款合同，将贷款资金扩充为资金池，不断进行租客和房东的资金和期限错配，公寓中介服务商沉淀的大量资金未被有效监管，比传统的预付式消费更加具有隐蔽性和欺骗性，一旦长租公寓中介服务商非正常停止运营，会产生大量租客无法正常偿还贷款的情况，金融风险的出现将难以避免。在此过程中，房东也可能面临财产受损风险。

此外，多家英语培训机构被指通过提供课程贷款服务，让学员背上几千元到上万元不等的"培训贷"，退款和维权异常困难。

（二）恶劣性：恶意诈骗行为屡现

近年来，预付式消费领域的恶意诈骗行为也屡次出现，有的不法经营者本身就是以预付款为借口进行诈骗，并不具备发放预付凭证的资质。例如，广州警方端掉的一宗涉及多所高校学生被骗的合同诈骗案，受骗人数达400余人，4名犯罪嫌疑人涉嫌合同诈骗罪被警方依法刑事拘留。经查，该公司向在校大学生出售就业培训课程，承诺高薪就业的前景，并以“培训贷”的形式实施诈骗。然而，该公司没有教育部门批准的手续，所谓的“讲师”也没有任何资质，核心“讲师”都是高中毕业，凭借自身的经验，自编整理一些教程，开展培训。

在加油消费领域，也有一些披着加油卡、储油卡外衣的骗局。比如，采用商城三级分销模式的某油卡俱乐部、利用油价差价补贴的某储油卡、宣称加油卡消费“全额返还”的某加油卡。不法加油卡经营者一般采用类似补贴的套路，许诺储值后有高额补贴回报，因无法兑现导致资金链断裂，最后演变成发起人卷钱走人的“庞氏骗局”。

（三）群体性：消费纠纷群体化

随着预付卡发卡量不断扩大，预付式消费群体不断膨胀，一旦出现卷款跑路等情况，因涉及人数众多，预付费数额巨大，往往引发群体性投诉。对于此类事件，虽然消费者的诉求不复杂，但由于商家经营主体变更、失联或是无法经营，导致调解处理难度非常大。例如，某互联网家装平台突然宣布因经营不善而进入破产清算程序，数百消费者装修款无法退还，装修公司也未收到该公司的款项，导致装修工程停滞。

四、预付式消费维权难原因

（一）法律不完善

目前，我国在预付式消费管理方面，《消费者权益保护法》虽然有所规定，但比较原则；《支付机构预付卡业务管理办法》《单用途商业预付卡管理办法》《欺诈消费者行为处罚办法》等规章，由于法律层级较低，覆盖范围有限，惩处力度不足，难以有效解决现实问题；部分消费者权益保护地方性法规中虽有一些细化规定，但仅限局部地域，且由于缺乏上位法支撑，有些规定无法作出，亟须国家层面制定专门法律，明确和规范预付式消费领域的预收费主体资质、预收费规模限制、合同要求、预收资金管理、违法行为规制、相关法律责任等。

（二）信息不对称

在一般消费活动中，消费者与经营者之间的信息不对称主要体现在商品和服务信息方面。但在预付式消费中，消费者对经营者的主体信息缺乏了解，尤其是经营者的资质、信誉、经营状况、财务情况等。大多数消费者选择时仅依靠经营者的对外宣传或是表面形象，比如经营场所、装饰装潢、员工人数、员工介绍等，来判断经营者的经营实力和商品服务质量，进而决定是否购买预付卡或者交纳预付费。由于各类信息分散，消费者对经营者信息的收集成本过高，难以全面了解和知情选择。

（三）监管存漏洞

与预付式消费快速发展的状况相比，现行法律对预付式消费的核心问题缺乏具体规定，对消费者权益保护不足。一些部门规章对多用途、单用途商业预付卡作出了一些规定，但实践中，不具备发卡资质、不按规定发卡的情况仍然大量存在。特别是在单用途预付卡管理方面，对于小企业未设计资金存管制度，对于个体工商户发售预付卡未纳入管理，有关监管存在盲区。“小店老赖”现象十分突出，部分消费者遭受较大经济损失。

（四）失信成本低

从某种意义上讲，预付式消费是一种信用消费。但目前我国的信用体系建设尚不完善，经营者卷款跑路后，由于查不到被诉方，消费者难以通过行政和司法方式有效维权。一些违法经营者因此有恃无恐，不断转移阵地，继续坑害消费者。特别是现行单用途预付卡管理规定仅为规章层级，对违法行为的最高处罚额度仅为3万元，制裁力度不足，难以起到应有的震慑作用。

五、预付式消费热点话题

表1　预付式消费热点舆情话题TOP10

序　号	话　题	媒　体	时　间	舆论热度
1	连锁店突现“关店潮”：办卡套路深 储值需谨慎	《经济日报》	2018/6/20	89.8
2	健身房倒闭调查：预付款消费模式留下一地鸡毛	中国新闻网	2018/8/3	85.5
3	“租金贷”风险多地爆发 租客“被贷款”苦于维权	《经济参考报》	2018/11/15	82.8
4	旅游部门提醒：旅游预售卡风险大购买需谨慎	新华社	2017/1/23	79.2
5	天津数百名大学生落入变相培训贷连环坑	《中国青年报》	2018/10/19	68.0
6	培训机构预付费乱象：留学培训最高一次预付20万元	《北京青年报》	2017/11/20	56.0
7	学个英语背上十几万贷款？“校园贷”藏身华尔街英语	《北京青年报》	2018/12/20	54.3

续表

序　　号	话　　题	媒　　体	时　　间	舆论热度
8	尚未手术已欠下巨额债务"整形贷"背后的坑需警惕	《法制日报》	2017/11/16	50.7
9	强制消费？超六成受访者承认曾被理发店"坑"过	《中国青年报》	2017/12/28	43.3
10	中消协：超半数预付款商户不签合同 仅有口头约定	《人民日报》	2017/6/2	38.7

注：统计时间：2016年1月1日—2018年12月31日；资料来源：人民网舆情数据中心；舆情热度由新闻、论坛、博客、APP、微信的信息量加权得出；舆情热度=新闻×0.3+论坛×0.15+博客×0.15+APP×0.2+微信×0.2。

根据人民网舆情数据中心的统计显示，2016—2018年期间，预付式消费领域热度较高的话题集中在：生活服务门店储值预付卡退款难与"套路贷"等方面。由此可见，除传统"办卡消费"外，预付式消费出现与金融信贷紧密结合的新业态模式发展，并且后者更加受到舆论的关注和警惕。

根据舆情热度和影响范围，报告还梳理了20则预付式消费领域的典型案例，包括近3年来该领域出现的重大群体性维权事件、司法判例、消协组织调解案例等，涵盖培训、餐饮、租房、网约车、装修、健身、美容、娱乐、加油卡、手机通信、家政、旅游、婚庆等领域。

表2　重点预付式消费案例话题列表

序号	时间	案例话题	处理情况
1	2017/9	**"星空琴行"全国门店停业** 《钱江晚报》：星空琴行一夜楼空，预付式消费的坑谁来补 《中国消费者报》：深圳："星空琴行""优卡白条"投诉多	深圳市消委会出面调解；失信行为推送征信机构
2	2018/10	**天津多所高校大学生陷入变相培训贷** 《中国青年报》：天津数百名大学生落入变相培训贷连环坑	学生自发维权；未解决
3	2017/3	**广州百名大学生陷"培训贷"骗局** 《广州日报》：广州400多名大学生陷"培训贷"骗局 央广网：广州数名大学生深陷"培训贷"专家：培养辨别能力至关重要	广州警方抓获犯罪嫌疑人
4	2017/7	**金钱豹倒闭消费者遭遇"退卡难"** 《北京青年报》：消费者诉"金钱豹"要求退款 《北京商报》：金钱豹投诉案件涉案金额约160万元 上观新闻：跑路的"金钱豹"们有"克星"了？上海通过这项法规，规范经营者发放预付卡行为	上海市单用途预付卡协会出面协调；未解决
5	2018/5	**西北烙馍村闭店停业引消费者投诉** 贺兰县人民政府网站：贺兰县西北烙馍村投诉举报公示单 贺兰县人民政府网站：预付卡消费投诉专题分析	消协出面调解；市场监管部门主持退款
6	2018/8	**深圳长租公寓中介服务"租金贷"** 《法制日报》：深圳长租公寓中介服务存四大法律风险 中国经济网：深圳消委会调查长租公寓市场：四大风险须各方警惕	深圳市消委会发布规范建议；具体维权未解决
7	2018/11	**"装修贷"平台优居客倒闭业主退款难** 中国经济网：优居客宣布停止营业的12小时：近500名消费者装修维权记 中国经济网：小心，"装修贷"套路有点多	优居客宣布成立清算组对所有原有业务进行梳理
8	2017/5	**"易到"成"难到"储值余额概不退** 21CN：易到充值三大"坑"！当初在易到充值万元的乘客，现在傻了 法制网：中消协就"三难"问题公开约谈易到用车	中消协约谈"易到用车"

续表

序号	时间	案例话题	处理情况
9	2018/11	**“双11”预售套路致定金难退** 《广州日报》：预售套路有多深？想退定金不容易	佛山市消委会发布消费提醒
10	2017/6	**第三方支付平台设手机充值退费障碍** 正义网：手机销号退费层层设障 消费者权益如何保护？	卖方承担相应责任；支付宝承诺加强货源监管
11	2017/8	**南京女生遭遇“美容贷”** 《扬子晚报》：女生遭遇“美容贷”逐步铺垫步步惊心	南京市消协出面调解；消费者维权成功
12	2018/3	**经营者违规发放商业预付凭证** 《今日桐庐》：充值的困扰——预付式消费的新规之后（上） 《今日桐庐》：充值的困扰——预付式消费的新规之后（下）	县商务局立案调查；依法处罚
13	2017	**天鹅湖健身会所产权纠纷引发预付卡消费群体性投诉** 贺兰县人民政府网站：预付卡消费投诉专题分析	消协出面调解；消费者维权成功
14	2016/5	**靓特水上乐园因装修停业引发群体性预付卡消费投诉** 贺兰县人民政府网站：预付卡消费投诉专题分析	消协出面调解；消费者维权成功
15	2017	**沈阳某健身房注销转让引发消费者退余款投诉** 《辽沈晚报》：沈阳市消协发布2017年度消费投诉十大典型案例	消协出面调解；消费者维权成功
16	2018/8	**消费者退预付卡遭遇“霸王条款”** 新浪网：长春市消费者协会发布预付费消费维权案例 人民网：交钱容易退钱难　糟心预付卡维权难在哪？	长春游泳卡退卡问题由消协出面调解，消费者维权成功；广州健身年卡转让投诉未解决
17	2018/10	**杭州消费者遇婚纱店收预付款后关门** 《今日桐庐》：充值的困扰——预付式消费的新规之后（上） 《今日桐庐》：充值的困扰——预付式消费的新规之后（下）	消费者举报中心出面调解；消费者维权成功
18	2016/8	**加油卡骗局屡现 油卡充值涉嫌诈骗** 《钱江晚报》：便宜的“中油卡”是真是假？ 《南方都市报》：油联石化储油卡遭遇兑付难 百度百家：“云联惠”首案一审宣判，“云联惠注册第一人”唐某某被判5年半	“中油卡”问题由深圳市消委会推送失信行为至征信机构，其余问题尚未检索到处理信息
19	2018/7	**三鼎家政停摆清算消费者预付款难退** 《新京报》：三鼎家政停摆清算调查	未解决
20	2018/3	**布拉旅行涉嫌低价揽客骗取消费者预付款** 东方网：上海消保委公布2017年十大维权案例：“旅游投诉”成焦点	上海市浦东新区人民检察院依法以涉嫌合同诈骗罪对犯罪嫌疑人批准逮捕

注：处理情况判断依据为截至2018年12月31日的网络公开资料数据。

人民网舆情数据中心

免责条款：人民网舆情数据中心出具的各类网络舆情分析报告均是基于互联网上的各类公开信息数据撰写，数据中心力求但无法保证上述信息数据的完整性、真实性和准确性；人民网舆情数据中心提供的各类网络舆情分析报告仅作为贵单位舆情工作的参考素材，并不构成对贵单位的决策建议，请贵单位自行斟酌并决定是否需要呈送相关领导。

浙江长租公寓研究报告

一、研究目的和意义

近年来，浙江省长租公寓市场快速发展，对解决城镇居民住房问题，拓展住房供应渠道，稳定房地产市场发挥了重要作用。大力发展住房租赁市场既有利于抑制房地产市场泡沫，同时也有助于解决我国居民住房供需矛盾，促进社会和谐稳定。但是，也出现了个别企业违规使用“租房贷”等金融产品、个别房源品质低劣、房租上涨过快等问题。为了贯彻落实“房子是用来住的、不是用来炒”的定位，加快建立完善多主体供给、多渠道保障、租购并举的住房制度，经省政府授权，消保委牵头实施，就促进全省长租公寓市场平稳、健康、有序发展进行实地的调查分析，摸清现实中存在的问题，发现现存长租房市场的风险形式以及模式弊端。尽早采取措施，努力实现“企业稳健、房源放心、租金稳定”的目标。

（一）政策背景

随着我国经济发展模式转型，人口流动规模的扩大加剧了特别是经济发达地区的住房矛盾。为了增加住房供给缓解住房压力，近几年党中央和各地政府出台了一系列政策。2014年3月，国家发展改革委发布的《国家新型城镇化规划（2014—2020年）》中首次将“租售并举”纳入我国住房供应体系，提出要大力发展住房租赁市场。2015年1月，住房城乡建设部发布《关于加快培育和发展住房租赁市场的指导意见》，进一步明确提出“积极推进租赁服务平台建设，大力发展住房租赁经营机构，完善公共租赁住房制度，拓宽融资渠道，推动房地产开发企业转型升级，用3年时间，基本形成渠道多元、总量平衡、结构合理、服务规范、制度健全的住房租赁市场”，发展住房租赁市场开始被纳入我国住房制度改革的重要内容。此后三年内，国务院、各部委多次专门发文提出推进住房租赁市场发展的政策，2015—2017年的中央经济工作会议均将促进住房租赁市场发展写入会议报告。特别是2017年党的十九大报告中强调了我国要建立多主体供给、多渠道保障、租购并举的住房制度，让全体人民住有所居。2017年7月，住建部联合八部委发布《关于在人口净流入的大中城市加快发展住房租赁市场的通知》，提出在12个城市开展首批试点。2017年8月，国土资源部联合住建部在13个城市开展利用集体建设用地建设住房租赁试点，试点城市基本覆盖了首批人口净流入城市。除这些试点城市外，目前国内除西藏外的其余省级行政区域也都陆续发布了培育和发展租赁住房的政策措施。2018年9月20日，国务院下发《关于完善促进消费体制机制进一步激发居民消费潜力的若干意见》，明确提出“大力发展住房租赁市场特别是长期租赁”。在中央政治局会议严控房价上涨的宏观背景下，住房租赁是房地产产业链中唯一受政策鼓励的子领域。综合来看，从中央到地方支持发展住房租赁试点的政策举措主要集中在增加市场供应、鼓励租房消费、提供金融支持、搭建住房租赁服务监管平台、健全法律法规制度几个方面。

（二）长租公寓市场前景广阔

我国流动人口规模较大，2017年年末，我国流动人口数量为2.44亿人，占总人口数的17.6%，且主要向沿海、沿江主要交通线地区聚集。浙江省作为全国经济大省经济结构完善，发展潜力巨大，必然是劳动力和各类人才涌入聚集地。持续大规模的流动人口必然会带来巨大的租赁住房需求。此外，近年来浙江省乃至全国范围内房价持续上涨，城市居民购房压力增大，部分购房需求也会转向租房需求。与市场需求相比，住房租赁供给明显不足。据链家研究院发布的《租赁市场系列研究报告》估算，目前我国租赁房屋约4600万套（按目前的流动人口，即便是3人一套房，住房租赁需求也在8000万套左右），供需缺口较大。而在例如杭州等一线城市，持续高涨的房价、不断流入的外来人口更是加剧了供需不平衡问题。住房租赁市场供给层次较低。目前在住房租赁供应中，以个人房源为主，租住私房的人口占67.3%，且从整个市场的租赁住房房源质量来看，普遍存在基础配套不足、房屋设计不符合居住要求、房源品质较低等问题。虽然发展长租公寓在一定程度上改善了租赁住房供给状况。但整体来看，我国住房租赁市场供应仍处于较低层次。而且，房地产市场“重售轻租”现象较为突出。从2015年国家统计局对全国城镇家庭户中住房源占比的测算数据来看，租赁住房占比仅为16%，远低于发达国家。根据58集团房产数据研究院统计数据显示，2017年全国应用程序端租房需求较2016年增长57%，预测到2020年全国品牌公寓占住房租赁市场的比例将由2015年的0.8%上升至6%。预计未来3年，在一线城市租房需求持续强劲和新一线城市租房需求全面爆发的双重引擎推动下，全国住房租赁市场的成长空间将非常广阔。

住房租赁市场需求渐增发展潜力巨大，配合一系列鼓励政策的大力引导和支持下，使得住房租赁行业迎来发展良机。但长租公寓频频“爆仓”以及“租房贷”存在的风险已经引起我国相关监管机构的高度重视。在行业蓬勃发展的同时如何做好行业的规范，及早发现和控制可能出现的风险，保证市场平稳有序地发展下去是当下我们要解决的重点任务。

二、长租公寓的发展和租房贷的产生

（一）长租公寓市场现状分析

1.长租公寓市场容量可期。长租公寓前景广阔，容量可期。除宏观政策环境利好长租公寓发展外，未来需求释放对长租公寓市场亦形成支撑。从需求端来看，租赁需求的人群以流动人口为主，进一步细分来看，其中租赁需求又可分为短租需求与长租需求。总体而言，租赁市场的容量逾万亿，据中国指数研究院测算，当前租赁市场的规模达1.38万亿元。伴随我国城镇化水平的提高，人口向一线及核心二线城市集聚的趋势短时间内难以改变，这些区域高企的房价使得部分刚需受到抑制，购房需求外溢至租房市场。据世联行统计，2016年部分热点城市平均首次跻业年龄已超35岁，新进人口的租房周期也升至10年以上，租房需求周期被拉长。除此之外，晚婚导致首次跻业的年龄上升刺激租房需求。未来，伴随一线城市及核心二线城市的产业结构“进三退二”，流动人口数量上或有下降，但从结构来看新进入的人群恰是长租公寓的目标人群。另外，《2017年高校毕业生就业及租房趋势报告》数据显示，90后租房人群占比接近40%，成为租房主力。长租公寓市场将呈现一定的区域性特点，需求主要集中于人口流入地，未来长租公寓的需求将进一步释放。

2.多主体逐鹿住租房赁市场。长租公寓潜力巨大，多主体纷纷涉足。近年来，伴随政策利好长租公寓以及需求的逐步释放，多主体纷纷进军长租公寓市场。2012年为长租公寓行业快速发展的元年，大量专业租赁公司进入该领域，如YOU+公寓、优客逸家、青客公寓等，房企与地产中介服务国际青年机构也迅速加入竞争。根据克尔瑞研究中心数据显示，全国TOP30的房企已有近1/3涉足长租公寓，其中包括万科、招商蛇口、金地等。中介服务机构如链家（自如）、世联行（红璞公寓）与我爱我家（相寓）等。经济型连锁酒店如铂涛、如家等也依托自身优势进入该市场。伴随建设银行广东省分行于2017年12月20日宣布即将推出存房贷业务，银行也正加快进入该领域的步伐，多供给主体的格局正在形成。

表1 我国长租公寓参与主体

长租公寓参与主体	典型公司
房企与银行地产	招商蛇口、万科、建设银行等百度、阿里、
中介服务机构	链家（自如）、世联行（红璞公寓）、我爱我家（相寓）
专业租赁公司	YOU+国际青年公寓、青客公寓
酒店集团	铂涛等
互联网公司	腾讯、京东

（二）租房贷的产生和发展

1.租房贷的由来及定义。“押一付三”或“押一付六”是现在租房的普遍规则，这对于广大收入有限的年轻租户来说比较难以承受。于是，一种名为“租房贷”的新型租房模式应运而生。作为“租房贷”而言，从2015年伴随着消费金融出现，更以“租房分期”产品为代表。

“租房贷”属于网络小额贷款，是网络借贷的一种新形态，同时“租房贷”也是长租公寓运营企业（房产中介）利用承租人个人信用信息向网络借贷平台公司借款的一种网贷新形态。“租房贷”的出现与房地产中介在租赁市场中处于强势地位不无关系，租赁市场是典型的卖方市场，租客相对于房产中介或是房东均处于弱势地位。

更有甚者，一些长租公寓直接对租客提出，只有通过相关网贷APP才能进行租赁操作。

2.“租房贷”的运转模式及特征。“租房贷”运转模式一般是房产中介从房主手中租房，再转租给租客，同时在订立合同过程中房产中介引入了第三方金融机构或P2P网络借贷平台，绝大多数租户在不知情的情况下被办理了贷款，金融机构一次性将等同于一年租金的资金放款给房产中介，但中介并未将全部资金给房东，而是按季度或者按年支付给房东，从而形成了资金占用，即表面上租客按月付租金，实际上每月向金融机构还贷。“租房贷”以租客的个人信用来帮长租公寓企业贷款的这种模式严重损害了租客的权益。

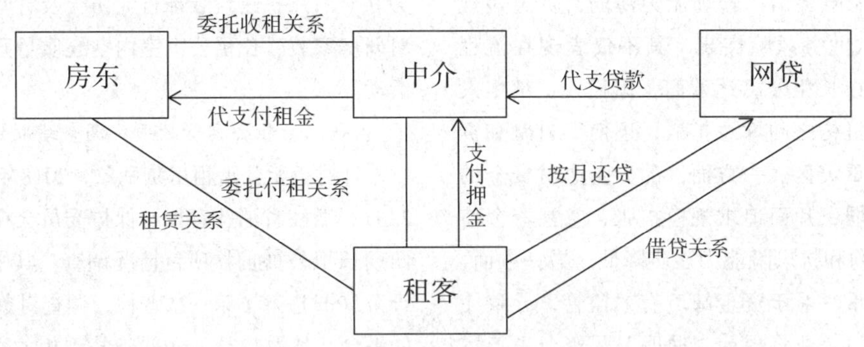

图1　“租房贷”的法律和资金关系

“租房贷”模式主要有以下特征：

（1）隐蔽性、迷惑性强，信息披露缺失。“租房贷”模式看似方便，但租客大部分在不知情的情况下或者未对租客进行充分的风险提示，甚至是捆绑式销售下被强制办理了租房贷服务，承担了贷款资金被长租公寓中介商挪用的风险。

（2）资金违规挪用，管理能力较弱。少数房产中介商涉嫌挪用资金、诈骗等多种违法违规行为。长租公寓中介商自行或与其他贷款机构合作使用租客信息签署贷款合同，将贷款资金扩充为资金池，不断进行租客和房东之间资金和期限错配，长租公寓中介服务商沉淀的大量资金未得到有效监管。

（3）存在潜在较多的租赁合同纠纷。租客和房东存在损失资金的风险，容易产生租赁合同纠纷。当长租公寓中间商资金链断裂、倒闭甚至恶意跑路时，租客将损失押金及预缴的租金，房东未收到的租金将由自身承担或由租客承担，同时租客仍需要向贷款机构支付贷款，以免影响个人的征信记录。在这种情况下，租客支付了租金而房东却收不到租金，双方对是否继续履行租赁合同极易产生合同纠纷。

3.“租房贷”业务存在的主要风险。表面上看，“租房贷”契合了长租公寓企业快速扩充规模的需求，实现了资金的一次性回笼。但在实际操作中，长租公寓运营商通过“租房贷”获得预付资金，一旦发生跑路或资金链断裂，业主无法继续获得房租，进而驱赶租客，但租客还需继续偿付每月贷款并面临无房可住的困境。正所谓“覆巢之下，焉有完卵”，租房贷业务蕴藏的风险已经对金融市场和社会稳定构成一定冲击。

第一，流动性风险较高：形成资金沉淀，造成期限错配。相比传统公寓运营商而言，“租房贷”业务形成了一个资金池，并可能通过期限错配进一步放大风险。首先，传统公寓的租赁合同主要是承租人和出租人双方的法律关系，权利义务较为清晰明确；而租房贷业务则如同打入租赁关系中的“楔子”，事实上形成了一个多头（承租人、出租人、长租公寓运营商、第三方金融机构）双层（租赁关系+借贷关系）的法律关系；第三方金融机构的加入使长租公寓运营商提前获得需要支付给房屋出租人的剩余全部资金，在运营平台内部形成了沉淀资金。房产中介通过透支信用的方式，把原本是房客与房东之间的租赁关系，异化成房客与金融公司之间的信贷关系，房客“被贷款”了。其次，与传统长租公寓运营商以月度/季度、季度/半年的频率向原始房东支付房租略有不同，租房贷运营商向租客贷款多为一次性缴付一年甚至是两年。由此长租公寓运营商虽然通过加杠杆的方式获得了大量资金并进而实现了规模扩充的目的，但这种加杠杆本质上并不以其本身实力或信用为基础，而仅是一种风险的转移，即将风险从自身剥离，分散到租客和出租人身上。这种“双重”资金期限错配进一步加剧了风险的传染性，并随着频频“爆仓”而波及租赁市场各方主体。从目前已经“爆仓”的机构来看，其背后大多浮现着P2P、消费金融公司的影子，相关机构一拍即合，大力推进“租房贷”业务开展。随着近期网络借贷平台“爆雷”事件及资金方“抽贷”现象频出，由此引发的“多米诺骨牌效应”已经逐步显现。

第二，信用风险突出：管理能力薄弱，资金违规挪用。“租房贷”业务风险突出，其不仅表现在流程复杂化导致风险在长租公寓运营商、出租人、承租人以及第三方金融机构之间肆意扩散，还使得自融和资金违规挪用成为重灾区。一方面，部分企业对资金的使用管理能力薄弱，片面追求规模扩张，忽视资金使用效率，致使履约和抗风险能力逐步降低；另一方面，资金违规挪用严重。对于资金缺乏有效监管，导致使用过于随意，部门企业将提前“攫取”的资金进行冒进投资或者干脆私下挪作他用。实质上，防范“租房贷”业务风险的机制主要关涉两个层面：一是底层借款人（租客）的还款意愿和能力，二是长租公寓运营商的融资和风控管理能力。然而，在以上机制尚未完全建立起来的情况下，一旦资金回款出现问题，不仅对自身经营产生负面影响，还会直接牵扯到房屋承租人、出租人、放贷机构及投资者。在已经“爆仓”的事件中，资金违规挪用导致的信用偿付能力降低均无一例外地成为导致长租公寓运营商倒闭或者跑路的最后一根“稻草”。

第三，法律风险严重：信息披露缺失，维权追责困难。一方面，从已经“爆仓”的平台风险来看，在“租房贷”业务中普遍存在误导消费者的情况，而这与信息披露机制缺失不无关系。部分长租公寓运营商通过设计房屋租赁合同条款，在房屋承租人不知情或者未对其进行充分风险提示的情况下，为承租人办理“租房贷”。如部分长租公寓运营商以押金减免、房租月付、贷款利息优惠等方式进行宣传，诱导消费者采用租房分期贷款，甚至以“信用租房产品”等为概念故意隐藏“贷款”字样。以上行为带有较强的蛊惑性和欺诈性，极易导致承租人的信用透支，个人征信也会受到较大影响。另一方面，当运营平台经营出现严重困难时，权益相关主体维权极为困难，如出租人因为收不到当期房款而强制收房，承租人却因为平台跑路破产无从诉诸法律，只能选择忍气吞声。

三、事件调查和法律点评

在长租公寓快速发展的背景下，长租公寓运营方杭州鼎家网络科技有限公司的破产给火热的行业浇下一盆冷水，为了避免消费者陷入“租房贷”怪圈，建立租赁市场透明机制，浙江省消费者权益保护委员会对长租公寓贷款项目进行了调查分析，并且从消费者的知情权、公平交易权出发，对全省进行了一次关于长租公寓租房贷的问卷调查。最后，浙江省消费者权益保护委员会联合浙江省建筑装饰行业协会及省本级消费维权义工对新房家装、长租公寓室内空气质量开展专项消费评价活动。

（一）长租公寓贷款项目调查结果分析

针对长租公寓租房贷乱象，2018年9月21日至10月22日，浙江省消费者权益保护委员会在杭州范围开展了两期长租公寓贷款项目情况调查。其中，2018年9月21日至30日进行了第一次普检，调查对象共涉及34个不同的平台，其中13个APP没有找到相关联系方式或者房源不在杭州。剩余21个平台中，排除押一付一模式的，我们筛选了15个平台进行检查，检查出有租房贷的公寓有6家，分别是相寓、优客逸家、自如租房、爱上租、美丽屋、青客。

2018年10月10日至21日，针对第一次检查出有租房贷的自如、爱上租、相寓三个平台，进行第二次调查，体验结果如下：

1.长租公寓场地建设和服务接待环节尚待完善。多数租房公司没有实际店面，员工是住在公司租的房屋里，不做工作用途。服务人员素质差距比较大，预约好看房的时间，需要等待较长时间才有人来。如自如租房，在访问员询问能不能去其门店进行合同签订时，自如工作人员告知“我们没有固定的门店的，都是住在公司租的出租房里面，然后就近负责该片区域，如果网上接到比较远的看房者的话，也会去远一点的区域”。这种情况使消费者感到很没有保障。

2.资金监管问题需要完善。租房过程中租房公司工作人员在介绍分期服务时，一言带过，均没有明确告知资金的流向。例如自如租房，在访问员问起分期是和什么公司合作的，对面人员称“我们是和支付宝合作的，操作都在支付宝里面”，然而实际在分期过程中显示租金出借方是中国对外贸易经济信托有限公司，虽然可以通过支付宝，但是和支付宝是没有关联的，严重欺骗消费者。而爱上租租房时，对方工作人员也称“我们是和支付宝合作的”，在实际分期过程中显示租金出借方是网商银行，这个是正确的。

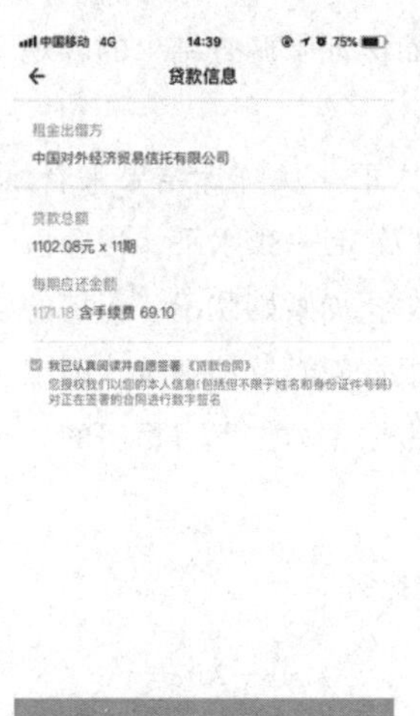

图2　部分商家资金问题

3.租房业务存在告知不明确、经营不规范等问题。在租房过程中，租房信息不透明、条款介绍不清楚等问题导致产品美誉度较差。分期过程中，分期公司不能挑选，只能根据租房公司的要求来，有类“捆绑销售”的嫌疑。如爱上租和自如租房，问其有没有分期公司可以挑选，其回答均是没有。

4.租房人员诱导消费者进行分期服务。自如租房的引导消费者使用分期付款方式，在聊到租房方式时，自如工作人员通过比较传统押一付一（房屋服务费不打折，房屋租金上调5%，年服务费需要一次性交清）和分期押一付一（房屋服务费打八折，收取按揭手续费，房屋租金原价）两种付款方式的费用，劝导消费者进行分期付款，并且称大多数人也是做的分期，很划算，但对于消费者的风险，一点也没有讲清楚，钱款去向也不说明，一味引导租房者进行分期押一付一的付款方式。

5.租房人员隐瞒消费者进行分期服务。爱上租的隐瞒消费者使用分期付款方式租房，最开始访问员询问爱上租工作人员房屋租赁方式时，对方工作人员称“我们这里有押一付一的房屋付款方式”，丝毫没有提到有关于分期的事情，访问员在进行进一步追问之后，爱上租工作人员称“其实押一付一方式就是走的分期，只不过现在分期手续费公司减免了，对于你们租房者而言付的费用是一样的”。在这种情况下，如果消费者不追问的话，要等到签合同的时候才会发现自己原来在做分期，还要通过人脸识别等步骤，但最后也会因为实际支付费用和分期费用一致而答应继续租房。

表2　自如、爱上租、相寓检查情况说明

公寓名称	检查结果	情况说明
自如	有贷款合同	有分期的押一付一，但是要手续费，要高一点，签约的话手机上就可以签约。
自如2	有贷款合同	自如租房租金分为两部分，第一部分为房租，第二部分为服务费。付款方式分为三种，第一种走分期（自如客服人员称是和支付宝合作的，但贷款信息显示是和中国对外经济贸易信托有限公司），房屋服务费打八折，收取按揭手续费，房屋租金原价。第二种不走分期但也是押一付一，房屋服务费不打折，房屋租金上调5%，年服务费需要一次性交清。第三种押一付三，房屋服务费九五折，房屋租金原价），统一在APP上操作，没有实体店。
爱上租	有贷款合同	原称这边最低的就是押一付一的，没有分期，结果回到家，我们称要租房的时候，对方发过来的资料是有分期的。
爱上租2	有贷款合同	爱上租房屋租金只有房租，付款方式一开始称为押一付一，追问有没有分期后，他们称有，和支付宝合作的，就是一开始他们说的押一付一，只是最近公司补贴，把分期服务费补贴了，每个月以支付宝形式返还，所以对于租房者而言付的钱是没有影响的。
相寓	无贷款合同	“房屋可以押一付一的，没有分期的，最近刚取消，如果您确定想租的话我可以和我们经理商量一下，或者48小时之内付清都可以。”
相寓2	无贷款合同	房屋可以押一付一，并且最近按揭取消了，理由说是最近出了事情，所以公司也批下来可以押一付一，之前是和房司令合作的。

（二）浙江省长租公寓消费者调查问卷反馈

针对此前时有长租公寓“爆雷”的情况，浙江省消费者权益保护委员会从消费者的知情权、公平交易权出发，对全省进行了一次关于长租公寓租房贷的问卷调查。

本次问卷调查范围涵盖杭州市、宁波市、温州市、绍兴市、金华市、衢州市、台州市、丽水市以及舟山市。调查对象包括爱上租、自如系列、寓见、蛋壳系列、魔方、安居客和青客等大小不同的长租平台。问卷调查采用实名制，实行人对人、点对点调查。涵盖选择长租公寓的原因、支付房租的方式、中介是否有诱导使用贷款P2P、对租房优先考虑方面，以及当前长租公寓存在的问题等多个内容。本次调查，总回收问卷2610份，剔除无效问卷后，有效问卷2167份，占比83%。被调查人群中，男女性别的比例为1184∶983，性别比例接近1.2∶1。投放地区涉及各地级市的大多数区，问卷时间主要为2018年11月中旬至12月初。涉及文化程度等具有普遍性、时效性，从而保证了调查结果的客观准确。

1. 租房消费者集中于年轻人群。从统计结果来看，租户月收入集中在2K—5K，以及5K—8k水平，租金占居一定收入比重。根据年龄结构叠加婚姻状况，租房的消费者普遍集中于年轻人群。根据问卷反馈情况，因工作原因与结婚但还未购房群体占据主力位置，租房的一大理由是基于房价因素。

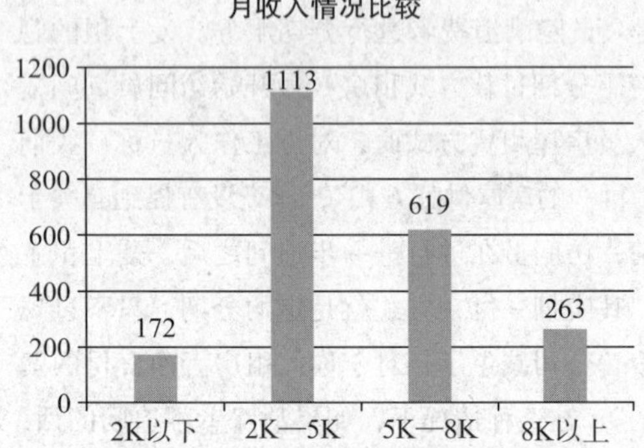

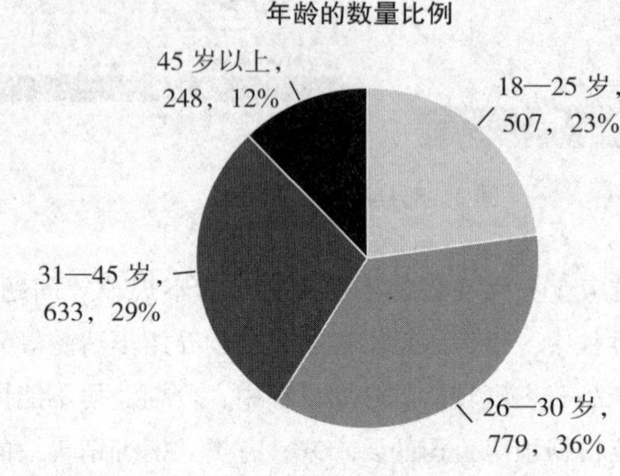

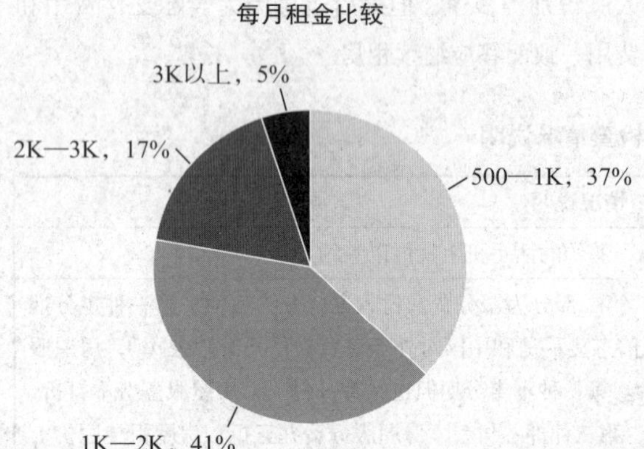

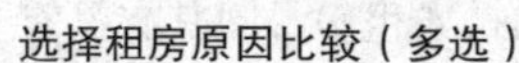

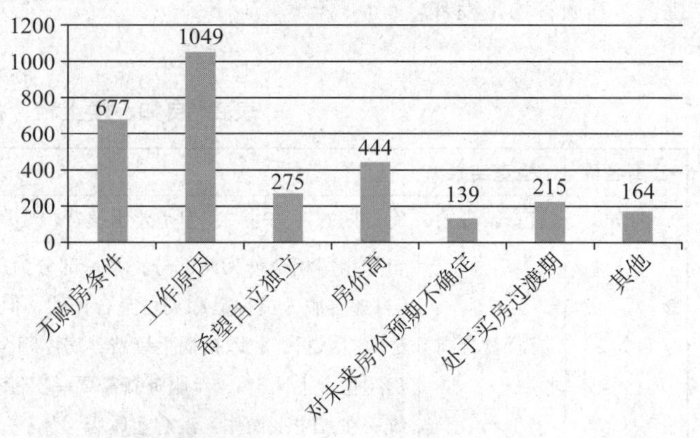

图3　租户年龄、收入、租金以及租房原因情况

2. 长租公寓优势：居住体验居首。针对选择长租公寓的原因，在我们制作的问卷中，最为受租户消费者认可的是长租公寓的装修质量更佳，配套设施丰富的同时也增加了居住体验。此外，统一管理和专人打扫的服务改善也使得长租公寓成为消费者选择租房时较大的考量点。

同时，我们问卷结果也反映了相对于传统租房，长租公寓模式在找房效率（便利程度）上的认可度最高。

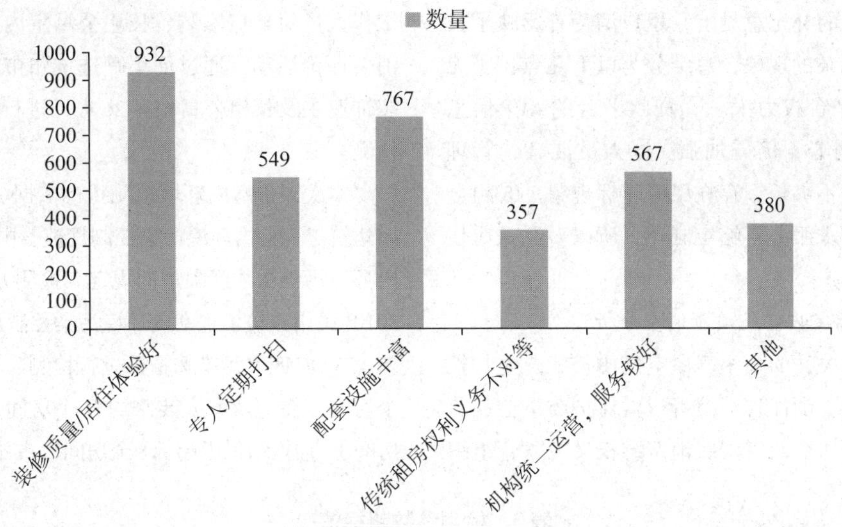

图4　租户选择长租公寓的原因

3.近半消费者知情权受侵害。从问卷针对租户消费者知情权与合同涉及"租房贷"等借款产品设置的问题反馈来看，仍存在部分中介平台以利诱性（如通过价格优惠）或强制性来让租户使用贷款方式，向中介指定的P2P平台或贷款公司进行一次性租金支付，以月供方式还款。

此外，问卷结果显示租户的知情权严重受到侵害。48%的租户表示，对于合同给予的一系列借款还款方式表示不知情。结合中介平台诱使贷款的调查数据，我们可以认为许多租户在对中介平台与贷款公司之间的一系列运作方式不知情的情况下，根本没有意识到自己受到了利诱等贷款方式背后所隐含的风险。在没有意识到存在风险的情况下，租户形成了"不知情，但不认为受到了利诱或强制"的现象，而是将此过程视作入住长租公寓的一般流程看待。

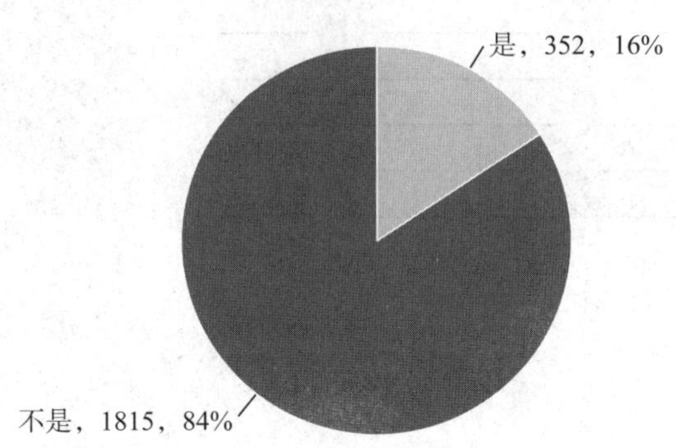

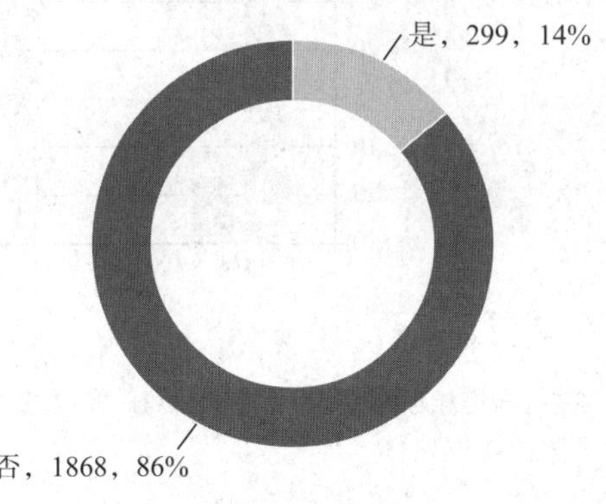

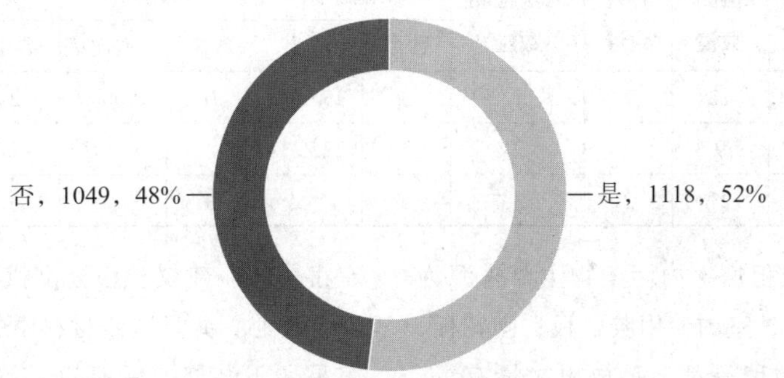

图5　租户对合同涉及"租房贷"情况统计图

另外，在问卷的补充意见上，租户消费者反映了长租公寓市场鱼龙混杂的现象，总结分为以下几点：①无负责部门监管，平台权力大。②贷款平台的APP信息多透明，服务不耐心，仍需加强。③人员混杂，管理混乱。④装修时间不够长，存在甲醛超标现象。⑤租金过高，对租客的需求服务不够定制化，所以多注重房住体验。

（三）长租公寓室内空气质量调查分析

针对社会热点关注的长租房屋空气质量状况差，长期居住致癌的问题。浙江省消费者权益保护委员会、浙江省建筑装饰行业协会及省本级消费维权义工联合组织工作人员对新房家装、长租公寓室内空气质量进行专项消费评价活动，通过征集筛选杭州市新近装修完毕家庭装饰业主及长租公寓租客26户，进行室内空气质量状况检测。

本次评价室内环境检测指标依据GB 50325–2010《民用建筑工程室内环境污染控制规范》中对民用建筑工程室内环境污染物浓度限量的规定。检测方法参照GB 50325–2010《民用建筑工程室内环境污染控制规范》对甲醛、氨、苯、TVOC四大污染物指标进行检测。本次检测21户共46个房间（住宅及家庭装修的31个房间，长租公寓的14个房间）。抽检结果中超标8个房间，占比17.4%。

表3 检测参数超标情况

序　　号	甲　醛	氨	苯	TVOC
房间总数（间）	46	46	46	40
超标间数（间）	7	0	0	4
超标情况（%）	15.2	0	0	10

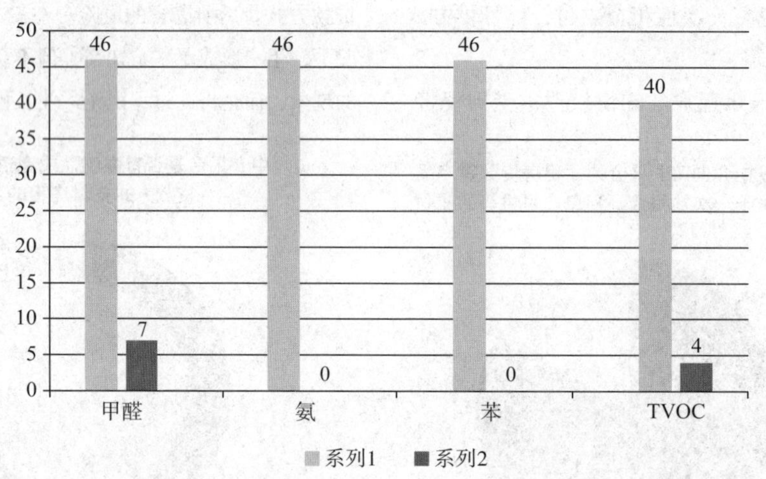

注：系列1为达标房间数量，系列2为超标房间数量。

表4 新房装修、长租公寓室内空气质量检测结果（按业主数量统计）

序号	类别	报名数量	检测数量	弃检数量	无法检测数量	甲醛超标		苯超标		TVOC超标		小计	
						数量	占比	数量	占比	数量	占比	数量	占比
1	长租公寓	15	12	2	1	3	25.00%	0	0.00%	2	16.67%	5	41.67%
2	新房装修	11	9		2	2	22.22%			1	11.11%	3	33.33%
	合计	26	21	2	3	5		0		3		8	33.33%

经过这次调查发现长租房室内污染物主要来源为建筑材料和装饰装修材料，室内使用胶合板、刨花板、塑料贴面、油漆涂料、地毯等都会释放出大量有毒、有害气体。建议长租公寓机构在装修材料的选择上要非常小心。并且装修材料中的有害物质挥发时间较长，容易留下装修“后遗症”，造成长期污染，应责令被

检查出问题的公寓进行整改，并进行一段时间通风晾晒。在租客入住前对其出示环境监测报告和空气质量报告合格书，包括房屋的各种环境数据在其APP上进行公布。

四、意见和建议

（一）对政府的建议

政府的积极支持与深度参与是政策性住房金融发展的前提。“租房贷”客观上形成了资金池和期限错配，杠杆高、风险大，但从各地已出台的监管政策看，目前尚无针对住房租赁信贷业务方面的统一监管规定，对中介机构联合金融机构等发放的租房贷款要求也并不明确，对网贷平台发放的“租房贷”等管理也存在空白。有鉴于此，我省应当积极加强制度建设，尽快补齐监管短板。针对以上分析提出几点建议：

第一，正视租房贷积极作用，满足租户合理贷款需求。目前随着城镇化的推进，进入一、二线的“新市民”流动人口往往呈现年轻化、家庭化流动等特征，因此住房租赁市场在满足中低收入群体的居住方面起着十分重要的作用。目前租房需求较高的城市通常为经济活力发达的一、二线城市，而这些城市通常也是房租收入比较高的城市，其房租占租客收入比甚至高达40%—60%，因此“租房贷”的出现很好地解决了那些经济压力较大的承租人的负担。“租房贷”衍生出诸多风险，其原因不在于自身，而是发生了异化。在信息对称、费率合理的情况下，“租房贷”有其自身优势及存在的合理性。政府针对出现的长租公寓“爆仓”事件，不宜一刀切地杜绝“租房贷”产品，而应适当考虑到部分刚需租房者的正常需要。建议对开展“租房贷”的资质要求、费率标准和风控等进行明确规定，同时积极鼓励商业银行、小贷公司、消费金融公司直接为其提供贷款，或者与长租公寓运营商合作的第三方金融机构为其提供专门性、差异化的贷款。

第二，明确监管主体职权，建立健全住房租赁市场监管体系。由于“租房贷”形成的多头双层的法律关系，不仅牵涉主体较多，而且涉及证监会、住建部、银保监会等多个部门的职责职权。鉴于法律关系的复杂性，应当构建以“行为监管”为核心的监管架构：一方面，要完善住建部等管理部门对住房租赁行为的监管，目前涉及房屋租赁的法律主要有《合同法》《物权法》等，缺乏针对租房租赁行为及相关企业管理的专门法规，应当制定统一的管理细则，明确从业机构管理要求，规范住房租赁信贷行为，加强住房租赁信贷审慎经营；另一方面，要细化证监会、银保监会的监管职能，对开展住房租赁贷款业务、证券融资业务的金融机构进行有效监管，对利用互联网金融平台开展的“租房贷”进行严格监管。确保在市场秩序、租赁关系、监管体系、投诉渠道、惩罚机制上形成强制约束型的制度安排。

第三，完善信息披露制度，简化合同流程。租房贷本身是一种有益的金融创新，但在实际操作中，由于长租公寓运营商通过设计房屋租赁合同条款，在租客不知情或者未对租客进行充分风险提示的情况下，为租客办理了“租房贷”服务。如何通过好的制度设计来保障承租人利益和有效化解纠纷，是值得思考的问题。一方面，应对长租公寓租房分期贷款的所有参与者进行充分的风险提示和信息披露，同时明确规定长租公寓运营商的制度流程，加强与承租人的信息沟通，尽到对承租人告知责任，充分保护承租人作为金融消费者的权益。另一方面，为了防止长租公寓运营商利用“格式”合同和“霸王”条款侵害承租人利益，可以由监管部门或者行业协会出台“示范性”合同，作为租房过程中的合同模板，除了保留必要合同条款，应当尽可能地简化合同流程，保障承租人权益。

第四，确立并实施资金托管制度，鼓励银行机构开发住房租赁信贷品种。为了强化对信贷资金的有效监管，防止企业过度扩张和经营危机，可以参考借鉴P2P监管中广泛采用的“托管”制度，强制性要求长租公寓运营企业将提前预支的资金存到商业银行进行资金委托和管理；同时加强对长租公寓运营商资金的用途监管，保证资金账目清楚、专款专用；此外，为了增加相应运营主体的抗风险能力，可以对其流动性资金比例做强制性要求，或者提高自有资金（实缴资本）。同时鼓励商业银行针对个人客户、法人客户，开发个人住房租赁贷款及法人住房租赁贷款，科学设计贷款对象、期限、金额、利率、担保方式等要素，实施优惠贷款利率。对资质良好、住房租赁经验丰富、诚信经营的房地产开发企业或地方国有企业，可在符合监管要求的前提下，研发提供住房租赁开发贷款。

第五，加强金融创新做好试点推广，适当降低金融衍生品监管力度。在长租公寓行业还处在培育期、供给不足的大背景下，“金融+长租公寓”的模式是一种有益探索。相较于住房买卖市场，住房租赁市场服务链条长、周期长，因此可以鼓励发展MBS、REITs等金融创新，满足住房金融业务对长期资金的需求，推动我国住房租赁金融的发展。积极推进REITs试点工作，在政府牵头的项目中先建立几只REITs基金，并出台相关制度实行税收优惠、完善信息披露机制、探索REITs公募机制。缓解投资租赁住房资金回笼缓慢问题，提升企业增加租赁住房供给的意愿。可以有限度地尝试推动长租公寓运营商发行资产支持证券（ABS）的金融创新，当前发行ABS具有高门槛要求，审核标准严格。目前能够采取ABS模式融资的长租公寓运营商非常少。为了满足行业发展，可以考虑适当降低长租公寓企业发行的门槛和资金数量要求。

第六，建设政府主导下住房租赁金融综合服务平台。这样既可以推介租赁住房的房源，又可以推介各类公司、个人住房租赁贷款等融资产品，为住房租赁市场供需主体提供便捷的住房租赁金融服务。比如，武汉打造的“互联网+租赁+金融”服务平台，不仅推出了租赁住房的房源、各种类型的住房租赁金融产品，还可以让租户在线上实现租房、贷款、租金支付等。此外，政府部门可以尝试通过建立地方租赁住房发展风险补偿基金，以及财政贴息和税收减免等方式，降低住房租赁融资风险，引导金融机构的资金介入住房租赁市场。

第七，落实租赁住房安全责任和租赁住房空气质量合格责任。建立一整台租赁房屋的安全标准和评价体系。租赁住房应当符合结构、消防等安全要求，依法办理有关审批手续。长租公寓企业、设计单位、施工单位应当对改建、装修后的住房租赁房源先行组织验收，验收合格后方可对外招租。在安全指标中强调对装修材料的质量监管，租赁住房房源特别是经过改建、装修后的房源，必须符合空气质量相关要求。承租人在签订房屋租赁合同前，可以要求长租公寓企业提供空气质量检测合格报告等材料。政府制定设立几家第三方空气监测机构对辖区运营的长租公寓定期进行空气状况达标检测，不断提高监测数据质量。

（二）对租客的建议

第一，租客（消费者）应加强金融法律知识学习，在签署相关房屋租赁合同时应认真阅读合同条款，要看清条款中“押一付一”的方式是否为贷款形式，需特别留意“金融机构”“分期服务”“信用评价”等字眼，慎重签字。在条件允许的情况下，尽量不要选择贷款或一次性支付过长时间的房租。增强自我保护意识，如发现长租公寓中介服务商违规开展业务，应当及时向监管部门举报。

第二，租客（消费者）在租赁房屋时不要相信工作人员的口头承诺，必要时予以录音保存证据。所有的约定均以书面协议为准，同时尽量选择资质好、可信度高的房产中介。

第三，租客（消费者）需了解房产中介与房东的合作模式，房产中介是将几年内的房租一次性支付给房东还是按月或按季支付，如果是按月支付风险就会相对比较高。

第四，租客（消费者）在签订合同时需约定解除租赁合同时则终止借贷协议，消费者有权停止向房租分期平台还款。身份证复印件可注明仅用于租房用途。

第五，租客（消费者）在发现权益受损时应注意保存相关电子证据和合同文本，及时向有关部门投诉或向人民法院起诉，合理合法维护自身权益。

（三）对中介平台的建议

目前我国长租公寓大致可以分为两类：一类是集中式长租公寓（B2B2C、B2C），是指经过统一改造和服务配置的整栋物业或某一整层类型的长租公寓；另一类是分散式长租公寓（C2B2C），是指通过承租分散的空置房屋，经统一装修后，以供市场租赁的长租公寓。由于后者模式较容易快速扩张，目前成为各长租企业所普遍采用的模式。

从盈利模式上看，一是通过集中采购、规模效率降低各种成本，通过精装修和老旧、毛坯之间的装修标准租金差收益获利；二是匹配住客和业主，提高出租效率创造价值；三是利用增值服务模式，为租户提供租房以外一系列的衍生服务，获取一定的收益。综观目前长租公寓企业的竞争和盈利情况，通过扩大规模来确定体量和品牌优势已成为竞争的核心，因此维持较低的空置率以及获得低成本融资对于长租公寓企业显得异常重要。从这个角度看，在目前长租公寓领域还未出现垄断性龙头的局面下，所有的市场参与者都处在竞速赛跑快速扩大租赁房屋管理规模、抢占市场份额的阶段，因此包括鼎家、寓见公寓等企业变相“融资”以扩充规模也就显得顺理成章。

针对以上模式发展过程中出现的“爆仓”情况进行分析，本文对中介本身给出了以下几点建议：

第一，警示流动性风险，设置预警红线。相比传统公寓运营商而言，“租房贷”业务形成了一个资金池，并可能通过期限错配进一步放大风险。企业本身在获得资金池支持的基础上进行扩张过程中，必须设置长远计划，设置预警指标和准备金红线，防范市场冲击对企业造成难以挽回的影响。

第二，重视信用管理，增强风控水平。"租房贷"业务风险不仅体现在流程复杂化导致风险处于长租公寓运营商、出租人、承租人以及第三方金融机构之间肆意扩散中，而且自融和资金违规挪用也成为重灾区。一方面，部分企业对资金的使用管理能力薄弱，片面追求规模扩张，忽视资金使用效率，致使履约和抗风险能力逐步降低；另一方面，资金违规挪用严重。对于资金缺乏有效监管，导致使用过于随意，部门企业将提前"攫取"的资金用于冒进投资或者干脆私下挪作他用。管理能力薄弱，资金违规挪用导致的信用偿付能力降低均无一例外地成为导致长租公寓运营商倒闭或者跑路的最后一根"稻草"。

第三，强化法律意识，完善信息披露。一方面，从已经"爆仓"的平台风险来看，在"租房贷"业务中普遍存在误导消费者的情况，而这与信息披露机制缺失不无关系。部分长租公寓运营商通过设计房屋租赁合同条款，在房屋承租人不知情或者未对其进行充分风险提示的情况下，为承租人办理"租房贷"。如部分长租公寓运营商以押金减免、房租月付、贷款利息优惠等方式进行宣传，诱导消费者采用租房分期贷款，甚至以"信用租房产品"等为概念故意隐藏"贷款"字样。以上行为带有较强的蛊惑性和欺诈性，极易导致承租人的信用透支，个人征信也会受到较大影响。伴随着政府对租赁市场监管体系逐步完善，企业必须强化自身法律意识，在与承租人签订的合同上做到规范完备披露信息风险，制作风险警示函，确保承租人的完全知情权。此外，企业还应通过官方网站等渠道，定期披露各类事项。

（四）国外经验借鉴

目前国际上尚没有针对住房租赁信贷出台专门的监管政策，但通过比较分析美国及日本的租赁市场运营体系与模式，或对我国租赁市场发展及"租房贷"监管具有一定的借鉴意义。

1.美国：重点打造租赁金融生态。美国作为世界上经济实力最强的国家之一，其人口结构复杂，居民阶级层次丰富，住房租赁市场为其社会稳定和人们正常生活提供了非常重要的作用。美国最初的租赁住房是主要由政府建造并由政府提供，通过该举为住房租赁市场提供大量的供给，用以解决居民的住房问题。后随着美国认购的迅速增长，美国政府由于财政的压力导致供给增速无法匹配社会对租赁住房的需求。因此，在20世纪末，美国政府开始采用引入社会资本的方式来增加租赁住房的供给，并以此来平衡住房租赁市场的供给与需求。

据链家研究院研究发现，美国作为全球最大的住房租赁市场，截至2015年年末，美国租金成交总额约5000亿美元，租赁人口数1亿，租赁房屋4300万套。美国租赁市场主要分为公寓住宅与独户住宅两类运营公司。根据组织结构和金融特征，租赁住宅运营商划分为金融特征运营公司和非金融特征运营公司。美国持有运营企业主要通过购买或自建持有大量住宅，并通过管理团队实现房屋租赁管理，以租金收益及房屋增值收益为收入来源。大规模持有房屋必然要求运营机构具有资本运作、专业投资、规模化管理的能力，行业转入门槛高。总体来看，运营行业崛起得益于20世纪90年代房地产投资信托基金（REITs）的发展及开发商转型。

在租赁金融方面，美国拥有发达的租赁金融体系，以资产证券化为代表的REITs及独户抵押贷款证券化为运营机构提供了良好的融资渠道。围绕租赁环节，美国成长出以保险为核心、征信为补充、租赁期权为特色的场景金融产品体系。包括面向租户的租户财产保险、面向业主及运营公司的租赁征信、面向业主的租赁保证保险，平滑租赁与交易租赁的期权。其中，租户保险行业较为成熟，市场规模较大，其他场景金融产品仍处于初步发展阶段。租户财产保险为租户个人财产提供风险分担体制，租赁保证保险为房东提供租户违约时租金损失、诉讼费用的补偿，租赁征信有助于租客建立或恢复信用记录，租赁期权平滑租赁与房屋交易行为，帮助租户提前锁定理想的房屋。

2.日本：构建从开发到管理的租房产业链。日本是经历过房地产泡沫的少数具有学习价值的对象之一。其房屋租赁产业，已经形成从专业的租赁房屋开发到房屋出租、租后管理的全产业链条。据信达证券研发中心研究发现，日本的开发领域分为商品房开发、自建自住房和租赁用住宅开发三个类型。住房租赁市场的供应主体大致分为两类：租赁中介和房地产开发商。在历年的新屋开工中，租赁类住房占比稳定在40%左右。租赁类住房中，79%归属于私人企业，10%归属于政府，5%归属于社会企业。

租赁中介服务的对象主要为自住房屋或租赁住宅业主。日本的租赁中介企业往往也同时提供业务管理服务，使其成为增强用户黏性的手段。房地产开发商往往不只从事建筑业务，而是以租赁为主线，提供从上游建造到下游资产管理的全方位服务。典型企业有大东建托、

Leopalace21、三井等。

日本房东中将自家房产交由资产管理公司进行统一管理的比例占近80%。日本现代租赁住宅资产管理公司发展已有40年历史，业务体系、人才培养和行业的社会认知都较成熟。登记备案的资产管理公司超过6000家，其中多数规模小、经营范围局限于本地，也有少数不受地域限制的大型公司。资产管理业务在租赁住宅领域覆盖率高，与租房中介业务融合度高，并且根据住宅管理公司对房东负有义务的多少形成两种模式，分别类似中国通常意义上的托管和包租。托管，即代业主进行收缴租金、设备管理、清洁卫生等一般服务，业主以其所收租金的一定比例作为物业管理费用。包租，即业主将房子以整租形式全权委托资产管理公司进行租赁运营，资产管理公司承担费用和风险。

日本住房租赁市场具备多元化的融资：

一是为租赁市场主体提供低息贷款。日本国土交通省联合金融住宅支援机构，针对租赁住宅提供政策性贷款，利率较同期商业银行贷款低1—3个百分点，且采用固定利率法。

二是为租赁市场提供丰富的信贷支持产品。比如日本瑞穗实业银行为满足条件的个人和企业取得、购建、修缮出租住宅所需资金提供各类信贷支持。

三是发展住房租赁投资信托基金。日本是亚洲REITs的先行者。2001年9月，日本首个房地产信托投资基金（J–REIT）上市。目前日本上市的J–REIT已达58家，是全球仅次于美国的REITs市场，日本还是全世界唯一一个由央行购买REITs的国家。J–REIT成功发展的关键在于相关法律的完善和信息的绝对透明化。按照日本相关法律，若J–REIT每一年利润的90%以上分配给投资者，则J–REIT的法人税可以豁免；对于同样的租金收入，J–REIT的分红高于房地产公司。J–REIT还要求定期公布持有物的购买价格、收益率、空房率等。

3.德国：法律保障租赁双方权益。德国是一个典型的高福利国家，并拥有欧洲最大的住房租赁市场。2010年，德国人口数达到8100万，可使用的住宅数量超过3380万套，其中自有住房的比例不到45%，而租赁住房则超过1860万套，占比超过55%。租赁住房中，政府拥有的公租房约450万套，占租房市场的24%。综观全球，德国的房价合理，房价收入比偏低，以其长期的稳定性独树一帜。从1977年到2015年，德国人均收入增长了约3倍，但同期名义住房价格仅上涨了约60%，在历次金融危机中，德国房价从未大起大落。

德国的《住房建设法》《租金水平法》《住房租赁法》《私人住房补助金法》分别为社会保障性住房供给、中低收入的房租补贴、租赁市场的规范和私有住房提供了法律框架，被称为德国住房政策的“四大支柱”，对维护住房租赁市场的稳定和保护承租人的利益起到了重要作用。

（1）严格限定房租价格。《租金水平法》规定，德国各州政府制定住房租赁市场的“价格参照表”。该表具有法律效力，如果出租人的房租超过“合理价格”的20%，那么就构成犯罪；超过50%，将面临牢狱之灾。同时，房租上涨必须满足连续15个月内没有涨过价，且涨幅不得超过10%。3年之内，不允许房租涨幅超过20%。严格的法律约束，保证了长期以来德国住房租赁市场的租金价格始终保持平稳。

（2）维护长期租赁合同的稳定性。《住房租赁法》规定，如果租房合同的任意一方想要终止合同，那么必须提前3个月通知对方。随着租期延长，解除合同的要求也更趋严苛。严苛的法律规定，稳定了租赁双方的心理预期，维护了长期、稳定的租赁合同的有效性，并在本质上改变了德国的住房模式。市民对住房租赁市场高度依赖，认为租赁住房与购买住房没有太大区别。这也正是德国住房租赁市场高度发达的根本原因。

4.借鉴意义小结。从美、德、日三国的住房租赁金融发展经验可以看出，三国住房租赁市场的发展与其完善的政策性住房金融体系有很大关系，虽然这些国家都注重市场调节，但政府在其中均采取了适当的干预措施。此外，市场化的金融创新同样必不可少，并在很大程度上推动了住房租赁金融市场的发展。因此，借鉴三国经验，我国既要充分发挥政府在政策性住房金融体系中的主导地位，又要保证市场化机制的参与，推进以MBS及REITs为代表的证券化金融创新，建立完备的市场体系和可选择的多元化金融工具，积极引导社会资金参与解决住房租赁融资问题。

浙江省手机APP下载获取个人信息隐私问题研究

近日，浙江省消保委接到消费者孙某反映，称其为喜马拉雅APP的忠实听众，并且开通了VIP会员。几天前孙某登录喜马拉雅APP时，首页突然跳出弹框显示最新隐私政策，要求孙某同意并授权喜马拉雅APP收集孙某的个人信息和设备信息，否则将无法继续使用该APP。当前，不少手机APP需要以获取用户个人信息作为提供服务的前提，甚至存在过度收集用户个人信息的情形，一旦用户不同意授权APP获取个人隐私信息，手机APP就拒绝提供相关服务。据中国消费者协会在2018年11月28日发布的《100款APP个人信息收集与隐私政策测评报告》显示，测试的100款APP中多达91款涉嫌过度收集或使用个人信息，其中位置信息、通讯录信息、手机号码等个人信息是过度收集或使用的主要内容。

一、风险隐患分析

手机APP下载获取个人信息潜在的风险隐患不容忽视。一方面，手机APP可能存在安全漏洞，导致用户个人信息泄露。对于海量信息的存储保护需要投入大量的技术成本，从而保障用户的信息安全。而当前对于许多APP运营商来说，特别一些中小型运营商，根本无法支撑巨大的技术成本支出，同时出于利益驱使，希望以最小的成本获取最大的收益，也不愿意在技术上做过多的投入，这给了不法分子以可乘之机。一旦安全屏障被黑客技术攻破，便会造成大量信息泄露，威胁用户财产与人身安全。

另一方面，用户的个人信息可能会被不法分子非法利用、买卖，从事违法犯罪活动。用户的个人信息一旦被非法利用，将会产生诸多不安全因素，如可以通过地理位置信息对个人进行定位追踪，通过对用户个人信息进行分析向其推送特定的商品和服务，利用个人信息实施诈骗活动等。近期，浙江省消保委就接到一起因手机APP存在安全漏洞导致用户信息泄露，使众多消费者遭受财产损失的案例。全国各地多位消费者向浙江省消保委投诉反映称，杭州贝贝集团有限公司泄露用户个人信息，不法分子利用这些个人信息冒充贝贝网客服实施诈骗行为，不少消费者上当受骗，损失共计超过百万元。

二、原因分析

（一）立法层面

虽然《消费者权益保护法》《网络安全法》《信息安全技术个人信息安全规范》等多部法律法规及规章都明确了网络运营者收集、使用个人信息，应当遵循合法、正当、必要的原则，不得收集与其提供的服务无关的个人信息。但目前法律法规对于手机APP获取用户个人信息的界限始终没有一个具体、清晰的标准，对于手机APP允许获取用户哪些隐私信息，在什么情况下可以获取用户隐私信息，该如何保管、处理个人信息，过度收集信息应受到怎样的处罚等问题，尚缺乏明确、可操作的具体规定，这导致当前手机APP收集个人信息的范围完全由运营商单方面决定。同时，现有法律对于互联网个人信息保护呈现“碎片化”状态，缺乏系统性保护，涉及个人信息保护的条文散见于多部法律法规及规章中，缺少一部专门的个人信息保护法，且现有法律对于侵害个人信息的民事赔偿制度也没有具体规定。

（二）企业层面

大数据时代，信息对于企业来讲即为重要的资源与财富，特别是平台用户的个人信息量是平台估值的重要参考依据。互联网企业可以通过收集个人信息来了解用户的喜好和习惯，从而投其所好进行精准营销，个人信息的买卖无疑也是一条获得财富的“捷径”。在利益的驱使下，不少手机APP存在过度收集个人信息隐私的情形。为了尽可能多地获取个人信息，一些APP在收集用户信息时未给用户足够的选择权，隐私政策存在默认同意或未提示阅读等问题，有的隐私条款内容冗长模糊，对收集、使用个人信息的目的、方式、范围、期限等没有作明确的说明，还有的根本未设置隐私政策等。这些“屏障”的设置使用户处于一种弱势地位，在没有觉察的情况下即授权了手机APP获取自己的隐私信息。同时，随着手机APP的爆发式增长，很多APP的技术防范措施却没有跟上，这必然会导致个人信息泄露的风险增加。由于网络具有即时性和虚拟性的特点，用户个人信息一旦被泄露，很难进行举证和损失认定。

（三）消费者层面

一些消费者没有充分认识到个人信息泄露的危害，缺乏信息安全防范意识，无法对安全隐患进行识别，盲目地选择授权、随意连接公共场所Wi-Fi进行隐私信息操作等，这为他人窃取消费者隐私信息提供了机会。不少消费者在下载手机APP时不注意阅读用户协议或隐私政策，直接点“同意”或“下一步”，从而为一些互联网企业收集个人信息提供了便利条件。根据中国消费者协会《100款APP个人信息收集与隐私政策测评报告》显示，对于应用权限和用户协议或隐私政策，经常阅读的只占8.2%，有26.2%的用户从不阅读相关协议。原因一方面在于消费者缺乏自我保护意识，另一方面是消费者与手机APP服务提供商之间往往处于不对等地位，一旦消费者不同意授权相关信息就无法使用该APP，只能被迫接受。

三、相关建议

（一）完善立法，明确标准与责任

建议尽快制定手机APP获取用户个人信息的标准细则，从制度层面明确个人信息采集的权限和要求，明确企业平台的责任与惩处赔偿机制。标准设定应明确可量化，可以软件功能为分类标准，以必要性为原则，针对不同种类的APP制定相应的隐私权限标准，从而为APP运营商及用户提供清晰的参考。同时针对我国目前个人信息保护立法零散的现状，建议有关部门尽快出台专门的个人信息保护法，完善个人信息保护的原则与规则。

（二）严格监管，加大惩处力度

建议针对APP行业成立专门的监管机构，制定严格的市场准入和退出机制，有针对性地对APP行业消费者个人信息安全问题进行监管和保护。加大违法惩处力度，对于过度收集用户信息、存在安全隐患的APP根据情节轻重予以经济处罚或责令整改、下架，提高网络平台运营商的违法成本。完善国家网络信用体系，将过度收集、滥用个人信息的机构纳入失信黑名单。同时鼓励消费者协会等相关主体对违规收集、使用用户信息的手机APP运营商提起公益诉讼。

（三）加强安全防护，落实企业责任

APP运营商一方面应增加技术投入，强化APP安全防范保护措施，注重系统漏洞修复技术，维护APP自身运行安全，防止个人信息泄露；另一方面应本着合法、诚信的原则加强自查自纠，收集、使用用户信息不得超过必要限度，隐私条款要明示，不得使用默认选项，不得设置不公平的格式条款等。应用商店也应对上架的APP加强审核，完善举报制度，对于违反规定索取、使用用户信息的APP及时予以下架。

（四）强化消费教育，提高安全意识

消费者要充分认识到个人信息安全保护的重要性，提高安全防范意识，在下载、使用APP时仔细阅读用户协议或隐私政策，避免下载可疑的APP，不在公共Wi-Fi环境下输入个人信息，将一些重要的隐私权限设置为禁止获取，确实需要使用时再打开，发现可疑APP及时举报，共同净化网络环境。相关行政部门、消费者协会、新闻媒体等应通过发布典型案例、消费警示等形式进行普法宣传教育，强化消费者个人信息安全保护意识。

山东省推行汽车销售合同示范文本

4月11日，自“西安奔驰车主维权事件”发生以来，引发了社会各界的持续关注。该事件暴露出的汽车销售行业长期、普遍存在的一些“顽疾”，引起了广大消费者的强烈共鸣和有关部门的高度重视。随着双方当事人和解协议的达成以及市场监管部门处罚决定的公布，这一事件作为个案已经结束；但是，它所揭示的问题和引发的思考却远没有结束——我们应当以这一事件为契机，切实解决汽车销售领域存在的种种问题，尤其要破除消费者反映强烈的行业潜规则，保护广大消费者的合法权益，促进汽车行业健康有序发展。

一、汽车销售领域存在的主要消费侵权问题

近年来，关于汽车的消费投诉一直居高不下。2016年至2018年，全国消协组织受理汽车类消费投诉从每年1.5万件上升至1.9万件，投诉解决率有所下降。在山东省，从2012年至2018年，汽车类消费投诉连续7年入选消费者投诉十大热点。除汽车及零部件质量和售后问题外，消费者反映强烈的问题主要有：

（一）以“金融服务费”为代表的各种“套路”收费

一方面，诱导消费者分期贷款并强制收取高额服务费，已成为汽车行业潜规则。“西安奔驰车主维权事件”曝出的“金融服务费”问题，引发了巨大争议。相关金融专家表示，汽车金融服务费（有的叫贷款手续费、垫资服务费等）是经销商帮助客户准备资料申请贷款所收取的服务费。笔者认为，如果4S店在代为办理申请贷款之前征得消费者同意，与其协商好所提供服务的内容以及费用的收取等事项，并签订书面协议，这是符合法律规定的。但是，必须按照合法的财务流程收取，并依法开具发票。

而实践中，4S店在收取这一费用时存在诸多违法违规问题。**第一，**销售人员会通过各种手段诱导消费者贷款购车，并强制或变相强制其通过本店办理贷款。**第二，**推荐贷款时故意隐瞒要收取金融服务费的事实，在消费者交纳首付款后才提出。**第三，**服务费数额过高，一般是按照贷款金额的2%至4%收取，与之提供的服务相比，明显偏高。**第四，**收费不开具发票，甚至直接进入私人账户。

另一方面，消费者还被强制或变相强制收取名目繁多的多种不合法或不合理收费。除金融服务费之外，4S店还会收取车辆的PDI检测费、提车费、出库费、上牌费、装潢费等，消费者如果不交这些费用，车价就会调高。这些费用中，有些是属于不合法的乱收费，比如PDI检测、提车、出库所产生的费用，都是4S店在交付给消费者车辆之前应当承担的义务，完全不应该收取；还有些是属于不合理的高收费，比如成本仅100多元的上牌服务，代办下来要收取数千元的费用，显然是不合理的。

（二）各种捆绑销售和强制消费行为

除强制收取各种服务费之外，强制消费者购买保险、缴纳续保押金或续保保证金等问题也普遍存在。为了获得保险公司的返利，部分商家强制消费者在店内购买指定保险，否则不给提车；还要求分期付款的消费者缴纳续保押金，在按揭还贷期间，每年必须在店内续保，否则押金不予退还。

（三）明码标价之外公然加价的市场潜规则

目前，在明码标价之外加价才能提车，已经成为部分高端车型销售的潜规则。在上海，某款日系热销车明码标价77万多元，各经销商加价的幅度从25万元至35万元不等。消费者如果不加价，就提不到车；即使愿意多等一段时间再提，也依然要加价。而对于加价部分，有的经销商不开具发票；有的可以开具，但需要另外交钱补税点。

二、汽车消费者权益频受侵害的原因分析

（一）汽车销售市场缺乏有效竞争，消费者和经销商地位严重不平等

目前，4S店仍然是我国主流的汽车销售渠道模式。由于同一品牌在一定区域内往往只有一家4S店，各专卖店之间不能跨区销售，因而缺乏有效竞争。再加上信息不对称等原因，使得4S店相对于消费者来说，处于明显的优势地位。在此情况下，消费者对于名目繁多的收费和各种强制消费，只能被迫接受。特别是近年来，汽车销售的利润空间大不如前，导致违规收费、强制消费、加价提车等现象愈演愈烈。

（二）在汽车销售领域，行政监管往往侧重于事中事后环节，缺乏前置的有效措施

依据2017年实施的《汽车销售管理办法》，汽车销售及其相关服务活动的监管部门是商务主管部门，监管措施主要是“双随机”抽查，属于事中事后监管方式。监管部门往往是在发现侵害消费者权益的行为时，才会进行执法和处罚。而且，《办法》对于上述违法行为的处理，仅仅是“由县级以上地方商务主管部门责令改正，并可给予警告或3万元以下罚款”。这样的力度，显然不足以震慑和惩戒违法行为。

三、推行合同示范文本可以从源头保护消费者权益

汽车不同于普通消费品。一方面，它是价格昂贵的耐用消费品；另一方面，消费者处于明显的弱势地位。这些因素不仅导致汽车消费者权益更易受到侵害，而且给消费者造成的损失也更大。因此，笔者认为，在汽车销售领域应当考虑将监管工作前置，而推行合同示范文本，是实现监管前置、从源头防止消费者权益被侵害的有效手段。

（一）推行汽车销售合同示范文本的必要性

目前，汽车销售合同都是经销商单方制定的格式合同，其中有不少对消费者不公平不合理的条款，还有一些重要事项未在合同中体现。个别经销商甚至不与消费者签订合同，还有的在交付车辆后将合同收回。这些行为亟须规范。

本文第一部分所列举的消费者反映强烈的各种侵权问题，侵害的客体主要是消费者的知情权、自主选择权和公平交易权。这些权益均可以通过制定规范完备的合同条款，最大限度地得到保护。比如，对于“金融服务费”的规范，可作如下设计：先设置全款和贷款两种购

车方式供消费者选择；在贷款方式下再设置“自行办理贷款”和“委托经销商办理贷款”供选择；在“委托经销商办理贷款”项下，列明全部购车成本——包括首付款、贷款本金、利息和代办贷款服务费（相当于“金融服务费”，收取标准由双方协商确定，并注明应当提供发票）。这样，消费者可在对各种购车方式所需综合成本充分知情的基础上，做出最适合自己的选择。

综上所述，为了规范汽车销售合同行为，从源头保护处于弱势地位的消费者权益，推行合同示范文本是非常必要的。

（二）推行汽车销售合同示范文本的可行性

合同示范文本制度自1990年起在全国逐步推行后，已在很多领域发挥了积极作用。比如，商品房买卖合同、物业服务合同、旅游合同等，这些示范文本的制定和推行，都可为汽车销售领域提供有益的借鉴。

建议商务部可以联合国家市场监督管理总局等有关部门，依据《合同法》《消费者权益保护法》《汽车销售管理办法》等法律法规的精神，共同制定在全国范围内通用的汽车销售合同示范文本。各地可在有关法律法规、规定的范围内，结合实际情况调整合同相应内容。必要时可实行合同备案制度。

（三）制定汽车销售合同示范文本需要关注的问题

一是增强合同文本的实用性和可操作性。收集梳理汽车销售合同中的各种“霸王条款”，把这些条款用固定化的格式加以规避。对于一些纠纷易发环节，既要明确经销商的义务，又要明确违反该义务所应承担的责任，以切实维护消费者的合法权益。

二是将与汽车销售有关的重要文书列入合同附件。在合同后附上PDI检测表、定金或押金退还协议、经营者关于质量和三包责任的承诺、收费清单、补充协议等，作为合同附件，与合同正文具有同等法律效力。日后一旦发生纠纷，这些都是处理纠纷的重要证据材料。

三是限制经销商通过补充协议的方式减轻和免除自身责任。在合同中明确“补充协议中含有减轻或免除本合同中约定应当由出卖人承担的责任，或加重买受人责任、排除限制买受人权利内容的，仍以本合同为准”。以避免经销商通过签订补充协议的方式，使示范合同形同虚设。

南京市旅游服务满意度提升专项简报

南京是首批中国优秀旅游城市、国家历史文化名城和国家全域旅游示范区，长期是中国南方的政治、经济、文化中心，在中国历史上具有特殊地位和价值。南京市旅游资源丰富，旅游产业增速稳定，但游客在景区游玩的投诉率居高不下。因此，为了进一步促进南京市旅游业的发展，扩大消费，寻找景区服务中的薄弱环节进行改进，南京市消费者协会委托零点有数公司开展本研究。

本项目以南京市2个5A级景区和21个4A级景区为对象开展满意度提升研究。项目分为两个阶段：第一阶段：满意度测评。以23个景区的游客为研究对象，采用网络调查的方式开展；第二阶段：低满意度研究。选取一个低满意度景区（红山森林动物园）为研究对象，利用服务设计的思路，通过深度访谈、沉浸式观察、拦截访问、对标研究等方式，为该景区提升满意度设计具体的实现路径。

项目研究内容主要包括景区服务满意度评估和具体景点问题挖掘。景区旅游服务满意度评估的主要内容包括票务服务、餐饮服务、商品消费、景区环境、硬件设施、服务质量、景区特色和周边服务。

本次研究主要有以下三方面发现：

（一）顾客忠诚评价较高，总体服务满意度表现良好

近半年景区总体服务满意度为81.2分；景区的顾客抱怨评价为78.6分，顾客忠诚评价为82.9分；本次测评的23个景区，服务满意度最高的景区是侵华日军南京大屠杀遇难同胞纪念馆（84.8分）。除此之外多数景区满意度都在80分以上，仅有4个景区满意度不足80分，明文化村（75.6分）、金牛湖风景区（77.6分）、夫子庙秦淮风光带（78.6分）和高淳老街历史文化景区（79.1分）。

图1 顾客期望、顾客满意度、顾客抱怨与顾客忠诚得分情况

（二）服务满意度得分表现较好，餐饮服务、硬件设施待改善

各项满意度指标中，服务质量满意度最高，为82.8分；票务服务满意度得分与其持平（82.1分）。唯一低于80分的指标是餐饮服务满意度，为79.3分。餐饮服务指标中，受访者对餐品价格合理性满意度评分较低，为75.6分；其次是餐品味道可口的满意度，为78.5分；餐饮人员服务质量的满意度与餐品味道可口的满意度相差不大，为78.9分。硬件设施满意度得分为80.2分，与餐饮服务满意度差别不明显；硬件设施指标中，受访者对"应急救急药箱设置合理，以备紧急情况使用"和"停车场车位充足，正常开放"这两项的满意度评分较低，分别为78.0分和78.1分。其余各项服务满意度指标得分相差不大，在81—82分之间。

（三）便民设施存在不足，商品质量需提升

分别有47.2%和42.3%受访者认为休息区和卫生间数量不足；43.9%的受访者认为自动贩售机的商品价格不合理；景区语音导览服务知晓率低，仅有33.2%的受访者表示知道此服务；55%的受访者购买过景区伴手礼，但有20.8%的受访者表示购买使用后，对做工和质量不满意。

针对研究结果，提出以下三方面建议：

（一）前期决策：合理设计消费者期望。消费者的感知驱动消费者的行为，消费者的行为主要指消费者对景区的抱怨和忠诚，因此前期根据景区的实际情况塑造合理的、可达到的消费者期望，才能有效保证消费者的质量感知达到要求。促进消费者形成合理的期望应从以下角度进行：（1）科学综合全面地评估景区的资源特性，准确地向大众传达景区的实际情况，保证景区资料被合适的目标群体关注和接收。（2）景区在经营的过程中，要尽量多倾听消费者的声音，了解消费者的需求和需求程度，这决定了景区服务能在多大地程度上和消费者的需求相匹配以及能多大程度地满足消费者的需求。（3）科学地看待消费者期望。满意度更多的是衡量消费者需求被满足程度。应该更多地关注如何通过消费者的期望，甚至是未被觉察和发现的期望来促进行业的发展和进步。

（二）景区游玩：保持服务质量，满足个性化需求。（1）继续保持良好的工作人员服务质量。景区在运营管理过程中，终是秉承"以人为本"的理念，无论是给游客留下良好第一印象还是为游客解决难题，都需充分发挥工作人员的高质量服务优势。（2）提升游客在景区的互动体验满意度。丰富景区交互体验的场景和设施，有利于促进游客驻留，增加体验行为，提升游客整体游玩的体验感受。（3）满足个性化需求。旅游不是结伴出行人的"专利"，越来越多的年轻人选择独自出行。目前独自游玩游客虽是少数，但这个群体对景区满意度的评价不可忽视。景区在关注大众化需求的同时，也应关注此类个性化需求，例如为一人游设计专有场景，这种做法更能体现景区人性化运营，提升游客好感度，彰显景区特色。

（三）离开景区：关注顾客忠诚度与推荐度。景区服务不是"一锤子买卖"，游客的忠诚度和推荐度也极为重要。忠诚度和推荐度间接代表了游客的旅游服务感受。多数景区为游客提供的服务在游客离开景区后即终止，但其实"售后服务"也极为重要。景区应多关注游客对景区的评价、意见和建议，为景区增加了解游客需求和反馈的方式和渠道，引导满意度高的游客对景区评论，通过"游客背书"提升景区形象，同时做好评论回复，与游客建立联系，完善游客所需服务，巩固顾客忠诚与推荐行为。

其 他

中消协确定2020年消费维权年主题：凝聚你我力量

为贯彻党的十九大和十九届二中、三中、四中全会精神，落实中共中央、国务院《关于完善促进消费体制机制进一步激发居民消费潜力的若干意见》和中央经济工作会议决策部署，按照推进国家治理体系和治理能力现代化的总体要求，推动实现消费者权益保护共建共治共享，在广泛征集消费者和社会各界意见的基础上，中国消费者协会确定2020年全国消协组织消费维权年主题为“凝聚你我力量”。

图1 活动宣传海报

一、年主题含义

“凝聚你我力量”具有以下三个方面的含义：一是凝聚社会共识，发挥消协平台型组织共治力量，推进消费维权机制健全完善。新时代消费升级日益加速，消费领域新场景、新业态、新科技不断涌现，消费者需求也向个性化、多元化、品质化转变，消费维权工作面临诸多新问题和新挑战。按照党的十九届四中全会推进国家治理体系和治理能力现代化要求，消协组织要充分发挥消费维权协同共治平台作用，凝聚立法、司法、行政、社会组织、研究机构、媒体等各方力量，推进构建新时代消费维权共建共治共享新格局，推进消费者权益保护能力和水平提升，以适应维权工作新形势、新挑战。二是凝聚消费者共识，发挥消费者监督力量，推进消费者参与监督的广度和深度。消费是生产的最终目的，消费者是商品和服务的最终使用者和最权威的评价者，是推动供给侧结构性改革的力量源泉。消协组织通过有效的消费教育引导，帮助消费者提高自我保护意识和能力，增强依法维权主动性。打造高效、便利消费者反映诉求和建议的渠道，鼓励和引导消费者自觉参与消费环境治理，形成消费维权领域人人有责、人人尽责、人人享有的新局面。三是凝聚经营者共识，发挥行业自律力量，推进落实经营者第一主体责任。通过强化信用建设，促使企业主动承担法定责任、自觉做到诚信经营。打通经营者和消费者意见沟通渠道，引导经营者倾听消费者诉求，为深化供给侧结构性改革注入动力。引导行业加强自律、规范发展，不断提升产品和服务质量，形成企业守规、行业自律、百姓放心、消费舒心的消费环境，助力发挥消费的基础性作用，助推经济社会高质量发展。

二、年主题依据

第一，凝聚你我力量，加强消费维权，有利于坚持和完善中国特色社会主义制度，推进国家治理体系和治理能力现代化。党的十九届四中全会作出坚持和完善中国特色社会主义制度，推进国家治理体系和治理能力现代化的重大决定，坚持和完善共建共治共享的社会治理制度，强化消费者权益保护，发挥群团组织、社会组织作用，为新时代消费者权益保护工作提供了根本遵循。发挥消协维权平台作用，凝聚各方力量，推进构建新时代消费维权共建共治共享新格局，有利于更好保障消费者权益，让人民群众更加充分认识到我国社会主义制度的优越性，更加坚定制度自信。

第二，凝聚你我力量，加强消费维权，符合以人民为中心的发展思想，有利于解决当前社会主要矛盾。坚持以人民为中心是习近平新时代中国特色社会主义思想的根本立场，实现人民群众对美好生活的向往是党的奋斗目标。党的十九大提出，中国特色社会主义进入新时代，我国社会主要矛盾已经转化为人民日益增长的美好生活需要和不平衡不充分的发展之间的矛盾。人民群众对更好消费品质的追求是美好生活的重要内容。凝聚你我力量，加强消费维权，就是要解决消费领域发展不平衡、不充分的问题，鼓励消费者参与消费监督，倒逼生产者、经营者以问题为导向，满足消费者需求，改善供给侧结构，保障安全、便利消费，提升人民群众的获得感、幸福感、安全感。

第三，凝聚你我力量，加强消费维权，符合《消法》要求和消协组织特点。《消法》明确指出，保护消费者的合法权益是全社会的共同责任。新时代消费维权共建共治共享新格局的构建需要多方参与、协同配合。消协组织作为依法成立的对商品和服务进行社会监督、维护消费者合法权益的公益性社会组织，基本形成了多方合作、协同共治的组织架构。在推进形成新时代消费维权共建共治共享新格局的过程中，消协组织能够更充分地发挥独特作用，将自身的职责、机制和资源优势转化为维权效能的提升。

第四，凝聚你我力量，加强消费维权，符合消费发展趋势，有利于更好地解决消费维权难题。在高水平开放、高质量发展背景下，商品和服务日益多样化、个性化、品质化，社会公众的消费观念、结构、方式发生了深刻变化，消费领域问题的复杂性、专业性不断增强，相关法律法规和标准相对滞后，消费维权工作面临新的挑战。这就决定了新时代消费维权工作不能单靠某一个部门或组织唱独角戏，而是要凝聚行政、司法、行业组织、专业人士、消费者和经营者的力量，共同破解消费维权难题，强化消费者权益保护。

三、年主题目标

一是凝聚社会共识，形成维权合力。发挥消协社会组织平台作用，汇聚各方面消费维权力量，促进建立政府部门、社会组织、广大消费者、企业主体共同参与的消费维权共建共治共享新格局，努力开创消费维权新局面。

二是创新维权机制，全面履行职责。在全社会倡导和坚持依法维护消费者权益、服务经济社会健康发展的理念。继续推进新《消法》的贯彻落实，积极参与立法立标和消费政策制定，推动相关商品、服务法律法规和标准的健全完善。针对重点领域、重点行业、重点企业，依法履行消协组织反映、查询、建议、披露曝光、监督检查、支持起诉及提起诉讼等各项职责，督促社会各方认真履行法定责任，推动消费环境持续优化。

三是聚焦消费难题，提升监督效能。坚持问题导向，运用消费调查等手段，聚焦服务消费、线上消费、农村消费等重点领域、薄弱环节开展社会监督，持续推进问题整改。完善调查、测评工作的程序和方法，加强对调查监督结果的宣传和使用，及时向政府有关部门反映监督评价发现的问题，并提供意见建议，提升消费监督成效。

四是强化消费教育引导，倡导科学理性消费。适应消费转型升级新趋势，高质量开展消费教育引导，重点引导更多消费教育资源向老年消费者、农村消费者和未成年人倾斜，不断提升各类消费者群体依法维权的意识和能力。针对政策关注、民生热点、消费升级的商品和重要民生领域商品开展比较试验，为消费者选择优质商品和服务提供科学依据和有效信息参考，推动相关产品和服务质量的提升。

四、消协组织年主题重点工作安排

围绕“凝聚你我力量”年主题，中消协和全国消协组织计划开展以下方面工作：一是着力开展年主题宣传，广泛传播消费维权社会共治理念，及时发布消费维权社会共治成果，传递正能量，提振消费信心。二是着力加强理论研究，针对新问题，开展课题研究寻找新对策。积极参与民法典、个人信息保护法、产品质量法、消法实施条例等相关法律法规的制定完善。三是着力加强消费教育引导，以提质量、强效果为目标，利用新技术、新载体，让消费教育以接地气的方式走近消费者，不断增强消费者的维权意识和能力，培育成熟理性的消费者群体。针对新型、热点产品和服务，开展产品比较试验和消费体察，为消费者选择放心、满意产品和服务提供参考。四是着力推进消费投诉便利化，适应互联网时代信息传递新形势，畅通在线投诉渠道，保障消费者随时随地便捷维权。五是着力推进消费者评测，认真听取消费者意见，督促各地围绕问题、短板查原因、补漏洞，及时改进工作，提升消费者满意度。六是着力加强投诉数据统计分析和舆情监测，准确把握消费维权工作动态和着力方向，为相关机构开展消费维权工作提供有效参考。七是着力加强消费维权志愿者队伍建设，加强中消协“i维权”APP平台建设，丰富功能，提升开放性、及时性，让消费者能够更好地参与到消费维权工作中来。

中国消费者协会公益诉讼案件情况通报

近日，中国消费者协会（以下简称中消协）首例公益诉讼案件以北京市第四中级人民法院（以下简称北京市四中”）签发民事调解书。现将案件有关情况通报如下：

一、案件基本情况

2015年12月，中消协接到投诉函，反映山东福田雷沃国际重工股份有限公司（2015年11月福田雷沃国际重工股份有限公司更名为雷沃重工股份有限公司，总部设在山东潍坊，以下简称雷沃重工）生产、销售的“福田五星牌”正三轮摩托车不符合强制性国家标准规定、侵害消费者利益。

中消协成立专门工作组，对相关线索进行研究论证，并委托律师事务所开展调查。同时，组织河北、内蒙古、吉林、黑龙江等地方消协开展区域调查，向工信部、公安部交管局、地方工商和市场监管部门查询，获取了有关涉案企业违法行为的行政处罚决定书、涉案车辆的执法记录、车辆退办证明、部分涉案型号车辆落户情况等，还通过购买实车、测量公证等方式，固定相关证据。有关证据证明涉案企业生产销售不符合强制性国家标准以及被公告撤销的车型车辆数量大、范围广，损害众多消费者合法权益和社会公共利益。

2016年7月1日，中消协就雷沃重工等四被告违法、违规生产销售正三轮摩托车案提起公益诉讼。诉讼请求包括：“1.判令被告立即停止生产、销售已被工信部《道路机动车辆生产企业及产品公告》撤销的所有型号产品；2.判令被告立即停止生产、销售不符合强制性国家标准的所有型号产品；3.判令被告消除其违法、违规生产和销售的所有型号产品的安全风险；4.确认被告违法、违规生产和销售的行为对众多不特定消费者构成了《消费者权益保护法》第五十五条的“欺诈行为”；5.判令被告赔偿原告为公益诉讼支付的费用（包括但不限于：调查取证的费用、鉴定费用、公证费用、采取诉讼保全措施的申请费和实际支出费用、律师代理费用、交通、住宿等其他合理费用等）；6.本案诉讼费用由被告承担。”北京市四中院受理该案后，中消协向社会通报了案件有关情况。

中消协起诉后，被告雷沃重工多次向法院申请延期举证，并与我会进行了多次会谈。我会督促其正视存在问题、对照公益诉讼请求进行整改。经过会谈、督促，雷沃重工部分认识到存在问题，并进行自查，共查出生产不符合强制性国家标准的车型车辆31085台，其中已经售出26959台；查出生产公告撤销车型车辆909台，其中已经销售870台。2017年“3·15”前，中消协向社会通报了案件进展情况。

此后，双方围绕诉讼请求中的一些关键问题反复沟通。其间，雷沃重工先后向法庭提交了243份计2780页的证据用以反驳原告的诉讼请求。中消协开展大量调查、论证工作，邀请专家、律师多次研讨，两次组织相关省市消协向当地公安交管部门、工商和市场监管部门进行调查，向工信部、公安部交管局、国家标准委等发出查询函，申请调查令向国家认监委调查，进一步固定和充实相关证据，先后5次向法院提交证据55份计741页。双方在法庭主持下先后进行了证人质证、两次证据质证，专家辅助人出庭接受问询，就涉案核心问题进行了多轮辩论。

在雷沃重工一再要求调解的情况下，我会确定了三项调解基本原则：一是双方达成的调解方案没有减少原告诉讼请求对消费者权益的保护，二是调解方案能够得到法院的认可，三是调解方案能得到社会的广泛认同，并明确了相关调解底线。本案进入法庭主持下调解程序。

在法庭主持下，经过多轮沟通和谈判，在被告同意满足中消协全部诉讼请求的基础上，当事各方于2019年4月26日达成初步调解协议。经法院公告和审查，6月10日，北京市四中院正式签发民事调解书。目前，雷沃重工已就案涉违法行为发布道歉声明，并刊登调解书主要内容。有关内容将在《法制日报》、《农民日报》、今日头条、腾讯以及山东《齐鲁晚报》、吉林《新文化报》、河北《河北经济日报》、黑龙江《生活报》、内蒙古《北方新报》等媒体3次进行刊登，其中腾讯网站和雷沃重工设立的网络平台将持续刊载相关内容6个月。

二、调解书主要内容

在民事调解书中，法院经审理查明，认定中消协提交的证据证明雷沃重工存在故意生产、销售外廓尺寸不符合强制性国家标准产品并出具与车辆实际尺寸不符的虚假车辆合格证故意隐瞒事实，以及其部分经销商存在销售公

告撤销车辆，以及以合格产品申请3C认证证书，实际生产销售不符合认证规格的正三轮摩托车的事实。法院对中消协积极推动案件审理、雷沃重工积极整改和调解表示认同，并列明了当事各方所达成的调解协议内容。对照中消协六项诉讼请求，协议内容全面保护了案涉消费者的合法权益和社会公共利益，实现了我会公益诉讼的目的。

（一）关于调解书正文

1.针对诉讼请求第一项、第二项：雷沃重工股份有限公司保证立即停止生产、销售已被《工业和信息化部公告》撤销的所有型号产品（具体型号见附件1），和外廓尺寸不符合《机动车运行安全技术条件》（GB 7258–2012）规定的强制性国家标准的产品（附件2所列型号车辆中外廓尺寸不符合上述标准的产品），不再恢复上述车辆的生产和销售，并监督经销商停止销售上述车辆。

2.针对诉讼请求第三项：雷沃重工股份有限公司承诺自调解书生效之日起6个月内采取召回、修理、更换、退货等方式消除其违法、违规生产销售的公告撤销车型车辆、不符合强制性国家标准的车辆的安全风险，确保符合国家规定和强制性国家标准，并承担因此支出的全部费用以及消费者的必要费用。6个月内3次在媒体上发布召回内容，召回内容可与第四项公告同时发布。同时雷沃重工股份有限公司要向购车消费者通知，确保消费者有效知悉车辆消除安全风险的情况，并接受社会监督。设置热线电话（全国热线电话：400–806–0636）、网络平台（http://www.ft5x.com）接受公众咨询。雷沃重工股份有限公司采取消除安全风险措施，不免除其所应承担的其他法律责任。消费者可依《消费者权益保护法》（以下简称《消法》）主张权利。（消除安全风险的整改方案见附件3）。

3.针对诉讼请求第四项：雷沃重工股份有限公司承认故意生产销售了不符合强制性国家标准的超长车辆，并出具与车辆实际尺寸不符的虚假车辆合格证故意隐瞒事实，侵害了众多不特定消费者的合法权益。雷沃重工股份有限公司承诺依法处理消费者诉求，依照《消法》等法律对消费者承担可能发生的以下费用：修理、更换、退货等费用，消费者配合消除车辆安全风险所发生的交通、误工等必要费用，人身、财产损害赔偿费用，精神损害赔偿费用，惩罚性赔偿费用等。

4.针对诉讼请求第五项、第六项：雷沃重工股份有限公司同意支付中消协为公益诉讼支出的全部费用以及案件诉讼费、公告费。

此外，雷沃重工股份有限公司承诺通过四家全国性媒体、五家省级媒体，同时发布以下公告内容：一是赔礼道歉及调解书主要内容；二是在全国性媒体中有一家网络媒体及公司设立的网络平台发布上述公告6个月，其他每家媒体发布上述公告3次，刊登公告费用由雷沃重工股份有限公司承担。雷沃重工股份有限公司将自调解书生效之日起每6个月向北京市四中院和中国消费者协会就执行调解书情况进行报告，报告时间为期2年。

（二）关于调解书附件

1.附件1：列明了公告撤销雷沃重工正三轮摩托车型号，70个。

2.附件2：列明了车辆型号中存在外廓尺寸不符合强制性国家标准的车型，16个。

《机动车运行安全技术条件》（GB 7258–2012）和（GB 7258–2017）均明确规定，正三轮摩托车外廓尺寸长≤3.50米，宽≤1.50米，高≤2.00米。

3.附件3：列明了雷沃重工消除安全风险的整改方案

整改范围：公告撤销后销售的正三轮摩托车、整车长度超出标准限值的正三轮摩托车。

实施时间：2019年7月1日—2021年6月30日。

整改方式：采取召回、修理、更换、退货等方式进行。对案涉公告撤销后销售车辆公司回收报废处理；对案涉超长车辆根据超长情况进行修理、更换、退货。整改的过程和结果均应符合国家有关车辆安全的规定及标准。

费用承担：整改过程发生的修理、更换、退货等费用及消费者配合车辆整改所发生的交通、误工等必要费用均由雷沃重工承担。

消费者维权途径：消费者可携带购车凭据或相关证明前往当地经销商处进行登记并联系整改。消费者配合对车辆进行召回、修理、更换、退货的，雷沃重工应为其出具加盖公章的修理、更换、退货凭证。修理、更换后的车辆三包期重新计算。

同时，明确雷沃重工股份有限公司采取消除安全风险措施，不免除其所应承担的其他法律责任。消费者可依《消法》的规定主张权利。

三、案件意义和影响

该案是全国首例以调解方式结案的消费民事公益诉讼案件，具有开创性的重要意义：

（一）最大限度保护消费者权益和社会公共利益

该案最终以调解方式结案，给予了消费者权益和社会公共利益最大限度的保护，全部达成了中消协六项诉讼请求。通过制止违法生产、销售行为，消除涉案车辆的安全风险，遏制长期、持续的侵权行为，充分维护消费者权益和社会公共利益；通过法院对雷沃重工故意违法生产销售、故意隐瞒真实情况的事实认定，以及在消除安全风险措施同时为消费者留存相应凭证、明示可能发生的各种费用、不免除企业应当承担的其他法律责任等做法，充分保障消费者主张损害赔偿、惩罚性赔偿等个体私权；通过较大范围、较多次数、较为长期的媒体公告，便利处于农村和城乡接合部的众多消费者主张权利；通过明确涉案企业执行调解书情况报告义务对民事调解书的履行做了制度安排。该案以调解书形式督促企业全面停止侵权行为、切实承担应尽义务和责任，有利于最大限度实现公益诉讼的目的，是消费民事公益诉讼的一次有益尝试。

（二）切实督促企业依法合规生产经营

机动车生产涉及《产品质量法》、《消法》、公告管理、生产一致性、3C强制认证、机动车运行安全技术条件等一系列法律规定和强制性国家标准要求，通过此次公益诉讼，涉案企业充分认识到自身错误和危害，承诺立即停产停售涉案车辆，消除涉案车辆安全风险，依法处理消费者诉求，受到了深刻触动和警示教育。

（三）助力规范和治理行业突出问题

违法、违规生产销售不符合强制性国家标准的正三轮摩托车问题在该行业大量存在，严重危害消费者合法权益和社会公共利益。一些生产企业漠视消费者权益，在受到消费者投诉、诉讼，甚至有关行政部门处罚后，仍继续违法生产销售问题产品。该案通过严厉追究不法经营者责任，遏制、警示、教育业内企业合法经营，强化其法治意识和安全底线，促进扭转和规范行业整体问题，对于其他行业经营者也是一次法治洗礼和警示告诫。

（四）有利于提高消费者安全消费意识

安全权是消费者的首项权利，最需要关注和保障。在购买、使用正三轮摩托车等机动车过程中，消费者的消费行为不仅关系自身安全，也直接影响社会公众安全。外廓尺寸超长车辆在使用中容易导致超载超重，改变车辆的安全结构和性能，极易发生安全事故，由于违反强制性国家标准，这类车辆无法注册登记，无法上牌、上保险，造成管理上的失控，此类车辆发生事故后消费者往往难以获得有效救济。该案充分提示广大农村消费者在消费过程中要牢固树立安全意识和责任意识，不购买、不使用、不持有违法违规产品，以自身行动保障自身、家人和社会公众的安康幸福。

该案历时三年，最终达成民事调解协议，现已进入执行阶段。北京市四中院将会在中国裁判文书网上公布民事调解书全文，中消协也将在官网公布相关内容，便于消费者下载维权使用。

调解书确定了雷沃重工执行调解情况的报告义务，即自2019年7月1日本调解书生效之日起，每6个月向北京市四中院和中消协就调解书执行情况进行报告，报告为期2年。中消协将持续监督雷沃重工按此民事调解书文本要求，切实履行相关义务。希望广大消费者积极主张自身各项权利，切实配合消除涉案车辆安全风险，共同监督雷沃重工义务履行。同时，中消协也将继续开展公益诉讼实践，依法维护众多不特定消费者合法权益和社会公共利益。

河南省消费者协会
召开河南省物业服务企业集中约谈会

为进一步提升物业企业服务质量，促进物业服务企业积极承担社会责任，积极主动维护消费者合法权益，2019年6月18日，河南省消费者协会在郑州召开河南省物业服务企业集中约谈会，对省内的9家物业服务公司和8家置业公司进行约谈。河南省消费者协会秘书长王伟、河南省物业管理协会秘书长许杨、河南省房地产业协会秘书长姜鹏飞、河南省金博大律师事务所副主任石达理和河南省消费者协会工作人员等30余人参加了约谈会。

会议由河南省消费者协会副秘书长王中胜主持，河南省消费者协会秘书长王伟就河南省消费者协会开展的物业管理服务问卷调查情况、物业管理服务投诉征集情况进行了通报，并对物业管理与服务整改提出建议和要求。

王伟秘书长指出：2018年年底，河南省消费者协会联合18个省辖市消费者协会并委托专业调查机构，在全省范围内开展了住宅小区物业管理服务消费者问卷调查走访活动。范围涵盖河南省18个省辖市的城镇社区。实际完成有效调查问卷2242个样本。涉及132个商品房小区，124个物业管理服务企业。调查结果显示，2018年度河南省物业基础物业服务满意度得分为69.2分，整体处于较低水平。从调查结果可以看出，河南省住宅小区物业管理服务主要存在以下几个方面的问题：一是物业服务品质较低；二是车辆停放管理能力低；三是业主自治能力低；四

是物业管理规范性差。针对物业服务、管理、收费等侵害业主权益的问题，河南省市场监督管理局、河南省消费者协会等相关职能部门联合网易河南以及十八地市消费者协会于今年年初向全社会公开征集线索。截止到3月共收到投诉1539件，全省涉及小区50余个。消费者对于物业服务、管理、收费等方面存在问题反映比较强烈。

2019年3月12日，省消协在省市场监管局（北区）隆重举行了“河南省住宅小区物业管理服务专题研讨会”。来自河南省高级人民法院、河南省市场监督管理局、河南省法学会、河南省消费者协会，多位专家学者、律师、嘉宾、消费者代表以及省市场监管局相关处室和省消协全体同志等60多人出席了研讨会。根据研讨会要求、问卷调查结果和对公开征集线索进行梳理，河南省消费者协会对物业管理与服务整改提出以下建议和要求：一是改善基础服务水平，提升居民满意度；二是提高业主自治能力，构建和谐物业管理；三是引导物业管理市场化，建立健全科学定价机制；四是加强物业信息公示，提高物业工作透明度；五是完善监管体制机制，探索多元化纠纷调解机制。

被约谈的企业存在问题要在15个工作日内整改完毕，并书面提交整改报告。对不积极整改或整改工作不到位的企业，省消协将通过大众媒体依法向社会披露，并提交相关行政部门依法进行处理。

河南省物业管理协会秘书长许杨在发言中指出：河南省实行了新《河南省物业管理条例》，各级政府也将物业管理工作纳入重点民生问题加以推进。省住房城乡建设厅按照《条例》规定，坚持问题导向，坚持人民利益导向，研究制定了《河南省物业服务规范》《前期物业服务合同（示范文本）》《河南省物业服务企业“双随机一公开”监督检查管理办法》等十多项配套政策，并采取多种方式引导、督促物业服务企业依法依规、诚实守信、规范管理服务，对于发现存在违法违规行为的物业服务企业采取相应的处罚措施。也在积极探索物业管理矛盾纠纷处置的新机制，取得了一定成效。

下一步物业管理协会将在行业主管部门的指导和监督下认真履行联络、协调和服务职责，加强行业自律，规范行业行为，提高物业服务水平。一是推动规范标准落地实施；二是加强行业自律建设；三是传播行业正能量。加快构建和谐互信的物业管理关系，推动和谐文明小区建设。

河南省房地产业协会秘书长姜鹏飞发言表示非常重视因房地产问题引发的纠纷和信访工作，并密切关注辖区内房地产领域社会稳定问题，发现问题和线索快速反映、积极向有关部门报告。对于涉及开发企业的问题，协会会持续跟进，督促协调，同时向主管部门报告进展情况，尽快把涉及的问题解决好、处理好，维护好各方合法权益。

河南省金博大律师事务所副主任石达理就物业服务管理中出现的问题从法律方面进行了阐述，提出了改进意见。

参加约谈的企业表示将对存在的问题进行整改，改善服务理念，提升服务质量，自觉承担起维护业主合法权益义务和社会责任，树立物业服务行业的良好形象，营造安全、放心、和谐有序的居住生活环境，提高管理服务质量，为提高业主幸福质量而努力。

图1 河南省物业服务企业集中座谈会现场

粤港澳大湾区“消费·维权”论坛在珠海横琴举办

5月31日，“2019年粤港澳大湾区‘消费·维权’论坛”（以下称论坛）在珠海横琴举办。论坛围绕“加强维权联动　促进消费融合　打造优质生活湾区”主题，就加强粤港澳跨境消费投诉调解，促进粤港澳大湾区（下简称大湾区）消费维权联动等方面进行研究探讨，广东省消委会与香港消委会、澳门消委会分别签署了粤港、粤澳消费维权合作协议，并正式开通“粤港澳大湾区消费投诉转办平台”。通过平台，港澳消费者可直接向广东省消委会或珠三角九市消委会投诉，省内消费者关于港澳的消费投诉实现“一网转办”。

本次论坛由中国消费者协会指导、广东省消费者委员会主办，珠海市消费者委员会和珠海横琴新区消费者协会进行协办承办。中国消费者协会副会长兼秘书长朱剑桥、广东省市场监管局副局长钱永成等领导出席论坛，香港消委会副总干事汤炽忠、澳门消委会主席黄翰宁、广东省消委会和珠三角的广州、深圳、珠海、佛山、惠州、东莞、中山、江门、肇庆等九市消委会领导及秘书长以及专家、学者、媒体、消费志愿者约150人参加论坛，共同探讨大湾区消费融合及维权合作。

论坛上，朱剑桥发表题为《着力推进粤港澳消费维权合作　深化服务粤港澳大湾区建设国家战略》的讲话。朱剑桥指出，近年来广东多项消费维权工作走在全国前列，此次举办大湾区消费维权论坛，不仅有效服务粤港澳经济发展，推进大湾区消费建设，同时也为促进全国消费维权工作区域协作、联动发展提供了宝贵经验，很有意义。钱永成指出，省市场监管局十分重视大湾区消费维权交流合作，支持省消委会不断深化合作创新。他强调，粤港澳大湾区建设离不开消费的助推和支撑，要坚持高质量推进消费维权一体化建设，为建设湾区一流消费环境提供重要支撑；要坚持高水平推进消费维权体系国际化，为建设开放型湾区经济夯实基础；要坚持高标准推进消费纠纷解决的多元化，为建设湾区优质生活圈提供保障。

省消委会在论坛上介绍了近年来粤港澳消委会维权合作情况。据统计，省内已有5个地市与香港、10个地市与澳门分别签订了消费维权合作协议。近三年来，全省消委会共处理粤港澳跨境消费维权投诉1580余件，为消费者挽回经济损失1430万余元。三地消委会联合发布消费提示15篇，开展消费教育活动7场，举行消费交流会议20多次。

论坛上，广东省消委会分别与香港消委会、澳门消委会签署了《粤港消委会消费维权合作协议》和《粤澳消委会消费维权合作协议》，粤港澳三地消委会建立起消费纠纷快速处理、维权业务全面合作、信息资源共享共用等合作机制，其中的消费纠纷快速处理机制突破了跨境消费投诉移交、信息保护、法律适用等方面的路径障碍和制度壁垒，初步实现三地在纠纷处理协作方面相关规则的衔接，大幅提升区域消费维权联动的程度和水平。论坛还举行了“粤港澳大湾区消费投诉转办平台”（以下简称平台）上线启动仪式，这标志着大湾区消费投诉有了统一载体，今后省内及港澳消费者均可以登录平台“一键投诉”（登录网址：http://ts.gd315.gov.cn/userManager/home），涉及大湾区的跨境消费纠纷将由平台统一转给相关消委会跟进处理。这是粤港澳消费维权协作的一大突破，将在一定程度上解决困扰消费者的跨境维权难题，有助于促进三地消费融合，助力大湾区优质生活圈建设。该平台由广东省消委会建设、管理，下一步将根据使用的情况，不断优化完善，不断延伸拓展，争取跨境投诉转办从湾区拓展到全省，服务更多消费者。

论坛还举行了“深化大湾区消费维权合作的思路构想”和“大湾区消费融合及维权合作的意义和愿景”两场主旨演讲。演讲嘉宾从不同领域和角度，畅谈了对大湾区及粤港澳维权合作的设想和打算，并通过自身实践和思考，分别阐述了对大湾区消费融合和维权合作的看法和希望。

第五编　大事记

中国消费者协会

（2019年）

1月3日，中消协召开青少年近视与网络游戏体验式消费调查专家论证会，就近期青少年近视预防工作和网络游戏有关热点议题进行座谈，并针对网络游戏体验式消费调查方向和可行性进行重点讨论。

1月10日至23日，中消协就《资源税法（草案）》、市场监管总局有关规章制定程序、禁止市场混淆行为、药品网络销售监督管理、医疗器械唯一标识系统、保健食品标签说明书管理等规则及办法提出意见。

1月16日，中消协发布"理性消费八防范　放心消费过好年"消费提示，提醒消费者在春节期间注意出行安全、切勿跟风抢购廉价促销商品、在购买机票时要小心默认搭售等。

1月17日，在广泛征集消费者和社会各界意见的基础上，中消协确定2019年消费维权年主题为"信用让消费更放心"。年主题宣传海报中心图标为两个指纹合成的心，代表信用、承诺、信心、放心。

1月17日，中消协召开城市消费者满意度测评工作专家论证会，评议2018年度70个城市消费者满意度测评工作相关进展和测评数据，并就指标体系、调查执行、数据结果、媒体宣传及后期使用情况进行研究和评估。

1月21日，中消协发布"关注青少年用眼健康　共筑网游防沉迷屏障"观点，表示将加强对近视产品和网游产品的社会监督，适时组织开展相关测试评价活动，助力广大青少年的健康成长。

1月24日，中消协发布2018年全国消协组织受理投诉情况分析报告。据统计，全国消协组织共受理消费者投诉762247件，解决556440件，投诉解决率73%，为消费者挽回经济损失98090万元。消费者投诉呈现"一新一难"特点，即出现捆绑金融消费信贷式的新营销模式，可能滋生"预付式+消费贷"缠绕叠加的侵害消费者权益的新问题；由于大件网购家具商品的安装要求高、运输成本高、产品质量与使用场景不匹配等因素，消费维权成为难点。

1月26日，中消协副会长兼秘书长朱剑桥参加央广经济之声《天天315》节目，对2019年消费维权年主题"信用让消费更放心"进行详细解读。

1月28日，中消协工作人员自编、自导、自演的小品《卖瞎话》参加市场监管总局2019年《唱响新时代奋进新征程》新春团拜会演出，受到总局领导和现场观众的好评。小品以一家专门为电商小店策划宣传语的公司为题材，抨击和讽刺了网络信息时代的消费领域信用缺失的现象。

1月29日，中消协召开专家委员会工作会议。市场监管总局党组成员、副局长（正部长级），中消协副会长秦宜智出席会议并讲话。会议宣布了续聘（增聘）专家的决定，继续聘请47人、增聘18人为专家委员会专家，聘期两年。

2月18日，在汇总部分地方消协意见基础上，中消协就疫苗管理法从法律衔接问题、受试者和受种者权益保障制度、疫苗价格等提出修改意见。

2月20日，中消协副会长兼秘书长朱剑桥参加中央政策研究室组织召开的"提升产品质量、改善消费环境，更好满足群众生活需求"座谈会，就有关商品和服务领域投诉情况及主要问题作了介绍，并提交书面意见，从建立消费者保护定期汇报制度、推动消费者保护型消费政策、建立消费者互动型监管体制、充分发挥消协组织作用、强化消费者教育等方面提出建议对策。

2月22日，中消协参加司法部组织的《消费者权益保护法实施条例》工作会议，与相关政府部门就条例文本内容进行逐条讨论。

2月26日，中消协发布2018年70个城市消费者满意度测评报告。结果显示，被调查城市的消费者满意度综合得分为73.68分，总体处于良好水平。测评工作于2018年10月至12月在各个城市同步展开，共取得有效样本46824个。此后，中消协向各地印发报告，帮助城市了解各自的优势、亮点、短板和问题，以便进行针对性改进，消除进一步扩大消费的障碍。

2月27日，中消协副秘书长刘清接待索尼（中国）公司代表来访。索尼公司对去年中消协、深圳市消委会、福田区消委会联合开展的移动电源比较试验结果质疑一事表示歉意，并通报主动召回在我国大陆和我国台湾地区销售的缺陷产品情况。

2月28日，中消协就殡葬管理条例从实行价格听证制度、增加殡葬服务机构术语定义、加大违法违规行为处罚力度等提出修改意见。

3月5日至26日，中消协向全国人大常委会、司法部、市场监管总局反馈对《民法典侵权责任编》《民法典合同编》《化妆品监督管理条例》《消费者权益保护法实施条例》《市场监督管理投诉举报处理暂行办法》《家用汽车产品修理、更换和退货责任规定》《2019年实施工业产品生产许可证管理产品目录》的修改意见。

3月7日，中消协在组织开展相关监督调查活动基础上，发布2018年母乳代用品宣传和销售行为调查报告。报告显示，近半数婴儿母亲选择母乳喂养，“母乳+配方奶粉”组合喂养方式增加明显。婴儿母亲对于母乳及母乳喂养优势认同度降低，比10年前下降了15个百分点。中消协建议，抓紧出台规范母乳代用品促销的有关规定，并进一步优化产休假制度。

3月11日，中消协发布2018年全国消协组织受理汽车产品投诉情况分析报告。分析结果显示，全年共受理汽车相关消费投诉17773件。汽车相关投诉主要集中于售后服务、合同及质量问题，占比分别为32.2%、20.7%和20.0%，三类问题占比总和超七成。从投诉涉及品牌来看，比亚迪位居第一位。德系三大豪华车品牌奔驰、宝马和奥迪全部上榜，从侧面反映了汽车消费呈现升级趋势。

3月12日至3月30日，中消协副会长兼秘书长朱剑桥参加中国消费者报社、中国消费网主办的“纪念3·15国际消费者权益日”座谈会，提出“要建立健全科学公正高效的消费信用评价机制”；中消协副会长兼秘书长朱剑桥出席央视3·15晚会；中消协做客央视财经新媒体，就央视3·15晚会曝光的案例进行点评；中消协接受央视财经频道关于“银行卡闪付问题”的采访；中消协参加央广《天天315》“中消协来帮忙”节目。

3月15日，由中消协主办、人民网协办的2019年3·15国际消费者权益日主题活动在京举行。中消协发布2019年信用消费与消费者认知调查报告、与人民网共同启动“3·15在行动”宣传报道平台、公布2018年度寻找最美消费维权人物活动结果、启动鼓励更多的消费者依法参与消费环境监督的“啄木鸟行动”，并发布中消协消费维权志愿者行动计划。

3月21日，中消协在京召开第五届理事会第五次会议。第十二届全国人大常委会副委员长、中消协会长张平同志作工作报告，总结第五届理事会2018年工作，并对2019年消协工作进行部署。国家发改委、交通运输部、上海市消保委等理事单位作了工作经验交流。来自中央国家机关、社会组织、新闻媒体、学术机构、全国消协组织的127名理事出席会议，副省级市消协秘书长列席会议。

3月21日，中消协参加由司法部、外交部与欧盟委员会、欧盟对外行动署共同举办的第三届中欧法律事务对话活动。中消协就“数字经济中消费争议多元解决——挑战与机遇”做主题发言。部分中消协专家委专家、行业组织和企业代表参与对话讨论。

4月2日，中消协副会长兼秘书长朱剑桥赴江苏省镇江市和扬州市考察调研消费维权工作，重点了解智慧3·15维权平台建设、市区基层三级联动消费维权调处机制建设等情况。

4月2日至4月23日，中消协就司法部《消费者权益保护法实施条例》、市场监管总局《市场监督管理投诉举报处理办法》《婴幼儿配方乳粉产品配方注册管理办法》《市场监督管理行政许可程序暂行规定》、交通运输部和中国人民银行《交通运输新业态用户资金管理办法》研提修改意见。

4月16日，中消协组织召开2019年消费者满意度测评工作专家座谈会。来自国家统计局信息景气中心、中国标准化研究院、中国人民大学等单位的专家分别从优化测评体系、加强过程统筹、严格执行方案和标准等方面提出意见建议。中消协副会长兼秘书长朱剑桥介绍了有关工作情况，并就加强技术监控提升测评工作科学性、权威性等提出要求。

4月17日，中消协副会长兼秘书长朱剑桥赴上海市长宁区消保委调研，全面了解关于投诉受理总体情况以及12315投诉处理系统工作流程。

4月17日，中消协针对汽车消费领域突出问题召开座谈会，邀请有关专家、律师就汽车三包规定、新车售前检查（PDI）规则、汽车销售服务费用收取、汽车消费者维权难等进行深入讨论。中消协介绍了汽车消费者五大维权难点，就杜绝强制交易、经营者诚信快捷解决纠纷发布意见，呼吁全社会树立消费者优先观念，引导消费者依法维权，推动解决汽车消费维权难的问题。

4月19日，网易考拉通过微博发布声明，撤销2018年4月以中消协等单位侵犯其名誉权提起的诉讼，表示虚心接受中消协等监管部门的指导和监督，未来将以更加敬畏和开放的心态，诚恳听取、广泛接纳社会、媒体和消费者的建议和意见，耐心、虚心地做好消费者服务。

4月23日，中消协发布2019年第一季度全国消协组织受理投诉情况分析报告。据统计，全国消协组织共受理消费者投诉189654件，解决154568件，投诉解决率81.5%，为消费者挽回经济损失33730万元。各级消协组织接待消费者来访和咨询42万余人次。

4月26日，结合季节性消费的热点和消费升级的新形势，中消协发布"五一""端午"消费提示。内容涉及旅游出行安全、预订行程确认、时令饮食卫生、购物消费明辨买赠和理性维权票据等方面。

4月29日至5月3日，中消协副会长兼秘书长朱剑桥率团组一行5人赴葡萄牙参加国际消联第21届全球高峰大会。此次大会总计有世界各地90多个国家的460余名消费者组织、各行业、政府、学术界代表和社会知名人士参加。

5月5日，中消协联合四川省保消委、深圳市消委会发布智能门锁比较试验报告。报告显示，29款样品中，指纹和密码开锁比信息识别卡开锁相对可靠，样品锁开锁方式的安全性有待提高。

5月6日，中消协副秘书长王振宇参加国务院研究室"改善消费环境研究座谈会"，介绍我国市场消费方面的情况，提出进一步改善消费环境、促进消费持续健康增长的建议。

5月14日至5月31日，中消协就市场监管总局《医疗器械监督管理条例》《禁止垄断协议规定》《制止滥用行政权力排除、限制竞争行为规定》《关于禁止滥用市场支配地位的规定》提出修改意见；就产品质量监督抽查管理办法、企业信息公示暂行条例、网络交易监督管理办法、市场监督管理投诉与举报处理办法等提出建议。

5月15日，中消协发布青少年近视现状与网游消费体验报告。报告涉及下载排行靠前的50款手游APP产品以及1760个有效样本。报告显示，学校和家长落实有利于视力保护的措施还不够，青少年视力状况存在隐忧。中消协将针对网游防沉迷系统和过度玩网游导致青少年视力下降等问题的意见和建议报送相关政府部门。

5月21日至24日，中消协副会长兼秘书长朱剑桥赴甘肃省兰州市、青海省西宁市调研，组织召开城市消费者满意度专题座谈会，并到兰州城关区消协、西宁大通回族土族自治县消协和相关商业服务场所调研。

5月23日，中消协在江苏省南京市举办全国消协组织投诉工作培训会。会议期间，江苏省消保委分享了公益诉讼、支持诉讼等经验，镇江市消协汇报了"智慧315"维权平台的构建情况。浙江省消保委、深圳市消委会、宜昌市消协、洛阳市消协及北京市海淀区消协进行了现场交流。

5月24日，中消协副秘书长董祝礼参加国务院发展研究中心"加快竞争政策完善与实施"座谈会，分析竞争政策方面存在的主要问题，提出加强顶层设计、形成消费者优先的竞争政策和法律体系等建议。

5月29日，中消协会长张平召集座谈会，常务副会长张茅、副会长秦宜智和秘书处领导班子成员参加会议，研究落实《中央编办关于设立中国消费者协会秘书处有关事宜的批复》，部署启动中消协机构改革事宜。根据中央编办批复，设立中国消费者协会秘书处，为公益一类事业单位，主要承担消费者权益保护日常具体事务性工作等，核定70名财政补助事业编制。

5月30日，中消协副会长兼秘书长朱剑桥赴广东省珠海市考察，了解组织机构、人员编制、职责履行和消费维权工作等情况，并实地调研珠海市消委会消费维权工作室、珠澳网上调解仲裁室和珠海金湾机场消费维权服务站。

6月5日，中消协发布13款适合青少年学习或游戏用电子显示产品比较试验报告，从不同材质的屏显和蓝光危害方面为青少年及家长选购和使用电子显示产品进行消费提示。

6月5日至27日，中消协参与《消费品安全危害识别导则》《消费品中可挥发性有机物含量的测定》《乘用车燃料消耗量评价方法及指标》等5项国家标准审定工作，提出修改意见；就商务部有关重要产品追溯体系建设、预付卡管理问题以及市场监管总局有关个人信息保护问题提交答复意见。

6月6日至8日，中消协副秘书长董祝礼一行赴蒙古国参加蒙古国公平竞争和消费者权益保护局成立15周年纪念交流活动，就中消协全面开展消费者权益保护工作情况做主题发言。俄罗斯、日本、韩国等国家和地区代表参加会议并做交流。

6月10日，中消协诉雷沃重工违法违规生产销售正三轮摩托车案，自2016年7月提起公益诉讼历时三年，在法院主持下达成调解协议，北京市四中院制作并向当事各方送达民事调解书。这是全国首例以调解结案的消费民事公益诉讼案件。6月13日和14日，结合案件情况，中消协组织召开了公益诉讼案件内部分析评估会。

6月13日，中消协联合浙江省、青岛市、济南市三地消协组织共同发布24款家用洗碗机比较试验报告，并就如何选购、使用及维护进行消费提示。

6月20日，首届舆评机制和舆论引导工作交流会和第五届全国网络舆情高峰论坛在甘肃省兰州市举行。会议对网络舆情回应和新媒体建设表现突出的全国性机构自媒体进行表彰，中消协官方微博荣获“新媒体建设飞跃奖”。

6月25日，中消协在京举办“食品安全让生活更美好”主题活动。专家就食品安全和食品消费等内容进行专题讲座，并与消费者开展互动。

6月26日至27日，中消协在贵州省贵阳市举办全国消协组织商品服务监督暨物业服务调查体验工作培训班，来自全国消协组织的143名代表参加了培训。中消协副会长兼秘书长朱剑桥出席开班仪式并讲话。培训会期间，朱剑桥主持召开部分省市消协秘书长工作座谈会，就新形势下进一步加强各级消协组织建设和更好发挥作用听取意见和建议。

6月28日，中消协邀请有关法律、标准、管理、医学等方面专家和律师以及深圳市消委会和当地检测机构代表参加会议，就汽车消费者投诉涉及的法律、标准、检测鉴定问题以及消协组织帮助维权问题等进行研讨，听取专业意见和建议。

6月30日至7月2日，中消协副秘书长栗元广赴湖南省长沙市、怀化市开展“不忘初心　牢记使命”主题教育工作调研，并参加湖南省乡村旅游消费扶贫教育引导启动仪式。

7月2日，针对消费者集中反映的苏宁易购鸿星尔克旗舰店“砍单”事件，中消协官方微博发表观点，指出苏宁易购和鸿星尔克对已支付货款订单采取单方强制取消措施，违反《电商法》相关规定，属于明确规制的“砍单”行为，涉嫌侵害消费者合法权益，应当依法承担违约责任。7月4日和7月10日，中消协分别约谈苏宁易购和鸿星尔克，就妥善解决消费者问题提出要求，进行敦促。

7月4日至30日，中消协就《消费者权益保护法实施条例》、超级线上平台二选一、《产品质量法》实施情况评估报告等向司法部、市场监管总局反馈意见。

7月11日，中消协就“奥迪部分车型所用材料涉嫌造成车内空气污染罹患疾病”事件约谈奥迪公司。奥迪公司代表介绍了事件发生以来开展的相关工作和具体情况。根据消费者投诉情况和维权诉求，中消协要求奥迪公司与消费者进行座谈交流，参与三方调解，切实推动问题解决。

7月12日，中消协派员参加国家卫健委组织召开的第二届食品安全国家标准审评委员会成立大会。会议通过了第二届食品安全国家标准审评委员会名单。按照分工，中消协担任污染物、微生物、食品产品、生产经营规范、食品添加剂、食品相关产品、食品标签、营养与特殊膳食食品等8个专业委员会的单位委员。

7月16日，中消协在黑龙江省哈尔滨市举办第4次全国消协组织综合信息管理系统培训班。全国消协系统总计约80人参加了培训。在培训班上，中消协总结梳理了自2018年新版系统上线以来在信息录入过程中存在的问题，并针对改进措施进行了培训和指导。

7月17日至18日，中消协副秘书长王振宇赴黑龙江省佳木斯市及汤原县基层消协组织就组织机构、职责履行、维权工作等情况开展调研。

7月22日，中消协组织召开公益诉讼案件情况通报会，向社会通报中消协诉雷沃重工股份有限公司等四被告违法生产销售正三轮摩托车公益诉讼案在法院主持下达成民事调解协议，6项诉讼请求全部实现。中消协介绍了案件诉讼、民事调解书以及河北、内蒙古、吉林、黑龙江等四省区前期配合调查取证等基本情况，并邀请有关专家进行解读，受到新华社、央广网等多家媒体的广泛关注。

7月25日，中消协发布2019年上半年全国消协组织受理投诉情况分析报告。根据统计，上半年全国消协组织共受理消费者投诉421373件，解决332885件，投诉解决率79%，为消费者挽回经济损失57384万元。其中，因经营者有欺诈行为得到加倍赔偿的投诉1794件，加倍赔偿金额979万元。各级消协组织通过不同形式支持消费者起诉661件，接待消费者来访和咨询近77万人次。

7月25日至26日，中消协副秘书长栗元广赴海南省海口市就2019年度城市消费者满意度测评工作情况开展调研。通过调研，中消协广泛听取基层消协组织意见建议，为主题教育活动开展打下扎实基础。

8月1日，中消协组织召开公益诉讼有关问题论证会，邀请有关专家、律师就11个案件线索进行可行性评估，分析法律依据和诉讼难点，听取对推进公益诉讼工作的意见建议。

8月2日，中消协召开商品真假鉴定机制建设工作征求意见会，与京东、苏宁易购、唯品会、沃尔玛、小米、茅台、资生堂等企业代表就真假鉴定经验、工作中发现的问题以及如何建立商品真假鉴定机制进行研究讨论。

8月2日至22日，中消协就《公路法》及相关条例向司法部提出修改意见；就涉及企业信息公示、严重违法失信名单管理、广告审查、食品安全、产品质量的法律、条例和办法向市场监管总局提出修改意见。

8月12日，中央依法治国办秘书局特向中消协致函，对中消协在食品药品监管执法司法督查给予的帮助表示感谢。

8月13日，中消协接受人民网等媒体采访，就上海大学生诉迪士尼乐园禁止自带食品问题发表观点，指出强制搜包侵害消费者人格权，禁止自带食品涉嫌利用优势地位、通过不公平格式条款强制消费，并表示支持消费者诉讼。8月14日，上海迪士尼相关负责人到中消协进行沟通。随后，上海迪士尼乐园公开表示，游客将可自带食品，并优化人工包检。

8月21日，中消协在四川省成都市举办全国消协组织消费指导培训班。中消协对2018年下半年以来消费指导工作进行了总结，表彰了第二届优秀比较试验项目和组织单位，动员和部署了比较试验库建设工作，并邀请专家就团体标准的建设情况和家电类新型产品的发展趋势进行授课。

8月28日，市场监管总局办公厅印发《关于印发中国消费者协会秘书处主要职责、内设机构和人员编制规定》的通知，明确中国消费者协会秘书处是中国消费者协会日常办事机构，以中国消费者协会名义开展工作，为正司局级事业单位。中国消费者协会秘书处内设机构10个，编制70人。

8月31日，中消协参与协办在天津召开的以“消费环境与高质量发展”为主题的2019年市场监管论坛。中消协会长张平应邀出席论坛并致辞。中消协副秘书长董祝礼参加人民网在线直播的“市场监管面对面”访谈环节。

9月2日至9月20日，中消协向市场监管总局、司法部就保障食品药品安全、网络交易监督管理、规范有奖销售等促销行为、《消费者权益保护法实施条例》涉及消费者协会条款、《产品质量法》实施情况评估等办法和规定提出修改意见。

9月12日，中消协召开2019年100个城市消费者满意度测评工作专家座谈会。中消协副会长兼秘书长朱剑桥主持会议并做总结讲话。来自国家发改委、市场监管总局、中央党校、社科院、经济日报社等专家学者对调查指标体系、问卷设置、城市选取和抽样设计等问题提出意见建议。

9月16日，中消协副秘书长栗元广参加中宣部、中央网信办等在天津市举办的“网络安全为人民　网络安全靠人民”2019年国家网络安全宣传周活动。在宣传周期间举办的网络安全主题日活动上，中消协发布《消费者个人信息保护百问百答》知识手册，免费发放给消费者，受到消费者欢迎。

9月18日，中消协联合发布配装眼镜比较试验报告及相关消费提示。此次试验由中消协、重庆市消保委、陕西省消协和深圳市消保委共同开展，主要针对镜片的光透射性能、透光率和防紫外线效果等进行测试和比较。

9月24日，中消协发布2019年国庆消费提示，涉及安全出行、旅游预订、景区购物、理性消费、饮食安全及老年消费等内容。

9月27日，最高人民检察院和市场监管总局联合召开食品药品公益诉讼座谈会，研究推动建立沟通联系机制事宜。中消协副会长兼秘书长朱剑桥参加会议，介绍了全国消协组织开展公益诉讼实践情况及需要关注和解决的问题，并就共同推动完善有关法律保障、强化检察机关与消协组织协作机制等提出意见建议。

9月29日，中消协接待中国民用航空局运输司、消费者事务中心一行来访，就《公共航空运输旅客服务管理规定》中关于机票超售、机上用餐、航班延误、退换票程序、投诉处理、特殊群体保护等相关问题进行沟通。

10月9日至25日，中消协向市场监管总局、中国民用航空局就工业产品质量安全突发事件应急、公共航空运输旅客服务管理等预案及规定提出修改意见；参加涉及外卖餐品、家政服务业、洗涤用品、冷冻饮品方面的会议，从消费者保护角度对规范、办法及标准提出修改意见和建议。

10月15日，中消协参加央视财经频道3·15月度直播节目，就有关“黑外教”、少儿艺术考级等领域存在的消费陷阱、消费者如何维权及行业监管问题进行话题互动。

10月16日至31日，中消协派员赴北京、保定、石家庄、南京、徐州、三亚、海口等地就2019年度城市消费者满意度测评项目问卷调查执行工作进行督导调研，实地检查调查执行公司的操作工作规范和质量，并就有关问题进行深入沟通。

10月16日，为落实“不忘初心　牢记使命”主题教育整改举措，提高为消费者服务的能力和效率，中消协围绕消费者最关心的消费维权问题，编写了《2017—2019年全国消协组织投诉调解典型案例精选》。

10月16日，中消协在海南省海口市举办中消协投诉和解联络单位培训会。来自全国各行各业70多家企业共计140余人参加培训会。培训会邀请市场监管总局执法稽查局和信用监管司相关人员授课。

10月24日，中消协和人民网消费频道合作设立评论类栏目“消费短评”，重点围绕消费领域难点痛点问题，宣传各地维权举措。

10月25日，中消协对9月29日至10月10日黄金周前后的消费维权情况进行了网络舆情大数据分析，并发布“十一”假期消费维权舆情分析报告。

10月28日至11月1日，中消协副秘书长栗元广一行赴德国参加有效消费者保护新探索国际研讨会，参与三次大会发言和两次论坛讨论，与德国司法与消费者保护部、巴西司法部共同探讨公益诉讼、电商领域新挑战及在线纠纷解决对策。出访期间，代表团还拜访了德国消费者保护政府部门、律师公会和黑森州消费者保护组织。

10月29日，据全国消协组织受理投诉情况统计，2019年第三季度全国消协组织共受理消费者投诉236144件，解决181832件，投诉解决率77%，为消费者挽回经济损失33157万元。其中，因经营者有欺诈行为得到加倍赔偿的投诉584件，加倍赔偿金额128万元。各级消协组织接待消费者来访和咨询30万余人次。

11月5日，中消协召开国内部分住宅小区物业服务调查体验情况通报会。中消协针对在7月至8月相关调查体验中暴露出的典型问题，从强化监管、明确企业责任义务、重视业主委员会建设等方面提出意见建议，同时呼吁广大消费者主动参与物业服务管理，推动共建共治共享幸福平安小区。

11月8日至22日，中消协向市场监管总局、中国民用航空局就特殊医学用途配方食品注册管理办法、公共航空运输旅客服务管理规定等提出修改意见；参加国务院研究室“行业协会座谈会”，介绍消费维权实践中的主要问题并提出解决建议。

11月13日至14日，中消协会长张平在四川省成都市调研基层消费维权工作，出席部分省市消协组织工作座谈会，就新时代更充分发挥消协组织积极作用发表讲话并实地调研商旅街道、消费维权联络站、放心舒心消费创建点和消费者投诉站。

11月18日，中消协副会长兼秘书长朱剑桥一行应澳门消委会邀请赴澳门地区参加新闻发布会，宣布澳门消委会加入中消协电商直通车平台并回答记者提问。11月19日，香港消委会在官网宣布，为提升网购投诉调解成功率，已获批加入直通车平台。这是直通车平台自2016年启动以来首次吸纳境外地区消协组织加入。

11月21日，中消协接待北京市第一中级人民法院民二庭关于《共享经营模式下侵权责任问题研究》课题的来访调研。中消协副会长兼秘书长朱剑桥介绍了共享经营模式下消费者投诉情况、侵权形式、规制建议和典型案例，从当前共享经营存在的“发展之困”“监管（督）之困”“救济之困”三方面对课题研究提出了意见建议。

11月21日，中消协对11月1日至15日“双11”期间消费维权情况进行了网络大数据舆情分析并发布相关报告。此次收集消费维权类信息790万条，其中，负面信息较多涉及快递、售后服务、预售规则、促销宣传、产品质量、价格和信息骚扰等方面。报告结合集中“吐槽”的问题和案例，归纳出五方面的主要矛盾，并针对性地提出建议。

11月26日，中消协发布车载空气净化器比较试验报告。经综合评定，19款样品净化能力差别较大，其中部分样品与产品价格不相匹配。中消协从关注洁净空气量和净化能效、了解产品滤网的净化功能、关注售后服务及使用成本、有针对性地选购产品方面进行消费提示，并接受了央广经济之声、北京电视台等媒体采访。

11月27日至28日，中消协在河南省洛阳市举办全国消协组织法律与理论培训班。授课内容包括信用监管、检察公益诉讼和公益诉讼前沿和实务问题。部分省市消协代表进行了讨论交流。中消协副会长兼秘书长朱剑桥出席培训班并讲话。

12月11日，中消协组织全国汽车品牌4S店服务消费者满意度调查专家座谈会。来自中国汽车流通协会、中国汽车报、中国消费者报等单位的专家和消费者代表参加座谈会，并结合有关工作和自身服务体验，对调查方案的汽车品牌选取、调查问卷问题设计等内容提出意见建议。

12月12日至13日，市场监管总局在上海市举办第八届中日韩三国消费者政策磋商会。市场监管总局网监司、中消协、日本消费者厅、日本国民生活中心、韩国公平贸易委员会、韩国消费者院、中日韩三国合作秘书处参加了本次会议。中消协副会长兼秘书长朱剑桥出席会议，并作主题发言。

12月17日至26日，中消协参加工信部电子产品安全标准工作组召开的《音视频、信息技术和通信技术设备第1部分：安全要求》审查会、食品安全国标审评委员会食品添加剂专业委员会第二次会议、《智能室内固定式健身器材技术规范》团体标准评审会、食品安全国标委生产经营规范专业委员会第二次会议，参与对涉及通信技术、食品添加剂、健身器材、保健食品、铁路餐饮等领域标准的审定。

12月18日至20日，中消协在山东省青岛市召开全国部分省市消协组织工作座谈会。中消协会长张平出席会议，并与部分省市消协组织相关负责同志进行座谈，了解各地工作情况，听取各地对中消协明年工作的意见和建议。张平先后到海尔集团大企业直通车维权点、苏尚万车广场消费维权服务站、青岛市消费纠纷人民调解委员会工作室等地调研。中消协常务副会长张茅、副会长秦宜智、秘书处负责同志参加调研和座谈会。

12月25日，中消协副会长兼秘书长朱剑桥一行到滴滴出行平台进行调研，了解滴滴顺风车业务中有关消费者安全保障及企业客服服务遇到的问题和困惑。朱剑桥指出，企业要将“消费者优先”理念贯彻到生产经营服务活动的全过程，严守安全和法律底线，落实消费维权主体责任，切实维护消费者的合法权益。

12月26日，中消协发起、人民网策划的《当你需要的时候——3·15会歌》公益宣传MV视频制作完成。MV视频由青年歌唱家刘媛媛与中消协全体职工共同演唱。

12月30日，中消协副会长兼秘书长朱剑桥参加中央网信办探讨网红直播带货乱象管理主题座谈会，从法律规制、维权举证、政府监管和行业自律等方面提出意见建议。

北京市消费者协会

1月21日，由市消协和市法学会电子商务法治研究会共同举办的“《电子商务法》实施现状及问题研究”专题研讨会在市消协会议室顺利召开。10余位来自政府部门、高等院校、电商企业的专家学者、实务人士参与了本次会议。会议立足电商的登记与管理、网易考拉、“加拿大鹅”事件、年节大促“砍单”等热点问题，对《电子商务法》实施后的实施情况、市场反应、存在问题进行了深入的分析与探讨。

1月23日，市消协儿童服装比较试验报告发布。结果显示：本次比较试验80款儿童服装商品中有7款未达到国家及相关标准要求，整体不达标率为8.75%，主要不达标项目有pH、耐湿摩擦色牢度、使用说明、纤维成分及含量。对不达标样品我会已移转有关行政部门处理。

1月25日，市消协为配合国家市场监督管理总局等13个部门联合开展的整治“保健”市场乱象百日行动，运用多种形式开展保健品消费提示警示等宣传活动，尤其是重点抓好老年消费者的宣传教育工作。

1月31日，市消协发布“春节消费陷阱多，辨其良莠再消费”的消费提示。提示消费者春节购买保健品，要谨慎选择。春节旅游防陷阱，选择有资质的旅行社。网购商品，应查验后收货，发现问题商品应及时退货。同时倡导商家，在经营中诚实守信，以维护消费者利益为重，出现消费纠纷积极解决。

2月21日，市消协发布中老年护腰护膝比较试验结果显示，样品的整体测试结果较好，横向拉伸弹性回复率、远红外性能较为突出。但部分样品存在网络宣传品牌与实物不符、线上线下价格差距较大、产品名称等标注缺失的情况，有误导消费者的可能。

2月28日，市消协发布蚕丝被比较试验结果显示，50种样品中有40种样品所有测试项目均符合国家标准要求，占样品总数的80%。存在的问题主要有：使用说明标注不规范、纤维含量标注与实测不符、填充物质量偏差率超标、填充物压缩回弹性不达标、尺寸偏差率超过国家标准要求等。

2月28日，市消协发布羽绒被比较试验结果。经测试，本次比较试验40种羽绒被样品中有四成样品存在质量问题，个别样品涉嫌假冒，坑害消费者。

3月7日上午，市消协召开工作座谈会，市消协会长柳纪纲，市市场监管局党组书记、局长、市消协常务副会长冀岩，市市场监管局副局长、市消协副会长方葆青以及市市场监管局相关部门负责同志参加了座谈。座谈中，方葆青介绍了中消协开展的2018年全国70个城市消费者满意度测评结果及北京市消费者满意度测评情况，并就2018年北京市消协组织工作情况、市场监管体制改革后市消协工作思路及2019年重点工作安排做了说明。

3月14日，应天津市消费者协会邀请，市消协秘书长杨晓军前往天津，参加天津电视台“3·15”直播晚会。晚会中，宣布京津冀三地联合开展的“信用共建你我他、放心消费京津冀、服务质量提升”专题活动启动。

3月27日上午，市消协举办“北京市消协系统《电子商务法》培训会”。本次培训邀请北京市法学会电子商务法治研究会会长、《电子商务法》立法专家组成员邱宝昌为系统工作人员解读《电子商务法》。城六区及通州、房山、门头沟、大兴等部分区消协的秘书长、投诉部负责人及部分消协分会工作人员，共70余人参加培训。

3月27日，北京市消协发布大数据“杀熟”问题调查结果。调查结果显示，六成多被调查者认为大数据“杀熟”现象很普遍，甚至过半被调查者表示有过被大数据“杀熟”的经历。

3月29日，市消协发布空气净化器比较试验结果。测试结果显示：部分样品颗粒物洁净空气量实测值达不到明示值；部分样品没有明示气态污染物洁净空气量，不具有去除甲醛功能；部分样品噪声的实测值高于明示值。

4月16日，市协发布乡镇（村）居民网购消费调查结果；在这22个郊远乡村网购案例中，只有京东、天猫和顺丰快递等少数做到送货到家，其他大多数网购平台和快递物流公司存在将包裹送到快递代收点、农村驿站网点、村委会等地点，然后通过电话或短信通知消费者自己提取的情况。

4月17日，市消协通报京津冀三地消协集体约谈部分智能门锁生产企业情况，发布智能门锁产品比较试验结果。测试结果显示，智能门锁样品存在多项安全风险：用复制指纹解锁的风险；存在用复制IC卡解锁的风险；在非正常条件下，门锁有异常解锁和无法解锁的风险；在磁场干扰的条件下，存在异常反应；在-40℃低温环境下存在无法解锁的情况发生。

5月22日，市消协发布太阳镜比较试验报告。测试结果显示：50款太阳镜样品中有17款不符合标准要求，不符合率为34%。主要问题是交通信号透射比和标志存在问题。

5月26日，市消协发布网售儿童家具比较试验结果。测试结果显示：20件样品中有16件婴儿床样品不符合标准要求，占样品总数的80%。存在的主要问题是结构中部分孔和侧翻旁板不符合要求、床铺面有不符合标准的间隙以及床铺面冲击强度不够、旁板和床头不符合标准要求、框架强度不够、稳定性不够等。

5月29日，市消协发布网购儿童玩具比较试验结果显示：100件儿童玩具样品中有14件样品未达到相关标准要求，主要是标识、机械与物理性能、增塑剂和电玩具的安全存在问题，大多数主流品牌玩具样品安全性较好，消费者购买可参考本次比较试验结果。

6月5日，市消协发布速干衣比较试验结果显示：10个样品甲醛含量、pH、色牢度、纤维含量不符合国家标准要求。

6月6日，市消协举办了主题为“室内污染防治”的消费大讲堂活动。活动邀请专家和业内人士就国内主要城市室内空气污染现状、空气污染物对呼吸道健康的影响和室内污染防治方法等内容进行了详细讲解。

6月20日，北京市人大常委会财经办副主任路海滨一行到市消协调研，了解当前消费领域中预付卡等有关预付费消费情况，并听取建议。市市场监管局副巡视员于爽、市市场监管局消保处、法制处等部门负责同志，市消协及部分城区消费者协会秘书长陪同调研。

7月3日，市消协联合丰台区市监局、丰台区消协共同组织40余名消费者代表到北京新发地市场参观、体验，并就消费者关心的问题与企业管理者面对面交流。

7月22日，市消协联合海淀消协紧急约谈新浪微博相关负责人，市消协就新浪微博明星势力榜有关投诉情况向新浪微博进行通报，并就消费者反映的问题和现阶段的退款情况等事项进行查询。

7月23日，市消协2019年北京一日游消费体验调查结果发布。调查结果显示，近年来体验调查指标结果稳步上升，北京一日游消费环境总体趋势向好。

7月24日，市消协发布家用空调比较试验结果显示，所有样品额定制冷量、额定制冷消耗功率、额定中间制冷量、额定中间制冷消耗功率、制冷季节能源消耗效率（SEER）指标均达到标准要求，但所有样品均有指标实测值未达到或超过额定值。虽然样品实测值未超出国家规定的误差范围，但对消费者选择低能耗产品还是有不利的影响，消费者可参考市消协测试结果选购家用空调产品。

7月30日，市消协发布服装比较试验报告结果显示，100件样品中有25件样品未达到国家及相关标准要求，整体不达标率为25%，其中，上衣类有8件样品，休闲裤类有6件样品，牛仔裤类有11件样品，5件样品仅产品使用说明不符合标准要求。

8月1日，市消协陪同市市场监管局副巡视员于爽到北京苏宁公司调研，与企业相关人员开展座谈交流和专题沟通。

8月1日，北京市消协发布真丝服装比较试验结果显示，100款测试样品中，共40款样品不符合标准要求，其中，12款样品仅使用说明存在问题，28款样品质量指标不符合相关标准要求；实体店购买的30款样品中有5款样品存在问题，占实体店样品数的16.7%，网购平台购买的70款样品中，35款样品存在问题，占网购样品数的50%。有9款样品实测不含桑蚕丝成分，与网页宣传或产品明示不符，涉嫌欺诈消费者。

8月8日，根据“不忘初心 牢记使命”主题教育精神要求，市市场监管局副巡视员于爽带领广告处、广协、消协到北京快手科技有限责任公司开展调研。市消协秘书长杨晓军参与调研活动。

8月11日，京津冀消费者协会联合发布智能门锁比较试验结果显示，38把智能门锁样品中，8把样品电磁兼容试验存在异常反应；6把样品极低温环境下无法解锁；24把样品的IC卡钥匙可被破解复制；14把智能门锁样品宣传具有活体指纹功能，实测并不具备此功能，涉嫌虚假宣传；32把样品可用制作的假指纹解锁；30把样品可靠性差。

10月16日，市消协发布互联网消费捆绑搭售问题调查。体验结果显示，在对26个互联网平台进行的74个模拟消费体验样本中，有8个样本存在涉嫌捆绑搭售问题，占比10.81%。涉嫌捆绑搭售问题全部集中在在线旅游平台的机票和火车票预订项目。其他网络购物、票务和餐饮平台均未发现明显捆绑搭售问题。

10月29日，京津冀三地消协联合中国消费者报社在河北唐山举办了主题为“护航消费升级、服务协同发展”的首届京津冀消费维权高端论坛。中消协副会长兼秘书长朱剑桥、市消协会长柳纪纲、河北省消保委主任王雪峰出席会议并讲话。

11月1日，国家发改委经济体制与管理研究所所长银温泉一行5人到市消协就《“十四五”市场监管重大问题研究及建议》进行调研并召开座谈会。中国家用电器服务维修协会等11家行业协会及企业的相关负责人参加此次座谈。

12月3日，市消协召开了“比较试验电商企业约谈会”，就近期开展的羊绒衫、羽绒服、冲锋衣商品比较试验电商平台样品中存在的质量问题对天猫商城、京东商城、苏宁易购、拼多多、唯品会、网易严选等电商企业进行约谈。

12月11日，市消协发布家用手持式无绳吸尘器比较结果显示，35款手持式无绳吸尘器差异较大，部分产品的吸入功率超过100W，其主电机性能可以媲美传统有绳吸尘器产品；但是仍有部分吸尘器产品的吸入功率较低，对该产品的最终使用效果造成影响。

12月26日，市消协发布茉莉花茶比较试验结果显示，30款茉莉花茶样品的理化指标水分、茉莉花干和安全指标农药残留进行了测试，测试结果均在标准要求范围之内，表现良好。

天津市消费者协会

1月9日至18日，市消协开展为期10天的2018年度“最美消费维权人物”评选在线投票互动活动，共有243万余人次访问评选活动宣传页面，产生了25万余张选票。

1月17日，市消协召开3·15志愿服务队2018年度工作会，总结交流消费维权志愿服务活动，对年度优秀志愿者进行表彰。天津市“3·15”消费维权志愿者服务队参与了管道燃气和出租车价格听证会、北京一日游体验式调查、骨灰盒等比较试验、有机大米消费体察等多项志愿服务活动，得到了社会的广泛认可。

1月21日，为维护消费者合法权益，提高消费者自我保护意识，天津广播电台经济台为市消协录制四条公益宣传带。内容涉及老年人警惕“免费”活动、理性对待商品优惠活动、安全使用支付工具和年夜饭消费提示等方面。

1月30日，市消协邀请学者、律师、志愿者、行业监管及从业人员，召开《殡葬管理条例（修订草案送审稿）》修改意见研讨会，研提修改意见，推进殡葬行业法律制度完善，加强对消费者合法权益的保护。

2月28日，市消协进行了老年消费教育活动总结。市消协系统在2017年开展近百场公益讲堂的基础上，聚焦“保健食品”等在老年消费者中较为多发的热点问题走进全市社区，开展老年消费教育活动，得到了社会各界的充分赞誉。今年市消协将继续联动各区消协发动社会资源，深入推进老年消费教育活动。

3月9日，市消协与天津电视台都市频道《消费者》节目合作板块“消费帮”开播。“消费帮”作为其重点打造的板块，每周播出一期，通过发布消费者协会工作信息、分析当前消费热点问题、处理消费者投诉、发布消费提示警示信息等内容，向广大消费者介绍消费知识和维权知识。

3月11日，“3·15”消费者权益保护日前夕，市消协将侵害消费者权益十大典型案例，通过《天津日报》、《今晚报》、《每日新报》、北方网等新闻媒体进行发布，十大典型案例涉及家用电子电器、社会生活服务、房屋建材、日用商品等消费者密切关注的领域。

3月12日，市消协召开2019年老年消费教育活动专题会议，总结表彰2018年老年消费教育活动优秀单位及个人，部署全市联动继续开展老年消费教育活动。

3月14日，天津广播电视台联合市市场监管委、市消协等7家单位共同主办2019年3·15直播晚会，市政府副秘书长李荣强、市市场监管委主任林立军、副主任苏德芬等领导出席晚会。晚会现场发布了2018年最美消费维权人物的评选结果，杜焕蓉等10位企业、基层监管所干部获得该项殊荣。

3月28日，市消协根据《3·15消费维权志愿者管理办法》有关规定，完成志愿团队换届工作，程雪等24名同志受聘组成新一届天津市消费者协会3·15消费维权志愿服务队。

3月，市消协在3·15期间围绕“信用让消费更放心”年主题开展了一系列丰富立体的活动，持续强化了“消协声音”的传播，天津日报、今晚报、天津广播电视台、人民网、新华网、新浪、网易、腾讯等各主流媒体共发稿近400篇。

5月，天津市消协、北京市消协联合组织召开2019年北京一日游体验式调查培训会。市消协已连续三年组织相关调查活动，以神秘访客形式发现北京一日游市场所存在的问题。近30名消协志愿者及部分区消协工作人员参加了2019年“北京一日游”体验式调查。

5月，市消协与天津经济广播电台沟通协商，决定在《消费新主张》栏目对区消协逐一进行工作展示。根据报名情况，市消协将安排12个区消协分别走进直播间。

5月5日，第13期全国市场监管系统微信公众号传播影响力排行榜发布，市消协微信公众号首次进入全国省级单位前50位。其中，全国省级消协（消保委）35家，包括天津消协在内的15家单位进入前50名。

5月16日，市消协联合市眼镜协会、蓟州区消协走进天津市信息工程学校，向两个云南班学生近百人开展防控近视消费教育专题知识讲座。同日，市消费者协会联合部分区消协共同研讨防控儿童青少年近视消费教育工作，与会人员针对如何发挥消协消费教育职能进行了积极探讨。

5月17日，市消协开展农产品消费体察活动，组织食品专家以及蓟州、东丽、西青、北辰、武清、宝坻等区消协走进蓟州区禹道农场，开展农产品企业消费体察活动。

6月4日，京津冀消协协作维权五周年纪念活动筹备会在津召开。中国消费者报社副总编杨力军及三地消协秘书长、副秘书长参会。参会代表对五年来三地协作所做的消费体察、比较试验、团体标准等一系列工作进行了总结，并确定在今年八九月份开展三地消协协作五周年系列纪念活动，更好地服务三地消费者。

6月17日，市消协发布了免烫衬衫比较试验结果显示，46个样品中有22个样品部分测试项目不符合国家标准要求，样品实测值差距较大。

6月18日，市消协对外发布了《免烫衬衫比较试验报告》，媒体纷纷进行报道。其中，喜马拉雅在线广播的头条新闻中，对市消协免烫衬衫比较试验进行了音频报道，仅一天，在线收听人数已接近25万人。

7月5日，上半年全市消协组织共接待消费者咨询3672人次，受理投诉1052件，为消费者挽回经济损失99万余元，其中加倍赔偿7350元。根据投诉性质分类，质量、售后服务、合同问题仍是引发投诉的主要原因。根据投诉类型分类，交通工具类、食品类、家用电子电器类投诉仍是投诉发生的主要领域。

7月24日至26日，市消协参加中国消费者报社举办的全国消费维权新闻宣传工作座谈会暨居住服务信用体系建设研讨会。

7月29日，市消协举办全市消协系统投诉法律专题培训会。邀请天津大学法学院教授、市仲裁委首席仲裁员刘晓纯老师，结合当今电子商务类消费投诉日益增长的趋势以及新出台的《电子商务法》，对全系统进行《电子商务法》专题培训。

9月3日，国际消费者联盟副主席、香港特别行政区消费者委员会总干事黄凤娴来津调研。市消协张正秘书长介绍了近年来开展的消费维权工作情况，并且就双方前期开展的合作项目落实情况进行充分交流。

9月，针对近期消费者投诉方正宽带维修不及时、退费拖延的问题，市消协根据《消费者权益保护法》《消协组织消费维权约谈经营者办法（试行）》等有关法律规定，约谈方正宽带有限公司天津分公司，督促经营者妥善化解消费投诉，维护消费者合法权益。

9月17日，中消协副秘书长栗元广来津就天津消费维权工作开展情况进行调研座谈。

9月25日，市消协党支部举办庆祝新中国成立70周年演讲比赛。本次演讲比赛以歌颂新中国、歌颂中国共产党、歌颂新时代为主题。通过开展此次活动，全体干部统一了思想，凝聚了力量。

9月，市消协联合北辰区市场监管局、北辰区消协，并组织新闻媒体和部分消费者代表，走进北辰区产品质量监督检验所进行消费体察，实地、近距离地了解食品检验机构的职能、检测项目、检测内容。

10月22日，全国人大就《民法典人格权编（草案）（三次审议稿）》《民法典侵权责任编（草案）（三次审议稿）》向社会公开征求意见。市消协组织天津工业大学法学院、天津四方君汇律师事务所以及和平区消协、西青区消协共同召开征求意见座谈会。与会人员分别提出法律修改建议并在法理和实践方面进行研讨。

10月29日，由中国消费者报社主办，京津冀三地消协组织联办的主题为“护航消费升级、服务协同发展”的首届京津冀消费维权高端论坛在河北唐山召开。会上三地消协对以往经验进行了总结，并对未来工作加以规划，联合进行了《房地产经纪服务要求》团体标准、《五年比较试验结果数据分析报告》、《京津冀旅游消费体验式调查报告（2016—2019）》三项重要工作成果的发布。

11月20日，市消协组织市汽车维修检测协会、市汽车流通协会、中车检机动车评估鉴定公司等汽车领域专家、法律志愿者以及保税区消协召开《家用汽车“三包”规定》修订意见研讨会。

12月11日，中消协对地方消协组织开展的法律与理论研究工作进行通报，市消协获评全国“参与立法成果优秀单位”。

12月20日，为纪念市消协成立30周年，市消协召开了全市消协系统座谈会。市市场监管委党组成员、委副主任苏德芬同志到会并讲话。部分区市场监管局分管局长、全市15个区消协秘书长，以及滨海新区市场监管局消协筹备组负责人参加了座谈会。

山西省消费者协会

3月13日，省消协与省市场监管局联合召开3·15新闻发布会。省人大常委会副主任李悦娥，省政府副秘书长张文栋，省市场监管局党组书记、局长张九萍及省市场监管局部分领导班子成员以及相关部门领导参加了新闻发布会。发布会上，省消协发布省城2018年度物业服务消费者满意度调查报告和2018年全省十大投诉热点。

8月1日至10月17日，省消协与省市场监管局消费者权益保护和市场交易监管处、行业投诉站成立联合调查组，针对贵金属及珠宝玉石首饰行业存在的虚假宣传、标识标注混乱问题，对太原、大同、朔州、忻州、吕梁5个市的21个县（区）、127家珠宝店进行了调查。

8月22日，省消协第三届理事会换届大会在太原举行，会议选举产生了第三届理事会成员。省人大常委会副主任李悦娥当选为会长，省市场监督管理局党组书记、局长张九萍当选为常务副会长。会议审议并通过了新修订的《山西省消费者协会章程》。

9月下旬至国庆节期间，省消协接到多名家长的投诉：太原市金色摇篮小学一年级800多名新生宿舍甲醛严重超标，许多孩子陆续生病。针对这一情况，省消协迅速展开了调查，并对部分校舍进行了空气质量检测，根据检测结果与校方多次沟通协调，最终督促学校对30多间校舍采取了加装通风系统、更换床垫、减少校舍学生人数等整改措施。

9月24日，由省消协提起的省内首例首例消费民事公益诉讼“朔州市闫某经营劣质食盐”案在朔州市中院进行了公开审判。

12月4日，“品质保障　放心消费”企业信用等级创建授牌仪式在太原市举行，省人大法工委副主任张钧、省政协经济委员会副主任李岩、省文化和旅游厅副厅长戎劲光、省市场监督管理局一级巡视员胡凤莲出席，会上为119家信用等级创建企业进行了授牌。

12月底，省消协与省老年健康协会联合筹备“2020年迎新春文艺晚会”，晚会于2020年1月8日在省歌舞剧院礼堂隆重演出。

辽宁省消费者协会

1月，省消协在百家大型服务企业建立并开通“消费纠纷和解通道”，并举办了百家企业《消法》培训讲座。为参加培训的企业相关工作人员详细地解读了《消法》，通过一些典型案例讲解处理纠纷的技巧，回答现场提问。

2月，省消协针对沈阳市某连锁超市存在的商品标签误导消费者问题对其进行约谈，要求其依法进行整改，约谈后企业向省消协反馈了整改结果。

3月，省消协召开三大电信运营商纪念3・15国际消费者权益日座谈会，通报了2018年省消协和三大电信运营商处理消费者投诉情况。三大运营商介绍了2018年消费者投诉情况，剖析了自身存在的问题。针对老年消费者投诉的手机话费与流量费捆绑的问题，省消协向三大运营商提出了整改要求。

“3・15”期间，省消协在沈阳市皇姑区黄河街道泰山社区开展了老年消费教育活动，为社区老年人讲解了老年消费纠纷典型案例，并免费发放了《消费者权益保护法》《辽宁省消费者权益保护条例》《老年人防范消费陷阱白皮书》《辽宁省家庭装饰装修消费指导白皮书》等宣传材料。

3月，省消协参加省农业厅、省市场监督管理局联合举办的2019年辽宁省农资打假专项行动启动仪式，搭建活动宣传台开展宣传教育，解答消费者咨询，发放消费维权的相关材料300余份，活动受到了农民消费者的热烈欢迎。

3月，省消协在大商集团沈阳千盛百货广场门前举办3・15国际消费者权益日宣传活动，宣传消费者权益保护知识，受理消费者投诉，解答消费者咨询，发放消费维权的相关材料。

3月，省消协召开辽宁省纪念3・15国际消费者权益日暨“信用让消费更放心”年主题座谈会。参会人员围绕营造诚实守信、公平竞争的市场环境，创建安全放心的消费环境，进行了深入的探讨和交流。

3月，省消协会同省市场监督管理局联合召开了纪念3・15国际消费者权益日新闻发布会，引导社会各界共同致力于消费维权建设，营造好公平竞争的市场环境和安全放心的消费环境。

3月，省消协举办《家用汽车产品修理、更换、退货责任规定》(修订征求意见稿)研讨会。消费者、家用汽车生产者、销售者、维修者、汽车行业专家学者、行政管理部门、市区消协组织等会议代表就《家用汽车产品修理、更换、退货责任规定》(修订征求意见稿)存在的问题进行研讨，提出修改建议。

4月，省消协召开全省消协系统工作会，对全省消协组织目前机构人员及业务开展等情况进行摸底，并对2019年全省消协系统工作进行部署。

4月，省消协举办全省消协组织统计报表和维权案例上报工作培训班。

4月，省消协举办全省消协组织综合信息管理系统的培训班。

4月，省消协举办全省消协系统调解消费纠纷技能培训班。

5月，省消协协助省市场监管管理局参加省政务服务中心开展的第十三届“5.15政务公开日”宣传活动。

5月，省消协按国家市场监督管理总局要求，协助总局质量监督司开展对《产品质量法》的实施情况调研与评估工作。

5月至8月，省消协参加沈阳国际时装周活动、沈阳国际家俱博览会活动、辽宁省洗染行业绿色发展活动，加强与行业协会之间联系，引导行业协会自律，营造良好消费环境。

吉林省消费者协会

2月3日，省消协开展了60款运动鞋比较试验，参照鞋类国家标准，对甲醛、外底硬度、剥离强度、外底与中底粘合强度、成鞋耐折性能、外底耐磨性能、衬里与内垫摩擦色牢度、标识、防滑性能等进行了测试。

3月5日，省消协与吉林电视台公共新闻频道《第1报道》栏目合作，开设省消协“3·15”特别节目“维权十日谈”。录播10期节目，以“消费主张 维权力量”为主题，以时效性、服务性和权威性为节目理念，挖掘当前消费维权领域热点，破解维权难题，普及维权常识，提升维权意识，全方位多角度展示消费维权成果。

3月15日，省消协联合省市场监管厅召开了新闻通报会，价格监督检查和反不正当竞争处、消费环境建设指导处、省药品监督管理局、省消协通报了2018年度消费维权成果，省市场监管厅有关领导、机关处室、直属局负责人等共150余人参加了发布会。

3月15日，全省开展3·15国际消费者权益日宣传服务活动，各市、州、长白山消协，各扩权强县试点市消费者协会分别联合当地相关职能部门、行业协会、企业等，围绕“信用让消费更放心”消费维权年主题，举办2019年纪念“3·15”国际消费者权益日宣传服务活动。

3月18日，针对2019年央视“3·15”晚会曝光银行卡闪付存在安全隐患问题，省消协召开了银行卡闪付问题整治工作座谈会。省银行业协会、中国银联吉林分公司、工商银行吉林省分行等省内主要银行代表参加了会议。省消协提出五项措施保障客户银行卡闪付安全，与会代表表示高度认同，保证制定切实可行的安全保障措施，确保整治成果得到落实。

3月18日，针对央视3·15晚会曝光的某些超市存在窃取消费者信息的探针盒子问题进行排查整治，省消协于分别向各市（州）消协组织和各大商超、直属联络站印发了《关于在各大商超排查探针盒子的通知》和《关于排查通过探针盒子获取用户信息问题的函》。

4月3日，省市场监管厅、省消协、吉林日报社在东北亚金融中心共同举办“优化消费环境 提升消费品质 促进消费增长”高峰对话会。省人大、省政府、省政协等领导参加对话会。

4月17日，吉林省市场监管厅和省消协围绕引起社会广泛关注的西安“哭诉维权”奔驰车漏油事件，召开长春市区部分家用汽车消费维权约谈会，对长春地区27家具有代表性的品牌汽车销售企业进行了约谈。省市场监管厅副厅长刘景平到会并讲话。省市场监管厅消费环境处、消审局、合同局、消投中心相关负责人及企业代表共50余人参加会议。

4月20日，省消协开展保险服务满意度调查活动。活动通过网上问卷调查的形式，从投保险种、购买途径、服务水平、保险理赔、保险知识宣传、售后服务、意见建议等七方面开展了调查。

6月24日，省消协组织消费者代表、部分媒体代表等一行50余人，赴中粮可口可乐饮料（吉林）有限公司开展食品安全消费体察活动。

9月15日，吉林省消协联合辽宁省消协、黑龙江省消协、内蒙古自治区消协与苏宁易购集团股份有限公司签署了《“三省一区”消费者协会维护消费者权益合作备忘录》和《“三省一区”消费者协会联动开展商品和服务监督工作合作协议》，建立了消费维权协作机制。

9月18日，省消协与长春市汽车开发区消费者协会共同在锦程街道飞跃社区举办了百姓大讲堂活动。省消协围绕保健品基本知识、保健品常见陷阱及老年消费者如何维护自身合法权益等几个方面讲解。

10月17日，在全国第6个“扶贫日”，省消协代表省市场监管厅赴汪清县砂南村开展“助力脱贫攻坚”为主题的大讲堂活动，以通俗易懂的语言为贫困户讲解了消费维权相关知识。

黑龙江省消费者协会

1月7日—2月1日，省消协开展冬季旅游消费体察活动。对哈尔滨冰雪大世界、亚布力、雪乡等景区（景点）的住宿、餐饮、娱乐、安全、价格等服务状况进行了体察。

1—6月，省消协开展铁路客运服务消费体察活动。对12次列车，9个火车站的服务进行了体察。

1—12月，省消协开展免费为消费者检测珠宝活动。省消协与哈尔滨市产品质量技术监督检验院珠宝检测中心连续8年开展为消费者免费鉴定珠宝活动，为500多位消费者免费鉴定珠宝680余件，价值1000万余元。

1—12月，省消协开展商品比较试验活动。开展了婴幼儿背带、泳装、哺乳服、牛仔裤商品比较试验。

2月15日—4月30日，省消协开展全省通信服务消费体察（调查）活动。省消协约谈了通信企业，促其整改。

3月14日，省人民政府新闻办、省市场监管局、省消协在省政府新闻发布厅召开“3·15新闻发布会”。中央驻省和省内各大新闻媒体120余人参加了会议。省消协发布了“消费者投诉十大热点”及比较试验结果。

3月，全省各级消协组织通过纪念3·15国际消费者权益日、走上街头宣传、出租车后窗电子广告、板报、举办消费讲堂等多种形式大力宣传年主题。

3月，省消协开展的茶叶商品比较试验荣获“全国消协组织十佳优秀比较试验项目”。

6月，在6月5日“世界环境日”到来之际，省消协开展了主题为“关注室内环境　营造绿色家园”室内环境检测公益活动。省消协面向社会征集50个自愿家庭，由专业检测机构进行检测。

7月2日，省消协开展食品体察活动——参观了百盛中国集团肯德基店面服务及集团的食品仓库和配送环节。

7月29日，省消协与省移动通信公司联合开展党建合创活动。

7—8月，省消协组织开展旅游民宿夏季消费体察（调查）活动。对省内亚布力景区的周边民宿、镜泊湖景区的周边民宿、大庆龙凤湿地景区的周边民宿、扎龙自然保护区景区的周边民宿、伊春汤旺河石林国家公园景区的周边民宿和五大连池景区的周边民宿进行体验。

8月23日，省消协副秘书长张来斌以评论员身份参加由全省深化作风整顿领导小组办公室和黑龙江广播电视台联合举办的“党风政风热线”·人身保险专场直播节目。就消费者投诉保险理赔难等问题发表观点和建议，建议监管部门以保险销售、理赔、投诉及争议解决等环节存在的问题为重点开展专项检查，同时保险企业要加强自律，消费者要提高认知和维权能力。

9—11月，省消协组织开展生活美容院消费体察活动。在哈尔滨市、齐齐哈尔市、牡丹江市、佳木斯市、大庆市消费维权志愿者参与了消费体察活动。

9月20日，为加强全省市场监管部门消费维权队伍建设，提高消费维权效能，省市场监督管局针对全省市（地）市场监管局消保科（处）、12315中心负责人及相关人员举办消费维权业务培训班。省消协副秘书长张来斌受省局邀请现场授课。

9月20日，省消协开展了组织消费者参观生产企业暨群众利益无小事、食品安全进万家党建活动之一——参观了完达山乳业。

10月30日，省消协开展了组织消费者参观生产企业暨群众利益无小事、食品安全进万家党建活动之二——参观了九三油脂。

11月，省消协获得中消协“全国公益诉讼先进单位”荣誉称号。

上海市消费者权益保护委员会

1月9日，市消保委召开专业办工作会议，市消保委副主任兼秘书长陶爱莲、副秘书长唐健盛、宁海，专业协调部，各区消保委副主任及秘书长，各专业办专业顾问等参加。

1月9日，市消保委召开专业办公室工作会议，对3年来热心维权公益事业、积极参与专业办工作、为专业维权建言献策的15位专业顾问进行了表彰，并向115名专业顾问颁发聘书。各区消保委副主任，秘书长及专业办负责人，专家顾问等100余人参加会议。

1月11日，市消保委召开月度新闻通气会，会上发布了电吹风、养生壶比较试验结果。

1月16日，长宁区消保委主任龚明、副主任赖树生以及秘书长朱劲松一行到市消保委，就长宁区消保委工作向市消保委主任杨定华进行汇报。

1月28日，市消保委召开2019年度系统工作会议。会议总结了2018年工作，部署了2019年工作。市市场监管局副局长、市消保委副主任胡浩出席会议并讲话。各区市场监管局、机场分局分管局长，各区消保委秘书长，市消保委各专业办专职联系人，秘书处各部门负责人等60余人参加了会议。市消保委副秘书长唐健盛主持会议。

2月21日，市消保委会同江苏、浙江、安徽省消保委，召开推进长三角消费维权一体化工作座谈会。会议从消费维权信息共享、规制共建、资源共用、权益共护等方面，对《长三角地区消费者权益保护委员会消费维权一体化合作协议（初稿）》进行研究探讨，确立2019年合作主题及工作方向。

2月23日，市消保委举办海派定制旗袍公开评测会，现场邀请10位专家和近百位消费者代表，从工艺性、艺术性、实用性、传承性和时尚性等5个维度，对16家入围品牌的商务款和自选款旗袍进行打分。

3月14日，市消保委发布航空服务满意度调查情况，从打通后台数据链、打通顾客链接、打通“上海特色”飞机餐供给等角度提出意见建议，航空公司积极反馈，主流媒体跟进报道。

3月14日，市消保委副主任兼秘书长陶爱莲做客上海广播电台FM93.4《非常解读》，对中消协测评进行深入解读，从消费者满意度的定位、满意度衡量的维度、做好消费者满意度测评的意义等多个方面和本市听众互动交流，并“点面结合”就进一步研究互联网经济快速发展背景下的本市消费者需求、消费环境建设及提升消费维权水平等方面提出了建议，为政府及有关部门加强消费环境建设提供了参考意见。

3月15日，“信用，开创城市未来”——2019年上海市纪念国际消费者权益日座谈会召开。市人大常委会副主任肖贵玉、副市长许昆林、市消保委主任杨定华出席会议并做讲话。市市场监管局、市消保委秘书处、黄浦区政府、市单用途预付卡协会、上汽大众、携程和上海新消费研究中心分别进行交流发言，市人大、市政协、市有关司法、行政部门，各区政府、区消保委和市场监管局（机场分局），部分市消保委委员、公益律师、专业顾问，相关行业企业、消费者及本市主要媒体代表等160余人参会。

3月21日、25日，市消保委举办两期“系统升级改版应用操作与电商法”培训，全系统近130名投诉处理工作人员以及139家联网企业的178名工作人员参加培训。

3月27日，市消保委召开网购、旅游出行、生活服务类手机APP个人信息保护评测发布会，通报第3期39款手机APP（网购平台、旅游出行、生活服务类）涉及个人信息权限评测的结果，市消保委副主任兼秘书长陶爱莲、新闻部、检测机构、相关企业、新闻媒体等参加。

3月，市消保委联合眼镜行业协会、肯德基，开展“呵护好孩子的眼睛”公益活动，率先在肯德基推出青少年EYE护主题餐厅，传播普及视力保护方法与知识。

4月2日，市消保委召开系统秘书长工作会议，市消保委副主任兼秘书长、副秘书长唐健盛、宁海，各区消保委秘书长，相关人员等参加。

4月11日，市消保委召开现场沟通会，针对第3期评测中发现的贝贝APP麦克风权限与相关功能的对应性、APP内第三方金融服务的信息披露以及资质审核等问题，约谈杭州贝购科技有限公司，提出改进要求。

4月17日，市消保委与江苏、浙江、安徽消保委在上海举行仪式，签署《长三角地区消费者权益保护委员会消费维权一体化合作协议》。上海市消保委主任杨定华出席仪式并致欢迎词。中消协副会长兼秘书长朱剑桥，上海市市场监管局局长陈学军、江苏省市场监管局局长朱勤虎、浙江省市场监管局局长冯水华、安徽省市场监管局局长韩永生出席仪式并讲话。

4月17日，中消协副会长兼秘书长朱剑桥前往长宁区消保委调研。朱剑桥一行参观了长宁区消保委的工作场所，听取了市消保委和长宁区消保委工作汇报，观看了12315消费者投诉处理业务系统工作流程演示，并与企业代表进行交流。

4月23日，市消保委召开三届四次全委会。市十三届人大常委会副主任、市消保委主任杨定华，市政府副秘书长、市消保委第一副主任尚玉英出席会议并作讲话。

5月10日，市消保委汽车专业办召开PDI座谈会，市消保委副主任兼秘书长陶爱莲、专业协调部、汽车办，相关专家、行业协会、企业等参加。

5月21日，“长三角消保委联盟”第一次会议在安徽合肥召开，会议研讨并确定了2019年主要工作任务。上海、江苏、浙江、安徽四省市消保委秘书长等参加会议。

5月29日，“长三角消保委联盟”微信公众号正式开通。

5月27日，市消保委副主任兼秘书长陶爱莲赴上海市老字号行业协会调研。

6月1日，长三角消保委联盟正式启动景点儿童免票规则消费调查项目。市消保委作为轮值单位，牵头推动调查层层深入，通过消费者问卷调查、企业座谈交流、邀访专家等方式，听取和汇集各方意见；通过OTA在线旅游平台大数据分析，为调查提供数据支撑。

6月2日，市消保委联手市眼镜行业协会、肯德基公司共同启动“阿护好孩子的眼睛”主题活动。6月3日起，全市300多家肯德基门店共同推出“爱眼护眼小贴士”餐盘贴纸，提醒青少年儿童合理用眼、保护视力。

6月5日、6日，市消保委分别召开“2019年上海特色产品伴手礼”老字号企业、行业协会座谈会，鼓励号召更多行业企业参与到评测工作中来。

6月10日，市消保委发布网络平台充值消费体察结果，就网络平台“充钱容易退款难”、要求小额支付消费者购买虚拟币造成账户资金沉淀等问题，督促经营者增强信用和法律意识、优化流程和配置、加强资金管理和使用，明示预付资金管理信息，畅通消费者退款渠道，切实保障消费安全。

6月24日，长三角消保委联盟召开联合发布会，通报调查结果并倡议区域内景点推行儿童免票“身高与年龄兼顾”，得到上海中心大厦、上海迪士尼、江苏周庄古镇、无锡灵山景区、浙江西溪湿地、杭州东方文化园、安徽西递景区、安徽黄山风景区等长三角地区242家景点企业的积极响应。

6月28日，市市场监管系统党风政风行风民主评议第二监督组副组长徐朝哲带队来市消保委秘书处，对秘书处党风政风行风工作进行现场明查。

7月10日，上海市消保委牵头长三角消保委发布2019年上半年长三角地区消费投诉热点领域分析。

7月25日，市消保委召开2019新晋互联网企业培训，市消保委副秘书长宁海、投诉部、相关区消保委、企业等参加。

7月26日，市消保委全体党员、发展对象集体参观了中共一大会址，市消保委副主任兼秘书长、秘书处党支部书记陶爱莲参加。

7月29日，市消保委召开新闻通气会，发布相关运动内衣、凉席等商品比较试验结果。

7月，市消保委副主任兼秘书长陶爱莲带队走访座谈浦东、长宁、闵行、嘉定、奉贤等区消保委，走访小红书、叮咚买菜等新兴互联网企业，调研市文旅局旅游质监所、自贸区管委会办公室、上博、宜家等部门和单位，倾听一线声音，掌握一手资料，为解决问题提供支撑。

8月2—3日，市消保委召开2019特色产品伴手礼初评会，从品牌文化、产品品质、行业影响等三方面对96家企业的203件参评产品进行评测，初评产生85件入围产品（43件食品类及42件非食品类）。

8月6日，市消保委秘书处党支部召开“不忘初心 牢记使命”主题教育调研成果交流会。

5月14日、8月6日，市消保委先后组织各区消保委和市消保委各专业办公室信息员举办两期新闻摄影专题培训会。

8月5日、14日，市消保委副主任兼秘书长陶爱莲分别调研了市家政行业协会和市建材行业协会。

8月15日，长三角消保委联盟与长三角老字号产业联盟在上海召开会议，研究讨论联动工作计划，商定今后共同开展消费研究、消费论坛、消费评测、消费教育等工作。

8月18日，市消保委副主任兼秘书长陶爱莲携专业协调部、法研部、投诉部相关人员做客上海新闻广播《政风行风热线》节目以回应消费民生关切。

9月2日，市消保委召开老字号伴手礼企业进博工作布置会，市消保委副秘书长唐健盛、专业协调部、市商务委相关处室、老字号协会、会展公司、相关企业等参加。

9月17日，市消保委举办2019特色伴手礼公开评测会，邀请传统文化、广告营销、商业经济、社会法律等领域权威人士和消费者代表，在初评及消费者网上问卷评测的基础上，从品牌文化、地域特色、产品体验等3个维度对入围的50件伴手礼进行评分。

9月20日，长三角消保委联盟与长三角老字号产业联盟签订战略合作协议。双方将从深度挖掘“老字号”品牌文化、帮助“老字号”更好满足消费需求、打造“老字号”品牌关注点和传播点、共育消费基地及加快“老字号”融入“新消费”等方面开展合作。

9月20—23日，市消保委组织入选特色伴手礼企业入场2019中华老字号博览会，受到消费者热烈欢迎。副市长许昆林、市消保委主任杨定华、市商务委主任华源、市市场监管局副局长胡浩等领导视察展示现场。

9月29日，上海微旅游攻略公益征集大赛结果对外发布，历时两个月的征集活动落下帷幕。此次活动与驴妈妈旅游网联合主办，得到广大上海市民以及旅游达人的热情参与，共收到近百份投稿。

8月至9月，中国消费者报社、市消保委联合开展了“迎国庆、守初心、担使命”主题摄影、微视频比赛。各区消保委积极响应和参与，所有参赛作品均通过市消保委官方微信、微博和“上海新消费”微信公众号等新媒体平台进行宣传。

10月9日，长三角消保委联盟召开新闻通气会，发布联盟成立后联动开展的首个比较试验项目——老人鞋比较试验的相关结果；由上海市皮革技术协会立项制定的《老人鞋》团体标准经专家评审通过同时发布。

10月21日，市消保委召开教育培训行业企业工作座谈会。

10月22日，市消保委组织召开交通运输新业态运营企业座谈会，13家网络预约出租汽车、汽车分时租赁和互联网租赁自行车等企业负责人参加座谈。

10月30日，市消保委联合阿里巴巴正式发布“2019上海特色伴手礼手机淘宝APP专属页面”，普通消费者可登录天猫“一键直达”50款特色伴手礼。

11月5—10日，在第二届中国进口博览会，市消保委秘书处14名骨干力量组成驻场团队，细致、周密、快捷“零距离”推进服务保障；落实应急预案，开辟绿色通道，及时、妥善处理咨询12件，消费纠纷6件（4件自行处理，2件移交行政部门）。

11月27日，市消保委进博会服务保障系列工作受到充分肯定，市消保委团队被市妇联授予“上海市巾帼文明岗”称号。

11月28日，市消保委召开区消保委主任座谈会，市消保委主任杨定华出席会议并作讲话。各区消保委主任参加会议。

12月4日，市消保委副主任兼秘书长陶爱莲赴浙江省丽水市参加长三角消保委联盟年度总结会议。会议回顾并总结了今年长三角消保委联盟成立以来，围绕长江三角洲区域一体化发展国家战略，推进长三角消费者权益保护一体化所做的工作和所取得的成效。

12月24日，市消保委召开新闻通气会，发布了2019年上海市博物馆、乐园（景点）信息化服务调查情况。调查历时3个月，选取本市16家文博场馆、29家热门乐园景点，通过查看其微信公众号、网站、APP等，开展在线问卷调查并模拟消费者现场体察，从入园前基础信息、购票、园内体验等三个维度对其信息化服务状况进行评价。

12月27日，市消保委副主任兼秘书长陶爱莲接待台盟上海市委调研。

江苏省消费者权益保护委员会

（2019年度）

1月11日，省消保委发布《2018年维权诉求数据解读报告》。报告显示，2018年全省消保委系统共计受理维权诉求582059件，其中投诉130505件、咨询451554件，分别占接收总量的22.42%、77.58%，为消费者挽回经济损失167993012.2元。

1月21日，省消保委在镇江召开2019年全省消费维权志愿者专家团交流研讨会。会上，集中学习了家用汽车日常消费知识及常见故障判别技巧，部分地市专家团成员还交流了志愿服务工作经验和心得体会。

1月24日，省消保委结合近年来春节期间投诉、咨询情况，以及《2018年维权诉求数据解读报告》发现的热点问题，发布了2019年春节消费提示。

1月30日，省消保委发布《飞机票退改签情况“回头看”调查报告》。调查显示，9家航空公司中已有6家实现“阶梯费率”，还有3家未实现退改签手续费率差别收取。互联网机票销售平台整改态度积极，就调查问题都已基本完成整改。

3月8日，省消保委发布《全省2018年消费维权支持诉讼典型案例》。2018年全省各级消费者组织共依法支持消费者诉讼92起，涉及健身、购房、汽车、超市购物、农业生产、老年消费等多个领域，争议关键点涉及产品质量、人身安全、预付式消费、欺诈、格式条款等问题。

3月14日，省消保委发布《预付式消费调查报告》。针对此次调查中发现的涉及霸王条款问题较多以及无故或设置障碍不予办理预付卡退款的商家，省消保委下一步将采取约谈等方式要求经营者限期予以整改，涉及违法的，将移交相关部门。

3月15日，省市场监督管理局、江苏省消保委联合江苏广电“荔枝新闻”开展了2019年3·15互联网消费维权服务日活动。据统计，荔枝新闻及我苏网活动平台吸引了达百万人次关注，全天线上维权平台共计受理投诉、咨询与举报1972件。

4月17日，上海、江苏、浙江、安徽等四地消保委负责人在上海签署《长三角地区消费者权益保护委员会消费维权一体化合作协议》。

5月8日，省消保委发布《双肩包比较试验报告》。省消保委提醒广大消费者购买双肩包时应根据用途选购双肩包，注意查看标签信息，仔细查看整体外观，最后记得要索要购物凭证。

5月14日，省消保委针对省内汽车经营者开展集体性约谈，敦促企业规范经营。江苏省市场监管局应急管理与新闻宣传处、法规处、执法稽查局、网络交易监督管理处、价格监督检查和反不正当竞争处等有关处室，省汽车流通协会及媒体代表参加了会议。

5月21日，长三角消保委联盟召开第一次会议，会议商定联合开展沪苏浙皖主要景点儿童免票规则消费调查，促进长三角消费政策一体化建设和旅游产业高质量发展。

5月30日，省消保委发布儿童推车比较试验报告。报告显示，26批次样品中有1款样品未达到国家标准要求，还有1款样品有害物质测试超标。省消保委提醒广大消费者，选购婴儿车应到正规商场或网店，要关注产品是否有CCC认证标志和相关的认证证书。

6月5日，省消保委召开电子阅读器经营者侵犯消费者权益相关问题情况发布会。针对此次调查发现的问题，省消保委下一步将对亚马逊严重违法行为进行公开约谈调查，同时要求相关企业完善并明示售后政策，引导行业自律提升服务质量，推动我国“三包”政策完善。

6月10日，省消保委发布《端午节消费投诉数据分析报告》。2019年端午节三天小长假期间，江苏全省消保委系统共计受理消费投诉752件，相比2018年端午假期增长了4.3%，投诉多集中于综合零售、餐饮消费、旅游出行领域。

6月24日，长三角消保委联盟在上海召开主要景点儿童免票规则联合消费调查结果发布会，并倡议区域内景点推行儿童免票身高与年龄兼顾，得到了上海中心大厦、上海迪士尼、江苏周庄古镇、无锡灵山景区、浙江西溪湿地、杭州东方文化园、安徽西递景区、安徽黄山风景区等200余家景点企业的积极响应。

6月27日，省消保委发布保鲜膜、保鲜袋比较试验报告。省消保委建议广大消费者选购此类产品时，不仅要关注价格，更要关注产品标签或说明的完整性等，尽量选购PE材质制成的自粘保鲜膜或保鲜袋。

7月2日，省消保委发布2019年上半年全省消费投诉分析报告。据统计，全省各级消保委上半年共计受理各类消费者诉求280990件，其中咨询221659件、投诉59331件，与去年同期相比均有所下降。

7月8日，省消保委发布酒店预订后退订情况调查报告。调查发现，部分旅游电商平台与酒店之间并非直接签订协议，存在第三方代理商和经销商，造成信息不透明、不对称。省消保委提醒广大消费者，预订酒店前多加比较，预订后保存凭证，合理维护自身合法权益。

7月8日，省消保委在苏州大学举办2019年全省消保委秘书长培训班。培训以《民法总则》《消费者权益保护法》《电子商务法》等法律的理解与应用及消费维权实务等为主要内容。设区市、苏州工业园区、省直管县以及部分县（市、区）消保委（消协）秘书长、工作人员参加了培训。

8月13日，省消保委通报关于预付式消费调查专项整改情况，各企业积极配合，取得阶段性成效。下一步，省消保委将组织出台《全省预付式消费纠纷调处指引》，积极向有关部门提出预付式消费地方立法建议，探索建立第三方资金监管机制和保证金制度。

8月23日，省消保委发布主要景区儿童免票规则约谈情况。全省238家实行政府指导价主要景区已执行或承诺执行“对6周岁（含6周岁）以下或者身高1.4米（含1.4米）以下的儿童免收门票”政策，45家实行市场调节价的景区响应。

8月29日，省消保委通报智能电视开机广告侵犯消费者权益问题专项调查情况。针对调查中发现的问题，省消保委要求电视生产企业规范行为，如未取得消费者同意时不得强行植入开机广告等，并针对广告侵权的企业进行约谈，不排除必要时通过公益诉讼等法律途径，坚决维护消费者整体利益。

9月11日，省消保委发布了“每日坚果”消费调查报告。省消保委提醒广大消费者要根据自身食物摄入情况，调整坚果食用量，此外需要控制体重和减肥人群应减少食用坚果，“三高”人群也不建议食用坚果。

9月26日，省消保委发布2019年国庆消费提示，提醒广大消费者理性消费、文明出行、依法维权。如遇消费纠纷，应留存好相关凭证，及时拨打12315投诉电话，或向有关部门投诉、举报，维护自身合法权益。

10月8日，省消保委发布全省十一投诉分析报告。报告显示，十一黄金周期间，全省消保委系统共收到消费投诉1684件，咨询3768件，其中诉求集中出现在综合零售、家用电器、出行消费等领域。

10月9日，长三角消保委联盟召开新闻发布会，通报老人鞋比较试验结果。结果显示，部分样品出现开胶等现象，老人鞋比休闲鞋（板鞋）更防滑，比普通休闲鞋更轻，但重量和质量没有明显关联。会上，联盟还发布了国内首个老人鞋团体标准。

10月10日，省消保委结合智能电视开机广告专项消费调查情况，对创维、海信、小米等七家智能电视经营者开展集体性约谈。江苏省消费维权公益律师团代表、新闻媒体等参加了会议。

11月5日，省消保委通报智能电视开机广告专项整改情况。截至2019年10月25日，参与约谈的7家企业均提交了整改方案，整改取得阶段性成效。

11月8日，省消保委根据往年“双11”期间投诉特点与难点，发布“双11”消费提示，提醒广大消费者，购物高峰也是交易纠纷高发期和物流高峰期，消费者也要理性足足。

11月28日，省消保委、江苏省家电协会联合主办，汇通达、A.O.史密斯、京东五星等家电企业承办的“家电与爱同行”空调免费检测保养公益活动在南京举行。

11月28日，省消保委发布了《江苏省城乡居民消费现状调查报告（消费者篇）》，主要分析江苏省城乡居民的消费情况。

12月3日，省消保委发布了《江苏省城乡居民消费现状调查报告（市场篇）》，主要从江苏省消费市场结构、江苏省消费商品和服务评价、江苏省未来消费市场进行研究分析。

12月11日，省消保委发布《江苏省城乡居民消费现状调查报告（综合篇）》，从整体角度分析江苏省城乡居民消费的总体态势、主要问题，并提出相应建议。

12月19日，省消保委发布《APP付费会员制消费调查报告》显示，APP付费会员存在但不限于默认自动续费、扣款前后不予通知、额外付费产品告知不全、会员协议不够公开透明等问题。省消保委建议，APP运营方应改善服务质量，充分履行告知义务，根据不同情况设定可退费标准，完善投诉处理机制，重视消费者诉求。

安徽省消费者权益保护委员会

1月3日，省消保委召开“寻找2018安徽最美消费维权人物”专家评审会，评选出了10位“2018安徽最美消费维权人物”。本次评审会邀请了省委、省人大、省政协、省文明办、省高院、省市场监管局、省广播电视台等单位的9位专家作为评委。

1月15日，省消保委发布1号提示：欢度新春佳节这些消费提示请记好。

1月22日，省消保委发布2号提示：警惕预付式消费四大“顽疾”。

2月3日，省消保委通过三大通信运营商发布春节消费公益短信。

2月4日，省消保委通过安徽电视台《天天315》栏目，给全省消费者发布新年消费提示。

3月8日，省消保委召开3·15媒体座谈会，会议通报了安徽省消保委3月的七项重点工作。

3月11日，省消保委发布麻油比较试验结果。

3月13日，省消保委发布旅游消费体验式调查报告。

3月14日，“安徽最美消费维权人物颁奖暨3·15晚会”在安徽广播电视台公共频道成功播出。

3月15日，安徽省2019年3·15及“信用让消费更放心”年主题宣传活动启动仪式顺利举行，杨光荣副省长出席。

3月，省消保委选送的宣传画《诚信经营　放心消费》被评为消费教育宣传优秀作品，同时省消保委被评为消费教育宣教材料征集优秀组织单位。

3月20日，省消保委组织消费维权志愿者、省市主流媒体记者共30余人，走进中国电信安徽分公司“智慧城市体验馆”开展消费体察活动。

4月16日，省消保委组织消费者到“蔚来汽车”在合肥的生产基地，开展绿色消费体验。

4月17日，上海、江苏、浙江、安徽三省一市消保委组织共同在上海签署《长三角地区消费者权益保护委员会消费维权一体化合作协议》。

5月17日，经省消保委批准，安徽省通信消费教育基地在中国电信安徽分公司挂牌成立。

5月20日，安徽全省消保委2019年工作会议在合肥召开。各市、省直管县消保委主任（或第一副主任、常务副主任）、秘书长参加会议，省消保委主任沈卫国做工作报告，省市场监管局党组成员副局长张志宏出席会议并讲话。

5月21日，上海、江苏、浙江及安徽四省市消保委组织在安徽合肥召开长三角消保委消费维权联盟第一次会议，研究讨论并制定联盟2019年工作计划。

5月21日，安徽全省消保委2019年业务培训会议在合肥举行。上海市、浙江省、广东省消保委负责人分别就长三角消费维权一体化建设、电商维权、消费公益诉讼做业务培训。

5月28日，省消保委启动长三角消保委联盟消费维权机制，浙皖两地联动为消费者所购17万元的品牌木门“验明正身”。

6月3日，省消保委发布3号提示：购买和食用粽子需注意“新鲜、安全、科学、适量”。

6月12日，安徽省巢湖市栏杆集镇党委政府挂牌成立巢湖市栏杆集镇消费者权益保护工作站，这是安徽省首个乡镇消费者权益保护工作站。

6月20日，省消保委发布4号提示：饮料解暑虽爽　多饮有害无益。

6月21日，省消保委召开家装建材行业消费维权新闻通气会，通报了家装建材领域消费争议的总体情况以及存在的主要问题，并针对上述情况，提示消费者在家装过程中需注意10项要点。

6月24日，长三角消保委联盟召开主要景点儿童免票规则联合消费调查结果发布会，并倡议区域内景点推行儿童免票身高与年龄兼顾新规则，得到了安徽西递宏村景区等240多家景点企业的积极响应。

7月2日，省消保委党支部在省市场监督管理局“两优一先”评选活动中脱颖而出，获得“先进党组织”荣誉称号。

7月29日，安徽省滁州市首家“老年消费教育示范点”揭牌，这是安徽省第二家“老年消费教育示范点”。

8月6日，省消保委发布安徽伴手礼（老字号）征集公告。

8月31日，安徽省直机关印发《关于表彰省直机关文明单位的通报》，省消保委秘书处荣获“2017—2019年度省直机关文明单位”荣誉称号，受到通报表彰。

9月11日，省消保委组织省市主流媒体记者、消费者代表共30余人，走进合肥海尔电冰箱、洗衣机生产基地，开展“质量月”消费体察活动。

9月24日，省消保委发布5号消费提示：国庆黄金周来临“出境游”这些攻略请做好。

9月28日，省消保委发布6号提示：欢度假期　如何吃得安全健康。

9月29日，省消保委发布7号提示：自驾游　这些提醒请记好。

10月9日，长三角消保委联盟召开新闻通气会，发布老人鞋比较试验结果及《老人鞋》团体标准。

11月5日，由省消保委和省人民检察院主办、滁州市人民检察院承办的“2019年消费民事公益诉讼研讨会”在滁州市举行。

11月7日，省消保委发布“双11”消费提示。

11月26日，省市场监管局、省消保委在合肥市举办“安徽省线下实体店无理由退货公开承诺”活动，35家企业代表向社会公开承诺，自愿为消费者提供无理由退货服务。

12月11日，安徽省首家“农村消费教育示范点”在阜阳市颍上县西三十铺镇洪单村揭牌。

12月22日，人力资源和社会保障部和国家市场监督管理总局联合发文，省消保委秘书处被授予“全国市场监管系统先进集体”称号。

12月26日，省消保委在合肥召开2019年省级放心消费示范单位专家评审会。

福建省消费者权益保护委员会

2019年1月10日，省消保委联合福州市消保委开展两节消费市场体察活动。本次消费体察代表由新闻媒体代表、消费维权志愿者代表、福建省消委会及福州市消委会工作人员共30人组成。

3月6日，省消保委美容化妆品行业专业委员会联合福建省美容化妆品产业商会、平安银行福州分公司，开展2019年度福建省美容化妆品行业“自律自强　诚信兴商”倡议活动，并在福州成立了“福建美容化妆品诚信联盟”，首批50名商家入围诚信联盟。诚信联盟的建立就是为了抵制预付式消费乱象，保障消费者的消费安全，并宣扬、保护诚信经营的商家，促进美容化妆品行业的健康和谐发展。

3月8日，省消保委面向全社会公开征集侵害消费者合法权益的消费民事公益诉讼案件线索。

3月15日，省消保委、福州市消保委在福建会堂举办“3·15”国际消费者权益日宣传活动。活动以“信用让消费更放心”为主题，旨在着力推动消费领域信用体系建设，营造放心消费环境。省人大常委会副主任吴洪芹、副省长郑建闽、省政协副主席洪捷序参加宣传活动。

3月15日，省消委会向社会发布了2018年度消费维权投诉数据分析报告及十大典型案例，涉及网购、旅游、保健品、二手房交易、预付卡、群体投诉等，向社会公开发布。

3月19日，省消委会与福建省广播影视集团福建新闻广播联合发布“2018年度消费类典型案例白皮书”。

4月22日，省消委会根据全省各级消委会受理投诉数据的统计，向社会发布第一季度消费投诉数据分析报告及案例。

6月26日，由利比里亚司法部、外交部、劳工部官员组成的24人代表团一行来到省消委会进行座谈交流。由于利比里亚目前还没有保护消费者权益的组织，省消委会就我国消费者权益保护组织的如何建立、国家到地方消费维权体系的如何形成、消费者权益如何保护、卖方权益如何保障、对食品的安全如何提供保护等方面问题进行了介绍。

7月8日，省消委会发布2019年上半年度全省消费投诉数据分析报告及案例。

10月15日，省消委会向社会发布2019年度第三季度福建省消费投诉数据分析报告及案例。

11月11日，省消委会联合福州市消委会走进东大社区开展“防范非法集资，守住钱袋子”金融消费系列主题讲座。

11月12日，省消委会发布开展现制现售奶茶比较试验报告。

11月21日，省消委会联合福州市消委会，携手厦航福州分公司，特别邀请福建中医药大学校长、中华中医药学会中医健康科普首席专家李灿东教授走进厦航福州分公司开展“共同携手蓝天，共筑生命健康”讲座。

12月3日，省消委会组织志愿者代表参加省妇联与树兜社区主办的“《宪法》进万家宣传活动”。

江西省消费者权益保护委员会

3月5日，经社会及各有关部门推荐、宣传推广、公开投票及专家组遴选，省消保委向社会公布“2018年度江西最美消费维权人物”。

3月15日上午，省消保委联合江西省委宣传部、江西省市场监管局、南昌市委宣传部、南昌市市场监管局、南昌市消保委在八一广场举办江西2019年“3·15”国际消费者权益日宣传咨询服务活动。活动现场分为识假辨假区、消费维权区、投诉和解区、法律咨询区、金融消费区、网购咨询区等六个区域，通过设置大型展板等方式，形式多样地宣传科学消费知识，展示政府各部门、各单位的消费维权成果，大力营造社会协同共治的良好氛围。•

3月15日，省消保委联合江西省普法办举办“百万网民学法律”知识竞赛。

3月15日，省消保委联合江西省洗涤行业协会联合制定的《江西省洗染服务消费纠纷处理指导意见（试行）》（以下简称指导意见）正式试行。详细规定了洗染服务规范、经营者职责、赔偿标准等内容，为消费争议的快速处理提供了指引。

7月18日，省消保委秘书处深入上海路北社区开展“不忘初心，牢记使命，为民服务解难题”主题活动。活动现场，通过设立咨询台、悬挂条幅、发放法律宣传资料等方式，向社区居民宣传《消费者权益保护法》、金融消费知识和网购知识等。同时，还现场受理消费者投诉，公益律师免费为社区居民提供法律咨询，家电品牌企业免上门费和人工费为社区居民维修家电。

11月29日，省消保委向社会发布铁锅比较试验结果。省消保委和检测机构工作人员以普通消费者的身份，在南昌市的华润万家、家乐福、沃尔玛、旺中旺等4家超市和天猫、京东、淘宝等电商平台购买了16款铁锅样品开展比较试验。16款样品中无涂层铁锅10款，品牌包括苏泊尔、爱仕达、炊大皇、臻三环、顺达、庆展、百强、新田；有涂层铁锅6款，品牌为苏泊尔、爱仕达、泊杜、双冠、邦仕尼、MAXCOOK美厨。

山东省消费者协会

1月18日，省消协在济南仲宫大集开展了“品质消费教育乡村行”宣传咨询服务活动。

3月15日，省消协联合民进山东省法工委在山东财经大学开展了3·15消费教育进校园活动。

3月15日，省消协开展了“寻找2018年山东最美消费维权人物”活动，评选出“2018年度山东十大最美消费维权人物”并于3月15日公布。

5月7日，省消协针对“宝马车”事件，省消协联合省汽车流通协会开展了汽车经营及消费倡议活动。

5月8日，省消协组织有关部门、行业协会、社会各界代表赴东营天元塑业有限公司和山东半球面粉有限公司开展了“信用让消费更放心”消费体验暨消费教育进企业活动。

5月30日，省消协启动全民健康科普大讲堂暨保健食品“五进”专项科普宣传活动，在全省10个市开展宣讲活动11次。

6月5日，省消协组织消费体验团赴临朐康宝蜂业有限公司和山东博康蜂业有限公司，开展消费体验暨消费教育进企业活动。

6月29日，省消协联合省社会组织总会、省食品工业协会等单位，在济南天桥区尚品清河小区开展了“食品安全、健康保健科普知识”进社区活动。

7月4日，省消协赴博兴县山东博华高效生态农业科技有限公司开展了“尚德守法，食品安全让生活更美好”食品安全消费体验活动。

9月20日，省消协赴济南市平阴县山东福牌阿胶股份有限公司开展了“2019年山东省质量月消费体验进企业活动”。

10月17日、18日，省消协联合省市场监管局开展了消费教育进社区活动，分别到燕文社区、舜世社区、舜华社区开展了消费教育讲堂、消费教育志愿服务活动。

12月26日，省消协召开“山东省消协律师团消费维权座谈会”，组建包含35名成员的新一届省消协律师团。

2019年，省消协被评为全国消协组织消费维权先进集体。

湖北省消费者委员会

3月12日，湖北省消费维权新闻通报会在湖北省市场监督管理局隆重召开。通报会现场，省市场监督管理局、省委宣传部、省农业农村厅、省文化和旅游厅、省消委、省家电办等14家行业协会、省汽车行业等10家消费维权办公室、途虎养车消费维权站，以及210家名优企业、25家主流媒体，参与了此次活动。

3月15日，湖北省市场监管局、湖北省消委联合相关职能部门在武汉中商广场门前举行了湖北省2019年纪念“3·15”国际消费者权益日宣传咨询服务活动。

3月5日和6月12日，消委组织消费维权志愿者、义务监督员、新闻媒体分别到美的集团武汉工业园、武汉宁美国度科技有限公司开展“信用让消费更放心”消费体察活动。

4月14日，省消委会通过微信公众号自媒体发布“热点回应”：西安奔驰女车主别哭，消协四点意见助您维权！表明省消委观点声援消费者。

4月19日，省消委向市、州消委（协）及省汽车维权办发布《关于开展家用汽车经营主体收取金融服务费等消费争议问题约谈劝谕活动的通知》，全省开展专项约谈劝谕活动，推进解决汽车消费维权痛点、堵点。

4月26日，省消委组织召开“共同培育我省汽车消费新环境”座谈会，研究探讨应对措施和行业自律办法，出台了《关于规范我省汽车销售经营行为的五点意见》，强化经营者守法意识和服务意识；发布类似案件处理指导建议，指导各地合理合法合规及时有效解决汽车消费纠纷。

10月14日，省消委邀请省缺陷产品管理中心、中南财大法学院、武汉理工大汽车学院、省机动车鉴定与评估协会、各大品牌汽车主机厂等30家单位，召开湖北省汽车消费维权专家委员会组建工作座谈会。

12月16—18日，全省市州消委秘书长业务培训班在武汉召开，全省各市州分管局长、秘书长和县市业务骨干近70人参加培训。

湖南省消费者委员会

1月18日，省消委会发布2019年第1号消费提示“理性消费　放心过年”。

1月22日，省市场监管局、省消委会联合印发《关于开展2019年3·15国际消费者权益日系列活动的通知》，组织全省围绕“信用让消费更放心”的消费维权年主题，开展3·15国际消费者权益日系列活动。

2月18日，省消委会推荐的湖南芙蓉律师事务所律师刘高入围2018年度“全国最美消费维权人物”提名人名单。

3月11日，湖南省2018年度“最美消费维权人物”获选名单出炉，刘高、张伯文、周炜、肖雄、童旺芝、段超、胡斌、刘异、许辉英、蔡湘文等10人被评为湖南省2018年“最美消费维权人物”，谢辉、龙海鹰、刘军、田革辉、刘春能、周宏儒、陈八顺、戴萍、王桂明、阳玉祥等10人被评为湖南省2018年“最美消费维权人物提名”。

3月12日，省市场监管局、省消委会联合制作的“信用让消费更放心”年主题宣传片通过地铁、公交、磁悬浮、电梯小屏、公共场所大屏等媒介与社会各界见面。

3月14日，省政府新闻办、省市场监管局在长沙召开2019年3·15国际消费者权益日新闻发布会。省市场监管局副局长李沐作主题发布，通报2018年全省消费维权十大案例和十大消费投诉热点。

3月15日，由省市场监管局、省消委会共同主办的“信用让消费更放心”2019年湖南省3·15国际消费者权益日大会在长沙举行。大会通过市内黄兴广场大屏幕和红网所属的市内所有电梯小屏、红网网络新媒体在线同步直播，参与人群达10万余人。

3月15日，省消委会《2018年度湖南省消费者满意度报告》在2019年湖南省3·15国际消费者权益日大会上发布。

3月19日，中消协发文通报表彰，省消委会荣获全国消协系统消费教育宣教材料征集优秀组织单位。

4月9日，省消委会发布第一季度全省消委会组织受理投诉情况分析报告。

4月18日，省消委会在长沙举行中医药健康养生消费体验活动，在场的消费者代表聆听中医专家养生知识培训，进行了针灸、按摩、拔罐等项目的现场体验，并与专家进行了互动交流。

4月26日，省消委会联合湘潭市文明办、湘潭市市场监管局、湘潭大学商学院在湘潭共同举办2019年“信用让消费更放心”年主题理论研讨会。中消协副会长兼秘书长朱剑桥出席研讨会并作主题演讲。

5月6日，省消委会发布《2019年湖南省消委会工作要点》。

5月28日，省消委会发布2019年第2号消费提示：舒心消费　欢度六一。

6月18日，省消委会印发《全省消委系统消费扶贫教育引导活动方案》，号召全省各级消委会组织以“吃农家饭、住农家屋、买农产品”为主题，在全省范围内开展为期半年的消费扶贫教育引导活动。全省共组织消费扶贫教育引导活动52场，组织15家企业对接扶贫村，为农民群众销售农产品12000多公斤。

6月30日，以“吃农家饭、住农家屋、买农产品”为主题的湖南省乡村旅游消费扶贫教育引导活动启动仪式在怀化沅陵县举行，标志着全省消委会系统为期半年的消费扶贫教育引导工作正式拉开序幕。中国消费者协会副秘书长栗元广、省市场监督管理局副局长李沐出席启动仪式并讲话。

7月15日，为让广大消费者度过一个安全、愉快的暑期，省消委会发布2019年第3号消费提示：“暑期消费五注意。”

8月1日，省消委会秘书处党支部与中国移动湖南公司客户服务部联合举行“党建和创”主题实践活动。

8月5日，在全国消费维权新闻宣传工作座谈会上，省消委会被中国消费者报社授予“2019年度消费维权新闻宣传省级优秀单位”荣誉称号。

8月26日，省消委会发布2019年上半年全省消委会组织受理投诉情况分析报告。

8月27日至29日，省消委会秘书处党支部全体同志来到湘西花垣县十八洞村调研，与村支部一起在党旗前庄严宣誓，座谈了解他们在脱贫攻坚中所做的努力，商谈消费扶贫和农村消费维权等工作。

10月10日，省消委会印发《关于做好2018—2019年度全国消协组织消费维权先进集体先进个人推荐评选工作的通知》，组织全省各级消委组织参加推荐评选工作。

10月15日，省消委会发布2019年第三季度全省消委会组织受理投诉情况分析报告。

10月17日，省消委会印发《全省消委系统消费维权法律法规宣传“五进”活动实施方案》，要求全省各级消委组织10月下旬至11月上旬在全省范围内集中开展消费维权法律法规宣传“进企业、进学校、进社区、进景区、进农村”活动，在全社会掀起学法、用法、守法的良好风尚，营造安全放心的消费环境，努力提升我省消费者满意度。

10月22日，全省消委会系统消委会组织信息系统推广使用工作业务培训班在永州举行，全省14个市州消委会业务骨干参加了综合信息系统、投诉咨询系统及消法等业务培训。

10月23日，全省消委会秘书长工作会议在永州召开。来自全省14个市州消费者委员会秘书长参会，会议研究部署中消协“双先”评选工作和消费维权法律法规宣传“五进”活动。

10月28日，省消委会公开向社会征集消费者代表，参加制定《湖南省高速公路货车通行费按车型收费标准方案》相关定价机制听证会。

11月4日，省消委会发布2019年第4号消费提示：

“‘双11’即将来临，网络购物需理性。”

11月26日，省消委会发布第5号消费提示：赠品免费但不免责。

2019年，省消委会联合湖南人民广播电台新闻综合频道开办《消法公开课》栏目，通过法条解释和案例分析，积极宣传《消费者权益保护法》和《湖南省消费者权益保护条例》，累计制作节目15期，引导广大消费者树立品质消费理念，督促经营者诚信经营，助力我省放心消费创建。

12月22日，省市场监管局、省消委会组织拍摄的《信用让消费更放心》消费维权年主题公益宣传片荣获2019年全国首届市场监管“三微”大赛二等奖和优秀剪辑奖。

12月31日，省消委会经报湖南省市场监管局同意，对全省各市州消委2019年度工作进行了考核，印发《关于2019年度全省市州消委组织工作考核情况的通报》，对工作突出的单位予以通报表彰。

广东省消费者委员会

2月18日，在充分研究论证的基础上，省消委会提起全国第一宗未成年人保护消费民事公益诉讼案，率先推动实施以身高+年龄作为标准落实未成年人门票优惠，在全国引起广泛关注和较大影响。

3月12日，举办了“2019年广东省消委会‘信用与放心消费创建’——3·15《电子商务法》进企业”宣传教育活动，面向200多名领导员工以及50多家企业代表开展普法宣传，推动广东省电商行业规范健康发展，营造安全放心的网络消费环境。

3月15日，在广东省消委会的指导下，全省各级消委会纷纷举行“3·15”现场宣传纪念活动，据统计，3月15日当天全省各级消委会系统共接到投诉和咨询5.5万多件，其中，消费投诉近1100件。

4月19日，省消委会联合广东省市场监管局召开“广东汽车销售行业保护消费者权益指导座谈会”，约谈30余家规模和影响较大的汽车经销商代表，指导企业规范销售经营行为，进一步提升消费者体验及满意度。

5月31日，省消委会在珠海横琴成功举办“2019粤港澳大湾区‘消费·维权’论坛”。中消协、省市场监管局等出席论坛并发表讲话。

9月2日，省消委会举办“质量月行动”启动暨质量消费教育“进基地”活动，在相关行业协会和检测机构的协助下，组织30名消费者代表、消费维权志愿者及媒体记者，走进广东省产品质量消费教育基地，开展产品质量消费教育，普及产品质量安全知识。

9月12日，省消委会与广州市白云区市场监管局联合举办的质量消费教育“进社区”活动，向群众提供消费维权知识，受到社区居民、商场消费者和过路街坊的欢迎。

10月29日，“2019年全省消委会系统秘书长业务培训班”在中山举办，省市场监管局副局长钱永成出席开班仪式并作动员讲话，中消协副秘书长王振宇作主题报告。

4—9月期间，省消委会联合韶关市消委会、中山市消委会开展了手机、平板电脑屏幕对眼睛影响及防蓝光贴膜效果比较试验，并于11月8日召开新闻信息通报会，向社会发布比较试验结果及消费提示，并邀请行业专家讲解蓝光危害，普及健康用眼知识。

12月27日，省消委会组织召开“规范房地产中介服务、保护消费者权益”研讨会，就改善房地产中介服务行业现状、加强行业企业诚信建设、提升消费者保护水平等议题进行研究探讨。

广西省消费者委员会

2019年5月31日，省消委会与台湾消费者保护协会签订消费维权合作协议。加强广西与台湾地区的消费者权益保护，推动跨区域消费维权合作，携手维护消费者权益，共同推进跨区域经济发展。

省消委会委托第三方专业调查机构开展了城市消费者满意度调查工作，调查城市覆盖全广西14个设区市。调查结果专报自治区党委、人大、政府、政协以及各市人民政府等领导机关。

3月15日，陈曦应邀到北京参加由中国消费者协会举办的“信用让消费更放心——2019年3·15国际消费者权益日主题活动”并领奖。广西保险行业协会消费者权益保护中心主任陈曦作为全国金融行业唯一也是广西唯一人选，荣获“2018年度全国十大最美消费维权人物”称号。

重庆市消费者权益保护委员会

3月14日，市消保委、市市场监管局联合相关市级职能部门和行业协会共同举办的2019年重庆市3·15国际消费者权益日宣传咨询活动暨放心消费展示推介会于3月14日在重庆国际会展中心隆重举行。

3月，市消委会开展“放心消费　由你点赞”主题活动。

3月中旬，市消委会联合市场监管局就央视“3·15”报道重庆市家电维修服务行业突出问题，开展家电维修服务经营者集体公开约谈。

4月29日—5月2日，市消保委秘书长徐京赴葡萄牙参加国际消联组织第二十届全球高峰大会。

5月，市消保委开展家电售后服务行业消费调查。

9月，中消协、山西省消协、重庆市消委会、深圳市消委会发布配装眼镜比较试验结果。

11月13—15日，市消保委在重庆市场监管干部培训学校举办2019年度消费维权业务培训。

11月，市消保委派出代表参加市发改委关于重庆市全面取消公立医疗机构医用耗材价格、医疗服务项目价格调整方案的听证会。

11月，市消保委发布多功能浴室电加热器比较试验结果。

11—12月，市消委会联合相关行业协会开展了2019年度“为高质量点赞”消费品（服务）评价活动。

12月，市消保委发布家电售后服务行业消费调查。

2019年，全市消委会系统共受理消费者投诉23959件，同比增长13.6%，解决22061件，投诉解决率为92.08%，共为消费者挽回经济损失6624.4万元；因经营者有欺诈行为得到加倍赔偿的投诉为336件，加倍赔偿金额39.97万元；移交有关行政部门案件线索1770件。2019年，全市各级消委组织共受理消费者咨询6.5万余人次。

四川省保护消费者权益委员会

1月8日至11日，省消委会举办全省消委组织“2018年度典型案例评选活动”。从全省21个市州消委组织和16家消费纠纷调解服务站53件案例中评选出一、二、三等奖共17个，有效地提升了各地消费纠纷调解业务水平。

1月17日，省消委会促成唯品会“唯爱助农·四川馆”上线，助力四川省扶贫工作深入开展。联合中国消费者报社和唯品会开展了“寻找消费者最喜爱的农产品”消费精准扶贫活动。

2月至6月，省消委会开展了“四川省中小学校外培训机构服务行业社会监督调查”项目，发布《四川省中小学校外培训机构服务行业社会监督调查报告》。

3月15日，省市场监管局，省消委会召开四川省纪念“3·15国际消费者权益日”座谈会。会议发布了《四川省2018年度消费者满意度指数报告》，持续巩固了我省在国内消费调研项目中应用大数据规模的领先地位。

5月5日，省消委会发布智能门锁比较试验结果，并推动制定了智能门锁团体标准。省消委会联合中消协和深圳市消委会，对29种智能门锁开展了比较试验。

7月，经中国平安财产保险股份有限公司四川分公司和中国太平洋人寿保险股份有限公司四川分公司申请，省消委会按照《四川省消费教育示范基地认定监督办法》进行现场审核和考察后，在征询行业主管部门和四川保险行业协会意见后，分别继续在上述两公司建立“四川省财产保险业消费教育示范基地”和“四川省人身保险业消费教育示范基地”。

7月25日，省消委会发布《四川省乡镇快递取件二次收费社会监督调查报告》。8月13日，邀请相关公司代表和媒体召开乡镇快递取件二次收费约谈会。

9月17日，省消委会就闫某等4人因销售假冒阿迪达斯、耐克、安德玛三个国际知名运动品牌的商品严重侵害不特定众多消费者合法权益向成都市中级人民法院提起公益诉讼，请求被告承担“退一赔三”共计390万余元等诉讼请求，法院于9月23日正式受理。省消委会被中消协评为2019年公益诉讼成果突出单位。

8月13日，省消委会联合省市场监管局、省邮政管理局召开约谈会，对申通、中通、圆通、韵达等4家快递公司进行公开约谈，并邀请24家中央驻川、省、市媒体全程参与。

8月21日，在成都举办的全国消协组织消费指导工作培训班上，“家用智能扫地机器人比较试验”被评为优秀比较试验项目。

12月，为落实省政府《四川省促进川菜走出去三年行动方案（2018—2020年）》，科学稳步推动“放心舒心消费城市”创建工作，省消委会启动2019年川菜消费者满意度及消费指导活动。

12月26日，省消委会举办“感恩有你　维权同行”新年茶话会，表彰了李清、陈莺、刘刚、刘佳等18名同志为四川省保护消费者权益委员会优秀法律顾问、消费咨询专家、3·15志愿者、维权媒体人，并聘任彭祥宇、李建勤、李清等同志为四川省保护消费者权益委员会3.15志愿者、消费咨询专家、法律顾问。

云南省消费者协会

2月，省消协积极配合省局开展保健品市场整治行动，邀请相关企业代表进行座谈。

3月，省市场监管局、省消协与昆明市市场监管局、市消协在昆明市南屏步行广场举办以“信用让消费更放心”为主题的纪念3·15国际消费者权益日活动。

4月，省消协在省市场监管局召开“云南省民航服务消费者满意度调查结果”座谈会。

7月，省消协到基层进行党建工作调研，走访瓜子汽车服务有限公司昆明分公司，了解企业消费维权工作，并帮助企业完善消费维权机制。

8月，省消协秘书长率队到云南省物流学会进行调研，实地考察物流企业并进行座谈，深入普洱茶行业协会进行调研，与普洱茶行业协会就放心消费进行座谈。

10月，省消协在省市场监管局干部培训学校举办“全省消协组织投诉与咨询系统暨电商直通车”培训班。

11月，省消协会长王树芬、常务副会长张荣明、秘书长冯俊龙参加中消协在成都召开的“全国部分省市消协组织工作座谈会”。

11月，省消协召开比较试验结果媒体通报会。

12月，省消协与省交通运输厅、省市场监管局、省交通投资集团联合，在全省高速公路服务区开展“诚信经营　放心消费”创建活动。

12月，省消协与省政府食安办、省市场监管局联合开展城乡居民食品安全满意度调查工作。

陕西省消费者协会

1月15日，省消协发布全省消协组织上年度受理消费者投诉情况分析报告。

3月7日，省消协、苏宁易购携手举办的“信用让消费更放心”百企信用承诺活动在西安万达广场举行，参加承诺活动的企业代表及消费者百余人参与现场活动。

3月8日，省消协赴富平县曹村镇组织开展法律援助进乡村“3·15”宣传活动，拉开了全省消费者组织第37个国际消费者权益日宣传活动的序幕。

3月10日，省消协与西安市消协、省电子电器维修协会联合召开《信用让消费更放心》座谈会，对电子电器维修行业2018年消费者的投诉情况作出分析和总结。康佳、海尔、海信、格力、苏宁、创维、TCL、LG、松下、德龙、陕西浩达等品牌售后负责人与消费者代表参与座谈。

3月13日，省消协通过主流媒体发布全省家用汽车维修和保养消费者满意度调查活动结果。

3月13日，省消协联合省老年大学、省消协老年消费教育示范基地和省消协食品安全快检消费教育示范基地在省老年大学共同举办“信用让消费更放心”食品安全活动，来自西安各个领域的近百名老年消费者参加了本次活动。

3月14日，省消协联合中国人民银行在西安建筑科技大学华清学院共同举办“信用让消费更放心”权利·责任·风险金融知识进校园活动。

3月15日，省消协公布2019年十大消费提示：保健宣传存虚假，不要轻信防忽悠；共享消费慎选择，押金退还成难题；消费贷款防陷阱，仔细辨别莫冲动；房屋装修多甄别，看清合同是关键；高额预付有风险，预防跑路退卡难；旅游莫图低价团，格式条款要明辨；美容勿信伪中医，科学理性多警惕；网上海淘防假货，跨境商品鉴定难；金融理财多谨慎，高额回报风险多；“野味”餐饮莫食用，野生动物要保护。

3月15日，省消协联合西安市消协、西安市市场监管局举办了“信用让消费更放心”“3·15”主题宣传活动，主会场设立在西安益田假日世界购物中心，各区县市场监督管理局分别设立分会场。

3月15日，在中消协主办、人民网协办的“2019年3·15国际消费者权益日主题活动”上，由陕西省消协推荐的华商报记者陈思存当选了“全国最美消费维权人物”。

3月15日，省消协联合农业农村部农业机械试验鉴定总站、中国农业机械化协会、陕西省农业农村厅等单位，以“维护农民合法权益　助推农机转型升级”为主题的全国“农机3·15”消费者权益日陕西分会场活动在城固县农机车辆大市场举行。

4月29日，省消协与葡萄酒行业消费教育示范基地在西安玉川葡萄酒庄园联合举办“信用让消费更放心”葡萄酒消费教育进企业活动。

6月25日，省消协联合西安晚报社共同举办《电子商务法》有奖知识竞赛。

7月1日，省消协发布全省消协组织上半年受理消费者投诉情况分析报告。

9月18日，省消协联合中消协、重庆市消保委、深圳市消委会等单位对深圳市的部分配装眼镜开展了比较试验，结果向社会发布。

9月20日，省消协发布房产中介服务消费者满意度调查活动结果。

10月，省消协积极配合省政府十八部门在全省开展“诚信兴商”宣传月活动，进一步促进经营者诚信经营，推动全省“诚信兴商”宣传活动深入开展。

省消协在西安举办全省消协组织消费维权业务培训班。各市市场监管局分管局长、各市消协秘书长、部分县（区）消协组织负责人及省消协全体工作人员等70余人参加培训。

11月，省消协组织开展了2018—2019年全省消协组织先进集体和先进个人评比活动，以促进全省消协组织建设。

甘肃省消费者协会

3月6日，省消协到顺丰速运甘肃公司培训投诉处理技巧。

3月13日，省消协召开媒体通报会，发布2019年全省消协组织投诉分析报告、典型案例、商品比较试验结果。

3月15日，省消协举办“信用让消费更放心”主题宣传活动。

3月15日，省消协联合甘肃省温州商会向会员发出“诚信经营 携手共治”倡议。

3月25日，省消协召开“提升家电、汽车产品售后服务质量”约谈会。约谈了28家家电、汽车产品售后服务单位，要求售后服务单位守信用、重信誉、提升售后服务质量、打造售后服务品牌。

4月3日，省消协“信用让消费更放心”宣讲活动走进如新（中国）日用保健品有限公司甘肃分公司，对近100名直销商进行了消费维权法律法规的宣讲。

4月16日，省消协在甘肃省汽车商会建立消费维权中心。

4月27日，省消协与澳门消委会联合发布：随团赴澳消费提示及消费“锦囊”。

4月30日，省消协第五届理事会第七次会议召开。

6月3日，省消协在甘肃省保险行业协会建立消费维权中心。

6月13日，省消协邀请有关行政部门及汽车业商会，就家用汽车领域的消费者权益保护工作召开座谈会。

7月4日，省消协联合定西市消协在岷县对7个县区80多人进行投诉工作业务培训。

7月9日，省消协联合兰州新区消协，在兰州新区开展消费维权“五进”活动。

7月29日，省消协联合白银市消协开展“消费维权进军营”活动。

8月22日，省消协参加平安人寿甘肃分公司投诉处理工作现场会，并作专题讲座。

9月20日，省消协应邀为临夏州网络交易监管和消费者权益保护业务开展培训。

10月25日，省消协积极与澳门消委会合作，历时三个月，圆满解决港澳游消费者投诉。

12月10日，省消协分别走进中国电信股份有限公司兰州分公司、玛雅槃嘉房屋，针对电信服务中存在的问题、房地产中介服务中存在的问题进行探讨，同时就客诉处理过程中的技巧和技能做了深入交流。

12月23日，省消协召开物业服务调查体验情况座谈会，通报中消协2019年开展的国内部分住宅小区物业服务调查体验情况，对甘肃省开展的物业调查体验工作作出说明。省住建厅、省市场监督管理局，省物业管理行业协会、省物业协会及部分物业企业负责人参加会议。

青海省消费者协会

1月15日，省消协组织召开义务监督员及公益法律顾问联席会议。

1月25日，省消协组织召开全省消协系统2019年消费维权工作会议。

2月1日，针对春节期间与出行消费息息相关的购票方式、售后服务、人生安全等内容，省消协在全省范围内开展了2019年春节公共交通出行消费问卷调查活动。

3月1日至5日，省消协携手黑龙江省消协共同开展了为期4天的电子商务法有奖问答活动。

3月7日，省消协举办“信用让消费更放心”论坛，邀请有关专家围绕商务诚信建设、消费领域信用体系建设重要意义、“知信与用信”等作了精彩演讲。

3月11日，省消协联合中国人民银行西宁中心支行组织工商银行、建设银行、青海银行等6家银行企业共同走进青海大学为200余位大学生送上金融消费知识大餐。

3月15日，省消协会同省委宣传部、省文明办，联合相关司法、行政部门单位、行业协会及企业举办了“2019年青海省纪念3·15国际消费者权益日”广场宣传咨询服务活动。

6月17日，省消协发布西宁市区干洗店服务质量与干洗质量的比较试验工作报告及消费提示，同时将改进建议书面反馈各干洗店及监管部门，加大对西宁市干洗行业的社会监督。

6月27日，省消协在西宁地区11所中小学开展了校服消费体验问卷调查活动。

7月1日，省消协组织有关处室及义务监督员、志愿者、媒体人士40余人走进青海塞奇食品有限公司开展“不忘初心　牢记使命”主题党日活动暨食品安全消费体验。

7月11日至15日，省消协分别赴海东市、海北州及西宁市，通过调查问卷、实地走访、面对面座谈方式，深入基层、深入市场，调查了解基层消协组织建设情况、消费维权工作开展情况以及目前存在的突出问题和困难，广泛听取基层对于消协组织建设的意见建议。

8月2日，青海省市场监管局、青海省消协、中国消费者报、唯品会（中国）有限公司联合举办了“唯爱助农·青海馆”选品会。来自全省各地的20家品牌农产品企业携百余种商品参加了此次选品会。

8月19日，省消协组织全省消协组织及“一会两站”等66名消费维权岗位工作人员，开展了为期两天半的投诉业务培训。邀请专业人员分别围绕消费投诉中家用轿车维权实务和价格维权、知识产权及帮助消费者诉讼等内容进行了讲解和交流。

宁夏回族自治区消费者协会

3月15日，自治区消协围绕“信用让消费更放心”年主题活动，开展3·15系列宣传活动。

4月25日，自治区消协召开倡导家装行业“诚实信用促发展，为民服务解难题”座谈会。

5月24日，按照《促进家电维修服务市场健康发展的指导意见》，宁夏消费者协会家电消费维权分会正式授权成立。

6月21日，自治区消协开展食品安全消费体验活动，由消费者代表、食品经营者、食品专家、律师、媒体记者、市场监管和基层消协组织代表40人参加活动。

8月5日，宁夏消费者协会家电汽车消费纠纷调解中心成立。

宁波市消费者权益保护委员会

（2020年6月29日）

2月3日，市消保委发布消费警示：享骑共享电动车退款难，需谨慎使用。告知权益受到损害的消费者向江北区市场监督管理局或江北区消保委申请登记。

3月7日，宁波市首家市级金融消费教育示范基地在中国人民财产保险股份有限公司宁波市分公司挂牌成立。宁波银行、市保险行业协会、太平洋财产保险宁波分公司与人寿保险宁波市分公司一并建立市级金融消费教育示范基地。

3月12日，市消保委召开以“放心消费让生活更美好”为主题的纪念3·15国际消费者权益日大会。市消保委主任、市市场监督管理局副局长陈红萍发布2018年消费维权报告。

3月14日，市消保委发布2018年度消费维权十大典型案例，通过新闻媒体、网络媒体等广泛报道转载，引发社会关注。

3月14日，由市消保委主办，保税区消保委承办的“走进跨境购”消费体验活动在宁波进口商品展示交易中心成功举办。50余名消费者代表来到网易工厂店、阿里巴巴·1688进口货源展厅了解跨境电商全流程运作模式、业务规模、监管现状。

3月15日，市消保委和宁波晚报联合举办“3·15”微访谈，市市场监管局、交通局、住建局、商务局、文广旅游局、物价局、邮政管理局、金融协会、家具商会、美容美发协会、电信、移动及市消保委公益律师团等13家单位参加。

5月27日，市消保委发布警示：切勿扫码使用“享骑”共享电动车，谨防不必要的损失。

7月31日，市消保委召开主要景点企业座谈会，发出“儿童免票规则应身高与年龄兼顾”的倡议。达蓬山、丹山赤水、天宫庄园、前童古镇等14家重点景区表示根据自身实际情况，对儿童免票规则做出相应调整。

8月15日，市消保委会同宁波市市场监管局、宁波市教育局等三部门联合监制出台《宁波市校外培训机构培训服务合同（示范文本）》，合同文本自2019年9月1日正式实行。

9月24日，市消保委发布《宁波市预付式消费调查报告》，引发社会广泛关注。

11月至12月，市消保委对实体店、网络平台销售的羊绒（毛）衫组织了一次专项消费体验活动，将随机购买样品委托检验机构进行使用说明、纤维成分（含羊绒成分）、顶破强度强力、起球、甲醛、pH、色牢度等指标检测，发布体验报告《货真价实的羊绒（毛）衫怎么选，统统支招给你！》，揭示商品之间差异，为消费者提供购物指南。

青岛市消费者权益保护委员会

2月15日，市消保委组织青岛五十八中学部分学生走进市反电信网络诈骗中心开展了网络安全教育活动。市消保委、市反诈中心号召同学们积极参与反诈骗全民行动志愿工作，从源头上防范校园网络电信诈骗的发生。

3月14日，市消保委联合青岛市工商联、青岛市浙江商会共同举办“信用，让生活更美好——信用公约签约仪式”活动。青岛市工商联与青岛市异地商会代表共同签署了《信用公约》，将共同推动消费领域信用体系建设，营造放心消费环境。

3月14日，市消保委对外发布《青岛市消保委系统2018年度十大消费维权典型案例》，20余家国家、省市级媒体予以报道转载。

3月15日，市消保委联合青岛市市场监管局共同举办了2019年3·15消费者权益保护工作社会开放日活动。青岛市市场监管局党组书记、局长张杰出席会议并发表讲话。

3月15日，市消保委联合青岛市反电信网络诈骗中心、中国银行保险监督管理委员会青岛监管局、山东科技大学等单位，共同发起成立“青岛市消费者反诈维权联盟”。

3月15日，市消保委在2019年3·15消费者权益保护工作社会开放日活动上举行了第四届律师团成立仪式，聘请了青岛市17名热爱消费者权益保护工作、熟知消费维权法律法规的专业律师组成第四届律师团。为律师团成员代表颁发了聘书。

3月15日，青岛市消保委在2019年3·15消费者权益保护工作社会开放日活动上发布《青岛市消费领域投诉调解案例选编》。

3月15日，市消保委在2019年3·15消费者权益保护工作社会开放日活动上发布了羊绒衫、羊毛衫商品比较试验结果，邀请了国家生态纺织品质量监督检验中心实验室专业检测人员现场讲解商品优劣的鉴别方法，教授商品选购知识，解答与会代表们的问题咨询。

3·15期间，市消保委分别联合市南区、崂山区消保委开展了大型户外宣传活动，活动组织了市金融消费权益保护协会、市中院，区市场监管局、环保局、烟草专卖局等单位以及部分律师事务所、银行、企业等参加。活动共接待消费者咨询近2000人次，接受消费者送样检测近千次。

3·15期间，市消保委联合新闻媒体开展了“消费维权热线专题周”活动。

4月26日，市消保委联合青岛市反诈中心共同走进青岛大学金家岭校区，举办了校园消费反诈教育课堂。

4月下旬至5月中旬，市市场监管局贾云春副巡视员带领青岛市消保委有关人员组成了专题调研组，针对消费者关注的物业、保健食品、快递领域进行了调研。

6月4日，市消保委联合青岛市反诈中心在台东商业街开展了消费反诈教育户外宣传活动，组织了辖区市场监管所、部分大型商超、银行以及青岛大学的消费维权志愿者参加。现场共发放各类宣传材料3000余份，接受消费者咨询300余人次。

6月5日，市消保委、青岛市反诈中心共同走进市北区双山社区举办了消费维权大讲堂，以互动交流穿插案例点评的形式，寓教于乐地宣传普及消费维权知识，剖析生活中常见的电信网络诈骗手段。社区居民们纷纷表示受益匪浅，对接地气的活动给予点赞好评。

6月，中消协、浙江省消保委、青岛市消保委、济南市消协共同发布家用洗碗机比较试验报告及消费提示。

6月，中共青岛市委市直机关工委对评选的先进荣誉进行通报表彰，中共青岛市消保委办支部荣获“市直机关先进基层党组织”荣誉称号。

6月，在“世界环境日”到来之际，市消保委、市质检院联合启动主题为“共建绿色美居”的室内空气公益检测活动。活动为期三个月，在市南、市北等六区筛选出30户符合条件的应检家庭，依据GB/T 18883–2002《室内空气质量标准》对甲醛、总挥发性有机物TVOC进行检测。

6月，市消保委开展了中老年休闲鞋、旅游鞋质量满意度微调查，结果显示消费者首先关注鞋的舒适度、防滑性能以及材料是否环保，其次才会关注鞋子的外观款式、价格，安全性能已成为消费者最关注的热点。

7月15日至17日，根据中消协开展的城市消费者满意度调研报告结果，市消保委随机选取了市区两个住宅小区进行了物业服务体验调查，重点就小区物业的设备设施管理、客服管理、环境管理、秩序管理等进行了暗访式体验。

7月31日，市消保委组织富源路小学二年级的学生及部分家长50余人赴青岛市博物馆开展消费教育体验活动，学习了解货币史的演变进程，学生家长自发设计了研学手册，帮助同学们掌握消费维权知识，杜绝不良的消费习惯。

8月1日至20日，市消保委联合青岛亨得利开展了暑期儿童青少年近视免费检测活动。市消保委发布了《儿童青少年爱眼护眼小提示》，普及健康科学的用眼知识，针对不同情况的近视患者提出预防治疗建议。

8月起，市消保委开展NPS口碑指数调查工作，对青岛市30家市民认可度较高的大型商场开展了NPS口碑指数推荐调查。

8月，市消保委开展了中老年休闲鞋、旅游鞋比较试验，选定40个批次样品，委托青岛市质检院，重点对样品的外底耐磨性能、耐折性能等八大项指标进行测试。其中防滑性能、壬基酚聚氧乙烯醚两项指标在检测中引入欧盟REACH法规规定标准，根据测试情况结合国际惯例进行分级评价。

8月，市消保委联合青岛市市场监管局消保处共同制定了《青岛市预付费式消费合同范本（试行）》。该范本经过广泛征求法律专家、基层部门以及消费者、经营者的意见建议，明确了经营者和消费者双方当事人的权利义务，有利于监管部门正确引导经营者使用和签订合同范本，从源头上预防和减少消费纠纷。

8月，市消保委联合青岛市广播电视台964私家车广播，李沧区、崂山区市场监管局，李村、王哥庄街道办事处开展了两场“消费维权　在您身边”消夏晚会进社区活动。

9月6日，市消保委组织开展“消费体验进企业”活动。青岛市市场监管局贾云春副巡视员带队，30余名社会各界代表走进青岛崂特啤酒有限公司，重点体验企业生产一线在环境卫生、生产设备及食品安全保障制度等方面采取的措施。

9月9日，市消保委、市质检院共同举行室内空气公益检测情况通报暨房地产、装修企业约谈会，通报室内空气检测情况，督促企业认真整改问题，探讨解决行业领域消费维权难题，青岛市室内装饰行业协会室内环境监测中心及11家地产开发商、装饰装修企业派员参加会议。

9月11日，市消保委联合青岛市市场监管局特殊食品处共同走进青岛银色世纪健康产业集团有限公司，举办了“科学认知保健食品　明白理性放心消费”科普宣传专题讲座，邀请专家为参加讲座的近百名老年消费者讲解保健食品知识，通过回顾案例揭露老年消费领域常见侵权套路，提醒老年人避免上当受骗。

9月29日，市消保委举办中老年休闲鞋、旅游鞋比较试验舒适性评估现场会，首次采用中老年人实际试穿的方式来评估舒适性指标，组织25名志愿者通过现场静态站立、行走、上下楼梯等日常穿着行为，对鞋子的10项舒适性指标进行评分，评估结果整体表现较好。

9月起，市消保委启动月月3·15律师专家在线活动，积极发挥律师团及专家的优势，于每月15日（遇国家法定节假日自动顺延）由律师团律师、专家值班，为来电、来访的消费者提供免费法律咨询和服务，帮助消费者维护合法权益，吸引了广大消费者的关注和参与。

10月10日，市消保委、青岛市质检院面向社会公开发布了青岛市室内空气公益检测结果。检测结果显示，30户受检家庭房屋中，7户房屋的甲醛、TVOC均符合标准要求。

10月24日，根据青岛市市场监管局的统一安排，市消保委、市市场监管局网监处共同参加了青岛市政府部门网络在线问政活动，现场解答网络市场监管及网络消费纠纷问题共9条，回复处理及时无误。

10月，市消保委正式开通官方抖音账号“消费在青岛”，通过幽默诙谐的抖音短视频提醒广大消费者识别侵权套路、防范消费陷阱。2019年共发布36期消费维权短视频，观看人数达200万人次。

11月，市消保委开展了网购投诉系列活动。发布了2019年网购投诉典型案例；开展了“双11”网购投诉专题周活动。

12月8日，市消保委组织榉园小学学生及部分家长50余人赴青岛市博物馆开展消费教育体验活动，探寻青岛城市的历程和发展，弘扬民族精神。

12月11日，由青岛市委组织部、青岛市行政审批局联合举办的公务员“职业道德标兵”“为民服务示范岗”先进事迹展演在青话小剧场举行。以市消保委老年消费维权案例改编的小品《老两口儿维权记》被选调展演，将现实中为民服务解难题的生动场景搬上舞台，提醒老年消费者增强风险防范和自我保护意识，受到了观众的喜爱和好评。

12月15日，由中国工商出版社主办的第二届市场监管领域社会共治大会发布典型案例，市市场监管局推荐、市消保委提报的“成立反诈维权联盟　推动放心平安消费”案例荣获政府类社会共治提名案例。

12月25日，市消保委公开发布40款中老年休闲鞋、旅游鞋比较试验结果以及选购消费提示。比较试验结果显示样品质量总体较好，剥离强度、游离或部分可水解的甲醛（帮面、衬里）、可分解有害芳香胺染料（帮面、衬里）共3个检测项样品100%符合标准要求。在有水存在的条件下，9款鞋的摩擦系数低于海外买家产品质量要求参考值0.28；6款鞋的纺织类材料中壬基酚聚氧乙烯醚的含量超过欧盟REACH法规规定100mg/kg。

12月27日，市消保委举行了新闻通报会，通报30家大型商场NPS口碑指数推荐调查结果。调查结果显示，NPS口碑净推荐值平均分为9.8，说明青岛市消费者对辖区的大型商场有较高的满意度。同日，市消保委集中约谈了30家被访大型商场，针对调查中反映的各商场的突出问题分别发放了建议函。

2019年，市消保委针对消费者关注的热点领域，发布了8期消费提示，提醒广大消费者注重品质消费，防范消费风险，倡导经营者树立消费者至上的经营理念，文明诚信经营，积极营造放心安全消费环境。

2019年，市消保委广泛听取律师、行业专家、经营者和消费者意见，针对《民法典侵权责任编（草案）》《民法典人格权编（草案）》《消费者权益保护法实施条例（征求意见稿）》《网络交易监督管理办法（征求意见稿）》等，提出了28条修改意见建议，向中消协及有关部门反馈。

12月，市消保委被中消协评为“预付式消费课题研究成果突出单位”“参与立法成果优秀单位”“参与立标成果优秀单位”。

深圳市消费者委员会

1月2日，市消委会、市品质消费研究院、市药品检验研究院、市计量质量检测研究院、宝安区消委会、福田区消委会等19家单位与企业共同起草的面膜团体标准《T/SZZX 002—2018》正式发布。

2月20日，为建设消费信用体系，建立守信团体标准，共建品质消费生态圈，市消委会举行深圳市纪念“3·15国际消费者权益日”系列活动动员大会。

2月26日，市消委会召开港澳游“野马”旅行社投诉调查情况通报会，通报投诉调查进展情况，针对百度V认证虚假信息问题，公开“三问百度”。

2月26日，市消委会开展的移动电源比较试验结果，促使索尼公司日本总部与索尼（中国）有限公司代表一行10人到深圳市消委会进行移动电源比较试验项目后续交流，就其产品质量问题当场致歉。

3月4日，市消委会在皇岗中学开展“信用让消费更放心”年主题消费教育讲座，由深圳市品质研究院杨庆星副院长主讲，皇岗中学350名师生参加。

3月4日，市消委会联合深圳市电影发行放映协会全国率先牵头推出《电影票退改签标准》。建议影院距离开影时间24小时以上免收退改签手续费、2—24小时收取不高于票价10%手续费、1—2小时收取不高于票价20%手续费、0.5—1小时收取不高于票价30%手续费。

3月7日，市消委会组织家政行业协会、58到家家政服务企业等召开家政服务行业团体标准暨寻找守信商家公开讨论会。

3月8日，市消委会、宝安区消委会、龙华区消委会、市品质消费研究院、市计量质量检测研究院等7家单位与企业共同起草的卫生巾团体标准《T/SZZX 003—2019》正式发布。

3月12日，市消委会开展的手机壳和水果茶两个比较试验项目中手机壳获得第二届全国消协系统十大优秀比较试验项目奖项，水果茶获得优秀项目提名。

3月13日，市消委会受邀派员赴国家公共信用信息中心汇报“315消费通”信用APP。

3月14日，市消委会与澳门消委会签订《深圳市消费者委员会、澳门特别行政区政府消费者委员会合作协议》。

3月14日，市消委会联合福田区经济促进局、福田区市场监管局、福田区消委会、梅林市场监管所、福田农产品批发市场有限公司等在福田农批市场召开“建设诚信市场”现场会，以福田农批市场为试点，1500多家商户正式启用消费信用二维码。

3月15日，市消委会与市市场监管局联合召开深圳市消费者权益保护工作联席会议第五次会议暨深圳市2019年3·15专题新闻发布会。

3月15日，市消委会召开2019年3·15志愿者大会暨分队授旗仪式，为13支企业团体分队授旗。

4月，市消委会接到消费者投诉南京蓝鲸人网络科技有限公司（旗下产品美篇），称其美篇文章设置“不公开”的情况下仍可通过百度搜索和查阅。深圳市消委会综合运用专家座谈、调查取证、约谈监督手段，敦促该司关闭美篇网“不公开”文章的被检索功能，确保“不公开”文章被深度检索及抓取，进一步保障消费者权益。

4月30日，市市场监管局、市消委会联合召开节前互联网平台企业集体约谈和提醒告诫会，要求网络信息发布平台严格履行真实性审核义务；网络餐饮平台履行好审查和监督义务；在线旅游平台（OTA）进一步提升退改签政策透明度。

5月15日，市消委会召开《电影票退改签标准》新闻发布会。

5月22日，市消委会发布ICRT儿童唇膏的结果。本次比较试验由ICRT统筹，意大利、葡萄牙等七国发起，参与测评的样品（没有国产品牌样品）均购于欧洲不同国家，统一派送至德国实验室进行测试。结果显示：测评的16款儿童唇膏，有3款获得5星，3款获得4星，1款获得3星，其余9款不推荐使用。

6月19日，市消委会就消费者投诉称销售人员许诺价格优惠政策吸引其购房，在消费者签订协议缴纳款项后却又拒绝履行优惠承诺问题约谈恒大地产集团公司，恒大地产承诺畅通投诉处理通道，妥善解决投诉问题，公开诚信销售承诺，接受消费者监督，规范售楼中介和销售员的行为。

7月，市消委员会组织3·15志愿者参与“2019南国书香节暨深圳书展”，开展消费维权宣传活动，现场派发宣传资料近3000份，招募3·15志愿者100多名。

7月5日，市消委会、光明区市场监管局、光明区消委会召开消费信用促品质提升动员暨培训会，在光明红木文化小镇启用“消费信用二维码”。

7月10日，市消委会召开新闻发布会，发布20款数据线比较试验结果，本次比较试验围绕消费者关注点与消费痛点，结合国内国际标准，从化学安全、功能结构、性能、耐久性等几大方面进行测试与比较，特别是机械弯折和线身负重测试为国内首次。

7月16日，市消委会联合福田区消委会、光明区消委会、龙华区消委会将六家预付式消费失信企业经营者及其法定代表人信用信息公开推送至深圳市公共信用中心等征信机构。

7月18日，市消委会召开新闻发布会，发布软泥玩具比较试验结果。本次比较试验，以国标、欧盟标准对市售的软泥玩具进行品质测评，指引如何选购一款安全可靠的软泥玩具。

7月25日，市消委会召开新闻发布会，发布20款口红比较试验结果，本次比较试验综合国标、德国标准、欧盟标准从重金属、过敏香料、感官评价三大维度进行测评。其中2款样品被品牌方确认购自非官方授权渠道，

7款口红评为5星产品，其中国产3款。

7月26日，为深入推进生活垃圾分类工作，倡导绿色生态、健康环保的消费观念，市消委会在深圳能源环保公司盐田能源生态园开展暑期消费教育体察活动，此次活动共有18个家庭参加。

7月30日，市消委会召开新闻发布会，发布包书皮比较试验结果。本次比较试验针对4年前杭州老爸评测包书皮产品结果所引发的广大关注与担忧，大幅提升试验抽取的产品数量、检测项目类别和标准严苛程度。

8月1日，市消委会召开旅游行业投诉处理情况公开通报会。

8月5日，市消委会上线新公示系统，8—12月公示投诉案例20787宗，通过地推工作和公示信息精准推送至企业负责人，企业主动来电数量显著增多，指数企业数量从年初的2030家大幅增加至8754家，经过和解的投诉量占总结案量的68.78%。

8月8日，市消委会与香港消委会签署《港·深消费者组织合作协议》。

8月15日，市消委会召开新闻发布会，发布银行个人购房贷款合同不公平格式条款“回头看”监督情况。点评了工商银行、中国银行等12家银行29条条款，整改率高达96.5%，11家银行28条条款侵害消费者合法权益条款均整改完毕。

8月28日，市消委会发布《关于966315消费投诉咨询热线正式启用的公告》，并于9月2日起正式启用966315消费投诉咨询热线。

8月28日，市消委会发布ICRT儿童安全座椅比较试验结果。此次ICRT儿童安全座椅比较试验项目是由英国、德国、法国等10个国家共同发起，深圳市消费者委员会参与。结果显示：4款获得5星，4款获得4星，1款获得3星，1款不推荐。

8月29日，市消委会发布ICRT洗碗机比较试验结果。本次ICRT洗碗机比较试验项目，由中国、荷兰等11个国家共同发起，深圳市消费者委员会参与。结果显示：19款洗碗机价格从1699元到13000元不等，在各项指标测评中，表现参差不齐。经综合评分，7款获得5星，11款获得4星，1款获得3星。

9月9日，市消委会发布中外婴幼儿米粉比较试验结果。结果显示：全部16款婴幼儿米粉食品安全测试均符合国标和欧盟标准要求，国产比进口的婴幼儿米粉营养成分更全面更适合中国婴幼儿，进口的婴幼儿米粉额外添加的糖更少。

9月10日，市消委会、四川省消保委、龙岗区消委会、福田区消委会、市标准技术研究院、市计量质量检测研究院等30家单位与企业共同起草的智能门锁团体标准《T/SZS 4005—2019》正式发布。

9月11日，市消委会发布中外常温液态牛奶比较试验结果。结果显示：一是16款常温纯牛奶品质放心，卫生指标、安全指标均达标。二是品质指标上，国产常温纯牛奶不输进口纯牛奶，部分指标更优。三是主观测评：盲测8款国产品牌和8款外国品牌，国产品牌在喜好度和3项测试项的总体表现均优于外国品牌；

9月11日，市消委会联合罗湖区网警支队走进碧波社区，通过宣传展板、易拉宝消费知识问答以及派发宣传材料等方式，向社区居民普及互联网安全消费知识并现场进行答疑解惑。

9月19日，为给消费者出行住宿提供更优质的消费指引，市消委会依据所展开的快捷酒店NPS口碑暨神秘客调查结果，召开新闻发布会公布NPS口碑排名及神秘客体验过程与情况。

9月20日，市消委会组织开展连山壮族瑶族自治县品质大米企业消费体察，创新以“感官测评+消费体察”方式开展大米比较试验。

9月22日，市消委会作为支持单位参与深圳市慢性病防治中心举办的“儿童刷牙比赛（总决赛）”，协助完成此次比赛，并通过市消委会微博、微信渠道向广大消费者报道了此次比赛情况与相关知识。

9月24日，市消委会召开《教育培训机构服务规范》团体标准专家评审会。

10月，市消委会对教育培训行业存在的预付式消费问题开展专项调查监督工作，针对行业付款容易退费难、商家虚假宣传、跑路、课程质量难保障、频繁更换教师等消费者主要反映问题，综合运用网络调查取证、消费者问卷调查、神秘顾客调查等手段开展调查。

10月14日，市消委会发布大米比较试验结果。检测结果表明：20款大米的4项重金属均合格，100项农药残留、黄曲霉毒素B1和石蜡均未检出；大米的脂肪酸值差异大，部分大米不适宜存放；部分大米检出微量元素钙、铁、硒，有特定营养需求的消费者可按需选择。

10月15日，市消委会发布家居建材商城消费评价指数排行榜，敦促家居建材行业经营者提升商品和服务质量，积极履行主体责任，及时妥善处理消费投诉，提升消费者满意度。

10月15日，市消委会借助福保街道“七十华诞扬新貌，福保老人展风采”大型文体活动，走进益田社区。

10月16日，市消委会采用集体约谈的方式，对和解成功率低、消费评价指数过低的65家经营者进行公开约谈提醒。

10月17日，市消委会发布深澳合作的首个比较试验结果。本次面膜比较试验。澳门特别行政区政府消费者委员会和深圳市、区消委会同时发布了20款面膜比较试验结果。这是深圳和澳门消费者组织首次合作开展比较试验。本次比较试验站采取“更多、更严”标准，从微生物、激素、香料致敏原、防腐剂及感官评价进行测评。有9款样品表现优秀，获评5星，其中6款为国产品牌；2款样品含有欧盟或团体标准禁用的物质。

10月22日，市消委会发布奶茶比较试验结果。新华社、人民日报、人民网等微博微信总阅读量达到4.7亿，成为热门讨论话题。

10月23日，市消委会、市品质消费研究院、市计量质量检测研究院、市建筑科学研究院股份有限公司、市公寓租赁行业协会等15家单位与企业共同起草的长租公寓室内装修污染控制技术团体标准《T/SZZX-006-2019》正式发布。

10月23日，市消委会发布深圳市互联网企业客服NPS口碑暨神秘客调查排行榜。在NPS口碑推荐中，排名前三的依次是飞猪、天猫和滴滴；神秘客体验调查中，排名前三的依次是飞猪、滴滴和拼多多。

10月24日，针对近年来家政服务行业消费纠纷较为突出，而行业标准缺失的现状，市消委会组织家政行业协会、58到家家政服务企业等召开家政服务团体标准发布会，公布家政服务标准的内容和制定情况。

10月30日，市消委会召开第四届律师团表彰大会暨第五届律师团成立大会。

10月31日，市消委会以即将到来的“双11”为主题，首次以摆摊设点的方式走进福田保税区开展“双11”网络购物消费教育进企业活动，普及互联网消费知识，警示企业消费者理性消费。

11月7日，市消委会召开新闻发布会，将六家预付式消费“跑路”、未按约定退还消费者预付款项的经营者及其主要负责人推送至深圳市公共信用中心，通过深圳信用网公开披露。

11月19日，市消委会在福保社区举办“关爱长者科学消费”老年消费教育讲座，围绕“保健食品、金融理财、旅游出行”这三个老年消费热点领域，通过讲解典型案例、消费知识、可能发生的纠纷、常见消费陷阱及信息误区，提供消费提示警示和权威咨询与维权渠道。

11月20日，市消委会首次发布深圳市消委会装饰装修行业消费评价指数排行榜（22家），敦促装饰装修行业经营者提升商品和服务质量。

11月21日，市消委会采用集体约谈的方式，对投诉数量超过5起且处理成功率过低的21家汽车经营者进行公开约谈。

11月28日，市消委会发布深圳市消委会汽车行业消费评价指数排行榜（前20位）。

12月，根据投诉热点问题，市消委会邀请百人律师团的律师代表，以专业角度，在自媒体渠道，为消费者带来五期科普相关法律知识的普法短视频。

12月3日，市消委会、市品质消费研究院、市计量质量检测研究院、市建筑科学研究院股份有限公司等12家单位与企业共同起草的室内用甲醛清除产品团体标准《T/SZZX 007—2019》正式发布。

12月21日，市消委会应深圳特区报社邀请，参加其举办的“深圳特区报首届读特粉丝节”，向到场市民发放宣传手册、宣传环保袋，提供现场咨询服务。

12月24日，市消委会联合福田区消委会、龙岗区消委会将五家预付式消费失信企业经营者及其法定代表人信用信息公开推送至深圳市公共信用中心等征信机构。

沈阳市消费者协会

1月23日，市消协通过微信扫描二维码公开向广大消费者征集2019年比较试验项目。截至1月29日，累计投票9280，访问量达14993。其中面膜、智能锁（指纹）和行车记录仪排在前三位，为消费者最为关心的项目。

1月31日，市市场监管局、市消协举办整治“保健”

市场乱象百日行动宣传教育活动。全市13个区、县（市）的市场监管局和消协组织同步举办。

3月8日，市消协成立首家金融消费教育基地。市保险协会、沈河区消协相关领导、沈河区省医院社区消费者代表及保险行业经营者代表70余人参加了此次活动。

3月13日，市消协举行百家商业企业“信用让消费更放心”倡议活动启动仪式。

3月15日，市市场监管局举办2019年“3·15”国际消费者权益日主题活动。

4月2日，市消协成立电子商务消费投诉维权站暨电商企业诚信经营倡议活动成功举办。

4月12日，市消协、铁西区市场监管局举办“共建老年消费教育基地　共享安全放心消费环境”活动。

5月24日，市消协召开区、县（市）秘书长工作会暨业务培训会。

5月27日，市消协发布“六一”儿童节消费提示。提醒消费者购买食品注意“SC”标志，不要过分追求外观过于鲜艳、好看的儿童食品；购买儿童服装要注意各种标识标注；购买儿童玩具要做到“四个要”。

5月31日，市消协开设小学生消费教育课堂，传播安全绿色消费理念。

6月6日，市消协发布端午消费提示。包装粽子看标签，规定内容不可缺，新鲜粽子细辨别，科学选购四步走，配料标注有次序，致敏信息勿漏读，蒸熟煮透要牢记，保存方法需得当，科学食用讲均衡，特殊人群应注意。

6月25日，市消协走进电子商务协会开展法律法规培训。

7月19日，市消协深入康平县消协调研，了解组织机构、消费者协会工作开展等情况。

7月19日，市消协发布消费提示——报名参加暑假课外培训班做到科学理性。一要注意理性选择，莫被宣传所诱惑。二要注意查看办学资质。三是要注意认真签订合同。四是注意学费不要预付太多。五是注意索要相关凭证并妥善保管。六是注意要及时维权。

8月29日，市消协在沈阳好车芝嘛二手车园区设立消费维权服务站。

8月29日，市消协比较试验工作获中消协表彰。

9月19日，市消协邀请消费者通过微信识别二维码方式参与家装行业消费者满意度问卷调查。

9月19日，市消协开展消费品质量安全“三进”活动。

10月31日，市消协启动首届寻找沈阳“最美消费维权人物活动”。

南京市消费者协会

1月24日，市消协召开新闻发布会，发布电动自行车电池和充电器的比较试验结果。结果显示，电动车电池质量相对较好，30批次中只有2批次不符合相关检测标准，主要问题是虚标容量。

1月28日，南京市六合区法院开庭审理了一起由南京市六合区消协支持消费者诉讼的预付费案件。2月28日，六合区人民法院再次开庭，现场判决被告全额退款，并承担案件诉讼费。

3月11日，市消协、人民银行南京分行联合在河西万达广场举办2019年“3·15金融消费者权益日”暨“第四届南京社区金融消费教育”主题活动。

3月12日，市消协邀请60余名消费者，在建邺区举办主题为“诚信315，贝壳伴你行”的房产消费知识科普讲座。

3月12日，在中消协发布的《关于2018年优秀比较试验项目评选结果的通报》中，市消协被评为优秀比较试验项目组织单位，其中南京市消协开展的“学生书包比较试验”获优秀比较试验项目提名奖。

3月13日，市消协与养乐多南京分公司联合在栖霞区实验小学举办“匠心品质　暖心服务——信用让消费更放心”3·15主题活动。300余名师生和家长参加活动。

3月15日，“信用让消费更放心”3·15纪念活动在中央饭店举行，活动由南京市消协联合市市场监督管理局、市放心消费工作领导小组办公室共同举办。

3月22日，市消协举办市消协房地产专委会工作年会暨新闻发布会，通报了房专委成立一年来，受理房产投诉125起，为消费者挽回经济损失逾7000万元。

3月28日，市消协召开金融消费纠纷人民调解委员会成立大会。

3月31日，由市消协、栖霞区司法局、江苏恒爱法律援助与研究中心和南京师范大学法学院联合主办，南京师范大学法律援助中心承办的“第一届全省高校消费维权法律技能大赛”在南京师范大学仙林校区举行。共有来自南京航空航天大学、南京农业大学、南京师范大学、江苏警官学校等高校的7支代表队参加，经过文书写作、事务处理两个环节的比拼，加上网络投票环节，最终决出了一、二、三等奖。

4月11日，市消协在红星美凯龙河西商场设立消费维权投诉站，并组织家居品牌销售商向社会公开承诺：“30天无理由退货”。

4月26日，市消协在养乐多公司设立消费教育基地，并组织部分消费者代表到该公司无锡生产基地开展消费体察，了解益生菌饮品生产的全过程，介绍如何科学食用益生菌饮品等知识。

6月1日，市消协联合西门子家电品牌体验中心，组织开展主题为“关爱与您并肩‘童’行”的体察活动。

6月20日，市消协组织南师大学生志愿者、省市媒体代表共计40余人，对部分长租公寓进行实地消费体察。

6—7月，市消协及各区消协根据调查情况，分别对辖区内的景点开展了约谈工作，向景区发放《长三角地区主要景点儿童免票规则应身高与年龄兼顾倡议书》，建议统一免费标准并公示——对6周年（含6周岁）以下或者身高1.4米（含1.4米）以下的儿童免收门票。

9月4日，市消协组织消费者代表50余人，在雨花供销电子商务有限公司开展农产品消费知识大讲堂并现场举行了“市消费教育基地”的授牌仪式。

8月1日至2日，市消协开展全市条线法规业务培训会，百余名来自区消、基层分会的工作人员共同参加学习。

8月9日，市消协被评为南京市第十六届人大常委会“基层立法联系点”。

8月15日，市消协发起成立了“市消协家装消费维权专业委员会”。20名家装行业的专家、代表受聘成为专委会委员，他们将共同为构建和谐家装建材消费环境献计献策。

9月，市消协联合市市场监管局、市放心消费工作领导小组办公室开展“消费维权年主题进社区”系列活动。

9月10日，市消协“消费维权年主题进社区”活动启动仪式在秦淮区郑和公园举行。

9月至11月，市消协与市放心消费工作领导小组办公室、市市场监管局共同联手，围绕“信用让消费更放心”年主题，针对家电消费、家居消费、旅游消费等专题，组织开展了科学消费大讲堂系列分站活动。

9月19日至20日，市消协组织全市消协维权投诉站工作人员开展了两期法规业务培训，共组织了投诉站工作人员近200人参加。

11月1日，市消协召开“预付式消费监管问题讨论会”，邀请了省消保委、市市场监管局相关处室等单位共同参加，旨在进一步强化预付式消费纠纷研究，完善强化企业信用监管的制度体系，推动预付式消费管理立法进程。

11月15日，第十届“2019年南京金融业满意服务与发展年度活动”在钟山会议中心黄埔厅召开。本次活动由南京市市场监管局、中国人民银行南京分行营管部、南京市消协和放心消费工作领导小组联合主办。

12月4日，市消协成立“市消协消费维权公益律师团”，并向公益律师代表颁发聘书。

12月5日，市消协组织部分消费者代表对六合区池杉湖国家湿地公园进行消费体察，并设立“南京市消费教育基地”。

12月，市消协参加江北新区、六合区巡游出租汽车运价改革听证会。

济南市消费者协会

3月14日，市消协联合市工商局、市卫健委、市旅发委、市食药局、市质监局、市物价局等有关部门及市消协第三届理事会常务理事单位，召开“济南市纪念3·15国际消费者权益日暨消费维权发布会”。

5月14日，市消协组织开展区县业务培训工作，全市17个区县共32名消协工作人员参加了培训。

2019年，市消协联合富雅红楼、银座商城开展了一系列企业宣传教育活动，为引导企业诚信经营、规范经营起到了积极的推动作用。

2019年，市消协在中消协的统筹协调下，联合浙江省消保委、青岛市消保委，委托中国家用电器研究院，开展了家用洗碗机比较试验。

武汉市消费者协会

3月15日，市消协借助今日头条、抖音短视频等新媒体，通过短视频、创意漫画长图、街头采访、发布《消费维权报告》及典型案例、超级话题等多种宣传形式，向广大消费者宣传2019年消费维权年主题、开展维权成果展示、消费警示、消费教育工作，在全市营造放心消费、安全消费、信用消费的消费市场环境。

3—4月，市消协在全市范围内组织开展家用汽车行业消费调查，对发现问题进行细分，并对问题经销商进行约谈，形成了相关调查报告及意见建议，督促经营者依法经营、守约重信，净化行业消费环境，切实维护消费者合法权益。

5—6月，针对武汉市部分影院强制要求消费者在3D电影观影过程需要自备3D眼镜的现象，市消协联合区消协对武汉市30家影院开展了调查取证，并对相关重点影院进行了集中约谈，提出了整改要求，参会院线单位均表态，承诺立即落实免费提供3D眼镜服务，努力为广大的消费者提供更好的观影服务。

广州市消费者委员会

2019年1月1日至11月11日，市消委会共接待来电来访1395人次，处理消费纠纷22625件，及时办结率100%。其中成功调解18394宗，成功调解率为81.29%，为消费者挽回经济损失约495万元。

3月，市消委会携手省消委会，联合白云区市场监管局、消委会共同开展“信用与放心消费创建”暨质量鉴别信用倡议活动，发放宣传资料上万份。

5月21日，市消委会召开民宿行业调研座谈会，邀请广州市文化广电旅游局、广州市市场监督管理局、广州市民宿行业协会、中国消费者报等单位有关负责人，以及市消委会专家库专家、消费者代表参会。

6月20日，市消委会到广物汽贸股份有限公司广物二手好车展厅进行调研。

2019年，市消委会联合质监部门，建立团体标准，推动产品提质升级。首次与质监部门联合开展奶瓶奶嘴比较试验，并建立团体标准《婴幼儿用奶瓶奶嘴》（标准号：T/GDAQI 002—2018），填补标准空白。

2019年，为进一步扩大“放心消费共建活动”影响力，简化活动流程，扩大共建活动范围，市消委会着手搭建“广州市放心消费共建活动”网络信息管理平台，企业可通过登录“广州市消委会”微信公众号和官网，通过线上填报资料的方式参与活动。

第六编　规范性文件

最高人民法院关于民事诉讼证据的若干规定

最高人民法院

2019年12月26日发布

中华人民共和国最高人民法院

公　告

《最高人民法院关于修改〈关于民事诉讼证据的若干规定〉的决定》已于2019年10月14日由最高人民法院审判委员会第1777次会议通过，现予公布，自2020年5月1日起施行。

最高人民法院

2019年12月25日

最高人民法院

关于民事诉讼证据的若干规定

法释〔2019〕19号

（2001年12月6日最高人民法院审判委员会第1201次会议通过　根据2019年10月14日最高人民法院审判委员会第1777次会议《关于修改〈关于民事诉讼证据的若干规定〉的决定》修正）

为保证人民法院正确认定案件事实，公正、及时审理民事案件，保障和便利当事人依法行使诉讼权利，根据《中华人民共和国民事诉讼法》（以下简称民事诉讼法）等有关法律的规定，结合民事审判经验和实际情况，制定本规定。

一、当事人举证

第一条　原告向人民法院起诉或者被告提出反诉，应当提供符合起诉条件的相应的证据。

第二条　人民法院应当向当事人说明举证的要求及法律后果，促使当事人在合理期限内积极、全面、正确、诚实地完成举证。

当事人因客观原因不能自行收集的证据，可申请人民法院调查收集。

第三条　在诉讼过程中，一方当事人陈述的于己不利的事实，或者对于己不利的事实明确表示承认的，另一方当事人无需举证证明。

在证据交换、询问、调查过程中，或者在起诉状、答辩状、代理词等书面材料中，当事人明确承认于己不利的事实的，适用前款规定。

第四条　一方当事人对于另一方当事人主张的于己不利的事实既不承认也不否认，经审判人员说明并询问后，其仍然不明确表示肯定或者否定的，视为对该事实的承认。

第五条　当事人委托诉讼代理人参加诉讼的，除授权委托书明确排除的事项外，诉讼代理人的自认视为当事人的自认。

当事人在场对诉讼代理人的自认明确否认的，不视为自认。

第六条　普通共同诉讼中，共同诉讼人中一人或者数人作出的自认，对作出自认的当事人发生效力。

必要共同诉讼中，共同诉讼人中一人或者数人作出自认而其他共同诉讼人予以否认的，不发生自认的效力。其他共同诉讼人既不承认也不否认，经审判人员说明并询问后仍然不明确表示意见的，视为全体共同诉讼人的自认。

第七条　一方当事人对于另一方当事人主张的于己不利的事实有所限制或者附加条件予以承认的，由人民法院综合案件情况决定是否构成自认。

第八条　《最高人民法院关于适用〈中华人民共和国民事诉讼法〉的解释》第九十六条第一款规定的事实，不适用有关自认的规定。

自认的事实与已经查明的事实不符的，人民法院不予确认。

第九条　有下列情形之一，当事人在法庭辩论终结前撤销自认的，人民法院应当准许：

（一）经对方当事人同意的；

（二）自认是在受胁迫或者重大误解情况下作出的。

人民法院准许当事人撤销自认的，应当作出口头或者书面裁定。

第十条 下列事实，当事人无须举证证明：

（一）自然规律以及定理、定律；

（二）众所周知的事实；

（三）根据法律规定推定的事实；

（四）根据已知的事实和日常生活经验法则推定出的另一事实；

（五）已为仲裁机构的生效裁决所确认的事实；

（六）已为人民法院发生法律效力的裁判所确认的基本事实；

（七）已为有效公证文书所证明的事实。

前款第二项至第五项事实，当事人有相反证据足以反驳的除外；第六项、第七项事实，当事人有相反证据足以推翻的除外。

第十一条 当事人向人民法院提供证据，应当提供原件或者原物。如需自己保存证据原件、原物或者提供原件、原物确有困难的，可以提供经人民法院核对无异的复制件或者复制品。

第十二条 以动产作为证据的，应当将原物提交人民法院。原物不宜搬移或者不宜保存的，当事人可以提供复制品、影像资料或者其他替代品。

人民法院在收到当事人提交的动产或者替代品后，应当及时通知双方当事人到人民法院或者保存现场查验。

第十三条 当事人以不动产作为证据的，应当向人民法院提供该不动产的影像资料。

人民法院认为有必要的，应当通知双方当事人到场进行查验。

第十四条 电子数据包括下列信息、电子文件：

（一）网页、博客、微博客等网络平台发布的信息；

（二）手机短信、电子邮件、即时通信、通讯群组等网络应用服务的通信信息；

（三）用户注册信息、身份认证信息、电子交易记录、通信记录、登录日志等信息；

（四）文档、图片、音频、视频、数字证书、计算机程序等电子文件；

（五）其他以数字化形式存储、处理、传输的能够证明案件事实的信息。

第十五条 当事人以视听资料作为证据的，应当提供存储该视听资料的原始载体。

当事人以电子数据作为证据的，应当提供原件。电子数据的制作者制作的与原件一致的副本，或者直接来源于电子数据的打印件或其他可以显示、识别的输出介质，视为电子数据的原件。

第十六条 当事人提供的公文书证系在中华人民共和国领域外形成的，该证据应当经所在国公证机关证明，或者履行中华人民共和国与该所在国订立的有关条约中规定的证明手续。

中华人民共和国领域外形成的涉及身份关系的证据，应当经所在国公证机关证明并经中华人民共和国驻该国使领馆认证，或者履行中华人民共和国与该所在国订立的有关条约中规定的证明手续。

当事人向人民法院提供的证据是在香港、澳门、台湾地区形成的，应当履行相关的证明手续。

第十七条 当事人向人民法院提供外文书证或者外文说明资料，应当附有中文译本。

第十八条 双方当事人无争议的事实符合《最高人民法院关于适用〈中华人民共和国民事诉讼法〉的解释》第九十六条第一款规定情形的，人民法院可以责令当事人提供有关证据。

第十九条 当事人应当对其提交的证据材料逐一分类编号，对证据材料的来源、证明对象和内容作简要说明，签名盖章，注明提交日期，并依照对方当事人人数提出副本。

人民法院收到当事人提交的证据材料，应当出具收据，注明证据的名称、份数和页数以及收到的时间，由经办人员签名或者盖章。

二、证据的调查收集和保全

第二十条 当事人及其诉讼代理人申请人民法院调查收集证据，应当在举证期限届满前提交书面申请。

申请书应当载明被调查人的姓名或者单位名称、住所地等基本情况、所要调查收集的证据名称或者内容、需要由人民法院调查收集证据的原因及其要证明的事实以及明确的线索。

第二十一条 人民法院调查收集的书证，可以是原件，也可以是经核对无误的副本或者复制件。是副本或者复制件的，应当在调查笔录中说明来源和取证情况。

第二十二条 人民法院调查收集的物证应当是原物。被调查人提供原物确有困难的，可以提供复制品或者影像资料。提供复制品或者影像资料的，应当在调查笔录中说明取证情况。

第二十三条　人民法院调查收集视听资料、电子数据，应当要求被调查人提供原始载体。

提供原始载体确有困难的，可以提供复制件。提供复制件的，人民法院应当在调查笔录中说明其来源和制作经过。

人民法院对视听资料、电子数据采取证据保全措施的，适用前款规定。

第二十四条　人民法院调查收集可能需要鉴定的证据，应当遵守相关技术规范，确保证据不被污染。

第二十五条　当事人或者利害关系人根据民事诉讼法第八十一条的规定申请证据保全的，申请书应当载明需要保全的证据的基本情况、申请保全的理由以及采取何种保全措施等内容。

当事人根据民事诉讼法第八十一条第一款的规定申请证据保全的，应当在举证期限届满前向人民法院提出。

法律、司法解释对诉前证据保全有规定的，依照其规定办理。

第二十六条　当事人或者利害关系人申请采取查封、扣押等限制保全标的物使用、流通等保全措施，或者保全可能对证据持有人造成损失的，人民法院应当责令申请人提供相应的担保。

担保方式或者数额由人民法院根据保全措施对证据持有人的影响、保全标的物的价值、当事人或者利害关系人争议的诉讼标的金额等因素综合确定。

第二十七条　人民法院进行证据保全，可以要求当事人或者诉讼代理人到场。

根据当事人的申请和具体情况，人民法院可以采取查封、扣押、录音、录像、复制、鉴定、勘验等方法进行证据保全，并制作笔录。

在符合证据保全目的的情况下，人民法院应当选择对证据持有人利益影响最小的保全措施。

第二十八条　申请证据保全错误造成财产损失，当事人请求申请人承担赔偿责任的，人民法院应予支持。

第二十九条　人民法院采取诉前证据保全措施后，当事人向其他有管辖权的人民法院提起诉讼的，采取保全措施的人民法院应当根据当事人的申请，将保全的证据及时移交受理案件的人民法院。

第三十条　人民法院在审理案件过程中认为待证事实需要通过鉴定意见证明的，应当向当事人释明，并指定提出鉴定申请的期间。

符合《最高人民法院关于适用〈中华人民共和国民事诉讼法〉的解释》第九十六条第一款规定情形的，人民法院应当依职权委托鉴定。

第三十一条　当事人申请鉴定，应当在人民法院指定期间内提出，并预交鉴定费用。逾期不提出申请或者不预交鉴定费用的，视为放弃申请。

对需要鉴定的待证事实负有举证责任的当事人，在人民法院指定期间内无正当理由不提出鉴定申请或者不预交鉴定费用，或者拒不提供相关材料，致使待证事实无法查明的，应当承担举证不能的法律后果。

第三十二条　人民法院准许鉴定申请的，应当组织双方当事人协商确定具备相应资格的鉴定人。当事人协商不成的，由人民法院指定。

人民法院依职权委托鉴定的，可以在询问当事人的意见后，指定具备相应资格的鉴定人。

人民法院在确定鉴定人后应当出具委托书，委托书中应当载明鉴定事项、鉴定范围、鉴定目的和鉴定期限。

第三十三条　鉴定开始之前，人民法院应当要求鉴定人签署承诺书。承诺书中应当载明鉴定人保证客观、公正、诚实地进行鉴定，保证出庭作证，如作虚假鉴定应当承担法律责任等内容。

鉴定人故意作虚假鉴定的，人民法院应当责令其退还鉴定费用，并根据情节，依照民事诉讼法第一百一十一条的规定进行处罚。

第三十四条　人民法院应当组织当事人对鉴定材料进行质证。未经质证的材料，不得作为鉴定的根据。

经人民法院准许，鉴定人可以调取证据、勘验物证和现场、询问当事人或者证人。

第三十五条　鉴定人应当在人民法院确定的期限内完成鉴定，并提交鉴定书。

鉴定人无正当理由未按期提交鉴定书的，当事人可以申请人民法院另行委托鉴定人进行鉴定。人民法院准许的，原鉴定人已经收取的鉴定费用应当退还；拒不退还的，依照本规定第八十一条第二款的规定处理。

第三十六条　人民法院对鉴定人出具的鉴定书，应当审查是否具有下列内容：

（一）委托法院的名称；

（二）委托鉴定的内容、要求；

（三）鉴定材料；

（四）鉴定所依据的原理、方法；

（五）对鉴定过程的说明；

（六）鉴定意见；

（七）承诺书。

鉴定书应当由鉴定人签名或者盖章，并附鉴定人的相应资格证明。委托机构鉴定的，鉴定书应当由鉴定机构盖章，并由从事鉴定的人员签名。

第三十七条 人民法院收到鉴定书后，应当及时将副本送交当事人。

当事人对鉴定书的内容有异议的，应当在人民法院指定期间内以书面方式提出。

对于当事人的异议，人民法院应当要求鉴定人作出解释、说明或者补充。人民法院认为有必要的，可以要求鉴定人对当事人未提出异议的内容进行解释、说明或者补充。

第三十八条 当事人在收到鉴定人的书面答复后仍有异议的，人民法院应当根据《诉讼费用交纳办法》第十一条的规定，通知有异议的当事人预交鉴定人出庭费用，并通知鉴定人出庭。有异议的当事人不预交鉴定人出庭费用的，视为放弃异议。

双方当事人对鉴定意见均有异议的，分摊预交鉴定人出庭费用。

第三十九条 鉴定人出庭费用按照证人出庭作证费用的标准计算，由败诉的当事人负担。因鉴定意见不明确或者有瑕疵需要鉴定人出庭的，出庭费用由其自行负担。

人民法院委托鉴定时已经确定鉴定人出庭费用包含在鉴定费用中的，不再通知当事人预交。

第四十条 当事人申请重新鉴定，存在下列情形之一的，人民法院应当准许：

（一）鉴定人不具备相应资格的；

（二）鉴定程序严重违法的；

（三）鉴定意见明显依据不足的；

（四）鉴定意见不能作为证据使用的其他情形。

存在前款第一项至第三项情形的，鉴定人已经收取的鉴定费用应当退还。拒不退还的，依照本规定第八十一条第二款的规定处理。

对鉴定意见的瑕疵，可以通过补正、补充鉴定或者补充质证、重新质证等方法解决的，人民法院不予准许重新鉴定的申请。

重新鉴定的，原鉴定意见不得作为认定案件事实的根据。

第四十一条 对于一方当事人就专门性问题自行委托有关机构或者人员出具的意见，另一方当事人有证据或者理由足以反驳并申请鉴定的，人民法院应予准许。

第四十二条 鉴定意见被采信后，鉴定人无正当理由撤销鉴定意见的，人民法院应当责令其退还鉴定费用，并可以根据情节，依照民事诉讼法第一百一十一条的规定对鉴定人进行处罚。当事人主张鉴定人负担由此增加的合理费用的，人民法院应予支持。

人民法院采信鉴定意见后准许鉴定人撤销的，应当责令其退还鉴定费用。

第四十三条 人民法院应当在勘验前将勘验的时间和地点通知当事人。当事人不参加的，不影响勘验进行。

当事人可以就勘验事项向人民法院进行解释和说明，可以请求人民法院注意勘验中的重要事项。

人民法院勘验物证或者现场，应当制作笔录，记录勘验的时间、地点、勘验人、在场人、勘验的经过、结果，由勘验人、在场人签名或者盖章。对于绘制的现场图应当注明绘制的时间、方位、测绘人姓名、身份等内容。

第四十四条 摘录有关单位制作的与案件事实相关的文件、材料，应当注明出处，并加盖制作单位或者保管单位的印章，摘录人和其他调查人员应当在摘录件上签名或者盖章。

摘录文件、材料应当保持内容相应的完整性。

第四十五条 当事人根据《最高人民法院关于适用〈中华人民共和国民事诉讼法〉的解释》第一百一十二条的规定申请人民法院责令对方当事人提交书证的，申请书应当载明所申请提交的书证名称或者内容、需要以该书证证明的事实及事实的重要性、对方当事人控制该书证的根据以及应当提交该书证的理由。

对方当事人否认控制书证的，人民法院应当根据法律规定、习惯等因素，结合案件的事实、证据，对于书证是否在对方当事人控制之下的事实作出综合判断。

第四十六条 人民法院对当事人提交书证的申请进行审查时，应当听取对方当事人的意见，必要时可以要求双方当事人提供证据、进行辩论。

当事人申请提交的书证不明确、书证对于待证事实的证明无必要、待证事实对于裁判结果无实质性影响、书证未在对方当事人控制之下或者不符合本规定第四十七条情形的，人民法院不予准许。

当事人申请理由成立的，人民法院应当作出裁定，责令对方当事人提交书证；理由不成立的，通知申请人。

第四十七条 下列情形，控制书证的当事人应当提交书证：

（一）控制书证的当事人在诉讼中曾经引用过的书证；

（二）为对方当事人的利益制作的书证；

（三）对方当事人依照法律规定有权查阅、获取的书证；

（四）账簿、记账原始凭证；

（五）人民法院认为应当提交书证的其他情形。

前款所列书证，涉及国家秘密、商业秘密、当事人或第三人的隐私，或者存在法律规定应当保密的情形的，提交后不得公开质证。

第四十八条　控制书证的当事人无正当理由拒不提交书证的，人民法院可以认定对方当事人所主张的书证内容为真实。

控制书证的当事人存在《最高人民法院关于适用〈中华人民共和国民事诉讼法〉的解释》第一百一十三条规定情形的，人民法院可以认定对方当事人主张以该书证证明的事实为真实。

三、举证时限与证据交换

第四十九条　被告应当在答辩期届满前提出书面答辩，阐明其对原告诉讼请求及所依据的事实和理由的意见。

第五十条　人民法院应当在审理前的准备阶段向当事人送达举证通知书。

举证通知书应当载明举证责任的分配原则和要求、可以向人民法院申请调查收集证据的情形、人民法院根据案件情况指定的举证期限以及逾期提供证据的法律后果等内容。

第五十一条　举证期限可以由当事人协商，并经人民法院准许。

人民法院指定举证期限的，适用第一审普通程序审理的案件不得少于十五日，当事人提供新的证据的第二审案件不得少于十日。适用简易程序审理的案件不得超过十五日，小额诉讼案件的举证期限一般不得超过七日。

举证期限届满后，当事人提供反驳证据或者对已经提供的证据的来源、形式等方面的瑕疵进行补正的，人民法院可以酌情再次确定举证期限，该期限不受前款规定的期间限制。

第五十二条　当事人在举证期限内提供证据存在客观障碍，属于民事诉讼法第六十五条第二款规定的“当事人在该期限内提供证据确有困难”的情形。

前款情形，人民法院应当根据当事人的举证能力、不能在举证期限内提供证据的原因等因素综合判断。必要时，可以听取对方当事人的意见。

第五十三条　诉讼过程中，当事人主张的法律关系性质或者民事行为效力与人民法院根据案件事实作出的认定不一致的，人民法院应当将法律关系性质或者民事行为效力作为焦点问题进行审理。但法律关系性质对裁判理由及结果没有影响，或者有关问题已经当事人充分辩论的除外。

存在前款情形，当事人根据法庭审理情况变更诉讼请求的，人民法院应当准许并可以根据案件的具体情况重新指定举证期限。

第五十四条　当事人申请延长举证期限的，应当在举证期限届满前向人民法院提出书面申请。

申请理由成立的，人民法院应当准许，适当延长举证期限，并通知其他当事人。延长的举证期限适用于其他当事人。

申请理由不成立的，人民法院不予准许，并通知申请人。

第五十五条　存在下列情形的，举证期限按照如下方式确定：

（一）当事人依照民事诉讼法第一百二十七条规定提出管辖权异议的，举证期限中止，自驳回管辖权异议的裁定生效之日起恢复计算；

（二）追加当事人、有独立请求权的第三人参加诉讼或者无独立请求权的第三人经人民法院通知参加诉讼的，人民法院应当依照本规定第五十一条的规定为新参加诉讼的当事人确定举证期限，该举证期限适用于其他当事人；

（三）发回重审的案件，第一审人民法院可以结合案件具体情况和发回重审的原因，酌情确定举证期限；

（四）当事人增加、变更诉讼请求或者提出反诉的，人民法院应当根据案件具体情况重新确定举证期限；

（五）公告送达的，举证期限自公告期届满之次日起计算。

第五十六条　人民法院依照民事诉讼法第一百三十三条第四项的规定，通过组织证据交换进行审理前准备的，证据交换之日举证期限届满。

证据交换的时间可以由当事人协商一致并经人民法院认可，也可以由人民法院指定。当事人申请延期举证经人民法院准许的，证据交换日相应顺延。

第五十七条　证据交换应当在审判人员的主持下进行。

在证据交换的过程中，审判人员对当事人无异议的事实、证据应当记录在卷；对有异议的证据，按照需要证明的事实分类记录在卷，并记载异议的理由。通过证据交换，确定双方当事人争议的主要问题。

第五十八条 当事人收到对方的证据后有反驳证据需要提交的，人民法院应当再次组织证据交换。

第五十九条 人民法院对逾期提供证据的当事人处以罚款的，可以结合当事人逾期提供证据的主观过错程度、导致诉讼迟延的情况、诉讼标的金额等因素，确定罚款数额。

四、质证

第六十条 当事人在审理前的准备阶段或者人民法院调查、询问过程中发表过质证意见的证据，视为质证过的证据。

当事人要求以书面方式发表质证意见，人民法院在听取对方当事人意见后认为有必要的，可以准许。人民法院应当及时将书面质证意见送交对方当事人。

第六十一条 对书证、物证、视听资料进行质证时，当事人应当出示证据的原件或者原物。但有下列情形之一的除外：

（一）出示原件或者原物确有困难并经人民法院准许出示复制件或者复制品的；

（二）原件或者原物已不存在，但有证据证明复制件、复制品与原件或者原物一致的。

第六十二条 质证一般按下列顺序进行：

（一）原告出示证据，被告、第三人与原告进行质证；

（二）被告出示证据，原告、第三人与被告进行质证；

（三）第三人出示证据，原告、被告与第三人进行质证。

人民法院根据当事人申请调查收集的证据，审判人员对调查收集证据的情况进行说明后，由提出申请的当事人与对方当事人、第三人进行质证。

人民法院依职权调查收集的证据，由审判人员对调查收集证据的情况进行说明后，听取当事人的意见。

第六十三条 当事人应当就案件事实作真实、完整的陈述。

当事人的陈述与此前陈述不一致的，人民法院应当责令其说明理由，并结合当事人的诉讼能力、证据和案件具体情况进行审查认定。

当事人故意作虚假陈述妨碍人民法院审理的，人民法院应当根据情节，依照民事诉讼法第一百一十一条的规定进行处罚。

第六十四条 人民法院认为有必要的，可以要求当事人本人到场，就案件的有关事实接受询问。

人民法院要求当事人到场接受询问的，应当通知当事人询问的时间、地点、拒不到场的后果等内容。

第六十五条 人民法院应当在询问前责令当事人签署保证书并宣读保证书的内容。

保证书应当载明保证据实陈述，绝无隐瞒、歪曲、增减，如有虚假陈述应当接受处罚等内容。当事人应当在保证书上签名、捺印。

当事人有正当理由不能宣读保证书的，由书记员宣读并进行说明。

第六十六条 当事人无正当理由拒不到场、拒不签署或宣读保证书或者拒不接受询问的，人民法院应当综合案件情况，判断待证事实的真伪。待证事实无其他证据证明的，人民法院应当作出不利于该当事人的认定。

第六十七条 不能正确表达意思的人，不能作为证人。

待证事实与其年龄、智力状况或者精神健康状况相适应的无民事行为能力人和限制民事行为能力人，可以作为证人。

第六十八条 人民法院应当要求证人出庭作证，接受审判人员和当事人的询问。证人在审理前的准备阶段或者人民法院调查、询问等双方当事人在场时陈述证言的，视为出庭作证。

双方当事人同意证人以其他方式作证并经人民法院准许的，证人可以不出庭作证。

无正当理由未出庭的证人以书面等方式提供的证言，不得作为认定案件事实的根据。

第六十九条 当事人申请证人出庭作证的，应当在举证期限届满前向人民法院提交申请书。

申请书应当载明证人的姓名、职业、住所、联系方式，作证的主要内容，作证内容与待证事实的关联性，以及证人出庭作证的必要性。

符合《最高人民法院关于适用〈中华人民共和国民事诉讼法〉的解释》第九十六条第一款规定情形的，人民法院应当依职权通知证人出庭作证。

第七十条 人民法院准许证人出庭作证申请的，应当向证人送达通知书并告知双方当事人。通知书中应当载明证人作证的时间、地点，作证的事项、要求以及作伪证的法律后果等内容。

当事人申请证人出庭作证的事项与待证事实无关，或者没有通知证人出庭作证必要的，人民法院不予准许当事人的申请。

第七十一条 人民法院应当要求证人在作证之前签

署保证书，并在法庭上宣读保证书的内容。但无民事行为能力人和限制民事行为能力人作为证人的除外。

证人确有正当理由不能宣读保证书的，由书记员代为宣读并进行说明。

证人拒绝签署或者宣读保证书的，不得作证，并自行承担相关费用。

证人保证书的内容适用当事人保证书的规定。

第七十二条　证人应当客观陈述其亲身感知的事实，作证时不得使用猜测、推断或者评论性语言。

证人作证前不得旁听法庭审理，作证时不得以宣读事先准备的书面材料的方式陈述证言。

证人言辞表达有障碍的，可以通过其他表达方式作证。

第七十三条　证人应当就其作证的事项进行连续陈述。

当事人及其法定代理人、诉讼代理人或者旁听人员干扰证人陈述的，人民法院应当及时制止，必要时可以依照民事诉讼法第一百一十条的规定进行处罚。

第七十四条　审判人员可以对证人进行询问。当事人及其诉讼代理人经审判人员许可后可以询问证人。

询问证人时其他证人不得在场。

人民法院认为有必要的，可以要求证人之间进行对质。

第七十五条　证人出庭作证后，可以向人民法院申请支付证人出庭作证费用。证人有困难需要预先支取出庭作证费用的，人民法院可以根据证人的申请在出庭作证前支付。

第七十六条　证人确有困难不能出庭作证，申请以书面证言、视听传输技术或者视听资料等方式作证的，应当向人民法院提交申请书。申请书中应当载明不能出庭的具体原因。

符合民事诉讼法第七十三条规定情形的，人民法院应当准许。

第七十七条　证人经人民法院准许，以书面证言方式作证的，应当签署保证书；以视听传输技术或者视听资料方式作证的，应当签署保证书并宣读保证书的内容。

第七十八条　当事人及其诉讼代理人对证人的询问与待证事实无关，或者存在威胁、侮辱证人或不适当引导等情形的，审判人员应当及时制止。必要时可以依照民事诉讼法第一百一十条、第一百一十一条的规定进行处罚。

证人故意作虚假陈述，诉讼参与人或者其他人以暴力、威胁、贿买等方法妨碍证人作证，或者在证人作证后以侮辱、诽谤、诬陷、恐吓、殴打等方式对证人打击报复的，人民法院应当根据情节，依照民事诉讼法第一百一十一条的规定，对行为人进行处罚。

第七十九条　鉴定人依照民事诉讼法第七十八条的规定出庭作证的，人民法院应当在开庭审理三日前将出庭的时间、地点及要求通知鉴定人。

委托机构鉴定的，应当由从事鉴定的人员代表机构出庭。

第八十条　鉴定人应当就鉴定事项如实答复当事人的异议和审判人员的询问。当庭答复确有困难的，经人民法院准许，可以在庭审结束后书面答复。

人民法院应当及时将书面答复送交当事人，并听取当事人的意见。必要时，可以再次组织质证。

第八十一条　鉴定人拒不出庭作证的，鉴定意见不得作为认定案件事实的根据。人民法院应当建议有关主管部门或者组织对拒不出庭作证的鉴定人予以处罚。

当事人要求退还鉴定费用的，人民法院应当在三日内作出裁定，责令鉴定人退还；拒不退还的，由人民法院依法执行。

当事人因鉴定人拒不出庭作证申请重新鉴定的，人民法院应当准许。

第八十二条　经法庭许可，当事人可以询问鉴定人、勘验人。

询问鉴定人、勘验人不得使用威胁、侮辱等不适当的言语和方式。

第八十三条　当事人依照民事诉讼法第七十九条和《最高人民法院关于适用〈中华人民共和国民事诉讼法〉的解释》第一百二十二条的规定，申请有专门知识的人出庭的，申请书中应当载明有专门知识的人的基本情况和申请的目的。

人民法院准许当事人申请的，应当通知双方当事人。

第八十四条　审判人员可以对有专门知识的人进行询问。经法庭准许，当事人可以对有专门知识的人进行询问，当事人各自申请的有专门知识的人可以就案件中的有关问题进行对质。

有专门知识的人不得参与对鉴定意见质证或者就专业问题发表意见之外的法庭审理活动。

五、证据的审核认定

第八十五条　人民法院应当以证据能够证明的案件事实为根据依法作出裁判。

审判人员应当依照法定程序，全面、客观地审核证据，依据法律的规定，遵循法官职业道德，运用逻辑推理和日常生活经验，对证据有无证明力和证明力大小独立进行判断，并公开判断的理由和结果。

第八十六条 当事人对于欺诈、胁迫、恶意串通事实的证明，以及对于口头遗嘱或赠与事实的证明，人民法院确信该待证事实存在的可能性能够排除合理怀疑的，应当认定该事实存在。

与诉讼保全、回避等程序事项有关的事实，人民法院结合当事人的说明及相关证据，认为有关事实存在的可能性较大的，可以认定该事实存在。

第八十七条 审判人员对单一证据可以从下列方面进行审核认定：

（一）证据是否为原件、原物，复制件、复制品与原件、原物是否相符；

（二）证据与本案事实是否相关；

（三）证据的形式、来源是否符合法律规定；

（四）证据的内容是否真实；

（五）证人或者提供证据的人与当事人有无利害关系。

第八十八条 审判人员对案件的全部证据，应当从各证据与案件事实的关联程度、各证据之间的联系等方面进行综合审查判断。

第八十九条 当事人在诉讼过程中认可的证据，人民法院应当予以确认。但法律、司法解释另有规定的除外。

当事人对认可的证据反悔的，参照《最高人民法院关于适用〈中华人民共和国民事诉讼法〉的解释》第二百二十九条的规定处理。

第九十条 下列证据不能单独作为认定案件事实的根据：

（一）当事人的陈述；

（二）无民事行为能力人或者限制民事行为能力人所作的与其年龄、智力状况或者精神健康状况不相当的证言；

（三）与一方当事人或者其代理人有利害关系的证人陈述的证言；

（四）存有疑点的视听资料、电子数据；

（五）无法与原件、原物核对的复制件、复制品。

第九十一条 公文书证的制作者根据文书原件制作的载有部分或者全部内容的副本，与正本具有相同的证明力。

在国家机关存档的文件，其复制件、副本、节录本经档案部门或者制作原本的机关证明其内容与原本一致的，该复制件、副本、节录本具有与原本相同的证明力。

第九十二条 私文书证的真实性，由主张以私文书证证明案件事实的当事人承担举证责任。

私文书证由制作者或者其代理人签名、盖章或捺印的，推定为真实。

私文书证上有删除、涂改、增添或者其他形式瑕疵的，人民法院应当综合案件的具体情况判断其证明力。

第九十三条 人民法院对于电子数据的真实性，应当结合下列因素综合判断：

（一）电子数据的生成、存储、传输所依赖的计算机系统的硬件、软件环境是否完整、可靠；

（二）电子数据的生成、存储、传输所依赖的计算机系统的硬件、软件环境是否处于正常运行状态，或者不处于正常运行状态时对电子数据的生成、存储、传输是否有影响；

（三）电子数据的生成、存储、传输所依赖的计算机系统的硬件、软件环境是否具备有效的防止出错的监测、核查手段；

（四）电子数据是否被完整地保存、传输、提取，保存、传输、提取的方法是否可靠；

（五）电子数据是否在正常的往来活动中形成和存储；

（六）保存、传输、提取电子数据的主体是否适当；

（七）影响电子数据完整性和可靠性的其他因素。

人民法院认为有必要的，可以通过鉴定或者勘验等方法，审查判断电子数据的真实性。

第九十四条 电子数据存在下列情形的，人民法院可以确认其真实性，但有足以反驳的相反证据的除外：

（一）由当事人提交或者保管的于己不利的电子数据；

（二）由记录和保存电子数据的中立第三方平台提供或者确认的；

（三）在正常业务活动中形成的；

（四）以档案管理方式保管的；

（五）以当事人约定的方式保存、传输、提取的。

电子数据的内容经公证机关公证的，人民法院应当确认其真实性，但有相反证据足以推翻的除外。

第九十五条 一方当事人控制证据无正当理由拒不提交，对待证事实负有举证责任的当事人主张该证据的内容不利于控制人的，人民法院可以认定该主张成立。

第九十六条 人民法院认定证人证言，可以通过对证人的智力状况、品德、知识、经验、法律意识和专业技能等的综合分析作出判断。

第九十七条　人民法院应当在裁判文书中阐明证据是否采纳的理由。

对当事人无争议的证据，是否采纳的理由可以不在裁判文书中表述。

六、其他

第九十八条　对证人、鉴定人、勘验人的合法权益依法予以保护。

当事人或者其他诉讼参与人伪造、毁灭证据，提供虚假证据，阻止证人作证，指使、贿买、胁迫他人作伪证，或者对证人、鉴定人、勘验人打击报复的，依照民事诉讼法第一百一十条、第一百一十一条的规定进行处罚。

第九十九条　本规定对证据保全没有规定的，参照适用法律、司法解释关于财产保全的规定。

除法律、司法解释另有规定外，对当事人、鉴定人、有专门知识的人的询问参照适用本规定中关于询问证人的规定；关于书证的规定适用于视听资料、电子数据；存储在电子计算机等电子介质中的视听资料，适用电子数据的规定。

第一百条　本规定自2020年5月1日起施行。

本规定公布施行后，最高人民法院以前发布的司法解释与本规定不一致的，不再适用。

江苏省家用电器维修服务标准规范（草案）

江苏省质量技术监督局

2019年1月22日发布

前　言

本标准按照GB/T 1.1—2009给出的规则起草。

本标准由江苏省家用电器协会提出。

本标准由江苏省质量技术监督局归口。

本标准起草单位：江苏省家用电器协会、大金（中国）投资有限公司南京分公司、江苏科宁集团、苏宁云商集团股份有限公司南京地区管理中心维修公司、江苏洁亚智能科技发展有限公司、江苏依斯特制冷有限公司、艾欧史密斯（中国）热水器有限公司、南京海尔工贸销售有限公司、江苏明珠中央空调工程安装有公司、江苏信捷商贸有限公司、江苏五星电器有限公司、好享家舒适智能家居股份有限公司、南京奥奕电器贸易有限公司、深圳安时达电子服务有限公司江苏分公司、美的家用空调南京服务分中心。

本标准起草人：徐学录、马超、向亿、张晖、孙卫宁、王先东、孙卫东、王祥、胡鹏、徐建波、吴建生、朱根成、李保卫、解兆春、刘科军、江金生、孔令韬。

本标准规范为首次发布。

1　范围

本标准规定了家用电器维修服务方、服务项目、服务提供、服务安全等方面的要求。

本标准适用于江苏地区范围内开展的家用电器维修服务活动。

2　规范性引用文件

下列文件对于本文件的应用是必不可少的。凡是注日期的引用文件，仅注日期的版本适用于本文件。凡是不注日期的引用文件，其最新版本（包括所有的修改单）适用于本文件。

GB/T 3787手持式电动工具的管理、使用、维修安全要求

GB 8877家用和类似用途电器安装、使用、维修安全要求

GB 9448焊接与切割安全

GB/T 15624-2011服务标准化工作指南

GB/T 16784工业产品维修服务总则

GB/T 16868商品经营服务质量管理规范

GB/T 17242投诉处理指南

GB/T 18760消费品维修服务方法与要求

GB/T 19012质量管理　顾客满意　组织处理投诉指南

GB/T 22766.1家用和类似用途电器维修服务　第1部分：通用要求

GB 50016建筑设计防火规范

QB/T 2837-2006家用和类似用途电器维修服务从业人员行为规范

SB/T 10349-2015家用电器维修服务组织等级评定规范

GB 4706.1家用和类似用途电器的安全　第1部分：通用要求

GB/T 21097.1-2007家用和类似用途电器的安全使用年限和再生利用通则

3　术语和定义

下列术语和定义适用于本文件。

3.1　家用电器household electrical appliance

在家庭或类似环境中，用户为满足生活、娱乐和信息等消费需要自行使用的电子电器用具。

3.2　维修服务maintain and service

为保持和恢复产品处于能执行规定功能的状态所进行的所有技术和管理（包括监督）的活动，维修可能包括对产品的修改，还包括客户接待、送货及安装/拆卸、使用咨询、回访、配件销售、回收等相关服务业务。

3.3　家用电器制造企业维修服务组织maintenance service organizations of household appliance manu－facturer

家用电器制造企业的维修服务管理部门及所属各种服务运营部门。

3.4　家用电器销售企业维修服务组织maintenance service organizations of household appliance retailer

家用电器销售企业的维修服务管理部门及所属各种服务经营部门。

3.5　家用电器维修服务企业enterprises of household appliance maintain and service

提供家用电器维修服务的企业。

3.6　服务资源service resources

提供维修服务应该具备的自有资源和各维修服务机构的相关资源，包括企业基本情况、人力资源、服务设施、服务机构等。

3.7　服务能力service ability

提供服务水平的衡量指标参数，包括服务项目情况、服务时间、话务和网络服务情况、备件供应等衡量指标参数。

3.8　服务管理service management

提供服务管理能力的衡量指标参数，包括监管制度、标准化程度、服务满意度、服务价格行为等衡量指标参数。

4　服务方的基本要求

4.1　经营管理

4.1.1　应设置合理的内部组织机构，以履行下列职能：

——服务接待；

——业务协调；

——服务质量监管；

——投诉处理；

——服务备件器材仓储和物流配送；

——培训考核。

4.1.2　应设立并公布有效的维修服务电话，如有可能还可通过网站、微信、短信、电子邮箱等信息化手段，接收顾客的咨询、预约、投诉等。

4.1.3　应建立服务质量体系，以保障各项工作的开展有章可循并不断完善，定期对自身的工作进行自检，或接受第三方的检查、监督。

4.1.4　品牌产品的特约服务、指导维修、鉴定等技术业务，应取得产品生产方或销售方的书面授权。

4.2　设施设备

4.2.1　应具备与经营规模、业务范围、服务相适应的经营服务场所，服务场所应合理划分接待区域、维修作业区域、物料存储区域、收发与存放产品区域，应提供适于其工作的安全防护措施。

4.2.2　对于需要使用或存放易燃易爆物品以及危险化学品的场所，应有专门的设施设备将其与其他区域隔离，并符合消防要求。

4.2.3　应具备与其业务范围相适应的仪器、设备、工具和劳动防护用品。

4.2.4　计量器具应按国家的有关规定和服务方内部的文件规定进行定期的校准和维护。

4.2.5　应配备与经营项目和规模相适应的运输、办公、通讯等设备。

4.3　服务人员

4.3.1　服务方应配备与经营项目和规模相适应的信息、安装、维修、检验和管理等人员。

4.3.2　从事家电维修服务的人员应获得与其工作范围和所从事工作技术含量相适应的专业培训并取得相关

上岗资格证书。

4.4 服务合同

4.4.1 除保修服务外，其他维修服务应订立维修服务合同，维修服务合同可为书面形式或口头形式。

4.4.2 维修服务合同宜使用简单易于理解的语言，合同的内容应至少包括：

——提供服务的基本内容；

——服务质量要求；

——服务费用与支付；

——服务验收；

——服务补救；

——争议解决。

4.4.3 服务方和顾客应履行合同的约定。如遇特殊情况不能满足约定的内容时，应及时通知对方，说明原因并在双方同意的情况下修改约定。

4.5 服务档案

4.5.1 服务方应清晰、明确地记录每一次维修服务的顾客信息、产品信息、服务信息，并至少保存三年。

4.5.2 顾客信息应至少包括顾客姓名、地址、联系电话。

4.5.3 产品信息应至少包括产品名称、品牌、型号、编号、生产日期。

4.5.4 服务信息应至少包括服务单位、服务提供日期、提供服务人员、服务措施描述、故障描述、使用材料清单、主要使用材料相关信息、收费信息、用户确认。

4.5.5 服务方对顾客信息应负有保密义务，未经顾客同意，服务方不应泄露顾客信息。

4.6 服务方式

4.6.1 大件不易搬运的家电，提供上门维修服务，服务人员携带专业工具上门提供诊断、维修服务。

4.6.2 小件容易搬运的家电，可由顾客将损坏的小家电带至维修站进行维修。

5 维修服务项目

5.1 家用电器维修服务包括但不限于以下项目：

——咨询服务；

——设计服务；

——物流配送服务；

——安装服务；

——维修服务；

——调试服务；

——拆卸服务；

——维护保养服务。

5.2 对于安全使用年限外的产品，服务方可以拒绝服务，建议顾客报废更新。

6 维修服务提供

6.1 维修服务的接待

6.1.1 服务方应至少能提供现场和电话两种方式接待需要服务的顾客。

6.1.2 接待人员应使用礼貌用语，耐心听取顾客反映的情况，并予以记录。

6.1.3 对顾客提出的维修服务需求，应尽量当场回复；当场回复不了的，应在24小时内回复。

6.2 维修服务的准备

6.2.1 服务方应根据顾客需求及时安排专业人员提供相应的服务。

6.2.2 对于上门服务的人员，在服务实施前应做到：

——提前电话联系顾客，进行信息核对，约定上门服务时间；

——对工具、材料、配件的型号、数量进行确认；

——穿服务方或品牌厂家等的统一服装，佩戴“工作牌”或“服务资格证”，保持形象整洁；

——按约定时间到达服务地点，如有特殊原因无法按时到达应提前电话联系顾客；

——进门前在第一时间向顾客说明服务人员信息和服务内容，取得顾客同意后方可进门服务；

——进门时，穿戴自带鞋套；进门后将工具放置布垫上，提前铺好防尘盖布；工具箱摆放位置应征得顾客同意后方可摆放。

6.3 维修服务的实施

6.3.1 咨询服务

6.3.1.1 服务方应保障咨询渠道的畅通，对顾客提出的问题不推诿、耐心解答。

6.3.1.2 服务方应安排专业人员及时向顾客提供选购、配套、使用、维修、保养技术指导等方面的咨询服务。

6.3.1.3 服务方对顾客提供的信息应真实可靠。

6.3.2 设计服务

进行设计服务的人员应根据使用环境及顾客需求等因素，结合产品特性提出设计方案并与顾客沟通确认。

6.3.3 物流配送服务

物流配送人员应根据配送产品的特性，采取合理与安全的配送方式，按顾客约定的时间送达，请顾客签收确认。

6.3.4 安装服务

6.3.4.1 服务人员应对顾客购买产品型号进行确认，征求顾客的意见，确定安装方案。

6.3.4.2 服务人员和顾客就涉及安全的安全事宜无法达成一致时，服务人员有权拒绝安装。

6.3.4.3 服务人员和顾客就涉及使用性能的安装事宜无法达成一致时，在顾客签订免责协议的情况下依据顾客意见进行安装。

6.3.4.4 开始安装前，应对安装场所使用电源进行安全监测，并进行装前试机。

6.3.4.5 服务人员特殊情况下如需借用、移动或踩踏顾客的物品时，应事先向顾客说明，征得顾客同意。

6.3.4.6 产品安装完毕后，应对产品进行试机调试，并进行产品功能特性及使用方法的讲解，请顾客在服务记录上签字确认。

6.3.4.7 如有特殊需要，服务方应派驻现场监理。

6.3.5 调试服务

服务人员应根据使用情况对产品进行调试，使产品达到正常的使用状态。

6.3.6 维修服务

6.3.6.1 服务人员应在维修服务前进行初检，进一步确定是否属于保修范围。应在维修服务方案征得顾客同意后再进行维修服务，其中对超过保修范围的维修服务应在维修服务前告知收费项目，出示收费标准并进行报价。

6.3.6.2 对于上门维修服务，若待修产品的故障或顾客处所的现场环境不适合进行相应的维修工作，则应建议顾客自行送修，或经顾客同意由服务方进行拉修。

6.3.6.3 维修服务人员应在产品修复并试用后，请顾客当面验机确认，并请顾客在维修服务记录单上签字。

6.3.7 拆卸服务

拆卸服务前应对产品进行检验，并确保拆卸过程不会对产品造成损坏。

6.3.8 维护保养服务

服务方可根据顾客要求、产品使用说明或企业承诺提供清洁整理、耗材补充、产品紧固等维护保养服务。

6.3.9 维修服务零部件的提供及更换下的零部件处理。

6.3.9.1 需要进行零部件更换时，服务方应提供质量合格的零部件。

6.3.9.2 更换下的零部件在保修期内应由服务方收回。在保修期外应交付顾客，特殊情况下保修期外的零部件服务方需回收的应征得顾客同意。

6.3.9.3 若更换下的零部件或介质排放具有危险性或可能污染环境，则应向顾客如实说明，并按照GB/T 21097.1—2007和相关环保规定进行妥善处理。

6.4 维修服务的结算

所有有偿的维修服务完成后，服务方与顾客结算费用，应给顾客相应的收费凭证，凭证上应标明顾客信息、相应的收费内容、收费金额、收费时间等，产生的服务费用宜有相应的明细。

6.5 维修服务的回访

6.5.1 维修服务完毕后，服务方应安排专人对顾客进行回访。回访时，服务人员应认真向顾客表达回访内容，使用礼貌用语。

6.5.2 回访过程中发现顾客问题没有完全解决或问题再次出现时，应及时传递信息，安排服务人员再次服务。

6.5.3 回访过程中要对产品改进建议及产品出现的质量问题等信息进行收集并反馈至生产商。

6.6 维修服务投诉的处理

6.6.1 针对顾客的投诉，服务方应在24小时内回复顾客，提供双方认同的解决方案，安排服务人员及时处理。

6.6.2 投诉问题解决后，服务方应对服务质量进行回访，确保顾客满意。

6.6.3 服务方与顾客对投诉处理存在争议时，应按照相关法律、法规进行处理。

6.7 维修服务培训与考核

服务方应安排专门部门根据维修服务标准对服务人员或队伍组织培训与考核，达到上岗要求方可上岗。

7 维修服务的安全

7.1 服务场所的接地、功率负荷、绝缘、避雷功能应符合有关要求，有与用电设备功率相符合的专用保护（限流、限压）装置和漏电保护装置。

7.2 在作业空间和位置满足安全作业的前提下，应尽可能符合产品使用说明书有关要求。

7.3 应保证作业场所及周边作业时光、声、电磁、粉尘、震动等环境和卫生健康方面的限定要求，尽可能减少有害物质（特别是含氟制冷剂）在大气环境中的泄露或排放，保证作业场地完毕后的整洁、有序。

7.4 服务人员高空作业时，应佩戴安全带、安全帽，高空作业现场周围应设置安全警示牌，必要时采取

人员监护。

7.5　用电钻打墙孔前，应了解预打墙孔位置有无水、电、气等管线预埋。

7.6　服务方应采购符合标准的合格零部件，并有相应的备件储备。

7.7　应以相同规格的安全保护装置替换原有失效的安全保护装置。

7.8　在进行维修服务工作时，如发现线缆破裂，地线脱落、错接、缺失时应及时通报用户并由专业人员进行维修和整改；插头插座和开关等电气装置出现损坏时，应及时通报用户并由用户联系专业人员进行修理。

7.9　在完成维修服务工作后，应对产品进行通检，合格后方可交付用户。如有争议，可委托第三方按照GB 4706.1及其特殊要求进行重新检验。

7.10　服务方在上门服务涉及易爆易燃的操作时，应符合国家消防安全条例的有关规定。

8　连锁服务的基本要求

8.1　连锁服务资源

8.1.1　资质

提供家电拆装和维修等服务业务的连锁经营者，应进行工商登记注册，符合税务、卫生、消防、安全生产、质监、价格等相关开业和从业条件；从事品牌特约维修服务须经授权；依法经营。

8.1.2　服务网点

8.1.2.1　具备有与维修服务规模、接待能力等服务功能设定相匹配的场所、设施保障条件。

固定场所应合理划分接待区域、维修作业区域、维修物料储放区域及收发与存放送修产品的专用区域，各区域面积应能满足基本功能需要，各区域内、区域间标识牌的位置、数量应满足功能需要。

8.1.2.2　机动式场所应选择安全、方便、牢固、稳妥的地点设置；合理划分接待区域、维修作业区域、维修物料储放区域及收发与存放送修产品的专用区域，各区域面积应能满足基本功能需要。

8.2　连锁服务能力

8.2.1　基本服务及管理

8.2.1.1　客户服务中心应当设立统一号码的800或400企业客服电话。

8.2.1.2　分级维修服务业务协调和质量监管；企业总部质管机构、省级质管分支机构。

8.2.1.3　建立统一、系统的企业规章制度，实施规范化、标准化管理。

8.2.2　服务网点体系

8.2.2.1　构建与产品销售区域范围、维修服务总体规划和维修服务能力相适应的市、区（县）、居委会（镇）三级维修服务网点体系。

8.2.2.2　网点应设置在位置适中、交通相对便利、人口相对集中的小区、集贸市场内或周围。

8.2.2.3　维修服务网点设立应能兼顾多个品牌、品类。

8.2.3　从业人员

8.2.3.1　应获得与其工作范围和所从事管理工作岗位相应的职业资质，经过专业培训并取得相关上岗资格证书。

8.2.3.2　掌握客户服务相关法律法规和知识培训，遵守市场经营各项规定，自觉维护市场秩序，依法经营企业。

8.2.3.3　熟悉企业管理、经营项目、运营机制及运营方法。

8.2.3.4　具备监控、督促、检查、指导和保证服务质量能力。

8.3　连锁服务管理

8.3.1　服务时间

8.3.1.1　日常服务时间符合国家相关规定，适应当地作息习惯，兑现企业承诺。

8.3.1.2　上门服务时间按双方预约定时间进行。

8.3.1.3　电话服务时间符合国家相关规定，适应当地作息习惯，或按企业承诺时间实行；自动受理时间24小时。

8.3.1.4　临时服务时间按季节特征，提前一个月或以上按预告在短期（1—2天）工作时间中进行。

8.3.2　服务质量

8.3.2.1　维修质量保障期符合国家《关于部分商品修理更换退货责任规定》要求或符合双方约定的期限要求。

8.3.2.2　响应时间在24小时之内，或符合双方约定的期限要求。

8.3.3　服务方式

8.3.3.1　维修站接修服务包括接待、咨询、接机、验机、登记记录、试机、收费结算等环节，还包括接待准备、服务礼仪、电话接待和回访、维修安排、投诉处理、资料整理等工作。

8.3.3.2　上门服务包括使用现场安装、调试、维修、保养服务。

8.3.3.3　临时定点服务包括接待、咨询、接机、验机、登记记录、现场维修、试机、收费结算等环节。

8.3.3.4　预约服务可预先与客户约定服务时间、地点、服务方式。

8.3.3.5　定期或不定期排除服务人员携带必要的设备工具在社区巡回接修或上门服务。

8.3.3.6　根据用户叙述的故障现象，维修工程师通过电话、互联网等诊断故障原因、部位、指导客户检查、调试，排除故障。

8.3.3.7　设立统一的本地接入呼叫服务电话号码，合理配置中继线，多种方式向社会公布服务电话。

8.3.4　服务程序

8.3.4.1　提供信息和咨询。向客户公布本企业各类型产品拆装和维修服务经营范围、网络、质量以及备件器材和耗材信息；提供产品、拆装、维护保养、修理和使用咨询。

8.3.4.2　做好维修服务信息及记录。包括产品信息、客户信息、维修时间、收产品时状态、维修部位、维修情况、维修保质期、维修费用等。

8.3.4.3　前台服务。前台接待人员行为应参考QB/T 2837–2006中5.1.1.1–5.1.1.4的规定执行。

8.3.4.4　上门服务。上门服务参见本规范6.2.2。

8.3.4.5　回访。回访方式包括电话回访、手机短信、电子网络征询意见、信函回访、直接面访、顾客满意度调查问卷等。回访内容主要是征询客户期望服务经营者需改进的问题。

8.3.5　维修服务测评

8.3.5.1　顾客满意度评价。根据SB/T 10425开展顾客服务满意度测评。

8.3.5.2　服务质量评价。按服务约定水平、服务提供能力、服务质量水平、企业信用评价、诚信经营评定等综合测评。

江苏省预付式消费合同纠纷处理指引

第一章　总则

第一条　【制定目的】为引导本辖区内各级消费者权益保护组织履行保护消费者合法权益的社会责任，维护正常的市场交易秩序、规避消费者资金风险，根据《中华人民共和国合同法》、《中华人民共和国消费者权益保护法》、《关于规范商业预付卡管理的意见》、《单用途商业预付卡管理办法》（试行）等有关规定，制定本指引。

第二条　【适用范围】本指引适用于在我省行政区域内，经营者在预收费用后分次向消费者提供服务的合同行为。

第三条　【消费者权益保护组织的职责】消费者权益保护组织履行下列职责：

（一）对消费者的举报进行调查、比较、分析，并公布结果；

（二）对消费者因合法权益受到损害依法提起诉讼或者申请仲裁的，提供支持和帮助；

（三）对收取预付费的经营者进行约谈对侵害消费者权益的行为予以劝解、揭露。

第二章　经营者的义务

第四条　【告知义务】经营者应在官网或者店内显著位置公示或向消费者提供预付式消费服务章程和预付资金兑付风险提示书，并与消费者签订书面预付式消费服务合同。经营者应履行该提示和告知义务，确保消费者知晓并认可预付式消费服务章程和预付式消费服务合同内容，了解预付资金兑付风险。

租赁他人场地或者柜台的经营者，除履行前款规定的义务外，还应当在经营场所的显著位置标明租赁期限。

商业特许经营的经营者，应当标明特许人和被特许人的名称和标记、特许经营期限、经营项目、特许人联系方式以及是否可以在其他特许经营店适用等事项。

经营者应在消费者办卡或充值时根据消费者要求向消费者开具发票（包括电子发票），并于消费者实际消费时开具小票。

第五条 【合同内容】经营者与消费者签订的预付式消费服务合同应包括以下内容：

（一）经营者的名称、负责人、注册地址、联系方式、统一社会信用代码与备案编号；

（二）单用途卡的名称、种类和功能，及其购买、充值、余额查询、使用、退卡方式，记名卡还应包括挂失、转让方式；

（三）收费项目和标准；

（四）当事人的权利、义务；

（五）预收资金管理方式；

（六）纠纷处理原则和违约责任；

（七）相关法律法规、规章和规范性文件规定的其他事项。

预付式消费服务合同不得含有以下内容：

（一）预付卡办理后不退卡、过期后不延期；

（二）记名预付卡丢失、损毁后不补办；

（三）预付卡过期后卡内资金归商家所有；

（四）其他排除或限制持卡人主要权利、免除或者加重经营者责任的条款。

第六条 【明确承诺】经营者不得作出语义含糊的终身服务承诺。经营者对通知、声明、店堂告示等公示方式，对服务的质量、计量、价格、售后服务、民事责任等向消费者作出展示的，其提供的服务应当与其展示事实相一致。消费者受上述许诺引导而与之达成预付费服务交易的，该展示内容应当作为约定的内容。

消费者有权要求经营者将口头承诺写入书面约定，并保存所有书面凭证以维护自身权益。

第七条 【格式条款的限制】经营者向消费者提供服务使用格式条款、通知、声明、店堂告示等的，应当以显著方式提请消费者注意与消费者有重大利害关系的内容，并按照消费者的要求予以说明。

前款所述显著方式是指，采用足以引起消费者注意的方式，包括：合理运用足以引起注意的文字、符号、字体等特别标识。

经营者不得以格式条款、通知、声明、店堂告示等方式，作出排除或者限制消费者权利、加重消费者责任、减轻或者免除经营者责任等对消费者不公平、不合理的规定，不得利用格式条款或借助技术手段强制交易。

第八条 【格式条款的解释】消费者和经营者对经营者提供的合同、协议、登记表、店堂告示、声明、须知内容理解发生争议的，应当按照通常理解予以解释；对相应内容有两种以上解释的，应当作出有利于消费者的解释。格式条款与非格式条款不一致的，应当采用非格式条款。

第九条 【经营者的附随义务】经营者在收取费用或提供服务后，应当按照有关规定或交易习惯向消费者出具收费凭证或服务单据，不得拒绝或者附加不合理条件。

经营者应当保存提供服务的明细记录，并确保信息的完整性、保密性、可用性。保存时间自交易关系终止之日起不少于两年。储值性或计次（时）性预付费服务的明细记录，应当由消费者签字确认。

消费者要求经营者提供服务记录的，经营者应当提供。单用途卡损毁消费者要求换卡的，经营者应当提供换卡服务。

第十条 【经营者的个人信息保护义务】经营者收集、使用消费者个人信息，应当遵循合法、正当、必要的原则，明示收集、使用信息的目的、方式和范围，并经消费者同意，不得收集、使用和经营活动没有直接关系的个人信息。经营者收集、使用消费者个人信息，应当公开其收集、使用规则，不得违反法律、法规的规定和双方的约定收集、使用信息。经营者收集、使用消费者个人信息的，应当逐项征求消费者同意，不得采取一次性授权方式获得消费者同意，不得以默认、捆绑等手段变相强迫消费者授权，超出原约定范围的，应再次征求消费者同意。

经营者及其工作人员对收集的消费者个人信息必须严格保密，不得泄露、出售或者非法向他人提供。经营者应当采取技术措施和其他必要措施，确保信息安全，防止消费者个人信息泄露、丢失。在发生或者可能发生信息泄露、丢失的情况时，经营者应当立即采取补救措施。

未经消费者同意或者请求，或消费者明确表示拒绝的，经营者不得向消费者发送商业性信息。

第三章 因经营者产生纠纷的处理

第一节 经营变更引起的纠纷处理

第十一条 【经营地址、经营主体或经营项目变更产生的纠纷】

经营者单方变更预付卡服务内容，严重影响消费者权益的，消费者有权要求退费，经营者应当在三十日内按照约定的折扣率或优惠价格扣除已消费金额后退还余额，逾期未退的，应按实际退费余额每日支付千分之三的违约金。

合同生效后，经营者不得仅因名称的变更或者法定代表人、负责人、从业人员的变动而不履行约定义务。

第十二条 【中止（终止）经营引发的纠纷】

经营者应在中止（终止）经营后的三十日内对其发行的预付卡进行妥善处理，清偿卡内余额。

经营不善等原因关闭携款逃逸的，应移送有关行政部门处理。

第十三条 【服务条件变更引发的纠纷】

经营者以服务水平的提升或消费环境的改善为由，拒绝向消费者继续提供约定的服务内容的处理办法。

经营者提供的商品或者服务应当明码标价，且应当符合国家强制性标准、有关行业标准及经营者承诺的标准。经营者提高商品、服务价格或增加限制条件的，应当提前告知消费者并与消费者协商，协商不成的，消费者有权要求退费或者按照原价格条件执行。

第二节　预付卡使用引起的纠纷处理

第十四条 【格式条款引发的纠纷】

对经营者通过在预付卡背面或以格式合同、通知、声明、店堂告示等方式做出对消费者不公平、不合理或双方对内容的理解发生争议的处理办法。

双方对内容的理解发生争议的，应当按照通常理解予以解释；有两种以上解释的，应当作有利于消费者的解释。

经营者及其工作人员在提供商品或者服务时对商品或者服务的介绍、承诺，以及对消费者询问、投诉的答复，视为经营者的行为。

第十五条 【虚假宣传引发的纠纷】

经营者虚假宣传或消极处理消费者对相关商品或服务询问的处理。

经营者应当向消费者提供有关商品或者服务的真实信息，不得作引人误解的虚假宣传。

经营者对消费者就其提供的商品或者服务的质量、使用方法等问题提出的询问，应当作出真实、完整、明确的答复。

第三节　预付卡金额引起的纠纷处理

第十六条 【承诺折扣引发的纠纷】

经营者发行具有储值功能的预付卡，其相对应的折扣率或优惠价格应当在首次充值时以书面形式告知消费者，未尽告知义务的或告知不明确、不合理的，消费者再次充值时不论金额大小，经营者应当按照消费者首次充值时经营者的承诺给予消费者折扣率或优惠价格。

具有固定金额的有价凭证，在金额内使用时按照双方约定的条件执行。超过部分消费者需要用货币支付的，应当享受经营者对社会公众承诺的折扣率或优惠价格。

第十七条 【预付金额超过法定限额引发的纠纷】

经营者系企业法人的，其提供的单张记名预付凭证金额不得超过五千元，单张不记名预付凭证金额不得超过一千元；其他经营者对同一消费者提供的记名预付凭证金额不得超过两千元，单张不记名预付凭证金额不得超过五百元。但是，预付款存入第三方支付平台并且凭消费者指令支付的除外。预付凭证金额超过前款规定的最高限额的，消费者有权要求退还超过限额部分的款额，经营者不得因此减少或者取消已经承诺的优惠。

第十八条 【未提供消费记录引发的纠纷】

经营者在收取费用或提供服务后，应当按照有关规定或交易习惯向消费者出具收费凭证或服务单据。

经营者应当保存提供服务的明细记录至交易关系终止后至少满两年。储值性或计次（时）性预付费服务的明细记录，应当由消费者签字确认。

消费者要求经营者提供服务记录的，经营者应当提供。

第十九条 【余额返还引发的纠纷】

经营者原因造成消费者解除合同的，消费者可以按以下方法计算余额并要求经营者一次性返还余额：

（一）双方约定消费者享受单次服务价格优惠的，已消费金额应当按照约定的优惠价格计算；

（二）双方约定消费者享受明确的赠送金额或服务项目的，单次服务价格的优惠折扣率为（预付费用总额/赠送金额或赠送服务的折算金额+预付费用总额）×100%；

（三）双方约定消费者在有效期限内不限次享受服务的，已消费金额计算方式为

（合同生效之日起至合同解除之日止的天数/有效期限内天数）×100%×预付费用总额。

第四节　其他事项引起的纠纷处理

第二十条 【预付卡转让引发的纠纷】

除明确约定为不可转让外，记名预付费服务的消费者有权转让合同权益，但应当通知经营者；经营者应当为其办理转让手续。不记名预付费服务的消费者有权自行转让合同权益。

第二十一条 【经营者赠品引发的纠纷】

经营者提供的赠品或者免费服务，应当符合质量要

求；赠品或者免费服务的质量存在瑕疵的，应当向消费者事先说明。

经营者因其提供商品或者服务的质量问题依法承担退货或者退款责任时，不得要求消费者退还赠品，不得将赠品、免费服务折价抵扣退款。

第二十二条 【有效期引发的纠纷】

不记名商业预付卡有效期不得少于三年，届满后经营者应当为消费者免费办理一次延期手续，且延展期限不少于一年。

具有代币性质的预付卡或充值卡延展期限届满后，卡内尚有资金余额的，消费者有权选择继续使用（激活）或换卡。经营者应当提供配套服务，消费者也可以在支付一定违约金后选择退费（以卡内的实际金额为准）。

实名制预付卡服务交易的消费者（持有者）有权自行转让持有人资格，但应当提前告知经营者，并办理转让手续。

第四章 消费者原因引起的争议处理办法

第二十三条 【消费者原因退卡引发的纠纷】

消费者自身原因要求退费的应当按照约定的折扣率或优惠价格扣除已消费金额后退还余额，并可以同时收取不超过余额百分之二十的违约金。

第二十四条 【消费者行使无理由退卡权引发的纠纷】

消费者在交付预付费用后七日内，尚未使用预付费用接受服务的，有权无条件解除合同；经营者应当一次性返还全部预付费用。

消费者在交付预付费用后七日内接受经营者提供的免费体验或试用服务的，不影响消费者行使无条件解约权。

第五章 附则

第二十五条 【本指引的效力】执行本指引的规定，不影响双方依据有关法律提出保障其他权益的请求。

第二十六条 【争议解决】消费者和经营者发生争议时，应当协商解决或向消费者协会或有关行业协会申请调解解决，或向有关行政部门申诉，也可以直接向人民法院提起诉讼或向约定的仲裁机构申请仲裁。

附录：常用法律法规

《合同法》

第一百零七条

当事人一方不履行合同义务或者履行合同义务不符合约定的，应当承担继续履行、采取补救措施或者赔偿损失等违约责任。

第六十条

当事人应当按照约定全面履行自己的义务。

当事人应当遵循诚实信用原则，根据合同的性质、目的和交易习惯履行通知、协助、保密等义务。

第八十条

债权人转让权利的，应当通知债务人。未经通知，该转让对债务人不发生效力。

债权人转让权利的通知不得撤销，但经受让人同意的除外。

第五十三条

经营者以预收款方式提供商品或者服务的，应当按照约定提供。未按照约定提供的，应当按照消费者的要求履行约定或者退回预付款；并应当承担预付款的利息、消费者必须支付的合理费用。

第九十七条

合同解除后，尚未履行的，终止履行；已经履行的，根据履行情况和合同性质，当事人可以要求恢复原状、采取其他补救措施，并有权要求赔偿损失。

第七十九条

债权人可以将合同的权利全部或者部分转让给第三人，但有下列情形之一的除外：

（一）根据合同性质不得转让；

（二）按照当事人约定不得转让；

第二百零七条

借款人未按照约定的期限返还借款的，应当按照约定或者国家有关规定支付逾期利息。

第二百零五条

借款人应当按照约定的期限支付利息。对支付利息的期限没有约定或者约定不明确，依照本法第六十一条的规定仍不能确定，借款期间不满一年的，应当在返还借款时一并支付；借款期间一年以上的，应当在每届满一年时支付，剩余期间不满一年的，应当在返还借款时一并支付。

第二百零六条

借款人应当按照约定的期限返还借款。对借款期限没有约定或者约定不明确，依照本法第六十一条的规定仍不能确定的，借款人可以随时返还；贷款人可以催告借款人在合理期限内返还。

第一百二十一条

当事人一方因第三人的原因造成违约的，应当向对方承担违约责任。当事人一方和第三人之间的纠纷，依照法律规定或者按照约定解决。

第六十一条

合同生效后，当事人就质量、价款或者报酬、履行地点等内容没有约定或者约定不明确的，可以协议补充；不能达成补充协议的，按照合同有关条款或者交易习惯确定。

《消费者权益保护法（2013年修正）》

第五十条

经营者侵害消费者的人格尊严、侵犯消费者人身自由或者侵害消费者个人信息依法得到保护的权利的，应当停止侵害、恢复名誉、消除影响、赔礼道歉，并赔偿损失。

第十七条

经营者应当听取消费者对其提供的商品或者服务的意见，接受消费者的监督。

第五十三条

经营者以预收款方式提供商品或者服务的，应当按照约定提供。未按照约定提供的，应当按照消费者的要求履行约定或者退回预付款；并应当承担预付款的利息、消费者必须支付的合理费用。

《单用途商业预付卡管理办法（试行）》

第七条

发卡企业应在开展单用途卡业务之日起30日内按照下列规定办理备案：

（一）集团发卡企业和品牌发卡企业向其工商登记注册地省、自治区、直辖市人民政府商务主管部门备案；

（二）规模发卡企业向其工商登记注册地设区的市人民政府商务主管部门备案；

（三）其他发卡企业向其工商登记注册地县（市、区）人民政府商务主管部门备案。

第三十六条

发卡企业违反本办法第七条规定的，由违法行为发生地县级以上地方人民政府商务主管部门责令限期改正；逾期仍不改正的，处以1万元以上3万元以下罚款。

第十九条

记名卡不得设有效期；不记名卡有效期不得少于3年。

发卡企业或售卡企业对超过有效期尚有资金余额的不记名卡应提供激活、换卡等配套服务。

《江苏省消费者权益保护条例》

第二十七条

经营者以预收款方式提供商品或者服务，应当与消费者明确约定商品或者服务的数量和质量、价款或者费用、履行期限和方式、安全注意事项和风险警示、售后服务、民事责任等内容。未作约定或者约定不明确的，应当作有利于消费者的解释。

经营者发行单用途预付卡（含其他预收款凭证）的，单张记名卡限额不得超过五千元，单张不记名卡限额不得超过一千元。其中，个体工商户需要发行单用途预付卡的，单张限额不得超过一千元。预付卡不得设定有效期。

经营者应当对其发放的单用途预付卡向消费者提供担保。鼓励经营者在商业银行开立预付卡资金存管账户，在经营场所定期公示预付卡资金总量和使用情况。

经营者应当保存合同及履行的相关资料，方便消费者查询、复制；相关资料应当至少保存至合同履行完毕后两年。

第二十八条

经营者以发行单用途预付卡方式提供商品或者服务的，消费者有权自付款之日起十五日内无理由要求退款，经营者可以扣除其为提供商品或者服务已经产生的合理费用。

经营者未按照约定提供商品或者服务的，应当按照消费者的要求履行约定或者退回预付款。未消费的，应当全额退款并承担预付款的利息；已经消费的，应当按照原约定的优惠方案扣除已经消费的金额，予以退款并承担退款部分的利息。

经营者停业、歇业或者变更经营场所的，应当提前一个月通知已交预付款的消费者，并按照前款规定承担责任。

经营者未事先通知已交预付款的消费者并作出妥善安排，不提供或者不按照约定提供商品、服务又无法联络的，视为欺诈行为。

《侵害消费者权益行为处罚办法》

第十条

经营者以预收款方式提供商品或者服务，应当与消费者明确约定商品或者服务的数量和质量、价款或者费用、履行期限和方式、安全注意事项和风险警示、售后服务、民事责任等内容。未按约定提供商品或者服务的，应当按照消费者的要求履行约定或者退回预付款，并应当承担预付款的利息、消费者必须支付的合理费用。对退款无约定的，按照有利于消费者的计算方式折算退款金额。

经营者对消费者提出的合理退款要求，明确表示不予退款，或者自约定期满之日起、无约定期限的自消费者提出退款要求之日起超过十五日未退款的，视为故意拖延或者无理拒绝。

浙江省消保委组织支持诉讼工作规范

第一条 【规范依据】为更好履行支持诉讼的法定职责，规范支持诉讼工作，依据《中华人民共和国民事诉讼法》、《中华人民共和国消费者权益保护法》、《浙江省实施〈中华人民共和国消费者权益保护法〉办法》等法律法规的规定，结合浙江省消费者权益保护工作实际，制定本规范。

第二条 【投诉案件】本规范所指的投诉案件，是指全省消保委组织受理的消费投诉案件。

第三条 【群体性投诉案件】本规范所指的群体性投诉案件，是指消费者人数众多（十人以上）、基于同一或类似的消费纠纷和法律问题引发的投诉案件。

第四条 【支持诉讼】本规范所指的支持诉讼，是指消保委依法协助消费者收集证据，推荐有关人员担任消费者的诉讼代理人或者接受消费者的委托代理诉讼等，支持消费者寻求司法保护。

第五条 【公正原则】消保委支持诉讼，应当忠于法律，忠于职守，遵循公平、公正原则，既保护消费者合法权益，又维护社会公平正义。

第六条 【审慎原则】消保委应当协助、指导消费者如实反映诉求，如发现消费者隐瞒重要证据或作虚假陈述，应当及时指出。必要时，消保委可暂停或不再支持诉讼。

第七条 【案件类型】消保委支持诉讼的案件类型主要包括：

（一）侵害消费者权益事实清楚，法律关系明确的；

（二）案情疑难、复杂、重大的；

（三）具有典型性、代表性和较大社会影响的；

（四）有助于推动行业性问题解决的；

（五）涉及人数较多、损害赔偿金额较高的；

（六）有助于促进新业态、新模式规范健康发展的；

（七）相关政府部门、中国消费者协会等转交、交办的；

（八）其他有必要支持诉讼的案件。

第八条 【支持方式】消保委可单独或同时采取以下支持方式：

（一）约请公益律师提供法律咨询，帮助消费者梳理诉求；

（二）指定公益律师进行调查、代理诉讼；

（三）启动诉调对接机制，为消费者提供绿色通道；

（四）出具公函，协助消费者取证、举证；

（五）酌情为消费者支付诉讼费、保全费、律师费等费用；

（六）其他支持措施。

第九条 【启动条件】遇到下列情形时，消保委可以主动或应消费者请求启动支持诉讼工作：

（一）消费者反映的诉求符合《中华人民共和国消费者权益保护法》、《浙江省实施〈中华人民共和国消费者权益保护法〉办法》等法律法规要求的；

（二）消费者能够提供自身权益遭受侵害证据的；

（三）经过消保委调解，经营者仍然故意拖延、无理拒绝消费者合理诉求，或者拒不履行有关调解协议的；

（四）经消保委公开约谈，经营者未依法及时整改侵权行为的；

（五）其他情形。

第十条 【诉前评估】对于拟支持诉讼的投诉案件，消保委可以组织公益律师、技术专家、法学专家等进行可诉性评估，与司法部门加强工作对接。

第十一条 【诉前公告】消保委针对群体性投诉案件，可根据支持诉讼工作需要，发布征集公告，便于确认投诉人数、投诉标的以及总金额，保障诉讼进程有序推进。

第十二条 【诉前约谈】消保委可根据支持诉讼工作需要，联合相关部门、行业协会等，约谈被诉方经营者，督促其解决消费者诉求，以节约司法资源和社会资源。

第十三条 【诉中协调】消保委可根据诉调对接工作规范，加强与相关人民法院的工作联系，积极协助司法机关查明事实，妥善回应诉讼舆情，为诉讼落地提供便利。

第十四条 【诉中报告】在诉讼过程中，消保委发现有可能激化矛盾扩大的问题和苗头时，应当立即报告政府相关部门，提出应对建议和处理意见。

第十五条 【出庭应诉】根据工作需要，消保委可以专家辅助人身份，在法庭上公正发表事实方面的专业意见。

第十六条 【诉后协助】诉讼结束后，消保委可以根据工作需要，为消费者和经营者提供必要的执行便利。

第十七条 【经费来源与使用】消保委开展支持诉讼工作，所需经费列入消保委秘书处年度财政预算并严格按财经法规和单位内控制度执行。

第十八条 【专家费用】消保委召集评估会议，应当支付与会专家劳务费用等必要费用。

第十九条 【适用范围】浙江省消保委以及各市、县（市、区）消保委开展支持诉讼工作，按照本规范执行。

本规范未规定的事项，依照《中华人民共和国民事诉讼法》、《中华人民共和国消费者权益保护法》、《浙江省实施〈中华人民共和国消费者权益保护法〉办法》等法律法规的规定执行。

第二十条 【规范解释】本规范由浙江省消费者权益保护委员会负责解释。

第二十一条 【生效时间】本规范自2019年10月1日起施行。

浙江省消保委组织比较试验工作规范

第一章　总则

第一条　为履行“向消费者提供消费信息和咨询服务”的法定职责，规范和提升消费者权益保护委员会（以下简称消保委）比较试验工作，依据《中华人民共和国消费者权益保护法》（以下简称《消法》）、《浙江省实施〈中华人民共和国消费者权益保护法〉办法》（以下简称《实施办法》）、GB/T 16759–2008《消费品和有关服务的比较试验总则》、GB/T/16760–1997《制定消费品性能测试标准方法的总则》等相关法律、标准，参照《全国消协组织比较试验工作规范（试行）》（2017年）、《浙江省市场监督管理局抽检样品市场购买及处置管理办法（试行）》（2019年），制定本规范。

第二条　本规范所称“比较试验”是指消保委为履行《消法》职责，站在消费者的立场和角度，以普通消费者的身份，通过各类销售渠道，购买同一类不同品牌的商品或者服务，委托测试机构或专家组依据相关标准或统一的专业测试评价方法，对商品或服务的性能、安全性、可靠性、适应性、经济性以及具有可比性的其他特征进行测试（评价），从而对同类商品或者服务不同品牌之间的特性进行比较，对明示内容与实际品质进行对比研究，以达到为消费者提供客观翔实的消费信息，指导消费者合理选择商品或者服务，促进消费者更好地享有知情权和自主选择权的一项工作。

第三条　依据《消法》、《实施办法》等相关法律、法规，省、市、县各级消保委均可开展比较试验工作。根据工作需要，省、市消保委可安排比较试验联动项目，组织比较试验报告联合发布。

第四条　比较试验工作经费应来源于政府财政拨款或单位业务经费等公共渠道，不得接受企业赞助，确保比较试验的公正性和独立性。

第五条　比较试验工作一般应按照立项（方案）、购样、测试（评价）与反馈、结果发布、样品处置等程序和环节进行操作。

第六条　为确保比较试验工作的公正性、严谨性，消保委可聘请当地公证部门公证比较试验的工作环节。

第二章　立项

第七条　比较试验项目的选择可以通过公开征集，市场调查，分析投诉受理情况，组织座谈会等方式综合研判，必要时可以征求有关政府部门、专业机构、有关行业专家（专业委员会）或相关经营者（生产商或销售商）等的意见和建议。

第八条　比较试验对象一般应选择消费者关注、市场竞争比较充分、品牌认知度较高的商品和服务，或者新型商品和服务。比较试验涉及的商品和服务一般有以下特点：

1.与个人或家庭衣、食、住、行、用密切相关的商品和服务；

2.新类型的商品和服务；

3.消费者投诉问题比较集中的商品和服务的品类；

4.通过咨询或查阅资料，认为应使消费者获得有关信息的商品和服务；

5.其他能正确反映市场上实际状况的商品和服务。

第九条　比较试验方案内容一般包括试验目的、购样要求、试验项目、测试（评价）方法、测试单位、费用预算、时间安排、发布方式等方面。

试验项目的确定应反映商品或服务的实用性，从消费者角度设计测试（评价）项目，包括但不限于可靠性、耐用性、功能、能耗、环境效应、有害物质含量、使用成本、售价、维修以及售后服务等方面。

符合项目测试（评价）工作要求，且具备中国计量认证（CMA）、中国合格评定国家认可委员会（CNAS）或相关国际组织等认可的资质，或在行业内测试技术研究能力较强的测试机构，可作为测试单位备选机构。根据财务工作要求，可通过询价、比价、议价、竞争性谈判或公开招标等方式确定测试单位。如检测项目具有专业性、唯一性，消保委可自行选择检测机构。

第十条　有条件的消保委对比较试验方案可组织专家论证。对样品选购、试验项目、测试（评价）方法、数据处理方法和公布的形式等进行充分讨论，保证比较试验内容的可比性、结果发布的公正性，保证比较试验工作有利于消费者选择购买，有利于推动产品质量的提高，有利于经济健康可持续发展。

第十一条　各级消保委应与承担比较试验项目的测试单位或测评专家签订服务协议书，明确双方责任、测试费用以及保密义务、违约责任等事项，比较试验方案应作为协议书的附件。

第三章　购样

第十二条　比较试验样品应由消保委工作人员、承检机构技术人员等以普通消费者身份购买，参与购样的工作人员不少于两名。

第十三条　买样人员应记录销售单位和样品等相关信息，采取拍照、录像、公证或先进的电子信息化技术等方式记录买样过程。

通过电子商务平台买样的，应当以影像或电脑截屏等方式记录电子商务平台、产品、购物记录等相关信息。

第十四条　根据测试（评价）需要确定购样最小数量，如测试（评价）时需要破坏样品，应预留备份样品以备日后查询。购买的样品应为同批次或同款型产品。购买方法应与消费者所采用的方法一致。应随机选择样品，不采用特殊样品，尽可能地保证购买的样品能够代表当时市场的实际情况。

第十五条　样品购买要开具正式发票或其他收据等有效购物凭证或服务单据，列明样品的名称、单价、收款单位名称等内容以备查询。

第十六条　比较试验样品购买后应当及时进行登记、留证、封存、入库，尽快送达检测单位，并办理样品交接手续。如购样后不能立即送达检测单位，应按照产品存放要求保存。

第四章　测试与反馈

第十七条　测试（评价）方法应尽可能采用国家或国际认可的标准方法，如果没有适合的标准方法，可以组织专家制定测试（评价）方法，但应注意所选择的测试（评价）方法具有再现性。测试所用仪器、药品等应符合相关规定。

第十八条　应注意保持与测试单位（专家）的联系、沟通，遇到问题及时协调解决。测试（评价）完成后，测试单位（专家）应对测试（评价）样品出具正式的检测（评价）报告。检测（评价）报告应包括样品基本情况、测试（评价）方法、测试（评价）结果（有具体数据或文字描述）等，可不对样品做合格与否的判定。

第十九条　如果样品的测试（评价）结果不符合国家强制性标准且对消费者健康安全构成潜在危害、或虽然符合相关标准但仍存在某种可能的危害风险时，可通知其经营者或有关部门采取措施，防止危害的发生、发展。必要时，可对相关产品开展专项社会监督工作。

第二十条　比较试验结果对外公布前，应当以正式函件形式将样品情况及测试结果告知其生产经营者（制造商或代理商、经销商或购物平台），并做好反馈情况记录。比较试验的具体试验项目中涉及主观评价的，该部分结果可以不向经营者反馈。

第二十一条　经营者对测试结果有异议的，可自快递签收之日起七个工作日内向发出函件的消保委提出书面意见；逾期未提交的，视为对检测结果无异议，不影响测试结果的使用。

对于经营者的反馈意见（包括复检等请求），消保委应与测试单位或相关专家一起甄别、分析，吸收合理建议，妥善解决问题，保证比较试验的公正性、合理性。对于经营者提出的书面意见，可视情况在比较试验报告中予以体现。

第二十二条 发现商品类的比较试验测试结果如有失误或异常，或所用方法不当，使得测试结果的客观性和公正性受到影响，负责比较试验工作的业务部门应提出书面意见，经专家论证，报分管领导批准，可以再次启动测试程序。

经过试验的样品满足再次试验要求的，优先使用该样品；不能满足再次试验要求的，可启用备份样品。备份样品不能满足的，可重新从市场上购买样品，但所购买的样品应当为同款型、同一批次的产品。

第二十三条 再次测试结果应当再次进行反馈。两次测试结果不一致时，如果两次结果均不符合或均符合相关标准的，以首次测试结果为准；如果首次测试结果不符合相关标准而再次测试结果符合相关标准的，以再次测试数据结果为准。

第五章 结果发布

第二十四条 比较试验结果一般以比较试验报告的形式对外公布。比较试验报告一般应包括以下内容：

1.比较试验项目背景介绍；

2.比较试验工作组织；

3.比较试验样品来源；

4.比较试验主要结果及样品的对比或评价结果（包括《比较试验结果一览表》）；

5.有关消费提示或警示；

6.有关工作及政策建议。

第二十五条 比较试验报告中应明确测试（评价）结果仅对样品负责，不应对样品作出是否合格、是否安全等描述，报告的语言和文字应简明、易懂。

第二十六条 样品的对比或评价结果应通过《比较试验结果一览表》体现。《比较试验结果一览表》一般包括样品的信息（标称品牌、名称、规格、功能、生产者、购买地点、价格等）和对主要性能测试（评价）结果的比较（以消费者易于理解的形式——性能一般用“★”多少，或柱形图线条长短等来描述，比较出性能的优劣）。

第二十七条 根据比较试验对象的特性和受众的特点，通过召开新闻发布会、组织专题活动（包括约谈、座谈）、向有关单位发函等方式，扩大比较试验工作的受众面和影响力。引导新闻媒体及时、全面、准确、客观地宣传报道比较试验结果，突出对消费者的宣传、教育和指导。

关注比较试验结果公布后消费者及社会各方面的情况反映，发现比较试验结果失实或程序失当的，要及时采取补救措施。

第六章 样品处置

第二十八条 比较试验报告公布后，测试样品和备份样品一般应保留六个月以上（如样品剩余保质期小于六个月的，应保存至保质期届满）。

检测工作结束后，除测试已损耗的样品，其他样品根据性状、用途、有效期和功效等，可按以下方式处置：

（一）销毁；

（二）捐赠；

（三）单位留用。

第二十九条 各级消保委应当每年一次报告上级主管单位，按照产品特性对符合要求的样品进行集中处置。

第三十条 对化学危险品、电池等国家法律法规明确处置要求的，应当委托有资质的单位进行处置。

第三十一条 属下列情形之一的，测试样品经承检机构报批同意后，应予以监督销毁：

（一）危及人体健康和人身、财产安全的；

（二）失效、变质的；

（三）失去使用和回收利用价值的；

（四）法律法规规定应予销毁的。

样品销毁时，承检机构填写《样品销毁记录表》。

销毁记录应当由消保委、承检机构盖章，消保委固定资产管理人员签字。委托专业单位销毁的，受委托专业单位应当在销毁记录上签字、签章。

第三十二条 对测试合格的，有使用价值且对公民的人身、财产不会构成危害的，或经技术处理后仍有使用和回收价值的测试样品，消保委可按《中华人民共和国公益事业捐赠法》和《救灾捐赠管理暂行办法》等规定联系当地具有相应资质的公益机构进行捐赠。

捐赠时，双方应签订捐赠协议，并取得受捐赠单位的书面确认书，填写《样品捐赠登记表》，载明捐赠样品的时间、地点以及样品的名称、状态和数量。

第三十三条 符合捐赠条件的测试样品，应当明示测试样品的质量状况，并标明“处置样品”字样。

第三十四条 对不适用销毁的样品，因工作需要单位留用且符合固定资产确认条件的，填写《样品留用记录表》，由消保委固定资产管理人员登记入账，纳入固定资产管理系统统一管理使用。单位留用但不符合固定资产确认条件的，按照低值易耗品进行管理。

第七章　工作评价

第三十五条　省消保委定期对全省各级消保委比较试验工作情况进行总结，选取优秀比较试验项目汇编成册。入选优秀比较试验项目应具备以下基本条件：

1.比较试验内容紧扣地区特点和消费热点，对引导消费者合理选择商品和服务具有较强的指导意义；

2.比较试验的过程及报告内容和形式，符合本规范有关程序和相关规定；

3.比较试验结果发布后，社会反映良好，对扩大比较试验工作的社会影响力起到了较好的推动作用。

第八章　附则

第三十六条　本办法由浙江省消费者权益保护委员会负责解释。

第三十七条　本办法自2019年10月1日起实行。

中华人民共和国食品安全法实施条例

中华人民共和国国务院令

（第721号）

第一章　总则

第一条　根据《中华人民共和国食品安全法》（以下简称食品安全法），制定本条例。

第二条　食品生产经营者应当依照法律、法规和食品安全标准从事生产经营活动，建立健全食品安全管理制度，采取有效措施预防和控制食品安全风险，保证食品安全。

第三条　国务院食品安全委员会负责分析食品安全形势，研究部署、统筹指导食品安全工作，提出食品安全监督管理的重大政策措施，督促落实食品安全监督管理责任。县级以上地方人民政府食品安全委员会按照本级人民政府规定的职责开展工作。

第四条　县级以上人民政府建立统一权威的食品安全监督管理体制，加强食品安全监督管理能力建设。

县级以上人民政府食品安全监督管理部门和其他有关部门应当依法履行职责，加强协调配合，做好食品安全监督管理工作。

乡镇人民政府和街道办事处应当支持、协助县级人民政府食品安全监督管理部门及其派出机构依法开展食品安全监督管理工作。

第五条　国家将食品安全知识纳入国民素质教育内容，普及食品安全科学常识和法律知识，提高全社会的食品安全意识。

第二章　食品安全风险监测和评估

第六条　县级以上人民政府卫生行政部门会同同级食品安全监督管理等部门建立食品安全风险监测会商机制，汇总、分析风险监测数据，研判食品安全风险，形成食品安全风险监测分析报告，报本级人民政府；县级以上地方人民政府卫生行政部门还应当将食品安全风险监测分析报告同时报上一级人民政府卫生行政部门。食品安全风险监测会商的具体办法由国务院卫生行政部门会同国务院食品安全监督管理等部门制定。

第七条　食品安全风险监测结果表明存在食品安全隐患，食品安全监督管理等部门经进一步调查确认有必要通知相关食品生产经营者的，应当及时通知。

接到通知的食品生产经营者应当立即进行自查，发现食品不符合食品安全标准或者有证据证明可能危害人体健康的，应当依照食品安全法第六十三条的规定停止生产、经营，实施食品召回，并报告相关情况。

第八条　国务院卫生行政、食品安全监督管理等部门发现需要对农药、肥料、兽药、饲料和饲料添加剂等进行安全性评估的，应当向国务院农业行政部门提出安全性评估建议。国务院农业行政部门应当及时组织评估，并向国务院有关部门通报评估结果。

第九条　国务院食品安全监督管理部门和其他有关部门建立食品安全风险信息交流机制，明确食品安全风险信息交流的内容、程序和要求。

第三章　食品安全标准

第十条　国务院卫生行政部门会同国务院食品安全监督管理、农业行政等部门制定食品安全国家标准规划及其年度实施计划。国务院卫生行政部门应当在其网站上公布食品安全国家标准规划及其年度实施计划的草案，公开征求意见。

第十一条　省、自治区、直辖市人民政府卫生行政部门依照食品安全法第二十九条的规定制定食品安全地方标准，应当公开征求意见。省、自治区、直辖市人民政府卫生行政部门应当自食品安全地方标准公布之日起30个工作日内，将地方标准报国务院卫生行政部门备案。国务院卫生行政部门发现备案的食品安全地方标准违反法律、法规或者食品安全国家标准的，应当及时予以纠正。

食品安全地方标准依法废止的，省、自治区、直辖市人民政府卫生行政部门应当及时在其网站上公布废止情况。

第十二条　保健食品、特殊医学用途配方食品、婴幼儿配方食品等特殊食品不属于地方特色食品，不得对其制定食品安全地方标准。

第十三条　食品安全标准公布后，食品生产经营者可以在食品安全标准规定的实施日期之前实施并公开提前实施情况。

第十四条　食品生产企业不得制定低于食品安全国家标准或者地方标准要求的企业标准。食品生产企业制定食品安全指标严于食品安全国家标准或者地方标准的企业标准的，应当报省、自治区、直辖市人民政府卫生行政部门备案。

食品生产企业制定企业标准的，应当公开，供公众免费查阅。

第四章　食品生产经营

第十五条　食品生产经营许可的有效期为5年。

食品生产经营者的生产经营条件发生变化，不再符合食品生产经营要求的，食品生产经营者应当立即采取整改措施；需要重新办理许可手续的，应当依法办理。

第十六条　国务院卫生行政部门应当及时公布新的食品原料、食品添加剂新品种和食品相关产品新品种目录以及所适用的食品安全国家标准。

对按照传统既是食品又是中药材的物质目录，国务院卫生行政部门会同国务院食品安全监督管理部门应当及时更新。

第十七条　国务院食品安全监督管理部门会同国务院农业行政等有关部门明确食品安全全程追溯基本要求，指导食品生产经营者通过信息化手段建立、完善食品安全追溯体系。

食品安全监督管理等部门应当将婴幼儿配方食品等针对特定人群的食品以及其他食品安全风险较高或者销售量大的食品的追溯体系建设作为监督检查的重点。

第十八条　食品生产经营者应当建立食品安全追溯体系，依照食品安全法的规定如实记录并保存进货查验、出厂检验、食品销售等信息，保证食品可追溯。

第十九条　食品生产经营企业的主要负责人对本企业的食品安全工作全面负责，建立并落实本企业的食品安全责任制，加强供货者管理、进货查验和出厂检验、生产经营过程控制、食品安全自查等工作。食品生产经营企业的食品安全管理人员应当协助企业主要负责人做好食品安全管理工作。

第二十条　食品生产经营企业应当加强对食品安全管理人员的培训和考核。食品安全管理人员应当掌握与其岗位相适应的食品安全法律、法规、标准和专业知识，具备食品安全管理能力。食品安全监督管理部门应当对企业食品安全管理人员进行随机监督抽查考核。考核指南由国务院食品安全监督管理部门制定、公布。

第二十一条　食品、食品添加剂生产经营者委托生产食品、食品添加剂的，应当委托取得食品生产许可、食品添加剂生产许可的生产者生产，并对其生产行为进行监督，对委托生产的食品、食品添加剂的安全负责。受托方应当依照法律、法规、食品安全标准以及合同约定进行生产，对生产行为负责，并接受委托方的监督。

第二十二条　食品生产经营者不得在食品生产、加工场所贮存依照本条例第六十三条规定制定的名录中的物质。

第二十三条　对食品进行辐照加工，应当遵守食品安全国家标准，并按照食品安全国家标准的要求对辐照加工食品进行检验和标注。

第二十四条　贮存、运输对温度、湿度等有特殊要求的食品，应当具备保温、冷藏或者冷冻等设备设施，并保持有效运行。

第二十五条　食品生产经营者委托贮存、运输食品的，应当对受托方的食品安全保障能力进行审核，并监督受托方按照保证食品安全的要求贮存、运输食品。受托方应当保证食品贮存、运输条件符合食品安全的要求，加强食品贮存、运输过程管理。

接受食品生产经营者委托贮存、运输食品的，应当如实记录委托方和收货方的名称、地址、联系方式等内容。记录保存期限不得少于贮存、运输结束后2年。

非食品生产经营者从事对温度、湿度等有特殊要求的食品贮存业务的，应当自取得营业执照之日起30个工作日内向所在地县级人民政府食品安全监督管理部门备案。

第二十六条　餐饮服务提供者委托餐具饮具集中消毒服务单位提供清洗消毒服务的，应当查验、留存餐具饮具集中消毒服务单位的营业执照复印件和消毒合格证明。保存期限不得少于消毒餐具饮具使用期限到期后6个月。

第二十七条　餐具饮具集中消毒服务单位应当建立餐具饮具出厂检验记录制度，如实记录出厂餐具饮具的数量、消毒日期和批号、使用期限、出厂日期以及委托方名称、地址、联系方式等内容。出厂检验记录保存期限不得少于消毒餐具饮具使用期限到期后6个月。消毒后的餐具饮具应当在独立包装上标注单位名称、地址、联系方式、消毒日期和批号以及使用期限等内容。

第二十八条　学校、托幼机构、养老机构、建筑工地等集中用餐单位的食堂应当执行原料控制、餐具饮具清洗消毒、食品留样等制度，并依照食品安全法第四十七条的规定定期开展食堂食品安全自查。

承包经营集中用餐单位食堂的，应当依法取得食品经营许可，并对食堂的食品安全负责。集中用餐单位应当督促承包方落实食品安全管理制度，承担管理责任。

第二十九条　食品生产经营者应当对变质、超过保质期或者回收的食品进行显著标示或者单独存放在有明确标志的场所，及时采取无害化处理、销毁等措施并如实记录。

食品安全法所称回收食品，是指已经售出，因违反法律、法规、食品安全标准或者超过保质期等原因，被召回或者退回的食品，不包括依照食品安全法第六十三条第三款的规定可以继续销售的食品。

第三十条　县级以上地方人民政府根据需要建设必要的食品无害化处理和销毁设施。食品生产经营者可以按照规定使用政府建设的设施对食品进行无害化处理或者予以销毁。

第三十一条　食品集中交易市场的开办者、食品展销会的举办者应当在市场开业或者展销会举办前向所在地县级人民政府食品安全监督管理部门报告。

第三十二条　网络食品交易第三方平台提供者应当妥善保存入网食品经营者的登记信息和交易信息。县级以上人民政府食品安全监督管理部门开展食品安全监督检查、食品安全案件调查处理、食品安全事故处置确需了解有关信息的，经其负责人批准，可以要求网络食品交易第三方平台提供者提供，网络食品交易第三方平台提供者应当按照要求提供。县级以上人民政府食品安全监督管理部门及其工作人员对网络食品交易第三方平台提供者提供的信息依法负有保密义务。

第三十三条　生产经营转基因食品应当显著标示，标示办法由国务院食品安全监督管理部门会同国务院农业行政部门制定。

第三十四条　禁止利用包括会议、讲座、健康咨询在内的任何方式对食品进行虚假宣传。食品安全监督管理部门发现虚假宣传行为的，应当依法及时处理。

第三十五条　保健食品生产工艺有原料提取、纯化等前处理工序的，生产企业应当具备相应的原料前处理能力。

第三十六条　特殊医学用途配方食品生产企业应当按照食品安全国家标准规定的检验项目对出厂产品实施逐批检验。

特殊医学用途配方食品中的特定全营养配方食品应当通过医疗机构或者药品零售企业向消费者销售。医疗机构、药品零售企业销售特定全营养配方食品的，不需要取得食品经营许可，但是应当遵守食品安全法和本条例关于食品销售的规定。

第三十七条　特殊医学用途配方食品中的特定全营养配方食品广告按照处方药广告管理，其他类别的特殊医学用途配方食品广告按照非处方药广告管理。

第三十八条　对保健食品之外的其他食品，不得声称具有保健功能。

对添加食品安全国家标准规定的选择性添加物质的婴幼儿配方食品，不得以选择性添加物质命名。

第三十九条　特殊食品的标签、说明书内容应当与注册或者备案的标签、说明书一致。销售特殊食品，应当核对食品标签、说明书内容是否与注册或者备案的标签、说明书一致，不一致的不得销售。省级以上人民政府食品安全监督管理部门应当在其网站上公布注册或者备案的特殊食品的标签、说明书。

特殊食品不得与普通食品或者药品混放销售。

第五章　食品检验

第四十条　对食品进行抽样检验，应当按照食品安全标准、注册或者备案的特殊食品的产品技术要求以及国家有关规定确定的检验项目和检验方法进行。

第四十一条　对可能掺杂掺假的食品，按照现有食品安全标准规定的检验项目和检验方法以及依照食品安全法第一百一十一条和本条例第六十三条规定制定的检验项目和检验方法无法检验的，国务院食品安全监督管理部门可以制定补充检验项目和检验方法，用于对食品的抽样检验、食品安全案件调查处理和食品安全事故处置。

第四十二条　依照食品安全法第八十八条的规定申请复检的，申请人应当向复检机构先行支付复检费用。复检结论表明食品不合格的，复检费用由复检申请人承担；复检结论表明食品合格的，复检费用由实施抽样检验的食品安全监督管理部门承担。

复检机构无正当理由不得拒绝承担复检任务。

第四十三条　任何单位和个人不得发布未依法取得资质认定的食品检验机构出具的食品检验信息，不得利用上述检验信息对食品、食品生产经营者进行等级评定，欺骗、误导消费者。

第六章　食品进出口

第四十四条　进口商进口食品、食品添加剂，应当按照规定向出入境检验检疫机构报检，如实申报产品相关信息，并随附法律、行政法规规定的合格证明材料。

第四十五条　进口食品运达口岸后，应当存放在出入境检验检疫机构指定或者认可的场所；需要移动的，应当按照出入境检验检疫机构的要求采取必要的安全防护措施。大宗散装进口食品应当在卸货口岸进行检验。

第四十六条　国家出入境检验检疫部门根据风险管理需要，可以对部分食品实行指定口岸进口。

第四十七条　国务院卫生行政部门依照食品安全法第九十三条的规定对境外出口商、境外生产企业或者其委托的进口商提交的相关国家（地区）标准或者国际标准进行审查，认为符合食品安全要求的，决定暂予适用并予以公布；暂予适用的标准公布前，不得进口尚无食品安全国家标准的食品。

食品安全国家标准中通用标准已经涵盖的食品不属于食品安全法第九十三条规定的尚无食品安全国家标准的食品。

第四十八条　进口商应当建立境外出口商、境外生产企业审核制度，重点审核境外出口商、境外生产企业制定和执行食品安全风险控制措施的情况以及向我国出口的食品是否符合食品安全法、本条例和其他有关法律、行政法规的规定以及食品安全国家标准的要求。

第四十九条　进口商依照食品安全法第九十四条第三款的规定召回进口食品的，应当将食品召回和处理情况向所在地县级人民政府食品安全监督管理部门和所在地出入境检验检疫机构报告。

第五十条　国家出入境检验检疫部门发现已经注册的境外食品生产企业不再符合注册要求的，应当责令其在规定期限内整改，整改期间暂停进口其生产的食品；经整改仍不符合注册要求的，国家出入境检验检疫部门应当撤销境外食品生产企业注册并公告。

第五十一条　对通过我国良好生产规范、危害分析与关键控制点体系认证的境外生产企业，认证机构应当依法实施跟踪调查。对不再符合认证要求的企业，认证机构应当依法撤销认证并向社会公布。

第五十二条　境外发生的食品安全事件可能对我国境内造成影响，或者在进口食品、食品添加剂、食品相关产品中发现严重食品安全问题的，国家出入境检验检疫部门应当及时进行风险预警，并可以对相关的食品、食品添加剂、食品相关产品采取下列控制措施：

（一）退货或者销毁处理；

（二）有条件地限制进口；

（三）暂停或者禁止进口。

第五十三条　出口食品、食品添加剂的生产企业应当保证其出口食品、食品添加剂符合进口国家（地区）的标准或者合同要求；我国缔结或者参加的国际条约、协定有要求的，还应当符合国际条约、协定的要求。

第七章　食品安全事故处置

第五十四条　食品安全事故按照国家食品安全事故应急预案实行分级管理。县级以上人民政府食品安全监督管理部门会同同级有关部门负责食品安全事故调查处理。

县级以上人民政府应当根据实际情况及时修改、完善食品安全事故应急预案。

第五十五条　县级以上人民政府应当完善食品安全

事故应急管理机制，改善应急装备，做好应急物资储备和应急队伍建设，加强应急培训、演练。

第五十六条 发生食品安全事故的单位应当对导致或者可能导致食品安全事故的食品及原料、工具、设备、设施等，立即采取封存等控制措施。

第五十七条 县级以上人民政府食品安全监督管理部门接到食品安全事故报告后，应当立即会同同级卫生行政、农业行政等部门依照食品安全法第一百零五条的规定进行调查处理。食品安全监督管理部门应当对事故单位封存的食品及原料、工具、设备、设施等予以保护，需要封存而事故单位尚未封存的应当直接封存或者责令事故单位立即封存，并通知疾病预防控制机构对与事故有关的因素开展流行病学调查。

疾病预防控制机构应当在调查结束后向同级食品安全监督管理、卫生行政部门同时提交流行病学调查报告。

任何单位和个人不得拒绝、阻挠疾病预防控制机构开展流行病学调查。有关部门应当对疾病预防控制机构开展流行病学调查予以协助。

第五十八条 国务院食品安全监督管理部门会同国务院卫生行政、农业行政等部门定期对全国食品安全事故情况进行分析，完善食品安全监督管理措施，预防和减少事故的发生。

第八章 监督管理

第五十九条 设区的市级以上人民政府食品安全监督管理部门根据监督管理工作需要，可以对由下级人民政府食品安全监督管理部门负责日常监督管理的食品生产经营者实施随机监督检查，也可以组织下级人民政府食品安全监督管理部门对食品生产经营者实施异地监督检查。

设区的市级以上人民政府食品安全监督管理部门认为必要的，可以直接调查处理下级人民政府食品安全监督管理部门管辖的食品安全违法案件，也可以指定其他下级人民政府食品安全监督管理部门调查处理。

第六十条 国家建立食品安全检查员制度，依托现有资源加强职业化检查员队伍建设，强化考核培训，提高检查员专业化水平。

第六十一条 县级以上人民政府食品安全监督管理部门依照食品安全法第一百一十条的规定实施查封、扣押措施，查封、扣押的期限不得超过30日；情况复杂的，经实施查封、扣押措施的食品安全监督管理部门负责人批准，可以延长，延长期限不得超过45日。

第六十二条 网络食品交易第三方平台多次出现入网食品经营者违法经营或者入网食品经营者的违法经营行为造成严重后果的，县级以上人民政府食品安全监督管理部门可以对网络食品交易第三方平台提供者的法定代表人或者主要负责人进行责任约谈。

第六十三条 国务院食品安全监督管理部门会同国务院卫生行政等部门根据食源性疾病信息、食品安全风险监测信息和监督管理信息等，对发现的添加或者可能添加到食品中的非食品用化学物质和其他可能危害人体健康的物质，制定名录及检测方法并予以公布。

第六十四条 县级以上地方人民政府卫生行政部门应当对餐具饮具集中消毒服务单位进行监督检查，发现不符合法律、法规、国家相关标准以及相关卫生规范等要求的，应当及时调查处理。监督检查的结果应当向社会公布。

第六十五条 国家实行食品安全违法行为举报奖励制度，对查证属实的举报，给予举报人奖励。举报人举报所在企业食品安全重大违法犯罪行为的，应当加大奖励力度。有关部门应当对举报人的信息予以保密，保护举报人的合法权益。食品安全违法行为举报奖励办法由国务院食品安全监督管理部门会同国务院财政等有关部门制定。

食品安全违法行为举报奖励资金纳入各级人民政府预算。

第六十六条 国务院食品安全监督管理部门应当会同国务院有关部门建立守信联合激励和失信联合惩戒机制，结合食品生产经营者信用档案，建立严重违法生产经营者黑名单制度，将食品安全信用状况与准入、融资、信贷、征信等相衔接，及时向社会公布。

第九章 法律责任

第六十七条 有下列情形之一的，属于食品安全法第一百二十三条至第一百二十六条、第一百三十二条以及本条例第七十二条、第七十三条规定的情节严重情形：

（一）违法行为涉及的产品货值金额2万元以上或者违法行为持续时间3个月以上；

（二）造成食源性疾病并出现死亡病例，或者造成30人以上食源性疾病但未出现死亡病例；

（三）故意提供虚假信息或者隐瞒真实情况；

（四）拒绝、逃避监督检查；

（五）因违反食品安全法律、法规受到行政处罚后1年内又实施同一性质的食品安全违法行为，或者因违反食品安全法律、法规受到刑事处罚后又实施食品安全违法行为；

（六）其他情节严重的情形。

对情节严重的违法行为处以罚款时，应当依法从重从严。

第六十八条 有下列情形之一的，依照食品安全法第一百二十五条第一款、本条例第七十五条的规定给予处罚：

（一）在食品生产、加工场所贮存依照本条例第六十三条规定制定的名录中的物质；

（二）生产经营的保健食品之外的食品的标签、说明书声称具有保健功能；

（三）以食品安全国家标准规定的选择性添加物质命名婴幼儿配方食品；

（四）生产经营的特殊食品的标签、说明书内容与注册或者备案的标签、说明书不一致。

第六十九条 有下列情形之一的，依照食品安全法第一百二十六条第一款、本条例第七十五条的规定给予处罚：

（一）接受食品生产经营者委托贮存、运输食品，未按照规定记录保存信息；

（二）餐饮服务提供者未查验、留存餐具饮具集中消毒服务单位的营业执照复印件和消毒合格证明；

（三）食品生产经营者未按照规定对变质、超过保质期或者回收的食品进行标示或者存放，或者未及时对上述食品采取无害化处理、销毁等措施并如实记录；

（四）医疗机构和药品零售企业之外的单位或者个人向消费者销售特殊医学用途配方食品中的特定全营养配方食品；

（五）将特殊食品与普通食品或者药品混放销售。

第七十条 除食品安全法第一百二十五条第一款、第一百二十六条规定的情形外，食品生产经营者的生产经营行为不符合食品安全法第三十三条第一款第五项、第七项至第十项的规定，或者不符合有关食品生产经营过程要求的食品安全国家标准的，依照食品安全法第一百二十六条第一款、本条例第七十五条的规定给予处罚。

第七十一条 餐具饮具集中消毒服务单位未按照规定建立并遵守出厂检验记录制度的，由县级以上人民政府卫生行政部门依照食品安全法第一百二十六条第一款、本条例第七十五条的规定给予处罚。

第七十二条 从事对温度、湿度等有特殊要求的食品贮存业务的非食品生产经营者，食品集中交易市场的开办者、食品展销会的举办者，未按照规定备案或者报告的，由县级以上人民政府食品安全监督管理部门责令改正，给予警告；拒不改正的，处1万元以上5万元以下罚款；情节严重的，责令停产停业，并处5万元以上20万元以下罚款。

第七十三条 利用会议、讲座、健康咨询等方式对食品进行虚假宣传的，由县级以上人民政府食品安全监督管理部门责令消除影响，有违法所得的，没收违法所得；情节严重的，依照食品安全法第一百四十条第五款的规定进行处罚；属于单位违法的，还应当依照本条例第七十五条的规定对单位的法定代表人、主要负责人、直接负责的主管人员和其他直接责任人员给予处罚。

第七十四条 食品生产经营者生产经营的食品符合食品安全标准但不符合食品所标注的企业标准规定的食品安全指标的，由县级以上人民政府食品安全监督管理部门给予警告，并责令食品经营者停止经营该食品，责令食品生产企业改正；拒不停止经营或者改正的，没收不符合企业标准规定的食品安全指标的食品，货值金额不足1万元的，并处1万元以上5万元以下罚款，货值金额1万元以上的，并处货值金额5倍以上10倍以下罚款。

第七十五条 食品生产经营企业等单位有食品安全法规定的违法情形，除依照食品安全法的规定给予处罚外，有下列情形之一的，对单位的法定代表人、主要负责人、直接负责的主管人员和其他直接责任人员处以其上一年度从本单位取得收入的1倍以上10倍以下罚款：

（一）故意实施违法行为；

（二）违法行为性质恶劣；

（三）违法行为造成严重后果。

属于食品安全法第一百二十五条第二款规定情形的，不适用前款规定。

第七十六条 食品生产经营者依照食品安全法第六十三条第一款、第二款的规定停止生产、经营，实施食品召回，或者采取其他有效措施减轻或者消除食品安全风险，未造成危害后果的，可以从轻或者减轻处罚。

第七十七条 县级以上地方人民政府食品安全监督管理等部门对有食品安全法第一百二十三条规定的违法情形且情节严重，可能需要行政拘留的，应当及时将案件及有关材料移送同级公安机关。公安机关认为需要补充材料的，食品安全监督管理等部门应当及时提供。公安机关经审查认为不符合行政拘留条件的，应当及时将案件及有关材料退回移送的食品安全监督管理等部门。

第七十八条 公安机关对发现的食品安全违法行为，经审查没有犯罪事实或者立案侦查后认为不需要追究刑事责任，但依法应当予以行政拘留的，应当及时作出行政拘留的处罚决定；不需要予以行政拘留但依法应当追究其他行政责任的，应当及时将案件及有关材料移送同级食品安全监督管理等部门。

第七十九条 复检机构无正当理由拒绝承担复检任务的，由县级以上人民政府食品安全监督管理部门给予警告，无正当理由1年内2次拒绝承担复检任务的，由国务院有关部门撤销其复检机构资质并向社会公布。

第八十条 发布未依法取得资质认定的食品检验机构出具的食品检验信息，或者利用上述检验信息对食品、食品生产经营者进行等级评定，欺骗、误导消费者的，由县级以上人民政府食品安全监督管理部门责令改正，有违法所得的，没收违法所得，并处10万元以上50万元以下罚款；拒不改正的，处50万元以上100万元以下罚款；构成违反治安管理行为的，由公安机关依法给予治安管理处罚。

第八十一条 食品安全监督管理部门依照食品安全法、本条例对违法单位或者个人处以30万元以上罚款的，由设区的市级以上人民政府食品安全监督管理部门决定。罚款具体处罚权限由国务院食品安全监督管理部门规定。

第八十二条 阻碍食品安全监督管理等部门工作人员依法执行职务，构成违反治安管理行为的，由公安机关依法给予治安管理处罚。

第八十三条 县级以上人民政府食品安全监督管理等部门发现单位或者个人违反食品安全法第一百二十条第一款规定，编造、散布虚假食品安全信息，涉嫌构成违反治安管理行为的，应当将相关情况通报同级公安机关。

第八十四条 县级以上人民政府食品安全监督管理部门及其工作人员违法向他人提供网络食品交易第三方平台提供者提供的信息的，依照食品安全法第一百四十五条的规定给予处分。

第八十五条 违反本条例规定，构成犯罪的，依法追究刑事责任。

第十章 附则

第八十六条 本条例自2019年12月1日起施行。

图书在版编目 (CIP) 数据

中国消费者权益保护年鉴. 2020 / 中国消费者协会编著 .—北京：中国法制出版社，2021.12

ISBN 978-7-5216-1850-1

Ⅰ. ①中…　Ⅱ. ①中…　Ⅲ. ① 消费者权益保护—中国—2020—年鉴　Ⅳ. ① D922.294-54

中国版本图书馆 CIP 数据核字（2021）第 081069 号

策划编辑：马春芳

责任编辑：刘　悦　　　　封面设计：杨鑫宇

中国消费者权益保护年鉴 . 2020

ZHONGGUO XIAOFEIZHE QUANYI BAOHU NIANJIAN . 2020

编著 / 中国消费者协会

经销 / 新华书店

印刷 / 北京虎彩文化传播有限公司

开本 / 850 毫米 ×1168 毫米　16 开　　　　印张 / 74.375　字数 / 1204 千

版次 / 2021 年 12 月第 1 版　　　　2021 年 12 月第 1 次印刷

中国法制出版社出版

书号 ISBN 978-7-5216-1850-1　　　　定价：380.00 元

北京市西城区西便门西里甲 16 号西便门办公区

邮政编码 100053　　　　传真：010-63141852

网址：http://www.zgfzs.com　　　　**编辑部电话：010-66073673**

市场营销部电话：010-63141612　　　　**印务部电话：010-63141606**

（如有印装质量问题，请与本社印务部联系调换。）